여러분의 합격을 응

해커스공무원의 특별 혜택

해커스공무원 온라인 단과강의 **20% 할인쿠폰**

A2E2C5B9E99BJFY2

해커스공무원 사이트(gosi.Hackers.com) 접속 후 로그인 ▶ 상단의 [나의 강의실] 클릭 ▶
좌측의 [쿠폰등록] 클릭 ▶ 위 쿠폰번호 입력 후 이용

* 쿠폰 등록 후 7일간 사용 가능(ID당 1회에 한해 등록 가능)

PSAT 패스 **10% 할인쿠폰**

76E826F848D79938

해커스공무원 사이트(gosi.Hackers.com) 접속 후 로그인 ▶ 상단의 [나의 강의실] 클릭 ▶
좌측의 [쿠폰등록] 클릭 ▶ 위 쿠폰번호 입력 후 이용

* 쿠폰 등록 후 7일간 사용 가능(ID당 1회에 한해 등록 가능)

쿠폰 이용 관련 문의 **1588-4055**

단기 합격을 위한
해커스  커리큘럼

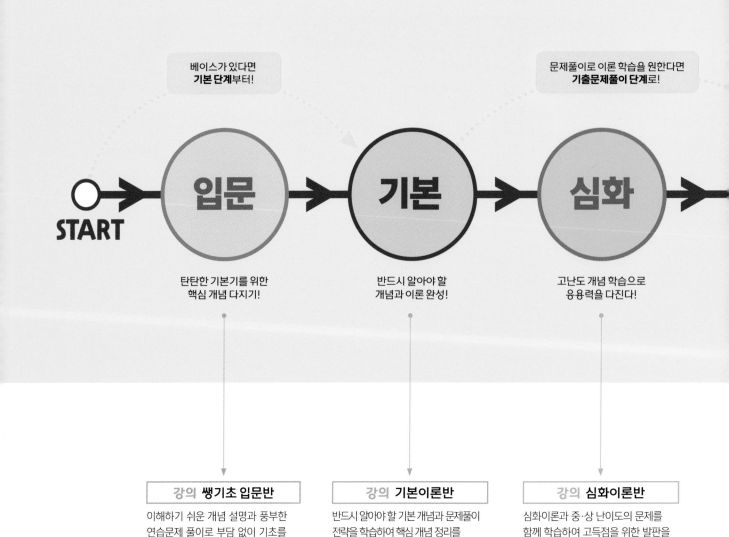

베이스가 있다면
기본 단계부터!

문제풀이로 이론 학습을 원한다면
기출문제풀이 단계로!

START → 입문 → 기본 → 심화 →

입문
탄탄한 기본기를 위한
핵심 개념 다지기!

기본
반드시 알아야 할
개념과 이론 완성!

심화
고난도 개념 학습으로
응용력을 다진다!

강의 쌩기초 입문반
이해하기 쉬운 개념 설명과 풍부한 연습문제 풀이로 부담 없이 기초를 다질 수 있는 강의

강의 기본이론반
반드시 알아야 할 기본 개념과 문제풀이 전략을 학습하여 핵심 개념 정리를 완성하는 강의

강의 심화이론반
심화이론과 중·상 난이도의 문제를 함께 학습하여 고득점을 위한 발판을 마련하는 강의

단계별 교재 확인 및
수강신청은 여기서!

gosi.Hackers.com

* 커리큘럼은 과목별·선생님별로 상이할 수 있으며, 자세한 내용은 해커스공무원 사이트에서 확인하세요.

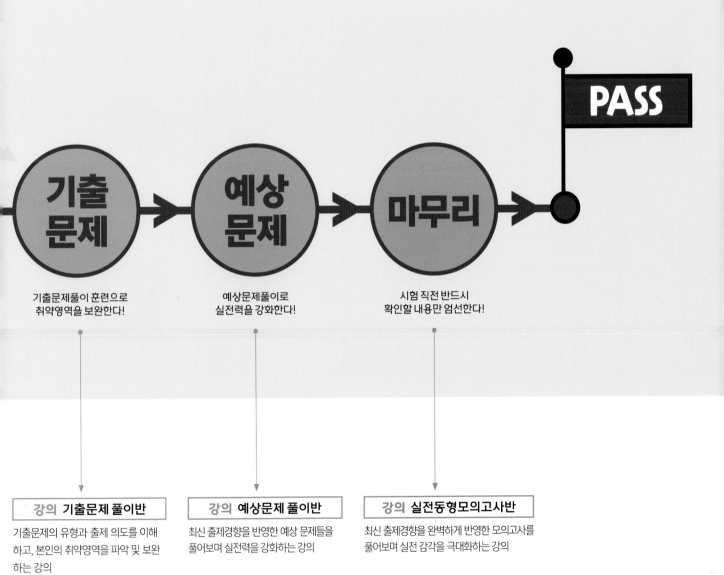

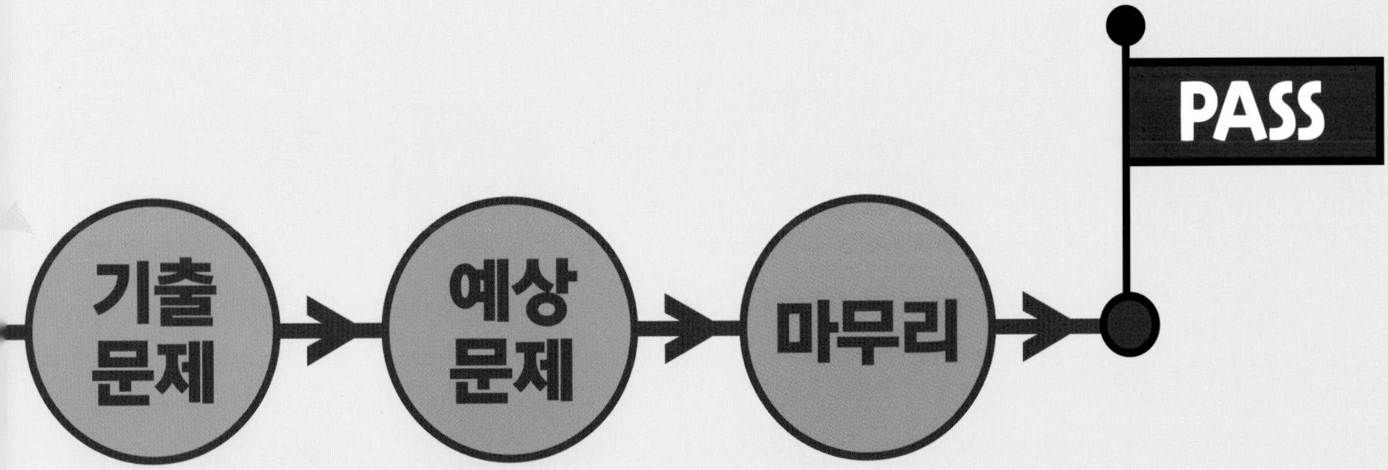

기출문제풀이 훈련으로
취약영역을 보완한다!

예상문제풀이로
실전력을 강화한다!

시험 직전 반드시
확인할 내용만 엄선한다!

강의 기출문제 풀이반

기출문제의 유형과 출제 의도를 이해하고, 본인의 취약영역을 파악 및 보완하는 강의

강의 예상문제 풀이반

최신 출제경향을 반영한 예상 문제들을 풀어보며 실전력을 강화하는 강의

강의 실전동형모의고사반

최신 출제경향을 완벽하게 반영한 모의고사를 풀어보며 실전 감각을 극대화하는 강의

강의 봉투모의고사반

시험 직전에 실제 시험과 동일한 형태의 모의고사를 풀어보며 실전력을 완성하는 강의

해커스 PSAT

길규범 상황판단 올인원

2권 | 계산·규칙·경우

해커스공무원

길규범

이력
- 고려대학교 행정학과 졸업
- 2009~2013년 5급공채 행시/입시 PSAT 합격
- (현) 해커스 7급공채 PSAT 상황판단 대표강사
- (현) 베리타스 법학원 5급공채 PSAT 상황판단 대표강사
- (현) 베리타스 법학원 PSAT 전국모의고사 검수 및 해설위원
- (현) 합격으로 가는길(길규범 PSAT 전문연구소) 대표
- (현) NCS 출제 및 검수위원
- (전) 법률저널 PSAT 전국모의고사 검수 및 해설위원
- (전) 공주대학교 취업교과목 출강 교수
- (전) 메가스터디 공취달 NCS 대표강사
- 2014~2018년 PSAT 상황판단 소수 그룹지도
- 연세대, 성균관대, 한양대, 경희대, 동국대 등 전국 다수 대학 특강 진행

저서
- 해커스 단기합격 7급 PSAT 기출문제집
- 해커스 단기합격 7급 PSAT 유형별 기출 200제 상황판단
- 해커스 단기합격 7급 PSAT 기본서 상황판단
- 해커스 7급 PSAT 입문서
- PSAT 민간경력자 기출백서
- PSAT 상황판단 전국모의고사 400제
- 길규범 PSAT 상황판단 봉투모의고사
- PSAT 엄선 전국모의고사
- 30개 공공기관 출제위원이 집필한 NCS
- 국민건강보험공단 NCS 직업기초능력평가 봉투모의고사

서문

고득점을 위한 올바른 방향과 정확한 방법!

PSAT을 강의하는 입장에서 어떻게 해야 수험생의 실력이 근본적으로 향상될 수 있을지, 그리고 그 실력향상이 어떻게 최종적으로 점수 상승으로 이어질 수 있을지를 항상 고민하면서 살고 있다.

솔직하게 말해 PSAT에서 수험생마다 출발선이 다름을 인정할 수밖에 없다. 그러나 PSAT을 잘할 수 있게 타고나지 않았더라도 노력을 통해 얼마든지 고득점을 받을 수 있다. 중요한 것은 타고나는 감각이 아니라 올바른 '방향'과 정확한 '방법'이다. 적지 않은 사람들이 PSAT을 공부해도 점수의 변화가 생기지 않는다고 하는 이유는 '잘못된 방향'으로 '옳지 않은 방법'을 통해 준비하고 있기 때문이다.

필자는 PSAT을 잘 하도록 태어난 사람이 아니었다. 그럼에도 성적이 오르고 고득점이 가능했던 이유는 기출문제를 심도 있게 분석함으로써 PSAT이 무엇인지 깨달았기 때문이다. 적성시험에서는 기출문제가 바이블이다. 그리고 이 책은 모든 PSAT 기출문제를 철저하게 분석함으로써 시행착오 없이 빠르게 고득점을 받고 싶어하는 수험생에게도, PSAT을 오랜 기간 준비했지만 잘못된 방향으로 준비함으로써 점수의 변화가 없던 수험생에게도 모두에게 도움이 될 것이다.

이 책에는 필자가 수험생 때부터 점수를 향상시키기 위해 치열하게 고민했던 결과물이 담겨있다. 2008년 8월부터 2023년 지금 시점에 이르기까지 만 15년 동안 PSAT을 공부하고, 가르치고, 문제를 출제하고, 검수하는 등 적성시험에서 할 수 있는 전방위적인 모든 역할을 하며 각 입장에서 깨달은 모든 노하우가 담겨있다. 문제를 정확하게 이해하기 위해, 문제를 빠르게 해결하기 위해 필요한 기초적인 내용부터 담았다. 여기에 더해 적성시험에서 출제되는 문제들을 계산, 규칙, 경우, 논리, 텍스트, 법조문의 6가지 세부 유형으로 구분하였다. 1권에서 이해 스킬, 해결 스킬, 논리 유형의 상세한 내용을 다루었고, 2권에서 계산, 규칙, 경우의 상세한 내용을 다루었으며, 3권에서 텍스트, 법조문 유형을 상세하게 다루었다.

또한 가능한 많은 문제를 수록하도록 노력하였다. 혹자는 너무 과한 것이 아닌가라고 반문할 수 있다. 실제로 더 잘 풀 수 있는 문제를 더 고민하지 않고 넘어가는 수험생들을 부지기수로 보게 된다. 그런데 단순히 문제를 해결했다에 그치지 않아야 발전할 수 있다. **『해커스 PSAT 길규범 상황판단 올인원 2권 계산 · 규칙 · 경우』**에 수록된 풍부하고 다양한 문제를 풀어봄으로써 문제풀이의 가장 빠르고 정확한 길을 연습하는 노력을 통해 동일한 시험시간에 다른 수험생들보다 더 많은 문제를 해결할 수 있게 될 것이고, 결국 원하는 결과를 얻을 수 있게 될 것이다.

아무쪼록 이 책이 적성시험에서 고민이 많은 수험생들에게 많은 도움이 되길 바란다.

길규범

목차

목차

II. 장치

III. 소재

IV. 유형

이 책의 활용법

01 유형별 집중학습으로 취약한 유형을 꼼꼼하게 보완한다.

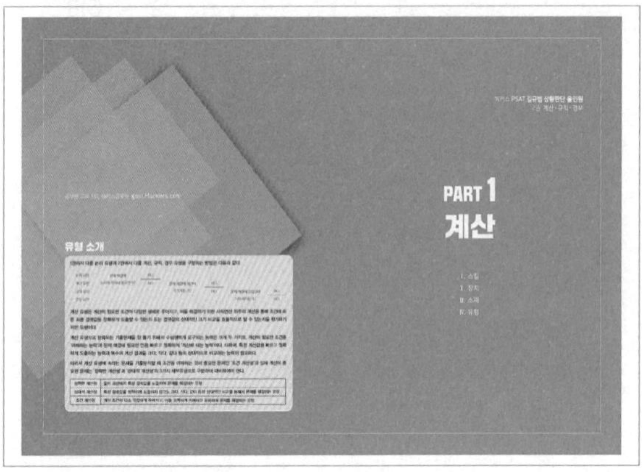

- PSAT 상황판단 문제풀이의 핵심인 계산 · 규칙 · 경우 유형을 집중학습하여, 취약한 유형을 기본부터 탄탄히 보완할 수 있습니다.

02 상황판단 필수 유형과 문제풀이 스킬을 숙지하여 효과적으로 학습한다.

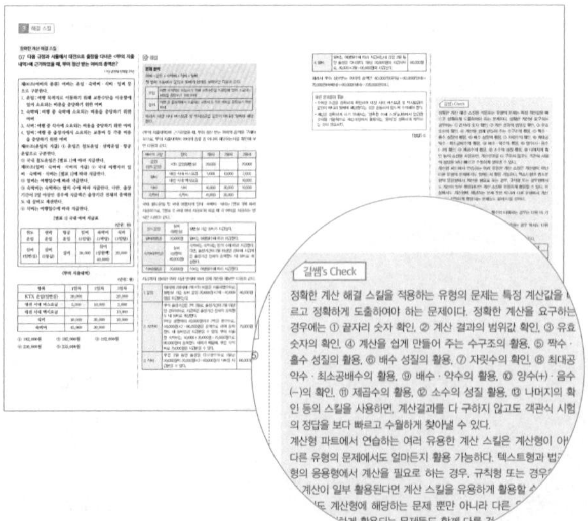

길쌤's Check
정확한 계산 해결 스킬을 적용하는 유형의 문제는 특정 계산값을
르고 정확하게 도출하여야 하는 문제이다. 정확한 계산을 요구하는
경우에는 ① 끝자리 숫자 확인, ② 계산 결과의 범위값 확인, ③ 유효
숫자의 확인, ④ 계산을 쉽게 만들어 주는 수구조의 활용, ⑤ 짝수 ·
홀수 성질의 활용, ⑥ 배수 성질의 활용, ⑦ 자릿수의 확인, ⑧ 최대공
약수 · 최소공배수의 활용, ⑨ 배수 · 약수의 활용, ⑩ 양수(+) · 음수
(-)의 확인, ⑪ 제곱수의 활용, ⑫ 소수의 성질 활용, ⑬ 나머지의 확
인 등의 스킬을 사용하면, 계산결과를 다 구하지 않고도 객관식 시험
의 정답을 보다 빠르고 수월하게 찾아낼 수 있다.
계산형 파트에서 연습하는 여러 유용한 계산 스킬은 계산형이
다른 유형의 문제에서도 얼마든지 활용 가능하다. 텍스트형과
형의 응용형에서 계산을 필요로 하는 경우, 규칙형 또는 경우
계산이 일부 활용된다면 계산 스킬을 유용하게 활용할
계산형에 해당하는 문제 뿐만 아니라 다른
활용되는 문제들도 함께 다룰

- 스킬, 장치, 소재, 유형에 따른 문제풀이 스킬을 숙지함으로써 PSAT 상황판단에 대한 이해를 높이고 계산 · 규칙 · 경우 유형을 효과적으로 학습할 수 있습니다.
- 지문 이해, 선지 판단 스킬을 설명해주는 [길쌤's Check]를 확인하여 자신의 풀이법과 비교하고, 더 효과적인 문제풀이 스킬을 익힐 수 있습니다.

03 풍부한 기출문제로 문제풀이 능력을 향상시킨다.

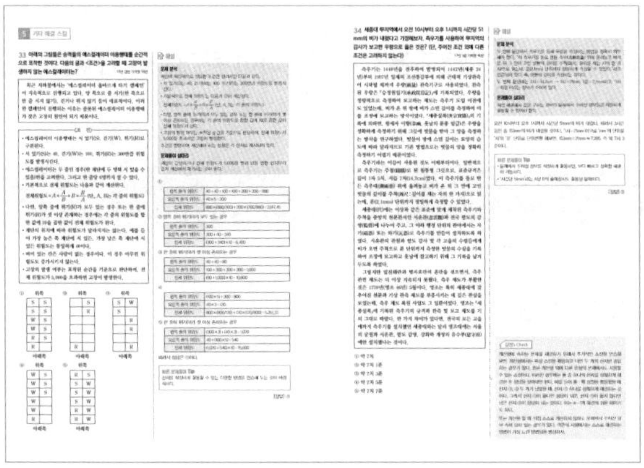

· 유형별로 분류된 7급, 5급, 민간경력자, 입법고시 PSAT 등 다양한 난이도의 역대 PSAT 기출문제를 풀어보면서 상황판단 계산 · 규칙 · 경우 문제에 대한 이해를 높이고 문제풀이 실력을 기를 수 있습니다.

04 상세한 해설로 문제를 완벽하게 정리한다.

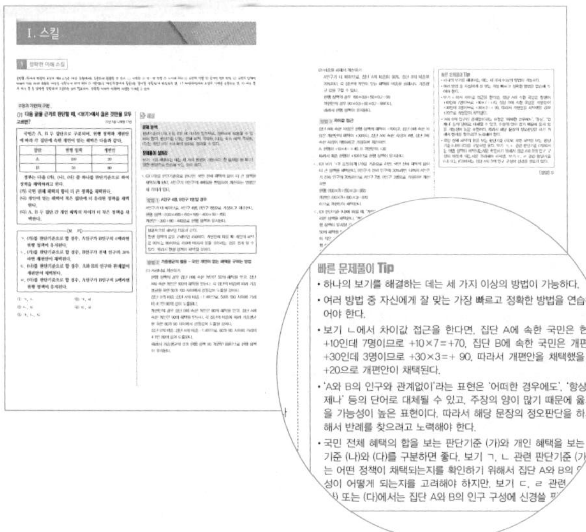

· 모든 선택지에 대한 해설이 제시되어 문제를 꼼꼼히 분석하고 정리할 수 있습니다.
· 기본적인 정석 풀이법 외에도 다양한 풀이법을 제시하여 문제를 보는 시각을 넓힐 수 있으며, 자신에게 맞는 문제 풀이법을 골라 학습할 수 있습니다.
· 문제를 좀 더 빠르게 풀 수 있는 [빠른 문제풀이 Tip]을 통해 문제 풀이 시간을 단축할 수 있습니다.

기간별 맞춤 학습 플랜

자신의 학습 기간에 맞는 학습 플랜을 선택하여 계획을 수립하고, 그 날에 해당하는 분량을 공부합니다.

2주 완성 학습 플랜

PSAT 상황판단 준비 시간이 부족하여 단기간에 대비해야 하거나 상황판단 기본기가 탄탄하여 문제풀이 감각을 집중적으로 높이고 싶은 분에게 추천합니다.

진도		날짜	학습 내용
1주	1일	/	PART 1 Ⅰ. 스킬
	2일	/	PART 1 Ⅱ. 장치
	3일	/	PART 1 Ⅲ. 소재
	4일	/	PART 1 Ⅲ. 소재
	5일	/	PART 1 Ⅳ. 유형
	6일	/	PART 2 Ⅰ. 스킬
2주	7일	/	PART 2 Ⅱ. 장치
	8일	/	PART 2 Ⅲ. 소재
	9일	/	PART 2 Ⅲ. 소재
	10일	/	PART 2 Ⅳ. 유형
	11일	/	PART 3 Ⅰ. 스킬 ~ Ⅱ. 장치
	12일	/	PART 3 Ⅲ. 소재 ~ Ⅳ. 유형

4주 완성 학습 플랜

상황판단 계산 · 규칙 · 경우 유형의 기본기가 부족하여 유형별 문제풀이 스킬을 기본부터 꼼꼼하게 학습하고 싶은 분에게 추천합니다.

진도		날짜	학습 내용
1주	1일	/	PART 1 Ⅰ. 스킬
	2일	/	PART 1 Ⅱ. 장치
	3일	/	PART 1 Ⅱ. 장치
	4일	/	PART 1 Ⅲ. 소재
	5일	/	PART 1 Ⅲ. 소재
	6일	/	PART 1 Ⅲ. 소재
2주	7일	/	PART 1 Ⅳ. 유형
	8일	/	PART 1 Ⅳ. 유형
	9일	/	PART 1 Ⅳ. 유형
	10일	/	PART 2 Ⅰ. 스킬
	11일	/	PART 2 Ⅱ. 장치
	12일	/	PART 2 Ⅱ. 장치
2주	13일	/	PART 2 Ⅲ. 소재
	14일	/	PART 2 Ⅲ. 소재
	15일	/	PART 2 Ⅲ. 소재
	16일	/	PART 2 Ⅳ. 유형
	17일	/	PART 2 Ⅳ. 유형
	18일	/	PART 3 Ⅰ. 스킬
4주	19일	/	PART 3 Ⅱ. 장치
	20일	/	PART 1 Ⅱ. 장치
	21일	/	PART 3 Ⅲ. 소재
	22일	/	PART 3 Ⅲ. 소재
	23일	/	PART 3 Ⅳ. 유형
	24일	/	취약 유형 복습

PSAT 상황판단 고득점 가이드

상황판단 알아보기

상황판단은 제시문과 표를 이해하여 상황 및 조건에 적용하고, 판단과 의사결정을 통해 문제를 해결하는 능력을 평가하기 위한 영역입니다. 이에 따라 사전에 암기한 지식을 통해 해결하기보다는 종합적인 사고를 요하는 문제가 출제됩니다.

1. 출제 유형

상황판단은 문제풀이 스킬을 기준으로 크게 이해 스킬, 해결 스킬 유형으로 문제를 나눌 수 있고, 이를 세부 유형으로 구분하면 텍스트, 법조문, 계산, 규칙, 경우의 수, 논리 등 총 여섯 가지 유형으로 나뉩니다. 여섯 가지 유형 모두 제시된 글이나 조건 등을 이해하여 적용·판단하는 능력을 요구하므로 주어진 시간 내에 다양한 형태의 정보를 빠르고 정확하게 파악하는 능력이 필요합니다.

구분	세부유형	유형 설명
텍스트형	· 발문 포인트형 · 일치부합형 · 응용형 · 1지문 2문항형 · 기타형	줄글 형태의 지문을 제시하고, 이를 토대로 필요한 정보를 올바르게 이해·추론할 수 있는지를 평가하는 유형
법조문형	· 발문 포인트형 · 일치부합형 · 응용형 · 법계산형 · 규정형	법조문이나 법과 관련된 규정 및 줄글을 지문으로 제시하고 법조문을 정확히 이해할 수 있는지, 법 · 규정의 내용을 올바르게 응용할 수 있는지를 평가하는 유형
계산형	· 정확한 계산형 · 상대적 계산형 · 조건 계산형	수치가 제시된 지문이나 조건을 제시하고 이를 토대로 특정 항목의 최종 결괏값을 도출할 수 있는지, 결괏값을 올바르게 비교할 수 있는지를 평가하는 유형
규칙형	· 규칙 단순확인형 · 규칙 정오판단형 · 규칙 적용해결형	다양한 형태의 규칙을 제시하고, 규칙의 내용과 결과를 정확히 판단 · 적용할 수 있는지를 평가하는 유형
경우의 수	· 경우 확정형 · 경우 파악형	여러 가지 경우의 수가 가능한 문제 상황을 제시하고, 이를 정확히 분석하여 문제를 해결할 수 있는지를 평가하는 유형
논리	-	짧은 길이의 지문 또는 명제(조건)를 제시하고, 제시된 명제(조건)의 참 · 거짓을 판단할 수 있는지, 명제(조건)의 관계를 고려하여 문제에서 요구하는 결과를 찾아낼 수 있는지를 평가하는 유형

2. 대비전략

① 상황판단의 문제 유형을 파악하고, 유형에 따른 풀이법을 학습해야 합니다.

상황판단 영역은 다양한 유형으로 구분되어 있고, 유형에 따라 효과적인 풀이법이 있습니다. 그렇기 때문에 유형에 따른 풀이법을 정확히 파악하고 준비하는 것이 중요합니다. 이에 따라 기출문제를 반복적으로 풀면서 정확하게 유형을 분석하는 능력을 기르고, 본 교재에서 제시하고 있는 문제풀이 스킬을 적용하여 빠르고 정확하게 문제를 풀이하는 연습이 필요합니다.

② 문제풀이에 필요한 정보를 정확하게 파악하는 능력을 길러야 합니다.

상황판단은 다양한 조건과 상황 등이 제시되므로 문제를 해결하기 위해 필요한 정보를 정확하게 파악하는 것이 중요합니다. 따라서 키워드를 중심으로 제시된 정보를 시각화·도표화하여 정리하거나, 관련 있는 조건끼리 그룹화하여 이해하는 연습이 필요합니다.

③ 문제풀이의 순서를 결정하는 판단력을 길러야 합니다.

상황판단은 PSAT 세 영역 중 특히 시간이 부족한 경우가 많습니다. 한 문제를 풀이하는 데 너무 오랜 시간이 소요된다면 다른 문제를 놓칠 가능성이 높으므로 문제의 난도를 판별하여 풀 수 있는 문제부터 먼저 풀어야 합니다.

유형 소개

1권에서 다룬 논리 유형과 2권에서 다룰 계산, 규칙, 경우 유형을 구분하는 방법은 다음과 같다.

논리 유형	문제 해결에 논리적 지식이 필요한가?	YES					
계산 유형		NO	문제 해결에 계산이 주가 되는가?	YES			
규칙 유형				NO	문제 해결에 갈림길이 나누어지는가?	NO	
경우 유형						YES	

계산 유형은 계산에 필요한 조건이 다양한 형태로 주어지고, 이를 해결하기 위한 사칙연산 위주의 계산을 통해 조건에 따른 최종 결괏값을 정확하게 도출할 수 있는지 또는 결괏값의 상대적인 크기 비교를 효율적으로 할 수 있는지를 평가하기 위한 유형이다.

계산 유형으로 분류되는 기출문제를 잘 풀기 위해서 수험생에게 요구되는 능력은 크게 두 가지로, 계산에 필요한 조건을 '이해하는 능력'과 문제 해결에 필요한 만큼 빠르고 정확하게 '계산해 내는 능력'이다. 더하여, 특정 계산값을 빠르고 정확하게 도출하는 능력과 복수의 계산 결과를 크다, 작다, 같다 등의 상대적으로 비교하는 능력이 필요하다.

따라서 계산 유형에 속하는 문제를 기출분석할 때 조건을 이해하는 것이 중요한 문제인 '조건 계산형'과 실제 계산이 중요한 문제는 '정확한 계산형'과 '상대적 계산형'의 3가지 세부유형으로 구분하여 대비하여야 한다.

정확한 계산형	풀이 과정에서 특정 결괏값을 도출하여 문제를 해결하는 유형
상대적 계산형	특정 결괏값을 정확하게 도출하지 않고도 크다, 작다, 같다 등의 상대적인 비교를 통해서 문제를 해결하는 유형
조건 계산형	계산 조건이 다소 복잡하게 주어지고, 이를 정확하게 이해하고 응용하여 문제를 해결하는 유형

PART 1
계산

I. 스킬

1 정확한 이해 스킬

올인원 1권에서 연습한 6가지 이해 스킬은 계산 유형에서도 유용하게 활용할 수 있다. ① 시각화 ② 강 · 약 조절 ③ n-1개 처리 ④ 조건의 연결 ⑤ 숨겨진 정보 파악 ⑥ 조건의 입체적 이해에 더해 계산 유형은 계산을 정확하게 하기 위해 1) 기본적으로 계산과정에서 활용되는 '용어'를 정확하게 파악하는 것, 2) 계산과정에서 고정과 가변을 구분하는 것, 3) 사는 쪽과 파는 쪽 등 입장을 정확하게 구분하는 것이 필요하다. 정확한 이해가 정확한 해결을 가져올 수 있다.

고정과 가변의 구분

01 다음 글을 근거로 판단할 때, <보기>에서 옳은 것만을 모두 고르면? 22년 5급 나책형 17번

국민은 A, B 두 집단으로 구분되며, 현행 정책과 개편안에 따라 각 집단에 속한 개인이 얻는 혜택은 다음과 같다.

집단	현행 정책	개편안
A	100	90
B	50	80

정부는 다음 (가), (나), (다) 중 하나를 판단기준으로 하여 정책을 채택하려고 한다.
(가) 국민 전체 혜택의 합이 더 큰 정책을 채택한다.
(나) 개인이 얻는 혜택이 적은 집단에 더 유리한 정책을 채택한다.
(다) A, B 두 집단 간 개인 혜택의 차이가 더 작은 정책을 채택한다.

〈보 기〉

ㄱ. (가)를 판단기준으로 할 경우, A인구가 B인구의 4배라면 현행 정책이 유지된다.
ㄴ. (가)를 판단기준으로 할 경우, B인구가 전체 인구의 30%라면 개편안이 채택된다.
ㄷ. (나)를 판단기준으로 할 경우, A와 B의 인구와 관계없이 개편안이 채택된다.
ㄹ. (다)를 판단기준으로 할 경우, A인구가 B인구의 5배라면 현행 정책이 유지된다.

① ㄱ, ㄴ ② ㄱ, ㄹ
③ ㄴ, ㄷ ④ ㄷ, ㄹ
⑤ ㄱ, ㄴ, ㄷ

해설

문제 분석

판단기준이 (가), (나), (다) 세 가지가 있으므로, 정확하게 적용할 수 있어야 한다. 판단기준 (가)는 전체 혜택 극대화, (나)는 최소 혜택 극대화, (다)는 개인 차이 최소화의 용어로 정리할 수 있다.

문제풀이 실마리

보기 ㄱ을 해결하는 데는 세 가지 방법이 가능하다. 한 문제를 풀 때 다양한 방법으로 연습해 보는 것이 좋다.

ㄱ. (O) (가)를 판단기준으로 한다면, 국민 전체 혜택의 합이 더 큰 정책을 채택하게 된다. A인구가 B인구의 4배임을 반영하여 계산하는 방법은 세 가지가 있다.

방법 1 A인구 4명, B인구 1명일 경우

A인구가 네 배이므로, A인구 4명, B인구 1명으로 가정하고 해결한다.
현행 정책=(100×4명)+(50×1명)=400+50=450,
개편안=360+80=440으로 현행 정책이 유지된다.

> 평균사고를 해보면 다음과 같다.
> 현행 정책의 값을 구해보면 450이다. 개편안에 따를 때 개인의 혜택은 90또는 80이므로 450에 미치지 못할 것이라는 것을 쉽게 알 수 있다. 따라서 현행 정책이 채택될 것이다.

방법 2 가중평균의 활용 – 국민 개인이 얻는 혜택을 구하는 방법

(1) 거리비로 계산하기

현행 정책의 경우 집단 B에 속한 개인은 50의 혜택을 얻고, 집단 A에 속한 개인은 100의 혜택을 얻는다. 각 집단의 비중에 따라 가중평균을 하면 50과 100 사이에서 결괏값이 도출될 것이다.
집단 B의 비중 : 집단 A의 비중=1 : 4이므로, 50과 100 사이에 거리비 4 : 1인 90의 값이 도출된다.
개편안의 경우 집단 B에 속한 개인은 80의 혜택을 얻고, 집단 A에 속한 개인은 90의 혜택을 얻는다. 각 집단의 비중에 따라 가중평균을 하면 80과 90 사이에서 결괏값이 도출될 것이다.
집단 B의 비중 : 집단 A의 비중=1 : 4이므로, 80과 90 사이에 거리비 4 : 1인 88의 값이 도출된다.
따라서 가중평균의 결과 현행 정책 90, 개편안 88이므로 현행 정책이 유지된다.

(2) 비중을 곱해서 계산하기

A인구가 네 배이므로, 집단 A의 비중이 80%, 집단 B의 비중이 20%이다. 각 집단의 개인이 얻는 혜택에 비중을 곱해서도 가중평균 값을 구할 수 있다.

현행 정책의 경우 100×0.8+50×0.2=90

개편안의 경우 90×0.8+80×0.2=88이다.

따라서 현행 정책이 유지된다.

방법 3 차이값 접근

집단 A에 속한 사람은 현행 정책의 혜택이 +10이고, 집단 B에 속한 사람은 개편안의 혜택이 +30이다. 집단 A에 속한 사람이 4명, 집단 B에 속한 사람이 1명이라고 가정하여 계산하면,

A: 현행이 +10×4=+40, B: 개편안이 +30

따라서 최종 현행이 +10이므로 현행 정책이 유지된다.

ㄴ. (O) 보기 ㄱ과 동일하게 (가)를 기준으로 하면, 국민 전체 혜택의 합이 더 큰 정책을 채택한다. B인구가 전체 인구의 30%라면, 나머지 A인구가 전체 인구의 70%이므로 A인구 7명, B인구 3명으로 가정하여 계산하면

현행: (100×7)+(50×3)=850

개편안: (90×7)+(80×3)=870

이므로 개편안이 채택된다.

ㄷ. (O) 판단기준 (나)에 따를 때, '개인이 얻는 혜택'이 적은 집단에 더 유리한 정책을 채택한다. '개인이 얻는 혜택'은 표에 제시된 숫자이다. 현행 정책이 유지될 경우 개인이 얻는 혜택이 적은 집단은 100과 50 중 50의 혜택을 얻는 B집단이고, 개편안이 채택될 경우 개인이 얻는 혜택이 적은 집단은 90과 80 중 80의 혜택을 얻는 B집단이다. 따라서 현행 정책이 유지되든 개편안이 채택되든 개인이 얻는 혜택이 적은 집단은 B집단이므로, 이 B집단에 더 유리한 정책은 80의 혜택을 얻는 개편안이다. 따라서 개편안이 채택된다.

판단기준 (나)는 개인의 얻는 혜택을 비교하기 때문에 집단 A와 B의 인구 구성과는 무관하다.

ㄹ. (X) 판단기준 (다)에서는 A, B 두 집단 간 개인 혜택의 차이, 즉 1인당 혜택의 차이를 보기 때문에 집단 A와 B의 인구 구성과는 무관하다. 따라서 A인구가 B인구의 5배라는 것은 불필요한 정보이다.

현행 정책이 유지되면 A, B 두 집단 간 개인 혜택의 차이는 100과 50으로 50 차이가 나고, 개편안에서는 90과 80으로 10 차이가 난다. 그렇다면 A, B 두 집단 간 개인 혜택의 차이가 더 작은 정책은 개편안이다.

빠른 문제풀이 Tip

- 하나의 보기를 해결하는 데는 세 가지 이상의 방법이 가능하다.
- 여러 방법 중 자신에게 잘 맞는 가장 빠르고 정확한 방법을 연습해 두어야 한다.
- 보기 ㄴ에서 차이값 접근을 한다면, 집단 A에 속한 국민은 현행이 +10인데 7명이므로 +10×7=+70, 집단 B에 속한 국민은 개편안이 +30인데 3명이므로 +30×3=+ 90, 따라서 개편안을 채택했을 경우 +20으로 개편안이 채택된다.
- 'A와 B의 인구와 관계없이'라는 표현은 '어떠한 경우에도', '항상', '언제나' 등의 단어로 대체될 수 있고, 주장의 양이 많기 때문에 옳지 않을 가능성이 높은 표현이다. 따라서 해당 문장의 정오판단을 하기 위해서 반례를 찾으려고 노력해야 한다.
- 국민 전체 혜택의 합을 보는 판단기준 (가)와 개인 혜택을 보는 판단기준 (나)와 (다)를 구분하면 좋다. 보기 ㄱ, ㄴ 관련 판단기준 (가)에서는 어떤 정책이 채택되는지를 확인하기 위해서 집단 A와 B의 인구 구성이 어떻게 되는지를 고려해야 하지만, 보기 ㄷ, ㄹ 관련 판단기준 (나) 또는 (다)에서는 집단 A와 B의 인구 구성에 신경쓸 필요가 없다.

[정답] ⑤

02 다음 <조건>을 근거로 판단할 때, <보기>에서 옳은 것만을 모두 고르면? 15년 5급 인책형 10번

〈조 건〉

○ A사와 B사는 신제품을 공동개발하여 판매한 총 순이익을 아래와 같은 기준에 의해 분배하기로 약정하였다.
  (가) A사와 B사는 총 순이익에서 각 회사 제조원가의 10%에 해당하는 금액을 우선 각자 분배받는다.
  (나) 총 순이익에서 위 (가)의 금액을 제외한 나머지 금액에 대한 분배기준은 연구개발비, 판매관리비, 광고홍보비 중 어느 하나로 결정하며, 각 회사가 지출한 비용에 비례하여 분배액을 정하기로 한다.
○ 신제품 개발과 판매에 따른 비용과 총 순이익은 다음과 같다.

(단위 : 억 원)

구분	A사	B사
제조원가	200	600
연구개발비	100	300
판매관리비	200	200
광고홍보비	300	150
총 순이익	200	

〈보 기〉

ㄱ. 분배받는 순이익을 극대화하기 위한 분배기준으로, A사는 광고홍보비를, B사는 연구개발비를 선호할 것이다.
ㄴ. 연구개발비가 분배기준이 된다면, 총 순이익에서 B사가 분배받는 금액은 A사의 3배이다.
ㄷ. 판매관리비가 분배기준이 된다면, 총 순이익에서 A사와 B사가 분배받는 금액은 동일하다.
ㄹ. 광고홍보비가 분배기준이 된다면, 총 순이익에서 A사가 분배받는 금액은 B사보다 많다.

① ㄱ, ㄴ
② ㄱ, ㄷ
③ ㄱ, ㄹ
④ ㄴ, ㄹ
⑤ ㄷ, ㄹ

해설

문제 분석

A사와 B사는 총 순이익을 분배하는데,
1) 총 순이익에서 각 회사 제조원가의 10%에 해당하는 금액을 우선 각자 분배
2) 총 순이익에서 위 1)의 금액을 제외한 나머지 금액은 연구개발비, 판매관리비, 광고홍보비 중 한 가지를 결정하여 각 회사가 지출한 비용에 비례하여 분배

남은 120억 원을 연구개발비에 따를 경우 1:3, 판매관리비에 따를 경우 1:1, 광고홍보비에 따를 경우 2:1로 분배하면 다음과 같다.

구분	비용		분배액	
	A사	B사	A사	B사
제조원가	200	600	20	60
연구개발비	100	300	30	90
판매관리비	200	200	60	60
광고홍보비	300	150	80	40
총 순이익	200		200	

구분	A사	B사
연구개발비	50	150
판매관리비	80	120
광고홍보비	100	100

문제풀이 실마리

총 순이익에서 각 회사 제조원가의 10%에 해당하는 금액을 우선 A사와 B사가 각자 분배받는다는 것은 고정적이다. 이를 제외하고 변동되는 분배규칙에 신경써야 한다.

ㄱ. (O) A사는 광고홍보비에 따라 분배할 때 100억 원으로 분배받는 금액이 가장 크고, B사는 연구개발비에 따라 분배할 때 150억 원으로 분배받는 금액이 가장 크다.

ㄴ. (O) 연구개발비가 분배기준이 된다면, A사의 분배받는 금액은 50억 원, B사의 분배받는 금액은 150억 원으로, B사가 분배받는 금액은 A사의 3배이다.

> 제조원가에 따라 분배할 때 1:3의 비율로 분배되고, 연구개발비에 따라 분배할 때도 1:3의 비율로 분배된다. 따라서 총 순이익은 1:3의 비율로 분배될 수밖에 없다.

ㄷ. (X) 판매관리비를 기준으로 하면, A사의 분배받는 금액은 80억 원이고, B사의 분배받는 금액은 120억 원이다. 따라서 A사와 B사가 분배받는 금액은 동일하지 않다.

> 판매관리비를 기준으로 분배하면 120억 원은 1:1의 비율로 동일하게 분배되지만, 그 전에 제조원가에 따라 분배할 때는 1:3의 비율로 분배된다. 따라서 둘을 합한 금액은 동일할 수 없다.

ㄹ. (X) 광고홍보비가 분배기준이 된다면, A사와 B사 모두 동일하게 100억 원씩 분배받게 되므로, 총 순이익에서 A사와 B사가 분배받는 금액은 동일하다.

[정답] ①

입장의 구분

03 다음 글을 근거로 판단할 때, <사례>에서 발생한 슬기의 손익은?

13년 외교관 인책형 10번

ㅇ 甲은행이 A가격(원/달러)에 달러를 사고 싶다는 의사표시를 하고, 乙은행이 B가격(원/달러)에 달러를 팔고 싶다고 의사표시를 하면, 중개인은 달러 고시 가격을 A/B로 고시한다.
ㅇ 만약 달러를 즉시 사거나 팔려면 그것을 팔거나 사려는 측이 제시하는 가격을 받아들일 수밖에 없다.
ㅇ 환전수수료 등의 금융거래비용은 없다.

〈사 례〉

ㅇ 현재 달러 고시 가격은 1204.00/1204.10이다. 슬기는 달러를 당장 사고 싶었고, 100달러를 바로 샀다.
ㅇ 1시간 후 달러 고시 가격은 1205.10/1205.20으로 움직였다. 슬기는 달러를 당장 팔고 싶었고, 즉시 100달러를 팔았다.

① 100원 이익
② 120원 이익
③ 200원 이익
④ 100원 손실
⑤ 200원 손실

해설

문제 분석

1. 고시된 고시 가격 : A/B = A가격에 사고싶은 가격/B가격에 팔고싶은 가격
2. 달러를 즉시 사려면 그것을 팔려는 측이 제시하는 가격을, 달러를 즉시 팔려면 그것을 하려는 측이 제시하는 가격을 받아들일 수밖에 없다.
3. 〈사례〉에 적용해서 슬기의 손익을 계산하면 된다.

슬기의 손익을 계산하기 위해서 슬기의 입장에서 내용을 정리해 보면 다음과 같다.

- 현재 달러 고시 가격은 1204.00/1204.10이다.
- 슬기는 달러를 당장 사고 싶었기 때문에 팔려는 측이 제시하는 가격인 1204.10에 100달러를 바로 샀다.
- 1시간 후 달러 고시 가격은 1205.10/1205.20으로 움직였다.
- 슬기는 달러를 당장 팔고 싶었기 때문에, 사려는 측이 제시하는 가격인 1205.10에 즉시 100달러를 팔았다.

정리하면 100달러를 1204.10에 사서 1205.10에 팔았기 때문에 판 가격이 1 높다. 따라서 +1×100달러=총 100원의 이익을 얻었다.

빠른 문제풀이 Tip

- 100달러를 사고 이후에 100달러를 팔았기 때문에, 동일한 금액을 사고 판 것이므로 차이값으로 계산하는 것이 빠르다.
- 사고 파는 입장이 서로 헷갈리지 않도록 주의하자.

[정답] ①

04 다음 <조건>을 근거로 판단할 때, <보기>에서 옳은 것을 모두 고르면?

11년 민경채 인책형 7번

〈조 건〉

○ 생산성 유형별로 일일 근로시간과 생산량은 다음과 같다.

<A유형>

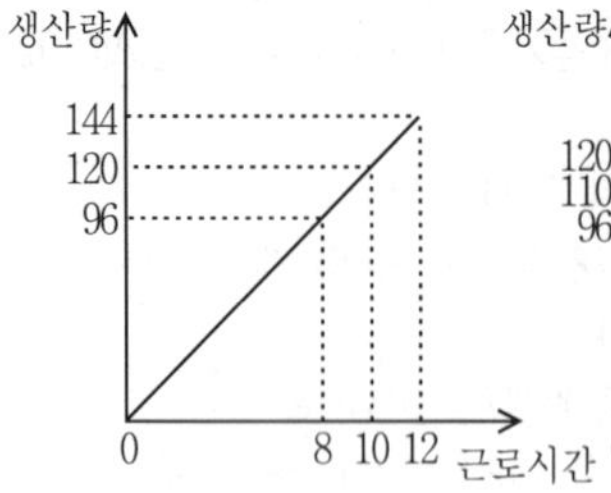

<B유형>

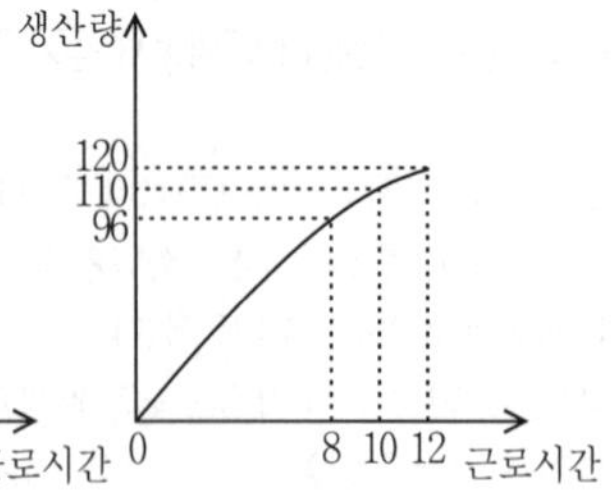

<C유형>

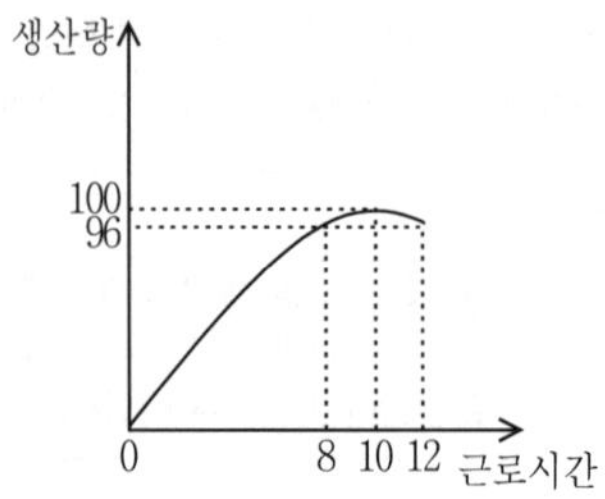

○ 일일 기본 근로시간은 8시간이고, 일일 최대 4시간까지 초과근무할 수 있다.

○ 생산성 = 생산량/근로시간이다.

〈보 기〉

ㄱ. 기본 근로시간만 근무할 때, 세 가지 유형의 일일 생산성은 같다.

ㄴ. 초과근무 시간이 증가함에 따라 B유형의 생산성은 하락하지 않으나, C유형의 생산성은 하락한다.

ㄷ. B유형 근로자가 이틀 동안 10시간씩 근무하는 경우의 총생산량은 첫째 날 12시간, 둘째 날 8시간 근무하는 경우의 총생산량보다 많다.

ㄹ. 초과근무 시 최초 두 시간 동안의 생산성은 A유형>B유형>C유형 순으로 나타난다.

① ㄱ, ㄴ
② ㄱ, ㄷ
③ ㄴ, ㄹ
④ ㄱ, ㄷ, ㄹ
⑤ ㄴ, ㄷ, ㄹ

해설

문제 분석

- 생산성 유형별로 일일 근로시간과 생산량이 그래프로 주어져 있다.
- 생산성 $=\frac{\text{생산량}}{\text{근로시간}}$이다.
- 일일 기본 근로시간은 8시간이고, 일일 최대 4시간까지 초과근무할 수 있다.

문제풀이 실마리

보기 ㄱ~ㄹ 중 대부분의 보기가 상대적 계산만으로 해결되는 문제이다. 따라서 계산과정에서 공통인 부분은 제외하고 차이나는 부분만 가지고 비교할 수 있을 때 빠른 해결이 가능하다.

ㄱ. (O) '일일 생산성=생산량/근로시간'인데, 일일 기본 근로시간은 8시간이므로 같고(분모 동일), 8시간 근무 시 세 가지 유형의 일일 생산성을 보면, 모두 96으로 동일하다.(분자 동일) 따라서 96/8=12라는 정확한 값을 구하지 않더라도, 분자와 분모가 세 가지 유형에서 모두 동일하므로 이를 통해 계산한 생산성 또한 동일할 것임을 알 수 있다.

ㄴ. (X) B유형과 C유형의 그래프에서의 기울기를 묻고 있고, 이는 그래프의 형태를 단순 확인하더라도 쉽게 확인 가능하다. B유형과 D유형 모두 초과근무 시간이 증가함에 따라 기울기가 줄어들게 됨을 확인할 수 있다. 즉, 초과근무 시간이 증가함에 따라서 접선기울기도 줄고, 원점 기울기도 줄어드는 것이 확인 가능하므로 B, C유형 모두 생산성이 하락함을 알 수 있다.

ㄷ. (O) B유형 근로자가 10시간 근무하는 경우의 생산량은 110이고, 이틀 근무하면 110×2=220이다. 반면 B유형 근로자가 12시간을 근무하면 생산량은 120, 8시간 근무를 하면 생산량은 96이므로, 이틀 근무한다면 120+96=216이다. 따라서 B유형 근로자가 이틀 동안 10시간씩 근무하는 경우의 총생산량이 첫째 날 12시간, 둘째 날 8시간 근무하는 경우의 총생산량보다 많다.

ㄹ. (O) 생산성을 구하는 공식은 '생산량/근로시간'이다. 이때 각 유형별로 생산성을 비교해야 하는데 '두 시간 동안'이라는 '근로시간'이 공통이다.(분모 공통) 따라서 각 유형별로 생산량만 비교하면 된다.(분자 비교) 초과근무 시 최초 두 시간 동안의 생산성을 비교하려면 (초과근무 시 최초 두 시간 동안의 생산량=10시간까지의 생산량−8시간까지의 생산량)를 구해야 하는데, 이때 '10시간까지의 생산량'은 또 각 유형 모두 동일하다.

즉, [(ⓐ 10시간까지의 생산량−ⓑ 8시간까지의 생산량)/ⓒ 2시간]의 공식에서 공통인 부분인 ⓑ, ⓒ를 다 무시하고 나면, 결국 'ⓐ 10시간까지의 생산량'만 가지고 상대적 계산이 가능한 것이다. 'ⓐ 10시간까지의 생산량'은 A유형(120)>B유형(110)>C유형(100)이므로, 초과근무 시 최초 두 시간 동안의 생산성은 A유형>B유형>C유형 순으로 나타난다.

빠른 문제풀이 Tip

ㄴ. 기울기로 판단하는 것이 어렵다면, B유형은 근로 시간이 8시간일 때, 96/8=12의 생산성을, 근로시간이 10시간 일 때, 110/10=11의 생산성을, 근로시간이 12시간일 때는 120/12=10의 생산성을 보임으로써 초과근무 시간이 2시간씩 증가할 때마다 생산성이 1씩 감소함을 확인할 수 있다. C 유형의 경우는 근로시간이 10시간을 넘게 되면 근로시간은 2시간 증가한 반면 생산량 자체가 100에서 96으로 감소하므로 생산성이 하락할 것임은 어렵지 않게 알 수 있다.

ㄷ. 그래프 모양을 통해서도 확인 가능한데, 근무시간 8시간과 12시간 일할 때의 평균값보다 근무시간 10시간일 때의 값이 더 크다. 실제 계산을 해서 확인하는 방법보다 이처럼 그래프의 형태를 활용하는 방법의 소요시간이 더 짧을 것이다.

[정답] ④

길쌤's Check

먼저 간단한 다음의 문제를 해결해 보자.

Q. 48×72=
① 3,284
② 3,362
③ 3,456
④ 3,572
⑤ 3,696

Q. 428×287 은 12만보다 크다. (O, X)

정답: ③, O

다음의 세 질문을 자율적으로 임의의 기준에 따라 두 가지 종류의 질문으로 구분해 보자.

1) '98+94'의 결과는?
2) '46×3'의 결과는?
3) '98+94+92'와 '92+93+98' 중 더 큰 값은?

계산형 문제에서 요구하는 계산은 두 가지의 종류가 있다. 정답을 도출하기까지 우리가 해야 하는 계산을 기준으로, 계산형 문제를 해결하는 과정은 정확한 계산을 해야 하는 경우와 상대적 계산을 해야 하는 경우로 구분할 수 있다. '정확한 계산'은 말 그대로 정확한 계산 결과가 도출되어야 해결되는 문제이다. 예를 들어

'5,000원씩 12개월을 지출했을 때 총지출은?'

에 대한 정답을 구하기 위해서는 '6만 원'이라는 정확한 계산값이 도출되어야 한다.

이와 구분해서

'3,000원씩 9개월을 지출하는 경우와
5,000원씩 6개월을 지출하는 경우 중
총지출이 더 적은 경우는?'

라는 질문에는 정확한 지출 액수를 도출하지 않더라도 상대적으로 어느 경우가 총지출액이 더 적은지 상대적인 크기 비교만 하면 문제가 해결된다. 이처럼 '크다, 작다, 같다'만 비교하면 되는 경우는 '상대적 계산'을 해야 하는 경우라고 정의할 것이다. 앞으로 이 두 유형에 해당하는 문제는 구분하여 연습하는 것이 필요하다. 각 유형별로 빠르게 해결할 수 있는 스킬도 구분하여 '해결 스킬' 파트에서 후술할 것이다.

따라서 앞에서 살펴본 1) ~ 3)의 질문은
1) '98+94=192'
2) '46×3=138'
: 특정한 정확한 값을 구해야 해결되는 계산이 필요한 질문과
3) '98+94+92'>'92+93+98'
: 둘 중 더 큰 값을 확인하여 상대적인 크기 비교만 하면 해결되는 계산이 필요한 질문으로 구분할 수 있다.

그런데 우리가 그동안 중·고등학교 정규 교과과정에서 배워오고 연습한 계산은 주로 정확한 계산이었다. 그러다보니 대부분의 수험생들이 계산의 정확한 값을 도출해 내는 데 익숙하고, 상대적 계산이 잘 체화되지 않는 경우를 많이 보게 된다. 상대적 계산에 해당하는 문제를 구분하고, 상대적 계산을 잘하기 위해서는 지금부터 평소에 공통·차이에 대한 인식을 꾸준히 연습하는 것이 좋다.

계산형에 속한 문제를 해결하는 과정에서도 공통, 차이에 대한 인식은 매우 중요하지만, 비단 계산형뿐만 아니라 전 유형에서 조건을 이해하는 과정에 있어서도 공통, 차이에 대한 인식은 매우 중요하다. 이는 올인원 1의 이해파트에서도 이해스킬 중의 하나로 연습한 바 있다. 이제부터 조건을 이해할 때부터 공통인 부분과 차이나는 부분에 신경을 써보자. 그렇다면 문제해결 과정에서 실수할 수 있는 부분이 어떤 부분일지 보다 더 잘 보일 것이며, 그에 따라 실제로 문제를 해결하는 과정에서도 실수가 눈에 띄게 줄어들 것이다.

05 甲, 乙, 丙, 丁이 다음과 같은 경기를 하였을 때, 평균속력이 가장 빠른 사람부터 순서대로 나열한 것은? 12년 민경채 인책형 19번

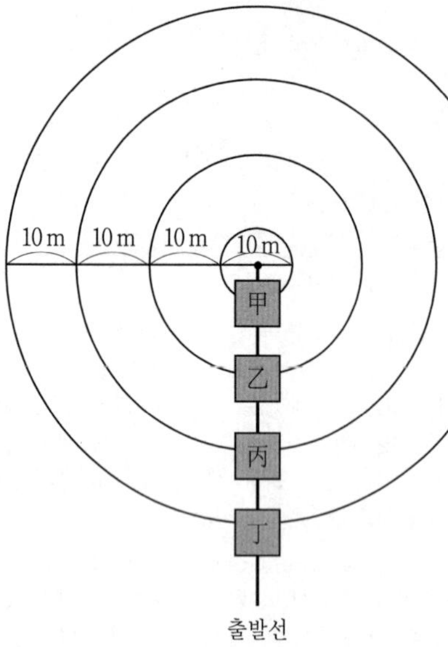

○ 甲, 乙, 丙, 丁은 동심원인 위의 그림과 같이 일직선상의 출발선에서 경기를 시작한다.
○ 甲, 乙, 丙, 丁은 위의 경기장에서 각자 자신에게 정해진 원 위를 10분 동안 걷는다.
○ 甲, 乙, 丙, 丁은 정해진 원 이외의 다른 원으로 넘어갈 수 없다.
○ 甲, 乙, 丙, 丁이 10분 동안에 각자 걸었던 거리는 다음과 같다.

甲	乙	丙	丁
7바퀴	5바퀴	3바퀴	1바퀴

① 乙, 丙, 甲, 丁
② 丙, 乙, 丁, 甲
③ 乙 = 丙, 甲 = 丁
④ 甲, 丁 = 乙, 丙
⑤ 甲, 丁, 乙, 丙

해설

문제 분석

- 평균속력은 속력=거리/시간이므로, 제시된 조건 중에서 '거리'와 '시간'을 확인한다.
- 甲, 乙, 丙, 丁은 동심원 일직선상의 출발선에서 경기를 시작하고, 각자 자신에게 정해진 원 위를 10분 동안 걷는다.

문제풀이 실마리

상대적 비교를 요하는 문제이므로 계산 과정에서 공통인 부분을 제외하고, 상대적 비율만 유지되도록 가장 간단한 정수비를 활용하여 계산한다.

甲, 乙, 丙, 丁은 동심원 일직선상의 출발선에서 경기를 시작하여 각자 자신에게 정해진 원 위를 10분 동안 걷는다고 했으므로, 공통적인 부분인 '10분 동안'을 계산 과정에서 고려하지 않는다.

甲, 乙, 丙, 丁은 동심원 위를 걸었으므로 원의 둘레=원의 지름×원주율(π)임을 적용하여 구한다. 이에 따라 甲, 乙, 丙, 丁의 총 이동한 거리는 '원의 지름×원주율(π)×바퀴 수'이다. 이때도 공통인 부분인 '원주율(π)'을 제외하여 정리하면 다음과 같다.

구분	원의 지름×바퀴 수
甲	10×7
乙	30×5
丙	50×3
丁	70×1

이때 정수비를 활용하면 甲:乙:丙:丁=1:3:5:7로 나타낼 수 있으므로 이를 정리하면 다음과 같다.

구분	지름×바퀴 수	총 이동거리
甲	1×7	7
乙	3×5	15
丙	5×3	15
丁	7×1	7

따라서 평균속력이 가장 빠른 사람부터 순서대로 나열하면 乙=丙, 甲=丁이다.

[정답] ③

06 다음 글을 근거로 판단할 때, <보기>에서 옳은 것만을 모두 고르면? 19년 7급(예시) 4번

여행을 좋아하는 甲은 ○○항공의 마일리지를 최대한 많이 적립하기 위해, 신용카드 이용금액에 따라 ○○항공의 마일리지를 제공해주는 A, B 두 신용카드 중 하나의 카드를 발급받기로 하였다. 각 신용카드의 ○○항공 마일리지 제공 기준은 다음과 같다.

〈A신용카드의 ○○항공 마일리지 제공 기준〉

1) 이용금액이 월 50만 원 이상 100만 원 이하일 경우
   - 이용금액 1,000원당 1마일리지를 제공함.
2) 이용금액이 월 100만 원 초과 200만 원 이하일 경우
   - 100만 원 이하 이용금액은 1,000원당 1마일리지를, 100만 원 초과 이용금액은 1,000원당 2마일리지를 제공함.
3) 이용금액이 월 200만 원을 초과할 경우
   - 100만 원 이하 이용금액은 1,000원당 1마일리지를, 100만 원 초과 200만 원 이하 이용금액은 1,000원당 2마일리지를, 200만 원 초과 이용금액은 1,000원당 3마일리지를 제공함.

〈B신용카드의 ○○항공 마일리지 제공 기준〉

1) 이용금액이 월 50만 원 이상 100만 원 이하일 경우
   - 이용금액 1,000원당 1마일리지를 제공함.
2) 이용금액이 월 100만 원 초과 200만 원 이하일 경우
   - 100만 원 이하 이용금액은 1,000원당 2마일리지를, 100만 원 초과 이용금액은 1,000원당 1마일리지를 제공함.
3) 이용금액이 월 200만 원을 초과할 경우
   - 70만 원 이하 이용금액은 1,000원당 3마일리지를, 70만 원 초과 이용금액은 1,000원당 1마일리지를 제공함.

※ 마일리지 제공 시 이용금액 1,000원 미만은 버림

〈보 기〉

ㄱ. 신용카드 이용금액이 월 120만 원이라면, A신용카드가 B신용카드보다 마일리지를 더 많이 제공한다.
ㄴ. 신용카드 이용금액이 월 100만 원을 초과할 경우, A신용카드가 제공하는 마일리지와 B신용카드가 제공하는 마일리지가 같은 경우가 발생할 수 있다.
ㄷ. 신용카드 이용금액이 월 200만 원을 초과할 경우, B신용카드가 A신용카드보다 마일리지를 더 많이 제공한다.

① ㄱ ② ㄴ ③ ㄷ
④ ㄱ, ㄴ ⑤ ㄴ, ㄷ

해설

문제 분석

마일리지 제공 기준을 이해할 때, 각 신용카드별로 공통인 부분과 차이나는 부분을 정확히 파악하는 것이 중요하다.

이용금액		A신용카드	B신용카드
월 50만 원 이상 100만 원 이하		이용금액 1,000원당 1마일리지 제공	
월 100만 원 초과 200만 원 이하	100만 원 이하 이용금액	1,000원당 1마일리지 제공	1,000원당 2마일리지 제공
	100만 원 초과 이용금액	1,000원당 2마일리지 제공	1,000원당 1마일리지 제공

• 이용금액이 월 200만 원을 초과할 경우

A신용카드	B신용카드
• 100만 원 이하 이용금액: 1,000원당 1마일리지 제공 • 100만 원 초과 200만 원 이하 이용금액: 1,000원당 2마일리지 제공 • 200만 원 초과 이용금액: 1,000원당 3마일리지를 제공	• 70만 원 이하 이용금액: 1,000원당 3마일리지 제공 • 70만 원 초과 이용금액: 1,000원당 1마일리지 제공

문제풀이 실마리

마일리지를 제공하는 규칙을 정확하게 이해한 후 신용카드 이용금액에 따른 마일리지를 빠르게 구하는 것이 핵심이다. 그리고 보기 ㄷ의 반례를 생각할 때는 극단적인 값을 상정해 보는 것이 좋다.

ㄱ. (X) 신용카드 이용금액이 월 120만 원이라면

A신용카드	B신용카드
100만 원까지는 1,000원당 1마일리지를 제공하여 1,000마일리지가 제공되고, 100만 원 초과 이용금액인 20만 원은 1,000원당 2마일리지를 제공하여 400마일리지가 제공됨	100만 원까지는 1,000원당 2마일리지를 제공하여 2,000마일리지가 제공되고, 100만 원 초과 이용금액인 20만 원은 1,000원당 1마일리지를 제공하여 200마일리지가 제공됨
→ 따라서 총 1,400마일리지가 제공된다.	→ 따라서 총 2,200마일리지가 제공된다.

A신용카드는 1,400마일리지를 제공하고, B신용카드는 2,200마일리지를 제공하므로, A신용카드가 B신용카드보다 마일리지를 더 적게 제공한다.

ㄴ. (O) 신용카드 이용금액이 월 100만 원을 초과하여 정확히 200만 원인 경우, A신용카드가 제공하는 마일리지와 B신용카드가 제공하는 마일리지가 3,000마일리지로 같은 경우가 발생할 수 있다.

ㄷ. (X) 이용금액이 월 200만 원을 초과할 경우, 각 카드별 마일리지 제공 기준은 위에서 표로 정리한 바와 같다. 신용카드 이용금액이 월 200만 원인 경우를 가정해 보자.

ㄴ에서 살펴봤듯이 A 신용카드는 100만 원까지 1,000마일리지가, 200만 원까지는 2,000마일리지가 제공되어, 총 3,000마일리지가 제공된 상태이다. 그리고 이후 1,000원당 3마일리지가 제공된다.

반면 B신용카드는 70만 원까지 2,100마일리지가 제공되고, 200만 원까지 130만 원에 해당하는 금액에는 1,300마일리지가 제공되어 3,400민원의 마일리지가 제공된 상태이다. 그리고 이후 금액에는 1,000원당 1마일리지가 제공된다. 즉, 카드 이용금액 월 200만 원일 때는 A신용카드의 마일리지가 400마일리지 적지만, 그 이후의 구간에서는 1,000원당 2마일리지가 더 많이 제공된다. 즉, 카드 이용금액이 월 220만 원이 되면 A신용카드와 B신용카드의 마일리지가 3,600마일리지로 동일해지고, 이용금액이 월 220만 원을 초과하는 구간부터는 A신용카드의 마일리지가 B신용카드의 마일리지보다 더 많아진다.

빠른 문제풀이 Tip

A신용카드와 B신용카드의 ○○항공 마일리지 제공 기준에서 공통인 부분과 차이나는 부분을 명확하게 이해하는 것이 필요하다.

ㄷ. 200만 원을 초과하는 구간에서 A신용카드는 200만 원 초과 이용금액은 1,000원당 3마일리지를 제공하지만, B신용카드는 여전히 1,000원당 1마일리지를 제공하게 된다. 이 구간에서 A신용카드가 B신용카드보다 훨씬 높은 마일리지를 제공하게 되고, 이 구간에 해당하는 금액이 많을수록 A신용카드에는 유리하다.
즉, 카드 월 사용금액이 월 200만 원 '초과'라는 개구간의 성질을 이용하여, 극단적으로 큰 금액인 월 10억 원을 쓴다고 가정해 보자. 그러면 A신용카드가 B신용카드보다 훨씬 유리할 것이다.

[정답] ②

3 해결 스킬

정확한 계산 해결 스킬

07 다음 규정과 서울에서 대전으로 출장을 다녀온 <甲의 지출내역>에 근거하였을 때, 甲이 정산 받는 여비의 총액은?

11년 민경채 인책형 23번

제00조(여비의 종류) 여비는 운임 · 숙박비 · 식비 · 일비 등으로 구분한다.
1. 운임 : 여행 목적지로 이동하기 위해 교통수단을 이용함에 있어 소요되는 비용을 충당하기 위한 여비
2. 숙박비 : 여행 중 숙박에 소요되는 비용을 충당하기 위한 여비
3. 식비 : 여행 중 식사에 소요되는 비용을 충당하기 위한 여비
4. 일비 : 여행 중 출장지에서 소요되는 교통비 등 각종 비용을 충당하기 위한 여비

제00조(운임의 지급) ① 운임은 철도운임 · 선박운임 · 항공운임으로 구분한다.
② 국내 철도운임은 [별표 1]에 따라 지급한다.

제00조(일비 · 숙박비 · 식비의 지급) ① 국내 여행자의 일비 · 숙박비 · 식비는 [별표 1]에 따라 지급한다.
② 일비는 여행일수에 따라 지급한다.
③ 숙박비는 숙박하는 밤의 수에 따라 지급한다. 다만, 출장기간이 2일 이상인 경우에 지급액은 출장기간 전체의 총액한도 내 실비로 계산한다.
④ 식비는 여행일수에 따라 지급한다.

[별표 1] 국내 여비 지급표

(단위: 원)

철도운임	선박운임	항공운임	일비(1일당)	숙박비(1박당)	식비(1일당)
실비(일반실)	실비(2등급)	실비	20,000	실비(상한액: 40,000)	20,000

〈甲의 지출내역〉

(단위 : 원)

항목	1일차	2일차	3일차
KTX 운임(일반실)	20,000		20,000
대전 시내 버스요금	5,000	10,000	2,000
대전 시내 택시요금			10,000
식비	10,000	30,000	10,000
숙박비	45,000	30,000	

① 182,000원 ② 187,000원 ③ 192,000원
④ 230,000원 ⑤ 235,000원

해설

문제 분석

여비 = 운임 + 숙박비 + 식비 + 일비

첫 번째 조문에서 운임과 일비의 정의를 살펴보면 다음과 같다.

운임	여행 목적지로 이동하기 위해 교통수단을 이용함에 있어 소요되는 비용을 충당하기 위한 여비
일비	여행 중 출장지에서 소요되는 교통비 등 각종 비용을 충당하기 위한 여비

따라서 대전 시내 버스요금 및 택시요금은 운임이 아니라 일비에 해당한다.

〈甲의 지출내역〉에 근거하였을 때, 甲이 정산 받는 여비의 총액을 구해야 하므로, 甲의 지출내역이 여비의 종류 중 어디에 해당하는지를 확인해 보면 다음과 같다.

여비의 구분	항목	1일차	2일차	3일차
운임(철도운임)	KTX 운임(일반실)	20,000		20,000
일비	대전 시내 버스요금	5,000	10,000	2,000
	대전 시내 택시요금			10,000
식비	식비	10,000	30,000	10,000
숙박비	숙박비	45,000	30,000	

국내 철도운임 및 국내 여행자의 일비 · 숙박비 · 식비는 [별표 1]에 따라 지급하므로, '[별표 1] 국내 여비 지급표'에 따를 때 각 여비를 지급하는 방식은 다음과 같다.

철도운임	실비(일반실)	일반실 기준 실비가 지급된다.
일비(1일당)	20,000원	일비는 여행일수에 따라 지급한다.
숙박비(1박당)	실비(상한액: 40,000원)	숙박비는 숙박하는 밤의 수에 따라 지급한다. 다만, 출장기간이 2일 이상인 경우에 지급액은 출장기간 전체의 총액한도 내 실비로 계산한다.
식비(1일당)	20,000원	식비는 여행일수에 따라 지급한다.

지금까지 정리한 여비 지급 방식에 따라 실제 계산을 해보면 다음과 같다.

1. 운임	1일차와 3일차에 2회 KTX 비용을 지출하였으므로 일반실 기준 실비 운임 20,000원×2회 = 40,000원을 지급받는다.	40,000원
2. 숙박비	甲의 출장기간은 2박 3일로, 출장기간이 2일 이상인 경우이므로, 지급액은 출장기간 전체의 총액한도 내 실비로 계산한다. 1박당 상한액이 40,000원이고 2박을 했으므로, 40,000원×2 = 80,000원을 총액으로 하여 총액한도 내 실비만큼 지급받을 수 있다. 甲이 지출한 숙박비는 40,000 + 35,000원 = 75,000원으로 80,000원이 총액한도 내이기 때문에, 甲은 숙박비로 75,000원을 지급받을 수 있다.	75,000원
3. 식비	甲은 3일 동안 출장을 다녀왔으므로 1일당 20,000원씩 20,000원×3 = 60,000원의 식비를 지급받을 수 있다.	60,000원

4. 일비	일비는 여행일수에 따라 지급하는데 갑은 3일 동안 출장을 다녀왔다. 1일당 20,000원이 지급되므로, 20,000×3일=60,000원이 지급된다.	60,000원

따라서 甲이 정산받는 여비의 총액은 40,000원(운임)+60,000(일비)+75,000원(숙박비)+60,000(식비)=235,000원이다.

빠른 문제풀이 Tip

- 주어진 조건을 정확하게 확인하여 대전 시내 버스요금 및 택시요금이 운임이 아니라 일비에 해당한다는 것을 혼동하지 않도록 주의해야 한다.
- 계산을 정확하게 하기 위해서는 '정확한 이해 스킬'(p.18)에서 언급한 것처럼 기본적으로 계산과정에서 활용되는 '용어'를 정확하게 파악하는 것이 필요하다.

[정답] ⑤

길쌤's Check

정확한 계산 해결 스킬을 적용하는 유형의 문제는 특정 계산값을 빠르고 정확하게 도출하여야 하는 문제이다. 정확한 계산을 요구하는 경우에는 ① 끝자리 숫자 확인, ② 계산 결과의 범위값 확인, ③ 유효숫자의 확인, ④ 계산을 쉽게 만들어 주는 수구조의 활용, ⑤ 짝수·홀수 성질의 활용, ⑥ 배수 성질의 활용, ⑦ 자릿수의 확인, ⑧ 최대공약수·최소공배수의 활용, ⑨ 배수·약수의 활용, ⑩ 양수(+)·음수(−)의 확인, ⑪ 제곱수의 활용, ⑫ 소수의 성질 활용, ⑬ 나머지의 확인 등의 스킬을 사용하면, 계산결과를 다 구하지 않고도 객관식 시험의 정답을 보다 빠르고 수월하게 찾아낼 수 있다.
계산형 파트에서 연습하는 여러 유용한 계산 스킬은 계산형이 아닌 다른 유형의 문제에서도 얼마든지 활용 가능하다. 텍스트형과 법조문형의 응용형에서 계산을 필요로 하는 경우, 규칙형 또는 경우형에서도 계산이 일부 활용된다면 계산 스킬을 유용하게 활용할 수 있다. 이 장에서도 계산형에 해당하는 문제 뿐만 아니라 다른 유형에서 계산 스킬이 적절하게 활용되는 문제들도 함께 다룰 것이다.

- **연산순서+홀/짝성질**
  1) 홀수 또는 짝수가 홀수 또는 짝수와 더해지는 경우는 다음 네 가지의 경우가 가능하다.
  2) 홀수 또는 짝수가 홀수 또는 짝수와 곱해지는 경우 역시도 다음 네 가지의 경우가 가능하다.

  이 두 가지 경우를 결합시켜 표로 나타내 보면 다음과 같다.

+ 결과			×결과
짝수	홀수	홀수	홀수
홀수	홀수	짝수	짝수
	짝수	홀수	
짝수	짝수	짝수	

  홀+짝, 짝+홀의 결과는 동일하고, 홀×짝, 짝×홀의 결과 역시도 동일하다. 곱셈(×) 또는 덧셈(+)의 경우 연산순서가 바뀌더라도 결과는 동일하다는 것도 출제장치 중의 하나이다.

- **배수 성질**
  2의 배수: 끝자리가 0 또는 짝수
  3의 배수: 각 자리수 합이 3의 배수
  ㉥ 534는 5+3+4=12가 3의 배수이므로 3의 배수이다.
  4의 배수: 끝 두자리가 4의 배수
  5의 배수: 끝자리가 0 또는 5
  ㉥ 5×홀수=끝자리 5, 5×짝수=끝자리 0
  6의 배수: 2의 배수 성질 & 3의 배수 성질
  7의 배수: 잘 활용되지 않음
  8의 배수: 끝 세자리가 8의 배수
  9의 배수: 각 자리수 합이 9의 배수
  11의 배수: 홀수번째 자리의 합과 짝수번째 자리의 합의 차이가 0 또는 11의 배수

08 다음은 ○○사의 <여비규정>과 <국외여비정액표>이다. 이 회사의 A 이사가 아래 여행일정에 따라 국외출장을 가는 경우, 총일비, 총숙박비, 총식비는 각각 얼마인가? (다만 국가간 이동은 모두 항공편으로 한다) 10년 5급 선책형 8번

〈여비규정〉

제00조(여비의 종류) 여비는 운임 · 일비 · 숙박비 · 식비 · 이전비 · 가족여비 및 준비금 등으로 구분한다.
제00조(여행일수의 계산) 여행일수는 여행에 실제로 소요되는 일수에 의한다. 국외여행의 경우에는 국내 출발일은 목적지를, 국내 도착일은 출발지를 여행하는 것으로 본다.
제00조(여비의 구분계산) ① 여비 각 항목은 구분하여 계산한다.
② 같은 날에 여비액을 달리하여야 할 경우에는 많은 액을 기준으로 지급한다. 다만 숙박비는 숙박지를 기준으로 한다.
제00조(일비 · 숙박비 · 식비의 지급) ① 국외여행자의 경우는 〈국외여비정액표〉에서 정하는 바에 따라 지급한다.
② 일비는 여행일수에 따라 지급한다.
③ 숙박비는 숙박하는 밤의 수에 따라 지급한다. 다만 항공편 이동 중에는 따로 숙박비를 지급하지 아니한다.
④ 식비는 여행일수에 따라 이를 지급한다. 다만 항공편 이동 중 당일의 식사 기준시간이 모두 포함되어 있는 경우는 식비를 제공하지 않는다.
⑤ 식사 시간은 현지 시각 08시(조식), 12시(중식), 18시(석식)를 기준으로 한다.

〈국외여비정액표〉

(단위 : 달러)

구분	국가등급	일비	숙박비	식비 (1일 기준)
이사	다	80	233	102
	라	70	164	85

〈A 이사의 여행일정〉

1일째: (06 : 00) 출국
2일째: (07 : 00) 갑국(다 등급지역) 도착
(18 : 00) 만찬
3일째: (09 : 00) 회의
(15 : 00) 갑국 출국
(17 : 00) 을국(라 등급지역) 도착
4일째: (09 : 00) 회의
(18 : 00) 만찬
5일째: (22 : 00) 을국 출국
6일째: (20 : 00) 귀국

※ 시각은 현지 기준이고, 날짜변경선의 영향은 없는 것으로 가정 한다.

	총일비(달러)	총숙박비(달러)	총식비(달러)
①	440	561	374
②	440	725	561
③	450	561	374
④	450	561	561
⑤	450	725	561

해설

문제 분석

여비 각 항목은 구분하여 계산한다.

- 같은 날에 여비액을 달리하여야 할 경우에는 많은 액을 기준으로 지급한다. 다만 숙박비는 숙박지를 기준으로 한다.
- 국외여행자의 경우는 〈국외여비정액표〉에서 정하는 바에 따라 지급한다.

여행일수의 계산	여행일수는 여행에 실제로 소요되는 일수에 의한다. 국외여행의 경우에는 국내 출발일은 목적지를, 국내 도착일은 출발지를 여행하는 것으로 본다.
일비	여행일수에 따라 지급한다.
숙박비	숙박하는 밤의 수에 따라 지급한다. 다만 항공편 이동 중에는 따로 숙박비를 지급하지 아니한다.
식비	– 여행일수에 따라 이를 지급한다. 다만 항공편 이동 중 당일의 식사 기준시간이 모두 포함되어 있는 경우는 식비를 제공하지 않는다. – 식사 시간은 현지 시각 08시(조식), 12시(중식), 18시 (석식)를 기준으로 한다.

정리된 조건에 따라 실제 총일비, 총숙박비, 총식비를 구해보면 다음과 같다.

(단위: 달러)

<table>
<tr><th>구분</th><th>1일째</th><th>2일째</th><th>3일째</th><th>4일째</th><th>5일째</th><th>6일째</th><th>총</th></tr>
<tr><td rowspan="2">총일비</td><td colspan="3">다</td><td colspan="3">라</td><td rowspan="2">450</td></tr>
<tr><td>80[1)]</td><td>80</td><td>80[2)]</td><td>70</td><td>70</td><td>70[3)]</td></tr>
<tr><td rowspan="2">총숙박비</td><td rowspan="2">×[4)]</td><td>다</td><td colspan="2">라</td><td rowspan="2">×[6)]</td><td rowspan="2">×[7)]</td><td rowspan="2">561</td></tr>
<tr><td>233</td><td>164[5)]</td><td>164</td></tr>
<tr><td rowspan="2">총식비</td><td rowspan="2">×[8)]</td><td colspan="2">다</td><td colspan="2">라</td><td rowspan="2">×[10)]</td><td rowspan="2">374</td></tr>
<tr><td>102</td><td>102[9)]</td><td>85</td><td>85</td></tr>
</table>

1) 국외여행의 경우에는 국내 출발일은 목적지를 여행하는 것으로 본다.
2), 9) 같은 날에 여비액을 달리하여야 할 경우에는 많은 액을 기준으로 지급한다. → 일비, 식비가 해당된다.
3) 국외여행의 경우에는 국내 도착일은 출발지를 여행하는 것으로 본다.
4), 6) 항공편 이동 중에는 따로 숙박비를 지급하지 아니한다.
5) 숙박비는 숙박지를 기준으로 여비를 지급한다.
7) 5박 6일의 일정이므로, 숙박비는 5번만 고려하면 된다.
8), 10) 항공편 이동 중 당일의 식사 기준시간이 모두 포함되어 있는 경우는 식비를 제공하지 않는다.

위의 과정에 따라 도출된 값이 정확히 매칭된 ③이 정답이 된다.

빠른 문제풀이 Tip

- 총일비, 총숙박비, 총식비를 구하는 방식은 앞서 살펴본 문제와 크게 다르지 않다. 국외출장을 가는 상황에 따른 일부 조건이 추가된 형태의 문제이다. 이처럼 기출문제는 기존에 출제된 문제가 다시 반복해서 출제되는 경향을 보이기도 한다. 따라서 기출문제를 잘 분석해 두는 것이 중요하다.
- 여비를 계산하는 과정이 전체적으로 복잡할 수 있고, 특히 총일비, 총식비를 계산하는 방식과 총숙박비를 계산하는 방식에는 차이가 있다. 여비를 계산하는 방식을 정확하게 이해한 후 빠르고 정확하게 계산을 통해 답을 구할 수 있어야 한다.
- 선지를 적절하게 활용하고 계산 결과의 끝자리 위주로 확인하면 보다 빠른 해결이 가능하다.
- 총일비, 총숙박비, 총식비를 한꺼번에 구하는 것보다는 그 중 하나의 여비만 먼저 일괄적으로 계산하는 것이 더 효율적일 수 있다.

[정답] ③

09 다음 글을 근거로 판단할 때, 선수 A와 B의 '합계점수'를 더하면?

18년 5급 나책형 11번

스키점프는 스키를 타고 급경사면을 내려오다가 도약대에서 점프하여 날아가 착지하는 스포츠로, 착지의 기준점을 뜻하는 K점에 따라 경기 종목이 구분된다. 도약대로부터 K점까지의 거리가 75m 이상 99m 이하이면 '노멀힐', 100m이상이면 '라지힐' 경기이다. 예를 들어 '노멀힐 K-98'의 경우 도약대로부터 K점까지의 거리가 98m인 노멀힐 경기를 뜻한다.

출전선수의 점수는 '거리점수'와 '자세점수'를 합산하여 결정되며, 이를 '합계점수'라 한다. 거리점수는 도약대로부터 K점을 초과한 비행거리 1m당 노멀힐의 경우 2점이, 라지힐의 경우 1.8점이 기본점수 60점에 가산된다. 반면 K점에 미달하는 비행거리 1m당 가산점과 같은 점수가 기본점수에서 차감된다. 자세점수는 날아가는 동안의 자세, 균형 등을 고려하여 5명의 심판이 각각 20점 만점을 기준으로 채점하며, 심판들이 매긴 점수 중 가장 높은 것과 가장 낮은 것을 각각 하나씩 제외한 나머지를 합산한 점수이다.

다음은 선수 A와 B의 경기 결과이다.

〈경기 결과〉

출전 종목	선수	비행거리 (m)	자세점수(점)				
			심판 1	심판 2	심판 3	심판 4	심판 5
노멀힐 K-98	A	100	17	16	17	19	17
라지힐 K-125	B	123	19	17	20	19.5	17.5

① 226.6
② 227
③ 227.4
④ 364
⑤ 364.4

해설

문제 분석

도약대로부터 K점까지의 거리	75m 이상 99m 이하	노멀힐
	100m 이상	라지힐

출전선수의 점수 = 합계점수 = 거리점수 + 자세점수

구분	거리점수		자세점수
노멀힐	기본점수 60점	±2점/1m	20점 만점으로 5명의 심판이 채점 후, 최고점과 최저점 각각 하나씩 제외한 나머지를 합산한 점수
라지힐		±1.8점/1m	

방법 1 정확하게 계산하기

'합계점수' = 거리점수 + 자세점수

자세점수(점)				
심판 1	심판 2	심판 3	심판 4	심판 5
17	~~16~~	17	~~19~~	17
19	~~17~~	~~20~~	19.5	17.5

구분	거리점수(점)	자세점수(점)	합계점수(점)
A	60+4=64	17+17+17=51	115
B	60−3.6=56.4	19+19.5+17.5=56	112.4

따라서 선수 A와 B의 '합계점수'를 더하면, '③ 227.4'이다.

방법 2 끝자리 + 범위의 확인

선지를 활용해 보자. 선지를 보면 소수점이 있는 ①, ③, ⑤와 소수점이 있는 ②, ④로 구분할 수 있다. 그런데 라지힐의 경우 K점까지의 거리와 비행거리 간 차이가 나면 ±1.8점/1m이 되는데, 선수 B는 K점까지의 거리가 125m인데, 비행거리는 123m이므로 계산 결과 소수점이 나올 수밖에 없다. 따라서 ①, ③, ⑤가 남는다.

남은 선지를 다시 구분해 보면 소수점 숫자가 6인 선지 ①과 4인 선지 ③, ⑤로 구분된다. 비행거리가 미달하므로 −3.6점을 한 결과 소수점은 끝자리가 4여야 하고, 선지 ③, ⑤가 남게 된다.

거리점수는 기본점수 60점에서 ±가 계산된다. 자세점수는 5명의 심판이 각각 20점 만점을 기준으로 채점하는데, 최고점과 최저점을 각각 하나씩 제외한 나머지를 합산하므로 20점×3=60점에서 점수가 낮아진다. 따라서 범위를 검토해보면 다음과 같다.

출전종목	선수	비행거리 (m)	자세점수(점)				
			심판 1	심판 2	심판 3	심판 4	심판 5
노멀힐 K-98	A	100 (60 ± 2점/1m)	17	16	17	19	17
라지힐 K-125	B	123 (60 ± 1.8점/1m)	19	17	20	19.5	17.5

최고점, 최저점을 제외하면 60점에서 마이너스(−)

따라서 범위는 60점×4=240점, 대략 240점 안팎의 점수여야 한다. 이에 해당하는 결과는 ③이다.

빠른 문제풀이 Tip

- 계산 조건을 줄글의 형태로 설명하고 있는 문제이기 때문에, 계산하는 방법을 정확하게 이해한 후 빠르고 정확하게 문제를 해결할 수 있어야 한다. 자세점수를 계산하는 방식은 노멀힐과 라지힐이 동일하지만, 거리점수를 계산하는 방식은 노멀힐과 라지힐이 차이가 있기 때문에 정확하게 구분해서 계산할 수 있어야 한다.
- 노멀힐과 라지힐을 구분할 때, 'n−1개 정보처리'를 하면 문제해결 과정에서 처리해야 할 정보량이 줄어들 수 있다.

[정답] ③

10 다음 글과 <상황>을 근거로 판단할 때 갑이 2019년 2월 1일에 지불한 택시요금 총액으로 옳은 것은? 19년 입법 가책형 15번

택시요금이 2019년 2월 1일 18시부터 인상되어 적용될 예정이다. 주간 기본요금은 800원, 심야 기본요금은 1,000원씩 인상되고, 거리요금도 대폭 상승되었다.

구분		현행	조정
주간 (04시~21시)	기본요금	3,000원	3,800원
	초과요금 기준거리	12m	10m
심야 (21시~익일 04시)	기본요금	3,600원	4,600원
	초과요금 기준거리	10m	5m

※ 택시요금은 최초 2km까지의 기본요금과 2km를 초과한 후 기준거리에 도달할 때마다 매번 10원씩 가산되는 초과요금의 합임

※ 단, 주간/심야요금의 구분은 출발지에서 택시에 탑승한 시각을 기준으로 함. 택시의 속력은 50km/h로 일정하다고 가정

〈상 황〉

갑은 매일 집에서 회사까지 택시를 이용하여 출퇴근한다. 갑은 출퇴근길 외에는 모두 업무차량으로 이동한다. 갑은 2019년 2월 1일 09시에 집에서 출발하였고 22시에 회사에서 퇴근하였다. 갑의 집에서 회사까지의 거리는 2.6km이다.

① 8,000원
② 8,800원
③ 9,100원
④ 9,300원
⑤ 9,600원

해설

문제 분석

• 요금체계: 기본요금+초과요금

기본요금	최초 2km까지의 요금
초과요금	2km를 초과한 후 기준거리에 도달할 때마다 매번 10원씩 가산되는 요금

〈상황〉
1) 갑은 집에서 회사까지의 2.6km를 택시를 이용하여 출퇴근한다.
2) 2019년 2월 1일 09시에 집에서 출발하였고 (→ 현행, 주간 적용)
3) 22시에 회사에서 퇴근하였다. (→ 조정, 심야 적용)

• 택시요금 계산

구분	기본요금	초과요금	총 택시요금
출근	3,000원	(600/12)×10=500원	3,500원
퇴근	4,600원	(600/5)×10=1,200원	5,800원

따라서 택시요금 총액은 '④ 9,300원'이다.

빠른 문제풀이 Tip

• 속력=거리/시간
• 계산할 때 총 현행/조정&주간/심야에 따라 총 4가지의 계산 방식이 있으므로, 주간/심야, 현행/조정의 구분을 정확하게 할 수 있어야 하고 해결 과정에서 혼동하지 않도록 주의한다.
• 문제의 정답을 구하는데 있어, 택시의 속력이 불필요한 정보임을 알아챌 수 있어야 한다. 갑의 집에서 회사까지의 거리는 2.6km인데, 9시(04시~21시까지가 주간)에 집에서 출발하였고 22시(21시~익일04시까지가 심야)에 회사에서 퇴근하였다.
• '현행+주간'의 기준을 적용하여 거리요금을 계산할 때, 최초 2km까지는 기본요금 3,000원이고, 2km를 초과한 후 12m에 도달할 때'마다' 10원씩 가산된다. '도달할 때 마다' 가산된다는 조건을 조심하자.

[정답] ④

11 다음 글을 근거로 판단할 때, 甲이 잃어버린 인물카드의 수는?

21년 5급 가책형 33번

> 甲은 이름, 성별, 직업이 기재된 인물카드를 모으고 있다. 며칠 전 그 중 몇 장을 잃어버렸다. 다음은 카드를 잃어버리기 전과 후의 상황이다.
>
> 〈잃어버리기 전〉
> ○ 남성 인물카드를 여성 인물카드보다 2장 더 많이 가지고 있다.
> ○ 가지고 있는 인물카드의 직업은 총 5종류이며, 인물카드는 직업별로 최대 2장이다.
> ○ 가수 직업의 인물카드는 1장만 가지고 있다.
>
> 〈잃어버린 후〉
> ○ 잃어버린 인물카드 중 2장은 직업이 소방관이다.
> ○ 가수 직업의 인물카드는 잃어버리지 않았다.
> ○ 인물카드는 총 5장 가지고 있으며, 직업은 4종류이다.

① 2장
② 3장
③ 4장
④ 5장
⑤ 6장

해설

문제 분석

주어진 조건을 정리해 보면 다음과 같다.

직업	잃어버리기 전 (5종류, 최대 2장)	잃어버린 여부	잃어버린 후 (4종류)
가수	1장	–	
소방관		2장	
알 수 없음			
알 수 없음			
알 수 없음			
총 장수	남성=여성+2장 (∴ 짝수)		5장 (직업은 4종류)

문제풀이 실마리

- 〈잃어버리기 전〉 상황을 알려주는 조건 중 '남성 인물카드를 여성 인물카드보다 2장 더 많이 가지고 있다.'는 조건에서 인물카드의 총 장수가 짝수임을 알 수 있어야 한다.
  주어진 조건에 따를 때 여성 인물카드가 x장이라고 하면, 남성 인물카드는 $(x+2)$장이어야 한다. 따라서 인물카드의 총 장수는 $x+(x+2)$장 $=2x+2$장이므로 총 장수는 짝수가 된다.
- 잃어버린 카드의 장수 이상의 카드를 가지고 있어야 한다.

주어진 조건에 따라 해결해 보면 다음과 같다.

〈잃어버리기 전〉
○ 남성 인물카드를 여성 인물카드보다 2장 더 많이 가지고 있다.
  → 인물카드의 총 장수는 짝수여야 한다.
○ 가지고 있는 인물카드의 직업은 총 5종류이며, 인물카드는 직업별로 최대 2장이다.
  → 직업은 총 5종류이면서, 직업별로 1장 또는 2장이므로 인물카드는 최소 5장부터 최대 10장까지 가능하고, 첫 번째 조건과 결합시켜 보면 인물카드의 총 장수는 짝수여야 하므로 6장 또는 8장 또는 10장일 수 있다.
○ 가수 직업의 인물카드는 1장만 가지고 있다.
  → 인물카드가 총 10장이려면 직업별로 모두 2장이어야 하는데, 가수 직업의 인물카드가 1장이므로 10장은 불가능하다. 따라서 인물카드의 총 장수는 6장 또는 8장일 수 있다.

〈잃어버린 후〉
○ 잃어버린 인물카드 중 2장은 직업이 소방관이다.
  → 인물카드를 최소 2장 이상 잃어버렸다.
○ 가수 직업의 인물카드는 잃어버리지 않았다.
○ 인물카드는 총 5장 가지고 있으며, 직업은 4종류이다.
  → 인물카드 중 최소 2장 이상을 잃어버린 후 총 5장이 남아야 한다. 따라서 잃어버리기 전 인물카드가 6장일 수는 없다. 잃어버리기 전 인물카드는 총 8장이고, 5장이 남기 위해서 3장을 잃어버린 것이 된다.

빠른 문제풀이 Tip

- 남성과 여성에 대한 정보는 잃어버리기 전에 한 번 등장하고 더 이상 활용되지 않는 정보이다. 이 정보가 어떠한 역할을 하는지 정확하게 파악할 수 있어야 한다.
- 가지고 있는 인물카드의 직업은 총 5종류인데, 그 중 가수와 소방관의 직업만을 알 수 있다. 따라서 직업별로 세세하게 확인하는 문제는 아니라는 것을 알 수 있어야 한다. 문제의 출제장치를 알고 핵심을 분석할 수 있어야 한다.
- 답을 구하는 데는 불필요하지만, 주어진 조건에 따라 끝까지 정리해 보면 다음과 같다. 잃어버리기 전 인물카드는 총 8장이어야 하고, 카드를 잃어버리고 난 후 직업이 4종류가 남기 위해서는 소방관을 제외한 나머지 직업의 인물카드는 남아있어야 한다.

직업	잃어버리기 전 (5종류, 최대 2장)	잃어버린 여부	잃어버린 후 (4종류)
가수	1장	–	1장
소방관	2장	2장	0장
알 수 없음	2장	1장	1장
알 수 없음	2장	–	2장
알 수 없음	1장	–	1장
총 장수	8장	3장	5장 (직업은 4종류)

- N, N+1의 출제장치로도 분석해 볼 수 있다.

[정답] ②

12 **다음 글을 근거로 판단할 때, 甲금속회사가 생산한 제품 A, B를 모두 판매하여 얻을 수 있는 최대 금액은?** 17년 5급 가책형 32번

○ 甲금속회사는 특수구리합금 제품 A와 B를 생산 및 판매한다.
○ 특수구리합금 제품 A, B는 10kg 단위로만 생산된다.
○ 제품 A의 1kg당 가격은 300원이고, 제품 B의 1kg당 가격은 200원이다.
○ 甲금속회사는 보유하고 있던 구리 710kg, 철 15kg, 주석 33kg, 아연 155kg, 망간 30kg 중 일부를 활용하여 아래 표의 질량 배합 비율에 따라 제품 A를 300kg 생산한 상태이다. (단, 개별 금속의 추가구입은 불가능하다)
○ 합금 제품별 질량 배합 비율은 아래와 같으며 배합 비율을 만족하는 경우에만 제품이 될 수 있다.

(단위: %)

구분	구리	철	주석	아연	망간
A	60	5	0	25	10
B	80	0	5	15	0

※ 배합된 개별 금속 질량의 합은 생산된 합금 제품의 질량과 같다.

① 195,000원
② 196,000원
③ 197,000원
④ 198,000원
⑤ 199,000원

해설

문제 분석

- 특수구리합금 제품 A, B는 10kg 단위로만 생산
- 제품 A의 1kg당 가격은 300원이고, 제품 B의 1kg당 가격은 200원
- 甲금속회사는 구리 710kg, 철 15kg, 주석 33kg, 아연 155kg, 망간 30kg을 보유
- 표의 질량 배합 비율에 따라 제품 A를 300kg 생산한 상태
- 개별 금속의 추가구입은 불가능
- 합금 제품별 질량 배합 비율은 표와 같으며 배합 비율을 만족하는 경우에만 제품이 될 수 있음
- 배합된 개별 금속 질량의 합은 생산된 합금 제품의 질량과 동일

주어진 조건에 따라 제품 A를 300kg 생산한 후, 각 개별 금속의 보유량을 확인해 보면 다음과 같다.

구분	구리	철	주석	아연	망간
보유량	710	15	33	155	30
제품 A 300kg 생산 시 사용량	180	15	0	75	30
잔여 보유량	530	0	33	80	0

철과 망간의 잔여 보유량이 0kg이기 때문에 제품 A는 더 이상 생산이 불가능하고, 제품 B의 추가 생산만이 가능하다.

구분	구리	철	주석	아연	망간
잔여 보유량(㉠)	530	0	33	80	0
제품 B 100kg 생산 시 사용량(㉡)	80	0	5	15	0
㉠/㉡	6.625	0	6.6	5.333	0
제품 B 생산 가능량				530kg	

이때 제품 B의 생산에 필요한 구리, 주석, 아연 중 아연의 '㉠/㉡=잔여보유량(㉠)/제품 B 100kg 생산 시 사용량(㉡)'의 값이 가장 작으므로, 아연의 배율에 맞추어 제품 B를 생산하게 된다. 따라서 제품 B는 530kg까지 생산가능하다.

따라서 제품 A, B를 모두 판매하여 얻을 수 있는 최대 금액은 90,000원+106,000원='② 196,000원'이다.

구분	생산량	1kg당 가격	판매 금액
제품 A	300kg	300원	90,000원
제품 B	530kg	200원	106,000원

빠른 문제풀이 Tip

- 특수구리합금 제품 A, B는 10kg 단위로만 생산되고, 제품 A의 1kg당 가격은 300원, 제품 B의 1kg당 가격은 200원이다. 따라서 제품 A는 최소 3,000원 단위로 판매되고, 제품 B는 최소 2,000원 단위로 판매된다.
- 제품 B는 최소 2,000원 단위로 생산되므로, 홀수, 짝수 성질을 이용하면 선지를 추릴 수 있다.
- 선지를 활용하면 보다 빠른 해결이 가능하고, 발문에서 요구하는 것이 제품 A, B를 모두 판매하여 얻을 수 있는 최대 금액이므로 남은 선지 중 더 큰 값이 가능한지를 검증해 본다.
- 계산을 할 때는 비례관계 계산법 또는 분수계산법을 사용하면 보다 빠른 해결이 가능하다.
- 고정, 가변을 구분하는 것도 문제의 빠른 해결에 도움을 준다.

[정답] ②

13 다음 글을 근거로 판단할 때, <보기>에서 옳은 것만을 모두 고르면? 18년 민경채 가책형 19번

1부터 5까지 숫자가 하나씩 적힌 5장의 카드와 3개의 구역이 있는 다트판이 있다. 甲과 乙은 다음 방법에 따라 점수를 얻는 게임을 하기로 했다.

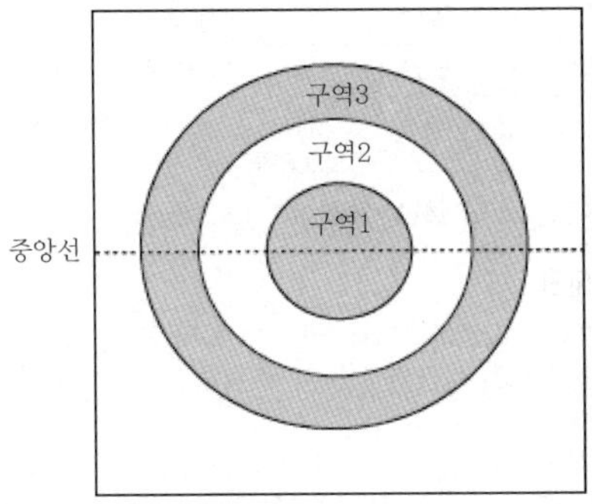

ㅇ 우선 5장의 카드 중 1장을 임의로 뽑고, 그 후 다트를 1차 시기와 2차 시기에 각 1번씩 총 2번 던진다.
ㅇ 뽑힌 카드에 적혀 있는 숫자가 '카드점수'가 되며 점수를 얻는 방법은 다음과 같다.

〈1차 시기 점수 산정 방법〉

- 다트가 구역1에 꽂힐 경우: 카드점수×3
- 다트가 구역2에 꽂힐 경우: 카드점수×2
- 다트가 구역3에 꽂힐 경우: 카드점수×1
- 다트가 그 외 영역에 꽂힐 경우: 카드점수×0

〈2차 시기 점수 산정 방법〉

- 다트가 다트판의 중앙선 위쪽에 꽂힐 경우: 2점
- 다트가 다트판의 중앙선 아래쪽에 꽂힐 경우: 0점

〈최종점수 산정 방법〉

- 최종점수: 1차 시기 점수 + 2차 시기 점수

※ 다트판의 선에 꽂히는 경우 등 그 외 조건은 고려하지 않는다.

〈보 기〉

ㄱ. 甲이 짝수가 적힌 카드를 뽑았다면, 최종점수는 홀수가 될 수 없다.
ㄴ. 甲이 숫자 2가 적힌 카드를 뽑았다면, 가능한 최종점수는 8가지이다.
ㄷ. 甲이 숫자 4가 적힌 카드를, 乙이 숫자 2가 적힌 카드를 뽑았다면, 가능한 甲의 최종점수 최댓값과 乙의 최종점수 최솟값의 차이는 14점이다.

① ㄱ
② ㄷ
③ ㄱ, ㄴ
④ ㄱ, ㄷ
⑤ ㄴ, ㄷ

해설

문제 분석

- 1부터 5까지 숫자가 하나씩 적힌 5장의 카드 중 1장을 임의로 뽑고, 다트를 총 두 번 던진다.
- 최종점수: 1차 시기 점수 + 2차 시기 점수

1차 시기 점수 산정 방법	2차 시기 점수 산정 방법
- 다트가 구역 1에 꽂힐 경우 : 카드점수×3 - 다트가 구역 2에 꽂힐 경우 : 카드점수×2 - 다트가 구역 3에 꽂힐 경우 : 카드점수×1 - 다트가 그 외 영역에 꽂힐 경우 : 카드점수×0	- 다트가 다트판의 중앙선 위쪽에 꽂힐 경우: 2점 - 다트가 다트판의 중앙선 아래쪽에 꽂힐 경우: 0점

문제풀이 실마리

덧셈 또는 곱셈 시 홀짝 성질을 활용하면 보다 빠른 해결이 가능하다.

ㄱ. (O) 甲이 짝수가 적힌 카드를 뽑은 경우 1차 시기 점수는 (짝수)×(0, 1, 2, 3)이므로 점수는 반드시 짝수가 된다. 그런데 2차 시기 점수도 2점 또는 0점으로 짝수이므로, 1차 시기 점수와 2차 시기 점수를 더한 甲의 최종점수는 '짝수+짝수'이고, 언제나 짝수가 된다.

ㄴ. (X) 甲이 숫자 2가 적힌 카드를 뽑았다면, 1차 시기 점수는 0, 2, 4, 6점 중 하나가 된다. 그리고 2차 시기 점수는 0점 또는 2점이 될 수 있으므로, 甲이 얻을 수 있는 최종점수는 아래 표와 같이 0, 2, 4, 6, 8점일 수 있다. 따라서 가능한 최종점수는 5가지이다.

2차 시기 / 1차 시기	0점	2점
0점	0	2
2점	2	4
4점	4	6
6점	6	8

ㄷ. (O) 甲이 숫자 4가 적힌 카드를 뽑았다면, 甲의 최종점수 최댓값은 (4×3)+2=14점이고, 乙이 숫자 2가 적힌 카드를 뽑았다면, 乙의 최종점수의 최솟값은 0+0=0점이다. 따라서 가능한 甲의 최종점수 최댓값과 乙의 최종점수 최솟값의 차이는 14점이다.

빠른 문제풀이 Tip

이 문제는 규칙이 복잡하다고 판단되는 경우 계산형이라기보다는 규칙형으로도 분류할 수 있는 문제이나, 홀·짝 성질은 상황판단에 출제되는 전 유형에서 활용되고 있음을 알 수 있는 문제이다.

[정답] ④

상대적 계산 해결 스킬

14 다음 글을 근거로 판단할 때, 甲이 지불할 관광비용은?

19년 5급 가책형 28번

○ 甲은 경복궁에서 시작하여 서울시립미술관, 서울타워 전망대, 국립중앙박물관까지 관광하려 한다. '경복궁 → 서울시립미술관'은 도보로, '서울시립미술관 → 서울타워 전망대' 및 '서울타워 전망대 → 국립중앙박물관'은 각각 지하철로 이동해야 한다.

○ 입장료 및 지하철 요금

경복궁	서울시립 미술관	서울타워 전망대	국립중앙 박물관	지하철
1,000원	5,000원	10,000원	1,000원	1,000원

※ 지하철 요금은 거리에 관계없이 탑승할 때마다 일정하게 지불하며, 도보 이동 시에는 별도 비용 없음

○ 관광비용은 입장료, 지하철 요금, 상품가격의 합산액이다.

○ 甲은 관광비용을 최소화하고자 하며, 甲이 선택할 수 있는 상품은 다음 세 가지 중 하나이다.

상품	가격	혜택				
		경복궁	서울시립 미술관	서울타워 전망대	국립중앙 박물관	지하철
스마트 교통 카드	1,000원	–	–	50% 할인	–	당일 무료
시티 투어 A	3,000원	30% 할인	30% 할인	30% 할인	30% 할인	당일 무료
시티 투어 B	5,000원	무료	–	무료	무료	–

① 11,000원
② 12,000원
③ 13,000원
④ 14,900원
⑤ 19,000원

해설

문제 분석

관광비용 = 입장료 + 지하철 요금 + 상품가격

경복궁	서울시립 미술관	서울타워 전망대	국립중앙 박물관
1,000원	5,000원	10,000원	1,000원

도보 / 지하철 1,000원 / 지하철 1,000원

관광비용 중 입장료 + 지하철 요금 = 총 19,000원

문제풀이 실마리

- 甲은 관광비용을 최소화하고자 한다. '최소화'의 비교는 상대적 계산을 요한다. 다만 선택된 상품의 지불할 관광비용을 구하는 것은 정확한 계산이 필요하다.
- 총 19,000원의 소요되는 것은 모든 상품에서 동일하다. 따라서 이를 계산과정에서 고려하지 않고 할인액만으로 상품 간 비교할 수 있다.

상품에 따른 관광비용을 계산해 보면 다음과 같다.

(단위: 원)

상품	가격	혜택					
		경복궁	서울 시립 미술관	서울타워 전망대	국립중앙 박물관	지하철	
스마트 교통 카드	1,000	–	–	50% 할인	–	당일 무료	−6,000
	+1,000			−5,000		−2,000	
시티 투어 A	3,000	30% 할인	30% 할인	30% 할인	30% 할인	당일 무료	−4,100
	+3,000	−5,100				−2,000	
시티 투어 B	5,000	무료	–	무료	무료	–	−7,000
	+5,000	−1,000		−10,000	−1,000		

따라서 관광비용을 최소화했을 때, 甲이 지불한 관광비용은 '시티투어 B'를 선택했을 때 '② 12,000원'이다.

빠른 문제풀이 Tip

- 이 문제의 경우 상대적 계산형이 아닌 정확한 계산형에 속하는 문제이지만, 문제를 접근하는 방식이 다음 문제로 살펴볼 5급 공채 10년 선책형 37번 문제와 유사하다.
- 상품가격을 계산할 때, 가장 가격이 낮은 스마트교통카드를 기준으로 차이값을 보든, 가장 가격이 높은 시티투어 B를 기준으로 차이값을 보든 둘 다 가능하다. 후자의 경우 할인액을 보는 동일하게 (−) 값으로 처리할 수 있다는 장점이 있다.

상품	가격	스마트교통카드 기준	시티투어B 기준
스마트교통카드	1,000원	0원	−4,000원
시티투어 A	3,000원	+2,000원	−2,000원
시티투어 B	5,000원	+4,000원	0원

[정답] ②

길쌤's Check

다음의 간단한 두 질문에 답변을 해보자.

1. 오디션 프로그램에 A~D가 참여하였고, 이들은 심사위원 甲~丙으로부터 다음과 같은 점수를 받았다. 심사위원들로부터 받은 점수의 평균이 높은 사람이 우승한다고 할 때, 우승자는 누구인가?

구분	A	B	C	D
甲	88점	87점	90점	89점
乙	91점	94점	93점	95점
丙	93점	90점	91점	89점

2. 다음 계산의 결과가 큰 순서대로 나열해보자.

㉠ 24×26
㉡ 36×18
㉢ 46×16
㉣ 48×14
㉤ 35×17

해결한 결과는 다음과 같다.

1. 각 참여자의 총점과 평균은 다음과 같다.

구분	A	B	C	D
총점(점)	272	271	274	273
평균(점)	90.67	90.33	91.33	91

따라서 심사위원들로부터 받은 점수의 평균이 가장 높은 우승자는 C가 된다.

2. 곱셈비교의 결과 가장 큰 수부터 나열해 보면 다음과 같다.

㉠ 24×26=624
㉡ 36×18=648
㉢ 46×16=736
㉣ 48×14=672
㉤ 35×17=595

따라서 ㉢>㉣>㉡>㉠>㉤ 순이다.

1의 경우 우승자를 찾기 위해 평균이 '높은' 사람을 찾으면 되고, 2.의 경우 곱셈 결과를 정확히 구하지 않아도, '큰' 순서대로 나열만 하면 해결된다. 두 문제의 공통점은 정확한 계산이 아닌 상대적인 계산을 통해서 답을 도출할 수 있다는 것이다. 상대적 계산이란 앞에서 정의했듯이 계산 결과 특정 수치의 값을 도출하는 것이 아니라, 여러 숫자 중 어떤 숫자가 큰지, 작은지, 같은지 등을 판단하는 것을 말한다.
앞서 정확한 계산을 요구하는 문제에서 빠르게 정답을 확인하는 여러 스킬을 연습했다면, 상대적인 계산을 요구하는 문제에서는 '차이, 비'의 스킬을 사용하면 보다 간단한 계산이 가능하다.

(1) 차이 스킬

먼저 '차이' 스킬은 공통인 부분, 즉 비교 대상 간 차이나지 않는 부분은 계산과정에서 고려하지 않고, 차이니는 부분만을 계산하여 크기 비교를 하는 것을 말한다. 예를 들어 아래 사례에서 A와 C의 점수를 비교한다고 하면

A: 88+91+93
C: 90+93+91

정확한 결과를 도출해야 한다면 덧셈을 해야겠지만, 상대적인 크기 비교만 하는 경우에는 덧셈과정에서 공통인 91과 93은 계산하지 않고 88과 90점으로만 비교하여 C의 점수가 2점 더 높다는 것을 판단하면 된다.

(2) 비 스킬

'비' 스킬은 비교 대상 간 가장 간단한 정수비를 사용하여, 비를 일률적으로 조정하여 보다 쉬운 계산이 가능해지도록 조정하는 것을 의미한다. 이 두 가지 스킬을 적절하게 활용한다면 보다 빠른 문제 해결이 가능해 질 것이다. 예를 들어 아래 사례에서 ㉠과 ㉡을 비교한다고 하면, 24와 36은 2:3으로 26과 18은 13:9의 비로 처리해서 계산할 수 있다.

㉠ 24×26=2×13=26
㉡ 36×18=3×9=27

따라서 ㉠보다 ㉡이 크다.

15 ○○대학교 양궁 대표 선발전에 관한 기록이 일부 누락되어 있다. 다음 글과 <기록지>에 근거할 때, 최종 선발된 2인 및 그들의 승점의 합을 옳게 묶은 것은? 12년 5급 인책형 30번

> 양궁 경기는 총 5세트로 진행되며 한 세트당 3발(1~3차시)씩 쏜다. 각 세트별 승점은 3차시까지의 점수의 합을 기준으로 하며, 각 세트에서 이기면 2점, 비기면 1점, 지면 0점의 승점이 주어진다.
>
> 대표 선발전은 위 규칙에 따라 토너먼트 방식으로 진행 되며, 세트별 승점의 합산점수에 따라 결선 2개조에서 각 한 명의 승자를 뽑아 2명을 선발한다. 결선에는 A~D 네 명이 진출하였다.
>
> 경기를 펼치는 두 선수는 동시에 화살을 쏜다. 각 선수의 3차시 점수는 해당 세트별로 2차시까지의 점수 결과에 영향을 받고, 그 특징은 다음과 같다.
>
> ○ A선수는 이기고 있는 상황에서는 8점, 비기고 있는 상황에서는 9점, 지고 있는 상황에서는 10점을 맞힌다.
>
> ○ B선수는 이기고 있는 상황에서는 10점, 비기고 있는 상황에서는 9점, 지고 있는 상황에서는 8점을 맞힌다.
>
> ○ C선수는 이기고 있는 상황에서는 8점, 비기고 있는 상황에서는 10점, 지고 있는 상황에서는 9점을 맞힌다.
>
> ○ D선수는 이기고 있는 상황에서는 9점, 비기고 있는 상황에서는 8점, 지고 있는 상황에서는 10점을 맞힌다.

〈기록지〉

조	선수	차시	점수				
			1세트	2세트	3세트	4세트	5세트
결선 1조	A	1차시	9	10	8	9	9
		2차시	9	8	7	10	10
		3차시					
	B	1차시	9	9	10	10	9
		2차시	9	8	8	9	9
		3차시					
결선 2조	C	1차시	10	10	10	9	9
		2차시	8	9	8	9	10
		3차시					
	D	1차시	8	9	10	8	9
		2차시	9	10	10	6	9
		3차시					

	결선 1조	결선 2조
①	(A, 6)	(C, 7)
②	(A, 5)	(D, 6)
③	(A, 6)	(D, 6)
④	(B, 7)	(C, 6)
⑤	(B, 6)	(D, 6)

해설

문제 분석

- 양궁 경기는 총 5세트로 진행된다.
- 각 선수는 한 세트당 3발(1~3차시)씩 쏜다.
- 각 세트별 승자는 3차시까지의 점수의 합을 기준으로 결정된다.
- 각 세트에서 이기면 2점, 비기면 1점, 지면 0점의 승점이 주어진다.
- 대표 선발전은 토너먼트 방식으로 진행된다.
- 세트별 승점의 합산점수에 따라 결선 2개조에서 각각 한 명의 승자가 선발된다.
- 각 선수의 3차시 점수는 해당 세트별로 2차시까지의 점수 결과에 영향을 받는다.
- 각 조에 참여한 선수의 3차시의 결과를 차이값으로 비교해 보면 다음과 같다.

〈결선 1조〉

구분	A	B	결과
A가 이기고 있는 상황 = B가 지고 있는 상황	+8	+8	2차시까지의 결과 유지
A가 비기고 있는 상황 = B가 비기고 있는 상황	+9	+9	2차시까지의 결과 유지
A가 지고 있는 상황 = B가 이기고 있는 상황	+10	+10	2차시까지의 결과 유지

〈결선 2조〉

구분	C	D	결과
C가 이기고 있는 상황 = D가 지고 있는 상황	+8	+10	D가 2점 더 쏘게 됨 (= C가 2점 덜 쏘게 됨)
C가 비기고 있는 상황 = D가 비기고 있는 상황	+10	+8	C가 2점 더 쏘게 됨
C가 지고 있는 상황 = D가 이기고 있는 상황	+9	+9	2차시까지의 결과 유지

따라서 결선 1조의 경우 2차시까지의 결과가 그대로 3차시까지의 결과가 된다. 결선 2조의 경우 C가 이기고 있는 상황에서는 3차시에 C가 2점을 덜 쏘게 되고, C가 비기고 있는 상황에서는 3차시에 C가 2점을 더 쏘게되며, C가 지고 있는 상황에서는 2차시까지의 결과가 그대로 유지된다.

문제풀이 실마리

결선 1조에서 A가 이기고 있는 상황의 의미는 같이 경기를 하고 있는 B가 지고 있는 상황이다. 따라서 동일한 상황에 두고 두 선수의 점수 변화를 차이값으로 접근하면 보다 빠른 해결이 가능하다.

정리한 조건에 따라 계산을 해보면 다음과 같다.

조	선수	차시	점수				
			1세트	2세트	3세트	4세트	5세트
결선 1조	A	1차시	9	10	8	9	9
		2차시	9	8	7	10	10
	B	1차시	9	9	10	10	9
		2차시	9	8	8	9	9
	A 기준		무	승	패	무	승
결선 2조	C	1차시	10	10	10	9	9
		2차시	8	9	8	9	10
		합계	18	19	18	18	19
	D	1차시	8	9	10	8	9
		2차시	9	10	10	6	9
		합계	17	19	20	14	18
	C 기준 (점수 변화)		승 (−2)	무 (+2)	패 (유지)	승 (−2)	승 (−2)
	C 기준 최종 결과		패	승	패	승	패

A는 최종 2승 2무 1패로 승점 6점(=B 승점 4점)이 되고, C는 최종 2승 4패로 승점 4점(= C 승점 6점)이 된다.

따라서 각 조에서 최종 선발된 2인은 (A, 6점), (D, 6점)이고 정답은 ③이다.

빠른 문제풀이 Tip

- 양궁 경기와 관련된 조건이 다소 복잡하므로 우선 세트의 진행방식, 승자를 가리는 방식, 승점, 토너먼트 방식 등을 정확히 이해하는 것이 필요하다. 그리고 각 세트에서 누가 이겼는지를 판단하기 위해서는 상대적 계산을 하는 것만으로도 충분하다.
- 각 세트별 승점이 이기면 2점, 비기면 1점, 지면 0점의 승점으로 세팅된 이유를 알아야 한다. 결선 1개 조에서 5세트를 마치고 나면 총 승점은 반드시 10점이다.

[정답] ③

16 다음 조건에서 2010년 5월 중에 스킨과 로션을 1병씩 살 때, 총 비용이 가장 적게 드는 경우는?(다만 2010년 5월 1일 현재 스킨과 로션은 남아있으며, 다 썼다는 말이 없으면 그 화장품은 남아있다고 가정한다) 10년 5급 선책형 37번

> ○ 화장품 정가는 스킨 1만 원, 로션 2만 원이다.
> ○ 화장품 가게에서는 매달 15일에 전 품목 20% 할인 행사를 한다.
> ○ 화장품 가게에서는 달과 날짜가 같은 날(1월 1일, 2월 2일 등)에 A사 카드를 사용하면 정가의 10%를 할인해 준다.
> ○ 총 비용이란 화장품 구매 가격과 체감 비용(화장품을 다 써서 느끼는 불편)을 합한 것이다.
> ○ 체감 비용은 스킨과 로션 모두 하루에 500원씩이다.
> ○ 체감 비용을 계산할 때, 화장품을 다 쓴 당일은 포함하고 구매한 날은 포함하지 않는다.
> ○ 화장품을 다 쓴 당일에 구매하면 체감 비용은 없으며, 화장품이 남은 상태에서 새 제품을 구입할 때도 체감 비용은 없다.

① 3일에 스킨만 다 써서, 5일에 A사 카드로 스킨과 로션을 살 경우
② 13일에 로션만 다 써서 당일 로션을 사고, 15일에 스킨을 살 경우
③ 10일에 스킨과 로션을 다 써서 15일에 스킨과 로션을 같이 살 경우
④ 3일에 스킨만 다 써서 당일 스킨을 사고, 13일에 로션을 다 써서, 15일에 로션만 살 경우
⑤ 3일에 스킨을 다 써서 5일에 B사 카드로 스킨을 사고, 14일에 로션을 다 써서 이튿날 로션을 살 경우

해설

문제 분석

총비용=화장품 구매 가격+체감 비용

화장품 구매 가격	체감 비용
– 스킨 1만 원, 로션 2만 원 – 스킨과 로션을 1병씩 구매 – 매달 15일 전품목 20% 할인 – 5월 5일에 A사 카드를 사용 시 10% 할인	– 체감 비용은 화장품을 다 써서 느끼는 불편으로, 스킨과 로션 모두 하루에 500원씩이다. – 체감 비용을 계산할 때, 화장품을 다 쓴 당일은 포함하고 구매한 날은 포함하지 않는다. – 화장품을 다 쓴 당일에 구매하면 체감 비용은 없으며, 화장품이 남은 상태에서 새 제품을 구입할 때도 체감 비용은 없다.

문제풀이 실마리

계산 과정에서 공통인 부분을 제외하고 차이나는 부분만 비교하여 계산하는 것이 빠르다. 이를 위해서는 각 선지마다 공통인 부분을 찾아낼 수 있어야 한다.

총 비용=화장품 구매 가격+체감 비용
=화장품 정가–화장품 할인 비용+체감 비용

먼저 주어진 조건을 각 선지에 적용해 보면 다음과 같다.

	할인		체감 비용	
①	스킨, 로션 3만 원	10% 할인	스킨	2일 발생
②	스킨 1만 원	20% 할인	발생하지 않음	
③	스킨, 로션 3만 원	20% 할인	스킨, 로션	5일 발생
④	로션 2만 원	20% 할인	로션	2일 발생
⑤	로션 2만 원	20% 할인	스킨 로션	2일 발생 1일 발생

정리한 바에 따라 실제 계산을 해보면 다음과 같다.
총 비용=화장품 구매 가격+체감 비용
=정가 3만 원–할인+체감 비용

이때 모든 선지에서 스킨과 로션을 1병씩 사므로 화장품 구매가격 중 정가는 3만 원이다. 정가 3만 원은 모든 선지에 공통이므로, 계산공식 중 '–할인+체감 비용' 부분만 계산하여 비교한다.

	할인	체감 비용	
①	–3,000원	+1,000원	–2,000원
②	–2,000원	0원	–2,000원
③	–6,000원	+5,000원	–1,000원
④	–4,000원	+1,000원	–3,000원
⑤	–4,000원	+1,500원	–2,500원

따라서 총 비용이 가장 적게 드는 경우는 27,000원이 비용이 드는 '④ 3일에 스킨만 다 써서 당일 스킨을 사고, 13일에 로션을 다 써서, 15일에 로션만 살 경우'이다.

> **빠른 문제풀이 Tip**
> • 조건이 다소 복잡한 문제이다. 조건별 처리 vs 선지별(사례별) 처리의 장단점을 파악해 두고, 적절하게 활용할 수 있어야 한다.
> • 초일 불산입의 날짜 계산을 빠르게 할 수 있다면 유용하게 활용할 수 있는 문제이다.

[정답] ④

17 새로운 도로건설 계획에 따라 A, B, C의 세 가지 노선이 제시되었다. 각 노선의 총 길이는 터널구간 길이와 교량구간 길이 그리고 일반구간 길이로 구성된다. 건설비용은 터널구간, 교량구간, 일반구간 각각 1km당 1,000억 원, 200억 원, 100억 원이 소요된다. 다음 표는 각 노선의 구성과 예상되는 연간 환경손실비용을 보여 주고 있다. 도로 완공 후 연간 평균 자동차 통행량은 2백만 대로 추산되며, 자동차 운행에 따른 사회적 손실비용은 차량 한 대가 10km를 운행할 경우 1,000원이라고 할 때, 다음 중 옳지 않은 것은? 08년 5급 창책형 31번

노선	터널구간 길이	교량구간 길이	총 길이	환경손실비용
A	1.2km	0.5km	10km	15억 원/년
B	0	0	20km	5억 원/년
C	0.8km	1.5km	15km	10억 원/년

① 사회적 손실비용은 B노선이 제일 많다.
② 건설비용만을 고려할 경우 B노선이 최적노선이다.
③ B노선이 제일 길지만 건설비와 환경손실비용은 제일 적다.
④ 환경손실비용과 사회적 손실비용을 합한 손실비용은 C노선이 제일 많다.
⑤ 건설비와 환경손실비용, 사회적 손실비용을 모두 고려할 경우 도로가 15년 동안 유지된다면 A노선과 B노선이 치르는 비용의 차이는 20억 원이다.

해설

문제 분석

- 각 노선의 총 길이는 터널구간 길이와 교량구간 길이 그리고 일반구간 길이로 구성된다.
- 건설비용은 터널구간, 교량구간, 일반구간 각각 1km당 1,000억 원, 200억 원, 100억 원이 소요된다.
- 도로 완공 후 연간 평균 자동차 통행량은 2백만 대로 추산된다.
- 자동차 운행에 따른 사회적 손실비용은 차량 한 대가 10km를 운행할 경우 1,000원이다.

주어진 조건에 따라 각 비용을 계산해 보면 다음과 같다.

1. 건설비용

노선	터널구간 길이	교량구간 길이	일반구간 길이	총 길이
A	1.2km	0.5km	8.3km	10km
B	0	0	20km	20km
C	0.8km	1.5km	12.7km	15km
건설비				
1km당	1,000억 원	200억 원	100억 원	총 건설비
A	1,200억 원	100억 원	830억 원	2,130억 원
B	0원	0원	2,000억 원	2,000억 원
C	800억 원	300억 원	1,270억 원	2,370억 원

2. 사회적 손실비용
   도로 완공 후 연간 평균 자동차 통행량은 2백만 대로 추산
   차량 한 대가 10km를 운행할 경우 연간 사회적 손실비용 1,000원
   차량 2백만 대가 10km 운행할 경우 연간 사회적 손실비용 20억 원
   따라서 A노선의 사회적 손실비용은 연간 20억 원이고, B노선은 A노선의 2배인 연간 40억 원, C노선은 A노선의 1.5배인 연간 30억 원이다.
   각 노선별 비용을 정리해 보면 다음과 같다.

노선	건설비용	환경손실비용	사회적 손실비용
A	2,130억 원	15억 원/년	20억 원/년
B	2,000억 원	5억 원/년	40억 원/년
C	2,370억 원	10억 원/년	30억 원/년

① (O) 사회적 손실비용은 B노선이 1년에 20억 원으로 제일 많다.
② (O) 건설비용만을 고려할 경우 B노선이 2,000억 원으로 건설비가 가장 적기 때문에 최적노선이다.
③ (O) B노선이 총길이 20km로 제일 길지만 건설비와 환경손실비용은 제일 적다.
④ (X) 환경손실비용과 사회적 손실비용을 합한 손실비용은 40억 원의 C노선보다 45억 원의 B노선이 더 많다.
⑤ (O) 도로를 15년 동안 유지 시

노선	건설비용	연간 환경손실비용+사회적 손실비용
A	2,130억 원	35억 원/년
B	2,000억 원	45억 원/년
	A노선이 +130억 원	B노선이 연간 +10억 원, 15년 유지 시 B노선이 +150억 원

따라서 건설비와 환경손실비용, 사회적 손실비용을 모두 고려할 경우 A노선과 B노선이 치르는 비용의 차이는 20억 원이다.

빠른 문제풀이 Tip

- 상대적 계산을 적절하게 할 수 있어야 한다.
- 비용의 개념이 여러 개 등장하는 문제이다. 따라서 어떤 비용부터 처리할 것인가를 판단해야 한다. 유사한 기출문제로는 13년 5급 인책형 9번 문제가 있다.
- 선지 간 내용상으로 연계된 부분을 찾는다면 보다 빠른 정오판단이 가능하다.
- 비용을 두 가지 종류로 구분할 수 있다면 보다 빠르고 정확한 해결이 가능하다.

[정답] ④

18 **<품목별 가격과 칼로리>와 <오늘의 행사>에 따라 물건을 구입하려고 한다. 10,000원의 예산 내에서 구입하려고 할 때, 다음 중 칼로리의 합이 가장 높은 조합은?** 13년 5급 인책형 10번

〈품목별 가격과 칼로리〉

품목	피자	돈가스	도넛	콜라	아이스크림
가격(원/개)	2,500	4,000	1,000	500	2,000
칼로리 (kcal/개)	600	650	250	150	350

〈오늘의 행사〉

1. 피자 두 개 한 묶음을 사면 콜라 한 캔이 덤으로!
2. 돈가스 두 개 한 묶음을 사면 돈가스 하나가 덤으로!
3. 아이스크림 두 개 한 묶음을 사면 아이스크림 하나가 덤으로!

단, 물량 제한으로 1~3의 행사는 한 품목당 한 묶음까지만 적용됩니다.

① 피자 2개, 아이스크림 2개, 도넛 1개
② 돈가스 2개, 피자 1개, 콜라 1개
③ 아이스크림 2개, 도넛 6개
④ 돈가스 2개, 도넛 2개
⑤ 피자 4개

해설

문제 분석

〈오늘의 행사〉를 각 선지에 정확하게 적용한다. 10,000원의 예산 내에서 구입해야 하므로, 선지 ②는 제외한다. 선지별 구입 개수에 따라 칼로리의 합을 정확하게 계산하면 해결되는 문제이다.

최대 · 최소 유형은 '제외조건'에 주의해야 한다. '10,000원의 예산 내에서 구입하려고 할 때'라는 제외조건이 있으므로 선지 ②는 제외된다.

② 돈가스 2개, 피자 1개, 콜라 1개=(4,000×2)+2,500+500=11,000원

오늘의 행사를 적용하는 경우, 선지별 구입한 물건은 다음과 같이 변화한다.

① 피자 2개, 콜라 1개, 아이스크림 3개, 도넛 1개

③ 아이스크림 3개, 도넛 6개

④ 돈가스 3개, 도넛 2개

⑤ 피자 4개, 콜라 1개

방법 1 정석 풀이법

① 피자 2개, 콜라 1개, 아이스크림 3개, 도넛 1개
→ (600×2)+150+(350×3)+250=2,650

③ 아이스크림 3개, 도넛 6개
→ (350×3)+(250×6)=2,550

④ 돈가스 3개, 도넛 2개
→ (650×3)+(250×2)=2,450

⑤ 피자 4개, 콜라 1개
→ (600×4)+150=2,550

방법 2 '비'를 활용한 풀이법

칼로리 합이 가장 높은 조합을 비교할 때 '가장 간단한 정수 비'를 사용하면 계산이 보다 수월해진다.

품목	피자	돈가스	도넛	콜라	아이스크림
칼로리(kcal/개)	600	650	250	150	350
정수 비	12	13	5	3	7

① 피자 2개, 콜라 1개, 아이스크림 3개, 도넛 1개
→ (12×2)+3+(7×3)+5=53

③ 아이스크림 3개, 도넛 6개
→ (7×3)+(5×6)=51

④ 돈가스 3개, 도넛 2개
→ (13×3)+(5×2)=49

⑤ 피자 4개, 콜라 1개
→ (12×4)+3=51

방법 3 '차이'를 활용한 풀이법

각 선지별 '차이'를 보는 풀이법도 활용 가능하다. 예를 들어, 선지 ①과 ③의 차이값을 비교해 보면, 공통인 아이스크림 3개, 도넛 1개를 계산과정에서 제거할 수 있다.

① 피자 2개, 콜라 1개, ~~아이스크림 3개, 도넛 1개~~

③ ~~아이스크림 3개, 도넛 6개~~, 도넛 5개

따라서 선지 ①은 피자 2개와 콜라 1개가, 선지 ③은 도넛 5개가 남는다.

① 피자 2개, 콜라 1개, ~~아이스크림 3개, 도넛 1개~~
→ (12×2)+3=27

③ ~~아이스크림 3개, 도넛 6개~~ 도넛 5개
→ (5×5)=25

선지 ①과 ③을 비교했을 때, 선지 ①의 칼로리의 합이 더 크다.

그리고 남은 선지 ①과 다른 선지인 ⑤를 비교해 보면, 피자 2개와 콜라 1개를 공통적으로 제거한 후 남은 품목만 계산하여 칼로리의 합을 비교할 수 있다.

하지만 이 방법의 경우 정답을 구하기까지 선지 2개씩 비교하는 과정을 세 번을 거쳐야 한다. 그때마다 공통인 제거되는 품목이 달라지고, 그에 따라 새롭게 계산을 해야 한다는 점에서 다소 비효율적일 수도 있는 방법이다.

빠른 문제풀이 Tip

- 칼로리의 합이 가장 높은 조합을 찾으면 되므로, 정확한 값을 구하지 않아도 상대적 계산을 통해서 답을 도출할 수 있다. 조건이 많은 편이므로 계산과정에서 조건을 정확하게 적용할 수 있도록 유의해야 한다.
- 최대 · 최소 유형의 문제에서는 특히 제외조건에 주의해야 한다.
- 피자, 돈가스, 도넛, 콜라, 아이스크림을 통칭해서 부르는 명칭이 '품목'이다. 계산 문제는 용어에 신경을 써야 한다.

[정답] ①

변동분만 확인하기

다음 예제를 풀이해 보자.

다음 글과 <상황>을 근거로 판단할 때 옳은 것은?

19년 5급 가책형 6번

제00조(과세대상) 주권(株券)의 양도에 대해서는 이 법에 따라 증권거래세를 부과한다.
제00조(납세의무자) 주권을 양도하는 자는 납세의무를 진다. 다만 금융투자업자를 통하여 주권을 양도하는 경우에는 해당 금융투자업자가 증권거래세를 납부하여야 한다.
제00조(과세표준) 주권을 양도하는 경우에 증권거래세의 과세표준은 그 주권의 양도가액(주당 양도금액에 양도 주권수를 곱한 금액)이다.
제00조(세율) 주권의 양도에 대한 세율은 양도가액의 1천분의 5로 한다.
제00조(탄력세율) X 또는 Y증권시장에서 양도되는 주권에 대하여는 제00조(세율)의 규정에도 불구하고 다음의 세율에 의한다.
1. X증권시장: 양도가액의 1천분의 1.5
2. Y증권시장: 양도가액의 1천분의 3

〈상 황〉

투자자 甲은 금융투자업자 乙을 통해 다음 3건의 주권을 양도하였다.
○ A회사의 주권 100주를 주당 15,000원에 양수하였다가 이를 주당 30,000원에 X증권시장에서 전량 양도하였다.
○ B회사의 주권 200주를 주당 10,000원에 Y증권시장에서 양도하였다.
○ C회사의 주권 200주를 X 및 Y증권시장을 통하지 않고 주당 50,000원에 양도하였다.

甲이 乙을 통해 Y증권시장에서 C회사의 주권 200주 전량을 주당 50,000원에 양도할 수 있다면 증권거래세액은 2만 원 감소한다. (O, X)

해설

〈상황〉을 반영하여 증권거래세액을 계산해 보면 다음과 같다.

'세액=과세표준×세율'인데 과세표준은 세 번째 조문에서 보면, 주권을 양도하는 경우에 증권거래세의 과세표준은 그 주권의 양도가액(주당 양도금액에 양도 주권수를 곱한 금액)이다.

세율은 X증권시장에서 양도한 A회사와 Y증권시장에서 양도한 B회사의 주권에 대하여는 탄력세율이 적용되고, X 및 Y증권시장을 통하지 않고 양도한 C회사의 주권에 대해서는 세율이 적용된다.

구분	과세표준(양도가액)	증권거래세
A회사	100주×30,000원/주	과세표준×$\frac{1.5}{1,000}$ = 4,500원
B회사	200주×10,000원/주	과세표준×$\frac{3}{1,000}$ = 6,000원
C회사	200주×50,000원/주	과세표준×$\frac{5}{1,000}$ = 50,000원

기존에 C회사의 주권 200주를 X 및 Y증권시장을 통하지 않고 주당 50,000원에 양도한 경우에는 위 〈표〉에서 계산한 바와 같이 증권거래세액이 5만 원이다. 甲이 乙을 통해 Y증권시장에서 C회사의 주권 200주 전량을 주당 50,000원에 양도할 수 있다면 증권기래세액은 200주×50,000원/주×$\frac{3}{1,000}$=30,000원이므로, 5만 원에서 3만 원으로 2만 원 감소한다.

빠른 문제풀이 Tip

차액을 한 번에 구하면 보다 빠른 해결이 가능하다. 적용되는 세율이 일반 세율의 1천분의 5에서 탄력세율의 1천분의 3으로 1천분의 2만큼 감소한다.

$$200주×50,000원/주×\frac{2}{1,000}=20,000원$$

따라서 증권거래세액은 2만 원 감소한다.

이처럼 계산을 하는 과정에서 ① 세율이 양도가액의 1천분의 5가 적용될 때의 증권거래세액, ② 세율이 양도가액의 1천분의 3이 적용될 때의 증권거래세액, ③ ①과 ② 간의 차액 순으로 ①~③을 모두 구하는 것보다는 ③을 바로 구할 때 보다 빠른 문제 해결이 가능하다.

[정답] O

길쌤's Check

조건에서 변화가 생길 때 새로 계산을 전부 다시 하는 것보다, 변동분만 확인하는 경우에 보다 빠른 해결이 가능한 문제들이 있다. 예를 들어 뒤에서 다룰 가중치 문제에서도 가중치가 변화할 때, 가중치의 점수가 변화할 때, 곱셈에서 일부 숫자가 변화하는 경우 등 조건의 변화가 생길 때 그 변화에 집중해서 문제를 해결한다면 보다 빠른 문제 해결이 가능해질 것이다.

19 다음 글을 근거로 판단할 때, <보기>에서 甲이 지원금을 받는 경우만을 모두 고르면? 22년 7급 가책형 15번

○ 정부는 자영업자를 지원하기 위하여 2020년 대비 2021년의 이익이 감소한 경우 이익 감소액의 10%를 자영업자에게 지원금으로 지급하기로 하였다.
○ 이익은 매출액에서 변동원가와 고정원가를 뺀 금액으로, 자영업자 甲의 2020년 이익은 아래와 같이 계산된다.

구분	금액	비고
매출액	8억 원	판매량(400,000단위)×판매가격(2,000원)
변동원가	6.4억 원	판매량(400,000단위)×단위당 변동원가(1,600원)
고정원가	1억 원	판매량과 관계없이 일정함
이익	0.6억 원	8억 원 − 6.4억 원 − 1억 원

〈보 기〉

ㄱ. 2021년의 판매량, 판매가격, 단위당 변동원가, 고정원가는 모두 2020년과 같았다.
ㄴ. 2020년에 비해 2021년에 판매가격을 5% 인하하였고, 판매량, 단위당 변동원가, 고정원가는 2020년과 같았다.
ㄷ. 2020년에 비해 2021년에 판매량은 10% 증가하고 고정원가는 5% 감소하였으나, 판매가격과 단위당 변동원가는 2020년과 같았다.
ㄹ. 2020년에 비해 2021년에 판매가격을 5% 인상했음에도 불구하고 판매량이 25% 증가하였고, 단위당 변동원가와 고정원가는 2020년과 같았다.

① ㄴ ② ㄹ ③ ㄱ, ㄴ
④ ㄴ, ㄷ ⑤ ㄷ, ㄹ

해설

문제 분석

이익을 구성하는 식은 매출액, 변동원가, 고정원가의 항목으로 구성되어 있다.

문제풀이 실마리

주어진 조건과 표를 보면 정확한 계산을 요하는 문제인 것 같지만, 〈보기〉에서 해결해야 하는 내용을 보면 이익이 증가하는지 감소하는지만 파악하면 되므로 이익에 관한 식을 정리한 후, 〈보기〉의 내용을 반영해서 고려해 본다.

자영업자의 이익은 매출액에서 변동원가와 고정원가를 뺀 금액으로 지문의 내용을 이용해 식으로 나타내면 다음과 같다.

이익＝매출액－변동원가－고정원가
＝(판매량×판매가격)－(판매량×단위당 변동원가)－고정원가
＝판매량×(판매가격－단위당 변동원가)－고정원가

이와 같은 식에서 이익을 구성하는 항목들의 증감에 따라 이익의 증감 관계를 정리하면 다음과 같다.

구분	판매량	판매가격	단위당 변동원가	고정원가
이익	+	+	−	−

표에서 '+'라고 표시한 것은 양의 상관관계를 나타낸 것으로, 예를 들어 판매량이 증가하면 이익도 증가함을 의미한다. 반대로 '−'로 표시한 것은 음의 상관관계를 나타낸 것으로, 예를 들어 단위당 변동원가가 증가하면 이익은 감소한다.

ㄱ. (X) 2021년의 판매량, 판매가격, 단위당 변동원가, 고정원가가 모두 2020년과 같다면 이익을 구성하는 식이 모든 항목이 같은 것이므로 2021년의 이익은 2020년의 이익과 같다. 이익이 감소한 경우가 아니므로 甲은 지원금을 받을 수 없다.

ㄴ. (O) ㄴ의 내용을 다음과 같이 정리할 수 있다.

구분	판매량	판매가격	단위당 변동원가	고정원가
항목의 변화	불변	감소	불변	불변
이익의 증감	불변	감소	불변	불변

즉, 다른 모든 항목은 고정인 상태에서 판매가격만 감소한다. 따라서 2020년에 비해 2021년의 이익이 감소하므로 甲은 지원금을 받을 수 있다.

ㄷ. (X) ㄷ의 내용을 다음과 같이 정리할 수 있다.

구분	판매량	판매가격	단위당 변동원가	고정원가
항목의 변화	증가	불변	불변	감소
이익의 증감	증가	불변	불변	증가

따라서 2020년에 비해 2021년의 이익이 증가하므로 甲은 지원금을 받을 수 없다.

ㄹ. (X) ㄹ의 내용을 다음과 같이 정리할 수 있다.

구분	판매량	판매가격	단위당 변동원가	고정원가
항목의 변화	증가	증가	불변	불변
이익의 증감	증가	증가	불변	불변

따라서 2020년에 비해 2021년의 이익이 증가하므로 甲은 지원금을 받을 수 없다.

빠른 문제풀이 Tip

항목의 증감에 따라 계산이 필요한 경우가 발생할 수도 있다. 예를 들어 다음과 같은 상황에서는

구분	판매량	판매가격	단위당 변동원가	고정원가
항목의 변화	증가	불변	증가	불변
이익의 증감	증가	불변	감소	불변

판매량의 증가는 이익의 증가로, 단위당 변동원가의 증가는 이익의 감소로 나타나므로 항목별 변화 정도에 따라 이익이 증가할지 감소할지 실제 계산으로 확인하여야 한다.

그러나 이 문제의 〈보기〉에서는 이러한 상황이 주어지지 않았으며 단순히 이익의 증가 또는 감소 여부만 확인하면 해결되므로, 구체적인 이익의 값을 정확하게 계산하는 일이 없도록 한다.

[정답] ①

20 다음 글과 <상황>을 근거로 판단할 때, 甲이 보고할 내용으로 옳은 것은?

21년 5급 가책형 18번

> 대규모 외환거래는 런던, 뉴욕, 도쿄, 프랑크푸르트, 싱가포르 같은 금융중심지에서 이루어진다. 최근 들어 세계 외환거래 규모는 급증하고 있다. 하루 평균 세계 외환거래액은 1989년에 6천억 달러 수준이었는데, 2019년에는 6조 6천억 달러로 크게 늘어났다.
>
> 은행 간 외환거래는 대부분 미국 달러를 통해 이루어진다. 달러는 이처럼 외환거래에서 중심적인 역할을 하기 때문에 기축통화라고 불린다. 기축통화는 서로 다른 통화를 사용하는 거래 참여자가 국제거래를 위해 널리 사용하는 통화이다. 1999년 도입된 유럽 유로는 달러와 동등하게 기축통화로 발전할 것으로 예상되었으나, 2020년 세계 외환거래액의 32%를 차지하는 데 그쳤다. 이는 4년 전보다는 2%p 높아진 것이지만 10년 전보다는 오히려 8%p 낮아진 수치이다.

〈상 황〉

> 2010년과 2016년의 하루 평균 세계 외환거래액은 각각 3조 9천억 달러와 5조 2천억 달러였다. ○○은행 국제자본이동분석팀장 甲은 2016년 유로로 이루어진 하루 평균 세계 외환거래액을 2010년과 비교(달러 기준)하여 보고하려 한다.

① 10억 달러 감소
② 10억 달러 증가
③ 100억 달러 감소
④ 100억 달러 증가
⑤ 변화 없음

해설

문제 분석

제시문 마지막 문단 내용을 정리해 보면 다음과 같다. 이때 %와 %p의 차이를 혼동하지 않도록 주의한다.

2016년 30% ↓ 4년 전보다 +2%p
2010년 40% ↓ 10년 전보다 −8%p
유럽 유로 2020년 세계 외환거래액의 32% 차지

따라서 유럽 유로는 2010년에는 세계 외환거래액의 40%를 차지하였고, 2016년에는 세계 외환거래액의 30%를 차지하였음을 알 수 있다.

〈상황〉에서 보면 2010년과 2016년의 하루 평균 세계 외환거래액은 각각 3조 9천억 달러와 5조 2천억 달러였다. 이를 종합해 보면 다음과 같다.

구분	하루 평균 세계 외환거래액 (단위: 달러)	세계 외환거래액 중 유럽 유로의 비중	유로로 이루어진 하루 평균 세계 외환거래액 (달러 기준)
2010년	3조 9천 억	40%	3조 9천 억×40% =1조 5,600억
2016년	5조 2천 억	30%	5조 2천 억×30% =1조 5,600억

따라서 ○○은행 국제자본이동분석팀장 甲은 2016년 유로로 이루어진 하루 평균 세계 외환거래액을 2010년과 비교(달러 기준)하여 보고한다면 '⑤ 변화 없음'이라고 보고할 것이다.

빠른 문제풀이 Tip

- %와 %p의 차이를 혼동하지 않도록 주의한다.
- 39와 52가 모두 13의 배수라는 특징, 즉, 39=13×3, 52=13×4라는 수구조를 파악할 수 있다면, 보다 빠르게 결괏값이 동일해질 것이라는 결과를 확인할 수 있다.

[정답] ⑤

21 다음 글을 근거로 판단할 때, 신장 180cm, 체중 85kg인 甲의 비만 정도를 옳게 짝지은 것은? 14년 민경채 A책형 21번

과다한 영양소 섭취와 적은 체내 에너지 소비로 인한 에너지 대사의 불균형으로 지방이 체내에 지나치게 축적되어 체중이 과다해지는 것을 비만이라 한다.

비만 정도를 측정하는 방법은 Broca 보정식과 체질량 지수를 이용하는 것이 대표적이다. Broca 보정식은 신장과 체중을 이용하여 비만 정도를 측정하는 간단한 방법이다. 이 방법에 의하면 신장(cm)에서 100을 뺀 수치에 0.9를 곱한 수치가 '표준체중(kg)'이며, 표준체중의 110% 이상 120% 미만의 체중을 '체중과잉', 120% 이상의 체중을 '비만'이라고 한다.

한편 체질량 지수는 체중(kg)을 '신장(m)'의 제곱으로 나눈 값을 의미한다. 체질량 지수에 따른 비만 정도는 다음 〈표〉와 같다.

〈표〉

체질량 지수	비만 정도
18.5 미만	저체중
18.5 이상~23.0 미만	정상
23.0 이상~25.0 미만	과체중
25.0 이상~30.0 미만	경도비만
30.0 이상~35.0 미만	중등도비만
35.0 이상	고도비만

	Broca 보정식	체질량 지수
①	체중과잉	경도비만
②	표준체중	정상
③	비만	과체중
④	체중과잉	정상
⑤	비만	경도비만

해설

문제 분석

비만 정도를 측정하는 방법을 정리해 보면 다음과 같다.

Broca 보정식	표준체중(kg)=(신장(cm) − 100)×0.9 체중과잉: 표준체중의 110% 이상 120% 미만의 체중 비만: 표준체중의 120% 이상의 체중
체질량 지수	체질량 지수=$\frac{\text{체중(kg)}}{\text{신장(m)}^2}$

문제풀이 실마리

다양한 계산방법을 연습할 수 있는 문제이다.

신장 180cm, 체중 85kg인 甲의 정보를 반영해서 비만 정도를 측정해 보면,

Broca 보정식	표준체중(kg)=(180 − 100)×0.9=72kg 현재 甲의 체중은 85kg으로 표준체중보다 13kg가 더 나간다. 13kg는 72kg의 10%~20% 사이에 있는 값이므로 '체중과잉'에 해당한다.
체질량 지수	체질량 지수=$\frac{85\text{(kg)}}{1.8\text{(m)}^2}$ ≒ 26.235 따라서 '경도비만'에 해당한다.

따라서 甲은 Broca 보정식에 따를 때 '체중과잉'에 해당하고, 체질량 지수에 따른 비만 정도는 '경도비만'에 해당하므로, 정답은 ①이다.

빠른 문제풀이 Tip

- 줄글로 주어진 정보에서 Broca 보정식과 체질량 지수를 구하는 공식을 정확하게 찾아낼 수 있어야 한다.
- 계산을 효율적으로 빠르게 할 수 있어야 한다.
- 체질량 지수를 구할 때, 신장의 단위에서 cm와 m를 혼동하지 않도록 주의한다.
- 선지를 활용하면 보다 빠른 해결이 가능하다.
- 직접 해결하지 말고 검증하는 경우에 보다 빠른 해결이 가능하다.

[정답] ①

22 다음 글과 <표>에 나타난 결과에 근거하여 의사 결정을 하려고 할 때 옳지 않은 것은? 13년 입법 가책형 9번

최근 몇 년 동안 크게 증가한 연구개발(R&D) 투자에 대해 그 성과를 요구하는 목소리가 높아지고 있다. 투입 대비 성과는 효율성 개념으로 분석할 수 있다. 동일한 연구개발 투자로 얼마나 더 많은 성과를 내느냐, 또는 같은 성과라면 얼마나 적게 투자하느냐가 연구개발의 효율성을 결정한다.

연구개발의 성과는 지식 창출과 경제적 가치 창출로 구분된다. 지식 창출의 대표적인 성과 지표는 논문이다. 국내 학술지의 논문도 중요하지만 엄격한 심사 과정을 오래 전에 확립하여 학술적 권위를 획득한 국제 학술지, 특히 SCI(Science Citation Index)나 SSCI(Social Science Citation Index)와 같은 등재 학술지에 실리는 논문 성과를 일반적으로 중요하게 생각한다.

궁극적으로 연구개발, 특히 공공부문 연구개발의 경제적 성과는 기술이전을 통해 이뤄지기 때문에, 기술이전 실적이 경제적 성과 가운데 가장 대표적인 지표라 할 수 있다.

아래 〈표〉에는 6개의 연구개발 사업(A~F)에 대해 정부가 조사한 투자 금액 대비 성과가 제시되어 있다. 수행기관 가운데 Ⅰ은 응용개발 분야 연구기관이고 Ⅱ는 기초 분야 연구기관이다. 효율성 관점의 조사 결과를 바탕으로 의사결정을 할 때 다음과 같은 규칙으로 판단하려고 한다.

첫째, 전체적으로 비효율적인 사업을 중단하여 6개 중 4개 사업만 남기도록 한다.

둘째, 성과물의 성격에 따라 보다 적합한 연구기관으로 사업을 이관할 수 있다. 논문이 많이 창출되는 연구는 기초 분야 연구기관이 수행하는 것이 더 적절하고, 기술이전 실적이 많은 연구는 응용개발 분야 연구기관에서 수행하는 것이 더 적절하다. 그러나 이 경우 효율성을 함께 고려해야 한다.

셋째, 최종적인 조정 과정을 거쳐 각 연구기관은 2개씩의 사업을 수행한다.

〈표〉 연구개발 사업성과

수행기관	연구개발 사업	투자비용 (억 원)	기술이전 실적 (억 원)	SCI 논문 (건수)
Ⅰ	A	30	10	5
	B	15	5	3
	C	15	10	3
Ⅱ	D	60	25	15
	E	60	25	12
	F	30	25	6

① A는 중단
② B는 중단
③ C는 Ⅰ기관에서 계속 수행
④ D는 Ⅱ기관에서 계속 수행
⑤ F는 Ⅱ기관에서 계속 수행

해설

문제 분석

• 효율성
투입 대비 성과, 동일한 연구개발 투자로 얼마나 더 많은 성과를 내느냐, 또는 같은 성과라면 얼마나 적게 투자하느냐가 연구개발의 효율성을 결정한다.

• 연구개발의 성과

지식 창출	대표적인 성과 지표는 논문
경제적 가치 창출	기술이전 실적이 경제적 성과 가운데 가장 대표적인 지표

• '〈표〉 연구개발 사업성과'에 6개의 연구개발 사업(A~F)에 대해 정부가 조사한 투자 금액 대비 성과가 제시되어 있다. 효율성 관점의 조사 결과를 바탕으로 다음의 규칙에 따라 의사결정을 한다.
첫째, 전체적으로 비효율적인 사업을 중단하여 6개 중 4개 사업만 남긴다.
둘째, 성과물의 성격에 따라 보다 적합한 연구기관으로 사업을 이관할 수 있다. 논문이 많이 창출되는 연구는 기초 분야 연구기관이 수행하는 것이 더 적절하고, 기술이전 실적이 많은 연구는 응용개발 분야 연구기관에서 수행하는 것이 더 적절하다. 그러나 이 경우 효율성을 함께 고려해야 한다.
셋째, 최종적인 조정 과정을 거쳐 각 연구기관은 2개씩의 사업을 수행한다.

• 수행기관 Ⅰ은 응용개발 분야 연구기관이고 수행기관 Ⅱ는 기초 분야 연구기관이다.

문제풀이 실마리

분수비교를 빠르고 정확하게 할 수 있어야 한다.

• 먼저 첫 번째 기준에 따라서 비효율적인 사업 2개를 중단해야 한다. 경제적 성과인 기술이전 실적을 기준으로 하면, 투자비용 대비 기술이전 실적이 A, B가 가장 작다. 지식 창출 성과로서 SCI 논문건수를 기준으로 하면, 투자비용 대비 SCI 논문건수에서 A가 가장 작다.
이를 종합해 보면, 전체적으로 비효율적인 사업인 A, B 두 사업을 중단해야 한다.

• 두 번째 규칙 및 마지막 규칙에 따라서 각 연구기관이 2개씩의 사업을 수행할 수 있도록 조정해야 한다. 이때 조심할 점은 규칙을 적용할 때 효율성을 적절하게 고려할 수 있어야 한다는 점이다.
기술이전 실적을 기준으로 할 때 효율성이 가장 높은 것은 C(=10/15)와 F(=25/30)이므로, C와 F는 Ⅰ기관에서 수행하는 것이 더 적절하고, 나머지 D와 E가 Ⅱ기관에서 계속 수행하는 것이 더 적절하다.

빠른 문제풀이 Tip
• 각 사업별로 투자비용 대비 기술이전 실적과 SCI 논문게재 건수 등을 통해 효율성을 적절하게 따져볼 수 있어야 한다.
• 분수비교를 효율적으로 할 수 있어야 한다.
• 규칙을 제대로 이해해서 정확하게 적용할 수 있어야 한다.

[정답] ⑤

23 **제시문 (가)와 (나)를 고려할 때 조세 개혁 속도가 빠른 지방부터 바르게 나열한 것은? (단, 제시문에 등장하지 않는 변수는 고려하지 않는다)**

08년 창책형 5급 20번

(가) 농업이 경제에서 차지하는 비중이 절대적이었던 청나라는 백성들로부터 토지세(土地稅)와 인두세(人頭稅)를 징수하였다. 토지세는 토지를 소유한 사람들에게 토지 면적을 기준으로 부과되었는데, 단위면적당 토지 세액은 지방마다 달랐다. 한편 인두세는 모든 성인 남자들에게 부과되었는데, 역시 지방마다 금액에 차이가 있었다. 특히 인두세를 징수하기 위해서 정부는 정기적인 인구조사를 통해서 성인 남자 인구의 변동을 정밀하게 추적해야 했다.

그러다가 1712년 중국의 황제는 태평성대가 계속되고 있음을 기념하기 위해서 전국에서 거두는 인두세의 총액을 고정시키고 앞으로 늘어나는 성인 남자 인구에 대해서는 인두세를 징수하지 않겠다는 법령을 반포하였다. 1712년의 법령 반포 이후 지방에서 조세를 징수하는 관료들은 고정된 인두세 총액을 토지세 총액에 병합함으로써 인두세를 토지세에 부가하는 형태로 징수하는 조세 개혁을 추진하기 시작했다. 즉 해당 지방의 인두세 총액을 토지 총면적으로 나누어서 얻은 값을 종래의 단위면적당 토지 세액에 더하려 했던 것이다. 그런데 조세 개혁에 대한 반발정도가 지방마다 달랐고, 반발정도가 클수록 조세 개혁은 더 느리게 진행되었다. 이때 각 지방의 개혁에 대한 반발정도는 단위면적당 토지세액의 증가율에 정비례하였다.

(나) 1712년 조세 개혁 실시 이전 각 지방의 토지세와 인두세는 다음과 같은 구성을 보였다.

지방	토지세		인두세	
	토지총면적 (단위: 무(畝))	단위면적당 세액 (단위: 냥/무)	인두세총액 (단위: 냥(兩))	1인당 인두세액 (단위: 냥(兩))
갑	2,500,000	2.00	500,000	1.00
을	6,000,000	1.50	600,000	1.50
병	1,000,000	2.50	400,000	1.25
정	2,400,000	2.00	960,000	1.20

① 을 – 갑 – 병 – 정
② 을 – 갑 – 정 – 병
③ 병 – 갑 – 을 – 정
④ 병 – 정 – 갑 – 을
⑤ 정 – 병 – 갑 – 을

해설

문제 분석

청나라는 백성들로부터 토지세(土地稅)와 인두세(人頭稅)를 징수하였다.

구분	내용
토지세	• 토지를 소유한 사람들에게 토지 면적을 기준으로 부과 • 단위면적당 토지 세액은 지방마다 달랐다. • 토지 면적×단위면적당 세액(A당 B)
인두세	• 모든 성인 남자들에게 부과 • 지방마다 금액에 차이가 있었다.

〈조세 개혁〉

- 1712년 중국의 황제는 전국에서 거두는 인두세의 총액을 고정시키고 앞으로 늘어나는 성인 남자 인구에 대해서는 인두세를 징수하지 않겠다는 법령을 반포하였다.
- 1712년의 법령 반포 이후 지방에서 조세를 징수하는 관료들은 고정된 인두세 총액을 토지세 총액에 병합함으로써 인두세를 토지세에 부가하는 형태로 징수하는 조세 개혁을 추진하기 시작했다. 즉 해당 지방의 인두세 총액을 토지 총면적으로 나누어서 얻은 값을 종래의 단위면적당 토지세액에 더하려 했던 것이다.
- 조세 개혁에 대한 반발정도가 지방마다 달랐고, 반발정도가 클수록 조세 개혁은 더 느리게 진행되었다. 이때 각 지방의 개혁에 대한 반발정도는 단위면적당 토지세액의 증가율에 정비례하였다.

문제풀이 실마리

- 규칙을 정확하게 이해할 수 있어야 한다.
- 분수비교를 효율적으로 할 수 있어야 한다.

1712년 조세 개혁 실시 이전 각 지방의 토지세와 인두세의 구성에 조세 개혁 내용을 반영해 보면 다음과 같다.

지방	인두세총액 (A)	토지총면적 (B)	(A)/(B)	토지세 단위면적당 세액	토지세 증가율
갑	500,000	2,500,000	0.2	2.00	10%
을	600,000	6,000,000	0.1	1.50	6.7%
병	400,000	1,000,000	0.4	2.50	16%
정	960,000	2,400,000	0.4	2.00	20%

따라서 조세 개혁의 반발 강도는 '정>병>갑>을' 순이고, 반발정도가 클수록 조세 개혁은 더 느리게 진행되었으므로, 조세 개혁 속도가 빠른 것은 반대로 ① '을>갑>병>정' 순이다.

빠른 문제풀이 Tip

분수비교를 빠르고 정확하게 할 수 있어야 한다.

[정답] ①

24 다음 <표>의 내용 일부가 훼손되었다. 다음 중 (가), (나), (다), (라)에 들어갈 수 있는 수치는? (단, 인건비와 재료비 이외의 투입요소는 없다) 09년 5급 극책형 29번

〈표〉 사업평가 자료

구분	목표량	인건비	재료비	산출량	효과성 순위	효율성 순위
A	(가)	200	50	500	3	2
B	1,000	(나)	200	1,500	2	1
C	1,500	1,200	(다)	3,000	1	3
D	1,000	300	500	(라)	4	4

※ 효율성=산출/투입

※ 효과성=산출/목표

	(가)	(나)	(다)	(라)
①	300	500	800	800
②	500	800	300	800
③	800	500	300	300
④	500	300	800	800
⑤	800	800	300	500

해설

문제 분석

구분	산출/목표	효과성 순위	산출/투입	효율성 순위
A	$\frac{500}{(\text{가})}$	3	$\frac{500}{200+50}$	2
B	$\frac{1{,}500}{1{,}000}$	2	$\frac{1{,}500}{(\text{나})+200}$	1
C	$\frac{3{,}000}{1{,}500}$	1	$\frac{3{,}000}{1{,}200+(\text{다})}$	3
D	$\frac{(\text{라})}{1{,}000}$	4	$\frac{(\text{라})}{300+500}$	4

문제풀이 실마리

발문과 선지의 형태를 통해 빠른 해결이 가능한 방법을 찾아낼 수 있어야 한다.

1) (가) 값 확정하기

효과성 순위 3위 (효과성 순위 2위 또는 4위 중 2위와 비교)

$\frac{500}{(\text{가})} < 1.5 \rightarrow 333.3 < (\text{가})$

따라서 선지 ①이 지워진다.

2) (나) 값 확정하기

효율성 순위 1위 (효율성 순위 2위와 비교)

$\frac{1{,}500}{(\text{나})+200} > 2 \rightarrow 550 > (\text{나})$

따라서 선지 ②, ⑤가 지워진다.

3) (다) 값 확정하기

효율성 순위 3위 (효율성 순위 2위 또는 4위 중 2위와 비교)

$\frac{3{,}000}{1{,}200+(\text{다})} < 2 \rightarrow 300 < (\text{다})$

따라서 선지 ③이 지워진다.

빠른 문제풀이 Tip

- 효과성과 효율성은 순위로 정보가 제시되어 있다. 순위는 인접한 순위와 크기비교가 가능하다.
- 미지수의 값을 찾아내고자 할 때 고정값과 비교해야 값을 확정하기 용이하다.
- 분수비교를 빠르고 정확하게 할 수 있어야 한다. 해설된 방법 외에도 여러 방법으로 분수비교가 가능하다.
- 선지를 활용해서 해결하는 것이 바람직하다.

[정답] ④

25 아래 <표>와 같은 두 가지 투자계획이 있다. 아래 <표>를 이용하여 판단할 때 타당한 것을 <보기>에서 모두 고르면?

06년 5급(견습) 인책형 32번

〈표〉 투자계획별 비용과 수익

(단위: 만 원)

투자계획	현재투자비용	1년후 수익 (현재투자비용 + 순수익)
W	1,000	1,080
Z	100	120

※ 다만, 각 투자계획은 1년 후 종료되며 중복투자는 불가능하다.

〈보 기〉

ㄱ. 투자계획에 투자하는 대신 같은 기간 은행에 예금했을 경우 이자율이 연 6%라고 가정한다면, 투자계획 W는 은행 예금보다 바람직하지 않을 것이다.
ㄴ. 투자계획에 투자하는 대신 같은 기간 은행에 예금했을 경우 이자율이 연 15%라고 가정한다면, 투자계획 Z를 채택하는 것이 은행 예금보다 바람직할 것이다.
ㄷ. 기간당 수익률만을 비교하면, 투자계획 Z가 W보다 바람직하다.
ㄹ. 각각의 투자계획에 필요한 자금 전액을 연 6%의 이자로 빌릴 수 있다고 가정할 때 기간당 순수익이 큰 것을 선택한다면, 투자계획 W와 Z 중에서 Z를 선택하게 될 것이다.

① ㄱ
② ㄴ, ㄷ
③ ㄴ, ㄹ
④ ㄱ, ㄷ, ㄹ
⑤ ㄴ, ㄷ, ㄹ

해설

문제 분석

〈표〉를 이해해 보면 '1년후 수익 = 현재투자비용 + 순수익'이므로, 현재투자비용을 투자하면 1년 후 현재투자비용을 돌려받으면서 순수익도 얻을 수 있다. 즉, 투자계획 W의 경우 1년 후 수익 1,080만 원 중 1,000만 원은 현재투자비용이고 80만 원이 순수익이다. 이러한 이해를 바탕으로 각 〈보기〉를 검토한다.

문제풀이 실마리

투자계획이 바람직한지 여부를 판단하기 위해 또는 어떤 투자계획을 선택할지를 판단하기 위한 적절한 기준을 적용할 수 있어야 한다. 각 보기에서 기간당 수익률이 더 높은 것을 바람직하다고 판단하거나 기간당 순수익이 더 많은 것을 선택한다.

ㄱ. (X) '투자계획에 투자하는 대신'이라고 하고 있으므로 비교 대상이 되는 투자계획 W의 현재투자비용 1,000만 원을 은행에 예금하는 것으로 생각한다. 1년간 은행에 예금했을 경우 이자율이 연 6%라면 1년 후에는 1,060만 원을 받게 된다. 투자계획 W는 1년 후 1,080만 원을 받게 되므로 투자계획 W가 은행 예금보다 바람직하다.

ㄴ. (O) 투자계획 Z 대신 100만 원을 1년간 은행에 예금했을 경우 이자율이 연 15%라면 1년 후에는 115만 원을 받게 된다. 투자계획 Z는 1년 후 120만 원을 받게 되므로 투자계획 Z가 은행 예금보다 바람직하다.

ㄷ. (O) 기간당 수익률에 대해서 언급하고 있지 않지만 현재투자비용 대비 1년 후 수익과 같은 개념이라고 생각하자. 일반적인 비율을 나타낼 때처럼 식을 구성하면 다음과 같다.

$$\frac{\text{1년 후 수익} - \text{현재투자비용}}{\text{현재투자비용}} \times 100$$

투자계획 Z의 기간당 수익률은 20%, 투자계획 W의 기간당 수익률은 8%로 투자계획 Z가 W보다 바람직하다.

ㄹ. (X) 〈표〉에 따를 때 투자계획 W의 경우 1,000만 원을 빌려 1년 후 1,080만 원을 받게 된다. 투자계획에 필요한 자금 1,000만 원 전액을 연 6%의 이자로 빌린다면 이자 60만 원을 포함한 1,060만 원을 갚고 남은 20만 원이 기간당 순수익이 된다. 투자계획 Z의 경우 100만 원을 빌려 1년 후 120만 원을 받게 된다. 그리고 빌린 100만 원과 이자 6만 원을 갚고 남은 14만 원이 기간당 순수익이 된다. 따라서 20만 원과 14만 원을 비교할 때 기간당 순수익이 더 큰 투자계획 W를 선택하게 될 것이다.

빠른 문제풀이 Tip

- 〈보기〉 중 비율로 비교하는 보기와 실제값으로 비교하는 보기가 정확하게 구분되어야 한다.
- %로 비교하는 것과 실수로 비교하는 것 중 더 빠른 방법을 연습해 두어야 한다.

[정답] ②

26 다음 글을 근거로 판단할 때 옳은 것은? 15년 민경채 인책형 23번

> ○○리그는 10개의 경기장에서 진행되는데, i)각 경기장은 서로 다른 도시에 있다. 또 이 ii)10개 도시 중 5개는 대도시이고 5개는 중소도시이다. iii)매일 5개 경기장에서 각각 한 경기가 열리며 iv)한 시즌당 각 경기장에서 열리는 경기의 횟수는 10개 경기장 모두 동일하다.
>
> v)대도시의 경기장은 최대수용인원이 3만 명이고, 중소도시의 경기장은 최대수용인원이 2만 명이다. vi)대도시 경기장의 경우는 매 경기 60%의 좌석 점유율을 나타내고 있는 반면 중소도시 경기장의 경우는 매 경기 70%의 좌석 점유율을 보이고 있다. vii)특정 경기장의 관중수는 그 경기장의 좌석 점유율에 최대수용인원을 곱하여 구한다.

① ○○리그의 1일 최대 관중수는 16만 명이다.
② 중소도시 경기장의 좌석 점유율이 10%p 높아진다면 대도시 경기장 한 곳의 관중수보다 중소도시 경기장 한 곳의 관중수가 더 많아진다.
③ 내년 시즌부터 4개의 대도시와 6개의 중소도시에서 경기가 열린다면 ○○리그의 한 시즌 전체 누적 관중수는 올 시즌 대비 2.5% 줄어든다.
④ 대도시 경기장의 좌석 점유율이 중소도시 경기장과 같고 최대수용인원은 그대로라면, ○○리그의 1일 평균 관중수는 11만 명을 초과하게 된다.
⑤ 중소도시 경기장의 최대수용인원이 대도시 경기장과 같고 좌석 점유율은 그대로라면, ○○리그의 1일 평균 관중수는 11만 명을 초과하게 된다.

해설

문제 분석

조건 i) ~ vii)의 내용을 표로 정리해보면 다음과 같다.

도시	경기장수 (조건 i), ii))	최대수용인원(ⓐ) (조건 v))	좌석 점유율(ⓑ) (조건 vi))	경기장당 관중수(ⓐ×ⓑ) (조건 vii))
대도시	5	3만 명	60%	1.8만 명
중소도시	5	2만 명	70%	1.4만 명

① (X) 조건 iii)에 의하면 ○○리그는 매일 5개 경기장에서 각각 한 경기가 열린다. 대도시 경기장이 중소도시 경기장보다 경기장당 관중수가 더 많으므로 1일 최대 관중수를 알아내기 위해서는 경기가 열린 5개 경기장이 모두 대도시 경기장이라고 가정하자. 1일 최대 관중수는 1.8만 명(ⓐ×ⓑ)×5=9만 명이다.

② (X) 중소도시 경기장의 좌석 점유율(ⓑ)이 10%p 높아진다면 좌석 점유율은 80%가 된다. 그렇다면 중소도시의 경기장당 관중수(ⓐ×ⓑ)는 2만 명(ⓐ)×80%(ⓑ)=1.6만 명이 되는데 대도시 경기장 한 곳의 관중수(ⓐ×ⓑ)는 1.8만 명이므로 여전히 대도시 경기장 한 곳의 관중수가 더 많다.

③ (O) 조건 iv)에서 한 시즌당 각 경기장에서 열리는 경기의 횟수는 10개 경기장 모두 동일하다고만 할 뿐 경기장별로 몇 경기가 열리는지는 알 수 없다. 경기장별로 n회의 경기가 열린다고 하자. 그렇다면 이번 시즌 ○○리그 시즌 전체 누적 관중수는 다음과 같이 나타낼 수 있다.

1.8만 명(ⓐ×ⓑ)×n×5(경기장수)+1.4만 명×n×5
=n(1.8만 명×5+1.4만 명×5)=16만 명×n … 식 1

내년 시즌부터 4개의 대도시와 6개의 중소도시에서 경기가 열린다면 내년 시즌 ○○리그의 한 시즌 전체 누적 관중수는 다음과 같다.

n(1.8만 명×4+1.4만 명×6)=15만 6천 명×n … 식 2

전체 누적 관중수의 변화율만 판단하면 되므로 n을 제외하고 계산하면 다음과 같다.

$$\frac{16\text{만 명}-15\text{만 }6\text{천 명}}{16\text{만 명}}\times100=2.5\%$$

내년 시즌의 한 시즌 전체 누적 관중수는 올 시즌 대비 2.5% 줄어든다.

④ (X) 대도시 경기장의 좌석 점유율이 중소도시 경기장과 같고 최대수용인원은 그대로라면 대도시 경기장의 경기장당 관중수(ⓐ×ⓑ)는 3만 명(ⓐ)×70%(ⓑ)=2.1만 명이 된다. 조건 iii), iv)에 따라 매일 5경기가 열리고 한 시즌당 각 경기장에서 열리는 경기의 횟수는 모두 동일하므로 식 1, 식 2의 일부분처럼 (2.1만 명×5+1.4만 명×5)=17.5만 명을 계산하고 2로 나누어 주면 된다(→ 빠른 문제풀이 TIP). ○○리그의 1일 평균 관중수는 8만 7천 5백 명으로 11만 명을 초과하지 않는다.

⑤ (X) 중소도시 경기장의 최대 수용인원이 대도시 경기장과 같고 좌석점유율은 그대로라면 중소도시 경기장의 경기장당 관중수(ⓐ×ⓑ)는 3만 명(ⓐ)×70%(ⓑ)=2.1만 명이 된다. 선지 ④와 같은 방법으로 (1.8만 명×5+2.1만 명×5)÷2=9만 7천 5백 명으로 ○○리그의 1일 평균 관중수는 11만 명을 초과하지 않는다.

빠른 문제풀이 Tip

③ 해설에서는 식 등을 통해 모든 과정을 서술하였다. 그러나 식 1과 식 2를 비교해 보면 1.8만 명 경기장이 하나 줄어들고 1.4만 명 경기장이 늘어나는 것이므로 각 경기장에서 한 번의 경기가 열릴 때 마다 4천 명의 관중이 줄어드는 것이다. 16만 명×n에서 4천 명×n만큼 줄어드는 것만 파악하면 된다.

④ ○○리그의 1일 평균 관중수를 구하는 데 있어서는 어떠한 방식으로 이해해도 상관없다. 각 경기장에서 n회의 경기가 열렸다면 ○○리그 전체는 $10n$의 경기가 열린 것이고 하루에 5경기씩 열리므로 ○○리그는 $2n$일 동안 진행된 것이다. 따라서 해설에서는 식 1과 같은 시즌 전체 누적 관중 수를 $2n$일로 나누는 다음의 방법으로 설명하였다.

$$\frac{n(1.8\text{만 명}\times1.4\text{만 명}\times5)}{2n}=\frac{1.8\text{만 명}\times5\times1.4\text{만 명}\times5}{2n}$$

그러나 하루 평균 대도시 경기장에 2.5경기, 중소도시 경기장에서 2.5경기가 열리는 방식 등으로 이해해도 무방하다.

[정답] ③

27 다음을 근거로 판단할 때 옳지 않은 것은? 11년 5급 선책형 18번

〈장학금 지급규정〉

1. 장학금 총액은 '등록생 수×30만 원'으로 결정된다.
2. 'A장학금'은 학과 수석 학생 1명에게만 등록금 전액을 지급한다. 다만 동점자가 있을 경우에는 면접을 통해 1명에게만 장학금을 지급한다.
3. 'B장학금'은 등록금의 70%를 지급한다.
4. 'C장학금'은 등록금의 50%를 지급한다.
5. 'D장학금'은 등록금의 30%를 지급한다.
6. 학생회 회장(1명)과 학생회 부회장(1명)에게는 'D장학금'을 지급한다. 다만 학생회 회장 또는 부회장이 'A장학금'을 수혜한 경우, 학생회 임원 중 다른 1명에게 'D장학금'을 지급한다.
7. 'B장학금' 수혜자의 수는 'C장학금' 수혜자의 수를 초과하지 않도록 한다. 'B장학금'은 지급되지 않을 수도 있다.
8. 'C장학금' 수혜자의 수는 'D장학금' 수혜자의 수를 초과하지 않도록 한다. 'C장학금'은 지급되지 않을 수도 있다.
9. 장학금 총액을 다 사용하지 않은 경우에는 잔액을 다음 학기로 이월한다.

〈학과 현황〉

- 등록생 수 40명
- 등록금 300만 원
- 지난 학기 이월 장학금 0원
- 현재 학생회는 학생회장 1명, 부회장 1명, 임원 3명으로 구성되어 있다.

① 만약 'B장학금'을 1명에게 지급하기로 결정한다면 'C장학금'은 3명에게 지급할 수 없다.
② 만약 'B장학금'을 2명에게 지급하기로 결정한다면 'C장학금'도 2명에게 지급해야 한다.
③ 만약 'B장학금'을 1명에게도 지급하지 않기로 결정한다면 'C장학금'은 4명에게 지급할 수 있다.
④ 장학금 수혜자는 최소 3명이다.
⑤ 장학금 수혜자는 최대 11명이다.

해설

문제 분석

〈장학금 지급규정〉을 〈학과 현황〉에 적용하여 선지를 판단한다. 이하에서는 〈장학금 지급규정〉의 각 규정을 순서대로 '규정 1', '규정 2'라 한다.

문제풀이 실마리

규정 7에 따를 때 B장학금의 수혜자의 수는 C장학금 수혜자 수 이하여야 하고, 규정 8에 따를 때 C장학금 수혜자의 수는 D장학금 수혜자의 수 이하여야 한다.

〈장학금 지급규정〉을 전반적으로 검토해 보면 장학금 총액이 결정되면 장학금 총액 내에서 장학금을 지급하는 것으로 해석되므로 우선 장학금 총액을 구해야 한다. 규정 1에 의하면 장학금 총액은 '등록생 수×30만 원'으로 결정되고 등록생 수는 40명이므로 이번 학기 장학금 총액은 1,200만 원이다.

① (O) 'B장학금'을 1명에게 지급하기로 결정하였다면 규정 2에 의하여 항상 지급되는 'A장학금' 1명(300만 원)과 'B장학금' 1명(210만 원)에게 총 510만 원의 장학금이 지급되어 690만 원의 장학금이 남게 된다. 규정 7에서는 'B장학금' 수혜자의 수는 'C장학금' 수혜자의 수를 초과하지 않도록 한다고 한다. 해당 장학금의 수혜자 수를 알파벳 대문자로 나타내면 B≤C이고, 규정 8에 의하면 C≤D와 같은 관계가 성립한다.
'B장학금'을 1명에게 지급하기로 결정하고, 'C장학금'을 3명에게 지급하려면 C≤D이므로 'D장학금'도 최소 3명에게 지급하여야 한다. 최소한 지급해야 할 'C장학금', 'D장학금'을 계산해보면 150만 원×3명+90만 원×3명=720만 원이고, 위의 510만 원과 더하여 A~D장학금 총액을 구해보면 1,230만 원으로 이번 학기 장학금 총액 1,200만 원을 초과한다. 그러므로 만약 'B장학금'을 1명에게 지급하기로 결정한다면 'C장학금'은 3명에게 지급할 수 없다.

② (O) 선지 ①과 같은 방법으로 살펴본다. 'B장학금'을 2명에게 지급하기로 결정한다면 'A장학금' 1명(300만 원), 'B장학금' 2명(210만 원)에게 총 720만 원의 장학금이 지급되어 480만 원의 장학금이 남게 된다. B≤C, C≤D이므로 최소한 2명에게 'C장학금', 2명에게 'D장학금'을 지급해야 하고 해당 장학금 합계는 150만 원×2명+90만 원×2명=480만 원이다. 한다. 위의 720만 원과 더하여 A~D장학금 총액을 구해보면 1,200만 원으로 이번 학기 장학금 총액 1,200만 원과 일치한다. 그러므로 만약 'B장학금'을 2명에게 지급하기로 결정한다면 'C장학금'은 정확히 2명에게만 지급할 수 있다.

③ (X) 선지 ①과 같은 방법으로 살펴본다. 'B장학금'을 1명에게도 지급하지 않기로 결정한다면 'A장학금' 1명에게 총 300만 원의 장학금이 지급되어 900만 원의 장학금이 남게 된다. 'C장학금'을 4명에게 지급한다면 C≤D이므로 최소한 4명에게 'D장학금'을 지급해야 하고, 지급해야 할 'C장학금', 'D장학금' 합계는 150만 원×4명+90만 원×4명=960만 원이다. 위의 300만 원과 더하여 A~D장학금 총액을 구해보면 1,260만 원으로 이번 학기 장학금 총액 1,200만 원을 초과한다. 따라서 'B장학금'을 1명에게도 지급하지 않기로 결정하였더라도 'C장학금'은 4명에게 지급할 수 없다.

④ (O) 최소한 지급되는 장학금을 살펴보면 규정 2에 의한 'A장학금'을 학과 수석 학생에게 지급하고, 규정 6에 의하여 학생회 회장 1명, 학생회 부회장 1명에게 'D장학금'을 지급한다. 'A장학금' 300만 원 1명과 'D장학금' 90만 원 2명, 총 480만 원의 장학금은 항상 지급된다(규정 6의 단서와 같이 학생회 회장 또는 부회장이 'A장학금'을 수혜한 경우에도 학생회 임원 중 다른 1명에게 'D장학금'을 지급하게 되므로 마찬가지이다). 장학금 수혜자는 최소 3명이다.

⑤ (O) 우선 규정 2에 의한 'A장학금'은 항상 지급되므로 총 900만 원의 장학금이 남아 있다고 하자. 최대한 많은 등록생이 장학금 수혜자가 되기 위해서는 가능한 많은 등록생에게 'D장학금'을 지급하고 B≤C, C≤D인데 규정 7, 8에 의하면 B=0, C=0일 수 있다. 따라서 남아 있는 900만 원을 모두 'D장학금'으로 지급하면 10명에게 지급할 수 있다. 즉, 장학금 수혜자는 'A장학금' 1명, 'D장학금' 10명과 같은 경우로 최대 11명이다.

빠른 문제풀이 Tip

- 각 선지의 정오판단을 하기 위한 입증사례 또는 반증사례를 적절하게 떠올릴 수 있어야 한다.
- 빠른 계산방법을 연습해 둠으로써 빠르고 정확한 해결이 가능하도록 해야 한다.

② 선지 ①과 같은 방법으로
- 최소한 지급해야 할 장학금: 'A장학금' 1명(300만 원), 'B장학금' 2명(210만 원)에게 총 720만 원
- B≤C, C≤D이므로 최소한 2명에게 'C장학금', 2명에게 'D장학금'을 지급 → 150만 원×2명+90만 원×2명=480만 원
- A~D장학금 총액은 720만 원+480만 원=1,200만 원

⇒ 'C장학금'은 정확히 2명에게만 지급할 수 있다.

③ 선지 ①과 같은 방법으로
- 최소한 지급해야 할 장학금: 'A장학금' 1명 총 300만 원
- C≤D이므로 최소한 4명에게 'D장학금'을 지급 → 150만 원×4명+90만 원×4명=960만 원
- A~D장학금 총액은 300만 원+960만 원=1,260만 원

⇒ 'C장학금'을 4명에게 지급할 수 없다.

[정답] ③

28 다음 글과 <상황>에 근거할 때, <보기>에서 옳은 것만을 모두 고르면? 14년 5급 A책형 10번

A시에서는 친환경 건축물 인증제도를 시행하고 있다. 이는 건축물의 설계, 시공 등의 건설과정이 쾌적한 거주환경과 자연환경에 미치는 영향을 점수로 평가하여 인증하는 제도로, 건축물에 다음 〈표〉와 같이 인증등급을 부여한다.

〈표〉 평가점수별 인증등급

평가점수	인증등급
80점 이상	최우수
70점~80점 미만	우수
60점~70점 미만	우량
50점~60점 미만	일반

또한 친환경 건축물 최우수, 우수 등급이면서 건축물 에너지효율 1등급 또는 2등급을 추가로 취득한 경우, 다음 〈표〉와 같은 취·등록세액 감면 혜택을 얻게 된다.

〈표〉 취·등록세액 감면 비율

	최우수 등급	우수 등급
에너지효율 1등급	12%	8%
에너지효율 2등급	8%	4%

〈상 황〉

○ 甲은 A시에 건물을 신축하고 있다. 현재 이 건물의 예상되는 친환경 건축물 평가점수는 63점이고 에너지효율은 3등급이다.
○ 친환경 건축물 평가점수를 1점 높이기 위해서는 1,000만 원, 에너지효율 등급을 한 등급 높이기 위해서는 2,000만 원의 추가 투자비용이 든다.
○ 甲이 신축하고 있는 건물의 감면 전 취·등록세 예상액은 총 20억 원이다.
○ 甲은 경제적 이익을 극대화하고자 한다.

※ 경제적 이익 또는 손실 = 취·등록세 감면액 − 추가 투자액.
※ 기타 비용과 이익은 고려하지 않는다.

〈보 기〉

ㄱ. 추가 투자함으로써 경제적 이익을 얻을 수 있는 최소 투자금액은 1억 1,000만 원이다.
ㄴ. 친환경 건축물 우수 등급, 에너지효율 1등급을 받기 위해 추가 투자할 경우 경제적 이익이 가장 크다.
ㄷ. 에너지효율 2등급을 받기 위해 추가 투자하는 것이 3등급을 받는 것보다 甲에게 경제적으로 더 이익이다.

① ㄱ
② ㄷ
③ ㄱ, ㄴ
④ ㄴ, ㄷ
⑤ ㄱ, ㄴ, ㄷ

해설

문제 분석

<상황>에 의하면 현재 甲이 A시에 신축하고 있는 건물의 예상되는 친환경 건축물 평가점수는 63점으로 인증등급은 우량에 해당하고, 에너지효율은 3등급이다. 이 건물의 감면 전 취·등록세 예상액은 총 20억 원이라고 주어져 있으나 전체 취·등록세 액수가 문제되지는 않고, 추가 비용과 감면 혜택을 비교한 손익만 문제에서 판단 대상이 된다. 취·등록세를 감면받기 위해서는 인증등급이 우수 이상이어야 하고, 경제적 이익을 극대화하므로 현재 우량 등급에서 우수 등급이 되기 위해서는 7점, 최우수 등급이 되기 위해서는 17점이 필요하다.

우선 현재 감면 전 취·등록세 예상액 총 20억 원으로부터 인증등급과 에너지효율 등급에 따른 취·등록세 감면액을 정리해보면 다음과 같다.

	최우수 등급	우수 등급
에너지효율 1등급	20억×12%=2.4억	20억×8%=1.6억
에너지효율 2등급	20억×8%=1.6억	20억×4%=0.8억

그리고 현재의 인증등급 '우량'에서 '우수' 등급을 받기 위해서는 평가점수를 7점 높여야 하므로 7,000만 원의 추가 투자비용이 필요하고, '우수'에서 '최우수' 등급을 받기 위해서는 평가점수 10점을 높여야 하므로 10,000만 원=1억 원의 추가 투자비용이 필요하다. 또한 에너지효율 등급을 한 등급 높이기 위해서는 2,000만 원의 추가 투자비용이 든다. 이하부터는 해당 건물의 상태를 말할 때 (우량, 3등급)과 같이 인증등급, 에너지효율 등급 순서대로 표현하며 비용 등의 금액은 만 원 단위로 표시한다.

ㄱ. (O) 현재 (우량, 3등급)에서 최소한 (우수, 2등급)이 되어야 감면 혜택을 얻을 수 있다. 우선 (우수, 2등급)이 되었다면 추가 투자비용은 7,000+2,000=9,000만 원이고 이때 취·등록세 감면액은 8,000만 원이므로 오히려 1,000만 원의 손해를 보게 된다. 따라서 경제적 이익을 극대화하고자 하는 甲은 (우수, 2등급)에 머무르고자 하지 않고 인증등급 또는 에너지효율 등급을 추가로 높임으로써 경제적 이익을 얻을 수 있다. 이때 인증등급을 높여 (최우수, 2등급)이 되는 경우나 (우수, 1등급)이 되는 경우나 추가적인 취·등록세 감면액은 같으므로(8,000만 원) 추가 투자비용이 적게 드는 에너지효율 등급을 높이고자 할 것이다. (우수, 1등급)이 되기 위한 최소 투자금액은 7,000+2,000+2,000=11,000만 원이고 이때 취·등록세 감면액은 16,000만 원이다. 이때 얻을 수 있는 경제적 이익은 16,000−11,000=5,000만 원이다.

ㄴ. (O) 우선 (우수, 2등급)의 경우 1,000만 원의 손해가 발생하고 (우수, 1등급)은 5,000만 원의 이익이 발생하며 (우수, 1등급)의 경제적 이익이 (최우수, 2등급)의 경제적 이익보다 크다는 것은 ㄱ에서 확인하였다. (최우수, 1등급)의 경제적 이익은 (우수, 1등급)을 기준으로 10,000만 원의 추가 투자비용과 8,000만 원의 취·등록세 감면 혜택을 받게 되므로 (최우수, 1등급)의 경제적 이익이 (우수, 1등급)의 경제적 이익보다 오히려 2,000만 원 적다는 것을 확인할 수 있다.

ㄷ. (X) 에너지효율 등급을 높게 받기 위해 추가 투자하더라도 인증등급이 '우량' 등급이면 취·등록세액 감면 혜택을 받을 수 없다. 혹은 ㄱ의 (우수, 2등급)의 예에서처럼 오히려 1,000만 원의 손해를 보는 경우가 있고, (최우수, 2등급)은 3,000만 원의 손해를 보게 된다. 따라서 에너지효율 2등급을 받기 위해 추가 투자하는 것이 3등급을 받는 것보다 甲에게 경제적으로 더 이익이라고 할 수 없다.

빠른 문제풀이 Tip

문제의 상황을 표로 정리해보면 다음과 같다. 위의 상황 중 현재 상황인 인증등급 '우량'과 에너지효율 등급 '3등급'인 상황을 다음과 같이 표로 나타내어 본다.

현재	3등급
우량	세금감면액
	추가투자액
	손익

해당 표의 각 칸에 '우량', '3등급'인 현재를 기준으로 인증등급과 에너지효율 등급이 변화했을 때 세금감면액, 추가투자액, 손익을 아래와 같이 정리해본다. 인증등급을 '우량'에서 '우수'로 높일 때는 7,000만 원, '우수'에서 '최우수'로 높일 때는 10,000만 원의 추가 투자비용이 필요하고, 에너지효율 등급을 한 등급 높일 때는 2,000만 원의 추가 투자비용이 필요하다.

에너지효율 등급

인증등급		1등급	2등급	3등급
최우수	세금감면액	24,000	16,000	0
	추가투자액	21,000	19,000	17,000
	손익	3,000	−3,000	−17,000
우수	세금감면액	16,000	8,000	0
	추가투자액	11,000	9,000	7,000
	손익	5,000	−1,000	−7,000
우량	세금감면액	0	0	0 (현재)
	추가투자액	4,000	2,000	0
	손익	−4,000	−2,000	0

[정답] ③

29 다음 글을 근거로 판단할 때 옳은 것은? 16년 5급 4책형 4번

독일의 통계학자 A는 가계지출을 음식비, 피복비, 주거비, 광열비, 문화비(교육비, 공과금, 보건비, 기타 잡비)의 5개 항목으로 구분해 분석했다. 그 결과 소득의 증가에 따라 총 가계지출 중 음식비 지출 비중은 점차 감소하는 경향이 있지만, 피복비 지출은 소득의 증감에 비교적 영향을 받지 않는다는 사실을 발견했다. 또 주거비와 광열비에 대한 지출 비중은 소득수준에 관계없이 거의 일정하고, 문화비 지출 비중은 소득 증가에 따라 급속하게 증가한다는 것도 알아냈다. 이러한 사실을 모두 아울러 'A의 법칙'이라고 한다. 특히 이 가운데서 가계지출 중 음식비 지출 비중만을 따로 떼어 내어 'A계수'라고 한다. A계수는 총 가계지출에서 차지하는 음식비의 비중을 백분율로 표시한 것으로, 소득수준이 높을수록 낮아지고, 소득수준이 낮을수록 높아지는 경향을 보인다.

가계지출 중 자녀 교육비의 비중을 나타낸 수치를 'B계수'라고 한다. 지난 1분기 가계소득 하위 20% 가구의 월평균 교육비 지출액은 12만 원으로 가계지출의 10%였다. 반면 가계소득 상위 20% 가구의 월평균 교육비 지출액은 72만 원으로 가계소득 하위 20% 가구의 6배에 달했고 가계지출에서 차지하는 비중도 20%였다.

① 가계소득이 증가할 때 A계수와 B계수는 모두 높아질 것이다.
② 소득이 높은 가계라도 가계구성원 모두가 값비싼 음식을 선호한다면 소득이 낮은 가계보다 A계수가 높을 수 있다.
③ A의 법칙에 의하면 소득이 증가할수록 음식비 지출액이 줄어든다고 할 수 있다.
④ 지난 1분기 가계소득 상위 20% 가구의 월평균 소득은 가계소득 하위 20% 가구의 월평균 소득의 3배이다.
⑤ 지난 1분기 가계소득 분위별 교육비 지출액 현황을 볼 때 가계소득이 낮을수록 교육열이 높다고 볼 수 있다.

해설

문제 분석

- 독일의 통계학자 A는 가계지출을 음식비, 피복비, 주거비, 광열비, 문화비(교육비, 공과금, 보건비, 기타 잡비)의 5개 항목으로 구분해 분석했다.
- 그 결과 소득의 증가에 따라 총 가계지출 중 음식비 지출 비중은 점차 감소하는 경향이 있지만, 피복비 지출은 소득의 증감에 비교적 영향을 받지 않는다는 사실을 발견했다. 또 주거비와 광열비에 대한 지출 비중은 소득수준에 관계없이 거의 일정하고, 문화비 지출 비중은 소득 증가에 따라 급속하게 증가한다는 것도 알아냈다. 이러한 사실을 모두 아울러 'A의 법칙'이라고 한다.
- 특히 이 가운데서 가계지출 중 음식비 지출 비중만을 따로 떼어 내어 'A계수'라고 한다. A계수는 총 가계지출에서 차지하는 음식비의 비중을 백분율로 표시한 것으로, 소득수준이 높을수록 낮아지고, 소득수준이 낮을수록 높아지는 경향을 보인다.
- 가계지출 중 자녀 교육비의 비중을 나타낸 수치를 'B계수'라고 한다.

문제풀이 실마리

법칙, 계수의 개념을 이해하고 이를 응용 · 적용할 수 있어야 한다.

① (X) 첫 번째 문단에서 보면, 'A의 법칙' 가운데서 가계지출 중 음식비 지출 비중만을 따로 떼어 내어 'A계수'라고 한다. A계수는 총 가계지출에서 차지하는 음식비의 비중을 백분율로 표시한 것으로, 소득수준이 높을수록 낮아지고, 소득수준이 낮을수록 높아지는 경향을 보인다. 따라서 A계수는 소득수준과 반비례하므로 소득이 높을수록 높아지지 않는다.

두 번째 문단에서 보면 가계지출 중 자녀 교육비의 비중을 나타낸 수치를 'B계수'라고 한다. 첫 번째 문단에서 보면, 문화비에는 교육비, 공과금, 보건비, 기타 잡비가 포함된다. 'A의 법칙'은 문화비 지출 비중이 소득 증가에 따라 급속하게 증가한다는 것을 포함하고 있기는 하지만 문화비의 지출 비중이 증가한다는 것이 문화비 중 하나인 교육비의 증가를 반드시 의미하는 것은 아니다. 두 번째 문단 예시에서는 가계소득 하위 20%와 가계소득 상위 20% 가구의 정보만을 알 수 있으므로, 제시문에 있는 정보만으로는 가계소득이 증가할 때 'B계수'가 높아진다고 확정적으로 말하기는 어렵다.

② (O) 첫 번째 문단에서 보면, A계수는 총 가계지출에서 차지하는 음식비의 비중을 백분율로 표시한 것으로 'A의 법칙' 가운데서 가계지출 중 음식비 지출 비중만을 따로 떼어 낸 것이다. 소득의 증가에 따라 총 가계지출 중 음식비 지출 비중은 점차 감소하는 '경향'이 있다고만 언급되어 있다. 즉 A의 법칙은 경향 즉, 추세에 불과하기 때문에 경향에서 벗어난 예외적인 상황도 얼마든지 가능하다. 따라서 소득이 높은 가계라도 가계구성원 모두가 값비싼 음식을 선호한다면 소득이 낮은 가계보다 A계수가 높을 수 있다.

③ (X) 첫 번째 문단에서 보면, 'A의 법칙' 가운데서 가계지출 중 음식비 지출 비중만을 따로 떼어 내어 'A계수'라고 한다. A계수는 총 가계지출에서 차지하는 음식비의 비중을 백분율로 표시한 것으로, 소득수준이 높을수록 낮아지고, 소득수준이 낮을수록 높아지는 경향을 보인다. '비중'은 줄어들지만 '음식비 지출액' 자체는 높아질 수 있다. 비중이 낮아지는 것을 통해 '액수'까지 낮아진다고는 확정적으로 말할 수 없다. 즉, '비중'의 상대적인 비율의 감소가 '지출액' 절대적인 액수의 감소를 의미하는 것은 아니다.

④ (X) 두 번째 문단에서 보면, 제시된 내용만으로는 월평균 소득을 알 수 없다. 제시문의 내용을 통해 가계지출액을 알 수 있을 뿐이다. 가계지출액을 구해보면 지난 1분기 가계소득 상위 20% 가구의 가계지출액이 360만 원으로 가계소득 하위 20% 가구의 가계지출액인 120만원 의 3배인 것은 맞지만, 이는 '가계지출액'이지 선지에서 묻고 있는 '월평균 소득'이 아니다.

⑤ (X) 두 번째 문단에서 보면, 지난 1분기 가계소득 하위 20% 가구의 월평균 교육비 지출액은 12만 원으로 가계지출의 10%였다. 반면 가계소득 상위 20% 가구의 월평균 교육비 지출액은 72만 원으로 가계소득 하위 20% 가구의 6배에 달했고 가계지출에서 차지하는 비중도 20%였다. 즉, 월평균 교육비 지출액의 절대적인 액수로 보더라도, 그리고 가계소득에서 차지하는 비중으로 보더라도 가계소득 상위 20% 가구가 가계소득 하위 20% 가구보다 높다. 따라서 지난 1분기 가계소득 분위별 교육비 지출액 현황을 볼 때 가계소득이 낮을수록 교육열이 높다고 보기는 어렵다.

빠른 문제풀이 Tip

- 선지 ③에서 '절대 금액'과 '비중'을 구분할 수 있어야 한다. 100만 원의 50%는 50만 원이지만, 1억의 10%는 1,000만 원이다. 10%가 50%보다 비중은 낮지만 절대 금액은 1,000만 원이 50만 원보다 훨씬 크다.
- 선지 ④에서 단순히 '3배'라는 점에만 몰두하면 '월평균 소득 ≠ 가계지출'을 놓쳐서 옳은 것으로 잘못 생각하는 경우가 많은 선지이다. '월평균 소득 ≠ 가계지출'임을 파악한다면 계산하지 않고도 틀린 선지임을 알 수 있다.
- 이런 문제의 경우 문제해결에 필요한 부분 위주로 제시문에서 발췌독을 시도했을 때 어렵게 느껴진다면, 제시문을 정확히 이해한 후 분제를 해결하는 것도 좋다.

[정답] ②

30 다음 글을 근거로 판단할 때, <보기>에서 옳은 것만을 모두 고르면?

21년 민경채 나책형 9번

A부처는 CO_2 배출량 감소를 위해 전기와 도시가스 사용을 줄이는 가구를 대상으로 CO_2 배출 감소량에 비례하여 현금처럼 사용할 수 있는 포인트를 지급하는 제도를 시행하고 있다. 전기는 5kWh, 도시가스는 $1m^3$를 사용할 때 각각 2kg의 CO_2가 배출되며, 전기 1kWh당 사용 요금은 20원, 도시가스 $1m^3$당 사용 요금은 60원이다.

〈보 기〉

ㄱ. 매월 전기 요금과 도시가스 요금을 각각 1만 2천 원씩 부담하는 가구는 전기 사용으로 인한 월 CO_2 배출량이 도시가스 사용으로 인한 월 CO_2 배출량보다 적다.

ㄴ. 매월 전기 요금을 5만 원, 도시가스 요금을 3만 원 부담하는 가구는 전기와 도시가스 사용에 따른 월 CO_2 배출량이 동일하다.

ㄷ. 전기 1kWh를 절약한 가구는 도시가스 $1m^3$를 절약한 가구보다 많은 포인트를 지급받는다.

① ㄱ
② ㄷ
③ ㄱ, ㄴ
④ ㄴ, ㄷ
⑤ ㄱ, ㄴ, ㄷ

해설

문제 분석

계산에 필요한 조건을 정리해 보면 다음과 같다.

- CO_2 배출 감소량에 비례하여 현금처럼 사용할 수 있는 포인트를 지급
- 전기는 5kWh, 도시가스는 $1m^3$를 사용할 때 각각 2kg의 CO_2가 배출
- 전기 1kWh당 사용 요금은 20원, 도시가스 $1m^3$당 사용 요금은 60원

정리하면 전기는 100원당, 도시가스는 60원당 각각 2kg의 CO_2가 배출되는 셈이다.

구분	전기	도시가스
CO_2 2kg 배출	5kWh	$1m^3$
사용 요금	1kWh당 20원	$1m^3$당 60원
CO_2 2kg 배출	100원	60원

동일하게 5단위씩을 사용한다면, 전기는 CO_2 2kg을 배출하고, 도시가스는 10kg을 배출한다.

→ 즉, 단위 사용량당 CO_2 배출량의 비는 전기 1 : 도시가스 5이다.

사용 요금이 300원씩으로 동일하다면, 전기는 CO_2 6kg을 배출하고, 도시가스는 10kg을 배출한다.

→ 즉, 단위 사용요금당 CO_2 배출량의 비는 전기 3 : 도시가스 5이다.

ㄱ. (O) 위에서 살펴봤듯이, 단위 사용요금당 CO_2 배출량의 비는 전기 3 : 도시가스 5이다. 동일한 사용 요금을 사용했을 때 즉, 사용 요금이 둘다 1만 2천원으로 같다면, 월 CO_2 배출량은 도시가스가 더 많이 배출된다.

ㄴ. (O) 위에서 살펴봤듯이, 단위 사용요금당 CO_2 배출량의 비는 전기 3 : 도시가스 5이다. 그런데 매월 전기 요금을 5만 원, 도시가스 요금을 3만 원 부담하는 가구라면 사용 요금의 비가 전기 5 : 도시가스 3이다.
CO_2 배출량 = 단위 사용요금당 CO_2 배출량 × 사용요금 = $\left(\frac{CO_2\ 배출량}{사용요금}\right)$ × 사용요금이므로 두 가구는 전기와 도시가스 사용에 따른 월 CO_2 배출량이 동일하다.

ㄷ. (X) CO_2 배출 감소량에 비례하여 현금처럼 사용할 수 있는 포인트가 지급된다. 전기 1kWh를 절약하면 $\frac{2}{5}$kg의 CO_2 배출이 감소되는 셈이고, 도시가스 $1m^3$를 절약한 가구는 2kg의 CO_2 배출이 감소되는 셈이다. 따라서 도시가스 $1m^3$를 절약한 가구가 더 많은 포인트를 지급받는다.

빠른 문제풀이 Tip

보기 ㄴ을 빠르고 정확하게 해결하기 위해서는 A당 B의 공식을 빠르게 처리할 수 있어야 한다.

[정답] ③

31 다음 글을 근거로 판단할 때, <보기>에서 옳은 것만을 모두 고르면?

20년 7급(모의) 12번

○ 甲국은 매년 X를 100톤 수입한다. 甲국이 X를 수입할 수 있는 국가는 A국, B국, C국 3개국이며, 甲국은 이 중 한 국가로부터 X를 전량 수입한다.

○ X의 거래조건은 다음과 같다.

국가	1톤당 단가	관세율	1톤당 물류비
A국	12달러	0%	3달러
B국	10달러	50%	5달러
C국	20달러	20%	1달러

○ 1톤당 수입비용은 다음과 같다.
1톤당 수입비용 = 1톤당 단가 + (1톤당 단가 × 관세율) + 1톤당 물류비

○ 특정 국가와 FTA를 체결하면 그 국가에서 수입하는 X에 대한 관세율이 0%가 된다.

○ 甲국은 지금까지 FTA를 체결한 A국으로부터만 X를 수입했다. 그러나 최근 A국으로부터 X의 수입이 일시 중단되었다.

〈보 기〉

ㄱ. 甲국이 B국과도 FTA를 체결한다면, 기존에 A국에서 수입하던 것과 동일한 비용으로 X를 수입할 수 있다.

ㄴ. C국이 A국과 동일한 1톤당 단가를 제시하였다면, 甲국은 기존에 A국에서 수입하던 것보다 저렴한 비용으로 C국으로부터 X를 수입할 수 있다.

ㄷ. A국으로부터 X의 수입이 다시 가능해졌으나 1톤당 6달러의 보험료가 A국으로부터의 수입비용에 추가된다면, 甲국은 A국보다 B국에서 X를 수입하는 것이 수입비용 측면에서 더 유리하다.

① ㄱ

② ㄴ

③ ㄷ

④ ㄱ, ㄴ

⑤ ㄱ, ㄷ

해설

문제 분석

- 甲국은 매년 X 100톤을 A국, B국, C국 3개국 중 한 국가로부터 전량 수입한다.
- A국, B국, C국과 X의 거래조건이 〈표〉로 주어져 있다.
- 甲국의 1톤당 수입비용을 계산할 수 있는 공식이 주어져 있다.

문제풀이 실마리

상대적 계산을 빠르게 처리할 수 있어야 한다.

ㄱ. (O) 甲국은 매년 X를 100톤 수입하고, 기존에 A국에서 수입하던 비용은 1톤당 단가가 12달러, 관세율이 0%, 1톤당 물류비가 3달러이므로, 1톤당 수입비용은 (12+3)×100=1,500달러이다.
B국가와 FTA를 체결한다면, B국가에서 수입하는 X에 대한 관세율이 0%이고, 1톤당 단가가 10달러, 1톤당 물류비가 5달러이므로 B국가와 FTA 체결 후 수입하는 비용은 (10+5)×100=1,500달러이다.
따라서 기존에 A국에서 수입하던 것과 동일한 비용으로 X를 수입할 수 있다.

ㄴ. (X) C국이 A국과 동일한 1톤당 단가를 제시하였다면, C국의 1톤당 단가는 20달러에서 12달러로 변화한다. 이때 C국에서 수입하는 비용은 {12+(12×0.2)+1}×100=1,540달러이다. A국에서 수입하는 비용은 1,500달러이므로 甲국은 기존에 A국에서 수입하던 것보다 저렴한 비용으로 C국으로부터 X를 수입할 수 없다.

ㄷ. (O) A국으로부터 X의 수입이 다시 가능해졌으나 1톤당 6달러의 보험료가 A국으로부터의 수입비용에 추가된다면, A국에서 수입하는 비용은 (12+3+6)×100=2,100달러가 된다.
B국에서 수입하는 비용은 {10+(10×0.5)+5}×100=2,000달러이므로 甲국은 A국보다 B국에서 X를 수입하는 것이 수입비용 측면에서 더 유리하다.

빠른 문제풀이 Tip

A당 B의 출제장치를 잘 준비해두어야 한다.

[정답] ⑤

32 甲위원회는 개방형직위 충원을 위해 인사담당부서에 후보자 명부를 요청하여 아래의 <현황표>를 작성하였다. 이 <현황표>를 보면, 홍보, 감사, 인사 등 모든 분야에서 다음 <구성기준>을 만족시키지 못하고 있다. 각 분야에 후보자를 추가하여 해당 분야의 <구성기준>을 충족시키는 것은? 10년 5급 선책형 29번

〈현황표〉

(단위: 명)

구분		홍보	감사	인사
분야별 인원		17	14	34
연령	40대	7	4	12
	50대	10	10	22
성별	남자	12	10	24
	여자	5	4	10
직업(직위)	공무원	10	8	14
	민간기업임원	7	6	20

〈구성기준〉

ㄱ. 분야별로 40대 후보자 수는 50대 후보자 수의 50% 이상이 되도록 한다.
ㄴ. 분야별로 여성비율은 분야별 인원의 30% 이상이 되도록 한다.
ㄷ. 분야별로 공무원과 민간기업임원 중 어느 한 직업(직위)도 분야별 인원의 60%를 넘지 않아야 한다.

① 감사분야에 40대 여성 민간기업임원 1명을 추가한다.
② 인사분야에 50대 여성 민간기업임원 2명을 추가한다.
③ 홍보분야에 40대 여성 공무원 2명과 50대 남성 공무원 1명을 추가한다.
④ 인사분야에 50대 여성 공무원 2명과 50대 남성 공무원 2명을 추가한다.
⑤ 감사분야에 40대 여성 민간기업임원 1명과 50대 남성 공무원 2명을 추가한다.

해설

문제 분석

〈현황표〉에서 어떤 분야가 〈구성기준〉의 어떤 기준을 충족시키지 못하고 있는지 파악하고 선지에서 추가되는 후보자별로 판단한다.

우선 지문의 〈현황표〉에서 〈구성기준〉을 충족시키지 못하고 있는 부분을 음영처리 해놓았다.

1) 구성기준을 충족시키지 못하고 있는지 판단해 볼 때는 가능하면 구체적인 계산을 하지 않는다. ㄴ의 경우를 예로 들어보자. 인사의 경우 분야별 인원이 34명이므로 여성의 비율이 30% 이상인지 판단할 때 '34명×30%=10.2명 이상'과 같이 판단하기 전에 여성이 30% 이상이면 남성이 70% 미만이어야 하므로 현재 여성 대비 남성 비율이 약 2.3배를 넘어가는지 판단해본다. 홍보분야부터 각각 2.4배, 2.5배, 2.4배인 것을 쉽게 확인할 수 있다.
2) 선지별로 확인할 때 추가되는 후보자로 인해 기존에 충족시키고 있던 ㄱ. 연령, ㄷ. 직업 구성기준을 오히려 충족시키지 못하게 하는 것은 아닌지 주의를 요한다.

① (O) 감사분야에 40대 여성 1명을 추가하면 구성기준 ㄱ에 대해서는 40대 후보자 수 5명 50대 후보자 수가 10명으로 40대 후보자 수가 50대 후보자 수의 50%이며, 구성기준 ㄴ에 대해서는 감사분야의 인원이 15명이 되는데 여성은 총 5명이 되어 여성비율이 약 33.3%가 된다. 추가된 후보자는 민간기업임원으로 감사분야의 민간기업임원은 총 7명이 되어 분야별 인원의 60%를 넘기지 않는다. 따라서 〈구성기준〉을 충족한다.

② (X) 인사분야에 여성 2명을 추가하면 구성기준 ㄴ에 대해서 인사분야의 인원이 36명이 되는데 여성은 총 12명이 되어 여성비율이 약 33.3%가 된다. 추가된 후보자는 50대 민간기업임원으로, 구성기준 ㄱ에 대해서는 40대 후보자가 50대 후보자의 50%가 되지만, 구성기준 ㄷ에 대해서는 민간기업임원이 22명이 되어 60%를 넘기게 된다(이 경우에도 36명×60%=21.6명과 같이 계산할 것이 아니라, 60%는 40%의 1.5배이므로 민간기업임원 22명은 공무원 14명의 1.5배인 21명을 넘는 것으로 판단한다). 따라서 구성기준 ㄷ을 충족시키지 않는다.

③ (X) 이하에서는 충족시키지 못하는 분야만 확인하면 홍보분야에 공무원 총 3명을 추가하면 구성기준 ㄷ에 대해서 공무원은 13명, 민간기업임원은 7명으로 공무원이 분야별 인원의 60% 이상이다.

④ (X) 인사분야에 50대 4명을 추가하면 구성기준 ㄱ에 대해서 40대는 12명, 50대는 26명이 되어 40대 후보자 수가 50대 후보자 수의 50% 미만이다.

⑤ (X) 감사분야에 40대 1명, 50대 2명을 추가하면 구성기준 ㄱ에 대해 40대 5명, 50대 12명이 되어 40대 후보자 수가 50대 후보자 수의 50%에 미치지 못한다. 또한 여성 1명, 남성 2명을 추가하면 구성기준 ㄴ에 대해 남성 12명, 여성 5명이 되어 여성의 비율이 30% 미만이 된다.

[정답] ①

길쌤's Check

- 곱셈의 경우, 곱셈 연산의 순서를 바꾸어 봄으로써 보다 빠르고 정확한 계산이 가능하다.
  다음을 계산해 보자.

78 × 52	33 × 37	435 × 38	428 × 287

  결과는 순서대로 4,056, 1,221, 16,530, 122,836이다. 곱셈을 하는 순서를 다양하게 바꾸어 보면서 자신에게 맞는 빠르고 정확한 방법을 체화해 두자.

- 분수 계산법을 적절히 활용하는 것이 좋다.
  예 210명의 14.3%는 몇 명인가?

  정답은 30명이다.
  14.3%를 계산할 때 분수로 바꾸어 계산해 보는 것도 좋다.

1/2=0.5=50%	1/11=0.91
1/3=0.33=33%	1/12=0.083
1/4=0.25=25%	
1/5=0.20	
1/6=0.167	
1/7=0.143	
1/8=0.125	
1/9=0.111	

- 실제수치와 % 수치를 잘 구분하는 것이 중요하다. 이때 %로 계산하면 보다 수월하게 계산이 가능한 경우가 많다. 예를 들어 총 예산 350억 원 중 A항목 예산이 70억 원, B항목 예산이 105억 원이면, A항목 예산은 20%, B항목 예산은 30%라고 인식하는 것이다.
- 총합이 아니라 반복되는 주기, 단위로 계산하면 계산 수치가 작아짐으로써 계산이 편해진다. 예를 들어 매일 같은 메뉴로 점심을 먹는데, 1주일에 35,000원을 지출한다면 1주일에 35,000원이 아니라 하루에 5,000원이라고 인식할 때 더 빠른 해결이 가능해진다.
- 전체에서의 비율이 아니라, 부분비를 활용하면 보다 계산이 빨라진다.
  예 상황판단 등록 학생이 남학생 228명, 여학생 337명이다. 남학생이 전체 학생에서 차지하는 비율이 40%를 넘는가?

  정답은 넘는다. 예를 들어 전체 학생에서 남학생이 차지하는 비율이 40%이고, 전체 학생에서 여학생이 차지하는 비율이 60%라면, 여학생은 남학생의 1.5배이다. 이처럼 전체에서의 비율을 보는 것이 아니라 부분끼리의 비를 활용하는 것이 부분비이다.
  계산을 하면 실수를 하지 않는 이상 누구나 정답을 도출할 수는 있기 때문에 계산스킬이 중요하다는 생각을 하지 못하는 경우가 많다. 하지만 동일한 결과를 얻을 수 있는 여러 방법이 있을 때, 그중 가장 빠르고 정확한, 즉 가장 효율적인 방법으로 문제를 해결할 수 있어야 동일한 시험 시간에 남들보다 더 많은 문제를 해결할 수 있고, 그 결과 합격할 수 있다.

33 아래의 그림들은 승객들의 에스컬레이터 이용행태를 순간적으로 포착한 것이다. 다음의 글과 <조건>을 고려할 때 고장이 발생하지 않는 에스컬레이터는? 15년 입법 가책형 38번

최근 지하철에서는 '에스컬레이터 올바르게 타기 캠페인'이 지속적으로 진행되고 있다. 양 쪽으로 줄 서기(한 쪽으로만 줄 서지 않기), 걷거나 뛰지 않기 등이 대표적이다. 이러한 캠페인이 진행되는 이유는 잘못된 에스컬레이터 이용행태가 잦은 고장의 원인이 되기 때문이다.

〈조 건〉

- 에스컬레이터 이용행태는 서 있기(S), 걷기(W), 뛰기(R)로 구분된다.
- 서 있기(S)는 40, 걷기(W)는 100, 뛰기(R)는 300만큼 위험도를 발생시킨다.
- 에스컬레이터는 두 줄인 경우(한 계단에 두 명씩 서 있을 수 있음)만을 고려한다. 그리고 한 줄당 6명까지 설 수 있다.
- 기본적으로 전체 위험도는 다음과 같이 계산된다.

  전체위험도 $= A \times \frac{A}{B} + B \times \frac{B}{A}$ (단, A, B는 각 줄의 위험도)
- 다만, 양쪽 줄에 뛰기(R)가 모두 있는 경우 또는 한 줄에 뛰기(R)가 셋 이상 존재하는 경우에는 각 줄의 위험도를 합한 값에 10을 곱한 값이 전체 위험도가 된다.
- 계단의 위치에 따라 위험도가 달라지지는 않는다. 예를 들어 가장 높은 쪽 계단에 서 있든, 가장 낮은 쪽 계단에 서 있든 위험도는 동일하게 40이다.
- 비어 있는 칸은 사람이 없는 경우이다. 이 경우 아무런 위험도도 증가시키지 않는다.
- 고장의 발생 여부는 포착된 순간을 기준으로 판단하며, 전체 위험도가 5,000을 초과하면 고장이 발생한다.

① 위쪽

S	S
S	S
W	S
W	S
R	S
R	

아래쪽

② 위쪽

	S
	R
R	

아래쪽

③ 위쪽

S	W
S	
	R
	R
	R

아래쪽

④ 위쪽

W	S
W	S
W	S
W	
W	
R	

아래쪽

⑤ 위쪽

R	S
S	W
S	W
S	W
R	W
R	W

아래쪽

해설

문제 분석

계산에 직접적으로 필요한 조건만 정리하면 다음과 같다.

- 서 있기(S)는 40, 걷기(W)는 100, 뛰기(R)는 300만큼 위험도를 발생시킨다.
- 기본적으로 전체 위험도는 다음과 같이 계산된다.

  전체위험도 $= A \times \frac{A}{B} + B \times \frac{B}{A}$ (단, A, B는 각 줄의 위험도)
- 다만, 양쪽 줄에 뛰기(R)가 모두 있는 경우 또는 한 줄에 뛰기(R)가 셋 이상 존재하는 경우에는 각 줄의 위험도를 합한 값에 10을 곱한 값이 전체 위험도가 된다.
- 고장의 발생 여부는 포착된 순간을 기준으로 판단하며, 전체 위험도가 5,000을 초과하면 고장이 발생한다.

조건을 반영하여 계산해야 하는 상황은 각 선지로 제시되어 있다.

문제풀이 실마리

계산이 간단하거나 전체 위험도가 5,000을 빨리 넘을 만한 선지부터 먼저 계산해서 제거하는 것이 좋다.

①

왼쪽 줄의 위험도	40+40+100+100+300+300=880
오른쪽 줄의 위험도	40×5=200
전체 위험도	880×(880/200)+200×(200/880)=3,917.45

② 양쪽 줄에 뛰기(R)가 모두 있는 경우

왼쪽 줄의 위험도	300
오른쪽 줄의 위험도	300+40=340
전체 위험도	(300+340)×10=6,400

③ 한 줄에 뛰기(R)가 셋 이상 존재하는 경우

왼쪽 줄의 위험도	40+40=80
오른쪽 줄의 위험도	100+300+300+300=1,000
전체 위험도	(80+1,000)×10=10,800

④

왼쪽 줄의 위험도	(100×5)+300=800
오른쪽 줄의 위험도	40×3=120
전체 위험도	800×(800/120)+120×(120/800)=5,351.33

⑤ 한 줄에 뛰기(R)가 셋 이상 존재하는 경우

왼쪽 줄의 위험도	(300×3)+(40×3)=1,020
오른쪽 줄의 위험도	40+(100×5)=540
전체 위험도	(1,020+540)×10=15,600

따라서 정답은 ①이다.

빠른 문제풀이 Tip

선지를 적절하게 활용할 수 있는 다양한 방법을 연습해 두는 것이 바람직하다.

[정답] ①

34 **세종대 甲지역에서 오전 10시부터 오후 1시까지 시간당 51 mm의 비가 내렸다고 가정해보자. 측우기를 사용하여 甲지역의 감사가 보고한 우량으로 옳은 것은? (단, 주어진 조건 외에 다른 조건은 고려하지 않는다)** 17년 5급 가책형 40번

측우기는 1440년을 전후하여 발명되어 1442년(세종 24년)부터 1907년 일제의 조선통감부에 의해 근대적 기상관측이 시작될 때까지 우량(雨量) 관측기구로 사용되었다. 관측된 우량은 『승정원일기(承政院日記)』에 기록되었다. 우량을 정량적으로 측정하여 보고하는 제도는 측우기 도입 이전에도 있었는데, 비가 온 뒤 땅에 비가 스민 깊이를 측정하여 이를 조정에 보고하는 방식이었다. 『세종실록(世宗實錄)』의 기록에 의하면, 왕세자 이향(李珦, 훗날의 문종 임금)은 우량을 정확하게 측정하기 위해 그릇에 빗물을 받아 그 양을 측정하는 방식을 연구하였다. 빗물이 땅에 스민 깊이는 토양의 습도에 따라 달라지므로 기존 방법으로는 빗물의 양을 정확히 측정하기 어렵기 때문이었다.

측우기라는 이름이 사용된 것도 이때부터이다. 일반적으로 측우기는 주철(鑄鐵)로 된 원통형 그릇으로, 표준규격은 깊이 1자 5치, 지름 7치(14.7cm)였다. 이 측우기를 돌로 만든 측우대(測雨臺) 위에 올려놓고 비가 온 뒤 그 안에 고인 빗물의 깊이를 주척(周尺 : 길이를 재는 자의 한 가지)으로 읽는데, 푼(2.1mm) 단위까지 정밀하게 측정할 수 있었다.

세종대(代)에는 이상과 같은 표준에 맞게 제작된 측우기와 주척을 중앙의 천문관서인 서운관(書雲觀)과 전국 팔도의 감영(監營)에 나누어 주고, 그 이하 행정 단위의 관아에서는 자기(磁器) 또는 와기(瓦器)로 측우기를 만들어 설치하도록 하였다. 서운관의 관원과 팔도 감사 및 각 고을의 수령들에게 비가 오면 주척으로 푼 단위까지 측정한 빗물의 수심을 기록하여 조정에 보고하고 훗날에 참고하기 위해 그 기록을 남겨두도록 하였다.

그렇지만 임진왜란과 병자호란의 혼란을 겪으면서, 측우 관련 제도는 더 이상 지속되지 못했다. 측우 제도가 부활한 것은 1770년(영조 46년) 5월이다. 영조는 특히 세종대에 갖추어진 천문과 기상 관측 제도를 부흥시키는 데 깊은 관심을 보였는데, 측우 제도 복원 사업도 그 일환이었다. 영조는 『세종실록』에 기록된 측우기의 규격과 관측 및 보고 제도를 거의 그대로 따랐다. 한 가지 차이가 있다면, 전국의 모든 고을에까지 측우기를 설치했던 세종대와는 달리 영조대에는 서울의 궁궐과 서운관, 팔도 감영, 강화와 개성의 유수부(留守府)에만 설치했다는 것이다.

① 약 7치
② 약 7치 1푼
③ 약 7치 3푼
④ 약 7치 5푼
⑤ 약 7치 7푼

해설

문제 분석

두 번째 문단에서 측우기를 통해 우량을 측정하는 방법을 정확히 파악해야 한다. "이 측우기를 돌로 만든 측우대(測雨臺) 위에 올려놓고 비가 온 뒤 그 안에 고인 빗물의 깊이를 주척(周尺: 길이를 재는 자의 한 가지)으로 읽는데, 푼(2.1mm) 단위까지 정밀하게 측정할 수 있었다."라고 언급되어 있다. 즉, 빗물의 깊이를 측정하는 것이다.

두 번째 문단에는 7치=14.7cm → 1치=21mm, 1푼=2.1mm이고, '1치=10푼'이라는 정보가 주어져 있다.

문제풀이 실마리

직접 해결해서 값을 구하는 것보다 문제에서 주어진 정보들을 적절하게 활용할 수 있어야 한다.

오전 10시부터 오후 1시까지 시간당 51mm의 비가 내렸다. 따라서 3시간 동안 총 153mm의 비가 내렸을 것이다. '1치=21mm'이므로 'mm'의 단위를 '치'와 '푼' 단위로 단위변환 해보면, 153mm÷21mm≒7.285, 즉 약 7치 3푼이다.

빠른 문제풀이 Tip

- 문제에서 주어진 정보를 적절하게 활용하면, 보다 빠르고 정확한 해결이 가능하다.
- '시간당 51mm'라는 A당 B의 출제장치도 활용된 문제이다.

[정답] ③

길쌤's Check

계산형에 속하는 문제를 해결하기 위해서 추가적인 스킬을 연습해 보면, 계산형에서는 특정 스킬을 활용하고 나면 두 개의 선지만 경합하는 경우가 많다. 물론 계산형 외에 다른 유형의 문제에서도 사용할 수 있는 스킬이다. 이러한 경우에는 둘 중 하나의 선지를 정확하게 해결한 후 정답을 찾아내면 된다. 예를 들어 홀·짝 성질을 활용했을 때 선지 ①, ③ 두 개가 남았을 때, 선지 ① 하나를 정확하게 해결하는 것이다. 그래서 선지 ①이 옳다면 정답이 되고, 선지 ①이 옳지 않다면 남은 선지 ③이 정답이 되는 것이다. 이는 $n-1$개 해결의 쉬운 예이기도 하다.

또는 계산을 할 때 직접 스스로 계산하지 않아도 문제에서 주어진 정보 속에 답이 있는 경우가 있다. 객관식 시험에서는 스스로 해결하는 방법이 가장 느린 방법임을 명심하자.

Ⅱ. 장치

1 비례·반비례 관계

비례 관계는 x값이 n배 늘어나면 y값도 n배 늘어나는 관계를 의미한다. 甲이 1초에 2m를 간다고 하자. 甲은 1분, 1시간에 각각 몇 m를 가게 될까? 1초에 2m를 가기 때문에 2초에는 4m, 3초에는 6m…, 따라서 1분에는 120m, 1시간에는 7,200m를 가게 된다.
반비례 관계는 x가 n배가 될 때, y는 1/n배가 되는 관계를 의미한다. 가로, 세로가 모두 100m인 정사각형의 넓이가 일정할 때, 가로가 2배가 된다면 세로는 몇 배가 될까? 넓이가 10,000m², 가로가 2배인 200m이므로 세로는 1/2인 50m가 된다. 이처럼 반비례 관계는 x가 n배가 될 때, y는 1/n배가 되면서 x와 y의 곱이 일정하게 유지된다. 이와 같은 비례, 반비례 관계를 활용하여 해결해야 하는 문제가 많이 출제되고 있다.

35 다음 글을 근거로 판단할 때, <보기>에서 옳은 것만을 모두 고르면? 19년 민경채 나책형 14번

> 현대적 의미의 시력 검사법은 1909년 이탈리아의 나폴리에서 개최된 국제안과학회에서 란돌트 고리를 이용한 검사법을 국제 기준으로 결정하면서 탄생하였다. 란돌트 고리란 시력 검사표에서 흔히 볼 수 있는 C자형 고리를 말한다. 란돌트 고리를 이용한 시력 검사에서는 5m 거리에서 직경이 7.5mm인 원형 고리에 있는 1.5mm 벌어진 틈을 식별할 수 있는지 없는지를 판단한다. 5m 거리의 1.5mm이면 각도로 따져서 약 1′(1분)에 해당한다. 1°(1도)의 1/60이 1′이고, 1′의 1/60이 1″(1초)이다.
>
> 이 시력 검사법에서는 구분 가능한 최소 각도가 1′일 때를 1.0의 시력으로 본다. 시력은 구분 가능한 최소 각도와 반비례한다. 예를 들어 구분할 수 있는 최소 각도가 1′의 2배인 2′이라면 시력은 1.0의 1/2배인 0.5이다. 만약 이 최소 각도가 0.5′이라면, 즉 1′의 1/2배라면 시력은 1.0의 2배인 2.0이다. 마찬가지로 최소 각도가 1′의 4배인 4′이라면 시력은 1.0의 1/4배인 0.25이다. 일반적으로 시력 검사표에는 2.0까지 나와 있지만 실제로는 이보다 시력이 좋은 사람도 있다. 천문학자 A는 5″까지의 차이도 구분할 수 있었던 것으로 알려져 있다.

〈보 기〉

ㄱ. 구분할 수 있는 최소 각도가 10′인 사람의 시력은 0.1이다.
ㄴ. 천문학자 A의 시력은 12인 것으로 추정된다.
ㄷ. 구분할 수 있는 최소 각도가 1.25′인 甲은 구분할 수 있는 최소 각도가 0.1′인 乙보다 시력이 더 좋다.

① ㄱ ② ㄱ, ㄴ ③ ㄴ, ㄷ
④ ㄱ, ㄷ ⑤ ㄱ, ㄴ, ㄷ

해설

문제 분석
- 1°(1도)의 1/60이 1′(1분)이고, 1′의 1/60이 1″(1초)이다.
- 이 시력 검사법에서는 구분 가능한 최소 각도가 1′일 때를 1.0의 시력으로 본다. 시력은 구분 가능한 최소 각도와 반비례한다.

문제풀이 실마리
- 지문에 제시된 반비례 관계를 잘 이해하고 정확하게 문제를 풀 수 있어야 한다.
- 단위변환을 정확히 할 수 있어야 한다.

ㄱ. (O) 두 번째 단락에 따르면 시력 검사법은 구분 가능한 최소 각도가 1′일 때를 1.0의 시력으로 보고 있다. 시력은 구분 가능한 최소 각도와 반비례한다고 했으므로 구분할 수 있는 최소 각도가 1′의 2배인 2′이라면 시력은 1.0의 1/2배인 0.5임을 알 수 있다. 이때 최소 각도가 1′의 1/2배인 0.5′이라면 시력은 1.0의 2배인 2.0이고, 최소 각도가 1′의 4배인 4′이라면 시력은 1.0의 1/4배인 0.25이다. 따라서 구분할 수 있는 최소 각도가 10′이라면 1′의 10배이므로 그 사람의 시력은 1.0의 1/10배인 0.1이 됨을 알 수 있다.

ㄴ. (O) 두 번째 단락에서 천문학자 A는 5″까지의 차이도 구분할 수 있었던 것으로 알려져 있다고 했고, 첫 번째 단락에서 1°(1도)의 1/60이 1′(1분)이고, 1′의 1/60이 1″(1초)임을 알 수 있다. 따라서 천문학자 A의 시력을 추정해 보면, 5″는 1′의 1/12배이므로 그의 시력은 1.0의 12배인 12가 될 것으로 추정됨을 알 수 있다.

ㄷ. (X) 두 번째 단락에서 구분할 수 있는 최소 각도와 시력은 반비례한다고 했으므로 구분할 수 있는 최소 각도가 클수록 시력은 좋지 않은 것이다. 구분할 수 있는 최소 각도는 甲이 1.25′이고, 乙이 0.1′으로 甲이 乙보다 크다. 따라서 시력은 乙이 甲보다 더 좋음을 알 수 있다.

[정답] ②

36 다음 글을 근거로 판단할 때, <보기>에서 옳은 것만을 모두 고르면?

15년 민경채 인책형 5번

방사선은 원자핵이 분열하면서 방출되는 것으로 우리의 몸 속을 비집고 들어오면 인체를 구성하는 분자들에 피해를 준다. 인체에 미치는 방사선 피해 정도는 'rem'이라는 단위로 표현된다. 1rem은 몸무게 1g당 감마선 입자 5천만 개가 흡수된 양으로 사람의 몸무게를 80kg으로 가정하면 4조 개의 감마선 입자에 해당한다. 감마선은 방사선 중에 관통력이 가장 강하다. 체르노빌 사고 현장에서 소방대원의 몸에 흡수된 감마선 입자는 각종 보호 장구에도 불구하고 400조 개 이상이었다.

만일 우리 몸이 방사선에 100rem 미만으로 피해를 입는다면 별다른 증상이 없다. 이처럼 가벼운 손상은 몸이 스스로 짧은 시간에 회복할 뿐만 아니라, 정상적인 신체 기능에 거의 영향을 미치지 않는다. 이 경우 '문턱효과'가 있다고 한다. 일정량 이하 바이러스가 체내에 들어오는 경우 우리 몸이 스스로 바이러스를 제거하여 질병에 걸리지 않는 것도 문턱효과의 예라 할 수 있다. 방사선에 200rem 정도로 피해를 입는다면 머리카락이 빠지기 시작하고, 몸에 기운이 없어지고 구역질이 난다. 항암 치료로 방사선 치료를 받는 사람에게 이런 증상이 나타나는 것을 본 적이 있을 것이다. 300rem 정도라면 수혈이나 집중적인 치료를 받지 않는 한 방사선 피폭에 의한 사망 확률이 50%에 달하고, 1,000rem 정도면 한 시간 내에 행동불능 상태가 되어 어떤 치료를 받아도 살 수 없다.

※ 모든 감마선 입자의 에너지는 동일하다.

〈보 기〉

ㄱ. 몸무게 120kg 이상인 사람은 방사선에 300rem 정도로 피해를 입은 경우 수혈이나 치료를 받지 않아도 사망할 확률이 거의 없다.
ㄴ. 몸무게 50kg인 사람이 500조 개의 감마선 입자에 해당하는 방사선을 흡수한 경우 머리카락이 빠지기 시작하고 구역질을 할 것이다.
ㄷ. 인체에 유입된 일정량 이하의 유해 물질이 정상적인 신체 기능에 거의 영향을 주지 않으면서 우리 몸에 의해 자연스럽게 제거되는 경우 문턱효과가 있다고 할 수 있다.
ㄹ. 체르노빌 사고 현장에 투입된 몸무게 80kg의 소방대원 A가 입은 방사선 피해는 100rem 이상이었다.

① ㄱ, ㄴ
② ㄴ, ㄷ
③ ㄱ, ㄴ, ㄹ
④ ㄱ, ㄷ, ㄹ
⑤ ㄴ, ㄷ, ㄹ

해설

문제 분석

'rem'이라는 개념을 정확히 이해해야 한다. 1rem은 몸무게 1g당 감마선 입자 5천만 개가 흡수된 양으로 이를 공식으로 정리하면 다음과 같다.

$$1\text{rem} = \frac{5천만\ 개}{1g} = \frac{4조\ 개}{80kg}$$

분모가 사람의 몸무게이고 분자가 흡수된 감마선 입자의 양인데, 몸무게가 변하더라도 1g당 감마선의 입자의 양은 5천만 개로 일정하게 유지된다는 것에 유의한다.

문제풀이 실마리

1rem은 몸무게 1g당 감마선 입자 5천만 개가 흡수된 양이다. 그렇다면 1rem의 두 배인 2rem은 5천만 개의 2배인 몸무게 1g당 감마선 입자 1억 개가 흡수된 양이다.

ㄱ. (X) 첫 번째 단락에 따르면 rem이라는 단위의 정의 자체가 이미 해당 사람의 몸무게를 반영하고 있는 개념이므로 몸무게 120kg 이상인 것을 고려하거나 흡수된 감마선 입자 양을 따로 계산하거나 하지 않고, 단지 300rem일 때 어떤 영향을 받는지만 확인한다. 두 번째 단락에서 우리 몸이 방사선에 의해 입은 피해가 300rem 정도라면 수혈이나 집중적인 치료를 받지 않는 한 방사선 피폭에 의한 사망 확률이 50%에 달한다고 했으므로 수혈이나 치료를 받지 않으면 사망할 확률이 높음을 알 수 있다.

ㄴ. (O) 몸무게 50kg인 사람이 500조 개의 감마선 입자에 해당하는 방사선을 흡수한 경우 몇 rem인지 구한다. 몸무게가 50kg인 사람에게 1rem은 2.5조 개의 감마선 입자가 흡수된 양이다. 그런데 500조 개의 감마선 입자에 해당하는 방사선을 흡수했다면, 500조 개는 2.5조 개의 200배이므로 200rem의 피해를 입은 것에 해당한다. 두 번째 단락에서 방사선에 200rem 정도로 피해를 입는다면 머리카락이 빠지기 시작하고, 몸에 기운이 없어지고 구역질을 함을 알 수 있다.

ㄷ. (O) 두 번째 단락에서 가벼운 손상은 몸이 스스로 짧은 시간에 회복할 뿐만 아니라, 정상적인 신체 기능에 거의 영향을 미치지 않으며 이 경우 '문턱효과'가 있다고 한다고 했으므로 일정량 이하 바이러스가 체내에 들어오는 경우 우리 몸이 스스로 바이러스를 제거하여 질병에 걸리지 않는 것도 문턱효과의 예임을 알 수 있다.

ㄹ. (O) 첫 번째 단락에 따르면 체르노빌 사고 현장에서 소방대원의 몸에 흡수된 감마선 입자는 각종 보호 장구에도 불구하고 400조 개 이상이었다. 이때 몸무게가 80kg인 소방대원 A에게 1rem은 4조 개의 감마선 입자를 흡수한 양이고, 400조 개 이상은 4조 개의 100배 이상이므로 A가 입은 방사선 피해는 100rem 이상임을 알 수 있다.

[정답] ⑤

37 다음 글을 근거로 판단할 때, <보기>에서 옳은 것만을 모두 고르면?

16년 5급 4책형 24번

> 특정 물질의 치사량은 주로 동물 연구와 실험을 통해서 결정한다. 치사량의 단위는 주로 LD50을 사용하는데, 'LD'는 Lethal Dose의 약어로 치사량을 의미하고, '50'은 물질 투여 시 실험 대상 동물의 50%가 죽는 것을 의미한다. 이런 이유로 LD50을 반수(半數) 치사량이라고도 한다. 일반적으로 치사량이란 '즉시' 생명을 앗아갈 수 있는 양을 의미하고 있으므로 '급성' 반수 치사량이 사실 정확한 표현이다. LD50 값을 표기할 때는 보통 실험 대상 동물의 몸무게 1kg을 기준으로 하는 mg/kg 단위를 사용한다.
>
> 독성이 강하다는 보톡스의 LD50 값은 1ng/kg으로 복어 독보다 1만 배 이상 강하다. 일상에서 쉽게 접할 수 있는 카페인의 LD50 값은 200mg/kg이며 니코틴의 LD50 값은 1mg/kg이다. 커피 1잔에는 평균적으로 150mg의 카페인이 들어 있으며 담배 한 개비에는 평균적으로 0.1mg의 니코틴이 함유되어 있다.

※ 1ng(나노그램) = 10^{-6}mg = 10^{-9}g

〈보 기〉

ㄱ. 복어 독의 LD50 값은 0.01mg/kg 이상이다.
ㄴ. 일반적으로 독성이 더 강한 물질일수록 LD50 값이 더 작다.
ㄷ. 몸무게가 7kg인 실험 대상 동물의 50%가 즉시 치사하는 카페인 투여량은 1.4g이다.
ㄹ. 몸무게가 60kg인 실험 대상 동물의 50%가 즉시 치사하는 니코틴 투여량은 1개비당 니코틴 함량이 0.1mg인 담배 60개비에 들어 있는 니코틴의 양에 상응한다.

① ㄱ, ㄴ
② ㄱ, ㄷ
③ ㄱ, ㄴ, ㄷ
④ ㄴ, ㄷ, ㄹ
⑤ ㄱ, ㄴ, ㄷ, ㄹ

해설

문제 분석

- 치사량의 단위: LD50
- 'LD'는 Lethal Dose의 약어로 치사량을 의미
- '50'은 물질 투여 시 실험 대상 동물의 50%가 죽는 것을 의미
- LD50을 반수(半數) 치사량이라고도 한다.
- LD50 값을 표기할 때는 보통 실험 대상 동물의 몸무게 1kg을 기준으로 하는 mg/kg 단위를 사용
- 독성이 강하다는 보톡스의 LD50 값은 1ng/kg으로 복어 독보다 1만 배 이상 강하다.
- 카페인의 LD50 값은 200mg/kg
- 니코틴의 LD50 값은 1mg/kg
- 커피 1잔에는 평균적으로 150mg의 카페인이 들어 있으며 담배 한 개비에는 평균적으로 0.1mg의 니코틴이 함유되어 있다.

문제풀이 실마리

동일한 효과를 얻기 위해서 독성이 더 강력한 물질을 사용한다면, 사용량은 줄어들어야 한다. 독성과 사용량은 반비례 관계이다.

ㄱ. (O) 두 번째 문단, 독성이 강하다는 보톡스의 LD50 값은 1ng/kg으로 복어 독보다 1만 배 이상 강하다. 따라서 복어 독의 LD50 값은 0.01mg/kg 이상이다.
첫 번째 문단에서 보면, LD50은 급성 반수(半數) 치사량으로 물질 투여 시 실험 대상 동물의 50%가 바로 죽는 치사량을 의미한다. LD50 값이 작다는 것은 그만큼 적은 양으로 실험 대상 동물의 50%를 바로 죽일 수 있다는 것을 의미하므로, 독성이 더 강하다는 것을 의미한다. 두 번째 문단에서 보면 독성이 강하다는 보톡스의 LD50 값은 1ng/kg으로 복어 독보다 1만 배 이상 강하다. 반대로 복어 독은 보톡스보다 1만 배 이상 약한 셈이다. 따라서 복어 독으로 실험 대상 동물의 50%가 바로 죽는 동일한 결과를 내기 위해서는 보톡스보다 1만 배 이상의 양을 사용해야 한다.

> 복어 독의 LD50 = 1ng/kg × 10,000배 이상(= 10^4 이상)
> = 10^{-6}mg/kg × 10^4 이상
> = 10^{-2}mg/kg 이상 = 0.01mg/kg 이상

ㄴ. (O) 치사량의 단위는 주로 LD50을 사용하는데, 'LD'는 Lethal Dose의 약어로 치사량을 의미하고, '50'은 물질 투여 시 실험 대상 동물의 50%가 죽는 것을 의미한다. 즉, LD50 값은 물질 투여 시 실험 대상 동물의 50%를 죽음에 이르게 하는 특정 물질의 치사량이다. 따라서 독성이 더 강하다면 더 적은 양으로도 같은 효과(목적)을 달성할 수 있을 것이다. 따라서 독성이 강할수록 치사량은 줄게 될 것이므로 LD50 값도 작아지게 될 것이다.

ㄷ. (O) 두 번째 문단에서 보면, 카페인의 LD50 값은 200mg/kg이다. 첫 번째 문단에 따를 때, LD50 값을 표기할 때는 보통 실험 대상 동물의 몸무게 1kg을 기준으로 하는 mg/kg 단위를 사용한다. 따라서 몸무게가 7kg인 실험 대상 동물의 50%가 즉시 치사하는 카페인 투여량은 200mg/kg × 7kg = 1,400mg (= 1.4g)이다.

ㄹ. (X) 니코틴의 LD50 값은 1mg/kg이다. 보기 ㄷ에서 따져본 바와 같이 몸무게가 60kg인 실험 대상 동물의 50%가 즉시 치사하는 니코틴 투여량은 1mg/kg × 60kg = 60mg이다. 1개비당 니코틴 함량이 0.1mg인 담배 60개비에 들어 있는 니코틴의 양은 0.1mg/1개비 × 60개비 = 6mg이다. 따라서 두 값은 각각 60mg과 6mg으로 10배 차이가 나고 같지 않다.

[정답] ③

38 다음 글을 근거로 판단할 때, <상황>의 ㉠과 ㉡을 옳게 짝지은 것은? 22년 5급 나책형 28번

> 수액을 주입할 때 사용하는 단위 gtt는 방울이라는 뜻의 라틴어 gutta에서 유래한 것으로, 수액 용기에서 떨어지는 수액의 방울 수를 나타낸다. 일반적으로 20gtt/ml가 '기준규격'이며, 이는 용기에서 20방울이 떨어졌을 때 수액 1ml가 주입되는 것을 말한다.

〈상 황〉

- ○ 기준규격에 따라 수액 360ml를 2시간 동안 모두 주입하려면, 1초당 (㉠)gtt씩 주입하여야 한다.
- ○ 기준규격에 따라 3초당 1gtt로 수액을 주입하면, 24시간 동안 최대 (㉡)ml를 주입할 수 있다.

	㉠	㉡
①	0.5	720
②	1	720
③	1	1,440
④	2	1,440
⑤	2	2,880

해설

문제 분석

- 수액을 주입할 때 사용하는 단위는 'gtt': 수액 용기에서 떨어지는 수액의 방울 수를 나타낸다.
- 일반적으로 20gtt/ml가 '기준규격': 용기에서 20방울이 떨어졌을 때 수액 1ml가 주입되는 것을 말한다.

문제풀이 실마리

비례관계에 따라 비율에 맞춰 계산값만 잘 조정하면 쉽게 풀리는 문제이다.

기준규격에 따를 때 20방울(gtt):1ml이다.

ㄱ. 기준규격에 따라 수액 360ml을 모두 주입한다는 의미는, 20방울(gtt):1ml이므로 20방울(gtt)×360=7,200방울(gtt)을 모두 주입한다는 의미이다.
2시간 동안 모두 주입하려면, 1시간=60분=3,600초이므로 2시간 7,200초 동안 7,200방울(gtt)을 주입하면 된다. 따라서 1초에 1방울(=1gtt)씩 주입하여야 한다.

ㄴ. 기준규격에 따라 3초당 1gtt로 수액을 주입하므로, 3초당 1방울(gtt)씩 주입한다는 의미이다.
총 24시간 동안 주입하므로, 앞서 구한 '1시간=60분=3,600초'를 반영했을 때, 1일=24시간=3,600초×24=86,400초이다.
총 86,400초 동안 3초당 1방울(gtt)씩 주입하므로, 총 28,800방울(gtt)을 주입하게 된다. 기준규격에 따를 때 '20방울:1ml'이므로 '28,800방울:1,440ml'이다. 따라서 기준규격에 따라 3초당 1gtt로 수액을 주입하면, 24시간 동안 최대 1,440ml를 주입할 수 있다.

빠른 문제풀이 Tip

ㄴ을 계산할 때 3,600×24×1/3(∵ 3초에 한 방울)=28,800로 한 번에 계산하는 것도 가능하다.

[정답] ③

39 다음 글과 <선거 결과>를 근거로 판단할 때 옳은 것은?

17년 5급 가책형 9번

○○국 의회의원은 총 8명이며, 4개의 선거구에서 한 선거구당 2명씩 선출된다. 선거제도는 다음과 같이 운용된다.

각 정당은 선거구별로 두 명의 후보 이름이 적힌 명부를 작성한다. 유권자는 해당 선거구에서 모든 정당의 후보 중 한 명에게만 1표를 행사하며, 이를 통해 개별 후보자의 득표율이 집계된다.

특정 선거구에서 각 정당의 득표율은 그 정당의 해당 선거구 후보자 2명의 득표율의 합이다. 예를 들어 한 정당의 명부에 있는 두 후보가 각각 30%, 20% 득표를 했다면 해당 선거구에서 그 정당의 득표율은 50%가 된다. 그리고 각 후보의 득표율에 따라 소속 정당 명부에서의 순위(1번, 2번)가 결정된다.

다음으로 선거구별 2개의 의석은 다음과 같이 배분한다. 먼저 해당 선거구에서 득표율 1위 정당의 1번 후보에게 1석이 배분된다. 그리고 만약 1위 정당의 정당 득표율이 2위 정당의 정당 득표율의 2배 이상이라면, 정당 득표율 1위 정당의 2번 후보에게 나머지 1석이 돌아간다. 그러나 1위 정당의 정당 득표율이 2위 정당의 정당 득표율의 2배 미만이라면 정당 득표율 2위 정당의 1번 후보에게 나머지 1석을 배분한다.

〈선거 결과〉

○○국의 의회의원선거 제1~4선거구의 선거 결과를 요약하면 다음과 같다. 수치는 선거구별 득표율(%)이다.

	제1선거구	제2선거구	제3선거구	제4선거구
A정당	**41**	**50**	**16**	**39**
1번 후보	30	30	12	20
2번 후보	11	20	4	19
B정당	**39**	**30**	**57**	**28**
1번 후보	22	18	40	26
2번 후보	17	12	17	2
C정당	**20**	**20**	**27**	**33**
1번 후보	11	11	20	18
2번 후보	9	9	7	15

① A정당은 모든 선거구에서 최소 1석을 차지했다.
② B정당은 모든 선거구에서 최소 1석을 차지했다.
③ C정당 후보가 당선된 곳은 제3선거구이다.
④ 각 선거구마다 최다 득표를 한 후보가 당선되었다.
⑤ 가장 많은 당선자를 낸 정당은 B정당이다.

해설

문제 분석

- ○○국 의회의원은 총 8명
- 4개의 선거구에서 한 선거구당 2명씩 선출
- 각 정당은 선거구별로 두 명의 후보 이름이 적힌 명부를 작성
- 유권자는 해당 선거구에서 모든 정당의 후보 중 한 명에게만 1표를 행사, 이를 통해 개별 후보자의 득표율이 집계됨
- 특정 선거구에서 각 정당의 득표율은 그 정당의 해당 선거구 후보자 2명의 득표율의 합
- 각 후보의 득표율에 따라 소속 정당 명부에서의 순위(1번, 2번)가 결정
- 선거구별 2개의 의석 배분 규칙

1) 먼저 해당 선거구에서 득표율 1위 정당의 1번 후보에게 1석이 배분
2-1) 만약 1위 정당의 정당 득표율이 2위 정당의 정당 득표율의 2배 이상이라면, 정당 득표율 1위 정당의 2번 후보에게 나머지 1석이 돌아감
2-2) 1위 정당의 정당 득표율이 2위 정당의 정당 득표율의 2배 미만이라면 정당 득표율 2위 정당의 1번 후보에게 나머지 1석을 배분

먼저 해당 선거구에서 득표율 1위를 한 정당의 1번 후보에게 1석이 배분된다. 득표율 1위를 한 정당이 제1선거구, 제2선거구, 제4선거구는 A정당이고, 제3선거구는 B정당이다. 의석이 배분된 결과를 빗금으로 표시해 보면 다음과 같다.

	제1선거구	제2선거구	제3선거구	제4선거구
A정당	41 (1위)	50 (1위)	16	39 (1위)
1번 후보	30	30	12	20
2번 후보	11	20	4	19
B정당	39	30	57 (1위)	28
1번 후보	22	18	40	26
2번 후보	17	12	17	2
C정당	20	20	27	33
1번 후보	11	11	20	18
2번 후보	9	9	7	15

다음으로 확인해야 하는 것은 위 정당의 정당 득표율이 2위 정당의 정당 득표율의 2배 이상인지 여부이다.

1) 1위 정당의 정당 득표율이 2위 정당의 정당 득표율의 2배 이상이라면: 정당 득표율 1위 정당의 2번 후보에게 나머지 1석이 돌아간다.
2) 1위 정당의 정당 득표율이 2위 정당의 정당 득표율의 2배 미만이라면: 정당 득표율 2위 정당의 1번 후보에게 나머지 1석을 배분한다.

	제1선거구	제2선거구	제3선거구	제4선거구
A정당	41 (1위)	50 (1위)	16	39 (1위)
1번 후보	30	30	12	20
2번 후보	11	20	4	19
B정당	39 (2위)	30 (2위)	57 (1위)	28
1번 후보	22	18	40	18
2번 후보	17	12	17	2
C정당	20	20	27 (2위)	33 (2위)
1번 후보	11	11	20	18
2번 후보	9	9	7	15

1)에 해당하는 선거구는 제3선거구이고, 나머지 선거구는 모두 2)에 해당한다. 이에 따라 의석 배분 결과를 확인해 보면 다음과 같다.

	제1선거구	제2선거구	제3선거구	제4선거구
A정당	41	50	16	39
1번 후보	30	30	12	20
2번 후보	11	20	4	19
B정당	39	30	57	28
1번 후보	22	18	40	26
2번 후보	17	12	17	2
C정당	20	20	27	33
1번 후보	11	11	20	18
2번 후보	9	9	7	15

정리해 보면 당선 결과는 다음과 같다.

- 제1선거구: A정당 1번 & B정당 1번
- 제2선거구: A정당 1번 & B정당 1번
- 제3선거구: B정당 1번 & B정당 2번
- 제4선거구: A정당 1번 & C정당 1번

① (X) A정당은 제1, 2, 4선거구에서만 1석씩을 차지하고, 제3선거구에서는 의석을 1석도 차지하지 못했다.

② (X) B정당은 제1, 2, 3선거구에서 총 4석을 차지하고, 제4선거구에서는 의석을 1석도 차지하지 못했다.

③ (X) C정당 후보는 제3선거구가 아닌 제4선거구에서 당선되었다.

④ (X) 제1, 2, 3선거구에서는 최다 득표를 한 후보가 당선되었지만, 제4선거구는 최다 득표를 한 후보인 B정당의 1번 후보가 당선되지 못했다.

⑤ (O) A정당 3석, B정당 4석, C정당 1석으로, B정당에서 가장 많은 4명의 당선자가 나왔다.

[정답] ⑤

40 다음 글을 근거로 판단할 때 옳은 것은? 19년 5급 가책형 35번

○○국 의회의 i)의원 정수는 40명이다. ii)현재는 4개의 선거구(A~D)로 이루어져 있고 각 선거구에서 10명씩 의원을 선출한다. iii)정당은 각 선거구별로 정당별 득표율에 따라 의석을 배분받는다. 각 선거구에서 정당별 의석수는 정당별 득표율에 그 선거구의 총 의석수를 곱한 수에서 소수점 이하를 제외한 정수만큼 의석을 각 정당에 배분하고, 잔여 의석은 소수점 이하가 큰 순서대로 1석씩 차례로 배분한다. 그런데 유권자 1표의 가치 차이를 조정하기 위해 선거 제도를 개편할 필요성이 제기되었고, X안이 논의 중이다.

iv)X안은 현재의 4개 선거구를 2개의 선거구로 통합하되, 이 경우 두 선거구 유권자수가 1:1이 되도록 A, C선거구와 B, D선거구를 각각 통합한다. 이때 통합된 A · C선거구와 B · D선거구의 의석수는 각각 20석이다. 선거구별 정당 의석 배분 방식은 현행제도와 동일하다. 다음은 ○○국에서 최근 실시된 의원 선거의 각 선거구별 유권자수와 정당 득표수이다.

〈선거구별 유권자수〉

(단위: 천 명)

선거구	A	B	C	D	합계
유권자수	200	400	300	100	1,000

〈선거구별 정당 득표수〉

(단위: 천 표)

정당 \ 선거구	A	B	C	D
甲	80	120	150	40
乙	60	160	60	40
丙	40	40	90	10
丁	20	80	0	10
합계	200	400	300	100

※ 특정 선거구 '유권자 1표의 가치'는 해당 선거구 의원 의석수를 해당 선거구 유권자수로 나눈 값임

① 최근 실시된 의원 선거에서 유권자 1표의 가치가 가장 큰 곳은 B선거구이다.

② 최근 실시된 의원 선거의 결과에 X안을 적용할 경우, 丁정당의 의석수는 현행제도보다 늘어난다.

③ 최근 실시된 의원 선거의 결과에 X안을 적용할 경우, 甲정당의 의석수는 현행제도와 차이가 없다.

④ 최근 실시된 의원 선거의 결과에 X안을 적용할 경우, A선거구 유권자 1표의 가치가 현행제도보다 커진다.

⑤ 최근 실시된 의원 선거의 결과에 X안을 적용할 경우, 乙정당과 丙정당은 의석수에 있어서 현행제도가 X안보다 유리하다.

해설

문제 분석

조건 i)~iv)에서는 각각 ○○국 의회의 의원 정수, 선거구, 선거구별 정당 의석 배분 방식, X안(선거구 통합안)에 대해서 설명하고 있다.

문제풀이 실마리

각 선지에서는 조건들과 〈선거구별 유권자수〉, 〈선거구별 정당 득표수〉를 통해 각 정당의 의석수 변화, 각주의 '유권자 1표의 가치'에 대해 묻고 있으므로 계산을 통해 현행제도와 X안에 따른 각 정당의 의석수를 확인한다.

조건 iii)의 의석 배분 방식에서 정당은 각 선거구별로 정당별 득표율에 따라 의석을 배분받는다고 하였으므로 우선 현행제도에 따른 각 정당의 의석수를 득표율을 통해 계산해 보면 다음과 같다.

〈표 1〉 현행제도에 따른 각 정당의 의석수

	A		B		C		D		계
	득표율	의석수	득표율	의석수	득표율	의석수	득표율	의석수	
甲	40	4	30	3	50	5	40	4	16
乙	30	3	40	4	20	2	40	4	13
丙	20	2	10	1	30	3	10	1	7
丁	10	1	20	2	0	0	10	1	4

위의 표에서 득표율의 계산과정은 생략하였으며 % 단위로 나타낸 것이다. 의석수는 조건 iii)에 따라 각 선거구에서 정당별 득표율에 선거구별 의석수 10석을 곱한 값이다.

그리고 X안에 따른 각 정당의 의석수를 득표율을 통해 계산해 보면 다음과 같다.

〈표 2〉 X안에 따른 각 정당의 의석수

	A · C			B · D			계
	득표율	득표율×20	의석수	득표율	득표율×20	의석수	
甲	46	9.2	9	32	6.4	6	15
乙	24	4.8	5	40	8.0	8	13
丙	26	5.2	5	10	2.0	2	7
丁	4	0.8	1	18	3.6	4	5

위의 표에서 득표율의 계산은 〈표 1〉의 득표율을 각 선거구별 유권자수에 따라 가중평균한 것이다. 예를 들어 甲정당의 경우 현행제도하에서 A선거구 40%, C선거구 50%의 득표율이었다면, X안에 따른 A · C선거구에서 득표율은 $\frac{0.4\times200+0.5\times300}{200+300}=0.46$과 같이 계산한 것이다. 그리고 〈표 1〉에서는 득표율의 소수점 이하 자리가 없었으므로 득표율과 의석수를 곱한 값을 별도로 표에 표시하지 않았으나 〈표 2〉에서는 득표율에 통합 선거구별 의석수 20석을 곱한 값을 나타내었다.

① (X) 각주의 '유권자 1표의 가치'는 $\frac{\text{해당선거구 의석수}}{\text{해당선거구 유권자수}}$이다. 최근 실시된 의원선거에서 모든 선거구의 의석수는 10석으로 동일하므로 유권자 1표의 가치가 가장 큰 곳은 분모의 유권자수가 가장 작은 선거구인 D선거구이다.

② (O) 최근 실시된 의원 선거의 결과에 따르면 丁정당의 의석수는 4석이고, X안을 적용할 경우는 5석으로 X안 적용 시 丁정당의 의석수는 현행제도보다 늘어난다.

③ (X) 최근 실시된 의원선거의 결과에 따르면 甲정당의 의석수는 16석이고, X안을 적용할 경우는 15석으로 X안 적용 시 甲정당의 의석수는 현행제도보다 감소한다.

④ (X) 최근 실시된 의원 선거에서 A선거구 유권자 1표의 가치는 $\frac{10}{200}$ =0.05이고, X안을 적용할 경우 통합된 A · C선거구 내에 기존 A선거구 유권자 1표의 가치는 $\frac{20}{500}$ =0.04로 유권자 1표의 가치가 현행제도보다 작아진다.

⑤ (X) 최근 실시된 의원 선거의 결과에 따르면 乙정당과 丙정당은 의석수가 각각 13석, 7석이고, X안을 적용할 경우에도 의석수가 각각 13석, 7석이다. 의석수에 변화가 없으므로 의석수에 있어서 현행제도가 X안보다 유리하다고 할 수 없다.

빠른 문제풀이 Tip

• 가중평균
위의 해설에서는 조건 ⅲ)에서 정당별 득표율에 따라 의석을 배분받는다고 하였고 〈표 1〉에서 간단하지만 이미 득표율을 계산해놓았으므로 〈표 2〉에서는 가중평균으로 계산하였다고 설명하였다. 그러나 〈표 2〉의 계산과정에서 반드시 가중평균을 이용할 필요는 없고, 현행제도하에서 득표수와 유권자수를 각각 더해서 득표수를 유권자수로 나누는 방식으로 계산해도 상관없다. 그러나 가중평균에 익숙해진다면 조금이라도 시간을 단축할 수 있으므로 위에서는 가중평균으로 설명해보았다.

• 투표가치
각주의 '유권자 1표의 가치'로 문제를 이해해 보자. 유권자 1표의 가치가 가장 낮았던 B선거구와 가장 높았던 D선거구가 통합된 B · D선거구에서 甲정당은 의석수에 있어서 손해를 보았고 丁정당은 이익을 보았다. 다시 말하면 현행제도에서 甲정당은 D선거구에서의 득표율이 B선거구보다 상대적으로 높아 이익을 보고 있는 상황이었고, 丁정당은 D선거구에서의 득표율이 B선거구보다 상대적으로 낮아 손해를 보고 있는 상황이었다. 그러나 X안에서 B, D선거구가 통합되면서 甲정당은 현행제도하에서의 이익이 사라지고 丁정당은 손해가 사라지면서 의석수의 조정이 발생한 것이다. 乙정당과 丙정당의 경우 B, D선거구에서 득표율의 차이가 없었으므로 의석수의 변화가 없는 것도 확인할 수 있다. X안에 따라 '유권자 1표의 가치'가 선거구별로 같아지면서 의석수의 조정이 일어나는 상황을 이해한다면 선거구가 통합되면서 어떤 정당이 손해를 보고 어떤 정당이 이익을 볼 것인지 예상해볼 수 있다. 그러나 조건 ⅲ)에 따라 득표율 소수점 이하에서 다시 이익을 보거나 손해를 보는 정당이 있을 수 있으므로 반드시 계산을 통해 의석수 변화는 확인하여야 한다.

[정답] ②

2 A당 B

'A당 B'는 자료해석에서도 자주 보는 출제장치이다. A당 B는 A당 B = A 대비 B = $\frac{B}{A}$라고 쓸 수 있다.
'1인당 소득'이 주어졌다면 A는 총인구, B는 소득이다. 따라서 공식으로 정확하게 써보면 다음과 같다. 1인당 소득 = $\frac{\text{총소득}}{\text{총인구수}}$, 1주당 가격 = $\frac{\text{총가격}}{\text{총주식수}}$, 1인당 소득 = $\frac{\text{총비용}}{\text{총면적}}$
상황판단에서도 'A당 B'의 장치를 활용한 문제가 출제되고 있다.

41 다음 <규칙>을 근거로 판단할 때, '도토리'와 '하트'를 각각 가장 많이 획득할 수 있는 꽃은?

13년 민경채 인책형 10번

〈규 칙〉

- ⅰ)게임 시작과 동시에 주어지는 12개의 물방울을 가지고 1시간 동안 한 종류만의 꽃을 선택하여 재배 · 수확을 반복한다.
- ⅱ)12개의 물방울은 재배 · 수확이 끝나면 자동 충전된다.
- ⅲ)꽃을 1회 재배 · 수확하기 위해서는 꽃 종류별로 각각 일정한 '재배 · 수확시간'과 '물방울'이 필요하다.
- ⅳ)재배 · 수확된 꽃은 '도토리'나 '하트' 중 어느 하나를 선택하여 교환할 수 있다.
- 이외의 조건은 고려하지 않는다.

구분	재배 · 수확 시간(회당)	물방울 (송이당)	도토리 (송이당)	하트 (송이당)
나팔꽃	3분	2개	2개	1개
무궁화	5분	4개	3개	5개
수선화	10분	2개	5개	10개
장미	12분	6개	10개	15개
해바라기	20분	4개	25개	20개

예) 나팔꽃 1송이를 재배 · 수확하는 데 필요한 물방울은 2개이므로 12개의 물방울로 3분 동안 6송이의 나팔꽃을 재배 · 수확하여 도토리 12개 또는 하트 6개로 교환할 수 있다.

	도토리	하트
①	해바라기	수선화
②	해바라기	해바라기
③	무궁화	장미
④	나팔꽃	해바라기
⑤	나팔꽃	수선화

해설

문제 분석

규칙 ⅰ)~ⅲ)을 고려하여 어떤 꽃을 몇 송이 재배할 수 있는지 확인한다. 핵심적인 제약조건은 규칙 ⅰ)의 '12개의 물방울을 가지고 1시간 동안 한 종류만의 꽃'을 재배 · 수확한다는 것이다. 규칙 ⅱ)에서 12개의 물방울은 재배 · 수확이 끝나면 자동으로 충전된다고 하였으므로 한 번에 가질 수 있는 물방울의 양이 12개라는 것이 중요하고 물방울을 몇 개를 사용하였는지는 생각할 필요가 없다.

문제풀이 실마리

1) 주어진 1시간 동안 어떤 종류의 꽃을 몇 송이 재배 · 수확할 수 있는지 검토하고, 2) 수확한 꽃을 각각 몇 개의 도토리와 하트로 교환할 수 있는지 확인한다.

1) 주어진 1시간 동안 꽃 종류별로 각각 몇 송이 재배 · 수확할 수 있는지 확인해 보면 다음과 같다.

구분	ⓐ 재배 · 수확 시간(회당)	ⓑ 재배 · 수확 횟수(시간당)	ⓒ 물방울 (송이당)	ⓓ 재배 · 수확 송이수(회당)	ⓔ 재배 · 수확 송이수(시간당)
나팔꽃	3분	20회	2개	6송이	120송이
무궁화	5분	12회	4개	3송이	36송이
수선화	10분	6회	2개	6송이	36송이
장미	12분	5회	6개	2송이	10송이
해바라기	20분	3회	4개	3송이	9송이
		60분÷ⓐ		12개÷ⓒ	

ⓐ 재배 · 수확 시간(회당)과 ⓒ 물방울(송이당)은 지문에 주어져 있는 내용으로 음영 처리하였다. 규칙 ⅰ)에 따라 1시간 동안 꽃을 재배 · 수확하게 되는데 ⓐ는 1회 재배 · 수확하는 데 걸리는 시간이므로 ⓑ 1시간 동안 재배 · 수확할 수 있는 횟수는 60분을 ⓐ로 나눠서 구할 수 있다. 그리고 규칙 ⅰ)에 따라 12개의 물방울을 보유하고 있는데 ⓒ는 한 송이를 재배 · 수확하는 데 필요한 물방울 개수이므로 ⓓ 1회 재배 · 수확 시 수확할 수 있는 송이수는 12개를 ⓒ로 나눠서 구할 수 있다. 그렇다면 ⓔ 1시간 동안 재배 · 수확할 수 있는 송이수는 ⓑ와 ⓓ를 곱하여 구할 수 있다.

2) ⓔ 1시간 동안 재배 · 수확할 수 있는 송이수를 구하였다면 재배 · 수확한 꽃으로 도토리와 하트를 각각 몇 개씩 교환할 수 있는지 확인한다. 위와 마찬가지로 지문에 주어져 있는 내용은 음영 처리하였다.

구분	ⓔ 재배 · 수확 송이수(시간당)	ⓕ 도토리 (송이당)	ⓖ 도토리 개수	ⓗ 하트 (송이당)	ⓘ 하트 개수
나팔꽃	120송이	2개	240개	1개	120개
무궁화	36송이	3개	108개	5개	180개
수선화	36송이	5개	180개	10개	360개
장미	10송이	10개	100개	15개	150개
해바라기	9송이	25개	225개	20개	180개
			ⓔ×ⓕ		ⓔ×ⓗ

꽃 종류별로 ⓖ 획득할 수 있는 도토리 개수는 ⓔ 1시간 동안 재배 · 수확할 수 있는 송이수에 ⓕ 송이당 교환할 수 있는 도토리 개수를 곱해서 구할 수 있고, ⓖ 획득할 수 있는 하트 개수는 ⓔ에 ⓗ 송이당 교환할 수 있는 하트 개수를 곱해서 구할 수 있다.

따라서 '도토리'를 가장 많이 획득할 수 있는 꽃은 240개를 획득할 수 있는 나팔꽃이며, '하트'를 가장 많이 획득할 수 있는 꽃은 360개를 획득할 수 있는 수선화(⑤)이다.

빠른 문제풀이 Tip

이 문제를 통해 이것저것 더 생각해 보면 다음과 같다. 만약 ⓔ 1시간 동안 재배 · 수확할 수 있는 송이수를 구하지 않은 상태라고 생각해 보자. 비교 우위와 같은 개념이다.

구분	ⓔ 재배 · 수확 송이수(시간당)	도토리 (송이당)		하트 (송이당)	비교
나팔꽃	a송이	2개	>	1개	2a>a
무궁화	b송이	3개	<	5개	3b<5b
수선화	c송이	5개	<	10개	5c<10c
장미	d송이	10개	<	15개	10d<15d
해바라기	e송이	25개	>	20개	25e>20e

선지 ③은 '도토리'를 가장 많이 획득할 수 있는 꽃이 무궁화, '하트'를 가장 많이 획득할 수 있는 꽃이 장미라고 하고 있다. 만약 '도토리'를 가장 많이 획득할 수 있는 꽃이 무궁화라면 3b>10d인데, 양변에 1.666…을 곱해 5b>16.666d와 같은 부등식을 만들었다고 생각해 보자. 장미를 재배 · 수확하면 15d의 하트를 획득할 수 있는데 15d의 하트는 무궁화를 재배 · 수확하면 얻을 수 있는 하트 5b보다 작다. 그러므로 선지 ③은 제거할 수 있다. 설명이 좀 길지만 선지 ③이 다른 선택지와 꽃 구성이 다르고 비교 우위를 잘 이해하고 있다면 위의 설명과정을 빠르게 판단할 수 있다. 선지 ③을 제거한다면 나머지 선지에서 등장하는 나팔꽃, 수선화, 해바라기 3종류의 꽃만 계산하면 된다.

[정답] ⑤

42 다음 <A기관 특허대리인 보수 지급 기준>과 <상황>을 근거로 판단할 때, 甲과 乙이 지급받는 보수의 차이는?

21년 7급 나책형 13번

〈A기관 특허대리인 보수 지급 기준〉

○ A기관은 특허출원을 특허대리인(이하 '대리인')에게 의뢰하고, 이에 따라 특허출원 건을 수임한 대리인에게 보수를 지급한다.
○ 보수는 착수금과 사례금의 합이다.
○ 착수금은 대리인이 작성한 출원서의 내용에 따라 〈착수금 산정 기준〉의 세부항목을 합산하여 산정한다. 단, 세부항목을 합산한 금액이 140만 원을 초과할 경우 착수금은 140만 원으로 한다.

〈착수금 산정 기준〉

세부항목	금액(원)
기본료	1,200,000
독립항 1개 초과분(1개당)	100,000
종속항(1개당)	35,000
명세서 20면 초과분(1면당)	9,000
도면(1도당)	15,000

※ 독립항 1개 또는 명세서 20면 이하는 해당 항목에 대한 착수금을 산정하지 않는다.

○ 사례금은 출원한 특허가 '등록결정'된 경우 착수금과 동일한 금액으로 지급하고, '거절결정'된 경우 0원으로 한다.

〈상 황〉

○ 특허대리인 甲과 乙은 A기관이 의뢰한 특허출원을 각각 1건씩 수임하였다.
○ 甲은 독립항 1개, 종속항 2개, 명세서 14면, 도면 3도로 출원서를 작성하여 특허를 출원하였고, '등록결정'되었다.
○ 乙은 독립항 5개, 종속항 16개, 명세서 50면, 도면 12도로 출원서를 작성하여 특허를 출원하였고, '거절결정'되었다.

① 2만 원
② 8만 5천 원
③ 123만 원
④ 129만 5천 원
⑤ 259만 원

해설

문제 분석

보수=착수금+사례금

1. 착수금

- 대리인이 작성한 출원서의 내용에 따라 〈착수금 산정 기준〉의 세부항목을 합산하여 산정
- 단, 세부항목을 합산한 금액이 140만 원을 초과할 경우 착수금은 140만 원으로 함

세부항목에 따라 착수금을 계산하면 다음과 같다.

세부항목	금액(원)	A	B
기본료	1,200,000	→ 120만 원	→ 120만 원
독립항 1개 초과분(1개당)	100,000	1개 → 0원	5개 → 40만 원
종속항(1개당)	35,000	2개 → 7만 원	16개 → 56만 원
명세서 20면 초과분(1면당)	9,000	14면 → 0원	50면 → 27만 원
도면(1도당)	15,000	3도 → 4.5만 원	12도 → 18만 원

甲=120+0+7+0+4.5=131.5만 원

乙=120+40+56+27+18=261만 원

단, 세부항목을 합산한 금액이 140만 원을 초과할 경우 착수금은 140만 원으로 하기 때문에 乙의 착수금은 140만 원이다.

2. 사례금

甲: 등록결정되었으므로 131.5만 원

乙: 거절결정되었으므로 0원

따라서, 甲의 보수 263만 원과 乙의 보수 140만 원의 차이는 123만 원이고, 정답은 ③이다.

빠른 문제풀이 Tip

착수금이 140만 원을 넘어가게 되는 경우 정확한 값을 구하지 않아야 더 빠른 문제 해결이 가능하다.

[정답] ③

43 **다음 글을 근거로 판단할 때, <보기>에서 옳은 것만을 모두 고르면?**

13년 민경채 인책형 25번

전 세계 벼 재배면적의 90%가 아시아에 분포한다. 현재 벼를 재배하는 면적을 나라별로 보면, 인도가 4,300헥타르로 가장 넓고, 중국이 3,300헥타르로 그 다음을 잇고 있으며, 인도네시아, 방글라데시, 베트남, 타이, 미얀마, 일본의 순으로 이어지고 있다. A국은 일본 다음이다.

반면 쌀을 가장 많이 생산하고 있는 나라는 중국으로 전 세계 생산량의 30%를 차지하고 있으며, 그 다음이 20%를 생산하는 인도이다. 단위면적당 쌀 생산량을 보면 A국이 헥타르당 5.0톤으로 가장 많고 일본이 헥타르당 4.5톤이다. A국의 단위면적당 쌀 생산량은 인도의 3배에 달하는 수치로 현재 A국의 단위면적당 쌀 생산능력은 세계에서 제일 높다.

〈보 기〉

ㄱ. 중국의 단위면적당 쌀 생산량은 인도의 약 2배이다.

ㄴ. 일본의 벼 재배면적이 A국보다 400헥타르가 크다면, 일본의 연간 쌀 생산량은 A국보다 많다.

ㄷ. 인도의 연간 쌀 생산량은 11,000톤 이상이다.

① ㄱ

② ㄴ

③ ㄷ

④ ㄱ, ㄴ

⑤ ㄴ, ㄷ

해설

문제 분석

제시문의 내용을 정리하면 다음과 같다.

<table>
<tr><th colspan="3">재배면적
(단위: 헥타르)</th><th colspan="3">단위면적당 생산량
(단위: 헥타르당 톤)</th><th colspan="3">전체 쌀 생산량</th></tr>
<tr><td>1위</td><td>인도</td><td>4,300</td><td>1위</td><td>A국</td><td>5.0</td><td rowspan="4">1위</td><td rowspan="4">중국</td><td rowspan="4">전 세계 생산량의 30%</td></tr>
<tr><td>2위</td><td>중국</td><td>3,300</td><td>⋮</td><td>⋮</td><td>⋮</td></tr>
<tr><td>3위</td><td>인도네시아</td><td rowspan="7">⋮</td><td colspan="3" rowspan="7">– 일본: 4.5
– A국의 단위면적당 쌀 생산량은 인도의 3배</td></tr>
<tr><td>4위</td><td>방글라데시</td></tr>
<tr><td>5위</td><td>베트남</td><td rowspan="4">2위</td><td rowspan="4">인도</td><td rowspan="4">전 세계 생산량의 20%</td></tr>
<tr><td>6위</td><td>타이</td></tr>
<tr><td>7위</td><td>미얀마</td></tr>
<tr><td>8위</td><td>일본</td></tr>
<tr><td>9위</td><td>A국</td><td>⋮</td><td>⋮</td><td>⋮</td></tr>
</table>

문제풀이 실마리

- 자료해석 스타일의 문제로, 'A당 B'의 출제장치가 활용된 문제이다.
- 공식을 잘 활용하여 문제를 해결해야 한다.

ㄱ. (O) 단위면적당 쌀 생산량=전체 쌀 생산량/재배면적

중국의 단위면적당 쌀 생산량=전세계 생산량의 30%/3,300

인도의 단위면적당 쌀 생산량=전세계 생산량의 20%/4,300

중국의 단위면적당 쌀 생산량/인도의 단위면적당 쌀 생산량

=(전세계 생산량의 30%/3,300)/(전세계 생산량의 20%/4,300)

≒2배

따라서 중국의 단위면적당 쌀 생산량은 인도의 약 2배이다.

ㄴ. (O) 일본의 벼 재배면적이 A국보다 400헥타르가 크다면, A국의 벼 재배면적을 x라고 했을 때, 일본의 벼 재배면적은 $(x+400)$이다. 그리고 A국과 일본 모두 벼 재배면적은 3,300헥타르보다 작다.

연간 쌀 생산량=단위면적당 생산량×재배면적

이므로, 이 공식에 주어진 정보를 대입해 보면

일본의 연간 쌀 생산량=$4.5\times(x+400)$

A국의 연간 쌀 생산량=$5.0\times x$

일본의 연간 쌀 생산량이 A국의 연간 쌀 생산량보다 많다면,

(일본의 연간 쌀 생산량)−(A국의 연간 쌀 생산량)>0

$=\{4.5\times(x+400)\}-(5.0\times x)\rangle 0$

이 식을 정리하면 $1{,}800>0.5x=3{,}600>x$ 식이 도출되는데, x가 3,600보다 작은 값이면 (일본의 연간 쌀 생산량)−(A국의 연간 쌀 생산량)의 값은 반드시 양수가 나온다. 즉, 일본의 연간 쌀 생산량이 더 많다.

A국의 벼 재배면적인 x는 제시문에서 3,300헥타르보다 반드시 작은 값이므로, (일본의 연간 쌀 생산량)−(A국의 연간 쌀 생산량)의 값은 반드시 양수가 나온다. 즉, 일본의 연간 쌀 생산량이 더 많다.

ㄷ. (X) 연간 쌀 생산량=단위면적당 생산량×재배면적이다. A국의 단위면적당 쌀 생산량(=5.0)은 인도의 3배이므로 인도의 단위면적당 생산량은 5.0/3이다. 인도의 벼 재배면적은 4,300헥타르이다. 공식에 이를 대입해 보면,

연간 쌀 생산량=단위면적당 생산량×재배면적

=(5.0/3)×4,300≒7,166.67

인도의 연간 쌀 생산량은 11,000톤 이상이 될 수 없다.

빠른 문제풀이 Tip

직접 해결하는 것보다 주어진 내용을 검증하는 것이 더 빠르다.

[정답] ④

44 어떤 암세포를 제거하기 위해 약물 A, B, C의 조합과 투여량을 달리하여 시험하였다. <조건>을 읽고, <표>에서 가격 대비 항암효과(%/원)가 큰 것부터 순서대로 올바르게 나열한 것은?

15년 입법 가책형 31번

〈표〉 각 약물의 투여농도, 투여량 및 단가

	약물	투여농도($\mu g/\mu l$)	1회 투여량(μl)	단가(원/μg)
ㄱ	A	10	2	5,000
ㄴ	B	10	1	6,000
ㄷ	C	10	2	5,000
ㄹ	A, B	20	1	6,500
ㅁ	A, C	10	2	6,000
ㅂ	B, C	20	1	5,000

〈조 건〉

- 치료를 위하여 서로 다른 항암제를 투여하는 것을 칵테일 요법이라고 한다.
- 단독으로 약물을 투여했을 때보다 칵테일 요법으로 처리하여 효과가 증진되는 경우, 이를 상승작용이라고 한다. 하지만 칵테일 요법으로 항상 상승작용이 발생하는 것은 아니다.
- 약물은 A, B, C가 있으며, 약물조합 ㄹ, ㅁ, ㅂ은 각각 A와 B, A와 C, B와 C를 혼합하는 것을 의미한다. 단, 약물 A와 약물 B를 혼합한 ㄹ조합에는 상승작용이 있으며, 다른 조합의 경우에는 상승작용이 존재하지 않는다.
- 약물농도 및 1회 투여량을 제외한 모든 시험조건은 동일하며 각 약물조합은 1회만 투여하는 것으로 가정한다.
- 약물 A, B, C의 항암효과는 다음과 같으며, 두 약물을 혼합한 약물의 항암효과는 각 약물의 항암효과를 합한 것과 같다고 가정한다. 단, 혼합한 두 약물 간에 상승효과가 존재하는 경우 항암효과는 각 약물의 항암효과를 합한 값의 2배가 된다.

약물	A	B	C
항암효과(%)	15	20	30

① ㄹ > ㅂ > ㅁ > ㄴ > ㄷ > ㄱ
② ㄹ > ㅂ > ㅁ > ㄷ > ㄴ > ㄱ
③ ㅂ > ㅁ > ㄴ > ㄷ > ㄹ > ㄱ
④ ㅂ > ㅁ > ㄷ > ㄴ > ㄹ > ㄱ
⑤ ㅂ > ㄷ > ㅁ > ㄴ > ㄹ > ㄱ

해설

문제 분석

가격 대비 항암효과(%/원)가 큰 것부터 순서대로 올바르게 나열하기 위해서는 '항암효과(%)'와 '가격(원)'을 구할 수 있어야 한다.

1) 약물 1회 투여 시 가격=투여농도×1회 투여량×단가

2) 항암효과

(1) 약물 A, B, C의 항암효과

약물	A	B	C
항암효과(%)	15	20	30

(2) 두 약물을 혼합한 약물의 항암효과
각 약물의 항암효과를 합한 것과 같다고 가정
단, 혼합한 두 약물 간에 상승효과가 존재하는 경우(물 A와 약물 B를 혼합한 ㄹ조합) 항암효과는 각 약물의 항암효과를 합한 값의 2배가 된다.

문제풀이 실마리

- 표에 주어진 단가를 '가격'으로 오해하지 않도록 주의한다.
- 필요한 공식을 표에서 찾아낼 수 있어야 한다.

	약물	가격 투여농도×1회 투여량×단가	항암효과	항암효과/가격
ㄱ	A	10×2×5,000=100,000	15	15/10만
ㄴ	B	10×1×6,000=60,000	20	20/6만
ㄷ	C	10×2×5,000=100,000	30	30/10만
ㄹ	A, B	20×1×6,500=130,000	70	70/13만
ㅁ	A, C	10×2×6,000=120,000	45	45/12만
ㅂ	B, C	20×1×5,000=100,000	50	50/10만

ㄱ~ㅂ을 가격 대비 항암효과(%/원)가 큰 것부터 순서대로 올바르게 나열한 것은 '① ㄹ > ㅂ > ㅁ > ㄴ > ㄷ > ㄱ'이다.

빠른 문제풀이 Tip
선지를 활용해서 값을 다 구하지 않고도 답을 찾아낼 수 있어야 한다.

[정답] ①

45 다음 글을 근거로 판단할 때, <보기>에서 옳은 것만을 모두 고르면?

18년 민경채 가책형 22번

○ 甲 시청은 관내 도장업체(A~C)에 청사 바닥(면적: $60m^2$) 도장공사를 의뢰하려 한다.

〈관내 도장업체 정보〉

업체	$1m^2$당 작업시간	시간당 비용
A	30분	10만 원
B	1시간	8만 원
C	40분	9만 원

○ 개별 업체의 작업속도는 항상 일정하다.

○ [i]여러 업체가 참여하는 경우, 각 참여 업체는 언제나 동시에 작업하며 업체당 작업시간은 동일하다. 이때 각 참여 업체가 작업하는 면은 겹치지 않는다.

○ 모든 업체는 시간당 비용에 비례하여 분당 비용을 받는다. (예 A가 6분 동안 작업한 경우 1만 원을 받는다)

〈보 기〉

ㄱ. 작업을 가장 빠르게 끝내기 위해서는 A와 C에게만 작업을 맡겨야 한다.

ㄴ. B와 C에게 작업을 맡기는 경우, 작업 완료까지 24시간이 소요된다.

ㄷ. A, B, C에게 작업을 맡기는 경우, B와 C에게 작업을 맡기는 경우보다 많은 비용이 든다.

① ㄱ

② ㄴ

③ ㄷ

④ ㄱ, ㄴ

⑤ ㄴ, ㄷ

해설

문제 분석

〈관내 도장업체 정보〉에는 $1m^2$당 작업시간과 시간당 비용이 주어져 있는데 이를 시간당 작업 면적, 작업면적당 비용과 같이 바꾸어 생각한다. 시간당 작업 면적은 $1m^2$당 작업시간의 역수이고, 작업면적당 비용은 $1m^2$당 작업시간×시간당 비용이다. 정리해 보면 다음과 같다.

업체	시간당 작업 면적	작업면적당 비용
A	$2m^2$	5만 원
B	$1m^2$	8만 원
C	$1.5m^2$	6만 원

문제풀이 실마리

'A당 B'의 출제장치를 적절하게 사용 · 변형할 수 있어야 한다.

ㄱ. (X) 위의 표와 같이 시간당 작업 면적을 정리하기 이전이라고 생각해 보자. 각 업체는 시간당 작업 면적이 있고 참여하는 업체 수에 제한이 없다면, 작업을 가장 빠르게 끝내기 위해서는 가능한 많은 업체가 참여하여 동시에 작업하여야 한다(조건 i)에서는 여러 업체가 동시에 참여하는 경우를 설명하고 있다). 따라서 A와 C에게만 작업을 맡기는 것이 아니라 A, B, C 모두에게 작업을 맡겨야 한다.

ㄴ. (O) B와 C의 시간당 작업 면적은 각각 $1m^2$, $1.5m^2$이다. 조건 i)에 따라 각 참여 업체는 동시에 작업하고 각 참여 업체가 작업하는 면적은 겹치지 않으므로, B와 C가 동시에 작업하는 경우 시간당 작업 면적은 $1m^2$와 $1.5m^2$를 더한 $2.5m^2$이다. 따라서 청사 바닥 면적 $60m^2$의 도장공사를 완료하기 위해서는 $60(m^2) \div 2.5(m^2/h) = 24(h)$로 24시간이 소요된다.

ㄷ. (X) A의 작업면적당 비용이 가장 낮다. 따라서 A, B, C에게 작업을 맡기는 경우 A가 보다 낮은 작업면적당 비용으로 전체 청사 바닥의 일부 면적이라도 작업하게 되므로, B와 C에게만 작업을 맡기는 경우보다 적은 비용이 든다.

빠른 문제풀이 Tip

해설에서 보기 ㄱ, ㄷ은 가능한 계산 없이 보기의 정오를 판단하였다. 보기 ㄱ, ㄷ의 경우 직접 계산해 보면 다음과 같다.

ㄱ. A와 C에게만 작업을 맡기는 경우: 시간당 작업 면적은 $2m^2 + 1.5m^2 = 3.5m^2$이다. $60(m^2) \div 3.5(m^2/h) =$ 약 17.1(h)이 소요된다.
A, B, C에게 작업을 맡기는 경우: 시간당 작업 면적은 $2m^2 + 1m^2 + 1.5m^2 2 = 4.5m^2 2$이다. $60(m^2) \div 4.5(m^2/h) =$ 약 13.3(h)이 소요된다.

ㄷ. A, B, C에게 작업을 맡기는 경우: 시간당 비용은 $10+8+9=27$만 원이다. 보기 ㄱ에서 구한 전체 소요시간과 곱하면 $60(m^2) \div 4.5(m^2/h) \times 27$(만 원/h)$=360$만 원
B와 C에게 작업을 맡기는 경우: 시간당 비용은 $8+9=17$만 원이다. 보기 ㄴ에서 구한 전체 소요시간과 곱하면 $24(h) \times 17$(만 원/h)$=408$만 원

[정답] ②

46 다음 글을 근거로 판단할 때, 아기 돼지 삼형제와 각각의 집을 옳게 짝지은 것은?

21년 7급 나책형 12번

○ 아기 돼지 삼형제는 엄마 돼지로부터 독립하여 벽돌집, 나무집, 지푸라기집 중 각각 다른 한 채씩을 선택하여 짓는다.
○ 벽돌집을 지을 때에는 벽돌만 필요하지만, 나무집은 나무와 지지대가, 지푸라기집은 지푸라기와 지지대가 재료로 필요하다. 지지대에 소요되는 비용은 집의 면적과 상관없이 나무집의 경우 20만 원, 지푸라기집의 경우 5만 원이다.
○ 재료의 1개당 가격 및 집의 면적 $1m^2$당 필요 개수는 아래와 같다.

구분	벽돌	나무	지푸라기
1개당 가격(원)	6,000	3,000	1,000
$1m^2$당 필요 개수	15	20	30

○ 첫째 돼지 집의 면적은 둘째 돼지 집의 2배이고, 셋째 돼지 집의 3배이다. 삼형제 집의 면적의 총합은 $11m^2$이다.
○ 모두 집을 짓고 나니, 둘째 돼지 집을 짓는 재료 비용이 가장 많이 들었다.

	첫째	둘째	셋째
①	벽돌집	나무집	지푸라기집
②	벽돌집	지푸라기집	나무집
③	나무집	벽돌집	지푸라기집
④	지푸라기집	벽돌집	나무집
⑤	지푸라기집	나무집	벽돌집

해설

문제 분석

주어진 조건을 정리해 보면 다음과 같다.

- 벽돌집: 벽돌만 필요
- 나무집: 나무와 지지대(20만 원)가 필요
- 지푸라기집: 지푸라기와 지지대(5만 원)가 필요

문제풀이 실마리

다음 표를 통해 $1m^2$당 가격(원)을 구할 수 있다.

구분	벽돌	나무	지푸라기
1개당 가격(원)	6,000	3,000	1,000
$1m^2$당 필요 개수	15	20	30
$1m^2$당 가격(만 원)	9	6	3

삼형제 집의 면적의 총합은 $11m^2$인데 첫째 돼지 집의 면적은 둘째 돼지 집의 2배이고, 셋째 돼지 집의 3배이므로, 첫째 돼지 집의 면적은 $6m^2$, 둘째 돼지 집의 면적은 $3m^2$, 셋째 돼지 집의 면적은 $2m^2$가 된다.

$1m^2$당 가격(원)×면적(+지지대 가격)이 아기 돼지 삼형제와 각각의 집을 짓는 데 필요한 총 재료비용이다.

벽돌집: 9만 원×면적
나무집: 6만 원×면적+20만 원
지푸라기집: 3만 원×면적+5만 원

각각의 비용을 계산해 보면 다음과 같다.

(단위: 만 원)

면적 \ 집 종류	벽돌집(면적×9)	나무집(면적×6+20)	지푸라기집(면적×3+5)
$6m^2$(첫째)	54	56	23
$3m^2$(둘째)	27	38	14
$2m^2$(셋째)	18	32	11

이 경우에서 둘째 돼지 집을 짓는 재료 비용이 가장 많이 들어야 하므로, 각 돼지의 집 종류는 다음과 같이 결정된다.

(단위: 만 원)

면적 \ 집 종류	벽돌집(면적×9)	나무집(면적×6+20)	지푸라기집(면적×3+5)
$6m^2$(첫째)	54	56	23
$3m^2$(둘째)	27	38	14
$2m^2$(셋째)	18	32	11

따라서 정답은 ⑤이다.

빠른 문제풀이 Tip

- A당 B의 공식을 자유자재로 응용할 수 있어야 한다.
- 상대적 계산 스킬을 사용하고 범위로 검토해 보면 보다 빠른 문제 해결이 가능하다.
- 첫째 돼지 집의 면적은 둘째 돼지 집의 2배이고, 셋째 돼지 집의 3배이므로 첫째 돼지 집의 면적은 6의 배수일 가능성이 높다.

[정답] ⑤

여러 단위가 있을 때, 단위 간 변환(환산)해야 하는 문제들이 출제되고 있다. 자주 접해본 소재로는 1시간이 몇 초인지를 따질 때, 1시간 = 60분, 1분 = 60초이므로 1시간은 3,600초가 된다. 1km가 몇 cm인지를 따질 때 1km = 1,000m, 1m = 100cm이므로 1km = 100,000cm가 된다. 이러한 단위변환 문제는 단위 간의 관계만 잘 정리하면 해결이 되는 문제이다.

47 다음 글을 근거로 판단할 때, <보기>의 ㉠, ㉡이 옳게 짝지어진 것은?

13년 외교관 인책형 30번

신라는 일반적 시간 계산 체계로 백각법(百刻法)과 12시신(時辰) 제도를 배합하여 사용했다. 백각법은 하루의 길이를 100각으로 나누는 시간 계산법이었다. 구체적으로, 매일 낮·밤의 길이와 일출·일몰의 시각을 계산하기 위해, 밤의 길이인 야각(夜刻)을 구하고 100각에서 이를 감해 낮의 길이인 주각(晝刻)을 구하였다. 또한 12시신 제도는 하루를 12시신으로 균등하게 나누는 제도였다. 그런데 100각은 12시신의 정수배가 되지 않으므로 1각을 60분으로 나누어 사용하였다. 그러나 역법(曆法) 계산 시에는 각 역에서 사용되는 수가 다르기 때문에 다른 분법을 사용했다. 예를 들어 선명력(宣明曆)에서는 1일을 100각, 1각을 84분으로 정했다.

한편 신라에서는 야각의 계산에 있어서 밤 시간을 5경으로 나누고, 1경을 다시 5점으로 나누는 경점(更點) 제도도 사용되었다.

이와 같이 신라에서는 백각법과 12시신 제도를 배합하여 일반적 시간 계산 체계와 역법의 계산 체계, 그리고 야각의 시간 계산 체계가 병행되어 사용되었다.

〈보 기〉

○ 신라의 일반적 시간 계산에 따르면, 1시신은 (㉠)이다.
○ 하루 중 4시신이 밤 시간이었다면, 선명력에 따르면 1경은 (㉡)에 해당한다.

	㉠	㉡
①	8각 20분	6각 56분
②	8각 20분	6각 40분
③	7각 28분	6각 56분
④	7각 28분	9각 20분
⑤	6각 30분	9각 20분

해설

문제 분석

- 신라의 일반적 시간 계산 체계: 백각법(百刻法)과 12시신(時辰) 제도
- 백각법은 하루의 길이를 100각으로 나누는 시간 계산법
  100각 − 야각(夜刻) = 주각(晝刻)
- 12시신 제도는 하루를 12시신으로 균등하게 나누는 제도
- 백각법과 12시신 제도를 배합하여 사용하기 위해 1각을 60분으로 나누어 사용
- 선명력(宣明曆)에서는 1일을 100각, 1각을 84분으로 사용
- 신라에서는 야각의 계산에 있어서 밤 시간을 5경으로 나누고, 1경을 다시 5점으로 나누는 경점(更點) 제도도 사용
- 이와 같이 신라에서는 백각법과 12시신 제도를 배합하여 일반적 시간 계산 체계와 역법의 계산 체계, 그리고 야각의 시간 계산 체계가 병행되어 사용

문제풀이 실마리

단위변환만 적절하게 할 수 있다면 어렵지 않게 해결할 수 있는 문제이다.

㉠ 신라의 일반적 시간 계산에 따르면, 하루의 길이(1일)는 100각이며, 1각은 60분이다. 따라서 하루는 6,000분이다. 12시신 제도는 하루를 12시신으로 균등하게 나누는 제도였으므로 6,000분을 12로 나누면 1시신 = 6,000분 ÷ 12 = 500분이다.
이때, 1각은 60분이므로 1시신은 8각 20분이다.

㉡ 선명력에서는 1일을 100각, 1각을 84분으로 정했으므로 하루(1일)는 8,400분이다. 이때, 1시신은 하루를 12시신으로 균등하게 나눈 것이므로 1시신은 700분이 된다. 하루 중 4시신이 밤 시간이었다면, 밤 시간은 2,800분이 된다.
야각의 계산에 있어서 밤 시간을 5경으로 나누므로 1경은 2,800 ÷ 5 = 560분이다. 이때, 1각은 84분이므로 1경은 6각 56분에 해당한다.

[정답] ①

48 다음 글을 근거로 판단할 때 옳지 않은 것은?

15년 민경채 인책형 19번

> 1678년 영의정 허적(許積)의 제의로 상평통보(常平通寶)가 주조·발행되어 널리 유통된 이유는 다음과 같다. 첫째, 국내적으로 조정이 운영하는 수공업이 쇠퇴하고 민간이 운영하는 수공업이 발전함으로써 국내 시장의 상품교류가 확대되고, 1645년 회령 지방을 시초로 국경무역이 활발해짐에 따라 화폐의 필요성이 제기되었기 때문이다. 둘째, 임진왜란 이후 국가 재정이 궁핍하였으나 재정 지출은 계속해서 증가함에 따라 재원 마련의 필요성이 있었기 때문이다.
>
> 1678년에 발행된 상평통보는 초주단자전(初鑄單字錢)이라 불리는데, 상평통보 1문(개)의 중량은 1전 2푼이고 화폐 가치는 은 1냥을 기준으로 400문으로 정하였으며 쌀 1되가 4문이었다.
>
> 1679년 조정은 상평통보의 규격을 변경하였다. 초주단자전을 대신하여 당이전(當二錢) 또는 절이전(折二錢)이라는 대형전을 주조·발행하였는데, 중량은 2전 5푼이었고 은 1냥에 대한 공인 교환율도 100문으로 변경하였다.
>
> 1678년부터 1680년까지 상평통보 주조·발행량은 약 6만 관으로 추정되고 있다. 당이전의 화폐 가치는 처음에는 제대로 유지되었지만 조정이 부족한 재원을 마련하기 위해 발행을 증대하면서 1689년에 이르러서는 은 1냥이 당이전 400~800문이 될 정도로 그 가치가 폭락하였다. 1681년부터 1689년까지의 상평통보 주조·발행량은 약 17만 관이었다.
>
> 1752년에는 훈련도감, 어영청, 금위영 등 중앙의 3개 군사 부서와 지방의 통영에서도 중형상평통보(中型常平通寶)를 주조·발행하도록 하였다. 중형상평통보의 액면 가치는 당이전과 동일하지만 중량이 약 1전 7푼(1757년에는 1전 2푼)으로 당이전보다 줄어들고 크기도 축소되었다.

※ 상평통보 묶음단위: 1관=10냥=100전=1,000문

※ 중량단위: 1냥=10전=100푼=1,000리=$\frac{1}{16}$근

① 초주단자전, 당이전, 중형상평통보 중 가장 무거운 것은 당이전이다.

② 은을 기준으로 환산할 때 상평통보의 가치는 경우에 따라 $\frac{1}{4}$ 이하로 떨어지기도 하였다.

③ 1678년부터 1689년까지 주조·발행된 상평통보는 약 2억 3,000만 문으로 추정된다.

④ 1678년을 기준으로 은 1근은 같은 해에 주조·발행된 상평통보 4,600문의 가치를 가진다.

⑤ 상품교류 및 무역 활성화뿐만 아니라 국가 재정상 필요에 따라 상평통보가 주조·발행되었다.

해설

문제 분석

- 1678년에 발행된 상평통보: 초주단자전(初鑄單字錢)
  - 상평통보 1문(개)의 중량은 1전 2푼
  - 화폐 가치는 은 1냥을 기준으로 400문(쌀 1되가 4문)
- 1679년 조정은 상평통보의 규격을 변경: 초주단자전을 대신하여 당이전(當二錢) 또는 절이전(折二錢)이라는 대형전을 주조·발행
  - 중량은 2전 5푼
  - 은 1냥에 대한 공인 교환율도 100문으로 변경하였다.
- 1678년부터 1680년까지 상평통보 주조·발행량은 약 6만 관으로 추정
  - 당이전의 화폐 가치는 처음에는 제대로 유지되었지만, 1689년에 이르러서는 은 1냥이 당이전 400~800문이 될 정도로 그 가치가 폭락
- 1681년부터 1689년까지의 상평통보 주조·발행량은 약 17만 관
- 1752년에는 훈련도감, 어영청, 금위영 등 중앙의 3개 군사 부서와 지방의 통영에서도 중형상평통보(中型常平通寶)를 주조·발행
  - 중형상평통보의 액면 가치는 당이전과 동일
  - 중량이 약 1전 7푼(1757년에는 1전 2푼)으로 당이전보다 줄어들고 크기도 축소됨

문제풀이 실마리

- 여러 개념을 정확히 이해한 후, 단위 간에 비교·환산할 수 있어야 한다.
- 상평통보의 중량의 변화, 가치의 변화에 집중하면서 제시문을 읽는다. 각주로 제시된 단위 간의 관계를 활용하여 단위 간의 환산(=변환)을 할 수 있어야 한다.

① (O) 두 번째 문단에서 보면, 1678년에 발행된 상평통보는 초주단자전(初鑄單字錢)이라 불리는데, 상평통보 1문(개)의 중량은 1전 2푼이다. 세 번째 문단에서 보면 1679년 조정은 상평통보(=초주단자전)을 대신하여 당이전(當二錢) 또는 절이전(折二錢)이라는 대형전을 주조·발행하였는데, 중량은 2전 5푼이다. 마지막 문단에서 보면, 1752년에는 중형상평통보(中型常平通寶)를 주조·발행하도록 하였는데 중량이 약 1전 7푼(1757년에는 1전 2푼)이다. 따라서 이 중 가장 무거운 것은 중량이 2전 5푼인 당이전이다.

② (O) 두 번째 문단에서 보면, 초주단자전의 화폐 가치는 은 1냥을 기준으로 400문으로 정하였다. 세 번째 문단에서 보면 당이전(當二錢) 또는 절이전(折二錢)의 은 1냥에 대한 공인 교환율이 100문으로 변경되었다가, 1689년에 이르러서는 은 1냥이 당이전 400~800문이 될 정도로 그 가치가 폭락하였다. 이는 당이전의 가치가 1/4~1/8정도로 떨어졌음을 의미한다. 따라서 은을 기준으로 환산할 때 상평통보의 가치는 경우에 따라 1/4 이하로 떨어지기도 하였다.

③ (O) 네 번째 문단에서 보면, 1678년부터 1680년까지 상평통보 주조·발행량은 약 6만 관으로 추정되고 있다. 그리고 1681년부터 1689년까지의 상평통보 주조·발행량은 약 17만 관이었다. 이를 합하면 1678년부터 1689까지 상평통보의 주조·발행량은 약 23만 관이었다. 첫 번째 각주에서 1관=1,000문이므로 이를 환산하면 23만×1,000=2억 3,000만 문이 된다고 추론할 수 있다.

④ (X) 두 번째 문단에서 보면, 1678년에 발행된 상평통보는 초주단자전(初鑄單字錢)이라 불리는데, 화폐 가치는 은 1냥을 기준으로 400문으로 정하였다. 두 번째 각주에서 보면, 1냥=1/16근이다. 따라서 은 1근=16냥의 가치를 가진다. 이를 종합해 볼 때, 1678년을 기준으로 은 1근은 '은 1근(=은 16냥)×400=6,400'이므로, 같은 해에 주조·발행된 상평통보 6,400문의 가치를 가진다.

⑤ (O) 첫 번째 문단에서 보면, 상평통보(常平通寶)가 주조 · 발행되어 널리 유통된 이유는 첫째, 국내적으로 조정이 운영하는 수공업이 쇠퇴하고 민간이 운영하는 수공업이 발전함으로써 국내 시장의 상품교류가 확대되고, 1645년 회령 지방을 시초로 국경무역이 활발해짐에 따라 화폐의 필요성이 제기되었기 때문이다. 둘째, 임진왜란 이후 국가 재정이 궁핍하였으나 재정 지출은 계속해서 증가함에 따라 재원 마련의 필요성이 있었기 때문이다. 따라서 상품교류 및 무역 활성화뿐만 아니라 국가 재정상 필요에 따라 상평통보가 주조 · 발행되었다.

빠른 문제풀이 Tip
단위변환을 빠르게 할 수 있어야 한다.

[정답] ④

49 광주분원 2,000가마에서 300만 개의 백자를 생산하는 데 필요했던 장작의 양은? (단, 장작 1거는 5태로 계산한다)

13년 5급 인책형 40번

> 15세기 후반 왕실의 도자기 수요량이 증가하자 국가가 도자기 제조를 직접 관리하게 되었다. 광주분원은 왕실에 필요한 도자기를 구워내기 위해 경기도 광주군에 설치한 관요(官窯)였다. 광주군 일대는 질 좋은 소나무 숲이 많았기 때문에 관요에 필요한 연료를 공급하는 시장절수처(柴場折受處)로 지정되었다.
>
> 예로부터 백자가마에서는 숯이나 재가 남지 않고 충분한 열량을 낼 수 있는 소나무를 연료로 사용했다. 불티가 남지 않는 소나무는 백자 표면에 입힌 유약을 매끄럽게 해 질 좋은 백자를 굽는 데 최상의 연료였다. 철분이 많은 참나무 종류는 불티가 많이 생겨서 백자 표면에 붙고, 그 불티가 산화철로 변하여 유약을 바른 표면에 원하지 않는 자국을 내기 때문에 예열할 때 외에는 땔감으로 사용하지 않았다. 도자기를 굽는 데는 많은 땔감이 필요하였다. 한 가마에서 백자 1,500개를 생산하기 위해서는 50짐의 소나무 장작이 필요했다. 장작 1거(車)는 5~6태(駄)를 말하며 1태는 2짐에 해당하는 분량이었다.
>
> 분원은 소나무 땔감을 안정적으로 공급받기 위하여 시장절수처 내의 수목이 무성한 곳을 찾아 약 10년에 한번 꼴로 그 장소를 이동하였다. 분원이 설치되어 땔감에 필요한 소나무를 다 채취한 곳은 소나무가 무성하게 될 때까지 기다렸다가 다시 그 곳에 분원을 설치하여 수목을 채취하는 것이 원칙이었다. 질 좋은 소나무 확보가 중요했기 때문에 시장절수처로 지정된 곳의 소나무는 관요에 필요한 땔감으로만 사용을 하고 다른 관청의 사용을 전면 금지하였다.
>
> 그러나 실제로는 한 번 분원이 설치되어 소나무를 채취한 곳은 화전으로 개간되었기 때문에 다시 그 곳에서 땔감을 공급받을 수 없게 되었다. 그리하여 17세기 말경에는 분원을 교통이 편리한 곳에 고정시켜 두고 땔감을 분원으로 운반하여 사용하자는 분원고정론(分院固定論)이 대두되었다. 이러한 논의는 당시에는 실현되지 못하였고, 경종 원년(1721년) 이후에야 분원을 고정시켜 시장절수처 이외의 장소에서 땔감을 구입하여 사용하게 되었다.
>
> 한편 17세기 후반부터는 분원에 소속된 공장(工匠)의 생계를 보조하기 위하여 그들에게 사경영(私經營)을 허용하였고, 이것이 점차 늘어나 18세기에 들어와서는 상인자본이 개입하기에 이르렀다. 19세기에는 그 규모가 더욱 늘어 결국 고종 21년(1884년)에는 관요의 기능을 상실하였다.

① 1,000거
② 1,500거
③ 5,000거
④ 7,500거
⑤ 10,000거

해설

문제 분석

- 한 가마에서 백자 1,500개를 생산하기 위해서는 50짐의 소나무 장작이 필요함
- 장작 1거(車)는 5태(駄)를 말하며 1태는 2짐에 해당하는 분량임

문제풀이 실마리

단위변환은 주어진 정보를 적절한 시각적 처리만 한다면 쉽게 해결할 수 있다.

두 번째 문단에서 보면, 한 가마에서 백자 1,500개를 생산하기 위해서는 50짐의 소나무 장작이 필요했다.

> 장작 1거(車)=5 태(駄)
> 1태=2짐
> 1가마=백자 1,500개=50짐(=5거)의 소나무

3,000,000개는 1,500개의 2,000배이다. 따라서 백자 300만 개를 생산하기 위해서는 1,500개의 백자를 생산할 때보다 2,000배의 소나무가 필요하다. 따라서 5거×2,000=10,000거의 장작이 필요하다.

빠른 문제풀이 Tip

상황판단에서 출제되는 텍스트 유형 중 응용형 문제의 최빈출 출제장치가 단위변환, 비례관계이다.

[정답] ⑤

50 다음 글을 근거로 판단할 때, <보기>에서 옳은 것만을 모두 고르면?

15년 5급 인책형 22번

조선시대 궁녀가 받는 보수에는 의전, 선반, 삭료 세 가지가 있었다. 『실록』에서 "봄, 가을에 궁녀에게 포화(布貨)를 내려주니, 이를 의전이라고 한다"라고 한 것처럼 '의전'은 1년에 두 차례 지급하는 옷값이다. '선반'은 궁중에서 근무하는 사람들에게 제공하는 식사를 의미한다. '삭료'는 매달 주는 봉급으로 곡식과 반찬거리 등의 현물이 지급되었다. 궁녀들에게 삭료 이외에 의전과 선반도 주었다는 것은 월급 이외에도 옷값과 함께 근무 중의 식사까지 제공했다는 것으로, 지금의 개념으로 본다면 일종의 복리후생비까지 지급한 셈이다.

삭료는 쌀, 콩, 북어 세 가지 모두 지급되었는데 그 항목은 공상과 방자로 나뉘어 있었다. 공상은 궁녀들에게 지급되는 월급 가운데 기본급에 해당하는 것이다. 공상은 모든 궁녀에게 지급되었으나 직급과 근무연수에 따라 온공상, 반공상, 반반공상 세 가지로 나뉘어 차등 지급되었다. 공상 중 온공상은 쌀 7두 5승, 콩 6두 5승, 북어 2태 10미였다. 반공상은 쌀 5두 5승, 콩 3두 3승, 북어 1태 5미였고, 반반공상은 쌀 4두, 콩 1두 5승, 북어 13미였다.

방자는 궁녀들의 하녀격인 무수리를 쓸 수 있는 비용이었으며, 기본급 이외에 별도로 지급되었다. 방자는 모두에게 지급된 것이 아니라 직급이나 직무에 따라 일부에게만 지급되었으므로, 일종의 직급수당 또는 직무수당인 셈이다. 방자는 온방자와 반방자 두 가지만 있었는데, 온방자는 매달 쌀 6두와 북어 1태였고 반방자는 온방자의 절반인 쌀 3두와 북어 10미였다.

〈보 기〉

ㄱ. 조선시대 궁녀에게는 현물과 포화가 지급되었다.
ㄴ. 삭료로 지급되는 현물의 양은 온공상이 반공상의 2배, 반공상이 반반공상의 2배였다.
ㄷ. 반공상과 온방자를 삭료로 받는 궁녀가 매달 받는 북어는 45미였다.
ㄹ. 매달 궁녀가 받을 수 있는 가장 적은 삭료는 쌀 4두, 콩 1두 5승, 북어 13미였다.

① ㄱ, ㄴ　② ㄱ, ㄹ　③ ㄴ, ㄷ
④ ㄱ, ㄷ, ㄹ　⑤ ㄴ, ㄷ, ㄹ

해설

문제 분석

• 조선시대 궁녀가 받는 보수: 의전, 선반, 삭료

의전	1년에 두 차례 봄, 가을에 지급하는 옷값, 포화(布貨)
선반	궁중에서 근무하는 사람들에게 제공하는 식사
삭료	매달 주는 봉급으로 곡식과 반찬거리 등의 현물이 지급

궁녀들에게 삭료 이외에 의전과 선반도 주었다는 것은 지금의 개념으로 본다면 일종의 복리후생비까지 지급한 셈

• 삭료: 쌀, 콩, 북어 세 가지 모두 지급, 그 항목은 공상과 방자로 나뉨

공상	– 궁녀들에게 지급되는 월급 가운데 기본급에 해당하는 것 – 모든 궁녀에게 지급되었으나 직급과 근무연수에 따라 온공상, 반공상, 반반공상 세 가지로 나뉘어 차등 지급	
	온공상	쌀 7두 5승, 콩 6두 5승, 북어 2태 10미
	반공상	쌀 5두 5승, 콩 3두 3승, 북어 1태 5미
	반반공상	쌀 4두, 콩 1두 5승, 북어 13미
방자	– 궁녀들의 하녀격인 무수리를 쓸 수 있는 비용 – 기본급 이외에 별도로 지급 – 모두에게 지급된 것이 아니라 직급이나 직무에 따라 일부에게만 지급되었으므로, 일종의 직급수당 또는 직무수당인 셈 – 방자의 종류는 온방자와 반방자 두 가지	
	온방자	매달 쌀 6두와 북어 1태
	반방자	온방자의 절반인 쌀 3두와 북어 10미

문제풀이 실마리

북어를 세는 단위인 '태'와 '미' 사이의 단위변환 관계를 빠르게 파악할 수 있어야 한다.

ㄱ. (O) 첫 번째 문단, 조선시대 궁녀가 받는 보수에는 의전, 선반, 삭료 세 가지가 있었는데, 그 중 의전으로서 포화(布貨)를 지급하였고, 삭료로서 곡식과 반찬거리 등의 현물을 지급하였다.

ㄴ. (X) 두 번째 문단, 각 공상에서 지급되는 현물의 양을 보면,

구분	쌀	콩	북어
온공상	7두 5승	6두 5승	2태 10미
반공상	5두 5승	3두 3승	1태 5미
반반공상	4두	1두 5승	13미

세 번째 문단에 따르면, 온방자의 북어 1태의 절반이 반방자의 북어 10미이다. 따라서 1태는 10미의 2배인 20미(1태=20미)임을 알 수 있다. 북어를 기준으로 반공상이 반반공상의 2배인지를 살펴보면, 반반공상의 13미, 반공상의 1태 5미는 25미이므로 2배가 되지 않는다.

ㄷ. (O) 두 번째 문단, 궁녀가 반공상과 온방자를 삭료로 받는다면, 반공상에서 북어 1태 5미, 즉 25미를 받고, 온방자에서 북어 1태, 즉 20미를 받으므로, 반공상과 온방자를 삭료로 받는 궁녀가 매달 받는 북어는 총 45미이다.

ㄹ. (O) 두 번째 문단, 삭료는 쌀, 콩, 북어 세 가지 모두 지급되었는데 그 항목은 공상과 방자로 나뉘어 있었다. 공상은 모든 궁녀에게 지급되었으나 직급과 근무연수에 따라 온공상, 반공상, 반반공상 세 가지로 나뉘어 차등 지급되었다. 마지막 문단, 방자는 모두에게 지급된 것이 아니라 직급이나 직무에 따라 일부에게만 지급되었다.
따라서 방자를 받지 못하고 공상 중에서 반반공상만 받는 경우가 가장 적은 삭료를 받는 경우이다. 따라서 매달 궁녀가 받을 수 있는 가장 적은 삭료는 반반공상만 받는 경우에 해당하는 쌀 4두, 콩 1두 5승, 북어 13미였다.

빠른 문제풀이 Tip

보기 ㄴ에서 '두'와 '승' 간의 관계를 명확하게 알기는 어렵지만, '쌀'에서 4두 → 5두 5승 → 7두 5승, 또는 콩에서 1두 5승 → 3두 3승 → 6두 5승이 두 배씩 증가하는 관계라고 보기도 어렵다.

[정답] ④

51 4천 평방미터의 밭에 지렁이 5만 마리가 살고 있다고 가정할 때, 다윈의 관찰대로라면 지렁이 한 마리가 1년에 만들어 내는 거름의 양은? (단, 지렁이 한 마리가 만들어 내는 거름의 양은 동일하다) 16년 5급 4책형 40번

> 다윈은 1881년에 『지렁이의 활동과 분변토의 형성』이라는 글을 발표하였다. 그는 지렁이가 분변토(똥)로 내보내는 거름의 양을 설명하면서, 4천 평방미터의 밭에 지렁이 5만 마리가 살 수 있고 이들이 1년에 18톤의 거름을 만들어 낸다고 하였다.
>
> 다윈이 무엇보다 주목한 것은 토양의 성질을 바꾸는 지렁이의 능력이었다. 다윈은 "지렁이들이 주로 하는 일은 흙의 거친 입자를 체질하듯 걸러내어 더 부드럽게 하고, 식물의 작은 입자들을 흙과 섞으며, 창자 분비물로 흙을 흠뻑 적셔버리는 것이다"라고 하였다. 지렁이는 토양을 소화하여 분변토를 만드는데, 그 과정에서 유기물질을 완전히 분해한다. 즉, 지렁이는 토양의 화학적 상태를 변화시켜 토양의 비옥도와 생산성을 향상시키는 중요한 역할을 담당하는 것이다.
>
> 당대의 사람들은 다윈의 주장이 과장됐다고 생각했다. 그때까지만 해도 지렁이는 주로 식물의 뿌리를 훼손하고, 잔디를 똥으로 더럽히는 하찮은 동물로 여겨졌다. 당대 사람들이 생각한 지렁이의 이로운 점은 흙에 구멍을 뚫어 배수작용을 도와주는 정도였다. 지렁이가 생명이 자라는 데 도움이 되는 방향으로 흙을 바꾸는 일을 한다고 생각한 다윈과는 달리, 대부분의 사람들은 지렁이가 그런 중요한 역할을 하기에는 너무 작고 연약하다고 인식했다.
>
> 다윈은 자신을 비난하는 사람들에 대해 "사람들은 계속해서 반복되는 원인이 일으키는 결과를 제대로 평가하지 못하며, 그것은 흔히 과학의 발전을 막는다"라고 하였다. 비록 다윈의 주장은 당시 사람들의 주목을 끌지 못했지만 오늘날 지렁이를 연구하는 과학자들에게 다윈의 연구는 일종의 시금석(試金石)이자 숙고의 대상이 되었다. 지난 100여년 동안 지렁이를 연구해 온 현대 과학자들은 지렁이가 폐기물 및 음식물 쓰레기 처리, 농업생산량 증대, 미용산업 발전에도 핵심적인 역할을 할 수 있음을 밝혀냈다.

① 27g
② 36g
③ 180g
④ 270g
⑤ 360g

해설

문제 분석

4천 평방미터의 밭에 지렁이 5만 마리가 살 수 있고 이들이 1년에 18톤의 거름을 만들어 낸다고 하였다.

문제풀이 실마리

'1t(톤)=1,000kg=1,000,000g'의 배율로 단위변환을 해야 한다.

거름의 양을 계산할 수 있는 관련된 내용을 지문에서 찾아보면 첫 번째 단락에서 언급되어 있다. 다윈은 지렁이가 분변토(똥)로 내보내는 거름의 양을 설명하면서, 4천 평방미터의 밭에 지렁이 5만 마리가 살 수 있고 이들이 1년에 18톤의 거름을 만들어 낸다고 하였다. 이를 정리하면 다음과 같다.

4천 평방미터의 밭: 지렁이 5만 마리=1년에 18톤의 거름

발문에서 보면, 4천 평방미터의 밭에 지렁이 5만 마리가 살고 있다고 가정할 때, 다윈의 관찰대로라면 지렁이 한 마리가 1년에 만들어 내는 거름의 양을 묻고 있고, 지렁이 한 마리가 만들어 내는 거름의 양은 동일하다고 했으므로, 1년 18톤의 거름을 5만 마리로 균등하게 나눈 값을 계산하면 된다.

18t=18,000kg=18,000,000(g)

18,000,000(g)÷50,000 (마리)=360g/1마리

따라서 다윈의 관찰대로라면 지렁이 한 마리가 1년에 만들어 내는 거름의 양은 360g이다.

[정답] ⑤

52 다음 글을 근거로 판단할 때, 오늘날을 기준으로 1석(石)은 몇 승(升)인가?

20년 5급 나책형 9번

> 옛날 도량에는 두(斗), 구(區), 부(釜), 종(鍾) 등이 있었다. 1두(斗)는 4승(升)인데, 4두(斗)가 1구(區)이고, 4구(區)가 1부(釜)이며, 10부(釜)가 1종(鍾)이었다.
>
> 오늘날 도량은 옛날과 다소 달라졌다. 지금의 1승(升)이 옛날 1승(升)에 비해 네 배가 되어 옛날의 1두(斗)와 같아졌다. 오늘날 4구(區)는 1부(釜)로 옛날과 같지만, 4승(升)이 1구(區)가 되며, 1부(釜)는 1두(豆) 6승(升), 1종(鍾)은 16두(豆)가 된다. 오늘날 1석(石)은 1종(鍾)에 비해 1두(豆)가 적다.

① 110승
② 120승
③ 130승
④ 140승
⑤ 150승

해설

문제 분석

발문에서 오늘날을 기준으로 1석(石)은 몇 승(升)인지 묻고 있으므로 오늘날 도량을 기준으로 정보의 정리가 필요하다. 정리해 보면 다음과 같다.

조건 i): 지금의 1승(升)이 옛날 1승(升)에 비해 네 배가 되어 옛날의 1두(斗)와 같아졌다.
조건 ii): 오늘날 4구(區)는 1부(釜)이다.
조건 iii): 4승(升)이 1구(區)가 된다.
조건 iv): 1부(釜)는 1두(豆) 6승(升)이다.
조건 iii): 1종(鍾)은 16두(豆)가 된다.
조건 iii): 오늘날 1석(石)은 1종(鍾)에 비해 1두(豆)가 적다.

발문에서 묻는 것이 '오늘날을 기준으로 1석(石)은 몇 승(升)인지'이므로 조건 i)~vi) 중 조건 vi) "오늘날 1석(石)은 1종(鍾)에 비해 1두(豆)가 적다."는 것을 시작으로 필요한 정보를 위주로 정리한다.

문제풀이 실마리

단위변환 문제는 단위 간 관계를 체계적으로 정리하는 것이 핵심이다.

조건 vi)을 정리하면 아래와 같다. 이하는 모두 오늘날의 도량형을 기준으로 한 것이다.

조건 vi): 1석(石)=1종(鍾)−1두(豆)

조건 v)의 1종(鍾)=16두(豆)를 조건 vi)과 함께 정리하면 아래와 같다.

1석(石)=1종(鍾)−1두(豆)
=16두(豆)−1두(豆)=15두(豆)
∴ 1석(石)=15두(豆) (㉠)

이제 두(豆)와 승(升)의 관계를 파악하기 위해 조건을 연결하여 정리하는 것이 필요하다. 조건 ii)부터 같은 도량을 세로로 정렬해 정리해 보면

조건 ii): 4구(區)=1부(釜)
조건 iii): 4승(升)=1구(區)
조건 iv): 1부(釜)=1두(豆) 6승(升)

조건 ii)와 iii)을 비교하기 위해 조건 iii)의 양변에 4를 곱하여 정리하면

16승(升)=4구(區)=1부(釜)=1두(豆) 6승(升)

양변에서 6승(升)을 빼주면

1두(豆) 10승(升) (㉡)

따라서 식 ㉠과 ㉡을 종합하면 오늘날 1석(石)=15두(豆)=150승(升)(⑤)이다.

빠른 문제풀이 Tip
- 문제를 풀고 난 이후 보았을 때 조건 i)은 사용되지 않았다.
- 한자에도 주의하자. 단위에 한자가 등장한 이유가 있다.

[정답] ⑤

4 5의 배수+α

앞에서 배수의 성질을 살펴보았는데, 그중 5의 배수의 성질이 가장 자주 활용된다.
5×홀수=끝자리 5, 5×짝수=끝자리 0이므로 5의 배수의 끝자리는 0 또는 5가 된다. 여기에 주로 3의 배수의 끝자리를 결합하여 5의 배수 끝자리+3의 배수 끝자리=더한 값의 끝자리를 확인하는 문제가 출제되고 있다. 3의 배수의 끝자리는 0부터 9까지 모두 가능하다. 문제의 난도가 조금 더 높아지면 5=5+0, 6=5+1, 7=5+2, …로 인식하여 해결해야 하는 문제도 출제되고 있다.

53 다음 <규칙>과 <결과>에 근거하여 판단할 때, 甲과 乙 중 승리한 사람과 甲이 사냥한 동물의 종류 및 수량으로 가능한 조합은?

13년 민경채 인책형 9번

〈규 칙〉

○ 이동한 거리, 채집한 과일, 사냥한 동물 각각에 점수를 부여하여 합계 점수가 높은 사람이 승리하는 게임이다.
○ 게임시간은 1시간이며, 주어진 시간 동안 이동을 하면서 과일을 채집하거나 사냥을 한다.
○ 이동거리 1미터당 1점을 부여한다.
○ 사과는 1개당 5점, 복숭아는 1개당 10점을 부여한다.
○ 토끼는 1마리당 30점, 여우는 1마리당 50점, 사슴은 1마리당 100점을 부여한다.

〈결 과〉

○ 甲의 합계점수는 1,590점이다. 甲은 과일을 채집하지 않고 사냥에만 집중하였으며, 총 1,400미터를 이동하는 동안 모두 4마리의 동물을 잡았다.
○ 乙은 총 1,250미터를 이동했으며, 사과 2개와 복숭아 5개를 채집하였다. 또한 여우를 1마리 잡고 사슴을 2마리 잡았다.

	승리한 사람	甲이 사냥한 동물의 종류 및 수량
①	甲	토끼 3마리와 사슴 1마리
②	甲	토끼 2마리와 여우 2마리
③	乙	토끼 3마리와 여우 1마리
④	乙	토끼 2마리와 여우 2마리
⑤	乙	토끼 1마리와 사슴 3마리

해설

문제 분석

합계점수=이동한 거리+채집한 과일+사냥한 동물		
이동거리	과일	동물
1미터당 1점	사과는 1개당 5점, 복숭아는 1개당 10점	토끼는 1마리당 30점, 여우는 1마리당 50점, 사슴은 1마리당 100점

문제풀이 실마리

숫자 감각을 요구하는 경우의 수가 제시된 문제는 선택지를 활용하여 풀이하는 방법이 유리하다.

방법 1 정석적 풀이

먼저 합계점수를 비교하여 승리한 사람을 확인한나. 甲의 합계점수는 1,590점이고, 乙의 합계점수는 다음을 통해 계산한다.

이동점수	1미터당 1점	총 1,250미터 이동	1,250점
과일점수	사과 1개당 5점	2개 채집	10점
	복숭아 1개당 10점	5개 채집	50점
동물점수	토끼 1마리당 30점	–	–
	여우 1마리당 50점	1마리 사냥	50점
	사슴 1마리당 100점	2마리 사냥	200점
총점			1,560점

이후 甲이 사냥한 동물의 종류 및 수량을 확인해 보면, 甲의 합계점수 1,590점 중 과일점수는 없고, 이동점수는 1,400점이므로 동물점수가 190점이어야 한다. 즉, 토끼 1마리당 30점, 여우 1마리당 50점, 사슴 1마리당 100점 중 4마리를 사냥하여 190점을 얻어야 한다.

이때 여우 1마리당 50점, 사슴 1마리당 100점에 주목한다. 50점과 100점은 모두 50점의 배수로 이 두 점수를 통해서는 50점, 100점, 150점, 200점 등 50점의 배수의 점수만 가능하다. 따라서 190점의 결과가 나오기 위해서는 30점, 50점, 100점 중 4번을 활용하되, 190점이 되는 조합 (50점+140점), (100점+90점), (150점+40점) 중 하나여야 한다. 이중 4마리와도 맞아 떨어지는 것은 190=100(사슴 1마리)+90(토끼 3마리)인 경우이다.

따라서 승리한 사람은 甲이고, 甲이 사냥한 동물의 종류 및 수량은 토끼 3마리와 사슴 1마리이다.

방법 2 선지의 활용

선지에 제시되어 있는 내용은 '승리한 사람'과 '甲이 사냥한 동물의 종류 및 수량' 두 가지이다. 첫 번째 〈결과〉를 통해 甲의 합계점수 1,590점 중 이동점수가 1,400점이고, 나머지 190점은 4마리 동물을 사냥하여 얻은 것임을 알 수 있다. 이에 따라 甲이 사냥한 동물의 종류 및 수량과 제시된 다섯 번째 〈규칙〉에 대해 선지를 활용하여 풀이하면 다음과 같다.

甲이 사냥한 동물의 종류 및 수량	점수
① 토끼 3마리와 사슴 1마리	30점×3마리+100점×1마리=190점
② 토끼 2마리와 여우 2마리	30점×2마리+50점×2마리=160점
③ 토끼 3마리와 여우 1마리	30점×3마리+50점×1마리=140점
④ 토끼 2마리와 여우 2마리	30점×2마리+50점×2마리=160점
⑤ 토끼 1마리와 사슴 3마리	30점×1마리+100점×3마리=330점

甲의 동물 점수로 190점이 나오는 선지는 ①밖에 없다. 따라서 승리한 사람은 甲, 甲이 사냥한 동물의 종류 및 수량은 토끼 3마리와 사슴 1마리이다.

빠른 문제풀이 Tip

발문에 '가능한'의 표현이 있는 경우 선지를 활용해 푸는 것이 가장 좋다.

[정답] ①

54 인정부터 파루까지 북과 징을 치는 각각의 총 횟수는?

14년 5급 A책형 20번

조선에서는 원나라 곽수경의 수시력(授時曆)을 그대로 계승한 명의 대통력(大統曆)을 써서 하루를 100각(刻) 또는 자(子), 축(丑), 인(寅), 묘(卯), 진(辰), 사(巳), 오(午), 미(未), 신(申), 유(酉), 술(戌), 해(亥)의 12진(辰)으로 나누었다. 각각의 12진은 전반부가 시작되는 시각을 초(初)로 하고 후반부가 시작되는 시각을 정(正)으로 하였다. 그 후 1653년에는 서양역법을 토대로 한 중국의 시헌력(時憲曆)을 채택하여 하루를 96각 또는 12진으로 하였다. 그런데 밤은 12진법과 중국 한대(漢代) 이래 쓰인 5경제(五更制)를 병행하여 썼다. 밤시간은 일몰 후 1등성인 별들이 보이기 시작할 때까지의 혼각(昏刻)과 별이 보이지 않기 시작할 때부터 일출까지의 신각(晨刻)을 제외한 나머지 시간을 초경, 이경, 삼경, 사경, 오경까지 다섯으로 나누되 각 경은 5점(點)으로 나누었다. 결국 밤시간은 수시력으로 춘분·추분에는 50각, 동지에는 62각, 하지에는 38각이 되어 계절에 따라 달라지고 위도에 따라서도 달라진다. 일반적으로 하루는 자정(子正)부터 다음날 자정까지를 일렀다. 즉 밤의 한가운데 시점인 삼경 3점과 삼경 4점의 중간에 하루가 지나가는 것으로 파악하였다.

서울에서는 도성 내 각처에 시간을 알리기 위해 신혼대종(晨昏大鐘)을 쳐서 저녁과 새벽을 알리게 하는 인정(人定)과 파루(罷漏) 제도를 두었다. 초경 3점에 종을 28번 쳐서 성문을 닫았던 인정부터 오경 3점에 종을 33번 쳐서 성문을 열었던 파루까지는 통행이 금지되었다. 한편 인정부터 파루까지의 밤시간에는 매 점마다 북과 징으로 시간을 알렸다. 초경 3점에 북을 1번 치고 징을 3번 치되 각기 5회 되풀이하고, 다음에 4점으로 바뀌면 북을 1번 치고 징을 4번 치되 각기 5회 되풀이하고, 또 5점으로 바뀌면 북을 1번 치고 징을 5번 치되 각기 5회 되풀이하는데, 이런 식으로 오경 3점에 이른다. 즉 경의 수를 북으로, 점의 수를 징으로 하여 각기 5회 반복해서 치되, 마지막 오경 3점에는 북 5번과 징 3번을 각기 5회 되풀이하지 않고, 1회만 쳐서 시간을 알리는 것이다.

① 북 295번, 징 303번
② 북 295번, 징 315번
③ 북 315번, 징 303번
④ 북 315번, 징 375번
⑤ 북 330번, 징 375번

해설

문제 분석

밤시간은 일몰 후 1등성인 별들이 보이기 시작할 때까지의 혼각(昏刻)과 별이 보이지 않기 시작할 때부터 일출까지의 신각(晨刻)을 제외한 나머지 시간을 초경, 이경, 삼경, 사경, 오경까지 다섯으로 나누되 각 경은 5점(點)으로 나누었다. 이를 정리해 보면 다음과 같다.

밤시간						
혼각	초경	이경	삼경	사경	오경	신각
	1점	1점	1점	1점	1점	
	2점	2점	2점	2점	2점	
	3점	3점	3점	3점	3점	
	4점	4점	4점	4점	4점	
	5점	5점	5점	5점	5점	

인정부터 파루까지의 밤시간에는 매 점마다 북과 징으로 시간을 알렸는데, 북과 징을 치는 방법은 다음과 같다. 초경 3점에 북을 1번 치고 징을 3번 치되 각기 5회 되풀이하고, 다음에 4점으로 바뀌면 북을 1번 치고 징을 4번 치되 각기 5회 되풀이하고, 또 5점으로 바뀌면 북을 1번 치고 징을 5번 치되 각기 5회 되풀이하는데, 이런 식으로 오경 3점에 이른다. 즉 경의 수를 북으로, 점의 수를 징으로 하여 각기 5회 반복해서 치되, 마지막 오경 3점에는 북 5번과 징 3번을 각기 5회 되풀이하지 않고, 1회만 쳐서 시간을 알리는 것이다. 이를 위 표에 대입해 정리해 보면 다음과 같다.

초경	이경	삼경	사경	오경
	북 2, 징 1	북 3, 징 1	북 4, 징 1	북 5, 징 1
	북 2, 징 2	북 3, 징 2	북 4, 징 2	북 5, 징 2
북 1, 징 3	북 2, 징 3	북 3, 징 3	북 4, 징 3	북 5, 징 3
북 1, 징 4	북 2, 징 4	북 3, 징 4	북 4, 징 4	
북 1, 징 5	북 2, 징 5	북 3, 징 5	북 4, 징 5	

표에서 굵은 테두리 안은 각기 5회 되풀이해서 치고, 마지막 오경 3점에만 북 5번과 징 3번을 각기 5회 되풀이하지 않고, 1회만 친다.

주어진 조건에 따라 계산해 보면 다음과 같다.

1. 북을 치는 횟수
   초경 3점~5점: 1×5×3=15
   이경 1점~5점: 2×5×5=50
   삼경 1점~5점: 3×5×5=75
   사경 1점~5점: 4×5×5=100
   오경 1점~3점: 5×5×2+5=55 (오경 3점에는 북 5번을 1회만 침)
   따라서 인정부터 파루까지 북을 치는 총 횟수는 295번이다.

2. 징을 치는 횟수
   초경 3점~5점: (3+4+5)×5=60
   이경 1점~5점: (1+2+3+4+5)×5=75
   삼경 1점~5점: (1+2+3+4+5)×5=75
   사경 1점~5점: (1+2+3+4+5)×5=75
   오경 1점~3점: (1+2)×5+3=18 (오경 3점에는 징 3번을 1회만 침)
   따라서 인정부터 파루까지 징을 치는 총 횟수는 303번이다.

빠른 문제풀이 Tip
- 표의 형태로로 정리한 후 표에서의 대칭의 성질을 이용하면 보다 빠른 해결이 가능하다.
- 5의 배수의 성질을 이용하면 보다 빠른 해결이 가능하다.

[정답] ①

55 다음 글을 근거로 판단할 때, 길동이가 오늘 아침에 수행한 아침 일과에 포함될 수 없는 것은? 19년 5급 가책형 30번

> 길동이는 오늘 아침 7시 20분에 기상하여, 25분 후인 7시 45분에 집을 나섰다. 길동이는 주어진 25분을 모두 아침 일과를 쉼없이 수행하는 데 사용했다.
>
> 아침 일과를 수행하는 데 정해진 순서는 없으며, 같은 아침 일과를 두 번 이상 수행하지 않는다.
>
> 단, 머리를 감았다면 반드시 말리며, 각 아침 일과 수행 중에 다른 아침 일과를 동시에 수행할 수는 없다. 각 아침 일과를 수행하는 데 소요되는 시간은 아래와 같다.

아침 일과	소요 시간
샤워	10분
세수	4분
머리 감기	3분
머리 말리기	5분
몸치장 하기	7분
구두 닦기	5분
주스 만들기	15분
양말 신기	2분

① 세수
② 머리 감기
③ 구두 닦기
④ 몸치장 하기
⑤ 주스 만들기

해설

문제 분석

- 길동이는 주어진 25분을 모두 아침 일과를 쉼없이 수행하는 데 사용했다.
- 아침 일과를 수행하는 데 정해진 순서는 없으며, 같은 아침 일과를 두 번 이상 수행하지 않는다.
- 각 아침 일과 수행 중에 다른 아침 일과를 동시에 수행할 수는 없다.
- 머리를 감았다면 반드시 말린다.

문제풀이 실마리

10분, 4분, 3분, 5분, 7분, 5분, 15분, 2분을 이용하여 중복없이 합을 25분을 만들 수 있는지 묻는 문제이다. 이때 머리 감기 3분이 포함되는 경우 머리 말리기의 5분도 함께 포함되어야 한다. 따라서 3분만이 포함되는 경우가 없으므로 3분을 고려대상에서 제외하고 8분으로 바꾸어 고려해야 한다.

방법 1

25분을 모두 사용할 수 있는 일과를 확인해 보면 다음과 같다. 단, 머리 감기를 한 경우에 반드시 머리 말리기도 함께 해야 한다.

25분=주스 만들기 15분+샤워 10분
=주스 만들기 15분+머리 감기 3분+머리 말리기 5분+양말 신기 2분
=샤워 10분+머리 감기 3분+머리 말리기 5분+몸치장 하기 7분
=샤워 10분+머리 감기 3분+머리 말리기 5분+구두 닦기 5분+양말 신기 2분

따라서 길동이가 오늘 아침에 수행한 아침 일과에 포함될 수 없는 것은 '세수'이다.

방법 2

각 선지를 대입해서 해결하는 것도 가능하다.

① (X) 4분이 소요되는 세수가 아침 일과에 포함되면 나머지 숫자를 이용하여 21분을 채워야 하는데, 나머지 숫자를 이용하여 정확히 21분을 만드는 것이 불가능하다.

② (O) 3분이 소요되는 머리 감기가 아침 일과에 포함되면 5분이 소요되는 머리 말리기도 아침 일과에 포함되어야 하고, 나머지 숫자를 이용하여 17분을 채워야 하는데, 이는 주스 만들기 15분, 양말 신기 2분을 하면 채울 수 있다.

③ (O) 5분이 소요되는 구두 닦기가 아침 일과에 포함되면 나머지 숫자를 이용하여 20분을 채워야 하는데, 샤워 10분, 머리 감기 3분, 머리 말리기 5분, 양말 신기 2분을 하면 채울 수 있다.

④ (O) 7분이 소요되는 몸치장 하기가 아침 일과에 포함되면 나머지 숫자를 이용하여 18분을 채워야 하는데, 샤워 10분, 머리 감기 3분, 머리 말리기 5분을 하면 채울 수 있다.

⑤ (O) 15분이 소요되는 주스 만들기가 아침 일과에 포함되면 나머지 숫자를 이용하여 10분을 채워야 하는데, 샤워를 하면 10분을 채울 수 있다. 또는 머리 감기 3분, 머리 말리기 5분, 양말 신기 2분을 해서 채울 수 있다.

빠른 문제풀이 Tip

- 5의 배수 $+\alpha$ 성질을 이용하면 보다 빠른 해결이 가능하다.
- 선지를 대입해서 가능한지 여부를 확인하는 방법도 가능하고, 합분해의 방식으로도 해결이 가능한 문제이다. 한 문제를 해결하더라도 다양한 방법으로 연습해 보는 것이 좋다.

[정답] ①

56 다음 글의 ㉠과 ㉡에 해당하는 수를 옳게 짝지은 것은?

21년 7급 나책형 5번

> 甲담당관: 우리 부서 전 직원 57명으로 구성되는 혁신조직을 출범시켰으면 합니다.
> 乙주무관: 조직은 어떻게 구성할까요?
> 甲담당관: 5~7명으로 구성된 10개의 소조직을 만들되, 5명, 6명, 7명 소조직이 각각 하나 이상 있었으면 합니다. 단, 각 직원은 하나의 소조직에만 소속되어야 합니다.
> 乙주무관: 그렇게 할 경우 5명으로 구성되는 소조직은 최소 (㉠)개, 최대 (㉡)개가 가능합니다.

	㉠	㉡
①	1	5
②	3	5
③	3	6
④	4	6
⑤	4	7

해설

문제 분석
- 부서 전 직원 57명
- 5, 6, 7명으로 구성된 10개의 소조직 구성
- 각 소조직은 각각 하나 이상 존재
- 각 직원은 하나의 소조직에만 소속

문제풀이 실마리
우선 고정정보는 5, 6, 7명으로 구성된 각 소조직이 각각 하나 이상 존재한다는 것이다. 따라서 이를 제외한 나머지 39명만 고려하여 5의 배수+6의 배수+7의 배수의 합으로 39를 만든다. 이때 10개의 소조직 구성을 구성해야 하는데 고정정보로 3개의 소조직이 구성되었으므로, 나머지 7개의 소조직을 구성해야 하고 따라서 5의 배수, 6의 배수, 7의 배수 각 배수 숫자의 총합은 7이 되어야 한다.

방법 1

7=5+2, 6=5+1인 것처럼 5의 배수+α 성질을 이용한다.

방법 2

39=25+14처럼 합분해를 한다.

방법 3 방법 1+방법 2

39는 5의 배수 35에 나머지 4가 결합된 숫자이다. 6은 5의 배수 +1인 숫자이고 7은 5의 배수 +2인 숫자이므로 나머지 4는 6명 또는 7명으로 채울 수 있다. 즉, 나머지 4를 나머지 1 또는 2로 채워주는 방식이다. 예를 들어 4=2+2일 수도 있고, 4=1+1+1+1일 수도 있다.

(1) 5명의 소조직을 최소로 만드는 방법

이에 따라 5명의 소조직을 최소로 만드는 방법은 6명 또는 7명의 소조직을 최대로 만드는 것이다. 이 경우 4를 최대한 여러 번에 걸쳐서 채우는 것이 좋다. 즉, 6명의 소조직(+1)을 4개 만든다. 그러면 24명이 소속되고 나머지 15명은 5명의 소조직 3개에 소속되므로 소조직이 4개+3개 총 7개가 구성되어 앞서 고정정보 총 3개의 소조직에 더해 총 10개의 소조직이 구성되어야 한다는 조건도 충족한다.

	5명 (+0)	6명 (+1)	7명 (+2)	
고정	1개 (5명)	1개 (6명)	1개 (7명)	18명
최소	3개 (15명)	4개 (24명)	–	39명 (+4명)

(2) 5명의 소조직을 최대로 만드는 방법

5명의 소조직을 최대로 만드는 방법은 6명 또는 7명의 소조직을 최소로 만드는 것이다. 이 경우 4를 최대한 적은 횟수로 채우는 것이 좋다. 즉, 7명의 소조직(+2)을 2개 만든다. 그러면 14명이 소속되고 나머지 25명은 5명의 소조직 5개에 소속되므로 소조직이 2개+5개 총 7개가 구성되어 앞서 고정정보 총 3개의 소조직에 더해 총 10개의 소조직이 구성되어야 한다는 조건도 충족한다.

	5명 (+0)	6명 (+1)	7명 (+2)	
고정	1개 (5명)	1개 (6명)	1개 (7명)	18명
최소	5개 (25명)	–	2개 (14명)	39명 (+4명)

따라서 ㉠은 4, ㉡은 6이다.

> **빠른 문제풀이 Tip**
> - 여러 문제 해결 방법 중에 방정식을 세워서 푸는 방법은 매우 느린 방법이다.
> - 선지를 활용하여 해결하는 방법도 가능하다.

[정답] ④

5 합의 장치

우리가 쓰는 10진법은 일의 자리 숫자가 10개이므로, +10을 할 때 일의 자리 수가 그대로 유지된다.
6, 6+10=16, 16+10=26, 26+10=36
구구단 9단에서처럼 +9를 하면 일의 자리 수는 1씩 줄어든다. 이때 10에 가까운 9를 더하기 때문에 십의 자리는 1씩 늘어나고 일의 자리는 1씩 줄어든다.
9×1=9, 9×2=18, 9×3=27, 9×4=36, 9×5=45
이 경우 십의 자리와 일의 자리를 더한 값은 9로 일정하게 유지된다. 9의 배수 성질은 각 자리수의 합이 9의 배수가 된다는 것이다. 이처럼 A+B의 합이 일정하게 유지되는 경우를 '합의 장치'라고 정의할 것이다.

57 다음 글과 <조건>을 근거로 판단할 때, <보기>에서 옳은 것만을 모두 고르면? 16년 5급 4책형 3번

정약용은 『목민심서』에서 흉작에 대비하여 군현 차원에서 수령이 취해야 할 대책에 대해 서술하였다. 그는 효과적인 대책으로 권분(勸分)을 꼽았는데, 권분이란 군현에서 어느 정도 경제력을 갖춘 사람들에게 곡식을 내놓도록 권하는 제도였다.

권분의 대상자는 요호(饒戶)라고 불렀다. 요호는 크게 3등(等)으로 구분되는데, 각 등은 9급(級)으로 나누어졌다. 상등 요호는 봄에 무상으로 곡물을 내놓는 진희(賑餼), 중등 요호는 봄에 곡물을 빌려주었다가 가을에 상환받는 진대(賑貸), 하등 요호는 봄에 곡물을 시가의 1/4로 판매하는 진조(賑糶)를 권분으로 행하였다. 정약용이 하등 요호 8, 9급까지 권분의 대상에 포함시킨 것은, 현실적으로 상등 요호와 중등 요호는 소수이고 하등 요호가 대다수이었기 때문이다.

상등 요호 1급의 진희량은 벼 1,000석이고, 요호의 등급이 2급, 3급 등으로 한 급씩 내려갈 때마다 벼 100석씩 감소하였다. 중등 요호 1급의 진대량은 벼 100석이고, 한 급씩 내려갈 때마다 벼 10석씩 감소하였다. 하등 요호 1급의 진조량은 벼 10석이고, 한 급씩 내려갈 때마다 벼 1석씩 감소하였다. 조선시대 국법은 벼 50석 이상 권분을 행한 자부터 시상(施賞)할 수 있도록 규정하였는데 상등 요호들은 이러한 자격조건을 충분히 넘어섰고, 이들에게는 군역 면제의 혜택이 주어졌다.

〈조 건〉

○ 조선시대 벼 1석의 봄 시가: 6냥
○ 조선시대 벼 1석의 가을 시가: 1.5냥

〈보 기〉

ㄱ. 상등 요호 1급 甲에게 정해진 권분량과 하등 요호 9급 乙에게 정해진 권분량의 차이는 벼 999석이었을 것이다.
ㄴ. 중등 요호 6급 丙이 권분을 다한 경우, 조선시대 국법에 의하면 시상할 수 없었을 것이다.
ㄷ. 중등 요호 7급 丁에게 정해진 권분량의 대여시점과 상환시점의 시가 차액은 180냥이었을 것이다.
ㄹ. 상등 요호 9급 戊에게 정해진 권분량의 권분 당시 시가는 1,200냥이었을 것이다.

① ㄱ, ㄴ ② ㄱ, ㄷ ③ ㄴ, ㄷ
④ ㄴ, ㄹ ⑤ ㄷ, ㄹ

해설

문제 분석

마지막 문단을 근거로 하여 요호에 따른 권분량인 진희량, 진대량, 진조량을 정리하면 다음과 같다.

(단위: 석)

요호 \ 급	1급	2급	3급	4급	5급	6급	7급	8급	9급
상등 요호	1,000	900	800	700	600	500	400	300	200
중등 요호	100	90	80	70	60	50	40	30	20
하등 요호	10	9	8	7	6	5	4	3	2

문제풀이 실마리

권분량을 확인할 때 '합의 장치'를 활용할 수 있다.

ㄱ. (X) 상등 요호 1급 甲에게 정해진 권분량은 벼 1,000석이고, 하등 요호 9급 乙에게 정해진 권분량은 벼 2석이다. 따라서 둘 간의 차이는 벼 999석이 아니라 998석이다.

ㄴ. (X) 마지막 문단, 조선시대 국법은 벼 50석 이상 권분을 행한 자부터 시상(施賞)할 수 있도록 규정하였는데, 중등 요호 6급 丙이 권분을 다한 경우 벼 50석의 권분을 행하게 되므로, 조선시대 국법에 의하면 시상할 수 있었을 것이다.

ㄷ. (O) 두 번째 문단, 중등 요호 7급 丁에게 정해진 권분량은 벼 40석이다. 〈조건〉에 따를 때 대여시점인 봄에는 벼 1석의 시가가 6냥이므로 총 시가는 40×6=240냥이고, 상환시점인 가을에는 벼 1석의 시가가 1.5냥이므로 총 시가는 40×1.5=60냥이다. 따라서 대여시점과 상환시점의 시가 차액은 240－60=180냥이다.

ㄹ. (O) 두 번째 문단, 상등 요호 9급 戊에게 정해진 권분량은 벼 200석이고, 상등 요호가 권분을 행하는 시기는 봄이다. 〈조건〉에 따를 때 봄에는 벼 1석의 시가가 6냥이므로, 상등 요호 9급 戊에게 정해진 권분량의 권분 당시 시가는 200×6=1,200냥이다.

빠른 문제풀이 Tip

ㄷ. 차이값으로 접근하면 (6－1.5)×40=180냥이다. 앞에서 해결스킬에서도 연습했듯이 변동분만 확인해서 차이값을 계산할 때 빠른 해결이 가능하다.

[정답] ⑤

58 다음 글을 근거로 판단할 때, <그림 2>의 정육면체 아랫면에 쓰인 36개 숫자의 합은?

18년 민경채 가책형 9번

정육면체인 하얀 블록 5개와 검은 블록 1개를 일렬로 붙인 막대를 30개 만든다. 각 막대의 윗면에는 가장 위에 있는 블록부터, 아랫면에는 가장 아래에 있는 블록부터 세어 검은 블록이 몇 번째 블록인지를 나타내는 숫자를 쓴다. 이런 규칙에 따르면 〈그림 1〉의 예에서는 윗면에 2를, 아랫면에 5를 쓰게 된다.

다음으로 검은 블록 없이 하얀 블록 6개를 일렬로 붙인 막대를 6개 만든다. 검은 블록이 없으므로 윗면과 아랫면 모두에 0을 쓴다.

이렇게 만든 36개의 막대를 붙여 〈그림 2〉와 같은 큰 정육면체를 만들었더니, 윗면에 쓰인 36개 숫자의 합이 109였다.

〈그림 1〉

〈그림 2〉

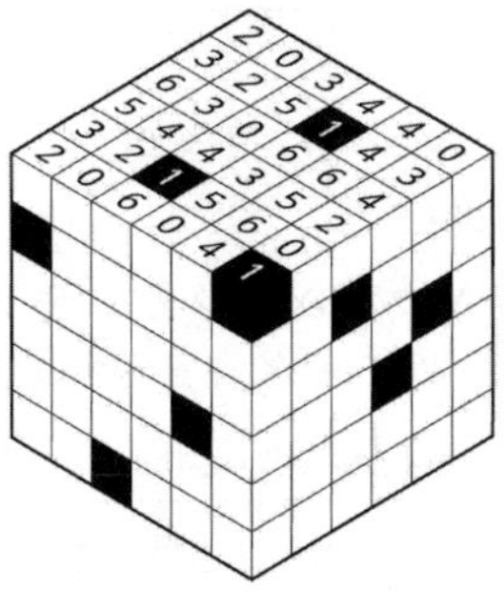

① 97 ② 100 ③ 101

④ 103 ⑤ 104

해설

문제 분석

- 정육면체인 하얀 블록 5개와 검은 블록 1개를 일렬로 붙인 막대 30개: 각 막대의 윗면에는 가장 위에 있는 블록부터, 아랫면에는 가장 아래에 있는 블록부터 세어 검은 블록이 몇 번째 블록인지를 나타내는 숫자를 씀 → 숫자 합을 구할 때 신경 써야 함
- 검은 블록 없이 하얀 블록 6개를 일렬로 붙인 막대 6개: 검은 블록이 없기 때문에 숫자는 무조건 '0' → 합을 구할 때 신경 쓰지 않아도 됨

문제풀이 실마리

각 막대의 윗면에는 가장 위에 있는 블록부터, 아랫면에는 가장 아래에 있는 블록부터 세어 검은 블록이 몇 번째 블록인지 나타내는 숫자를 쓴다. 이를 통해 검은 블록이 포함된 막대의 윗면과 아랫면에 쓰인 숫자의 합을 찾는다.

〈그림 1〉에서 윗면 숫자 2, 아랫면 숫자 5에서 검은 블록이 하나 아래로 이동했다면 윗면 숫자는 3이, 아랫면 숫자는 4가 되면서 합은 그대로 7이 유지된다. 즉, 검은 블록을 포함하고 있는 막대 30개는 윗면 숫자와 아랫면 숫자의 합이 항상 7이다.

방법 1

윗면 숫자는 다음과 같다.

2	0	3	4	4	0
3	2	5	1	4	3
6	3	0	6	6	4
5	4	4	3	5	2
3	2	1	5	6	0
2	0	6	0	4	1

이를 토대로 아랫면 숫자 및 그 합을 구하면 다음과 같다.

5	0	4	3	3	0	15
4	5	2	6	3	4	24
1	4	0	1	1	3	10
2	3	3	4	2	5	19
4	5	6	2	1	0	18
5	0	1	0	3	6	15
21	17	16	16	13	18	101

방법 2

검은 블록 없이 하얀 블록 6개를 일렬로 붙인 6개의 막대는 검은 블록이 없으므로 윗면과 아랫면 모두 0을 쓰게 되고, 총합을 구할 때는 고려하지 않는다. 이에 따라 정육면체인 하얀 블록 5개와 검은 블록 1개를 일렬로 붙인 30개의 막대만 고려한다.

큰 정육면체의 윗면과 아랫면 모든 숫자의 총합을 고려했을 때 정육면체인 하얀 블록 5개와 검은 블록 1개를 일렬로 붙인 30개의 막대는 막대마다 윗면과 아랫면에 쓰인 숫자의 합은 항상 7로 유지됨을 알 수 있다. 즉, 검은 블록이 있는 막대 윗면과 아랫면에 쓰인 숫자의 합과 하얀 블록 5개와 검은 블록 1개를 일렬로 붙인 30개의 막대를 곱한 값은 $7\times30=210$으로 큰 정육면체의 윗면과 아랫면 모든 숫자의 총합과 같다. 이때 큰 정육면체 윗면에 쓰인 36개 숫자의 합이 109라고 했으므로 정육면체 아랫면에 쓰인 36개 숫자의 합은 $210-109=101$이다.

윗면 숫자의 합+아랫면 숫자의 합
=윗면과 아랫면 숫자의 합인 $7\times$막대 개수 $30=210$
∴ 210−윗면 숫자의 합=아랫면 숫자의 합

빠른 문제풀이 Tip

출제 장치인 '합의 장치'만 파악한다면 쉽고 빠른 해결이 가능하다.

[정답] ③

59 중소기업청은 우수 중소기업 지원자금을 5000억 원 한도 내에서 아래와 같은 <지침>에 따라 A, B, C, D 기업에 배분하고자 한다. 각 기업별 지원 금액은? 06년 5급 출책형 13번

〈지 침〉

가. 평가지표별 점수 부여: 평가지표별로 1위 기업에게는 4점, 2위는 3점, 3위는 2점, 4위는 1점을 부여한다. 다만, 부채비율이 낮을수록 순위가 높으며, 나머지 지표는 클수록 순위가 높다.

나. 기업 평가순위 부여: 획득한 점수의 합이 큰 기업 순으로 평가순위(1위~4위)를 부여한다.

다. 지원한도:

(1) 평가순위 1위 기업에는 2000억 원, 2위는 1500억 원, 3위는 1000억 원, 4위는 500억 원까지 지원할 수 있다.

(2) 각 기업에 대한 지원한도는 순자산의 2/3로 제한된다. 다만, 평가순위가 3위와 4위인 기업 중 부채 비율이 400% 이상인 기업에게는 순자산의 1/2만큼만 지원할 수 있다.

라. 지원요구금액이 지원한도보다 적은 경우에는 지원요구금액만큼만 배정한다.

〈표〉 평가지표와 각 기업의 순자산 및 지원요구금액

구분		A	B	C	D
평가지표	경상이익률(%)	5	2	1.5	3
	영업이익률(%)	5	1	2	1.5
	부채비율(%)	500	350	450	300
	매출액증가율(%)	8	10	9	11
순자산(억 원)		2,100	600	900	3,000
지원요구금액(억 원)		2,000	500	1,000	1,800

	A기업	B기업	C기업	D기업
①	1,400	400	450	1,800
②	1,050	500	1,000	1,800
③	1,400	400	500	2,000
④	1,050	500	450	2,000
⑤	1,400	500	450	1,800

해설

문제 분석

문제에서 요구하는 단계는 ① 평가지표별 순위 확인 → ② 순위에 따른 점수 부여 → ③ 점수의 합이 큰 기업 순으로 평가순위 부여 → ④ 평가순위에 따른 지원금액 확인 → ⑤ 지원한도 등 예외조건 검토 순이다.

문제풀이 실마리

순위에 따른 점수를 부여할 때 합의 장치가 활용된다.

주어진 조건에 따라 순위와 점수를 부여해 보면 다음과 같다.

구분		A			B			C			D		
			순위	점수		순위	점수		순위	점수		순위	점수
평가지표	경상이익률(%)	5	1	4	2	3	2	1.5	4	1	3	2	3
	영업이익률(%)	5	1	4	1	4	1	2	2	3	1.5	3	2
	부채비율(%)	500	4	1	350	2	3	450	3	2	300	1	4
	매출액증가율(%)	8	4	1	10	2	3	9	3	2	11	1	4
합			10	10		11	9		12	8		7	13

점수의 합은 D기업(13점)－A기업(10점)－B기업(9점)－C기업(8점) 순이다.

[지원한도의 적용]

(1) 평가순위 1위 기업 D에는 2,000억 원, 2위 A는 1,500억 원, 3위 B는 1,000억 원, 4위 C는 500억 원까지 지원할 수 있다.

(2) 각 기업에 대한 지원한도는 순자산의 2/3로 제한된다.

구분	A	B	C	D
순자산(억 원)	2,100	600	900	3,000
지원한도(순자산의 2/3)	1,400	400	600	2,000

→ 2위 A기업은 순자산 2,100억 원의 2/3인 1,400억 원까지지만, 3위 B기업 역시 순자산 600억 원의 2/3인 300억 원까지만 지원 가능하다.

(3) 다만, 평가순위가 3위와 4위인 기업 중 부채 비율이 400% 이상인 기업에게는 순자산의 1/2만큼만 지원할 수 있다.

→ B기업은 부채비율이 350%이지만, C기업은 부채비율이 450%이므로 이 조건의 적용을 받는다. 또한 C기업에는 순자산 900억 원의 1/2만큼인 450억 원까지만 지원할 수 있다.

(4) 지원요구금액이 지원한도보다 적은 경우에는 지원요구금액만큼만 배정한다.

구분	A	B	C	D
순자산(억 원)	2,100	600	900	3,000
지원한도(순자산의 2/3)	1,400	400	600	2,000
지원요구금액(억 원)	2,000	500	1000	1,800

→ D는 2,000억 원까지 지원 가능하지만 지원요구금액인 1,800억 원이 지원한도인 2,000억 원보다 적은 경우이므로 지원요구금액만큼인 1,800억 원만큼만 배정한다.

따라서 각 기업별 지원 금액은 A기업 1,400억 원, B기업 400억 원, C기업 450억 원, D기업 1,800억 원이다.

빠른 문제풀이 Tip

- 문제에서 요구하는 풀이 단계 '① 평가지표별 순위 확인 → ② 순위에 따른 점수 부여 → ③ 점수의 합이 큰 기업 순으로 평가순위 부여 → ④ 평가순위에 따른 지원금액 확인 → ⑤ 지원한도 등 예외조건 검토' 중 단축할 수 있는 단계가 있는지 고민해 보아야 한다.
- 선지를 활용할 수 있는 다양한 방법을 고민해 보아야 한다.

[정답] ①

6 ($n-1$)의 장치

(n-1)의 장치는 합의 장치와 연속적인 맥락에서 이해하면 쉽다. 합의 장치는 합이 일정하게 유지되는 것인데, A와 B의 합이 100으로 일정하다고 할 때, A가 60이라는 것을 알면 B는 당연히 40이 되는 것이다. 즉, 2개(n개) 중 하나(n-1개)만 알면 나머지 하나도 알 수 있다. 4개 이상은 잘 출제되지 않으므로, 3개일 때를 예를 들어 보면, 국어, 영어, 수학 점수의 합이 270이고 국어 100점, 영어 90점이라면 수학은 80점이 된다. (n-1)의 장치가 익숙해지면 경우 유형에서 합분해를 따질 때도 유용하게 활용될 것이다.

60 다음 글에 근거할 때, 옳은 것을 <보기>에서 모두 고르면?

12년 5급 인책형 31번

○ 甲국은 지역 A와 B로 이루어져 있고 두 지역의 인구수는 같다. 이 국가의 ⅰ)중앙정부와 A, B지역의 지방정부는 소득에 비례하여 소득세를 징수하며, ⅱ)그 총액은 공공지출의 총액과 동일하다. ⅲ)중앙정부는 두 지역의 주민으로부터 징수한 소득세 전체액수의 50%씩을 두 지역에 이전한다. ⅳ)지방정부는 자체 징수한 소득세와 중앙정부로부터 이전받은 소득세 모두를 공공부문에 지출한다. ⅴ)A지역의 주민 1인당 소득은 \$100, B지역은 \$200이다. ⅵ)중앙정부의 소득세율은 주민 1인당 소득의 20%이며 지방정부의 주민 1인당 소득세율은 10%이다. 그런데 ⅶ)내년부터 甲국은 중앙정부의 소득세율은 10%로, 지방정부의 소득세율은 20%로 각각 조정할 예정이다.

○ ⅷ)주민 1인당 소득대비 공공부문 이득비율 공식은 다음과 같다.

주민 1인당 소득대비 공공부문 이득비율(%)

$$= \frac{\text{주민 1인당 공공지출} - \text{주민 1인당 소득세}}{\text{주민1인당 소득}} \times 100$$

○ A, B지역의 내년도 주민 1인당 소득은 올해와 동일하다고 가정한다.

〈보 기〉

ㄱ. 甲국의 조세정책의 변화로 A, B지역 모두의 공공지출은 증가할 것이다.

ㄴ. 올해 A지역의 주민 1인당 소득대비 공공부문 이득비율은 10%이다.

ㄷ. 내년 A지역의 주민 1인당 소득대비 공공부문 이득비율은 5%p 증가할 것이다.

ㄹ. 내년 B지역의 주민 1인당 소득대비 공공부문 이득비율은 −2.5%이다.

① ㄱ, ㄴ　② ㄱ, ㄷ　③ ㄴ, ㄹ
④ ㄱ, ㄷ, ㄹ　⑤ ㄴ, ㄷ, ㄹ

해설

문제 분석

지문의 조건 ⅰ)~ⅷ)을 정리하여 보기의 공공지출, 주민 1인당 소득대비 공공부문 이득비율의 변화를 확인한다.

문제풀이 실마리

- 중앙정부는 소득재분배의 역할을 담당하고 있다.
- 소득세 징수 총액=공공지출의 총액
  =A지역의 공공지출+B지역의 공공지출
- 올해와 내년의 소득세 징수 총액이 동일하다.

우선 두 지역의 인구수는 같다는 것을 확인한다. 이하 대부분의 수치들도 1인당 수치들로 주어져 있다. 각 지역의 소득과 올해 중앙정부, 지방정부 소득세를 조건 ⅴ), ⅵ)에서 확인하면 다음과 같다.

	조건 ⅴ)	조건 ⅵ)		
지역	소득	중앙정부 소득세 (세율: 20%)	지방정부 소득세 (세율: 10%)	주민 1인당 소득세
A	\$100	\$20	\$10	\$30
B	\$200	\$40	\$20	\$60

여기에 조건 ⅲ)에 의하여 중앙정부는 징수한 소득세 전체액수의 50%씩을 두 지역에 이전한다. 즉 A, B지역에서 1인당 \$20, \$40씩 징수한 소득세를 각각 \$30씩 이전한다. 조건 ⅳ)에 의하면 지방정부는 자체 징수한 소득세와 중앙정부로부터 이전받은 소득세를 모두 공공부문에 지출한다고 하였으므로 각 지역의 공공지출 규모는 지방정부 소득세와 중앙정부 소득세 이전 금액의 합이다.

	조건 ⅴ)	조건 ⅵ)			조건 ⅲ)	조건 ⅳ)
지역	소득	중앙정부 소득세 (세율: 20%)	지방정부 소득세 (세율: 10%)	주민 1인당 소득세	중앙정부 소득세 이전	공공지출
A	\$100	\$20	\$10	\$30	\$30	\$40
B	\$200	\$40	\$20	\$60	\$30	\$50

ㄱ. (X) 甲국의 조세정책 변화는 조건 ⅶ)과 같이 변화하고 조건 ⅶ)에 따라 위의 표와 같이 정리해보면 내년의 공공지출은 다음과 같다.

	조건 ⅴ)	조건 ⅶ)			조건 ⅲ)	조건 ⅳ)
지역	소득	중앙정부 소득세 (세율: 10%)	지방정부 소득세 (세율: 20%)	주민 1인당 소득세	중앙정부 소득세 이전	공공지출
A	\$100	\$10	\$20	\$30	\$15	\$35
B	\$200	\$20	\$40	\$60	\$15	\$55

A지역의 공공지출은 1인당 \$40에서 \$35로 감소한다.

ㄴ. (O) 올해 A지역의 주민 1인당 소득대비 공공부문 이득비율은 $\frac{\$40-\$30}{\$100}\times100=\frac{\$10}{\$100}\times100=10\%$이다.

ㄷ. (X) 내년 A지역의 주민 1인당 소득대비 공공부문 이득비율은 $\frac{\$35-\$30}{\$100}\times100=\frac{\$5}{\$100}\times100=5\%$이다. ㄴ과 비교하면 5%p 감소한다.

ㄹ. (O) 내년 B지역의 주민 1인당 소득대비 공공부문 이득비율은 $\frac{\$55-\$60}{\$200}\times100=\frac{-\$5}{\$200}\times100=-2.5\%$이다.

빠른 문제풀이 Tip

- 보기 ㄱ에서 甲국 전체 소득세(중앙정부 소득세+지방정부 소득세)가 변하지 않으므로 A, B지역 모두의 공공지출이 증가할 수는 없다. 합의 장치와 n-1개 장치를 정확하게 이해하고 있다면, 보기 ㄱ은 별다른 계산없이 옳지 않은 보기라는 판단이 가능하다.
- 정답률이 낮은 문제이지만, 조건의 이해만 정확히 된다면 계산없이 빠르게 보기의 정오판단을 할 수 있는 문제이다.

[정답] ③

7 연산순서

연산순서에서 가장 많이 출제되는 장치는, 자연수 두 수를 더하거나 빼거나 곱하거나 나눌 때, 덧셈과 곱셈은 연산순서가 바뀌어도 계산결과가 같지만, 빼셈과 나눗셈은 연산순서가 바뀌면 계산결과가 달라진다는 것이다.

$54-27\div3^2+5\times(3+2)$

연산과정이 더 복잡해지면 ① 괄호, ② 지수, ③ 곱셈, 나눗셈, ④ 덧셈, 뺄셈 순으로 풀고, 같은 종류의 연산이 두 개 이상 있는 경우에는 왼쪽부터 푼다. 따라서 위의 식을 계산한 결과는 $54-27\div3^2+5\times(3+2)=54-27\div3^2+5\times5=54-27\div9+5\times5=54-3+25=76$이 된다.

61 다음 <설명>을 근거로 <수식>을 계산한 값은?

16년 민경채 5책형 8번

〈설 명〉

연산자 $\underline{A}$, $\underline{B}$, $\underline{C}$, $\underline{D}$는 다음과 같이 정의한다.

$\underline{A}$: 좌우에 있는 두 수를 더한다. 단, 더한 값이 10 미만이면 좌우에 있는 두 수를 곱한다. (예 $2\ \underline{A}\ 3 = 6$)

$\underline{B}$: 좌우에 있는 두 수 가운데 큰 수에서 작은 수를 뺀다. 단, 두 수가 같거나 뺀 값이 10 미만이면 두 수를 곱한다.

$\underline{C}$: 좌우에 있는 두 수를 곱한다. 단, 곱한 값이 10 미만이면 좌우에 있는 두 수를 더한다.

$\underline{D}$: 좌우에 있는 두 수 가운데 큰 수를 작은 수로 나눈다. 단, 두 수가 같거나 나눈 값이 10 미만이면 두 수를 곱한다.

※ 연산은 '( )', '{ }'의 순으로 한다.

〈수 식〉

$\{(1\ \underline{A}\ 5)\ \underline{B}\ (3\ \underline{C}\ 4)\}\ \underline{D}\ 6$

① 10
② 12
③ 90
④ 210
⑤ 360

해설

문제 분석

조건을 파악하기 위해 〈설명〉에 주어진 내용을 정리하면 다음과 같다.

연산자	일반	단서조건
A	좌우에 있는 두 수를 더한다.	단, 더한 값이 10 미만이면 좌우에 있는 두 수를 곱한다.
B	좌우에 있는 두 수 가운데 큰 수에서 작은 수를 뺀다.	단, 두 수가 같거나 뺀 값이 10 미만이면 두 수를 곱한다.
C	좌우에 있는 두 수를 곱한다.	단, 곱한 값이 10 미만이면 좌우에 있는 두 수를 더한다.
D	좌우에 있는 두 수 가운데 큰 수를 작은 수로 나눈다.	단, 두 수가 같거나 나눈 값이 10 미만이면 두 수를 곱한다
각주 → 연산순서: 연산은 '( )', '{ }'의 순으로 한다.		

문제풀이 실마리

제시된 조건은 연산자 A, B, C, D이므로 계산방법에 대해 정확하게 이해해야 한다. 이때, 단서조건이 있으므로 주의한다.

연산순서와 연산결과를 정리하면 다음과 같다.

[연산순서]

〈수식〉 $\{(1\ \underline{A}\ 5)\ \underline{B}\ (3\ \underline{C}\ 4)\}\ \underline{D}\ 6$
① ③ ② ④

[연산결과]

순서	수식	계산방법	결괏값
①	$(1\ \underline{A}\ 5)$	좌우 두 수를 더하면 6으로 10미만이므로, 단서조건에 해당한다. 따라서 두 수를 곱한다.	5
②	$(3\ \underline{C}\ 4)$	좌우 두 수를 곱하면 12이다. 두 수를 곱한 값이 10 미만이 아니므로 단서조건에 해당하지 않는다.	12
③	$(5\ \underline{B}\ 12)$	좌우 두 수 가운데 큰 수(12)에서 작은 수(5)를 뺀다. 이때 두 수를 뺀 값이 7로 10 미만이어서 단서조건에 해당하므로 두 수를 곱한다.	60
④	$(60\ \underline{D}\ 6)$	좌우에 있는 두 수 가운데 큰 수(60)를 작은 수(6)로 나눈다. 나눈 값이 10이므로 단서조건에 해당하지 않는다.	10

따라서 결괏값은 10이므로, 정답은 ①이다.

빠른 문제풀이 Tip

- 계산 외의 주어진 조건을 명확하게 이해하여야 한다.
- 정보를 처리할 때는 시각화, 조건의 grouping 등을 활용하여 효율적으로 처리한다.
- 주어진 조건을 정확히 파악해야 정확한 계산 결괏값을 도출할 수 있음을 명심해야 한다. 조건을 빼먹는다면 문제를 풀고도 틀릴 수밖에 없다. 특히 단서조건을 놓치지 않도록 주의하자.
- 각주도 놓치지 말고 잘 처리해야 한다.
- 기타유형의 경우에는 발문에서 정보나 규칙, 문제를 해결할 수 있는 힌트를 언급하는 경우도 많다. 발문을 대충 읽지 않도록 주의하자.

[정답] ①

62 甲은 키보드를 이용해 숫자를 계산하는 과정에서 키보드의 숫자 배열을 휴대폰의 숫자 배열로 착각하고 숫자를 입력하였다. 휴대폰과 키보드의 숫자 배열이 다음과 같다고 할 때, <보기>에서 옳은 것을 모두 고르면? 12년 민경채 인책형 18번

〈휴대폰의 숫자 배열〉

1	2	3
4	5	6
7	8	9
@	0	#

〈키보드의 숫자 배열〉

7	8	9
4	5	6
1	2	3
0		.

〈보 기〉

ㄱ. '46×5'의 계산 결과는 옳게 산출되었다.
ㄴ. '789+123'의 계산 결과는 옳게 산출되었다.
ㄷ. '159+753'의 계산 결과는 옳게 산출되었다.
ㄹ. '753+951'의 계산 결과는 옳게 산출되었다.
ㅁ. '789−123'의 계산 결과는 옳게 산출되었다.

① ㄱ, ㄴ, ㄷ
② ㄱ, ㄴ, ㄹ
③ ㄱ, ㄷ, ㅁ
④ ㄴ, ㄷ, ㄹ
⑤ ㄴ, ㄹ, ㅁ

해설

문제 분석

키보드를 이용해 숫자를 계산하는 과정에서 휴대폰의 숫자 배열로 착각하고 숫자를 입력하였다고 한다. 예를 들어 7을 입력해야 하는데 1을 입력한 것이다. 키보드와 휴대폰의 숫자 배열이 다른 부분만 음영 처리해 보면 다음과 같다.

〈휴대폰의 숫자 배열〉

1	2	3
4	5	6
7	8	9

〈키보드의 숫자 배열〉

7	8	9
4	5	6
1	2	3

0과 특수문자들의 경우 키보드와 휴대폰의 숫자 배열이 다르지만, 문제를 해결하는 데 필요하지 않으므로 생략하였다. 甲은 1은 7로, 7은 1로 입력하였는데 1 ↔ 7, 2 ↔ 8, 3 ↔ 9와 같이 서로 바꿔서 입력했다고 정리할 수 있다.

문제풀이 실마리

수식에서 숫자 값이 달라진다면 수식의 계산 결과도 달라져야 한다. 그러나 甲이 착각했음에도 불구하고 〈보기〉에서는 계산 결과가 옳게 산출된 경우를 묻는다는 것은 간단히 두 가지 경우 중 하나로 생각해볼 수 있다. 1) 착각했음에도 불구하고 숫자가 정확히 입력되었거나 → 수식의 숫자가 4, 5, 6으로만 이루어져 있는 경우, 2) 〈보기〉의 수식은 2개의 숫자로만 이루어져 있는데 교환법칙이 성립하는, 즉 덧셈과 곱셈처럼 연산의 순서를 바꿔도 계산 결과가 같은 연산에서 첫 번째 숫자를 잘못 입력해서 두 번째 숫자가 된 경우이다.

ㄱ. (O) '46×5'이라는 수식에 사용된 숫자는 키보드와 휴대폰의 숫자 배열이 같으므로 甲이 착각하였더라도 계산 결과는 옳게 산출된다.

ㄴ. (O) '789+123'이라는 수식이 2)의 경우인지 확인해 본다. 키보드의 '789'는 휴대폰으로 착각하여 입력하면 '123'이 되고, '123'은 '789'가 된다. 甲이 '123+789'라는 수식을 입력하게 된 것이고 두 숫자의 덧셈에서 순서가 바뀌어도 계산 결과는 같다. 문제 분석에서 확인한 것처럼 1 ↔ 7, 2 ↔ 8, 3 ↔ 9와 같이 서로 바꿔서 입력하게 되므로 첫 번째 숫자를 착각한 경우, 두 번째 숫자가 된다면 두 번째 숫자를 착각한 경우 첫 번째 숫자가 되는 것이 당연하다. 이하에서는 첫 번째 숫자를 착각해서 입력한 경우, 두 번째 숫자가 되는지만 확인한다.

ㄷ. (O) '159+753'에서 '159'를 착각하여 입력하면 '753'이 된다.

ㄹ. (X) '753+951'에서 '753'을 착각하여 입력하면 '159'가 된다.

ㅁ. (X) 1), 2)의 경우에 해당하지 않는다. '789−123'에서 '789'는 '123'으로, '123'은 '789'로 입력된 것이다. '123−789'의 계산 결과는 원래의 수식과 같지 않다.

빠른 문제풀이 Tip

구체적인 계산을 요구하는 문제가 아니므로 규칙의 이해만으로 문제를 해결한다. ㄴ에서 설명한 것과 같이 이해하였다면 ㄴ, ㄷ, ㄹ은 숫자 하나만 확인해 보면 된다.

[정답] ①

63 다음 <상황>을 근거로 판단할 때, <보기>에서 옳은 것만을 모두 고르면? 18년 5급 나책형 18번

〈상 황〉

ㅇ 체육대회에서 8개의 종목을 구성해 각 종목에서 우승 시 얻는 승점을 합하여 각 팀의 최종 순위를 매기고자 한다.
ㅇ 각 종목은 순서대로 진행하고, 3번째 종목부터는 각 종목 우승 시 받는 승점이 그 이전 종목들의 승점을 모두 합한 점수보다 10점 더 많도록 구성하였다.

※ 승점은 각 종목의 우승 시에만 얻을 수 있으며, 모든 종목의 승점은 자연수이다.

〈보 기〉

ㄱ. 1번째 종목과 2번째 종목의 승점이 각각 10점, 20점이라면 8번째 종목의 승점은 1,000점을 넘게 된다.
ㄴ. 1번째 종목과 2번째 종목의 승점이 각각 100점, 200점이라면 8번째 종목의 승점은 10,000점을 넘게 된다.
ㄷ. 1번째 종목과 2번째 종목의 승점에 상관없이 8번째 종목의 승점은 6번째 종목 승점의 네 배이다.
ㄹ. 만약 3번째 종목부터 각 종목 우승 시 받는 승점이 그 이전 종목들의 승점을 모두 합한 점수보다 10점 더 적도록 구성한다면, 1번째 종목과 2번째 종목의 승점에 상관없이 8번째 종목의 승점은 6번째 종목 승점의 네 배보다 적다.

① ㄱ, ㄷ
② ㄱ, ㄹ
③ ㄴ, ㄷ
④ ㄱ, ㄴ, ㄹ
⑤ ㄴ, ㄷ, ㄹ

해설

문제 분석

체육대회에서 8개의 종목을 순서대로 진행하고, 3번째 종목부터는 각 종목 우승 시 받는 승점이 그 이전 종목들의 승점을 모두 합한 점수보다 10점 더 많도록 구성하였다.

문제풀이 실마리

덧셈은 순서를 바꾸어 하더라도 결과가 달라지지 않는다.

규칙성을 발견해 보면, 3번째 종목에서 4번째 종목으로 넘어가는 순간부터는 승점이 계속 2배씩 되는 구조이다. 3번째 종목의 승점을 $t(=2^0\times t)$라고 하면 4번째 종목의 승점은 $2t(=2^1\times t)$, 5번째 종목의 승점은 $4t(=2^2\times t)$, ……가 되는 셈이다. 일반화시키면, n번째 종목의 승점은 $2^{n-3}\times t$이다.

ㄱ. (O) 1번째 종목의 승점을 A, 2번째 종목의 승점을 B라고 가정했을 때, 8번째 종목의 승점은 32A+32B+320이고, A=10, B=20이면 32A+32B+320=1,280점이므로 1,000점을 넘게 된다.
3번째 종목의 승점은 40점이고, 3번째 종목의 승점이 $t=40(=2^0\times t)$일 때, 8번째 종목의 승점은 $2^{8-3}\times40=2^5\times40=2^7\times10=1{,}280$이므로 1,000점을 넘는다.

ㄴ. (X) 1번째 종목의 승점을 A, 2번째 종목의 승점을 B라고 가정했을 때, 8번째 종목의 승점은 32A+32B+320이고, A=100, B=200이면, 32A+32B+320=9,920점이 되어 10,000점을 넘지 않는다.
3번째 종목의 승점은 310점이고, 3번째 종목의 승점이 $t=310(=2^0\times t)$일 때, 8번째 종목의 승점은 $2^{8-3}\times310=2^5\times310=32\times310=9{,}920$이므로 10,000점을 넘지 않는다.

ㄷ. (O) 1번째 종목의 승점을 A, 2번째 종목의 승점을 B라고 가정했을 때, 6번째 종목의 승점은 '8A+8B+80'이고, 8번째 종목의 승점은 '32A+32B+320'이므로, 1번째 종목의 승점을 A, 2번째 종목의 승점을 B에 상관없이 8번째 종목의 승점은 6번째 종목 승점의 네 배이다.
3번째 종목에서 4번째 종목으로 넘어가는 순간부터는 승점이 계속 2배씩 되어가는 규칙성을 발견한다면 8번째 종목의 승점은 6번째 종목 승점의 네 배일 수밖에 없다.

ㄹ. (X) 만약 3번째 종목부터 각 종목 우승 시 받는 승점이 그 이전 종목들의 승점을 모두 합한 점수보다 10점 더 적도록 구성한다면, 위에서 살펴본 내용은 다음과 같이 변화한다.

1번째	2번째	3번째	4번째	5번째	6번째	7번째	8번째
A	B	A+B−10	2A+2B−20	4A+4B−40	8A+8B−80	16A+16B−160	32A+32B−320

따라서 8번째 종목의 승점(=32A+32B−320)은 6번째 종목의 승점(=8A+8B−80)의 네 배가 된다.
규칙성을 발견해 보면, 이 경우에도 마찬가지로 3번째 종목에서 4번째 종목으로 넘어가는 순간부터는 승점이 계속 2배씩 되어가는 구조이다. 따라서 8번째 종목의 승점은 6번째 종목 승점의 네 배가 된다.

빠른 문제풀이 Tip

- 덧셈, 곱셈은 연산순서가 중요하지 않다는 출제 장치를 발견하면 보다 빠르고 정확한 해결이 가능하다.
- 출제 장치 또는 규칙을 찾아낼 수 있다면 각 종목마다의 승점을 하나하나 다 계산할 필요 없이 빠르고 쉽게 답을 도출할 수 있다.
- 대칭의 장치의 문제와도 관련지어 분석할 수 있는 문제이다.

[정답] ①

8 주기의 장치

1시간은 60분 주기이므로 주기를 한 바퀴 돌고나면, 즉 1시 00분에서 60분이 지나면 2시 00분이 되어 분 단위는 새롭게 00분부터 시작하고 시간이 1시에서 2시로 바뀐다. 이외에도 자주 활용되는 소재는 하루는 24시간 주기이며, 일주일(=요일)은 7일 주기이고, 개월은 12개월 주기라는 것이다. 주기를 또 다른 식으로 표현하면 '~마다'이다. 60분마다 1시간이 지나고, 7일마다 일주일이 지나고, 12개월마다 1년이 지난다. 주기가 반복되면 일정한 패턴이 나타나게 되고, 그 패턴을 규칙성 삼아 해결해야 하는 문제들도 출제되고 있다.
주기가 조금 더 다양하고 복잡해지는 문제도 출제된다. 음악 플레이리스트에 3분짜리 A곡, 2분 30초짜리 B곡, 4분짜리 C곡, 3분 30초짜리 D곡 등 총 4곡이 들어있다고 하자. 연속재생을 하여 A, B, C, D곡 순서대로 음악을 계속 듣는다면 13분마다 A곡이 다시 재생될 것이고 13분의 주기를 가지게 된다. 이를 응용해 보면 6시부터 음악 플레이리스트를 재생하기 시작했다면 6시 2분 30초에 처음으로 B곡이 재생되었을 것이고, 그 다음 6시 15분 30초에 두 번째로 B곡이 재생되었을 것이다.

64 다음 글을 근거로 판단할 때, <보기>에서 옳은 것을 모두 고르면?

12년 민경채 인책형 22번

○ 첫차는 06 : 00에 출발하며, 24 : 00 이내에 모든 버스가 운행을 마치고 종착지에 들어온다.
○ 버스의 출발지와 종착지는 같고 한 방향으로만 운행되며, 한 대의 버스가 1회 운행하는 데 소요되는 총 시간은 2시간이다. 이때 교통체증 등의 도로사정은 고려하지 않는다.
○ 출발지를 기준으로 시간대별 배차 간격은 아래와 같다. 예를 들면 평일의 경우 버스 출발지를 기준으로 한 버스 출발 시간은 …, 11 : 40, 12 : 00, 12 : 30, … 순이다.

구분	A시간대 (06 : 00~12 : 00)	B시간대 (12 : 00~14 : 00)	C시간대 (14 : 00~24 : 00)
평일	20분	30분	40분
토요일	30분	40분	60분
일요일 (공휴일)	40분	60분	75분

〈보 기〉

ㄱ. 공휴일인 어린이날에는 출발지에서 13 : 00에 버스가 출발한다.
ㄴ. 막차는 출발지에서 반드시 22 : 00 이전에 출발한다.
ㄷ. 일요일에 막차가 종착지에 도착하는 시간은 23 : 20이다.
ㄹ. 출발지에서 09 : 30에 버스가 출발한다면, 이 날은 토요일이다.

① ㄱ, ㄴ
② ㄱ, ㄷ
③ ㄷ, ㄹ
④ ㄱ, ㄴ, ㄹ
⑤ ㄴ, ㄷ, ㄹ

해설

문제 분석

요일과 시간대에 따라 20분, 30분, 40분, 60분, 75분 주기로 버스가 출발지에서 출발하여 2시간 만에 종착지에 도착한다.

문제풀이 실마리

하나하나 계산해서 해결하는 것보다 정보를 이미지로 처리하면 보다 빠른 해결이 가능하다.

ㄱ. (O) (공휴일에는 A시간대에 40분마다 버스가 출발한다. 그렇다면 2시간마다 다시 정각에서 출발하게 되고 A시간대는 총 6시간이므로 12시에 버스가 출발하게 된다.) B시간대에 배차 간격은 60분이므로 B시간대의 첫 차가 12시에 출발한 후 60분 뒤인 13시에 버스가 출발한다.

ㄴ. (O) 버스의 1회 운행 소요시간은 2시간이고 24:00 이내에 모든 버스가 운행을 마치고 종착지에 들어와야 하므로 막차는 출발지에서 반드시 22:00 이전에 출발해야 한다.

ㄷ. (X) 일요일에 막차가 출발/도착하게 되는 C시간대를 살펴보면, C시간대에 첫차는 14:00에 출발해서 2시간 뒤인 16:00에 도착하게 된다. 첫차의 출발 이후 배차 간격이 75분이므로 이후 차량은 15:15, 16:30, 17:45, 19:00, 20:15, 21:30, 22:45··· 순으로 출발한다. 이때 버스의 1회 운행 소요시간이 2시간이고 24:00 이내에 종착지에 들어와야 하므로 22:45에는 차량이 출발할 수 없고 21:30에 출발하는 차량이 막차이다. 따라서 일요일의 막차는 출발지 기준 21:30에 출발하고 2시간 후인 23:30에 종착지에 도착한다.

ㄹ. (O) A시간대에 평일, 토요일, 일요일(공휴일)에 배차 간격을 보면 6시에 첫차가 출발해서 3시간 30분 뒤인 09:30에 버스가 출발할 수 있는 것은 20분, 40분 간격으로는 불가능하고, 30분 간격으로 출발하는 토요일만 가능하다.

빠른 문제풀이 Tip

'이내', '이전'은 경계값을 포함하는 개념이다.

ㄷ. 막차이므로 늦은 시각부터 따져보면 더 빠르게 접근할 수 있다. C시간대는 총 600분이고, 배차 간격은 75분인데 600은 75의 배수이므로 (만약 24:00 이내에 모든 버스가 운행을 마치고 종착지에 들어와야 한다는 조건 없이 계속 연속해서 버스가 출발할 수 있었다면) 24:00에도 버스가 출발할 수 있음을 의미한다. 이때 총 운행시간인 120분을 고려하면서 75분 주기로 역으로 버스를 출발시켜 보면 22:45에 출발하는 버스는 운행 소요시간 120분이 75분보다 크므로 24:00 이내에 도착할 수 없다. 따라서 150분 전인 21:30에 출발하는 차가 막차가 되고 이 버스는 23:30에 도착한다.

[정답] ④

65 다음 <관람 위치 배정방식>과 <상황>을 근거로 판단할 때 옳은 것은?

17년 5급 가책형 37번

〈관람 위치 배정방식〉

○ 공연장의 좌석은 총 22개이며 좌측 6개석, 중앙 10개석, 우측 6개석으로 구성된다.

무대

	좌						중앙						우
앞줄				계단					A	계단			
뒷줄													B

○ 입장은 공연일 정오에 마감되며, 해당 시점까지 공연장에 도착한 관람객을 대상으로 관람 위치를 배정한다.

○ 좌석배정은 선착순으로 이루어지며, 가장 먼저 온 관람객부터 무대에 가까운 앞줄의 맨 좌측 좌석부터 맨 우측 좌석까지, 그 후 뒷줄의 맨 우측 좌석부터 맨 좌측 좌석까지 순서대로 이루어진다.

○ 관람객이 22명을 초과할 경우, 초과인원 중 먼저 도착한 절반은 좌측 계단에, 나머지 절반은 우측 계단에 순서대로 앉힌다.

〈상 황〉

○ 공연장에 가장 먼저 온 관람객은 오전 2:10에 도착하였다.

○ 오전 4:30까지는 20분 간격으로 관람객이 공연장에 도착하였다.

○ 오전 4:30부터 오전 6:00까지는 10분 간격으로 관람객이 공연장에 도착하였다.

○ 오전 6:00 이후에는 30분 간격으로 관람객이 공연장에 도착하였다.

○ 공연장에 가장 마지막으로 온 관람객은 오전 11:30에 도착하였다.

○ 관람객은 공연장에 한 명씩 도착하였다.

※ 위 상황은 모두 공연일 하루 동안 발생한 것이다.

① 우측 계단에 앉은 관람객이 중앙 좌석에 앉기 위해서는 지금보다 적어도 3시간, 최대 4시간은 일찍 도착해야 한다.

② 공연일 오전 9:00부터 공연일 오전 10:00까지 도착한 관람객은 모두 좌측 계단에 앉는다.

③ A에 앉은 관람객과 B에 앉은 관람객의 도착시간은 50분 차이가 난다.

④ 공연일 오전 6:00에 도착한 관람객은 앞줄 좌석에 앉는다.

⑤ 총 30명의 관람객이 공연장에 도착하였다.

해설

문제 분석

- 공연장의 좌석은 총 22개이며 좌측 6개석, 중앙 10개석, 우측 6개석으로 구성
- 좌석배정은 선착순
- 가장 먼저 온 관람객부터 무대에 가까운 앞줄의 맨 좌측 좌석부터 맨 우측 좌석까지, 그 후 뒷줄의 맨 우측 좌석부터 맨 좌측 좌석까지 순서대로 좌석배정
- 관람객이 22명을 초과할 경우, 초과인원 중 먼저 도착한 절반은 좌측 계단에, 나머지 절반은 우측 계단에 순서대로 좌석 배정
- 관람객은 공연장에 한 명씩 도착

문제풀이 실마리

오전 2:10부터 오전 4:30까지 2시간 20분(=140분) 동안 20분 간격으로 관람객이 공연장에 도착했다면 140÷20=7명이 도착한 것이다.

〈관람 위치 배정방식〉과 〈상황〉에 따라 각 좌석에 배정된 관람객이 공연장에 도착한 시각을 나타내 보면 다음과 같다.

	좌						중앙						우
앞줄	2:10	2:30	2:50	계단 9:00	3:10	3:30	3:50	4:10	A 4:30	계단 10:30	4:40	4:50	5:00
뒷줄	8:30	8:00	7:30	9:30 10:00	7:00	6:30	6:00	5:50	5:40	11:00 11:30	5:30	5:20	B 5:10

① (X) 우측 계단에 앉은 관람객들은 오전 10:30, 오전 11:00, 오전 11:30에 도착했다. 반면 중앙 좌석에 앉은 관람객들 중 가장 늦게 도착한 사람도 오전 7:00에 도착하였다. 따라서 7:00에 도착한 관람객을 기준으로 우측 계단에 앉은 관람객이 중앙 좌석에 앉으려면 적어도 10:30에 도착한 관람객을 기준으로 3시간 30분, 11:30에 도착한 관람객을 기준으로 최대 4시간 30분은 일찍 도착해야 한다.

② (O) 좌측 계단에 앉은 세 명의 관람객들의 도착 시각은 각각 공연일 오전 9:00, 9:30, 10:00이다.

③ (X) A에 앉은 관람객은 8번째 관람객으로 오전 4:30에 도착했고 B에 앉은 관람객은 12번째 관람객으로 오전 5:10에 도착했다. 즉, 두 사람의 도착시간은 50분이 아니라 40분 차이가 난다.

④ (X) 선착순 11명만 앞줄 좌석에 앉게 된다. 공연일 오전 6:00에 도착한 관람객은 17번째 관람객이므로 뒷줄 중앙 좌석에 앉는다.

⑤ (X) 좌석에 22명, 좌측과 우측 계단에 각 3명씩 총 28명의 관람객이 공연장에 도착하였다.

빠른 문제풀이 Tip

주기를 따지는 문제는 하나하나 계산하지 않고도 빠르게 해결할 수 있는 방법이 있으나, 그러한 방법을 모르는 경우에 단순히 하나하나 더해가면서 계산을 하더라도 해결이 가능하다.

[정답] ②

66 다음 글을 근거로 판단할 때, 재생된 곡의 순서로 옳은 것은?

17년 민경채 나책형 24번

○ 찬우는 A, B, C, D 4개의 곡으로 구성된 앨범을 감상하고 있다. A는 1분 10초, B는 1분 20초, C는 1분 00초, D는 2분 10초간 재생되며, 각각의 곡 첫 30초는 전주 부분이다.
○ 재생순서는 처음에 설정하여 이후 변경되지 않으며, 찬우는 자신의 선호에 따라 곡당 1회씩 포함하여 설정하였다.
○ 한 곡의 재생이 끝나면 시차 없이 다음 곡이 자동적으로 재생된다.
○ 마지막 곡 재생이 끝나고 나면 첫 곡부터 다시 재생된다.
○ 모든 곡은 처음부터 끝까지 건너뛰지 않고 재생된다.
○ 찬우는 13시 20분 00초부터 첫 곡을 듣기 시작했다.
○ 13시 23분 00초에 C가 재생되고 있었다.
○ A를 듣고 있던 어느 한 시점부터 3분 00초가 되는 때에는 C가 재생되고 있었다.
○ 13시 45분 00초에 어떤 곡의 전주 부분이 재생되고 있었다.

① A – B – C – D
② B – A – C – D
③ C – A – D – B
④ D – C – A – B
⑤ D – C – B – A

해설

문제 분석

실질적으로 주기를 따지는 데 필요한 조건만을 정리하면 다음과 같다.
1) 찬우는 A, B, C, D 4개의 곡을 감상하고 있다.
2) A는 1분 10초, B는 1분 20초, C는 1분 00초, D는 2분 10초간 재생된다.
3) 각각의 곡 첫 30초는 전주 부분이다.
4) 재생순서는 처음에 설정하여 이후 변경되지 않고, 곡당 한 번씩 감상한다.
5) 찬우는 13시 20분 00초부터 첫 곡을 듣기 시작했다.
6) 13시 23분 00초에 C가 재생되고 있었다.
7) A를 듣고 있던 어느 한 시점부터 3분 00초가 되는 때에는 C가 재생되고 있었다.
8) 13시 45분 00초에 어떤 곡의 전주 부분이 재생되고 있었다.

문제풀이 실마리

조건에 따라 때 A는 1분 10초, B는 1분 20초, C는 1분 00초, D는 2분 10초간 재생되므로 총 5분 40초의 패턴(=주기)이 반복된다.

방법 1

조건 5), 6)에 따를 때 곡을 듣기 시작한 후 3분이 지난 시점에 C가 재생되고 있어야 한다. 각 곡의 길이를 짧은 것부터 정렬해 보면, C가 1분 00초, A가 1분 10초, B가 1분 20초, D가 2분 10초이다. 따라서 C가 재생되기 전에 한 곡 또는 두 곡이 재생되었음을 알 수 있다. 이 조건에 따를 때 가능한 경우는 다음 4가지이다.

- 한 곡이 재생된 경우
  1 D(2분 10초) – C(1분 00초) – A(1분 10초) – B(1분 20초)
  2 D(2분 10초) – C(1분 00초) – B(1분 20초) – A(1분 10초)
- 두 곡이 재생된 경우
  3 A(1분 10초) – B(1분 20초) – C(1분 00초) – D(2분 10초)
  4 B(1분 20초) – A(1분 10초) – C(1분 00초) – D(2분 10초)

이 중 1, 4는 A가 재생되는 어느 한 시점부터 3분이 지난 시점에는 D가 재생 중이므로 조건 7)을 충족시키지 못한다. 2, 3은 A가 재생되는 어느 한 시점부터 3분이 지난 시점에 C가 재생 중일 수 있다.

남은 2, 3 중 조건 8)을 충족시킬 수 있는 것은 2뿐이다. 4곡이 각 1회씩 재생되는 데 소요되는 시간은 5분 40초이다. 25분째 되는 상황은 5분 40초가 4번 반복되고 2분 20초가 지난 시점이다. 2 또는 3의 순서로 재생될 때 2분 20초에 어떤 상황인지 보면, 3은 B의 1분 10초째가 재생되고 있으므로 전주 부분이 재생되지 않는다. 따라서 재생된 곡의 순서로 옳은 것은 'D – C – B – A'이다.

방법 2

찬우가 첫 곡을 듣기 시작한 시각은 13시 20분 00초이고, 주어진 선지 중 옳지 못한 선지를 지울 수 있는 조건은 총 세 개가 있다.

제약조건 1: 13시 23분 00초에 C가 재생되고 있었다.
제약조건 2: A를 듣고 있던 어느 한 시점부터 3분 00초가 되는 때에는 C가 재생되고 있었다.
제약조건 3: 13시 45분 00초에 어떤 곡의 전주 부분이 재생되고 있었다.

제약조건 1에 따를 때 첫 곡을 듣기 시작한 시점부터 3분 뒤에 C가 재생되고 있어야 한다. 그리고 제약조건 3에 따를 때 첫 곡을 듣기 시작한 시점부터 25분 뒤인 13시 45분 00초에 어떤 곡의 전주 부분이 재생되고 있어야 한다. 첫 곡을 듣기 시작한 시점부터 25분 뒤는 '5분 40초×4번 반복+2분 20초'이다. 즉 2분 20초에 어떤 곡의 전주 부분이 재생되고 있어야 한다. 이 두 조건을 충족하는지 각 선지를 검토해 보면 다음과 같다.

	재생순서	3분 뒤 재생곡	2분 20초 뒤 재생 부분
①	A – B – C – D	C곡	B곡, 70초(전주 X)
②	B–A–C–D	C곡	A곡 60초(전주 X)
③	C – A –D–B	D곡	D곡, 10초(전주 O)
④	D–C–A–B	C곡	C곡, 10초(전주 O)
⑤	D–C–B–A	C곡	C곡, 10초(전주 O)

이에 따를 때, 3분 뒤 재생곡이 C곡이 아닌 선지 ③이 제외되고, 2분 20초 뒤 재생 부분이 재생되지 않는 선지 ①, ②가 제외되고 ④, ⑤만 남게 된다.

제약조건 2에 따를 때, A를 듣고 있던 어느 한 시점부터 3분 00초가 되는 때에는 C가 재생되고 있어야 하는데 'A–C' 또는 'C–A'처럼 C와 A가 연달아 재생된다면 이 조건을 충족할 수 없다. 또는 '④ D–C–A–B' 순이라면 A곡 재생이 끝난 다음부터 C곡이 재생되기까지는 B곡과 D곡이 재생되어야 하므로 3분 30초가 소요되므로, A를 듣고 있던 어느 한 시점부터 3분 00초가 되는 때에 C가 재생될 가능성은 없다. 따라서 정답은 ⑤이다.

⑤의 경우 1분 10초짜리인 A곡 재생이 끝난 이후 D가 2분 10초간 재생되고 C가 1분 00초 동안 재생되므로 A를 듣고 있던 어느 한 시점부터 3분 00초가 되는 때에는 C가 재생되는 경우가 있다.

빠른 문제풀이 Tip

- 초단위로 환산하는 것보다는 60진법을 사용해서 분단위로 계산하는 경우에 보다 빠른 해결이 가능하다.
- 직접 재생된 곡의 순서를 찾아내는 것(방법 1)보다는 선지를 활용해서 푸는 것(방법 2)이 바람직하다.

[정답] ⑤

67 **甲은 어제 A, B 휴게실을 갖춘 도서관에 갔다. 다음을 근거로 판단할 때 거짓말을 한 사람은?** 11년 5급 선책형 37번

〈조 건〉

1. 甲은 오전 10시부터 같은 날 오후 5시까지 도서관을 이용하였다.
2. 각 휴게실은 오전 10시부터 음악리스트의 첫 번째 곡부터 순서대로 틀기 시작한다.
3. 음악리스트의 마지막 곡이 끝나면 첫 번째 곡부터 다시 시작되며 이 과정은 도서관 운영 종료 시까지 계속 반복된다.
4. 도서관 이용자는 A, B 휴게실을 둘 다 갈 수 있으며 드나드는 횟수에 제한은 없다.
5. 甲은 음악리스트의 곡들 중 베토벤의 곡만 들으며 휴게실과 열람실 사이를 이동하는 데 소요되는 시간은 고려하지 않는다.
6. 甲은 베토벤의 곡이 나올 때는 반드시 휴게실에서 음악을 들으며, 베토벤의 곡이 나오지 않을 때는 반드시 열람실에서 공부한다.
7. 甲은 음악리스트를 사전에 파악하고 있으며 원하는 곡이 언제 나오는지 정확히 파악하고 있다.
8. 모든 곡은 길이가 2분이며 곡과 곡 사이의 시간은 고려하지 않는다.
9. 甲은 도서관을 이용하는 시간 동안 A, B 휴게실 혹은 열람실에 반드시 머문다.

〈A휴게실의 음악리스트〉

- 전체 곡의 수는 22곡
- 베토벤의 곡은 1곡이며 음악리스트의 12번째에 위치해 있다.

〈B휴게실의 음악리스트〉

- 전체 곡의 수는 31곡
- 베토벤의 곡은 4곡이며 음악리스트의 1번째, 10번째, 12번째, 24번째에 위치해 있다.

① 수민: 전 어제 오전 11시 7분에 甲이 A휴게실에서 음악을 듣는 것을 보았습니다.
② 태연: 전 어제 오전 11시 30분에 甲이 열람실에 있는 것을 보았습니다.
③ 지영: 전 어제 오전 11시 21분에 B휴게실에서 甲과 함께 음악을 들었습니다.
④ 성환: 전 어제 낮 12시 30분에 甲이 열람실에 있는 것을 보았습니다.
⑤ 정혁: 전 어제 낮 12시 27분에 甲이 열람실에 있는 것을 보았습니다.

해설

문제 분석

A휴게실의 전체 곡의 수는 22곡이고 모든 곡은 길이가 2분이므로 44분 주기의 상황이 반복된다. 베토벤의 곡은 음악리스트의 12번째에 위치해 있으므로 22~24분에 첫 번째로 나오고 이후 44분 주기로 반복된다.
B휴게실의 전체 곡의 수는 31곡이고 모든 곡은 길이가 2분이므로 62분 주기의 상황이 반복된다. 베토벤의 곡은 4곡이며 음악리스트의 1번째, 10번째, 12번째, 24번째에 위치해 있으므로 0~2분, 18~20분, 22~24분, 46~48분에 각각 첫 번째로 나오고 이후 62분 주기로 반복된다.

문제풀이 실마리

12번째 곡이 24~26분까지 나오는 것이 아니라, 22~24분까지 나오는 것이므로 혼동하지 않도록 주의한다.

① (O) 오전 11시 7분은 오전 10시부터 67분이 지난 시각이다. 이 시각에 A휴게실에서는 67=(44×1)+23, 즉, 23분째의 상황일 것이고, B휴게실에서는 67=(62×1)+5, 즉 5분째의 상황일 것이다. 따라서 甲은 A휴게실에서 베토벤의 곡을 들었을 것이다.

② (O) 오전 11시 30분은 오전 10시부터 90분이 지난 시각이다. 이 시각에 A휴게실에서는 90=(44×2)+2, 즉 2분째의 상황일 것이고, B휴게실에서는 90=(62×1)+28, 즉 28분째의 상황일 것이다. 따라서 A, B휴게실 모두 베토벤의 곡이 나오지 않으므로 甲은 열람실에 있었을 것이다.

③ (O) 오전 11시 21분은 오전 10시부터 81분이 지난 시각이다. 이 시각에 A휴게실에서는 81=(44×1)+37, 즉 37분째의 상황일 것이고, B휴게실에서는 81=(62×1)+19, 즉 19분째의 상황일 것이다. 따라서 甲은 B휴게실에서 베토벤의 곡을 들었을 것이다.

④ (O) 오후 12시 30분은 오전 10시부터 150분이 지난 시각이다. 이 시각에 A휴게실에서는 150=(44×3)+18, 즉 18분째의 상황일 것이고, B휴게실에서는 150=(62×2)+26, 즉 26분째의 상황일 것이다. 따라서 A, B휴게실 모두 베토벤의 곡이 나오지 않으므로 甲은 열람실에 있었을 것이다.

⑤ (X) 오후 12시 27분은 오전 10시부터 147분이 지난 시각이다. 이 시각에 A휴게실에서는 147=(44×3)+15, 즉 15분째의 상황일 것이고, B휴게실에서는 147=(62×2)+23, 즉 23분째의 상황일 것이다. 따라서 甲은 B휴게실에서 베토벤의 곡을 들었을 것이다.

빠른 문제풀이 Tip

- 주기를 계산해서 따지는 문제는 빠르게 해결할 수 있는 방법이 있으나, 그러한 방법을 모르는 경우에 단순히 하나하나 더해가며 계산을 하더라도 해결이 가능하다.
- 만약 베토벤의 곡이 10시 22분부터 10시 24분까지 나온다면 정확히 22분 또는 24분인 시점에는 甲이 열람실에 있는지 휴게실에 있는지 정확하게 판단하기 어렵다. 따라서 확실하게 판단할 수 있는 선지가 답이 될 것임을 예측한다면 선지를 보다 빠르게 추릴 수 있을 것이다.

[정답] ⑤

9 주기의 결합

[68~69] 다음 글을 읽고 물음에 답하시오. 12년 5급 인책형 39-40번

마야인은 시간의 최소단위를 하루라고 보았고, 시간이 형상화된 것이 신이라고 생각했다. 이 신이 활동하기 위해서는 신에게 제례의식을 올려야 했다. 마야의 왕들은 제례의식을 자신과 신을 연결하는 기회라고 보고, 제례 의식을 독점적으로 진행하였다.

마야에서는 통치자의 위엄과 달력의 권위가 운명적으로 결합해 있다고 보아 달력에 조그만 실수도 용납하지 않았으며, 만일 달력에 실수가 있으면 백성들이 왕위계승을 인정하지 않을 정도였다. 따라서 달력을 제작했던 역법 학자나 천문관들은 선발된 특수계층으로서 자의식이 강했다. 이들은 태양계의 운행에 대한 정확한 관측자료 및 수학과 천문학에 의존하여 두 종류의 달력을 만들었다.

종교력인 '촐킨'은 신성한 순환이라고도 불리는데 주로 종교적이고 예언적인 기능을 담당하였다. 촐킨의 날짜는 1에서 13까지의 숫자와 신의 이름을 나타내는 그림문자 20개를 조합하여 만들었으며, 각각의 날은 다른 명칭을 가지고 있다. 예를 들면 '1이믹스' 다음 날은 '2이크'였다. 20개의 신의 이름의 순서는 이믹스 - 이크 - 아크발-칸 - 치칸 - 키미 - 마니크 - 라마트 - 물루크 - 오크 - 추웬 - 에브 - 벤 - 익스 - 멘 - 킵 - 카반 - 에츠납 - 카와크 - 아하우이다. 1~13까지의 숫자는 목, 어깨 등 인간의 중요 신체부위 13군데를 의미하였는데, 특히 13이란 숫자는 신체에너지와 우주에너지가 통하는 교점을 상징하였다.

'하아브'는 지구의 공전을 근거로 만든 달력이다. 하아브는 20일씩 날짜가 꽉 채워진 18개의 달인 위날과 5일로 이루어진 짧은 달인 와옙으로 이루어져 있다. 위날의 이름 순서는 포프 - 우오 - 시프 - 소츠 - 세크 - 슐 - 약스킨 - 몰 - 캔 - 약스 - 사크 - 케흐 - 마크 - 칸킨 - 무완 - 팍스 - 카얍 - 쿰쿠이다. 위날의 매 달은 '1'일로 시작 하지만, 마지막 날은 그 다음 날 이름에 '0'을 붙인다. 한 해의 마지막 달인 와옙은 아주 불운한 달이라고 생각해서 단식을 하고 많은 제물을 바쳤다. 그리고 하아브 첫 날을 기다리며 되도록 집을 나가지 않는 등 행동을 삼갔다. 하아브 첫 날에는 성대한 축제가 열렸다.

촐킨과 하아브의 주기를 조합하는 계산방식을 역법순환이라고 한다. 역법순환이 새롭게 시작하는 해가 되면 대대적인 축하행사가 열렸다. 역법순환 방식으로 날짜를 표기한다면, '4아하우 8쿰쿠'식이 된다. 이들은 이러한 역법 순환을 이용하여 만든 긴 주기의 달력을 통해 우주의 창조와 소멸을 이야기하였다.

68 <보기>에서 옳게 추론한 것을 모두 고르면?

〈보 기〉

ㄱ. 마야의 달력은 왕의 권위를 유지하는 데 중요한 역할을 했다.

ㄴ. 마야의 달력은 마야인의 신앙과 밀접한 관련이 있었을 것이다.

ㄷ. '1이믹스'에서 '5이믹스'까지의 기간은 와옙의 기간과 같다.

ㄹ. 마야는 수학과 천문학이 발달하였지만 하루를 매 시간 단위로 분절하지는 않았을 것이다.

① ㄱ, ㄷ
② ㄴ, ㄹ
③ ㄱ, ㄴ, ㄷ
④ ㄱ, ㄴ, ㄹ
⑤ ㄴ, ㄷ, ㄹ

69 마야의 달력에 대해 잘못 이해하고 있는 사람은?

① 윤채: 촐킨에서 '13익스'의 다음 날은 '1멘'이야.
② 형욱: 촐킨의 1주기는 260일인데, '1이믹스'에서 시작하여 '13아하우'에서 끝나.
③ 지나: 하아브의 1주기는 365일이겠군.
④ 현석: 촐킨의 '1이믹스'와 하아브의 '0세크'가 다시 만나는 데는 최소한 18,980일이 걸릴 거야.
⑤ 지윤: 하아브의 '1포프'가 오늘날의 양력 1월 1일이라면, '0세크'는 오늘날의 양력 4월 중의 하루일 거야.

해설

문제 분석

- 마야인은 시간의 최소단위를 하루라고 인식
- 달력을 제작했던 역법 학자나 천문관들은 선발된 특수계층으로서 자의식이 강했다. 이들은 태양계의 운행에 대한 정확한 관측자료 및 수학과 천문학에 의존하여 두 종류의 달력을 만들었다.

[촐킨]

- 종교력인 '촐킨': 주로 종교적이고 예언적인 기능을 담당
- 촐킨의 날짜는 1에서 13까지의 숫자와 신의 이름을 나타내는 그림문자 20개를 조합하여 만들었음
- 1~13까지의 숫자를 사용
- 20개의 신의 이름의 순서는 이믹스 – 이크 – 아크발 – 칸 – 치칸 – 키미 – 마니크 – 라미트 – 물루그 – 오크 – 추웬 – 에브 – 벤 – 익스 – 멘 – 킵 – 카반 – 에츠납 – 카와크 – 아하우
- 각각의 날은 다른 명칭을 가지고 있다. 예를 들면 '1이믹스' 다음 날은 '2이크'였음 → 숫자와 그림문자의 조합 패턴을 보면 다음과 같다.

1	2	3	…	13	1	…	12	13
이믹스	이크	아크발	…	벤	익스	…	카와크	아하우

→ 13개의 숫자와 20개의 그림문자의 조합은 13와 20의 최소공배수인 총 260개가 가능함

[하아브]

- '하아브'는 지구의 공전을 근거로 만든 달력
- 하아브는 20일씩 날짜가 꽉 채워진 18개의 달인 위날과 5일로 이루어진 짧은 달인 와옙으로 구성 → 하아브의 1주기는 (20×18)+5=365일이다.
- 위날의 이름 순서는 포프 – 우오 – 시프 – 소츠 – 세크 – 숄 – 약스킨 – 몰 – 캔 – 약스 – 사크 – 케흐 – 마크 – 칸킨 – 무완 – 팍스 – 카얍 – 쿰쿠 순이다.
- 위날의 매 달은 '1'일로 시작하지만, 마지막 날은 그 다음 달 이름에 '0'을 붙인다.
  → 1포프(1일째), 2포프(2일째), 3포프(3일째), …, 19포프(19일째), 0우오(20일째), 1우오(21일째) …

[역법순환]

- 역법순환: 촐킨과 하아브의 주기를 조합하는 계산방식
- 촐킨의 날짜와 하아브의 날을 조합한 것: 예 1이믹스 1포프
- 역법순환이 새롭게 시작하는 해가 되면 대대적인 축하행사를 함
  → 촐킨의 1주기는 260일이고, 하아브의 1주기는 365일이므로, 역법순환이 새롭게 시작되려면 260과 365의 최소공배수인 18,980일이 소요됨

문제풀이 실마리

주기 간의 결합 패턴을 잘 파악하여야 한다.

68

ㄱ. (O) 두 번째 문단, 마야에서는 통치자의 위엄과 달력의 권위가 운명적으로 결합해 있다고 보아 달력에 조그만 실수도 용납하지 않았으며, 만일 달력에 실수가 있으면 백성들이 왕위계승을 인정하지 않을 정도였다. 따라서 마야의 달력이 왕의 권위를 유지하는 데 중요한 역할을 했음을 추론할 수 있다.

ㄴ. (O) 첫 번째 문단, 마야인은 시간이 형상화된 것이 신이라고 생각했다. 세 번째 문단, 종교력인 '촐킨'은 신성한 순환이라고도 불리는데 주로 종교적이고 예언적인 기능을 담당하였다. 그리고 촐킨의 날짜에는 신의 이름을 나타내는 그림문자가 활용되었다. 따라서 마야의 달력은 마야인의 신앙과 밀접한 관련이 있었을 것이다.

ㄷ. (X) 네 번째 문단, 와옙의 기간은 5일이라는 것은 파악하기 쉽다. 이를 통해 1이믹스부터 5이믹스까지의 기간이 5일인지를 검증하는 것이 바람직하다. 1이믹스 – 2이크 – 3아크발 – 4칸– 5치칸 – 6키미 – … 순으로 결합되기 때문에, 1이믹스부터 5이믹스까지의 기간이 5일이 아님을 쉽게 확인할 수 있다.

ㄹ. (O) 첫 번째 문단, 마야인은 시간의 최소단위를 하루라고 보았기 때문에 하루를 매 시간 단위로 분절하지는 않았을 것이다. 그런데 마야가 수학과 천문학이 발달하였는지는 명확하게 확인하기는 어렵다. 제시문 중에는 달력을 제작했던 역법학자나 천문관들은 태양계의 운행에 대한 정확한 관측자료 및 수학과 천문학에 의존하여 하아브와 촐킨의 두 종류의 달력을 만들었다고만 언급되어 있을 뿐이다.

빠른 문제풀이 Tip

ㄷ. '숫자+이믹스' 간의 결합을 살펴보아야 한다.

그림문자는 총 20개가 사용되므로, 1'이믹스' 다음으로 '이믹스'가 등장하기까지는 +20이어야 한다. 이때 숫자는 13까지만 사용되므로 그림문자가 +20인 동안 숫자는 +13 한 바퀴가 돌고 나서 +7이 된다. 따라서 '1이믹스' 다음으로 '이믹스'의 그림문자가 등장했을 때 숫자는 1+7=8이므로 '8이믹스'가 된다.

'8이믹스' 다음으로 다시 '이믹스'가 등장하기까지는 다시 +20이어야 한다. 8+20=28인데 숫자는 13까지만 사용되므로 28=13×2+2이다. 따라서 '8이믹스' 다음으로 이믹스는 '2이믹스'가 된다.

13주기에서 이동시킬 때 +7=−6과 동일하다는 것을 알면 8이믹스에서 −6을 이동하여 2이믹스를 바로 구할 수도 있다. 예를 들어, 일주일은 7주기인데, 목요일에서 +5를 이동하여 금, 토, 일, 월, 화의 결과는 목요일에서 −2로 이동하여 목, 수, 화로도 동일한 결과를 구할 수 있다.

이런 방식으로 20주기로 '이믹스'가 등장할 때마다 13개 뿐인 숫자는 +7 또는 −6의 패턴으로 변화하게 되고 1이믹스 → 8이믹스 → 2이믹스 → 9이믹스 → 3이믹스 → 10이믹스 → 4이믹스 → 11이믹스 → 5이믹스 → … 순으로 결합된다. 이믹스 간에는 20주기를 가지므로 총 1이믹스부터 5이믹스까지의 기간은 161일간이 된다(초일 산입 계산법).

[정답] ④

69

① (O) 촐킨에서 숫자는 13까지 사용하므로 13다음에 다시 1부터 시작하게 되고, 그림문자는 '… –벤–익스–멘–킵– …' 순이므로 익스 다음은 멘이다. 따라서 촐킨에서 '13익스'의 다음 날은 '1멘'이다.

② (O) 촐킨에서는 13개의 숫자와 20개의 그림문자가 결합되는 패턴이므로, 13과 20의 최소공배수인 260이 1주기가 된다. 결합할 때는 첫 번째 숫자인 '1'과 첫 번째 그림문자인 '이믹스'가 결합된 '1이믹스'에서 시작하여, 마지막 숫자인 '13'과 마지막 그림문자인 '아하우'가 결합된 '13아하우'에서 끝나게 된다.

③ (O) 하아브는 20일씩 날짜가 꽉 채워진 18개의 달인 위날과 5일로 이루어진 짧은 달인 와옙으로 구성되어 있기 때문에, 하아브의 1주기는 (20×18)+5=365일이다.

④ (O) 촐킨의 '1이믹스'와 하아브의 '0세크'라는 정보는 중요하지 않은 정보이다. 촐킨의 특정 하루와 하아브의 특정 하루가 다시 만나기까지 얼마나 걸리는지를 묻는 선지이다. 즉, 촐킨과 하아브의 공통 주기를 묻는 것이기 때문에 촐킨의 1주기 260과 하아브의 1주기 365의 최소공배수인 18,980일 만에 다시 한 바퀴를 도는 1주기가 된다.

※ 260을 소인수분해 하면 '4×5×13'이고 365를 소인수분해 하면 '5×73'이므로, 260과 365의 최소공배수는 '4×5×13×75'를 한 결과인 18,980이 된다.

⑤ (X) 하아브의 마지막 날은 그 다음 달 이름에 '0'을 붙인다. 즉, 0세크는 '소츠' 달의 다음 달이 '세크' 달이므로 '소츠'달의 마지막 날이 '0세크'이다. 20일씩 날짜가 꽉 채워진 달인 '위날'의 이름 순서는 포프 – 우오 – 시프 – 소츠 – 세크 … 순이므로, '소츠'는 네 번째 순서여서 0세크는 80일째 날이 된다. 그런데 오늘날의 양력 1월 1일부터 시작해서, 오늘날의 양력 4월 중의 하루가 되려면 3월 31일을 지나야 한다. 1월은 31일까지 2월은 28일 또는 29일까지, 3월은 31일까지 있기 때문에 양력 4월이 되려면 최소한 90일은 지나야 한다. 따라서 80일째가 되는 '0세크'는 90일이 지나야 하는 양력 4월 중의 하루가 될 수 없다.

오늘날의 양력에 따를 때, 80일째가 되는 날짜를 구하는 것도 어렵지 않다. 윤년이 아닌 경우 3월 31일이 90일째(=31+28+31)가 되므로 80일째는 그보다 10일 앞선 3월 21일이 될 것이다. 윤년인 경우 3월 31일은 91일째(=31+29+31)가 될 것이므로, 80일째는 그보다 11일 앞선 3월 20일이 될 것이다. 간단한 문제이므로 괜히 그림을 그리거나 하면서 복잡하게 생각하지 않도록 한다.

빠른 문제풀이 Tip

유사하게 출제할 수 있는 소재는 10간(갑(甲)·을(乙)·병(丙)·정(丁)·무(戊)·기(己)·경(庚)·신(辛)·임(壬)·계(癸))과 12지(자(子)·축(丑)·인(寅)·묘(卯)·진(辰)·사(巳)·오(午)·미(未)·신(申)·유(酉)·술(戌)·해(亥))의 결합으로 만드는 60개의 간지인 육십갑자가 있다. LEET에서는 출제된 적이 있는 소재이다.

결합방법은 맨 처음 10간 중 첫 번째인 갑과 12지 중 첫 번째인 자를 결합하여 갑자를 만들고, 다음에 두 번째 10간인 을과 두 번째 12지인 축을 결합하여 을축을 만든다. 이와 같이 순서대로 결합하여 60개의 간지를 만들고 난 후, 다시 갑자부터 반복된다.

[정답] ⑤

길쌤's Check

주기를 가지는 두 가지가 결합되어 해결되는 문제가 있다. 예를 들어 문자 A, B와 숫자 1, 2, 3, 4가 순서대로 반복되어 결합된다고 하자. 그렇나면 결합 패턴은 다음과 같다.

문자	숫자
A	1
B	2
A	3
B	4
A	1
…	…

이러한 주기의 결합 소재를 활용하여 복잡하게 출제되는 소재가 60갑자(육십갑자, 육십간지, 육갑)이다. 육십갑자란 천간 10개와 지지 12개를 순서대로 조합하여 만든 60개의 간지를 말한다.

천간	갑	을	병	정	무	기	경	신	임	계		
(天干)	甲	乙	丙	丁	戊	己	庚	辛	壬	癸		
지지	자	축	인	묘	진	사	오	미	신	유	술	해
(地支)	子	丑	寅	卯	辰	巳	午	未	申	酉	戌	亥

갑자(甲子) → 을축(乙丑) → 병인(丙寅) → … 순으로 결합된다. 따라서 첫 번째 간지는 갑자(甲子)이고 마지막 간지는 계해(癸亥)이다. 계해(癸亥) 다음은 다시 갑자(甲子)부터 반복된다. 결합 패턴을 파악하기 위해서 최소공배수 개념이 활용된다. 육십갑자는 10개의 천간과 12개의 지지가 결합되므로, 총 60개의 갑자가 나오게 된다. 60갑자를 응용해서 다양하게 준비해 두면 주기의 결합은 충분히 대비가 될 것이다.

Q1. 60간지 중 없는 간지는?

① 신축(辛丑) ② 임인(壬寅) ③ 무자(戊子)
④ 기묘(己卯) ⑤ 을신(乙申)

Q2. 53번째 간지는?

① 병진(丙辰) ② 정묘(丁卯) ③ 무인(戊寅)
④ 기묘(己卯) ⑤ 경신(庚申)

Q3. 다음 중 을사(乙巳)년일 수 있는 해는?

① 2003년 ② 2014년 ③ 2025년
④ 2037년 ⑤ 2048년

Q4. 2023년은 계묘(癸卯)년이다. 2088년은 무슨 년인가?

( )년

A1.

천간(天干)	갑	을	병	정	무	기	경	신	임	계		
	甲	乙	丙	丁	戊	己	庚	辛	壬	癸		
지지(地支)	자	축	인	묘	진	사	오	미	신	유	술	해
	子	丑	寅	卯	辰	巳	午	未	申	酉	戌	亥

천간도 10개 짝수 개이고 지지도 12개 짝수 개이므로 홀수 번째 천간은 홀수 번째 지지와만 결합되고, 짝수 번째 천간은 짝수 번째 지지와만 결합된다. 위에는 홀수 번째 천간 또는 지지의 칸에만 음영처리를 하였다. 따라서 음영처리된 칸끼리 음영처리가 안 된 하얀 칸끼리만 결합 가능하다.

A2.

천간은 10주기로 반복되고, 지지는 12주기로 반복되므로, 53번째 간지는 첫 번째 간지인 갑자(甲子)로부터 52개 뒤의 간지이다. 두 번째 간지인 을축(乙丑)이 갑자로부터 1개 뒤의 간지이고, 세 번째 간지인 병인(丙寅)이 갑자로부터 2개 뒤의 간지이다.

천간=10×5+2

지지=12×4+4

천간은 다섯 바퀴 돌고 나서 2개의 천간이 지난 병(丙)이어야 하고, 지지는 네 바퀴 돌고 나서 4개의 지지가 지난 진(辰)이어야 한다. 따라서 53번째 간지는 ① 병진(丙辰)이다.

A3.

천간(天干)	갑	을	병	정	무	기	경	신	임	계
	甲	乙	丙	丁	戊	己	庚	辛	壬	癸
	4	5	6	7	8	9	0	1	2	3

60갑자를 연에 붙여 따지는 것을 세차(歲次)라 한다. 예를 들어 2023년은 계묘(癸卯)년이다. 이때 숫자는 10진법이고 천간도 10개이므로 하나의 천간이 하나의 숫자에 대응된다. 천간 중 을(乙)은 5에 대응되므로 을사년일 수 있는 해는 ③ 2025년이다.

A4.

앞서 Q3에서 연습한 것처럼 주기의 결합 패턴으로도 알아낼 수 있고, '주기+나머지'의 방식으로도 해결 가능하다.

2023년이 계묘년이라는 것은

천간: 2023÷10=202 … 나머지 3

천간(天干)	갑	을	병	정	무	기	경	신	임	계
	甲	乙	丙	丁	戊	己	庚	辛	壬	癸
10으로 나눈 나머지	4	5	6	7	8	9	0	1	2	3

나머지 3이 계(癸)에 대응되고, 2088년은 2088÷10=208 … 나머지 8이므로 천간은 무(戊)에 대응된다.

지지: 2023÷12=168 … 나머지 7

지지(地支)	자	축	인	묘	진	사	오	미	신	유	술	해
	子	丑	寅	卯	辰	巳	午	未	申	酉	戌	亥
12로 나눈 나머지	4	5	6	7	8	9	10	11	0	1	2	3

나머지 7이 묘(卯)에 대응되고, 2088년은 2088÷12=174 … 나머지 0이므로 지지는 신(申)에 대응된다.

따라서 2088년은 무신(戊申)년이다.

70 **다음 글을 근거로 판단할 때, 도자기 장인 A의 제자들이 몇 명까지 배출되면 도자기 제작자들이 하루에 만들 수 있는 도자기 개수의 합이 최대가 되는가?** 13년 외교관 인책형 32번

> ○ i)장인 A는 제자 1을 길러내고, 제자 1은 제자 2를, 제자 2는 제자 3을 길러내는 방식으로 제자 수를 늘려나간다. 즉, 각 도자기 제작자는 단 1명에게만 자신의 기술을 전수할 수 있으며, 기술 전수에는 1년이 소요된다.
> ○ ii)각 제자가 하루에 만들 수 있는 도자기 개수는 자신을 직접 길러낸 스승의 최초 1일 도자기 생산량보다 20개 적다.
> ○ iii)각 도자기 제작자는 모든 직계 제자를 관리해야 하므로, 도자기 제작자가 만드는 1일 도자기 개수도 제자 1명이 증가할 때마다 10개씩 감소한다. 예컨대 제자 1만 있으면 장인 A의 도자기 생산량은 10개 감소하지만, 제자 2까지 있으면 장인 A는 20개, 제자 1은 10개 감소한다.
> ○ iv)장인 A의 최초 1일 도자기 생산량은 100개이다.

① 1명
② 2명
③ 3명
④ 4명
⑤ 5명

해설

문제 분석

주어진 조건 i)~iv)을 염두에 두고 제자 수에 따라 하루 만들 수 있는 도자기의 개수를 장인과 제자별로 정리해본다.

문제풀이 실마리

제자 수에 따라 도자기 생산량은 증가하는 변화도 생기고 줄어드는 변화도 생긴다. 이를 비교해 도자기 생산량을 최대로 만든다.

우선 조건 iv)에 따르면 제자가 0명일 때 상인 A의 1일 도자기 생산량은 100개이고, 조건 ii)에 따르면 각 제자의 1일 도자기 생산량은 자신을 직접 길러낸 스승의 최초 1일 도자기 생산량보다 20개 적다. 이를 표에 다음과 같이 정리한다. 제자가 5명 이상인 경우는 고려할 필요가 없다.

제자 수＼생산량	장인 A	제자 1	제자 2	제자 3	제자 4	제자 5	합계
0명	100						
1명		80					
2명			60				
3명				40			
4명					20		
5명						0	

그리고 조건 iii)에 의하면 각 도자기 제작자는 제자 수에 따라 1일 도자기 생산량이 10개씩 감소한다. 이를 정리하면 다음과 같다.

제자 수＼생산량	장인 A	제자 1	제자 2	제자 3	제자 4	제자 5	합계
0명	100						100
1명	90	80					170
2명	80	70	60				210
3명	70	60	50	40			220
4명	60	50	40	30	20		200
5명	50	40	30	20	10	0	150

따라서 제자가 3명까지 배출되면 하루에 만들 수 있는 도자기 개수의 합이 220개로 최대가 된다.

빠른 문제풀이 Tip

실제 문제풀이에서는 해당 표를 직접 그리기보다는 증가·감소하는 도자기 생산량만 파악한다. 예를 들어 우선 장인 A만 도자기를 생산하는 경우 100개를 생산한다.

1) 제자 1명을 배출하면 장인 A의 도자기 생산량은 10개 감소하고, 제자 1에 의해 도자기 생산량이 80개 증가한다. 즉, 전체 도자기 생산량은 70개 증가한다.
2) 제자 1명을 추가로 배출하면 장인 A와 제자 1의 도자기 생산량이 각각 10개씩 총 20개 감소하고, 제자 2에 의해 도자기 생산량이 60개 증가한다. 즉, 전체 도자기 생산량은 40개 증가한다.
3) 제자 1명을 추가로 배출하면 장인 A와 제자 1, 제자 2의 도자기 생산량이 각각 10개씩 총 30개 감소하고, 제자 3에 의해 도자기 생산량이 40개 증가한다. 즉, 전체 도자기 생산량은 10개 증가한다.
4) 제자 1명을 추가로 배출하면 장인 A와 제자 1, 제자 2, 제자 3의 도자기 생산량이 각각 10개씩 총 40개 감소하고, 제자 4에 의해 도자기 생산량이 20개 증가한다. 즉, 전체 도자기 생산량은 20개 감소한다.

제자 4가 배출되면 전체 도자기 생산량은 오히려 감소하므로 하루에 만들 수 있는 도자기 개수의 합이 최대가 되기 위해서는 제자가 3명까지 배출되어야 한다. 이를 식으로 나타내 보면 n을 제자 수라고 할 때
증가량: $100-20n$, 감소량: $10n$이고,
$100-20n>10n$ → $100-30n>0$인 가장 큰 n값은 3이다(n은 정수).

이는 한계(marginal)의 원리에 따라 식을 세운 것이다. 만약 도자기 제작자들이 하루에 만들 수 있는 도자기 개수의 합을 n에 관한 식으로 구하고자 한다면, 문제에서 최댓값을 묻고 있으므로 다항식으로 최소 2차식이 나올 것이고 최댓값을 구하기 위해 최소 2차 방정식을 풀거나 미분을 해야 할 것임을 예상해야 한다. 이러한 상황의 실제 문제 풀이에서는 이러한 수식적 접근은 지양해야 한다.

[정답] ③

길쌤's Check

주기, 즉 반복적인 패턴이 나타날 때, 일정한 규칙성을 보이게 되는데 규칙성이 숫자의 변화로 나타나는 문제가 주로 출제되고 있다. '甲의 상황판단 실력은 매일 5씩 증가하고 있다' 또는 '甲의 1차 불합격에 대한 불안은 매일 3씩 감소하고 있다'처럼 단순히 한 종류만으로 더해가거나 빼가거나 하는 문제는 쉽기 때문에, 주로 두 종류의 변화가 생기되 +와 +의 변화가 생기는 경우가 있고, +와 −의 변화가 생기는 경우가 있다. 이러한 반복패턴 또는 주기를 통해 계속적으로 어떠한 변화가 누적되는지를 살펴보는 문제가 출제된다.

현재 甲의 수입은 200만 원이고 乙의 수입은 50만 원이다. 갑은 매년(=해마다) 20만 원씩 수입이 증가하고, 乙은 매년(=해마다) 50만 원씩 수입이 증가한다면 해가 지날 때마다 다음과 같은 변화를 보이게 된다.

(단위: 만 원)

수입	현재	1년 뒤	2년 뒤	3년 뒤	4년 뒤	5년 뒤	
甲	200	220	240	260	280	300	…
乙	50	100	150	200	250	300	

현재 지하철의 한 칸에는 70명의 승객이 타고 있다. 바로 다음 정거장에서 20명의 승객이 타고 정거장을 지날 때마다 타는 승객이 5명씩 증가해 20명, 25명, 30명, …씩 승객이 탄다. 바로 다음 정거장에서 30명이 승객이 내리고 정거장을 지날 때마다 내리는 승객이 10명씩 증가해 30명, 40명, 50명씩 내린다. 그렇다면 정거장을 지날 때마다 다음과 같은 변화를 보이게 된다.

정거장	현재	1개 뒤	2개 뒤	3개 뒤	4개 뒤
탑승		20	25	30	35
하차		30	40	50	60
승객	70	60	45	25	0

따라서 4번째 정거장을 지날 때 모든 승객이 내리게 된다.

이와 같은 반복적인 패턴(=주기)를 이용한 문제가 출제되기도 한다. 또는 보다 문제가 어려워지면, 주어진 상황 속에서 판단을 내려야 하는 상황에서 어떤 결정을 내릴지 '의사결정 규칙'과 관련해서도 활용되기도 한다.

71 커피전문점 A와 B는 ○○국 시장 진출을 계획하고 있다. A와 B의 개점 및 매출액 등의 조건이 다음과 같을 때, B의 전체 지점의 월간 매출액이 A의 전체 지점의 월간 매출액을 넘어서는 최초의 시점은?

13년 외교관 인책형 12번

- B는 A가 개점한 지역에, A가 개점한 순서에 따라, B의 개점주기대로 반드시 진입한다.
- B의 커피맛이 A보다 더 좋아 B가 진입하면 해당 지역의 전체 커피수요는 증가하지만, B가 A의 소비자 대부분을 끌어오게 되어 해당 월부터 바로 i)A의 지점 매출액이 급격히 감소한다.
- A, B는 한 지역당 한 지점만 개점한다.

구분	A	B
○○국 1호점 개점일	2013년 1월 1일	2013년 3월 1일
개점주기	매월 1일, 1지점	격월 1일, 1지점
각 지점당 월간 매출액	• 100만 원 • i)B가 진입한 지역의 지점은 20만 원	150만 원

① 2013년 7월
② 2013년 9월
③ 2013년 11월
④ 2014년 1월
⑤ 2014년 3월

해설

문제 분석

주어진 지문의 표대로 커피전문점 A, B의 지점 수, 합계 매출액을 확인하기만 하면 된다. 조건 i)만 유의한다.

문제풀이 실마리

A는 매월마다, B는 홀수달마다 일정한 주기로 변화한다. 변화하는 패턴을 빠르게 파악하는 것이 중요하다.

지문의 표 내용대로 커피전문점 A, B의 지점 수, 합계 매출액을 표로 정리하면 다음과 같다. 아래 표의 월간 매출액은 각 커피전문점의 전체 지점 월간 매출액을 만 원 단위로 나타낸 것이다.

2013년		1월	2월	3월	4월	5월	6월	7월	8월	9월	…
지점 수	A	1	2	3	4	5	6	7	8	9	
	B	–	–	1	1	2	2	3	3	4	
월간 매출액	A	100	200	220	320	340	440	460	560	580	
	B			150	150	300	300	450	450	600	

이상의 내용대로라면 2013년 9월(②)에 A, B 커피전문점 지점 수가 각각 9, 4개가 되면서 B 커피전문점의 월간 매출액이 600만 원으로 A 커피전문점 월간 매출액 580만 원을 최초로 넘어서게 된다.

다른 방식으로도 해결해 보자. 위의 표를 살펴보면 B 커피전문점의 지점 수가 증가하는 달은 2013년 3월부터 매 홀수 번째 달에만 증가하므로 홀수 번째 달에 대해서만 생각하면 된다. 예를 들어 A 커피전문점은 3월에 월간 매출액이 220만 원이고 다음 짝수 번째 달인 4월에는 100만 원, 다음 홀수 번째 달인 5월에는 20만 원이 증가하여, 홀수 번째 달마다 120만 원씩 월간 매출액이 증가한다. B 커피전문점의 경우에는 3월에 월간 매출액이 150만 원이고 홀수 번째 달마다 150만 원씩 증가한다. 해당 규칙만 파악한다면 A 커피전문점의 경우 3월부터 홀수 번째 달마다 220, 340, 460, 580 … 와 같이 월간 매출액이 증가하게 되고, B 커피전문점의 경우 150, 300, 450, 600 … 와 같이 매출액이 증가하게 되는 것을 알 수 있고 쉽게 정답을 찾아낼 수 있다.

빠른 문제풀이 Tip

해설의 상황을 식으로 나타내어보면 다음과 같다. 고려의 대상이 되는 홀수 번째 달을 3월, 5월, 7월 … 을 각각 첫 번째, 두 번째, 세 번째 … n번째 홀수 달이라고 하자. 즉, n번째 홀수 달은 $2n+1$월이 된다. 각 커피전문점의 월간 매출액을 수식으로 나타내면

A: $120n+100$, B: $150n$이다.

$$120n+100<150n \rightarrow 100<30n \rightarrow n>\frac{10}{3}$$

n은 4 이상이어야 하고 4번째 홀수 달은 $2\times4+1=9$로 9월이 되어야 B 커피전문점의 월간 매출액이 A의 월간 매출액을 넘어서게 된다.

[정답] ②

11 n, n+1

72 다음 글과 <대화>를 근거로 판단할 때 대장 두더지는?

18년 민경채 가책형 20번

> ○ 甲은 튀어나온 두더지를 뿅망치로 때리는 '두더지 게임'을 했다.
> ○ 두더지는 총 5마리(A~E)이며, 이 중 1마리는 대장 두더지이고 나머지 4마리는 부하 두더지이다.
> ○ 대장 두더지를 맞혔을 때는 2점, 부하 두더지를 맞혔을 때는 1점을 획득한다.
> ○ 두더지 게임 결과, 甲은 총 14점을 획득하였다.
> ○ 두더지 게임이 끝난 후 두더지들은 아래와 같은 〈대화〉를 하였다.

〈대 화〉

> 두더지 A: 나는 맞은 두더지 중에 가장 적게 맞았고, 맞은 횟수는 짝수야.
> 두더지 B: 나는 두더지 C와 똑같은 횟수로 맞았어.
> 두더지 C: 나와 두더지 A, 두더지 D가 맞은 횟수를 모두 더하면 모든 두더지가 맞은 횟수의 3/4이야.
> 두더지 D: 우리 중에 한 번도 맞지 않은 두더지가 1마리 있지만 나는 아니야.
> 두더지 E: 우리가 맞은 횟수를 모두 더하면 12번이야.

① 두더지 A
② 두더지 B
③ 두더지 C
④ 두더지 D
⑤ 두더지 E

해설

문제 분석

- 5마리의 두더지 중 한 마리가 대장 두더지이다.
- 대장 두더지를 맞혔을 때는 2점, 부하 두더지를 맞혔을 때는 1점을 획득한다.
- 두더지가 맞은 횟수를 모두 더하면 12번이고 두더지 게임 결과 甲은 총 14점을 획득하였다.
- 5마리의 두더지 중 4마리가 뿅망치에 맞았다.
- 맞은 두더지 중에 두더지 A가 가장 적게 맞았고, 맞은 횟수는 짝수이다.

문제풀이 실마리

발문에서 묻고 있는 것은 대장 두더지이다. 따라서 부하 두더지가 아닌 대장 두더지에 집중해서 문제를 해결해야 한다. 대장 두더지를 맞혔을 때는 2점, 부하 두더지를 맞혔을 때는 1점을 획득하여, 甲이 획득한 점수가 14점이고, 두더지가 맞은 횟수를 모두 더하면 12번이라는 점에서, 대장두더지가 2번, 부하 두더지가 10번 맞았다는 숨겨진 정보를 찾아내는 것이 핵심이다. 문제에서 묻고 있는 대장 두더지만 찾아내면 된다.

제시된 조건과 〈대화〉를 통해 각 두더지가 맞은 횟수를 정리한다.

- 두더지 D가 우리 중에 한 번도 맞지 않은 두더지가 1마리 있다고 했으므로 뿅망치에 맞은 두더지는 4마리이다.
- 두더지 E가 우리가 맞은 횟수를 모두 더하면 12번이라고 했으므로 뿅망치에 맞은 두더지 4마리는 한 마리당 평균 3번씩 맞았다는 것을 알 수 있다.
- 두더지 A의 〈대화〉에서 맞은 두더지 중에 가장 적게 맞았다고 했으므로 평균인 3번보다는 적게 맞았어야 한다. 그러나 맞은 횟수가 짝수이므로 두더지 A는 2번을 맞을 수밖에 없다.

따라서 대장 두더지는 두더지 A이다.

빠른 문제풀이 Tip

- 문제에서 주어진 조건을 통해 대장 두더지가 2번 맞았다는 숨겨진 정보를 찾아낼 수 있어야 하고, 두더지 A~E가 맞은 횟수를 모두 다 구할 것이 아니라, 문제에서 묻는 대장 두더지만 구해서 문제를 빨리 해결할 수 있어야 한다.
- 두더지 A의 〈대화〉에서 0을 짝수로 볼 것인가에 대한 궁금증이 있을 수 있다. 그런데 0을 짝수로 보는 의견이라 하더라도, 두더지 A는 맞은 횟수가 있어야 한다. 따라서 0회일 수 없다.

[정답] ①

길쌤's Check

Q1. 스터디원 6명이 오전 스터디를 마치고 같이 점심을 먹으러 갔다. 한 사람당 기본적으로 1개씩의 메뉴는 시키되 아침을 먹지 않아 배가 많이 고픈 사람은 2개의 메뉴를 주문하기로 하였다. 주문한 메뉴가 전부 다 나오고 나니 총 10개였다. 1개의 메뉴를 주문한 사람은 몇 명이고, 2개의 메뉴를 주문한 사람은 몇 명인가?

Q2. 甲은 총 15개의 슛을 해서 골대까지 2m 거리의 2점 슛을 성공시키면 2점의 득점을 하고, 골대까지 3m 거리의 3점 슛을 성공시키면 3점의 득점을 할 수 있는 게임에 참여하였다. 게임에서 37점 이상의 득점을 하면 A상품을 얻고, 40점 이상의 득점을 하면 B상품을 얻으며, 45점의 득점을 하면 C상품을 얻을 수 있을 때, 甲이 상품을 얻으려면 3점 슛을 최소 몇 개 이상 성공시켜야 하는가?

Q3. A적성시험에는 25문제가 출제되고 총 60분의 시간이 주어진다. A적성시험에 응시하는 甲은 25문제를 2분에 해결하거나 3분에 해결하여 모든 문제를 풀려는 전략을 준비하였다. 그렇다면 2분에 해결하는 문제와 3분에 해결하는 문제가 각각 몇 문제일 때 주어진 시간 내에 모든 문제를 다 해결할 수 있는가?

살펴본 세 문제처럼 ① 1개의 메뉴(n)와 2개의 메뉴($n+1$), ② 2점 슛(n)과 3점 슛($n+1$), ③ 2분에 해결하는 문제(n)과 3분에 해결하는 문제($n+1$)처럼 기본이 'n'이고 기본에 +1이 추가된 '$n+1$'을 함께 고려해야 하는 문제가 출제되고 있다.

A1. 총 6명 중 1개의 메뉴를 주문한 사람은 2명, 2개의 메뉴를 주문한 사람은 4명이다.

A2. 상품을 얻기 위해서는 최소 37점 이상의 득점을 하여야 한다. 2점 슛 8개, 3점 슛 7개를 성공시켰을 때의 점수가 37점이다. 따라서 총 15개의 슛 중 3점 슛을 최소 7개 이상 성공해야 상품을 얻을 수 있다.

A3. 2분에 해결하는 문제 15문제, 3분에 해결하는 문제 10문제이면 주어진 60분 동안 25문제를 모두 해결할 수 있다.

12 간격

Q. 세 사람이 일렬로 앉아서 시험을 보고 있고, 세 사람 사이에 칸막이를 설치하려고 한다. 총 몇 개의 칸막이가 필요한가?
A. 2개
n개 사이의 간격은 n-1개이다. 두 사람 사이의 간격은 1개이다. 이처럼 n개 사이의 간격은 n-1개임을 활용하여 해결해야 하는 문제가 출제되고 있다.

73 다음 글을 근거로 판단할 때, A 괘종시계가 11시 정각을 알리기 위한 마지막 종을 치는 시각은? 21년 7급 나책형 9번

> A 괘종시계는 매시 정각을 알리기 위해 매시 정각부터 일정한 시간 간격으로 해당 시의 수만큼 종을 친다. 예를 들어 7시 정각을 알리기 위해서는 7시 정각에 첫 종을 치기 시작하여 일정한 시간 간격으로 총 7번의 종을 치는 것이다. 이 괘종시계가 정각을 알리기 위해 2번 이상 종을 칠 때, 종을 치는 시간 간격은 몇 시 정각을 알리기 위한 것이든 동일하다. A 괘종시계가 6시 정각을 알리기 위한 마지막 6번째 종을 치는 시각은 6시 6초이다.

① 11시 11초
② 11시 12초
③ 11시 13초
④ 11시 14초
⑤ 11시 15초

해설

문제 분석

- 매시 정각을 알리기 위해 매시 정각부터 일정한 시간 간격으로 해당 시의 수만큼 종을 친다.
- 7시 정각을 알리기 위해서는 7시 정각에 첫 종을 치기 시작+일정한 시간 간격으로 총 7번의 종을 친다.
- 이 괘종시계가 정각을 알리기 위해 2번 이상 종을 칠 때, 종을 치는 시간 간격은 몇 시 정각을 알리기 위한 것이든 동일하다.
- A 괘종시계가 6시 정각을 알리기 위한 마지막 6번째 종을 치는 시각은 6시 6초이다.

문제풀이 실마리

마지막 조건을 그림으로 나타내 보면 다음과 같다.

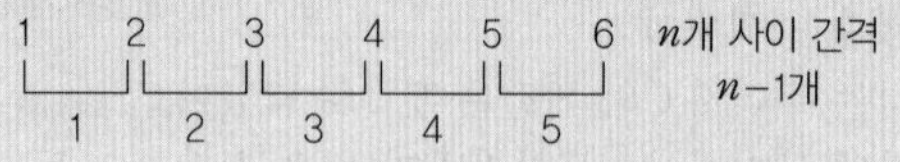

이에 따라 6시 정각을 알리기 위해 6번 종을 치는 것은 6개 사이 '간격 5개'의 길이 6초이고, 11시 정각을 알리기 위해 11번 종을 치는 것은 11개 사이 '간격 10개'의 길이(='간격 5개'의 길이의 두 배) 12초이다. 따라서 A 괘종시계가 11시 정각을 알리기 위한 마지막 종을 치는 시각은 11시 12초이다.

빠른 문제풀이 Tip
n개 사이 간격은 $n-1$개이다.

[정답] ②

13 2배씩, 1/2씩

74 다음 <표>에 근거하여 추론할 때, <보기>에서 옳은 것을 모두 고르면? 13년 5급 인책형 26번

〈표〉 작물별 살포농약의 특성 및 잔류허용기준

작물	농약	살포 직후의 잔류량 (mg/kg)	반감기 (일)	잔류허용기준 (mg/kg)
상추	A	54.19	2.8	5.0
	B	6.63	2.0	5.0
사과	C	0.11	2.9	0.1
	D	0.97	8.4	0.5
포도	E	0.41	27.2	1.0
	F	1.48	7.5	5.0
	G	0.45	7.1	2.0

※ 농약살포량과 그 외 조건은 일정하며, 잔류허용기준을 초과하지 않는 작물만 수확한다.
※ 반감기는 농약 잔류량이 반으로 줄어드는 데에 걸리는 시간을 의미한다. (1일=24시간)

〈보 기〉

ㄱ. 상추에 살포되는 농약들은 사과나 포도에 살포되는 농약들보다 초기 잔류량은 많지만, 농약 잔류량이 절반이 되기까지의 시간은 짧다.
ㄴ. 상추에 B를 살포하고 2일 후에 한 번 더 B를 살포한 경우, 그로부터 2일이 지났다면 수확할 수 있다.
ㄷ. 상추에는 A를, 사과에는 D를 동시에 살포했다면, 사과보다 상추를 더 일찍 수확할 수 있다.
ㄹ. 포도는 농약 살포 직후에 수확하더라도 농약 잔류량이 허용기준을 초과할 가능성은 없다.

① ㄱ, ㄴ
② ㄴ, ㄷ
③ ㄷ, ㄹ
④ ㄱ, ㄴ, ㄹ
⑤ ㄱ, ㄷ, ㄹ

해설

문제 분석

각 작물별로 살포 직후의 잔류량 수치가 주어져 있고, 이 수치는 반감기를 한 번 거칠 때마다 1/2씩으로 줄어든다. 그 결과 잔류허용기준을 초과하지 않는 작물만 수확한다.

문제풀이 실마리

잔류허용기준을 초과하지 않는다는 것은 잔류허용기준 이하여야 한다는 것이고, 이를 검토할 때 분수식을 넘겨서 곱셈으로 처리하면 보다 빠른 해결이 가능하다.

ㄱ. (O) 상추에 살포되는 농약들은 초기 잔류량이 최소 6.63mg/kg으로 사과나 포도에 살포되는 농약들보다 초기 잔류량은 많지만, 농약 잔류량이 절반이 되기까지의 시간인 반감기는 최대 2.8일로 사과나 포도의 반감기에 비해 짧다.

ㄴ. (O) 농약 B의 반감기는 2일이다. 상추에 첫 번째로 살포한 B는 총 4일 동안 두 번의 반감기를 거치면서 1/4만 남게 되고, 두 번째로 살포한 B는 2일만 지났으므로 반감기는 한 번만 거치고 1/2이 남게 된다. 따라서 두 번의 살포로 인한 잔류량은 (살포 직후의 잔류량×1/4)+(살포 직후의 잔류량×1/2)=살포 직후의 잔류량의 3/4이다. 이 잔류량이 잔류허용기준인 5.0mg/kg을 초과하지 않는다면, 즉, 5.0mg/kg 이하라면 수확할 수 있다. 식을 정리하면 6.63×3/4≤5.0이면 수확 가능하다. 보다 쉽게 계산하면 6.63≤5.0×4/3 (≒6.67)이므로 수확할 수 있다.

ㄷ. (X) 농약 A의 반감기는 2.8일이고 농약 D의 반감기는 8.4일이다. 2.8×3=8.4이므로 8.4일이라는 동일한 시점, 즉, 농약 A는 세 번의 반감기, 농약 D는 한 번의 반감기를 거친 시점에서 농약 A와 D의 비교가 가능하다. A의 살포 직후의 잔류량은 54.19mg/kg이고, 잔류허용기준은 5.0mg/kg이다. 8.4일의 시점에는 반감기를 3번 거친 상황이므로 살포 직후의 잔류량에서 1/8이 된다. 초기 잔류량에서 1/8을 한 값이 5.0 이하인지 검토해 보면,

$$54.19\times1/8\le5.0$$
$$54.19\le5.0\times8(=40)$$

54.19는 40 이하가 아니므로 수확할 수 없다.
D의 살포 직후의 잔류량은 0.97mg/kg이고 잔류허용기준은 0.5mg/kg이다. 8.4일의 시점에서는 반감기를 한 번 거친 상황이므로 살포 직후의 잔류량에서 1/2이 된다. 1/2을 한 값이 0.5 이하인지 검토해 보면,

$$0.97\times1/2\le0.5$$
$$0.97\le0.5\times2(=1.0)$$

0.97은 1.0 이하이므로 수확할 수 있다. 따라서 8.4일이 지난 시점에서 A를 뿌린 상추는 수확할 수 없지만, D를 뿌린 사과는 수확 가능하다. 즉, 사과를 더 일찍 수확할 수 있다.

ㄹ. (O) 포도에 사용되는 농약 E, F, G는 모두 살포 직후의 잔류량이 잔류허용기준 이하이다.

빠른 문제풀이 Tip

보기 ㄷ에서 다른 방법도 가능하지만, 8.4는 2.8의 세 배라는 수구조를 활용하는 방법이 가장 빠른 해결이 가능하다.

[정답] ④

75 다음 글과 <사무용품 배분방법>을 근거로 판단할 때, 11월 1일 현재 甲기관의 직원 수는?

20 7급(모의) 10번

甲기관은 사무용품 절약을 위해 〈사무용품 배분방법〉으로 한 달 동안 사용할 네 종류(A, B, C, D)의 사무용품을 매월 1일에 배분한다. 이에 따라 11월 1일에 네 종류의 사무용품을 모든 직원에게 배분하였다. 甲기관이 배분한 사무용품의 개수는 총 1,050개였다.

〈사무용품 배분방법〉

○ A는 1인당 1개씩 배분한다.
○ B는 2인당 1개씩 배분한다.
○ C는 4인당 1개씩 배분한다.
○ D는 8인당 1개씩 배분한다.

① 320명
② 400명
③ 480명
④ 560명
⑤ 640명

해설

문제 분석

A는 1인당 1개씩, B는 2인당 1개씩, C는 4인당 1개씩, D는 8인당 1개씩 배분하여, 배분한 사무용품의 개수는 총 1,050개였다.

문제풀이 실마리

주어진 조건을 활용해서 정확한 결과를 도출할 수 있는지 묻는 문제이다. 동일한 결과를 도출하더라도 그 방법은 여러 가지이므로 다양한 사고를 연습해 본다.

방법 1 방정식의 활용

직원 수를 x로 두면, A는 1인당 1개씩 배분하므로 총 x개가 배분되고, B는 2인당 1개씩 배분하므로 $(x/2)$가 배분되고, C는 4인당 1개씩 배분하므로 $(x/4)$가 배분되며, D는 8인당 1개씩 배분하므로 $(x/8)$개가 배분된다. 그리고 甲기관이 배분한 사무용품의 개수는 총 1,050개였다. 이를 공식으로 세우면 다음과 같다.

$x+(x/2)+(x/4)+(x/8)=1{,}050$

$(8x+4x+2x+x)/8=1{,}050$

$x=560$

따라서 11월 1일 현재 甲기관의 직원 수는 560명이다.

방법 2 최소공배수+비례계산의 활용

A는 1인당 1개씩 배분되고, B는 2인당 1개씩 배분되고, C는 4인당 1개씩 배분되며, D는 8인당 1개씩 배분된다. 1인, 2인, 4인, 8인의 최소공배수가 8인이므로, 8인 단위로 묶어서 생각해보면 편하다.

8인 기준으로 1인당 1개씩 배분되는 A는 8개, 2인당 1개씩 배분되는 B는 4개, 4인당 1개씩 배분되는 C는 2개, 8인당 1개씩 배분되는 D 1개가 배분된다. 따라서 8인 기준으로 총 8+4+2+1=15개의 사무용품이 배분되는 셈이다. 이 정보를 활용해서 비례관계를 통해 해결해 보면, 배분된 사무용품의 개수가 총 1,050개이므로,

8인 기준: 15개=x인 기준: 1,050개

8인 기준	15개
	↓ ×70배
?	1,050개

따라서 8인에도 똑같이 ×70배의 배율조정을 해주면, 현재 甲기업의 직원 수는 560명이다.

빠른 문제풀이 Tip

- 방정식을 세워서 푸는 방법이 정석적이지만 PSAT에서 방정식으로 해결하는 방법은 가장 느린 방법 중에 하나이다. 빠르게 해결할 수 있는 다양한 방법을 연습해 두어야 한다.
- 위에서 설명한 방법 외에 선지를 활용해서 해결하는 방법도 가능하다.
- 반감기의 수구조를 활용해서 해결하는 방법도 가능하다.

[정답] ④

길쌤's Check

Q1. 길규범 상황판단의 1회 수업 때 수강생은 2명부터 출발했다. 그런데 한 회 수업을 들은 수강생들이 수업이 좋다고 생각해서 친구를 한 명씩 데리고 와서 2회 수업 때는 4명이 되었다. 2회 수업을 들은 수강생들도 수업이 좋다고 생각해서 3회 수업 때 친구를 한 명씩 데려와서 3회 수업 때는 수강생이 8명이 되었다. 이와 같이 10회까지 수강생들이 매 회마다 수강생들이 친구들을 한 명씩 데리고 왔다면, 10회 수업을 다 마친 종강 때 수강생은 총 몇 명인가?

Q2. 길규범 상황판단의 기본강의 수강생 1,024명을 대상으로 OX퀴즈 대회를 실시하여 최종 남은 1인에게 선물을 주려고 한다. 한 번의 질문마다 전체 수강생들 중 절반은 O를 선택하고, 나머지 절반은 X를 선택한다. 선물을 받을 최종 1인을 결정하기 위해 길규범 강사는 총 몇 개의 질문을 준비해야 하는가?

A1. 수업의 회차마다 수강생은 두 배씩 증가해 나간다.

1회	2회	3회	4회	5회	6회	7회	8회	9회	10회
2	4	8	16	32	64	128	256	512	1,024

따라서 10회 수업을 다 마친 종강 때 수강생은 총 1,024명이다.

A2. 한 번의 질문마다 수강생은 절반씩만 남게 된다. 1,024명의 수강생 중 한 개의 질문이 끝나고 나면 수강생은 1,024명의 절반인 512명이 남게 되고, 두 개의 질문이 끝나고 나면 512명의 절반인 256명만 남게 된다.

1개	2개	3개	4개	5개	6개	7개	8개	9개	10개
512	256	128	64	32	16	8	4	2	1

따라서 10개의 질문을 준비해야 선물을 받을 최종 1명이 결정된다.

이처럼 두 배 또는 1/2씩 해가야 하는 문제가 출제되고 있다.

14 그 밖의 장치

길쌤's Check

그 밖에 사용되는 장치는 다음과 같다. 다음의 장치들은 단독으로 한 문제를 출제할 수 있는 장치라기보다는 한 문제를 출제하기 위해 활용되는 여러 장치 중의 일부 장치로 활용되고 있다. 예를 들어 앞서 살펴 본 '주기의 결합'을 확인하기 위해 최소공배수가 활용되는 것이다.

1) 소수

소수란 1보다 큰 자연수 중 양의 약수가 1과 자기 자신 뿐인 수를 말한다.

〈1부터 100까지의 소수〉 총 25개

1	2	3	4	5	6	7	8	9	10
11	12	13	14	15	16	17	18	19	20
21	22	23	24	25	26	27	28	29	30
31	32	33	34	35	36	37	38	39	40
41	42	43	44	45	46	47	48	49	50
51	52	53	54	55	56	57	58	59	60
61	62	63	64	65	66	67	68	69	70
71	72	73	74	75	76	77	78	79	80
81	82	83	84	85	86	87	88	89	90
91	92	93	94	95	96	97	98	99	100

2) 제곱수

제곱수는 어떤 정수의 제곱이 되는 정수를 의미하며, 완전제곱수라고 하기도 한다. 어떤 정수에 그 정수를 한 번 더 곱해서 만들어지는 정수이다.

1^2	2^2	3^2	4^2	5^2	6^2	7^2	8^2	9^2	10^2	11^2	12^2	…
1	4	9	16	25	36	49	64	81	100	121	144	…

제곱수의 끝자리는 0, 1, 4, 5, 6, 9 중 하나가 쓰이고 2, 3, 7, 8는 쓰이지 않는다.

3) 약수

어떤 수 n을 다음과 같이 표현할 수 있다면

$n=a^x\times b^y\times c^z$ (단, a, b, c는 소수)

n의 약수의 개수는 $(x+1)\times(y+1)\times(z+1)$개가 된다. 이때 제곱수인 자연수의 약수의 개수만 항상 홀수 개이고, 제곱수가 아닌 자연수의 약수의 개수는 항상 짝수 개이다.

4) 최대공약수와 최소공배수

두 정수의 공통 약수를 공약수라고 한다. 두 정수 a, b에 대하여 e가 a의 약수이면서 b의 약수일 때 e를 a와 b의 공약수라고 한다. 두 정수의 공약수 중 가장 큰 것을 최대공약수라고 한다.

두 정수의 공통 배수를 공배수라고 한다. 두 정수 a, b에 대하여 c가 a의 배수이면서 b의 배수일 때 c를 a, b의 공배수라고 한다. 양의 공배수 중 가장 작은 것을 최소공배수라고 한다.

5) 확률

> 정육면체 주사위에 한 면에 1부터 6까지 숫자가 하나씩 있다고 하자.
> (1) 한 번 던졌을 때 숫자 1이 나올 확률은 어떻게 되는가?
> (2) 한 번 던졌을 때 짝수가 나올 확률은 어떻게 되는가?
> (3) 두 번 연달아 던졌을 때 두 번 모두 짝수가 나올 확률은 어떻게 되는가?

확률이란 하나의 사건이 발생할 수 있는 가능성을 수치로 표현한 것이다. 일어날 수 있는 전체 사건 S 중 특정 사건인 A가 일어날 확률인 P(A)는

$$P(A)=\frac{n(A)}{n(S)}=\frac{\text{A가 발생할 경우의 수}}{\text{전체 사건의 경우의 수}}$$

라고 쓸 수 있다. 임의의 사건 A에 대하여 $0\le P(A)\le 1$이다. 따라서 주사위를 한 번 던졌을 때 숫자 1이 나올 확률은 1/6=16.7%가 된다.

- 확률의 덧셈정리: 사건 A 또는 사건 B가 발생할 확률 혹은 사건 A와 사건 B 중 적어도 하나가 일어날 확률을 구할 때 $P(A\cup B)=P(A)+P(B)-P(A\cap B)$로 구한다. 이때 사건 A와 사건 B가 배반이면, $P(A\cap B)=0$이므로 $P(A\cup B)=P(A)+P(B)$가 된다. 확률의 덧셈정리는 두 사건이 동시에 일어나지 않은 경우에 적용되는 경우이다. 위 질문 중 주사위를 한 번 던졌을 때 2 또는 4 또는 6의 눈이 동시에 나오는 경우는 발생하지 않기 때문에, 주사위를 한 번 던졌을 때 짝수가 나올 확률은 확률의 덧셈정리가 적용되어야 한다.
- 확률의 곱셈정리: 사건 A와 사건 B가 동시에 발생할 확률을 구할 때 $P(A\cap B)=P(A)\times P(B|A)=P(B)\times P(A|B)$로 구한다. 이는 사건 A와 사건 B가 모두 발생하는 경우의 확률은 A가 먼저 발생하고 사건 B가 발생하는 확률이거나 사건 B가 먼저 발생하고 사건 A가 발생하는 확률로 계산하는 것이다. 위 질문 중 주사위를 두 번 연달아 던졌을 때 두 번 모두 짝수가 나올 확률은 (1/2)×(1/2)=1/4이다.
- 조건부 확률: 확률이 0이 아닌 두 사건 A, B에 대해서 사건 A가 일어났다는 조건하에서 사건 B가 일어날 확률을 조건부 확률 P(B|A)로 정의하고 그 값은 $P(B|A)=\frac{n(A\cap B)}{P(A)}$로 계산한다.

뒤에 소새편에서 '확률' 소재로 출제되는 여러 문제들을 상세하게 다루어 볼 것이다. 뒤에 확률 소재에서 더 많은 문제를 다루면서 상세하게 후술하겠지만, 다양한 확률을 따져주어야 하는 문제들이 출제되고 있다.

6) 방정식

인적성 시험에서 방정식으로 문제를 푸는 방법은 가장 느린 방법 중의 하나이다. 표를 그려 푸는 방법, 방정식을 세워서 푸는 방법 등은 누구나 할 수 있지만 느린 방법 중의 하나이므로, 더 빠르고 정확한 효율적인 방법을 연습해 두는 것이 필요하다. 따라서 방정식으로 해결하는 방법 또는 표를 그려서 푸는 방법은 되도록 지양하여 해설할 것이다.

Ⅲ. 소재

1 날짜 계산

76 다음 글을 근거로 판단할 때, <보기>의 甲~丁이 권장 시기에 맞춰 정기검진을 받는다면 첫 정기검진까지의 기간이 가장 적게 남은 사람부터 순서대로 나열한 것은? (단, 甲~丁은 지금까지 건강검진을 받은 적이 없다) 13년 민경채 인책형 7번

> 암 검진은 암을 조기 발견하여 생존률을 높일 수 있기 때문에 매우 중요하다. i)일반적으로 권장하는 정기검진의 시작 시기와 주기는 위암은 만 40세부터 2년 주기, 대장암은 만 50세부터 1년 주기, 유방암은 만 40세부터 2년 주기 등이다. 폐암은 흡연자인 경우 만 40세부터 1년 주기로, 비흡연 여성도 만 60세부터 검진을 받아야 한다. 간경변증을 앓고 있는 사람이거나 B형 또는 C형 간염 바이러스 보균자는 만 30세부터 6개월 간격으로 간암 정기검진을 받아야 한다.
>
> 그런데 많은 암환자들이 가족력을 가지고 있는 것으로 알려져 있다. 우리나라 암 사망 원인 1위인 폐암은 부모나 형제자매 가운데 해당 질병을 앓은 사람이 있으면 발병 확률이 일반인의 1.95배나 된다. 대장암 환자의 30%도 가족력이 있다. 부모나 형제자매 중에 한 명의 대장암 환자가 있으면 발병 확률은 일반인의 2~3배가 되고, 두 명이 있으면 그 확률은 4~6배로 높아진다. 우리나라 여성들이 많이 걸리는 유방암도 가족력이 큰 영향을 미친다. 따라서 ii)가족력이 있으면 대장암은 검진 시기를 10년 앞당겨야 하며, 유방암도 검진 시기를 15년 앞당기고 검사 주기도 1년으로 줄여야 한다.

〈보 기〉

ㄱ. 매운 음식을 자주 먹는 만 38세 남성 甲의 위암 검진
ㄴ. 대장암 가족력이 있는 만 33세 남성 乙의 대장암 검진
ㄷ. 유방암 가족력이 있는 만 25세 여성 丙의 유방암 검진
ㄹ. 흡연자인 만 36세 여성 丁의 폐암 검진

① 甲, 乙, 丙, 丁
② 甲, 丙, 丁, 乙
③ 丙, 甲, 丁, 乙
④ 丙, 丁, 乙, 甲
⑤ 丁, 乙, 丙, 甲

해설

문제 분석

문단의 구분보다 내용을 구분하는 것이 중요하다.
i) 일반적으로 권장하는 정기검진의 시작 시기(연령)
ii) 가족력
발문의 단서에서 甲~丁은 지금까지 건강검진을 받은 적이 없다고 하므로 권장 시기에 맞춰 정기검진을 받는다면 첫 정기검진이 된다.

문제풀이 실마리

발문에서 첫 정기검진까지의 기간에 관해 묻고 있고 〈보기〉에서 검진 주기나 발병 확률에 대해서는 언급하지 않고 있으므로, 첫 번째 문단의 검진 주기에 관한 내용이나 두 번째 문단의 가족력과 발병 확률에 관한 설명은 문제해결에 필요한 정보가 아니다. 지문에서 여러 암 종류에 대해서 나열하고 있는데 모든 내용을 확인할 필요는 없다. 〈보기〉에서 언급하는 위암, 대장암, 유방암, 폐암에 관해서만 확인한다. 〈보기〉에서 성별이 항상 언급되고, 폐암의 경우 비흡연 여성에 대해 언급하고 있으므로 지문을 확인하는 단계에서는 성별도 확인 대상이나 〈보기〉들을 판단하는 데 사용되지는 않았다.

ㄱ. 일반적으로 권장하는 위암의 정기검진 시작 시기는 만 40세로, 만 38세인 甲은 첫 정기검진까지의 기간이 2년 남았다. 甲이 남성이라는 것과 매운 음식을 자주 먹는다는 사실은 첫 정기검진 시작 시기와 관련이 없다.

ㄴ. 일반적으로 권장하는 대장암의 정기검진 시작 시기는 만 50세이지만, 가족력이 있는 경우 검진 시기를 10년 앞당겨 만 40세에 첫 정기검진을 권장한다. 만 33세인 乙은 첫 정기검진까지의 기간이 7년 남았다. 乙이 남성이라는 것은 첫 정기검진 시작 시기와 관련이 없다.

ㄷ. 일반적으로 권장하는 유방암의 정기검진 시작 시기는 만 40세이지만, 가족력이 있는 경우 검진 시기를 15년 앞당겨 만 25세에 첫 정기검진을 권장한다. 만 25세인 丙은 첫 정기검진까지의 기간이 0년 남았다. 丙이 여성이라는 것은 첫 정기검진 시작 시기와 관련이 없다.

ㄹ. 일반적으로 권장하는 흡연자의 폐암 정기검진 시작 시기는 만 40세로, 만 36세인 丁은 첫 정기검진까지의 기간이 4년 남았다. 丁이 여성이라는 것은 첫 정기검진 시작 시기와 관련이 없다.

첫 정기검진까지의 기간이 가장 적게 남은 사람부터 순서대로 나열해보면 丙, 甲, 丁, 乙(③) 순이다.

빠른 문제풀이 Tip

구체적인 만 나이를 고려할 때 몇 년 몇 개월 또는 몇 년 몇 일과 같이 개월 단위, 일 단위까지 고려하는 경우가 있으나 해당 문제에서는 고려되지 않았다.

[정답] ③

77 다음 글과 <상황>을 근거로 판단할 때, 甲의 계약 의뢰 날짜와 공고 종료 후 결과통지 날짜를 옳게 짝지은 것은?

21년 민경채 나책형 4번

○ A국의 정책연구용역 계약 체결을 위한 절차는 다음과 같다.

순서	단계	소요기간
1	계약 의뢰	1일
2	서류 검토	2일
3	입찰 공고	40일 (긴급계약의 경우 10일)
4	공고 종료 후 결과통지	1일
5	입찰서류 평가	10일
6	우선순위 대상자와 협상	7일

※ 소요기간은 해당 절차의 시작부터 종료까지 걸리는 기간이다. 모든 절차는 하루 단위로 주말(토, 일) 및 공휴일에도 중단이나 중복 없이 진행된다.

〈상 황〉

A국 공무원인 甲은 정책연구용역 계약을 4월 30일에 체결하는 것을 목표로 계약부서에 긴급계약으로 의뢰하려 한다. 계약은 우선순위 대상자와 협상이 끝난 날의 다음 날에 체결된다.

계약 의뢰 날짜	공고 종료 후 결과통지 날짜
① 3월 30일	4월 11일
② 3월 30일	4월 12일
③ 3월 30일	4월 13일
④ 3월 31일	4월 12일
⑤ 3월 31일	4월 13일

해설

문제 분석

쉬운 수준의 '공정순서를 따지는 스킬'과 '날짜 계산 스킬'이 요구되는 문제이다. 순서 1~6 순으로 순차적으로 계약 체결을 위한 절차가 진행되며, 3월 20일에 시작한 단계의 소요기간이 2일이라면 3월 20일과 21일 2일 동안 절차가 진행되어 3월 21일에 마치게 된다.

문제풀이 실마리

정책연구용역 계약은 우선순위 대상자와 협상이 끝난 날의 다음 날에 체결되고, 즉, 순서 6이 끝난 다음 날인 4월 30일에 체결된다. 정책연구용역 계약을 4월 30일에 체결하는 것을 목표로 계약부서에 긴급계약으로 의뢰하려 한다면, 순서 6이 4월 29일에 끝날 수 있도록 계약 의뢰 날짜를 결정하여야 한다.

이를 반영하여 문제를 해결해 보면, 다음과 같다.

3월		4월													
30	31	1	2	3	4	5	6	7	8	9	10	11	12	13	14
1	2		순서 3										4	순서 5	
4월															
15	16	17	18	19	20	21	22	23	24	25	26	27	28	29	30
순서 5								순서 6							

순서	단계	소요기간	
1	계약 의뢰	1일	3월 30일~30일
2	서류 검토	2일	3월 31일~4월 1일
3	입찰 공고	긴급계약, 10일	4월 2일~11일
4	공고 종료 후 결과통지	1일	4월 12일
5	입찰서류 평가	10일	4월 13일~22일
6	우선순위 대상자와 협상	7일	4월 23일~29일
계약 체결일			4월 30일

따라서 계약 의뢰 날짜(순서 1)는 3월 30일이고, 공고 종료 후 결과통지 날짜(순서 4)는 4월 12일이다.

빠른 문제풀이 Tip

3월 10일부터 5일 후를 계산할 때, 초일을 산입하는지 여부에 따라 결과가 달라진다.
[초일 산입 방식] 3월 10일+4일=3월 14일
[초일 불산입 방식] 3월 10일+5일=3월 15일

3월 30일에 계약의뢰를 한다면 3월 31일부터 시작하는 것이 아니라 3월 30일부터 시작하기 때문에 초일(初日)부터 소요기간에 포함되는 것이므로, 초일 산입의 방식으로 계산된다.

계약은 우선순위 대상자와 협상이 끝난 날의 다음 날에 체결되므로, 계약에도 하루가 소요된다는 사실에 주의하자. 따라서 순서 1~6의 소요기간일에 계약에 소요되는 일까지 반영해 보면, 1일(순서 1)+2일(순서 2)+10일(순서 3)+1일(순서 4)+10일(순서 5)+7일(순서 6)+1일(∵ 계약)=총 32일이 소요되고, 이를 초일 산입의 방식으로 계약 체결일을 계산하면 3월 30일+31일=3월 61일(=4월 30일)이 된다.

[정답] ②

78 다음 <상황>과 <대화>를 근거로 판단할 때, <보기>에서 옳은 것만을 모두 고르면?

13년 민경채 인책형 16번

〈상 황〉

지구와 거대한 운석이 충돌할 것으로 예상되자, A국 정부는 인류의 멸망을 막기 위해 甲, 乙, 丙 세 사람을 각각 냉동캡슐에 넣어 보존하기로 했다. 운석 충돌 후 시간이 흘러 지구에 다시 사람이 살 수 있는 환경이 조성되자, 3개의 냉동캡슐은 각각 다른 시점에 해동이 시작되어 하루 만에 완료되었다. 그 후 甲, 乙, 丙 세 사람은 2120년 9월 7일 한 자리에 모여 다음과 같은 〈대화〉를 나누었다.

〈대 화〉

甲: 나는 2086년에 태어났습니다. 19살에 냉동캡슐에 들어갔고, 캡슐에서 해동된 지는 정확히 7년이 되었어요.
乙: 나는 2075년생입니다. 26살에 냉동캡슐에 들어갔고, 캡슐에서 해동된 것은 지금으로부터 1년 5개월 전입니다.
丙: 난 2083년 5월 17일에 태어났어요. 21살이 되기 두 달 전에 냉동캡슐에 들어갔고, 해동된 건 일주일 전이에요.

※ 이들이 밝히는 나이는 만 나이이며, 냉동되어 있는 기간은 나이에 산입되지 않는다.

〈보 기〉

ㄱ. 甲, 乙, 丙이 냉동되어 있던 기간은 모두 다르다.
ㄴ. 대화를 나눈 시점에 甲이 丙보다 나이가 어리다.
ㄷ. 가장 이른 연도에 냉동캡슐에 들어간 사람은 甲이다.

① ㄱ
② ㄱ, ㄴ
③ ㄱ, ㄷ
④ ㄴ, ㄷ
⑤ ㄱ, ㄴ, ㄷ

해설

문제 분석

〈상황〉과 〈대화〉의 내용 중 현재 시점, 甲~丙이 해동된 시점, 생년(월일), 냉동캡슐에 들어간 시점의 나이를 확인하여야 한다.

문제풀이 실마리

기간을 정확하게 구할 것이 아니라 문제에서 묻는 수준까지만 해결한다.

ㄱ. (O) 〈대화〉에서 언급한 날짜, 나이, 기간이 정확한 날짜라고 가정한다. 〈상황〉의 현재 시점(ⓐ), 〈대화〉의 甲~丙이 해동된 시점(ⓑ), 생년(월일)(ⓓ), 냉동캡슐에 들어간 시점의 나이(ⓔ)를 정리해 보면 다음과 같다.

〈표 1〉	甲	乙	丙
현재 시점(ⓐ)	2120년 9월 7일		
해동된 시점(ⓑ)	7년 전	1년 5개월 전	일주일 전
해동된 날짜(ⓒ=ⓐ−ⓑ)	2113년 9월 7일	2119년 4월 7일	2120년 8월 31일
생년(월일)(ⓓ)	2086년 ○월 ○일	2075년 △월 △일	2083년 5월 17일
냉동캡슐에 들어간 시점의 나이(ⓔ)	19살	26살	20살 10개월
냉동캡슐에 들어간 날짜(ⓕ=ⓓ+ⓔ)	2105년 ○월 ○일	2101년 △월 △일	2104년 3월 17일
냉동되어 있던 기간(ⓖ=ⓒ−ⓕ)	8년 ±α	18년 ±α	16년 5개월 14일

±α는 甲, 乙의 정확한 나이에 따라 오차가 있을 수 있다는 의미 정도로만 표기하였다(→ 빠른 문제풀이 Tip). 甲, 乙, 丙이 냉동되어 있던 기간은 각각 약 8년, 약 18년, 약 16년 5개월로 모두 다르다.

ㄴ. (X) 각주의 내용에 따라 냉동되어 있는 기간은 나이에 산입되지 않는다. 대화를 나눈 시점에 甲과 丙의 나이를 계산하기 위해서는 〈표 1〉에서 해동된 시점(ⓑ), 냉동캡슐에 들어간 시점의 나이(ⓔ)만 필요하다. 냉동캡슐 밖에 있는 기간만 고려한다는 관점에서 이해하면 된다. 대화를 나눈 시점의 나이(ⓗ)에서 몇 개월인지는 표기하지 않았다.

〈표 2〉	甲	乙	丙
해동된 시점(ⓑ)	7년 전	1년 5개월 전	일주일 전
냉동캡슐에 들어간 시점의 나이(ⓔ)	19살	26살	20살 10개월
대화를 나눈 시점의 나이(ⓗ=ⓑ+ⓔ)	26살	27살	20살

ㄷ. (X) 〈표 1〉의 냉동캡슐에 들어간 날짜(ⓕ)를 확인한다. 가장 이른 연도에 냉동캡슐에 들어간 사람은 甲이 아니라 乙이다.

빠른 문제풀이 Tip

- 보기 ㄴ, ㄷ이 보기 ㄱ에 비해서 생각 · 계산해야 할 시점 등이 적으므로 보기 ㄴ, ㄷ을 먼저 판단한다. 보기 ㄴ, ㄷ을 먼저 정확히 판단한다면 보기 ㄱ에 대한 판단없이 정답을 확인할 수 있다. 만약 ㄴ을 먼저 판단하고 ㄱ을 판단한다면 〈표 1〉을 다음과 같이 구성해볼 수도 있다.

〈표 3〉	甲	乙	丙
현재 시점(ⓐ)	2120년 9월 7일		
생년(월일)(ⓓ)	2086년 ○월 ○일	2075년 △월 △일	2083년 5월 17일
태어난 시점부터의 기간(ⓘ=ⓐ−ⓓ)			
해동된 시점(ⓑ)	7년 전	1년 5개월 전	일주일 전
냉동캡슐에 들어간 시점의 나이(ⓔ)	19살	26살	20살 10개월
대화를 나눈 시점의 나이(ⓗ=ⓑ+ⓔ)			
냉동되어 있던 기간(ⓙ=ⓘ−ⓗ)			

냉동되어 있던 기간은 결국 ⓐ－ⓑ－ⓓ－ⓔ라는 점에서 내용은 〈표 1〉과 같고 아래 세 줄은 〈표 2〉와 같다.

- ㄱ의 해설에서 〈대화〉에서 甲～丙이 언급한 날짜, 나이, 기간이 정확한 날짜라고 가정하였다. 그러나 일반적으로 만 나이를 언급할 때 구체적인 개월 수까지 언급하지 않는다. 게다가 甲의 대화를 보면 19살에 냉동캡슐에 들어갔다고 하면서 해동된 지는 정확히 7년 되었다고 한다. 해동된 시점에 대한 언급과는 다르게 냉동캡슐에 들어간 시점의 나이는 19살하고도 몇 개월 또는 며칠인지 정확히 언급하지 않고 있다고도 볼 수 있다.

  ㄱ에서 甲은 냉동되어 있던 기간이 乙, 丙과 비교해 큰 차이가 있으므로 乙의 경우를 생각해 보자. 만약 해설과 같은 가정을 하지 않는 경우 乙의 냉동되어 있던 기간의 최솟값을 구해보면 다음과 같다. 〈표 1〉에서 냉동되어 있던 기간 ⓖ＝ⓒ－ⓕ＝(ⓐ－ⓑ)－(ⓓ＋ⓔ)인데 ⓐ는 고정이므로 ⓑ가 최대, (ⓓ＋ⓔ)가 최대이면 된다. ⓑ가 최대 1년 5개월하고도 29일, ⓔ가 최대 26살 364일로 (ⓓ＋ⓔ)가 최대 2102년 △월 △－1일인 경우도 생각해 볼 수 있다. 그렇다면 乙이 냉동되어 있던 기간은 최소 약 16년 11개월 정도이다. 만약 보기 ㄱ이 냉동되어 있던 기간을 비교하는 내용이었고 乙과 丙의 냉동되어 있던 기간이 좀 더 격차가 작았더라면 이런 식의 구체적 비교까지 필요할 수도 있었겠지만, 乙과 丙의 냉동되어 있던 기간이 모두 다른지 묻고 있으므로 이런 식의 구체적 비교를 요구하지 않는 것을 의도로 출제한 것이라 생각된다.

[정답] ①

79 다음 규칙에 근거할 때 옳은 것을 <보기>에서 모두 고르면?

12년 입법 가책형 26번

> 제1규칙: 기간을 시, 분, 초로 정한 때에는 즉시로부터 기산한다.
> 제2규칙: 기간을 일, 주, 월 또는 년으로 정한 때에는 기간의 초일은 산입하지 아니한다. 그러나 그 기간이 오전 0시로부터 시작하는 때에는 그러하지 아니하다.
> 제3규칙: 연령계산에는 출생일을 산입한다.
> 제4규칙: ① 기간을 일, 주, 월 또는 년으로 정한 때에는 기간 말일의 종료로 기간이 만료한다. ② 주, 월 또는 년의 처음으로부터 기간을 기산하지 아니하는 때에는 최후의 주, 월 또는 년에서 그 기산일에 해당한 날의 전일로 기간이 만료한다. ③ 월 또는 년으로 정한 경우에 최종의 월에 해당일이 없는 때에는 그 월의 말일로 기간이 만료한다.

〈보 기〉

ㄱ. 甲이 乙에게 2012. 1. 10. 14 : 00에 돈을 빌리면서 5일 이내에 갚기로 한 경우 돈을 2012. 1. 15. 14 : 00까지 갚아야 한다.
ㄴ. 甲이 1989. 10. 4. 14 : 00에 태어났다면 그가 만 20세가 되는 시점은 2009. 10. 3. 24 : 00이다.
ㄷ. 물건을 구매한 날로부터 1달 이내에 반품할 수 있는 것으로 규정되어 있는 경우, 甲이 2012. 1. 30. 14 : 00에 물품을 구매하였다면 2012. 2. 29. 24 : 00까지 반품할 수 있다.
ㄹ. 甲이 2012. 1. 10. 14 : 00에 乙에게 "2012. 1. 17. 오전 0시부터 3일간 내 아파트를 마음대로 사용해도 좋다."고 했다면 乙은 2012. 1. 20. 24 : 00에 아파트를 반환하여야 한다.

① ㄱ, ㄴ
② ㄱ, ㄹ
③ ㄴ, ㄷ
④ ㄴ, ㄹ
⑤ ㄷ, ㄹ

해설

문제 분석

제1규칙: (시, 분, 초 기산점) 기간을 시, 분, 초 → 즉시 기산
제2규칙: (일, 주, 월 기산점) 기간을 일, 주, 월 → 초일 불산입
단서: 기간이 오전 0시 시작
제3규칙: (연령의 기산점) 연령계산은 출생일 산입
제4규칙
① (기간의 만료점) 기간을 일, 주, 월 또는 년으로 정한 때
② 주, 월 또는 년의 처음으로부터 기간을 기산하지 아니하는 때
③ 기간의 월 또는 년의 최종 월에 해당일이 없는 때
※ 기산: 일정한 때나 장소를 기점으로 잡아서 계산을 시작

문제풀이 실마리

민법 제155조부터 제160조까지의 내용 중 일부를 제외하고 규칙이라는 이름으로 지문을 구성한 것이다. 해당 내용이 정확히 이해되지 않더라도 기계적으로 적용한다.

ㄱ. (X) 기간을 5일 이내로 정하였다. 제2규칙, 제4규칙 ①이 적용된다. 1) 제2규칙에 의하면 기간을 일로 정한 때에는 기간의 초일은 산입하지 아니한다. 따라서 2012. 1. 10은 기간의 계산에 산입하지 아니하고 2012. 1. 11~1. 15과 같이 5일을 계산한다. 2) 제4규칙 ①에 의하면 기간을 일로 정한 때에는 기간 말일의 종료로 기간이 만료한다. 따라서 기간 말일인 2012. 1. 15.이 종료되는 2012. 1. 15. 24:00이 기간의 만료 시점이다. 따라서 甲은 乙에게 빌린 돈을 2012. 1. 15. 24:00까지 갚아야 한다.

ㄴ. (O) 연령계산에는 제3규칙이 적용되고, 년의 처음으로부터 기간을 기산하지 아니하는 경우이므로 제4규칙 ②가 적용된다. 1) 제3규칙에 의하면 연령계산은 출생일을 산입하여 1989. 10. 4부터 기산한다. 2) 제4규칙 ②에 따르면 20년이라는 기간은 기산일인 10. 4의 전일인 2009. 10. 3.에, 그리고 제4규칙 ①에 따라 2009. 10. 3. 24:00에 만료된다. 따라서 甲은 2009. 10. 3. 24:00에 만 20세가 된다.

ㄷ. (O) 기간을 1달로 정하였다. 1) 제2규칙에 따라 2012. 1. 30은 기간의 계산에 산입하지 아니하고 2012. 1. 31부터 기산한다. 2) 제4규칙 ②에 따르면 1달이라는 기간은 기산일인 31일의 전일인 30일, 즉 2012. 2. 30.로 기간이 만료한다. 3) 그러나 2월 30일은 없으므로 제4규칙 ③에 따라 2012. 2. 29.에, 그리고 제4규칙 ①에 따라 2012. 2. 29. 24:00에 기간이 만료한다.

ㄹ. (X) 기간을 3일로 정하였다. 1) 제2규칙에 따르면 기간의 초일은 산입하지 아니한다. 그러나 甲이 '2012. 1. 17. 오전 0시부터'라고 하였으므로 제2규칙 단서가 적용되는 경우이다. 따라서 기간의 초일인 2012. 1. 17.부터 기산하여 2012. 1. 17~1. 19와 같이 3일을 계산한다. 2) 제4규칙 ①에 따라 기간말일인 2012. 1. 19.이 종료되는 2012. 1. 19. 24:00이 기간의 만료 시점이다. 따라서 乙은 2012. 1. 19. 24:00에 아파트를 반환하여야 한다.

[정답] ③

80 乙은 甲에 대한 채무를 이행하지 않고 있다. 채권보전이라는 측면만을 고려할 때, 다음 제시문을 근거로 乙에 대한 채권의 소멸시효가 완성되기 전에 甲이 압류 또는 가압류를 통해 가장 먼저 소멸시효를 중단시켜야 할 경우는? (단, 2008년 2월 23일 현재를 기준으로 판단할 것)

08년 5급 창책형 15번

A. 기간(期間)이란 어느 시점에서 어느 시점까지의 계속된 시간을 말한다. 기간을 일 · 주 · 월 · 년으로 정한 때에는 원칙적으로 초일(初日)을 산입하지 않으며, 기간 말일의 종료로 기간이 만료된다. 주 · 월 · 년의 처음부터 기간을 계산하는 경우에는 그 주 · 월 · 년이 종료하는 때에 만료하지만, 처음부터 계산하지 않을 때에는 최후의 주 · 월 · 년에서 기산일에 해당하는 날의 전일로 기간은 만료한다. 이러한 기간의 계산방법은 일정한 기산일부터 소급하여 과거에 역산(逆算)되는 기간에도 준용된다.

B. 소멸시효(消滅時效)는 권리자가 일정한 기간 동안 권리를 행사하지 않는 상태(권리불행사의 상태)가 계속된 경우에 그의 권리를 소멸시키는 제도를 말한다. 즉 소멸시효의 기간이 만료하면 그 권리는 소멸하게 된다. 소멸시효의 기간은 권리를 행사할 수 있는 때부터 진행한다. 예컨대 甲이 3월 10일 乙에게 1천만 원을 1년간 빌려주고, 이자는 연 12%씩 매달 받기로 한 경우, 甲은 乙에게 4월 10일에 이자 10만 원의 지불을 요구할 수 있으므로, 甲의 乙에 대한 4월분 이자채권은 그때부터 소멸시효의 기간이 진행된다.

C. 일반적으로 채권의 소멸시효기간은 10년이다. 다만 (i) 이자 · 부양료 · 사용료 기타 1년 이내의 기간으로 정한 금전 또는 물건의 지급을 목적으로 한 채권, (ii) 의사 · 간호사 · 약사의 치료 · 근로 및 조제에 관한 채권, (iii) 도급받은 자 · 기사 기타 공사의 설계 또는 감독에 종사하는 자의 공사에 관한 채권 등은 3년의 소멸시효에 걸리는 채권이다. 여기서 '1년 이내의 기간으로 정한 채권'이란 1년 이내의 정기로 지급되는 채권을 의미하는 것이지 변제기가 1년 이내인 채권을 말하는 것은 아니다. 그리고 ① 여관 · 음식점의 숙박료 · 음식료의 채권, ② 노역인(勞役人) · 연예인의 임금 및 그에 공급한 물건의 대금채권, ③ 학생 및 수업자의 교육에 관한 교사 등의 채권 등은 1년의 소멸시효에 걸리는 채권이다.

D. 소멸시효 완성에 필요한 권리불행사라는 사실상태는 일정한 사유가 있는 때에 중단되고, 그때까지 진행한 소멸시효의 기간은 효력을 잃게 된다. 즉 소멸시효가 중단되면 그때까지 경과한 시효기간은 이를 산입하지 않고, 중단사유가 종료한 때로부터 새로이 진행한다. 소멸시효의 중단사유로 (i) 청구, (ii) 압류 · 가압류 · 가처분, (iii) 승인이 있다.

① 甲은 친구 乙에게 2000년 6월 10일 5천만 원을 1년간 빌려 주었고, 이자는 받지 않기로 하였다.
② 甲은 乙에게 1998년 9월 20일 자동차를 2천만 원에 팔고, 매매대금은 1년 후에 받기로 하였다.
③ 乙은 2006년 5월 31일 甲의 음식점에서 외상으로 10만 원 상당의 음식을 먹고, 음식값은 15일 후에 주기로 하였다.
④ 개그맨 甲은 2006년 4월 15일 20시부터 22시까지 乙대학축제의 장기자랑 사회를 보았고, 그 대가 1천만 원은 1개월 후에 받기로 하였다.
⑤ 甲이 乙소유의 건물을 수리하고, 3천만 원의 도급 공사대금은 수리가 완료되면 받기로 하였으며, 甲은 약정대로 2005년 3월 28일 공사를 완료하였다.

해설

문제 분석

문단 A: 기간의 정의, 초일 불산입, 기간의 계산 방법
문단 B: 소멸시효의 정의, 권리를 행사할 수 있는 때부터 진행
문단 C: 일반적인 채권의 소멸시효, 예외
문단 D: 소멸시효의 중단
발문에서 2008년 2월 23일 현재 문단 D의 소멸시효 중단사유인 압류 또는 가압류를 통해 가장 먼저 소멸시효를 중단시켜야 할 경우를 찾으라고 하므로 선지별로 비교하여 소멸시효가 완성되지 않은 선지 중 소멸시효가 가장 빨리 완성되는 선지를 찾아야 한다.

① (X) 甲은 친구 乙에게 2000년 6월 10일 5천만 원을 1년간 빌려 주었고, 이자는 받지 않기로 하였다면 소멸시효의 기간은 2001년 6월 11일부터 진행한다. 권리를 행사할 수 있는 때부터 진행한다는 예가 문단 B 4번째 문장에 있고, 문단 A의 초일 불산입 원칙에 따라 2000년 6월 11일부터 2001년 6월 10일까지의 기간 동안 권리를 행사할 수 없는 것으로 해석한다. 문단 C의 3년의 소멸시효에 걸리는 채권, 1년의 소멸시효에 걸리는 채권이 아닌 일반적인 채권으로 소멸시효기간은 10년이다. 즉 소멸시효기간의 만료 시점은 2011년 6월 10일이다.

② (X) 소멸시효의 기간은 1999년 9월 21일부터 진행한다. 선지 ①과 같이 문단 C의 3년 또는 1년의 소멸시효에 걸리는 채권이 아닌 일반적인 채권으로 소멸시효기간은 10년이다. 소멸시효기간의 만료 시점은 2009년 9월 20일이다.

③ (X) 소멸시효의 기간은 2006년 6월 16일부터 진행한다. 乙이 음식점에서 외상으로 10만 원 상당의 음식을 먹고, 음식값은 15일 후에 주기로 한 것은 문단 C의 네 번째 문장 ① 음식점의 음식료 채권에 해당하므로 소멸시효기간은 1년이다. 따라서 소멸시효기간의 만료 시점은 2007년 6월 15일이고 2008년 2월 23일 현재 소멸시효기간의 만료로 소멸시효가 완성되었다. 해당 권리는 소멸하여 더 이상 행사할 수 없다.

④ (X) 소멸시효의 기간은 2006년 5월 16일부터 진행한다. 甲이 乙대학축제의 장기자랑 사회를 보았고, 그 대가 1천만 원은 1개월 후에 받기로 한 것은 문단 C의 네 번째 문장 ②에 해당하므로 소멸시효기간은 1년이다. 따라서 소멸시효기간의 만료 시점은 2007년 5월 15일이고 2008년 2월 23일 현재 소멸시효기간의 만료로 소멸시효가 완성되었다. 해당 권리는 소멸하여 더 이상 행사할 수 없다.

⑤ (O) 소멸시효의 기간은 2005년 3월 29일부터 진행한다. 甲이 乙소유의 건물을 수리하고, 3천만 원의 도급 공사대금은 수리가 완료되면 받기로 한 것은 문단 C 두 번째 문장(ⅲ)에 해당하므로 소멸시효기간은 3년이다. 따라서 소멸시효기간의 만료 시점은 2008년 3월 28일이다.

소멸시효가 완성된 선지 ③, ④를 제외하고 선지 ①, ②, ⑤ 중, 소멸시효기간의 만료 시점이 가장 가까운 선지 ⑤의 경우가 가장 먼저 소멸시효를 중단시켜야 할 경우이다.

빠른 문제풀이 Tip

선지 ③, ④의 경우 연도만 판단함으로써 이미 소멸시효가 완성되었음을 확인할 수 있다. 선지 ①, ②, ⑤ 중에서도 연도만 판단함으로써 ⑤의 소멸시효기간 만료 시점이 가장 빠르다는 것을 알 수는 있으나 선지 ⑤의 경우는 정확한 판단을 위해 연도만 판단해서는 안 되고 월까지 판단하여야 한다.

[정답] ⑤

81 다음을 근거로 판단할 때 A국 사람들이 나눈 대화 중 옳은 것은? (단, 여권은 모두 유효하며, 아래 대화의 시점은 2011년 2월 26일이다) 11년 5급 선책형 4번

〈A국의 비자면제협정 체결 현황〉

(2009. 4. 기준)

대상여권	국가(체류기간)
외교관	우크라이나(90일), 우즈베키스탄(60일)
외교관 · 관용	이집트(90일), 일본(3개월), 에콰도르(외교관: 업무수행기간, 관용: 3개월), 캄보디아(60일)
외교관 · 관용 · 일반	포르투갈(60일), 베네수엘라(외교관 · 관용: 30일, 일반: 90일), 영국(90일), 터키(90일), 이탈리아(90일), 파키스탄(3개월, 2008. 10. 1부터 일반 여권 소지자에 대한 비자면제협정 일시정지)

※ 2009년 4월 이후 변동사항은 고려하지 않는다.
※ 상대국에 파견하는 행정원의 경우에는 관용 여권을 발급한다.
※ 면제기간은 입국한 날부터 기산(起算)한다.
※ 상기 협정들은 상호적인 규정이다.

① 희선: 포르투갈인이 일반 여권을 가지고 2010년 2월 2일부터 같은 해 4월 6일까지 A국을 방문했을 때 비자를 발급받을 필요가 없었겠군.

② 현웅: A국이 작년에 4개월 동안 우즈베키스탄에 행정원을 파견한 경우 비자를 취득해야 했지만, 같은 기간 동안 에콰도르에 행정원을 파견한 경우 비자를 취득할 필요가 없었겠군.

③ 유리: 나는 일반 여권으로 2009년 5월 1일부터 같은 해 8월 15일까지 이탈리아에 비자 없이 체류했었고, 2010년 1월 2일부터 같은 해 3월 31일까지 영국에도 체류했었어.

④ 용훈: 외교관 여권을 가지고 같은 기간을 A국에서 체류하더라도 이집트 외교관은 비자를 발급받아야 하지만, 파키스탄 외교관은 비자를 발급받지 않아도 되는 경우가 있겠군.

⑤ 예리: 관용 여권을 가지고 2010년 5월 5일부터 같은 해 5월 10일까지 파키스탄을 방문했던 A국 국회의원은 비자를 취득해야 했었겠군.

해설

문제 분석

A국과 상대방 국가는 일정 기간 비자 없이 체류할 수 있는 비자면제협정을 체결하며, 면제기간은 입국한 날부터 기산(起算)한다.

문제풀이 실마리

- 1개월은 28일부터 31일까지 가능하다.
- 면제기간은 입국한 날부터 기산하므로 초일 산입 계산법을 사용해야 한다.

① (X) 포르투갈은 외교관 · 관용 · 일반 여권으로 60일까지 비자 없이 체류할 수 있다. 따라서 2월 2일부터 같은 해 4월 6일까지 64일간 체류하기 위해서는 비자 발급이 필요하다.

② (X) 우즈베키스탄은 외교관 여권의 경우에만 비자 없이 체류하는 것이 가능하다. 따라서 관용 여권을 발급받는 행정원의 경우에는 비자 면제 대상이 아니기 때문에 비자발급이 필요하다. 한편, 에콰도르는 관용 여권의 경우 3개월까지 비자 없이 체류하는 것이 가능하다. 따라서 4개월 동안 행정원을 파견하기 위해서는 4개월은 3개월을 초과하기 때문에 비자발급이 필요하다.

③ (X) 이탈리아는 외교관 · 관용 · 일반 여권 모두 90일까지는 비자 없이 체류할 수 있다. 그런데 2009년 5월 1일부터 같은 해 8월 15일까지는 107일의 기간으로 90일을 초과하기 때문에 비자발급이 필요하다. 한편, 영국도 마찬가지로 외교관 · 관용 · 일반 여권 모두 90일까지는 비자 없이 체류할 수 있다. 2010년 1월 2일부터 같은 해 3월 31일까지는 89일의 기간으로 기간의 범위 안에 들어오기 때문에 비자 없이 체류하는 것이 가능하다.

④ (O) 외교관 여권을 가지고 A국에 체류하는 경우 이집트는 90일 동안, 파키스탄은 3개월 동안 비자 없이 체류하는 것이 가능하다. 이때 주의해야 하는 점이 3개월은 날짜로 환산하면 89일부터 92일까지일 수 있다는 점이다. 따라서 같은 기간을 A국에서 체류하더라도, 즉 91 또는 92일을 체류하는 경우 이집트 외교관은 비자를 발급받아야 하지만, 파키스탄 외교관은 비자를 발급받지 않아도 되는 경우가 있을 수 있다.

⑤ (X) 파키스탄은 관용 여권의 경우 3개월 동안 비자 없이 체류하는 것이 가능하다. 따라서 관용 여권을 가지고 2010년 5월 5일부터 같은 해 5월 10일까지 6일간 파키스탄을 방문했던 A국 국회의원은 비자를 취득하지 않더라도 체류할 수 있었을 것이다. 파키스탄에서의 예외규정은 2008. 10. 1부터 일반 여권 소지자에 대한 비자면제협정이 일시정지되었다는 점인데, 이는 일반 여권에 한정될 뿐, 관용 여권 또는 외교관 여권에 적용되는 것은 아니므로 혼동하지 않도록 주의하자.

빠른 문제풀이 Tip

- 3개월의 기간을 90일이라고 단정할 수 없다. 89일부터 92일까지의 범위로 가능하다.
- 2월은 28일 또는 29일까지 있지만, 2월을 제외한 나머지 달들은 모두 30일 이상이다. 따라서 2월을 포함하지 않는다면, 3개월은 90일보다 반드시 더 길고, 6개월은 180일보다 반드시 더 길다. 이를 통해 대략적인 날짜의 범위를 빠르게 검토해 볼 수 있다.

[정답] ④

82 다음 <화장품의 사용가능기한>과 <화장품의 제조번호 표기방식>에 근거할 때, 사용가능기한이 지난 화장품은? (단, 2012년 2월 1일 현재를 기준으로 한다) 12년 5급 인책형 29번

〈화장품의 사용가능기한〉

제품 유형	사용가능기한	
	개봉 전 (제조일로부터)	개봉 후 (개봉일로부터)
스킨	3년	6개월
에센스	3년	6개월
로션	3년	1년
아이크림	3년	1년
클렌저	3년	1년
립스틱	5년	1년

※ 두 가지 사용가능기한 중 어느 한 기한이 만료되면 사용가능기한이 지난 것으로 본다.

〈화장품의 제조번호 표기방식〉

M0703520이라는 표기에서 07은 2007년을 뜻하고, 035는 2007년의 35번째 날, 즉 2월 4일 제조된 것을 뜻한다. 맨 마지막의 20은 생산라인 번호를 나타낸다.

① M1103530이라고 쓰여 있고 개봉된 립스틱
② M0903530이라고 쓰여 있고 개봉되지 않은 클렌저
③ M0902140이라고 쓰여 있고 개봉된 날짜를 알 수 없는 아이크림
④ M0904030이라고 쓰여 있고 2011년 100번째 되는 날 개봉된 로션
⑤ M0930750이라고 쓰여 있고 2011년의 325번째 되는 날 개봉된 스킨

해설

문제 분석

〈화장품의 사용가능기한〉을 판단할 때 개봉 여부에 따라 사용가능기한이 달라지므로 선지에서 개봉 여부를 확인한다. 그러나 각주에서 설명하듯이 개봉 전과 개봉 후의 사용가능기한 중 어느 한 기한이 만료되면 사용가능기한이 지난 것으로 본다. 예를 들어 스킨의 경우 제조일로부터 2년 9개월이 지난 시점에 개봉했다면 개봉 후 사용가능기한인 6개월보다 제조일로부터의 사용가능기한이 먼저 만료된다. 따라서 개봉된 경우라면 제조일, 개봉일로부터의 사용가능기한을 모두 확인할 필요가 있다. 〈화장품의 제조번호 표기방식〉에서 주어져 있는 'M0703520'에서 각 숫자의 의미에 대해 정리해 보면 다음과 같다. 알파벳 이후 주어져 있는 숫자는 알파벳 이후부터 첫 번째 자리, 두 번째 자리와 같이 부르도록 한다.

M0703520

첫 번째, 두 번째 자리	세 번째~다섯 번째 자리	여섯 번째, 일곱 번째 자리
생산년도 뒤의 두 자리	생산일(생산년도의 몇 번째 날인지)	생산라인 번호

생산라인의 번호는 사용가능기한을 판단하는 것과 상관이 없으므로 이하에서는 언급하지 않는다.

현재는 2012년 2월 1일이다. 1) 제조일로부터의 사용가능기한, 2) 개봉일로부터의 사용가능기한으로 구분하여 검토해 보겠다.

① (X) M11035300이라고 쓰여 있고 개봉된 립스틱은 2011년 2월 4일에 제조되었다. 1) 현재는 제조일로부터 5년이 만료되지 않았고, 2) 현재는 제조일로부터 1년이 경과하지 않았으므로 제조 직후 개봉하였다고 하더라도 1년이 만료되지 않았다.

② (X) M09035300이라고 쓰여 있는 클렌저는 2009년 2월 4일에 제조되었다. 개봉되지 않은 클렌저이므로 1)만 검토한다. 현재는 제조일로부터 3년이 만료되지 않았다.

③ (O) M09021400이라고 쓰여 있고 아이크림은 2009년 1월 21일에 제조되었다. 개봉된 날짜를 알 수 없으므로 우선 1)만 검토해본다. 현재는 제조일로부터 3년 이상 경과하여 3년이 만료되었으므로 사용가능기한이 지난 것이다.

④ (X) M09040300이라고 쓰여 있는 로션은2009년 2월 9일에 제조되었다. 1) 현재는 제조일로부터 3년이 만료되지 않았다. 2) 개봉일인 2011년 100번째 되는 날은 2011년 4월 10일이다. 현재는 개봉일로부터 1년이 만료되지 않았다.

⑤ (X) M09307500이라고 쓰여 있는 스킨은 2009년 11월 3일에 제조되었다. 현재는 제조일로부터 3년이 만료되지 않았다. 2) 개봉일인 2011년의 325번째 되는 날은 2011년 11월 21일이다. 현재는 개봉일로부터 6개월이 만료되지 않았다.

빠른 문제풀이 Tip

선지 ④, ⑤에서 이전 선지와 다르게 생산일 또는 개봉일의 날짜 계산의 단위가 커진다. 그러나 문제에서의 사용가능기한은 최소 반년 단위이므로 해당 기한이 만료되었는지 여부를 판단할 때 위의 해설과 같이 정확한 날짜를 확인하지 않아도 상관없다. 예를 들어 선지 ⑤에서 제조일을 판단할 수 있는 '307'은 대략적으로 11월 초, 개봉일인 325번째 날은 대략적으로 11월 말과 같이 생각해도 된다. 오히려 반대로 현재의 날짜 2012년 2월 1일을 M12032XX와 같이 제조번호처럼 생각해서 '12032' 부분을 다른 주어진 날짜들과 비교하는 것도 괜찮다.

[정답] ③

83 다음 글과 <상황>을 근거로 추론할 때 옳지 않은 것은? (단, 월·일은 양력 기준이다)

절기(節氣)는 태양의 주기에 기초해서 1개월에 2개씩 지정되는 것으로 1년에 총 24개의 절기가 있다. 24절기는 12절기와 12중기로 이루어져 있는데, 각 달의 첫 번째는 절기, 두 번째는 중기라 한다. 절기를 정하는 방법으로 정기법이 있다. 정기법은 황도상의 해당 지점인 태양황경을 기준으로 태양이 동쪽으로 15도 간격으로 이동할 때마다, 즉 15도씩 증가할 때마다 절기와 중기를 매겨 나가는 방법이다. 황경은 지구에서 태양을 보았을 때, 태양이 1년 동안 하늘을 한 바퀴 도는 길인 황도를 지나가는 각도이다. 춘분은 황경의 기점이 되며, 황경이 0도일 때이다.

양력	절기	중기	양력	절기	중기
1월	소한	대한	7월	소서	대서
2월	입춘	우수	8월	입추	처서
3월	경칩	춘분	9월	백로	추분
4월	청명	곡우	10월	한로	상강
5월	입하	소만	11월	입동	소설
6월	망종	하지	12월	대설	동지

계절은 3개월마다 바뀌고, 각 계절마다 6개의 절기가 있다. 입춘, 입하, 입추, 입동은 봄, 여름, 가을, 겨울이 시작되는 첫날이다. 절기 사이에는 15일의 간격이 있다. 그런데 일부 절기 사이의 간격은 하루가 늘거나 줄기도 한다.

〈상 황〉

- 올해는 입하, 망종, 하지, 대서, 입추, 백로, 한로가 앞 절기와 16일 간격이고, 대한과 대설은 앞 절기와 14일 간격이다.
- 올해 춘분은 3월 21일이다.
- 올해 2월은 28일까지 있다.

① 올해 여름의 첫날은 5월 5일이다.
② 절기의 양력 날짜는 매년 고정적인 것은 아니다.
③ 올해 태양황경이 60도가 되는 날은 5월 중기인 소만이다.
④ 올해 7월 24일은 태양황경이 120도에서 135도 사이에 있는 날이다.
⑤ 올해 입춘부터 곡우까지의 날짜 간격은 한로부터 동지까지의 날짜 간격보다 길다.

해설

문제 분석

문제에서 주어진 정보를 반영해 보면 다음과 같다.

양력	절기	중기	양력	절기	중기
1월	소한 +14 →	대한	7월	소서 +16 →	대서
2월	입춘	우수	8월	+16 ↙ 입추	처서
3월	경칩	춘분 21일	9월	+16 ↙ 백로	추분
4월	청명	곡우	10월	+16 ↙ 한로	상강
5월	+16 ↙ 입하	소만	11월	입동	소설
6월	+16 ↙ 망종 +16 →	하지	12월	+14 ↙ 대설	동지

문제풀이 실마리

이를 반영해서 각 절기의 날짜를 구해보면 다음과 같다.

양력	간격	절기	날짜	간격	중기	날짜
1월	+15일	소한	1월 6일	+14일	대한	1월 20일
2월	+15일	입춘	2월 4일	+15일	우수	2월 19일
3월	+15일	경칩	3월 6일	+15일	춘분	3월 21일
4월	+15일	청명	4월 5일	+15일	곡우	4월 20일
5월	+16일	입하	5월 6일	+15일	소만	5월 21일
6월	+16일	망종	6월 6일	+16일	하지	6월 22일
7월	+15일	소서	7월 7일	+16일	대서	7월 23일
8월	+16일	입추	8월 8일	+15일	처서	8월 23일
9월	+16일	백로	9월 8일	+15일	추분	9월 23일
10월	+16일	한로	10월 9일	+15일	상강	10월 24일
11월	+15일	입동	11월 8일	+15일	소설	11월 23일
12월	+14일	대설	12월 7일	+15일	동지	12월 22일

① (X) 올해 여름의 첫날 즉, 입하는 5월 5일이 아니라 5월 6일이다.

② (O) 제시문 맨 마지막에서 일부 절기 사이의 간격은 하루가 늘거나 줄기도 한다고 설명하고 있다. 또한 〈상황〉에서 각 절기 간의 간격을 말할 때, '올해는' 입하, 망종, 하지, 대서, 입추, 백로, 한로가 앞 절기와 16일 간격이고, 대한과 대설은 앞 절기와 14일 간격이라고 설명하고 있다. 이는 매년 고정적인 것이 아니라 올해에 해당하는 설명임을 추론할 수 있다. 절기 간의 간격이 매년 조금이라도 달라질 수 있다면 절기의 양력 날짜는 매년 고정적인 것은 아니다. 마찬가지로 〈상황〉에서 '올해' 춘분은 3월 21일이라고 설명하는데, 절기의 양력 날짜가 매년 고정적이었다면 그냥 '춘분은 3월 21일이다.'라고 하거나, '매년 춘분은 3월 21일이다.'라고 설명했을 것이다.
또한 〈상황〉에서 '올해 2월은 28일까지 있다.'라는 정보가 주어진다. 절기 사이에 간격이 고정적이라 하더라도 만약 윤달이 있는 윤년이라 2월이 29일까지라 하루가 늘어난다면 절기의 양력 날짜가 달라질 수 있다.

③ (O) 첫 번째 문단에서 보면, 춘분은 황경의 기점이 되며, 황경이 0도일 때이고, 정기법은 황도상의 해당 지점인 태양황경을 기준으로 태양이 동쪽으로 15도 간격으로 이동할 때마다, 즉 15도씩 증가할 때마다 절기와 중기를 매겨 나가는 방법이다. 따라서 올해 태양황경이 60도가 되는 날은 춘분에서 15×4=60, 4번째 절기여야 하므로 5월 중기인 소만이다.

④ (O) 태양황경이 120도일 때는 춘분에서 8번째 절기인 대서이고, 태양황경이 135도일 때는 춘분에서 9번째 절기인 입추이다. 위에서 계산한 결과 대서는 7월 23일이고 입추는 8월 8일이므로 올해 7월 24일은 태양황경이 120도에서 135도 사이에 있는 날이다.

⑤ (O) 올해 입춘부터 곡우까지의 날짜 간격은 절기마다 15일 간격이 5번 반복되므로 75일의 간격이다. 한로부터 동지까지의 날짜 간격은 그 중간에 소설부터 대설까지의 간격이 14일이므로, 15일의 간격이 4번에 14일의 간격이 한 번이라 74일의 간격이다. 따라서 올해 입춘부터 곡우까지의 날짜 간격 75일은 한로부터 동지까지의 날짜 간격 74일보다 길다.

빠른 문제풀이 Tip

- 선지 ⑤에서 기본적으로 절기 사이의 간격이 15일이므로 16일(+1) 또는 14일(−1)이 있는지 여부를 체크해 보면 보다 빠르게 확인 가능하다.
- 이 문제는 여러 방법으로 해결이 가능한 문제이다. 다양한 방법으로 연습해 보도록 하자.

[정답] ①

84 다음 글과 <상황>을 근거로 판단할 때 옳은 것은? (단, 기간을 일(日)로 정한 때에는 기간의 초일은 산입하지 않는다)

17년 5급 가책형 25번

제○○조(위원회의 직무) 위원회는 그 소관에 속하는 의안과 청원 등의 심사 기타 법률에서 정하는 직무를 행한다.
제△△조(안건의 신속처리) ① 위원회에 회부된 안건을 제2항에 따른 신속처리대상안건으로 지정하고자 하는 경우 의원은 재적의원 과반수가 서명한 신속처리대상안건 지정요구 동의(이하 "신속처리안건지정동의")를 국회의장에게, 안건의 소관 위원회 소속 위원은 소관 위원회 재적위원 과반수가 서명한 신속처리안건지정동의를 소관 위원회 위원장에게 제출하여야 한다. 이 경우 의장 또는 안건의 소관 위원회 위원장은 지체 없이 신속처리안건지정동의를 무기명투표로 표결하되 재적의원 5분의 3 이상 또는 안건의 소관 위원회 재적위원 5분의 3 이상의 찬성으로 의결한다.
② 의장은 제1항에 따라 신속처리안건지정동의가 가결된 때에는 해당 안건을 제3항의 기간 내에 심사를 마쳐야 하는 안건(이하 "신속처리대상안건")으로 지정하여야 한다.
③ 위원회는 신속처리대상안건에 대한 심사를 그 지정일부터 180일 이내에 마쳐야 한다. 다만, 법제사법위원회는 신속처리대상안건에 대한 체계 · 자구심사를 그 지정일, 제4항에 따라 회부된 것으로 보는 날 또는 제□□조에 따라 회부된 날부터 90일 이내에 마쳐야 한다.
④ 위원회(법제사법위원회를 제외한다)가 신속처리대상안건에 대하여 제3항에 따른 기간 내에 신속처리대상안건의 심사를 마치지 아니한 때에는 그 기간이 종료된 다음 날에 소관 위원회에서 심사를 마치고 체계 · 자구심사를 위하여 법제사법위원회로 회부된 것으로 본다.
⑤ 법제사법위원회가 신속처리대상안건에 대하여 제3항에 따른 기간 내에 심사를 마치지 아니한 때에는 그 기간이 종료한 다음 날에 법제사법위원회에서 심사를 마치고 바로 본회의에 부의된 것으로 본다.
⑥ 제5항에 따른 신속처리대상안건은 본회의에 부의된 것으로 보는 날부터 60일 이내에 본회의에 상정되어야 한다.
제□□조(체계 · 자구의 심사) 위원회에서 법률안의 심사를 마치거나 입안한 때에는 법제사법위원회에 회부하여 체계와 자구에 대한 심사를 거쳐야 한다.

〈상 황〉

- 국회 재적의원은 300명이고, 지식경제위원회 재적위원은 25명이다.
- 지식경제위원회에 회부된 안건 X가 3월 2일 신속처리대상안건으로 지정되었다.

① 안건 X는 국회 재적의원 중 최소 150명 또는 지식경제위원회 위원 중 최소 13명의 찬성으로 신속처리대상안건으로 지정되었다.
② 지식경제위원회는 안건 X에 대해 당해년도 10월 1일까지 심사를 마쳐야 한다.
③ 지식경제위원회가 안건 X에 대해 기간 내 심사를 마치지 못했다면, 90일을 연장하여 재심사 할 수 있다.
④ 지식경제위원회가 안건 X에 대해 심사를 마치고 당해년도 7월 1일 법제사법위원회로 회부했다면, 법제사법위원회는 당해년도 9월 29일까지 심사를 마쳐야 한다.
⑤ 안건 X가 당해년도 8월 1일 법제사법위원회로 회부되었고 법제사법위원회가 기간 내 심사를 마치지 못했다면, 다음 해 1월 28일에 본회의에 부의된 것으로 본다.

해설

문제 분석

순서대로 제1조, 제2조, 제3조라 한다.

- 제2조 제3항: 위원회는 신속처리대상안건에 대한 심사를 그 지정일부터 180일 이내에 마쳐야 한다.
- 제2조 제3항 단서: 법제사법위원회는 신속처리대상안건에 대한 체계 · 자구심사를 그 지정일, 제4항에 따라 회부된 것으로 보는 날 또는 위원회에서 법률안의 심사를 마치거나 입안하여 법제사법위원회에 회부된 날부터 90일 이내에 마쳐야 한다.
- 제2조 제4항: 법제사법위원회를 제외한 위원회가 신속처리대상안건에 대하여 제3항에 따른 기간 내에 신속처리대상안건의 심사를 마치지 아니한 때에는 그 기간이 종료된 다음 날에 소관 위원회에서 심사를 마치고 체계 · 자구심사를 위하여 법제사법위원회로 회부된 것으로 본다.
- 제2조 제5항: 법제사법위원회가 신속처리대상안건에 대하여 제3항에 따른 기간 내에 심사를 마치지 아니한 때에는 그 기간이 종료한 다음 날에 법제사법위원회에서 심사를 마치고 바로 본회의에 부의된 것으로 본다.

문제풀이 실마리

날짜 계산을 빠르고 정확하게 할 수 있어야 한다.

① (X) 제2조 제1항 및 제2항. 국회 재적의원 300명의 5분의 3이상인 최소 180명 또는 안건의 소관위원회인 지식경제위원회의 재적위원 25명의 5분의 3 이상인 최소 15명의 찬성이 있어야 신속처리대상안건으로 지정 가능하다.

② (X) 제2조 제3항. 위원회는 신속처리대상안건에 대한 심사를 그 지정일부터 180일 이내에 마쳐야 한다. 따라서 지식경제위원회는 지정일인 3월 2일부터 180일 이내인 8월 29일까지는 안건 X에 대한 심사를 마쳐야 한다.

③ (X) 제2조 제4항. 위원회가 신속처리대상안건에 대하여 제3항에 따른 기간 내에 신속처리대상안건의 심사를 마치지 아니한 때에는 기간을 연장하여 재심사하는 것이 아니라, 그 기간(8월 29일)이 종료된 다음 날(8월 30일)에 소관 위원회에서 심사를 마치고 체계 · 자구심사를 위하여 법제사법위원회로 회부된 것으로 본다.

④ (O) 제2조 제3항 단서, 제3조. 법제사법위원회는 신속처리대상안건에 대한 체계 · 자구심사를 제□□조에 따라 회부된 날(7월 1일)부터 90일 이내인 9월 29일까지는 마쳐야 한다.

⑤ (X) 제2조 제3항 단서 및 제5항. 제3항에 따라 법제사법위원회는 8월 1일부터 90일 이내인 10월 30일까지 심사를 마쳐야 한다. 이 기간 내에 심사를 마치지 못한 경우에는 제5항에 따라 그 기간이 종료한 다음날(10월 31일)에 안건이 본회의에 부의된 것으로 본다.

빠른 문제풀이 Tip

- 선지 ②에서 3월 2일로부터 180일 이내를 따질 때, 180일을 대략 6개월 정도로 봤을 때 9월 2일 안팎이어야 하는데, 선지에 주어진 10월 1일은 9월 2일과는 대략 한 달 정도 떨어져 있어 차이가 크다.
- 선지 ⑤는 8월 1일부터 90일 이내를 따질 때, 90일을 대략 3개월 정도로 보면 11월 1일 안팎이어야 하는데, 선지에 주어진 다음 해 1월 28일과는 차이가 크다.
- 앞서 살펴본 두 선지는 대략적인 날짜 범위로 검토했을 때 차이가 크므로, 정확하게 계산할 필요가 없다.

[정답] ④

85 다음 글을 근거로 판단할 때, <보기>에서 민원을 정해진 기간 이내에 처리한 것만을 모두 고르면?

20년 5급 나책형 5번

제00조 ① 행정기관의 장은 '질의민원'을 접수한 경우에는 다음 각 호의 기간 이내에 처리하여야 한다.
1. 법령에 관해 설명이나 해석을 요구하는 질의민원 : 7일
2. 제도 · 절차 등에 관해 설명이나 해석을 요구하는 질의민원: 4일

② 행정기관의 장은 '건의민원'을 접수한 경우에는 10일 이내에 처리하여야 한다.
③ 행정기관의 장은 '고충민원'을 접수한 경우에는 7일 이내에 처리하여야 한다. 단, 고충민원의 처리를 위해 14일의 범위에서 실지조사를 할 수 있고, 이 경우 실지조사 기간은 처리기간에 산입(算入)하지 아니한다.
④ 행정기관의 장은 '기타민원'을 접수한 경우에는 즉시 처리하여야 한다.

제00조 ① 민원의 처리기간을 '즉시'로 정한 경우에는 3근무시간 이내에 처리하여야 한다.
② 민원의 처리기간을 5일 이하로 정한 경우에는 민원의 접수시각부터 '시간' 단위로 계산한다. 이 경우 1일은 8시간의 근무시간을 기준으로 한다.
③ 민원의 처리기간을 6일 이상으로 정한 경우에는 '일' 단위로 계산하고 첫날을 산입한다.
④ 공휴일과 토요일은 민원의 처리기간과 실지조사 기간에 산입하지 아니한다.

※ 업무시간은 09:00～18:00이다. (점심시간 12:00～13:00 제외)
※ 3근무시간: 업무시간 내 3시간
※ 광복절(8월 15일, 화요일)과 일요일은 공휴일이고, 그 이외에 공휴일은 없다고 가정한다.

〈보 기〉

ㄱ. A부처는 8.7(월) 16시에 건의민원을 접수하고, 8.21(월) 14시에 처리하였다.
ㄴ. B부처는 8.14(월) 13시에 고충민원을 접수하고, 10일간 실지조사를 하여 9.7(목) 10시에 처리하였다.
ㄷ. C부처는 8.16(수) 17시에 기타민원을 접수하고, 8.17(목) 10시에 처리하였다.
ㄹ. D부처는 8.17(목) 11시에 제도에 대한 설명을 요구하는 질의민원을 접수하고, 8.22(화) 14시에 처리하였다.

① ㄱ, ㄴ　　② ㄱ, ㄷ
③ ㄴ, ㄹ　　④ ㄱ, ㄷ, ㄹ
⑤ ㄴ, ㄷ, ㄹ

해설

문제 분석

• 첫 번째 조문: 처리기간
제1항 질의민원　　제2항 건의민원
제3항 고충민원, 단서(실지조사)　　제4항 기타민원

• 두 번째 조문: 처리기간의 계산
제1항 즉시는 3근무시간　　제2항 5일 이하는 시간 단위로
제3항 6일 이상은 일 단위로(첫날 산입)
제4항 공휴일과 토요일은 산입 안 함

각주에서 광복절(8월 15일, 화요일)이 공휴일로 주어져 있고 〈보기〉에서는 여러 민원들의 처리기간에 대해 묻고 있으므로 8월 15일을 화요일로 하는 달력의 일부분을 생각한다. 이하의 달력에서는 공휴일과 토요일은 음영 처리하였다.

ㄱ. (O) A부처는 8.7(월) 16시에 건의민원을 접수하였다. 첫 번째 조문 제2항에 따르면 '건의민원'의 처리기간은 10일 이내이고, 두 번째 조문 제3항에 따라 민원의 처리기간이 6일 이상인 경우, '일' 단위로 계산하고 첫날을 산입한다. 첫날을 산입하여 8.7(월)부터 공휴일과 토요일인 8.12(토), 13(일), 15(광복절), 19(토), 20(일)을 제외하고 8.21(월)까지 처리한다. '일' 단위로 계산하므로 시간은 문제되지 않고 업무시간 내에 처리하면 된다. 따라서 8.21(월) 14시에 해당 민원을 처리한 것은 정해진 기간 이내에 처리한 것이다. 달력으로 나타내면 다음과 같다.

일	월	화	수	목	금	토
8/6	7	8	9	10	11	12
13	14	15	16	17	18	19
20	21	22	23	24	25	26

ㄴ. (X) B부처는 8.14(월) 13시에 고충민원을 접수하였다. 첫 번째 조문 제3항에 따르면 '고충민원'의 처리기간은 7일 이내이고, 두 번째 조문 제3항에 따라 '일' 단위로 계산하고 첫날을 산입한다. 10일간 실지조사를 하였으므로 첫 번째 조문 제3항 단서에 따라 해당 기간은 처리기간에 산입하지 아니한다. 따라서 8.14(월)부터 총 17일 이내인 9.6(수)까지 처리한다. 9.7(목) 10시에 해당 민원을 처리한 것은 정해진 기간 이내에 처리한 것이 아니다. 달력으로 나타내면 다음과 같다.

일	월	화	수	목	금	토
8/13	14	15	16	17	18	19
20	21	22	23	24	25	26
27	28	29	30	31	9/1	2
3	4	5	6	7	8	9

ㄷ. (O) C부처는 8.16(수) 17시에 기타민원을 접수하였다. 첫 번째 조문 제4항에 따라 '기타민원'은 즉시 처리하여야 하고, 두 번째 조문 제1항에 따라 3근무시간 내에 처리한다. 8.16(수) 17:00～18:00이 1업무시간, 다음날인 8.17(목) 09:00～11:00이 2업무시간이므로 3업무시간 이내인 8.17(목) 11시까지 처리한다. 8.17(목) 10시에 해당 민원을 처리한 것은 정해진 기간 이내에 처리한 것이다.

ㄹ. (O) D부처는 8.17(목) 11시에 제도에 대한 설명을 요구하는 질의민원을 접수하였다. 첫 번째 조문 제1항 제2호에 따라 해당 질의민원은 4일 이내에 처리하여야 하고 두 번째 조문 제2항에 따라 민원의 처리기간이 5일 이하인 경우, '시간' 단위로 계산한다. 1일은 8시간의 근무시간을 기준으로 하므로 4일 뒤 민원을 접수한 시간 이내에 처리한다. 즉, 8.19(토), 8.20(일)을 제외하고 8.23(수) 11시까지 처리한다. 8.22(화) 14시에 해당 민원을 처리한 것은 정해진 기간 이내에 처리한 것이다.

빠른 문제풀이 Tip

직접 달력을 그리는 것은 시간이 많이 소모된다. 달력을 그리지 않고 계산할 때 초일 산입에 주의한다. 예를 들어 ㄴ에서 아직 공휴일과 토요일을 감안하지 않고 8.14(월)부터 17일 이내는 8.31(목)이 아니라 8.30(수)이다.

[정답] ④

2 요일 계산

86 **다음 <보기>는 용수철로 묶여 있어서 앞뒤로 자유롭게 넘길 수 있는 OOOO년도 우리나라의 달력이다. 이 달력은 해당 연도의 12개월분이 있었는데, 그 중 여러 장이 찢겨나가 있었고, 이전 사용자가 의도적으로 ◯과 같은 구멍을 뚫어 놓아서 그 다음 장 혹은 그 이후의 장에 있는 숫자가 보이게 되어 있었다. 다음 중 이 달력과 관련하여 판단한 것으로 옳지 않은 것은?**

08년 5급 창책형 16번

〈보 기〉

○ i)첫 장은 일요일에 해당되는 날과 15일(국경일)이 빨간색으로 표시되어 있었다.
○ ii)공휴일인 국경일은 삼일절, 광복절, 개천절뿐이다.
○ iii)달력의 해당 연도는 윤년이 아니고 홀수 달은 모두 찢겨나가 있었다.

일	월	화	수	목	금	토
			③	2	①	4
5	6	7	8	9	10	11
12	13	14	15	16	17	18
19	20	21	㉕	23	24	25
26	27	28	29	30	31	

① 첫 장은 해당 연도의 12월이 아니다.
② ㉕가 원래 속해 있는 달은 10월이 아니다.
③ ③이 원래 속해 있는 달은 첫 장 달의 2개월 후이다.
④ ①이 원래 속해 있는 달은 첫 장 달과 4개월의 차이가 있다.
⑤ ③이 원래 속해 있는 달과 ㉕가 원래 속해 있는 달은 6개월의 차이가 있다.

해설

문제 분석

1) 조건 i), ii)를 조합해 보면 15일이 빨간색으로 표시되어 있는 첫 장은 8월이고 15일은 광복절임을 알 수 있다.
2) 발문의 '그 다음 장 혹은 그 이후의 장'이라는 표현과 〈보기〉의 그림에 첫 번째, 두 번째 구멍을 통해 첫 장이 아닌 다른 장에도 구멍을 뚫어 놓았다는 것을 알 수 있다.
3) 조건 iii)과 발문의 '용수철로 묶여 있어서 앞뒤로 자유롭게 넘길 수 있는'이라는 표현을 조합해 보면 첫 장이 8월이라도 첫 장 뒤에 짝수 달 중 2, 4, 6월과 같이 이미 지나간 달의 숫자가 보일 수 있다.

문제풀이 실마리

달력에 기반한 날짜 계산 문제는 출제되는 경우가 종종 있다. 고려해야 하는 달이 많지 않은 경우는 직접 달력을 그려가며 확인해볼 수 있지만, 해당 문제와 같이 고려해야 하는 달이 많은 경우는 계산을 통해 날짜를 확인해 본다.

① (O) 조건 ii)의 국경일 중 15일에 해당하는 것은 광복절뿐이므로 첫 장은 8월이다.

② (O) 10월 25일이 무슨 요일인지 확인한다. 첫 장의 8월 25일을 기준으로 61일이 지나야 한다(8월은 31일까지, 9월은 30일까지이다). 이를 일주일 단위인 7로 나누면 나머지는 5이다. 10월 25일의 요일은 8월 25일 토요일을 기준으로 5일 뒤인 목요일이다. 따라서 첫 장의 구멍을 통해 보이는 25일 수요일은 10월이 아니다.

③ (O) 첫 장 달의 2개월 후인 10월 3일이 무슨 요일인지 확인한다. 첫 장의 3일은 구멍을 뚫어 놓아서 그림에 나타나지는 않지만, 금요일임을 알 수 있다. 선지 ②와 마찬가지로 생각해보면 첫 장의 8월 3일 금요일을 기준으로 5일 뒤는 수요일이므로 3이 원래 속해 있는 달은 첫 장 달의 2개월 후인 10월이다.

④ (X) 첫 장 달인 8월 1일은 수요일임을 알 수 있다. 우선 4개월 후인 12월부터 검토해 보면 8월 1일을 기준으로 12월 1일은 122일이 지나야 한다. 122를 7로 나누면 나머지는 3이므로 12월 1일의 요일은 8월 1일 수요일을 기준으로 3일 뒤인 토요일이다. 그렇다면 4개월 전인 4월 1일을 확인해 보자. 4월 1일은 12월 1일을 기준으로 122일 전이다. 그러므로 4월 1일의 요일은 8월 1일 수요일을 기준으로 3일 전인 일요일이다. ①이 원래 속해 있는 달은 첫 장 달인 8월과 4개월의 차이가 있지 않다.(→ 빠른 문제풀이 TIP)

⑤ (O) 이상과 같이 검토하다 보면 일정 정도 규칙성을 발견할 수 있다. 규칙성을 토대로 이제까지의 검토과정을 거꾸로 생각해보면 ③이 원래 속해 있는 달은 10월, ㉕가 원래 속해 있는 달은 4월임을 알 수 있다. 두 달은 6개월의 차이가 있다.

빠른 문제풀이 Tip

위의 해설에서 언급한 규칙성을 그림으로 나타내 보면 다음과 같다.

월	2	3	4	5	6	7	8	9	10	11	12
일	28	31	30	31	30	31	31	30	31	30	31
나머지	+0	+3	+2	+3	+2	+3	+3	+2	+3	+2	

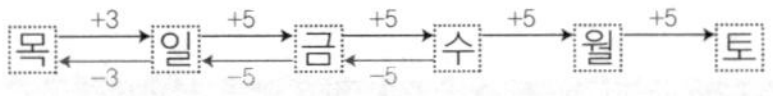

8월을 기준으로 8월은 31일까지 있으므로 7로 나눈 나머지만 고려하면 3이다. 그렇다면 예를 들어 다음 달인 9월의 모든 날짜의 요일을 확인할 수 있다. 8월 15일이 수요일이라면 9월 15일은 수요일의 3일 뒤인 토요일이다. 또 다른 예로 8월을 기준으로 전달인 7월 15일의 요일은 수요일의 3일 전인 일요일이다. 8월과 여러 달이 차이나는 경우는 여러 달의 나머지를 모두 더해서 다시 7로 나눈 나머지를 고려하면 된다. 예를 들어 2월 15일의 요일을 확인해 보려면 2월부터 7월까지 나머지는 각각 0, 3, 2, 3, 2, 3이다. 모두 더하면 13이고 다시 7로 나누면 6이다. 그렇다면 2월 15일은 수요일의 6일 전인 목요일이다. 이러한 규칙성을 바탕으로 선지 ②, ④에 등장하는 날짜들의 요일을 확인해 보자.

② ㉕가 원래 속해 있는 달이 어느 달인지 확인해 보면 다음과 같다. 첫 장의 8월 25일을 기준으로 6월 25일은 61일 전(7월은 31일까지, 6월은 30일까지이다)이고 7로 나누면 나머지는 5이다. 8월 25일 토요일을 기준으로 5일 전은 월요일이다. 6월은 제외된다. 4월 25일은 122일 전이다. 7로 나누면 나머지는 3이고 토요일을 기준으로 3일 전은 수요일이다. ㉕가 원래 속해 있는 달은 4월이다.

④ ①이 원래 속해 있는 달이 어느 달인지 확인해 보자. 8월 1일은 수요일이고 ①은 금요일이므로 8월 이후의 달이라면 나머지가 2, 8월 이전의 달이라면 나머지가 5이어야 한다. 6월의 경우 7월의 나머지 3, 6월의 나머지가 2이므로 더하면 나머지가 5이다. 따라서 ①이 원래 속해 있는 달은 6월이다.

[정답] ④

87 다음 글을 근거로 판단할 때, 9월 17일(토)부터 책을 대여하기 시작한 甲이 마지막 편을 도서관에 반납할 요일은? (단, 다른 조건은 고려하지 않는다)

14년 5급 A책형 18번

> 甲은 10편으로 구성된 위인전을 완독하기 위해 다음과 같이 계획하였다.
>
> 책을 빌리는 첫째 날은 한 권만 빌려 다음날 반납하고, 반납한 날 두 권을 빌려 당일 포함 2박 3일이 되는 날 반납한다. 이런 식으로 도서관을 방문할 때마다 대여하는 책의 수는 한 권씩 증가하지만, 대여 일수는 빌리는 책 권수를 n으로 했을 때 두 권 이상일 경우 (2n－1)의 규칙으로 증가한다.
>
> 예를 들어 3월 1일(월)에 1편을 빌렸다면 3월 2일(화)에 1편을 반납하고 그날 2, 3편을 빌려 3월 4일(목)에 반납한다. 4일에 4, 5, 6편을 빌려 3월 8일(월)에 반납하고 그날 7, 8, 9, 10편을 대여한다.
>
> 도서관은 일요일만 휴관하고, 이날은 반납과 대여가 불가능하므로 다음날인 월요일에 반납과 대여를 한다. 이 경우에 한하여 일요일은 대여 일수에 포함되지 않는다.

① 월요일
② 화요일
③ 수요일
④ 목요일
⑤ 금요일

해설

문제 분석

- 도서관을 방문할 때마다 대여하는 책의 수는 한 권씩 증가하므로 총 10편을 완독하기 위해 한 권, 두 권, 세 권, 네 권을 대여하게 된다.
- 대여 일수는 한 권만 빌린 경우에 다음날 반납하고, 두 권 이상을 빌린 경우 빌리는 책 권수를 n으로 했을 때 $(2n-1)$규칙으로 대여 일수가 증가한다.
- 반납과 대여가 일요일에 해당하는 경우에만 일요일은 대여 일수에 포함되지 않고 다음날인 월요일에 반납과 대여를 한다.

문제풀이 실마리

대여 일수를 계산할 때 주의하자. $(2n-1)$규칙에 따를 때

- 두 권을 빌린 경우: (2×2 - 1)=3, 대여 기간은 3일이다.
  → 만약 월요일부터 3일 동안 빌린다면 '월, 화, 수요일'이 대여 기간이고 월요일부터 2일 후인 수요일에 반납을 하게 된다.
- 세 권을 빌린 경우: (2×3 - 1)=5, 대여 기간은 5일이다.
  → 만약 월요일부터 5일 동안 빌린다면 '월, 화, 수, 목, 금요일'이 대여 기간이고 월요일부터 4일 후인 금요일에 반납을 하게 된다.
- 네 권을 빌린 경우: (2×4 - 1)=5, 대여 기간은 7일이다.
  → 만약 월요일부터 7일 동안 빌린다면 '월, 화, 수, 목, 금, 토, 일요일'이 대여 기간이고 월요일부터 6일 후인 일요일에 반납을 하게 된다.

정리하면, 두 권을 빌린 경우 2일 후에, 세 권을 빌린 경우 4일 후에, 네 권을 빌린 경우 6일 후에 반납을 하게 된다.

정리한 바를 토대로 실제 요일 계산을 해보면 다음과 같다.

빌린 권수	빌린 요일	대여 일수	반납 요일
한 권	토요일	다음날 반납	일요일 → 월요일
두 권	월요일	2일 후 반납	수요일
세 권	수요일	4일 후 반납	일요일 → 월요일
네 권	월요일	6일후 반납	일요일 → 월요일

따라서 9월 17일(토)부터 책을 대여하기 시작한 甲이 마지막 편을 도서관에 반납할 요일은 '① 월요일'이다.

빠른 문제풀이 Tip

문제에서 주어진 정보를 잘 활용하면 보다 빠른 해결이 가능하다.

[정답] ①

88 다음 글을 근거로 판단할 때, 甲이 지불한 연체료의 최솟값은?

19년 5급 가책형 37번

A시립도서관은 다음의 원칙에 따라 휴관일 없이 도서 대출 서비스를 운영하고 있다.

○ 시민 1인당 총 10권까지 대출 가능하며, i)대출 기간은 대출일을 포함하여 14일이다.
○ 대출 기간은 ii)권당 1회에 한하여 7일 연장할 수 있으며, 이때 총 대출 기간은 21일이 된다. 연장 신청은 기존 대출 기간 내에 해야 한다.
○ iii)만화와 시로 분류되는 도서의 경우에는 대출 기간은 7일이며 연장 신청도 불가능하다.
○ 대출한 도서를 대출 기간 내에 반납하지 못한 경우에는 기간 종료일의 다음날부터 해당 도서 반납을 연체한 것으로 본다.
○ iv)연체료는 각 서적별로 '연체 일수×100원'만큼 부과되며, 최종 반납일도 연체 일수에 포함된다. 또한 v)대출일 기준으로 출간일이 6개월 이내인 신간의 연체료는 2배로 부과된다.

A시에 거주하는 甲은 아래와 같이 총 5권의 책을 대출하여 2018년 10월 30일에 모두 반납하였다. 甲은 이 중 2권의 대출 기간을 연장하였으며, 반납한 날에 연체료를 전부 지불하였다.

〈甲의 도서 대출 목록〉

도서명	분류	출간일	대출일
원○○	만화	2018. 1. 10.	2018. 10. 10.
입 속의 검은 △	시	2018. 9. 10.	2018. 10. 20.
□의 노래	소설	2017. 10. 30.	2018. 10. 5.
☆☆ 문화유산 답사기	수필	2018. 4. 15.	2018. 10. 10.
햄◇	희곡	2018. 6. 10.	2018. 10. 5.

① 3,000원
② 3,700원
③ 4,400원
④ 5,500원
⑤ 7,200원

해설

문제 분석

조건 i), ii)의 예외가 조건 iii)이며, 조건 iv)의 예외가 조건 v)이다. 즉, 만화와 시로 분류되는 도서는 대출 기간이 대출일을 포함해 7일, 나머지 도서의 대출 기간은 대출일을 포함해 14일, 대출 기간을 연장한 경우는 21일이다. 연체료는 '연체 일수×100원'이고, 대출일 기준으로 출간일이 6개월 이내인 신간의 경우 연체료는 '연체 일수×200원'이다.

문제풀이 실마리

甲은 2권의 대출 기간을 연장하였는데 연체료를 최소화하기 위해서는 연체료가 2배인 대출일 기준으로 출간일이 6개월 이내인 도서를 연장해야 한다. 〈甲의 도서 대출 목록〉 중 대출일 기준으로 출간일이 6개월 이내인 신간은 '입 속의 검은 △', '☆☆ 문화유산 답사기', '햄◇'이다. 이 중 '입 속의 검은 △'은 시로 분류되는 도서이므로 연장이 불가해 '☆☆ 문화유산 답사기', '햄◇'을 연장한다.

'원○○'은 만화로 분류되는 도서로 대출 기간이 7일이다. '원○○'는 10월 16일까지 반납해야 하기 때문에 연체일은 30−16=14일이다. '원○○'의 연체료는 14×100=1,400원이다.

'입 속의 검은 △'는 시로 분류되는 도서로 대출 기간이 7일이다. '입 속의 검은 △'는 10월 26일까지 반납해야 하기 때문에 연체일은 30−26=4일이다. '입 속의 검은 △'는 대출일 기준으로 출간일이 6개월 이내인 신간이기 때문에 '입 속의 검은 △'의 연체료는 4×200=800원이다.

'□의 노래'의 대출 기간은 연장 신청을 하지 않았으므로 14일이다. □의 노래의 반납 기한은 10월 18일까지로 연체일은 30−18=12일이다. □의 노래의 연체료는 1,200원이다.

☆☆ 문화유산 답사기의 대출 기간은 연장 신청을 했기 때문에 21일이다. ☆☆ 문화유산 답사기의 반납 기한은 10월 30일까지로 연체하지 않는다. ☆☆ 문화유산 답사기의 연체료는 0원이다.

햄◇의 대출 기간은 연장 신청을 했기 때문에 21일이다. 햄◇의 반납 기한은 10월 25일까지로 연체일은 30−25=5일이다. 햄◇은 대출일 기준으로 출간일이 6개월 이내인 도서이기 때문에 햄◇의 연체료는 5×200=1,000원이다.

따라서 연체료의 최솟값은 1,400+800+1,200+0+1,000=4,400원(③)이다.

이상의 내용을 정리하면 아래와 같다.

도서명	분류	신간 여부	대출 기간	연체 일수	연체료
원○○	만화		7	14	1,400
입 속의 검은 △	시	신간	7	4	800
□의 노래	소설		14	12	1,200
☆☆ 문화유산 답사기	수필	신간	21	0	0
햄◇	희곡	신간	21	5	1,000
				계	4,400

빠른 문제풀이 Tip

문제에서 발생하지 않은 경우이지만 신간을 대출 연장함으로써 생기는 연체료 이익이 신간이 아닌 책을 대출 연장함으로써 생기는 이익보다 큰지는 점검해 보아야 한다. 예를 들어 신간이 아닌 책은 대출 연장함으로써 7일의 혜택을 모두 볼 수 있어 700원을 절약할 수 있는데 신간은 대출 연장을 하더라도 3일의 혜택밖에 못 본다면 600원밖에 절약하지 못하는 것이다. 이런 경우라면 신간이 아닌 책을 대출 연장하는 것이 더 연체료를 최소화할 수 있다.

[정답] ③

3 달력 응용

89 다음 글을 근거로 판단할 때 ○○년 8월 1일의 요일은?

15년 민경채 인책형 24번

> ○○년 7월의 첫날 甲은 자동차 수리를 맡겼다. 甲은 그 달 마지막 월요일인 네 번째 월요일에 자동차를 찾아가려 했으나, 사정이 생겨 그 달 마지막 금요일인 네 번째 금요일에 찾아갔다.

※ 날짜는 양력 기준

① 월요일
② 화요일
③ 수요일
④ 목요일
⑤ 금요일

해설

문제 분석

7월은 31일까지 있다. ○○년 7월의 달력을 다음과 같이 생각한다.

ⓐ	ⓑ	ⓒ	ⓓ	ⓔ	ⓕ	ⓖ
1	2	3	4	5	6	7
8	9	10	11	12	13	14
15	16	17	18	19	20	21
22	23	24	25	26	27	28
29	30	31				

ⓐ～ⓖ는 아직 확정하지 못한 요일을 표기하기 위한 칸이다. 한 칸의 요일이 정해지면 다른 칸도 순서대로 채워나간다. 예를 들어 ⓕ가 화요일이면 ⓖ는 수요일, ⓐ는 목요일, … ⓔ는 월요일이다.

지문에서 마지막 월요일은 네 번째 월요일이고, 마지막 금요일도 네 번째 금요일이라고 한다. 따라서 마지막 요일이 네 번째 요일이 될 수 있는 ⓓ, ⓔ, ⓕ, ⓖ에 월요일, 금요일이 해당되어야 한다. 월요일과 금요일은 4일 간격이므로 ⓓ, ⓔ, ⓕ는 월요일이 될 수 없고, ⓖ가 월요일, ⓓ가 금요일이어야 한다. 따라서 8월 1일은 ⓓ에 해당하는 금요일(⑤)이다.

빠른 문제풀이 Tip

• 주어진 조건에 부합하는 예들을 떠올려 본다. 마지막 월요일과 금요일이 같은 주에 있고 마지막 금요일이 네 번째 금요일인 경우의 예를 떠올려 보면 다음과 같다.

일	월	화	수	목	금	토
						1
2	3	4	5	6	7	8
9	10	11	12	13	14	15
16	17	18	19	20	21	22
23	24	25	26	27	28	29
30	31					

위와 같은 달력의 경우 마지막 월요일이 네 번째가 아니라 다섯 번째이므로 지문의 조건을 만족시키지 않는다.

일	월	화	수	목	금	토
		1	2	3	4	5
6	7	8	9	10	11	12
13	14	15	16	17	18	19
20	21	22	23	24	25	26
27	28	29	30	31		

위와 같은 달력을 떠올려볼 경우, 마지막 금요일과 마지막 월요일이 다른 주에 위치해 있다. 위와 같은 달력은 지문의 조건을 만족한다.

직관적인 풀이방법이 생각나지 않는 경우 위와 같은 방법으로 달력을 떠올리면서 확인한다.

• 7월 1일을 기준으로 생각

7월은 31일까지 있다. 예를 들어 만약 1일이 월요일이면 29일도 월요일이고 마지막 월요일이 다섯 번째 월요일이다. 마지막 월요일이 4번째 월요일이려면 7월 1일이 화, 수, 목, 금요일이어야 한다. 7월 1일이 화요일인 경우와 금요일인 경우를 그림으로 나타내면 다음과 같다. 괄호 안의 숫자가 7월 1일이 금요일인 경우의 달력이다.

일	월	화	수	목	금	토
		1	2	3	4(1)	5(2)
6(3)	7(4)	8(5)	9(6)	10(7)	11(8)	12(9)
13(10)	14(11)	15(12)	16(13)	17(14)	18(15)	19(16)
20(17)	21(18)	22(19)	23(20)	24(21)	25(22)	26(23)
27(24)	28(25)	29(26)	30(27)	31(28)	(29)	(30)
(31)						

마지막 월요일이 4번째이면서, 마지막 금요일이 4번째 금요일이려면 7월 1일이 화요일이어야 한다. 따라서 8월 1일은 금요일이다.

• 마지막 월요일부터 생각

네 번째 월요일이 마지막 월요일이려면 네 번째 월요일은 25일 이후여야 한다. 왜냐하면 만약 24일이 네 번째 월요일이라면 7일 뒤인 31일이 다섯 번째 월요일이고 마지막 월요일이 된다. 그리고 마지막 월요일은 28일 이전이어야 한다. 왜냐하면 만약 29일이 월요일이라면 7월 1일이 월요일이고 7월 29일은 다섯 번째 월요일이기 때문이다. 즉 마지막 월요일이 네 번째 월요일이라면 그 날짜는 25～28일이어야 한다. 마지막 금요일이 네 번째 금요일인 경우도 마찬가지이다. 여기서 월요일과 금요일은 같은 주에 있으면 4일 차, 월요일이 다음 주에 있으면 3일 차이다. 월, 금요일이 모두 25～28일에 있으려면 3일 차가 되어야 하고, 25일이 금, 28일이 월요일이어야 한다. 따라서 8월 1일은 금요일이다. 해당 부분만 간단하게 달력으로 나타내면 다음과 같다.

일	월	화	수	목	금	토
					25	
	28			31	8월 1일	

[정답] ⑤

90 다음 글을 근거로 판단할 때, 2015년 9월 15일이 화요일이라면 2020년 이후 A국 ○○축제가 처음으로 18일 동안 개최되는 해는? (단, 모든 날짜는 양력 기준이다) 16년 5급 4책형 34번

> 1년의 개념은 지구가 태양을 한 바퀴 도는 데에 걸리는 시간으로, 그 시간은 정확히 365일이 아니다. 실제 그 시간은 365일보다 조금 긴 약 365.2422일이다. 따라서 다음과 같은 규칙을 순서대로 적용하여 1년이 366일인 윤년을 정한다.
> 규칙 1: 연도가 4로 나누어 떨어지는 해는 윤년으로 한다. (2004년, 2008년, …)
> 규칙 2: '규칙 1'의 연도 중에서 100으로 나누어 떨어지는 해는 평년으로 한다. (2100년, 2200년, 2300년, …)
> 규칙 3: '규칙 2'의 연도 중에서 400으로 나누어 떨어지는 해는 윤년으로 한다. (1600년, 2000년, 2400년, …)

※ 평년: 윤년이 아닌, 1년이 365일인 해

> A국 ○○축제는 매년 9월 15일이 지나고 돌아오는 첫 번째 토요일에 시작하여 10월 첫 번째 일요일에 끝나는 일정으로 개최한다. 다만 10월 1일 또는 2일이 일요일인 경우, 축제를 A국 국경일인 10월 3일까지 연장한다. 따라서 축제는 최단 16일에서 최장 18일 동안 열린다.

① 2021년
② 2022년
③ 2023년
④ 2025년
⑤ 2026년

해설

문제 분석

지문의 상황을 2015년의 예를 들어 이해해 보자. 발문에서 2015년 9월 15일은 화요일이라고 한다. ○○축제는 매년 9월 15일이 지나고 돌아오는 첫 번째 토요일에 시작하므로 2015년 9월 19일 토요일에 시작한다. 그리고 10월 첫 번째 일요일에 끝나므로 10월 4일 일요일에 끝난다. 2015년 ○○축제는 16일 동안 열린 것이다.

지문의 규칙 1~3 중 규칙 2, 3이 사용되는 경우는 없으므로 고려할 필요는 없다. ○○축제가 처음으로 18일 동안 개최되는 해를 찾아야 하는데 일반적으로 16일인 축제가 18일 동안 개최되기 위해서는 10월 1일이 일요일이어야 2일 더 연장한 18일이 된다. 즉, 2020년 이후 10월 1일이 일요일인 연도를 찾아야 한다.

윤년이 아닌 1년은 365일이다. 이를 7로 나누면 몫은 52가 되고 나머지가 1이다. 그리고 윤년인 1년은 365일이므로 7로 나누면 몫은 52이고 나머지가 2가 된다. 이 나머지에 따라서 어느 한 해의 특정 날짜(3월 1일 포함 이후의 날짜들)의 요일을 알고 있다면 다음 해의 특정 날짜의 요일을 알 수 있다. 다음 해가 윤년이 아니라면 특정 날짜 요일의 다음 요일이고, 다음 해가 윤년이라면 특정 날짜 요일의 다다음 요일이다. 정확한 요일을 알고 있는 해가 2015년밖에 없으므로 위의 2015년 ○○축제에 적용해 보자.

10월 4일은 일요일이었으므로 10월 1일은 목요일이다. 다음 해인 2016년은 규칙 1에 따라 윤년이므로 2016년 10월 1일은 목요일의 다다음 요일인 토요일이다.

이상에서 확인한 규칙을 바탕으로 2016년부터 매 10월 1일의 요일을 확인해보면 다음 표와 같다.

구분	2016	2017	2018	2019	2020	2021	2022	2023	2024	…
요일	토	일	월	화	목	금	토	일	화	
비교	윤년				윤년				윤년	

따라서 2020년 이후 A국 ○○축제가 처음으로 18일 동안 개최되는 해는 2023년(③)이다.

빠른 문제풀이 Tip

- 해설에서는 특정 요일의 다음 요일, 다다음 요일과 같이 설명하였지만, 요일을 숫자로 변환해서 생각해 보자. 일요일을 나머지가 0, 월요일을 나머지가 1과 같이 일요일부터 토요일까지 각각 숫자 0~6에 대응한다고 생각한다. 그렇다면 2015년 10월 1일 목요일은 숫자 4에 대응한다. 2016년 10월 1일은 숫자 4에 윤년 366일을 7로 나눈 나머지 2를 더한 숫자 6에 대응하고 이는 토요일이다. 이와 같은 방법으로 10월 1일에 대응되는 숫자가 0인 해를 찾는다. 즉, 윤년이 아닌 해는 숫자 1을 더하고 윤년인 해에는 숫자 2를 더하면서 숫자를 7로 나눈 나머지가 0이 되는 해를 찾는다. 위의 표를 이와 같은 방법으로 구성해 보면 다음과 같다.

구분	2015	2016	2017	2018	2019	2020	2021	2022	2023	…
요일	목	토	일	월	화	목	금	토	일	
숫자	4	6	0	1	2	4	5	6	0	
비교		윤년				윤년				

- 해설에서 어느 한 해의 특정 날짜의 요일을 알고 있고 다음 해의 특정 날짜의 요일을 계산할 때 '3월 1일 포함 이후의 날짜들'이라고 표현하였다. 만약 1, 2월의 특정 날짜(2월 29일 제외) 요일을 계산한다면, 올해가 윤년이 아닌 경우 내년의 특정 날짜는 다음 요일, 올해가 윤년인 경우 내년의 특정 날짜는 다다음 요일이 된다.

[정답] ③

91 **다음 글을 근거로 판단할 때, ○○백화점이 한 해 캐롤 음원 이용료로 지불해야 하는 최대 금액은?** 19년 5급 가책형 17번

> ○○백화점에서는 매년 크리스마스 트리 점등식[i)](11월 네 번째 목요일) 이후 돌아오는 첫 월요일부터 크리스마스(12월 25일)까지 백화점 내에서 캐롤을 틀어 놓는다[ii)](단, 휴점일 제외). 이 기간 동안 캐롤을 틀기 위해서는 [iii)]하루에 2만 원의 음원이용료를 지불해야 한다. ○○백화점 [ii)]휴점일은 매월 네 번째 수요일이지만, 크리스마스와 겹칠 경우에는 정상영업을 한다.

① 48만 원
② 52만 원
③ 58만 원
④ 60만 원
⑤ 66만 원

해설

문제 분석

조건 ⅰ) 11월 네 번째 목요일 이후 돌아오는 첫 월요일부터 크리스마스까지 캐롤을 틀어 놓는다.

조건 ⅱ) 백화점 휴점일은 매월 네 번째 수요일이며 휴점일은 캐롤을 틀지 않는다. 크리스마스와 겹칠 경우에는 정상영업을 한다.

조건 ⅲ) 캐롤 음원이용료는 하루에 2만 원이다.

문제풀이 실마리

캐롤을 틀어 놓는 기간이 끝나는 12월 25일은 고정정보이다. 따라서 캐롤 음원이용료를 최대로 만들기 위해서는 11월 네 번째 목요일 이후 돌아오는 첫 월요일을 가장 빠른 날로 만들어야 캐롤을 일찍부터 틀게 된다.

11월 네 번째 목요일을 가장 빠르게 만드는 방법은 11월 1일을 목요일로 하는 것이다. 11월 1일을 목요일로 하는 경우 캐롤을 트는 날을 표시한 달력은 다음과 같다. 캐롤을 트는 날은 음영 처리하였다.

일	월	화	수	목	금	토	
				1	2	3	11월
4	5	6	7	8	9	10	
11	12	13	14	15	16	17	
18	19	20	21	22	23	24	
25	26	27	28 휴점일	29	30	1	12월
2	3	4	5	6	7	8	
9	10	11	12	13	14	15	
16	17	18	19	20	21	22	
23	24	25	26 휴점일	27	28	29	
30	31						

캐롤을 틀기 시작하는 날짜는 11월 26일로 12월 25일까지 총 30일이지만 11월 28일은 백화점 휴점일에 해당하는 네 번째 수요일이므로 캐롤은 총 29일이 틀어 놓는다. 따라서 캐롤의 최대 음원이용료는 29×2=58만 원(③)이다. 위의 달력에서 날짜의 일부를 연한색 또는 흰색으로 표시하였는데 문제를 풀이함에 있어서 날짜를 표시할 때 실수를 하지 않으면서도 생략할 수 있는 날짜 표시의 예를 든 것이다.

빠른 문제풀이 Tip

문제의 조건 ⅱ)에서 백화점의 휴점일이 매월 네 번째 수요일이므로 다음과 같은 경우도 가능하다.

일	월	화	수	목	금	토	
			1	2	3	4	11월
5	6	7	8	9	10	11	
12	13	14	15	16	17	18	
19	20	21	22 휴점일	23	24	25	
26	27	28	29	30	1	2	12월
3	4	5	6	7	8	9	
10	11	12	13	14	15	16	
17	18	19	20	21	22	23	
24	25	26	27 휴점일	28	29	30	
31							

일	월	화	수	목	금	토	
				1	2	3	11월
4	5	6	7	8	9	10	
11	12	13	14	15	16	17	
18	19	20	21	22	23	24	
25	26	27	28 휴점일	29	30	1	12월
2	3	4	5	6	7	8	
9	10	11	12	13	14	15	
16	17	18	19	20	21	22	
23	24	25	26	27	28	29	
30	31						

[정답] ③

4 시차 계산

92 A, B 두 국가 간의 시차와 비행시간이 옳은 것은?

11년 민경채(실험) 발책형 15번

〈표〉 A ↔ B 간의 운항 시간표

구간	출발시각	도착시각
A → B	09 : 00	15 : 00
B → A	18 : 00	08 : 00(다음날)

※ 1) 출발 및 도착시각은 모두 현지시각임.
2) 비행시간은 A → B구간, B → A구간 동일함.
3) A가 B보다 1시간 빠르다는 것은 A가 오전 5시일 때 B가 오전 4시임을 의미함.

	시차	비행시간
①	A가 B보다 4시간 빠르다.	10시간
②	A가 B보다 4시간 느리다.	14시간
③	A가 B보다 2시간 빠르다.	8시간
④	A가 B보다 2시간 빠르다.	10시간
⑤	A가 B보다 3시간 느리다.	14시간

해설

문제 분석

각주 1)에서 출발 및 도착시각은 모두 현지시각이라고 하므로 〈표〉에 주어진 출발시각과 도착시각의 차이에는 비행시간과 A, B 두 국가 간의 시차가 포함되어 있다.

A → B구간을 비행한 경우를 생각해 보자. 출발시각이 09:00이고 도착시각이 15:00이므로 운항 시간표상 출발시각과 도착시각의 차이는 6시간이다. 그리고 B → A구간을 비행한 경우 출발시각은 18:00, 도착시각은 다음날 08:00이므로 출발시각과 도착시각의 차이는 14시간이다. 이때 출발시각과 도착시각의 차이가 큰 B → A구간 14시간의 경우 '비행시간+시차'이고, A → B구간 6시간은 '비행시간−시차'이다. 따라서 다음과 같이 식을 세울 수 있다.

$$\text{비행시간} + \text{시차} = 14$$
$$\text{비행시간} - \text{시차} = 6$$

두 식을 연립하면 비행시간 10시간, 시차 4시간을 구할 수 있으므로 정답은 ①임을 확인할 수 있다.

문제의 정답을 구하는 데 어느 국가가 다른 국가보다 빠른지 정확히 확인할 필요는 없었지만 정확한 시차까지 확인해 보면 다음과 같다. 지구는 자전축 북쪽에서 아래로 바라보았을 때 반시계 방향으로 자전하므로 동쪽에 있는 국가가 서쪽에 있는 국가보다 시차가 빠르다.

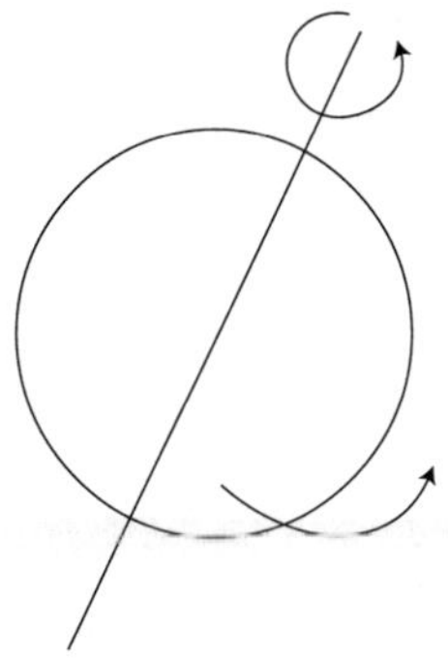

위와 같은 그림을 생각해 보면 지구가 위와 같이 자전하므로 태양이 먼저 떠오르는 동쪽 지역의 시차가 더 빠르다고 이해하면 된다. 그렇다면 상대적으로 서쪽에 있는 국가에서 동쪽에 있는 국가로 이동하는 경우 비행시간과 시차를 더해주어야 한다. 예를 들어 시차가 두 시간 나는 지역이 있는데 서쪽 지역에서 동쪽 지역으로 이동하고 비행시간은 세 시간이 걸린다고 하자. 서쪽 지역에서 07:00에 출발한다면 동쪽 지역은 현지시각으로 09:00이다. 현지시각으로 환산하는 경우 동쪽 지역이 이미 두 시간 빠르므로 비행시간 세 시간에 시차 두 시간을 더해주는 것이다. 반대로 동쪽에 있는 국가에서 서쪽에 있는 국가로 이동하는 경우 비행시간에서 시차를 빼주어야 한다.

문제에서 A → B구간을 이동할 때 비행시간에서 시차를 빼준 것이므로 A국가가 B국가보다 상대적으로 동쪽에 있는 것이고, A가 B보다 4시간 빠르다고 확인할 수 있다.

[정답] ①

93 △△년 5월 10일 A시의 일출 시각은 A시의 시각으로 05:30이다. 다음 <조건>을 근거로 판단할 때, △△년 5월 12일 B시의 일출 시각은 B시의 시각으로 몇 시인가? (단, 아래 <조건> 외의 다른 요인은 고려하지 않는다) 12년 5급 인책형 34번

〈조 건〉

- ⅰ)지구는 매 시간마다 15도씩 서에서 동으로 자전한다.
- ⅱ)A시는 동경 125도에 위치하고, 동경 135도의 표준시※를 사용한다(동경 125도: 지구의 본초 자오선을 기준으로 동쪽으로 125도인 선).
- ⅲ)B시는 동경 115도에 위치하고, 동경 105도의 표준시를 사용한다.
- ⅳ)△△년 5월 A시와 B시의 일출 시각은 매일 2분씩 빨라진다.

※ 표준시: 경도를 달리하는 각지 사이의 시차를 통일하려고 일정한 지점의 시각을 그 근처에 있는 일정한 구역 안의 표준으로 하는 시각

① 04:06
② 04:10
③ 05:06
④ 07:26
⑤ 07:34

해설

문제 분석

조건 ⅰ) 지구는 매 시간마다 15도씩 서에서 동으로 자전한다. 문제에서는 15도 단위로만 시간 차이를 묻지 않고, 예를 들어 동경 10도가 차이나면 시간으로 몇 분 차이 나는지도 묻고 있다.

문제풀이 실마리

〈조건〉에 포함되어 있는 '자전, 동경, 표준시, 본초 자오선' 등의 용어를 통해 시차 문제임을 파악해야 한다.

경도에 따른 도시의 위치를 표로 나타내면 다음과 같다.

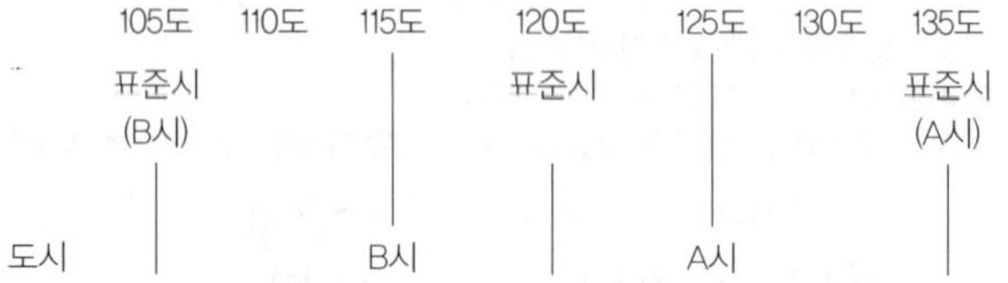

A시는 B시보다 상대적으로 동쪽에 있어 해가 먼저 뜬다. 동경 15도 차이가 나는 두 지점의 경우 시간 차이가 한 시간이기 때문에 동경 10도 차이가 나는 A, B 경우 태양이 A시에서 떠올라 B시에서 떠오르기까지 40분의 차이가 있다. 그리고 A시가 표준시로 삼는 135도와 B시가 표준시로 삼는 105도는 30도의 차이가 있기 때문에 표준시로는 2시간 차이가 난다.

발문의 △△년 5월 10일 A시의 일출 시각은 A시의 시각으로 05:30임을 그림에 나타내 보면 다음과 같다.

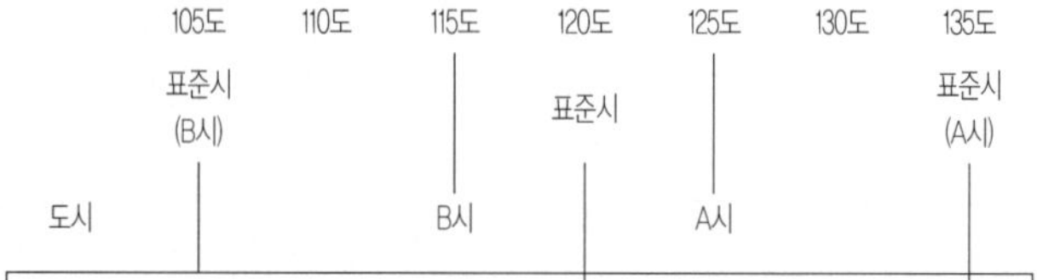

5월 10일 A시 일출 시각	A시의 시각		05:30
	B시의 시각	03:30	

풀이에 중요하지 않은 시각은 희미하게 표시하였다. 같은 날 즉 5월 10일 B시의 일출 시각은 B시의 시각으로 다음과 같다.

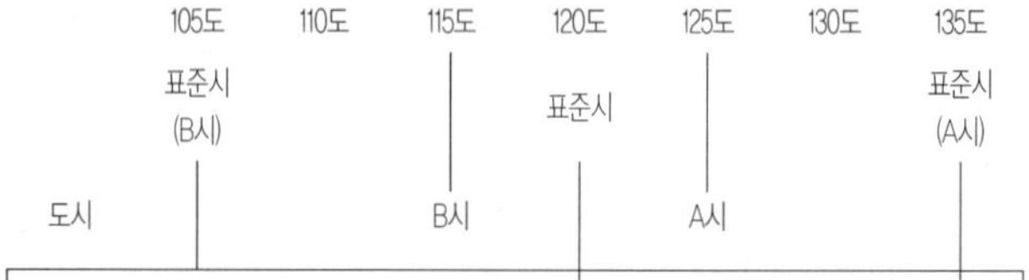

5월 10일 A시 일출 시각	A시의 시각		05:30
	B시의 시각	03:30	
5월 10일 A시 일출 시각	A시의 시각	06:10	
	B시의 시각	04:10	

A시와 B시는 동경 10도가 차이 나므로 5월 10일 A시 시각으로 05:30이 일출이라면 B시는 A시 시각으로 40분 뒤인 06:10 일출이고 이를 두 시간 차이 나는 B시 시각으로 변환하면 04:10이다. 이때 조건 ⅳ)에 의하면 △△년 5월 B시의 일출 시각은 매일 2분씩 빨라진다. 즉, △△년 5월 12일 B시의 일출 시각은 B시의 시각으로 5월 10일보다 4분 빨라진 04:06(①)이다.

빠른 문제풀이 Tip

시차 문제는 대비 가능한 소재이다. 대비해 두면 어렵지 않게 맞힐 수 있다.

[정답] ①

94 **다음 글과 <상황>을 근거로 판단할 때, A도시 시간 기준으로 甲이 C도시에 도착할 수 있는 가장 빠른 시각은?**

17년 5급 가책형 20번

> 19세기까지 각 지역에서 시간의 기준점은 태양이 머리 위에 있는 순간, 즉 그림자가 없거나 제일 작은 순간이었다. 문제는 태양이 계속 움직인다(사실은 지구가 자전하는 것이지만)는 사실이었다. 한국의 위도를 기준으로 한다면 지구의 자전 속도는 분당 약 20km이다. 조선시대 강릉 관아에서 정오를 알리는 종을 친 후 11분이 지나서야 한양(서울)에서도 정오를 알리는 종을 쳤던 것은 바로 이 때문이다. 그러나 대부분의 사람들이 태어나서 줄곧 한 곳에 살았고 설사 여행을 하더라도 걸어가는 게 다반사였으며, 탈 것을 이용한다 해도 나룻배나 우마차를 타고 다니던 상황에서 이처럼 지역마다 시간이 다른 것은 아무런 문제가 되지 않았다.
>
> 철도의 출현은 이러한 상황을 변화시켰다. 철도가 처음으로 만들어진 영국에서는 표준시를 최초로 제정해 각기 다른 시간을 하나로 묶는 일이 진행되었다. 현재 세계 어느 나라를 가더라도 외국인들이 출입하는 호텔의 안내 데스크 뒤쪽 벽면에서 뉴욕이나 런던, 도쿄, 베이징 등 도시 이름이 붙어 있는 여러 개의 시계를 볼 수 있다. 이는 표준시에 근거한 각 도시의 시각을 여행자에게 알려주는 것으로 그리니치 표준시를 기준으로 하기에 가능한 것이다.
>
> 과거 표준시가 정착되기 이전에도 오늘날의 호텔처럼 미국의 기차역에는 여러 개의 시계가 걸려 있었다. 다른 점이 있다면 시계 밑에 붙어 있는 명찰에는 서울, 홍콩, 베를린, 파리 같은 도시명 대신 '뉴욕 센트럴 레일웨이'와 '볼티모어 앤 오하이오' 같은 미국의 철도회사 이름이 적혀 있었다는 것이다. 즉 시간의 기준은 철도회사가 정하였고, 이에 따라 철도회사의 수만큼 다양한 시간이 존재했다. 1870년대의 '펜실베니아' 철도회사는 필라델피아 시간을 기준으로 열차를 운행하면서 자신이 운행하는 노선의 역들에 이 기준시간에 따른 시간표를 배포했다. '뉴욕 센트럴 레일웨이'는 그랜드 센트럴역의 '밴더빌트 시간'을 기준으로 열차를 운행했다. 이 두 회사는 가까운 지역에서 영업을 했는데도 통일된 열차 시간을 공유하지 못했다. 만약 여행자가 피츠버그 역에서 열차를 갈아타야 할 경우 갈아탈 시각과 함께 어느 회사에서 운행하는 열차인지도 알아야 했다. 어느 한 회사의 시간을 기준으로 삼을 경우 다른 회사의 시간표는 무용지물이 되기 일쑤였다.

〈상 황〉

- ○ A도시는 B도시보다 40분 먼저 정오가 되고, C도시보다는 10분 늦게 정오가 된다.
- ○ '○○레일웨이'는 A도시의 시간을 기준으로 열차를 운행한다. A도시 발 B도시 행 '○○레일웨이' 열차는 매시 정각과 30분에 출발하며 운행시간은 3시간이다.
- ○ '△△캐리어'는 C도시의 시간을 기준으로 열차를 운행한다. B도시 발 C도시 행 '△△캐리어' 열차는 매시 15분과 45분에 출발하며 운행시간은 4시간 30분이다.
- ○ 甲은 A도시의 역에 A도시 시간을 기준으로 오전 7시 40분에 도착하여 '○○레일웨이' 열차로 B도시에 가서 '△△캐리어' 열차를 타고 C도시까지 간다.

※ 열차를 갈아타는 데 걸리는 이동시간은 고려하지 않는다.

① 15시 10분　② 15시 15분
③ 15시 25분　④ 15시 35분
⑤ 15시 55분

해설

문제 분석

시차 계산에 필요한 조건들은 〈상황〉에 정리되어 있다.

문제풀이 실마리

- A도시는 B도시보다 40분 먼저 정오가 된다는 것은 B도시가 12시일 때, A도시는 12시 40분이라는 의미이다.
- A도시가 C도시보다는 10분 늦게 정오가 된다는 것은 A도시가 12시 40분일 때, C도시는 12시 50분이라는 의미이다.

←서	← 40분 →		← 10분 →	동 →
	B도시	A도시	C도시	
○○ 레일웨이		00분/30분 출발 (운행시간 3h)		
△△ 캐리어			15분/45분 출발 (운행시간 4.5h) [A도시 시각 기준] 05분/35분 출발	

모든 시차는 A도시 기준으로 통일한다.

1) 甲은 A도시의 역에 A도시 시간을 기준으로 오전 7시 40분에 도착
   : 가장 빠른 열차는 8시에 출발
2) '○○레일웨이' 열차로 B도시에 이동
   : 8시에 출발하여 3시간 뒤인 11시에 도착
3) B도시에서 '△△캐리어' 열차를 타고 C도시로 이동
   : △△캐리어는 A도시 시각 기준으로 05분과 35분에 출발한다.

따라서 11시 5분 기차를 타고 4시간 30분 후인 15시 35분에 도착한다.

빠른 문제풀이 Tip

시차 계산 문제에서 여러 지역이 등장하는 경우, 그중 한 지역을 기준으로 시차를 통일한 후 해결하면 보다 빠르고 정확한 해결이 가능하다.

[정답] ④

95 다음 글에 비추어 틀린 것은?

14년 입법 가책형 13번

A는 학교에서 문제수가 20개인 시험을 보았다. 채점 방식은 문제당 정답을 쓴 경우에는 2점, 오답을 쓴 경우에는 −1점, 아무런 답을 쓰지 않은 경우에는 0점을 부여하는 방식으로 한다. 시험 결과 A는 19점을 받았다.

① A가 틀린 답을 쓴 문제가 반드시 있다.
② A가 답을 쓰지 않은 문제가 반드시 있다.
③ A가 정답을 쓴 문제는 9개를 넘는다.
④ A가 정답을 쓴 문제는 13개를 넘지 않는다.
⑤ A가 답을 쓰지 않은 문제는 최대 9개이다.

해설

문제 분석

정답을 쓴 문제의 개수를 x, 오답을 쓴 문제의 개수를 y, 아무런 답을 쓰지 않은 문제의 개수를 z라고 하자. 문제수가 20개인 시험이므로 $x+y+z=20$(식 1)이고 A는 19점이므로 $2x-y=19$(식 2)와 같은 식을 세워볼 수 있다.(x, y, z는 $0 \leq x$, y, $z \leq 20$인 자연수) 틀린 선지임을 판단하는 경우 틀렸다고 증명하는 것보다 반례를 확인한다.

① (O) 선지의 'A가 틀린 답을 쓴 문제가 반드시 있다.'를 확인하기 위해 'A가 틀린 답을 쓴 문제는 없다.'가 참이라고 가정해 보자. A가 틀린 답을 쓴 문제가 없다면, 즉 $y=0$이라면 식 2는 $2x=19$가 된다.
이때 좌변은 짝수인데 우변은 홀수인 모순이 발생한다. 따라서 이전에 참이라고 가정했던 'A가 틀린 답을 쓴 문제는 없다.'는 참일 수 없으며 선지는 반드시 옳다.

② (X) $z=0$이면서 19점을 만들 수 있는지 확인해 본다. $z=0$이라면 식 1은 $x+y=20$으로, 식 2는 $2x-y=19$로 정리할 수 있다.
즉, $x=13$, $y=7$인 경우, $z=0$이면서 A는 19점을 받을 수 있다. 즉, $x=13$, $y=7$, $z=0$인 경우가, 'A가 답을 쓰지 않은 문제가 반드시 있다.'라는 명제가 틀렸다는 반례가 된다.

③ (O) A의 점수는 $2x-y=19$(식 2)와 같이 표현된다. 이때, x, $y \geq 0$이므로 y가 클수록 A의 점수는 감소하게 되고 19점이라는 점수가 되기 위해서는 y가 클수록 x도 커져야 한다. 만약 y가 최솟값인 0이라고 하면 x의 최솟값도 확인할 수 있다. 식 2에서 $y=0$인 경우 $x=9.5$인데 x는 자연수이어야 하므로 $x \geq 10$이다. 즉 A가 정답을 쓴 문제는 10개 이상이어야 하므로 선지의 'A가 정답을 쓴 문제는 9개를 넘는다.'도 반드시 옳다.

④ (O) 'A가 정답을 쓴 문제는 13개를 넘지 않는다.'를 확인하기 위해 'A가 정답을 쓴 문제는 14개 이상이다.'가 참이라고 가정해 보자. 즉, $y \leq 6$이고 $2x \geq 28$이다. 그렇다면 식 2처럼 $2x-y$를 생각할 때 $2x-y \geq 22$로 A가 19점을 받을 수 없다. 따라서 이전에 참이라고 가정했던 'A가 정답을 쓴 문제는 14개 이상이다.'는 참일 수 없으며 선지는 반드시 옳다.

⑤ (O) 식 1에서 $x+y$가 최소이어야 z가 최대가 된다. $x+y$가 최소이면서 $2x-y=19$(식 2)를 만족시키려면 $x=10$, $y=1$이어야 한다. 즉 A가 답을 쓰지 않은 문제 z는 최대 9이다.

빠른 문제풀이 Tip

- 선지 ①, ④의 해설과 같은 증명 방법을 귀류법 또는 반증법이라 한다. 어떤 명제가 참이라고 가정하면 발생하는 모순을 확인함으로써 참이라고 가정한 명제가 틀렸다는 것을 확인하는 증명 방법이다. 이때 선지 ①을 예로 들면 원래의 명제 'A가 틀린 답을 쓴 문제가 반드시 있다.'와 모순관계(진리값(참, 거짓)이 항상 반대인 관계)에 있는 명제 'A가 틀린 답을 쓴 문제는 없다.'를 찾아내는 것이 핵심이다. 선지 ③, ⑤에서는 다양한 방식으로 생각해보고자 다른 방법으로 증명하였지만 선지 ③, ⑤에서도 귀류법으로 증명 가능하다.
- 선지 ②는 반례를 찾아내는 과정에서 연립방정식으로 설명하였다. 연립방정식을 통한 풀이가 오래 걸린다면 다른 방식으로도 계산할 수 있다. 예를 들어 선지 ②의 $x+y=20$, $2x-y=19$에서 계산이 간단한 $x=10$, $y=10$, 식 2에 의한 A의 점수가 10점인 경우를 생각해 보자. $x+y=20$이므로 x가 1 증가하면 y는 1 감소한다. 그리고 점수는 3점 증가한다. 그러므로 x는 10에서 3 증가한 13이고 y는 3 감소한 7이면 점수는 19점이 될 수 있다. 식을 직접 쓰고 계산하는 데는 일정 시간이 소요되지만 이와 같은 방식으로 암산으로 해결할 수 있다.

[정답] ②

96 **다음 <상황>에 근거하여 <점수표>의 빈칸을 채울 때, 민경과 혜명의 최종점수가 될 수 있는 것은?** 13년 5급 인책형 28번

〈상 황〉

민경과 혜명은 0점, 3점, 5점이 그려진 과녁에 화살을 쏘아 과녁 맞히기를 하고 있다. 둘은 각각 10개의 화살을 쐈는데, 0점을 맞힌 화살의 개수만 〈점수표〉에 기록을 했다. 최종점수는 각 화살이 맞힌 점수의 합으로 한다. 둘이 쏜 화살 중 과녁 밖으로 날아간 화살은 하나도 없다. 이때 민경과 혜명이 5점을 맞힌 화살의 개수는 동일하다.

〈점수표〉

점수	민경의 화살 수	혜명의 화살 수
0점	3	2
3점		
5점		

	민경의 최종점수	혜명의 최종점수
①	25	29
②	26	29
③	27	30
④	28	31
⑤	29	31

해설

문제 분석

- 민경과 혜명은 0점, 3점, 5점이 그려진 과녁에 각각 10개의 화살을 쐈다.
- 둘이 쏜 화살 중 과녁 밖으로 날아간 화살은 하나도 없다.
- 최종점수는 각 화살이 맞힌 점수의 합으로 한다.
- 0점을 맞힌 화살의 개수는 민경이 3개이고, 혜명은 2개이다.
- 민경과 혜명이 5점을 맞힌 화살의 개수는 동일하다.

문제풀이 실마리

홀수 · 짝수의 성질을 잘 활용할 수 있어야 한다. '홀수 - 짝수=홀수'의 결과이고, '짝수 - 짝수=짝수'의 결과이다.

방법 1 경우 따져보기

민경과 혜명이 5점을 맞힌 화살의 개수는 동일하므로, 그 결과를 하나하나 따져보는 것이다. 둘이 쏜 화살 중 과녁 밖으로 날아간 화살은 하나도 없으므로 민경은 3점 또는 5점에 총 7개의 화살을 쐈고, 혜명은 3점 또는 5점에 총 8개의 화살을 쐈다. 이에 따라 정리해 보면 다음과 같다.

민경			혜명	
최종점수	3점	5점	3점	최종점수
21	7	0	8	24
23	6	1	7	26
25	5	2	6	28
27	4	3	5	30
29	3	4	4	32
31	2	5	3	34
33	1	6	2	36
35	0	7	1	38

따라서 선지 중 민경과 혜명의 최종점수가 될 수 있는 것은 선지 ③뿐이다.

방법 2 방정식의 활용+선지의 대입

민경과 혜명이 5점을 맞힌 화살의 개수는 동일하므로, 이를 x라고 하고 점수표에 반영해 보면 다음과 같다.

점수	민경의 화살 수	혜명의 화살 수
0점	3	2
3점	$7-x$	$8-x$
5점	x	x

두 사람 간의 점수 차이는 3점이다. 이 조건에 충족되는 선지는 선지 ②~④이다. 선지 ②~④를 대입해보면, (민경, 혜명의 점수)로 ② (26, 29), ③ (27, 30) ④ (28, 31) 중 최종점수로 가능한 것은 선지 ③뿐이다.

① (X) 민경의 최종점수가 25점이라는 의미는 5점에 2개, 3점에 5개의 화살을 쐈다는 것이다. 민경과 혜명이 5점을 맞힌 화살의 개수는 동일하므로, 혜명이 5점에 2개, 3점에 6개의 화살을 쐈다면 혜명의 최종점수는 28점이어야 한다.

② (X) 민경의 최종점수로 26점이 불가능하다.

③ (O) 민경의 최종점수가 27점이라는 의미는 5점에 3개, 3점에 4개의 화살을 쐈다는 것이다. 민경과 혜명이 5점을 맞힌 화살의 개수는 동일하므로, 혜명이 5점에 3개, 3점에 5개의 화살을 쐈다면 혜명의 최종점수는 30점이어야 한다.

④ (X) 민경의 최종점수로 28점이 불가능하다.

⑤ (X) 민경의 최종점수가 29점이라는 의미는 5점에 4개, 3점에 3개의 화살을 쐈다는 것이다. 민경과 혜명이 5점을 맞힌 화살의 개수는 동일하므로, 혜명이 5점에 4개, 3점에 4개의 화살을 쐈다면 혜명의 최종점수는 32점이어야 한다.

방법 3 홀수 · 짝수 성질의 활용

민경의 점수는 $3(7-x)+5x=21+2x$이므로, 홀수+짝수=홀수가 가능하다. 혜명의 점수는 $3(8-x)+5x=24+2x$이므로, 짝수+짝수=짝수가 가능하다. 그리고 민경과 혜명의 점수 차이는 혜명이 3점 더 높다. 이 조건을 모두 충족하는 선지는 ③이 유일하다.

빠른 문제풀이 Tip

점수 계산 유형을 해결하는 가장 빠른 스킬은 '만점(최대 점수)-감점'으로 계산하는 것이다. 따라서 방정식을 세워서 직접 해결하는 것 보다는, 선지를 활용하고 점수를 계산하는 가장 빠른 방법대로 만점(최대 점수)에서 감점해 가는 방식으로 계산하며, 홀수-짝수의 성질을 활용해서 해결한다면 보다 빠르고 정확한 해결이 가능하다.

[정답] ③

97 **K부서는 승진후보자 3인을 대상으로 한 승진시험의 채점 방식에 대해 고민 중이다. 다음 <자료>와 <채점 방식>에 근거할 때 옳지 않은 것은?** 13년 5급 인책형 32번

〈자 료〉

○ K부서에는 甲, 乙, 丙 세 명의 승진후보자가 있으며 상식은 20문제, 영어는 10문제가 출제되었다.
○ 채점 방식에 따라 점수를 계산한 후 상식과 영어의 점수를 합산하여 고득점 순으로 전체 등수를 결정한다.
○ 각 후보자들이 정답을 맞힌 문항의 개수는 다음과 같고, 그 이외의 문항은 모두 틀린 것이다.

	상식	영어
甲	14	7
乙	10	9
丙	18	4

〈채점 방식〉

○ A 방식: 각 과목을 100점 만점으로 하되 상식은 정답을 맞힌 개수당 5점씩을, 영어는 정답을 맞힌 개수당 10점씩을 부여함
○ B 방식: 각 과목을 100점 만점으로 하되 상식은 정답을 맞힌 개수당 5점씩, 틀린 개수당 −3점씩을 부여하고, 영어의 경우 정답을 맞힌 개수당 10점씩, 틀린 개수당 −5점씩을 부여함
○ C 방식: 모든 과목에 정답을 맞힌 개수당 10점씩을 부여함

① A 방식으로 채점하면, 甲과 乙은 동점이 된다.
② B 방식으로 채점하면, 乙이 1등을 하게 된다.
③ C 방식으로 채점하면, 丙이 1등을 하게 된다.
④ C 방식은 다른 방식에 비해 상식 과목에 더 큰 가중치를 부여하는 방식이다.
⑤ B 방식에서 상식의 틀린 개수당 점수를 −5, 영어의 틀린 개수당 점수를 −10으로 한다면, 甲과 乙의 등수는 A 방식으로 계산한 것과 동일할 것이다.

해설

문제 분석

- 甲, 乙, 丙 세 명의 승진후보자가 있다.
- 상식은 20문제, 영어는 10문제가 출제된다.
- 채점 방식에 따라 점수를 계산한 후 상식과 영어의 점수를 합산하여 고득점 순으로 전체 등수를 결정한다.
- 〈표〉에 각 후보자들이 정답을 맞힌 문항의 개수가 적혀있고, 그 이외의 문항은 모두 틀린 것이다.
- 채점 방식은 다음과 같다.

구분	상식(20문제)		영어(10문제)	
	맞힌 문제	틀린 문제	맞힌 문제	틀린 문제
A 방식	5점	X	10점	X
B 방식	5점	−3점	10점	−5점
C 방식	10점	X	10점	X

문제풀이 실마리

점수 계산을 하는 다양한 방법이 있으므로, 여러 방법을 연습해 두어야 한다.

세 명의 승진후보자가 맞힌 문제와 틀린 문제를 정리하면 다음과 같다.

구분	상식		영어	
	O	X	O	X
甲	14	6	7	3
乙	10	10	9	1
丙	18	2	4	6

방법 1 정석적 풀이

구분	상식								영어							
	O	배점			X	배점			O	배점			X	배점		
		A	B	C		A	B	C		A	B	C		A	B	C
甲	14				6				7				3			
乙	10	5	5	10	10		−3		9	10	10	10	1		−5	
丙	18				2				4				6			

계산한 결과는 다음과 같다.

구분	A 방식			B 방식			C 방식		
	상식	영어	총점	상식	영어	총점	상식	영어	총점
甲	70	70	140	52	55	107	140	70	210
乙	50	90	140	20	85	105	100	90	190
丙	90	40	130	84	10	94	180	40	220

① (O) A 방식으로 채점하면, 甲과 乙은 140점으로 동점이 된다.

② (X) B 방식으로 채점하면, 乙이 아닌 甲이 107점으로 1등을 하게 된다.

③ (O) C 방식으로 채점하면, 丙이 220점으로 1등을 하게 된다.

④ (O) **[총점 비교]** A 방식, B 방식은 상식, 영어 둘 다 100점 만점으로 하는데, C 방식은 모든 과목에 정답을 맞힌 개수당 10점씩으로 하므로 상식은 200점 만점, 영어는 100점 만점으로 한다. 따라서 C 방식은 다른 방식에 비해 상식 과목에 더 큰 가중치를 부여하는 방식이다.
[문제당 점수 비교] '총점=개수×문제당 점수'인데 개수는 동일하므로 문제당 점수만 가지고도 비교가 가능하다. A, B 방식은 상식의 한 문제당 점수가 영어의 절반이지만, C 방식은 한 문제당 점수가 영어와 동일하다.

⑤ (O) B 방식에서 상식의 틀린 개수당 점수를 −5, 영어의 틀린 개수당 점수를 −10으로 한다면 다음과 같다.

구분	상식		영어		B 방식		
	O(5)	X(−5)	O(10)	X(−10)	상식	영어	총점
甲	14	6	7	3	40	40	80
乙	10	10	9	1	0	80	80
丙	18	2	4	6	80	−20	60

따라서 甲과 乙의 등수는 A 방식으로 계산한 것과 동일하다.

방법 2 B 방식: A 방식에서 추가 조건

B 방식은 A 방식과 비교할 때 감점 문제에 따른 조건이 추가된 것이다. 따라서 B 방식으로 계산할 때, A 방식의 결과를 활용하는 방법이 가능하다. 예를 들어, 甲의 점수를 계산해 보면

A 방식: (14문제×5점)+(7문제×10점)=140

여기에서 틀린 문제에 따른 감점을 반영하면 B 방식으로 계산한 결과가 된다. 다음과 같이 계산 가능하다.

B 방식: 140−(6문제×3점)−(3문제×5점)=107점

방법 3 B 방식: 방정식의 활용

상식에서 정답을 맞힌 개수를 x라 하면, 틀린 문제 개수는 $(20-x)$가 된다. 마찬가지로 영어에서 정답을 맞힌 개수를 y라 하면, 틀린 문제 개수는 $(10-y)$가 된다. 상식에서 맞힌 문제에는 5점의 득점, 틀린 문제에서는 3점의 감점, 영어에서 맞힌 문제에는 10점의 득점, 틀린 문제에는 5점의 감점이 있다.

이 모두를 반영해서 공식을 완성하면 다음과 같다.

$5x-3(20-x)+10y-5(10-y)$

$=(8x-60)+(15y-50)$

$=8x+15y-110$

이 식에 각 승진후보자가 상식 또는 영어에서 맞힌 문항 개수를 대입하면 점수를 구할 수 있다.

방법 4 방법 3+차이값 비교

앞서 방법 3에서 정리한 바에 따르면 상식은 $(8x-60)$점이고, 영어는 $(15y-50)$점이다. B 방식에 대해서 묻는 선지 ②를 해결해 보면, 甲이 乙에 비해 상식에서는 4개 더 맞았으므로, 즉 x가 甲이 4가 더 크므로 甲이 (8×4)=32점이 더 높다. 영어에서는 甲이 乙보다 2개 덜 맞았으므로, 즉 甲의 y가 乙보다 2 작으므로, 甲이 (15×2)=30점이 더 낮다.

따라서 총점은 甲이 乙보다 2점 더 높으므로, B 방식에 따를 때 乙이 1등을 할 수는 없다.

방법 5 점수계산의 가장 빠른 스킬

만점 또는 최대점수에서 틀렸을 때 감점을 하는 방식으로 계산하는 것이 가장 빠르다. 감점 또는 문제를 틀린 경우 맞힌 경우와 비교했을 때 얼마만큼의 기회비용이 발생했는지 이해하면 된다.

A 방식	상식의 경우 맞히면 한 문제당 5점이고 총 20문제이므로 다 맞히면 100점이 된다. 그런데 한 문제를 맞히지 못하고 틀릴 때마다 5점이 감점이 되는 셈이다. 영어의 경우 맞히면 한 문제당 10점이고 총 10문제이므로 다 맞히면 100점이 된다. 그런데 한 문제를 맞히지 못하고 틀릴 때마다 10점이 감점이 되는 셈이다.
B 방식	상식의 경우 맞히면 한 문제당 5점인데 틀리면 3점의 감점이 생긴다. 예를 들어 19문제를 맞히고 마지막 문제를 풀었는데 틀렸다고 가정해 보자. 맞혔다면 5점이 더해질텐데 틀렸기 때문에 3점이 감점된다. 따라서 맞힌 경우에 비해 문제를 틀리게 되면 8점의 감점이 발생한다. 영어도 마찬가지로 생각해볼 수 있다. 맞히면 +10점이지만, 틀리면 −5점이므로 틀리게 되면 맞힌 상황에 비해 15점의 감점이 되는 것이다. 정리하면 상식은 틀린 문제당 8점의 감점이, 영어는 틀린 문제당 15점의 감점이 발생한다.
C방식	감점이 없으므로 A방식과 유사하다. 따라서 상식과 영어 모두 틀린 문제마다 10점의 감점이 생긴다.

빠른 문제풀이 Tip
- 계산과정에서 상대적 계산 스킬인 '차이, 비' 등을 사용하면 보다 빠른 해결이 가능하다.
- 점수계산의 가장 빠르고 정확한 해결 스킬을 연습해 두어야 한다. '감점으로 계산' 또는 '상쇄' 등의 스킬이 있다.

[정답] ②

98 다음 글을 근거로 판단할 때, <보기>에서 옳은 것만을 모두 고르면?

16년 5급 4책형 15번

혜민이와 은이는 OX퀴즈를 풀었다. 문제는 총 8개(100점 만점)이고 분야별 문제 수와 문제당 배점은 다음과 같다.

분야	문제 수	문제당 배점
역사	6	10점
경제	1	20점
예술	1	20점

문제 순서는 무작위로 정해지고, 혜민이와 은이가 각 문제에 대해 'O' 또는 'X'를 다음과 같이 선택했다.

문제	혜민	은
1	O	O
2	X	O
3	O	O
4	O	X
5	X	X
6	O	X
7	X	O
8	O	O
총점	80	70

〈보 기〉

ㄱ. 혜민이와 은이 모두 경제 문제를 틀린 경우가 있을 수 있다.
ㄴ. 혜민이만 경제 문제를 틀렸다면, 예술 문제는 혜민이와 은이 모두 맞혔다.
ㄷ. 혜민이가 역사 문제 두 문제를 틀렸다면, 은이는 예술 문제와 경제 문제를 모두 맞혔다.

① ㄴ
② ㄷ
③ ㄱ, ㄴ
④ ㄱ, ㄷ
⑤ ㄴ, ㄷ

해설

문제 분석

ⅰ) '혜민'과 '은'은 2, 4, 6, 7번 문제에서 서로 다른 선택을 했다.
ⅱ) '혜민'과 '은'의 총점은 각각 80, 70점이다.

문제풀이 실마리

미리 모든 경우의 수를 따지는 것은 쉽지 않다. 경우의 수를 따져보면 예를 들어 '혜민'은 1) 역사 두 문제를 틀렸을 경우, 2) 경제 또는 예술 한 문제를 틀렸을 경우로 나뉘고, '은'은 1) 역사 세 문제를 틀렸을 경우, 2) 경제 또는 예술 한 문제, 역사 한 문제를 틀렸을 경우로 나뉜다.

그리고 다시 총점에서부터 살펴보면 '혜민', '은'은 합계 50점의 감점이 있는 것인데 4개의 문제(2, 4, 6, 7)에서 서로 다른 선택을 했으므로 최소 40점 감점이다(50점 또는 60점 감점도 가능하다). 그런데 만약 같은 선택을 한 문제에서 또 오답이 나왔다면 추가 20점 또는 40점 감점이다. 그렇다면 최소 60점 또는 80점 감점이 되는데 이러한 경우는 불가능하다. 즉 총 50점의 감점은 경제 또는 예술 한 문제를 틀리고 역사 세 문제, 총 4문제를 틀리는 데서 발생하고 서로 다른 선택을 한 4개의 문제에서만 발생한다는 것을 알 수 있다. 여기까지 정리되었다면 〈보기〉를 판단할 수 있다. 아래 해설은 여기까지 정리하였다는 가정하에 서술하였다.

위의 상황을 마저 정리해보면 '혜민' 1), '은' 2)를 조합한 첫 번째 경우와 '혜민' 2), '은' 1)을 조합한 두 번째 경우로 정리해 볼 수 있다.

	혜민	은이
첫 번째	역사 2문제	경제 또는 예술 1문제 역사 1문제
두 번째	경제 또는 예술 1문제	역사 3문제
감점	20점 감점	30점 감점

이렇게 경우의 수를 좁히면 모든 〈보기〉를 판단할 수 있으나 시간 내에 이러한 아이디어에 반드시 도달한다는 기대를 하는 것보다 〈보기〉별로 판단하는 것이 좋다.

위에서 언급한 것처럼 미리 경우의 수를 나누어 따지기보다는 〈보기〉별로 판단이 가능한지 검토한다.

ㄱ. (X) '혜민'과 '은'이 모두 경제 문제를 틀렸다면 80점인 '혜민'은 경제 문제를 제외한 나머지 문제는 모두 맞은 것이다. 그렇다면 '은'은 '혜민'과 다른 선택을 한 4문제를 모두 틀린 것이고 이런 경우는 70점을 맞을 수 없다.

ㄴ. (O) '혜민'만 경제 문제를 틀렸다면 80점인 '혜민'은 경제 문제를 제외한 나머지 문제는 모두 맞은 것이다. 그렇다면 '혜민'은 예술 문제는 맞혔다. 또한 '혜민'이 틀린 경제 문제는 서로 다른 선택을 한 4문제 중 하나이므로 '은'은 3문제를 틀렸다. 총 70점을 맞기 위해서는 틀린 3문제 모두 역사 문제여야 하므로 '은'은 예술 문제를 맞혔다. 즉 예술 문제는 혜민이와 은이 모두 맞혔다.

ㄷ. (X) '혜민'이 역사 문제 두 문제를 틀렸다면 '은'은 다른 선택을 한 네 문제 중 나머지 두 문제를 틀린 것이다. '은'이 총 30점이 감점되기 위해서는 경제 또는 예술 문제 중 한 문제를 틀려야 한다.

빠른 문제풀이 Tip

〈보기〉부터 판단하다 보면, 〈보기〉 ㄷ과 같이 경우의 수가 좁혀져 있는 상황이 있고 이를 잘 판단하면 되는 문제이다.

[정답] ①

99 다음 <상황>과 <표>를 근거로 판단할 때, D의 점수는?

17년 입법 가책형 11번

〈상 황〉

A, B, C, D 네 명의 학생이 OX퀴즈 방식의 시험을 보았다. 전체 문제 수는 10문제이며, 한 문제당 맞으면 10점을 부여하고, 틀리면 5점을 감점하는 방식으로 점수를 매긴다. A, B, C, D가 답안지에 적은 답과 A, B, C의 점수는 아래 표와 같다.

※ 아래 표의 '답안 내용' 중 'O'라는 표시는 해당 학생이 'O'로 적었다는 뜻이며, 그 항목을 맞췄다는 뜻은 아니다.

〈표〉

문항	A의 답안 내용	B의 답안 내용	C의 답안 내용	D의 답안 내용
1	O	X	X	O
2	X	O	O	X
3	O	O	O	O
4	O	O	X	X
5	X	X	O	O
6	X	X	X	X
7	O	O	O	O
8	X	X	X	X
9	O	O	O	O
10	O	O	O	O
점수	55	25	55	

① 25점
② 40점
③ 55점
④ 70점
⑤ 85점

해설

문제 분석

해당 OX퀴즈는 10문항을 모두 맞힐 경우 100점 만점이고 한 문항이 틀릴 때마다 15점씩 점수가 내려가 모두 틀리는 경우 −50점이 될 수 있다. 지문의 〈상황〉과 〈표〉에 따라 A, B, C의 맞힌 문제 개수를 확인해보면 다음과 같다.

문항	A	B	C	D
점수	55	25	55	
개수	7개	5개	7개	

〈표〉에서 A~C의 답안 내용을 비교하여 각 문항의 정답 여부를 확인한다.

1) A, B의 답안 내용은 음영 처리한 1, 2번 문항만 다르고 나머지는 같다. 그런데 A, B는 맞힌 문제 개수가 2개 차이나므로 A는 1, 2번 문항을 모두 맞힌 것이고, B는 1, 2번 문항을 모두 틀린 것이다. 그리고 B와 1, 2번 답안 내용이 같은 C도 1, 2번 문항을 틀렸다. (1, 2번 문항의 정답은 각각 O, X인 것을 확인해도 좋다.)
2) B, C의 답안 내용은 음영 처리한 4, 5번 문항만 다르고 나머지는 같다. 마찬가지로 C는 4, 5번 문항을 모두 맞힌 것이고, B는 4, 5번 문항을 모두 틀린 것이다. 그리고 B와 4, 5번 답안 내용이 같은 A도 4, 5번 문항을 틀렸다. (4, 5번 문항의 정답은 각각 X, O인 것을 확인해도 좋다.)
3) 그리고 나머지 3, 6, 7, 8, 9, 10번 문항은 A~C의 답안 내용이 모두 같다. 따라서 A~C는 같은 문항을 하나 더 틀려 각각 맞힌 문제 개수가 7개, 5개, 7개인 것이다.
4) 그런데 D의 답안 내용을 보면 1, 2번은 1, 2번을 모두 맞힌 A와 같고, 4, 5번은 4, 5번을 모두 맞힌 C와 같다. 따라서 D는 1, 2, 4, 5번 문항을 모두 맞혔다.
5) 나머지 3, 6, 7, 8, 9, 10번 문항은 A~D의 답안 내용이 모두 같다. A~C는 해당 문항 중 같은 문항을 하나 더 틀렸으므로 D도 같은 문항을 하나 틀렸을 것이다. 따라서 D는 1문항을 틀렸고 D의 점수는 85점(⑤)이다.

빠른 문제풀이 Tip

지문의 〈표〉에서는 A~D 모두 답안 내용이 같은 경우가 6문항이나 되어 난이도가 낮아졌다고 할 수 있다. A~C 중에서는 B가 맞힌 문항의 개수가 가장 적으므로 B가 맞힌 문항의 개수를 0이라는 기준으로 잡아 〈표〉를 다음과 같이 표현할 수 있다.

문항	A의 답안 내용	B의 답안 내용	C의 답안 내용	D의 답안 내용
1	O	X	X	O
2	X	O	O	X
4	O	O	X	X
5	X	X	O	O
개수	+2	0	+2	

해당 표에서는 A, C의 맞힌 문항의 개수를 B가 맞힌 문항의 개수와 비교해 상대적으로 표현한 것이다. 이와 같은 표에서도 해설과 같은 방법으로 정답을 확인할 수 있다.

[정답] ⑤

100 다음 글을 근거로 판단할 때 참말을 한 사람은?

16년 5급 4책형 32번

> A동아리 5명의 학생 각각은 B동아리 학생들과 30회씩 가위바위보 게임을 했다. 각 게임에서 이길 경우 5점, 비길 경우 1점, 질 경우 −1점을 받는다. 게임이 모두 끝나자 A동아리 5명의 학생들은 자신이 얻은 합산 점수를 다음과 같이 말했다.
>
> 태우: 내 점수는 148점이야.
> 시윤: 내 점수는 145점이야.
> 성헌: 내 점수는 143점이야.
> 빛나: 내 점수는 140점이야.
> 은지: 내 점수는 139점이야.
>
> 이들 중 한 명만이 참말을 하고 있다.

① 태우
② 시윤
③ 성헌
④ 빛나
⑤ 은지

해설

문제 분석

- 30회씩 가위바위보 게임을 했다.
- 각 게임에서 이길 경우 5점, 비길 경우 1점, 질 경우 −1점을 받는다.

문제풀이 실마리

이길 경우 5점을 받는 것에 비해, 비길 경우 −4점이 되고, 질 경우 −6점이 된다.

방법 1

가위바위보에서 이긴 횟수를 x, 비긴횟수를 y, 진 횟수를 z라 하면, 총 30회의 게임을 했으므로 다음과 같은 식이 성립한다.

$$x+y+z=30 \quad \cdots \text{식 1}$$

$$\text{합산 점수}=5x+y-z \quad \cdots \text{식 2}$$

식 1과 식 2를 더하면,

$$6x+2y=30+\text{합산 점수}$$

$$\text{합산 점수}=6x+2y-30$$

$6x$, $2y$, 30 모두 짝수이므로 '짝수+짝수−짝수'를 한 결과는 '짝수'만이 가능하다. 따라서 자신의 얻은 합산 점수가 홀수라 말하는 시윤, 성헌, 은지는 참말이 될 수 없다. 따라서 태우 또는 빛나 만이 참말이 될 수 있다.

이때 학생들이 얻을 수 있는 가장 높은 점수는 30회의 가위바위보를 모두 이겼을 때의 150점이다. 그 다음으로 높은 점수는 30회 중 한 번만 이기지 못하고 비겼을 경우에 얻는 146점이다. 따라서 태우가 말한 148점은 참말이 될 수 없고, 빛나가 참말을 한 사람이 된다.

참고로 빛나는 30회 중 28회를 이기고, 1회를 비기고, 1회를 진 경우에 얻을 수 있는 점수이다.

방법 2

앞서 [방법 1]의 식 1을 변형해 보면, $z=30-x-y$가 된다. 이길 경우(x)에 5점, 비길 경우(y)에 1점, 질 경우($30-x-y$)에 −1점을 받으므로, 이를 통해 동아리 학생이 받을 수 있는 합산 점수의 식을 도출해 보면 다음과 같다.

$$5x+y-(30-x-y)=6x+2y-30$$

이후 분석은 앞서 살펴본 [방법 1]과 동일하다.

방법 3 점수계산의 가장 빠른 스킬

이길 경우 5점을 받는데, 비길 경우 1점을 받으면 이긴 경우에 비해 4점의 감점이 생기는 셈이고, 질 경우 −1점을 받으면 이긴 경우에 비해 6점의 감점이 생기는 셈이다.

즉 30회를 모두 이겼을 때 30회×5점=150점의 최대 점수에서 비길 때마다 4점, 질 때마다 6점의 감점이 생기는 셈이다.

따라서 150(짝수)에서 4점(짝수) 또는 6점(짝수)의 점수가 감점되므로 합산 점수는 짝수일 수밖에 없으므로, 홀수 점수를 말하는 시윤, 성헌, 은지는 참말을 한 사람일 수 없다. 태우는 자신이 얻은 점수가 148점이라고 말했으므로 150점에서 2점의 감점이 발생한 셈인데 불가능하다. 따라서 은지가 참말을 한 사람이다.

참고로 은지는 140점을 받았다고 했으므로 150점에서 10점의 감점이 생긴 셈이고, 한 경기를 비기고 한 경기를 졌다는 것을 빠르게 확인할 수 있다.

빠른 문제풀이 Tip

- 다양한 방법 중 가장 빠르고 정확한 방법을 연습해 두어야 한다.
- 점수 계산에서는 동일한 스킬로 해결할 수 있는 문제가 여러 번 반복되어 출제되고 있으므로 잘 준비해 두어야 한다.

[정답] ④

101 다음 <표>는 화학경시대회 응시생 A~J의 성적 관련 자료이다. 이에 대한 설명 중 옳은 것만을 모두 고르면?

14년 5급 자료해석 A책형 26번

〈표〉 화학경시대회 성적 자료

구분 \ 응시생	정답 문항수	오답 문항수	풀지 않은 문항수	점수(점)
A	19	1	0	93
B	18	2	0	86
C	17	1	2	83
D	( )	2	1	( )
E	( )	3	0	( )
F	16	1	3	78
G	16	( )	( )	76
H	()	( )	( )	75
I	15	( )	( )	71
J	( )	( )	( )	64

※ 1) 총 20문항으로 100점 만점임.
2) 정답인 문항에 대해서는 각 5점의 득점, 오답인 문항에 대해서는 각 2점의 감점이 있고, 풀지 않은 문항에 대해서는 득점과 감점이 없음.

〈보 기〉

ㄱ. 응시생 I의 '풀지 않은 문항수'는 3이다.
ㄴ. '풀지 않은 문항수'의 합은 20이다.
ㄷ. 80점 이상인 응시생은 5명이다.
ㄹ. 응시생 J의 '오답 문항수'와 '풀지 않은 문항수'는 동일하다.

① ㄱ, ㄴ ② ㄱ, ㄷ ③ ㄱ, ㄹ
④ ㄴ, ㄷ ⑤ ㄴ, ㄹ

해설

문제 분석

- 총 20문항, 100점 만점으로 정답인 문항에 대해서는 각 5점의 득점이 있다.
- 오답인 문항에 대해서는 각 2점의 감점이 있고, 풀지 않은 문항에 대해서는 득점과 감점이 없다.

문제풀이 실마리

빈칸이 어떻게 주어졌는가에 따라 방법을 달리 적용할 수 있어야 한다.

ㄱ. (O)

구분 \ 응시생	정답 문항수	오답 문항수	풀지 않은 문항수	점수(점)
I	15	( )	( )	71

100점 만점을 기준으로 할 때 '오답 문항수'당 7점의 감점이 발생하고, '풀지 않은 문항수'당 5점의 감점이 발생한다. 100점 기준으로 29점의 감점이 있고, '정답 문항수'가 15이므로 '오답 문항수'와 '풀지 않은 문항수'의 합은 5이다.

오답 문항수 (–7)	풀지 않은 문항수 (–5)	총 감점
0	5	25
1	4	27
2	3	29
3	2	31
4	1	33
5	0	35

따라서 29점의 감점은 '오답 문항수'가 2, '풀지 않은 문항수'가 3인 경우에 가능하다.

ㄴ. (X) 응시생 G~J의 '풀지 않은 문항수'가 빈칸이다. 이를 구해야 해결이 가능하다. 이때 점수계산을 빠르게 하는 여러 방법을 사용할 수 있어야 한다.

구분 \ 응시생	정답 문항수 (5점)	오답 문항수 (–2점)	풀지 않은 문항수(0점)	점수(점)
G	16	( )	( )	76
I	15	( )	( )	71

응시생 G는 '정답 문항수'가 16이므로 80점인데 최종 점수가 76점이어야 하므로 '오답 문항수'가 2문제이어야 한다. 20문제 중 남은 2문제가 '풀지 않은 문항수'이다.
응시생 I는 '정답 문항수'가 15이므로 75점인데, 최종 점수가 71점이어야 하므로 '오답 문항수'가 2문제이다. 20문제 중 남은 3문제가 '풀지 않은 문항수'이다.

구분 \ 응시생	정답 문항수	오답 문항수 (–7점)	풀지 않은 문항수(–5점)	점수(점)
H	( )	( )	( )	75
J	( )	( )	( )	64

보기 ㄱ과 동일한 방법으로 해결해 보면, 응시생 H는 '오답 문항수'가 0, '풀지 않은 문항수'가 5이어야 100점 기준에서 25점의 감점이 가능하다. 응시생 J는 '오답 문항수'가 3, '풀지 않은 문항수'가 3이어야 100점 기준에서 36점의 감점이 가능하다.
따라서 풀지 않은 문항수의 합을 구하면, 2, 1, 3, 2, 3, 5, 3 의 합은 19이다.

ㄷ. (X) 점수가 확정된 사람 중에 응시생 A~C는 80점 이상이다. 따라서 점수가 빈칸인 응시생 D와 E 모두 80점 이상이어야 옳은 보기가 된다.

구분 \ 응시생	정답 문항수	오답 문항수 (–7점)	풀지 않은 문항수(–5점)	점수(점)
D	( )	2	1	( )
E	( )	3	0	( )

응시생 D는 총 19점 감점이라 81점으로 80점 이상이지만, 응시생 E는 총 21점 감점으로 80점 미만이다. 따라서 80점 이상인 응시생은 총 4명이다.

ㄹ. (O)

구분 \ 응시생	정답 문항수	오답 문항수 (–7점)	풀지 않은 문항수(–5점)	점수(점)
J	( )	( )	( )	64

앞서 보기 ㄴ에서 검토한 바와 같이 응시생 J는 100점을 기준으로 할 때 총 36점의 감점이고, '오답 문항수'가 3, '풀지 않은 문항수'가 3이어야 100점 기준에서 36점의 감점이 가능하다. 따라서 '오답 문항수'와 '풀지 않은 문항수'가 3문제로 동일하다.

빠른 문제풀이 Tip

- 점수계산을 하는 다양한 방법을 자유자재로 구사할 수 있어야 한다.
- 점수를 보면 대체로 내림차순으로 되어 있다. 이를 활용하는 것도 방법 중의 하나이다.

[정답] ③

6 등급 계산

102 다음 글을 읽고 추론한 것으로 옳지 않은 것은?

10년 5급 선책형 31번

甲, 乙, 丙은 같은 과목을 수강하고 있다. 이 과목의 성적은 과제 점수와 기말시험 점수를 합산하여 평가한다. 과제에 대한 평가방법은 다음과 같다. 강의에 참여하는 학생은 5명으로 구성된 팀을 이루어 과제를 발표해야 한다. 교수는 과제 발표의 수준에 따라 팀점수를 정한 후, 이 점수를 과제 수행에 대한 기여도에 따라 참여한 학생들에게 나누어준다. 이때 5명의 학생에게 모두 서로 다른 점수를 부여하되, 각 학생 간에는 2.5점의 차이를 둔다. 기말시험의 성적은 60점이 만점이고, 과제 점수는 40점이 만점이다.

과제 점수와 기말시험 점수를 합산하여 총점 95점 이상을 받은 학생은 A+ 등급을 받게 되고, 90점 이상 95점 미만은 A 등급을 받는다. 마이너스(-) 등급은 없으며, 매 5점을 기준으로 등급은 한 단계씩 떨어진다. 예컨대 85점 이상 90점 미만은 B+, 80점 이상 85점 미만은 B 등급이 되는 것이다.

甲, 乙, 丙은 다른 2명의 학생과 함께 팀을 이루어 발표를 했는데, 팀점수로 150점을 받았다. 그리고 기말고사에서 甲은 53점, 乙은 50점, 丙은 46점을 받았다.

① 甲은 최고 B+에서 최저 C+ 등급까지의 성적을 받을 수 있다.
② 乙은 최고 B에서 최저 C 등급까지의 성적을 받을 수 있다.
③ 丙은 최고 B에서 최저 C 등급까지의 성적을 받을 수 있다.
④ 乙의 기여도가 최상위일 경우 甲과 丙은 같은 등급의 성적을 받을 수 있다.
⑤ 甲의 기여도가 최상위일 경우 乙과 丙은 같은 등급의 성적을 받을 수 있다.

해설

문제 분석
지문의 음영처리한 부분은 과제 점수 부여 방법과 팀점수이다. 甲, 乙, 丙은 함께 팀을 이루어 발표하여 받게 된 팀점수를 과제 점수 부여 방법에 따라 부여받게 되고 기말고사 점수와 합산하여 해당 과목의 성적을 받게 된다. 두 번째 문단에서는 성적의 등급에 대하여 설명하고 있다.

문제풀이 실마리
등급은 정확하게 계산하지 않아도 문제 해결이 가능하다.

과제 점수 부여 방법에 따라 甲~丙이 받을 수 있는 과제 점수를 판단해 보자. 甲~丙이 속한 팀은 팀점수로 150점을 받았고, 과제 점수 부여 방법에 의하면 하나의 팀을 구성하는 1) 5명은 팀점수를 나누어 받는데 2) 5명의 학생이 모두 서로 다른 점수를 부여하며 3) 학생 간에는 2.5점의 차이를 둔다. 학생 간의 점수 차가 2.5점으로 일정하므로 5명의 학생 점수의 중앙값이 곧 평균값이 된다. 150점을 5명이 나누어 가지는 평균값은 30점이므로 5명의 점수는 각각 25점, 27.5점, 30점, 32.5점, 35점이다.

지문의 기말고사 점수와 합산하여 甲~丙이 받을 수 있는 점수의 범위를 부등식으로 정리해 보면 다음과 같다.

甲: 53+25≤甲≤53+35 ⇒ 78≤甲≤88
乙: 50+25≤乙≤50+35 ⇒ 75≤乙≤85
丙: 46+25≤丙≤46+35 ⇒ 71≤丙≤81

① (O) 甲이 받을 수 있는 최고점 88점은 B+ 등급에 해당하고, 최저점 78점은 C+ 등급에 해당한다.
② (X) 乙이 받을 수 있는 최고점 85점은 B+ 등급에 해당하고 최저점 75점은 C+ 등급에 해당한다.
③ (O) 丙이 받을 수 있는 최고점 81점은 B 등급에 해당하고, 최저점 71점은 C 등급에 해당한다.
④ (O) 乙의 기여도가 최상위일 경우 乙은 과제 점수 35점을 받게 되고 甲, 丙은 35점을 받을 수 없다. 이때 甲이 과제 점수 25점을 받아 합산 점수 78점이고 丙이 과제 점수 32.5점을 받아 합산 점수 78.5점이라면 같은 C+ 등급의 성적을 받을 수 있다. 甲과 丙의 기말고사 점수 차는 7점이고 甲이 최저점, 丙이 35점을 제외한 최고점을 받은 경우이므로 같은 등급의 성적을 받을 수 있는 다른 경우는 없다.
⑤ (O) 甲의 기여도가 최상위일 경우 甲은 과제 점수 35점을 받게 되고 乙, 丙은 35점을 받을 수 없다. 이때 乙이 과제 점수 25점, 丙이 과제 점수 30점을 받는다면 합산 점수는 각각 75점, 76점이 되어 같은 C+ 등급의 성적을 받을 수 있다. 그리고 乙이 과제 점수 27.5점, 丙이 과제 점수 32.5점을 받는다면 합산 점수는 각각 77.5점, 78.5점이 되어 같은 C+ 등급의 성적을 받을 수 있다.

빠른 문제풀이 Tip
선지 ④, ⑤는 직접 가능한 경우를 설명해 놓았지만 범위로만 판단이 가능하다. 예를 들어 선지 ④의 경우 甲과 丙의 기말고사 점수 차는 7점인데 과제 점수에서는 35점을 제외하면 32.5점과 25점의 차인 7.5점의 점수 차가 좁혀질 수 있다. 그러므로 점수 차가 0.5점인 경우까지 만들 수 있다고 판단할 수 있다.

[정답] ②

103 **다음 글에 비추어 응시자 중 최고득점자와 최저득점자의 점수의 합으로 알맞은 것은? (단, 필기시험은 100점 만점이며 각 응시자의 점수는 정수이다)**

14년 입법 가책형 15번

> A대학 국문과 정시모집에서는 필기시험 점수가 높은 순서대로 합격자를 결정한다. 위 정시모집에 20명의 학생이 지원하였으나 필기시험에 18명의 학생이 응시하고 2명의 학생은 결시하였으며, 최종적으로 4명의 학생이 합격하였다. i)필기시험 결시자를 0점으로 처리하여 20명의 지원자의 평균점수를 산정한 결과 평균점수는 48점이었다. ii)필기시험에 응시한 18명 중 불합격자의 평균점수보다 합격자의 평균점수가 33점 높았다. iii)합격자들 간의 점수차이는 1등부터 4등까지 동일하며 4등의 점수는 7의 배수이다. iv)불합격자 중 최고득점자는 전체 2등과 20점 차이이며, 결시자를 제외한 최저득점자 점수의 2배이다.

① 111점
② 113점
③ 115점
④ 117점
⑤ 119점

해설

문제 분석

전체 20명 지원자 중 18명이 응시하였고, 4명이 합격, 14명이 불합격하였다. i)~iv)로 표현한 각 조건들을 적용하여 계산하는 문제이다.

1) 조건 i)에 따르면 20명 지원자 평균점수는 48점이므로 20명의 점수를 모두 더한 총점은 20×48=960이다. 조건 ii)에 따르면 합격자의 평균점수가 불합격자의 평균점수보다 33점 높았다고 하므로 합격자의 평균점수를 A, 불합격자의 평균점수를 B라고 할 때 A=B+33이다. 그런데 합격자는 4명, 불합격자는 14명이므로 합격자의 점수를 모두 더한 점수는 4A, 불합격자의 점수를 모두 더한 점수는 14B가 되고 미응시자 2명의 점수는 0점이므로 4A+14B=960이어야 한다. A=B+33을 A에 대입하면 4(B+33)+14B=960이므로 계산하면 A=79, B=46이 된다.

2) 조건 iii)에 따라 합격자들 간의 점수차이는 1등부터 4등까지 동일하다. 합격자들의 점수를 1등부터 4등까지 각각 A_1, A_2, A_3, A_4라고 하면 A_4는 7의 배수이다. 다음 그림과 같이 생각해보자.

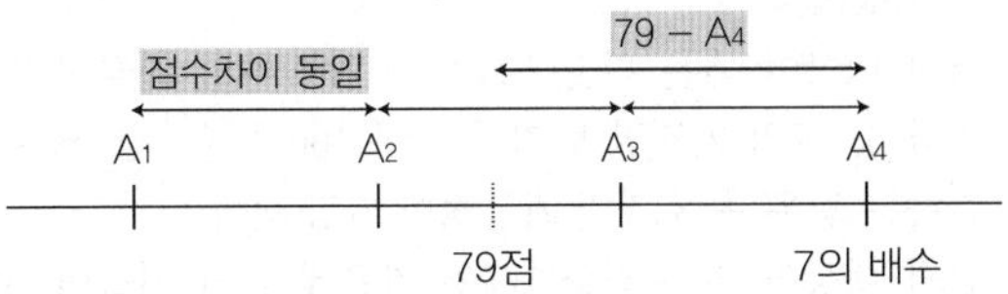

그림의 합격자들의 점수차이는 동일한데 $79-A_4$는 그 점수차이의 1.5배이다. A_4는 7의 배수이므로 $A_4=77$이면 $79-A_4=2$이지만 A_3-A_4가 정수가 되지 못한다. $A_4=70$이면 $79-A_4=9$이고 $A_3-A_4=6$이다. $A_4=63$, 56, …의 경우는 생략한다. 따라서 $A_1=88$이다.

3) 불합격자 중 가장 점수가 높은 사람부터 각각 B_1, B_2, B_3, … B_{14}라고 하자. 조건 iv)에서 불합격자 중 최고득점자는 전체 2등과 20점 차이라고 하므로 $A_2=82$일 때 $B_1=62$이다. B_1이 결시자를 제외한 최저득점자 B_{14} 점수의 2배이므로 $B_{14}=31$이다.

따라서 응시자 중 최고득점자와 최저득점자의 점수의 합은 $A_1+B_{14}=119$(⑤)이다.

빠른 문제풀이 Tip

해설 1)에서는 응시자 수의 총합이라는 관점에서 접근하였고, 2)에서는 직접적으로 수식을 통해 평균을 계산하지 않고 최고득점자의 점수를 도출하였다. 이상의 과정을 수식을 통해 접근하려면 다음과 같은 식을 세워야 한다.

합격자 A의 점수: A_1, A_2, A_3, A_4
불합격자 B의 점수: B_1, B_2, B_3, … B_{14}
미응시자 C의 점수: $C_1=C_2=0$
합격자와 불합격자 내에서 아래 첨자의 숫자가 작을수록 점수가 높다.
조건 i) E(A, B, C)=48 (단, E(n)은 n값들의 평균)

$$=\frac{A_1+A_2+\cdots+A_4+B_1+B_2+\cdots+B_{14}+C_1+C_2}{20}$$

조건 ii) E(A)=E(B)+33
조건 iii) $A_1=A_2+\alpha=A_3+2\alpha=A_4+3\alpha$, A_4는 7의 배수
조건 iv) $B_1+20=A_2$, $B_1=2B_{14}$

위의 식들은 극단적으로 모든 내용을 식으로 나타낸 것이다. 일부분이라도 식을 통해 계산한다면 시간이 많이 걸릴 수 있으므로 가능하면 계산을 적게 하면서 문제에서 묻는 바를 찾아낼 수 있는 여러 방법을 연습해 본다.

[정답] ⑤

104 다음 글을 근거로 판단할 때, <보기>에서 옳은 것만을 모두 고르면?

15년 민경채 인책형 22번

> 거짓말 탐지기는 진술 내용의 참, 거짓을 판단하는 장치이다. 거짓말 탐지기의 정확도(%)는 탐지 대상이 되는 진술이 참인 것을 [참]으로, 거짓인 것을 [거짓]으로 옳은 판단을 내릴 확률을 의미하며, 참인 진술과 거짓인 진술 각각에 대하여 동일한 정확도를 나타낸다. 甲이 사용하는 거짓말 탐지기의 정확도는 80%이다.

〈보 기〉

ㄱ. 탐지 대상이 되는 진술이 총 100건이라면, 甲의 거짓말 탐지기는 20건에 대하여 옳지 않은 판단을 내릴 가능성이 가장 높다.

ㄴ. 탐지 대상이 되는 진술 100건 가운데 참인 진술이 20건이라면, 甲의 거짓말 탐지기가 이 100건 중 [참]으로 판단하는 것은 총 32건일 가능성이 가장 높다.

ㄷ. 탐지 대상이 되는 진술 100건 가운데 참인 진술이 10건인 경우, 甲이 사용하는 거짓말 탐지기의 정확도가 높아진다면 이 100건 중 [참]으로 판단하는 진술이 많아진다.

ㄹ. 거짓말 탐지기의 정확도가 90%이고 탐지 대상이 되는 진술 100건 가운데 참인 진술이 10건인 경우, 탐지기가 18건을 [참]으로 판단했다면 그 중 거짓인 진술이 9건일 가능성이 가장 높다.

① ㄱ, ㄴ
② ㄱ, ㄷ
③ ㄱ, ㄴ, ㄹ
④ ㄱ, ㄷ, ㄹ
⑤ ㄴ, ㄷ, ㄹ

해설

문제 분석

- 거짓말 탐지기의 정확도(%): 탐지 대상이 되는 진술이 참인 것을 참으로, 거짓인 것을 거짓으로 옳은 판단을 내릴 확률을 의미
- 참인 진술과 거짓인 진술 각각에 대하여 동일한 정확도
- 甲이 사용하는 거짓말 탐지기의 정확도는 80%

문제풀이 실마리

2×2 매트릭스 구조로 상황을 정확하게 인식할 수 있어야 한다.

ㄱ. (O) 갑이 사용하는 거짓말 탐지기의 정확도는 80%이므로 틀릴 가능성이 20%이다. 따라서 탐지 대상이 되는 진술이 총 100건이라면, 甲의 거짓말 탐지기는 20건에 대하여 옳지 않은 판단을 내릴 가능성이 가장 높다.

ㄴ. (O) 참인 것을 참으로, 거짓인 것을 거짓으로 옳은 판단을 내릴 확률이 80%이지만, 반대를 보면 참인 것을 거짓으로, 거짓인 것을 참으로 틀린 판단을 내릴 확률이 20%이다.
탐지 대상이 되는 진술 100건 가운데 참인 진술이 20건이라면, 거짓인 진술이 80건일 것이다. 위에서 정리한 확률과 결합해서 정리하면 다음과 같다.

구분	참으로 판단	거짓으로 판단
참인 진술(20건)	16(80%)	4(20%)
거짓인 진술(80건)	16(20%)	64(80%)
합	32	68

따라서 甲의 거짓말 탐지기가 이 100건 중 참으로 판단하는 것은 총 32건일 가능성이 가장 높다.

ㄷ. (X)

1) 사례를 들어 확인하는 방법

참인 진술이 10건, 거짓인 진술이 90건인 경우에 확률을 대입해서 정리해 보면,

- 정확도가 80%인 경우

구분	참으로 판단	거짓으로 판단
참인 진술(10건)	8(80%)	2(20%)
거짓인 진술(90건)	18(20%)	72(80%)
합	26	74

- 정확도가 90%인 경우

구분	참으로 판단	거짓으로 판단
참인 진술(10건)	9(90%)	1(10%)
거짓인 진술(90건)	9(10%)	81(90%)
합	18	82

참으로 판단하는 진술이 26건에서 18건으로 줄어드는 것을 볼 수 있다. 따라서 옳지 않다.

2) 수식으로 접근하는 방법

• 정확도가 x%인 경우

구분	참으로 판단	거짓으로 판단
참인 진술	x%	(100－x)%
거짓인 진술	(100－x)%	x%

이를 참인 진술이 10건, 거짓인 진술이 90건인 경우에 대입해서 정리해 보면,

• 정확도가 x%인 경우

구분	참으로 판단	거짓으로 판단
참인 진술(10건)	x%	(100－x)%
거짓인 진술(90건)	(100－x)%	x%

아래 색칠된 칸의 값을 구하기 위한 공식은
(10×x)+{90×(100－x%)}이다.
따라서 x값이 커질수록 공식의 결괏값은 작아진다는 것을 확인할 수 있다.

ㄹ. (O) 거짓말 탐지기의 정확도가 90%이므로, 틀릴 가능성도 10%이다. 탐지 대상이 되는 진술 100건 가운데 참인 진술이 10건이므로, 거짓인 진술이 90건이 될 것이다. 위에서 정리한 확률과 결합시켜 정리하면 아래와 같다.

구분	참으로 판단	거짓으로 판단
참인 진술(10건)	9(90%)	1(10%)
거짓인 진술(90건)	9(10%)	81(90%)
합	18	82

따라서 탐지기가 18건을 참으로 판단했다면 그중 거짓인 진술이 9건일 가능성이 가장 높다.

빠른 문제풀이 Tip
80%의 정확도를 보고 반대로 20%의 틀릴 확률도 동시에 인식할 수 있어야 한다.

[정답] ③

105 다음 글을 근거로 판단할 때, <상황>의 ㉠과 ㉡을 옳게 짝지은 것은?

19년 민경채 나책형 16번

채용에서 가장 중요한 점은 조직에 적합한 인재의 선발, 즉 필요한 수준의 기본적 직무적성·태도 등 전반적 잠재력을 가진 지원자를 선발하는 것이다. 그러나 채용 과정에서 적합한 사람을 채용하지 않거나, 적합하지 않은 사람을 채용하는 경우도 있다. 적합한 지원자 중 탈락시킨 지원자의 비율을 오탈락률이라 하고, 적합하지 않은 지원자 중 채용한 지원자의 비율을 오채용률이라 한다.

〈상 황〉

甲회사의 신입사원 채용 공고에 1,200명이 지원하여, 이 중에 360명이 채용되었다. 신입사원 채용 후 조사해보니 1,200명의 지원자 중 회사에 적합한 지원자는 800명이었고, 적합하지 않은 지원자는 400명이었다. 채용된 360명의 신입사원 중 회사에 적합하지 않은 인원은 40명으로 확인되었다. 이에 따르면 오탈락률은 (㉠)%이고, 오채용률은 (㉡)%이다.

	㉠	㉡
①	40	5
②	40	10
③	55	10
④	60	5
⑤	60	10

해설

문제 분석
• 오탈락률: 적합한 지원자 중 탈락시킨 지원자의 비율
• 오채용률: 적합하지 않은 지원자 중 채용한 지원자의 비율

문제풀이 실마리
• 지원자들은 채용 과정에 적합하거나 적합하지 않거나(부적합) 두 가지 속성으로 구분된다.
• 채용 결과는 채용되거나 탈락하거나 두 가지 속성으로 구분한다.

제시된 글의 내용을 정리하면 다음과 같다.

채용결과 / 지원자	채용	탈락	
적합	(1)	(2)	(C)
부적합	(3)	(4)	(D)
	(A)	(B)	(E)

• 오탈락률: 적합한 지원자 중 탈락시킨 지원자의 비율＝(2)/(C)
• 오채용률: 적합하지 않은 지원자 중 채용한 지원자의 비율＝(3)/(D)

주어진 〈상황〉을 위 표에 맞게 정리하면 다음과 같다.
(E)＝1,200명, (A)＝360명, (C)＝800명, (D)＝400명, (3)＝40명
이에 따라 (1)이 320명, (2)가 480명, (4)가 360명, (B)가 840명이다.
따라서 오탈락률＝(2)/(C)＝480/800＝60/100=60%,
오채용률＝(3)/(D)＝40/400＝10/100＝10%이다.

빠른 문제풀이 Tip
주어진 내용을 표로 인식할 수 있으면 빠른 해결이 가능하다.

[정답] ⑤

106 다음 글을 근거로 판단할 때, ㉠ 에 해당하는 값은? (단, 소수점 이하 반올림함)

14년 5급 A책형 4번

> 한 남자가 도심 거리에서 강도를 당했다. 그는 그 강도가 흑인이라고 주장했다. 그러나 사건을 담당한 재판부가 당시와 유사한 조건을 갖추고 현장을 재연했을 때, 피해자가 강도의 인종을 정확하게 인식한 비율이 80% 정도밖에 되지 않았다. 강도가 정말로 흑인일 확률은 얼마일까?
>
> 물론 많은 사람들이 그 확률은 80%라고 말할 것이다. 그러나 실제 확률은 이보다 상당히 낮을 수 있다. 인구가 1,000명인 도시를 예로 들어 생각해보자. 이 도시 인구의 90%는 백인이고 10%만이 흑인이다. 또한 강도짓을 할 가능성은 두 인종 모두 10%로 동일하며, 피해자가 백인을 흑인으로 잘못 보거나 흑인을 백인으로 잘못 볼 가능성은 20%로 똑같다고 가정한다. 이 같은 전제가 주어졌을 때, 실제 흑인강도 10명 가운데 (　　)명만 정확히 흑인으로 인식될 수 있으며, 실제 백인강도 90명 중 (　　)명은 흑인으로 오인된다. 따라서 흑인으로 인식된 (　　)명 가운데 (　　)명만이 흑인이므로, 피해자가 범인이 흑인이라는 진술을 했을 때 그가 실제로 흑인에게 강도를 당했을 확률은 겨우 (　　)분의 (　　), 즉 약 ㉠ %에 불과하다.

① 18
② 21
③ 26
④ 31
⑤ 36

해설

문제 분석

주어진 정보를 정리하면 다음과 같다.

ⓐ 이 도시의 인구는 1,000명
ⓑ 이 도시 인구의 90%는 백인이고 10%는 흑인
ⓒ 강도짓을 할 가능성은 두 인종 모두 10%로 동일
ⓓ 피해자가 백인을 흑인으로 잘못 보거나 흑인을 백인으로 잘못 볼 가능성은 20%로 동일

문제풀이 실마리

정보를 표로 정리하는 것도 조건을 체계적으로 이해하는 데 도움이 된다.

정리한 내용을 토대로 상황에 대입해서 판단해 보면 다음과 같다.

> 이 같은 전제가 주어졌을 때, (정보ⓐ+정보ⓑ: 이 도시의 인구 1,000명 중 백인이 900명, 흑인이 100명) 실제 흑인강도 10명 가운데(정보ⓒ: 흑인 100명 중 10%가 강도짓을 할 가능성) (8)명만 정확히 흑인으로 인식될 수 있으며(정보ⓓ: 잘못 볼 가능성이 20%이므로, 정확히 인식할 가능성은 80%), 실제 백인강도 90명 중 (18)명은 흑인으로 오인된다.(정보ⓓ: 잘못 볼 가능성이 20%) 따라서 흑인으로 인식된 (8+18=26)명 가운데(흑인으로 보는 경우는 흑인을 정확히 흑인으로 인식하거나, 백인을 흑인으로 오인하는 경우 두 가지이다.) (8)명만이 흑인이므로, (실제 흑인은 8명) 피해자가 범인이 흑인이라는 진술을 했을 때 그가 실제로 흑인에게 강도를 당했을 확률은 겨우 (26)분의 (8), 즉 약 ㉠ %에 불과하다. (8÷36×100(%) ≒ 30.769(%), 소수점 이하를 반올림하므로 약 31%가 된다.)

이를 표로 정리해보면 다음과 같다.

(단위: 명)

구분		인식(정확도 80%)		
		백인	흑인	합계
실제	백인	90×0.8=72	90×0.2=18	90
	흑인	10×0.2=2	10×0.8=8	10
	합계	74	26	100

빠른 문제풀이 Tip

- 발문을 보고 무엇을 묻는지 확인한 다음, 문제 해결에 필요한 정보만 파악하면 보다 빠른 해결이 가능하다.
- 31%의 정확한 값을 구하지 않아야 빠른 해결이 가능하다.

[정답] ④

107 다음 제시문을 읽고 잘못 추론한 것은? 09년 5급 극책형 16번

축구에서 승부차기는 반드시 승자를 가려야 하는 상황에서 승부를 가리지 못했을 때 사용하는 방법이다. 승부차기 한 공의 골라인 도달시간이 골키퍼(goal keeper)의 반응시간보다 짧기 때문에, 골키퍼의 입장에서는 키커(kicker)가 공을 찬 이후에 그 방향을 보고 움직여서는 공을 막는 것이 불가능하다. 따라서 골키퍼는 키커가 공을 차기 전에 미리 공의 방향을 예측하고 움직이게 된다. 실제 승부차기에서 키커는 공을 왼쪽, 가운데, 오른쪽 중의 한 방향으로 차게 되며, 골키퍼는 한 쪽을 포기하고 다른 쪽 방향으로만 미리 움직여 공을 막거나 경우에 따라서는 움직이지 않고 가운데 부근으로 오는 공을 막기도 한다.

이 상황에서 키커가 왼쪽, 가운데, 오른쪽으로 공을 찰 확률이 각각 40%, 20%, 40%라고 가정한다. 그리고 골키퍼가 미리 움직여 키커의 슛을 방어할 확률은 공의 방향을 왼쪽이나 오른쪽으로 정확하게 예측했을 경우에는 80%이지만, 예측과 달리 공의 방향이 가운데일 경우에는 40%이고 예측과 반대방향일 경우에는 20%로 떨어진다고 가정한다. 또한, 골키퍼가 움직이지 않고 가운데를 지키고 있을 경우 키커가 공을 왼쪽이나 오른쪽으로 찼을 때 막을 확률은 30%이지만 가운데로 찼을 때 막을 확률은 90%라고 가정한다.

※ 골키퍼의 방어에는 키커가 공을 골대에 맞추거나 골대 밖으로 차는 것까지 포함된다.

① 골키퍼가 왼쪽이나 오른쪽으로 움직일 때 키커가 찬 공을 방어할 확률은 동일하다.

② 골키퍼가 어떠한 선택을 하든 키커가 찬 공을 방어할 확률은 50%를 넘지 못한다.

③ 골키퍼가 어떠한 선택을 하든 키커가 승부차기에 실패할 확률은 40%를 넘는다.

④ 골키퍼의 선택에 따라서 키커의 승부차기가 성공할 확률은 최대 6% 포인트 차이가 난다.

⑤ 골키퍼가 움직이지 않고 가운데를 지킬 경우 키커가 찬 공을 방어할 확률이 가장 높다.

해설

문제 분석

제시문의 내용을 정리하면 다음과 같다.

키커 \ 골키퍼	오른쪽	가운데	왼쪽
오른쪽(40%)	32(80%)	12(30%)	8(20%)
가운데(20%)	8(40%)	18(90%)	8(40%)
왼쪽(40%)	8(20%)	12(30%)	32(80%)

1) 골키퍼가 왼쪽으로 예측해 움직일 때 방어할 확률
(=골키퍼가 오른쪽으로 예측해 움직일 때 방어할 확률)
$=(0.4\times0.8)+(0.2\times0.4)+(0.4\times0.2)=0.48$

2) 골키퍼가 가운데 지키고 있는 경우 방어할 확률
$=(0.4\times0.3)+(0.2\times0.9)+(0.4\times0.3)=0.42$

문제풀이 실마리

- 조건부 확률의 구조를 정확히 이해할 수 있어야 한다.
- 선지에서 묻는 확률을 따질 때 '①, ②, ⑤ 골키퍼가 키커가 찬 공을 방어할 확률 = ③ 키커가 승부차기에 실패할 확률 ↔ ④ 키커의 승부차기가 성공할 확률'임을 알면 보다 빠른 해결이 가능한 문제이다.
- '골키퍼가 방어할 확률 = 골키퍼가 막을 확률 = 키커가 승부차기에 실패할 확률'이고 그 반대가 '골키퍼가 방어에 실패할 확률 = 골키퍼가 막지 못할 확률 = 키커가 승부차기에 성공할 확률'임을 안다면 표를 복잡하게 그리지 않고도 쉽게 해결할 수 있다. 예를 들어 골키퍼가 방어할 확률이 80%라면, 방어에 실패할 확률은 그 반대인 20%이다.

① (O) 골키퍼가 왼쪽이나 오른쪽으로 움직일 때 키커가 찬 공을 방어할 확률은 48%로 동일하다.

② (O) 골키퍼가 어떠한 선택을 하든 키커가 찬 공을 방어할 확률은 최대 48%이다.

③ (O) 골키퍼가 어떠한 선택을 하든 키커가 승부차기에 실패할 확률은 최소 42%이다.

④ (O) 키퍼의 선택에 따라서 키커의 승부차기가 성공할 확률은 최대 58%, 최소 52%이므로 그 차이는 6%p이다.

⑤ (X) 골키퍼가 움직이지 않고 가운데를 지킬 경우 방어할 확률은 42%이지만, 왼쪽 또는 오른쪽으로 움직이는 경우 방어할 확률이 48%로 더 높다.

빠른 문제풀이 Tip

- 선지 ①의 경우 계산하지 않더라도 확률 구조에서의 대칭을 발견하면 훨씬 빠르게 정오판단을 할 수 있다. 이 문제 역시도 앞서 살펴본 문제와 마찬가지로 확률 수치상의 대칭 구조를 발견하면 보다 빠른 해결이 가능한 문제이다.
- 상대적 계산 스킬을 적절히 활용해야 한다.
- 확률 문제를 빠르게 해결하는 방법은 확률 수치상에서의 장치와 선지에서의 장치를 찾아 해결하는 것이다.
- 확률 유형 문제의 경우 반대쪽 확률을 함께 인식하는 것이 중요하다.
- 조건부 확률을 나타낼 때 표를 보다 심플하게 정리하는 것도 가능하다. 다양한 방법으로 표를 그려보면서 연습해 보자.

[정답] ⑤

108 **다음 제시문을 읽고 잘못 추론한 것은?** 09년 5급 극책형 13번

어느 지방자치단체는 관내의 유흥업소에 대한 단속정도를 놓고 고심 중에 있다. 유흥업소에 대한 단속을 강화할 경우 유흥업소의 수를 줄이는 효과는 있으나, 지역 내 고용이 줄어들어 궁극적으로는 지역경제가 위축될 가능성이 크기 때문이다. 단속을 약화할 경우에는 그 반대의 현상이 발생한다.

이 때, 단속을 강화할 경우 관내 유흥업소의 수가 감소할 가능성이 60%, 현 상태를 유지할 가능성이 30%, 증가할 가능성이 10%라고 한다. 반면에 단속을 약화할 경우 유흥업소의 감소가능성이 10%, 현 상태 유지 가능성이 30%, 증가가능성이 60%이다.

다음으로, 유흥업소가 감소할 경우에 고용 감소 가능성이 60%, 현 상태 유지 가능성이 30%, 증가 가능성이 10%이다. 유흥업소가 현 상태를 유지할 경우 고용 감소 가능성이 30%, 현 상태 유지 가능성이 40%, 증가 가능성이 30%이다. 유흥업소가 증가할 경우 고용 감소 가능성은 10%, 현 상태 유지 가능성은 30%, 증가 가능성은 60%이다.

위의 내용을 표로 나타내면 다음과 같다.

단속강화	유흥업소 감소(60%)	고용감소(60%)
		고용유지(30%)
		고용증가(10%)
	유흥업소 유지(30%)	고용감소(30%)
		고용유지(40%)
		고용증가(30%)
	유흥업소 증가(10%)	고용감소(10%)
		고용유지(30%)
		고용증가(60%)
단속약화	유흥업소 감소(10%)	고용감소(60%)
		고용유지(30%)
		고용증가(10%)
	유흥업소 유지(30%)	고용감소(30%)
		고용유지(40%)
		고용증가(30%)
	유흥업소 증가(60%)	고용감소(10%)
		고용유지(30%)
		고용증가(60%)

한편, 고용이 현재보다 증가할 경우 나타나는 경제적 효과는 10억 원, 현재 상태를 유지할 경우에는 3억 원, 감소할 경우에는 −1억 원이라고 한다.

① 유흥업소에 대한 단속을 강화할 경우, 고용증가로 기대할 수 있는 경제적 이익은 2.1억 원이다.

② 유흥업소에 대한 단속을 약화할 경우, 고용감소로 기대할 수 있는 경제적 이익은 −0.21억 원이다.

③ 유흥업소에 대한 단속을 현재보다 약화할 경우, 고용이 현 상태를 유지하여 기대할 수 있는 경제적 이익은 0.99억 원이다.

④ 유흥업소에 대한 단속을 강화하는 경우와 약화하는 경우, 고용증가로 인해 기대할 수 있는 경제적 이익의 차이는 2.5억 원이다.

⑤ 유흥업소에 대한 단속을 강화하는 경우와 약화하는 경우, 고용감소로 인해 기대할 수 있는 경제적 이익의 차이는 0.2억 원이다.

해설

문제 분석

- 표를 기준으로 위쪽으로 주어진 줄글의 정보가 모두 표로 정리되어 있다. 따라서 표로 조건을 이해하는 것이 바람직하다.
- 경제적 효과

고용이 현재보다 증가할 경우	10억 원
현재 상태를 유지할 경우	3억 원
고용이 현재보다 감소할 경우	-1억 원

문제풀이 실마리

단속을 강화하는 경우 표에서 상하로 가운데를 기준으로 상단 부분을 보면 되고, 단속을 약화하는 경우 상하로 가운데를 기준으로 하단 부분을 보면 된다.

- 유흥업소가 감소/유지/증가할 경우 고용이 감소/유지/증가할지를 따져야 하는 조건부 확률이 주어진 문제이다. 따라서 조건부 확률의 구조를 정확히 이해할 수 있어야 한다.
- 유흥업소에 대한 단속을 강화하는 경우, 고용감소의 확률은 다음과 같다.

단속강화	유흥업소 감소(60%)	고용감소(60%)
		고용유지(30%)
		고용증가(10%)
	유흥업소 유지(30%)	고용감소(30%)
		고용유지(40%)
		고용증가(30%)
	유흥업소 증가(10%)	고용감소(10%)
		고용유지(30%)
		고용증가(60%)
단속약화	유흥업소 감소(10%)	고용감소(60%)
		고용유지(30%)
		고용증가(10%)
	유흥업소 유지(30%)	고용감소(30%)
		고용유지(40%)
		고용증가(30%)
	유흥업소 증가(60%)	고용감소(10%)
		고용유지(30%)
		고용증가(60%)

(60%×60%)+(30%×30%)+(10%×10%)
=36%+9%+1%=46%

- 유흥업소에 대한 단속을 강화하는 경우, 고용감소로 기대할 수 있는 경제적 이익을 구하는 방법은 다음과 같다.
  고용감소 시 경제적 효과×단속강화 시 고용감소 확률
  =-1억 원×46%=-0.46억 원

주어진 정보를 토대로 계산을 해보면 다음과 같다.

단속강화	고용감소 확률값의 총합	46%
	고용유지 확률값의 총합	33%
	고용증가 확률값의 총합	21%
단속약화	고용감소 확률값의 총합	21%
	고용유지 확률값의 총합	33%
	고용증가 확률값의 총합	46%

① (O) 10억×21%=2.1억 원이다.

② (O) -1억×21%=-0.21억 원이다.

③ (O) 3억×33%=0.99억 원이다.

④ (O) 단속강화 시, 10억×21%=2.1억 원이고, 단속약화 시, 10억×46%=4.6억 원이다. 따라서 차이는 2.5억 원이다.

⑤ (X) 단속강화 시, -1억×46%=-0.46억 원이고, 단속약화 시, -1억×21%=-0.21억 원이다. 따라서 차이는 0.25억 원이다.

빠른 문제풀이 Tip

- 표에서 확률 수치상의 상하대칭 구조를 발견하면 정확한 계산 없이도 빠른 해결이 가능한 문제이다.
- 세 가지 기준을 활용하는 기출문제는 많지 않다. 따라서 보다 간단하게 표를 이해하는 것도 가능한 문제이다.
- 확률 문제를 빠르게 해결하는 방법은 확률 수치상에서의 장치와 선지에서의 장치를 찾아 해결하는 것이다.
- 보다 빠른 해결을 위해서는 선지에서의 힌트를 활용할 수 있어야 한다.
- (N-1)개 해결을 한다면 보다 빠르게 계산 결과를 구할 수 있다.

[정답] ⑤

109 다음을 근거로 판단할 때 옳은 것을 <보기>에서 모두 고르면?

11년 5급 선책형 33번

A는 한 달 전에 L회사 제품의 마우스와 자판(키보드)을 포함한 컴퓨터 일체를 샀다. L회사의 마우스는 태국의 공장, 중국의 공장 그리고 필리핀의 공장 등 3곳에서 생산된다. 태국공장은 L회사 마우스의 20%를, 중국공장은 30%를, 필리핀공장은 50%를 생산한다. 태국공장에서 생산된 L회사 마우스의 70%, 중국공장에서 생산된 L회사 마우스의 60%, 필리핀공장에서 생산된 L회사 마우스의 50%에 결함이 있는 것으로 밝혀졌다. 한편 자판은 하나의 생산공장에서만 생산되는데, '제품 결함률'은 40%인 것으로 나타났다.

〈보 기〉

ㄱ. A가 산 자판에 결함이 있을 가능성이 마우스에 결함이 있을 가능성보다 낮다.
ㄴ. A가 산 마우스에 결함이 없을 가능성이 결함이 있을 가능성보다 높다.
ㄷ. A가 산 마우스에 결함이 있다면 A의 마우스는 중국보다는 필리핀에서 생산되었을 가능성이 높다.
ㄹ. A가 산 마우스에 결함이 없다면 중국에서 생산되었을 가능성이 가장 높다.

① ㄱ, ㄴ
② ㄱ, ㄷ
③ ㄴ, ㄹ
④ ㄱ, ㄷ, ㄹ
⑤ ㄴ, ㄷ, ㄹ

해설

문제 분석

제시문의 내용을 정리하면 다음과 같다.

• 마우스

생산비율(A)	태국 (20%)	중국 (30%)	필리핀 (50%)
제품 결함률(B)	70%	60%	50%
정상비율(100%−B)	30%	40%	50%

• 자판: 제품 결함률은 40%, 정상비율은 60%

문제풀이 실마리

조건부 확률을 정확히 계산할 수 있어야 한다. 이전 문제들에서 연습한 것들을 적용해보기 좋은 문제이다.

주어진 내용을 토대로 계산해 보면 다음과 같다.

	생산비율 (A)	제품 결함률 (B)	전체 생산대비 결함률 (C)=(A)×(B)
태국	20%	70%	14%
중국	30%	60%	18%
필리핀	50%	50%	25%
	100%		57%

ㄱ. (O) 자판에 결함이 있을 가능성은 40%이고, 마우스에 결함이 있을 가능성은 57%이다.

ㄴ. (X) 마우스에 결함이 없을 가능성은 43%이고, 결함이 있을 가능성이 57%이다. 따라서 결함이 있을 가능성이 더 높다.

ㄷ. (O) 결함이 있는 마우스가 중국에서 생산되었을 가능성은 18%이고, 필리핀에서 생산되었을 가능성은 25%이다.

ㄹ. (X) 마우스에 결함이 없다면 태국에서 생산되었을 가능성이 6%, 중국에서 생산되었을 가능성이 12%, 필리핀에서 생산되었을 가능성이 25%이다. 따라서 필리핀에서 생산되었을 가능성이 가장 높다.

빠른 문제풀이 Tip

• 조건부 확률의 내용을 정리하는 방법은 다양하다. 다양한 방법을 연습해 보면서 자신에게 가장 잘 맞는 방법을 찾아두는 것이 좋다.
• 확률을 정확히 계산하지 않아도 해결되는 문제이다. 정답을 찾을 수 있는 가장 빠른 길을 연습해 두자. 보기 ㄱ의 경우 정확하게 계산하지 않고 평균의 범위로 판단하는 것이 빠르다.
• 보기 ㄴ 역시도 보기 ㄱ과 마찬가지로 정확하게 계산하지 않더라도 평균의 범위만 가지고 판단할 수 있다.
• 확률 유형 문제의 경우 반대쪽 확률을 함께 인식하는 것이 중요하다.

[정답] ②

110 다음은 프로야구 리그의 <신인선수 선발규정>과 <리그 성적표>이다. 이에 근거하였을 때 잘못 추론한 것은?

09년 5급 극책형 35번

〈신인선수 선발규정〉

구단 간의 전력 평준화를 통한 경기력 향상을 도모하기 위하여 신인선수 선발과정에서 하위구단에게 우선권을 부여한다. 구체적인 방식은 다음과 같다.

- 1순위 신인선발권: 성적에 따라 각 구단에게 부여된 추첨표를 모두 하나의 추첨상자에 넣고, 1장을 추첨하여 당첨된 구단에게 준다.
- 2순위 신인선발권: 1순위 당첨구단의 추첨표를 모두 제거한 후 1장을 추첨하여 당첨된 구단에게 준다.
- 3순위 신인선발권: 1, 2순위 당첨구단의 추첨표를 모두 제거한 후 1장을 추첨하여 당첨된 구단에게 준다.
- 4순위 신인선발권: 모든 추첨표를 제거한 후 1, 2, 3 순위 당첨구단을 제외한 나머지 구단에게 동일한 수의 추첨표를 부여하고, 1장을 추첨하여 당첨된 구단에게 준다.
- 5순위 신인선발권: 4순위 당첨구단의 추첨표를 모두 제거하고 1장을 추첨하여 당첨된 구단에게 준다.
- 6순위 신인선발권: 5순위까지 추첨되지 못한 구단에게 준다.
- 추첨표는 다음과 같이 부여한다.

전년순위	추첨표	금년순위	추첨표
1위	0장	1위	0장
2위	0장	2위	0장
3위	0장	3위	2장
4위	1장	4위	3장
5위	2장	5위	4장
6위	3장	6위	5장

〈리그 성적표〉

전년도		금년도	
순위	구단	순위	구단
1위	A	1위	A
2위	B	2위	C
3위	C	3위	D
4위	D	4위	B
5위	E	5위	F
6위	F	6위	E

① A구단은 1순위 신인선발권을 얻을 수는 없지만, 4순위 신인선발권을 얻을 확률은 1/3이다.

② B구단이 1순위 신인선발권을 얻을 확률은 D구단이 1순위 신인선발권을 얻을 확률과 같다.

③ C구단은 신인선발권 확보에서 A구단보다 유리한 입장에 있다.

④ E구단이 1순위 신인선발권을 얻게 된다면 F구단이 2순위 신인선발권을 얻을 확률은 50%를 넘는다.

⑤ E구단이나 F구단은 6순위 신인선발권을 얻을 가능성이 있다.

해설

문제 분석

조건을 이해할 때 주의해야 할 점은 다음 두 가지이다.

- 전년순위와 금년순위에 따른 추첨표를 "모두" 하나의 추첨상자에 넣는다는 점
- 4순위 신인선발권에서 모든 추첨표를 제거한 후 1, 2, 3순위 당첨구단을 제외한 나머지 구단에게 동일한 수의 추첨표를 부여하고, 1장을 추첨하여 당첨된 구단에게 준다는 점

문제풀이 실마리

규칙을 정확하게 이해한 후 적용하면 해결되는 유형의 문제이다.

리그 성적표에 따라 추첨표를 부여해 보면 다음과 같다.

전년도		금년도	
순위	구단	순위	구단
1위	A (0장)	1위	A (0장)
2위	B (0장)	2위	C (0장)
3위	C (0장)	3위	D (2장)
4위	D (1장)	4위	B (3장)
5위	E (2장)	5위	F (4장)
6위	F (3장)	6위	E (5장)

그 결과 A구단은 총 0장, B구단은 총 3장, C구단은 총 0장, D구단은 총 3장, E구단은 총 7장, F구단은 총 7장의 추첨표를 받게 된다. A～F구단이 가진 추첨표는 총 20장이다.

① (O) A구단은 추첨표가 0장이기 때문에, 1～3순위 신인선발권을 얻을 수 없다. 4순위 신인선발권은 모든 추첨표를 제거한 후 1, 2, 3 순위 당첨구단을 제외한 나머지 구단에게 동일한 수의 추첨표를 부여하고, 1장을 추첨하여 당첨된 구단에게 주기 때문에, A구단이 4순위 신인선발권을 얻을 확률은 1/3이다.

② (O) B구단과 D구단은 각각 3장씩 동일하게 추첨표를 가지고 있다. 따라서 1순위 신인선발권을 얻을 확률은 3/20으로 동일하다.

③ (X) A구단과 C구단은 각각 0장씩 동일하게 추첨표를 가지고 있다. 따라서 C구단이 신인선발권 확보에서 A구단보다 유리한 입장에 있지 않다.

④ (O) E구단이 1순위 신인선발권을 얻게 된다면, 2순위 신인선발권을 추첨할 때에는 E구단의 추첨표를 모두 제외하고 나머지 13장(B구단 3장, D구단 3장, F구단 7장)의 추첨표를 가지고 추첨을 한다. 따라서 7장의 추첨표를 가지고 있는 F구단이 2순위 신인선발권을 얻을 확률은 7/13이기 때문에 50%를 넘는다.

⑤ (O) 추첨표가 있는 구단이 유리한 것은 1순위부터 3순위 신인선발권까지이다. 그런데 추첨표를 가진 구단이 A구단과 C구단을 제외한 나머지 4개 구단이므로, 만약에 E구단 또는 F구단이 3순위 신인선발권까지 당첨되지 못한다면 4순위 신인선발권부터는 남은 구단이 모두 동일한 입장이기 때문에 E구단이나 F구단은 6순위 신인선발권을 얻을 가능성이 있다.

빠른 문제풀이 Tip

- 〈신인선수 선발규정〉을 정확하게 이해하는 것이 관건인 문제이다. 조건을 이해할 때 실수가 발생할 수 있는 문제이다.
- 〈선발규정〉을 정확히 이해한다면 확률 계산은 간단한 문제이다.
- 선지 ④에서 50%를 초과하는지는 상대비를 사용하여 빠르게 해결할 수 있어야 한다.
- 선지 ⑤와 관련해서, E구단과 F구단이 4순위 신인선발권을 두고 경합할 수 있을지 고민해 보자.
- 확률 유형에 속하는 문제는 장치를 알면 빠르게 해결할 수 있다.

[정답] ③

111 **다음 글을 근거로 판단할 때, <보기>에서 옳은 것만을 모두 고르면?**

22년 7급 가책형 14번

○○부의 甲국장은 직원 연수 프로그램을 마련하기 위하여 乙주무관에게 직원 1,000명 전원을 대상으로 i)연수 희망 여부와 ii)희망 지역에 대한 의견을 수렴할 것을 요청하였다. 이에 따라 乙은 설문조사를 실시하였고, 甲과 乙은 그 결과에 대해 대화를 나누고 있다.

甲: 설문조사는 잘 시행되었나요?

乙: 예. 직원 1,000명 모두 연수 희망 여부에 대해 응답하였습니다. 연수를 희망하는 응답자는 43%였으며, iii)남자직원의 40%와 여자직원의 50%가 연수를 희망하는 것으로 나타났습니다.

甲: 연수 희망자 전원이 희망 지역에 대해 응답했나요?

乙: 예. A지역과 B지역 두 곳 중에서 희망하는 지역을 선택하라고 했더니 B지역을 희망하는 비율이 약간 더 높았습니다. 그리고 연수를 희망하는 여자직원 중 B지역 희망 비율은 연수를 희망하는 남자직원 중 B지역 희망 비율의 2배인 80%였습니다.

〈보 기〉

ㄱ. 전체 직원 중 남자직원의 비율은 50%를 넘는다.
ㄴ. 연수 희망자 중 여자직원의 비율은 40%를 넘는다.
ㄷ. A지역 연수를 희망하는 직원은 200명을 넘지 않는다.
ㄹ. B지역 연수를 희망하는 남자직원은 100명을 넘는다.

① ㄱ, ㄷ
② ㄴ, ㄷ
③ ㄴ, ㄹ
④ ㄱ, ㄴ, ㄹ
⑤ ㄱ, ㄷ, ㄹ

해설

문제 분석

지문의 설문조사 결과에 따라 i) 연수 희망 여부, ii) 희망 지역, 그리고 iii) 직원의 성별로 분류됨을 알 수 있다.

문제풀이 실마리

해당 문제처럼 세 가지 항목으로 분류되는 경우 단순히 두 가지 항목으로 분류되는 것보다 표로 나타내는 것이 어렵게 된다.

표 1)	희망	희망 X	계
남			
여			
계			

표 2)	희망	희망 X	계
남			
여			
계			

예를 들어 항목이 두 가지인 경우, 표 1)과 같이 단순하게 표현되지만, 항목이 세 가지인 경우는 표 2)와 같이 하나의 항목을 더 표시해야하므로 더 복잡하게 된다. 그러므로 하나의 항목을 줄여 표 1)과 같이 표시할 수 있으면 편한데 해당 문제에서는 乙의 첫 번째 진술 '연수를 희망하는 응답자는 43%였으며, 남자직원의 40%와 여자직원의 50%가 연수를 희망' 부분에서 가중평균을 통해 i) 연수 희망 여부 항목을 줄이고 연수를 희망하는 사람들로만 구성된 표를 만들어볼 수 있다.

지문의 '연수를 희망하는 응답자는 43%였으며, 남자직원의 40%와 여자직원의 50%가 연수를 희망'를 통해 연수를 희망하는 남자직원과 여자직원의 수를 구해보면 다음과 같다. 남자직원의 수를 A, 여자직원의 수를 B라고 하면 연수를 희망하는 응답자 43%는 다음과 같이 구해진 것이다.

$$A+B=1{,}000$$

$$\frac{0.4A+0.5B}{A+B}\times 100=43\%$$

두 식을 연립해 보면 A=700(명), B=300(명)임을 알 수 있다. 그렇다면 남자직원의 40%와 여자직원의 50%가 연수를 희망하므로 연수를 희망하는 남자직원은 280명, 여자직원은 150명임을 알 수 있다.

위의 내용을 토대로 연수를 희망하는 직원만을 대상으로 하여 표 1)과 비슷한 방식으로 표를 구성해 보면 다음과 같다.

표 3)	A지역	B지역	계
남	280×60%(ⓒ)	280×40%(ⓑ)	280명
여	150×20%(ⓒ)	150×80%(ⓐ)	150명
계			430명

그리고 표에는 乙의 두 번째 진술 '연수를 희망하는 여자직원 중 B지역 희망 비율은 연수를 희망하는 남자직원 중 B지역 희망 비율의 2배인 80%였습니다.'의 내용(ⓐ)도 표시해 음영처리 해놓았다. 즉, 연수를 희망하는 남자직원 중 B지역 희망 비율은 40%(ⓑ)임을 알 수 있고 표의 나머지 부분(ⓒ)도 채울 수 있다. 모두 계산해서 표를 채워보면 다음과 같다.

표 4)	A지역	B지역	계
남	168명	112명	280명
여	30명	120명	150명
계	198명	232명	430명

ㄱ. (O) 남자직원의 수(A)는 700명으로 전체 직원 중 남자직원의 비율은 70%이다.

ㄴ. (X) 연수 희망자 430명 중 여자직원은 150명으로 그 비율은 약 34.9%로 40%를 넘지 않는다.

ㄷ. (O) A지역 연수를 희망하는 직원 198명으로 200명을 넘지 않는다.

ㄹ. (O) B지역 연수를 희망하는 남자직원은 112명으로 100명을 넘는다.

빠른 문제풀이 Tip

- 해당 문제에서는 가중평균을 통해 하나의 항목을 줄여 편하게 해결되었지만 다른 문제에서는 얼마든지 항목이 3개 이상일수도 있다. 항상 항목이 줄어들지는 않지만 항목을 줄여보려는 시도는 해보는 것이 좋다.
- 위의 해설에서 A, B를 구하는 계산 과정을 생략해 놓은 것은 실제 문제풀이에서는 가중평균을 위와 같이 식을 세워서 구하지는 않기 때문이다. 당연히 비례식으로 해결하는데 남자직원의 40%, 여자직원의 50%가 연수를 희망하였고 전체 직원의 43%가 연수를 희망하였다면 남자직원과 전체 직원의 퍼센트 차 3, 여자직원과 전체 직원의 퍼센트 차 7로 남자직원의 수 : 여자직원의 수=7 : 3이고 따라서 남자직원 수는 700명, 여자직원 수는 300명으로 바로 구하고 넘어가야 한다.

[정답] ⑤

8 수익률 계산

112 다음 글을 읽고 <보기>에서 틀린 것을 모두 고르면?

11년 민경채(실험) 발책형 8번

공무원연금관리공단에서는 여유자금 1억 원을 어떻게 투자해야 할 것인가를 결정해야 하는 문제에 직면해 있다. 공단재무담당자는 다음 표와 같은 몇 가지 투자대안을 가지고 있다. 투자에 따른 수익률(%)은 1년 동안의 일반적인 경제적 상황에 따라 달라지게 되는데, 경기 침체확률은 0.1, 상승확률은 0.2, 안정확률은 0.7 정도 될 것으로 추정된다.

구분		경기에 따른 예상수익률		
		상승	안정	침체
대안	국채	7%	11%	12%
	지방채	8%	10%	13%
	부동산 펀드	8%	10%	14%
	주식	25%	9%	2%

〈보 기〉

ㄱ. 부동산 펀드의 기대수익률이 가장 높다.
ㄴ. 1년간 투자에 따른 국채의 기대수익금은 1,030만 원이다.
ㄷ. 1년간 투자에 따른 주식의 수익률이 부동산 펀드의 수익률보다 높다.
ㄹ. 1년간 투자에 따른 국채와 지방채 간의 기대수익금의 차이는 50만 원 미만이다.
ㅁ. 1년간 투자에 따른 기대수익금이 가장 높은 대안과 기대수익금이 가장 낮은 대안의 차이는 200만 원 이상이다.

① ㄱ, ㄴ
② ㄱ, ㅁ
③ ㄴ, ㄷ
④ ㄷ, ㄹ
⑤ ㄷ, ㅁ

해설

문제 분석

공무원연금관리공단은 1억 원을 투자하고자 한다. 지문에서 기댓값에 대한 정의나 관련 정보를 주지 않고 〈보기〉에서 기대수익률 또는 기대수익금에 대해 묻고 있다. 일반적인 기댓값이란 어떠한 사건이 벌어졌을 때 그 사건의 결괏값과 해당 사건이 발생할 확률변수를 곱하여 전체 사건에 대해 합한 값이다.

기댓값의 정의로부터 지문의 기대수익률과 기대수익금을 식으로 나타내면 다음과 같다.

1) 대안별 기대수익률
= Σ경기에 따른 예상수익률×경제적 상황이 발생할 확률
2) 대안별 기대수익금=투자자금×기대수익률

이상의 식을 바탕으로 지문의 표에서 대안별 기대수익률을 계산해보면 다음과 같다.

구분		경기에 따른 예상수익률			기대수익률
		상승	안정	침체	
대안	국채	7%×0.2	11%×0.7	12%×0.1	10.3%
	지방채	8%×0.2	10%×0.7	13%×0.1	9.9%
	부동산 펀드	8%×0.2	10%×0.7	14%×0.1	10.0%
	주식	25%×0.2	9%×0.7	2%×0.1	11.5%

ㄱ. (X) 부동산 펀드의 기대수익률은 10.0%이고, 대안 중 기대수익률이 가장 높은 대안은 11.5%인 주식이다.

ㄴ. (O) 1억 원을 국채에 투자할 경우, 1년간 투자에 따른 국채의 기대수익금은 1억 원×10.3%=1,030만 원이다.

ㄷ. (O) 보기 ㄱ에서 '기대수익률', 해당 보기에서는 '수익률'이라는 표현이 나왔다. 지문에서 '투자에 따른 수익률'이 기대수익률, 수익률이라고 해석할 수 있으므로 보기 ㄷ의 수익률은 기대수익률로 해석한다. 1년간 투자에 따른 주식의 기대수익률은 11.5%이고, 부동산 펀드의 수익률은 10.0%로 주식의 수익률이 부동산 펀드의 수익률보다 높다.

ㄹ. (O) 1년간 투자에 따른 국채의 기대수익금은 1억 원×10.3%=1,030만 원, 지방채의 기대수익금은 1억 원×9.9%=990만 원이다. 두 기대수익금의 차이는 40만 원으로 50만 원 미만이다. 투자자금 1억 원에 기대수익률의 차를 곱해서 구하여도 좋다.

ㅁ. (X) 1년간 투자에 따른 기대수익률이 가장 높은 대안은 주식으로 11.5%이고, 기대수익률이 가장 낮은 대안은 지방채로 9.9%이다. 두 대안의 기대수익금 차이를 구하기 위해 기대수익률의 차이를 구해보면 1.6%이므로 기대수익금의 차이는 1억 원×1.6%=160만 원이고 200만 원 미만이다.

빠른 문제풀이 Tip

보기 ㄱ, ㄴ만 판단하면 선지에서 정답을 가릴 수 있는 문제이다.

[정답] ②

113 다음 <상황>을 근거로 판단할 때 甲과 乙회사가 취할 것으로 예상되는 행동을 <보기>에서 모두 고르면?

11년 민경채(실험) 발책형 17번

〈상 황〉

甲은 乙회사에서 독보적인 기술을 개발하고 있다. 甲은 乙회사에 남아 지속적으로 기술을 개발하여 상품화하면 35억 원의 순이익을 얻을 수 있으며, 乙회사는 100억 원의 순이익을 얻을 수 있다. 그러나 甲이 회사를 떠나서 독자적인 개발을 하게 되면 乙회사와 경쟁하지 않을 수 없다. 甲이 회사를 떠나면 乙회사는 개발을 중지할 수도 있을 것이다. 이 경우 甲은 개발된 기술을 상품화하여 80억 원의 순이익을 올릴 수 있다. 乙회사는 아무 일도 하지 않았기 때문에 수입이 전혀 없다.

甲이 회사를 떠나더라도 乙회사는 유사한 기술을 개발해서 상품화할 수 있다. 乙회사가 유사한 기술을 개발해서 상품화하면, 甲은 乙회사와의 경쟁을 의식해서 기술개발을 중지할 수 있다. 이 경우 甲은 아무런 수익을 얻을 수 없고, 乙은 130억 원의 순이익을 얻게 된다. 그러나 甲이 적극적으로 기술개발과 상품화를 추진하여 개발된 상품을 乙회사보다 먼저 시장에 내놓을 수 있다. 이렇게 되면 甲은 40억 원의 순이익을 얻고, 乙회사는 110억 원의 순이익을 올린다. 甲이 기술은 개발하였으나 상품화를 늦추어 乙회사가 먼저 시장에 제품을 출시하면, 甲은 13억 원의 순이익을 얻고 乙회사는 120억 원의 순이익을 얻는다. 乙회사는 기술개발 능력이 甲보다 떨어지기 때문에 시장에 먼저 상품을 출시하느냐는 甲의 결정에 달려있다고 한다.

※ 1) 甲과 乙회사는 각자의 순이익을 극대화하려 한다.
2) 甲과 乙회사는 서로 협력하지 않고 의사결정을 하며, 각각의 의사결정에 따라 순이익이 얼마나 발생할지 알고 있다.

〈보 기〉

ㄱ. 甲의 퇴사 여부와 무관하게 乙회사는 개발된 기술을 상품화 할 것이다.
ㄴ. 자신이 퇴사하면 乙회사가 기술을 개발할 것이기 때문에 甲은 乙회사에 남을 것이다.
ㄷ. 甲이 乙회사를 퇴사할 경우, 甲은 적극적으로 상품을 개발하여 시장에 乙회사보다 먼저 출시하려고 할 것이다.
ㄹ. 甲이 퇴사하는 것보다 퇴사하지 않는 것이 乙회사의 순이익을 증가시키므로 乙회사는 甲의 퇴사를 원하지 않을 것이다.

① ㄱ, ㄴ
② ㄱ, ㄷ
③ ㄱ, ㄹ
④ ㄴ, ㄷ
⑤ ㄴ, ㄷ, ㄹ

해설

문제 분석

게임트리(game tree) 같은 상황이다. 결정의 시간 순으로 ⓐ 甲이 乙회사에 남을지 떠날지 결정하고, ⓑ 乙회사는 개발을 계속해서 상품화할지 중지할지 결정하고, ⓒ 甲이 적극적으로 기술개발과 상품화를 추진할지, 기술개발하면서 상품화를 늦출지, 중지할지 결정한다. 이상의 상황에서 甲, 乙의 순이익을 게임트리로 나타내면 다음과 같다. 괄호에서 앞의 숫자가 甲의 순이익, 뒤의 숫자가 乙의 순이익이며 단위는 억 원이다. 흰 동그라미는 甲이 결정, 검정색 동그라미는 乙이 결정하는 것을 의미한다.

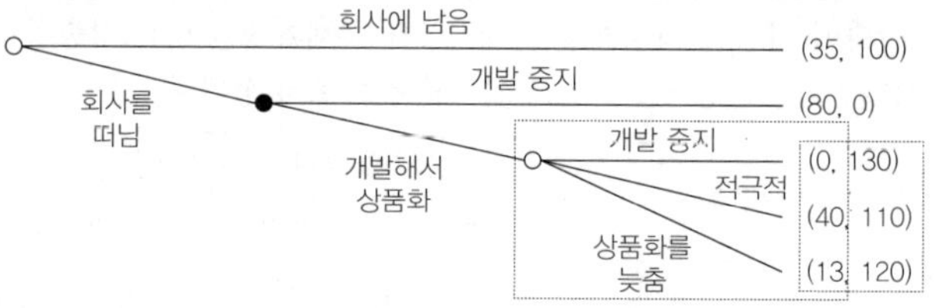

〈그림 1〉

이상과 같은 순차게임의 게임트리에서는 역진귀납법을 이용한다.

1) 〈그림 1〉에서 점선 안 부분부터 검토한다. 甲은 개발을 중지할 것인지, 적극적으로 상품화를 추진할 것인지, 상품화를 늦출 것인지 결정할 수 있는데, 세 경우 중 자신의 순이익이 40으로 가장 큰 적극적으로 상품화를 추진할 것을 결정한다. 그렇다면 〈그림 1〉의 상황을 다음과 같이 그릴 수 있다.

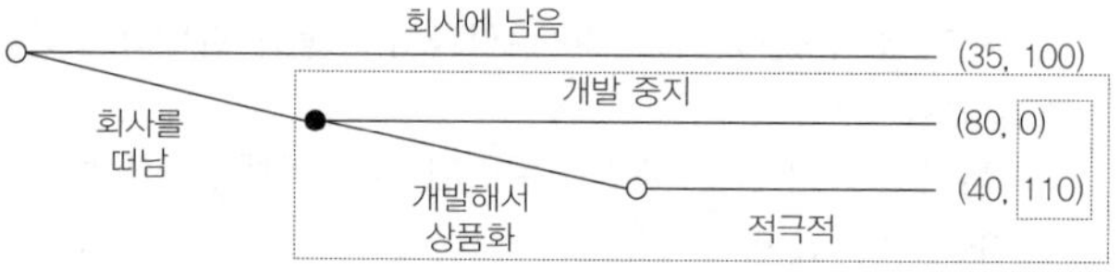

〈그림 2〉

2) 〈그림 2〉에서 乙은 자신이 유사한 기술을 개발해서 상품화한다면 甲이 적극적으로 상품화를 추진할 것이라는 것을 알고 있는 상황이다. 乙은 개발을 중지할 것인지, 유사한 기술을 개발해서 상품화할 것인지 중에서 자신의 순이익이 110으로 큰 유사한 기술을 개발해서 상품화할 것으로 선택한다. 그렇다면 〈그림 2〉의 상황을 다음과 같이 그릴 수 있다.

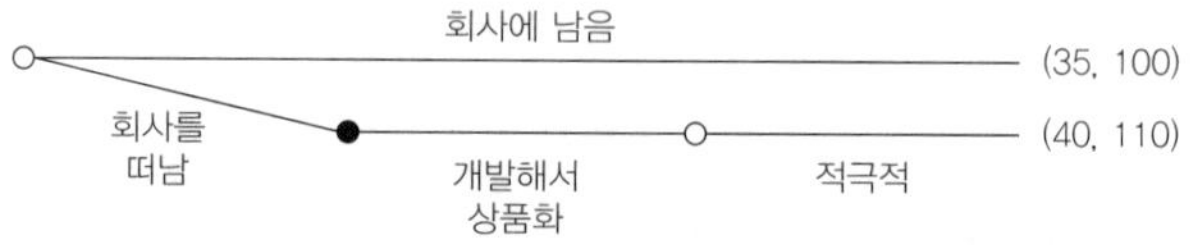

〈그림 3〉

3) 〈그림 3〉에서 甲은 자신이 회사를 떠나면 乙이 유사한 기술을 개발해서 상품화할 것이라는 것을 알고 있는 상황이다. 甲은 회사에 남을지, 회사를 떠날지 중에서 자신의 순이익이 40으로 큰 회사를 떠날 것으로 선택한다. 그렇다면 甲과 乙의 순이익은 각각 (40, 110)이다.

ㄱ. (O) 甲이 퇴사하지 않는다면 乙회사는 甲과 함께 기술을 개발하여 상품화하는 것이고, 甲이 퇴사한다면 유사한 기술을 개발해서 상품화할 것이다. 甲이 퇴사를 하는 경우에도, 하지 않는 경우에도 乙회사는 개발한 기술을 상품화할 것이다.

ㄴ. (X) 위에서 살펴본 것처럼 甲은 자신이 퇴사하면 乙회사가 기술을 개발할 것을 알고 있다. 그러나 乙회사가 기술을 개발하더라도 자신이 적극적으로 기술개발과 상품화를 추진하는 경우의 순이익이 40억 원으로 회사에 남는 경우의 순이익인 35억 원보다 크므로 甲은 乙회사에 남지 않고 퇴사할 것이다.

ㄷ. (O) 위에서 살펴본 것처럼 甲이 乙회사를 퇴사할 경우, 乙은 유사한 기술을 개발해서 상품화할 것이고 甲은 적극적으로 상품을 개발하여 시장에 乙회사보다 먼저 출시하려고 할 것이다.

ㄹ. (X) 甲이 퇴사하면 乙은 유사한 기술을 개발해서 상품화할 것이고 甲은 적극적으로 상품화를 추진할 것이다. 그렇다면 乙은 110억 원의 순이익을 올린다. 그러나 甲이 퇴사하지 않는다면 乙은 100억 원의 순이익을 얻는다. 따라서 甲이 퇴사하는 것이 乙회사의 순이익을 증가시킨다.

빠른 문제풀이 Tip

문제의 내용은 게임이론 중 순차게임 상황이다. 게임이론이란 상호의존적인 의사결정에 대한 이론으로, 게임이론에서 말하는 게임이란 두 명 이상의 참가자(행위자, player)가 있고 한 참가자의 선택에 따라 참가자들의 보수(보상, 이익)이 달라지는 상황을 말한다. 참가자들이 선택을 할 때, 동시에 하는 경우도 있고 한 참가자가 먼저 선택하고 그 이후 다른 참가자가 선택하는 경우도 있다. 후자의 경우를 순차게임이라 한다.

각 참가자가 비협조적(자신의 이익만을 고려한다)이고 자신의 보수를 극대화하고자 하는 가정하에, 순차게임의 해(결과)는 역진귀납(backward induction)법으로 추론한다. 지문의 상황에서 해설의 설명처럼 게임트리의 끝에서부터 역으로 추론하는 방법이다. 게임트리의 마지막 의사결정점(node, 해당 문제에서는 모든 그림에서 甲이 결정하는 오른쪽 동그라미를 말한다)에서 해당 의사결정을 하는 참가자의 최적 행동을 선택하고, 그 행동에 기반하여 그 다음 마지막에서 두 번째 의사결정점에서 해당 의사결정을 하는 참가자의 최적 행동을 선택한다. 이와 같은 방법을 반복하여 최초의 의사결정점에서 해당 의사결정을 하는 참가자의 최적 행동을 선택하고 남은 결과가 이러한 순차게임 상황의 해가 된다.

일반적인 경제학 교과서에 이러한 게임이론 관련 내용은 모두 수록되어 있으며 해당 내용들을 모두 여기에 소개하기에는 한계가 있다. 게임이론과 관련해서 죄수의 딜레마 상황 등은 문제화되기 좋은 내용이므로 여유가 된다면 한 번쯤 참고해보는 것을 권장한다.

[정답] ②

114 **지하철공사가 자동속도 조절기를 설치하기 위하여 두 회사의 제품 중 하나를 구입하려고 한다. 다음 <보기>의 설명 중 올바른 것을 모두 고르면?** 06년 5급(견습) 인책형 12번

A회사의 자동속도 조절기는 선진국에서 완벽한 시험운전을 거쳤기 때문에 이미 실용화되어 있고 제품 가격은 14억 원이다. 이에 비해 B회사의 제품 가격은 10억 원으로 저렴하다. 그러나 실용화를 위한 완벽한 검증을 거치지 않았기 때문에 문제없이 운영될 수 있는 확률은 60%이고 결점이 발견될 확률은 40%이다. 결점이 발견되면 지급한 대금을 즉각 환불받을 수 있고 이 경우 지하철공사는 A회사의 제품을 구입할 수 있는데, 이때 지하철공사는 B회사의 제품의 반환과 신규구입의 지체에 따른 추가비용 3억 원을 부담하게 된다.

한편, 지하철공사는 B회사 제품이 시뮬레이션 검사에 합격하면 B회사 제품을 구입하고, 불합격하면 A회사 제품을 구입할 수 있다. 시뮬레이션 검사결과는 100% 신뢰할 수 있으며, 지하철공사는 기대비용※의 크기에 따라 구입을 결정한다.

〈보 기〉

ㄱ. 시뮬레이션 검사를 하지 않고 지하철공사가 B회사와 계약을 체결하게 될 때의 기대비용은 12.8억 원이다.
ㄴ. B회사 제품을 선택했다가 작동하지 않을 경우 A회사의 제품을 구입하는 데 드는 비용은 17억 원이다.
ㄷ. 지하철공사가 시뮬레이션 검사를 하지 않는다면 지하철공사는 A회사와 계약을 체결할 것이다.
ㄹ. 시뮬레이션 검사비용으로 지하철공사가 지불할 의사가 있는 최대값은 1.6억 원이다.

※ 기대비용: 발생 가능한 비용 X와 Y가 있을 때 X의 발생확률이 p이고 Y의 발생확률이 q라면, 기대비용은 $X \times p + Y \times q$이다.

① ㄱ, ㄴ
② ㄱ, ㄷ
③ ㄷ, ㄹ
④ ㄱ, ㄴ, ㄷ
⑤ ㄴ, ㄷ, ㄹ

해설

문제 분석

• 자동속도 조절기의 종류

A회사	– 이미 실용화, 제품 가격은 14억 원
B회사	– 제품 가격은 10억 원 – 문제없이 운영될 수 있는 확률은 60%이고 결점이 발견될 확률은 40% – 결점이 발견되면 지급한 대금을 즉각 환불+A회사의 제품을 구입: 추가비용 3억 원을 부담

• 지하철공사는 B회사 제품이 시뮬레이션 검사에 합격하면 B회사 제품을 구입하고, 불합격하면 A회사 제품을 구입할 수 있다.
• 시뮬레이션 검사결과는 100% 신뢰할 수 있으며, 지하철공사는 기대비용의 크기에 따라 구입을 결정한다.
• 기대비용을 구하는 공식: 발생 가능한 비용 X와 Y가 있을 때 X의 발생확률이 p이고 Y의 발생확률이 q라면, 기대비용은 $X \times p + Y \times q$이다.

문제풀이 실마리

주어진 지문의 내용을 각주의 식에 따라 계산하는 과정을 표로 나타내어보면 다음과 같다.

A회사	$p=1$	14억 원×1=14억 원	14억 원
	$1-p=0$		
B회사	$p=0.6$	10억 원×0.6=6억 원	12.8억 원
	$1-p=0.4$	(14억 원+3억 원)×0.4=6.8억 원	

B회사의 제품을 구입하고 결점이 발견될 확률이 40%이고, A회사 제품의 구입비용과 추가비용 3억 원을 더해서 40%와 곱한다. 각주에서는 확률을 p, q라고 나타내었지만, 전체 확률이 1이라는 관점에서 p, $1-p$라고 표시하였다.

ㄱ. (O) 시뮬레이션 검사를 하지 않고 지하철공사가 B회사와 계약을 체결하게 될 때 지하철 공사가 처할 수 있는 상황은 10억 원만 지불하고 문제없이 사용하게 될 60%의 경우와 10억 원을 지급했지만 결점이 발견되어 10억 원을 환불받고 A회사의 제품을 구입하며 추가비용 3억 원까지 부담하게 되는 40%의 경우이다. 10억 원×0.6+(14억 원+3억 원)×0.4=12.8억 원이다.

ㄴ. (O) B회사의 제품을 구입했다가 작동하지 않을 경우, B회사에 지급한 10억 원을 즉각 환불받으므로 B회사의 제품 구입 대금은 비용에 포함되지 않는다. A회사의 제품을 구입하는 14억 원과 추가비용 3억을 더한 17억 원의 비용이 든다.

ㄷ. (X) 지하철공사는 기대비용의 크기에 따라 구입을 결정한다. A회사의 제품을 구입하는 경우는 기대비용이 14억 원이지만 B회사의 제품을 구입하면서 시뮬레이션 검사를 하지 않는다면 기대비용이 12.8억 원이므로 기대비용이 더 낮은 B회사와 계약을 체결할 것이다.

ㄹ. (X) 지하철공사는 시뮬레이션 검사를 하면 문제없이 운영될 수 있는 B회사의 자동속도 조절기를 살 수 있다. 이 경우 기대비용은 10억 원+시뮬레이션 검사비용이다. 지하철공사는 시뮬레이션 검사비용이 2.8억 원 이하이면, 시뮬레이션 검사를 하지 않고 B회사의 제품을 구매하는 경우보다 기대비용이 낮으므로 해당 비용을 지불할 것이다. 즉, 지하철공사가 지불할 의사가 있는 최대 시뮬레이션 검사비용은 2.8억 원이다.

빠른 문제풀이 Tip

기대비용을 구하는 내용은 경제학 등에서 접할 수 있는 내용이다. 지문의 내용을 적용하여 계산하고 〈보기〉의 내용들을 판단하면 된다.

[정답] ①

단순 확인

115 다음 글과 <설문 결과>에 근거하여 판단할 때 옳지 않은 것은?

13년 5급 인책형 7번

A부는 민간고용서비스 종사자 교육 프로그램 운영을 계획 중이다. 교육내용을 선택하기 위해 민간고용서비스 종사자들에게 설문조사를 실시하여 보리치(Borich) 계수를 도출하였다. 보리치 계수가 높을수록 교육 우선순위는 높아진다.

$$\text{보리치 계수} = \frac{\{\Sigma(RCL - PCL) \times \overline{RCL}\}}{N}$$

※ RCL(Required Competence Level): 필요한 역량수준
※ PCL(Present Competence Level): 현재의 역량수준
※ $\overline{RCL}$: 필요한 역량수준의 평균값
※ N: 응답자 수

〈설문 결과〉

교육내용	Σ(RCL−PCL)	$\overline{RCL}$	보리치 계수
교육 · 훈련상담	221	3.43	1.52
직업적응상담	205	3.45	1.41
직업진로선택상담	192	3.41	1.31
직업검사 실시 및 해석	241	3.25	1.57
취업지원프로그램 운영	301	3.32	2.00
취업지원프로그램 개발	300	3.30	1.98
채용행사 개최	236	2.93	1.38

※ N = 500

① 교육 우선순위가 가장 높은 것은 '취업지원프로그램 운영'이다.
② 민간고용서비스 종사자들이 평균적으로 가장 높은 역량수준이 필요하다고 보는 것은 '직업적응상담'이다.
③ '채용행사 개최'는 필요한 역량수준과 현재의 역량수준의 차이가 '교육 · 훈련상담'보다 크므로 교육 우선순위도 '교육 · 훈련상담'보다 높다.
④ 민간고용서비스 종사자들은 평균적으로 '직업검사 실시 및 해석'보다 '취업지원프로그램 개발'에 필요한 역량수준이 더 높다고 보고 있다.
⑤ 민간고용서비스 종사자들은 평균적으로 '직업진로선택상담'에 필요한 역량수준이 '취업지원프로그램 운영'보다 높다고 생각하지만, 교육 우선순위는 '취업지원프로그램 운영'이 더 높다.

해설

문제 분석
- 민간고용서비스 종사자들에게 설문조사를 실시하여 보리치(Borich) 계수를 도출함
- 보리치 계수 ∝ 교육 우선순위

문제풀이 실마리
- 공식이 제시되어 계산도 해야 할 것 같고 겉보기에는 어려워 보일 수도 있는 문제이지만, 실제로 해결 과정에서는 단순 내용확인 정도에 그치는 문제이다. 문제를 단순히 겉보기 등급만으로 판단해서는 안 된다.
- 선지에서 주어진 내용을 〈설문 결과〉의 어디에서 확인해야 하는지 빠르게 파악해야 한다. 따라서 표의 각 열(세로방향)별로 의미를 파악하는 것이 중요하다.

① (O) 먼저 교육 우선순위를 판단하는 기준을 알아보면, 보리치 계수가 높을수록 교육 우선순위가 높아진다. 따라서 '취업지원프로그램 운영'의 보리치 계수가 가장 높은 경우, 선지 ①처럼 교육 우선순위도 가장 높다고 판단할 수 있다.
표에서 가장 오른쪽 열(세로 방향)을 스캔해 보면, '취업지원프로그램 운영'이 2.00으로 그 숫자가 가장 큰 것을 확인할 수 있다. 따라서 맞는 선지이다.

② (O) 필요한 역량수준의 평균값은 $\overline{RCL}$이다. 그리고 그 값이 클수록 평균적으로 더 높은 역량수준이 필요하다고 생각하는 것이다.
표에서 오른쪽에서 두 번째 열(세로 방향)을 스캔해 보면 3.45 값이 가장 큰 것을 확인할 수 있고, 해당 교육내용이 '직업적응상담'이다. 따라서 평균적으로 가장 높은 역량수준이 필요하다고 보는 것은 '직업적응상담'이 맞다.

③ (X) 일단 기본적으로 두 가지 내용을 확인해야 한다. 첫 번째로 필요한 역량수준과 현재의 역량수준의 차이인 Σ(RCL−PCL) 값을 비교해야 하고, 두 번째로 보리치 계수 값을 통해 교육 우선순위를 비교해야 한다.
'채용행사 개최'의 필요한 역량수준과 현재의 역량수준의 차이가 '교육 · 훈련상담'보다 크다는 앞부분의 설명은 맞는 내용이다. 그런데 교육 우선순위와 비례관계인 보리치 계수는 '교육 · 훈련상담'이 더 크므로 뒷부분의 설명은 틀리다.

④ (O) $\overline{RCL}$ 값을 비교하면 된다. '직업검사 실시 및 해석'의 값은 3.25이고 '취업지원프로그램 개발'의 값은 3.30이다. '취업지원프로그램 개발'의 값이 더 크므로, 민간고용서비스 종사자들은 평균적으로 '직업검사 실시 및 해석'보다 '취업지원프로그램 개발'에 필요한 역량수준이 더 높다고 보는 것으로 해석할 수 있다.

⑤ (O) $\overline{RCL}$ 값은 '직업진로선택상담'이 더 크고, 보리치 계수 값은 '취업지원프로그램 운영'이 더 크다. 따라서 민간고용서비스 종사자들은 평균적으로 '직업진로선택상담'에 필요한 역량수준이 '취업지원프로그램 운영'보다 높다고 생각하지만, 교육 우선순위는 '취업지원프로그램 운영'이 더 높다고 생각하는 것으로 해석 가능하다.

빠른 문제풀이 Tip
선지 ③에서는 인과관계와 관련한 부분까지도 고려해 볼 수 있어야 한다.

[정답] ③

단순 계산

116 다음 글을 근거로 판단할 때, <사례>의 甲국과 乙국의 한 선거구에서 당선에 필요한 최소 득표율은? 14년 민경채 A책형 19번

> ○ 민주주의 국가는 대표를 선출하기 위한 다양한 형태의 선거제도를 운용하고 있다. 이 중 '제한 투표제'는 한 선거구에서 여러 명의 대표를 선출하는 제도이다. 이 제도에서 유권자는 해당 선거구의 의석수보다 적은 수의 표를 갖게 된다. 예를 들어 한 선거구에서 4명의 대표를 선출한다면, 유권자에게 4표보다 적은 2표 혹은 3표를 부여하여 투표하도록 하는 제도이다.
>
> ○ 학자 A는 이 같은 선거제도에서 당선에 필요한 최소 득표율을 다음 공식으로 구할 수 있다고 주장한다.
>
> $$\text{최소 득표율(\%)} = \frac{\text{유권자 1인당 투표수}}{\text{유권자 1인당 투표수} + \text{선거구당 의석수}} \times 100$$

〈사 례〉

> ○ 甲국: 한 선거구에서 3명의 의원을 선출하며, 유권자는 2표를 행사한다.
>
> ○ 乙국: 한 선거구에서 5명의 의원을 선출하며, 유권자는 3표를 행사한다.

	甲국	乙국
①	20%	32.5%
②	20%	37.5%
③	40%	27.5%
④	40%	32.5%
⑤	40%	37.5%

해설

문제 분석

최소 득표율 공식에 〈사례〉를 대입하여 해결하면 된다.

문제풀이 실마리

- $\frac{A}{A+B}$ 형태의 공식에서 가장 기초적인 것을 묻는 문제이다.
- 기본적으로 주어진 조건 중 공식의 '항'과 관련된 내용(의미)에 신경을 써야 한다.

A: 유권자 1인당 투표수, B: 선거구당 의석수

이에 해당하는 값을 〈사례〉에서 찾아보면 다음과 같다.

구분	A: 유권자 1인당 투표수	B: 선거구당 의석수
甲국	2표	3명
乙국	3표	5명

이를 공식에 대입해서 구해보면 다음과 같다.

甲국: 최소 득표율(%) $= \frac{2}{2+3} \times 100 = 40$(%)

乙국: 최소 득표율(%) $= \frac{3}{3+5} \times 100 = 37.5$(%)

따라서 甲국과 乙국의 한 선거구에서 당선에 필요한 최소 득표율은 각각 40%와 37.5%이므로 정답은 ⑤이다.

[정답] ⑤

117 세 개의 군사기지 ㉮, ㉯, ㉰에서 각각 적기의 출현여부를 레이더를 통해 감시하고 그 결과를 다음과 같이 분류하였다.

06년 5급(견습) 인책형 11번

- 실제로 적기가 출현한 경우
  1. 경보를 울림(적중)
  2. 경보를 울리지 않음(누락)
- 실제로 적기가 출현하지 않은 경우
  1. 경보를 울림(오경보)
  2. 경보를 울리지 않음(정기각)

아래 <그림>은 각 군사기지의 적중 확률*과 오경보 확률*을 나타낸 것이다. 다음 <보기>에서 올바른 것을 모두 고른 것은?

〈그림〉 적중 확률과 오경보 확률

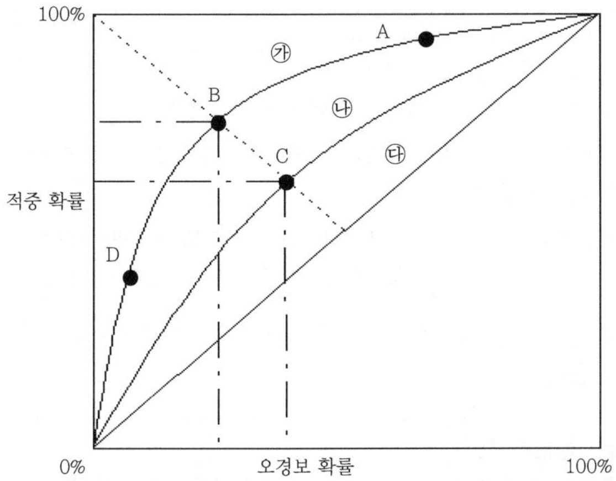

※ 적중 확률(%) = $\frac{\text{적중}}{\text{적중}+\text{누락}} \times 100$

오경보 확률(%) = $\frac{\text{오경보}}{\text{오경보}+\text{정기각}} \times 100$

〈보 기〉

ㄱ. 적기가 실제 출현했을 경우 적중 확률이 40%라면 누락 확률은 60%이다.

ㄴ. ㉮ 기지는 ㉰ 기지보다 적기출현 여부를 더 정확하게 판단하였다.

ㄷ. ㉮ 기지의 경우 적중에 대한 보상을 강화하였더니 A에서 D로 이동하였다.

ㄹ. 다른 조건이 동일하다면 C보다는 B가 바람직한 경우이다.

① ㄱ, ㄴ

② ㄷ, ㄹ

③ ㄱ, ㄴ, ㄹ

④ ㄴ, ㄷ, ㄹ

⑤ ㄱ, ㄴ, ㄷ, ㄹ

해설

문제 분석

구분	경보를 울림	경보를 울리지 않음
실제 적기가 출현	적중	누락
실제 적기가 출현 X	오경보	정기각

문제풀이 실마리

'적중, 누락, 오경보, 정기각'의 용어의 의미를 정확하게 이해하고, 이를 '적중 확률, 오경보 확률'의 공식에 적절하게 대입할 수 있어야 한다.

ㄱ. (O) 적기가 실제 출현했을 경우 경보를 울리거나(적중) 경보를 울리지 않거나(누락) 둘 중 하나일 수밖에 없다. 따라서 적중 확률이 40%라면 누락 확률은 60%이다.

ㄴ. (O) ㉮ 기지와 ㉰ 기지를 비교해 보면, 동일한 오경보 확률을 기준으로 할 때 ㉮ 기지의 적중 확률이 항상 더 높다. 반대로 동일한 적중 확률을 기준으로 하더라도 ㉮ 기지의 오경보 확률이 더 낮다. 따라서 ㉮ 기지는 ㉰ 기지보다 적기 출현 여부를 더 정확하게 판단하였다.

ㄷ. (X) A에서 D로 이동한다는 것은 적중 확률이 떨어진다는 것이다. 적중에 대한 보상을 강화하였는데 오히려 적중 확률이 떨어진다는 것은 일반적이지 않다.
또는 1보다 작은 분수에서 분자와 분모가 동일하게 커진다면 전체 분수값은 커지게 된다. 즉, 적중 케이스가 늘어난다면 적중 확률은 높아지는 것이 맞다.

ㄹ. (O) 다른 조건이 동일하다면 C보다는 B가 적중 확률은 높고 오경보 확률은 낮기 때문에 바람직한 경우이다.

빠른 문제풀이 Tip

〈그림〉에서 우하향하는 점선이 계속 확장되어 100%로 연결되었다 가정하고 보다 심층적으로 분석해 보자.

- 빈출되는 공식인 $\frac{A}{A+B}$를 잘 준비해 두어야 한다.
- 1보다 작은 분수(진분수)에서 분자와 분모가 동일하게 변화할 때 나타나는 변화를 알 수 있어야 한다.
- 확률은 반대 확률을 동시에 인식할 수 있어야 한다.

[정답] ③

118 다음 글과 <2014년 아동안전지도 제작 사업 현황>을 근거로 판단할 때, <보기>에서 옳은 것만을 모두 고르면?

15년 5급 인책형 32번

가. 아동안전지도 제작은 학교 주변의 위험·안전환경 요인을 초등학생들이 직접 조사하여 지도화하는 체험교육과정이다. 관할행정청은 각 시·도 관내 초등학교의 30% 이상이 아동안전지도를 제작하도록 권장하는 사업을 실시하고 있다.

나. 각 초등학교는 1개의 아동안전지도를 제작하며, 이 지도를 활용하여 학교 주변의 위험환경을 개선한 경우 '환경개선학교'로 등록된다.

다. 1년 동안의 아동안전지도 제작 사업을 평가하기 위한 평가점수 산식은 다음과 같다.

평가점수 = 학교참가도 × 0.6 + 환경개선도 × 0.4

○ 학교참가도 = $\frac{\text{제작학교 수}}{\text{관내 초등학교 수} \times 0.3} \times 100$

※ 단, 학교참가도가 100을 초과하는 경우 100으로 간주

○ 환경개선도 = $\frac{\text{환경개선학교 수}}{\text{제작학교 수}} \times 100$

〈2014년 아동안전지도 제작 사업 현황〉

(단위: 개)

시	관내 초등학교 수	제작학교 수	환경개선학교 수
A	50	12	9
B	70	21	21
C	60	20	15

〈보 기〉

ㄱ. A시와 C시의 환경개선도는 같다.
ㄴ. 아동안전지도 제작 사업 평가점수가 가장 높은 시는 C시이다.
ㄷ. 2014년에 A시 관내 3개 초등학교가 추가로 아동안전지도를 제작했다면, A시와 C시의 학교참가도는 동일했을 것이다.

① ㄱ
② ㄴ
③ ㄷ
④ ㄱ, ㄴ
⑤ ㄱ, ㄷ

해설

문제 분석

- 평가점수, 학교참가도, 환경개선도를 계산하는 공식을 정확히 파악하여야 한다.
- 학교참가도가 100을 초과하는 경우 100으로 간주한다.

문제풀이 실마리

상대적인 계산을 통해 비교만 하면 해결되는 경우 '압살' 장치를 발견하면 보다 빠른 해결이 가능하다.

평가점수 산식을 〈2014년 아동안전지도 제작 사업 현황〉에 적용해 계산해 보면 다음과 같다.

시	관내 초등학교 수 (A)	제작학교 수 (B)	환경개선학교 수 (C)	학교 참가도	환경 개선도	평가 점수
A	50	12	9	80	75	78
B	70	21	21	100	100	100
C	60	20	15	100	75	90

ㄱ. (O) A시와 C시 두 도시의 환경개선도는 75로 동일하다.

ㄴ. (X) 아동안전지도 제작 사업 평가점수가 가장 높은 시는 평가점수가 100점인 B시이다.

ㄷ. (O) 2014년에 A시 관내 3개 초등학교가 추가로 아동안전지도를 시작했다면 A시 관내의 아동안전지도 제작학교 수가 15개가 되므로 학교참가도는 $\frac{15}{50 \times 0.3} \times 100 = 100$이 되고 A시의 학교참가도는 C시와 동일해진다.

빠른 문제풀이 Tip

- 보기 ㄴ의 정오판단을 할 때 B시는 학교참가도도 100으로 제일 높고 환경개선도도 100으로 제일 높다. 따라서 이 두 값을 가중평균한 평가점수도 가장 높다. A~C시 간에 평가점수를 비교하는 데는 계산이 필요하지 않다.
- 각주 처리에 주의하자.
- 보기형은 쉬운 보기부터 처리하는 것이 좋다.

[정답] ⑤

119 **다음 글을 근거로 판단할 때, 평가대상기관(A~D) 중 최종 순위 최상위기관과 최하위기관을 고르면?** 18년 5급 나책형 8번

〈공공시설물 내진보강대책 추진실적 평가기준〉

○ 평가요소 및 점수부여

– $\text{내진성능평가지수} = \frac{\text{내진성능평가실적건수}}{\text{내진보강대상건수}} \times 100$

– $\text{내진보강공사지수} = \frac{\text{내진보강공사실적건수}}{\text{내진보강대상건수}} \times 100$

– 산출된 지수 값에 따른 점수는 아래 표와 같이 부여한다.

구분	지수 값 최상위 1개 기관	지수 값 중위 2개 기관	지수 값 최하위 1개 기관
내진성능평가점수	5점	3점	1점
내진보강공사점수	5점	3점	1점

○ 최종순위 결정

– 내진성능평가점수와 내진보강공사점수의 합이 큰 기관에 높은 순위를 부여한다.

– 합산 점수가 동점인 경우에는 내진보강대상건수가 많은 기관을 높은 순위로 한다.

〈평가대상기관의 실적〉

(단위: 건)

구분	A	B	C	D
내진성능평가실적	82	72	72	83
내진보강공사실적	91	76	81	96
내진보강대상	100	80	90	100

	최상위기관	최하위기관
①	A	B
②	B	C
③	B	D
④	C	D
⑤	D	C

해설

문제 분석

공식을 통해 지수를 계산한 후, 지수 값에 따라 점수를 부여하고, 두 점수의 합에 따라 최종순위를 결정한다.

문제풀이 실마리

공식 간의 공통과 차이를 잘 발견할 수 있어야 한다.

방법 1

〈평가기준〉을 〈평가대상기관의 실적〉에 적용하여 계산하면 다음과 같다.

구분		A	B	C	D
내진보강대상		100	80	90	100
내진성능평가	실적건수	82	72	72	83
	지수	82	90	80	83
	점수	3	5	1	3
내진보강공사	실적건수	91	76	81	96
	지수	91	95	90	96
	점수	3	3	1	5
합산 점수		6	8	2	8

합산 점수는 B, D(8점) – A(6점) – C(2점) 순이다. 합산 점수가 동점인 경우에는 내진보강대상건수가 많은 기관을 높은 순위로 하고 B는 내진보강대상건수가 80건, D는 100건이므로 최종순위는 D – B – A – C 순이다. 따라서 최상위기관은 D, 최하위기관은 C이다.

방법 2 빠른 길

1) 내진성능평가지수의 경우 B가 90으로 가장 크고 C가 80으로 가장 작다.
2) 내진보강공사지수의 경우 D가 96으로 가장 크로 C가 90으로 가장 작다.
3) 이 경우 C는 두 지수에서 모두 최솟값이기 때문에 점수의 합을 정확하게 계산하지 않더라도, 두 점수를 합산한 최종점수에서도 최하위기관이 된다. (압살의 장치)
4) 한 번이라도 5점을 받은 적이 있는 B와 D 중에서 최상위기관이 결정될 것이다.

빠른 문제풀이 Tip

선지를 잘 활용한다면, 최상위기관만 확인하더라도 정답 도출이 가능하다.

[정답] ⑤

120 **다음 글을 근거로 판단할 때, 일반적으로 종자저장에 가장 적합한 함수율을 가진 원종자의 무게가 10g이면 건조 종자의 무게는?**

18년 5급 나책형 20번

> 채종하여 파종할 때까지 종자를 보관하는 것을 '종자의 저장'이라고 하는데, 채종하여 1년 이내 저장하는 것을 단기저장, 2~5년은 중기저장, 그 이상은 장기저장이라 한다.
>
> 종자의 함수율(moisture content)은 종자의 수명을 결정하는 가장 중요한 인자이다. 함수율은 아래와 같이 백분율로 표시한다.
>
> $$\text{함수율}(\%) = \frac{\text{원종자 무게} - \text{건조 종자 무게}}{\text{원종자 무게}} \times 100$$
>
> 일반적으로 종자저장에 가장 적합한 함수율은 5~10%이다. 다만 참나무류 등과 같이 수분이 많은 종자들은 함수율을 약 30% 이상으로 유지시켜 주어야 한다. 또한 유전자 보존을 위해서는 보통 장기저장을 하는데, 이에 가장 적합한 함수율은 4~6%이다. 일반적으로 온도와 수분은 종자의 저장기간과 역의 상관관계를 갖는다.

① 6g~6.5g
② 7g~7.5g
③ 8g~8.5g
④ 9g~9.5g
⑤ 10g~10.5g

해설

문제 분석

$$\text{함수율}(\%) = \frac{\text{원종자 무게} - \text{건조 종자 무게}}{\text{원종자 무게}} \times 100$$

두 번째 문단에서 다음의 내용을 확인할 수 있다.

> 종자의 함수율(moisture content)은 종자의 수명을 결정하는 가장 중요한 인자이다. 함수율은 아래와 같이 백분율로 표시한다.
>
> $$\text{함수율}(\%) = \frac{\text{원종자 무게} - \text{건조 종자 무게}}{\text{원종자 무게}} \times 100$$
>
> 일반적으로 종자저장에 가장 적합한 함수율은 5~10%이다.

공식에 주어진 값을 대입해서 풀어보면,

$5 \sim 10(\%) = \frac{10 - \text{건조 종자 무게}}{10} \times 100$이다.

따라서 건조 종자 무게는 ④ 9~9.5g이다.

[정답] ④

121 다음 글과 <표>를 근거로 판단할 때, A사무관이 선택할 4월의 광고수단은?

19년 5급 가책형 29번

○ 주어진 예산은 월 3천만 원이며, A사무관은 월별 광고효과가 가장 큰 광고수단 하나만을 선택한다.
○ 광고비용이 예산을 초과하면 해당 광고수단은 선택하지 않는다.
○ 광고효과는 아래와 같이 계산한다.

$$광고효과 = \frac{총\ 광고\ 횟수 \times 회당\ 광고노출자\ 수}{광고비용} \times 100$$

○ 광고수단은 한 달 단위로 선택된다.

〈표〉

광고수단	광고 횟수	회당 광고노출자 수	월 광고비용 (천 원)
TV	월 3회	100만 명	30,000
버스	일 1회	10만 명	20,000
KTX	일 70회	1만 명	35,000
지하철	일 60회	2천 명	25,000
포털사이트	일 50회	5천 명	30,000

① TV
② 버스
③ KTX
④ 지하철
⑤ 포털사이트

해설

문제 분석

$$광고효과 = \frac{총\ 광고\ 횟수 \times 회당\ 광고노출자\ 수}{광고비용}$$

문제풀이 실마리

- 반복되는 단위 중 최소 단위인 일단위로 비교해서 해결하는 것이 여러모로 훨씬 더 수월하다.
- 광고 횟수가 나머지 광고수단은 모두 일 단위인데, TV만 월 단위로 나와있음에 주의하자.

광고비용이 예산을 초과하면 해당 광고수단은 선택하지 않는데, 주어진 예산은 월 3천만 원이므로 이를 초과하는 KTX는 제외한다. 이후 상대적 계산 스킬을 적용한다.

1) 버스, 지하철, 포털사이트를 그대로 두고 TV의 광고효과를 일단위로 바꾸는 것이 더 편하다.
2) 월 단위로 계산하면 4월이므로 모든 광고수단이 동일하게 일단위의 30번의 반복이기 때문에 '×30'의 공통되는 계산은 생략할 수 있다.
3) 회당 광고노출자 수와 광고비용은 가장 간단한 정수비로 계산하는 것이 간단하고 빠르게 비교할 수 있다.

TV의 광고 횟수를 일 단위로 바꾸어 보면 '30일:3회'이기 때문에 1일에는 0.1회를 하는 셈이 된다.

광고수단	광고 횟수	회당 광고노출자 수	월 광고비용	광고효과
TV	0.1	100	3	10/3
버스	1	10	2	10/2
지하철	60	0.2	2.5	12/2.5
포털사이트	50	0.5	3	25/3

따라서 광고효과는 '⑤ 포털사이트'가 가장 크다.

빠른 문제풀이 Tip
광고수단 간에 비교하는 과정에서 여러 가지 계산 스킬을 연습할 수 있는 문제이다.

[정답] ⑤

복수의 공식

122 **다음 글과 <상황>을 근거로 판단할 때, 甲이 납부해야 할 수수료를 옳게 짝지은 것은?** 19년 민경채 나책형 3번

> 특허에 관한 절차를 밟는 사람은 다음 각 호의 수수료를 내야 한다.
>
> 1. 특허출원료
>   가. 특허출원을 국어로 작성된 전자문서로 제출하는 경우: 매건 46,000원. 다만 전자문서를 특허청에서 제공하지 아니한 소프트웨어로 작성하여 제출한 경우에는 매건 56,000원으로 한다.
>   나. 특허출원을 국어로 작성된 서면으로 제출하는 경우: 매건 66,000원에 서면이 20면을 초과하는 경우 초과하는 1면마다 1,000원을 가산한 금액
>   다. 특허출원을 외국어로 작성된 전자문서로 제출하는 경우: 매건 73,000원
>   라. 특허출원을 외국어로 작성된 서면으로 제출하는 경우: 매건 93,000원에 서면이 20면을 초과하는 경우 초과하는 1면마다 1,000원을 가산한 금액
> 2. 특허심사청구료: 매건 143,000원에 청구범위의 1항마다 44,000원을 가산한 금액

〈상 황〉

> 甲은 청구범위가 3개 항으로 구성된 총 27면의 서면을 작성하여 1건의 특허출원을 하면서, 이에 대한 특허심사도 함께 청구한다.

	국어로 작성한 경우	외국어로 작성한 경우
①	66,000원	275,000원
②	73,000원	343,000원
③	348,000원	343,000원
④	348,000원	375,000원
⑤	349,000원	375,000원

해설

문제 분석

법조문과 유사한 형식으로 주어진 수수료 계산 방법을 〈상황〉에 적용해서 계산하여야 한다.

국어로 작성한 경우	특허출원료	제1호 나목에 따라 계산해야 한다. 매건 66,000원에 서면이 20면을 초과하는 경우 초과하는 1면마다 1,000원을 가산한 금액 → 66,000원+(27면이므로 초과한 7면에 대한) 7,000원=73,000원
	특허심사청구료	제2호에 따라 계산해야 한다. 매건 143,000원에 청구범위의 1항마다 44,000원을 가산한 금액 → 143,000원+(청구범위가 3개 항이므로) 44,000×3=143,000+132,000=275,000
	따라서 73,000원+275,000원=348,000원	
외국어로 작성한 경우	특허출원료	제1호 라목에 따라 계산해야 한다. 매건 93,000원에 서면이 20면을 초과하는 경우 초과하는 1면마다 1,000원을 가산한 금액 → 93,000원+(27면이므로 초과한 7면에 대한) 7,000원=100,000원
	특허심사청구료	제2호에 따라 계산해야 한다. 매건 143,000원에 청구범위의 1항마다 44,000원을 가산한 금액 → 143,000원+(청구범위가 3개 항이므로) 44,000×3=143,000+132,000=275,000
	따라서 100,000원+275,000원=375,000원이다.	

빠른 문제풀이 Tip

- 국어로 작성한 경우의 수수료와 외국어로 작성한 경우의 수수료는 비슷하면서 조금 다르다.
- 선지를 활용하면 정확한 금액을 계산하지 않고도 답을 구할 수 있다.

[정답] ④

123 **아래의 정보만으로 판단할 때 기초생활수급자로 선정할 수 없는 경우는?** 07년 5급 무책형 25번

가. 기초생활수급자 선정기준

○ 부양의무자가 없거나, 부양의무자가 있어도 부양능력이 없거나 또는 부양을 받을 수 없는 자로서 소득인정액이 최저생계비 이하인 자

※ 부양능력 있는 부양의무자가 있어도 부양을 받을 수 없는 경우란, 부양의무자가 교도소 등에 수용되거나 병역법에 의해 징집·소집되어 실질적으로 부양을 할 수 없는 경우와 가족관계 단절 등을 이유로 부양을 거부하거나 기피하는 경우 등을 가리킨다.

나. 매월 소득인정액 기준

○ 소득인정액 = 소득평가액 + 재산의 소득환산액

○ 소득평가액 = 실제소득 − 가구특성별 지출비용

1) 실제소득: 근로소득, 사업소득, 재산소득

2) 가구특성별 지출비용: 경로연금, 장애수당, 양육비, 의료비, 중·고교생 입학금 및 수업료

다. 가구별 매월 최저생계비

(단위: 만 원)

1인	2인	3인	4인	5인	6인
42	70	94	117	135	154

라. 부양의무자의 범위

○ 수급권자의 배우자, 수급권자의 1촌의 직계혈족 및 그 배우자, 수급권자와 생계를 같이 하는 2촌 이내의 혈족

① 유치원생 아들 둘과 함께 사는 A는 재산의 소득환산액이 12만 원이고, 구멍가게에서 월 100만 원의 수입을 얻고 있으며, 양육비로 월 20만 원씩 지출하고 있다.

② 부양능력이 있는 근로소득 월 60만 원의 조카와 살고 있는 B는 실제소득 없이 재산의 소득환산액이 36만 원이며, 의료비로 월 30만 원을 지출한다.

③ 중학생이 된 두 딸을 혼자 키우고 있는 C는 재산의 소득환산액이 24만 원이며, 근로소득으로 월 80만 원이 있지만, 두 딸의 수업료로 각각 월 11만 원씩 지출하고 있다.

④ 외아들을 잃은 D는 어린 손자 두 명과 부양능력이 있는 며느리와 함께 살고 있다. D는 근로소득이 월 80만 원, 재산의 소득환산액이 48만 원이며, 의료비로 월 15만 원을 지출하고 있다.

⑤ 군대 간 아들 둘과 함께 사는 고등학생 딸을 둔 E는 재산의 소득환산액이 36만 원이며, 월 평균 60만 원의 근로소득을 얻고 있지만, 딸의 수업료로 월 30만 원을 지출하고 있다.

해설

문제 분석

기초생활수급자로 선정되기 위해서는 부양의무자 관련 조건과 소득인정액 관련 조건 두 가지 모두를 충족해야 한다.

문제풀이 실마리

- 기초생활수급자의 선정기준을 정확히 이해하고 이를 각 선지의 상황에 정확히 적용할 수 있어야 한다.
- 공식이 여러 개 등장한 문제이므로 이를 잘 파악할 수 있어야 한다.
- 각 선지별 등장한 상황을 정확히 파악하고 구분할 수 있어야 한다.

기초생활수급자가 되기 위해서는 소득인정액이 최저생계비 이하인 자의 요건도 필요하다.

소득인정액=소득평가액+재산의 소득환산액

소득평가액=실제소득−가구특성별 지출비용

즉, '소득인정액=실제소득−가구특성별 지출비용+재산의 소득환산액'이고, 이를 바탕으로 각 선지에 적용해 보면 다음과 같다.

	최저생계비	소득인정액 (단위: 만원)			
		실제 소득	− 지출 비용	+ 소득 환산액	총액
① (O)	3인가구이므로 최저생계비는 94만 원	100	20	12	92
	최저생계비 > 소득인정액이므로 A는 선정된다.				
② (O)	1인가구이므로* 최저생계비는 42만 원	−	30	36	6
	* 조카는 부양의무자의 범위에 포함되지 않는다. 최저생계비 > 소득인정액이므로 B는 선정된다.				
③ (O)	3인가구이므로 최저생계비는 94만 원	80	22	24	82
	최저생계비 > 소득인정액이므로 C는 선정된다.				
④ (X)	부양의무자인 며느리와 함께 살고 있으므로 기초생활수급자로 선정될 수 없다.				
⑤ (O)	2인가구이므로* 최저생계비는 70만 원	60	30	36	66
	* 군대 간 아들 둘은 부양능력 있는 부양의무자가 있어도 부양을 받을 수 없는 경우에 해당한다. 따라서 E는 고등학생 딸과 함께 2인 가족이 된다. 최저생계비 > 소득인정액이므로 E는 선정된다.				

빠른 문제풀이 Tip

각 선지별 상황의 파악을 통해 복잡한 계산 없이 해결할 때 가장 빠른 해결이 가능하다.

[정답] ④

공식 찾기

124 다음 <상황>을 근거로 판단할 때, 짜장면 1그릇의 가격은?

17년 민경채 나책형 21번

〈상 황〉

○ A중식당의 각 테이블별 주문 내역과 그 총액은 아래 〈표〉와 같다.

○ 각 테이블에서는 음식을 주문 내역별로 1그릇씩 주문하였다.

〈표〉

테이블	주문 내역	총액(원)
1	짜장면, 탕수육	17,000
2	짬뽕, 깐풍기	20,000
3	짜장면, 볶음밥	14,000
4	짬뽕, 탕수육	18,000
5	볶음밥, 깐풍기	21,000

① 4,000원
② 5,000원
③ 6,000원
④ 7,000원
⑤ 8,000원

해설

문제 분석

각 테이블별 주문 내역과 그에 따른 총액이 주어져 있다. 이를 토대로 짜장면 1그릇의 가격을 찾아내야 한다.

문제풀이 실마리

짜장면 1그릇의 가격을 구하는 방법이 여러 가지가 있다. 자신에게 맞는 가장 빠르고 정확한 방법을 연습해 두도록 하자.

방법 1 공식 도출

계산을 간단하게 하기 위해 각 음식의 첫 글자만 쓰고, 천 원 단위까지만 유효자리로만 나타내 보면 다음과 같다.

짜+탕=17 … 식Ⓐ
짬+깐=20 … 식Ⓑ
짜+볶=14 … 식Ⓒ
짬+탕=18 … 식Ⓓ
볶+깐=21 … 식Ⓔ

이때 5개의 테이블에서 총 10개의 음식이 주문되었는데, 5개의 음식이 모두 두 번씩 주문되었음을 알 수 있다. 따라서 식을 모두 더하면
2(짜+탕+짬+깐+볶)=90이고,
짜+탕+짬+깐+볶=45이다.

구해야 하는 건 짜장면 1그릇의 가격이다.

짜+탕+짬+깐+볶=45 식Ⓓ=18 식Ⓔ=21

따라서 짜장면의 가격은 45−(18+21)=6, 즉 6천 원이다.

방법 2 식 간 비교

공통인 음식을 바탕으로 차이값을 보는 방법이다.
식Ⓐ와 식Ⓓ는 '탕'이 공통이므로 '짜+1=짬'임을 알 수 있다.
식Ⓑ와 식Ⓔ는 '깐'이 공통이므로 '짬+1=볶'임을 알 수 있다.
종합하면 '짜+2=볶'이다. 이를 '짜+볶=14 … 식Ⓒ'에 대입하면 짜장면의 가격은 6,000원이다.

방법 3 선지 대입

짜장면이 6이라고 하면: 짜+탕=17 … 식Ⓐ에서 '탕'은 11
'탕'이 11이라고 하면: 짬+탕=18 … 식Ⓓ에서 '짬'은 7
'짬'이 7이라고 하면: 짬+깐=20 … 식Ⓑ에서 '깐'은 13
'깐'이 13이라고 하면: 볶+깐=21 … 식Ⓔ에서 '볶'이 8
'짜'가 6임을 가정했을 때 '볶'은 8이 되는데 이 경우
짜+볶=14 … 식Ⓒ도 충족한다. 따라서 짜장면의 가격은 6,000원이다.

빠른 문제풀이 Tip

식 간 비교하는 연습을 더 해보면 다음과 같다 .
식Ⓐ와 식Ⓒ는 '짜'가 공통이므로 '볶+3=탕'임을 알 수 있다.
식Ⓐ와 식Ⓓ는 '탕'이 공통이므로 '짜+1=짬'임을 알 수 있다.
식Ⓑ와 식Ⓓ는 '짬'이 공통이므로 '탕+2=깐'임을 알 수 있다.
식Ⓑ와 식Ⓔ는 '깐'이 공통이므로 '짬+1=볶'임을 알 수 있다.
식Ⓒ와 식Ⓔ는 '볶'이 공통이므로 '짜+7=깐'임을 알 수 있다

[정답] ③

125 다음 글을 근거로 판단할 때, <보기>에서 옳은 것만을 모두 고르면?

19년 민경채 나책형 8번

甲은 결혼 준비를 위해 스튜디오 업체(A, B), 드레스 업체(C, D), 메이크업 업체(E, F)의 견적서를 각각 받았는데, 최근 생긴 B업체만 정가에서 10% 할인한 가격을 제시하였다. 아래 〈표〉는 각 업체가 제시한 가격의 총액을 계산한 결과이다. (단, A~F 각 업체의 가격은 모두 상이하다)

〈표〉

스튜디오	드레스	메이크업	총액
A	C	E	76만 원
이용 안함	C	F	58만 원
A	D	E	100만 원
이용 안함	D	F	82만 원
B	D	F	127만 원

〈보 기〉

ㄱ. A업체 가격이 26만 원이라면, E업체 가격이 F업체 가격보다 8만 원 비싸다.
ㄴ. B업체의 할인 전 가격은 50만 원이다.
ㄷ. C업체 가격이 30만 원이라면, E업체 가격은 28만 원이다.
ㄹ. D업체 가격이 C업체 가격보다 26만 원 비싸다.

① ㄱ
② ㄴ
③ ㄷ
④ ㄴ, ㄷ
⑤ ㄷ, ㄹ

해설

문제 분석

줄글의 조건과 〈표〉를 반영하여 공식을 세워보자. A업체는 A로, 76만 원은 76으로 '업체'와 '만 원'을 생략하고 간단히 적어보면 다음과 같다.

A+C+E=76 … 식Ⓐ
C+F=58 … 식Ⓑ
A+D+E=100 … 식Ⓒ
D+F=82 … 식Ⓓ
(1−0.1)B+D+F=127 … 식Ⓔ

식Ⓔ는 식Ⓓ를 포함하고 있다. 따라서 식Ⓓ의 값을 식Ⓔ에 대입해 보면 0.9B=45만 원이므로 B업체의 할인 전 가격은 50만 원이다.

문제풀이 실마리

주어진 여러 개의 공식 중에서 '구하고자 또는 비교하고자 하는 업체 가격'이 다르면서 나머지는 동일한 두 개의 공식끼리 비교를 해야 한다.

ㄱ. (X) A가 26만 원이라면, 식Ⓐ에서 C+E는 50만 원이고, 식Ⓑ에서 C+F는 58만 원이 된다. 따라서 두 공식에서 C는 동일하므로 F업체 가격이 E업체 가격보다 8만 원 더 비싸다.

ㄴ. (O) 앞서 정리한 바와 같이 식Ⓓ의 값을 식Ⓔ에 대입해 보면 0.9B=45만 원이므로 B업체의 할인 전 가격은 50만 원이다.

ㄷ. (X) E업체의 가격이 포함된 식은 Ⓐ와 Ⓒ이다. 따라서 A, C업체의 가격 또는 A, D 업체의 가격이 정해지면 E업체의 가격이 정해질 수 있다.
1) C업체의 가격이 30만 원이라면 식Ⓑ에서 F업체의 가격이 28만 원으로 확정된다.
2) F업체의 가격이 28만 원이면 식Ⓓ에서 D업체의 가격이 54만 원으로 확정된다.
→ B, C, D, F업체의 가격은 정해지지만, 식Ⓐ와 식Ⓒ에 포함되어 있는 A업체의 가격은 확정이 되지 않기 때문에 최종적으로 E업체의 가격을 확정할 수 없다.

ㄹ. (X) 식Ⓑ와 식Ⓓ를 비교했을 때, F는 공통이고 C와 D만 차이가 나는데 총액의 차이는 82−58=24이다. 따라서 C업체와 D업체의 가격의 차이는 24만 원이어야 한다. 금액의 숫자가 다르기 때문에 어느 업체가 더 비싼지 확인할 필요는 없다.

빠른 문제풀이 Tip

- 보기에 '-라면'이라는 가정형의 표현이 포함되어 있다. 즉, 가정이 포함되어야 각 업체의 값을 확정할 수 있다는 의미이기도 하다.
- A~F 각 업체의 가격은 모두 상이하다는 점을 놓치지 않도록 주의한다.
- 직접 계산하는 것 보다는 주어진 값을 검증하는 것이 훨씬 빠르다.
- 보기 ㄹ을 볼 때 먼저 차이값의 수치를 확인하고 그 수치가 맞을 때 어느 업체가 더 비싼지 확인하면 된다. 다른 기출문제에서도 선지 또는 보기에서 예를 들어 차이값이 10이라고 하면, 실제 계산 결과는 12가 나와서 A가 B보다 비싼지 반대로 B가 A보다 비싼지 확인하지 않더라도 정오판단이 가능한 경우가 많다. 업체를 뒤바꾼 것은 ㄱ의 함정이었다.

[정답] ②

126 **다음 글에 비추어 흑팀이 패드를 밟았을 때 735점이 되는 순서로 옳은 것은?**

14년 입법 가책형 33번

> 대한 초등학교 운동회가 열렸다. 학생들은 홍팀, 백팀, 청팀, 흑팀으로 나뉘어 다양한 경기를 하면서 우열을 가리고 있었다. 마지막 게임으로 징검다리 게임에 참석하게 되었다. 징검다리 게임은 빨강, 노랑, 파랑색을 가진 3개의 패드가 4줄로 정렬되어 있고, 게임 참가자는 각 줄마다 한 가지 색의 패드를 밟고 지나가야 한다. 각 색깔별로 점수가 정해져 있으며, 1줄에서는 색깔점수의 10배, 2줄에서는 9배, 3줄에서는 8배, 4줄에서는 7배를 점수로 획득한다. 세 패드의 색깔점수의 합은 65점이다. 홍팀은 빨강, 노랑, 노랑, 파랑의 순서로 징검다리를 지나왔으며, 백팀은 노랑, 빨강, 빨강, 파랑의 순서로, 청팀은 빨강, 노랑, 파랑, 파랑의 순서로 징검다리를 지나왔다. 각 팀이 얻은 점수는 700점, 665점, 780점이다.

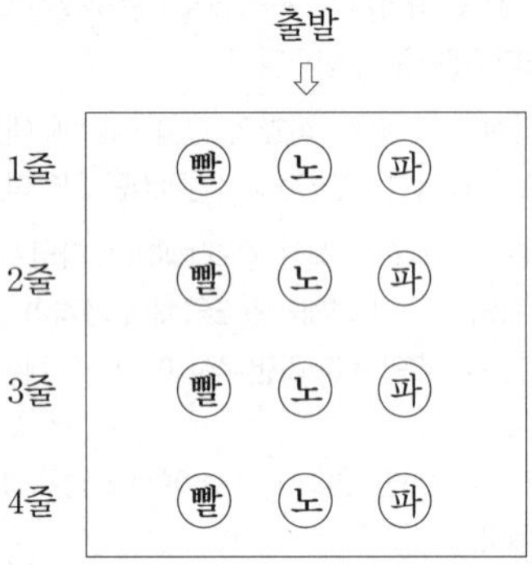

① 빨강 – 빨강 – 파랑 – 파랑
② 노랑 – 빨강 – 노랑 – 빨강
③ 파랑 – 빨강 – 빨강 – 빨강
④ 노랑 – 빨강 – 파랑 – 노랑
⑤ 파랑 – 파랑 – 노랑 – 파랑

해설

문제 분석

- 홍팀, 백팀, 청팀, 흑팀의 네 팀이 있다.
- 각 줄마다 빨강, 노랑, 파랑색의 3개의 패드가 있고, 총 4줄이 있다.
- 게임 참가자는 각 줄마다 한 가지 색의 패드를 밟고 지나가야 한다.
- 각 색깔별로 점수가 정해져 있다.
- 1줄에서는 색깔점수의 10배, 2줄에서는 9배, 3줄에서는 8배, 4줄에서는 7배를 점수로 획득한다.
- 세 패드의 색깔점수의 합은 65점이다.
- 홍팀은 빨강, 노랑, 노랑, 파랑의 순서로 징검다리를 지나왔고 700점을 얻었다.
- 백팀은 노랑, 빨강, 빨강, 파랑의 순서로 징검다리를 지나왔고 665점을 얻었다.
- 청팀은 빨강, 노랑, 파랑, 파랑의 순서로 징검다리를 지나왔고 780점을 얻었다.

문제풀이 실마리

줄글에서 식을 도출한 후, 여러 공식 간 공통, 차이를 찾아서 빠르게 원하는 값을 찾아낼 수 있어야 한다.

빨강 패드의 점수를 R, 노랑 패드의 점수를 Y, 파랑 패드의 점수를 B라고 하면 조건에 따라 다음과 같은 식이 세워진다.

R+Y+B=65 … 식Ⓐ

	1줄(×10)	2줄(×9)	3줄(×8)	4줄(×7)	총점
홍팀	빨강	노랑	노랑	파랑	700
백팀	노랑	빨강	빨강	파랑	665
청팀	빨강	노랑	파랑	파랑	780

이를 통해 식을 도출해 보면 다음과 같다.

홍팀 : 10R+17Y+7B=700 → 10R+17Y+7B=700 … 식Ⓑ
백팀 : 10Y+17R+7B=665 → 17R+10Y+7B=665 … 식Ⓒ
청팀 : 10R+9Y+15B=780 → 10R+9Y+15B=780 … 식Ⓓ

공통 부분이 있는 식 간의 차이를 보면 다음과 같다.

식Ⓑ – 식Ⓒ = 7Y – 7R = 35
= Y – R = 5 → R = Y – 5 … 식Ⓔ
식Ⓓ – 식Ⓑ = 8B – 8Y = 80
= B – Y = 10 → B = Y + 10 … 식Ⓕ

이를 식Ⓐ에 대입하여 정리하면, (Y – 5) + Y + (Y + 10) = 65이다.

3Y=60이므로 Y=20이 도출된다. 이에 따라 식Ⓔ에서 R=15, 식Ⓕ에서 B=30임을 알 수 있다. 이를 토대로 각 선지의 값을 구해본다.

	1줄(×10)	2줄(×9)	3줄(×8)	4줄(×7)	총점
① (O)	빨강	빨강	파랑	파랑	
	(10+9)×15+(8+7)×30=285+450				= 735
② (X)	노랑	빨강	노랑	빨강	
	(10+8)×20+(9+7)×15=360+240				= 600
③ (X)	파랑	빨강	빨강	빨강	
	10×30+(9+8+7)×15=300+360				= 660
④ (X)	노랑	빨강	파랑	노랑	
	(10+7)×20+9×15+8×30=340+135+240				= 715
⑤ (X)	파랑	파랑	노랑	파랑	
	(10+9+7)×30+8×20=780+160				= 940

따라서 정답은 '① 빨강 – 빨강 – 파랑 – 파랑'이다.

빠른 문제풀이 Tip

- 공식에 따른 계산 값을 구할 때 차이로 보는 것도 가능하다.
- 5의 배수의 성질을 사용하여 선지를 지울 수 있다.
- 선지에 주어진 값을 계산할 때 제시문에 주어진 조건과 서로 차이값으로 보는 것도 가능하다.

[정답] ①

응용

127 다음 제시문을 읽고 <보기>에서 옳은 것만 묶은 것은?

08년 5급 창책형 11번

어느 국가의 대통령 선거에 A, B, C 세 명의 후보가 출마하였다. 이들 세 후보가 TV 토론을 할 경우, 특정 후보에 대한 나머지 두 후보의 '네거티브 코멘트'(negative comment) 횟수(x)에 따른 시청자 호감도(y)는 다음 함수와 같다.

A후보에 대한 함수: $y = -(x-5)^2 + 10$
B후보에 대한 함수: $y = -x + 10$
C후보에 대한 함수: $y = -|x-5| + 10$

〈보 기〉

ㄱ. B후보에 대한 상대방 후보들의 네거티브 코멘트 전략의 효과는 제한적이다.
ㄴ. 네거티브 코멘트가 일정한 횟수 이상 되지 않으면, 상대방 후보의 호감도를 높여 주는 역효과를 내는 경우도 있다.
ㄷ. A, C 후보들에 대한 네거티브 코멘트 전략은 과유불급(過猶不及)이라는 사자성어로 적절히 표현된다.
ㄹ. C후보에 대한 10회의 네거티브 코멘트는 A후보에 대한 10회의 네거티브 코멘트보다 더 효과적이다.
ㅁ. 단 한 번의 네거티브 코멘트도 없는 상태에서는 B후보에 대한 시청자의 호감도가 가장 높다.

① ㄱ, ㄴ
② ㄱ, ㄷ
③ ㄴ, ㅁ
④ ㄷ, ㄹ
⑤ ㄹ, ㅁ

해설

문제 분석

- x: 특정 후보에 대한 나머지 두 후보의 '네거티브 코멘트'(negative comment) 횟수
- y: 해당 후보에 대한 시청자 호감도

문제풀이 실마리

일차함수, 이차함수, 절대값 함수 등 익숙한 함수가 주어졌으므로 함수를 정확히 이해하고 구분할 수 있다면, 굳이 그래프를 그리지 않는 것이 좋다.

ㄱ. (X) 네거티브 코멘트가 0일 때 B후보에 대한 시청자 호감도는 10인데, B후보에 대한 네거티브 코멘트가 많아질수록 B후보에 대한 시청자 호감도(y)는 계속 감소한다. 따라서 네거티브 코멘트는 계속 효과적이므로 제한적이지 않다.

ㄴ. (O) A후보나 C후보에 대한 시청자 호감도를 보면, 네거티브 코멘트가 5회가 될 때까지는 오히려 해당 후보들에 대한 호감도를 높여 주는 역효과를 보인다.

ㄷ. (X) '과유불급(過猶不及)'은 '정도(程度)를 지나치면 도리어 안 한 것만 못함.'의 의미를 가지는 사자성어이다.
A, C 후보들에 대한 네거티브 코멘트 전략은 네거티브 코멘트 횟수가 5회를 초과하는 시점부터 효과를 나타내기 시작하며, 그 이후로는 하면 할수록 해당 후보들에 대한 호감도를 낮추는 더 큰 효과를 가져온다. 따라서 오히려 많으면 많을수록 좋은 다다익선(多多益善)이 적절하지 과유불급(過猶不及)으로는 적절히 표현되지 않는다.

ㄹ. (X) C후보에 대한 10회의 네거티브 코멘트가 있으면 C후보에 대한 호감도는 5이고, A후보에 대한 10회의 네거티브 코멘트가 있으면 A후보에 대한 호감도는 −15이다. 따라서 A후보에 대한 10회의 네거티브 코멘트가 C후보에 대한 10회의 네거티브 코멘트보다 더 효과적이다.

ㅁ. (O) 모든 후보에 대한 네거티브 코멘트가 0회인 경우, A후보에 대한 시청자의 호감도는 −15, B후보에 대한 시청자의 호감도는 10, C후보에 대한 시청자의 호감도는 5이므로, 단 한 번의 네거티브 코멘트도 없는 상태에서는 B후보에 대한 시청자의 호감도가 가장 높다.

빠른 문제풀이 Tip

- 공식 간의 공통 · 차이를 정확히 이해하면 보다 빠르고 정확한 해결이 가능하다.
- 상대적인 계산 스킬의 적용을 연습해 볼 수 있는 문제이다.
- 만약 그래프를 그린다면 x축의 네거티브 코멘트 횟수는 0이상의 정수이므로, 그래프 결과는 선이 아니라 점으로 나오는 것이 정확한 결과이다.

[정답] ③

128 갑은 고려시대 정3품 관리이며, 중등전 논 100결을 소유하고 있지만 직접 경작하지 않고 다른 사람에게 차경(借耕)하도록 하였다. 다음 <자료>를 참고하여 갑의 연간 수입을 옳게 계산한 것은?

07년 5급 무책형 27번

〈자료 1〉

- ○ 고려시대에는 토지의 비옥도에 따라 생산량 차이가 많이 났기 때문에 국가는 토지 지급, 조세 수취 등을 위해 논과 밭을 모두 상등전 · 중등전 · 하등전의 세 등급으로 나누어 관리하였다.
- ○ 고려시대 농민은 자기 소유지를 경작한 경우 연간 생산량의 1/10을 국가에 조세로 납부했고, 다른 사람의 소유지를 차경한 경우는 연간 생산량의 1/2을 토지 소유자에게 소작료로 납부하였다.
- ○ 고려시대 관리는 관직복무 대가로 녹봉 뿐만 아니라, 전시과 제도에 의거하여 농민이 납부할 조세를 대신 수취할 권리를 받았다. 녹봉 액수와 전시과에 의거하여 조세를 수취할 토지의 지급면적은 품계에 따라 차등 있게 정해졌다.
- ○ 고려시대 관리는 세금을 납부하지 않았다.

〈자료 2〉

녹봉 및 전시과 토지 지급

품계	녹봉액 (연간)	토지지 급면적
⋮	⋮	⋮
종2품	353석	85결
정3품	300석	80결
종3품	246석	75결
정4품	200석	70결
⋮	⋮	⋮

기준 토지 1결당 연간 생산량

토지 지목	토지 등급	생산량
논	상등전	18석
	중등전	14석
	하등전	10석
밭	상등전	9석
	중등전	7석
	하등전	5석

① 전시과로 받은 토지가 하등전 밭이면, 740석
② 전시과로 받은 토지가 중등전 밭이면, 1,280석
③ 전시과로 받은 토지가 상등전 밭이면, 1,720석
④ 전시과로 받은 토지가 하등전 논이면, 1,080석
⑤ 전시과로 받은 토지가 상등전 논이면, 1,740석

해설

문제 분석

[상황]

1. 갑은 고려시대 정3품 관리이다.
2. 중등전 논 100결을 소유하고 있지만 직접 경작하지 않고 다른 사람에게 차경하도록 하였다.

[계산방법]

1. 고려시대 농민
   1) 자기 소유지를 경작한 경우 연간 생산량의 1/10을 국가에 조세로 납부
   2) 다른 사람의 소유지를 차경한 경우는 연간 생산량의 1/2을 토지 소유자에게 소작료로 납부
2. 고려시대 관리
   1) 관직복무 대가로 녹봉을 받음
   2) 전시과 제도에 의거하여 농민이 납부할 조세를 대신 수취할 권리를 받음: 녹봉 액수와 전시과에 의거하여 조세를 수취할 토지의 지급면적은 품계에 따라 차등 있게 정해짐
   3) 세금을 납부하지 않음

문제풀이 실마리

- 각 선지마다 가정이 포함되어 있기 때문에, 선지대입처럼 풀리는 문제이다.
- 갑의 연간 수입을 구하는 공식을 스스로 찾아내야 하는 문제이다.

1. 고려시대 농민: 중등전 논 100결을 차경하도록 함
   계산방법 1–2)에 따라
   100결×14석(∵ 중등전 논 연간 생산량)×$\frac{1}{2}$=700석
2. 정3품 관리: 녹봉+전시과 제도
   계산방법 2–1) 녹봉액 300석
   → 여기까지 누적 연간 수입 1,000석이므로 이미 선지 ①은 답이 될 수 없다.
   계산방법 2–2) 전시과로 받은 80결의 토지 지목과 등급에 따라 총 소득이 달라지게 된다.

각 선지에 주어진 가정에 따라 갑의 연간 수입을 계산해 보면 다음과 같다.

		전시과					갑의 연간수입
		토지 지목	토지 등급	생산량			
①	1,000석 +	밭	하등전	5석	×80결 ×1/10 =	40석	1,040석
②			중등전	7석		56석	1,056석
③			상등전	9석		72석	1,072석
④		논	하등전	10석		80석	1,080석
⑤			상등전	18석		144석	1,144석

따라서 정답은 ④이다.

빠른 문제풀이 Tip

- 정석적인 풀이보다, 정확한 계산을 빨리 해결하는 스킬인 결괏값의 끝자리 확인, 범위 확인, 배수 성질 활용을 하면 빨리 해결되는 문제이다.
- 갑의 연간 수입을 구하는 공식에서 항들을 적절하게 구분할 수 있어야 한다.
- 5의 배수 성질은 기출문제에서 정말 많이 사용하고 있다. 5의 배수 끝자리는 5 또는 0이다.

[정답] ④

129 **다음 글과 <조건>에 따를 때, ○○부가 채택하기에 적합하지 않은 정책 대안은?** 13년 5급 인책형 29번

> ○ 올해의 전력수급현황은 다음과 같다.
> – 총공급전력량: 7,200만kW
> – 최대전력수요: 6,000만kW
> 이에 따라 ○○부는 내년도 전력수급기본계획을 마련하고, 정책목표를 다음과 같이 설정하였다.
> – 정책목표: 내년도 전력예비율을 30% 이상으로 유지한다.
> $$전력예비율(\%) = \frac{총공급전력량 - 최대전력수요}{최대전력수요} \times 100$$

〈조 건〉

> 조건 1: 발전소를 하나 더 건설하면 총공급전력량이 100만kW 증가한다.
> 조건 2: 전기요금을 a% 인상하면 최대전력수요는 a% 감소한다.

※ 발전소는 즉시 건설·운영되는 것으로 가정하고 이외의 다른 변수는 고려하지 않는다.

① 발전소를 1개 더 건설하고, 전기요금을 10% 인상한다.
② 발전소를 3개 더 건설하고, 전기요금을 3% 인상한다.
③ 발전소를 6개 더 건설하고, 전기요금을 1% 인상한다.
④ 발전소를 8개 더 건설하고, 전기요금을 동결한다.
⑤ 발전소를 더 이상 건설하지 않고, 전기요금을 12% 인상한다.

해설

문제 분석

다양한 방법으로 해결할 수 있는 문제이다. 따라서 정석적인 방법 외에 빠르고 정확한 해결을 할 수 있는 방법을 연습해 두어야 한다.

방법 1 정석적인 방법

① (O)

발전소		전기요금	
1개 더 건설		10% 인상	
총공급전력량	+100만kW	최대전력수요	10% 감소

$$전력예비율(\%) = \frac{7,300-5,400}{5,400} = \frac{1,900}{5,400} \fallingdotseq 35.18(\%)$$

② (X)

발전소		전기요금	
3개 더 건설		3% 인상	
총공급전력량	+300만kW	최대전력수요	3% 감소

$$전력예비율(\%) = \frac{7,500-5,820}{5,820} = \frac{1,680}{5,820} \fallingdotseq 28.87(\%)$$

전력예비율을 30% 이상으로 유지하지 못하고, 따라서 정책 대안으로 채택하기에 적합하지 않다.

③ (O)

발전소		전기요금	
6개 더 건설		1% 인상	
총공급전력량	+600만kW	최대전력수요	1% 감소

$$전력예비율(\%) = \frac{7,800-5,940}{5,940} = \frac{1,860}{5,940} \fallingdotseq 31.31(\%)$$

④ (O)

발전소		전기요금	
8개 더 건설		동결	
총공급전력량	+800만kW	최대전력수요	변동없음

$$전력예비율(\%) = \frac{8,000-6,000}{6,000} = \frac{2,000}{6,000} \fallingdotseq 33.33(\%)$$

⑤ (O)

발전소		전기요금	
건설하지 않음		12% 인상	
총공급전력량	변동없음	최대전력수요	12% 감소

$$전력예비율(\%) = \frac{7,200-5,280}{5,280} = \frac{1,920}{5,280} \fallingdotseq 36.36(\%)$$

따라서 선지 ②가 전력예비율이 30%를 넘지 않으므로 ○○부가 채택하기에 적합하지 않은 정책 대안이다.

방법 2

전력예비율을 현재 20%에서 목표치의 30%로 증가시키기 위해서는 '총공급전력량−최대전력수요'의 분자값을 증가시키거나, '최대전력수요'의 분모값을 감소시켜야 한다.

이때 모든 선지에서 총공급전력량은 유지되거나 증가하고 최대전력수요는 유지되거나 감소한다. 분모의 최대전력수요가 감소할수록 유리하지만 설사 최대전력수요가 6,000만kW로 그대로 유지된다 하더라도 분자에서 '총공급전력량−최대전력수요'의 분자값이 600만kW가 증가한다면 전력예비율은 적어도 10%p가 증가할 수 있다.

1) 발전소를 하나 더 건설하면 총공급전력량이 100만kW 증가하므로, 발전소를 6개 이상 더 건설한다면 전기요금을 인상하지 않더라도 정책목표를 달성할 수 있다. 선지 ③, ④가 여기에 해당한다.
2) 전기요금을 a% 인상하면 최대전력수요는 a% 감소하고, 현재 최대전력수요는 6,000만kW이므로, 전기요금을 10% 인상한다면 최대전력수요에서 600만kW가 감소하므로, 분자값이 600만kW만큼 증가하는 결과를 가져온다. (이 경우 분모값도 변화하나, 분모값이 줄어드는 건 전력예비율을 증가시키는 변화이고, 분자값 변화와 분모값 변화까지 동시에 고려하면 매우 복잡하므로 분자값의 변화만 보도록 한다.) 따라서 발전소 개수를 늘리지 않더라도 전기요금을 10% 이상 인상하면 정책목표를 달성할 수 있는데, 선지 ①, ⑤가 여기에 해당한다.

즉, 남은 선지 ②가 정답이 된다.

> **빠른 문제풀이 Tip**
> 더 빠르게 문제를 해결해 보자. 현재 20%인 전력예비율을 30%까지 끌어올리기 위해서는 총공급전력량을 증가시키거나 최대전력수요를 감소시켜야 한다. 그래야 분자값이 증가하거나 분모값이 감소함으로써 전체 분수값이 증가할 수 있다. 선지 ①, ⑤는 전기요금의 인상폭이 크다. 이는 최대전력수요를 감소시킴으로써 분자값을 크게 상승시키고, 분모값을 크게 감소시킨다. 선지 ③, ④는 발전소를 많이 건설함으로써 총공급전력량을 증가시킴으로써 마찬가지로 분자값을 크게 상승시키고, 분모값을 크게 감소시킨다. 반면, 선지 ②는 상대적으로 발전소의 추가 건설분과 전기요금의 인상폭이 다른 선지에 비해 상대적으로 어중간하다. 따라서 선지 ②가 전력예비율의 변화폭이 적을 것임을 예상할 수 있다.

[정답] ②

130 A, B, C, D가 퇴직할 때 받게 되는 연금액수는 근무연수와 최종 평균보수월액에 의해 결정된다. 아래에 제시된 연금액수 산출방법을 따를 때 <보기>의 예상 중 옳은 것으로 묶은 것은? (다만, 연금은 본인에게만 지급되며 물가는 변동이 없다고 가정한다.)

06년 5급(견습) 인책형 13번

> 연금액수 산출방법에는 월별연금 지급방식과 일시불연금 지급방식이 있다.
>
> (1) 월별연금지급액 = 최종평균보수월액 × {0.5 + 0.02 × (근무연수 − 20)}
> (다만, 월별연금지급액은 최종평균보수월액의 80%를 초과할 수 없다.)
>
> (2) 일시불연금지급액 = (최종평균보수월액 × 근무연수 × 2) + {최종평균보수월액 × (근무연수 − 5) × 0.1}

〈표〉 퇴직자 연금액수 산출자료

퇴직자	근무연수(년)	최종평균보수월액(만 원)
A	20	100
B	35	100
C	37	100
D	10	200

〈보 기〉

ㄱ. A가 100개월밖에 연금을 받을 수 없다면 월별연금보다 일시불연금을 선택하는 것이 유리할 것이다.
ㄴ. A의 일시불연금지급액은 D의 일시불연금지급액보다 많을 것이다.
ㄷ. B가 C보다 월별연금지급액을 40만 원 더 받게 될 것이다.
ㄹ. D가 월급에 변화없이 10년을 더 근무한다면 D의 일시불연금지급액은 현재 받을 수 있는 일시불연금지급액의 두 배가 넘을 것이다.

① ㄱ, ㄴ
② ㄴ, ㄹ
③ ㄷ, ㄹ
④ ㄱ, ㄴ, ㄹ
⑤ ㄴ, ㄷ, ㄹ

해설

문제 분석

지문에 주어진 연금액수 산출방법과 〈표〉에 따라 월별연금지급액과 일시불연금지급액을 산출한다.

문제풀이 실마리

상대적 계산 스킬을 적절하게 활용할 수 있다면 보다 빠른 해결이 가능하다.

이하에서는 월별연금지급액을 (1), 일시불연금지급액을 (2)라고 표시한다.

(1) 단서에 월별연금지급액은 최종평균보수월액의 80%를 초과할 수 없다는 것에 유의한다.

A (1): 100×{0.5+0.02×(20−20)}=100×0.5=50만 원
(2): (100×20×2)+{100×(20−5)×0.1}=4,000+150=4,150만 원

B (1): 100×{0.5+0.02×(35−20)}=100×0.8=80만 원
(2): (100×35×2)+{100×(35−5)×0.1}=7,000+300=7,300만 원

C (1): 100×{0.5+0.02×(37−20)}=100×0.84=84만 원
→ (1) 단서에 따라 80만 원
(2): (100×37×2)+{100×(37−5)×0.1}=7,400+320=7,720만 원

D (1): 200×{0.5+0.02×(10−20)}=200×0.3=60만 원
(2): (200×10×2)+{200×(10−5)×0.1}=4,000+100=4,100만 원

ㄱ. (X) A가 100개월밖에 연금을 받을 수 없다면 받게 되는 총 월별연금액지급액은 50만 원×100=5,000만 원이다. 지문에 별다른 언급이 없으므로 이자율 등을 고려하지 않은 것이다. 일시불연금지급액은 4,150만 원이므로 일시불연금보다 월별연금을 선택하는 것이 유리할 것이다.

ㄴ. (O) A의 일시불연금지급액은 4,150만 원이고 D의 일시불연금지급액은 4,100만 원으로 A의 일시불연금지급액이 더 많다.

ㄷ. (X) B의 월별연금지급액은 80만 원이고 C의 월별연금지급액은 (1)의 식에 의하면 84만 원이나 (1) 단서에 따라 80만 원이다. B와 C의 월별연금지급액은 같다.

ㄹ. (O) D가 월급에 변화없이 10년을 더 근무하는 경우 D의 일시불연금지급액은 (200×20×2)+{200×(20−5)×0.1}=8,000+300=8,300만 원으로, 현재 받을 수 있는 일시불연금지급액 4,100만 원의 두 배가 넘는다.

빠른 문제풀이 Tip

위의 해설에서는 모든 경우를 다 계산해 놓았지만, 음영 처리한 부분만 〈보기〉를 판단할 때 필요하므로 실제 문제풀이에서는 필요한 부분만 계산한다.

ㄷ의 경우 어느 한 명의 월별연금지급액을 계산해 보았다면 40만 원이라는 단위만으로 틀린 보기라는 것을 짐작할 수 있다. 특히 B, C는 최종평균보수월액이 같고 근무연수는 2년밖에 차이 나지 않는다.

ㄹ의 경우 10년을 근무한 경우와 10년을 더 근무해 20년을 근무한 경우를 직접 계산하기 이전에 식을 보면

10년 근무: (200×10×2)+200×(10−5)×0.1}

20년 근무: (200×20×2)+{200×(20−5)×0.1}

음영 처리한 부분이 각각 2배, 3배임을 알 수 있다. 따라서 계산값도 2배 이상임을 알 수 있으므로 직접적으로 계산할 필요가 없다.

[정답] ②

131 다음 글을 근거로 판단할 때, A시에서 B시까지의 거리는?

19년 민경채 나책형 21번

> 甲은 乙이 운전하는 자동차를 타고 A시에서 B시를 거쳐 C시로 가는 중이었다. A, B, C는 일직선상에 순서대로 있으며, 乙은 자동차를 일정한 속력으로 운전하여 도시 간 최단 경로로 이동했다. A시를 출발한지 20분 후 甲은 乙에게 지금까지 얼마나 왔는지 물어보았다.
> "여기서부터 B시까지 거리의 딱 절반만큼 왔어."라고 乙이 대답하였다.
> 그로부터 75km를 더 간 후에 甲은 다시 물어보았다.
> "C시까지는 얼마나 남았지?"
> 乙은 다음과 같이 대답했다.
> "여기서부터 B시까지 거리의 딱 절반만큼 남았어."
> 그로부터 30분 뒤에 甲과 乙은 C시에 도착하였다.

① 35km
② 40km
③ 45km
④ 50km
⑤ 55km

해설

문제 분석

A, B, C는 일직선상에 순서대로 있으며 지문의 내용을 세 가지로 정리하면 다음과 같다.

ⅰ) A시를 출발한지 20분 후 B시까지 거리의 절반만큼 왔다.
ⅱ) ⅰ)의 시점으로부터 75km를 더 간 후 C시까지는 B시까지 거리의 절반이다.
ⅲ) ⅱ)의 시점으로부터 30분 뒤에 C시에 도착하였다.

그림으로 표현해 보면 다음과 같다.

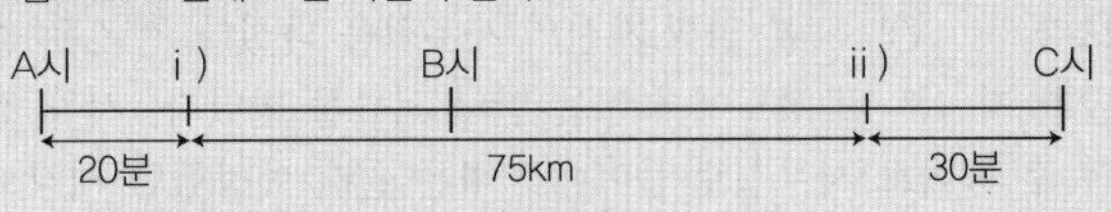

〈그림 1〉

위의 〈그림 1〉에서 ⅰ) 시점으로 B시까지의 구간을 ⓐ, B시부터 ⅱ) 시점까지의 구간을 ⓑ라고 하자. 그림으로 나타내면 다음과 같다.

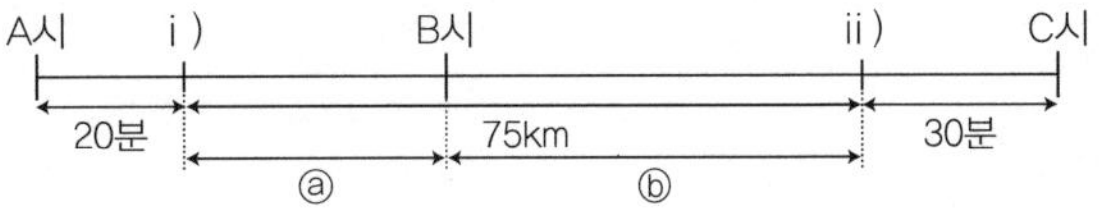

〈그림 2〉

각 구간을 이동하는 데 걸리는 시간을 기준으로 생각해 보자. 1) 출발한지 20분 후인 ⅰ)시점에서 B시까지 거리의 절반만큼 왔다. 즉 ⓐ구간을 이동하는 데는 40분이 걸린다. 2) ⅱ)시점에서 B시까지 거리의 절반만큼 남았다. 즉 ⓑ구간을 이동하는 데는 60분이 걸린다. 3) 그러므로 ⓐ+ⓑ=75km를 이동하는 데는 100분이 걸린다. 따라서

$$\frac{75\text{km}}{100\text{분}} = \frac{45\text{km}}{60\text{분}} = \text{시속 } 45\text{km}$$

乙이 운전하는 자동차는 시속 45km로 이동하였다.

A시에서 B시까지 이동하는 데는 ⅰ)시점 이전까지 20분, ⓐ구간 40분 총 1시간이 걸렸으므로 시속 45km인 자동차로 1시간이 걸리는 A시에서 B시까지의 거리는 45km(③)이다.

빠른 문제풀이 Tip

위의 해설에서는 ⓐ, ⓑ구간을 이동하는 시간을 기준으로 판단해 보았지만, 각 구간의 거리를 구하는 방식, 또는 ⅰ)시점까지의 거리를 구하는 방식 등 다양한 방법으로 식을 세워 해결할 수 있다.

[정답] ③

132 다음 글을 근거로 판단할 때, ㉠에 해당하는 수는?

22년 7급 가책형 24번

> 甲과 乙은 같은 층의 서로 다른 사무실에서 근무하고 있다. i)각 사무실은 일직선 복도의 양쪽 끝에 위치하고 있으며, ii)두 사람은 복도에서 항상 자신만의 일정한 속력으로 걷는다.
>
> 甲은 약속한 시각에 乙에게 서류를 직접 전달하기 위해 자신의 사무실을 나섰다. 甲은 乙의 사무실에 도착하여 서류를 전달하고 곧바로 자신의 사무실로 돌아올 계획이었다.
>
> 한편 甲을 기다리고 있던 乙에게 甲의 사무실 쪽으로 가야 할 일이 생겼다. 그래서 乙은 甲이 도착하기로 약속한 시각보다 [㉠]분 일찍 자신의 사무실을 나섰다. iii)乙은 출발한 지 4분 뒤 복도에서 甲을 만나 서류를 받았다. 서류 전달 후 곧바로 사무실로 돌아온 iv)甲은 원래 예상했던 시각보다 2분 일찍 사무실로 복귀한 사실을 알게 되었다.

① 2　　② 3　　③ 4
④ 5　　⑤ 6

해설

문제 분석

거리 · 속력 · 시간에 대한 이해를 묻는 문제이다. 해당 문제에서는 거리 · 속력 · 시간에 대한 구체적 값이 주어져 있지 않으며 조건 iii), iv)를 토대로 甲, 乙 속력의 비를 구하는 것이 문제의 핵심이다. 해당 문제는 감각적으로 접근하는 것이 편하지만 거리 · 속력 · 시간에 대한 기본적인 식과 변형은 익숙해져야 한다(빠른 문제 풀이 Tip부분에 소개한 수식적 접근도 가능하다).

문제풀이 실마리

계산뿐만 아니라 주어진 상황이 그려져야 해결이 가능한 문제이다.

그림으로 상황을 이해해 보자. 조건 i)에서 사무실 사이의 거리는 주어져 있지 않고, 조건 ii)에서 甲, 乙 각각 속력이 일정함을 확인할 수 있다. 아래 그림은 조건 iii)에서 乙이 자신의 사무실을 출발하여 4분 뒤 복도에서 甲을 만나 서류를 받은 상황과, 조건 iv)의 甲이 사무실에 복귀한 것까지 화살표로 나타낸 것이다.

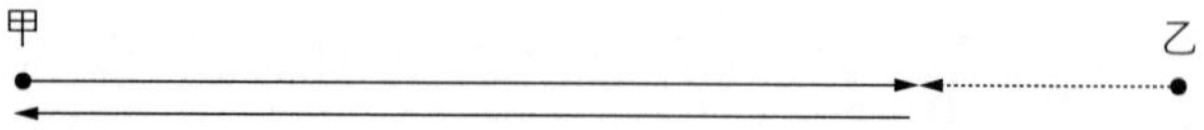

〈그림 1〉

조건 iv)에서 甲은 원래 예상했던 시각보다 2분 일찍 사무실로 복귀한 사실을 알게 되었다고 한다. 甲은 乙과 중간에서 만남으로써 乙이 이동한 거리, 즉 점선 화살표 길이의 2배만큼 덜 이동하게 된 것이다. 乙은 점선 화살표 길이를 이동하는 데 4분이 걸리는데, 甲은 그 2배 거리를 이동하는 데 2분이 걸린다는 것이다. 즉 甲은 해당 거리를 이동하는 데 1분이 걸린다는 것이고 甲의 속력은 乙의 4배라는 것을 알 수 있다.

〈그림 2〉는 乙이 출발한 시점에서 甲의 위치를 나타낸 것이다. 乙이 출발한 시점으로부터 4분 뒤 두 번째 화살표와 점선 화살표가 만나는 지점에서 〈그림 1〉처럼 甲과 乙이 만나게 되는 것이다.

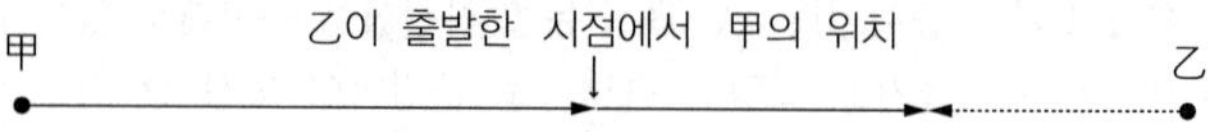

〈그림 2〉

그렇다면 甲은 두 번째 화살표 길이만큼의 거리를 4분 만에 가는 것이다. 그리고 甲은 乙 속력의 4배이므로 점선 화살표 길이만큼의 거리는 1분 만에 갈 수 있다. 즉, 乙이 출발한 시점에서 甲은 乙의 사무실까지 5분 만에 갈 수 있다. 그러므로 乙은 甲이 도착하기 5분 전, 즉 약속한 시각보다 5분(㉠) 일찍 자신의 사무실을 나섰다.

빠른 문제풀이 Tip

수식적으로 접근해보면 다음과 같다. 각 사무실 사이의 거리를 X, 甲, 乙의 속력을 각각 v_1, v_2라고 하자. 그리고 현재의 시간을 $t_0=0$이라고 하고, 甲이 원래 예상했던 시간을 t_1라고 하자(왕복시간 기준임에 유의한다). 즉, 약속시간은 $\frac{t_1}{2}$이다.

乙이 사무실을 나와 서류를 받지 않았다면 甲의 이동 거리는 $2X=v_1\times t_1$가 성립한다. 그리고 乙이 사무실을 나와 서류를 받아 甲이 예상했던 시간보다 2분 일찍 사무실로 복귀하였고 乙은 출발한 지 4분 뒤 복도에서 甲을 만나 서류를 받고 만약 다시 복귀하였더라도 4분이 걸렸을 것이다. 둘의 이동 거리를 더하면 여전히 2X이고 $2X=v_2\times(t_1-2)+8v_2$가 성립한다. 정리하면 $v_1\times t_1=v_1\times(t_1-2)+8v_2$, $v_1=4v_2$이다.

그리고 乙이 출발한 시점에서 甲의 乙 사무실까지 남은 거리는 甲이 4분, 乙이 4분간 이동한 거리이다. 즉, $v_1\times t_1+v_2\times t_2$라고 나타낼 수 있는데 $v_1\times t_1+v_2\times t_2=4v_1+4v_2$이고 甲이 $4v_1+4v_2$의 거리만큼 남았을 때 乙이 출발한 것이다. $4v_1+4v_2=5v_1$이고 이는 甲이 5분 동안 가는 거리를 말한다. 즉 乙이 출발한 시점은 乙이 출발하지 않았다면 5분 뒤에 甲이 도착하는 시점(약속한 시간)이다. 乙은 원래 약속한 시간보다 5분 일찍 자신의 사무실을 나섰다.

이상처럼 수식적으로 접근하지 않고 가능하면 문제에 대한 이해를 통해 접근하도록 한다. 이해를 통해 접근이 어려워 수식적으로 접근하고자 할 때는 위와 같이 변수를 잡고 식을 세워서 풀려고 하지 말고 사무실 사이의 거리와 시간을 임의의 시간으로 잡고 수식을 세워보도록 하자.

더 생각해보기

존 폰 노이만과 관련된 일화에서 누군가가 폰 노이만에게 아래와 같은 문제를 냈다.

"직선 철로 위 100mile 거리에 있는 두 대의 기차가 시속 50mile의 일정한 속도로 서로를 향해 출발했다. 그리고 한 마리의 파리가 한 기차의 앞부분에서 출발해 다른 기차의 앞부분에 충돌할 때까지 일정한 속도로 비행한다. 이 파리는 기차의 앞부분에 충돌하면 다시 방향을 바꾸어 다른 기차의 앞부분에 충돌할 때까지 비행한다. 두 기차가 서로 충돌할 때까지 파리가 시속 35mile의 일정한 속도로 두 기차의 앞부분 사이를 왕복하고 있었다면 파리가 이동한 거리는 모두 몇 mile인가?"(파리의 부피는 고려하지 않고 한 기차의 앞부분에 충돌한 뒤 즉시 방향을 전환해서 다른 방향으로 비행한다.)

해당 문제의 답은 35mile이다. 이때 파리가 이동한 거리를 직접적으로 구하려면 무한등비급수를 이용한 식을 세워야 하고 상대적으로 계산도 복잡하다. 그러나 두 기차가 충돌하기까지는 1시간이 걸리므로 1시간 동안 파리가 이동한 거리는 35mile이다. 위의 문제는 거리에 대해서 직접적으로 묻고 있지만, 전체 이동 시간을 먼저 계산하고 다시 거리를 구하는 방식으로 간단하게 해결한 것이다. 이처럼 어떤 문제에서 거리, 속력, 시간 중 어느 하나에 대해서 직접적으로 묻고 있더라도 다른 변수를 먼저 판단하고 그다음 직접적으로 묻는 변수를 판단하는 것이 더 빠르게 문제를 해결하는 방법이 될 수 있다.

[정답] ④

133 다음 <상황>을 근거로 판단할 때, 乙이 B 도시에 도착하였을 때 乙이 이동한 총 거리는 얼마인가? 17년 입법 가책형 24번

〈상 황〉

A 도시와 B 도시는 거리 1,000킬로미터의 유일한 도로로 연결되어 있다. 甲은 A 도시를 출발하여 시속 10킬로미터의 속도로 위 도로를 따라 B 도시로 가고 있다. 乙은 甲이 A 도시를 출발한 때로부터 10시간 후에 甲에 대한 보급품을 싣고 A 도시를 출발하여 시속 30킬로미터의 속도로 뒤따라 가서 甲을 만나게 되면 그 자리에서 甲에게 보급품을 전달해 준 후 A 도시로 되돌아간다. A 도시에 도착하면 다시 보급품을 싣고 甲을 뒤따라가 甲에게 보급품을 전달하는 과정을 반복하며, 항상 시속 30킬로미터의 속도를 유지한다. 乙이 세 번째로 甲을 만나 甲에게 보급품을 보급한 지점에서 乙은 甲에게 보급품을 전달한 후 A 도시로 돌아가지 않고 甲과 함께 시속 10킬로미터의 속도로 B 도시로 간다.

※ 甲과 乙 모두 휴식이나 수면 없이 계속 위에서 설명한 속도로 이동한다고 가정한다.
※ 乙이 甲을 만나 보급품을 공급하고 방향을 바꿀 때 및 A 도시에 도착하여 보급품을 싣고 방향을 바꿀 때 별도의 시간이 소요되지 않으며, 이동거리의 변화 또한 없는 것으로 가정한다.

① 1,800킬로미터
② 1,900킬로미터
③ 2,000킬로미터
④ 2,100킬로미터
⑤ 2,200킬로미터

해설

문제 분석

甲은 10(km/h)의 속도로 B도시를 향해 가고 있으므로 총 100시간 이동하는 것이며, 乙은 甲보다 10시간 늦게 출발하였으므로 총 90시간 이동하는 것이다. 이하에서는 지문의 표현과 다르게 거리는 km, 속도는 km/h로 표시한다.

상대속도의 개념으로 생각해 보자. 상대속도의 개념이 익숙하지 않다면 다음과 같이 생각한다. A 도시와 B 도시를 연결하는 유일한 도로가 10km/h로 움직이는 거대한 컨베이어벨트라고 생각한다. 그리고 甲이 그 컨베이어벨트 위에 올려져 있다. 컨베이어벨트 밖에서 보면 甲은 10km/h의 속도로 B 도시를 향해 이동하는 것으로 보인다. 그리고 甲이 컨베이어벨트 위에 올려진 지 10시간 뒤 乙이 컨베이어벨트 위에 올라가 甲을 향해 20km/h의 속도로 이동한다. 컨베이어벨트 밖에서 보면 乙은 자신의 속도 20km/h에 컨베이어벨트의 속도 10km/h가 더해져 30km/h의 속도로 甲을 향해 이동하는 것으로 보인다. 즉 컨베이어벨트의 외부에서 본다면 〈상황〉의 내용과 같다.

이때 컨베이어벨트 위의 乙이 자신과 같이 컨베이어벨트 위에 있는 甲을 본다면 甲은 정지해 있고 자신만 20km/h의 속도로 甲을 향해 다가가고 있는 것이다. 甲이 10시간 먼저 출발했으므로 乙이 출발하는 시점에 100km 떨어져 있고, 乙은 100km 떨어져 있는 甲에게 〈상황〉과 같이 두 번 왕복 후 세 번째 만났을 때부터 함께 이동한다. 즉 乙은 컨베이어벨트 위에서 20km/h의 속도로 100km를 두 번 반 왕복하였으므로 총 500km를 이동한 것이고 50시간이 경과한다. 乙은 50시간 경과 후 甲과 함께 이동하므로 甲과 함께 이동한 시간은 40시간이다. 정리하면 컨베이어벨트 밖에서 본 乙은 30km/h로 50시간 이동 후 10km/h로 40시간 이동하므로 乙이 이동한 거리는 30(km/h)×50(h)+10(km/h)×40=1,900(km)(②)이다.

빠른 문제풀이 Tip

수식을 통해 해결해 보면 다음과 같다.

1) 乙이 처음 출발하는 시점은 甲이 출발한 시점으로부터 10시간 이후이므로 甲과 乙의 이동 거리는 다음과 같다.
   甲: $10(km/h)\times\{10(h)+x_1(h)\}$
   乙: $30(km/h)\times x_1$
   甲과 乙의 이동 거리가 같아지는 시점에서 처음 만나서 보급품을 전달하므로 $10(km/h)\times\{10(h)+x_1(h)\}=30(km/h)\times x_1$인 x_1은 5시간이다.
2) 乙이 두 번째 A 도시에서 출발하는 시점은 甲과 첫 번째로 만나고 다시 A 도시로 돌아온 시점이며 이는 $10(h)+2x_1=20(h)$이다. 1)과 마찬가지로 甲, 乙의 이동 거리가 같아지는 시점은 다음과 같다.
   甲: $10(km/h)\times\{20(h)+x_2(h)\}$
   乙: $30(km/h)\times x_2$
   $10(km/h)\times\{20(h)+x_2(h)\}=30(km/h)\times x_2 \quad \therefore x_2=10(h)$
3) 1), 2)와 마찬가지로 세 번째 甲, 乙의 이동 거리가 같아지는 시점은 다음과 같다.
   甲: $10(km/h)\times\{20(h)+x_3(h)\}$
   乙: $30(km/h)\times x_3$
   $10(km/h)\times\{40(h)+x_3(h)\}=30(km/h)\times x_3 \quad \therefore x_3=20(h)$
4) 그리고 甲, 乙이 같이 이동한 시간(x_4)은 $10+2x_1+2x_2+x_3+x_4=100$이므로 $x_4=40(h)$

따라서 乙이 이동한 총거리는 $30(km/h)\times(2x_1+2x_2+x_3)(h)+10(km/h)\times x_4(h)=30(km/h)\times(2\times5+2\times10+20)(h)+10(km/h)\times40(h)=1{,}900(km)$이다.

[정답] ②

134 다음 글을 근거로 판단할 때, 甲이 귀가했을 때의 정확한 시각은?

21년 5급 가책형 29번

> 甲은 집에 있는 시계 X의 건전지가 방전되어 새 건전지로 갈아 끼웠다. i)甲은 정확한 시각을 알 수 없어서 일단 X의 시각을 정오로 맞춘 직후 일정한 빠르기로 걸어 친구 乙의 집으로 갔다. ii)乙의 집에 당일 도착했을 때 乙의 집 시계 Y는 10시 30분을 가리키고 있었다. 甲은 乙과 iii)1시간 동안 이야기를 나눈 후 집으로 출발했다. 집으로 iv)돌아올 때는 갈 때와 같은 길을 2배의 빠르기로 걸었다. v)집에 도착했을 때, X는 14시 정각을 가리키고 있었다. 단, vi)Y는 정확한 시각보다 10분 느리게 설정되어 있다.

※ X와 Y는 시각이 부정확한 것 외에는 정상 작동하고 있다.

① 11시 40분
② 11시 50분
③ 12시 00분
④ 12시 10분
⑤ 12시 20분

해설

문제 분석

지문에서 주어진 조건 ⅰ)~ⅵ)중 핵심적으로 파악해야 하는 것은 조건 ⅰ), ⅲ), ⅴ)를 조합하여 甲이 乙의 집에 다녀오는 데는 총 2시간, 이야기를 나눈 1시간을 제외한 이동시간은 총 1시간이 걸렸다는 것을 파악하는 것이 중요하다.

문제풀이 실마리

조건의 이해가 선결되어야 하는 문제이다.

조건 ⅰ)~ⅴ)를 정리하면 아래와 같다.

	甲 출발		乙의 집 도착		乙의 집 출발		甲 도착
시계 X	ⅰ)12:00	㉠ →	(?)	1시간		㉡ →	ⅴ)14:00
시계 Y			ⅱ)10:30				

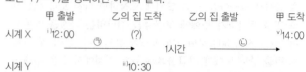

그림의 화살표는 각각 甲이 乙의 집으로, 乙의 집에서 甲의 집으로 이동하는 것을 나타낸다. 조건 ⅰ), ⅲ), ⅴ)에 의하면 각 화살표가 의미하는 전체 이동시간의 합계는 1시간이다. 그리고 조건 ⅳ)에 의하면 돌아올 때의 빠르기는 갈 때의 2배이므로 ㉠:㉡=1:2와 같은 관계가 성립한다. ㉠의 이동시간은 20분, ㉡의 이동시간은 40분의 시간이 걸렸다.

조건 ⅱ)에 의하면 甲이 乙의 집에 도착한 시점에서 시계 Y는 10시 30분을 가리키고 있었지만 조건 ⅵ)에 의하면 해당 시점에서 정확한 시간은 10시 40분이다. 甲이 귀가한 시점은 乙의 집에 도착한 시점으로부터 1시간 20분이 경과한 시점이므로 甲이 귀가했을 때의 정확한 시간은 10시 40분으로부터 1시간 20분 뒤인 12시 00분이다.

빠른 문제풀이 Tip

이상의 해설은 그림에서 (?)로 표시한 시점의 정확한 시간을 기준으로 설명한 것이다. 그러나 기준으로 삼을 시점을 어떤 시점으로 하는지는 중요하지 않다. 예를 들어 乙의 집에 도착한 정확한 시간은 10시 40분이고 (조건 ⅱ), ⅵ)), 그렇다면 甲이 출발한 시점의 정확한 시간은 10시 00분이므로(㉠), 甲이 귀가했을 때의 정확한 시간은 10시 00분으로부터 2시간이 경과한 12시 00분이다. 본인이 문제를 풀면서 생각하기 편한 시점을 설정하고 주어진 조건을 정확히 적용하기만 하면 된다.

[정답] ③

135 다음 글과 <표>를 근거로 판단할 때, <보기>에서 옳은 것만을 모두 고르면? 17년 5급 가책형 27번

○ 수현과 혜연은 결혼을 준비하는 예비부부이고, 결혼까지 준비해야 할 항목이 7가지 있다.
○ 결혼 당사자인 수현과 혜연은 준비해야 할 항목들에 대해 선호를 가지고 있으며, 양가 부모 또한 선호를 가지고 있다. 이때 '선호도'가 높을수록 우선순위가 높다.
○ '선호도'는 '투입 대비 만족도'로 산출한다.
○ '종합 선호도'는 각 항목별로 다음과 같이 산출한다.

$$\text{종합 선호도} = \frac{\{(\text{결혼 당사자의 만족도}) + (\text{양가 부모의 만족도})\}}{\{(\text{결혼 당사자의 투입}) + (\text{양가 부모의 투입})\}}$$

〈표〉

항목	결혼 당사자		양가 부모	
	만족도	투입	만족도	투입
예물	60	40	40	40
예단	60	60	80	40
폐백	40	40	30	20
스튜디오 촬영	90	50	10	10
신혼여행	120	60	20	40
예식장	50	50	100	50
신혼집	300	100	300	100

〈보 기〉

ㄱ. 결혼 당사자와 양가 부모의 종합 선호도에 따른 우선순위 상위 3가지에는 '스튜디오 촬영'과 '신혼집'이 모두 포함된다.
ㄴ. 결혼 당사자의 우선순위 상위 3가지와 양가 부모의 우선순위 상위 3가지 중 일치하는 항목은 '신혼집'이다.
ㄷ. '예물'과 '폐백' 모두 결혼 당사자의 선호도보다 양가 부모의 선호도가 더 높다.
ㄹ. 양가 부모에게 우선순위가 가장 낮은 항목은 '스튜디오 촬영'이다.

① ㄱ, ㄴ
② ㄴ, ㄷ
③ ㄷ, ㄹ
④ ㄱ, ㄴ, ㄹ
⑤ ㄱ, ㄷ, ㄹ

해설

문제 분석

선호도와 종합 선호도를 계산해 보면 다음과 같다.

항목	결혼 당사자			양가 부모			종합 선호도
	만족도	투입	선호도	만족도	투입	선호도	
예물	60	40	1.5	40	40	1	1.25
예단	60	60	1	80	40	2	1.4
폐백	40	40	1	30	20	1.5	1.17
스튜디오 촬영	90	50	1.8	10	10	1	1.67
신혼여행	120	60	2	20	40	0.5	1.4
예식장	50	50	1	100	50	2	1.5
신혼집	300	100	3	300	100	3	3

문제풀이 실마리

선호도 또는 종합선호도를 먼저 빠르게 계산한 후 각 보기의 정오판단을 하는 것도 가능하지만, 계산속도가 느린 경우에는 보기에서 주어진 내용을 검증하듯이 확인하는 것도 가능하다.

ㄱ. (O) 종합 선호도에 따른 우선순위 상위 3가지는 신혼집(3), 스튜디오 촬영(1.67), 예식장(1.5) 순이다.

ㄴ. (O) 결혼 당사자의 우선순위 상위 3가지는 신혼집(3), 신혼여행(2), 스튜디오 촬영(1.8) 순이고, 양가 부모의 우선순위 상위 3가지는 신혼집(3), 예식장(2)과 예단(2)이다. 이 중 일치하는 항목은 '신혼집'이다.

ㄷ. (X) '폐백'의 경우 결혼 당사자의 선호도(1)보다 양가 부모의 선호도(1.5)가 더 높지만, '예물'의 경우 결혼 당사자의 선호도(1.5)가 양가 부모의 선호도(1)보다 더 높다.

ㄹ. (X) 스튜디오 촬영은 선호도가 1.0이고, 양가 부모에게 우선순위가 가장 낮은 항목은 여러 항목 중 유일하게 선호도가 1 미만인 '신혼여행'이다.

빠른 문제풀이 Tip

- 보기형은 쉬운 보기부터 처리하는 것이 좋다. 보기 ㄱ에서만 종합 선호도를 묻고 있으므로, 보다 해결이 수월한 나머지 보기들을 먼저 판단한다면 상대적으로 계산이 복잡한 '종합 선호도'를 구하지 않고도 정답을 찾아낼 수 있다.
- 각 항목별로 '만족도>투입, 만족도=투입, 만족도<투입'인 경우로 구분할 수 있다. 이를 활용하면 구체적으로 계산하지 않고도 확인되는 부분이 생긴다.
- 보기의 내용을 검증하는 것도 연습해 보자. 검증하는 방법은 예를 들어 보기 ㄱ을 해결할 때 스튜디오 촬영과 신혼집의 종합 선호도의 값을 구한 뒤, 신혼집(3)과 스튜디오 촬영(1.67) 중 스튜디오 촬영의 값이 더 낮으므로, 1.67보다 큰 값을 가지는 항목이 몇 개 있는지를 검토해 보는 것이다. 결혼 당사자와 양가 부모의 수치를 전반적으로 확인하면서 만족도가 투입보다 1.5배 이상 큰 항목들 위주로 확인하면 보다 빠른 해결이 가능하다.
- 보기 ㄴ을 해석하는 데는 다소 애매한 부분이 있을 수도 있다.

[정답] ①

136 다음 글과 <상황>을 근거로 판단할 때, <보기>에서 옳은 것만을 모두 고르면?

20년 7급(모의) 22번

> 甲국에서는 4개 기관(A ~ D)에 대해 전기, 후기 두 번의 평가를 실시하고 있다. 전기평가에서 낮은 점수를 받은 기관이 후기평가를 포기하는 것을 막기 위해 다음과 같은 최종평가점수 산정 방식을 사용하고 있다.
>
> 최종평가점수 = Max[0.5×전기평가점수+0.5×후기평가점수, 0.2×전기평가점수+0.8×후기평가점수]
>
> 여기서 사용한 Max[X, Y]는 X와 Y 중 큰 값을 의미한다. 즉, 전기평가점수와 후기평가점수의 가중치를 50 : 50으로 하여 산정한 점수와 20 : 80으로 하여 산정한 점수 중 더 높은 것이 해당 기관의 최종평가점수이다.

〈상 황〉

4개 기관의 전기평가점수(100점 만점)는 다음과 같다.

기관	A	B	C	D
전기평가점수	60	70	90	80

4개 기관의 후기평가점수(100점 만점)는 모두 자연수이고, C기관의 후기평가점수는 70점이다. 최종평가점수를 통해 확인된 기관 순위는 1등부터 4등까지 A - B - D - C 순이며 동점인 기관은 없다.

〈보 기〉

ㄱ. A기관의 후기평가점수는 B기관의 후기평가점수보다 최소 3점 높다.
ㄴ. B기관의 후기평가점수는 83점일 수 있다.
ㄷ. A기관과 D기관의 후기평가점수 차이는 5점일 수 있다.

① ㄱ
② ㄴ
③ ㄱ, ㄴ
④ ㄱ, ㄷ
⑤ ㄴ, ㄷ

해설

문제 분석

주어진 정보를 반영해 보면 다음과 같다.

기관	A	B	C	D
전기평가점수	60	70	90	80
후기평가점수			70	
최종평가점수			80	
순위	1등	2등	4등	3등

C기관의 경우 '전기 > 후기'이므로 '0.5×전기평가점수 + 0.5×후기평가점수'의 값이 더 클 것이고 이때 최종평가점수는 80점이다.

문제풀이 실마리

후기평가점수가 전기평가점수보다 높은 경우 후기평가점수의 가중치가 높은 것을 적용하는 것이 유리하다.

ㄱ. (O) 현재 전기평가점수는 A기관이 60점, B기관이 70점으로 B기관이 더 높은데, 최종평가순위는 A기관이 1등, B기관이 2등으로 A기관의 최종평가점수가 더 높다. 즉, 최종평가점수에서 역전되어야 한다.
두 기관 모두 최종평가점수는 순위가 4등인 C기관의 80점보다 높아야 하기 때문에, 두 기관 모두 최종평가점수는 80점보다 크고, 최종평가점수가 80점보다 크려면 후기평가점수가 80점보다 높아야 한다. 따라서 '0.2×전기평가점수 + 0.8×후기평가점수'로 계산한 결과가 더 클 것이다. 위 공식에 따를 때 전기평가점수는 B기관이 10점 더 높으므로, 최종평가점수에서는 B기관이 2점 더 높다. 후기평가점수는 1점당 최종평가점수 0.8점이 높아진다.

	전기 (×0.2)	후기 (×0.8)	최종
A	60	+ 1점당 최종 +0.8	↑
B	70 (+10) → +2		

따라서 A기관의 후기평가점수는 B기관의 후기평가점수보다 최소 3점 높아야 최종평가점수가 +2.4점이 되어 A기관의 최종평가점수가 B기관의 최종평가점수보다 높아진다.

ㄴ. (X) 최종평가점수 순위대로 나열했을 때 다음과 같다.

기관	A		B		D		C
전기평가점수	60	<	70	<	80	<	90
후기평가점수							70
최종평가점수		>		>		>	80
순위	1등		2등		3등		4등

따라서 A기관, B기관, D기관 모두 최종평가 점수는 80점보다 높아야 하므로, 후가평가점수가 80점보다 높아야 한다. 각 기관별로 (전기, 후기)=(60, 80초과), (70, 80초과), (80, 80초과)이므로 A, B, D기관의 경우 '0.5×전기평가점수 + 0.5×후기평가점수'보다 '0.2×전기평가점수 + 0.8×후기평가점수'로 계산한 결과가 크다. 따라서 '0.2×전기평가점수 + 0.8×후기평가점수'로 계산해서, 차이값만 보는 상대적 비교 스킬을 사용하면 다음과 같다.

기관	A		B		D		C
전기평가점수 (×0.2)	60 0	<	70 +2	<	80 +4	<	90
후기평가점수 (×0.8)							70
최종평가점수		>		>		>	80
순위	1등		2등		3등		4등

D기관의 최종평가점수가 C기관의 최종평가점수보다 높으려면 D기관의 후기평가점수는 최소 81점이면 된다.

B기관과 D기관을 비교해 보면 D기관의 전기평가점수가 2점 더 높으므로, 앞서 보기 ㄱ에서도 살펴봤듯이 후기평가점수는 반대로 B기관이 3점 이상 더 높아야 0.8을 곱했을 때 B기관이 +2.4점이 되어 순위가 역전된다.

기관	A		B		D		C
전기평가점수 (×0.2)	60 0	<	70 +2	<	80 +4	<	90
후기평가점수 (×0.8)			84 이상		81 이상		70
최종평가점수		>		>		>	80
순위	1등		2등		3등		4등

이를 정리해 보면 D기관의 최종평가점수보다 높으려면, D기관의 후기평가점수는 최소 81점이어야 하고, B기관의 후기평가점수는 84점 이상이어야 한다. 따라서 B기관의 후기평가점수는 83점일 수 없다.

ㄷ. (X) A기관과 D기관의 전기평가점수는 4점 차이가 난다. 그런데 A기관과 D기관의 후기평가점수가 5점 차이가 난다면 후기평가점수에서는 정확히 4점만큼만 뒤집을 수 있다. 이 경우 두 기관의 점수는 동점이 되어 A기관의 순위가 더 높을 수 없다. 따라서 두 기관의 후기평가점수의 차이는 5점보다 크게 차이가 나야 한다.

빠른 문제풀이 Tip

- Max[X, Y]의 의미를 빠르게 파악하여 응용, 적용할 수 있어야 한다. Max[X, Y]는 X와 Y 중 큰 값을 의미하는데, 전기평가점수와 후기평가점수가 각각 어떤지에 따라, 즉 '전기=후기'인지, '전기>후기'인지, '후기>전기'인지에 따라 '0.5×전기평가점수+0.5×후기평가점수'와 '0.2×전기평가점수+0.8×후기평가점수' 중에 어떤 값이 더 클지는 수치를 대입해 보지 않더라도 미리 파악가능하다.
- 가중평균 값을 복잡한 계산없이 빠르게 구할 수 있으면 이 문제도 빠른 해결이 가능하다.
- 정확한 값을 구하는 것보다 상대적 계산 스킬을 사용하여 해결하는 경우에 보다 빠른 문제 해결이 가능하다.

[정답] ①

137 다음 글을 근거로 판단할 때, <보기>에서 옳은 것만을 모두 고르면?

21년 5급 가책형 30번

> 아르키메데스는 대장장이가 만든 왕관이 순금인지 알아내기 위해 i)질량 1kg인 왕관을 물이 가득 찬 용기에 완전히 잠기도록 넣었을 때 넘친 물의 부피를 측정하였다.
>
> 이 왕관은 ii)금, 은, 구리, 철 중 1개 이상의 금속으로 만들어졌고, 밀도는 각각 20, 10, 9, 8g/cm^{3}이다.
>
> 밀도와 질량, 부피 사이의 관계는 아래 식과 같다.
>
> $$\text{iii)}밀도(g/cm^3) = \frac{총질량(g)}{부피(cm^3)}$$

※ 각 금속의 밀도, 질량, 부피 변화나 금속 간의 반응은 없고, 둘 이상의 금속을 합해 만든 왕관의 질량(또는 부피)은 각 금속의 질량(또는 부피)의 합과 같다.

〈보 기〉

ㄱ. 대장장이가 왕관을 금으로만 만들었다면, 넘친 물의 부피는 50cm^{3}이다.

ㄴ. 넘친 물의 부피가 80cm^{3}이고 왕관이 금과 은으로만 만들어졌다면, 왕관에 포함된 은의 부피는 왕관에 포함된 금 부피의 3배이다.

ㄷ. 넘친 물의 부피가 80cm^{3}이고 왕관이 금과 구리로만 만들어졌다면, 왕관에 포함된 구리의 부피는 왕관에 포함된 금 부피의 3배 이상이다.

ㄹ. 넘친 물의 부피가 120cm^{3}보다 크다면, 왕관은 철을 포함하고 있다.

① ㄱ, ㄴ
② ㄴ, ㄷ
③ ㄷ, ㄹ
④ ㄱ, ㄴ, ㄹ
⑤ ㄱ, ㄷ, ㄹ

해설

문제 분석

조건 i)에서 왕관의 질량이 1kg인 것과 조건 ii)의 각 금속의 밀도는 고정정보에 해당한다.

각주에 의하면 둘 이상의 금속을 합해 만든 왕관의 부피는 해당 왕관을 만드는데 사용된 각 금속의 부피의 합과 동일하다. 따라서 물이 가득 찬 용기에서 '넘친 물의 부피'는 '왕관의 부피'와 일치한다.

각 보기는 주로 부피에 대해서 묻고 있으므로 조건 iii)의 공식을 다음과 같이 변형해서도 활용할 수 있어야 한다.

$$밀도(g/cm^3) = \frac{질량(g)}{부피(cm^3)} \Rightarrow 부피(cm^3) = \frac{질량(g)}{밀도(g/cm^3)} \text{ (공식 ㉠)}$$

문제풀이 실마리

보기 ㄴ, ㄷ, ㄹ에서 주어진 넘친 물의 부피는 앞서 서술한 바와 같이 왕관의 부피를 의미한다. 공식 ㉠을 통해 왕관의 밀도를 구할 수 있다.

가중평균을 구하는 방법은 두 가지가 있다.

총 10명 중 20점인 사람이 4명, 30점인 사람이 6명이 있고, 이들 10명의 평균점수를 구한다고 하자. '20점인 사람 비중:30점인 사람의 비중=4:6'이므로

1) 20점인 사람이 40%, 30점인 사람이 60%이므로
20점×40%(=0.4)+30점×60%(=0.6)=26점으로 구할 수 있고,
2) 20점과 30점 차이는 10점이고, 비중은 10점인 사람:20점인 사람=4:6이므로, 20점과 30점의 차이인 10점을 6:4로 나누는 26점이 가중평균을 한 평균점수가 된다. 즉 비중이 a:b면 두 점수 간의 차이를 b:a로 나누는 값이 가중평균 결괏값이 된다.

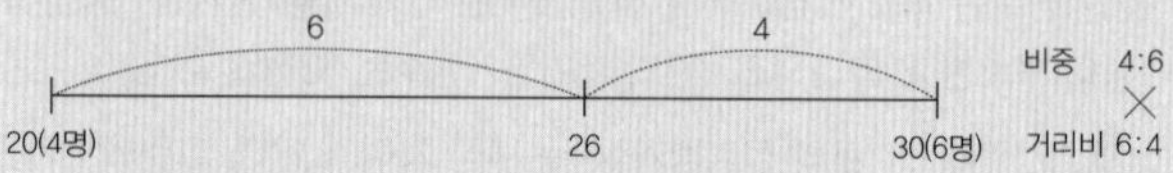

거리의 비를 반대로 한 것이 비중의 비가 된다는 것이 핵심이다.

각 보기에서 왕관의 밀도는 해당 왕관을 만드는 데 사용된 금속의 밀도를 가중평균한 것임을 파악하여야 한다. 예를 들어 1kg의 왕관이 금 0.4kg, 은 0.6kg로 만들어졌다면 1kg 왕관 중 금 비중:은 비중=2:3이 되는 셈이다. 따라서 이를 반영한 가중평균 값을 방법 1) 또는 방법 2)를 통해 구할 수 있어야 한다.

ㄱ. (O) 조건 ii)에 의하면 금의 밀도는 20g/cm^{3}이다. 조건 i) 왕관의 질량 1 kg=1,000g까지 식 ㉠에 대입해보면 왕관을 금으로만 만들었을 때,

$$부피(cm^3) = \frac{질량(g)}{밀도(g/cm^3)} = \frac{1{,}000(g)}{20(g/cm^3)} = 50(cm^3)이다.$$

ㄴ. (O) 왕관의 부피가 80cm^{3}이면 왕관의 밀도는 1,000(g)/80(cm^3)=12.5(g/cm^3)이다. 금과 은의 밀도는 각각 20g/cm^3, 10g/cm^{3}으로 가중평균을 활용한다.

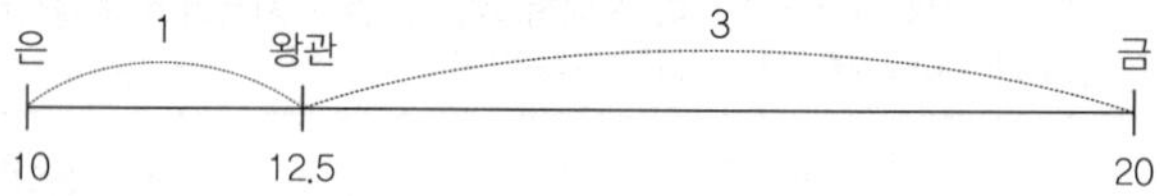

은의 밀도와 왕관의 밀도 차이는 2.5(g/cm^3), 왕관과 금의 밀도 차이는 7.5이다. 이를 비율로 나타내면 2.5:7.5=1:3이고 왕관에 포함된 은과 금의 부피 비율은 반대로 3:1이다. 따라서 왕관에 포함된 은의 부피는 금 부피의 3배가 된다.

ㄷ. (X) 왕관의 부피가 80cm^{3}이면 왕관의 밀도는 1,000(g)/80(cm^3)=12.5(g/cm^3)이다. 금과 구리의 밀도는 각각 20g/cm^3, 9g/cm^{3}이므로, 구리의 밀도와 왕관의 밀도 차이는 3.5(g/cm^3), 왕관과 금의 밀도 차이는 7.5이다. 이를 비율로 나타내면 3.5:7.5=1:약 2.14이고 왕관에 포함된 구리와 금의 부피 비율은 반대로 약 2.14:1이다. 따라서 왕관에 포함된 구리의 부피는 금 부피의 2.14배이므로 3배 이상이 될 수 없다.

ㄹ. (O) 넘친 물의 부피가 120cm³ 이상이라면 밀도는 1,000(g)/120(cm³) ≒8.33(g/cm³)보다 작아야 한다. 금, 은, 구리의 밀도는 각각 20, 10, 9g/cm³로 왕관이 금, 은, 구리만으로 이루어졌을 경우 왕관의 밀도는 8.33보다 작은 수가 될 수 없다. 따라서 넘친 물의 부피가 120cm³보다 크다면 왕관은 철을 포함하고 있어야 한다.

또 다른 풀이

ㄴ. 이상의 과정을 가중평균 식으로 한번 살펴보면 왕관의 밀도는 다음과 같이 구해진다. 왕관에 포함된 은과 금의 부피를 각각 a, b라 할 때, 질량(g)=밀도(g/cm³)×부피(cm³)이므로 다음과 같이 식을 세울 수 있다.

$$12.5(\text{g/cm}^3)=\frac{\text{질량(g)}}{\text{부피(cm}^3)}=\frac{\text{질량(g)}\times\text{부피(cm}^3)}{\text{부피(cm}^3)}$$

$$=\frac{10(\text{g/cm}^3)\times a(\text{cm}^3)+20(\text{g/cm}^3)\times b(\text{cm}^3)}{1{,}000(\text{cm}^3)}\ \cdots ㉠$$

$$a(\text{cm}^3)+b(\text{cm}^3)=1{,}000(\text{cm}^3)\ \cdots ㉡$$

식 ㉠, ㉡을 연립하면 a : b=3 : 1임을 알 수 있다.

이처럼 가중평균 공식의 활용을 통해서 보기 ㄴ, ㄷ, ㄹ을 해결하는 것도 가능하다. 가중평균에 대해서는 식 ㉠, ㉡과 같은 이해가 뒷받침되어 있어야 하지만 실전에서는 밀도 차이의 비를 반대로 하면 부피의 비율이고 이것이 가중평균에서 부피 가중치임을 바로 파악할 수 있어야 한다.

빠른 문제풀이 Tip

- 1kg=1,000g이다.
- A=B/C 공식에서 C를 구하기 위해서는 C=B/A로 해결가능하다.

[정답] ④

138 다음을 근거로 판단할 때 甲이 최종적으로 지불해야 하는 금액은?

11년 5급 선책형 12번

甲은 프로젝트를 도와준 동료들의 취향에 맞추어 음료를 대접하고자 한다. i)동료들의 취향은 다음과 같다.

A: 녹차 큰 잔
B: 노른자를 추가한 쌍화차 작은 잔
C: 식혜 작은 잔
D: 수정과 큰 잔

〈차림표〉

	작은 잔(원)	큰 잔(원)
녹차	2,500	2,800
식혜	3,500	3,800
수정과	3,800	4,200
쌍화차	3,000	3,500
유자차	3,500	3,800

추가	금액(원)
꿀	500
대추와 잣	600
노른자	800

○ 오늘의 차: 유자차 (균일가 3,000원)
○ 찻집 2주년 기념행사: 총 금액 20,000원 초과 시 5% 할인
※ ii)회원특전
- 10,000원 이상 결제 시 회원카드를 제시하면 총 결제금액에서 1,000원 할인
- 적립금이 2,000점 이상인 경우, 현금처럼 사용가능 (1점당 1원, 100원 단위로만 사용가능하며, 타 할인혜택 적용 후 최종금액의 5 %까지만 사용가능)

※ iii)할인혜택은 중복적용 가능

iv)甲은 유자차 작은 잔을 마실 예정이며, 자신의 회원카드를 제시하려고 한다.

甲의 회원카드 적립금은 3,800점이며, 적립금을 최대한 사용할 예정이다.

① 14,000원
② 14,500원
③ 15,000원
④ 15,500원
⑤ 16,000원

해설

문제 분석

조건 i)의 동료들의 취향과 조건 iv)에 나와 있는 甲이 마실 유자차까지 지문의 조건들을 적용시켜 간다. 〈차림표〉의 오늘의 차, 찻집 2주년 기념행사와 같은 내용을 적용하지 않는 실수를 범하지 않도록 유의한다.

문제풀이 실마리

문제에 제시된 할인의 종류가 여러 가지이므로, 이를 주어진 상황에 맞게 잘 적용하여 계산하여야 한다.

1) 기념행사, 회원특전과 같은 할인혜택을 적용하기 전 〈차림표〉에 의한 금액부터 정리해 보면 다음과 같다.

甲	유자차 작은 잔	3,000	오늘의 차
A	녹차 큰 잔	2,800	
B	쌍화차 작은 잔, 노른자	3,000+800	
C	식혜 작은 잔	3,500	
D	수정과 큰 잔	4,200	
합계		17,300	

총 금액이 17,300원으로 20,000원을 초과하지 않으므로 〈차림표〉의 찻집 2주년 기념행사로 5% 할인은 적용되지 않는다.

2) 조건 ii)의 회원특전 중 적립금은 '타 할인혜택 적용 후 최종금액의 5%까지만 사용가능'하다고 하므로 우선 회원카드 혜택을 고려한다.
우선 총 결제금액 17,300원에서 회원카드를 제시하여 1,000원 할인을 받는다. 즉 결제금액은 16,300원이 된다.
그리고 甲은 적립금이 3,800점으로 적립금이 2,000점 이상인 경우에 해당하므로 현금처럼 사용가능하다. 다만 100원 단위로만 사용가능하며 16,300원의 5%까지만 사용가능하다. 16,300×5%=815이므로 100원 단위로 사용하면 800점을 사용할 수 있다.

3) 甲은 결제금액 16,300원 중 회원카드 적립금 800점을 사용하여 16,300원−800점=15,500원을 최종적으로 지불해야 한다.

[정답] ④

139 다음 글을 근거로 판단할 때, 창렬이가 결제할 최소 금액은?

20년 5급 나책형 8번

○ i)창렬이는 이번 달에 인터넷 면세점에서 가방, 영양제, 목베개를 각 1개씩 구매한다. 각 물품의 정가와 이번 달 개별 물품의 할인율은 다음과 같다.

구분	정가(달러)	이번 달 할인율(%)
가방	150	10
영양제	100	30
목베개	50	10

○ 이번 달 개별 물품의 할인율은 자동 적용된다.
○ ii)이번 달 구매하는 모든 물품의 결제 금액에 대해 20%를 일괄적으로 할인받는 '이달의 할인 쿠폰'을 사용할 수 있다.
○ iii)이번 달은 쇼핑 행사가 열려, 결제해야 할 금액이 200달러를 초과할 때 '20,000원 추가 할인 쿠폰'을 사용할 수 있다.
○ iv)할인은 '개별 물품 할인 → 이달의 할인 쿠폰 → 20,000원 추가 할인 쿠폰' 순서로 적용된다.
○ 환율은 1달러당 1,000원이다.

① 180,000원
② 189,000원
③ 196,000원
④ 200,000원
⑤ 210,000원

해설

문제 분석

계산 편의상 쿠폰을 순서대로 적용 후 환율 1달러당 1,000원을 반영한다.

조건 i)의 각 물품에 이번 달 개별 물품의 할인율을 적용한 가격은 다음과 같다.

구분	정가(달러)	이번 달 할인율(%)	할인율 적용 가격(달러)
가방	150	10	150×0.9=135
영양제	100	30	100×0.7=70
목베개	50	10	50×0.9=45

개별 물품의 할인율을 적용한 가방, 영양제, 목베개의 결제 금액의 합은 135+70+45=250달러이다. 여기에 조건 ii)에 따라 '이달의 할인 쿠폰'을 적용하면 250×0.8=200달러가 된다.

그리고 조건 적용 순서대로 조건 iii)을 적용하면 결제 금액이 200달러를 초과하지 않으므로 '20,000원 추가 할인 쿠폰'은 적용되지 않는다.

따라서 창렬이가 결제할 최소 금액은 달러 기준 200달러로 환율 1달러당 1,000원을 반영하여 원화로 환산하면 200×1,000=200,000원(④)이다.

빠른 문제풀이 Tip

- "이상, 이하, 초과, 미만" 등 범위와 관련된 단어는 경계값 포함 여부가 중요하다. 실수하지 않도록 주의하자.
- 할인은 적용 순서가 매우 중요하다. 적용 순서가 달라지면 결괏값이 달라질 수 있음에 주의하자.

[정답] ④

13 할인률

140 다음 제시문을 읽고 추론한 내용으로 옳지 않은 것은?

08년 5급 창책형 30번

하나의 공공사업에 여러 가지의 대안이 있을 때에는 비용·편익분석을 통해 순편익(편익 − 비용)이 가장 큰 것을 선택하는 것이 바람직하다. 이때 공공사업의 편익과 비용은 일시에 발생하는 것이 아니라 수 년에 걸쳐 발생한다. 공공사업에 대한 타당성 여부는 현재시점에서 평가되어야 하므로 미래에 발생하는 편익과 비용을 모두 현재가치로 환산시켜 비교할 필요가 있다. 이때 사용되는 이자율을 할인율(r, discount rate)이라고 한다. 예를 들어 어떤 공공사업이 실시된 해부터 연간 1,000억 원의 편익이 발생되고 할인율이 15%라면, 그 공공사업의 현재가치는 사업 첫 해에는 1,000억 원, 2차 년도에는 870억 원(1,000억 원×할인계수)이 되는 것이다. 다음 표는 P 자치단체가 2008년도에 S 공공사업을 실행하기 위한 세 가지 대안의 소요비용을 나타낸 것이다. 할인율은 15%이며, 세 대안의 실행결과로 발생하는 편익은 동일하다고 가정한다.

(단위: 억 원)

구분		연도					합계
		2008	2009	2010	2011	2012	
대안 A	시설비	−	500	500	1,500	−	
	토지비용	500	500	−	−	−	
	인건비	−	−	1,000	2,000	4,000	
	기타 운영비	−	−	500	500	2,000	
	총비용	500	1,000	2,000	4,000	6,000	13,500
대안 B	시설비	1,000	3,500	−	−	−	
	인건비	1,000	500	500	500	500	
	기타 운영비	3,000	−	1,000	−	−	
	총비용	5,000	4,000	1,500	500	500	11,500
대안 C	시설비	500	500	200	600	−	
	인건비	−	−	1,000	3,000	4,500	
	기타 운영비	−	−	300	400	500	
	총비용	500	500	1,500	4,000	5,000	11,500

※ 할인계수 = $1/(1+r)^t$. 할인율(r)이 15%일 때, 사업시행 연도부터 미래에 발생하는 편익 및 비용의 할인계수는 다음과 같다(t는 사업개시 후 경과년수임).

연도	할인계수
사업 당해 년도	1.000
사업 2차 년도	0.870
사업 3차 년도	0.756
사업 4차 년도	0.658
사업 5차 년도	0.572

① 할인율을 15%보다 높인다면, 총비용의 현재가치는 떨어진다.
② 대안 A와 C를 비교하면 대안 C를 선택하는 것이 바람직하다.
③ 대안 B와 C를 비교하면 대안 C를 선택하는 것이 바람직하다.
④ 할인율을 10%로 낮출 때, 순편익의 하락폭이 가장 작은 것은 대안 A이다.
⑤ 사업 연도가 경과할수록 연도별 총비용의 현재가치가 꾸준히 상승하는 것은 대안 A이다.

해설

문제 분석

- 비용 · 편익분석: '순편익=편익-비용'이 가장 큰 것을 선택
- 할인율을 사용해서 미래에 발생하는 편익과 비용을 모두 현재가치로 환산시켜 비교

> 비용(편익)의 현재가치=비용(편익)×할인계수
>
> 할인계수=$\frac{1}{(1+r)^t}$(t는 사업 개시 후 경과년수)
>
> : 할인율(r) ↑수록 사업 개시 후 경과년수(t) ↑ → 할인계수의 분모 ↑ → 할인계수 값 자체는 ↓ → 비용(편익)의 현재가치 ↓

- 세 가지 대안의 실행결과로 발생하는 '편익'은 동일하다고 가정하므로 '비용'만 비교하면 된다. 비용이 커질수록 순편익은 감소한다.

문제풀이 실마리

- 표가 다소 복잡해 보이나 비용의 세부항목을 신경쓰지 않고 각 대안별 맨 마지막 줄 총비용만 고려하면 된다.
- 각 대안에서 공공사업이 실시된 해부터 기간이 멀수록, 즉 경과년수가 길수록 할인계수는 작아지게 된다. 즉 사업 초기보다 후기에 더 작은 할인계수가 곱해지게 되고, 더 많은 할인이 발생하게 된다. 따라서 총비용이 사업 후기에 몰려 있을수록 더 많은 영향을 받게 된다.
- 총비용에서 수구조를 발견한다면 쉽게 해결 가능한 문제이다. 대안 B와 대안 C는 총비용은 11,500억 원으로 같으나 그 분포가 정반대이다. 대안 B는 사업 초기에 몰려있는 반면, 대안 C는 사업 후기에 몰려있다. 대안 A는 총비용이 13,500억 원으로 대안 B, C보다 크다. 대안 A 총비용의 분포는 대안 C와 비교 가능하다.

① (O) 할인율(r)을 15%보다 높이면, 할인계수의 분모가 커지므로 할인계수는 작아지고, 총비용의 현재가치는 떨어진다.

② (O) 두 대안의 편익이 동일하므로 총비용만 가지고 비교하면 된다.

구분		2008	2009	2010	2011	2012	합계
대안 A	총비용	500	1,000	2,000	4,000	6,000	13,500
대안 C	총비용	500	500	1,500	4,000	5,000	11,500

대안 A와 C 중 A의 총비용이 더 크고, 각 연도별로 비교하면 대안 A의 비용이 더 크거나 같다. 따라서 따라서 비용을 현재가치로 환산하더라도 대안 A의 비용이 대안 C의 비용보다 항상 클 수밖에 없다. 비용이 적은 대안 C를 선택하는 것이 바람직하다.

③ (O) 두 대안의 편익이 동일하므로 총비용만 가지고 비교하면 된다.

구분		2008	2009	2010	2011	2012	합계
할인계수		1.000	0.870	0.756	0.658	0.572	
대안 B	총비용	5,000	4,000	1,500	500	500	11,500
대안 C	총비용	500	500	1,500	4,000	5,000	11,500

대안 B와 C는 총비용이 11,500억 원으로 같다. 그중 대안 B는 초기에 비용이 많고, 대안 C는 후기에 비용이 많다. 비용에 할인계수를 곱해서 비용의 현재가치화를 시키는데, 초기의 할인계수보다 후기의 할인계수가 훨씬 작다. 따라서 할인계수를 곱했을 때, 대안 C의 비용이 더 적을 것이다. 따라서 비용이 적은 대안 C를 선택하는 것이 바람직하다.

④ (X) 할인율에 변화가 생긴다면, 초기의 할인계수보다는 후기의 할인계수가 상승하는 변화가 클 것이다.

구분		2008	2009	2010	2011	2012	합계
할인계수		1.000	0.870	0.756	0.658	0.572	
대안 A	총비용	500	1,000	2,000	4,000	6,000	13,500
대안 B	총비용	5,000	4,000	1,500	500	500	11,500
대안 C	총비용	500	500	1,500	4,000	5,000	11,500

2010년부터 2012년까지 보면 대안 A는 세 개의 대안 중 매년 비용이 가장 크다. 즉 가장 할인계수 상승의 영향이 가장 크게 미칠 것이다. 할인계수 상승의 영향이 가장 작은 것은 각 해마다 비교했을 때 항상 비용이 가장 작은 대안 B일 것이다.

⑤ (O)

구분		2008	2009	2010	2011	2012	합계
할인계수		1.000	0.870	0.756	0.658	0.572	
대안 A	총비용	500	1,000	2,000	4,000	6,000	13,500
대안 B	총비용	5,000	4,000	1,500	500	500	11,500
대안 C	총비용	500	500	1,500	4,000	5,000	11,500

대안 B와 대안 C는 굵게 테두리를 한 부분에서 다음 해에 더 작은 할인계수가 곱해짐에도 비용이 동일하기 때문에 총비용의 현재가치가 꾸준히 상승할 수는 없다. 비용에 할인계수를 곱했을 때 연도별 총비용의 현재가치가 꾸준히 상승하는 것은 대안 A뿐이다.

빠른 문제풀이 Tip

- 표가 복잡해 보이지만 필요한 정보인 '총비용'만 보면 되고, 총비용의 수구조를 잘 발견한다면 복잡한 계산이 필요하지 않은 문제이다. 기출은 복잡한 계산을 요구하지 않는 경우가 대부분이다. 빠르고 정확한 방법으로 해결할 수 있도록 연습해 둔다.
- 할인율 공식에서 고정과 가변을 구분하는 것이 필요하다.
- 선지 ⑤를 해결하는 다양한 방법이 있다. 설명한 방법 외에도 간단한 비로 처리하거나 분자와 분모의 증가율로 해결하는 것도 가능하다.
- 할인율 소재는 입법고시에서는 반복해서 출제되고 있는 소재이다.

[정답] ④

141 다음 글을 근거로 판단할 때, ○○공장에서 4월 1일과 4월 2일에 작업한 최소 시간의 합은? 20년 5급 나책형 30번

○○공장은 작업반 A와 B로 구성되어 있고 제품 X와 제품 Y를 생산한다. 다음 표는 각 작업반이 1시간에 생산할 수 있는 각 제품의 수량을 나타낸다. 각 작업반은 X와 Y를 동시에 생산할 수 없고 작업 속도는 일정하다.

〈작업반별 시간당 생산량〉

(단위: 개)

구분	X	Y
작업반 A	2	3
작업반 B	1	3

○○공장은 4월 1일 오전 9시에 X 24개와 Y 18개를 주문받았으며, 4월 2일에도 같은 시간에 동일한 주문을 받았다. 당일 주문받은 물량은 당일에 모두 생산하였다.

[i]4월 1일에는 작업 여건상 두 작업반이 같은 시간대에 동일한 종류의 제품만을 생산해야 했지만, 4월 2일에는 그러한 제약이 없었다. 두 작업반은 매일 동시에 작업을 시작하며, 작업 시간은 작업 시작 시점부터 주문받은 물량 생산 완료 시점까지의 시간을 의미한다.

① 19시간
② 20시간
③ 21시간
④ 22시간
⑤ 23시간

해설

문제 분석

4월 1일, 2일의 생산량은 X 24개와 Y 18개다. 조건 ⅰ)에 의하면 4월 1일에는 작업 여건상 두 작업반이 같은 시간대에 동일한 종류의 제품만을 생산하고, 4월 2일에는 그러한 제약이 없었으므로 4월 1일과 4월 2일에 각각 다른 방법으로 접근한다.

문제풀이 실마리

4월 1일에는 같은 시간대에 동일한 종류의 제품만을 생산하므로 ○○공장 전체의 시간당 생산량을 도출해 작업 시간을 구하고 4월 2일에는 작업에 대한 제약이 없기 때문에 작업반별 시간당 생산량의 기회비용을 구해 작업반마다 기회비용이 작은 제품을 먼저 생산해야 한다.

4월 1일의 ○○공장의 제품별 시간당 생산량은 다음과 같다.

구분	X	Y
생산량	3	6

X 24개를 생산하기 위해선 8시간, Y 18개를 생산하기 위해선 3시간이 걸려 4월 1일 총 작업 시간은 11시간이다.

4월 2일에는 작업반별 시간당 생산량에 대한 기회비용을 구해 기회비용이 작은 제품부터 생산하여야 작업시간을 최소화할 수 있다.

구분	X	Y
작업반 A	3/2	2/3
작업반 B	3/1	1/3

X를 생산하는 데 있어서는 작업반 A가 생산의 기회비용이 작고($\frac{3}{2}<3$), Y를 생산하는 데 있어서는 작업반 B가 생산의 기회비용이 작으므로($\frac{2}{3}<\frac{1}{3}$) X는 작업반 A가, B는 작업반 Y가 먼저 생산해야 한다. 작업반 A에서 X 24개를 생산하는 데 소요되는 시간은 12시간, 작업반 B에서 Y 18개를 생산하는 데 소요되는 시간은 6시간이므로 작업반 B에서 Y 18개를 생산한 뒤 X를 생산한다. 6시간 뒤 X는 12개가 생산된 상태이므로 남은 12개를 생산하는 데 소요되는 시간은 4시간으로 4월 2일 총 작업 시간은 10시간이다.

따라서 ○○공장에서 4월 1일과 4월 2일에 작업한 최소 시간은 11+10=21시간(③)이다.

빠른 문제풀이 Tip

기회비용, 비교우위와 같은 용어에 대한 개념이 문제풀이에 꼭 필요한 것은 아니다. 4월 2일의 최소 작업 시간을 구하는 것이 문제풀이의 핵심인데 X를 생산함에 있어 시간당 생산량이 더 많은 작업반 A가 X를 생산하는 동안 작업반 B가 Y를 생산하고 주문받은 물량을 먼저 생산한 작업반이 나머지를 같이 생산한다는 정도의 이해로도 충분하다.

[정답] ③

142 甲은 2월 15일(일요일)부터 4일간 A도시의 관광명소를 관람하려고 한다. A도시는 주요 관광명소를 관람할 수 있는 자유이용권인 시티 투어 패스(City Tour Pass)를 판매하고 있다. 다음 <관광 정보>와 <조건>에 근거할 때, 甲이 아래 7곳의 관광명소(a ~ g)를 모두 관람하는 데 필요한 최소 금액은?

12년 5급 인책형 32번

〈관광 정보〉

		관람료(₡)	휴관	패스 사용 가능 여부
a 박물관		9	화요일	가능
b 미술관		8	월요일	가능
c 박물관		9	없음	불가능
d 미술관		8	없음	가능
e 타워		7	일요일	불가능
f 타워		8	없음	가능
g 궁전	본궁	13	없음	가능 (단, 정원에는 사용불가)
	정원	8		
	별궁	10		

〈시티 투어 패스 가격〉

구분	가격(₡)/매
2일 패스	32
4일 패스	48
6일 패스	64

〈조 건〉

○ i)하루에 2곳의 관광명소까지만 관람할 수 있다.
○ ii)g 궁전 관람에는 1일이 소요되며 궁전의 일부만 관람하는 경우에도 소요시간은 동일하다.
○ iii)시티 투어 패스는 개시일로부터 연속적으로 사용해야 한다.
○ iv)g 궁전의 경우 본궁 · 정원 · 별궁 모두 관람해야 하며, 세 곳 모두 관람이 가능한 1일권을 판매하고 있다(월 ~ 금 : 21₡, 토 ~ 일 : 25₡).

① 64₡　② 69₡　③ 70₡
④ 72₡　⑤ 73₡

해설

문제 분석

발문에서 甲은 일~수요일 4일간 A도시의 관광명소를 관람한다. 7곱의 관광명소를 관람하는데 조건 i)에 따르면 하루 2곳의 관광명소까지만 관람할 수 있고, 조건 ii)에 따르면 g 궁전 관람에는 1일이 소요되므로 총 4일 중 나머지 3일에는 2곳씩 관람하여야 한다.

문제풀이 실마리

7곳의 관광명소를 최소 금액으로 모두 관람하기 위해서는 각 관광명소를 가장 저렴한 단가로 관광해야 한다.

시티 투어 패스 중 6일 패스는 고려의 대상이 아니다. 甲은 4일간 A도시의 관광명소를 관람하는데 4일 패스면 충분하고 6일 패스를 구매하는 것은 오히려 전체 관람 비용을 상승시키게 된다. 우선 1) 4일 패스를 구매한 경우를 생각해 보자. 이 경우에도 g궁전 1일권을 함께 고려해 본다. 패스 사용 가능 여부에 따라 정리하면 다음과 같다.

		관람료(₡)	1) 1일권×	1) 1일권O	2) 궁전이용 O	2) 궁전이용×	2) 궁전이용× 1일권O
a 박물관		9	0	0	0	0	0
b 미술관		8	0	0	0	0	0
c 박물관		9	9	9	9	9	9
d 미술관		8	0	0	8	0	0
e 타워		7	7	7	7	7	7
f 타워		8	0	0	8	0	0
g 궁전	본궁	13	0	0	0	13	0
	정원	8	8	0	8	8	0
	별궁	10	0	0	0	10	0
합계			24	16	40	47	16
합계+패스, 1일권 등			72	85～89	72	79	69

이상에서 궁전에 패스를 사용하면서 1일권을 별도로 사용하는 것은 손해라는 것도 확인한다. 2일 패스를 구매한 경우를 검토할 때에도 궁전에 패스를 사용하는 경우 1일권 사용 여부에 따른 금액을 별도로 확인하지 않는다. 4일 패스를 구매하고 1일권을 사용하지 않은 경우 72₡의 금액이 필요하다. 2) 2일 패스를 구매하고 패스 사용 기간 동안 궁전을 관람하는 경우를 고려해보자. g 궁전을 제외한 나머지 관광명소 중에 패스를 사용함으로써 가장 많은 금액을 절약할 수 있는 관광명소는 a 박물관이고 그 다음은 b 미술관, d 미술관, f 타워가 같다. 위의 표에는 b 미술관을 관람한 경우로 나타내었다. 이 경우도 72₡가 필요하다. 2일 패스를 구매하고 패스 사용 기간 동안 궁전을 관람하지 않는 경우는 a 박물관, b 미술관, d 미술관, f 타워를 모두 패스를 통해 이용하게 된다. 이 4곳은 휴관일을 피해 연속한 2일에 모두 관람할 수 있으므로 휴관일은 문제될 것이 없고(예 일요일: a, b, 월요일: d, f, 화요일: g, 수요일: c, e와 같이 관람한다) 79₡가 필요하다. 마지막으로 2일 패스를 구매하고 패스 사용 기간 동안 궁전을 관람하지 않지만 궁전 1일권을 사용하는 경우를 확인해 보자. 궁전을 평일에 관람한 경우 1일권을 21₡에 구매할 수 있다. 따라서 전체 69₡가 필요하다. 7곳의 관광명소(a～g)를 모두 관람하는 데 필요한 최소 금액은 마지막에 검토한 2일 패스를 구매하고 패스 사용 기간 동안 궁전을 관람하지 않지만 궁전 1일권을 사용하는 경우로써 69₡(②)가 필요하다.

빠른 문제풀이 Tip

문제를 접근함에 있어 중요한 것은 첫째, 어떻게 계산을 체계화 할 것인가에 대한 고민이 필요하다. 위의 설명에서는 패스 종류, g 궁전에 패스 사용 여부, g 궁전 1일권 사용 여부에 따라 분류하여 특정한 경우를 빠먹고 계산하지 않도록 하였다. 둘째, 해당 문제에서는 크게 문제되지 않았지만 휴관일과 같이 실수하기 쉬운 장치들을 반드시 확인한다. 또한 문제에 따라 g 궁전 1일권이 요일에 따라 가격이 다른 것도 실수를 유발할 수 있게 만드는 장치가 될 수 있다. 셋째 관광명소 7곳, 4일간, 조건 i), ii)를 조합하여 g 궁전에 하루를 할당하고 나머지 6곳을 3일 동안 2곳씩 관람한다는 것을 알아내는 것처럼 주어진 조건을 조합하여 문제해결에 단서가 되는 내용을 찾아내는 것이 중요하다.

[정답] ②

143 다음 <관세 관련 규정>에 따를 때, 甲이 전자기기의 구입으로 지출한 총 금액은? 11년 민경채 인책형 25번

〈관세 관련 규정〉

○ 물품을 수입할 경우 과세표준에 품목별 관세율을 곱한 금액을 관세로 납부해야 한다. 단, 과세표준이 15만 원 미만이고, 개인이 사용할 목적으로 수입하는 물건에 대해서는 관세를 면제한다.
○ 과세표준은 판매자에게 지급한 물품가격, 미국에 납부한 세금, 미국 내 운송료, 미국에서 한국까지의 운송료를 합한 금액을 원화로 환산한 금액으로 한다. 단, 미국에서 한국까지의 운송료는 실제 지불한 운송료가 아닌 다음의 〈국제선편요금〉을 적용한다.

〈국제선편요금〉

중량	0.5kg ~ 1kg 미만	1 kg ~ 1.5kg 미만
금액(원)	10,000	15,000

○ 과세표준 환산 시 환율은 관세청장이 정한 '고시환율'에 따른다. (현재 고시환율: ₩1,100/$)

〈甲의 구매 내역〉

한국에서 甲은 개인이 사용할 목적으로 미국 소재 인터넷 쇼핑몰에서 물품가격과 운송료를 지불하고 전자기기를 구입했다.
• 전자기기 가격: $120
• 미국에서 한국까지의 운송료: $30
• 지불시 적용된 환율: ₩1,200/$
• 전자기기 중량: 0.9kg
• 전자기기에 적용되는 관세율: 10%
• 미국 내 세금 및 미국 내 운송료는 없다.

① 142,000원
② 156,200원
③ 180,000원
④ 181,500원
⑤ 198,000원

해설

문제 분석

• 甲이 전자기기의 구입으로 지출한 총 금액 = 관세 + 물품가격 + 운송료
• 공식
  1) 관세 = 과세표준 × 품목별 관세율(단, 과세표준이 15만 원 미만이고, 개인이 사용할 목적으로 수입하는 물건에 대해서는 관세 면제)
  2) 과세표준 = (판매자에게 지급한 물품가격 + 미국에 납부한 세금 + 미국 내 운송료 + 미국에서 한국까지의 운송료)를 원화로 환산한 금액 (단, 미국에서 한국까지의 운송료는 실제 지불한 운송료가 아닌 〈국제선편요금〉을 적용)

문제풀이 실마리

과세표준 환산 시 적용하는 '고시환율'과 물품가격 '지불 시 적용된 환율'이 다르다는 점에 주의하자.

1. 관세
공식 2)에 따라 계산해 보면,
• 판매자에게 지급한 물품가격: $120
• 미국에 납부한 세금: $0
• 미국 내 운송료: $0
• 미국에서 한국까지의 운송료: 〈국제선편요금〉을 적용하므로 10,000원
→ 총 과세표준은 (120 × 1,100) + 10,000 = 142,000원
원화로 환산할 때, 과세표준 환산 시 환율은 관세청장이 정한 '고시환율'에 따른다는 점에 주의하자. 과세표준이 15만 원 미만이고, 개인이 사용할 목적으로 수입하는 물건이므로 관세가 면제된다.

2. 전자기기 가격
〈甲의 구매 내역〉에서 甲이 지불한 전자기기 가격은 $120이다.

3. 운송료
〈甲의 구매 내역〉에서 甲이 지불한 운송료는 $30이다. 이때 실제 지불한 운송료를 반영해야 하는데, 〈국제선편요금〉을 적용하지 않도록 주의한다.
→ 물품가격+운송료를 원화로 환산할 때는 ₩1,100/1$의 고시환율이 아닌 ₩1,200/1$의 지불 시 적용된 환율을 반영해야 한다. 따라서 전자기기 가격과 운송료의 합은 120+30 = 150$이고, 지불 시 적용된 환율에 따라 甲이 지불한 전자기기 가격과 운송료는 150 × 1,200 = 180,000원임을 알 수 있다.

따라서 甲이 전자기기의 구입으로 지출한 총 금액은 전자기기 가격과 미국에서 한국까지의 운송료의 합인 144,000 + 36,000 = 180,000원이다.

빠른 문제풀이 Tip

• 단서조건이 많은 문제이므로, 단서조건을 놓치지 않도록 주의하자.
• 관세 면제 규정에 주의하자.
• 과세표준 중 '미국에서 한국까지의 운송료'는 실제 지불한 운송료가 아닌 〈국제선편요금〉에 따른 운송료를 사용한다는 점에 주의하자.
• 甲이 전자기기의 구입으로 지출한 '총 금액'을 어떻게 구해야 하는지가 명시적으로 나와있지 않아서 난도가 높다.

[정답] ③

144 다음 글과 <상황>을 근거로 판단할 때, 甲주식회사에 대한 부가가치세 과세표준액은?

13년 외교관 인책형 7번

수출하는 재화가 선박에 선적 완료된 날을 공급시기로 한다. 수출대금을 외국통화로 받는 경우에는 아래와 같이 환산한 금액을 부가가치세 과세표준액으로 한다.

○ 공급시기 전에 환가한 경우
수출재화의 공급시기 전에 수출대금을 외화로 받아 외국환 은행을 통하여 원화로 환가한 경우에는 환가 당일의 '적용환율'로 계산한 금액

○ 공급시기 이후에 환가한 경우
수출재화의 공급시기까지 외화로 받은 수출대금을 원화로 환가하지 않고 공급시기 이후에 외국환 은행을 통하여 원화로 환가한 경우 또는 공급시기 이후에 외화로 받은 수출대금을 외국환 은행을 통하여 원화로 환가한 경우에는 공급시기의 '기준환율'로 계산한 금액

〈상 황〉

甲주식회사는 미국의 A법인과 2월 4일 수출계약을 체결하였으며, 甲주식회사의 수출과 관련된 사항은 아래와 같다.

1) 수출대금: $50,000
2) 2. 4.: 수출선수금 $20,000를 송금받아 외국환 은행에서 환가
3) 2. 12.: 세관에 수출 신고
4) 2. 16.: 수출물품 선적 완료
5) 2. 20.: 수출대금 잔액 $30,000를 송금받아 외국환 은행에서 환가

〈외환시세〉

(단위: 원/달러)

일자	기준환율	적용환율
2. 4.	960	950
2. 12.	980	970
2. 16.	1,000	990
2. 20.	1,020	1,010

① 49,000,000원
② 49,030,000원
③ 49,200,000원
④ 49,300,000원
⑤ 49,600,000원

해설

문제 분석

- 공급시기: 수출하는 재화가 선박에 선적 완료된 날
- 부가가치세 과세표준액: 수출대금을 외국통화로 받는 경우에는 아래와 같이 환산한 금액
- 공급시기 전에 환가한 경우: 환가 당일의 '적용환율'로 계산한 금액
- 공급시기 이후에 환가한 경우: 공급시기의 '기준환율'로 계산한 금액

문제풀이 실마리

조건 중 등장하는 용어에 주의해서 풀어야 하는 문제이다.

공급시기는 2월 16일이고, 2월 4일과 2월 20일에 두 번의 환가가 있었다.

〈외환시세〉

(단위: 원/달러)

일자	기준환율	적용환율
2. 4.	960	950
2. 12.	980	970
2. 16.	1,000	990
2. 20.	1,020	1,010

1. 2월 4일 환가: 공급시기 전에 환가한 경우
환가 당일의 '적용환율'인 950원/달러가 적용된다.
→ $20,000×950원/달러=19,000,000원

2. 2월 20일 환가: 공급시기 이후에 환가한 경우
공급시기의 '기준환율'인 1,000원/달러가 적용된다.
→ $30,000×1,000원/달러=30,000,000원

따라서 부가가치세 과세표준액은 19,000,000원 + 30,000,000원 =49,000,000원이다.

빠른 문제풀이 Tip

- 계산은 공급시기 등 용어에 신경 써서 풀어야 한다.
- 공급시기의 '전'과 '이후'의 용어를 정확하게 구분할 수 있어야 한다.
- 앞서 살펴본 문제와 동일하게 혼동할 수 있는 포인트가 있다. 경우를 잘 구분해야 하고, 환율을 정확하게 적용해서 결괏값을 구할 수 있어야 한다.

[정답] ①

도형

145 **두 개의 직육면체 건물이 아래와 같다고 할 때, (나)건물을 페인트칠 하는 작업에 필요한 페인트는 최소 몇 통인가? (단, 사용되는 페인트 통의 용량은 동일하다)** 11년 민경채 인책형 6번

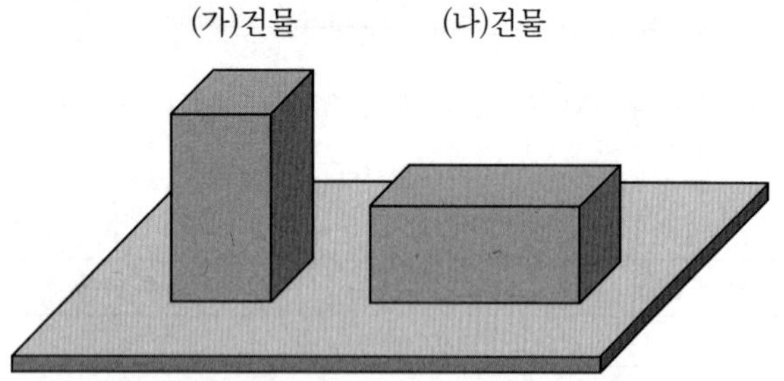

○ (가)건물 밑면은 정사각형이며, 높이는 밑면 한 변 길이의 2배이다.
○ (나)건물은 (가)건물을 그대로 눕혀놓은 것이다.
○ 페인트는 각 건물의 옆면 4개와 윗면에 (가)와 (나)건물 모두 같은 방식으로 칠한다.
○ (가)건물을 페인트칠 하는 작업에는 최소 36통의 페인트가 필요했다.

① 30통
② 32통
③ 36통
④ 42통
⑤ 45통

해설

문제 분석

• (가)건물 밑면은 정사각형이며, 높이는 밑면 한 변 길이의 2배이다.

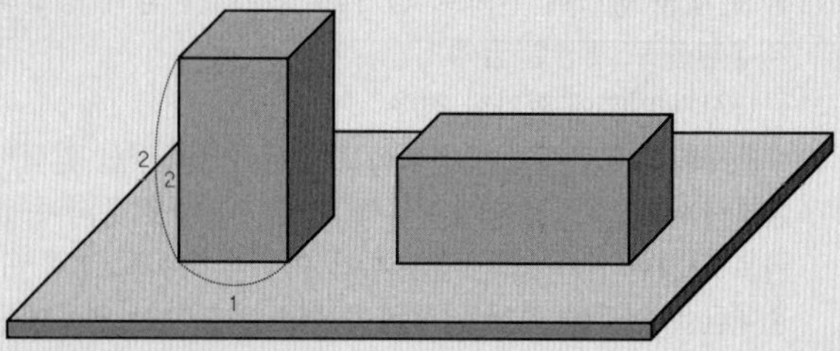

• 밑면은 정사각형이고, 높이는 밑면 한 변 길이의 2배이므로 밑면 : 옆면=1 : 2의 비율이다.

문제풀이 실마리

반복되는 단위(=주기)를 알면 보다 빠른 해결이 가능한 문제이다.

위의 그림을 다음과 같이 이해할 수 있다.

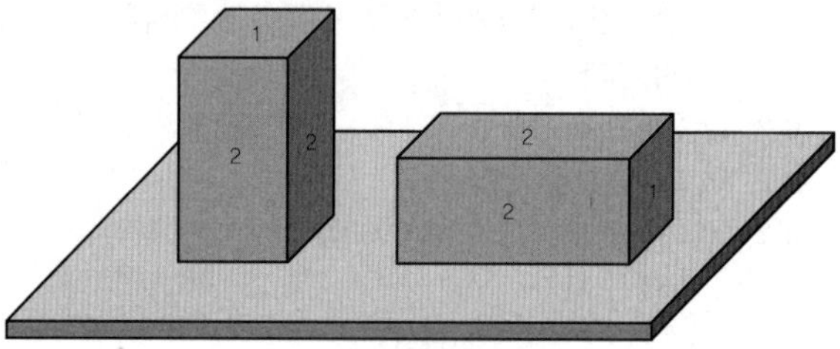

밑면의 면적을 t라고 할 때, 직육면체는 면적이 2t인 옆면 4개와 면적이 1t인 윗면 2개의 총 6면으로 이루어져 있다. 따라서 직육면체 총 면적은 (2t×4면)+(t×2면)=10t이다.

(가) 건물은 전체 직육면체 중 밑면을 칠하지 않으므로 총 면적은 9t이다. 이때 최소 36통의 페인트가 필요했으므로 t를 칠하기 위해서는 최소 4통의 페인트가 필요함을 알 수 있다.

(나) 건물은 전체 직육면체 중 옆면을 칠하지 않으므로 총 면적은 8t이다. 따라서 최소 32통이 필요하다.

빠른 문제풀이 Tip

범위를 검토해 보면, (가) 건물에 비해 (나) 건물은 바닥과 맞닿아서 칠하지 않는 면적이 더 넓다. 즉, (가) 건물에 비해 (나) 건물은 칠해야 하는 면적이 좁기 때문에 필요한 페인트의 양이 적을 것이다. 따라서 정답은 36통보다 적은 ①, ② 중에 하나여야 한다.

[정답] ②

146 다음 글과 <상황>을 근거로 판단할 때, 甲이 둘째 딸에게 물려주려는 땅의 크기는? 16년 민경채 5책형 18번

> 한 도형이 다른 도형과 접할 때, 안쪽에서 접하는 것을 내접, 바깥쪽에서 접하는 것을 외접이라고 한다. 이를테면 한 개의 원이 다각형의 모든 변에 접할 때, 그 다각형은 원에 외접한다고 하며 원은 다각형에 내접한다고 한다. 한편 원이 한 다각형의 각 꼭짓점을 모두 지날 때 그 원은 다각형에 외접한다고 하며, 다각형은 원에 내접한다고 한다. 정다각형은 반드시 내접원과 외접원을 가지게 된다.

〈상 황〉

> 甲은 죽기 전 자신이 가진 가로와 세로가 각각 100m인 정사각형의 땅을 다음과 같이 나누어 주겠다는 유서를 작성하였다.
>
> "내 전 재산인 정사각형의 땅에 내접하는 원을 그리고, 다시 그 원에 내접하는 정사각형을 그린다. 그 내접하는 정사각형에 해당하는 땅을 첫째 딸에게 주고, 나머지 부분은 둘째 딸에게 물려준다."

① $4,000m^2$
② $5,000m^2$
③ $6,000m^2$
④ $7,000m^2$
⑤ $8,000m^2$

해설

문제 분석

〈상황〉에서 계산에 필요한 정보를 정리해 보면 다음과 같다.
1) 가로와 세로가 각각 100m인 정사각형의 땅이 있다.
2) 정사각형의 땅에 내접하는 원을 그리고, 다시 그 원에 내접하는 정사각형을 그린다.
3) 그 내접하는 정사각형에 해당하는 땅을 첫째 딸에게 주고,
4) 나머지 부분은 둘째 딸에게 물려준다.

문제풀이 실마리

- 외접과 내접의 개념을 정확히 이해해야 한다.
- 마름모의 넓이를 구하는 공식을 정확히 알고 활용하든지, 공식을 모른다면 그 외의 다른 더 빠른 방법을 떠올릴 수 있어야 한다.
- 마름모 넓이=(한 대각선의 길이)×(다른 대각선의 길이)÷2

방법 1

〈상황〉에서 파악한 정보에 따라 계산을 해보면 다음과 같다.

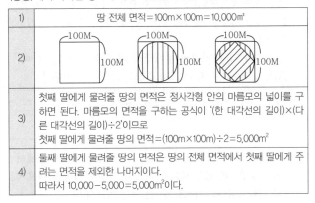

1)	땅 전체 면적=100m×100m=10,000㎡
2)	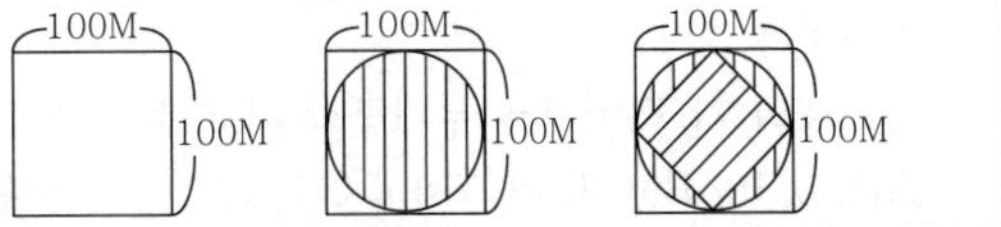
3)	첫째 딸에게 물려줄 땅의 면적은 정사각형 안의 마름모의 넓이를 구하면 된다. 마름모의 면적을 구하는 공식이 '(한 대각선의 길이)×(다른 대각선의 길이)÷2'이므로 첫째 딸에게 물려줄 땅의 면적=(100m×100m)÷2=$5,000m^2$
4)	둘째 딸에게 물려줄 땅의 면적은 땅의 전체 면적에서 첫째 딸에게 주려는 면적을 제외한 나머지이다. 따라서 10,000−5,000=$5,000m^2$이다.

甲이 둘째 딸에게 물려주려는 땅의 크기는 $5,000m^2$이며, 정답은 ②이다.

방법 2

원 안에 마름모를 어떻게 그리는가에 따라 풀이방법과 소요시간이 크게 차이날 수 있다.

1) 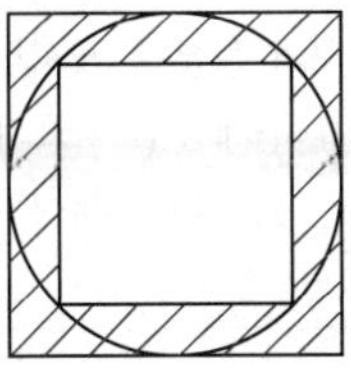

2) 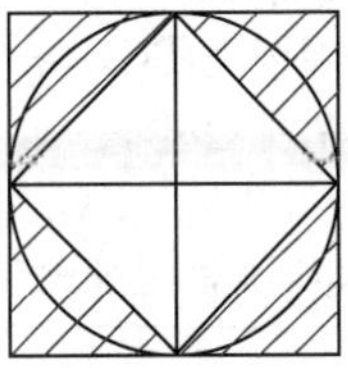

1)처럼 그리면 마름모꼴의 넓이를 구하는 공식이 필요하겠지만, 2)처럼 그린다면 사각형을 4등분하는 ＋를 기준으로 보면 4등분된 각 사분면이 마름모꼴로 양분됨을 알 수 있다. 따라서 정확한 면적으로 구하지 않더라도 둘째 딸에게 물려주려는 땅의 크기는 전체 땅의 크기의 절반이다.

> **빠른 문제풀이 Tip**
> 도형 문제는 4분면 분석을 할 수 있으면 빠른 해결방법이 보이는 경우가 많다.

[정답] ②

147 다음 <조건>을 근거로 판단할 때, <보기>에서 옳은 것을 모두 고르면?

13년 외교관 인책형 37번

〈조 건〉

삼각형의 내부(각 꼭지점과 각 변 포함)의 한 점을 표시할 때, 세 개의 좌표축을 사용하는 무게중심 좌표계는 다음과 같이 정의된다.

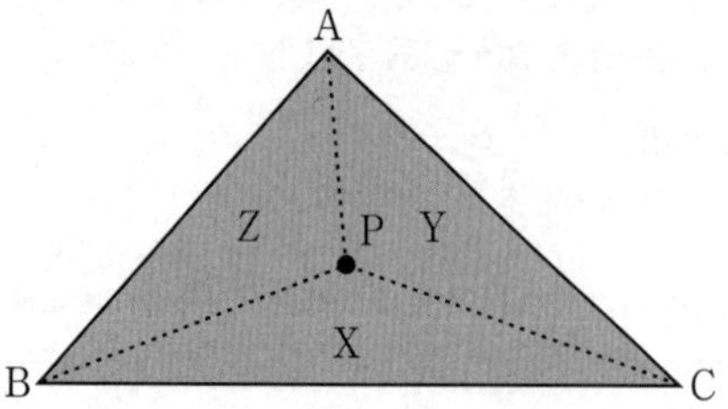

1. 위 삼각형에서 내부의 한 점 P를 잡았을 때, △PBC, △PCA, △PAB의 면적이 차례대로 X, Y, Z인 경우, 좌표값을 x = X/(X + Y + Z), y = Y/(X + Y + Z), z = Z/(X + Y + Z)로 정의하여 P(x, y, z)와 같이 내부의 점을 표시한다.
2. 삼각형의 각 꼭지점은 무게중심 좌표계로 나타냈을 때, A(1, 0, 0), B(0, 1, 0) 그리고 C(0, 0, 1)로 표시된다.

※ 삼각형의 무게중심에서 삼각형의 꼭지점을 연결해서 만들어지는 세 삼각형의 면적은 모두 같다.

〈보 기〉

ㄱ. △ABC의 세 변 AB, BC, CA 위에 존재하는 점 중에서 꼭지점 A, B, C를 제외한 나머지 점을 무게중심 좌표계로 나타냈을 때, 좌표값 중 한 개는 반드시 0이다.

ㄴ. 각 꼭지점과 각 변에 존재하는 점을 제외한 삼각형 내부의 점을 무게중심 좌표계로 나타냈을 때, 각 좌표값 x, y, z는 0과 1 사이의 정수로 표시된다.

ㄷ. 삼각형의 무게중심을 G라 하고, 이를 무게중심 좌표계로 나타내면 G(1/3, 1/3, 1/3)로 표시된다.

ㄹ. △ABC의 내부에 변 BC와 평행한 임의의 선분을 표시한다. 그 선분 위에 존재하는 점 P_1, P_2를 무게중심 좌표계로 나타내면, 각각 $P_1(x_1, y_1, z_1)$, $P_2(x_2, y_2, z_2)$로 표시되고, 좌표값 x_1과 x_2는 항상 동일하다.

① ㄱ, ㄷ ② ㄱ, ㄹ ③ ㄷ, ㄹ
④ ㄱ, ㄷ, ㄹ ⑤ ㄴ, ㄷ, ㄹ

해설

문제 분석

주어진 〈조건〉에서는 무게중심 좌표계를 설명하고 있고, 조건 1.에서는 X+Y+Z가 삼각형 전체의 면적임을 이해한다. 조건 2.는 삼각형의 각 꼭지점을 예를 들어 무게중심 좌표계를 설명하고 있으며 각주에서는 삼각형의 무게중심의 성질에 대해 설명하고 있다.

문제풀이 실마리

〈조건〉의 내용을 잘 이해하였다면 특별한 함정이나 아이디어 없이 도형을 간단히 그리거나 머릿속으로 떠올리면서 각 보기를 해결할 수 있다.

ㄱ. (O) 삼각형 내부의 한 점 P를 잡았을 때 △PBC, △PCA, △PAB의 넓이는 각각 변 BC, CA, AB를 밑변으로 하고, 점 P에서 각 변에 내린 수선의 발을 높이로 하여 구할 수 있다. 이때 △ABC의 세 변 AB, BC, CA 위에 존재하는 점 중에서 꼭지점 A, B, C를 제외한 나머지 임의의 점을 가정해 보자. 예를 들어 아래 〈그림 1〉과 같이 임의의 점 P가 변 AC 위에 존재한다면 점 P로부터 변 AC에 내린 수선의 발의 길이는 0이 된다. 따라서 △PCA의 넓이는 0이 된다.

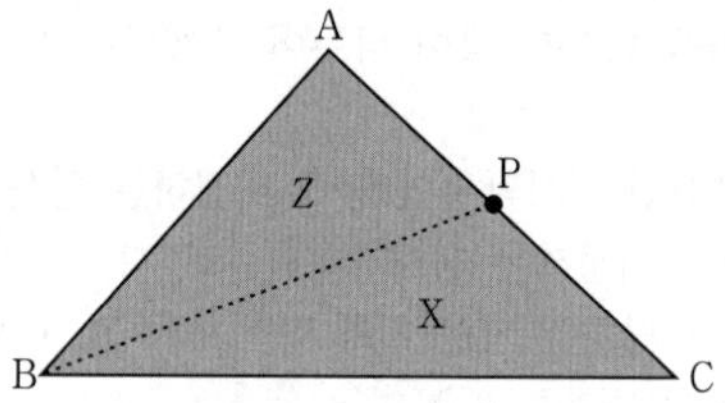

〈그림 1〉

즉, 점 P가 변 AB 위에 존재하는 경우 Z=0, 변 BC 위에 존재하는 경우 X=0, 변 CA 위에 존재하는 경우 Y=0으로 좌표값 x, y, z 중 한 개는 반드시 0이다.

ㄴ. (X) 각 꼭지점과 각 변에 존재하는 점을 제외한 삼각형 내부의 점을 점 P라고 하고 ㄱ과 같은 논리로 생각해 보자. 점 P가 각 변 위나 꼭지점에 존재하지 않는다면 점 P로부터의 각 변까지 수선의 발의 길이가 존재한다. 즉, X, Y, Z 각각 0보다 크다. 그리고 당연히 X+Y+Z는 X, Y, Z보다 크므로 x, y, z의 값은 0과 1 사이의 실수로 표시된다.

출제 의도가 불분명한데 0 다음의 양의 정수는 1로 0과 1 사이의 정수는 없다. 위의 해설은 문제의 상황을 이해하기 위한 해설이다.

ㄷ. (O) 각주의 설명에 의하면 삼각형의 무게중심에서 삼각형의 각 꼭지점을 연결해서 만들어지는 세 삼각형의 면적은 모두 같다고 한다. 즉, X=Y=Z이다. 그렇다면 무게중심 좌표값 x는 x=X/(X+Y+Z)=X/(X+X+X)=X/3X=1/3이고 y, z 또한 마찬가지로 1/3이다. 즉 G는 G(1/3, 1/3, 1/3)로 표시된다.

ㄹ. (O) △ABC의 내부에 변 BC와 평행한 임의의 선분을 표시하고 그 선분 위에 존재하는 점 P_1, P_2을 가정해 보자. 점 P_1, P_2로부터 변 BC에 각각 수선의 발을 내리면 평행한 두 선분 사이의 거리로써 그 길이가 같다. 즉, 변 BC는 $\triangle P_1BC$, $\triangle P_2BC$의 밑변이고 높이가 같으므로 그 면적이 같다. 즉, $X_1=X_2$이다. 두 삼각형 $\triangle P_1BC$, $\triangle P_2BC$는 $Y_1 \neq Y_2$, $Z_1 \neq Z_2$이지만 $X_1+Y_1+Z_1=X_2+Y_2+Z_2$이므로

$$x_1=\frac{X_1}{X_1+Y_1+Z_1}=\frac{X_2}{X_2+Y_2+Z_2}=x_2$$

이다. 그림으로 나타내면 다음과 같다.

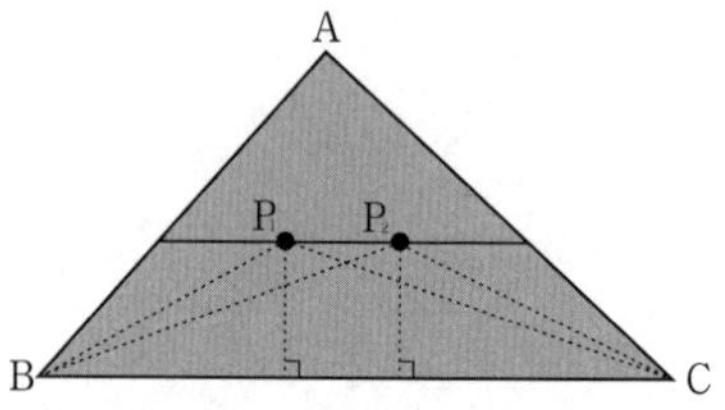

〈그림 2〉

[정답] ④

집합

148 다음 글과 <3년간 인증대학 현황>을 근거로 판단할 때, <보기>에서 옳은 것만을 모두 고르면? (단, 다른 조건은 고려하지 않는다) 16년 5급 4책형 16번

ㅇ 대학의 외국인 유학생 관리 · 지원 체계 및 실적 등을 평가하여 인증을 부여하는 제도가 2013년에 처음 시행되었다.
ㅇ 신규 인증을 신청한 대학이 1단계 핵심지표평가 및 2단계 현장평가 결과 일정 기준을 충족할 경우, 신규 인증대학으로 선정되고 인증의 유효기간은 3년이다.
ㅇ 매년 2월 인증대학을 선정하며 인증은 당해 연도 3월 1일부터 유효하다.
ㅇ 기존 인증대학에 대해서는 매년 2월 핵심지표평가만을 실시하고, 기준을 충족하지 못하는 경우 당해 연도 3월 1일부터 인증이 취소된다.
ㅇ 인증이 취소된 대학은 그 다음 해부터 신규 인증을 신청하여 신규 인증대학으로 다시 선정될 수 있다.

〈3년간 인증대학 현황〉

구분	2013년 3월	2014년 3월	2015년 3월
신규 인증대학	12	18	21
기존 인증대학	–	10	25
합계	12	28	46

〈보 기〉

ㄱ. 2013년에 신규 인증대학으로 선정된 A대학이 2016년에 핵심지표평가만을 받는 경우는 없다.
ㄴ. 2015년 3월까지 인증대학으로 1번 이상 선정된 대학은 최대 51개이다.
ㄷ. 2015년 3월까지 인증대학으로 1번 이상 선정된 대학은 최소 46개이다.
ㄹ. 2016년 2월 현재 23개월 이상 인증을 유지하고 있는 대학은 25개이다.

① ㄱ, ㄷ
② ㄴ, ㄷ
③ ㄴ, ㄹ
④ ㄱ, ㄴ, ㄹ
⑤ ㄴ, ㄷ, ㄹ

해설

문제 분석

〈3년간 인증대학 현황〉이라는 표를 정확히 이해해 보면 다음과 같다.

구분	2013년 3월	2014년 3월	2015년 3월
신규 인증대학	12	18	21
기존 인증대학	–	10	25
합계	12	28	46
		2개 대학 탈락*	3개 대학 탈락

* 2014년 3월에 인증이 취소된 2개의 대학은 그 다음 해인 15년에 신규 인증대학으로 다시 선정될 수 있다.

문제풀이 실마리

주어진 규칙을 잘 이해하여야 한다. 특히 주어진 〈3년간 인증대학 현황〉이라는 표를 정확히 이해하여야 한다.

ㄱ. (X) 반례를 찾아야 한다.
핵심지표평가만을 받는다는 것은 2016년에 기존 인증대학이라는 의미이다. 만약 신규인증이 2013년 이듬해인 2014년에 취소되고, 2015년에 다시 신규 인증을 받았다면 2016년에 기존 인증대학이 되어 핵심지표평가만을 받는다.

ㄴ. (O) 최대를 검증하기 위해서는 주어진 조건하에서 최대로 만들어 보아야 한다.
인증대학으로 선정된 대학 수가 최대가 되려면 신규 인증을 받은 대학이 모두 다 다른 대학이어야 한다. 이 경우 2015년 3월까지 인증대학으로 1번 이상 선정된 대학은 신규 인증대학 수를 모두 더해 즉, 12+18+21=51, 최대 51개가 된다.

ㄷ. (X) 최소를 검증하기 위해서는 주어진 조건하에서 최소로 만들어 보아야 한다.
인증대학으로 선정된 대학 수가 최소가 되려면 신규 인증을 받은 대학이 기존에 인증이 취소된 대학이어서 중복이 있어야 한다. 기존 인증대학이 다시 신규 인증대학이 될 수 있는 시점은, (2013년에 신규 인증대학이 된 대학이 2014년에 인증이 취소되고, 그 다음해인 2015년에 신규 인증대학으로 다시 선정될 수 있으므로) 2015년이다. 따라서 2014년 탈락한 2개 대학은 중복이 될 수 있다. 따라서 2015년 3월까지 인증대학으로 1번 이상 선정된 대학은 보기 ㄴ에서 구한 값에서 2를 뺄 수 있으므로 최소 49개이다.

ㄹ. (O) 2016년 2월 현재 23개월 이상 인증을 유지하고 있다는 것의 의미는 2015년 3월 기준 기존 인증대학이라는 의미이다. 2015년 3월 기준 기존 인증대학이라는 의미는 2015년 3월 기준 12개월 이상 인증을 유지하고 있다는 의미이고, 2015년 3월부터 2016년 2월까지 11개월 동안은 변화없이 그 상태가 유지되기 때문이다. 따라서 2016년 2월 현재 23개월 이상 인증을 유지하고 있는 대학은 25개이다.

빠른 문제풀이 Tip
- 규칙에 따른 입증사례 또는 반증사례를 적절하게 떠올릴 수 있어야 한다.
- 보기의 대구 형식을 잘 활용하면, 하나의 사고로 여러 보기를 해결할 수 있다.

[정답] ③

149 다음은 조선시대 홍문관·예문관·춘추관의 <조직표>와 <인사규정>이다. 이에 따라 인사를 했을 때 나타날 수 있는 상황이 아닌 것은?

09년 5급 극책형 33번

〈조직표〉

품계	홍문관(弘文館)	예문관(藝文館)	춘추관(春秋館)
정1품	영사(領事) 1명	영사(領事) 1명	영사(領事) 1명
			감사(監事) 2명
정2품	대제학(大提學) 1명	대제학(大提學) 1명	지사(知事) 2명
종2품	제학(提學) 1명	제학(提學) 1명	동지사(同知事) 2명
정3품	부제학(副提學) 1명		수찬관(修撰官) 1명
	직제학(直提學) 1명	직제학(直提學) 1명	편수관(編修官) 1명
종3품	전한(典翰) 1명		편수관(編修官) 1명
정4품	응교(應敎) 1명	응교(應敎) 1명	편수관(編修官) 1명
종4품	부응교(副應敎) 1명		편수관(編修官) 1명
정5품	교리(校理) 2명		기주관(記注官) 1명
종5품	부교리(副校理) 2명		기주관(記注官) 1명
정6품	수찬(修撰) 2명		기사관(記事官) 1명
종6품	부수찬(副修撰) 2명		기사관(記事官) 1명
정7품	박사(博士) 1명	봉교(奉敎) 2명	기사관(記事官) 1명
종7품			기사관(記事官) 1명
정8품	저작(著作) 1명	대교(待敎) 2명	기사관(記事官) 1명
정9품	정자(正字) 2명	검열(檢閱) 4명	기사관(記事官) 1명
정원	20명	13명	20명

〈인사규정〉

○ 홍문관: [i]제학 이상은 다른 관청의 관원이 겸임케 한다.

○ 예문관: [ii]제학 이상은 다른 관청의 관원이 겸임케 하고, [iii]응교는 홍문관의 직제학으로부터 교리에 이르는 관원 중에서 택하여 겸임케 한다.

○ 춘추관: [iv]동지사 이상은 다른 관청의 관원이 겸임케 한다. [v]수찬관 이하는 홍문관 부제학 이하 중 1명, 승정원 승지 중 1명, 의정부의 당하관 2명, 시강원의 당하관 2명, 사헌부 · 사간원 · 승문원 · 종부시 · 육조의 당하관 각 1명 중에서 택하여 겸임케 하되, 그 중 [vi]기사관은 모두 예문관의 봉교 이하가 겸임케 한다.

① 홍문관과 예문관의 관원들이 모두 모였는데, 총 31명이었다.

② 홍문관과 춘추관의 관원들이 모두 모였는데, 총 36명이었다.

③ 홍문관과 춘추관의 정3품 이하 관원들이 모두 모였는데, 총 29명이었다.

④ 예문관과 춘추관의 정3품 이하 관원들이 모두 모였는데, 총 17명이었다.

⑤ 홍문관과 예문관 · 춘추관의 정3품 이하 관원들이 모두 모였는데, 총 34명이었다.

해설

문제 분석

〈조직표〉의 내용에 〈인사규정〉의 규정 ⅰ)~ⅵ)을 적용하여 선지를 판단한다. 규정 ⅴ)에는 다른 관청의 명칭이 많이 등장하지만, 홍문관을 제외한 다른 관청은 문제에서 중요하게 취급되지 않는다. 그리고 〈인사규정〉에 '다른 관청의 관원이 겸임'한다고 하는 표현이 있다. 이에 대한 해석에 있어, 예를 들어 홍문관의 영사를 다른 관청의 관원이 겸임한다고 하면 홍문관의 관원이 모두 모일 때 그 관원은 다른 관청의 관원이므로 모이지 않는 것이 아니라 홍문관의 관원으로 취급되어 모이는 것으로 해석해야 한다.

문제풀이 실마리

〈조직표〉와 〈인사규정〉의 내용이 많고 정리가 용이하지 않아, 선지를 보기 이전에 해당 내용들을 선지를 판단하기 적합하게 정리하기에는 시간이 많이 소요될 것으로 예상된다. 선지를 하나하나 판단해 본다.

① (O) 〈조직표〉에 의할 때 홍문관과 예문관의 관원 수는 각각 20명, 13명이다. 규정 ⅰ), ⅱ)에 의하면 홍문관과 예문관의 제학 이상은 다른 관청의 관원이 겸임한다. 그리고 규정 ⅲ)에 의하면 예문관의 응교는 홍문관의 직제학으로부터 교리에 이르는 관원 중에서 택하여 겸임케 한다고 한다. 그렇다면 홍문관과 예문관의 관원 수를 단순히 더한 33명에서 1) 홍문관과 예문관의 제학 이상에 홍문관 또는 예문관 관원이 겸직하고(−1) 제학 이상 중 나머지는 홍문관, 예문관이 아닌 다른 관청의 관원이 겸직하며, 2) 예문관의 응교는 홍문관의 관원이 겸직하면(−1) 홍문관과 예문관의 관원들이 모두 모였는데, 총 31명일 수 있다.

② (O) 이하부터는 간단히 설명하면 홍문관과 춘추관의 관원 수는 각각 20명, 20명이다. 36명이 되려면 겸임하는 관원이 4명이어야 한다. 규정 ⅰ)에 의하여 춘추관의 관원 2명이 홍문관의 관직을 겸임할 수 있고, 규정 ⅳ)에 의하여 홍문관의 관원 1명이 춘추관의 관직을 겸임(1명 이상일 수 있지만 36명에 맞추기 위해 1명이 겸임하는 상황을 가정한 것이다), 규정 ⅴ)에 의하여 홍문관 부제학 이하 중 1명이 춘추관 수찬관 이하의 관직을 겸임하면 홍문관과 춘추관의 관원들이 모두 모였는데, 총 36명일 수 있다.

③ (O) 홍문관과 춘추관의 정3품 이하 관원 수는 각각 17명, 13명이고 29명이 되려면 겸임하는 관원이 1명이어야 한다. 규정 ⅴ)에 따라 춘추관의 수찬관 이하는 홍문관 부제학 이하 중 1명이 겸임하여야 하고 다른 관원이 서로 겸임하는 경우는 없다면 홍문관과 춘추관의 정3품 이하 관원들이 모두 모였는데, 총 29명일 수 있다.

④ (O) 예문관과 춘추관의 정3품 이하 관원 수는 각각 10명, 13명이고 17명이 되기 위해서는 겸임하는 관원이 6명이어야 한다. 규정 ⅵ)에 따르면 춘추관의 기사관 6명은 모두 예문관의 봉교 이하가 겸임하므로 예문관과 춘추관의 정3품 이하 관원들이 모두 모였는데, 총 17명일 수 있다.

⑤ (X) 홍문관과 예문관·춘추관의 정3품 이하 관원 수는 각각 17명, 10명, 13명이고 34명이 되기 위해서는 겸임하는 관원이 6명이어야 한다. 만약 1명의 관원이 3개의 관직에 겸임한다면 최대 관원은 더 적을 수 있다. 그러나 규정 ⅲ)에 따라 예문관과 홍문관 1명, 규정 ⅴ)에 따라 홍문관과 춘추관 1명, 규정 ⅵ)에 따라 예문관과 춘추관 6명은 최소한 겸임하므로 홍문관과 예문관·춘추관의 정3품 이하 관원들이 모두 모였는데, 총 34명일 수는 없고 최대 32명이다.

빠른 문제풀이 Tip

기본적으로 아래 벤다이어그램과 같이 정리해볼 수 있다.

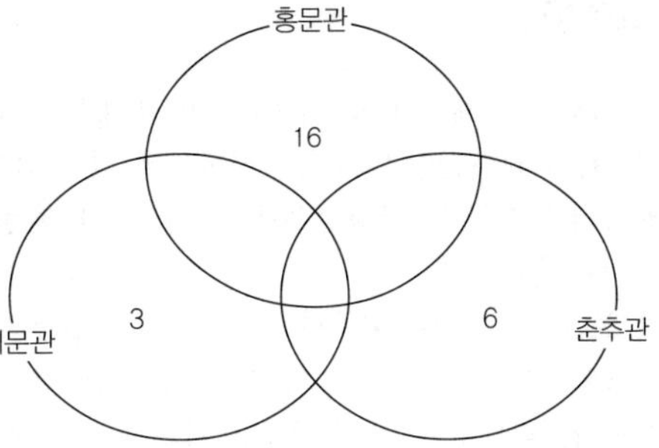

각 벤다이어그램 안의 숫자는 홍문관, 예문관, 춘추관 중 하나의 관청에만 속한 관원의 수를 나타낸다(규정에 등장하는 승정원, 의정부 등의 관직과 겸임하고 있을 수는 있다). 예를 들어 예문관의 숫자 3은 예문관 총 13명 중 규정 ⅱ)에 따라 제학 이상 3명, 규정 ⅲ)에 따라 응교 1명, 규정 ⅵ)에 따라 봉교 이하 8명 중 예문관의 기사관을 겸직하는 6명을 제외하고 남은 2명, 총 10명을 13명에서 제외하고 남은 3명을 표시한 것이다. 이상과 같이 최소한의 인원을 정리해보는 데도 규정들을 꼼꼼히 확인하여야 하고 아직 한눈에 선지를 해결할 만큼 정리가 된 것도 아니다. 게다가 선지에서는 전체가 아닌 정3품 이하를 묻고 있는 경우 다시 정리를 해야하는 등 번거로움이 남아있다.

[정답] ⑤

함수, 지수

150 **다음 글과 <표>에 근거할 때, <보기>에서 옳게 추론한 것을 모두 고르면?** 13년 5급 인책형 16번

○ 한 국가의 선거제도를 평가함에 있어 '비례성'이라는 개념이 있다. 대의기관인 의회를 구성하는데 있어 선거제도가 유권자의 의사를 잘 반영할수록 그 제도의 비례성은 높다고 할 수 있다.

○ 학자 X는 한 정당이 획득한 득표율과 그 정당의 의회내 의석률이 근접하도록 하는 선거제도는 비례성이 높다고 주장했다. 즉, 각 정당들의 득표율과 의석률 차이의 절대값의 합인 x지수가 작다면, 그 선거제도의 비례성이 높다고 평가할 수 있다는 것이다. 반면 x지수가 크다면 그 선거제도의 비례성은 낮을 것이라고 한다.

$$x\text{지수} = \Sigma|\text{득표율} - \text{의석률}|$$

○ 학자 Y는 의회 내에서의 정당 수와 정당 크기에 기초하여 의회 내 유효 정당 수를 측정하는 y지수를 개발했으며, 그 공식은 다음과 같다.

$$y\text{지수} = \frac{1}{\text{의회 내 각 정당의 의석률을 제곱한 값의 합}}$$

그에 따르면 y지수가 큰 국가일수록 비례성이 높은 선거제도를 운용하고 있을 가능성이 높고, 반면 y지수가 작은 국가일수록 비례성이 낮은 선거제도를 운용하고 있을 가능성이 높다.

〈표〉 각 국 의회 내 정당의 득표율(%)과 의석률(%)

	A 정당		B 정당		C 정당		D 정당	
	득표율	의석률	득표율	의석률	득표율	의석률	득표율	의석률
甲국	30	30	30	25	20	25	20	20
乙국	20	10	25	10	15	20	40	60
丙국	40	50	20	10	20	20	20	20
丁국	30	40	30	40	20	10	20	10

※ 甲, 乙, 丙, 丁국의 각 정당명은 A~D로 동일하다고 가정한다.

〈보 기〉

ㄱ. x지수에 의하면 丙국보다 丁국 선거제도의 비례성 정도가 낮을 것이다.

ㄴ. y지수에 의하면 甲국보다 丙국 선거제도의 비례성 정도가 높을 것이다.

ㄷ. 甲국은 x, y지수 모두에서 선거제도의 비례성 정도가 4개국 중 가장 높을 것이다.

ㄹ. 乙국은 x, y지수 모두에서 선거제도의 비례성 정도가 4개국 중 가장 낮을 것이다.

① ㄱ, ㄴ ② ㄱ, ㄹ ③ ㄴ, ㄷ

④ ㄱ, ㄷ, ㄹ ⑤ ㄴ, ㄷ, ㄹ

해설

문제 분석

- x지수 작을수록 비례성 높다. (=x지수 클수록 비례성 낮다.)
- y지수 클수록 비례성 높다. (=y지수 작을수록 비례성 낮다.)
  → 분모값 작을수록 비례성 높다. (=분모값 클수록 비례성 낮다.)
- 선거제도의 비례성과 x지수는 반비례 관계
- 선거제도의 비례성과 y지수는 정비례관계(y지수의 분모값과는 반비례 관계)
- 공식에서 구하는 값과 선거제도의 비례성은 모두 반비례 관계이다.

문제풀이 실마리

x지수는 구하기 어렵지 않고, y지수를 구하기가 다소 까다로울 수 있는데, 제곱을 할 때 큰 값을 제곱할수록 결괏값이 커진다는 성질을 알면 정확한 계산 없이도 비교가 가능하다.

〈각 국의 x지수, y지수〉

	|득표율−의석률|				
	A정당	B정당	C정당	D정당	x지수
甲국	0	5	5	0	10
乙국	10	15	5	20	50
丙국	10	10	0	0	20
丁국	10	10	10	10	40
	Σ(각 정당의 의석률)^2				y지수 분모값
甲국	900	625	625	400	2,550
乙국	100	100	400	3,600	4,200
丙국	2,500	100	400	400	3,400
丁국	1,600	1,600	100	100	3,400

- x 지수에 의한 비례성 순위: 甲국>丙국>丁국>乙국
- y 지수에 의한 비례성 순위: 甲국>丙국=丁국>乙국

ㄱ. (O) 선거제도의 비례성과 x지수는 반비례 관계이고, x지수에 의할 때 丙국의 20보다 丁국의 40이 더 크므로 丁국 선거제도의 비례성 정도가 더 낮을 것이다.

ㄴ. (X) 선거제도의 비례성과 y지수의 분모값은 반비례 관계이고, 甲국의 y지수 분모값(2,550)보다 丙국의 y지수 분모값(3,400)이 더 크므로 丙국 선거제도의 비례성 정도가 더 낮을 것이다.

ㄷ. (O) 甲국은 x지수 값과 y지수의 분모값이 둘 다 4개국 중에 가장 작다.

ㄹ. (O) 乙국은 x지수 값과 y지수의 분모값이 둘 다 4개국 중에 가장 크다.

빠른 문제풀이 Tip

- y지수를 계산할 때 빠른 방법을 생각해 보자. y지수의 분모는 각 정당의 의석률을 '제곱'한 값의 합이다. 제곱의 특성상 의석률 수치가 클수록 제곱한 결과도 기하급수적으로 커진다는 점을 고려할 때, 의석률 중 가장 큰 값인 '60'을 갖고 있는 乙국이 제곱의 합이 가장 클 가능성이 높고, 20~30으로 비교적 수치가 비슷한 甲국의 제곱의 합이 가장 작을 가능성이 높다는 것을 알 수 있다.
- 공식의 의도를 파악하자. 제곱이 포함된 공식은 값이 고만고만할수록 값이 작고, 큰 값이 있다면 제곱의 영향은 매우 커진다.
- 정보처리할 때 n−1개 처리하면 좋다. 꼭 높다/낮다를 다 기억할 필요는 없다. 정보의 n−1개 처리는 비례성이 높은 경우만을 기억하자.

[정답] ④

151 다음을 읽고 옳은 것을 <보기>에서 모두 고르면? (단, <보기>의 내용은 甲, 乙, 丙, 丁 기업의 예로 한정한다)

11년 5급 선책형 30번

〈재무비율 및 기업정보〉

(가) '자기자본 순이익률'은 순이익을 자기자본으로 나눈 값으로, 1원의 자기자본으로 순이익을 얼마만큼 발생시켰는가를 나타낸다.

(나) '주당 순이익'은 발행 주식 1주당 순이익이 얼마인가를 보여주는 값이다.

기업 甲, 乙, 丙, 丁의 정보는 다음과 같다.

(단위: 천 원)

구분	甲	乙	丙	丁
자기자본	100,000	500,000	250,000	80,000
액면가	5	5	0.5	1
순이익	10,000	200,000	125,000	60,000
주식가격	10	15	8	12

※ 자기자본 = 발행 주식 수×액면가

〈보 기〉

ㄱ. 주당 순이익은 甲기업이 가장 낮다.

ㄴ. 주당 순이익이 높을수록 주식가격이 높다.

ㄷ. 丁기업의 발행 주식 수는 甲기업의 발행 주식 수의 4배이다.

ㄹ. 1원의 자기자본에 대한 순이익은 丙기업이 가장 높고 甲기업이 가장 낮다.

① ㄱ

② ㄴ

③ ㄱ, ㄷ

④ ㄴ, ㄷ

⑤ ㄷ, ㄹ

해설

문제 분석

〈재무비율 및 기업정보〉에 따라 〈보기〉에서 묻고 있는 '자기자본 순이익률', '주당 순이익', '발행 주식 수'를 구할 수 있다. 식으로 나타내면 다음과 같다. 이하 해설에서 사용될 기호도 첨부하였다.

$$\text{자기자본 순이익률(ⓔ)} = \frac{\text{순이익}}{\text{자기자본}}$$

$$\text{주당 순이익(ⓕ)} = \frac{\text{순이익}}{\text{발행 주식 수}} = \frac{\text{순이익}}{\frac{\text{자기자본}}{\text{액면가}}} = \text{순이익} \times \frac{\text{액면가}}{\text{자기자본}}$$

$$\text{발행 주식 수(ⓖ)} = \frac{\text{자기자본}}{\text{액면가}}$$

이상의 수식들을 계산해 정리해보면 다음과 같다. 〈보기〉를 검토할 때는 필요한 부분만 계산하도록 한다.

구분			甲	乙	丙	丁
자기자본	ⓐ		100,000	500,000	250,000	80,000
액면가	ⓑ		5	5	0.5	1
순이익	ⓒ		10,000	200,000	125,000	60,000
주식가격	ⓓ		10	15	8	12
자기자본 순이익률	ⓔ	=ⓒ÷ⓐ	0.1	0.4	0.5	0.75
주당 순이익	ⓕ	=ⓒ÷ⓖ	0.5	2	0.25	0.75
발행 주식 수	ⓖ	=ⓐ÷ⓑ	20,000	100,000	500,000	80,000

ㄱ. (X) 주당 순이익은 丙기업이 0.25로 가장 낮다.

ㄴ. (O) 주당 순이익이 높은 순서는 乙, 丁, 甲, 丙 순이며, 주식가격이 높은 순서도 이와 같다.

ㄷ. (O) 丁기업의 발행 주식 수는 80,000(주)이고 甲기업의 발행 주식 수는 20,000(주)로 4배이다.

ㄹ. (X) 1원의 자기자본에 대한 순이익은 '자기자본 순이익률'이다. 丁기업이 0.75로 가장 높다.

빠른 문제풀이 Tip

일반적으로 위와 같은 계산 문제에서는 필요한 부분만 계산하여 시간을 단축하여야 한다. 하지만 해당 문제는 표의 대부분을 계산하여 확인하여야 한다. 다행히 계산 자체가 어렵지는 않다.

[정답] ④

Ⅳ. 유형

1 정확한 계산형

단순 금액 계산

152 **甲은 ○○주차장에 4시간 45분간 주차했던 차량의 주차 요금을 정산하려고 한다. 이 주차장에서는 총 주차 시간 중 최초 1시간의 주차 요금을 면제하고, 다음의 <주차 요금 기준>에 따라 요금을 부과한다. 甲이 지불해야 할 금액은?** 12년 민경채 인책형 20번

〈주차 요금 기준〉

구분	총 주차 시간	
	1시간 초과~3시간인 경우	3시간 초과인 경우
요금	○ 30분마다 500원	○ 1시간 초과~3시간: 30분마다 500원 ○ 3시간 초과: 30분마다 2,000원

※ 주차 요금은 30분 단위로 부과되고, 잔여시간이 30분 미만일 경우 30분으로 간주한다.

① 5,000원
② 9,000원
③ 10,000원
④ 11,000원
⑤ 20,000원

해설

문제 분석

甲은 ○○주차장에 4시간 45분간 주차했던 차량의 주차 요금을 정산하려고 한다.

[주차 요금 계산방법]

1. 주차 요금은 30분 단위로 부과되고, 잔여시간이 30분 미만일 경우 30분으로 간주한다. → 총 5시간에 해당하는 주차 요금을 계산해야 함
2. 주차 요금 기준은 '1시간 초과~3시간 이하인 경우'와 '3시간 초과인 경우'로 구분하여 부과됨 → '3시간 초과인 경우'에 해당함
3. 주차 시간이 1시간을 초과하는 시점부터 3시간까지는 30분마다 500원이 부과되고, 3시간을 초과하는 시점부터는 30분마다 2,000원이 부과된다.

문제풀이 실마리

계산에 필요한 정보가 발문, 표, 각주에 전반적으로 제시되어 있다. 계산에 필요한 정보를 정확하게 파악해야 한다.

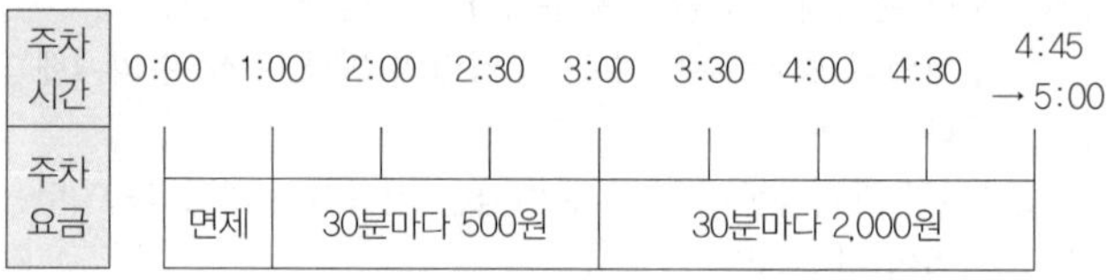

주차 시간이 1시간째 되는 시점부터 3시간째 되는 시점까지 2시간 동안은 30분마다 500원의 요금이 적용되고, 주차 시간이 3시간째 되는 시점부터 4시간 45분째 되는 시점까지 2시간 동안은 30분마다 2,000원의 요금이 적용된다. 이때, 2시간은 30분 단위의 4번 반복이다.

따라서 甲이 지불할 금액은 (500원×4)+(2,000원×4)=2,500원×4=10,0000원이다.

빠른 문제풀이 Tip

- 〈주차 요금 기준〉 표를 세로 방향으로 해석해야 한다는 점에 유의하자.
- 30분 단위의 반복주기로 파악하고 계산하면 보다 빠른 해결이 가능하다.
- 묶어계산하기는 정확한 계산 값을 구할 때 활용할 수 있는 기초적인 스킬이다.

[정답] ③

153 다음 글과 <상황>을 근거로 판단할 때, A사무관이 3월 출장여비로 받을 수 있는 총액은? 17년 민경채 나책형 9번

○ 출장여비 기준
- 출장여비는 출장수당과 교통비의 합이다.
1) 세종시 출장
- 출장수당: 1만 원
- 교통비: 2만 원
2) 세종시 이외 출장
- 출장수당: 2만 원(13시 이후 출장 시작 또는 15시 이전 출장 종료 시 1만 원 차감)
- 교통비: 3만 원

○ 출장수당의 경우 업무추진비 사용 시 1만 원이 차감되며, 교통비의 경우 관용차량 사용 시 1만 원이 차감된다.

〈상 황〉

A사무관 3월 출장내역	출장지	출장 시작 및 종료 시각	비고
출장 1	세종시	14시 ~ 16시	관용차량 사용
출장 2	인천시	14시 ~ 18시	
출장 3	서울시	09시 ~ 16시	업무추진비 사용

① 6만 원
② 7만 원
③ 8만 원
④ 9만 원
⑤ 10만 원

해설

문제 분석

출장여비 = 출장수당 + 교통비

출장여비	출장수당	교통비	총 출장여비
세종시	1만 원	2만 원	3만 원
세종시 이외	2만원+단서조건1	3만 원	5만 원

단서조건 1) 세종시 이외의 출장: 13시 이후 출장 시작 또는 15시 이전 출장 종료 시 1만 원 차감
단서조건 2) 출장수당의 경우 업무추진비 사용 시 1만 원이 차감
단서조건 3) 교통비의 경우 관용차량 사용 시 1만 원이 차감

문제풀이 실마리

- 기본적인 계산 방법에 더해서 세 가지의 단서조건의 추가된 형태의 문제이다.
- '총액'을 구한다는 점을 잘 활용하면 보다 빠른 해결이 가능하다.

A사무관 3월 출장내역	출장지	총 출장여비	출장 시작 및 종료 시각	비고
출장 1	세종시	3만 원	14시 ~ 16시	관용차량 사용 (−1만 원, ∵ 단서조건 3)
출장 2	인천시	5만 원	14시 ~ 18시 (−1만 원, ∵ 단서조건 1)	
출장 3	서울시	5만 원	09시 ~ 16시	업무추진비 사용 (−1만 원, ∵ 단서조건 2)

3+5+5−3=10만 원, 따라서 정답은 ⑤ 10만 원이다.

빠른 문제풀이 Tip
- 조건을 이해할 때 체계적으로 이해하는 것도 중요하다. 정보처리의 가장 기본이 2×2 매트릭스의 형태로 이해하는 것이다.
- 총액을 구하는 것이기 때문에, 구체적으로 구분해서 구하지 않아도 된다. 그냥 총액을 구하면 해결되는 문제이다.

[정답] ⑤

154 다음 <조건>과 <상황>을 근거로 판단할 때, 甲이 향후 1년간 자동차를 유지하는 데 소요될 총비용은? 17년 민경채 나책형 18번

〈조 건〉

1. 자동차 유지비는 연 감가상각비, 연 자동차 보험료, 연 주유비용으로 구성되며 그 외의 비용은 고려하지 않는다.
2. 연 감가상각비 계산 공식
   연 감가상각비 = (자동차 구매비용 − 운행가능기간 종료 시 잔존가치) ÷ 운행가능기간(년)
3. 연 자동차 보험료

(단위: 만 원)

구분		차종		
		소형차	중형차	대형차
보험가입 시 운전경력	1년 미만	120	150	200
	1년 이상 2년 미만	110	135	180
	2년 이상 3년 미만	100	120	160
	3년 이상	90	105	140

※ 차량 구매 시 보험 가입은 필수이며 1년 단위로 가입
※ 보험 가입 시 해당 차량에 블랙박스가 설치되어 있으면 보험료 10% 할인

4. 주유비용
   1리터당 10km를 운행할 수 있으며, 리터당 비용은 연중 내내 1,500원이다.

〈상 황〉

○ 甲은 1,000만 원에 중형차 1대를 구입하여 바로 운행을 시작하였다.
○ 차는 10년 동안 운행가능하며, 운행가능기간 종료 시 잔존가치는 100만 원이다.
○ 자동차 보험 가입 시, 甲의 운전 경력은 2년 6개월이며 차에는 블랙박스가 설치되어 있다.
○ 甲은 매달 500km씩 차를 운행한다.

① 192만 원
② 288만 원
③ 298만 원
④ 300만 원
⑤ 330만 원

해설

문제 분석

자동차 유지비 = 연 감가상각비 + 연 자동차 보험료 + 연 주유비용

문제풀이 실마리

〈조건〉과 〈상황〉이 보기 좋게 잘 정리되어 있어 풀기 편한 문제이다. 빠르고 정확하게 해결할 수 있어야 한다.

1. 연 감가상각비
   (자동차 구매비용 − 운행가능기간 종료 시 잔존가치) ÷ 운행가능기간(년)
   = (1,000 − 100) ÷ 10 = 90만 원
2. 연 자동차 보험료

구분		차 종		
		소형차	중형차	대형차
보험가입 시 운전경력	1년 미만	120	150	200
	1년 이상 2년 미만	110	135	180
	2년 이상 3년 미만	100	120	160
	3년 이상	90	105	140

차에는 블랙박스가 설치되어 있으므로, 보험료는 10%가 할인된 108만 원이다.

3. 주유비용

계산방법	− 1리터당 10km 운행 가능 − 리터당 비용은 연중 내내 1,500원
상황	甲은 매달 500km씩 차를 운행
계산	1) 연간 주행거리: 500km × 12개월 = 6,000km 2) 연간 연료 사용량 1리터 : 10km = x리터 : 6,000km 따라서 연간 연료 사용량은 600리터이다. 3) 연 주유비용 : 1리터 : 1,500원 = 600리터 : y원 따라서 연 주유비용은 90만 원이다.

따라서 甲이 향후 1년간 자동차를 유지하는 데 소요될 총비용은 90 + 108 + 90 = 288만 원이다.

빠른 문제풀이 Tip

- 계산 조건을 처리할 때는 강약 처리를 할 수 있으면 좋다.
- 주유비용을 계산할 때 비례관계만 잘 조정하면 해결이 가능하다.

[정답] ②

155 다음 <상황>과 <기준>을 근거로 판단할 때, A기관이 원천징수 후 甲에게 지급하는 금액은? 20년 민경채 가책형 18번

〈상 황〉

○○국 A기관은 甲을 '지역경제 활성화 위원회'의 외부위원으로 위촉하였다. 甲은 2020년 2월 24일 오후 2시부터 5시까지 위원회에 참석해서 지역경제 활성화와 관련한 내용을 슬라이드 20면으로 발표하였다. A기관은 아래 〈기준〉에 따라 甲에게 해당 위원회 참석수당과 원고료를 지급한다.

〈기 준〉

○ 참석수당 지급기준액

구분	단가
참석수당	• 기본료(2시간): 100,000원 • 2시간 초과 후 1시간마다 50,000원

○ 원고료 지급기준액

구분	단가
원고료	10,000원/A4 1면

※ 슬라이드 2면을 A4 1면으로 한다.

○ 위원회 참석수당 및 원고료는 기타소득이다.
○ 위원회 참석수당 및 원고료는 지급기준액에서 다음과 같은 기타소득세와 주민세를 원천징수하고 지급한다.
– 기타소득세: (지급기준액 – 필요경비) × 소득세율(20%)
– 주민세: 기타소득세 × 주민세율(10%)
※ 필요경비는 지급기준액의 60%로 한다.

① 220,000원
② 228,000원
③ 256,000원
④ 263,000원
⑤ 270,000원

해설

문제 분석
• 甲에게 지급되는 금액 = 참석수당 + 원고료
• 참석수당 및 원고료는 기타소득으로, 지급기준액에서 기타소득세와 주민세를 원천징수하고 지급됨

1. 참석수당 지급기준액

구분	단가
참석수당	• 기본료(2시간): 100,000원 • 2시간 초과 후 1시간마다 50,000원

이를 상황에 대입해 보면, 甲은 2020년 2월 24일 오후 2시부터 5시까지 위원회에 참석하였다. 따라서 3시간에 해당하는 100,000+50,000=150,000원을 지급받는다.

2. 원고료 지급기준액

구분	단가
원고료	10,000원/A4 1면

슬라이드 2면을 A4 1면으로 하는데, 甲은 슬라이드 20면으로 발표하였으므로, A4 10면에 해당하는 100,000원을 지급받는다.

3. 세금
위원회 참석수당과 원고료 모두 기타소득이므로 한꺼번에 계산 가능하다. 위원회 참석수당 및 원고료는 지급기준액에서 기타소득세와 주민세를 원천징수하고 지급한다. 이를 〈상황〉에 적용해 보면 다음과 같다. 이때 필요경비는 지급기준액의 60%로 하므로 250,000원의 60%인 150,000원이 필요경비가 된다.
• 기타소득세=(지급기준액−필요경비)×소득세율(20%)
=(250,000−150,000)×20%=20,000원
• 주민세=기타소득세×주민세율(10%)
=20,000×10%=2,000원

따라서 참석수당과 원고료 250,000원에서 기타소득세 20,000원과 주민세 2,000원, 총 22,000원을 원천징수하고 나머지 228,000원을 A기관이 甲에게 지급하게 된다.

빠른 문제풀이 Tip
정확한 계산을 요구하는 문제를 끝자리 또는 범위 등을 확인한다면 보다 빠른 해결이 가능하다.

[정답] ②

156 다음 <통역경비 산정기준>과 <상황>을 근거로 판단할 때, A사가 甲시에서 개최한 설명회에 쓴 총 통역경비는?

19년 5급 가책형 9번

〈통역경비 산정기준〉

통역경비는 통역료와 출장비(교통비, 이동보상비)의 합으로 산정한다.

○ 통역료(통역사 1인당)

구분	기본요금 (3시간까지)	추가요금 (3시간 초과 시)
영어, 아랍어, 독일어	500,000원	100,000원/시간
베트남어, 인도네시아어	600,000원	150,000원/시간

○ 출장비(통역사 1인당)
- 교통비는 왕복으로 실비 지급
- 이동보상비는 이동 시간당 10,000원 지급

〈상 황〉

A사는 2019년 3월 9일 甲시에서 설명회를 개최하였다. 통역은 영어와 인도네시아어로 진행되었고, 영어 통역사 2명과 인도네시아어 통역사 2명이 통역하였다. 설명회에서 통역사 1인당 영어 통역은 4시간, 인도네시아어 통역은 2시간 진행되었다. 甲시까지는 편도로 2시간이 소요되며, 개인당 교통비는 왕복으로 100,000원이 들었다.

① 244만 원
② 276만 원
③ 288만 원
④ 296만 원
⑤ 326만 원

해설

문제 분석
- 통역경비 = 통역료 + (교통비 + 이동보상비)
- 〈상황〉을 정리해 보면
  ① 영어 통역사 2명: 통역사 1인당 4시간 통역 진행
     인도네시아어 통역사 2명: 통역사 1인당 2시간 통역 진행
  ② 甲시까지는 편도로 2시간이 소요
  ③ 개인당 교통비는 왕복으로 100,000원

문제풀이 실마리
- 이동보상비를 구할 때 '왕복'으로 구해야 한다는 점에 주의하자
- '1인당 통역료', '1인당 출장비'의 'A당 B'의 값이 주어지는 경우, A를 곱해주어야 전체 값을 구할 수 있다.

방법 1

통역료	영어: 통역사 2명, 1인당 4시간 → (50만+10만)×2명=120만 원 인도네시아어: 통역사 2명, 1인당 2시간 → 60만×2명=120만 원
출장비	1) 교통비: 4명, 1인당 왕복 10만 원 → 10만×4명=40만 원 2) 이동보상비: 4명, 1인당 편도 2시간 소요(=왕복 4시간 소요) → 1만×4시간×4명=16만 원

따라서 총 통역경비는 120만+120만+40만+16만=총 296만 원이다.

방법 2

통역사 1인당 각각의 통역 경비를 구해보면, 통역료 60만+교통비 10만+이동보상비 4만=총 74만 원이므로 4명의 총 통역경비는 74만×4=296만 원이다.

빠른 문제풀이 Tip
- 정확한 계산 스킬을 사용하면 보다 빠른 해결이 가능하다.
- '통역사 1인당'의 'a당 b' 출제장치가 활용된 문제이다.
- 통역료와 출장비 중에 동일한 기준이 적용되는 것과 차이나는 것을 잘 구분하여 실수하지 않도록 주의해야 한다.

[정답] ④

가중치 계산

157 다음에 근거하여 <보기>의 설명 중 옳은 것을 모두 고른 것은?

07년 5급 재책형 10번

> 저소득층에게 법률서비스를 제공하는 정책을 구상 중이다. 정부는 (i) 자원봉사제도(무료로 법률자문을 하겠다고 자원하는 변호사를 활용), (ii) 유급법률구조제도(정부에서 법률구조공단 등의 기관을 신설하고 변호사를 유급으로 고용하여 법률서비스를 제공), (iii) 법률보호제도(정부가 법률서비스의 비용을 대신 지불) 등의 세 가지 정책대안 중 하나를 선택하려 한다.
>
> 이 정책대안을 비교하는 데 고려해야 할 정책목표는 (i) 비용의 저렴성, (ii) 접근용이성, (iii) 정치적 실현가능성, (iv) 법률서비스의 전문성이다. 각 정책대안과 정책목표의 관계를 정리하면 아래의 〈표〉와 같다. 각 대안이 정책목표를 달성하는 데 유리한 경우는 (+)로, 불리한 경우는 (−)로 표시한다. 단, 유·불리 정도는 동일하다. 정책목표에 대한 가중치의 경우, '0'은 해당 정책목표를 무시하는 것을, '1'은 해당 정책목표를 고려하는 것을 의미한다.

〈정책대안과 정책목표의 상관관계〉

정책목표	가중치		정책대안		
	A안	B안	자원봉사제도	유급법률구조제도	법률보호제도
비용저렴성	0	0	+	−	−
접근용이성	1	0	−	+	−
정치적 실현성	0	0	+	−	+
전문성	1	1	−	+	−

〈보 기〉

ㄱ. 전문성 면에서는 유급법률구조제도가 자원봉사제도보다 더 좋은 정책대안으로 평가받게 된다.
ㄴ. A안의 가중치를 적용할 경우 유급법률구조제도가 가장 적절한 정책대안으로 평가받게 된다.
ㄷ. B안의 가중치를 적용할 경우 자원봉사제도가 가장 적절한 정책대안으로 평가받게 된다.
ㄹ. A안과 B안 중 어떤 것을 적용하더라도 정책대안 비교의 결과는 달라지지 않는다.

① ㄱ, ㄴ
② ㄱ, ㄹ
③ ㄴ, ㄷ
④ ㄱ, ㄴ, ㄹ
⑤ ㄴ, ㄷ, ㄹ

해설

문제 분석

세 가지의 정책대안을 네 가지 항목(=정책목표)을 통해 비교하고 있다. 이때 점수를 매기는 대신, 단순히 유리한지(+) 불리한지(−)로만 구분하고 있다. 또한 각 항목의 반영 비율도 단순히 고려할지(1) 무시할지(0)로만 구분하고 있다.

문제풀이 실마리

점수 대신 (+), (−)로만 따지고 있어, 이를 정확히 이해하면 쉽게 해결할 수 있는 문제이다.

ㄱ. (O) 전문성 면에서는 유급법률구조제도가 유리하고(+) 자원봉사제도가 불리하므로(−) 유급법률구조제도가 더 좋은 정책대안으로 평가받게 된다.

ㄴ. (O) A안의 가중치를 적용할 경우 네 가지의 정책목표 중 접근용이성과 전문성만 고려하므로 유급법률구조제도가 가장 좋은 정책 대안으로 평가받게 된다.

ㄷ. (X) B안의 가중치를 적용할 경우 네 가지의 정책목표 중 전문성만을 고려한다. 전문성은 유급법률구조제도만 유리하므로(+) 가장 적절한 정책대안으로 평가받게 된다.

ㄹ. (O) A안과 B안 중 어떤 것을 적용하더라도 유급법률구조제도가 가장 적절한 정책 대안으로 평가받으므로 비교의 결과는 달라지지 않는다.

[정답] ④

158 다음은 X공기업의 팀별 성과급 지급 기준이다. Y팀의 성과평가결과가 <보기>와 같다면 지급되는 성과급의 1년 총액은?

08년 5급 창책형 9번

[성과급 지급 방법]

가. 성과급 지급은 성과평가 결과와 연계함

나. 성과평가는 유용성, 안전성, 서비스 만족도의 총합으로 평가함. 단, 유용성, 안전성, 서비스 만족도의 가중치를 각각 0.4, 0.4, 0.2로 부여함

다. 성과평가 결과를 활용한 성과급 지급 기준

성과평가 점수	성과평가 등급	분기별 성과급 지급액	비고
9.0 이상	A	100만 원	성과평가 등급이 A이면 직전분기 차감액의 50%를 가산하여 지급
8.0 이상 9.0 미만	B	90만 원 (10만 원 차감)	
7.0 이상 8.0 미만	C	80만 원 (20만 원 차감)	
7.0 미만	D	40만 원 (60만 원 차감)	

〈보 기〉

구분	1/4 분기	2/4 분기	3/4 분기	4/4 분기
유용성	8	8	10	8
안전성	8	6	8	8
서비스 만족도	6	8	10	8

① 350만원
② 360만원
③ 370만원
④ 380만원
⑤ 390만원

해설

문제 분석

구분	가중치	1/4 분기	2/4 분기	3/4 분기	4/4 분기
유용성	0.4	8	8	10	8
안전성	0.4	8	6	8	8
서비스 만족도	0.2	6	8	10	8

문제풀이 실마리

등급은 정확하게 계산하지 않더라도 판단 가능하다.

구분		1/4 분기		2/4 분기		3/4 분기		4/4 분기	
유용성	0.4	8	3.2	8	3.2	10	4.0	8	3.2
안전성	0.4	8	3.2	6	2.4	8	3.2	8	3.2
서비스 만족도	0.2	6	1.2	8	1.6	10	2.0	8	1.6
점수		7.6		7.2		9.2		8.0	
등급 및 성과급		C (80)		C (80)		A (100)*		B (90)	

* 3/4분기에는 A등급이므로 직전분기 차감액인 20만 원의 50%인 10만 원을 가산하여야 한다.

성과급의 1년 총액은 80+80+100+10+90이므로, 최종적으로 360만 원이 된다.

빠른 문제풀이 Tip

- 단서 조건을 놓치지 않도록 주의한다.
- 정석적인 풀이 대신 가중치를 빠르게 계산할 수 있는 다양한 방법을 연습해 두는 것이 좋다. 이 문제를 해결하는 방법은 5~6가지 이상의 방법이 있다.

[정답] ②

159 정부는 새로운 우편집중국의 입지를 선정하기 위하여 전문가를 대상으로 다음과 같은 설문조사를 실시하였다. 이를 근거로 <보기>에서 옳은 것만 모두 고르면? 09년 5급 극책형 8번

정부는 50명의 관련전문가를 대상으로 설문조사를 실시하였다. 설문조사는 (i) 인구, 면적, 우편물량, 운송비, 거리 등 5가지 입지 선정기준에 대한 가중치 조사와 (ii) 각 선정기준별 입지후보지 선호도 조사로 구성되어 있다. 조사 결과는 다음과 같다.

가중치 조사		입지선호도 조사		
입지 선정기준	가중치	입지후보지 A	입지후보지 B	입지후보지 C
인구	0.2	0.6	0.2	0.2
면적	0.1	0.5	0.3	0.2
우편물량	0.5	0.6	0.2	0.2
운송비	0.1	0.8	0.1	0.1
거리	0.1	0.2	0.5	0.3
종합점수		0.57	0.23	0.20

※ 종합점수=Σ(가중치×선호도)
※ 1에 가까울수록 더 선호함을 의미한다.

〈보 기〉

ㄱ. 선정기준 중 거리 측면에서 입지후보지 선호도를 비교한다면, 그 결과는 B>A>C의 순위가 된다.
ㄴ. B와 C의 경우에는 운송비가 두 입지후보지 간의 종합점수 순위에 영향을 주지 않는다.
ㄷ. 입지 선정기준 중 면적을 제외하고 면적가중치를 인구가중치에 합산하여 종합점수를 계산하면, 그 결과는 A>C>B의 순위가 된다.
ㄹ. 관련전문가들은 우편물량이 최종적인 입지선정의 가장 중요한 요소라고 판단하고 있다.
ㅁ. 가중치를 고려하지 않고 각 입지후보지의 선정기준별 선호도를 비교하면, B와 C의 경우에는 거리 측면에서 선호도가 가장 높고, A의 경우 운송비의 측면에서 선호도가 가장 높다.

① ㄱ, ㄴ ② ㄴ, ㄷ
③ ㄴ, ㄹ, ㅁ ④ ㄷ, ㄹ, ㅁ
⑤ ㄴ, ㄷ, ㄹ, ㅁ

해설

문제 분석

5가지 입지 선정기준에 대한 가중치 조사와 각 선정기준별 입지후보지 선호도 조사 모두 50명의 관련전문가를 대상으로 설문조사를 실시하였다.

문제풀이 실마리

가중치, 입지선호도, 종합점수 등 용어를 혼동하지 않도록 주의하자.

ㄱ. (X) 거리 측면에서 입지후보지 선호도를 비교하면, B(0.5)>C(0.3)>A(0.2) 순이다.

ㄴ. (O) B와 C의 경우에는 운송비의 가중치가 0.1로 같고, 입지후보지의 선호도도 0.1로 같기 때문에, 운송비는 두 입지후보지 간의 종합점수 순위에 영향을 주지 않는다.

ㄷ. (X) 면적가중치를 인구가중치에 합산하여 인구가중치를 0.3으로 바꾸어 계산하면 다음 표와 같다.

가중치 조사		입지선호도 조사		
입지 선정기준	가중치	입지후보지 A	입지후보지 B	입지후보지 C
인구	0.3	0.6	0.2	0.2
우편물량	0.5	0.6	0.2	0.2
운송비	0.1	0.8	0.1	0.1
거리	0.1	0.2	0.5	0.3
종합점수		0.58	0.22	0.20

따라서 순위는 A>B>C 순이 된다.

ㄹ. (O) 각 입지 선정기준별 가중치 역시도 50명의 관련전문가를 대상으로 설문조사를 실시한 결과이다. 각 관련전문가들은 입지선정에서 중요한 요소라고 판단하는 기준에 높은 가중치를 부여했을 것이다. 각 입지 선정기준별 가중치를 보면 우편물량의 가중치가 0.5로 가장 높다.

ㅁ. (O) 가중치를 고려하지 않고 각 입지후보지의 선정기준별 선호도를 비교하면, B와 C의 경우에는 거리 측면에서 선호도가 B는 0.5로, C는 0.3으로 가장 높고, A의 경우 운송비의 측면에서 선호도가 0.8로 가장 높다.

빠른 문제풀이 Tip

보기 ㄷ을 구하는 다양한 방법을 연습해 두는 것이 좋다. 다음과 같이 변화분만 계산하는 경우 보다 빠른 해결이 가능하다.

가중치 조사		입지선호도 조사		
입지 선정기준	가중치	입지후보지 A	입지후보지 B	입지후보지 C
인구	0.2 → 0.3 +0.1	0.6 +0.06	0.2 +0.02	0.2 +0.02
면적	0.1 → 0.0 −0.1	0.5 −0.05	0.3 −0.03	0.2 −0.02
우편물량	0.5	0.6	0.2	0.2
운송비	0.1	0.8	0.1	0.1
거리	0.1	0.2	0.5	0.3
종합점수		0.57 +0.01 → 0.58	0.23 −0.01 → 0.22	0.20 변화없음 → 0.20

[정답] ③

160 A부처에서 갑, 을, 병, 정 4명의 직원으로부터 국외연수 신청을 받아 선발 가능성이 가장 높은 한 명을 추천하려는 가운데, 정부가 선발 기준 개정안을 내놓았다. 현행 기준과 개정안 기준을 적용할 때, 각각 선발 가능성이 가장 높은 사람은?

10년 5급 선책형 13번

〈선발 기준안 비교〉

구분	현행	개정안
외국어 성적	30점	50점
근무 경력	40점	20점
근무 성적	20점	10점
포상	10점	20점
계	100점	100점

※ 근무 경력은 15년 이상이 만점 대비 100%, 10년 이상 15년 미만 70%, 10년 미만 50%이다. 다만 근무 경력이 최소 5년 이상인 자만 선발 자격이 있다.
※ 포상은 3회 이상이 만점 대비 100%, 1~2회 50%, 0회 0%이다.

〈A부처의 국외연수 신청자 현황〉

구분	갑	을	병	정
근무 경력	30년	20년	10년	3년
포상	2회	4회	0회	5회

※ 외국어 성적은 갑과 을이 만점 대비 50%이고, 병이 80%, 정이 100%이다.
※ 근무 성적은 을만 만점이고, 갑 · 병 · 정 셋은 서로 동점이라는 사실만 알려져 있다.

	현행	개정안
①	갑	을
②	갑	병
③	을	갑
④	을	을
⑤	을	정

해설

문제 분석

현행 선발 기준안과 개정된 선발 기준안에서 가중치가 변화한다. 그에 따라 각각 선발 가능성이 가장 높은 사람을 확인해야 한다.

문제풀이 실마리

가중치 유형의 문제에서 자주 활용하는 장치 중 하나인 '압살'을 확인하면 빠른 해결이 가능한 문제이다.

방법 1

신청자들의 점수를 정리해 보면 다음과 같다.

구분	현행	개정안	갑	을	병	정
외국어 성적	0.3	0.5	50%	50%	80%	100%
근무 경력	0.4	0.2	100%	100%	70%	╳
근무 성적	0.2	0.1	△ (100% X)	100%	△ (100% X)	–
포상	0.1	0.2	50%	100%	0%	–

갑의 병의 근무 성적은 100%는 아니고 '△'로 값이 같다.

• 현행 기준에 따를 때

구분	현행	갑	을	병
외국어 성적	0.3	15점	15점	24점
근무 경력	0.4	40점	40점	28점
근무 성적	0.2	20점 미만	20점	20점 미만
포상	0.1	5점	10점	0점
계		80점 미만	85점	72점 미만

현행 기준에 따르면 을이 선발된다.

• 개정안 기준에 따를 때

구분	개정안	갑	을	병
외국어 성적	0.5	25점	25점	40점
근무 경력	0.2	20점	20점	14점
근무 성적	0.1	10점 미만	10점	10점 미만
포상	0.2	10점	20점	0점
계		65점 미만	75점	64점 미만

개정안에 따를 때에도 을이 선발된다. 따라서 정답은 ④이다.

방법 2

첫 번째 각주에서 보면, 근무 경력이 최소 5년 이상인 자만 선발 자격이 있으므로 정은 선발 대상에서 제외된다. 따라서 선지 ⑤번을 제거할 수 있다.

남은 갑, 을, 병 세 명을 둘씩 비교해 보면 갑과 을, 을과 병, 갑과 병끼리 비교하는 것이 가능하다. 인접한 사람들끼리 비교해 보면 다음과 같다.

구분	현행	개정안	갑		을		병
외국어 성적	0.3	0.5	50%	=	50%	<	80%
근무 경력	0.4	0.2	100%	=	100%	>	70%
근무 성적	0.2	0.1	△ (100%×)	<	100%	>	△ (100%×)
포상	0.1	0.2	50%	<	100%	>	0%

을의 점수가 갑의 점수보다 네 가지 모든 구분에서 같거나 더 높음을 발견할 수 있다. 따라서 을이 각 구간에서 갑을 압살하기 때문에 현행 기준안에 따르든 개정 기준안에 따르든 갑이 을보다 높은 점수를 받는 것은 불가능하다. 따라서 갑이 선발되는 경우는 없다. 따라서 현행 기준에 따를 때 갑이 선발된다는 선지 ①, ②, 개정안 기준에 따를 때 갑이 선발된다는 선지 ③을 제거할 수 있다. 따라서 선지는 ④만 남게 된다.

빠른 문제풀이 Tip

• 압살의 장치를 발견하거나, 또는 압살하지 못하는 경우에는 차이값으로 접근하면, 정확한 값을 구하지 않고도 빠른 해결이 가능하다.
• 선지를 활용하면 복잡한 계산 없이 빠른 해결이 가능하다.

[정답] ④

161 다음 글과 <평가 결과>를 근거로 판단할 때, <보기>에서 옳은 것만을 모두 고르면? 16년 민경채 5책형 19번

X국에서는 현재 정부 재정지원을 받고 있는 복지시설(A ~ D)을 대상으로 다섯 가지 항목(환경개선, 복지관리, 복지지원, 복지성과, 중장기 발전계획)에 대한 종합적인 평가를 진행하였다.

평가점수의 총점은 각 평가항목에 대해 해당 시설이 받은 점수와 해당 평가항목별 가중치를 곱한 것을 합산하여 구하고, 총점 90점 이상은 1등급, 80점 이상 90점 미만은 2등급, 70점 이상 80점 미만은 3등급, 70점 미만은 4등급으로 한다.

평가 결과, 1등급 시설은 특별한 조치를 취하지 않으며, 2등급 시설은 관리 정원의 5 %를, 3등급 이하 시설은 관리 정원의 10%를 감축해야 하고, 4등급을 받으면 정부의 재정지원도 받을 수 없다.

〈평가 결과〉

평가항목 (가중치)	A시설	B시설	C시설	D시설
환경개선 (0.2)	90	90	80	90
복지관리 (0.2)	95	70	65	70
복지지원 (0.2)	95	70	55	80
복지성과 (0.2)	95	70	60	60
중장기 발전계획 (0.2)	90	95	50	65

〈보 기〉

ㄱ. A시설은 관리 정원을 감축하지 않아도 된다.
ㄴ. B시설은 관리 정원을 감축해야 하나 정부의 재정지원은 받을 수 있다.
ㄷ. 만약 평가항목에서 환경개선의 가중치를 0.3으로, 복지성과의 가중치를 0.1로 바꾼다면 C시설은 정부의 재정지원을 받을 수 있다.
ㄹ. D시설은 관리 정원을 감축해야 하고 정부의 재정지원도 받을 수 없다.

① ㄱ, ㄴ ② ㄴ, ㄹ ③ ㄷ, ㄹ
④ ㄱ, ㄴ, ㄷ ⑤ ㄱ, ㄷ, ㄹ

해설

문제 분석

평가점수의 총점 = Σ(각 평가항목에 대해 해당 시설이 받은 점수)×(해당 평가항목별 가중치)

평가점수의 총점을 기준으로 하여

총점 90점 이상	1등급	특별한 조치를 취하지 않는다.
80점 이상 90점 미만	2등급	관리 정원의 5% 감축
70점 이상 80점 미만	3등급	관리 정원의 10%를 감축
70점 미만	4등급	정부의 재정지원도 받을 수 없다.

문제풀이 실마리

- 모든 평가항목의 가중치가 0.2로 동일한 경우에는 단순평균을 구하는 것과 동일하다는 점을 이용할 수 있어야 한다.
- 자료해석에서 평균의 개념 관련해서 연습한 가평균, 평균의 범위 등의 개념을 활용하면 보다 수월하게 문제를 해결할 수 있다.

ㄱ. (O) 현재 모든 평가항목의 가중치가 0.2로 동일하므로, 단순평균을 구하더라도 결과는 동일하다.
방법 1) 단순 평균을 구해보면 평균이 93점이다. 이때는 가평균 등을 활용하는 것이 가능하다.
방법 2) 모든 항목의 점수가 90점 이상이다. 따라서 5개 평가항목 점수의 평균은 90점 이상일 수 밖에 없다.
평가점수의 총점이 90점 이상으로 1등급 시설에 해당하므로, 특별한 조치를 취하지 않는다. 관리 정원의 감축은 2등급 이하일 때 해당하는 조치이다.

ㄴ. (O) 관리 정원을 감축해야 하나 정부의 재정지원은 받을 수 있는 경우는 2등급 또는 3등급 시설인 경우이다. 즉, 평가점수의 총점이 70점 이상에서 90점 미만인 경우이다.
방법 1) 가평균 70을 기준으로 각 평가항목별 점수가 +20, +0, +0, +0, +25이므로 +45/5=+9, 즉 평가점수의 총점은 79점이다.
방법 2) B시설의 각 평가항목별 점수는 모두 70점 이상이므로 평가점수의 총점은 반드시 70점 이상이다.
B시설의 각 평가항목별 점수를 90점을 가평균으로 해서 봤을 때, 중장기 발전계획만 +5점이고, 복지관리, 복지지원, 복지성과 세 평가항목에서 모두 −20이다. 따라서 평가점수의 총점은 반드시 90점 미만이다. 이처럼 B시설의 평가점수의 총점은 반드시 70점 이상~90점 미만이므로 보기 ㄴ의 진술은 옳다.

ㄷ. (X) 평가항목 중 환경개선의 가중치가 0.2에서 0.3으로, 복지성과의 가중치가 0.2에서 0.1로 변경되었으므로, 변경된 가중치를 기준으로 정확한 계산을 해보면 다음과 같다.
$(80\times0.3)+(65\times0.2)+(55\times0.2)+(60\times0.1)+(50\times0.2)=64$
따라서 64점으로 70점 미만에 해당하는 4등급이므로 C시설은 정부의 재정지원을 받을 수 없다.

ㄹ. (X) 관리 정원을 감축해야 하고 정부의 재정지원도 받을 수 없는 경우는 평가점수의 총점이 70점 미만에 해당하는 4등급인 경우이다. 70점을 가평균으로 삼아서 각 항목별 점수를 보면, +20, +0, +10, −10, −5로 이를 합산하면 +15이다. 즉, 70점보다 평균은 높아지게 된다. (정확하게 계산하면, +15/5=+3이므로 총점 73점) 따라서 4등급에 해당하지 않으므로 보기 ㄹ의 진술은 옳지 않다.

빠른 문제풀이 Tip
ㄷ 보기를 구하는 빠른 방법을 연습해 두어야 한다.

[정답] ①

대안비교 - 단순 확인

162 **다음 <표>와 <선호기준>에 따를 때, 민주, 호성, 유진이 선택할 제품이 옳게 짝지어진 것은?** 13년 외교관 인책형 35번

〈표〉

항목 \ 제품	가격 (원/개)	용량 (mL/개)	발림성	보습력	향
반짝이	63,000	75	★★★	★★★★	★★★
섬섬옥수	40,000	85	★★	★★★	★★
수분톡톡	8,900	80	★★★	★★★★	★★★
보드란	6,900	30	★★	★★★	★
솜구름	30,000	120	★★★	★★	★★★

※ 제품의 크기는 용량에 비례하고, ★이 많을수록 해당 항목이 우수하다.

〈선호기준〉

○ 민주: 난 손이 워낙 건조해서 무엇보다 보습력이 뛰어난 제품이 필요해. 그 다음으로는 산뜻하게 잘 발리는 제품이 좋아! 나머지는 아무래도 상관없어.

○ 호성: 난 발림성, 보습력, 향 모두 우수할수록 좋아. 그 다음으로는 제품가격이 낮으면 좋겠지!

○ 유진: 무조건 향이 좋아야지! 손을 움직일 때마다 풍기는 향이 사람의 기분을 얼마나 좋게 만드는지 알아? 향이 좋은 것 중에서는 부드럽게 잘 발리는 게 좋아! 그 다음으로는 가방에 넣어 다니려면 제품 크기가 작은 게 좋겠어.

	민주	호성	유진
①	수분톡톡	보드란	수분톡톡
②	수분톡톡	솜구름	반짝이
③	수분톡톡	수분톡톡	반짝이
④	반짝이	수분톡톡	보드란
⑤	반짝이	보드란	수분톡톡

해설

문제 분석

각자의 〈선호기준〉을 정리하면 다음과 같다.

- 민주: 보습력이 뛰어난 제품 → 산뜻하게 잘 발리는 제품
- 호성: 발림성, 보습력, 향 모두 우수할수록 선호 → 가격이 낮은 제품
- 유진: 향이 좋은 제품 → 부드럽게 잘 발리는 제품 → 크기가 작은 제품

문제풀이 실마리

기준에 따라 정확하게 확인만 하면 간단히 해결되는 문제이다.

- 민주: 보습력이 가장 뛰어난 제품은 보습력 항목의 ★이 4개인 '반짝이'와 '수분톡톡'이다. 이 두 제품은 발림성 항목도 ★이 3개로 동일하다. 따라서 민주는 '반짝이' 또는 '수분톡톡'을 선택할 것이다.

항목 \ 제품	가격 (원/개)	용량 (mL/개)	발림성 ②	보습력 ①	향
반짝이	63,000	75	★★★	★★★★	★★★
섬섬옥수	40,000	85	★★	★★★	★★
수분톡톡	8,900	80	★★★	★★★★	★★★
보드란	6,900	30	★★	★★★	★
솜구름	30,000	120	★★★	★★	★★★

- 호성: 발림성이 가장 뛰어난 제품은 ★이 3개인 '반짝이', '수분톡톡', '솜구름'이고, 보습력이 가장 뛰어난 제품은 ★이 4개인 '반짝이', '수분톡톡'이다. 그리고 향이 가장 뛰어난 제품은 ★이 3개인 '반짝이', '수분톡톡', '솜구름'이다. 따라서 '반짝이'와 '수분톡톡'이 선택 대상이 된다. 그 다음으로 제품가격이 낮으면 좋겠다고 하였으므로 '수분톡톡'을 선택할 것이다.

항목 \ 제품	가격 ② (원/개)	용량 (mL/개)	발림성 ①	보습력 ①	향 ①
반짝이	63,000	75	★★★	★★★★	★★★
섬섬옥수	40,000	85	★★	★★★	★★
수분톡톡	8,900	80	★★★	★★★★	★★★
보드란	6,900	30	★★	★★★	★
솜구름	30,000	120	★★★	★★	★★★

- 유진: 향이 가장 뛰어난 제품은 ★이 3개인 '반짝이', '수분톡톡', '솜구름'이다. 이 세 제품은 발림성 항목도 ★이 3개로 동일하다. 그 다음으로 크기가 작은 것을 원하므로 용량이 가장 작은 '반짝이'를 선택할 것이다.

항목 \ 제품	가격 (원/개)	용량 ③ (mL/개)	발림성 ②	보습력	향 ①
반짝이	63,000	75	★★★	★★★★	★★★
섬섬옥수	40,000	85	★★	★★★	★★
수분톡톡	8,900	80	★★★	★★★★	★★★
보드란	6,900	30	★★	★★★	★
솜구름	30,000	120	★★★	★★	★★★

빠른 문제풀이 Tip

확인 순서를 바꾸어 보는 것도 빠른 해결에 도움이 된다.

[정답] ③

대안비교 - 단순 계산

163 甲이 다음의 <조건>과 <기준>에 근거할 때 구입할 컴퓨터는?

12년 민경채 인책형 17번

〈조건〉

컴퓨터 \ 항목	램 메모리 용량 (Giga Bytes)	하드 디스크 용량 (Tera Bytes)	가격 (천 원)
A	4	2	500
B	16	1	1,500
C	4	3	2,500
D	16	2	2,500
E	8	1	1,500

〈기 준〉

○ 컴퓨터를 구입할 때, 램 메모리 용량, 하드 디스크 용량, 가격을 모두 고려한다.
○ 램 메모리와 하드 디스크 용량이 크면 클수록, 가격은 저렴하면 저렴할수록 선호한다.
○ 각 항목별로 가장 선호하는 경우 100점, 가장 선호하지 않는 경우 0점, 그 외의 경우 50점을 각각 부여한다. 단, 가격은 다른 항목보다 중요하다고 생각하여 2배의 점수를 부여한다.
○ 각 항목별 점수의 합이 가장 큰 컴퓨터를 구입한다.

① A
② B
③ C
④ D
⑤ E

해설

문제 분석

- 클수록 선호하는 항목: 램 메모리, 하드 디스크 용량
- 저렴할수록 선호하는 항목: 가격
- 각 항목별로 가장 선호하는 경우 100점, 가장 선호하지 않는 경우 0점, 그 외의 경우 50점을 각각 부여
- 가격에는 2배의 점수를 부여
- 각 항목별 점수의 합이 가장 큰 컴퓨터를 구입

문제풀이 실마리

- 〈기준〉을 〈조건〉에 적용하면 간단히 해결할 수 있는 문제이다.
- 다른 항목과 달리 가격은 숫자가 작은 것이 좋다는 점에 유의하자.
- 가격 항목에는 2배의 점수가 부여된다는 점에 유의하자.

계산에 필요한 정보를 간단하게 정리하여 문제를 풀이한다.

각 항목별로 가장 선호하는 경우 100점, 가장 선호하지 않는 경우 0점, 그 외의 경우 50점을 각각 부여한다고 했으므로, 해당 비율을 간단한 비율인 100점을 2점, 0점을 0점, 50점을 1점으로 정리하면 다음과 같다. 상대적인 비교만 하면 해결되는 문제이기 때문에 반드시 원래값으로 구할 필요는 없다.

컴퓨터 \ 항목	램 메모리 용량 (Giga Bytes)	하드 디스크 용량 (Tera Bytes)	가격 (천 원)	총점
A	4 (0)	2 (1)	500 (4)	5
B	16 (2)	1 (0)	1,500 (2)	4
C	4 (0)	3 (2)	2,500 (0)	2
D	16 (2)	2 (1)	2,500 (0)	3
E	8 (1)	1 (0)	1,500 (2)	3

따라서 〈기준〉의 내용을 〈조건〉에 적용해 보면, A컴퓨터가 5점으로 가장 높으므로 甲이 구입할 컴퓨터는 A컴퓨터이다.

빠른 문제풀이 Tip
상대적 계산 스킬을 적용하면 계산이 간단해질 수 있다.

[정답] ①

164 김 사무관은 소프트웨어(이하 S/W라 표기한다) '수출 중점대상 국가'를 선정하고자 한다. 다음 <국가별 현황>과 <평가기준>에 근거할 때, 옳은 것을 <보기>에서 모두 고르면?

12년 5급 인책형 18번

〈국가별 현황〉

국가명	시장매력도			정보화수준	접근가능성
	S/W시장규모 (백만 불)	S/W성장률 (%)	인구규모 (백만 명)	전자정부순위	S/W수출액 (백만 원)
A국	550	13.6	232	106	9,103
B국	333	8.7	3	82	2,459
C국	315	8.7	87	91	2,597
D국	1,706	8.2	27	95	2,777
E국	1,068	7.2	64	64	2,158

〈평가기준〉

- 국가별 종합점수는 시장매력도(30점 만점), 정보화수준(30점 만점), 접근가능성(40점 만점)의 합계(100점 만점)로 구하며, 종합점수가 높을수록 종합순위도 높다.
- 시장매력도 점수는 시장매력도가 가장 높은 국가에 30점, 가장 낮은 국가에 0점, 그 밖의 모든 국가에 15점을 부여한다. S/W시장규모가 클수록, S/W성장률이 높을수록, 인구규모가 클수록 시장매력도가 높다.
- 정보화수준 점수는 전자정부순위가 가장 높은 국가에 30점, 가장 낮은 국가에 0점, 그 밖의 모든 국가에 15점을 부여한다.
- 접근가능성 점수는 접근가능성이 가장 높은 국가에 40점, 가장 낮은 국가에 0점, 그 밖의 모든 국가에 20점을 부여한다. S/W수출액이 클수록 접근가능성이 높다.

〈보 기〉

ㄱ. 정보화수준 점수는 E국이 30점, A국이 0점이고, 다른 국가들은 모두 15점이다.
ㄴ. 접근가능성 점수는 A국이 30점, E국이 0점이고, 다른 국가들은 모두 15점이다.
ㄷ. 시장매력도 점수를 S/W시장규모만을 고려하여 결정할 경우, A국과 D국의 종합점수는 동일하다.
ㄹ. S/W시장규모가 10억 불 이상이면서 동시에 인구가 5천만 명 이상인 국가가 가장 매력적 시장이라는 결론이 났을 경우, E국이 선정된다.

① ㄱ, ㄴ
② ㄱ, ㄷ
③ ㄱ, ㄹ
④ ㄴ, ㄷ
⑤ ㄷ, ㄹ

해설

문제 분석

- 국가별 종합점수(100점 만점) = 시장매력도(30점 만점) + 정보화수준 (30점 만점) + 접근가능성(40점 만점)
- 종합점수 ∝ 종합순위

문제풀이 실마리

순위는 숫자가 작을수록 좋다.

ㄱ. (O) 전자정부순위는 E국이 제일 높고, A국이 제일 낮다. 따라서 E국이 30점, A국이 0점이고, 다른 국가들은 모두 15점이다.

ㄴ. (X) 접근가능성 점수는 S/W수출액을 비교하여 S/W수출액이 가장 큰 국가에 40점, 가장 작은 국가에 0점, 그 밖의 모든 국가에 20점을 부여한다. 30점 배점이 아니라 40점 배점 기준이다.

ㄷ. (X) 아래 표를 보면 A국의 종합점수는 55점이고, D국의 종합점수는 65점이다. 따라서 A국과 D국의 종합점수는 동일하지 않다.

국가명	시장매력도		정보화수준		접근가능성	
	S/W시장규모 (백만 불)	점수	전자정부순위	점수	S/W수출액 (백만 원)	점수
A국	550	15	106	0	9,103	40
B국	333	15	82	15	2,459	20
C국	315	0	91	15	2,597	20
D국	1,706	30	95	15	2,777	20
E국	1,068	15	64	30	2,158	0

[빠른 길 1]

시장매력도 점수를 구하지 않고 정보화수준 점수와 접근가능성 점수만으로도 ㄷ 보기가 틀렸음을 확인 가능하다. 정보화수준 점수와 접근가능성 점수만을 고려했을 때, A국은 40점이고 D국은 35점이 된다. 두 국가의 점수 차이는 5점인데, 시장매력도 점수의 종류로는 0, 15, 30점만이 존재하므로 15점 간격으로만 조정 가능하다. 따라서 5점 차이를 15점 간격으로 조정하여 같게 만드는 것은 불가능하다.

[빠른 길 2]

접근가능성 점수를 구하지 않고 시장매력도와 정보화수준 점수만으로도 ㄷ 보기가 틀렸음을 확인 가능하다. 시장매력도와 정보화수준 점수를 더했을 때 A국은 15점이고 D국은 45점으로 30점의 차이가 난다. 그런데 접근가능성 점수의 종류로는 0, 20, 40점만이 존재하므로 20점 간격으로만 조정 가능하다. 따라서 30점 차이를 20점 간격으로 조정하여 같게 만드는 것은 불가능하다.

ㄹ. (O) S/W시장규모가 10억 불 이상이면서 동시에 인구가 5천만 명 이상인 국가는 E국이고, 가장 매력적 시장이라는 결론의 의미는 E국에 시장매력도 점수에서 만점인 30점을 준다는 의미이다. 따라서 E국의 종합점수는 60점이 된다.

국가명	시장매력도			정보화수준		접근가능성		총점
	S/W 시장규모 (백만 불)	인구 규모 (백만 명)	점수	전자 정부 순위	점수	S/W 수출액 (백만 원)	점수	
A국	550	232	0～15	106	0	9,103	40	40～55
B국	333	3		82	15	2,459	20	35～50
C국	315	87		91	15	2,597	20	
D국	1,706	27		95	15	2,777	20	
E국	1,068	64	30	64	30	2,158	0	60

이때 다른 국가들의 종합점수를 보면 시장매력도 점수는 제외하고 정보화수준과 접근가능성 점수에서 A국은 40점, 나머지 B, C, D국은 35점인데, 여기에 시장매력도 점수에서 최대치인 15점을 더하더라도 E국의 60점에는 못 미친다. 따라서 수출 중점대상국가로는 E국이 선정된다.

빠른 문제풀이 Tip

- 30점 만점인 시장매력도의 세 하위 항목을 반영하는 비율이 정해져 있지 않다. 세 하위 항목 중 'S/W성장률'은 실질적으로 사용되지 않는다. 기출에서 사용된 표는 포장된 표인 경우가 많다.
- 보기 ㄹ의 정오판단을 할 때, 단순히 S/W시장규모가 10억 불 이상이면서 동시에 인구가 5천만 명 이상인 국가가 E국이기 때문에, E국이 선정되어 옳다고 판단하는 경우가 많다. 기출분석할 때 정확하게 분석해 두어야 한다.

[정답] ③

165 다음 글과 <조건>을 근거로 판단할 때, 2순위와 4순위가 옳게 짝지어진 것은? 13년 민경채 인책형 8번

> 심야에 오토바이 폭주족들이 굉음을 내고 도로를 질주하여 주민들이 잠을 잘 수가 없다는 민원이 경찰청에 끊임없이 제기되고 있다. 경찰청은 이 문제를 해결하기 위해 대책을 논의하였다. 그 결과 안전그물 설치, 전담반 편성, CCTV 설치, 처벌 강화, 시민자율방범의 5가지 대안을 마련하였고, 그 대안별 우선순위를 알고자 한다.

〈조 건〉

평가기준 \ 대안	(ㄱ) 안전그물 설치	(ㄴ) 전담반 편성	(ㄷ) CCTV 설치	(ㄹ) 처벌 강화	(ㅁ) 시민자율 방범
효과성	8	5	5	9	4
기술적 실현가능성	7	2	1	6	3
경제적 실현가능성	6	1	3	8	1
행정적 실현가능성	6	6	5	5	5
법적 실현가능성	6	5	5	5	5

○ 우선순위는 각 대안별 평가기준 점수의 합계가 높은 순으로 정한다.

○ 합계점수가 같은 경우에는 법적 실현가능성 점수가 높은 대안이 우선순위가 높고, 법적 실현가능성 점수도 같은 경우에는 효과성 점수, 효과성 점수도 같은 경우에는 행정적 실현가능성 점수, 행정적 실현가능성 점수도 같은 경우에는 기술적 실현가능성 점수가 높은 대안 순으로 우선순위를 정한다.

	2순위	4순위
①	ㄱ	ㄴ
②	ㄴ	ㄹ
③	ㄹ	ㄴ
④	ㄹ	ㄷ
⑤	ㄹ	ㅁ

해설

문제 분석

- 우선순위는 각 대안별 평가기준 점수의 합계가 높은 순으로 정한다.
- 합계점수가 같은 경우에는 법적 실현가능성 점수 → 효과성 점수 → 행정적 실현가능성 점수 → 기술적 실현가능성 점수 순으로 높은 대안이 우선순위가 된다.

문제풀이 실마리

- 상대적 계산스킬을 사용하면 보다 계산을 수월하게 할 수 있다.
- 동점 시 처리규칙에 주의하자.

상대적 비교를 요하는 문제이므로 계산 과정에서 공통인 부분을 제외하고 계산하는 연습을 하는 것이 필요하다. 또한 합계점수를 구한 이후 동점 시 처리 조건을 누락하지 않고 정확히 파악한다. (ㄱ)~(ㅁ)까지 항목별 점수 중 공통적으로 8점을 제외할 수 있으므로 이를 제외하여 정리하면 다음과 같다.

평가기준 \ 대안	(ㄱ) 안전그물 설치	(ㄴ) 전담반 편성	(ㄷ) CCTV 설치	(ㄹ) 처벌 강화	(ㅁ) 시민 자율방범
효과성	~~8~~	~~5~~	~~5~~	9	~~4~~
기술적 실현 가능성	7	~~2~~	1	6	~~3~~
경제적 실현 가능성	6	~~1~~	~~3~~	~~8~~	~~1~~
행정적 실현 가능성	6	6	5	5	5
법적 실현 가능성	6	5	5	5	5
합계 점수	25	11	11	25	10

- 2순위의 확인: 공통점수를 제외하고 (ㄱ) 안전그물 설치와 (ㄹ) 처벌 강화가 합계점수가 25점으로 동일하므로 '동점 시 처리 조건'을 확인한다. 합계점수가 같은 경우 법적 실현가능성 점수가 높은 대안이 우선순위가 높으므로 법적 실현가능성 점수가 6점인 (ㄱ) 안전그물 설치가 1순위, 법적 실현가능성 점수가 5점인 (ㄹ) 처벌 강화가 2순위임을 알 수 있다.
- 4순위의 확인: (ㄴ) 전담반 편성과 (ㄷ) CCTV 설치의 합계점수가 11점으로 동일하므로 '동점 시 처리 조건'을 확인하면 법적 실현가능성 점수가 5점으로 동일하고, 효과성 점수가 5점으로 동일하다. 이때 행정적 실현가능성 점수는 (ㄴ) 전담반 편성의 행정적 실현가능성 점수가 6점으로 (ㄷ) CCTV 설치의 5점보다 높으므로 (ㄴ) 전담반 편성이 3순위, (ㄷ) CCTV 설치가 4순위임을 알 수 있다.

따라서 2순위는 (ㄹ) 처벌강화, 4순위는 (ㄷ) CCTV 설치이다.

빠른 문제풀이 Tip

2순위와 4순위를 골라야 한다는 점에 유의하자.

[정답] ④

166 **다음 글을 근거로 판단할 때, 국제행사의 개최도시로 선정될 곳은?** 19년 민경채 나책형 6번

甲사무관은 대한민국에서 열리는 국제행사의 개최도시를 선정하기 위해 다음과 같은 〈후보도시 평가표〉를 만들었다. 〈후보도시 평가표〉에 따른 점수와 〈국제해양기구의 의견〉을 모두 반영하여, 합산점수가 가장 높은 도시를 개최도시로 선정하고자 한다.

〈후보도시 평가표〉

구분	서울	인천	대전	부산	제주
1) 회의 시설 1,500명 이상 수용가능한 대회의장 보유 등	A	A	C	B	C
2) 숙박 시설 도보거리에 특급 호텔 보유 등	A	B	A	A	C
3) 교통 공항접근성 등	B	A	C	B	B
4) 개최 역량 대규모 국제행사 개최 경험 등	A	C	C	A	B

※ A: 10점, B: 7점, C: 3점

〈국제해양기구의 의견〉

○ 외국인 참석자의 편의를 위해 '교통'에서 A를 받은 도시의 경우 추가로 5점을 부여해 줄 것
○ 바다를 끼고 있는 도시의 경우 추가로 5점을 부여해 줄 것
○ 예상 참석자가 2,000명 이상이므로 '회의 시설'에서 C를 받은 도시는 제외할 것

① 서울
② 인천
③ 대전
④ 부산
⑤ 제주

해설

문제 분석

- A: 10점, B: 7점, C: 3점으로 변환한 후, 합산점수가 가장 높은 도시를 개최도시로 선정
- 가점 5점: '교통'에서 A를 받은 도시, 바다를 끼고 있는 도시
- 제외조건: '회의 시설'에서 C를 받은 도시

문제풀이 실마리

- 간단한 대안비교 확인 문제이므로 쉽게 해결할 수 있다.
- 제외조건에 주의하자.

제외조건을 적용해야 한다. '회의 시설'에서 C를 받은 도시를 제외해야 하므로 대전과 제주가 선지에서 제외된다. 가점을 포함하여 나머지 후보도시들의 점수를 구해보면 다음과 같다.

구분	서울	인천(+5)	대전	부산(+5)	제주
1) 회의 시설 1,500명 이상 수용가능한 대회의장 보유 등	10	10	C	7	C
2) 숙박 시설 도보거리에 특급 호텔 보유 등	10	7	A	10	C
3) 교통 공항접근성 등	7	10 (+5)	C	7	B
4) 개최 역량 대규모 국제행사 개최 경험 등	10	3	C	10	B
	37	40		39	

따라서 총점이 가장 높은 도시는 인천이다.

[정답] ②

167 다음 글과 <평가표>를 근거로 판단할 때 옳은 것은?

16년 5급 4책형 37번

1년 이상 A국에 합법적으로 체류 중인 전문인력 외국인 중 〈평가표〉에 의한 총점이 80점 이상인 경우, A국에서의 거주자격을 부여 받게 된다. '점수제에 의한 거주자격 부여 제도'는 1년 이상 A국에 합법적으로 체류 중인 전문 인력 외국인으로서 가점을 제외한 연령 · 학력 · A국 어학능력 · 연간소득 항목에서 각각 최소의 점수라도 얻을 수 있는 자(이하 '대상자'라 한다)를 대상으로 한다. 평가표 기준(단, 가점 제외)에 해당하지 않는 자는 '점수제에 의한 거주자격 부여 제도'의 대상자에 포함될 수 없다. 예를 들어, 기본적인 의사소통도 불가능한 사람은 이 제도를 통하여 거주자격을 부여 받을 수 없다.

아래 〈평가표〉에서 연령 · 학력 · A국 어학능력 · 연간소득의 항목별 점수를 합산하고, 가점항목에 해당하는 경우 가점도 합산하여 총점을 구한다.

〈평가표〉

○ 연령

연령대	18~24세	25~29세	30~34세	35~39세	40~44세	45~50세	51세 이상
점수	20점	23점	25점	23점	20점	18점	15점

○ 학력

최종 학력	박사 학위 2개 이상	박사 학위 1개	석사 학위 2개 이상	석사 학위 1개	학사 학위 2개 이상	학사 학위 1개	2년제 이상 전문 대학 졸업
점수	35점	33점	32점	30점	28점	26점	25점

○ A국 어학능력

A국 어학능력	사회생활에서 충분한 의사소통	친숙한 주제 의사소통	기본적인 의사소통
점수	20점	15점	10점

○ 연간소득

연간소득(원)	3천만 미만	3천만 이상 ~ 5천만 미만	5천만 이상 ~ 8천만 미만	8천만 이상 ~ 1억 미만	1억 이상
점수	5점	6점	7점	8점	10점

○ 가점

가점 항목	A국 유학경험					A국 사회봉사활동			해외전문분야 취업경력		
세부 항목	어학 연수	전문 학사	학사	석사	박사	1년 미만	1~2년 미만	2년 이상	1년 미만	1~2년 미만	2년 이상
점수	3점	5점	7점	9점	10점	1점	3점	5점	1점	3점	5점

※ A국 유학경험 항목의 경우, 2개 이상의 세부항목에 해당된다면 가장 높은 점수만을 부여한다.

① 평가표에 의할 때 대상자가 받을 수 있는 최저점수는 70점이다.

② 평가표에 의할 때 대상자가 가점으로 받을 수 있는 최고점수는 52점이다.

③ 가점항목을 제외한 4개의 항목 중 배점이 두 번째로 작은 항목은 연령이다.

④ 대상자 甲은 가점을 획득하지 못해도 연령, 학력, A국 어학능력에서 최고점을 받는다면, 연간소득 항목에서 최저점수를 받더라도 거주자격을 부여 받을 수 있다.

⑤ 박사학위를 소지한 33세 대상자 乙은 A국 대학에서 다른 분야의 박사학위를 취득하고 기본적인 의사소통을 한다면 거주자격을 부여 받지 못한다.

해설

문제 분석

- A국에서의 거주자격 부여 조건
  1) 1년 이상 A국에 합법적으로 체류 중인 전문인력 외국인
  2) 〈평가표〉에 의한 총점이 80점 이상
- '점수제에 의한 거주자격 부여 제도'의 대상
  1) 1년 이상 A국에 합법적으로 체류 중인 전문 인력 외국인
  2) 가점을 제외한 연령 · 학력 · A국 어학능력 · 연간소득 항목에서 각각 최소의 점수라도 얻을 수 있는 자
  3) 평가표 기준(단, 가점 제외)에 해당하지 않는 자는 '점수제에 의한 거주자격 부여 제도'의 대상자에 포함될 수 없음
- 〈평가표〉에서 연령 · 학력 · A국 어학능력 · 연간소득의 항목별 점수를 합산하고, 가점항목에 해당하는 경우 가점도 합산하여 총점을 구함

문제풀이 실마리

〈평가표〉에서 최고 점수, 최소 점수를 확인할 때 위치에 주의해야 한다.

① (X) 첫 번째 문단, 대상자의 점수와 관련된 요건은 '가점을 제외한 각 항목에서 최소의 점수라도 얻을 수 있는 자'이다. 가점을 제외하고 받을 수 있는 최저점수는 (연령: 51세 이상)15점+(학력: 2년제 이상 전문대학 졸업)25점+(A국 어학능력: 기본적인 의사소통)10점+(연간소득: 3천만 원 미만)5점=55점이므로, 대상자가 받을 수 있는 최저점수는 55점이다.

② (X) 각주에서 A국 유학경험 항목의 경우, 2개 이상의 세부항목에 해당된다면 가장 높은 점수만을 부여하도록 규정하고 있다. 따라서 대상자가 가점으로 받을 수 있는 최고 점수는 (A국 유학경험: 박사)10점+(A국 사회봉사활동: 2년 이상)5점+(해외전문분야 취업경력: 2년 이상)5점=20점이다. 따라서 〈평가표〉에 의할 때 대상자가 가점으로 받을 수 있는 최고점수는 20점이다.

③ (X) 각 항목의 배점은 각 항목별로 배정된 점수를 보면 되고, 연령 25점, 학력 35점, A국 어학능력 20점, 연간소득 10점이다. 따라서 배점이 두 번째로 작은 항목은 10점의 연령이 아니라, 20점의 A국 어학능력 항목이다.

④ (O) 첫 번째 문단, A국에서의 거주자격은 〈평가표〉에 의한 총점이 80점 이상인 경우에 부여 받게 되는데, 연령, 학력, A국 어학능력에서 최고점을 받는다면, 연령의 최고점은 25점, 학력의 최고점은 35점, A국 어학능력의 최고점은 20점이므로 이를 합산하면 이미 80점이 된다. 이때 연간소득 항목에서 최저점수인 5점을 받더라도 총점 85점이므로 〈평가표〉에 의한 총점이 80점 이상이기 때문에, A국에서의 거주자격을 부여 받을 수 있다.

⑤ (X) 대상자 乙은
  1) 연령: 33세이므로 25점
  2) 학력: 박사학위를 소지하고, A국 대학에서 다른 분야의 박사학위를 취득했으므로 '박사학위 2개 이상'으로 35점
  3) A국 어학능력: 기본적인 의사소통을 하므로 10점
  4) 연간소득: '대상자'에 해당하므로 대상자는 선지 ①에서 봤듯이, 최소의 점수라도 얻어야 하므로, 최소 5점 이상
  5) 가점: A국에서 박사학위를 취득했으므로 10점을 얻게 된다.

따라서 乙의 총점은 25+35+10+최소 5+10=최소 85점이므로 거주자격을 부여 받을 수 있다.

빠른 문제풀이 Tip

- A국 유학경험 항목의 경우, 2개 이상의 세부항목에 해당된다면 가장 높은 점수만을 부여해야 한다.
- 80점 이상인지만 확인하면 되는 경우, 값을 정확하게 계산하기 보다는 이상의 여부만 확인하는 것이 바람직하다.

[정답] ④

168 다음 <맛집 정보>와 <평가 기준>을 근거로 판단할 때, 총점이 가장 높은 음식점은?

16년 5급 4책형 18번

〈맛집 정보〉

평가 항목 / 음식점	음식 종류	이동 거리	가격 (1인 기준)	맛평점 (★ 5개 만점)	방 예약 가능 여부
자금성	중식	150m	7,500원	★★☆	○
샹젤리제	양식	170m	8,000원	★★★	○
경복궁	한식	80m	10,000원	★★★★	×
도쿄타워	일식	350m	9,000원	★★★★☆	×
광화문	한식	300m	12,000원	★★★★★	×

※ ☆은 ★의 반 개이다.

〈평가 기준〉

- ○ 평가 항목 중 이동거리, 가격, 맛평점에 대하여 각 항목별로 5, 4, 3, 2, 1점을 각각의 음식점에 하나씩 부여한다.
  - 이동거리가 짧은 음식점일수록 높은 점수를 준다.
  - 가격이 낮은 음식점일수록 높은 점수를 준다.
  - 맛평점이 높은 음식점일수록 높은 점수를 준다.
- ○ 평가 항목 중 음식종류에 대하여 일식 5점, 한식 4점, 양식 3점, 중식 2점을 부여한다.
- ○ 방 예약이 가능한 경우 가점 1점을 부여한다.
- ○ 총점은 음식종류, 이동거리, 가격, 맛평점의 4가지 평가 항목에서 부여 받은 점수와 가점을 합산하여 산출한다.

① 자금성
② 샹젤리제
③ 경복궁
④ 도쿄타워
⑤ 광화문

해설

문제 분석

〈평가 기준〉에 잘 정리되어 있다.

문제풀이 실마리

기준에 따라 정확히 점수를 부여하면 어렵지 않게 해결되는 문제이다.

〈평가 기준〉을 〈맛집 정보〉에 적용하여 점수를 부여하면 다음과 같다.

평가 항목 / 음식점	음식 종류	이동 거리	가격 (1인 기준)	맛평점 (★ 5개 만점)	방 예약 가능 여부	총점
자금성	중식	150m	7,500원	★★☆	O	13점
	2점	4점	5점	1점	1점	
샹젤리제	양식	170m	8,000원	★★★	O	13점
	3점	3점	4점	2점	1점	
경복궁	한식	80m	10,000원	★★★★	X	14점
	4점	5점	2점	3점	0점	
도쿄타워	일식	350m	9,000원	★★★★☆	X	13점
	5점	1점	3점	4점	0점	
광화문	한식	300m	12,000원	★★★★★	X	12점
	4점	2점	1점	5점	0점	

따라서 총점이 가장 높은 음식점은 14점을 받은 경복궁이다.

빠른 문제풀이 Tip

숫자가 클수록 좋은 것과 숫자가 작을수록 좋은 것을 혼동하지 않도록 주의한다.

[정답] ③

대안비교 - 기본형

169 다음 <감독의 말>과 <상황>을 근거로 판단할 때, 甲~戊 중 드라마에 캐스팅되는 배우는? 19년 5급 가책형 11번

〈감독의 말〉

안녕하세요 여러분. '열혈 군의관, 조선시대로 가다!' 드라마 오디션에 지원해 주셔서 감사합니다. 잠시 후 오디션을 시작할 텐데요. 이번 오디션에서 캐스팅하려는 역은 20대 후반의 군의관입니다. 오디션 실시 후 오디션 점수를 기본 점수로 하고, 다음 채점 기준의 해당 점수를 기본 점수에 가감하여 최종 점수를 산출하며, 이 최종 점수가 가장 높은 사람을 캐스팅합니다.

첫째, 28세를 기준으로 나이가 많거나 적은 사람은 1세 차이당 2점씩 감점하겠습니다. 둘째, 이전에 군의관 역할을 연기해 본 경험이 있는 사람은 5점을 감점하겠습니다. 시청자들이 식상해 할 수 있을 것 같아서요. 셋째, 저희 드라마가 퓨전 사극이기 때문에, 사극에 출연해 본 경험이 있는 사람에게는 10점의 가점을 드리겠습니다. 넷째, 최종 점수가 가장 높은 사람이 여럿인 경우, 그 중 기본 점수가 가장 높은 한 사람을 캐스팅하도록 하겠습니다.

〈상 황〉

- ○ 오디션 지원자는 총 5명이다.
- ○ 오디션 점수는 甲이 76점, 乙이 78점, 丙이 80점, 丁이 82점, 戊가 85점이다.
- ○ 각 배우의 오디션 점수에 각자의 나이를 더한 값은 모두 같다.
- ○ 오디션 점수가 세 번째로 높은 사람만 군의관 역할을 연기해 본 경험이 있다.
- ○ 나이가 가장 많은 배우만 사극에 출연한 경험이 있다.
- ○ 나이가 가장 적은 배우는 23세이다.

① 甲
② 乙
③ 丙
④ 丁
⑤ 戊

해설

문제 분석

- 최종 점수 = 오디션 점수(기본 점수) ± 채점 기준의 해당 점수
- 최종 점수가 가장 높은 사람을 캐스팅
- 채점 기준

감점	• 28세를 기준으로 나이가 많거나 적은 사람은 1세 차이당 2점씩 감점 • 이전에 군의관 역할을 연기해 본 경험이 있는 사람은 5점을 감점
가점	사극에 출연해 본 경험이 있는 사람에게는 10점의 가점

- 최종 점수가 가장 높은 사람이 여럿인 경우, 그 중 기본 점수가 가장 높은 한 사람을 캐스팅

문제풀이 실마리

- 대안비교 문제인데 표로 주던 정보를 표 대신 줄글로 녹여서 출제한 문제이다.
- 큰 함정 없이 주어진 조건에 따라 정확히 점수를 처리하면 맞힐 수 있는 문제이다.

주어진 조건에 따라 계산해 보면 다음과 같다.

구분	甲	乙	丙	丁	戊
오디션 점수(기본점수)	76	78	80	82	85
나이	32세	30세	28세	26세	23세
나이점수	−8	−4	0	−4	−10
군의관 역할 경험	0	0	−5	0	0
사극출연 경험	+10	0	0	0	0
최종 점수	78	74	75	78	75

최종 점수가 가장 높은 사람은 甲과 丁이고, 이 경우 기본 점수가 가장 높은 한 사람을 캐스팅하므로 최종적으로 丁이 캐스팅된다.

빠른 문제풀이 Tip

각 배우의 오디션 점수에 각자의 나이를 더한 값은 모두 같기 때문에 합이 일정하다는 '합의 장치'를 활용하면 보다 빠른 해결이 가능하다.

[정답] ④

170 4명의 참가자(A~D)가 음악경연을 한다. 다음 <조건>에 근거할 때, 옳지 않은 것은? 12년 5급 인책형 33번

〈조 건〉

○ 탈락자는 〈심사위원 점수〉와 〈국민참여 문자투표 득표수〉를 반영하여 선정된다.
○ 심사위원 점수의 합산점수와 국민참여 문자투표의 점유율(%)의 수치를 점수로 간주한 값(환산점수)을 더하여 참가자들 각각의 총점을 산출한다.
○ 총점이 가장 낮은 참가자가 탈락되며, 이때 그 수가 2인 이상인 경우 그들 모두를 탈락자로 한다.
○ 甲, 乙, 丙총 3명의 〈심사위원 점수〉와 10만 명이 문자 투표한 〈국민참여 문자투표 득표수〉는 아래와 같다.

〈심사위원 점수〉

(100점 만점)

심사위원 \ 참가자	A	B	C	D
甲	90점	85점	88점	89점
乙	88점	85점	88점	86점
丙	85점	?	90점	90점

〈국민참여 문자투표 득표수〉

구분	A	B	C	D
득표수	25,000표	?	17,500표	?
환산점수	25점	?	17.5점	?

① A는 탈락하지 않을 것이다.
② D가 C보다 국민참여 문자투표를 1,500표 더 받았다면 탈락하지 않는다.
③ D가 국민참여 문자투표에서 42,500표를 받았다면 B가 탈락했을 것이다.
④ B와 D의 국민참여 문자투표 득표수가 같다면 B와 C 중에서 탈락자가 결정된다.
⑤ 공동 탈락자가 생길 수 있다.

해설

문제 분석

참가자의 총점=심사위원 점수의 합산 점수+국민참여 문자투표의 점유율을 점수로 환산한 값

문제풀이 실마리

상대적 계산 스킬을 잘 사용하면 쉽게 해결할 수 있다. 각 참가자의 총점의 절댓값을 정확히 구해야 하는 것이 아니고, 참가자 간의 상대적인 비교를 통해서 서로의 우열만 가려서 총점이 가장 낮은 참가자(=탈락자)만 확인하면 된다. 따라서 차이값을 적절히 이용해서 비교하는 것이 좋다.

[심사위원 점수] 차이값 활용

각 심시위원의 점수를 85점을 0점으로 기준 삼아 정리하면 다음과 같다. B의 '?'점수만 조심히 처리하면 된다.

심사위원 \ 참가자	A	B	C	D
甲	+5	+0	+3	+4
乙	+3	+0	+3	+1
丙	+0	?	+5	+5
심사위원 총 점수	+8	+?	+11	+10

여기서 참가자 B의 '?'의 범위는 85점을 0점으로 기준을 삼으므로, 최고점수인 100점을 받았을 때 +15, 최저점인 0점을 받았을 때 −85까지 가능하다.(?의 범위: −85~+15) 따라서 B의 총 점수도 −85~+15의 범위를 갖는다.

[국민참여 문자투표 득표수] 절댓값 활용

국민참여 문자투표 특표수를 보면, 1000표당 1점씩으로 환산됨을 알 수 있다. B와 D가 나누어 가지게 되는 환산점수는 A 25점+B 17.5=42.5점을 제외한 57.5점이다. 따라서 B와 D의 환산점수의 범위는 각각 0점~57.5점이고, B와 D의 환산점수의 합은 57.5점이다.

구분	A	B	C	D
심사위원 점수	8	−85~15	11	10
문자투표 득표수	25	0~57.5	17.5	0~57.5
		이 둘의 합이 57.5		
총합	33	−85~72.5	28.5	10~67.5

① (O) 확정적인 점수만 고려하더라도 33점의 A가 28.5점의 C보다는 점수가 높으므로 A는 탈락하지 않는다.

② (O) D가 C보다 국민참여 문자투표를 1,500표 더 받았다는 것은 문자투표 득표점수에서 D가 1.5점 더 높다는 의미이다. 이를 차이값으로 계산해 보면 다음과 같다.

구분	C		D	
심사위원 점수	~~11~~	+1	~~10~~	+0
문자투표 득표수	+0		+1.5	
총합	+1		+1.5	

따라서 총점으로 보면 D가 C보다 0.5점 더 높다. 따라서 D는 탈락하지 않는다.

③ (X) B와 D의 문자투표 점수의 합이 57.5이고 D의 점수가 42.5점이므로 B의 점수는 15점이 된다. 이 경우 총점을 보면 다음과 같다.

구분	A	B	C	D
심사위원 점수	8	−85～15	11	10
문자투표 득표수	25	15	17.5	42.5
총합	33	−70～30	28.5	52.5

점수가 확정된 A, C, D 중에서는 점수가 가장 낮은 C가 탈락할 수 있다. B의 총점수는 −70～30의 범위에서 결정된다. 이때 29점이나 30점이라면, 28.5점인 C보다 높다. 따라서 반드시 B가 탈락하는 것은 아니다.

④ (O) B와 D가 동일하게 각각 28.750표씩 얻게 되는 경우이다. 점수로 환산하여 둘 다 동일하게 28.75점씩 얻게 되면,

구분	A	B	C	D
심사위원 점수	8	−85～15	11	10
문자투표 득표수	25	28.75	17.5	28.75
총합	33	−56.25～43.75	28.5	38.75

확정적인 점수를 비교해 보면 C가 A나 D에 비해서 낮다. 그리고 B의 점수의 범위는 C보다 낮을 수도 높을 수도 있다. 따라서 B의 심사위원 점수가 어떻게 나오는가에 따라서 B와 C 중에서 탈락자가 결정된다.

⑤ (O) 〈조건〉에 따를 때, 총점이 가장 낮은 참가자가 2명 이상인 경우 그들 모두를 탈락자로 한다. A는 탈락하지 않는다는 것은 확정이므로, B, C, D 중 총점이 가장 낮은 참가자를 복수로 만들어 공동 탈락자를 만들 수 있다. 예를 들어 B와 C의 점수가 다음과 같다면

구분	A	B	C	D
심사위원 점수	8	0	11	10
문자투표 득표수	25	39	17.5	18.5
총합	33	39	28.5	28.5

B와 C의 점수가 28.5점으로 가장 낮으므로, B와 C가 공동 탈락자가 된다.

빠른 문제풀이 Tip

- 차이값을 사용하는 여러 방법을 연습할 수 있는 문제이다.
- 선지 ⑤에서 공동탈락자를 만드는 방법은 여러 가지가 있다. 다양하게 연습해 보자.

[정답] ③

대안비교+가중치

171 다음 글을 근거로 판단할 때, A시가 '창의 테마파크'에서 운영할 프로그램은?

16년 5급 4책형 38번

A시는 학생들의 창의력을 증진시키기 위해 '창의 테마파크'를 운영하고자 한다. 이를 위해 다음과 같은 프로그램을 후보로 정했다.

분야	프로그램명	전문가 점수	학생 점수
미술	내 손으로 만드는 동물	26	32
인문	세상을 바꾼 생각들	31	18
무용	스스로 창작	37	25
인문	역사랑 놀자	36	28
음악	연주하는 교실	34	34
연극	연출노트	32	30
미술	창의 예술학교	40	25
진로	항공체험 캠프	30	35

○ 전문가와 학생은 후보로 선정된 프로그램을 각각 40점 만점제로 우선 평가하였다.

○ 전문가 점수와 학생 점수의 반영 비율을 3:2로 적용하여 합산한 후, 하나밖에 없는 분야에 속한 프로그램에는 취득점수의 30%를 가산점으로 부여한다.

○ A시는 가장 높은 점수를 받은 프로그램을 최종 선정하여 운영한다.

① 연주하는 교실
② 항공체험 캠프
③ 스스로 창작
④ 연출노트
⑤ 창의 예술학교

해설

문제 분석

- 전문가와 학생은 각 프로그램을 40점 만점제 평가
- 전문가 점수와 학생 점수의 반영 비율을 3:2로 적용하여 합산
- 하나밖에 없는 분야에 속한 프로그램에는 취득점수의 30%를 가산점으로 부여
- A시는 가장 높은 점수를 받은 프로그램을 최종 선정하여 운영

문제풀이 실마리

프로그램명이 선지의 개수인 5개보다 많으므로 선지에서 묻는 다섯 종류의 프로그램만 계산해야 한다.

정석적인 풀이 방법은 다음과 같다.

3:2

	분야	프로그램명	전문가 점수		학생 점수		합산 점수
	미술	내 손으로 만드는 동물	26		32		
	인문	세상을 바꾼 생각들	31		18		
③	무용	스스로 창작	37	111	25	50	161
	인문	역사랑 놀자	36		28		
①	음악	연주하는 교실	34	102	34	68	170
④	연극	연출노트	32	96	30	60	156
⑤	미술	창의 예술학교	40	120	25	50	170
②	진로	항공체험 캠프	30	90	35	70	160

전문가 점수와 학생 점수의 반영 비율을 3:2로 적용하여 합산하면 '연주하는 교실'과 '창의예술학교'의 합산 점수가 170점으로 동일한데, 하나밖에 없는 분야에 속한 프로그램인 '연주하는 교실'에 취득점수의 30%를 가산점으로 부여하면 최종 점수 222.3점으로 최종 선정하여 운영된다.

빠른 문제풀이 Tip

- 문제에서는 표로 8개의 프로그램을 제시하고 있지만, 그 모든 프로그램을 우리가 확인해야 하는 것은 아니다. 선지를 잘 활용하여 묻는 것만 확인하는 습관을 들이도록 하자. 기출 문제에서 활용되는 표는 포장되는 경우가 많다.
- 분야의 중복 여부를 체계적이고 빠르게 확인할 수 있어야 한다.
- 지금까지 이 책에서 연습한 스킬들이 잘 체화되어 있다면 이 문제는 5가지 이상의 방법으로 해결할 수 있다. 각자 다양한 방법으로 연습해 보자. 빠르고 정확하게 계산할 수 있는 다양한 방법을 연습해 두어야 한다.

[정답] ①

172 다음 <지원계획>과 <연구모임 현황 및 평가결과>를 근거로 판단할 때, 연구모임 A~E 중 두 번째로 많은 총지원금을 받는 모임은?

17년 5급 가책형 8번

〈지원계획〉

○ 지원을 받기 위해서는 한 모임당 6명 이상 9명 미만으로 구성되어야 한다.

○ 기본지원금

한 모임당 1,500천 원을 기본으로 지원한다. 단, 상품개발을 위한 모임의 경우는 2,000천 원을 지원한다.

○ 추가지원금

연구 계획 사전평가결과에 따라,

'상' 등급을 받은 모임에는 구성원 1인당 120천 원을,

'중' 등급을 받은 모임에는 구성원 1인당 100천 원을,

'하' 등급을 받은 모임에는 구성원 1인당 70천 원을 추가로 지원한다.

○ 협업 장려를 위해 협업이 인정되는 모임에는 위의 두 지원금을 합한 금액의 30%를 별도로 지원한다.

〈연구모임 현황 및 평가결과〉

모임	상품개발 여부	구성원 수	연구 계획 사전평가결과	협업 인정 여부
A	O	5	상	O
B	X	6	중	X
C	X	8	상	O
D	O	7	중	X
E	X	9	하	X

① A

② B

③ C

④ D

⑤ E

해설

문제 분석

- 모임의 구성원 수는 6~8명이어야 한다.
- 기본지원금: 한 모임당 1,500천 원을 기본으로 지원 (단, 상품개발을 위한 모임의 경우는 2,000천 원을 지원)
- 추가지원금: 연구 계획 사전평가결과에 따라,
  '상' 등급을 받은 모임에는 구성원 1인당 120천 원을,
  '중' 등급을 받은 모임에는 구성원 1인당 100천 원을,
  '하' 등급을 받은 모임에는 구성원 1인당 70천 원을 추가로 지원
- 협업이 인정되는 모임에는 '기본지원금+추가지원금'의 30%를 별도로 지원

문제풀이 실마리

- 제외조건을 정확하게 적용할 수 있어야 한다.
- 상대적 계산 스킬을 사용하면 보다 수월하게 문제를 해결할 수 있다.

지원을 받기 위해서는 한 모임당 6명 이상 9명 미만으로 구성되어야 하므로, 이 조건에 위배되는 A모임(5명)과 E모임(9명)은 제외하여야 한다.

모임	상품개발 여부	구성원 수	연구 계획 사전평가 결과	협업 인정 여부	기본 지원금	추가 지원금	협업장려 가산금	총 지원금
B	X	6	중	X	1,500	600		2,100
C	X	8	상	O	1,500	960	+30% (=738)	3,198
D	O	7	중	X	2,000	700		2,700

두 번째로 많은 총지원금을 받는 모임은 D이다.

빠른 문제풀이 Tip

이 문제 역시도 지금까지 이 책에서 연습한 스킬들이 잘 체화되어 있다면 3가지 이상의 방법으로 해결할 수 있다. 각자 다양한 방법으로 연습해 보자.

[정답] ④

173 A회사는 甲, 乙, 丙 중 총점이 가장 높은 업체를 협력업체로 선정하고자 한다. <업체 평가기준>과 <지원업체 정보>를 근거로 판단할 때, <보기>에서 옳은 것만을 모두 고르면?

14년 5급 A책형 13번

〈업체 평가기준〉

〈평가항목과 배점비율〉

평가항목	품질	가격	직원규모	계
배점비율	50%	40%	10%	100%

〈가격 점수〉

가격 (만 원)	500 미만	500 ~549	550 ~599	600 ~649	650 ~699	700 이상
점수	100	98	96	94	92	90

〈직원규모 점수〉

직원 규모 (명)	100 초과	100 ~91	90 ~81	80 ~71	70 ~61	60 이하
점수	100	97	94	91	88	85

〈지원업체 정보〉

업체	품질 점수	가격(만 원)	직원규모(명)
甲	88	575	93
乙	85	450	95
丙	87	580	85

※ 품질 점수의 만점은 100점으로 한다.

〈보 기〉

ㄱ. 총점이 가장 높은 업체는 乙이며 가장 낮은 업체는 丙이다.
ㄴ. 甲이 현재보다 가격을 30만 원 더 낮게 제시한다면, 乙보다 더 높은 총점을 얻을 수 있을 것이다.
ㄷ. 丙이 현재보다 직원규모를 10명 더 늘린다면, 甲보다 더 높은 총점을 얻을 수 있을 것이다.
ㄹ. 丙이 현재보다 가격을 100만 원 더 낮춘다면, A회사는 丙을 협력업체로 선정할 것이다.

① ㄱ, ㄴ
② ㄱ, ㄹ
③ ㄴ, ㄷ
④ ㄷ, ㄹ
⑤ ㄱ, ㄴ, ㄹ

해설

문제 분석

〈업체 평가기준〉을 〈지원업체 정보〉에 적용하여 계산한다.

문제풀이 실마리

정석적인 풀이 대신 배점비율을 간단한 정수비로 처리하고 차이값을 이용하여 각 업체의 상대적 우열을 가리면 훨씬 더 빠르게 구할 수 있다.

정석적인 풀이는 다음과 같다. 먼저 각 업체의 가격과 직원규모를 점수로 환산하여야 한다.

업체	가격(만 원)		직원규모(명)	
甲	575	96점	93	97점
乙	450	100점	95	97점
丙	580	96점	85	94점

〈지원업체 정보〉에 적용하여 점수를 정리하면 다음과 같다.

업체	품질 점수	가격 점수	직원규모 점수
배점비율	50%	40%	10%
甲	88	96	97
乙	85	100	97
丙	87	96	94

ㄱ. (O) 甲: 88×0.5+96×0.4+97×0.1=92.1
乙: 85×0.5+100×0.4+97×0.1=92.2
丙: 87×0.5+96×0.4+94×0.1=91.3
이 경우 乙이 총점이 92.2로 가장 높고, 丙이 91.3으로 가장 낮다.

ㄴ. (O) 기존에 甲: 88×0.5+96×0.4+97×0.1=92.1에서
甲: 88×0.5+98×0.4+97×0.1=92.9(+0.8)점으로 커지게 되고 따라서 乙의 92.2보다 더 높은 총점을 얻을 수 있다.

업체	가격(만 원)		
甲	575	96점	2점 상승
	545	98점	

0.4의 비중을 차지하는 평가항목에서 2점이 상승하므로, 기존 점수보다 0.8의 값이 커지게 된다.

ㄷ. (X) 기존에 丙: 87×0.5+96×0.4+94×0.1=91.3에서
丙: 87×0.5+96×0.4+97×0.1=91.6(+0.3)점으로 여전히 甲의 92.1보다는 총점이 낮다.

업체	직원규모(명)		
丙	85	94점	3점 상승
	95	97점	

0.1의 비율을 차지하는 평가항목에서 3점이 상승하므로, 기존 점수보다 0.3의 값이 커지게 된다.

ㄹ. (O) 기존에 丙: 87×0.5+96×0.4+94×0.1=91.3에서
丙: 87×0.5+100×0.4+94×0.1=92.9(+1.6)점으로 이제는 甲의 92.1점, 乙의 92.2점보다 丙의 점수가 더 높다.

업체	가격(만 원)		
丙	580	96점	4점 상승
	480	100점	

따라서 丙을 협력업체로 선정할 것이다. 0.4의 비율을 차지하는 평가항목에서 4점이 상승하므로, 기존 점수보다 1.6의 값이 커지게 된다.

빠른 문제풀이 Tip

- 앞서 159번 문제(5급 09년 극책형 8번)에서 연습한 것처럼 변화분만 계산하여야 빠른 해결이 가능하다.
- 앞서 연습한 상대적 계산 스킬과 대안비교 스킬을 사용하면 보다 수월하게 문제를 해결할 수 있다.

1) 각 평가 항목별 배점비율을 품질 : 가격 : 직원규모 = 0.5 : 0.4 : 0.1 = 5 : 4 : 1로 계산하는 '비' 스킬을 사용할 수 있다.

업체	품질 점수	가격 점수	직원규모 점수
배점비율	5	4	1
甲	88	96	97
乙	85	100	97
丙	87	96	94

2) 각 업체 간 점수를 차이값으로 처리한다. 각 평가항목 별로 가장 낮은 업체의 점수를 기준으로 하여 나머지 업체의 점수가 몇 점 더 높은지로 본다.

업체	품질 점수		가격 점수		직원규모 점수		총점
배점비율	5		4		1		
甲	88	3	96	0	97	3	18
乙	85	0	100	4	97	3	19
丙	87	2	96	0	94	0	10

이와 같은 방식으로 처리한 후 각 보기를 검토하면 훨씬 빠른 해결이 가능하다.

[정답] ⑤

174 다음 글과 <상황>을 근거로 판단할 때, A~C 자동차 구매 시 지불 금액을 비교한 것으로 옳은 것은? 20년 7급(모의) 18번

○ 甲국은 전기차 및 하이브리드 자동차 보급을 장려하기 위해 다음과 같이 보조금과 세제 혜택을 제공한다.
- 정부는 차종을 고려하여 자동차 1대당 보조금을 정액 지급한다. 중형 전기차에 대해서는 1,500만 원, 소형 전기차에 대해서는 1,000만 원, 하이브리드차에 대해서는 500만 원을 지급한다.
- 정부는 차종을 고려하여 아래 〈기준〉에 따라 세제 혜택을 제공한다. 자동차 구입 시 발생하는 세금은 개별소비세, 교육세, 취득세뿐이며, 개별소비세는 자동차 가격의 10%, 교육세는 2 %, 취득세는 5 %의 금액이 책정된다.

〈기 준〉

구분	개별소비세	교육세	취득세
중형 전기차	비감면		전액감면
소형 전기차	전액감면	전액감면	전액감면
하이브리드차	전액감면		비감면

○ 자동차 구매 시 지불 금액은 다음과 같다.
지불 금액 = 자동차 가격 − 보조금 + 세금

〈상 황〉

(단위: 만 원)

자동차	차종	자동차 가격
A	중형 전기차	4,000
B	소형 전기차	3,500
C	하이브리드차	3,500

① A<B<C
② B<A<C
③ B<C<A
④ C<A<B
⑤ C<B<A

해설

문제 분석

• 전기차 및 하이브리드 자동차 구매 시 보조금과 세제 혜택을 제공한다.

보조금	자동차 1대당 보조금을 정액 지급 중형 전기차 1,500만 원, 소형 전기차 1,000만 원, 하이브리드차 500만 원을 지급
세제 혜택	자동차 구입 시 발생하는 세금 자동차 가격 기준으로 개별소비세 10%, 교육세 2%, 취득세 5%의 금액이 책정

• 자동차 구매 시 지불 금액 = 자동차 가격 − 보조금 + 세금

주어진 조건에 따라 지불 금액을 계산해 보면 다음과 같다.

(단위: 만 원)

자동차	차종	자동차 가격	보조금	세금			총 지불 금액
				개별소비세 10%	교육세 2%	취득세 5%	
A	중형 전기차	4,000	−1,500	400		전액감면	2,900
B	소형 전기차	3,500	−1,000	전액감면	전액감면	전액감면	2,500
C	하이브리드차	3,500	−500	전액감면		175	3,175

따라서 A~C 자동차 구매 시 지불 금액을 비교하면 B<A<C 순이다.

빠른 문제풀이 Tip
• 지불 금액을 계산할 때는 보조금 계산에 주의해야 한다.
• 상대적인 크기 비교만 하면 되기 때문에 정확한 값을 구할 필요는 없다. 범위로 확인하면 보다 빠른 해결이 가능하다.
• 정답을 고를 때 부등호 방향(<)에 주의하자.

[정답] ②

175 녹색성장 추진의 일환으로 자전거 타기가 활성화되면서 자전거의 운동효과를 조사하였다. 다음의 <조건>을 근거로 판단할 때 <보기>에 제시된 5명의 운전자 중 운동량이 많은 순서대로 나열한 것은?

11년 5급 선책형 34번

〈조 건〉

자전거 종류	바퀴 수	보조바퀴 여부
일반 자전거	2개	없음
연습용 자전거	2개	있음
외발 자전거	1개	없음

- ○ 운동량은 자전거 주행 거리에 비례한다.
- ○ 같은 거리를 주행하여도 자전거에 운전자 외에 한 명이 더 타면 운전자의 운동량은 두 배가 된다.
- ○ 보조바퀴가 달린 자전거를 타면 같은 거리를 주행하여도 운동량이 일반 자전거의 80%밖에 되지 않는다.
- ○ 바퀴가 1개인 자전거를 타면 같은 거리를 주행하여도 운동량이 일반 자전거보다 50% 더 많다.
- ○ 이외의 다른 조건은 모두 같다고 본다.

〈보 기〉

甲: 1.4km의 거리를 뒷자리에 한 명을 태우고 일반 자전거로 주행하였다.
乙: 1.2km의 거리를 뒷자리에 한 명을 태우고 연습용 자전거로 주행하였다.
丙: 2km의 거리를 혼자 외발 자전거로 주행하였다.
丁: 2km의 거리를 혼자 연습용 자전거로 주행한 후에 이어서 1km의 거리를 혼자 외발 자전거로 주행하였다.
戊: 0.8km의 거리를 뒷자리에 한 명을 태우고 연습용 자전거로 주행한 후에 이어서 1.2km의 거리를 혼자 일반 자전거로 주행하였다.

① 丙>丁>甲>戊>乙
② 丙>丁>甲>乙>戊
③ 丁>丙>戊>甲>乙
④ 丁>甲>丙>乙>戊
⑤ 丁>丙>甲>戊>乙

해설

문제 분석

- 운동량은 자전거 주행 거리에 비례
- 일반 자전거의 운동량을 1로 볼 때, 연습용 자전거는 0.8, 외발자전거는 1.5가 됨

주어진 상황에 따라 각 운전자의 운동량을 구하면 다음과 같다.

甲	1.4km의 거리를 뒷자리에 한 명을 태우고 일반 자전거로 주행하였다. → 1.4×2×1=2.8
乙	1.2km의 거리를 뒷자리에 한 명을 태우고 연습용 자전거로 주행하였다. → 1.2×2×0.8=1.92
丙	2km의 거리를 혼자 외발 자전거로 주행하였다. → 2×1×1.5=3.0
丁	2km의 거리를 혼자 연습용 자전거로 주행한 후에 이어서 1km의 거리를 혼자 외발 자전거로 주행하였다. → (2×1×0.8)+(1×1×1.5)=3.1
戊	0.8km의 거리를 뒷자리에 한 명을 태우고 연습용 자전거로 주행한 후에 이어서 1.2km의 거리를 혼자 일반 자전거로 주행하였다. → (0.8×2×0.8)+(1.2×1×1)=2.48

따라서 운동량이 많은 순서대로 나열하면, '⑤ 丁>丙>甲>戊>乙'이다.

빠른 문제풀이 Tip

줄세우기 유형에 해당하는 문제는 선지를 잘 활용해서 해결하면 보다 빠른 해결이 가능하다.

[정답] ⑤

176 사무관은 자동차의 공회전 발생률과 공회전 시 연료소모량이 적은 차량 운전자에게 현금처럼 쓸 수 있는 탄소포인트를 제공하는 정책을 구상하고 있다. 사무관은 동일 차량 운전자 A~E를 대상으로 이 정책을 시범 시행하였다. 다음 <산출공식>과 <자료>를 근거로 할 때, 공회전 발생률과 공회전 시 연료소모량에 따라 A~E 운전자가 받을 수 있는 탄소포인트의 총합이 큰 순서대로 나열된 것은?

13년 5급 인책형 37번

〈산출공식〉

○ 공회전 발생률(%) $= \dfrac{\text{총공회전시간(분)}}{\text{주행시간(분)}} \times 100$

○ 공회전 시 연료소모량(cc) = 총공회전시간(분) × ω(cc/분)

※ 산출공식은 A~E 운전자에게 각각 동일하게 적용되며, A~E 운전자에 대한 다른 조건은 모두 동일하다.

※ ω는 어떤 차량의 공회전 1분당 연료소모량으로 A~E 운전자의 경우 ω=20이다.

〈자 료〉

○ 차량 시범 시행 결과

운전자	주행시간(분)	총공회전시간(분)
A	200	20
B	30	15
C	50	10
D	25	5
E	50	25

○ 공회전 발생률에 대한 구간별 탄소포인트

공회전 발생률(%)	20미만	20이상 40미만	40이상 60미만	60이상 80미만	80이상
탄소포인트(p)	100	80	50	20	10

○ 공회전 시 연료소모량에 대한 구간별 탄소포인트

공회전 시 연료소모량(cc)	100미만	100이상 200미만	200이상 300미만	300이상 400미만	400이상
탄소포인트(p)	100	75	50	25	0

※ 〈자료〉 이외의 다른 조건은 고려하지 않는다.

① D>C>A>B>E
② D>C>A>E>B
③ D>A>C>B>E
④ A>D>B>E>C
⑤ A>C>D>B>E

해설

문제 분석

〈산출공식〉을 〈자료〉에 적용하여 계산하면 해결되는 문제이다.

문제풀이 실마리

- 선지를 적절하게 활용하여야 한다.
- 자동차의 공회전 발생률과 공회전 시 연료소모량을 '구간'으로 나누어 탄소포인트를 제공한다. 이를 적절하게 활용하여 동일한 구간에 있는 운전자는 동일한 탄소포인트를 얻는다는 점을 활용하면 보다 빠른 해결이 가능하다.

정석적으로 계산하여 해결한다면 다음과 같다.

운전자	주행 시간(분)	총공회전 시간(분)	공회전 발생률	탄소 포인트	공회전 시 연료소모량	탄소 포인트	총합
A	200	20	10%	100	400cc	0	100
B	30	15	50%	50	300cc	25	75
C	50	10	20%	80	200cc	50	130
D	25	5	20%	80	100cc	75	155
E	50	25	50%	50	500cc	0	50

따라서 탄소포인트의 총합이 큰 순서대로 나열한 것은 '① D>C>A>B>E'이다.

빠른 문제풀이 Tip

- 정석적인 풀이 외에도 빠른 해결 방법을 연습해 볼 수 있는 문제이다. 자신에게 맞는 여러 방법들을 연습해 두어야 한다.
- 공회전 발생률을 보면 운전자 B와 운전자 E가 50%로 동일하고, 운전자 C와 운전자 D가 20%로 동일하다. 운전자 B와 운전자 E는 공회전 시 연료소모량에 따라 탄소포인트에 차이가 난다. 마찬가지로 운전자 C와 운전자 D 역시도 공회전 시 연료소모량에 따라 탄소포인트에 차이가 난다. 따라서 운전자 B와 운전자 E 중에서, 운전자 C와 운전자 D 중에서 공회전 시 연료소모량이 더 적은 운전자가 더 많은 탄소포인트를 받게 된다. 여기에 압살의 장치를 추가로 발견할 수 있다면 선지를 두 개로 추릴 수 있다.
- 하나하나 계산하지 않고 구간별 탄소포인트 표에 운전자가 어느 구간에 있는지 위치시킨 후 각 운전자의 위치를 비교해 보면, 상대적 비교가 더 잘 보이게 된다.

○ 공회전 발생률에 대한 구간별 탄소포인트

공회전 발생률(%)	20미만	20이상 40미만	40이상 60미만	60이상 80미만	80이상
탄소포인트(p)	100	80	50	20	10
운전자	A	C, D	B, E		

○ 공회전 시 연료소모량에 대한 구간별 탄소포인트

공회전 시 연료소모량(cc)	100미만	100이상 200미만	200이상 300미만	300이상 400미만	400이상
탄소포인트(p)	100	75	50	25	0
운전자		D	C	B	A, E

각 표에서 왼쪽에 위치할수록 더 많은 탄소포인트를 받는다. 이를 통해 D>C>B>E가 된다는 것은 쉽게 확인 가능하고, 선지를 검토해 보면 선지 ①, ③만 남게 된다. 따라서 운전자 A와 운전자 C의 값만 계산해서 비교하면 정답을 찾을 수 있다.

- 공회전 발생률과 공회전 시 연료소모량의 수치를 단순합해서 비교하거나 순위를 단순합하여 비교하는 것은 부정확한 방법이다. 이 문제에만 해당하는 스킬을 일반화하지 않도록 주의하자.

[정답] ①

177 <여성권익사업 보조금 지급 기준>과 <여성폭력피해자 보호시설 현황>을 근거로 판단할 때, 지급받을 수 있는 보조금의 총액이 큰 시설부터 작은 시설 순으로 바르게 나열된 것은? (단, 4개 보호시설의 종사자에는 각 1명의 시설장(長)이 포함되어 있다)

15년 5급 인책형 12번

〈여성권익사업 보조금 지급 기준〉

1. 여성폭력피해자 보호시설 운영비
   ○ 종사자 1～2인 시설: 240백만 원
   ○ 종사자 3～4인 시설: 320백만 원
   ○ 종사자 5인 이상 시설: 400백만 원
   ※ 단, 평가등급이 1등급인 보호시설에는 해당 지급액의 100%를 지급하지만, 2등급인 보호시설에는 80%, 3등급인 보호시설에는 60%를 지급한다.
2. 여성폭력피해자 보호시설 사업비
   ○ 종사자 1～3인 시설: 60백만 원
   ○ 종사자 4인 이상 시설: 80백만 원
3. 여성폭력피해자 보호시설 종사자 장려수당
   ○ 종사자 1인당 50백만 원
   ※ 단, 종사자가 5인 이상인 보호시설의 경우 시설장에게는 장려수당을 지급하지 않는다.
4. 여성폭력피해자 보호시설 입소자 간식비
   ○ 입소자 1인당 1백만 원

〈여성폭력피해자 보호시설 현황〉

보호시설	종사자 수(인)	입소자 수(인)	평가등급
A	4	7	1
B	2	8	1
C	4	10	2
D	5	12	3

① A－C－D－B
② A－D－C－B
③ C－A－B－D
④ D－A－C－B
⑤ D－C－A－B

해설

문제 분석

〈보조금 지급 기준〉 네 가지를 〈보호시설 현황〉에 적용하여 계산한다.

문제풀이 실마리

- 차이값을 적용하는데 주의해야 하는 문제이다.
- '1. 운영비'에서 각주를 놓치지 않도록 주의해야 한다.
- '4. 입소자 간식비'는 다른 기준에 따라 지급되는 보조금의 액수에 비해 매우 작은 숫자이다. 숫자 또는 단위를 잘못 확인하지 않도록 주의해야 한다.

정석적으로 계산해서 풀어보면 다음과 같다.

보호시설	종사자 수(인)	입소자 수(인)	평가등급	운영비	사업비	장려수당	간식비	보조금 총액
A	4	7	1	320	80	200	7	607
B	2	8	1	240	60	100	8	408
C	4	10	2	256	80	200	10	546
D	5	12	3	240	80	200	12	532

따라서 보조금의 총액이 큰 순서는 A>C>D>B 순이다.

빠른 문제풀이 Tip

- 이전 문제에서 연습한 스킬들을 적용해 볼 수 있는 문제이다. 문제를 빠르게 해결할 수 있는 다양한 방법을 연습해 두는 것이 좋다.
- 단서 조건이 여러 개이므로 하나라도 빠뜨리지 않도록 주의한다.

[정답] ①

178 다음 글과 <사례>를 근거로 판단할 때, 반납해야 할 경비가 가장 많은 사람부터 가장 적은 사람 순으로 바르게 나열된 것은?

14년 5급 A책형 29번

제00조 ① 임명권자는 전시 · 사변 등의 국가비상시에 군위탁생 중 군에 복귀시킬 필요가 있다고 인정되는 자에 대하여는 교육을 일시중지하거나 군위탁생 임명을 해임하여 원대복귀하게 할 수 있다.

② 각 군 참모총장은 군위탁생으로서 다음 각 호에 해당하는 자에 대하여 지급한 경비(이하 '지급경비')를 아래 〈표〉의 반납액 산정기준에 의하여 본인 또는 그의 연대보증인으로 하여금 반납하게 하여야 한다.

1. 소정의 과정을 마친 후 정당한 사유 없이 복귀하지 아니한 자
2. 수학 중 해임된 자(제1항의 경우를 제외한다)
3. 소정의 과정을 마친 후 의무복무기간 중에 전역 또는 제적 등의 사유가 발생하여 복무의무를 이행하지 아니한 자

〈표〉 반납액 산정기준

구분	반납액
1. 제2항 제1호 해당자	지급경비 전액
2. 제2항 제2호 해당자	지급경비 전액 (다만 질병이나 기타 심신장애로 인하여 수학을 계속할 수 없어 해임된 경우에는 지급경비의 2분의 1)
3. 제2항 제3호 해당자	$\text{지급경비} \times \frac{\text{의무복무월수} - \text{복무월수}}{\text{의무복무월수}}$

〈사 례〉

A. 수학 중 성적불량으로 군위탁생 임명이 해임된 부사관(지급경비 1,500만 원)
B. 군위탁생으로 박사과정을 마친 후 정당한 사유 없이 복귀하지 아니한 장교(지급경비 2,500만 원)
C. 위탁교육을 마친 후 의무복무년수 6년 중 3년을 마치고 전역하는 장교(지급경비 3,500만 원)
D. 심신장애로 인하여 계속하여 수학할 수 없다고 인정되어 수학 중 군위탁생 임명이 해임된 부사관(지급경비 2,000만 원)
E. 국방부장관이 국가비상시에 군에 복귀시킬 필요가 있다고 인정하여 군위탁생 임명을 해임하여 원대복귀시킨 장교(지급경비 3,000만 원)

① B − C − A − D − E
② B − C − D − A − E
③ C − B − E − A − D
④ C − E − B − D − A
⑤ E − C − B − A − D

해설

문제 분석

- 주어진 A~E의 사례가 어떤 반납 사유에 해당하는지를 잘 구분해야 한다.
- 정보처리를 할 때 키워드로 정보처리를 하면 보다 잘 매칭할 수 있다.

구분	반납액
1. 제2항 제1호 해당자	지급경비 전액

B. 군위탁생으로 박사과정을 마친 후 정당한 사유 없이 복귀하지 아니한 장교(지급경비 2,500만 원)
⇒ 반납액: 지급경비 2,500만 원 전액

구분	반납액
2. 제2항 제2호 해당자	지급경비 전액 (다만 질병이나 기타 심신장애로 인하여 수학을 계속할 수 없어 해임된 경우에는 지급경비의 2분의 1)

A. 수학 중 성적불량으로 군위탁생 임명이 해임된 부사관 (지급경비 1,500만 원)
⇒ 반납액: 지급경비 1,500만 원 전액

D. 심신장애로 인하여 계속하여 수학할 수 없다고 인정되어 수학 중 군위탁생 임명이 해임된 부사관(지급경비 2,000만 원)
⇒ 반납액: 1,000만 원(지급경비 2,000만 원의 2분의 1)
(기타 심신장애로 인하여 수학을 계속할 수 없어 해임된 경우에는 지급경비의 2분의 1을 반납)

구분	반납액
3. 제2항 제3호 해당자	$\text{지급경비} \times \frac{\text{의무복무월수} - \text{복무월수}}{\text{의무복무월수}}$

C. 위탁교육을 마친 후 의무복무년수 6년 중 3년을 마치고 전역하는 장교(지급경비 3,500만 원)

$$\Rightarrow \text{반납액: } 3{,}500\text{만} \times \frac{\text{의무복무월수(72개월)} - \text{복무월수(36개월)}}{\text{의무복무월수(72개월)}}$$

지급경비 3,500만 원 중 1,750만 원 반납

E. 국방부장관이 국가비상시에 군에 복귀시킬 필요가 있다고 인정하여 군위탁생 임명을 해임하여 원대복귀시킨 장교(지급경비 3,000만 원)
→ 반납액 산정기준의 사유에 해당하지 않는다.

종합해보면, B(2,500만 원) − C(1,750만 원) − A(1,500만 원) − D(1,000만 원) − E(0원) 순이다.

빠른 문제풀이 Tip

- 주어진 〈사례〉 중 반납의 의무가 없는 예외를 찾은 후 선지를 활용하면 보다 빠른 해결이 가능하다. 예를 들어 법조문 제2항 제2호에서 보면 제1항의 경우는 제외하므로 반납의 의무가 발생하지 않는다. 사례 중 E가 제1항의 상황에 해당하므로 E는 반납의 의무가 발생하지 않고 따라서 반납해야 할 경비가 0원이다. E가 가장 금액이 작은 선지 ① 또는 ②가 정답일 수 있다. 이 경우 A와 D의 금액 비교만 하면 정답을 구할 수 있다. A와 D는 둘 다 제2호에 관련된 상황이므로 이를 적용하여 계산하면 정답을 빠르게 찾아낼 수 있다.
- 반납해야 할 경비가 가장 많은 사람부터 순서대로 나열해야 하므로 방향을 혼동하지 않도록 주의한다.

[정답] ①

179 **다음 글과 <A기관 벌점 산정 기초자료>를 근거로 판단할 때, 두 번째로 높은 벌점을 받게 될 사람은?** 15년 5급 인책형 30번

A기관은 업무처리시 오류 발생을 줄이기 위해 2015년 1월부터 벌점을 부과하여 인사고과에 반영하려 한다. 이를 위해 매달 직원별로 오류 건수를 조사하여 다음과 같은 〈벌점 산정 방식〉에 따라 벌점을 부과한다. 2015년 1월 한 달 동안 직원들의 업무처리 건수는 1인당 100건으로 동일하다.

〈벌점 산정 방식〉

○ 일반 오류는 1건당 10점, 중대 오류는 1건당 20점씩 오류 점수를 부과하여 이를 합산한다.
○ 전월 우수사원으로 선정된 경우, 합산한 오류 점수에서 80점을 차감하여 월별 최종 오류 점수를 계산한다.
○ 벌점 부과 대상은 월별 최종 오류 점수가 400점 이상인 동시에 월별 오류 발생 비율이 30% 이상인 직원이다.
○ 월별 최종 오류 점수 1점당 벌점 10점을 부과한다.

※ 오류 발생 비율(%) = $\frac{\text{오류 건수}}{\text{업무처리 건수}} \times 100$

〈A기관 벌점 산정 기초자료〉

(2015. 1. 1. ~ 2015. 1. 31.)

직원	오류 건수(건)		전월 우수사원 선정 여부
	일반 오류	중대 오류	
甲	5	20	미선정
乙	10	20	미선정
丙	15	15	선정
丁	20	10	미선정
戊	30	10	선정

① 甲
② 乙
③ 丙
④ 丁
⑤ 戊

해설

문제 분석

- 매달 직원별로 오류 건수를 조사한 후 〈벌점 산정 방식〉에 따라 벌점을 부과(단, 2015년 1월 한 달 동안 직원들의 업무처리 건수는 1인당 100건으로 동일)
  1) 일반 오류는 1건당 10점, 중대 오류는 1건당 20점씩 오류 점수를 부과하여 이를 합산
  2) 전월 우수사원으로 선정된 경우, 합산한 오류 점수에서 80점을 차감하여 월별 최종 오류 점수를 계산
- 벌점 부과 대상: 월별 최종 오류 점수가 400점 이상인 동시에 월별 오류 발생 비율이 30% 이상인 직원
- 월별 최종 오류 점수 1점당 벌점 10점을 부과

문제풀이 실마리

두 번째로 높은 벌점을 받게 될 사람을 찾는 문제이기는 하지만, 월별 최종 오류 점수 1점당 벌점 10점을 부과하는 것은 모든 직원에게 동일하게 적용되므로, 벌점으로 굳이 계산하지 않고 최종 오류 점수로 확인해도 정답을 찾는 데는 전혀 문제되지 않는다.

먼저 벌점 부과 대상은 월별 최종 오류 점수가 400점 이상인 동시에 월별 오류 발생 비율이 30% 이상인 직원이라는 점에 신경써야 한다. 오류 발생 비율을 계산해 보면 다음과 같다.

직원	오류 건수(건)		총 오류 건수	오류발생 비율 (%)
	일반 오류	중대 오류		
甲	5	20	25	25
乙	10	20	30	30
丙	15	15	30	30
丁	20	10	30	30
戊	30	10	40	40

오류 발생비율이 25%인 甲이 제외된다.

직원	오류 건수(건)		오류 점수	전월 우수사원 선정 여부	우수사원 선정 차감	최종 오류 점수
	일반 오류 (10점)	중대 오류 (20점)				
乙	10	20	500	미선정		500
丙	15	15	450	선정	−80	370
丁	20	10	400	미선정		400
戊	30	10	500	선정	−80	420

최종 오류 점수가 400점 미만인 丙은 제외하고, 월별 최종 오류 점수 1점당 벌점 10점을 부과하는 계산은 생략한 후, 최종 오류 점수가 두 번째인 사람을 구해보면 420점인 戊이다.

빠른 문제풀이 Tip

- 정답을 구하는 데는 불필요하지만, 丙을 제외하고 남은 乙, 丁, 戊의 벌점을 구해보면 최종 오류 점수에 10점을 곱한 값이 각자의 벌점이 된다. 따라서 최종 오류 점수가 500점인 乙의 벌점은 5,000점이고, 최종 오류 점수가 400점인 丁의 벌점은 4,000점이며, 최종 오류 점수가 420점인 戊의 벌점은 4,200점이 된다. 따라서 乙, 丁, 戊 중에서 두 번째로 높은 벌점을 받게 될 사람은 戊이다.
- 계산과정에서 비율처리를 할 때는 조건 간에 왜곡이 발생하지 않도록 주의해야 한다.

[정답] ⑤

180 다음 글과 <상황>을 근거로 할 때, 각 기업들이 납부해야 할 과징금이 큰 순서대로 나열한 것은? 13년 5급 인책형 35번

A국은 기업들이 부당한 공동행위를 하는 경우 매출액의 10%에 해당하는 과징금을 부과한다. 그러나 기업들이 자신의 위법행위에 대해 자진신고를 하는 경우, 아래 법조항에 따라 과징금을 면제 또는 감경해 준다. 한편 기업들 사이의 가격에 관한 담합행위는 법에서 정한 '부당한 공동행위'에 해당한다.

제00조 ① 자진신고한 자에 대한 과징금의 면제 또는 감경에 대한 기준은 다음 각 호와 같다.

1. 경쟁규제 당국이 조사를 시작하기 전에 자진신고한 자로서 다음 각 목의 모두에 해당하는 경우에는 과징금을 면제한다.
   가. 부당한 공동행위임을 입증하는데 필요한 증거를 단독으로 제공한 최초의 자일 것
   나. 경쟁규제 당국이 부당한 공동행위에 대한 정보를 입수하지 못하였거나 부당한 공동행위임을 입증하는데 필요한 증거를 충분히 확보하지 못한 상태에서 자진신고하였을 것
   다. 그 부당한 공동행위를 중단하였을 것
2. 경쟁규제 당국이 조사를 시작하기 전에 자진신고한 자로서 다음 각 목의 모두에 해당하는 경우에는 과징금의 100분의 50을 감경한다.
   가. 부당한 공동행위임을 입증하는데 필요한 증거를 단독으로 제공한 두 번째의 자일 것
   나. 제1호 다목에 해당할 것
3. 제1호 내지 제2호에 해당하는 자라도 다른 사업자에게 그 의사에 반하여 해당 부당한 공동행위에 참여하도록 강요하거나 이를 중단하지 못하도록 강요한 사실이 있는 경우에는 과징금을 면제 또는 감경하지 아니한다.

② 제1항의 "부당한 공동행위를 입증하는데 필요한 증거를 단독으로 제공한 최초의 자(또는 두 번째의 자)"인지 여부를 판단함에 있어 증거제공의 순서는 자진신고한 시점에 의해 판단한다.

③ 자진신고한 자가 2인 이상인 경우 그 중 일부의 자가 제1항의 규정에 의하여 면제 또는 감경이 인정되지 않을 경우 그 다음 신고자가 이전 신고자의 신고 순서를 승계한다.

〈상 황〉

A국에서 甲, 乙, 丙, 丁, 戊 5개 기업은 X제품의 가격을 인상하기로 담합하였다. 甲은 경쟁규제 당국이 이에 대한 조사를 실시할 수도 있다는 소식을 듣고 2013년 1월 3일에 경쟁규제 당국에 자진신고를 했다. 乙 역시 경쟁규제 당국의 동태가 심상치 않아서 2013년 1월 4일에 자진신고를 했고, 丙은 2013년 1월 7일에 자진신고하였다. 丁은 뒤늦게 경쟁기업들의 자진신고 사실을 알고 2013년 1월 9일에 자진신고를 하였다. 한편 甲으로부터 담합행위에 참여할 것을 강요당한 戊는 자신이 면책될 것으로 믿고 자진신고를 하지 않았다. 甲~丁은 경쟁규제 당국이 담합행위 적발에 필요한 증거를 확보하지 못한 상태에서 각각 자진신고 및 담합을 입증하는데 필요한 증거를 제출하였다. 丙과 戊를 제외하고는 담합행위를 중단하였다.

〈각 기업 매출액 현황〉

(단위 : 억 원)

기업	甲	乙	丙	丁	戊
매출액	2,000	3,000	700	1,500	900

① 甲 > 戊 > 丙 > 丁 > 乙
② 甲 > 戊 > 丁 > 丙 > 乙
③ 甲 > 丁 > 戊 > 丙 > 乙
④ 丁 > 乙 > 戊 > 丙 > 甲
⑤ 丁 > 戊 > 丙 > 乙 > 甲

해설

문제 분석

- A국은 기업들이 부당한 공동행위(예 기업들 사이의 가격에 관한 담합행위)를 하는 경우 매출액의 10%에 해당하는 과징금을 부과
- 기업들이 자신의 위법행위에 대해 자진신고를 하는 경우, 법조항에 따라 과징금을 면제 또는 감경

문제풀이 실마리

면제 또는 감경되는 기업에 주목해야 한다.

기업	甲	乙	丙	丁	戊
매출액	2,000	3,000	700	1,500	900
자진신고	2013년 1월 3일	2013년 1월 4일	2013년 1월 7일	2013년 1월 9일	X
담합중단	O	O	X	O	X
면제 대상(제1항 제1호)					
가.	최초	승계			
	甲기업이 제1항의 규정에 의하여 면제 또는 감경이 인정되지 않을 경우 그 다음 신고자인 乙기업이 신고 순서를 승계한다.				
나.	모두 해당				
다.	해당	해당	X	해당	X
예외조건	3. 제1호 내지 제2호에 해당하는 자라도 다른 사업자에게 그 의사에 반하여 해당 부당한 공동행위에 참여하도록 강요하거나 이를 중단하지 못하도록 강요한 사실이 있는 경우에는 과징금을 면제 또는 감경하지 아니한다. ⇒ 甲 기업에 해당됨				
결론	⇒ 甲기업은 제3호의 요건에 해당하여 면제 대상에서 제외되고, 제3항에 의해 乙기업이 신고 순서를 승계하여 乙기업이 면제 대상이 된다.				
감경 대상(제1항 제2호)					
가.			해당		
	신고 순서를 승계하여 丙기업이 부당한 공동행위임을 입증하는데 필요한 증거를 단독으로 제공한 두 번째의 자가 된다.				
나.			X	해당	X
	丙기업은 나목 요건에 해당하지 못하고 제3항에 의해 丁기업이 신고 순서를 승계하여 丁기업이 감경대상이 된다.				

기업	甲	乙	丙	丁	戊
매출액	2,000	3,000	700	1,500	900
과징금	200	300	70	150	90
		면제대상		감경대상	
최종 과징금	200	0	70	75	90

따라서 과징금이 큰 순서대로 나열하면, 甲>戊>丁>丙>乙 순이 된다.

빠른 문제풀이 Tip

- 줄세우기 문제는 선지를 잘 활용하여야 한다.
- 정보를 처리할 때 키워드를 적절하게 활용하여야 한다.

[정답] ②

181 다음 글을 근거로 판단할 때, A시 예산성과금을 가장 많이 받는 사람은?

21년 5급 가책형 16번

〈A시 예산성과금 공고문〉

○ 제도의 취지
 – 예산의 집행방법과 제도 개선 등으로 예산을 절감하거나 수입을 증대시킨 경우 그 일부를 기여자에게 성과금(포상금)으로 지급함으로써 예산의 효율적 사용 장려
○ 지급요건 및 대상
 – 자발적 노력을 통한 제도 개선 등으로 예산을 절감하거나 세입원을 발굴하는 등 세입을 증대한 경우
 – 예산절감 및 수입증대 발생시기: 2020년 1월 1일 ~ 2020년 12월 31일
 – A시 공무원, A시 사무를 위임(위탁) 받아 수행하는 기관의 임직원
 – 예산낭비를 신고하거나, 지출절약이나 수입증대에 관한 제안을 제출하여 A시의 예산절감 및 수입증대에 기여한 국민
○ 지급기준
 – 1인당 지급액

구분	예산절감		수입증대
	주요사업비	경상적 경비	
지급액	절약액의 20%	절약액의 50%	증대액의 10%

 – 타 부서나 타 사업으로 확산 시 지급액의 30%를 가산하여 지급

① 사업물자 계약방법을 개선하여 2019년 12월 주요사업비 8천만 원을 절약한 A시 사무관 甲
② 제도 개선을 통해 2020년 5월 주요사업비 3천 5백만 원을 절약하여 개선된 제도가 A시청 전 부서에 확대 시행되는 데 기여한 A시 사무관 乙
③ A시 지역축제에 관한 제안을 제출하여 2020년 7월 8천만 원의 수입증대에 기여한 국민 丙
④ A시 위임사무를 수행하면서 제도 개선을 통해 2020년 8월 경상적 경비 1천 8백만 원을 절약한 B기관 이사 丁
⑤ A시장의 지시를 받아 사무용품 조달방법을 개선하여 2020년 9월 경상적 경비 1천만 원을 절약한 A시 사무관 戊

해설

문제 분석

지급요건 및 대상, 지급기준을 각 선지의 상황에 적용한다. 적용 방법은 아래 해설에서 확인한다.

문제풀이 실마리

키워드를 활용하여 정보처리를 하는 것이 좋다.

• 지급요건 및 대상
 – 자발적 노력을 통한 제도 개선 등으로 예산을 절감하거나 세입원을 발굴하는 등 세입을 증대한 경우: A시 사무관 戊는 자발적 노력을 한 것이 아니라 A시장의 지시를 받아 사무용품 조달방법을 개선하여 경상적 경비를 절약한 것이기 때문에 지급대상이 되지 못한다. ⑤ 제거
 – 예산절감 및 수입증대 발생시기: 2020년 1월 1일～2020년 12월 31일: 甲은 2019년 12월 주요사업비 8천만 원을 절약하였으므로 지급대상이 되지 못한다. ① 제거
 – A시 공무원(乙), A시 사무를 위임(위탁) 받아 수행하는 기관의 임직원(丁)
 – 예산낭비를 신고하거나, 지출절약이나 수입증대에 관한 제안을 제출하여 A시의 예산절감 및 수입증대에 기여한 국민(丙)

乙, 丙, 丁은 지급요건 및 대상에 해당한다. 남은 선지 ②～④에 지급기준을 적용해 보면,

• 1인당 지급액

구분	예산절감		수입증대
	주요사업비	경상적 경비	
지급액	절약액의 20%	절약액의 50%	증대액의 10%
	乙	丁	丙

• 타 부서나 타 사업으로 확산 시 지급액의 30%를 가산하여 지급: 乙이 여기에 해당한다.

정리한 바에 따라 계산해 보면

② 절약액 3천 5백만 원의 20%인 700만 원에 30%가 가산된 총 910만 원을 받는다.

③ 절약액 8천만 원의 10%인 800만 원을 받는다.

④ 절약액 1천 8백만 원의 50%인 900만 원을 받는다.

따라서 A시 예산성과금을 가장 많이 받는 사람은 '② 乙'이다.

[정답] ②

182 A시 소재 회사에 근무하는 갑은 B시에서 오후 3시에 개최되는 회의에 참석하고자 한다. <표 1>과 <표 2>의 조건이 주어졌을 때, 오전 11시에 회사에서 출발하여 회의시간에 늦지 않게 도착하기 위한 방법 중 최저운임으로 갈 수 있는 방법과 최단시간에 도착할 수 있는 방법은?

07년 5급 재책형 8번

〈표 1〉 교통수단별 소요시간과 운임(도시 내)

A시		교통수단	소요시간(분)	운임(원)	B시		교통수단	소요시간(분)	운임(원)
출발지	도착지				출발지	도착지			
회사	공항	a	40	1,500	공항	회의장	a	35	1,500
		b	30	6,000			b	25	5,000
		c	30	1,500			c	35	2,000
	고속버스터미널	a	25	1,000	고속버스터미널		a	50	2,000
		b	15	3,000			b	30	6,000
		c	20	1,000			c	30	1,500
	역	a	30	1,000	역		a	30	1,000
		b	20	4,000			b	20	4,000
		c	15	1,000			c	35	2,000

〈표 2〉 교통수단별 소요시간과 운임(도시 간)

구간	교통수단	소요시간(분)	운임(원)	비고
A시 → B시	비행기	90	60,000	탑승수속시간 35분 추가 소요
	고속버스	210	40,000	
	기차	140	50,000	

	최저운임 도착방법	최단시간 도착방법
①	c → 기차 → a	c → 기차 → b
②	a → 고속버스 → c	c → 기차 → b
③	a → 비행기 → c	b → 비행기 → c
④	a → 기차 → a	c → 비행기 → b
⑤	c → 고속버스 → c	b → 비행기 → b

해설

문제 분석

오전 11시에 회사에서 출발하여 오후 3시에 개최되는 회의에 늦지 않게 도착하여야 한다. 즉, 4시간(=240분) 안에 이동을 마쳐야 한다.

문제풀이 실마리

- 상대적 계산 스킬을 사용하여 빠르게 해결할 수 있어야 한다.
- 최저운임 도착방법과 최단시간 도착방법 중에 어떤 것부터 구할지 고민해 보아야 한다.

고속버스 소요시간만으로 210분이 소요되고, A시에서 회사에서 고속버스터미널로 이동하는 시간 최소 15분, B시에서 고속버스터미널에서 회의장까지 이동하는 시간 최소 30분이므로 어떠한 경우에도 총 이동시간은 4시간을 초과한다. 따라서 오후 3시 회의시간에 늦게되는 '고속버스'는 이용할 수 없고, 선지 ②, ⑤는 소거된다.

- 최저운임 도착방법

A시		교통수단	운임(원)	운임	B시		교통수단	운임(원)
출발지	도착지				출발지	도착지		
회사	공항	a	1,500	+10,000	공항	회의장	a	1,500
		b	6,000				b	5,000
		c	1,500				c	2,000
	역	a	1,000	0	역		a	1,000
		b	4,000				b	4,000
		c	1,000				c	2,000

운임을 살펴보면, 기차와 비행기의 운임은 각각 50,000원과 60,000원으로 기차가 10,000원이 더 저렴하다. 선지 ①, ④번은 위에 음영 처리된 바와 같고 기차를 이용할 경우 선지 두 개 다 동일하게 2,000원이 비용이 추가로 소요된다. 여전히 8,000원이 더 저렴한 셈이므로 굳이 추가적으로 비행기의 운임을 따져 볼 것 없이 선지 ①, ④번이 선지 ③번보다는 비용이 저렴하다.

- 최단시간 도착방법

A시		교통수단	소요시간(분)	소요시간	B시		교통수단	소요시간(분)
출발지	도착지				출발지	도착지		
회사	공항	a	40	0분	공항	회의장	a	35
		b	30				b	25
		c	30				c	35
	역	a	30	+15분	역		a	30
		b	20				b	20
		c	15				c	35

선지 ①과 ④의 시간을 비교해 보면, 비행기는 소요시간이 90분에 탑승수속시간 35분을 더해 총 125분이고 기차는 소요시간이 140분이므로 기차의 소요시간이 15분 더 많다.

① C→ 기차 → b: 15분+15분+20분=50분

④ C→ 비행기 → b: 30분+0분+25분=55분

선지 ①의 소요시간이 더 짧다. 따라서 정답은 ①이 된다.

빠른 문제풀이 Tip

최대 · 최소 문제는 제외조건을 놓치지 않도록 주의해야 한다.

[정답] ①

183 김 사무관은 오후 2시 회의에 참석하기 위해 대중교통을 이용하여 총 10km를 이동해야 한다. 다음 <조건>을 고려했을 때, 비용이 두 번째로 적게 드는 방법은? 09년 5급 극책형 30번

〈조 건〉

1) 회의에 지각해서는 안 되며, 오후 1시 40분에 대중교통을 이용하기 시작한다.
2) 회의가 시작되기 전에 먼저 도착하여 대기하는 시간을 비용으로 환산하면 1분당 200원이다.
3) 이용가능한 대중교통은 버스, 지하철, 택시만 있고, 출발지에서 목적지까지는 모두 직선노선이다.
4) 택시의 기본요금은 2,000원이고 2km마다 100원씩 증가하며, 2km를 1분에 간다.
5) 택시의 기본요금으로 갈 수 있는 거리는 2km이다.
6) 지하철은 2 km를 2분에 가고 버스는 2km를 3분에 간다. 버스와 지하철은 2km마다 정거장이 있고, 동일노선을 운행한다.
7) 버스와 지하철 요금은 1,000원이며 무료환승이 가능하다.
8) 환승은 버스와 지하철, 버스와 택시 간에만 가능하고, 환승할 경우 소요시간은 2분이며 반드시 버스로 4정거장을 가야만 한다.
9) 환승할 때 느끼는 번거로움 등을 비용으로 환산하면 1분당 450원이다.

① 택시만 이용해서 이동한다.
② 버스만 이용해서 이동한다.
③ 지하철만 이용해서 이동한다.
④ 버스와 택시를 환승하여 이동한다.
⑤ 버스와 지하철을 환승하여 이동한다.

해설

문제 분석

발문의 내용과 〈조건〉의 내용을 확인하면 김 사무관은 오후 2시에 회의에 참석하기 위해 1시 40분에 출발하며, 총 10km를 이동해야 한다. 조건 1)에서 회의에 지각해서는 안 된다고 하고 있으므로 〈조건〉들을 정리해보면서 20분 이상 시간이 소요되는 경우 계산에서 제외한다.

조건 8)에서 환승의 경우 버스와 지하철, 버스와 택시 간에 가능하다고 하였는데, 예를 들어 버스에서 지하철로 환승하는 경우나 지하철에서 버스로 환승하는 경우는 소요시간과 비용이 같으므로 별도로 고려할 필요는 없다.

문제풀이 실마리

환승이 유리할지와 관련한 기준을 잡으면 보다 쉽게 문제를 해결할 수 있다.

〈조건〉의 내용을 종합해 정리하면 아래와 같다.

구분	이동비용		소요시간	대기시간	대기비용	총 비용
택시	기본요금	2,000	5분	15분	200×15	5,400
	추가요금	100×4				
버스	요금	1,000	15분	5분	200×5	2,000
지하철	요금	1,000	10분	10분	200×10	3,000
버스 ↓ 택시	기본요금 (버스)	1,000	12분	5분	200×5	4,900
	환승비용	900	2분			
	기본요금 (택시)	2,000	1분			
버스 ↓ 지하철	기본요금	1,000	12+2분	4분	200×4	2,700
	환승비용	900	2분			

이동 방법 중 비용이 두 번째로 적게 드는 방법은 버스와 지하철을 환승하여 이동(⑤)하는 방법이다.

조건 7)에서 무료환승이 가능하다고 한 것은 버스와 지하철 사이에만 적용되며, 조건 8)의 경우에서 버스와 택시 간에 환승하는 경우에는 적용되지 않는 것으로 해석하였다. 버스와 택시 간에 무료환승이 가능하다고 생각하기는 어렵고 만약 무료환승이 가능하다고 해도 해당 문제의 정답이 바뀌지는 않는다.

빠른 문제풀이 Tip

실제 문제풀이에서는 모든 경우를 다 계산하고 비교하면 시간이 많이 소요된다. 계산 이전에 〈조건〉들만 감안하여 비교해 보면 1) 택시만 이용하는 경우는 이동비용, 대기비용이 모두 많이 들 것으로 예상할 수 있다. 2) 버스는 이동비용, 대기비용이 모두 적게 들 것으로 예상할 수 있다(이런 경우는 시간이 초과하지는 않는지 주의하여야 한다). 3) 지하철과 버스를 비교해도 이동비용은 같지만, 버스의 대기비용이 더 적게 든다. 우선 정리하면

버스 < 지하철 < 택시

이다. 그리고 4) 대기비용은 1분당 200원이고 환승비용은 1분당 450원이다. 5) 그렇다면 선지의 환승하는 경우가 버스보다는 항상 총 비용이 더 많이 든다는 것을 알 수 있다. 즉, 버스는 비용이 가장 적게 드는 방법이므로 계산을 생략하고, 버스와 택시를 환승하는 경우 택시의 기본요금을 내야된다고 해석하면 택시만 이용하는 경우나 버스와 택시를 환승하여 이동하는 경우도 계산에서 제외할 수 있다.

문제 분석에서 생각해 본 20분이라는 시간 제약은 이 문제에서는 대기비용을 계산하는데만 사용되고 제외되는 경우가 없었다. 그러나 이러한 제약은 직전에 살펴본 07년 재책형 8번 문제에서는 실수를 유발하는 장치로 활용되기도 하였다. 제약 조건을 놓치면 오답을 고르게 될 수 있다.

[정답] ⑤

184 다음 규정에 근거하여 장애수당을 신청한 장애인 중 2009년 5월분으로 가장 많은 금액(장애수당과 노령기초연금의 합산액)을 받은 사람은?

10년 5급 선책형 14번

제00조(장애수당) 국가와 지방자치단체는 장애인의 장애 정도와 경제적 수준을 고려하여 장애인의 소득 보전을 위한 장애수당을 지급할 수 있다.

제00조(장애수당 등의 지급대상자) 장애수당을 지급받을 수 있는 자는 18세 이상으로서 장애인으로 등록한 자 중 '국민기초생활 보장법'에 따른 수급자 또는 차상위계층으로서 장애로 인한 추가적 비용 보전(補塡)이 필요한 자로 한다. 다만 노령기초연금을 받고 있는 자에게는 해당 월분에 대한 장애수당의 100분의 50을 지급한다.

제00조(장애수당 등의 지급 시기 및 방법) 장애수당 등은 그 신청일을 수당지급 개시일로 하여 수당지급 개시일이 그 달의 15일 이전이면 해당 월분에 대한 수당의 전부를 지급하고, 16일 이후이면 해당 월분에 대한 수당의 100분의 50을 지급한다.

〈매월 장애수당 지급기준〉

(단위: 원)

분류	수급자	차상위계층
1급 및 2급 장애인	130,000	120,000
3급 및 4급 장애인	100,000	80,000
5급 및 6급 장애인	80,000	60,000

※ 노령기초연금은 매월 다음 기준에 따라 지급한다.

(단위: 원)

분류	수급자	차상위계층
65세 이상 80세 미만	80,000	60,000
80세 이상	100,000	80,000

① 갑: 65세, 차상위계층, 2급 장애인, 2009년 5월 26일 신청
② 을: 18세, 수급자, 3급 장애인, 2009년 5월 16일 신청
③ 병: 45세, 차상위계층, 3급 장애인, 2009년 5월 18일 신청
④ 정: 19세, 수급자, 4급 장애인, 2009년 5월 8일 신청
⑤ 무: 80세, 차상위계층, 6급 장애인, 2009년 5월 18일 신청

해설

문제 분석

- 장애수당을 지급받을 수 있는 자
  18세 이상으로서 장애인으로 등록한 자 중 '국민기초생활 보장법'에 따른 수급자 또는 차상위계층으로서 장애로 인한 추가적 비용 보전(補塡)이 필요한 자
- 단서조건
  - 노령기초연금을 받고 있는 자에게는 해당 월분에 대한 장애수당의 100분의 50을 지급
  - 장애수당 등은 그 신청일을 수당지급 개시일로 하여 ① 수당지급 개시일이 그 달의 15일 이전이면 해당 월분에 대한 수당의 전부를 지급하고, ② 16일 이후이면 해당 월분에 대한 수당의 100분의 50을 지급
  - 이를 반영하면 장애수당 지급 비율은 다음과 같다.

구분	15일 이전 신청	16일 이후 신청
노령기초연금을 받지 않는 자	100%	50%
노령기초연금을 받고 있는 자	50%	25%

- 〈매월 장애수당 지급기준〉 표를 보면 지급액은 다음과 같다.
  - 1급 및 2급 > 3급 및 4급 > 5급 및 6급 장애인
  - 수급자 > 차상위계층
- 신청일에 따라 다음과 같다.
  - 15일 이전 신청자 > 16일 이후 신청자

문제풀이 실마리

가장 많은 금액을 받은 사람을 구할 때 그룹 간 비교를 하면 보다 빠르게 답을 구할 수 있다.

그룹 간 비교를 해보면 다음과 같다.

1) 노령연금을 받는 갑, 무끼리 비교하면 무가 9.5만으로 더 많다.
2) 노령연금을 받지 않는 을, 병, 정끼리 비교하면, ① 3급 장애인=4급 장애인, ② 수급자인 을, 정 > 차상위계층인 병, ③ 15일 이전에 신청한 정 > 16일 이후에 신청한 을, 병이므로 '정'이 가장 금액이 많다.
3) 무의 9.5만과 정의 10만을 비교했을 때,

		장애수당	노령기초연금	신청일	최종 장애수당	노령기초연금	합산액
①	갑: 65세	12만	50%	50%	3만	6만	9만
⑤	무: 80세	6만			1.5만	8만	9.5만
②	을: 18세	10만	–	50%	5만	–	5만
③	병: 45세	8만		50%	4만		4만
④	정: 19세	10만		–	10만		10만

따라서 가장 많은 금액을 받은 사람은 10만 원을 받은 '④ 정'이다.

빠른 문제풀이 Tip

장애수당 지급과 관련한 조건에서 '노령기초연금을 받고 있는 자에게는 해당 월분에 대한 장애수당의 100분의 50을 지급한다.'는 표현이 이해하기에 다소 애매할 수 있는 문제이다.

[정답] ④

185 다음 글을 근거로 할 때, 생태계보전협력금의 1회분 분할납부금액으로 가장 적은 것은? (단, 부과금을 균등한 액수로 최대한 분할납부하며, 甲~戊의 사업은 모두 생태계보전협력금 납부대상 사업이다) 13년 5급 인책형 18번

〈생태계보전협력금 부과 징수 · 방법〉

1. 부과 · 징수 대상
   ○ 자연환경 또는 생태계에 미치는 영향이 현저하거나 생물다양성의 감소를 초래하는 사업을 하는 사업자
2. 부과금액 산정 방식
   ○ 생태계보전협력금 = 생태계 훼손면적 × 단위면적당 부과금액 × 지역계수
   ○ 단위면적($1m^2$)당 부과금액: 250원
   ○ 단, 총 부과금액은 10억 원을 초과할 수 없다.
3. 토지용도 및 지역계수
   ○ 토지의 용도는 생태계보전협력금 부과대상 사업의 인가 · 허가 또는 승인 등 처분시 토지의 용도(부과대상 사업의 시행을 위하여 토지의 용도를 변경하는 경우에는 변경 전의 용도를 말한다)에 따른다.
   ○ 지역계수
      가. 주거지역: 1
      나. 상업지역: 2
      다. 녹지지역: 3
      라. 농림지역: 4
      마. 자연환경보전지역: 5
4. 분할납부
   ○ 생태계보전협력금의 부과금액은 3년 이내의 기간을 정하여 분할납부한다.
   ○ 분할납부의 횟수는 부과금액이 2억 원 이하인 경우 2회, 2억 원을 초과하는 경우 3회로 한다. 다만 국가 · 지방자치단체 및 공공기관의 분할납부의 횟수는 2회 이하로 한다.

※ 사업대상 전 지역에서 생태계 훼손이 발생하는 것으로 가정한다.

① 상업지역 35만 m^2에 레저시설을 설치하려는 개인사업자 甲
② 농림지역 20만 m^2에 골프장 사업을 추진 중인 건설회사 乙
③ 녹지지역 30만 m^2에 관광단지를 조성하려는 공공기관 丙
④ 주거지역 20만 m^2와 녹지지역 20만 m^2를 개발하여 새로운 복합주거상업지구를 조성하려는 지방자치단체 丁
⑤ 주거지역 25만 m^2와 자연환경보전지역 25만 m^2를 묶어 염전체험박물관을 건립하려는 개인사업자 戊

해설

문제 분석

1) 좌변의 생태계보전협력금은 억 단위의 계산이고, 생태계 훼손면적은 선지에서 만(萬) 단위의 면적이다. 양변을 만(10,000)으로 나누어주면 100,000,000(억) → 10,000(만), 10,000 → 1로 변화한다.
   : 생태계보전협력금(만) = 생태계 훼손면적(1) × 단위면적당 부과금액 × 지역계수
2) 단위면적당 부과금액은 250원으로 고정항이므로 좌변으로 넘겨서 처리하고 우변에는 가변항인 '생태계 훼손면적 × 단위면적당 부과금액 × 지역계수'만 남긴다.
3) 위의 과정을 거치게 되면 총 부과금액은 400을 초과할 수 없고, 분할납부의 횟수는 부과금액이 80 이하인 경우 2회, 80을 초과하는 경우 3회로 한다.
4) 국가 · 지방자치단체 및 공공기관의 분할납부의 횟수는 2회 이하로 한다.

문제풀이 실마리

- 만, 억은 큰 단위의 숫자이므로 줄여서 계산하는 것이 편하다.
- 공식에서 고정항과 가변항을 구분하여 처리하면 편하다.
- 국가 · 지방자치단체 및 공공기관 관련 단서조건을 놓치지 않도록 주의한다.

정리한 조건에 따라 계산하면 다음과 같다. 각 선지마다

(지역계수 × 생태계 훼손면적)/분할납부 횟수(=2회 또는 3회)

로 계산하면 가장 간단하게 치환해서 생태계보전협력금의 1회분 분할납부금액을 계산할 수 있다. 면적은

① 상업지역 35만 m^2에 레저시설을 설치하려는 개인사업자 甲
   (2×35)/2=35
② 농림지역 20만 m^2에 골프장 사업을 추진 중인 건설회사 乙
   (4×20)/2=40
③ 녹지지역 30만 m^2에 관광단지를 조성하려는 공공기관 丙
   (3×30)/2 (∵ 공공기관)=45
④ 주거지역 20만 m^2와 녹지지역 20만 m^2를 개발하여 새로운 복합주거상업지구를 조성하려는 지방자치단체 丁
   {(1×20)+(3×20)}/2=40
⑤ 주거지역 25만 m^2와 자연환경보전지역 25만 m^2를 묶어 염전체험박물관을 건립하려는 개인사업자 戊
   {(1×25)+(5×25)}/3=50

따라서 선지 ①이 1회분 분할납부금액 35로 가장 적다.

빠른 문제풀이 Tip

- 이전에 살펴본 5급 공채 10년 선책형 14번 문제와 마찬가지로 그룹 간 비교를 할 수 있는 문제이다. 2회로 분할납후 하는 경우와 3회로 분할납부하는 경우로 구분하여 그룹 간 비교를 연습해 보자.
- 단위면적당 부과금액처럼 고정값인데 모든 선지마다 반복되는 계산은 매번 반복하지 않도록 처리해 주는 것이 편하다. 다만 주의해야 하는 것은 일반적으로 상대적인 크기 비교만 하면 되는 문제에서는 공통인 계산은 생략하고 해결하는 것이 좋지만, 이 문제에서는 단순히 크기 비교에서만 끝난 것이 아니라 부과금액이 2억인지 여부에 따라서 분할납부의 횟수를 정하게 된다. 따라서 공통인 계산을 생략하면 정확하게 해결할 수 없는 문제이다.
- 선지 ④에서 주거지역과 녹지지역의 면적은 20만 m^2으로 동일한데 지역계수가 1과 3으로 차이가 난다. 즉 공식을 적어보면 (20만 m^2×1)+(20만 m^2×3)이다. 이때 1과 3을 산술평균하여 2로 치환한 후 면적을 묶어내어 계산하면 (40만 m^2×2)로 공식을 변환하여 계산하는 것도 가능하다.
- 국가 · 지방자치단체 및 공공기관의 분할납부의 횟수는 2회 이하로 한다는 단서조건을 놓치지 않도록 주의한다. 이 조건을 놓쳤다면 선지 ③으로 오답을 선택했을 것이다.

[정답] ①

난이도 하

186 다음 글을 근거로 판단할 때, A에 해당하는 숫자는?

16년 민경채 5책형 17번

□ △△원자력발전소에서 매년 사용후핵연료봉(이하 '폐연료봉'이라 한다)이 50,000개씩 발생하고, 이를 저장하기 위해 발전소 부지 내 2가지 방식(습식과 건식)의 임시저장소를 운영

1. 습식저장소
 – 원전 내 저장수조에서 물을 이용하여 폐연료봉의 열을 냉각시키고 방사선을 차폐하는 저장방식으로 총 100,000개의 폐연료봉 저장 가능
2. 건식저장소
 ○ X 저장소
 – 원통형의 커다란 금속 캔에 폐연료봉을 저장하는 방식으로 총 300기의 캐니스터로 구성되고, 한 기의 캐니스터는 9층으로 이루어져 있으며, 한 개의 층에 60개의 폐연료봉 저장 가능
 ○ Y 저장소
 – 기체로 열을 냉각시키고 직사각형의 콘크리트 내에 저장함으로써 방사선을 차폐하는 저장방식으로 이 방식을 이용하여 저장소 내에 총 138,000개의 폐연료봉 저장 가능

□ 현재 습식저장소는 1개로 저장용량의 50%가 채워져 있고, 건식저장소 X, Y는 각각 1개로 모두 비어 있는 상황
□ 따라서 발생하는 폐연료봉의 양이 항상 일정하다고 가정하면, △△원자력발전소에서 최대 (A)년 동안 발생하는 폐연료봉을 현재의 임시저장소에 저장 가능

① 3
② 4
③ 5
④ 6
⑤ 7

해설

문제 분석

- △△원자력발전소에서 매년 폐연료봉이 50,000개씩 발생
- 이를 저장하기 위해 발전소 부지 내 2가지 방식(습식과 건식)의 임시저장소를 운영
- 현재 습식저장소는 1개로 저장용량의 50%가 채워져 있고, 건식저장소 X, Y는 각각 1개로 모두 비어 있는 상황

습식저장소		총 100,000개의 폐연료봉 저장 가능
건식저장소	X 저장소	총 300기의 캐니스터로 구성되고, 한 기의 캐니스터는 9층으로 이루어져 있으며, 한 개의 층에 60개의 폐연료봉 저장 가능
	Y 저장소	저장소 내에 총 138,000개의 폐연료봉 저장 가능

문제풀이 실마리

건식저장소 중 X 저장소에 저장가능한 폐연료봉 개수를 쉽게 구하기 위해서는 단위변환을 쉽고 빠르게 할 수 있어야 한다.

X 저장소=300기의 캐니스터
1기의 캐니스터=9층
1층=60개 저장가능

따라서 300×9×60=162,000(개) 저장 가능하다.

계산을 통해 구해야 하는 것은 발생하는 폐연료봉의 양이 항상 일정하다고 가정했을 때, △△원자력발전소에서 최대 몇 년 동안 발생하는 폐연료봉을 현재의 임시저장소에 저장 가능한지이므로 제시된 조건을 정리한다.

- 매년 폐연료봉이 50,000개씩 발생
- 현재 습식저장소, 건식저장소 X, Y 모두 각각 1개가 있음
- 습식저장소에는 총 100,000개의 폐연료봉이 저장 가능한데, 저장용량의 50%가 채워져 있으므로 50,000개의 폐연료봉 저장 가능
- 건식저장소 X에는 총 162,000개, 건식저장소 Y에는 138,000개의 폐연료봉 저장 가능 → 총 300,000개의 폐연료봉 저장 가능
- (50,000+300,000)/50,000=7년, 즉 최대 7년 동안 발생하는 폐연료봉을 현재의 임시저장소에 저장 가능하다.

따라서 A에 해당하는 숫자는 7이다.

[정답] ⑤

187 다음 글과 <상황>을 근거로 판단할 때, 甲이 선택할 사업과 받을 수 있는 지원금을 옳게 짝지은 것은? 22년 7급 가책형 12번

○○군은 집수리지원사업인 A와 B를 운영하고 있다. 신청자는 하나의 사업을 선택하여 지원받을 수 있다. 수리 항목은 외부(방수, 지붕, 담장, 쉼터)와 내부(단열, 설비, 창호)로 나누어진다.

〈사업 A의 지원기준〉

- 외부는 본인부담 10%를 제외한 나머지 소요비용을 1,250만 원 한도 내에서 전액 지원
- 내부는 지원하지 않음

〈사업 B의 지원기준〉

- 담장과 쉼터는 둘 중 하나의 항목만 지원하며, 각각 300만 원과 50만 원 한도 내에서 소요비용 전액 지원
- 담장과 쉼터를 제외한 나머지 항목은 내·외부와 관계없이 본인부담 50%를 제외한 나머지 소요비용을 1,200만 원 한도 내에서 전액 지원

〈상 황〉

甲은 본인 집의 창호와 쉼터를 수리하고자 한다. 소요비용은 각각 500만 원과 900만 원이다. 甲은 사업 A와 B 중 지원금이 더 많은 사업을 선택하여 신청하려고 한다.

	사업	지원금
①	A	1,250만 원
②	A	810만 원
③	B	1,250만 원
④	B	810만 원
⑤	B	300만 원

해설

문제 분석

지문에 따른 각 사업 지원기준에 따라 계산한다.

우선 지문의 각 사업 지원기준을 정리하고 계산해보면 다음과 같다. 〈상황〉에서 甲은 창호와 쉼터를 수리하고자 하므로 해당 항목은 음영 처리하였다. 1), 2)는 각각 1)의 한도는 1,250만 원, 2)의 한도는 1,200만 원임을 표시한 것이다. 그리고 3)은 담장과 쉼터 중 하나의 항목만 지원함을 표시한 것이다.

구분		사업 A의 지원기준		사업 B의 지원기준	
외부	방수	90%[1]		50%[2]	
	지붕	90%[1]		50%[2]	
	담장	90%[1]		300만 원[3]	
	쉼터	90%[1]	900×90%=810	50만 원[3]	50
내부	단열	X		50%[2]	
	설비	X		50%[2]	
	창호	X		50%[2]	500×50%=250

甲이 사업 A를 선택하는 경우 '쉼터'에 대해서는 810만 원, '창호'에 대해서는 지원을 받지 못하여 총 810만 원의 지원금을 받게 된다. 사업 B를 선택하는 경우 '쉼터'에 대해서는 50만 원, '창호'에 대해서는 250만 원, 총 300만 원의 지원금을 받게 된다. 甲은 사업 A와 B 중 지원금이 사업 A를 신청하여 810만 원의 지원금을 받게 된다(②).

빠른 문제풀이 Tip

사업 A의 1), 사업 B의 2), 3)과 같은 한도가 정답을 찾는 데 활용되지 않고, 수리 항목도 2개밖에 없는 간단한 계산문제이다. 해설을 위해 굳이 표로 정리하였지만, 실제 문제풀이에서는 창호와 쉼터에 대응되는 지원기준만 빠르게 찾아내어 계산한다.

[정답] ②

188 다음 글과 <상황>을 근거로 판단할 때 옳지 않은 것은?

22년 7급 가책형 16번

□□시는 부서 성과 및 개인 성과에 따라 등급을 매겨 직원들에게 성과급을 지급하고 있다.

○ 부서 등급과 개인 등급은 각각 S, A, B, C로 나뉘고, 등급별 성과급 산정비율은 다음과 같다.

성과 등급	S	A	B	C
성과급 산정비율(%)	40	20	10	0

○ 작년까지 부서 등급과 개인 등급에 따른 성과급 산정비율의 산술평균을 연봉에 곱해 직원의 성과급을 산정해왔다.

ⅰ)성과급 = 연봉 × {(부서 산정비율 + 개인 산정비율)/2}

○ 올해부터 부서 등급과 개인 등급에 따른 성과급 산정비율 중 더 큰 값을 연봉에 곱해 성과급을 산정하도록 개편하였다.

ⅱ)성과급 = 연봉 × max{부서 산정비율, 개인 산정비율}

※ max{a, b}=a와 b 중 더 큰 값

〈상 황〉

작년과 올해 □□시 소속 직원 甲~丙의 연봉과 성과 등급은 다음과 같다.

구분	작년			올해		
	연봉 (만 원)	성과 등급		연봉 (만 원)	성과 등급	
		부서	개인		부서	개인
甲	3,500	S	A	4,000	A	S
乙	4,000	B	S	4,000	S	A
丙	3,000	B	A	3,500	C	B

① 甲의 작년 성과급은 1,050만 원이다.
② 甲과 乙의 올해 성과급은 동일하다.
③ 甲~丙 모두 작년 대비 올해 성과급이 증가한다.
④ 올해 연봉과 성과급의 합이 가장 작은 사람은 丙이다.
⑤ 작년 대비 올해 성과급 상승률이 가장 큰 사람은 乙이다.

해설

문제 분석

식 ⅰ) 작년의 성과급 산정식과 식 ⅱ) 올해의 성과급 산정식은 더 이상 간단히 줄이거나 특별한 취급을 요하는 요소가 없다. 선지에서 계산이 필요한 경우 바로 계산하도록 하되 지문의 표에서 성과급 산정식에 들어갈 성과급 산정비율을 고를 때 실수하지 않도록 유의한다.

① (O) 甲의 작년 부서 성과 등급은 S로 부서 산정비율은 40%, 개인 성과 등급은 A로 개인 산정비율은 20%이다. 작년 연봉은 3,500만 원으로 식 ⅰ)에 따라 작년 성과급을 계산해보면 다음과 같다.

성과급 = 3,500 × {(40% + 20%)/2}
= 3,500 × 30% = 1,050(만 원)

② (O) 甲의 올해 부서 성과 등급은 A, 개인 성과 등급은 S로서 성과 등급이 더 높은 개인 산정비율 40%가 성과급 산정에 사용된다. 乙의 올해 부서 성과 등급은 S, 개인 성과 등급은 A로서 성과 등급이 더 높은 부서 산정비율 40%가 성과급 산정에 사용된다. 이때 甲과 乙은 연봉이 각각 4,000만 원으로 같고 식 ⅱ)를 사용할 때 성과급 산정에 사용되는 산정비율 값도 같으므로 올해의 성과급도 동일하다.

③ (X) 甲~丙의 작년과 올해 성과급을 비교해 보면서 계산이 필요한 경우만 계산한다.

1) 甲의 경우 작년의 연봉에 곱해질 성과급 산정비율은 부서 성과등급 S와 개인 성과등급 A의 산정비율의 평균값((40% + 20%)/2 = 30%)이고, 올해의 연봉에 곱해질 성과급 산정비율은 부서 성과등급 A와 개인 성과등급 S의 산정비율 중 더 큰 값인 S의 산정비율(40%)이다. 甲은 작년에 비해 올해의 연봉이 500만 원 인상되었으므로 작년에 비해 올해 연봉도 더 높고 연봉에 곱해질 산정비율도 더 크므로 작년 대비 올해 성과급이 증가한다. 괄호 안에 산정비율을 숫자로 표시해놓긴 했지만 구체적인 계산이 필요 없다.

2) 乙의 경우 甲과 마찬가지로 생각해보면 작년의 연봉에 곱해질 성과급 산정비율은 B와 S의 산정비율의 평균값이고, 올해의 연봉에 곱해질 성과급 산정비율은 S와 A중 더 큰 값인 S의 산정비율 값이다. 乙은 작년과 올해의 연봉이 같지만 B, S의 평균값과 S값 중 S값이 더 크므로 작년 대비 올해 성과급이 증가한다.

3) 丙의 경우 작년의 성과급은 식 ⅰ)에 따라 3,000 × {(10% + 20%)/2} = 450만 원이고, 올해의 성과급은 식 ⅱ)에 따라 3,500 × max{0%, 10%} = 350만 원으로 올해의 성과급은 작년 대비 감소하였다.

④ (O) 올해 甲~丙의 성과급을 간단히 생각해 보면 甲부터 각각 식 ⅱ)에 따라 4,000 × 40%(S), 4,000 × 40%(S), 3,500 × 10%(B)이다. 계산하지 않아도 丙의 성과급이 가장 작음을 알 수 있고 연봉 또한 丙이 가장 작으므로 연봉과 성과급의 합이 가장 작은 사람은 丙이다.

⑤ (O) 선지 ③에서 丙은 작년 대비 올해 성과급이 감소하였으므로 甲과 乙의 성과급만 검토한다.

구분	작년	올해
甲	3,500 × {(40% + 20%)/2} = 1,050	4,000 × max{20%, 40%} = 1,600
乙	4,000 × {(10% + 40%)/2} = 1,000	4,000 × max{40%, 20%} = 1,600

성과급 상승률을 구체적으로 계산할 필요는 없고 올해의 성과급은 甲과 乙이 같은데 작년의 성과급은 乙이 甲보다 작았으므로 乙의 성과급 상승률이 더 크다.

빠른 문제풀이 Tip

③ 3)과 같은 경우에도 작년에 비해 올해 연봉에 곱해질 성과급 산정비율은 약 33.3% 감소하였으나 연봉의 인상률은 이에 미치지 못하므로 구체적인 계산 전에 감소하였음을 알 수 있다.

[정답] ③

189 **다음 글과 <상황>을 근거로 판단할 때, 미란이가 지원받을 수 있는 주택보수비용의 최대 액수는?** 17년 5급 가책형 28번

○ 주택을 소유하고 해당 주택에 거주하는 가구를 대상으로 주택 노후도 평가를 실시하여 그 결과(경 · 중 · 대보수)에 따라 아래와 같이 주택보수비용을 지원

〈주택보수비용 지원 내용〉

구분	경보수	중보수	대보수
보수항목	도배 혹은 장판	수도시설 혹은 난방시설	지붕 혹은 기둥
주택당 보수비용 지원한도액	350만 원	650만 원	950만 원

○ 소득인정액에 따라 위 보수비용 지원한도액의 80 ~ 100%를 차등지원

구분	중위소득 25% 미만	중위소득 25% 이상 35% 미만	중위소득 35% 이상 43% 미만
지원율	100%	90%	80%

〈상 황〉

미란이는 현재 거주하고 있는 A주택의 소유자이며, 소득인정액이 중위소득 40%에 해당한다. A주택의 노후도 평가 결과, 지붕의 수선이 필요한 주택보수비용 지원 대상에 선정되었다.

① 520만 원
② 650만 원
③ 760만 원
④ 855만 원
⑤ 950만 원

해설

문제 분석

- 미란이는 현재 거주하고 있는 A주택의 소유자
- 소득인정액이 중위소득 40%에 해당
- A주택의 노후도 평가 결과, 지붕의 수선이 필요한 주택보수비용 지원 대상에 선정됨

- 주택을 소유하고 해당 주택에 거주하는 가구를 대상으로 주택 노후도 평가를 실시하여 그 결과(경 · 중 · 대보수)에 따라 아래와 같이 주택보수비용을 지원

〈주택보수비용 지원 내용〉

구분	경보수	중보수	대보수
보수항목	도배 혹은 장판	수도시설 혹은 난방시설	지붕 혹은 기둥
주택당 보수비용 지원한도액	350만 원	650만 원	950만 원

- 소득인정액에 따라 위 보수비용 지원한도액의 80~100%를 차등지원

구분	중위소득 25% 미만	중위소득 25% 이상 35% 미만	중위소득 35% 이상 43% 미만
지원율	100%	90%	80%

따라서 950만 원×80%=760만 원이다.

빠른 문제풀이 Tip

- 범위로 확인하더라도 정답을 빠르게 찾아낼 수 있다.
- 배수성질을 활용하여 답을 찾는 것도 가능한 문제이다.
- 단순히 금액을 구하고 해당 금액이 왜 최대 금액인지 모르는 경우도 많은데, '한도액'이라는 표현 때문에 주택보수비용의 '최대' 액수를 구하는 문제가 된다.

[정답] ③

190 다음 글과 <설립위치 선정 기준>을 근거로 판단할 때, A사가 서비스센터를 설립하는 방식과 위치로 옳은 것은?

17년 5급 가책형 30번

○ 휴대폰 제조사 A는 B국에 고객서비스를 제공하기 위해 1개의 서비스센터 설립을 추진하려고 한다.
○ 설립방식에는 (가)방식과 (나)방식이 있다.
○ A사는 {(고객만족도 효과의 현재가치) − (비용의 현재가치)}의 값이 큰 방식을 선택한다.
○ 비용에는 규제비용과 로열티비용이 있다.

<table>
<tr><th colspan="2">구분</th><th>(가)방식</th><th>(나)방식</th></tr>
<tr><td colspan="2">고객만족도 효과의 현재가치</td><td>5억 원</td><td>4.5억 원</td></tr>
<tr><td rowspan="2">비용의 현재 가치</td><td>규제 비용</td><td>3억 원
(설립 당해 년도만 발생)</td><td>없음</td></tr>
<tr><td>로열티 비용</td><td>없음</td><td>− 3년간 로열티비용을 지불함
− 로열티비용의 현재가치 환산액: 설립 당해년도는 2억 원, 그 다음 해부터는 직전년도 로열티비용의 1/2씩 감액한 금액</td></tr>
</table>

※ 고객만족도 효과의 현재가치는 설립 당해년도를 기준으로 산정된 결과이다.

〈설립위치 선정 기준〉

○ 설립위치로 B국의 甲, 乙, 丙 3곳을 검토 중이며, 각 위치의 특성은 다음과 같다.

위치	유동인구(만 명)	20～30대 비율(%)	교통혼잡성
甲	80	75	3
乙	100	50	1
丙	75	60	2

○ A사는 {(유동인구)×(20～30대 비율)/(교통혼잡성)} 값이 큰 곳을 선정한다. 다만 A사는 제품의 특성을 고려하여 ⅰ)20～30대 비율이 50% 이하인 지역은 선정대상에서 제외한다.

	설립방식	설립위치
①	(가)	甲
②	(가)	丙
③	(나)	甲
④	(나)	乙
⑤	(나)	丙

해설

문제 분석

지문에서 설립방식을, 〈설립위치 선정 기준〉에서 설립위치를 각각 판단하며 서로 연계되는 내용이 없는 쉬운 문제이다. 〈설립위치 선정 기준〉에서는 ⅰ) 20～30대 비율이 50% 이하인 지역은 선정대상에서 제외한다는 것 정도만 염두에 둔다.

설립방식은 {(고객만족도 효과의 현재가치)−(비용의 현재가치)}과 같은 식에 표의 내용을 반영한다.

(가)방식: 5억 원−3억 원=2억 원

(나)방식: 4.5억 원−(2억 원+1억 원+0.5억 원)=1.5억 원

(나)방식에서 무한등비급수도 아니고 3년간만 로열티 비용을 지불하므로 계산도 간단하다. A사는 (가)방식을 선택한다.

설립위치는 {(유동인구)×(20～30대 비율)/(교통혼잡성)}과 같은 식에 표의 내용을 반영한다. 이때 조건 ⅰ)을 고려하거나 설립방식을 먼저 판단하고 선지를 참고하였다면 위치 乙은 고려할 필요가 없다.

甲: 80(만 명)×0.75÷3=20

丙: 75(만 명)×0.6÷2=22.5

A사는 丙지역을 선택한다.

빠른 문제풀이 Tip

로열티비용을 현재가치로 환산할 때 1/2씩 줄여가는 출제장치가 단순한 형태로만 사용되었다.

[정답] ②

191 다음 글을 근거로 판단할 때, 우수부서 수와 기념품 구입 개수를 옳게 짝지은 것은? 20년 5급 나책형 27번

> A기관은 탁월한 업무 성과로 포상금 5,000만 원을 지급받았다. 〈포상금 사용기준〉은 다음과 같다.
>
> 〈포상금 사용기준〉
>
> ㅇ 포상금의 40% 이상은 반드시 각 부서에 현금으로 배분한다.
>   – 전체 15개 부서를 우수부서와 보통부서 두 그룹으로 나누어 우수부서에 150만 원, 보통부서에 100만 원을 현금으로 배분한다.
>   – 우수부서는 최소한으로 선정한다.
>
> ㅇ 포상금 중 2,900만 원은 직원 복지 시설을 확충하는 데 사용한다.
>
> ㅇ 직원 복지 시설을 확충하고 부서별로 현금을 배분한 후 남은 금액을 모두 사용하여 개당 1만 원의 기념품을 구입한다.

	우수부서 수	기념품 구입 개수
①	9개	100개
②	9개	150개
③	10개	100개
④	10개	150개
⑤	11개	50개

해설

문제 분석

• 포상금 5,000만 원을 지급받아 이를 사용해야 하는 문제이다.
• 주어진 〈포상금 사용기준〉을 정리해 보면 다음과 같다.

현금 배분	복지시설 확충	기타
– 포상금의 40% 이상은 반드시 각 부서에 현금으로 배분 – 전체 15개 부서를 우수부서와 보통부서 두 그룹으로 나누어 우수부서에 150만 원, 보통부서에 100만 원을 현금으로 배분 – 우수부서는 최소한으로 선정	– 포상금 중 2,900만 원은 직원 복지 시설을 확충하는 데 사용	– 직원 복지 시설을 확충하고 부서별로 현금을 배분한 후 남은 금액을 모두 사용하여 개당 1만 원의 기념품을 구입

이를 종합해 보면,
1) 5,000만 원의 포상금 중 2,900만 원은 직원 복지 시설을 확충하는 데 사용하고 난 후
2) 포상금의 40% 이상, 즉 2,000만 원 이상은 전체 15개 부서를 우수부서와 보통부서 두 그룹으로 나누어 우수부서에 150만 원, 보통부서에 100만 원을 현금으로 배분한 후
3) 남은 금액을 모두 사용하여 개당 1만 원의 기념품을 구입한다.
단, 2)에서 우수부서 수는 최소한으로 선정해야 한다.

방법 1

위의 문제 분석 2)에서 부서에 배분되는 현금은 최소 2,000만 원에서 최대 2,100만 원이 됨을 알 수 있다. 이때 우수부서의 수는 최소가 되어야 한다. 전체 15개 부서가 우수부터 또는 보통부서로 구분되므로, 우수부서의 수를 x라 하면 보통부서의 수는 $(15-x)$가 된다.

이를 종합해서 공식을 세워 보면

2,000만 원(=5,000만 원×40%)≤(150만 원×x)+100만 원×$(15-x)$≤2,100만 원

이를 충족하는 x의 범위는 $10 \le x \le 12$이고, 우수부서의 수는 최솟값인 10개, 보통부서의 수는 나머지 5개가 된다.

따라서 부서에 배분되는 현금은 150×10+100×5=2,000만 원이다.

따라서 남은 100만 원을 모두 사용하여 개당 1만 원의 기념품을 구입하면 100개를 구입 가능하고, 정답은 ③이다.

방법 2 변화분의 확인

전체 15개 부서가 전부 우수부서라면 이때 각 부서에 현금처럼 배분되는 금액은 150만 원×15개=2,250만 원이고, 이후 우수부서 수가 하나 줄고(–150만 원), 대신 보통부서 수가 하나 늘어날 때마다(+100만 원) 총 지급 금액은 –50만 원이 된다. 아래 〈표〉를 참고해서 스스로 따져보자.

따라서 우수부서 수를 최소한으로 선정하는 경우 부서에 배분되는 금액은 최소로 줄어들 것이므로 포상금의 40% 이상인 2,000만 원에 맞춰질 것이고, 따라서 (15개, 2,250만 원)에서 우수부서 수가 5개 줄어서 10개이어야 –250만 원이 되고 2,000만 원에 맞춰질 것이다.

	우수부서 수+보통부서 수=15개						
우수부서 수 (150만 원)	15개	14개	13개	…	2개	1개	0개
보통부서 수 (100만 원)	0개	1개	2개	…	13개	14개	15개
배분 금액 (만 원)	2,250	2,200	2,150	…	1,600	1,550	1,500

이는 반대로 보통부서 수가 15개를 가정하여 1,500만 원에서 시작한 후 보통부서 수가 하나 줄 때마다(−100만 원), 우수부서 수가 하나 늘어난다고(+150만 원) 보는 것도 가능하다. 그렇다면 우수부서 수가 하나 늘어날 때마다 +50만 원이 되고, 포상금의 40% 이상(=2,000만 원)에 맞추기 위해서는 1,500만 원에서 +500만 원이 되어야 하고, 우수부서는 +10개 (=+50×10개)가 된다.

방법 3 선지의 활용

복지시설 확충에 2,900만 원을 사용하는 것은 고정이므로, 남은 2,100만 원의 포상금을 어떻게 사용할지를 결정해야 한다.

스스로 직접 해결한 후 선지 ①~⑤ 중에서 동일한 결과를 선택하지 말고, 선지를 활용하여 검토하되, 우수부서 수는 최소가 되어야 하므로, 9개로 가장 작은 값이 선지 ① 또는 ②가 될 수 있는지부터 검토하는 것이 바람직하다.

- 선지 ①, ② 검토

  우수부서 수가 9개 일 때(= 보통부서 수는 6개) 현금 배분을 계산해 보면 (150×9)+(100×6)=1,950만 원이다.

  이는 포상금의 40% 이상은 반드시 각 부서에 현금으로 배분한다는 조건에 위배되므로 불가능하다.
- 선지 ③, ④ 검토

  우수부서 수가 10개일 때(= 보통부서 수는 5개)

  (1) 현금 배분을 계산해 보면 (150×10)+(100×5)=2,000만 원

  (2) 남은 100만 원으로 개당 1만 원의 기념품을 구입하므로 총 100개의 기념품을 구입할 수 있다.

방법 4 방법 2+방법 4+비율처리

우수부서에 배분하는 금액이 150만 원, 보통부서에 배분하는 금액이 100만 원이고, 전체 15개 부서 중 우수부서 수를 최소로 하면, 보통부서의 수가 최대가 되고, 각 부서에 현금처럼 배분되는 금액은 앞에서 살펴본 바와 같이 최소가 된다.

만약 선지 ①, ②를 검토한다고 하면, 우수부서 수가 9개라고 했으므로 보통부서 수는 6개 된다. 이때 배분되는 금액이 2,000만 원이 되는지를 확인하면 된다.

(9개×150만 원)+(6개×100만 원)=2,000만 원

여기에 비율 처리를 하면 계산이 쉬워진다. 전부 다 100으로 나누었다고 생각해 보자. 그렇다면 (9×1.5)+(6×1)=20이 되는지 검토하면 된다. 그런데 (9×1.5)+(6×1)=19.5이므로 선지 ①, ②는 답이 될 수 없다.

이후 선지 ③, ④의 우수부서 10개를 대입해서 위와 같이 따져보면 20이 정확히 맞고, 이때 기념품 구입개수는 100개가 되므로 정답은 ③이다.

빠른 문제풀이 Tip

- 빠른 해결을 위해 선지를 적절하게 활용할 수 있어야 한다.
- 포상금 사용기준이 여러 가지이므로, 사용기준을 적용하는 순서를 정확하게 확인하는 습관을 들여야 한다. 직원 복지 시설을 확충하고 부서별로 현금을 배분한 후 남은 금액을 모두 사용하여 기념품을 구입하여야 한다.
- 주어진 조건에 따를 때 선지 ②, ④는 불가능하다. 기념품 구입 개수가 100개를 넘을 수는 없다.

[정답] ③

192 다음 글을 근거로 판단할 때, '친구 단위'로 입장한 사람의 수와 '가족 단위'로 입장한 사람의 수를 옳게 짝지은 것은?

21년 5급 가책형 26번

> A놀이공원은 2명의 친구 단위 또는 4명의 가족 단위로만 입장이 가능하다. 발권기계는 2명의 친구 단위 또는 4명의 가족 단위당 1장의 표를 발권한다. 놀이공원의 입장객은 총 158명이며, 모두 50장의 표가 발권되었다.

	'친구 단위'로 입장한 사람의 수	'가족 단위'로 입장한 사람의 수
①	30	128
②	34	124
③	38	120
④	42	116
⑤	46	112

해설

문제 분석

A놀이공원은

2명의 친구 단위 또는 4명의 가족 단위	로만 입장이 가능하다.
	당 1장의 표를 발권한다.

놀이공원의 입장객은 총 158명이며, 모두 50장의 표가 발권되었다.

방법 1 방정식을 활용한 정석적 풀이

A놀이공원은 2명의 친구 단위 또는 4명의 가족 단위로만 입장이 가능하고, 발권기계는 2명의 친구 단위 또는 4명의 가족 단위당 1장의 표를 발권하므로, 1장의 표로 2명의 친구가 입장하거나 4명의 가족이 입장하거나 둘 중 하나여야 한다.
모두 50장의 표가 발권되었으므로, 2명의 친구가 입장한 표를 미지수 x장이라 하면, 4명의 가족이 입장한 표는 $(50-x)$장이 된다.
x장으로는 2명씩 입장했을 것이고, $(50-x)$장으로는 4명씩 입장한 결과 놀이공원의 입장객은 총 158명이다.

$$2x+4(50-x)=158$$

계산 결과 $x=21$이므로, 2명씩 입장한 표는 21장이고, 나머지 29장은 4명씩 입장한 표가 된다. 따라서 '친구 단위'로 입장한 사람의 수는 2명×21장=총 42명이고, '가족 단위'로 입장한 사람의 수는 4명×29장=총 116명으로 정답은 ④이다.

방법 2 변화분의 확인

50장의 표가 발권되었고, 1장의 표로 2명의 친구 단위 또는 4명의 가족단위가 입장 가능하다. 그렇게 해서 총 158명이 입장해야 한다.
50장이 모두 친구 단위로 발권되었다면 입장객은 총 100명이 된다. 이때 친구 단위인 1장의 표가 줄고(−2명), 가족 단위의 1장의 표가 늘어난다면 (+2명) 총 입장객은 102명이 된다.

	2명의 친구 단위 표+4명의 가족 단위 표=50장						
친구 단위 표 (2명)	50장	49장	48장	…	2장	1장	0장
가족 단위 표 (4명)	0장	1장	2장	…	48장	49장	50장
입장객 수 (명)	100	102	104	…	196	198	200

따라서 가족 단위로 입장한 표가 0장에서 1장씩 늘수록 총 입장객 수는 2명씩 증가한다. 따라서 100명의 입장객이 158명이 되기 위해서는 +58명이 되어야 하고 가족 단위로 입장한 표는 29장이어야 한다. 이때 가족 단위로 입장한 사람의 수는 4×29=116명이 된다.

방법 3 선지의 활용

선지를 활용해서 풀면 보다 빠른 해결이 가능하다. 1장의 표로 2명의 친구 단위가 입장하므로 예를 들어 30명이 친구 단위로 입장했다면 발권된 표는 15장이 된다. 1장의 표로 4명의 가족 단위가 입장하므로 128명이 가족 단위로 입장했다면 발권된 표는 32장이 된다.

주어진 선지에 따를 때 발권된 표 장수를 구해보면 다음과 같다.

	친구 단위로 입장한 사람의 수	표 수	가족 단위로 입장한 사람의 수	표 수	총 표수
①	30	15	128	32	47
②	34	17	124	31	48
③	38	19	120	30	49
④	42	21	116	29	50
⑤	46	23	112	28	51

따라서 총 표수가 50장이 되는 ④가 정답이 된다.

빠른 문제풀이 Tip

방정식을 세워서 푸는 방법이 정석이지만, PSAT에서 방정식으로 해결하는 방법은 해결 방법 중 가장 느린 방법 중에 하나인 경우가 대부분이다. 따라서 선지를 활용하는 방식으로 해결하는 것이 가장 좋다.

[정답] ④

193 다음 글을 근거로 판단할 때, 예약할 펜션과 워크숍 비용을 옳게 짝지은 것은?

20년 7급(모의) 11번

甲은 팀 워크숍을 추진하기 위해 펜션을 예약하려 한다. 팀원은 총 8명으로 한 대의 렌터카로 모두 같이 이동하여 워크숍에 참석한다. 워크숍 기간은 1박 2일이며, 甲은 워크숍 비용을 최소화 하고자 한다.

○ 워크숍 비용은 아래와 같다.

워크숍 비용 = 왕복 교통비 + 숙박요금

○ 교통비는 렌터카 비용을 의미하며, 렌터카 비용은 거리 10km당 1,500원이다.

○ 甲은 다음 펜션 중 한 곳을 1박 예약한다.

구분	A 펜션	B 펜션	C 펜션
펜션까지 거리(km)	100	150	200
1박당 숙박요금(원)	100,000	150,000	120,000
숙박기준인원(인)	4	6	8

○ 숙박인원이 숙박기준인원을 초과할 경우, A~C 펜션 모두 초과 인원 1인당 1박 기준 10,000원씩 요금이 추가된다.

	예약할 펜션	워크숍 비용
①	A	155,000원
②	A	170,000원
③	B	215,000원
④	C	150,000원
⑤	C	180,000원

해설

문제 분석

계산의 조건을 정확하게 파악해야 한다.

- 팀원은 총 8명
- 한 대의 렌터카로 모두 같이 이동
- 워크숍 기간은 1박 2일
- 워크숍 비용을 최소화
- 워크숍 비용 = 왕복 교통비 + 숙박요금

1. 왕복 교통비
   - 교통비는 렌터카 비용을 의미한다.
   - 렌터카 비용은 거리 10km당 1,500원이다.

구분	A 펜션	B 펜션	C 펜션
펜션까지 거리(km)	100	150	200
왕복교통비(원)	30,000[1]	45,000	60,000

1)을 구하는 방식은 다음과 같다.

$100 \times \frac{1,500}{10} \times 2$ ($\because$ 왕복) $= 30,000$원

2. 숙박요금
   - 숙박인원이 숙박기준인원을 초과할 경우, A~C 펜션 모두 초과 인원 1인당 1박 기준 10,000원씩 요금이 추가된다.
   - 팀원이 총 8명이므로, 추가된 요금까지 반영하면 다음과 같다.

구분	A 펜션	B 펜션	C 펜션
1박당 숙박요금(원)	100,000	150,000	120,000
숙박기준인원(인)	4	6	8
숙박요금(원)	140,000	170,000	120,000

3. 워크숍 비용

구분	A 펜션	B 펜션	C 펜션
왕복교통비(원)	30,000	45,000	60,000
숙박요금(원)	140,000	170,000	120,000
워크숍 비용(원)	170,000	215,000	180,000

따라서 워크숍 비용이 17만 원으로 최소인 A 펜션을 예약할 것이고, 정답은 ②이다.

빠른 문제풀이 Tip

- 선지를 활용하면 보다 빠른 해결이 가능하다.
- 펜션까지 거리는 편도로 제시되어 있지만, '왕복' 교통비를 구해야 한다는 점에 주의하자.
- 5급 공채 19년 가책형 9번 통역경비를 구하는 문제와 유사하다.

[정답] ②

194 다음 글을 근거로 판단할 때, A팀이 최종적으로 선택하게 될 이동수단의 종류와 그 비용으로 옳게 짝지은 것은?

17년 5급 가책형 10번

4명으로 구성된 A팀은 해외출장을 계획하고 있다. A팀은 출장지에서의 이동수단 한 가지를 결정하려 한다. 이때 A팀은 경제성, 용이성, 안전성의 총 3가지 요소를 고려하여 최종 점수가 가장 높은 이동수단을 선택한다.

○ 각 고려요소의 평가결과 '상' 등급을 받으면 3점을, '중' 등급을 받으면 2점을, '하' 등급을 받으면 1점을 부여한다. 단, 안전성을 중시하여 안전성 점수는 2배로 계산한다. (예 안전성 '하' 등급 2점)
○ 경제성은 각 이동수단별 최소비용이 적은 것부터 상, 중, 하로 평가한다.
○ 각 고려요소의 평가점수를 합하여 최종점수를 구한다.

〈이동수단별 평가표〉

이동수단	경제성	용이성	안전성
렌터카	?	상	하
택시	?	중	중
대중교통	?	하	중

〈이동수단별 비용계산식〉

이동수단	비용계산식
렌터카	(렌트비+유류비)×이용 일수 – 렌트비=$50/1일(4인승 차량) – 유류비=$10/1일(4인승 차량)
택시	거리당 가격($1/1마일)×이동거리(마일) – 최대 4명까지 탑승가능
대중교통	대중교통패스 3일권($40/1인)×인원수

〈해외출장 일정〉

출장 일정	이동거리(마일)
11월 1일	100
11월 2일	50
11월 3일	50

	이동수단	비용
①	렌터카	$180
②	택시	$200
③	택시	$400
④	대중교통	$140
⑤	대중교통	$160

해설

문제 분석

4명으로 구성된 A팀은 해외출장을 계획하고 있다. → 출장인원 4명

출장 일정	이동거리(마일)
11월 1일	100
11월 2일	50
11월 3일	50
출장 일정 총 3일	총 이동거리 200마일

'경제성' 요소에 점수를 부여하기 위해, 주어진 조건에 따라 각 이동수단별 최소비용을 구해보면 다음과 같다.

이동수단	비용계산식
렌터카	(렌트비+유류비)×이용 일수 렌트비=$50/1일(4인승 차량) 유류비=$10/1일(4인승 차량) =(50+10)×3일=$180
택시	거리당 가격($1/1마일)×이동거리(마일) 최대 4명까지 탑승가능 =1×200=$200
대중교통	대중교통패스 3일권($40/1인)×인원수 =40×4명=$160

이동수단별 평가표에 점수를 부여하여 계산하면 다음과 같다.

이동수단	경제성	용이성	안전성	최종점수
렌터카	중 2	상 3	하 2	7
택시	하 1	중 2	중 4	7
대중교통	상 3	하 1	중 4	8

따라서 A팀이 최종적으로 선택하게 될 이동수단은 대중교통이고 그 비용은 $160이다.

빠른 문제풀이 Tip

'이동수단'이 택시인 경우, 〈이동수단별 비용계산식〉에 따를 때 그 비용은 $200이 되고, $400이 될 수 없다. 선지에 주어진 '이동수단'과 '비용'은 서로 관련되어 있으므로, 선지를 활용하면 보다 빠른 해결이 가능하다.

[정답] ⑤

난이도 중

195 **다음 글을 근거로 판단할 때, <보기>에서 옳은 것만을 모두 고르면?**

19년 민경채 나책형 19번

K국의 「영유아보육법」은 영유아가 안전하고 쾌적한 환경에서 건강하게 성장할 수 있도록 다음과 같이 어린이집의 보육교사 최소 배치 기준을 규정하고 있다.

연령	보육교사 대 영유아비율
(1) 만 1세 미만	1:3
(2) 만 1세 이상 만 2세 미만	1:5
(3) 만 2세 이상 만 3세 미만	1:7

위와 같이 각 연령별로 반을 편성하고 각 반마다 보육교사를 배치하되, 다음 기준에 따라 혼합반을 운영할 수 있다.

혼합반 편성	보육교사 대 영유아비율
(1)과 (2)	1:3
(2)와 (3)	1:5
(1)과 (3)	편성 불가능

〈보 기〉

ㄱ. 만 1세 미만 영유아 4명, 만 1세 이상 만 2세 미만 영유아 5명을 보육하는 어린이집은 보육교사를 최소 3명 배치해야 한다.

ㄴ. 만 1세 이상 만 2세 미만 영유아 6명, 만 2세 이상 만 3세 미만 영유아 12명을 보육하는 어린이집은 보육교사를 최소 3명 배치해야 한다.

ㄷ. 만 1세 미만 영유아 1명, 만 2세 이상 만 3세 미만 영유아 2명을 보육하는 어린이집은 보육교사를 최소 1명 배치해야 한다.

① ㄱ

② ㄴ

③ ㄷ

④ ㄱ, ㄴ

⑤ ㄱ, ㄷ

해설

문제 분석

- 영유아 연령에 따라 보육교사 대 영유아비율이 주어져 있다.
- 어린이집의 보육교사 최소 배치 기준에 따라 보육교사의 최소 인원을 계산해야 한다. 문제에서 주어진 어린이집의 보육교사 최소 배치 기준을 적용할 때, 각 연령대별로 반을 편성하고 각 반마다 보육교사를 배치할 수도 있고, 혼합반을 운영할 수도 있다. 이러한 조건에 따라 각 보기의 상황별로 보육교사를 배치해야 하는 '최소' 인원을 구해야 한다.

문제풀이 실마리

계산할 때 주의할 것은, 보육교사 대 영유아비율이 만약 1:3이라면, 영유아 3명까지는 보육교사 1명이, 영유아 6명까지는 보육교사 2명이 반드시 필요하다는 점이다. 예를 들어 영유아가 5명이라면 보육교사는 1명이 아니라 2명이 필요한 셈이다.

구분	보육교사 대 영유아비율			보기		
	비율	혼합반 편성		ㄱ	ㄴ	ㄷ
(1) 만 1세 미만	1:3	1:3		4		1
(2) 만 1세 이상 만 2세 미만	1:5	1:3	1:5	5	6	
(3) 만 2세 이상 만 3세 미만	1:7		1:5		12	2

ㄱ. (O) 1) 각 연령대별로 반을 구성한다면 영유아 인원이 (1) 4명, (2) 5명이므로 각 비율에 따를 때 보육교사가 (1)에서는 2명, (2)에서는 1명이 필요하여 총 3명이 필요하다.

2) 혼합반을 편성한다면 (1)+(2)=총 9명이므로 비율에 따를 때 총 3명이 필요하다. 따라서 1)과 2) 중에 어떠한 기준에 따르더라도 최소 3명의 보육교사를 배치해야 한다.

ㄴ. (X) 1) 각 연령대별로 반을 구성한다면 영유아 인원이 (2) 6명, (3) 12명이므로 각 비율에 따를 때 보육교사가 (2)에서는 2명, (3)에서는 2명이 필요하여 총 4명이 필요하다.

2) 혼합반을 편성한다면 (1)+(2)=총18명이므로, 1:5의 비율에 따를 때 총 4명이 필요하다. 따라서 1)과 2) 중에 어떠한 기준에 따르더라도 최소 4명의 보육교사를 배치해야 한다.

ㄷ. (X) 1) 각 연령대별로 반을 구성한다면 영유아 인원이 (1) 1명, (3) 2명이므로 각 비율에 따를 때 보육교사가 (1)에서는 1명, (3)에서는 1명이 필요하여 총 2명이 필요하다.

2) (1)과 (3)은 혼합반 편성이 불가능하다.

따라서 1)과 2) 중에 1)기준만이 가능하고 최소 2명의 보육교사를 배치해야 한다.

[정답] ①

196 다음 글을 근거로 판단할 때, <보기>에서 옳은 것만을 모두 고르면? 19년 민경채 나책형 24번

사슴은 맹수에게 계속 괴롭힘을 당하자 자신을 맹수로 바꾸어 달라고 산신령에게 빌었다. 사슴을 불쌍하게 여긴 산신령은 사슴에게 남은 수명 중 n년(n은 자연수)을 포기하면 여생을 아래 5가지의 맹수 중 하나로 살 수 있게 해주겠다고 했다.

사슴으로 살 경우의 1년당 효용은 40이며, 다른 맹수로 살 경우의 1년당 효용과 그 맹수로 살기 위해 사슴이 포기해야 하는 수명은 아래의 〈표〉와 같다. 예를 들어 사슴의 남은 수명이 12년일 경우 사슴으로 계속 산다면 $12 \times 40 = 480$의 총 효용을 얻지만, 독수리로 사는 것을 선택한다면 $(12-5) \times 50 = 350$의 총 효용을 얻는다.

사슴은 여생의 총 효용이 줄어드는 선택은 하지 않으며, 포기해야 하는 수명이 사슴의 남은 수명 이상인 맹수는 선택할 수 없다. 1년당 효용이 큰 맹수일수록, 사슴은 그 맹수가 되기 위해 더 많은 수명을 포기해야 한다. 사슴은 자신의 남은 수명과 〈표〉의 '?'로 표시된 수를 알고 있다.

〈표〉

맹수	1년당 효용	포기해야 하는 수명(년)
사자	250	14
호랑이	200	?
곰	170	11
악어	70	?
독수리	50	5

〈보 기〉

ㄱ. 사슴의 남은 수명이 13년이라면, 사슴은 곰을 선택할 것이다.
ㄴ. 사슴의 남은 수명이 20년이라면, 사슴은 독수리를 선택하지는 않을 것이다.
ㄷ. 호랑이로 살기 위해 포기해야 하는 수명이 13년이라면, 사슴의 남은 수명에 따라 사자를 선택했을 때와 호랑이를 선택했을 때 여생의 총 효용이 같은 경우가 있다.

① ㄴ
② ㄷ
③ ㄱ, ㄴ
④ ㄴ, ㄷ
⑤ ㄱ, ㄴ, ㄷ

해설

문제 분석
- 사슴은 남은 수명 중 n년(n은 자연수)을 포기하면 여생을 5가지의 맹수 중 하나로 살 수 있다.
- 사슴은 여생의 총 효용이 줄어드는 선택은 하지 않는다.
- 포기해야 하는 수명이 사슴의 남은 수명 이상인 맹수는 선택할 수 없다.

문제풀이 실마리
- 계산을 하는 방식이 줄글로 설명되어 있다. 줄글로 설명한 계산 방식, 계산과 관련한 여러 조건, 표로 제시된 정보 등등을 종합적으로 고려할 수 있어야 쉽게 풀 수 있게 되는 문제이다.
- 의사결정을 하는 방식은 사슴으로 계속 살 때의 효용보다, 선택한 맹수로 살 때의 효용이 더 큰 경우에 해당 맹수를 선택하게 된다.

사슴으로 살 경우의 1년당 효용은 40이다.

ㄱ. (X) 사슴의 남은 수명이 13년이므로, 사슴으로 계속 살 때의 총 효용은 $40 \times 13 = 520$, 곰을 선택할 때의 총 효용은 $(13-11) \times 170 = 340$이다. 남은 수명 13년 중 곰 선택의 대가로 11년을 포기하고 남은 수명 2년간 곰의 1년당 효용인 170×2년$= 340$의 총 효용을 얻는 셈이다. 따라서 사슴은 곰을 선택하지 않을 것이다.

ㄴ. (O) 사슴의 남은 수명이 20년이므로, 사슴으로 계속 살 때의 총 효용은 $40 \times 20 = 800$이다. 독수리를 선택할 때의 총 효용은 $(20-5) \times 50 = 750$이다. 남은 수명 20년 중 독수리 선택의 대가로 5년을 포기하고 남은 15년간, 독수리의 1년당 효용인 50×15년$= 750$의 총 효용을 얻는 셈이다. 따라서 사슴은 독수리를 선택하지는 않을 것이다.

ㄷ. (O) 사슴의 남은 수명이 확정되지 않았다는 점에 주의해야 한다. 따라서 사슴의 남은 수명을 n년이라고 가정하고 풀이한다.
1) 호랑이를 선택했을 때의 총 효용: 호랑이로 살기 위해 포기해야 하는 수명이 13년이므로 $(n-13) \times 200$의 총 효용을 얻는다.
2) 사자를 선택했을 때의 총 효용: 사자로 살기 위해 포기해야 하는 수명이 14년이므로 $(n-14) \times 250$의 총 효용을 얻는다.

이에 따를 때 1)=2)가 같은 경우가 있는지를 묻는 보기이므로, $(n-13) \times 200 = (n-14) \times 250$이라고 식을 세워 풀면 n=18년의 결과가 나온다. 즉, 사슴의 남은 수명이 18년인 경우에, 사자를 선택했을 때와 호랑이를 선택했을 때 여생의 총 효용이 같은 경우가 있다.

빠른 문제풀이 Tip
- 각 보기의 정오판단을 하기 위해서 적절하게 입증사례 또는 반증사례를 들 수 있어야 한다.
- 상대적 계산 스킬을 활용하면 보다 쉽게 풀리는 보기가 있다.

[정답] ④

197 **다음 글을 근거로 판단할 때, 7월 1일부터 6일까지 지역 농산물 유통센터에서 판매된 甲의 수박 총 판매액은?**

21년 민경채 나책형 8번

○ A시는 농산물의 판매를 촉진하기 위하여 지역 농산물 유통센터를 운영하고 있다. 해당 유통센터는 농산물을 수확 당일 모두 판매하는 것을 목표로 운영하며, 당일 판매하지 못한 농산물은 판매가에서 20%를 할인하여 다음 날 판매한다.

○ 농부 甲은 7월 1일부터 5일까지 매일 수확한 수박 100개씩을 수확 당일 A시 지역 농산물 유통센터에 공급하였다.

○ 甲으로부터 공급받은 수박의 당일 판매가는 개당 1만 원이며, 매일 판매된 수박 개수는 아래와 같았다. 단, 수확 당일 판매되지 않은 수박은 다음 날 모두 판매되었다.

날짜(일)	1	2	3	4	5	6
판매된 수박(개)	80	100	110	100	100	10

① 482만 원
② 484만 원
③ 486만 원
④ 488만 원
⑤ 490만 원

해설

문제 분석

- 농산물을 수확 당일 모두 판매하는 것을 목표로 운영
- 당일 판매하지 못한 농산물은 판매가에서 20%를 할인하여 다음 날 판매
- 농부 甲은 7월 1일부터 5일까지 매일 수확한 수박 100개씩을 수확 당일 A시 지역 농산물 유통센터에 공급
- 甲으로부터 공급받은 수박의 당일 판매가는 개당 1만 원
- 매일 판매된 수박 개수

날짜(일)	1	2	3	4	5	6
판매된 수박(개)	80	100	110	100	100	10

문제풀이 실마리

수확 당일 판매되지 않은 수박은 다음 날 모두 판매된다는 것을 잘 적용할 수 있어야 한다. 따라서 아래 해설의 표에서 1)과 2)의 합이 100이어야 하고 3)과 4)의 합이 100이어야 한다.

7월 1일부터 5일까지 매일 수확한 수박 100개씩을 수확 당일 A시 지역 농산물 유통센터에 공급하였으므로 수박은 총 500개이다.

날짜(일)		1	2	3	4	5	6	총
판매된 수박(개)		80	5) 100	110	100	100	10	500
당일	1만 원/개	1) 80	3) 80	90	90	90	–	430
다음 날	0.8만 원/개	0	2) 20	4) 20	10	10	10	70

수확 당일 판매되지 않은 수박은 다음 날 모두 판매되었으므로, 음영칸처럼 대각선 두 칸의 합은 계속 100이어야 한다.

1)+2)=100

3)+4)=100 …

매일 판매된 수박 개수가 표로 제시되어 있기 때문에 표에서 당일+다음 날=판매된 수박이 된다. 예를 들어, 2)+3)=5)가 된다.

이를 토대로 甲의 수박 총 판매액을 계산해 보면 다음과 같다.

甲의 수박 총 판매액=(1만×430개)+(0.8만×70개)

=430만+56만=486만 원

따라서 7월 1일부터 6일까지 지역 농산물 유통센터에서 판매된 甲의 수박 총 판매액은 486만 원이다.

빠른 문제풀이 Tip

정확한 계산을 요구하는 문제를 빨리 푸는 스킬인 '끝 · 범 · 수'를 사용한다면 빠른 해결이 가능하다.

[정답] ③

198 다음 글과 <지원대상 후보 현황>을 근거로 판단할 때, 기업 F가 받는 지원금은? 21년 7급 나책형 4번

> □□부는 2021년도 중소기업 광고비 지원사업 예산 6억 원을 기업에 지원하려 하며, 지원대상 선정 및 지원금 산정 방법은 다음과 같다.
> ○ 2020년도 총매출이 500억 원 미만인 기업만 지원하며, 우선 지원대상 사업분야는 백신, 비대면, 인공지능이다.
> ○ 우선 지원대상 사업분야 내 또는 우선 지원대상이 아닌 사업분야 내에서는 '소요 광고비×2020년도 총매출'이 작은 기업부터 먼저 선정한다.
> ○ 지원금 상한액은 1억 2,000만 원이나, 해당 기업의 2020년도 총매출이 100억 원 이하인 경우 상한액의 2배까지 지원할 수 있다. 단, 지원금은 소요 광고비의 2분의 1을 초과할 수 없다.
> ○ 위의 지원금 산정 방법에 따라 예산 범위 내에서 지급 가능한 최대 금액을 예산이 소진될 때까지 지원대상 기업에 순차로 배정한다.

〈지원대상 후보 현황〉

기업	2020년도 총매출(억 원)	소요 광고비 (억 원)	사업분야
A	600	1	백신
B	500	2	비대면
C	400	3	농산물
D	300	4	인공지능
E	200	5	비대면
F	100	6	의류
G	30	4	백신

① 없음
② 8,000만 원
③ 1억 2,000만 원
④ 1억 6,000만 원
⑤ 2억 4,000만 원

해설

- 총 중소기업 광고비 지원사업 예산은 6억 원이다.
- 2020년도 총매출이 500억 원 미만인 기업만 지원한다. → A, B기업 제외
- 우선 지원대상 사업분야는 백신, 비대면, 인공지능이다. → 남은 기업 중 D, E, G기업이 우선 지원대상이다.
- 우선 지원 사업분야 내에서 '소요 광고비×2020년도 총매출'이 작은 기업부터 지원된다.

기업	2020년도 총매출(억 원)	소요 광고비 (억 원)	계산결과	사업분야
D	300	4	1,200	인공지능
E	200	5	1,000	비대면
G	30	4	120	백신

따라서 G – E – D 순으로 지원된다.

- 지원금 상한액은 1억 2,000만 원이나, 해당 기업의 2020년도 총매출이 100억 원 이하인 경우 상한액의 2배까지 지원할 수 있다. 단, 지원금은 소요 광고비의 2분의 1을 초과할 수 없다. 계산해 보면 다음과 같다.

기업	2020년도 총매출(억 원)	소요 광고비 (억 원)	소요광고비의 1/2	지원금 상한액
D	300	4	2억 원 이하	1.2억 원
E	200	5	2.5억 원 이하	
G	**30**	4	2억 원 이하	**2.4억 원**

- 지원금 상한액 내에서 소요광고비의 1/2까지 지원할 수 있다.
  1) 가장 먼저 G기업은 2020년도 총매출이 100억 원 이하인 경우이므로, 상한액인 1.2억 원의 2배인 2.4억 원까지 지원할 수 있다. 지원금은 소요 광고비의 2분의 1을 초과할 수 없으므로 2억 원을 초과할 수 없어서 G기업에 2억 원을 지급하고 4억 원이 남는다.
  2) 두 번째 E기업에 지원금 상한액 1.2억 원만큼만 지급하고 2.8억 원이 남는다.
  3) 세 번째 D기업에 지원금 상한액 1.2억 원만큼만 지급하고 1.6억 원이 남는다.
- 우선 지원대상이 아닌 사업분야 내에서도 동일한 과정을 거쳐 지원된다.

기업	2020년도 총매출(억 원)	소요 광고비 (억 원)	사업분야
C	400	3	농산물
F	100	6	의류

'소요 광고비×2020년도 총매출'이 작은 기업 F기업부터 지원된다.

- 우선 지원대상이 아닌 사업분야 내에서 지원금을 계산해 보면 다음과 같다.

기업	2020년도 총매출(억 원)	소요 광고비 (억 원)	소요광고비의 1/2	지원금 상한액
C	400	3	1.5억 원 이하	1.2억 원
F	**100**	6	3억 원 이하	**2.4억 원**

지원금 산정 방법에 따라 예산 범위 내에서 지급 가능한 최대 금액을 예산이 소진될 때까지 지원대상 기업에 순차로 배정한다. 따라서 F기업은 지원금 상한액이 2.4억 원인데 남은 예산이 1.6억 원뿐이므로 남은 1.6억 원을 모두 지원받는다.

빠른 문제풀이 Tip
이하, 미만의 개념을 혼동하지 않도록 주의한다. 이상, 이하, 미만, 초과를 확인하는 것은 매우 기본적인 필수요소이다.

[정답] ④

199 **다음 글을 근거로 판단할 때, 甲이 구매해야 할 재료와 그 양으로 옳은 것은?** 19년 5급 가책형 8번

> 甲은 아내, 아들과 함께 짬뽕을 만들어 먹기로 했다. 짬뽕요리에 필요한 재료를 사기 위해 근처 전통시장에 들른 甲은 아래 〈조건〉을 만족하도록 재료를 모두 구매한다. 다만 [i)]짬뽕요리에 필요한 각 재료의 절반 이상이 냉장고에 있으면 그 재료는 구매하지 않는다.
>
> 〈조건〉
>
> ○ [ii)]甲과 아내는 각각 성인 1인분, 아들은 성인 0.5인분을 먹는다.
> ○ 매운 음식을 잘 먹지 못하는 아내를 고려하여 [iii)]'고추'라는 단어가 들어간 재료는 모두 절반만 넣는다.
> ○ [iv)]아들은 성인 1인분의 새우를 먹는다.
>
> 〈냉장고에 있는 재료〉
>
> 면 200g, 오징어 240g, 돼지고기 100g, 양파 100g, 청양고추 15g, 고추기름 100ml, 대파 10cm, 간장 80ml, 마늘 5g
>
> 〈짬뽕요리 재료(성인 1인분 기준)〉
>
> 면 200g, 해삼 40g, 소라 30g, 오징어 60g, 돼지고기 90g, 새우 40g, 양파 60g, 양송이버섯 50g, 죽순 40g, 고추기름 20ml, 건고추 8g, 청양고추 10g, 대파 10cm, 마늘 10g, 청주 15ml

① 면 200g
② 양파 50g
③ 새우 100g
④ 건고추 7g
⑤ 돼지고기 125g

해설

문제 분석

조건 ii) 짬뽕요리 재료는 2.5인분이 필요하다.
조건 iii) '고추'라는 단어가 들어간 재료는 2.5인분÷2만큼 필요하다.
조건 iv) 새우는 3인분이 필요하다.
조건 i) 짬뽕요리에 필요한 각 재료의 절반 이상이 냉장고에 있으면 그 재료는 구매하지 않으므로 필요한 재료의 양을 구해놓고 냉장고에 있는 재료의 양과 비교해야 한다.

① (X) 성인 1인분 기준으로 필요한 면은 200g이므로 면은 200×2.5=500g이 필요하다(조건 ii). 냉장고에 있는 면의 양은 200g으로 면 300g을 구매해야 한다.

② (X) 성인 1인분 기준으로 필요한 양파는 60g이므로 양파는 60×2.5=150g이 필요하다(조건 ii). 냉장고에 있는 양파의 양은 100g으로 필요한 양파 150g의 절반(75g) 이상이 냉장고에 있어 양파는 구매하지 않는다(조건 i).

③ (X) 성인 1인분 기준으로 필요한 새우는 40g이고 아들은 1인분의 새우를 먹기 때문에(조건 iv) 새우는 40×3=120g이 필요하다. 냉장고에는 새우가 없으므로 새우 120g을 구매해야 한다.

④ (X) 성인 1인분 기준으로 필요한 건고추는 8g이고 '고추'라는 단어가 들어간 재료는 절반만 필요하기 때문에 건고추는 8×2.5÷2=10g이 필요하다(조건 iii). 냉장고에는 건고추가 없으므로 건고추 10g을 구매해야 한다.

⑤ (O) 성인 1인분 기준으로 필요한 돼지고기는 90g이므로 면은 90×2.5=225g이 필요하다(조건 ii). 냉장고에 있는 돼지고기의 양은 100g으로 돼지고기 125g을 구매해야 한다.

빠른 문제풀이 Tip

선지에 주어져 있는 5가지 재료들만 고려하면 된다. 다른 재료들에 시선을 빼앗겨 시간을 낭비하지 않도록 필요없는 재료들을 지워놓는 등의 방법으로 시각화하는 것도 고려해 볼 만하다.

〈냉장고에 있는 재료〉

면 200g, 오징어 240g, **돼지고기 100g**, **양파 100g**, 청양고추 15g, 고추기름 100ml, 대파 10cm, 간장 80ml, 마늘 5g

〈짬뽕요리 재료(성인 1인분 기준)〉

면 200g, 해삼 40g, 소라 30g, 오징어 60g, **돼지고기 90g**, **새우 40g**, **양파 60g**, 양송이버섯 50g, 죽순 40g, 고추기름 20ml, **건고추 8g**, 청양고추 10g, 대파 10cm, 마늘 10g, 청주 15ml

주로 실수를 유발하는 것은 '고추'라는 단어가 들어간 재료(조건 iii)와 새우(조건 iv)이기 때문에 먼저 점검하면 실수를 줄일 수 있다.

[정답] ⑤

200 다음 글과 <상황>을 근거로 판단할 때, 수질 개선 설비 설치에 필요한 최소 비용은? 21년 5급 가책형 38번

○ 용도에 따른 필요 수질은 다음과 같다.
- 농업용수 : 중금속이 제거되고 3급 이상인 담수
- 공업용수 : 중금속이 제거되고 2급 이상인 담수
- 생활용수 : 중금속이 제거되고 음용이 가능하며 1급인 담수

○ 수질 개선에 사용하는 설비의 용량과 설치 비용은 다음과 같다.

수질 개선 설비	기능	처리 용량(대당)	설치 비용(대당)
1차 정수기	5~4급수를 3급수로 정수	5톤	5천만 원
2차 정수기	3~2급수를 1급수로 정수	1톤	1억 6천만 원
3차 정수기	음용 가능 처리	1톤	5억 원
응집 침전기	중금속 성분 제거	3톤	5천만 원
해수담수화기	염분 제거	10톤	1억 원

- 3차 정수기에는 2차 정수기의 기능이 포함되어 있다.
- 모든 수질 개선 설비는 필요 용량 이상으로 설치되어야 한다. 예를 들어 18톤의 해수를 담수로 개선하기 위해 해수담수화기가 최소 2대 설치되어야 한다.
- 수질 개선 전후 수량 변화는 없는 것으로 간주한다.

〈상 황〉

○○기관은 중금속이 포함된 4급에 해당하는 해수 3톤을 정수 처리하여 생활용수 3톤을 확보하려 한다. 이를 위해 필요한 설비를 갖추어 수질을 개선하여야 한다.

① 16억 원
② 16억 5천만 원
③ 17억 원
④ 18억 6천만 원
⑤ 21억 8천만 원

해설

문제 분석

○○기관은 중금속이 포함된 4급에 해당하는 해수 3톤을 정수 처리하여 생활용수 3톤을 확보하려 한다. 생활용수의 의미는 '중금속이 제거되고 음용이 가능하며 1급인 담수'이다.

생활용수 3톤을 확보		
중금속이 포함	→	중금속이 제거
		음용이 가능
4급		1급
해수 3톤		담수 3톤

1. 중금속 제거
응집 침전기가 필요하다. 응집 침전기는 대당 처리 용량이 3톤이고, 대당 설치 비용이 5천만 원이므로, 1대면 충분하고 5천만 원의 비용이 필요하다.
→ 5천만 원

2. 4급 → 1급+음용 가능 처리
1차 정수기는 5~4급수를 3급수로 정수할 수 있고, 2차 정수기는 3~2급수를 1급수로 정수할 수 있으며, 3차 정수기는 2차 정수기의 기능이 포함하면서 음용 가능 처리의 기능이 추가되어 있다. 이를 종합해 볼 때 1차 정수기+3차 정수기를 사용하면 된다.
1차 정수기는 대당 처리 용량이 5톤이고, 대당 설치 비용이 5천만 원이므로, 1대면 충분하고 5천만 원의 비용이 필요하다.
3차 정수기는 대당 처리 용량이 1톤이고, 대당 설치 비용이 5억 원이므로, 3톤을 처리하기 위해서는 총 3대가 필요하고 총 15억 원의 비용이 필요하다.
→ 5천만 원+15억 원=15억 5천만 원

3. 해수 → 담수
해수를 담수로 개선하기 위해 해수담수화기가 필요하다. 해수담수화기는 대당 처리 용량이 10톤이고, 대당 설치 비용이 1억 원이므로, 1대면 충분하고 1억 원의 비용이 필요하다.
→ 1억 원

따라서 1~3을 모두 합하면 수질 개선 설비 설치에 필요한 최소 비용은 5천만 원+15억 5천만 원+1억 원=최소 17억 원이다.

빠른 문제풀이 Tip
- 기능 포함 여부, 대당 처리 용량, 대당 설치 비용 등을 정확히 확인하여 계산해야 하는 문제이다.
- '예를 들어'의 부분에서 해수 ≠ 담수인 점을 명확하게 파악했어야 함정에 빠지지 않고 정확한 해결이 가능하다.

[정답] ③

201 다음 글을 근거로 판단할 때, 진로의 순위를 옳게 짝지은 것은?

22년 5급 나책형 29번

○ 甲은 A, B, C 3가지 진로에 대해 비용편익분석(편익 – 비용)을 통하여 최종 결괏값이 큰 순서대로 순위를 정하려고 한다.

○ 각 진로별 예상되는 편익은 다음과 같다.
- 편익 = 근속연수 × 평균연봉
- 연금이 있는 경우 편익에 1.2를 곱한다.

구분	A	B	C
근속연수	25	35	30
평균연봉	1억 원	7천만 원	5천만 원
연금 여부	없음	없음	있음

○ 각 진로별 예상되는 비용은 다음과 같다.
- 비용 = 준비연수 × 연간 준비비용 × 준비난이도 계수
- 준비난이도 계수는 상 2.0, 중 1.5, 하 1.0으로 한다.
- 연고지가 아닌 경우 비용에 2억 원을 더한다.

구분	A	B	C
준비연수	3	1	4
연간 준비비용	6천만 원	1천만 원	3천만 원
준비난이도	중	하	상
연고지 여부	연고지	비연고지	비연고지

○ 평판도가 1위인 경우, 비용편익분석 결괏값에 2를 곱한다.

구분	A	B	C
평판도	2위	3위	1위

	1순위	2순위	3순위
①	A	B	C
②	B	A	C
③	B	C	A
④	C	A	B
⑤	C	B	A

해설

문제 분석
- 비용편익분석: '편익 = 비용'을 한 최종 결괏값이 큰 순서대로 순위를 정한다.
- 편익 = 근속연수 × 평균연봉(단, 연금이 있는 경우 편익에 1.2를 곱한다)
- 비용 = 준비연수 × 연간 준비비용 × 준비난이도 계수(상 2.0, 중 1.5, 하 1.0) (단, 연고지가 아닌 경우 비용에 2억 원을 더한다)
- 평판도가 1위인 경우, 비용편익분석 결괏값에 2를 곱한다.

문제풀이 실마리
주어진 조건에 따라 착실하게 계산하면 해결되는 문제이다.

주어진 조건에 따라 편익을 계산해 보면 다음과 같다.

구분	A	B	C
근속연수	25	35	30
×			
평균연봉	1억 원	7천만 원	5천만 원
=	25	24.5	15
연금 여부	없음	없음	있음 ×1.2
최종(억 원)	25	24.5	18

비용을 계산해 보면 다음과 같다.

구분	A	B	C
준비연수	3	1	4
×			
연간 준비비용	6천만 원	1천만 원	3천만 원
=	1.8	0.1	1.2
준비난이도	중 ×1.5	하 ×1.0	상 ×2.0
	2.7	0.1	2.4
연고지 여부	연고지	비연고지 +2	비연고지 +2
최종(억 원)	2.7	2.1	4.4

비용 편익분석(편익 – 비용)을 하면 다음과 같다.

구분	A	B	C
편익	25	24.5	18
비용	2.7	2.1	4.4
편익–비용	22.3	22.4	13.6

평판도가 1위인 경우, 비용편익분석 결괏값에 2를 곱해야 하므로, C의 결괏값에 두 배를 해주면 27.2로 1순위가 된다. 따라서 최종적으로 1순위는 C(27.2), 2순위는 B(22.4), 3순위는 A(22.3)이다.

빠른 문제풀이 Tip
계산과정에서 억 원과 천만 원의 단위를 혼동하지 않도록 주의한다.

[정답] ⑤

난이도 상

202 다음 글과 <사례>에 근거할 때, <보기>의 금액으로 바르게 연결된 것은? 12년 민경채 인책형 23번

감세에 따른 세수 감소 총액을 계산하는 방식은 다음과 같은 두 가지가 사용될 수 있다.
○ A방식: 감세안이 시행된 해부터 매년 전년도와 비교했을 때, 발생하는 감소분을 누적적으로 합계하는 방식
○ B방식: 감세안이 시행된 해의 직전 연도를 기준년도로 하여 기준년도와 비교했을 때, 매년 발생하는 감소분을 누적적으로 합계하는 방식

〈사 례〉

정부는 경기활성화를 위해 감세안을 만들어 2013년부터 시행하고자 한다. 감세 효과 파악을 위해 2015년까지 감세안에 따른 세수 변화 규모를 추산했다.

〈연도별 세수 총액〉

연도	세수 총액(단위: 원)
2012	42조 5,000억
2013	41조 8,000억
2014	41조 4,000억
2015	41조 3,000억

〈보 기〉

ㄱ. A방식에 따라 계산한 2013년의 세수 감소액은?
ㄴ. B방식에 따라 계산한 2014년까지의 세수 감소 총액은?
ㄷ. A방식, B방식에 따라 각각 계산한 2015년까지의 세수 감소 총액의 차이는?

	ㄱ	ㄴ	ㄷ
①	3,000억 원	1조 1,000억 원	1조 2,000억 원
②	3,000억 원	1조 8,000억 원	1조 8,000억 원
③	7,000억 원	1조 1,000억 원	1조 2,000억 원
④	7,000억 원	1조 8,000억 원	1조 2,000억 원
⑤	7,000억 원	1조 8,000억 원	1조 8,000억 원

해설

문제 분석

- A방식: 감세안이 시행된 해(2013년)부터 매년 전년도와 비교했을 때, 발생하는 감소분을 누적적으로 합계하는 방식
- B방식: 감세안이 시행된 해(2013년)의 직전 연도를 기준년도(2012년)로 하여 기준년도와 비교했을 때, 매년 발생하는 감소분을 누적적으로 합계하는 방식

문제풀이 실마리

두 가지 방식이 제시되어 있으므로 두 방식 간의 차이를 명확하게 구분한 후 정확하게 계산할 수 있어야 한다.

지문에 제시된 A방식과 B방식을 〈사례〉에 적용하여 연도별 세수 감소액을 정리하면 다음과 같다.

연도	세수 총액 (단위: 원)	세수 감소 총액 (단위: 원)	
		A방식	B방식
2012 (기준년도)	42조 5,000억		
2013 (감세안 시행)	41조 8,000억	ⓐ7,000억	㉠7,000억
2014	41조 4,000억	ⓑ4,000억	㉡1조 1,000억
2015	41조 3,000억	ⓒ1,000억	㉢1조 2,000억

ㄱ. A방식에 따라 계산한 2013년의 세수 감소액은 감세안 시행 전년도인 2012년과 비교하여 감소분을 구해야 한다. 따라서 42조 5,000억(2012년)−41조 8,000억(2013년)=ⓐ7,000억 원이다.

ㄴ. B방식에 따라 2014년까지의 세수 감소 총액을 구해야 하므로, 2013년의 세수감소분 ㉠7,000억, 2014년의 세수감소분 ㉡1조 1,000억을 더한 ㉠7,000억+㉡1조 1,000억=1조 8,000억 원이 2014년까지의 세수 감소 총액이 된다.

ㄷ. A방식에 따라 계산한 2015년까지의 세수 감소 총액
ⓐ7,000억+ⓑ4,000억+ⓒ1,000억=1조 2,000억 원
B방식에 따라 계산한 2015년까지의 세수 감소 총액
㉠7,000억+㉡1조 1,000억+㉢1조 2,000억=3조 원
따라서 A방식, B방식에 따라 각각 계산한 2015년까지의 세수 감소 총액의 차이는 1조 8,000억 원이다.

ㄱ, ㄴ, ㄷ 순서대로 7,000억 원, 1조 8,000억 원, 1조 8,000억 원이므로 정답은 ⑤이다.

빠른 문제풀이 Tip

차이를 정확하게 인식해야 한다.

[정답] ⑤

203 다음 <휴양림 요금규정>과 <조건>에 근거할 때, <상황>에서 甲, 乙, 丙 일행이 각각 지불한 총요금 중 가장 큰 금액과 가장 작은 금액의 차이는? 17년 5급 가책형 11번

〈휴양림 요금규정〉

○ 휴양림 입장료(1인당 1일 기준)

구분	요금(원)	입장료 면제
어른	1,000	• 동절기(12월 ~ 3월) • 다자녀 가정
청소년(만 13세 이상 ~ 19세 미만)	600	
어린이(만 13세 미만)	300	

※ '다자녀 가정'은 만 19세 미만의 자녀가 3인 이상 있는 가족을 말한다.

○ 야영시설 및 숙박시설(시설당 1일 기준)

구분		요금(원) 성수기 (7 ~ 8월)	요금(원) 비수기 (7 ~ 8월 외)	비고
야영시설 (10인 이내)	황토데크(개)	10,000		휴양림 입장료 별도
	캐빈(동)	30,000		
숙박시설	3인용(실)	45,000	24,000	휴양림 입장료 면제
	5인용(실)	85,000	46,000	

※ 일행 중 '장애인'이 있거나 '다자녀 가정'인 경우 비수기에 한해 야영시설 및 숙박시설 요금의 50%를 할인한다.

〈조 건〉

○ 총요금 = (휴양림 입장료) + (야영시설 또는 숙박시설 요금)
○ 휴양림 입장료는 머문 일수만큼, 야영시설 및 숙박시설 요금은 숙박 일수만큼 계산함. (예 2박 3일의 경우 머문 일수는 3일, 숙박 일수는 2일)

〈상 황〉

○ 甲(만 45세)은 아내(만 45세), 자녀 3명(각각 만 17세, 15세, 10세)과 함께 휴양림에 7월 중 3박 4일간 머물렀다. 甲 일행은 5인용 숙박시설 1실을 이용하였다.
○ 乙(만 25세)은 어머니(만 55세, 장애인), 아버지(만 58세)를 모시고 휴양림에서 12월 중 6박 7일간 머물렀다. 乙 일행은 캐빈 1동을 이용하였다.
○ 丙(만 21세)은 동갑인 친구 3명과 함께 휴양림에서 10월 중 9박 10일 동안 머물렀다. 丙 일행은 황토데크 1개를 이용하였다.

① 40,000원
② 114,000원
③ 125,000원
④ 144,000원
⑤ 165,000원

해설

문제 분석

• 총요금 = (휴양림 입장료) + (야영시설 또는 숙박시설 요금)
• 세부적인 계산 방법은 〈휴양림 요금규정〉에서 확인하여야 한다.

문제풀이 실마리

조건 처리에 주의해야 하는 문제이다. 입장료 면제, 야영시설 및 숙박시설 할인 등의 조건을 놓치지 않도록 주의한다. 특히 야영시설 및 숙박시설 할인 조건은 비수기에 '한해' 적용된다는 점을 놓치면 안된다.

			甲 (3박 4일)	乙 (6박 7일)	丙 (9박 10일)
휴양림 입장료	구분	어른	2명	3명	4명
		청소년	2명	–	–
		어린이	1명	–	–
	입장료 면제		– 19세 미만 자녀 3명으로 다자녀 가정 – 숙박시설 이용	12월 이용이므로 동절기	–
	요금		면제	면제	1,000원×4명×10일 =40,000원
야영시설 및 숙박시설	구분		5인용 숙박시설 1실	캐빈 1동	황토데크 1개
	기본 요금		85,000원×3일 =255,000원	30,000원×6일 =180,000원	10,000원×9일 =90,000원
	비고		– 휴양림 입장료 면제 – 다자녀 가정이나 성수기이므로 할인 불가	– 일행 중 장애인 할인 50%	–
	최종 요금		255,000원	90,000원	90,000원
총요금			255,000원	90,000원	130,000원

따라서 〈상황〉에서 甲, 乙, 丙 일행이 각각 지불한 총요금 중 가장 큰 금액 255,000원과 가장 작은 금액 90,000원의 차이는 '⑤ 165,000원'이다.

빠른 문제풀이 Tip

• 머문 일수(일)과 숙박일수(박)을 잘 구분하여야 한다.
• 특히 단서 조건을 놓치지 않도록 주의한다.
• 소요시간 단축이 어려운 문제이므로 다른 문제들보다 후순위로 풀어야할 문제이다.

[정답] ⑤

204 **다음 글과 <상황>을 근거로 판단할 때, 올해 말 A검사국이 인사부서에 증원을 요청할 인원은?** 22년 7급 가책형 21번

> 농식품 품질 검사를 수행하는 A검사국은 매년 말 다음과 같은 기준에 따라 인사부서에 인력 증원을 요청한다.
> ○ i)다음 해 A검사국의 예상 검사 건수를 모두 검사하는 데 필요한 최소 직원 수에서 올해 직원 수를 뺀 인원을 증원 요청한다.
> ○ 직원별로 한 해 동안 수행할 수 있는 ii)최대 검사 건수는 매년 정해지는 '기준 검사 건수'에서 아래와 같이 차감하여 정해진다.
> – 국장은 '기준 검사 건수'의 100%를 차감한다.
> – 사무 처리 직원은 '기준 검사 건수'의 100%를 차감한다.
> – 국장 및 사무 처리 직원을 제외한 모든 직원은 매년 근무시간 중에 품질 검사 교육을 이수해야 하므로, '기준 검사 건수'의 10%를 차감한다.
> – 과장은 '기준 검사 건수'의 50%를 추가 차감한다.

〈상 황〉

> ○ iii)올해 A검사국에는 국장 1명, 과장 9명, 사무 처리 직원 10명을 포함하여 총 100명의 직원이 있다.
> ○ iv)내년에도 국장, 과장, 사무 처리 직원의 수는 올해와 동일하다.
> ○ v)올해 '기준 검사 건수'는 100건이나, 내년부터는 검사 품질 향상을 위해 90건으로 하향 조정한다.
> ○ vi)A검사국의 올해 검사 건수는 현 직원 모두가 한 해 동안 수행할 수 있는 최대 검사 건수와 같다.
> ○ vii)내년 A검사국의 예상 검사 건수는 올해 검사 건수의 120%이다.

① 10명
② 14명
③ 18명
④ 21명
⑤ 28명

해설

문제 분석

발문의 A검사국이 인사부서에 증원을 요청할 인원을 구하기 위해서는 조건 i)의 다음 해 A검사국의 예상 검사 건수를 알아야 한다. 그런데 조건 vii)에서는 내년 예상 검사 건수는 올해 검사 건수의 120%라고 하였으므로 올해 검사 건수를 구하여야 한다. 조건 vi)에서 올해 검사 건수는 올해의 최대 검사 건수와 같다고 하고 있으므로 우선 조건 ii), iv), v)를 조합하여 올해 최대 검사 건수를 구한다.

1) 올해 최대 검사 건수를 구하기 위해서는 우선 조건 v)의 기준 검사 건수를 확인한다. 올해의 기준 검사 건수는 100건이다. 이 기준 검사 건수를 조건 ii)에 따라 직원별로 차감하여 올해 최대 검사 건수를 구한다. 국장은 기준 검사 건수 100건에서 100% 차감되므로 최대 검사 건수는 0건이다. 사무 처리 직원도 마찬가지이다. 국장 및 사무 처리 직원을 제외한 모든 직원은 10%를 차감하되 과장은 50%를 추가 차감한다. 즉 과장은 60%를 차감하고 국장, 사무 처리 직원, 과장을 제외한 나머지 직원은 10%를 차감하는 결과가 된다. 이를 조건 iii)의 직원 수와 종합하여 최대 검사 건수를 계산해 보면 다음과 같다.

	조건 v)		조건 ii)		조건 iii)		
올해	기준 검사 건수		100%–차감		인원수		최대 검사 건수
국장	100	×	0	×	1	=	0
사무 처리 직원	100	×	0	×	10	=	0
과장	100	×	40	×	9	=	360
나머지 직원	100	×	90	×	80	=	7,200
				계	100	계	7,560

2) 조건 vi)에 따르면 올해 최대 검사 건수는 올해 검사 건수이고, 조건 vii)에 따르면 내년 예상 검사 건수는 올해 검사 건수의 120%이므로 내년 예상 검사 건수는 7,560×1.2이다.

3) 조건 i)에서는 증원 요청 인원을, 내년 예상 검사 건수를 모두 검사하는 데 필요한 최소 직원 수에서 올해 직원 수를 빼는 방법으로 서술하고 있지만, 내년 예상 검사 건수에서 내년 최대 검사 건수를 뺀 다음 해당 검사 건수를 검사하는 데 필요한 최소 직원 수를 계산하는 방법을 이용한다. 조건 i)에서 최소 직원 수라고 하고 있으므로 1명당 검사 건수가 가장 많은 '나머지 직원'을 기준으로 최소 직원 수를 계산하고, 조건 iv)에서도 내년의 국장, 과장, 사무 처리 직원의 수는 올해와 동일하다고 한다.

4) 올해 직원 수를 기준으로 내년에 수행 가능한 최대 검사 건수는 조건 v)에 따라 위의 표에서 기준 검사 건수만 100건에서 90건으로 하향 조정된다. 기준 검사 건수가 10% 감소하였다는 것은 모든 직원별 검사 건수가 10% 감소했다는 것이고 이는 내년 최대 검사 건수가 올해 최대 검사 건수의 90%라는 것이다. 즉 내년 최대 검사 건수는 7,560×0.9이다.

5) 3)에서 언급한대로 내년 예상 검사 건수 7,560×1.2에서 내년 최대 검사 건수 7,560×0.9를 빼면 7,560×0.3=2,268이다. '나머지 직원' 1명이 내년 한 해 동안 수행할 수 있는 최대 검사 건수는 90(건)×90%=81(건)이다. 2,268건을 81로 나눈 28명(⑤)의 '나머지 직원'을 인사부서에 증원 요청하여야 한다. 다시 이해해 보면 현재의 직원으로는 내년 예상 검사 건수를 수행하면 2,268건에 대한 검사를 수행하지 못하므로 한 명당 81건의 검사를 수행할 수 있는 '나머지 직원' 28명이 더 필요하다.

빠른 문제풀이 Tip

㉠ 문제에서 조건들이 많이 주어져 있고, 적용해야 하는 순서도 섞여 있고, 용어들도 헷갈리게 주어져 있으므로 위의 해설에서 설명한 내용을 다시 정리해 본다.

- 발문에 따라 조건 i)을 보면 내년 예상 검사 건수를 구해야 함
- 조건vii) 내년 예상 검사 건수=올해 검사 건수의 120%
  올해 검사 건수를 구해야 함
- 조건vi) 올해 검사 건수=올해 최대 검사 건수
  올해 최대 검사 건수를 구해야 함
- 1) 조건ii), iv), v)에서 올해 최대 검사 건수 7,560을 구함
  2) 내년 예상 검사 건수=7,560×1.2
  3) 내년 예상 검사 건수를 수행하는 데 필요한 인원을 구하고 현재의 인원을 빼는 게 아니라(과장 때문에 복잡해짐) 내년 예상 검사 건수에서 내년 최대 검사 건수를 빼고 그 값을 '나머지 직원'의 최대 검사 건수로 나눔
  4) 내년 최대 검사 건수는 7,560×0.9
  5) 7,560×1.2−7,560×0.9=7,560×0.3=2,268
  2,268÷81=28

㉡ 2)에서 7,560×1.2=9,072, 4)에서 7,560×0.9=6,804와 같은 식을 따로 계산하지 않은 것은 5)에서 7,560×0.3=2,268과 같이 한 번에 계산할 것이기 때문이다.

㉢ 내년 최대 검사 건수가 7,560×0.9 가 되는 이유를 자세히 살펴보자. 올해 최대 검사 건수를 계산한 위의 표 부분을 식으로 나타내면 (국장, 사무 처리 직원은 0이므로 생략) 다음과 같다.

$$100\times40\times9+100\times90\times80=7,560$$

내년은 기준 검사 건수가 90으로 하향 조정되므로 위 식에서 기준 검사 부분 100을 100×0.9라고 생각할 수 있고 0.9를 묶어내면 다음과 같다.

$$0.9\times100\times40\times9+0.9\times100\times90\times80$$
$$=0.9\times(100\times40\times9+100\times90\times80)=7,560\times0.9$$

[정답] ⑤

205 다음 글과 <라운드별 음식값>을 근거로 판단할 때, 음식값을 가장 많이 낸 사람과 그가 낸 음식값을 고르면?

18년 5급 나책형 37번

> ○ 甲, 乙, 丙이 가위바위보를 하여 음식값 내기를 하고 있다.
> ○ 라운드당 한 번씩 가위바위보를 하여 음식값을 낼 사람을 정하며 총 5라운드를 겨룬다.
> ○ 가위바위보에서 승패가 가려진 경우 패자는 해당 라운드의 음식값을 낸다.
> ○ i)비긴 경우에는 세 사람이 모두 음식값을 낸다. 단, 직전 라운드 가위바위보의 승자는 음식값을 내지 않는다.
> ○ ii)음식값을 낼 사람이 2명 이상인 라운드에서는 음식값을 낼 사람들이 동일한 비율로 음식값을 나누어 낸다.
> ○ 甲은 가위 - 바위 - 보 - 가위 - 바위를 순서대로 낸다.
> ○ 乙은 1라운드에서 바위를 낸 후 2라운드부터는 직전 라운드 가위바위보에서 이긴 경우 가위를, 비긴 경우 바위를, 진 경우 보를 낸다. 단, 乙이 직전 라운드에서 음식값을 낸 경우에는 가위를 낸다.
> ○ 丙은 1라운드에서 바위를 낸 후 2라운드부터는 직전 라운드 가위바위보에서 이긴 경우 보를, 비긴 경우 바위를, 진 경우 가위를 낸다.

※ 주어진 조건 외에는 고려하지 않는다.

〈라운드별 음식값〉

라운드	1	2	3	4	5
음식값(원)	12,000	15,000	18,000	25,000	30,000

	음식값을 가장 많이 낸 사람	음식값
①	甲	57,000원
②	乙	44,000원
③	乙	51,500원
④	丙	44,000원
⑤	丙	51,500원

해설

문제 분석

주어진 지문을 우선 1라운드만 정리하면 다음과 같다.

구분		1라운드	2라운드	3라운드	4라운드	5라운드
甲		가위	바위	보	가위	바위
乙		바위				
丙		바위				
음식값	甲	12,000				
	乙	0				
	丙	0				

라운드별 음식값을 낼 사람은 음영처리하였다. 조건 i), ii)정도만 염두에 두고 라운드 순서대로 생각한다.

구분		1라운드	2라운드	3라운드	4라운드	5라운드
甲		가위	바위	보	가위	바위
乙		바위	가위	바위	가위	가위
丙		바위	보	바위	가위	바위
음식값	甲	12,000	15,000	0	0	0
	乙	0	0	9,000	12,500	30,000
	丙	0	0	9,000	12,500	0

2라운드에서는 비겼고 조건 i)에 의해 직전 라운드 승자인 乙, 丙은 음식값을 내지 않는다. 4라운드에서는 乙은 가위를 내는 것에 유의하고 조건 i)에 의해 甲은 음식값을 내지 않는다.

음식값을 가장 많이 낸 사람은 乙이고 51,500원의 음식값을 냈다.

빠른 문제풀이 Tip

해당 문제풀이는 5라운드밖에 되지 않아 좀 간단하지만 라운드가 많거나 복잡할 때 乙의 가위, 바위, 보 패턴 같은 경우와 같이 압축적으로 이해 가능한 경우 압축적으로 이해할 필요가 있다. 乙은 직전 라운드에서 진 경우 보를 낸다고 하고 있고 직전 라운드에서 음식값을 낸 경우는 가위를 낸다고 하고 있는데 직전 라운드에서 지고 음식값을 내지 않는 경우는 없으므로 1) 직전 라운드에서 진다면 사실상 가위를 낸다고 보아야 한다. 2) 직전 라운드에서 비기고 음식값을 낸 경우 가위, 3) 비기고 음식값을 내지 않은 경우는 바위라고 정리할 수 있다.

지문의 내용까지 정리해 보면 乙은 직전 라운드에서

- 이긴 경우→ 가위
- 2)비기고 음식값을 낸 경우 → 가위
- 3)비기고 음식값을 내지 않은 경우 → 바위
- 1)진 경우 → 가위

[정답] ③

206 다음 글과 <상황>을 근거로 판단할 때, □□시가 A동물 보호센터에 10월 지급할 경비의 총액은? 22년 5급 나책형 10번

□□시는 관할구역 내 동물보호센터에 다음과 같은 기준으로 경비를 지급하고 있다.

○ 사료비

구분	무게	1일 사료 급여량	사료가격
개	10kg 미만	300g/마리	5,000원/kg
	10kg 이상	600g/마리	5,000원/kg
고양이	−	400g/마리	5,000원/kg

○ 인건비
- 포획활동비(1일 1인당): 안전관리사 노임액(115,000원)
- 관리비(1일 1마리당): 안전관리사 노임액(115,000원)의 100분의 20

○ 주인이 유실동물을 찾아간 경우 동물보호센터가 주인에게 보호비를 징수한다. 보호비는 보호일수와 관계없이 1마리당 100,000원이다. 단, 3일 미만 보호 시 징수하지 않으며, 7일 이상 보호 시 50%를 가산한다.

○ □□시는 사료비와 인건비를 합한 금액에서 보호비를 공제한 금액을 다음 달에 경비로 지급한다.

〈상 황〉

○ □□시 소재 A동물보호센터가 9월 한 달간 관리한 동물의 일평균 마릿수는 다음과 같다.

개	10kg 미만	10
	10kg 이상	5
고양이	−	5

○ A동물보호센터는 9월 한 달간 1인을 8일 동안 포획활동에 투입하였다.

○ A동물보호센터에서 9월 한 달간 주인에게 반환된 유실동물의 마릿수는 다음과 같다.

보호일수	1일	2일	3일	4일	5일	6일	7일 이상
마릿수	2	3	1	1	2	0	2

① 1,462만 원
② 1,512만 원
③ 1,522만 원
④ 1,532만 원
⑤ 1,572만 원

해설

문제 분석

경비 = 사료비 + 인건비 − 보호비

문제풀이 실마리

- A당 B를 적절하게 처리할 수 있어야 한다.
- A/B, C/A의 공식을 적절하게 처리할 수 있어야 한다.

1) 개와 고양이 일평균 마릿수를 반영하여 '1일 총 사료 급여량'을 구한다.

구분	무게	마리		1일 사료 급여량	1일 총 사료 급여량
개	10kg 미만	10	×	300 g/마리	3kg
	10kg 이상	5	×	600 g/마리	3kg
고양이	−	5	×	400 g/마리	2kg

2) 9월 총 사료비를 구한다. (9월은 30일까지 있다.)

구분	무게	1일 총 사료 급여량		사료가격			
개	10kg 미만	3kg	×	5,000원/kg	×	30일	=
	10kg 이상	3kg	×	5,000원/kg	×		=
고양이	−	2kg	×	5,000원/kg	×		=

3) 사료가격은 5,000원/kg으로 동일하므로 묶어내기로 계산하면
(3kg + 3kg + 2kg) × 0.5만 × 30일 = 120만 원

- 인건비
  1) 포획활동비(1일 1인당): 안전관리사 노임액(115,000원)
     − A동물보호센터는 9월 한 달간 1인을 8일 동안 포획활동에 투입하였다.
     = 115,000 × 1인 × 8일
  2) 관리비(1일 1마리당): 안전관리사 노임액(115,000원)의 100분의 20
     9월은 총 30일이고, 개와 고양이는 총 20마리
     = 115,000 × 0.2 × 30일 × 20마리
     = 115,000 × 120
  3) 포획활동비와 관리비를 묶어서 같이 계산하면
     = 115,000 × 128 = 1,472만 원

- 보호비
  보호일수와 관계없이 1마리당 100,000원(단, 3일 미만 보호 시 징수하지 않으며, 7일 이상 보호 시 50%를 가산)
  A동물보호센터에서 9월 한 달간 주인에게 반환된 유실동물의 마릿수를 토대로 계산해 보면,

보호일수	1일	2일	3일	4일	5일	6일	7일 이상
마릿수	2	3	1	1	2	0	2 → 3

= 7마리 × 10만 = 70만 원

- 총 경비 = 사료비 + 인건비 − 보호비
  120 + 1,472 − 70 = 1,522만 원이다.

빠른 문제풀이 Tip

- 다소 복잡한 계산 조건을 잘 처리할 수 있어야 한다.
- 10월 지급할 경비의 총액이지만, 9월로 계산해야 하는 점에 주의하자. 사료비와 인건비를 합한 금액에서 보호비를 공제한 금액을 다음 달에 경비로 지급한다.
- 인건비 중 포획활동비 계산 시, 한 달 30일간 매일 투입한게 아니라 8일만 투입한 점에 주의하자.
- g과 kg 단위 변환에 주의하고, 특히 단위를 혼동하지 않도록 주의하자.
- 총경비=사료비+인건비 − 보호비'의 공식이므로 보호비는 공제해야 함에 주의하자.

[정답] ③

207 **다음 글과 <상황>을 근거로 판단할 때, A가 새로 읽기 시작한 350쪽의 책을 다 읽은 때는?** 22년 5급 나책형 11번

- ㅇ A는 특별한 일이 없는 경우 월~금요일까지 매일 시외버스를 타고 30분씩 각각 출근과 퇴근을 하며 밤 9시 이전에 집에 도착한다.
- ㅇ A는 대중교통을 이용할 때 책을 읽는다. 단, 시내버스에서는 책을 읽지 않고, 또 밤 9시가 넘으면 어떤 대중교통을 이용해도 책을 읽지 않는다.
- ㅇ A는 10분에 20쪽의 속도로 책을 읽는다. 다만 책의 1쪽부터 30쪽까지는 10분에 15쪽의 속도로 읽는다.

〈상 황〉

A는 이번 주 월~금요일까지 출퇴근을 했는데, 화요일에는 회사 앞에서 회식이 있어 밤 8시 30분에 시외버스를 타고 30분 후에 집 근처 정류장에 내려 퇴근했다. 수요일에는 오전 근무를 마치고 회의를 위해서 지하철로 20분 이동한 후 다시 시내버스를 30분 타고 회의 장소로 갔다. 회의가 끝난 직후 밤 9시 10분에 지하철을 40분 타고 퇴근했다. A는 200쪽까지 읽은 280쪽의 책을 월요일 아침 출근부터 이어서 읽었고, 그 책을 다 읽은 직후 곧바로 350쪽의 새로운 책을 읽기 시작했다.

① 수요일 회의 장소 이동 중
② 수요일 퇴근 중
③ 목요일 출근 중
④ 목요일 퇴근 중
⑤ 금요일 출근 중

해설

문제 분석

- 일반적으로 매일 시외버스 30분씩 이용, 9시 이전에 집에 도착
- 대중교통 이용 시 책을 읽으나, 다만 시내버스 이용 시, 9시 초과 시 책을 읽지 않음
- 10분에 20쪽의 속도로 읽음. 다만, 1쪽부터 30쪽까지는 10분에 15쪽을 읽음. 즉, 처음 30쪽까지는 읽는데 20분이 소요됨

문제풀이 실마리

계산 규칙을 잘 정리해서 〈상황〉에 적절하게 적용하면 풀리는, 피지컬을 요하는 문제이다.

특별한 일이 없이 출근 또는 퇴근을 하는 경우 30분 동안 60쪽의 책을 읽는다. 〈상황〉에서 특별한 일이 있는 경우를 정리해 보면 다음과 같다.

구분	월	화	수	목	금
오전			2)		
오후		1)	3)		

1) 회식, 밤 8시 30분부터 시외버스 30분 이동
2) 오전 근무 후 회의를 위해 지하철로 20분+시내버스 30분 이동
3) 회의 후 밤 9시 10분부터 지하철 40분 이동, 퇴근 시 책 안 읽음

방법 1 쪽수로 접근

각 상황을 고려하여 책을 읽게 되면 다음과 같다.

월	오전	60쪽을 읽음	~260쪽	280쪽 책
	오후	남은 20쪽을 읽는 데 10분이 소요됨	~280쪽	
		남은 20분에 처음 30페이지까지 읽음	~30쪽	350쪽 책
화	오전	60쪽을 읽음	~90쪽	
	오후	1) 시외버스 이용 시 60쪽을 읽음	~150쪽	
수	오전	출근 시, 60쪽을 읽음	~210쪽	
		2) 시내버스 이동 시에는 책을 읽지 않으나, 지하철로 이동 시 20분 동안 40쪽을 읽음	~250쪽	
	오후	3) 9시를 초과하여 책을 읽지 않음		
목	오전	60쪽을 읽음	~310쪽	
	오후	남은 40쪽을 읽는 데 20분이 소요됨	~370쪽	

따라서 목요일 퇴근 중에 새로 읽기 시작한 350쪽의 책을 다 읽게 된다.

방법 2 시간으로 접근

기본적으로 10분에 20쪽을 읽고, 책의 초반 30쪽까지는 10분에 15쪽을 읽으므로

1) 기존 책의 남은 80페이지를 읽기 위해서는 40분이 필요하다.
2) 새로운 책의 350쪽을 읽기 위해서는, 초반 30쪽까지 읽는 데 20분+남은 320쪽을 읽는 데 160분=총 180분의 시간이 필요하다.

따라서 1)+2)=220분의 책 읽는 시간이 확보되면 새로 읽기 시작한 350쪽의 책을 다 읽을 수 있다.

월	오전	출근시간 30분	~30분
	오후	퇴근시간 30분	~60분
화	오전	출근시간 30분	~90분
	오후	퇴근 시 시외버스 30분	~120분
수	오전	출근시간 30분	~150분
		회의 이동시간 지하철 20분	~170분
		회의 이동시간 시내버스 30분	포함안됨
	오후	퇴근시간 밤 9시 10분 지하철 40분	포함안됨
목	오전	출근시간 30분	~200분
	오후	퇴근시간 30분	~230분

따라서 목요일 퇴근 중에 책을 다 읽을 수 있다.

빠른 문제풀이 Tip

굳이 복잡하게 계산하지 않더라도 비례관계를 활용하면 해결 가능하다.

[정답] ④

208 다음 글을 근거로 판단할 때, 2017학년도 A대학교 ○○학과 입학 전형 합격자는?

17년 민경채 나책형 19번

○ A대학교 ○○학과 입학 전형
 - 2017학년도 대학수학능력시험의 국어, 수학, 영어 3개 과목을 반영하여 지원자 중 1명을 선발한다.
 - 3개 과목 평균등급이 2등급(3개 과목 등급의 합이 6) 이내인 자를 선발한다. 이 조건을 만족하는 지원자가 여러 명일 경우, 3개 과목 원점수의 합산 점수가 가장 높은 자를 선발한다.

○ 2017학년도 대학수학능력시험 과목별 등급 – 원점수 커트라인

(단위: 점)

과목 \ 등급	1	2	3	4	5	6	7	8
국어	96	93	88	79	67	51	40	26
수학	89	80	71	54	42	33	22	14
영어	94	89	85	77	69	54	41	28

※ 예를 들어, 국어 1등급은 100～96점, 국어 2등급은 95～93점

○ 2017학년도 A대학교 ○○학과 지원자 원점수 성적

(단위: 점)

지원자	국어	수학	영어
甲	90	96	88
乙	89	89	89
丙	93	84	89
丁	79	93	92
戊	98	60	100

① 甲
② 乙
③ 丙
④ 丁
⑤ 戊

해설

문제 분석

- 국어, 수학, 영어 3개 과목 평균등급이 2등급(3개 과목 등급의 합이 6) 이내인 자를 선발
- 이 조건을 만족하는 지원자가 여러 명일 경우, 3개 과목 원점수의 합산 점수가 가장 높은 자를 선발

문제풀이 실마리

상대적인 비교를 위한 계산을 한 후 대안비교를 통해 풀이하는 문제이다. 대안비교 문제는 제외조건과 동점 시 처리조건을 잘 처리할 수 있어야 한다. 그리고 점수를 계산할 때는 차이값으로 계산하거나 특정 값을 기준으로 한 ±값으로 계산한다.

과목별 등급과 원점수 커트라인을 반영하여 등급의 합을 구한 후, 조건을 만족하는 지원자의 원점수의 합산 점수를 계산하면 아래와 같다.

지원자	국어		수학		영어		등급의 합	
	원점수	등급	원점수	등급	원점수	등급	원점수	등급
甲	90	3	96	1	88	3	╳	7
乙	89	3	89	1	89	2	267	6
丙	93	2	84	2	89	2	266	6
丁	79	4	93	1	92	2	╳	7
戊	98	1	60	4	100	1	258	6

원점수의 합을 구할 때는 乙, 丙, 戊의 각 과목별 점수가 90점 이상이거나 90점 미만이므로 90점을 기준으로 하여 계산하면 다음과 같다.

- 乙: 89+89+89=(−1)+(−1)+(−1)=−3
- 丙: 93+84+89=(+3)+(−6)+(−1)=−4
- 戊: 98+60+100=(+8)+(−30)+(+10)=−12

90점을 기준으로 하였기 때문에 세 과목의 합은 270점 기준으로 ±를 하면 쉽게 계산 가능하다. 이때 乙의 원점수 합산 점수가 267점 또는 −3으로 가장 높음을 알 수 있다.

따라서 2017학년 A대학교 ○○학과 입학 전형 합격자는 乙이다.

빠른 문제풀이 Tip

- 조건을 정확하게 이해한 후 상대적 계산 스킬을 잘 활용하면 빠르고 정확한 해결이 가능한 문제이다.
- 원점수 성적을 등급으로 변환할 때 사례별(지원자별) 처리도 가능하고 과목별 처리도 가능하다. 개인차가 있을 수 있으므로 어느 방식이 더 편한지 고민해 두어야 한다.

[정답] ②

209 A대학 B학과에 5명(甲 ~ 戊)이 지원하였다. B학과는 <수능최저 학력기준>을 통과한 지원자 중에서 학교생활기록부 전학년 평균 등급 최상위자 1명을 선발할 예정이다. 학교생활기록부 반영교과는 국어, 영어, 수학이다. 다음 <자료>에 근거할 때, B학과에 합격할 수 있는 지원자는? 12년 5급 인책형 38번

$$\text{전학년 평균등급} = \frac{\Sigma(\text{교과별 평균등급} \times \text{교과별 보정계수})}{\text{반영교과의 수}}$$

※ 보정계수: 해당 교과의 과목을 많이 이수하면 유리하도록 교과별 평균등급에 곱하는 계수

〈보정계수 산출방법〉

$$\text{반영교과의 보정계수} = 1.2 - \left(0.6 \times \frac{N_{교과}}{60}\right)$$

(단, $N_{교과} \geq 60$이면 보정계수는 0.6)

※ $N_{교과}$=해당 교과의 이수단위 합

〈수능최저학력기준〉

언어, 외국어, 수리, 사회탐구 중 상위 3개 영역 수능등급의 평균이 2등급 이내

〈자 료〉

구분	학교생활기록부						수능등급			
	국어		영어		수학		언어	외국어	수리	사회탐구
	평균등급	이수단위합	평균등급	이수단위합	평균등급	이수단위합				
甲	1	30	2	40	2	40	1	4	2	5
乙	1.2	40	1	60	2	30	3	1	1	4
丙	2	30	1.5	20	1	50	1	2	4	4
丁	2	30	1.5	40	1.2	60	1	1	1	3
戊	2	80	1	50	1.5	20	1	2	3	4

① 甲 ② 乙
③ 丙 ④ 丁
⑤ 戊

해설

문제 분석

- 지원자들이 언어, 외국어, 수리, 사회탐구 중 상위 3개 영역 수능등급의 평균이 2등급 이내인지 확인한다.
- 〈보정계수 산출방법〉의 공식에서 $N_{교과}$항에 〈자료〉의 각 과목별 이수단위의 합을 반영하여 '반영교과의 보정계수'를 산출한다.
- 산출된 '반영교과의 보정계수' 값을 전학년 평균등급 공식의 '교과별 보정계수'에 반영하여 각 지원자별 등급 값을 계산한다.

문제풀이 실마리

- 최대 · 최소 문제는 제외조건을 빠뜨리지 않도록 주의해야 한다.
- 상대적 계산스킬을 활용할수록 간단하게 계산할 수 있는 문제이다.
- 계산에 활용되는 공식인 경우 식변형을 하면 보다 간단하게 공식이 변형된다.
- 전학년 평균 '등급' 최상위자 1명을 선발해야 하므로, 전학년 평균등급을 계산한 결과 최솟값을 갖는 지원자를 선발하면 된다.

- 제외조건의 반영
  甲과 丙은 수능최저학력 기준을 충족시키지 못하므로 고려대상에서 제외된다. 상위 3개 영역 수능등급의 평균을 계산할 때, 모든 지원자들에게 '사회탐구 영역'의 등급이 제외되므로, 언어, 외국어, 수리 3개 영역의 등급만 확인하면 된다.
- 상대적 계산 스킬
  전학년 평균등급의 공식 중 분모인 '반영교과의 수'가 3과목인건 모든 지원자들에게 공통이므로, 분자의 값만 가지고 비교를 하면 된다.
- 반영교과의 보정계수 공식의 변형 (소수 ↔ 분수 스킬 적용)
  $\text{반영교과의 보정계수} = 1.2 - \left(0.6 \times \frac{N_{교과}}{60}\right)$
  $\text{반영교과의 보정계수} = 1.2 - \left(\frac{6}{10} \times \frac{N_{교과}}{60}\right) = 1.2 - \left(\frac{N_{교과}}{60}\right)$
- 지원자 간 비교를 통해 전학년 평균등급 최상위자 1명 확인

1) 乙과 丁의 비교

구분	학교생활기록부					
	국어		영어		수학	
	평균등급	이수단위 합	평균등급	이수단위 합	평균등급	이수단위 합
乙	1.2	40	1	60	2	30
丁	2	30	1.5	40	1.2	60

이수단위의 합이 같은 과목을 묶어서 비교해 보자. 이수단위의 합이 '30'인 과목에서는 乙과 丁의 평균등급이 2로 같고, 이수단위의 합이 '40'인 과목에서는 乙의 평균등급이 1.2, 丙의 평균등급이 1.5로 乙이 우수하고, 이수단위의 합이 '60'인 과목에서는 乙의 평균등급이 1, 丙의 평균등급이 1.2로 乙이 더 우수하다.

따라서 乙과 丁의 비교는 계산과정을 거치지 않더라도, 乙이 丁보다 각 구간에서 동일하거나 더 유리하여 乙이 丁을 압살하므로, 복잡한 계산을 거치지 않고 단순 수치 비교만으로도 乙이 더 우수함을 판단 가능하다.

2) 乙과 戊의 비교

구분	학교생활기록부					
	국어		영어		수학	
	평균등급	이수단위 합	평균등급	이수단위 합	평균등급	이수단위 합
乙	1.2	40	1	60	2	30
丁	2	80	1	50	1.5	20

乙$=\{(1.2\times0.8)+(1\times0.6)+(2\times0.9)\}=3.36$

戊$=\{(2\times0.6)+(1\times0.7)+(1.5\times1)\}=3.4$

따라서 전학년 평균등급이 가장 작은 乙이 B학과에 선발된다.

빠른 문제풀이 Tip

- 乙과 戊에서는 차이값을 이용하면 보다 수월하게 계산할 수 있다.
- 기출에서 자주 활용하는 소재로, 일반적으로 숫자는 큰 숫자가 더 좋지만, 순위, 등급, 품계는 반대로 숫자가 작을수록 좋다.
- 최대, 최소 문제는 특히 (제외)조건이 중요하다.
- 수능최저학력기준을 확인할 때, 나눗셈을 반영해서 평균으로 계산하는 것보다는 앞에서 연습한 17년 민경채 나책형 19번 문제처럼 나눗셈을 넘겨서 단순 합으로 확인하는 것이 더 빠른 해결이 가능하다.

[정답] ②

210 다음 글을 근거로 판단할 때, <보기>에서 옳은 것만을 모두 고르면?

16년 5급 4책형 9번

○○국에서는 배구가 인기 스포츠이고 매년 1월 프로배구 결승전이 5전 3선승제로 열려 우승팀을 가린다. 단, 각 경기에서 무승부는 존재하지 않는다. 올해는 甲팀과 乙팀이 결승전에 진출하자, 다음과 같은 기사가 나왔다.

> 1차전 승리한 팀의 우승확률 A%!!
> 1·2차전 모두 승리한 팀의 우승확률 B%!!
> – △△일보 –

위와 같은 기사에 흥미를 느낀 누리는 △△일보 기자에게 우승확률을 어떻게 산출하였는지 물었다. 기자는 과거 20년간 매년 치러진 결승전의 모든 진출팀들과 결승전 결과를 아래와 같은 계산식에 적용하였다고 대답하였다.

$$A=\frac{\text{1차전 승리한 팀이 우승한 횟수}}{\text{1차전 승리한 팀이 우승한 횟수}+\text{1차전 패배한 팀이 우승한 횟수}}\times100$$

$$B=\frac{\text{1·2차전 모두 승리한 팀이 우승한 횟수}}{\text{1·2차전 모두 승리한 팀이 우승한 횟수}+\text{1·2차전 모두 패배한 팀이 우승한 횟수}}\times100$$

〈보 기〉

ㄱ. A를 구하는 계산식의 분모는 20이다.
ㄴ. A와 B 모두 50보다 작을 수는 없다.
ㄷ. A>B가 될 수는 없다.
ㄹ. △△일보 기사에 따르면, 1·2차전을 모두 패배한 팀의 우승확률은 (100−B)%이다.

① ㄱ, ㄷ
② ㄱ, ㄹ
③ ㄴ, ㄷ
④ ㄱ, ㄴ, ㄹ
⑤ ㄱ, ㄷ, ㄹ

해설

문제 분석

우승팀의 1·2차전 승리 또는 패배와 관련된 경우는 다음과 4가지 경우가 가능하다.

구분	1차전	2차전
α	승	승
β	승	패
γ	패	승
δ	패	패

단, $\alpha+\beta+\gamma+\delta=20$

문제풀이 실마리

- 우승팀의 1·2차전 승리 또는 패배와 관련된 경우가 잘 그려져야 한다.
- 각 보기의 정오판단을 할 수 있는 입증사례 또는 반증사례를 적절하게 떠올릴 수 있어야 한다.

위에서 정리한 바를 토대로 주어진 계산식을 다시 써보면 다음과 같다.

$$A=\frac{\alpha+\beta}{\alpha+\beta+\gamma+\delta\ (=20)}\times100$$

$$B=\frac{\alpha}{\alpha+\delta}\times100$$

ㄱ. (O) $\alpha+\beta+\gamma+\delta=20$이다. 쉽게 설명하면 A를 구하는 계산식의 분모는 '1차전 승리한 팀이 우승한 횟수+1차전 패배한 팀이 우승한 횟수'이다. 그런데 20개의 우승팀은 1차전에 승리하거나($\alpha+\beta$) 패배하거나($\gamma+\delta$) 둘 중 하나이다. 따라서 A를 구하는 계산식의 분모는 20이다.

ㄴ. (X) A와 B 모두 50보다 작을 수 있는지 반례를 찾아봐야 한다.
$\alpha+\beta<10$이면 A는 50보다 작을 수 있다.
$\alpha<\delta$이면 B는 50보다 작을 수 있다.
이를 충족하는 수많은 사례가 보기 ㄴ의 반례가 된다.

ㄷ. (X) A>B가 되도록 반례를 찾아봐야 한다. 따라서 A는 키우고 B는 줄이도록 노력해야 한다. A를 키우기 위해서는 분자에 있는 α 또는 β를 키우는 것이 필요하다. 반면에 B를 줄이기 위해서는 분모에 있는 α 또는 δ를 키우는 것이 필요하다. 그런데 α를 키우면 B의 값이 커지는 결과를 가져온다. 따라서 A를 키우기 위해서 분자에 있는 β를 키우고, B를 줄이기 위해서 분모에 있는 δ를 키우면 A>B가 되는 여러 반례를 찾을 수 있다.

ㄹ. (O) B는 아래 그림과 같은 구조이다.

100%

1·2차전 모두 승리한 팀이 우승한 횟수	1·2차전 모두 패배한 팀이 우승한 횟수

따라서 1·2차전을 모두 승리한 팀의 우승확률은 B%이고, 반대로 1·2차전을 모두 패배한 팀의 우승확률은 (100−B)%인 것이 맞다.

일반적으로 1·2차전을 모두 패배한 팀의 우승확률은 $\frac{\delta}{20}\times100$이라고 생각할 수 있으나, 보기 ㄹ은 '△△일보 기사에 따르면,'이라는 전제가 있다. △△일보 기사에 따르면 1·2차전 모두 승리한 팀의 우승확률을 따질 때 분모가 20이 아니라 '1·2차전 모두 승리한 팀이 우승한 횟수+1·2차전 모두 패배한 팀이 우승한 횟수'이다. 즉, 보기 ㄹ은 공식 B에 따라서 판단을 해야 한다. 1·2차전을 모두 패배한 팀의 우승확률을 따지는 공식은 $\frac{\delta}{\alpha+\delta}\times100$가 되고 이는 (100−B)%이다.

빠른 문제풀이 Tip

각 보기의 정오판단을 할 수 있는 입증사례 또는 반증사례가 많기 때문에, 예를 들어 보기 ㄷ에서 β와 δ를 키운 여러 사례들이 ㄷ 보기가 틀렸음을 보일 수 있는 반증사례가 되기 때문에, 정확한 근거 없이 그럴 것 같다는 정도로만 이 문제를 해결하는 수험생이 너무 많다. 이런 식으로 감각적으로 문제를 풀어서는 추후에 출제될 문제를 대비하기 어렵다. 정확하게 판단하는 연습을 해두어야 한다.

[정답] ②

211 다음 <상황>과 <대화>를 근거로 판단할 때, 丁의 성적으로 가능한 것은? 14년 5급 A책형 36번

〈상 황〉

○ 가영, 나리, 다해, 라라, 마철은 올해 활약이 뛰어났던 4명의 투수(甲~丁) 중에서 최우수 투수를 선정하였다.
○ 가영, 나리, 다해, 라라, 마철은 투수 중에서 1명씩 선택하여 투표하였고, '丁'만 2명의 선택을 받아서 최우수 투수로 선정되었다.
○ 甲~丁의 올해 시즌 성적은 아래와 같다.

선수 \ 항목	평균 자책점	승리한 경기 수	패배한 경기 수	탈삼진 수	완투한 경기 수
甲	1.70	15	10	205	10
乙	1.95	21	8	150	5
丙	2.20	15	8	170	13
丁	2.10	?	?	?	?

〈대 화〉

○ 가영: 평균 자책점이 가장 낮은 선수를 뽑았어.
○ 나리: 승리한 경기 수가 가장 많은 선수를 뽑았어.
○ 다해: 완투한 경기 수가 가장 많은 선수를 뽑았어.
○ 라라: 탈삼진 수가 가장 많은 선수를 뽑았어.
○ 마철: 승률이 가장 높은 선수를 뽑았어.

※ 승률 = $\frac{\text{승리한 경기 수}}{\text{승리한 경기수+패배한 경기 수}}$

	승리한 경기 수	패배한 경기 수	탈삼진 수	완투한 경기 수
①	23	3	210	14
②	20	10	220	12
③	20	5	210	10
④	20	5	200	8
⑤	23	3	210	6

해설

문제 분석

가영~마철 5명이 4명의 투수 중 1명씩 선택하여 투표하였고, '丁'만 2명의 선택을 받아서 최우수 투수로 선택되어야 하므로, 나머지 세 표는 甲~丙이 각각 한 표씩만을 획득했음을 알 수 있다.

문제풀이 실마리

• 주어진 선지를 적절하게 활용해서 답을 구해야 한다.
• 승률을 비교할 때는 적절한 공식 변형 혹은 수구조 파악을 통해서 빠르게 구할 수 있어야 한다.

5명이 투표한 1인을 선정하는 기준 및 그 결과는 다음과 같다.

구분	선정 기준	선정 결과
가영	평균 자책점이 가장 낮은 선수	甲
나리	승리한 경기 수가 가장 많은 선수	乙 or 丁
다해	완투한 경기 수가 가장 많은 선수	丙 or 丁
라라	탈삼진 수가 가장 많은 선수	甲 or 丁
마철	승률이 가장 높은 선수	乙 or 丁

〈상황〉에서 주어진 대로 '丁'만 2명의 선택을 받고, 남은 세 표는 나머지 甲~丙이 한 표씩 받도록 하려면 다음과 같다.

① '가영'이 선정한 선수는 확정적으로 甲이다.

② 甲~丙은 모두 한 표씩만을 획득해야 하므로, '라라'가 선정한 선수는 甲일 수 없고 丁이어야 한다.

③ 丙도 한 표는 획득해야 하는데 병에 투표 가능한 사람은 '다해'밖에 없다. 따라서 '다해'가 선정한 선수는 丙이다.

④ 남은 사람은 '나리'와 '마철'인데 둘 다 모두 '乙 or 丁'에게 투표하는 것이 가능하다. 따라서 두 명이 서로 엇갈리게 乙과 丁을 한 명씩 뽑으면 주어진 조건을 모두 충족하게 된다.

구분	선정 기준	선정 결과
가영	평균 자책점이 가장 낮은 선수	甲
나리	승리한 경기 수가 가장 많은 선수	乙 or 丁
다해	완투한 경기 수가 가장 많은 선수	丙
라라	탈삼진 수가 가장 많은 선수	丁
마철	승률이 가장 높은 선수	乙 or 丁

선수 \ 항목	평균 자책점	승리한 경기 수	패배한 경기 수	탈삼진 수	완투한 경기 수
甲	1.70	15	10	205	10
乙	1.95	21	8	150	5
丙	2.20	15	8	170	13
丁	2.10	?	?	?	?

위에서 결정된 대로 투표하려면 먼저, 위 표에서 음영처리한 부분이 가장 큰 값이어야 한다. 따라서 주어진 선지에서 丁의 탈삼진 수는 205개보다 많아야 하고(④제외), 완투한 경기 수는 13경기보다 작아야 한다. (①제외) 나머지 선지인 ②, ③, ⑤를 가지고, 乙과 丁이 각각 하나씩 승리한 경기 수가 가장 많고, 승률이 가장 높도록 만들어야 한다.

	승리한 경기 수	패배한 경기 수	탈삼진 수	완투한 경기 수
乙	21	8		
	승률: $\frac{21}{21+8}$ ≒ 72.41			
②	20	10	220	12
	승리한 경기 수: 乙이 더 많다. 丁의 승률: $\frac{20}{20+10}=\frac{2}{3}$ ≒ 66.67 → 乙이 더 높다.			
③	20	5	210	10
	승리한 경기 수: 乙이 더 많다. 丁의 승률: $\frac{20}{20+5}=\frac{20}{25}=\frac{4}{5}=0.8$ → 丁이 더 높다.			
⑤	23	3	210	6
	승리한 경기 수: 丁이 더 많다. 丁의 승률: $\frac{23}{23+3}$ ≒ 88.46→ 丁이 더 높다.			

乙과 丁이 각각 한 명씩의 선택을 받으려면 선지 ③만 가능하다.

빠른 문제풀이 Tip

승률은 주어진 공식대로가 아니라 $\frac{\text{승리한 경기 수}}{\text{패배한 경기 수}}$로 계산하고 비교했을 경우에 보다 쉽게 해결 가능하다.

[정답] ③

212 다음 글과 <입찰가격 평가방법>을 근거로 판단할 때, <보기>에서 옳지 않은 것만을 모두 고르면? 년 5급 책형 번

甲사무관은 국제회의 행사대행 용역업체 선정을 위해 아래와 같이 입찰업체에 대한 평가를 하고자 한다.

- ○ 기술능력 평가와 입찰가격 평가의 합산점수가 가장 높은 업체가 우선협상 대상자가 된다.
- ○ 현재 A, B, C 업체에 대한 기술능력 평가가 끝나고, 입찰가격 평가만을 남겨두고 있다.
- ○ 발주기관이 당해 입찰에서 예상하는 추정가격은 4억 원이다.

평가 항목		배점	업체		
			A	B	C
기술능력평가	제안서 평가	60	55	52	49
	서면평가	20	14	18	15
입찰가격 평가		20	?	?	?
계		100	?	?	?

〈보정계수 산출방법〉

○ i)당해 입찰가격이 추정가격의 100분의 80 이상인 경우

$$\text{평점} = 20 \times \left(\frac{\text{최저 입찰가격}}{\text{당해 입찰가격}}\right)$$

※ 최저 입찰가격: 입찰자 중 최저 입찰가격.
※ 당해 입찰가격: 당해 평가대상자의 입찰가격.

○ ii)당해 입찰가격이 추정가격의 100분의 80 미만인 경우

$$\text{평점} = 20 \times \left(\frac{\text{최저 입찰가격}}{\text{추정가격의 }80\%}\right) + \left[2 \times \left(\frac{\text{추정가격의 }80\% - \text{당해 입찰가격}}{\text{추정가격의 }80\% - \text{추정가격의 }60\%}\right)\right]$$

※ 최저 입찰가격: 입찰자 중 최저 입찰가격.
※ 당해 입찰가격 당해 평가대상자의 입찰가격으로 하되, iii)입찰가격이 추정가격의 100분의 60 미만일 경우에는 100분의 60으로 계산.

〈보 기〉

ㄱ. B업체가 세 업체 중에 가장 낮은 가격을 입찰하면, B업체는 어떤 경우에도 우선협상 대상자가 된다.
ㄴ. 입찰업체가 낮은 가격으로 입찰할수록 해당 업체의 입찰가격 평가점수는 항상 높아진다.
ㄷ. A업체에서 추정가격의 60% 미만으로 입찰하고, B업체가 3억 2천만 원으로 입찰하면, C업체의 입찰가격과 관계없이 B업체가 우선협상 대상자가 된다.

① ㄱ
② ㄴ
③ ㄱ, ㄷ
④ ㄴ, ㄷ
⑤ ㄱ, ㄴ, ㄷ

해설

문제 분석

지문에서 기술능력 평가점수는 일정하게 주어져 있으므로 입찰가격 평가점수의 산출만이 문제된다. 기술능력 평가점수는 A업체: 69점, B업체: 70점, C업체: 64점이다. 〈입찰가격 평가방법〉의 조건 i), ii)의 식을 각각 식 i), ii)이라고 하고 주어진 상황을 정리해 본다. A, B, C 업체가 입찰을 하였고 이 업체 중 한 업체의 입장이 되어 생각해 보자.

입찰을 하였다면 식 i), ii) 중 어느 식을 적용하여야 하는지를 판단하여야 한다. 식 i), ii)를 구간에 따라 나누어보면 당해 입찰가격이 추정가격의 100분의 80 이상인 경우, 100분의 80 미만이면서 100분의 60 이상인 경우, 100분의 60 미만인 경우로 나눌 수 있다. 그리고 당해 업체의 당해 입찰가격이 평가대상자들 중 최저 입찰가격에 해당하는지 확인한다. 그렇다면 해당 업체에 적용되어야 하는 〈입찰가격 평가방법〉을 다음과 같이 정리해볼 수 있다.

구분	100분의 60 미만	100분의 80 미만 100분의 60 이상	100분의 80 이상
당해 입찰가격 =최저 입찰가격	㉮	㉰	㉲
당해 입찰가격 ≠최저 입찰가격	㉯	㉱	㉳

㉮, ㉯의 경우 조건 iii)에 의해 당해 입찰가격을 추정가격의 60%로 계산함을 유의한다.

문제풀이 실마리

보기 ㄱ, ㄷ은 특정 업체의 구체적인 점수를 가정하고 해결하면 되지만 ㄴ은 연속적인 점수의 변화를 고려하는 보기이므로 식에 대한 이해가 필요할 것을 염두에 둔다.

ㄱ. (O) B업체가 세 업체 중에 가장 낮은 가격을 입찰하였다면 B업체가 처한 상황은 ㉮, ㉰, ㉲ 중 한 상황이고, A, C업체는 ㉯, ㉱, ㉳ 중 한 상황에 처해 있다. 이를 정리하면 아래와 같은 경우를 생각해 볼 수 있다.

	100분의 60 미만	100분의 80 미만 100분의 60 이상	100분의 80 이상
1)			B=㉲, A, C=㉳
2)		B=㉰	A, C=㉳
3)	B=㉮		A, C=㉳
4)		B=㉰, A, C=㉱	
5)	B=㉮	A, C=㉱	
6)	B=㉮, A, C=㉯		

세부적으로는 A, C업체도 서로 다른 구간에 있을 수 있지만, 위의 표의 정리한 사례는 A 또는 C업체 중 하나라고 생각하자.

1)의 경우 모두 식 i)이 적용되며 B업체는 입찰가격 평가에서 만점인 20점을 받게 되고(㉲) A 또는 C업체는 20점에 못미치는 점수를 받게 된다(㉳). B업체가 기술능력 평가점수도 가장 높으므로 합산점수도 가장 높아 우선협상 대상자가 된다(이하에서도 B업체의 기술능력 평가점수가 가장 높은 것을 염두에 둔다). 당해 입찰가격을 A업체부터 각각 Ⓐ, Ⓑ, Ⓒ라고 하고(Ⓑ<Ⓐ, Ⓒ) 식으로 나타내보면

㉲: 최저 입찰가격=당해 입찰가격=Ⓑ

$$20 \times \left(\frac{Ⓑ}{Ⓑ}\right) = 20$$

㉳: 최저 입찰가격=Ⓑ, 당해 입찰가격=Ⓐ

$$20 \times \left(\frac{Ⓑ}{Ⓐ}\right) < 20 \ (\because Ⓐ > Ⓑ)$$

2)의 경우 B업체는 식 i)이 A, C업체는 식 ii)가 적용된다. 1)과 같이 식으로 나타내어 보면(식에서 추정가격의 80%=80%, 추정가격의 60%=60%와 같이 나타낸다)

㉰: 최저 입찰가격=당해 입찰가격=Ⓑ

$=20\times\left(\frac{Ⓑ}{80\%}\right)+\left[2\times\left(\frac{80\%-Ⓑ}{80\%-60\%}\right)\right]$

㉳: 최저 입찰가격=Ⓑ, 당해 입찰가격=Ⓐ

$=20\times\left(\frac{Ⓑ}{Ⓐ}\right)$

㉰, ㉳를 비교해보면

$\frac{Ⓑ}{80\%}>\frac{Ⓑ}{Ⓐ}$ (∵ Ⓐ>80%)

$\frac{80\%-Ⓑ}{80\%-60\%}>0$ (∵ Ⓑ<80%)

이므로 B업체의 입찰가격 평가점수가 A업체의 입찰가격 평가점수보다 높다.

3)의 경우 2)의 경우와 마찬가지 논리(Ⓐ>80%)로 B업체의 입찰가격 평가점수가 A업체의 입찰가격 평가점수보다 높다.

㉮: 최저 입찰가격=Ⓑ, 당해 입찰가격=60%

$=20\times\left(\frac{Ⓑ}{80\%}\right)+\left[2\times\left(\frac{80\%-60\%}{80\%-60\%}\right)\right]=20\times\left(\frac{Ⓑ}{80\%}\right)$

㉳: 최저 입찰가격=Ⓑ, 당해 입찰가격=Ⓐ

$=20\times\left(\frac{Ⓑ}{Ⓐ}\right)$

4)의 경우 모두 식 ⅱ)가 적용된다.

㉰: 최저 입찰가격=당해 입찰가격=Ⓑ

$=20\times\left(\frac{Ⓑ}{80\%}\right)+\left[2\times\left(\frac{80\%-Ⓑ}{80\%-60\%}\right)\right]$

㉱: 최저 입찰가격=Ⓑ, 당해 입찰가격=Ⓐ

$=20\times\left(\frac{Ⓑ}{80\%}\right)+\left[2\times\left(\frac{80\%-Ⓐ}{80\%-60\%}\right)\right]$

Ⓐ>Ⓑ이므로 B업체의 입찰가격 평가점수가 A업체의 입찰가격 평가점수보다 높다.

5)의 경우

㉮: 최저 입찰가격=Ⓑ, 당해 입찰가격=60%

$=20\times\left(\frac{Ⓑ}{80\%}\right)+\left[2\times\left(\frac{80\%-60\%}{80\%-60\%}\right)\right]$

㉱: 최저 입찰가격=Ⓑ, 당해 입찰가격=Ⓐ

$=20\times\left(\frac{Ⓑ}{80\%}\right)+\left[2\times\left(\frac{80\%-Ⓐ}{80\%-60\%}\right)\right]$

Ⓐ>60%이므로 B업체의 입찰가격 평가점수가 A업체의 입찰가격 평가점수보다 높다.

6)의 경우 ㉮, ㉯ 모두

$=20\times\left(\frac{Ⓑ}{80\%}\right)+\left[2\times\left(\frac{80\%-60\%}{80\%-60\%}\right)\right]$

로 입찰가격 평가점수가 같아지나 B업체의 기술능력 평가점수가 가장 높으므로 B업체가 우선협상 대상자가 된다.

모든 경우에 B업체의 합산점수가 A, C업체보다 높으므로 B업체는 어떤 경우에도 우선협상 대상자가 된다.

ㄴ. (X) 식 ⅰ), ⅱ)는 일반적으로 당해 입찰가격이 낮아지면 입찰가격 평가점수가 낮아지지만, 항상 그런 것은 아니다. 예를 들어 A업체가 ㉮~㉳ 중 한 상황에 처해 있다고 가정하면서 생각해 보면

㉮: 최저 입찰가격=Ⓐ, 당해 입찰가격=60%

$=20\times\left(\frac{Ⓐ}{80\%}\right)+\left[2\times\left(\frac{80\%-60\%}{80\%-60\%}\right)\right]=20\times\left(\frac{Ⓐ}{80\%}\right)+2$

에서 Ⓐ가 낮아질수록 평점은 낮아진다.

㉯: 최저 입찰가격=Ⓑ ≠ Ⓐ, 당해 입찰가격=60%

(최저 입찰가격을 Ⓑ라고 가정)

$=20\times\left(\frac{Ⓑ}{80\%}\right)+\left[2\times\left(\frac{80\%-60\%}{80\%-60\%}\right)\right]=20\times\left(\frac{Ⓑ}{80\%}\right)+2$

에서 Ⓐ가 낮아져도 평점은 변화없다.

㉰: 최저 입찰가격=당해 입찰가격=Ⓐ

$=20\times\left(\frac{Ⓐ}{80\%}\right)+\left[2\times\left(\frac{80\%-Ⓐ}{80\%-60\%}\right)\right]$

$=5\times\left(\frac{Ⓐ}{20\%}\right)+\left[2\times\left(\frac{80\%-Ⓐ}{20\%}\right)\right]$

$=\frac{5Ⓐ}{20\%}+\frac{160\%-2Ⓐ}{20\%}=\frac{3Ⓐ+160\%}{20\%}$

에서 Ⓐ가 낮아질수록 평점은 낮아진다.

㉲: 최저 입찰가격=당해 입찰가격=Ⓐ

$20\times\left(\frac{Ⓐ}{Ⓐ}\right)=20$에서 Ⓐ가 낮아져도 평점은 변화 없다.

이상의 경우 입찰업체가 낮은 가격으로 입찰하더라도 해당 업체의 입찰가격 평가점수가 높아지는 것은 아니다. 이상의 예 중 하나의 예만 찾는다면 빠르게 확인하고 넘어간다.

ㄷ. (X) 우선 A, B업체의 입찰가격 평가점수는 다음과 같다.

A: $20\times\left(\frac{\text{최저 입찰가격}}{80\%}\right)+\left[2\times\left(\frac{80\%-60\%}{80\%-60\%}\right)\right]$

$=20\times\left(\frac{\text{최저 입찰가격}}{80\%}\right)+2$

B: $20\times\left(\frac{\text{최저 입찰가격}}{80\%}\right)$

두 업체의 입찰가격 평가점수를 비교해보면 A업체의 입찰가격 평가점수가 B업체보다 항상 2점이 높은 것을 알 수 있다. A, B업체의 기술능력 평가점수는 각각 69, 70점이므로 합산점수는 A업체가 B업체보다 항상 1점 높다. 그러므로 우선협상 대상자는 A, C업체 중 한 업체가 되고 C업체의 입찰가격과 관계없이 B업체는 우선협상 대상자가 될 수 없다.

빠른 문제풀이 Tip

식 ⅱ)의 경우

$\text{평점}=20\times\left(\frac{\text{최저 입찰가격}}{\text{추정가격의 80\%}}\right)$

$+\left[2\times\frac{\text{추정가격의 80\%}-\text{당해 입찰가격}}{\text{추정가격의 80\%}-\text{추정가격의 60\%}}\right]$

- 추정가격의 80%, 추정가격의 60% 부분은 고정값으로 각각 3억 2천만 원, 2억 4천만 원으로 나타낼 수 있다.
- 최저 입찰가격과 당해 입찰가격 부분은 변동값이고, 당해 평가대상자의 입찰가격이 최저 입찰가격이라고 할지라도 입찰가격이 추정가격의 100분의 60 미만일 경우 100분의 60으로 계산되어 두 값이 식에서 다르게 계산될 수 있다.

[정답] ④

213 다음 글을 근거로 판단할 때, <보기>에서 옳은 것만을 모두 고르면? 16년 5급 4책형 29번

'올해의 체육인상' 후보에 총 5명(甲~戊)이 올랐다. 수상자는 120명의 기자단 투표에 의해 결정되며 투표규칙은 다음과 같다.

○ 투표권자는 한 명당 한 장의 투표용지를 받고, 그 투표용지에 1순위와 2순위 각 한 명의 후보자를 적어야 한다.
○ 투표권자는 1순위와 2순위로 동일한 후보자를 적을 수 없다.
○ 투표용지에 1순위로 적힌 후보자에게는 5점이, 2순위로 적힌 후보자에게는 3점이 부여된다.
○ '올해의 체육인상'은 개표 완료 후, 총 점수가 가장 높은 후보자가 수상하게 된다.
○ 기권표와 무효표는 없다.

현재 투표까지의 중간집계 점수는 아래와 같다.

〈중간집계〉

후보자	점수
甲	360점
乙	15점
丙	170점
丁	70점
戊	25점

〈보 기〉

ㄱ. 현재 투표한 인원은 총 투표인원의 64%를 넘는다.
ㄴ. 중간집계 결과로 볼 때, '올해의 체육인상'을 받을 수 있는 사람은 甲뿐이다.
ㄷ. 중간집계 결과로 볼 때, 8명이 丁을 1순위로 적었다면 최대 60명이 甲을 1순위로 적었을 것이다.

① ㄱ
② ㄱ, ㄴ
③ ㄱ, ㄷ
④ ㄴ, ㄷ
⑤ ㄱ, ㄴ, ㄷ

해설

문제 분석

- 120명의 기자단은 한 명당 한 장의 투표용지를 받는다.
- 투표용지에 1순위와 2순위 각 한 명의 후보자를 적어야 한다.

1순위	≠	2순위
5점		3점

투표용지 1장당 총 8점의 점수가 부여되고, 120명의 기자단이 모두 투표했다면 총 960점이다.

문제풀이 실마리

- 최다 득표자를 따라잡을 가능성이 가장 높은 사람은 득표수가 2등인 사람이다.
- A와 B의 총합이 고정되어 있다고 하자. 그렇다면 A와 B는 제로섬 관계를 가진다. 따라서 A가 최대가 되기 위해서는 B가 최소가 되어야 한다.
- 보기 ㄷ을 빠르게 해결하기 위해서는 1순위 표의 점수(5의 배수)와 2순위 표의 점수(3의 배수)를 더한 결과가 각 후보자의 점수(끝자리가 5 또는 0)가 되어야 한다.

ㄱ. (O) 1) 〈중간집계〉에서 보면 총 점수는 640점이다. 앞서 살펴본 바와 같이 투표용지 1장당 총 8점의 점수가 부여되므로 80명이 투표한 것이다. 따라서 120명의 기자단 중 현재 80명이 투표했으므로 80명/120명=2/3, 약 66.7%가 투표했다.
2) 앞서 살펴본 바와 같이 120명이 모두 투표했다면 총 960점이어야 하는데, 〈중간집계〉에 따르면 현재 640점만 집계되어 있다. 따라서 640점/960점=2/3, 약 66.7%가 투표했다.

ㄴ. (X) 〈중간집계〉 결과 1등은 360점의 甲이고 2등은 170점의 丙이다. 중간집계 결과로 볼 때, '올해의 체육인상'을 받을 수 있는 사람은 甲뿐이라는 것을 반박하기 위해서 丙이 甲의 점수를 뒤집을 수 있는지 살펴보아야 한다. 아직 투표하지 않은 기자가 40명이고, 더 이상 甲은 표를 얻지 못한 상태에서, 40명의 1위표(=40명×5점=200점)가 현재 점수 2위인 丙에게 모두 간다면 丙의 점수는 370점으로 甲의 360점보다 높아져서, 丙이 '올해의 체육인상'을 받는 경우가 가능하다.

ㄷ. (X) **방법 1**

중간집계 결과로 볼 때, 8명이 丁을 1순위로 적었다면 최대 60명이 甲을 1순위로 적었을 것이라는 진술을 반박하기 위해서 甲을 1순위로 적은 기자단이 60명보다 더 많아질 수 있는지를 확인해야 한다. 즉, 아래 표에서 甲을 1순위로 적은 기자단이 최대가 되도록 만들어 보자. 먼저 '8명이 丁을 1순위로 적었다면'이라는 가정이 포함되어 있기 때문에 이를 반영해 보면 아래 표와 같다.

후보자	점수	1순위(5점)		2순위(3점)	
		명수	점수	명수	점수
甲	360점				
乙	15점				
丙	170점				
丁	70점	8	40	10	30
戊	25점				
		80	400	80	240

甲의 점수가 360점으로 정해져 있는 상황에서 甲을 1순위로 적은 기자단이 최대가 되기 위해서는 갑을 2순위로 적은 기자단이 최소가 되어야 한다. 즉 부분이 최대가 되기 위해서는 부분이 최소가 되어야 한다.

그런데 2순위에 투표한 사람이 80명 또는 총 점수가 240점으로 정해져 있는 상황에서 부분이 최소가 되기 위해서는 부분이 최대가 되어야 한다. 즉 乙, 丙, 戊의 2순위 표를 최대로 만드는

것부터 시작해야 한다.

먼저 戊를 살펴보자. 戊의 총 점수 25점은 5점의 1순위표와 3점의 2순위 표를 통해서 얻게 된다.

1순위(5점)		2순위(3점)		총 점수
끝자리 0	+	끝자리 5	=	끝자리 5
5		0		

1순위 표에서 나오는 점수의 끝자리는 0 또는 5이다. 여기에 2순위 표에서 나오는 점수를 더해 戊의 총 점수 25점, 즉 끝자리 5가 나와야 한다. 따라서 2순위 표에서 끝자리 5 또는 0이 나와야 끝자리만 살펴 봤을 때 0+5=5 또는 5+0=5가 될 수 있다. 戊의 총 점수인 25보다 작으면서 끝자리가 0 또는 5인 3의 배수는 15이다. 따라서 戊는 2순위 표가 5장(15점)이 되고 1순위표는 남은 2장(10점)이 된다.

丙과 乙도 마찬가지 방식으로 해결해 보면 아래 표와 같다.

후보자	점수	1순위(5점)		2순위(3점)	
		명수	점수	명수	점수
甲	360점	69	345	5	15
乙	15점	–	–	5	15
丙	170점	1	5	55	165
丁	70점	8	40	10	30
戊	25점	2	10	5	15
		80	400	80	240

따라서 중간집계 결과로 볼 때, 8명이 丁을 1순위로 적었다는 丁과 관련한 조건이 주어진 상황에서, 甲을 1순위로 적은 사람이 최대 69명까지 가능하다.

방법 2

방법 1처럼 甲의 1순위를 최대로 만드는 것을 생각해 내지 못하는 경우에, 보기에서 말한 60명보다 크게 만들어 보려고 노력해 볼 수도 있다.

즉, 보기 ㄷ에서처럼 甲의 1순위 표가 60명이라면 다음과 같이 표를 채워볼 수 있다.

후보자	점수	1순위(5점)		2순위(3점)	
		명수	점수	명수	점수
甲	360점	60	300	20	60
乙	15점	–	–	5	15
丙	170점	10	50	40	120
丁	70점	8	40	10	30
戊	25점	2	10	5	15
		80	400	80	240

이 상태에서 甲의 1순위 명수를 더 늘려보는 것이다. 이때 5의 배수인 1순위 표의 점수와 3의 배수인 2순위 표의 점수가 유기적으로 움직여야 하므로 5와 3의 최소공배수인 15만큼씩 변동해야 한다. 예를 들어 1순위 명수를 1명 늘려 +5점이 되면 2순위 점수가 −5가 되어야 하는데 3의 배수를 조정해서 −5를 만드는 방법은 없다. 따라서 1순위 명수는 3명씩 늘려갈 때 2순위 명수는 5명씩 줄여가면서 가능한지 여부를 따져볼 수 있다. 그 결과 다음과 같은 두 가지 반례가 찾아질 수 있다.

1) 甲의 1순위 명수가 63명인 경우

후보자	점수	1순위(5점)		2순위(3점)	
		명수	점수	명수	점수
甲	360점	63	315	15	45
乙	15점	–	–	5	15
丙	170점	7	35	45	135
丁	70점	8	40	10	30
戊	25점	2	10	5	15
		80	400	80	240

2) 甲의 1순위 명수가 66명인 경우

후보자	점수	1순위(5점)		2순위(3점)	
		명수	점수	명수	점수
甲	360점	66	330	10	30
乙	15점	–	–	5	15
丙	170점	4	20	50	150
丁	70점	8	40	10	30
戊	25점	2	10	5	15
		80	400	80	240

이 외에도 甲의 1순위 명수가 69명인 경우도 찾아질 수 있고, 69명일 때의 표는 앞서 [방법 1]에서 찾은 표와 같다.

빠른 문제풀이 Tip

- 5의 배수 끝자리가 0 또는 5라는 점은 기출에서 자주 사용하는 출제 장치이다.
- 보기 ㄷ에서 3의 배수의 끝자리가 5 또는 0이 되기 위해서는 3×1=3, 3×2=6, 3×3=9, 3×4=12, 3×5=15, … 끝자리 5가 먼저 발견되므로 이후로는 15의 배수 15, 30, 45, 60, … 순으로 보면 더 빠른 해결이 가능하다.
- 수험생 중에는 방법 2로 접근하는 경우가 훨씬 더 많고, 그 경우 체계적이지 못하게 풀다가 시간을 오래 소비하는 경우가 많다. 주먹구구식의 해결보다는 체계적으로 해결하는 방법을 연습해 두는 것이 필요하다.

[정답] ①

214 다음 글과 <결과>를 근거로 판단할 때, <보기>에서 옳은 것만을 모두 고르면?

16년 5급 4책형 35번

○ △△콩쿠르 결선 진출자 7명에게는 결선 순위에 따라 상금이 주어진다. 단, i)공동 순위는 없다.
○ 특별상은 순위와는 상관없이 결선 진출자 중에서 ii)부문별로 한 명씩만 선정된다. 단, ii)수상자가 선정되지 않거나 한 명이 여러 부문에 선정될 수 있다.
○ 결선 순위별 상금과 특별상 부문별 상금은 다음과 같다.

〈결선 순위별 상금〉

(단위: 천 원)

순위	상금
1위	30,000
2위	25,000
3위	20,000
4위	15,000
5위	10,000
6위	7,000
7위	7,000

〈특별상 부문별 상금〉

(단위: 천 원)

부문	상금
인기상	3,000
기교상	3,000
감동상	5,000
창의상	10,000

〈결 과〉

결선 진출자들의 개인별 총 상금(내림차순)은 다음과 같다. C와 D가 받은 총 상금은 아래 목록에서 누락되었고, 이번 콩쿠르에서 7명의 결선 진출자에게 iii)지급된 총 상금은 132,000천 원이다.

〈결선 진출자별 총 상금〉

(단위: 천 원)

결선 진출자	총 상금
A	35,000
B	33,000
C	?
D	?
E	10,000
F	7,000
G	7,000

〈보 기〉

ㄱ. B가 기교상을 받았다면, 인기상 수상자는 없다.
ㄴ. 감동상을 받은 사람이 다른 특별상을 중복하여 수상한 경우는 없다.
ㄷ. C가 결선에서 4위를 했을 가능성은 없다.
ㄹ. 결선 2위는 A 또는 C 중에서 결정되었다.

① ㄱ, ㄴ
② ㄱ, ㄹ
③ ㄴ, ㄷ
④ ㄴ, ㄹ
⑤ ㄱ, ㄷ, ㄹ

해설

문제 분석

주어진 조건을 정리해보면 다음과 같다.

i) 〈결선 순위별 상금〉은 공동 순위 없이 결선 진출자 7명에게 순위별로 각각 주어진다.
ii) 〈특별상 부문별 상금〉은 한 명이 여러 상을 탈 수는 있고 여러 명이 하나의 상을 탈 수는 없다. 수상자가 선정되지 않을 수도 있다.
iii) 지급된 총 상금은 132,000(천 원)(이하 단위 생략)

문제풀이 실마리

보기별로 따로 소거해서 문제를 해결하기보다는 결국 전체를 다 고려해야하는 문제이다. 〈결선 진출자별 총 상금〉과 지급된 총 상금으로부터 추론해보면 1) C, D의 상금 합계가 40,000인 것, 2) 가능한 상금 중 3,000이 덜 주어진 것으로 보아 인기상 또는 기교상 중 하나가 주어지지 않았음은 알 수 있다. 여기까지만으로 보기 ㄱ정도는 판단할 수 있다.

아래의 표와 같이 생각해보면

결선 진출자	총 상금	상금 내용
A	35,000	
B	33,000	1)인기상 또는 기교상
C	40,000	
D		
E	10,000	3)5위
F	7,000	2)6위 또는 7위
G	7,000	2)6위 또는 7위

1) B의 상금의 뒷자리가 3,000으로 끝나려면 인기상 또는 기교상을 수상해야 하고(순위는 미정), 2) F, G의 상금의 뒷자리가 7,000으로 끝나려면 각각 6위 또는 7위이어야 한다. 3) B, F, G를 고려하면 E의 상금은 7,000+3,000으로 이루어질 수 없으므로 E는 5위이다(E~G는 확정).
A~D의 상금만 확정하면 되는데 여러 경우의 수가 발생한다. 순위별 상금만 고려했을 때 C, D 중 한 명이 4위를 해야 둘의 상금 합계가 40,000이 될 수 있다. 따라서 가능한 경우는 C, D가 각각 2, 4위인 경우와 3, 4위인 경우를 나누어보자.

a) C, D가 각각 2, 4위, A가 1위인 경우

결선 진출자	총 상금	상금 내용			
		순위별	인기상, 기교상	감동상	창의상
A	35,000	1위: 30,000		+ 5,000	
B	33,000	3위: 20,000	+ 3,000		+ 10,000
C	25,000	2위: 25,000			
D	15,000	4위: 15,000			

총 상금은 내림차순으로 정리된 것이므로 C의 총 상금은 D의 총 상금보다 크거나 같아야 한다. 즉 D가 2위인 경우는 고려할 필요가 없다.

b) C, D가 각각 2, 4위, B가 1위인 경우

결선 진출자	총 상금	상금 내용			
		순위별	인기상, 기교상	감동상	창의상
A	35,000	3위: 20,000		+ 5,000	+ 10,000
B	33,000	1위: 30,000	+ 3,000		
C	25,000	2위: 25,000			
D	15,000	4위: 15,000			

C, D가 3, 4위인 경우는 둘 중 4위를 한 사람이 반드시 기교상을 수상하여야 하고 A, B의 경우는 A가 2등, B가 1등으로 고정이다.

c) C가 3위, D가 4위, C가 감동상

결선 진출자	총 상금	상금 내용			
		순위별	인기상, 기교상	감동상	창의상
A	35,000	2위: 25,000			+ 10,000
B	33,000	1위: 30,000	+ 3,000		
C	25,000	3위: 20,000		+ 5,000	
D	15,000	4위: 15,000			

d) C가 3위, D가 4위, D가 감동상

결선 진출자	총 상금	상금 내용			
		순위별	인기상, 기교상	감동상	창의상
A	35,000	2위: 25,000			+ 10,000
B	33,000	1위: 30,000	+ 3,000		
C	20,000	3위: 20,000			
D	20,000	4위: 15,000		+ 5,000	

e) C가 4위, D가 3위

결선 진출자	총 상금	상금 내용			
		순위별	인기상, 기교상	감동상	창의상
A	35,000	2위: 25,000			+ 10,000
B	33,000	1위: 30,000	+ 3,000		
C	20,000	4위: 15,000		+ 5,000	
D	20,000	3위: 20,000			

ㄱ. (O) 문제풀이 실마리 2)에서 볼 수 있듯이 B가 기교상을 받았다면 인기상은 주어지지 않았다.

ㄴ. (X) 표 a)의 경우 B가 인기상과 감동상을, 표 b)의 경우 A가 기교상과 감동상을 중복하여 수상하였다.

ㄷ. (X) 표 e)의 경우 C는 결선에서 4위를 할 수 있다.

ㄹ. (O) 표 a)~e) 모두 결선 2위는 A 또는 C이다.

빠른 문제풀이 Tip

모든 경우의 수를 빠르게 파악하기는 어려운 문제이다. C, D의 상금 합계가 40,000인 것으로부터 접근하는 것이 아니라 A, B의 상금 합계가 68,000인 것으로부터 접근해도 된다.

[정답] ②

215 다음 글과 <상황>을 근거로 판단할 때, A가 지급하여야 하는 총액은? 15년 5급 인책형 11번

중세 초기 아일랜드 법체계에는 자유의 몸인 사람을 모욕할 경우 모욕한 사람이 모욕당한 사람에게 지급해야 하는 배상금인 '명예가격'이 존재했고, 액수도 천차만별이었다. 예를 들어 영주의 명예가격은 5쿠말이었다. 이는 주교의 명예가격과 동일했다. 주교를 모욕했을 경우 젖소 10마리나 은 20온스를 지급해야 했다. 부유한 농민의 명예가격은 젖소 2.5마리에 그 사람에게 딸린 하인 한 사람 당 젖소 0.5마리를 더한 것이었다.

명예가격은 사람 목숨에 대한 배상금과 별도로 지급했다. 만일 누군가 사람을 죽였다면, 그 범죄자는 살해에 대한 배상인 10쿠말 외에 명예가격을 따로 얹어 지급해야 했다. 그를 죽임으로써 그의 존엄을 짓밟았기 때문이다. 부상에 대한 배상도 마찬가지였다. 다른 사람에게 어떤 종류이든 상처나 부상을 입히면 그 상해에 대한 가격에 명예가격까지 지급해야 했다. 왕이나 영주 또는 주교에게 상해를 가했을 경우 2쿠말, 부유한 농민의 경우는 젖소 2마리, 소작농이나 다른 남자의 경우는 젖소 1마리, 그리고 여성이나 아이의 경우 은 1온스를 상해에 대한 배상으로 지급해야 했다. 이와 비슷하게 어떤 사람이 다른 사람의 재물을 훔치거나 손해를 끼쳤을 경우, 훔치거나 손해를 끼친 재산가치의 세 배의 배상액에 소유자의 명예가격을 더하여 지급해야 했다.

영주의 보호를 받는 소작농이나 영주의 아내 또는 딸을 다치게 하거나 죽이는 행위는 피해자의 명예를 훼손한 것이 아니라 그 피해자를 보호하는 사람의 명예를 훼손하는 것이었다. 따라서 이러한 살해, 부상 또는 손해 등에 대한 영주의 명예가격도 해당 사안 각각에 따로 청구되었다.

〈상 황〉

A는 자신이 살고 있는 지역의 주교를 죽이고, 영주의 얼굴에 상처를 입히고, 영주의 아내의 다리를 부러뜨리고, 각각 하인을 10명씩 거느리고 있는 부유한 농민 2명을 죽이는 큰 사고를 냈다.

① 은 209온스
② 은 219온스
③ 은 229온스
④ 은 239온스
⑤ 은 249온스

해설

문제 분석

- 명예가격: 자유의 몸인 사람을 모욕할 경우 모욕한 사람이 모욕당한 사람에게 지급해야 하는 배상금
  - 영주의 명예가격 = 주교의 명예가격 = 5쿠말 = 젖소 10마리 = 은 20온스
  - 부유한 농민의 명예가격 = 젖소 2.5마리 + 그 사람에게 딸린 하인 한 사람 당 젖소 0.5마리
  - 영주의 보호를 받는 소작농이나 영주의 아내 또는 딸은 영주의 명예가격이 적용됨
- 각 경우에 따른 지급 총액

구분	배상금		명예가격
Ⓐ 살해	10쿠말		별도
부상	Ⓑ 왕이나 영주 또는 주교	2쿠말	별도
	Ⓒ 부유한 농민	젖소 2마리	
	Ⓓ 소작농이나 다른 남자	젖소 1마리	
	Ⓔ 여성이나 아이	은 1온스	
Ⓕ 재물을 훔치거나 손해	훔치거나 손해를 끼친 재산가치의 세 배의 배상액		소유자의 명예가격

- 단위 간 변환 시, 5쿠말=젖소 10마리=은 20온스

문제풀이 실마리

제시문의 조건을 잘 정리한 후, 이를 〈상황〉에 정확하게 대입할 수 있어야 한다.

정리한 조건을 상황에 대입해 보면 다음과 같다.

경우		배상금	명예가격
자신이 살고 있는 지역의 주교를 죽임	Ⓐ	10쿠말	5쿠말
영주의 얼굴에 상처를 입힘	Ⓑ	2쿠말	5쿠말
영주의 아내의 다리를 부러뜨림	Ⓔ	은 1온스	5쿠말 *
각각 하인을 10명씩 거느리고 있는 부유한 농민 2명을 죽임 (1인당 금액)	Ⓐ	10쿠말 **	젖소 7.5마리 ***

* 피해자의 명예를 훼손한 것이 아니라 그 피해자를 보호하는 사람, 즉 영주의 명예를 훼손하는 것이어서 영주의 명예가격이 청구된다.
, * 농민 2명이므로 2배를 하여 계산해야 한다.

앞에서 정리해 둔 단위변환 비율을 적용하여 금액을 최종적으로 계산해 보면 다음과 같다.

경우		배상금	명예가격
자신이 살고 있는 지역의 주교를 죽임	Ⓐ	은 40온스	은 20온스
영주의 얼굴에 상처를 입힘	Ⓑ	은 8온스	은 20온스
영주의 아내의 다리를 부러뜨림	Ⓔ	은 1온스	은 20온스
각각 하인을 10명씩 거느리고 있는 부유한 농민 2명을 죽임	Ⓐ	은 80온스	은 30온스

따라서 A가 지급하여야 하는 총액은 219온스이다.

빠른 문제풀이 Tip

- 조건의 이해도 어렵고 〈상황〉도 다소 복잡한 문제이다.
- 단위변환 문제는 단위를 어렵게 하는 것이 함정이지만, 정보처리 방법만 안다면 단위변환은 어렵지 않게 해결할 수 있다.

[정답] ②

216 다음 글을 근거로 판단할 때, <보기>에서 옳은 것만을 모두 고르면?

18년 5급 나책형 12번

> ○ 甲국의 1일 통관 물량은 1,000건이며, 모조품은 1일 통관 물량 중 1 %의 확률로 존재한다.
> ○ 검수율은 전체 통관 물량 중 검수대상을 무작위로 선정해 실제로 조사하는 비율을 뜻하는데, 현재 검수율은 10%로 전문 조사 인력은 매일 10명을 투입한다.
> ○ 검수율을 추가로 10%p 상승시킬 때마다 전문 조사 인력은 1일당 20명이 추가로 필요하다.
> ○ 인건비는 1인당 1일 기준 30만 원이다.
> ○ 모조품 적발 시 부과되는 벌금은 건당 1,000만 원이며, 이 중 인건비를 차감한 나머지를 세관의 '수입'으로 한다.

※ 검수대상에 포함된 모조품은 모두 적발되고, 부과된 벌금은 모두 징수된다.

〈보 기〉

ㄱ. 1일 평균 수입은 700만 원이다.
ㄴ. 모든 통관 물량에 대해 전수조사를 한다면 수입보다 인건비가 더 클 것이다.
ㄷ. 검수율이 40%면 1일 평균 수입은 현재의 4배 이상일 것이다.
ㄹ. 검수율을 30%로 하는 방안과 검수율을 10%로 유지한 채 벌금을 2배로 인상하는 방안을 비교하면 벌금을 인상하는 방안의 1일 평균 수입이 더 많을 것이다.

① ㄱ, ㄴ
② ㄴ, ㄷ
③ ㄱ, ㄴ, ㄹ
④ ㄱ, ㄷ, ㄹ
⑤ ㄴ, ㄷ, ㄹ

해설

문제 분석

ⅰ) 현재 검수율은 10%로 1건의 모조품을 적발하고 1,000만 원의 벌금이 발생한다. 인력 10명이 투입되므로 인건비는 300만 원이다. 현재의 수입은 700만 원이다.

ⅱ) 검수율을 10%p 상승시키면 1건의 모조품을 추가로 적발하여 1,000만 원의 벌금이 추가로 발생한다. 20명의 인력이 추가로 투입되므로 600만 원의 인건비가 추가로 필요하다. 검수율을 10%p 상승시킬 때 마다 400만 원의 수입이 추가된다.

문제풀이 실마리

실수를 유발하거나 계산이 더 복잡해지는 등의 장치가 없는 만큼 인건비만 잘 계산한다면 해결된다.

ㄱ. (O) 현재 1일 평균 수입은 조건 ⅰ)에서 정리한 바와 같이 700만 원이다.

ㄴ. (O) 검수율을 90%p 상승시키면 인건비는 300+600×9=5,700(만 원)이고 수입은 10,000−5,700=4,300(만 원)이다. 수입보다 인건비가 더 크다.

ㄷ. (X) 검수율이 40%라면 검수율을 30%p 상승시킨 것이고 인건비는 300+600×3=2,100(만 원)이고 수입은 4,000−2,100=1,900(만 원)이다. 현재 수입 700만 원의 4배에 미치지 못한다. 조건 ⅱ)에서 정리한 내용으로 빠르게 판단해보면 검수율을 10%p 상승시키면 수입이 400만 원씩 추가된다. 현재의 수입에 400만 원씩 세 번 더하더라도 현재의 수입이 400만 원 이하가 아닌 이상 현재 1일 평균 수입이 현재의 4배이상이 될 수 없다.

ㄹ. (O) 검수율이 30%인 경우의 인건비는 300+600×2=1,500(만 원)이고 수입은 3,000−1,500=1,500(만 원)이다. 벌금을 인상하는 방안의 경우 인건비는 불변이고 벌금만 2배로 늘어나므로 수입은 2,000−300=1,700(만 원)이다. 벌금을 2배로 인상하는 방안이 검수율을 30%로 하는 방안보다 1일 평균 수입이 더 많다.

빠른 문제풀이 Tip

- '무작위'의 개념을 정확하게 알고 있어야 한다.
- 검수율은 추가로 10%p씩 상승한다. 반복되는 주기가 10%p의 상승이므로, 이를 이용하면 보다 수월하게 문제를 해결할 수 있다.

[정답] ③

217 다음 글을 근거로 판단할 때, 甲과 乙이 선택할 스포츠 종목은?

22년 5급 나책형 38번

○ 甲과 乙은 함께 스포츠 데이트를 하려 한다. 이들이 고려하고 있는 종목은 등산, 스키, 암벽등반, 수영, 볼링이다.

○ 甲과 乙은 비용, 만족도, 위험도, 활동량을 기준으로 종목별 점수를 부여하고, 종목별로 두 사람의 점수를 더하여 합이 가장 높은 종목을 선택한다. 단, 동점일 때는 乙이 부여한 점수의 합이 가장 높은 종목을 선택한다.

○ 甲과 乙이 점수를 부여하는 방식은 다음과 같다.

- 甲과 乙은 비용이 적게 드는 종목부터, 만족도가 높은 종목부터 순서대로 5점에서 1점까지 1점씩 차이를 두고 부여한다.
- 甲은 위험도가 높은 종목부터, 활동량이 많은 종목부터 순서대로 5점에서 1점까지 1점씩 차이를 두고 부여하며, 乙은 그 반대로 점수를 부여한다.

구분	등산	스키	암벽등반	수영	볼링
비용(원)	8,000	60,000	32,000	20,000	18,000
만족도	30	80	100	20	70
위험도	40	100	80	50	60
활동량	50	100	70	90	30

① 등산
② 스키
③ 암벽등반
④ 수영
⑤ 볼링

해설

문제 분석

- 기준 중 비용과 만족도에 따라 종목별 점수를 부여하는 방식은 甲과 乙이 동일하다.
- 위험도와 활동량에 따라 종목별 점수를 부여하는 방식은 甲과 乙이 정반대이다. 甲이 1점을 부여한 종목에 乙은 5점을 부여하게 된다. 또 甲이 2점을 부여한 종목에 乙은 4점을 부여하게 된다. 따라서 각 종목의 甲과 乙이 부여한 점수의 합이 6으로 항상 같다. 그러므로 종목 간 점수 차이가 발생하지 않는다.

방법 1

비용과 만족도에 점수를 부여해 보면 다음과 같다.

구분	등산		스키		암벽등반		수영		볼링	
비용(원)	8,000	5	60,000	1	32,000	2	20,000	3	18,000	4
만족도	30	2	80	4	100	5	20	1	70	3
점수 합	7		5		7		4		7	

甲도 乙도 동일한 기준으로 점수를 부여하므로 실제 점수는 두 배가 되겠지만, 종목 중 어느 종목이 가장 점수가 높은지 상대적으로 비교만 할 때는 동일하게 두 배를 하여 계산하는 조건은 고려하지 않아도 된다.

등산, 암벽등반, 볼링의 점수가 7점으로 동일하므로, 이 세 종목만을 대상으로 하여 동점 시 처리규칙을 적용한다. 이 세 종목 중 乙이 부여한 점수의 합이 가장 높은 종목을 선택한다. 乙의 기준에 따라서 세 종목에 점수를 부여하면 다음과 같다.

구분	등산		스키		암벽등반		수영		볼링	
비용(원)	8,000	5	60,000	1	32,000	2	20,000	3	18,000	4
만족도	30	2	80	4	100	5	20	1	70	3
위험도	40	5	100	1	80	2	50	4	60	3
활동량	50	4	100	1	70	3	90	2	30	5
점수 합	16				12				15	

방법 2

비용과 만족도의 점수는 7점으로 모두 동일하므로 위험도와 활동량의 점수로만 비교하는 것도 가능하다.

위험도	40	5	100	1	80	2	50	4	60	3
활동량	50	4	100	1	70	3	90	2	30	5
점수 합	9				5				8	

빠른 문제풀이 Tip

- 위험도와 활동량은 甲과 乙이 정반대의 기준으로 점수를 부여하므로 합의 장치가 활용되었다.
- 비용은 숫자가 작을수록 좋고, 만족도는 숫자가 클수록 좋으므로 실수하지 않도록 주의한다.
- 동점시 처리규칙을 적용할 때 甲의 점수 부여 방식과 乙의 점수 부여 방식을 혼동하지 않도록 주의한다.
- 상대적 계산 스킬을 자유자재로 구사할 수 있어야 한다.
- 점수를 부여할 때는 스키와 수영을 포함시켜야 한다는 점에 주의하자.

[정답] ①

218 다음 <상황>을 근거로 판단할 때, <대안>의 월 소요 예산 규모를 비교한 것으로 옳은 것은? 18년 5급 나책형 32번

〈상 황〉

- ○ 甲사무관은 빈곤과 저출산 문제를 해결하기 위한 대안을 분석 중이다.
- ○ 전체 1,500가구는 자녀 수에 따라 네 가지 유형으로 구분할 수 있는데, 그 구성은 무자녀 가구 300가구, 한 자녀 가구 600가구, 두 자녀 가구 500가구, 세 자녀 이상 가구 100가구이다.
- ○ 전체 가구의 월 평균 소득은 200만 원이다.
- ○ 각 가구 유형의 30%는 맞벌이 가구이다.
- ○ 각 가구 유형의 20%는 빈곤 가구이다.

〈대 안〉

A안: 모든 빈곤 가구에게 전체 가구 월 평균 소득의 25%에 해당하는 금액을 가구당 매월 지급한다.

B안: 한 자녀 가구에는 10만 원, 두 자녀 가구에는 20만 원, 세 자녀 이상 가구에는 30만 원을 가구당 매월 지급한다.

C안: 자녀가 있는 모든 맞벌이 가구에 자녀 1명당 30만 원을 매월 지급한다. 다만 세 자녀 이상의 맞벌이 가구에는 일률적으로 가구당 100만 원을 매월 지급한다.

① A<B<C
② A<C<B
③ B<A<C
④ B<C<A
⑤ C<A<B

해설

문제 분석

주어진 〈상황〉을 따라가면서 대안별로 계산하면 되는 문제이다. 〈상황〉에서 각 가구 "유형"의 30%는 맞벌이 가구이고, 각 가구 "유형"의 20%가 빈곤 가구이므로 예를 들어 무자녀 가구 300가구 중 90가구는 맞벌이 가구이고 60가구는 빈곤 가구라는 것 정도를 확인한다.

대안별로 계산해본다.

A안: 모든 빈곤 가구에 → 빈곤 가구는 각 가구 유형의 20%이므로 모든 빈곤 가구는 전체의 20%이기도 하다. 1,500가구×0.2이다.
전체 가구 월 평균 소득의 25% → 200만 원×0.25
→ 1,500가구×0.2×200만 원×0.25

B안: 한 자녀 가구에는 10만 원 → 600가구×10만 원
두 자녀 가구에는 20만 원 → 500가구×20만 원
세 자녀 이상 가구에는 30만 원 → 100가구×30만 원
→ 600가구×10만 원+500가구×20만 원+100가구×30만 원

C안: 한 자녀 맞벌이 가구에는 30만 원 → 600가구×0.3×30만 원
두 자녀 맞벌이 가구에는 60만 원 → 500가구×0.3×60만 원
세 자녀 이상 맞벌이 가구에는 100만 원 → 100가구×0.3×100만 원
→ 600가구×0.3×30만 원+500가구×0.3×60만 원+100가구×0.3×100만 원
=(600가구×30만 원+500가구×60만 원+100가구×100만 원)×0.3

각각 계산하면 A안 15,000(만 원), B안 19,000(만 원), C안 17,400(만 원)으로 A<C<B로 정답은 ②이다.

빠른 문제풀이 Tip

이 문제의 경우 모든 대안을 직접 계산해야 하지만 계산 이전에 식만으로 대소 비교가 가능한 경우가 있으므로 식을 간단히 세워놓고 계산 없이 대소 비교가 가능한지를 항상 염두에 둔다.

[정답] ②

길쌤's Check 더 연습해 볼 문제

- 22년 입법 가책형 9번
- 17년 입법 가책형 1번
- 21년 입법 가책형 38번
- 19년 입법 가책형 3번
- 13년 입법 가책형 38번
- 20년 입법 가책형 16번
- 14년 LEET(추리) 31번
- 20년 입법 가책형 34번
- 14년 입법 가책형 19번
- 10년 입법 가책형 18번

유형 소개

규칙 유형은 문제에 제시된 규칙을 정확하게 이해하여 확인 · 응용 · 적용할 수 있는지를 평가하기 위한 유형이다. 문제 해결 과정에서 계산이 주된 프로세스가 아니고, 문제를 해결해 가는 과정에서 경우가 많이 등장하지 않는 유형을 규칙형으로 분류한다. 규칙형을 잘 풀기 위해서 수험생에게 '규칙을 정확하게 이해하는 능력', '규칙을 토대로 다양하게 응용해 보는 능력', '규칙을 적용하여 결과를 도출해 내는 능력'이 요구된다.

이를 토대로 규칙형은 문제를 해결하기 위한 과정에 따라 규칙을 단순히 확인만 하면 해결되는 문제인 '규칙 단순확인형', 규칙을 이해한 바를 토대로 주로 입증사례 또는 반증사례를 떠올려가며 선지 또는 보기의 정오판단을 해야 하는 '규칙 정오판단형', 규칙을 이해하여 그에 따른 결과를 도출해 내야 하는 '규칙 적용해결형'으로 구분해 볼 수 있다.

규칙 단순확인형	제시된 규칙의 내용을 단순히 확인하는 유형
규칙 정오판단형	제시된 규칙의 내용을 이해한 후 선지나 보기의 내용이 올바른지 정오를 판단하는 유형
규칙 적용해결형	제시된 규칙을 이해한 후 이를 적용한 결과를 찾아내는 유형

PART 2
규칙

I. 스킬

1 이해 스킬

적성시험의 문제를 빠르고 정확하게 풀기 위해서는 규칙을 정확하게 이해하는 것부터 출발해야 한다. 정확한 이해가 기반이 되어야 빠른 해결이 가능해진다. 물론 규칙 유형 외의 다른 유형의 문제들도 주어진 규칙을 잘 활용해야 하지만, 규칙 유형은 특히 더더욱 문제에서 주어진 모든 규칙을 잘 활용해야 한다. 풀고자 하는 문제에서 어떤 규칙이 주어졌는지를 잘 파악하여 적극적으로 활용한다면, 어떠한 과정을 거쳐 문제가 해결되어갈지 대략적으로 예측해 볼 수 있다. 예를 들어 점수를 계산하는 여러 규칙이 주어졌다고 하면, 그 규칙들을 빠짐없이 사례에 잘 적용하여 점수를 부여하고 잘 계산하면 문제에서 요구하는 결과를 찾아낼 수 있는 것이다.

규칙의 활용

01 다음 글과 <표>를 근거로 판단할 때, 여섯 사람이 서울을 출발하여 대전에 도착할 수 있는 가장 이른 예정시각은? (단, 다른 조건은 고려하지 않는다) 14년 민경채 A책형 22번

아래 여섯 사람은 서울 출장을 마치고 같은 고속버스를 타고 함께 대전으로 돌아가려고 한다. 고속버스터미널에는 은행, 편의점, 화장실, 패스트푸드점, 서점 등이 있다.

다음은 고속버스터미널에 도착해서 나눈 대화내용이다.

가은: 버스표를 사야하니 저쪽 은행에 가서 현금을 찾아올게.
나중: 그럼 그 사이에 난 잠깐 저쪽 편의점에서 간단히 먹을 김밥이라도 사올게.
다동: 그럼 난 잠깐 화장실에 다녀올게. 그리고 저기 보이는 패스트푸드점에서 햄버거라도 사와야겠어. 너무 배고프네.
라민: 나는 버스에서 읽을 책을 서점에서 사야지. 그리고 화장실도 들러야겠어.
마란: 그럼 난 여기서 바솜이랑 기다리고 있을게.
바솜: 지금이 오전 11시 50분이니까 다들 각자 볼일 마치고 빨리 돌아와.

각 시설별 이용 소요시간은 은행 30분, 편의점 10분, 화장실 20분, 패스트푸드점 25분, 서점 20분이다.

〈표〉

서울 출발 시각	대전 도착 예정시각	잔여좌석 수
12:00	14:00	7
12:15	14:15	12
12:30	14:30	9
12:45	14:45	5
13:00	15:00	10
13:20	15:20	15
13:40	15:40	6
14:00	16:00	8
14:15	16:15	21

① 14:15　② 14:45
③ 15:00　④ 15:20
⑤ 16:15

해설

문제 분석

- 여섯 사람이 같은 고속버스를 타고 함께 서울을 출발하여 대전으로 돌아가려고 함
- 현재 시각은 오전 11시 50분
- 가은~바솜 중 몇몇은 볼 일이 있고, 이들 각각이 들려야 하는 장소와 소요시간, 돌아오는 시간을 정리하면 다음과 같다.

구분	장소	소요시간	돌아오는 시간
가은	은행	30분	12시 20분
나중	편의점	10분	12시
다동	화장실+패스트푸드점	20+25=45분	12시 35분
라민	서점+화장실	20+20=40분	12시 30분

문제풀이 실마리

- 주어진 규칙을 잘 활용하면 보다 빠르게 결과를 찾아낼 수 있다.
- 각자의 소요시간을 계산한 후, 가장 오래 걸리는 사람 기준으로 출발 시각을 판단하면 된다.
- 조건 중에 놓치는 조건이 없도록 주의하자.
- 〈표〉에서 잔여좌석 수도 중요하게 활용해야 한다.

여섯 사람이 함께 서울을 출발하기로 했으므로 가장 오랜 시간이 소요되는 다동이 돌아오는 시간인 12시 35분 이후에나 서울을 출발할 수 있다. 그 이후에 가장 빨리 출발하는 12시 45분 버스를 타려고 하면 잔여 좌석이 5석뿐이어서 여섯 사람이 함께 탈 수 없다. 따라서 그 다음 차량인 13시에 출발하는 차량을 탑승하면 대전에는 15시 정각에 도착하게 된다. 따라서 정답은 '③ 15:00'이다.

빠른 문제풀이 Tip

60주기의 시간 계산 장치가 살짝 사용된 문제이다. 따라서 주기의 계산을 연습해 볼 수 있는 문제이다.

[정답] ③

02 다음 글에 근거할 때, 최우선 순위의 당첨 대상자는?

10년 5급 선책형 34번

보금자리주택 특별공급 사전예약이 진행된다. 신청자격은 사전예약 입주자 모집 공고일 현재 미성년(만 20세 미만)인 자녀를 3명 이상 둔 서울, 인천, 경기도 등 수도권 지역에 거주하는 무주택 가구주에게 있다. 청약저축통장이 필요 없고, 당첨자는 배점기준표에 의한 점수 순에 따라 선정된다. 특히 자녀가 만 6세 미만 영유아일 경우, 2명 이상은 10점, 1명은 5점을 추가로 받게 된다.

총점은 가산점을 포함하여 90점 만점이며 배점기준은 다음 〈표〉와 같다.

〈표〉 배점기준표

배점요소	배점기준	점수
미성년 자녀수	4명 이상	40
	3명	35
가구주 연령 · 무주택 기간	가구주 연령이 만 40세 이상이고, 무주택 기간 5년 이상	20
	가구주 연령이 만 40세 미만이고, 무주택 기간 5년 이상	15
	무주택 기간 5년 미만	10
당해 시 · 도 거주기간	10년 이상	20
	5년 이상 ~ 10년 미만	15
	1년 이상 ~ 5년 미만	10
	1년 미만	5

※ 다만 동점자인 경우 ① 미성년 자녀 수가 많은 자, ② 미성년 자녀 수가 같을 경우, 가구주의 연령이 많은 자 순으로 선정한다.

① 만 7세 이상 만 17세 미만인 자녀 4명을 두고, 인천에서 8년 거주하고 있으며, 14년 동안 무주택자인 만 45세의 가구주
② 만 19세와 만 15세의 자녀를 두고, 대전광역시에서 10년 이상 거주하고 있으며, 7년 동안 무주택자인 만 40세의 가구주
③ 각각 만 1세, 만 3세, 만 7세, 만 10세인 자녀를 두고, 서울에서 4년 거주하고 있으며, 15년 동안 무주택자인 만 37세의 가구주
④ 각각 만 6세, 만 8세, 만 12세, 만 21세인 자녀를 두고, 서울에서 9년 거주하고 있으며, 20년 동안 무주택자인 만 47세의 가구주
⑤ 만 7세 이상 만 11세 미만인 자녀 3명을 두고, 경기도 하남시에서 15년 거주하고 있으며, 10년 동안 무주택자인 만 45세의 가구주

해설

문제 분석

- 신청자격
  사전예약 입주자 모집 공고일 현재
  1) 미성년(만 20세 미만)인 자녀를 3명 이상 둔
  2) 서울, 인천, 경기도 등 수도권 지역에 거주하는
  3) 무주택 가구주
- 〈표〉 배점기준표에 의한 점수 순에 따라 당첨자 선정
- 자녀가 만 6세 미만 영유아일 경우, 2명 이상은 10점, 1명은 5점의 가산점
- 총점은 가산점을 포함하여 90점 만점

문제풀이 실마리

조건이 꽤 복잡한 문제이다. 이런 경우 조건별 처리를 할지, 사례별(선지별) 처리를 할지 고민해 보아야 한다.

먼저 신청자격을 검토해 보면, 미성년 자녀수가 2명이고, 수도권 지역에 거주하지 않는 선지 ②는 신청자격 1), 2)를 충족시키지 못하므로 제거할 수 있다.

남은 선지를 대상으로 배점기준표에 따라 점수를 부여해 보면 다음과 같다. 특히 가산점을 놓치지 않도록 주의한다.

	미성년 자녀수	점수	연령& 무주택기간	점수	거주 기간	점수	가점	총점
①	4명	40	45세&14년	20	8년	15		75
③	4명	40	37세&15년	15	4년	10	10	75
④	3명	35	47세&20년	20	9년	15		70
⑤	3명	35	45세&10년	20	15년	20		75

①, ③, ⑤가 75점으로 동점인데, 이 경우 각주에 따라 동점자인 경우 (1) 미성년 자녀 수가 많은 자, (2) 미성년 자녀 수가 같을 경우, 가구주의 연령이 많은 자 순으로 선정한다.

(1) 미성년 자녀 수가 많은 자 → 선지 ①, ③이 미성년 자녀 수가 4명으로 동일하다.
(2) 미성년 자녀 수가 같을 경우, 가구주의 연령이 많은 자 순으로 선정한다 → 각각 가구주의 연령이 ① 45세, ③ 37세이므로 최종적으로 선지 ①이 선정된다.

빠른 문제풀이 Tip

- 상대적 계산 스킬(차이, 비)을 사용하는 것이 가능한 문제이다.
- 감점으로 접근하는 점수 계산 스킬을 사용할 수 있는 문제이다.
- 가산점 등 예외적인 조건, 특히 단서 조건 등을 놓치면 틀릴 수밖에 없는 문제이다.
- 동점자 처리 규칙이 있는 경우 이를 잘 활용하여 정답을 도출해야 한다.

[정답] ①

03 다음 글을 근거로 판단할 때, <표>에서 도시재생사업이 가장 먼저 실시되는 지역은? 14년 5급 A책형 9번

제00조 이 법에서 사용하는 용어의 뜻은 다음과 같다.
1. 도시재생이란 인구의 감소, 산업구조의 변화, 주거환경의 노후화 등으로 쇠퇴하는 도시를 지역역량의 강화, 지역자원의 활용을 통하여 경제적 · 사회적 · 물리적 · 환경적으로 활성화시키는 것을 말한다.
2. 도시재생활성화지역이란 국가와 지방자치단체의 자원과 역량을 집중함으로써 도시재생사업의 효과를 극대화하려는 전략적 대상지역을 말한다.

제00조 ① 도시재생활성화지역을 지정하려는 경우에는 다음 각 호 요건 중 2개 이상을 갖추어야 한다.
1. 인구가 감소하는 지역: 다음 각 목의 어느 하나에 해당하는 지역
   가. 최근 30년간 인구가 가장 많았던 시기 대비 현재 인구가 20% 이상 감소
   나. 최근 5년간 3년 이상 연속으로 인구가 감소
2. 총 사업체 수가 감소하는 지역: 다음 각 목의 어느 하나에 해당하는 지역
   가. 최근 10년간 사업체 수가 가장 많았던 시기 대비 현재 사업체 수가 5% 이상 감소
   나. 최근 5년간 3년 이상 연속으로 사업체 수가 감소
3. 전체 건축물 중 준공된 후 20년 이상된 건축물이 차지하는 비율이 50% 이상인 지역

제00조 도시재생활성화지역으로 가능한 곳이 복수일 경우, 전 조 제1항 제1호의 인구기준을 우선시하여 도시재생사업을 순차적으로 진행한다. 다만 인구기준의 하위 두 항목은 동등하게 고려하며, 최근 30년간 최다 인구 대비 현재 인구비율이 낮을수록, 최근 5년간 인구의 연속 감소 기간이 길수록 그 지역의 사업을 우선적으로 실시한다.

〈표〉 도시재생활성화 후보지역

구분		A지역	B지역	C지역	D지역	E지역
인구	최근 30년간 최다 인구 대비 현재 인구 비율	68%	82%	87%	92%	77%
	최근 5년간 인구의 연속 감소 기간	5년	4년	2년	4년	2년
사업체	최근 10년간 최다 사업체 수 대비 현재 사업체 수 비율	92%	89%	96%	97%	96%
	최근 5년간 사업체 수의 연속 감소 기간	3년	5년	2년	2년	2년
전체 건축물 수 대비 20년 이상된 건축물 비율		62%	55%	46%	58%	32%

① A지역
② B지역
③ C지역
④ D지역
⑤ E지역

해설

문제 분석

두 번째 조문 제1항을 정리해 보면 다음과 같다. 요건 1~3 중에서 2개 이상을 갖추어야 한다. 요건 1과 2 모두 ⓐ, ⓑ 중 어느 하나에 해당하면 된다.

요건 1-ⓐ 최근 30년간 인구가 가장 많았던 시기 대비 현재 인구가 20% 이상 감소 → 80% 이하

요건 1-ⓑ 최근 5년간 3년 이상 연속으로 인구가 감소 → 감소 기간 3년 이상

요건 2-ⓐ 최근 10년간 사업체 수가 가장 많았던 시기 대비 현재 사업체 수가 5% 이상 감소 → 95% 이하

요건 2-ⓑ 최근 5년간 3년 이상 연속으로 사업체 수가 감소 → 감소 기간 3년 이상

요건 3 전체 건축물 중 준공된 후 20년 이상된 건축물이 차지하는 비율이 50% 이상인 지역 → 50% 이상

문제풀이 실마리

세 가지 요건 중 두 개 이상의 요건을 갖추었는지 빠르고 정확하게 확인하면 해결되는 문제이다.

각 요건이 표의 각 행(가로 방향)과 대응되므로, 각 요건의 해당 여부를 확인하여 해당하는 경우 음영처리해서 나타내면 다음과 같다.

구분		A지역	B지역	C지역	D지역	E지역
인구	최근 30년간 최다 인구 대비 현재 인구 비율	68%	82%	87%	92%	77%
	최근 5년간 인구의 연속 감소 기간	5년	4년	2년	4년	2년
사업체	최근 10년간 최다 사업체 수 대비 현재 사업체 수 비율	92%	89%	96%	97%	96%
	최근 5년간 사업체 수의 연속 감소 기간	3년	5년	2년	2년	2년
전체 건축물 수 대비 20년 이상된 건축물 비율		62%	55%	46%	58%	32%

〈각 요건별 충족 여부〉

구분	A지역	B지역	C지역	D지역	E지역
요건 1	O	O		O	O
요건 2	O	O			
요건 3	O	O		O	
2개 이상 해당 여부	O	O		O	

따라서 두 번째 조문에 따를 때 기본적으로 A, B, D 지역이 도시재생활성화지역으로 가능한 곳이다. 세 번째 조문에 따를 때, 도시재생활성화지역으로 가능한 곳이 복수일 경우, 전조 제1항 제1호의 인구기준을 우선시하여 도시재생사업을 순차적으로 진행하되, ㉠ 인구기준의 하위 두 항목은 동등하게 고려하며, ㉡ 최근 30년간 최다 인구 대비 현재 인구 비율이 낮을수록, ㉢ 최근 5년간 인구의 연속 감소 기간이 길수록 그 지역의 사업을 우선적으로 실시한다.

구분		A지역	B지역	D지역
인구	최근 30년간 최다 인구 대비 현재 인구 비율	㉡ 68%	82%	92%
	최근 5년간 인구의 연속 감소 기간	㉢ 5년	4년	4년

㉡에 따를 때 A지역이 68%로 가장 낮고, ㉢에 따를 때 A지역이 5년으로 감소 기간이 가장 길다. 따라서 도시재생사업이 가장 먼저 실시되는 지역은 A지역이다.

빠른 문제풀이 Tip

- 마지막 조문을 이용해서 먼저 확인하면 보다 빠른 해결이 가능하다. 마지막 조문이 활용된다면, 도시재생활성화지역으로 가능한 곳이 복수일 경우 인구와 관련한 요건이 가장 우선시됨을 알 수 있다. 인구기준의 하위 두 항목은 동등하게 고려하되, 최근 30년간 최다 인구 대비 현재 인구비율이 낮을수록, 최근 5년간 인구의 연속 감소 기간이 길수록 그 지역의 사업을 우선적으로 실시하는데, 이 기준에 모두 해당하는 지역이 A지역이다. 따라서 만약 A지역이 두 번째 조문 제1항의 요건을 충족한다면 도시재생사업이 가장 먼저 실시되는 지역은 A지역이 된다. 이 경우 A지역의 요건 해당 여부를 먼저 검토하면 보다 빠르게 정답을 찾을 수 있다.
- '20% 이상 감소'했다는 표현은 반대로 80% 이하로 남아있다는 의미이다. 마찬가지로 '5% 이상 감소'했다는 표현은 반대로 95% 이하로 남아있다는 의미이다.

[정답] ①

04 다음 <귀농인 주택시설 개선사업 개요>와 <심사 기초 자료>를 근거로 판단할 때, 지원대상 가구만을 모두 고르면?

15년 5급 인책형 31번

〈귀농인 주택시설 개선사업 개요〉

□ 사업목적: 귀농인의 안정적인 정착을 도모하기 위해 일정 기준을 충족하는 귀농가구의 주택 개·보수 비용을 지원

□ 신청자격: △△군에 소재하는 귀농가구 중 거주기간이 신청마감일(2014. 4. 30.) 현재 전입일부터 6개월 이상이고, 가구주의 연령이 20세 이상 60세 이하인 가구

□ 심사기준 및 점수 산정방식

○ 신청마감일 기준으로 다음 심사기준별 점수를 합산한다.

○ 심사기준별 점수

(1) 거주기간: 10점(3년 이상), 8점(2년 이상 3년 미만), 6점(1년 이상 2년 미만), 4점(6개월 이상 1년 미만)

※ 거주기간은 전입일부터 기산한다.

(2) 가족 수: 10점(4명 이상), 8점(3명), 6점(2명), 4점(1명)

※ 가족 수에는 가구주가 포함된 것으로 본다.

(3) 영농규모: 10점(1.0 ha 이상), 8점(0.5 ha 이상 1.0 ha 미만), 6점(0.3 ha 이상 0.5 ha 미만), 4점(0.3 ha 미만)

(4) 주택노후도: 10점(20년 이상), 8점(15년 이상 20년 미만), 6점(10년 이상 15년 미만), 4점(5년 이상 10년 미만)

(5) 사업시급성: 10점(매우 시급), 7점(시급), 4점(보통)

□ 지원내용

○ 예산액: 5,000,000원

○ 지원액: 가구당 2,500,000원

○ 지원대상: 심사기준별 점수의 총점이 높은 순으로 2가구. 총점이 동점일 경우 가구주의 연령이 높은 가구를 지원. 단, 하나의 읍·면당 1가구만 지원 가능

〈심사 기초 자료〉

(2014. 4. 30. 현재)

귀농가구	가구주 연령(세)	주소지(△△군 소재 읍·면)	전입일	가족 수(명)	영농 규모(ha)	주택 노후도(년)	사업 시급성
甲	49	A	2010. 12. 30.	1	0.2	17	매우 시급
乙	48	B	2013. 5. 30.	3	1.0	13	매우 시급
丙	56	B	2012. 7. 30.	2	0.6	23	매우 시급
丁	60	C	2013. 12. 30.	4	0.4	13	시급
戊	33	D	2011. 9. 30.	2	1.2	19	보통

① 甲, 乙

② 甲, 丙

③ 乙, 丙

④ 乙, 丁

⑤ 丙, 戊

해설

문제 분석

• 신청자격을 갖춘 가구에 심사기준별 점수를 부여한 후 합산한다.

• 심사기준별 점수의 총점이 높은 순으로 2가구를 지원한다.

• 총점이 동점일 경우 가구주의 연령이 높은 가구를 지원한다. 단, 하나의 읍·면당 1가구만 지원 가능하다.

문제풀이 실마리

귀농인 주택시설의 개·보수 비용을 지원하는 개선사업의 신청자격, 심사기준 및 산정방식, 지원대상을 판단하는 규칙이 다소 복잡하다. 이를 정확하게 이해한 후 〈심사 기초 자료〉에 정확히 적용할 수 있어야 한다.

먼저 신청자격에 따를 때, 신청마감일 현재 전입일로부터 거주기간이 6개월 이상이어야 하는데, 거주기간이 6개월 미만인 丁은 제외된다. 丁을 제외하고 심사기준 및 점수 산정방식에 따라 각 가구별 점수를 부여해 보면 다음 표와 같다.

귀농가구	가구주 연령(세)	주소지(△△군 소재 읍·면)	전입일	가족 수(명)	영농 규모(ha)	주택 노후도(년)	사업 시급성	총점
甲	49	A	2010. 12. 30.	1	0.2	17	매우 시급	
			10	4	4	8	10	36
乙	48	B	2013. 5. 30.	3	1.0	13	매우 시급	
			4	8	10	6	10	38
丙	56	B	2012. 7. 30.	2	0.6	23	매우 시급	
			6	6	8	10	10	40
丁	60	C	2013. 12. 30.	4	0.4	13	시급	
戊	33	D	2011. 9. 30.	2	1.2	19	보통	
			8	6	10	8	4	36

점수 순으로 지원대상 가구를 결정하면, 丙>乙>甲=戊 순이지만, 점수가 높은 순으로 첫 번째, 두 번째 귀농가구인 乙과 丙은 둘 다 주소지가 B이므로 하나의 읍·면당 1가구만 지원 가능하다는 조건에 의해, 丙만 지원을 받을 수 있다. 乙이 탈락한 자리에 한 가구를 더 지원할 수 있는데, 甲과 戊는 총점이 동점이기 때문에 가구주의 연령이 더 높은 甲 가구가 지원을 받게 된다. 따라서 최종적으로 甲가구와 丙가구가 지원을 받는다.

빠른 문제풀이 Tip

문제에 제시된 규칙은 활용된다는 점을 적용하면 모든 가구의 점수를 부여하지 않고도 정답을 찾아낼 수 있다.

[정답] ②

규칙의 이해

05 다음 글을 근거로 판단할 때, 하나의 단어를 표현하는 가장 긴 코드의 길이는? 21년 5급 가책형 10번

일반적으로 대화에는 약 18,000개의 단어가 사용된다. 항공우주연구소는 화성에 보낸 우주비행사와의 통신을 위해 아래의 〈원칙〉에 따라 단어를 코드로 바꾸어 교신하기로 하였다.

〈원칙〉

- 하나의 코드는 하나의 단어만을 나타낸다.
- 26개의 영어 알파벳 소문자를 사용하여 왼쪽에서부터 오른쪽으로 일렬로 나열한 코드를 만든다.
- 코드 중 가장 긴 것의 길이를 최소화한다.
- 18,000개의 단어를 표현할 수 있어야 한다.

〈단어 – 코드 변환의 예〉

코드	단어	코드	단어
a	우주비행사	aa	지구
b	우주정거장	ab	외계인
⋮	⋮	⋮	⋮

※ 코드의 길이는 코드에 표시된 글자의 수를 뜻한다.

① 1
② 2
③ 3
④ 4
⑤ 5

해설

문제 분석

- 하나의 코드가 하나의 단어와 1:1로 대응된다.
- 26개의 영어 알파벳 소문자를 사용하여 왼쪽에서부터 오른쪽으로 일렬로 나열한 코드를 만들되, 코드의 길이를 최대한 짧게 만든다.
- 이 규칙을 통해 18,000개의 단어를 표현할 수 있어야 한다.

문제풀이 실마리

- 총 18,000개의 단어를 표현하기 위해 1자리 코드, 2자리 코드, 3자리 코드, … 와 같은 방식으로 누적해 나간다.
- 〈단어 – 코드 변환의 예〉를 활용하여 단어를 코드로 변환하는 방법을 이모저모로 생각해 보아야 한다.

1자리 코드 = 26개
2자리 코드 = 26×26개 = 676개 (누적 702개)
3자리 코드 = 26×26×26개 = 17,576개 (누적 18,278개)

따라서 18,000개의 단어를 표현하기 위해서는 3자리 코드까지 필요하다.

빠른 문제풀이 Tip

- 십의 자리가 같을 때 계산법을 알고 있다면 보다 빠른 문제 해결이 가능하다.
- 1자리 코드부터 누적해서 만들 수 있다는 것을 파악하지 못했다면 틀릴 가능성이 매우 높은 문제이다.

[정답] ③

길쌤's Check

평소에 기출을 풀고 분석할 때 주어진 규칙 하나하나의 의미를 정확하게 파악해 두는 것이 좋다. 그래야 출제자의 의도를 파악하는 능력이 향상된다.

또한 주어진 규칙을 이해할 때는 예를 들어주는 부분까지도 정확하게 파악해야 한다. 특히 복잡한 규칙이 주어진 경우에 규칙을 원론적으로 설명하는 부분으로 이해하는 것보다는 예시로 이해하는 것이 보다 수월할 수 있다. 우리가 복잡한 조립을 해야한다고 하면 조립 설명서를 보는 것보다 유튜브 등을 통해 실제 조립하는 예를 볼 때 더 쉽게 이해가 되는 것과 비슷하다. 즉, 정석적인 설명보다는 직접 예를 들어 보이는 것이 더 쉽게 이해될 수 있다는 것이다.

06 다음 글을 근거로 판단할 때, 숫자코드가 될 수 있는 것은?

20년 민경채 가책형 9번

숫자코드를 만드는 규칙은 다음과 같다.

○ 그림과 같이 작은 정사각형 4개로 이루어진 큰 정사각형이 있고, 작은 정사각형의 꼭짓점마다 1~9의 번호가 지정되어 있다.

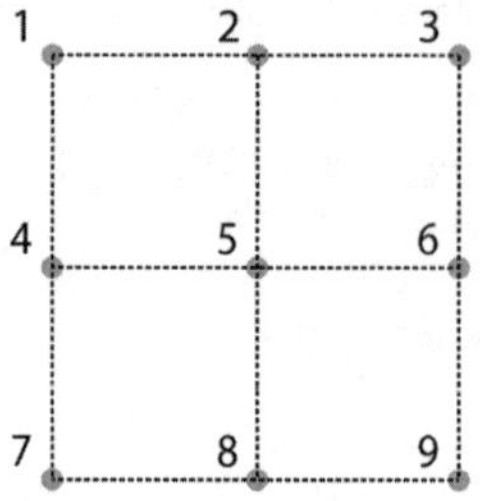

○ 펜을 이용해서 9개의 점 중 임의의 하나의 점에서 시작하여(이하 시작점이라 한다) 다른 점으로 직선을 그어 나간다.

○ 다른 점에 도달하면 펜을 종이 위에서 떼지 않고 또 다른 점으로 계속해서 직선을 그어 나간다. 단, 한번 그은 직선 위에 또 다른 직선을 겹쳐서 그을 수 없다.

○ 시작점을 포함하여 4개 이상의 점에 도달한 후 펜을 종이 위에서 뗄 수 있다. 단, 시작점과 동일한 점에서는 뗄 수 없다.

○ 펜을 종이에서 뗀 후, 그어진 직선이 지나는 점의 번호를 순서대로 모두 나열한 것이 숫자코드가 된다. 예를 들어 1번 점에서 시작하여 6번, 5번, 8번 순으로 직선을 그었다면 숫자코드는 1658이다.

① 596
② 15953
③ 53695
④ 642987
⑤ 9874126

해설

문제 분석

숫자코드를 만드는 방법은 다음과 같다. 순서대로 방법 1)~6)이라 한다.

1) 펜을 이용해서 9개의 점 중 임의의 하나의 점에서 시작하여(이하 시작점이라 한다) 다른 점으로 직선을 그어 나간다.
2) 다른 점에 도달하면 펜을 종이 위에서 떼지 않고 또 다른 점으로 계속해서 직선을 그어 나간다.
3) 한번 그은 직선 위에 또 다른 직선을 겹쳐서 그을 수 없다.
4) 시작점을 포함하여 4개 이상의 점에 도달한 후 펜을 종이 위에서 뗄 수 있다.
5) 시작점과 동일한 점에서는 뗄 수 없다.
6) 펜을 종이에서 뗀 후, 그어진 직선이 지나는 점의 번호를 순서대로 모두 나열한 것이 숫자코드가 된다.

문제풀이 실마리

각 선지가 숫자코드를 만드는 방법에 위배되지 않는지를 검토한다.

① (X) 596은 3개의 점에 도달한 후 펜을 종이에 뗀 것이므로 시작점을 포함하여 4개 이상의 점에 도달한 후 펜을 종이 위에서 뗄 수 있다는 방법 4)에 위배된다.

② (X) 15953은 5번 점에서 9번 점으로 선을 그은 후 다시 9번 점에서 5번 점으로 선을 그은 것이므로 한번 그은 직선 위에 또 다른 직선을 겹쳐서 그을 수 없다는 방법 3)의 단서규칙에 위배된다.

③ (X) 53695는 5번 점에서 시작하여 5번 점에서 펜을 종이 위에서 뗀 것이므로 시작점과 동일한 점에서는 뗄 수 없다는 방법 4)의 단서규칙에 위배된다.

④ (X) 642987은 6번 점에서 시작하여 4번 점으로 그어 나갈 때 반드시 5번 점을 지나게 되므로 펜을 종이에서 뗀 후, 그어진 직선이 지나는 점의 번호를 순서대로 모두 나열한 것이 숫자코드가 된다는 방법 5)에 위배된다.

⑤ (O) 9874126 순으로 직선을 그려보면 다음과 같다.

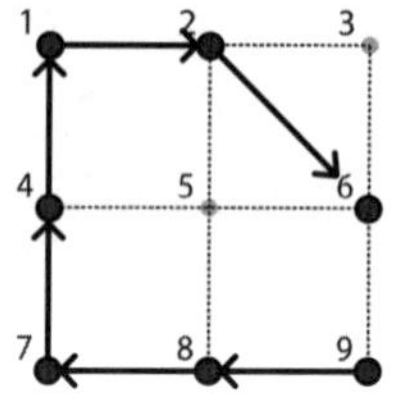

문제에 제시된 조건을 모두 충족하므로 9874126은 숫자코드가 될 수 있다.

빠른 문제풀이 Tip

규칙 설명 시 예를 들어 주는 부분을 정확하게 이해해야 한다.

[정답] ⑤

단서 조건의 활용

07 다음 <놀이 규칙>에 따라 甲과 乙이 주사위 놀이를 할 때 甲이 승리하는 경우는? 11년 5급 선책형 16번

〈놀이 규칙〉

○ 3개의 정육면체 주사위 중 주사위 A에는 0부터 5, 주사위 B에는 1부터 6, 주사위 C에는 2부터 7의 숫자가 각각 주사위의 여섯 면에 적혀있다.

○ 주사위 A에서 나오는 숫자 a, 주사위 B에서 나오는 숫자 b, 주사위 C에서 나오는 숫자 c를 자신의 기록지에 순서대로 아래와 같이 적는다. 그리고 ㉮자리와 ㉯자리에는 사칙연산 부호(+, −, ×, ÷) 중 하나씩을 甲과 乙이 각자 놀이에서 승리하기 위해 가장 유리한 대로 골라서 자신의 기록지에 적는다. 이때 甲과 乙은 상대방이 고른 부호를 고를 수 있지만, 한 사람이 같은 부호를 ㉮와 ㉯자리에 중복해서 쓸 수는 없다.

a ㉮ b ㉯ c = 점수

○ 점수는 a, b, c의 숫자 및 ㉮와 ㉯의 사칙연산 부호를 이용하여 계산하고, 사칙연산 시에는 일반적인 사칙연산의 계산 순서에 따라 ×, ÷를 +, − 보다 먼저 계산한다. 예를 들어 주사위를 던져 a=4, b=4, c=5가 나왔고 ㉮에는 +, ㉯에는 ×를 넣기로 하였다면 점수는 24점이 된다.

○ 승패의 결정은 점수가 더 높은 사람이 승리하는 것으로 한다. 다만 점수가 1점이 되면 상대가 아무리 높은 점수라 하더라도 1점이 되는 사람이 승리한다.

	甲			乙		
	a	b	c	a	b	c
①	1	4	7	5	1	5
②	5	6	5	0	3	3
③	3	6	3	5	4	2
④	3	3	3	1	6	2
⑤	4	5	7	2	2	2

해설

문제 분석

- 승패의 결정은 점수가 더 높은 사람이 승리하는 것으로 한다.
- 점수가 1점이 되면 상대가 아무리 높은 점수라 하더라도 1점이 되는 사람이 승리한다.
- ㉮자리와 ㉯자리에는 사칙연산 부호(+, −, ×, ÷) 중 하나씩을 甲과 乙이 각자 놀이에서 승리하기 위해 가장 유리한 대로 골라서 자신의 기록지에 적는다.
- 甲과 乙은 상대방이 고른 부호를 고를 수 있지만, 한 사람이 같은 부호를 ㉮와 ㉯자리에 중복해서 쓸 수는 없다.

문제풀이 실마리

- 발문에서 요구하는 것은 '甲이 승리하는 경우'이다.
- 단서조건에 따를 때 점수가 1점이 되면 상대가 아무리 높은 점수라 하더라도 1점이 되는 사람이 승리한다.
  → 甲을 1점으로 만들기 위해 노력해야 한다.

甲이 승리한 경우를 찾기 위해서 甲의 계산 결과를 1로 만들 수 있는 경우를 찾아 보아야 한다. 이때 乙이 어떤 부호를 고르는지는 고려하지 않아도 되지만, 같은 부호를 ㉮와 ㉯자리에 중복해서 쓸 수는 없다.

① (X) 5×1÷5=1이 가능하므로 乙이 승리한다.

② (X) 0+3÷3=1이 가능하므로 乙이 승리한다.

③ (O) 3−6÷3=1이 가능하므로 甲이 승리한다.

④ (X) 甲과 乙 모두 1이 가능한 경우가 없기 때문에 각자 점수를 더 높게 만들기 위해서 노력할 것이다.
甲은 3×3+3 또는 3+3×3=최대 12점이 되고, 乙은 1+6×2=최대 13점이 되므로 乙이 승리한다.

⑤ (X) 2−2÷2=1이 가능하므로 乙이 승리한다.

[정답] ③

길쌤's Check

규칙을 이해할 때는 주로 '단, 또는 다만' 등의 형식으로 주어지는 단서조건에 특히 유의해야 한다. 당연한 얘기지만, 조건을 빠뜨리고 해결에 반영하지 않는다면 어떻게 될까? 앞서 살펴본 계산 유형에서도 단서조건을 빠뜨리고 계산한다면 모든 조건을 반영해서 계산했을 때와 다른 결괏값이 도출될 것이다. 이처럼 조건을 빠뜨리고도 정확한 답을 도출하는 것이 이상한 일일 것이다.

물론 전 유형에서 단서조건을 중요하게 처리하여야 하나, 특히 규칙 유형에서 단서조건의 중요성이 더욱 높다. 아예 처음부터 단서조건을 가장 먼저 신경쓰면서 문제 해결을 할 때 더 빠른 해결이 가능해지기도 한다.

[08~09] 다음 글을 읽고 답하시오. 11년 5급 선책형 31-32번

서양음악의 기보는 오선지 위에 음표를 기재하는 방식으로 이루어진다. 오선지 상에서 각 음의 이름은 아래와 같으며, 동일한 음 간의 간격을 1도, 바로 인접한 음과의 간격을 2도라 하고 8도 떨어진 음을 '옥타브 위의 음'이라고 한다.

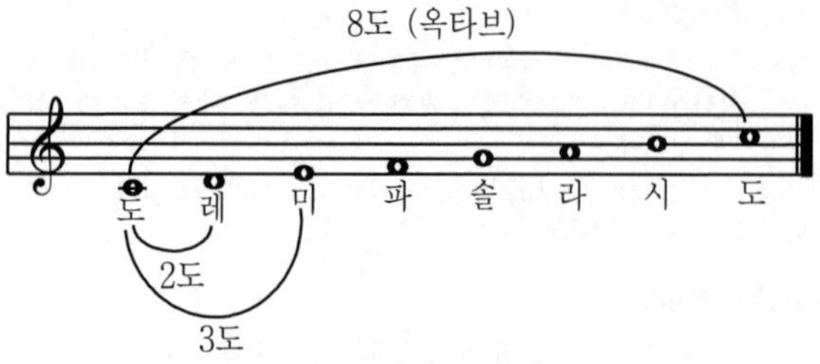

중세시대 성가들은 8개의 교회선법을 기초로 만들어졌다. 그 8개의 선법은 4개의 '정격선법'과 이와 짝을 이루는 4개의 '변격선법'으로 이루어져 있다. 4개의 정격선법에는 도리아, 프리지아, 리디아, 믹소리디아가 있고, 이들 선법은 서로 다른 하나의 '종지음'을 갖고 있다. '종지음'이라는 명칭의 유래는 어느 한 선법을 기초로 만들어진 성가는 반드시 그 선법의 종지음으로 끝난다는 특징에서 기인한다. 도리아-프리지아-리디아-믹소리디아 선법은 도리아 선법의 종지음인 '레'음에서 2도씩 순차적으로 높아지는 음을 종지음으로 갖는다. 각 정격선법은 그 종지음으로부터 옥타브 위까지의 8개 음으로 이루어지며, 이 8개의 음을 '음역'이라 한다.

정격선법과 짝을 이루는 변격선법의 이름은 정격선법 이름에 '히포'라는 접두어를 붙여 부른다. 예를 들면 도리아 선법의 변격선법은 히포도리아 선법이 된다. 각 변격선법은 상응하는 정격선법과 같은 종지음을 갖지만 그 음역은 종지음으로부터 아래로는 4도, 위로는 5도까지 펼쳐져 있다.

교회선법에는 종지음 외에 특별히 강조되는 음이 하나 더 있는데 이 음을 '중심음'이라고 한다. 원칙적으로는 정격선법의 중심음은 종지음으로부터 5도 위의 음이다. 다만 프리지아 선법에서처럼 종지음으로부터 5도 위의 음이 '시'음이 될 때에는 그 위의 '도'음이 중심음이 된다. 변격선법에서는 짝을 이루는 정격선법의 중심음으로부터 3도 아래의 음이 그 변격선법의 중심음이 되는데, 역시 이때도 3도 아래의 음이 '시'음일 경우는 바로 위의 '도'음이 중심음이 된다.

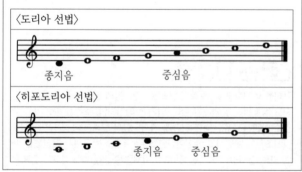

〈교회선법의 예시〉

〈도리아 선법〉

〈히포도리아 선법〉

08 아래 선법의 명칭은?

① 리디아 ② 프리지아
③ 히포리디아 ④ 히포프리지아
⑤ 히포믹소리디아

09 위 글을 근거로 판단할 때 옳지 않은 것을 <보기>에서 모두 고르면?

〈보 기〉

ㄱ. 짝을 이루는 정격선법과 변격선법의 경우, 음역은 다르나 동일한 중심음을 갖는다.
ㄴ. 어떠한 성가가 '솔'음으로 끝났다면 이 성가는 믹소리디아 선법 또는 히포믹소리디아 선법에 기초하여 만들어진 것이다.
ㄷ. 도리아 선법과 히포믹소리디아 선법의 음역은 동일하다.
ㄹ. 프리지아 선법과 리디아 선법의 중심음은 동일하다.

① ㄱ ② ㄹ
③ ㄱ, ㄴ ④ ㄴ, ㄷ
⑤ ㄱ, ㄷ, ㄹ

해설

문제 분석

- 8개의 교회선법: 4개의 '정격선법'과 이와 짝을 이루는 4개의 '변격선법'
- 4개의 정격선법: 도리아, 프리지아, 리디아, 믹소리디아
- 4개의 변격선법: 짝을 이루는 변격선법의 이름은 정격선법 이름에 '히포'라는 접두어를 붙여 부른다.
- 종지음, 음역, 중심의 정리

종지음 (끝나는 음)	정격선법	도리아 선법의 종지음인 '레'음에서 2도씩 순차적으로 높아지는 음을 종지음으로 갖는다.
	변격선법	상응하는 정격선법과 같은 종지음을 갖는다.
음역	정격선법	종지음으로부터 옥타브 위까지의 8개 음
	변격선법	종지음으로부터 아래로는 4도, 위로는 5도의 음
중심음	정격선법	종지음으로부터 5도 위의 음
	변격선법	짝을 이루는 정격선법의 중심음으로부터 3도 아래의 음
	정격선법과 변격선법 모두 중심음이 '시'음이 될 때에는 그 위의 '도'음이 중심음이 된다.	

문제풀이 실마리

개념을 이해 · 응용 · 적용할 수 있는지 묻는다. 정격선법과 변격선법의 종지음, 음역, 중심음의 개념을 정확하게 이해한 후, 이를 응용 · 적용해야 한다.

08

종지음	종지음이 '미'음이므로 프리지아 또는 히포프리지아에 해당한다.
음역	종지음을 중심으로 아래로 4도, 위로 5도의 음역을 가지므로 변격선법에 해당한다.
중심음	중심음이 '라'음이면 도리아, 히포프리지아 또는 히포리디아에 해당한다.

종합해 보면, '④ 히포프리지아'에 해당한다.

빠른 문제풀이 Tip

- 〈교회선법의 예시〉를 잘 활용하면 보다 빠른 해결이 가능하다. 음역을 확인할 때 본문에 제시된 〈교회선법의 예시〉를 보면, 종지음을 기준으로 양 옆으로 음표가 그려져 있으므로 정격선법이 아니라 변격선법에 해당해야 한다.
  중심음을 확인할 때, 원칙적으로는 정격선법의 중심음은 종지음으로부터 5도 위의 음이다. 5도 위의 음이 '시'음인 경우에는 그 위의 '도'음이 중심음이 되는 경우도 있으므로 이때는 6도 위의 음이 중심음이 된다. 문제의 그림에서 종지음과 중심음 간의 간격을 보면 5도 차이 이상이 아니라 4도 차이가 나므로 정격선법이 아니라 변격선법에 해당해야 한다.
- 동일한 음 간의 간격이 1도라 하고, 바로 인접한 음과의 간격을 2도라 한다. 즉 오선지에서 서로 한 칸 차이나는 두 음의 간격은 2도가 된다는 점에 주의하자.
- 제시문의 내용이 다소 복잡한 문제이다. 본문 내용을 정리할 때 시각적 처리를 적절하게 하는 것이 필요하다.

[정답] ④

09

ㄱ. (X) 세 번째 문단에서 보면, 짝을 이루는 정격선법과 변격선법의 경우 종지음은 같다. 네 번째 문단에서 보면, 정격선법의 중심음은 원칙적으로 종지음으로부터 5도 위의 음인데, 변격선법의 종지음은 짝을 이루는 정격선법의 종지음을 기준으로 3도 아래의 음이므로, 정격선법과 변격선법의 중심음이 동일할 수 없다.
음역의 경우도 정격선법의 음역은 종지음으로부터 옥타브 위까지의 8개 음으로 이루어지지만, 변격선법의 음역은 종지음으로부터 아래로는 4도, 위로는 5도까지 펼쳐져 있다.
따라서 짝을 이루는 정격선법과 변격선법의 경우는 종지음만 같을 뿐 중심음과 음역은 다르다.

	종지음	음역	중심음
도리아	레	레～레	라
히포도리아		라～라	파
프리지아	미	미～미	시 → 도
히포프리지아		시～시	라
리디아	파	파～파	도
히포리디아		도～도	라
믹소리디아	솔	솔～솔	레
히포믹소리디아		레～레	시 → 도

ㄴ. (O) 어떠한 성가가 '솔'음으로 끝났다면 해당 성가의 종지음이 '솔'이라는 것이고, 종지음이 '솔'인 경우는 믹소리디아 선법 또는 히포믹소리디아 선법에 기초하여 만들어진 성가이다.

ㄷ. (O) 도리아 선법은 정격선법이므로 종지음인 '레'음에서 시작해서 옥타브 위까지의 8개 음으로 음역이 이루어지므로, 음역은 '레～레'이다. 히포믹소리디아 선법은 변격선법이므로 종지음인 '솔'음을 기준으로 음역이 아래로는 4도, 위로는 5도까지 펼쳐져 있으므로, 음역은 '레～레'이다. 따라서 도리아 선법과 히포믹소리디아 선법 둘 다 음역이 '레～레'로 동일하다.

ㄹ. (O) 프리지아 선법의 종지음은 '미'음이고, 중심음은 종지음으로부터 5도 위의 음인데, 이 음이 '시'음이므로 단서조건에 따라 '도'음이 중심음이 된다. 리디아 선법의 종지음은 '파'음이고 마찬가지로 중심음은 종지음으로부터 5도 위의 음이 되므로 '도'음이 중심음이 된다. 따라서 프리지아 선법과 리디아 선법 둘 다 중심음이 '도'로 동일하다.

빠른 문제풀이 Tip

- 단서조건에 따라 변화되는 부분에 주의하자.
- 보기 ㄹ을 해결할 때 프리지아 선법과 리디아 선법은 둘 다 정격선법이므로 중심음은 종지음으로부터 5도 위의 음이 된다. 종지음은 리디아 선법이 프리지아 선법보다 2도 위의 음인데, 프리지아 선법의 경우 단서조건에 따라 중심음이 2도 높아지게 된다. 따라서 두 선법의 중심음은 동일하게 된다.

[정답] ①

발문의 활용: 묻는 바만 해결하기

10 다음 글과 <조건>을 근거로 판단할 때, A 매립지에서 8월에 쓰레기를 매립할 셀은? 17년 5급 가책형 33번

A 매립지는 셀 방식으로 쓰레기를 매립하고 있다. 셀 방식은 전체 매립부지를 일정한 넓이의 셀로 나누어서 각 셀마다 쓰레기를 매립한다. 이 방식에 따르면 쓰레기를 매립할 셀을 지정해서 개방한 후, 해당 셀이 포화되면 순차적으로 다른 셀을 개방한다. 이는 쓰레기를 무차별적으로 매립하는 것을 방지하고 매립과정을 쉽게 감시하기 위한 것이다.

〈조 건〉

○ A 매립지는 4×4 셀로 구성되어 있다.
○ 각 행에는 1, 2, 3, 4 중 서로 다른 숫자 1개가 각 셀에 지정된다.
○ A 매립지는 효율적인 관리를 위해 한 개 이상의 셀로 이루어진 구획을 설정하고, 조감도에 두꺼운 테두리로 표현한다.
○ 두 개 이상의 셀로 구성되는 구획에는 각 구획을 구성하는 셀에 지정된 숫자들을 모두 곱한 값이 다음 예와 같이 표현되어 있다.

예)

(24*)		

'(24*)'는 구획을 구성하는 셀에 지정된 숫자를 모두 곱하면 24가 된다는 의미이다. 1, 2, 3, 4 중 서로 다른 숫자를 곱하여 24가 되는 3개의 숫자는 2, 3, 4밖에 없으므로 위의 셀 안에는 2, 3, 4가 각각 하나씩 들어가야 한다.

○ A 매립지는 하나의 셀이 한 달마다 포화되고, 개방되는 셀은 행의 순서와 셀에 지정된 숫자에 의해 결정된다. 즉 1월에는 1행의 1이 쓰인 셀, 2월에는 2행의 1이 쓰인 셀, 3월에는 3행의 1이 쓰인 셀, 4월에는 4행의 1이 쓰인 셀에 매립이 이루어진다. 5월에는 1행의 2가 쓰인 셀, 6월에는 2행의 2가 쓰인 셀에 쓰레기가 매립되며, 이와 같은 방식으로 12월까지 매립이 이루어지게 된다.

〈A 매립지 조감도〉

(24*)	3	㉤	(3*) 1
(4*) ㉣	1	(12*) 4	3
1	㉢	3	(8*) 4
3	(4*) 4	㉡	㉠

① ㉠
② ㉡
③ ㉢
④ ㉣
⑤ ㉤

해설

문제 분석

- A 매립지는 4×4=총 16개의 셀로 이루어져 있다.
- 한 개 이상의 셀로 이루어진 구획을 설정하고, 두꺼운 테두리로 표현한다.
- 구획에는 각 구획을 구성하는 셀에 지정된 숫자들을 모두 곱한 값이 표현된다.
- 8월에는 4행의 2가 쓰인 셀에 쓰레기가 매립된다.

문제풀이 실마리

모든 셀을 다 확인하는 것보다 문제에서 묻는 것에 초점을 맞추어서 확인한다면 보다 빠른 해결이 가능하다.

네 번째 동그라미에 의하면, 두 개 이상의 셀로 구성되는 구획에는 각 구획을 구성하는 셀에 지정된 숫자들을 모두 곱한 값이 표현되어 있으므로, 숫자가 비어있는 셀의 숫자를 채워보면 다음과 같다.

(24*) 2 or 4	3	ⓜ 4 or 2	(3*) 1
(4*) ⓡ 2	1	(12*) 4	3
1	ⓒ 2	3	(8*) 4
3	(4*) 4	ⓛ 1	ⓖ 2

다섯 번째 동그라미에 따라 각 행마다 쓰레기가 매립되는 월과 각 월마다 쓰레기가 매립되는 셀 중 확정적으로 알 수 있는 것만 확인해보면 다음과 같다.

(1행) 1월, 5월, 9월	2 or 4	3 9월	ⓜ 4 or 2	1 1월
(2행) 2월, 6월, 10월	ⓡ 2 6월	1 2월	4	3 10월
(3행) 3월, 7월, 11월	1 3월	ⓒ 2 7월	3 11월	4
(4행) 4월, 8월, 12월	3 12월	4	ⓛ 1 4월	ⓖ 2 8월

ⓖ 4와 곱하여 8이 되어야 하므로 2가 들어간다.

ⓛ 4와 곱해서 4가 되어야 하므로 1이 들어간다.

ⓒ 3행에 1, 3, 4가 있고 빠진 숫자는 2이므로 2가 들어간다.

ⓡ 1과 2와 곱하여 4가 되어야 하므로 2가 들어간다. 또는 4행에 빠진 숫자는 2이기 때문에 2가 들어간다.

ⓜ 또는 2가 들어가야 하는데 확정할 수는 없다.

따라서 8월에 쓰레기가 매립되는 셀은 ㉠이고, 정답은 ①이다.

빠른 문제풀이 Tip

- 발문에서 묻고 있는 것이 8월에 매립한 셀이기 때문에, '8월'에 포커스를 맞추고 문제를 해결해야 한다. 마지막 동그라미를 통해 4월의 2가 쓰인 셀에 8월의 쓰레기가 매립된다는 것을 확인하면 보다 빠르게 문제를 해결할 수 있다. 따라서 4행의 2가 쓰인 셀이 어디인지만 찾으면 되며, 이는 4행에 있는 ㉠셀과 ㉡셀 위주로 확인한다면 보다 빠른 해결이 가능하다.
- 문제의 길이만 보면 난도가 높을 것이라고 압도당하기 쉬운 문제이다. 그런데 막상 풀어보면 실제 난도는 높지 않다. 문제의 길이로 난도를 평가하는 것은 매우 부정확한 방법이다.

[정답] ①

길쌤's Check

규칙 유형에서는 특히나 문제에서 묻는 바만 해결해야 한다. 앞서 살펴본 계산 유형에서는 예를 들면,

甲이 정산 받는 여비의 총액은?
총일비, 총숙박비, 총식비는 각각 얼마인가?
선수 A와 B의 '합계점수'를 더하면?
갑이 2019년 2월 1일에 지불한 택시요금 총액으로 옳은 것은?

처럼 발문에서 묻는 바가 명확하게 드러난다. 따라서 문제에서 요구하는 것 외에 다른 것을 계산하는 일이 거의 없다. 그런데 규칙유형에서는 발문을 정확하게 읽지 않아서 문제에서 정답을 도출하기까지 요구하는 해결의 수준보다 더 많이 해결을 하는 경우를 자주 보게 된다. 올인원 1에서도 강조했듯이 문제 해결의 첫 단계로 발문을 정확히 읽어야 한다. 그래야 묻는 바만 최소한으로 해결해서 빠르고 정확하게 정답을 찾아낼 수 있다.

입증·반증사례

11 다음 글을 근거로 판단할 때, <보기>에서 옳은 것만을 모두 고르면?

18년 민경채 가책형 8번

소아기 예방접종 프로그램에 포함된 백신(A ~ C)은 지속적인 항체 반응을 위해서 2회 이상 접종이 필요하다.

최소 접종연령(첫 접종의 최소연령) 및 최소 접종간격을 지켰을 때 적절한 예방력이 생기며, 이러한 예방접종을 유효하다고 한다. 다만 최소 접종연령 및 최소 접종간격에서 4일 이내로 앞당겨서 일찍 접종을 한 경우에도 유효한 것으로 본다. 그러나 만약 5일 이상 앞당겨서 일찍 접종했다면 무효로 간주하고 최소 접종연령 및 최소 접종간격에 맞춰 다시 접종하여야 한다.

다음은 각 백신의 최소 접종연령 및 최소 접종간격을 나타낸 표이다.

종류	최소 접종연령	최소 접종간격			
		1, 2차 사이	2, 3차 사이	3, 4차 사이	4, 5차 사이
백신 A	12개월	12개월	−	−	−
백신 B	6주	4주	4주	6개월	−
백신 C	6주	4주	4주	6개월	6개월

다만 백신 B의 경우 만 4세 이후에 3차 접종을 유효하게 했다면, 4차 접종은 생략한다.

〈보 기〉

ㄱ. 만 2세가 되기 전에 백신 A의 예방접종을 2회 모두 유효하게 실시할 수 있다.

ㄴ. 생후 45개월에 백신 B를 1차 접종했다면, 4차 접종은 반드시 생략한다.

ㄷ. 생후 40일에 백신 C를 1차 접종했다면, 생후 60일에 한 2차 접종은 유효하다.

① ㄱ ② ㄴ ③ ㄷ
④ ㄱ, ㄴ ⑤ ㄱ, ㄷ

해설

문제 분석

- 백신(A ~ C)은 2회 이상 접종이 필요하다.
- 최소 접종연령(첫 접종의 최소연령) 및 최소 접종간격을 지켰을 때의 예방접종을 유효하다고 한다.
- 다만 최소 접종연령 및 최소 접종간격에서 4일 이내로 앞당겨서 일찍 접종을 한 경우에도 유효한 것으로 본다.
- 다만 백신 B의 경우 만 4세 이후에 3차 접종을 유효하게 했다면, 4차 접종은 생략한다.

문제풀이 실마리

- 해당 〈보기〉의 정오를 판단하기 위해 적절한 입증사례와 반증사례를 들어 파악한다.
- 최소 접종연령 및 최소 접종간격 또는 4차 접종에 관한 예외적인 단서가 있으므로 이를 놓치지 않도록 유의한다.

ㄱ. (O) 백신 A는 최소 접종연령이 12개월이고, 1차 접종을 한 이후 2차 접종까지는 최소 접종간격 12개월이 지켜져야 한다. 이를 정확히 지켰다면 만 2세가 되는 시점에 백신 A의 2회 예방접종이 있었을 것이다. 그런데 최소 접종연령 및 최소 접종간격에서 4일 이내로 앞당기는 것도 유효하나는 예외적인 단서가 있으므로 하루 이틀이라도 앞당겨서 접종을 했다면 만 2세가 되기 전에 백신 A의 예방접종을 2회 모두 유효하게 실시할 수 있음을 알 수 있다.
예를 들어 만 12개월일 때 최초 접종을 하고, 최소 접종간격이 12개월이 되기 4일 이내에 2차 접종을 하면 만 2세, 즉 만 24개월 전에 백신 A의 예방접종을 2회 모두 유효하게 실시할 수 있다.

ㄴ. (X) '반드시'라는 표현이 있으므로 반례를 찾아본다. 백신 B의 4차 접종을 반드시 생략한다는 의미는 백신 B의 3차 접종이 만 4세 이후에 있었다는 것을 의미한다. 생후 45개월에 백신 B를 접종했다면 1차와 2차 접종 사이에, 그리고 2차와 3차 접종 사이에 모두 4주의 최소 접종간격이 지켜져야 하므로, 3차 접종은 45개월인 시점을 기준으로 4주+4주=8주 뒤에 접종을 하게 된다. 그런데 45개월에서 8주가 지난 시점은 아직 만 4세(48개월)가 되기 전이므로, 4차 접종을 반드시 생략하는 것은 아님을 알 수 있다. 따라서 4차 접종을 생략할 수 없는 경우가 존재한다.

ㄷ. (X) 생후 40일에 백신 C를 1차 접종한 후, 생후 60일에 2차 접종을 하였다면 1차 접종 후 20일 만에 2차 접종을 한 셈이다. 1차 접종과 2차 접종 간에는 4주(28일)의 최소 접종간격이 필요한데, 생후 40일과 생후 60일의 간격은 20일뿐이다. 이는 원래 지켜졌어야 할 최소 접종간격인 4주, 즉 28일에서 5일 이상 8일이나 앞당겨진 것이므로, 제시된 조건에 따라 5일 이상 앞당겨서 일찍 접종했다면 생후 60일에 한 2차 접종은 무효로 간주하고 최소 접종연령 및 최소 접종간격에 맞춰 다시 접종해야 한다. 따라서 생후 40일에 백신 C를 1차 접종했다면, 생후 60일에 한 2차 접종은 유효하지 않음을 알 수 있다.

빠른 문제풀이 Tip

- 4주 ≠ 1개월(4주 < 1개월)이다.
- 단서조건 두 가지를 놓치지 않고 적용해야 한다.
- 입증사례 또는 반증사례를 적절하게 떠올릴 수 있어야 한다.
- '최소'의 의미를 정확하게 파악할 수 있어야 한다.
- 주어진 가정을 검증하지 않도록 주의하자.

[정답] ①

길쌤's Check

특히 '규칙 정오판단형'을 정확하게 해결하기 위해서는 이해한 규칙을 토대로 주어진 선지 또는 보기를 정오판단할 수 있는 입증사례 또는 반증사례를 적절하게 찾아낼 수 있어야 한다. 선지 또는 보기를 정오판단하기 위해서는 반증사례를 찾는 것이 일반적이나, 주장의 양이 적거나 주장의 강도가 낮아서 옳을 가능성이 높은 표현의 경우에는 입증사례를 찾아야 한다. 따라서 주장의 양이나 강도에 따라서 적절하게 판단하여 입증사례 또는 반증사례를 적절하게 떠올려야 한다.

12 다음 글을 근거로 판단할 때, <보기>에서 옳은 것만을 모두 고르면?

20년 5급 나책형 12번

A과에는 4급 과장 1명, 5급 사무관 3명, 6급 주무관 6명이 근무한다. A과의 내선번호는 253[?] 네 자리로 이루어져 있으며, 맨 뒷자리 번호는 0~9 중에서 하나씩 과원에게 배정된다.

맨 뒷자리 번호 배정규칙은 다음과 같다. 먼저 직급 순으로 배정한다. 따라서 과장에게 0, 사무관에게 1~3, 주무관에게 4~9를 배정한다. 다음으로 동일 직급 내에서는 여성에게 앞 번호가 배정된다. 성별도 같은 경우, 나이가 많은 사람에게 앞 번호가 배정된다. 나이도 같은 경우에는 소속 팀명의 '가', '나', '다' 순으로 앞 번호가 배정된다.

〈A과 조직도〉

과장: 50세, 여성

가팀	나팀	다팀
사무관1: 48세, 여성	사무관2: 45세, 여성	사무관3: 45세, ( )
주무관1: 58세, 여성 주무관2: 39세, 남성	주무관3: ( ), ( ) 주무관4: 27세, 여성	주무관5: 44세, 남성 주무관6: 31세, 남성

〈보 기〉

ㄱ. 사무관3이 배정받는 내선번호는 그의 성별에 따라서 달라지지 않는다.
ㄴ. 여성이 총 5명이라면, 배정되는 내선번호가 확정되는 사람은 4명뿐이다.
ㄷ. 주무관3이 남성이고 31세 이상 39세 이하인 경우, 모든 과원의 내선번호를 확정할 수 있다.
ㄹ. 사무관3의 성별과 주무관3의 나이와 성별을 알게 된다면, 현재의 배정규칙으로 모든 과원의 내선번호를 확정할 수 있다.

① ㄱ, ㄴ
② ㄱ, ㄷ
③ ㄴ, ㄹ
④ ㄱ, ㄷ, ㄹ
⑤ ㄴ, ㄷ, ㄹ

해설

문제 분석

맨 뒷자리 번호 배정규칙
1) 직급 순으로 배정: 과장에게 0, 사무관에게 1~3, 주무관에게 4~9를 배정한다.
2) 동일 직급 내에서는 여성에게 앞 번호가 배정
3) 성별도 같은 경우, 나이가 많은 사람에게 앞 번호가 배정
4) 나이도 같은 경우에는 소속 팀명의 '가', '나', '다' 순으로 앞 번호가 배정

문제풀이 실마리

주어진 규칙에 따라서 각 보기를 해결할 수 있는 사례를 적절하게 떠올릴 수 있어야 한다.

ㄱ. (O) 규칙에 따라 사무관에게는 1~3의 숫자가 부여된다. 선지의 정오를 판별하기 위해서는 사무관3이 남성인지 여성인지 여부에 따라 내선번호에 변화가 있는지 여부를 확인하면 될 것이다. 먼저 사무관3이 남성인 경우라면 여성이 우선적으로 번호를 받는다는 규칙에 의해 최종 내선번호는 2533이 될 것이다. 반면, 사무관3이 여성인 경우에는 나이가 많은 사무관1에게 숫자 1이 배정되고 사무관2와 사무관3은 나이가 같기에 팀 번호가 빠른 사무관2에게 숫자 2가 배정될 것이다. 따라서 성별에 관계없이 사무관3의 내선번호는 2533으로 정해지므로 선지의 서술은 옳다.

ㄴ. (X) 여성이 총 5명이라면 사무관3과 주무관3 중 한 명만이 여성이 된다. 그런데 ㄱ 선지의 해결 과정에서 확인하였듯이 사무관1~3 및 과장은 이미 내선번호가 정해져 있다. 따라서 사무관3과 주무관3 중 여성이 누군지의 여부에 관계없이 이미 4명의 내선번호는 확정이 되어 있다. 아울러 주무관3이 남성이 된다면 주무관1과 주무관4가 나머지 주무관에 비해 앞 번호를 배정받게 될 것이고, 나이가 많은 주무관1이 4번, 주무관4가 5번을 배정받게 되는바 6명의 내선번호를 확정하게 된다. 주무관3이 여성이 되는 경우에는 주무관1, 주무관3, 주무관4가 4~6을 배정받고 주무관5가 7, 주무관2가 8, 주무관6이 9를 배정받게 되는바 6명이 내선번호를 확정하게 된다. 따라서 4명만 내선번호가 확정된다는 선지의 서술은 옳지 않다.

ㄷ. (O) 주무관3이 남성이고 31세 이상 39세 이하인 경우 주무관5가 남성 중 가장 연령이 많아 7, 주무관3이 8, 주무관6이 9를 배정받게 된다. 아울러 주무관 1, 2, 4의 경우도 나이 순서에 따라서 각각 4, 5, 6을 배정받게 되는바 모든 주무관들의 내선번호가 확정된다. ㄱ 선지에 대한 해설 과정에서 확인하였듯이 이미 과장과 사무관의 내선번호는 확정이 되어있기에 모든 과원의 내선번호를 확인할 수 있다는 선지의 서술은 옳다.

ㄹ. (X) 사무관3의 성별은 ㄱ에 대한 해설 과정에서 확인하였듯이 사무관3 내선번호에 영향을 주지 아니하므로 도움이 될 수 있는 정보가 아니다. 주무관3의 나이와 성별이 주어지는 경우에는 다른 팀의 주무관들의 경우 내선번호를 현재의 규칙으로도 확정지을 수 있을 것이다. 그런데 주무관3의 나이가 27세인 경우에는 주무관4와의 관계에서 어떻게 내선번호를 배분해야 할지에 대해서 확정할 수 없다. 현재 나이와 팀, 성별이 모두 같은 경우에는 내선번호 배분 규칙이 제시되어 있지 않기 때문이다. 따라서 선지의 서술은 옳지 않다.

[정답] ②

최대, 최소의 해결

13 다음 <복약설명서>에 따라 甲이 두 약을 복용할 때 옳은 것은?

17년 5급 가책형 7번

〈복약설명서〉

1. 약품명: 가나다정 2. 복용법 및 주의사항 – 식전 15분에 복용하는 것이 가장 좋으나 식전 30분부터 식사 직전까지 복용이 가능합니다. – 식사를 거르게 될 경우에 복용을 거릅니다. – 식이요법과 운동요법을 계속하고, 정기적으로 혈당(혈액 속에 섞여 있는 당분)을 측정해야 합니다. – 야뇨(夜尿)를 피하기 위해 최종 복용시간은 오후 6시까지로 합니다. – 저혈당을 예방하기 위해 사탕 등 혈당을 상승시킬 수 있는 것을 가지고 다닙니다.	1. 약품명: ABC정 2. 복용법 및 주의사항 – 매 식사 도중 또는 식사 직후에 복용합니다. – 복용을 잊은 경우 식사 후 1시간 이내에 생각이 났다면 즉시 약을 복용하도록 합니다. 식사 후 1시간이 초과되었다면 다음 식사에 다음 번 분량만을 복용합니다. – 씹지 말고 그대로 삼켜서 복용합니다. – 정기적인 혈액검사를 통해서 혈중 칼슘, 인의 농도를 확인해야 합니다.

① 식사를 거르게 될 경우 가나다정만 복용한다.
② 두 약을 복용하는 기간 동안 정기적으로 혈액검사를 할 필요는 없다.
③ 저녁식사 전 가나다정을 복용하려면 저녁식사는 늦어도 오후 6시 30분에는 시작해야 한다.
④ ABC정은 식사 중에 다른 음식과 함께 씹어 복용할 수 있다.
⑤ 식사를 30분 동안 한다고 할 때, 두 약의 복용시간은 최대 1시간 30분 차이가 날 수 있다.

해설

문제 분석

두 가지 종류 약품의 복용법 및 주의사항이 분절적인 정보로 제시되어 있다.

문제풀이 실마리

- 선지 ①, ②, ⑤는 가나다정과 ABC정 모두 확인해야 하고, 선지 ③은 가나다정, 선지 ④는 ABC정을 확인해야 하므로 이를 중점으로 규칙을 꼼꼼하게 확인한다.
- 선지의 정오판단을 하기 위해 필요한 정보를 정확히 처리한다. 이 문제는 텍스트형과 그 성질이 매우 유사하다. 즉, 제시된 복용 규칙을 하나하나 다 확인할 것이 아니라, 선지에서 묻는 내용 위주로 정확히 처리할 수 있어야 한다.

① (X) 식사를 거르게 될 경우에 가나다정도 복용을 걸러야 한다.

② (X) 가나다 정의 경우 정기적으로 혈당(혈액 속에 섞여 있는 당분)을 측정해야 하고, ABC정의 경우 정기적인 혈액검사를 통해서 혈중 칼슘, 인의 농도를 확인해야 한다.

③ (O) 복약설명서에 따를 때 야뇨(夜尿)를 피하기 위해 최종 복용시간은 오후 6시까지로 하고, 식전 15분에 복용하는 것이 가장 좋으나 식전 30분부터 식사 직전까지 복용이 가능하다. 즉, 가나다정의 복용시간은 6시까지 가능하고, 식사 시점까지와의 간격은 복용 직후부터 30분 후까지 가능하다. 따라서 6시에 가나다정을 복용한 후 식사 시점을 최대한 늦춘다면 6시 30분에는 늦어도 저녁식사를 시작해야 한다.

④ (X) 식사 도중에 복용 가능하지만, 씹지 말고 그대로 삼켜서 복용해야 한다.

⑤ (X) 가나다정은 식전 15분에 복용하는 것이 가장 좋으나 식전 30분부터 식사 직전까지 복용이 가능하다. ABC정은 매 식사 도중 또는 식사 직후에 복용할 수 있는데, 식사후 1시간 이내까지만 복용 가능하다. 따라서 두 약의 복용시간을 최대한으로 떨어뜨려 보면 다음과 같이 최대 2시간까지 차이가 날 수 있다.

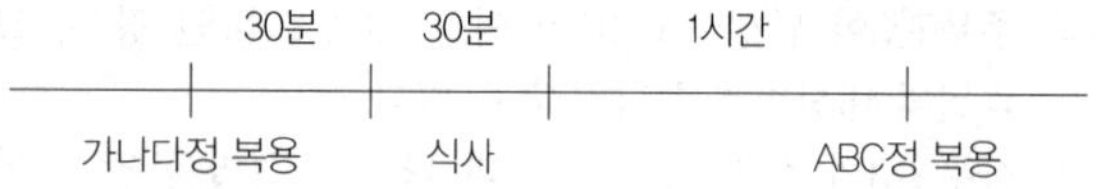

빠른 문제풀이 Tip

- 답을 구하기 위해 필요한 정보만 위주로 빠르게 확인할 수 있어야 한다.
- 약품명으로 가나다정과 ABC정 두 가지가 제시되어 있다. 정보를 어떻게 확인하는 것이 좋을지 고민해 보아야 한다.
- '늦어도'의 해석을 정확하게 할 수 있어야 한다.

[정답] ③

길쌤's Check

규칙형에서 선지 또는 보기를 해결하다보면 다음과 같이 '최대' 또는 '최소'의 표현이 등장하는 경우가 많다.

'A기관의 후기평가점수는 B기관의 후기평가점수보다 최소 3점 높다.'
'甲이 납부해야 할 주민세 최소 금액은 20만 원이다.'
'甲, 乙, 丙이 납부해야 할 주민세 금액의 합계는 최대 110만 원이다.'
'5명에게 A등급을 부여하면, 최대 8명의 학생에게 B+학점을 부여할 수 있다.'

앞서 입증, 반증 사례에서 살펴봤듯이 일반적으로 반박을 하는 것이 기본이기 때문에, 이러한 경우에 '최대'는 더 늘려서(키워서) 반박을 하고 반대로 '최소'는 더 줄여서 반박을 시도해야 한다. 예를 들어 '우리 반은 총 10명인데, 이 중 최대 5명이 합격할 것이다.'라는 진술이 있다고 가정해 볼 때, 이 진술은 합격한 사람이 5명을 초과할 수 있음을 보임으로써 반박에 성공할 수 있다.

14 다음 <규칙>을 근거로 판단할 때, <보기>에서 옳은 것만을 모두 고르면? 16년 5급 4책형 33번

〈규 칙〉

○ 직원이 50명인 A회사는 야유회에서 경품 추첨 행사를 한다.
○ 직원들은 1명당 3장의 응모용지를 받고, 1～100 중 원하는 수 하나씩을 응모용지별로 적어서 제출한다. 한 사람당 최대 3장까지 원하는 만큼 응모할 수 있고, 모든 응모용지에 동일한 수를 적을 수 있다.
○ 사장이 1～100 중 가장 좋아하는 수 하나를 고르면 해당 수를 응모한 사람이 당첨자로 결정된다. 해당 수를 응모한 사람이 없으면 사장은 당첨자가 나올 때까지 다른 수를 고른다.
○ 당첨 선물은 사과 총 100개이고, 당첨된 응모용지가 n장이면 당첨된 응모용지 1장당 사과를 $\frac{100}{n}$개씩 나누어 준다.
○ 만약 한 사람이 2장의 응모용지에 똑같은 수를 써서 당첨된다면 2장 몫의 사과를 받고, 3장일 경우는 3장 몫의 사과를 받는다.

〈보 기〉

ㄱ. 직원 甲과 乙이 함께 당첨된다면 甲은 최대 50개의 사과를 받는다.
ㄴ. 직원 중에 甲과 乙 두 명만이 사과를 받는다면 甲은 최소 25개의 사과를 받는다.
ㄷ. 당첨된 수를 응모한 직원이 甲밖에 없다면, 甲이 그 수를 1장 써서 응모하거나 3장 써서 응모하거나 같은 개수의 사과를 받는다.

① ㄱ
② ㄷ
③ ㄱ, ㄴ
④ ㄱ, ㄷ
⑤ ㄴ, ㄷ

해설

문제 분석

- 50명의 직원들은 1명당 3장의 응모용지를 받고, 한 사람당 최대 3장까지 원하는 만큼 응모할 수 있으므로 직원수 ≠ 응모용지수이다. 응모용지수는 최소 50장부터 최대 150장일 수 있다.
- 직원은 1～100 중 원하는 수 하나씩을 응모용지별로 적어서 제출하는데, 모든 응모용지에 동일한 수를 적을 수 있으므로, 숫자는 중복이 가능하다.
- 사장이 1～100 중 가장 좋아하는 수 하나를 고르면 해당 수를 응모한 사람이 당첨자로 결정된다. 해당 수를 응모한 사람이 없으면 사장은 당첨자가 나올 때까지 다른 수를 고르기 때문에, 당첨자는 반드시 결정된다.
- 당첨 선물은 사과 총 100개이고, 당첨된 응모용지가 n장이면 당첨된 응모용지 1장당 사과를 $\frac{100}{n}$개씩 나누어 준다. 만약 한 사람이 2장의 응모용지에 똑같은 수를 써서 당첨된다면 2장 몫의 사과를 받고, 3장일 경우는 3장 몫의 사과를 받기 때문에, 당첨은 직원수가 아닌 응모용지수에 따라서 사과가 분배된다.
- 결론적으로 한 사람이 모든 응모용지에 동일한 숫자를 적어서 당첨되었을 경우에 최대 3장의 응모용지에 해당하는 경품을 받을 수 있다.

문제풀이 실마리

- 최대 · 최소를 정확히 판단할 수 있어야 한다.
- 인원수, 응모용지수 등 개념을 정확이 파악하여 주어진 규칙을 정확히 이해하는 것이 관건인 문제이다.

ㄱ. (X) 직원 甲이 최대 개수의 사과를 받으려면,
1) 직원 甲과 乙 두 명만 당첨된 경우여야 한다.
2) 이때 甲과 乙의 응모용지 장수는 조건으로 주어지지 않았기 때문에 마음대로 가정할 수 있는데, 甲이 최대 사과를 받으려면 직원 甲은 3장의 응모용지가 당첨되고, 직원 乙은 1장의 응모용지가 당첨된 경우여야 한다.
이 경우에 직원 甲은 전체 사과 100개의 3/4을 받게 되므로 최대 75개의 사과를 받을 수 있다.

ㄴ. (O) 보기 ㄱ에서 살펴본 상황을 반대로 생각해 보면 된다. 보기 ㄱ에서 따져본 상황에서 직원 한 명이 최대를 가져갔다는 의미는 다른 한 명은 최소를 가져갔다는 의미이다.
따라서 직원 甲과 乙만 당첨된 상황에서 이번에는 직원 甲이 1장의 응모용지만 당첨되고, 직원 乙이 3장의 응모용지가 당첨된다면, 직원 甲은 전체 사과 100개의 1/4인 최소 25개의 사과를 받게 된다.

ㄷ. (O) 당첨된 수를 응모한 직원이 甲밖에 없다면, 甲이 1장을 써서 응모하거나 3장을 써서 응모하거나 모든 사과를 甲이 가져가게 된다. 즉, 당첨된 사람이 한 명뿐이라면 몇 장의 응모용지가 당첨되었는지와 무관하게 100개의 모든 사과를 그 당첨된 한 명이 모두 가져가게 된다.

빠른 문제풀이 Tip

- 어느 직원이 최대의 사과를 받기 위해서는 해당 직원이 당첨된 응모용지는 최대여야 한다. 당첨자 수는 최소여야 한다.
- 반대로 어느 직원이 최소의 사과를 받기 위해서는 해당 직원이 당첨된 응모용지는 최소여야하고, 당첨자 수는 최대여야 한다.

[정답] ⑤

해결 순서: 쉬운 것부터 해결하기

15 다음 글과 <상황>을 근거로 판단할 때, 甲~丁 가운데 근무계획이 승인될 수 있는 사람만을 모두 고르면? 20년 7급(모의) 7번

〈유연근무제〉

□ 개념
- ○ 주 40시간을 근무하되, 근무시간을 유연하게 관리하여 1주일에 5일 이하로 근무하는 제도

□ 복무관리
- ○ 점심 및 저녁시간 운영
  - 근무 시작과 종료 시각에 관계없이 점심시간은 12:00 ~13:00, 저녁시간은 18:00~19:00의 각 1시간으로 하고 근무시간으로는 산정하지 않음
- ○ 근무시간 제약
  - 근무일의 경우, 1일 최대 근무시간은 12시간으로 하고 최소 근무시간은 4시간으로 함
  - 하루 중 근무시간으로 인정하는 시간대는 06:00 ~24:00로 한정함

〈상 황〉

다음은 甲~丁이 제출한 근무계획을 정리한 것이며 위의 〈유연근무제〉에 부합하는 근무계획만 승인된다.

직원 \ 요일	월	화	수	목	금
甲	08:00 ~ 18:00	08:00 ~ 18:00	09:00 ~ 13:00	08:00 ~ 18:00	08:00 ~ 18:00
乙	08:00 ~ 22:00	08:00 ~ 22:00	–	08:00 ~ 22:00	08:00 ~ 12:00
丙	08:00 ~ 24:00	08:00 ~ 24:00	–	08:00 ~ 22:00	–
丁	06:00 ~ 16:00	08:00 ~ 22:00	–	09:00 ~ 21:00	09:00 ~ 18:00

① 乙
② 甲, 丙
③ 甲, 丁
④ 乙, 丙
⑤ 乙, 丁

해설

문제 분석
- 주 40시간을 근무하되, 근무시간을 유연하게 관리하여 1주일에 5일 이하로 근무하는 제도
  → 丁은 아래 복무관리에 따라 계산한 결과 총 근무시간이 주 39시간이어서 승인될 수 없다.
- 근무일의 경우, 1일 최대 근무시간은 12시간으로 하고 최소 근무시간은 4시간으로 함
  → 수요일에 3시간만 근무하게 되는 甲, 월요일과 화요일에 14시간을 근무하게 되는 丙은 승인될 수 없다.

甲. (X) 수요일의 근무계획이 09:00~13:00인데, 근무 시작과 종료 시각에 관계없이 점심시간은 12:00~13:00 각 1시간으로 하고 근무시간으로는 산정하지 않으므로 3시간만 근무하게 되는 셈이다. 근무일의 경우, 1일 최소 근무시간은 4시간으로 하므로 〈유연근무제〉에 부합하지 않고, 근무계획은 승인될 수 없다. 또한 甲의 총 근무시간을 계산하더라도 40시간에 못 미친다.

乙. (O) 〈유연근무제〉에 부합하고 근무계획은 승인된다.

丙. (X) 월요일과 화요일의 근무계획이 08:00~24:00인데, 근무 시작과 종료 시각에 관계없이 점심시간은 12:00~13:00, 저녁시간은 18:00~19:00의 각 1시간으로 하고 근무시간으로는 산정하지 않는다. 따라서 점심시간과 저녁시간을 제외하고 14시간을 근무하게 되는데, 근무일의 경우, 1일 최대 근무시간은 12시간으로 하므로, 〈유연근무제〉에 부합하지 않고, 근무계획은 승인될 수 없다.

丁. (X) 총 근무시간이 9+12+10+18=39시간으로 주 40시간을 근무해야 한다는 조건에 부합되지 않으므로, 근무계획은 승인될 수 없다.

06:00 ~ 16:00	08:00 ~ 22:00	–	09:00 ~ 21:00	09:00 ~ 18:00
점심시간 제외하고 9시간	점심시간, 저녁시간 제외하고 12시간		점심시간, 저녁시간 제외하고 10시간	점심시간 제외하고 8시간

빠른 문제풀이 Tip

甲~丁 중에 누구부터 처리하는가가 중요하다. 판단하기 편한 직원부터 해결한 후, 보기 조합을 고려하여 선지플레이를 한다면 보다 빠르고 정확한 해결이 가능하다.

[정답] ①

길쌤's Check

규칙형도 다른 유형과 마찬가지로 쉬운 것부터 해결하는 것이 좋다. 여러 규칙이 제시되었을 때 또는 규칙을 적용해야 하는 대상이 여러 개일 때 등 복수의 해결을 해야 하는 경우에 그 중에서 쉬운 것부터 해결할 때 빠른 문제해결이 가능해진다.

16 다음 규정에 근거할 때, 옳은 것을 <보기>에서 모두 고르면?

12년 5급 인책형 28번

> 제00조(공공기관의 구분) ① 기획재정부장관은 공공기관을 공기업·준정부기관과 기타공공기관으로 구분하여 지정한다. 직원 정원이 50인 이상인 공공기관은 공기업 또는 준정부기관으로, 그 외에는 기타공공기관으로 지정한다.
> ② 기획재정부장관은 제1항의 규정에 따라 공기업과 준정부기관을 지정하는 경우 자체수입액이 총수입액의 2분의 1 이상인 기관은 공기업으로, 그 외에는 준정부기관으로 지정한다.
> ③ 기획재정부장관은 제1항 및 제2항의 규정에 따른 공기업을 다음 각 호의 구분에 따라 세분하여 지정한다.
> 1. 시장형 공기업: 자산규모가 2조 원 이상이고, 총 수입액 중 자체수입액이 100분의 85 이상인 공기업
> 2. 준시장형 공기업: 시장형 공기업이 아닌 공기업

〈공공기관 현황〉

공공기관	직원 정원	자산규모	자체수입비율
A	80명	3조 원	85%
B	40명	1.5조 원	60%
C	60명	1조 원	45%
D	55명	2.5조 원	40%

※ 자체수입비율: 총 수입액 대비 자체수입액 비율

〈보 기〉

ㄱ. 기관 A는 시장형 공기업이다.
ㄴ. 기관 B는 준시장형 공기업이다.
ㄷ. 기관 C는 기타공공기관이다.
ㄹ. 기관 D는 준정부기관이다.

① ㄱ, ㄴ
② ㄱ, ㄹ
③ ㄴ, ㄷ
④ ㄱ, ㄷ, ㄹ
⑤ ㄴ, ㄷ, ㄹ

해설

문제 분석

제시문의 구분 기준을 정리해 보면 다음과 같다.

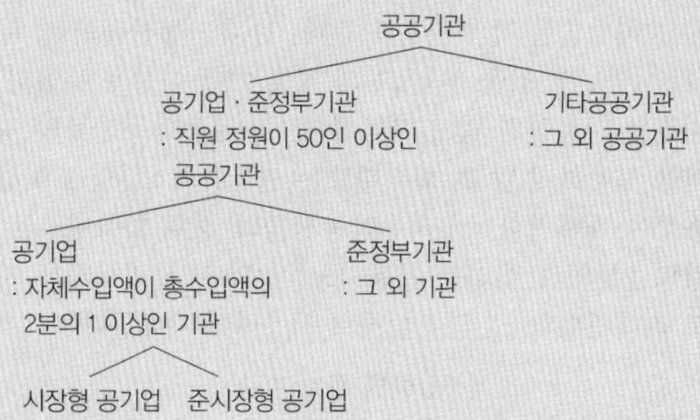

문제풀이 실마리

- 구분 기준을 명확하게 이해할 수 있어야 한다.
- 어떤 구분 기준부터 적용할지 잘 판단해야 한다.
- 분류가 주어진 제시문의 조건을 시각화 처리할 수 있어야 한다.

기준에 따라 공공기관 A~D를 구분해 보면 다음과 같다.

공공기관	직원 정원	자산규모	자체수입비율	구분
A	80명	3조 원	85%	시장형 공기업
B	40명	1.5조 원	60%	기타공공기관
C	60명	1조 원	45%	준정부기관
D	55명	2.5조 원	40%	준정부기관

ㄱ. (O) 구분 기준에 따를 때 기관 A는 시장형 공기업이다.
ㄴ. (X) 기관 B는 준시장형 공기업이 아니라 기타공공기관이다.
ㄷ. (X) 기관 C는 기타공공기관이 아니라 준정부기관이다.
ㄹ. (O) 구분 기준에 따를 때 기관 D는 준정부기관이다.

빠른 문제풀이 Tip

공공기관의 구분 개념 중 어떤 개념부터 처리하는가가 중요하다. 판단하기 편한 개념부터 해결한 후 보기 조합을 같이 고려한다면 보다 빠르고 정확한 해결이 가능하다.

[정답] ②

17 다음 글을 근거로 판단할 때, <보기>에서 인증이 가능한 경우만을 모두 고르면? 16년 5급 4책형 8번

○○국 친환경농산물의 종류는 3가지로, 인증기준에 부합하는 재배방법은 각각 다음과 같다. 1) 유기농산물의 경우 일정 기간(다년생 작물 3년, 그 외 작물 2년) 이상을 농약과 화학비료를 사용하지 않고 재배한다. 2) 무농약농산물의 경우 농약을 사용하지 않고, 화학비료는 권장량의 2분의 1 이하로 사용하여 재배한다. 3) 저농약농산물의 경우 화학비료는 권장량의 2분의 1 이하로 사용하고, 농약은 살포시기를 지켜 살포 최대횟수의 2분의 1 이하로 사용하여 재배한다.

〈농산물별 관련 기준〉

종류	재배기간 내 화학비료 권장량 (kg/ha)	재배기간 내 농약살포 최대횟수	농약 살포시기
사과	100	4	수확 30일 전까지
감귤	80	3	수확 30일 전까지
감	120	4	수확 14일 전까지
복숭아	50	5	수확 14일 전까지

※ 1ha=10,000m^2, 1t=1,000kg

〈보 기〉

ㄱ. 甲은 5km^{2}의 면적에서 재배기간 동안 농약을 전혀 사용하지 않고 20t의 화학비료를 사용하여 사과를 재배하였으며, 이 사과를 수확하여 무농약농산물 인증신청을 하였다.
ㄴ. 乙은 3ha의 면적에서 재배기간 동안 농약을 1회 살포하고 50kg의 화학비료를 사용하여 복숭아를 재배하였다. 하지만 수확시기가 다가오면서 병충해 피해가 나타나자 농약을 추가로 1회 살포하였고, 열흘 뒤 수확하여 저농약농산물 인증신청을 하였다.
ㄷ. 丙은 지름이 1km인 원 모양의 농장에서 작년부터 농약을 전혀 사용하지 않고 감귤을 재배하였다. 작년에는 5t의 화학비료를 사용하였으나, 올해는 전혀 사용하지 않고 감귤을 수확하여 유기농산물 인증신청을 하였다.
ㄹ. 丁은 가로와 세로가 각각 100m, 500m인 과수원에서 감을 재배하였다. 재배기간 동안 총 2회(올해 4월 말과 8월 초) 화학비료 100kg씩을 뿌리면서 병충해 방지를 위해 농약도 함께 살포하였다. 丁은 추석을 맞아 9월 말에 감을 수확하여 저농약농산물 인증신청을 하였다.

① ㄱ, ㄹ
② ㄴ, ㄷ
③ ㄱ, ㄴ, ㄹ
④ ㄱ, ㄷ, ㄹ
⑤ ㄴ, ㄷ, ㄹ

해설

문제 분석

'A, A 외'에 해당하는 기준을 잘 처리할 수 있어야 한다.

ㄱ. (O) 무농약농산물

농약을 사용하지 않고,	전혀 사용하지 않았으므로 요건 충족함
화학비료는 권장량의 2분의 1 이하로 사용하여 재배	권장량인 100(kg/ha)의 2분의 1인 50(kg/ha) 이하로 사용하였는지 확인: 면적 5km^2=5,000,000m^2=500ha에서 20t=20,000kg의 화학비료를 사용하였으므로 20,000/500=40kg/ha 사용으로 권장량의 2분의 1 이하로 사용한 것이 맞다.

ㄴ. (X) 저농약농산물

농약은 살포시기를 지켜 살포 최대횟수의 2분의 1 이하로 사용하여 재배	복숭아의 농약 살포시기는 수확 14일 전까지이고, 재배기간 내 농약살포 최대횟수는 5회: 살포횟수는 2회로 요건을 충족하지만, 살포시기가 수확 열흘 전이기 때문에 요건을 충족하지 못한다.
화학비료는 권장량의 2분의 1 이하로 사용	권장량인 50(kg/ha)의 2분의 1인 25(kg/ha) 이하로 사용하였는지 확인: 면적 3ha에서 50kg의 화학비료를 사용하였으므로 50/3≒17kg/ha 사용으로 권장량의 2분의 1 이하로 사용한 것이 맞다.

ㄷ. (X) 유기농산물

일정 기간(다년생 작물 3년, 그 외 작물 2년) 이상을 농약과 화학비료를 사용하지 않고 재배	감귤이 다년생 작물이든 그 외 작물이든 적어도 2년 이상은 농약과 화학비료를 사용하지 않고 재배하여야 한다. 그런데 작년에 화학비료를 사용하였기 때문에 요건을 충족하지 못한다.

ㄹ. (O) 저농약농산물

농약은 살포시기를 지켜 살포 최대횟수의 2분의 1 이하로 사용하여 재배	감의 농약 살포시기는 수확 14일 전까지이고, 재배기간 내 농약살포 최대횟수는 4회: 살포횟수는 2회로 요건을 충족하고, 마지막 살포시기도 수확 약 두 달 전이기 때문에 요건을 충족한다.
화학비료는 권장량의 2분의 1 이하로 사용	권장량인 120(kg/ha)의 2분의 1인 60(kg/ha) 이하로 사용하였는지 확인: 면적 100m×500m=50,000m^2=5ha에서 200kg의 화학비료를 사용하였으므로 200/5=40kg/ha 사용으로 권장량의 2분의 1 이하로 사용한 것이 맞다.

빠른 문제풀이 Tip

- 보기형 문제는 어떤 보기부터 어떤 순서로 보기를 보는지도 중요하다.
- 어떤 기준부터 처리할지도 중요하다. 즉, 친환경농산물의 종류 3가지 중 어떤 종류부터 처리하는가가 중요하다. 판단하기 편한 종류부터 해결한 후 보기 조합을 같이 고려한다면 보다 빠르고 정확한 해결이 가능하다.

[정답] ①

해결 순서 바꾸어 보기

18 다음 글을 근거로 판단할 때, <비행기 좌석표>의 주어진 5개 좌석 중 생존가능성이 가장 높은 좌석은? 11년 민경채 인책형 16번

> A국 항공담당 부처는 비행기 화재사고 시 좌석에 따른 생존가능성을 조사하였다. 그 결과 다음과 같이 좌석의 조건에 따라 생존가능성이 다르게 나타났다.
> ○ 각 비상구에서 앞뒤로 두 번째 열 이내에 앉은 승객은 그렇지 않은 승객에 비해 생존할 가능성이 높다.
> ○ 복도(통로)측 좌석 승객이 창측 승객보다 생존할 가능성이 높다.
> ○ 기내의 가운데 열을 기준으로 앞쪽과 뒤쪽으로 나누어 볼 때 앞쪽 승객이 뒤쪽 승객보다 생존할 가능성이 높다.

〈비행기 좌석표〉

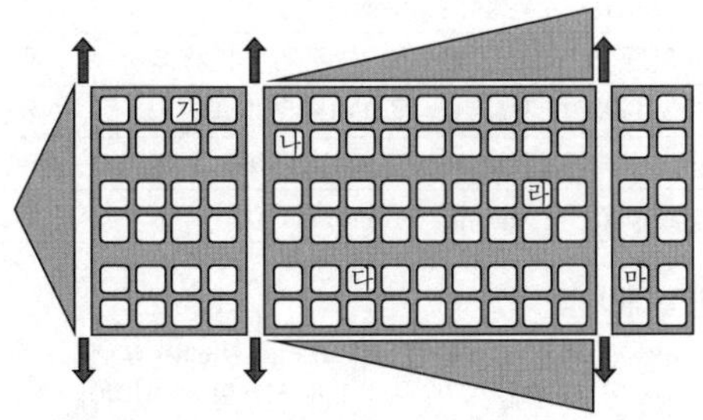

※ 화살표는 비상구를 나타내며, 그림의 왼쪽이 비행기의 앞쪽 방향이다. 또한 비행기 좌석은 총 15열이다.

① 가
② 나
③ 다
④ 라
⑤ 마

해설

문제 분석

생존가능성과 관련한 규칙을 정리해 보면 다음과 같다.
- 각 비상구에서 앞뒤로 두 번째 열 이내에 앉은 승객>그렇지 않은 승객
- 복도(통로)측 좌석 승객>창측 승객
- 기내의 가운데 열을 기준으로 앞쪽과 뒤쪽으로 나누어 볼 때, 앞쪽 승객>뒤쪽 승객

문제풀이 실마리

- 제시된 규칙을 정확하게 이해하여야 한다. 이 문제의 경우 판단할 수 있는 좌석의 조건이 세 가지가 제시되어 있다.
- 있는 규칙을 활용할 때 모든 조건을 충족하는 좌석이 생존가능성이 가장 높을 것임을 예상할 수 있다.

정리한 규칙을 〈비행기 좌석표〉에 대입해보면 다음과 같다.

각 비상구에서 앞뒤로 두 번째 열 이내에 앉은 승객	그렇지 않은 승객
가, 나, 라, 마	다
복도(통로)측 좌석 승객	창측 승객
나, 다, 라, 마	가
기내의 가운데 열을 기준으로 앞쪽 승객	뒤쪽 승객
가, 나, 다	라, 마

조건에 위배되는(=생존 가능성이 낮은) 좌석을 제거하면 '나'좌석만 남게 된다. 모든 조건을 충족하는 좌석은 '나'이고, 따라서 정답은 ②이다.

빠른 문제풀이 Tip

- 파악한 조건에 따라 신속, 정확하게 문제를 해결한다. 조건을 적용할 때는 마지막 조건부터 적용해 보는 것도 좋다.
- 문제에서 좌,우는 함정일 수 있으므로 주의하자.
- '행렬' 개념을 혼동하지 않도록 주의하자.

[정답] ②

길쌤's Check

해결 순서를 바꾸어 봄으로써 보다 빠른 문제 해결이 가능해진다. 예를 들어 좌측부터 해결을 요구한다면 우측부터 해결을 한다든지, 위에서부터 아래로 차례대로가 아니라 아래서부터 위로 거꾸로 해결을 해본다든지, 가로 방향으로 해결해야 할 것을 세로 방향으로 해결해 본다든지 함으로써 보다 빠르게 문제를 해결할 수 있다.

19 다음 글을 근거로 판단할 때, A~G에게 기내식을 제공하는 순서로 옳은 것은? 13년 외교관(견습) 인책형 31번

> ○ 기내식 종류별 제공 순서
>
> 1. 어린이식사를 가장 먼저 제공한다.
>
> ※ 어린이식사는 미리 주문한 사람에 한하여 제공하며, 어린이와 동승한 자의 식사도 함께 제공한다.
>
> 2. 특별식을 두 번째로 제공한다.
>
> ※ 특별식에는 채식, 저칼로리식, 저탄수화물식, 저염식이 있으며, 미리 주문한 사람에 한하여 제공한다.
>
> 3. 일반식을 마지막으로 제공한다. 순서는 다음과 같다. 기체의 가장 앞쪽과 가장 뒤쪽부터 중간쪽 방향으로 제공한다. 단, 같은 열에서는 창가에서 내측 방향으로 제공한다.
>
> ○ 탑승자 정보
>
> A: 어린이와 동승했으며 어린이식사를 미리 주문하였다.
> B: 특별식을 주문하지 않았으며, 동승한 친구는 자신이 먹을 채식을 미리 주문하였다.
> C: 혼자 탑승하였으며 특별식을 주문하지 않았다.
> D: 어린이와 동승하였으나 어린이식사를 주문하지 않았다.
> E: 혼자 탑승하였으며 저칼로리식을 미리 주문하였다.
> F: 성인인 친구와 동승하였으며 특별식을 주문하지 않았다.
> G: 혼자 탑승하였으며 특별식을 주문하지 않았다.
>
> ○ 탑승자의 좌석 배치도

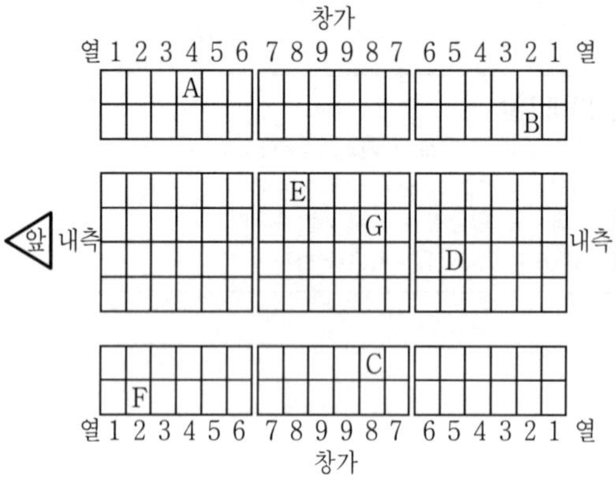

① A－B－E－F－D－C－G
② A－E－B－F－D－G－C
③ A－E－F－B－D－C－G
④ B－F－A－D－G－C－E
⑤ B－F－A－D－E－G－C

해설

문제 분석

기내식을 제공하는 순서와 관련한 규칙은 다음과 같다.

ⓐ 어린이식사를 가장 먼저 제공한다. 단, 어린이식사는 미리 주문한 사람에 한하여 제공하며, 어린이와 동승한 자의 식사도 함께 제공한다.
ⓑ 특별식을 두 번째로 제공한다. 단, 특별식에는 채식, 저칼로리식, 저탄수화물식, 저염식이 있으며, 미리 주문한 사람에 한하여 제공한다.
ⓒ 일반식을 마지막으로 제공한다. 순서는 다음과 같다. 기체의 가장 앞쪽과 가장 뒤쪽부터 중간쪽 방향으로 제공한다. 단, 같은 열에서는 창가에서 내측방향으로 제공한다.

탑승자 정보를 활용해서 각 탑승자가 신청한 기내식의 종류를 확인해 보면 다음과 같다.

탑승자 정보	기내식
A: 어린이와 동승했으며 어린이식사를 미리 주문하였다.	어린이식사
B: 특별식을 주문하지 않았으며, 동승한 친구는 자신이 먹을 채식을 미리 주문하였다.	일반식
C: 혼자 탑승하였으며 특별식을 주문하지 않았다.	일반식
D: 어린이와 동승하였으나 어린이식사를 주문하지 않았다.	일반식
E: 혼자 탑승하였으며 저칼로리식을 미리 주문하였다.	특별식
F: 성인인 친구와 동승하였으며 특별식을 주문하지 않았다.	일반식
G: 혼자 탑승하였으며 특별식을 주문하지 않았다.	일반식

문제풀이 실마리

- 기내식 종류별 제공 순서와 관련한 규칙을 이해한 후, 이를 탑승자 정보와 탑승자의 좌석배치도에 적절하게 적용할 수 있어야 한다.
- 이때 선지를 최대한 활용하여, 효율적으로 문제를 해결할 수 있어야 한다.

기내식 종류별 제공 순서에 따라 ⓐ 어린이식사를 주문한 A가 가장 먼저 기내식을 제공받고, 특별식을 주문한 E가 두 번째로 기내식을 제공받는다. A와 E를 제외한 나머지 사람들은 ⓒ 일반식 제공 순서에 따라 기내식을 제공받는다. 즉, 일반식은 기체의 가장 앞쪽과 가장 뒤쪽부터 중간쪽 방향으로 제공하되, 같은 열에서는 창가에서 내측 방향으로 제공하므로 F－B－D－C－G 순으로 기내식을 제공받는다.

이때 끝까지 스스로의 힘으로 해결하는 것 보다는 중간중간 선지를 활용해서 해결해야 한다. A가 제일 먼저 기내식을 제공받는다면 선지 중 ①~③이 남고, 두 번째로 E가 기내식을 제공받으면 ②, ③만 남는다. ②, ③은 3번째와 4번째 사람이 B－F인지 F－B인지의 차이이므로 이 두 사람 중 누가 3번째 사람인지만 알면 정답을 찾을 수 있다. 따라서 B와 F의 순서만 비교해 보면, B와 F는 같은 열이고 이 경우 창가에서 내측으로 기내식이 제공되므로 창가에 더 가까운 F가 B보다 먼저 기내식을 제공받는다. 따라서 정답은 ③이다.

빠른 문제풀이 Tip

해결 순서를 바꾸어보고 선지를 잘 활용한다면 보다 빠르게 정답을 찾아낼 수 있다.

[정답] ③

조건별(기준별) 처리 vs 선지별(사례별) 처리

20 **다음 <기준>과 <현황>을 근거로 판단할 때, 지방자치단체 A~D 중 중점관리대상만을 모두 고르면?** 14년 민경채 A책형 20번

〈기 준〉

○ 지방재정위기 사전경보지표

(단위: %)

지표 / 경보 구분	통합재정 수지적자 비율	예산대비 채무비율	채무 상환비 비율	지방세 징수액 비율	금고잔액 비율	공기업 부채비율
주의	25 초과 50 이하	25 초과 50 이하	12 초과 25 이하	25 이상 50 미만	10 이상 20 미만	400 초과 600 이하
심각	50 초과	50 초과	25 초과	25 미만	10 미만	600 초과

○ 중점관리대상 지방자치단체 지정기준
- 6개의 사전경보지표 중 '심각'이 2개 이상이면 중점관리대상으로 지정
- '주의' 2개는 '심각' 1개로 간주

〈현 황〉

(단위: %)

지표 / 지방 자치단체	통합재정 수지적자 비율	예산대비 채무비율	채무 상환비 비율	지방세 징수액 비율	금고잔액 비율	공기업 부채비율
A	30	20	15	60	30	250
B	40	30	10	40	15	350
C	15	20	6	45	17	650
D	60	30	30	55	25	150

① A, C ② A, D ③ B, C
④ B, D ⑤ B, C, D

해설

문제 분석
〈기준〉을 〈현황〉에 적용하여 해결한다.

문제풀이 실마리
- 단순확인형 문제에서는 단순한 실수를 하지 않도록 주의해야 한다. 〈기준〉에서 표를 확인할 때 나머지 지표는 전부 '~초과 ~이하'의 구조인 반면, 중간에 있는 '지방세 징수액 비율'과 '금고잔액 비율'은 '~이상 ~미만'의 구조로 되어있으므로 주의해야 한다.
- 〈현황〉 표에 주의는 △로, 심각은 X로 적절하게 시각적으로 표시하면서 확인한다면, 보다 빠르게 해결이 가능할 것이다.

'주의', '심각'의 경보기준을 〈현황〉표에 적용해 보면 아래와 같다. 여기서는 숫자 아래에 '주의'는 △, '심각'은 X로 표시하여 나타내면 다음과 같다.

지표 / 지방 자치단체	통합재정 수지적자 비율	예산대비 채무비율	채무 상환비 비율	지방세 징수액 비율	금고잔액 비율	공기업 부채비율
A	30	20	15	60	30	250
	△		△			
B	40	30	10	40	15	350
	△	△		△	△	
C	15	20	6	45	17	650
				△	△	X
D	60	30	30	55	25	150
	X	△	X			

중점관리대상 지방자치단체 지정기준에 따르면, 6개의 사전경보지표 중 '심각'이 2개 이상이면 중점관리대상으로 지정되고, '주의' 2개는 '심각' 1개로 간주된다.

구분	△	X	심각
A	2개		1개
B	4개		2개 (∵ 주의 4개=심각 2개)
C	2개	1개	2개 (∵ 주의 2개=심각 1개)
D	1개	2개	2개 (+주의 1개)

따라서 중점관리대상 지방자치단체는 B, C, D로 정답은 ⑤이다.

빠른 문제풀이 Tip
조건별(기준별) vs 선지별(사례별) 검토 중 어떤 것이 더 자신에게 맞는지 생각해 보자.

[정답] ⑤

길쌤's Check

우리는 보통 대부분의 문제를 해결할 때 선지 ①을 해결하고 나서 선지 ②를 해결하는 식으로 일반적으로 선지별(사례별) 처리를 한다. 하지만 규칙형의 문제를 풀다보면 선지별(사례별) 처리를 하기 위해서는 적용조건 · 판단기준(이하 '규칙')을 여러 번 바꾸어야 하는 경우가 생기게 된다. 예를 들어 앞선 문제 2번에서 선지별(사례별) 처리를 한다면 선지 ①의 사례에서 미성년 자녀수, 가구주 연령, 무주택 기간, 당해 시 · 도 거주기간에 따른 점수를 부여한 후 총점이 얼마인지 따져야 한다. 이러한 경우에 매번 제대로 규칙이 바뀌어 정확하게 적용되지 않는다면 실수가 생기고 문제를 틀리게 된다.

이 경우에 오히려 조건별(기준별) 처리를 일괄적으로 하게 되면 문제 해결에 있어 실수를 줄일 수 있다. 따라서 선지별(사례별) 처리를 기본으로 하되, 특정한 경우에 조건별(기준별) 처리를 함으로써 실수를 줄일 수 있도록 해야 한다.

역진적 해결

21 다음 글을 근거로 판단할 때, 1단계에서 甲이 나눈 두 묶음의 구슬 개수로 옳은 것은? 16년 민경채 5책형 21번

> 甲은 아래 세 개의 단계를 순서대로 거쳐 16개의 구슬을 네 묶음으로 나누었다. 네 묶음의 구슬 개수는 각각 1개, 5개, 5개, 5개이다.
> ○ 1단계: 16개의 구슬을 두 묶음으로 나누어, 한 묶음의 구슬 개수가 다른 묶음의 구슬 개수의 n배(n은 자연수)가 되도록 했다.
> ○ 2단계: 5개 이상의 구슬이 있던 한 묶음에서 다른 묶음으로 5개의 구슬을 옮겼다.
> ○ 3단계: 두 묶음을 각각 두 묶음씩으로 다시 나누어 총 네 묶음이 되도록 했다.

① 8개, 8개
② 11개, 5개
③ 12개, 4개
④ 14개, 2개
⑤ 15개, 1개

해설

문제 분석

16개의 구슬을 세 개의 단계를 순서대로 거쳐 최종적으로 각각 1개, 5개, 5개, 5개의 네 묶음으로 나누었다. 1단계에서 甲이 나눈 두 묶음의 구슬 개수를 추론해야 한다.

문제풀이 실마리

문제에서 주어진 조건에 따를 때 3단계를 거치게 되는데, 중간 과정을 숨기고 3단계를 거친 후의 최종결과를 먼저 주고 1단계를 거친 후의 결과를 묻고 있다.

1단계에서 해야하는 것처럼, 초기에 있던 16개의 구슬을 두 묶음으로 나누어, 한 묶음의 구슬 개수가 다른 묶음의 구슬 개수의 n배(n은 자연수)가 되도록 하는 방법은 무수히 많다. 따라서 최종결과에서부터 3단계 → 2단계 → 1단계 순으로 오히려 앞선 단계로 돌아오면서 역으로 단계를 고려하며 답을 구하는 것이 핵심이다.

문제에서 주어진 과정을 나타내 보면 다음과 같다.

16개의 구슬 ↓ (1단계) ( ), ( ) : 문제에서 묻고 있는 것	: 16개의 구슬을 두 묶음으로 나누어, 한 묶음의 구슬 개수가 다른 묶음의 구슬 개수의 n배(n은 자연수)가 되도록 했다.
↓ (2단계) ( ), ( )	: 5개 이상의 구슬이 있던 한 묶음에서 다른 묶음으로 5개의 구슬을 옮겼다.
↓ (3단계) (1), (5), (5), (5)	: 두 묶음을 각각 두 묶음씩으로 다시 나누어 총 네 묶음이 되도록 했다.

방법 1 직접 해결하는 경우

문제에서 우리가 알고 있는 건 3단계를 거친 최종결과이므로, 단계별로 역순으로 생각해서 초기 상태로 돌아와야 한다. 마지막 네 묶음이 (1), (5), (5), (5)이므로, 3단계를 거치기 전에 두 묶음은 반드시 (6), (10)일 수 밖에 없다.

2단계를 거치기 전에 구슬 묶음을 생각해 보면, (15), (1) 또는 (11), (5)개 조합이 가능하다. 이는 1단계를 거친 후의 결과이기도 한데, 1단계를 거친 이후에는 한 묶음의 구슬 개수가 다른 묶음의 구슬 개수의 n배(n은 자연수)가 되어야 하므로, (15), (1) 또는 (11), (5)개 중에서는 (15), (1)만이 가능하다.

방법 2 선지를 활용하는 경우

선지를 활용하는 방법은 각 선지를 1단계 결과에 대입한 후, 문제에서 요구하는대로 2단계와 3단계를 거쳐서 최종결과와 일치하는지 확인해 본다.

① 8개, 8개: 2단계를 거치고 나면 (3, 13)의 묶음이 생기는데, 3단계를 통해서 (1, 5, 5, 5)의 네 묶음을 만들 수 없다.
② 11개, 5개: 서로 배수관계에 있지 않으므로, 1단계 결과의 조건인 한 묶음의 구슬 개수가 다른 묶음의 구슬 개수의 n배(n은 자연수)가 되도록 한다는 조건에 위배된다.
③ 12개, 4개: 2단계를 거치면 (7, 9)의 묶음이 생기는데, 3단계를 통해서 (1, 5, 5, 5)의 네 묶음을 만들 수 없다.
④ 14개, 2개: 2단계를 거치면 ③과 마찬가지로 (7, 9)의 묶음이 생기는데, 3단계를 통해서 (1, 5, 5, 5)의 네 묶음을 만들 수 없다.
⑤ 15개, 1개: 2단계를 거치면 (6, 10)의 묶음이 생기게 되고, 3단계에서 6을 (1, 5)로, 10을 (5, 5)로 나누는 것이 가능하다.

따라서 정답은 ⑤이다.

빠른 문제풀이 Tip
- 역진적 해결이 용이한 문제이다.
- 선지를 활용하는 것도 좋은 방법인 문제이다.

[정답] ⑤

길쌤's Check

올인원 1권에서도 연습한 바와 같이 역진적 해결이 더 유리한 문제들이 있다.

최초의 상태 → 과정 1 → 과정 2 → 과정 3 → 최종결과

이처럼 최초의 상태로부터 여러 과정을 거쳐 최종결과를 도출해야 하는 경우, 중간 과정은 매우 다양할 수 있기 때문에 이 순서로 과정을 정확히 추적하여 원하는 최종결과를 그대로 찾아내는 것이 쉽지 않다. 따라서 중간에 여러 과정을 거쳐야 하는 문제의 경우, 역으로 최종결과를 최초의 상태로 돌리는 것이 더 쉬운 경우가 많다.

선지의 대구

22 다음 <연주 규칙>에 근거할 때 옳지 않은 것은?

13년 5급 인책형 19번

〈연주 규칙〉

1~ 2구간의 흰 건반 10개만을 사용하여 '비행기'와 '학교종' 두 곡을 연주한다. 왼손과 오른손을 나란히 놓고, 엄지, 검지, 중지, 약지, 새끼 다섯 종류의 손가락을 사용한다. 손가락 번호와 일치하는 건반 한 개만 칠 수 있으며, 각 노래에 사용되는 음은 아래와 같다.

○ 비행기: 한 구간 내의 '도, 레, 미' 음만 사용
○ 학교종: 한 구간 내의 '도, 레, 미, 솔, 라' 음만 사용

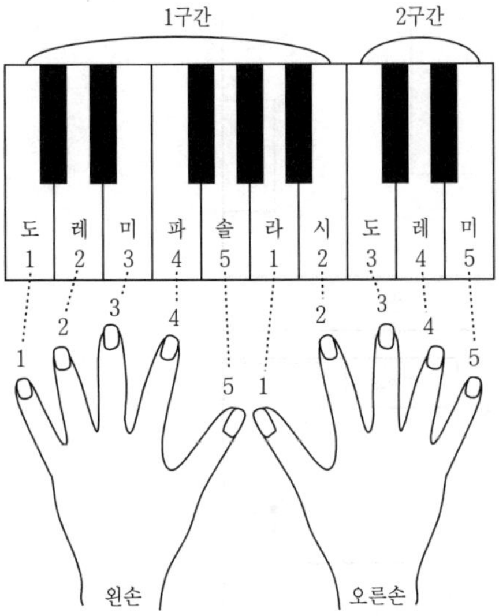

① '비행기'는 어느 구간에서 연주하든 같은 종류의 손가락을 사용한다.
② '비행기'는 어느 구간에서 연주하든 같은 번호의 손가락을 사용한다.
③ '학교종'을 연주할 때는 검지 손가락을 사용하지 않는다.
④ '비행기'는 한 손만으로도 연주할 수 있다.
⑤ '학교종'은 한 손만으로 연주할 수 없다.

해설

문제 분석

주어진 〈연주 규칙〉을 통해 각 노래의 차이를 보면 다음과 같다.

비행기	학교종
한 구간 내의 '도, 레, 미' 음만 사용	한 구간 내의 '도, 레, 미, 솔, 라' 음만 사용
한 손만 사용하여 연주 가능	두 손을 사용해야 연주 가능
1, 2구간 모두 연주 가능	1구간에서만 연주 가능
1, 2구간 모두 중지, 약지, 새끼손가락만 사용	왼손은 엄지, 중지, 약지, 새끼손가락 사용, 오른손은 엄지손가락만 사용
1구간에서는 왼손 1, 2, 3번 손가락 사용	왼손은 1, 2, 3, 4번 손가락 사용, 오른손은 1번 손가락만 사용
2구간에서는 오른손 3, 4, 5번 손가락 사용	

문제풀이 실마리

주어진 그림을 이해하면 쉽게 해결할 수 있는 문제이다.

① (O) 1, 2, 구간 모두 중지, 약지, 새끼손가락만 사용하므로 어느 구간에서 연주하든 같은 종류의 손가락을 사용한다.

② (X) '비행기'는 1구간에서는 1, 2, 3번 손가락을 사용하고, 2구간에서는 3, 4, 5번 손가락을 사용한다. 따라서 어느 구간에서 연주하는지에 따라 연주하는 손가락의 번호가 달라진다.

③ (O) '학교종'은 한 구간 내의 '도, 레, 미, 솔, 라' 음만 사용하므로 1구간에서만 연주가 가능하다. 1구간에서 왼손 검지 손가락은 '파'를 연주하고, 오른손 검지손가락은 '시'를 연주하는데, '학교종'에는 '파'와 '시' 음은 없다. 따라서 '학교종'을 연주할 때는 검지를 사용하지 않는다.

④ (O) '비행기'는 1구간에서 연주할 때는 왼손만으로 연주할 수 있고, 2구간에서 연주할 때는 오른손만으로도 연주할 수 있다.

⑤ (O) '학교종'은 1구간에서만 연주가 가능하며, 왼손의 1, 2, 3, 5번 손가락과 오른손의 1번 손가락을 함께 사용해야 한다. 따라서 한 손만으로 연주할 수 없다.

[정답] ②

길쌤's Check

올인원 1권에서도 선지 또는 보기의 대구 형식을 활용하는 스킬을 연습해 보았다. 복수의 선지 또는 보기가 대구의 형식일 때, 내용 간 모순이 발생하는지 여부에 따라서 그 선지 또는 보기 중에 정답이 있을 수 있는지를 알 수 있다는 것이 핵심이었다. 그에 더해서 이번 책에서는 선지의 대구를 활용하는 또 다른 방법도 연습해 두면 좋다.

먼저 다음의 보기를 살펴보자.

〈보 기〉

ㄱ. 생략
ㄴ. 2015년 3월까지 인증대학으로 1번 이상 선정된 대학은 최대 51개이다.
ㄷ. 2015년 3월까지 인증대학으로 1번 이상 선정된 대학은 최소 46개이다.
ㄹ. 생략

〈보 기〉

ㄱ. 생략
ㄴ. 생략
ㄷ. 甲과 乙이 매 경기마다 구슬 1개씩만 손에 쥔다면, 최종 우승자를 결정하기 위한 최소 경기 횟수는 6회이다.
ㄹ. 甲과 乙이 매 경기마다 구슬 2개씩만 손에 쥔다면, 최종 우승자를 결정하기 위한 최소 경기 횟수는 3회이다.

선지 또는 보기가 대구의 형식이면 해당 선지 또는 보기들을 해결하는 데 유사한 사고과정이 필요한 경우가 많다. 따라서 유사한 사고과정을 통해 두 개 이상의 선지 또는 보기가 동시에 해결될 수 있다는 점을 잘 활용한다면 보다 빠르게 정답을 도출해 낼 수 있다.

특별세팅

23 가로 3,000mm, 세로 3,400mm인 직사각형 방에 가구를 배치하려고 한다. 다음 중 가능한 가구 배치는? 11년 5급 선책형 38번

○ [i)]방문을 여닫는 데 1,000mm의 간격이 필요함
○ [ii)]서랍장의 서랍(●로 표시하며 가로면 전체에 위치)을 열려면 400mm의 간격이 필요(침대, 테이블, 화장대는 서랍 없음)하며 반드시 여닫을 수 있어야 함
○ [iii)]붙박이 장롱 문을 열려면 앞면 전체에 550mm의 간격이 필요하며 반드시 여닫을 수 있어야 함
○ 가구들은 쌓을 수 없음
○ [iv)]각각의 가구는 방에 넣을 수 있는 것으로 가정함
- 침대 (가로)1,500mm×(세로)2,110mm
- 테이블 (가로)450mm×(세로)450mm
- 서랍장 (가로)1,100mm×(세로)500mm
- 화장대 (가로)1,000mm×(세로)300mm
- 붙박이 장롱은 벽 한 면 전체를 남김없이 차지한다. 깊이 650mm

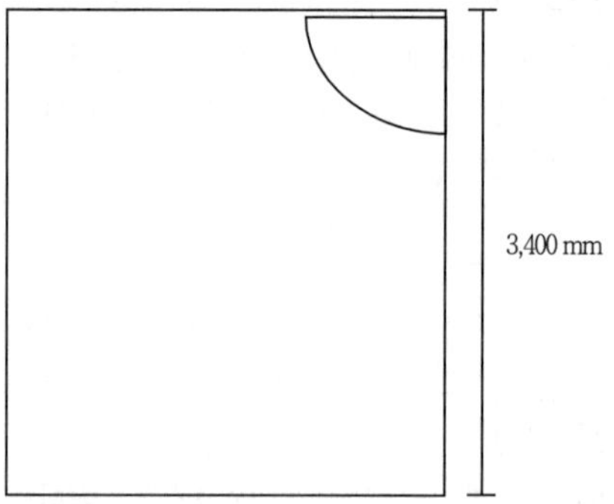

①
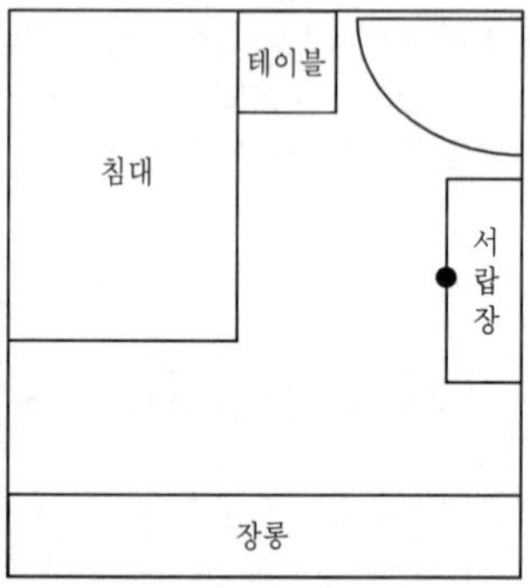

②
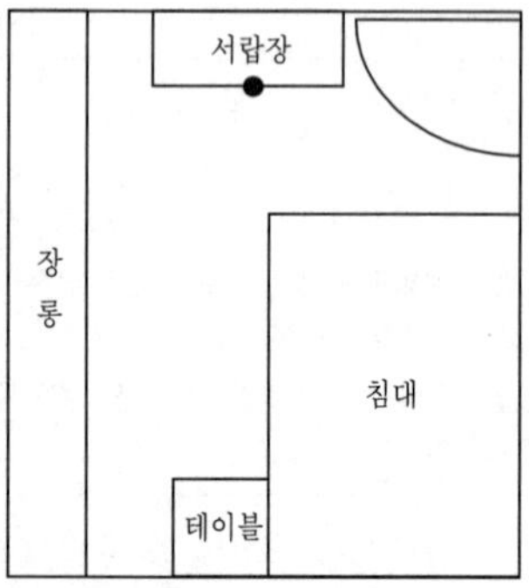

③
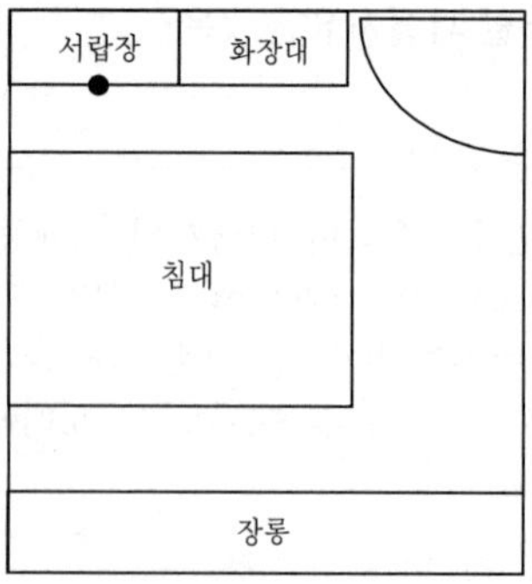

④
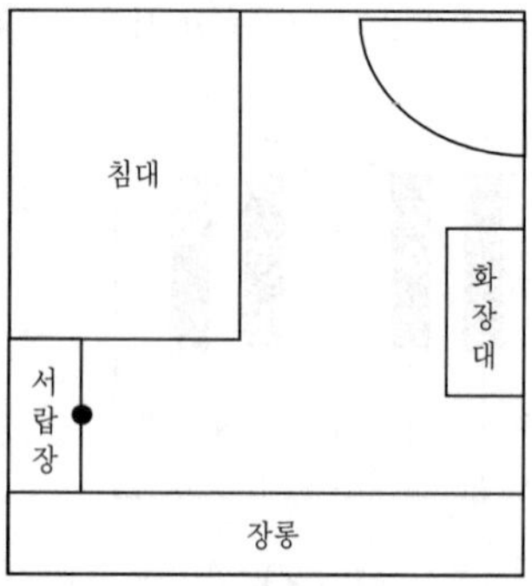

⑤
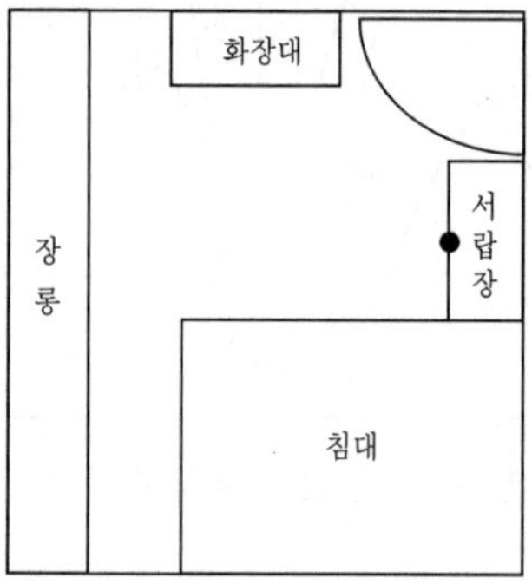

해설

문제 분석

선지별 가구 배치가 조건 ⅰ)~ⅳ)에 부합하는지 확인해본다. 다른 가구의 위치는 유동적이지만 조건 ⅰ)은 고정정보이므로 다음과 같이 위쪽 벽과 오른쪽 벽은 방문을 여닫는 데 필요한 1,000mm의 간격을 제외하고 나머지 부분에만 가구를 배치한다고 생각해도 좋다.

각 선지에서 위쪽 벽부터 시계방향 순서대로 생각해보자. 이하 계산에서 mm 단위는 생략하였다.

① (O) 위쪽 벽: 침대(가로) 1,500+테이블(가로) 450=1,950 ≤ 2,000
오른쪽 벽: 서랍장(가로) 1,100+장롱 깊이 650+장롱 앞 간격 550
=2,300 ≤ 2,400
아래쪽 벽: 장롱
왼쪽 벽: 침대(세로) 2,110+장롱 깊이 650+장롱 앞 간격 550
=3,310 ≤ 3,400

② (X) 위쪽 벽: 장롱 깊이 650+장롱 앞 간격 550+서랍장(가로) 1,100
=2,300 ≥ 2,000
오른쪽 벽: 침대(세로) 2,110 ≤ 2,400
아래쪽 벽: 침대(가로) 1,500+테이블 450+장롱 깊이 650
+장롱 앞 간격 550=3,150 ≥ 3,000
왼쪽 벽: 장롱

③ (X) 위쪽 벽: 서랍장(가로) 1,100+화장대(가로) 1,000=2,100 ≥ 2,000
오른쪽 벽: 장롱 깊이 650+장롱 앞 간격 550=1,200 ≤ 2,400
아래쪽 벽: 장롱
왼쪽 벽: 서랍장(세로) 500+서랍장 앞 간격 400+침대(가로) 1,500
+장롱 깊이 650+장롱 앞 간격 550=3,600 ≥ 3,400

④ (X) 위쪽 벽: 침대(가로) 1,500 ≤ 2,000
오른쪽 벽: 화장대(가로) 1,000+장롱 깊이 650+장롱 앞 간격 550
=2,200 ≤ 2,400
아래쪽 벽: 장롱
왼쪽 벽: 침대(세로) 2,110+서랍장(가로) 1,100+장롱 깊이 650
+장롱 앞 간격 550=4,410 ≥ 3,400

⑤ (X) 위쪽 벽: 장롱 깊이 650+장롱 앞 간격 550+화장대(가로) 1,000
=2,200 ≥ 2,000
오른쪽 벽: 서랍장(가로) 1,100+침대(가로) 1,500=2,600 ≥ 2,400
아래쪽 벽: 침대(세로) 2,110+장롱 깊이 650+장롱 앞 간격 550
=3,310 ≥ 3,000
왼쪽 벽: 장롱

빠른 문제풀이 Tip

각 선지별로 음영 처리한 한쪽 벽만 찾는다면 다른 선지로 넘어간다. 선지 ④에서는 그림에서 왼쪽 벽에 장롱 앞 간격이 아예 없도록 그려져 있다. 시간이 부족한 경우에는 이러한 선지는 틀렸다고 가정하고 다른 선지를 우선적으로 판단한다.

[정답] ①

24 다음 글을 근거로 판단할 때 옳지 않은 것은?

13년 5급 인책형 27번

○ 납부번호 구성

납부번호는 4자리의 분류기호, 3자리의 기관코드, 4자리의 납부연월(납부기한 포함), 1자리의 결정구분코드, 2자리의 세목으로 구성된다. 납부연월은 납세의무자가 실제 납부하는 연도와 달을, 납부기한은 납세의무자가 납부하여야 할 연도와 달을 의미한다.

예시) 0000(분류기호) - 000(기관코드) - 0000(납부연월) - 0(결정구분코드) - 00(세목)

○ 결정구분코드

항목	코드	내용
확정분 자진납부	1	확정신고, 전기신고 등 정기기간(예정, 중간예납기간 제외)이 있는 모든 세목으로서 정상적인 자진신고납부분(수정신고분 제외)의 본세 및 그 부가가치세(코드 4의 원천분 자진납부 제외)
수시분 자진납부	2	코드 1의 확정분 자진납부, 코드 3의 예정신고 자진납부 및 코드 4의 원천분 자진납부 이외 모든 자진납부
중간예납 및 예정신고	3	예정신고 또는 중간예납 기간이 있는 모든 세목으로서 정상적인 자진신고납부분(수정신고분 제외)의 본세 및 그 부가가치세
원천분 자진납부	4	모든 원천세 자진납부분
정기분 고지	5	양도소득세 정기결정고지, 코드 1의 확정분 자진납부에 대한 무(과소)납부고지
수시분 고지	6	코드 5의 정기분 고지, 코드 7의 중간예납 및 예정고지를 제외한 모든 고지
중간예납 및 예정고지	7	법인세 및 종합소득세 중간예납고지, 부가가치세 예정고지, 코드 3의 중간예납 및 예정신고 자진납부에 대한 무(과소)납부고지

※ 신고는 납세의무자가 법에서 정한 기한 내에 과세표준과 세액을 세무서에 알리는 것

※ 고지는 세무서장이 세액, 세목, 납부기한과 납부장소 등을 납세의무자에게 알리는 것

○ 세목코드

세목	코드	세목	코드
종합소득세	10	양도소득세	22
사업소득세	13	법인세	31
근로소득세(갑종)	14	부가가치세	41
근로소득세(을종)	15	특별소비세	42
퇴직소득세	21	개별소비세	47

① 수정신고 자진납부분은 결정구분코드 2에 해당한다.

② 2011년 3월확정분 개별소비세를 4월에 자진신고 납부한 경우, 납부번호는 XXXX－XXX－1104－1－47이다.

③ 2010년 제1기 확정신고분 부가가치세를 당해 9월에 무납부고지한 경우, 납부번호는 XXXX－XXX－1009－6－41이다.

④ 2012년 10월에 양도소득세를 예정신고 자진납부하는 경우, 납부번호의 마지막 7자리는 1210－3－22이다.

⑤ 2010년 2월에 2009년 갑종근로소득세를 연말정산하여 원천징수한 부분을 자진납부한 경우, 납부번호의 마지막 7자리는 1002－4－14이다.

해설

문제 분석

납부번호 중 납부연월, 결정구분코드, 세목과 관련된 내용을 세세하게 설명하고 있다.

문제풀이 실마리

앞서 연습했던 사례별(선지별) 해결을 할지 조건별(기준별) 처리를 할지 고민해 보아야 한다.

① (O) 결정구분코드를 보면, 코드 1의 확정분 자진납부, 코드 3의 예정신고 자진납부 및 코드 4의 원천분 자진납부 이외 모든 자진납부는 코드 2에 해당한다. 코드 1과 코드 3에서 '수정신고분 제외'라고 수정신고분을 제외하고 있고, 코드 4 모든 원천세 자진납부분에도 수정신고 자진납부분이 해당하지 않는다. 따라서 수정신고 자진납부분은 코드 2에 해당한다.

② (O) 2011년 3월확정분 개별소비세를 4월에 자진신고 납부한 경우, 납부번호는 ××××−×××−1104−1−470이다.

납부번호	2011년 4월에 납부하였으므로	1104
결정구분코드	확정분 자진신고납부하였으므로	1
세목코드	개별소비세이므로	47

③ (X) 2010년 제1기 확정신고분 부가가치세를 당해 9월에 무납부 고지한 경우, 납부번호는 ××××−×××−1009−6−410이다.

납부번호	9월은 고지한 달일 뿐 납부연월 또는 납부기한이 아니다.	알 수 없음
결정구분코드	확정신고분 자진납부는 코드 1에 해당하고, 코드 1의 확정분 자진납부에 대한 무(과소) 납부고지는 코드 5에 해당한다.	5
세목코드	부가가치세이므로	41

따라서 납부번호와 결정구분코드가 잘못되었다.

④ (O) 2012년 10월에 양도소득세를 예정신고 자진납부하는 경우, 납부번호의 마지막 7자리는 1210−3−220이다.

납부번호	2012년 10월에 납부하였으므로	1210
결정구분코드	예정신고 자진납부는 중간예납 및 예정신고에 해당하므로	3
세목코드	양도소득세이므로	22

⑤ (O) 2010년 2월에 2009년 갑종근로소득세를 연말정산하여 원천징수한 부분을 자진납부한 경우, 납부번호의 마지막 7자리는 1002−4−140이다.

납부번호	20101년 2월에 납부하였으므로	1002
결정구분코드	원천징수한 부분을 자진납부한 원천분 자진납부이므로	4
세목코드	근로소득세(갑종)이므로	14

[정답] ③

길쌤's Check

특별세팅이란 기본적이고 일반적인 조건에 더하여 출제자가 보다 특별하게 세팅한 조건을 말한다. 문제에 다섯 종류가 제시되었는데 그 중 특정 종류에 대해서 더 언급이 되어 있다면 다섯 종류 중 그 부분과 관련한 조건이 특별세팅이 된다. 예를 들어, A, B, C, D, E가 제시되고 그중 C에 대해서 더 조건이 주어진다면 C가 특별세팅이 되는 셈이다.

이와 같은 특별세팅은 여러 문제를 풀어보면서 그런 유형의 문제에서 기본적이고 일반적인 조건(규칙)과 그렇지 않은 특별한 조건(규칙)을 구분해 보아야 특별세팅을 발견하는 능력이 배양된다는 점이 어렵지만, 발견만 할 수 있다면 문제를 해결하는 데 중요한 실마리로 삼을 수 있다는 점에서 매우 유용하다.

반대사고 & 크게 해결

25 **5명(A ~ E)이 순서대로 퀴즈게임을 해서 벌칙 받을 사람 1명을 선정하고자 한다. 다음 <게임 규칙과 결과>에 근거할 때, 항상 옳은 것을 <보기>에서 모두 고르면?** 12년 5급 인책형 16번

〈게임 규칙과 결과〉

〈규칙〉
- ○ A → B → C → D → E 순서대로 퀴즈를 1개씩 풀고, 모두 한 번씩 퀴즈를 풀고 나면 한 라운드가 끝난다.
- ○ 퀴즈 2개를 맞힌 사람은 벌칙에서 제외되고, 다음 라운드부터는 게임에 참여하지 않는다.
- ○ 라운드를 반복하여 맨 마지막까지 남는 한 사람이 벌칙을 받는다.
- ○ 벌칙을 받을 사람이 결정되면 라운드 중이라도 더 이상 퀴즈를 출제하지 않는다.
- ○ 게임 중 동일한 문제는 출제되지 않는다.

〈결과〉
3라운드에서 A는 참가자 중 처음으로 벌칙에서 제외되었고, 4라운드에서는 오직 B만 벌칙에서 제외되었으며, 벌칙을 받을 사람은 5라운드에서 결정되었다.

〈보 기〉

ㄱ. 5라운드까지 참가자들이 정답을 맞힌 퀴즈는 총 9개이다.
ㄴ. 게임이 종료될 때까지 총 22개의 퀴즈가 출제되었다면, E는 5라운드에서 퀴즈의 정답을 맞혔다.
ㄷ. 게임이 종료될 때까지 총 21개의 퀴즈가 출제되었다면, 퀴즈를 푸는 순서가 벌칙을 받을 사람 선정에 영향을 미친 것으로 볼 수 있다.

① ㄱ
② ㄴ
③ ㄱ, ㄷ
④ ㄴ, ㄷ
⑤ ㄱ, ㄴ, ㄷ

해설

문제 분석

3라운드에서 A가 처음으로 벌칙에서 제외되었고, 4라운드에서는 B만 벌칙에서 제외되었다. 이를 반영해서 정리해 보면 다음과 같다.

구분	A	B	C	D	E
1라운드	1개 정답	1개 정답	제외 불가	제외 불가	제외 불가
2라운드			제외 불가	제외 불가	제외 불가
3라운드	처음 제외				
4라운드		오직 제외	제외 불가	제외 불가	제외 불가
5라운드					

3라운드에서 C, D, E가 탈락하는 상황이 있을 수도 있다. 벌칙을 받을 사람은 5라운드에서 결정되었으므로 5라운드에 최소 2명 이상의 참가자는 남아있어야 하고, 따라서 3라운드에서는 C, D, E 중 0명 또는 1명이 탈락하는 상황이 가능하다.

문제풀이 실마리

3라운드	A가 참가자 중 처음으로 벌칙에서 제외되었다.
4라운드	오직 B만 벌칙에서 제외되었다.
5라운드	벌칙을 받을 사람은 5라운드에서 결정되었다. 즉, 5라운드까지 2명 이상의 참가자가 남아있어야 한다.

주어진 조건에 따를 경우 3라운드에서 추가 탈락자가 있을 수도 있다.

〈경우 1〉 C, D, E 중 3라운드에서 0명이 탈락하는 경우
- 3라운드까지는 5명 모두 게임에 참여하므로, 각 라운드별로 출제된 문제 수는 5개이고, 3라운드까지 누적 15문제가 출제된다.
- 3라운드에서 게임에서 제외된 A는 4라운드에 참여하지 않으므로, A를 제외한 4명의 참가자가 게임에 참여하고, 4라운드에서 출제된 문제 수는 4개이고, 4라운드까지 누적 19문제가 출제된다.
- 4라운드에서 게임에서 제외된 B는 5라운드에 참여하지 않으므로, A, B를 제외한 3명의 참가자가 게임에 참여하고, 5라운드에서 출제된 문제 수는 2문제 또는 3문제이고, 5라운드까지 누적 21문제 또는 22문제가 출제된다.

〈경우 2〉 C, D, E 중 3라운드에서 1명이 탈락하는 경우
- 3라운드까지는 5명 모두 게임에 참여하므로, 각 라운드별로 출제된 문제 수는 5개이고, 3라운드까지 누적 15문제가 출제된다.
- 3라운드에서 게임에서 제외된 A와 'C, D, E 중 1명'은 4라운드에 참여하지 않으므로, A와 'C, D, E 중 1명'을 제외한 3명의 참가자가 게임에 참여하고, 4라운드에서 출제된 문제 수는 3개이고, 4라운드까지 누적 18문제가 출제된다.
- 4라운드에서 게임에서 제외된 B도 5라운드에 참여하지 않으므로, A, B, 'C, D, E 중 1명'을 제외한 2명의 참가자가 게임에 참여하고, 5라운드에서 출제된 문제 수는 1문제 또는 2문제이고, 5라운드까지 누적 19문제 또는 20문제가 출제된다.

ㄱ. (X) 5라운드에서 벌칙 받을 사람이 결정되었다. 즉, 5라운드에서 게임이 종료되었다. 게임이 종료되었다는 것은 '퀴즈 2개를 맞힌 4명의 사람'이 벌칙에서 제외되고, '벌칙을 받을 한 사람'만 남았다는 의미이다. 벌칙을 받았다는 의미는 퀴즈 2개를 맞히지 못했다는 것을 의미하므로, 퀴즈를 0개 또는 1개를 맞혔는지는 확정할 수 없다. 게임이 종료된 5라운드 시점에는 벌칙에서 제외된 4명은 반드시 2문제를 맞혔고, 벌칙을 받은 1명은 2문제는 아닌, 즉 0문제 또는 1문제를 맞혔을 것이므로 모든 참가자들이 정답을 맞힌 퀴즈 수는 8개 또는 9개일 수 있다.

ㄴ. (O) 총 22개의 퀴즈가 출제되었다면, 5라운드에서 E에게 문제가 출제되고 E가 2문제째를 맞히면서 참가자 중 4번째로 벌칙에서 제외되어야 한다. 따라서 게임이 종료될 때까지 총 22개의 퀴즈가 출제되었다면, E는 5라운드에서 퀴즈의 정답을 맞혔다.

ㄷ. (O) 현재 상태의 문제 조건에서는 'A → B → C → D → E 순서대로 퀴즈를 1개씩 풀고.'라고 퀴즈를 푸는 순서가 주어져 있다. 그런데 만약 퀴즈를 푸는 순서가 예를 들어, 주어진 것과 완전 반대로 'E → D → C → B → A'였다면 게임이 종료될 때까지 총 21개의 퀴즈가 출제되었을 때 벌칙을 받을 사람은 'C'가 된다. 즉 퀴즈를 푸는 순서가 'A →B → C → D → E'인지 'E → D → C → B → A'인지, 'A → C → E → D → B'인지 등 퀴즈를 푸는 순서가 어떻게 되는지가 벌칙을 받을 사람 선정에 영향을 미치게 된다.

빠른 문제풀이 Tip

- 보기 ㄷ을 정확하게 해결하지 못하는 경우가 대부분이다. 보기 ㄷ 해결에 특히 주의해야 한다.
- 출제된 문제를 셀 때, 반대로 출제되지 않은 문제를 세는 쪽으로 접근해보자.

[정답] ④

길쌤's Check

부서원 A, B, C, D, E 중 출장을 갈 3명을 선택하려고 한다. 몇 가지 경우가 있는가?

월요일부터 책을 처음으로 빌리기 시작해서 3일마다 책을 반납하고 반납한 날 새로운 책을 빌린다고 가정해보자. 네 번째 반납을 한 요일은 언제일까?

첫 번째 질문을 효율적으로 해결하기 위해서는 올인원 1에서 이해 파트 '5. 숨겨진 정보의 처리' 등에서 연습했듯이 문제에서 요구하는 것과 반대로 사고하는 것이 필요하다. 반대사고는 계속 유용한 스킬이 된다. 출장을 갈 3명을 선택하는 것이 아니라 반대로 2명을 빼는 것으로 생각하고 접근하는 식이다.

두 번째 질문을 효율적으로 해결하기 위해서는 부분이 아니라 더 크게 해결할 때 보다 빠른 해결이 가능해진다. 두 번째 질문을 해결하기 위해 매번 반납할 때마다의 요일을 확인할 수도 있을 것이다. 첫 번째 반납 요일은 언제이고, 두 번째 반납 요일은 언제이고를 하나하나 따지는 방식도 가능할 것이다. 그런데 이 방법보다는 '3일마다 반납을 해야 하면 네 번째 반납은 12일 뒤에 하겠구나. 그렇다면 월요일부터 12일 뒤의 요일은 언제일까?'로 한 번에 따져볼 때 더 빠른 문제 해결이 가능하다.

따라서 해결하는 과정에서 부분사고보다는 전체사고를 하고, 곧이곧대로 해결하는 것보다는 반대사고를 하는 것이 익숙해지면 보다 빠른 문제 해결이 가능해진다.

순서가 있는 경우

26 다음은 회전과 전진만이 가능한 로봇이 미로에서 목적지까지 길을 찾아가도록 구성한 <주행 알고리즘>이다. 미로는 4단위×4단위의 정방형 단위구역(cell) 16개로 구성되며 미로 중앙부에는 1단위구역 크기의 도착지점이 있다. 도착지점에 이르기 전 로봇은 각 단위구역과 단위구역 사이를 이동할 때 벽의 유무를 탐지하여 벽이 없음이 감지되는 방향으로 주행한다. 로봇은 아래 <주행 알고리즘>에서 주명령을 수행하고, 이에 따라 주행할 수 없을 때에만 보조명령을 따른다. <예시>에서 로봇이 A → B → C → B → A로 이동한다고 가정할 때, A에서 C로의 이동은 주명령에 의한 것이고 C에서 A로의 이동은 보조명령에 의한 것이다. 다음 중 출발지점을 출발한 로봇의 이동경로를 바르게 나타낸 것은? 08년 5급 창책형 17번

〈주행 알고리즘〉

○ 주명령: 현재 단위구역(cell)에서 로봇은 왼쪽, 앞쪽, 오른쪽 순으로 벽의 유무를 탐지하여 벽이 없음이 감지되는 방향의 단위구역을 과거에 주행한 기록이 없다면 해당 방향으로 한 단위구역만큼 주행한다.
○ 보조명령: 현재 단위구역에서 로봇이 왼쪽, 앞쪽, 오른쪽, 뒤쪽 순으로 벽의 유무를 탐지하여 벽이 없음이 감지되는 방향의 단위구역에 벽이 없음이 감지되는 방향과 반대 방향의 주행기록이 있을 경우에만, 로봇은 그 방향으로 한 단위구역만큼 주행한다.

〈예 시〉

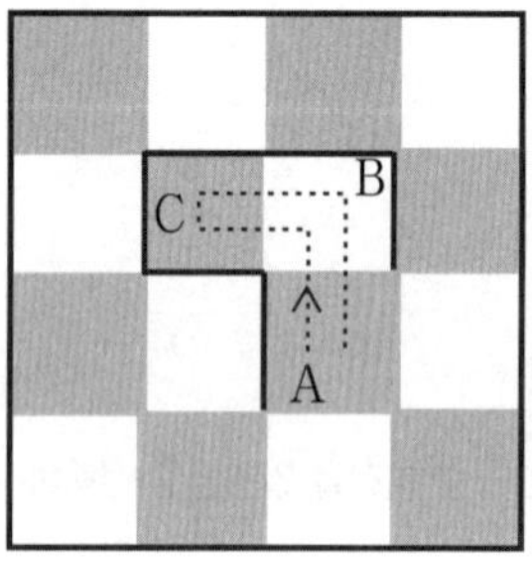

①

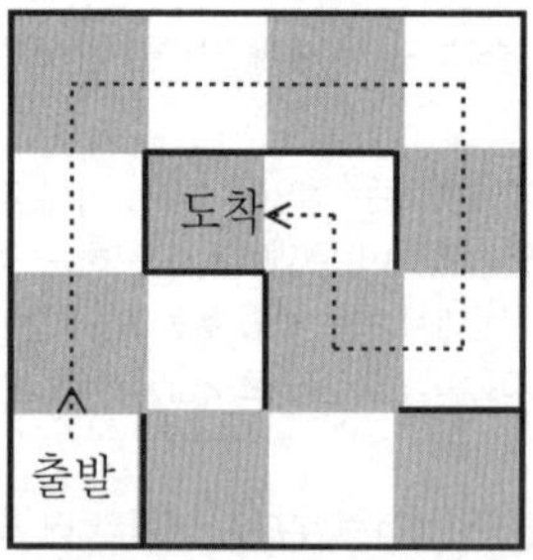

②

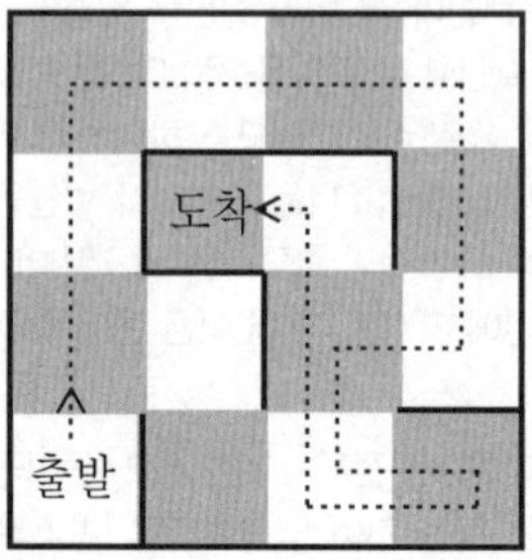

③

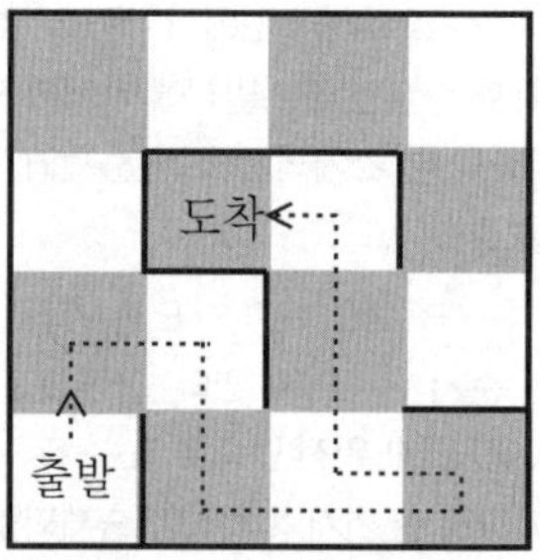

④

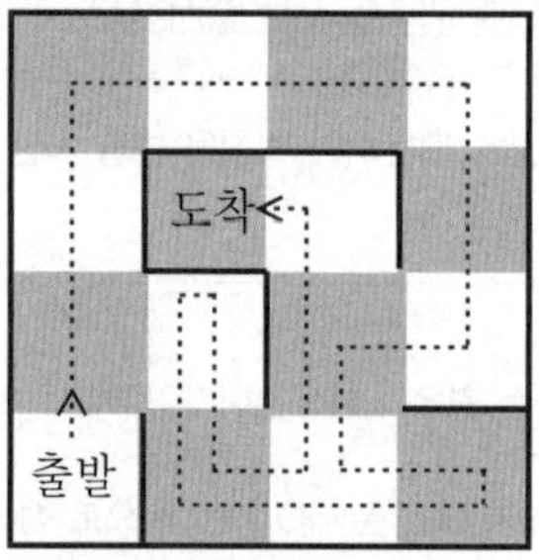

⑤

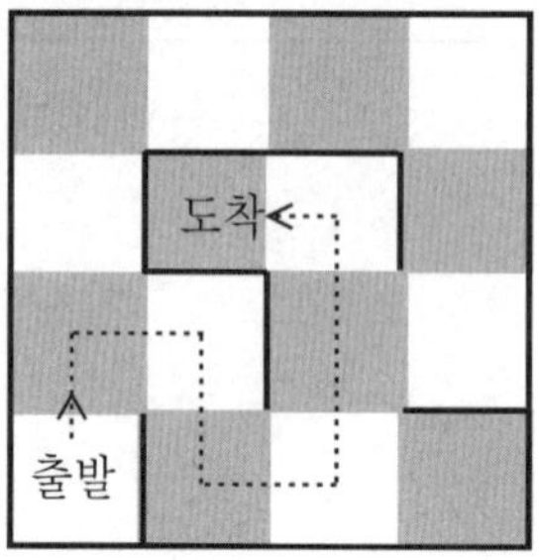

해설

문제 분석

발문의 내용과 〈예시〉를 통해 〈주행 알고리즘〉을 이해한다. 보조명령은 주명령을 수행할 수 없을 때만 수행한다. 주명령과 보조명령은 과거 주행기록 유무, 보조명령은 뒤쪽까지 벽의 유무를 탐지한다는 점에서 차이가 있다. 그리고 〈예시〉를 통해 이해해 보면 로봇의 주행방향을 기준으로 왼쪽, 앞쪽 등 방향을 판단한다.

- 주명령: 현재 단위구역(cell)에서 로봇은
  1) 왼쪽, 앞쪽, 오른쪽 순으로 벽의 유무를 탐지하여
  2) 벽이 없음이 감지되는 방향의 단위구역을
  3) 과거에 주행한 기록이 없다면
  4) 해당 방향으로 한 단위구역만큼 주행한다.
- 보조명령: 현재 단위구역에서 로봇이
  1) 왼쪽, 앞쪽, 오른쪽, 뒤쪽 순으로 벽의 유무를 탐지하여
  2) 벽이 없음이 감지되는 방향의 단위구역에
  3) 벽이 없음이 감지되는 방향과 반대 방향의 주행기록이 있을 경우에만,
  4) 로봇은 그 방향으로 한 단위구역만큼 주행한다.

문제풀이 실마리

- 이해과정에서는 주명령과 보조명령을 정확하게 이해해야 한다. 이때는 공통 · 차이에 대한 인식을 정확하게 해야한다.
- 해결과정에서는 선지를 적절하게 활용하면 보다 빠른 해결이 가능하다.

출발지점부터 〈주행 알고리즘〉을 정확히 적용해 도착지점에 가는 이동경로를 확인해 보면 된다. 이하부터는 주명령은 '주', 보조명령은 '보조'라고 표시하며 왼쪽, 앞쪽, 오른쪽, 뒤쪽을 각각 L, F, R, B라고 표시한다. 예를 들어 왼쪽에 벽이 없고 왼쪽에 과거 주행한 기록이 없어 주명령에 따라 주행하였다면 '주L'과 같이 표시한다.

1) 〈그림 1〉에서 화살표의 끝 지점으로 표시된 구역까지 '주F'에 따라 주행한다. 선지 ③, ⑤는 제거된다. 이하부터 그림에서 주명령에 따라 주행한 경우는 점선 화살표로, 보조명령에 따라 주행한 경우는 실선 화살표로 표시한다.

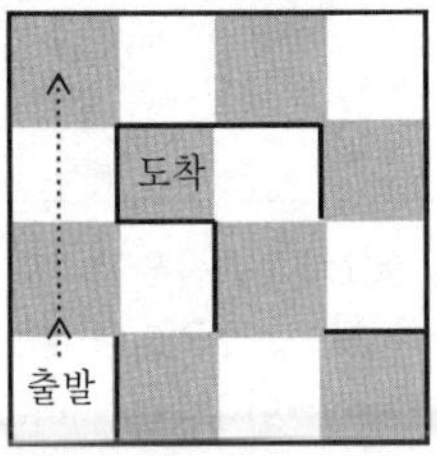

〈그림 1〉

2) 〈그림 1〉의 화살표 끝 지점에서는 왼쪽, 앞쪽에 벽이 있고 오른쪽에는 벽이 없다. 따라서 화살표의 끝 지점으로 표시된 구역까지 '주R'에 따라 주행한다.

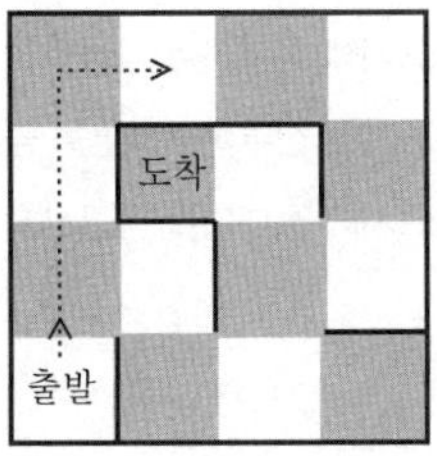

〈그림 2〉

3) 〈그림 2〉의 화살표 끝 지점부터 각 구역을 '주F', '주F', '주R', '주F', '주R', '주L', '주L'에 따라 주행한다. 선지 ①은 제거된다.

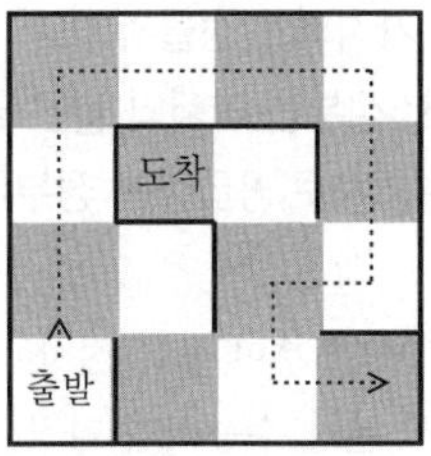

〈그림 3〉

4) 〈그림 3〉의 화살표 끝 지점에서는 왼쪽, 앞쪽, 오른쪽 모두 벽이 있으므로 주명령에 따라 주행할 수 없다. 따라서 보조명령에 따라 뒤쪽에 벽이 없음이 감지되고, 뒤쪽 방향의 단위구역에 벽이 없음이 감지되는 방향과 반대 방향, 즉 〈그림 3〉의 화살표 끝 지점으로 온 주행기록이 있으므로 '보조B'에 따라 주행한다.

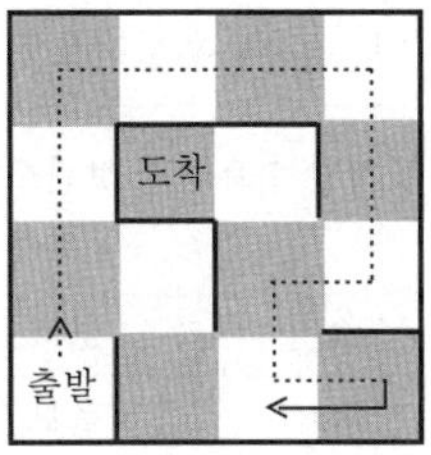

〈그림 4〉

5) 이후 '주F', '주R'에 따라 화살표 끝 지점까지 이동한다. 선지 ②가 제거되고 정답은 ④임을 알 수 있다. 화살표의 끝 지점에서는 왼쪽에 벽이 없으나 과거의 주행기록이 있고, 앞쪽, 오른쪽은 벽이 있으므로 보조명령에 따라 주행하게 된다.

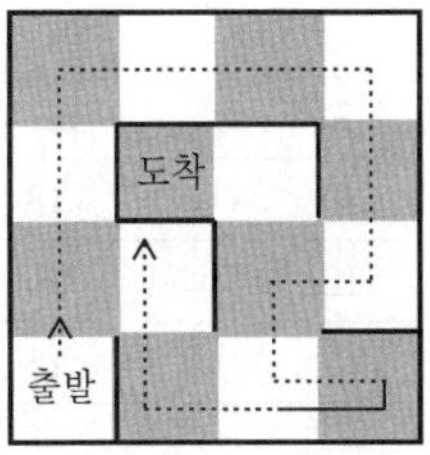

〈그림 5〉

6) 정답은 확인했지만, 나머지 이동경로도 확인해 보면 〈그림 5〉의 화살표 끝 지점부터 '보조B', '보조L', '보조L', '주F', '주L'에 따라 주행한다.

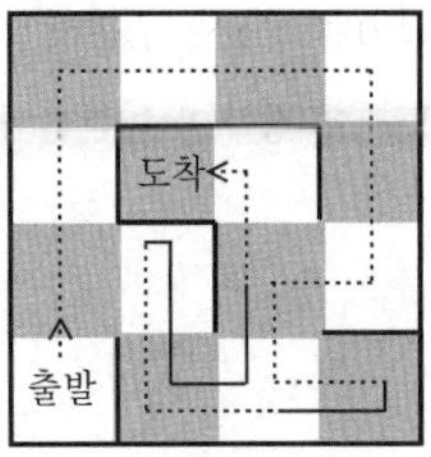

〈그림 6〉

[정답] ④

길쌤's Check

복수의 조건이 주어질 때 앞서 p.290에서 쉬운 조건부터 해결하는 것이 유리함을 연습한 바 있다. 그 경우는 조건 간에 순서가 정해져 있지 않아서 우리 수험생 입장에서 자유롭게 순서를 정할 수 있는 경우에 적용 가능한 스킬이다. 그런데 일부 문제에서는 조건을 적용할 때 순서가 있고 그대로 따라 해결을 해야 하는 경우가 있다. 이러한 문제의 경우에 순차적인 모든 조건을 한 번에 이해하고 한 번에 적용하려고 하면 어려운 경우가 많다. 따라서 그런 경우에는 구체적으로 한 단계 한 단계씩 이해하고 하나씩 해결할 때 보다 빠르고 정확한 해결이 가능해진다.

27 정부는 농산물 가격의 안정을 위해서 정부미를 방출할 계획이다. 정부미 방출 시 정부는 아래와 같은 공급 절차를 적용한다. 다음 중 보관소에서 도시로 공급하는 정부미의 양을 바르게 제시한 것은? 06년 5급(견습) 인책형 31번

〈정부미 공급 절차〉

1. 수송 비용표에서 톤당 수송비가 가장 적은 경우를 골라 공급 및 수요 조건의 범위 내에서 가능한 한 많은 양을 할당한다.
2. 그 다음으로 톤당 수송비가 적은 경우를 골라 공급 및 수요 조건의 범위 내에서 가능한 한 많은 양을 할당한다.
3. 위 과정을 공급량과 수요량이 충족될 때까지 계속한다. 만일 두 개 이상의 경우에서 톤당 수송비가 같으면 더 많은 양을 할당할 수 있는 곳에 우선적으로 할당한다.

〈표 1〉 도시별 수요량과 보관소별 공급량

(단위: 톤)

도시	수요량	보관소	공급량
A도시	140	서울보관소	120
B도시	300	대전보관소	200
C도시	60	부산보관소	180
합계	500	합계	500

〈표 2〉 톤당 수송비용

(단위: 만 원)

구분	A도시	B도시	C도시
서울보관소	40	18	10
대전보관소	12	20	36
부산보관소	4	15	12

① 서울보관소는 A도시에 정부미 50톤을 공급한다.

② 서울보관소는 B도시에 정부미 60톤을 공급한다.

③ 대전보관소는 A도시에 정부미 100톤을 공급한다.

④ 대전보관소는 B도시에 정부미 140톤을 공급한다.

⑤ 부산보관소는 C도시에 정부미 10톤을 공급한다.

해설

문제 분석

〈표 2〉를 활용하여 〈정부미 공급 절차〉를 〈표 1〉에 정확하게 적용하여야 한다.

문제풀이 실마리

- 보관소에서 도시로 정부미를 공급할 때 n-1개 해결을 할 수 있다면 보다 빠른 해결이 가능하다.
- 선지 검토할 때도 n-1개 해결을 할 수 있다면 보다 빠른 해결이 가능하다.

〈정부미 공급 절차〉에 따라 해결해 보면 다음과 같다.

1. 수송비용 표에서 톤당 수송비가 가장 적은 경우를 골라 공급 및 수요 조건의 범위 내에서 가능한 많은 양을 할당한다. → 부산보관소에서 A도시로 공급할 때 톤당 수송비용이 4만 원으로 가장 적다.

도시	수요량		보관소	공급량
A도시	~~140~~	부산 → A도시 140	서울보관소	120
B도시	300		대전보관소	200
C도시	60		부산보관소	~~180~~ 40
합계	500		합계	500

2. 그 다음으로 톤당 수송비가 적은 경우를 골라 공급 및 수요 조건의 범위 내에서 가능한 많은 양을 할당한다. → 다음으로 톤당 수송비가 적은 경우는 서울보관소에서 C도시로 공급할 때 톤당 10만 원의 수송비용이 드는 경우이다.

도시	수요량		보관소	공급량
A도시	~~140~~	부산 → A도시 140	서울보관소	~~120~~ 60
B도시	300		대전보관소	200
C도시	~~60~~	서울 → C도시 60	부산보관소	~~180~~ 40
합계	500		합계	500

3. 위 과정을 공급량과 수요량이 충족될 때까지 계속한다. 만일 두 개 이상의 경우에서 톤당 수송비가 같으면 더 많은 양을 할당할 수 있는 곳에 우선적으로 할당한다. → 이 과정을 거치면 서울보관소에서는 60톤을, 대전보관소는 200톤을, 부산보관소에서는 40톤을 B도시에 공급하게 된다.

① (X) 서울보관소는 A도시에 정부미를 공급하지 않는다.

② (O) 서울보관소는 B도시에 정부미 60톤을 공급한다.

③ (X) 대전보관소는 A도시에 정부미를 공급하지 않는다.

④ (X) 대전보관소는 B도시에 정부미 200톤을 공급한다.

⑤ (X) 부산보관소는 C도시에 정부미를 공급하지 않는다.

[정답] ②

Ⅱ. 장치

1 규칙이 여러 개인 경우

28 **Y부는 현재 각종의 민원업무를 처리하는 데 있어서 먼저 접수된 민원을 우선 처리하는 '선착순 우선원칙'을 고수하고 있다. 그러나 일부 국민들은 처리기일이 적게 소요되는 민원을 처리기일이 오래 소요되는 민원보다 우선 처리하는 '짧은 사례 우선원칙'을 채택하여야 한다고 주장하고 있다. 다음과 같은 <상황>을 근거로 판단할 때 <보기>에서 옳은 것을 모두 고르면?**

11년 민경채(실험) 발책형 19번

〈상 황〉

- 甲, 乙, 丙 3명의 민원인이 같은 날에 순서대로 각각 민원 A, B, C를 민원 담당자에게 접수하였다.
- 민원 담당자가 민원 A, B, C를 처리하는 데 필요한 소요일수는 각각 16일, 8일, 4일이다.
- 민원 담당자는 민원 A, B, C를 동시에 처리할 수 없고 한 번에 하나씩만 처리할 수 있다.

〈보 기〉

ㄱ. 선착순 우선원칙에 의할 경우보다 짧은 사례 우선원칙에 의할 경우 민원 B가 완료되는 데 소요되는 기간은 1/2로 줄어든다.
ㄴ. 선착순 우선원칙보다 짧은 사례 우선원칙에 의할 경우 甲, 乙, 丙 모두 혜택을 볼 수 있다.
ㄷ. 민원담당자의 입장에서 보면 민원 A, B, C를 모두 처리하는데 필요한 기간은 선착순 우선원칙에 의하는 것과 짧은 사례 우선원칙에 의하는 것 사이에 차이가 없다.
ㄹ. 선착순 우선원칙에 의할 경우와 짧은 사례 우선원칙에 의할 경우 민원 C의 완료기간은 총 24일 차이가 난다.
ㅁ. 민원인 甲, 乙, 丙이 접수한 민원이 처리에 들어갈 때 까지 각 민원인이 대기한 기간을 합한 총 대기기간은 선착순 우선원칙에 의할 경우와 짧은 사례 우선원칙에 의할 경우 간에 차이가 없다.

① ㄱ, ㄴ, ㄹ　　② ㄱ, ㄷ, ㄹ
③ ㄱ, ㄷ, ㅁ　　④ ㄴ, ㄷ, ㅁ
⑤ ㄴ, ㄹ, ㅁ

해설

문제 분석

발문의 '선착순 우선원칙'과 '짧은 사례 우선원칙'에 따라 〈보기〉의 상황들을 판단한다. 선착순 우선원칙에 의할 경우에는 문제가 되지 않지만 짧은 사례 우선원칙에 의할 경우 민원 담당자가 민원 A, B, C를 처리하는 동안 다른 민원이 접수되는 경우는 없다고 가정한다.

'선착순 우선원칙'에 의할 경우 민원은 A, B, C 순으로 처리되고, '짧은 사례 우선원칙'에 의할 경우 민원은 C, B, A 순으로 처리된다.

ㄱ. (O) 선착순 우선원칙에 의할 경우 민원 A 다음 민원 B가 처리되므로 민원 B가 완료되는 데 16+8=24일이 소요된다. 짧은 사례 우선원칙에 의할 경우 민원 C 다음 민원 B가 처리되므로 민원 B가 완료되는 데 4+8=12일이 소요된다. 소요되는 기간은 1/2로 줄어든다.

ㄴ. (X) 甲, 乙, 丙에게 혜택이라고 함은 민원이 보다 적은 기간에 처리되는 것이라고 하자. 선착순 우선원칙에 의하면 甲, 乙, 丙의 민원이 처리되는 데 소요되는 기간은 각각 16일, 16+8=24일, 16+8+4=28일이고, 짧은 사례 우선원칙에 의할 경우는 각각 4+8+16=28일, 4+8=12일, 4일이다. 乙, 丙은 민원이 처리되는 데 소요되는 기간이 감소하므로 혜택을 볼 수 있지만, 甲은 소요되는 기간이 증가하므로 짧은 사례 우선원칙에 의할 경우 혜택을 볼 수 없다.

ㄷ. (O) 선착순 우선원칙에 의하는 것과 짧은 사례 우선원칙에 의하는 것은 민원의 처리순서만 차이가 있고 각 민원을 처리하는 데 필요한 소요일수는 같다. 따라서 민원담당자의 입장에서 보면 민원 A, B, C를 모두 처리 하는 데 필요한 기간은 16+8+4=28일로 두 원칙 사이에 차이가 없다.

ㄹ. (O) ㄴ에서 검토한 대로 민원 C의 완료기간은 선착순 우선원칙에 의할 경우 16+8+4=28일이고, 짧은 사례 우선원칙에 의할 경우 4일이다. 완료기간은 28−4=총 24일 차이가 난다.

ㅁ. (X) 민원인 甲, 乙, 丙이 접수한 민원이 처리에 들어갈 때까지 각 민원인이 대기한 기간은 선착순 우선원칙에 의할 甲부터 각각 0일, 16일, 16+8=24일로 세 명의 대기기간을 합한 총 대기기간은 0+16+24=40일이다. 짧은 사례 우선원칙에 의할 경우 각 민원인이 대기한 기간은 甲부터 각각 4+8=12일, 4일, 0일로 세 명의 대기기간을 합한 총 대기기간은 12+4+0=16일이다. 두 원칙 사이에 총 대기기간은 24일의 차이가 있다.

빠른 문제풀이 Tip

ㄴ. 甲, 乙, 丙 모두 계산할 필요는 없고 한 명 정도만 확인하면 된다.
ㄷ. 구체적인 계산은 없이 두 원칙에 대한 이해만으로 정오를 판단할 수 있다.

[정답] ②

29 K사무관은 다음 <기준>과 <현황>에 근거하여 1억 원의 범죄예방 예산을 A, B시에 배분하려고 한다. 다음 중 틀린 것은?

11년 민경채(실험) 발책형 25번

〈기 준〉

- ○ 평등성에 입각할 경우 A와 B시에 동등하게 배분한다.
- ○ 인구수에 입각할 경우 A와 B시의 인구비율에 따라 배분한다.
- ○ 범죄발생건수에 입각할 경우 A와 B시의 범죄발생건수비율에 따라 배분한다.
- ○ 재정자립도에 입각할 경우 A와 B시의 재정자립도비율에 따라 역으로 배분한다.
- ○ 경찰관의 수에 입각할 경우 A와 B시의 경찰관수비율에 따라 배분한다.

〈현 황〉

- ○ A시와 B시의 인구비율 – 60 : 40
- ○ A시와 B시의 범죄발생건수비율 – 25 : 75
- ○ A시와 B시의 재정자립도비율 – 70 : 30
- ○ A시와 B시의 경찰관수비율 – 65 : 35

① A시의 경우만 볼 때, 어느 기준이 선정되는가에 따라 최고 4,000만 원까지 범죄예방 예산배분액의 차이가 날 수 있다.

② B시의 경우만 볼 때, 어느 기준이 선정되는가에 따라 최고 4,000만 원까지 범죄예방 예산배분액의 차이가 날 수 있다.

③ 평등기준을 제외하고, B시가 3번째로 선호하는 배분기준은 인구수이다.

④ 평등기준을 제외하고, A시가 2번째로 선호하는 배분기준은 인구수이다.

⑤ A시는 재정자립도를 기준으로 할 때, 가장 적은 예산을 배분받는다.

해설

문제 분석

배분되는 범죄예방 예산액은 1억 원이다. 〈기준〉과 〈현황〉의 내용을 바탕으로 A, B시에 배분되는 예산을 정리해보면 다음과 같다. 단위는 만 원이다.

기준	배분비율	A시	B시
동등하게	50:50	5,000	5,000
인구비율	60:40	6,000	4,000
범죄발생건수비율	25:75	2,500	7,500
재정자립도비율	역으로 30:70	3,000	7,000
경찰관수비율	65:35	6,500	3,500

① (O) A시의 경우, 경찰관의 수 기준에 의한 예산배분액은 6,500만 원, 범죄발생건수 기준에 의한 예산배분액은 2,500만 원으로 최고 4,000만 원까지 범죄예방 예산배분액의 차이가 난다.

② (O) B시의 경우, 범죄발생건수 기준에 의한 예산배분액은 7,500만 원, 경찰관의 수 기준에 의한 예산배분액은 3,500만 원으로 최고 4,000만 원까지 범죄예방 예산배분액의 차이가 난다.

③ (O) B시는 범죄예방 예산배분액이 많은 배분기준을 선호한다고 하자. 평등기준을 제외하고, B시의 범죄예방 예산배분액이 큰 순서대로 배분기준을 나열해 보면 범죄발생건수, 재정자립도, 인구수, 경찰관의 수 순이다. B시가 3번째로 선호하는 배분기준은 인구수이다.

④ (O) 평등기준을 제외하고, A시의 범죄예방 예산배분액이 큰 순서대로 배분기준을 나열해 보면 경찰관의 수, 인구수, 재정자립도, 범죄발생건수 순이다. A시가 2번째로 선호하는 배분기준은 인구수이다.

⑤ (X) A시가 가장 적은 예산을 배분받는 배분기준은 재정자립도(3,000만 원)가 아니라 범죄발생건수(2,500만 원)이다.

빠른 문제풀이 Tip

선지 ①에서 A시가 가장 많은 예산을 배분받는 경찰관의 수 기준의 경우 6,500만 원을 배분받는데 전체 예산액은 1억 원으로 고정되어 있으므로 B시는 가장 적은 10,000 – 6,500 = 3,500만 원을 배분받는다. 그리고 A시가 가장 적은 예산을 배분받는 범죄발생건수 기준의 경우 2,500만 원을 배분받으면 B시는 가장 많은 10,000 – 2,500 = 7,500만 원을 배분받는다. A시가 기준에 따라 예산배분액이 최대 6,500 – 2,500 = 4,000만 원 차이가 날 수 있다면, B시도 (10,000 – 2,500) – (10,000 – 6,500) = 4,000만 원 차이가 난다. 사실상 선지 ①, ②가 같은 내용을 묻고 있는 것이다.

이는 선지 ③, ④의 관계에서도 마찬가지인데 A시가 선호하는 배분기준 순서는 B시가 선호하는 배분기준 순서의 역순이다. 따라서 평등기준을 제외한 4가지 배분기준 중 B시가 3번째로 선호하는 배분기준(선지 ③)은 A시가 2번째로 선호하는 배분기준(선지 ④)이다.

[정답] ⑤

30 다음 글을 근거로 판단할 때, <보기>에서 옳은 것만을 모두 고르면? 21년 7급 나책형 19번

> 2021년에 적용되는 ○○인재개발원의 분반 허용 기준은 아래와 같다.
> ○ 분반 허용 기준
> – 일반강의: 직전 2년 수강인원의 평균이 100명 이상이거나, 그 2년 중 1년의 수강인원이 120명 이상
> – 토론강의: 직전 2년 수강인원의 평균이 60명 이상이거나, 그 2년 중 1년의 수강인원이 80명 이상
> – 영어강의: 직전 2년 수강인원의 평균이 30명 이상이거나, 그 2년 중 1년의 수강인원이 50명 이상
> – 실습강의: 직전 2년 수강인원의 평균이 20명 이상
> ○ 이상의 기준에도 불구하고 직전년도 강의만족도 평가점수가 90점 이상이었던 강의는 위에서 기준으로 제시한 수강인원의 90% 이상이면 분반을 허용한다.

〈보 기〉

ㄱ. 2019년과 2020년의 수강인원이 각각 100명과 80명이고 2020년 강의만족도 평가점수가 85점인 일반강의 A는 분반이 허용된다.
ㄴ. 2019년과 2020년의 수강인원이 각각 10명과 45명인 영어강의 B의 분반이 허용되지 않는다면, 2020년 강의만족도 평가점수는 90점 미만이었을 것이다.
ㄷ. 2019년 수강인원이 20명이고 2020년 강의만족도 평가점수가 92점인 실습강의 C의 분반이 허용되지 않는다면, 2020년 강의의 수강인원은 15명을 넘지 않았을 것이다.

① ㄴ
② ㄷ
③ ㄱ, ㄴ
④ ㄱ, ㄷ
⑤ ㄴ, ㄷ

해설

문제 분석
• 강의별 여러 분반 허용 기준이 제시되어 있다.
• 단서조건도 있으므로 놓치지 않도록 주의해야 한다.

문제풀이 실마리
각 강의별 분반 허용 기준을 적용하기에 앞서서 단서조건에 해당하는지 즉, 직전년도(=2021년 적용 기준 직전년도는 2020년) 강의만족도 평가점수가 90점 이상인지 여부를 먼저 확인하여야 한다.

ㄱ. (X) 2020년의 강의만족도 평가점수가 85점이므로 단서조건에 해당하지 않는다.
일반강의의 분반 허용 기준은 'ⓐ 직전 2년 수강인원의 평균이 100명 이상이거나, ⓑ 그 2년 중 1년의 수강인원이 120명 이상'이어야 한다. ⓐ 직전 2년 수강인원의 평균을 구해보면, 100명과 80명이므로 평균 90명으로 평균 100명 이상에 해당하지 않는다. 그리고 ⓑ 그 2년 중 1년의 수강인원이 120명 이상에도 해당하지 않는다. 따라서 분반 허용 기준에 해당하는 것이 없으므로 분반은 허용되지 않는다.

ㄴ. (O) 2020년의 강의만족도 평가점수가 나와있지 않으므로 단서조건에 해당하는지 여부는 먼저 검토하기 어렵다.
영어강의의 분반 허용 기준은 'ⓐ 직전 2년 수강인원의 평균이 30명 이상이거나, ⓑ 그 2년 중 1년의 수강인원이 50명 이상'이어야 한다. ⓐ 직전 2년 수강인원의 평균을 구해보면, 10명과 45명의 평균은 27.5명으로 평균이 30명 이상에 해당하지 않는다. 평균을 구하는 것보다는 합이 60명이 안 된다는 것으로 판단하는 것이 빠르다. ⓑ 그 중 1년의 수강인원이 50명 이상인 경우에도 해당하지 않는다.
기본적인 기준에도 불구하고 단서조건에 해당하면 분반이 가능하지만 영어강의 B의 분반이 허용되지 않는다는 것은 단서조건의 만족도 평가점수 관련 조건도 충족하지 않는다는 의미이다. 만약 만족도 평가점수가 90점 이상이었다면, ⓐ 평균 30명 기준의 90%인 27명 이상이고, ⓑ 1년 수강인원 50명 기준의 90%인 45명 이상이기 때문에, 즉, 앞서 살펴본 ⓐ, ⓑ 기준으로 둘 다 90% 이상을 충족하기 때문에 분반이 허용되었어야 한다.
정리하면 기본적인 분반 허용 기준에는 해당하지 않고, 단서조건에 따를 때 만족도 평가점수 조건만 충족했다면 분반은 허용되었을 것이다. 그런데도 분반이 허용되지 않았다는 것은 만족도 평가점수가 90점 미만이었어야 한다.

ㄷ. (O) 2020년 강의만족도 평가점수가 92점이므로 단서조건에 해당한다. 따라서 기본적인 분반 허용 기준의 90% 이상이면 분반이 허용된다. 따라서 분반이 허용되지 않았다는 의미는 기본적인 분반 허용 기준의 90% 미만이라는 의미이다.
실습강의는 직전 2년 수강인원의 평균이 20명 이상이면 되는데, 단서조건이 적용되므로 '직전 2년 수강인원의 평균이 18명 이상이면 분반이 허용된다. 2019년 수강인원이 20명이면 평균 18명에서 편차가 +2이므로, 2020년 강의 수강인원은 편차 −2인 16명 이상이면 단서조건의 기준을 충족한다. 2020년 강의의 수강인원이 15명을 넘었다면 16명 이상이라는 의미이므로, 분반이 허용되지 않은 실습강의 C의 2020년 강의의 수강인원은 15명을 넘지 않았을 것이다.

빠른 문제풀이 Tip
분반 허용 기준에 제시된 강의의 종류는 4가지이고, 보기는 ㄱ～ㄷ 세 개이다. 문제에서 묻는 것 위주로 확인하여 정보 확인의 시간을 단축하여야 한다.

[정답] ⑤

31 다음 글을 근거로 판단할 때, <보기>에서 옳은 것만을 모두 고르면?

22년 7급 가책형 13번

이번 주 甲의 요일별 기본업무량은 다음과 같다.

요일	월	화	수	목	금
기본업무량	60	50	60	50	60

甲은 기본업무량을 초과하여 업무를 처리한 날에 '칭찬'을, 기본업무량 미만으로 업무를 처리한 날에 '꾸중'을 듣는다. 정확히 기본업무량만큼 업무를 처리한 날에는 칭찬도 꾸중도 듣지 않는다.

이번 주 甲은 방식1～방식3 중 하나를 선택하여 업무를 처리한다.

방식1: 월요일에 100의 업무량을 처리하고, 그다음 날부터는 매일 전날 대비 20 적은 업무량을 처리한다.

방식2: 월요일에 0의 업무량을 처리하고, 그다음 날부터는 매일 전날 대비 30 많은 업무량을 처리한다.

방식3: 매일 60의 업무량을 처리한다.

〈보 기〉

ㄱ. 방식1을 선택할 경우 화요일에 꾸중을 듣는다.

ㄴ. 어느 방식을 선택하더라도 수요일에는 칭찬도 꾸중도 듣지 않는다.

ㄷ. 어느 방식을 선택하더라도 칭찬을 듣는 날수는 동일하다.

ㄹ. 칭찬을 듣는 날수에서 꾸중을 듣는 날수를 뺀 값을 최대로 하려면 방식2를 선택하여야 한다.

① ㄱ, ㄷ

② ㄱ, ㄹ

③ ㄴ, ㄷ

④ ㄴ, ㄹ

⑤ ㄴ, ㄷ, ㄹ

해설

문제 분석

지문의 업무처리 방식을 정확히 적용하여 칭찬, 꾸중 여부만 판단하면 되는 문제이다.

甲의 방식1～3에 의한 월～금의 업무량은 다음과 같다.

구분		월	화	수	목	금
기본업무량		60	50	60	50	60
방식1	업무량	100	80	60	40	20
	결과	칭찬	칭찬	–	꾸중	꾸중
방식2	업무량	0	30	60	90	120
	결과	꾸중	꾸중	–	칭찬	칭찬
방식3	업무량	60	60	60	60	60
	결과	–	칭찬	–	칭찬	–

방식1～3에 따라 요일별 甲의 업무량이 어떻게 변화해 나가는지에 대해서는 특별히 어려운 것이 없으므로 보기를 판단해본다.

ㄱ. (X) 방식1을 선택할 경우 화요일의 기본업무량은 50이나 갑의 처리한 업무량은 80이므로 甲은 칭찬을 듣는다.

ㄴ. (O) 수요일의 기본업무량은 60인데 방식1～3 모두 甲이 처리하는 업무량은 60으로 기본업무량과 같다. 어느 방식을 선택하더라도 칭찬도 꾸중도 듣지 않는다.

ㄷ. (O) 방식1에 의하면 월, 화 2번, 방식2에 의하면 목, 금 2번, 방식3에 의하면 화, 목 2번으로 모두 각각 2번의 칭찬을 듣는다. 어느 방식을 선택하더라도 칭찬을 듣는 날수는 2번으로 같다.

ㄹ. (X) 방식2에 의하면 칭찬을 듣는 날수 2번, 꾸중을 듣는 날수 2번으로 칭찬을 듣는 날수에서 꾸중을 듣는 날수를 뺀 값은 0이다. 그러나 방식3에 의하면 칭찬을 듣는 날수는 2번, 꾸중을 듣는 날수는 0번으로 칭찬을 듣는 날수에서 꾸중을 듣는 날수를 뺀 값은 2이다. 칭찬을 듣는 날수에서 꾸중을 듣는 날수를 뺀 값을 최대로 하려면 방식3을 선택하여야 한다. 방식1의 칭찬을 듣는 날수에서 꾸중을 듣는 날수를 뺀 값은 0으로 방식2와 같다.

빠른 문제풀이 Tip

위의 표와 같은 내용을 단발적으로 처리하기에는 눈으로만 판단해도 충분할 수 있으나 〈보기〉를 판단하면서 반복적으로 확인해야 하는 경우가 많다. 다소 복잡하다고 느껴지는 경우에는 시험지에 어떤 방식으로든 시각화하여 헷갈리지 않으면서 판단한 사항을 반복해서 처리하는 일 없이 처리하도록 한다.

[정답] ③

32 7명의 여행자(A ~ G)가 5인승 승용차 3대에 나눠 타고 여행을 떠난다. 다음 <여행자 특성>과 <원칙>을 선택적으로 적용할 때 옳지 않은 것은?

13년 5급 인책형 34번

〈여행자 특성〉

	나이	성별	면허보유기간	운전기간	키
A	33	남	4년	4년	큼
B	32	남	7년	7년	큼
C	30	남	5년	0년	작음
D	28	남	3년	3년	작음
E	26	여	5년	2년	큼
F	31	여	8년	3년	큼
G	25	남	1년	1년	작음

〈원 칙〉

ㄱ. 운전자는 운전기간이 긴 사람을 우선으로 선택한다.
ㄴ. 모든 차량의 앞쪽 좌석에는 키 큰 사람이 1명 이상 승차한다.
ㄷ. 다른 성별끼리 같은 차량에 타지 않는다.
ㄹ. 여성이 운전하는 차량이 1대 이상이 되도록 한다.
ㅁ. 운전자는 면허보유기간이 긴 사람을 우선으로 선택한다.
ㅂ. 운전자만 승차하는 차량이 존재한다.
ㅅ. 여성이 탄 차량에는 반드시 남성 두 명이 타도록 한다.
ㅇ. 앞쪽 좌석에는 운전자만 승차한다.

① ㄱ → ㄹ → ㄷ → ㅂ의 순서로 원칙을 적용하는 경우 C, D, G는 같은 차량에 승차한다.
② ㄱ → ㄷ의 순서로 원칙을 적용하는 경우 F가 운전하게 된다.
③ ㄹ → ㅅ → ㅂ의 순서로 원칙을 적용하는 경우 남성 운전자 혼자 타는 차량이 존재한다.
④ ㄷ 원칙을 우선 적용하면, ㄱ과 ㅁ 중 어떤 원칙이 적용되어도 F가 운전하는 차량이 존재한다.
⑤ ㅁ → ㅇ → ㄴ → ㅅ의 순서로 원칙을 적용하는 경우 F의 차량에는 4명이 승차한다.

해설

문제 분석
여러 〈원칙〉이 존재하고, 이를 다양한 순서로 적용해 본다.

문제풀이 실마리
규칙을 바꾸면서 적용하는 문제는 시간이 꽤 오래 소요되는 유형이다.

① (O)

원칙	결과
ㄱ	운전자는 운전기간이 긴 사람을 우선으로 선택하므로 B, A는 확정이고 D 또는 F가 운전자가 된다.
ㄹ	여성이 운전하는 차량이 1대 이상이 되어야 하므로 D와 F 중 F로 운전자가 확정되고, 운전자는 B, A, F가 된다.
ㄷ	운전자를 제외한 나머지 C, D, E, G 중 E가 여성인 F가 운전하는 차량에 타야 하고, 남성인 C, D, G는 B 또는 A가 운전하는 차량에 타야 한다.
ㅂ	C, D, G는 B 또는 A가 운전하는 차량 중 한 대의 차량에 함께 몰려 타게되고, 다른 한 명의 운전자는 혼자 승차하게 된다.

따라서 C, D, G는 같은 차량에 승차한다.

② (O)

원칙	결과
ㄱ	운전자는 운전기간이 긴 사람을 우선으로 선택하므로 B, A는 확정이고 D 또는 F가 운전자가 된다.
ㄷ	A, B, D는 모두 남성이므로, 여성인 F가 운전하는 차량에 여성 E가 타야한다.

따라서 여성만 탑승하는 차량에서 F가 운전할 수밖에 없다.

③ (O)

원칙	결과
ㄹ	여성인 E와 F 중 한 명 이상은 반드시 운전자가 된다.
ㅅ	여성이 탄 차량에는 반드시 남성 두 명이 타도록 하므로 여성 혼자 타고 있는 차량은 존재할 수 없다.
ㅂ	운전자만 승차하는 차량이 존재해야 하는데, 앞서 ㅅ 원칙을 적용했을 때 여성 혼자 타고 있는 차량은 존재할 수 없으므로 운전자만 승차하게 되는 차량의 운전자는 반드시 남성이다. 따라서 남성 운전자 혼자 타는 차량이 존재한다.

추가로 원칙 ㄹ과 ㅅ을 적용하면 두 가지 경우가 가능하다.

구분	차량 1	차량 2	차량 3
경우 1	여성2+남성 2	남성 2	남성 1
경우 2	여성 1+남성 2	여성 1+남성 2	남성 1

④ (O)

원칙	결과
ㄷ	동성끼리 같은 차량을 타야 하므로 여성끼리만 타는 차량이 존재한다. 여성들끼리만 타는 차량에서는 운전자는 반드시 여자가 된다. 즉 E와 F 중 한 명은 반드시 운전자가 된다.
ㅁ	E와 F 중 면허보유기간이 더 긴 F가 운전자가 된다.

원칙 ㄷ 적용 후, ㄱ과 ㅁ 중 어떤 것이 적용되어도 F가 운전하는 차량이 존재한다. E와 F 중 면허보유기간과 운전기간 모두 F가 더 길다. 따라서 E와 F가 함께 타면 어떤 경우이든 F가 운전한다.

⑤ (X)

원칙	결과
ㅁ	면허보유기간이 긴 순으로 F, B는 확정이고 C 또는 E가 운전자가 된다.
ㅇ ㄴ	ㅇ에 따라 앞쪽 좌석에는 운전자만 승차할 수 있는데, ㄴ에 따라 운전자는 모두 키가 커야 한다. 따라서 C 또는 E 중에서 E가 운전자가 된다.
ㅅ	F와 E가 운전하는 차량에는 각각 남성 두 명이 타야 한다. 따라서 운전자를 제외한 나머지 A, C, D, G는 두 명씩 나눠 F와 E가 운전하는 차량에 타야 한다. 따라서 F의 차량에는 3명이 승차한다.

빠른 문제풀이 Tip

- '경우' 유형에서 배울 합분해를 미리 간단히 연습해 보면, 7명의 여행자를 5인승 승용차 3대에 나누어 태우는 방법은 (5명, 1명, 1명), (4명, 2명, 1명), (3명, 3명, 1명), (3명, 2명, 2명) 4가지 방법이 있다.
- 〈여행자 특성〉이 연속적 자료인지 또는 비연속적 자료인지에 따라 적용순서가 유의미할 수도 무의미할 수도 있다.

[정답] ⑤

33 다음 글과 <선정 방식>을 근거로 판단할 때, <보기>에서 옳은 것만을 모두 고르면? 18년 5급 나책형 14번

△△기업은 3개 신문사(甲～丙)를 대상으로 광고비를 지급하기 위해 3가지 선정 방식을 논의 중이다. 3개 신문사의 정보는 다음과 같다.

신문사	발행부수(부)	유료부수(부)	발행기간(년)
甲	30,000	9,000	5
乙	30,000	11,500	10
丙	20,000	12,000	12

※ 발행부수=유료부수+무료부수

〈선정 방식〉

○ 방식 1: 항목별 점수를 합산하여 고득점 순으로 500만 원, 300만 원, 200만 원을 광고비로 지급하되, 80점 미만인 신문사에는 지급하지 않는다.

평가항목	항목별 점수			
발행부수(부)	20,000 이상	15,000～19,999	10,000～14,999	10,000 미만
	50점	40점	30점	20점
유료부수(부)	15,000 이상	10,000～14,999	5,000～9,999	5,000 미만
	30점	25점	20점	15점
발행기간(년)	15 이상	12～14	9～11	6～8
	20점	15점	10점	5점

※ 항목별 점수에 해당하지 않을 경우 해당 항목을 0점으로 처리한다.

○ 방식 2: A등급에 400만 원, B등급에 200만 원, C등급에 100만 원을 광고비로 지급하되, 등급별 조건을 모두 충족하는 경우에만 해당 등급을 부여한다.

등급	발행부수(부)	유료부수(부)	발행기간(년)
A	20,000 이상	10,000 이상	10 이상
B	10,000 이상	5,000 이상	5 이상
C	5,000 이상	2,000 이상	2 이상

※ 하나의 신문사가 복수의 등급에 해당할 경우, 그 신문사에게 가장 유리한 등급을 부여한다.

○ 방식 3: 1,000만 원을 발행부수 비율에 따라 각 신문사에 광고비로 지급한다.

〈보 기〉

ㄱ. 乙은 방식 3이 가장 유리하다.
ㄴ. 丙은 방식 1이 가장 유리하다.
ㄷ. 방식 1로 선정할 경우, 甲은 200만 원의 광고비를 지급받는다.
ㄹ. 방식 2로 선정할 경우, 丙은 甲보다 두 배의 광고비를 지급받는다.

① ㄱ, ㄴ ② ㄱ, ㄷ ③ ㄴ, ㄷ
④ ㄴ, ㄹ ⑤ ㄷ, ㄹ

해설

문제 분석
3가지 선정방식을 3개 신문사(甲～丙)에 적용해본다.

문제풀이 실마리
각 선정방식에 따른 결과를 빠르게 확인할 수 있어야 한다.

방식 1에 따른 결과는 다음과 같다.

신문사	발행부수(부)	유료부수(부)	발행기간(년)	합산점수	광고비
甲	30,000 **50점**	9,000 **20점**	5 **0점**	70점	0원[1]
乙	30,000 **50점**	11,500 **25점**	10 **10점**	85점	300만 원
丙	20,000 **50점**	12,000 **25점**	12 **15점**	90점	500만 원

1) 80점 미만인 신문사에는 광고비를 지급하지 않는다.

방식 2에 따른 결과는 다음과 같다.

신문사	발행부수(부)	유료부수(부)	발행기간(년)	합산점수	광고비
甲	30,000 A	9,000 B	5 B	B	200만 원
乙	30,000 A	11,500 A	10 A	A	400만 원
丙	20,000 A	12,000 A	12 A	A	400만 원

방식 3에 따른 결과는 다음과 같다.

甲$=1{,}000$만 원$\times\frac{30{,}000}{30{,}000+30{,}000+20{,}000}=1{,}000$만 원$\times\frac{3}{8}=375$만 원

乙$=1{,}000$만 원$\times\frac{30{,}000}{30{,}000+30{,}000+20{,}000}=1{,}000$만 원$\times\frac{3}{8}=375$만 원

丙$=1{,}000$만 원$\times\frac{20{,}000}{30{,}000+30{,}000+20{,}000}=1{,}000$만 원$\times\frac{2}{8}=250$만 원

각 방식에 따른 결과를 비교해 보면 다음과 같다.

신문사	방식 1	방식 2	방식 3
甲	0	200	375
乙	300	400	375
丙	500	400	250

ㄱ. (X) 乙은 방식 3에 따를 때 375만 원의 광고비를 받게 되므로 400만 원을 받을 수 있는 방식 2가 가장 유리하다.

ㄴ. (O) 丙은 500만 원을 받을 수 있는 방식 1이 가장 유리하다.

ㄷ. (X) 방식 1로 선정할 경우, 甲의 합산점수는 70점으로 80점 미만이기 때문에 광고비를 지급받지 못한다.

ㄹ. (O) 방식 2로 선정할 경우, 丙은 400만 원, 甲은 200만 원의 광고비를 지급받는다. 따라서 丙은 甲보다 두 배의 광고비를 지급받는다.

빠른 문제풀이 Tip
- 어떤 방식부터 볼지 고민해 보아야 한다.
- 어떤 보기부터 처리할지 고민해 보아야 한다.

[정답] ④

34 다음 글을 근거로 판단할 때, <보기>에서 옳은 것만을 모두 고르면?

20년 5급 나책형 7번

甲국은 출산장려를 위한 경제적 지원 정책으로 다음과 같은 세 가지 안(A ~ C)을 고려 중이다.

○ A안: 18세 이하의 자녀가 있는 가정에 수당을 매월 지급하되, 자녀가 둘 이상인 경우에 한한다. 18세 이하의 자녀에 대해서 첫째와 둘째는 각각 15만 원, 셋째는 30만 원, 넷째부터는 45만 원씩의 수당을 해당 가정에 지급한다.

○ B안: 18세 이하의 자녀가 있는 가정에 수당을 매월 지급한다. 다만 자녀가 18세를 초과하더라도 재학 중인 경우에는 24세까지 수당을 지급한다. 첫째와 둘째는 각각 20만 원, 셋째는 22만 원, 넷째부터는 25만 원씩의 수당을 해당 가정에 지급한다.

○ C안: 자녀가 중학교를 졸업할 때(상한 연령 16세)까지만 해당 가정에 수당을 매월 지급한다. 우선 3세 미만의 자녀가 있는 가정에는 3세 미만의 자녀 1명당 10만 원을 지급한다. 3세부터 초등학교를 졸업할 때까지는 첫째와 둘째는 각각 8만 원, 셋째부터는 10만 원씩 해당 가정에 지급한다. 중학생 자녀의 경우, 일률적으로 1명당 8만 원씩 해당 가정에 지급한다.

〈보 기〉

ㄱ. 18세 이하 자녀 3명만 있는 가정의 경우, 지급받는 월 수당액은 A안보다 B안을 적용할 때 더 많다.

ㄴ. A안을 적용할 때 자녀가 18세 이하 1명만 있는 가정은 월 15만 원을 수당으로 지급받는다.

ㄷ. C안의 수당을 50% 증액하더라도 중학생 자녀 2명(14세, 15세)만 있는 가정은 A안보다 C안을 적용할 때 더 적은 월 수당을 지급받는다.

ㄹ. C안을 적용할 때 한 자녀에 대해 지급되는 월 수당액은 그 자녀가 성장하면서 지속적으로 증가하는 특징이 있다.

① ㄱ, ㄷ
② ㄱ, ㄹ
③ ㄴ, ㄹ
④ ㄱ, ㄴ, ㄷ
⑤ ㄴ, ㄷ, ㄹ

해설

문제 분석

	A안	B안	C안
지급 대상	18세 이하의 자녀가 있는 가정에 수당을 매월 지급하되,		자녀가 중학교를 졸업할 때(상한 연령 16세)까지만 해당 가정에 수당을 매월 지급한다.
	자녀가 둘 이상인 경우에 한한다.	자녀가 18세를 초과하더라도 재학 중인 경우에는 24세까지 수당을 지급한다.	
첫째	각각 15만 원	각각 20만 원	*
둘째			
셋째	30만 원씩	22만 원	
넷째	45만 원씩	25만 원씩	

*3세 미만: 자녀 1명당 10만 원을 지급한다.
3세부터 초등학교를 졸업할 때까지: 첫째와 둘째는 각각 8만 원, 셋째부터는 10만 원씩 해당 가정에 지급한다.
중학생 자녀: 일률적으로 1명당 8만 원씩 해당 가정에 지급한다.

문제풀이 실마리

세 가지 안을 정확히 이해하고 각 〈보기〉의 상황에 적용하면 수월하게 해결할 수 있는 문제이다.

ㄱ. (O) 18세 이하 자녀 3명만 있는 가정의 경우 A안에 따를 때는 첫째와 둘째에 대해서 각각 15만 원 및 셋째에 대해서 30만 원을 받게 되어 60만 원을 지원받게 되나, B안에 따르는 경우에는 첫째와 둘째에 대하여 각각 20만 원 및 셋째에 대해서 22만 원을 받게 되어 62만 원을 지원받게 된다. 따라서 18세 이하 자녀 3명만 있는 가정의 경우, 지급받는 월 수당액은 A안 60만 원보다 B안을 적용할 때 62만 원이 더 많다.

ㄴ. (X) A안은 18세 이하의 자녀가 있는 가정에 수당을 매월 지급하되, 자녀가 둘 이상인 경우에 한한다. 따라서 A안을 적용할 때 자녀가 18세 이하 1명만 있는 가정은 출산장려를 위한 경제적 지원을 받을 수 없다.

ㄷ. (O) C안의 경우 중학생 자녀의 경우 1명당 8만 원씩 해당 가정에 지급한다. 따라서 C안의 수당을 50% 증액하면 자녀 1명당 12만 원씩을 지급받게 되어 총 24만 원을 지급받게 될 것이다. 그러나 A안을 적용하는 경우 첫째와 둘째에 대해서 각각 15만 원씩을 지급하므로 총 30만 원의 금액을 지급받게 된다. 따라서 C안의 수당을 50% 증액하더라도 중학생 자녀 2명(14세, 15세)만 있는 가정은 A안을 적용할 때 총 30만 원보다 C안을 적용할 때 총 24만 원으로 더 적은 월 수당을 지급받는다.

ㄹ. (X) C안에 따르는 경우 3세 미만의 자녀에게는 1명당 10만 원을, 3세부터 초등학교를 졸업할 때까지는 1명당 8만 원을 지급한다. 이와 같이 성장하는 과정에서 월 수당액이 줄어들게 되는데, 선지에서는 그 자녀가 성장하면서 지속적으로 증가하는 것으로 설명하고 있으므로 옳지 않다.

빠른 문제풀이 Tip

- 단서조건을 놓쳐서 보기 ㄴ에서 실수하는 일이 없도록 주의해야 한다.
- 서로 다른 안을 비교하는 보기(ㄱ, ㄷ)보다는 하나의 안에 대해서 묻는 보기(ㄴ, ㄹ)부터 해결하는 것이 더 바람직하다.

[정답] ①

35 다음 글을 근거로 판단할 때, <보기>에서 <A사업의 상황별 대안의 기대이익>에 대한 설명으로 옳은 것만을 모두 고르면?

20년 5급 나책형 17번

기준Ⅰ, 기준Ⅱ, 기준Ⅲ을 이용하여 불확실한 상황에서 대안을 비교·평가할 수 있다.

기준Ⅰ은 최상의 상황이 발생할 것이라는 가정에서 최선의 대안을 선택하는 것이다. 〈표 1〉에서 각 대안의 최대 기대이익을 비교하여, 그중 가장 큰 값을 갖는 '대안1'을 선택하는 것이다.

기준Ⅱ는 최악의 상황이 발생할 것이라는 가정에서 최선의 대안을 선택하는 것이다. 〈표 1〉에서 각 대안의 최소 기대이익을 비교하여, 그중 가장 큰 값을 갖는 '대안3'을 선택하는 것이다.

〈표 1〉 ○○사업의 상황별 대안의 기대이익

구분	상황1	상황2	상황3	최대 기대이익	최소 기대이익
대안1	30	10	−10	30	−10
대안2	20	14	5	20	5
대안3	15	15	15	15	15

기준Ⅲ은 최대 '후회'가 가장 작은 대안을 선택하는 것이다. 후회는 일정한 상황에서 특정 대안을 선택함으로써 최선의 대안을 선택하였더라면 얻을 수 있는 기대이익을 얻지 못해 발생하는 손실을 의미한다. 〈표 1〉의 상황별 최대 기대이익에서 각 대안의 기대이익을 차감하여 〈표 2〉와 같이 후회를 구할 수 있다. 이후 각 대안의 최대 후회를 비교하여, 그중 가장 작은 값을 갖는 '대안2'를 선택하는 것이다.

〈표 2〉 ○○사업의 후회

구분	상황1	상황2	상황3	최대 후회
대안1	0	5	25	25
대안2	10	1	10	10
대안3	15	0	0	15

〈A사업의 상황별 대안의 기대이익〉

구분	상황S_1	상황S_2	상황S_3
대안A_1	50	16	−9
대안A_2	30	19	5
대안A_3	20	15	10

〈보 기〉

ㄱ. 기준Ⅰ로 대안을 선택한다면, 대안A_2를 선택하게 된다.
ㄴ. 기준Ⅱ로 대안을 선택한다면, 대안A_3을 선택하게 된다.
ㄷ. 상황S_2에서 대안A_2의 후회는 11이다.
ㄹ. 기준Ⅲ으로 대안을 선택한다면, 대안A_1을 선택하게 된다.

① ㄱ, ㄴ　② ㄱ, ㄷ　③ ㄴ, ㄹ
④ ㄷ, ㄹ　⑤ ㄴ, ㄷ, ㄹ

해설

문제 분석

기준Ⅰ: 각 대안별 기대이익 중 가장 큰 숫자끼리 비교하여, 그중 가장 큰 값을 갖는 대안을 선택
기준Ⅱ: 각 대안별 기대이익 중 가장 작은 숫자끼리 비교하여, 그중 가장 큰 값을 갖는 대안을 선택
기준Ⅲ: 최대 '후회'가 가장 작은 대안을 선택

선지 ㄱ, ㄴ을 해결하기 위해 〈A사업의 상황별 대안의 기대이익〉을 〈표 1〉과 같이 정리해보면 다음과 같다.

구분	상황S_1	상황S_2	상황S_3	최대 기대이익	최소 기대이익
대안A_1	50	16	−9	50	−9
대안A_2	30	19	5	30	5
대안A_3	20	15	10	20	10

ㄱ. (X) 기준Ⅰ로 대안을 선택한다면 최대 기대이익이 50으로 가장 큰 대안A_1을 선택한다.
ㄴ. (O) 기준Ⅱ로 대안을 선택한다면 최소 기대이익이 10으로 가장 큰 대안A_3을 선택한다.

선지 ㄷ, ㄹ을 해결하기 위해 〈A사업의 상황별 대안의 기대이익〉으로부터 〈표 2〉와 같이 A사업의 후회를 정리해보면 다음과 같다.

구분	상황S_1	상황S_2	상황S_3	최대 후회
대안A_1	50−50=0	19−16=3	10−(−9)=19	19
대안A_2	50−30=20	19−19=0	10−5=5	20
대안A_3	50−20=30	19−15=4	10−10=0	30

ㄷ. (X) 상황S_2에서 대안A_2의 후회는 11이 아니라 0으로 옳지 않다.
ㄹ. (O) 기준Ⅲ으로 대안을 선택할 때 최대 후회가 19로 가장 작은 대안A_1을 선택하게 된다.

빠른 문제풀이 Tip

- 조건 3을 실수하지 않도록 주의한다.
- 어떤 기준부터 적용해서 해결할지 고민해 보아야 한다.

[정답] ③

36 다음 글과 <상황>을 근거로 판단할 때, <보기>에서 옳은 것만을 모두 고르면? 20년 5급 나책형 31번

甲~戊로 구성된 A팀은 회식을 하고자 한다. 회식메뉴는 다음의 〈메뉴 선호 순위〉와 〈메뉴 결정 기준〉을 고려하여 정한다.

〈메뉴 선호 순위〉

팀원 \ 메뉴	탕수육	양고기	바닷가재	방어회	삼겹살
甲	3	2	1	4	5
乙	4	3	1	5	2
丙	3	1	5	4	2
丁	2	1	5	3	4
戊	3	5	1	4	2

〈메뉴 결정 기준〉

○ 기준1: 1순위가 가장 많은 메뉴로 정한다.
○ 기준2: 5순위가 가장 적은 메뉴로 정한다.
○ 기준3: 1순위에 5점, 2순위에 4점, 3순위에 3점, 4순위에 2점, 5순위에 1점을 부여하여 각각 합산한 뒤, 점수가 가장 높은 메뉴로 정한다.
○ 기준4: 기준3에 따른 합산 점수의 상위 2개 메뉴 중, 1순위가 더 많은 메뉴로 정한다.
○ 기준5: 5순위가 가장 많은 메뉴를 제외하고 남은 메뉴 중, 1순위가 가장 많은 메뉴로 정한다.

〈상 황〉

○ 丁은 바닷가재가 메뉴로 정해지면 회식에 불참한다.
○ 丁이 회식에 불참하면 丙도 불참한다.
○ 戊는 양고기가 메뉴로 정해지면 회식에 불참한다.

〈보 기〉

ㄱ. 기준1과 기준4 중 어느 것에 따르더라도 같은 메뉴가 정해진다.
ㄴ. 기준2에 따르면 탕수육으로 메뉴가 정해진다.
ㄷ. 기준3에 따르면 모든 팀원이 회식에 참석한다.
ㄹ. 기준5에 따르면 戊는 회식에 참석하지 않는다.

① ㄱ, ㄴ
② ㄴ, ㄷ
③ ㄷ, ㄹ
④ ㄱ, ㄴ, ㄹ
⑤ ㄱ, ㄷ, ㄹ

해설

문제 분석

각 기준에 따를 때, 1순위, 5순위, 점수를 따져봐야 한다.

탕수육		양고기		바닷가재		방어회		삼겹살	
1순위	5순위	1순위	5순위	1순위	5순위	1순위	5순위	1순위	5순위
0명	0명	2명	1명	3명	2명	0명	1명	0명	1명
15점		18점		17점		10점		15점	

- 기준 1: 1순위가 3명으로 가장 많은 바닷가재로 정한다.
- 기준 2: 5순귀가 0명으로 가장 적은 탕수육으로 정한다.
- 기준 3: 점수가 18점으로 가장 높은 양고기로 정한다.
- 기준 4: 점수 상위 2개 메뉴인 양고기(18점), 바닷가재(17점) 중 1순위가 3명으로 더 많은 바닷가재로 정한다.
- 기준 5: 5순위가 2명으로 가장 많은 바닷가재를 제외하고 남은 메뉴 중 1순위가 2명으로 가장 많은 양고기로 정한다.

문제풀이 실마리

주어진 메뉴 결정 기준에 따라 수월하게 해결할 수 있는 문제이다.

ㄱ. (O) 기준1에 따르면 1순위가 가장 많은 메뉴로 선정되므로 바닷가재가 선정될 것이다. 기준4에 따르면 기준3에 따른 합산 점수가 많은 상위 2개 메뉴인 양고기와 바닷가재 중 1순위가 더 많은 메뉴로 정해질 것이다. 양고기가 1순위의 팀원은 2명, 바닷가재가 1순위인 팀원은 3명이므로 기준4에 의해서도 바닷가재가 메뉴로 선정될 것이다.

ㄴ. (O) 기준2에 따르면 5순위가 가장 적은 메뉴인 탕수육이 선정될 것이다. 탕수육은 다른 메뉴와 달리 5순위로 꼽고 있는 팀원이 없다.

ㄷ. (X) 기준3에 따르면 점수가 가장 높은 메뉴는 양고기이므로 회식메뉴는 양고기가 될 것이다. 그런데 戊의 경우 양고기로 메뉴가 정해지면 회식에 불참한다고 하고 있으므로 모두가 회식에 참여하는 것은 아니다.

ㄹ. (O) 기준5에 따르면 5순위가 가장 많은 메뉴인 바닷가재를 제외하고 1순위가 가장 많은 메뉴인 양고기가 회식메뉴로 선정된다. 양고기가 메뉴로 정해지면 戊는 참여하지 않는다는 조건이 제시되어 있는바 선지의 서술은 옳다.

빠른 문제풀이 Tip

- 기준3을 해결할 때 합의 장치를 활용할 수 있다. 점수가 가장 높다는 의미는 반대로 순위의 합이 가장 작다는 것과 동일한 의미이다.
- 기준3과 기준4는 점수를 따져야 한다. 점수를 계산하지 않고도 해결 가능한 기준1, 2, 5를 먼저 확인하고 이와 관련된 보기 ㄴ, ㄹ을 먼저 해결해 보면 정답을 도출 가능하다.

[정답] ④

37 다음 글을 근거로 판단할 때 옳지 않은 것은? 21년 5급 가책형 9번

> 도시 O, A, B, C는 순서대로 동일 직선상에 배치되어 있으며 도시 간 거리는 각각 30km로 동일하다. ($\overline{OA}$: 30km, $\overline{AB}$: 30 km, $\overline{BC}$: 30km)
>
> A, B, C가 비용을 분담하여 O에서부터 A와 B를 거쳐 C까지 연결하는 직선도로를 건설하려고 한다. A, B, C 주민은 O로의 이동을 위해서만 도로를 이용한다. 도로 1km당 건설비용은 동일하다. 비용 분담안으로 다음 세 가지 안이 논의되고 있다.
>
> ○ Ⅰ안: 각 도시가 균등하게 비용을 부담
> ○ Ⅱ안: 각 도시가 이용 구간의 길이에 비례하여 비용을 부담
> ○ Ⅲ안: 도로를 $\overline{OA}$, $\overline{AB}$, $\overline{BC}$로 나누어 해당 구간을 이용하는 도시가 해당 구간 건설비용을 균등하게 부담

① A에게는 III안이 가장 부담 비용이 낮다.

② B의 부담 비용은 I안과 II안에서 같다.

③ II안에서 A와 B의 부담 비용의 합은 C의 부담 비용과 같다.

④ I안에 비해 부담 비용이 낮아지는 도시의 수는 II안보다 III안에서 더 많다.

⑤ C의 부담 비용은 III안이 I안의 2배 이상이다.

해설

문제 분석

지문을 읽고 다음과 같은 그림을 떠올린다.

O ← A ← B ← C

화살표는 A, B, C 주민은 O로의 이동을 위해서만 도로를 이용하는 것을 나타낸다. 비용은 A, B, C도시만 부담하고 O는 부담하지 않으며 B, C의 주민은 각각 A와 A, B 도시에 멈추거나 하지 않는다.

문제풀이 실마리

비용 분담안을 이해하고 비용 분담안별로 비교도 해야 하므로, 거리당 건설비용을 1로 가정하고 바로 건설비용을 구하는 것이 가장 빠르다. 해당 문제에서는 도시 간 거리가 동일하므로 각 구간당 건설비용을 일정한 값으로 가정해도 상관없다. 다만 일반적으로 문제에서 해당 숫자를 나누게 되는 경우가 많으므로 너무 작은 값을 가정하면 소수를 계산해야 하는 경우가 발생할 수 있다. (→ 빠른 문제풀이 Tip)

- Ⅰ안: 각 도시가 균등하게 부담하므로 각각 30:30:30을 부담한다.
- Ⅱ안: 각 도시가 이용 구간의 길이에 비례하여 비용을 부담하므로

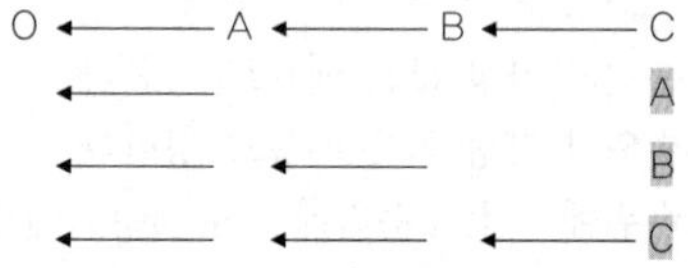

전체 90의 건설비용을 A, B, C 도시가 각각 15:30:45를 부담한다.

- Ⅲ안: $\overline{OA}$ 구간은 A, B, C도시가 모두 이용하므로 각각 10씩, $\overline{AB}$ 구간은 B, C도시가 이용하므로 각각 15씩, $\overline{BC}$ 구간은 C도시만 이용하므로 30을 부담한다. 10:25:55를 부담한다.

이상을 정리하면 다음과 같다.

	A	B	C
Ⅰ안	30	30	30
Ⅱ안	15	30	45
Ⅲ안	10	25	55

① (O) A는 Ⅲ안의 부담 비용이 10으로 가장 낮다.

② (O) B의 부담 비용은 Ⅰ안과 Ⅱ안 각각 30으로 같다.

③ (O) Ⅱ안에서 A와 B의 부담 비용의 합은 45이고 이는 C의 부담 비용과 같다. A와 B의 부담 비용의 합은 45인데 전체 건설비용이 90이므로 C의 부담 비용이 45임을 알 수 있다.

④ (O) Ⅰ안에 비해 Ⅱ안의 부담 비용이 낮아지는 도시의 수는 A 1개이고, Ⅰ안에 비해 Ⅲ안의 부담 비용이 낮아지는 도시의 수는 A, B 2개이다.

⑤ (X) C의 부담 비용은 Ⅲ안 55가 Ⅱ안의 2배인 60에 미치지 못한다.

> **빠른 문제풀이 Tip**
>
> 만약 거리당 건설비용 같은 것을 떠올리기 어렵다면
> - Ⅰ안: 1:1:1의 비율 → 모두 더하면 3
> - Ⅱ안: 1:2:3의 비율 → 모두 더하면 6
> - Ⅲ안: $\frac{1}{3}:\frac{1}{3}+\frac{1}{2}:\frac{1}{3}+\frac{1}{2}+1$의 비율로 분모를 통분하면 2:5:11 → 모두 더하면 18
>
> 3, 6, 18의 최소공배수인 18을 기준으로 위와 같은 표를 작성해 보거나 충분히 큰 공배수를 가정한다.

[정답] ⑤

38 다음 글을 근거로 판단할 때, <보기>에서 옳은 것만을 모두 고르면? (단, 다른 조건은 고려하지 않는다) 14년 민경채 A책형 24번

> 다양한 무게의 짐 12개를 아래의 방법에 따라 최소 개수의 상자에 넣으려고 한다. 각각의 짐 무게는 아래와 같고, 좌측부터 순서대로 도착했다. 하나의 짐을 분리하여 여러 상자에 나누어 넣을 수 없으며, 포장된 상자에는 짐을 추가로 넣을 수 없다.
>
> 6, 5, 5, 4, 2, 3, 6, 5, 4, 5, 7, 8 (단위: kg)
>
> 방법 1. 도착한 순서대로 짐을 상자에 넣는다. 짐을 상자에 넣어 10kg이 넘을 경우, 그 짐을 넣지 않고 상자를 포장한다. 그 후 짐을 다음 상자에 넣는다.
>
> 방법 2. 모든 짐을 무게 순으로 재배열한 후 무거운 짐부터 순서대로 상자에 넣는다. 짐을 상자에 넣어 10kg이 넘을 경우, 그 짐을 넣지 않고 상자를 포장한다. 그 후 짐을 다음 상자에 넣는다.

〈보 기〉

ㄱ. 방법 1과 방법 2의 경우, 필요한 상자의 개수가 다르다.
ㄴ. 방법 1의 경우, 10kg까지 채워지지 않은 상자들에 들어간 짐의 무게의 합은 50kg이다.
ㄷ. 방법 2의 경우, 10kg이 채워진 상자의 수는 2개이다.

① ㄴ
② ㄷ
③ ㄱ, ㄴ
④ ㄱ, ㄷ
⑤ ㄴ, ㄷ

해설

문제 분석

각 방법에 따라 짐 12개를 각 상자에 넣어보면 다음과 같다.

- 방법 1

  도착한 순서대로 짐을 상자에 넣되, 하나의 상자에 넣을 수 있는 짐의 무게는 10kg를 넘지 않아야 하므로 다음과 같이 넣을 수 있다.

6	5, 5	4, 2, 3	6	5, 4	5	7	8

  따라서 총 8개의 상자가 필요하다.

- 방법 2

  짐을 무게 순으로 재배열한 후, 무거운 짐부터 순서대로 상자에 넣는다. 이 경우에도 하나의 상자에 넣을 수 있는 짐의 무게는 10kg를 넘지 않아야 하므로 다음과 같이 넣을 수 있다. 짐을 무거운 순서대로 재배열하면 다음과 같다.

  8, 7, 6, 6, 5, 5, 5, 5, 4, 4, 3, 2

  무게 순으로 재배열된 짐을 무거운 순으로 상자에 넣되 하나의 상자에 넣을 수 있는 짐의 무게는 10kg를 넘지 않아야 하므로 다음과 같이 넣을 수 있다.

8	7	6	6	5, 5	5, 5	4, 4	3, 2

  따라서 총 8개의 상자가 필요하다.

문제풀이 실마리

방법 1과 방법 2의 차이점을 명확하게 인식해야 한다.

ㄱ. (X) 방법 1과 방법2 모두 필요한 상자는 개수는 8개로 동일하다.

ㄴ. (O) 방법 1의 경우 10kg까지 채워진 상자가 (5, 5)kg이 짐을 채운 1개의 상자뿐이고, 나머지는 모두 10kg까지 채워지지 않은 상자들이다.

6	~~5, 5~~	4, 2, 3	6	5, 4	5	7	8

따라서 나머지 상자의 무게를 모두 더하면 6+4+2+3+6+5+4+5+7+8=50, 각 상자에 들어간 짐의 무게를 모두 합하면 50kg이다.

ㄷ. (O) 방법 2의 경우, 10kg이 채워진 상자는 다음처럼 2개이다.

8	7	6	6	5, 5	5, 5	4, 4	3, 2

빠른 문제풀이 Tip

상자의 무게 순서가 뒤죽박죽이므로 시각적 처리를 하면서 정확하게 해결하는 것이 좋다.

[정답] ⑤

39 다음 글과 <상황>을 근거로 판단할 때 옳은 것은?

21년 5급 가책형 34번

> 甲은 상자를 운반하려고 한다. 甲은 상자를 1회 운반할 때마다 다음 규칙 중 하나를 선택하여 적용한다.
> ㉠ 남아 있는 상자 중 가장 무거운 것과 가장 가벼운 것의 총 무게가 17kg 이하이면 함께 운반한다. 가장 무거운 것과 가장 가벼운 것의 총 무게가 17kg 초과이면 가장 무거운 것만 운반한다.
> ㉡ 남아 있는 상자 중 총 무게가 17kg 이하인 상자 3개를 함께 운반한다.
> ㉢ 남아 있는 상자를 모두 운반한다. 단, 운반하려는 상자의 총 무게가 17kg 이하여야 한다.

〈상　황〉

> 甲이 운반하는 상자는 10개(A ~ J)이다. 상자는 A가 20kg으로 가장 무겁고 알파벳순으로 2kg씩 가벼워져 J가 가장 가볍다. 甲은 첫 번째로 A를, 두 번째로 [ⓐ] · I · J를 운반한다.

① D는 다른 상자와 같이 운반된다.
② 두 번째 운반 후에 ㉠은 적용되지 않는다.
③ ⓐ가 G라면 이후에 ㉢은 적용될 수 없다.
④ 두 번째 운반부터 상자를 모두 옮길 때까지 운반 횟수를 최소로 하려면 ⓐ가 H여서는 안 된다.
⑤ 상자를 모두 옮길 때까지 전체 운반 횟수를 최소로 하기 위해서는 두 번째 운반에 ㉠을 적용해야 한다.

해설

문제 분석

〈상황〉에서 주어진 각 상자의 무게는 다음과 같다.

A	B	C	D	E	F	G	H	I	J
20	18	16	14	12	10	8	6	4	2

문제풀이 실마리

〈상황〉에서 甲은 첫 번째 운반 때 규칙 ㉠을, 두 번째 운반 때 규칙㉡을 적용하였다. 이를 정리하면 다음과 같다.

첫 번째　　두 번째 두 번째

A	B	C	D	E	F	G	H	I	J
20	18	16	14	12	10	8	6	4	2

두 번째 운반까지 운반된 상자는 사신으로 표시하였다. 두 번째 운반에는 규칙 ㉡이 적용되었고 ⓐ에 해당될 수 있는 상자는 F, G, H 중 하나가 된다. 또한 상자 B는 무게가 17kg 초과이므로 규칙 ㉠에 의해서만 운반될 수 있다. 그리고 상자 C, D, E는 단독으로는 무게가 17kg 초과는 아니지만 다른 남아 있는 상자의 무게와 더해졌을 때 항상 17kg을 초과하게 되므로 상자 C, D, E가 남아 있는 마지막 상자가 아니라면(마지막 상자라면 규칙 ㉢에 의해 운반된다) 상자 B와 마찬가지로 규칙 ㉠에 의해서만 운반될 수 있다. 이상을 바탕으로 각 선지를 판단해 본다.

① (X) D가 다른 상자와 같이 운반되는 경우는 ㉠또는 ㉢규칙이 적용되어 J와 같이 운반되는 경우뿐이다. 그러나 J는 두 번째로 다른 상자와 운반되었기 때문에 다른 상자와 운반될 수 없다.
위에서 언급한 바와 같이 상자 B는 남아있는 어떤 상자와 무게를 더하더라도 17kg을 초과하게 되므로 규칙 ㉡, ㉢이 적용될 수는 없다. 규칙 ㉠에 의하더라도 가장 무거운 것과 가장 가벼운 것의 총 무게가 17kg 초과이므로 가장 무거운 상자 B만 운반한다. 이와 같은 논리가 순서대로 상자 C와 D에도 적용된다.
따라서 상자 D는 단독으로 운반된다. 상자 B, C가 언급된 이유는 규칙 ㉠이 적용되기 위해서는 상자 D가 남아있는 상자 중 가장 무거운 것이어야 하기 때문이다.

② (X) 선지 ① 해설에서 언급한 바와 같이 상자 B의 무게는 18kg으로 상자 B 자체만으로 17kg을 초과하므로 규칙 ㉠이 적용되어야 한다.

③ (X) ⓐ가 G라면 두 번째 운반 후 남은 상자는 다음과 같다.

A	B	C	D	E	F	G	H	I	J
20	18	16	14	12	10	8	6	4	2

선지 ① 해설에서 언급한 바와 같이 상자 B~E까지 순서대로 운반되고 남아있는 상자 F, H에 규칙 ㉠ 또는 ㉢을 적용해 운반할 수 있다.

④ (O) ⓐ로 가능한 상자는 F, G, H다. 각각의 경우에서 운반 횟수를 최소화한다면 다음과 같다.
1) ⓐ가 F일 때 F · I · J / B / C / D / E / G · H 로 6회,
2) ⓐ가 G일 때 G · I · J / B / C / D / E / F · H 로 6회,
3) ⓐ가 H일 때 H · I · J / B / C / D / E / F / G 로 7회이다.
따라서 두 번째 운반부터 상자를 모두 옮길 때까지 운반 횟수를 최소로 하려면 ⓐ가 H여서는 안 된다.
ⓐ로 가능한 상자는 F, G, H이다. 세 번째 운반부터 여섯 번째 운반까지는 B, C, D, E가 확정이고 남은 상자는 ⓐ에서 운반된 상자를 제외한 나머지 두 상자이다.

1) 만약 ⓐ가 상자 F라면 남아 있는 두 상자 G, H는 총 무게가 14kg이므로 규칙 ㉠ 또는 ㉢을 통해 한 번에 운반할 수 있다.
2) 만약 ⓐ가 상자 G라면 남아 있는 두 상자 F, H는 총 무게가 16kg이므로 규칙 ㉠ 또는 ㉢을 통해 한 번에 운반할 수 있다.
3) 그러나 만약 ⓐ가 상자 H라면 남아 있는 두 상자 F, G는 총 무게가 18kg이므로 규칙 ㉠~㉢을 통해 한 번에 운반할 수 없고 두 번에 나누어 운반하여야 한다. 따라서 두 번째 운반부터 상자를 모두 옮길 때까지 운반 횟수를 최소로 하려면 ⓐ가 H여서는 안 된다.

⑤ (X) 한 가지 예를 만들어 본다. ④에서 판단한 것을 활용해 두 번째 운반에 ㉠을 적용하면 A / B / C / D / E / G · I · J / F · H가 나온다. 따라서 두 번째 운반 때 ㉠규칙을 적용하든 ㉡규칙 적용하든 순서와 상관없이 전체 운반 횟수를 7회로 만들 수 있다. 따라서 ㉠규칙을 적용하지 않더라도 최소 횟수로 운반하는 것이 가능한 경우가 있다.

빠른 문제풀이 Tip

- 앞서 살펴 본 38번(민간경력자 14년 A책형 24번) 문제와 유사하다.
- 선지 ⑤의 경우 해석하기에 다소 애매한 부분이 있을 수 있다. 이미 〈상황〉에서는 ㉡이 적용된 상황인데 ㉠을 적용하는 것이 가능한지에 대한 논란은 있다.
- 만약 마지막에 F(10kg)와 G(6kg)만 남았다고 할 때 규칙 ㉠이 적용되는 건지 규칙 ㉢이 적용되는 건지는 다소 애매할 수 있다. 규칙 ㉠을 적용한 것이든 규칙 ㉢을 적용한 것이든 결과는 동일하다.
- 다른 짐과 합하지 않더라도 이미 17kg를 초과하는 A와 B는 규칙 ㉠을 적용해서만 운반이 가능하다.
- 선지 ⑤를 대략적인 범위로 검토하는 것도 가능하다. 극단적인 값 없이 짐의 무게는 2~20kg 범위에서 2kg씩 간격이 줄어든다. 그리고 규칙 ㉠의 후단에 의해서만 운반되는 A(20kg)와 B(18kg)를 제외하고 나면 나머지 C(16kg) 이하의 짐들은 다른 짐과 함께 운반되더라도 최대 17kg까지만 운반 가능하다. 따라서 대체로 최대 17kg까지 운반되는 상황이므로 짐의 총 무게 110kg을 17kg으로 나누어 대략적인 최소 횟수를 가늠해 볼 수 있다. 110÷17=6 … 8(나머지)이므로 6회 만에 운반하는 것은 절대 불가능하고, 7회 만에 모두 운반할 수 있다면 최선의 결과가 된다. 이런 식의 사고는 12년 인책형 11번 안나푸르나 문제에서도 적용 가능하다.

[정답] ④

40 다음 ○○금융회사의 금(金) 관련 금융상품만을 고려할 때 옳지 않은 것은?

11년 5급 선책형 14번

A상품: 2011년 12월 30일에 금 1g 가격(P)이 50,000원 이상이면 ○○금융회사는 (P－50,000)원을 A상품 가입자에게 지급하고, 반대의 경우는 A상품 가입자가 (50,000－P)원을 ○○금융회사에 납부하는 상품
B상품: 2011년 12월 30일에 금 1g 가격(P)이 50,000원 이하이면 ○○금융회사는 (50,000－P)원을 B상품 가입자에게 지급하고, 반대의 경우는 B상품 가입자가 (P－50,000)원을 ○○금융회사에 납부하는 상품
C상품: 2011년 12월 30일에 금 1g 가격(P)이 50,000원 이상일 경우, 1,000원을 내고 C상품에 가입한 가입자에게 ○○금융회사가 (P－50,000)원을 지급하는 상품
D상품: 2011년 12월 30일에 금 1g 가격(P)이 50,000원 이하일 경우, 1,000원을 내고 D상품에 가입한 가입자에게 ○○금융회사가 (50,000－P)원을 지급하는 상품

※ 오늘(2011.2.25) 금 1g의 가격은 50,000원(변동 없음)이고 모든 금융상품은 오늘부터 2011년 12월 29일까지만 가입이 허용된다.
※ 금 가격은 ○○금융회사의 영업시작시간 이전에 하루 한 번 변동된다.
※ 이외의 다른 비용은 고려하지 않는다.

① A상품에 가입하는 것은 오늘 금 1g을 샀다가 2011년 12월 30일에 파는 것과 수익이 동일하다.
② 2011년 12월 30일에 금 가격이 50,000원 이상일 것이라고 확신 한다면, C상품보다는 A상품에 가입할 것이다.
③ 오늘 B상품에 가입하면서 금 1g을 사고 2011년 12월 30일에 이를 판매한다면, 금 시세와 무관하게 50,000원을 받을 수 있다.
④ C상품과 D상품에 동시에 가입한다면, 2011년 12월 30일에 금 가격과 무관하게 손해를 보지 않는다.
⑤ 오늘 금 1g을 구매하고 D상품에 가입한다면, 2011년 12월 30일에 손해는 최대 1,000원을 넘지 않는다.

해설

문제 분석

각주 및 각 상품별 내용을 정리해 보면 다음과 같다.
- 오늘(2011.2.25.) 금 1g 가격: 50,000원
- 12월 30일 금 1g 가격: P원
- 각 상품별 2011년 12월 30일 기준 수익

A상품	P≥50,000만	가입자 기준 +(P－50,000)원	(P－50,000)원
	P<50,000만	가입자 기준 －(50,000－P)원	
B상품	P≤50,000만	가입자 기준 +(50,000－P)원	(50,000－P)원
	P>50,000만	가입자 기준 －(P－50,000)원	
C상품	P≥50,000만	가입자 기준 +(P－51,000)원	
	P<50,000만	가입자 기준 －1,000원	
D상품	P≤50,000만	가입자 기준 +(49,000－P)원	
	P>50,000만	가입자 기준 －1,000원	

문제풀이 실마리

각 상품의 내용을 가입자의 입장으로 이해할 수 있어야 한다. 예를 들어 회사가 (P－50,000)원을 A상품 가입자에게 지급한다는 것은 가입자의 입장에서 (P－50,000)만큼의 수익이 생기는 셈이다.

① (O) A상품의 수익은 (P－50,000)원이고, 오늘 금 1g을 50,000원에 샀다가 2011년 12월 30일에 P원에 팔면 그 때의 수익 역시도 (P－50,000)원으로 동일하다.
② (O) A상품과 C상품 금 가격이 50,000원보다 상승할 때 이익이 생긴다. P가 50,000원 이상일 때, A상품의 수익은 (P－50,000)원이고 C상품의 수익은 (P－51,000)원이므로 2011년 12월 30일에 금 가격이 50,000원 이상일 것이라고 확신한다면, C상품보다는 A상품이 1,000원 더 이득이다.
③ (O) B상품에서는 50,000－P원을 받을 수 있고, 2011년 12월 30일에 금 1g을 판매한다면, P원을 받을 수 있다. 이 둘을 더해보면 금 시세인 P값과 무관하게 50,000원을 받을 수 있다.
④ (X) C상품과 D상품의 수익을 합해보면 금값이 50,000원 이상인 경우 (P－52,000)원이고, 반대의 경우 (48,000－P)원이므로 금값이 48,000원 초과 52,000원 미만인 경우에는 손해를 본다. 또는 P=50,000원이라고 가정해 보면 C상품과 D상품 모두에서 이익이 발생하지 않으며 각 상품에 가입 시 지불한 2,000원만큼 손해를 보게 된다.
⑤ (O) 오늘 금 1g을 50,000원에 구매한 후 금 가격이 상승하면 이득이지만, 금 가격이 하락하면 손해를 볼 우려가 있다. D상품은 금값이 50,000원 이상인 경우 1,000원의 손해를 보고, 50,000원 이하인 경우 (49,000－P)원의 수익을 얻게 되므로 금 가격이 50,000원 보다 떨어지더라도 손해는 최대 1,000원을 넘지 않는다. 따라서 D상품에 가입하면서 낸 1,000원이 최대 손해이므로 2011년 12월 30일에 손해는 최대 1,000원을 넘지 않는다.

빠른 문제풀이 Tip

- 각 상품은 가격 구간을 나누고 가입자와 금융회사로 입장을 바꾸어가며 설명함으로써 정보가 포장되어 있다. 이를 알아챌 수 있어야 보다 쉽게 문제를 해결할 수 있다.
- 제시된 상품을 얼마나 간단하게 이해할 수 있는지가 관건인 문제이다. 복잡한 문제를 복잡하게 정리하는 것은 바람직하지 않다. 복잡한 문제를 간단하게 정리하는 스킬이 필요하다.
- 금 값이 상승할 것이라고 예상할 때 가입할 상품과 금 값이 하락할 것이라고 예상할 때 가입할 상품이 구분된다.

[정답] ④

41 甲은 가격이 1,000만 원인 자동차 구매를 위해 A, B, C 세 은행에서 상담을 받았다. 다음 상담 내용에 따를 때, <보기>에서 옳은 것을 모두 고르면? (단, 총비용으로는 은행에 내야 하는 금액과 수리비만을 고려하고, 등록비용 등 기타 비용은 고려하지 않는다)

13년 5급 인책형 9번

- A은행: 고객님이 자동차를 구입하여 소유권을 취득하실 때, 저희 은행이 자동차 판매자에게 즉시 구입금액 1,000만 원을 지불해 드립니다. 그리고 그 날부터 매월 1,000만 원의 1%를 이자로 내시고, 1년이 되는 시점에 1,000만 원을 상환하시면 됩니다.
- B은행: 저희는 고객님이 원하시는 자동차를 구매하여 고객님께 전달해 드리고, 고객님께서는 1년 후에 자동차 가격에 이자를 추가하여 총 1,200만 원을 상환하시면 됩니다. 자동차의 소유권은 고객님께서 1,200만 원을 상환하시는 시점에 고객님께 이전되며, 그 때까지 발생하는 모든 수리비는 저희가 부담합니다.
- C은행: 저희는 고객님이 원하시는 자동차를 구매하여 고객님께 임대해 드립니다. 1년 동안 매월 90만 원의 임대료를 내시면 1년 후에 그 자동차는 고객님의 소유가 되며, 임대기간 중에 발생하는 모든 수리비는 저희가 부담합니다.

〈보 기〉

ㄱ. 자동차 소유권을 얻기까지 은행에 내야 하는 총금액은 A은행의 경우가 가장 적다.
ㄴ. 1년 내에 사고가 발생해 50만 원의 수리비가 소요될 것으로 예상한다면 총비용 측면에서 A은행보다 B, C은행을 선택하는 것이 유리하다.
ㄷ. 최대한 빨리 자동차 소유권을 얻고 싶다면 A은행을 선택하는 것이 가장 유리하다.
ㄹ. 사고 여부와 관계없이 자동차 소유권 취득 시까지의 총비용 측면에서 B은행보다 C은행을 선택하는 것이 유리하다.

① ㄱ, ㄴ
② ㄴ, ㄷ
③ ㄷ, ㄹ
④ ㄱ, ㄴ, ㄹ
⑤ ㄱ, ㄷ, ㄹ

해설

문제 분석

제시문의 각 은행별 주요 내용을 정리해 보면 다음과 같다.

구분	A은행	B은행	C은행
은행에 내야 하는 금액	• 매월 1%의 이자 =10만×12개월 =120만 원 • 1년 후 1,000만 원 상환 **=총 1,200만 원**	이자 포함 총 1,200만 원 상환 **=총 1,200만 원**	매월 90만 원 임대료 =90만×12개월 **=총 1,080만 원**
소유권 취득 시기	구입 즉시	1년 후 상환 완료 시점	1년간 임대료 납부 후
수리비 부담주체	甲	은행	

문제풀이 실마리

제시문에 제시된 세 은행과 관련한 내용에서 공통점과 차이점을 정확하게 이해할 수 있어야 한다.

ㄱ. (O) A은행의 경우 자동차를 구입하면 소유권이 취득된다. 즉, 구입 즉시 소유권을 얻을 수 있고, 은행에는 추후 매월 1%의 이자와 1년 후 1,000만 원을 상환하기 때문에 소유권을 얻기까지 은행에 내야 하는 총 금액은 0원이다. 반면, B은행은 1년 후 1,200만 원을 상환하는 시점에, C은행은 1년간 매월 90만 원의 임대료로 총 1,080만 원을 납부한 후 소유권을 취득하므로 자동차 소유권을 얻기까지 은행에 내야 하는 총금액은 A은행의 경우가 0원으로 가장 적다.

ㄴ. (X) 세 은행의 총비용은 다음과 같다.

구분	총비용		합
	은행에 내야 하는 금액	수리비	
A은행	1,120만 원	50만 원	1,170만 원
B은행	1,200만 원	0원	1,200만 원
C은행	1,080만 원	0원	1,080만 원

따라서 총비용 측면에서 A은행보다 C은행을 선택하는 것은 유리하지만, A은행보다 B은행을 선택하는 것이 유리하지는 않다.

ㄷ. (O) B은행의 경우 1년 후 1,200만 원을 상환하는 시점에 소유권을 취득하고 C은행의 경우 1년 동안 임대료를 내고 난 이후에 소유권을 취득하는 반면, A은행의 경우 자동차를 구입할 때 은행이 구입금액을 지불해주고 소유권은 구입 즉시 취득하게 되므로 A은행이 가장 빨리 자동차 소유권을 얻을 수 있다.

ㄹ. (O) B은행과 C은행 모두 소유권 취득 시점은 1년 후이고, 수리비는 은행에서 부담하므로 사고 여부가 문제되지는 않는다. 따라서 총 비용 중 은행에 내야하는 금액만 고려하면 된다. 소유권 취득 시까지 은행에 내야 하는 금액은 B은행이 1,200만 원, C은행이 1,080만 원이므로 B은행보다 C은행을 선택하는 것이 더 유리하다.

빠른 문제풀이 Tip

어떤 보기부터 처리할지 고민이 필요한 문제이다.

[정답] ⑤

과정 끊기

42 다음 <상황>과 <목차>를 근거로 판단할 때, <보기>에서 옳은 것만을 모두 고르면? 18년 민경채 나책형 25번

〈상 황〉

- 책 A는 〈목차〉와 같이 구성되어 있고, 비어 있는 쪽은 없다.
- 책 A의 각 쪽은 모두 제1절부터 제14절까지 14개의 절 중 하나의 절에 포함된다.
- 甲은 3월 1일부터 책 A를 읽기 시작해서, 1쪽부터 마지막 쪽인 133쪽까지 순서대로 읽는다.
- 甲은 한번 읽기 시작한 절은 그날 모두 읽되, 하루에 최대 40쪽을 읽을 수 있다.
- 甲은 절 제목에 '과학' 또는 '정책'이 들어간 절을 하루에 한 개 이상 읽는다.

〈목 차〉

- 시민참여
  - 제1절 시민참여의 등장 배경과 개념적 특성 ········ 1
  - 제2절 과학기술정책의 특성과 시민참여 ········ 4
  - 제3절 결 론 ········ 21
- 거버넌스 구조
  - 제4절 서 론 ········ 31
  - 제5절 제3세대 과학기술혁신 정책이론과 거버넌스 ········ 34
  - 제6절 과학기술정책의 거버넌스 구조분석 모형 ········ 49
  - 제7절 결 론 ········ 62
- 연구기관 평가지표
  - 제8절 서 론 ········ 65
  - 제9절 지적자본의 개념과 성과평가로의 활용가능성 ········ 68
  - 제10절 평가지표 전환을 위한 정책방향 ········ 89
  - 제11절 결 론 ········ 92
- 기초연구의 경제적 편익
  - 제12절 과학기술연구와 경제성장 간의 관계 ········ 104
  - 제13절 공적으로 투자된 기초연구의 경제적 편익 ········ 107
  - 제14절 맺음말: 정책적 시사점 ········ 130

〈보 기〉

ㄱ. 3월 1일에 甲은 책 A를 20쪽 이상 읽는다.
ㄴ. 3월 3일에 甲이 제6절까지 읽었다면, 甲은 3월 5일까지 책 A를 다 읽을 수 있다.
ㄷ. 甲이 책 A를 다 읽으려면 최소 5일 걸린다.

① ㄱ ② ㄴ ③ ㄱ, ㄴ
④ ㄱ, ㄷ ⑤ ㄴ, ㄷ

해설

문제 분석

조건 1) 甲은 3월 1일부터 책 A를 읽기 시작해서, 1쪽부터 마지막 쪽인 133쪽까지 순서대로 읽는다.
조건 2) 甲은 한번 읽기 시작한 절은 그날 모두 읽되, 하루에 최대 40쪽을 읽을 수 있다.
조건 3) 甲은 절 제목에 '과학' 또는 '정책'이 들어간 절을 하루에 한 개 이상 읽는다.

문제풀이 실마리

- 목차에 적혀있는 숫자는 각 절의 시작 쪽이라는 점에 주의하고, 각 절의 마지막 쪽은 직접 찾아내야 한다.
- 제목에 '과학' 또는 '정책'이 들어간 절을 모두 미리 찾아두는 것도 실수를 예방하기에 좋다.

ㄱ. (O) 조건 2), 3)에 따를 때 甲은 첫날에 무조건 제2절까지는 읽어야 한다. 제2절의 마지막 쪽이 20쪽이므로 甲은 3월 1일에 甲은 책 A를 20쪽 이상 읽을 수밖에 없다.

ㄴ. (X) 주어진 조건에 따를 때, 3월 3일에 甲이 제6절까지 읽었다면 61쪽까지 읽은 셈이고, 3월 4일에는 제7절, 즉 62쪽부터 읽게 된다.

<table>
<tr><td>제7절</td><td></td><td>62~64</td><td rowspan="8">조건 3)에 따를 때 제10절까지는 반드시 읽어야 하고, 제11절까지 읽는다면 62쪽부터 103쪽까지 읽게 되는 것이기 때문에, 조건 2)를 고려했을 때 제11절까지는 읽을 수 없다.
3월 5일까지 책 A를 다 읽는다는 것은 5일에 제11절부터 제14절까지, 즉 92쪽부터 133쪽까지 읽는다는 것인데, 조건 2) 때문에 불가능하다.</td></tr>
<tr><td>제8절</td><td></td><td>65~67</td></tr>
<tr><td>제9절</td><td></td><td>68~88</td></tr>
<tr><td>제10절</td><td>정책</td><td>89~91</td></tr>
<tr><td>제11절</td><td></td><td>92~103</td></tr>
<tr><td>제12절</td><td>과학</td><td>104~106</td></tr>
<tr><td>제13절</td><td></td><td>107~129</td></tr>
<tr><td>제14절</td><td>정책</td><td>130~133</td></tr>
</table>

ㄷ. (X) 甲이 4일만에 책 A를 다 읽는 경우가 있다. 3월 3일과 4일에 얼마나 읽는가에 따라 경우가 두 가지로 나뉜다.

		조건 3)	쪽수	조건 2)
3월 1일	제1절~제4절	제2절	1~33	33
3월 2일	제5절~제8절	제5, 6절	34~67	34
3월 3일	제9절~제11절	제10절	68~103	36
3월 4일	제12절~제14절	제12, 14절	104~133	30

		조건 3)	쪽수	조건 2)
3월 1일	제1절~제4절	제2절	1~33	33
3월 2일	제5절~제8절	제5, 6절	34~67	34
3월 3일	제9절~제12절	제10, 12절	68~106	39
3월 4일	제13절~제14절	제14절	107~133	27

따라서 甲이 책 A를 다 읽으려면 최소 4일이 걸린다.

빠른 문제풀이 Tip

- 빈출 개념인 '최대 · 최소'의 정오판단 방법을 미리 알아두어야 한다.
- 읽은 페이지 수를 계산할 때는 초일 산입 계산법을 사용하여야 한다. 예를 들어 13페이지부터 18페이지까지 읽었다면, (18−13)+1=6페이지를 읽은 것이다.

[정답] ①

43 다음 글을 근거로 판단할 때, 18시에서 20시 사이에 보행신호가 점등된 횟수는?

21년 5급 가책형 11번

○ A시는 차량통행은 많지만 사람의 통행은 적은 횡단보도에 보행자 자동인식시스템을 설치하였다.

○ 보행자 자동인식시스템이 횡단보도 앞에 도착한 보행자를 인식하면 1분 30초의 대기 후에 보행신호가 30초간 점등되며, 이후 차량통행을 보장하기 위해 2분간 보행신호는 점등되지 않는다. 점등 대기와 보행신호 점등, 차량통행 보장 시간 동안에는 보행자를 인식하지 않는다.

점등 대기	→	보행신호 점등	→	차량통행 보장
1분 30초		30초		2분

○ 보행신호가 점등되기 전까지 횡단보도 앞에 도착한 사람만 모두 건넌다.

○ 다음은 17시 50분부터 20시까지 횡단보도 앞에 도착한 사람의 수와 도착 시각을 정리한 것이다.

도착 시각	인원	도착 시각	인원
18:25:00	1	18:44:00	3
18:27:00	3	18:59:00	4
18:30:00	2	19:01:00	2
18:31:00	5	19:48:00	4
18:43:00	1	19:49:00	2

① 6

② 7

③ 8

④ 9

⑤ 10

해설

문제 분석

주어진 지문을 이해하고 보행신호가 점등되기 전까지 횡단보도 앞에 도착한 사람만 모두 건넌다는 것을 염두에 두어야 한다. 즉 보행신호 중에 도착한 사람은 건너지 못한다는 것으로 해석한다. 그리고 점등 대기가 시작되면 1분 30초 이후 보행신호는 점등되므로 보행신호가 점등된 횟수를 계산해도 되고 점등 대기가 시작된 횟수를 계산해도 된다(마지막에 도착한 보행자의 도착 시각이 19:49:00이므로 둘은 완전 동일하다).

아래의 표와 같이 따라가면서 계산하되 인원은 중요하지 않으므로 표의 해당 부분에 화살표 등으로 계산에 도움이 될 만한 기호들을 사용해 계산한다. 지문에 주어져 있는 도착 시각 부분은 음영처리 하였다.

도착 시각	인원 도착	비교	도착 시각	인원 도착	비교
18:25:00	1	점등 대기 시작	18:44:00	3ⓑ	
18:26:30		보행신호 점등	18:44:30		보행신호 점등
18:27:00	3ⓐ	차량통행 보장	…		
18:29:00		점등 대기 시작	18:59:00	4	점등 대기 시작
18:30:00	2ⓐ		19:00:30		보행신호 점등
18:30:30		보행신호 점등	19:01:00	2	차량통행보장
18:31:00	5	차량통행 보장	19:03:00		점등 대기 시작
18:33:00		점등 대기 시작	19:04:30		보행신호 점등
18:34:30		보행신호 점등	…		
…			19:48:00	4ⓒ	점등 대기 시작
18:43:00	1ⓑ	점등 대기 시작	19:49:00	2ⓒ	
			19:49:30		보행신호 점등

18시에서 20시 사이에 보행신호는 총 7회 점등되었다.

빠른 문제풀이 Tip

- 다르게 접근한다면 횡단보도 앞에 총 10회에 걸쳐 사람이 도착했는데 같이 건너는 수만큼 빼주는 방법도 있다. 표에서 인원 도착 부분에 같은 ⓐ, ⓑ, ⓒ 첨자가 있는 인원들은 같은 보행신호에 건너는 것이므로 전체 10회에서 3회를 뺀 7회라고 판단한다.
- 이와 같이 사고하는 것은 앞서 살펴 본 39번(5급 공채 21년 가책형 34번) 문제에서도 활용할 수 있었다.

[정답] ②

44 다음 <지도>와 <조건>에 근거할 때, 옳은 것은?

12년 5급 인책형 11번

〈지　도〉

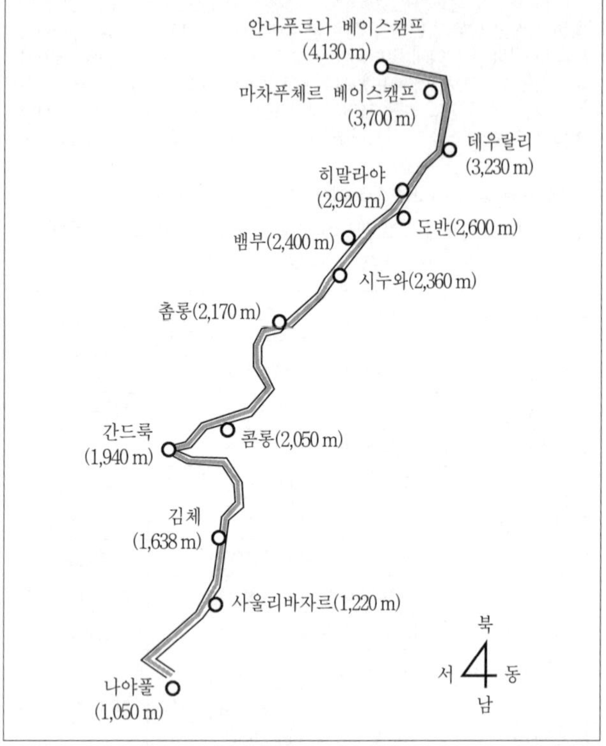

※ 괄호 안의 수치는 해발고도를 나타낸다.

〈조건1〉

〈구간별 트래킹 소요시간(h: 시간)〉

○ 올라가는 경우
- 나야풀 → 사울리바자르: 3h
- 사울리바자르 → 김체: 2h
- 김체 → 간드룩: 2h
- 간드룩 → 콤롱: 2h
- 콤롱 → 촘롱: 3h
- 촘롱 → 시누와: 2h
- 시누와 → 뱀부: 1h
- 뱀부 → 도반: 3h
- 도반 → 히말라야: 2h
- 히말라야 → 데우랄리: 2h
- 데우랄리 → 마차푸체르 베이스캠프: 2h
- 마차푸체르 베이스캠프 → 안나푸르나 베이스캠프: 2h

○ 내려오는 경우, 구간별 트래킹 소요시간은 50% 단축된다.

〈조건2〉

○ 트래킹은 도보로만 이루어지며, 트래킹 코스는 나야풀에서 시작하여 안나푸르나 베이스캠프에 도달한 다음 나야풀로 돌아오는 것이다.
○ 하루에 가능한 트래킹의 최대시간은 6시간이며, 모든 트래킹 일정을 최대한 빨리 완료해야 한다.
○ 하루 트래킹이 끝나면 반드시 숙박을 해야 하고, 숙박은 지도에 표시가 된 지역에서만 가능하다.
○ 해발 2,500m 이상에서는 고산병의 위험 때문에 당일 수면고도를 전날 수면고도에 비해 600m 이상 높일 수 없다.

※ 수면고도는 취침하는 지역의 해발고도를 의미한다.

① 1일 차에는 간드룩에서 숙박을 한다.
② 반드시 마차푸체르 베이스캠프에서 숙박을 해야 한다.
③ 5일 차에는 안나푸르나 베이스캠프에서 숙박 가능하다.
④ 하루 6시간을 걷는 경우는 총 이틀이다.
⑤ 트래킹은 8일 차에 완료된다.

해설

문제 분석

- 기본 조건
  1. 트래킹은 도보로만 이루어지며, 트래킹 코스는 나야풀에서 시작하여 안나푸르나 베이스캠프에 도달한 다음 나야풀로 돌아오는 것이다.
  2. 하루에 가능한 트래킹의 최대시간은 6시간이며, 모든 트래킹 일정을 최대한 빨리 완료해야 한다.
  3. 하루 트래킹이 끝나면 반드시 숙박을 해야 하고, 숙박은 지도에 표시가 된 지역에서만 가능하다.
- 높이가 높아지는 경우 추가 조건
  해발 2,500m 이상에서는 고산병의 위험 때문에 당일 수면고도를 전날 수면고도에 비해 600m 이상 높일 수 없다. 특히 수면고도의 개념을 정확히 이해하여야 한다.
- 높이가 낮아지는 경우 추가 조건
  내려오는 경우, 구간별 트래킹 소요시간은 50% 단축된다.

문제풀이 실마리

조건을 얼마나 명확하게 이해하고 효율적으로 처리할 수 있는지가 관건인 문제이다.

주어진 조건에 따라 해결해 보면 다음과 같다.

구분	숙박(도착)지	소요시간
1일 차	김체	5시간
2일 차	촘롱	4시간
3일 차	뱀부	6시간
4일 차	히말라야	5시간
5일 차	데우랄리 (∵ 수면고도 제한)	2시간
6일 차	데우랄리	6시간
7일 차	촘롱	5시간
8일 차	나야풀	6시간

① (X) 1일 차에는 간드룩이 아닌 김체에서 숙박을 한다. 간드룩까지 가려면 소요시간이 7시간이라 6시간을 초과하게 된다.

② (X) 위 표에서 해결한 결과를 보면 마차푸체르 베이스캠프에서 숙박을 하지 않는 경우이다. 따라서 반드시 마차푸체르 베이스캠프에서 숙박을 해야하는 것은 아니다.

③ (X) 안나푸르나 베이스캠프까지는 수면고도의 제한 때문에 5일 차에 올라갈 수 없다. 5일 차에는 최대 데우랄리까지 올라가서 숙박한다.

④ (X) 위 표에서는 3일 차, 6일 차, 8일 차 총 3일이므로 이틀이라고 단정적으로 말할 수 없다. 경우에 따라서 하루 6시간을 걷는 경우가 총 4일이 될 수도 있다.

⑤ (O) 위 표에서 해결한 결과를 보면 트래킹은 8일 차에 완료된다.

빠른 문제풀이 Tip

- 수면고도의 이해에 신경써야 한다. 이동한 고도 차이가 아니라 취침하는 지역의 고도 차이만 비교해야 한다.
- 8일 동안 트래킹을 완료하는 방법은 위에서 찾은 과정 외에 다른 과정도 가능하다.

[정답] ⑤

45 다음 글을 근거로 판단할 때 옳지 않은 것은?

21년 5급 가책형 11번

○ 甲과 乙은 조선시대 왕의 계보를 외우는 놀이를 한다.
○ 甲과 乙은 번갈아가며 직전에 나온 왕의 다음 왕부터 순차적으로 외친다.
○ 한 번에 최소 1명, 최대 3명의 왕을 외칠 수 있다.
○ 甲이 제1대 왕 '태조'부터 외치면서 놀이가 시작되고, 누군가 마지막 왕인 '순종'을 외치면 놀이가 종료된다.
○ i)'조'로 끝나는 왕 2명 이상을 한 번에 외칠 수 없다.
○ ii)반정(反正)에 성공한 왕은 해당 반정으로 폐위(廢位)된 왕과 함께 외칠 수 없다.
 – 중종 반정: 연산군 폐위
 – 인조 반정: 광해군 폐위

〈조선시대 왕의 계보〉

1	태조	10	연산군	19	숙종
2	정종	11	중종	20	경종
3	태종	12	인종	21	영조
4	세종	13	명종	22	정조
5	문종	14	선조	23	순조
6	단종	15	광해군	24	헌종
7	세조	16	인조	25	철종
8	예종	17	효종	26	고종
9	성종	18	현종	27	순종

① 甲이 '명종'까지 외쳤다면, 甲은 '인조'를 외칠 수 없다.
② 甲과 乙이 각각 6번씩 외치는 것으로 놀이가 종료될 수 있다.
③ 甲이 '인종, 명종, 선조'를 외쳤다면, '연산군'은 甲이 외친 것이다.
④ 甲이 첫 차례에 3명의 왕을 외친다면, 甲은 자신의 다음 차례에 '세조'를 외칠 수 있다.
⑤ '순종'을 외치는 사람이 지는 게임이라면, 甲이 '영조'를 외쳤을 때 乙은 甲의 선택에 관계없이 승리할 수 있다.

해설

문제 분석

지문에 주어진 놀이는 친숙할 수도 있는 놀이이다. 다만 i) '조'로 끝나는 왕 2명 이상을 한 번에 외칠 수 없다, ii) 반정에 성공한 왕은 해당 반정으로 폐위된 왕과 함께 외칠 수 없다는 조건만 유의한다.

문제풀이 실마리

베스킨라빈스 게임과 다소 유사한 규칙이 활용되었다.

아래의 표에서는 음영을 표시한 부분이 甲이 외친 부분에 해당하고 조건 i), ii)에 의해 함께 외칠 수 없는 왕은 사이에 굵은 선으로 표시하였다.

① (X) 甲이 명종까지 외쳤다면 乙은 '선조'부터 최대 3명의 왕을 외칠 가능성을 생각해 볼 수 있다. 그러나 ii) 조건에 의해 '광해군'과 '인조'를 함께 외칠 수 없고, i) 조건에 의해도 '선조'와 '인조'를 한 번에 외칠 수 없다. 즉, 乙은 {선조} 또는 {선조, 광해군}만 외칠 수 있고 {선조, 광해군, 인조}를 외칠 수 없다. 이때 乙이 {선조, 광해군}을 외쳤다면 甲은 '인조'를 외칠 수 있다.

13	명종
14	선조
15	광해군
16	인조

② (O) 甲과 乙이 최대한 많은 수의 왕을 외친다면 甲부터 시작하고 甲이 3명을 외친다고 생각했을 때 놀이의 진행은 다음과 같다.

1	태조	10	연산군	19	숙종
2	정종	11	중종	20	경종
3	태종	12	인종	21	영조
4	세종	13	명종	22	정조
5	문종	14	선조	23	순조
6	단종	15	광해군	24	헌종
7	세조	16	인조	25	철종
8	예종	17	효종	26	고종
9	성종	18	현종	27	순종

위의 표는 甲이 6번, 乙이 5번 외침으로써 놀이가 종료된 경우이고 甲이 마지막 6번째에 {고종}만 외쳤다면 甲과 乙이 각각 6번씩 외치는 것으로 놀이가 종료될 수 있다.

③ (O) 甲이 {인종, 명종, 선조}를 외쳤다면, 乙이 '중종'까지 외친 것이다. 그리고 조건 ii)에 따르면 '연산군'과 '중종'은 같이 외칠 수 없으므로 乙은 '중종'만 외친 것이다. 따라서 甲이 {예종, 성종, 연산군}, {성종, 연산군}, {연산군} 중 어떤 것을 외친 것인지는 알 수 없어도 '연산군'은 甲이 외친 것이다.

10	연산군
11	중종
12	인종
13	명종
14	선조

④ (O) 甲이 첫 차례에 3명의 왕 {태조, 정종, 태종}을 외친다면,

1) 乙 {세종}, 甲{문종, 단종, 세조}
2) 乙 {세종, 문종}, 甲{단종, 세조, …}
3) 乙 {세종, 문종, 단종}, 甲{세조, …}

중 어느 경우라도 '세조'를 외칠 수 있다. 4) 乙 {세종}, 甲{문종}, 乙 {단종}, 甲 {세조, …}와 같은 경우도 생각해 볼 수 있지만, 甲의 다음 차례에 세조를 외칠 수 있냐고 묻는 선지의 의도에 맞지 않는다.

1)

1	태조
2	정종
3	태종
4	세종
5	문종
6	단종
7	세조

2)

1	태조
2	정종
3	태종
4	세종
5	문종
6	단종
7	세조

3)

1	태조
2	정종
3	태종
4	세종
5	문종
6	단종
7	세조

모든 경우를 다 찾을 필요는 없고 하나의 경우만 찾아도 된다.

⑤ (O) 선지에는 甲이 "'영조'를 외쳤을 때"라고 되어 있고 조건 ⅰ)에 의해 甲은 '영조'를 외치고 '정조'를 외칠 수 없다. 또한 乙도 '정조'를 외치고 '순조'를 외칠 수 없다. 즉, 甲{…, 영조}, 乙 {정조}, 甲 {순조, …}까지는 고정이다. 따라서 甲이 {순조, …} 중 어느 것, 즉, 1) {순조}, 2) {순조, 헌종}, 3) {순조, 헌종, 철종} 중 어느 것을 외치더라도 乙은 각각 1) {헌종, 철종, 고종}, 2) {철종, 고종}, 3) {고종}을 외침으로써 甲이 '순종'을 외치게 할 수 있다.

1)

21	영조
22	정조
23	순조
24	헌종
25	철종
26	고종
27	순종

2)

21	영조
22	정조
23	순조
24	헌종
25	철종
26	고종
27	순종

3)

21	영조
22	정조
23	순조
24	헌종
25	철종
26	고종
27	순종

빠른 문제풀이 Tip

선지 ②의 경우 다음과 같은 방법도 생각해 본다. 甲과 乙이 각각 6번 총 12번을 외치는 것이므로 최대 36명의 왕을 외칠 수 있는데 조건 1)에 의해 두 번(영조, 정조, 순조 구간), 조건 2)에 의해 두 번씩 3명의 왕을 외칠 수 없는 경우가 있을 수 있는데 4번 모두 최악의 경우 1명만 외쳐 8명을 덜 외친다고 하더라도 28명의 왕을 외칠 수 있다. 그러므로 옳다고 판단할 수도 있다.

[정답] ①

46 다음 <상황>, <포스트잇 붙임 기준>과 <목차>를 근거로 판단할 때 연구보고서에 최종적으로 붙어 있는 빨간색 포스트잇의 총 개수 및 추가로 주문해야 하는 최소 포스트잇 세트 수는?

17년 입법 가책형 19번

〈상 황〉

하은이는 올해 초 첫 부서 배치를 받아 일을 시작하였다. 과장은 하은이에게 총 35페이지의 연구보고서를 던져주고, 매 페이지마다 〈포스트잇 붙임 기준〉에 따른 포스트잇을 붙이는 일을 시켰다. 포스트잇은 빨간색, 노란색, 파란색 세 종류가 있다. 현재 하은이네 과 사무실에는 빨간색 포스트잇 11개, 노란색 7개만 남아있으며, 모자라는 포스트잇은 반드시 포스트잇 세트(한 세트에는 빨간색 3개, 노란색 2개, 파란색 1개씩 들어있음)로만 보충해야한다.

※ 단, 〈포스트잇 붙임 기준〉에 따라 한페이지에는 한 개의 포스트잇만 붙인다.

〈포스트잇 붙임 기준〉

① 1장과 3장에는 장에 속한 모든 페이지에 빨간색 포스트잇을 하나씩 붙이되, 제목에 '검토'나 '제언'이 들어간 절에는 해당 절의 모든 페이지에 노란색 포스트잇을 붙인다.
② 2장은 모든 페이지마다 파란색 포스트잇을 붙이는 것을 원칙으로 하되, 제목에 '쟁점'이 들어간 절에는 해당 절의 모든 페이지에 노란색 포스트잇을 붙인다.
③ 제1항, 제2항의 규정에도 불구하고, 제목에 '현황'이 들어간 절에는 해당 절의 모든 페이지에 빨간색 포스트잇을 붙인다.
④ 본보고서는 한 절에서 그 다음 절 또는 장으로 넘어갈 때에는 반드시 페이지를 달리하여 작성되었으며, 총 35페이지의 보고서 내용 중에 빈 페이지는 없다. 또, 각 장마다 절에 속하지 않는 고유의 내용이 장의 시작에 서술되어 있다.
⑤ 제1항부터 제3항까지의 규정에도 불구하고, 한 페이지에 장과 절의 구분이 함께 있는 경우에는 1장, 2장의 경우에는 장에 해당하는 포스트잇을, 3장의 경우에는 절에 해당하는 포스트잇을 그 페이지에 붙인다.

〈목 차〉

	빨간색 포스트잇의 총 개수	추가로 주문해야 하는 최소 포스트잇 세트 수
①	21개	3세트
②	21개	4세트
③	20개	3세트
④	20개	4세트
⑤	17개	3세트

해설

문제 분석

〈포스트잇 붙임 기준〉을 〈상황〉을 고려하여 〈목차〉에 적용해야 한다.

문제풀이 실마리

〈포스트잇 붙임 기준〉을 〈목차〉에 적용해서 일일이 계산해야 하는 복잡한 문제이므로 주어진 조건을 얼마나 체계적으로 이해하고 이를 〈목차〉에 적용할 수 있는가가 중요하다.

〈포스트잇 붙임 기준〉은 제1항과 제2항을 기본으로 하여, 제3항의 예외조건을, 그리고 제5항의 예외조건을 적용해야 한다. 특히 조심할 부분은, 제3항에 따르면 '현황'이 들어간 6~9페이지를 빨간색 포스트잇으로 붙여야 하나, 제5항에 따르면 2장에서 장과 절의 구분이 함께 있는 경우에는 장에 해당하는 포스트잇(파란색)을 붙여야 하므로 6페이지에는 빨간색이 아닌 파란색 포스트잇을 붙여야 한다는 점이다.

구분		페이지	빨강	노랑	파랑
1장	1절	1~4	4		
	2절	5		1	
2장	1절	6			1
	1절	7~9	3		
	2절	10~19		10	
	3절	20			1
3장	1절	21~27	7		
	2절	28~29		2	
	3절	30~35	6		
총 필요량			20	13	2

구분	빨강	노랑	파랑
1장(1~5)	4	1	
2장(6~20)	3	10	2
3장(21~35)	13	2	
필요량	20	13	2
보유량	11	7	×
구입량	9	6	2

필요량과 보유량은 위 표와 같고, 모자라는 포스트잇은 반드시 포스트잇 세트(한 세트에는 빨간색 3개, 노란색 2개, 파란색 1개씩 들어있음)로만 보충해야 하므로, 적어도 포스트잇 세트가 3개는 있어야 필요한 포스트잇 개수를 보충할 수 있다.

따라서 추가로 주문해야 하는 최소 포스트잇 세트 수는 3세트이다.

빠른 문제풀이 Tip

포스트잇 개수를 셀 때 n−1개 해결을 한다면 보다 빠르게 문제를 해결할 수 있다.

[정답] ③

시간의 흐름에 따른 변화

47 다음 글과 <상황>을 근거로 판단할 때, 공기청정기가 자동으로 꺼지는 시각은?

20년 민경채 가책형 24번

○ A학교 학생들은 방과 후에 자기주도학습을 위해 교실을 이용한다.
○ 교실 안에 있는 ⅰ)학생 각각은 매 순간 일정한 양의 미세먼지를 발생시켜, 10분마다 5를 증가시킨다.
○ 교실에 설치된 ⅱ)공기청정기는 매 순간 일정한 양의 미세먼지를 제거하여, 10분마다 15를 감소시킨다.
○ 미세먼지는 사람에 의해서만 발생하고, 공기청정기에 의해서만 제거된다.
○ ⅲ)공기청정기는 매 순간 미세먼지 양을 표시하며 교실 내 미세먼지 양이 30이 되는 순간 자동으로 꺼진다.

〈상 황〉

15시 50분 현재, A학교의 교실에는 아무도 없었고 켜져 있는 공기청정기가 나타내는 교실 내 미세먼지 양은 90이었다. 16시 정각에 학생 두 명이 교실에 들어와 공부를 시작하였고, 40분 후 학생 세 명이 더 들어와 공부를 시작하였다. 학생들은 모두 18시 정각에 교실에서 나왔다.

① 18시 50분
② 19시 00분
③ 19시 10분
④ 19시 20분
⑤ 19시 30분

해설

문제 분석

조건 ⅰ)~ ⅲ)의 미세먼지 변화와 공기청정기 작동 규칙을 〈상황〉에 정확히 적용한다.

조건 ⅰ)~ⅲ)과 〈상황〉의 내용을 정리하면 다음과 같다.

시간	학생 수	미세먼지		미세먼지 양
		증가	감소	
1) 15:50	0	–	–	90
2) 16:00	2	0	15	75
3) 16:10	2	10	15	70
10분마다 미세먼지 양 5 감소				
4) 16:40	5	10	15	55
5) 16:50	5	25	15	65
10분마다 미세먼지 양 10 증가				
6) 17:50	5	25	15	125
7) 18:00	0	25	15	135
10분마다 미세먼지 양 15 감소				
8) 19:10	0	0	15	30

1) 15시 50분: 교실 내 학생은 아무도 없었고 미세먼지 양은 90이다.
2) 16시 정각: 미세먼지의 양은 15 감소하여 75이고 학생 두 명이 교실에 들어왔다.
3) 16시 10분: 학생 2명에 의하여 미세먼지가 10 증가하고 공기청청기에 의하여 15 감소하였으므로 미세먼지의 양은 70이다.
4) 16시 40분: 30분간 10분마다 미세먼지가 5씩 감소하여 미세먼지 양은 55이다. 학생 두 명이 교실에 들어왔다.
5) 16시 50분: 학생 5명에 의하여 미세먼지가 25 증가하고 공기청청기에 의하여 15 감소하였으므로 미세먼지의 양은 65이다.
6) 17시 50분: 60분간 10분마다 미세먼지가 10씩 증가하여 미세먼지 양은 125이다.
7) 18시 정각: 미세먼지의 양은 10 증가하여 135이고 학생 다섯 명이 교실에서 나왔다.
8) 19시 10분: 70분간 10분마다 미세먼지가 15씩 감소하여 미세먼지 양은 30이 되고 공기청청기가 자동으로 꺼진다.

빠른 문제풀이 Tip

위의 해설은 학생 수가 변하는 시간, 미세먼지 증감량이 변하는 시간을 모두 설명한 것으로 실제 문제풀이에서는 해당 과정을 좀 더 간단히 하여 시간을 단축한다. 예를 들어 3)은 생략하고 2) 다음 4)를 생각할 때 40분간 10분마다 미세먼지가 5씩 감소했다고 생각해도 된다. 학생이 들어온 시간 10분 뒤에 미세먼지가 증가한다는 것을 헷갈려서는 안 된다.

[정답] ③

48 다음 글을 근거로 판단할 때, <보기>에서 옳은 것만을 모두 고르면? 19년 5급 가책형 14번

○ 甲과 乙은 민원을 담당하는 직원으로 각자 한 번에 하나의 민원만 접수한다.
○ 민원은 'X민원'과 'Y민원' 중 하나이고, 민원을 접수한 직원은 'X민원' 접수 시 기분이 좋아져 감정도가 10 상승하지만 'Y민원' 접수 시 기분이 나빠져 감정도가 20 하락한다.
○ 甲과 乙은 오늘 09 : 00부터 18 : 00까지 근무했다.
○ 09 : 00에 甲과 乙의 감정도는 100이다.
○ 매시 정각 甲과 乙의 감정도는 5씩 상승한다. (단, 09 : 00, 13 : 00, 18 : 00 제외)
○ 13 : 00에는 甲과 乙의 감정도가 100으로 초기화된다.
○ 18 : 00가 되었을 때, 감정도가 50 미만인 직원에게는 1일의 월차를 부여한다.
○ 甲과 乙이 오늘 접수한 각각의 민원은 아래 〈민원 등록 대장〉에 모두 기록됐다.

〈민원 등록 대장〉

접수 시각	접수한 직원	민원 종류
09 : 30	甲	Y민원
10 : 00	乙	X민원
11 : 40	甲	Y민원
13 : 20	乙	Y민원
14 : 10	甲	Y민원
14 : 20	乙	Y민원
15 : 10	甲	㉠
16 : 10	乙	Y민원
16 : 50	乙	㉡
17 : 00	甲	X민원
17 : 40	乙	X민원

〈보 기〉

ㄱ. ㉠, ㉡에 상관없이 18 : 00에 甲의 감정도는 乙의 감정도보다 높다.
ㄴ. ㉡이 'Y민원'이라면, 乙은 1일의 월차를 부여받는다.
ㄷ. 12 : 30에 乙의 감정도는 125이다.

① ㄱ
② ㄴ
③ ㄱ, ㄷ
④ ㄴ, ㄷ
⑤ ㄱ, ㄴ, ㄷ

해설

문제 분석

접수 시각	접수한 직원	민원 종류	정각 (甲, 乙)	민원	
				甲	乙
9:00에 甲과 乙의 감정도는 100					
09:30	甲	Y민원		−20	
10:00	乙	X민원	+5		+10
11:00			+5		
11:40	甲	Y민원		−20	
12:00			+5		
13:00 감정도 100으로 초기화					
13:20	乙	Y민원			−20
14:00			+5		
14:10	甲	Y민원		−20	
14:20	乙	Y민원			−20
15:00			+5		
15:10	甲	㉠		?	
16:00			+5		
16:10	乙	Y민원			−20
16:50	乙	㉡			?
17:00	甲	X민원	+5	+10	
17:40	乙	X민원			+10

문제풀이 실마리

• 상대적 계산 비교 스킬을 활용하면 보다 빠른 해결이 가능하다.
• 입증사례와 반증사례를 적절하게 떠올릴수 있어야 한다.

ㄱ. (O) 甲의 감정도를 乙의 감정도보다 높지 않게 만들어서 반례를 찾아보아야 하는 보기이다. 이를 위해 甲의 감정도는 최소로, 乙의 감정도는 최대로 만들어 보아야 한다. 따라서 비어있는 ㉠은 Y로, ㉡은 X로 가정해야 한다. 매시 정각에 감정도가 변화하는 것은 공통이므로 고려하지 않는다.
13시에 甲과 乙의 감정도는 100으로 초기화되었으므로, 13시 이후로 甲과 乙 사이에 감정도가 차이가 발생하는 부분만 보면 된다.

접수 시각	접수한 직원	민원 종류	甲 감정도(100)	乙 감정도(100)
13:20	乙	Y민원		−20
14:10	甲	Y민원	−20	
14:20	乙	Y민원		−20
15:10	甲	㉠ Y	−20	
16:10	乙	Y민원		−20
16:50	乙	㉡ X		+10
17:00	甲	X민원	+10	
17:40	乙	X민원		+10
			−30	−40

반례를 찾으려고 했지만 −30의 甲의 감정도가 −40의 乙의 감정도보다 높다. 반례찾기에 실패했기 때문에 ㄱ은 옳다.

[정확한 방법]

甲의 감정도를 최소로 만들기 위해 ㉠을 Y민원으로 가정하고, 乙의 감정도를 최대로 만들기 위해 ㉡을 X민원으로 가정하자.

접수 시각	접수한 직원	민원 종류	정각 (甲, 乙)	민원	
				甲	乙
13:00 감정도 100으로 초기화					
13:20	乙	Y민원			−20
14:00			+5		
14:10	甲	Y민원		−20	
14:20	乙	Y민원			−20
15:00			+5		
15:10	甲	㉠ Y민원		−20	
16:00			+5		
16:10	乙	Y민원			−20
16:50	乙	㉡ X민원			+10
17:00	甲	X민원	+5	+10	
17:40	乙	X민원			+10

이를 정리하면 다음과 같다.

구분	정각 (14, 15, 16, 17시)	X민원	Y민원	최종
甲의 감정도	+20	+10	−40	90
乙의 감정도	+20	+20	−60	80

13시의 감정도가 100으로 초기하됨을 반영했을 때 甲의 감성도는 최소 90이고 乙의 감정도는 최대 80이다. 따라서 어떠한 경우에도 18:00에 甲의 감정도는 乙의 감정도보다 높다.

ㄴ. (X) ㉡이 'Y민원'이라면, 13시 이후 민원에 의한 감정도 변화는 −70이고, 정각에 누적된 감정도 상승은 +20이다. 따라서 초기 감정도 100에서 −50이면, 최종적으로 정확히 50이어서 월차 휴가를 받을 수 있는 50 미만에 해당하지 않는다.

ㄷ. (O) 12:30까지 호감도의 변화를 보면, 민원에 의한 감정도 변화는 +10, 정각에 누적된 감정도 상승은 +15이므로 초기 감정도 100에서 +25이어서, 최종적으로 125이다.

빠른 문제풀이 Tip
- '이상'과 '초과', '이하'와 '미만'을 혼동하지 않도록 주의한다.
- 甲과 乙 감정도의 상대적 비교를 하면 해결되는 보기 ㄱ과, 감정도를 정확하게 구해야 하는 보기 ㄴ, ㄷ을 구분하여 다르게 접근해야 한다.
- 13:00에 감정도가 100으로 초기화되는 점, 매시 정각 甲과 乙의 감정도가 5씩 상승하는 것은 甲과 乙에게 공통적으로 적용된다는 점, 그리고 甲의 X민원과 乙의 X민원이, 甲의 Y민원과 乙의 Y민원이 서로 상쇄될 수 있다는 점 등을 활용하면 보다 빠르게 문제를 해결할 수 있다.

[정답] ③

49 다음 글과 <상황>을 근거로 판단할 때 옳은 것은?

15년 5급 인책형 33번

○ 춘향이와 몽룡이는 첫 만남을 가졌다.
○ 첫 만남 이후 헤어질 당시, 춘향이가 몽룡이에 대해 느끼는 호감도는 70, 몽룡이가 춘향이에 대해 느끼는 호감도는 60이다.
○ 헤어진 후 시간이 지날수록 만남의 여운이 옅어져, 헤어진 지 10분 이후부터는 1분이 지날 때마다 서로에 대한 호감도가 1씩 하락한다.
○ 헤어진 지 10분 안에 문자메시지를 받게 되면, 참을성이 없어 보여 문자메시지를 먼저 보낸 사람에 대한 호감도가 10 하락한다.
○ 문자메시지를 받은 사람은 먼저 문자메시지를 보낸 사람에 대한 호감도가 20 상승한다.
○ 문자메시지 내용이 다음 만남을 제안하는 내용이거나, 하트 기호(♡)를 포함할 경우 호감도가 두 사람 모두 10 상승한다.
○ 최종 호감도는 문자메시지를 받은 시점을 기준으로 한다.

※ 위의 각 조건은 해당 사항이 있을 경우 중복 적용된다.

〈상 황〉

A: 헤어지고 15분 뒤, "다음 주말에 우리 함께 영화 볼래요?"라는 몽룡이의 문자메시지를 춘향이가 받음
B: 헤어지고 5분 뒤, "오늘 정말 즐거웠어요♡"라는 춘향이의 문자메시지를 몽룡이가 받음
C: 헤어지고 20분 뒤, "몽룡씨는 저와 참 잘 맞는 사람인 것 같아요"라는 춘향이의 문자메시지를 몽룡이가 받음

① 몽룡이가 춘향이에게 느끼는 최종 호감도는 상황 C가 가장 높다.
② 춘향이가 몽룡이에게 느끼는 최종 호감도는 상황 B가 가장 높다.
③ 몽룡이가 춘향이에게 느끼는 최종 호감도는 상황 B가 상황 C보다 15 높다.
④ 몽룡이가 춘향이에게 느끼는 최종 호감도는 상황 C가 상황 A보다 5 높다.
⑤ 상황 B의 경우 몽룡이가 춘향이에게 느끼는 최종 호감도가 춘향이가 몽룡이에게 느끼는 최종 호감도보다 높다.

해설

문제 분석

호감도 변화의 조건을 정리하면 다음과 같다.

㉠	헤어진 지 10분 이후부터	1분이 지날 때마다 서로에 대한 호감도가 1씩 하락
㉡	헤어진 지 10분 안에 문자메시지를 받게 되면	문자메시지를 먼저 보낸 사람에 대한 호감도가 10 하락
㉢	문자메시지를 받은 사람	먼저 문자메시지를 보낸 사람에 대한 호감도가 20 상승
㉣	문자메시지 내용이 다음 만남을 제안하는 내용이거나, 하트 기호(♡)를 포함할 경우	호감도가 두 사람 모두 10 상승

문제풀이 실마리

상황별로 처리하는 것도 가능하고, 조건별로 처리하는 것도 가능하다.

방법 1 상황별 처리

A: ㉠ 헤어지고 15분 뒤 / ㉣ "다음 주말에 우리 함께 영화 볼래요?" / 문자메시지: ㉢ 몽룡 → 춘향

	춘향 → 몽룡*	몽룡 → 춘향
초기 호감도	70	60
㉠	−5	−5
㉣	+10	+10
㉢	+20	
최종	95	65

* 춘향이가 몽룡이에 대해 느끼는 호감도

B: ㉡ 헤어지고 5분 뒤, / ㉣ "오늘 정말 즐거웠어요♡" / 문자메시지: ㉢ 춘향 → 몽룡

	춘향 → 몽룡	몽룡 → 춘향
초기 호감도	70	60
㉠		−10
㉣	+10	+10
㉢		+20
최종	80	80

C: ㉠ 헤어지고 20분 뒤, / "몽룡씨는 저와 참 잘 맞는 사람인 것 같아요" / 문자메시지: ㉢ 춘향 → 몽룡

	춘향 → 몽룡	몽룡 → 춘향
초기 호감도	70	60
㉠	−10	−10
㉣		+20
㉢	60	70
최종	80	80

① (X) 몽룡이가 춘향이에게 느끼는 최종 호감도는 상황 B가 80으로 가장 높다.
② (X) 춘향이가 몽룡이에게 느끼는 최종 호감도는 상황 A가 95로 가장 높다.
③ (X) 몽룡이가 춘향이에게 느끼는 최종 호감도는 상황 B는 80, 상황 C는 70으로 상황 B가 상황 C보다 10 높다.
④ (O) 몽룡이가 춘향이에게 느끼는 최종 호감도는 상황 C가 70, 상황 A가 65로, 상황 C가 상황 A보다 5 높다.
⑤ (X) 상황 B의 경우 춘향이와 몽룡이의 최종 호감도는 서로 80으로 동일하다.

방법 2

표에서 '춘향'은 춘향이가 몽룡이에게 느끼는 호감도, '몽룡'은 몽룡이가 춘향이에 대해 느끼는 호감도를 의미한다.

	상황A		상황B		상황C	
	춘향	몽룡	춘향	몽룡	춘향	몽룡
조건㉠	−5	−5			−10	−10
조건㉡				−10		
조건㉢	+20			+20		+20
조건㉣	+10	+10	+10	+10		
	+25	+5	+10	+20	−10	+10

- 첫 만남 이후 헤어질 당시, 춘향이가 몽룡이에 대해 느끼는 호감도는 70, 몽룡이가 춘향이에 대해 느끼는 호감도는 60이다.
- 헤어진 후 시간이 지날수록 만남의 여운이 옅어져, 헤어진 지 10분 이후부터는 1분이 지날 때마다 서로에 대한 호감도가 1씩 하락한다.
- 헤어진 지 10분 안에 문자메시지를 받게 되면, 참을성이 없어 보여 문자메시지를 먼저 보낸 사람에 대한 호감도가 10 하락한다.
- 문자메시지를 받은 사람은 먼저 문자메시지를 보낸 사람에 대한 호감도가 20 상승한다.
- 문자메시지 내용이 다음 만남을 제안하는 내용이거나, 하트 기호(♡)를 포함할 경우 호감도가 두 사람 모두 10 상승한다.

빠른 문제풀이 Tip

- 조건이 다소 복잡하다고 느낄 수 있는 문제이다. 조건처리가 관건인 문제이다.
- 단순히 호감도의 크기 비교만 하면 되는 선지는 상대적 비교 스킬인 차이 스킬을 사용하는 것도 가능하다. [방법 2]에서 처리한 것처럼 서로 간의 호감도의 변화값만 가지고 비교하면 된다.

[정답] ④

50 다음 글과 <상황>을 근거로 판단할 때 옳은 것은?

19년 민경채 나책형 23번

○○시는 A정류장을 출발지로 하는 40인승 시내버스를 운영하고 있다. 승객은 정류장에서만 시내버스에 승·하차할 수 있다. 또한 시내버스는 좌석제로 운영되어 버스에 빈 좌석이 없는 경우 승객은 더 이상 승차할 수 없으며, 탑승객 1인은 1개의 좌석을 차지한다.

한편 ○○시는 애플리케이션을 통해 시내버스의 구간별 혼잡도 정보를 제공한다. 탑승객이 0～5명일 때는 '매우쾌적', 6～15명일 때는 '쾌적', 16～25명일 때는 '보통', 26～35명일 때는 '혼잡', 36～40명일 때는 '매우혼잡'으로 표시된다.

구간별 혼잡도는 시내버스의 한 정류장에서 다음 정류장까지 탑승객의 수를 측정하여 표시한다. 예를 들어 'A-B' 구간의 혼잡도는 A정류장에서 출발한 후 B정류장에 도착하기 전까지 탑승객의 수에 따라 표시된다.

※ 버스기사는 고려하지 않는다.

〈상 황〉

A정류장에서 07:00에 출발한 시내버스의 〈승·하차내역〉과 〈구간별 혼잡도 정보〉는 다음과 같다.

〈승·하차내역〉

정류장	승차(명)	하차(명)
A	20	0
B	(㉠)	10
C	5	( )
D	( )	10
E	15	( )
F	0	( )

※ 승·하차는 동시에 이루어진다.

〈구간별 혼잡도 정보〉

구간	표시
A-B	(㉡)
B-C	매우혼잡
C-D	매우혼잡
D-E	(㉢)
E-F	보통

① C정류장에서 하차한 사람은 아무도 없다.
② E정류장에서 하차한 사람은 10명 이하이다.
③ ㉠에 들어갈 수 있는 최솟값과 최댓값의 합은 55이다.
④ ㉡은 혼잡이다.
⑤ ㉢은 혼잡 또는 매우혼잡이다.

해설

문제 분석

지문의 내용에 따라 〈상황〉의 〈승·하차내역〉으로부터 구간별 혼잡도를 알아내거나, 반대로 구간별 혼잡도로부터 각 정류장의 승·하차 탑승객 수를 알아낸다.

우선 A-B 구간부터 혼잡도 또는 각 정류장의 승·하차 탑승객 수를 검토해 본다. 문제의 시내버스는 A정류장에서 출발하였고 20명이 승차하고 0명이 하차하였으므로 탑승객 수는 20명이다.

정류장	승차(명)	하차(명)	탑승객 수(명)	혼잡도
A	20	0	20	보통(㉡)

따라서 A-B 구간의 혼잡도(㉡)는 '혼잡'이 아니라 보통(④ (X))이다.

B-C 구간의 혼잡도 '매우혼잡'으로부터 B정류장의 승차 인원수(㉠)의 범위를 알아낼 수 있다. 혼잡도가 '매우혼잡'이라면 탑승객 수가 36～40명이다. 이전 구간의 탑승객 수가 20명이었고 B정류장에서 10명이 하차하였으므로 탑승객 수가 36～40명이 되려면 B정류장에서 26～30명이 승차했어야 한다.

정류장	승차(명)	하차(명)	탑승객 수(명)	혼잡도
A	20	0	20	보통
B	26～30(㉠)	10	36～40	매우혼잡

따라서 ㉠에 들어갈 수 있는 최솟값과 최댓값의 합은 55가 아니라 26+30=56(③ (X))이다.

C-D 구간의 혼잡도 '매우혼잡'으로부터 C정류장의 하차 인원수의 범위를 알아내어야 한다. 우선 최소 하차 인원수를 구해보자. B-C 구간의 탑승객 수가 36명이었고 C정류장에서 5명이 승차하여 C-D 구간의 탑승객 수가 40명이 되는 상황이다. 36+5-40으로 최소 1명이 하차하여야 한다. 최대 하차 인원수를 구해보면 B-C 구간의 탑승객 수가 40명이었는데 C정류장에서 5명이 승차하고 C-D 구간의 탑승객 수가 36명이 되는 상황이다. 40+5-36으로 최대 9명이 하차하여야 한다.

정류장	승차(명)	하차(명)	탑승객 수(명)	혼잡도
B	26～30	10	36～40	매우혼잡
C	5	1～9	36～40	매우혼잡

따라서 C정류장에서는 최소 1명(① (X))에서 최대 9명이 하차할 수 있다.

D～E 구간의 혼잡도를 알 수 없는 상황에서 승차 인원수의 범위로부터 혼잡도를 알아내어야 한다. C～D 구간의 탑승객 수가 36～40명이었고 D정류장에서 10명이 하차하였으므로 우선 26～30명의 탑승객이 있다. 그러므로 가능한 승차 인원수는 최소 0명에서 최대 14명까지 가능하다.

정류장	승차(명)	하차(명)	탑승객 수(명)	혼잡도
C	5	1～9	36～40	매우혼잡
D	0～14	10	26～40	(㉢)

따라서 D-E 구간의 혼잡도는 26～35명인 경우 '혼잡', 36～40명인 경우 '매우혼잡'(⑤ (O))이다.

E-F 구간의 혼잡도 '보통'으로부터 E정류장의 하차 인원수의 범위를 알아내어야 한다. 최소 하차 인원수부터 구해보면 D-E 구간의 탑승객 수가 26명이었고 E정류장에서 15명이 승차하여 E-F 구간의 탑승객이 25명인 상황이다. 26+15-25로 최소 16명이 하차하여야 한다. 최대 하차 인원수를 구해보면 D-E 구간의 탑승객 수가 40명이었고 E정류장에서 15명이 승차하여 E-F 구간의 탑승객이 16명인 상황이다. 40+15-16으로 최대 39명이 하차하여야 한다.

정류장	승차(명)	하차(명)	탑승객 수(명)	혼잡도
D	0～14	10	26～40	(©)
E	15	16～39	16～25	보통

따라서 E정류장에서는 최소 16명(② (X))에서 최대 39명이 하차할 수 있다.

빠른 문제풀이 Tip

특정 선지를 먼저 판단해야 할만한 기준이 없고 하나의 구간에 대한 정보를 판단하기 위해서는 이전 구간의 정보도 필요하므로 구간별로 순차적으로 판단한다.

[정답] ⑤

과정&입증/반증사례

51 다음 글을 근거로 판단할 때, <보기>에서 옳은 것만을 모두 고르면?

22년 7급 가책형 18번

○ 甲과 乙이 아래와 같은 방식으로 농구공 던지기 놀이를 하였다.
- 甲과 乙은 각 5회씩 도전하고, i)합계 점수가 더 높은 사람이 승리한다.
- ii)2점 슛과 3점 슛을 자유롭게 선택하여 도전할 수 있으며, 성공하면 해당 점수를 획득한다.
- iii)5회의 도전 중 4점 슛 도전이 1번 가능한데, '4점 도전'이라고 외친 후 뒤돌아서서 슛을 하여 성공하면 4점을 획득하고, 실패하면 1점을 잃는다.

○ 甲과 乙의 던지기 결과는 다음과 같았다.

(성공: O, 실패: X)

구분	1회	2회	3회	4회	5회
甲	O	X	O	O	O
乙	O	O	X	X	O

〈보 기〉

ㄱ. 甲의 합계 점수는 8점 이상이었다.
ㄴ. 甲이 3점 슛에 2번 도전하였고 乙이 승리하였다면, 乙은 4점 슛에 도전하였을 것이다.
ㄷ. 4점 슛뿐만 아니라 2점 슛, 3점 슛에 대해서도 실패 시 1점을 차감하였다면, 甲이 승리하였을 것이다.

① ㄱ
② ㄴ
③ ㄱ, ㄴ
④ ㄱ, ㄷ
⑤ ㄴ, ㄷ

해설

문제 분석

조건 ii), iii)을 조합하면 총 5회의 던지기 도전 중 2점 슛과 3점 슛을 자유롭게 선택하여 도전할 수 있고 5회 중 1회는 4점 슛 도전이 가능하다. 조건 ii)의 2점 슛과 3점 슛은 점수를 잃는 경우가 없으나, 조건 iii)의 4점 슛 도전은 예외적으로 실패하면 1점을 잃을 수 있는 것에 유의한다. 해당 내용과 지문의 표로 주어져 있는 던지기 결과를 바탕으로 〈보기〉별로 생각해본다.

ㄱ. (X) 반례를 찾는다. 甲의 합계 점수를 가능한 낮게 만들어보면, 예를 들어 甲이 성공한 1, 3, 4, 5회차 도전이 모두 2점 슛이었다면 甲은 8점을 획득한다. 그러나 甲이 실패한 2회차 도전이 4점 슛 도전이었다면 甲이 실패한 경우 1점을 잃게 된다. 이 경우 甲의 합계 점수는 7점으로 8점 미만이 된다.

ㄴ. (O) 乙이 승리하기 위해서는 4점 슛에 도전하여야만 하는 상황인지 확인한다. 즉, 乙이 4점 슛에 도전하지 않고는 甲의 최소 합계 점수를 넘어설 수 없는지 확인해본다. 甲이 3점 슛에 2번 도전하였을 때 최소 합계 점수가 나오는 경우는 아래의 예와 같다.

甲	1회	2회	3회	4회	5회	합계 점수
경우 1	O(3점)	X(3점)	O(2점)	O(2점)	O(2점)	9점
경우 2	O(3점)	X(−1점)	O(3점)	O(2점)	O(2점)	9점

두 번째 경우는 2회차 도전에서 4점 슛에 도전하고 실패한 경우이다. 乙이 4점 슛에 도전하지 않고 얻을 수 있는 최대 합계 점수는 1, 2, 5회차 모두 3점 슛에 도전하여 성공한 경우로 9점이 된다. 甲의 최소 합계 점수와 乙의 최대 합계 점수가 9점으로 같은 상황인데 지문에서는 점수가 같은 경우 누가 승리하는지에 대해 언급이 없다. 다만 조건 i)에서는 합계 점수가 더 높은 사람이 승리한다고만 하고 있으므로 乙이 승리하기 위해서는 甲의 9점보다 높은 점수가 필요하다. 乙이 승리하기 위해서는 던지기에 성공한 1, 2, 5회차 도전 중 1번은 4점 슛에 도전하여 성공하여야만 한다.

ㄷ. (X) 甲이 승리하였다고 하기 위해서는 甲의 최소 합계 점수가 乙의 최대 합계 점수 이상이어야 한다. 甲의 최소 합계 점수를 구해보면 1, 3, 4, 5회차 도전에는 모두 2점 슛을 도전하여 성공하였고, 2회차 도전에서는 슛 종류에 상관없이 실패하여 1점을 잃은 7점이 된다. 乙의 최대 합계 점수를 구해보면 성공한 회차인 1, 2, 5회차에 1회는 4점 슛, 2회는 3점 슛을 도전하여 총 10점을 획득하고 실패한 회차인 3, 4회차에는 슛 종류에 상관없이 실패하여 총 2점을 잃은 8점이 된다. 이런 경우가 발생할 수 있으므로 모든 슛에 대해 실패 시 1점을 차감한다면 반드시 甲이 승리하였을 것이라고 할 수 없다.

빠른 문제풀이 Tip

〈보기〉의 내용에 대한 사례·반례를 찾는 문제이다. 해설의 최소 합계 점수, 최대 합계 점수와 같이 사례를 찾기 위한 또는 반례를 찾기 위한 논리의 전개는 익숙해져야 한다. 혹시나 실수할 수 있는 부분은 조건 iii) 4점 슛 도전 실패 시 1점을 잃는 경우인데 여러 보기에 걸쳐 활용되는 부분이므로 보기 ㄱ에서 잘못 판단했다고 하더라도 다른 보기들을 보면서 다시 확인할 수 있다.

[정답] ②

52 **다음 글을 근거로 판단할 때, <보기>에서 옳은 것만을 모두 고르면?** 22년 7급 가책형 22번

○ 甲, 乙, 丙 세 사람은 25개 문제(1～25번)로 구성된 문제집을 푼다.
○ i)1회차에는 세 사람 모두 1번 문제를 풀고, 2회차부터는 직전 회차 풀이 결과에 따라 풀 문제가 다음과 같이 정해진다.
  – 직전 회차가 정답인 경우: 직전 회차의 문제 번호에 2를 곱한 후 1을 더한 번호의 문제
  – 직전 회차가 오답인 경우: 직전 회차의 문제 번호를 2로 나누어 소수점 이하를 버린 후 1을 더한 번호의 문제
○ ii)풀 문제의 번호가 25번을 넘어갈 경우, 25번 문제를 풀고 더 이상 문제를 풀지 않는다.
○ iii)7회차까지 문제를 푼 결과, 세 사람이 맞힌 정답의 개수는 같았고 한 사람이 같은 번호의 문제를 두 번 이상 푼 경우는 없었다.
○ iv)4, 5회차를 제외한 회차별 풀이 결과는 아래와 같다.

(정답: O, 오답: X)

구분	1	2	3	4	5	6	7
甲	O	O	X			O	X
乙	O	O	O			X	O
丙	O	X	O			O	X

〈보 기〉

ㄱ. 甲과 丙이 4회차에 푼 문제 번호는 같다.
ㄴ. 4회차에 정답을 맞힌 사람은 2명이다.
ㄷ. 5회차에 정답을 맞힌 사람은 없다.
ㄹ. 乙은 7회차에 9번 문제를 풀었다.

① ㄱ, ㄴ ② ㄱ, ㄷ ③ ㄴ, ㄷ
④ ㄴ, ㄹ ⑤ ㄷ, ㄹ

해설

문제 분석

甲～丙의 회차별 정답 여부와 문제 번호를 조건 i)～iv)에 따라 일정 정도는 직접 확인해 보아야 한다. 직접 확인하기 이전에 주어진 7회차까지만 빠르게 판단하면 될 것 같지만 iv)에서 4, 5회차 결과가 제외되어 있어 경우의 수가 갈리면 더 복잡해질 수도 있고, 조건 iii)으로 인해 경우의 수가 줄어들 수도 있다는 것을 염두에 두고 시작한다.

조건 iii)을 확인하면 甲, 丙은 1, 2, 3, 6, 7회차 정답의 개수가 3회인데 乙은 4회이므로, 甲～丙의 7회차까지 정답의 개수는 4회 또는 5회일 것이라고 생각할 수 있다. 甲부터 생각해 보면

甲	1	2	3	4	5	6	7
문제 번호	1번	3번	7번	4번	9번		
풀이 결과	O	O	X	O	?		

4회차에는 풀이 결과 오답일 수 없다. 조건 i)에 따라 4회차에 4번 문제를 풀어 오답인 경우 5회차에는 3번을 풀어야 하는데 조건 iii)에 의하면 한 사람이 같은 번호의 문제를 두 번 이상 푼 경우는 없었다고 하고 있다. 즉 4회차의 풀이 결과는 정답이다. 그리고 5회차에는 9번을 풀게 된다. 여기까지 생각하면 5회차는 甲의 풀이 결과가 확정되지 않으므로(→ 빠른 문제풀이 Tip) 잠시 乙을 확인해 본다.

乙	1	2	3	4	5	6	7
문제 번호	1번	3번	7번	15번	8번		
풀이 결과	O	O	O	X			

4회차에서 풀이 결과 정답일 수는 없다. 4회차에 정답이라면 조건 i), ii)에 따라 5회차에는 25번을 풀게 되고 더 이상 문제를 풀지 않는다. 그러나 乙은 6회차, 7회차에 문제를 풀었으므로 4회차 풀이 결과는 오답이다. 그리고 5회차에는 8번을 풀게 된다. 5회차 풀이 결과에 따라 경우의 수를 나누어 생각해보면 乙 2)의 경우 7회차에 다시 3번을 풀게 되므로 성립할 수 없다. 즉 乙의 5회차 풀이 결과는 정답이다.

乙 1)	5	6	7
문제 번호	8번	17번	9번
풀이 결과	O	X	O

乙 2)	5	6	7
문제 번호	8번	5번	3번
풀이 결과	X	X	O

나머지 결과도 乙 1)에서 확인할 수 있다.

그리고 조건 iii)에 따르면 세 사람이 맞힌 정답의 개수가 같은데 乙의 정답 개수가 5개이므로 甲도 정답 개수가 5개이다. 즉 위의 甲의 5회차 풀이 결과는 정답임을 알 수 있다.

丙의 정답 개수가 5개임 알고 있으므로 丙은 4, 5회차 풀이 결과가 모두 정답이다. 이상의 내용들을 하나로 정리하면 다음과 같다.

구분		1	2	3	4	5	6	7
甲	문제 번호	1번	3번	7번	4번	9번	19번	25번
	풀이 결과	O	O	X	O	O	O	X
乙	문제 번호	1번	3번	7번	15번	8번	17번	9번
	풀이 결과	O	O	O	X	O	X	O
丙	문제 번호	1번	3번	2번	5번	11번	23번	25번
	풀이 결과	O	X	O	O	O	O	X

ㄱ. (X) 4회차에 甲은 4번, 丙은 5번을 풀었다. 위의 내용을 생각할 것도 없이 주어진 1～3회차 풀이 결과로만 판단이 가능하다.
ㄴ. (O) 4회차에 정답을 맞힌 사람은 甲, 丙 2명이다.
ㄷ. (X) 5회차에 정답을 맞힌 사람은 甲, 乙, 丙 3명이다.
ㄹ. (O) 乙은 7회차에 9번 문제를 풀었다.

빠른 문제풀이 Tip

해설에서는 사후적 풀이처럼 설명하지 않기 위해서 甲부터 해설하였다. 그러나 조건 iii)을 고려하면 乙은 4회, 5회차 풀이 결과가 둘 다 정답일 수 없고, 4회차 풀이 결과는 정답일 수 없으며, 5회차 풀이 결과가 정답이면 甲, 丙의 모든 결과가 쉽게 확정될 수 있다는 점에서 乙부터 선택해서 풀이를 시작하는 것이 좋다.

해설에서 甲의 풀이 결과가 확정되지 않는다는 부분은 아래와 같다.

甲 1)	5	6	7
문제 번호	9번	19번	25번
풀이 결과	O	O	X

甲 2)	5	6	7
문제 번호	9번	5번	11번
풀이 결과	X	O	X

乙 1), 2)의 경우와 달리 甲 1), 2)의 경우 둘 다 성립이 가능하다. 甲부터 풀이를 시작하였다면 이러한 상황까지 확인하고 乙이나 丙으로 넘어갈 수도 있지만, 보다 더 빨리 확정할 수 있는 다른 경우로 넘어가는 것도 좋다.

[정답] ④

53 다음 <표>를 근거로 판단할 때 <보기>의 사람들 중에서 총청약 점수가 높은 순서대로 두 사람을 고르면?

11년 민경채(실험) 발책형 12번

〈표〉 주택청약가점제도 개요

항목	세부항목	가점	가중치
청약지 연령	30세 미만	1	20
	30세 이상~35세 미만	2	
	35세 이상~40세 미만	3	
	40세 이상~45세 미만	4	
	45세 이상	5	
세대(世代)구성	1세대	1	30
	2세대	2	
	3세대 이상	3	
자녀수	1명	1	30
	2명	2	
	3명 이상	3	
무주택 기간 (주택소유자는 제외)	6개월 미만	1	32
	6개월 이상~3년 미만	2	
	3년 이상~5년 미만	3	
	5년 이상~10년 미만	4	
	10년 이상	5	

※ 총청약 점수=항목점수의 합, 항목점수=가점×가중치

〈보 기〉

甲: 무주택기간이 8개월인 35세 독신세대주
乙: 부모를 부양하고 있으며 내년 결혼을 앞두고 현재 자신이 소유하고 있는 주택을 늘리고자하는 28세 여성
丙: 무주택기간이 8년이고 2명의 자녀를 둔 37세 무주택자
丁: 부모, 아내, 아들(1명)과 같이 살고 있으며, 현재 자신이 소유하고 있는 주택을 늘리고자 하는 32세 남

① 甲, 乙
② 甲, 丙
③ 乙, 甲
④ 丙, 丁
⑤ 丙, 乙

해설

문제 분석

〈보기〉의 甲~丁이 〈표〉에 주어진 4개의 항목에서 어떤 세부항목에 해당하는지 판단하여 항목점수를 구해 총청약 점수를 구하는 계산 문제이다. 무주택 기간 항목에서 주택소유자는 제외된다는 것이 주택청약가점제도에서 제외되는 것이 아니라 해당 무주택 기간 항목의 점수를 받지 못한다는 것에 유의한다.

甲: 독신세대주이므로 세대구성은 1세대, 자녀수는 0명이며, 자녀수가 0명인 경우 가점은 0점으로 본다.

항목	세부항목	가점	가중치	항목점수
청약자 연령	35세	3	20	60
세대(世代)구성	1세대	1	30	30
자녀수	0명	0	30	0
무주택 기간	8개월	2	32	64
총청약 점수				154

乙: 부모를 부양하고 있고 내년에 결혼을 앞두고 있다고 하며 자녀수에 대한 언급은 없으므로 세대구성은 2세대, 자녀수는 0명이다. 소유하고 있는 주택을 늘리고자 한다는 서술에서 주택을 소유하고 있음을 알 수 있으므로 무주택 기간 항목점수는 0점이다.

항목	세부항목	가점	가중치	항목점수
청약자 연령	28세	1	20	20
세대(世代)구성	2세대	2	30	60
자녀수	0명	0	30	0
총청약 점수				80

丙: 세대구성은 2세대, 자녀수는 2명이다.

항목	세부항목	가점	가중치	항목점수
청약자 연령	37세	3	20	60
세대(世代)구성	2세대	2	30	60
자녀수	2명	2	30	60
무주택 기간	8년	4	32	128
총청약 점수				308

丁: 부모, 아들 1명과 같이 살고 있으므로 세대구성은 3세대, 자녀수는 1명이다. 소유하고 있는 주택을 늘리고자 한다는 서술에서 주택을 소유하고 있음을 알 수 있으므로 무주택 기간 항목점수는 0점이다.

항목	세부항목	가점	가중치	항목점수
청약자 연령	32세	2	20	40
세대(世代)구성	3세대	3	30	90
자녀수	1명	1	30	30
총청약 점수				160

총청약 점수가 높은 두 사람을 순서대로 고르면 丙, 丁(④)이다.

빠른 문제풀이 Tip

1) 항목점수는 가점에 가중치를 곱해서 구하게 되는데 무주택 기간 항목의 가중치는 32로 주어져 있다. 甲~丁 중 누군가의 무주택 기간 항목이 10년 이상이라면 다른 항목점수에 따라 가중치가 32인 것 때문에 점수가 같아지거나 하는 문제가 발생할 수 있겠지만, 무주택 기간 항목이 10년 이상인 경우는 없으므로 무주택 기간 항목의 가중치를 30으로 생각하고 계산해도 상관없다.
2) 1)에 이어서 무주택 기간 항목의 가중치를 30으로 놓고 계산해도 상관없다면 각 항목의 가중치를 2, 3, 3, 3과 같이 생각하고 계산해도 상관없다.
3) 甲~丁이 어떤 세부항목에 해당하는지 확인하다 보면 甲~丁의 가점은 다음과 같다.

항목	甲	乙	丙	丁
청약자 연령	3	1	3	2
세대(世代)구성	1	2	2	3
자녀수	0	0	2	1
무주택 기간	2	–	4	–

丙의 총청약 점수가 나머지에 비해서 크고, 乙의 총청약 점수가 나머지에 비해서 작다는 것은 직접적인 계산 이전에도 알 수 있다. 선지를 이용하면 정답이 ④임을 빠르게 확인할 수 있다.

[정답] ④

54 다음 <지정 기준>과 <신청 현황>을 근거로 판단할 때, 신청병원(甲~戊) 중 산재보험 의료기관으로 지정되는 것은?

20년 민경채 나책형 10번

〈지정 기준〉

○ 신청병원 중 인력 점수, 경력 점수, 행정처분 점수, 지역별 분포 점수의 총합이 가장 높은 병원을 산재보험 의료기관으로 지정한다.
○ 전문의 수가 2명 이하이거나, 가장 가까이 있는 기존 산재보험 의료기관까지의 거리가 1km 미만인 병원은 지정 대상에서 제외한다.
○ 각각의 점수는 아래의 항목별 배점 기준에 따라 부여한다.

항목	배점 기준
인력 점수	전문의 수 7명 이상은 10점
	전문의 수 4명 이상 6명 이하는 8점
	전문의 수 3명 이하는 3점
경력 점수	전문의 평균 임상경력 1년당 2점(단, 평균 임상경력이 10년 이상이면 20점)
행정처분 점수	2명 이하의 의사가 행정처분을 받은 적이 있는 경우 10점
	3명 이상의 의사가 행정처분을 받은 적이 있는 경우 2점
지역별 분포 점수	가장 가까이 있는 기존 산재보험 의료기관이 8km 이상 떨어져 있을 경우, 인력 점수와 경력 점수 합의 20%에 해당하는 점수
	가장 가까이 있는 기존 산재보험 의료기관이 3km 이상 8km 미만 떨어져 있을 경우, 인력 점수와 경력 점수 합의 10%에 해당하는 점수
	가장 가까이 있는 기존 산재보험 의료기관이 3km 미만 떨어져 있을 경우, 인력 점수와 경력 점수 합의 20%에 해당하는 점수 감점

〈신청 현황〉

신청병원	전문의 수	전문의 평균 임상경력	행정처분을 받은 적이 있는 의사 수	가장 가까이 있는 기존 산재보험 의료기관까지의 거리
甲	6명	7년	4명	10km
乙	2명	17년	1명	8km
丙	8명	5년	0명	1km
丁	4명	11년	3명	2km
戊	3명	12년	2명	500m

① 甲
② 乙
③ 丙
④ 丁
⑤ 戊

해설

문제 분석

전문의 수가 2명 이하이거나, 가장 가까이 있는 기존 산재보험 의료기관까지의 거리가 1km 미만인 병원은 지정 대상에서 제외한다고 했으므로 전문의 수가 2명 이하인 乙, 가장 가까이 있는 기존 산재보험 의료기관까지의 거리가 500m로 1km 미만인 戊는 제외되고, 나머지 甲, 丙, 丁 세 병원만 점수를 따져보면 된다.

항목	배점 기준	확인
인력 점수	전문의 수 7명 이상은 10점	丙
	전문의 수 4명 이상 6명 이하는 8점	甲, 丁
	전문의 수 3명 이하는 3점	–
경력 점수	전문의 평균 임상경력 1년당 2점(단, 평균 임상경력이 10년 이상이면 20점)	甲: 14점 丙: 10점 丁: 20점
행정처분 점수	2명 이하의 의사가 행정처분을 받은 적이 있는 경우 10점	丙
	3명 이상의 의사가 행정처분을 받은 적이 있는 경우 2점	甲, 丁
지역별 분포 점수	가장 가까이 있는 기존 산재보험 의료기관이 8km 이상 떨어져 있을 경우, 인력 점수와 경력 점수 합의 20%에 해당하는 점수	甲
	가장 가까이 있는 기존 산재보험 의료기관이 3km 이상 8km 미만 떨어져 있을 경우, 인력 점수와 경력 점수 합의 10%에 해당하는 점수	–
	가장 가까이 있는 기존 산재보험 의료기관이 3km 미만 떨어져 있을 경우, 인력 점수와 경력 점수 합의 20%에 해당하는 점수 감점	丙, 丁

위에서 확인한 바를 토대로 점수를 부여해 보면 다음과 같다.

신청병원	전문의 수		전문의 평균 임상경력		행정처분을 받은 적이 있는 의사 수		가장 가까이 있는 기존 산재보험 의료기관까지의 거리	
	인력 점수		경력 점수		행정처분 점수		지역별 분포 점수	
甲	6명	8	7년	14	4명	2	10km	+4.4
乙	2명		17년		1명		8km	
丙	8명	10	5년	10	0명	10	1km	−4
丁	4명	8	11년	20	3명	2	2km	−5.6
戊	3명		12년		2명		500m	

甲=8+14+2+4.4=28.4점
丙=10+10+10−4=26점
丁=8+20+2−5.6=24.4점

빠른 문제풀이 Tip

- 丙과 丁은 똑같이 30점에서 감점되므로 정확한 계산 없이도 상대적 비교는 가능하다.
- 甲과 丙은 8점 차이인데 +4.4와 −4점을 적용하면 정확한 계산없이도 상대적 비교가 가능하다.

[정답] ①

55 甲사무관은 청사이전 공사를 위해 조달청 입찰시스템에 등록 하고자 하는 A~E업체 중 하나를 선택하여 계약을 맺으려 한다. 다음을 근거로 판단할 때 옳지 않은 것을 <보기>에서 모두 고르면?

11년 5급 선택형 13번

〈조 건〉

- 甲사무관은 조달청 입찰시스템에 등록되지 않은 업체와는 계약할 수 없다.
- 甲사무관은 조달청 입찰시스템에 등록하려는 각 업체의 정보(〈표 1〉)는 알 수 있지만 각 업체별 사전평가점수 (〈표 2〉)는 모른다.
- 甲사무관은 순편익이 가장 높은 업체를 선택하며, 이때 순편익은 청사이전 편익에서 공사비용을 뺀 값이다.
- 조달청은 사전평가점수 총점이 60점 이상인 업체만을 입찰시스템에 등록시키고, 평가항목 중 하나에서라도 분류배점의 40% 미만이 나올 경우에는 등록 자체를 허용하지 않는다.
- 공사 착공일은 3월 1일이며, 어떠한 일이 있어도 같은 해 7월 10일까지 공사가 완공되어야 한다.

〈표 1〉 업체의 정보

구분	A업체	B업체	C업체	D업체	E업체
공사소요 기간(일)	120	100	140	125	130
공사비용 (억 원)	16	10	18	13	11
청사이전 편익(억 원)	18	12	25	17	16
안전성	上	中	上	中	下

〈표 2〉 입찰시스템에 등록하려는 업체별 사전평가점수

평가 항목	분류 배점	A업체	B업체	C업체	D업체	E업체
가격	30	18	26	17	18	25
품질	20	17	16	15	13	12
수요기관 만족도	20	14	7	15	13	11
서비스	30	22	27	18	15	27
총점	100	71	76	65	59	75

〈보 기〉

ㄱ. 甲사무관은 E업체와 계약을 맺을 것이다.
ㄴ. 만약 D업체가 친환경인증으로 품질부문에서 가산점 2점을 얻는다면 甲사무관은 D업체와 계약을 맺을 것이다.
ㄷ. 만약 甲사무관이 순편익은 고려하지 않고 공사완공이 빨리 되는 것만 고려한다면 B업체와 계약을 맺을 것이다.
ㄹ. 만약 안전성이 下인 업체를 제외시킨다면 甲사무관은 A업체와 계약을 맺을 것이다.
ㅁ. 안전성이 上일 경우 2억 원의 청사이전 편익이 추가로 발생한다면 甲사무관은 A업체와 계약을 맺을 것이다.

① ㄱ, ㄴ, ㄷ ② ㄱ, ㄹ, ㅁ ③ ㄴ, ㄷ, ㄹ
④ ㄴ, ㄷ, ㅁ ⑤ ㄷ, ㄹ, ㅁ

해설

문제 분석

먼저 제외조건을 적용해 보면, 네 번째 동그라미에 의해서 사전평가점수 총점이 59점으로 60점 미만인 D업체, 수요기관 만족도가 20점 만점에 7점으로 분류배점의 40%가 되지 않는 B업체는 제외시켜야 한다.
또한 마지막 동그라미에 의해서 공사소요기간이 140일인 C업체는 7월 10일까지 공사를 완공할 수 없으므로 C업체도 제외시켜야 한다.
따라서 B, C, D업체를 제외하고, A, E업체가 남게 된다.

ㄱ. (O) A업체의 순편익은 18−16=2억 원이고, E업체의 순편익=16−11=5억 원이므로, 甲사무관은 E업체와 계약을 맺을 것이다.

ㄴ. (X) D업체가 가산점 2점을 얻는다면 총점이 61점이 되므로, 입찰시스템에 등록이 되겠지만 순편익이 17−13=4억 원으로 E업체의 순편익인 5억 원보다 적기 때문에, 이 경우에도 甲사무관은 E업체와 계약을 맺을 것이다.

ㄷ. (X) B업체가 공사소요기간이 가장 짧기는 하지만, B업체는 입찰시스템에 등록될 수 없으므로 계약을 맺을 수 없다. 따라서 입찰시스템에 등록될 수 있는 A와 E 중 공사소요기간이 짧은 A업체와 계약을 맺을 것이다.

ㄹ. (O) 앞서 살펴봤듯이 제외조건을 통과하는 업체는 A와 E 뿐이다. 여기에서 안전성이 下인 E업체를 제외하면, A업체만 남게되므로 甲사무관은 A업체와 계약을 맺을 것이다.

ㅁ. (X) A업체의 안정성이 上이므로 2억 원의 순편익이 추가로 발생한다면 A업체의 순편익은 4억 원이 된다. 그렇다 하더라도 E업체의 순편익인 5억 원보다는 적기 때문에 甲사무관은 E업체와 계약을 맺을 것이다.

빠른 문제풀이 Tip

문제 길이가 길지만 해결하는 데는 크게 어렵지 않은 문제이다. 풀 문제와 넘길 문제를 정확히 선별할 수 있어야 한다.

[정답] ④

56 다음 글과 <상황>을 근거로 판단할 때 옳지 않은 것은?

20년 5급 나책형 36번

甲국은 국가혁신클러스터 지구를 선정하고자 한다. 산업단지를 대상으로 〈평가 기준〉에 따라 점수를 부여하고 이를 합산한다. 지방자치단체(이하 '지자체')의 육성 의지가 있는 곳 중 합산점수가 높은 4곳의 산업단지를 국가혁신클러스터 지구로 선정한다.

〈평가 기준〉

○ 산업단지 내 기업 집적 정도

산업단지 내 기업 수	30개 이상	10~29개	9개 이하
점수	40점	30점	20점

○ 산업단지의 산업클러스터 연관성

업종	연관 업종	유사 업종	기타
점수	40점	20점	0점

※ 연관 업종: 자동차, 철강, 운송, 화학, IT
유사 업종: 소재, 전기전자

○ 신규투자기업 입주공간 확보 가능 여부

입주공간 확보	가능	불가
점수	20점	0점

○ 합산점수가 동일할 경우 우선순위는 다음과 같은 순서로 정한다.
  1) 산업클러스터 연관성 점수가 높은 산업단지
  2) 기업 집적 정도 점수가 높은 산업단지
  3) 신규투자기업의 입주공간 확보 가능 여부 점수가 높은 산업단지

〈상 황〉

산업단지(A~G)에 관한 정보는 다음과 같다.

산업단지	산업단지 내 기업 수	업종	입주공간 확보	지자체 육성 의지
A	58개	자동차	가능	있음
B	9개	자동차	가능	있음
C	14개	철강	가능	있음
D	10개	운송	가능	없음
E	44개	바이오	가능	있음
F	27개	화학	불가	있음
G	35개	전기전자	가능	있음

① B는 선정된다.
② A가 '소재'산업단지인 경우 F가 선정된다.
③ 3곳을 선정할 경우 G는 선정되지 않는다.
④ F는 산업단지 내에 기업이 3개 더 있다면 선정된다.
⑤ D가 소재한 지역의 지자체가 육성 의지가 있을 경우 D는 선정된다.

해설

문제 분석

지방자치단체(이하 '지자체')의 육성 의지가 있는 곳 중 합산점수가 높은 4곳의 산업단지를 국가혁신클러스터 지구로 선정하기 때문에 육성 의지가 없는 산업단지 D는 제외된다.

산업단지	산업단지 내 기업 수	업종	입주공간 확보	총점	지자체 육성 의지
A	40점	40점	20점	100점	있음
B	20점	40점	20점	80점	있음
C	30점	40점	20점	90점	있음
~~D~~	~~30점~~	~~40점~~	~~20점~~	~~90점~~	~~없음~~
E	40점	0점	20점	60점	있음
F	30점	40점	0점	70점	있음
G	40점	20점	20점	80점	있음

① (O) 합산점수가 높은 4곳의 산업단지를 국가혁신클러스터지구로 선정하므로, 100점인 A, 90점인 C, 80점인 B, G가 선정된다.

② (X) A가 '소재' 산업단지가 된다면 현재의 점수에서 20점이 감점된 80점의 점수를 부여받게 될 것이다. 80점이 되더라도, 점수 순으로 F가 선정된다.

③ (O) 3곳을 선정하게 되는 경우 80점인 B, G 중에서 동점 시 처리규칙에 따라 산업클러스터 연관성 점수(업종 점수)가 40점으로 더 높은 산업단지 B가 선정되고, 20점인 G는 선정되지 않는다.

④ (O) 산업단지 내에 기업이 3개가 더 있다면 F가 받게 되는 점수는 현재에 비해 10점이 상승한 80점이 된다. 점수 순으로 A, C 외에 추가로 2곳을 선정해야 하는데, 80점의 점수를 받은 B, F, G 중에서는 산업클러스터 연관성 점수(업종 점수)가 B와 F가 40점이고, G는 20점이다. 따라서 최종적으로 A, B, C, F가 선정되므로, F는 선정된다.

⑤ (O) D가 소재한 지역의 지자체의 육성 의지가 있다면, D의 총점은 90점이기 때문에 선정된다.

빠른 문제풀이 Tip

제외조건과 동점 시 처리규칙에 유의하자.

[정답] ②

57 **다음 글과 <표 1>에 근거할 때, <표 2>의 A~F까지의 영화 중 한국영화로 인정될 수 있는 것을 모두 고르면?**

13년 입법 가책형 6번

> 관련 법률에 따르면 한국영화로 인정되는 경우는 다음과 같다.
>
> 첫째, 한국에 주된 사업소를 둔 제작사가 단독으로 제작한 영화는 한국영화로 본다.
>
> 둘째, 한국 제작사와 외국 제작사의 공동제작영화인 경우 다음 두 가지의 조건이 모두 충족되면 한국영화로 본다.
>
> ① 한국 제작사와 외국 제작사가 공동으로 제작비용을 출자하되 그 출자비율이 아래 각 호의 기준에 맞아야 한다.
>
> 1. 공동제작에 참여하는 영화 제작사의 국적이 2개인 경우: 국적별 출자비율이 각각 20퍼센트 이상일 것
> 2. 공동제작에 참여하는 영화 제작사의 국적이 3개 이상인 경우: 국적별 출자비율이 각각 10퍼센트 이상일 것
>
> ② 〈표 1〉의 심사기준에 따라 평가한 결과가 100점 만점에 60점 이상이어야 한다.
>
> ※ 영화 제작사의 국적은 주된 사업소 소재지에 따른다.

〈표 1〉 공동제작영화의 한국영화 인정 심사기준

심사항목	배점	
감독의 국적이 한국인 경우	10점	
주연배우의 국적이 한국인 경우	20점	
조연배우의 국적이 한국인 경우	15점	
주된 촬영장소가 한국인 경우	20점	
대사 사용언어가 한국어인 경우	20점	
한국적 가치의 표현 정도	상	15점
	중	10점
	하	5점

〈표 2〉 각 영화에 대한 정보

영화	제작사	출자 비율(%)	감독	주연 배우	조연 배우	대사 사용 언어	주된 촬영 장소	한국적 가치 표현 정도
A	드림 타임	20 80	김웅	제리윤	수지	한국어	북경	하
B	드림 타임 머니	10 40 50	황룡	제임스	니콜	중국어	서울	상
C	드림	100	GD	수지	니콜	영어	뉴욕	하
D	타임 머니	30 70	황룡	제리윤	꽃님	한국어	서울	상
E	드림 타임 머니	15 45 40	황룡	꽃님	장진	한국어	뉴욕	중
F	드림 머니	75 25	김웅	꽃님	제리윤	영어	서울	상

※ 각 영화의 주연배우 및 조연배우는 각 1명임.
※ 제작사의 주된 사업소 소재지: 드림(한국), 타임(중국), 머니(미국)
※ 감독의 국적: 황룡(한국), 김웅(중국), GD(미국)
※ 배우의 국적: 제리윤·꽃님(한국), 장진·니콜(중국), 제임스·수지(미국)
※ 주된 촬영장소: 서울(한국), 북경(중국), 뉴욕(미국)

① A－B－C
② A－D－F
③ B－C－E
④ C－D－E
⑤ C－E－F

해설

문제 분석

지문과 표, 각주까지 정보량이 많으므로 모든 정보를 정리하기보다는 〈표 2〉에서 최소한의 영화를 검토해 정답을 찾아내는 방법으로 접근한다. 예를 들어 선지에서 A는 ①, ②에만 포함되어 있고, E는 ③, ④, ⑤에만 포함되어 있으므로 두 영화 모두 검토할 필요는 없고 둘 중 하나의 영화만 검토하면 된다. 지문의 내용은 관련 법률의 내용이므로 지문의 첫째, 둘째 내용들을 각각 첫 번째 조문, 두 번째 조문이라고 한다.

문제풀이 실마리

조건도 많고 정보량도 많은 전형적인 입법고시 스타일의 문제이다.

영화의 제작사가 1개뿐인 영화 C를 먼저 검토하려고 했으나 선지 4개에 포함되어 있으므로 다른 영화를 먼저 검토한다. A를 먼저 검토한다.

1) A의 제작사는 드림(한국), 타임(중국)의 공동제작영화이므로 두 번째 조문의 두 가지 조건을 모두 충족해야 한다. 출자비율은 각각 20%, 80%로 ① 1.의 공동출자비율을 만족한다. 〈표 1〉의 순서에 따라 심사기준별 점수를 확인해 보면 감독의 국적은 중국(+0점)이고, 주연배우의 국적은 한국(+20점)이며, 조연배우의 국적은 미국(+0점), 주된 촬영장소는 북경(+0점), 대사 사용언어는 한국어(+20점), 한국적 가치의 표현 정도는 '하'(+5점)이다. 〈표 1〉의 심사기준에 따라 평가하면 45점으로 60점 미만이다. 두 번째 조문 ②를 만족하지 못하므로 A는 한국영화로 인정되지 못한다.

2) F의 제작사는 드림(한국), 머니(미국)의 공동제작영화이므로 두 번째 조문의 두 가지 조건을 모두 충족해야 한다. 출자비율은 각각 75%, 25%로 ① 1.의 공동출자비율을 만족한다. 〈표 1〉의 순서에 따라 심사기준별 점수를 확인해 보면 감독의 국적은 중국(+0점)이고, 주연배우의 국적은 한국(+20점)이며, 조연배우의 국적은 한국(+15점), 주된 촬영장소는 서울(+20점), 대사 사용언어는 영어(+0점), 한국적 가치의 표현 정도는 '상'(+15점)이다. 〈표 1〉의 심사기준에 따라 평가하면 70점으로 60점 이상이다. 두 번째 조문 ②를 만족하므로 F는 한국영화로 인정된다.

따라서 정답은 ⑤이다.

빠른 문제풀이 Tip

〈표 2〉의 내용에 〈표 1〉에 따른 점수를 정리해 보면 다음과 같다.

영화	제작사	출자 비율 (%)	감독	주연 배우	조연 배우	대사 사용 언어	주된 촬영 장소	한국적 가치 표현 정도	점수
A	○	○	0	20	0	20	0	5	45
B	○	○	10	0	0	0	20	15	45
C	○	한국 제작사가 단독 제작(첫 번째 조문)							
D	×	한국 제작사가 제작한 영화가 아님							
E	○	○	10	20	0	20	0	10	60
F	○	○	0	20	15	0	20	15	70

[정답] ⑤

58 다음 글과 <A여행사 해외여행 상품>을 근거로 판단할 때, 세훈이 선택할 여행지는? 17년 민경채 나책형 10번

인희: 다음 달 셋째 주에 연휴던데, 그때 여행갈 계획 있어?
세훈: 응, 이번에는 꼭 가야지. 월요일, 수요일, 금요일이 공휴일이잖아. 그래서 우리 회사에서는 화요일과 목요일에만 연가를 쓰면 앞뒤 주말 포함해서 최대 9일 연휴가 되더라고. 그런데 난 연가가 하루밖에 남지 않아서 그렇게 길게는 안 돼. 그래도 이번엔 꼭 해외여행을 갈 거야.
인희: 어디로 갈 생각이야?
세훈: 나는 어디로 가든 상관없는데 여행지에 도착할 때까지 비행기를 오래 타면 너무 힘들더라고. 그래서 편도 총비행시간이 8시간 이내면서 직항 노선이 있는 곳으로 가려고.
인희: 여행기간은 어느 정도로 할 거야?
세훈: 남은 연가를 잘 활용해서 주어진 기간 내에서 최대한 길게 다녀오려고 해. A여행사 해외여행 상품 중에 하나를 정해서 다녀올 거야.

〈A여행사 해외여행 상품〉

여행지	여행기간 (한국시각 기준)	총비행시간 (편도)	비행기 환승 여부
두바이	4박 5일	8시간	직항
모스크바	6박 8일	8시간	직항
방콕	4박 5일	7시간	1회 환승
홍콩	3박 4일	5시간	직항
뉴욕	4박 5일	14시간	직항

① 두바이
② 모스크바
③ 방콕
④ 홍콩
⑤ 뉴욕

해설

문제 분석
세훈이 여행지를 선택할 때의 기준은 다음과 같다.
ⓐ 월요일, 수요일, 금요일이 공휴일이므로, 화요일과 목요일에 연가를 쓰면 앞뒤 주말 포함해서 최대 9일까지 연휴 가능. 하루 남은 연가를 잘 활용해서 주어진 기간 내에서 최대한 길게 여행을 다녀오려고 함
ⓑ 편도 총비행시간은 8시간 이내
ⓒ 직항 노선이 있는 곳

문제풀이 실마리
줄글 정보에서 여행지를 선택하는 기준을 빠짐없이 찾아내야 한다. 총 세 가지 기준을 찾을 수 있고 이 모든 조건을 충족시킬 수 있는 여행지를 선택하면 된다.

먼저 ⓐ조건을 따져보면 다음과 같다.

토요일, 일요일은 주말이고, 월요일, 수요일, 금요일은 공휴일로 쉴 수 있으므로 쉴 수 있는 날에 X 표시를 하면 다음과 같다.

토	일	월	화	수	목	금	토	일
X	X	X		X		X	X	X

연가가 하루 남아 있으므로, 화요일 또는 목요일에 X 표시를 하나 더 할 수 있다. 이에 따라 화요일이나 목요일에 연가를 쓰면 최대 5일까지 여행을 다녀올 수 있다.

〈A여행사 해외여행 상품〉

여행지	여행기간 (한국시각 기준)	총비행시간 (편도)	비행기 환승 여부
두바이	4박 5일	8시간	직항
모스크바	6박 8일	8시간	직항
방콕	4박 5일	7시간	~~1회 환승 (∵ ⓑ)~~
홍콩	3박 4일	5시간	직항
뉴욕	4박 5일	~~14시간 (∵ ⓒ)~~	직항

여행지는 조건 ⓑ에 따라 방콕, 조건 ⓒ에 따라 뉴욕이 제외되고, 두바이, 모스크바, 홍콩 세 곳이 남는다. 그중 최대 5일의 연휴기간 동안 최대한 길게 다녀올 수 있는 곳은 두바이임을 알 수 있다.

따라서 세훈이 선택할 여행지는 두바이이므로 정답은 ①이다.

빠른 문제풀이 Tip
- 연가 조건을 처리하는 것이 조금은 까다로울 수 있는데, 달력의 형태를 머릿속에 떠올리든 시험지 위에 그리든 시각적으로 처리하는 것이 좋다.
- 화요일에 연가를 쓰든 목요일에 연가를 쓰든 대칭의 형태이므로 동일하게 5일의 연휴가 된다.

[정답] ①

59 **다음 글과 <상황>을 근거로 판단할 때, A국 각 지역에 설치될 것으로 예상되는 풍력발전기 모델명을 바르게 짝지은 것은?**

15년 5급 인책형 29번

풍력발전기는 회전축의 방향에 따라 수평축 풍력발전기와 수직축 풍력발전기로 구분된다. 수평축 풍력발전기는 구조가 간단하고 설치가 용이하며 에너지 변환효율이 우수하다. 하지만 바람의 방향에 영향을 많이 받기 때문에 바람의 방향이 일정한 지역에만 설치가 가능하다. 수직축 풍력발전기는 바람의 방향에 영향을 받지 않아 바람의 방향이 일정하지 않은 지역에도 설치가 가능하며, 이로 인해 사막이나 평원에도 설치가 가능하다. 하지만 부품이 비싸고 수평축 풍력발전기에 비해 에너지 변환효율이 떨어진다는 단점이 있다.

甲사는 현재 4가지 모델의 풍력발전기를 생산하고 있다. 각 풍력발전기는 정격 풍속에서 최대 발전량에 도달하며, 가동이 시작되면 최소 발전량 이상의 전기를 생산한다. 각 풍력발전기의 특성은 아래 표와 같다.

모델명	U-50	U-57	U-88	U-93
시간당 최대 발전량(kW)	100	100	750	2,000
시간당 최소 발전량(kW)	20	20	150	400
발전기 높이(m)	50	68	80	84.7
회전축 방향	수직	수평	수직	수평

〈상 황〉

A국은 甲사의 풍력발전기를 X, Y, Z지역에 각 1기씩 설치할 계획이다. X지역은 산악지대로 바람의 방향이 일정하며, 최소 150kW 이상의 시간당 발전량이 필요하다. Y지역은 평원지대로 바람의 방향이 일정하지 않으며, 철새 보호를 위해 발전기 높이는 70m 이하가 되어야 한다. Z지역은 사막지대로 바람의 방향이 일정하지 않으며, 주민 편의를 위해 정격 풍속에서 600kW 이상의 시간당 발전량이 필요하다. 복수의 모델이 각 지역의 조건을 충족할 경우, 에너지 변환효율을 높이기 위해 수평축 모델을 설치하기로 한다.

	X지역	Y지역	Z지역
①	U-88	U-50	U-88
②	U-88	U-57	U-88
③	U-93	U-50	U-88
④	U-93	U-50	U-93
⑤	U-93	U-57	U-93

해설

문제 분석

- 수평축 풍력발전기는 바람의 방향이 일정한 지역에만 설치가능한 반면에, 수직축 풍력발전기는 모든 지역에 설치 가능하다.
- 풍력발전기 간 차이 인식

종류	장점	단점
수평축	구조 간단 설치 용이 에너지 변환효율 우수	바람의 방향이 일정한 지역에만 설치 가능
수직축	바람의 방향이 일정하지 않은 지역에도 설치가 가능	부품이 비쌈 에너지 변환효율 떨어짐

- 〈상황〉에 주어진 내용을 정리해 보면 다음과 같다.

	X지역	Y지역	Z지역
시간당 발전량	최소 150kW 이상 필요	–	600kW 이상 필요
높이		70m 이하	
바람의 방향	일정	변화	변화
설치 가능	수평축, 수직축	수직축	수직축

문제풀이 실마리

풍력발전기가 수평축, 수직축 두 가지 종류가 등장하기 때문에 이 두 종류를 정확하게 구분할 수 있어야 한다.

X지역에서는 바람의 방향이 일정하기 때문에 수평축 또는 수직축 풍력발전기를 모두 설치할 수 있다. 최소 150kW 이상의 시간당 발전량이 필요하기 때문에 U-88과 U-93이 설치가능하다. 〈상황〉 마지막 조건에 따를 때 복수의 모델이 각 지역의 조건을 충족할 경우, 에너지 변환효율을 높이기 위해 수평축 모델을 설치하므로, 수평축 풍력발전기에 해당하는 U-93을 설치한다.

- Y지역에서는 바람의 방향이 일정하지 않기 때문에 수직축 모델만 설치할 수 있다. 발전기 높이가 70m 이하여야 한다는 조건을 충족하는 U-50을 설치한다.
- Z지역에서는 바람의 방향이 일정하지 않기 때문에 수직축 모델만 설치할 수 있다. 정격풍속에서 600kW 이상의 시간당 발전량이 필요한데 제시문 두 번째 문단에서 각 풍력발전기는 정격 풍속에서 최대 발전량에 도달한다고 설명하고 있으므로 각 모델별 시간당 최대 발전량을 고려하여 조건에 충족하는 U-88을 설치한다.

따라서 정답은 ③이다.

빠른 문제풀이 Tip

〈상황〉에 판단기준이 포함되어 있다는 점이 특이한 문제이다.

[정답] ③

60 다음 글을 근거로 판단할 때, 甲이 구매하게 될 차량은?

18년 5급 나책형 29번

> 甲은 아내 그리고 자녀 둘과 함께 총 4명이 장거리 이동이 가능하도록 배터리 완전충전시 주행거리가 200km 이상인 전기자동차 1대를 구매하려고 한다. 구매와 동시에 집 주차장에 배터리 충전기를 설치하려고 하는데, 배터리 충전시간(완속 기준)이 6시간을 초과하지 않으면 완속 충전기를, 6시간을 초과하면 급속 충전기를 설치하려고 한다.
>
> 한편 정부는 전기자동차 활성화를 위하여 전기자동차 구매보조금을 구매와 동시에 지원하고 있는데, 승용차는 2,000만 원, 승합차는 1,000만 원을 지원하고 있다. 승용차 중 경차는 1,000만 원을 추가로 지원한다. 배터리 충전기에 대해서는 완속 충전기에 한하여 구매 및 설치 비용을 구매와 동시에 전액 지원하며, 2,000만 원이 소요되는 급속 충전기의 구매 및 설치 비용은 지원하지 않는다.
>
> 이러한 상황을 감안하여 甲은 차량 A~E 중에서 실구매 비용(충전기 구매 및 설치 비용 포함)이 가장 저렴한 차량을 선택하려고 한다. 단, 실구매 비용이 동일할 경우에는 아래의 '점수 계산 방식'에 따라 점수가 가장 높은 차량을 구매하려고 한다.

차량	A	B	C	D	E
최고속도(km/h)	130	100	120	140	120
완전충전시 주행거리(km)	250	200	250	300	300
충전시간(완속 기준)	7시간	5시간	8시간	4시간	5시간
승차 정원	6명	8명	2명	4명	5명
차종	승용	승합	승용(경차)	승용	승용
가격(만 원)	5,000	6,000	4,000	8,000	8,000

> ○ 점수 계산 방식
> - 최고속도가 120km/h 미만일 경우에는 120km/h를 기준으로 10km/h가 줄어들 때마다 2점씩 감점
> - 승차 정원이 4명을 초과할 경우에는 초과인원 1명당 1점씩 가점

① A
② B
③ C
④ D
⑤ E

해설

문제 분석

甲이 구매하게 될 차량과 관련한 조건을 정리하면 다음과 같다.

1) 총 4명이 장거리 이동이 가능해야 → 차량 C 제외
2) 배터리 완전충전시 주행거리가 200km 이상 → 모두 통과
3) 배터리 충전기 구매 · 설치 비용 지원 여부
   (1) 배터리 충전시간(완속 기준) 6시간 이하: 완속 충전기 설치 → 구매 및 설치 비용 구매와 동시에 전액 지원
   (2) 배터리 충전시간(완속 기준) 6시간 초과: 급속 충전기 설치 → 2,000만 원이 소요
4) 전기자동차 구매 보조금
   (1) 승용차: 2,000만 원 지원
   (2) 승합차는 1,000만 원 지원
   (3) 경차는 1,000만 원을 추가로 지원: 3,000만 원 지원

문제풀이 실마리

비용을 지출하는 것(+)과 보조금을 지원받는 것(−)을 혼동하지 않도록 주의하자.

실구매 비용을 계산해 보면 다음과 같다.

차량	A	B	C	D	E
최고속도(km/h)	130	100	120	140	120
완전충전시 주행거리(km)	250	200	250	300	300
충전시간 (완속 기준)	7시간	5시간	8시간	4시간	5시간
	급속 +2,000	완속 +0		완속 +0	완속 +0
승차 정원	6명	8명	2명	4명	5명
차종	승용 −2,000	승합 −1,000	승용 (경차)	승용 −2,000	승용 −2,000
가격(만 원)	5,000	6,000	4,000	8,000	8,000
실구매 비용	5,000	5,000		6,000	6,000

차량 A~E 중에서 실구매 비용이 가장 저렴한 차량을 선택하려고 하는데, 차량 A와 B의 실구매 비용이 5,000만 원으로 동일하므로, 두 차량의 점수를 비교해야 한다.

점수 계산 방식은 최고속도가 120km/h 미만일 경우에는 120km/h를 기준으로 10km/h가 줄어들 때마다 2점씩 감점하고, 승차 정원이 4명을 초과할 경우에는 초과인원 1명당 1점씩 가점한다.

	차량 A	차량 B
최고속도	130km/h	100km/h −4
승차 정원	6명 +2	8명 +4
점수	2점	0점

A차량의 점수가 더 높으므로, 갑이 구매하게 될 차량은 A이다.

빠른 문제풀이 Tip

- 구매할 차량을 판단하는 기준 또는 정보 중 놓치는 부분이 없도록 주의하자.
- 실구매 비용이 동일할 경우에 처리하는 규칙이 제시되어 있으므로 이를 적절하게 잘 활용할 수 있어야 한다.

[정답] ①

61 다음 글과 <국내이전비 신청현황>을 근거로 판단할 때, 국내이전비를 지급받는 공무원만을 모두 고르면? 20년 민경채 가책형 16번

청사 소재지 이전에 따라 거주지를 이전하거나, 현 근무지 외의 지역으로 부임의 명을 받아 거주지를 이전하는 공무원은 다음 요건에 모두 부합하는 경우 국내이전비를 지급받는다.

첫째, 전임지에서 신임지로 거주지를 이전하고 이사화물도 옮겨야 한다. 다만 동일한 시(특별시, 광역시 및 특별자치시 포함)·군 및 섬(제주특별자치도 제외) 안에서 거주지를 이전하는 공무원에게는 국내이전비를 지급하지 않는다. 둘째, 거주지와 이사화물은 발령을 받은 후에 이전하여야 한다.

〈국내이전비 신청현황〉

공무원	전임지	신임지	발령 일자	이전 일자	이전여부	
					거주지	이사 화물
甲	울산광역시 중구	울산광역시 북구	'20.2.13.	'20.2.20.	O	O
乙	경기도 고양시	세종특별자치시	'19.12.3.	'19.12.5.	O	X
丙	광주광역시	대구광역시	'19.6.1.	'19.6.15.	X	O
丁	제주특별자치도 서귀포시	제주특별자치도 제주시	'20.1.2.	'20.1.13.	O	O
戊	서울특별시	충청북도 청주시	'19.9.3.	'19.9.8.	O	O
己	부산광역시	서울특별시	'20.4.25.	'20.4.1.	O	O

① 甲, 乙
② 乙, 丁
③ 丙, 己
④ 丁, 戊
⑤ 戊, 己

해설

문제 분석

다음 요건에 모두 부합하는 경우 국내이전비를 지급받는다.

조건 1-1) 전임지에서 신임지로 거주지를 이전하고 이사화물도 옮겨야 한다.

조건 1-2) 다만 동일한 시(특별시, 광역시 및 특별자치시 포함)·군 및 섬(제주특별자치도 제외) 안에서 거주지를 이전하는 공무원에게는 국내이전비를 지급하지 않는다.

조건 2) 거주지와 이사화물은 발령을 받은 후에 이전하여야 한다.

정리한 조건을 〈국내이전비 신청현황〉에 적용해 보면 다음과 같다.

조건 1-1) 거주지를 이전하지 않는 丙, 이사화물을 이전하지 않는 乙은 제외된다.

조건 1-2) 울산광역시 중구에서 동일한 울산광역시 내 북구로 이전하는 甲은 제외된다.

조건 2) 이전일자는 발령일자보다 늦은 시점이어야 한다. 따라서 이전일자는 '20.4.1이고 발령일자는 '20.4.25.로 이전일자가 발령일자보다 빠른 己는 제외된다.

따라서 국내이전비를 지급받는 공무원은 '④ 丁, 戊'이다.

빠른 문제풀이 Tip

- 주어진 선지를 적절하게 활용하여야 한다.
- 모든 요건에 부합하여야 국내이전비를 지급받을 수 있으므로, 하나라도 요건에 위배되는 공무원을 제거해 나가면 어렵지 않게 정답을 찾아낼 수 있다.

[정답] ④

62 다음 글을 근거로 판단할 때, 甲과 인사교류를 할 수 있는 사람만을 모두 고르면? 20년 7급(모의) 5번

○ 甲은 인사교류를 통해 ○○기관에서 타 기관으로 전출하고자 한다. 인사교류란 동일 직급 간 신청자끼리 1:1로 교류하는 제도로서, 각 신청자가 속한 두 기관의 교류 승인 조건을 모두 충족해야 한다.

○ 기관별로 교류를 승인하는 조건은 다음과 같다.

○○기관: 신청자 간 현직급임용년월은 3년 이상 차이나지 않고, 연령은 7세 이상 차이나지 않는 경우

□□기관: 신청자 간 최초임용년월은 5년 이상 차이나지 않고, 연령은 3세 이상 차이나지 않는 경우

△△기관: 신청자 간 최초임용년월은 2년 이상 차이나지 않고, 연령은 5세 이상 차이나지 않는 경우

○ 甲(32세)의 최초임용년월과 현직급임용년월은 2015년 9월로 동일하다.

○ 甲과 동일 직급인 인사교류 신청자(A~E)의 인사 정보는 다음과 같다.

신청자	연령(세)	현 소속 기관	최초임용년월	현직급임용년월
A	30	□□	2016년 5월	2019년 5월
B	37	□□	2009년 12월	2017년 3월
C	32	□□	2015년 12월	2015년 12월
D	31	△△	2014년 1월	2014년 1월
E	35	△△	2017년 10월	2017년 10월

① A, B
② B, E
③ C, D
④ A, B, D
⑤ C, D, E

해설

문제 분석

기관별로 교류를 승인하는 조건은 다음과 같다.

	신청자 간	연령은
○○기관	현직급임용년월은 3년 이상 차이나지 않아야 함	7세 이상 차이나지 않아야 함
□□기관	최초임용년월은 5년 이상 차이나지 않아야 함	3세 이상 차이나지 않아야 함
△△기관	최초임용년월은 2년 이상 차이나지 않아야 함	5세 이상 차이나지 않아야 함

문제풀이 실마리

인사교류란 동일 직급 간 신청자끼리 1:1로 교류하는 제도로서, 각 신청자가 속한 두 기관의 교류 승인 조건을 '모두 충족'해야 한다는 조건에 주의하자.

〈경우 1〉 ○○기관이 □□기관과 인사교류 하는 경우

해당되는 신청자는 甲(○○기관) ↔ A, B, C(□□기관)이다.

신청자	연령(세)	현 소속 기관	최초임용년월	현직급임용년월
甲	32	○○	2015년 9월	2015년 9월
A	30	□□	2016년 5월	2019년 5월
B	37	□□	2009년 12월	2017년 3월
C	32	□□	2015년 12월	2015년 12월

○○기관: 신청자 간 현직급임용년월은 3년 이상 차이나지 않고, 연령은 7세 이상 차이나지 않는 경우

→ 신청자 간 현직급임용년월이 3년 이상 차이나는 A가 제외된다.

□□기관: 신청자 간 최초임용년월은 5년 이상 차이나지 않고, 연령은 3세 이상 차이나지 않는 경우

→ 신청자 간 최초임용년월이 5년 이상 차이나고 연령도 3세 이상 차이나는 B가 제외된다.

〈경우 2〉 ○○기관이 △△기관과 인사교류 하는 경우

해당되는 신청자는 甲(○○기관) ↔ D, E(△△기관)이다.

신청자	연령(세)	현 소속 기관	최초임용년월	현직급임용년월
甲	32	○○	2015년 9월	2015년 9월
D	31	△△	2014년 1월	2014년 1월
E	35	△△	2017년 10월	2017년 10월

○○기관: 신청자 간 현직급임용년월은 3년 이상 차이나지 않고, 연령은 7세 이상 차이나지 않는 경우

→ 모두 조건을 충족한다.

△△기관: 신청자 간 최초임용년월은 2년 이상 차이나지 않고, 연령은 5세 이상 차이나지 않는 경우

→ 신청자 간 최초임용년월이 2년 이상 차이나는 E가 제외된다.

따라서 조건에 따를 때, A, B, E가 제외되므로 甲과 인사교류를 할 수 있는 사람은 '③ C, D'이다.

빠른 문제풀이 Tip

- 여러 조건 중 보다 적용이 수월한 조건부터 검토하는 것이 좋다.
- '최초'임용년월과 '현직급'임용년월의 용어를 혼동하지 않도록 주의한다.

[정답] ③

63 다음 글을 근거로 판단할 때, △△부가 2021년에 국가인증 농가로 선정할 곳만을 모두 고르면? 20년 7급(모의) 19번

○ △△부에서는 2021년 고품질·안전 농식품 생산을 선도하는 국가인증 농가를 3곳 선정하려고 한다. 선정 기준은 다음과 같다.

– i)친환경인증을 받으면 30점, 전통식품인증을 받으면 40점을 부여한다. 단, 두 인증을 모두 받은 경우 전통식품인증 점수만을 인정한다.

– ii) (나)와 (다) 지역 농가에는 친환경인증 또는 전통식품인증 유무에 의한 점수와 도농교류 활성화 점수 합의 10%를 가산점으로 부여한다.

– iii)친환경인증 또는 전통식품인증 유무에 의한 점수, 도농교류 활성화 점수, 가산점을 합산하여 점수가 높은 순으로 선정한다.

– iv)도농교류 활성화 점수가 50점 미만인 농가는 선정하지 않는다.

– v)동일 지역의 농가를 2곳 이상 선정할 수 없다.

○ 2021년 선정후보 농가(A~F) 현황은 다음과 같다.

농가	친환경 인증 유무	전통식품 인증 유무	도농교류 활성화 점수	지역
A	O	O	80	(가)
B	X	O	60	(가)
C	X	O	55	(나)
D	O	O	40	(다)
E	O	X	75	(라)
F	O	O	70	(라)

① A, C, F
② A, D, E
③ A, E, F
④ B, C, E
⑤ B, D, F

해설

문제 분석
조건 i)~v)가 제시되어 있다.

문제풀이 실마리
선정기준을 선정후보 농가 현황에 적용하여 해결하면 된다.

- 친환경인증 또는 전통식품인증 유무에 의한 점수+도농교류 활성화 점수+가산점=점수가 높은 순으로 선정
- 도농교류 활성화 점수가 50점 미만인 농가는 선정하지 않는다.
  → 농가 D가 제외되고, 선지 ②, ⑤가 지워진다.
- 동일 지역의 농가를 2곳 이상 선정할 수 없다. → 선지 ③ 제외
  동일 지역의 농가를 2곳 이상 선정할 수 없으므로 조건에 따라 (가)지역과 (라)지역 농가의 점수를 계산해 보면 다음과 같다.

농가	친환경 인증 유무	전통식품 인증 유무	점수	도농교류 활성화 점수	총점	지역	최종 점수
A	O	O	40	80	120	(가)	120
B	X	O	40	60	100	(가)	100
E	O	X	30	75	105	(라)	105
F	O	O	40	70	110	(라)	110

(가)지역의 농가 A와 B 중에서 총점이 더 높은 A가 선정되고, (라)지역의 농가 E와 F중에서 총점이 더 높은 F가 선정된다. 국가인증 농가를 3곳 선정하여야 하므로 농가 C는 자동적으로 포함된다.

빠른 문제풀이 Tip
- 선지를 활용하면 보다 빠른 해결이 가능하다.
- 동일 지역의 농가를 2곳 이상 선정할 수 없다는 조건과 도농교류 활성화 점수가 50점 미만인 농가는 선정하지 않는다는 제외조건을 먼저 고려하면, 실질적으로 가산점 기준까지 고려하지 않더라도 빠르게 답을 찾아낼 수 있다.
- 어느 농가의 점수가 더 높은지 확인할 때는 압살의 장치를 발견하거나 차이값으로 계산하면 보다 빠른 해결이 가능하다.

[정답] ①

64 **다음 글과 <상황>을 근거로 판단할 때, 甲~戊 중 휴가지원 사업에 참여할 수 있는 사람만을 모두 고르면?** 22년 7급 가책형 8번

〈2023년 휴가지원사업 모집 공고〉

□ 사업 목적
- ㅇ 직장 내 자유로운 휴가문화 조성 및 국내 여행 활성화

□ 참여 대상
- ㅇ i)중소기업 · 비영리민간단체 · 사회복지법인 · 의료법인 근로자. 단, 아래 근로자는 참여 제외
  - 병 · 의원 소속 의사
  - 회계법인 및 세무법인 소속 회계사 · 세무사 · 노무사
  - 법무법인 소속 변호사 · 변리사
- ㅇ ii)대표 및 임원은 참여 대상에서 제외하나, 아래의 경우는 참여 가능
  - 중소기업 및 비영리민간단체의 임원
  - 사회복지법인의 대표 및 임원

〈상 황〉

甲~戊의 재직정보는 아래와 같다.

구분	직장명	직장 유형	비고
간호사 甲	A병원	의료법인	근로자
노무사 乙	B회계법인	중소기업	근로자
사회복지사 丙	C복지센터	사회복지법인	대표
회사원 丁	D물산	대기업	근로자
의사 戊	E재단	비영리민간단체	임원

① 甲, 丙
② 甲, 戊
③ 乙, 丁
④ 甲, 丙, 戊
⑤ 乙, 丙, 丁

해설

문제 분석

지문에서는 휴가지원사업의 참여 대상으로 조건 i)에서는 참여 대상을 규정하면서 단서로 제외 대상을 정하고 있고, 조건 ii)에서는 제외 대상을 규정하면서 단서로 예외적인 참여 대상을 정하고 있다.

甲~戊의 재직정보에 조건 i), ii)를 적용시켜 본다. 〈상황〉에는 재직정보라고 나와 있는데 어느 직장에 재직하고 있다는 것은 그 직장에 소속되어 있다는 것으로 해석한다. 甲부터 적용해 보면

간호사 甲	A병원	의료법인	근로자

甲은 의료법인의 근로자로서 조건 i)에 의하여 휴가지원사업의 참여 대상이 되며, 간호사인 甲은 조건 i) 단서에 의한 참여 제외 대상이 아니다.

노무사 乙	B회계법인	중소기업	근로자

乙은 중소기업의 근로자로서 조건 i)의 적용 대상이지만 조건 i)의 단서에 의하면 회계법인 소속의 노무사인 근로자는 참여 대상에서 제외된다. 을은 B회계법인 소속의 노무사인 근로자로서 휴가지원사업의 참여 대상이 아니다.

사회복지사 丙	C복지센터	사회복지법인	대표

丙은 사회복지법인의 대표로서 조건 ii)의 적용 대상이다. 조건 ii)에 의하면 대표 및 임원은 휴가지원사업 참여 대상에서 제외하지만, 단서에서는 사회복지법인의 대표는 참여가 가능하다고 한다. 사회복지법인의 대표인 丙은 휴가지원사업의 참여 대상이 된다.

회사원 丁	D물산	대기업	근로자

丁은 대기업 소속의 근로자로서 조건 i), ii)의 적용대상이 아니다.

의사 戊	E재단	비영리민간단체	임원

戊는 비영리민간단체의 임원으로서 조건 ii)의 적용 대상이다. 조건 ii)에 의하면 대표 및 임원은 휴가지원사업 참여 대상에서 제외하지만, 단서에서는 비영리민간단체의 임원은 참여가 가능하다고 한다. 비영리민간단체의 임원인 戊는 휴가지원사업의 참여 대상이 된다. 戊는 의사이지만 병 · 의원 소속 의사인 근로자가 아니어서 조건 i)의 적용 대상이 아니다.

따라서 휴가지원사업에 참여할 수 있는 사람은 甲, 丙, 戊이다(④).

[정답] ④

65 다음 <조건>을 근거로 판단할 때 ○○영화관에서 이번 주에 상영 가능한 영화들만을 고르면? 18년 입법 가책형 35번

〈조 건〉

대학로의 ○○영화관에서는 이번 주에 다음의 8개 영화 중에서 6편에 대한 상영을 결정하려고 한다. 각 영화별 상영 등급과 제작 국가는 다음과 같다.

영화	A	B	C	D	E	F	G	H
등급	18세 이상 관람가	12세 이상 관람가	전체 관람가	18세 이상 관람가	12세 이상 관람가	18세 이상 관람가	20세 이상 관람가	전체 관람가
제작	국내	해외	국내	국내	국내	해외	국내	국내

6층 건물의 ○○영화관에는 각 층마다 1개의 상영관이 있으며, 각 상영관은 같은 영화를 상영하지 않는다. 또한 상영관마다 객석 규모도 다르다. 이러한 상황에서 영화 상영에는 다음 규칙들이 적용된다.

(가) 동시에 2편을 초과해서 '18세 이상 관람가' 등급 영화를 상영할 수 없다.
(나) 2개의 중간 규모 상영관에는 1편의 '전체 관람가' 등급 영화와 1편의 '12세 이상 관람가' 등급 영화가 상영된다.
(다) 동시에 1편을 초과해서 해외에서 제작된 영화를 상영할 수 없다.
(라) 반드시 '20세 이상 관람가' 등급 영화 1편이 상영되어야 한다.

① A, B, C, D, E, H
② A, B, E, F, G, H
③ A, C, D, F, G, H
④ A, C, E, F, G, H
⑤ A, D, E, F, G, H

해설

문제 분석

- 객석규모가 다른 6개의 상영관이 있고, 각 상영관은 같은 영화를 상영하지 않는다.
- (가)~(라)의 규칙을 지켜야 한다.

문제풀이 실마리

〈조건〉을 보고 상영 가능한 영화를 고르는 문제로, 주어진 조건에 따라 셀 수 있는 경우의 수가 가장 적은 경우를 기준으로 파악해야 한다.

- (가)에 의해 A, D, F가 동시에 상영될 수 없다.
- (나)에 의해 C, H 중에 최소 1개, B, E 중에 최소 1개가 상영되어야 한다.
- (다)에 의해 B와 F가 동시에 상영될 수 없다.
- (라)에 의해 반드시 G는 상영되어야 한다.

〈경우 1〉 B가 상영되는 경우

(나)와 (다)에서 등장하는, 즉 여러 조건이 겹치는 B가 상영되는 것을 먼저 가정한다. (라)에 의해 반드시 G는 상영되며, (다)에 의해 F는 상영될 수 없다. 4편의 상영 여부를 더 결정해야 하는데, 남은 A, C, D, E, H 중에 4개가 상영되는 경우의 수는 (A, B, C, D, E, G), (A, B, C, D, G, H), (A, B, C, E, G, H), (A, B, D, E, G, H), (B, C, D, E, G, H)로 총 다섯 가지이다.

〈경우 2〉 F가 상영되는 경우

(라)에 의해 반드시 G는 상영되며, (다)에 의해 B는 상영될 수 없다. B가 상영되지 않으므로 (나)에 의해 E는 반드시 상영된다. 남은 A, C, D, H 중 3편이 추가로 더 상영되면 되는데, (가)에 따라 A, D가 모두 상영되는 경우를 제외하면 (A, C, E, F, G, H), (C, D, E, F, G, H)의 두 가지 경우가 가능하다.

〈경우 3〉 B와 F가 모두 상영되는 경우

이 경우 6편을 상영하기 위해서는 나머지가 모두 상영되어야 하고 조건에 위배되지 않으므로 (A, C, D, E, G, H)의 한 가지 경우가 가능하다.

따라서 이번 주에 상영 가능한 영화는 ④ A, C, E, F, G, H이다.

빠른 문제풀이 Tip

- 선지를 활용하면 보다 빠른 해결이 가능하다. 선지를 활용하여 각 조건을 만족하지 않은 선지를 소거하는 방법으로 해결한다면 보다 빠른 해결이 가능하다.
- 위의 해설처럼 모든 경우의 수를 구하지 않아도, 선지를 보고 각 조건을 만족하지 않은 선지를 소거하는 방법으로 풀 수도 있다. (가), (나)를 보고 ③, ⑤를 제외하고, (다)를 보고 ②를 제외하고, (라)를 보고 ①을 제외하여 정답을 ④로 고르면 더 빠르게 정답을 찾을 수 있다.

[정답] ④

66 지금은 금요일 17시 50분이다. <근로조건>과 <직원정보>를 근거로 판단할 때, 甲회사 김과장이 18시부터 시작하는 시간 외 근로를 요청하면 오늘 내로 A프로젝트를 완수할 수 있는 직원은?

13년 외교관(견습) 인책형 14번

〈근로조건〉

가. 甲회사의 근로자는 09시에 근무를 시작해 18시에 마치며, 중간에 1시간 휴게시간을 갖는다. 근로시간은 휴게시간을 제외하고 1일 8시간, 1주 40시간이다.
나. 시간 외 근로는 1주 12시간을 초과하지 못한다. 단, 출산 이후 1년이 지나지 않은 여성에 대하여는 1일 2시간, 1주 6시간을 초과하는 시간 외 근로를 시키지 못한다.
다. 시간 외 근로를 시키기 위해서는 근로자 본인의 동의가 필요하다. 단, 여성의 경우에는 야간근로에 대해서 별도의 동의를 요한다.

※ 시간 외 근로: 〈근로조건〉 '가.'의 근로시간을 초과하여 근로하는 것
※ 야간근로: 22시에서 다음 날 06시 사이에 근로하는 것
※ 시간 외 근로시간에는 휴게시간은 없음

〈직원정보〉

이름	성별	이번 주 일일근로시간					A프로젝트 완수 소요시간	시간외근로 동의 여부	야간근로 동의 여부
		월	화	수	목	금			
김상형	남	8	8	8	8	8	5	X	–
전지연	여	–	10	10	10	8	2	O	X
차효인	여	9	8	13	9	8	3	O	O
조경은	여	8	9	9	9	8	5	O	X
심현석	남	10	11	11	11	8	1	O	–

※ 출산 여부: 전지연은 4개월 전에 둘째 아이를 출산하고 이번 주 화요일에 복귀하였고, 나머지 여성직원은 출산 경험이 없음

① 김상형, 차효인
② 차효인, 심현석
③ 차효인, 조경은
④ 전지연, 조경은
⑤ 전지연, 심현석

해설

문제 분석
〈근로조건〉 가~다를 〈직원정보〉에 적용하여 해결한다.

문제풀이 실마리
조건 중 제약조건이 적용될 만한 직원을 위주로 먼저 확인하면 보다 빠르게 정답을 구할 수 있다. 제약조건은 주로 나, 다.에 제시되어 있다.

- 김상형: (X) 시간 외 근로에 동의하지 않았으므로, 근로조건 '다'에 의해서 시간 외 근로에 참여할 수 없고, 따라서 A프로젝트를 완수할 수 있는 직원이 아니다.
- 전지연: (X) 각주에 따르면 4개월 전에 둘째 아이를 출산하고 이번 주 화요일에 복귀하였으므로 출산 이후 1년이 지나지 않은 여성에 해당한다. 따라서 근로조건 '나'의 단서조건이 적용되어 1일 2시간, 1주 6시간을 초과하는 시간 외 근로를 시키지 못한다. 그런데 이미 화요일부터 목요일까지 총 6시간의 시간 외 근로를 한 상황이기 때문에 더 이상의 시간 외 근무를 할 수 없다.
- 차효인: (O) 시간 외 근로에 동의하였고, 근로조건 '나'에 따를 때 시간 외 근로는 1주 12시간을 초과하지 못하는데, 월요일에 1시간, 수요일에 5시간, 목요일에 1시간의 시간 외 근로를 하여 총 7시간의 시간 외 근로를 하였기 때문에 아직 5시간 더 시간 외 근로가 가능하다. A프로젝트 완수 소요시간은 3시간이므로, 甲회사 김과장이 18시부터 시작하는 시간 외 근로를 요청하면 오늘 내로 A프로젝트를 완수할 수 있는 직원에 해당한다.
- 조경은: (X) A프로젝트를 완수하는 데 소요되는 시간이 5시간이기 때문에, A프로젝트를 완수하면 23시가 된다. 22시 이후로는 야간근로에 해당하고 근로조건 '다'에 따를 때 여성의 경우에는 야간근로에 대해서 별도의 동의를 요한다. 그런데 조경은의 경우 야간 근로에 동의하지 않았으므로 23시까지 소요되는 A프로젝트를 완수할 수 없다.
- 심현석: (O) 시간 외 근로에 동의하였고, 근로조건 '나'에 따를 때 시간 외 근로는 1주 12시간을 초과하지 못하는데, 월요일에 2시간, 화요일에 3시간, 수요일에 3시간, 목요일에 3시간의 시간 외 근로를 하여 총 11시간의 시간외 근로를 하였기 때문에 아직 1시간 더 시간 외 근로가 가능하다. A프로젝트 완수 소요시간은 1시간이므로, 甲회사 김과장이 18시부터 시작하는 시간 외 근로를 요청하면 오늘 내로 A프로젝트를 완수할 수 있는 직원에 해당한다.

따라서 甲회사 김과장이 18시부터 시작하는 시간 외 근로를 요청하면 오늘내로 A프로젝트를 완수할 수 있는 직원은 '차효인, 심현석'이다.

빠른 문제풀이 Tip
A프로젝트를 완수할 수 없는 직원을 소거해 나가는 방법으로 선지를 잘 활용하여 해결한다면 모든 직원의 정보를 확인하지 않고도 정답을 찾아낼 수 있다.

[정답] ②

67 다음 글과 <상황>을 근거로 판단할 때, 출장을 함께 갈 수 있는 직원들의 조합으로 가능한 것은?

19년 5급 가책형 31번

> A은행 B지점에서는 3월 11일 회계감사 관련 서류 제출을 위해 본점으로 출장을 가야 한다. 08시 정각 출발이 확정되어 있으며, 출발 후 B지점에 복귀하기까지 총 8시간이 소요된다. 단, 비가 오는 경우 1시간이 추가로 소요된다.
> ○ 출장인원 중 한 명이 직접 운전하여야 하며, '운전면허 1종 보통' 소지자만 운전할 수 있다.
> ○ 출장시간에 사내 업무가 겹치는 경우에는 출장을 갈 수 없다.
> ○ 출장인원 중 부상자가 포함되어 있는 경우, 서류 박스 운반 지연으로 인해 30분이 추가로 소요된다.
> ○ 차장은 책임자로서 출장인원에 적어도 한 명 포함되어야 한다.
> ○ 주어진 조건 외에는 고려하지 않는다.

〈상 황〉

○ 3월 11일은 하루 종일 비가 온다.
○ 3월 11일 당직 근무는 17시 10분에 시작한다.

직원	직급	운전면허	건강상태	출장 당일 사내 업무
甲	차장	1종 보통	부상	없음
乙	차장	2종 보통	건강	17시 15분 계약업체 면담
丙	과장	없음	건강	17시 35분 고객 상담
丁	과장	1종 보통	건강	당직 근무
戊	대리	2종 보통	건강	없음

① 甲, 乙, 丙　② 甲, 丙, 丁　③ 乙, 丙, 戊
④ 乙, 丁, 戊　⑤ 丙, 丁, 戊

해설

문제 분석

조건 1) 08시 정각에 출발하여 B지점에 복귀하기까지 총 8시간이 소요된다. 단, 비가 오는 경우 1시간이 추가로 소요되는데, 3월 11일은 하루 종일 비가 오므로 1시간이 추가되어 총 9시간이 소요된 후 17시에 종료된다.

조건 2) 출장인원 중 한 명이 직접 운전하여야 하며, '운전면허 1종 보통' 소지자만 운전할 수 있다.

조건 3) 출장시간에 사내 업무가 겹치는 경우에는 출장을 갈 수 없다. 3월 11일 당직 근무는 17시 10분에 시작한다.

조건 4) 출장인원 중 부상자가 포함되어 있는 경우, 서류 박스 운반 지연으로 인해 30분이 추가로 소요된다.

조건 5) 차장은 책임자로서 출장인원에 적어도 한 명 포함되어야 한다.

문제풀이 실마리

어떤 조건부터 접근하는지가 중요하다.

방법 1 정확한 길

조건 1)에 따르면 08시 정각에 출발한 후 9시간이 소요되어 B지점에 17시에 복귀한다.
조건 2)에 따르면, '운전면허 1종 보통' 소지자인 甲 또는 丁은 반드시 포함되어야 한다.
조건 3), 4)에 따르면 만약 부상자인 甲이 포함되어 있다면 30분이 추가로 소요되어 17시 30분에 복귀하므로, 그 전에 사내 업무가 있는 17시 15분에 계약업체 면담을 해야하는 乙과 17시 10분에 당직근무를 해야 하는 丁은 甲과 함께 출장을 가는 것이 불가능하다.
조건 5)에 따를 때, 차장인 甲 또는 乙은 반드시 포함되어야 한다.
따라서 甲이 출장을 가는 경우, 乙과 丁을 제외한 (甲, 丙, 戊) 조합이 가능하다.

甲이 출장을 가지 않는 경우, '운전면허 1종 보통' 소지자인 丁이 반드시 필요하고, 차장인 乙도 반드시 포함되어야 한다. 나머지 한 자리는 丙 또는 戊가 가능하므로 (丁, 乙, 丙) 또는 (丁, 乙, 戊) 두 가지 경우가 가능하다.

그중 선지에 제시된 조합은 '④ 乙, 丁, 戊'이다.

방법 2 빠른 길: 선지 검토

출장인원 중 한 명이 직접 운전하여야 하며, '운전면허 1종 보통' 소지자만 운전할 수 있다.

- 甲과 丁 중 한명은 반드시 포함되어야 한다. → 선지 ③ 제외
- 출장시간에 사내 업무가 겹치는 경우에는 출장을 갈 수 없다.
- 출장인원 중 부상자가 포함되어 있는 경우, 서류 박스 운반 지연으로 인해 30분이 추가로 소요된다.
  甲이 출장을 가면 30분 추가되어 17시 30분에 종료된다.
  乙은 17시 15분에 계약업체 면담의 사내 업무가 있고, 丁은 17시 10분부터 당직근무를 시작하기 때문에, 출장시간에 사내 업무가 겹치는 경우에는 출장을 갈 수 없으므로 甲은 乙 또는 丁과 함께 출장을 갈 수 없다.
  → 선지 ①, ② 제외
- 차장은 책임자로서 출장인원에 적어도 한 명 포함되어야 한다.
  甲 또는 乙이 포함되어야 한다. → 선지 ⑤ 제외

따라서 정답은 남은 선지인 ④이다.

방법 3

3월 11일에 비가 와서 1시간이 추가로 소요되는데, 甲이 출장에 포함되는 경우 30분이 추가로 더 소요되므로, 이는 1) 사내 업무를 해야하는 직원이 乙, 丙, 丁 세 명이나 되고, 2) 사내 업무가 겹치는 경우에 출장을 갈 수 없다는 조건과 결합되어 제약으로 작용할 가능성이 높다. 따라서 甲은 출장에 포함시키지 않는 것이 더 출장 가능성을 높일 것이다. 그러면 반드시 포함되어야 하는 '운전면허 1종 보통'소지자는 丁 뿐이고, 적어도 한 명 이상은 있어야 하는 차장은 乙뿐이므로 乙과 丁을 동시에 포함하고 있는 선지 ④가 모든 조건을 충족하는지 검토해 본다면 보다 빠르게 정답을 구할 수 있다.

빠른 문제풀이 Tip

- 선지를 활용해서 보다 빠르게 해결 가능하다.
- 5명의 직원 중 3명의 직원이 출장을 가야 한다는 큰 틀을 계속 염두에 두고 문제를 해결해야 한다.

[정답] ④

68 다음 글을 근거로 판단할 때, 2017년 3월 인사 파견에서 선발될 직원만을 모두 고르면? 17년 5급 가책형 36번

○ △△도청에서는 소속 공무원들의 역량 강화를 위해 정례적으로 인사 파견을 실시하고 있다.
○ 인사 파견은 지원자 중 3명을 선발하여 1년간 이루어지고 파견 기간은 변경되지 않는다.
○ 선발 조건은 다음과 같다.
 - 과장을 선발하는 경우 동일 부서에 근무하는 직원을 1명 이상 함께 선발한다.
 - 동일 부서에 근무하는 2명 이상의 팀장을 선발할 수 없다.
 - 과학기술과 직원을 1명 이상 선발한다.
 - 근무 평정이 70점 이상인 직원만을 선발한다.
 - 어학 능력이 '하'인 직원을 선발한다면 어학 능력이 '상'인 직원도 선발한다.
 - 직전 인사 파견 기간이 종료된 이후 2년 이상 경과하지 않은 직원을 선발할 수 없다.
○ 2017년 3월 인사 파견의 지원자 현황은 다음과 같다.

직원	직위	근무 부서	근무 평정	어학 능력	직전 인사 파견 시작 시점
A	과장	과학기술과	65	중	2013년 1월
B	과장	자치행정과	75	하	2014년 1월
C	팀장	과학기술과	90	중	2014년 7월
D	팀장	문화정책과	70	상	2013년 7월
E	팀장	문화정책과	75	중	2014년 1월
F	–	과학기술과	75	중	2014년 1월
G	–	자치행정과	80	하	2013년 7월

① A, D, F
② B, D, G
③ B, E, F
④ C, D, G
⑤ D, F, G

해설

문제 분석

세 번째 동그라미에 선발 조건이 정리되어 있다. 순서대로 조건 1~조건 6이라고 한다.

문제풀이 실마리

인사 파견에서 선발될 직원을 고르는 문제인데, 선발되면 인사 파견은 1년간 이루어지고 파견 기간은 변경되지 않는다는 점에 주의하자. 표에는 '직전 인사 파견 시작 시점'이 제시되어 있다.

방법 1 정확한 길

1) 근무 평정이 70점 이상인 직원만을 선발해야 하므로, 근무 평정이 65점인 A는 선발할 수 없다.

2) 직전 인사 파견 기간이 종료된 이후 2년 이상 경과하지 않은 직원을 선발할 수 없으므로 C는 선발할 수 없다.

3) 과학기술과 직원인 A, C, F 중 1명 이상 선발해야 하는데, A, C를 선발할 수 없으므로 F를 반드시 선발해야 한다.

~~A~~	B	~~C~~	D	E	Ⓕ	G

4) 과장을 선발하는 경우 동일 부서에 근무하는 직원을 1명 이상 함께 선발해야 하므로 만약 B를 선발한다면 G도 선발해야 하고, 어학 능력이 '하'인 직원을 선발한다면 어학 능력이 '상'인 직원도 선발해야 하므로 B를 선발한다면 D도 선발해야 하는데, 이 경우 이전에 선발된 F, B에 더해 B 때문에 선발해야 하는 D, G까지 포함하면 F, B, D, G 총 4명을 선발해야 하므로 B를 선발할 수 없다.

4-1) 또다른 이유로 과장을 선발하는 경우 동일 부서에 근무하는 직원을 1명 이상 함께 선발해야 하므로 B, F, G 세 명을 선발하는 경우 B와 G 모두 어학능력이 '하'이고 F 역시 어학능력이 '중'에 불과하므로 어학 능력이 '하'인 직원을 선발한다면 어학 능력이 '상'인 직원도 선발해야 한다는 조건에 위배된다.

~~A~~	~~B~~	~~C~~	D	E	Ⓕ	G

5) 동일 부서에 근무하는 2명 이상의 팀장을 선발할 수 없기 때문에, D와 E를 함께 선발할 수 없고, 그러면 D와 E 중에 한명, F, G까지 선발하게 된다. 어학 능력이 '하'인 직원을 선발한다면 어학 능력이 '상'인 직원도 선발해야 하기 때문에 G를 선발한다면 D도 선발해야 한다.

6) 따라서 최종적으로 D, F, G 세 명의 직원이 2017년 3월 인사 파견에 선발된다.

방법 2 직원별 접근

1) A의 선발 가능 여부
조건 4에 따를 때 근무 평정이 70점 이상인 직원만을 선발한다. 따라서 A는 선발될 수 없고, A가 포함되어 있는 선지 ①을 소거 가능하다.

2) B의 선발 가능 여부
B를 선발하게 되면 조건 1에 따라 동일 부서인 자치행정과에 근무하는 G도 선발해야 한다. 이 둘 모두 어학 능력이 '하'이기 때문에 조건 5에 따를 때 어학능력이 '상'인 D도 선발해야 한다. 그런데 조건 3에 따를 때 과학기술과 직원을 1명 이상 선발해야 하는데, 현재까지 선발된 자치행정과의 B, G, 문화정책과의 D 중에는 과학기술과 직원이 없다. 따라서 B는 선발될 수 없고, B가 포함되어 있는 선지 ②, ③을 소거 가능하다.

3) C의 선발 가능 여부

C는 2014년 7월에 직전 인사 파견이 시작되어 1년이 기간을 거친 후 2015년 8월에 파견이 종료되었다. 현재 시점인 2017년 3월은 직전 인사 파견 종료 시점으로부터 아직 2년이 경과하지 않았으므로 조건 6에 따를 때 C는 선발 될 수 없다. 따라서 C가 포함되어 있는 선지 ④를 소거 가능하다.

따라서 남은 선지 ⑤가 정답이 된다.

방법 3 빠른 길

선발 조건을 선지에 적용해 보면 다음과 같다.

- 과장을 선발하는 경우 동일 부서에 근무하는 직원을 1명 이상 함께 선발한다.
  A과장을 선발하는 경우 C와 F 중 1명 이상을 함께 선발한다.
  B과장을 선발하는 경우 G를 함께 선발해야 한다. → 선지 ③ 제외
- 동일 부서에 근무하는 2명 이상의 팀장을 선발할 수 없다.
  D와 E를 함께 선발할 수 없다.
- 과학기술과 직원을 1명 이상 선발한다.
  A, C, F 중 1명 이상 선발한다. → 선지 ② 제외
- 근무 평정이 70점 이상인 직원만을 선발한다.
  근무 평정이 65점인 A는 선발할 수 없다. → 선지 ① 제외
- 어학 능력이 '하'인 직원을 선발한다면 어학 능력이 '상'인 직원도 선발한다.
  B 또는 G를 선발한다면 D도 선발해야한다.
- 직전 인사 파견 기간이 종료된 이후 2년 이상 경과하지 않은 직원을 선발할 수 없다.

  2017년 3월 기준으로 직전 인사 파견 기간이 종료된 이후 2년 이상 경과하지 않은 직원을 선발할 수 없으므로, 2015년 3월 이전에 직전 인사 파견이 종료되었어야 한다.
  이때 〈상황〉의 두 번째 동그라미 '인사 파견은 지원자 중 3명을 선발하여 1년 간 이루어지고 파견 기간은 변경되지 않는다.'를 놓치지 않도록 주의해야 한다. 인사 파견 기간은 1년이고 〈표〉에 제시된 시점은 직전 인사 파견 '시작' 시점이다. 따라서 직전 인사 파견이 종료된 시점은 〈표〉에 제시된 시점에 1년을 더해야 한다. C의 경우 2014년 7월에 직전 인사 파견이 시작되었으므로 2015년 7월에 인사 파견이 종료되었다. 따라서 2017년 3월 현재 아직 직전 인사 파견 기간이 종료된 이후 2년 이상 경과하지 않았으므로 선발될 수 없다. → 선지 ④ 제외

따라서 제거조건에서 끝까지 남은 선지는 ⑤이다.

① A, D, F: (X) A는 근무 평정이 65점이기 때문에 선발할 수 없다.

② B, D, G: (X) 과학기술과 직원을 1명 이상 선발해야 하기 때문에 A, C, F 중 적어도 1명은 반드시 포함되어야 한다.

③ B, E, F: (X) 과장을 선발하는 경우 동일 부서에 근무하는 직원을 1명 이상 함께 선발해야 하기 때문에 B과장을 선발하면 G를 함께 선발해야 한다.

④ C, D, G: (X) C는 직전 인사 파견 기간이 종료된 이후 2년 이상 경과하지 않았기 때문에 선발할 수 없다.

⑤ D, F, G: (O) 선발 가능하다.

빠른 문제풀이 Tip

- 여러 조건 중 어떠한 조건부터 접근하는지가 중요하다. 조건 접근 순서가 달라지면 다른 해결 과정도 얼마든지 가능한 문제이다.
- 조건 1, 2, 5의 경우 가정형의 표현을 포함하거나 여러 부서를 확인해야 하는 보다 복합적인 조건이다. 이에 비해 조건 3, 4, 6의 경우 보다 단순하게 해결 가능한 조건이다.
- 직원을 제거하는 방향으로 해결할지 선발하는 방향으로 해결할지 다양하게 연습해 보자.
- 선지를 활용해서 보다 빠르게 해결 가능하다.

[정답] ⑤

69 다음 글과 <상황>을 근거로 판단할 때, 일반하역사업 등록이 가능한 사업자만을 모두 고르면? 22년 5급 나책형 36번

〈일반하역사업의 최소 등록기준〉

구분	1급지 (부산항, 인천항, 포항항, 광양항)	2급지 (여수항, 마산항, 동해 · 묵호항)	3급지 (1급지와 2급지를 제외한 항)
총시설 평가액	10억 원	5억 원	1억 원
자본금	3억 원	1억 원	5천만 원

○ 사업자의 시설 중 본인 소유 시설평가액 총액이 등록기준에서 정한 급지별 '총시설평가액'의 3분의 2 이상이어야 한다.
○ 사업자의 하역시설 평가액 총액은 해당 사업자의 시설평가액 총액의 3분의 2 이상이어야 한다.
○ 3급지 항에 대해서는 자본금이 1억 원 이상이면 등록기준에서 정한 급지별 '총시설평가액'을 2분의 1로 완화한다.

〈상 황〉

○ 시설 A~F 중 하역시설은 A, B, C이다.
○ 사업자 甲~丁 현황은 다음과 같다.

사업자	항만	자본금	시설	시설 평가액	본인 소유여부
甲	부산항	2억 원	B	4억 원	O
			C	2억 원	O
			D	1억 원	X
			E	3억 원	X
乙	광양항	3억 원	C	8억 원	O
			E	1억 원	X
			F	2억 원	X
丙	동해 · 묵호항	4억 원	A	1억 원	O
			C	4억 원	O
			D	3억 원	X
丁	대산항	1억 원	A	6천만 원	O
			B	1천만 원	X
			C	1천만 원	X
			D	1천만 원	O

① 甲, 乙
② 甲, 丙
③ 乙, 丙
④ 乙, 丁
⑤ 丙, 丁

해설

문제 분석

조건 1) 〈표〉에 일반하역사업의 최소 등록기준으로 총시설평가액과 자본금 기준이 제시되어 있다.
조건 2) 사업자의 시설 중 본인 소유 시설평가액 총액이 등록기준에서 정한 급지별 '총시설평가액'의 3분의 2 이상이어야 한다.
조건 3) 사업자의 하역시설 평가액 총액은 해당 사업자의 시설평가액 총액의 3분의 2 이상이어야 한다.
조건 4) 3급지 항에 대해서는 자본금이 1억 원 이상이면 등록기준에서 정한 급지별 '총시설평가액'을 2분의 1로 완화한다.

문제풀이 실마리

조건에 위배되는 시설을 제거해 나가면 정답이 도출된다.

〈일반하역사업의 최소 등록기준〉에 따를 때 사업자 甲의 부산항, 사업자 乙의 광양항은 1급지, 사업자 丙의 동해 · 묵호항은 2급지, 사업자 丁의 대산항은 3급지에 해당한다.

구분	1급지 **甲, 乙** (**부산항**, 인천항, 포항항, **광양항**)	2급지 **丙** (여수항, 마산항, **동해 · 묵호항**)	3급지 **丁** (1급지와 2급지를 제외한 항)

단서조건에 해당하는 조건 4)부터 검토해보면, 사업자 丁이 해당하므로 등록기준에서 정한 급지별 '총시설평가액'이 2분의 1로 완화된다.

구분	1급지 **甲, 乙** (**부산항**, 인천항, 포항항, **광양항**)	2급지 **丙** (여수항, 마산항, **동해 · 묵호항**)	3급지 **丁** (1급지와 2급지를 제외한 항)
총시설 평가액	10억 원	5억 원	0.5억 원
자본금	3억 원	1억 원	5천만 원

〈표 2〉에 조건 1)을 적용하여 각 사업자의 총시설평가액과 자본금이 최소 등록기준을 넘는지를 확인해 보면,

- 사업자 甲은 총시설평가액 10억 원, 자본금 2억 원으로 자본금 조건을 충족하지 못한다.
- 사업자 乙은 총시설평가액 11억 원, 자본금 3억 원으로,
- 사업자 丙은 총시설평가액 7억 원, 자본금 4억 원으로,
- 사업자 丁은 총시설평가액 0.9억 원, 자본금 1억 원으로 모두 기준으로 충족한다. 이때 단서조건에 의해 丁이 조건을 충족한다는 점에 실수하지 않도록 주의하자.

남은 사업자를 대상으로 조건 2), 3)을 적용해 해결해 본다.

다음 표에서 조건 2)는 굵은 테두리로, 조건 3)은 회색 음영으로 표시하였다. 조건 2)를 검토할 때 분자에는 굵은 테두리 액수의 합을, 분모에는 〈표 1〉의 총시설평가액을 대입하면 된다.

사업자	항만	자본금	시설	시설 평가액	본인 소유여부	조건 2)	조건 3)
乙 1급지	광양항	3억 원	C	8억 원	O	8/10 억 원	8/11 억 원
			E	1억 원	X		
			F	2억 원	X		
丙 2급지	동해 · 묵호항	4억 원	A	1억 원	O	5/5 억 원	5/8 억 원
			C	4억 원	O		
			D	3억 원	X		
丁 3급지	대산항	1억 원	A	6천만 원	O	7/5 천만 원	8/9 천만 원
			B	1천만 원	X		
			C	1천만 원	X		
			D	1천만 원	O		

검토 결과 조건 3)에 의해서 丙이 제외되고, 일반하역사업 등록이 가능한 사업자로는 乙, 丁이 남는다.

빠른 문제풀이 Tip

- 조건 2를 검토할 때 상대적인 계산만 하면 되므로, 굳이 사업자 丁의 액수를 사업자 乙, 丙과 동일하게 억 단위로 통일하지 않아도 된다.
- 용어를 정확하게 이해하고 혼동하지 않아야 한다.
- 강의 수강생 중 남자(A)가 60%이고 여자(B)가 40%라면, A는 B의 1.5배이다. 이와 같은 부분비를 활용하여 계산하면 보다 쉽게 문제를 해결할 수 있다.

[정답] ④

70 신입사원 채용지침과 지원자의 성적은 다음과 같다. 이에 따라 선발될 수 있는 사람(들)은 누구인가? 05년 견습 과책형 28번

> ㄱ. 모든 조건에 우선하여 어학 성적이 90점 이상인 어학 우수자를 최소한 한 명은 선발해야 한다.
> ㄴ. 최대 3명까지만 선발할 수 있다.
> ㄷ. A를 선발할 경우 D를 같이 선발해야 한다.
> ㄹ. A를 선발할 수 없는 경우 C도 F도 선발할 수 없다.
> ㅁ. D를 선발할 경우 B를 선발해야 하지만 C는 선발할 수 없다.
> ㅂ. B를 선발하면 F를 선발해야 한다.
> ㅅ. 합격한 사람이 불합격한 사람보다 학업성적이 나쁘면 안 된다.
> ㅇ. 어느 점수든 70점 미만이 있으면 선발할 수 없다.

지원자	어학성적	학업성적	적성
A	95	90	80
B	80	90	75
C	80	80	75
D	70	95	75
E	95	95	90
F	85	90	70
G	85	85	65

① A, B, D
② A, D, G
③ B, D, F
④ D, E
⑤ E

해설

문제 분석

지문의 ㄱ~ㅇ을 조건이라고 하자. 조건 ㄷ~ㅂ을 명제 형식으로 정리해보면 다음과 같다. 아래의 내용 중 'A'는 'A를 선발한다.'라는 의미이다.

조건 ㄷ: A → D	~D → ~A
조건 ㄹ: ~A → ~C∧~F	C∨F → A
조건 ㅁ: D → B∧~C	~B∨C → ~D
조건 ㅂ: B → F	~F → ~B

나머지 조건 ㄱ, ㄴ, ㅅ, ㅇ은 별도로 정리하지 않았다.

주어진 조건 중 확정적인 정보를 제공하는 조건은 없다. 따라서 일정한 가정이 필요한데 조건 ㄷ은 'A', 조건 ㄹ은 '~A'로 시작하므로 1) A를 선발하는 경우, 2) A를 선발하지 않는 경우로 나누어 생각해 본다.

1) A를 선발한다고 가정해 보자. 조건 ㄷ에 따르면 A를 선발할 경우 D를 선발해야 한다. 그리고 조건 ㅁ에 따르면 D를 선발할 경우 B를 선발하고 C는 선발하지 않는다. 그리고 조건 ㅂ에 따르면 B를 선발할 경우 F를 선발해야 한다. 즉, A를 선발한다고 가정하면 D, B, F까지 선발해야 한다. 그러나 조건 ㄴ에 따르면 최대 3명까지만 선발할 수 있다고 하였으므로 A를 선발한다는 가정은 옳지 않다. 즉 A를 선발하지 않는다. '~A'이다.

2) A를 선발하지 않으면(~A) 조건 ㄹ에 따라 C와 F도 선발하지 않는다(~C∧~F). 그리고 조건 ㅂ의 대우명제 '~F → ~B'에 따르면 '~F'이므로 B도 선발하지 않는다(~B). 그리고 조건 ㅁ의 대우명제 '~B∨C → ~D'에 따르면 '~B'이므로 '~D'이다. 정리하면 A, B, C, D, F는 선발하지 않는다.

3) 남아있는 지원자 E, G 중 G는 학업성적점수가 85점인데 조건 ㅅ에 따르면 불합격한 A, B, D, F보다 학업성적점수가 낮으므로 G를 선발할 수 없다(~G). 그리고 G의 적성점수는 65점인데 조건 ㅇ에 따르면 어느 점수든 70점 미만이 있으면 선발할 수 없으므로 마찬가지로 G를 선발할 수 없다.

4) E는 조건 ㄱ, ㄴ, ㅅ, ㅇ을 모두 충족한다. 따라서 E를 선발(⑤)한다.

빠른 문제풀이 Tip

위의 해설은 가능하면 명제의 형식으로 주어진 조건 ㄷ~ㅂ으로부터 연역적으로 정답을 도출하는 과정을 설명한 것이다. 그러나 이러한 방법이 아니라 선지를 활용하면 보다 간단하게 문제를 해결할 수 있다. 몇 가지 예를 들어보면 다음과 같다.

1) 조건 ㄱ에 따르면 어학 성적이 90점 이상인 A 또는 E 중 최소한 한 명은 선발해야 한다. 선지 ③은 제거된다.
2) 조건 ㄹ에 따르면 A를 선발할 수 없는 경우 C도 F도 선발할 수 없다. 그러나 선지 ③은 A를 선발하지 않고 F를 선발하였으므로 옳지 않다.
3) 조건 ㅁ에 따르면 D를 선발할 경우 B를 선발해야 하는데, D를 선발하면서도 B를 선발하지 않은 선지 ②, ④는 옳지 않다.
4) 조건 ㅂ에 따르면 B를 선발하면 F를 선발해야 하는데, B를 선발하면서도 F를 선발하지 않은 선지 ①은 옳지 않다.
5) 조건 ㅅ에 따르면 합격한 사람이 불합격한 사람보다 학업성적이 나쁘면 안 된다고 하므로 학업성적점수가 95점인 D 또는 E가 불합격했다면 D 또는 E를 제외한 나머지는 선발할 수 없다. 선지 ①을 예로 들어보면 선지 ①에서는 E가 불합격했는데 합격한 A, B가 E보다 학업성적이 나쁘므로 선지 ①은 옳지 않다. 마찬가지 방법으로 선지 ②, ③도 제거된다.
6) 조건 ㅇ에 따르면 어느 점수든 70점 미만이 있으면 선발할 수 없다. G의 적성점수는 65점이므로 G는 선발할 수 없다. 선지 ②는 제거된다.

이상의 내용들은 서로 연계해서 생각할 필요없이 단편적으로 생각하면 되고 위의 내용 중 일부만 조합하여도 정답이 ⑤번임을 확인할 수 있다. 다만 선지 ④는 조건 ㅁ에 의해서만 제거된다.

[정답] ⑤

71 다음 글과 <상황>을 근거로 판단할 때, 청년미래공제에 참여 가능한 기업을 모두 고르면? 22년 5급 가책형 16번

〈2022년 청년미래공제 참여기업 모집 공고문〉

○ 목적
- 미취업 청년의 중소기업 유입을 촉진하고, 청년 근로자의 장기 근속과 자산 형성을 지원

○ 참여 자격
- i)고용보험 피보험자 수 5인 이상 중소기업
- ii)고용보험 피보험자 수 1인 이상 5인 미만의 기업이라도 청년기업은 참여 가능

※ 청년기업: 14세 이상 39세 이하인 청년이 현재 대표이면서 사업을 개시한 날부터 7년이 지나지 않은 기업

○ 참여 제한
- iii)청년수당 가입유지율이 30% 미만인 기업은 참여 불가. iv)단, 청년수당 가입 인원이 2인 이하인 경우는 참여 가능

※ $\frac{\text{청년수당 가입유지율(\%)}}{} = \frac{\text{청년수당 6개월 이상 가입 유지 인원(㉡)}}{\text{청년수당 가입 인원(㉠)}} \times 100$

〈상 황〉

2022년 현재 중소기업(A~E)에 관한 정보는 다음과 같다.

기업	고용보험 피보험자 수	대표자 나이	사업 개시 경과연수	(㉠)	(㉡)
A	45	39	8	25	7
B	30	40	8	25	23
C	4	40	6	2	2
D	2	39	6	2	0
E	2	38	8	2	2

① A, C
② A, D
③ B, D
④ B, E
⑤ C, E

해설

문제 분석
조건 i)~iv)로 정리할 수 있다.

문제풀이 실마리
'참여 자격'과 '참여 제한'을 〈상황〉에 정확하게 적용하여 계산하면 해결되는 문제이다.

조건 i) 기업 A, B가 해당한다.
조건 ii) 기업 D가 해당한다.
따라서 기업 A, B, D는 참여 자격이 있다.

조건 iii) 청년수당 가입유지율을 구해보면 다음과 같다.

$\text{청년수당 가입유지율(\%)} = \frac{\text{청년수당 6개월 이상 가입 유지 인원(㉡)}}{\text{청년수당 가입 인원(㉠)}} \times 100$

기업	(㉠)	(㉡)	(㉡)/(㉠)×100
A	25	7	28%
B	25	23	92%
C	2	2	100%
D	2	0	0%
E	2	2	100%

따라서 A, B, D 중 A와 D는 참여 불가하다.

조건 iv) A와 D 중 청년수당 가입 인원(㉠)이 2인 이하인 D는 참여 가능하다.

따라서 청년미래공제에 참여 가능한 기업은 기업 B와 D이다.

빠른 문제풀이 Tip
- 청년수당 가입유지율은 기업 A, B, D만 구해야 빠른 해결이 가능하다.
- 선지를 활용하면 보다 빠른 해결이 가능하다.

[정답] ③

72 A, B, C, D 네 팀이 참여하여 체육대회를 하고 있다. 다음 <순위 결정 기준>과 각 팀의 현재까지 <득점 현황>에 근거하여 판단할 때, 항상 옳은 추론을 <보기>에서 모두 고르면?

11년 민경채 인책형 24번

〈순위 결정 기준〉

○ 각 종목의 1위에게는 4점, 2위에게는 3점, 3위에게는 2점, 4위에게는 1점을 준다.
○ 각 종목에서 획득한 점수를 합산한 총점이 높은 순으로 종합 순위를 결정한다.
○ 총점에서 동점이 나올 경우에는 1위를 한 종목이 많은 팀이 높은 순위를 차지한다.
 – 만약 1위 종목의 수가 같은 경우에는 2위 종목이 많은 팀이 높은 순위를 차지한다.
 – 만약 1위 종목의 수가 같고, 2위 종목의 수도 같은 경우에는 공동 순위로 결정한다.

〈득점 현황〉

종목명 \ 팀명	A	B	C	D
가	4	3	2	1
나	2	1	3	4
다	3	1	2	4
라	2	4	1	3
마	?	?	?	?
합계	?	?	?	?

※ 종목별 순위는 반드시 결정되고, 동순위는 나오지 않는다.

〈보 기〉

ㄱ. A팀이 종목 마에서 1위를 한다면 종합 순위 1위가 확정된다.
ㄴ. B팀이 종목 마에서 C팀에게 순위에서 뒤지면 종합 순위에서도 C팀에게 뒤지게 된다.
ㄷ. C팀은 종목 마의 결과와 관계없이 종합 순위에서 최하위가 확정되었다.
ㄹ. D팀이 종목 마에서 2위를 한다면 종합 순위 1위가 확정된다.

① ㄱ
② ㄹ
③ ㄱ, ㄴ
④ ㄴ, ㄷ
⑤ ㄷ, ㄹ

해설

문제 분석

- 각 종목의 순위에 따른 점수를 부여한 후, 각 종목에서 획득한 점수를 합산한 총점이 높은 순으로 종합 순위를 결정한다.
- 총점에서 동점이 나올 경우에는 1위를 한 종목이 많은 팀 → 2위 종목이 많은 순으로 높은 순위를 차지하고, 그래도 동일한 경우 공동순위로 결정한다.

문제풀이 실마리

제시된 〈순위 결정 기준〉 및 〈득점 현황〉과 각 〈보기〉에서 추가로 제시되는 조건을 파악하여 각 팀의 순위를 득점으로 환산하고, 〈득점 현황〉과 결합하여 경우를 파악한다.

현재까지의 〈득점 현황〉을 정리하면 다음과 같다.

종목명 \ 팀명	A	B	C	D
가	4	3	2	1
나	2	1	3	4
다	3	1	2	4
라	2	4	1	3
가~라 합계	11	9	8	12
마	?	?	?	?
합계	11+?	9+?	8+?	12+?

ㄱ. (X) 가~라 합계 11점인 A팀이 종목 '마'에서 1위를 하면 4점이 추가되어 총점 15점이 된다.
 1) B 또는 C팀이 2위를 하는 경우: A팀이 종합 순위 1위가 된다.
 2) D팀이 2위를 하는 경우: D팀이 종합 순위 1위가 된다.
 B~D팀 중에서 총점이 12점으로 가장 높은 D팀이 2위를 하여 3점을 추가하면 A팀과 D팀의 총점이 모두 15점이 된다.
 동점 시 처리 규칙에 따를 때, A팀과 D팀을 살펴보면 1위 종목은 각각 2개로 같고, 2위 종목은 A팀이 1개, D팀이 2개이므로 결국 D팀이 종합 순위 1위가 된다.
 따라서 A팀이 종목 마에서 1위를 하더라도 A팀이 종합 순위 1위가 되는 경우도 있고, D팀이 종합 순위 1위가 되는 경우도 있으므로 언제나 종합 순위 1위가 되는 것은 아니다.

ㄴ. (X) 종목 가~라에서 획득한 점수는 A팀이 11점, B팀이 9점, C팀이 8점, D팀이 12점이다. 이때 B팀이 종목 마에서 C팀에게 순위에서 뒤지면 종합 순위에서도 C팀에게 뒤지게 되는지를 확인한다.
종목 마에서 B팀이 C팀 바로 다음 순위가 될 경우, 예를 들어 C팀 1위–B팀 2위, C팀 2위–B팀 3위, C팀 3위–B팀 4위가 되는 경우 B팀은 C팀에 비해 1점의 점수를 적게 받게 되어 B팀과 C팀의 득점 합계는 같아진다. 동점 시 처리 규칙에 따를 때, 종목 마를 고려하지 않은 상황에서 B팀은 종목 나, 다에서 1위를 했으므로 1위를 한 종목이 2개이고, C팀은 종목 라에서 1위를 했으므로 1위를 한 종목은 1개이다. 이때 종목 마에서 C팀이 1위를 하지 못한 상황을 가정한다면, 1위를 한 종목이 더 많은 B팀이 C팀보다 종합 순위에서 앞서는 경우가 있다. 따라서 B팀이 종목 마에서 C팀에게 순위에서 뒤지는 경우라도 종합 순위에서 C팀에게 반드시 뒤지는 것은 아니다.

ㄷ. (X) C팀은 종목 마의 결과와 관계없이 종합 순위에서 최하위가 확정되었다고 단정적으로 진술하고 있으므로 반례를 찾아 확인한다.
종목 가에서 종목 라까지 각 팀이 획득한 점수를 합산하면 A팀 11점, B팀 9점, C팀 8점, D팀 12점으로 C팀의 점수가 가장 낮다. 그런데 종목 마에서 C팀이 1위를 하고 B팀이 4위를 한다면 C팀의 최종 득점 합계는 12점이 되고, B팀은 10점이 된다. 따라서 총점에서 C팀이 B팀을 앞서는 상황이 있으므로 C팀이 종합 순위가 항상 최하위로 확정되는 것은 아니다.

ㄹ. (O) D팀이 종목 마에서 2위를 한다면 D팀의 총점은 15점이 된다. 이때 종합 순위 1위가 확정되는지를 확인한다.
D팀과 1위를 놓고 경합할 수 있는 팀은 총점이 11점으로 D팀 다음으로 점수가 높은 A팀이다. 만약 A팀이 종목 마에서 1위를 한다면, A팀의 총점도 D팀과 마찬가지로 15점이 된다. 이 경우 총점이 동점인 팀이 있을 때 〈순위 결정 기준〉에 따라 총점 → 1위를 한 종목 수 → 2위를 한 종목 수를 확인해야 한다. A팀과 D팀은 1위를 한 종목은 각각 2개로 동일하고, 2위를 한 종목은 A팀이 1개, D팀이 2개이므로 최종적으로 D팀이 종합 순위 1위가 된다. 따라서 A팀이 종목 마에서 1위를 하더라도 종합 순위 1위는 D팀으로 확정된다.

빠른 문제풀이 Tip

- 〈득점 현황〉에서 4점이 아닌 4위로 보는, 즉 점수를 순위로 착각하는 실수를 하지 않도록 유의한다.
- 보기 ㄱ에서 '종합 순위 1위로 확정된다'와 '종합 순위 1위가 확정된다'는 다른 의미이므로 혼동하지 않도록 주의한다.

[정답] ②

73 다음 글과 <상황>을 근거로 판단할 때, <보기>에서 옳은 것만을 모두 고르면? 19년 민경채 나책형 20번

K대학교 i)교과목 성적 평정(학점)은 총점을 기준으로 상위 점수부터 하위 점수까지 A^+, A^0, B^+ ~ F 순으로 한다. ii)각 등급별 비율은 아래 〈성적 평정 기준표〉를 따르되, iii)상위 등급의 비율을 최대 기준보다 낮게 배정할 경우에는 잔여 비율을 하위 등급 비율에 가산하여 배정할 수 있다. 예컨대 A등급 배정 비율은 10 ~ 30%이나, 만일 25%로 배정한 경우에는 잔여 비율인 5%를 하위 등급 하나에 배정하거나 여러 하위 등급에 나누어 배정할 수 있다. 한편 iv)A, B, C, D 각 등급 내에서 +와 0의 비율은 교수 재량으로 정할 수 있다.

〈성적 평정 기준표〉

등급	A		B		C		D		F
학점	A^+	A^0	B^+	B^0	C^+	C^0	D^+	D^0	
비율(%)	10 ~ 30		20 ~ 35		20 ~ 40		0 ~ 40		0 ~ 40

※ 평정대상 총원 중 해당 등급 인원 비율

〈상 황〉

〈△△교과목 성적산출 자료〉

성명	총점	순위	성명	총점	순위
양다경	99	1	양대원	74	11
이지후	97	2	권치원	72	12
이태연	93	3	김도윤	68	13
남소연	89	4	권세연	66	14
김윤채	86	5	남원중	65	15
엄선민	84	6	권수진	64	16
이태근	79	7	양호정	61	17
김경민	78	8	정호채	59	18
이연후	77	9	이신영	57	19
엄주용	75	10	전희연	57	19

※ 평정대상은 총 20명임

〈보 기〉

ㄱ. 평정대상 전원에게 C^+ 이상의 학점을 부여할 수 있다.
ㄴ. 79점을 받은 학생이 받을 수 있는 가장 낮은 학점은 B^0이다.
ㄷ. 5명에게 A등급을 부여하면, 최대 8명의 학생에게 B^+학점을 부여할 수 있다.
ㄹ. 59점을 받은 학생에게 부여할 수 있는 학점은 C^+, C^0, D^+, D^0, F 중 하나이다.

① ㄱ, ㄴ ② ㄱ, ㄹ ③ ㄷ, ㄹ
④ ㄱ, ㄷ, ㄹ ⑤ ㄴ, ㄷ, ㄹ

해설

문제 분석

조건 i)~iv)와 〈상황〉의 〈△△교과목 성적산출 자료〉에 따라 〈보기〉를 판단한다.

ㄱ. (O) 〈성적 평정 기준표〉에 의하면 D등급과 F등급의 최소 비율은 각각 0%가 가능하다. 그리고 A, B, C등급의 최대 비율은 합계 105%로 100%를 초과하므로 D등급과 F등급 모두 0%로 배정하고 A, B, C등급 비율로 100%를 만들 수 있다. 그리고 조건 iv)에 따르면 각 등급 내에서 +와 0의 비율은 교수 재량으로 정할 수 있으므로, C등급 내에서 C^0 없이 전원 C^+학점을 부여한다면 평정대상 전원에게 C^+이상의 학점을 부여할 수 있다.

ㄴ. (X) 79점을 받은 학생은 평정대상 20명 중 총점을 기준으로 상위 7위이고 이는 전체 평정대상 중 35%에 해당한다. 조건 iii)에 따라 A등급 배정 비율을 10%로 하면서 B등급이 아닌 다른 하위 등급에 20%를 가산하고, B등급도 배정 비율을 20%로 하면서 하위 등급에 15%를 가산한다면 A, B등급 배정 비율 합계는 30%이다. 이와 같이 A, B등급을 배정한다면 79점을 받은 학생이 받을 수 있는 가장 낮은 등급은 C등급으로 B^0학점이 아니다. C등급 중에서도 조건 iv)에 따라 C^0학점도 가능하다.

ㄷ. (O) 5명에게 A등급을 부여하면, 전체 평정대상 총원 중 25%에게 A등급을 배정한 것이다. 조건 iv)에 따라 잔여 비율 5%를 B등급에 모두 배정한다면 B등급에 최대 40%를 배정할 수 있다. 따라서 전체 평정대상 20명의 40%인 8명의 학생에게 B등급을 부여할 수 있다. 그리고 조건 iv)에 따라 8명 모두에게 B^+학점을 부여할 수 있다.

ㄹ. (O) 59점을 받은 학생은 평정대상 20명 중 총점을 기준으로 상위 18위이고 이는 전체 평정대상 중 90%에 해당한다. A, B등급 합계 최대 65%까지 배정 가능하므로 A, B등급을 부여할 수는 없다. 보기 ㄱ에서 확인하였듯이 평정대상 전원에게 C등급 이상을 부여할 수 있으므로 최대 C^+학점을 부여할 수 있다. 그리고 A~D등급 합계 85% 이하로 배정한다면 F등급도 부여할 수 있다. 따라서 59점을 받은 학생에게 부여할 수 있는 학점은 C^+, C^0, D^+, D^0, F 중 하나이다.

[정답] ④

74 다음 글을 근거로 판단할 때, <보기>에서 옳은 것만을 모두 고르면?

20년 민경채 가책형 8번

△△부처는 직원 교육에 사용할 교재를 외부 업체에 위탁하여 제작하려 한다. 업체가 제출한 시안을 5개의 항목으로 평가하고, 평가 점수의 총합이 가장 높은 시안을 채택한다. 평가 점수의 총합이 동점일 경우, 평가 항목 중 학습내용 점수가 가장 높은 시안을 채택한다. 5개의 업체가 제출한 시안(A ~ E)의 평가 결과는 다음과 같다.

(단위: 점)

평가 항목(배점) \ 시안	A	B	C	D	E
학습내용(30)	25	30	20	25	20
학습체계(30)	25	(㉠)	30	25	20
교수법(20)	20	17	(㉡)	20	15
학습평가(10)	10	10	10	5	10
학습매체(10)	10	10	10	10	10

〈보 기〉

ㄱ. D와 E는 채택되지 않는다.
ㄴ. ㉡의 점수와 상관없이 C는 채택되지 않는다.
ㄷ. ㉠이 23점이라면 B가 채택된다.

① ㄱ
② ㄷ
③ ㄱ, ㄴ
④ ㄴ, ㄷ
⑤ ㄱ, ㄴ, ㄷ

해설

문제 분석

주어진 조건을 정리해 보면 다음과 같다.

- 업체가 제출한 시안을 5개의 항목으로 평가하고, 평가 점수의 총합이 가장 높은 시안을 채택
- 평가 점수의 총합이 동점일 경우, 평가 항목 중 학습내용 점수가 가장 높은 시안을 채택

5개의 업체가 제출한 시안(A ~ E)의 평가 결과를 계산해 보면 다음과 같다.

평가 항목(배점) \ 시안	A	B	C	D	E
학습내용(30)	25	30	20	25	20
학습체계(30)	25	(㉠)	30	25	20
교수법(20)	20	17	(㉡)	20	15
학습평가(10)	10	10	10	5	10
학습매체(10)	10	10	10	10	10
총점	90	67+㉠	70+㉡	85	75

ㄱ. (O) 평가 점수의 총합이 가장 높은 시안을 채택하는데, D의 총점 85점, E의 총점 75점은 A의 총점 90점보다 낮으므로 D 또는 E가 채택되는 경우는 없다.

ㄴ. (O) ㉡이 최대 점수 20점이면 C의 총점은 90점이 되어 A의 총점과 동일해진다. 평가 점수의 총합이 동점일 경우, 평가 항목 중 학습내용 점수가 가장 높은 시안을 채택하는데 학습 내용 점수가 A 25점, C 20점으로 A가 더 높다. 따라서 ㉡의 점수와 상관없이 C는 채택되지 않는다.

ㄷ. (O) 앞서 보기 ㄱ에서 살펴봤듯이 D 또는 E가 채택되는 경우는 없고, 앞서 보기 ㄴ에서 살펴봤듯이 ㉡이 최대 점수 20점이더라도 C가 채택되는 경우는 없다. ㉠이 23점이라면 B의 총점은 90점으로 A의 총점과 동일해진다. 평가 점수의 총합이 동점일 경우, 평가 항목 중 학습내용 점수가 가장 높은 시안을 채택하는데 학습 내용 점수가 A 25점, B 30점이므로 B가 더 높다. 따라서 ㉠이 23점이라면 B가 채택된다.

[정답] ⑤

75 다음 글을 근거로 판단할 때, <보기>에서 옳은 것만을 모두 고르면?

20년 7급(모의) 20번

○ 甲주무관은 A법률 개정안으로 (가), (나), (다) 총 세 가지를 준비하고 있다.
○ 이해관계자, 관계부처, 입법부의 수용가능성 및 국정과제 관련도의 4개 평가항목에 따라 평가점수를 부여하고 평가점수 총합이 가장 높은 개정안을 채택한다. 단, 다음의 사항을 고려한다.
 - 평가점수 총합이 동일한 경우, 국정과제 관련도 점수가 가장 높은 개정안을 채택한다.
 - 개정안의 개별 평가항목 점수 중 어느 하나라도 2점 미만인 경우, 해당 개정안은 채택하지 않는다.
○ 수용가능성 평가점수를 높일 수 있는 추가 절차는 아래와 같다. 단, 각 절차는 개정안마다 최대 2회 진행할 수 있다.
 - 이해관계자 수용가능성: 관계자간담회 1회당 1점 추가
 - 관계부처 수용가능성: 부처간회의 1회당 2점 추가
 - 입법부 수용가능성: 국회설명회 1회당 0.5점 추가
○ 수용가능성 평가항목별 점수를 높일 수 있는 추가 절차를 진행하지 않은 상태에서 개정안별 평가점수는 아래와 같다.

〈A법률 개정안 평가점수〉

개정안	수용가능성			국정과제 관련도	총합
	이해관계자	관계부처	입법부		
(가)	5	3	1	4	13
(나)	3	4	3	3	13
(다)	4	3	3	2	12

〈보 기〉

ㄱ. 추가 절차를 진행하지 않는 경우, (나)가 채택된다.
ㄴ. 3개 개정안 모두를 대상으로 입법부 수용가능성을 높이는 절차를 최대한 진행하는 경우, (가)가 채택된다.
ㄷ. (나)에 대한 부처간회의를 1회 진행하고 (다)에 대한 관계자간담회를 2회 진행하는 경우, (다)가 채택된다.

① ㄱ
② ㄷ
③ ㄱ, ㄴ
④ ㄴ, ㄷ
⑤ ㄱ, ㄴ, ㄷ

해설

문제 분석

주어진 조건을 정리하면 다음과 같다.

- 4개 평가항목에 따라 평가점수를 부여하고 평가점수 총합이 가장 높은 개정안을 채택
- 평가점수 총합이 동일한 경우, 국정과제 관련도 점수가 가장 높은 개정안을 채택
- 개정안의 개별 평가항목 점수 중 어느 하나라도 2점 미만인 경우, 해당 개정안은 채택하지 않음: 개정안 (가)는 현 상태에서는 채택될 수 없다.
- 수용가능성 평가점수를 높일 수 있는 추가 절차(각 절차는 개정안마다 최대 2회 진행 가능)

이해관계자 수용가능성: 관계자간담회 1회당 1점 추가
관계부처 수용가능성: 부처간회의 1회당 2점 추가
입법부 수용가능성: 국회설명회 1회당 0.5점 추가

ㄱ. (O) 추가 절차를 진행하지 않는 경우, 수용가능성 평가항목별 점수를 높일 수 있는 추가 절차를 진행하지 않은 상태에서 개정안별 평가점수를 계산해 준 〈A법률 개정안 평가점수〉를 확인하면 된다. 입법부 수용가능성 점수가 2점 미만인 (가)는 채택될 수 없으므로, (나)와 (다) 중 총합이 더 높은 (나)가 채택된다.

ㄴ. (O) 3개 개정안 모두를 대상으로 입법부 수용가능성을 높이는 절차를 최대한 진행하는 경우, 각 절차는 개정안마다 최대 2회 진행 가능하고 입법부 수용가능성은 국회설명회 1회당 0.5점 추가되므로 다음과 같이 점수가 변화한다.

개정안	수용가능성			국정과제 관련도	총합
	이해관계자	관계부처	입법부		
(가)	5	3	1 +1=2	4	13 +1=14
(나)	3	4	3 +1=4	3	13 +1=14
(다)	4	3	3 +1=4	2	12 +1=13

보기 ㄱ과 달리 (가)의 입법부 수용가능성 점수도 2점이기 때문에 (가)가 제외되지 않는다. 총합이 (가)와 (나)가 14점으로 동일하므로, 국정과제 관련도 점수가 4점으로 더 높은 (가)가 채택된다

ㄷ. (X) (나)에 대한 부처간회의를 1회 진행하고 (다)에 대한 관계자간담회를 2회 진행하는 경우, 점수 변화는 다음과 같다.

개정안	수용가능성			국정과제 관련도	총합
	이해관계자	관계부처	입법부		
(가)	5	3	1	4	13
(나)	3	4 +2=6	3	3	13 +2=15
(다)	4 +2=6	3	3	2	12 +2=14

따라서 (나)의 총점이 15점으로 더 높으므로, (다)가 아닌 (나)가 채택된다.

빠른 문제풀이 Tip

- 보기 ㄱ에서 (가)를 제외하지 않아서, 총합이 (가)와 (나)가 13점으로 동일하므로, 국정과제 관련도 점수가 4점으로 더 높은 (가)가 채택된다고 잘못 판단하지 않도록 주의한다.
- 보기 ㄴ, ㄷ에서 상대적 비교 스킬인 공통인 부분은 고려하지 않고 차이 나는 부분만 확인하는 스킬을 사용하면 보다 빠른 해결이 가능하다.

[정답] ③

76 다음 글을 근거로 판단할 때, 甲이 통합력에 투입해야 하는 노력의 최솟값은?

21년 7급 나책형 6번

○ 업무역량은 기획력, 창의력, 추진력, 통합력의 4가지 부문으로 나뉜다.

○ 부문별 업무역량 값을 수식으로 나타내면 다음과 같다.

> 부문별 업무역량 값
> =(해당 업무역량 재능×4)+(해당 업무역량 노력×3)
> ※ 재능과 노력의 값은 음이 아닌 정수이다.

○ 甲의 부문별 업무역량의 재능은 다음과 같다.

기획력	창의력	추진력	통합력
90	100	110	60

○ 甲은 통합력의 업무역량 값을 다른 어떤 부문의 값보다 크게 만들고자 한다. 단, 甲이 투입 가능한 노력은 총 100이며 甲은 가능한 노력을 남김없이 투입한다.

① 67
② 68
③ 69
④ 70
⑤ 71

해설

문제 분석

구분	부문별 업무역량 값				업무역량 값
	업무역량 재능	×4	업무역량 노력	×3	
기획력	90	360			
창의력	100	400			
추진력	110	440			
통합력	60	240			

합 100

문제풀이 실마리

甲은 통합력의 업무역량 값을 다른 어떤 부문의 값보다 크게 만들고자 하므로 해당 업무역량 노력을 최대한 몰아주어야 한다.

- 甲은 통합력의 업무역량 값을 다른 어떤 부문의 값보다 크게 만들고자 한다. → 해당 업무역량 재능까지만 고려했을 때 가장 값이 큰 부문은 추진력이고 이때의 값은 440이다. 따라서 통합력의 업무역량 값을 다른 어떤 부문의 값보다 크게 만들기 위해서는 남은 '해당 업무역량 노력×3'의 값으로 추진력의 440보다는 크게 만들어야 한다. 이에 따라 甲이 통합력에 투입해야 하는 노력의 최솟값을 구해보면 다음과 같다.
  현재 추진력의 240과 통합력의 440은 200점 차이가 나는데, 해당 업무역량 노력은 '×3'이 되므로 200÷3=66.666…을 해보면, 최소 67이 필요하다.
- 甲이 투입 가능한 노력은 총 100이며 甲은 가능한 노력을 남김없이 투입해야 하므로, 남은 33의 값은 기획력과 창의력에 적절하게 배분해 주면 된다. 기획력은 360이라 80의 여유가 있고, 창의력은 400이라 40의 여유가 있다. 남은 33을 기획력에는 80÷3=26.666… 이므로 26까지 투입할 수 있고 창의력은 40÷3=13.333… 13까지 투입할 수 있으므로, 통합력에 최소 67의 노력을 투입하면 통합력의 업무역량 값을 다른 어떤 부문의 값보다 크게 만들 수 있다.

구분	부문별 업무역량 값				업무역량 값
	업무역량 재능	×4	업무역량 노력	×3	
기획력	90	360	합 33	합 99	440 이하 가능
창의력	100	400			
추진력	110	440	0	0	440
통합력	60	240	67	201	441

합 100

빠른 문제풀이 Tip

검토할 때 정확한 값을 구하지 않고, 범위로 구해보면 더 빠른 해결이 가능하다.

[정답] ①

77 다음 글을 근거로 판단할 때, <보기>에서 옳은 것만을 모두 고르면?

20년 7급(모의) 21번

○ △△부는 적극행정 UCC 공모전에 참가한 甲~戊의 영상을 심사한다.
○ 총 점수는 UCC 조회수 등급에 따른 점수와 심사위원 평가점수의 합이고, 총 점수가 높은 순위에 따라 3위까지 수상한다.
○ UCC 조회수 등급에 따른 점수는 조회수에 따라 5등급(A, B, C, D, E)으로 나누어 부여된다. 최상위 A를 10점으로 하며 인접 등급 간의 점수 차이는 0.3점이다.
○ 심사위원 평가점수는 심사위원 (가)~(마)가 각각 부여한 점수(1~10의 자연수)에서 최고점 및 최저점을 제외한 3개 점수의 평균으로 계산한다. 이때 최고점이 복수인 경우에는 그 중 한 점수만 제외하여 계산한다. 최저점이 복수인 경우에도 이와 동일하다.
○ 심사 결과는 다음과 같다.

참가자	조회수 등급	심사위원별 평가점수				
		(가)	(나)	(다)	(라)	(마)
甲	B	9	(㉠)	7	8	7
乙	B	9	8	7	7	7
丙	A	8	7	(㉡)	10	5
丁	B	5	6	7	7	7
戊	C	6	10	10	7	7

〈보 기〉

ㄱ. ㉠이 5점이라면 乙의 총 점수가 甲의 총 점수보다 높다.
ㄴ. 丁은 ㉠과 ㉡에 상관없이 수상하지 못한다.
ㄷ. 戊는 조회수 등급을 D로 받았더라도 수상한다.
ㄹ. ㉠>㉡이면 甲의 총 점수가 丙의 총 점수보다 높다.

① ㄱ, ㄴ
② ㄱ, ㄷ
③ ㄴ, ㄷ
④ ㄴ, ㄹ
⑤ ㄷ, ㄹ

해설

문제 분석

총 점수=UCC 조회수 등급에 따른 점수+심사위원 평가점수
총 점수가 높은 순위에 따라 3위까지 수상한다.

1) UCC 조회수 등급에 따른 점수: 조회수에 따라 5등급 A, B, C, D, E으로 나눈 후 최상위 A를 10점으로 하여 등급마다 0.3점씩 떨어진다.
2) 심사위원 평가점수: 심사위원 (가)~(마)가 각각 부여한 점수(1~10의 자연수)에서 최고점 및 최저점을 제외한 3개 점수의 평균으로 계산한다. 최고점 또는 최저점이 2개 이상인 경우 그 중 하나만 제외한다.

문제풀이 실마리

식 변형을 통해 계산을 보다 간단하게 할 수 있다.

ㄱ. (X) ㉠이 5점이라면 다음과 같다.

참가자	조회수 등급	심사위원별 평가점수				
		(가)	(나)	(다)	(라)	(마)
甲	B	~~9~~	~~5~~	7	8	7
乙	B	~~9~~	8	7	7	~~7~~

甲=(7+8+7)/3+B이고, 乙=(8+7+7)/3+B이므로 계산 결과 甲과 乙의 총 점수는 동일하다.

ㄴ. (O) 현재 점수가 확정된 참가자만 살펴보면 다음과 같다.

참가자	조회수 등급	심사위원별 평가점수				
		(가)	(나)	(다)	(라)	(마)
乙	B	~~9~~	8	7	7	~~7~~
丁	B	~~5~~	6	7	7	~~7~~
戊	C	~~6~~	~~10~~	10	7	7

점수를 계산해 보면, 현재 丁은 乙과 戊보다 총 점수가 낮다. 따라서 丁이 수상할 수 있으려면 아직 총 점수가 확정되지 않은 甲과 丙 보다 총 점수에서 앞서야 한다.

참가자	조회수 등급	심사위원별 평가점수				
		(가)	(나)	(다)	(라)	(마)
甲	B	9	(㉠)	7	8	7
丙	A	8	7	(㉡)	10	5
丁	B	~~5~~	6	7	7	~~7~~

丁의 총 점수를 甲과 丙의 총 점수보다 높이기 위해서 ㉠, ㉡에 최저점을 부여해 보면, 다음과 같다.

참가자	조회수 등급	심사위원별 평가점수				
		(가)	(나)	(다)	(라)	(마)
甲	B	~~9~~	~~(㉠)~~	7	8	7
丙	A	8	7	~~(㉡)~~	~~10~~	5
丁	B	~~5~~	6	7	7	~~7~~

이 경우에도 丁은 甲과 丙에 비해 총 점수가 낮다. 따라서 丁은 ㉠과 ㉡에 상관없이 수상하지 못한다.

ㄷ. (O) 앞서 보기 ㄴ에서 현재 점수가 확정인 참가자만 봤을 때, 戊의 총 점수가 乙과 丁의 총 점수보다 높다. 따라서 戊보다 낮은 2명이 있기 때문에 戊는 최소 3등을 확보하고 있는 셈이다. 이 경우에 戊가 조회수 등급을 D로 받아 한 등급이, UCC 조회수 등급에 따른 점수가 0.3점이 떨어지더라도 여전히 戊의 총점이 가장 높다.

심사위원 평가점수에서 총점을 봤을 때, 乙은 戊보다 2점 낮고, 丁은 戊보다 4점 낮은데, 이 총 점수의 순서가 UCC 조회수 등급에 따른 점수에서 뒤집어지기 위해서는 3등급의 변화가 있어야 하므로, 조회수 등급이 한 등급 떨어졌다고 해서 戊가 乙 또는 丁보다 총 점수가 낮아지지 않는다.

ㄹ. (X) ㉠>㉡이더라도 甲의 총 점수가 丙의 총 점수보다 낮거나 같은 경우를 찾아 보아야 한다.

참가자	조회수 등급	심사위원별 평가점수				
		(가)	(나)	(다)	(라)	(마)
甲	B	9	(㉠)	7	8	7
丙	A	8	7	(㉡)	10	5

이를 위해 甲의 총 점수는 낮게 만들고 丙의 총 점수는 높게 만들어 본다. ㉠이 10점이고, ㉡이 9점인 상황을 가정해 보면 다음과 같다.

참가자	조회수 등급	심사위원별 평가점수				
		(가)	(나)	(다)	(라)	(마)
甲	B	9	~~10~~	~~7~~	8	7
丙	A	8	7	9	~~10~~	~~5~~

이 경우 심사위원별 평가점수는 동점이고, 조회수 등급에서 丙의 총 점수가 甲의 총 점수보다 높아진다. 즉, 甲의 총 점수가 丙의 총 점수보다 낮은 찾고자 하는 반례가 찾아진다. 따라서 ㄹ은 옳지 않다.

빠른 문제풀이 Tip

- 조회수 등급은 0.3점씩 차이 나기 때문에 심사위원별 점수에 비해서 미미한 값임을 파악하면 보다 빠른 해결이 가능하다.
- 공식변형을 통하여 평균을 계산하지 않는 쪽으로 해결하면 보다 빠른 해결이 가능하다.
- 보기조합형 문제는 보기 검토 순서를 요령있게 결정하면 보다 빠른 해결이 가능하다.
- 상대적 계산 스킬을 사용하면 보다 빠른 문제 해결이 가능하다.

[정답] ③

78 다음 글과 <상황>을 근거로 판단할 때, <보기>에서 옳은 것만을 모두 고르면? 21년 7급 나책형 14번

□□부서는 매년 △△사업에 대해 사업자 자격 요건 재허가 심사를 실시한다.

○ 기본심사 점수에서 감점 점수를 뺀 최종심사 점수가 70점 이상이면 '재허가', 60점 이상 70점 미만이면 '허가 정지', 60점 미만이면 '허가 취소'로 판정한다.
- 기본심사 점수: 100점 만점으로, ㉮~㉱의 4가지 항목(각 25점 만점) 점수의 합으로 한다. 단, 점수는 자연수이다.
- 감점 점수: 과태료 부과의 경우 1회당 2점, 제재 조치의 경우 경고 1회당 3점, 주의 1회당 1.5점, 권고 1회당 0.5점으로 한다.

〈상 황〉

2020년 사업자 A~C의 기본심사 점수 및 감점 사항은 아래와 같다.

사업자	기본심사 항목별 점수			
	㉮	㉯	㉰	㉱
A	20	23	17	?
B	18	21	18	?
C	23	18	21	16

사업자	과태료 부과 횟수	제재 조치 횟수		
		경고	주의	권고
A	3	−	−	6
B	5	−	3	2
C	4	1	2	−

〈보 기〉

ㄱ. A의 ㉱ 항목 점수가 15점이라면 A는 재허가를 받을 수 있다.
ㄴ. B의 허가가 취소되지 않으려면 B의 ㉱ 항목 점수가 19점 이상이어야 한다.
ㄷ. C가 2020년에 과태료를 부과받은 적이 없다면 판정 결과가 달라진다.
ㄹ. 기본심사 점수와 최종심사 점수 간의 차이가 가장 큰 사업자는 C이다.

① ㄱ
② ㄴ
③ ㄱ, ㄴ
④ ㄴ, ㄷ
⑤ ㄷ, ㄹ

해설

문제 분석

주어진 내용을 정리하면 다음과 같다.
최종심사 점수=기본심사 점수−감점 점수
최종심사 점수가 70점 이상이면 '재허가', 60점 이상 70점 미만이면 '허가 정지', 60점 미만이면 '허가 취소'로 판정

기본심사 점수 및 감점 점수 부여 방식에 따라 계산해 보면 다음과 같다.

사업자	기본심사 항목별 점수				총점
	㉮	㉯	㉰	㉱	
A	20	23	17	?	60+?
B	18	21	18	?	57+?
C	23	18	21	16	78

사업자	과태료 부과 횟수(2)	제재 조치 횟수			
		경고(3)	주의(1.5)	권고(0.5)	
A	3	−	−	6	−9
B	5	−	3	2	−15.5
C	4	1	2	−	−14

각 사업자 별 최종심사 점수는 A가 (51+?)점, B가 (41.5+?)점, C가 64점이고, '?'의 범위는 0~25점의 범위의 자연수이다.

ㄱ. (X) A의 ㉱ 항목 점수가 15점이라면 A의 최종심사 점수는 66점이 된다. 70점 이상이어야 '재허가'이고, 60점 이상 70점 미만이면 '허가 정지'이므로 A는 60점대로 '허가 정지'가 된다.

ㄴ. (O) 최종심사 점수가 70점 이상이면 '재허가', 60점 이상 70점 미만이면 '허가 정지', 60점 미만이면 '허가 취소'로 판정되기 때문에 B의 허가가 취소되지 않으려면, 적어도 60점 이상이어야 한다. 기본심사 점수는 자연수이기 때문에 현재 41.5점에서 60점 이상이 되기 위해서는 B의 ㉱ 항목 점수가 19점 이상이어야 한다.

ㄷ. (O) C가 2020년에 과태료를 부과받은 적이 없다면 감점 점수 8점이 없어지게 된다. 그렇다면 C의 최종심사 점수는 64+8=72점이 된다. 그렇다면 기존 64점의 '허가정지'에서 72점의 '재허가'로 판정 결과가 달라진다.

ㄹ. (X) 기본심사 점수와 최종심사 점수 간의 차이가 크다는 의미는 감점 점수가 크다는 의미이다. 감점점수는 B가 15.5점으로 가장 크고 C는 그보다 작은 14점이다. 따라서 기본심사 점수와 최종심사 점수 간의 차이가 가장 큰 사업자는 B이다.

빠른 문제풀이 Tip

정확한 계산을 하기보다는 기준이 되는 점수와 대략적인 크기 비교만 하더라도 정오판단이 가능하다.

[정답] ④

79 다음 글을 근거로 판단할 때, <보기>에서 옳은 것만을 모두 고르면?

18년 5급 나책형 9번

○ 평가대상기관은 甲, 乙, 丙, 丁 4개 기관이다.
○ 평가요소는 국정과제, 규제개혁, 정책성과, 홍보실적 총 4개이다. 평가요소별로 100점을 4개 평가대상기관에 배분하며, 평가대상기관이 받는 [i]평가요소별 최소점수는 3점이다.
○ 4개 평가요소의 점수를 기관별로 합산하여 총점이 높은 순서로 평가순위를 매긴다. 평가결과 2위 기관까지 인센티브가 주어진다.
○ 4개 기관의 평가 결과는 아래와 같다.

(단위: 점)

평가요소 / 기관	국정과제	규제개혁	정책성과	홍보실적
甲	30	40	A	25
乙	20	B	30	25
丙	10	C	40	20
丁	40	30	D	30
합계	100	100	100	100

※ 특정 평가요소에 [ii]가중치를 n배 줄 경우 해당 평가요소점수는 n배가 된다.

〈보 기〉

ㄱ. 丙은 인센티브를 받을 수 있다.
ㄴ. B가 27이고 D가 25이상이면 乙이 2위가 된다.
ㄷ. 국정과제에 가중치를 2배 준다면 丁은 인센티브를 받을 수 없다.
ㄹ. 국정과제에 가중치를 3배 준다면 丁은 1위가 된다.

① ㄱ, ㄴ
② ㄱ, ㄹ
③ ㄴ, ㄷ
④ ㄴ, ㄹ
⑤ ㄴ, ㄷ, ㄹ

해설

문제 분석

표에서 아래 합계까지 주어져 있어서 평가요소별로 100점을 4개 평가대상기관에 배분한다는 내용을 이해하는 데 어려움은 없다.
두 번째 동그라미에서 ⅰ) 평가요소별 최소점수는 3점, 각주에서 ⅱ) 가중치에 대한 언급 정도를 확인한다.

A와 D, B와 C의 합계가 각각 30이라는 것을 확인하면 아래와 같이 표를 정리해 볼 수 있다.

평가요소 / 기관	국정과제	규제개혁	정책성과	홍보실적	총점
甲	30	40	A	25	98≤A+95≤122
乙	20	B	30	25	78≤B+75≤102
丙	10	C	40	20	73≤C+70≤97
丁	40	30	D	30	103≤D+100≤127

ㄱ. (X) 丙의 최대점수는 97점으로 甲, 丁의 최소점수 98, 103보다 작다. 따라서 丙은 2위 이내에 들 수 없다. 위와 같이 정리하지 않은 경우에는 차이 값만으로 계산해서 빨리 판단한다. 예를 들어 甲과 丙을 비교하면 A, C를 제외하고도 점수 차이가 25점이다. 甲은 최소 3점, 丙은 최대 27점을 얻을 수 있으므로 점수 차는 최대 24점밖에 좁혀지지 않는다.

ㄴ. (O) B가 27이면 乙의 총점은 102점, 丙의 총점은 73점이다. 그리고 D가 25이상이면 丁의 총점은 125~127점이고 甲의 총점은 98~100점이다. 따라서 丁이 1위, 乙이 2위 기관이 된다.

ㄷ. (X) 甲의 예를 들어 국정과제에 가중치가 2배 주어진 경우를 생각해보자. 국정과제 점수가 30점 대신 60점이 되는 것이고 이는 총점 부분에서 부등호 양 쪽 끝 변에 30씩 더해주기만 하면 된다. 즉, 98+30≤A+95≤122+30이 된다. 이를 정리하면 다음과 같다.

평가요소 / 기관	국정과제		총점		총점
甲	30	…	98≤A+95≤122	→	128≤A+95≤152
乙	20		78≤B+75≤102		98≤B+75≤122
丙	10		73≤C+70≤97		83≤C+70≤107
丁	40		103≤D+100≤127		143≤D+100≤167

이때 丁의 최소점수는 乙, 丙의 최대점수보다 높으므로 2위 이내에 들어 인센티브를 받을 수 있다.

ㄹ. (O) 보기 ㄷ과 마찬가지 방법으로 접근한다.

평가요소 / 기관	국정과제		총점		총점
甲	30	…	98≤A+95≤122	→	158≤A+95≤182
乙	20		78≤B+75≤102		108≤B+75≤142
丙	10		73≤C+70≤97		93≤C+70≤117
丁	40		103≤D+100≤127		183≤D+100≤207

이때 丁의 최소점수는 甲, 乙, 丙의 최대점수보다 높으므로 丁은 1위가 된다.

빠른 문제풀이 Tip

첫 번째 표에서 이미 丁의 최소점수는 乙, 丙의 최대점수보다 높다. 그리고 丁의 국정과제 점수가 가장 높은데 여기에 가중치를 준다면 乙, 丙과의 점수 격차는 더 벌어지게 된다. 이러한 방식으로 보기 ㄷ은 바로 해결이 가능하다.

[정답] ④

80 다음 글을 근거로 판단할 때 옳은 것은? 19년 5급 가책형 15번

□□학과는 지망자 5명(A ~ E) 중 한 명을 교환학생으로 추천하기 위하여 각각 5회의 평가를 실시하고, 그 결과에 바탕을 둔 추첨을 하기로 했다. 평가 및 추첨 방식과 현재까지 진행된 평가 결과는 아래와 같다.

- 매 회 100점 만점으로 10점 단위의 점수를 매기며, 100점을 얻은 지망자에게는 5장의 카드, 90점을 얻은 지망자에게는 2장의 카드, 80점을 얻은 지망자에게는 1장의 카드를 부여한다. 70점 이하를 얻은 지망자에게는 카드를 부여하지 않는다.
- 5회차 평가 이후 각 지망자는 자신이 받은 모든 카드에 본인의 이름을 적고, 추첨함에 넣는다. 다만 5번의 평가의 총점이 400점 미만인 지망자는 본인의 카드를 추첨함에 넣지 못한다.
- □□학과장은 추첨함에서 한 장의 카드를 무작위로 뽑아 카드에 이름이 적힌 지망자를 □□학과의 교환학생으로 추천한다.

〈평가 결과〉

(단위: 점)

구분	1회	2회	3회	4회	5회
A	90	90	90	90	
B	80	80	70	70	
C	90	70	90	70	
D	70	70	70	70	
E	80	80	90	80	

① A가 5회차 평가에서 80점을 얻더라도 다른 지망자의 점수에 관계없이 추천될 확률이 가장 높다.

② B가 5회차 평가에서 90점을 얻는다면 적어도 D보다는 추천될 확률이 높다.

③ C가 5회차 평가에서 카드를 받지 못하더라도 B보다는 추천될 확률이 높다.

④ D가 5회차 평가에서 100점을 받고 다른 지망자가 모두 80점을 받는다면 D가 추천될 확률은 세 번째로 높다.

⑤ E가 5회차 평가에서 카드를 받지 못하더라도 E는 추첨 대상에 포함될 수 있다.

해설

문제 분석

- 매 회 100점 만점으로 10점 단위의 점수를 매기며, 100점을 얻은 지망자에게는 5장의 카드, 90점을 얻은 지망자에게는 2장의 카드, 80점을 얻은 지망자에게는 1장의 카드를 부여한다. 70점 이하를 얻은 지망자에게는 카드를 부여하지 않는다.
- 5회차 평가 이후 각 지망자는 자신이 받은 모든 카드에 본인의 이름을 적고, 추첨함에 넣는다. 다만 5번의 평가의 총점이 400점 미만인 지망자는 본인의 카드를 추첨함에 넣지 못한다.

조건 ⅰ) 각 회별로 100점이면 5장, 90점이면 2장, 80점이면 1장, 70점 이하면 0장의 카드가 부여된다.

조건 ⅱ) 5번의 평가의 총점이 400점 미만이면 추첨함에 카드를 넣지 못한다.

1~4회까지의 평가 결과 각각의 지망자의 평가 총점과 받은 카드의 수는 다음과 같다.

구분	평가 총점	카드				
		1회	2회	3회	4회	합
A	360	2	2	2	2	8
B	300	1	1	0	0	2
C	320	2	0	2	0	4
D	280	0	0	0	0	0
E	330	1	1	2	1	5

① (X) A가 5회차 평가에서 80점을 얻으면 A가 5회차에 받는 카드의 수는 1장이므로 A가 받은 카드의 총합은 9장이다.

구분	평가 총점	카드					
		1회	2회	3회	4회	5회	합
A	360+80	2	2	2	2	1	9
B	300+	1	1	0	0		
C	320+	2	0	2	0		
D	280+	0	0	0	0		
E	330+100	1	1	2	1	5	10

지망자 B~E 중 1~4회에서 받은 카드의 수가 가장 많은 E가 5회차에 100점을 얻으면 5장의 카드를 받아 E가 받은 카드의 총합은 10장이 된다. 따라서 A가 5회차에 80점을 얻고 E가 100점을 받으면 추천될 확률은 E가 가장 높다.

② (X) B가 5회차 평가에서 90점을 얻는다면 B는 평가의 총합은 390점으로 400점 미만이기 때문에 추첨함에 이름을 넣지 못한다(조건 ⅱ). 지망자 D도 1~4회 평가의 총합이 280점이고 5회차에서 100점을 얻더라도 1~5회의 평가의 총점이 380점으로 400점 미만이기 때문에 추첨함에 카드를 넣지 못한다(조건 ⅱ). 따라서 B가 5회차 평가에서 90점을 얻는다면 추천될 확률은 0으로 D와 동일하다.

③ (X) C가 5회차 평가에서 카드를 받지 못했다는 것은 C의 5회차 평가 점수는 70점 이하라는 뜻이다. C의 1~4회의 평가 점수의 총합은 320점이다. 5회차 점수가 70점 이하라면 C의 1~5회의 평가 점수의 총합은 390점 이하로 400점 미만이기 때문에 추첨함에 카드를 넣지 못한다(조건 ⅱ). 만약 B가 5회차에 90점 이하를 얻는다면 1~5회의 평가 점수의 총합이 390점 이하로 카드를 추첨함에 넣지 못한다(조건 ⅱ). 그러나 만약 B가 5회차에 100점을 얻는다면 B는 추첨함에 카드를 7장을 넣기 때문에 B가 추천될 확률이 C가 추천될 확률보다 높다.

④ (X) D가 5회차 평가에서 100점을 받고 다른 지망자가 모두 80점을 받는다면 각 지원자의 평가의 총점과 받은 카드의 수는 다음과 같다.

구분	평가 총점	카드					
		1회	2회	3회	4회	5회	합
A	440	2	2	2	2	1	9
B	~~380~~	1	1	0	0	1	3
C	400	2	0	2	0	1	5
D	~~380~~	0	0	0	0	5	5
E	410	1	1	2	1	1	6

지망자 중 B와 D는 평가의 총점이 400점 미만으로 추첨함에 이름을 넣지 못한다(조건 ii). 따라서 추천될 확률이 세 번째로 높은 지망자는 D가 아니라 C이다.

⑤ (O) E가 5회차 평가에서 카드를 받지 못했다는 것은 평가 점수가 70점 이하라는 뜻이다. E의 1~4회의 평가 총점은 330점으로 E가 5회차 평가에서 70점을 얻으면 추첨함에 이름을 넣을 수 있으므로 추첨 대상에 포함된다.

빠른 문제풀이 Tip
제외조건을 놓치지 않도록 주의하자.

[정답] ⑤

81 다음 글을 근거로 판단할 때, <보기>에서 옳은 것만을 모두 고르면? 20년 5급 나책형 16번

○ A청은 업무능력 평가를 통해 3개 부서(甲~丙) 중 평가항목별 최종점수의 합계가 높은 2개 부서를 포상한다.

○ 4명의 평가위원(가~라)은 문제인식, 실현가능성, 성장전략으로 구성된 평가항목을 5개 등급(최상, 상, 중, 하, 최하)으로 각각 평가하여 점수를 부여한다.

○ 각 평가항목의 등급별 점수는 다음과 같다.

구분	최상	상	중	하	최하
문제인식	30	24	18	12	6
실현가능성	30	24	18	12	6
성장전략	40	32	24	16	8

○ 평가항목별 최종점수는 아래의 식에 따라 산출한다. 단, 최고점수 또는 최저점수가 복수인 경우 각각 하나씩만 차감한다.

$$\frac{\text{평가항목에 대한 점수 합계}-(\text{최고점수}+\text{최저점수})}{\text{평가위원 수}-2}$$

○ 평가결과는 다음과 같다.

구분	평가위원	점수		
		문제인식	실현가능성	성장전략
甲	가	30	24	24
	나	24	30	24
	다	30	18	40
	라	ⓐ	12	32
乙	가	6	24	32
	나	12	24	ⓑ
	다	24	18	16
	라	24	18	32
丙	가	12	30	ⓒ
	나	24	24	24
	다	18	12	40
	라	30	6	24

〈보 기〉

ㄱ. ⓐ값에 관계없이 문제인식 평가항목의 최종점수는 甲이 제일 높다.

ㄴ. ⓑ=ⓒ>16이라면, 성장전략 평가항목의 최종점수는 乙이 丙보다 낮지 않다.

ㄷ. ⓐ=18, ⓑ=24, ⓒ=24일 때, 포상을 받게 되는 부서는 甲과 丙이다.

① ㄴ　② ㄷ　③ ㄱ, ㄴ
④ ㄱ, ㄷ　⑤ ㄱ, ㄴ, ㄷ

해설

문제 분석

ⓐ~ⓒ의 값은 〈보기〉에 따라 달라진다. 〈보기〉에 따라 각 평가항목의 등급별 점수와 평가항목별 최종점수를 도출해 판단한다.

문제풀이 실마리

평가항목별 최종점수 산출식을 간단히 해석해 보면 평가위원의 수는 문제에서 항상 4명이므로 부서별, 평가항목별 최종점수는 평가위원 4명의 점수 중 최고점수와 최저점수 2개를 제외한 나머지 2개 점수의 평균이라고 해석할 수 있다.

ㄱ. (O) 우선 乙과 丙의 문제인식 평가항목의 최종점수는 乙: 18, 丙: 21이다. 그리고 ⓐ=30, 24, 18, 12, 6이 올 수 있다. ⓐ=30이면 甲의 문제인식 최종점수는 30, ⓐ≤24면 甲의 문제인식 최종점수는 27이므로 ⓐ값에 관계없이 문제인식 평가항목의 최종점수는 甲이 제일 높다.

ㄴ. (O) ⓑ=ⓒ>16이라면 ⓑ=ⓒ로 가능한 점수는 40, 32, 24이다. ⓑ=ⓒ=40인 경우부터 순서대로 살펴보면

1) ⓑ=ⓒ=40이면 乙의 성장전략 최종점수는 32, 丙의 성장전략 최종점수는 32다.
2) ⓑ=ⓒ=32이면 乙의 성장전략 최종점수는 32, 丙의 성장전략 최종점수는 29이다.
3) ⓑ=ⓒ=24이면 乙의 성장전략 최종점수는 28, 丙의 성장전략 최종점수는 24이다.

따라서 ⓑ=ⓒ>16이라면 성장전략 최종점수는 乙≥丙가 되기 때문에 乙이 丙보다 낮지 않다.

ㄷ. (X) ⓐ=18, ⓑ=24, ⓒ=24라면 평가결과를 다음과 같이 완성할 수 있다. 각 부서별 평가항목의 최종점수를 산출하는 데 사용되지 않는 점수는 연하게 표시하였다.

구분	평가위원	점수		
		문제인식	실현가능성	성장전략
甲	가	30	24	24
	나	24	30	24
	다	30	18	40
	라	18	12	32
乙	가	6	24	32
	나	12	24	24
	다	24	18	16
	라	24	18	32
丙	가	12	30	24
	나	24	24	24
	다	18	12	40
	라	30	6	24

각 부서별 평가항목의 최종점수를 정리하면 다음과 같다.

구분	문제인식	실현가능성	성장전략	합계
甲	27	21	28	76
乙	18	21	28	67
丙	21	18	24	63

3개 부서(甲~丙) 중 평가항목별 최종점수의 합계가 높은 2개 부서를 포상하기 때문에 포상을 받게 되는 부서는 甲과 乙이다.

[정답] ③

82 다음 글을 근거로 판단할 때, <보기>에서 옳은 것을 모두 고르면?

11년 민경채 인책형 17번

최근 가창력이 뛰어난 가수들이 매주 공연을 한 뒤, 청중 투표를 통해 탈락자를 결정하는 프로그램이 인기를 얻고 있다. 100명의 청중평가단이 가수 4명의 공연을 보고, 본인의 선호에 따라 가장 마음에 드는 가수 1명에게 투표를 한다. 이 결과를 토대로 득표수가 가장 적은 사람이 탈락하는 방식이다.

그러나 기존 투표 방식에 문제가 있다는 지적이 계속되자, 제작진은 가수 4명의 공연이 끝난 뒤 청중평가단에게 선호도에 따라 1위부터 4위까지의 순위를 매겨 제출하도록 하였다. 그 결과는 다음 표와 같다.

〈선호도 조사결과〉

(단위: 명)

가수 \ 선호순위	1	2	3	4
A	10	50	30	10
B	20	30	20	30
C	30	10	20	40
D	40	10	30	20

※ 위 표의 청중평가단 선호순위는 어떤 투표방식하에서도 동일하며, 청중평가단은 그 선호순위에 따라 투표한다.

〈보 기〉

ㄱ. 기존의 탈락자 선정방식은 청중평가단 선호도의 1순위만을 반영하기 때문에 다수의 청중평가단이 2순위로 선호하는 가수도 탈락할 수 있다.

ㄴ. 가장 선호하는 가수 한 명에게만 투표하는 기존의 방식을 그대로 적용하게 되면 탈락자는 A가 된다.

ㄷ. 4순위 표가 가장 많은 사람을 탈락시킬 경우, 탈락자는 C가 된다.

ㄹ. 가장 선호하는 가수 두 명의 이름을 우선순위 없이 적어서 제출하는 방식으로 투표할 경우, 최저득표자는 A가 된다.

① ㄱ, ㄴ　② ㄱ, ㄹ　③ ㄷ, ㄹ
④ ㄱ, ㄴ, ㄷ　⑤ ㄴ, ㄷ, ㄹ

해설

문제 분석

투표 방식을 정리하면 다음과 같다.

기존 투표 방식	변화된 투표 방식
100명의 청중평가단이 가수 4명의 공연을 보고, 본인의 선호에 따라 가장 마음에 드는 가수 1명에게 투표를 한 뒤, 이 결과를 토대로 득표수가 가장 적은 사람이 탈락하는 방식	청중평가단에게 선호도에 따라 1위부터 4위까지의 순위를 매겨 제출하도록 함. 단, 이를 어떻게 활용할지는 각 보기에서 확인해야 한다.

문제풀이 실마리

〈보기〉에 따라 투표하는 방식이 바뀌게 되는데 바뀐 투표 방식을 헷갈려하지 않고 빠르고 정확하게 적용하여 정오를 판단해야 한다.

ㄱ. (O) 기존의 탈락자 선정방식은 2순위로 선호하는지 여부는 반영될 수 없다. 문제에서 제시된 〈선호도 조사결과〉를 보면, 1순위로만 투표를 하여 A는 10표, B는 20표, C는 30표, D는 40표로 A가 득표수가 가장 적다. 그런데 다수의 청중평가단이 2순위로 선호하는 가수는 50명이 2순위로 선호하는 A이다. 따라서 기존의 탈락자 선정방식에 따르면 다수의 청중평가단이 2순위로 선호하는 가수, 즉 A가 탈락할 수 있다.

ㄴ. (O) 가장 선호하는 가수 한 명에게만 투표하는 기존의 방식을 그대로 적용하게 되면 A가 10표로 득표수가 가장 적기 때문에 즉, 가장 적은 10명만이 1순위로 선호하는 A가 탈락하게 된다.

ㄷ. (O) 4순위에 따라 투표를 하게 되면 A는 10표, B는 30표, C는 40표, D는 20표를 받게 된다. 따라서 4순위 표가 가장 많은 사람을 탈락시킬 경우, 가장 많은 40명이 4순위로 선호하는 C가 탈락자가 된다.

ㄹ. (X) 청중평가단에게 가장 선호하는 가수 두 명의 이름을 우선순위 없이 적어서 제출하도록 한다면, 각 청중은 각자가 1순위와 2순위로 선호하는 가수를 적어 제출할 것이고 각 가수는 1순위와 2순위의 표를 득표할 것이다.

가수 \ 선호순위	1	2	합
A	10	50	60
B	20	30	50
C	30	10	40
D	40	10	50
합	100	100	200

따라서 최저득표자는 60표의 A가 아니라 40표를 받은 C이다. A는 최다득표자가 될 것이다.

빠른 문제풀이 Tip

- 〈선호도 조사결과〉에 각 보기에서 달라지는 탈락자 선정 방식을 적용하여 탈락자를 정확히 선정할 수 있어야 한다.
- 최저득표는 평균보다 작고, 최고득표는 평균보다 크다는 점을 알면 보기 ㄹ을 보다 수월하게 해결할 수 있다.

ㄹ. 아래 부분만으로도 틀린 보기임을 알 수 있다. A의 득표수는 60표로 총 200표를 4명의 가수로 나눈 평균 50표보다 많다. 최저득표수가 평균보다 높을 수는 없다. 즉, 4명의 가수에게 200표를 배분하므로 평균은 50표가 되는데 A는 60표를 득표하므로 최저득표자가 될 수 없다.

가수 \ 선호순위	1	2	총 득표
A	10	50	60

[정답] ④

83 **다음 글을 근거로 판단할 때, <보기>에서 모든 방청객이 심사규칙을 정확하게 이해하고 투표했다면 탈락자 또는 우승자가 바뀔 수 있는 것만을 모두 고르면?** 15년 5급 인책형 36번

○ 5명(甲 ~ 戊)이 노래경연대회에 참가하였다.
○ 참가자들은 총 3회전에 걸친 노래경연을 하며, 심사는 방청객 50명의 투표를 통해 이루어진다.
○ 방청객은 매 회전 정해진 시간 내에 투표를 마쳐야 한다.
○ 1회전과 2회전에서는 노래를 가장 못 불렀다고 생각하는 1명에게 투표하여 가장 많은 표를 얻은 사람이 1명씩 탈락자가 된다.
○ 3회전에서는 남은 3명 중 노래를 가장 잘 불렀다고 생각하는 1명에게 투표하여 가장 많은 표를 얻은 사람이 우승자가 된다.
○ 가장 많은 표를 얻은 사람이 2명 이상일 경우, 해당하는 사람들끼리 재대결하여 탈락자 또는 우승자를 결정한다.
○ 투표결과는 아래와 같다.

경연	甲	乙	丙	丁	戊	기권	심사결과
1회전	12	11	7	6	14	0	戊 탈락
2회전	14	15	9	10	╳	2	乙 탈락
3회전	13	╳	20	17	╳	0	丙 우승

〈보 기〉

ㄱ. 방청객 2명이 심사규칙을 이해하지 못하여 1 ~ 3회전 모두 노래를 가장 못 불렀다고 생각한 甲에게 투표했다.
ㄴ. 방청객 2명이 심사규칙을 이해하지 못하여 1 ~ 3회전 모두 노래를 가장 잘 불렀다고 생각한 丁에게 투표했다.
ㄷ. 방청객 2명이 1회전에서만 심사규칙을 이해하지 못하여 노래를 가장 잘 불렀다고 생각한 戊에게 투표했다.
ㄹ. 방청객 2명이 2회전에서 한 명은 甲, 한 명은 乙에게 투표하려 했으나, 투표시기를 놓쳐 기권으로 처리됐다.

① ㄱ, ㄴ
② ㄱ, ㄷ
③ ㄴ, ㄷ
④ ㄴ, ㄹ
⑤ ㄷ, ㄹ

해설

문제 분석

투표 방식

1회전	노래를 가장 못 불렀다고	생각하는 1명에게 투표	다득표자가	탈락
2회전				
3회전	남은 3명 중 노래를 가장 잘 불렀다고		다득표자가	우승

ㄱ. (X) 3회전에서 甲에게 2명이 잘못 투표한 셈이다.

경연	甲	乙	丙	丁	戊	기권
3회전	13 → 11	╳	20	17 → 19	╳	0

甲의 2표가 현재 2위인 丁에게 갔다 하더라도 19표로 다득표자가 바뀌지는 않는다.

ㄴ. (O) 1, 2회전에서 丁에게 2명이 잘못 투표한 셈이다.

경연	甲	乙	丙	丁	戊	기권
1회전	12 → 14	11	7	6 → 4	14	0
2회전	14 → 16	15	9	10 → 8	╳	2

[1회전] 현재 2위인 甲에게 표가 갔다면 14표가 되어 甲과 戊가 14표로 같으므로, 甲과 戊가 재대결을 하여 甲이 탈락하는 경우도 있을 수 있다.

[2회전] 현재 2위인 甲에게 표가 갔다면 16표가 되어 가장 많은 표를 얻게 되므로 甲이 탈락하게 된다.

ㄷ. (O)

1) 戊의 2표가 현재 2위인 乙에게 모두 갔다면 乙이 탈락

경연	甲	乙	丙	丁	戊	기권
1회전	12	11 → 13	7	6	14 → 12	0

2) 戊의 1표가 현재 2위인 乙에게 가고, 나머지 1표는 丙 또는 戊에게 갔다면, 甲과 乙이 12표로 같아져서 둘이 재대결을 하여 甲 또는 乙이 탈락했을 것이다.

ㄹ. (X) 甲과 乙이 한 표씩 더 얻었더라도 결과는 달라지지 않는다.

경연	甲	乙	丙	丁	戊	기권
2회전	14 → 15	15 → 16	9	10	╳	2 → 0

[정답] ③

9 대칭

84 6세인 철수는 시계의 시침과 분침을 뒤바꿔서 읽는 버릇이 있다. 즉 아래의 시각을 12시 20분이 아닌 4시 2분으로 읽는다. 같은 나이인 영희는 시계를 거울에 비친 것으로 생각하여 읽는 버릇이 있다. 즉 아래의 시각을 11시 40분으로 읽는다. 이들이 동일한 시각으로 읽을 수 없는 경우를 <보기>에서 모두 고른 것은?

08년 5급 창책형 18번

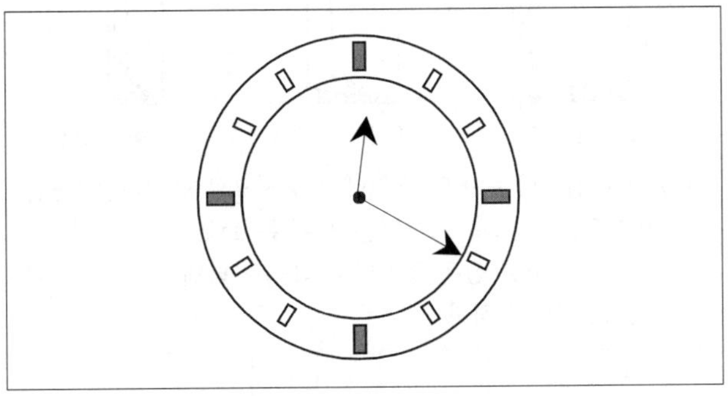

〈보 기〉

ㄱ. 6시 정각　　　　ㄴ. 3시 45분
ㄷ. 4시 44분　　　　ㄹ. 6시 30분

① ㄱ
② ㄷ
③ ㄴ, ㄷ
④ ㄱ, ㄴ, ㄹ
⑤ ㄱ, ㄴ, ㄷ, ㄹ

해설

문제 분석

철수는 시계의 시침과 분침을 뒤바꿔서 읽고, 영희는 시계를 좌우 대칭으로 바꾸어 읽는다. 우선 시계바늘을 영희가 읽는 방법에 따라 좌우 대칭을 했을 때 철수가 동일한 시각으로 읽는 간단한 예를 들어 생각해 보면 12시 정각이 있다. 우선은 지문의 그림과 같이 시계를 떠올리면서 철수와 영희의 시계를 읽는 방법에 따라 〈보기〉를 판단해 본다. 철수와 영희가 시계를 읽는 방법은 일반적인 시계와 비교해 볼 때 시침과 분침의 정확한 각도가 다를 수 있다. (→ 빠른 문제풀이 Tip)

ㄱ. (X) 우선 6시 정각의 경우 철수는 시침이 가리키고 있는 6시를 30분으로, 분침이 가리키고 있는 정각을 12시로 읽는다. 즉, 12시 30분이라고 읽는다. 영희의 경우 6시 정각은 좌우대칭해도 같으므로 6시 정각으로 읽는다. 동일한 시각으로 읽을 수 없는 경우이다.

ㄴ. (X) 3시 45분을 그림으로 나타내면 다음과 같다.

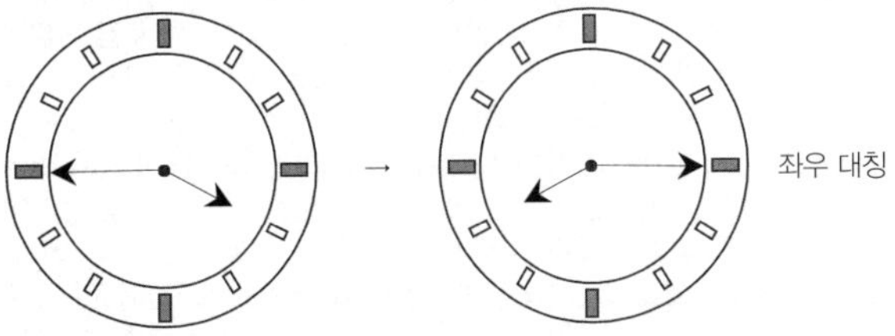

이 경우 철수는 시침이 가리키고 있는 방향을 18분으로, 분침이 가리키고 있는 45분을 9시로 읽는다. 즉, 9시 18분으로 읽는다. 영희의 경우 좌우대칭하면 8시 15분으로 읽는다.

ㄷ. (X) 4시 44분을 그림으로 나타내면 다음과 같다.

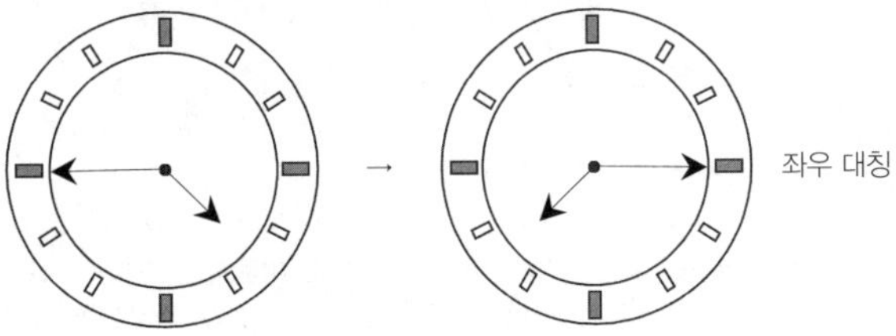

이 경우 철수는 시침이 가리키고 있는 방향을 23분으로, 분침이 가리키고 있는 44분을 8시로 읽는다. 즉, 8시 23분으로 읽는다. 영희의 경우 좌우대칭하면 7시 16분으로 읽는다.

ㄹ. (X) 6시 30분을 그림으로 나타내면 다음과 같다.

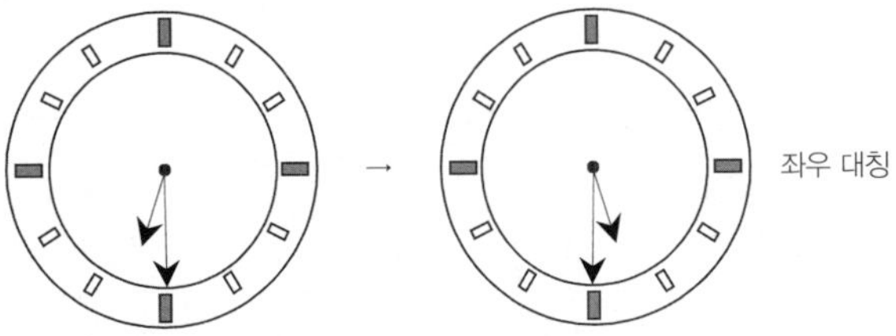

이 경우 철수는 시침이 가리키고 있는 방향을 32분으로, 분침이 가리키고 있는 30분을 6시로 읽는다. 즉, 6시 32분으로 읽는다. 영희의 경우 좌우대칭하면 5시 30분으로 읽는다.

빠른 문제풀이 Tip

1) 문제 분석에서 언급한 시침과 분침의 정확한 각도란 일반적인 시계의 경우, 예를 들어 보기 ㄱ과 같이 6시 정각인 경우 철수는 12시 30분이라고 읽는다고 해석된다. 그러나 일반적인 시계는 12시 30분이면 시침이 정확히 12시를 가리키고 있지 않고 12시와 1시 사이를 가리키고 있다. 즉 철수가 읽은 시간을 다시 일반적인 시계로 생각하면 익숙한 시침, 분침의 배치와 조금 다르다. 일반적인 시계를 연상하면 오히려 헷갈리기만 하므로 철수와 영희의 시계 읽는 방법을 〈보기〉에 직접 적용하는 방법으로 해결한다. 15년 인책형 37번과 같은 문제에서는 이러한 점을 조건에서 지적하고 있다.
2) 영희의 경우 좌우대칭해서 시계를 읽는데 시침이 x시, 분침이 y분을 가리키고 있다고 하자. 그렇다면 영희는 시침이 $12-x$시 $-y$분을 가리키는 것으로 읽고($-y$임에 유의한다) 분침은 $60-y$분을 가리키는 것으로 읽는다(예를 들어 보기 ㄴ. 3시 45분의 경우 시침은 12−3시 −45분을 가리키므로 9시에서 45분이 모자란 8시 방향을 가리키고 분침은 60−45=15분을 기리키는 것으로 읽는다. 즉, 8시 15분으로 읽는다). 이 장치는 추후 5급 공채 15년 인책형 37번에 출제되었다.
3) 2)의 방법으로 간단히 판단해 보자. 보기 ㄴ. 3시 45분의 경우 분 단위만 생각해보면 영희는 60−45=15분이라고 읽는 것을 확인하였다. 이때 원래 시계의 시침은 정확히 3시를 가리키고 있지 않고 3시를 좀 넘어 4시에 가까운 방향을 가리킨다. 정확히는 3시와 4시의 3/4지점을 가리키고 있지만 간단하게 생각해 보려고 한다. 철수는 15분이 아닌 15분을 조금 넘어갔다고 읽을 것이다. 즉 시간 단위까지 고려하지 않고 분 단위만 고려해도 동일한 시각으로 읽을 수 없는 경우라는 것을 확인할 수 있다.
4) 철수의 시계 읽는 방법을 다르게 이해한다면 시침과 분침이 이루는 각을 이등분하는 선을 기준으로 시침과 분침을 대칭 이동하여 읽는 것으로 이해할 수 있다. 아래 〈그림 1〉에서는 보기 ㄷ.의 경우에서 각을 이등분하는 선을 점선으로 나타내었다. 시간이 경과한다고 생각하면 이 점선도 시계의 중심을 기준으로 회전하는 것을 알 수 있다.

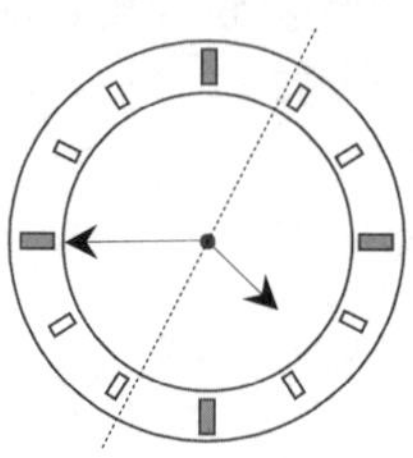

〈그림 1〉

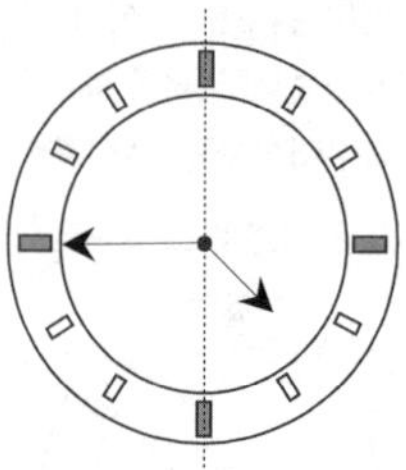

〈그림 2〉

그리고 영희의 경우 시계의 중심을 지나는 수직인 직선을 기준으로 시침과 분침을 대칭 이동하여 읽는 것으로 이해할 수 있다. 〈그림 1〉의 점선이 시간이 경과하면서 회전할 때 〈그림 2〉의 점선과 겹치게 된다면 둘은 똑같은 직선을 기준으로 대칭이동하는 것이므로 동일한 시각으로 읽을 수 있는 경우가 된다. 분침이 1분 단위로 불연속적으로 움직이는 것이 아닌 연속적으로 움직이는 시계라면 이론상으로 매 시간마다 동일한 시각으로 읽을 수 있는 경우가 있다.

[정답] ⑤

85 다음 글을 읽고 판단할 때, <보기>에서 옳은 것을 모두 고르면?

13년 외교관 인책형 17번

(가) 먼저 직사각형 모양의 종이에서 수직방향의 정가운데를 기준으로 좌측에서 우측으로 접는 경우만을 고려하자. 접은 종이를 처음과 같이 폈을 때, 접은 흔적은 위로 튀어 오른 '마루'와 아래로 접힌 자국의 '골'로 되어 있다.

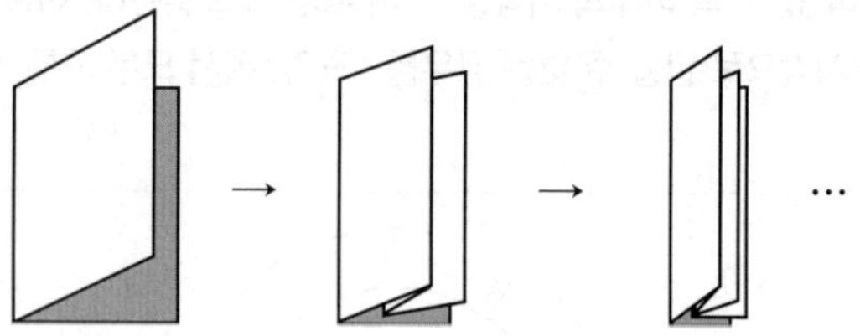

〈1번 접은 경우〉 〈2번 접은 경우〉 〈3번 접은 경우〉

(나) 이제 접었던 종이의 흔적에서 점선으로 표시되는 '골'은 0으로, 실선으로 표시되는 '마루'는 1로 나타내보자. 오른쪽으로 n번 접은 종이의 흔적을 나타낸 0과 1의 배열을 'C_n'이라고 하자.

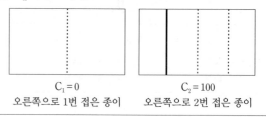

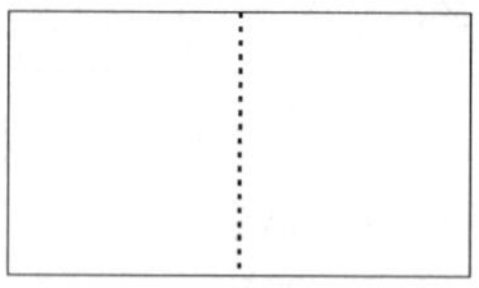

$C_1=0$
오른쪽으로 1번 접은 종이

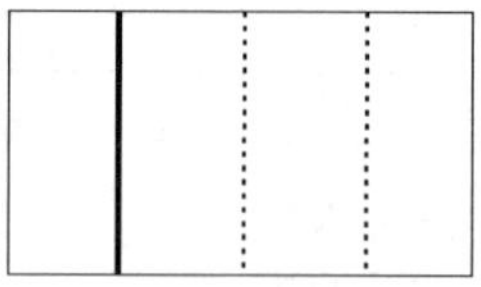

$C_2=100$
오른쪽으로 2번 접은 종이

〈보 기〉

ㄱ. $C_3=1100100$
ㄴ. C_5의 정가운데 숫자는 반드시 0이다.
ㄷ. C_n의 정가운데 숫자를 중심으로 좌우 대칭되는 위치에 있는 숫자는 동일한 경우가 있다. (단, $n>1$)
ㄹ. C_n을 구성하는 0의 개수가 1의 개수보다 반드시 많다.

① ㄱ, ㄴ
② ㄱ, ㄹ
③ ㄴ, ㄹ
④ ㄱ, ㄴ, ㄹ
⑤ ㄴ, ㄷ, ㄹ

해설

문제 분석

- 〈1번 접은 경우〉, 〈2번 접은 경우〉, 〈3번 접은 경우〉, …

1) 한번 접힌 자국은 없어지지 않는다.

- 〈1번 접은 경우〉에 종이의 정가운데 '골'이 생긴다. 〈2번 접은 경우〉에는 〈1번 접은 경우〉 생긴 '골'을 중심으로 좌우 같은 거리에 왼쪽에는 '마루', 오른쪽에는 '골'이 생긴다. 다음 그림과 같다.

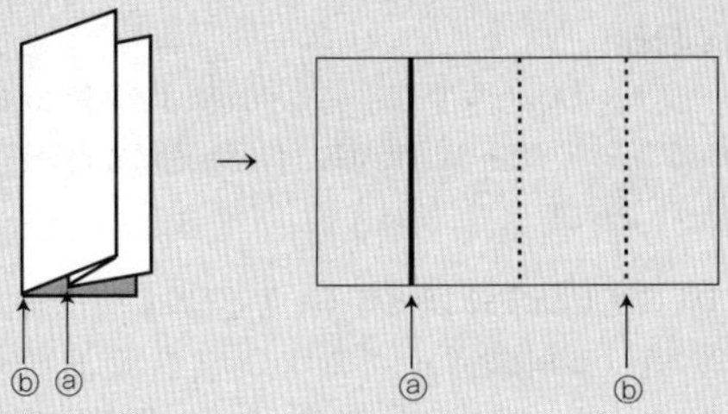

〈그림 1〉

2) ⓐ, ⓑ는 서로 대응된다. ⓐ가 '마루'이면 종이의 가운데를 기준으로 대칭되는 곳에 위치한 접힌 자국은 '골'이다. 더 많이 접은 경우에도 이와 같은 대응관계는 성립한다.

- 아래 그림은 〈2번 접은 경우〉의 그림 아래 부분을 확대하여 3번 접는 경우는 어떻게 접힐지 선을 그려본 것이다.

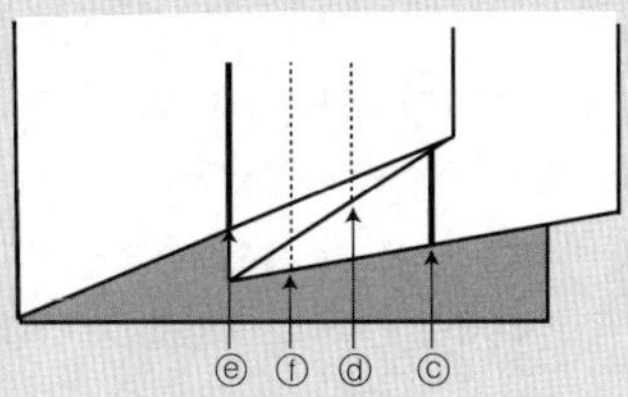

〈그림 2〉

3) 〈3번 접은 경우〉는 〈2번 접은 경우〉의 '마루'와 '골' 사이에 새로운 접힌 자국이 생긴다. 더 많이 접은 경우에도 새로운 접힌 자국은 이전의 '마루'와 '골' 사이에 생긴다.

4) 종이를 펼칠 경우 가장 왼쪽의 접힌 자국 ⓒ는 '마루'이다.

5) ⓒ가 '마루'이면 ⓒ와 반대로 접히는 ⓓ는 '골'이다. ⓓ가 '골'이면 ⓓ와 반대로 접히는 ⓔ는 '마루'이다. ⓔ가 '마루'이면 ⓔ와 반대로 접히는 ⓕ는 '골'이다.

문제풀이 실마리

실제 문제 풀이에서는 일정 정도로 조건들을 확인하고 나서 문제 해결을 시도한다.

ㄱ. (O) 〈그림 1〉, 〈그림 2〉를 조합해서 펼쳐보면 다음과 같다.

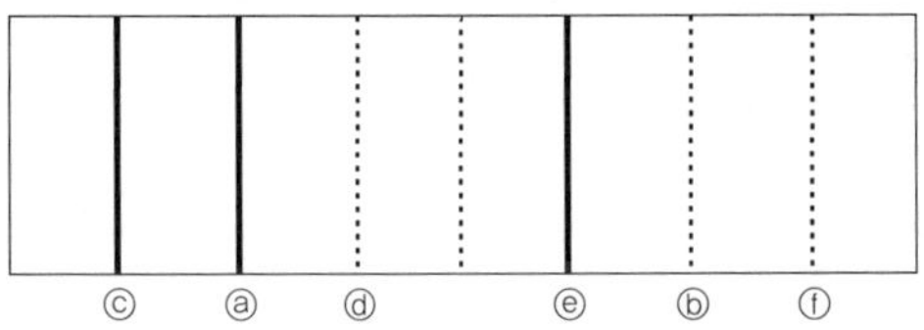

〈그림 3〉

〈그림 3〉에는 〈그림 1〉, 〈그림 2〉의 ⓐ～ⓕ를 표시하였다. C_3=1100100이다. 〈그림 1〉과 4, 5)의 내용으로도 추론할 수 있다.

ㄴ. (O) 1) 한번 접힌 자국은 없어지지 않고, 2), 3)에 의하면 〈1번 접은 경우〉에 생긴 가운데 접힌 자국 '골'을 중심으로 좌우 대칭되게 새로운 접힌 자국이 생긴다. 즉 몇 번을 접더라도 전체 종이의 정가운데 접힌 자국 '골'을 나타내는 숫자는 0이므로 C_5의 정가운데 숫자는 반드시 0이 된다.

ㄷ. (X) 2) 4), 5)의 내용으로 추론해보면 〈2번 접은 경우〉 새로 생기는 접힌 자국은 '마루', '골', 〈3번 접은 경우〉 새로 생기는 접힌 자국은 '마루', '골', '마루', '골'이다. 이들 새로 생기는 접힌 자국은 정가운데 숫자를 중심으로 좌우 대칭되는 위치에 있고 몇 번을 접더라도 '마루', '골'의 패턴이 짝수 번 반복된다. 따라서 C_n의 정가운데 숫자를 중심으로 좌우 대칭되는 위치에 있는 숫자는 한쪽이 1이라면 반대쪽은 반드시 0으로 동일한 경우가 있을 수 없다.

ㄹ. (O) ㄷ에서 살펴본 바와 같이 몇 번을 접더라도 C_n을 구성하는 숫자는 0과 1의 개수가 같게 추가된다. 그런데 ㄴ에서 살펴본 바와 같이 전체 종이의 정가운데 숫자는 반드시 0이므로 0의 개수가 1의 개수보다 반드시 많다. 더 구체적으로는 0의 개수가 1의 개수보다 반드시 1개 더 많다.

빠른 문제풀이 Tip

C_n의 값을 구체적으로 확인하는 보기는 ㄱ밖에 없고 나머지 보기의 내용이나 선지의 구성상 지문의 조건에 대한 이해를 통해 해결하는 것을 의도한 문제이다.

문제 분석에서는 문제의 해결에 필요한 정도로만 지문의 내용을 정리해보았다. 해당 내용들을 n번 접은 경우까지 일반적으로 확장해서 정리해보면 다음과 같다.

6) 〈n번 접은 경우〉는 2^{n-1}개의 새로운 접힌 자국이 생긴다.

7) 〈n번 접은 경우〉 2^n-1개의 접힌 자국이 있다.

8) 3), 4), 5)를 종합해보면 C_n은 다음과 같은 규칙이 있다.

$C_1=0$

$C_2=100$

$C_3=1100100$

$C_4=110110001100100$

…

C_n의 음영 처리한 숫자들은 C_{n-1}에 없던 새로운 접힌 자국에 대응되는 숫자들이다. 즉 C_n의 숫자 배열은 C_{n-1}의 숫자들 양 옆과 사이사이에 1, 0, 1, 0, …을 순서대로 배열한 것과 같다.

8)을 이해하면 보기 ㄱ의 경우는 보다 쉽게 해결이 가능하다.

[정답] ④

86 다음 제시문의 내용을 근거로 판단할 때 <그림>에 대한 설명으로 적절하지 않은 것은? 08년 5급 창책형 37번

사회 네트워크란 '사람들이 연결되어 있는 관계망'을 의미한다. '중심성'은 한 행위자가 전체 네트워크에서 중심에 위치하는 정도를 표현하는 지표이다. 중심성을 측정하는 방법에는 여러 가지가 있는데, 대표적인 것으로 '연결정도 중심성'과 '근접 중심성'의 두 가지 유형이 있다.

'연결정도 중심성'은 사회 네트워크 내의 행위자와 직접적으로 연결되는 다른 행위자 수의 합으로 얻어진다. 이는 한 행위자가 다른 행위자들과 얼마만큼 관계를 맺고 있는가를 통하여 그 행위자가 사회 네트워크에서 중심에 위치하는 정도를 측정하는 것이다. 예를 들어 〈예시〉에서 행위자 A의 연결정도 중심성은 A와 직접 연결된 행위자의 숫자인 4가 된다.

'근접 중심성'은 사회 네트워크에서의 두 행위자 간의 거리를 강조한다. 사회 네트워크상의 다른 행위자들과 가까운 위치에 있다면 그들과 쉽게 관계를 맺을 수 있고 따라서 그만큼 중심적인 역할을 담당한다고 간주한다. 연결정도 중심성과는 달리 근접 중심성은 네트워크 내에서 직 · 간접적으로 연결되는 모든 행위자들과의 최단거리의 합의 역수로 정의된다. 이때 직접 연결된 두 점의 거리는 1이다. 예를 들어 〈예시〉에서 A의 근접 중심성은 $\frac{1}{6}$이 된다.

〈예 시〉

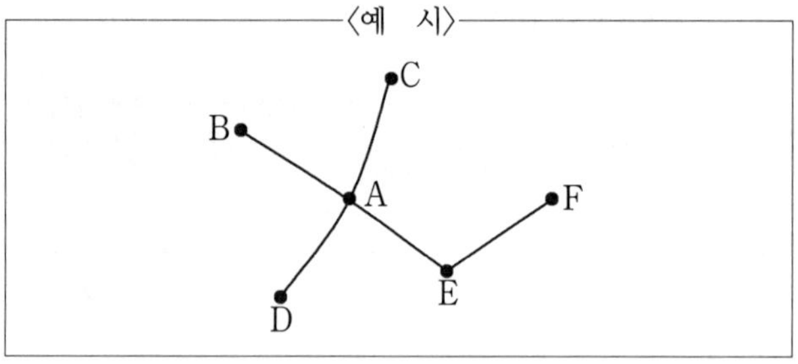

〈그 림〉

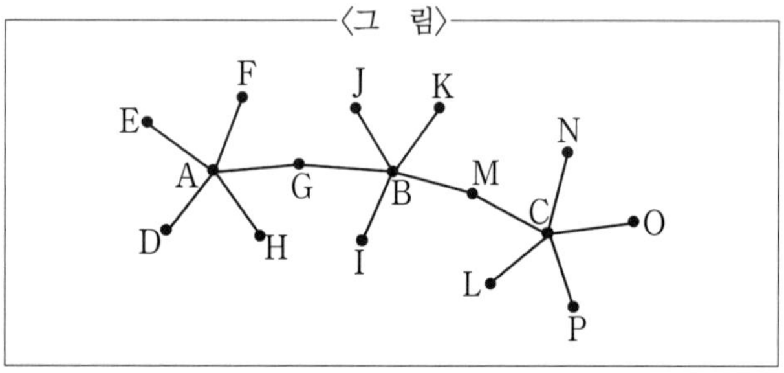

① 행위자 G의 근접 중심성은 $\frac{1}{37}$이다.

② 행위자 A의 근접 중심성은 행위자 B의 근접 중심성과 동일하다.

③ 행위자 G의 근접 중심성은 행위자 M의 근접 중심성과 동일하다.

④ 행위자 G의 연결정도 중심성은 행위자 M의 연결정도 중심성과 동일하다.

⑤ 행위자 A의 연결정도 중심성과 행위자 K의 연결정도 중심성의 합은 6이다.

해설

문제 분석

개념을 정리해 보면 다음과 같다.

- 연결정도 중심성: 사회 네트워크 내의 행위자와 직접적으로 연결되는 다른 행위자 수의 합
- 근접중심성: 네트워크 내에서 직 · 간접적으로 연결되는 모든 행위자들과의 최단거리의 합의 역수

문제풀이 실마리

- 두 가지 개념이 제시된 문제이다. 해결 순서를 고민해 보아야 한다.
- 불가사리 모양의 연결망 3개가 서로 연결된 것을 발견하면 보다 빠르게 문제를 해결할 수 있다.

① (O) 행위자 G와 네트워크 내에서 직 · 간접적으로 연결되는 모든 행위자들과의 최단거리의 합은 A=1, B=1, C=3, D=2, E=2, F=2, H=2, I=2, J=2, K=2, L=4, M=2, N=4, O=4, P=4를 모두 더한 37이다.
따라서 행위자 G의 근접 중심성은 $\frac{1}{37}$이다.

② (X) 행위자 A의 근접 중심성은 $\frac{1}{43}$이고, 행위자 B의 근접 중심성은 $\frac{1}{37}$이므로 동일하지 않다.

③ (O) 〈그림〉에서 보면 행위자 G와 행위자 M이 좌우 대칭으로 위치하므로, 두 행위자의 근접 중심성은 동일하다.

④ (O) 행위자 G와 행위자 M 둘 다 직접적으로 연결된 행위자의 숫자는 2이다. 따라서 두 행위자의 연결정도 중심성은 동일하다.

⑤ (O) 행위자 A와 직접적으로 연결된 행위자의 숫자는 5이고, 행위자 A와 직접적으로 연결된 행위자의 숫자는 1이다. 따라서 행위자 A의 연결정도 중심성과 행위자 K의 연결정도 중심성의 합은 6이다.

빠른 문제풀이 Tip

대칭의 성질을 활용하면 보다 빠른 해결이 가능하다.

[정답] ②

87 다음 <조건>에 근거할 때, <보기>에서 옳은 것을 모두 고르면? 13년 5급 인책형 36번

〈조 건〉

○ 영어 알파벳 26자에 한정하여 생각한다.
○ 순서를 반대로 뒤집어도 철자순서가 같은 것을 pop라고 한다. 예를 들어 'kk', 'bob', 'did', 'cddc', 'abcba', 'aaabaaa' 등은 모두 pop이다.

※ 단어가 가진 원래의 뜻은 고려하지 않는다.

〈보 기〉

ㄱ. 세 글자인 pop는 모두 26×26개이다.
ㄴ. 네 글자인 pop가 세 글자인 pop보다 많다.
ㄷ. 다섯 글자인 pop 개수는 세 글자인 pop 개수의 25배 이상이다.
ㄹ. 모든 알파벳을 사용할 경우의 세 글자 pop 개수는 알파벳 13자만 사용하여 만든 다섯 글자 pop 개수보다 많다.

① ㄱ, ㄴ
② ㄱ, ㄷ
③ ㄱ, ㄹ
④ ㄴ, ㄷ
⑤ ㄷ, ㄹ

해설

문제 분석

• POP 개념의 이해

A	B	C	B	A

순서를 반대로 뒤집어도 철자순서가 같으므로, 문자 구조가 대칭적이라고 이해하면 된다. 그리고 영어 알파벳 26자에 한정하여 생각하므로 기본적으로 한 자리에 들어갈 수 있는 문자 개수는 26개이다.

[홀수 글자인 경우]

A	B	A

A	B	C	B	A

총 글자의 개수가 s개일 때 골라야 하는 자리 개수(음영표시)는 $\frac{s+1}{2}$개이다.

[짝수 글자인 경우]

A	B	B	A

A	B	C	C	B	A

총 글자의 개수가 p개일 때, 골라야 하는 자리 개수(음영표시)는 $\frac{p}{2}$개이다.

ㄱ. (O) 세 글자이므로 골라야 하는 자리 개수는 2개이다. 각 자리에 들어갈 수 있는 문자 개수는 26개이므로 옳다.

ㄴ. (X) 네 글자인 pop에서 골라야 하는 자리 개수는 2개이다. 세 글자인 pop에서도 골라야 하는 자리 개수는 2개이다. 따라서 네 글자인 pop와 세 글자인 pop의 개수는 모두 26×26개로 동일하다.

ㄷ. (O) 다섯 글자인 pop에서 골라야 하는 자리 개수는 3개이다. 반면, 세 글자인 pop에서 골라야 하는 자리 개수는 2개이다.

> 세 글자인 pop: 26×26개
> 다섯 글자인 pop: $26\times26\times26$개

따라서 다섯 글자인 pop 개수는 세 글자인 pop 개수의 26배이므로 25배 이상이 맞다.

ㄹ. (X) 모든 알파벳을 사용할 경우의 세 글자 pop에서 골라야 하는 자리 개수는 2개이고, 각 자리에 들어갈 수 있는 문자 개수는 26개이다. 한편, 알파벳 13자만 사용하여 만든 다섯 글자 pop에서 골라야 하는 자리 개수는 3개이고, 각 자리에 들어갈 수 있는 문자의 개수는 13개이다.

> 모든 알파벳을 사용할 경우의 세 글자 pop
> : 26×26개
> 알파벳 13자만 사용하여 만든 다섯 글자 pop
> : $13\times13\times13$개

약간의 수구조 변형을 통해서 비교해 보면 아래와 같다.

> 모든 알파벳을 사용할 경우의 세 글자 pop
> : $26(=13\times2)\times26(=13\times2)$개$=13\times13\times4$개
> 알파벳 13자만 사용하여 만든 다섯 글자 pop
> : $13\times13\times13$개

따라서 알파벳 13자만 사용하여 만든 다섯 글자 pop의 개수가 더 많다.

빠른 문제풀이 Tip
대칭의 장치를 발견하면 보다 빠른 해결이 가능하다.

[정답] ②

PART 2 규칙 해커스 PSAT 길규범 상황판단 올인원 2권 계산·규칙·경우

88 다음 글에 근거할 때, 옳은 것을 <보기>에서 모두 고르면?

12년 5급 인책형 13번

○ 숫자판은 아래와 같이 6개의 전구를 켜거나 끌 수 있게 되어 있다.

〈숫자판〉

32	16	8	4	2	1
○	○	○	○	○	○

○ 숫자판은 전구가 켜진 칸에 있는 숫자를 더하여 결괏값을 표현한다. 예를 들어 아래의 숫자판은 결괏값 '19'를 표현한다.

32	16	8	4	2	1
○	☼	○	○	☼	☼

(☼: 불이 켜진 전구, ○: 불이 꺼진 전구)

○ 전구는 6개까지 동시에 켜질 수 있으며, 하나도 켜지지 않을 수도 있다.

〈보 기〉

ㄱ. 이 숫자판을 사용하면 1부터 63까지의 모든 자연수를 결괏값으로 표현할 수 있다.
ㄴ. 숫자판에 한 개의 전구를 켜서 표현한 결괏값은 두 개 이상의 전구를 켜서도 표현할 수 있다.
ㄷ. 숫자 1의 전구가 고장 나서 안 켜질 때 표현할 수 있는 결괏값의 갯수가 숫자 32의 전구가 고장 나서 안 켜질 때 표현할 수 있는 결괏값의 갯수보다 많다.
ㄹ. 숫자판에서 하나의 전구가 켜진 경우의 결괏값은, 숫자판 에서 그 외 다섯 개의 전구가 모두 켜진 경우의 결괏값 보다 클 수 있다.

① ㄱ, ㄷ
② ㄱ, ㄹ
③ ㄴ, ㄷ
④ ㄱ, ㄴ, ㄹ
⑤ ㄴ, ㄷ, ㄹ

해설

문제 분석

- 주어진 조건을 정리해 보면 다음과 같다.
- 숫자판은 아래와 같이 6개의 전구를 켜거나 끌 수 있게 되어 있다.
  → 각 전구별로 표현 가능한 경우의 수는 2가지이다.
- 전구는 6개까지 동시에 켜질 수 있으며, 하나도 켜지지 않을 수도 있다.
  → 표현 가능한 총 경우의 수는 26=64가지이다.
- 〈숫자판〉의 각 전구의 숫자는 이진법의 각 자리를 의미한다.

$32=2^5$	$16=2^4$	$8=2^3$	$4=2^2$	$2=2^1$	$1=2^0$
○	○	○	○	○	○

문제풀이 실마리

전구의 켜거나 끌 수 있는 2가지 상태는 이진법의 0, 1에 대응될 수 있다. '이진법' 소재의 문제이다.

주어진 조건을 정리해 보면 다음과 같다.

ㄱ. (O)

방법 1 귀납적인 검토

숫자판으로 표현할 수 있는 가장 작은 수는 모든 숫자판이 꺼진 경우 0이다. 숫자판으로 표현할 수 있는 가장 큰 수는 모든 숫자판이 켜진 경우 63이다.

$32=2^5$	$16=2^4$	$8=2^3$	$4=2^2$	$2=2^1$	$1=2^0$	
○	○	○	○	○	○	숫자 0~1 표현 가능

그 다음 2가 쓰인 칸으로 넘어가려면 이전까지의 최대 숫자인 1에서 1이 커진다.

$32=2^5$	$16=2^4$	$8=2^3$	$4=2^2$	$2=2^1$	$1=2^0$	
○	○	○	○	○	○	숫자 0~3 표현 가능

그 다음 4가 쓰인 칸으로 넘어가려면 이전까지의 최대 숫자인 3에서 1이 커진다.

$32=2^5$	$16=2^4$	$8=2^3$	$4=2^2$	$2=2^1$	$1=2^0$	
○	○	○	○	○	○	숫자 0~7 표현 가능

그 다음 8이 쓰인 칸으로 넘어가려면 이전까지의 최대 숫자인 7에서 1이 커진다. 이런 식으로 반복해서 32가 쓰인 칸까지 넘어가면 숫자 0부터 63까지 표현 가능하다.

위에서 살펴봤듯이 표현 가능한 경우의 수가 $2^6=64$가지, 숫자판으로 표현할 수 있는 숫자가 0~63의 숫자의 개수가 64개로, 이 숫자판을 사용하면 0~63의 모든 숫자를 표현할 수 있다.

방법 2 진법 장치의 활용

숫자판 하나당 전구 하나씩이 있고 전구로 표현 가능한 경우는 on/off 두 가지 경우이다. 따라서 여섯 개의 전구를 동시에 고려할 경우, 표현할 수 있는 총 경우의 수는 $2\times2\times2\times2\times2\times2=2^6=64$가지이다.
자판으로 표현할 수 있는 숫자의 범위를 보면 모든 전구가 꺼진 경우에 가장 작은 수인 0을 표현할 수 있고, 반대로 모든 전구가 켜진 경우에 가장 큰 수인 63을 표현할 수 있다. 즉, 최소 0부터 최대 63까지 표현할 수 있다.

숫자판은 전구가 켜진 칸에 있는 숫자를 더하여 결괏값을 표현하므로 각 숫자판으로 표현할 수 있는 숫자는 다음과 같다.

32	16	8	4	2	1	숫자
					○	1
				○		2
				○	○	3
			○			4
			○		○	5
			○	○		6
			○	○	○	7
		○				8
		○			○	9
		○		○		10
		○		○	○	11
		○	○			12
		○	○		○	13
			⋮			

따라서 각 숫자판으로 표현할 수 있는 숫자의 범위를 보면 다음과 같다.

<table>
<tr><td>32</td><td>16</td><td>8</td><td>4</td><td>2</td><td>1</td></tr>
<tr><td></td><td></td><td></td><td></td><td></td><td>1</td></tr>
<tr><td></td><td></td><td></td><td></td><td colspan="2">1～3</td></tr>
<tr><td></td><td></td><td></td><td colspan="3">1～7</td></tr>
<tr><td></td><td></td><td colspan="4">1～15</td></tr>
<tr><td></td><td colspan="5">1～31</td></tr>
<tr><td colspan="6">1～63</td></tr>
</table>

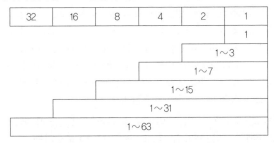

숫자판으로 표현할 수 있는 경우의 수가 총 64가지이고, 숫자판으로 표현할 수 있는 숫자의 범위도 0부터 63까지 총 64개의 숫자이다. 따라서 이 숫자판을 사용하면 1부터 63까지의 모든 자연수를 결괏값으로 표현할 수 있다.

ㄴ. (X)

방법 1

숫자판에 한 개의 전구를 켜서 표현한 결괏값인 1, 2, 4, 8, 16, 32는 두 개 이상의 전구를 켜서, 즉 숫자판의 숫자 중 두 개 이상의 숫자를 더해서 표현할 수 없다. 보기 ㄱ에서 살펴봤듯이 숫자판으로 표현할 수 있는 숫자는 서로 중복되지 않는다.

방법 2

ㄱ에서 살펴봤듯이 표현가능한 경우의 수가 2^6=64가지, 숫자판으로 표현할 수 있는 숫자가 0～63의 숫자의 개수가 64개로, 이 숫자판을 사용하면 0～63의 모든 숫자를 1:1로 표현할 수 있다. 즉, 한 가지 숫자를 숫자판의 전구로 표현하는 방법은 단 한 가지뿐이어야 한다.

ㄷ. (X) 숫자 1의 전구가 고장 나서 안 켜질 때 남은 다섯 개의 전구로 숫자를 표현해야 하므로 $2\times2\times2\times2\times2=2^5$=32가지를 표현할 수 있고, 숫자 32의 전구가 고장 나서 안 켜질 때 역시도 남은 다섯 개의 전구로 숫자를 표현해야 하므로 $2\times2\times2\times2\times2=2^5$=32가지를 표현할 수 있다.

숫자 1의 전구가 고장 나서 안 켜지는 경우와 숫자 32의 전구가 고장 나서 안 켜지는 경우 모두 전구 한 개가 고장난다는 사실이 동일하다. 고장난 한 개의 전구를 제외하고 나머지 사용할 수 있는 숫자판의 전구 개수는 5개로 동일하다. 그렇다면 표현할 수 있는 결괏값의 개수는 두 경우가 다 2^5=32개로 동일하다.

ㄹ. (O) 숫자판에서 32 하나의 전구가 켜진 경우의 결괏값 32는, 숫자판에서 그 외 다섯 개의 전구 1, 2, 4, 8, 16이 모두 켜진 경우의 결괏값 31보다 크다. 따라서 숫자판에서 하나의 전구가 켜진 경우의 결괏값은, 숫자판에서 그 외 다섯 개의 전구가 모두 켜진 경우의 결괏값보다 클 수 있다.

빠른 문제풀이 Tip

- 2진법을 소재로 한 문제임을 파악한다면 보기 ㄱ을 보다 빠르게 문제를 해결할 수 있다.

32	16	8	4	2	1
$=2^5$	$=2^4$	$=2^3$	$=2^2$	$=2^1$	$=2^0$

- 진법을 소재로 한 문제임을 알 수 있다면 보다 빠른 해결이 가능하지만, 설사 진법이 소재임을 몰랐다 하더라도 보기 검토 순서를 잘 결정했다면 정답은 구할 수 있는 문제이다.

[정답] ②

89 **다음 글을 근거로 판단할 때, <보기>에서 옳은 것만을 모두 고르면?** 16년 민경채 5책형 23번

○ ‘○○코드’는 아래 그림과 같이 총 25칸(5×5)으로 이루어져 있으며, 각 칸을 흰색으로 채우거나 검정색으로 채우는 조합에 따라 다른 코드가 만들어진다.

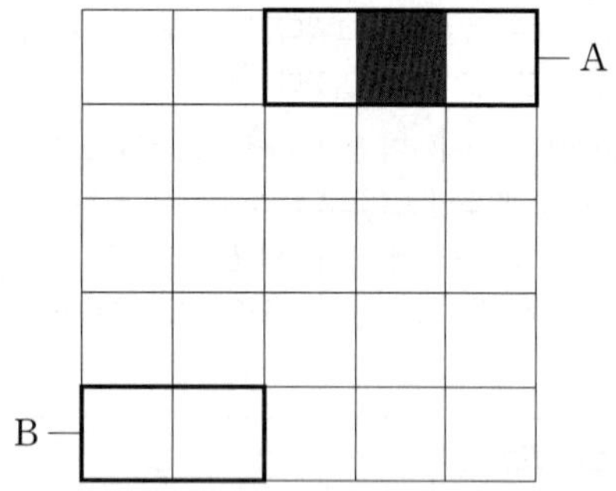

○ 상단 오른쪽의 3칸(A)은 항상 ‘흰색 – 검정색 – 흰색’으로 ○○코드의 고유표시를 나타낸다.

○ 하단 왼쪽의 2칸(B)은 코드를 제작한 지역을 표시하는 것으로 전 세계를 총 4개의 지역으로 분류하고, 甲지역은 ‘흰색 – 흰색’으로 표시한다.

※ 코드를 회전시키는 경우는 고려하지 않는다.

〈보 기〉

ㄱ. 甲지역에서 만들 수 있는 코드 개수는 100만 개를 초과한다.
ㄴ. 甲지역에서 만들 수 있는 코드와 다른 지역에서 만들 수 있는 코드는 최대 20칸이 동일하다.
ㄷ. 각 칸을 기존의 흰색과 검정색뿐만 아니라 빨간색과 파란색으로도 채울 수 있다면, 만들 수 있는 코드 개수는 기존보다 100만 배 이상 증가한다.
ㄹ. 만약 상단 오른쪽의 3칸(A)도 다른 칸과 마찬가지로 코드 만드는 것에 사용토록 개방한다면, 만들 수 있는 코드 개수는 기존의 6배로 증가한다.

① ㄱ, ㄴ
② ㄱ, ㄷ
③ ㄴ, ㄹ
④ ㄱ, ㄷ, ㄹ
⑤ ㄴ, ㄷ, ㄹ

해설

문제 분석

조건을 정리해 보면 다음과 같다.
‘○○코드’는 총 25칸(5×5)으로 이루어져 있으며, 각 칸을 흰색으로 채우거나 검정색으로 채울 수 있으므로, 각 자리마다 표현할 수 있는 경우의 수가 2가지이다. → ‘이진’법 소재의 문제이다.

문제풀이 실마리

진법 소재 문제임을 알아채면 보다 빠른 해결이 가능한 문제이다.

ㄱ. (O) 甲지역에서 만들 수 있는 코드는 총 25칸 중 상단 오른쪽의 3칸(A)과 하단 왼쪽의 2칸(B)을 제외한 나머지 20칸을 결정할 수 있고, 각 칸은 흰색과 검정색 2가지 경우가 있으므로, 총 경우의 수는 2^{20}가지이다. $2^{20}-2^{10}\times2^{10}=1,024^2$가지이므로 총 코드 개수는 100만 개를 초과한다.

ㄴ. (X) 상단 오른쪽의 3칸(A)은 항상 ‘흰색 – 검정색 – 흰색’으로 ○○코드의 고유표시이므로 모든 지역이 항상 동일하다. 하단 왼쪽의 2칸(B)은 코드를 제작한 지역을 표시하는 것으로 전 세계를 총 4개의 지역으로 분류하므로, ‘흰색 – 흰색’, ‘흰색 – 검정색’, ‘검정색 – 흰색’, ‘검정색 – 검정색’일 수 있다. 서로 다른 지역이더라도 두 칸 중에 한 칸은 동일할 수 있다. 이를 제외한 나머지 20칸은 동일할 수 있다.

이 모두를 고려하면 상단 오른쪽의 3칸(A), 하단 왼쪽의 2칸(B) 중 한 칸, 나머지 20칸까지 최대 24칸까지 동일할 수 있다.

ㄷ. (O) 앞서 보기 ㄱ에서 살펴본 것처럼, 현재 흰색과 검정색, 두 가지 색으로 채워서 만들 수 있는 코드의 개수는 2^{20}개로 이는 100만보다 크다. 그런데 각 칸을 채울 수 있는 색으로 두 가지 색깔이 더 추가된다면 각 자리마다 표현할 수 있는 경우의 수가 4가지로 바뀌므로, 이를 통해 20칸을 채워서 만들 수 있는 코드의 개수는 4^{20}개가 되는데, $4^{20}=2^{20}\times2^{20}=(2^{20})^2$이고, 2^{20}개는 100만 개보다 크므로 기존 코드 개수 2^{20}보다 100만 배 이상 증가하게 된다.

ㄹ. (X) 코드를 만들 수 있는 칸이 세 칸 더 증가한다면, 기존에 비해서 2×3=6배 증가하는 것이 아니라, $2\times2\times2=2^3=8$배로 증가한다.

빠른 문제풀이 Tip

보기 ㄱ, ㄷ의 정오판단을 할 때는 ‘천×천=백만’의 출제장치를 알면 보다 수월하게 해결 가능하다.

[정답] ②

11 고정 - 가변

90 아파트 경비원 A, B 중 A는 청력이 좋지 않아 특정 날씨 조건에 따라 '삼'과 '천'을 바꾸어 알아듣는다. 예를 들면 '301호'를 '천백일호'라고, '1101호'를 '삼백일호'라고 알아듣는다. 또한 이 아파트 ○○○호 주인이 경비원에게 맡겨진 자신의 물건을 가져다 줄 것을 부탁할 때는 항상 다음과 같은 방식으로 통화한다.

12년 5급 인책형 14번

〈통화내용〉

○○○호 주인: 여기 ○○○호 주인인데요, 관리실에 맡겨져 있는 △△(주인과 호수가 표시되어 있지 않음)를 저희 집에 갖다 주시면 고맙겠습니다.

경비원: 알겠습니다.

11월 1일에서 11월 7일까지의 <상황>이 다음과 같다고 할 때, 경비원 A, B가 7일간 301호와 1101호에 전달한 내용물은?

〈상 황〉

○ 근무 일정 및 날씨

일자/날씨	11월 1일 종일 맑음	11월 2일 종일 비	11월 3일 종일 맑음	11월 4일 종일 맑음	11월 5일 종일 맑음	11월 6일 종일 흐림	11월 7일 종일 비
근무자	A	B	A	B	A	B	A
발신자	1101호 주인	1101호 주인	–	–	301호 주인	301호 주인	–
요청사항	천 묶음 전달	삼 묶음 전달	–	–	천백 원 봉투 전달	삼백 원 봉투 전달	–

○ A와 B는 1일씩 근무하고 밤 12시 정각에 교대한다.

○ 이 경비실에는 상기 기간 동안 천 2묶음, 삼 2묶음, 천백원 봉투 2개, 삼백원 봉투 2개가 맡겨져 있다.

○ 청력상태

– A: 날씨가 맑지 않으면 위와 같이 '삼'과 '천'을 바꾸어 알아듣는다.

– B: 날씨에 아무런 영향을 받지 않고, 정상적으로 알아듣는다.

○ 특이 사항: B가 11월 2일에 전화받은 내용을 미처 실행에 옮기지 못하여 B가 A에게 교대하기 10분 전에 "삼 묶음을 1101호에 내일 전달해 주세요."라고 말하였고, A는 알아들었다고 했다.

	301호	1101호
①	천 묶음, 삼백 원 봉투, 천백 원 봉투	천 묶음
②	삼 묶음, 천 묶음	삼백 원 봉투, 천백 원 봉투
③	천 묶음, 삼백 원 봉투	천 묶음, 삼 묶음
④	삼백 원 봉투, 천백 원 봉투	천 묶음, 삼백 원 봉투
⑤	천 묶음	삼 묶음, 삼백 원 봉투, 천백 원 봉투

해설

문제 분석

아파트 경비원 중 A만 날씨가 맑지 않으면 '삼'과 '천'을 바꾸어 알아듣는다.

문제풀이 실마리

- 문제에서 주어진 힌트를 잘 활용하면 보다 빠른 해결이 가능하다.
- 문제에서 출제 장치로 활용하는 것 중에 하나가 '고정'과 '가변'이다.
- 선지에서 '개수'와 '종류'를 활용하면 보다 빠른 해결이 가능하다.

경비원이 전달해야 하는 물건은 총 4개인데, 그 중에서 '삼'과 '천'이 바뀌어야 하는 건 특이 사항에 언급되어 있는 11월 2일에 전달했어야 하는 물건뿐이다.

"삼 묶음(→ 천 묶음)을 1101호(→ 301호)에 내일 전달해 주세요."

일자/날씨	11월 1일 종일 맑음	11월 2일 종일 비		11월 3일 종일 맑음	11월 4일 종일 맑음	11월 5일 종일 맑음	11월 6일 종일 흐림	11월 7일 종일 비
근무자	A	B		A	B	A	B	A
발신자	1101호 주인	~~1101호 주인~~	**301호 주인**	–	–	301호 주인	301호 주인	–
요청사항	천 묶음 전달	~~삼 묶음 전달~~	**천 묶음 전달**	–	–	천백 원 봉투 전달	삼백 원 봉투 전달	–

따라서 1101호에는 천 묶음이 전달되며, 301호에는 천 묶음, 삼백 원 봉투, 천백 원 봉투가 전달된다. 따라서 정답은 ①이다.

빠른 문제풀이 Tip

- 11월 2일, 5일, 6일의 물건이 모두 301호로 전달될 것이고, 301호에 전달된 물건이 세 개인 것은 선지 ①뿐이다.
- 문제에는 '고정-가변'의 출제장치가 포함되어 있고, 정답을 찾아내는 데는 '개수-종류'의 장치가 포함되어 있다. 이 문제의 경우 종류까지 신경쓰지 않고 301호에 전달된 물건의 개수만 확인해도 정답을 찾아낼 수 있다.

[정답] ①

Ⅲ. 소재

1 투표

91 다음 글을 읽고 <보기>에서 틀린 것을 모두 고르면?

11년 민경채(실험) 발책형 20번

정책결정을 위해서는 가능한 정책대안을 탐색하고 평가하여 최적대안을 선정하는 과정을 거친다. 대안평가 시 대안 甲이 어떠한 상황에서라도 대안 乙보다 더 바람직하거나 최소한 동등할 때, 대안 甲은 대안 乙을 지배한다고 한다. 그러나 만일 대안 甲과 乙 중 어느 대안도 다른 대안을 지배하지 못할 때, 이들 두 대안들은 모두 수용가능 행위들이라고 한다. 그리고 어느 한 대안이 다른 모든 대안을 지배할 때, 그 대안을 유일최적대안이라고 한다. 아래의 〈표〉는 정책대안 A, B, C, D의 상황별 결과를 나타내고 있다.

〈표〉 정책대안 A, B, C, E의 상황별 결과

구분		상황별 결과		
		상황1	상황2	상황3
대안	A	45	43	−10
	B	42	46	−5
	C	40	46	−5
	D	35	35	0

〈보 기〉

ㄱ. 유일최적대안이 존재한다.
ㄴ. 대안 A는 대안 D를 지배한다.
ㄷ. 대안 B는 대안 C를 지배한다.
ㄹ. 대안 A와 대안 B는 모두 수용가능 행위들이다.
ㅁ. 대안 C와 대안 D는 모두 수용가능 행위들이다.

① ㄱ, ㄴ
② ㄱ, ㅁ
③ ㄴ, ㄷ
④ ㄷ, ㄹ
⑤ ㄹ, ㅁ

해설

문제 분석

상황별 결과의 값이 클수록 더 바람직한 대안이라고 판단한다. 지문에서 한 대안이 다른 대안을 '시배한다'라는 개념에 대한 서술을 바탕으로 어느 한 대안이 다른 대안을 지배하는지 판단하여야 한다.

문제풀이 실마리

지문의 〈표〉에서 상황별 결괏값이 가장 큰 대안을 음영 처리하였다. 음영 처리한 값을 확인해보면 상황1에서는 대안 A의 결괏값이 45로 가장 큰데, 이는 다른 어떤 대안도 대안 A를 지배하지 못한다는 것을 의미한다. 대안 D도 마찬가지이다. 대안 B와 C의 경우에는 상황2에서 결괏값이 46으로 두 대안이 같으면서 나머지 대안들보다 큰데, 이 두 대안은 한 대안이 다른 대안을 지배할 수도 있다.

ㄱ. (X) 상황1에서는 대안 A의 결괏값이 45로 가장 크므로 다른 어떤 대안도 대안 A를 지배하지 못하고, 상황3에서는 대안 D의 결괏값이 가장 크므로 다른 어떤 대안도 대안 D를 지배하지 못한다. 따라서 유일최적대안이 존재하지 않는다.

ㄴ. (X) 보기 ㄱ과 마찬가지로 상황3에서는 대안 D의 결괏값이 가장 크므로 다른 어떤 대안도 대안 D를 지배하지 못한다. 대안 A는 대안 D를 지배하지 못한다.

ㄷ. (O) 상황1에서는 대안 B, C의 결괏값이 각각 42, 40으로 42>40이고, 상황2에서는 각각 46으로 같고, 상황3에서는 각각 −5로 같다. 상황1에서는 대안 B가 대안 C보다 더 바람직하고 상황2, 3에서는 동등하므로 대안 B는 대안 C를 지배한다.

ㄹ. (O) 다른 어떤 대안도 대안 A를 지배하지 못하고, 상황2에서는 대안 B의 결괏값이 대안 A의 결괏값보다 크므로 대안 A도 대안 B를 지배하지 못한다. 따라서 대안 A와 대안 B는 모두 수용가능 행위들이다.

ㅁ. (O) 상황2에서는 대안 C의 결괏값이 대안 D의 결괏값보다 크므로 대안 D는 대안 C를 지배하지 못하고, 다른 어떤 대안도 대안 D를 지배하지 못한다. 따라서 대안 C와 대안 D는 모두 수용가능 행위들이다.

빠른 문제풀이 Tip

다른 보기들은 두 대안을 비교하는 내용이지만 보기 ㄱ은 여러 대안을 비교하여야 한다. 실제 문제풀이에서는 전체 6가지 경우를 모두 비교해 가면서 풀 수도 있겠지만 사후적으로는 해설과 같이 〈표〉의 음영 처리한 부분에 초점을 맞추어 결론 내리는 것도 확인해 본다.

이상의 해설은 음영 처리한 부분에 초점을 맞춘 설명이지만 상황별 결괏값을 구체적으로 비교하는 것도 확인해 본다. 예를 들어 보기 ㄹ의 경우 대안 A, B 각각 상황1에서의 결괏값이 45>42, 상황2에서는 43<46, 상황3에서는 −10<−5이므로 상황 1에서는 대안 A가 대안 B보다 바람직하고, 상황2, 3에서는 대안 B가 대안 A보다 바람직하므로 어느 한 대안이 다른 대안을 지배하지 않는다. 따라서 대안 A와 대안 B는 모두 수용가능 행위들이라고 결론 내릴 수 있다.

[정답] ①

92 한 선거구에 A, B, C, D, E 5명의 후보가 출마하여, 아래의 투표 방식에 따라 투표 결과를 얻었다. 다음 <당선자 결정방식>에 따를 때 당선자는?

11년 민경채(실험) 발책형 22번

〈투표 방식과 투표 결과〉

- 유권자는 한 장의 투표용지에 가장 선호하는 1순위 후보 한 명과 다음으로 선호하는 2순위 후보 한 명을 기표한다.
- 유권자 1,000명이 모두 투표에 참여한 투표 결과를 정리하면 다음과 같다.

기표 내용		투표자 수
1순위	2순위	
A	B	250
A	C	100
B	C	200
C	A	200
D	C	150
E	C	100

〈당선자 결정방식〉

1순위 표 과반수를 획득한 자를 당선자로 한다. 단, 1순위 표 과반수를 획득한 자가 없는 경우에는 다음에 의한다.

① 1순위 최소 득표자는 후보에서 제외된다. 이때 제외된 후보자가 획득한 표는 그 투표용지에 2순위로 기표된 후보에게 넘겨진다. 이 표들은 넘겨받은 후보의 1순위 표와 합산된다.

② 과반수 득표자가 나올 때까지 ①의 과정을 반복한다.

① A
② B
③ C
④ D
⑤ E

해설

문제 분석

지문의 내용은 선호투표제를 문제화한 것이다. 선호투표제에 대한 사전 지식이 필요한 것은 아니고 주어진 〈당선자 결정방식〉을 순차적으로 정확히 적용한다.

1) 1순위 표 과반수를 획득한 자가 있는지 확인한다. 가장 많은 표를 얻은 후보 A가 과반수 미만인 250+100=350표를 얻었으므로 과반수를 획득한 후보는 없다.

2) 〈당선자 결정방식〉 ①에 따라 100표를 얻어 1순위 최소 득표자인 후보 E는 제외된다. 제외된 후보 E가 획득한 100표는 투표용지에 2순위로 기표된 후보 C에게 넘겨지고 후보 C의 1순위 표와 합산된다. 즉, 후보 C의 1순위 표는 200+100=300표가 된다.

3) 〈당선자 결정방식〉 ②에 따라 과반수 득표자가 있는지 확인한다. 후보 A는 350표, B는 200표, C는 300표, D는 150표를 획득하였으므로 과반수 득표자는 없다. ①의 과정을 반복한다.

4) 다시 〈당선자 결정방식〉 ①에 따라 150표를 얻어 1순위 최소 득표자인 후보 D는 제외된다. 제외된 후보 D가 획득한 150표는 투표용지에 2순위로 기표된 후보 C에게 넘겨지고 후보 C의 1순위 표와 합산된다. 즉, 후보 C의 1순위 표는 300+150=450표가 된다.

5) 〈당선자 결정방식〉 ②에 따라 과반수 득표자가 있는지 확인한다. 후보 A는 350표, B는 200표, C는 450표를 획득하였으므로 과반수 득표자는 없다. ①의 과정을 반복한다.

6) 다시 〈당선자 결정방식〉 ①에 따라 200표를 얻어 1순위 최소 득표자인 후보 B는 제외된다. 제외된 후보 B가 획득한 200표는 투표용지에 2순위로 기표된 후보 C에게 넘겨지고 후보 C의 1순위 표와 합산된다. 즉, 후보 C의 1순위 표는 450+200=650표가 된다.

7) 〈당선자 결정방식〉 ②에 따라 과반수 득표자가 있는지 확인한다. 후보 A는 350표, C는 650표를 획득하였으므로 후보 C가 1순위 표 과반수를 획득하였다. 당선자는 C(③)이다.

빠른 문제풀이 Tip

2)의 내용을 표로 생각해볼 때 다음과 같이 1순위 후보 C, 2순위 후보 A인 투표자 수가 100명 증가한다고 생각해서는 안 된다.

기표 내용		투표자 수
1순위	2순위	
A	B	250
A	C	100 ←
B	C	200
C	A	200+100
D	C	150
E(탈락)	C	~~100~~

해당 문제에서는 제외된 후보자로부터 표를 이양(transfer)받은 후보자가 제거되는 경우가 없었기 때문에 별다른 문제가 발생하지 않았지만, 표를 이양받은 후보자가 제거되는 경우에는 차순위 선호에 대한 정보가 필요하다. 투표제도를 소재로 한 문제는 다르게 출제될 수 있기 때문에 언급해본 것이다. 지문의 표는 ⓐ '어떤 선호를 가진 투표자가 몇 명 있다'와 같이 이해하고, 당선자는 ⓑ '어떤 후보자가 몇 표를 득표했는가'에 따라 결정되는데 투표제도는 ⓐ를 어떻게 ⓑ로 변환할 것인가에 대한 것이라고 이해해두자.

[정답] ③

93 정부는 공기업 지방 이전을 추진하면서, 갑, 을, 병 3개 도시에 이전되는 공기업의 수를 달리하는 네 개의 안을 아래의 <표>와 같이 마련하였다. 각 도시의 대표자들은 비교되는 두 안 중 자신의 도시에 더 많은 공기업을 이전하는 안에 투표한다고 가정한다. 다만, 두 안의 비교 시 자신의 도시로 이전할 공기업의 수가 동일한 경우, 공기업이 여러 도시로 분산되는 안에 투표한다. <결정방식>이 다음과 같을 때, <보기> 중 올바른 것을 모두 고르면?

06년 5급 출책형 12번

〈표〉 도시별 공기업 배치안

대안 / 도시	A안	B안	C안	D안
갑	2개	3개	0개	1개
을	2개	0개	0개	1개
병	0개	1개	4개	2개

〈결정방식〉

가. 투표는 다음 예시와 같은 방식으로 이루어진다.
　예시) 투표의 순서가 CDAB라면, 먼저 C와 D를 비교하여 선택된 안을 다시 A와 비교하고 여기서 선택된 안을 B와 비교하여 최종안을 선택한다.

나. 각 단계의 투표에서는 다수 도시의 표를 얻은 안이 선택된다.

〈보 기〉

ㄱ. 투표순서가 BADC로 정해진다면 갑이 공기업을 유치하는 데 가장 유리하다.
ㄴ. 병이 4개의 공기업을 모두 유치할 수 있는 투표순서는 전혀 없다.
ㄷ. 투표순서를 CDAB로 하는 것보다 CDBA로 하는 것이 갑에게 더 유리하다.
ㄹ. 투표순서를 ACBD 또는 DBCA로 하면 갑과 을이 최소 1개 이상의 공기업을 유치할 수 있다.

① ㄱ, ㄴ　② ㄱ, ㄷ
③ ㄴ, ㄷ　④ ㄴ, ㄹ
⑤ ㄷ, ㄹ

해설

문제 분석

- 총 네 개의 안이 있고 각 도시의 대표자들은 비교되는 두 안 중 자신의 도시에 더 많은 공기업을 이전하는 안에 투표한다.
- 두 안의 비교 시 자신의 도시로 이전할 공기업의 수가 동일한 경우, 공기업이 여러 도시로 분산되는 안에 투표한다.

문제풀이 실마리

투표 방식과 관련한 장치를 정확히 이해해야 한다. 특히 '다만,'의 단서 조건을 놓치지 않도록 주의한다.

ㄱ. (X) 투표 순서가 BADC로 정해진다면,

	첫 번째 투표	두 번째 투표	세 번째 투표
	BA	BD	DC
갑	B	B	D
을	A	D	D
병	B	D	C
	B선택	D선택	D선택

1) 갑이 공기업을 유치하는 데 가장 유리한 대안은 3개의 공기업이 배치되는 B안이다. 투표순서가 BADC로 정해진다면 D안이 채택되기 때문에 갑이 공기업을 유치하는 데 가장 유리한 것은 아니다.
2) D안이 채택될 경우 갑 도시에 1개, 을 도시에 1개, 병 도시에서 2개의 공기업이 배치되므로 공기업을 유치하는 데 가장 유리한 도시는 병이다.

ㄴ. (O) 병이 4개의 공기업을 모두 유치하려면 최종적으로 C안이 채택되어야 한다. 그런데 C안은 갑과 을이 유치하는 공기업이 0개이다. 즉, 갑과 을은 C안과 다른 어떤 안이 비교될 때 C안이 아닌 다른 안에 투표한다는 의미이다. (을의 경우는 C안과 B안이 모두 동일하게 0개의 공기업이 배치되나 이때는 단서조건에 따라서 B안에 투표한다.) 따라서 C안은 병이 투표했을 때 최대 1표를 얻게 되므로 C안이 최종안으로 선택되는 경우는 없다.

ㄷ. (X) 투표 순서를 CDAB로 하게 되면, 다음과 같이 최종적으로 B안이 선택된다.

	첫 번째 투표	두 번째 투표	세 번째 투표
	CD	DA	AB
갑	D	A	B
을	D	A	A
병	C	D	B
	D선택	A선택	B선택

투표 순서를 CDBA로 하게 되면, 다음과 같이 최종적으로 A안이 선택된다.

	첫 번째 투표	두 번째 투표	세 번째 투표
	CD	DB	DA
갑	D	B	A
을	D	D	A
병	C	D	D
	D선택	D선택	A선택

갑에게 유리한 것은 2개의 공기업을 유치하는 A안보다 3개의 공기업을 유치하는 B안이 선택되는 것이다.

ㄹ. (O) 투표 순서를 ACBD로 하게 되면, 최종적으로 D안이 선택되고, 투표 순서를 DBCA로 하게 되면, 최종적으로 A안이 채택된다. D안에 따를 때 갑과 을 각각 1개씩, A안에 따를 때 갑과 을 각각 2개씩 공기업을 유치하게 되므로, 갑과 을이 최소 1개 이상의 공기업을 유치할 수 있다.

빠른 문제풀이 Tip

C안이 다른 안을 이길 수 있는 경우는 없으므로 투표 순서에서 C안을 무시하고 투표한다면 보다 빠른 해결이 가능하다.

[정답] ④

94 Y국가에서는 대통령 선거에서 과반수 득표를 한 당선자가 나올 때까지 최하위 득표자를 제외하면서 투표를 계속 진행하는 방식의 선거제도를 두고 있다. 아래의 <전제> 하에서 나타날 수 있는 결과로 옳은 것은? 06년 5급 출책형 33번

〈전 제〉

- 1차 투표 결과, 후보 A, B, C, D의 득표율은 각각 33%, 28%, 21%, 16%이다.
- 유권자는 자신이 지지하는 후보가 탈락하지 않는 경우 지지 후보를 바꾸지 않는다.
- 후보 B와 C를 지지하는 유권자들의 이념적 성향이 유사하다. 따라서 두 후보 중 한 사람이 탈락하는 경우 탈락한 후보의 지지자는 모두 다음 투표에서 이념적 성향이 유사한 후보에게 투표한다.

① 1차 투표 이후 D후보를 지지하는 유권자의 선택과 상관없이 최종적으로 A후보가 선출된다.
② D후보를 지지하는 유권자의 75%가 1차 투표 이후 C후보를 지지한다면 최종적으로 C후보가 선출된다.
③ 1차 투표 이후 D후보를 지지하는 유권자가 모두 A후보를 지지하는 경우 2차 투표에서 A후보가 선출된다.
④ D후보를 지지하는 유권자가 1차 투표 이후 모두 기권한다면 2차 투표에서 당선자가 결정되어 3차 투표는 불필요하다.
⑤ 1차 투표 이후 D후보를 지지하는 유권자의 절반은 A후보를 그리고 절반은 B후보를 지지하는 경우 3차 투표는 불필요하다.

해설

문제 분석

〈전제〉의 내용을 반영하면서 과반수 득표를 한 당선자가 나올 때까지 최하위 득표자를 제외하면서 투표를 계속 진행하는 상황이다. 각 선지의 내용이 옳지 않다면 반례를 찾아본다.

〈전제〉의 내용을 조금만 생각해 보면 1차 투표결과 최하위 득표자인 D가 제외된다. D를 지지했던 유권자는 다른 후보 A, B, C로 지지 후보를 바꾸게 되는데, 어느 정도의 비율로 어떤 후보를 지지하는지는 알려져 있지 않다. 다만 B 또는 C 후보가 탈락한다면 탈락한 후보를 지지하던 유권자는 탈락하지 않은 나머지 다른 후보를 지지하게 된다.

① (X) 1차 투표 이후 후보 D는 탈락하였고 후보 D를 지지하던 유권자가 모두 후보 B를 지지하는 상황을 가정해 보자. 2차 투표 결과 후보 A, B, C의 득표율은 각각 33%, 44%, 21%로 C후보가 탈락한다. 후보 C를 지지하는 유권자는 C후보가 탈락하는 경우 모두 B후보를 지지한다. 그렇다면 3차 투표 결과는 후보 A, B의 득표율이 각각 33%, 65%로 B후보가 과반수 득표를 하여 최종적으로 B후보가 선출될 수 있다.

② (O) D후보를 지지하는 유권자의 75%, 즉 전체 유권자의 12%가 1차 투표 이후 C후보를 지지한다면 2차 투표에서 C후보의 득표율은 33%이다. D후보를 지지하는 유권자의 나머지 25%, 즉 전체 유권자 4%의 지지의 행방은 알 수 없다. 이들이 모두 B후보를 지지했다고 하더라도 2차 투표에서는 후보 A, B, C의 득표율이 각각 33%, 32%, 33%로 B후보가 탈락하게 된다. 그렇다면 탈락한 B후보를 지지하던 전체 유권자 중 21%는 C후보를 지지하게 되고, D후보를 지지하다가 B후보를 지지한 전체 유권자 중 4%는 A후보를 지지한다고 하더라도(→ 빠른 문제풀이 Tip) 3차 투표의 후보 A, C의 득표율이 각각 37%, 61%이다. C후보에게 가장 불리한 상황을 가정해도 C후보가 과반수 득표를 하여 최종적으로 C후보가 선출된다.

③ (X) 1차 투표 이후 D후보를 지지하는 유권자가 모두 A후보를 지지한다면 2차 투표 결과, 후보 A, B, C의 득표율은 각각 49%, 28%, 21%이다. 득표율이 가장 높은 A후보도 과반수 득표를 하지 못하였으므로 2차 투표에서 당선자가 결정되지 않는다.

④ (X) D후보를 지지하는 유권자가 1차 투표 이후 모두 기권한다면 2차 투표 결과, 후보 A, B, C의 득표율은 각각 33%, 28%, 21%이다. 득표율이 가장 높은 A후보도 과반수 득표를 하지 못하였으므로 2차 투표에서 당선자가 결정되지 않는다.

⑤ (X) 1차 투표 이후 D후보를 지지하는 유권자의 절반은 A후보를 그리고 절반은 B후보를 지지하는 경우라면 2차 투표 결과, 후보 A, B, C의 득표율은 각각 41%, 36%, 21%이다. 어느 후보도 과반수 득표를 하지 못하였으므로 C후보가 탈락하고 3차 투표를 하게 된다.

빠른 문제풀이 Tip

- 후보 A, B, C, D의 득표율 합계는 98%로 2명의 후보만 남은 경우에도 과반수 득표를 못할 수도 있다. 그러므로 위의 해설들에서는 각 후보가 선출될 때 과반수 득표를 했다는 점을 강조하였다.
- 선지②에서 D후보를 지지하던 유권자가 D후보가 탈락하게 됨으로써 B후보를 지지하게 되었다면 이렇게 지지하게 된 유권자는 C를 지지하는 유권자와 이념적 성향이 유사하다고 보기 힘들다. 따라서 선지 ②에서는 C후보에게 벌어질 수 있는 가장 불리한 상황을 가정할 때 해당 4%가 C후보에게 가장 불리할 수 있는 후보를 지지하는 것으로 가정하였다.

[정답] ②

95 아래의 제시문을 읽고 <표>의 선호를 가진 사람들이 투표할 경우 나타날 수 있는 결과로 옳은 것은? 07년 5급 재책형 29번

> '투표거래'란 과반수를 달성하지 못하는 집단이 과반수를 달성하기 위하여 표(vote)를 거래하는 것을 말한다. 예를 들어 갑, 을, 병 세 사람이 대안을 선택하는 경우를 생각해 보자. i)하나의 대안을 대상으로 과반수 투표를 하는 경우 갑, 을, 병 세 사람은 모두 자신에게 돌아오는 순편익이 양(+)의 값을 갖는 대안에만 찬성한다. 그러나 ii)투표거래를 하는 경우에는 자신이 원하는 대안이 채택되는 대가로 순편익이 양(+)의 값을 갖지 않는 대안을 지지할 수 있다. 즉, 갑은 자신이 선호하는 대안을 찬성해 준 을에게 그 대가로 자신은 선호하지 않으나 을이 선호하는 대안을 찬성해 주는 것이 투표거래이다.

〈표〉

대안 / 순편익	대안 A	대안 B	대안 C	대안 D	대안 E
갑의 순편익	200	−40	−120	200	−40
을의 순편익	−50	150	−160	−110	150
병의 순편익	−55	−30	400	−105	−120
전체 순편익	95	80	120	−15	−10

① 투표거래를 하지 않는 과반수 투표의 경우에도 대안 A, B, C는 채택될 수 있다.

② 갑과 을이 투표거래를 한다면 대안 A와 대안 C가 채택될 수 있다.

③ 갑, 을, 병이 투표거래를 한다면 대안 A, B, C, D, E가 모두 채택될 수 있다.

④ 대안 D와 대안 E가 채택되기 위해서는 을과 병이 투표거래를 해야 한다.

⑤ 대안 A와 대안 E가 채택되는 것은 전체 순편익의 차원에서 가장 바람직하지 못하다.

해설

문제 분석

지문에 주어진 투표거래 상황을 정확히 이해한다. 투표거래가 없는 i)의 상황에서 갑, 을, 병은 각 대안을 다른 대안과 결부시켜 생각하지 않고 독립적으로 자신에게 돌아오는 순편익이 양(+)의 값을 갖는 대안에만 찬성한다. 그러므로 전체 순편익이 양(+)의 값을 갖는지는 고려하지 않는다. 즉, 투표거래가 없는 상황에서는 〈표〉의 대안들 A~E는 모두 채택되지 않을 것이다. 투표거래를 하는 ii)의 상황에서는 하나 이상의 대안들을 결부시켜 판단한다. 하나의 대안에서 순편익이 음(−)의 값을 갖더라도 결부된 다른 대안에서 순편익이 양(+)의 값을 갖고, 결부된 대안들의 순편익을 모두 더해 자신에게 돌아오는 합계 순편익이 양(+)의 값을 갖는 경우에는 투표거래를 할 것이다.

① (X) 투표거래를 하지 않는 과반수 투표의 경우 갑, 을 병은 각 대안의 순편익에 대해 독립적으로 판단하여 자신에게 돌아오는 순편익이 양의 값을 갖는 대안에만 찬성한다. 대안 A는 갑만 찬성, 대안 B는 을만, 대안 C는 병만 찬성하여 모두 과반수를 달성하지 못한다. 대안 A, B, C는 채택되지 않을 것이다.

② (X) 대안 A는 대안 B 또는 E와 결부시켜 생각했을 때 갑은 대안 A 지지의 대가로 대안 B 또는 E를 지지할 수 있고, 을은 대안 B 또는 E 지지의 대가로 대안 A를 지지할 수 있다. 그러나 대안 C는 갑, 을 모두 순편익이 음(−)의 값이므로, 갑과 을은 대안 C가 채택되기 위해서 먼저 투표거래를 제안하지 않을 것이다. 다르게 표현하자면 갑과 을은 대안 C에 대해서 서로에게 먼저 투표거래를 제안할 유인이 없다. 다른 예를 들어보면 병은 대안 C의 순편익이 양(+)의 값이므로 갑에게 대안 A에 대한 지지의 대가로 대안 C에 대한 지지를 요구하는 투표거래를 먼저 제안할 유인이 있다.

③ (O) 선지 ②의 투표거래를 제안할 유인이라는 관점에서 모든 대안을 검토해 본다. 각 대안은 1명씩 투표거래를 제안할 유인이 있고 다른 대안에 대해 투표거래를 제안할 유인이 있는 사람에게 투표거래를 제안하면 투표거래가 이루어진다(예외적으로 을은 하나의 대안에 대한 지지를 대가로 대안 C에 대한 투표거래 제안을 받아들이지 않는다). 따라서 대안 A~E가 모두 각각 채택될 수 있다.

④ (X) 선지 ② 대안 C의 경우와 마찬가지로 대안 D는 을, 병 모두 순편익이 음(−)의 값이므로, 을과 병은 대안 D가 채택되기 위해서 먼저 투표거래를 제안하지 않을 것이다.

⑤ (X) 대안 A는 전체 순편익이 양(+)의 값으로 채택되는 것이 바람직하다. 대안 E는 전체 순편익이 음(−)의 값으로 채택되는 것이 전체 순편익 차원에서 바람직하지 못하지만, 채택되는 것이 가장 바람직하지 못한 대안은 전체 순편익이 가장 낮은 대안 D이다.

빠른 문제풀이 Tip

1) 문제 분석에서 음영표시한 부분의 해석에 대해 주어진 지문에서 명백하게 언급하지는 않았으나, 일반적인 투표거래 상황과 i)에서 갑, 을, 병의 성향을 고려할 때 이렇게 해석하는 것이 타당하다. 즉 예를 들어 을은 누군가 자신의 순편익이 양(+)인 대안 B를 찬성해주는 대가로 대안 C를 찬성해주는 투표거래는 하지 않을 것이다. 해설에서는 이미 이러한 관점에서 설명하였다.

2) 선지 ②, ④에서는 해당 대안들이 '함께' 채택될 수 있는지 '각각' 채택될 수 있는지 해석의 문제가 발생하지 않는다. 선지에 등장하는 한 대안이 어차피 채택될 수 없기 때문이다. 그러나 선지 ③의 경우 '함께' 채택될 수 있는지 확인하려면 몇 가지 간단한 전제가 필요하다. 우선 하나의 대안과 하나 이상의 대안에 대한 투표거래가 가능하여야 한다는 것이다. 이미 이러한 관점은 문제 분석이나 선지 ③에서 언급한 바 있다.

이러한 관점에서 모든 대안이 함께 채택될 수 있는 경우의 예를 들어보자. 갑이 병에게 대안 A에 대한 지지의 대가로 대안 C에 대한 지지를 약속하는 투표거래를 제안(갑의 합계 순편익 $200-120=80>0$)한다. 그렇다면 병은 이 제안을 받아들일 것이다(병의 합계 순편익 $400-55=345>0$). 그리고 을은 갑에게 대안 B, E에 대한 지지의 대가로 대안 D의 지지를 약속하는 투표거래를 제안(을의 합계 순편익 $150+150-160=140>0$)한다. 그렇다면 갑은 이 제안을 받아들일 것이다(갑의 합계 순편익 $200-40-40=120>0$).

또 다른 전제는 위와 같은 투표거래가 이루어질 때 자신이 아닌 다른 사람들 사이의 투표거래에는 무관심하며 '지지'에 대해서만 투표거래가 이루어지고 '반대'에 대한 투표거래는 이루어지지 않는다는 것이다. 예를 들어, 을이 갑에게 병과 투표거래를 하지 않을 것을 조건으로 자신과의 투표거래를 제안하지는 않는다는 것이다. 을이 다른 사람들의 투표거래에도 관심을 가진다면 모든 대안이 함께 채택되는 경우 자신의 합계 순편익이 음(−)의 값을 가지기 때문에 일부 대안에 대한 채택을 무산시키려고 할 것이기 때문이다.

3) 선지 ②의 보다 상세한 설명은 다음과 같다.

② (X) 1) 우선 직접적으로 대안 A, C를 결부시켜 생각해 보면 갑은 대안 A가 채택되는 대가로 대안 C를 지지할 수 있다. 그러나 을은 대안 A, C 모두 돌아오는 순편익이 음(−)의 값을 가지므로 어느 한 대안의 찬성을 대가로 다른 대안을 찬성하지 않을 것이다.
2) 그렇다면 대안 A부터 대안 C가 아닌 다른 대안과 결부시켜 생각해 보자. 대안 A를 대안 B 또는 E와 결부시켜 생각해 보면 갑은 대안 A 지지의 대가로 대안 B 또는 E를 지지할 수 있고, 을은 대안 B 또는 E 지지의 대가로 대안 A를 지지할 수 있다. 즉 투표거래를 통해 대안 A는 채택될 수 있다. 그러나 대안 C의 경우, 갑은 대안 A 또는 D 지지의 대가로 대안 C를 지지할 수 있으나 을은 다른 대안 지지의 대가로 대안 C를 지지하지는 않을 것이다. 대안 C 채택으로 인한 순편익 감소가 다른 하나의 대안 채택으로 인한 순편익 증가보다 더 크기 때문이다. 즉 갑과 을의 투표거래를 통해 대안 C는 채택될 수 없다.

[정답] ③

96 다음 제시문의 조건에서 가능한 최종투표 결과를 <보기>에서 모두 고른 것은?

07년 5급 재책형 9번

A국이 B국 문제에 대한 정책결정을 하기 위해 국민투표를 시행했다고 하자. B국에 대해 전쟁을 선포하는 대안, B국 정부를 전복시키기 위해 반군을 지원하는 대안, B국 정부와 친선관계를 모색하는 대안 등 세 가지 대안을 제시하고 다음과 같이 선택하는 방식을 통하여 대안을 선택하기로 하였다. 1차 투표에서 세 가지 대안 중 두 가지를 대상으로 투표를 실시하고, 1차 투표에서 선택된 대안과 나머지 대안을 대상으로 최종 투표를 하게 된다. 다음은 각 집단의 정책 선호 순위와 구성비율을 제시한 것이다.

〈선호내용〉

집단	선호 순위			구성비율 (%)
	1	2	3	
X	전쟁선포	반군지원	친선모색	10
Y	반군지원	친선모색	전쟁선포	45
Z	친선모색	전쟁선포	반군지원	45

※ 구성비율은 전체에서 그 집단이 차지하는 비율을 의미하며, 집단구성원은 동일한 선호를 가지며 선호순위에 따라 투표한다. 투표율은 100%이고 무효표는 없다고 가정함.

〈보 기〉

ㄱ. 친선모색안이 전쟁선포안에 대하여 90% 대 10%로 채택된다.
ㄴ. 반군지원안이 친선모색안에 대하여 55% 대 45%로 채택된다.
ㄷ. 반군지원안이 전쟁선포안에 대하여 55% 대 45%로 채택된다.

① ㄱ
② ㄴ
③ ㄷ
④ ㄱ, ㄴ
⑤ ㄱ, ㄷ

해설

문제 분석

다음과 같은 세 가지 대안이 있다.
1) B국에 대해 전쟁을 선포하는 대안(전쟁선포)
2) B국 정부를 전복시키기 위해 반군을 지원하는 대안(반군지원)
3) B국 정부와 친선관계를 모색하는 대안(친선모색)
- 세 가지 대안 중 두 가지를 대상으로 1차 투표를 실시한다.
- 1차 투표에서 선택된 대안과 나머지 대안을 대상으로 최종 투표를 실시한다.

문제풀이 실마리

1차 투표의 과정 · 결과와 최종 투표의 과정 · 결과가 동일하다는 점을 알면 보다 수월하게 해결할 수 있다.

1차 투표의 과정 · 결과를 살펴보면 다음과 같다.

1) 전쟁선포 vs 반군지원

집단	선호 순위			구성비율(%)
	1	2	3	
X	전쟁선포	반군지원	친선모색	10
Y	반군지원	친선모색	전쟁선포	45
Z	친선모색	전쟁선포	반군지원	45

전쟁선포(55%) vs 반군지원(45%) – 전쟁선포 선택, 반군지원 탈락

2) 전생선포 vs 친선모색

집단	선호 순위			구성비율(%)
	1	2	3	
X	전쟁선포	반군지원	친선모색	10
Y	반군지원	친선모색	전쟁선포	45
Z	친선모색	전쟁선포	반군지원	45

전생선포(10%) vs 친선모색(90%) – 친선모색 선택, 전쟁선포 탈락

3) 반군지원 vs 친선모색

집단	선호 순위			구성비율(%)
	1	2	3	
X	전쟁선포	반군지원	친선모색	10
Y	반군지원	친선모색	전쟁선포	45
Z	친선모색	전쟁선포	반군지원	45

반군지원(55%) vs 친선모색(45%) – 반군지원 선택, 친선모색 탈락
즉, 1차 투표의 결과 반군지원, 전쟁선포, 친선모색 대안이 모두 탈락 가능하다.

최종 투표의 과정 · 결과를 살펴보면 다음과 같다.

a) 1차 투표의 결과 반군지원안이 탈락한 경우 최종투표는 위에서 2)의 결과와 동일하다. 최종투표 결과 전생선포(10%) vs 친선모색(90%)으로 친선모색안이 채택된다. (보기 ㄱ)
b) 1차 투표의 결과 전쟁선포안이 탈락한 경우 최종투표는 위에서 3)의 결과와 동일하다. 최종투표 결과 반군지원(55%) vs 친선모색(45%)으로 반군지원안이 채택된다. (보기 ㄴ)
c) 1차 투표의 결과 친선모색안이 탈락한 경우 최종투표는 위에서 1)의 결과와 동일하다. 최종투표 결과 전쟁선포(55%) vs 반군지원(45%)으로 전쟁선포안이 선택된다. (보기 ㄷ – 옳지 않음)

따라서 정답은 ④이다.

[정답] ④

97 다음 <표>는 회원이 30명(1번~30번)인 단체의 대표선출 선거에서 후보자로 출마한 A, B, C, D에 대한 회원들의 선호도 조사 결과이다. 대표선출 방법은 1차 투표에서 득표수가 많은 상위 두 명을 선택한 후 이 두 후보에 대하여 2차 투표를 실시하여 다득표한 후보를 최종당선자로 결정하는 방식이다. 예상되는 최종 당선자는? (단, 회원들은 조사된 선호도에 따라 각 투표에서 1명의 후보에게 투표한다.)

05년 5급 과책형 32번

〈표〉

조사대상자(총30명)	1순위	2순위	3순위	4순위
1번~7번(7명)	A	D	B	C
8번~16번(9명)	B	A	C	D
17번~22번(6명)	C	D	B	A
23번~26번(4명)	C	B	A	D
27번~28번(2명)	D	A	B	C
29번~30번 2명)	D	C	B	A

① A
② B
③ C
④ D
⑤ 당선자 없음

해설

문제 분석

회원들은 〈표〉에 주어진 선호 순위에 따라 투표한다. 발문에 주어진 대로 1) 1차 투표에서 득표수가 많은 상위 두 명을 선택하고, 2) 두 후보에 대하여 2차 투표를 실시하여 다득표한 후보를 최종 당선자로 결정하는 과정을 검토해 본다.

1) 1차 투표에서 회원들이 〈표〉에 주어진 선호 순위에 따라 투표하면 각 후보의 득표수는 다음과 같다.

조사대상자(총30명)	1순위
1번~7번(7명)	A
8번~16번(9명)	B
17번~22번(6명)	C
23번~26번(4명)	C
27번~28번(2명)	D
29번~30번(2명)	D

후보자	득표수
A	7
B	9
C	10
D	4

득표수가 많은 상위 두 명으로 후보자 B, C가 선택된다.

2) 후보자 B, C에 대하여 2차 투표를 실시하면 B, C의 득표수는 다음과 같다. 지문의 〈표〉에서 후보자 B, C를 제외한 나머지 후보자는 삭제하였다.

조사대상자(총30명)	1순위	2순위	3순위	4순위
1번~7번(7명)			B	C
8번~16번(9명)	B		C	
17번~22번(6명)	C		B	
23번~26번(4명)	C	B		
27번~28번(2명)			B	C
29번~30번(2명)		C	B	

후보자	득표수
B	18
C	12

후보자 B의 득표수는 18표, C는 12표이다. 후보자 B가 최종당선자로 결정된다. 정답은 ②이다.

빠른 문제풀이 Tip

투표제도는 간간이 출제되는 소재이다. 그러나 실제 투표제도와 다르게 일부 변형되거나 간단하게 출제될 수 있으므로 실제 투표제도에 대해 별도로 공부할 필요성은 낮다. 문제에서 주어진 투표제도의 규칙을 이해하고 정확히 적용해서 해결한다.

[정답] ②

98 다음 글을 근거로 판단할 때, <보기>에서 옳은 것을 모두 고르면?

11년 민경채 인책형 22번

○○축구대회에는 모두 32개 팀이 참가하여 한 조에 4개 팀씩 8개 조로 나누어 경기를 한다. 각 조의 4개 팀이 서로 한 번씩 경기를 하여 승점 – 골득실차 – 다득점 – 승자승 – 추첨의 순서에 의해 각 조의 1, 2위 팀이 16강에 진출한다. 각 팀은 16강에 오르기까지 총 3번의 경기를 치르게 되며, 매 경기마다 승리한 팀은 승점 3점을 얻게 되고, 무승부를 기록한 팀은 승점 1점, 패배한 팀은 0점을 획득한다.

그 중 1조에 속한 A, B, C, D팀은 현재까지 각 2경기씩 치렀으며, 그 결과는 A:B=4:1, A:D=1:0, B:C=2:0, C:D=2:1이었다. 아래의 표는 그 결과를 정리한 것이다. 내일 각 팀은 16강에 오르기 위한 마지막 경기를 치르는데, A팀은 C팀과, B팀은 D팀과 경기를 갖는다.

〈마지막 경기를 남겨 놓은 각 팀의 전적〉

	승	무	패	득/실점	승점
A팀	2	0	0	5/1	6
B팀	1	0	1	3/4	3
C팀	1	0	1	2/3	3
D팀	0	0	2	1/3	0

〈보 기〉

ㄱ. A팀이 C팀과의 경기에서 이긴다면, A팀은 B팀과 D팀의 경기 결과에 상관없이 16강에 진출한다.
ㄴ. A팀이 C팀과 1:1로 비기고 B팀이 D팀과 0:0으로 비기면 A팀과 B팀이 16강에 진출한다.
ㄷ. C팀과 D팀이 함께 16강에 진출할 가능성은 전혀 없다.
ㄹ. D팀은 마지막 경기의 결과에 관계없이 16강에 진출할 수 없다.

① ㄱ, ㄴ
② ㄱ, ㄹ
③ ㄷ, ㄹ
④ ㄱ, ㄴ, ㄷ
⑤ ㄴ, ㄷ, ㄹ

해설

문제 분석

○○축구대회에는 모두 32개 팀이 참가하여 한 조에 4개 팀씩 8개 조로 나누어 경기를 한다. '조'를 나누는 것부터가 리그 방식의 실마리일 수 있다.

각 조의 4개 팀이 서로 한 번씩 경기를 하여(리그 방식에 대한 설명이다.) 승점 – 골득실차 – 다득점 – 승자승 – 추첨의 순서에 의해 각 조의 1, 2위 팀이 16강에 진출한다. (동점 시 처리규칙은 중요하다.) 각 팀은 16강에 오르기까지 총 3번의 경기를 치르게 되며, (한 조에 4개 팀이 속하고 자기 팀을 제외한 다른 팀들과 한 번씩 경기를 하게 되므로 총 3번의 경기를 치르게 되는 것이다.) 매 경기마다 승리한 팀은 승점 3점을 얻게 되고, 무승부를 기록한 팀은 승점 1점, 패배한 팀은 0점을 획득한다. (리그 방식에서는 승점을 따지는 것이 중요하며, 일반적으로 이 문제와 같이 승리 시 3점, 무승부 시 1점, 패배 시 0점을 얻게 되나, 경우에 따라 승리 시 2점을 얻게 되는 문제도 있다.)

문제풀이 실마리

- 리그 방식과 관련한 빠른 접근방법 및 해결방법에 따라 해결한다.
- 진출팀을 가리는 데 '승점 – 골득실차 – 다득점 – 승자승 – 추첨'의 순서임에 유의하자.

※승자승 원칙
승자승 원칙은 승점과 골득실차, 다득점까지 같은 두 팀 간의 경기 결과를 통해, 둘 중 이긴 팀이 진출하게 되는 원칙이다. 두 팀이 무승부였을 시 다음 순위 결정 방식으로 넘어가게 된다. 이 문제에서는 '추첨'을 통해 진출팀을 가리게 된다.

ㄱ. (O) A팀이 승리를 하게 되면 현재 6점에서 3점을 더해 승점 9점이 되고, C팀은 현재 승점인 3점에서 0점을 더해 승점 3점이 된다. B팀과 D팀의 경기 결과는 따로 주지 않고 우리가 아무 결과나 가정해 볼 수 있다.

구분	B팀 (현재 승점 3점)	D팀 (현재 승점 0점)
ⓐ B팀이 이기는 경우	6	0
ⓑ 서로 비기는 경우	4	1
ⓒ D팀이 이기는 경우	3	3
※ A팀의 승점 9점, C팀의 승점 3점		

따라서 A팀은 두 팀의 경기 결과에 상관없이 1위로 16강에 진출하게 된다.

ㄴ. (O) A팀이 C팀과 1:1로 비기고 B팀이 D팀과 0:0으로 비기면 남은 두 경기가 모두 무승부이므로 네 팀이 모두 승점을 1점씩 가지게 된다. 이때 굳이 승점을 더할 필요는 없다. 네 팀에 공통적인 계산이고, 승점을 따질 때는 비교만 하면 되기 때문이다. (계산 유형 참고) 그러면 현재 승점 1점인 A팀은 16강에 진출하고 그 다음으로 승점이 3점으로 같은 B팀과 C팀이 승점 – 골득실차 – 다득점 – 승자승 – 추첨의 순서에 의해 2위팀을 가리게 된다.

1) 골득실차: A팀이 C팀과 1:1로 비기고 B팀이 D팀과 0:0으로 비겼기 때문에 골득실차를 보면 마지막 경기에서 B팀과 C팀 모두 골득실차가 0이다. 따라서 〈마지막 경기를 남겨 놓은 각 팀의 전적〉에서의 골득실차가 그대로 유지된다. B팀은 3/4로 −1, C팀 역시 2/3으로 −1로 같다.
2) 다득점: B팀은 3골, C팀 역시 3골로 같다.
3) 승자승: 승자승 원칙이란 두 팀이 경기했을 때 상대전적을 보고 이긴 팀이 유리한 것이다. B팀과 C팀이 경기했을 때 결과가 B:C=2:0이므로 B팀이 16강에 진출하게 된다.

따라서 A팀과 B팀이 16강에 진출하는 것이 맞다.

ㄷ. (O) C팀과 D팀을 함께 16강에 진출시키기 위해서는 조 1,2위를 가리는 첫 번째 기준이 승점이므로, 승점을 따질 때 C팀과 D팀에 유리하도록 경기 결과를 가정해 봐야 한다. 즉 남은 A팀과 C팀, B팀과 D팀이 경기에서 C팀과 D팀이 이기는 것으로 가정해 보자.

	현재 승점			최종 승점
A팀	6	C팀과 D팀 승리 시	+0	6
B팀	3		+0	3
C팀	3		+3	6
D팀	0		+3	3

따라서 D팀은 승점이 낮기 때문에 16강에 진출하기 어렵다.

ㄹ. (X) 앞서 보기 ㄷ에서 살펴봤듯이 D팀이 조 1위를 할 수는 없다. 하지만 조 2위로 만드는 것은 가능하다. (보기 ㄷ과 가장 큰 차이점이 있다면 보기 ㄷ은 A팀을 제외하고 C팀과 D팀, 즉 2개 팀이 조 1, 2위가 되어 함께 16강에 진출해야 한다는 것이고, 보기 ㄹ은 D팀 한 팀만 조 2위로 만들면 되는 것이다.) 이를 위해서 D팀은 남은 경기에 승리하여 승점 3점을 얻고 최종 승점이 3점이 되어야 하고, D팀이 따라잡을 가능성이 있는 승점 3점의 두 팀 B팀과 C팀은 남은 경기에서 패배하여야 한다. 즉 남은 경기에서 A팀과 D팀이 승리하게 되면 이러한 결과가 가능하다. 그러면 B, C, D팀이 모두 승점이 3점이 되고, 다음으로 골득실차를 따지면 되는데 사례 또는 반례를 들 때는 극단적인 사례 또는 반례를 생각해 보는 것이 유리하다. 즉, 남은 경기인 B팀과 D팀간의 경기에서 D팀이 10,000대 0의 스코어로 이겼다고 하면 골득실차에서 10,000골 가까이 플러스(+)가 된다. 즉 골득실차에서 D팀이 유리할 수 있고, 마지막 경기의 결과에 따라 D팀이 16강에 진출할 수도 있으므로 보기 ㄹ은 옳지 않다.

빠른 문제풀이 Tip

이 문제를 푸는 데 직접적으로 활용되지는 않지만 리그 소재 연습을 위해, 축구대회와 관련해서 주어진 조건을 정리해 보면 다음과 같다.

구분	A	B	C	D	승	무	패	득/실	승점
A		4:1		1:1	2	0	0	5/1	6
B	1:4		2:0		1	0	1	3/4	3
C		0:2		2:1	1	0	1	2/3	3
D	0:1		1:2		0	0	2	1/3	0

ㄴ. 위에서 정리한 표에 A팀이 C팀과 1:1로 비기고 B팀이 D팀과 0:0으로 비긴 결과를 추가해 보면 다음과 같다.

구분	A	B	C	D	승	무	패	득/실	승점
A		4:1	1:1	1:1	2	1	0	6/2	7
B	1:4		2:0	0:0	1	1	1	3/4	4
C	1:1	0:2		2:1	1	1	1	3/4	4
D	0:1	0:0	1:2		0	1	2	1/3	1

ㄷ. C팀과 D팀을 함께 16강에 진출시키기 위해서는 승점이 조 1, 2위를 가리는 첫 번째 기준이므로, 적어도 두 팀 모두 현재 승점인 A팀의 승점 이상이 될 수 있어야 한다. 하지만 D팀의 현재 승점은 0점으로 최종 경기에서 승리하더라도 A팀의 승점을 따라잡을 수 없다. 따라서 두 팀이 함께 16강에 진출하기는 어렵다.

[정답] ④

99 다음 <상황>에서 기존의 승점제와 새로운 승점제를 적용할 때, A팀의 순위로 옳게 짝지어진 것은? 13년 민경채 인책형 20번

〈상 황〉

○ 대회에 참가하는 팀은 총 13팀이다.
○ 각 팀은 다른 모든 팀과 한 번씩 경기를 한다.
○ A팀의 최종성적은 5승 7패이다.
○ A팀과의 경기를 제외한 12팀 간의 경기는 모두 무승부이다.
○ 기존의 승점제는 승리시 2점, 무승부시 1점, 패배시 0점을 부여한다.
○ 새로운 승점제는 승리시 3점, 무승부시 1점, 패배시 0점을 부여한다.

	기존의 승점제	새로운 승점제
①	8위	1위
②	8위	8위
③	13위	1위
④	13위	5위
⑤	13위	13위

해설

문제 분석

〈상황〉에서 주어진 조건을 정리하면 다음과 같다.

- 대회에 참가하는 팀은 총 13팀이다.: A를 제외한 나머지 팀은 12팀이다.
- 각 팀은 다른 모든 팀과 한 번씩 경기를 한다.: 리그 방식의 경기를 한다는 의미이다. 즉 한 팀은 자신을 제외한 다른 모든 팀과 한 번씩 경기를 하므로 총 12경기를 하게 된다.
- A팀의 최종성적은 5승 7패이다.: A팀을 제외한 나머지 12팀 중 A팀에게 진 다섯 팀과 A팀에 이긴 7팀이 있다는 것을 알아채야 한다. 즉 A팀에게 이긴 팀과 진팀이 존재한다는 것이다.
- A팀과의 경기를 제외한 12팀 간의 경기는 모두 무승부이다.: 나머지 경기는 모두 무승부이다.
- 새로운 승점제는 승리시 3점, 무승부시 1점, 패배시 0점을 부여한다.: 기존의 승점제와 비교했을 때 승리시의 승점이 2점에서 3점으로 바뀌었다.

문제풀이 실마리

주어진 조건을 통해 A팀의 최종성적은 5승 7패이고, A팀과의 경기를 제외한 12팀 간의 경기는 모두 무승부이기 때문에 A팀을 제외한 12팀은 1승 11무를 한 7팀과 11무 1패를 한 5팀으로 구분된다는 것을 알아낼 수 있어야 한다.

계산 조건과 상황을 결합하여 정리하면 다음과 같다.

구분	최종 성적	승점							
		기존의 승점제				새로운 승점제			
		승	무	패	총점	승	무	패	총점
		2점	1점	0점		3점	1점	0점	
A팀	5승 0무 7패	5	0	7	10[1]	5	0	7	15
A팀에게 진 5팀	0승 11무 1패	0	11	1	11	0	11	1	11
A팀에게 이긴 7팀	1승 11무 0패	1	11	0	13	1	11	0	14

[1] 기존의 승점제에서 A팀의 총점을 구하는 방식은 다음과 같다.

$$(2점 \times 5)+(1점 \times 0)+(0점 \times 7)=10점$$

따라서 기존의 승점제에 따를 때는 A팀에게 이긴 7팀(13점)>A에게 진 5팀(11점)>A팀(10) 순이므로 A팀의 순위는 13위이고, 새로운 승점제에 따를 때는 A팀(15점)>A팀에게 이긴 7팀(14점)>A팀에게 진 5팀(11점) 순이므로 A팀의 순위는 1위이다.

따라서 정답은 ③이다.

빠른 문제풀이 Tip

- A팀의 최종성적은 5승 7패이므로, A팀에게 승리를 한(=A팀에게 패배를 안긴) 7팀과, A팀에게 패배를 한(=A팀에게 승리를 안긴) 5팀으로 구분할 수 있어야 한다.
- 새로운 승점제를 계산할 때 새로 계산을 하는 것이 아니라, 변화된 부분만 계산을 하면 보다 빠르게 문제를 해결할 수 있다.

[정답] ③

100 다음 글을 근거로 판단할 때, <보기>에서 옳은 것만을 모두 고르면?

19년 5급 가책형 34번

○ 4종류(A, B, C, D)의 세균을 대상으로 세균 간 '관계'에 대한 실험을 2일간 진행한다.
○ 1일차 실험에서는 4종류의 세균 중 2종류의 세균을 짝지어 하나의 수조에 넣고, 나머지 2종류의 세균을 짝지어 다른 하나의 수조에 넣어 관찰한다.
○ 2일차 실험에서는 1일차 실험의 수조에서 각 종류의 세균을 분리하여 채취한 후 짝을 바꾸어 1일차와 같은 방식으로 진행한다.
○ 4종류의 세균 간에는 함께 보관 시에 아래와 같이 공생, 독립, 기피, 천적의 4가지 관계가 존재한다.
  - A와 B: 독립관계
  - A와 C: 기피관계
  - A와 D: 천적관계(A강세, D약세)
  - B와 C: 기피관계
  - B와 D: 공생관계
  - C와 D: 천적관계(C강세, D약세)
○ 2종류의 세균을 짝을 지어 하나의 수조에 보관했을 때 생존지수는 1일마다 각각의 관계에 따라 아래와 같이 일정하게 변화한다.
  - 공생관계: 각각 3만큼 증가
  - 독립관계: 불변
  - 기피관계: 각각 2만큼 감소
  - 천적관계: 강세측은 불변, 약세측은 4만큼 감소
○ 각 세균의 1일차 실험시작 직전 초기 생존지수와 2일차 실험이 종료된 후의 생존지수는 아래와 같다.

구분	A	B	C	D
초기 생존지수	10	20	30	40
2일차 실험종료 후 생존지수	8	21	26	39

〈보 기〉

ㄱ. 실험기간 동안 천적관계에 있는 세균끼리 짝을 지어 하나의 수조에서 실험한 적은 없다.
ㄴ. 실험기간 동안 독립관계에 있는 세균끼리 짝을 지어 하나의 수조에서 실험한 적은 없다.
ㄷ. 1일차와 2일차 모두 적어도 1개의 수조에는 기피관계에 있는 세균끼리 짝을 지어 실험했다.
ㄹ. 한 종류의 세균에 대해서는 1일차와 2일차 모두 동일한 '관계'에 있는 세균끼리 짝을 지어 실험했다.

① ㄱ, ㄴ
② ㄴ, ㄷ
③ ㄱ, ㄴ, ㄷ
④ ㄱ, ㄷ, ㄹ
⑤ ㄴ, ㄷ, ㄹ

해설

문제 분석

생존지수의 변화를 정리해 보면 다음과 같다. 각 세균은 한 번의 실험에서 +3(공생관계), 0(독립관계), 0(천적관계 중 강세측), −2(기피관계), −4(천적관계 중 약세측)의 변화가 생길 수 있다.

구분	A	B	C	D
초기 생존지수	10	20	30	40
2일차 실험종료 후 생존지수	8	21	26	39
생존지수의 변화	−2	+1	−4	−1

문제풀이 실마리

리그 방식의 규칙이 변형된 문제임을 알 수 있으면 보다 빠르고 정확한 해결이 가능하다.

1) A의 두 번의 실험을 통해서 생존지수가 −2만큼 변화해야 하는데 이 경우는 두 가지 이상이다.
2) B가 두 번의 실험을 통해서 생존지수가 +1만큼 변화해야 하는데, 그 경우는 +3(공생관계), −2(기피관계)인 경우밖에 없고, B와 공생관계인 세균은 D이고, 기피관계인 세균은 C이다.
3) 따라서 B−D가 실험하는 날에는 또다른 수조에서 A−C를 실험하였을 것이고, B−C가 실험하는 날에는 또다른 수조에서 A−D를 실험하였을 것이다. 이를 정리해 보면 다음과 같다.

구분	A	B	C	D
초기 생존지수	10	20	30	40
2일차 실험종료 후 생존지수	8	21	26	39
생존지수의 변화	−2	+1	−4	−1
짝이 된 세균 조합	C, D	C, D	A, B	A, B

실험기간 동안 하루는 (A, C)−(B, D), 또다른 하루는 (A, D)−(B, C)로 짝지어 하나의 수조에서 실험한 결과이다.

ㄱ. (X) 천적관계인 A와 D는 짝지어 하나의 수조에서 실험한 적이 있다.
ㄴ. (O) 독립관계는 A와 B 간의 관계인데, 이 둘이 짝지어 하나의 수조에서 실험한 적은 없다.
ㄷ. (O) C는 실험기간 동안 A 또는 B와 짝지어 하나의 수조에서 실험되었는데, A, B 모두 C와는 기피관계에 있는 세균이다. 따라서 1일차와 2일차 모두 적어도 1개의 수조, 즉 C가 들어있는 수조에서는 기피관계에 있는 세균끼리 짝을 지어 실험했다.
ㄹ. (O) 하루는 (A, C), 또다른 하루는 (B, C)로 짝지어 하나의 수조에서 실험하였다. 따라서 한 종류의 세균, C는 1일차와 2일차 모두 동일한 '기피관계'에 있는 세균인 A 또는 B와 짝을 지어 실험되었다.

[정답] ⑤

101 다음 글과 <대회 종료 후 대화>를 근거로 판단할 때, 비긴 카드 게임의 총 수는?

17년 5급 가책형 38번

> 다섯 명의 선수(甲～戊)가 카드 게임 대회에 참가했다. 각 선수는 대회에 참가한 다른 모든 선수들과 일대일로 한 번씩 카드 게임을 했다. 각 게임의 승자는 점수 2점을 받고, 비긴 선수는 점수 1점을 받고, 패자는 점수를 받지 못한다.
> 이 카드 게임 대회에서 각 선수가 얻은 점수의 총합이 큰 순으로 매긴 순위는 甲, 乙, 丙, 丁, 戊 순이다. (단, 동점은 존재하지 않는다)

〈대회 종료 후 대화〉

乙: 난 한 게임도 안 진 유일한 사람이야.
戊: 난 한 게임도 못 이긴 유일한 사람이야.

① 2번
② 3번
③ 4번
④ 5번
⑤ 6번

해설

문제 분석

주어진 조건을 정리해 보면 다음과 같다.

- 다섯 명의 선수(甲～戊)가 카드 게임 대회에 참가했다.
- 각 선수는 대회에 참가한 다른 모든 선수들과 일대일로 한 번씩 카드 게임을 했다.
  → 카드 게임 대회는 리그 방식으로 진행되고, 5명의 선수가 참가했고 한 번씩 카드게임을 하므로 총 게임수는 5×4/2=10게임이다.
  → 한 선수는 각자 4게임을 하게 된다.
- 각 게임의 승자는 점수 2점을 받고, 비긴 선수는 점수 1점을 받고, 패자는 점수를 받지 못한다.
  → 승점(=점수) 구조는 이기면 2점, 비기면 1점, 지면 0점이다. 경기의 결과는 '승자 1명(승점 2점)+패자 1명(승점 0점)' 또는 '무승부 2명(각 승점 1점)'일 수 있다. 따라서 게임의 결과 (승리, 패배)=(2점, 0점)이거나 (무승부, 무승부)=(1점, 1점)이 되고, 매 게임마다 총 점수는 2점이 나온다. 총 게임수가 10게임이므로 총 점수는 20점으로 고정되고, 총 점수 20점을 다섯 명의 선수(甲～戊)가 나누어 가지게 된다. 조건에 따를 때 점수가 큰 선수부터 甲, 乙, 丙, 丁, 戊 순이고, 동점은 존재하지 않는다.

문제풀이 실마리

A와 B가 경기를 했을 때, A의 승리는 B의 패배와 같은 의미이다. 따라서 A의 승리가 기록될 때, B에게는 패배로 기록된다. 또한 A의 무승부는 B의 무승부와 같은 의미이다. 따라서 A의 무승부가 기록될 때, B에게도 무승부로 기록된다.

〈대화 종료 후 대화〉를 보면,

- 乙의 발언을 보면, 乙이 한 게임도 안 진 유일한 사람이므로, 乙을 제외한 나머지 선수는 패가 있어야 한다. 이를 반영해 보면 다음 표와 같다.

구분	甲	乙	丙	丁	戊
승					
무					
패	1게임 이상	0게임	1게임 이상	1게임 이상	1게임 이상
총	4게임	4게임	4게임	4게임	4게임

- 戊의 발언을 보면, 戊가 한 게임도 못 이긴 유일한 사람이므로, 戊를 제외한 나머지 선수들은 승이 있어야 한다. 이를 반영해 보면 다음 표와 같다.

구분	甲	乙	丙	丁	戊
승	1게임 이상	1게임 이상	1게임 이상	1게임 이상	0
무					
패	1게임 이상	0게임	1게임 이상	1게임 이상	1게임 이상
총	4게임	4게임	4게임	4게임	4게임

1. 甲의 승점 찾아내기

   이 정보를 토대로 이 카드 게임 대회에서 각 선수가 얻은 점수의 총합이 큰 순으로 매긴 순위는 甲, 乙, 丙, 丁, 戊 순이고, 동점은 존재하지 않는다. 한 선수당 4게임을 하게 되고, 甲은 패가 1게임 이상이기 때문에 최대 3승까지 가능하고 그 때 최대 점수는 6점이다. 각 선수가 얻은 점수의 총합이 큰 순으로 매긴 순위가 甲, 乙, 丙, 丁, 戊 순이므로 甲의 점수를 6점으로 가정하고, 6점부터 1점씩 낮게 조정해 보면, 6점 − 5점 − 4점 − 3점 − 2점 순이 되고, 이때의 점수의 총점은 20점이다. 이 경우에서 甲～戊의 승점을 지금보다 낮게 만들면 총점이 20점에 못 미치게 된다.

甲의 점수가 5점 이하가 되면 5점 이하 – 4점 이하 – 3점 이하 – 2점 이하 – 1점 이하가 되기 때문에 점수는 최대 15점밖에 되지 않으므로 점수의 총합이 20점이어야 한다는 조건을 충족시킬 수 없다. 따라서 다섯 명의 선수의 점수는 甲(6점) – 乙(5점) – 丙(4점) – 丁(3점) – 戊(2점)으로 확정된다.

2. 각 선수별 승 – 무 – 패 경기수의 확인

앞에서 찾아낸 결과와 결합해서 확인해 보면

1) 甲의 결과 확인

점수가 6점이 되려면 3승 1패가 되어야 한다.

구분	게임		점수
승(2점)	1 게임 이상	3 게임	6점
무(1점)		0 게임	0점
패(0점)	1 게임 이상	1 게임	0점
총	4 게임		6점

2) 乙의 결과 확인

乙의 점수는 5점이므로 승리한 게임은 최대 2게임(4점)까지 가능하다. 승리한 게임이 2게임(4점)이라면 총 승점이 5점이 되기 위해서는 비긴 게임이 1게임(1점)이어야 한다. 여기까지 3게임이므로 1게임이 패한 게임이 되는데 이는 乙의 〈대화 종료 후 대화〉에 모순된다. 따라서 승리한 게임은 1게임(2점)이 되고, 나머지 결과는 아래 표와 같다.

구분	게임		점수
승(2점)	1 게임 이상	1 게임	2점
무(1점)		3 게임	3점
패(0점)	0 게임	0 게임	0점
총	4 게임		5점

乙의 비긴 게임이 3게임이라는 점이 중요한데, 甲은 비긴 게임이 없으므로 丙, 丁, 戊와 한 게임씩 비긴 셈이 된다.

구분	丙	丁	戊
승	1게임 이상	1게임 이상	0
무	1게임 이상	1게임 이상	1게임 이상
패	1게임 이상	1게임 이상	1게임 이상
	4게임	4게임	4게임

3) 丙, 丁, 戊의 결과 확인

丙과 丁은 승, 무, 패 게임이 1게임 이상이 있어야 한다. 그러면서 丙의 점수는 4점이어야 하고, 丁의 점수는 3점이어야 한다. 따라서 丙은 1승 2무 1패가 되고, 丁은 1승 1무 2패가 되어야 한다.

戊는 이긴 게임 없이 승점이 2점이 되려면 2무 2패가 되어야 한다.

4) 甲～戊 결과의 종합

구분		甲	乙	丙	丁	戊
승(2점)		3	1	1	1	0
무(1점)		0	3	2	1	2
패(0점)		1	0	1	2	2
총	게임	4게임	4게임	4게임	4게임	4게임
	승점	6점	5점	4점	3점	2점

따라서 갑(0무) – 을(3무) – 병(2무) – 정(1무) – 무(2무)로 총 8번의 비긴 게임이 기록되었다. 이때 조심해야 하는 것은 1번의 비긴 게임으로 게임에 참가한 두 명의 선수에게 두 번의 무승부가 기록된다는 점이다. 따라서 비긴 게임의 총 수는 4번이다.

빠른 문제풀이 Tip

- 리그 방식 규칙의 이해도가 높아야 풀 수 있는 문제이다.
- 특히 무승부의 처리가 중요한 문제이다.

[정답] ③

102 다음 <규칙>을 근거로 판단할 때, <보기>에서 옳은 것만을 모두 고르면?

15년 민경채 인책형 8번

〈규 칙〉

○ △△배 씨름대회는 아래와 같은 대진표에 따라 진행되며, 11명의 참가자는 추첨을 통해 동일한 확률로 A부터 K까지의 자리 중에서 하나를 배정받아 대회에 참가한다.

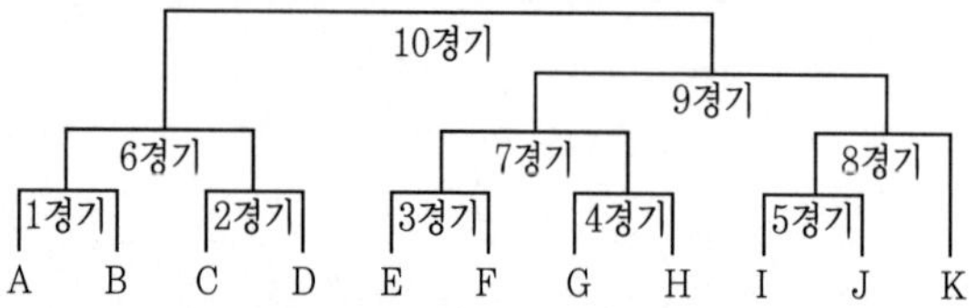

○ 대회는 첫째 날에 1경기부터 시작되어 10경기까지 순서대로 매일 하루에 한 경기씩 쉬는 날 없이 진행되며, 매 경기에서는 무승부 없이 승자와 패자가 가려진다.

○ 각 경기를 거듭할 때마다 패자는 제외시키면서 승자끼리 겨루어 최후에 남은 두 참가자 간에 우승을 가리는 승자 진출전 방식으로 대회를 진행한다.

〈보 기〉

ㄱ. 이틀 연속 경기를 하지 않으면서 최소한의 경기로 우승할 수 있는 자리는 총 5개이다.

ㄴ. 첫 번째 경기에 승리한 경우 두 번째 경기 전까지 3일 이상을 경기 없이 쉴 수 있는 자리에 배정될 확률은 50% 미만이다.

ㄷ. 총 4번의 경기를 치러야 우승할 수 있는 자리에 배정될 확률이 총 3번의 경기를 치르고 우승할 수 있는 자리에 배정될 확률보다 높다.

① ㄱ

② ㄴ

③ ㄷ

④ ㄱ, ㄷ

⑤ ㄴ, ㄷ

해설

문제 분석

• △△배 씨름대회는 아래와 같은 대진표(토너먼트 방식)에 따라 진행되며, 11명의 참가자는 추첨을 통해 동일한 확률로 A부터 K까지의 자리 중에서 하나를 배정받아 대회에 참가한다. (자리 배정 확률은 모두 동일하다.)

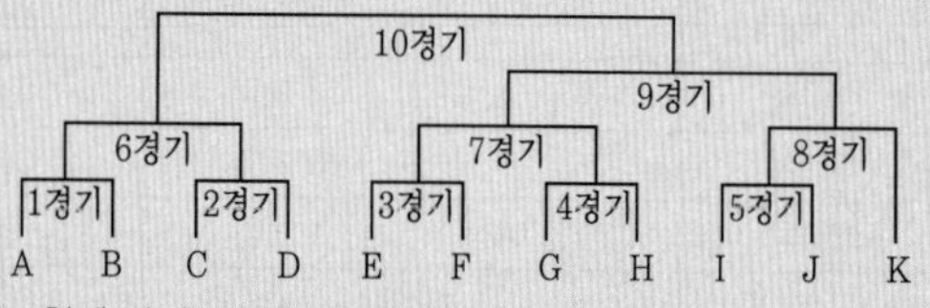

• 대회는 첫째 날에 1경기부터 시작되어 10경기까지 순서대로 매일 하루에 한 경기씩 쉬는 날 없이 진행되며. ('경기 번호 = 경기일'이라고 볼 수 있다.) 매 경기에서는 무승부 없이 승자와 패자가 가려진다.

• 각 경기를 거듭할 때마다 패자는 제외시키면서 승자끼리 겨루어 최후에 남은 두 참가자 간에 우승을 가리는 승자 진출전 방식으로 대회를 진행한다. (토너먼트 방식의 설명이다.)

문제풀이 실마리

3일 이상을 쉰다는 것의 의미를 정확하게 파악하고 있어야 한다.

ㄱ. (X) '각 경기 번호=각 경기일'이기 때문에 이틀 연속 경기를 하지 않으려면 한 참가자 기준으로 경기 번호가 연이어 나오면 안 된다. 이때 8경기, 9경기, 10경기는 연달아 경기를 하게 되므로 이쪽 대진표에 해당되는 E~K는 제외해야 한다. 승리하여 경기를 거듭하게 될 때 이틀 연속 경기를 하게 되기 때문이다.

남은 A~D는 최소한의 경기인 3경기로 우승할 수 있기 때문에, 이틀 연속 경기를 하지 않으면서 최소한의 경기로 우승할 수 있는 자리는 A~D 총 4개이다.

ㄴ. (X)

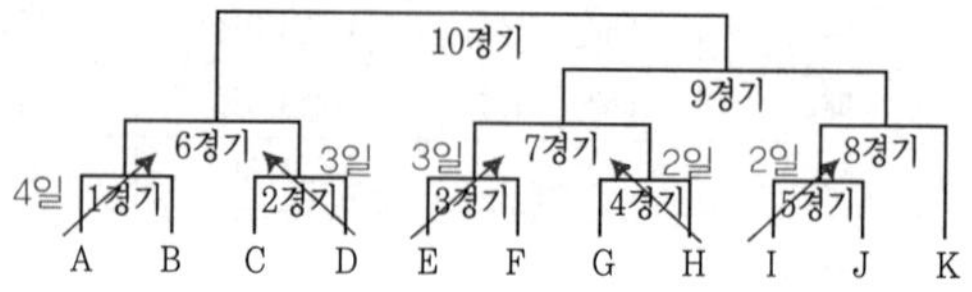

다음 경기까지 쉬는 기간을 보기 쉽게 정리하면 위의 그림과 같다.

첫 번째 경기에 승리한 경우 두 번째 경기 전까지 3일 이상을 경기 없이 쉴 수 있는 자리는 경기순서의 차이가 4이상인 자리이다. 이 자리는 A~E까지 여섯자리이며 이 자리에 배정될 확률은 6/11>50%이다.

ㄷ. (O) 총 4번의 경기를 치러야 우승할 수 있는 자리는 E, F, G, H, I, J 총 여섯자리이고, 총 3번의 경기를 치르고 우승할 수 있는 자리는 A, B, C, D, K까지 총 다섯 자리이다. 보기 ㄷ에서 묻고 있는 건 확률이지만 확률을 구할 때의 공식 '해당 자리 수/전체 자리 수'에서 분모인 '전체 자리 수'가 공통이다. 높다, 낮다를 따지는 것은 상대적인 비교만 하면 되는 계산이므로 굳이 확률을 구할 것 없이 단순히 분자 비교만으로도 비교가 가능하다. 즉, 여섯 자리와 다섯 자리를 비교하여 보기 ㄷ이 맞다는 판단이 가능하다.

[정답] ③

103 현재 2020년 세계 줄다리기 대회 본선에 진출하기 위한 대륙별 최종예선이 진행되고 있다. 다음 <2020년 세계 줄다리기 대회 본선 진출 방식>에 근거할 때 <보기>에서 항상 옳은 것을 모두 고르면? (단, 2020년 세계 줄다리기 대회 본선에 진출하는 국가는 총 32개국이다.)

13년 입법 가책형 1번

〈2020년 세계 줄다리기 대회 본선 진출 방식〉

대륙	2020년 세계 줄다리기 대회 본선 진출 방식
아프리카	10개(A～J)조 각 1위 국가 간 플레이오프를 치름.
아시아	A조(5개국)와 B조(5개국) 각 2위까지 자동 진출하고, 각 조 3위 간 경기에서 승리한 국가가 남아메리카 5위와 플레이오프를 치름.
유럽	9개(A～I)조 각 1위는 자동 진출하고, 각 조 2위 중 승점이 높은 8개 국가 간 플레이오프를 치름.
북중아메리카	최종 라운드에 올라온 6개 국가가 조별리그를 치른 후 3위까지 자동 진출하고, 4위는 오세아니아 1위와 플레이오프를 치름.
오세아니아	최종 라운드에 올라온 4개 국가가 조별리그를 치른 후 1위가 북중아메리카 4위와 플레이오프를 치름.
남아메리카	9개 국가(아르헨티나 제외)가 조별리그를 치른 후 4위까지 자동 진출하고, 5위는 아시아 각 조 3위 간 경기에서 승리한 국가와 플레이오프를 치름.
개최국 (아르헨티나)	예선을 치르지 않고 본선에 자동 진출.

※ '플레이오프'란 두 팀 간 한 번의 경기를 치러 승리하는 국가가 바로 줄다리기 대회 본선에 진출하는 방식을 의미함.

〈보 기〉

ㄱ. 플레이오프를 치르지 않은 시점에서 2020년 세계 줄다리기 대회 본선에 진출하는 국가수가 불확정적인 대륙은 아시아, 북중아메리카, 오세아니아, 남아메리카이다.

ㄴ. 2020년 세계 줄다리기 대회 본선에 진출하는 남아메리카 국가는 4～5개국이다.

ㄷ. 2020년 세계 줄다리기 대회 본선에 진출하는 아시아와 북중아메리카, 아프리카 국가수를 합하면 2020년 세계 줄다리기 대회 본선에 진출하는 유럽 국가보다 적지 않다.

ㄹ. 플레이오프에서 오세아니아 국가가 승리한다면 2020년 세계 줄다리기 대회 본선에 진출하는 북중아메리카와 남아메리카 국가의 합은 2020년 세계 줄다리기 대회 본선에 진출하는 아시아와 아프리카 국가의 합보다 적다.

① ㄱ ② ㄱ, ㄴ
③ ㄱ, ㄷ ④ ㄱ, ㄹ
⑤ ㄷ, ㄹ

해설

문제 분석

본선 진출 방식이 〈표〉로 정리되어 있다.

대륙	2020년 세계 줄다리기 대회 본선 진출 방식	
아프리카	10개(A～J)조 각 1위 국가 간 플레이오프를 치름	
유럽	9개(A～I)조 각 1위는 자동 진출하고, 각 조 2위 중 승점이 높은 8개 국가 간 플레이오프를 치름	
북중아메리카	최종 라운드에 올라온 6개 국가가 조별리그를 치른 후 3위까지 자동 진출	4위는 오세아니아 1위와 플레이오프를 치름
오세아니아	최종 라운드에 올라온 4개 국가가 조별리그를 치른 후	1위가 북중아메리카 4위와 플레이오프를 치름
아시아	A조(5개국)와 B조(5개국) 각 2위까지 자동 진출	각 조 3위 간 경기에서 승리한 국가가 남아메리카 5위와 플레이오프를 치름
남아메리카	9개 국가(아르헨티나 제외)가 조별리그를 치른 후 4위까지 자동 진출	5위는 아시아 각 조 3위 간 경기에서 승리한 국가와 플레이오프를 치름
개최국 (아르헨티나)	예선을 치르지 않고 본선에 자동 진출	

문제풀이 실마리

다양한 본선 진출 방식을 정확히 이해하는지가 관건인 문제이다.

ㄱ. (O) 아시아 각 조 3위 간 경기에서 승리한 국가는 남아메리카 5위와 플레이오프를 치러야 한다. 또한 북중아메리카 4위는 오세아니아 1위와 플레이오프를 치러야 한다.
따라서 플레이오프를 치르지 않은 시점에서 아시아와 남아메리카, 북중아메리카와 오세아니아는 본선 진출 국가 수가 확정된 대륙이 아니다.

ㄴ. (X) 아르헨티나를 제외한 9개 국가가 조별리그를 치른 후 4위까지 자동 진출하고, 5위는 아시아 각 조 3위 간 경기에서 승리한 국가와 플레이오프를 치른다. 따라서 개최국이어서 예선을 치르지 않고 본선에 자동 진출하는 아르헨티나를 포함하면 5개국 또는 6개국일 수 있다.

ㄷ. (X) 아시아에서 각 조 2위까지만 자동 진출하여 4개국이, 북중아메리카에서 3위까지만 진출하여 3개국이, 아프리카에서 10개조 1위 국가 간 플레이오프를 통해 5개국이 본선에 진출하는 경우 총 12개국이 본선에 진출하게 된다.
반면, 유럽에서는 9개조 각 1위인 9개국과, 각조 2위 중 승점이 높은 8개 국가 간 플레이오프를 통해 4개국이 본선에 진출하게 되면 총 13개국이 본선에 진출하게 된다.
따라서 2020년 세계 줄다리기 대회 본선에 진출하는 아시아와 북중아메리카, 아프리카 국가 수를 합하면 2020년 세계 줄다리기 대회 본선에 진출하는 유럽 국가보다 적을 수 있으므로 ㄷ 진술은 옳지 않다.

ㄹ. (X) 남아메리카 5위와 아시아의 플레이오프 결과에 따라서 옳지 않을 수도 있다.
북중아메리카는 3개국이 진출하고, 남아메리카 5위가 아시아와의 플레이오프에서 승리하면 6개국이 진출하여 최대 9개국이 진출하는 경우가 있다. 아시아는 남아메리카에 플레이오프에서 졌으므로 4개국이 진출하고, 아프리카는 5개국이 진출하므로 총 9개국이 진출하는 경우가 있다.
따라서 2020년 세계 줄다리기 대회 본선에 진출하는 북중아메리카와 남아메리카 국가의 합 9개국은 2020년 세계 줄다리기 대회 본선에 진출하는 아시아와 아프리카 국가의 합 9개국과 같을 수도 있다.

[정답] ①

104 다음 글과 <상황>을 근거로 판단할 때, <보기>에서 옳은 것만을 모두 고르면?

20년 민경채 가책형 22번

A팀과 B팀은 다음과 같이 게임을 한다. A팀과 B팀은 각각 3명으로 구성되며, 왼손잡이, 오른손잡이, 양손잡이가 각 1명씩이다. 총 5라운드에 걸쳐 가위바위보를 하며 규칙은 아래와 같다.

○ 모든 선수는 1개 라운드 이상 출전하여야 한다.
○ 왼손잡이는 '가위'만 내고 오른손잡이는 '보'만 내며, 양손잡이는 '바위'만 낸다.
○ 각 라운드마다 가위바위보를 이긴 선수의 팀이 획득하는 점수는 다음과 같다.
  - 이긴 선수가 왼손잡이인 경우: 2점
  - 이긴 선수가 오른손잡이인 경우: 0점
  - 이긴 선수가 양손잡이인 경우: 3점
○ 두 팀은 1라운드를 시작하기 전에 각 라운드에 출전할 선수를 결정하여 명단을 제출한다.
○ 5라운드를 마쳤을 때 획득한 총 점수가 더 높은 팀이 게임에서 승리한다.

〈상 황〉

다음은 3라운드를 마친 현재까지의 결과이다.

구분	1라운드	2라운드	3라운드	4라운드	5라운드
A팀	왼손잡이	왼손잡이	양손잡이		
B팀	오른손잡이	오른손잡이	오른손잡이		

※ 각 라운드에서 가위바위보가 비긴 경우는 없다.

〈보 기〉

ㄱ. 3라운드까지 A팀이 획득한 점수와 B팀이 획득한 점수의 합은 4점이다.
ㄴ. A팀이 잔여 라운드에서 모두 오른손잡이를 출전시킨다면 B팀이 게임에서 승리한다.
ㄷ. B팀이 게임에서 승리하는 경우가 있다.

① ㄴ
② ㄷ
③ ㄱ, ㄴ
④ ㄱ, ㄷ
⑤ ㄱ, ㄴ, ㄷ

해설

문제 분석

- 조건에서 '왼손잡이=가위', '오른손잡이=보', '양손잡이=바위'이므로 가위 · 바위 · 보로 이해하는 것이 더 수월하다.
- 이긴 팀이 획득하는 점수가 상황마다 다른데, 가위로 이긴 경우 2점, 보로 이긴 경우 0점, 바위로 이긴 경우 3점의 점수를 획득한다.
- 3라운드를 마친 현재까지의 결과도 보다 직관적으로 이해될 수 있게 가위 · 바위 · 보로 바꾼 후, 라운드별 이긴 선수에게 점수를 부여해 보면 다음과 같다.

구분	1라운드	2라운드	3라운드	4라운드	5라운드
A팀	가위 2	가위 2	바위		
B팀	보	보	보 0		

ㄱ. (O) 위 표에서 살펴본 바와 같이 3라운드까지 A팀이 획득한 점수는 4점, B팀이 획득한 점수는 0점이므로 두 점수의 합은 4점이다.

ㄴ. (X) 모든 선수는 1개 라운드 이상 출전하여야 한다. 즉, 5라운드가 진행되는 동안 가위, 바위, 보가 한 번씩은 등장해야 한다. B팀은 현재까지 모두 보만 냈기 때문에 남은 4라운드와 5라운드에서는 가위와 바위를 한 번씩 내야 한다. 이때 A팀이 잔여 라운드에서 모두 오른손잡이를 출전시킨다면 즉, 잔여 라운드에서 모두 보를 낸다면
(A팀, B팀)=(보, 가위)=(0점, **2점**)
=(보, 바위)=(**0점**, 0점)
의 결과가 나온다. 3라운드까지 A팀의 승점 4점에 0점, 0점이 더해져도 여전히 승점은 4점이고, 3라운드까지 B팀의 승점 0점에 2점, 0점이 더해지면 승점은 2점이 된다. 따라서 A팀이 잔여 라운드에서 모두 오른손잡이를 출전시킨다면 B팀이 아닌 A팀이 게임에서 승리한다.

ㄷ. (O) 보기 ㄴ에서도 살펴봤듯이, 모든 선수는 1개 라운드 이상 출전하여야 하므로 B팀은 남은 4라운드와 5라운드에서는 가위와 바위를 한 번씩 내야 한다. 임의로 4라운드에서 가위를, 5라운드에서 바위를 낸다고 하면 다음과 같이 정리할 수 있다.

구분	1라운드	2라운드	3라운드	4라운드	5라운드
A팀	가위 2	가위 2	바위		
B팀	보	보	보 0	가위	바위

A팀은 3라운드까지 가위와 바위를 냈기 때문에 남은 4라운드와 5라운드에서는 보를 한 번 내야 하고 다른 한 번은 가위 · 바위 · 보 중에 아무 것이나 낼 수 있다. 예를 들어, A가 4라운드에 보를 내고 5라운드에 가위를 낸다면 점수는 다음과 같다.

구분	1라운드	2라운드	3라운드	4라운드	5라운드
A팀	가위 2	가위 2	바위	보	가위
B팀	보	보	보 0	가위 2	바위 3

이 경우 A팀이 획득한 총 점수는 4점인데, B팀이 획득한 총 점수는 5점이 되므로, B팀이 게임에서 승리하는 경우가 있다.

[정답] ④

105 다음 글을 근거로 판단할 때, 甲의 승패 결과는?

20년 7급(모의) 14번

甲과 乙이 10회 실시한 가위바위보에 대해 다음과 같은 사실이 알려져 있다.

○ 甲은 가위 6회, 바위 1회, 보 3회를 냈다.
○ 乙은 가위 4회, 바위 3회, 보 3회를 냈다.
○ 甲과 乙이 서로 같은 것을 낸 적은 10회 동안 한 번도 없었다.

① 7승 3패
② 6승 4패
③ 5승 5패
④ 4승 6패
⑤ 3승 7패

해설

문제 분석

甲과 乙이 서로 같은 것을 낸 적은 10회 동안 한 번도 없었다는 제약조건에 신경써야 한다.

주어진 조건을 이해해 보면 다음과 같다.

• 甲은 가위 6회, 바위 1회, 보 3회를 냈다.
→ 임의적으로 甲이 가위 6회, 바위 1회, 보 3회 순으로 냈다고 가정하자.

회차	1	2	3	4	5	6	7	8	9	10
갑	가위	가위	가위	가위	가위	가위	바위	보	보	보
을										
승패										

• 甲과 乙이 서로 같은 것을 낸 적은 10회 동안 한 번도 없었다.
→ 甲이 가위를 내는 6회 동안, 乙은 바위 또는 보를 내야 한다.

• 乙은 가위 4회, 바위 3회, 보 3회를 냈다.
→ 앞서 검토한 것과 연결시켜 보면 乙은 바위 3회, 보 3회를 냈고, 이를 甲이 가위를 내는 6회 동안 乙은 바위 또는 보를 낸 것이 된다. 이를 반영해 보면 다음과 같다.

회차	1	2	3	4	5	6	7	8	9	10
갑	가위	가위	가위	가위	가위	가위	바위	보	보	보
을	바위	바위	바위	보	보	보				
승패	갑 패배	갑 패배	갑 패배	갑 승리	갑 승리	갑 승리				

→ 을은 낼 수 있는 것이 가위 4회밖에 남지 않았다. 따라서 나머지 7회차부터 10회차까지는 남은 가위 4회를 낸 것이 되고, 이때 최종 결과는 다음과 같다.

회차	1	2	3	4	5	6	7	8	9	10
갑	가위	가위	가위	가위	가위	가위	바위	보	보	보
을	바위	바위	바위	보	보	보	가위	가위	가위	가위
승패	갑 패배	갑 패배	갑 패배	갑 승리	갑 승리	갑 승리	갑 승리	갑 패배	갑 패배	갑 패배

따라서 갑의 승패 결과는 '④ 4승 6패'가 된다.

빠른 문제풀이 Tip

甲과 乙이 서로 같은 것을 낸 적은 10회 동안 한 번도 없었다는 조건을 甲이 가위를 낼 때는 乙이 가위를 내서는 안 된다고 이해하면 보다 빠른 해결이 가능하다.

[정답] ④

106 **다음 <조건>에 따라 A팀과 B팀이 왼손 팔씨름 시합을 한다. 첫 번째 경기 시작 전에 B팀에서는 A팀이 첫 번째 경기에 장사를 출전시킨다는 확실한 정보를 입수했다고 할 때, 옳은 것을 <보기> 에서 모두 고르면?** 12년 5급 인책형 10번

〈조 건〉

○ A팀과 B팀은 각각 장사 1명, 왼손잡이 1명, 오른손잡이 2명(총 4명)으로 구성되어 있다.
○ 한 사람당 한 경기에만 출전할 수 있으며, 총 네 번의 경기를 치러 승점의 합이 많은 팀이 우승을 차지한다. 이때 이길 경우 3점, 비길 경우 1점, 질 경우는 0점의 승점이 주어진다.
○ 양 팀은 첫 번째 경기 시작 전에 각 경기별 출전선수 명단을 심판에게 제출해야 하며, 제출한 선수명단은 바꿀 수 없다.
○ 각 팀에 속하는 팀원의 특징은 아래와 같다.
  – 장사: 왼손잡이, 오른손잡이 모두에게 이긴다.
  – 왼손잡이: 장사에게는 지고 오른손잡이에게는 이긴다.
  – 오른손잡이: 장사, 왼손잡이 모두에게 진다.
○ 누구든 같은 특징의 상대를 만나면 비긴다.

〈보 기〉

ㄱ. B팀도 첫 번째 경기에 장사를 출전시키면 최대 승점 5점을 얻을 수 있다.
ㄴ. B팀이 첫 번째 경기에 왼손잡이를 출전시키면 최대 승점 4점을 얻을 수 있다.
ㄷ. B팀이 첫 번째 경기에 오른손잡이를 출전시키면 최대 승점 7점을 얻을 수 있다.
ㄹ. A팀이 첫 번째 경기에 장사를 출전시키고 두 번째 경기에 왼손잡이를 출전시킨다는 확실한 정보를 B팀이 입수한다면, B팀은 우승할 수 있으며 이때의 승점은 7점이다.

① ㄱ, ㄷ
② ㄴ, ㄷ
③ ㄴ, ㄹ
④ ㄱ, ㄴ, ㄹ
⑤ ㄱ, ㄷ, ㄹ

해설

문제 분석

• 유리하게 매치업을 짜기 위해서는 이길 수 있는 상대를 만나 비기는 경기(승점 1점)보다 이기는 경기(승점 3점)가 있어야 최대 승점을 얻을 수 있다. 비기는 경기 세 경기와 이기는 경기 한 경기의 승점이 동일하다.
• 매치업을 짤 때 경기 순서는 중요하지 않은 경우가 많다.

문제풀이 실마리

보기 ㄱ~ㄷ까지는 네 개의 매치업 중 하나의 매치업이 고정정보로 주어지고, 보기 ㄹ에서는 고정정보가 주어지지 않는다. 이를 정확히 구분하고 접근해야 한다.

ㄱ. (O)

순서＼팀	A팀	B팀	B팀의 결과	B팀의 승점
1	장사	장사	무승부	1
2	오른손	왼손	승	3
3	왼손	오른손	패	0
4	오른손	오른손	무	1

* 오른손: 문제에서 주어진 고정정보

첫 번째 경기는 무승부가 되고, 남은 사람은 두 팀 모두 왼손잡이 1명과 오른손잡이 2명이다. B팀의 승점을 최대로 하기 위해서는 이기는 게임이 있어야 하고, 그러기 위해서는 왼손잡이로 오른손잡이에게 1승을 거두어야 한다. 이 경우 B팀은 최종 1승 2무 1패로 최대 승점 5점을 얻을 수 있다.

ㄴ. (X)

순서＼팀	A팀	B팀	B팀의 결과	B팀의 승점
1	장사	왼손	패	0
2	왼손	장사	승	3
3	오른손	오른손	무	1
4	오른손	오른손	무	1

첫 번째 경기는 B팀이 진다. 남은 경기에서 최대로 이기거나 비길 수 있도록 매치업을 짜보면 위와같다. 이 경우 B팀은 최종 1승 2무 1패로 승점은 최대 5점까지 가능하다.

ㄷ. (O)

순서＼팀	A팀	B팀	B팀의 결과	B팀의 승점
1	장사	오른손	패	0
2	왼손	장사	승	3
3	오른손	왼손	승	3
4	오른손	오른손	무	1

첫 번째 경기는 B팀이 진다. 남은 경기에서 최대로 이기거나 비길 수 있도록 매치업을 짜보면 위와 같다. 이 경우 B팀은 최종 2승 1무 1패로 승점은 최대 7점까지 가능하다.

ㄹ. (O) A팀이 첫 번째 경기에 장사를 출전시키고 두 번째 경기에 왼손잡이를 출전시킨다는 확실한 정보를 B팀이 입수한다면, B팀은 우승할 수 있으며 이때의 승점은 7점이다.

순서＼팀	A팀	B팀	B팀의 결과	B팀의 승점
1	장사	오른손	패	0
2	왼손	장사	승	3
3	오른손	왼손	승	3
4	오른손	오른손	무	1

보기 ㄷ에서 본 대진표와 같다. B팀의 승점은 최대 7점이다.

빠른 문제풀이 Tip

주어진 정보를 볼펜과 샤프를 적절히 사용하여 해결하면 더 빠른 해결이 가능하다. 고정적인 정보는 볼펜으로, 가변적인 정보는 샤프로 처리하는 것이 좋다.

[정답] ⑤

107 甲과 乙이 가위바위보 경기를 했다. 다음 <규칙>과 <상황>을 근거로 판단할 때, <보기>에서 옳은 것만을 모두 고르면?

15년 5급 인책형 18번

〈규 칙〉

○ A규칙은 일반적인 가위바위보 규칙과 같다.
○ B규칙은 가위, 바위, 보를 숫자에 대응시켜 더 큰 숫자 쪽이 이기며, 숫자가 같으면 비긴다. 이때 가위는 2, 바위는 0, 보는 5를 나타낸다.
○ C규칙은 가위, 바위, 보를 숫자에 대응시켜 더 작은 숫자 쪽이 이기며, 숫자가 같으면 비긴다. 이때 가위는 2, 바위는 0, 보는 5를 나타낸다.

〈상 황〉

○ 甲과 乙은 총 3번 경기를 하였고, 3번의 경기가 모두 끝날 때까지는 각 경기에 어떤 규칙이 적용되었는지 알 수 없었다.
○ 모든 경기가 종료된 후에 각 규칙이 한 번씩 적용되었음을 알 수 있었다.
○ 甲은 보를 3번 냈으며, 乙은 가위-바위-보를 순서대로 냈다.

〈보 기〉

ㄱ. 甲이 1승 1무 1패를 한 경우, 첫 번째 경기에 A규칙 또는 C규칙이 적용되었다.
ㄴ. 甲이 2승 1무를 한 경우, 두 번째 경기에 A규칙이 적용되었다.
ㄷ. 甲은 3번의 경기 중 최소한 1승은 할 수 있다.
ㄹ. 만약 乙이 세 번째 경기에서 보가 아닌 가위나 바위를 낸다고 해도 甲은 3승을 할 수 없다.

① ㄱ, ㄷ
② ㄴ, ㄷ
③ ㄴ, ㄹ
④ ㄱ, ㄴ, ㄹ
⑤ ㄱ, ㄷ, ㄹ

해설

문제 분석

甲은 보만 세 번 냈고, 乙은 가위-바위-보를 순서대로 냈다. 이 상황을 정리해 보면 다음과 같다.

甲	乙	A규칙	B규칙	C규칙
보 (5)	가위(2)	乙승	甲승	乙승
	바위(0)	甲승	甲승	乙승
	보(5)	무승부	무승부	무승부

문제풀이 실마리

각 보기의 정오판단을 하기 위한 입증사례와 반증사례를 적절하게 떠올릴 수 있어야 한다.

ㄱ. (X) 세 번째 경기는 무조건 1무가 나오게 되므로, 첫 번째 경기와 두 번째 경기에서 1승 1패를 거두는 경우를 찾아야 한다. 첫 번째 경기에 B규칙이 적용되더라도 B – C – A 순으로 규칙이 적용된다면, 1승 1무 1패의 결과가 나올 수 있다. 그 외에도 A – B – C, C – B – A, C – A – B의 순으로 규칙이 적용되는 경우, 1승 1무 1패의 결과가 나올 수 있다.

ㄴ. (O) 세 번째 경기에서 1무가 나오게 되므로, 첫 번째 경기와 두 번째 경기에서 모두 승리를 거두게 되는 경우를 찾아야 한다. 2승을 거두기 위해서는 첫 번째 경기에 B규칙이 적용되고, 두 번째 경기에 A규칙이 적용되어야 한다.

ㄷ. (X) A – C – B 순으로 규칙이 적용되는 경우, 甲의 전적은 1무 2패가 되어, 1승도 하지 못하는 경우가 있다.

ㄹ. (O) 甲이 3승, 즉 전승(全勝)을 하려면 앞서 보기 ㄴ에서 살펴봤듯이, 첫 번째 경기에 B규칙이 적용되고, 두 번째 경기에 A규칙이 적용되어야 한다. 따라서 남은 세 번째 경기에는 C규칙이 적용될텐데, 甲은 세 번째 경기에서 '보', 즉 숫자 5를 내므로 더 작은 숫자가 이기는 C규칙 하에서는 이기는 것이 불가능하다.

[정답] ③

108 다음 <조건>에 따라 시뮬레이션을 할 때 최초 탈락팀, 최종 승리팀, 최종 승리팀의 승수는? 10년 5급 선책형 16번

〈조 건〉

- ○ 대회에는 네 개의 팀(A, B, C, D)이 출전한다.
- ○ 게임은 두 개의 팀이 겨룬다.
- ○ 네 팀의 역대 전적 순위는 다음과 같았다.
  A>B>C>D
- ○ 상대 전적에 따르면, A팀은 C팀에 약했고, B팀은 D팀에 약했다.
- ○ 첫 번째 게임은 A 대 C, B 대 D로 진행한다.
- ○ 두 번째 게임은 승자 대 승자, 패자 대 패자로 진행한다. 이후의 게임도 같은 방식으로 진행한다.
- ○ 게임의 상대자가 없을 경우 부전승을 거둔다.
- ○ 누적해서 두 번 패하면 대회에서 탈락한다.
- ○ 최후에 남은 한 팀을 최종 승리팀으로 한다.

※ 이 시뮬레이션에서는 상대 전적과 역대 전적에 따라 게임의 승패를 결정하되, 상대 전적을 역대 전적보다 우선 적용한다.
※ 최종 승리팀이 결정되면 시뮬레이션을 종료한다.

	최초 탈락팀	최종 승리팀	최종 승리팀의 승수
①	A	B	3
②	B	C	3
③	B	C	4
④	D	A	3
⑤	D	A	4

해설

문제 분석
- 네 팀의 역대 전적 순위는 A>B>C>D이다.
- 상대 전적에 따르면, C>A, D>B이다.
- 상대 전적을 역대 전적보다 우선 적용한다.

문제풀이 실마리
역대 전적 순위와 상대 전적 순위를 잘 처리할 수 있어야 한다.

- 첫 번째 게임은 A 대 C, B 대 D로 진행하여, C와 D가 승리한다.
  → A(1패) 대 C(1승), B(1패) 대 D(1승)
- 두 번째 게임은 승자 대 승자, 패자 대 패자로 진행하므로, C 대 D, A 대 B로 진행하여, C와 A가 승리한다.
  → C(2승) 대 D(1승 1패), A(1승 1패) 대 B(2패): B 탈락
- 세 번째 게임은 A 대 C로 진행하여 C가 승리하며, 상대자가 없는 D는 부전승을 거둔다.
  → A(1승 2패) 대 C(3승), D(2승 1패): A 탈락
- 네 번째 게임은 C 대 D로 진행하여, C가 승리한다.
  → C(4승) 대 D(2승 2패) D 탈락

따라서 최초 탈락팀은 B, 최종 승리팀은 C, 최종 승리팀의 승수는 4승이다.

빠른 문제풀이 Tip
여러 방법으로 정보를 처리할 수 있다. 다양한 방법을 연습해 볼 수 있는 문제이다.

[정답] ③

109 다음 <배드민턴 복식 경기방식>을 따를 때, <경기상황>에 이어질 서브 방향 및 선수 위치로 가능한 것은? 14년 5급 A책형 11번

〈배드민턴 복식 경기방식〉

- ⅰ)점수를 획득한 팀이 서브권을 갖는다. 다만 서브권이 상대팀으로 넘어가기 전까지는 팀 내에서 같은 선수가 연속해서 서브권을 갖는다.
- ⅱ)서브하는 팀은 자신의 팀 점수가 0이거나 짝수인 경우는 우측에서, 점수가 홀수인 경우는 좌측에서 서브한다.
- ⅲ)서브하는 선수로부터 코트의 대각선 위치에 선 선수가 서브를 받는다.
- ⅳ)서브를 받는 팀은 자신의 팀으로 서브권이 넘어오기 전까지는 팀 내에서 선수끼리 서로 코트 위치를 바꾸지 않는다.

※ 좌측, 우측은 각 팀이 네트를 바라보고 인식하는 좌, 우이다.

〈경기상황〉

- 甲팀(A · B)과 乙팀(C · D)간 복식 경기 진행
- 3:3 동점 상황에서 A가 C에 서브하고 甲팀(A · B)이 1점 득점

점수	서브 방향 및 선수 위치	득점한 팀
3:3	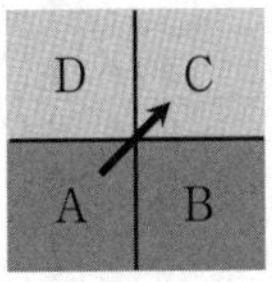	甲

①

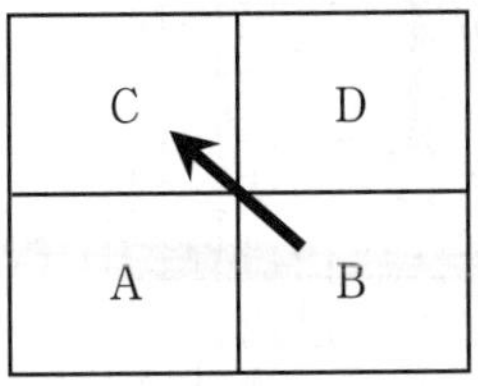

②

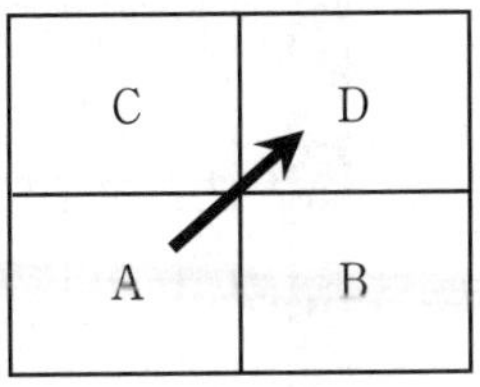

③

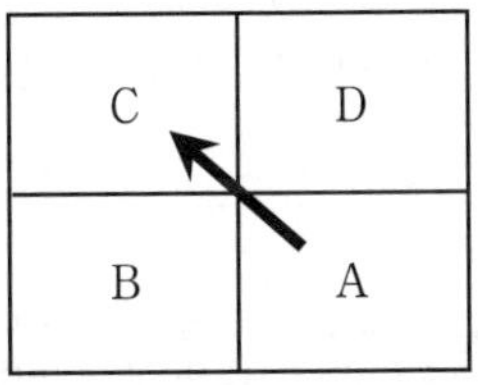

④

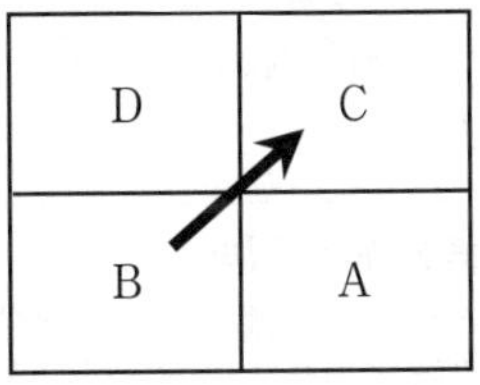

⑤

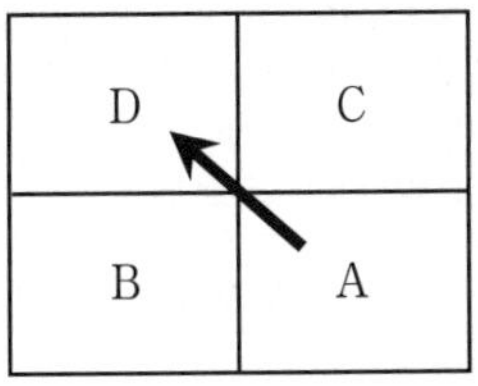

해설

문제 분석

주어진 조건 ⅰ)~ⅳ)를 〈경기상황〉에 맞게 적용하기만 하면 된다. 현재의 〈경기상황〉을 간략히 정리하면 조건 ⅰ)에 따라 3:3 동점 상황 이전에 甲팀이 점수를 획득하여 서브권을 갖고 있다. 조건 ⅱ), ⅲ)에 따라 甲팀은 3:3 동점인 상황에서 코트의 좌측에서 A가 C에 서브하였고 1점을 득점하였다.

1) 〈경기상황〉에서 甲팀이 1점 득점했으므로 조건 ⅰ)에 따라 서브권이 상대팀으로 넘어가기 전에는 甲팀의 A가 연속해서 서브권을 갖는다.

2) 그리고 조건 ⅱ)에 따라 서브하는 팀인 甲팀은 3:3 동점 상황에서 득점하여 4점이 되었으므로 짝수인 경우가 되어 우측에서 서브한다. 여기까지 甲팀의 서브 방향 및 선수 위치는 다음과 같다. 조건 ⅲ)에 따라 A가 서브하면 대각선 위치에 선 선수가 서브를 받는다.

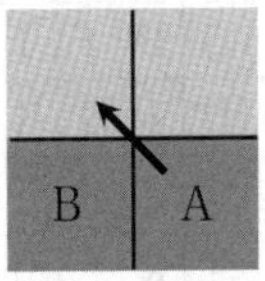

3) 조건 ⅳ)에 따라 乙팀은 자신의 팀으로 서브권이 넘어오기 전까지는 팀 내에서 선수끼리 서로 코트 위치를 바꾸지 않는다고 하였으므로 乙팀의 선수 위치는 다음과 같다.

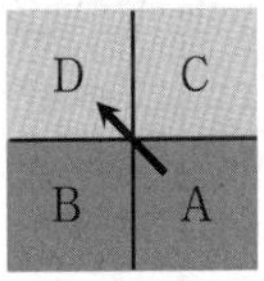

정답은 ⑤이다.

빠른 문제풀이 Tip

해설처럼 결론을 내리지 않고 각 조건을 별개로 검토하더라도 일정 정도 선지를 제거할 수 있다. 해설의 1)만 보아도 A가 연속해서 서브권을 갖는다고 하고 있으므로 선지 ①, ④를 제거할 수 있다. 2)를 보면 甲팀이 우측에서 서브한다고 하고 있으므로 선지 ②, ④를 제거할 수 있다. 또한 3)을 보면 乙팀은 코트 위치를 바꾸지 않는다고 하였으므로 ①, ②, ③을 제거할 수 있다.

[정답] ⑤

110 **다음 글에 근거할 때, <보기>의 암호문을 해석하여 찾아낸 원문으로 옳은 것은?**

12년 민경채 인책형 7번

아래의 〈암호표〉를 이용하여 암호문을 만드는 방법은 다음과 같다. 암호문은 암호화하고자 하는 원문의 알파벳과 암호 변환키의 알파벳을 조합하여 만든다. 먼저 원문 알파벳을 표의 맨 왼쪽 줄에서 찾고, 암호 변환키의 알파벳을 표의 맨 위쪽 줄에서 찾아 그 교차점에 있는 알파벳을 암호문으로 한다.

〈암호표〉

→ 암호 변환키

↓ 원문

	A	B	C	D	E	F	G	H	I	J	K	L	M	N
A	A	B	C	D	E	F	G	H	I	J	K	L	M	N
B	B	C	D	E	F	G	H	I	J	K	L	M	N	A
C	C	D	E	F	G	H	I	J	K	L	M	N	A	B
D	D	E	F	G	H	I	J	K	L	M	N	A	B	C
E	E	F	G	H	I	J	K	L	M	N	A	B	C	D
F	F	G	H	I	J	K	L	M	N	A	B	C	D	E
G	G	H	I	J	K	L	M	N	A	B	C	D	E	F
H	H	I	J	K	L	M	N	A	B	C	D	E	F	G
I	I	J	K	L	M	N	A	B	C	D	E	F	G	H
J	J	K	L	M	N	A	B	C	D	E	F	G	H	I
K	K	L	M	N	A	B	C	D	E	F	G	H	I	J
L	L	M	N	A	B	C	D	E	F	G	H	I	J	K
M	M	N	A	B	C	D	E	F	G	H	I	J	K	L
N	N	A	B	C	D	E	F	G	H	I	J	K	L	M

〈예 시〉

원문	F	A	C	E
암호 변환키	C	E	G	I
암호문	**H**	**E**	**I**	**M**

〈보 기〉

암호 변환키	BHEMGI
암호문	IBNMIE

① HIJACK
② HIDDEN
③ HANDLE
④ JINGLE
⑤ JACKIE

해설

문제 분석

암호문은 암호화하고자 하는 원문의 알파벳과 암호 변환키의 알파벳을 조합하여 만든다.
1) 먼저 원문 알파벳을 표의 맨 왼쪽 줄에서 찾고,
2) 암호 변환키의 알파벳을 표의 맨 위쪽 줄에서 찾아
3) 그 교차점에 있는 알파벳을 암호문으로 한다.

문제풀이 실마리

이 문제에서 우리가 알아내야 하는 것은 1)단계에서의 '원문'이다.

문제에서 요구하는 원문을 알아내기 위해서는 2)+3) → 1) 의 과정을 거쳐야 한다. 즉, 2) 암호 변환키의 알파벳을 표의 맨 위쪽 줄에서 찾고 3) 해당 암호변환키의 알파벳에 해당하는 열을 세로 방향으로 확인해 가면서 암호문에 해당하는 알파벳을 찾아낸 다음 1) 좌측으로 시선을 이동하여 해당 원문을 찾아낼 수 있어야 한다.

이 방법에 따라 원문을 찾아내면 다음과 같다. 확인은 여섯 번째 알파벳을 확인해 보도록 하겠다.

→ 암호 변환키

↓ 원문

	A	B	C	D	E	F	G	H	I	J	K	L	M	N
A	A	B	C	D	E	F	G	H	I	J	K	L	M	N
B	B	C	D	E	F	G	H	I	J	K	L	M	N	A
C	C	D	E	F	G	H	I	J	K	L	M	N	A	B
D	D	E	F	G	H	I	J	K	L	M	N	A	B	C
E	E	F	G	H	I	J	K	L	M	N	A	B	C	D
F	F	G	H	I	J	K	L	M	N	A	B	C	D	E
G	G	H	I	J	K	L	M	N	A	B	C	D	E	F
H	H	I	J	K	L	M	N	A	B	C	D	E	F	G
I	I	J	K	L	M	N	A	B	C	D	E	F	G	H
J	J	K	L	M	N	A	B	C	D	E	F	G	H	I
K	K	L	M	N	A	B	C	D	E	F	G	H	I	J
L	L	M	N	A	B	C	D	E	F	G	H	I	J	K
M	M	N	A	B	C	D	E	F	G	H	I	J	K	L
N	N	A	B	C	D	E	F	G	H	I	J	K	L	M

따라서 여섯 번째 자리의 원문은 'K'이고, 정답은 바로 '① HIJACK'임을 알 수 있다.

빠른 문제풀이 Tip

〈예시〉에서는 '원문 – 암호 변환키 – 암호문'의 순서로 제시되어 있다. 문제에서 제시된 규칙은 〈암호표〉를 이용하여 암호문을 만드는 방법을 소개하고 있기 때문에, 당연히 암호문을 만들 것을 요구하는 문제일 것이라고 잘못 예상하고 괄호 안에 들어갈 단어가 (원문) – (암호 변환키)라고 지레짐작해 버리는 경우도 많을 것이다.

그렇다면 발문을 다시 한 번 확인해 보자. 발문에서 묻고 있는 것이 무엇인가? '…찾아낸 원문으로 옳은 것은?'이다. 즉 묻고 있는 것은 '암호문'이 아니라 '원문'이다. 규칙형에 속하는 문제의 경우에는 특히 더더욱 발문을 정확하게 읽는 습관이 필요하다.

[정답] ①

111 다섯 개의 숫자로 이루어진 비밀번호를 다음 <숫자 → 암호문 변환 절차>에 따라 <암호표>를 사용하여 암호문으로 변환하였다. <완성된 암호문>이 의미하는 비밀번호로 옳은 것은?

14년 5급 A책형 31번

〈숫자 → 암호문 변환 절차〉

1. 비밀번호의 숫자를 세로로 쓰고 〈암호표〉에서 해당하는 숫자의 오른쪽에 나열된 알파벳(6개)을 〈예시〉의 과정1과 같이 숫자 순서대로 나열한다.
2. 1의 과정을 통해 순서대로 나열된 알파벳을 〈예시〉의 과정2와 같이 왼편부터 한 열씩 세로로 읽어나가면 완성된 암호문이 된다.

〈암호표〉

1	T	H	P	Q	B	I
2	H	C	O	X	D	V
3	N	S	P	S	S	E
4	W	H	O	W	E	C
5	A	D	I	N	K	T
6	N	R	E	M	V	J
7	F	G	X	Z	C	B
8	E	S	X	V	B	J
9	W	E	I	P	Y	K
0	H	C	J	U	U	I

〈예시: 비밀번호 '10675'의 암호 변환 과정〉

– 과정1

1	T	H	P	Q	B	I
0	H	C	J	U	U	I
6	N	R	E	M	V	J
7	F	G	X	Z	C	B
5	A	D	I	N	K	T

– 과정2

THNFA HCRGD PJEXI QUMZN BUVCK IIJBT

〈완성된 암호문〉

HEWHT CSECH OXIJP XVPUQ DBYUB VJKII

① 08401
② 08425
③ 28425
④ 28901
⑤ 28921

해설

문제 분석

문제의 〈예시〉를 활용해서 암호문 → 숫자 변환 절차를 찾아내 보면, 암호문은 THNFA HCRGD PJEXI QUMZN BUVCK IIJBT이고

1	T	H	P	Q	B	I
0	H	C	J	U	U	I
6	N	R	E	M	V	J
7	F	G	X	Z	C	B
5	▼A	▼D	▼I	▼N	▼K	▼T

방법대로 읽은 것임을 알 수 있다.

문제풀이 실마리

문제에서 〈숫자→암호문 변환 절차〉가 제시되어 있는데, 문제에서 묻는 것은 암호문이 아니라 〈완성된 암호문〉이 의미하는 비밀번호이므로, 〈숫자 → 암호문 변환 절차〉를 거꾸로 한 암호문 → 숫자 변환 절차를 찾아낼 수 있어야 한다.

〈완성된 암호문〉인 'HEWHT CSECH OXIJP XVPUQ DBYUB VJKII'를 숫자로 변환하기 위해 〈예시〉와 마찬가지 방법으로 표에 정보를 넣어보면 다음과 같다. 이때 알파벳은 세로 방향으로 채워 나가야 한다.

	H	C	O	X	D	V
	E	S	X	V	B	J
	W	E	I	P	Y	K
	H	C	J	U	U	I
	T	H	P	Q	B	I

이에 해당하는 숫자를 채워 넣어보면 다음과 같다. 숫자 확인은 가로 방향으로 찾아야 한다.

2	H	C	O	X	D	V
8	E	S	X	V	B	J
0	W	E	I	P	Y	K
9	H	C	J	U	U	I
1	T	H	P	Q	B	I

따라서 〈완성된 암호문〉이 의미하는 비밀번호는 '28901'이다.

빠른 문제풀이 Tip

비밀번호를 찾아낼 수 있는 많은 방법이 있는 문제이다. 다양한 방법으로 연습해 보자.

[정답] ④

112 다음 글과 <조건>을 근거로 판단할 때, '3·1운동!'을 옳게 변환한 것은?

20년 7급(모의) 24번

독립운동가 김우전 선생은 일제강점기 광복군으로 활약한 인물로, 광복군의 무전통신을 위한 한글 암호를 만든 것으로 유명하다. 1922년 평안북도 정주 태생인 선생은 일본에서 대학에 다니던 중 재일학생 민족운동 비밀결사단체인 '조선민족 고유문화유지계몽단'에 가입했다. 1944년 1월 일본군에 징병돼 중국으로 파병됐지만 같은 해 5월 말 부대를 탈출해 광복군에 들어갔다.

1945년 3월 미 육군 전략정보처는 일본이 머지않아 패망할 것으로 보아 한반도 진공작전을 계획하고 중국에서 광복군과 함께 특수훈련을 하고 있었다. 이 시기에 선생은 한글 암호인 W-K(우전킴) 암호를 만들었다. W-K 암호는 한글의 자음과 모음, 받침을 구분하여 만들어진 암호체계이다. 자음과 모음을 각각 두 자리 숫자로, 받침은 자음을 나타내는 두 자리 숫자의 앞에 '00'을 붙여 네 자리로 표시한다.

W-K 암호체계에서 자음은 '11~29'에, 모음은 '30~50'에 순서대로 대응된다. 받침은 자음 중 ㄱ~ㅎ을 이용하여 '0011'부터 '0024'에 순서대로 대응된다. 예를 들어 '김'은 W-K 암호로 변환하면 'ㄱ'은 11, 'ㅣ'는 39, 받침 'ㅁ'은 0015이므로 '11390015'가 된다. 같은 방식으로 '1334001114390016'은 '독립'으로, '13402430001213340011143900161530001217 42'는 '대한독립만세'로 해독된다. 모든 숫자를 붙여 쓰기 때문에 상당히 길지만 네 자리씩 끊어 읽으면 된다.

하지만 어렵사리 만든 W-K 암호는 결국 쓰이지 못했다. 작전 준비가 한창이던 1945년 8월 일본이 갑자기 항복했기 때문이다. 이 암호에 대한 기록은 비밀에 부쳐져 미국 국가기록원에 소장되었다가 1988년 비밀이 해제되어 세상에 알려졌다.

※ W-K 암호체계에서 자음의 순서는 ㄱ, ㄴ, ㄷ, ㄹ, ㅁ, ㅂ, ㅅ, ㅇ, ㅈ, ㅊ, ㅋ, ㅌ, ㅍ, ㅎ, ㄲ, ㄸ, ㅃ, ㅆ, ㅉ이고, 모음의 순서는 ㅏ, ㅑ, ㅓ, ㅕ, ㅗ, ㅛ, ㅜ, ㅠ, ㅡ, ㅣ, ㅐ, ㅒ, ㅔ, ㅖ, ㅘ, ㅙ, ㅚ, ㅝ, ㅞ, ㅟ, ㅢ이다.

〈조 건〉

숫자와 기호를 표현하기 위하여 W-K 암호체계에 다음의 규칙이 추가되었다.

○ 1~9의 숫자는 차례대로 '51~59', 0은 '60'으로 변환하고, 끝에 '00'을 붙여 네 자리로 표시한다.

○ 온점(.)은 '70', 가운뎃점(·)은 '80', 느낌표(!)는 '66', 물음표(?)는 '77'로 변환하고, 끝에 '00'을 붙여 네 자리로 표시한다.

① 53008000510018360012133400186600
② 53008000510018360012133500186600
③ 53007000510018360012133400187700
④ 537000511836001213340017660 0
⑤ 538000511836001213350017770 0

해설

문제 분석

W-K 암호체계에서 암호로 변환하는 방법을 정리하면 다음과 같다.

자음	두 자리 숫자로 표시하며, 자음의 순서는 'ㄱ, ㄴ, ㄷ, ㄹ, ㅁ, ㅂ, ㅅ, ㅇ, ㅈ, ㅊ, ㅋ, ㅌ, ㅍ, ㅎ, ㄲ, ㄸ, ㅃ, ㅆ, ㅉ'이 '11~29'에 순서대로 대응된다.
모음	두 자리 숫자로 표시하며, 모음의 순서는 'ㅏ, ㅑ, ㅓ, ㅕ, ㅗ, ㅛ, ㅜ, ㅠ, ㅡ, ㅣ, ㅐ, ㅒ, ㅔ, ㅖ, ㅘ, ㅙ, ㅚ, ㅝ, ㅞ, ㅟ, ㅢ'가 '30~50'에 순서대로 대응된다.
받침	자음을 나타내는 두 자리 숫자의 앞에 '00'을 붙여 네 자리로 표시한다. 자음 중 'ㄱ~ㅎ'을 이용하여 '0011'부터 '0024'에 순서대로 대응된다.

숫자와 기호를 변환하기 위해서 추가된 규칙은 다음과 같다.

숫자	1~9의 숫자는 차례대로 '51~59', 0은 '60'으로 변환하고, 끝에 '00'을 붙여 네 자리로 표시한다.
기호	온점(.)은 '70', 가운뎃점(·)은 '80', 느낌표(!)는 '66', 물음표(?)는 '77'로 변환하고, 끝에 '00'을 붙여 네 자리로 표시한다.

문제풀이 실마리

발문에서 '3·1운동!'을 옳게 변환한 것을 찾을 것을 요구하고 있다. 따라서 지문을 읽을 때는 암호를 변환하는 방법과 관련된 규칙을 중점적으로 확인한 후 〈조건〉에 추가된 규칙과 잘 결합하여 문제를 해결할 수 있어야 한다.

정리한 규칙을 통해 '3·1운동!'을 옳게 변환하면 다음과 같다.

3	·	1	ㅇ+ㅜ	ㄴ	ㄷ+ㅗ	ㅇ	!
5300	8000	5100	1836	0012	1334	0018	6600

따라서 '3·1운동!'을 옳게 변환한 것은 '53008000510018360012133400186600'이다.

빠른 문제풀이 Tip

- 이 문제를 빠르게 해결하기 위해서는 암호를 직접 변환하는 것 보다는 주어진 선지를 활용해서 푸는 것이 더 바람직하다.
- 규칙을 이해할 때 중요한 부분은 예시를 잘 활용하면 더 수월하게 해결할 수 있다는 점이다. 규칙 설명과 함께 제시된 예시를 활용하면 이해를 도울 수 있다.

[정답] ①

113 다음 글을 근거로 판단할 때, '사무관'을 옳게 암호화한 것은?

22년 5급 나책형 12번

A암호화 방식은 단어를 〈자모변환표〉와 〈난수표〉를 이용하여 암호로 변환한다.

〈자모변환표〉

ㄱ	ㄲ	ㄴ	ㄷ	ㄸ	ㄹ	ㅁ	ㅂ	ㅃ	ㅅ	ㅆ	ㅇ	ㅈ	ㅉ	ㅊ	ㅋ	ㅌ	ㅍ	ㅎ	ㅏ
120	342	623	711	349	035	537	385	362	479	421	374	794	734	486	325	842	248	915	775
ㅐ	ㅑ	ㅒ	ㅓ	ㅔ	ㅕ	ㅖ	ㅗ	ㅘ	ㅙ	ㅚ	ㅛ	ㅜ	ㅝ	ㅞ	ㅟ	ㅠ	ㅡ	ㅢ	ㅣ
612	118	843	451	869	917	615	846	189	137	789	714	456	198	275	548	674	716	496	788

〈난수표〉

484496112135348641056095137458625153864418913⋯

○ 우선 암호화하고자 하는 단어의 자모를 초성(첫 자음자)－중성(모음자)－종성(받침) 순으로 나열하되, 종성이 없는 경우 초성－중성으로만 나열한다. 예를 들어 '행복'은 'ㅎㅐㅇㅂㅗㄱ'이 된다.

○ 그 다음 각각의 자모를 〈자모변환표〉에 따라 대응하는 세 개의 숫자로 변환한다. 예를 들어 '행복'은 '915612374385846120'으로 변환된다.

○ 변환된 숫자와 〈난수표〉의 숫자를 가장 앞의 숫자부터 순서대로 하나씩 대응시켜 암호 숫자로 바꾼다. 이때 암호 숫자는 그 암호 숫자와 변환된 숫자를 더했을 때 그 결과값의 일의 자리가 〈난수표〉의 대응 숫자와 일치하도록 하는 0～9까지의 숫자이다. 따라서 '행복'에 대한 암호문은 '579884848850502521'이다.

① 015721685634228562433
② 015721685789228562433
③ 905721575679228452433
④ 015721685789228805381472
⑤ 905721575679228795281472

해설

문제 분석

- 단어를 〈자모변환표〉와 〈난수표〉를 이용하여 암호로 변환한다.
- 암호화하고자 하는 단어의 자모를 초성(첫 자음자)－중성(모음자)－종성(받침) 순으로 나열한다.
- 각각의 자모를 〈자모변환표〉에 따라 대응하는 세 개의 숫자로 변환한다.
- 암호 숫자는 그 암호 숫자와 변환된 숫자를 더했을 때 그 결괏값의 일의 자리가 〈난수표〉의 대응 숫자와 일치하도록 하는 0～9까지의 숫자이다.

문제풀이 실마리

주어진 암호 변환 방법에 따라 그대로 해결하면 풀리는 문제이다. 〈자모변환표〉에 따라 변환하는 과정까지는 기존의 문제들에서도 많이 다루는 내용이고 암호 숫자로 바꾸는 과정만 이해하면 된다. "변환된 숫자"＋"암호문"＝〈난수표〉 또는 "암호문"＝〈난수표〉－"변환된 숫자"와 같이 이해하되 일의 자리, 십의 자리와 같은 자릿수 문제가 있으므로 십의 자리를 없애기만 하면 되는 첫 번째 방법을 추천한다.

〈자모변환표〉에 따라 '사무관'을 변환하면 변환된 숫자는 다음과 같다.

ㅅ	ㅏ	ㅁ	ㅜ	ㄱ	ㅘ	ㄴ
479	775	537	456	120	189	623

해당 표를 모두 채우는 것이 중요한 것이 아니라 1) 'ㅗ', 'ㅏ'가 아닌 'ㅘ'로 전체 숫자의 자릿수에 의해 선지 ④, ⑤가 제거되는 점, 2) 예를 들어 첫 번째 자음 'ㅅ'만 암호문으로 바꿔봤을 때

변환된 숫자	암호문	〈난수표〉
4		4

이므로 첫 번째 자리가 '0'임을 빠르게 파악하는 것이 중요하다. 이때 선지 ③도 제거된다.

이후 선지 ①, ②에서 일치하지 않는 'ㅜ'의 변환된 숫자를 첫 번째 자리만 암호문으로 바꿔보면 다음과 같다.

변환된 숫자	암호문	〈난수표〉
4		1

따라서 암호문은 '7'이어야 함을 알 수 있다.

빠른 문제풀이 Tip

- 〈자모변환표〉나 〈난수표〉를 읽을 때 실수할 수 있는 점을 제외하면 어려운 점은 없고, 풀이에 필요없는 암호문을 만들어보느라 시간을 낭비해서는 안 되는 문제이다.

ㅅ	ㅏ	ㅁ	ㅜ	ㄱ	ㅘ	ㄴ
479	775	537	456	120	189	623
					562	433
484	496	112	135	348	641	056

- 모음 'ㅘ'를 'ㅗ＋ㅏ'로 분리해서 생각하지 않도록 주의한다. 〈자모변환표〉에서 'ㅘ'는 '189'로 변환된다는 것을 정확하게 확인을 해야하며, 대충 안다고 생각해서 자기가 아는 대로 풀지 않도록 주의한다.

[정답] ②

[114 ~ 115] 다음 <그림>과 같은 바둑돌 위치를 악보 예제와 같이 구성하였다. 다음을 읽고 물음에 답하시오.

07년 5급 재책형 39 - 40번

〈그 림〉

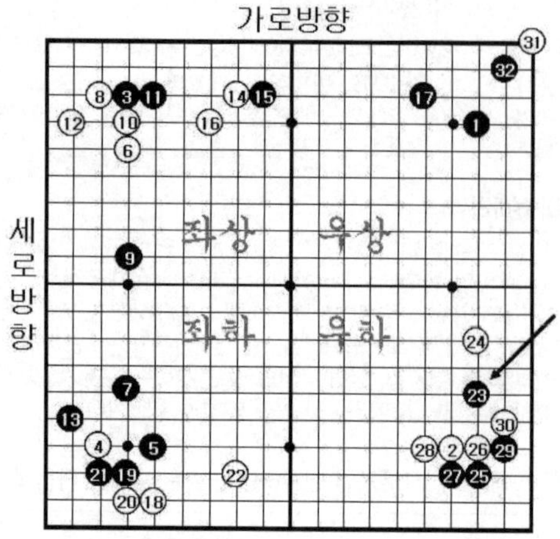

(악보 예제)

114 위와 같이 악보로 옮길 때 적용되는 규칙과 그 결과에 부합하지 않는 것을 <보기>에서 모두 고르면?

〈보 기〉

ㄱ. 바둑판의 가로방향은 맨 왼쪽부터 '도 – 레 – 미 – 파 …' 순으로 계속해서 음을 높인다.

ㄴ. 각 음표 줄기의 위치와 방향은 바둑돌이 바둑판의 '좌상, 좌하, 우상, 우하' 가운데 어디에 위치하느냐에 따라 결정된다.

ㄷ. 바둑판의 세로방향은 맨 위부터 ○를 맨 처음으로 하고,  … 의 순서로 음표의 모양을 결정한다.

ㄹ. 위 악보 중 23번에 해당되는 음표는 ' '이고 음계는 '미'이다.

※ 음표의 줄기는 다음의 '동그라미' 안에 해당되는 부위를 말함 ' '

① ㄱ
② ㄱ, ㄷ
③ ㄴ, ㄹ
④ ㄱ, ㄷ, ㄹ
⑤ ㄴ, ㄷ, ㄹ

115 <보기>의 악보를 바둑판에 두어 보았다. 그런데 실수로 두 알을 잘못된 자리에 놓았다. 이에 해당되는 바둑판을 다음에서 고르면?

〈보 기〉

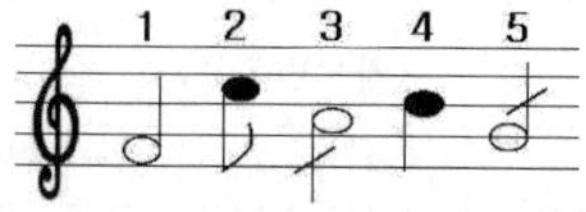

①
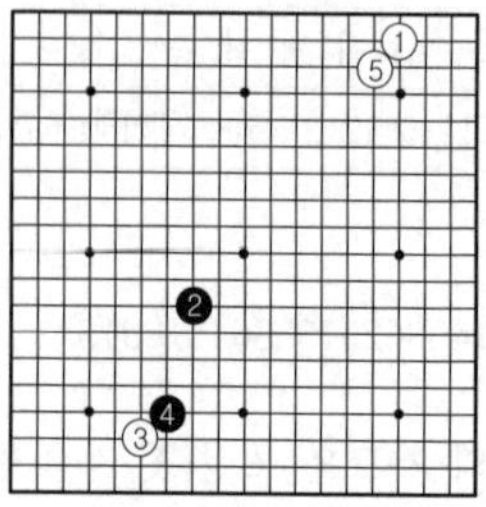

②
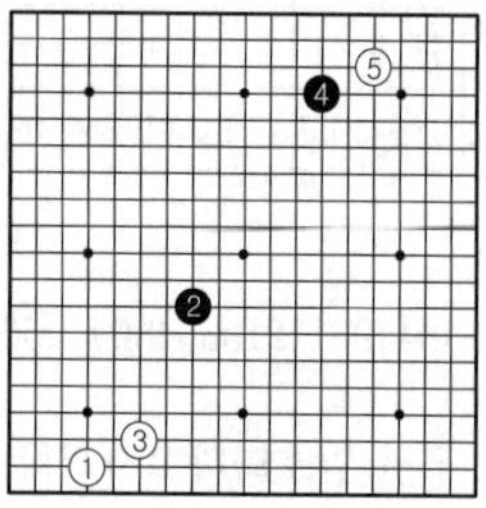

③
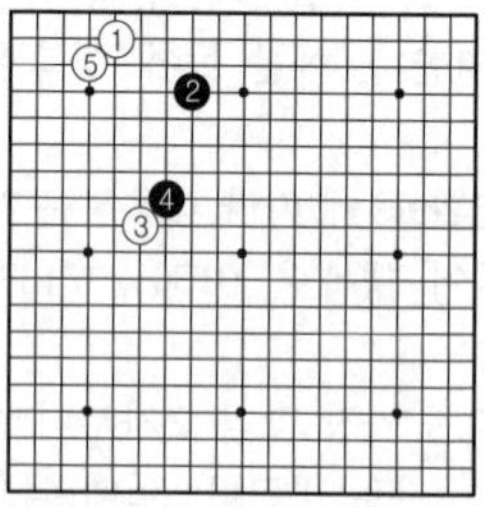

④
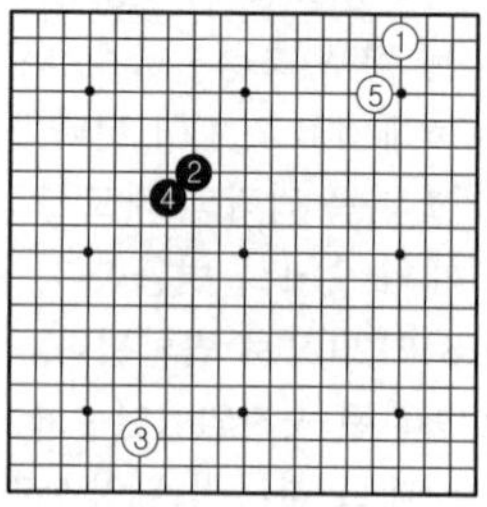

⑤
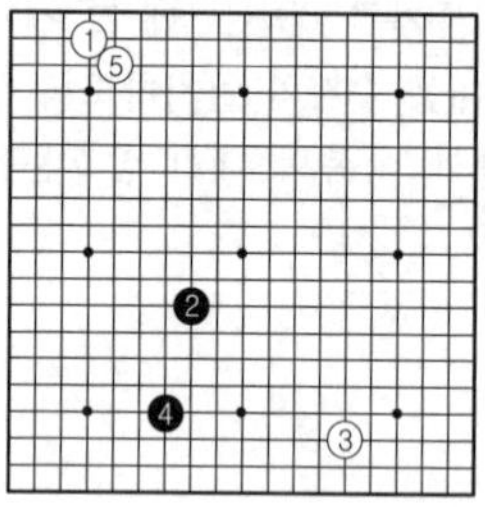

해설

114

문제 분석

지문으로 별도의 조건이 주어져 있지 않고 〈그림〉과 (악보 예제)로부터 바둑돌 위치를 악보 예제와 같이 구성하는 규칙성을 찾아야 한다. 〈그림〉과 (악보 예제)만으로는 직접 규칙을 발견하는 것은 어렵다. 우선 19번의 보기가 규칙성을 가지는지 또는 보기에서 말하는 규칙성의 반례가 있는지 검토한 후, 규칙성을 토대로 115번의 선지를 판단해 본다.

문제풀이 실마리

우선 〈보기〉를 보면 바둑판에서 가로방향, 바둑판에서의 위치, 세로방향이 각각 음높이, 음표 줄기의 위치와 방향, 음표의 모양과 관련이 있는 것처럼 서술하고 있다. 해당 규칙성을 검증해 보고 규칙성이 성립한다면 해당 규칙을 받아들이고, 반례를 발견해 규칙성이 성립하지 않음을 확인한다면 어떤 규칙성이 성립하는지도 생각해 본다.

이하에서는 〈보기〉를 순서대로 판단하되 규칙성이 성립하지 않는 경우, 각 보기의 언급을 조금 변형하면 다른 방식으로 규칙이 성립하는지까지 검토한다.

ㄱ. (X) 간단히 반례를 찾아보면 1번 음표는 2번 음표에 비해 바둑판의 맨 왼쪽부터 가로방향으로 1줄 멀리 있는데도 (악보 예제)에는 한 음이 낮은 것으로 결정되었다. 즉 바둑판의 맨 왼쪽부터 가로방향으로 한 줄씩 올라갈 때마다 음높이가 올라가는 것은 아니다.
그렇다면 어떤 규칙이 성립하는지도 확인해 보자. 1번 음표에 비해 2번 음표는 오히려 음높이가 올라갔으므로 바둑판의 가로방향 맨 왼쪽이 기준이 아니라 오른쪽이 기준인지, 혹은 바둑돌이 몰려있는 위치를 보면 '좌상', '좌하' 쪽은 왼쪽, '우상', '우하' 쪽은 오른쪽이 아닌지 확인해본다. 우선 1번, 2번 음표를 보면 오른쪽이 기준이 될 수 있고 3번, 4번을 보면 왼쪽도 기준이 될 수 있음을 확인할 수 있다. 정확히는 모든 바둑돌을 확인해야 하지만 실제 문제풀이라면 바둑돌 몇 개 정도만 확인하고 규칙성을 받아들인다.

ㄴ. (O) 각 음표 줄기의 위치와 방향은 바둑돌이 바둑판의 '좌상'에 위치하면 음표의 머리를 기준으로 왼쪽에서 위로, '좌하'에 위치하면 왼쪽에서 아래로, '우상'에 위치하면 오른쪽에서 위로, '우하'에 위치하면 오른쪽에서 아래로 결정하는 것을 확인할 수 있다. 다만 31번 음표와 같이, 줄기가 없는 경우를 발견할 수 있다. 실제 문제풀이에서는 이러한 규칙성의 예외를 염두에 두고 우선 보기 ㄷ으로 넘어간다.
보기 ㄷ을 확인하였다면 음표의 줄기가 항상 있는 것은 아니고, 세로방향에서의 위치에 따라 줄기가 없는 경우가 있다는 것은 규칙으로 받아들인다.

ㄷ. (X) 1번 음표에서 반례를 찾을 수 있다. 1번 음표는 세로방향의 맨 위로부터 네 번째 줄에 있으므로 보기 ㄷ에 의하면 과 같은 모양이어야 하지만 (악보 예제)에는 과 같은 모양으로 결정되었다. 어떤 규칙이 성립하는지도 확인해 보자. (악보 예제)에 과 같은 모양의 음표가 없으므로 해당 모양의 음표가 순서에서 빠지고, 음표의 모양이 많이 없으므로 보기 ㄱ과 비슷하게 바둑판의 맨 위부터가 아닌 '좌상', '우상'은 맨 위부터, '좌하', '우하'는 아래쪽부터인지 확인해본다. 나머지 음표에 대해 음표의 모양이 의 순서로 결정되는 것을 확인할 수 있다. 7번째 줄의 음표 모양은 확인할 수 없으며 9번 음표에서 9번째 줄, 24번에서 8번째 줄의 음표 모양도 확인할 수 있다.

ㄹ. (O) 23번 바둑돌은 바둑판의 맨 오른쪽으로부터 세 번째 줄에 위치하므로 음계는 '미'이다. 그리고 바둑판의 맨 아래로부터 여섯 번째 줄에 위치하므로 과 같은 모양이고 '우하'에 위치하므로 이어야 한다.

빠른 문제풀이 Tip

ㄱ. 직접적으로 검토해 보자. 바둑판의 가로방향 맨 왼쪽이 '도'라면 1번 음표의 음높이는 '미'이다. (악보 예제)에서 1번 음표의 음높이는 다 장조에서 미가 맞다. 맨 왼쪽의 도와 2옥타브 차이가 나는 것으로 해석할 수 있다. 그러나 문제에서는 이처럼 상식에 기반해서 직접 음높이를 확인하라는 의도는 아니고, 1번 음표와 2번 음표만 비교하면 틀린 규칙임을 확인할 수 있다.

[정답] ②

115

문제풀이 실마리

발문에서 〈보기〉의 악보를 바둑판에 둔 것으로 옳은 것을 고르라고 했다면 선지를 소거하는 방법으로 풀 수 있을 것이다. 그러나 두 알을 잘못된 자리에 놓았고 잘못 놓은 두 알의 바둑알이 어떤 바둑알인지 모르므로 114번의 풀이과정을 통해 얻어낸 규칙을 거꾸로 적용하여 〈보기〉의 악보로부터 바둑돌 위치를 구성해 본다. 그리고 두 알이 다른 선지를 고른다.

우선 1번 음표만 말로 설명해 보면 음표의 줄기가 오른쪽에서 위로 향해 있기 때문에 바둑돌은 바둑판의 '우상'에 위치한다. 그리고 음높이가 '파'이므로 바둑판의 맨 오른쪽으로부터 네 번째 줄, 음표의 모양이 이므로 바둑판의 맨 위부터 두 번째 줄에 위치하는 것을 알 수 있다. 나머지 음표들도 모두 바둑판에 바둑돌로 위치시키면 다음과 같다.

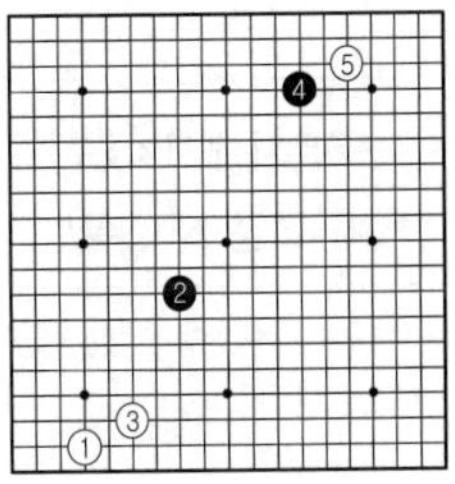

① (X) 모든 바둑돌을 정확한 자리에 놓았다.

② (O) 1번, 4번 바둑돌을 잘못된 자리에 놓았다.

③ (X) 모든 바둑돌을 잘못된 자리에 놓았다.

④ (X) 2번, 4번, 5번 바둑돌을 잘못된 자리에 놓았다.

⑤ (X) 1번, 3번, 5번 바둑돌을 잘못된 자리에 놓았다.

빠른 문제풀이 Tip

음표 줄기의 위치와 방향만으로 3개 이상의 바둑돌을 잘못된 자리에 놓은 선지 ③, ⑤를 제거할 수 있다.

[정답] ②

116 다음 <조건>과 <예시>를 근거로 판단할 때, <문자메시지>가 의미하는 실제접선시각은? 15년 5급 인책형 37번

〈조 건〉

- 비밀요원 가영은 문자메시지를 보내 나리와 접선하려 한다. 가영과 나리는 [i]시침과 분침이 독립적으로 조작되는 모형 아날로그시계를 사용하는 위장코드를 고안했다.
- 고안한 위장코드를 해독하는 방법은 다음과 같다.
  (1) C_n: 시계 정가운데를 중심으로 하여 시계방향으로 시침과 분침을 각각 $\frac{360^\circ}{n}$ 만큼 회전
  (2) N: 12시와 6시를 잇는 직선을 축으로 시침과 분침을 각각 좌우 대칭 이동
  (3) W: 3시와 9시를 잇는 직선을 축으로 시침과 분침을 각각 상하 대칭 이동
- 문자메시지는 위장접선시각과 위장코드로 구성된다. 해독할 때는 먼저 모형 아날로그시계의 시침과 분침을 위장접선시각에 정확히 위치시킨다. 그리고 위장코드를 왼쪽부터 해독하여 모형 아날로그시계에 적용한다. 위장코드 모두를 적용한 이후 실제접선시각의 시(時)는 시침이 의미하는 시각의 시(時)를 사용하고, 실제접선시각의 분(分)은 분침이 의미하는 분(分)을 사용한다.
- 가영은 나리에게 [ii]위장접선시각과 위장코드가 순서대로 배열된 문자메시지를 보낸다.
- 가영과 나리는 늘 [iii]오후에만 접선한다.

※ 모형 아날로그시계는 12시간 표시 방식이다.
※ 그 외 조건은 고려하지 않는다.

〈예 시〉

문자메시지 '7시 30분 C_4'가 의미하는 실제접선시각을 구하기 위해 먼저 모형 아날로그시계의 시침과 분침을 위장접선시각인 7시 30분에 위치시킨다. 그리고 시침을 시계방향으로 90° 회전시켜 10과 11 사이에 위치시키며, 분침을 시계방향으로 90° 회전시켜 45분에 위치시킨다. 위장코드를 적용한 이후 시침이 의미하는 시각의 시(時)는 10시이고 분침이 의미하는 분(分)은 45분이다. 따라서 실제접선시각은 오후 10시 45분이 된다.

〈문자메시지〉

9시 16분 N C_6 W

① 오후 1시 34분
② 오후 1시 36분
③ 오후 2시 34분
④ 오후 2시 36분
⑤ 오후 3시 34분

해설

문제 분석

조건 ⅰ)에서 가영과 나리는 시침과 분침이 독립적으로 조작되는 모형 아날로그시계를 사용한다고 한다. 이러한 조건이 주어진 이유는 모형 아날로그시계가 아닌 실제 시계는 시침과 분침이 독립적으로 조작되지 않고 분침이 n° 회전하면 시침은 $\frac{1}{12}n^\circ$ 만큼 회전하기 때문이다. 문제에서는 위장코드 해독 방법 (1)에 따라 분침을 회전시킬 때 시침이 회전하는 것을 생각할 필요가 없다는 것을 뜻한다.

〈조건〉에 주어진 위장코드 해독 방법 (1), (2), (3)을 〈문자메시지〉에서 주어진 순서에 맞게 적용시킨다. 조건 ⅱ)에서 〈문자메시지〉 가장 앞에 있는 시간은 실제접선시각이 아닌 위장접선시각임에 유의하여야 하고, 조건 ⅲ)은 선지 ①~⑤ 모두 오후로 주어져 있으므로 주의를 기울이지 않아도 괜찮다.

〈문자메시지〉의 내용 "9시 16분 N C_6 W" 중 우선 위장접선시각은 9시 16분이다.

첫 번째로 위장코드 해독 방법 (2) N을 적용하면 12시와 6시를 잇는 직선을 축으로 시침과 분침을 각각 좌우 대칭 이동한다. 시침을 좌우 대칭 이동하는 경우를 예를 들어 그림으로 생각해보자. 〈그림 1〉에서 좌우 대칭 이동 이전의 진한 화살표가 가리키는 시각을 1시 x분이라고 하면 좌우 대칭 이동 이후의 연한 점선 화살표가 가리키는 시각은 1시의 좌우 대칭한 반대편에 있는 11시에서 x분만큼 뺀 시각을 가리키고 있다.

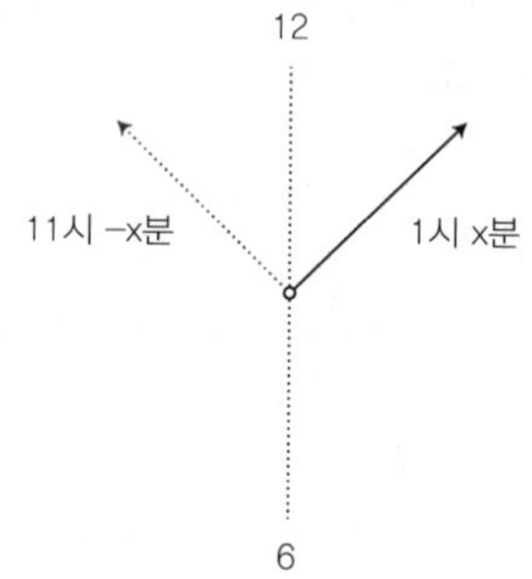

〈그림 1〉

이를 이해한다면 좌우 대칭 이동 이전의 시각과 좌우 대칭 이동 이후의 시각 간의 관계를 알 수 있다. 즉 좌우 대칭 이동 전의 시간은 좌우 대칭 이동 후의 시간과 더하면 12시가 되어야 하고, 좌우 대칭 이동 전의 분은 좌우 대칭 이동 후의 분과 더하여 60이 되어야 한다. 그리고 〈그림 1〉에서 11시−x분은 10시 60−x분으로 해석되어야 한다. 즉 x를 예를 들어 24분이라고 한다면 1시 24분을 좌우 대칭 이동하면 11시−24분 즉 10시 36분으로 대칭 이동하게 된다.

〈문자메시지〉로 돌아가 위장접선시각이 9시 16분에 위장코드 해독 방법 (2) N을 적용하면 9시의 좌우 대칭점에 있는 3시(9+3=12)에 16분이 아닌−16분이라고 할 수 있고 3시−16분은 2시 44분으로 해석되어야 한다.

두 번째로 2시 44분에 해독 방법 (1) C_n을 적용한다. 〈문자메시지〉에서는 C_6이라고 주어져 있으므로 시침과 분침을 각각 $\frac{360^\circ}{6}=60^\circ$만큼 이동한다. 아날로그 시계에서 60°는 시침의 경우 전체 12시간의 $\frac{60^\circ}{360^\circ}=\frac{1}{6}$인 2시간, 분침의 경우 60분의 $\frac{1}{6}$인 10분을 의미한다. 즉 2시 44분에 시침을 2시간만큼 시계방향으로 이동하면 4시, 분침을 10분만큼 시계방향으로 이동하면 54분을 가리킨다. 즉 현재까지 해석 결과 시계는 4시 54분을 가리키고 있어야 한다.

세 번째로 4시 54분에 해독 방법 (3) W를 적용하면 3시와 9시를 잇는 직선을 축으로 시침과 분침을 각각 상하 대칭 이동한다. 시침을 상하 대칭 이동하는 경우를 예를 들어 그림으로 생각해 보자. 상하 대칭 이동은 시침이 시계 중심을 기준으로 좌측에 있는지 우측에 있는지에 따라 구분해서 생각해야 하는데, 우선 시침이 우측에 있는 경우를 〈그림 2〉에서 1)이라고 나타내었다. 1)에서는 상하 대칭 이동 이전의 진한 화살표가 가리키는 시각을 1시 x분이라고 하면 상하 대칭 이동 이후의 연한 점선 화살표가 가리키는 시각은 1시의 상하 대칭한 반대편에 있는 5시에서−x분 만큼 뺀 시각을 가리키고 있다. 즉 4시 60−x분으로 해석하여야 한다. 〈그림 2〉 2)의 경우 상하 대칭 이동 이전의 진한 화살표가 가리키는 시각을 7시 x분이라고 한다면 상하 대칭 이동 이후의 연한 점선 화살표가 가리키는 시각은 7시의 상하 대칭한 반대편에 있는 11시에서−x분 만큼 뺀 시각을 가리키고 있다. 즉 10시 60 x분으로 해석하여야 한다.

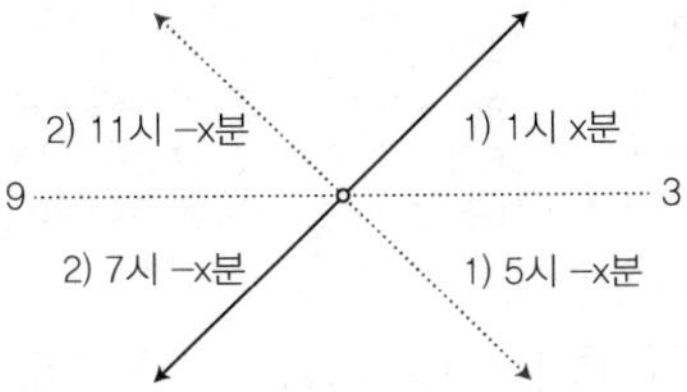

〈그림 2〉

이를 이해한다면 상하 대칭 이동 이전의 시각과 상하 대칭 이동 이후의 시각 간의 관계를 알 수 있다. 즉 상하 대칭 이동 전 시겟바늘이 시계의 오른쪽에 있었다면 상하 대칭 이동 전의 시간은 상하 대칭 이동 후의 시간과 더하면 6이 되어야 하고 상하 대칭 이동 전의 분은 상하 대칭 이동 후의 분과 더하여 30이 되어야 한다. 그리고 상하 대칭 이동 전 시겟바늘이 시계의 왼쪽에 있었다면 상하 대칭 이동 전의 시간은 상하 대칭 이동 후의 시간과 더하면 18이 되어야 하고 상하 대칭 이동 전의 분은 상하 대칭 이동 후의 분과 더하여 90이 되어야 한다.

4시 54분에 이를 적용해보면 시침은 4시를 조금 넘어간 방향을 가리키고 있으므로 시겟바늘은 시계의 오른쪽에 있고 상하 대칭 이동을 하는 경우 2시(4+2=6)가 조금 안되는 방향을 가리키고 있다. 분침은 54분으로 시겟바늘이 시계의 왼쪽에 있으므로 상하 대칭 이동을 하는 경우 36분(54+36=90)을 가리키게 된다. 즉, 1시 36분으로 대칭 이동하게 된다. 정답은 ② 오후 1시 36분이다.

해독 방법 (2), (3)에서 시침만 예로 든 이유는 실제 시계는 독립적이 아니라서 시침의 정확한 방향만으로 몇 분인지 알 수 있다. 그러나 해당 문제에서는 시침과 분침이 독립적으로 움직이므로 시침에 따른 정확한 방향은 의식하지 않고 시침과 분침을 별개로 생각한다.

빠른 문제풀이 Tip

- 그림을 직접 그려가면서 〈문자메시지〉를 해석해 보면

  우선 위장접선시각은 9시 16분이므로 아날로그 시계에 표시하면 다음과 같다.

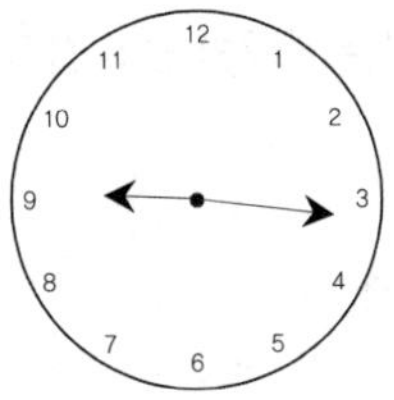

  이를 위장코드 해독 방법 (2) N을 적용하여 12시와 6시를 잇는 직선을 축으로 시침과 분침을 각각 좌우 대칭 이동하면 시겟바늘은 2시 44분을 가리키게 된다.

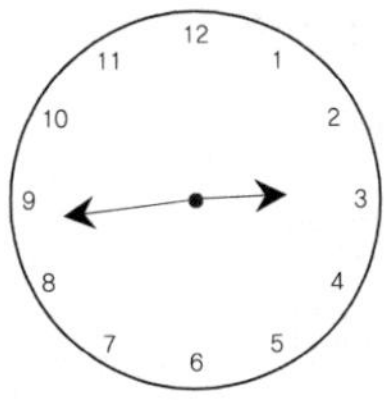

  두 번째로 2시 44분에 해독 방법 (1) C_n을 적용하면 시침의 경우 2시간, 분침의 경우 10분을 시계방향으로 회전이동하게 되므로 4시 54분을 가리키게 된다.

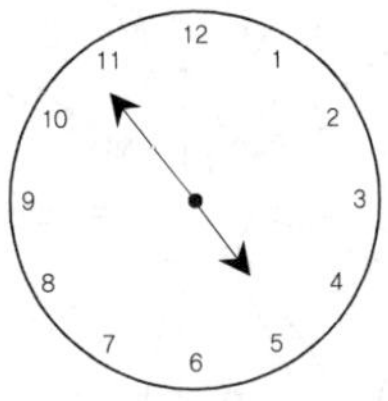

  마지막으로 4시 54분에 해독 방법 (3) W를 적용하면 1시 36분으로 이동하게 된다.

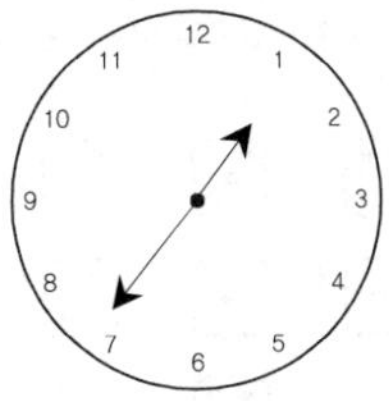

- 대칭의 성질을 잘 이용하면 그림을 그리지 않고도 해결이 가능한 문제이다.

[정답] ②

10 규칙에 따른 이동

117 다음 <보기>와 같이 하나의 주사위를 던져 나온 수에 따라 꽃 위를 이동한다. 주사위를 7번 던진 결과 최종 도착지의 숫자가 가장 큰 것은?

10년 5급 선책형 18번

〈보 기〉

○ 출발은 0에서 시작
 앞으로 이동 시 0 → 1 → 2 순
 뒤로 이동 시 0 → 9 → 8 순

○ 주사위 숫자별 이동방법
 ⚀, ⚂: 뒤로 2칸 이동
 ⚄: 뒤로 1칸 이동
 ⚁: 앞으로 1칸 이동
 ⚃, ⚅: 앞으로 2칸 이동

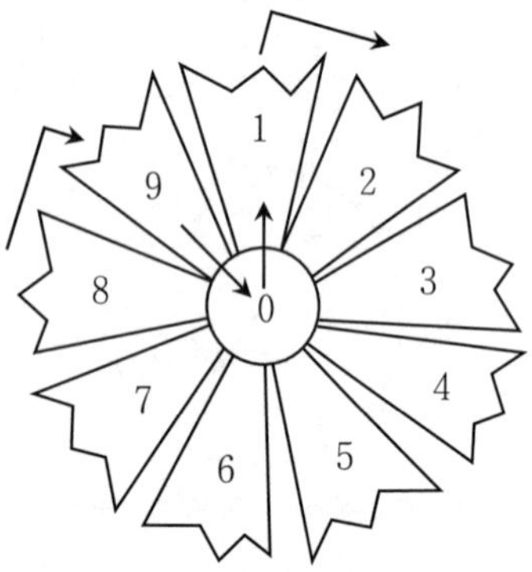

※ 그림의 화살표는 앞으로 이동하는 경우의 예이다.

① ⚀ - ⚄ - ⚃ - ⚂ - ⚁ - ⚀ - ⚅

② ⚂ - ⚁ - ⚀ - ⚀ - ⚁ - ⚄ - ⚃

③ ⚃ - ⚂ - ⚂ - ⚄ - ⚃ - ⚅ - ⚁

④ ⚄ - ⚁ - ⚃ - ⚃ - ⚂ - ⚁ - ⚅

⑤ ⚅ - ⚃ - ⚁ - ⚀ - ⚂ - ⚄ - ⚄

해설

문제 분석

주사위를 던져 나온 숫자에 따라 이동을 한다. 주사위 숫자별 이동방법은 다음과 같다.

⚀, ⚂: 뒤로 2칸 이동
⚄: 뒤로 1칸 이동
⚁: 앞으로 1칸 이동
⚃, ⚅: 앞으로 2칸 이동

문제풀이 실마리

앞 · 뒤, 동 · 서 · 남 · 북, 전 · 후 · 좌 · 우로 이동하는 규칙은 서로 상쇄되는 경우가 많다. 예를 들어 동쪽으로 3칸 이동은 서쪽으로 3칸 이동과 상쇄된다. 따라서 이처럼 상쇄되는 규칙을 찾아낸다면 문제를 보다 쉽게 해결할 수 있다.

뒤로 2칸 이동 (⚀, ⚂)은 앞으로 2칸 이동 (⚃, ⚅)과, 뒤로 1칸 이동 (⚄)은 앞으로 1칸 이동(⚁)과 상쇄될 수 있다. 즉, 숫자 1, 3은 숫자 4, 6과 상쇄될 수 있고, 숫자 5는 숫자 2와 상쇄될 수 있다. 즉, 차이가 3인 숫자들 (1, 4), (2, 5), (3, 6) 또는 합이 7인 숫자들 (1, 6), (2, 5), (3, 4)는 서로 상쇄되어 제자리에 그대로 있게 된다.

상쇄시키고 남은 주사위 숫자만큼만 이동시키면 빠른 해결이 가능하다. 이를 적용해 보면 다음과 같다. 주어진 선지에서 상쇄할 수 있는 숫자를 최대한 상쇄하고 나면 다음과 같다.

① ~~⚀~~ - ~~⚄~~ - ~~⚃~~ - ~~⚂~~ - ~~⚁~~ - ⚀ - ~~⚅~~

② ~~⚂~~ - ~~⚁~~ - ⚀ - ⚀ - ⚁ - ~~⚄~~ - ~~⚃~~

③ ~~⚃~~ - ~~⚂~~ - ~~⚂~~ - ~~⚄~~ - ~~⚃~~ - ⚅ - ~~⚁~~

④ ~~⚄~~ - ~~⚁~~ - ⚃ - ⚃ - ~~⚂~~ - ⚁ - ~~⚅~~

⑤ ~~⚅~~ - ~~⚃~~ - ~~⚁~~ - ~~⚀~~ - ~~⚂~~ - ~~⚄~~ - ⚄

	남은 숫자	이동 칸 수		최종 위치
①	1	−2	−2 이동	8
②	1, 1, 2	−2, −2, +1	−3 이동	7
③	6	+2	+2 이동	2
④	4, 4, 2	+2, +2, +1	+5 이동	5
⑤	5	−1	−1 이동	9

따라서 정답은 ⑤이다.

빠른 문제풀이 Tip

⚃가 나오면 뒤로 1칸을 이동하긴 하지만, ⚃가 나오지 않더라도 최종 도착지의 숫자가 9가 되는 경우는 얼마든지 가능하다.

[정답] ⑤

118 5명(A~E)이 다음 규칙에 따라 게임을 하고 있다. 4 → 1 → 1의 순서로 숫자가 호명되어 게임이 진행되었다면 네 번째 술래는?

12년 민경채 인책형 25번

○ A → B → C → D → E 순으로 반시계방향으로 동그랗게 앉아있다.
○ 한 명의 술래를 기준으로, 술래는 항상 숫자 3을 배정받고, 반시계방향으로 술래 다음 사람이 숫자 4를, 그 다음 사람이 숫자 5를, 술래 이전 사람이 숫자 2를, 그 이전 사람이 숫자 1을 배정받는다.
○ 술래는 1~5의 숫자 중 하나를 호명하고, 호명된 숫자에 해당하는 사람이 다음 술래가 된다. 새로운 술래를 기준으로 다시 위의 조건에 따라 숫자가 배정되며 게임이 반복된다.
○ 첫 번째 술래는 A다.

① A
② B
③ C
④ D
⑤ E

해설

문제 분석

A → B → C → D → E 순으로 반시계방향으로 동그랗게 앉아있다고 했으므로 이를 평면으로 생각하면 왼쪽부터 오른쪽으로 A → B → C → D → E 순으로 앉아있으며 E의 오른쪽에는 다시 A의 자리가 반복되는 형태이다. 술래를 기준으로 호명된 숫자에 따라 배정되는 자리를 다시 정리하면 다음과 같다.

← 시계방향 반시계 방향 →

그 이전 사람	이전 사람	술래	다음 사람	그 다음 사람
숫자 1	숫자 2	숫자 3	숫자 4	숫자 5

문제풀이 실마리

- 상쇄의 장치를 활용하면 빠르고 정확한 해결이 가능하다.
- '반시계방향'의 의미를 파악하면 보다 빠른 해결이 가능하다.

4 → 1 → 1의 순서로 숫자가 호명되었으므로 세 번째까지의 술래는 다음과 같다.

숫자 5	오른쪽으로 2칸 이동
숫자 4	오른쪽으로 1칸 이동
숫자 3(술래)	이동 없음
숫자 2	왼쪽으로 1칸 이동
숫자 1	왼쪽으로 2칸 이동

새로운 술래를 기준으로 다시 위의 조건에 따라 숫자가 배정되며 게임이 반복된다. 첫 번째 술래는 A이다.

이를 적용해서 해결해 보면, 4 → 1 → 1의 순서로 숫자가 호명되어 게임이 진행되었고 네 번째 술래를 찾아야 한다. 이동 규칙과 상황을 결합하여 정리하면 다음과 같다. 앉은 자리는 A → B → C → D → E → A → …라고 보면 된다.

1) 첫 번째 술래 A: 4를 호명 (오른쪽으로 1칸 이동) → 두 번째 술래는 B가 된다.
2) 두 번째 술래 B: 1을 호명 (왼쪽으로 2칸 이동) → 세 번째 술래는 E가 된다.
3) 세 번째 술래 E: 1을 호명 (왼쪽으로 2칸 이동) → 네 번째 술래는 C가 된다.

따라서 네 번째 술래는 C이고 정답은 ③이다.

빠른 문제풀이 Tip

4 → 1 → 1의 순서로 숫자가 호명되어 게임이 진행되었다. 즉, '오른쪽으로 1칸 이동 → 왼쪽으로 2칸 이동 → 왼쪽으로 2칸 이동'을 한 것이다. 이를 한꺼번에 상쇄시켜 보면 처음 위치에서 왼쪽으로 3칸 이동한 결과일 것이다. 'A → B → C → D → E → A'에서 왼쪽으로 3칸 이동하면 네 번째 술래는 C이다.

[정답] ③

119 다음 글과 <상황>을 근거로 판단할 때, 甲의 말이 최종적으로 위치하는 칸은?

20년 민경채 가책형 17번

○ 참가자는 그림과 같이 A~L까지 12개의 칸으로 구성된 게임판에서, A칸에 말을 놓고 시작한다.

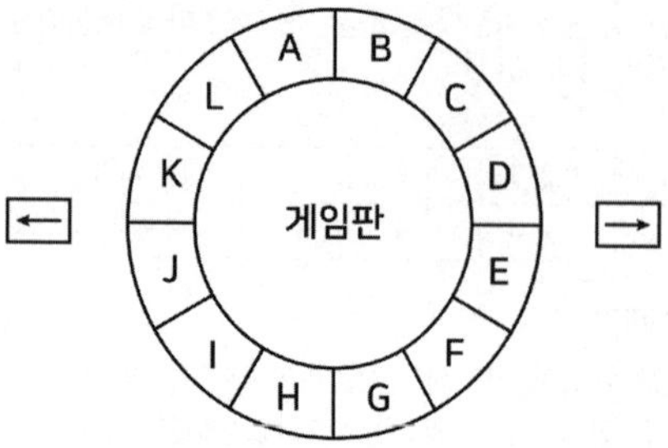

○ 참가자는 [←] 또는 [→] 버튼을 누를 수 있다.

○ 버튼을 맨 처음 누를 때, [←] 버튼을 누르면 말을 반시계방향으로 1칸 이동하고 [→] 버튼을 누르면 말을 시계방향으로 1칸 이동한다.

○ 그 다음부터는 매번 버튼을 누르면, 그 버튼을 누르기 직전에 누른 버튼에 따라 아래와 같이 말을 이동한다.

누른 버튼	직전에 누른 버튼	말의 이동
←	←	반시계방향으로 2칸 이동
	→	움직이지 않음
→	←	움직이지 않음
	→	시계방향으로 2칸 이동

○ 참가자는 버튼을 총 5회 누른다.

〈상 황〉

甲은 다음과 같이 버튼을 눌렀다.

누른 순서	1	2	3	4	5
누른 버튼	←	→	→	←	←

① A칸
② C칸
③ H칸
④ J칸
⑤ L칸

해설

문제 분석

이동 규칙을 정리하면 다음과 같다.

1. 맨 처음 이동
   - [←] 버튼 – 반시계방향으로 1칸 이동
   - [→] 버튼 – 시계방향으로 1칸 이동
2. 두 번째 이후 이동

누른 버튼	직전에 누른 버튼	말의 이동
←	←	반시계방향으로 2칸 이동
	→	움직이지 않음
→	←	움직이지 않음
	→	시계방향으로 2칸 이동

문제풀이 실마리

방향과 이동거리를 정해주는 규칙이 있는 이동은 상쇄 스킬을 활용하면 빠른 해결이 가능하다.

시계방향을 (+), 반시계방향을 (–), 제자리를 '0'으로 나타내 보면,

누른 순서	1	2	3	4	5	
누른 버튼	←					–1
누른 버튼	←	→				0
누른 버튼		→	→			+2
누른 버튼			→	←		0
누른 버튼				←	←	–2

따라서 (–1) → 0 → (+2) → 0 → (–2) 순으로 이동하게 되고, 최종 위치는 –1, 즉 반시계방향으로 1칸 이동한 결과이다. A칸에 말을 놓고 시작하므로 반시계방향으로 1칸 이동하게 되면, 甲의 말이 최종적으로 위치하는 칸은 '⑤ L칸'이다.

[정답] ⑤

120 다음 글을 근거로 판단할 때, 마지막에 송편을 먹었다면 그 직전에 먹은 떡은?

21년 5급 나책형 7번

> 원 쟁반의 둘레를 따라 쑥떡, 인절미, 송편, 무지개떡, 팥떡, 호박떡이 순서대로 한 개씩 시계방향으로 놓여 있다. 이 떡을 먹는 순서는 다음과 같은 규칙에 따른다. 특정한 떡을 시작점(첫 번째)으로 하여 시계방향으로 떡을 세다가 여섯 번째에 해당하는 떡을 먹는다. 떡을 먹고 나면 시계방향으로 이어지는 바로 다음 떡이 새로운 시작점이 된다. 이 과정을 반복하여 떡이 한 개 남게 되면 마지막으로 그 떡을 먹는다.

① 무지개떡
② 쑥떡
③ 인절미
④ 팥떡
⑤ 호박떡

해설

문제 분석

- 쑥떡, 인절미, 송편, 무지개떡, 팥떡, 호박떡이 순서대로 한 개씩 시계방향으로 놓여 있다.
- 특정한 떡을 시작점(첫 번째)으로 하여 시계방향으로 떡을 세다가 여섯 번째에 해당하는 떡을 먹는다.
- 떡을 먹고 나면 시계방향으로 이어지는 바로 다음 떡이 새로운 시작점이 된다.
- 이 과정을 반복하여 떡이 한 개 남게 되면 마지막으로 그 떡을 먹는다.

방법 1 일반적인 규칙 확인 → 사례 대입

1) 원탁에 숫자 1, 2, 3, 4, 5, 6 순으로 시계방향대로 앉아있다고 생각해 보자.
2) 1을 시작점으로 시계방향으로 여섯 번째로 해당하는 숫자를 제외시키면 맨 처음 6이 제외된다. → 1 2 3 4 5
3) 6을 제외시킨 후, 6 다음 시계방향인 1을 시작점으로 시계방향으로 여섯 번째로 해당하는 숫자를 제외시키면 1이 제외된다. → 2 3 4 5
4) 1과 6이 제외된 상태에서, 1 다음 시계방향인 2를 시작점으로 시계방향으로 여섯 번째로 해당하는 숫자를 제외시키면 3이 제외된다. → 2 4 5
5) 1, 3, 6이 제외된 상태에서, 3 다음 시계방향인 4를 시작점으로 시계방향으로 여섯 번째로 해당하는 숫자를 제외시키면 2가 제외된다.→ 4 5
6) 1, 2, 3, 6이 제외된 상태에서, 2 다음 시계방향인 4를 시작점으로 시계방향으로 여섯 번째로 해당하는 숫자를 제외시키면 5가 제외된다. 최종적으로 남은 숫자는 4이다.
   이 규칙에 떡을 대입해 보면 4의 자리에 마지막에 먹는 송편을 두어야 한다. 그 때 4 직전에 먹는 5의 자리에는 '① 무지개떡'이 위치하게 된다.

방법 2 사례에서 규칙 찾기 → 원 쟁반의 자리이동

만약 쑥떡부터 시작했다면, 다음과 같은 순서대로 떡을 먹게 된다.

→ 시계방향

쑥떡	인절미	송편	무지개떡	팥떡	호박떡
시작					
					①×
②×					
		③×			
	④×				
				⑤×	
			⑥×		

쑥떡부터 시작했다면 호박떡 → 쑥떡 → 송편 → 인절미 → 팥떡 → 무지개떡 순서대로 먹게 된다. 그렇다면 마지막에 먹는 떡이 송편이 되기 위해서는 '⑥x'의 위가 송편이 되도록 떡의 위치를 시계방향으로 한 칸씩 이동해 주면 된다. 이때 송편 직전에 먹는 떡은 '① 무지개떡'이 된다.

[정답] ①

121 다음 글을 근거로 판단할 때, <보기>에서 옳은 것만을 모두 고르면?

20년 5급 나책형 13번

甲과 乙은 시계와 주사위를 이용한 게임을 하며, 규칙은 다음과 같다.

- 1 ~ 12시까지 적힌 시계 문자판을 말판으로 삼아, 1개의 말을 12시에 놓고 게임을 시작한다.
- 주사위를 던져 짝수가 나오면 말을 시계 방향으로 1시간 이동시키며, 홀수가 나오면 말을 반시계 방향으로 1시간 이동시킨다.
- 甲과 乙이 번갈아 주사위를 각 12번씩 총 24번 던져 말의 최종 위치로 게임의 승자를 결정한다.
- 말의 최종 위치가 1 ~ 5시이면 甲이 승리하고, 7 ~ 11시이면 乙이 승리한다. 6시 또는 12시이면 무승부가 된다.

〈보 기〉

ㄱ. 말의 최종 위치가 3시일 확률은 $\frac{1}{12}$이다.
ㄴ. 말의 최종 위치가 4시일 확률과 8시일 확률은 같다.
ㄷ. 乙이 마지막 주사위를 던질 때, 홀수가 나오는 것보다 짝수가 나오는 것이 甲에게 항상 유리하다.
ㄹ. 乙이 22번째 주사위를 던져 말을 이동시킨 결과 말의 위치가 12시라면, 甲이 승리할 확률은 무승부가 될 확률보다 낮다.

① ㄱ, ㄷ
② ㄴ, ㄷ
③ ㄴ, ㄹ
④ ㄷ, ㄹ
⑤ ㄱ, ㄴ, ㄹ

해설

문제 분석

- 1 ~ 12시까지 적힌 시계 문자판에서 1개의 말을 12시에 놓고 게임을 시작한다.
- 甲과 乙이 번갈아 주사위를 각 12번씩 총 24번 던져 짝수가 나오면 말을 시계 방향으로 1시간 이동시키며, 홀수가 나오면 말을 반시계 방향으로 1시간 이동시킨다.
- 말의 최종 위치가 1 ~ 5시이면 甲이 승리하고, 7 ~ 11시이면 乙이 승리한다. 6시 또는 12시이면 무승부가 되는 것으로 게임의 승자를 결정한다.

ㄱ. (X) 1개의 말을 12시에 놓고 게임을 시작한 후 甲과 乙이 번갈아 주사위를 각 12번씩 총 24번 던진다. 주사위를 던져 짝수가 나오면 말을 시계 방향으로 1시간 이동시키며, 홀수가 나오면 말을 반시계 방향으로 1시간 이동시킨다.

	짝수 (+1시간)	홀수 (−1시간)	결과	말의 위치
짝수+홀수 =24	24	0	+24시간 =12+12	12시
	23	1	+22시간 =12+10	10시
	22	2	+20시간 =12+8	8시
	21	3	+18시간 =12+6	6시
⋮				
	12	12	+0시간	12시
⋮				
짝수+홀수 =24	3	21	−18시간 =−2−6	6시
	2	22	−20시간 =−12−8	4시
	1	23	−22시간 =−12−10	2시
	0	24	−24시간 =−12−12	12시

말이 최종 위치가 3시가 되려면 주사위를 24번 던진 결과가 최종적으로 +3, +15, −9, −21 중에 하나가 나와야 하는데 그런 경우는 불가능하다. 말의 최종 위치가 홀수 숫자의 시각에 있으려면 주사위를 던져서 짝수가 나온 횟수와 홀수가 나온 횟수의 차이가 홀수여야 하지만 이는 불가능하므로, 말의 최종 위치가 홀수 숫자의 시각에 있는 경우는 없다. 홀수와 짝수가 어떤 횟수만큼 나오더라도 결과적으로는 짝수 숫자의 시각에 위치하게 된다. 따라서 말의 최종 위치가 3시일 확률은 0이다.

ㄴ. (O) 말의 최종 위치가 4시인 경우는 주사위를 24번 던진 결과가 최종적으로 +4, +16, −8, −20이 되어야 한다. 말의 최종 위치가 8인 경우는 주사위를 24번 던진 결과가 최종적으로 +8, +20, −4, −16이 되어야 한다. 이때 +4가 나온 경우에서 홀수와 짝수의 횟수가 바뀐다면 −4가 된다. 이를 시각적으로 정리하면 다음과 같다.

4시인 경우			8시인 경우		
결과	짝수 (+1시간)	홀수 (−1시간)	결과	짝수 (+1시간)	홀수 (−1시간)
+4	+14	−10	−4	+10	−14
+16	+20	−4	−16	+4	−20
−8	+8	−16	+8	+16	−8
−20	+2	−22	+20	+22	−2

결국 주사위를 던졌을 때 홀짝만 바뀌면 4시와 8시는 서로 대칭이 된다. 주사위를 던졌을 때 짝수가 나올 확률과 홀수가 나올 확률은 $\frac{1}{2}$로 서로 동일하다. 따라서 말의 최종 위치가 4시일 확률과 8시일 확률은 같다.

ㄷ. (X) 말의 최종 위치가 1~5시이면 甲이 승리하고, 7~11시이면 乙이 승리한다. 6시 또는 12시이면 무승부가 된다.
乙이 마지막 주사위를 던질 것을 앞두고 있다면 현재까지는 주사위를 23번 던진 셈이고, 말은 홀수 숫자의 시각에 위치해 있다. 이때 만약 말이 5시에 위치해 있다면 甲 입장에서 홀수가 나와서 '반시계 방향으로 1시간 이동해 4시에 말이 최종적으로 위치하는 것'보다 짝수가 나와서 '시계 방향으로 1시간 이동해 6시에 말이 최종적으로 위치하는 것'이 유리하지 않다. 즉, 홀수가 나오는 것이 짝수가 나오는 것보다 더 유리하다.
만약 말이 7시에 위치해 있더라도 甲 입장에서 홀수가 나와서 '반시계 방향으로 1시간 이동해 6시에 말이 최종적으로 위치하는 것'보다 짝수가 나와서 '시계 방향으로 1시간 이동해 8시에 말이 최종적으로 위치하는 것'이 유리하지 않다. 6시로 이동하면 무승부가 되는데 8시로 이동하면 乙승리로 끝나게 된다. 따라서 7시에 있는 경우에도 홀수가 나오는 것이 짝수가 나오는 것보다 더 유리하다.
따라서 乙이 마지막 주사위를 던질 때, 홀수가 나오는 것보다 짝수가 나오는 것이 甲에게 항상 유리한 것은 아니다.

ㄹ. (O) 甲이 승리하기 위해서는 말의 최종 위치가 1시~5시에 있어야 한다. 22번째 주사위를 던져 말을 이동시킨 결과가가 12시라면 앞으로 두 번의 주사위를 더 던져야 하고, 주사위를 두 번 더 던졌을 때 나오는 결과는 (짝수, 짝수), (짝수, 홀수), (홀수, 짝수), (홀수, 홀수) 네 가지 경우가 가능하다. 이때 각 경우의 결과를 정리해 보면 다음과 같다.

(짝수, 짝수)	+2시간 이동	2시에 최종 위치	甲 승리
(짝수, 홀수)	그대로 유지	12시에 최종 위치	무승부
(홀수, 짝수)	그대로 유지	12시에 최종 위치	무승부
(홀수, 홀수)	−2시간 이동	10시에 최종 위치	乙 승리

네 가지 경우의 수의 확률은 각각 $\frac{1}{4}$로 동일하다. 따라서 乙이 22번째 주사위를 던져 말을 이동시킨 결과 말의 위치가 12시라면, 甲이 승리할 확률 $\frac{1}{4}$은 무승부가 될 확률 $\frac{1}{2}$보다 낮다.

빠른 문제풀이 Tip
대칭의 성질을 이용하면 보기 ㄴ의 빠른 해결이 가능하다.

[정답] ③

122 우주센터는 화성 탐사 로봇(JK3)으로부터 다음의 <수신 신호>를 왼쪽부터 순서대로 받았다. <조건>을 근거로 판단할 때, JK3의 이동경로로 옳은 것은? 15년 5급 인책형 15번

〈수신 신호〉

010111, 000001, 111001, 100000

〈조　건〉

JK3은 출발 위치를 중심으로 주변을 격자 모양 평면으로 파악하고 있으며, 격자 모양의 경계를 넘어 한 칸 이동할 때마다 이동 방향을 나타내는 6자리 신호를 우주센터에 전송한다. 그 신호의 각 자리는 0 또는 1로 이루어진다. 전송 신호는 4개뿐이며, 각 전송 신호가 의미하는 이동 방향은 아래와 같다.

전송 신호	이동 방향
000000	북
000111	동
111000	서
111111	남

JK3이 보낸 6자리의 신호 중 한 자리는 우주잡음에 의해 오염된다. 이 경우 오염된 자리의 숫자 0은 1로, 1은 0으로 바뀐다.

※ JK3은 동서남북을 인식하고, 이 네 방향으로만 이동한다.

①
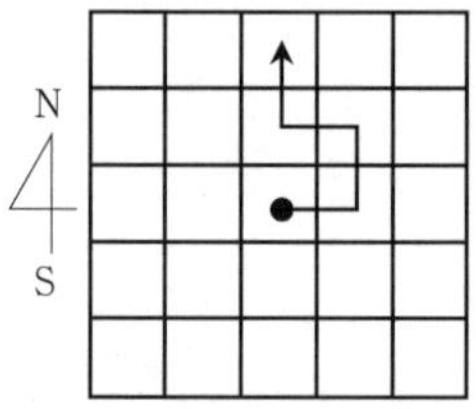

②
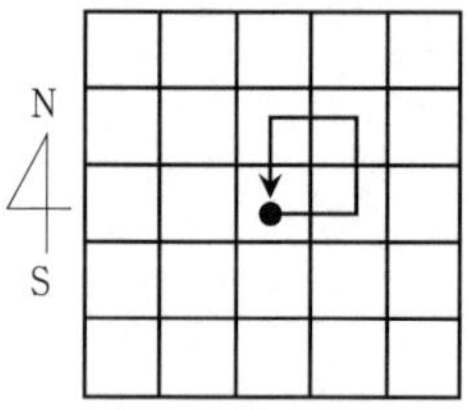

③
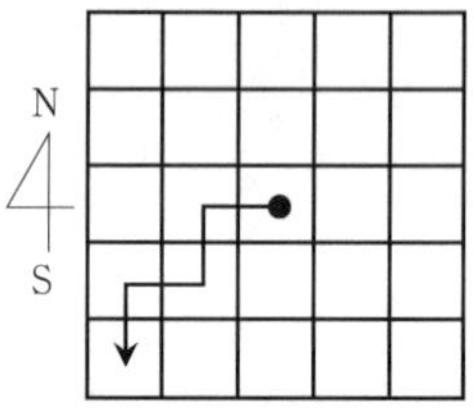

④
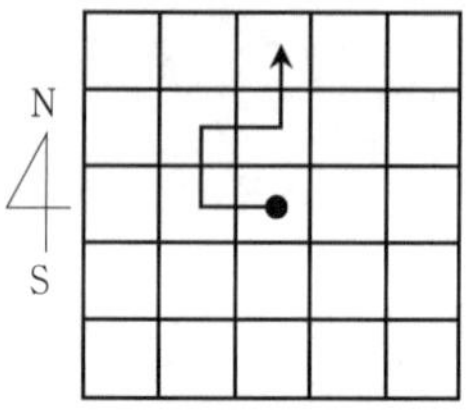

⑤
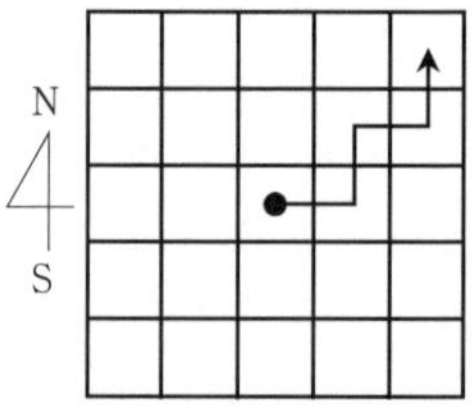

해설

문제 분석

오염된 자리의 숫자를 파악하여, 이동 방향을 파악해야 한다.

문제풀이 실마리

- 전송신호는 00이 '북', 01이 '동', 10이 '서', 11이 '남'이 기본형이다.
- 01을 000111처럼 하나의 숫자를 세 번씩 쓰되, 세 번 반복된 숫자 중 혼자 다른 하나의 숫자가 오염된 것이다.

JK3이 보낸 6자리의 신호 중 한 자리는 우주잡음에 의해 오염되고, 이 경우 오염된 자리의 숫자 0은 1로, 1은 0으로 바뀐다. 오염된 수신 신호를 오염 전의 원래의 전송 신호로 바꾼 후 이동 방향을 해석하면 다음과 같다.

(수신 신호) 010111, 000001, 111001, 100000

(선송 신호) 000111, 000000, 111000, 000000

동　북　서　북

따라서 수신 신호에 따라 동 → 북 → 서 → 북 순으로 이동하게 되고, 이동한 결과는 다음과 같다.

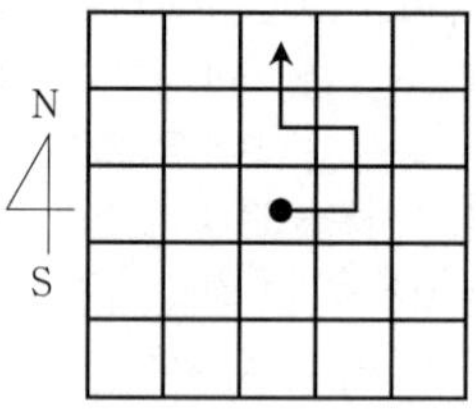

[정답] ①

123 **다음 <규칙>에 따라 폭탄돌리기 게임을 할 때 제한시간이 경과하는 순간에 폭탄을 가지고 있을 사람은?** 14년 입법 가책형 32번

〈규 칙〉

- 게임의 참여자는 6명(A, B, C, D, E, F)이다.
- 각 참여자의 자리배치는 다음과 같고, 게임은 'C'부터 시작한다.

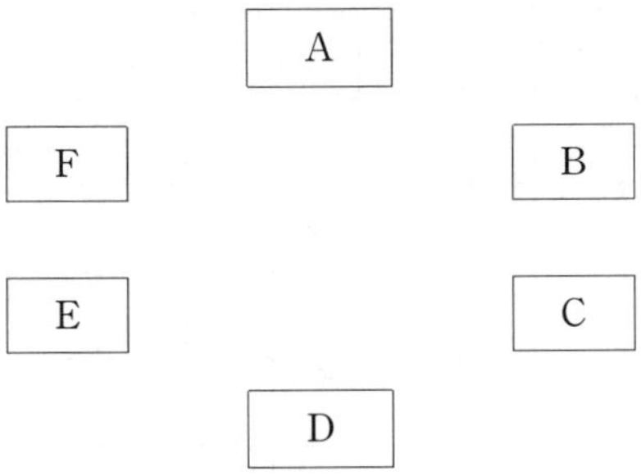

※ 맞은편: 'A'와 'D', 'B'와 'E', 'C'와 'F'

- 게임의 제한시간은 60초이다.
- 폭탄을 가지고 있는 참여자는 주사위를 두 번 던져 각각 나온 숫자를 더한 시간(초) 동안 폭탄을 가지고 있다가 다른 참여자에게 전달한다(예를 들어 주사위를 두 번 던져 '3'과 '2'가 나왔다면 5초 동안 폭탄을 가지고 있는다).
- 폭탄을 다른 사람에게 전달하는 과정에서 발생하는 시간과 주사위를 던지는 시간은 무시한다.
- 폭탄을 다른 참여자에게 전달하는 기준은 다음과 같다.
  ① 첫 번째 주사위 숫자>두 번째 주사위 숫자: 시계방향의 바로 옆 사람
  ② 첫 번째 주사위 숫자<두 번째 주사위 숫자: 시계반대방향의 바로 옆 사람
  ③ 첫 번째 주사위 숫자=두 번째 주사위 숫자: 맞은편에 있는 사람
- 각 참여자가 주사위를 던져서 나오는 숫자는 다음과 같다고 가정한다.

참여자	첫 번째 차례		두 번째 차례	
	첫 번째 주사위	두 번째 주사위	첫 번째 주사위	두 번째 주사위
A	2	5	3	3
B	1	4	6	1
C	2	1	2	2
D	6	3	5	6
E	5	5	3	1
F	4	4	4	3

① A
② C
③ D
④ E
⑤ F

해설

문제 분석

- 게임의 제한시간은 60초이고, 게임은 'C'부터 시작한다.
- 폭탄을 가지고 있는 참여자는 주사위를 두 번 던져 각각 나온 숫자를 더한 시간(초) 동안 폭탄을 가지고 있다가 다른 참여자에게 전달한다.
- 첫 번째 주사위 숫자가 크면 시계방향의 바로 옆 사람에게 전달하고, 두 번째 주사위 숫자가 크면 시계반대방향의 바로 옆 사람에게 전달한다. 첫 번째 주사위 숫자와 두 번째 주사위 숫자가 같다면 맞은편에 있는 사람에게 전달한다.

폭탄 전달 시 Ⓐ 왼쪽 Ⓑ 오른쪽 Ⓒ 맞은편으로 전달한다고 가정한다. 아래 표에서 ①~⑥ 순서대로 폭탄이 전달된다.

참여자	첫 번째 차례			①~⑥ 순	이동방향	누적 시간
	첫 번째 주사위		두 번째 주사위			
A	2	<	5	⑤ 7초 후	Ⓑ 오른쪽 F에게	34초
B	1	<	4	④ 5초 후	Ⓑ 오른쪽 A에게	27초
C	2	>	1	① 3초 후	Ⓐ 왼쪽 D에게	3초
D	6	>	3	② 9초 후	Ⓐ 왼쪽 E에게	12초
E	5	=	5	③ 10초후	Ⓒ 맞은편 B에게	22초
F	4	=	4	⑥ 8초 후	Ⓒ 맞은편 C에게	42초

아래 표에서 ⑦~⑩ 순으로 폭탄이 전달된다.

참여자	첫 번째 차례			①~⑥ 순	이동방향	누적 시간
	첫 번째 주사위		두 번째 주사위			
A	3	=	3	⑨ 6초 후	Ⓒ 맞은편 D에게	59초
B	6	>	1			
C	2	=	2	⑦ 4초 후	Ⓒ 맞은편 F에게	46초
D	5	<	6	⑩ 누적 59초부터 11초 동안 가지고 있음		
E	3	>	1			
F	4	>	3	⑧ 7초 후	Ⓐ 왼쪽 A에게	53초

따라서 제한시간이 경과하는 순간에 폭탄을 가지고 있을 사람은 D이다.

[정답] ③

124 **다음 글에 따라 <정간암호문>을 해독했을 때, 지도상의 ★에서 시작한 추적·이동이 종료되는 지점은?** 13년 외교관 9번

정간보는 仲, 林, 無, 黃, 太의 5가지 기본율명을 사용하는 우리나라의 전통악보이다. 필요에 따라 기본율명에 氵이나 亻을 붙여 율명을 사용하기도 한다.

정간암호문은 정간보형식으로 기록되어 있으며, 기본율명은 각각에 부여된 다음의 규칙에 따라 추적 · 이동 방향을 나타내는 '암호'가 된다.

仲: 제자리에 머무름.
林: 동쪽으로 이동함.
無: 서쪽으로 이동함.
黃: 남쪽으로 이동함.
太: 북쪽으로 이동함.

그 외의 정간암호문 해독규칙은 다음과 같다.

1. 정간암호문은 1번 정간(가장 왼쪽)에서 해독을 시작해 ⊙에서 종료된다.
2. 정간암호문에 기록된 모든 율명을 해독하여야 하며, 중복해서 해독할 수 없다.
3. 율명은 반드시 순서대로 해독할 필요는 없다.
4. 기본율명에 氵이 붙으면 정간암호문에서 순방향(좌 → 우)으로 해독하고, 亻이 붙으면 정간암호문에서 역방향(우 → 좌)으로 해독한다.
5. 하나의 율명을 해독하고 그 다음 율명을 해독할 경우, 해독한 율명으로부터 4정간 이내에 있는 율명의 해독만 가능하다.
6. 정간암호문에서 林 · 無, 黃 · 太, 無 · 林, 太 · 黃은 연이어서 해독할 수 없다.

※ 정간보상의 한 칸을 정간이라 하며, 정간 사이의 거리를 간이라 한다.

정간암호문상 1간은 지도상의 1칸에 대응한다. 정간 암호문의 예시, 해독결과 및 지도상의 추적 · 이동의 결과는 다음과 같다.

1	2	3	4	5	6
淋		潕	⿰亻太		⊙

○ 정간암호문 해독결과: 1 → 4 → 3 → 6
○ 지도상의 추적경로: 동쪽으로 3칸 이동(①) 후, 그 지점에서 북쪽으로 1칸 이동(②)하고, 바로 그 지점에서 서쪽으로 3칸 이동(③) 후 추적 종료

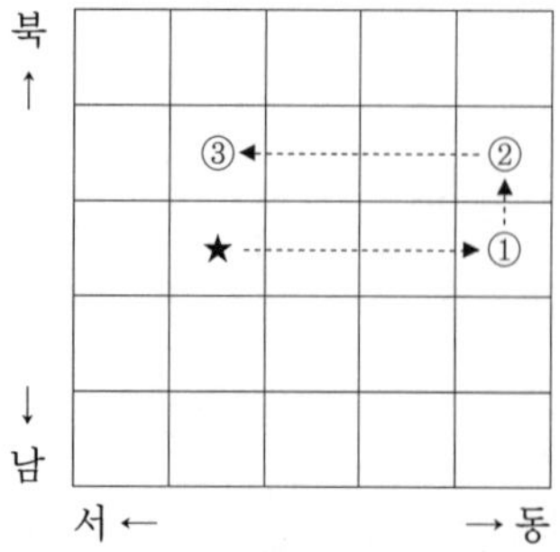

〈정간암호문〉

1	2	3	4	5	6	7	8	9	10	11	12
淋		汰		潕	⿰亻無	潢	淋	⿰亻林			⊙

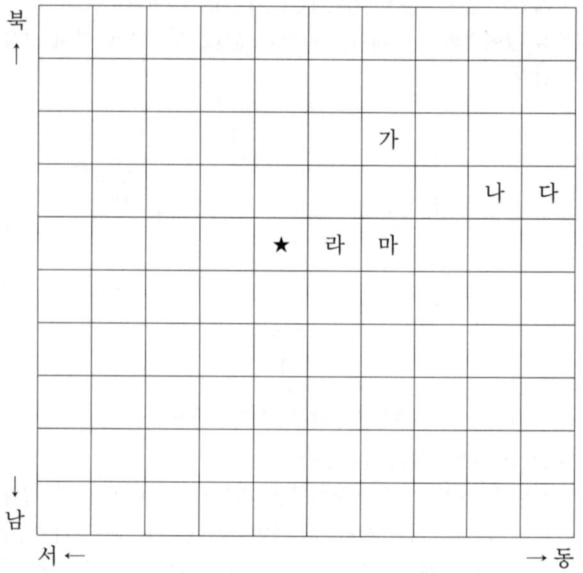

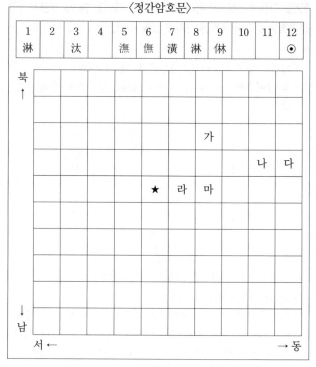

① 가
② 나
③ 다
④ 라
⑤ 마

해설

문제 분석

- 仲: 제자리에 머무름
  林: 동쪽으로 이동함
  ↕ 연이어서 해독 불가
  無: 서쪽으로 이동함
  黃: 남쪽으로 이동함
  ↕ 연이어서 해독 불가
  太: 북쪽으로 이동함
- 정간보상의 한 칸을 정간이라 하며, 정간 사이의 거리를 간이라 한다. 정간암호문상 1간은 지도상의 1칸에 대응한다.
- 주어진 규칙에 따라 해독 순서를 확인해야 한다. 해독 순서대로 이동시키되, 먼저 방향을 읽고, 다음 순서의 율명까지의 '간'만큼 지도에서 '칸'을 이동시켜야 한다.

  예를 들어

1	2	3
淋		汰

  에서 '1 淋' → '3 汰' 순으로 해독한다면, 淋에 해당하는 동쪽으로 1과 3까지 거리가 3간이므로 지도에서 동쪽으로 3칸만큼 이동시켜야 한다.

해독규칙을 적용해 보면 다음과 같다.

처음에 1번 정간을 읽게 되고 방향은 동쪽이 된다.

- 1번 정간으로부터 우측으로 4칸 이내까지 이어서 해독할 수 있다. 그런데 林 · 無는 연이어 해독할 수 없으므로 3번 정간을 이어서 해독해야 한다. → 동쪽으로 2칸 이동
- 3번 정간으로부터 우측으로 4칸 이내까지 이어서 해독할 수 있다. 太 · 黃은 연이어서 해독할 수 없으므로 5번 정간 또는 6번 정간을 이어서 해독할 수 있다. 5번 정간은 순방향(좌 → 우)으로 해독하지만, 6번 정간은 역방향(우 → 좌)으로 해독해야 하므로 6번 정간 → 5번 정간 순으로 해독해야 한다. 5번 정간부터 해독한다면 이미 1번, 3번, 5번 정간을 다 해독했기 때문에 6번 정간 다음으로 역방향으로 해독한 정간이 남아있지를 않게 된다.
- 같은 방식으로 계속 해독해 나가면 다음과 같다.

	1	2	3	4	5	6	7	8	9	10	11	12
	淋 동		汰 북		潕 서	㒇 서	潢 남	淋 동	㑣 동			⊙
해독 순서	①		②		④	③	⑤	⑦	⑥			⑧
해독 결과	동2		북3		서2	서1	남2	동4	동1			

해독결과에 따르면 동2 → 북3 → 서1 → 서2 → 남2 → 동1 → 동4 순으로 이동하게 되고, 그 결과 최종적인 위치는 동쪽으로 4칸, 북쪽으로 1칸만큼 이동하게 되므로, 추적 · 이동이 종료되는 지점은 '나'이다.

빠른 문제풀이 Tip
- 정간암호문 해독규칙을 이해할 때 각주의 개념 설명을 정확히 이해한 후 문제를 해결해야 한다.
- 〈정간암호문〉의 한자를 그대로 두고 풀지 말고 한자를 전부 방향으로 치환하여 확인하면 보다 빠른 해결이 가능하다.
- 동 ↔ 서, 남 ↔ 북의 반대방향을 서로 상쇄시키면 보다 빠른 결과 확인이 가능하다.

[정답] ②

125 다음의 표에서 <보기>에 제시된 암호에 따라 이동하였을 때 1에서 8까지 갈 수 있는 암호가 아닌 것은? (이때 어떠한 1에서 출발하든 어떠한 8에 도착하든 무방하며, 이동과정에서 2~7을 반드시 모두 거칠 필요는 없다. 그리고 표의 바깥으로는 이동할 수 없다.)

16년 입법 가책형 29번

1	2	1	4	5
4	3	2	3	8
5	4	3	2	1
3	5	4	3	5
7	6	3	2	1
8	5	4	1	7

〈보 기〉

■: 오른쪽으로 4칸 이동하라.
○: 왼쪽으로 2칸 이동하라.
◇: 위로 2칸 이동하라.
△: 아래로 1칸 이동하라.
★: 위로 1칸 이동하라.

① ■, △
② △, ○, △, △, △, △
③ △, △, △, ■, ◇
④ ○, ○, ◇, ■, ★
⑤ ◇, ○, ○, ◇

해설

문제 분석

- 각 도형별로 이동 방법이 다양함
- 어떠한 1에서 출발하든 어떠한 8에 도착하든 무방
- 이동과정에서 2~7을 반드시 모두 거칠 필요 없음
- 표의 바깥으로는 이동할 수 없음

각 선지별 이동과정은 다음과 같다.

① ■, △: 오른쪽 4, 아래 1

② △, ○, △, △, △, △: 아래 1, 왼쪽 2, 아래 1, 아래 1, 아래 1, 아래 1

③ △, △, △, ■, ◇: 아래 1, 아래 1, 아래 1, 오른쪽 4, 위 2

④ ○, ○, ◇, ■, ★: 왼쪽 2, 왼쪽 2, 위 2, 오른쪽 4, 위 1

⑤ ◇, ○, ○, ◇: 위 2, 왼쪽 2, 왼쪽 2, 위 2

선지 ①, ②, ③, ④는 아래 각 선지별로 표시한 1에서 출발하면 8까지 갈 수 있다.

1 ①, ③	2	1 ②	4	5
4	3	2	3	8
5	4	3	2	1
3	5	4	3	5
7	6	3	2	1 ④
8	5	4	1	7

따라서 정답은 '⑤ ◇, ○, ○, ◇'이다.

[정답] ⑤

11 랜덤한 이동

126 다음 <그림>에서 맨 윗줄에 있는 임의의 한 숫자에서 시작하여 아래쪽으로(대각선 방향 포함) 한 칸씩 이동할 수 있다. 위로 가거나 좌우로 이동할 수는 없다. 숫자 1과 숫자 1의 좌우 옆 칸은 지날 수 없지만, 시작과 도착은 할 수 있다. 이러한 조건에 따라 맨 아랫줄까지 이동할 때, 시작부터 도착까지 숫자의 합이 가장 큰 것은?

13년 외교관(견습) 인책형 16번

〈그림〉

	좌							우
상	9	4	5	3	6	1	8	2
	8	2	2	1	3	2	5	1
	6	9	8	4	2	4	3	5
	4	8	1	3	5	2	6	1
	1	4	3	7	6	3	1	4
	9	2	4	8	6	4	5	3
	4	2	4	9	8	6	7	1
	2	8	1	6	5	9	3	2
하	9	6	7	2	1	4	3	5

① 52
② 53
③ 54
④ 55
⑤ 58

해설

문제 분석

발문에 있는 조건을 정리해 보면 다음과 같다.

- 맨 윗줄에 있는 임의의 한 숫자에서 시작함
- 대각선 방향을 포함하여 아래쪽으로 한 칸씩 이동
- 위로 가거나 좌우로 이동 불가
- 숫자 1과 숫자 1의 좌우 옆칸은 지날 수 없지만, 시작과 도착은 가능

문제풀이 실마리

고정정보를 찾을 수 있어야 한다.

조건을 반영하여 이동해 보면 다음과 같다.

	좌							우
상	9	4	5	3	6	1	8	2
	8	2	~~2~~	~~1~~	~~3~~	2	~~5~~	~~1~~
	6	9	8	4	2	4	3	5
	4	~~8~~	~~1~~	~~3~~	5	2	~~6~~	~~1~~
	~~1~~	~~4~~	3	7	6	~~3~~	~~1~~	~~4~~
	9	2	4	8	6	4	5	3
	4	2	4	9	8	6	~~7~~	~~1~~
	2	~~8~~	~~1~~	~~6~~	5	9	3	2
하	9	6	7	2	1	4	3	5

따라서 시작부터 도착까지 숫자의 총 합은 ④ 55이다.

빠른 문제풀이 Tip

바로 다음 줄에 이동할 숫자뿐만 아니라 그다음 줄에 이동할 숫자까지도 고려할 수 있어야 한다.

[정답] ④

127 다음 글을 근거로 판단할 때, <보기>에서 옳은 것을 모두 고르면?

13년 외교관(견습) 인책형 11번

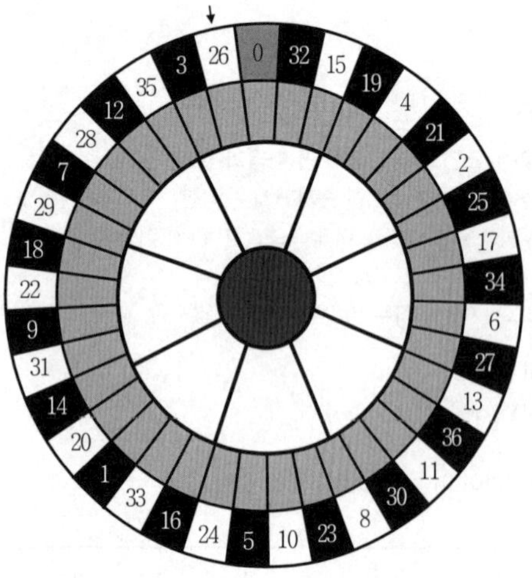

甲과 乙은 1에서 6까지 표시된 정육면체 주사위와 위의 그림과 같은 판을 가지고 게임을 한다. 게임의 규칙은 다음과 같다.

1. 甲과 乙의 말을 숫자 26이 쓰인 곳에 각각 두고 게임을 시작한다.
2. 가위바위보를 하여 이긴 사람부터 번갈아 주사위를 던져 나온 숫자만큼 반시계 방향으로 말을 이동시킨다.
3. 이때 이동한 말이 도착한 곳의 바탕색깔이 흰색이면 그 곳의 숫자만큼 점수를 획득하고, 바탕색깔이 검은 색이면 그 곳의 숫자 두 배만큼 점수를 획득한다. 단, 숫자 0이 쓰인 곳에 말이 도착하면 획득하는 점수는 없다.
4. 처음 출발 지점에서는 두 사람 모두 0점이다.
5. 어느 한 사람이 획득한 점수의 합이 100점 이상이 되는 순간 그 사람이 승리하고 게임은 종료된다.

〈보 기〉

ㄱ. 숫자 0이 쓰인 곳을 제외하고, 숫자 1이 쓰인 곳에 말이 도착할 때 유일하게 가장 낮은 점수를 획득하게 된다.
ㄴ. 주사위를 3번 던져서 획득한 점수의 합이 100점 이상이 될 수 있다.
ㄷ. 甲이 주사위를 먼저 던질 때, 甲은 매번 1이 나오고 乙은 매번 6이 나온다면 甲이 게임에서 승리한다.
ㄹ. 가위바위보에서 이기는 것이 게임에서 유리하다.

① ㄱ, ㄴ　② ㄴ, ㄷ
③ ㄷ, ㄹ　④ ㄱ, ㄴ, ㄷ
⑤ ㄴ, ㄷ, ㄹ

해설

문제 분석

- 甲과 乙의 말을 숫자 26이 쓰인 곳에 각각 두고 게임을 시작한다.
- 처음 출발 지점에서는 두 사람 모두 0점이다.
- 가위바위보를 하여 이긴 사람부터 번갈아 주사위를 던져 나온 숫자만큼 반시계 방향으로 말을 이동시킨다.
- 이동한 말이 도착한 곳의 바탕색깔이 흰색이면 그 곳의 숫자만큼 점수를 획득하고, 검은색이면 그 곳의 숫자 두 배만큼 점수를 획득한다. 단, 숫자 0이 쓰인 곳에 말이 도착하면 획득하는 점수는 없다.
- 어느 한 사람이 획득한 점수의 합이 100점 이상이 되는 순간 그 사람이 승리하고 게임은 종료된다.

문제풀이 실마리

각 보기의 정오판단을 할 수 있는 사례를 적절히 떠올릴 수 있어야 한다.

ㄱ. (X) 숫자 1이 쓰인 곳은 바탕색깔이 검은색이어서 그 곳의 숫자 두 배만큼 점수를 획득하므로 2점을 획득하게 된다. 그런데 숫자 2가 쓰인 곳에 말이 도착하면 그 곳의 바탕 색깔은 흰색이므로 동일하게 2점을 획득하게 된다. 따라서 숫자 0인 쓰인 곳을 제외하고, 가장 낮은 점수를 획득하는 경우는 숫자 1이 쓰인 곳에 말이 도착할 때와 숫자 2가 쓰인 곳에 말이 도착할 때이다.

ㄴ. (O) 입증 사례를 찾아보면, 주사위를 3번 던졌을 때, 2, 5, 3 순으로 숫자가 나온다면, 35점, 36점(=18점×2), 31점을 획득하므로 획득한 점수의 합은 102점이 될 수 있다.

또 다른 예로 주사위를 3번 던졌을 때, 2, 4, 1 순으로 숫자가 나온다면, 35점, 29점, 36점(=18점×2)을 획득하게 되므로 획득한 점수의 합은 정확히 100점이다. 따라서 이 경우도 100점이 이상이 될 수 있다.

ㄷ. (O) 甲은 1칸씩 이동, 乙은 6칸씩 이동하면 결과는 다음과 같다.

횟수	1	2	3	4	5
甲의 획득 점수	6(=3×2)	35	24(=12×2)	28	14(=7×2)
획득 점수 합	6	41	65	93	107
乙의 획득 점수	29	20	10	13	
획득 점수 합	29	49	59	72	

따라서 甲이 주사위를 다섯 번째 던지고 나면 획득 점수의 합이 먼저 107점이 되면서, 甲이 게임에서 승리한다.

감각적인 길

게임판은 바탕색깔이 검은색과 흰색이 번갈아 나온다. 甲과 乙은 흰색에서 출발해서 甲은 매번 1이 나오므로 바탕색깔이 흰색과 검은색인 곳이 번갈아 나오기 때문에 게임 중 절반은 두 배 점수를 획득한다. 그런데 乙은 매번 6이 나오므로 계속 흰색만 나오고 게임 내내 1배 점수만 획득한다. 더군다나 누구라도 먼저 합이 100점 이상이 되는 순간 바로 게임이 종료되는데, 甲이 먼저 시작하므로 먼저 100점을 채울 가능성이 높다. 따라서 甲이 유리할 것으로 예상할 수 있다.

ㄹ. (O) 2번 조건에서 '가위바위보를 하여 이긴 사람부터 번갈아 주사위를 던져 나온 숫자만큼 반시계 방향으로 말을 이동시킨다.'라고 정하고 있고, 마지막 5번 조건에서 '어느 한 사람이 획득한 점수의 합이 100점 이상이 되는 순간 그 사람이 승리하고 게임은 종료된다.'고 정하고 있다. 즉, 가위바위보에서 이기면 먼저 게임을 시작하고, 먼저 게임을 시작한 사람이 100점 이상이 되면, 가위바위보에 진 사람은 더 이상 기회가 주어지지 않고 게임이 종료된다. 따라서 가위바위보에서 이겨 먼저 시작하는 것이 게임에서 유리하다.

빠른 문제풀이 Tip

각 보기의 정오판단을 할 수 있는 적절한 사례가 떠오르지 않는다면 쉬운 보기부터 처리하는 것이 좋다.

[정답] ⑤

12 자리 배치

128 **다음은 국무회의 좌석배치와 관련된 내용이다. 국무위원이 전원 참석하였을 때 A와 B 자리에 앉게 되는 사람은?**

10년 5급 선책형 15번 15번

(가) 국무회의 구성원

대통령(의장), 국무총리(부의장), 국무위원 15명

(나) 국무회의 좌석배치 규칙

가운데 의장석을 중심으로 오른쪽에 i)국무총리석, 왼쪽에 ii)기획재정부장관석을 배치하고 의장석 맞은편의 오른쪽에 iii)교육과학기술부장관석, 왼쪽에 iv)외교통상부장관석을 배치한 다음 교육과학기술부장관석의 오른쪽에 v)통일부장관석을, 외교통상부장관석의 왼쪽에 vi)법무부장관석을 배치한다(오른쪽, 왼쪽은 의장석에서 봤을 때를 기준으로 한다).

그 다음의 좌석배치는 정부조직법 제00조에 규정된 각 부 순으로 아래 〈그림〉에서의 순서와 방향대로 계속해서 이루어진다.

〈그림〉

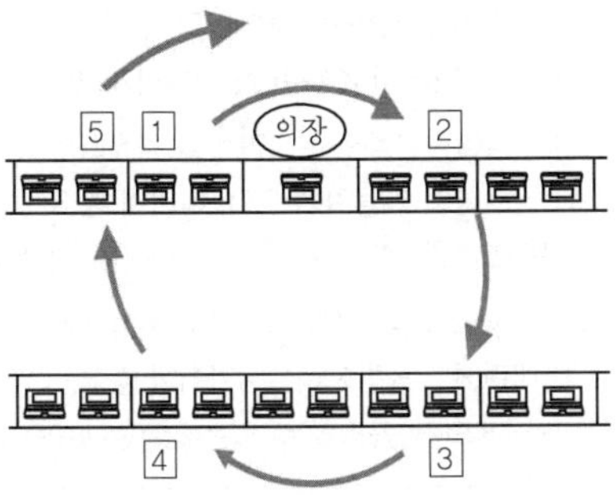

(다) 정부조직법 제00조(행정각부) 대통령의 통할 하에 다음의 행정각부를 둔다.

1. 기획재정부 2. 교육과학기술부 3. 외교통상부 4. 통일부 5. 법무부 6. 국방부 7. 행정안전부 8. 문화체육관광부 9. 농림수산식품부 10. 지식경제부 11. 보건복지가족부 12. 환경부 13. 노동부 14. 여성부 15. 국토해양부

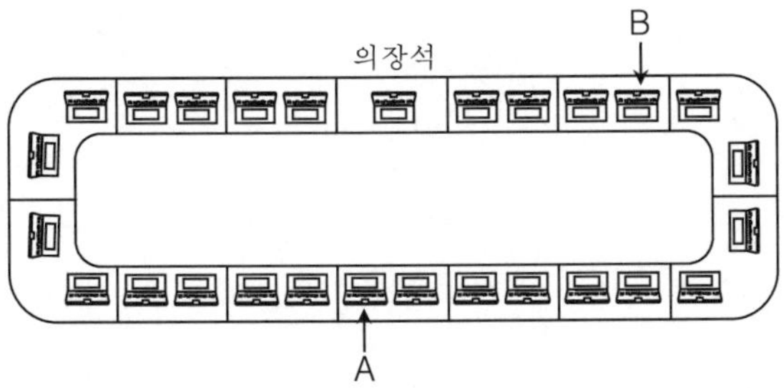

	A	B
①	교육과학기술부장관	여성부장관
②	외교통상부장관	국토해양부장관
③	외교통상부장관	보건복지가족부장관
④	외교통상부장관	여성부장관
⑤	교육과학기술부장관	국토해양부장관

해설

문제 분석

지문의 국무회의 좌석배치 규칙에 따라 국무회의 구성원을 배치해 본다. 실수하기 쉬운 요소나 시간을 단축시킬 수 있는 요소를 확인한다.

우선 (나) 국무회의 좌석배치 규칙에서 설명하는 오른쪽, 왼쪽의 기준은 의장석에서 봤을 때를 기준으로 하는 것에 유의한다. 아래의 〈그림 1〉에서는 의장석에서 보는 방향을 진한 화살표로 표시하였다.

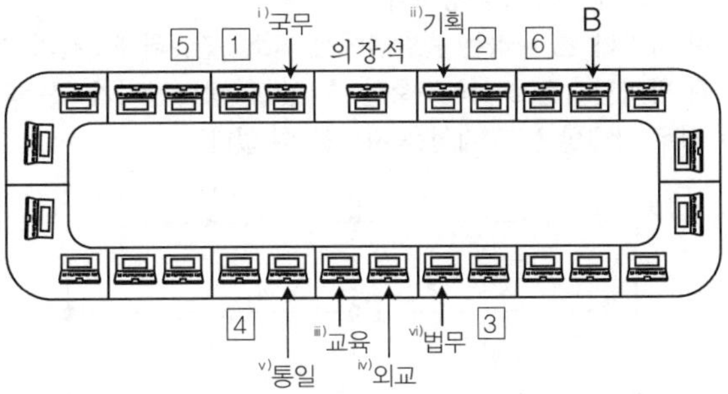

〈그림 1〉

위 〈그림 1〉은 (나) 국무회의 좌석배치 규칙의 첫 번째 문단에 따라 각 국무위원을 배치해 본 것이고 국무위원의 명칭은 (다) 정부조직법 제00조(행정각부)의 행정각부 명칭에서 첫 두 글자만 표기하였다. A에는 교육과학기술부장관이 앉게 된다.

〈그림 1〉에 의한 배치 이후 (나) 국무회의 좌석배치 규칙 두 번째 문단에 따라 나머지 국무위원을 배치하여야 한다. 〈그림 1〉에서 배치한 국무위원(ⅰ)~ⅵ))은 국무총리와 (다) 정부조직법 제00조(행정각부)의 제1호부터 제5호까지 배치한 것이다. 따라서 〈그림 1〉의 1이라고 표시된 자리에는 제6호의 국방부장관석을 배치해야 하고 순서대로 2라고 표시된 자리는 제7호의 행정안전부장관석을 배치해야 한다. 그렇다면 문제에서 묻는 B 자리는 10에 해당하고 여기에는 제15호의 국토해양부장관석을 배치해야 한다. 즉, B에는 국토해양부장관이 앉게 된다(⑤).

빠른 문제풀이 Tip

- (나) 국무회의의 좌석배치 규칙 두 번째 문단에 따라 나머지 국무위원을 배치해보면 다음 〈그림 2〉와 같다.

〈그림 2〉

그러나 해설에서 보듯이 지문의 정부조직법 제00조 각 호와 지문의 〈그림〉에서의 번호 사이에 상관관계를 파악하여 빠르게 해결한다.

- 나) 국무회의 좌석배치 규칙의 첫 번째 문단을 확인한 후 선지 ②, ③, ④를 소거할 수 있다.

[정답] ⑤

129 다음 글에 근거할 때 가장 타당하지 않은 것은?

12년 입법 가책형 36번

甲 나라와 乙 나라가 서로 전쟁을 하고 있다. 甲 나라와 乙 나라 사이를 연결하는 도로는 다음과 같은데, 검은 색으로 표시된 곳과 면으로 접한 도로는 이용이 불가능하다.

또한 甲 나라의 군사는 왼쪽에서 오른쪽, 위에서 아래로만 이동이 가능하며, 乙 나라의 군사는 오른쪽에서 왼쪽, 아래에서 위로만 이동이 가능하다.

甲 나라와 乙 나라는 출발점에서 최소 2칸, 최대 3칸의 거리에 방어진지를 2개씩 구축할 수 있고, 방어진지가 구축되는 경우 상대방은 그 지점을 지나갈 수 없다.

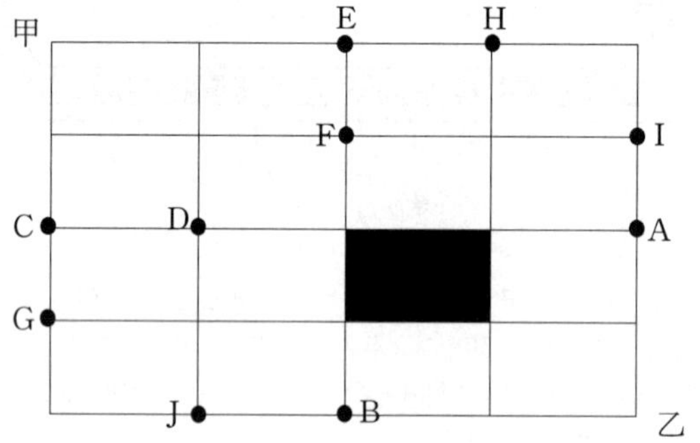

① 甲과 乙이 상대방을 공격할 수 있는 경로는 각각 18가지이다.
② 甲이 D 지점과 F 지점에 방어진지를 구축하면 乙이 甲을 공격할 수 있는 경로의 수는 1/3로 줄어든다.
③ 乙이 A 지점과 B 지점에 방어진지를 구축하면 甲을 완벽하게 방어할 수 있다.
④ 甲이 C 지점과 E 지점에 방어진지를 구축하면 乙이 甲을 공격할 수 있는 경로의 수는 절반으로 줄어든다.
⑤ 乙이 I 지점과 J 지점에 방어진지를 구축하면 甲이 乙을 공격할 수 있는 경로의 수는 4/9로 줄어든다.

해설

문제 분석

- 검은 색으로 표시된 곳과 면으로 접한 도로를 제외한 나머지 도로를 甲 나라의 군사는 왼쪽에서 오른쪽, 위에서 아래로만 이동하고, 乙 나라의 군사는 오른쪽에서 왼쪽, 아래에서 위로만 이동한다.
- 각 선지에 주어진대로 방어진지가 구축되는 경우 상대방은 그 지점을 지나갈 수 없다.

문제풀이 실마리

최단거리 경로를 셀 수 있는 방법을 알면 보다 쉽게 문제를 해결할 수 있다.

① (O) 甲에서 乙로 가는 경로 수는 총 18가지이다. 乙에서 甲으로 가는 경로 수 역시 마찬가지로 총 18가지이다.

② (O) 甲이 F지점에 방어진지를 구축하면 E를 경유하는 경로만이 가능하다. E를 지나는 경로 수가 5가지에서 3가지로 줄어들게 되고 총 경로가 6가지 남게 되어 기존 총 경로 수 18가지에 비해서 1/3로 줄어들게 된다.

③ (O) 乙이 A지점에 방어진지를 구축하게 되면, 甲이 오는 모든 경로를 차단할 수 있게 된다. 따라서 乙은 甲을 완벽하게 방어할 수 있다.

④ (X) 甲이 E지점에 방어진지를 구축하면, F를 경유하는 경로만이 가능하게 되고, 4개의 경로만이 가능하게 된다. 따라서 총 8가지 경로가 남게 되어서 이는 절반으로 줄어드는 것이 아닌 4/9가 남게 된다.

⑤ (O) 乙이 I지점에 방어진지를 구축하면, 甲은 A를 지나는 4가지 경로만이 가능하다. 반대편에도 B를 지나는 4가지의 경로만이 가능하므로 총 8가지의 경로가 남게되어, 공격할 수 있는 경로는 4/9로 줄어든다.

빠른 문제풀이 Tip

'대칭'의 출제장치를 알면 복잡한 계산 없이도 문제를 해결할 수 있다.

[정답] ④

130 제시문을 근거로 판단할 때 옳지 않은 것은?

09년 입법 가책형 7번

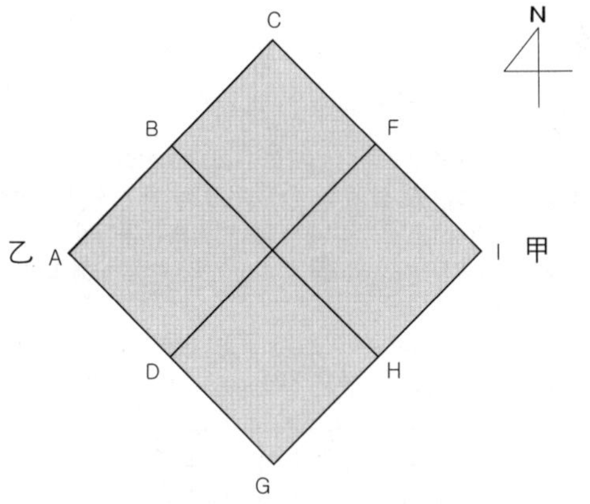

甲과 乙은 전략게임을 하는데 甲이 공격을 하고 乙은 이에 대한 방어만을 할 수 있다. 위의 그림에서 현재 甲은 I지점을 점령하고 있고 乙은 A지점을 점령하고 있다. 甲은 A지점을 점령하기 위해 I지점을 출발하여 각 지점을 경유하여 공격하려 하고 乙은 A지점을 출발하여 각 지점을 경유하여 甲의 공격을 방어하려 한다. 甲이 공격에 성공하기 위해서는 乙의 방어군을 반드시 피해야 하고, 乙이 방어에 성공하기 위해서는 甲의 공격군을 반드시 도중에 만나야 한다. 이때 甲은 A지점을 공격하기 위해서 동에서 서로 직선 또는 지그재그 형태로 나아가야만 하며, 乙은 방어를 위해서 서에서 동으로 직선 또는 지그재그 형태로 나아가야만 한다. 또한 한번 지난 길을 다시 갈 수는 없다. 그리고 한 구간(예를 들어, I지점 → F지점)을 이동하는 데 걸리는 시간은 동일하며, 甲과 乙은 동시에 움직이고 서로의 위치를 확인할 수 없다.

① 甲이 공격할 수 있는 경로는 총 6가지이다.
② 乙이 방어할 수 있는 경로는 총 6가지이다.
③ 甲과 乙이 모두 무작위로 경로를 선택한다면, 甲이 공격에 성공할 확률과 乙이 방어에 성공할 확률은 동일하다.
④ 乙이 무작위로 경로를 선택하고 甲이 그 사실을 알고 있다면, 甲이 공격에 성공하기 위한 최선의 선택경로는 2가지이다.
⑤ 甲이 무작위로 경로를 선택하고 乙이 그 사실을 알고 있다면, 乙이 방어에 성공하기 위한 최선의 선택경로는 2가지이다.

해설

문제 분석

- 현재 I지점을 점령하고 있는 甲이 공격을 하고, A지점을 점령하고 있는 乙이 이에 대한 방어만을 한다.
- 甲은 A지점을 점령하기 위해 I지점을 출발하여 각 지점을 경유하여 공격하려 하고 乙은 A지점을 출발하여 각 지점을 경유하여 甲의 공격을 방어하려 한다.
- 甲은 A지점을 공격하기 위해서 동에서 서로 직선 또는 지그재그 형태로 나아가야만 하며, 乙은 방어를 위해서 서에서 동으로 직선 또는 지그재그 형태로 나아가야만 한다. 한번 지난 길을 다시 갈 수는 없다.
- 한 구간(예를 들어, I지점 → F지점)을 이동하는 데 걸리는 시간은 동일하며, 甲과 乙은 동시에 움직이고 서로의 위치를 확인할 수 없다.
- C, E, G를 지나는 시점에서 甲이 공격에 성공하기 위해서는 乙의 방어군을 반드시 피해야 하고, 乙이 방어에 성공하기 위해서는 甲의 공격군을 반드시 만나야 한다.

문제풀이 실마리

무작위의 뜻을 올바르게 이해할 수 있어야 한다. 무작위는 확률이 동일하다는 의미이다.

① (O) 甲이 공격할 수 있는 경로는 $\frac{4!}{2!2!}$=6가지이다.

② (O) 乙이 공격할 수 있는 경로는 $\frac{4!}{2!2!}$ = 6가지이다.

③ (O) 甲이 이동할 수 있는 경로는

I-F-C-B-A　　I-H-E-B-A
I-F-E-B-A　　I-H-E-D-A
I-F-E-D-A　　I-H-G-D-A

총 6가지이므로, 甲은 세 번째 지점에서 C에 있을 확률 1/6, E에 있을 확률 4/6, G에 있을 확률이 1/6이다.

乙이 이동할 수 있는 경로는

A-B-C-F-I　　A-D-E-F-I
A-B-E-F-I　　A-D-E-H-I
A-B-E-H-I　　A-D-G-H-I

총 6가지이고, 마찬가지로 乙 역시 세 번째 지점에서 C에 있을 확률 1/6, E에 있을 확률 4/6, G에 있을 확률이 1/6이다.

乙이 방어에 성공한다는 것은 세 번째 지점에서 甲과 만난다는 것이고, 둘이 만날 확률은

C에서 만날 확률=1/6×1/6=1/36
E에서 만날 확률=4/6×4/6=16/36
G에서 만날 확률=1/6×1/6=1/36

세 번째 지점에서 만날 전체 확률은 1/36+16/36+1/36=18/36=1/2이다.

甲이 공격에 성공한다는 것은 세 번째 지점에서 乙을 만나지 않는다는 것이고 이는 전체 확률 1에서 甲과 乙이 만날 확률을 빼주면 되기 때문에 1−1/2=1/2이 된다.

따라서 甲과 乙이 무작위로 경로를 선택한다면 甲이 공격에 성공할 확률과 乙이 방어에 성공할 확률은 동일하다.

④ (O) 乙이 무작위로 경로를 선택하고 甲이 그 사실을 알고 있다면 甲은 세 번째 지점에서 乙이 있을 확률이 가장 낮은 C 또는 G로 이동할 것이고, 그 방법은 두 가지이다.

⑤ (X) 甲이 무작위로 경로를 선택하고 乙이 그 사실을 알고 있다면, 乙은 세 번째 지점에서 甲이 있을 확률이 가장 높은 E로 이동할 것이고 그 방법은 네 가지이다.

빠른 문제풀이 Tip

경로 소재의 성질과 확률 소재의 출제 방법을 알면 보다 수월하게 해결할 수 있는 문제이다.

[정답] ⑤

131 다음 <그림>처럼 Ⓟ가 1회 이동할 때는 선을 따라 한 칸 움직 지점에서 우측으로 45도 꺾어서 한 칸 더 나아가는 방식으로 움직인다. 하지만 Ⓟ가 이동하려는 경로상에 장애물(☒)이 있으면 움직이지 못한다. <보기> A~E에서 Ⓟ가 3회 이하로 이동해서 위치할 수 있는 곳만을 옳게 묶은 것은? 13년 민경채 인책형 22번

〈그림〉

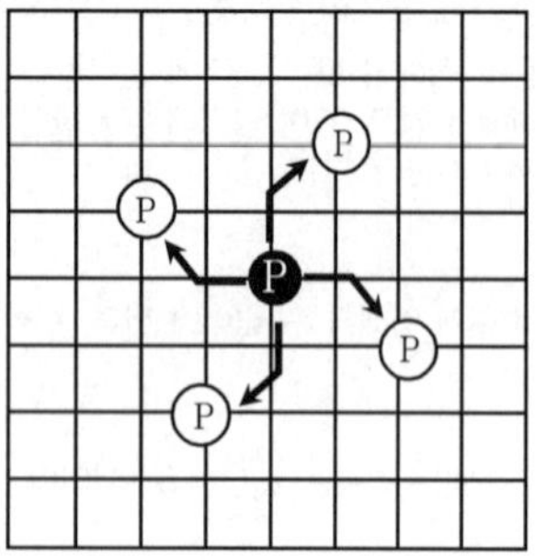

〈보 기〉

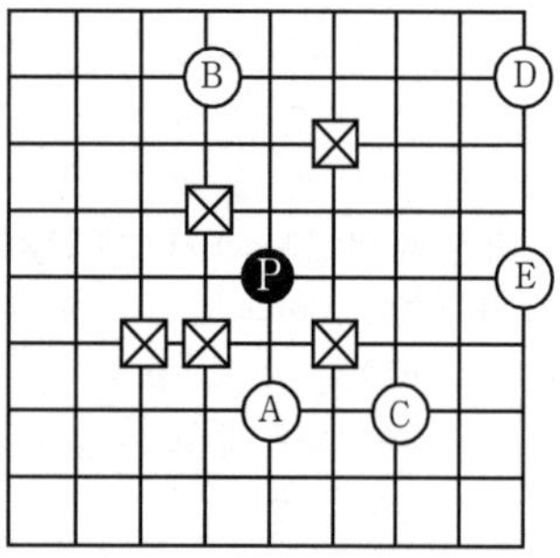

① A, B
② B, D
③ A, C, E
④ B, D, E
⑤ C, D, E

해설

문제 분석

- 발문에 주어진 규칙을 놓치지 않도록 주의해야 한다.
- 기본적으로 1회 이동을 할 때는, 선을 따라 한 칸 움직인 지점에서 우측으로 45도 꺾어서 한 칸 더 나아가는 방식으로 움직인다.
- 그런데 제약조건이 있으므로 Ⓟ가 이동하려는 경로상에 장애물(☒)

Ⓟ가 1회 이동해서 위치할 수 있는 세 곳은 다음과 같다. 위, 아래, 왼쪽, 오른쪽 중 위쪽으로 이동한 지점은 장애물이 있기 때문에 이동할 수 없다.

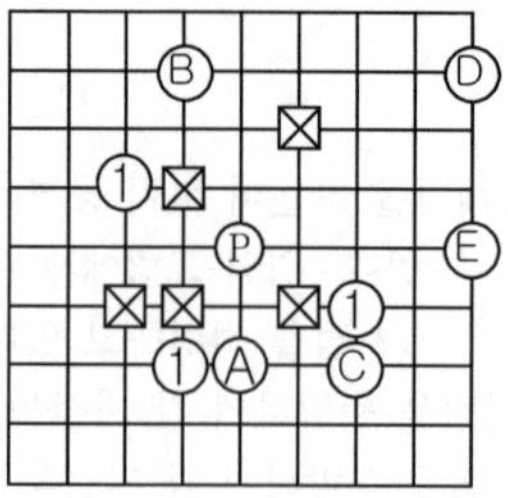

1회 이동한 위치에서 한 번 더 이동해서 2회 이동해서 위치할 수 있는 곳을 표시해 보면 다음과 같다.

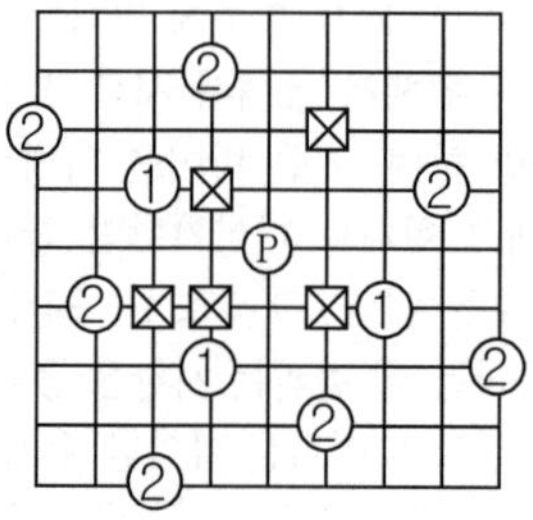

이때 B는 2회 이동만에 위치할 수 있으므로, 3회 이하로 이동해서 위치할 수 있는 곳이다. 남은 A, C, D, E 중에서는 E의 왼쪽 상단 ②에서 위쪽으로 1회 이동하면 총 3회 이동으로 D에 위치할 수 있고, A, C, E로는 3회 이하로 이동해서 위치하는 것이 불가능하다.

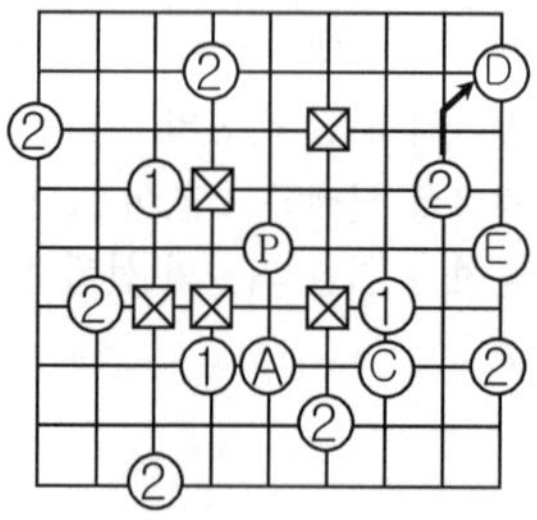

따라서 〈보기〉 A~E 중에서 Ⓟ가 3회 이하로 이동해서 위치할 수 있는 곳은 B와 D 뿐이고, A, C, E로는 이동해서 위치할 수 없다.

[정답] ②

132 다음 글을 근거로 판단할 때, <보기>에서 옳은 것만을 모두 고르면? (단, 주어진 조건 외에 다른 조건은 고려하지 않는다)

16년 5급 4책형 10번

○ 내전을 겪은 甲국은 2015년 1월 1일 평화협정을 통해 4개 국(A～D)으로 분할되었다. 평화협정으로 정한 영토분할 방식은 다음과 같다.
  - 甲국의 영토는 정삼각형이다.
  - 정삼각형의 한 꼭짓점에서 마주보는 변(이하 '밑변'이라 한다)까지 가상의 수직이등분선을 긋고, 그 선을 4등분하는 3개의 구분점을 정한다.
  - 3개의 구분점을 각각 지나는 3개의 직선을 밑변과 평행하게 긋고, 이를 국경선으로 삼아 기존 甲국의 영토를 4개의 영역으로 나눈다.
  - 나누어진 4개의 영역 중 가장 작은 영역부터 가장 큰 영역까지 차례로 각각 A국, B국, C국, D국의 영토로 한다.

○ 모든 국가의 쌀 생산량은 영토의 면적에 비례하며, A국의 영토에서는 매년 10,000가마의 쌀이 생산된다.

○ 각국은 영토가 작을수록 국력이 강하고, 국력이 약한 국가는 자국보다 국력이 강한 모든 국가에게 매년 연말에 각각 10,000가마의 쌀을 공물로 보낸다.

○ 4개 국의 인구는 모두 동일하며, 변하지 않는다. 각국은 매년 10,000가마의 쌀을 소비한다.

○ 각국의 쌀 생산량은 홍수 등 자연재해가 없는 한 변하지 않으며, 2015년 1월 1일 현재 각국은 10,000가마의 쌀을 보유하고 있다.

〈보 기〉

ㄱ. 2016년 1월 1일에 1년 전보다 쌀 보유량이 줄어든 국가는 D국뿐이다.

ㄴ. 2017년 1월 1일에 4개 국 중 가장 많은 쌀을 보유한 국가는 A국이다.

ㄷ. 만약 2015년 여름 홍수로 인해 모든 국가의 2015년도 쌀 생산량이 반으로 줄어든다고 하여도, 2016년 1월 1일 기준 각 국가의 쌀 보유량은 0보다 크다.

① ㄱ

② ㄴ

③ ㄷ

④ ㄱ, ㄷ

⑤ ㄴ, ㄷ

해설

문제 분석

- 평화협정으로 정한 영토분할 방식에 따라 A~D국의 영토를 정해지고, 각국의 영토의 면적에 비례하여 쌀이 생산된다. 각국의 쌀 생산량은 홍수 등 자연재해가 없는 한 변하지 않는다.
- 영토와 반비례하게 국력이 정해지며, 국력에 따라 4개 국 안에서 공물을 보내고 받는다.
- 각국은 매년 10,000가마의 쌀을 소비한다.
- 2015년 1월 1일 현재 각국은 10,000가마의 쌀을 보유하고 있다.

문제풀이 실마리

- 쌀의 생산, 공물, 소비, 보유와 관련된 조건을 정확하게 이해할 수 있어야 한다.
- 특히 각 국가별 쌀의 생산량을 파악하기 위해 삼각형 영토의 면적을 구해야 한다.

각국의 영토 면적의 비율을 구해보면 A국:B국:C국:D국=1:3:5:7이다. 제시된 조건을 이 비율에 반영하여 각국의 1년간 쌀 보유량의 변화를 살펴보면 다음 표와 같다.

(단위: 만 가마)

국가	현재 보유량	생산	공물		소비	변화/1년
			보냄	받음		
A국	1	1	0	+3	-1	+3
B국		3	-1	+2		
C국		5	-2	+1		
D국		7	-3	0		

ㄱ. (X) 모든 국가의 쌀 보유량은 해마다 3만 가마씩 증가한다.

ㄴ. (X) 2015년 1월 1일로부터 2년이 지난 시점이고, 해마다 쌀 보유량은 3만 가마씩 증가하므로, 모든 국가가 6만 가마씩 증가하여 모든 국가가 동일하게 7만 가마를 보유하고 있을 것이다. 따라서 어느 국가가 더 많은 쌀을 보유했다고 말할 수 없다.

ㄷ. (O) 2015년에 각국은 현재 보유량 1만에 더해 모두 3만 가마씩 쌀 보유량이 증가해서 최종 보유량은 4만 가마가 되었어야 하나, 홍수로 인해 쌀 생산량이 반으로 줄었다면 A국은 -0.5만, B국은 -1.5만, C국은 -2.5만, D국은 -3.5만의 변화가 추가로 발생한다. 그렇다 하더라도 각 국가의 쌀 보유량은 A국 3.5만, B국 2.5만, C국 1.5만, D국 0.5만 가마로 모두 0보다 크다.

빠른 문제풀이 Tip

각국의 영토 면적을 구할 수 있는 다양한 방법이 있다. 피타고라스 정리를 활용하는 방법이 가장 느리므로, 다른 방법들도 다양하게 연습해 본다.

[정답] ③

133 □□국은 넓이는 같지만 모양은 다른 甲, 乙, 丙 3개의 섬으로 이루어진 국가이다. 최근 새로운 바이러스가 크게 유행하면서 □□국 보건총괄책임자는 각각의 섬을 면밀히 관찰하여 상황에 따라 재난경보를 발령하려고 한다. 다음 <조건>과 <그림>에 따를 때, 가장 먼저 재난경보를 발령해야 하는 상황은?

13년 5급 인책형 20번

〈조 건〉

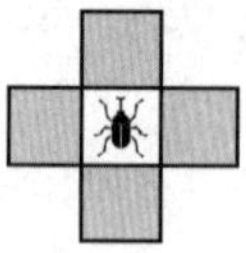

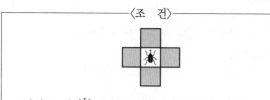

- ○ 위의 그림 🐞 구역에서 발병자가 발생하면 하루 만에 상·하·좌·우 각각 한 구역씩 바이러스가 전염된다. 새롭게 전염된 구역에서 다시 하루 만에 상·하·좌·우 각각 한 구역씩 전염된다. 바이러스는 이러한 방식으로 섬 전역으로 확산된다.
- ○ 바다로 인해 섬 간에는 바이러스가 전염되지 않는다.
- ○ □□국 보건총괄책임자는 각각의 섬 내 전체 구역에 바이러스가 전염된 경우 재난경보를 발령한다.

〈그 림〉

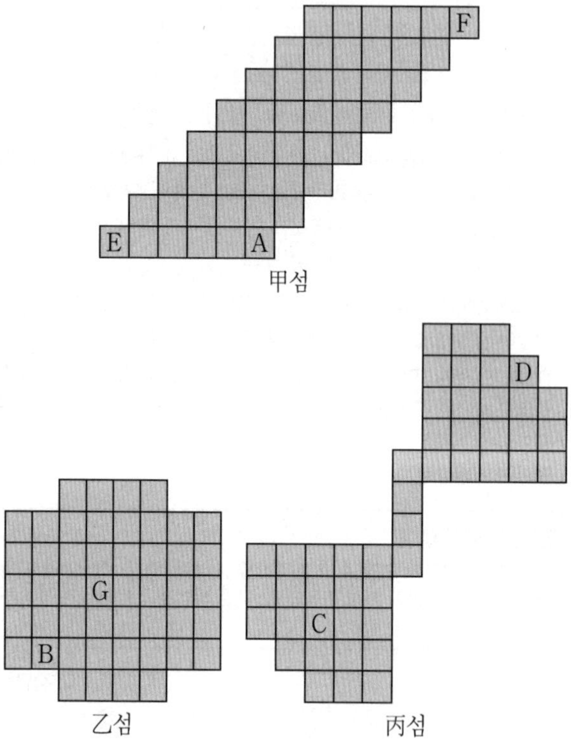

	섬	발병 구역	발병 날짜
① 상황 1:	甲	A	2월 13일
② 상황 2:	乙	B	2월 16일
③ 상황 3:	丙	C, D 동시 발병	2월 19일
④ 상황 4:	甲	E, F 동시 발병	2월 19일
⑤ 상황 5:	乙	G	2월 19일

해설

문제 분석

- 바이러스 전파 규칙
- 바이러스가 상·하·좌·우 방향으로 한 구역씩 전염될 때는 하루가 소요되고, 대각선 방향으로 한 구역으로 전염될 때는 이틀이 소요된다.
- 이를 통해 발병구역에서 가장 먼 구역까지의 소요기간을 구하면 다음과 같다.

문제풀이 실마리

발병지역에서 바이러스가 전파되어 가는 패턴을 파악한 후, 이를 주어진 〈그림〉에 정확하게 적용하여 문제를 해결할 수 있어야 한다.

각 상황별로 제시된 〈조건〉에 따라 섬 전체 구역에 바이러스가 전염되는 데 소요되는 기간을 계산하면 다음과 같다.

①

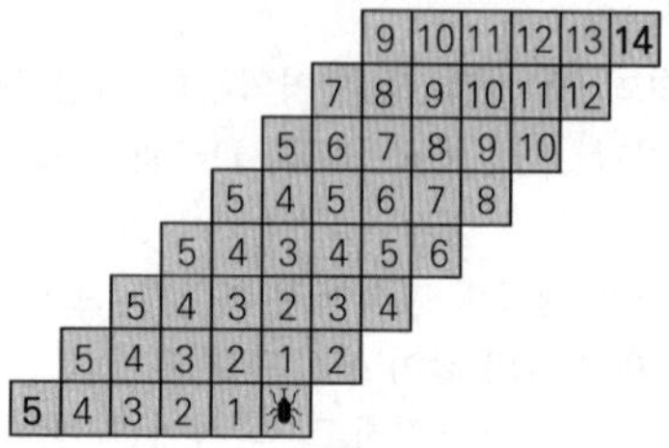

甲섬

상황 1: 甲섬 내 전체 구역에 바이러스가 전염되는 데 소요되는 기간은 14일이다.

②

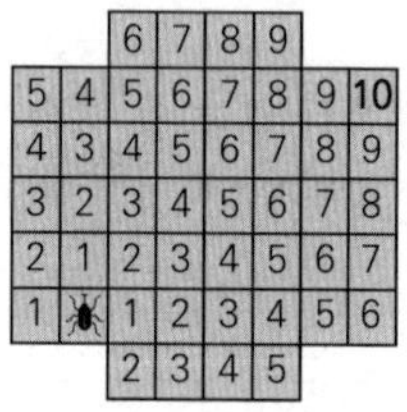

乙섬

상황 2: 乙섬 내 전체 구역에 바이러스가 전염되는 데 소요되는 기간은 10일이다.

③

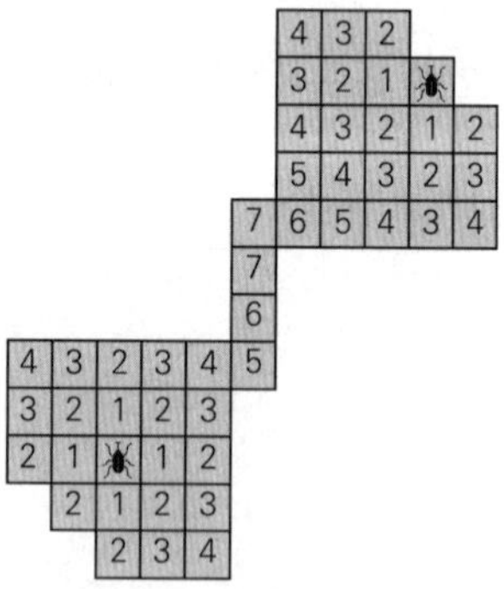

丙섬

상황 3: 丙섬 내 전체 구역에 바이러스가 전염되는 데 소요되는 기간은 7일이다.

④

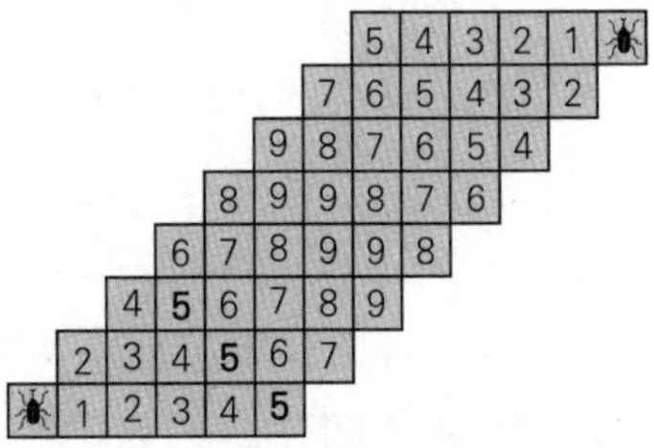

甲섬

상황 4: 甲섬 내 전체 구역에 바이러스가 전염되는데 소요되는 기간은 9일이다.

⑤

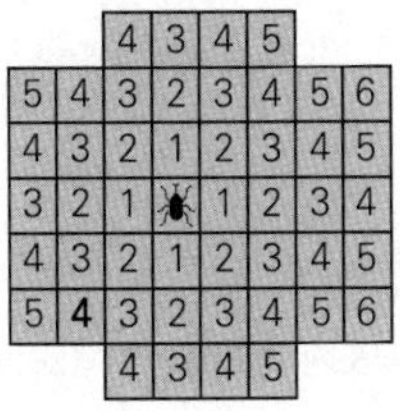

乙섬

상황 5: 乙섬 내 전체 구역에 바이러스가 전염되는데 소요되는 기간은 6일이다.

바이러스가 전염되는 데 소요되는 기간에 따라 바이러스 발병 날짜를 고려하여 재난경보 발령일을 정리하면 다음과 같다.

구분	섬	발병 구역	발병 날짜	소요기간	재난경보 발령일
① 상황 1	甲	A	2월 13일	14일	2월 27일
② 상황 2	乙	B	2월 16일	10일	2월 26일
③ 상황 3	丙	C, D 동시 발병	2월 19일	7일	2월 26일
④ 상황 4	甲	E, F 동시 발병	2월 19일	9일	2월 28일
⑤ 상황 5	乙	G	2월 19일	6일	2월 25일

빠른 문제풀이 Tip

- 하루에 상 · 하 · 좌 · 우 방향으로 한 구역씩만 이동 가능하다. 따라서 이를 이용하면 발병구역을 기준으로 한 해당구역의 좌표를 구한 후, 예를 들어 (우 4, 상 2) 라면 발병구역에서 해당구역까지는 우 4+상 2만큼 이동하되, 하루에 상 · 하 · 좌 · 우 방향으로 한 구역씩만 이동 가능하므로, 4+2=6일이 소요됨을 알 수 있다. 즉, 좌표의 숫자를 더해서 해당구역까지의 소요기간을 구할 수 있다.
- 선지 ③, ④, ⑤는 발병날짜가 동일하다. 그렇다면 소요기간이 가장 짧은 선지 ⑤가 가장 먼저 재난경보를 발령할 것이다. 선지 ③과 선지 ⑤는 소요기간이 하루밖에 차이나지 않으므로 대충 확인하지 않도록 유의한다.

[정답] ⑤

134 다음 글의 내용과 부합하는 것은?

11년 입법 가책형 16번

> 말갈은 고구려의 북쪽에 있으며 읍락마다 추장이 있으나 서로 하나로 통일되지는 못했다. 무릇 7종이 있으니 첫째는 속말부라 부르며 고구려에 접해 있고, 둘째는 백돌부로 속말의 북쪽에 있다. 셋째, 안차골부는 백돌의 동북쪽에 있고, 넷째, 불열부는 백돌의 동쪽에 있다. 다섯째는 호실부로 불열의 동쪽에 있고, 여섯째는 흑수부로 안차골의 서북쪽에 있으며, 일곱째는 백산부로 속말의 동쪽에 있다. 정병은 3천이 넘지 않고 흑수부가 가장 강하다.

① 백돌부는 호실부의 서쪽에 있다.
② 흑수부는 백산부의 동쪽에 있다.
③ 백산부는 불열부의 북쪽에 있다.
④ 안차골부는 속말부의 서북쪽에 있다.
⑤ 안차골부는 고구려에 인접해 있다.

해설

문제 분석

말갈은 고구려의 북쪽에 있는데, 총 8종이 있다.
1) 속말부는 고구려에 접해있다.
2) 백돌부는 속말의 북쪽에 있다.
3) 안차골부는 백돌의 동북쪽에 있다.
4) 불열부는 백돌의 동쪽에 있다.
5) 호실부는 불열의 동쪽에 있다.
6) 흑수부는 안차골의 서북쪽에 있다.
7) 백산부는 속말의 동쪽에 있다.

문제풀이 실마리

주어진 조건을 토대로 각 읍락의 위치를 정확하게 시각화하여 그려낼 수 있어야 한다.

이를 토대로 정보를 시각화하면 다음과 같다.

흑수부		
	안차골부	
백돌부	불열부	호실부
속말부	백산부	
고구려		

① (O) 백돌부는 호실부의 서쪽에 있다.
② (X) 흑수부는 백산부의 서북쪽에 있다.
③ (X) 백산부는 불열부의 남쪽에 있다.
④ (X) 안차골부는 속말부의 동북쪽에 있다.
⑤ (X) 안차골부는 고구려에 인접해 있지 않다.

[정답] ①

135 다음 <상황>을 근거로 판단할 때 왼쪽에서부터 4번째에 위치하는 공장은?

17년 입법 가책형 13번

〈상 황〉

○ A, B, C, D, E공장은 직선상에 위치하고 있다.
○ A공장은 맨 왼쪽(왼쪽에서부터 1번째)에 위치하고 있다.
○ A공장과 B공장 사이의 거리는 5km, B공장과 E공장 사이의 거리는 4km, C공장과 D공장 사이의 거리는 9km, C공장과 E공장 사이의 거리는 6km이다.
○ 바로 옆에 붙어 있는 두 공장 사이의 최대 거리는 5km 이내이다.
○ C공장은 A공장과 B공장 사이에 위치하고 있다.

① A
② B
③ C
④ D
⑤ E

해설

문제 분석

- 첫 번째 동그라미에 따를 때, A, B, C, D, E공장은 직선상에 위치하고 있다.
- 두 번째 동그라미에 따를 때, A공장이 맨 왼쪽에 위치하고 있다.
- 다섯 번째 동그라미에 따를 때, 왼쪽부터 A – C – B 순으로 위치하고 있다.
- 네 번째 동그라미에 따를 때, 바로 옆에 붙어 있는 두 공장 사이의 최대 거리는 5km 이내이다.
- 세 번째 동그라미에 따를 때,
  A공장과 B공장 사이의 거리는 5km,
  B공장과 E공장 사이의 거리는 4km
  C공장과 D공장 사이의 거리는 9km
  C공장과 E공장 사이의 거리는 6km이다.
- A공장이 맨 왼쪽에 위치하고 있어야 하고, A–C–B 순이므로 A공장과 B공장 사이의 거리 5km 안에 C공장이 위치하고 있다는 점에서 시작하면, C공장에서 오른쪽으로 9km 떨어진 곳에 D공장이 위치해야 하고, C공장에서 오른쪽으로 6km 떨어진 곳에 E공장이 위치해야 한다.

문제풀이 실마리

주어진 조건을 토대로 각 공장의 위치를 정확하게 시각화하여 그려낼 수 있어야 한다.

위에서 정리한 조건을 토대로 그림으로 나타내면 다음과 같다.

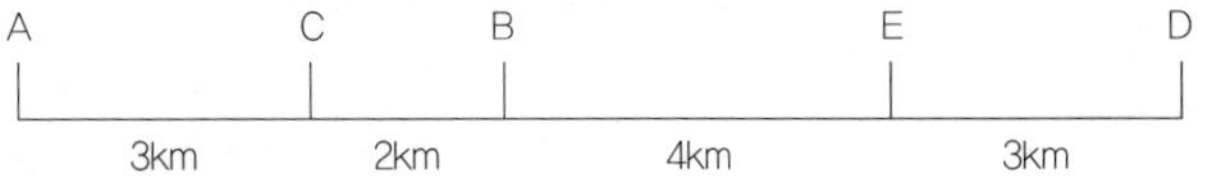

따라서 왼쪽부터 A – C – B – E – D 순서로 공장이 위치하게 되고, 왼쪽에서부터 4번째에 위치하는 공장은 E공장이다.

[정답] ⑤

136 다음 글을 근거로 판단할 때, A에서 가장 멀리 떨어진 도시는?

18년 5급 나책형 16번

> ○ 甲지역에는 7개의 도시(A ~ G)가 있다.
> ○ E, F, G는 정남북 방향으로 일직선상에 위치하며, B는 C로부터 정동쪽으로 250km 떨어져 있다.
> ○ C는 A로부터 정남쪽으로 150km 떨어져 있다.
> ○ D는 B의 정북쪽에 있으며, B와 D 간의 거리는 A와 C 간의 거리보다 짧다.
> ○ E와 F 간의 거리는 C와 D 간의 직선거리와 같다.
> ○ G는 D로부터 정동쪽으로 350km 거리에 위치해 있으며, A의 정동쪽에 위치한 도시는 F가 유일하다.

※ 모든 도시는 동일 평변상에 있으며, 도시의 크기는 고려하지 않는다.

① B

② D

③ E

④ F

⑤ G

해설

문제 분석

- 두 번째 동그라미에 따를 때, C로부터 정동쪽으로 250km 떨어진 지점에 B가 위치한다.
- 세 번째 동그라미에 따를 때, C로부터 정북쪽으로 150km 떨어진 지점에 A가 위치한다. (= C는 A로부터 정남쪽으로 150km)
- 네 번째 동그라미에 따를 때, B의 정북쪽에 D가 위치해 있으며, B와 D 간의 거리는 A와 C 간의 거리인 150km보다 짧다.
- 마지막 동그라미에 따를 때, D로부터 정동쪽으로 350km 떨어진 지점에 G가 위치한다.
- 마지막 동그라미에 따를 때, A의 정동쪽으로 F만 위치하며, 두 번째 동그라미에 따를 때, F와 G는 정남북방향으로 일직선 방향에 위치해야 한다. 따라서 A로부터 정동쪽으로 600km 떨어진 지점에 F가 위치한다.

문제풀이 실마리

주어진 조건을 토대로 각 도시의 위치를 정확하게 시각화하여 그려낼 수 있어야 한다.

위에서 정리한 내용을 바탕으로 E만 제외한 각 도시의 위치를 그려보면 다음과 같다.

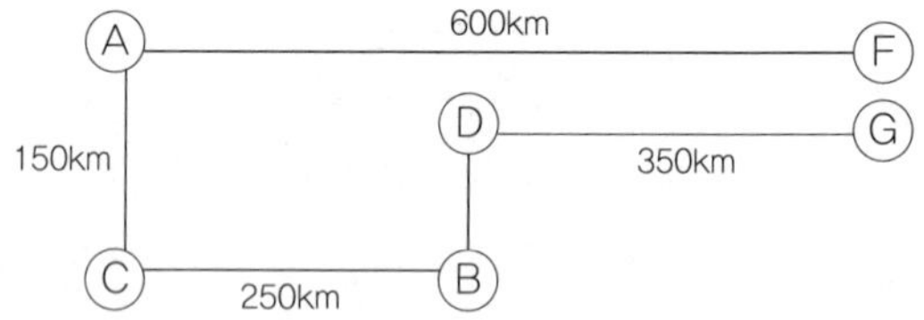

E의 위치가 확정되지 않았는데, 두 번째 동그라미에 따를 때 E, F, G는 정남북 방향으로 일직선상에 위치하고, 다섯 번째 동그라미에 따를 때, E와 F 간 거리는 C와 D 간의 직선거리(= 직각삼각형 BCD를 볼 때, C와 D간의 직선거리는 250km보다 길다)와 같으므로, E와 F간 거리는 250km 이상이다.

이때 E가 F를 기준으로 정북쪽 또는 정남쪽에 위치한다. 둘 중 어디에 위치하든 A에서 가장 멀리 떨어진 도시는 E이다.

> **빠른 문제풀이 Tip**
> 두 번째 동그라미에서 일직선상에 E – F – G 순으로 위치하고 있다고 잘못 이해하지 않도록 주의한다.

[정답] ③

137 다음 글과 <표>에 근거하여 <보기>에서 올바른 것을 모두 고르면?

11년 민경채(실험) 발책형 16번

> 비용편익분석의 기준에는 다음과 같은 3가지가 있다. 첫째, 최소비용기준은 일정 수준의 편익을 정해놓고, 이 수준에 도달하는 몇 개의 대안들의 비용을 비교하여 이 중 가장 적은 비용의 대안을 선택하는 것이다. 둘째, 최대편익기준은 비용의 최대한도를 정해놓고, 이 비용한도를 넘는 것을 제거한 후 최대편익을 발휘하는 대안을 선택하는 것이다. 셋째, 편익/비용 기준은 비용 대비 편익의 수준을 구하는 것으로 값이 클수록 효용이 높아진다.

〈표〉 5가지 대안의 비용과 편익

(단위: 만 원)

대안	비용	편익
1안	550	4,000
2안	550	3,500
3안	700	4,000
4안	700	5,000
5안	800	6,500

〈보 기〉

ㄱ. 최소비용기준을 따르고 편익 수준을 4,000만 원 이상으로 잡을 경우, 1안을 선택해야 한다.
ㄴ. 최소비용기준을 따르고 편익 수준을 5,000만 원 이상으로 잡을 경우, 5안을 선택해야 한다.
ㄷ. 최대편익기준을 따르고 비용의 한도를 550만 원으로 잡을 경우, 1안을 선택해야 한다.
ㄹ. 최대편익기준을 따르고 비용의 한도를 700만 원으로 잡을 경우, 4안을 선택해야 한다.
ㅁ. 편익/비용의 기준으로만 볼 경우, 1안을 선택해야 한다.

① ㅁ
② ㄱ, ㄴ
③ ㄴ, ㅁ
④ ㄱ, ㄷ, ㄹ
⑤ ㄱ, ㄷ, ㄹ, ㅁ

해설

문제 분석

최소비용기준	일정 수준의 편익을 정해놓고, 이 수준에 도달하는 몇 개의 대안들의 비용을 비교하여 이 중 가장 적은 비용의 대안을 선택
최대편익기준	비용의 최대한도를 정해놓고, 이 비용한도를 넘는 것을 제거한 후 최대편익을 발휘하는 대안을 선택
편익/비용 기준	비용 대비 편익의 수준을 구하는 것으로 값이 클수록 효용이 높아짐

문제풀이 실마리

〈보기〉에 따라 지문의 3가지 비용편익분석 기준(최소비용기준, 최대편익기준, 편익/비용 기준) 중 하나를 〈표〉의 1~5안에 적용한다.

ㄱ. (O) 최소비용기준을 따르고 편익 수준을 4,000만 원 이상으로 잡을 경우, 우선 2안은 제거된다. 1, 3, 4, 5안 중 가장 적은 비용의 대안을 선택하여야 하므로 비용이 550(만 원)으로 가장 적은 1안을 선택해야 한다.

ㄴ. (X) 최소비용기준을 따르고 편익 수준을 5,000만 원 이상으로 잡을 경우, 1, 2, 3안은 제거된다. 4, 5안 중 가장 적은 비용의 대안을 선택하여야 하므로 5안이 아니라 비용이 700(만 원)으로 가장 적은 4안을 선택해야 한다.

ㄷ. (O) 최대편익기준을 따르고 비용의 한도를 550만 원으로 잡을 경우, 3, 4, 5안은 제거된다. 1, 2안 중 최대편익을 발휘하는 대안을 선택하여야 하므로 편익이 4,000(만 원)으로 가장 큰 1안을 선택해야 한다.

ㄹ. (O) 최대편익기준을 따르고 비용의 한도를 700만 원으로 잡을 경우, 5안은 제거된다. 1, 2, 3, 4안 중 최대편익을 발휘하는 대안을 선택하여야 하므로 편익이 5,000(만 원)으로 가장 큰 4안을 선택해야 한다.

ㅁ. (X) 편익/비용의 기준으로 볼 경우 각 대안의 비용 대비 편익 수준은 다음과 같다.

1안: 4,000÷550≒7.3
2안: 3,500÷550≒6.4
3안: 4,000÷700≒5.7
4안: 5,000÷700≒7.1
5안: 6,500÷800≒8.1

비용 대비 편익 수준이 8.1로 가장 큰 5안을 선택해야 한다.

빠른 문제풀이 Tip

- ㅁ에서 비용 대비 편익 수준을 계산할 때 전부 계산하지 않고 1안과 2안, 3안과 4안을 비교하면 각각 2안, 3안이 비용 대비 편익 수준 값이 더 작음을 알 수 있다. 1, 4, 5안만 분수의 대소비교 등의 방법을 이용해 비교한다.
- 선지를 적극 활용한다. 최소비용기준에 따라 보기 ㄱ, ㄴ의 정오를 먼저 판단했다면 선지 ④, ⑤만 남게 되고 보기 ㄷ, ㄹ은 판단할 필요가 없다. 최대편익기준에 따라 보기 ㄷ 또는 ㄹ의 정오를 먼저 판단했다면 역시 선지 ④, ⑤만 남게 되고 보기 ㄱ, ㄴ은 판단할 필요가 없다.

[정답] ④

138 다음 상황들 중에서 이익을 극대화하는 결정을 한 사람을 모두 고르면?

06년 5급(행시) 출책형 32번

〈상황 A〉

'갑'은 3년 전에 1,000만 원을 들여 기계를 구입하였으나 현재 이 기계는 노후되어 정상적으로 사용하기 위해서는 수리가 필요한 실정이다. 현재 시장상황을 확인하여 보니 선택 가능한 대안은 다음과 같았고, '갑'은 대안 '다'를 선택하였다.

가. 500만 원을 지불하고 일부 수리할 경우 기계를 이용하여 100만 원짜리 상품 10개를 생산하여 판매할 수 있다. 생산이 끝난 기계는 중고상에 200만 원에 팔 수 있다.

나. 기계를 전혀 수리하지 않으면 800만 원에 중고상에 팔 수 있다.

다. 1,000만 원을 들여 기계를 완벽하게 수리할 경우 1,900만 원에 중고상에 팔 수 있다.

〈상황 B〉

'을'은 여의도 증권가에서 10년째 식당을 운영하고 있다. 어느 날 인근 증권사에서 매월 150그릇의 설렁탕을 한 그릇당 1만 원에 판매해 줄 것을 요청하였다. 관련 비용을 확인해 본 결과, 재료비는 그릇당 2,000원이며 설렁탕을 추가 준비하기 위해서는 월급이 50만 원인 종업원을 새로 고용해야 하고 현재 점포 임대료로 매월 100만 원을 지불하고 있다. '을'은 다음 대안들 중 '나'를 선택하였다.

가. 신규주문을 수락한다.

나. 신규주문을 거절한다.

〈상황 C〉

'병'은 목재 450만 원어치 중 1/3로 의자 10개를 생산하고 나머지로는 식탁 10개를 생산하였다. 시장에서 의자 가격은 개당 5만 원에, 식탁 가격은 개당 40만 원에 형성되어 있다. 만약에 의자와 식탁에 각각 개당 3만 원과 5만 원의 비용을 추가로 들여 장식하면, 의자 판매가격은 12만 원, 식탁 판매가격은 50만 원이 된다. '병'은 다음 대안들 중 '다'를 선택하였다.

가. 의자와 식탁 모두 추가장식 없이 판매한다.

나. 의자와 식탁 모두 추가장식을 하여 판매한다.

다. 의자는 추가장식 없이 팔고 식탁은 추가장식을 하여 판매한다.

라. 의자는 추가장식을 하여 팔고 식탁은 추가장식 없이 판매한다.

① 갑
② 을
③ 갑, 을
④ 갑, 병
⑤ 을, 병

해설

문제풀이 실마리

각 상황에 따라 대안별로 구체적인 이익을 계산해보고 이익을 극대화하는 결정을 한 것인지 판단한다.

우선 〈상황 A〉부터 검토해보자. '갑'이 3년 전에 1,000만 원을 들여 기계를 구입한 것은 매몰비용으로 생각하고 각 대안에서 기계를 판매한 것을 이익으로 생각해도 된다.

가. 기계를 일부 수리	=	−500		−500
상품 10개를 생산하여 판매	=	100×10	+	1,000
기계를 중고상에 판매	=	200		200
				700
나. 기계를 중고상에 판매	=	800		800
다. 기계를 완벽하게 수리	=	−1,000	+	−1,000
기계를 중고상에 판매	=	1,900		1,900
				900

'갑'은 대안 '다'를 선택하였으므로 이익을 극대화하는 결정을 한 것이다.

〈상황 B〉를 검토해보면 현재 점포 임대료 매월 100만 원은 신규주문을 수락하든 거절하든 지불하는 것이므로 이익을 계산할 때 포함되지 않는다. 신규주문이 들어오기 이전의 상황을 기준으로 판단한다.

가. 150그릇의 설렁탕을 판매	=	150×1		150
그릇당 재료비는 2,000원	=	−150×0.2	+	−30
종업원 월급	=	−50		−50
				70

신규주문을 거절하는 경우 수익의 변화가 0이지만 신규주문을 수락하는 경우 수익이 70(만 원) 증가한다. '을'은 대안 '나'를 선택하였으므로 이익을 극대화하는 결정을 하지 못했다.

〈상황 C〉를 검토해보면 목재에 대한 비용 450만 원은 매몰비용으로 생각한다.

가. 의자 판매	=	5×10	+	50
식탁 판매	=	40×10		400
				450
나. 의자 추가 장식	=	−3×10		−30
식탁 추가 장식	=	−5×10	+	−50
의자 판매	=	12×10		120
식탁 판매	=	50×10		500
				540
다. 식탁 추가 장식	=	−5×10		50
의자 판매	=	5×10	+	−50
식탁 판매		50×10		500
				500
라. 의자 추가 장식	=	−3×10		120
의자 판매	=	12×10	+	140
식탁 판매		40×10		400
				490

대안 '나'의 이익이 가장 높지만 '병'은 대안 '다'를 선택하였으므로 이익을 극대화하는 결정을 하지 못하였다.

빠른 문제풀이 Tip

〈상황 C〉의 경우 대안 '가'~'라'를 모두 계산할 필요는 없고, 의자와 식탁 모두 추가 장식비용에 비해 추가 판매수익이 더 많으므로 의자와 식탁 모두 추가장식을 하여 판매하는 것이 이익이 극대화됨을 알 수 있다.

[정답] ①

139 **다음 글을 근거로 판단할 때, 甲이 얻을 수 있는 최대 이윤과 이때 채굴한 원석의 개수로 옳게 짝지은 것은? (단, 원석은 정수 단위로 채굴한다)**

19년 5급 가책형 18번

> 보석 가공업자인 甲은 원석을 채굴하여 목걸이용 보석과 반지용 보석으로 1차 가공한다. i)원석 1개를 1차 가공하면 목걸이용 보석 60개와 반지용 보석 40개가 생산된다.
>
> 이렇게 생산된 보석들은 1차 가공 직후 판매할 수 있지만, 2차 가공을 거쳐서 판매할 수도 있다. 목걸이용 보석 1개는 2차 가공을 통해 목걸이 1개로, 반지용 보석 1개는 2차 가공을 통해 반지 1개로 생산된다. ii)甲은 보석 용도별로 2차 가공 여부를 판단하는데, 2차 가공하여 판매할 때의 이윤이 2차 가공을 하지 않고 판매할 때의 이윤보다 큰 경우에만 2차 가공하여 판매한다.
>
> 〈생산단계별 비용 및 판매가격〉
>
> ○ iii)원석 채굴: 최초에 원석 1개를 채굴할 때에는 300만 원의 비용이 들고, 두 번째 채굴 이후부터는 원석 1개당 채굴 비용이 100만 원씩 증가한다. 즉, 두 번째 원석의 채굴 비용은 400만 원이 되어 원석 2개의 총 채굴 비용은 700만 원이다.
>
> ○ iv)1차 가공: 원석의 1차 가공 비용은 개당 250만 원이며, 목걸이용 보석은 개당 7만 원에, 반지용 보석은 개당 5만 원에 판매된다.
>
> ○ v)2차 가공: 목걸이용 보석의 2차 가공 비용은 개당 40만 원이며, 목걸이는 개당 50만 원에 판매된다. 반지용 보석의 2차 가공 비용은 개당 20만 원이며, 반지는 개당 15만 원에 판매된다.

	최대 이윤	원석의 개수
①	400만 원	2개
②	400만 원	3개
③	450만 원	3개
④	450만 원	4개
⑤	500만 원	4개

해설

문제 분석

생산단계			비용	
채굴	원석 1개		개당 300만 원 (이후 원석 1개당 100만 원씩 증가)	
1차 가공 (필수)	목걸이용 보석 60개 (개당 7만 원)	반지용 보석 40개 (개당 5만 원)	개당 250만 원	
2차 가공 (선택)	목걸이 60개 (개당 50만 원)	반지 40개 (개당 15만 원)	목걸이 개당 40만 원	반지 개당 20만 원

甲은 보석 용도별로 2차 가공 여부를 판단하는데, 2차 가공하여 판매할 때의 이윤이 2차 가공을 하지 않고 판매할 때의 이윤보다 큰 경우에만 2차 가공하여 판매한다.

위의 내용을 토대로 원석 1개를 채굴한 경우를 정리해보면 아래와 같다.

구분	원석 채굴 (1개)	1차 가공		2차 가공	
		목걸이	반지	목걸이	반지
비용	300	250		60×40	40×20
수입	–	60×7	40×5	60×50	40×15
이윤		㉠60×7	㉡40×5	㉠60×10	㉡40×−5

원석을 채굴하면 1차 가공까지는 항상 이루어지므로 굵은 선으로 표시한 영역 내의 비용은 원석을 채굴하는 경우 고정비용이다. 위 표의 이윤 부분은 해당 고정비용을 제외하고 정리한 것이다. 해당 고정비용은 두 번째 원석부터 100만 원씩 증가한다.

조건 ii)를 적용하여 목걸이와 보석을 각각 2차 가공 여부를 판단한다.

문제풀이 실마리

목걸이용 보석의 경우 1차 가공 시 1개당 '7만 원'의 이윤을 얻고 2차 가공 시 '10만 원'의 이윤을 얻기 때문에 2차 가공하여 판매한다(㉠을 비교). 반지용 보석의 경우 1차 가공 시 1개당 '5만 원'의 이윤을 얻고 2차 가공 시 '− 5만 원'의 이윤을 얻기 때문에 1차 가공하여 판매한다(㉡을 비교).

원석 1개당 목걸이용 보석이 60개가 생산되고 목걸이용 보석은 2차 가공하여 판매한다. 원석 1개 당 목걸이용 보석의 이윤은 10만 원×60=600만 원이다.

원석 1개당 반지용 보석이 40개가 생산되고 반지용 보석은 1차 가공하여 판매한다. 원석 1개당 반지용 보석의 이윤은 5만 원×40=200만 원이다.

채굴한 원석이 1개일 때 이윤은 600만+200만−550만=250만 원이다.

구분	원석 채굴 (1개)	1차 가공		2차 가공	
		목걸이	반지	목걸이	반지
비용	300	250		60×40	40×20
수입	–	60×7	40×5	60×50	40×15
이윤		㉠60×7	㉡40×5	㉠60×10	㉡40×−5
	(−300)+(−250)+(40×5)+(60×10)=250				

여기서 채굴한 원석을 한 개씩 증가시킬 때 채굴 비용이 100만 원씩 증가한다. 두 번째 원석의 한계 이윤은 '+150만 원', 세 번째 원석의 한계 이윤은 '+50만 원', 네 번째 원석의 한계 이윤은 '−50만 원'이다.

따라서 甲은 원석을 3개까지만 채굴하게 되고 채굴한 원석이 3개일 때 최대 이윤 250+150+50=450만 원을 얻을 수 있다.

[정답] ③

140 다음 글과 <상황>을 근거로 판단할 때, X의 범위는?

22년 5급 나책형 30번

A국은 다음과 같은 원칙에 따라 소득에 대해 과세한다.

○ [i]근로소득자나 사업자 모두 원칙적으로 과세대상소득의 20%를 세금으로 납부한다.

○ [ii]근로소득자의 과세대상소득은 근로소득이고, 사업자의 과세대상소득은 매출액에서 생산비용을 공제한 값이다.

○ [iii]근로소득자의 경우 신용카드 지출금액의 5%는 과세대상소득에서 공제한다. 예를 들어 원래 과세대상소득이 1천만 원인 사람이 10만 원을 신용카드로 지출하면 이 사람의 실제 과세대상소득은 5천 원 감소하여 999만 5천 원이 된다.

○ [iv]사업자는 신용카드로 취득한 매출액의 1%를 수수료로 카드회사에 지불한다. 수수료는 생산비용에 포함되지 않는다.

○ [v]지역상권 활성화를 위해 2021년 한시적으로 지역상권부흥상품권을 통한 거래는 사업자의 과세대상에서 제외하기로 했다.

〈상 황〉

2021년 A국의 근로소득자 甲은 가구를 제작·판매하는 사업자 乙로부터 100만 원에 판매되는 식탁을 신용카드로 구입하려고 하였다. 乙이 이 식탁을 제작하는 데 드는 생산비용은 80만 원이다. 그런데 乙은 지역상권부흥상품권으로 자신이 판매하는 가구를 구매하는 고객에게 (X)만 원을 할인하는 행사를 진행하였고, 甲은 이 사실을 알게 되었다. 이에 甲은 지역상권부흥상품권으로 이 식탁을 구매하였으며, 결과적으로 신용카드로 거래하는 것보다 甲과 乙 모두 금전적으로 이득을 보았다.

① 0<X<5
② 1<X<5
③ 1<X<6
④ 3<X<6
⑤ 3<X<10

해설

문제 분석

- 동그라미 다섯 개를 순서대로 조건 ⅰ)~ⅴ)라 한다.
- 조건 ⅰ)~ⅴ)는 근로소득자와 사업자를 잘 구분하여 적용한다.

문제풀이 실마리

지문과 〈상황〉에 의하면 甲이 1) 신용카드로 가구를 구입하는 경우와 2) 지역상권부흥상품권으로 구입하는 경우의 甲, 乙의 이익을 따져보아야 한다. 용어에 친숙하지 않은 경우 용어에 유의하면서 두 가지 경우를 계산해 본다.

1), 2)의 경우를 모두 아래 표에 정리해 볼 수 있다.

구분	甲	乙
신용카드 거래	- 신용카드 지출금액 100만 원의 5%인 5만 원은 과세대상 소득에서 공제[iii] - 과세대상소득 5만 원이 공제되면 20%인 1만 원의 세금을 덜 납부[i] ⇒ 순지출 99만 원	- 과세대상소득은 100−80=20만 원[ii] - 20만 원의 20%인 4만 원을 세금으로 납부[i] - 신용카드 매출액 100만 원의 1%인 1만 원을 카드회사에 수수료로 지불[iv] ⇒ 순수익 15만 원
상품권 거래	- 과세대상소득 공제 없음 ⇒ 순지출 100만 원	- 과세대상소득 0원[v] - 신용카드 수수료는 발생하지 않음 ⇒ 순수익 20만 원

乙이 甲에게 신용카드가 아닌 지역상권부흥상품권으로 구입하도록 하기 위해서는 신용카드로 구입하는 경우보다 더 순지출을 낮게 만들어 줘야 한다. 즉 1만 원을 초과하는 금액을 할인하여야 한다. 또한 乙 본인은 5만 원을 초과하여 할인해준다면 신용카드로 거래하는 것이 더 유리하므로 5만 원 미만으로 할인해주어야 한다. 정답은 ②이다.

표에 정리할 때 '순지출', '순수익'과 같이 표현하였지만 다른 어떤 방식으로 정리해도 무방하다. 예를 들어 甲의 경우 신용카드 거래: −1만 원, 상품권 거래: 0원과 같은 방식으로 정리해도 상관없다. 본인이 가장 헷갈리지 않는 방식으로 정리하되 근로소득, 과세대상소득, 과세대상 등의 용어를 헷갈리지 않고 조건을 잘 적용하는 것이 핵심이라 할 수 있다.

빠른 문제풀이 Tip

조건별로 식으로 나타내어 보면 다음과 같다.

1) 신용카드로 거래하는 경우 근로소득자 甲

조건 ⅲ): 신용카드 지출금액의 5%는 과세대상소득에서 공제
→ 100만 원×5%=5만 원을 과세대상소득에서 공제

조건 ⅰ): 과세대상소득의 20%를 세금으로 납부
→ 5만 원×20%=1만 원의 세금을 덜 납부

⇒ 신용카드로 거래하는 경우 지역상권부흥상품권으로 거래하는 경우보다 1만 원의 세금을 덜 납부할 수 있음 → X>1

2) 신용카드로 거래하는 경우 사업자 乙

조건 ⅱ): 과세대상소득은 매출액에서 생산비용을 공제한 값
→ 100만 원−80만 원=20만 원이 과세대상소득

조건 ⅰ): 과세대상소득의 20%를 세금으로 납부
→ 20만 원×20%=4만 원의 세금을 납부

조건 ⅰ): 사업자는 신용카드로 취득한 매출액의 1%를 수수료로 카드회사에 지불
→ 100만 원×1%=1만 원의 수수료

⇒ 신용카드로 거래하는 경우 지역상권부흥상품권으로 거래하는 경우보다 5만 원의 비용(세금, 수수료)이 발생 → X<5

乙의 할인행사가 없는 경우, 甲은 신용카드로 거래하는 것이 유리하고, 乙은 지역상권부흥상품권으로 거래하는 것이 유리하다. 따라서 乙은 甲이 지역상권부흥상품권으로 거래하도록 유도하기 위해 할인행사를 진행하면서 甲이 신용카드로 거래하는 것보다 유리하게 1만 원을 초과하는 금액을 할인해줘야 하고, 지역상권부흥상품권으로 거래하는 경우 줄일 수 있는 비용인 5만 원 미만의 금액을 할인해줘야 甲과 乙 모두 금전적으로 이득을 볼 수 있다.

[정답] ②

141 다음 <정렬 방법>을 근거로 판단할 때, <정렬 대상>에서 두 번째로 위치를 교환해야 하는 두 수로 옳은 것은?

15년 민경채 인책형 21번

〈정렬 방법〉

아래는 정렬되지 않은 여러 개의 서로 다른 수를 작은 것에서 큰 것 순으로 정렬하는 방법이다.

(1) 가로로 나열된 수 중 가장 오른쪽의 수를 피벗(pivot)이라 하며, 나열된 수에서 제외시킨다.
  예) 나열된 수가 5, 3, 7, 1, 2, 6, 4라고 할 때, 4가 피벗이고 남은 수는 5, 3, 7, 1, 2, 6이다.
(2) 피벗보다 큰 수 중 가장 왼쪽의 수를 찾는다.
  예) 5, 3, 7, 1, 2, 6에서는 5이다.
(3) 피벗보다 작은 수 중 가장 오른쪽의 수를 찾는다.
  예) 5, 3, 7, 1, 2, 6에서는 2이다.
(4) (2)와 (3)에서 찾은 두 수의 위치를 교환한다.
  예) 5와 2를 교환하여(첫 번째 위치 교환) 2, 3, 7, 1, 5, 6이 된다.
(5) 피벗보다 작은 모든 수가 피벗보다 큰 모든 수보다 왼쪽에 위치할 때까지 (2)~(4)의 과정을 반복한다.
  예) 2, 3, 7, 1, 5, 6에서 7은 피벗 4보다 큰 수 중 가장 왼쪽의 수이며, 1은 피벗 4보다 작은 수 중 가장 오른쪽의 수이다. 이 두 수를 교환하면(두 번째 위치 교환) 2, 3, 1, 7, 5, 6이 되어, 피벗 4보다 작은 모든 수는 피벗 4보다 큰 모든 수보다 왼쪽에 있다.

⋮

(후략)

〈정렬 대상〉

15, 22, 13, 27, 12, 10, 25, 20

① 15와 10
② 20과 13
③ 22와 10
④ 25와 20
⑤ 27과 12

해설

문제 분석

정렬 방법이 (1)~(5)로 제시되어 있다.

문제풀이 실마리

〈정렬 방법〉에서 제시된 정렬 규칙대로 〈정렬 대상〉에 적용하기만 하면 되는 문제이다. 수월한 난이도의 문제에서 실수는 치명적이므로 실수하지 않도록 조심하자.

〈정렬 대상〉 15, 22, 13, 27, 12, 10, 25, 20	
정렬 방법	결과
(1) 가로로 나열된 수 중 가장 오른쪽의 수를 피벗(pivot)이라 하며, 나열된 수에서 제외시킨다.	15, 22, 13, 27, 12, 10, 25, <u>20</u> : 20이 피벗(pivot)이며, 나열된 수에서 제외된다.
(2) 피벗보다 큰 수 중 가장 왼쪽의 수를 찾는다.	15, <u>22</u>, 13, 27, 12, 10, 25, 20 : 피벗보다 큰 수 중 가장 왼쪽의 수는 22이다.
(3) 피벗보다 작은 수 중 가장 오른쪽의 수를 찾는다.	15, 22, 13, 27, 12, <u>10</u>, 25, 20 : 피벗보다 작은 수 중 가장 오른쪽의 수는 10이다.
(4) (2)와 (3)에서 찾은 두 수의 위치를 교환한다.	15, <u>10</u>, 13, 27, 12, <u>22</u>, 25, 20
(5) 피벗보다 작은 모든 수가 피벗보다 큰 모든 수보다 왼쪽에 위치할 때까지 (2)~(4)의 과정을 반복한다.	⋮
(2) 피벗보다 큰 수 중 가장 왼쪽의 수를 찾는다.	15, 10, 13, <u>27</u>, 12, 22, 25, 20 : 피벗보다 큰 수 중 가장 왼쪽의 수는 27이다.
(3) 피벗보다 작은 수 중 가장 오른쪽의 수를 찾는다.	15, 10, 13, 27, <u>12</u>, 22, 25, 20 : 피벗보다 작은 수 중 가장 오른쪽의 수는 12이다.
(4) (2)와 (3)에서 찾은 두 수의 위치를 교환한다.	27과 12의 위치를 교환한다.

따라서 〈정렬 대상〉에서 두 번째로 위치를 교환해야 하는 두 수는 27과 12로 정답은 ⑤이다.

빠른 문제풀이 Tip

- 정렬의 최종결과를 확인할 필요가 없는 문제이다. 문제에서 요구하는 것은 최종결과를 확인하는 것이 아니라 두 번째로 위치를 교환해야 하는 두 수를 찾아내면 된다. 즉 두 번째 위치 교환까지만 하면 해결되는 문제이다.
- 피벗(pivot)은 가로로 나열된 수 중 가장 오른쪽의 수이다. 문제 해결에 필요한 개념을 정확하게 이해해야 한다.

[정답] ⑤

142 다음과 같은 방법으로 <보기>에 주어진 수열을 정렬할 때, 다섯 번째 교환이 이루어진 후의 수열은? 09년 5급 극책형 28번

> 인접한 두 숫자의 크기를 비교하여 교환하는 방식으로 정렬한다. 이때 인접한 두 숫자는 수열의 맨 앞부터 뒤로 이동하며 비교된다. 맨 마지막 숫자까지 비교가 이루어져 가장 큰 수가 맨 뒷자리로 이동하게 되면 한 라운드가 종료된다. 다음 라운드는 맨 뒷자리로 이동한 수를 제외하고 같은 방식으로 비교 및 교환이 이루어진다. 더 이상 교환할 숫자가 없을 때 정렬이 완료된다. 교환은 두 개의 숫자가 서로 자리를 맞바꾸는 것을 말한다.

〈예 시〉

다음은 '30 15 40 10'의 수열을 위의 방법으로 정렬한 것이다. 괄호는 각 단계에서 비교가 이루어지는 인접한 두 숫자를 나타낸다.

○ 제1라운드
(30 15) 40 10: 30>15이므로 첫 번째 교환
15 (30 40) 10: 40>30이므로 교환이 이루어지지 않음
15 30 (40 10): 40>10이므로 두 번째 교환
15 30 10 40: 가장 큰 수 40이 맨 마지막으로 이동

○ 제2라운드 (40은 비교 대상에서 제외)
(15 30) 10 40: 30>15이므로 교환이 이루어지지 않음
15 (30 10) 40: 30>10이므로 세 번째 교환
15 10 30 40: 40을 제외한 수 중 가장 큰 수 30이 40 앞으로 이동

○ 제3라운드 (30, 40은 비교 대상에서 제외)
(15 10) 30 40: 15>10이므로 네 번째 교환
10 15 30 40: 정렬 완료

〈보 기〉

37 82 12 5 56

① 5 12 37 56 82
② 37 12 82 5 56
③ 5 56 12 37 82
④ 12 37 5 56 82
⑤ 12 5 37 56 82

해설

문제 분석

숫자를 교환하는 규칙은 다음과 같다.

- 수열의 맨 앞부터 뒤로 이동하며 인접한 두 숫자의 크기를 비교하여 교환하는 방식으로 정렬한다. 인접한 두 숫자의 크기를 비교했을 때 두 숫자 중 큰 숫자가 오른쪽에 오도록 교환한다.
- 맨 마지막 숫자까지 비교가 이루어져 가장 큰 수가 맨 뒷자리로 이동하게 되면 한 라운드가 종료된다. 즉 1라운드가 종료되면 가장 큰 수가 수열의 맨 오른쪽에 위치하게 된다. 그리고 이 수는 다음 라운드에서는 비교 및 교환의 대상에서 제외된다.
- 다음 라운드는 맨 뒷자리로 이동한 수를 제외하고 같은 방식으로 비교 및 교환이 이루어진다.
- 더 이상 교환할 숫자가 없을 때 정렬이 완료된다.

문제풀이 실마리

제시된 규칙에서 숫자를 비교하여 교환하는 방식을 이해한 후, 이를 〈보기〉에 적용하여 다섯 번째 교환이 이루어진 후의 수열의 모습을 확인한다. 한 라운드가 끝날 때마다 비교 대상에서 제외된 수 중에서 가장 큰 수가 오른쪽으로 이동하여 오름차순의 모습처럼 수열이 정리됨을 알 수 있다.

이에 따라 교환 단계를 적용하면 다음과 같다.

수열 (괄호 안 두 숫자 비교)	비교 결과 (왼쪽 숫자가 크면 교환)	교환 여부
(37 82) 12 5 56	37<82	교환 X
37 (82 12) 5 56	82>12	첫 번째 교환
37 12 (82 5) 56	82>5	두 번째 교환
37 12 5 (82 56)	82>56	세 번째 교환
37 12 5 52 82	1라운드 종료	
(37 12) 5 52 82	37>12	네 번째 교환
12 (37 5) 52 82	37>5	다섯 번째 교환

따라서 다섯 번째 교환 후 수열의 모습은 12, 5, 37, 52, 82이다.

빠른 문제풀이 Tip

이때 '교환'은 두 개의 숫자가 서로 자리를 맞바꾸는 것을 말한다. 이를 '비교'의 개념과 혼동하지 않도록 유의한다.

[정답] ⑤

143 다음 글을 근거로 판단할 때, 방에 출입한 사람의 순서는?

19년 민경채 나책형 18번

방에는 1부터 6까지의 번호가 각각 적힌 6개의 전구가 다음과 같이 놓여있다.

왼쪽 ← → 오른쪽

전구 번호	1	2	3	4	5	6
상태	켜짐	켜짐	켜짐	꺼짐	꺼짐	꺼짐

총 3명(A ~ C)이 각각 한 번씩 홀로 방에 들어가 자신이 정한 규칙에 의해서만 전구를 켜거나 끄고 나왔다.

- A는 번호가 3의 배수인 전구가 켜진 상태라면 그 전구를 끄고, 꺼진 상태라면 그대로 둔다.
- B는 번호가 2의 배수인 전구가 켜진 상태라면 그 전구를 끄고, 꺼진 상태라면 그 전구를 켠다.
- C는 3번 전구는 그대로 두고, 3번 전구를 기준으로 왼쪽과 오른쪽 중 켜진 전구의 개수가 많은 쪽의 전구를 전부 끈다. 다만 켜진 전구의 개수가 같다면 양쪽에 켜진 전구를 모두 끈다.

마지막 사람이 방에서 나왔을 때, 방의 전구는 모두 꺼져 있었다.

① A – B – C
② A – C – B
③ B – A – C
④ B – C – A
⑤ C – B – A

해설

문제 분석

A ~ C의 전구를 켜거나 끄는 규칙을 정리해 보면 다음과 같다.

구분	관여하는 전구						관여
	1	2	3	4	5	6	
A	X	X	O	X	X	O	OFF
B	X	O	X	O	X	O	ON ↔ OFF
C	O	O	X	O	O	O	OFF

A는 3번과 6번 전구에 관여하며 상태는 이전에 켜진 상태였든 꺼진 상태였든 꺼진 상태가 된다.

B는 2번, 4번, 6번 전구에 관여하며, 켜진 상태와 꺼진 상태를 바꾼다.

C는 3번 전구의 상태는 바꾸지 않고, 3번 전구를 기준으로 더 많이 켜진 쪽의 전구를 모두 끈다.

문제풀이 실마리

A는 3의 배수의 전구, B는 2의 배수의 전구의 상태를 바꿀 수 있다. 전구 번호 1은 처음에 켜진 상태에서 최종적으로 꺼진 상태여야 하는데, 전구 번호 1의 상태를 바꿀 수 있는 사람은 오직 C뿐이다.

주어진 규칙에 대해 다음과 같이 생각해 보자.

1) 켜진 상태의 전구 1은 C만 끌 수 있다.

2) C가 전구 1을 끄게 하기 위해서는 왼쪽의 켜진 전구가 더 많거나, 왼쪽과 오른쪽의 켜진 전구의 개수가 같아야 한다.

3) C가 전구 1을 껐다면 (왼쪽을 다 끄든, 양쪽을 다 끄든) 전구 2도 꺼진 상태가 된다. 만약 이후 B가 방에 출입했다면 전구 2를 켠다. 그러한 상태가 되어서는 안 되므로, B는 C보다 먼저 방에 출입해야 한다. 선지 ②, ⑤는 제거된다.

4) B가 C보다 먼저 방에 출입했다면 (A는 전구 2, 4에 관여할 수 없으므로) C가 방에 출입하기 이전에 전구 2는 꺼진 상태가 되고, 전구 4는 켜진 상태가 된다. 전구 6은 A, B의 출입 순서에 따라 달라질 수 있다.

5) A, B가 관여할 수 있는 전구 6을 제외하고 C가 관여할 수 있는 전구 1, 2, 4, 5만 생각해 보면 3번 전구를 기준으로 왼쪽의 1번 전구 1개와 오른쪽의 4번 전구 1개가 켜져 있는 상황이다. 즉, A, B의 출입 순서에 따라 6번 전구가 꺼져 있어 (왼쪽 1개, 오른쪽 1개)가 켜져 있을 수도 있고, 6번 전구가 켜져 있어 (왼쪽 1개, 오른쪽 2개)가 켜져 있을 수도 있다.

6) (왼쪽 1개, 오른쪽 2개)가 켜져 있는 상황이 되어서는 전구 1을 끌 수 없고 (왼쪽 1개, 오른쪽 1개)가 켜져 있는 상황이 되어야 한다. 즉, C가 출입하기 전에 A, B가 먼저 출입해 6번 전구를 꺼 놓아야 한다.

7) 그렇다면 B가 A보다 먼저 출입해 6번 전구를 켰다가 A가 출입해 6번 전구를 꺼야 한다. 즉, B – A – C 순서대로 출입하여야 한다.

방에 B – A – C 순서대로 출입한다면 결과는 다음과 같다. 전구가 켜진 상태를 O로, 꺼진 상태를 X로 표시하였다.

전구 번호	1	2	3	4	5	6
상태	O	O	O	X	X	X
B	O	X	O	O	X	O
A	O	X	X	O	X	X
C	X	X	X	X	X	X

방에 출입한 순서가 B – A – C(③)라면 마지막 사람이 방에서 나왔을 때 방의 전구는 모두 꺼져 있는 것을 확인할 수 있다.

빠른 문제풀이 Tip

해설에서는 연역적으로 결과를 도출해 보았지만, 규칙이 간단하므로 직접 선지별로 적용해서 맞는 선지를 찾는 것이 더 빠를 수도 있다.

[정답] ③

144 다음 글을 근거로 판단할 때, 하이디와 페터가 키우는 양의 총 마리 수와 ㉠~㉣ 중 옳게 기록된 것만을 짝지은 것은?

18년 5급 나책형 15번

○ 하이디와 페터는 알프스의 목장에서 양을 키우는데, 목장은 4개의 구역(A~D)으로 이루어져 있다. 양들은 자유롭게 다른 구역을 넘나들 수 있지만 목장을 벗어나지 않는다.
○ 하이디와 페터는 양을 잘 관리하기 위해 구역별 양의 수를 파악하고 있어야 하는데, 양들이 계속 구역을 넘나들기 때문에 양의 수를 정확히 헤아리는 데 어려움을 겪고 있다. 고민 끝에 하이디와 페터는 시간별로 양의 수를 기록하되, 하이디는 특정 시간 특정 구역의 양의 수만을 기록하고, 페터는 양이 구역을 넘나들 때마다 그 시간과 그 때 이동한 양의 수를 기록하기로 하였다.
○ 하이디와 페터가 같은 날 오전 9시부터 오전 10시 15분까지 작성한 기록표는 다음과 같으며, ㉠~㉣을 제외한 모든 기록은 정확하다.

하이디의 기록표			페터의 기록표		
시간	구역	마리 수	시간	구역 이동	마리 수
09:10	A	17마리	09:08	B → A	3마리
09:22	D	21마리	09:15	B → D	2마리
09:30	B	8마리	09:18	C → A	5마리
09:45	C	11마리	09:32	D → C	1마리
09:58	D	㉠ 21마리	09:48	A → C	4마리
10:04	A	㉡ 18마리	09:50	D → B	1마리
10:10	B	㉢ 12마리	09:52	C → D	3마리
10:15	C	㉣ 10마리	10:05	C → B	2마리

※ 구역 이동 외의 양의 수 변화는 고려하지 않는다.

① 59마리, ㉡, ㉣
② 59마리, ㉢, ㉣
③ 60마리, ㉠, ㉢
④ 61마리, ㉠, ㉡
⑤ 61마리, ㉡, ㉣

해설

문제 분석

하이디와 페터는 시간별로 양의 수를 기록하되,
- 하이디는 특정 시간 특정 구역의 양의 수만을 기록하고,
- 페터는 양이 구역을 넘나들 때마다 그 시간과 그때 이동한 양의 수를 기록한다.

하이디와 페터가 같은 날 오전 9시부터 오전 10시 15분까지 작성한 기록표가 주어져 있으며, ㉠~㉣을 제외한 모든 기록은 정확하다.

문제풀이 실마리

한 번에 일정 시점에서 총 마리 수를 파악할 수는 없고 시간 순서대로 따라가면서 구역별로 파악한다.

이래의 내용을 지문의 표에 기록해가면서 판단한다. 우선 09:10을 기준으로 A 구역에 17마리의 양이 있는 것을 알 수 있는데 이는 09:08에 B 구역에서 A 구역으로 3마리가 이동한 결과이다. 이를 정리하면 다음과 같다.

시간	A	B	C	D
09:10	17			

←

시간	A	B	C	D
09:08	+3	−3		

그리고 09:30 시점까지 정리하면 이상과 같다.

시간	A	B	C	D
09:22	22			21
09:30	22	8		21

←

시간	A	B	C	D
09:15		−2		+2
09:18	+5		−5	

그리고 09:45 시점의 구역별 양의 마리 수는 이상과 같다.

시간	A	B	C	D
09:45	22	8	11	20

←

시간	A	B	C	D
09:32			+1	−1

총 61마리이다. 시간 순으로 확인해 보면 ㉠, ㉡을 동시에 확인할 수 있다.

시간	A	B	C	D
09:58	18	9	12	22
10:04	18	9	12	22

←

시간	A	B	C	D
09:48	−4		+4	
09:50		+1		−1
09:52			−3	+3

㉠은 옳지 않고, ㉡은 옳다.

㉢, ㉣을 동시에 확인해 보면 다음과 같다.

시간	A	B	C	D
10:10	18	11	10	22
10:15	18	11	10	22

←

시간	A	B	C	D
10:15		+2	−2	

㉢은 옳지 않고, ㉣은 옳다.

빠른 문제풀이 Tip

하이디와 페터는 오전 9시부터 기록표를 작성했는데 풀이에 반드시 필요한 것은 아니지만 09:00 시점의 구역별 마리 수를 구할 수도 있다.

시간	A	B	C	D
09:00	14	13	15	19

해당 내용을 구하는 것도 별도로 연습해 볼 만하다. 필요한 부분만 골라서 파악하는 것도 가능하다. 예를 들어 ㉠을 계산하는 데 있어 하이디와 페터의 기록표에서 필요한 부분은 다음 표의 음영부분이다.

하이디의 기록표			페터의 기록표		
시간	구역	마리 수	시간	구역 이동	마리 수
09:10	A	17마리	09:08	B → A	3마리
09:22	D	21마리	09:15	B → D	2마리
09:30	B	8마리	09:18	C → A	5마리
09:45	C	11마리	09:32	D → C	1마리
09:58	D	㉠ 21마리	09:48	A → C	4마리
10:04	A	㉡ 18마리	09:50	D → B	1마리
10:10	B	㉢ 12마리	09:52	C → D	3마리
10:15	C	㉣ 10마리	10:05	C → B	2마리

해당 부분만 보면 09:22 21마리에서 09:32 C 구역으로 1마리, 09:50 B 구역으로 1마리 이동하였고, 09:52 C 구역에서 3마리가 이동해 왔으므로 09:58 D 구역은 21−1−1+3=22마리이다. ㉠은 옳지 않고 선지 ③, ④를 제거할 수 있다.

[정답] ⑤

145 다음 글을 근거로 판단할 때, ㉠과 ㉡을 옳게 짝지은 것은? 21년 5급 가책형 31번

○ 甲회사는 재고를 3개의 창고 A, B, C에 나누어 관리하며, i)2020년 1월 1일자 재고는 A창고 150개, B창고 100개, C창고 200개였다.
○ 2020년 상반기 입·출고기록은 다음 표와 같으며, 재고는 입고 및 출고에 의해서만 변화한다.

입고기록				출고기록			
일자＼창고	A	B	C	일자＼창고	A	B	C
3월 4일	50	80	0	2월 18일	30	20	10
4월 10일	0	25	10	3월 27일	10	30	60
5월 11일	30	0	0	4월 13일	20	0	15

○ 2020년 5월 25일 ii)하나의 창고에 화재가 발생하여 그 창고 안에 있던 재고 전부가 불에 그을렸는데, 그 개수를 세어보니 150개였다.
○ 화재 직후인 2020년 5월 26일 甲회사의 재고 중 불에 그을리지 않은 것은 [㉠]개였다.
○ 甲회사는 2020년 6월 30일 상반기 장부를 정리하던 중 iii)두 창고 [㉡]의 상반기 전체 출고기록이 맞바뀐 것을 뒤늦게 발견하였다.

	㉠	㉡
①	290	A와 B
②	290	A와 C
③	290	B와 C
④	300	A와 B
⑤	300	A와 C

해설

문제 분석

㉠, ㉡을 동시에 해결하기 위해서는 화재 이후 시점의 각 창고별 재고를 파악해야 한다. 우선 시간순으로 각 창고의 재고량을 파악해본다.

조건 i)과 표의 내용에 따라 각 창고의 재고량을 시간순으로 함께 정리하면 다음과 같다. 문제의 해결을 위해서 반드시 아래와 같은 시간순 정리를 요하는 것은 아니고 입고기록과 출고기록을 합산하여 5월 11일 이후 시점의 각 창고별 재고량은 파악하여야 한다.

일자＼창고	A			B			C		
	입고	출고	재고	입고	출고	재고	입고	출고	재고
i)1월 1일			150			100			200
2월 18일(출고)		−30	120		−20	80		−10	190
3월 4일(입고)	+50		170	+80		160	0		190
3월 27일(출고)		−10	160		−30	130		−60	130
4월 10일(입고)	0		160	+25		155	+10		140
4월 13일(출고)		−20	140		0	155		−15	125
5월 11일(입고)	+30		170	0		155	0		125
	+80	−60		+105	−50		+10	−85	

이상과 같이 정리하면 조건 ii)의 내용과 같이 하나의 창고 안에 있던 재고가 150개가 될 수 없음을 파악할 수 있고, ㉡을 해결하기 위해서는 조건 iii)의 내용을 적용하여 두 창고의 상반기 전체 '출고'기록을 맞바꿔 재고가 150개가 되는 창고가 있는지 확인하여야 한다.

㉠부터 해결해 보면 각 창고별 재고가 아닌 甲회사 전체의 재고만 파악하면 된다. 5월 11일 이후부터 화재 직전 시점까지 甲회사 전체의 재고는 170+155+125=450개이고, 5월 25일 화재 발생으로 150개가 불에 그을린 이후 불에 그을리지 않은 재고는 300개이다.
2020년 1월 1일자 재고와 2020년 상반기 입·출고기록에 따라 5월 25일 각 창고의 재고를 구하면 다음과 같다.

A창고: 150+(50+30)−(30+10+20)=170
B창고: 100+(80+25)−(20+30)=155
C창고: 200+10−(10+60+15)=125

5월 25일 총 재고의 수는 170+155+125=450개이고 이 중 불에 그을린 재고는 150개로, 5월 26일 甲회사의 재고 중 그을리지 않은 것은 300(㉠)개이다.

㉡을 해결해 보면 두 창고의 '출고'기록을 맞바꿔야 하는데 창고가 3개이므로 두 창고의 출고기록을 맞바꾸는 경우의 수는 3가지이다. 따라서 직접 계산을 해보되 아래와 같이 5월 11일 이후 각 창고의 재고량과 상반기 전체 출고량만 염두에 두고 계산한다.

일자＼창고	A			B			C		
	입고	출고	재고	입고	출고	재고	입고	출고	재고
5월 11일(입고)			170			155			125
		−60			−50			−85	

1) 창고 A, B의 비교: 창고 A의 상반기 출고량이 창고 B의 상반기 출고량보다 10개 더 많으므로 두 창고의 출고량을 바꾸는 경우 창고 A의 재고량은 180개가 되고 창고 B의 재고량은 145개가 될 것이다.
2) 창고 A, C의 비교: 창고 C의 상반기 출고량이 창고 A의 상반기 출고량보다 25개 더 많으므로 두 창고의 출고량을 바꾸는 경우 창고 A의 재고량은 25개를 뺀 145개가 되고 창고 C의 출고량은 25개를 더한 150개가 된다. 따라서 기록이 바뀐 두 창고는 A와 C이다. 화재가 발생한 창고는 C인 것도 알 수 있다.

제시문에 "하나의 창고에 화재가 발생하여 그 창고 안에 있던 재고 전부가 불에 그을렸는데, 그 개수를 세어보니 150개"였고 "㉡의 상반기 전체 출고기록이 맞바뀐 것"이라 했으므로 ㉡을 적용한 후 A~C 중 하나의 창고의 재고가 150개가 되어야 한다.
㉠: 300이므로 선지 ④, ⑤만 남기면 ㉡: A와 B 또는 A와 C가 된다.
1) ㉡: A와 B일 때 창고의 재고수는 A−180, B−145, C−125다.
2) ㉡: A와 C일 때 창고의 재고수는 A−145, B−155, C−150다.
2)에서 5월 25일의 C창고의 재고가 150개가 되기 때문에 ㉡: A와 C(⑤)이다.

㉠만 해결하기 위해서는 각 창고별 5월 11일 이후의 재고량을 파악할 필요도 없다. 조건 ⅰ)에 의하면 1월 1일 시점에서 甲회사의 재고량은 150+100+200=450개이다. 표에 의하면 상반기 전체 입고량은 50+80+0+0+25+10+30+0+0=195개이고, 상반기 전체 출고량은 30+20+10+10+30+60+20+0+15=195개이다. 즉, 5월 11일 이후부터 화재 이전까지 甲회사 전체의 재고량은 450+195−195=450개이고 이 중 화재로 150개가 불에 그을렸으므로 5월 26일 화재 직후 불에 그을리지 않은 재고량은 300개임을 알 수 있다.

빠른 문제풀이 Tip

- A, B, C 세 개의 창고 중 두 개 창고의 출고 기록을 바꾸는 것은 ① A와 B, ② A와 C ③ B와 C 세 가지 경우가 있다.
- 교환류의 문제에서는 바꾸는 것은 바뀐 부분만 보는 것이 핵심이다. 이때 순서가 중요하지 않은 경우가 많다.

[정답] ⑤

146 다음 <조건>을 근거로 판단할 때, <보기>에서 옳은 것만을 모두 고르면?

19년 민경채 나책형 5번

〈조 건〉

○ 한글 단어의 '단어점수'는 그 단어를 구성하는 자음으로만 결정된다.

○ i)'단어점수'는 각기 다른 자음의 '자음점수'를 모두 더한 값을 그 단어를 구성하는 자음 종류의 개수로 나눈 값이다.

○ ii)'자음점수'는 그 자음이 단어에 사용된 횟수만큼 2를 거듭제곱한 값이다. 단, 사용되지 않는 자음의 '자음점수'는 0이다.

○ 예를 들어 글자 수가 4개인 '셋방살이'는 ㅅ 3개, ㅇ 2개, ㅂ 1개, ㄹ 1개의 자음으로 구성되므로 '단어점수'는 $(2^3+2^2+2^1+2^1)/4$의 값인 4점이다.

※ 의미가 없는 글자의 나열도 단어로 인정한다.

〈보 기〉

ㄱ. '각기'는 '논리'보다 단어점수가 더 높다.
ㄴ. 단어의 글자 수가 달라도 단어점수가 같을 수 있다.
ㄷ. 글자 수가 4개인 단어의 단어점수는 250점을 넘을 수 없다.

① ㄴ
② ㄷ
③ ㄱ, ㄴ
④ ㄱ, ㄷ
⑤ ㄱ, ㄴ, ㄷ

해설

문제 분석

조건 i)의 내용에 따라 '단어점수'를 식으로 나타내보면 다음과 같다.

$$\text{단어점수}=\frac{\text{자음점수}_1+\text{자음점수}_2+\text{자음점수}_3+\cdots}{\text{단어를 구성하는 자음 종류의 개수}}$$

자음점수 아래의 작은 숫자 첨자는 각기 다른 자음임을 나타낸다. 단어를 구성하는 여러 자음을 임의로 자음$_1$, 자음$_2$, 자음$_3$이라고 할 때 각 자음들에 대응되는 자음점수이다. 그리고 조건 ii)의 '자음점수'를 식으로 나타내어 보면 다음과 같다.

$$\text{자음점수}_1=2_1^{\,n}(n\geq1),\ 0(n=1)$$

이는 자음$_1$의 자음점수만 나타낸 것으로 다른 자음에 대해서도 마찬가지이다. $2_1^{\,n}$에서 아래 작은 숫자 첨자는 자음$_1$임을 나타내고 자음$_1$이 단어에 사용된 횟수를 n이라고 하면 2를 n만큼 거듭제곱한 값이다. 단 n이 0일 때 자음점수는 0이다.

단서에서 의미가 없는 글자의 나열도 단어로 인정한다는 내용도 확인한다.

ㄱ. (O) 우선 '각기'와 '논리'의 단어점수를 구해본다. '각기'의 경우 단어를 구성하는 자음이 'ㄱ' 하나이고 3번 사용되었다. 'ㄱ'을 자음$_1$이라 하면 자음점수$_1$은 $2_1^{\,3}=8$이다. 그렇다면 '각기'의 단어점수는 8/1=8점이다. '논리'의 경우 단어를 구성하는 자음이 'ㄴ', 'ㄹ' 2개이고 각각 2회, 1회 사용되었다. 'ㄴ'을 자음$_1$, 'ㄹ'을 자음$_2$라고 하면 자음점수$_1$$=2_1^{\,2}=4$, 자음점수$_2$$=2_2^{\,1}=2$이다. 그렇다면 '논리'의 단어점수는 (4+1)/2=3점이다. '각기'의 단어점수가 '논리'보다 더 높다.(→ 빠른 문제풀이 Tip)

ㄴ. (O) 단어점수 식에서 단어의 글자 수는 단어점수에 영향을 미치지 못하므로 단어의 글자 수가 달라도 단어점수가 같을 수 있다는 것은 알 수 있다. 예를 들어 보기 ㄱ에서 '각기'라는 단어의 단어점수는 8점이라는 것을 알고 있는데 단어점수는 자음으로만 결정되므로 '각기'와 같은 단어점수를 받기 위해서는 'ㄱ'이 세 개 들어가기만 하면 된다. 단서에서 의미가 없는 글자의 나열도 단어로 인정한다고 하였으므로 아무 모음이나, 예를 들어 'ㅏ'를 이용해 '가가가'라는 단어를 만든다면 '각기'와 단어점수가 같다.

ㄷ. (X) 글자 수가 4개인 단어의 단어점수가 가능한 높은 경우를 생각해본다. 단어를 구성하는 자음 종류의 개수는 적을수록 단어점수가 커지므로 하나의 자음만 사용하고 그 자음을 4개의 글자에서 받침까지 모두 8번 사용한다면 단어점수=자음점수$_1$$=2_1^{\,8}=256$점으로 250점을 넘을 수 있다. 예를 들어 '난난난난', '랄랄랄랄'같은 단어를 생각해보면 된다.

빠른 문제풀이 Tip

ㄱ. 단어점수의 계산 자체가 어렵지는 않지만 〈조건〉의 내용을 잘 이해하였다면 끝까지 직접 계산할 필요는 없다. '각기'의 경우가 단어점수 식의 분자인 '자음점수'가 더 높고 분모인 '단어를 구성하는 자음 종류의 개수'가 더 적다.

ㄴ, ㄷ. 된소리의 경우 하나의 자음으로 판단하는지 두 개의 자음으로 판단하는지 지문에서 명확히 주어져 있지 않으므로 된소리의 예는 생각하지 않았다.

[정답] ③

147 다음 제시문의 <그림>에서 문자를 4회 이동한 후의 모습으로 가능하지 않은 것은? 09년 5급 극책형 40번

다음 문자의 배치에서 각 문자는 상하좌우에 빈칸이 있는 경우 그곳으로 이동할 수 있다. 문자가 이동하면 그 문자의 이동하기 전 위치가 빈칸이 된다. 예를 들어 B는 아래쪽으로 이동할 수 있고 B가 있던 칸은 빈칸이 된다. (단, 대각선 방향의 이동은 허용되지 않는다)

〈그림〉

A	B	C
D		E
F	G	H

①

A	C	B
D	E	H
F	G	

②

A	C	E
D	B	H
F	G	

③

	A	B
D	E	C
F	G	H

④

D	A	C
B		E
F	G	H

⑤

D	A	C
F	B	E
	G	H

해설

문제 분석

슬라이딩 퍼즐이라고 알려진 퍼즐 유형이다. 〈그림〉의 문자가 표시된 블록과 같은 물체를 틀 안에서 직접 이동시킨다고 생각하면 된다. 1회 이동 시 상하좌우의 빈칸으로 하나의 문자를 이동할 수 있다.

문제풀이 실마리

슬라이딩 퍼즐을 모르더라도 지문에 주어진 규칙이 많이 복잡한 것은 아니므로 주어진 규칙에 따라 선지를 확인해 본다.

① (X) 가능하지 않다.

시작

A	C	B
D	E	H
F	G	↓

1회 이동 후

A	C	B
D	E	→
F	G	H

2회 이동 후

A	C	B
D		E
F	G	H

위의 그림들은 선지 ①에 주어진 그림을 2회 이동하여 지문에 주어진 〈그림〉과 C, B 문자가 있는 칸을 제외하고 나머지는 일치하도록 만든 것이다. 위 그림처럼 원래의 〈그림〉과 비교했을 때 두 개의 문자 위치만 서로 바뀌어 있는 경우는 〈그림〉처럼 문자를 이동시킬 수 없다는 것이 수학적으로 증명이 되어 있다.

② (O) 가능하다. 이하부터는 〈그림〉의 모습에서 4회의 이동으로 선지의 그림과 같은 모습을 만드는 과정이다.

시작

A	B	C
D	↓	E
F	G	H

1회 이동 후

A	←	C
D	B	E
F	G	H

2회 이동 후

A	C	↑
D	B	E
F	G	H

3회 이동 후

A	C	E
D	B	↑
F	G	H

4회 이동 후

A	C	E
D	B	H
F	G	

③ (O) 가능하다.

시작

A	B	C
D	←	E
F	G	H

1회 이동 후

A	B	C
D	E	↓
F	G	H

2회 이동 후

A	B	→
D	E	C
F	G	H

3회 이동 후

A	→	B
D	E	C
F	G	H

4회 이동 후

	A	B
D	E	C
F	G	H

④ (O) 가능하다.

시작

A	B	C
D	↓	E
F	G	H

1회 이동 후

A	→	C
D	B	E
F	G	H

2회 이동 후

↑	A	C
D	B	E
F	G	H

3회 이동 후

D	A	C
←	B	E
F	G	H

4회 이동 후

D	A	C
B		E
F	G	H

⑤ (O) 가능하다.

시작

A	B	C
D	↓	E
F	G	H

1회 이동 후

A	→	C
D	B	E
F	G	H

2회 이동 후

↑	A	C
D	B	E
F	G	H

3회 이동 후

D	A	C
↑	B	E
F	G	H

4회 이동 후

D	A	C
F	B	E
	G	H

빠른 문제풀이 Tip

위의 해설에서 4회 이동 후 그림들에 음영표시를 해놓은 칸들은 〈그림〉과 비교해 문자의 위치가 변화하지 않은 칸들을 표시해 놓은 것이다. 선지에서는 해당되는 선지가 없지만, 만약 위치가 변화하지 않은 칸이 3개 이하라면 4회 이동한 후의 모습으로 가능하지 않을 것이라는 것을 바로 알 수 있다.

해설에서는 문제의 의도대로 선지부터 시작하여 〈그림〉의 모습으로 문자를 이동시켜 보았다. 그러나 반드시 이 순서대로 생각할 필요는 없고, 각 해설의 가장 오른쪽 그림에서 왼쪽 〈그림〉의 모습으로 만들어가는 것이 생각하기 더 편할 수 있다.

[정답] ①

148 甲과 乙이 아래와 같이 끝말잇기 놀이를 하였다. 다음 <조건>을 보고 A, B의 물음에 대한 답으로 옳게 짝지은 것은?

08년 5급 창책형 32번

A. 甲이 사용한 어휘 중, 빈칸에 들어갈 글자를 왼쪽부터 차례로 나열한다면?
B. 게임에서 이긴 사람은 누구이며, 이길 때 제시한 단어는 무엇인가?

〈조 건〉

ㄱ. 甲이 '자동차'라는 단어를 제시하면서 놀이를 시작하였다.
ㄴ. 甲은 자신의 어휘 중, '지도'라는 어휘를 다섯 번째에 사용하였다.
ㄷ. 아래 어휘 중 사용되지 않은 것은 없으며, 모두 단 한 번씩만 사용되었다.
ㄹ. 甲, 乙이 사용한 모든 어휘는 첫 자가 서로 다르다.

〈甲이 사용한 어휘〉
선□, 지도, □날, 시험, 금은방, 자동차, 담배, 기□, 개천절

〈乙이 사용한 어휘〉
험담, 차림새, 절취선, 방사선, 심지, □시, 대금, □개, 배기

	A	B
①	심, 새, 대	을, 방사선
②	험, 새, 방	갑, 금은방
③	험, 장, 대	을, 방사선
④	심, 새, 방	갑, 금은방
⑤	험, 새, 선	을, 절취선

해설

문제 분석
끝말잇기의 방법이 ㄱ~ㄹ로 제시되어 있다.

문제풀이 실마리
끝말잇기의 특성상 甲이 말하는 단어와 乙이 말하는 단어가 서로 연결된다는 것을 활용하는 것이 중요하다.

조건을 정리해 보면,

- 甲이 '자동차'라는 단어를 제시하면서 놀이를 시작한 후, 끝맛잇기 놀이의 특성상 甲 → 乙 → 甲 → 乙 → … 순으로 번갈아 단어를 제시한다.
- 甲은 자신의 어휘 중, '지도'라는 어휘를 다섯 번째에 사용하였다.: 제시한 단어를 확인할 때 고성정보로 활용 가능하다.
- 아래 어휘 중 사용되지 않은 것은 없으며, 모두 단 한 번씩만 사용되었다.: 甲이 사용한 어휘는 9개이고, 乙이 사용한 어휘의 개수도 9개이다. 즉, 乙이 마지막으로 단어를 제시하면서 놀이가 끝났음을 알 수 있다. 즉 게임에서 이긴 사람이 乙이다. (선지 ②, ④ 제외)
- 甲, 乙이 사용한 모든 어휘는 첫 자가 서로 다르다.: 끝말잇기는 이전 단어의 끝자가 다음 단어의 첫 자가 된다. 즉 '이전 단어의 끝자 = 다음 단어의 첫 자'이므로, 을의 마지막 단어를 제외하고는 두 사람이 사용한 모든 어휘의 끝자도 모두 다르다는 것을 의미한다. 이는 끝말잇기 게임의 단어를 제시하는 순서가 한 가지만 가능함을 의미한다.

이에 따라 끝말잇기 놀이를 완성해 보면 다음과 같다.

	1	2	3	4	5	6	7	8	9
갑	자동차	새날	개천절	선심	지도	시험	담배	기대	금은방
을	차림새	날개	절취선	심지	도시	험담	배기	대금	방사선

빠른 문제풀이 Tip
선지를 활용해서 해결하면 보다 빠르게 해결 가능하다.
1) 선지를 활용하여 해결해 보면, 게임에 이기는 사람이 甲인 선지 ②, ④를 지울 수 있고,
2) 남은 선지 ①, ③, ⑤ 중 ③, ⑤처럼 만약 첫 번째 빈 칸에 '험'이 들어간다면 甲이 사용한 어휘 중에 '선험'과 '시험'이 존재한다. 이 경우 甲이 제시한 단어의 끝자가 乙이 제시한 단어의 첫 자가 되는데, 선험 다음의 乙이 제시한 단어와 시험 다음에 乙이 제시한 단어는 모두 첫 자가 '험'이 되므로 '甲, 乙이 사용한 모든 어휘는 첫 자가 서로 다르다.'라는 조건에 위배된다. 따라서 정답은 ①이다.

[정답] ①

149 다음 <경기 규칙>에 따라 다섯 사람이 경기를 한 결과, 여섯 번째 순서인 甲이 벌칙을 받았다. 그런데 경기 기록지가 손상되어 <기록지>의 검정색으로 칠해진 곳은 알 수 없다. <보기>에서 옳은 것을 모두 고르면? 11년 5급 선책형 15번

〈경기 규칙〉

- ○ 경기를 시작하면 첫 번째 사람은 손가락으로 1~5까지의 숫자 중 하나를 표현하고, 동시에 입으로도 1~5까지의 숫자 중 하나를 말한다. 단, 손가락으로 표현하는 숫자와 입으로 말하는 숫자는 달라야 한다.
- ○ 두 번째 사람부터는 바로 전의 사람이 입으로 말한 숫자를 손가락으로 표현하고, 동시에 입으로는 손가락으로 표현하지 않은 숫자 중 하나를 골라 말해야 한다. 그 이후로도 같은 방법으로 진행한다.
- ○ 위에서 말한 경기 규칙을 어기는 사람이 생기면 그 사람이 벌칙을 받는 것으로 경기가 종료된다.
- ○ 경기는 甲 → 乙 → 丙 → 丁 → 戊 → 甲 → … 의 순서로 진행된다.

〈기록지〉

순번	1번	2번	3번	4번	5번	6번
사람	甲	乙	丙	丁	戊	甲
입		넷			둘	둘
손가락						

〈보 기〉

ㄱ. 여섯 번째 순서인 甲이 한 것처럼, 바로 앞의 사람이 입으로 말한 숫자와 같은 숫자를 입으로 말하면 예외 없이 벌칙을 받는다.
ㄴ. 경기를 시작하고 甲이 처음으로 입으로 말한 숫자와 丙이 손가락으로 표현한 숫자를 합하면 6이다.
ㄷ. 丙이 입으로 말한 숫자는 '다섯'이다.
ㄹ. 丙이 입으로 말한 숫자가 '셋'이라면, 손가락으로 표현한 '1'은 이 경기에서 한 번도 나오지 않았다.

① ㄱ, ㄴ, ㄷ
② ㄱ, ㄴ, ㄹ
③ ㄱ, ㄷ, ㄹ
④ ㄴ, ㄷ, ㄹ
⑤ ㄱ, ㄴ, ㄷ, ㄹ

해설

문제 분석

주어진 놀이조건을 정리해 보면,
1) 손가락으로 표현하는 숫자와 입으로 말하는 숫자는 달라야 한다.
2) 두 번째 사람부터는 '바로 전의 사람이 입으로 말한 숫자'='손가락으로 표현하는 숫자'(고정)≠'입으로 말하는 숫자'(가변, 4가지 경우가 가능)
3) 그 이후로도 같은 방법으로 진행한다.

문제풀이 실마리

놀이 규칙만 정확히 이해한다면 수월하게 해결되는 문제이다.

놀이규칙에 의해 기록지를 정리하면, 다음과 같다.

순번	1번	2번	3번	4번	5번	6번
사람	甲	乙	丙	丁	戊	甲
입	2	넷	4 X, 5 X	5	둘	둘
손가락	3	2	4	4 X, 5 X	5	2

ㄱ. (O) 바로 앞의 사람이 입으로 말한 숫자는 다음 사람이 손가락으로 표현해야 하는 숫자이고, 이는 다음 사람이 입으로 말하는 숫자와는 달라야 한다. 경기 규칙을 어기는 사람은 벌칙을 받는다.

ㄴ. (O) 甲이 처음으로 입으로 말한 숫자는 '2'이고, 丙이 손가락으로 표현한 숫자는 '4'이므로, 이 둘을 더하면 '6'이다.

ㄷ. (X) 丙이 입으로 말한 숫자가 무엇인지는 확정할 수 없다. 단, 丙이 입으로 말한 숫자는 丙이 손가락으로 표현하는 숫자(=乙이 입으로 말한 숫자)는 '4'와 달라야 한다. 丁이 손가락으로 표현하는 숫자는 丁이 입으로 말하는 숫자(=戊가 손가락으로 표현하는 숫자)는 '5'와 달라야 한다. 그리고 丙이 입으로 말한 숫자와 丁이 손가락으로 표현하는 숫자는 같아야 하므로, 이 숫자는 4 또는 5가 될 수 없다.

ㄹ. (O) 丙이 입으로 말한 숫자가 '셋' 이라면, 〈기록지〉는 다음과 같다.

순번	1번	2번	3번	4번	5번	6번
사람	甲	乙	丙	丁	戊	甲
입	2	넷	3	5	둘	둘
손가락	3	2	4	3	5	2

따라서 손가락으로 표현한 숫자는 '2, 3, 4, 5'만 있고, '1'은 한 번도 나오지 않았다.

빠른 문제풀이 Tip

ㄷ. 만약 丙이 입으로 '다섯'을 말했다면 다음 순서인 丁이 손가락으로 5를 표현했을 것이고, 그렇다면 丁은 입으로 말한 숫자와 손가락으로 표현한 숫자가 모두 '5'이므로 丁이 벌칙을 받아야 하는데, 경기는 계속 진행되었다. 따라서 만약 丙이 입으로 '다섯'을 말하지 않았다.

[정답] ②

150 다음 <규칙>에 근거할 때, <보기>에서 옳은 것을 모두 고르면? 13년 5급 인책형 15번

〈규 칙〉

○ 9장의 카드에는 1부터 9까지의 숫자 중 각각 다른 하나의 숫자가 적혀 있다.
○ 9장의 카드 중 4장을 동시에 사용하여 네 자리 수를 만든다.
○ 천의 자리에 있는 숫자와 백의 자리에 있는 숫자를 곱한 값이 십의 자리 숫자와 일의 자리 숫자가 된다. 예를 들어 '7856'은 가능하지만 '7865'는 불가능하다.

〈보 기〉

ㄱ. 만들 수 있는 가장 큰 수에서 가장 작은 수를 뺀 값은 7158이다.
ㄴ. 천의 자리가 5이거나 일의 자리가 5인 네 자리 수는 만들 수 없다.
ㄷ. 천의 자리에 9를 넣을 때 만들 수 있는 네 자리 수의 개수는 천의 자리에 다른 어떤 수를 넣을 때보다 많다.
ㄹ. 숫자 1이 적힌 카드가 한 장 추가되어도 만들 수 있는 네 자리 수의 총 개수에는 변화가 없다.
ㅁ. 숫자 9가 적힌 카드가 한 장 추가되어도 만들 수 있는 네 자리 수의 총 개수에는 변화가 없다.

① ㄱ, ㄴ, ㄷ
② ㄱ, ㄴ, ㄹ
③ ㄱ, ㄷ, ㅁ
④ ㄱ, ㄹ, ㅁ
⑤ ㄴ, ㄷ, ㅁ

해설

문제 분석

제시된 〈규칙〉을 정리해 보면 다음과 같다.

- 1부터 9까지의 숫자카드가 한 장씩 있고, 0은 숫자카드가 없다.
- 네 자리 수를 만들 때 9장의 카드 중 4장을 동시에 사용하므로 숫자는 중복이 불가능하고 각기 다른 숫자여야 한다.
- '천'의 자리 숫자와 '백'의 자리 숫자는 결정할 수 있고, 그 계산결과에 따라 '십'의 자리 숫자와 '일'의 자리 숫자가 결정된다.

□ × □ = □ □
천　　백　　십 일의 자리 숫자

문제풀이 실마리

배수 특징을 알면 보다 수월하게 해결할 수 있는 문제이다.

ㄱ. (O) 만들 수 있는 가장 큰 수는 9872, 가장 작은 수는 2714이므로 만들 수 있는 가장 큰 수에서 가장 작은 수를 뺀 값은 9872−2714=7158이다. 만들 수 있는 가장 작은 수가 '2714'인 이유는, 먼저 숫자를 작게 만들려면 천의 자리 숫자가 작아야 한다.

1) 네 자리 숫자여야 하고 0 카드도 없으므로 천의 자리에 '0'이 들어갈 수 없다.
2) 천의 자리에 '1'이 들어가면 1의 배수는 한 자리 숫자이므로 '십'의 자리 숫자가 '0'이 되므로 만들 수 없다.
3) 천의 자리에 '2'가 들어갔을 때 만들 수 있는 가장 작은 숫자가 2×7=14이다.

ㄴ. (O) **방법 1**

천의 자리가 5이면, 5의 배수 특성상 일의 자리는 반드시 5 또는 0이 되는데, 5는 숫자 중복이고, 0은 숫자카드가 없다. 따라서 천의 자리에 5가 들어갈 수 없다.

일의 자리가 5가 되려면 '5×홀수'일 때만 가능한데, 이는 천의 자리 또는 백의 자리 중 한 자리에는 반드시 5가 필요하다는 의미이다. 따라서 5가 숫자 중복이므로 불가능하다.

- 5의 배수의 특징
  5×홀수=끝자리 5
  5×짝수=끝자리 0

방법 2

일의 자리가 5, 즉 계산결과의 끝자리가 홀수가 되려면 '홀수×홀수'일 때만 가능하다. 이때 천의 자리에 들어갈 홀수로 1, 3, 5, 7, 9 가 가능하다고 하면 끝자리가 5가 되기 위해서 백의 자리에는 어떤 숫자가 들어갈지 생각해 볼 수도 있다.

ㄷ. (X) 천의 자리에 9를 넣을 때 만들 수 있는 네 자리 수는 총 6개이다.

9218, 9327, 9436, 9654, 9763, 9872

한편, 천의 자리에 7을 넣을 때 만들 수 있는 네 자리 수 역시 6개이다.

7214, 7321, 7428, 7642, 7856, 7963

따라서 두 경우가 6개로 같으므로, 천의 자리에 9를 넣을 때 만들 수 있는 네 자리 수의 개수가 천의 자리에 다른 어떤 수를 넣을 때보다 많다고 할 수 없다.

- **천의 자리가 고정일 때 만들 수 있는 네 자리 수의 최대 개수**
  천의 자리가 고정일 때 각 자리마다 숫자의 중복이 가능했다면, 백의 자리에 들어갈 수 있는 숫자는 9개일 것이다. 하지만, 백의 자리에는
  1) 보기 ㄱ에서 알 수 있듯이 숫자 1이 들어갈 수 없고
  2) 보기 ㄴ에서 알 수 있듯이 숫자 5가 들어갈 수 없고
  3) 두 번째 동그라미 조건에 따를 때 천의 자리 숫자가 중복될 수 없다.
  따라서 천의 자리가 고정일 때 만들 수 있는 네 자리 수의 최대 개수는 (곱셈의 결과가 천의 자리 숫자와 백의 자리 숫자와 중복되지 않을 때) 9－3＝6개이다.
- **천의 자리가 홀수일 때**
  최대 6개까지 가능
- **천의 자리가 짝수일 때**
  짝수에는 짝수가 곱해지든 홀수가 곱해지든 곱셈의 결과는 무조건 짝수이다. 즉, 천의 자리에 짝수인 2, 4, 6, 8 중 하나가 들어가면 일의 자리에도 2, 4, 6, 8이 들어가게 된다. 예를 들어 '8×6＝4 8'이므로 네 자리 숫자 간 중복이 생길 가능성이 더 높다. 천의 자리가 짝수일 때 네 자리 숫자는 천의 자리가 8일 때 최대 5개까지 가능하다.
  이를 실제로 따져보면 다음과 같다.

~~2102~~	~~4104~~	~~6106~~	~~8108~~
~~22~~	~~4208~~	6212	8216
~~2306~~	4312	6318	8324
~~2408~~	~~44~~	~~6424~~	8432
~~2510~~	~~4520~~	~~6530~~	~~8540~~
~~2612~~	~~4624~~	~~66~~	~~8648~~
2714	4728	6742	8756
2816	4832	~~6848~~	~~88~~
2918	4936	6954	8972
(3개)	(4개)	(4개)	(5개)

ㄹ. (O) 보기 ㄱ에서 봤듯이 천의 자리 또는 백의 자리에는 숫자 1을 쓸 수 없고, 숫자 1은 곱셈의 결과인 십의 자리와 일의 자리에만 쓰일 수 있다. 그런데 현재 숫자 1이 적인 카드는 1장 있으므로, 네 자리수 숫자 중 숫자 1이 쓰이지 않거나 한 번 쓰이는 경우는 현재 상태에서도 표현 가능하다. 즉, 숫자 1이 적힌 카드가 한 장 추가되어 만들 수 있는 네 자리의 수의 총 개수에 변화가 생긴다면 숫자 카드 1이 두 번 필요한 즉 곱셈의 결과가 '11'이 나오는 경우일 것이다.
그런데 11은 소수이고, 두 자연수의 곱으로 11이 나오는 경우는 없다. 따라서 숫자 1이 적힌 카드가 한 장 추가되어도 만들 수 있는 네 자리 수의 총 개수에는 변화가 없다.

ㅁ. (X) 보기 ㄹ과 마찬가지의 사고 과정을 통해 숫자 9가 두 번 쓰이는 경우를 찾아보면 된다. 이전에 9981은 숫자 9가 두 번 중복이라 불가능했지만, 숫자 9가 적힌 카드가 한 장 추가된다면 이 네 자리의 숫자를 추가로 표현할 수 있게 된다. 따라서 만들 수 있는 네 자리 수의 총 개수가 증가한다.

[정답] ②

151 甲, 乙, 丙이 다음 <조건>에 따라 게임을 할 때, <보기>에서 옳은 것만을 모두 고르면? 14년 5급 A책형 12번

〈조 건〉

○ 게임은 1부터 7까지의 숫자가 각각 적힌 7장의 카드 3벌(21장)을 섞어서 3명이 7장씩 나누어 가지고 시작한다.
○ 게임은 甲부터 시작하여 甲 → 乙 → 丙 → 甲 → 乙 → 丙 → …의 차례로 진행된다.
○ 차례에 따라 손에 든 카드를 1장씩 내며, 이때 바로 전 사람이 낸 카드의 숫자와 같거나 더 큰 숫자의 카드만 낼 수 있다.
○ 이미 낸 카드는 다시 가져올 수 없다.
○ 자신의 차례에 낼 카드가 손에 없으면 게임에서 빠지며, 남은 사람은 계속 이어서 게임을 진행하고, 가장 늦게까지 게임에 남아 있는 사람이 우승자가 된다.
○ 甲, 乙, 丙은 우승하기 위해 최선을 다한다.
○ 甲이 받은 카드는 [1][1][3][5][6][6][7]이다.

〈보 기〉

ㄱ. 누구든 [7]카드를 2장 갖고 있으면 반드시 우승할 수 있다.
ㄴ. 甲이 게임 시작과 동시에 [7]카드를 냈을 때 우승할 확률은 약 33%이다.
ㄷ. 甲이 게임 시작과 동시에 [6]카드를 냈을 때 우승할 확률은 약 33%이다.

① ㄱ
② ㄴ
③ ㄱ, ㄴ
④ ㄴ, ㄷ
⑤ ㄱ, ㄴ, ㄷ

해설

문제 분석

- 1~7의 카드가 3장씩 총 21장의 카드가 있다.
- 甲 → 乙 → 丙 순서에 따라 바로 전 사람이 낸 카드의 숫자와 같거나 더 큰 숫자의 카드만 1장씩 낸다.
- 자신의 차례에 낼 카드가 손에 없으면 게임에서 빠지며, 남아 있는 최종 1인이 우승한다.

문제풀이 실마리

카드를 분배하는 상황부터 상황이 잘 그려져야 하고, 분배한 카드를 토대로 게임을 적절하게 진행할 수 있어야 한다.

ㄱ. (O) 누군가 [7]카드를 2장 갖고 있다는 의미는 다른 2명은 [7]카드를 1장 가지고 있거나 [7]카드가 한 장도 없다는 의미이다. 이들 세 명을 가지고 게임을 진행할 때 [7]카드가 한 장도 없는 사람은 우승할 수 있을지 고려하지 않아도 된다. 전 사람이 낸 카드의 숫자와 같거나 더 큰 숫자의 카드만 낼 수 있으므로 게임이 끝나기 위해서는 [7]카드를 내야하는 순간이 반드시 생기게 되는데, [7]카드가 한 장이라도 있다면 자기 차례가 왔을 때 넘길 수 있지만 [7]카드가 한 장도 없다면 자기 차례가 왔을 때 낼 카드가 손에 없어 게임에서 빠지게 된다. 따라서 [7]카드가 있는 2명만 고려하면 되고, [7]카드가 2장 있는 사람과 [7]카드가 1장 있는 사람이 게임을 진행하게 된다. 이때 게임이 진행되는 경우는 2가지가 가능하다. [7]카드가 2장 있는 사람이 먼저 [7]카드를 내거나, [7]카드가 1장 있는 사람이 먼저 [7]카드를 내거나 둘 중에 하나일 수밖에 없다.

1) [7]카드가 2장 있는 사람이 먼저 [7]카드를 내는 경우

[7], [7]카드	[7]		[7]		우승
[7]카드		[7]		제외	

2) [7]카드가 1장 있는 사람이 먼저 [7]카드를 내는 경우

[7], [7]카드		[7]		우승
[7]카드	[7]		제외	

따라서 누구든 [7]카드를 2장 갖고 있으면 반드시 우승할 수 있다.

ㄴ. (X) 甲이 게임 시작과 동시에 [7]카드를 냈다면 乙과 丙도 [7]카드만 낼 수 있다. 甲은 [7]카드를 1장만 가지고 있고 남은 2장을 乙과 丙이 나누어 가져야 하므로, 乙 기준으로 [7]카드 2장을 가질 수도, 1장을 가질 수도, 한 장도 못 가질 수도 있다.

1) 乙 기준으로 [7]카드 2장을 가진 경우, 丙은 [7]카드를 한 장도 못 가진다.
2) 乙 기준으로 [7]카드 1장을 가진 경우, 丙은 [7]카드를 1장 가진다.
3) 乙 기준으로 [7]카드를 한 장도 못 가진 경우, 丙은 [7]카드를 2장 가진다.

1)~3) 경우에 따라 게임을 진행해 본 결과 우승한 경우는 다음과 같다. 2)의 경우 [7]카드를 3명이 1장씩 가지고 있는 경우에, 제일 마지막으로 [7]카드를 낸 丙이 우승한다.

	甲	乙	丙	우승
1)	[7]	[7], [7]	없음	乙 우승
2)	[7]	[7]	[7]	丙 우승
3)	[7]	없음	[7], [7]	丙 우승

따라서 甲이 게임 시작과 동시에 [7]카드를 냈을 때 우승하는 경우는 없으므로 우승할 확률은 약 0%이다.

ㄷ. (X) 甲이 게임 시작과 동시에 [6]카드를 냈다면, 이후 [6]카드와 [7]카드를 내는 것만 가능하다. 甲이 받은 카드 중 [6] 이상의 카드는 [6], [6], [7]을 받았으므로, 나머지 [6], [7], [7]카드 3장을 乙과 丙이 나누어 갖게 된다. 이때 3명이 [6]카드 3장과 [7]카드 3장을 나누어 갖는 경우는 다음과 같은 6가지 경우가 가능하다.

	甲	乙	丙	우승
a)	[6], [6], [7]	[6], [7], [7]	없음	乙 우승
b)		[7], [7]	[6]	乙 우승
c)		[6], [7]	[7]	?
d)		[7]	[6], [7]	?
e)		[6]	[7], [7]	丙 우승
f)		없음	[6], [7], [7]	丙 우승

1) 보기 ㄱ에서 살펴봤듯이 [7]카드가 2장 있으면 반드시 우승할 수 있으므로 a), b)는 乙이 우승하게 되고, e), f)는 丙이 우승한다.

2) 남은 c), d)의 경우를 보면 되는데 선지의 주장처럼 甲이 게임 시작과 동시에 [6]카드를 냈을 때 우승할 확률이 약 33%가 되려면 남은 c), d)는 모두 甲이 우승해야 $\frac{2}{6}=\frac{1}{3}$=약 33%가 된다.

c), d)의 경우는 세 사람이 [7]카드를 1장씩 가진 경우이고, 보기 ㄴ에서 봤듯이 이 경우에는 [7]카드를 가장 늦게 내는 사람이 우승하게 된다. 따라서 c)의 경우는 乙이 우승하고, d)의 경우는 甲이 우승하게 된다.

	甲	乙	丙	우승
c)	[6], [6], [7]	[6], [7]	[7]	乙 우승
d)		[7]	[6], [7]	甲 우승

6가지 경우 중 한 가지 경우에서만 甲이 우승하게 되므로, 이때 우승 확률은 $\frac{1}{6}$=약 16.7%가 된다.

빠른 문제풀이 Tip

- 보기 조합을 잘 활용하여 선지플레이를 한다면 보기를 다 보지 않고도 정답을 찾을 수 있다.
- 보기 ㄷ에서 c), d) 중 c)의 상황을 먼저 따져봤다면 남은 d) 경우까지 고려하지 않더라도 甲의 우승확률이 33%가 되지 않음을 확인할 수 있다.

[정답] ①

152 다음 <숫자를 만드는 규칙>과 <놀이규칙>에 따라 놀이를 할 때, <보기>에서 가장 높은 점수를 받게 되는 경우부터 순서대로 나열한 것은?

13년 5급 인책형 38번

〈숫자를 만드는 규칙〉

○ 막대를 활용해 숫자를 만든다.

○ 각 숫자를 만들 때는 아래 정해진 형태로만 만들어야 하며 정해진 개수만큼의 막대를 사용해야 한다.

○ 각 숫자를 만드는데 필요한 막대의 개수는 아래의 표와 같다.

숫자	1	2	3	4	5	6	7	8	9	0
필요한 막대 개수	2	5	5	4	5	6	4	7	6	6

〈놀이규칙〉

공식: □□－□□=?

(두 자리 수 빼기 두 자리 수의 값)

○ 주어진 개수의 막대를 사용하여 □ 안에 들어갈 4개의 숫자를 만든다.

○ i)주어진 개수의 막대를 모두 활용하여야 하며 막대를 남기거나 더 사용하면 안 된다.

○ ii)각 □ 안에는 하나의 숫자만 들어가야 하며 각 숫자는 1회만 사용해야 한다.

○ iii)두 자리 수를 만들어야 하므로 각 숫자의 앞자리에는 0이 들어갈 수 없다.

○ 공식에 의하여 나온 가장 높은 값을 점수로 매긴다.

〈보 기〉

ㄱ. 18개의 막대 사용
ㄴ. 19개의 막대 사용
ㄷ. 20개의 막대 사용
ㄹ. 21개의 막대 사용

① ㄱ>ㄴ>ㄷ>ㄹ
② ㄱ>ㄹ>ㄴ>ㄷ
③ ㄹ>ㄱ>ㄴ>ㄷ
④ ㄹ>ㄱ>ㄷ>ㄴ
⑤ ㄹ>ㄷ>ㄴ>ㄱ

해설

문제 분석

〈숫자를 만드는 규칙〉에는 별도로 주의해야 할 내용은 없이 전반적으로 이해한다. 조건 ii), iii)의 내용대로 각 □ 안에는 하나의 숫자만 들어가야 하고, 각 숫자는 1회만 사용하며 각 숫자의 앞자리에는 0이 들어갈 수 없음을 유의한다.

문제풀이 실마리

조건 ii)에 따라 각 숫자는 1회만 사용해야 하므로 □□에 만들 수 있는 가장 큰 두 자리 수는 98이다. 〈숫자를 만드는 규칙〉에 필요한 막대 개수가 모두 주어져 있으므로 몇 가지 경우만 다음과 같이 떠올려 본다.

숫자	98	97	96	95	…
필요한 막대 개수	6+7=13	6+4=10	6+6=12	6+5=11	…

또한 가장 작은 숫자들도 다음과 같이 생각해 볼 수 있다.

숫자	…	13	12	11	10
필요한 막대 개수	…	2+5=7	2+5=7	2+2=4	2+6=8

위에서 떠올려 본 몇 가지 경우의 예를 들면

ㄱ. 18개의 막대를 사용하여 97(10개)－10(8개)로 87을 만들 수 있다. 이보다 큰 경우는 98－10밖에 없으므로 더 이상 생각하지 않아도 된다.

ㄴ. 19개의 막대를 사용하는 경우는 우선 95(11개)－10(8개)로 85를 만들 수 있다. 또는 96(12개)－12(7개)로 84도 생각해 볼 수 있다. 그리고 98(13개)－14(6개)로 84도 생각해 볼 수 있다. 이 이상은 공식의 앞의 두 자리 수가 커지는 것에 비해 뒤의 두 자리 수가 더 많이 커지므로 생각하지 않아도 된다.

ㄷ. 20개의 막대를 사용하는 경우는 우선 96(12개)－10(8개)로 86을 만들 수 있다. 또는 98(13개)－12(7개)로 86을 만들 수 있다. 이 경우에도 이 이상은 공식의 앞의 두 자리 수가 커지는 것에 비해 뒤의 두 자리 수가 더 많이 커지므로 생각하지 않아도 된다.

ㄹ. 21개의 막대를 사용하는 경우는 98(13개)－10(8개)로 88을 만들 수 있다. 공식에 의하여 나올 수 있는 가장 높은 값이다.

따라서 정답은 ㄹ>ㄱ>ㄷ>ㄴ(④)이다.

빠른 문제풀이 Tip

공식에 들어갈 숫자들의 조합을 검토하다가 어디까지 검토하고 멈춰야 하는지가 관건이다. 위에서 언급한 기준처럼 공식의 앞의 두 자리 수가 커지는 것에 비해 뒤의 두 자리 수가 더 많이 커진다면 더 이상 검토할 필요가 없다.

검토 과정에서는 무엇을 기준으로 할지 일정한 기준을 세워야 한다. 위에서는 우선적으로 공식의 앞의 두 자리 수는 90대에서, 뒤의 두 자리 수는 10대에서 고르는 방법으로 무난히 잘 해결되는 경우였다. 헷갈린다면 1) 앞의 두 자리 수를 고정하고 뒤의 두 자리 수를 변화시켜 보거나, 2) 뒤의 두 자리 수를 고정하고 앞의 두 자리 수를 변화시켜 보거나, 3) 9□－1□와 같이 십의 자리를 고정시키고 일의 자리만 변화시켜 보는 방법과 같이 여러 기준이 있을 수 있다.

[정답] ④

153 다음 글을 근거로 판단할 때, <보기>에서 옳은 것만을 모두 고르면?

16년 5급 4책형 11번

○ 이 게임은 카드를 뽑아 낱말퍼즐 조각끼리 맞바꿔 단어를 만드는 게임이다. 낱말퍼즐은 총 16조각으로 이루어져 있고, 다음과 같이 1조각당 숫자 1개와 문자 1개가 함께 적혀 있다.

1 경	2 표	3 명	4 심
5 목	6 세	7 유	8 서
9 자	10 심	11 보	12 법
13 손	14 민	15 병	16 감

○ 카드는 A, B, C 각 1장씩 있고, 뽑힌 각 1장의 카드로 낱말퍼즐 조각 2개를 아래와 같은 방식으로 1회 맞바꿀 수 있다.

카드 A	짝수가 적혀 있는 낱말퍼즐 조각끼리 맞바꿈
카드 B	낱말퍼즐 조각에 적힌 숫자를 3으로 나눈 나머지가 같은 조각끼리 맞바꿈
카드 C	낱말퍼즐 조각에 적힌 숫자를 더해서 소수가 되는 조각끼리 맞바꿈

○ 낱말퍼즐에서 같은 가로 줄에 있는 4개의 문자를 왼쪽에서부터 차례로 읽은 것 또는 같은 세로 줄에 있는 4개의 문자를 위쪽에서부터 차례로 읽은 것을 '단어'라고 한다.

〈보 기〉

ㄱ. 카드 A, B를 뽑았다면 '목민심서'라는 단어를 만들 수 있다.
ㄴ. 카드 A, C를 뽑았다면 '경세유표'라는 단어를 만들 수 있다.
ㄷ. 카드 B, C를 뽑았다면 '명심보감'이라는 단어를 만들 수 있다.

① ㄴ
② ㄷ
③ ㄱ, ㄴ
④ ㄱ, ㄷ
⑤ ㄱ, ㄴ, ㄷ

해설

문제 분석

- 낱말퍼즐 16조각에 1조각당 숫자 1개와 문자 1개가 함께 적혀있다.
- 카드 A, B, C 중 뽑힌 1장의 카드로, 낱말퍼즐 조각 2개를 각 카드의 방식으로 1회 맞바꿀 수 있다.

문제풀이 실마리

각 보기마다 2장의 카드를 뽑기 때문에, 낱말퍼즐 조각 4개 글자 중 2개의 조각만 바꿀 수 있다. 따라서 4글자의 '단어'를 만들 때 2글자만 바꿀 수 있으므로 만들고자 하는 단어와 2글자는 일치해야 한다.

ㄱ. (O) '6 세'는 '14 민'과, '7 유'는 '4 심' 또는 '10 심'과 바꾸어 '목민심서'라는 단어를 만들 수 있다. 카드 A를 사용하면 '6 세'와 '14 민'을 바꿀 수 있고, 카드 B를 사용하면 '7 유'는 '4 심' 또는 '10 심'과 바꿀 수 있으므로 '목민심서'라는 단어를 만들 수 있다.

1 경	2 표	3 명	4 심
5 목	6 세	7 유	8 서
9 자	10 심	11 보	12 법
13 손	14 민	15 병	16 감

ㄴ. (X) '1 경'은 '5 목'과, '2 표'는 '8 서'와 바꾸어 '경세유표'라는 단어를 만들 수 있다. '2 표'와 '8 서'는 카드 A를 사용하여 바꿀 수 있지만, '1 경'과 '5 목'은 카드 C를 사용하여서는 바꿀 수 없다. 따라서 '경세유표'라는 단어를 만드는 것은 불가능하다.

1 경	2 표	3 명	4 심
5 목	6 세	7 유	8 서
9 자	10 심	11 보	12 법
13 손	14 민	15 병	16 감

ㄷ. (O) '7 유'는 '4 심' 또는 '10 심'과, '15 병'은 '16 감'과 바꾸어 '명심보감'이라는 단어를 만들 수 있다. 카드 B를 사용하면 '7 유'는 '4 심' 또는 '10 심'과 바꿀 수 있고, 카드 C를 사용하면 '15 병'과 '16 감'을 바꿀 수 있으므로 '명심보감'이라는 단어를 만들 수 있다.

1 경	2 표	3 명	4 심
5 복	6 세	7 유	8 서
9 자	10 심	11 보	12 법
13 손	14 민	15 병	16 감

[정답] ④

154 다음 글을 근거로 판단할 때, <보기>에서 옳은 것만을 모두 고르면?

15년 5급 인책형 13번

甲, 乙, 丙은 미팅에서 짝을 정하려고 한다. 짝을 결정하는 방식은 아래와 같다.

- 미팅 상대방 A, B, C는 각자의 이름을 자신의 쪽지에 적는다.
- 그 쪽지 세 장을 무작위로 甲, 乙, 丙에게 한 장씩 나누어 준다.
- 각자가 받은 쪽지에 이름이 적힌 사람이 자신의 짝 후보가 된다.
- 甲, 乙, 丙 순으로 각자의 〈성향〉에 따라 짝 후보를 거절하거나 수락한다.
- 만일 한 명이라도 거절할 경우, 그 즉시 세 장의 쪽지를 무작위로 다시 나누어 주어 甲, 乙, 丙 순으로 거절하거나 수락한다. 예를 들어 甲이 수락한 후 乙이 거절한 경우, 丙의 선택을 묻지 않고 세 장의 쪽지를 무작위로 다시 나누어 주게 된다.
- 모두가 수락할 경우 짝이 확정된다.

〈성 향〉

甲	B만 내 짝이 아니면 된다고 생각한다. 단, 네 번 이상 거절하지 않는다.
乙	내 짝으로 삼고 싶은 사람은 A뿐이다. 단, 세 번 이상 거절하지 않는다.
丙	내 짝으로 삼고 싶은 사람은 C뿐이다. 단, 두 번 이상 거절하지 않는다.

〈보 기〉

ㄱ. 짝이 확정되기 위한 최소의 거절 횟수와 최대의 거절 횟수를 합하면 총 7회이다.
ㄴ. 甲, 甲, 乙, 乙 순으로 거절한 이후 짝이 확정되었다면 乙의 짝은 A이다.
ㄷ. 甲, 乙, 丙, 甲 순으로 거절한 이후 짝이 확정되었다면 丙의 짝은 B이다.
ㄹ. 甲, 乙, 甲, 丙 순으로 거절한 이후 짝이 확정되었다면, 丙이 거절했을 당시 甲의 짝 후보는 A이었을 것이다.

① ㄱ, ㄷ
② ㄱ, ㄹ
③ ㄴ, ㄷ
④ ㄴ, ㄹ
⑤ ㄷ, ㄹ

해설

문제 분석

각자의 〈성향〉에 따라 때 숨겨진 의미를 파악해 보면 다음과 같다.

甲	B만 내 짝이 아니면 된다고 생각한다. → A, C 선호 단, 네 번 이상 거절하지 않는다. → 최대 거절 횟수 3회
乙	내 짝으로 삼고 싶은 사람은 A뿐이다. → A 선호 단, 세 번 이상 거절하지 않는다. → 최대 거절 횟수 2회
丙	내 짝으로 삼고 싶은 사람은 C뿐이다.→ C 선호 단, 두 번 이상 거절하지 않는다. → 최대 거절 횟수 1회

문제풀이 실마리

주어진 조건의 숨겨진 의미를 통해서 B를 선호하는 사람이 없다는 것을 알아내는 것이 중요하다. 따라서 각자의 최대 거절 횟수를 모두 사용한 사람이 더 이상 거절하는 것이 불가능할 때 B의 짝으로 확정된다.

ㄱ. (O) 위에서 확인했듯이, B를 선호하는 사람이 없기 때문에 각자의 최대 거절 횟수를 모두 사용한 사람이 더 이상 거절하는 것이 불가능할 때 B의 짝으로 확정된다는 점을 활용하여 짝이 확정되기 위한 최소의 거절 횟수 및 최대의 거절 횟수를 구해본다.
최소의 거절 횟수는 甲에게 C 쪽지를, 乙에게는 A쪽지를, 丙에게 B쪽지를 나누어 주는 경우, 甲과 乙은 선호하는 짝이므로 순서대로 둘 다 수락할 것이고, 그 다음 차례인 丙은 자신의 최대 거절 횟수인 1회까지는 거절하겠지만, 두 번째에는 거절할 수 없기 때문에 B의 파트너로 확정된다. 따라서 짝이 확정되기 위한 최소의 거절 횟수는 1회이다.
최대의 거절 횟수는 거절 횟수가 남은 사람에게 계속 B의 쪽지를 나누어주면 된다. 甲은 최대 3회, 乙은 최대 2회, 丙은 최대 1회까지 거절할 수 있으므로 총 6회까지 거절할 수 있다. 6회까지 거절한 후에는 甲, 乙, 丙 모두 더 이상 거절이 불가능하므로 7번째에는 미팅의 짝이 반드시 결정된다. 따라서 짝이 확정되기 위한 최소의 거절 횟수 1회와 최대의 거절 횟수 6회를 합하면 총 7회이다.

ㄴ. (X) 甲, 甲, 乙, 乙 순으로 거절한 이후 짝이 확정되었다면 甲은 2회, 乙도 2회, 丙은 0회를 거절한 이후에 짝이 확정되었다는 것이다. 아직 甲과 丙은 가능한 거절 횟수가 남았다는 점에서 B의 짝으로 확정된 것이 아니다. 앞에서 살펴본 바와 같이 자신의 최대 거절 횟수를 모두 사용한 사람이 B의 짝으로 확정되므로 乙의 짝은 A가 아니라 B이다.

ㄷ. (O) 甲, 乙, 丙, 甲 순으로 거절한 이후 짝이 확정되었다면 甲은 2회, 乙은 1회, 丙도 1회를 거절한 이후에 짝이 확정되었다는 것이다. 아직 甲과 乙은 가능한 거절 횟수가 남았다는 점에서 B의 짝으로 확정된 것이 아니다. 앞에서 살펴본 바와 같이 자신의 최대 거절 횟수를 모두 사용한 사람이 B의 짝으로 확정되므로 자신의 거절 횟수를 모두 사용한 丙의 짝이 B이다.

ㄹ. (X) 앞서 보기 ㄴ 또는 ㄷ에서 판단하는 것과 다른 것을 묻고 있다. 조건에 따를 때, 甲, 乙, 丙 순으로 각자의 〈성향〉에 따라 짝 후보를 거절하거나 수락하고, 만일 한 명이라도 거절할 경우, 그 즉시 세 장의 쪽지를 무작위로 다시 나누어 주어 甲, 乙, 丙 순으로 거절하거나 수락하기 때문에, 丙에게 수락 또는 거절의 기회가 주어졌다는 것은 丙보다 앞선 순서인 甲과 乙이 수락을 했다는 의미이다. 甲은 A와 C를 선호하고 乙은 A만을 선호하기 때문에 甲의 짝 후보는 C, 乙의 짝 후보는 A일 때만 丙에게도 기회가 주어진다. 선지대로 甲의 짝 후보가 A였다면 乙의 짝 후보는 A일 수 없으므로, 乙이 거부했을 것이고 그렇다면 丙 에게는 수락 또는 거절의 기회가 주어지지 않았을 것이다.

甲, 乙, 甲, 丙 순으로 거절한 이후 짝이 확정되었다면, 甲은 2회, 乙도 1회, 丙은 0회를 거절한 이후에 짝이 확정되었다는 것이다. 아직 甲과 丙은 가능한 거절 횟수가 남았다는 점에서 B의 짝으로 확정된 것이 아니다. 앞에서 살펴본 바와 같이 자신의 최대 거절 횟수를 모두 사용한 사람이 B의 짝으로 확정되므로 乙의 짝은 A가 아니라 B이다.

빠른 문제풀이 Tip

- 문제에서 요구되는 경우만 따지면 되기 때문에 모든 경우를 다 따져 푸는 방법은 불필요하고 소요시간이 길므로 지양해야 한다.
- 조건의 숨겨진 의미를 파악할 수 있어야 문제의 빠른 해결이 가능하다.
- 보기 ㄹ에서는 묻는 바를 정확히 확인해야 한다. 잘못된 풀이로 시간을 낭비하지 않도록 주의한다.

[정답] ①

155 다음 글을 근거로 판단할 때, <보기>에서 옳은 것만을 모두 고르면? 18년 5급 나책형 36번

> ○ 甲, 乙, 丙은 12장의 카드로 게임을 하고 있다.
> ○ 12장의 카드 중에는 봄, 여름, 가을, 겨울 4가지 종류의 계절 카드가 각각 3장씩 있는데, 카드 뒷면만 보고는 어느 계절 카드인지 알 수 없다.
> ○ 참가자들은 게임을 시작할 때 무작위로 4장씩 카드를 나누어 갖는다.
> ○ 참가자들은 자신의 카드를 확인한 후 1대 1로 카드를 각자 2장씩 맞바꿀 수 있다. 맞바꿀 카드는 상대방의 카드 뒷면만 보고 무작위로 동시에 선택한다.
> ○ 가장 먼저 봄, 여름, 가을, 겨울 카드를 모두 갖게 된 사람이 우승한다.
> ○ 게임을 시작하여 4장의 카드를 나누어 가진 직후에 참가자들은 자신들이 가진 카드에 대해 아래와 같이 사실을 말했다.
> 甲: 겨울 카드는 내가 모두 갖고 있다.
> 乙: 나는 봄과 여름 2가지 종류의 계절 카드만 갖고 있다.
> 丙: 나는 여름 카드가 없다.

〈보 기〉

ㄱ. 게임 시작 시 3가지 종류의 계절 카드를 받은 사람은 1명이다.
ㄴ. 게임 시작 시 참가자 모두 봄 카드를 받았다면, 가을 카드는 모두 丙이 갖고 있다.
ㄷ. 첫 번째 맞바꾸기에서 甲과 乙이 카드를 맞바꿔서 甲이 바로 우승했다면, 게임 시작시 丙은 봄 카드를 2장 받았다.

① ㄱ
② ㄴ
③ ㄱ, ㄴ
④ ㄱ, ㄷ
⑤ ㄴ, ㄷ

해설

문제 분석

- 봄, 여름, 가을, 겨울 4가지 종류의 계절 카드가 각각 3장씩 총 12장의 카드가 있다.
- 참가자들은 게임을 시작할 때 무작위로 4장씩 카드를 나누어 갖는다. 자신의 카드를 확인한 후 1대 1로 카드를 각자 2장씩 맞바꿀 수 있다.
- 가장 먼저 봄, 여름, 가을, 겨울 카드를 모두 갖게 된 사람이 우승한다.

문제풀이 실마리

참가자들이 자신들이 가진 카드에 대해 말한 내용에서 숨겨진 정보를 찾아낼 수 있어야 한다.

甲: 겨울 카드는 내가 모두 갖고 있다. → 각 계절카드가 각각 3장씩 있으므로, 겨울 카드 3장은 모두 갑이 가지고 있고, 甲이 가지고 있는 카드 중 한 장의 카드만 어떤 계절인지 모른다.
乙: 나는 봄과 여름 2가지 종류의 계절 카드만 갖고 있다.
丙: 나는 여름 카드가 없다. → 丙은 여름 카드도 없지만, 겨울카드는 모두 甲이 가지고 있기 때문에 겨울 카드도 없다. 따라서 丙이 가지고 있는 카드는 여름과 겨울 카드를 제외한 봄 카드와 가을 카드이다.

ㄱ. (X) 위에서 살펴봤듯이 甲의 발언에서 겨울 카드와 1장의 다른 계절 카드를 가지고 있다는 것을 알아냈다. 乙은 봄과 여름 2가지 종류의 계절 카드만 갖고 있다고 직접 말했다. 丙의 발언에서 봄 카드와 가을 카드 2가지 종류의 계절 카드만 갖고 있다는 숨겨진 정보를 찾아냈다. 따라서 세 명 다 2가지 종류의 계절 카드만 갖고 있으므로, 게임 시작 시 3가지 종류의 계절 카드를 받은 사람은 없다.

ㄴ. (O) 조건에 따를 때 참가자들은 게임을 시작할 때 무작위로 4장씩 카드를 나누어 갖는다. 보기에서 주어진 대로 게임 시작 시 참가자 모두 봄 카드를 받았다는 것은, 계절 카드가 각각 3장씩 있으므로 甲, 乙, 丙이 봄 카드를 한 장씩 가지고 있다는 의미이다. 丙의 발언에서 丙은 봄 카드와 가을 카드만 가지고 있다는 숨겨진 정보를 찾아냈기 때문에, 그렇다면 丙의 봄 카드가 한 장이라는 의미는 나머지 3장의 카드는 모두 가을 카드여야 한다. 따라서 게임 시작 시 참가자 모두 봄 카드를 받았다면, 가을 카드 3장은 모두 丙이 갖고 있다.

ㄷ. (O) 조건에 따를 때, 가장 먼저 봄, 여름, 가을, 겨울 카드를 모두 갖게 된 사람이 우승한다. 그리고 참가자들은 자신의 카드를 확인한 후 1대 1로 카드를 각자 2장씩 맞바꿀 수 있다.
보기에서 주어진 대로 첫 번째 맞바꾸기에서 甲과 乙이 카드를 맞바꾼다는 것은 甲과 乙이 서로 카드를 2장씩 맞바꾼다는 의미이다. 이를 통해 甲이 바로 우승했다면, 乙에게 가져올 수 있는 계절 카드는 봄과 여름 카드만이므로, 나머지 가을과 겨울 카드는 甲이 자체적으로 가지고 있어야 한다는 의미이다. 따라서 甲은 3장의 겨울 카드와 1장의 가을 카드를 가지고 있다는 의미이다.
乙은 가을 카드를 가지고 있지 않고, 丙이 숨겨진 정보를 찾아냈듯이 봄 카드와 가을 카드만을 가지고 있으므로 가을 카드 2장을 받은 것이다. 그렇다면 丙의 나머지 2장은 봄 카드가 된다. 따라서 게임 시작 시 丙은 봄 카드를 2장 받았다.

> **빠른 문제풀이 Tip**
> 특히 주어진 규칙에서 숨겨진 조건을 얼마나 잘 찾아내는가가 중요하다. 숨겨진 정보를 찾음으로써 해결시간을 현저히 줄일 수 있다.

[정답] ⑤

156 甲과 乙은 둘이서 승경도놀이를 하고 있다. 다음 글을 근거로 판단할 때, <보기>에서 옳은 것만을 모두 고르면?

15년 5급 인책형 17번

승경도놀이란 조선시대 양반들이 하였던 윷놀이의 일종이다. 이 놀이에서는 윤목을 굴려 나온 수대로 말을 이동시킨다. 윤목은 각 면마다 1, 2, 3, 4, 5가 하나씩 새겨진 5각 기둥 모양의 나무막대로 1은 '도', 2는 '개', 3은 '걸', 4는 '윷', 5는 '모'를 의미한다.

승경도놀이를 시작하기 전에 우선 자신의 말을 선택하고, 가위바위보를 하여 이긴 쪽이 먼저 윤목을 굴린다. 말이 있는 자리에서 윤목을 굴려 나온 숫자에 해당하는 자리로 말을 이동시킨다. 예를 들어 말이 〈우의정〉에 있는데 윤목을 굴려 '걸'이 나왔으면 〈좌의정〉 자리로 이동시킨다. 한 자리에 두 개의 말이 같이 있을 수 있으며 상대방의 말을 잡는 일은 없다.

〈우의정〉					〈좌의정〉					〈영의정〉				
도	개	걸	윷	모	도	개	걸	윷	모	도	개	걸	윷	모
5	파직	좌의정	영의정	영의정	4	파직	영의정	사궤장	사궤장	5	파직	사궤장	봉조하	퇴임

〈사궤장〉					〈봉조하〉					〈파직〉				
도	개	걸	윷	모	도	개	걸	윷	모	도	개	걸	윷	모
5	파직	봉조하	퇴임	퇴임	5	파직	퇴임	퇴임	퇴임	사약	파직	파직	환용	환용

〈파직〉 이외의 자리에서 윤목을 굴려 '도'가 나오면 벌칙으로 '도'에 해당하는 숫자의 횟수만큼 그 자리에 머무른다. 예를 들어 〈우의정〉에서 '도'가 나오면 자신은 5회 동안 윤목을 굴리지 않고, 상대방은 연속하여 윤목을 굴려 말을 이동시킨다.

〈파직〉에 말이 있을 때 윤목을 굴려 '도'가 나오면 사약을 받게 되고, '개' 또는 '걸'이 나오면 〈파직〉에 머무른다. 그러나 이곳에서 '윷'이나 '모'가 나와 환용이 되면 〈파직〉으로 이동하기 전의 자리로 돌아간다. 예를 들어 〈좌의정〉에서 〈파직〉으로 이동했다가 환용이 나오면 〈좌의정〉으로 돌아가는 것이다.

놀이에서 이기는 방법은 두 가지가 있다. 자신이 먼저 퇴임하거나 상대방이 사약을 받으면 이긴다.

〈보 기〉

ㄱ. 甲의 말이 〈우의정〉에, 乙의 말이 〈봉조하〉에 있고 甲이 윤목을 굴릴 차례이다. 甲이 먼저 퇴임하기 위해서는 윤목을 최소한 2회 이상 굴려야 한다.

ㄴ. 甲의 말이 〈좌의정〉에, 乙의 말이 〈사궤장〉에 있고 乙이 윤목을 굴릴 차례이다. 乙이 이번 차례와 다음 차례에 굴려 나온 값의 합이 3 이하라면 甲이 이기는 경우도 있다.

ㄷ. 甲의 말이 〈좌의정〉에, 乙의 말이 〈사궤장〉에 있고 乙이 윤목을 굴릴 차례이다. 乙이 이번 차례와 다음 차례에 굴려 나온 값의 합이 6 이상이라면 乙이 이긴다.

① ㄱ　② ㄷ　③ ㄱ, ㄴ

④ ㄴ, ㄷ　⑤ ㄱ, ㄴ, ㄷ

해설

문제 분석

- 가위바위보를 하여 이긴 쪽이 먼저 윤목을 굴려 나온 수대로 말을 이동시킨다.
- 말이 있는 자리에서 윤목을 굴려 나온 숫자에 해당하는 자리로 말을 이동시킨다.
- 〈파직〉 이외의 자리에서 윤목을 굴려 '도'가 나오면 벌칙으로 '도'에 해당하는 숫자의 횟수만큼 그 자리에 머무른다.
- 〈파직〉에 말이 있을 때 윤목을 굴려 '도'가 나오면 사약을 받게 되고, '개' 또는 '걸'이 나오면 〈파직〉에 머무른다. 그러나 이곳에서 '윷'이나 '모'가 나와 환용이 되면 〈파직〉으로 이동하기 전의 자리로 돌아간다.
- 자신이 먼저 퇴임하거나 상대방이 사약을 받으면 놀이에서 이긴다.

문제풀이 실마리

승경도놀이의 규칙을 정확히 이해한 후, 각 〈보기〉의 정오를 판단하기 위해 적절한 입증사례 또는 반증사례를 찾아낸다.

ㄱ. (O) 〈우의정〉에서는 〈파직〉, 〈좌의정〉, 〈영의정〉으로 갈 수 있다. 그중 퇴임을 할 수 있는 것은 〈영의정〉이다. 따라서 〈우의정〉 → 〈영의정〉 → 〈퇴임〉의 단계를 거치면 최소 2회 만에 甲이 먼저 퇴임을 하는 경우가 있다. 따라서 甲이 먼저 퇴임하기 위해서는 윤목을 최소 2회 이상 굴려야 한다.

ㄴ. (O) 입증사례가 있는지 확인한다. 乙이 윤목을 굴리는데 甲이 이기는 경우를 만들려면 乙이 사약을 받는 경우를 찾아야 한다. 사약을 받는 것은 〈파직〉에서만 가능하므로 〈사궤장〉에서 2(개)가 나오고 〈파직〉에서 1(도)이 나온다면, 乙이 이번 차례와 다음 차례에 굴려 나온 값의 합이 3 이하이면서 甲이 이기는 경우가 가능하다.

ㄷ. (X) 반증사례가 있는지 확인한다. 乙이 이번 차례와 다음 차례에 굴려 나온 값의 합이 6 이상이면서 乙이 이기지 못하는 상황을 찾아야 한다. 만약 말이 〈사궤장〉에 있는 乙이 이번에 2(개)가 나와 〈파직〉으로 이동한 후 〈파직〉에서 4(윷) 또는 5(모)가 나온다면 두 차례에 굴려 나온 값의 합이 6 또는 7인 조건을 충족한다. 이때 乙은 〈환용〉이 적용되어 다시 사궤장으로 돌아가게 될 뿐 乙이 이기는 것은 아니므로 乙이 이기지 않을 수도 있다.

빠른 문제풀이 Tip

- 게임규칙에서는 누가 이기게 되는지, 어떠한 경우에 게임이 끝나게 되는지를 정확하게 파악해야 한다.
- 입증사례와 반증사례를 찾는 방법을 정확하게 알아두어야 한다.

[정답] ③

157 다음 글을 근거로 판단할 때, <보기>에서 옳은 것만을 모두 고르면?

15년 5급 인책형 38번

> ○ 甲과 乙은 각각 5개의 구슬을 가지고 놀이를 시작한다.
> ○ 매 경기마다 출제자는 자신이 가진 구슬 중 원하는 만큼을 상대방이 보지 못하게 한 손에 쥔다. 이때 구슬은 1개 이상 쥐어야 한다. 답변자는 출제자가 손에 쥔 구슬의 개수가 홀수인지 짝수인지 말한다.
> ○ 답변자가 홀수인지 짝수인지를 맞추어 이기면 출제자는 자신이 손에 쥔 개수만큼의 구슬을 답변자에게 준다. 맞추지 못하여 지면 반대로 답변자는 그만큼의 구슬을 출제자에게 준다. 다만 주어야 할 구슬이 부족하다면 가진 구슬을 모두 준다.
> ○ 구슬놀이가 시작되면 첫 번째 경기는 甲이 출제자이고 乙이 답변자이며, 두 번째 경기부터는 번갈아 출제자와 답변자가 된다.
> ○ 한 명의 구슬이 모두 없어질 때까지 경기를 계속하며, 구슬놀이 결과 상대방의 구슬을 모두 가져온 사람이 최종 우승자가 된다.
> ○ 甲과 乙은 자신이 최종 우승자가 되려고 최선을 다한다.

〈보 기〉

ㄱ. 甲이 첫 번째 경기에서 구슬 4개 또는 5개를 쥐어 이기면, 甲이 최종 우승자가 된다.
ㄴ. 甲이 첫 번째 경기에서 구슬 3개를 쥐어 이기고 두 번째 경기에서도 이긴다면, 甲이 최종 우승자가 된다.
ㄷ. 甲과 乙이 매 경기마다 구슬 1개씩만 손에 쥔다면, 최종 우승자를 결정하기 위한 최소 경기 횟수는 6회이다.
ㄹ. 甲과 乙이 매 경기마다 구슬 2개씩만 손에 쥔다면, 최종 우승자를 결정하기 위한 최소 경기 횟수는 3회이다.

① ㄱ, ㄴ
② ㄱ, ㄹ
③ ㄱ, ㄴ, ㄷ
④ ㄱ, ㄷ, ㄹ
⑤ ㄴ, ㄷ, ㄹ

해설

문제 분석

- 두 경기자가 각각 5개의 구슬을 가지고 놀이를 시작한다.
- 출제자는 1개 이상의 구슬을 쥐고, 답변자는 출제자가 손에 쥔 구슬의 개수가 홀수인지 짝수인지 맞힌다.
- 답변자가 맞히면 '출제자가 손에 쥔 개수'만큼 구슬을 받고, 답변자가 틀리면 그만큼의 구슬을 준다. 단, 주어야 할 구슬이 부족하다면 가진 구슬을 모두 준다.
- 한 명의 구슬이 모두 없어질 때까지 경기를 계속하며, 구슬놀이 결과 상대방의 구슬을 모두 가져온 사람이 최종 우승자가 된다.

문제풀이 실마리

각 보기의 정오판단을 하기 위한 적절한 입증 또는 반증사례를 찾아내야 한다.

ㄱ. (O) 1) 甲이 첫 번째 경기에서 구슬 4개를 쥐어 이기면 乙이 자신의 구슬 4개를 甲에게 주어야 하므로 甲이 9개, 乙이 1개의 구슬을 갖는다. 두 번째 경기에서는 乙이 출제를 해야 하는데, 두 번째 동그라미에 의하면 구슬을 1개 이상 쥐어야 하므로 乙은 두 번째 경기에서 선택권이 없이 구슬을 1개 쥘 수밖에 없다. 이를 알고 있는 甲은 '홀수'를 말할 것이고, 甲이 乙의 남은 구슬 1개까지 가져오게 되므로 甲이 최종 우승자가 된다.
2) 甲이 첫 번째 경기에서 구슬 5개를 쥐어 이기면 乙은 자신의 구슬 5개를 모두 甲에게 주어야 하므로 甲이 최종 우승자가 된다.

ㄴ. (X) 甲이 첫 번째 경기에서 3개를 쥐어 이기면 구슬의 개수는 (甲, 乙)=(8, 2)가 된다. 만약 두 번째 경기에서 출제자인 乙이 구슬 1개를 쥐고 甲이 맞히면 (甲, 乙)=(9, 1)이 된다. 이때 세 번째 경기에서 출제자인 甲이 x개의 구슬을 쥐고 답변자인 乙이 맞히면, (甲, 乙)=(9$-x$, 1+x)가 되어, 이후 경기가 계속되므로 甲의 최종 우승을 장담할 수 없게 된다.

경기		첫 번째	두 번째	세 번째	네 번째
출제자		甲(3)	乙(1)	甲(x)	乙(?)
답변자		乙	甲	乙	甲
결과		甲 승리	甲 승리	乙 승리	乙 승리
구슬	甲	8	9	9$-x$	?
	乙	2	1	1+x	?

* 출제자의 괄호 안의 숫자는 손에 쥔 구슬의 개수이다.

ㄷ. (X) 甲과 乙이 매 경기마다 구슬 1개씩만 손에 쥔다면 한 번의 경기에서 가져올 수 있는 구슬의 개수 역시 1개씩이다. 최종 우승자를 결정하기 위한 최소 경기 횟수가 되려면 한쪽이 계속 구슬을 가져와야 한다.

경기		첫 번째	두 번째	세 번째	네 번째	다섯 번째
출제자		甲(1)	乙(1)	甲(1)	乙(1)	甲(1)
답변자		乙	甲	乙	甲	乙
결과		甲 승리	甲 승리	甲 승리	甲 승리	甲 승리
구슬	甲	6	7	8	9	10
	乙	4	3	2	1	0

이처럼 甲 또는 乙 한 사람이 계속 이길 때 최종 우승자를 결정하기 위한 최소 경기 횟수는 5회이다.

ㄹ. (O) 甲과 乙이 매 경기마다 구슬 2개씩만 손에 쥔다면 한 번의 경기에서 가져올 수 있는 구슬의 개수 역시 2개씩이다. 최종 우승자를 결정하기 위한 최소 경기 횟수가 되려면 보기 ㄷ에서 살펴본 것처럼 한쪽이 계속 구슬을 가져와야 한다. 마지막 세 번째 경기에서는 남은 구슬이 한 개밖에 없어 주어야 할 구슬이 부족하기 때문에 남은 구슬을 모두 준다.

경기		첫 번째	두 번째	세 번째
출제자		甲(2)	乙(2)	甲(2)
답변자		乙	甲	乙
결과		甲 승리	甲 승리	甲 승리
구슬	甲	7	9	10
	乙	3	1	0

이처럼 甲 또는 乙 한 사람이 계속 이길 때 최종 우승자를 결정하기 위한 최소 경기 횟수는 3회이다.

빠른 문제풀이 Tip
보기 ㄷ과 ㄹ은 형식상 대구로 동일한 사고과정을 통해 해결이 가능하다.

[정답] ②

158 다음 글을 근거로 판단할 때, <보기>에서 옳은 것만을 모두 고르면?

17년 5급 가책형 14번

○ 甲과 乙은 다음 그림과 같이 번호가 매겨진 9개의 구역을 점령하는 게임을 한다.

1	2	3
4	5	6
7	8	9

○ 게임 시작 전 제비뽑기를 통해 甲은 1구역, 乙은 8구역으로 최초 점령 구역이 정해졌다.
○ 甲과 乙은 가위바위보를 해서 이길 때마다, 자신이 이미 점령한 구역에 상하좌우로 변이 접한 구역 중 점령되지 않은 구역 1개를 추가로 점령하여 자신의 구역으로 만든다.
○ 만약 가위바위보에서 이겨도 더 이상 자신이 점령할 수 있는 구역이 없으면 이후의 가위바위보는 모두 진 것으로 한다.
○ 게임은 모든 구역이 점령될 때까지 계속되며, 더 많은 구역을 점령한 사람이 게임에서 승리한다.
○ 甲과 乙은 게임에서 승리하기 위하여 최선의 선택을 한다.

〈보 기〉

ㄱ. 乙이 첫 번째, 두 번째 가위바위보에서 모두 이기면 게임에서 승리한다.
ㄴ. 甲이 첫 번째, 두 번째 가위바위보를 이겨서 2구역과 5구역을 점령하고, 乙이 세 번째 가위바위보를 이겨서 9구역을 점령하면, 네 번째 가위바위보를 이긴 사람이 게임에서 승리한다.
ㄷ. 甲이 첫 번째, 세 번째 가위바위보를 이겨서 2구역과 4구역을 점령하고, 乙이 두 번째 가위바위보를 이겨서 5구역을 점령하면, 게임의 승자를 결정하기 위해서는 최소 2번 이상의 가위바위보를 해야 한다.

① ㄴ
② ㄷ
③ ㄱ, ㄴ
④ ㄱ, ㄷ
⑤ ㄴ, ㄷ

해설

문제 분석

• 번호가 매겨진 9개의 구역을 점령하는 게임을 한다. 최초 점령구역은 甲이 1구역, 乙이 8구역으로 아래 그림과 같다.

甲	2	3
4	5	6
7	乙	9

가위바위보에서 이기는 사람은 ① 자신이 이미 점령한 구역에 상하좌우로 변이 접한 구역 ② 점령되지 않은 구역 중 1개를 추가로 점령하여 자신의 구역으로 만든다.

→ 최초 점령구역에서 甲은 2구역 또는 4구역을, 乙은 5구역 또는 7구역 또는 9구역을 점령할 수 있다.

甲	甲	3
乙	乙	6
7	乙	9

→ 예를 들어 왼쪽과 같은 상황이라면,
1) 甲이 가위바위보를 이기면 3구역만 점령 가능
2) 乙이 가위바위보를 이기면 6구역 또는 7구역 또는 9구역을 점령 가능

• 만약 가위바위보에서 이겨도 더 이상 자신이 점령할 수 있는 구역이 없으면 이후의 가위바위보는 모두 진 것으로 한다.

甲	乙	3
甲	乙	6
7	乙	9

→ 예를 들어 왼쪽과 같은 상황에서 갑이 가위바위보를 이기면 7구역만 점령 가능

甲	乙	3
甲	乙	6
甲	乙	9

→ 이제는 甲이 가위바위보를 이기더라도 더 이상 자신이 점령할 수 있는 구역이 없으므로 이후의 가위바위보는 모두 甲이 지고 乙이 이긴 것으로 한다.

• 게임은 모든 구역이 점령될 때까지 계속되며, 더 많은 구역을 점령한 사람이 게임에서 승리한다. 甲과 乙은 게임에서 승리하기 위하여 최선의 선택을 한다.

문제풀이 실마리

가위바위보에서 이길 때마다 각자가 게임에서 승리하기 위해서 최선의 선택을 내리도록 게임을 진행해야 한다.

ㄱ. (O) 乙이 두 번 연속으로 이겼다면 8 → 5 → 2 순으로 점령하여 승리할 수 있다.

甲	乙	3
4	乙	6
7	乙	9

乙이 가위바위보에서 두 번 연속 이겼을 때 게임에서 승리하기 위하여 할 수 있는 최선의 선택은, 5구역, 2구역 순으로 점령하여 甲이 점령할 수 있는 구역을 최대 3개의 구역만 남기는 것이다. 위의 문제 분석에서 봤듯이 甲이 1구역, 4구역, 7구역을 모두 점령하더라도 더 이상 점령할 수 있는 구역이 없게 되고, 나머지 가위바위보는 모두 乙이 이긴 것이 되므로, 반드시 乙은 최소 6개 이상의 구역을 점령할 수 있고, 게임에서 승리할 수 있다.

ㄴ. (X) 보기 ㄴ에서 주어진 조건을 반영하면 아래 그림과 같다.

甲	甲	3
4	甲	6
7	乙	乙

네 번째 가위바위보를 이긴 사람이

1) 甲이라면 4구역 또는 6구역 중에 6구역을 점령할 때 최소 5개 구역이 확보되므로, 6구역을 점령하는 것이 유리하고 경기에서 반드시 甲이 승리한다.
2) 乙이라면 6구역 또는 7구역을 점령할 수 있는데, 위에서 봤듯이 甲이 6구역을 점령하게 되면 乙이 게임에서 지게 되므로 6구역을 점령할 것이다.

甲	甲	3
4	甲	乙
7	乙	乙

이 경우 네 번째 가위바위보를 이긴 사람은 乙이지만, 甲이 나머지 가위바위보를 두 번 이상 이겨서 최소 5개 이상의 구역을 점령하게 된다면 甲이 게임에서 승리하게 되는 반례가 찾아진다.

ㄷ. (O) 보기 ㄷ의 조건을 반영하면 아래 그림과 같다.

甲	甲	3
甲	乙	6
7	乙	9

보기 ㄷ의 진술은 "게임의 승자를 결정하기 위해서는 최소 2번 이상의 가위바위보를 해야 한다."이므로, 이 진술을 반박하기 위해 1번만에 게임의 승자를 결정하는 방법을 찾아보아야 한다. 즉 네 번째 가위바위보에서 승자가 결정되려면, 조건 중 '가위바위보에서 이겨도 더 이상 자신이 점령할 수 있는 구역이 없어서 이후의 가위바위보는 모두 진 것으로 하도록' 만들어야 한다. 하지만 甲과 乙 중 누가 이겨서 어떠한 칸을 추가로 점령하더라도, 상대방이 점령할 구역을 막을 수 있는 경우는 없다. 따라서 한 번의 가위바위보만으로 승자를 결정할 수 있는 경우는 없다.

주어진 상황에서 甲은 세 개의 구역을 점령하고 있으므로 이후 연속으로 두 번 가위바위보에서 이기게 된다면 최소 다섯 개의 구역을 점령하게 되므로 게임의 승자가 甲으로 결정될 수 있다. 주어진 상황에서 乙은 두 개의 구역을 점령하고 있기는 하지만 다음 가위바위보에서 이긴다면 6구역, 7구역, 9구역 중에서 6구역을 점령함으로써 최소 4개의 구역을 확보하고, 다음 가위바위보에서도 이긴다면 3구역 또는 7구역을 점령함으로써 최소 5개의 구역을 확보하여 게임의 승자가 乙로 결정될 수 있다. 따라서 보기 ㄷ에서 주어진 조건하에서 게임의 승자를 결정하기 위해서는 최소 2번 이상의 가위바위보를 해야 한다.

빠른 문제풀이 Tip

- 게임을 진행하는 여러 과정 중에 각자가 게임에서 승리하기 위하여 최선의 선택을 하는 과정으로 게임을 진행시켜야만 한다.
- 보기 ㄷ을 검증하기 위해서 우선 반례를 찾으려고 시도해 보아야 한다.

[정답] ④

159 다음 글을 근거로 판단할 때, <보기>에서 옳은 것만을 모두 고르면?

17년 5급 가책형 34번

> ○ 甲~丁은 다음 그림과 같은 과녁에 각자 보유한 화살을 쏜다. 과녁은 빨간색, 노란색, 초록색, 파란색의 칸으로 4등분이 되어 있다. 화살은 반드시 4개의 칸 중 하나의 칸에 명중하며, 하나의 칸에 여러 개의 화살이 명중할 수 있다.
>
> 
>
>
> ○ 화살을 쏜 사람은 그 화살이 명중한 칸에 쓰인 점수를 받는다.
> ○ 화살의 색깔과 화살이 명중한 칸의 색깔이 일치하면 칸에 쓰인 점수보다 1점을 더 받는다.
> ○ 노란색 화살이 파란색 칸에 명중하는 경우에만 칸에 쓰인 점수보다 1점을 덜 받는다.
> ○ 甲~丁이 보유한 화살은 다음과 같으며, 각자가 보유한 화살을 전부 쏘아 얻은 점수를 합하여 최종 점수를 계산한다. 단, 각 화살은 한 번씩만 쏜다.

사람	보유 화살
甲	빨간색 화살 1개, 노란색 화살 1개
乙	초록색 화살 2개
丙	노란색 화살 1개, 초록색 화살 1개
丁	초록색 화살 1개, 파란색 화살 1개

〈보 기〉

ㄱ. 乙의 최종 점수의 최댓값과 丁의 최종 점수의 최댓값은 같다.
ㄴ. 甲과 丙의 최종 점수가 10점으로 같았다면, 노란색 화살들은 모두 초록색 칸에 명중한 것이다.
ㄷ. 乙의 최종 점수의 최솟값은 甲의 최종 점수와는 다를 것이다.
ㄹ. 丙과 丁의 화살 4개가 모두 같은 칸에 명중했고 최종 점수가 같았다면, 그 칸은 파란색일 수 있다.

① ㄱ, ㄷ
② ㄴ, ㄷ
③ ㄴ, ㄹ
④ ㄱ, ㄴ, ㄹ
⑤ ㄱ, ㄷ, ㄹ

해설

문제 분석

- 과녁과 화살은 각각 빨간색, 노란색, 초록색, 파란색이 있다.
- 甲~丁은 두 개씩의 화살을 쏘아 그 화살이 명중한 칸에 쓰인 점수를 받는다. 하나의 칸에 중복해서 명중할 수 있으며, 두 개의 화살로 쏘아 얻은 점수를 합하여 최종점수를 계산한다.
- 화살의 색깔과 화살이 명중한 칸의 색깔이 일치하면 칸에 쓰인 점수보다 1점을 더 받는다.
- 노란색 화살이 파란색 칸에 명중하는 경우에만 칸에 쓰인 점수보다 1점을 덜 받는다.

문제풀이 실마리

- 보기 ㄱ을 해결하기 위해서 주어진 조건에 따를 때 최댓값을 적절하게 만들어 볼 수 있어야 한다.
- 보기 ㄴ~ㄹ을 판단하기 위해서 입증사례 또는 반증사례를 적절하게 찾아낼 수 있어야 한다.

ㄱ. (O) 과녁에 색깔이 바뀔 때(예 파란색 → 초록색)는 +2점이고, 화살의 색깔과 화살이 명중한 칸의 색깔이 일치하면 +1점이다. 따라서 빨간색에 화살을 명중시킬 때 점수를 최대로 만들 수 있다.
乙과 丁이 보유한 화살 중에는 빨간색이 없으므로, 화살 하나당 10점씩을 받게 된다. 따라서 乙의 최종 점수의 최댓값과 丁의 최종 점수의 최댓값은 20점으로 같다.

ㄴ. (X) 주어진 규칙하에서 화살 두 개로 최종 점수를 10점을 받을 수 있는 경우는 (6+4)점과 (7+3)점 두 가지 경우이다.
甲과 丙의 노란색 화살들은 모두 초록색 칸에 명중한 것이라는 보기 ㄴ의 진술을 반박하기 위한 사례는 甲과 丙의 노란색 화살이 파란색 칸에 명중하여 3점을 받는 경우이다. 그렇다면 이때 나머지 화살 하나로 7점을 받을 수 있어야 한다.
1) 甲은 남은 빨간색 화살로 7점을 받는 것이 불가능하다.
2) 丙은 남은 초록색 화살로 초록색 칸을 명중시키면 7점을 받을 수 있다.
따라서 丙이 초록색 화살－초록색 칸(7점)＋노란색 화살－파란색 칸(3점)＝10점인 반례가 찾아진다.

ㄷ. (O) 乙의 최종 점수의 최솟값은 화살 두 개를 모두 파란색에 명중시켜 4+4=8점을 얻는 것이다. 그런데 甲은 노란색 화살이 있기 때문에 노란색 화살을 4점 칸인 파란색에 명중시켰을 때 3점을 받게 되므로, (4+4)점을 얻을 수 없고, 따라서 甲은 8점을 만드는 것이 불가능하다. 따라서 乙의 최종 점수의 최솟값은 甲의 최종 점수와는 다르다. 甲의 최종 점수의 최솟값은 노란색 화살과 초록색 화살을 모두 파란색 칸에 명중시켰을 때의 7점이다.

ㄹ. (X) 丙의 초록색 화살, 丁의 초록색 화살은 같으므로 점수를 몇점을 받든 고려하지 않아도 된다. 나머지 화살인 丙의 노란색 화살, 丁의 파란색 화살이 파란색 칸에 명중했다고 가정하면, 丙은 3점을 얻고 丁은 5점을 얻는다. 따라서 丙과 丁의 화살 4개가 모두 파란색에 명중했다면 최종 점수가 같을 수 없다.

빠른 문제풀이 Tip

- 문제를 해결하기 위해서 모든 화살이 얻을 수 있는 점수나 네 사람이 획득 가능한 점수를 모두 정리하고 해결하는 것은 불필요하다.
- 연습 삼아 네 사람이 받을 수 있는 최대 점수와 최소 점수를 더 생각해 보자. 화살을 두 발씩 보유하고 있으므로, 두 발의 화살로 받을 수 있는 최대 점수는 기본 10점 + 10점 = 20점인데, 빨간색 화살을 가지고 있는 甲은 1점을 더 받아서 21점일 수 있다. 반대로 두 발의 화살로 받을 수 있는 최소 점수는 기본 4점 + 4점 = 8점인데, 노란색 화살을 가지고 있는 甲과 丙은 1점을 덜 받아서 7점일 수 있다.

[정답] ①

160 다음 글을 근거로 판단할 때, <보기>에서 옳은 것만을 모두 고르면? 18년 5급 나책형 31번

甲, 乙, 丙이 바둑돌을 손가락으로 튕겨서 목표지점에 넣는 게임을 한다. 게임은 총 5라운드까지 진행하며, 라운드마다 바둑돌을 목표지점에 넣을 때까지 손가락으로 튕긴 횟수를 해당 라운드의 점수로 한다. 각 라운드의 점수가 가장 낮은 사람이 해당 라운드의 1위가 되며, 모든 라운드의 점수를 합산하여 그 값이 가장 작은 사람이 게임에서 우승한다.

아래의 표는 각 라운드별로 甲, 乙, 丙의 점수를 기록한 것이다. 4라운드와 5라운드의 결과는 실수로 지워졌는데, 그 중 한 라운드에서는 甲, 乙, 丙 모두 점수가 같았고, 다른 한 라운드에서는 바둑돌을 한 번 튕겨서 목표지점에 넣은 사람이 있었다.

	1라운드	2라운드	3라운드	4라운드	5라운드	점수 합
甲	2	4	3			16
乙	5	4	2			17
丙	5	2	6			18

〈보 기〉

ㄱ. 4라운드와 5라운드만을 합하여 바둑돌을 튕긴 횟수가 가장 많은 사람은 甲이다.
ㄴ. 바둑돌을 한 번 튕겨서 목표지점에 넣은 사람은 乙이다.
ㄷ. 丙의 점수는 라운드마다 달랐다.
ㄹ. 만약 각 라운드에서 단독으로 1위를 한 횟수가 가장 많은 사람이 우승하는 것으로 규칙을 변경한다면, 丙이 우승한다.

① ㄱ, ㄴ
② ㄱ, ㄷ
③ ㄴ, ㄹ
④ ㄱ, ㄷ, ㄹ
⑤ ㄴ, ㄷ, ㄹ

해설

문제 분석

총 5라운드의 게임을 하며, 라운드마다 바둑돌을 목표지점에 넣을 때까지 손가락으로 튕긴 횟수를 해당 라운드의 점수로 한다.
- 각 라운드의 점수가 가장 낮은 사람이 해당 라운드의 1위가 된다.
- 모든 라운드의 점수를 합산하여 그 값이 가장 작은 사람이 게임에서 우승한다.

문제풀이 실마리

각 보기를 보면 4라운드와 5라운드의 점수를 구분하지 않으므로, 이를 파악한다면 보다 쉽게 해결할 수 있다.

실수로 지워진 4, 5라운드에 대해서 알려진 사실은 다음과 같다.
- 그중 한 라운드에서는 甲, 乙, 丙 모두 점수가 같다.
- 다른 한 라운드에서는 바둑돌을 한 번 튕겨서 목표지점에 넣은 사람이 있었다.

각 보기를 보면 4라운드와 5라운드를 구분해서 확인할 것을 요구하지 않는다. 따라서 임의로 4, 5라운드를 정하더라도 문제되지 않는다.

	1라운드	2라운드	3라운드	3라운드까지 합	4라운드	5라운드	점수 합
甲	2	4	3	9	7		16
乙	5	4	2	11	6		17
丙	5	2	6	13	5		18

3라운드까지의 점수 합을 통해 지워진 4, 5라운드 점수의 합을 확인해 보면, 甲은 7점, 乙은 6점, 丙은 5점이다. 그렇다면 4라운드의 점수가 같을 때, 5라운드에서 1점을 넣은 사람이 될 수 있는 사람은 4라운드와 5라운드의 점수의 합이 가장 작은 丙이다. 그리고 이를 통해 4라운드에서 같은 점수는 4점임을 알 수 있다.

이에 따라 결과를 채워보면 다음과 같다.

	1라운드	2라운드	3라운드	4라운드	5라운드	점수 합
甲	2	4	3	4	3	16
乙	5	4	2	4	2	17
丙	5	2	6	4	1	18

※ 4라운드와 5라운드의 순서는 임의로 가정한 것이므로, 순서가 바뀌어도 무방하다.

ㄱ. (O) 4라운드와 5라운드만을 합하여 바둑돌을 튕긴 횟수는 甲이 7회, 乙이 6회, 丙이 5회로 甲이 가장 많다.

ㄴ. (X) 바둑돌을 한 번 튕겨서 목표지점에 넣은 사람은 乙이 아니라 丙이다.

ㄷ. (O) 丙의 각 라운드별 점수는 5, 2, 6, 4, 1점이므로 라운드마다 달랐다.

ㄹ. (O) 각 라운드에서 단독으로 1위를 한 횟수는 甲이 1라운드에 1회, 乙이 3라운드에 1회, 丙이 2, 5라운드에 총 2회이므로 丙이 우승한다.

빠른 문제풀이 Tip

보기 ㄴ을 해결할 때, 직접 해결하지 않고, 甲이 바둑돌을 한 번 튕겨서 목표지점에 넣을 수 있는지, 乙이 그럴 수 있는지, 丙이 그럴 수 있는지를 검증하는 것도 가능하다. 예를 들어 甲이 바둑돌을 한 번 튕겨서 목표지점에 넣었다면,

	1라운드	2라운드	3라운드	4라운드	5라운드	점수 합
甲	2	4	3	1		16
乙	5	4	2			17
丙	5	2	6			18

임을 가정하고 다른 칸들을 채웠을 때 모순이 생기는지를 확인해 보는 것이다.

[정답] ④

161 다음 글을 근거로 판단할 때, <보기>에서 옳은 것만을 모두 고르면? 20년 5급 나책형 11번

> ○ 甲과 乙은 총 10장의 카드를 5장씩 나누어 가진 후에 심판의 지시에 따라 게임을 한다.
> ○ 카드는 1부터 9까지의 서로 다른 숫자가 하나씩 적힌 9장의 숫자카드와 1장의 만능카드로 이루어진다.
> ○ 이 중 6 또는 9가 적힌 숫자카드는 9와 6 중에서 원하는 숫자카드 하나로 활용할 수 있다.
> ○ 만능카드는 1부터 9까지의 숫자 중 원하는 숫자가 적힌 카드 하나로 활용할 수 있다.

〈보 기〉

ㄱ. 심판이 가장 큰 다섯 자리의 수를 만들라고 했을 때, 가능한 가장 큰 수는 홀수이다.
ㄴ. 상대방보다 작은 두 자리의 수를 만들면 승리한다고 했을 때, 乙이 '12'를 만들었다면 승리한다.
ㄷ. 상대방보다 큰 두 자리의 수를 만들면 승리한다고 했을 때, 甲이 '98'을 만들었다면 승리한다.
ㄹ. 심판이 10보다 작은 3의 배수를 상대방보다 많이 만들라고 했을 때, 乙이 3개를 만들었다면 승리한다.

① ㄱ, ㄴ
② ㄱ, ㄷ
③ ㄷ, ㄹ
④ ㄱ, ㄴ, ㄹ
⑤ ㄴ, ㄷ, ㄹ

해설

문제 분석

주어진 모든 정보가 문제 해결에 필요하다.

문제풀이 실마리

- 6 또는 9가 적힌 숫자카드는 9와 6 중에서 원하는 숫자카드 하나로 활용할 수 있다는 점에 주의하여야 한다.
- 만능카드는 1부터 9까지의 숫자 중 원하는 아무 숫자카드 하나로 활용할 수 있다는 점에 주의하여야 한다.
- 따라서 6 또는 9는 6카드, 9카드, 만능카드에서 최대 3번까지 만들 수 있다.
- 甲과 乙은 총 10장의 카드를 5장씩 나누어 가지므로, 甲이 가진 카드와 乙이 가진 카드는 중복이 없어야 한다.

ㄱ. (O) 만능카드 및 6과 9카드를 적극적으로 활용하도록 한다. 가장 큰 다섯 자리의 숫자를 만들기 위해서는 다섯 자리 중 앞자리(왼쪽자리)부터 차례대로 큰 숫자를 배치해야 한다. 따라서 숫자 9을 가능한 많이 넣는 것이 좋다. 숫자 9를 만들 수 있는 카드가 9카드, 6으로 9카드, 만능카드이므로 숫자 9는 최대 3개를 만들 수 있다. 다섯 자리 중 앞의 세 자리를 9로 넣어 '999XX'까지 완성된다. 그 다음에는 활용할 수 있는 수 중 가장 큰 수인 8과 7을 활용하도록 하는데 자릿수의 단위가 큰 곳에 더 큰 수를 넣어야 하므로 남은 숫자 중 큰 순으로 '99987'을 만들 수 있다. '99987'은 홀수이다.

ㄴ. (O) 숫자를 작게 만들려고 할 때 숫자 '1'을 만들 수 있는 카드는 1카드와 만능카드이다. 甲과 乙 서로 간에 카드 중복이 불가능하므로 乙이 '12'를 만들 수 있는 카드 조합 경우를 따져보아야 한다. '12'를 만들 때 활용할 수 있는 카드는 1, 2, 만능카드 세 장이고 이 중 두 장을 사용하여 '12'를 만들었을 것이다. 따라서 甲은 1, 2, 만능카드 세 장 중 남은 한 장과 3, 4, 5, …의 카드를 가지게 된다. '乙이 승리한다'의 반례는 甲이 이기거나 비기는 경우인데, 그러기 위해서는 甲은 11 또는 12를 만들어야 한다. 甲이 가진 카드는 1, 2, 만능카드 세 장 중 한 장과 3, 4, 5, …의 카드이므로, 11 또는 12를 만드는 것은 불가능하고 만들 수 있는 가장 작은 수는 '13'이다. 따라서 乙이 승리한다.
위의 상황을 보다 구체적으로 들여다 보면 다음과 같다. 乙이 12를 만들 수 있는 경우와, 이때 甲이 가진 카드 중 작은 숫자를 만들 수 있는 카드, 그 카드로 甲이 만들 수 있는 가장 작은 숫자를 살펴보면 다음과 같다.

乙		甲	
12	ⓐ 1, 2	만능카드, 3, 4, …	13
	ⓑ 1, 만능카드	2, 3, 4	23
	ⓒ 2, 만능카드	1, 3, 4	13

이 문제에는 일반적으로 게임 규칙에서 자주 볼 수 있는 '각 참가자는 승리하기 위해 최선을 다한다.'라는 조건이 없다. 따라서 위 경우 ⓐ, ⓑ, ⓒ 중 ⓑ는 숫자 '12'를 만들 수도 있지만, 승리하기 위해서 최선을 다한다면 '12'가 아닌 '11'을 만들었을 것이다. 따라서 '각 참가자는 승리하기 위해 최선을 다한다.'라는 조건이 있었다면 위 경우 중 ⓑ 경우를 제외한 ⓐ경우와 ⓒ경우만을 고려해야 한다.

ㄷ. (X) 보기 ㄱ에서 살펴봤듯이 숫자 9를 만들 수 있는 카드가 9카드, 6으로 9카드, 만능카드 세 장이다. 甲이 '98'을 만들었다면 이 중 한 장과 8카드를 사용한 셈이다. 따라서 乙이 '9'를 만들 수 있는 남은 두 장의 카드로 '99'를 만드는 것이 가능하기 때문에 甲이 승리한다고 말할 수 없다.

ㄹ. (O) 10보다 작은 3의 배수는 3, 6, 9가 있다. 여기에 만능카드까지 고려한다면 10보다 작은 3의 배수는 최대 4개까지 만들 수 있다. 이때 6과 9 모두 10보다 작은 3의 배수이므로 6 ↔ 9카드에 대한 고려는 하지 않아도 된다. 따라서 가능한 4개 중 乙이 3개를 만들었다면 甲은 최대 1개까지만 만들 수 있으므로 乙은 승리한다.

빠른 문제풀이 Tip

카드 게임 문제는 숫자 0카드가 있는지, 카드가 중복될 수 있는지 등을 주의깊게 살펴보아야 한다.

[정답] ④

19 공정순서

162 ○○시의 사무관 K씨는 3월 1일자로 현 부서에 부임하자마자 새로운 환경시설 유치에 대한 주민공청회를 개최하는 업무를 시작하였다. 주민공청회를 개최하기 위해서는 다음과 같은 활동들과 소요기간(일)이 필요하다. 여기서 각 활동들은 직전 활동들이 완성되어야만 시작된다. 가장 빠른 공청회 개최일은?(단, 휴일에도 근무하는 것으로 한다.) 06년 입법 가책형 1번

활동	활동내용	직전 활동	소요기간(일)
1	공청회 개최 담당조직 결성		2
2	예산 확보	1	4
3	공청회 장소 물색	1	3
4	공청회 장소 결정 및 계약	3	2
5	사회자, 발표자 및 토론자 선정	2	10
6	초청장 인쇄 및 발송	2, 5	5
7	공청회 자료 작성	1, 5	15
8	공청회 자료 운반	7	1
9	공청회 회의실 정비	4	1
10	공청회 개최	6, 8, 9	1

① 3월 9일
② 3월 19일
③ 3월 22일
④ 4월 2일
⑤ 4월 13일

해설

문제 분석

- 3월 1일부터 공청회 개최 업무를 시작한다.
- 주민공청회를 개최하기 위해서는 〈표〉로 제시된 활동들과 소요기간(일)이 필요하다.
- 각 활동들은 직전 활동들이 완성되어야만 시작된다.

문제풀이 실마리

직전 활동과 소요기간을 반영하여 공정순서를 정확하게 파악할 수 있어야 한다.

주어진 정보인 직전 활동과 소요기간을 반영해서 공정순서를 시각적 처리해 보면 다음과 같다.

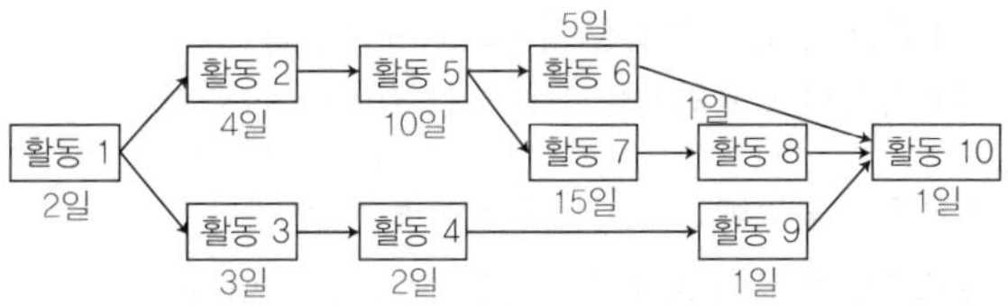

즉, 활동 10까지 위한 과정으로

- 활동 1(2일) → 활동 2(4일) → 활동 5(10일) → 활동 6(5일) → 활동 10(1일): 총 22일 소요
- 활동 1(2일) → 활동 2(4일) → 활동 5(10일) → 활동 7(15일) → 활동 8(1일) → 활동 10(1일): 총 33일 소요
- 활동 1(2일) → 활동 3(3일) → 활동 4(2일) → 활동 9(1일) → 활동 10(1일): 총 9일 소요

세 가지 과정이 있는데, 활동 10을 하기까지는 활동 6, 8, 9를 모두 다 완성했을 때 활동 10을 할 수 있다. 따라서 공정회 개최까지 소요되는 최단기간은 33일이 된다.

이를 다 반영하여 공정회 개최일을 계산하면 다음과 같다.

부임하자마자인 3월 1일부터 활동 1을 시작하고, 활동 10 공정회 개최 당일 소요기간 1일은 공청회 개최일이 된다는 점에서 실질적으로 이틀은 날짜계산에서 제외한다. 예를 들어, 3월 1일부터 2일이 걸려 '활동 1'이 완성되면 3월 1일부터 하루 뒤인 3월 2일에 활동 1이 종료되는 셈이다. 따라서 3월 1일부터 31일 후를 계산하면 되고,

3월 1일+31일=3월 33일(=4월 2일)이므로 정답은 ④이다.

빠른 문제풀이 Tip

가장 빠른 공청회 개최일을 판단하려고 하면, '활동 10'까지 소요되는 최단기간을 확인해야 하는데, 이때 '활동 10'까지 소요되는 기간 중 가장 최소의 기간을 보는 것이 아니라 가장 오래 기간이 소요되는 기간을 봐야 한다는 점에 주의하자.

[정답] ④

163 다음 <조건>에 따라 판단할 때 옳지 않은 것은?

09년 5급 극책형 34번

〈조 건〉

- ○ 프로젝트는 A부터 E까지의 작업만으로 구성되며, 모든 작업은 동일 작업장 내에서 행해진다.
- ○ A작업은 4명의 인원과 9일의 기간이 소요된다.
- ○ B작업은 2명의 인원과 18일의 기간이 소요되며, A작업이 완료된 이후에 시작할 수 있다.
- ○ C작업은 4명의 인원과 50일의 기간이 소요된다.
- ○ D작업과 E작업은 각 작업당 2명의 인원과 18일씩의 기간이 소요되며, D작업이 완료된 이후에 E작업을 시작할 수 있다.
- ○ 각 인력은 A부터 E까지 모든 작업에 동원될 수 있으며, 각 작업에 투입된 인력의 생산성은 동일하다.
- ○ 프로젝트에 소요되는 비용은 1인당 1일 10만 원의 인건비와 하루 50만 원의 작업장 사용료로 구성된다.
- ○ 각 작업의 소요인원은 증원 또는 감원될 수 없다.

① 프로젝트 완료에 소요되는 최소인력은 4명이다.
② 프로젝트 완료에 소요되는 최단기간은 50일이다.
③ 프로젝트 완료에 소요되는 최소비용은 6천만 원 이하이다.
④ 프로젝트의 최단기간 완료에 소요되는 최소인력은 10명이다.
⑤ 프로젝트를 최소인력으로 완료하는 데 소요되는 최단기간은 95일이다.

해설

문제 분석

주어진 모든 정보가 문제해결에 필요하다.

문제풀이 실마리

- 주어진 내용을 시각화하여 정리해 보면 다음과 같다.

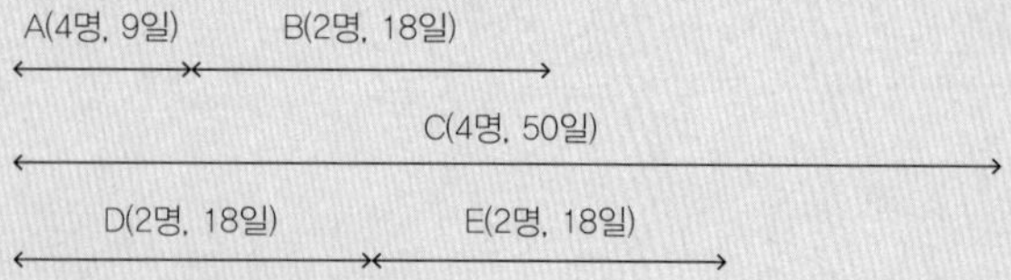

- 주어진 정보를 토대로 최소인력, 최단기간, 최소비용을 정확히 처리할 수 있어야 한다.

① (O) 가장 많은 인원이 소요되는 작업은 A작업과 C작업으로 4명이다. 따라서 프로젝트 완료에 소요되는 최소인력은 4명이다.

② (O) 가장 오랜 기간이 소요되는 작업은 C작업으로 50일의 기간이 소요된다. 위에서 정리한 그림처럼 C작업을 하는 50일 동안 A작업(9일) → B작업(18일) 총 27일, D작업(18일)→ E작업(18일)총 36일의 작업을 할 수 있으므로 프로젝트 완료에 소요되는 최단기간은 50일이다.

③ (O) 1단위에 지출되는 인건비가 10만 원이므로, 총 인건비를 구하기 위해 각 작업에 소요되는 노동단위를 구해보면,
A작업 4명×9일=36 노동단위
B작업 2명×18일=36 노동단위
C작업 4명×50일=200 노동단위
D작업 2명×18일=36 노동단위
E작업 2명×18일=36 노동단위
이를 모두 다 더하면 총 344 단위가 필요하고, 따라서 인건비 총액은 344 단위×10만 원=3,440만 원이다.
선지 ②에서 살펴봤듯이 프로젝트의 완료에 소요되는 최단기간은 50일이므로 총 작업장 사용료는 50일×50만 원=2,500만 원이 필요하다. 따라서 총 비용=작업장 사용료+인건비 총액=2,500만 원+3,440만 원=5,940만 원이며, 프로젝트 완료에 소요되는 최소비용은 6천만 원 이하이다.

④ (X)

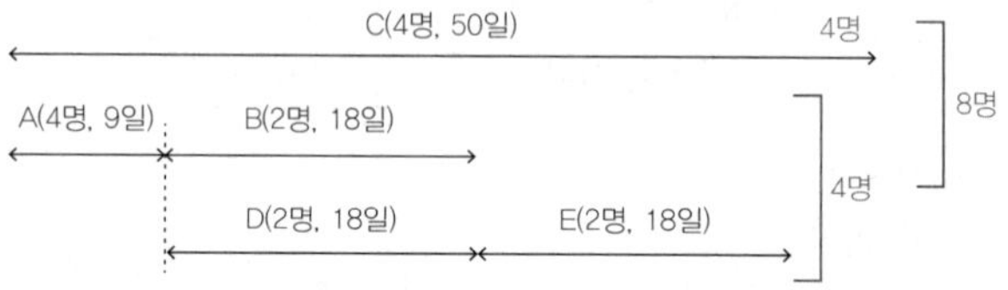

프로젝트를 최단기간 완료하기 위해서는 C작업은 단독으로 행하여야 하고, C작업 완료에는 4명의 인원과 50일의 기간이 소요된다.
이와 동시에 A작업에 4명을 동원해서 작업을 완료한 후, 동원된 4명 중 2명은 B작업에 동원하면 되고, 남은 2명은 D작업과 E작업을 하는 데 동원하면 된다. 따라서 A, B, D, E 작업을 하는데 총 4명의 인원과 45일의 기간이 소요된다. 따라서 프로젝트의 최단기간 완료에 소요되는 최소인력은 8명이다.

⑤ (O)

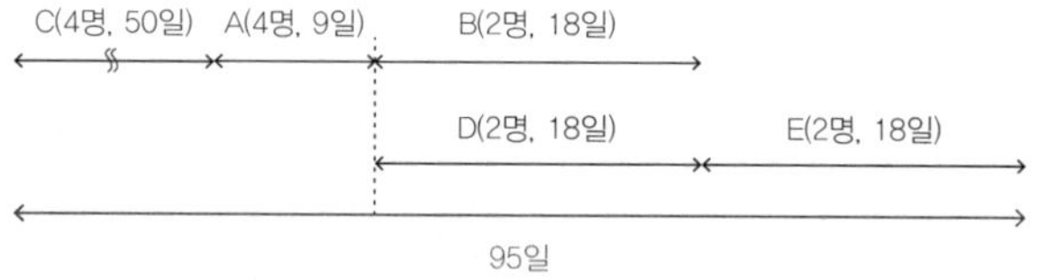

프로젝트를 최소인력으로 완료하기 위해서는 4명의 인원으로 모든 작업을 행하여야 한다. 따라서 위 그림과 같이 먼저 가장 많은 인원인 4명의 인원이 소요되는 C작업과 A작업을 마친 후, 4명 중 2명은 B작업을, 다른 2명은 D작업과 E작업을 하면 최소인원인 4명의 인원으로 모든 작업을 완료할 수 있다. 이때 소요되는 최단기간은 95일이다.

빠른 문제풀이 Tip

- 공정순서류에 해당하는 문제의 가장 기본이 되는 형태의 문제이다.
- 1명이 1일 동안 일하는 것을 '1 노동단위'라고 생각해두면 좋다. 예를 들어 2명이 2일 동안 일을 하면 2명×2일=4 노동단위인 셈이다.

[정답] ④

164 **다음 제시문을 읽고 주어진 <조건>을 바탕으로 하여 팔만대장경을 제작하는 경우, 소요되는 최단 기간은?** 09년 5급 극책형 10번

해인사에 소장되어 있는 팔만대장경은 정확하게 81,258장의 경판으로 구성되어 있으며, 경판의 크기는 가로 약 73cm, 세로 약 26cm, 두께는 약 3.5cm이다. 경판 1장에 새겨져 있는 글자 수는 1면에 300여 자씩, 양면에 600여 자이므로 총 5천만 자가 넘는데 오탈자가 거의 없다.

경판을 만드는 데 사용된 나무는 한반도 전역에 자생하는 산벚나무이며, 채집한 원목을 갯벌에 3년 간 묻어 두었다가 꺼내 경판을 제작한 뒤 글을 새겼다.

〈보 기〉

- ㅇ 경판의 수는 8만 장, 총 글자 수는 5천만 자로 가정하며, 각 경판의 글자 수는 동일한 것으로 한다.
- ㅇ 제작공정은 원목채집, 경판제작(원목을 가공하여 경판을 만드는 일), 필사(종이에 글을 쓰는 일), 판각(경판에 글을 새기는 일) 등 네 가지로 구성된다.
- ㅇ 원목채집은 1월 1일에 시작하며, 채집된 원목은 그 다음해 1월 1일부터 3년간 갯벌에 묻어둔다.
- ㅇ 갯벌에서 꺼낸 원목으로 경판을 제작하는데, 원목 1개로 경판 100장을 만든다.
- ㅇ 판각은 경판 1만 장이 제작된 후에 시작한다.
- ㅇ 1인이 1년간 작업할 수 있는 양은 원목채집의 경우 원목 10개, 경판제작의 경우 경판 100장, 필사의 경우 25만 자, 판각의 경우 1만 자이다.
- ㅇ 공정별로 매년 동원할 수 있는 최대 인력은 원목채집 10명, 경판제작 100명, 필사 40명, 판각 500명이다.

① 14년
② 15년
③ 16년
④ 23년
⑤ 25년

해설

문제 분석

- 경판의 수는 8만 장, 총 글자 수는 5천만 자이다.
- 제작공정은 원목채집, 경판제작, 필사, 판각 네 가지로 구성된다.

문제풀이 실마리

주어진 내용을 토대로 공정순서를 정확하게 파악할 수 있어야 한다.

등장한 공정은 원목채집, 경판제작, 필사, 판각 네 가지이다.

1. 선·후행공정 확인
   1) 원목채집을 1년 동안 하고, 채집된 원목을 그 다음해부터 3년간 갯벌에 묻어둔 후에, 갯벌에서 꺼낸 원목으로 경판을 제작할 수 있다. (원목채집+4년 후 경판제작 시작 가능)
   2) 경판을 1만 장 제작한 후에 판각을 한다. (경판제작 + 1년 후 판각 시작 가능)
   3) 필사는 주어진 조건상 선·후행공정이 없음
2. 작업 소요시간 확인
   - 1인이 1년 간 작업할 수 있는 양은 원목채집의 경우 원목 10개, 경판제작의 경우 경판 100장, 필사의 경우 25만 자, 판각의 경우 1만 자이다.
   - 공정별로 매년 동원할 수 있는 최대 인력은 원목채집 10명, 경판제작 100명, 필사 40명, 판각 500명이다.

구분	1인, 1년간 작업량	매년 동원 가능 최대 인력	1년 총 작업량	필요한 전체 작업량	작업소요 기간
원목채집	10개	10명	100개[1)]	8만 장	8년
경판제작	100장	100명	10,000장		8년
판각	25만 자	40명	1,000만 자	5,000만 자	5년
필사	1만 자	500명	500만 자		10년

- 경판을 제작하는 데 원목 1개로 경판 100장을 만든다.

정리한 내용을 시각적으로 처리해 보면 다음과 같다.

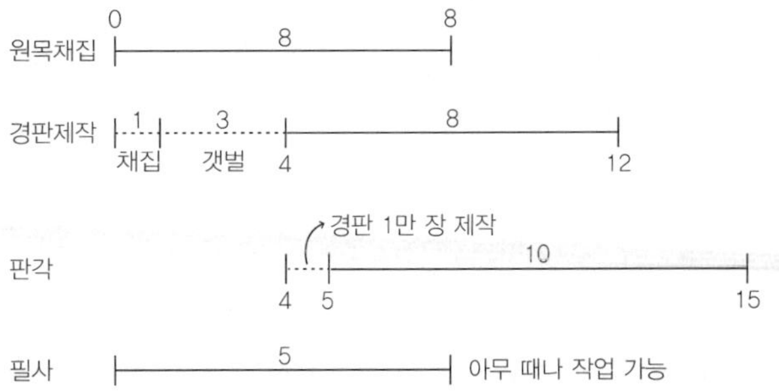

필사는 선·후행공정이 따로 주어져 있지 않기 때문에 원목채집 → 경판제작 → 판각을 하는 과정 중에 아무 때나 5년의 작업을 수행하면 된다. 팔만대장경을 제작하는 소요되는 최단기간은 '원목채집 → 경판제작 → 판각'을 하는 데 소요되는 기간은 15년이다.

빠른 문제풀이 Tip

수험생들이 매우 어려워하는 문제이다. 최단기간을 구하기 위해서는 선·후행공정과 작업별 소요시간(기간)을 확인해야 한다.

[정답] ②

165 **甲조선소는 6척(A~F)의 선박 건조를 수주하였다. 오늘을 포함 하여 30일 이내에 선박을 건조할 계획이며 甲조선소의 하루 최대투입가능 근로자 수는 100명이다. 다음 <공정표>에 근거할 때, 옳은 것을 <보기>에서 모두 고르면? (단, 작업은 오늘부터 개시되며 각 근로자는 자신이 투입된 선박의 건조가 끝나야만 다른 선박의 건조에 투입될 수 있다)** 12년 5급 인책형 12번

〈공정표〉

상품(선박)	소요기간	1일 필요 근로자 수	수익
A	5일	20명	15억 원
B	10일	30명	20억 원
C	10일	50명	40억 원
D	15일	40명	35억 원
E	15일	60명	45억 원
F	20일	70명	85억 원

※ 1일 필요 근로자 수 이상의 근로자가 투입되더라도 선박당 건조 소요기간은 변하지 않는다.

〈보 기〉

ㄱ. 甲조선소가 건조할 수 있는 선박의 수는 최대 4척이다.
ㄴ. 甲조선소가 벌어들일 수 있는 수익은 최대 160억 원이다.
ㄷ. 계획한 기간이 15일 연장된다면 수주한 모든 선박을 건조할 수 있다.
ㄹ. 최대투입가능 근로자 수를 120명/일로 증가시킨다면 계획한 기간 내에 모든 선박을 건조할 수 있다.

① ㄱ, ㄷ ② ㄱ, ㄹ ③ ㄴ, ㄷ
④ ㄱ, ㄴ, ㄹ ⑤ ㄴ, ㄷ, ㄹ

해설

문제 분석

- 甲조선소는 6척(A~F)의 선박 건조를 수주하였다.
- 오늘을 포함하여 30일 이내에 선박을 건조할 계획이다.
- 甲조선소의 하루 최대투입가능 근로자 수는 100명이다.
- 작업은 오늘부터 개시되며 각 근로자는 자신이 투입된 선박의 건조가 끝나야만 다른 선박의 건조에 투입될 수 있다.
- 〈공정표〉로 각 상품(선박)별 소요기간, 1일 필요 근로자 수, 수익이 제시되어 있다.

문제풀이 실마리

소요기간과 필요 근로자 수 중에서 필요 근로자 수를 실마리로 접근하는 것이 더 수월하다.

ㄱ. (X) 주어진 30일, 100명의 제약하에서 최대한 많은 선박을 건조하기 위해서는 소요기간이 짧고 1일 필요 근로자 수가 적은 선박을 건조하는 것이 유리하다.

상품(선박)	소요기간	1일 필요 근로자 수	필요 노동단위
A	5일	20명	100
B	10일	30명	300
C	10일	50명	500
D	15일	40명	600
E	15일	60명	900
F	20일	70명	1,400

甲 조선소의 하루 최대투입가능 근로자 수가 100명이므로, 적은 '노동단위'가 소요되는 선박인 A, B, C, D, E, F 순으로 100명을 동시에 일을 시키는 경우를 고려해 보면 다음과 같다.

상품(선박)	소요기간	1일 필요 근로자 수	수익
A	5일	20명	15억 원
B	10일	30명	20억 원
C	10일	50명	40억 원
D	15일	40명	35억 원
E	15일	60명	45억 원
F	20일	70명	85억 원

이때 100명으로 A, B, C 선박을 동시에 건조하는 데 10일이 기간이 소요되고, D, E 선박을 동시에 건조하는 데 15일의 기간이 소요된다. 따라서 25일의 기간 동안 5척의 선박이 건조 가능한 것이 확인된다. 따라서 주어진 제약 조건하에서 F를 제외한 A~E 선박을 건조할 수 있으므로, 甲조선소가 건조할 수 있는 선박의 수는 최대 5척이다.

ㄴ. (O) 보기 ㄱ에서 검토한 대로, 100명으로 A, B, C 선박을 동시에 건조하는 경우의 수익은 15+20+40=75억 원이고, D, E의 선박을 동시에 건조하는 경우의 수익은 35+45=80억 원이다. 그런데 F의 선박을 건조하는 경우의 수익이 85억 원으로, 75 또는 80억 원의 수익보다 크다.
주어진 제약 조건을 모두 반영했을 때, 100명으로 10일 동안 A, B, C선박을 건조하고, 100명 중 70명으로 20일 동안 F 선박을 건조하는 경우 수익이 160억 원으로 최대가 된다. 따라서 甲조선소가 벌어들일 수 있는 수익은 최대 160억 원이다.

ㄷ. (O) 보기 ㄱ에서 검토한 대로 100명으로 10일 동안 A, B, C 선박을 건조하고, 다시 100명으로 15일 동안, D, E 선박을 건조한 상황에서 여기에 더해 F 선박의 건조를 추가하더라도 계획한 기간이 15일 연장되어 총 45일의 기간이 주어진다면 수주한 모든 선박을 건조할 수 있다.
즉, 보기 ㄱ의 25일의 소요기간에 F 선박의 건조에 필요한 20일의 기간이 추가되더라도 총 45일이면 모든 선박을 건조할 수 있다. 따라서 계획한 기간 30일에서 15일 연장되어 45일의 기간이 주어진다면 수주한 모든 선박을 건조할 수 있다.

ㄹ. (X) 건조에 60명이 필요한 E선박과 70명이 필요한 F 선박을 동시에 건조하려면, 동시에 130명의 근로자가 필요하다. 따라서 최대 투입가능 근로자수를 120명/일로 증가시키더라도 E 선박과 F 선박을 동시에 건조하는 것은 불가능하다. 따라서 E 선박 건조에 필요한 15일과 F 선박 건조에 필요한 20일은 겹쳐질 수 없고, 이 두 선박을 모두 건조하기 위해서는 최소 35일이 소요된다. 따라서 계획된 기간인 30일 내에 모든 선박을 건조하는 것은 불가능하다.

빠른 문제풀이 Tip

1명이 1일 동안 일하는 것을 '1 노동단위'라고 정의한다. 이 개념을 활용하면 보다 쉽게 접근할 수 있다.

[정답] ③

166 다음 글을 근거로 판단할 때, ㉠에 들어갈 일시는?

18년 5급 나책형 38번

> ○ 서울에 있는 甲사무관, 런던에 있는 乙사무관, 시애틀에 있는 丙사무관은 같은 프로젝트를 진행하면서 다음과 같이 영상업무회의를 진행하였다.
> ○ 회의 시각은 런던을 기준으로 11월 1일 오전 9시였다.
> ○ 런던은 GMT+0, 서울은 GMT+9, 시애틀은 GMT−7을 표준시로 사용한다. (즉, 런던이 오전 9시일 때, 서울은 같은 날 오후 6시이며 시애틀은 같은 날 오전 2시이다)
>
> 甲: 제가 프로젝트에서 맡은 업무는 오늘 오후 10시면 마칠 수 있습니다. 런던에서 받아서 1차 수정을 부탁드립니다.
> 乙: 네, 저는 甲사무관님께서 제시간에 끝내 주시면 다음날 오후 3시면 마칠 수 있습니다. 시애틀에서 받아서 마지막 수정을 부탁드립니다.
> 丙: 알겠습니다. 저는 앞선 두 분이 제시간에 끝내 주신다면 서울을 기준으로 모레 오전 10시면 마칠 수 있습니다. 제가 업무를 마치면 프로젝트가 최종 마무리 되겠군요.
> 甲: 잠깐, 다들 말씀하신 시각의 기준이 다른 것 같은데요? 저는 처음부터 런던을 기준으로 이해하고 말씀드렸습니다.
> 乙: 저는 처음부터 시애틀을 기준으로 이해하고 말씀드렸는데요?
> 丙: 저는 처음부터 서울을 기준으로 이해하고 말씀드렸습니다. 그렇다면 계획대로 진행될 때 서울을 기준으로 (㉠)에 프로젝트를 최종 마무리할 수 있겠네요.
> 甲, 乙: 네, 맞습니다.

① 11월 2일 오후 3시
② 11월 2일 오후 11시
③ 11월 3일 오전 10시
④ 11월 3일 오후 3시
⑤ 11월 3일 오후 7시

해설

문제 분석

- 회의 시각은 런던을 기준으로 11월 1일 오전 9시였다.
- 甲은 처음부터 런던을 기준으로 이해하고 말했고, 乙은 처음부터 시애틀을 기준으로 이해하고 말했으며, 丙은 처음부터 서울을 기준으로 이해하고 말했다.
- 甲은 런던 기준 11월 1일 오전 9시에 프로젝트를 시작하면, 런던 기준 11월 1일 오후 10시에 마칠 수 있다.
- 甲이 프로젝트를 끝내야 乙이 프로젝트를 시작할 수 있고, 乙은 시애틀 기준 11월 1일 오후 10시에 시작하면, 시애틀 기준 11월 2일 오후 3시에 마칠 수 있다.
- 乙이 프로젝트를 끝내야 丙이 프로젝트를 시작할 수 있고, 丙은 서울 기준 11월 2일 오후 3시에 시작하면, 서울 기준 11월 3일 오전 10시에 마칠 수 있다. 丙까지 완료하면 프로젝트가 최종적으로 마무리된다.

문제풀이 실마리

최단기간(=작업 종료시점)을 구하기 위해서는 선·후행공정과 작업별 소요시간(기간)을 확인해야 한다.

구분	시작 시점	소요시간	종료 시점
甲	런던기준 11월 1일 오전 9시	13시간	런던 기준 11월 1일 오후 10시
乙	시애틀 기준 11월 1일 오후 10시	17시간	시애틀 기준 11월 2일 오후 3시
丙	서울 기준 11월 2일 오후 3시	19시간	서울 기준 11월 3일 오전 10시
		총 49시간	

회의 시작 시점이 런던 기준으로 11월 1일 오전 9시이다. 런던은 GMT+0, 서울은 GMT+9를 표준시로 사용하므로, 회의 시작 시점이 서울 기준으로는 11월 1일 오후 6시이다.

甲, 乙, 丙이 순차적으로 업무를 완료하는 데 소요되는 시간은 총 49시간이므로, 회의 시작 시점인 서울 기준 11월 1일 오후 6시로부터 49시간 후, 즉 2일 +1시간이 지난 시점은 11월 3일 오후 7시이고, 정답은 ⑤이다.

> **빠른 문제풀이 Tip**
> 공정순서와 시차 문제는 반복해서 출제되고 있는 소재이므로 잘 대비해 두어야 한다.

[정답] ⑤

20 공정순서 유사

167 다음 <면접방식>으로 면접을 진행할 때, 심층면접을 할 수 있는 최대 인원수와 마지막 심층면접자의 기본면접 종료 시각을 옳게 짝지은 것은? 13년 5급 인책형 31번

〈면접방식〉

- ○ i)면접은 기본면접과 심층면접으로 구분된다. 기본면접실과 심층면접실은 각 1개이고, 면접대상자는 1명씩 입실한다.
- ○ ii)기본면접과 심층면접은 모두 개별면접의 방식을 취한다. 기본면접은 심층면접의 진행 상황에 관계없이 10분 단위로 계속되고, 심층면접은 기본면접의 진행 상황에 관계없이 15분 단위로 계속된다.
- ○ iii)기본면접을 마친 면접대상자는 순서대로 심층면접에 들어간다.
- ○ iv)첫 번째 기본면접은 오전 9시 정각에 실시되고, 첫 번째 심층면접은 첫 번째 기본면접이 종료된 시각에 시작된다.
- ○ v)기본면접과 심층면접 모두 낮 12시부터 오후 1시까지 점심 및 휴식 시간을 가진다.
- ○ vi)각각의 면접 도중에 점심 및 휴식 시간을 가질 수 없고, 1인을 위한 기본면접 시간이나 심층면접 시간이 확보되지 않으면 새로운 면접을 시작하지 않는다.
- ○ vii)기본면접과 심층면접 모두 오후 1시에 오후 면접 일정을 시작하고, 기본면접의 일정과 관련 없이 심층면접은 오후 5시 정각에는 종료되어야 한다.

※ 면접대상자의 이동 및 교체 시간 등 다른 조건은 고려하지 않는다.

	인원수	종료 시각
①	27명	오후 2시 30분
②	27명	오후 2시 40분
③	28명	오후 2시 30분
④	28명	오후 2시 40분
⑤	28명	오후 2시 50분

해설

문제 분석

- 동그라미 순서대로 조건 i), ii), iii), iv), v), vi), vii)이라 한다.
- 조건 i), ii), iii), vi)는 면접방식을 이해하기 위한 내용이고, 조건 iv), v), vii)는 면접방식 중 시간에 관한 정보이다.

문제풀이 실마리

조건 i), ii), iii), vi)는 면접방식을 이해하고, 조건 iv), v), vii)는 시간에 관한 정보에 맞춰 면접이 진행되는 상황을 생각해본다.

우선 조건 iv)에 따라 첫 번째 기본면접과 첫 번째 심층면접이 시작되는 상황을 가정해 본다. 조건 ii)에 의하면 기본면접은 심층면접의 진행 상황에 관계없이 10분 단위로 계속되고, 심층면접은 기본면접의 진행 상황에 관계없이 15분 단위로 계속되므로 오전 9시 정각을 시작 시간으로 하여 다음과 같이 진행된다.

정각 5분 10분 15분 20분 25분 30분 35분 40분 45분 50분 55분 60분

<table>
<tr><td>기본면접</td><td colspan="2">첫 번째</td><td colspan="2">두 번째</td><td colspan="2">세 번째</td><td colspan="2">네 번째</td><td colspan="2">다섯 번째</td><td colspan="2">여섯 번째</td></tr>
<tr><td>심층면접</td><td colspan="2"></td><td colspan="3">첫 번째</td><td colspan="3">두 번째</td><td colspan="3">세 번째</td><td></td></tr>
</table>

즉, 첫 번째 심층면접은 9시 10분에 시작되며 15분 단위로 계속된다. 조건 vi)에 딸 1인을 위한 심층면접 시간이 확보되지 않으면 새로운 면접을 시작하지 않으므로 오전의 심층면접은 11번째 면접대상자가 심층면접을 마친 11시 55분에 종료하게 된다. 아래의 그림부터는 심층면접만 나타내었으며 첫 번째 면접대상자를 숫자 1로 표시하는 것과 같이 간단히 나타내었다.

정각 5분 10분 15분 20분 25분 30분 35분 40분 45분 50분 55분 60분

<table>
<tr><td>9시</td><td colspan="2"></td><td colspan="3">1</td><td colspan="3">2</td><td colspan="3">3</td><td>4</td></tr>
<tr><td>10시</td><td colspan="2">4</td><td colspan="3">5</td><td colspan="3">6</td><td colspan="3">7</td><td>8</td></tr>
<tr><td>11시</td><td colspan="2">8</td><td colspan="3">9</td><td colspan="3">10</td><td colspan="3">11</td><td></td></tr>
</table>

그리고 조건 vii)에 따라 오후의 심층면접은 12번째 면접대상자부터 오후 1시 정각에 시작하는데 총 4시간 동안 한 사람당 15분씩 총 16명의 심층면접이 진행된다. 즉, 심층면접을 할 수 있는 최대 인원수는 오전 11명, 오후 16명 합계 27명이다.

기본면접은 오전 9시 정각에 시작되어 시간당 6명씩 진행되므로 오전 9시 정각부터 12시 정각까지 3시간 동안 18명 진행한다. 점심시간 이후 오후 1시 정각부터 나머지 9명의 기본면접을 진행하면 마지막 심층면접자의 기본면접은 오후 1시 정각으로부터 90분이 지난 2시 30분에 종료하게 된다(①).

빠른 문제풀이 Tip

- 기본면접은 시간당 6명, 심층면접은 시간당 4명인데 심층면접이 9시 10분에 시작하므로 오전에 11명밖에 하지 못한다는 것만 실수하지 않으면 특별히 어려울 것이 없다.
- 면접 과정을 세세하게 따지는 것보다는 면접 총 시간에 초점을 맞추어, 심층면접은 오전 9시 10분부터 오후 12시까지 2시간 50분 동안 최대 11명, 오후에는 1시부터 5시까지 4시간 동안 최대 16명이 가능하다는 것만 파악한다면 선지 ③, ④, ⑤는 정답이 될 수 없다.
  즉, 오전에 심층면접은 첫 번째 기본면접이 종료된 시점인 9시 10분부터 시작해서 12시에 마친다. 세 시간에서 10분이 줄어든 170분 동안 한 명당 15분씩 계속되므로 170÷15 = 11 … 5(나머지)이므로, 오전에는 총 11명의 심층면접이 가능하다.
- 선지를 활용하고 계산 스킬 중 끝자리 확인처럼 접근하면 선지를 두 개로 줄일 수 있다. 선지에 심층면접을 할 수 있는 최대인원 수는 27명 또는 28명으로만 주어져 있다. 기본면접은 10분씩 진행되므로 1시간에 6명씩 할 수 있다. 따라서 27명일 때 기본면접 종료시각은 6×4 + 3(명), 즉 30분이다. 마찬가지 방식으로 28명일 때 기본면접 종료시각은 40분이 된다. 따라서 27명일 때 선지는 ①만이 가능하고, 28명일 때 선지는 ④만이 가능하다.
- 27명 또는 28명이 선지에 제시된 이유를 추측하건대, 오전 3시간, 오후 4시간의 총 7시간의 면접시간이 주어졌을 때, 그 모든 시간을 빠짐없이 심층면접에 사용할 수 있는지를 확인만 하더라도 정답을 빠르게 구할 수 있기 때문이다.

[정답] ①

168 다음 글을 근거로 판단할 때, <보기>에서 옳은 것만을 모두 고르면?

18년 5급 나책형 17번

○ 甲회사는 A기차역에 도착한 전체 관객을 B공연장까지 버스로 수송해야 한다.

○ 이때 甲회사는 아래 표와 같이 콘서트 시작 4시간 전부터 1시간 단위로 전체 관객 대비 A기차역에 도착하는 관객의 비율을 예측하여 버스를 운행하고자 한다. 단, 콘서트 시작 시간까지 관객을 모두 수송해야 한다.

시각	전체 관객 대비 비율(%)
콘서트 시작 4시간 전	a
콘서트 시작 3시간 전	b
콘서트 시작 2시간 전	c
콘서트 시작 1시간 전	d
계	100

○ 전체 관객 수는 40,000명이다.

○ 버스는 한 번에 대당 최대 40명의 관객을 수송한다.

○ 버스가 A기차역과 B공연장 사이를 왕복하는 데 걸리는 시간은 6분이다.

※ 관객의 버스 승·하차 및 공연장 입·퇴장에 소요되는 시간은 고려하지 않는다.

〈보 기〉

ㄱ. a=b=c=d=25라면, 甲회사가 전체 관객을 A기차역에서 B공연장으로 수송하는 데 필요한 버스는 최소 20대이다.

ㄴ. a=10, b=20, c=30, d=40이라면, 甲회사가 전체 관객을 A기차역에서 B공연장으로 수송하는 데 필요한 버스는 최소 40대이다.

ㄷ. 만일 콘서트가 끝난 후 2시간 이내에 전체 관객을 B공연장에서 A기차역까지 버스로 수송해야 한다면, 이때 甲회사에게 필요한 버스는 최소 50대이다.

① ㄱ

② ㄴ

③ ㄱ, ㄴ

④ ㄱ, ㄷ

⑤ ㄴ, ㄷ

해설

문제 분석

주어진 조건을 정리해 보면 다음과 같다.

- 콘서트 시작 4시간 전부터 1시간 단위로 관객이 기차역에 도착하고, 이 관객을 공연장으로 수송해야 한다.
- 버스가 A기차역과 B공연장 사이를 왕복하는 데 걸리는 시간은 6분이다.
  → 1시간에 10번 왕복할 수 있다.
- 버스는 한 번에 대당 최대 40명의 관객을 수송한다.
  → 버스 1대가 1시간에 수송할 수 있는 관객은 최대 400명이다.
- 전체 관객 수는 40,000명이다. → 40,000명은 400명의 100배이다.

문제풀이 실마리

- '최소' 필요한 버스 대수의 의미는 '적어도' 필요한 버스 대수의 의미이다.
- 프로젝트 완료에 필요한 최소인원을 구하는 것에서 변형된 문제이다.

ㄱ. (X) a=b=c=d=25라면, 전체 40,000명의 관객이 매 시간마다같은 비율로 도착한다는 의미이다. 즉, 매 시간마다 동일하게 10,000명씩 A기차역에 도착한다. 필요한 버스 대수를 최소한으로 하기 위해서는 어느 특정 시간대에 더 몰리지 않도록 매 시간마다 도착한 관객을 해당 시간 내에 수송하면 된다. 앞에서 살펴본 바와 같이 버스 1대가 1시간에 수송할 수 있는 관객은 최대 400명이다. 따라서 매 시간마다 버스는 적어도(=최소) 10,000÷400=25대가 필요하다.

ㄴ. (O) a=10, b=20, c=30, d=40이라면, 콘서트 시작 직전 1시간 동안 가장 많은 관객인 16,000명이 몰리게 되고, 콘서트 시작 시간까지 관객을 모두 수송해야 하므로 이 시간대에 버스가 가장 많이 필요하게 된다. 버스 1대가 1시간에 수송할 수 있는 관객은 최대 400명이므로, 마지막 1시간 동안 버스는 적어도 16,000÷400=40대가 필요하다.

ㄷ. (O) 콘서트가 끝난 후 2시간 이내에 전체 관객 40,000명을 B공연장에서 A기차역까지 최소의 버스 대수로 수송해야 한다면 2시간 동안 매 시간마다 동일한 관객을 수송해야 한다. 즉, 1시간에 20,000명씩을 수송해야 하는 셈이다. 버스 1대가 1시간에 수송할 수 있는 관객은 최대 400명이므로, 마지막 1시간 동안 버스는 적어도 20,000÷400=50대가 필요하다.

빠른 문제풀이 Tip

'적어도'의 의미를 정확하게 파악할 수 있어야 한다.

[정답] ⑤

169 다음 <조건>에 따를 때, E의 진료시작 시각은?

13년 외교관 인책형 36번

〈조 건〉

- ○ 진료와 검진은 10시 정각부터 시작한다.
- ○ 진료는 접수시각 순으로 하되, 진료예약환자와 미예약 환자가 동시에 대기하는 경우에는 진료예약환자를 우선적으로 진료한다.
- ○ 매 5분마다 새로운 환자를 진료하며, A ~ J까지의 진료는 10시 50분에 종료된다. 진료를 받지 못하는 환자는 없다.
- ○ 검진환자는 접수 후 검진을 시작하고, 검진을 받는 데에는 총10분이 소요된다.
- ○ 검진환자는 검진이 끝난 순간 진료가 진행중인 환자가 없으면 바로 진료를 받고, 그렇지 않은 경우 다음 순번으로 진료를 받는다.
- ○ 진료실은 1개만 있으며, 진료실에서는 한 명의 환자만이 진료를 받는다. 반면, 검진실은 충분히 존재하여 여러 명이 동시에 검진을 받을 수 있다.
- ○ 접수에 소요되는 시간 및 이동하는 시간은 없는 것으로 간주한다.

〈대기환자 리스트〉

환자명	접수시각	진료예약여부	비고
A	9 : 28	X	–
B	9 : 30	X	검진
C	9 : 34	O	–
D	9 : 46	X	–
E	10 : 00	X	–
F	10 : 03	O	검진
G	10 : 04	X	–
H	10 : 07	O	검진
I	10 : 14	O	검진
J	10 : 31	O	–

① 10 : 25
② 10 : 30
③ 10 : 35
④ 10 : 40
⑤ 10 : 45

해설

문제 분석

조건을 정리해 보면

- 진료와 검진은 10시 정각부터 시작해서 5분마다 진료하고, 진료는 10시 50분에 종료된다.
- 진료는 기본적으로 접수시각 순으로 한다.
- 진료는 한 명씩 받고, 검진은 여러 명이 동시에 검진할 수 있다.
- 예약환자는 미예약환자보다 우선해서 진료를 받는다.
- 검진환자는 검진에 10분이 소요되고, 검진 후 우선해서 진료를 받는다.

정리하면 (예약) → 접수 → (검진) → 진료의 절차가 있으며, 이중 예약과 검진은 생략될 수 있다. 예약 또는 검진을 할 경우 진료에서 우선순위가 생긴다.

문제풀이 실마리

주어진 조건에 따라 각 환자들이 진료를 시작하는 시각을 따져보아야 한다.

방법 1

주어진 조건에 따라 각 환자가 대기를 시작하는 시점과 해당 시점에 우선순위가 있는지 여부를 정리해 보면 다음과 같다.

환자명	접수시각	진료예약 여부	비고	대기시작 시점	우선순위 여부
A	9:28	X	–	10:00	
B	9:30	X	검진	10:10	O
C	9:34	O	–	10:00	O
D	9:46	X	–	10:00	
E	10:00	X	–	10:00	
F	10:03	O	검진	10:13	O
G	10:04	X	–	10:04	
H	10:07	O	검진	10:17	O
I	10:14	O	검진	10:24	O
J	10:31	O	–	10:31	O

진료가 시작되는 10시 시점에는 다음과 같이 4명의 환자가 대기 중이다.

환자명	접수시각	진료예약 여부	비고	대기시작 시점	우선순위 여부
A	9:28	X	–	10:00	
B	9:30	X	–	10:00	O
C	9:34	O	–	10:00	
D	9:46	X	–	10:00	

이 중 우선순위가 있는 C가 먼저 진료를 받고, 진료가 끝나고 나면 10:05이 된다. 10:05분에 대기 중인 환자는 다음과 같다.

환자명	접수시각	진료예약 여부	비고	대기시작 시점	우선순위 여부
A	9:28	X	–	10:00	
D	9:46	X	–	10:00	
E	10:00	X	–	10:00	
G	10:04	X	–	10:04	

대기 중인 환자 모두 우선순위는 없으므로 접수시각에 따라 A가 두 번째로 진료를 받으며, 진료를 마치고 나면 10:10이 된다. 동일한 방식으로 계속 진료 순서를 확인해 나가면, C A B F H I D J E G 순으로 진료를 받게 된다. 따라서 E는 10시 40분에 진료를 받게 되고 정답은 ④이다.

방법 2

예약을 하거나 검진을 받지 않는 일반환자의 경우는 우선순위가 없음에 주목해야 한다. E는 예약을 하지도 검진을 받지도 않았으므로 우선순위가 없고, 진료순위가 밀리게 될 것임을 예상할 수 있다. 우선순위가 없는 일반 환자는 A, D, E, F이고 이들은 접수시각 순으로 진료를 받게 될텐데 접수시각은 A → D → E → F 순이다.

우선 순위가 생기는 예약환자 또는 검진환자를 살펴 보면 C(10 : 00), B(10 : 10), F(10 : 13), H(10 : 17), I(10 : 24), J(10 : 31) 순으로 대기를 시작한다. 이를 고려해서 일반환자의 진료시각을 살펴보면, E는 뒤에서 두 번째로 진료를 받게 될 것임을 알 수 있다. 따라서 E는 9번째로 진료를 받게 되고, 진료시작 시각은 10시 40분이다.

방법 3

E와 동일하게 진료예약을 하지 않고, 검진도 받지 않은 상황이 동일한 A, D는 접수시각에 따라 반드시 E보다 먼저 진료를 받는다.

(1) E와 다른 조건은 모두 동일하면서 접수시각이 빠른 A와 D는 반드시 E보다 먼저 진료를 받게 된다.
(2) C는 진료예약을 하였고, E보다 접수시각이 빠르므로 〈조건 2〉에 따라 E보다 먼저 진료를 받게 된다. 따라서 A, C, D는 모두 E보다 먼저 진료를 받게 되므로 E는 적어도 10시 15분이 되어야 진료를 받을 수 있다.
(3) B는 10시 ~ 10시 10분까지 검진을 받으므로 〈조건 5〉에 따라 검진이 끝난 순간인 10시 10분에 바로 진료를 받게 된다. 따라서 E는 적어도 10시 20분이 되어야 진료를 받을 수 있다.
(4) F는 10시 13분, H는 10시 17분에 검진이 끝난다. 두 명 모두 10시 20분 이전에 검진이 끝나므로 〈조건 5〉에 따라 E보다 먼저 진료를 받게 된다. 따라서 E는 적어도 10시 30분이 되어야 진료를 받을 수 있다.
(5) I는 10시 24분에 검진이 끝나므로 〈조건 5〉에 따라 E보다 먼저 진료를 받게 된다. 따라서 E는 적어도 10시 35분이 되어야 진료를 받을 수 있다.
(6) J는 10시 31분에 접수하였고, 진료예약을 하였으므로 E보다 먼저 진료를 받게 된다. 따라서 E는 적어도 10시 40분이 되어야 진료를 받을 수 있다.
(7) G는 다른 조건이 모두 동일하면서 E보다 접수시각이 늦으므로 E는 G보다 먼저 진료를 받게 된다.
(8) 따라서 E보다 진료를 늦게 받는 사람은 오직 G뿐이므로 E의 진료시작 시각은 10시 40분이다.

방법 4 정확한 길

시각	상황	진료 환자
10:00	B는 검진을 받아야 하므로 대기자 A, C, D, E 중 진료예약환자인 C가 가장 먼저 진료를 받는다.	C
10:05	F는 검진을 받고 있고 대기자 A, D, E, G 중 접수시각이 가장 빠른 A가 진료를 받는다.	A
10:10	H는 검진을 받고 있고 대기자 B, D, E, G 중 10시 10분에 검진이 끝난 B가 바로 진료를 받는다.	B
10:15	I는 검진을 받고 있고 대기자 D, E, F, G 중 10시 13분에 검진이 끝난 F가 바로 진료를 받는다.	F
10:20	대기자 D, E, G, H 중 10시 17분에 검진이 끝난 H가 바로 진료를 받는다.	H
10:25	대기자 D, E, G, I 중 10시 24분에 검진이 끝난 I가 바로 진료를 받는다.	I
10:30	대기자 D, E, G 중 접수시각이 가장 빠른 D가 진료를 받는다.	D
10:35	대기자 E, G, J 중 진료예약을 한 J가 진료를 받는다.	J
10:40	대기자 E, G 중 접수시각이 빠른 E가 진료를 받는다.	E
10:45	마지막 G가 진료를 받는다.	G

빠른 문제풀이 Tip

- 발문에서 묻는 바에 집중해서 해결한다면 보다 빠른 해결이 가능하다. 우리가 구해야 하는 것은 E의 진료시작 시각이다.
- 예약없이 검진을 받은 환자와 반대로 예약은 했으나 검진은 받지 않은 환자가 동시에 대기 중인 경우 어느 환자가 먼저 진료를 받는지는 명확하지 않다. 문제 해결에 필요한 조건(규칙)만 주어진다는 점을 명심해야 한다.
- E가 후순위로 밀릴 것을 예상하고 뒤쪽 순서부터 신경을 쓰는 것도 좋다.

[정답] ④

170 다음 글을 근거로 판단할 때, 甲~丁 4명이 모두 외출 준비를 끝내는 데 소요되는 최소 시간은? 20년 5급 책형 33번

甲~丁 4명은 화장실 1개, 세면대 1개, 샤워실 2개를 갖춘 숙소에 묵었다. 다음날 아침 이들은 화장실, 세면대, 샤워실을 이용한 후 외출을 하려고 한다.

○ 화장실, 세면대, 샤워실 이용을 마치면 외출 준비가 끝난다.
○ 화장실, 세면대, 샤워실 순서로 1번씩 이용한다.
○ 화장실, 세면대, 각 샤워실은 한 번에 한 명씩 이용한다.

〈개인별 이용시간〉

(단위: 분)

구분	화장실	세면대	샤워실
甲	5	3	20
乙	5	5	10
丙	10	5	5
丁	10	3	15

① 40분
② 42분
③ 45분
④ 48분
⑤ 50분

해설

문제 분석

甲~丁은 화장실, 세면대, 샤워실 순서대로 1번씩 이용한다.

문제풀이 실마리

존슨의 규칙을 기초로 한 변형 문제이다. 존슨의 규칙이란 두 가지의 공정을 순서대로 거치는 여러 개의 작업을 수행해야 하는 경우(하나의 공정에서 여러 개의 작업을 동시에 할 수 없다) 최적의 일정을 수립하는 규칙이다. 아래의 표와 같은 예를 들어보자.

작업 \ 공정	첫 번째	두 번째
A	1	6
B	4	2
C	3	5

위의 표는 첫 번째와 두 번째 공정을 순서대로 거쳐야 하는 작업 A~C의 소요 시간을 나타내고 있다. 이러한 경우 존슨의 규칙에 따라 작업 일정을 수립한다면 아래와 같은 과정을 통해 일정을 수립한다.

1) 소요 시간이 최소인 공정을 찾는다(소요 시간이 같은 경우 임의로 선택 가능).
2) 해당 공정이 첫 번째 공정(선행 공정)인 경우 해당 작업을 최우선으로 수행하고, 해당 공정이 두 번째 공정(후행 공정)인 경우 해당 작업을 최후 순위로 수행한다.
3) 순위가 결정된 작업을 제외한 나머지 작업들을 대상으로 1)~2) 과정을 반복한다.

위의 표의 경우 소요 시간이 최소인 공정은 작업 A의 첫 번째 공정이고 해당 공정이 선행 공정이므로 해당 작업을 최우선으로 수행한다. 표의 남은 부분에서 소요 시간이 최소인 공정은 작업 B의 두 번째 공정이고 해당 공정이 후행 공정이므로 해당 작업을 최후 순위로 수행한다. 즉 A → C → B 순서대로 선행 공정을 시작하고 각 작업의 후행 공정은 다른 후행 공정이 수행되고 있지 않는 경우 각 작업의 선행 공정이 마무리되는 대로 수행한다.

그러나 이 규칙은 공정이 두 가지일 때에만 적용할 수 있다. 해당 문제에서는 공정에 해당하는 것이 화장실, 세면대, 샤워실의 세 가지로 이루어져 있다. 또한 샤워실 공정의 경우 동시에 두 개의 작업(甲~丁에 해당)이 이루어질 수 있다. 따라서 위와 같은 규칙을 염두에 두되 문제에 특화시켜 적용한다. 예를 들어 ⅰ) 화장실과 세면대 공정의 소요시간을 더해서 판단하거나, ⅱ) 선행 공정인 화장실 공정을 우선적으로 수행할 사람만을 먼저 판단하거나, ⅲ) 다른 공정에 비해 상대적으로 소요시간이 짧은 세면대 공정을 무시하고 판단해 본다.

우선 ⅰ)의 방법에 따라 판단해보자. ⅰ)의 방법에 따를 때 지문의 〈개인별 이용시간〉을 다음과 같이 정리할 수 있다.

구분	화장실, 세면대	샤워실
甲	8	20
乙	10	10
丙	15	5
丁	13	15

여기서 소요시간이 최소인 공정은 丙의 샤워실 공정(5분)이고 해당 공정이 후행 공정이므로 丙의 화장실 사용을 가장 늦게 시작한다. 丙을 제외한 甲, 乙, 丁 중 소요 시간이 최소인 공정은 갑의 화장실, 세면대 공정(8분)이고 해당 공정이 선행 공정이므로 甲의 화장실 사용을 가장 먼저 시작한다. 남아 있는 乙, 丁 중 소요 시간이 최소인 공정은 乙의 화장실, 세면대 공정과 샤워실 공정(10분)이 같다. 따라서 乙이 丁보다 화장실 사용을 먼저 시작하는지 늦게 시작하는지는 무방하다. 편의상 乙을 우선순위로 놓으면 甲 → 乙 → 丁 → 丙 순으로 화장실 사용을 시작한다.

이 순서에 따라 화장실, 세면대, 샤워실 사용 시간을 그림으로 나타내면 다음과 같다. 편의상 화장실은 A, 세면대는 B, 샤워실은 두 개의 샤워실을 각각 C_1, C_2라고 표시하였다.

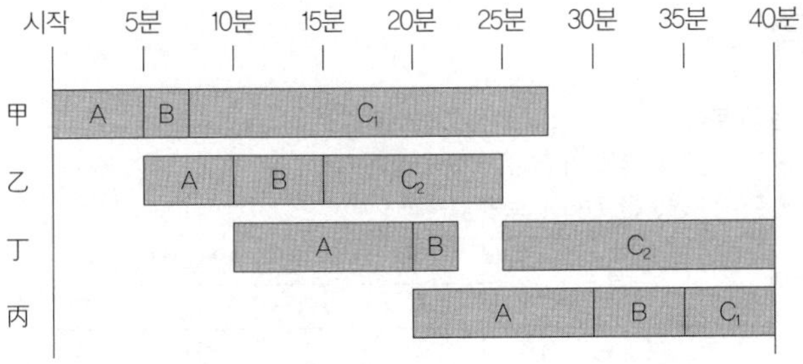

〈그림 1〉

따라서 甲～丁이 모두 외출 준비를 끝내는 데 소요되는 최소 시간은 40분이다.

위의 설명에서 乙이 丁보다 화장실 사용을 먼저 시작하는지 늦게 시작하는지는 무방하다고 했는데 丁이 乙보다 화장실 사용을 먼저 시작하는 경우는 다음과 같다.

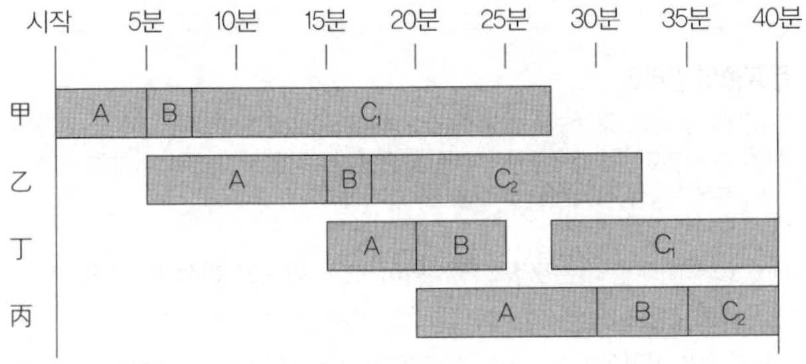

〈그림 2〉

ⅱ)의 방법에 따라서도 판단해 보자. 선행 공정인 화장실 공정은 대기시간 없이 연속적으로 수행해야 한다. 따라서 화장실을 먼저 사용하고 나올 수 있는, 화장실 이용 시간만 비교했을 때 화장실 이용시간이 최소인 사람은 甲, 乙이다. 이 둘은 丙, 丁보다 상대적으로 화장실을 먼저 이용한다. 우선적으로 이렇게 판단한 다음 甲, 乙 중에서는 후행공정인 샤워실 공정의 이용시간이 짧은 乙이 나중에, 丙, 丁 중에서는 후행공정인 샤워실 공정의 이용시간이 짧은 丙이 나중에 화장실을 이용한다. 그렇다면 甲 → 乙 → 丁 → 丙의 순서로 화장실을 이용하게 되고 그 결과는 〈그림 1〉과 같다.

ⅲ)의 방법에 따라 판단해보면 지문의 〈개인별 이용시간〉 중 아래의 부분만 가지고 판단하게 된다.

구분	화장실	샤워실
甲	5	20
乙	5	10
丙	10	5
丁	10	15

이때 甲, 乙이 화장실을 먼저 사용하고, 甲, 乙 중에서는 샤워실 이용시간이 짧은 乙이 화장실을 나중에 사용한다. 그리고 丙은 화장실을 가장 나중에 사용하게 되므로 甲 → 乙 → 丁 → 丙 순으로 화장실 사용을 시작한다. 이 방법도 결과는 〈그림 1〉과 같다.

그 외에도 선행 공정인 첫 번째로 이용해야 하는 화장실 공정은 대기시간 없이 연속적으로 사용할 수 있으므로, 샤워실 이용시간이 5분으로 가장 짧은 丙이 화장실을 마지막으로 이용하는 순서가 가능한지로 판단하는 방법도 있다.

빠른 문제풀이 Tip

간트(Gantt) 차트: 〈그림 1〉 또는 〈그림 2〉를 간트 차트(Gantt chart)라 한다. 간트 차트는 프로젝트 일정 관리를 위한 바(bar) 형태의 도구이다. 프로젝트의 주요 활동을 파악한 후, 각 활동의 일정을 시작하는 시점과 끝나는 시점을 연결한 막대 모양으로 표시하여 전체 일정을 한눈에 볼 수 있게 한다. 활동은 막대로 표시하고 그 길이는 활동의 작업 시간과 비례하여 나타낸다.

[정답] ①

171 어느 날 甲 과장은 부서원들에게 예정에 없는 회식을 제안했다. 다음 <조건>에 근거할 때 옳은 것은? 13년 5급 인책형 12번

〈조 건〉

- 부서원은 A를 포함하여 5명이고, 편익을 극대화하기 위한 의사결정을 한다.
- 과장은 부서원 중 참석 희망자가 3명 이상이면 이들만을 대상으로 회식을 실시한다.
- 참석 희망 여부는 한 번 결정하면 변경이 불가능하고, 현재 A는 다른 사람이 어떤 결정을 내릴 것인지 알지 못한다.
- A는 12만큼의 편익을 얻을 수 있는 선약이 있다. A가 회식참석을 결정하면 선약을 미리 취소해야 하고, 회식불참을 결정하면 선약은 지켜진다.
- A의 편익은 아래의 〈표〉와 같다.
  - A가 회식참석을 결정하고 회식이 실시되면, A의 편익은 (참석자 수)×3이다. 그러나 A가 회식참석을 결정했을지라도 회식이 취소되면, A의 편익은 0이다.
  - A가 회식불참을 결정했으나 회식이 실시되면, A의 편익은 12－(참석자 수)이다. 그러나 A가 회식불참을 결정하고 회식도 취소되면, A의 편익은 12가 된다.

〈표〉

회식 실시 여부 / A의 행동	실시	취소
회식참석 · 선약취소	(참석자 수)×3	0
회식불참 · 선약실행	12－(참석자 수)	12

※ 부서원 수 및 참석자 수에는 과장이 포함되지 않는다.

① A의 최대편익과 최소편익의 차이는 12이다.

② 다른 부서원들의 결정과 무관하게 불참을 결정하는 것이 A에게 유리하다.

③ A의 편익이 최대가 되는 경우는 불참을 결정하고 회식도 취소되는 경우이다.

④ 다른 부서원 2명이 회식에 참석하겠다고 결정하면, A도 참석하는 것이 유리하다.

⑤ 다른 부서원 3명 이상이 회식에 참석하겠다고 결정하면, A도 참석하는 것이 유리하다.

해설

문제 분석

- 주어진 모든 정보가 문제 해결에 필요하다.
- 주어진 상황을 정리해 보면 다음과 같다.

구분		다른 부서원 4명 중 회식 참석 희망자			
		1명	2명	3명	4명
A 참석 시	총 참석자	2명	3명	4명	5명
	회식실시 여부	취소	실시		
	A의 편익	0	(참석자 수)×3		
			9	12	15
A 불참 시	총 참석자	1명	2명	3명	4명
	회식실시 여부	취소		실시	
	A의 편익	12		12－(참석자 수)	
				9	8

문제풀이 실마리

'과장은 부서원 중 참석 희망자가 3명 이상이면 이들만을 대상으로 회식을 실시한다.'는 조건에서 부서원 중 참석 희망자가 3명 미만이면 회식이 취소된다는 조건을 찾아낼 수 있어야 한다.

① (X) A의 최대편익은 5명의 부서원이 모두 회식에 참석했을 때의 15이고, A의 최소편익은 A는 회식참석을 결정했으나 부서원 중 참석 희망자가 3명 미만이라 회식이 취소되었을 때의 0이다. 따라서 A의 최대편익과 최소편익의 차이는 15－0=15 차이가 난다.

회식 실시 여부 / A의 행동	실시	취소
회식참석 · 선약취소	(참석자 수)×3 : 참석자 수 5일 때 15	0
회식불참 · 선약실행	12－(참석자 수)	12

② (X) '다른 부서원들의 결정과 무관하게 불참을 결정하는 것이 A에게 유리하다'는 것은 언제나 A는 회식에 불참하는 것이 참석하는 것보다 유리하다는 의미이다. 다른 부서원 4명 중 3명 이상이 회식에 참석하겠다고 결정을 했다면 A의 결정과 무관하게 회식은 실시되는 것으로 이미 확정이 된다.

회식 실시 여부 / A의 행동	실시	취소
회식참석 · 선약취소	(참석자 수)×3	0
회식불참 · 선약실행	12－(참석자 수)	12

그중 다른 부서원 4명 모두 회식에 참석하겠다고 결정했다고 가정할 때, A도 회식에 참석하면 총 참석자 수는 5명이고 이때 A의 편익은 15이다. A가 회식이 불참한다면 총 참석자 수는 A만 제외하고 4명이며 이때 A의 편익은 8이다. 따라서 회식에 참석할 때의 편익 15가 회식에 불참할 때의 편익 8보다 크므로, A는 회식에 참석하는 것이 유리하다. 따라서 다른 부서원들의 결정과 무관하게 불참을 결정하는 것이 A에게 유리한 것은 아니다.

③ (X) 앞서 선지 ①, ②에서 살펴봤듯이 A의 편익이 최대가 되는 경우는 부서원 4명 모두 참석을 결정하고 A도 참석을 결정하여 5명 모두 참석하여 회식이 실시되는 경우일 때 A의 편익 15이다. 따라서 A의 편익이 최대가 되는 경우는 불참이 아닌 참석을 결정하고 회식이 취소되는 경우가 아닌 실시되는 경우이다.

④ (X) 다른 부서원 2명이 회식에 참석하겠다고 결정한 상태라면 A의 결정에 따라 회식의 실시 여부가 결정된다.

회식 실시 여부 / A의 행동	실시	취소
회식참석 · 선약취소	1) (참석자 수)×3 =3×3=9	0
회식불참 · 선약실행	12−(참석자 수)	2) 12

1) A가 참석하면 → 회식 실시(3명 참석) → A의 편익은 9
2) A가 불참하면 → 회식 취소(2명 참석) → A의 편익은 12

⑤ (O) 앞서 선지 ②에서 살펴봤듯이 다른 부서원 3명 이상이 회식에 참석하겠다고 결정하면, 이미 회식은 실시되는 것으로 결정되고 A의 참석 여부를 반영해서 A의 편익을 따져보면 된다.

회식 실시 여부 / A의 행동	실시	다른 부서원 참석 인원	
		3명인 경우	4명인 경우
회식참석 · 선약취소	(참석자 수)×3	12	15
회식불참 · 선약실행	12−(참석자 수)	9	8

표에서 음영처리한 부분, 즉 다른 부서원 중 참석인원이 3명일 때 A는 참석 시 12의 편익이 불참 시 9의 편익보다 크고, 다른 부서원 중 참석인원이 4명일 때 A는 참석 시 15의 편익이 불참 시 8의 편익보다 크기 때문에 A도 참석하는 것이 유리하다.

빠른 문제풀이 Tip

- 〈표〉를 포함하여 주어진 상황을 정확하게 이해하여야 해결될 수 있는 문제이다.
- 선지 ②에서 A의 최대 편익은 다른 부서원 4명이 회식에 참석하고 A도 참석하여 5명 모두 회식에 참석했을 때이다. 즉 A가 회식에 '참석'했을 때 최대편익이 나온다. 따라서 다른 부서원들의 결정과 무관하게, 즉 언제나 불참을 결정하는 것이 A에게 유리할 수 없다.
- 선지 ⑤에서 편익 값의 범위로도 검토해 볼 수 있는데, 회식이 실시될 때 A의 편익 공식을 보면, A가 회식에 참석하면 '(참석자 수)×3'에서 참석자 수는 4명 이상이므로 A의 편익은 12 이상이 된다. 반면 A가 회식에 불참하면 '12−(참석자 수)'에서 참석자 수는 A를 제외하더라도 3명 이상이므로 9 이하가 된다. 따라서 A도 회식에 참석하는 것이 유리하다.

[정답] ⑤

172 다음 글을 근거로 판단할 때, <보기>에서 옳은 것을 모두 고르면? 13년 5급 인책형 11번

> P공단에는 甲과 乙 두 개의 공장만 있으며 공장 소유주는 동일인이다. 현재 두 공장 모두 각각 60단위의 오염물질이 발생하고 있다. 정화비용은 오염물질 단위당 甲 공장에서는 100만 원이 들고, 乙 공장에서는 200만 원이 들어간다. P공단의 오염물질 배출을 규제하는 방식에는 다음 (가)와 (나) 두 가지가 있다.
>
> (가) 각 공장별 오염물질 배출허용기준은 최대 50단위로 설정되어 있고, 각 공장은 오염물질 배출허용기준을 준수하여야 한다. 따라서 각 공장은 허용기준을 초과한 오염물질을 정화처리하여 배출하여야 한다.
>
> (나) 각 공장별 오염물질 배출허용기준은 설정되어 있지 않고, 공단 전체가 배출할 수 있는 총 오염물질의 양이 최대 100단위로 설정되어 있다. 공단은 오염물질 배출허용기준을 준수하여야 하며, 따라서 허용기준을 초과한 오염물질을 정화처리하여 배출하여야 한다.

〈보 기〉

ㄱ. (가)의 방식을 적용할 때, P공단이 오염물질 배출허용기준을 준수하기 위해서는 최소 3,000만 원의 비용이 소요된다.

ㄴ. 공장 소유주의 입장에서 오염물질 배출허용기준을 준수하기 위해서는 최소 2,000만 원의 비용이 소요된다.

ㄷ. 공장 소유주가 비용을 최소화하려고 한다면, (가)의 방식보다 (나)의 방식이 P공단의 전체 오염물질 배출량을 더 줄일 수 있다.

ㄹ. (나)의 방식을 적용할 때, 공장 소유주가 비용을 최소화하고자 하면 甲 공장의 오염물질 배출량이 乙 공장의 오염물질 배출량보다 더 적어진다.

① ㄱ, ㄴ
② ㄷ, ㄹ
③ ㄱ, ㄴ, ㄷ
④ ㄱ, ㄴ, ㄹ
⑤ ㄴ, ㄷ, ㄹ

해설

문제 분석

- P공단에는 한 사람 소유의 甲과 乙 두 개의 공장만 있다.
- 현재 두 공장 모두 각각 60단위의 오염물질이 발생하고 있다.
- 정화비용은 오염물질 단위당 甲공장은 100만 원, 乙공장은 200만 원이다.
- P공단의 오염물질 배출을 규제하는 방식에는 다음 (가)와 (나) 두 가지가 있다.

(가) 각 공장별 오염물질 배출허용기준이 최대 50단위이다.
각 공장은 오염물질 배출허용기준을 준수하여야 하므로, 각 공장은 허용기준을 초과한 오염물질을 정화처리하여 배출하여야 한다.

(나) 각 공장별 오염물질 배출허용기준은 설정되어 있지 않다.
공단 전체가 배출할 수 있는 총 오염물질의 양이 최대 100단위이다.
공단은 오염물질 배출허용기준을 준수하여야 하므로, 허용기준을 초과한 오염물질을 정화처리하여 배출하여야 한다.

문제풀이 실마리

공단, 공장, 배출량, 정화량 등의 용어를 혼동하지 않도록 주의해야 한다.

위에서 정리한 조건을 표로 정리하면 다음과 같다.

구분		P공단 (공장 소유주 동일)	
		甲 공장	乙 공장
정화비용 (1단위당)		100만 원	200만 원
현재 오염물질 배출량		60단위	60단위
오염물질배출 허용기준	(가) 방식	최대 50단위	최대 50단위
	(나) 방식	최대 100단위	

ㄱ. (O) (가)의 방식을 적용한다면, 현재 두 공장 모두 60단위의 오염물질이 발생하고 있으므로 각각 10단위씩의 오염물질을 정화처리해야 한다.
甲공장: 10단위×100만 원=1,000만 원
乙공장: 10단위×200만 원=2,000만 원
따라서 총 3,000만 원의 비용이 소요된다.

ㄴ. (O) 공장 소유주의 입장에서 정화비용을 최소화하려면 (나) 방식을 적용하고, 정화비용이 낮은 甲공장에서 20단위의 오염물질을 모두 정화해야 한다. 이때 정화비용은 20단위×100만 원=2,000만 원이 소요된다.

ㄷ. (X) 보기 ㄷ에서 따져야 하는 것은 비용 최소화의 조건하에서의 P공단 전체 오염물질 배출량이다. 비용을 최소화하기 위해서는 (가)방식에 따르든 (나) 방식에 따르든, 오염물질 배출허용기준만큼만 준수해서 오염물질을 정화처리해야 한다. 이때의 배출량은
(가) 방식: 각 공장별로 10단위씩 정화하고 각 50단위씩을 배출
(나) 방식: 공단 전체에서 20단위를 정화하고 총 100단위를 배출
두 방식 모두에서 P공단의 전체 오염물질 배출량은 100단위로 동일하다.

ㄹ. (O) (나) 방식을 적용할 때, 공장 소유주가 비용을 최소화하려면 정화비용이 낮은 甲공장에서 20단위의 오염물질을 모두 정화처리해야 한다. 따라서 甲 공장은 60단위의 오염물질 배출량 중 20단위를 정화하고 40단위를 배출하게 될 것이고, 乙공장은 그대로 60단위를 배출한다. 따라서 甲 공장의 오염물질 배출량 40단위가 乙 공장의 오염물질 배출량 60단위보다 더 적어진다.

빠른 문제풀이 Tip
비용 최소화의 개념을 정확히 처리할 수 있어야 한다.

[정답] ④

173 **다음 글과 <대화>를 근거로 판단할 때 갑, 을, 병, 정 네 사람이 사용하는 나이셈법과 역법의 조합을 고르면? (단, 갑, 을, 병, 정 모두 각기 다른 조합을 사용하며, 네 사람은 자신이 사용하는 나이셈법 및 역법을 기준으로 발언한다.)** 19년 입법 가책형 34번

ⅰ)현재 우리나라에서 통용되는 나이셈법에는 크게 2가지가 있다. 첫째는 흔히 우리나라의 일상생활에서 통용되는 나이셈법으로, 태어나는 순간 한 살이 되며 한 해가 넘어가면 한 살을 먹는 방식이다. 둘째는 만(滿)나이라고도 하는 서양권의 나이계산법으로, 태어난 때를 기산점(0세)으로 하여 생일을 맞을 때마다 한 살을 먹는 방식이다.

ⅱ)또한 우리나라에서 통용되는 역법으로 양력과 음력이 있다. 첫째는 태양을 기준으로 한 양력인데, 평년이 365일, 윤년이 366일이다. 둘째는 달을 기준으로 한 음력인데, 29일 또는 30일로써 1년 12달을 구성하여 양력에 비해 1년의 일수가 짧게 되나, 윤달을 통하여 태양력과의 괴리를 메우는 방식이다. 그렇다 하더라도 매해 양력에 비해 음력이 새해를 맞는 시점(1월 1일)이 20일에서 50일 정도 느리다.

ⅲ)나이셈법과 역법은 그 조합에 따라 다음과 같이 A~D로 나타낼 수 있다.

나이셈법	한국식 나이 셈법		만(滿)나이 셈법	
역법	양력	음력	양력	음력
조합	A	B	C	D

〈대 화〉

갑: 오늘은 내 생일이야! 매년 초 열리는 내 생일파티에 와줘서 고마워!
병: 그래! 축하해. 갑, 네가 몇 살이지?
갑: 나는 28살이야.
병: 그래? 나도 일주일 뒤에 한 살을 먹어 28살이 돼!
정: 나는 일주일 전에 한 살을 먹어 28살이 되었지. 그러고 보니 지난 번 갑의 생일파티 때 나는 26살이었구나.
을: 나도 그 때 26살이었어. 작년엔 설날(음력 1월 1일)이 되기 전에 한 살을 먹어 26살이 되었지. 올해는 다가오는 설날(음력 1월 1일) 이후에 27살이 될 것이지만 말이야.

	A	B	C	D
①	갑	을	병	정
②	갑	병	을	정
③	병	갑	을	정
④	병	갑	정	을
⑤	정	갑	을	병

해설

문제 분석

문단 ⅰ)의 두 가지 나이셈법을 정리하면 다음과 같다.

	한국식 나이 셈법	만나이 셈법
태어나는 순간	1살	0살
한 살을 먹는 방식	한 해가 넘어가면	생일을 맞으면

문단 ⅲ)에서는 나이셈법과 역법의 조합을 A~D로 나타내고, 발문에 따르면 갑, 을, 병, 정 모두 각기 다른 조합을 사용한다는 내용과 문단 ⅱ) 네 번째 문장의 음력이 새해를 맞는 시점이 양력에 비해 20일에서 50일 정도 느리다(일정하지 않다)는 내용을 확인한다.

방법 1 선지 활용

1) 갑의 첫 번째 대화에 따르면 갑의 생일은 '매년 초'이다. 그런데 을의 대화에 따르면 올해 음력 1월 1일은 아직 다가오지 않았다. 갑이 사용하는 역법이 음력이었다면 아직 음력 1월 1일이 다가오지 않았는데 '매년 초'라고 발언하지는 않았을 것이므로, 갑은 자신이 사용하는 역법인 양력을 기준으로 발언하였다는 것을 알 수 있다. 갑이 사용하는 조합은 A 또는 C이므로 선지 ③, ④, ⑤는 제거된다. 선지를 통해 갑이 사용하는 조합은 A, 정이 사용하는 조합은 D라는 것을 알 수 있다.
2) 을의 대화에 따르면 을은 음력 1월 1일 전에 나이를 먹기도 하고, 음력 1월 1일 이후에 나이를 먹기도 한다. 따라서 을이 사용하는 역법은 음력이 아니라 양력임을 알 수 있다. 남아있는 조합 B, C 중 을이 사용하는 조합은 C이다. 정답은 ②이다.

방법 2

갑~정 중 대화에서 단서가 많은 사람부터 확정한다.

1) 을의 대화에 따르면 을은 음력 1월 1일 전에 나이를 먹기도 하고, 음력 1월 1일 이후에 나이를 먹기도 한다. 따라서 을이 사용하는 역법은 음력이 아니라 양력임을 알 수 있다. 그리고 을이 나이를 먹는 시점은 양력 1월 1일로부터 최소 20일, 최대 50일 이후이므로, 을은 한국식 나이 셈법이 아니라 만나이 셈법을 사용한다. 을이 사용하는 조합은 C이다.

2-1) 방법 1의 1)과 같이 갑이 사용하는 역법이 양력이라는 것을 확인한다. 따라서 갑이 사용하는 조합은 A임을 알 수 있다. 정답은 ②이다.

2-2) 정의 대화에 따르면 올해 갑의 생일 일주일 전에 한 살을 먹어 28살이 되었지만 작년에는 갑의 생일 전에 한 살을 먹지 않아 26살이었다. 즉, 갑이 사용하는 역법을 기준으로 1년이 지나는 동안 정이 2살을 먹기 위해서는 정이 사용하는 역법의 1년이 갑이 사용하는 역법보다 1년의 일수가 짧아야 한다. 문단 ⅱ) 세 번째 문장에 따르면 음력은 양력에 비해 1년의 일수가 짧다고 하므로 정이 사용하는 역법은 음력, 갑이 사용하는 역법은 양력임을 알 수 있다. 정답은 ②이다.

빠른 문제풀이 Tip

지문의 상황을 정리하면 아래와 같다.

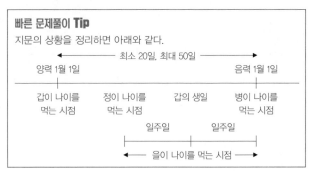

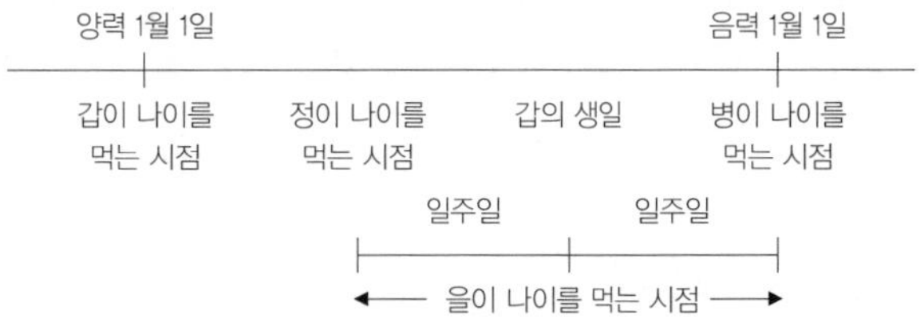

[정답] ②

[174~175] 다음 글을 읽고 물음에 답하시오.

21년 5급 가책형 19-20번

연령규범은 특정 연령의 사람이 어떤 일을 할 수 있거나 해야 한다는 사회적 기대와 믿음이다. 연령규범은 사회적 자원 분배나 사회문화적 특성, 인간발달의 생물학적 리듬이 복합적으로 작용하여 제도화된다. 그 결과 결혼할 나이, 자녀를 가질 나이, 은퇴할 나이 등 사회구성원이 동의하는 기대연령이 달라진다. 즉 졸업, 취업, 결혼 등에 대한 기대연령은 사회경제적 여건에 따라 달라지는 것이다.

연령규범이 특정 나이에 어떤 행동을 해야 하는지에 대한 기대를 담고 있기 때문에 나이에 따라 사회적으로 용인되는 행위도 달라진다. 이러한 기대는 법적 기준에 반영되기도 한다. 예를 들어 甲국의 청소년법은 만 19세 미만인 청소년의 건강을 고려하여 음주나 흡연을 제한한다. 그럼에도 불구하고 만 19세가 되는 해의 1월 1일부터는 술·담배 구입을 허용한다. 동법에 따르면 청소년은 만 19세 미만이지만, 만 19세에 도달하는 해의 1월 1일을 맞은 사람은 제외하기 때문이다. 이때 사용되는 나이 기준을 '연 나이'라고 한다. '연 나이'는 청소년법 등에서 공식적으로 사용하는 나이 계산법으로 현재 연도에서 태어난 연도를 뺀 값이 나이가 된다. 이와 달리 '만 나이'는 태어난 날을 기준으로 0살부터 시작하여 1년이 지나면 한 살을 더 먹는 것으로 계산한다.

한편 법률상 甲국의 성인기준은 만 19세 이상이지만, 만 18세 이상이면 군 입대, 운전면허 취득, 취업, 공무원 시험 응시가 가능하다. 청소년 관람불가 영화도 고등학생을 제외한 만 18세 이상이면 관람할 수 있다. 국회의원 피선거권은 만 20세 이상, 대통령 피선거권은 만 35세 이상이지만 투표권은 만 19세 이상에게 부여된다.

최근 甲국에서 노인 인구가 급증하면서 노인에 대한 연령규범이 변화하고 노인의 연령기준도 달라지고 있다. 甲국에서 노인 연령기준은 통상 만 65세 이상이지만, 만 65세 이상 국민의 과반수가 만 70세 이상을 노인으로 인식하고 있다.

하지만 甲국의 어떤 법에서도 몇 세부터 노인이라고 규정하는 연령기준이 일관되게 제시되지 않고 있다. 예를 들어 노인복리법은 노인에 대한 정의를 내리지 않고 만 65세 이상에게 교통수단 이용 시 무료나 할인 혜택을 주도록 규정하고 있다. 기초연금 수급, 장기요양보험 혜택, 노인 일자리 제공 등도 만 65세 이상이 대상이다. 한편 노후연금 수급연령은 만 62세부터이며, 노인복지관과 노인교실 이용, 주택연금 가입이나 노인주택 입주자격은 만 60세부터이다.

174 윗글을 근거로 판단할 때 옳은 것은?

① 연령규범은 특정 나이에 어떤 일을 할 수 있는지에 대한 개인적 믿음을 말한다.
② 같은 연도 내에서는 만 나이와 연 나이가 항상 같다.
③ 甲국 법률에서 제시되는 노인 연령기준은 동일하다.
④ 결혼에 대한 기대연령은 생물학적 요인의 영향을 크게 받기 때문에 사회여건 변화가 영향을 미치기 어렵다.
⑤ 甲국의 연령규범에 따르면 만 19세인 사람은 운전면허 취득, 술 구매, 투표가 가능하다.

175 윗글을 근거로 판단할 때, 5월생인 甲국 국민이 '연 나이' 62세가 된 날 이미 누리고 있거나 누릴 수 있게 되는 것만으로 옳은 것은?

① 국회의원 피선거권, 노인교실 이용, 장기요양보험 혜택
② 노후연금 수급, 기초연금 수급, 대통령 피선거권
③ 국회의원 피선거권, 기초연금 수급, 노인주택 입주자격
④ 노후연금 수급, 국회의원 피선거권, 노인복지관 이용
⑤ 노인교실 이용, 대통령 피선거권, 주택연금 가입

해설

문제 분석

문단 ⅰ) 연령규범, 사회경제적 여건에 따라 기대연령이 달라짐
문단 ⅱ) 법적 기준에 반영된 연령규범(甲국의 예), 연나이 · 만나이
문단 ⅲ) 甲국의 연령에 따라 용인되는 행위
문단 ⅳ) 甲국의 노인 연령규범 변화, 연령기준도 변화
문단 ⅴ) 甲국의 노인에 대한 법적 연령기준이 일관적이지 않음

174

① (X) 문단 ⅰ) 첫 번째 문장에 따르면 연령규범은 특정 나이에 어떤 일을 할 수 있는지에 대한 개인적 믿음이 아니라 사회적 기대와 믿음이다.

② (X) 문단 ⅱ) 일곱 번째, 여덟 번째 문장에 따르면 연 나이는 1월 1일에 한 살을 더 먹고, 만 나이는 태어난 날(생일)이 지나면 한 살을 더 먹는다. 따라서 같은 연도 내에서 생일이 지나기 전까지는 만 나이가 연 나이보다 한 살 적다.

③ (X) 문단 ⅴ) 첫 번째 문장에 따르면 甲국 법률에서 제시되는 노인 연령기준은 동일한 것이 아니라 일관되지 않다고 한다.

④ (X) 문단 ⅰ) 두 번째 문장 이하의 내용에 따르면 결혼에 대한 기대연령은 생물학적 요인뿐만 아니라 사회적 자원 분배나 사회문화적 특성과 같은 사회여건 변화가 복합적으로 영향을 미친다.

⑤ (O) 甲국의 연령규범에 따르면 만 19세인 사람은 운전면허 취득(문단 ⅲ) 첫 번째 문장), 투표(문단 ⅲ) 세 번째 문장)가 가능하다. 그리고 문단 ⅱ) 세 번째 문장에 따르면 만 19세가 되는 해의 1월 1일부터는 술 구입을 허용하므로 생일이 지나 만 19세인 사람은 술 구매가 가능하다.

[정답] ⑤

175

문단 ⅱ)~ⅴ)의 갑국의 법적 연령기준을 정리해보면 다음과 같다.

	연령	용인되는 행위
문단 ⅲ)	만 18세 이상	군 입대, 운전면허 취득, 취업, 공무원 시험 응시
문단 ⅱ)	19세 이상(연 나이)	술 · 담배 구입
문단 ⅲ)	만 19세 이상	(성인기준), 투표권
	만 20세 이상	국회의원 피선거권
	만 35세 이상	대통령 피선거권
문단 ⅴ)	만 60세 이상	노인복지관 · 노인교실 이용, 주택연금 가입, 노인주택 입주
	만 62세 이상	노후연금 수급
	만 65세 이상	교통수단 이용 시 무료나 할인 혜택 기초연금 수급, 장기요양보험 혜택, 노인일자리 제공

해당 내용들을 여러 문단에 걸쳐 서술하고 있으므로 필요한 내용만 찾아서 판단하도록 한다. 발문의 5월생인 甲국 국민이 '연 나이' 62세가 된 날은 '만 나이' 만 61세이다. 각 선지에서 만 나이 61세인 甲이 아직 누릴 수 없는, 만 62세 이상 누릴 수 있는 것을 음영처리해보면 다음과 같다.

① (X) 국회의원 피선거권, 노인교실 이용, 장기요양보험 혜택

② (X) 노후연금 수급, 기초연금 수급, 대통령 피선거권

③ (X) 국회의원 피선거권, 기초연금 수급, 노인주택 입주자격

④ (X) 노후연금 수급, 국회의원 피선거권, 노인복지관 이용

⑤ (O) 노인교실 이용, 대통령 피선거권, 주택연금 가입

[정답] ⑤

176 다음 글을 근거로 판단할 때, ㉠에 해당하는 수는?

22년 7급 가책형 20번

> 甲: 그저께 나는 만 21살이었는데, 올해 안에 만 23살이 될 거야.
> 乙: 올해가 몇 년이지?
> 甲: 올해는 2022년이야.
> 乙: 그러면 네 주민등록번호 앞 6자리의 각 숫자를 모두 곱하면 [㉠]이구나.
> 甲: 그래, 맞아!

① 0
② 81
③ 486
④ 648
⑤ 2,916

해설

문제 분석

그저께 만 21살이었고, 2022년 올해 안에 만 23살이 되어야 한다.

문제풀이 실마리

우선 만 나이에 대해서 생각해 보자. 만 나이는 태어났을 때 0살로 시작해 다음 해 생일이 되면 1살이 된다. 즉, 어느 해나 생일이 되는 그 날 만 나이가 1살 더해진다(2월 29일생은 예외). 이와 같은 이해를 바탕으로 지문의 내용에 접근한다.

甲의 첫 번째 진술에 따르면 甲은 올해 안에 만 23살이 된다. 다가올 올해 생일에 만 23살이 된다는 것은 현재(오늘) 만 나이는 22살이라는 것이다. 또한, 같은 진술에서 그저께 만 21살이었다고 하고 있는데 오늘은 만 22살이라는 것은 어제 또는 오늘 둘 중 한 날이 생일이어서 한 살이 추가되어 만 22살이 된 것이다. 그런데 올해 안에 만 23살이 되려면, 올해 안에 생일이 남아있어야 하는데, 오늘이 생일이라면 생일이 올해 안에 다시 있을 수 없다. 따라서 생일은 '어제 또는 오늘' 중 어제이어야 한다. 즉, 생일은 어제이며, 어제는 작년이어야 올해 생일이 남아 있을 수 있다(→ 빠른 문제풀이 Tip).

甲의 세 번째 진술까지 같이 정리하면 甲은 그저께인 2021년 12월 30일에는 만 21살이었고, 어제인 2021년 12월 31일에 생일이 되어 만 22살이 되었으며 올해 생일인 2022년 12월 31일에 만 23살이 될 것이다.

이때 ㉠을 계산하기 위한 甲의 주민등록번호 앞 6자리 숫자를 모두 알기 위해서는 甲의 출생연도를 알아야 한다. 출생연도는 올해 연도 X에서 올해 생일을 기준으로 한 만 나이 Y를 빼주면 출생연도를 구할 수 있다. 甲의 세 번째 진술에 따르면 올해는 2022년인데 올해 생일에 만 23살이 되므로 甲의 출생연도는 2022−23=1999, 甲은 1999년생이다.

따라서 甲의 주민등록번호 앞 6자리는 991231이고, ㉠을 구해보면 9×9×1×2×3×1=486(③)이다.

빠른 문제풀이 Tip

1년이 365일인데 이 안에 생일이 두 번 지날 수는 없다. 하지만 366일 안에 생일이 두 번 지날 수는 있다(윤년 제외). 어제가 생일이어야 한다. 그리고 어제의 생일과 다가올 생일이 연도가 다른 것은 당연한데 다가올 생일이 올해라면 지나간 어제의 생일은 연도가 달라야 한다. 즉 어제의 생일은 작년 12월 31일이어야 한다.

문제에 따라서는 일정한 숫자들을 모두 곱하는 경우 하나의 숫자가 0이라서 모든 숫자를 곱한 값이 0이 될 수도 있지만, 해당 문제는 그러한 문제는 아니었다.

생일이 12월 31일인 것을 찾아냈다면 선지를 이용해 판단해볼 수 있다. 우선 12월 31생인 것으로부터 1×2×3×1=6인 것을 알 수 있다. 선지 ①은 甲이 2000년생은 확실히 아닌 점에서(만 나이가 아닌 기존의 한국식 나이에 익숙하면 쉽게 확인이 가능하다), 선지 ②는 6의 배수가 아닌 점에서 제거 가능하다. 그리고 ㉠을 구하기 위해서는 6에다 아직 구하지 않은 甲의 출생연도를 일의 자리 수 두 개로 바꾼 숫자를 두 번 곱해야 하는데 어떤 일의 자리 수 두 개를 6에 곱하더라도 선지 ④, ⑤의 값이 나올 수 없다. 만 나이를 구할 때 보통 한 살 정도 정확한 나이보다 차이 나게 구하는 실수를 하곤 하는데 이런 식으로 구체적인 만나이를 구하지 않고도 선지를 통해 해결할 수 있는 문제였다.

[정답] ③

177 **다음은 공간도형의 위치관계에 대한 정의이다. 이를 참조하여 <보기>에서 옳은 것만을 모두 고르면?(α, β, γ는 각각 임의의 평면을 뜻하며 x, y, z는 각각 임의의 직선을 뜻한다)**

10년 5급 선책형 38번

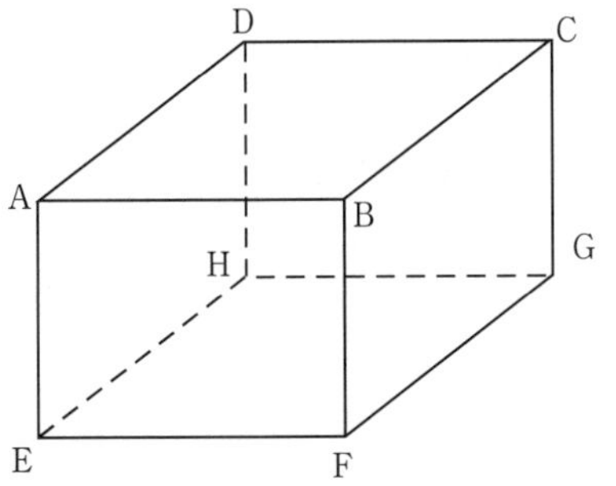

○ 평행: [i]위쪽의 직육면체에서 두 직선 AB와 EF는 평면 ABFE 위의 직선으로 서로 만나지 않는다. 이와 같이 한 평면 위의 두 직선이 서로 만나지 않을 때, 두 직선을 평행하다고 한다.
[ii]직선 DC는 평면 ABFE에 포함되지 않는다. 이와 같이 직선이 평면과 만나지 않는 경우 평면과 직선은 평행하다고 한다.
[iii]평면 ABFE와 평면 DCGH와 같이 두 평면이 만나지 않을 때, 두 평면은 평행하다고 한다.

○ 꼬인 위치: 두 직선 AB와 CG는 만나지 않지만 한 평면 위의 직선이 아니다. 이와 같이 만나지 않는 두 직선이 한 평면 위에 있지 않을 때, 서로 꼬인 위치에 있다고 한다.

○ 교선: 평면 ABFE와 평면 BCGF와 같이 두 평면이 만날 때 직선 BF는 두 평면의 교선이라 한다.

〈보 기〉

ㄱ. 평면 γ가 서로 평행한 두 평면 α, β와 만날 때 생기는 두 교선은 평행하다.
ㄴ. 직선 x와 평면 α가 평행할 때, x를 포함하는 평면 β와 평면 α의 교선 y는 x와 꼬인 위치에 있다.
ㄷ. 두 직선 x, y가 평행할 때, y를 포함하고 x를 포함하지 않는 평면 α는 x와 평행하다.
ㄹ. 세 직선 x, y, z가 동일 평면에 있지 않을 때, x와 y가 평행하고, y와 z가 평행한 경우에도 x와 z는 꼬인 위치에 있을 수 있다.

① ㄱ, ㄴ
② ㄱ, ㄷ
③ ㄴ, ㄹ
④ ㄱ, ㄷ, ㄹ
⑤ ㄴ, ㄷ, ㄹ

해설

문제 분석

평행과 관련해서 ⅰ) 직선과 직선, ⅱ) 직선과 평면, ⅲ) 평면과 평면의 세 가지 경우가 있다. 꼬인 위치의 경우에는 만나지 않는 두 직선이 한 평면 위에 있지 않는 경우이고, 한 평면 위의 두 직선이 만나지 않는 경우는 ⅰ)의 경우임을 이해한다.

〈보기〉의 내용을 지문의 그림을 통해서 판단해 본다.

ㄱ. (O) 서로 평행한 두 평면 ABCD, EFGH를 평면 α, β라고 하고 평면 ABFE를 평면 γ라고 생각해 보자.

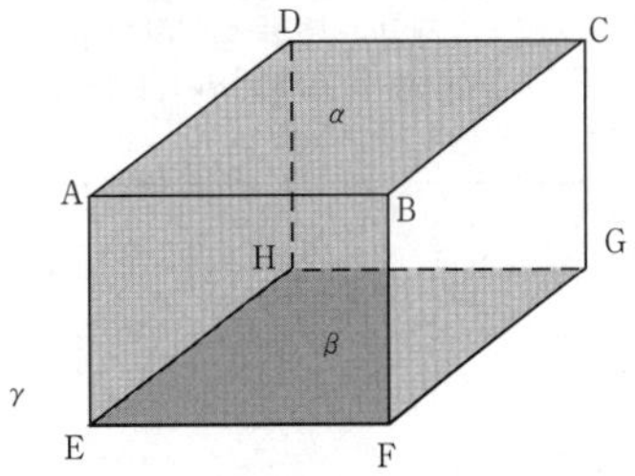

〈그림 1〉

평면 γ가 평면 α와 만날 때 생기는 교선은 직선 AB이고, 평면 γ가 평면 β와 만날 때 생기는 교선은 직선 EF이다. 두 직선 AB와 EF는 평행하다. 직선과 직선이 평행한 ⅰ)의 경우이다.

ㄴ. (X) 직선 AB를 직선 x라고 하고, 평면 EFGH를 평면 α라고 생각해 보자.

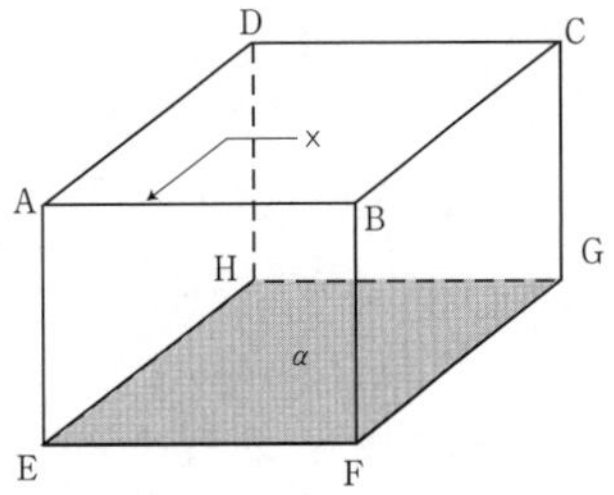

〈그림 2〉

그리고 x를 포함하는 평면 β는 평면 ABCD가 될 수도 있고, 평면 ABFE가 될 수도 있다(직선 AB를 포함하기만 하면 되므로 무수히 많은 다른 경우를 생각해 볼 수 있지만, 지문의 도형 내에서 생각한다). 평면 β가 평면 ABFE라고 생각해 보면, 교선 y는 평면 ABFE와 평면 EFGH의 교선인 직선 EF이다. 직선 EF는 직선 AB와 평행이며 꼬인 위치에 있지 않다.

ㄷ. (O) 직선 EF를 직선 x, 직선 AB를 직선 y라고 생각해 보자. 두 직선은 평행하다. 평면 ABCD를 평면 α라고 하면 평면 α는 y를 포함하고 x를 포함하지 않는다.

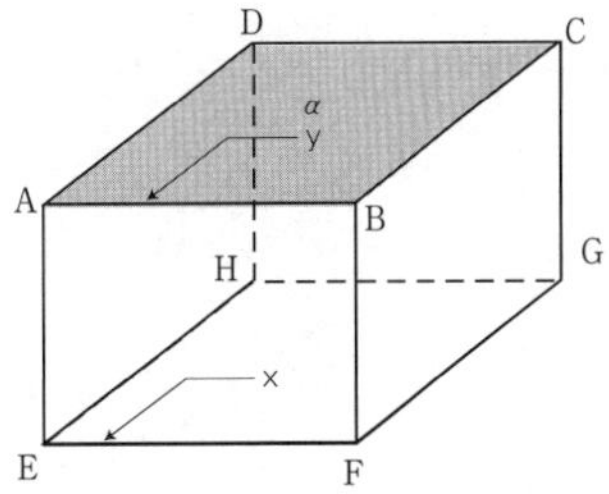

〈그림 3〉

이때 평면 α는 직선 x와 평행하다. 직선과 평면이 평행한 ⅱ)의 경우이다.

ㄹ. (X) 지문의 그림에서 직선 AB, CD, EF를 각각 직선 x, y, z라고 생각해 보자. 직선 AB, CD, EF는 동일 평면에 있지 않다. 이때 직선 AB와 CD가 평행하고, CD와 EF가 평행한 경우인데 AB와 EF도 평행하다.

빠른 문제풀이 Tip

- 수학에서 기하학과 관련된 내용이다. 지문에서 직선 AB라고 부르는 것은 엄밀하게는 '선분 AB를 포함하는 직선'이라고 하여야 한다. 평면도 마찬가지 사각형 ABFE를 포함하는 평면이라고 하여야 하나 문제에서 용어를 수학적으로 엄밀하게 사용하고 있지 않다. 그리고 어떤 보기가 옳다고 판단하려면 옳다는 것을 증명해야 하지만 이러한 문제에서는 각 보기의 내용이 엄밀하게 성립하는지 증명하는 문제라고 볼 수 없고, 보기의 내용을 지문의 그림에 적용하여 각 보기의 사례가 성립하는지 여부만 확인한다.
- 문제 분석에도 언급하고 있다시피 용어를 문제에 맞춰 사용하고 있다. 보통 수학적으로 꼬인 위치를 설명할 때 한 평면에 포함된 직선과 해당 직선과 만나지 않고 해당 평면과 평행하지 않은 한 직선의 관계라고 설명한다. 문제에서처럼 육면체상에서만 성립하는 경우보다 포괄적인 정의이다.

[정답] ②

Ⅳ. 유형

1 단순 확인형

178 **다음 <근대 문물의 수용 연대>를 근거로 판단할 때, <A 사건>이 발생한 해에 볼 수 있었던 광경으로 옳게 추론한 것은?**

13년 민경채 인책형 6번

〈근대 문물의 수용 연대〉

신문	한성순보(1883년 개간/1884년 폐간)
교통	철도: 경인선(1899년), 경부선(1905년) 전차: 서대문～청량리(1898년)
의료	광혜원(1885년), 세브란스 병원(1904년)
건축	독립문(1897년), 명동성당(1898년)
전기통신	전신(1885년), 전등(1887년 경복궁 내), 전화(1896년)

〈A 사건〉

경복궁 내에 여러 가지 기계가 설치되었다. 궁내의 큰 마루와 뜰에 등롱(燈籠) 같은 것이 설치되어 서양인이 기계를 움직이자 연못의 물이 빨아 올려져 끓는 소리와 우렛소리와 같은 시끄러운 소리가 났다. 그리고 얼마 있지 않아 가지 모양의 유리에 휘황한 불빛이 대낮 같이 점화되어 모두가 놀라움을 금치 못했다. 궁궐에 있는 궁인들이 이 최초의 놀라운 광경을 구경하기 위해 내전 안으로 몰려들었다.

① 광혜원에서 전화를 거는 의사
② 독립문 준공식을 보고 있는 군중
③ 서대문에서 청량리 구간의 전차를 타는 상인
④ 〈A 사건〉을 보도한 한성순보를 읽고 있는 관리
⑤ 전신을 이용하여 어머니께 소식을 전하는 아들

해설

문제 분석

주어진 〈근대 문물의 수용 연대〉로부터 〈A 사건〉과 각 선지에 제시된 내용들이 발생한 연도를 파악하고, 〈A 사건〉과 각 선지의 선후관계를 판단한다.

문제풀이 실마리

〈A 사건〉의 내용 중 첫 번째 문장의 '경복궁 내에 여러 가지 기계가 설치', 두 번째 문장의 '등롱 같은 것이 설치', 세 번째 문장의 '유리에 휘황한 불빛이 대낮 같이 점화'되었다는 내용으로부터 〈A 사건〉이 '전등(1887년 경복궁 내)'에 해당하는 사건임을 알 수 있다. 이에 따라 선지 중 1887년보다 시기적으로 먼저인 것이 무엇인지 찾는다.

① (X) 광혜원은 1885년에 설립되었으나 전화는 1896년에 수용되었다. 〈A 사건〉이 발생한 해인 1887년에는 해당 광경을 볼 수 없고 1896년 이후에 볼 수 있다.

② (X) 독립문은 1897년에 준공되었으므로 〈A 사건〉이 발생한 해인 1887년에는 해당 광경을 볼 수 없다.

③ (X) 서대문에서 청량리 구간의 전차는 1898년에 도입되었으므로 〈A 사건〉이 발생한 해인 1887년에는 해당 광경을 볼 수 없다.

④ (X) 한성순보는 1883년 개간하여 1884년에 폐간되었으므로 1887년에 발생한 〈A 사건〉을 보도할 수 없었을 것이다.

⑤ (O) 전신은 1885년에 도입되었으므로 〈A 사건〉이 발생한 해인 1887년에 이용 가능하다. 따라서 〈A 사건〉이 발생한 해에 볼 수 있었던 광경은 전신을 이용하여 어머니께 소식을 전하는 아들이다.

빠른 문제풀이 Tip

근대문물의 도입 시기를 확인하면 해결되는 문제이다. 발문의 의도를 파악하여 각 근대 문물이 수용된 연대를 확인하고 시기적으로 〈A 사건〉보다 먼저인 것을 파악한다.

[정답] ⑤

179 **다음의 <커피의 종류>, <은희의 취향> 및 <오늘 아침의 상황>으로 판단할 때, 오늘 아침에 은희가 주문할 커피는?**

12년 민경채 인책형 5번

〈커피의 종류〉

에스프레소  • 에스프레소	카페 아메리카노  • 에스프레소 • 따뜻한 물
카페 라떼  • 에스프레소 • 데운 우유	카푸치노  • 에스프레소 • 데운 우유 • 우유거품
카페 비엔나  • 에스프레소 • 따뜻한 물 • 휘핑크림	카페 모카  • 에스프레소 • 초코시럽 • 데운 우유 • 휘핑크림

〈은희의 취향〉

○ 배가 고플 때에는 데운 우유가 들어간 커피를 마신다.
○ 다른 음식과 함께 커피를 마실 때에는 데운 우유를 넣지 않는다.
○ 스트레스를 받으면 휘핑크림이나 우유거품을 추가한다.
○ 피곤하면 휘핑크림이 들어간 경우에 한하여 초코시럽을 추가한다.

〈오늘 아침의 상황〉

출근을 하기 위해 지하철을 탄 은희는 꽉 들어찬 사람들 사이에서 스트레스를 받으며 내리기만을 기다리고 있었다. 목적지에 도착한 은희는 커피를 마시며 기분을 달래기 위해 커피전문점에 들렀다. 아침식사를 하지 못해 배가 고프고 고된 출근길에 피곤하지만, 시간 여유가 없어 오늘 아침은 커피만 마실 생각이다. 그런데 은희는 요즘 체중이 늘어 휘핑크림은 넣지 않기로 하였다.

① 카페 라떼
② 카페 아메리카노
③ 카푸치노
④ 카페 모카
⑤ 카페 비엔나

해설

문제 분석

〈커피의 종류〉에 각 커피의 종류별 포함되는 재료가 제시되어 있고, 〈은희의 취향〉에 은희가 주문할 커피의 조건이 제시되어 있다.

문제풀이 실마리

〈은희의 취향〉에서 은희가 커피를 주문하는 규칙을 파악한 후, 이를 〈오늘 아침의 상황〉에 맞게 적용해 〈커피의 종류〉 중 은희가 주문할 커피를 확인한다.

〈오늘 아침의 상황〉

출근을 하기 위해 지하철을 탄 은희는 꽉 들어찬 사람들 사이에서 스트레스를 받으며 내리기만을 기다리고 있었다. 목적지에 도착한 은희는 커피를 마시며 기분을 달래기 위해 커피전문점에 들렀다. 아침식사를 하지 못해 배가 고프고 고된 출근길에 피곤하지만, 시간 여유가 없어 오늘 아침은 커피만 마실 생각이다. 그런데 은희는 요즘 체중이 늘어 휘핑크림은 넣지 않기로 하였다.

오늘 아침 은희의 상황과 그에 따른 커피 주문 방식을 간략히 나타내면 다음과 같다.

- 스트레스: 휘핑크림은 넣지 않기로 했으므로 우유거품을 추가한다.
- 배가 고픔: 데운 우유가 들어간 커피를 마신다.
- 피곤함: 휘핑크림이 들어간 경우에 한하여 적용되는 규칙이므로 은희에게는 적용되지 않는다.
- 커피만 마실 생각임: 데운 우유가 들어간 커피를 마시는 데 제약이 발생하지 않는다.

① (X) 카페 라떼는 우유거품이 없다.

② (X) 카페 아메리카노는 우유거품, 데운 우유 모두 포함하고 있지 않다.

③ (O) 은희는 휘핑크림이 들어간 '카페 비엔나'와 '카페 모카'를 제외한 커피 중에서 우유거품과 데운 우유가 들어간 카푸치노를 주문할 것임을 알 수 있다.

④ (X) 카페 모카는 데운 우유는 포함하고 있지만, 우유거품이 없고, 휘핑크림을 포함하고 있다.

⑤ (X) 카페 비엔나는 휘핑크림을 포함하고 있고, 우유거품, 데운 우유 모두 포함하고 있지 않다.

[정답] ③

180 다음 글을 근거로 판단할 때, 연결이 서로 잘못된 것은? (단, 음식에서 언급되지 않은 재료는 고려하지 않는다)

11년 민경채 인책형 13번

ⅰ) 채식주의자 중에는 육류와 함께 계란, 유제품(치즈, 버터, 생크림 등) 및 생선조차 먹지 않는 사람이 있는가 하면 때때로 육식을 하는 채식주의자도 있다. 또한 채식이라고 하면 채소와 과일 등을 생각하기 쉽지만, 여기서 말하는 채식에는 곡물도 포함된다.

ⅱ) 아래 표는 채식주의자의 유형별 특성을 분류한 것이다.

채식주의자의 유형	특성
과식(果食)주의자	모든 식물의 잎이나 뿌리는 섭취하지 않고, 오직 견과류나 과일 등 열매부분만을 먹는다.
순수 채식주의자	동물로부터 얻은 모든 것을 먹지 않고, 식물로부터 나온 것만을 먹는다.
우유 채식주의자	순수 채식주의자가 먹는 음식에 더하여, 유제품은 먹되 계란은 먹지 않는다.
난류(卵類) 채식주의자	순수 채식주의자가 먹는 음식에 더하여, 계란은 먹되 유제품은 먹지 않는다.
유란(乳卵) 채식주의자	순수 채식주의자가 먹는 음식에 더하여, 유제품과 계란도 먹으며, 우유도 먹는다.
생선 채식주의자	유란 채식주의자가 먹는 음식에 더하여, 생선도 먹는다.
준(準) 채식주의자	생선 채식주의자가 먹는 음식에 더하여, 육류도 그 양을 줄여가며 먹는다.

	채식주의자의 유형	음식
①	과식주의자	호두를 으깨어 얹은 모듬 생과일
②	우유 채식주의자	단호박 치즈오븐구이
③	난류 채식주의자	치즈계란토스트
④	유란 채식주의자	생크림을 곁들인 삶은 계란
⑤	생선 채식주의자 및 준 채식주의자	연어훈제구이

해설

문제 분석

문단 ⅱ)의 표에서는 채식주의자 유형에 따라 특성을 정리해 놓았다.

문제풀이 실마리

- 발문과 선지를 활용하여 문제 해결에 필요한 정보가 무엇인지 파악한다.
- 발문에서는 연결이 서로 잘못된 것을 골라야 한다는 것을 알 수 있고, 선지에서는 '채식주의자의 유형'과 '음식'이 서로 연결되어 있음을 알 수 있다.

우선 표에 제시된 채식주의자의 유형별 특성을 정리하면 다음과 같다.

채식주의자의 유형	특성	
	먹는 재료	먹지 않는 재료
과식(果食)주의자	오직 견과류나 과일 등 열매부분만	모든 식물의 잎이나 뿌리
순수 채식주의자	식물로부터 나온 것만	동물로부터 얻은 모든 것
우유 채식주의자	(순수 채식주의자가 먹는 음식)+유제품	계란
난류(卵類) 채식주의자	(순수 채식주의자가 먹는 음식)+계란	유제품
유란(乳卵) 채식주의자	(순수 채식주의자가 먹는 음식)+유제품과 계란	–
생선 채식주의자	(유란 채식주의자가 먹는 음식)+생선	–
준(準) 채식주의자	(생선 채식주의자가 먹는 음식)+육류	–

① (O) 과식주의자는 오직 견과류나 과일 등 열매부분만 먹는다. 호두를 으깨어 얹은 모듬 생과일 중 호두는 견과류에 해당한다. 과식주의자가 섭취하지 않는 식물의 잎이나 뿌리를 포함하고 있지 않다.

② (O) 우유 채식주의자는 순수 채식주의자와 같이 식물로부터 나온 것에 더하여 유제품을 먹는다. 단호박 치즈오븐구이 중 단호박은 식물로부터 나온 것이고 치즈는 유제품에 해당한다. 우유 채식주의자가 먹지 않는 동물로부터 얻은 것을 포함(유제품 제외)하고 있지 않다.

③ (X) 난류 채식주의자는 순수 채식주의자와 같이 식물로부터 나온 것에 더하여 계란을 먹는다. 치즈계란토스트 중 계란과 토스트는 가능할 수 있으나 치즈는 유제품으로 난류 채식주의자가 먹지 않는 음식이다.

④ (O) 유란 채식주의자는 순수 채식주의자와 같이 식물로부터 나온 것에 더하여 유제품, 계란, 우유도 먹는다. 생크림을 곁들인 삶은 계란 중 생크림은 유제품에 해당한다. 유란 채식주의자가 먹지 않는 동물로부터 얻은 것을 포함(유제품, 계란, 우유 제외)하고 있지 않다.

⑤ (O) 생선 채식주의자와 준 채식주의자는 공통적으로 생선을 먹는다. 연어훈제구이는 생선에 해당한다. 생선 채식주의자와 준 채식주의자가 먹지 않는 음식을 포함하고 있지 않다.

빠른 문제풀이 Tip

- 발문에 따르면 연결이 서로 잘못된 것을 찾아야 하므로 특성에서 섭취하지 않는 것, 먹지 않는 것에 주목한다.
- 채식주의자의 유형별 특성을 분류한 표를 전부 다 읽을 필요는 없다. 선지별로 표에서 필요한 부분을 찾아 파악한다.

[정답] ③

181 다음 글을 근거로 판단할 때, A~E 중 유통이력 신고의무가 있는 사람은? 13년 민경채 인책형 14번

甲국의 유통이력관리제도는 사회안전 및 국민보건을 위해 관세청장이 지정하는 수입물품(이하 "지정물품"이라 한다)에 대해 유통단계별 물품 거래내역(이하 "유통이력"이라 한다)을 추적·관리하는 제도이다. 유통이력에 대한 신고의무가 있는 사람은 수입자와 유통업자이며, 이들이 지정물품을 양도(판매, 재판매 등)한 경우 유통이력을 관세청장에게 신고하여야 한다. 지정물품의 유통이력 신고의무는 아래 〈표〉의 시행일자부터 발생한다.

○ 수입자: 지정물품을 수입하여 세관에 신고하는 자
○ 유통업자: 수입자로부터 지정물품을 양도받아 소매업자 또는 최종소비자에게 양도하는 자(도매상 등)
○ 소매업자: 지정물품을 최종소비자에게 판매하는 자
○ 최종소비자: 지정물품의 형체를 변형해서 사용하는 자를 포함하는 최종단계 소비자(개인, 식당, 제조공장 등)

〈표〉 유통이력신고 대상물품

시행일자	지정물품
2009.8.1.	공업용 천일염, 냉동복어, 안경테
2010.2.1.	황기, 백삼, 냉동고추, 뱀장어, 선글라스
2010.8.1.	구기자, 당귀, 곶감, 냉동송어, 냉동조기
2011.3.1.	건고추, 향어, 활낙지, 지황, 천궁, 설탕
2012.5.1.	산수유, 오미자
2013.2.1.	냉동옥돔, 작약, 황금

※ 위의 〈표〉에서 제시되지 않은 물품은 신고의무가 없는 것으로 간주한다.

① 수입한 선글라스를 2009년 10월 안경전문점에 판매한 안경테 도매상 A
② 당귀를 수입하여 2010년 5월 동네 한약방에 판매한 한약재 전문 수입자 B
③ 구기자를 수입하여 2012년 2월 건강음료 제조공장에 판매한 식품 수입자 C
④ 도매상으로부터 수입 냉동복어를 구입하여 만든 매운탕을 2011년 1월 소비자에게 판매한 음식점 주인 D
⑤ 수입자로부터 냉동옥돔을 구입하여 2012년 8월 음식점에 양도한 도매상 E

해설

문제 분석

지문의 내용에 따르면 지정물품은 다음과 같은 단계를 거쳐 유통된다.

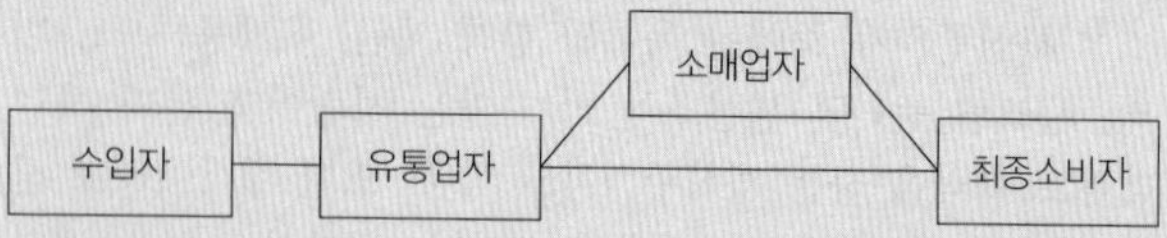

발문에서는 유통이력 신고의무가 있는 사람에 대해서 묻고 있는데, 지문의 두 번째 문장에 따르면 유통이력 신고의무가 있는 사람은 수입자와 유통업자이다.

문제풀이 실마리

규칙 중 유통이력 신고의무가 있는 사람에 관한 내용을 정확하게 확인한다. 또한 유통이력신고 대상물품의 시행일자부터 지정물품의 유통이력 신고의무가 발생하므로 이를 각 선지의 지정물품 및 거래시점과 잘 비교한다.

각 선지별 지정물품을 〈표〉에서 찾아보면 다음과 같다.

시행일자	지정물품
2009. 8. 1.	공업용 천일염, 냉동복어, 안경테
2010. 2. 1.	황기, 백삼, 냉동고추, 뱀장어, 선글라스
2010. 8. 1.	구기자, 당귀, 곶감, 냉동송어, 냉동조기
2011. 3. 1.	건고추, 향어, 활낙지, 지황, 천궁, 설탕
2012. 5. 1.	산수유, 오미자
2013. 2. 1.	냉동옥돔, 작약, 황금

각 선지마다 유통단계와 지정물품에만 차이가 있을 뿐, 지정물품을 양도(판매, 재판매 등)한다는 것에는 차이가 없다.

① (X) 선글라스에 대한 유통이력 신고의무는 2010.2.1.부터 발생한다. 따라서 도매상(유통업자) A가 수입한 선글라스를 2009년 10월에 안경전문점에 판매한 경우, 2010. 2. 1. 이전이므로 유통이력 신고의무가 발생하지 않는다.

② (X) 당귀에 대한 유통이력 신고의무는 2010. 8. 1.부터 발생한다. 따라서 한약재 전문 수입자 B가 수입한 당귀를 2010년 5월에 동네 한약방에 판매한 경우, 2010. 8. 1. 이전이므로 유통이력 신고의무가 발생하지 않는다.

③ (O) 구기자에 대한 유통이력 신고의무는 2010. 8. 1.부터 발생한다. 따라서 식품 수입자 C가 수입한 구기자를 2012년 2월에 건강음료 제조공장에 판매한 경우, 2010. 8. 1. 이후이므로 유통이력 신고의무가 발생한다.

④ (X) 냉동복어에 대한 유통이력 신고의무는 2009. 8. 1.부터 발생한다. 그러나 수입 냉동복어를 구입하여 만든 매운탕을 소비자에게 판매한 음식점 주인 D는 수입자나 유통업자가 아니라 소매업자에 해당하므로 유통이력 신고의무가 발생하지 않는다.

⑤ (X) 냉동옥돔에 대한 유통이력 신고의무는 2013. 2. 1.부터 발생한다. 따라서 도매상 E가 수입한 냉동옥돔을 구입하여 2012년 8월 음식점에 양도한 경우, 2013. 2. 1. 이전이므로 유통이력 신고의무가 발생하지 않는다.

[정답] ③

182 다음 글을 근거로 판단할 때, <보기>에서 같이 사용하면 부작용을 일으키는 화장품의 조합만을 모두 고르면?

13년 민경채 인책형 18번

화장품 간에도 궁합이 있다. 같이 사용하면 각 화장품의 효과가 극대화 되거나 보완되는 경우가 있는 반면 부작용을 일으키는 경우도 있다. 요즘은 화장품에 포함된 모든 성분이 표시되어 있으므로 기본 원칙만 알고 있으면 제대로 짝을 맞춰 쓸 수 있다.

- ○ 트러블의 원인이 되는 묵은 각질을 제거하고 외부 자극으로부터 피부 저항력을 키우는 비타민 B 성분이 포함된 제품을 트러블과 홍조 완화에 탁월한 비타민 K 성분이 포함된 제품과 함께 사용하면, 양 성분의 효과가 극대화되어 깨끗하고 건강하게 피부를 관리하는 데 도움이 된다.
- ○ 일반적으로 세안제는 알칼리성 성분이어서 세안 후 피부는 약알칼리성이 된다. 따라서 산성에서 효과를 발휘하는 비타민 A 성분이 포함된 제품을 사용할 때는 세안 후 약산성 토너로 피부를 정리한 뒤 사용해야 한다. 한편 비타민 A 성분이 포함된 제품은 오래된 각질을 제거하는 기능도 있다. 그러므로 각질관리 제품과 같이 사용하면 과도하게 각질이 제거되어 피부에 자극을 주고 염증을 일으킨다.
- ○ AHA 성분은 각질 결합을 느슨하게 해 묵은 각질이나 블랙헤드를 제거하고 모공을 축소시키지만, 피부의 수분을 빼앗고 탄력을 떨어뜨리며 자외선에 약한 특성도 함께 지니고 있다. 따라서 AHA 성분이 포함된 제품을 사용할 때는 보습 및 탄력관리에 유의해야 하며 자외선 차단제를 함께 사용해야 한다.

〈보 기〉

ㄱ. 보습기능이 있는 자외선 차단제와 AHA 성분이 포함된 모공축소 제품

ㄴ. 비타민 A 성분이 포함된 주름개선 제품과 비타민 B 성분이 포함된 각질관리 제품

ㄷ. 비타민 B 성분이 포함된 로션과 비타민 K 성분이 포함된 영양크림

① ㄱ

② ㄴ

③ ㄷ

④ ㄱ, ㄴ

⑤ ㄴ, ㄷ

해설

문제 분석

지문의 화장품 간의 궁합을 극대화, 보완 또는 부작용으로 나누어 정리해보면 다음과 같다. 첫 번째 동그라미부터 각각 조건 ⅰ)~ⅲ)이라고 한다.

조건 ⅰ) 비타민 B 성분이 포함된 제품, 비타민 K 성분이 포함된 제품 → 극대화

조건 ⅱ) 세안제, 비타민 A 성분이 포함된 제품 → 보완
비타민 A 성분이 포함된 제품, 각질관리 제품 → 부작용

조건 ⅲ) AHA 성분이 포함된 제품, 자외선 차단제 → 보완

문제풀이 실마리

지문이 길지만 같이 사용했을 때 부작용을 일으키는 화장품과 관련한 정보만을 빠르게 확인한다.

ㄱ. (X) 조건 ⅲ)에 따르면 AHA 성분이 포함된 모공축소 제품은 피부의 수분을 빼앗고 탄력을 떨어뜨리며 자외선에 약한 특성이 있으므로 AHA 성분이 포함된 제품을 사용할 때는 보습 및 탄력관리에 유의해야 하며 자외선 차단제를 함께 사용해야 한다. 따라서 보습기능이 있는 자외선 차단제와 같이 사용할 경우, 화장품의 효과가 보완될 것이다.

ㄴ. (O) 조건 ⅱ)에 따르면, 비타민 A성분이 포함된 제품은 각질관리 제품과 같이 사용하면 과도하게 각질이 제거되어 피부에 자극을 주고 염증을 일으킨다고 했으므로 비타민 A 성분이 포함된 주름개선 제품과 비타민 B 성분이 포함된 각질관리 제품을 같이 사용하면 부작용을 일으킬 수 있다.

ㄷ. (X) 조건 ⅰ)에 따르면 비타민 B 성분이 포함된 제품을 트러블과 홍조 완화에 탁월한 비타민 K 성분이 포함된 제품과 함께 사용하면, 양 성분의 효과가 극대화된다고 했으므로 비타민 B 성분이 포함된 로션과 비타민 K 성분이 포함된 영양크림을 같이 사용하면 효과가 극대화됨을 알 수 있다.

[정답] ②

183 다음 숫자 배열 (가)~(다)의 공통적인 특성만을 <보기>에서 모두 고르면?

14년 민경채 A책형 10번

> (가) 2, 3, 6, 7, 8
> (나) 1, 4, 5, 6, 9
> (다) 6, 5, 8, 3, 9

〈보 기〉

ㄱ. 홀수 다음에 홀수가 연이어 오지 않는다.
ㄴ. 짝수 다음에 짝수가 연이어 오지 않는다.
ㄷ. 동일한 숫자는 반복하여 사용되지 않는다.
ㄹ. 어떤 숫자 바로 다음에는 그 숫자의 배수가 오지 않는다.

① ㄱ, ㄴ
② ㄴ, ㄷ
③ ㄴ, ㄹ
④ ㄷ, ㄹ
⑤ ㄱ, ㄷ, ㄹ

해설

문제 분석

세 개의 숫자 배열에서 공통적인 특성을 찾아야 한다.

문제풀이 실마리

문제에서 요구하는 것은 숫자 배열 (가)~(다)의 공통적인 특성만을 찾아내라는 것이지만, 이를 빠르게 해결하기 위해서는 〈보기〉의 특성이 숫자 배열에 적용되는지를 확인하는 것이 필요하다.
→ 직접 해결하는 것보다는 주어진 내용을 검증하는 것이 더 빠르다.

ㄱ. (X) (다) 6, 5, 8, 3, 9→ 홀수인 3 다음에 홀수인 9가 연이어 온다. 따라서 홀수 다음에 홀수가 연이어 오는 경우가 있다.

ㄴ. (O) (가)~(다) 모두 짝수 다음에 짝수가 연이어 오지 않는다.

ㄷ. (O) (가)~(다) 모두 동일한 숫자가 반복하여 사용되지 않는다.

ㄹ. (X) (가) 2, 3, 6, 7, 8→ 3 다음에 3의 배수인 6이 온다.
(다) 6, 5, 8, 3, 9→ 3 다음에 3의 배수인 9가 온다.

따라서 어떤 숫자 바로 다음에는 그 숫자의 배수가 오는 경우가 있다.

공통적인 특성을 스스로 직접 찾아내는 것이 아니라 보기를 검증하는 식으로 해결하면 '② ㄴ, ㄷ'이 정답임을 쉽게 찾아낼 수 있다.

빠른 문제풀이 Tip

- 공통적인 특성을 찾는 문제이기 때문에 반례가 하나라도 찾아진다면 숫자 배열의 공통적인 특성이 될 수 없다. 그 반례를 어디에서 찾는 것이 유리할까?
- 문제에서 숫자의 홀짝 성질을 활용하고 있다. 이러한 경우 홀수에만 또는 짝수에만 체크를 해두면 보다 쉽고 빠른 해결이 가능하다.

  (가) 2, 3, 6, 7, 8
  (나) 1, 4, 5, 6, 9
  (다) 6, 5, 8, 3, 9

[정답] ②

184 다음 글을 근거로 판단할 때, <사례>의 '공공누리 마크' 이용조건에 부합하는 甲의 행위는? 16년 민경채 5책형 4번

K국 정부는 공공저작물 이용활성화를 위해 '공공누리'라는 표시기준을 정하였고, 공공저작물을 이용하는 사람이 그 이용조건을 쉽게 확인할 수 있도록 '공공누리 마크'를 만들었다. 그 의미는 아래와 같다.

공공누리 마크	이용조건의 의미
OPEN	• 공공저작물을 일정한 조건하에 자유롭게 이용할 수 있다.
출처표시	• 이용하는 공공저작물의 출처를 표시해야 한다. 예컨대 "본 저작물은 ○○공공기관에서 △△년 작성하여 개방한 □□저작물을 이용하였음"과 같이 출처를 표시해야 한다.
상업용금지	• 공공저작물의 상업적 이용은 금지되고 비상업적으로만 이용할 수 있다. • 이 마크가 표시되어 있지 않으면, 이용자는 해당 공공저작물을 상업적 및 비상업적으로 이용할 수 있다.
변경금지	• 공공저작물의 변경이 금지된다. 예컨대 공공저작물의 번역 · 편곡 · 변형 · 각색 등이 금지된다. • 이 마크가 표시되어 있지 않으면, 이용자는 해당 공공저작물의 내용이나 형식을 변경하여 이용할 수 있다.

〈사 례〉

甲은 환경관련 보고서(이하 '보고서')를 작성하기 위하여 A공공기관이 발간한 「환경백서」에 수록되어 있는 사진(이하 '사진저작물')과 그 설명문을 근거자료로 이용하고자 한다. 「환경백서」에는 다음과 같은 공공누리 마크가 표시되어 있다.

OPEN 출처표시 변경금지

① 출처를 표시하지 않고 사진저작물과 그 설명문을 그대로 보고서에 수록하는 행위
② 사진저작물의 색상을 다른 색상으로 변형하여 이를 보고서에 수록하는 행위
③ 상업적인 목적으로 보고서를 작성하면서 출처를 표시하고 사진저작물과 그 설명문을 그대로 수록하는 행위
④ 비상업적인 목적으로 보고서를 작성하면서 사진저작물을 다른 사진과 합성하여 수록하는 행위
⑤ 출처를 표시하고 사진저작물의 설명문을 영어로 번역하여 그 사진저작물과 번역문을 보고서에 수록하는 행위

해설

문제 분석

지문에 표로 제시되어 있는 마크들을 위에서부터 순서대로 각각 마크 ⅰ)~ⅳ)라고 한다. 마크 ⅰ)의 이용조건의 의미에서 '일정한 조건'이란 마크 ⅱ)~ⅳ)에서 설명하는 조건들을 말한다. 예를 들어 마크 ⅰ), ⅱ)가 함께 표시되어 있다면 공공저작물의 출처를 표시하는 조건하에 자유롭게 이용할 수 있다는 의미이다.

문제풀이 실마리

공공누리 마크 이용조건을 이해한 후, 이를 〈사례〉에서 확인한다. 마크를 비교하면, 〈사례〉에는 '상업용 금지'의 마크만 빠져있음을 쉽게 파악할 수 있다. 이용 조건을 파악한 후 문제가 되는 마크의 의미 위주로 확인한다.

〈사례〉의 「환경백서」에는 마크 ⅰ), ⅱ), ⅳ)가 함께 표시되어 있다. 따라서 해당 공공저작물은 출처를 표시하고 변경하지 않는 조건하에 자유롭게 이용할 수 있다.

① (X) 출처를 표시하지 않는 것은 마크 ⅱ)의 이용조건에 부합하지 않는다. 사진저작물과 그 설명문을 그대로 보고서에 수록하는 행위는 해당 공공저작물을 변경하지 않은 것으로 마크 ⅳ)의 이용조건에 부합한다.

② (X) 사진저작물의 색상을 다른 색상으로 변형하여 이를 보고서에 수록하는 행위는 마크 ⅳ)의 이용조건에 부합하지 않는다.

③ (O) 상업적인 목적으로 보고서를 작성하면서 출처를 표시하는 것은 마크 ⅱ)의 이용조건에 부합하고, 사진저작물과 그 설명문을 그대로 수록하는 행위는 해당 공공저작물을 변경하지 않은 것으로 마크 ⅳ)의 이용조건에 부합한다.

④ (X) 마크 ⅲ)이 표시되어 있지 않으므로 마크 ⅲ)의 이용조건에 따라 비상업적인 목적으로 해당 공공저작물을 이용할 수 있다. 그러나 사진저작물을 다른 사진과 합성하여 수록하는 행위는 해당 공공저작물을 변경하는 것으로 마크 ⅳ)의 이용조건에 부합하지 않는다.

⑤ (X) 출처를 표시하는 것은 마크 ⅱ)의 이용조건에 부합한다. 그러나 사진저작물의 설명문을 영어로 번역하여 그 사진저작물과 번역문을 보고서에 수록하는 행위는 해당 공공저작물을 변경하는 것으로 마크 ⅳ)의 이용조건에 부합하지 않는다.

[정답] ③

185 다음 글을 근거로 판단할 때, A서비스를 이용할 수 있는 경우는?

20년 민경채 가책형 6번

> A서비스는 공항에서 출국하는 승객이 공항 외의 지정된 곳에서 수하물을 보내고 목적지에 도착한 후 찾아가는 신개념 수하물 위탁서비스이다.
>
> A서비스를 이용하고자 하는 승객은 ○○호텔에 마련된 체크인 카운터에서 본인 확인과 보안 절차를 거친 후 탑승권을 발급받고 수하물을 위탁하면 된다. ○○호텔 투숙객이 아니더라도 이 서비스를 이용할 수 있다.
>
> ○○호텔에 마련된 체크인 카운터는 매일 08:00 ~ 16:00에 운영된다. 인천공항에서 13:00 ~ 24:00에 출발하는 국제선 이용 승객을 대상으로 A서비스가 제공된다. 단, 미주노선(괌/사이판 포함)은 제외된다.

	숙박 호텔	항공기 출발 시각	출발지	목적지
①	○○호텔	15 : 30	김포공항	제주
②	◇◇호텔	14 : 00	김포공항	베이징
③	○○호텔	15 : 30	인천공항	사이판
④	◇◇호텔	21 : 00	인천공항	홍콩
⑤	○○호텔	10 : 00	인천공항	베이징

해설

문제풀이 실마리

A서비스와 관련하여 주어진 조건을 모두 충족하는 경우를 찾으면 해결된다.

제시문을 통해 A서비스를 이용할 수 있는 경우를 확인해 보면 다음과 같다.

> A서비스는 공항에서 출국하는 승객이 공항 외의 지정된 곳에서 수하물을 보내고 목적지에 도착한 후 찾아가는 신개념 수하물 위탁서비스이다.
>
> A서비스를 이용하고자 하는 승객은 ○○호텔에 마련된 체크인 카운터에서 본인 확인과 보안 절차를 거친 후 탑승권을 발급받고 수하물을 위탁하면 된다. ○○호텔 투숙객이 아니더라도 이 서비스를 이용할 수 있다. → **숙박 호텔의 세약은 없다.**
>
> ○○호텔에 마련된 체크인 카운터는 매일 08:00 ~ 16:00에 운영된다. 인천공항에서 13:00 ~ 24:00에 출발하는 → **출발지가 인천공항이 아닌 선지 ①, ②가 제외되고, 항공기 출발시각이 10:00인 선지 ⑤가 제외된다.** 국제선 이용 승객을 대상으로 A서비스가 제공된다. → **목적지가 제주인 선지 ①이 제외된다.** 단, 미주노선(괌/사이판 포함)은 제외된다. → **목적지가 사이판인 선지 ③이 제외된다.**

따라서 A서비스를 이용할 수 있는 경우는 ◇◇호텔, 21:00에 인천공항에서 출발하는 홍콩행 항공기임을 알 수 있다.

[정답] ④

186 다음 글과 <상황>을 근거로 판단할 때, 2021년 포획·채취 금지 고시의 대상이 되는 수산자원은? 20년 7급(모의) 17번

매년 A~H 지역에서 포획 · 채취 금지가 고시되는 수산자원은 아래 〈기준〉에 따른다.

〈기준〉

수산자원	금지기간	금지지역
대구	5월 1일 ~ 7월 31일	A, B
전어	9월 1일 ~ 12월 31일	E, F, G
꽃게	6월 1일 ~ 7월 31일	A, B, C
소라	3월 1일 ~ 5월 31일	E, F
	5월 1일 ~ 6월 30일	D, G
새조개	3월 1일 ~ 3월 31일	H

〈상 황〉

정부는 경제상황을 고려해서 2021년에 한하여 다음 중 어느 하나에 해당하는 경우, 〈기준〉에 따른 포획 · 채취 금지 고시의 대상에서 제외한다.

○ 소비장려 수산자원: 전어
○ 소비촉진 기간: 4월 1일 ~ 7월 31일
○ 지역경제활성화 지역: C, D, E, F

① 대구
② 전어
③ 꽃게
④ 소라
⑤ 새조개

해설

문제 분석

기본적으로 〈기준〉에 따라 포획 · 채취가 금지가 고시되는 수산자원이 주어지고, 〈상황〉에 어느 하나에 해당하는 경우 〈기준〉에 따른 포획 · 채취 금지 고시의 대상에서 제외한다.

문제풀이 실마리

주어진 조건에 따라 정확하게 확인만 하면 해결되는 문제이다.

기본적으로 매년 A~H 지역에서 포획 · 채취 금지가 고시되는 수산자원은 〈기준〉에 따르지만, 경제상황을 고려해서 2021년에 한하여 〈상황〉의 어느 하나에 해당하는 경우에 〈기준〉에 따른 포획 · 채취 금지 고시의 대상에서 제외한다. 따라서 제외되지 않는 수산자원이 2021년 포획 · 채취 금지 고시의 대상이 되는 수산자원이 된다.

○ 소비장려 수산자원: 전어
→ 전어는 소비장려 수산자원이므로 2021년 포획 · 채취 금지 고시의 대상에서 제외한다.
○ 소비촉진 기간: 4월 1일~7월 31일
○ 지역경제활성화 지역: C, D, E, F
→ 기간과 지역 두 가지 조건에 해당하는 수산자원을 확인해 보면 다음과 같다.

〈기준〉

수산자원	금지기간	금지지역
대구	5월 1일 ~ 7월 31일	A, B
전어	9월 1일 ~ 12월 31일	E, F, G
꽃게	6월 1일 ~ 7월 31일	A, B, C
소라	3월 1일 ~ 5월 31일	E, F
	5월 1일 ~ 6월 30일	D, G
새조개	3월 1일 ~ 3월 31일	H

- 대구와 꽃게는 금지기간이 소비촉진 기간에 포함되므로 2021년 포획 · 채취 금지 고시의 대상에서 제외한다.
- 소라는 금지지역이 E, F 지역인 경우 해당 지역이 지역경제활성화 지역이고, 금지지역이 G지역인 경우 금지기간이 5월 1일~6월 30일로 소비촉진 기간에 포함되며, 금지지역이 D인 경우 해당 지역이 지역경제활성화 지역이면서 금지기간도 소비촉진 기간에 포함되므로 2021년 포획 · 채취 금지 고시의 대상에서 제외한다.

따라서 포획 · 채취 금지 고시의 대상에서 제외되지 않아 2021년 포획 · 채취 금지 고시의 대상이 되는 수산자원은 '⑤ 새조개'이다.

[정답] ⑤

187 다음 글과 <상황>을 근거로 판단할 때, <사업 공모 지침 수정안>의 밑줄 친 ㉮~㉲ 중 '관계부처 협의 결과'에 부합한 것만을 모두 고르면?

21년 7급 나책형 20번

○ '대학 캠퍼스 혁신파크 사업'을 담당하는 A주무관은 신청 조건과 평가지표 및 배점을 포함한 〈사업 공모 지침 수정안〉을 작성하였다. 평가지표는 I~IV의 지표와 그 하위 지표로 구성되어 있다.

〈사업 공모 지침 수정안〉

㉮ □ 신청 조건

최소 1만 m^2 이상의 사업부지 확보. 단, 사업부지에는 건축물이 없어야 함

□ 평가지표 및 배점

평가지표	배점	
	현행	수정
㉯ I. 개발 타당성	20	25
- 개발계획의 합리성	10	10
- 관련 정부사업과의 연계가능성	5	10
- 학습여건 보호 가능성	5	5
㉰ II. 대학의 사업 추진 역량과 의지	10	15
- 혁신파크 입주기업 지원 방안	5	5
- 사업 전담조직 및 지원체계	5	5
- 대학 내 주체 간 합의 정도	–	5
㉱ III. 기업 유치 가능성	10	10
- 기업의 참여 가능성	7	3
- 참여 기업의 재무건전성	3	7
㉲ IV. 시범사업 조기 활성화 가능성	10	삭제
- 대학 내 주체 간 합의 정도	5	이동
- 부지 조기 확보 가능성	5	삭제
합계	50	50

〈상 황〉

A주무관은 〈사업 공모 지침 수정안〉을 작성한 후 뒤늦게 '관계부처 협의 결과'를 전달받았다. 그 내용은 다음과 같다.

○ 대학이 부지를 확보하는 것이 쉽지 않으므로 신청 사업부지 안에 건축물이 포함되어 있어도 신청 허용
○ 도시재생뉴딜사업, 창업선도대학 등 '관련 정부사업과의 연계가능성' 평가비중 확대
○ 시범사업 기간이 종료되었으므로 시범사업 조기 활성화와 관련된 평가지표를 삭제하되 '대학 내 주체 간 합의 정도'는 타 지표로 이동하여 계속 평가
○ 논의된 내용 이외의 하위 지표의 항목과 배점은 사업의 안정성을 위해 현행 유지

① ㉮, ㉯　② ㉮, ㉱　③ ㉯, ㉱
④ ㉰, ㉲　⑤ ㉯, ㉰, ㉲

해설

문제풀이 실마리

〈상황〉에서 주어진 '관계부처 협의 결과'에 따라 〈사업 공모 지침 수정안〉이 적절하게 수정된 것을 확인하면 해결되는 문제이다.

○ 대학이 부지를 확보하는 것이 쉽지 않으므로 신청 사업부지 안에 건축물이 포함되어 있어도 신청 허용
→ ㉮ '□ 신청 조건'에서 보면 최소 1만 m^2 이상의 사업부지를 확보해야하고, 사업부지에는 건축물이 없어야 한다. 따라서 대학이 부지를 확보하는 것이 쉽지 않으므로 신청 사업부지 안에 건축물이 포함되어 있어도 신청 허용하는 것은 관계부처 협의 결과에 부합하지 않는다.

○ 도시재생뉴딜사업, 창업선도대학 등 '관련 정부사업과의 연계가능성' 평가비중 확대
→ ㉯ 'I. 개발 타당성'의 '관련 정부사업과의 연계가능성' 항목의 배점을 보면 된다. 배점이 현행 5점에서 10점으로 수정되어 배점이 높아졌다. 따라서 도시재생뉴딜사업, 창업선도대학 등 '관련 정부사업과의 연계가능성' 평가비중 확대된 것은 관계부처 협의 결과에 부합한다.

○ 시범사업 기간이 종료되었으므로 시범사업 조기 활성화와 관련된 평가지표를 삭제하되 '대학 내 주체 간 합의 정도'는 타 지표로 이동하여 계속 평가
→ ㉲ 'IV. 시범사업 조기 활성화 가능성'은 현행 10점에서 삭제되면서 세부 항목 중 '대학 내 주체 간 합의 정도'는 수정되면서 ㉰ 'II. 대학의 사업 추진 역량과 의지 지표' 중 하나로 '이동'되었다. 따라서 관계부처 협의 결과에 부합한다.

○ 논의된 내용 이외의 하위 지표의 항목과 배점은 사업의 안정성을 위해 현행 유지
→ 앞서 검토한 것 이외의 하위 지표의 항목과 배점은 사업의 안정성을 위해 현행 유지되어야 한다. 그런데 앞서 언급되지 않은 평가지표 중 ㉱ 'III. 기업 유치 가능성'의 하부평가지표의 배점이 변동되었다. 따라서 관계부처 협의 결과에 부합하지 않는다.

따라서 이를 종합해 볼 때, '⑤ ㉯, ㉰, ㉲'가 관계부처 협의 결과에 부합한다.

빠른 문제풀이 Tip

기존의 PSAT 기출에서는 거의 보지 못했던 7급 공채 PSAT에 보다 특화된 실무와 관련된 문제로 보인다. 7급 PSAT 특성에 맞게 추가된 유형을 잘 대비해 두어야 한다.

[정답] ⑤

188 다음 글을 근거로 추론할 때, 언급된 작품 중 완성시점이 두 번째로 빠른 것은?

15년 5급 인책형 14번

반 고흐가 여동생 윌에게

재작년 누에넨에서 완성한 「감자 먹는 사람들」이 내가 그린 그림 중 제일 낫다고 생각해. 그 후로는 알맞은 모델을 구할 수 없었어. 그 대신 색채 문제를 고민할 기회를 가질 수 있었지.

작년에는 「장미와 해바라기가 있는 정물」을 완성하면서 분홍색, 노란색, 주황색, 찬란한 빨간색에 익숙해질 수 있었단다. 그 덕에 올 여름 「아시니에르의 음식점」을 완성하면서 과거보다 더 많은 색을 볼 수 있었어.

– 1887년 여름 –

반 고흐가 베르나르에게

이제 막 다 그린 「씨 뿌리는 사람」을 보내네. 태양만큼이나 환한 그림일세. 「별이 빛나는 밤」은 언제쯤이면 완성할 수 있을까? 완벽한 자연의 아름다움 앞에서 아무리 큰 무력감을 느끼더라도 우선 노력은 해야겠다고 다짐하네.

– 1888년 6월 –

반 고흐가 동생 테오에게

근래 아프기는 했지만 「수확하는 사람」을 드디어 완성했어. 수확하느라 뙤약볕에서 온 힘을 다하고 있는 흐릿한 인물에서 나는 죽음의 이미지를 발견하곤 해. 그래서 「씨 뿌리는 사람」과는 반대의 그림이라 해야겠지.

– 1889년 9월 5일 –

테오가 형 반 고흐에게

앵데팡당 전(展)이 열렸어. 올 초에 받은 형의 두 작품 「장미와 해바라기가 있는 정물」과 「별이 빛나는 밤」도 그곳에 전시되었어. 멀리서도 시선을 확 잡아끄는 아름다운 그림이야.

– 1889년 9월 12일 –

※ 단, 반 고흐의 작품은 위 글에 언급된 작품 외에는 없는 것으로 가정한다.

① 감자 먹는 사람들
② 별이 빛나는 밤
③ 수확하는 사람
④ 씨 뿌리는 사람
⑤ 장미와 해바라기가 있는 정물

해설

문제풀이 실마리

편지 형태의 줄글 정보 속에서 작품의 완성시점과 관련된 정보를 정리할 수 있어야 한다.

반 고흐가 여동생 윌에게

재작년 누에넨에서 완성한 「감자 먹는 사람들」(1885년)이 내가 그린 그림 중 제일 낫다고 생각해. 그 후로는 알맞은 모델을 구할 수 없었어. 그 대신 색채 문제를 고민할 기회를 가질 수 있었지.

작년에는 「장미와 해바라기가 있는 정물」을 완성(1886년)하면서 분홍색, 노란색, 주황색, 찬란한 빨간색에 익숙해질 수 있었단다. 그 덕에 올 여름 「아시니에르의 음식점」을 완성(1887년 여름)하면서 과거보다 더 많은 색을 볼 수 있었어.

– 1887년 여름 –

반 고흐가 베르나르에게

이제 막 다 그린 「씨 뿌리는 사람」(1888년 6월)을 보내네. 태양만큼이나 환한 그림일세. 「별이 빛나는 밤」은 언제쯤이면 완성할 수 있을까?(1888년 6월 이후) 완벽한 자연의 아름다움 앞에서 아무리 큰 무력감을 느끼더라도 우선 노력은 해야겠다고 다짐하네.

– 1888년 6월 –

반 고흐가 동생 테오에게

근래 아프기는 했지만 「수확하는 사람」을 드디어 완성(1889년 9월)했어. 수확하느라 뙤약볕에서 온 힘을 다하고 있는 흐릿한 인물에서 나는 죽음의 이미지를 발견하곤 해. 그래서 「씨 뿌리는 사람」(1888년 6월)과는 반대의 그림이라 해야겠지.

– 1889년 9월 5일 –

테오가 형 반 고흐에게

앵데팡당 전(展)이 열렸어. 올 초에 받은 형의 두 작품 「장미와 해바라기가 있는 정물」(1886년)과 「별이 빛나는 밤」(1888년 6월 ~ 1889년 초)도 그곳에 전시되었어. 멀리서도 시선을 확 잡아끄는 아름다운 그림이야.

– 1889년 9월 12일 –

언급된 작품들의 완성시점을 정리해 보면 다음과 같다.

순서	작품	완성시점
1	감자 먹는 사람들	1885년
2	장미와 해바라기가 있는 정물	1886년
3	아시니에르의 음식점	1887년 여름
4	씨 뿌리는 사람	1888년 6월
5	별이 빛나는 밤	1888년 6월 ~ 1889년 초
6	수확하는 사람	1889년 9월

따라서 완성시점이 두 번째로 빠른 것은 「장미와 해바라기가있는 정물」이다.

빠른 문제풀이 Tip

단순 확인만 하면 문제가 해결되는데, '빠른'의 의미를 혼동하지 않도록 주의한다.

[정답] ⑤

189 다음 그림을 보고 옳게 판단한 것을 <보기>에서 모두 고르면?

11년 5급 선책형 6번

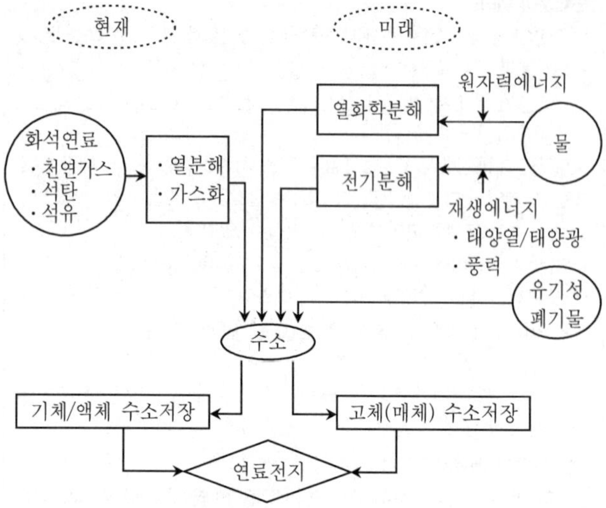

〈보 기〉

ㄱ. 현재는 석유와 천연가스 등 화석연료에서 수소를 얻고 있지만, 미래에는 재생에너지나 원자력을 활용한 수소제조법이 사용될 것이다.

ㄴ. 수소는 현재 제조 및 사용과정에서 온실가스를 발생시키지 않는 친환경에너지이며, 쉽게 구할 수 있는 물로부터 얻을 수 있다는 장점을 갖고 있다.

ㄷ. 수소저장기술은 기체나 액체 상태로 저장하는 방식과 고체(매체)로 저장하는 방식으로 나눌 수 있다.

ㄹ. 수소를 제조하는 기술에는 화석연료를 전기분해하는 방법과 재생에너지를 이용하여 물을 열분해하는 두 가지 방법이 있다.

ㅁ. 수소는 물, 석유, 천연가스 및 유기성 폐기물 등에 함유되어 있으므로, 다양한 원료로부터 생산할 수 있다는 장점을 갖고 있다.

① ㄱ, ㄴ, ㅁ　② ㄱ, ㄷ, ㄹ　③ ㄱ, ㄷ, ㅁ　④ ㄴ, ㄷ, ㅁ　⑤ ㄴ, ㄹ, ㅁ

해설

문제 분석

주어진 그림은 순서도와 같이 화석연료 등을 통해 수소를 만들고 다시 연료전지를 만드는 과정을 나타내고 있다. 그러나 순서가 논리적으로 복잡하게 연결되거나 순서를 꼬아서 낸 문제가 아니고 순서도 상의 요소만 확인하면 된다.

문제풀이 실마리

일반적인 순서도에서는 기호의 의미가 있다. 해당 〈그림〉에서는 원 또는 타원은 원료 또는 중간 산물, 네모는 제조법 또는 저장 기술, 마름모는 최종 산물을 의미한다고 해석할 수 있다. 아래 등장하는 그림에서는 해당 의미를 회색 글자로 표시하였다.

ㄱ. (O) 문제의 그림 다음과 같은 부분에서 확인할 수 있다.

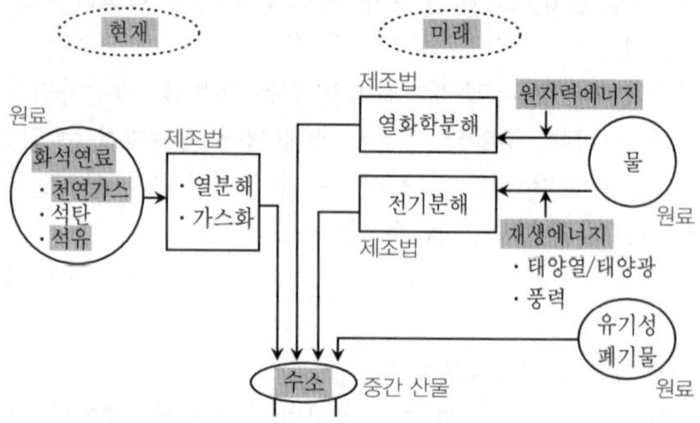

ㄴ. (X) 미래에는 물을 원료로 하여 원자력에너지를 통한 열화학분해 제조법을 통해 수소를 얻을 수 있다는 것은 그림을 통해 확인할 수 있다. 그러나 수소는 현재 제조 및 사용과정에서 온실가스를 발생시키지 않는 친환경에너지라는 것은 확인할 수 없다. 현재 제조법에서 '가스화' 부분이 온실가스를 의미한다고 해석할 수는 없다.

ㄷ. (O) 문제의 그림 다음과 같은 부분에서 확인할 수 있다.

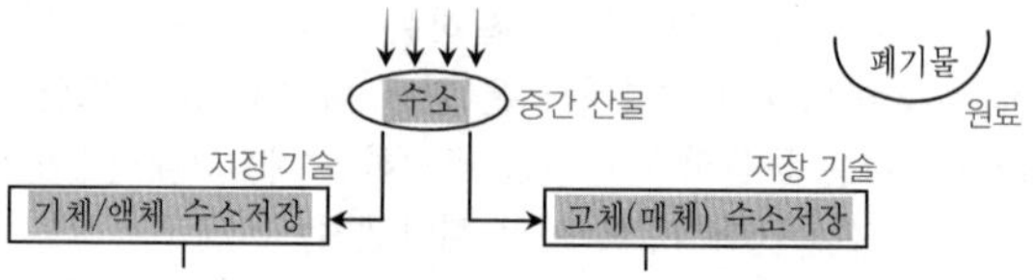

ㄹ. (X) 그림을 참고해 보기에서 틀린 부분만 확인해보면
1) 화석연료는 열분해 또는 가스화하여 수소를 생산한다.
2) 재생에너지를 이용하여 물을 전기분해한다.
3) 그림에 제시된 수소 제조법은 두 가지 이상이다.

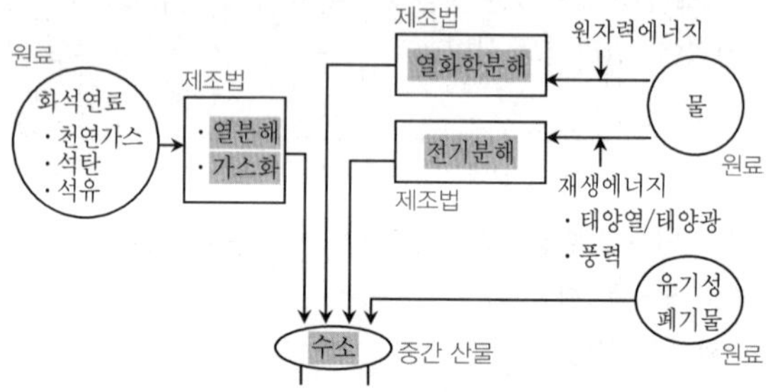

ㅁ. (O) 문제의 그림 다음과 같은 부분에서 확인할 수 있다.

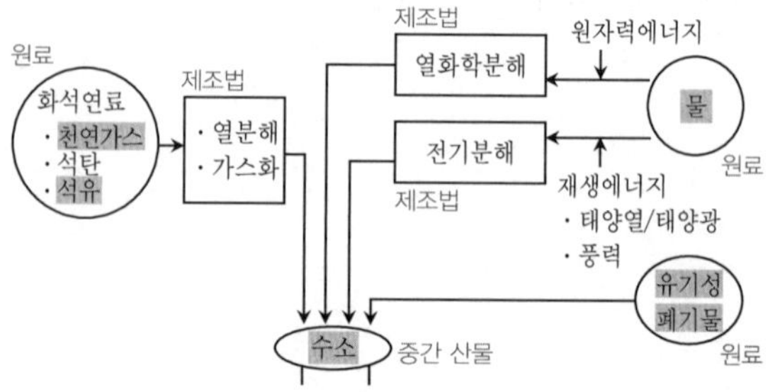

[정답] ③

190 다음 글을 근거로 판단할 때, 규칙 위반에 해당하는 것은?

21년 5급 가책형 36번

〈드론 비행 안전 규칙〉

드론을 비행하려면 다음 요건을 갖추어야 한다.

구분		기체검사	비행승인	사업등록	구분		장치신고	조종자격
이륙중량 25kg 초과	사업자	O	O	O	자체중량 12kg 초과	사업자	O	O
	비사업자	O	O	X		비사업자	O	X
이륙중량 25kg 이하	사업자	X	△	O	자체중량 12kg 이하	사업자	O	X
	비사업자	X	△	X		비사업자	X	X

※ O: 필요, X: 불필요
△: 공항 또는 비행장 중심 반경 5km 이내에서는 필요

① 비사업자인 甲은 이륙중량 20kg, 자체중량 10kg인 드론을 공항 중심으로부터 10km 떨어진 지역에서 비행승인 없이 비행하였다.

② 비사업자인 乙은 이륙중량 30kg, 자체중량 10kg인 드론을 기체검사, 비행승인을 받아 비행하였다.

③ 사업자인 丙은 이륙중량 25kg, 자체중량 12kg인 드론을 사업등록, 장치신고를 하고 비행승인 없이 비행장 중심으로부터 4km 떨어진 지역에서 비행하였다.

④ 사업자인 丁은 이륙중량 30kg, 자체중량 20kg인 드론을 기체검사, 사업등록, 장치신고, 조종자격을 갖추고 비행승인을 받아 비행하였다.

⑤ 사업자인 戊는 이륙중량 20kg, 자체중량 13kg인 드론을 사업등록, 장치신고, 조종자격을 갖추고 비행승인 없이 비행장 중심으로부터 20km 떨어진 지역에서 비행하였다.

해설

문제 분석

〈드론 비행 안전 규칙〉이 표 형태의 정보로 제시되어 있다.

문제풀이 실마리

이륙 중량, 자체중량, 사업자/비사업자 여부에 따라 기체검사, 비행승인, 사업등록 요건이 다르므로, 각 선지별 사례에 해당하는 요건을 정확하게 확인해야 한다.

구분		기체검사	비행승인	사업등록		구분		장치신고	조종자격	
이륙중량 25kg 초과	사업자	O	O	O	④	자체중량 12kg 초과	사업자	O	O	④, ⑤
	비사업자	O	O	X	②		비사업자	O	X	
이륙중량 25kg 이하	사업자	X	△	O	③, ⑤	자체중량 12kg 이하	사업자	O	X	③
	비사업자	X	△	X	①		비사업자	X	X	①, ②

① (O) 비사업자인 甲은 이륙중량 20kg, 자체중량 10kg인 드론을 비행하려면, 공항 또는 비행장 중심 반경 5km 이내에서는 비행승인이 필요하다. 따라서 공항 중심으로부터 10km 떨어진 지역에서는 비행승이 없더라도 드론을 비행할 수 있다.

② (O) 비사업자인 乙은 이륙중량 30kg, 자체중량 10kg인 드론을 비행하려면 기체검사와 비행승인 요건을 갖추어야 한다. 따라서 기체검사, 비행승인을 받았다면 드론을 비행할 수 있다.

③ (X) 사업자인 丙은 이륙중량 25kg, 자체중량 12kg인 드론을 비행하려면 사업등록, 장치신고 요건을 갖추어야 하고, 공항 또는 비행장 중심 반경 5km 이내에서는 비행승인도 필요하다. 그런데 丙은 사업등록, 장치신고는 하였지만, 비행장 중심으로부터 4km 떨어진 지역에서 비행승인 없이 비행하였으므로, 비행승인을 받지 않아서 규칙 위반에 해당한다.

④ (O) 사업자인 丁은 이륙중량 30kg, 자체중량 20kg인 드론을 비행하려면 기체검사, 비행승인, 사업등록, 장치신고, 조종자격의 다섯 가지 모든 요건을 갖추어야 한다. 따라서 기체검사, 사업등록, 장치신고, 조종자격을 갖추고 비행승인을 받았다면 드론을 비행할 수 있다.

⑤ (O) 사업자인 戊는 이륙중량 20kg, 자체중량 13kg인 드론을 비행하려면 사업등록, 장치신고, 조종자격 요건을 갖추어야 하고, 공항 또는 비행장 중심 반경 5km 이내에서는 비행승인도 필요하다. 사업등록, 장치신고, 조종자격을 갖추었으니 문제되지 않고, 공항 또는 비행장 중심 반경 5km를 초과한 비행장 중심으로부터 20km 떨어진 지역에서 비행하였으므로, 비행승인이 없더라도 문제되지 않는다.

빠른 문제풀이 Tip

각 중량은 초과/이하로 구분되어 있으므로 혼동하지 않도록 주의한다.

[정답] ③

191 다음은 피로감의 원인을 찾아가는 방법이다. 피로감의 원인이 되는 병 A~D와 병명 (가)~(마)를 적절하게 연결한 것은?

06년 5급(견습) 인책형 20번

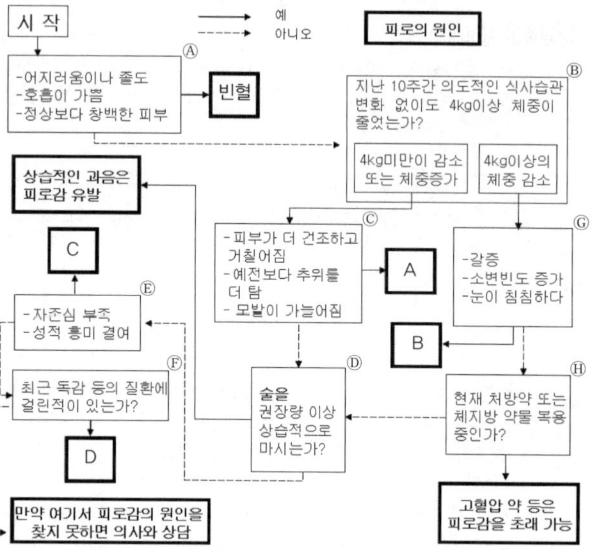

(가)는 사람을 피로하고 무기력하게 만들며 절망감에 빠지게 하고 부정적인 사고나 감정으로 모든 것을 포기하게 만들기도 한다. 또 부정적인 관점으로 자신의 상황을 정확하게 판단하지 못하게 한다.

(나)는 갑상선호르몬과 관련되는데, 갑상선호르몬이 몸 전체 세포에서의 에너지 생성에 필수적이기 때문에 이 호르몬의 부족은 신진대사의 장애를 유발하여 피로, 무기력, 체중증가, 추운 것을 참지 못하는 증상이 나타나고, 땀 분비가 줄어들어 피부가 두꺼워지며, 눈썹이 빠진다.

(다)의 증상으로는 심장이 빨리 뛰고 계단이나 언덕을 올라갈 때 쉽게 숨이 차며, 두통, 현기증, 전신쇠약, 식욕부진, 발열 등이 나타난다. 이러한 증세 외에도 혈액의 산소부족 상태를 보충하려는 심장, 폐의 활동으로 과부하가 걸리게 된다.

(라)는 바이러스에 의한 감염질환으로, 초기 4~8주간은 증상이 없이 지내는 잠복기를 거친다. 첫 증상은 무기력, 오한 등이다. 이런 증상이 3일 정도 있은 다음 인후통, 발열이 나타나, 결국 심한 인후통으로 의사를 찾게 된다.

(마)는 당이 세포 속으로 들어가지 못하므로 에너지를 만들지 못하게 되고, 따라서 에너지를 소비하는 신체 활동을 억제하기 위해 피로감을 느끼게 만든다. 당이 들어오지 않으므로 음식을 많이 먹게 되지만, 이 당이 세포 속으로 들어가지 못하고 체외로 빠져나오게 된다. 이때 삼투압 현상으로 당이 수분을 같이 끌고 빠져나가 수분이 감소된다.

	A	B	C	D
①	(나)	(라)	(가)	(마)
②	(다)	(라)	(가)	(마)
③	(나)	(마)	(다)	(라)
④	(다)	(마)	(나)	(가)
⑤	(나)	(마)	(가)	(라)

해설

문제 분석

지문에 주어진 각 병의 증상에 부합하는 내용을 주어진 도식에서 찾아 따라 가본다. 도식의 각 상자에는 Ⓐ~Ⓗ라고 표시해 두었다.

문제풀이 실마리

주어진 도식을 보면 문제에서 등장하는 병 중 빈혈을 제외하고 모두 Ⓑ 상자를 지나가는 것을 알 수 있다. 그러므로 시작 이후의 상자나 Ⓑ 상자부터 시작하는 것보다 병 A~D에 인접한 상자부터 검토하면, 보다 빠르게 병 A~D를 확정할 수 있을 것이다.

우선 (가)부터 검토해본다. (가) 병명에서 절망감, 부정적인 사고나 감정으로 모든 것을 포기하거나 부정적인 관점으로 자신의 상황을 정확하게 판단하지 못하게 하는 증상을 서술하고 있는데 이는 상자 Ⓔ에서 '자존심 부족'이라는 서술과 부합하는 것으로 해석할 수도 있다. 그러나 이는 일정 정도 확대해석한 것으로 우선 다른 병명으로 넘어가고 판단을 보류한다.

(나) 병명에서 추운 것을 참지 못하는 증상이 나타난다고 하였는데 상자 Ⓒ에서 '예전보다 추위를 더 탐'이라는 서술과 부합한다. 따라서 병 A는 병명 (나)이다. 나머지 (나)의 서술이 도식상 병 A 이전의 상자 Ⓐ, Ⓑ, Ⓒ에서 서술하는 다른 증상에 부합하는 내용은 없다. 선지 ②, ③, ④는 제거된다.

(다) 병명에서 서술하는 증상 중 숨이 찬다는 증상은 상자 Ⓐ '호흡이 가쁨'이라는 서술과 부합한다. 그리고 식욕부진이라는 증상은 상자 Ⓑ의 '지난 10주간 의도적인 식사습관 변화 없이도 4kg 이상 체중이 줄었다'라는 서술과 부합한다고 해석할 수도 있다. 이는 일정 정도 확대해석한 것이다. 그러나 이렇게 해석한다고 해도 상자 Ⓐ, Ⓑ의 서술과 부합하는 것만으로는 병 A~D 중 어떤 것에 해당하는지 알 수 없다. (다)만 검토하였더라도 선지 ②, ③, ④를 제거할 수 있다.

(라) 병명에서 서술하는 증상 중 바이러스에 의한 감염질환이라는 증상은 상자 Ⓕ '독감 등의 질환'이라는 서술과 부합한다. 따라서 병 D는 병명 (라)이다. (라)의 '무기력'과 같은 증상은 (가)의 증상과도 일치한다. 그러나 병 C는 상자 Ⓔ에서 '예'라고 답한 경우이고 병 D는 상자 Ⓔ에서 '아니오'라고 답한 경우이므로 '무기력' 증상을 자존심 부족이나 성적 흥미 결여와 같은 증상으로 해석해서는 안 된다. 선지 ①은 제거된다. 정답은 ⑤이다.

(마) 병명에서 서술하는 증상 중 당이 수분을 같이 끌고 빠져나가 수분이 감소한다는 증상은 상자 Ⓖ '갈증', '소변빈도 증가'라는 서술과 부합한다. 병 B는 병명 (마)이다. 나머지 (마)의 서술이 도식상 병 B 이전의 상자 Ⓐ, Ⓑ, Ⓖ에서 서술하는 다른 증상에 부합하는 내용은 없다.

다른 병과 병명이 확정되었으므로 병 C가 병명 (가)임을 확인한다.

[정답] ⑤

192 다음 <표>는 인터넷 쇼핑몰 이용약관의 주요내용이다. 아래 <보기>에서 (가), (나), (다), (라)를 구입한 쇼핑몰을 올바르게 연결한 것은? 09년 5급 극책형 17번

〈표〉 이용약관의 주요내용

쇼핑몰	주문 취소	환불	배송비	포인트 적립
A	주문 후 7일 이내 취소 가능	10 % 환불수수료+송금수수료 차감	무료	구입금액의 3%
B	주문 후 10일 이내 취소 가능	환불수수료+송금수수료 차감	20만 원 이상 무료	구입금액의 5%
C	주문 후 7일 이내 취소 가능	환불수수료+송금수수료 차감	1회 이용시 1만 원	없음
D	주문 후 당일에만 취소 가능	환불수수료+송금수수료 차감	5만 원 이상 무료	없음
E	취소 불가능	고객 귀책사유에 의한 환불시에만 10% 환불수수료	1만 원 이상 무료	구입금액의 10 %
F	취소 불가능	원칙적으로 환불 불가능 (사업자 귀책사유일 때만 환불 가능)	100g당 2,500원	없음

〈보 기〉

ㄱ. 철수는 부모님의 선물로 (가)를 구입하였는데, 판매자의 업무착오로 배송이 지연되어 판매자에게 전화로 환불을 요구하였다. 판매자는 판매금액 그대로를 통장에 입금해 주었고 구입 시 발생한 포인트도 유지하여 주었다.

ㄴ. 영희는 (나)를 구매할 때 배송료를 고려하여 한 가지씩 여러 번에 나누어 구매하기보다는 가능한 한 한꺼번에 주문하곤 하였다.

ㄷ. 인터넷 사이트에서 (다)를 20,000원에 주문한 민수는 다음날 같은 물건을 18,000원에 파는 가게를 발견하고 전날 주문한 물건을 취소하려 했지만 취소가 되지 않아 곤란을 겪은 적이 있다.

ㄹ. (라)를 10만 원에 구매한 철호는 도착한 물건의 디자인이 마음에 들지 않아 환불 및 송금수수료와 배송료를 감수하는 손해를 보면서도 환불할 수밖에 없었다.

	(가)	(나)	(다)	(라)
①	E	B	C	D
②	F	E	D	B
③	E	D	F	C
④	F	C	E	B
⑤	B	A	D	C

해설

문제 분석

〈표〉에는 6개의 쇼핑몰을 구분할 수 있는 4가지 기준이 주어져있고, 이를 각 〈보기〉의 상황과 매칭시켜야 한다.

문제풀이 실마리

쇼핑몰의 종류도 많고, 각 〈보기〉의 내용도 많기 때문에 직접 해결하려면 상당한 시간이 소요될 수밖에 없고, 그렇기 때문에 매칭형의 문제는 선지를 잘 활용해야 한다.

ㄱ. 철수는 부모님의 선물로 (가)를 구입하였는데, 판매자의 업무착오로 배송이 지연되어 판매자에게 전화로 환불을 요구하였다. 판매자는 판매금액 그대로를 통장에 입금해 주었고(E, F 가능) 구입 시 발생한 포인트(A, B, E가 가능)도 유지하여 주었다. → E: 선지 ①, ③만 가능

ㄴ. 영희는 (나)를 구매할 때 배송료를 고려하여 한 가지씩 여러 번에 나누어 구매하기보다는 가능한 한 한꺼번에 주문하곤 하였다. → 배송비가 무료이거나 일정 기준(금액, 횟수)에 따라 무료가 되는 B, C, D, E: 선지 ①, ③ 둘 다 가능

ㄷ. 인터넷 사이트에서 (다)를 20,000원에 주문한 민수는 다음날 같은 물건을 18,000원에 파는 가게를 발견하고 전날 주문한 물건을 취소하려 했지만 취소가 되지 않아 곤란을 겪은 적이 있다. → 취소가 되지 않는 경우가 생기는, 즉 주문 당일만 취소가 가능하여 주문 다음날부터는 취소가 불가능하거나(D), 처음부터 취소 자체가 불가능한(E, F) 쇼핑몰: 선지 ③만 가능하므로 정답은 선지 ③이다.
즉, 선지를 잘 활용하면 보기 ㄱ에서 선지가 ①, ③ 두 개만 남게 되고, 보기 ㄹ을 보지 않고도 보기 ㄷ에서 선지 ③으로 답이 도출된다.

ㄹ. (라)를 10만 원에 구매한 철호는 도착한 물건의 디자인이 마음에 들지 않아 환불 및 송금수수료(B, C)와 배송료(B, C, F)를 감수하는 손해를 보면서도 환불할 수밖에 없었다. → B, C

빠른 문제풀이 Tip

- 매칭형 문제는 선지를 활용하면 보다 빠른 해결이 가능하다.
- 각 〈보기〉별 상황이 잘 구분되어야 한다.
- 하나의 보기에 복수의 쇼핑몰이 해당할 수 있다는 점이 특이하고 어려운 점이다.

더 생각해보기

- 주문 취소기간에 따른 쇼핑몰 간의 차이는 활용하지 않았다.
- 환불수수료나 포인트 적립, 배송비 등은 응용해서 계산하게 만들기 좋은 소재이나, 이 역시 활용하지 않았다.

[정답] ③

193 다음은 새로운 주소 부여 원칙이다. 이 원칙에 따를 경우 <보기>에서 옳은 것을 모두 고르면? 11년 민경채(실험) 9번

○ 주소 부여 원칙
특별시 또는 광역시 · 도명 + 시 · 군 · 구명 + 도로명 + 건물번호

○ 도로명 부여 원칙
- 대로: 폭 8차선, 길이 4km 이상
- 로: 폭 2~7차선, 길이 2km 이상
- 길: 대로, 로 이외의 도로

○ 건물번호 부여 원칙
- 도로의 시작점에서 끝점까지 20미터 간격으로 도로의 왼쪽은 홀수번호, 오른쪽은 짝수번호로 기초번호를 부여
- 해당 건축물의 주된 출입구가 접하고 있는 도로구간에 대하여 기초번호를 기준으로 건물번호를 부여
(예 기초번호가 2면, 건물번호 2를 부여)

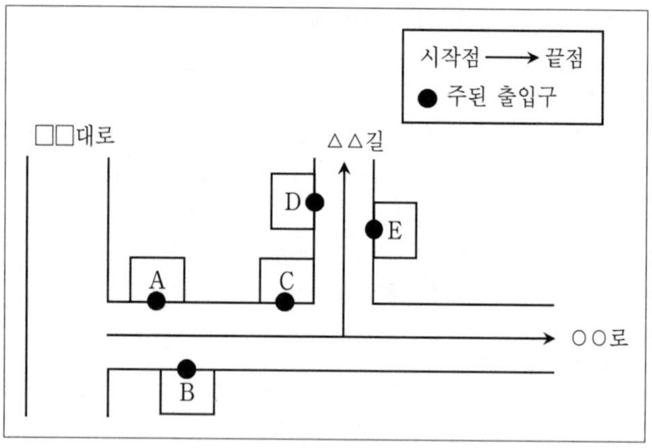

〈보 기〉

ㄱ. A건물과 B건물 사이의 도로폭은 D건물과 E건물 사이의 도로폭보다 넓다.
ㄴ. 건물번호가 홀수인 것은 A, C, D이다.
ㄷ. C건물과 D건물 주소상의 도로명은 다르다.
ㄹ. 출입구가 두 개 이상인 C건물은 서로 다른 두 개 이상의 주소를 사용할 수 있다.

① ㄱ, ㄴ
② ㄱ, ㄷ
③ ㄴ, ㄷ
④ ㄷ, ㄹ
⑤ ㄱ, ㄴ, ㄷ

해설

문제 분석

지문의 새로운 주소 부여 원칙에 따라 건물번호를 부여하는 데 검토해야 하는 순서를 정리해보면 다음과 같다.
1) 도로명 부여 원칙: 대로, 로, 길의 구분
2) 도로의 시작점과 끝점
3) 건축물의 주된 출입구
4) 왼쪽인지 오른쪽인지, 간격에 따라 건물번호를 부여
2), 3)은 순서가 바뀌어도 무방하다.

문제풀이 실마리

발문에서 새로운 주소 부여 원칙이라고 소개한 지문의 내용은 도로명 주소 부여 원칙에 관한 내용이다. 지문의 내용 중 주소 부여 원칙 중 특별시 또는 광역시 · 도명, 시 · 군 · 구명에 대해서는 특별히 신경 쓸 필요가 없다. 도로명과 건물번호의 부여 원칙에 대해서는 자세히 설명하고 있으나 〈보기〉의 내용들이 전반적으로 지문의 그림에 나와 있는 건물의 구체적인 도로명 주소를 묻는 것이 아니고, 해당 원칙을 이해하고 있는지에 대해 묻고 있다. 보기 ㄴ만 건물번호가 홀수인지 짝수인지 정도를 판단하면 된다.

ㄱ. (O) A건물과 B건물 사이의 도로는 ○○로이고, D건물과 E건물 사이의 도로는 △△길이다. 도로명 부여 원칙에서 '대로'는 폭 8차선, '로'는 폭 2~7차선, '길'은 대로, 로 이외의 도로라고 순차적으로 정의한 점(길의 폭이 9차선 이상은 아닌 것으로 가정), 차선의 수로 도로의 폭을 정의(구체적인 길이 단위로 폭을 측정하는 것이 아님)한 점에 비추어 생각해보면 대로에서 로, 길로 갈수록 폭이 좁아질 것이라고 추론할 수 있다. 따라서 '○○로'가 '△△길'보다 폭이 넓다. 물론 이러한 추론이 성립하기 위해서는 괄호 안에서 언급한 내용의 가정이 필요하다.

ㄴ. (O) 건물번호 부여 원칙에 따르면 해당 건축물의 주된 출입구가 접하고 있는 도로를 기준으로 왼쪽은 홀수번호, 오른쪽은 짝수번호로 기초번호를 부여하고 기초번호를 기준으로 건물번호를 부여한다. 따라서 건물의 주된 출입구가 도로의 왼쪽에 있는 건물 A, C, D는 건물번호가 홀수이고, 건물의 주된 출입구가 도로의 오른쪽에 있는 건물 B, E는 건물번호가 짝수이다.

ㄷ. (O) C건물의 주된 출입구가 접하고 있는 도로는 ○○로이고, D건물의 주된 출입구가 접하고 있는 도로는 △△길이다. 따라서 두 건물의 주소상의 도로명은 다르다.

ㄹ. (X) 건물번호 부여 원칙에 따르면 건축물의 주된 출입구가 접하고 있는 도로구간에 대하여 기초번호를 기준으로 건물번호를 부여하므로 C건물의 출입구가 두 개 이상인 경우라도 주된 출입구를 기준으로 한 새로운 주소가 부여되고 서로 다른 두 개 이상의 주소를 사용할 수 있다는 내용은 없다.

빠른 문제풀이 Tip

유사한 소재로 도로명 주소를 소재로 한 문제로는 13년 5급 인책형 3번 문제가 있다. 해당 문제도 구체적인 도로명 주소를 직접 도출한다기보다는 지문에 주어진 규칙을 선지에서 확인하는 유형의 문제이다.

[정답] ⑤

194 **다음 글을 근거로 판단할 때, <보기>에서 옳은 것만을 모두 고르면?** 21년 민경채 나책형 7번

A지역에는 독특한 결혼 풍습이 있다. 남자는 4개의 부족인 '잇파이 · 굼보 · 물으리 · 굿피'로 나뉘어 있고, 여자도 4개의 부족인 '잇파타 · 뿌타 · 마타 · 카포타'로 나뉘어 있다. 아래 〈표〉는 결혼을 할 수 있는 부족과 그 사이에서 출생하는 자녀가 어떤 부족이 되는지를 나타낸다. 예컨대 '잇파이' 남자는 '카포타' 여자와만 결혼할 수 있고, 그 사이에 낳은 아이가 남아면 '물으리', 여아면 '마타'로 분류된다. 모든 부족에게는 결혼할 수 있는 서로 다른 부족이 1 : 1로 대응하여 존재한다.

〈표〉

결혼할 수 있는 부족		자녀의 부족	
남자	여자	남아	여아
잇파이	카포타	물으리	마타
굼보	마타	굿피	카포타
물으리	뿌타	잇파이	잇파타
굿피	잇파타	굼보	뿌타

〈보 기〉

ㄱ. 물으리와 뿌타의 친손자는 뿌타와 결혼할 수 있다.
ㄴ. 잇파이와 카포타의 친손자는 굿피이다.
ㄷ. 굼보와 마타의 외손녀는 카포타이다.
ㄹ. 굿피와 잇파타의 친손녀는 물으리와 결혼할 수 있다.

① ㄱ
② ㄱ, ㄹ
③ ㄷ, ㄹ
④ ㄱ, ㄴ, ㄷ
⑤ ㄴ, ㄷ, ㄹ

해설

문제 분석

〈보기〉에서 주어진 부족 간의 결혼과 '친손자', '외손녀', '친손녀'라는 표현으로부터 자녀와 손자녀의 성별을 알아내어야 한다.

ㄱ. (O) 친손자는 자녀가 '남아', 손자녀가 '남아'인 경우이다. 물으리와 뿌타의 남아는 잇파이 부족이다. 잇파이 부족 남자는 카포타 부족 여자와 결혼할 수 있으며 남아는 물으리 부족이다. 물으리와 뿌타의 친손자인 물으리 부족 남자는 뿌타 부족 여자와 결혼할 수 있다. 이하는 〈표〉의 내용을 선지의 내용대로 정리한 것이다.

남자	여자	남아	여아
물으리	뿌타	잇파이	잇파타
잇파이	카포타	물으리	마타
물으리	뿌타		

ㄴ. (X) 친손자는 자녀가 '남아', 손자녀가 '남아'인 경우이다. 잇파이와 카포타의 남아는 물으리 부족이다. 물으리 부족 남자는 뿌타 부족 여자와 결혼할 수 있으며 남아는 굿피 부족이 아닌 잇파이 부족이다.

남자	여자	남아	여아
잇파이	카포타	물으리	마타
물으리	뿌타	잇파이	잇파타

ㄷ. (X) 외손녀는 자녀가 '여아', 손자녀가 '여아'인 경우이다. 굼보와 마타의 여아는 카포타 부족이다. 카포타 부족 여자는 잇파이 부족 남자와 결혼할 수 있으며 여아는 카포타 부족이 아닌 마타 부족이다.

남자	여자	남아	여아
굼보	마타	굿피	카포타
잇파이	카포타	물으리	마타

ㄹ. (X) 친손녀는 자녀가 '남아', 손자녀가 '여아'인 경우이다. 굿피와 잇파타의 남아는 굼보 부족이다. 굼보 부족 남자는 마타 부족 여자와 결혼할 수 있으며 여아는 카포타 부족이다. 굿피와 잇파타의 친손녀인 카포타 부족 여자는 물으리 부족 남자가 아니라 잇파이 부족 남자와 결혼할 수 있다.

남자	여자	남아	여아
굿피	잇파타	굼보	뿌타
굼보	마타	굿피	카포타
잇파이	카포타		

빠른 문제풀이 Tip

〈표〉의 내용을 모계 또는 부계로 따라가 보면 특정 부족이 반복되어 나타나는 것을 알 수 있다. 예를 들어 카포타의 여아는 마타, 마타의 여아는 카포타이므로 카포타 → 마타 → 카포타 → 마타와 같이 반복된다. 그러나 이와 같은 규칙을 〈보기〉에 적용하기 이전에 각 보기에 대한 판단을 다 할 수 있을 것으로 보인다.

[정답] ①

195 **다음 글을 근거로 판단할 때 옳지 않은 것은?**

16년 민경채 5책형 25번

○○군에서는 관내 임업인 중 정부 보조금 지원 대상자를 선정하기 위하여 〈평가기준〉을 홈페이지에 게시하였다. 이에 임업인 甲, 乙, 丙, 丁이 관련 서류를 완비하여 보조금 지원을 신청하였으며, ○○군은 평가를 거쳐 〈선정결과〉를 발표하였다.

〈평가기준〉

구분	평가항목	배점기준		배점	평가자료
1	보조금 수급 이력	없음		40	정부 보유자료
		있음	3백만 원 미만	26	
			3백만 원 이상	10	
2	임산물 판매규모	2천만 원 이상		30	2015년 연간 판매액 증빙자료
		1천만 원 이상 2천만 원 미만		25	
		5백만 원 이상 1천만 원 미만		19	
		5백만 원 미만		12	
3	전문임업인	해당		10	군청 보유자료
		해당 없음		5	
4	임산물 관련 교육 이수	해당		10	이수증, 수료증
		해당 없음		5	
5	2015년 산림청 통계조사 표본농가	해당		10	산림청 보유자료
		해당 없음		7	

□ 선정기준: 평가기준에 따른 총점이 가장 높은 임업인 1인

□ 임업인이 제출해야 할 서류
- ○ 2번 항목: 2015년 임산물 판매 영수증, 세금계산서
- ○ 4번 항목: 이수증 또는 수료증

□ 선정제외 대상: 보조금을 부당하게 사용하였거나 관련 법령을 위반한 자

□ 동점 시 우선 선정기준
1. 보조금 수급 이력 점수가 높은 자
2. 임산물 판매규모 점수가 높은 자
3. 연령이 높은 자

〈선정결과〉

항목 / 임업인	1	2	3	4	5	총점	선정여부
甲	40	25	10	5	7	87	×
乙	40	19	5	10	10	84	×
丙	40	19	10	5	10	84	○
丁	26	30	5	10	7	78	×

① 甲은 관련 법령을 위반한 적이 있을 것이다.

② 甲과 丁은 2015년 산림청통계조사 표본농가에 포함되지 않았을 것이다.

③ 乙이 관련 법령위반 경력이 없다면, 丙은 乙보다 연령이 높을 것이다.

④ 丁은 300만 원 이상에 해당되는 보조금 수급 이력 서류를 제출하였을 것이다.

⑤ 乙과 丁은 임산물 관련 교육 이수 사실 증명을 위해 이수증이나 수료증을 제출하였을 것이다.

해설

문제 분석

관내 임업인 중 정부 보조금 지원 대상자를 선정하기 위한 평가기준, 선정기준, 선정 제외 대상, 제출해야 할 서류 등이 제시되어 있다.

문제풀이 실마리

〈선정결과〉에 각 임업인의 항목별 점수가 제시되어 있고, 최종적으로 丙이 선정되었음을 토대로 각 선지별 상황을 추론해야 한다.

① (O) 甲은 총점이 87점으로 가장 높고, 관련 서류도 완비하여 보조금 지원을 신청했음에도 불구하고 선정되지 못했다. 이는 甲은 '선정제외 대상'에 해당된 경우에 가능한 상황이다. 선정제외 대상이 되려면 보조금을 부당하게 사용하였거나 관련 법령을 위반한 자여야 한다. 그런데 甲의 평가기준 1번, '보조금 수급 이력' 점수가 40점이라는 것은 보조금 수급 이력이 없다는 의미이므로 보조금을 부당하게 사용하여 선정제외 대상이 된 것은 아님을 알 수 있다. 따라서 甲은 관련 법령을 위반한 적이 있어 보조금 선정제외 대상이 되었을 것임을 알 수 있다.

② (O) 2015년 산림청통계조사 표본농가에 포함되었는지 여부는 〈평가기준〉 5번, '2015년 산림청 통계조사 표본농가'의 평가항목에서 확인할 수 있다. 甲과 丁은 해당 평가항목 점수가 둘 다 7점이므로 2015년 산림청통계조사 표본농가에 포함되지 않았을 것임을 알 수 있다.

③ (O) 乙과 丙은 둘 다 총점이 84점으로 동점이지만, 丙이 선정되고, 乙은 선정되지 않았다. 이때 선지의 가정과 같이 乙이 관련 법령위반 경력이 없다면, 보조금 수급 이력 점수도 40점이기 때문에 보조금을 부당하게 사용한 사유도 없으므로 선정제외 대상이 되는 두 가지 사유에 해당하지 않음에도 최종적으로 선정되지 않았음을 알 수 있다.

이에 따라 乙이 선정되지 못한 이유는, 동점 시 우선 선정기준에 따라 결정된 것이므로 동점시 우선 선정기준을 정리하면 다음과 같다.

〈선정기준 1〉 보조금 수급 이력 점수가 높은 자: 평가항목 1번, '보조금 수급 이력'에 따라 乙과 丙의 점수는 40점으로 동일하다.

〈선정기준 2〉 임산물 판매규모 점수가 높은 자: 평가항목 2번, '임산물 판매규모'에 따라 乙과 丙의 점수는 19점으로 역시 동일하다.

〈선정기준 3〉 연령이 높은 자: 앞선 선정기준 1, 2에서 선정이 되지 못하므로 丙이 乙보다 연령이 높아 최종적으로 선정되었다는 판단이 가능하다.

따라서 선정되지 않은 乙이 관련법령위반 경력이 없다면, 丙은 乙보다 연령이 높을 것임을 알 수 있다.

④ (X) 보조금 수급 이력 서류를 제출했는지 여부는 평가기준 1번, '보조금 수급 이력'에서 확인할 수 있다. 丁의 1번 항목 점수는 26점으로 300만 원 미만의 보조금 수급 이력이 있으므로 평가자료인 정부의 보유자료를 제출해야 한다. 이때 지문에서 관련 서류를 완비하여 보조금 지원을 신청하였다고 했으므로 보조금 수급 이력 서류를 제출했으나, 丁은 300만 원 '이상'이 아닌 300만 원 '미만'에 해당되는 보조금 수급 이력 서류를 제출했을 것임을 알 수 있다.

⑤ (O) 임산물 관련 교육 이수 사실 증명을 위해 이수증이나 수료증을 제출하였는지 여부는 평가기준 4번, '임산물 관련 교육 이수'에서 확인할 수 있다. 乙과 丁의 해당 항목 점수를 보면 10점으로 교육 이수에 해당한다. 관련 서류를 완비하여 보조금 지원을 신청했으므로 乙과 丁은 임산물 관련 교육 이수 사실 증명을 위해 이수증이나 수료증을 제출했을 것임을 알 수 있다.

[정답] ④

196 **다음 글과 <상황>을 근거로 판단할 때, 갑돌이가 할 수 없는 행위는?** 20년 민경채 가책형 25번

'AD카드'란 올림픽 및 패럴림픽에서 정해진 구역을 출입하거나 차량을 탑승하기 위한 권한을 증명하는 일종의 신분증이다. 모든 관계자들은 반드시 AD카드를 패용해야 해당 구역에 출입하거나 차량을 탑승할 수 있다. 아래는 AD카드에 담긴 정보에 대한 설명이다.

〈AD카드 예시〉

<table>
<tr><td>대회구분</td><td>○ ⅰ)올림픽 AD카드에는 다섯 개의 원이 겹쳐진 '오륜기'가, ⅱ)패럴림픽 AD카드에는 세 개의 반달이 나열된 '아지토스'가 부착된다.
○ 올림픽 기간 동안에는 올림픽 AD카드만이, 패럴림픽 기간 동안에는 패럴림픽 AD카드만이 유효하다.
○ 두 대회의 기간은 겹치지 않는다.</td></tr>
<tr><td>탑승권한</td><td>○ AD카드 소지자가 탑승 가능한 교통서비스를 나타낸다. 탑승권한 코드는 복수로 부여될 수 있다.<table><tr><th>코드</th><th>탑승 가능 교통서비스</th></tr><tr><td>T1</td><td>VIP용 지정차량</td></tr><tr><td>TA</td><td>선수단 셔틀버스</td></tr><tr><td>TM</td><td>미디어 셔틀버스</td></tr></table></td></tr>
<tr><td>시설입장
권한</td><td>○ AD카드 소지자가 입장 가능한 시설을 나타낸다. 시설입장권한 코드는 복수로 부여될 수 있다.<table><tr><th>코드</th><th>탑승 가능 교통서비스</th></tr><tr><td>IBC</td><td>국제 방송센터</td></tr><tr><td>HAL</td><td>알파인 경기장</td></tr><tr><td>HCC</td><td>컬링센터</td></tr><tr><td>OFH</td><td>올림픽 패밀리 호텔</td></tr><tr><td>ALL</td><td>모든 시설</td></tr></table></td></tr>
<tr><td>특수구역
접근권한</td><td>○ AD카드 소지자가 시설 내부에서 접근 가능한 특수구역을 나타낸다. 특수구역 접근권한 코드는 복수로 부여될 수 있다.<table><tr><th>코드</th><th>접근 가능 구역</th></tr><tr><td>2</td><td>선수준비 구역</td></tr><tr><td>4</td><td>프레스 구역</td></tr><tr><td>6</td><td>VIP 구역</td></tr></table></td></tr>
</table>

〈상 황〉

갑돌이는 올림픽 및 패럴림픽 관계자이다. 다음은 갑돌이가 패용한 AD카드이다.

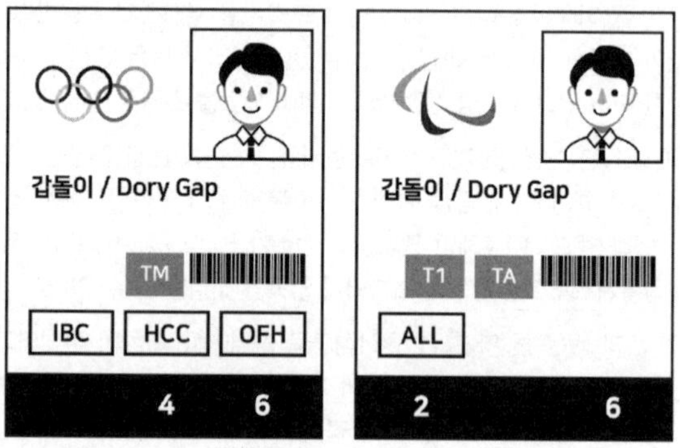

① 패럴림픽 기간 동안 알파인 경기장에 들어간다.
② 패럴림픽 기간 동안 VIP용 지정차량에 탑승한다.
③ 올림픽 기간 동안 올림픽 패밀리 호텔에 들어간다.
④ 올림픽 기간 동안 컬링센터 내부에 있는 선수준비 구역에 들어간다.
⑤ 올림픽 기간 동안 미디어 셔틀버스를 타고 이동한 후 국제 방송센터에 들어간다.

해설

문제 분석

올림픽과 패럴림픽 대회는 〈AD카드 예시〉에서 대회구분이라고 되어 있는 구역에 있는 그림을 통해 구분한다. ⅰ) 올림픽 AD카드에는 '오륜기'가, ⅱ) 패럴림픽 AD카드에는 '아지토스'가 부착된다.

문제풀이 실마리

〈상황〉에서 왼쪽 카드의 그림은 다섯 개의 원이 겹쳐진 '오륜기'로 올림픽 AD카드, 오른쪽 카드의 그림은 세 개의 반달이 나열된 '아지토스'로 패럴림픽 AD카드에 해당한다. 나머지 권한에 관한 코드 내용에 따라 선지를 판단한다.

① (O) 패럴림픽 기간 동안 알파인 경기장에 들어가기 위해선 시설입장 권한 코드 HAL 또는 ALL이 부여되어야 한다. 갑돌이의 패럴림픽 AD카드에 코드 ALL이 부여되었기 때문에 갑돌이는 패럴림픽 기간 동안 알파인 경기장에 들어갈 수 있다.

② (O) 패럴림픽 기간 동안 VIP용 지정차량에 탑승하기 위해선 탑승권한 코드 T1이 부여되어야 한다. 갑돌이의 패럴림픽 AD카드에 코드 T1과 TA가 부여되었기 때문에 갑돌이는 패럴림픽 기간 동안 VIP용 지정차량에 탑승할 수 있다.

③ (O) 올림픽 기간 동안 올림픽 패밀리 호텔에 들어가기 위해선 시설입장 권한 코드 OFH 또는 ALL이 부여되어야 한다. 갑돌이의 올림픽 AD카드에 코드 OFH가 부여되었기 때문에 갑돌이는 올림픽 기간 동안 올림픽 패밀리 호텔에 들어갈 수 있다.

④ (X) 올림픽 기간 동안 컬링센터 내부에 있는 선수준비 구역에 들어가기 위해선 시설권한 코드 HCC 또는 ALL과 특수구역 접근권한 코드 2가 부여되어야 한다. 갑돌이의 올림픽 AD카드에 코드 HCC는 부여되었지만 코드 2는 부여되지 않았기 때문에, 갑돌이는 올림픽 기간 동안 컬링센터는 들어갈 수 있지만 컬링센터 내부에 있는 선수준비 구역에는 들어갈 수 없다.

⑤ (O) 올림픽 기간 동안 미디어 셔틀버스를 타고 이동한 후 국제 방송센터에 들어가기 위해선 탑승권한 코드 TM과 시설입장 권한 코드 IBC또는 ALL이 부여되어야 한다. 갑돌이의 올림픽 AD카드에 코드 TM과 코드 IBC가 부여되었기 때문에 갑돌이는 올림픽 기간 동안 미디어 셔틀버스를 타고 이동한 후 국제 방송센터에 들어갈 수 있다.

각 선지에서 사용된 코드를 〈상황〉의 그림에서 나타내면 다음과 같다.

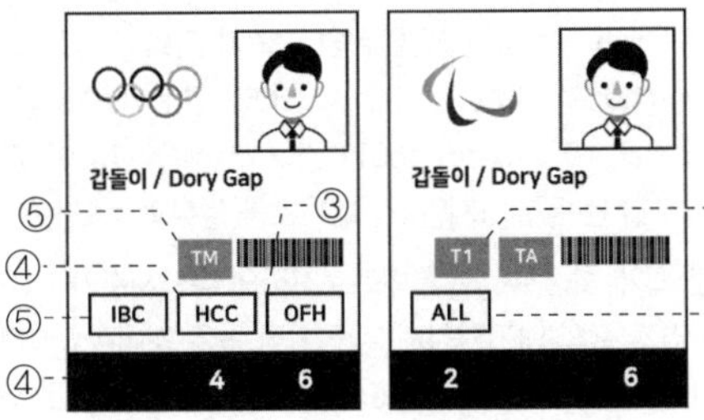

[정답] ④

197 다음 글을 근거로 판단할 때, <보기>에서 옳은 것만을 모두 고르면? 17년 민경채 나책형 14번

> i) A국과 B국은 대기오염 정도를 측정하여 통합지수를 산정하고 이를 바탕으로 경보를 한다.
>
> ii) A국은 5가지 대기오염 물질 농도를 각각 측정하여 대기환경지수를 산정하고, 그 평균값을 통합지수로 한다. 통합지수의 범위에 따라 호흡 시 건강에 미치는 영향이 달라지며, 이를 기준으로 그 등급을 아래와 같이 6단계로 나눈다.
>
> 〈A국 대기오염 등급 및 경보기준〉
>
> | 등급 | 좋음 | 보통 | 민감군에게 해로움 | 해로움 | 매우 해로움 | 심각함 |
> |---|---|---|---|---|---|---|
> | 통합지수 | 0~50 | 51~100 | 101~150 | 151~200 | 201~300 | 301~500 |
> | 경보색깔 | 초록 | 노랑 | 주황 | 빨강 | 보라 | 적갈 |
> | 행동지침 | 외부활동 가능 | | 외부활동 자제 | | | |
>
> ※ 민감군: 노약자, 호흡기 환자 등 대기오염에 취약한 사람
>
> iii) B국은 A국의 5가지 대기오염 물질을 포함한 총 6가지 대기오염 물질의 농도를 각각 측정하여 대기환경지수를 산정하고, 이 가운데 가장 높은 대기환경지수를 통합지수로 사용한다. 다만 오염물질별 대기환경지수 중 101 이상인 것이 2개 이상일 경우에는 가장 높은 대기환경지수에 20을 더하여 통합지수를 산정한다. 통합지수는 그 등급을 아래와 같이 4단계로 나눈다.
>
> 〈B국 대기오염 등급 및 경보기준〉
>
> | 등급 | 좋음 | 보통 | 나쁨 | 매우 나쁨 |
> |---|---|---|---|---|
> | 통합지수 | 0~50 | 51~100 | 101~250 | 251~500 |
> | 경보색깔 | 파랑 | 초록 | 노랑 | 빨강 |
> | 행동지침 | 외부활동 가능 | | 외부활동 자제 | |

〈보 기〉

ㄱ. A국과 B국의 통합지수가 동일하더라도, 각 대기오염 물질의 농도는 다를 수 있다.
ㄴ. B국의 통합지수가 180이라면, 6가지 대기오염 물질의 대기환경지수 중 가장 높은 것은 180 미만일 수 없다.
ㄷ. A국이 대기오염 등급을 '해로움'으로 경보한 경우, 그 정보만으로는 특정 대기오염 물질 농도에 대한 정확한 수치를 알 수 없을 것이다.
ㄹ. B국 국민이 A국에 방문하여 경보색깔이 노랑인 것을 확인하고 B국의 경보기준을 따른다면, 외부활동을 자제할 것이다.

① ㄱ, ㄴ
② ㄱ, ㄷ
③ ㄴ, ㄹ
④ ㄱ, ㄷ, ㄹ
⑤ ㄴ, ㄷ, ㄹ

해설

문제 분석

문단 순서대로 문단 i), 문단 ii), 문단 iii)이라 한다. 주어진 내용을 정리해 보면 다음과 같다.

구분	A국	B국
대기환경지수 산정방법	5가지 대기오염 물질 농도를 각각 측정하여 대기환경지수를 산정	B국은 A국의 5가지 대기오염 물질을 포함한 총 6가지 대기오염 물질의 농도를 각각 측정하여 대기환경지수를 산정
통합지수의 의미	대기환경지수의 평균값을 통합지수로 사용	대기환경지수 중 최고값을 통합지수로 사용 다만 오염물질별 대기환경지수 중 101 이상인 것이 2개 이상일 경우에는 가장 높은 대기한경지수에 20을 더하여 통합지수를 산정

문단 ii) 첫 번째 문장에 따르면 A국은 5가지 대기환경지수의 평균값을 통합지수로 한다. 이하의 설명을 위해 A국의 통합지수를 A라고 하면 다음과 같이 정리할 수 있다.

5가지 대기오염 물질의 대기환경지수: A_1, A_2, A_3, A_4, A_5

$$통합지수=\frac{A_1, A_2, A_3, A_4, A_5}{5}=A$$

문단 iii) 첫 번째 문장에 따르면 B국은 6가지 대기환경지수 중 최댓값을 통합지수로 사용한다. B국의 통합지수를 B라고 하면 다음과 같이 정리할 수 있다.

6가지 대기오염 물질의 대기환경지수: B_1, B_2, B_3, B_4, B_5, B_6

통합지수$=Max[B_1, B_2, B_3, B_4, B_5, B_6]=B$

문단 iii) 두 번째 문장의 예외에 주의한다. 예를 들어 $B_1=120$, $B_2=B_3=B_4=B_5=B_6=100$이라면 $B=120$이지만, $B_1=120$, $B_2=B_3=110$, $B_4=B_5=B_6=100$이라면 B_2와 B_3가 101 이상이므로 가장 높은 대기환경지수 B_1에 20을 더한다. 따라서 $B=140$이다.

문제풀이 실마리

대기오염의 등급 및 경보기준은 문제에서도 표로 정리되어 있어 차이를 보기에 어렵지 않을 것이다.

ㄱ. (O) A국은 5가지 대기오염 물질 농도를 각각 측정하여 대기환경지수를 산정하고, 그 '평균값'을 통합지수로 한다. B국은 A국의 5가지 대기오염 물질을 포함한 총 6가지 대기오염 물질의 농도를 각각 측정하여 대기환경지수를 산정하고, 이 가운데 가장 높은, 즉 '최고값'을 대기환경지수를 통합지수로 사용한다. A국의 통합지수 산정방법인 대기환경지수의 평균값과 B국의 통합지수 산정방법인 대기환경지수의 최댓값이 같은 경우라도 각 대기오염물질의 농도가 다를 수 있다. 예를 들어 $A_1=120$, $A_2=110$, $A_3=100$, $A_4=90$, $A_5=80$인 경우 $A=100$이다. 그리고 $B_1=100$, $B_2=B_3=B_4=B_5=B_6=50$인 경우 $B=100$이다. 이 경우 A국과 B국의 통합지수는 동일하지만, 각 대기오염 물질의 농도는 다르다.

ㄴ. (X) 반례를 쉽게 찾을 수 있다. 반례는 B국의 통합지수가 180일 때, 6가지 대기오염 물질의 대기환경지수 중 가장 높은 것이 180 미만일 수 있음을 보이면 된다. B국은 A국의 5가지 대기오염 물질을 포함한 총 6가지 대기오염 물질의 농도를 각각 측정하여 대기환경지수를 산정하고, 이 가운데 가장 높은 대기환경지수를 통합지수로 사용한다. 다만 오염물질별 대기환경지수 중 101 이상인 것이 2개 이상일 경우에는 가장 높은 대기환경지수에 20을 더하여 통합지수를 산정한다.
따라서 B국의 통합지수가 180이라면, 물론 대기 물질의 대기환경지수 중 가장 높은 최고값이 180인 것도 가능하지만, 이것뿐만 아니라 오염물질별 대기환경지수 중 101 이상인 것이 2개 이상일 경우에는, 즉 예를 들어 $B_1=160$, $B_2=B_3=150$, $B_4=B_5=B_6=50$인 경우 문단 iii) 두 번째 문장의 예외에 따라 B_2와 B_3가 101 이상이므로 가장 높은 대기환경지수 B_1에 20을 더하여 $B=180$이 된다. 통합지수가 180 이상이지만 6가지 대기오염 물질의 대기환경지수 중 가장 높은 것이 160으로 180

미만이다.

ㄷ. (O) A국이 대기오염 등급을 '해로움'으로 경보한 경우 A는 151~200이다. 그런데 이 통합지수는 특정 대기오염 물질 농도에 대한 값이 아니라, 5가지 대기오염 물질 농도를 각각 측정하여 대기환경지수를 산정하고, 그 '평균값'을 통합지수로 한 것이므로, A국이 대기오염 등급을 '해로움'으로 경보했다는 정보만으로는 특정 대기오염 물질 농도에 대한 정확한 수치, 즉 A_1, A_2, A_3, A_4, A_5의 정확한 수치를 알 수 없다.

ㄹ. (O) B국 국민이 A국에 방문하여 경보색깔이 노랑인 것을 확인하고 'B국의 경보기준'에 따른다면, 'B국의 경보기준'으로 경보색깔이 노랑과 빨강일 때의 행동지침은 '외부활동 자제'이다. 따라서 B국 국민은 외부활동을 자제할 것이다. 경보색깔이 노랑일 때 B국의 경보기준에 따른다고 했으므로 A국의 기준에 따라서 행동지침을 확인하면 안 된다. A국 기준에 따른다면 외부활동이 가능하다.

빠른 문제풀이 Tip

A국과 B국의 대기환경지수 산정방법, 통합지수의 의미, 대기오염의 등급 및 경보기준(경보색깔, 행동지침)이 다르기 때문에 차이를 정확하게 인식하고 실수하지 않도록 주의해야 한다.

[정답] ④

198 김갑돌 2등서기관은 다음과 같이 기안문을 작성하였다. 담당과장 이을순이 이 기안문에 대해 언급한 내용 중 <공문서 작성 및 처리지침>에 어긋나는 것을 <보기>에서 모두 고르면?

12년 5급 인책형 8번

> **외교통상부**
>
> 수신 주○○국 대사
> 경유
> 제목 초청장 발송 협조
>
> 기획재정부가 「경제개발 경험공유 사업」의 일환으로 2012년 2월 1일 – 2012년 2월 4일 개발도상국 공무원을 초청하여 특별 연수프로그램을 실시할 예정이라고 알려오면서 협조를 요청한 바, 첨부된 초청서한 및 참가신청서(원본 외교행낭편 송부)를 ○○국 재무부에 전달 바랍니다.
>
> 첨부: 상기 초청서한 및 참가신청서 각 1부.
>
> 기안 전결
> 2등서기관 김갑돌

〈공문서 작성 및 처리지침〉

- ⅰ)숫자는 아라비아 숫자로 쓴다.
- ⅱ)날짜는 숫자로 표기하되 연 · 월 · 일의 글자는 생략하고 그 자리에 온점을 찍어 표시한다.
- ⅲ)본문이 끝나면 1자(2타) 띄우고 '끝.' 표시를 한다. 단, 첨부물이 있는 경우, 첨부 표시문 끝에 1자(2타) 띄우고 '끝.' 표시를 한다.
- ⅳ)기안문 및 시행문에는 행정기관의 로고 · 상징 · 마크 또는 홍보문구 등을 표시하여 행정기관의 이미지를 높일 수 있도록 하여야 한다.
- ⅴ)행정기관의 장은 문서의 기안 · 검토 · 협조 · 결재 · 등록 · 시행 · 분류 · 편철 · 보관 · 이관 · 접수 · 배부 · 공람 · 검색 · 활용 등 문서의 모든 처리절차가 전자문서시스템 또는 업무관리시스템상에서 전자적으로 처리되도록 하여야 한다.

※ 온점: 가로쓰기에 쓰는 마침표

〈보 기〉

ㄱ. '끝.' 표시도 중요합니다. 본문 뒤에 '끝.'을 붙이세요.
ㄴ. 공문서에서 날짜 표기는 이렇게 하지 않아요. '2012년 2월 1일 – 2012년 2월 4일'을 '2012. 2. 1. – 2012. 2. 4.'로 고치세요.
ㄷ. 오류를 수정하여 기안문을 출력해 오면 그 문서에 서명하여 결재하겠습니다.
ㄹ. 어! 로고가 빠졌네. 우리 부의 로고를 넣어주세요.

① ㄱ, ㄷ ② ㄱ, ㄹ
③ ㄴ, ㄹ ④ ㄱ, ㄴ, ㄷ
⑤ ㄴ, ㄷ, ㄹ

해설

문제 분석
〈공문서 작성 및 처리지침〉은 간단히 〈지침〉이라고 하고, 〈지침〉의 첫 번째 동그라미부터 각각 조건 ⅰ)~ⅴ)이라고 한다.

ㄱ. (X) 조건 ⅲ)에 따르면 본문 끝 또는 첨부물이 있는 경우 첨부 표시문 끝에 1자(2타)를 띄우고 '끝.' 표시를 한다. 지문의 기안문에는 '끝.' 표시가 없으므로 '끝.' 표시를 해주어야 하지만, 첨부물이 있는 경우이므로 본문 뒤에 '끝.' 표시를 붙이라는 언급은 〈지침〉에 어긋나고 첨부 표시문 끝에 1자(2타)를 띄우고 '끝.' 표시를 한다.

ㄴ. (O) 조건 ⅱ)에서는 공문서의 날짜 표기 방법에 대해서 언급하고 있다. 기안문의 '2012년 2월 1일–2012년 2월 4일' 부분의 연 · 월 · 일의 글자는 생략하고 그 자리에 온점을 찍어 '2012. 2. 1.–2012. 2. 4.'과 같이 수정하는 것은 〈지침〉에 어긋나지 않는다.

ㄷ. (X) 조건 ⅴ)에서 "… 문서의 모든 처리절차가 … 전자적으로 처리되도록 하여야 한다"고 하므로 기안문을 출력해 그 문서에 서명하여 결재하는 것은 〈지침〉에 어긋나고 전자문서 시스템 또는 업무관리시스템상에서 전자적으로 처리되도록 하여야 한다.

ㄹ. (O) 조건 ⅳ)에 따르면 기안문에는 행정기관의 로고 등을 표시하여야 한다. 따라서 지문의 기안문에 외교통상부의 로고를 넣어달라고 언급한 내용은 〈지침〉에 어긋나지 않는다.

[정답] ①

199 다음 글을 근거로 판단할 때, <보기>에서 옳은 것만을 모두 고르면? 20년 민경채 가책형 20번

○ i)다음과 같이 9개의 도시(A～I)가 위치하고 있다.

A	B	C
D	E	F
G	H	I

○ A～I시가 미세먼지 저감을 위해 5월부터 차량 운행 제한 정책을 시행함에 따라 제한 차량의 도시 진입 및 도시 내 운행이 금지된다.

○ 모든 차량은 4개의 숫자로 된 차량번호를 부여받으며 각 도시의 제한 요건은 아래와 같다.

도시	제한 차량	
A, E, F, I	홀수일	차량번호가 홀수로 끝나는 차량
	짝수일	차량번호가 짝수로 끝나는 차량
B, G, H	홀수일	차량번호가 짝수로 끝나는 차량
	짝수일	차량번호가 홀수로 끝나는 차량
C, D	월요일	차량번호가 1 또는 6으로 끝나는 차량
	화요일	차량번호가 2 또는 7로 끝나는 차량
	수요일	차량번호가 3 또는 8로 끝나는 차량
	목요일	차량번호가 4 또는 9로 끝나는 차량
	금요일	차량번호가 0 또는 5로 끝나는 차량
	토·일요일	없음

※ 단, 0은 짝수로 간주한다.

○ ii)도시 간 이동 시에는 도시 경계선이 서로 맞닿아 있지 않은 도시로 바로 이동할 수 없다. 예컨대 A시에서 E시로 이동하기 위해서는 반드시 B시나 D시를 거쳐야 한다.

〈보 기〉

ㄱ. 甲은 5월 1일(토)에 E시에서 차량번호가 1234인 차량을 운행할 수 있다.
ㄴ. 乙은 5월 6일(목)에 차량번호가 5639인 차량으로 A시에서 D시로 이동할 수 있다.
ㄷ. 丙은 5월 중 어느 하루에 동일한 차량으로 A시에서 H시로 이동할 수 있다.
ㄹ. 丁은 5월 15일(토)에 차량번호가 9790인 차량으로 D시에서 F시로 이동할 수 있다.

① ㄱ, ㄴ
② ㄱ, ㄷ
③ ㄱ, ㄹ
④ ㄴ, ㄷ
⑤ ㄴ, ㄹ

해설

문제 분석

지문의 제한 요건과 단서에서 0은 짝수로 간주하는 것을 확인한다. 조건 i), ii)를 통해 차량을 운행하여, 한 도시에서 다른 도시로 이동하는 규칙도 파악한다. 제한 요건 중 A, E, F, I시의 제한 요건과 B, G, H시의 제한 요건이 정반대임을 확인하면 다음과 같이 이해해볼 수 있다. 우선 C, D시를 제외한 나머지 도시를 아래 그림과 같이 표시하였다. C, D시를 표시하지는 않았지만, 위치는 알 수 있을 것이고, 제한 요건이 같은 A, E, F, I시를 음영 처리해 놓았다.

A	B	
	E	F
G	H	I

예를 들어 홀수일에 A시에서 운행할 수 있는 차량번호가 짝수로 끝나는 차량은 같은 날 B시로 이동할 수 없다. 반대로 B시에서 운행할 수 있는 차량은 같은 날 A, E시로 이동할 수 없다. 이를 바탕으로 조건 ii)의 예를 생각해보면 A시에서 E시로 이동하기 위해서는 반드시 B시나 D시를 거쳐야 한다고 하지만, B시를 거칠 수는 없고 반드시 D시를 거쳐 E시로 이동하여야 한다. 또 다른 예로 A시에서 C시로 이동하려면 A, D, E, F, C 순으로 이동하여야 한다(이 경우에도 C, D의 제한 요건에 해당하지 않아야 한다). A, E, F, I시를 기준으로 운행 제한 요건으로 인하여 이동할 수 없는 도시의 경계선을 이중선으로 표시하였다.

ㄱ. (O) 5월 1일은 홀수일이므로 E시에서는 차량번호가 홀수로 끝나는 차량의 운행이 제한된다. 甲은 5월 1일에 E시에서 차량번호가 짝수로 끝나는 차량번호가 1234인 차량을 운행할 수 있다.

ㄴ. (X) 5월 6일은 짝수일이므로 A시에서는 차량번호가 짝수로 끝나는 차량의 운행이 제한된다. 乙은 5월 6일에 A시에서 차량번호가 홀수로 끝나는 차량번호가 5639인 차량을 운행할 수 있다. A시에서 D시로 이동하는 경우 D시의 제한 요건에도 해당하지 않아야 한다. 5월 6일은 목요일로 D시에서는 차량번호가 4 또는 9로 끝나는 차량의 운행이 제한된다. 해당 차량은 차량번호가 5639로서 차량번호가 9로 끝나는 차량이므로 5월 6일(목)에 D시에서 운행이 제한된다. 乙은 같은 날 해당 차량으로 A시에서 D시로 이동할 수 없다.

ㄷ. (X) 보기에 구체적으로 날짜와 요일, 차량번호가 주어져 있지 않으므로 구체적으로 어떤 제한 요건에 해당하는지 확인할 수 없다. A시에서 H시로 이동하는 경로는 도시들 사이의 거리가 모두 같다고 생각할 때 최단 경로가 3가지이고, 최단 경로가 아니라면 더 많은 경로가 있을 수 있다. 즉, 해당 보기는 직접적으로 제한 요건을 검토하는 것이 아닌 위에서 정리한 내용처럼 제한 요건에 대한 이해를 바탕으로 접근할 것을 요구하는 보기이다. 5월 중 어느 하루라도 A시의 제한 요건에 해당하지 않는 차량은 H시의 제한 요건에 해당하므로 H시로 이동할 수 없다.

ㄹ. (O) E시와 F시는 제한 요건이 같으므로 해당 보기에서는 D시와 E시의 제한 요건만 검토한다. 5월 15일은 토요일로 D시에서 운행이 제한되는 차량은 없다. 5월 15일은 홀수일이므로 E시에서는 차량번호가 홀수로 끝나는 차량의 운행이 제한된다. 0은 짝수로 간주하므로 丁은 5월 15일에 E시에서 차량번호가 9790인 차량을 운행할 수 있다. 따라서 丁은 같은 날 해당 차량으로 D시에서 F시로 이동할 수 있다.

[정답] ③

200 다음 글과 <상황>을 근거로 판단할 때, <보기>에서 옳은 것만을 모두 고르면? 21년 민경채 나책형 10번

○ 지방자치단체는 공립 박물관 · 미술관을 설립하려는 경우 □□부로부터 설립타당성에 관한 사전평가(이하 '사전평가')를 받아야 한다.
○ 사전평가는 연 2회(상반기, 하반기) 진행한다.
 – 신청기한: 1월 31일(상반기), 7월 31일(하반기)
 – 평가기간: 2월 1일 ~ 4월 30일(상반기)
 8월 1일 ~ 10월 31일(하반기)
○ 사전평가 결과는 '적정' 또는 '부적정'으로 판정한다.
○ 지방자치단체가 동일한 공립 박물관 · 미술관 설립에 대해 3회 연속으로 사전평가를 신청하여 모두 '부적정'으로 판정받았다면, 그 박물관 · 미술관 설립에 대해서는 향후 1년간 사전평가 신청이 불가능하다.
○ 사전평가 결과 '적정'으로 판정되는 경우, 지방자치단체는 부지매입비를 제외한 건립비의 최대 40%를 국비로 지원받을 수 있다.

〈상 황〉

아래의 〈표〉는 지방자치단체 A ~ C가 설립하려는 공립 박물관 · 미술관과 건립비를 나타낸 것이다.

〈표〉

지방자치단체	설립 예정 공립 박물관 · 미술관	건립비(원)	
		부지매입비	건물건축비
A	甲미술관	30억	70억
B	乙박물관	40억	40억
C	丙박물관	10억	80억

〈보 기〉

ㄱ. 甲미술관을 국비 지원 없이 설립하기로 했다면, A는 사전평가를 거치지 않고도 甲미술관을 설립할 수 있다.
ㄴ. 乙박물관이 사전평가에서 '적정'으로 판정될 경우, B는 최대 32억 원까지 국비를 지원받을 수 있다.
ㄷ. 丙박물관이 2019년 하반기, 2020년 상반기, 2020년 하반기 사전평가에서 모두 '부적정'으로 판정된 경우, C는 丙박물관에 대한 2021년 상반기 사전평가를 신청할 수 없다.

① ㄱ
② ㄷ
③ ㄱ, ㄴ
④ ㄴ, ㄷ
⑤ ㄱ, ㄴ, ㄷ

해설

문제 분석

- 지방자치단체는 공립 박물관 · 미술관을 설립하려는 경우 □□부로부터 사전평가를 받아야 한다.
- 사전평가는 연 2회(상반기, 하반기) 진행한다.

구분	상반기	하반기
신청기한	1월 31일	7월 31일
평가기간	2월 1일 ~ 4월 30일	8월 1일 ~ 10월 31일

- 사전평가 결과는 '적정' 또는 '부적정'으로 판정한다.

'적정'으로 판정받은 경우	지방자치단체는 부지매입비를 제외한 건립비의 최대 40%를 국비로 지원받을 수 있다.
동일한 공립 박물관 · 미술관 설립에 대해 3회 연속 '부적정'으로 판정받은 경우	그 박물관 · 미술관 설립에 대해서는 향후 1년간 사전평가 신청이 불가능하다.

ㄱ. (X) 첫 번째 조건을 보면 지방자치단체는 공립 박물관 · 미술관을 설립하려는 경우에는 사전평가를 받아야 한다. 사전평가를 거치지 않아도 되는 경우는 조건 중에 제시되지 않았다. 사전평가 결과는 '적정' 또는 '부적정'으로 판정하고, 사전평가 결과 '적정'으로 판정되는 경우에 건립비의 일부를 국비로 지원받을 수 있다. 甲미술관을 국비 지원 없이 설립하기로 했다면, 사전평가 결과가 '적정'인지 '부적정'인지는 문제 되지 않겠지만, 사전평가 자체는 받아야 한다.

ㄴ. (X) 사전평가 결과 '적정'으로 판정되는 경우, 지방자치단체는 부지매입비를 제외한 건립비의 최대 40%를 국비로 지원받을 수 있다. 따라서 乙박물관이 사전평가 결과 '적정'으로 판정되는 경우, 지방자치단체 B는 부지매입비인 40억 원을 제외한 건립비, 즉 건물건축비 40억 원의 40%인 16억 원을 국비로 지원받을 수 있다. 32억 원의 결과는 부지매입비를 제외하지 않고 80억 원을 기준으로 계산했을 때의 함정이다.

ㄷ. (O) 丙박물관이 2019년 하반기, 2020년 상반기, 2020년 하반기 사전평가에서 모두 '부적정'으로 판정된 경우는 지방자치단체가 동일한 공립 박물관 · 미술관 설립에 대해 3회 연속으로 사전평가를 신청하여 모두 '부적정'으로 판정받은 경우이다. 이 경우에 그 박물관 · 미술관 설립에 대해서는 향후 1년간 사전평가 신청이 불가능하므로, 2020년 하반기부터 향후 1년간이 적용될 때 C는 丙박물관에 대한 2021년 상반기 사전평가를 신청할 수 없다.

빠른 문제풀이 Tip

〈보기〉를 ㄱ, ㄴ 순으로 검토했다면 보기 ㄷ을 보지 않고도 정답을 찾아낼 수 있는 문제이다.

[정답] ②

201 다음 <규정>을 읽고 공무원 A의 음주운전사건을 처리할 때 옳은 것은?

11년 5급 선책형 10번

〈규 정〉

○ 관련 지침

- [i]공무원이 음주운전을 하고 관계기관으로부터 음주운전사실이 통보되었을 때에는, 통보될 당시 직원이 소속된 기관의 장은 징계위원회를 개최해야 하며 징계위원회는 징계의결을 해야 한다.
- [ii]징계처분의 집행이 종료된 날로부터 일정기간이 경과하지 않은 사람은 승진임용의 대상이 되지 못한다.(강등 24개월, 정직 18개월, 감봉 12개월, 견책 6개월)

○ [iii]공무원 복무 · 징계 관련 예규: 음주운전자에 대한 처리 기준

유형	처리 기준
① 단순음주운전(3회 이상)	중징계 의결
② 면허취소(2회 이상)	
③ 면허취소 1회와 면허정지 2회 이상	
④ 음주운전(면허정지 이상)으로 인적 · 물적피해를 발생시킨 후 필요한 조치를 취하지 않고 도주	
⑤ 음주운전으로 사망사고 발생	
⑥ 음주운전으로 인한 면허정지 · 취소 상태에서의 무면허 음주운전	
① 음주측정 불응으로 벌금형 처벌을 받은 자	경징계 의결
② 혈중알콜농도 0.05% 이상으로 확인된 자	
③ 면허취소 1회	

※ 경징계: 견책, 감봉

※ 중징계: 정직, 강등, 해임, 파면

※ [iv]단순음주운전(혈중알콜농도 0.05% 이상인 상태에서 인적 · 물적사고 없이 운전한 것)으로 적발 시 혈중알콜농도 0.05% 이상~0.10% 미만의 경우는 면허정지 처벌을 받고, 0.10% 이상인 경우에는 면허가 취소된다.

〈사 례〉

2011년 현재 甲세무서에서 근무 중인 A의 음주운전 사실이 통보되었다. A는 乙세무서 근무 당시인 2010년 11월 30일 새벽 3시 20분 경 본인의 승용차로 약 8km를 음주운전하던 중 적발되었다. 검사결과 혈중알콜농도는 0.193%로 밝혀졌다. 당시 그는 공무원 신분임을 속이고 무직 상태라고 진술하였다. A는 이전에 음주운전으로 적발된 적이 없었다.

① 乙세무서장이 징계 절차를 밟아야 한다.

② A는 면허가 취소되어 정직을 받게 될 것이다.

③ A는 징계처리 이후 최소한 18개월간 승진임용대상이 되지 못한다.

④ A는 단순음주운전에 해당하지만, 공무원 신분임을 속였기 때문에 징계 대상이 된다.

⑤ A가 향후 단순음주운전으로 2회 이상 적발될 경우, 중징계 의결 대상이 되는 것을 면치 못할 것이다.

해설

문제 분석

규정 i) 음주운전사실이 통보되었을 때 징계위원회 개최, 징계의결(기속)
규정 ii) 징계대상자의 승진임용 대상 제외 기간
규정 iii) 음주운전자에 대한 징계 기준
단서 iv) 면허정지, 면허취소 기준

문제풀이 실마리

〈사례〉의 사실관계를 〈규정〉에 적용해서 각 선지의 정오를 판단한다.

① (X) 규정 i)에 따르면 공무원이 음주운전을 하고 관계기관으로부터 음주운전 사실이 통보되었을 때에는, 통보될 당시 직원이 소속된 기관의 장이 징계위원회를 개최해야 한다. 그리고 〈사례〉에서는 2011년 현재 甲세무서에서 근무 중인 A의 음주운전 사실이 통보되었다고 한다. 따라서 乙세무서장이 아닌 현재 A가 소속된 甲세무서의 甲세무서장이 징계 절차를 밟아야 한다.

② (X) 단서 iv)에서는 단순음주운전의 경우 면허정지와 면허취소의 기준을 정하고 있다. 〈사례〉에서 A의 음주운전 중 인적 · 물적 사고가 있었다는 언급은 없으므로 단순음주운전에 해당하고, 적발 시 혈중알콜농도는 0.193%로 면허취소 기준에 해당한다. 따라서 A는 면허가 취소될 것이다. 그리고 규정 iii)에서는 음주운전자에 대한 징계 기준을 정하고 있다. 〈사례〉에 의하면 A는 이전에 음주운전으로 적발된 적이 없었다고 하고 있으므로 경징계 의결 유형 중 ② 또는 ③에 해당한다. 단서에 따르면 정직은 중징계이므로, A는 정직과 같은 중징계가 아닌, 경징계 중 하나로 견책 또는 감봉을 받게 될 것이다.

③ (X) 선지 ②에서 확인한 바에 따르면 A는 견책 또는 감봉을 받게 된다. 징계처분을 받은 사람을 승진임용 대상에서 제외하는 기간은 규정 ii)에서 정하고 있다. A는 징계처리 이후(징계처분의 집행이 종료된 날부터) 최소한 18개월간이 아니라 감봉의 경우 12개월, 견책의 경우 6개월, 즉 최소한 6개월간 승진임용대상이 되지 못한다.

④ (X) 단서 iv)에서는 단순음주운전에 대해서 설명하고 있는데, 〈사례〉에서 A는 혈중알콜농도 0.193%로 0.05% 이상이며 어떠한 인적 · 물적 사고가 있었다고 볼 수 없으므로 단순음주운전에 해당한다. 그러나 규정 iii)에서 정하는 음주운전자에 대한 처리기준에 A가 공무원 신분임을 속이고 무직 상태라고 진술한 것은 규정되어 있지 않다. 따라서 A가 해당 진술만으로 징계 대상이 되지는 않는다고 보아야 한다. A가 징계 대상이 되는 것은 선지 ②에서 확인한 바와 같이 경징계 의결 유형 중 ② 또는 ③에 해당하기 때문이다.

⑤ (O) 선지 ②에서 확인한 바와 같이 A는 경징계를 받게 되었음을 알고 있다. A가 향후 단순음주운전으로 2회 이상 적발될 경우, 규정 iii)의 중징계 의결 유형 중 ① 단순음주운전(3회 이상)에 해당하여 중징계 의결 대상이 될 것이다. 중징계 의결 유형 중 다른 유형에 해당될 가능성도 있으나 중징계 의결 유형 ①에 확실하게 해당하므로 나머지 가능성까지 생각할 필요는 없다.

[정답] ⑤

202 다음 <조건>에 따를 때, 발생할 수 없는 상황을 <보기>에서 모두 고르면?

13년 외교관 인책형 33번

〈조 건〉

1. 양동, 남헌, 보란, 예슬 네 사람은 시급한 현안 문제를 해결하기 위하여 결성된 태스크포스팀의 팀원이다. 이들은 임무를 수행하기 위해 서로 다른 지역에 파견된 상태이다.
2. 네 사람은 오직 스마트폰의 MOFA톡 애플리케이션만을 이용하여 메시지를 전송한다.
3. MOFA톡은 오로지 1대1 메시지 전송만이 가능하다.
4. 상호 '친구'로 등록한 경우 두 사람은 서로 메시지를 전송할 수 있다.
5. 만약 한 사람(A)이 상대방(B)을 '친구' 목록에서 삭제한 경우, 그 사람(A)은 상대방(B)에게 자신의 메시지를 전송할 수 없다. 그러나 상대방(B)에게는 여전히 그 사람(A)이 '친구'로 등록되어 있다면, 상대방(B)은 자신의 메시지를 그 사람(A)에게 전송할 수 있다.
6. 네 사람의 MOFA톡 '친구' 관계는 다음과 같다.
   (1) 양동은 남헌, 보란, 예슬 모두를 MOFA톡 '친구'로 등록하였다.
   (2) 남헌은 양동, 보란, 예슬 모두를 MOFA톡 '친구'로 등록하였다.
   (3) 보란은 양동, 예슬을 MOFA톡 '친구'로 등록했지만 남헌을 '친구' 목록에서 삭제하였다.
   (4) 예슬은 남헌을 MOFA톡 '친구'로 등록했지만 양동, 보란을 '친구' 목록에서 삭제하였다.

〈보 기〉

ㄱ. 새로운 정보를 알게 된 예슬은 곧바로 남헌에게 메시지를 전송하였고, 이 메시지를 받은 남헌이 보란에게 메시지를 전송하였으며, 보란은 최종적으로 양동에게 이 메시지를 전송했다.
ㄴ. 남헌은 특정 사항에 대한 조사를 요구하는 메시지를 양동에게 전송했다. 양동은 이를 위임하는 메시지를 예슬에게 전송했고, 3일 뒤 예슬은 양동에게 조사결과 메시지를 전송했다.
ㄷ. 보란은 현재 진척상황을 묻는 메시지를 예슬에게 전송했고, 5분 뒤 상황이 매우 어렵다는 내용의 메시지를 예슬로부터 전송받았다.
ㄹ. 예슬은 업무관련 문의 메시지를 남헌에게 전송했고, 남헌은 잘 모르겠다며 보란에게 문의 메시지를 전송했다. 보란은 답변을 정리하여 예슬에게 메시지를 전송했다.
ㅁ. 예슬은 남헌이 주어진 직무를 제대로 수행하지 못한다며 비난하는 메시지를 남헌에게 전송하였다. 이에 화가 난 남헌은 하소연하는 메시지를 보란에게 전송했다.

① ㄱ, ㄴ
② ㄴ, ㄷ
③ ㄷ, ㄹ
④ ㄱ, ㄹ, ㅁ
⑤ ㄴ, ㄷ, ㅁ

해설

문제 분석

메시지를 전송할 수 없는 경우와 전송할 수 있는 경우를 정리하면 다음과 같다.

1) 메시지를 전송할 수 없는 경우
   만약 한 사람(A)이 상대방(B)을 '친구' 목록에서 삭제한 경우, 그 사람(A)은 상대방(B)에게 자신의 메시지를 전송할 수 없다.
2) 메시지를 전송할 수 있는 경우
   ① 상호 '친구'로 등록한 경우 두 사람은 서로 메시지를 전송할 수 있다.
   ② 만약 한 사람(A)이 상대방(B)을 '친구' 목록에서 삭제했지만, 상대방(B)에게는 여전히 그 사람(A)이 '친구'로 등록되어 있다면, 상대방(B)은 자신의 메시지를 그 사람(A)에게 전송할 수 있다.

여섯 번째 〈조건〉에서 문제 해결에 필요한 '친구'관계만 정리하면 다음과 같다.

1) 보란은 남헌을 '친구' 목록에서 삭제하였다.
2) 예슬은 양동, 보란을 '친구' 목록에서 삭제하였다.

문제풀이 실마리

- 문제 해결에 필요한 만큼만 조건을 정리하고, 상황에 대입할 수 있어야 한다. → 정보의 n－1개 처리가 필요하다.
- 이 문제의 조건을 표로 정리하는 것은 시간도 오래 걸릴뿐더러 불필요하다. 조건을 효율적으로 처리할 수 있는 방법을 고민해 보자.

ㄱ. (O) 예슬이가 남헌에게, 남헌이 보란에게, 보란이가 양동에게 모두 메시지 전송이 가능하다.
ㄴ. (X) 남헌이 양동에게, 양동이 예슬에게 메시지를 전송하는 것은 가능하지만, 예슬이가 양동에게 조사 결과 메시지를 보내는 것은 불가능하다.
ㄷ. (X) 보란이 예슬에게 메시지를 전송하는 것은 가능하지만, 예슬이가 보란에게 상황이 매우 어렵다는 메시지를 보내는 것은 불가능하다.
ㄹ. (O) 예슬이가 남헌에게, 남헌이 보란에게, 보란이 예슬에게 모두 메시지 전송이 가능하다.
ㅁ. (O) 예슬이가 남헌에게, 남헌이 보란에게 모두 메시지 전송이 가능하다.

빠른 문제풀이 Tip

기본적인 시각적 처리, 표의 활용, 화살표 처리 등을 활용한 그림 등 여러 방법으로 정보처리를 연습해 볼 수 있는 문제이다. 그중 표로 정리하는 방법은 정보처리에 시간이 많이 소요되고 효율적인 방법이 아니므로 되도록 지양하도록 한다. 정확하면서도 보다 빠른 해결이 가능한 방법을 연습해 두어야 한다.

[정답] ②

203 다음 글과 <상황>을 근거로 판단할 때, <보기>에서 옳은 것만을 모두 고르면? 17년 5급 가책형 16번

국가공무원인재개발원은 신임관리자과정 입교 예정자를 대상으로 사전 이러닝제도를 운영하고 있다. 이는 입교 예정자가 입교 전에 총 9개 과목을 온라인으로 수강하도록 하는 제도이다.

○ 이러닝 교과목은 2017년 4월 10일부터 수강하며, 하루 최대 수강시간은 10시간이다.
○ 필수Ⅰ 교과목은 교과목별로 정해진 시간의 강의를 모두 수강하는 것을 이수조건으로 한다.
○ 필수Ⅱ 교과목은 교과목별로 정해진 시간의 강의를 모두 수강하고 온라인 시험에 응시하는 것을 이수조건으로 한다. 온라인 시험은 강의시간과 별도로 교과목당 반드시 1시간이 소요되며, 그 시험시간은 수강시간에 포함된다.
○ 신임관리자과정 입교는 2017년 5월 1일이다.
○ 2017년 4월 30일 24시까지 교과목 미이수시, 필수Ⅰ은 교과목당 3점, 필수Ⅱ는 교과목당 2점을 교육성적에서 감점한다.

교 과 목	강의시간	분류
• 사이버 청렴교육	15시간	필수Ⅰ
• 행정업무 운영제도	7시간	
• 공문서 작성을 위한 한글맞춤법	8시간	
• 공무원 복무제도	6시간	
• 역사에서 배우는 공직자의 길	8시간	필수Ⅱ
• 헌법정신에 기반한 공직윤리	5시간	
• 판례와 사례로 다가가는 헌법	6시간	
• 공무원이 알아야 할 행정법 사례	7시간	
• 쉽게 배우는 공무원 인사실무	5시간	
계	67시간	

※ 교과목은 순서에 상관없이 여러 날에 걸쳐 시간 단위로만 수강할 수 있다.

〈상 황〉

신임관리자과정 입교를 앞둔 甲은 2017년 4월 13일에 출국하여 4월 27일에 귀국하는 해외여행을 계획하고 있다. 甲은 일정상 출·귀국일을 포함하여 여행기간에는 이러닝 교과목을 수강하거나 온라인 시험에 응시할 수 없는 상황이며, 여행기간을 제외한 시간에는 최대한 이러닝 교과목을 이수하려고 한다.

〈보 기〉

ㄱ. 甲은 계획대로라면 교육성적에서 최소 3점 감점을 받을 것이다.
ㄴ. 甲이 하루 일찍 귀국하면 이러닝 교과목을 모두 이수할 수 있을 것이다.
ㄷ. '판례와 사례로 다가가는 헌법', '쉽게 배우는 공무원 인사실무'를 여행 중 이수할 수 있다면, 출·귀국일을 변경하지 않고도 교육성적에서 감점을 받지 않을 것이다.

① ㄱ ② ㄴ ③ ㄷ
④ ㄱ, ㄷ ⑤ ㄴ, ㄷ

해설

문제 분석

- 입교 예정자는 입교 전에 총 9개 과목을 온라인으로 수강해야 한다.
- 이러닝 교과목은 2017년 4월 10일부터 수강하며, 하루 최대 수강시간은 10시간이다.
- 2017년 4월 30일 24시까지 교과목 미이수시, 필수Ⅰ은 교과목당 3점, 필수Ⅱ는 교과목당 2점을 교육성적에서 감점한다.
- 필수Ⅰ 교과목은 교과목별로 정해진 시간의 강의를 모두 수강하는 것을 이수조건으로 한다.
- 필수Ⅱ 교과목은 교과목별로 정해진 시간의 강의를 모두 수강하고 온라인 시험에 응시하는 것을 이수조건으로 한다. 온라인 시험은 강의시간과 별도로 교과목당 반드시 1시간이 소요되며, 그 시험시간은 수강시간에 포함된다.

문제풀이 실마리

조건을 정확하게 이해하고 빠뜨리지 않고 해결하기가 어려운 문제이기 때문에, 규칙을 얼마나 정확하게 이해할 수 있는지가 관건이다.

필수Ⅱ 교과목은 강의시간과 별도로 필요한 온라인 시험이 1시간씩 있으므로 이를 놓치지 않도록 유의한다. 따라서 모든 교과목을 이수하려면 총 72시간이 필요하다.

주어진 일정에 따를 때 교육을 이수할 수 있는 날은 4/10~4/12, 4/28~4/30까지 총 6일이고, 하루 최대 수강시간은 10시간이므로 총 60시간을 사용할 수 있다.

모든 교과목을 이수하려면 총 72시간이 필요한데, 총 60시간만 수강할 수 있으므로 모든 교과목을 이수하기에는 12시간이 부족한 상황이다.

ㄱ. (O) 최소의 감점을 받도록 만들어보아야 한다. 모든 과목을 이수하기에는 12시간이 부족한 상황이므로 강의시간이 15시간인 '사이버 청렴교육' 한 과목만 포기하고 3점을 감점받는 것이 최소 감점이다.
필수Ⅱ 교과목은 교과목당 2점을 감점하기는 하지만, 12시간이 부족한 것을 맞추려면 필수Ⅱ 교과목에서 2과목 이상을 수강할 수 없다. 그렇게 되면 감점이 최소 4점이므로 필수Ⅰ 교과목에서 한 과목만 수강하지 않을 때보다 오히려 감점이 더 커진다.

ㄴ. (X) 하루 일찍 귀국한다면 10시간이 추가되어 총 70시간을 수강할 수 있게 되지만, 여전히 72시간보다는 부족하기 때문에 이러닝 교과목을 모두 이수할 수는 없다.

ㄷ. (O) '판례와 사례로 다가가는 헌법'은 시험시간을 포함하여 7시간의 강의시간이 필요하고, '쉽게 배우는 공무원 인사실무'는 시험시간을 포함하여 6시간이 필요하다. 이를 여행 중 이수할 수 있다면, 총 72시간 중 13시간을 제외한 나머지 59시간만 수강하면 되므로, 출·귀국일을 변경하지 않고도 60시간 내에서 모두 이수가능하고 따라서 교육성적에서 감점을 받지 않을 것이다.

빠른 문제풀이 Tip
용어를 잘 구분해가면서 조건을 파악해야 하는 문제이다.

[정답] ④

204 다음 글은 문화상품권 뒷면에 기재된 이용 안내이다. 2012년 2월 1일 현재, A가 가지고 있는 문화상품권을 사용하고자 할 때 옳은 것은?

12년 5급 인책형 20번

> ○ 본 상품권은 문화상품권 오프라인 가맹점 및 온라인 가맹점에서 사용하실 수 있습니다.
> ○ 본 상품권은 현금교환이 불가합니다. 단, 권면금액의 80% 이상을 사용하신 경우 그 잔액을 돌려받으실 수 있습니다. 이는 오프라인 가맹점과 온라인 가맹점에서 동일하게 적용됩니다.
> ○ 상품권의 도난, 분실 등에 대하여 회사는 책임지지 않으며, 상품권이 훼손되어 식별 불가능할 경우 사용하실 수 없습니다.
> ○ 앞면 금액란의 은박으로 가려진 부분을 긁으면 노출되는 PIN번호를 입력하여 온라인 가맹점에서 사용 가능합니다.
> ○ PIN번호가 노출되면 오프라인 가맹점에서 사용할 수 없습니다.
> ○ 본 상품권의 유효기간은 발행일로부터 5년입니다.

〈A가 가지고 있는 문화상품권〉

금액	발행일	현재 PIN번호 노출 여부
10,000원	2007년 3월 1일	노출 안 됨
10,000원	2009년 5월 10일	노출됨
5,000원	2006년 9월 20일	노출 안 됨
5,000원	2010년 12월 15일	노출됨
5,000원	2011년 9월 10일	노출 안 됨

① 오프라인 가맹점인 서점에서 10,000원이 적힌 문화상품권을 사용하여 9,000원짜리 책을 사면 1,000원은 돌려받지 못한다.
② 현재 갖고 있는 문화상품권만으로는 오프라인 가맹점에서 최대 20,000원밖에 사용하지 못한다.
③ 현재 갖고 있는 문화상품권만으로는 온라인 가맹점에서 최대 15,000원밖에 사용하지 못한다.
④ 현재 갖고 있는 문화상품권 가운데 2015년 12월 16일에 온라인 가맹점에서 사용할 수 있는 상품권은 없다.
⑤ 현재 갖고 있는 문화상품권 2매로 온라인 가맹점에서 가격이 15,500원인 공연티켓을 사면 잔액을 돌려받지 못한다.

해설

문제 분석

- 상품권은 문화상품권 오프라인 가맹점 및 온라인 가맹점에서 사용 가능하다.
- 상품권은 현금교환이 불가하다. 단, 권면금액의 80% 이상을 사용할 경우 그 잔액을 돌려받을 수 있다. 이는 오프라인 가맹점과 온라인 가맹점에서 동일하게 적용된다.
- 앞면 금액란을 긁으면 노출되는 PIN번호를 입력하여 온라인 가맹점에서 사용 가능하다. PIN번호가 노출되면 오프라인 가맹점에서 사용할 수 없다.
- 상품권의 유효기간은 발행일로부터 5년이다.
- 2012년 2월 1일 시점에서 판단한다.

문제풀이 실마리

문화상품권 이용 안내를 보고 각 선지에 주어진 상황에 대입하여 정오를 판단한다. 이 문제의 경우 익숙한 규칙이 제시되었으나 규칙을 확인하여 함정을 대비한다.

제시된 규칙을 〈A가 가지고 있는 문화상품권〉에 적용해 보면 다음과 같다.

구분	금액	발행일 (상품권의 유효기간은 발행일로부터 5년)	현재 PIN번호 노출 여부 (PIN번호가 노출되면 오프라인 가맹점에서 사용할 수 없음)
ⓐ	10,000원	2007년 3월 1일	노출 안 됨
ⓑ	10,000원	2009년 5월 10일	노출됨 (오프라인 가맹점 사용 불가)
ⓒ	5,000원	2006년 9월 20일 (사용불가)	노출 안 됨
ⓓ	5,000원	2010년 12월 15일	노출됨 (오프라인 가맹점 사용 불가)
ⓔ	5,000원	2011년 9월 10일	노출 안 됨

문화상품권 ⓒ는 유효기간이 지나서 아예 사용할 수 없고, ⓐ, ⓑ, ⓓ, ⓔ의 경우는 온라인에서 사용 여부는 문제가 되지 않으나, ⓑ, ⓓ의 경우는 PIN번호가 노출되었기 때문에 오프라인 가맹점에서는 사용할 수 없다.

① (X) 선지 ⑤와 동일한 근거로 판단 가능하다. 권면금액인 10,000원의 80% 이상을 사용하였으므로 잔액을 돌려받을 수 있다.

② (X) 오프라인 가맹점에서 사용할 수 있는 것은 문화상품권 ⓐ, ⓔ이다. 따라서 최대 15,000원까지 사용 가능하다.

③ (X) PIN번호 노출 여부를 가지고 함정을 만든 것이다. 온라인 가맹점에서는 PIN번호 노출 여부가 문제되지 않는다. 따라서 문화상품권 ⓐ, ⓑ, ⓓ, ⓔ를 사용 가능하기 때문에 최대 30,000원까지 사용 가능하다.

④ (X) 다른 상품권들의 경우는 유효기간이 지나서 사용할 수 없지만 문화상품권 ⓔ는 사용 가능하다.

⑤ (O) 현재 갖고 있는 문화상품권 2매로 온라인 가맹점에서 가격이 15,500원인 공연티켓을 사려면 권면금액이 10,000원인 상품권 2매로 구입을 해야 한다. 제시된 규칙에 따르면 상품권은 현금교환이 불가하지만 권면금액의 80% 이상을 사용한 경우에는 그 잔액을 돌려받을 수 있다. 이는 오프라인 가맹점과 온라인 가맹점에서 동일하게 적용된다. 규칙과 상황을 결합해서 판단해 보면 권면금액의 합계액인 20,000원을 기준으로 15,500원인 공연티켓을 사면 권면금액의 80% 미만이 되어 그 잔액을 돌려받을 수 없다.

> **빠른 문제풀이 Tip**
>
> 선지 ⑤에서 권면금액의 합계액인 20,000원을 기준으로 하는 것이 아니라, 각 상품권의 권면금액인 10,000원을 기준으로 따져보더라도 (8,000원/10,000원+7,500원/10,000원)으로 권면금액의 80% 이상을 사용하지 못한 상품권이 있어 잔액을 돌려받을 수 없다.
>
> 또한 (15,500원/20,000원)×100=77.5%이므로 문화상품권 2매 중 권면금액의 80% 이상을 사용하지 못한 문화상품권이 반드시 존재한다.

[정답] ⑤

205 다음 글과 <상황>에 근거할 때, <보기>에서 옳은 것을 모두 고르면?

13년 5급 인책형 30번

공공도서관이 갖추어야 하는 시설과 도서관 자료의 구비 기준은 다음과 같다.

〈공공도서관 시설 및 도서관 자료 구비 기준〉

봉사대상 인구(명)	시설		도서관 자료	
	건물면적 (m^2)	열람석 (석)	기본장서 (권)	연간증서 (권)
⋮	⋮	⋮	⋮	⋮
10만 이상 ~30만 미만	1,650 이상	350 이상	30,000 이상	3,000 이상
30만 이상 ~50만 미만	3,300 이상	800 이상	90,000 이상	9,000 이상
50만 이상	4,950 이상	1,200 이상	150,000 이상	15,000 이상

1. 봉사대상 인구란 도서관이 설치되는 해당 시의 인구를 말한다. 연간증서(年間增書)는 설립 다음 해부터 매년 추가로 늘려야 하는 장서로서 기본장서에 포함된다.
2. 전체 열람석의 10% 이상을 노인과 장애인 열람석으로 할당하여야 한다.
3. 공공도서관은 기본장서 외에 다음 각 목에서 정하는 자료를 갖추어야 한다.
   가. 봉사대상 인구 1천 명당 1종 이상의 연속간행물
   나. 봉사대상 인구 1천 명당 10종 이상의 시청각자료

〈상 황〉

○○부는 신도시인 A시에 2014년 상반기 개관을 목표로 공공도서관 건설을 추진 중이다. A시의 예상 인구 추계는 다음과 같다.

구분	2012년	2015년	2020년	2030년
예상 인구(명)	13만	15만	30만	50만

※ A시 도서관은 예정대로 개관한다.
※ 2012년 인구는 실제 인구이며, 인구는 해마다 증가한다고 가정한다.

〈보 기〉

ㄱ. A시 도서관 개관 시 확보해야 할 최소 기본장서는 30,000권이다.
ㄴ. A시의 예상 인구 추계자료와 같이 인구가 증가한다면, 2015년에는 노인 및 장애인 열람석을 2014년에 비해 35석 추가로 더 확보해야 한다.
ㄷ. A시의 예상 인구 추계자료와 같이 인구가 증가하고, 2015년 ~ 2020년에 매년 같은 수로 인구가 늘어난다면, 2018년에는 최소 240종 이상의 연속간행물과 2,400종 이상의 시청각자료를 보유해야 한다.
ㄹ. 2020년 실제 인구가 예상 인구의 80% 수준에 불과하다면, 개관 이후 2020년 말까지 추가로 보유해야 하는 총 연간증서는 최소 18,000권이다.

① ㄱ, ㄴ ② ㄱ, ㄷ ③ ㄴ, ㄹ
④ ㄱ, ㄷ, ㄹ ⑤ ㄴ, ㄷ, ㄹ

해설

문제 분석

- 공공도서관이 갖추어야 하는 시설과 도서관 자료의 구비 기준이 표로 제시되어 있다.
- 표에서 활용되는 용어의 의미는 다음과 같다.
  1) 봉사대상인구: 도서관이 설치되는 해당 시의 인구
  2) 연간증서: 설립 다음 해부터 매년 추가로 늘려야 하는 장서로서 기본장서에 포함됨
- 시설 중 전체 열람석의 10% 이상을 노인과 장애인 열람석으로 할당하여야 한다.
- 기본장서 외에 봉사대상 인구 1천 명당 1종 이상의 연속간행물과 봉사대상 인구 1천 명당 10종 이상의 시청각자료를 갖추어야 한다.

문제풀이 실마리

- 봉사대상 인구, 연간증서, 기본장서, 노인과 장애인 열람석, 연속간행물, 시청각자료 등 주어진 조건을 정확하게 이해하면 수월하게 해결할 수 있는 문제이다.
- 〈상황〉에 적절하게 적용하여 각 보기의 정오를 적절하게 판단할 수 있어야 한다.

ㄱ. (O) 도서관은 2014년 상반기에 개관하고, 두 번째 각주에 따를 때 2014년 도서관 개관 시 인구, 즉 봉사대상 인구는 13만 명과 15만 명 사이이다. 〈공공도서관 시설 및 도서관 자료 구비 기준〉에 따르면, 봉사대상 인구 10만 명 이상~30만 명 미만의 경우 구비해야 할 기본장서는 최소 30,000권 이상이다. 따라서 A시 도서관 개관 시 확보해야 할 최소 기본장서는 30,000권이다.

ㄴ. (X) A시의 예상 인구 추계자료와 같이 인구가 증가한다면, 2014년의 예상 인구는 13만 명과 15만 명 사이이고 2015년의 예상 인구는 15만 명이므로, 〈공공도서관 시설 및 도서관 자료 구비 기준〉에 따를 때 두 해 모두 봉사대상 인구가 10만 명 이상 30만 명 미만에 해당하고, 확보해야 하는 열람석은 최소 350석으로 동일하다. 이때 2번 조건에 따라 전체 열람석의 10%인 35석 이상을 노인과 장애인 열람석으로 할당하여야 한다. 매년 추가로 늘려야 하는 것은 장서뿐이며, 열람석은 해당되지 않는다. 따라서 노인과 장애인 열람석을 추가로 확보해야 하는 것은 아니다.

ㄷ. (O) A시의 예상 인구 추계자료와 같이 인구가 증가하고, 2015년~2020년에 매년 같은 수로 인구가 늘어난다면, 매년 3만 명씩 인구가 늘어나는 것이므로 2018년의 인구는 24만 명이 된다. 3번 조건에 따라 봉사대상 인구 1천 명당 1종 이상의 연속간행물을 갖추어야 하므로 최소 240종 이상의 연속간행물을 보유하여야 하며, 봉사대상 인구 1천 명당 10종 이상의 시청각자료를 갖추어야 하므로 최소 2,400종 이상의 시청각자료를 보유해야 한다.

ㄹ. (O) 2020년의 실제 인구가 예상 인구인 30만 명의 80% 수준인 24만 명일 경우, 두 번째 각주에 따라서 2014년부터 2020년까지의 봉사대상 인구는 계속 '10만 명 이상 30만 명 미만'에 해당한다. 즉 해당 기간 동안 (설립 다음 해부터 매년 추가로 늘려야 하는 장서인) 연간증서는 계속 3,000권 이상이다. 따라서 6년간 매년 연간증서를 3,000권 이상씩 추가하여야 하므로, 2014년 상반기 개관 이후 2020년 말까지 6년 동안 추가로 보유해야 하는 총 연간증서는 최소 3,000권×6=18,000권이다.

빠른 문제풀이 Tip

ㄴ. 2014년과 2015년 모두 열람석이나 노인과 장애인 열람석의 수가 범위로만 제시될 뿐 특정 숫자로 정해지는 것이 아니기 때문에 2015년에 2014년에 비해 35석 추가로 확보해야 한다고 확정적으로 말할 수 없다.

[정답] ④

206 다음은 ○○기관의 제휴시설 안내 홈페이지의 일부인 <호텔 상호 리스트>와 <지역별 리스트>이다. 이를 근거로 추론할 때, <보기>에서 옳지 않은 것을 모두 고르면? 13년 외교관 인책형 28번

〈호텔 상호 리스트〉

호텔 | 콘도미니엄 | 지역별

남송마리나피싱리조트 (1)	남해스포츠파크 호텔 (1)	노보텔 앰배서더 (4)
대둔산관광호텔 (1)	호텔인터시티 (1)	신안비치호텔 (1)
씨클라우드 호텔 (1)	유성호텔 (1)	켄싱턴호텔 (2)
코모도호텔 (1)	춘천세종호텔 (1)	단양관광호텔 (1)
호텔농심 (1)	해운대그랜드호텔 (1)	서울교육문화회관 (1)
경주교육문화회관 (1)	라마다프라자 제주호텔 (1)	라마다호텔&스위트 (2)
해운대 센텀호텔 (1)	라마다송도호텔 (1)	라마다플라자 광주호텔 (1)
송도파크호텔 (1)	더클래스300 호텔 (1)	해남땅끝호텔 (1)
한옥호텔 영산재 (1)	여수엠블호텔 (1)	

숙소명	소재지	상세보기
남송마리나피싱리조트	경남 남해군 삼동면	[상세보기]

〈지역별 리스트〉

호텔 | 콘도미니엄 | 지역별

서울 (5)	부산 (7)	대구 (1)
인천 (2)	광주 (1)	대전 (2)
경기 (5)	강원 (15)	충북 (4)
충남 (3)	전북 (3)	전남 (9)
경북 (3)	경남 (4)	제주 (5)

숙소명	소재지	상세보기
노보텔 앰배서더 강남지점	서울시 강남구	[상세보기]
노보텔 앰배서더 독산지점	서울시 금천구	[상세보기]
라마다호텔&스위트 남대문지점	서울시 중구	[상세보기]
라마다호텔&스위트 동대문지점	서울시 중구	[상세보기]
서울교육문화회관	서울시 서초구	[상세보기]

※ ○○기관은 호텔과 콘도미니엄만을 제휴시설로 한다.
※ 호텔과 콘도미니엄 리스트에 동시에 포함되어 있는 제휴시설은 없다.
※ 〈호텔 상호 리스트〉에서 지역명을 포함한 호텔은 그 해당 지역에 위치한다.

〈보 기〉

ㄱ. 기관과 제휴된 호텔 수와 콘도미니엄수는 동일하다.
ㄴ. 하나의 시 · 도에 동일 상호를 사용하는 호텔이나 콘도미니엄은 없다.
ㄷ. 기관과 제휴된 호텔은 모두 호텔이라는 명칭을 사용한다.
ㄹ. 기관과 제휴된 콘도미니엄이 없는 시 · 도가 있다.

① ㄱ, ㄴ
② ㄷ, ㄹ
③ ㄱ, ㄴ, ㄷ
④ ㄱ, ㄴ, ㄹ
⑤ ㄴ, ㄷ, ㄹ

해설

문제 분석

- ○○기관의 제휴시설 안내 홈페이지의 일부인 〈호텔 상호 리스트〉와 〈지역별 리스트〉가 주어져 있다.
- ○○기관은 호텔과 콘도미니엄만을 제휴시설로 한다. 호텔과 콘도미니엄 리스트에 동시에 포함되어 있는 제휴시설은 없다.
- 〈호텔 상호 리스트〉에서 지역명을 포함한 호텔은 그 해당 지역에 위치한다.

문제풀이 실마리

- 주어진 자료가 2개의 홈페이지 화면이라는 것을 알 수 있어야 한다.
- 각주에서 ○○기관은 호텔과 콘도미니엄만을 제휴시설로 하고 호텔과 콘도미니엄 리스트에 동시에 포함되어 있는 제휴시설은 없기 때문에

○○기관의 총 제휴시설=호텔+콘도미니엄

이고, '○○기관의 총 제휴시설'이 지역별로도 구분되어 있음을 알 수 있어야 한다.

ㄱ. (X) 〈지역별 리스트〉는 호텔과 콘도미니엄을 모두 포함한 '○○기관의 총 제휴시설' 수와 동일하며 총 69개이다. ○○기관의 총 제휴시설은 호텔 또는 콘도미니엄 둘 중 하나여야 하는데, 〈호텔 상호 리스트〉의 호텔 개수는 총 31개이다. 이를 통해 ○○기관과 제휴된 콘도미니엄 수는 69−31=38개임을 알 수 있으므로 기관과 제휴된 호텔 수와 콘도미니엄 수는 동일하지 않다.

ㄴ. (X) 〈지역별 리스트〉의 하단 표에서 서울시에 소재한 노보텔 앰배서더 강남지점과 노보텔 앰배서더 독산지점은 동일하게 '노보텔 앰배서더'라는 상호를 사용하고 있고, 라마다호텔&스위트 남대문지점과 라마다호텔 &스위트 동대문지점 역시 동일하게 '라마다호텔&스위트'라는 상호를 사용하고 있다.

ㄷ. (X) 〈호텔 상호 리스트〉를 살펴보면, 남송마리나피싱리조트, 경주교육문화회관, 노보텔 앰배서더, 서울교육문화회관 등은 호텔이라는 명칭을 사용하고 있지 않다.

ㄹ. (O) 〈지역별 리스트〉를 살펴보면, 서울에는 총 5개의 제휴시설(=호텔 또는 콘도미니엄)이 있다. 그런데 하단 표를 보면 노보텔 앰배서더 강남지점과 독산지점, 라마다호텔&스위트 남대문지점과 동대문지점, 그리고 서울교육문화회관은 모두 〈호텔 상호 리스트〉에 등재되어 있으므로 5개 모두 호텔이다. 따라서 서울시에는 ○○기관과 제휴된 콘도미니엄이 없다.
또한 〈지역별 리스트〉를 살펴보면, 광주에는 단 한 개의 제휴시설만 존재한다. 세 번째 각주에서 〈호텔 상호 리스트〉에서 지역명을 포함한 호텔은 그 해당 지역에 위치한다고 하였으므로 〈호텔 상호 리스트〉의 '라마다플라자 광주호텔'은 광주에 위치할 것이다. 따라서 광주에는 ○○기관과 제휴된 호텔만 존재할 뿐, ○○기관과 제휴된 콘도미니엄은 없다.

빠른 문제풀이 Tip

보기 ㄱ을 판단할 때 홀짝 성질을 활용하면 보다 빠른 해결이 가능하다. 호텔 수와 콘도미니엄 수가 동일하다면 이 둘을 합한(=호텔 수를 두 배한) ○○기관의 총 제휴시설 수는 짝수여야 한다. 그런데 지역별 리스트의 숫자를 다 더하면 총 69개, 즉 홀수이므로 둘로 똑같이 나눌 수 없다. 즉, 호텔 수와 콘도미니엄 수가 동일할 수는 없다.

[정답] ③

207 다음 <조건>을 근거로 판단할 때, <보기>에서 옳은 것만을 모두 고르면? 18년 5급 나책형 10번

〈조 건〉

○ 인공지능 컴퓨터와 매번 대결할 때마다, 甲은 A, B, C 전략 중 하나를 선택할 수 있다.
○ 인공지능 컴퓨터는 대결을 거듭할수록 학습을 통해 각각의 전략에 대응하므로, 동일한 전략을 사용할수록 甲이 승리할 확률은 하락한다.
○ 각각의 전략을 사용한 횟수에 따라 각 대결에서 甲이 승리할 확률은 아래와 같고, 甲도 그 사실을 알고 있다.

〈전략별 사용횟수에 따른 甲의 승률〉

(단위: %)

전략별 사용횟수 / 전략종류	1회	2회	3회	4회
A전략	60	50	40	0
B전략	70	30	20	0
C전략	90	40	10	0

〈보 기〉

ㄱ. 甲이 총 3번의 대결을 하면서 각 대결에서 승리할 확률이 가장 높은 전략부터 순서대로 선택한다면, 3가지 전략을 각각 1회씩 사용해야 한다.
ㄴ. 甲이 총 5번의 대결을 하면서 각 대결에서 승리할 확률이 가장 높은 전략부터 순서대로 선택한다면, 5번째 대결에서는 B전략을 사용해야 한다.
ㄷ. 甲이 1개의 전략만을 사용하여 총 3번의 대결을 하면서 3번 모두 승리할 확률을 가장 높이려면, A전략을 선택해야 한다.
ㄹ. 甲이 1개의 전략만을 사용하여 총 2번의 대결을 하면서 2번 모두 패배할 확률을 가장 낮추려면, A전략을 선택해야 한다.

① ㄱ, ㄴ ② ㄱ, ㄷ ③ ㄴ, ㄹ
④ ㄱ, ㄷ, ㄹ ⑤ ㄴ, ㄷ, ㄹ

해설

문제 분석

- 甲은 A, B, C 전략 중 하나를 선택하여 인공지능 컴퓨터와 대결한다.
- 동일한 전략을 사용할수록 甲이 승리할 확률은 하락한다.
- 각각의 전략을 사용한 횟수에 따라 각 대결에서 甲이 승리할 확률은 표로 정리되어 있고, 甲도 그 사실을 알고 있다.

문제풀이 실마리

주어진 표를 해석하는 방법을 정확히 이해해야 한다. 전략을 사용할 때마다 가로축으로 이동해가면서 승률을 확인해야 한다.

ㄱ. (O)

전략별 사용횟수 / 전략종류	1회	2회	3회	4회
A전략	③ 60	50	40	0
B전략	② 70	30	20	0
C전략	① 90	40	10	0

甲이 3번의 대결을 하면서 각 대결에서 승리할 확률이 가장 높은 전략부터 순서대로 선택한다면 표에서 확률이 높은 순으로 선택하게 되고, ① 첫 번째로는 승리할 확률이 90%인 C전략을, ② 두 번째로는 70%인 B전략을, ③ 세 번째로는 60%인 A전략을 선택하게 되므로, 3가지 전략을 각각 1회씩 사용하게 된다.

ㄴ. (X)

전략별 사용횟수 / 전략종류	1회	2회	3회	4회
A전략	③ 60	④ 50	⑤ 40	0
B전략	② 70	30	20	0
C전략	① 90	⑤ 40	10	0

3번째 대결까지는 앞서 보기 ㄱ에서 살펴본 바와 같고, 4번째 대결에서는 승리할 확률이 50%인 A전략을 선택하고, 5번째 대결에서는 승률이 40%인 A전략 또는 C전략을 선택해야 한다. 따라서 5번째 대결에서는 B전략을 사용하지는 않는다.

ㄷ. (O)

전략별 사용횟수 / 전략종류	1회	2회	3회	3번 모두 승리할 확률
A전략	60	50	40	0.6×0.5×0.4=0.12
B전략	70	30	20	0.7×0.3×0.2=0.042
C전략	90	40	10	0.9×0.4×0.1=0.036

총 3번의 대결을 하면서 각 대결에서 3번 모두 승리할 확률은 (1회에서 이길 확률)×(2회에서 이길 확률)×(3회에서 이길 확률)이다. 이를 각 전략별로 계산하면 A전략은 0.12, B전략은 0.042, C전략은 0.036이므로 甲이 1개의 전략만을 사용하여 3번 모두 승리할 확률이 가장 높은 A전략을 선택해야 한다.

ㄹ. (X) 승리할 확률의 반대를 패배할 확률이라고 본다면, '전략별 사용횟수에 따른 甲이 패배할 확률은 다음과 같다.

전략별 사용횟수 / 전략종류	1회	2회	2번 모두 패배할 확률
A전략	40	50	0.4×0.5=0.2
B전략	30	70	0.3×0.7=0.21
C전략	10	60	0.1×0.6=0.06

1개의 전략만을 사용하여 총 2번의 대결을 하면서 2번 모두 패배할 확률은 A전략은 0.2, B전략은 0.21, C전략은 0.06이다. 따라서 2번 모두 패배할 확률이 가장 낮은 전략은 C전략이고, 甲은 A전략이 아니라 C전략을 선택해야 한다.

빠른 문제풀이 Tip

보기 ㄹ에서 위와 같은 해설은 승리할 확률의 반대를 패배할 확률이라고 가정할 때 가능한 해설이다. 만약에 무승부가 발생할 수 있다면 패배할 확률이 어떻게 되는지는 확실히 알기 어렵다. 이 문제에서는 승패가 반드시 결정된다는 조건이 없기 때문에 무승부가 발생할 가능성을 배제하기 어렵다. 그렇다면 보기 ㄹ은 알 수 없는 내용이기 때문에 옳은 것은 아닌 보기가 된다.

[정답] ②

208 다음 글을 근거로 판단할 때, <보기>에서 옳은 것만을 모두 고르면?

18년 5급 나책형 34번

△△국 농구리그에는 네 팀(甲~丁)이 참여하고 있다. 이 리그의 2019 시즌 신인선수 선발은 2018 시즌 종료 후 1·2 라운드로 나누어 다음과 같이 진행한다.

○ 1라운드: 2018 시즌 3, 4등에게 무작위 추첨을 통해 신인선수 선발 권한 1, 2순위를 부여하는데, 2018 시즌 3, 4등은 이 추첨에 반드시 참여하여야 한다. 2018 시즌 2등은 3순위로, 2018 시즌 1등은 마지막 순위로 선수를 선발한다.

○ 2라운드: 1라운드에서 부여된 신인선수 선발 순위의 역순으로 선수를 선발한다.

○ 각 팀은 희망 선수 선호도에 따라 선수를 라운드당 1명씩 선발해야 한다.

2018 시즌에는 팀당 60경기를 치르며, 경기에서 무승부는 없다. 승수가 많을수록 등수가 높다. 2018년 3월 10일 현재 각 팀별 성적 및 희망 선수 선호도는 다음과 같다.

현재등수	팀명	승	패	희망 선수 선호도
1	甲	50	9	A-B-C-D-E-F-G-H
2	乙	30	29	H-G-C-A-E-B-D-F
3	丙	29	29	H-A-C-D-F-E-B-G
4	丁	8	50	A-B-F-H-D-C-E-G

※ 희망 선수 선호도는 오른쪽에서 왼쪽으로 갈수록 더 높으며, 2019 시즌 신인선수 선발 종료 시점까지 변하지 않는다.

※ 시즌 종료시 최종 등수가 같은 경우는 나오지 않는다.

〈보 기〉

ㄱ. 甲팀은 2라운드에서 가장 먼저 선수를 선발할 것이다.

ㄴ. 乙팀이 2등으로 2018 시즌을 종료할 경우, H선수를 선발할 것이다.

ㄷ. 丙팀이 2등으로 2018 시즌을 종료할 경우, C선수와 F선수를 선발할 것이다.

ㄹ. 丁팀은 남은 경기의 결과에 따라 1라운드 1순위 선발 권한을 확보하기 위한 추첨에 참여하지 못할 수도 있다.

① ㄱ, ㄴ

② ㄱ, ㄷ

③ ㄴ, ㄹ

④ ㄱ, ㄷ, ㄹ

⑤ ㄴ, ㄷ, ㄹ

해설

문제 분석

- 농구리그에는 네 팀(甲~丁)이 참여하고 있다.
- 시즌에는 팀당 60경기를 치르며, 경기에서 무승부는 없다. 승수가 많을수록 등수가 높다.
- 신인선수 선발은 1·2라운드로 나누어 진행한다.
- 1라운드
  1) 시즌 3, 4등이 무작위 추첨을 통해 신인선수 선발 권한 1, 2순위를 부여받아 선수를 선발한다.
  2) 시즌 2등은 3순위로 선수를 선발하고, 이전 시즌 1등은 마지막 순위로 선수를 선발한다.
- 2라운드: 1라운드의 역순으로 선수를 선발한다.
- 각 팀은 희망 선수 선호도에 따라 선수를 라운드당 1명씩 선발한다.

문제풀이 실마리

주어진 조건을 반영해서 현재 상황을 정리해 보면 다음과 같다.

현재 등수	팀명	승	패	현재까지	남은	최대 승수	가능한 시즌 최종 등수
				경기 수			
1	甲	50	9	59	1	51	1
2	乙	30	29	59	1	31	2 또는 3
3	丙	29	29	58	2	31	
4	丁	8	50	58	2	10	4

다른 팀들의 최종 등수는 확정되는데, 乙과 丙만 2등, 3등 중에 최종 등수가 확정되지 않는다. 이에 따라 乙팀이 2등인 경우와 3등이 경우로 나누어 살펴보면 다음과 같다. 각 경우에서 □표시는 1라운드에 선발한 신인선수이고, ○표시는 2라운드에 선발한 신인선수이다.

- 乙팀이 2등인 경우 신인선수 선발 결과

최종 등수	팀명	선발 권한 순위		신인선수 선발 결과
		1라운드	2라운드	
1	甲	4	1	A-[B]-Ⓒ-D-E-F-G-H
2	乙	3	2	H-[G]-C-A-Ⓔ-B-D-F
3	丙	1 또는 2	4 또는 3	[H]-A-C-Ⓓ-F-E-B-G
4	丁			[A]-B-Ⓕ-H-D-C-E-G

최종 등수 3등과 4등인 丙과 丁은 추첨에 의해서 선발 권한 순위가 바뀔 수 있지만 어떻게 되더라도 선발 결과는 바뀌지 않는다.

- 乙팀이 3등인 경우 신인선수 선발 결과

최종 등수	팀명	선발 권한 순위		신인선수 선발 결과
		1라운드	2라운드	
1	甲	4	1	A-[B]-C-Ⓓ-E-F-G-H
2	丙	3	2	H-A-[C]-D-Ⓕ-E-B-G
3	乙	1 또는 2	4 또는 3	[H]-Ⓖ-C-A-E-B-D-F
4	丁			[A]-B-F-H-D-C-Ⓔ-G

최종 등수 3등과 4등인 乙과 丁은 추첨에 의해서 선발 권한 순위가 바뀔 수 있지만 어떻게 되더라도 선발 결과는 바뀌지 않는다.

ㄱ. (O) '2라운드에서 가장 먼저 선수를 선발=2018 시즌 최종 등수가 1등'의 의미이다. 현재 승수와 남은 경기를 봤을 때 甲의 최종 등수는 1등일 수밖에 없으므로, 어떠한 경우에도 1라운드 마지막 순위이자 2라운드에서 가장 먼저 선수를 선발하게 된다.

ㄴ. (X) 乙팀의 최종 등수가 2등인 경우, 丙팀은 乙팀보다 순위가 낮을 수밖에 없고, 丙팀에게 먼저 신인선수 선발 순위가 부여될 것이다. 즉, 丙팀은 반드시 乙팀보다 앞서 신인선수를 선발하게 되고, 丙팀의 희망 선수 선호도 1위가 H이므로, H선수는 1라운드에서 丙팀이 먼저 선발할 것이다. 따라서 乙팀이 2등으로 2018 시즌을 종료할 경우, H선수를 선발할 수 없다.

ㄷ. (O) 각 팀의 희망 선수 선호도에 따라 선수 선발을 해보면 위에서 정리한 표와 같다. 즉,

- 1라운드: 乙(H) / 丁(A) → 丙(C) → 甲(B)
  (乙(H) / 丁(A): 추첨에 따라)
- 2라운드: 甲(D) → 丙(F) → …

따라서 丙팀이 2등으로 2018 시즌을 종료할 경우, C선수와 F선수를 선발한다.

ㄹ. (X) '1라운드 1순위 선발 권한을 확보하기 위한 추첨에 참여하지 못한다=시즌 최종 등수가 1, 2위'라는 의미이다. 丁팀은 현재 승수와 남은 경기를 봤을 때 최종 등수가 4등일 수밖에 없다. 따라서 어떠한 경우에도 丁팀은 라운드 1순위 선발 권한을 확보하기 위한 추첨에 참여하게 된다.

빠른 문제풀이 Tip

- '문제풀이 실마리'에서 살펴본 것처럼 미리 경우를 다 따져놓고 문제를 해결하는 방법도 있고, 선지플레이를 하면서 그때 그때 필요한 만큼만 따져가면서 문제를 해결하는 방법도 있다.
- 각 보기를 해결할 때 선발된 선수는 샤프로 지워나면서 해결해 나가면 좋다.

[정답] ②

209 다음 글을 근거로 판단할 때, <보기>에서 옳은 것만을 모두 고르면? 14년 5급 A책형 32번

> 아마존 탐사대가 깊은 숲 속에서 새로운 개구리를 발견하여 실험실에서 조사를 시작했다. 그 결과 개구리들은 복잡한 생식방식과 혈액형 유전 양상을 보였다.
>
> ○ 개구리의 혈액형은 Q, W, E형(QWE기준)으로 구분되며 각 혈액형은 α, β, γ형(αβγ기준)으로 다시 구분된다.
>
> ○ α형은 수컷 혹은 암컷의 성별을 띠며 유성생식만 가능하고 그 결과로 50%는 α형, 50%는 γ형을 낳는다. β형은 양성을 띠어 유성생식과 무성생식 모두 가능하고, 유성생식의 결과로 α형을 낳고 무성생식의 결과로 β형을 낳는다. γ형의 경우는 성별이 없어 무성생식만 가능하며 그 결과로 50%는 β형, 50%는 γ형을 낳는다. αβγ기준으로 동일 혈액형 간에만 생식이 가능하다.
>
> ○ 무성생식 시, 자식은 부모세대의 Q, W, E형 혈액형을 그대로 물려받는다. 유성생식 시에는 Q-W 조합은 E형, Q-E 조합은 W형, W-E 조합은 Q형 자식을 낳는다. QWE기준으로 동일 혈액형 간 유성생식 조합은 부모세대와 같은 혈액형의 자식을 낳는다.
>
> ○ 현재 실험실에 있는 개구리의 혈액형과 성별은 아래와 같다.

	QWE기준	αβγ기준	성별
개구리1	Q	α	수컷
개구리2	Q	α	암컷
개구리3	W	γ	무성
개구리4	W	β	양성
개구리5	E	γ	무성

※ 유성생식: 암수가 합쳐서 새로운 개체를 만드는 생식 방법.
※ 무성생식: 암수의 어울림이 없이 그 자체에서 새로운 개체를 만드는 생식 방법.

〈보 기〉

ㄱ. Wβ(양성)형의 경우 매 세대 존재할 수 있다.
ㄴ. 개구리5의 자식과 개구리4의 생식의 결과로 Qα(암컷)형이 가능하다.
ㄷ. 실험실에 개구리3과 개구리5 두 마리만 있다면, 더 이상 α형 개구리는 실험실 내에서 만들어낼 수 없다.

① ㄱ
② ㄱ, ㄴ
③ ㄱ, ㄷ
④ ㄴ, ㄷ
⑤ ㄱ, ㄴ, ㄷ

해설

문제 분석

- 개구리의 혈액형은 Q, W, E형(QWE기준)으로 구분되며 각 혈액형은 α, β, γ형(αβγ기준)으로 다시 구분된다.
- αβγ기준

혈액형	성별	생식	결과
α형	수컷 혹은 암컷	유성생식만 가능	50%는 α형, 50%는 γ형을 낳는다.
β형	양성	유성생식과 무성생식 모두 가능	유성생식의 결과로 α형, 무성생식의 결과로 β형을 낳는다.
γ형	없음	무성생식만 가능	50%는 β형, 50%는 γ형을 낳는다.

αβγ기준으로 동일 혈액형 간에만 생식이 가능하다.

- QWE기준

무성생식 시	자식은 부모세대의 Q, W, E형 혈액형을 그대로 물려받는다.	
유성생식 시	Q-W 조합	E형
	Q-E 조합	W형
	W-E 조합	Q형
	동일 혈액형 간	부모세대와 같은 혈액형

문제풀이 실마리

- 개구리의 혈액형을 따질 때 기준이 두 가지가 있다. 두 가지 기준을 모두 정확하게 이해할 수 있어야 한다.
- 혈액형을 따지는 데 있어서 각 개구리의 성별은 크게 의미가 없다. 이를 파악하면 보다 수월하게 문제를 해결할 수 있다.

ㄱ. (O) Wβ형이 매 세대 존재할 수 있는지 따져보기 위해, 먼저 QWE기준으로 W형이 나오려면
1) W형의 무성생식
2) W-W형 간 유성생식
3) Q-E형 간 유성생식 세 가지 경우가 있다.
세 가지 중 가장 쉬운 1) W형의 무성생식을 따져보면, W형의 무성생식이 가능한 개구리는 개구리3과 개구리4이다.
1) 개구리3(Wγ형)의 무성생식
γ형은 무성생식만 가능한 것이 맞고, 그 결과 50%는 β형, 50%는 γ형을 낳기 때문에 50%의 확률로 Wβ형, Wγ형이 가능하다. 즉, 매 세대 Wβ(양성)형이 존재할 수 있다.
2) 개구리4(Wβ)의 무성생식
β형은 양성을 띠어 유성생식과 무성생식 모두 가능하고, 무성생식의 결과로 β형을 낳는다. 따라서 Wβ형의 무성생식 결과 100% Wβ형이 가능하므로 매 세대 Wβ(양성)형이 존재할 수 있다.

ㄴ. (O) 개구리5의 자식의 혈액형을 보면, γ형의 경우는 성별이 없어 무성생식만 가능하다. E형의 무성생식의 결과 E형을 낳고, γ형은 무성생식의 결과로 50%는 β형, 50%는 γ형을 낳는다. 즉 개구리5의 자식은 Eβ형이 50%, Eγ형이 50%이다. 그런데 αβγ기준으로 동일 혈액형 간에만 생식이 가능하기 때문에, 이 중 개구리4의 Wβ형과 생식이 가능한 개구리는 Eβ형이다.
따라서 Wβ형과 Eβ형을 유성생식 시켜보면, W-E형 간 유성생식으로 Q형을 낳고, β형의 유성생식 결과 α형을 낳는다. 즉, 혈액형은 Qα형이고, α형은 수컷 혹은 암컷의 성별을 띠기 때문에, Qα(수컷)형 또는 Qα(암컷)형 모두 가능하다.

ㄷ. (X) 개구리3은 Wɣ형이고, 개구리5는 Eɣ이다. 확인해야 할 것은 더 이상 α형 개구리는 실험실 내에서 만들어낼 수 없는지 여부이므로, QWE기준은 고려하지 말고 αβɣ기준만 고려해 본다.

ɣ형의 경우는 성별이 없어 무성생식만 가능하며 그 결과로 50%는 β형, 50 %는 ɣ형을 낳는다. 이 중 β형 개구리가 여러 개체가 생긴다면 β형은 양성을 띠어 유성생식과 무성생식 모두 가능하고, 유성생식의 결과로 α형을 낳고 무성생식의 결과로 β형을 낳는다. 따라서 여러 개체의 β형 개구리 간 유성생식을 한다면 α형 개구리를 만들어 낼 수 있다.

빠른 문제풀이 Tip

- 보기 ㄴ에서 개구리5가 아닌 개구리5의 자식으로 따져야 한다는 점을 놓치지 않도록 주의하자.
- 규칙을 정확하게 잘 처리할 수 있는 피지컬이 요구되는 다소 복잡한 규칙이 주어진 문제이다.

[정답] ②

210 다음 글과 <상황>을 근거로 판단할 때, <보기>에서 옳은 것만을 모두 고르면? 20년 5급 나책형 38번

> 여러 가지 성분으로 구성된 물질을 조성물이라고 한다. 조성물을 구성하는 각 성분의 양은 일정한 범위 내에 있고, 이는 각 성분의 '중량%' 범위로 표현할 수 있다. 중량% 범위의 최솟값을 최소성분량, 최댓값을 최대성분량이라고 한다.
> 다음 중 어느 하나에라도 해당되는 조성물을 '불명확'하다고 한다.
> ○ i)모든 성분의 최소성분량의 합이 100 중량%를 초과하는 경우
> ○ ii)모든 성분의 최대성분량의 합이 100 중량%에 미달하는 경우
> ○ iii)어느 한 성분의 최소성분량과 나머지 모든 성분의 최대성분량의 합이 100 중량%에 미달하는 경우
> ○ iv)어느 한 성분의 최대성분량과 나머지 모든 성분의 최소성분량의 합이 100 중량%를 초과하는 경우

〈상 황〉

조성물 甲은 성분 A, B, C, D, E만으로 구성되어 있고, 각각의 최소성분량과 최대성분량은 다음과 같다.

(단위: 중량%)

성분	최소성분량	최대성분량
A	5	10
B	25	30
C	10	20
D	20	40
E	x	y

〈보 기〉

ㄱ. x가 4이고 y가 10인 경우, 조성물 甲은 불명확하다.
ㄴ. x가 10이고 y가 20인 경우, 조성물 甲은 불명확하다.
ㄷ. x가 25이고 y가 26인 경우, 조성물 甲은 불명확하다.
ㄹ. x가 20이고 y가 x보다 크고 40보다 작은 경우, 조성물 甲은 불명확하지 않다.

① ㄱ, ㄴ
② ㄱ, ㄷ
③ ㄴ, ㄹ
④ ㄱ, ㄷ, ㄹ
⑤ ㄴ, ㄷ, ㄹ

해설

문제 분석

'불명확'의 조건을 정리하면 다음과 같다.
i) 모든 성분의 최소성분량의 합이 100 중량%를 초과하는 경우
ii) 모든 성분의 최대성분량의 합이 100 중량%에 미달하는 경우
iii) 어느 한 성분의 최소성분량과 나머지 모든 성분의 최대성분량의 합이 100 중량%에 미달하는 경우
iv) 어느 한 성분의 최대성분량과 나머지 모든 성분의 최소성분량의 합이 100 중량%를 초과하는 경우

문제풀이 실마리

〈보기〉마다 x, y의 값이 다르므로 〈보기〉별로 '불명확'의 조건을 만족하는지 판단해야 한다. 조건 iii)~iv)의 '어느 한 성분'이 어느 성분인지 모르는 상태에서는 조건 iii)의 경우 '어느 한 성분의 최소성분량과 나머지 모든 성분의 최대성분량의 합'이 최소인 경우에 100중량%에 미달하는지 판단하여야 하고, 조건 iv)의 경우 '어느 한 성분의 최대성분량과 나머지 모든 성분의 최소성분량의 합'이 최대인 경우에 100중량%를 초과하는지 판단하여야 한다.

〈보기〉마다 '불명확'의 조건을 판단해보면 다음과 같다.

ㄱ. (O) x가 4이고 y가 10인 경우
조건 i) (X) 5+25+10+20+4=64≤100
조건 ii) (X) 10+30+20+40+10=110≥100
조건 iii) (O) 어느 한 성분이 'D'인 경우
10+30+20+20+10=90<100
조건 iv) (X) 어느 한 성분이 'D'인 경우
5+25+10+40+4=84≤100
'불명확'의 조건 iii)에 해당하기 때문에 조성물 甲은 불명확하다.

ㄴ. (X) x가 10이고 y가 20인 경우
조건 i) (X) 5+25+10+20+10=70≤100
조건 ii) (X) 10+30+20+40+20=120≥100
조건 iii) (X) 어느 한 성분이 'D'인 경우
10+30+20+20+20=100≥100
조건 iv) (X) 어느 한 성분이 'D'인 경우
5+25+10+40+10=90≤100
조성물 甲은 조건 i)~iv) 중 어느 것에도 해당하지 않기 때문에 불명확하지 않다.

ㄷ. (O) x가 25이고 y가 26인 경우
조건 i) (X) 5+25+10+20+25=85≤100
조건 ii) (X) 10+30+20+40+26=126≥100
조건 iii) (X) 어느 한 성분이 'D'인 경우
10+30+20+20+26=106≥100
조건 iv) (O) 어느 한 성분이 'D'인 경우
5+25+10+40+25=105>100
'불명확'의 조건 iv)에 해당하기 때문에 조성물 甲은 불명확하다.

ㄹ. (O) x가 20이고, y가 x보다 크고 40보다 작은 경우
조건 i) (X) 5+25+10+20+20=80≤100
조건 ii) (X) 10+30+20+40+y≥100
조건 iii) (X) 어느 한 성분이 'D'인 경우
10+30+20+20+y>100
조건 iv) (X) 어느 한 성분이 'D'인 경우
5+25+10+40+20=100≤100
조성물 甲은 조건 i)~iv) 중 어느 것에도 해당하지 않기 때문에 불명확하지 않다.

빠른 문제풀이 Tip

이상의 내용대로 〈보기〉마다 일일이 '불명확'의 조건을 판단해보고 선지를 제거해나가면 적절한 시간 내로 해결할 수 있지만, 조건을 정리해 나가는 다른 풀이 방법을 소개해보면 다음과 같다.

1) 조건 ⅲ)~ⅳ)의 '어느 한 성분'을 확정

조건 ⅲ)의 경우 '어느 한 성분의 최소성분량과 나머지 모든 성분의 최대성분량의 합'이 최소인 경우에도 100중량%에 미달하는지 판단하여야 한다. 〈보기〉 ㄱ의 상황을 가정해 볼 때 아래의 표에서

성분	최소성분량 (a)	최대성분량 (b)	b−a
A	5	10	5
B	25	30	5
C	10	20	10
D	20	40	20
E	4	10	6

모든 성분의 최대성분량의 합을 구해보면 110이다. 이때 어느 성분이 A라면 110에 포함된 A의 최대성분량 10 대신 최소성분량 5가 더해지는 것이므로 110−5라고 생각할 수 있고 이때의 5는 A의 b−a이다. 따라서 조건 ⅲ)과 같이 '어느 한 성분의 최소성분량과 나머지 모든 성분의 최대성분량의 합'이 최소인 경우를 판단해보려면 b−a가 최대인 D가 '어느 한 성분'이어야 한다. 나머지 〈보기〉 ㄴ, ㄷ, ㄹ에서도 마찬가지로 '어느 한 성분'은 D여야 한다.

조건 ⅳ)의 경우 '어느 한 성분의 최대성분량과 나머지 모든 성분의 최소성분량의 합'이 최대인 경우에도 100중량%을 초과하는지 판단하여야 한다. 마찬가지로 〈보기〉 ㄱ의 상황을 가정해 볼 때 위의 표에서 모든 성분의 최소성분량의 합을 구해보면 64이다. 이때 어느 성분이 A라면 64에 포함된 A의 최소성분량 5 대신 최소성분량 10이 더해지는 것이므로 64+5라고 생각할 수 있고 이때의 5는 A의 b−a이다. 따라서 조건 ⅳ)와 같이 '어느 한 성분의 최대성분량과 나머지 모든 성분의 최소성분량의 합'이 최대인 경우를 판단해보려면 b−a가 최대인 D가 '어느 한 성분'이어야 한다. 나머지 〈보기〉 ㄴ, ㄷ, ㄹ에서도 마찬가지로 '어느 한 성분'은 D여야 한다.

조건을 정리해보거나 일부 〈보기〉를 판단해가는 과정에서 이상과 같이 '어느 한 성분'을 D로 확정할 수 있다면 나머지 보기를 보다 빨리 판단할 수 있다.

2) 부등식으로 정리

조건 ⅰ)부터 부등식으로 정리해보면

조건 ⅰ) $60+x>100 \rightarrow x>40$

조건 ⅱ) $100+y<100 \rightarrow y<0$

조건 ⅲ) 어느 한 성분을 확정하지 못한 경우 어느 한 성분이 A인 경우부터 각각

A: $5+30+20+40+y<100 \rightarrow y<5$

B: $10+25+20+40+y<100 \rightarrow y<5$

C: $10+30+10+40+y<100 \rightarrow y<10$

D: $10+30+20+20+y<100 \rightarrow y<20$

E: $10+30+20+40+x<100 \rightarrow x<0$

이고 $x<0$ 또는 $y<20$인 경우 '불명확'하다.

조건 ⅳ) 어느 한 성분을 확정하지 못한 경우 어느 한 성분이 A인 경우부터 각각

A: $10+25+10+20+x>100 \rightarrow x>35$

B: $5+30+10+20+x>100 \rightarrow x>35$

C: $5+25+20+20+x>100 \rightarrow x>30$

D: $5+25+10+40+x>100 \rightarrow x>20$

E: $5+25+10+20+y>100 \rightarrow y>40$

이고 $x>20$ 또는 $y>40$인 경우 '불명확'하다.

이상의 부등식을 $x<0$, $y<0$과 같이 문제에서 발생하지 않는 경우를 제외하고 정리해보면 $x>20$ 또는 $y<20$ 또는 $y>40$과 같이 정리할 수 있다. 각 〈보기〉에서 주어진 x, y가 위의 정리한 부등식의 범위에 해당된다면 불명확한 것이 된다.

[정답] ④

211 ○○시의 <버스정류소 명칭 관리 및 운영계획>을 근거로 판단할 때 옳은 것은? (단, 모든 정류소는 ○○시 내에 있다)

15년 민경채 인책형 10번

〈버스정류소 명칭 관리 및 운영계획〉

□ i)정류소 명칭 부여기준
- ○ 글자 수: 15자 이내로 제한
- ○ 명칭 수: 2개 이내로 제한
  - – 정류소 명칭은 지역대표성 명칭을 우선으로 부여
  - – 2개를 병기할 경우 우선순위대로 하되, · 으로 구분

우선순위	지역대표성 명칭			특정법인(개인) 명칭	
	1	2	3	4	5
명칭	고유지명	공공기관, 공공시설	관광지	시장, 아파트, 상가, 빌딩	기타 (회사, 상점 등)

□ ii)정류소 명칭 변경 절차
- ○ 자치구에서 명칭 부여기준에 맞게 홀수달 1일에 신청
  - – 홀수달 1일에 하지 않은 신청은 그 다음 홀수달 1일 신청으로 간주
- ○ 부여기준에 적합한지를 판단하여 시장이 승인 여부를 결정
- ○ 관련기관은 정류소 명칭 변경에 따른 정비를 수행
- ○ 관련기관은 정비결과를 시장에게 보고

명칭 변경 신청 (자치구)	▶	명칭 변경 승인 (시장)	▶	명칭 변경에 따른 정비 (관련기관)	▶	정비결과 보고 (관련기관)
홀수달 1일 신청		신청일로부터 5일 이내		승인일로부터 7일 이내		정비완료일로부터 3일 이내

※ 단, 주말 및 공휴일도 일수(日數)에 산입하며, 당일(신청일, 승인일, 정비완료일)은 일수에 산입하지 않는다.

① 자치구가 7월 2일에 정류소 명칭 변경을 신청한 경우, ○○시의 시장은 늦어도 7월 7일까지는 승인 여부를 결정해야 한다.

② 자치구가 8월 16일에 신청한 정류소 명칭 변경이 승인될 경우, 늦어도 9월 16일까지는 정비결과가 시장에게 보고된다.

③ '가나시영3단지'라는 정류소 명칭을 '가나서점 · 가나3단지아파트'로 변경하는 것은 명칭 부여기준에 적합하다.

④ '다라중학교 · 다라동1차아파트'라는 정류소 명칭은 글자 수가 많아 명칭 부여기준에 적합하지 않다.

⑤ 명칭을 변경하는 정류소에 '마바구도서관 · 마바시장 · 마바물산'이라는 명칭이 부여될 수 있다.

해설

문제 분석

〈버스정류소 명칭 관리 및 운영계획〉은 i) 정류소 명칭 부여기준과 ii) 정류소 명칭 변경 절차로 이루어져 있다.

문제풀이 실마리

선지 ①, ②는 정류소 명칭 변경 절차에 관한 것이고, ③, ④, ⑤는 버스정류소 명칭 관리 및 운영계획이므로 각 선지를 판단할 때 해당 부분에서 필요한 조건만 찾아서 검토한다.

① (X) 정류소 명칭 변경을 신청하는 경우 ii)의 첫 번째 절차에 따라 홀수달 1일에 신청하여야 하고 홀수달 1일에 하지 않은 신청은 그 다음 홀수달 1일에 신청한 것으로 간주한다. 자치구가 7월 2일에 정류소 명칭 변경을 신청한 경우, 홀수달 1일에 하지 않은 신청이므로 그 다음 홀수달인 9월 1일에 신청한 것으로 간주한다. ○○시의 시장은 신청일로부터 5일 이내에 명칭 변경 승인 여부를 결정하여야 하므로 7월 7일이 아닌 9월 6일까지 승인 여부를 결정해야 한다.

② (O) 자치구가 8월 16일에 정류소 명칭 변경을 신청하는 경우 ii)의 첫 번째 절차에 따라 그 다음 홀수달인 9월 1일에 신청한 것으로 간주한다. 그리고 두 번째 절차에 따른 명칭 변경 승인이 신청일로부터 5일 이내, 세 번째 절차에 따른 명칭 변경에 따른 정비가 승인일로부터 7일 이내, 네 번째 절차에 따른 정비결과 보고가 정비완료일로부터 3일 이내이므로 9월 1일로부터 최대 15일 이내에 정비결과가 시장에게 보고된다. 따라서 해당 신청이 승인되는 경우 자치구가 8월 16일에 한 신청은, 늦어도 9월 1일로부터 15일 이내인 9월 16일까지 정비결과가 시장에게 보고된다.

③ (X) '가나시영3단지'라는 정류소 명칭을 '가나서점 · 가나3단지아파트'로 변경하는 것을 i)의 정류소 명칭 부여기준의 순서에 따라 검토한다. 글자 수와 명칭 수의 제한에는 해당되지 않는다. 다만 2개를 병기할 경우 우선순위 표에 따르면 아파트는 4순위, 상점은 5순위에 해당한다(4순위의 상가와 5순위의 상점을 구분하고 있는 점에 비추어 여러 상점이 모여 특정 거리 또는 구역을 형성할 경우 상가에 해당한다고 해석한다). 따라서 정류소 명칭을 '가나서점 · 가나3단지아파트'와 같이 변경하는 것은 명칭 부여기준 중 우선순위에 적합하지 않고, 변경한다면 아파트를 상점보다 우선순위에 두어 '가나3단지아파트 · 가나서점'과 같이 변경하는 것이 적합하다.

④ (X) i)의 정류소 명칭 부여기준에서 글자 수는 15자 이내로 제한된다. '다라중학교 · 다라동1차아파트'라는 정류소 명칭은 ' · '을 1개의 글자로 생각하는 경우 14자, 글자로 생각하지 않는 경우는 13자로 15자 이내이므로 명칭 부여기준에 적합하다. ' · '에 대한 지문의 언급이 없으나 선지의 정오를 판단하는 것에는 영향을 미치지 않는다.

⑤ (X) i)의 정류소 명칭 부여기준에서 명칭 수 제한을 검토한다. 정류소에 부여되는 명칭 수는 2개 이내로 제한되므로 명칭을 변경하는 정류소에 '마바구도서관 · 마바시장 · 마바물산'이라는 3개의 명칭이 부여될 수 없다.

[정답] ②

212 다음 글을 근거로 판단할 때, 사용자 아이디 KDHong의 패스워드로 가장 안전한 것은? 15년 민경채 인책형 20번

○ 패스워드를 구성하는 문자의 종류는 4가지로, 알파벳 대문자, 알파벳 소문자, 특수문자, 숫자이다.
○ 세 가지 종류 이상의 문자로 구성된 경우, 8자 이상의 패스워드는 10점, 7자 이하의 패스워드는 8점을 부여한다.
○ 두 가지 종류 이하의 문자로 구성된 경우, 10자 이상의 패스워드는 10점, 9자 이하의 패스워드는 8점을 부여한다.
○ 동일한 문자가 연속되어 나타나는 패스워드는 2점을 감점한다.
○ 아래 〈키보드〉 가로열 상에서 인접한 키에 있는 문자가 연속되어 나타나는 패스워드는 2점을 감점한다.

예) [^ 6]과 [& 7]은 인접한 키로, 6과 7뿐만 아니라 ^와 7도 인접한 키에 있는 문자이다.

○ 사용자 아이디 전체가 그대로 포함된 패스워드는 3점을 감점한다.
○ 점수가 높을수록 더 안전한 패스워드이다.

※ 특수문자는 !, @, #, $, %, ^, &, *, (,) 뿐이라고 가정한다.

〈키보드〉

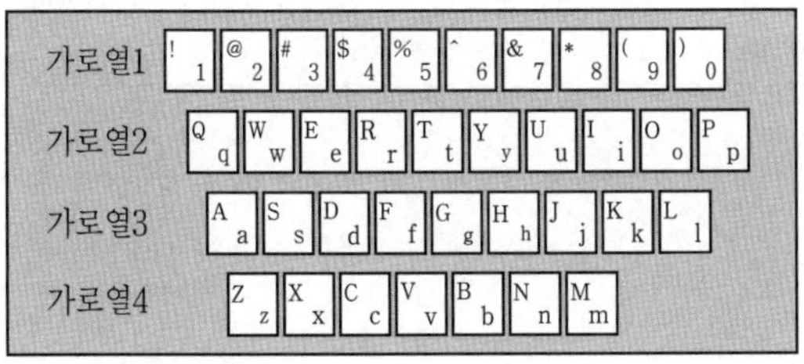

① 10H&20Mzw
② KDHong!
③ asjpeblove
④ SeCuRiTy*
⑤ 1249dhqtgml

해설

문제 분석

패스워드의 점수와 관련한 내용을 정리하면 다음과 같다.

점수 부여	세 가지 종류 이상의 문자로 구성된 경우	8자 이상의 패스워드	10점
		7자 이하의 패스워드	8점
	두 가지 종류 이하의 문자로 구성된 경우	10자 이상의 패스워드	10점
		9자 이하의 패스워드	8점
점수 감점	동일한 문자가 연속되어 나타나는 패스워드		2점
	〈키보드〉 가로열 상에서 인접한 키에 있는 문자가 연속되어 나타나는 패스워드		
	사용자 아이디 전체가 그대로 포함된 패스워드		3점

문제풀이 실마리

점수 부여와 관련한 조건, 감점과 관련한 조건을 정확히만 이해하고 적용한다면 해결 가능한 문제이다.

	문자 종류	글자 수	점수 부여	점수 감점	최종 점수
①	4	10	10	없음	10
②	3	7	8	−3 (∵ 사용자 아이디 포함)	5
③	1	10	10	−2 (∵ 키보드 상 a와 s가 인접)	8
④	3	9	10	−2 (∵ 키보드 상 T와 y가 인접)	8
⑤	2	11	10	−2 (∵ 키보드 상 1과 2가 인접)	8

① (O) 4종류의 문자를 모두 사용하여 구성되었고 글자 수가 10자이므로 10점을 부여한다. 감점사유는 없으므로 최종 점수는 10점이 된다.

② (X) 3종류의 문자로 구성되었고 글자 수는 7자이므로 8점을 부여한다. 사용자 아이디 전체가 그대로 포함되었으므로 3점을 감점해서 최종 점수는 5점이 된다.

③ (X) 1종류의 문자로 구성되었고 글자 수는 10자이므로 10점을 부여한다. 그러나 키보드상 a와 s가 인접해 있으므로 2점을 감점해서 8점이 된다.

④ (X) 3종류의 문자로 구성되었고 글자 수는 9자이므로 10점을 부여한다. 그러나 키보드상 T와 y가 인접해 있으므로 2점을 감점해서 8점이 된다.

⑤ (X) 2종류의 문자로 구성되었고 글자 수는 11자이므로 10점을 부여한다. 그러나 키보드상 1과 2가 인접해 있으므로 2점을 감점해서 8점이 된다.

빠른 문제풀이 Tip

• 부여 점수가 가장 높고 감점이 가장 적다면, 가장 높은 점수일 수밖에 없다.
• 점수 부여 시 문자 종류 수에 상관없이 10자 이상이면 항상 10점을 받는다. 따라서 선지 ③, ⑤는 문자 종류 수에 상관없이 10점을 부여할 수 있다. 나머지 ①, ②, ④의 경우 세 가지 종류 이상의 문자로 구성되어 있으므로 8자 이상인지 세면 된다.
• 점수 비교 시 선지 ①의 경우 부여 점수가 10점으로 최대인데 감점은 없다. 따라서 최종 점수가 가장 높을 것임을 예상할 수 있다.

[정답] ①

213 다음 글과 <필요 물품 목록>을 근거로 판단할 때, ○○부 아동방과후교육 사업에서 허용되는 사업비 지출품목만을 모두 고르면?

17년 민경채 나책형 20번

> ○○부는 아동방과후교육 사업을 운영하고 있다. 원칙적으로 사업비는 사용목적이 '사업 운영'인 경우에만 지출할 수 있다. 다만 다음 중 어느 하나에 해당하면 예외적으로 허용된다. 첫째, 품목당 단가가 10만 원 이하로 사용목적이 '서비스 제공'인 경우에 지출할 수 있다. 둘째, 사용연한이 1년 이내인 경우에 지출할 수 있다.

〈필요 물품 목록〉

품목	단가(원)	사용목적	사용연한
인형탈	120,000	사업 운영	2년
프로그램 대여	300,000	보고서 작성	6개월
의자	110,000	서비스 제공	5년
컴퓨터	950,000	서비스 제공	3년
클리어파일	500	상담일지 보관	2년
블라인드	99,000	서비스 제공	5년

① 프로그램 대여, 의자
② 컴퓨터, 클리어파일
③ 클리어파일, 블라인드
④ 인형탈, 프로그램 대여, 블라인드
⑤ 인형탈, 의자, 컴퓨터

해설

문제 분석

- 사업비 지출이 허용되는 경우
  원칙적으로 사용목적이 '사업 운영'인 경우에만 지출 가능
- 예외: 사용목적이 '사업 운영'이 아니더라도 ① 품목당 단가가 10만 원 이하&사용목적이 '서비스 제공'인 경우 또는 ② 사용연한이 1년 이내인 경우에 지출 가능

문제풀이 실마리

- '또는'의 해석에 주의한다.
- 선지를 활용하면 보다 빠른 해결이 가능한 문제이다.

위에서 정리한 조건을 〈필요 물품 목록〉에 적용해 보면 다음과 같다.

품목	단가(원)	사용목적	사용연한
인형탈	120,000	사업 운영	2년
프로그램 대여	300,000	보고서 작성	6개월
의자	110,000	서비스 제공	5년
컴퓨터	950,000	서비스 제공	3년
클리어파일	500	상담일지 보관	2년
블라인드	99,000	서비스 제공	5년

따라서 조건에 해당하는 품목은 ④ '인형탈, 프로그램 대여, 블라인드'이다.

빠른 문제풀이 Tip

선지를 활용해서 푸는 것이 바람직하다. 먼저 원칙에 따를 때 사업목적이 '사업 운영'인 경우 지출이 가능하므로 지출 가능 품목인 인형탈이 없는 ①, ②, ③은 소거된다. 그리고 사용연한이 1년 이내인 프로그램 대여는 지출 가능 품목이므로 프로그램 대여를 포함하고 있지 않은 선지 ⑤도 소거되어 정답이 ④임을 알 수 있다.

[정답] ④

214 다음 글을 근거로 판단할 때, <가락>을 연주하기 위해 ㉶를 누른 상태로 줄을 튕기는 횟수는? 19년 민경채 나책형 15번

> 줄이 하나인 현악기가 있다. 이 악기는 줄을 누를 수 있는 지점이 ㉮부터 ㉾까지 총 11곳 있고, 이 중 어느 한 지점을 누른 상태로 줄을 튕겨서 연주한다. ㉮를 누르고 줄을 튕기면 A음이 나고, ㉯를 누르고 줄을 튕기면 A음보다 반음 높은 소리가 난다. 이런 식으로 ㉮~㉾ 순으로 누르는 지점을 옮길 때마다 반음씩 더 높은 소리가 나며, 최저 A음부터 최고 G음까지 낼 수 있다.
>
> 이들 음은 다음과 같은 특징이 있다.
>
> ○ 반음 차이 두 개의 합은 한음 차이와 같다.
>
> ○ A음보다 B음이, C음보다 D음이, D음보다 E음이, F음보다 G음이 한음 높고, 둘 중 낮은 음보다 반음 높은 음은 낮은 음의 이름 오른쪽에 #을 붙여 표시한다.
>
> ○ B음보다 C음이, E음보다 F음이 반음 높다.

〈가 락〉

E D# E D# E B D C A A A A B E G B C

① 0

② 1

③ 2

④ 3

⑤ 4

해설

문제 분석

특징을 정리하면 다음과 같다.

- 반음 차이+반음 차이=한음 차이
- A (한음 차이) B (반음 차이) C (한음 차이) D (한음 차이) E (반음 차이) F (한음 차이) G
- 둘 중 낮은 음보다 반음 높은 음은 낮은 음의 이름 오른쪽에 #을 붙여 표시

문제풀이 실마리

이를 이해하기 쉽게 정리하면 아래와 같다.

→ 반음 ↑ → 반음 ↑

㉮	㉯	㉰	㉱	㉲	㉳	㉴	㉶	㉷	㉸	㉾
A		B	C		D		E	F		G

㉶를 누른 상태로 줄을 튕기게 되면 E음이 난다. 주어진 〈가락〉에서 E음이 등장한 횟수를 세면 된다.

E D# E D# E B D C A A A A B E G B C

총 4번 등장하므로 ㉶를 누른 상태로 줄을 튕긴 횟수는 총 4회이다.

빠른 문제풀이 Tip

한음 차이와 반음 차이에 혼동하지 않도록 주의한다.

[정답] ⑤

215 다음 글과 <○○시 지도>를 근거로 판단할 때, ㉠에 들어갈 수 있는 것만을 <보기>에서 모두 고르면? 19년 7급(예시) 2번

> ○○시는 지진이 발생하면 발생지점으로부터 일정 거리 이내의 시민들에게 지진발생문자를 즉시 발송하고 있다. X등급 지진의 경우에는 발생지점으로부터 반경 1km, Y등급 지진의 경우에는 발생지점으로부터 반경 2km 이내의 시민들에게 지진발생문자를 발송한다. 단, 수신차단을 해둔 시민에게는 지진발생문자를 보내지 않는다.
>
> 8월 26일 14시 정각 '가'지점에서 Y등급 지진이 일어났을 때 A～E 중 2명만 지진발생문자를 받았다. 5분 후 '나'지점에서 X등급 지진이 일어났을 때에는 C와 D만 지진발생문자를 받았다. 다시 5분 후 '나'지점에서 정서쪽으로 2km 떨어진 지점에서 Y등급 지진이 일어났을 때에는 (㉠)만 지진발생문자를 받았다. A～E 중에서 지진발생문자 수신차단을 해둔 시민은 1명뿐이다.

〈○○시 지도〉

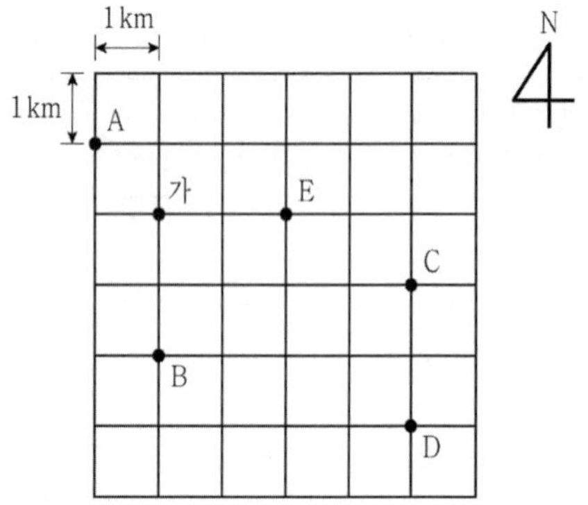

〈보 기〉

ㄱ. A　　ㄴ. B　　ㄷ. E
ㄹ. A와 E　　ㅁ. B와 E　　ㅂ. C와 E

① ㄱ, ㄷ
② ㄱ, ㄹ
③ ㄹ, ㅂ
④ ㄴ, ㄷ, ㅁ
⑤ ㄴ, ㅁ, ㅂ

해설

문제 분석

X등급 지진의 경우 발생지점으로부터 반경 1km, Y등급 지진의 경우 발생지점으로부터 반경 2km 이내의 시민들에게 지진발생문자를 발송한다. 단, 수신차단을 해둔 시민에게는 지진발생문자를 보내지 않는다. 이러한 발송 방법을 토대로 각 상황에 따른 의미를 살펴보면 'A～E 중에서 지진발생문자 수신차단을 해둔 시민은 1명뿐이다.'는 A～E 중 1명은 원칙적으로는 지진발생문자를 받아야 하는 경우에도 수신차단을 해두었기 때문에 지진발생문자를 받지 않는다는 의미이다.

문제풀이 실마리

지진발생문자 발송 방법과 수신차단에 관련된 단서 규칙을 잘 이해한 후, 상황에 대입하여 적용한다. 이때 가능한 경우의 수를 나누어 그에 따른 결과를 확인한다.

상황	의미
8월 26일 14시 정각 '가'지점에서 Y등급 지진이 일어났을 때 A～E 중 2명만 지진발생문자를 받았다.	Y등급 지진이 일어났다면, 발생지점인 '가'지점으로부터 반경 2km 이내의 시민들에게 지진발생문자를 발송해야 한다. A～E 중에서는 A, B, E 3명이 여기에 해당한다. 그런데 2명만 지진발생문자를 받았다는 것은 A, B, E 중 한 명이 수신차단을 했다는 의미이다. 이때 C와 D는 수신차단을 하지 않았음을 알 수 있다.
5분 후 '나'지점에서 X등급 지진이 일어났을 때에는 C와 D만 지진발생문자를 받았다.	X등급 지진이 일어났다면, 발생지점인 '나'지점으로부터 반경 1km 이내의 시민들에게 지진발생문자를 발송해야 한다. 이에 따라 C에서 아래로 내린 직선과 D 사이에 있는 점이 '나'지점임을 알 수 있다.
다시 5분 후 '나'지점에서 정서쪽으로 2km 떨어진 지점에서 Y등급 지진이 일어났을 때에는 (㉠)만 지진발생문자를 받았다.	'나'지점에서 정서쪽으로 2km 떨어진 지점에서 Y등급 지진이 일어났다면, 반경 2km 이내의 시민들에게 지진발생문자를 발송해야 하므로 B와 E가 대상자가 된다.

이를 다시 정리하면 A, B, E 중 한 명이 수신차단을 했고, B와 E가 ㉠의 대상자가 됨을 알 수 있다. 이때 수신차단을 한 시민에 따라 지진발생문자를 받는 사람이 달라지므로 이를 정리하면 다음과 같다.

수신차단	지진발생문자를 받은 사람
A	B, E
B	E
E	B

따라서 Y등급 지진이 일어났을 때 지진발생문자를 받은 사람으로 B, E, B와 E가 가능하다.

빠른 문제풀이 Tip

주어진 조건에 따른 경우가 잘 그려지면 빠른 해결이 가능한 문제이다.

[정답] ④

216 다음 글과 <대화>를 근거로 판단할 때, 인영이가 현장답사 대상으로 선정한 기업은?

21년 5급 가책형 37번

○ 인영은 기업 현장답사 계획안을 작성해야 한다.

○ 현장답사 할 기업을 먼저 선정해야 하는데, 기업 후보를 5개 받았으며 이 가운데에서 한 기업을 골라야 한다. 현장답사 후보 기업 관련 정보는 다음과 같다.

기업	업종	직원수	실내/실외 여부	근접역 유무 및 역과의 거리
A	제조	80명	실외	있음, 20km
B	서비스	500명	실내	있음, 10km
C	서비스	70명	실외	있음, 12km
D	서비스	100명	실내	없음
E	제조	200명	실내	있음, 8km

○ 인영은 서연에게 도움을 요청했고, 다음 〈대화〉를 바탕으로 현장답사 대상 기업을 선정하였다.

〈대 화〉

인영: 서연아, 예전에 기업 현장답사 계획한 적 있었지? 나도 이번에 계획안을 작성해야 하는데, 현장답사 기업을 선정할 때 어떤 업종이 좋을까?

서연: 응, 했었지. 얼마 전 있었던 현장답사 기업이 제조기업이었으니, 이번에는 서비스기업에 가는 것이 좋겠어.

인영: 그렇구나, 기업의 위치는 어떤 곳이 좋을까?

서연: 아무래도 일정이 바쁜 사람이 많을 테니 근접역과의 거리가 15km 이내면 좋겠어. 그리고 기업의 규모도 중요할텐데, 관련한 조건은 없었어?

인영: 그러고 보니 이번에는 직원수가 100명 이하인 곳이어야 해. 그런데 근접역이 없으면 아예 답사 대상에서 제외되는 거야?

서연: 아니야. 근접역이 없을 때는 차량지원이 나오기 때문에 답사 대상으로 선정 가능해.

인영: 그렇구나, 또 고려해야 할 것은 없어?

서연: 답사 예정 날짜를 보니 비 예보가 있네. 그러면 실외는 안 되겠다.

① A
② B
③ C
④ D
⑤ E

해설

문제풀이 실마리

〈대화〉에 등장하는 조건을 현장답사 후보 기업 관련 정보에 적용하여 조건을 모두 충족하는 기업을 현장답사 대상으로 선정하면 된다.

〈대화〉를 현장답사 후보 기업 관련 정보에 적용해보면 다음과 같다.

〈대 화〉

인영: 서연아, 예전에 기업 현장답사 계획한 적 있었지? 나도 이번에 계획안을 작성해야 하는데, 현장답사 기업을 선정할 때 어떤 업종이 좋을까?

서연: 응, 했었지. 얼마 전 있었던 현장답사 기업이 제조기업이었으니, 이번에는 서비스기업에 가는 것이 좋겠어. → **기업 A, E 제외**

인영: 그렇구나, 기업의 위치는 어떤 곳이 좋을까?

서연: 아무래도 일정이 바쁜 사람이 많을 테니 근접역과의 거리가 15km 이내면 좋겠어.
→ **기업 A제외 (근접역이 없는 D 제외 의심)**
그리고 기업의 규모도 중요할텐데, 관련한 조건은 없었어?

인영: 그러고 보니 이번에는 직원수가 100명 이하인 곳이어야 해.
→ **기업 B, E 제외**
그런데 근접역이 없으면 아예 답사 대상에서 제외되는 거야?

서연: 아니야. 근접역이 없을 때는 차량지원이 나오기 때문에 답사 대상으로 선정 가능해. → **기업 D 포함**

인영: 그렇구나, 또 고려해야 할 것은 없어?

서연: 답시 예정 날짜를 보니 비 예보가 있네. 그러면 실외는 안 되겠다.
→ **기업 A, C 제외**

따라서 인영이가 현장답사 대상으로 선정한 기업은 '④ D기업'이다.

[정답] ④

217 차량탑승자 K는 <그림>과 같이 지점 '가'에서 '나'까지 점선을 따라 이동하며 휴대전화로 통화 중이다. CDMA 방식의 휴대전화는 이동 중에 기지국과 통신을 하며 다음 기지국으로 이동 시 통화가 원활히 이루어지도록 핸드오프(Handoff)라는 과정을 거친다. 아래 <조건> 하에서 지점 '가'에서 '나'까지 이동 시 핸드오프는 어떤 식으로 이루어지는가? 06년 5급 출책형 40번

〈핸드오프의 종류〉

○ 핸드오프 1 (H1): 기지국 내 섹터 간 이동 시 통화를 원활하게 유지시키기 위한 방식
○ 핸드오프 2 (H2): 기지국 간 이동 시 통화에 아무런 지장이 없도록 해주는 방식
○ 핸드오프 3 (H3): 이동하려는 기지국 통화영역에 이미 동일한 주파수가 이용되고 있는 경우 극히 짧은 시간 동안 통화를 끊고 다른 주파수를 이용하는 방식

〈조 건〉

○ K씨는 지점 '가'에서 주파수 F1을 사용하고 있다.
○ 다른 휴대폰 사용자가 기지국 B의 섹터 a에서 주파수 F1을 사용 중이다.
○ 동일 기지국 내에서는 동시에 같은 주파수를 사용할 수 없다.
○ 각 기지국은 주파수 F1, F2, F3을 사용할 수 있다.
○ 각 기지국에는 3개의 안테나가 있어 아래 그림처럼 3개의 섹터(a, b, c)를 120°씩 통신을 담당하고 있고, 원은 각 기지국의 서비스 범위를 의미한다.

〈그림〉 차량 탑승자 K의 이동경로

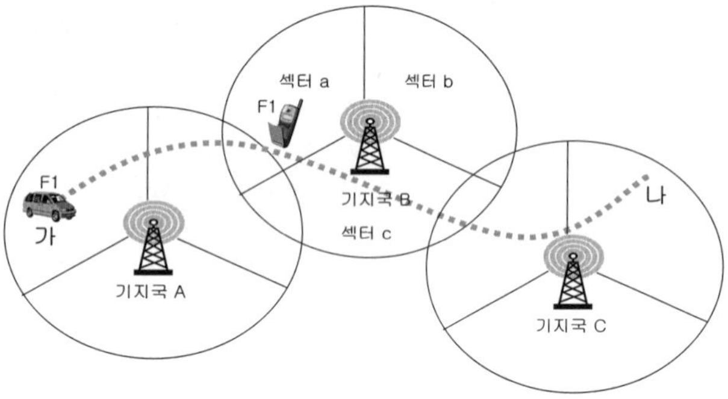

① H1 → H3 → H1 → H3 → H1
② H2 → H3 → H2 → H3 → H2
③ H1 → H3 → H1 → H2 → H1
④ H2 → H3 → H1 → H2 → H1
⑤ H1 → H2 → H1 → H2 → H1

해설

문제 분석

- 〈조건〉과 〈그림〉을 토대로 적절한 〈핸드오프의 종류〉를 찾아내야 한다.
- 주어진 핸드오프의 종류를 정리하면 다음과 같다.

핸드오프 1 (H1)	기지국 내 섹터 간 이동 시 통화를 원활하게 유지시키기 위한 방식
핸드오프 2 (H2)	기지국 간 이동 시 통화에 아무런 지장이 없도록 해주는 방식
핸드오프 3 (H3)	이동하려는 기지국 통화영역에 이미 동일한 주파수가 이용되고 있는 경우 극히 짧은 시간 동안 통화를 끊고 다른 주파수를 이용하는 방식

각 핸드오프별로 핵심적인 내용을 정리해서 기억해야 한다.

문제풀이 실마리

- 이 문제는 핸드오프의 세 가지 종류가 등장하기 때문에 특히 규칙을 정확하게 이해할 수 있어야 한다.
- 규칙 문제는 특히나 선지/보기를 잘 활용할 수 있어야 한다.

지점 '가'에서 '나'까지 이동하면서 총 5번의 이동을 하게 된다.

구분	상황	적용하는 핸드오프 종류
첫 번째 이동	기지국 A 내 섹터 간 이동	H1
두 번째 이동	기지국 A에서 기지국 B로 이동하되, 다른 휴대폰 사용자가 기지국 B의 섹터 a에서 주파수 F1을 사용 중	H3
세 번째 이동	기지국 B 내 섹터 간 이동	H1
네 번째 이동	기지국 B에서 기지국 C로 이동	H2
다섯 번째 이동	기지국 C 내 섹터 간 이동	H1

따라서 정답은 '③ H1 → H3 → H1 → H2 → H1'이다.

빠른 문제풀이 Tip
n개 사이 간격은 n－1개이다.

[정답] ③

218 다음 낚시대회의 <경기규칙>과 <경기결과>를 근거로 판단할 때, 단체전 대어상 수상 부처 (가)와 개인전 대어상 수상자가 속한 부처 (나)가 옳게 짝지어진 것은? 13년 외교관(견습) 인책형 34번

〈경기규칙〉

○ 단체전은 각 부처별 참가자 중 1, 2, 3번의 번호표를 받은 사람이 잡은 물고기만을 계측하며, 참가자가 3명 미만인 부처는 단체전에 참가하지 못한다. 개인전은 모든 참가자가 잡은 물고기를 계측한다.
○ 다음 계측 방법에 따른 물고기의 길이가 가장 긴 부처와 개인에게 각각 대어상을 수여한다.
 – 단체전의 경우, 어종별 기준치를 초과하는 부분이 가장 긴 2개 값만 합산한다.
  ※ 기준치: 붕어 10cm, 잉어 20cm, 메기 23cm
 – 개인전의 경우, 기준치에 관계없이 물고기 길이만을 비교한다.
  ※ 계측치가 같을 때에는 붕어, 잉어, 메기의 순으로 대어상 수상자를 결정한다.

〈경기결과〉

참가자 / 부처명	1번	2번	3번	4번
A	붕어 15cm	잉어 18cm	메기 26cm	붕어 20cm
B	붕어 15cm	잉어 20cm	메기 30cm	메기 25cm
C	메기 25cm	잉어 23cm	잉어 32cm	참가자 없음
D	메기 30cm	붕어 8cm	붕어 20cm	메기 15cm
E	붕어 32cm	붕어 12cm	참가자 없음	참가자 없음

	(가)	(나)
①	A	C
②	C	B
③	C	E
④	D	E
⑤	D	C

해설

문제 분석

	단체전	개인전
참가	부처별 참가자 중 1, 2, 3번의 번호표를 받은 사람이 잡은 물고기만을 계측 (단, 참가자가 3명 미만인 부처는 단체전에 참가하지 못한다.)	모든 참가자가 잡은 물고기를 계측
계측 방법	어종별 기준치를 초과하는 부분이 가장 긴 2개 값만 합산	기준치에 관계없이 물고기 길이만을 비교

문제풀이 실마리

- 선지를 적절하게 잘 활용할 수 있어야 한다.
- 개인전과 단체전의 규칙을 혼동하지 않도록 주의해야 한다.

[개인전 대어상 수상자]
더 쉬우므로 먼저 해결한다.
- 모든 참가자가 잡은 물고기를 계측한다.
- 개인전의 경우, 기준치에 관계없이 물고기 길이만을 비교한다.
- 계측치가 같을 때에는 붕어, 잉어, 메기의 순으로 대어상 수상자를 결정한다.

참가자 / 부처명	1번	2번	3번	4번
A	붕어 15cm	잉어 18cm	메기 26cm	붕어 20cm
B	붕어 15cm	잉어 20cm	메기 30cm	메기 25cm
C	메기 25cm	잉어 23cm	잉어 32cm	참가자 없음
D	메기 30cm	붕어 8cm	붕어 20cm	메기 15cm
E	붕어 32cm	붕어 12cm	참가자 없음	참가자 없음

E부서 1번 참가자가 개인전 대어상 수상자가 된다.
따라서 단체전 대어상 수상자는 (나)가 E인 선지 ③, ④만, 즉 C와 D부처만 검토하면 된다.

[단체전 대어상 수상 부처]
- 각 부처별 참가자 중 1, 2, 3번의 번호표를 받은 사람이 잡은 물고기만을 계측
- 참가자가 3명 미만인 부처는 단체전에 참가하지 못한다.
- 단체전의 경우, 어종별 기준치(붕어 10cm, 잉어 20cm, 메기 23cm)를 초과하는 부분이 가장 긴 2개 값만 합산한다.

참가자 / 부처명	1번	2번	3번	합산
C	메기 25cm	잉어 23cm	잉어 32cm	
기준치 초과부분	2	3	12	15cm
D	메기 30cm	붕어 8cm	붕어 20cm	
기준치 초과부분	7	0	10	17cm

단체전 대어상 수상부처는 D이다.
따라서 정답은 '④ (가) D, (나) E'이다.

빠른 문제풀이 Tip
개인전과 단체전 중 더 쉬운 것부터 해결하는 것이 좋다.

[정답] ④

219 다음 <조건>과 <전투능력을 가진 생존자 현황>을 근거로 판단할 때, 생존자들이 탈출할 수 있는 경우는? (단, 다른 조건은 고려하지 않는다) 16년 5급 4책형 17번

〈조 건〉

- ○ 좀비 바이러스에 의해 甲국에 거주하던 많은 사람들이 좀비가 되었다. 건물에 갇힌 생존자들은 동, 서, 남, 북 4개의 통로를 이용해 5명씩 팀을 이루어 탈출을 시도한다. 탈출은 통로를 통해서만 가능하며, 한쪽 통로를 선택하면 되돌아올 수 없다.
- ○ 동쪽 통로에 11마리, 서쪽 통로에 7마리, 남쪽 통로에 11마리, 북쪽 통로에 9마리의 좀비들이 있다. 선택한 통로의 좀비를 모두 제거해야만 탈출할 수 있다.
- ○ 남쪽 통로의 경우, 통로 끝이 막혀 탈출할 수 없지만 팀에 폭파전문가가 있다면 다이너마이트를 사용하여 막힌 통로를 뚫고 탈출할 수 있다.
- ○ '전투'란 생존자가 좀비를 제거하는 것을 의미하며 선택한 통로에서 일시에 이루어진다.
- ○ '전투능력'은 정상인 건강상태에서 해당 생존자가 전투에서 제거하는 좀비의 수를 의미하며, 질병이나 부상상태인 사람은 그 능력이 50% 줄어든다.
- ○ 전투력 강화제는 건강상태가 정상인 생존자들 중 1명에게만 사용할 수 있으며, 전투능력을 50% 향상시킨다. 사용 가능한 대상은 의사 혹은 의사의 팀 내 구성원이다.
- ○ 생존자의 직업은 다양하며, 아이(들)와 노인(들)은 전투능력과 보유품목이 없고 건강상태는 정상이다.

〈전투능력을 가진 생존자 현황〉

직업	인원	전투능력	건강상태	보유품목
경찰	1명	6	질병	–
사냥꾼	1명	4	정상	–
의사	1명	2	정상	전투력 강화제 1개
무사	1명	8	정상	–
폭파전문가	1명	4	부상	다이너마이트

탈출 통로	팀 구성 인원
① 동쪽 통로	폭파전문가 – 무사 – 노인(3)
② 서쪽 통로	사냥꾼 – 경찰 – 아이(2) – 노인
③ 남쪽 통로	사냥꾼 – 폭파전문가 – 아이 – 노인(2)
④ 남쪽 통로	폭파전문가 – 사냥꾼 – 의사 – 아이(2)
⑤ 북쪽 통로	경찰 – 의사 – 아이(2) – 노인

해설

문제 분석

문제 해결에 필요한 정보를 반영해서 정리해 보면 다음과 같다.

〈전투능력을 가진 생존자 현황〉

직업	전투능력	보유품목
경찰	~~6~~ 3(∵ 질병)	–
사냥꾼	4	–
의사	2	전투력 강화제 1개 – 건강상태가 정상인 생존자들 중 1명에게만 사용가능 – 전투능력 50% 향상
무사	8	–
폭파전문가	~~4~~ 2(∵ 부상)	다이너마이트

문제풀이 실마리

아이와 노인은 전투능력이 없으므로 고려하지 않아도 되는 대상이다.

이를 선지에 대입해서 검토해 보면 다음과 같다. 팀 구성인원 중에는 실질적으로 전투능력이 있는 구성원만 고려하면 된다. 팀 구성 인원의 전투능력의 합이 좀비 수 이상인 경우에 탈출할 수 있다.

탈출 통로	좀비 수	팀 구성 인원 전투능력의 합
① 동쪽 통로	11	폭파전문가(2) – 무사(8) = 10
② 서쪽 통로	7	사냥꾼(4) – 경찰(3) = 7
③ 남쪽 통로 (폭파전문가 필요)	11	사냥꾼(4) – 폭파전문가 (2) = 6
④ 남쪽 통로 (폭파전문가 필요)	11	폭파전문가(2) – 사냥꾼(4 → 6) – 의사(2) = 10 ※ 의사가 사냥꾼 전투능력 50% 향상
⑤ 북쪽 통로	9	경찰(3) – 의사(2 → 3) = 6 ※ 의사가 의사 전투능력 50% 향상, 경찰은 건강상태가 정상이 아니어서 사용불가

빠른 문제풀이 Tip

- 전투력 강화제는 팀 구성인원 중 건강상태가 정상이면서 가장 전투능력이 높은 생존자에게 사용하는 것이 유리하다.
- 선지 ④에 의사가 있으므로 건강상태가 정상인 생존자들 중 1명에게 전투력 강화제를 사용해서 전투능력을 50% 향상시킬 수 있다. 좀비 수는 11이고, 폭파전문가(2) – 사냥꾼(4) – 의사(2)의 전투능력으로 총 8의 전투능력에서,
  1) 전투능력이 가장 높은 사냥꾼에게 전투력 강화제를 사용한 것이 위의 선지에서 검토한 것이다.
  2) 전투능력이 8이고 11 이상이 되려면 3이 추가로 필요한데, 50% 향상시켜서 3이 추가되려면 전투능력이 6 이상인 구성원이 필요하다. 직업 중에서는 무사가 해당되는데 선지 ④에는 그런 구성원이 포함되어 있지 않다.

[정답] ②

220 다음 글과 <자료>를 근거로 판단할 때, 甲이 여행을 다녀온 시기로 가능한 것은? 16년 5급 4책형 31번

> ○ 甲은 선박으로 '포항 → 울릉도 → 독도 → 울릉도 → 포항' 순으로 여행을 다녀왔다.
> ○ '포항 → 울릉도' 선박은 매일 오전 10시, '울릉도 → 포항' 선박은 매일 오후 3시에 출발하며, 편도 운항에 3시간이 소요된다.
> ○ 울릉도에서 출발해 독도를 돌아보는 선박은 매주 화요일과 목요일 오전 8시에 출발하여 당일 오전 11시에 돌아온다.
> ○ 최대 파고가 3m 이상인 날은 모든 노선의 선박이 운항되지 않는다.
> ○ 甲은 매주 금요일에 술을 마시는데, 술을 마신 다음날은 멀미가 심해 선박을 탈 수 없다.
> ○ 이번 여행 중 甲은 울릉도에서 호박엿 만들기 체험을 했는데, 호박엿 만들기 체험은 매주 월·금요일 오후 6시에만 할 수 있다.

〈자료〉

㉫: 최대 파고(단위: m)

일	월	화	수	목	금	토
16 ㉫1.0	17 ㉫1.4	18 ㉫3.2	19 ㉫2.7	20 ㉫2.8	21 ㉫3.7	22 ㉫2.0
23 ㉫0.7	24 ㉫3.3	25 ㉫2.8	26 ㉫2.7	27 ㉫0.5	28 ㉫3.7	29 ㉫3.3

① 16일(일) ~ 19일(수)
② 19일(수) ~ 22일(토)
③ 20일(목) ~ 23일(일)
④ 23일(일) ~ 26일(수)
⑤ 25일(화) ~ 28일(금)

해설

문제 분석

- 포항 → 울릉도 → 독도 → 울릉도 → 포항
  매일 오전 10~13시 / 화, 목요일 오전 8~11시 / 매일 오후 3~6시
  포항에서 울릉도에 들어간 당일에 바로 독도를 돌아보는 것은 불가능하다.
- 최대 파고가 3m 이상인 날은 모든 노선의 선박이 운항되지 않는다.
- 甲은 멀미 때문에 매주 토요일은 선박을 탈 수 없다.
- 매주 월·금요일 오후 6시에 하는 호박엿 만들기 체험을 했다.

문제풀이 실마리

- 선지를 활용해서 해결해야 가장 빠른 해결이 가능하다.
- 선박 운행시간과 관련된 정보의 연결을 해야 숨겨진 정보를 찾을 수 있는 문제이다.
- 주어진 조건을 반영해서 〈자료〉에 정리해 보면 아래와 같다.

일	월 (호박엿 18시)	화 (독도 8~11시)	수	목 (독도 8~11시)	금 (호박엿 18시)	토
16 ㉫1.0	17 ㉫1.4	18 ㉫3.2	19 ㉫2.7	20 ㉫2.8	21 ㉫3.7	22 ㉫2.0
23 ㉫0.7	24 ㉫3.3	25 ㉫2.8	26 ㉫2.7	27 ㉫0.5	28 ㉫3.7	29 ㉫3.3

① (X) 16일(일)~19일(수): 18일(화)의 최대 파고가 3m 이상이어서 모든 노선의 선박이 운행되지 않으므로 일정 중에 독도에 다녀올 수 없다.

② (X) 19일(수)~22일(토): 22일(토)에는 멀미 때문에 선박을 탈 수 없으므로 22일(토)에 포항으로 돌아올 수 없다.

③ (X) 20일(목)~23일(일): 독도를 돌아볼 수 있는 화, 목요일 중 일정에 포함된 날짜는 20일(목)뿐인데, 20일(목)에 독도에 다녀오는 것이 선박 운행시간상 불가능하다.

④ (O) 23일(일)~26일(수): 모든 일정이 가능하다.

⑤ (X) 25일(화)~28일(금): 28일(금)의 최대 파고가 3m 이상이어서 모든 노선의 선박이 운행되지 않으므로, 28일(금)에 포항으로 돌아올 수 없다. 또한 설사 28일(금)에 선박의 운행이 가능하다 하더라도 호박엿을 만드는 일정이 불가능하다.

[정답] ④

221 다음 <조건>과 <2월 날씨>를 근거로 판단할 때, 2월 8일과 16일의 실제 날씨로 가능한 것을 옳게 짝지은 것은?

17년 5급 가책형 15번

〈조 건〉

○ 날씨 예측 점수는 매일 다음과 같이 부여한다.

실제 \ 예측	맑음	흐림	눈 · 비
맑음	10점	6점	0점
흐림	4점	10점	6점
눈 · 비	0점	2점	10점

○ 한 주의 주중(월~금) 날씨 예측 점수의 평균은 매주 5점 이상이다.

○ 2월 1일부터 19일까지 요일별 날씨 예측 점수의 평균은 다음과 같다.

요일	월	화	수	목	금
날씨 예측 점수 평균	7점 이하	5점 이상	7점 이하	5점 이상	7점 이하

〈2월 날씨〉

	월	화	수	목	금	토	일
날짜			1	2	3	4	5
예측			맑음	흐림	맑음	눈 · 비	흐림
실제			맑음	맑음	흐림	흐림	맑음
날짜	6	7	8	9	10	11	12
예측	맑음	흐림	맑음	맑음	맑음	흐림	흐림
실제	흐림	흐림	?	맑음	흐림	눈 · 비	흐림
날짜	13	14	15	16	17	18	19
예측	눈 · 비	눈 · 비	맑음	눈 · 비	눈 · 비	흐림	흐림
실제	맑음	맑음	맑음	?	눈 · 비	흐림	눈 · 비

※ 위 달력의 같은 줄을 한 주로 한다.

	2월 8일	2월 16일
①	맑음	흐림
②	맑음	눈 · 비
③	눈 · 비	흐림
④	눈 · 비	맑음
⑤	흐림	흐림

해설

문제 분석

- 날씨 예측(맑음, 흐림, 눈 · 비)과 실제 날씨 여부에 따라 점수가 부여된다.
- 날씨 예측 점수의 평균이 주중 기준, 요일 기준으로 주어져있다.

문제풀이 실마리

발문을 보고 이 문제는 선지를 활용해서 풀어야 한다는 것을 알 수 있어야 한다.

	월		화		수		목		금		주중 평균
					7점 이하		5점 이상				5점 이상
날짜					1		2		3		
예측					맑음	10	흐림	6	맑음	4	
실제					맑음		맑음		흐림		
날짜	6		7		8		9		10		
예측	맑음	4	흐림	10	맑음	ⓐ	맑음	10	맑음	4	$\frac{28+ⓐ}{5}$
실제	흐림		흐림		?		맑음		흐림		
날짜	13		14		15		16		17		
예측	눈·비	0	눈·비	0	맑음	10	눈·비	ⓑ	눈·비	10	$\frac{20+ⓑ}{5}$
실제	맑음		맑음		맑음		?		눈·비		
					$\frac{20+ⓐ}{3}$		$\frac{16+ⓑ}{3}$				

ⓐ에는 10, 4, 0이 가능한데,

$\frac{28+ⓐ}{5} \geqq 5$에서는 아무 값이나 들어가도 조건을 충족한다. $\frac{20+ⓐ}{3} \leqq 7$에서는 ⓐ에 '0'이 들어갈 때만 조건을 충족한다. 따라서 8일의 실제 날씨는 '눈 · 비'여야 한다.

ⓑ에는 0, 6, 10이 가능한데,

$\frac{20+ⓑ}{5} \geqq 5$에서는 6 또는 10이 들어가면 조건을 충족하여 16일의 실제 날씨는 '흐림' 또는 '눈 · 비'여야 한다.

$\frac{16+ⓑ}{3} \geqq 5$에서는 아무 값이나 들어가도 조건을 충족한다.

따라서 8일 '눈 · 비'－16일 '흐림' 또는 8일 '눈 · 비'－16일 '눈 · 비'면 주어진 조건을 충족하고, 그중에 선지에 제시된 것은 ③ 8일 '눈 · 비'－16일 '흐림'이다.

빠른 문제풀이 Tip

- '이상, 이하'일 때 답을 빠르게 골라낼 수 있는 방법을 알고 있어야 한다.
- 대응표(짝표, 승패표)의 성질을 알고 있거나 대칭의 장치를 알고 있다면 이 문제의 장치가 보다 잘 보일 것이다.
- 우리가 평소에 익숙한 대응표 읽기 방향과 다른 점에서 실수하지 않도록 주의해야 한다.
- 달력의 요일이 월~일로 주어진 점을 파악하여 요일을 확인할 때 실수하지 않도록 주의해야 한다.
- 발문에 '가능한 것'을 옳게 짝지은 것을 고르라고 하였으므로, (실제로는 다른 것도 가능한 것이 있더라도) 주어진 선지 중에 가능한 것끼리 옳게 짝지어진 것을 고르면 된다.
- 평균을 구해야 하지만 식 변형을 통해서 합으로 확인하는 것이 더 바람직하다.

[정답] ③

222 다음 <축제 안내문>과 <조건>을 근거로 판단할 때, 甲이 공연을 볼 수 있는 최대 일수는? 13년 민경채 인책형 19번

〈축제 안내문〉

○ 공연장소: A도시 예술의 전당
○ 축제기간: 4월 1일부터 4월 14일까지
○ 공연시간: 오후 7시(공연 시작 이후 공연장 입장은 불가합니다)
○ 참고사항: 모든 곡은 〈작품별 공연개시일〉에 표시된 날부터 연속하여 총 3일 동안 공연되고, 브루크너의 곡은 하루만 공연됩니다.

〈작품별 공연개시일〉

4/1(월)	4/2(화)	4/3(수)	4/4(목)	4/5(금)	4/6(토)	4/7(일)
• 드보르작 - 교향곡 제9번 • 베르디 - 리골레토 서곡	• 쇼팽 - 즉흥환상곡 • 드보르작 - 교향곡 제8번	• 브람스 - 바이올린 협주곡 • 생상스 - 교향곡 제1번	• 파가니니 - 바이올린 협주곡 제1번 • 베토벤 - 전원교향곡	• 시벨리우스 - 교향시 〈핀란디아〉 서곡 • 닐센 - 오페라 〈사울과 다윗〉	• 바흐 - 요한수난곡 • 베를리오즈 - 환상교향곡	• 브람스 - 교향곡 제3번 • 멘델스존 - 엘리야

4/8(월)	4/9(화)	4/10(수)	4/11(목)	4/12(금)	4/13(토)	4/14(일)
• 베를리오즈 - 로마의 카니발 서곡 • 라벨 - 볼레로	• 비발디 - 사계 중 봄 • 바그너 - 탄호이저 서곡	• 슈만 - 사육제 • 브람스 - 교향곡 제2번	• 브람스 - 교향곡 제1번 • 헨델 - 스페인 칸타타	• 바흐 - 브란덴브르크 협주곡 • 쇼팽 - 야상곡	• 브루크너 - 교향곡 제6번 • 브루크너 - 교향곡 제3번	• 브루크너 - 교향곡 제9번

〈조 건〉

○ 甲은 매주 토요일 오후 2시에 B도시를 출발하여 주말을 A도시에서 보내고, 월요일 아침에 B도시로 돌아간다.
○ 甲은 레슨이 있는 날을 제외하고 평일에는 B도시에서 오전 9시부터 오후 6시까지 수업을 듣는다.
○ 레슨은 A도시에서 매주 수요일 오후 2시에 시작하여 오후 6시에 종료된다.
○ 레슨 장소에서 예술의 전당까지 이동시간은 30분이며, B도시에서 예술의 전당까지 이동시간은 3시간이다.
○ 甲은 베토벤 또는 브람스의 곡이 최소한 1곡이라도 공연되는 날짜에만 공연을 본다.

① 2일
② 3일
③ 4일
④ 5일
⑤ 6일

해설

문제 분석

문제 해결에 필요한 조건을 정리해 보면 다음과 같다.

1. A도시 예술의 전당에 오후 7시까지 도착할 수 있어야 한다.
2. 공연일: 모든 곡은 〈작품별 공연개시일〉에 표시된 날부터 연속하여 총 3일 동안 공연되고, 브루크너의 곡은 하루만 공연된다.
3. 각 요일별 일정

<table>
<tr><th>월</th><th>화</th><th>수</th><th>목</th><th>금</th><th>토</th><th>일</th></tr>
<tr><td>월요일 아침에 B도시로 돌아감</td><td></td><td rowspan="2">레슨: A도시에서 매주 수요일 오후 2시부터 오후 6시</td><td colspan="2" rowspan="2">B도시에서 오전 9시부터 오후 6시까지 수업</td><td colspan="2" rowspan="2">매주 토요일 오후 2시에 B도시를 출발 → 주말을 A도시에서 보냄</td></tr>
<tr><td colspan="2">B도시에서 오전 9시부터 오후 6시까지 수업</td></tr>
<tr><td colspan="7">레슨 장소에서 예술의 전당까지 이동시간은 30분이며, B도시에서 예술의 전당까지 이동시간은 3시간</td></tr>
</table>

4. 甲은 베토벤 또는 브람스의 곡이 최소한 1곡이라도 공연되는 날짜에만 공연을 본다.

문제풀이 실마리

주어진 조건이 많은 편이지만, 모든 조건을 주어진 대로 정확하게 처리만 하면 해결되는 문제이다.

주어진 조건에 따를 때, A도시 예술의 전당에 오후 7시까지 도착할 수 있는 요일은 수요일, 토요일, 일요일뿐이다.

4/1(월)	4/2(화)	4/3(수)	4/4(목)	4/5(금)	4/6(토)	4/7(일)
• 드보르작 - 교향곡 제9번 • 베르디 - 리골레토 서곡	• 쇼팽 - 즉흥환상곡 • 드보르작 - 교향곡 제8번	• **브람스** - 바이올린 협주곡 • 생상스 - 교향곡 제1번	• 파가니니 - 바이올린 협주곡 제1번 • **베토벤** - 전원교향곡	• 시벨리우스 - 교향시 〈핀란디아〉 서곡 • 닐센 - 오페라 〈사울과 다윗〉	• 바흐 - 요한수난곡 • 베를리오즈 - 환상교향곡	• **브람스** - 교향곡 제3번 • 멘델스존 - 엘리야

4/8(월)	4/9(화)	4/10(수)	4/11(목)	4/12(금)	4/13(토)	4/14(일)
• 베를리오즈 - 로마의 카니발 서곡 • 라벨 - 볼레로	• 비발디 - 사계 중 봄 • 바그너 - 탄호이저 서곡	• 슈만 - 사육제 • **브람스** - 교향곡 제2번	• **브람스** - 교향곡 제1번 • 헨델 - 스페인 칸타타	• 바흐 - 브란덴 브르크 협주곡 • 쇼팽 - 야상곡	• 브루크너 - 교향곡 제6번 • 브루크너 - 교향곡 제3번	• 브루크너 - 교향곡 제9번

그중 베토벤 또는 브람스의 곡이 최소한 1곡이라도 공연되는 날짜는 14일 일요일을 제외한 나머지 최대 5일이다. 따라서 정답은 '④ 5일'이다.

[정답] ④

223 다음 글과 <상황>을 근거로 판단할 때, 괄호 안의 ㉠과 ㉡에 해당하는 것을 옳게 짝지은 것은? 21년 7급 나책형 25번

> ○ 행정구역분류코드는 다섯 자리 숫자로 구성되어 있다.
> ○ 행정구역분류코드의 '처음 두 자리'는 광역자치단체인 시·도를 의미하는 고유한 값이다.
> ○ '그 다음 두 자리'는 광역자치단체인 시·도에 속하는 기초자치단체인 시·군·구를 의미하는 고유한 값이다. 단, 광역자치단체인 시에 속하는 기초자치단체는 군·구이다.
> ○ '마지막 자리'에는 해당 시·군·구가 기초자치단체인 경우 0, 자치단체가 아닌 경우 0이 아닌 임의의 숫자를 부여한다.
> ○ 광역자치단체인 시에 속하는 구는 기초자치단체이며, 기초자치단체인 시에 속하는 구는 자치단체가 아니다.

〈상 황〉

> ○○시의 A구와 B구 중 B구의 행정구역분류코드의 첫 네 자리는 1003이며, 다섯 번째 자리는 알 수 없다.
> 甲은 ○○시가 광역자치단체인지 기초자치단체인지 모르는 상황에서, A구의 행정구역분류코드는 ○○시가 광역자치단체라면 (㉠), 기초자치단체라면 (㉡)이/가 가능하다고 판단하였다.

	㉠	㉡
①	10020	10021
②	10020	10033
③	10033	10034
④	10050	10027
⑤	20030	10035

해설

문제 분석

- 행정구역분류코드: 다섯 자리 숫자이고 각 자리가 의미하는 바는 다음과 같다.

광역자치단체인 시·도를 의미하는 고유한 값		광역자치단체인 시·도에 속하는 기초자치단체인 시·군·구를 의미하는 고유한 값(단, 광역자치단체인 시에 속하는 기초자치단체는 군·구이다.)		해당 시·군·구가 기초자치단체인 경우 0, 자치단체가 아닌 경우 0이 아닌 임의의 숫자를 부여

- 광역자치단체: 시·도
- 기초자치단체: 시·군·구 (광역자치단체인 시에 속하는 구는 기초자치단체이며, 기초자치단체인 시에 속하는 구는 자치단체가 아니다.)

문제풀이 실마리

- 광역자치단체에 해당하는 '시'와 기초자치단체에 해당하는 '시'를 구분할 수 있어야 한다.
- 광역자치단체인 시에 속하는 기초자치단체에 해당하는 '자치구'와 기초자치단체인 시에 속하는 '자치단체가 아닌 구'를 구분할 수 있어야 한다.

> ○○시 B구의 행정구역분류코드는 '1003?'이다.

- 행정구역분류코드의 '처음 두 자리'는 광역자치단체인 시·도를 의미하는 고유한 값이다.
  1) ○○시가 광역자치단체인 경우
     처음 두 자리 '10'이 광역자치단체인 '○○시'를 의미하는 고유한 값이다.
  2) ○○시가 기초자치단체인 경우
     '10'은 기초자치단체인 ○○시가 속한 광역자치단체를 의미하는 고유한 값이다. 예를 들어 '경기도(광역) 성남시(기초) 분당구'라면 '10'은 '경기도'를 의미하는 고유한 값이다.
     → 어떠한 경우에도 처음 두 자리는 '10'이어야 한다. 따라서 선지 ⑤가 소거된다.
- '그 다음 두 자리'는 광역자치단체인 시·도에 속하는 기초자치단체인 시·군·구를 의미하는 고유한 값이다. 단, 광역자치단체인 시에 속하는 기초자치단체는 군·구이다.
  1) ○○시가 광역자치단체인 경우
     처음 두 자리는 광역자치단체(○○시)-다음 두 자리는 기초자치단체(B구)를 의미하는 숫자이므로 '03'은 B구의 고유한 값이다. 따라서 A구의 경우는 B구의 고유한 값인 '03'과는 달라야 한다. 따라서 선지 ③이 소거된다.
  2) ○○시가 기초자치단체인 경우
     '03'은 B구가 아닌 '○○시'의 고유한 값이다. A구와 B구가 모두 '○○시'에 속해있으므로 A구와 B구 모두 다음 두 자리가 '03'이어야 한다. 예를 들어 '경기도(광역) 성남시(기초) 분당구'라면 '03'은 '성남시'를 의미하는 고유한 값이다. 따라서 분당구와 수정구가 모두 성남시에 속해있다면 둘 다 다음 두 자리는 같아야 한다. 따라서 A구와 B구 모두 다음 두 자리가 '03'이어야 하고, 선지 ①, ④가 소거된다. 따라서 남은 선지인 ②가 정답이다.
- '마지막 자리'에는 해당 시·군·구가 기초자치단체인 경우 0, 자치단체가 아닌 경우 0이 아닌 임의의 숫자를 부여한다.
  1) ○○시가 광역자치단체인 경우
     A구가 기초단체가 되므로 마지막 자리는 0이어야 한다.
  2) ○○시가 기초자치단체인 경우
     기초자치단체인 시에 속하는 구는 자치단체가 아니므로, 자치단체가 아닌 경우 0이 아닌 임의의 숫자를 부여하면 된다.

> **빠른 문제풀이 Tip**
> 광역자치단체와 기초자치단체의 구분은 법조문 유형에서도 많이 묻기 때문에 정확하게 파악하고 있어야 한다.

[정답] ②

224 다음 글을 근거로 판단할 때, 네 번째로 보고되는 개정안은?

22년 7급 가책형 11번

△△처에서 소관 법규 개정안 보고회를 개최하고자 한다. 보고회는 아래와 같은 기준에 따라 진행한다.

○ i)법규 체계 순위에 따라 법 – 시행령 – 시행규칙의 순서로 보고한다. ii)법규 체계 순위가 같은 개정안이 여러 개 있는 경우 소관 부서명의 가나다순으로 보고한다.

○ iii)한 부서에서 보고해야 하는 개정안이 여럿인 경우, 해당 부서의 첫 번째 보고 이후 위 기준에도 불구하고 그 부서의 나머지 소관 개정안을 법규 체계 순위에 따라 연달아 보고한다.

○ iv)이상의 모든 기준과 무관하게 보고자가 국장인 경우 가장 먼저 보고한다.

보고 예정인 개정안은 다음과 같다.

개정안명	소관 부서	보고자
A법 개정안	예산담당관	甲사무관
B법 개정안	기획담당관	乙과장
C법 시행령 개정안	기획담당관	乙과장
D법 시행령 개정안	국제화담당관	丙국장
E법 시행규칙 개정안	예산담당관	甲사무관

① A법 개정안
② B법 개정안
③ C법 시행령 개정안
④ D법 시행령 개정안
⑤ E법 시행규칙 개정안

해설

문제 분석

주어진 개정안들을 지문의 조건 i)~iv)의 기준에 따라 순서를 정해본다. 조건들의 관계를 이해해보면 조건 iv)는 조건 i)~iii)의 기준과 무관하게 보고자가 국장인 경우, 가장 먼저 보고한다고 하고 있으므로 가장 먼저 적용된다. 조건 i), ii) 중에서는 조건 i)이 조건 ii)보다 먼저 적용되고 조건 i), ii)에 의해 순서가 정해진 개정안을 보고하는 부서는 보고해야 하는 개정안이 여럿인 경우, 그 부서의 나머지 소관 개정안을 조건 i), ii)에 따라 연달아 보고한다. 정리하면

1) 조건iv)
2) 조건 i), ii)에 의해 먼저 보고해야 하는 개정안을 정함
3) 2)의 개정안을 보고하는 부서가 보고해야 하는 개정안이 여럿인 경우 해당 부서의 개정안을 조건 i), ii)에 따라 연달아 보고
4) 2), 3)을 반복
(국장이 보고하는 경우가 여럿인 경우 조건 1)~3)이 반복되는 것으로 볼 수도 있고, 조건 iv)가 적용되는 경우에도 보고해야 하는 개정안이 여럿이라면 조건 i), ii)가 적용되는 것으로 볼 수도 있으나 해당 문제에서는 그런 경우가 아니므로 생각하지 않는다.)

문제풀이 실마리

'위 기준에도 불구하고', '이상의 모든 기준과 무관하게' 등의 조건을 정확하게 처리할 수 있어야 한다.

우선 조건iv)에 의하면 보고자가 丙국장인 D법 시행령 개정안(첫 번째)을 다른 개정안보다 가장 먼저 보고한다. 나머지 개정안들은 보고자가 국장인 경우가 아니므로 조건 i)부터 적용해본다. 조건 i)에 의하면 A법 개정안, B법 개정안은 법규 체계상 '법'에 해당하여 '시행령'에 해당하는 D법 시행령 개정안보다 먼저 보고하게 되고, D법 시행령 개정안은 '시행규칙'에 해당하는 E법 시행규칙 개정안보다 먼저 보고한다. A법 개정안, B법 개정안은 법규 체계상 '법'에 해당하므로 법규 체계 순위가 같다. 이에 조건 ii)를 적용해보면 B법 개정안(두 번째)은 소관 부서명이 '기획담당관'으로 가나다순에 의할 때 소관 부서명이 '예산담당관'인 A법 개정안보다 먼저 보고한다.

B법 개정안이 두 번째로 보고되는 것은 정해졌다. 이때 소관부서인 기획담당관에서 보고해야 하는 개정안으로 C법 시행규칙 개정안이 더 있는 경우이므로, 조건 iii)에 따라 기획담당관은 B법 개정안을 보고하고 C법 시행령 개정안(세 번째)을 연달아 보고한다.

남아있는 예산담당관의 A법 개정안과 E법 시행규칙 개정안은 다시 조건 i)에 따라 A법 개정안(네 번째)을 먼저 보고하고 조건 iii)에 따라 E법 시행규칙 개정안(다섯 번째)을 연달아 보고한다.

따라서 네 번째로 보고되는 개정안은 A법 개정안이다(①).

[정답] ①

225 UN사무국은 사무차장 A, 사무차장보 P, R, 외부심사위원 1, 2, 3, 4의 7명으로 이루어진 인사위원회를 <그림>과 같이 조직하였다. 이 인사위원회가 s, t, u, v, w, x, y, z 8명의 지원자 중 한 사람을 선택하는 과정은 다음과 같다. 인사위원의 선호도가 <표>와 같을 때 외부심사위원 2에게 추천된 지원자 중에서 사무차장의 최종선택 결과를 다르게 만들 수 있는 지원자 조합은?

06년 5급(견습) 인책형 33번

〈선택 과정〉

1. 외부심사위원은 추천된 2명 중에서 자신이 선호하는 지원자를 사무차장보에게 보고한다.
2. 사무차장보는 외부심사위원으로부터 보고받은 지원자 중 자신이 선호하는 지원자를 사무차장에게 보고한다.
3. 사무차장은 사무차장보로부터 보고받은 지원자 중 자신이 선호하는 지원자를 최종적으로 선택한다.

〈그림〉 인사위원회 조직도

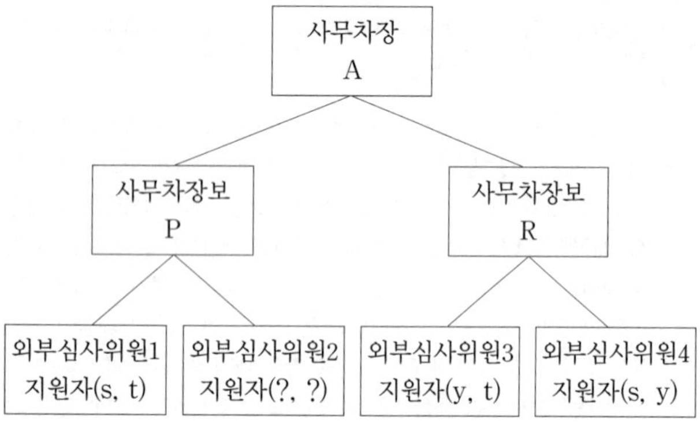

〈표〉 인사위원의 선호도

선호 순위	외부심사위원				사무차장보		사무차장
	1	2	3	4	P	R	A
1위	u	z	y	x	u	v	u
2위	x	v	t	u	x	x	s
3위	v	u	z	s	w	y	w
4위	s	y	u	w	s	t	y
5위	t	t	v	y	t	u	z
6위	w	x	s	z	v	w	v
7위	y	s	w	t	z	s	x
8위	z	w	x	v	y	z	t

① (s, u)
② (s, y)
③ (t, x)
④ (u, v)
⑤ (w, z)

해설

문제 분석

〈그림〉에서 변화를 줄 수 있는 부분은 외부심사위원 2에게 추천된 지원자밖에 없다. 그러므로 나머지 부분은 미리 정리해볼 수 있다. 〈선택과정〉, 〈표〉의 내용에 따라 〈그림〉을 조금 압축해보면 다음과 같다.

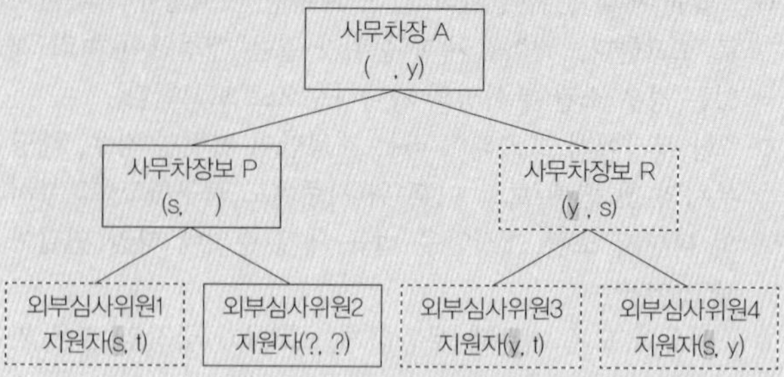

각 심사위원, 사무차장보에게 추천된 지원자는 〈표〉에서 음영 표시하였고 위 그림에서 음영 처리한 지원자는 심사위원, 사무차장보가 선호하는 지원자이다. 일부 심사위원과 사무차장보는 테두리를 점선으로 나타내었는데 이는 이미 판단이 끝난 인사위원으로 더 이상 고려할 필요가 없음을 의미한다.

사무차장의 최종 선택 결과를 '다르게' 만들 수 있는 조합을 묻고 있다. 그렇다면 원래의 최종선택 결과는 무엇인지 우선 파악해야 하는데 외부심사위원2의 지원자가 알려지지 않은 상태에서 원래의 최종선택 결과를 알 수는 없다. 외부심사위원2의 지원자가 없다는 가정하에 사무차장보 P가 s를 보호하고 사무차장 A는 (s, y) 중 s를 선택하는 것을 원래의 최종선택 결과라고 가정하자.

사무차장의 최종선택 결과를 다르게 만들 수 있는 지원자는 s만 아니면 된다. 그렇다면 사무차장보 P는 s가 아닌 다른 지원자를 보고하게 되어야 한다. 즉 사무차장보 P의 선호 순위에서 s보다 앞서는 u, x, w여야 한다. 이 세 명의 지원자는 외부심사위원2가 보고한 지원자여야 하므로 외부심사위원2가 지원자 u, x, w를 보고하게 되는 지원자 조합을 선지 중에서 찾아본다.

① (O) (s, u) 중에서 외부심사위원2는 u를 더 선호하므로 지원자 u를 보고하게 된다.

② (X) 지원자 u, x, w를 포함하지 않는 선지이다.

③ (X) (t, x) 중에서 외부심사위원2는 t를 더 선호하므로 지원자 t를 보고하게 된다.

④ (X) (u, v) 중에서 외부심사위원2는 v를 더 선호하므로 지원자 v를 보고하게 된다.

⑤ (X) (w, z) 중에서 외부심사위원2는 z를 더 선호하므로 지원자 z를 보고하게 된다.

빠른 문제풀이 Tip

문제의 내용을 잘 파악한다면 선지를 판단할 때 선지와 외부심사위원2 부분만 보면 되는 문제이다.

[정답] ①

226 다음 글을 근거로 판단할 때, 계통색명이 올바르게 표현된 것은?

13년 외교관 인책형 25번

색명은 관용색명과 계통색명으로 구분한다. 이 중 관용색명은 동식물, 광물 등으로부터 연상에 의해 떠올리는 색 표현 방법으로 병아리색, 황토색, 살구색, 장미색 등을 예로 들 수 있다. 계통색명은 유채색의 계통색명과 무채색의 계통색명으로 나뉜다. 계통색명은 기본색명 앞에 명도·채도에 관한 수식어와 색상에 관한 수식어를 붙여서 표현하는데, 다음과 같은 순서로 표기한다. 이때 사용되는 수식어는 필요에 따라 하나 혹은 둘을 기본색명 앞에 붙여 표기할 수 있고 그 순서는 바꿀 수 없다.

○ 유채색의 계통색명 표기법

명도·채도에 관한 수식어	색상에 관한 수식어	기본색명

○ 무채색의 계통색명 표기법

명도에 관한 수식어	색상에 관한 수식어	기본색명

○ 기본색명 i)

유채색	무채색
빨강, 주황, 노랑, 연두, 녹색, 청록, 파랑, 남색, 보라, 자주	흰색, 회색, 검정

○ 유채색의 명도·채도에 관한 수식어, 무채색의 명도에 관한 수식어 ii)

수식어	구분
선명한	유채색
흐린	유채색
탁한	유채색
밝은	유채색, 무채색
(아주) 어두운	유채색, 무채색
진한	유채색
(아주) 연한	유채색

○ 색상에 관한 수식어 iii)

수식어	적용하는 기본색명
빨강 띤	보라, 노랑, 흰색, 회색, 검정
노랑 띤	빨강, 녹색, 흰색, 회색, 검정
녹색 띤	노랑, 파랑, 흰색, 회색, 검정
파랑 띤	녹색, 보라, 흰색, 회색, 검정
보라 띤	파랑, 빨강, 흰색, 회색, 검정

※ 색상에 관한 수식어는 쓰임에 따라 예를 들어 '빨강 띤', '빨강 기미의', '빨강 끼의' 등으로 바꾸어 표현하거나 '빨강빛'으로 표현할 수 있다.

① 진한 회색
② 보라빛 노랑
③ 선명한 파랑 띤 노랑
④ 빨강 기미의 밝은 보라
⑤ 아주 연한 노랑 끼의 녹색

해설

문제 분석

세 번째 동그라미부터 순서대로 각각 표 i)~iii)이라 한다. 계통색명의 표기법은 유채색의 경우 명도·채도에 관한 수식어 → 색상에 관한 수식어 → 기본색명 순으로 표기되지만, 기본색명이 무엇인지에 따라 붙일 수 있는 명도·채도에 관한 수식어와 색상에 관한 수식어가 달라진다. 따라서 선지의 내용은 표 i) 기본색명을 먼저 확인하고 나머지 표 ii), iii)을 확인한다. 무채색의 경우에도 마찬가지이다.

① (X) '진한 회색'의 경우 기본색명은 '회색'이다. 표 i)에서 무채색임을 확인한다. 표 ii)에 따르면 '진한'이라는 수식어는 유채색에만 붙이는 수식어이므로 해당 계통색명은 올바르게 표현된 것이 아니다.

② (X) '보라빛 노랑'의 경우 기본색명은 '노랑'이고, 표 i)에서 유채색임을 확인한다. 각주에 따르면 '보라빛'이라는 수식어는 '보라 띤'과 같은 표현이고, 표 iii)에 따르면 '보라 띤'이라는 수식어는 기본색명이 유채색의 경우 파랑 또는 빨강인 경우만 적용하고 노랑인 경우는 적용할 수 없다. 따라서 해당 계통색명은 올바르게 표현된 것이 아니다.

③ (X) '선명한 파랑 띤 노랑'의 경우 기본색명은 '노랑'이고, 표 i)에서 유채색임을 확인한다. 표 ii)에 따르면 '선명한'이라는 수식어는 유채색에 적용할 수 있다. 그러나 표 iii)에 따르면 '파랑 띤'이라는 수식어는 기본색명이 유채색의 경우 녹색 또는 보라인 경우만 적용하고 노랑인 경우는 적용할 수 없다. 따라서 해당 계통색명은 올바르게 표현된 것이 아니다.

④ (X) '빨강 기미의 밝은 보라'의 경우 기본색명은 '보라'이고, 표 i)에서 유채색임을 확인한다. 표 ii)에 따르면 '밝은'이라는 수식어는 유채색에 적용할 수 있다. 그리고 각주에 따르면 '빨강 기미의'라는 수식어는 '빨강 띤'과 같은 표현이고, 표 iii)에 따르면 '빨강 띤'이라는 수식어는 기본색명이 보라인 경우 적용할 수 있다. 그러나 지문 다섯 번째 문장에 따르면 계통색명의 순서는 바꿀 수 없으므로 명도·채도에 관한 수식어 → 색상에 관한 수식어 → 기본색명 순으로 표기되어야 하지만 '빨강 기미의 밝은 보라'의 경우 색상에 관한 수식어 → 명도·채도에 관한 수식어 → 기본색명 순으로 표시되어 있다. 따라서 해당 계통색명은 올바르게 표현된 것이 아니다.

⑤ (O) '아주 연한 노랑 끼의 녹색'의 경우 기본색명은 '녹색'이다. 표 i)에서 유채색임을 확인한다. 표 ii)에 따르면 '아주 연한'이라는 수식어는 유채색에 적용할 수 있다. 그리고 각주에 따르면 '노랑 끼의'라는 수식어는 '노랑 띤'과 같은 표현이고, 표 iii)에 따르면 '노랑 띤'이라는 수식어는 기본색명이 녹색인 경우 적용할 수 있다. 따라서 해당 계통색명은 올바르게 표현된 것이다.

[정답] ⑤

227 **다음 글과 <조건>을 근거로 판단할 때, 처리공정 1회 가동 후 바로 생산된 물에는 A균과 B균이 리터(L)당 각각 몇 마리인가? (단, 다른 조건은 고려하지 않는다)** 14년 5급 A책형 14번

> 보란이와 예슬이는 주스를 제조하는 공장을 운영하고 있으며, 甲회사의 물과 乙회사의 물을 정화한 후 섞어서 사용한다. [i)]甲회사의 물에는 A균이, 乙회사의 물에는 B균이 리터(L)당 1,000마리씩 균일하게 존재한다. [ii)]A균은 70℃ 이상에서 10분간 가열하면 90%가 죽지만, B균은 40℃ 이상이 되면 즉시 10% 증식한다. [iii)]필터를 이용해 10분간 거르면 A균은 30%, B균은 80%가 걸러진다. 또한 [iv)]자외선을 이용해 물을 10분간 살균하면 A균은 90%, B균은 80%가 죽는다.
>
> 〈물 처리공정〉
>
> 공정 (1) 甲회사의 물과 乙회사의 물을 각각 자외선을 이용하여 10분간 살균한다.
> 공정 (2-1) 甲회사의 물을 100℃ 이상에서 10분간 가열한다.
> 공정 (2-2) 乙회사의 물을 10분간 필터로 거른다.
> 공정 (3) 甲회사의 물과 乙회사의 물을 1:1의 비율로 배합한다.

〈조 건〉

- 물 처리공정 1회 가동시 (1)~(3)의 공정이 20분 동안 연속으로 이루어진다.
- 각각의 공정은 독립적이며, 서로 영향을 미치지 않는다.
- 공정 (2-1)과 공정 (2-2)는 동시에 이루어진다.
- 공정 (3)을 거친 물의 온도는 60℃이다.
- 모든 공정에서 물의 양은 줄어들지 않는다.
- 모든 공정에 소요되는 시간은 물의 양과는 상관관계가 없다.

	A균	B균
①	10	44
②	10	40
③	5	44
④	5	22
⑤	5	50

해설

문제 분석

지문의 〈물 처리공정〉에 따른 A, B균의 변화는 각 조건 ii)~iv)와 같다. 공정 (1)에는 조건 iv), 공정 (2-1)에는 조건 ii), 공정 (2-2)에는 조건 iii)이 적용된다.

문제풀이 실마리

〈조건〉을 유념하여 〈물 처리공정〉에 각 조건 ii)~iv)를 적용하기만 하면 된다.

조건 i)에 따라 〈물 처리공정〉이전의 甲, 乙회사의 물에는 A, B균이 각각 리터(L)당 1,000마리씩 존재한다. 이하에서는 리터(L)당 표시를 생략하고 그림으로 정리해보았다.

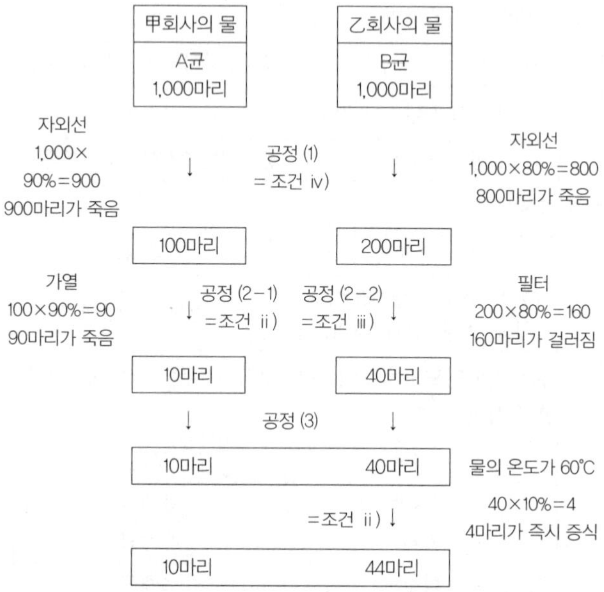

공정 (3)이 이루어지고 난 후 총 2L의 물에 A, B균이 각각 10마리, 44마리가 있음을 알 수 있다. 발문에서는 A균과 B균이 리터(L)당 각각 몇 마리 있는지 묻고 있으므로 A균 5마리, B균 22마리인 ④가 정답이다.

빠른 문제풀이 Tip

처리공정 1회 가동 후 바로 생산된 물에 A균과 B균이 '리터(L)당' 각각 몇 마리인지를 묻고 있다. 발문에서 묻는 바를 정확하게 확인해야 한다.

[정답] ④

228 **다음 글과 <표>를 근거로 판단할 때, <보기>에서 세 사람 사이의 관계가 '모호'한 것만을 모두 고르면?** 18년 5급 나책형 35번

○ 임의의 두 사람 사이의 관계는 '동갑'과 '위아래' 두 가지 경우로 나뉜다.
- 두 사람이 태어난 연도가 같은 경우 초등학교 입학년도에 상관없이 '동갑' 관계가 된다.
- 두 사람이 태어난 연도가 다른 경우 '위아래' 관계가 된다. 이때 생년이 더 빠른 사람이 '윗사람', 더 늦은 사람이 '아랫사람'이 된다.
- 두 사람이 태어난 연도가 다르더라도 초등학교 입학년도가 같고 생년월일의 차이가 1년 미만이라면 '동갑' 관계가 된다.

○ 두 사람 사이의 관계를 바탕으로 임의의 세 사람(A~C) 사이의 관계는 '명확'과 '모호' 두 가지 경우로 나뉜다.
- A와 B, A와 C가 '동갑' 관계이고 B와 C 또한 '동갑' 관계인 경우 세 사람 사이의 관계는 '명확'하다.
- A와 B가 '동갑' 관계이고 A가 C의 '윗사람', B가 C의 '윗사람'인 경우 세 사람 사이의 관계는 '명확'하다.
- A와 B, A와 C가 '동갑' 관계이고 B와 C가 '위아래' 관계인 경우 세 사람 사이의 관계는 '모호'하다.

〈표〉

이름	생년월일	초등학교 입학년도
甲	1992. 4. 11.	1998
乙	1991. 10. 3.	1998
丙	1991. 3. 1.	1998
丁	1992. 2. 14.	1998
戊	1993. 1. 7.	1999

〈보 기〉

ㄱ. 甲, 乙, 丙
ㄴ. 甲, 乙, 丁
ㄷ. 甲, 丙, 丁
ㄹ. 乙, 丁, 戊

① ㄱ, ㄴ
② ㄱ, ㄷ
③ ㄴ, ㄹ
④ ㄱ, ㄷ, ㄹ
⑤ ㄴ, ㄷ, ㄹ

해설

문제 분석

1. 동갑-위아래 관계
 1) 동갑 관계인 경우
  ① 두 사람이 태어난 연도가 같은 경우 초등학교 입학년도에 상관없이 '동갑' 관계가 된다.
   → 甲과 丁, 乙과 丙
  ② 두 사람이 태어난 연도가 다르더라도 초등학교 입학년도가 같고 생년월일의 차이가 1년 미만이라면 '동갑' 관계가 된다.
   → 甲과 乙, 乙과 丁, 丙과 丁
 2) 위아래 관계인 경우
  두 사람이 태어난 연도가 다른 경우 '위아래' 관계가 된다. 이때 생년이 더 빠른 사람이 '윗사람', 더 늦은 사람이 '아랫사람'이 된다.
  → 나머지 경우 (동갑 관계가 아니면 위아래 관계가 된다.)
2. 명확-모호 관계
 1) 명확 관계인 경우
  ① A와 B, A와 C가 '동갑' 관계이고 B와 C 또한 '동갑' 관계인 경우 세 사람 사이의 관계는 '명확'하다.
  ② A와 B가 '동갑' 관계이고 A가 C의 '윗사람', B가 C의 '윗사람'인 경우 세 사람 사이의 관계는 '명확'하다.
 2) 모호 관계인 경우
  A와 B, A와 C가 '동갑' 관계이고 B와 C가 '위아래' 관계인 경우 세 사람 사이의 관계는 '모호'하다.

문제풀이 실마리

- 세 사람의 관계에서 동갑 관계가 두 개, 위아래 관계가 하나인 경우 모호관계가 된다.
- 戊는 다른 모든 사람과 위아래 관계이다.

ㄱ. (O) 甲과 乙, 乙과 丙은 '동갑' 관계이고, 甲과 丙이 '위아래' 관계이다. 따라서 세 사람 사이의 관계는 2)에 해당하고 '모호'하다.

ㄴ. (X) 세 사람 모두 서로 '동갑' 관계이므로, 세 사람 사이의 관계는 '명확'하다.

ㄷ. (O) 甲과 丁, 丙과 丁이 '동갑' 관계이고, 甲과 丙이 '위아래' 관계이므로 세 사람 사이의 관계는 '모호'하다.

ㄹ. (X) 乙과 丁이 '동갑' 관계이고, 乙과 戊, 丁과 戊가 '위아래' 관계이므로 세 사람 사이의 관계는 '명확'하다.

빠른 문제풀이 Tip

- 세 사람 사이의 관계가 '모호'하기 위해서는 세 사람 간의 관계가 두 개의 '동갑', 한 개의 '위아래'이어야 한다.
 이때 동갑 관계가 되려면 두 사람이 태어난 연도가 같거나 태어난 연도가 다르면 초등학교 입학년도가 같아야 한다. 그런데 戊는 태어난 연도도 유일하게 1993년이고, 초등학교 입학년도도 유일하게 1999년이다. 따라서 戊는 나머지 네 명 甲~丁 모두와 '위아래' 관계이다. 따라서 세 명 중 한 명으로 戊가 포함되면 '위아래' 관계가 2번 이상 발생한다. 즉, 戊가 포함되면 모호의 관계가 될 수 없다. 따라서 보기 ㄹ은 제외할 수 있고, 보기 ㄹ이 포함된 선지 ③, ④, ⑤를 제외할 수 있다. 따라서 보기 ㄱ 또는 보기 ㄴ 둘 중 하나만 정확하게 판단한다면 정답을 구할 수 있다.
 戊를 제외한 甲~丁의 관계에서는 甲과 丙만 위아래 관계이고 나머지는 모두 동갑 관계이다. 따라서 모호관계가 되기 위해서는 甲과 丙이 포함되어 있어야 한다. 따라서 보기 ㄴ은 '甲, 乙, 丁'으로 甲과 丙이 포함되어 있지 않으므로 모호관계일 수 없다. 따라서 'ㄱ. 甲, 乙, 丙', 'ㄷ. 甲, 丙, 丁'이 포함된 선지 ②가 정답이 된다.
- 조건을 효율적으로 처리하면 보다 빠른 해결이 가능한 문제이다. 문제 분석에서 했듯이 동갑 관계를 확인해 보고, 동갑 관계가 아닌 나머지 관계는 위아래 관계라고 파악하면 빠른 해결이 가능하다.
- 표 등으로 내용을 과하게 정리하는 방법은 지양하는 것이 좋다.

[정답] ②

229 다음 <대화>와 <품질인증서번호 부여 규칙>을 근거로 판단할 때, 乙이 발급받은 품질인증서번호는? 20년 5급 나책형 37번

〈대 화〉

甲: 안녕하세요? '품질인증서' 발급을 신청하러 오셨나요?

乙: 토목분야로 예전에 품질인증서를 발급받은 적이 있어요. 재발급받으려 합니다.

甲: 인증서 유효기간은 발급일로부터 2년까지입니다. 선생님께선 2017년 11월 20일에 발급받으셨네요. 오늘 접수하시면 유효기간 만료일로부터 30일이 지난 겁니다.

乙: 그렇군요. 저희가 2019년 11월에 본사와 공장을 전부 이전해서 주소가 바뀌었어요. 본사는 대전으로 이전했고, 공장은 중동에서 베트남으로 이전해 있어요. 이러한 내용으로 발급해 주세요.

甲: 접수되었습니다. 품질인증서는 접수일로부터 3주 후에 발급됩니다.

〈품질인증서번호 부여 규칙〉

품질인증서번호는 부여 규칙(가~라)에 따라 아래와 같이 ㉠~㉣란에 숫자 또는 코드가 기재된다.

㉠	㉡	㉢	㉣

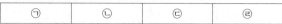

가. ㉠란에 발급연도의 3, 4번째 숫자를 기재한다.

나. ㉡란에 아래의 신청유형별 코드를 기재한다.

신청유형	코드	신청유형	코드
신규신청	1A	재발급(기간만료 후)	4B
연장신청(기간만료 전)	2A	재발급(양도)	5C
규격확인 신청	3B	재발급(공장주소변경)	6C

※ 2개 이상의 신청유형에 해당되는 경우에는 해당 코드를 모두 기재하되, 각 코드에 포함된 숫자가 큰 코드를 먼저 기재한다.

다. ㉢란에 아래의 분야별 코드를 기재한다.

분야명	코드	분야명	코드
기계	AA	에너지	CC
전기 · 전자	AB	토목	CD
정보 · 통신	BB	의료기기	DD

라. ㉣란에 아래의 지역구분 코드를 기재한다. (단, 지역구분 코드는 발급연도를 기준으로 공장소재지에 따른다)

국내	코드	국외	코드
서울 · 인천 · 경기	DA	아시아	FA
대전 · 세종 · 충남 · 충북	DB	미주	FB
광주 · 전남 · 전북 · 제주	DC	유럽	FC
부산 · 울산 · 경남	DD	중동	FD
대구 · 경북	DE	아프리카	FE
강원	DF	기타지역	FF

① 196C4BCDFA
② 194B6CCCDB
③ 196C4BCDFD
④ 204B6CCDDB
⑤ 206C4BCDFA

해설

문제 분석

- 품질인증서번호 부여 규칙은 표로 잘 정리되어 있다.
- 〈대화〉에 등장한 상황은 다음과 같다.
  1) 토목분야로 2017년 11월 20일에 품질인증서를 발급받은 적이 있고 재발급 받으려고 한다.
  2) 인증서 유효기간은 발급일로부터 2년까지이다. 오늘 접수하면 유효기간 만료일로부터 30일이 지난 시점이다. → 오늘은 2019년 12월 20일이다.
  3) 2019년 11월에 본사는 대전으로 이전했고, 공장은 중동에서 베트남으로 이전한 상태이다.
  4) 품질인증서는 접수일로부터 3주 후에 발급된다.

문제풀이 실마리

선지를 적절하게 활용하여 해결하면 보다 빠르고 정확한 해결이 가능한 문제이다.

방법 1

㉠ 앞의 두 자리에 발급연도의 3, 4번째 숫자가 기재된다는 것에 주의한다. 신청연도가 아니라 발급연도이기 때문에 이를 헷갈려서는 안 된다. 乙은 2017년 11월 20일에 발급받은 이후에 유효기간 만료일 30일이 지나 접수를 하였으므로 초일 산입 여부가 불분명하니까 접수일자는 대략 2019년 12월 20일 정도가 된다. 그러나 접수일 3주 이후에 발급이 되기에 발급연도는 2020년으로 해를 넘길 것이고 이에 따라 앞의 두 자리는 20이 되어야 한다.

㉡ 세 번째 칸에 들어갈 코드는 신청유형에 대한 것인데 乙의 진술에 따르면 본사가 대전으로 이전하고 공장이 베트남으로 이전하였다는 내용의 발급이므로 재발급이면서 공장주소변경에 따른 신청에 해당하면서 동시에 기간이 만료된 이후에 재발급에 해당되기도 한다. 2개 이상의 신청 유형에 해당하는 경우에는 해당 코드를 모두 기재하되 숫자가 큰 코드를 먼저 기재하므로 6C4B의 형태로 기재하여야 한다.

㉢ 분야별 코드에서는 토목분야이기에 CD를 기입한다.

㉣ 지역구분 코드는 공장소재지에 따라서 아시아에 공장이 위치하는바 FA를 기재한다.

이에 맞게 품질인증서번호가 기재된 선지는 ⑤이다.

방법 2 선지 활용

〈대 화〉

甲: 안녕하세요? '품질인증서' 발급을 신청하러 오셨나요?

乙: 토목분야로 예전에 품질인증을 발급받은 적이 있어요. (→ ㉢에는 CD가 기재되어야 한다. 선지 ② 제외) 재발급받으려 합니다. (→ 기간만료, 공장주소 변경의 유형에 해당하므로 ㉡에는 4B, 6C가 들어가야 한다. 해당코드를 모두 기재하되, 각 코드에 포함된 숫자가 큰 코드를 먼저 기재하므로 '6C4B'를 기재한다. 선지 ②, ④ 제외)

甲: 인증서 유효기간은 발급일로부터 2년까지입니다. 선생님께선 2017년 11월 20일에 발급받으셨네요. 오늘 접수하시면 유효기간 만료일로부터 30일이 지난 겁니다.

乙: 그렇군요. 저희가 2019년 11월에 본사와 공장을 전부 이전해서 주소가 바뀌었어요. 본사는 대전으로 이전했고, 공장은 중동에서 베트남으로 이전해 있어요. 이러한 내용으로 발급해 주세요. (→ ㉣에는 아시아 코드인 FA를 기재해야 한다. 선지 ②, ③, ④ 제외)

甲: 접수되었습니다. 품질인증서는 접수일로부터 3주 후에 발급됩니다. (→ 발급연도는 2020년이므로 ㉠에는 20을 기재해야 한다. 선지 ①, ②, ③ 제외)

빠른 문제풀이 Tip

- 발급연도에서 실수를 하지 않도록 주의한다. 甲의 마지막 대화에서 품질인증서는 접수일로부터 3주 후에 발급된다는 4)번 정보를 놓치지 않았어야 한다.
- 접수일자, 발급일자 등 정확한 날짜를 구하는 데 시간을 소비하지 않도록 주의한다. 이 문제에서는 정확한 날짜를 구하는 것을 요구하지 않는다. 발급연도가 해를 넘겨 2020년이라는 것만 확인하면 정답을 구하는 데 충분하다.
- ㉠~㉣ 중 어떤 순서로 확인할지도 고민을 해보아야 한다.

[정답] ⑤

230 다음 글과 <상황>을 근거로 판단할 때, 2022년에 건강검진을 받을 직원이 가장 많은 검진항목은? 22년 5급 나책형 18번

A기관은 직원들을 대상으로 건강검진 프로그램을 운영하고 있다. 직원들은 각 검진항목의 대상에 해당하는 경우 주기에 맞춰 반드시 검진을 받는다. 다만 검진주기가 2년인 검진항목은 최초 검진대상이 되는 해 또는 그다음 해에 검진을 받아야 한다. 예를 들어 2021년에 45세가 된 직원은 2021년 또는 2022년 중 한 번 심장 검진을 받고, 이후 2년마다 심장 검진을 받아야 한다.

〈A기관 건강검진 프로그램〉

검진항목	대상	주기
위	40세 이상	2년
대장	50세 이상	1년
심장	45세 이상	2년
자궁경부	30세 이상 45세 미만 여성	2년
간	40세 이상 간암 발생 고위험군	1년

〈상 황〉

A기관 직원 甲~戊의 2020년 건강검진 기록은 다음과 같다. 2020년 검진 이후 A기관 직원 현황과 간암 발생 고위험군 직원은 변동이 없다.

〈2020년 A기관 직원 건강검진 기록〉

이름	나이(세)	성별	검진항목
甲	28	여	없음
乙	45	남	위
丙	40	여	간
丁	48	남	심장
戊	54	여	대장

① 위
② 대장
③ 심장
④ 자궁경부
⑤ 간

해설

문제 분석

- 직원들을 대상으로 건강검진 프로그램을 운영하고 있다.
- 직원들은 각 검진항목의 대상에 해당하는 경우 주기에 맞춰 반드시 검진을 받는다.
- 다만 검진주기가 2년인 검진항목은 최초 검진대상이 되는 해 또는 그 다음 해에 검진을 받아야 한다.
- 간암 발생 고위험군 직원은 변동이 없다.

문제풀이 실마리

- 〈2020년 A기관 직원 건강검진 기록〉을 토대로 2022년에 어느 직원이 어떤 검진항목의 건강검진을 받아야 하는지 추론해야 한다. 주어진 표는 2020년의 기록이고 이를 토대로 2년 후인 2022년의 상황을 추론해야 한다는 점에서 실수하지 않도록 주의한다.
- 검진주기가 1년인 검진항목과 2년인 검진항목이 있다. 이 두 종류를 잘 구분하여 확인해야 한다. 위, 심장, 자궁경부는 2년 주기이고, 대장, 간은 1년 주기이다.

방법 1 직원별 검토

甲: 2020년에 28세이므로 2022년에는 30세이다. 검진항목 중 30세 여성이 받아야 하는 검진항목은 자궁경부뿐이고, 최초 검진 해이다. 검진주기가 2년인 검진항목은 최초 검진대상이 되는 해 또는 그다음 해에 검진을 받아야 하므로 2022년 또는 2023년에 자궁경부 검진을 받아야 한다.

乙: 2020년에 45세이므로 2022년에는 47세이다. 검진항목 중 47세 남자가 받아야 하는 검진항목은 위, 심장, 특정 조건 충족 시 간 세 가지이다. 그중 위와 심장은 검진주기가 2년이고, 간은 검진주기가 1년이다. 乙은 2020년에 위만 검진을 받았으므로 2022년에 위만 건강검진을 받는다.

丙: 2020년에 40세이므로, 2022년에는 42세이다. 검진항목 중 42세 여성이 받아야 하는 검진항목은 위, 자궁경부, 특정 조건 충족 시 간 세 가지이다. 그중 위와 자궁경부는 검진주기가 2년이고 간은 검진주기가 1년이다. 丙은 2020년에 그중 간만 검진을 받았고 간암 발생 고위험군 직원은 변동이 없으므로 2022년에 간만 건강검진을 받는다.

丁: 2020년에 48세이므로 2022년에는 50세이다. 검진항목 중 50세 남성이 받아야 하는 검진항목은 위, 대장, 심장, 특정 조건 충족 시 간이다. 그중 위와 심장은 검진주기가 2년이고, 대장과 간은 1년이다. 대장은 2022년이 최초 검진대상이 되는 해이고 검진주기가 1년이므로 2022년에 반드시 건강검진을 받아야 한다. 丁은 2020년에 심장만 건강검진을 받았으므로 2022년에도 심장은 건강검진을 받아야 한다. 따라서 丁이 2022년에 건강검진을 받는 항목은 대장과 심장이다.

戊: 戊는 2020년에 54세이므로 2022년에는 56세이다. 검진항목 중 56세 여성이 받아야 하는 검진항목은 위, 대장, 심장, 특정조건 충족 시 간이다. 그중 위와 심장은 검진주기가 2년이고, 대장과 간은 1년이다. 戊는 2020년에 대장만 건강검진을 받았으므로 2022년에도 대장만 건강검진을 받는다.

지금까지 확인된 부분을 표로 정리하면 다음과 같다.

이름	나이(세)		성별	20년 검진항목
	2020년	2022년		
甲	28	30(자궁경부)	여	없음
乙	45	47	남	위
丙	40	42	여	간
丁	48	50 (대장)	남	심장
戊	54	56	여	대장

甲과 丁이 최초 검진 대상이 되는 항목이 있다는 점에 주의하자.

이름	① 위	② 대장	③ 심장	④ 자궁경부	⑤ 간
甲	X	X	X	O 또는 X	X
乙	O	X	X	X	X
丙	X	X	X	X	O
丁	X	O	O	X	X
戊	X	O	X	X	X
검진 인원	1명	2명	1명	0명 또는 1명	1명

따라서 2022년에 건강검진을 받을 직원이 가장 많은 검진항목은 ② 대장이다.

방법 2 검진항목별 검토

직원별이 아니라 검진항목별로 검토하는 것이 더 편하다.

위: 40세 이상이면 2년 주기로 받는다. 乙, 丙, 丁, 戊가 해당되며 2022년이 최초 검진 해인 직원은 없다. 2020년의 기록을 보면 되는데 乙만 검진을 받았다. 따라서 2022년에는 乙만 건강검진을 받는다.

대장: 50세 이상이면 1년 주기로 받는다. 2022년에 50세가 되는 丁과 56세인 戊가 해당된다. 따라서 2022년에는 丁과 戊가 대장 항목의 건강검진을 받는다.

심장: 45세 이상이면 2년 주기로 받는다. 乙, 丁, 戊가 해당하고 2년 주기이므로 2020년의 기록을 봐야 한다. 20년에 심장을 건강검진 받은 사람은 丁이므로 2022년에도 丁만 검진을 받는다.

자궁경부: 30세 이상 45세 미만의 여성이 받는 것으로 2022년에 30세가 되는 甲과 42세의 丙이 해당한다. 甲은 최초 검진 해이므로 2022년에 받을지 2023년에 받을지를 선택할 수 있다. 丙은 2020년에 받지 않았으므로 홀수 해에 받는 것임을 알 수 있다.

간: 40세 이상 간암 발생 고위험군은 1년 주기로 받는다. 40세 이상에 해당하는 사람은 乙, 丙, 丁, 戊 4명이다. 1년 주기이고 간암 발생 고위험군 직원은 변동이 없으며 2020년의 검진 기록을 보면 丙만 검진을 받았음을 알 수 있다. 따라서 2022년에도 丙만 검진을 받는다.

		甲	乙	丙	丁	戊	검진 인원
①	위	X	O	X	X	X	1명
②	대장	X	X	X	O	O	2명
③	심장	X	X	X	O	X	1명
④	자궁경부	O 또는 X	X	X	X	X	0명 또는 1명
⑤	간	X	X	O	X	X	1명

빠른 문제풀이 Tip

- 건강검진을 받을 직원이 가장 많은 검진항목을 확인해야 하므로, 모든 검진항목의 모든 직원을 다 확인해야 한다. 소요시간이 어느 정도는 필요한 문제이다.
- 기본적으로 주기에 맞춰 검진을 받되, 검진주기가 2년인 검진항목은 최초 검진 해가 변동될 수 있다. 최초 검진 해가 정해지면 짝수 해면 짝수해마다, 홀수 해면 홀수 해마다 2년마다 검진을 받는다.
- 사례별(선지별) 확인과 조건별 처리를 연습해 볼 수 있는 문제이다.

[정답] ②

231 **다음 글과 <상황>을 근거로 판단할 때, 甲소방서에서 폐기대상을 제외하고 가장 먼저 교체대상이 될 장비는?**

22년 5급 나책형 37번

○ 〈소방장비 내용연수 기준〉에 따라 소방장비 구비목록의 소방장비를 교체해야 한다. 사용연수가 내용연수 기준을 초과한 소방장비는 폐기하고, 초과하지 않은 소방장비는 내용연수가 적게 남은 것부터 교체해야 한다.

〈소방장비 내용연수 기준〉

구분		내용연수
소방자동차		10
소방용로봇		7
구조장비	산악용 들것	5
	구조용 안전벨트	3
방호복	특수방호복	5
	폭발물방호복	10

※ 내용연수: 소방장비의 내구성을 고려할 때, 최대 사용연수로 적절한 기준 연수

○ 내용연수 기준을 초과한 소방장비의 기한을 연장하여 사용할 필요가 있는 경우에는 다음 기준에 따라 1회에 한해 연장 사용할 수 있으며, 이 경우 내용연수 기준을 초과하지 않은 것으로 본다.
- 소방자동차: 1년(단, 특수정비를 받은 경우에는 3년까지 가능)
- 그 밖의 소방장비: 1년

○ 위의 내용연수 기준과 연장 사용 기준에도 불구하고 다음 어느 하나에 해당하는 경우에는 내용연수 기준을 초과한 것으로 본다.
- 소방자동차의 운행거리가 12만 km를 초과한 경우
- 실사용량이 경제적 사용량을 초과한 경우

〈상 황〉

○ 甲소방서의 현재 소방장비 구비목록은 다음과 같다.

구분	사용연수	연장사용 여부	비고
소방자동차1	12	2년 연장	운행거리 15만 km 특수정비 받음
소방자동차2	9	없음	운행거리 8만 km 특수정비 불가
소방용로봇	4	없음	
구조용 안전벨트	5	1년 연장	경제적 사용량 1,000회 실사용량 500회
폭발물방호복	9	없음	경제적 사용량 500회 실사용량 600회

① 소방자동차1
② 소방자동차2
③ 소방용로봇
④ 구조용 안전벨트
⑤ 폭발물방호복

해설

문제 분석

문제 해결에 필요한 조건은 크게 세 종류이다.

- 〈소방장비 내용연수 기준〉에 따라 사용연수가 내용연수 기준을 초과한 소방장비는 폐기하고, 초과하지 않은 소방장비는 내용연수가 적게 남은 것부터 교체해야 한다.
- 내용연수 기준을 초과하였더라도 1회에 한해 연장 사용할 수 있으며, 이 경우 내용연수 기준을 초과하지 않은 것으로 본다.
- 특정 요건에 해당하는 경우에는 내용연수 기준을 초과한 것으로 본다.

문제풀이 실마리

폐기대상을 제외하고 가장 먼저 교체대상이 될 장비를 선택해야 한다. 즉, 내용연수 기준을 초과한 장비 등을 제외하고 내용연수가 적게 남은 장비를 선택해야 한다.

발문이 '甲소방서에서 폐기대상을 제외하고'이므로, 제외조건에 해당하는 맨 마지막 동그라미 조건을 먼저 검토해야 한다.

> 위의 내용연수 기준과 연장 사용 기준에도 불구하고 다음 어느 하나에 해당하는 경우에는 내용연수 기준을 초과한 것으로 본다.
> - 소방자동차의 운행거리가 12만 km를 초과한 경우
> - 실사용량이 경제적 사용량을 초과한 경우

운행거리가 15만 km인 소방자동차 1, 경제적 사용량은 500회인데 실사용량이 600회인 폭발물방호복은 내용연수 기준을 초과한 것으로 제외된다. 남은 장비인 소방자동차2, 소방용로봇, 구조용안전벨트의 내용연수 기준을 따져보면 다음과 같다.

구분	사용연수	연장사용여부	비고
소방자동차2	9	없음	운행거리 8만 km 특수정비 불가
소방용로봇	4	없음	
구조용 안전벨트	5	1년 연장	경제적 사용량 1,000회 실사용량 500회

- 소방자동차의 내용연수는 10년인데 소방자동차2는 연장 사용 없이 현재 9년을 사용하였다. 남은 사용연수는 1년이다.
- 소방용로봇의 사용연수는 7년인데 연장 사용 없이 현재 4년을 사용하였다. 남은 사용연수는 3년이다.
- 구조용 안전벨트의 내용연수는 3년인데 1년의 연장사용을 하였다. 내용연수 기준을 초과한 소방장비의 기한을 연장하여 사용할 필요가 있는 경우에 소방자동차 외의 소방장비는 1회에 한해 1년 연장 사용할 수 있으며, 이 경우 내용연수 기준을 초과하지 않은 것으로 본다. 연장하더라도 내용연수는 4년인데 현재 5년을 사용하였으므로 내용연수 기준을 초과하여 교체가 아닌 폐기해야 한다.

따라서 甲소방서에서 폐기대상을 제외하고 가장 먼저 교체대상이 될 장비는 소방자동차2이다.

빠른 문제풀이 Tip

- 문제의 길이는 길지만 조건만 정확히 적용하면 해결되는 문제이다. 문제의 길이 때문에 넘길 문제로 선별하지 않도록 하자.
- 조건 중 마지막 동그라미에서 '위의 내용연수 기준과 연장 사용 기준에도 불구하고'라는 표현이 있으므로 이 조건을 먼저 적용해 보는 것이 좋다.

[정답] ②

유형 소개

경우 유형은 여러 갈림길이 등장하는 상황, 즉 여러 가지 경우가 등장하는 상황에서 이를 정확하게 해결할 수 있는지를 평가하기 위한 유형이다. 경우 유형을 잘 해결하기 위해 수험생에게 요구되는 능력은 '제시된 조건에 따른 다양한 경우의 수를 그려내는 능력', '여러가지 경우의 수 중에서 주어진 조건을 모두 만족하는 경우를 확정하는 능력' 등이다.

경우 유형에 등장하는 세부 유형도 그에 따라 분류할 수 있는데, 등장 가능한 다양한 경우를 그려내야 하는, 즉 '경우 그리기'가 잘 되어야 하는 '경우 파악형'과 그 여러 경우 중에서 주어진 조건에 따라 확정을 해야 하는 '경우 확정형'으로 구분해 볼 수 있다.

경우 파악형	제시된 조건에 따랐을 때 등장할 수 있는 다양한 경우를 그려내어 파악하는 유형
경우 확장형	여러 가지 경우 중에서 제시된 조건에 부합하는 경우를 확정하는 유형

PART 3
경우

I. 스킬

1 이해 스킬

기본조건 & 세부조건

01 다음 글과 <표>를 근거로 판단할 때, 백설공주의 친구 7명 (A~G) 중 왕자의 부하는 누구인가? 17년 민경채 나책형 22번

- ○ A~G 중 2명은 왕자의 부하이다.
- ○ B~F는 모두 20대이다.
- ○ A~G 중 가장 나이가 많은 사람은 왕자의 부하가 아니다.
- ○ A~G 중 여자보다 남자가 많다.
- ○ 왕자의 두 부하는 성별이 서로 다르고, 국적은 동일하다.

〈표〉

친구	나이	성별	국적
A	37살	?	한국
B	28살	?	한국
C	22살	여자	중국
D	?	여자	일본
E	?	?	중국
F	?	?	한국
G	38살	여자	중국

① A, B
② B, F
③ C, E
④ D, F
⑤ E, G

해설

문제 분석

	조건	의미
기본조건	A~G 중 2명은 왕자의 부하이다.	7명 중에 2명의 부하를 확정해야 한다.
	왕자의 두 부하는 성별이 서로 다르고, 국적은 동일하다.	남은 6명 중에 2명을 뽑을 때 성별은 서로 다르면서 국적은 동일한 사람으로 선발해야 한다.
세부조건	B~F는 모두 20대이다.	나이 '?(물음표)' 세 개를 포함하여 B~F는 모두 20대이고, A와 G만 30대이다.
	A~G 중 가장 나이가 많은 사람은 왕자의 부하가 아니다.	가장 나이가 많은 G는 왕자의 부하가 될 수 없다. 이제 G를 제외한 나머지 6명 중에 부하 2명을 확정해야 한다.
	A~G 중 여자보다 남자가 많다.	성별 '?(물음표)' 네 개는 모두 남자이다.

문제풀이 실마리

경우 확정형에 해당하는 문제는 고정정보를 찾아내야 문제를 빠르게 해결할 수 있다.

방법 1 기본적인 방법

두 번째 조건을 통해 B~F는 모두 20대임을, 네 번째 조건을 통해 A, B, E, F는 남자임을 알 수 있다.

세 번째 조건에 따라 나이가 가장 많은 G, 다섯 번째 조건에 따라 국적이 홀로 일본인 D는 왕자의 부하가 될 수 없다.

이때 D와 G를 제외하면 여자는 C뿐이고, 다섯 번째 조건에서 두 부하의 성별이 다르다고 했으므로 부하 한 명은 C로 고정이 된다. 이에 따라 C와 성별은 다르지만 국적은 동일한 E가 나머지 한 명의 부하임을 알 수 있다.

방법 2 국적과 성별 중 한쪽으로 접근

- 국적 동일 → 성별 상이
  먼저 국적이 동일한 사람을 찾아보면 A, B, F가 한국 국적이고, C와 E가 중국 국적이다. 이때 A(남자), B(남자), F(남자)이므로 한국 국적의 세 명은 모두 남자여서 성별이 다를 수 없다. 반면 중국 국적의 C는 여자이고 E는 남자이므로 왕자의 부하는 C(중국, 여자), E(중국, 남자) 두 명이 된다.
- 성별 상이 → 국적 동일
  성별을 확인하면 C, D는 여자, A, B, E, F는 남자이다. 여자의 국적을 보면 C는 중국 국적, D는 일본 국적이다. 그럼 남자 중에서 여자 부하와 국적이 동일할 수 있는 중국 또는 일본 국적을 찾으면 된다. A, B, F는 한국 국적, E만 중국 국적이므로, 따라서 왕자의 부하는 C(중국, 여자), E(중국, 남자) 두 명이 된다.

방법 3 제외의 방법 + 선지 활용

제외의 방법으로 고정정보를 찾아내어 해결할 수 있다.

7명의 친구 중에 2명을 빠르게 확정 짓기 위해서는 부하가 될 수 없는 사람을 지워가는 것이 중요하다. 부하가 될 수 있는 친구를 하나씩 지워가면서 부하의 범위를 추려가는 것이다.

- 7명의 친구 중에서 나이가 가장 많은 G(38살)는 왕자의 부하가 될 수 없다.
- 두 부하의 국적이 동일해야 하므로 혼자 일본 국적을 가지고 있는 D 역시도 왕자의 부하가 될 수 없다.
- 이렇게 지우고 나면 여자는 C만 남게 된다. 2명의 부하는 성별이 서로 다르기 때문에 남자 1명, 여자 1명이어야 한다. 따라서 부하 한 명이 C로 고정된다.
- 선지를 활용하면 바로 선지 ③ 'C, E'가 답이 된다.
- 나머지 해결: C와 성별은 서로 다르면서 국적은 동일한 E가 나머지 한 명의 부하가 된다.

빠른 문제풀이 Tip
경우 확정형의 문제는 고정정보를 빠르게 찾아낼 수 있는가가 관건이 된다.

[정답] ③

길쌤's Check

경우 유형의 문제에서 조건의 이해를 높이기 위해서는 기본조건과 세부조건을 구분해서 이해하는 것이 필요하다. 기본조건은 문제의 큰 틀을 규정하는 조건이고, 세부조건은 큰 틀 안에서 디테일한 내용을 규정하는 조건이다. 예를 들어

- 단층 건물에 건물 입구부터 안쪽까지 5개의 상점이 있다.
- 상점에는 학원, 카페, 스터디카페, 서점, 복사집이 입점해 있다.
- 입구 쪽에 가까운 상점일수록 이용객수가 많다.

와 같은 조건은 큰 틀에서 상황을 세팅하는 조건들이다. 여기에 더해

- 학원은 1일 1,000명의 학생이 이용한다.
- 카페는 일주일에 3,500명이 이용한다.
- 서점의 이용객 수가 복사집의 이용객 수보다 많다.

등의 조건이 있다면, 이 문제에서는 이용객수를 기준으로 위치를 확정해야 하기 때문에 그와 관련된 세부적인 정보를 주는 조건들이다. 따라서 기본조건을 바탕으로 큰 그림을 그린 후에 세부조건을 통해 직접적인 해결을 하는 것이 바람직하다.

02 다음 <상황>과 <조건>을 근거로 판단할 때 옳은 것은?

14년 5급 A책형 37번

〈상 황〉

A대학교 보건소에서는 4월 1일(월)부터 한 달 동안 재학생을 대상으로 금연교육 4회, 금주교육 3회, 성교육 2회를 실시하려는 계획을 가지고 있다.

〈조 건〉

○ 금연교육은 정해진 같은 요일에만 주 1회 실시하고, 화, 수, 목요일 중에 해야 한다.
○ 금주교육은 월요일과 금요일을 제외한 다른 요일에 시행하며, 주 2회 이상은 실시하지 않는다.
○ 성교육은 4월 10일 이전, 같은 주에 이틀 연속으로 실시한다.
○ 4월 22일부터 26일까지 중간고사 기간이고, 이 기간에 보건소는 어떠한 교육도 실시할 수 없다.
○ 보건소의 교육은 하루에 하나만 실시할 수 있고, 토요일과 일요일에는 교육을 실시할 수 없다.
○ 보건소는 계획한 모든 교육을 반드시 4월에 완료하여야 한다.

① 금연교육이 가능한 요일은 화요일과 수요일이다.
② 금주교육은 같은 요일에 실시되어야 한다.
③ 금주교육은 4월 마지막 주에도 실시된다.
④ 성교육이 가능한 일정 조합은 두 가지 이상이다.
⑤ 4월 30일에도 교육이 있다.

해설

문제 분석

• 기본조건

A대학교 보건소에서는 4월 1일(월)부터 한 달 동안 재학생을 대상으로 금연교육 4회, 금주교육 3회, 성교육 2회를 실시하려는 계획을 가지고 있다.

- 보건소는 계획한 모든 교육을 반드시 4월에 완료하여야 한다.
- 보건소의 교육은 하루에 하나만 실시할 수 있고, 토요일과 일요일에는 교육을 실시할 수 없다.
- 4월 22일부터 26일까지 중간고사 기간이고, 이 기간에 보건소는 어떠한 교육도 실시할 수 없다.

• 세부조건

- 금연교육은 정해진 같은 요일에만 주 1회 실시하고, 화, 수, 목요일 중에 해야 한다.
- 금주교육은 월요일과 금요일을 제외한 다른 요일에 시행하며, 주 2회 이상은 실시하지 않는다.
- 성교육은 4월 10일 이전, 같은 주에 이틀 연속으로 실시한다.

문제풀이 실마리

〈조건〉 중 기본조건들을 먼저 모두 반영해서 4월 중 교육을 실시할 수 있는 날을 정리해 보면 다음과 같다.

일	월	화	수	목	금	토
	1	2	3	4	5	~~6~~
~~7~~	8	9	10	11	12	~~13~~
~~14~~	15	16	17	18	19	~~20~~
~~21~~	~~22~~	~~23~~	~~24~~	~~25~~	~~26~~	~~27~~
~~28~~	29	30				

문제 분석 세부조건의 첫 번째 조건부터 적용해 보면, 금연교육은 정해진 같은 요일에만 주 1회 실시하되, 화, 수, 목요일 중에 해야 하고, 총 4회를 실시해야 하므로 화요일에만 가능하다.

일	월	화	수	목	금	토
	1	2	3	4	5	~~6~~
~~7~~	8	9	10	11	12	~~13~~
~~14~~	15	16	17	18	19	~~20~~
~~21~~	~~22~~	~~23~~	~~24~~	~~25~~	~~26~~	~~27~~
~~28~~	29	30				

금연교육

두 번째 조건을 적용해 보면, 금주교육은 월요일과 금요일을 제외한 화요일, 수요일, 목요일 중에 시행하며, 주 2회 이상은 실시하지 않으므로 주 1회만 실시해야 하고, 총 3회 실시해야 한다. 따라서 금주교육은 3일 ↔ 4일 중 1회, 10일 ↔ 11일 중 1회, 17일 ↔ 18일 중 1회를 실시하면 된다.

세 번째 조건을 적용해 보면, 성교육은 총 2회를 실시하되 4월 10일 이전, 같은 주에 이틀 연속으로 실시해야 하므로, 성교육은 4일과 5일에만 실시 가능하다. 그러면 첫째 주에 금주교육은 3일 ↔ 4일 중 3일에만 실시할 수 있다.

이를 반영해서 정리해 보면 다음과 같다.

일	월	화	수	목	금	토
	1	2	3 금주교육	4 성교육	5	~~6~~
~~7~~	8	9	10 ↔ 금주교육	11	12	~~13~~
~~14~~	15	16	17 ↔ 금주교육	18	19	~~20~~
~~21~~	~~22~~	~~23~~	~~24~~	~~25~~	~~26~~	~~27~~
~~28~~	29	30 금연교육				

① (X) 금연교육이 가능한 요일은 화요일뿐이다. 수요일은 가능하지 않다.

② (X) 금주교육은 화요일 또는 수요일에 실시되는 것이 가능하므로, 같은 요일에 실시되는 것은 아니다.

③ (X) 금주교육은 4월 마지막 주에 실시되지 않는다.

④ (X) 성교육은 4일(목)~5일(금)에만 가능하다. 즉, 성교육이 가능한 일정 조합은 한 가지뿐이다.

⑤ (O) 4월 30일에는 금연교육이 실시된다.

빠른 문제풀이 Tip

해설에서 세부조건을 첫 번째 조건부터 반영해서 해결하는 과정에서 두 번째, 세 번째 조건을 해결하지 않더라도, 즉 금주교육, 성교육을 확정하기 전에 첫 번째 조건만 해결해서 금연교육의 실시 일정만 확정하고 선지를 확인해 보면 정답이 ⑤인 것은 찾아낼 수 있다.

[정답] ⑤

다양한 정보처리

03 다음 글을 근거로 판단할 때, 2019년의 무역의존도가 높은 순서대로 세 국가(A ~ C)를 나열한 것은? 20년 민경채 가책형 7번

A, B, C 세 국가는 서로 간에만 무역을 하고 있다. 2019년 세 국가의 수출액은 다음과 같다.

- ○ A의 B와 C에 대한 수출액은 각각 200억 달러와 100억 달러였다.
- ○ B의 A와 C에 대한 수출액은 각각 150억 달러와 100억 달러였다.
- ○ C의 A와 B에 대한 수출액은 각각 150억 달러와 50억 달러였다.

A, B, C의 2019년 국내총생산은 각각 1,000억 달러, 3,000억 달러, 2,000억 달러였고, 각 국가의 무역의존도는 다음과 같이 계산한다.

$$무역의존도 = \frac{총\ 수출액 + 총\ 수입액}{국내총생산}$$

① A, B, C
② A, C, B
③ B, A, C
④ B, C, A
⑤ C, A, B

해설

문제 분석

제시된 정보를 정리해 보면 다음과 같다.

수출국 \ 수입국	A	B	C	총 수출액
A		200	100	300
B	150		100	250
C	150	50		200
총 수입액	300	250	200	750

문제풀이 실마리

- 각 국가 기준 수출액과 수입액을 혼동하지 않고 계산하면 해결되는 문제이다.
- 혼동이 생기는 경우에는 위 문제 분석에서 했듯이 표로 정리하면 보다 쉽게 수출액과 수입액을 파악할 수 있다.

A, B, C의 2019년 국내총생산은 각각 1,000억 달러, 3,000억 달러, 2,000억 달러이므로, 위에서 정리한 내용과 결합하여 각 국가의 무역의존도를 계산해 보면 다음과 같다.

(단위: 억 달러)

	총 수출액 (ㄱ)	총 수입액 (ㄴ)	국내총생산 (ㄷ)	무역의존도 =(ㄱ+ㄴ)/ㄷ
A	300	300	1,000	$\frac{3}{5}=0.6$
B	250	250	3,000	$\frac{1}{6}≒0.17$
C	200	200	2,000	$\frac{1}{5}=0.2$

따라서 2019년의 무역의존도가 높은 순서대로 세 국가(A~C)를 나열한 것은 '② A, C, B'이다.

빠른 문제풀이 Tip

상황이 잘 그려지기만 한다면 굳이 표로 정리하지 않고도

> ○ A의 B와 C에 대한 수출액은 각각 200억 달러와 100억 달러였다.
> ○ B의 A와 C에 대한 수출액은 각각 150억 달러와 100억 달러였다.
> ○ C의 A와 B에 대한 수출액은 각각 150억 달러와 50억 달러였다.

이 정보를 통해서 각 국가의 수출액과 수입액을 파악할 수 있다. 이는 리그에서 득점과 실점을 보는 방법과 유사하다.

[정답] ②

길쌤's Check

경우를 정리할 때 다양한 방법으로 정보를 처리할 수 있다. 이때에도 1권에서 살펴본 바와 같이 표로 정리하는 것이 가장 기본이 된다. 표로 정리하면 속도는 느려지지만 가장 정확하게 경우를 확인해 볼 수 있다. 그렇기 때문에 처음 시작하는 단계에서는 표로 정보를 정리해 가면서 연습하다가, 표를 직접 그리지 않고도 표가 머릿속에 그려지는 단계까지 발전해 나가야 한다.

04 다음 글을 근거로 판단할 때, ㉠에 해당하는 수는?

21년 민경채 나책형 6번

> ○○부처의 주무관은 모두 20명이며, 성과등급은 4단계(S, A, B, C)로 구성된다. 아래는 ○○부처 소속 직원들의 대화 내용이다.
>
> 甲주무관: 乙주무관 축하해! i)작년에 비해 올해 성과등급이 비약적으로 올랐던데? 우리 부처에서 성과등급이 세 단계나 변한 주무관은 乙주무관 외에 없잖아.
>
> 乙주무관: 고마워. 올해는 평가방식을 많이 바꿨다며? ii)작년이랑 똑같은 성과등급을 받은 주무관은 우리 부처에서 한 명밖에 없어.
>
> 甲주무관: 그렇구나. iii)우리 부처에서 작년에 비해 성과등급이 한 단계 변한 주무관 수는 두 단계 변한 주무관 수의 2배라고 해.
>
> 乙주무관: 그러면 우리 부처에서 성과등급이 한 단계 변한 주무관은 (㉠)명이네.

① 4
② 6
③ 8
④ 10
⑤ 12

해설

문제 분석

지문에서 ○○부처의 주무관은 모두 20명, 성과등급은 4단계임을 확인한다.

문제풀이 실마리

대화 ⅰ)~ⅲ)을 토대로 성과등급이 한 단계 변한 주무관을 파악해 본다.

성과등급의 변화를 아래와 같이 표로 나타내어 보자.

	+3	+2	+1	0	−1	−2	−3	합계
주무관 수								20

성과등급이 오른 경우를 +, 내려간 경우를 −라고 표시하였고, 성과등급이 4단계이므로 예를 들어 C에서 S로 오른 경우를 +3으로 표기한다.

대화 ⅰ)에서 乙주무관은 성과등급이 세 단계나 올랐고 성과등급이 세 단계나 변한 주무관은 乙주무관 외에 없다고 한다. 성과등급이 세 단계 '변했다'는 것은 '+3'인 경우와 '3'인 경우를 포함하는 것으로 해석할 수 있다. 즉 '+3'인 경우는 乙사무관 1명이고 '−3'인 경우는 0명이다. 그리고 대화 ⅱ)에서 작년과 똑같은 성과등급을 받은 주무관은 한 명밖에 없다. 즉 '0'인 경우는 1명이다. 해당 내용을 표로 정리해 보면 다음과 같다.

	+3	+2	+1	0	−1	−2	−3	합계
주무관 수	1			1			0	20

대화 ⅲ)에서 성과등급이 한 단계 변한 주무관 수는 두 단계 변한 주무관 수의 2배라고 한다. 우선 아래의 표에 미지수 a~d를 표시해두었다.

	+3	+2	+1	0	−1	−2	−3	합계
주무관 수	1	a	b	1	c	d	0	20

성과등급이 한 단계 변한 주무관 수는 b+c, 두 단계 변한 주무관 수는 a+d이다. 그리고 문제에서 묻는 ㉠이 b+c이다. 대화 ⅲ)는 b+c=2(a+d)와 같이 나타낼 수 있다. a+b+c+d=18이므로 3(a+d)=18, a+d=6이고 b+c=12(⑤)이다.

빠른 문제풀이 Tip

- 해설에서는 주어진 성과등급의 변화를 정리하는 것에 중점을 두면서 표로 정리한 칸들을 모두 미지수로 표시하다 보니 미지수가 a, b, c, d와 같이 4개가 등장하였다. 성과등급이 한 단계 변한 주무관 수는 x, 두 단계 변한 주무관 수는 y이고 대화ⅲ)은 $x=2y$와 같이 계산하는 것이 식으로는 더 간단하다. 또는 성과등급이 한 단계 변한 주무관 수와 두 단계 변한 주무관 수의 비율이 2:1, 해당 주무관 수 합계는 18명과 같은 정보로부터 비율을 계산하여도 된다.
- 이 문제에 등장한 조건을 대응표(짝표, 대칭표)의 형태로 정보를 정리하는 것도 가능하다.

[정답] ⑤

05 **다음 글을 근거로 판단할 때, 1차 투표와 2차 투표에서 모두 B안에 투표한 주민 수의 최솟값은?** 20년 5급 나책형 10번

> ○○마을은 새로운 사업을 추진하기 위해 주민 100명을 대상으로 투표를 실시하였다. 주민들에게 사업안 A, B, C 중 하나를 선택하도록 하였다. 사전 자료를 바탕으로 1차 투표를 한 후, 주민들끼리 토론을 거쳐 2차 투표로 최종안을 결정하였다. 1차와 2차 투표 모두 투표율은 100%였고, 무효표는 없었다. 투표 결과는 다음과 같다.
>
> | 구분 | 1차 투표 | 2차 투표 |
> |---|---|---|
> | A안 | 30명 | ( )명 |
> | B안 | 50명 | ( )명 |
> | C안 | 20명 | 35명 |
>
> i)1차 투표와 2차 투표에서 모두 A안에 투표한 주민은 20명이었고, ii)2차 투표에서만 A안에 투표한 주민은 5명이었다.

① 10
② 15
③ 20
④ 25
⑤ 30

해설

문제 분석

○○마을의 주민 100명을 대상으로 투표를 실시하였고 1차와 2차 투표 모두 투표율은 100%였으므로 1차 투표, 2차 투표 투표자는 각각 100명이다.

문제풀이 실마리

1차 투표와 2차 투표에서 모두 B안에 투표한 주민 수의 최솟값을 구하기 위해서는 최대한 많은 인원이 1차 → 2차에서 A안 → B안, C안 → B안으로 바뀌어야 한다.

1차 투표와 2차 투표에서 모두 A안에 투표한 주민은 20명이었고, 2차 투표에서만 A안에 투표한 주민은 5명이므로 2차 투표에서 A안에 투표한 주민은 25명이다. 따라서 2차 투표에서 B안에 투표한 주민은 100−60=40명이다.

2차에서 A안에 투표한 주민의 수를 알아내는 것이 중요하다. 이를 수식적으로 나타내보자. 1차 투표에서 A안에 투표한 주민을 A_1, 2차 투표에서 A안에 투표한 주민은 A_2라고 하면

1차 투표와 2차 투표에서 모두 A안에 투표한 주민은 20명

→ $n(A_1 \cap A_2)=20$

2차 투표에서만 A안에 투표한 주민은 5명

→ $n(\sim A_1 \cap A_2)=5$

$(A_1 \cap A_2) \cup (\sim A_1 \cap A_2)=(A_1 \cup \sim A_1) \cap A_2 = U \cap A_2 = A_2$

$n((A_1 \cap A_2) \cup (\sim A_1 \cap A_2))=n(A_2)=25$

방법 1 B안에 집중

1차 → 2차에서 A안 → B안으로 바뀐 주민의 최댓값은 1차 투표에서 A안에 투표한 30명의 주민 중 1차 투표와 2차 투표에서 모두 A안에 투표한 주민 20명을 제외한 10명이다. 1차, 2차 투표에서 C안과 관련된 제약은 없기 때문에 C안 → B안으로 바뀐 주민의 수는 20명이다. 따라서 2차 투표에서 B안에 투표한 40명의 주민 중 1차에서도 B안에 투표한 주민의 최솟값은 10명(①)이 된다.

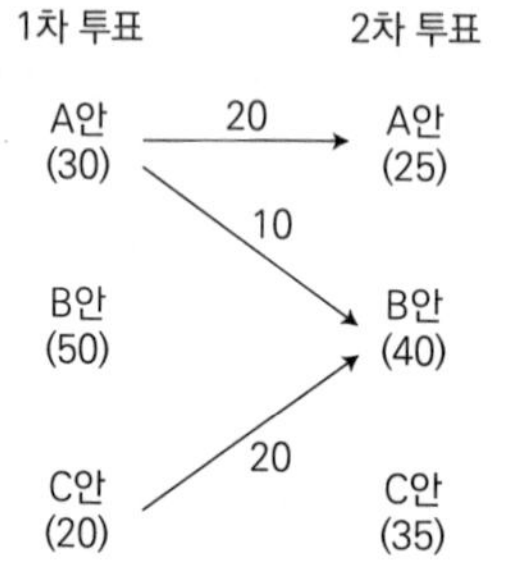

각 화살표를 더 완성해 보면 다음과 같다.

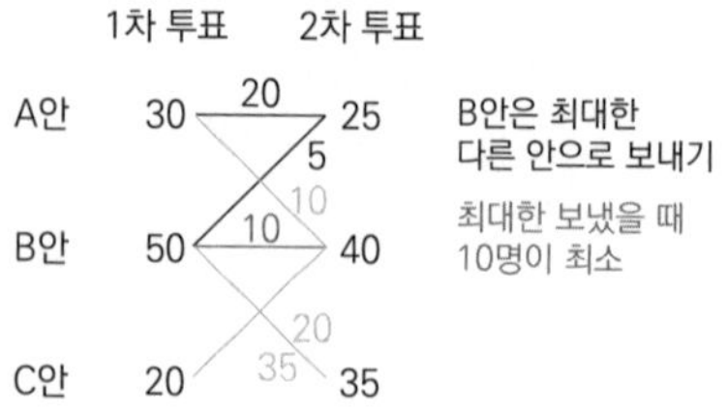

방법 2 표로 정리

지문에 주어진 내용을 우선 표로 정리하면 다음과 같다.

1차 \ 2차	A	B	C	계
A	i)20			30
B	ii)5			50
C				20
계	25	40	35	100

조건 ii)의 2차 투표에서만 A안에 투표한 주민의 수가 5명인 것은 위의 표에서 한 칸으로 표시하였다. 그리고 조건 i), ii)를 조합하여 2차 투표에서 A안에 투표한 주민 수가 25명인 것을 확인하면 지문의 표에서 괄호 안의 내용, 즉 2차 투표에서 A안, B안에 투표한 주민의 수를 채워 넣을 수 있다. 문제에서는 1차 투표와 2차 투표에서 모두 B안에 투표한 주민 수의 최솟값을 묻고 있으므로

1차 \ 2차	A	B	C	계
A	20			30
B	1) 0~5			50
C	1) 0~5			20
계	25	40	35	100

음영 표시된 부분에 가능한 최댓값을 채워야 한다. 조건 ii)의 2차 투표에서만 A안에 투표한 주민의 수가 5명인 것을 위의 표에서 다시 두 칸으로 나누어 표시하였는데 1차 투표에서 B안을 투표하고 2차 투표에서 A안을 투표한 주민의 수(음영이 있는 1)칸)와 1차 투표에서 C안을 투표하고 2차 투표에서 A안을 투표한 주민의 수(음영이 없는 1)칸)를 더하면 5명이 되어야 한다. 그렇다면 음영이 있는 1)칸은 최댓값인 5명, 음영이 없는 1)칸은 0명이 된다.

1차 \ 2차	A	B	C	계
A	20	2)	2)	30
B	5			50
C	0			20
계	25	40	35	100

그리고 1차 투표에서 A안에 투표한 주민의 수는 30명이므로 2)로 표시된 칸에 들어갈 주민 수의 합계는 10명이다. 음영이 있는 2)칸에 가능한 최댓값을 채우면 음영이 있는 2)칸은 10명, 음영이 없는 2)칸은 0명이 된다.

1차 \ 2차	A	B	C	계
A	20	10	0	30
B	5			50
C	0	3)	3)	20
계	25	40	35	100

마찬가지 논리로 음영이 있는 3)칸은 20명, 음영이 없는 3)칸은 0명이 되며

1차 \ 2차	A	B	C	계
A	20	10	0	30
B	5		4)	50
C	0	20	0	20
계	25	40	35	100

4)칸에는 35명이 된다.

1차 \ 2차	A	B	C	계
A	20	10	0	30
B	5	10	35	50
C	0	20	0	20
계	25	40	35	100

따라서 1차 투표와 2차 투표에서 모두 B안에 투표한 주민 수의 최솟값은 10명이다.

방법 3 방법 1에서 더 고민

그림을 삼각형으로 나타내본다.

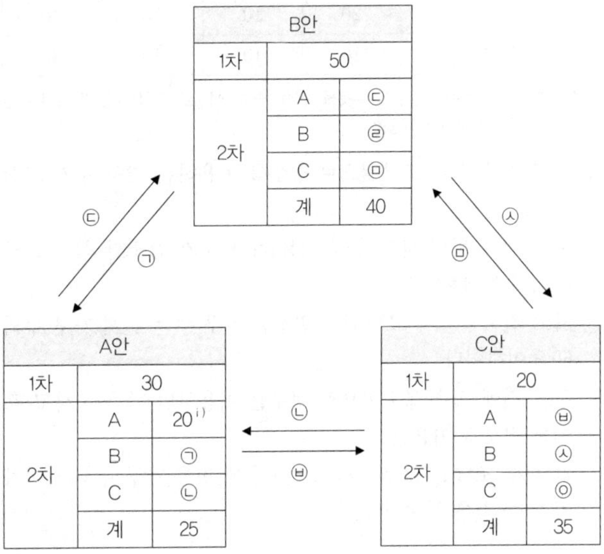

조건 ii)에 의하면 ㉠ + ㉡ = 5이고 조건 ii)와 조합하면 2차 투표에서 A안에 투표한 주민 수는 25명이다.

B에만 초점을 맞춘 설명

㉢ + ㉣ + ㉤ = 40이고, 문제에서는 ㉣의 최솟값을 묻고 있으므로 ㉢, ㉤의 최댓값을 구해야 함

㉢의 최댓값: 1차 투표에서 A안에 투표한 30명 중 2차 투표에서도 A안에 투표한 20명을 제외한 나머지 10명

㉤의 최댓값: 1차 투표에서 C안에 투표한 20명 모두

㉢ + ㉣ + ㉤ = 40에서 10 + ㉣ + 20 = 40이므로 ㉣의 최솟값은 10

빠른 문제풀이 Tip

- 다양한 방법으로 처리할 수 있는 문제이므로 여러 방법으로 연습해 보자.
- 앞서 05 자료해석 문제에서는 상황을 표로 주고 물었고, 이번 문제에서는 주어진 자료를 토대로 해당 표로 정보를 정리할 수 있는지가 실마리가 되는 문제였다.

[정답] ①

06 다음 <표>는 A지역 전체 가구를 대상으로 원자력발전소 사고 전·후 식수 조달원 변경에 대해 사고 후 설문조사한 결과이다. 이에 대한 설명 중 옳은 것은? 12년 5급 자료해석 인책형 22번

〈표〉 원자력발전소 사고 전 · 후 A지역 조달원별 가구 수

(단위 : 가구)

사고 전 조달원 \ 사고 후 조달원	수돗물	정수	약수	생수
수돗물	40	30	20	30
정수	10	50	10	30
약수	20	10	10	40
생수	10	10	10	40

※ A지역 가구의 식수 조달원은 수돗물, 정수, 약수, 생수로 구성되며, 각 가구는 한 종류의 식수 조달원만 이용함.

① 사고 전에 식수 조달원으로 정수를 이용하는 가구 수가 가장 많다.

② 사고 전에 비해 사고 후에 이용 가구 수가 감소한 식수 조달원의 수는 3개이다.

③ 사고 전 · 후 식수 조달원을 변경한 가구 수는 전체 가구 수의 60% 이하이다.

④ 사고 전에 식수 조달원으로 정수를 이용하던 가구는 사고 후에도 정수를 이용한다.

⑤ 각 식수 조달원 중에서 사고 전 · 후에 이용 가구 수의 차이가 가장 큰 것은 생수이다.

해설

문제 분석

사고 전과 사고 후의 식수 조달원에 대한 정보가 표로 제시되어 있다.

사고 전 조달원 \ 사고 후 조달원	수돗물	정수	약수	생수	총 가구 수
수돗물	40	30	20	30	120
정수	10	50	10	30	100
약수	20	10	10	40	80
생수	10	10	10	40	70
총 가구 수	80	100	50	140	370

문제풀이 실마리

- 표에서 세로축이 사고 전의 식수 조달원이고, 가로축이 사고 후의 식수조달원이다.
- 4×4의 총 16가지 경우가 표에서 한눈에 볼 수 있게 정리되어 있고, 표에서 대각선 칸은 사고 전과 사고 후의 식수 조달원이 그대로인 경우이다.

① (X) 사고 전에 식수 조달원으로 정수를 이용하는 가구 수는 100가구이고 사고 전에 식수 조달원으로 수돗물를 이용하는 가구 수가 120가구로 가장 많다.

② (X) 사고 전에 비해 사고 후에 이용 가구 수가 감소한 식수 조달원의 수는 수돗물, 약수 총 2개이다.

③ (X) 사고 전 · 후 식수 조달원을 변경한 가구 수는 위의 문제 분석에서 음영처리된 대각선 칸을 제외한 나머지 칸에 있는 가구 수이다. 총 230가구이므로 전체 370가구에서 차지하는 비중은 62.16%이다.

④ (X) 사고 전에 식수 조달원으로 정수를 이용하던 가구 수는 100가구, 사고 후에도 식수 조달원으로 정수를 이용하던 가구 수 역시 100가구로 동일하지만, 그대로 유지되었는지는 알 수 없다. 사고 전에 식수 조달원으로 정수를 이용하던 가구 수는 100가구 중 사고 후에도 식수 조달원으로 정수를 이용하던 가구 수는 50가구뿐이다.

⑤ (O) 각 식수 조달원 중에서 사고 전 · 후에 이용 가구 수의 차이는 수돗물이 40가구, 정수가 0가구, 약수가 30가구, 생수가 70가구이므로 생수의 가구 수의 차이가 가장 크다.

빠른 문제풀이 Tip

- 사고 전과 사고 후를 비교할 때 공통인 부분과 차이나는 부분을 구분하면 보다 빠른 해결이 가능하다.
- 선지 ③을 처리할 때는 사고 전 · 후 식수 조달원을 변경하지 않은 가구 수가 전체 가구 수의 40% 이상인지 확인하는 방법도 있다. 대각선의 합은 140가구로 전체 370가구의 40% 미만이다.
- 식수 조달원을 변경하지 않은 가구 수가 전체 가구 수의 40% 이상이고, 사고 전 · 후 식수 조달원을 변경한 가구 수는 전체 가구 수의 60% 이하라면, 부분비를 활용할 때 변경하지 않은 가구 수 대비 변경한 가구 수는 1.5배 이하여야 한다.

[정답] ⑤

파지티브 조건&네거티브 조건

07 다음 <조건>과 같이 토핑(피자 위에 얹는 재료)을 올린 피자 10조각이 있다. 이때 5명(甲~戊)의 식성에 따라 각각 2조각씩 나누어 먹을 수 있는 방법은 총 몇 가지인가? 12년 5급 인책형 17번

〈조 건〉

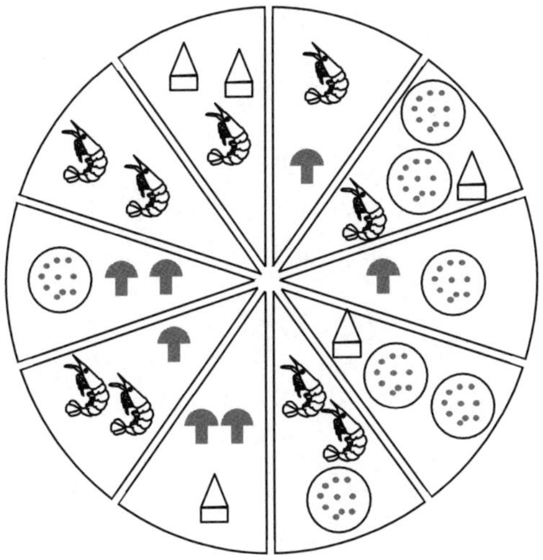

토핑: 새우 버섯 파인애플 소시지

○ 甲: 해산물을 먹지 않는다.
○ 乙: 소시지가 들어간 피자만 먹는다.
○ 丙: 소시지가 들어있는 피자는 먹지 않지만, 소시지가 새우와 함께 들어있으면 먹는다.
○ 丁: 파인애플이 들어간 피자만 먹지만, 버섯이 함께 들어간 피자는 먹지 않는다.
○ 戊: 똑같은 토핑이 2개 들어간 것은 먹지 않는다.

① 0가지
② 1가지
③ 2가지
④ 3가지
⑤ 4가지

해설

문제 분석

피자의 조각들마다 토핑의 종류 또는 개수가 모두 다르므로 같은 것으로 취급할 수 있는 조각은 없다. 甲~戊의 증언에 따라 〈조건〉의 그림에 먹을 수 있는 피자 조각 옆에 5명의 이름을 표시해본다. 甲이 먹을 수 없는 해산물은 새우를 말하는 것이다.

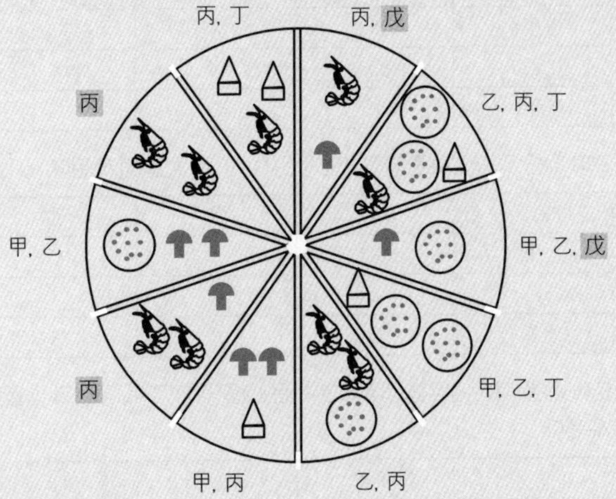

문제풀이 실마리

확정적인 고정정보부터 찾아서 연결해 가야 한다.

위에서 정리한 그림을 보면 우선 丙만 먹을 수 있는 조각을 丙의 이름에 음영 처리하였다. 10조각을 5명이 2조각씩 나누어 먹는데 丙이 해당 2조각을 먹지 않는다면 5명이 2조각씩 나누어 먹을 수 없다. 그리고 戊는 10조각 중 먹을 수 있는 조각이 음영 처리한 2조각밖에 없다. 따라서 丙, 戊는 각각 해당 음영 처리한 2조각을 먹는다. 丙, 戊가 먹는 조각을 확정하고 나머지 조각들에는 가능한 이름에 丙, 戊를 지우면 아래와 같이 정리할 수 있다.

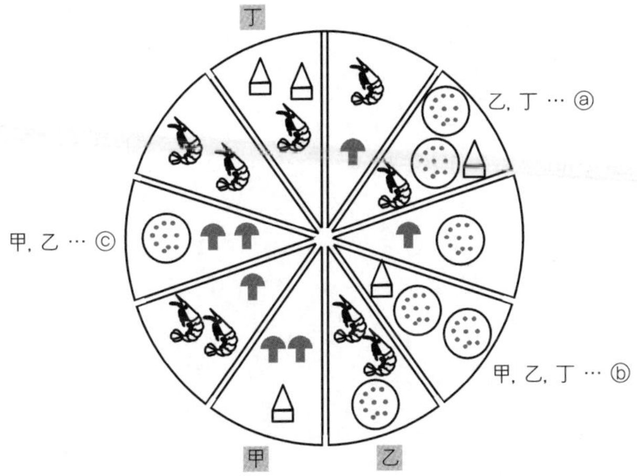

丙, 戊의 이름을 지우고 나면 다시 甲, 乙, 丁이 확실히 먹어야 하는 조각에 각각 이름을 음영 처리할 수 있다. 아직 먹을 사람이 확정되지 않은 조각을 각각 ⓐ~ⓒ라고 하면 甲, 乙, 丁이 먹을 수 있는 조각을 다음과 같이 표로 정리해보자.

	ⓐ	ⓑ	ⓒ
甲	X		
乙			
丁			X

1) 乙이 ⓐ를 먹는 경우를 가정하면 丁은 ⓑ를 먹고 甲은 나머지 ⓒ를 먹게 된다.

	ⓐ	ⓑ	ⓒ
甲	X	X	O
乙	O	X	X
丁	X	O	X

2) 乙이 ⓑ를 먹는 경우를 가정하면 甲은 ⓒ, 丁은 ⓐ를 먹게 된다.

	ⓐ	ⓑ	ⓒ
甲	X	X	O
乙	X	O	X
丁	O	X	X

3) 乙이 ⓒ를 먹는 경우를 가정하면 甲은 ⓑ를 먹고 丁은 나머지 ⓐ를 먹게 된다.

	ⓐ	ⓑ	ⓒ
甲	X	O	X
乙	X	X	O
丁	O	X	X

즉, 甲~戊가 각각 2조각씩 나누어 먹을 수 있는 방법은 총 3가지이다.

빠른 문제풀이 Tip

이 문제를 해결하는 방법도 여러 가지가 있을 수 있다. 피자 조각에 번호를 부여해서 해결하는 방법도 있다. 여러 방법을 다 연습해 보고 그 중 자신에게 가장 잘 맞는 가장 빠르고 정확한 방법을 체화해 두어야 한다.

[정답] ④

길쌤's Check

조건을 파지티브(positive) 조건과 네거티브(negative) 조건으로 구분할 수 있다.

점심 뭐 먹을까?

위 질문에 '초밥, 피자, 돈까스 중에서 먹자.'라고 말하면 파지티브(positive) 조건이 된다. 주어진 것 중에서 하나를 선택하면 점심 메뉴를 확정할 수 있다. 그런데 같은 질문에 '샐러드, 샌드위치 빼고 나머지 중에서 먹자.'라고 말하면 네거티브(negative) 조건이 된다. 언급된 것을 제외한 나머지 중에서 점심 메뉴를 확정할 수 있다.

여러분이 점심 메뉴를 선택해야 하는 입장이라고 생각해 보자. 파지티브 조건이 주어질 때와 네거티브 조건이 주어질 때 중에 어느 경우에 더 빠르게 선택할 수 있을까?

여러분이 뭘 먹을지 별 생각이 없다면 파지티브 조건으로 주어졌을 때 몇 개의 선택지 중에 하나를 고르면 되므로 더 빠르게 메뉴를 확정할 수 있을 것이다. 반면 여러분이 뭔가 먹고 싶은게 많다면 또는 확실하게 먹고 싶은게 있다면 네거티브 조건으로 주어졌을 때 그것만 피하면 되기 때문에 여러분이 원하는대로 메뉴를 확정할 수 있을 것이다.

이처럼 파지티브 조건과 네거티브 조건을 적절하게 활용할 수 있어야 경우 유형에 해당하는 문제를 빠르고 정확하게 해결할 수 있다.

숨겨진 정보 찾기

08 각 과의 요구를 모두 충족시켜 신규직원을 배치할 때, <보기>에서 옳은 것을 모두 고르면? 10년 5급 선책형 36번

〈신규직원 배치에 대한 각 과의 요구〉
○ '甲'과: 7급이 1명 배정되어야 함
○ '乙'과: 7급이 1명 배정되거나 9급이 2명 배정되어야 함
○ '丙'과: B가 배정되거나 A와 E가 함께 배정되어야 함
○ '丁'과: E와 F 중 1명이 배정되고, C와 D 중 1명이 배정되어야 함

〈신규직원〉
○ 7급 2명(A, B)
○ 9급 4명(C, D, E, F)

〈보 기〉
ㄱ. '丙'과에 2명이 배정될 수 있다.
ㄴ. A는 언제나 '甲'과에 배정된다.
ㄷ. 만약 '丁'과의 요구가 'E와 F가 함께 배정되어야 함'으로 바뀐다면, '乙'과에는 C와 D가 배정된다.

① ㄱ
② ㄴ
③ ㄱ, ㄴ
④ ㄱ, ㄷ
⑤ ㄴ, ㄷ

해설

문제 분석
각 과의 배치 요구를 정리해 보면 다음과 같다.
- '甲'과: 7급 1명
- '乙'과: 7급 1명 or 9급 2명
- '丙'과: B or (A와 E)
- '丁'과: (E와 F 중 1명) and (C와 D 중 1명)

문제풀이 실마리
직원을 구체적으로 요구하는 '丙'과와 '丁과' 중에 실마리를 잡는 것이 좋다. 그중에서도 갈림길이 더 적은 편인, 즉 경우의 수가 적은 '丙'과의 요구부터 실마리로 해결하는 것이 좋다.

〈경우 1〉 '丙'과에 B가 배정되는 경우
- '丙'과에 B가 배정되면, 7급 직원 1명이 '丙'과에 배정된 셈이고 7급 직원은 A 1명만 남는다.
- 7급 직원을 요청하는 과가 '甲'과와 '乙'과인데, '乙'과는 7급 직원이 반드시 배정되지 않아도 되지만 '甲'과는 7급 1명만 가능하므로 '甲'과에 A가 배정되고, 이제 9급 직원 4명만 남게 된다. 그러고나면 '乙'과에 7급 1명이 배정되는 것이 불가능하므로 '乙'과에는 9급 2명이 배정되어야 한다.
- '丁'과에서 (E와 F 중 1명) and (C와 D 중 1명)를 요청하는 것도 9급 직원 2명을 요청하는 것이므로, '丁'과의 요청에 따라 2명의 직원이 배정되고 나면, 나머지 9급 직원이 '乙'과에 배정된다.

〈경우 2〉 '丙'과에 (A와 E)가 배정되는 경우
- '丙'과에 (A와 E)가 배정된다면 '丙'과에 7급 직원 1명과 9급 직원 1명이 배정되는 셈이고, 7급 직원 1명과 9급 직원 3명이 남게 된다.
- 앞서 경우 1에서 본 것과 마찬가지로 7급 직원 1명을 배정하는 경우밖에 없는 '甲'과에 A가 배정되고 나면, 9급 직원이 3명만 남게 되는데 남은 '乙'과와 '丁'과 둘 다 2명의 직원을 요구한다. 그런데 남은 3명의 직원으로는 '乙'과에 2명, '丁'과에 2명 총 4명의 직원을 배정하는 것이 불가능하다.

따라서 '丙'과에 (A와 E)를 배정할 수 없다.

ㄱ. (X) '丙'과에 2명이 배정될 수 있다는 것은 '丙'과에 A와 E가 함께 배정될 수 있다는 것인데, 앞서 살펴본 바와 같이 불가능하다.
ㄴ. (O) 경우 1만 가능하므로 이때 A는 언제나 '甲'과에 배정된다.
ㄷ. (O) 경우 1에 따를 때, '丁'과의 요청에 따라 2명의 직원이 배정되고 나면, 나머지 9급 직원이 '乙'과에서 배정된다. 'E와 F 중 1명, C와 D 중 1명을 배정'해 달라는 기존의 요구나 'E와 F가 함께 배정되어야 함'이라는 바뀐 요구나 9급 직원 2명을 배정해 달라는 의미에는 변함이 없다. 따라서 바뀐 요구에 따를 때에도 '丁'과의 요청에 따라 2명의 직원이 배정되고 나면, 나머지 9급 직원이 '乙'과에 배정된다. '丁'과의 요구에 따라 E와 F가 함께 '丁'과에 배정되고 나면, '乙'과에는 남은 9급 직원 2명인 C와 D가 배정된다.

빠른 문제풀이 Tip
경우의 수 유형은 고정정보를 찾아서 해결하거나 고정정보를 찾을 수 없다면 갈림길이 적은 부분부터 실마리를 찾아가야 한다.

[정답] ⑤

09 다음 <대화>를 근거로 판단할 때 옳은 것은? (단, 토끼는 옹달샘이 아닌 다른 곳에서도 물을 마실 수 있다) 22년 5급 나책형 33번

〈대 화〉

토끼 A: 우리 중 나를 포함해서 셋만 옹달샘에 다녀왔어.
토끼 B: D가 물을 마셨다면 나도 물을 마셨어.
토끼 C: 나는 계속 D만 졸졸 따라다녔어.
토끼 D: B가 옹달샘에 가지 않았다면, 나도 옹달샘에 가지 않았어.
토끼 E: 너희 중 둘은 물을 마셨지. 나를 포함해서 셋은 물을 한 모금도 마시지 않아서 목이 타.

① A와 D는 둘 다 물을 마셨다.
② C와 D는 둘 다 물을 마셨다.
③ E는 옹달샘에 다녀가지 않았다.
④ A가 물을 마시지 않았으면 B가 물을 마셨다.
⑤ 물을 마시지 않은 토끼는 모두 옹달샘에 다녀갔다.

해설

문제 분석

발문의 단서를 보고 물을 마셨다고 해서 옹달샘에 간 것은 아니라는 것을 확인한다. 주어진 지문을 정리하면 다음과 같다.

	A	B	C	D	E	계
옹달샘	O(A)					3(A)
물					X(E)	2(E)

괄호 안 알파벳 대문자는 각 토끼의 대화에 근거한 것임을 표시한 것이다. 토끼 B, D의 대화는 가정형이고 토끼 C는 D에 의존하기 때문에 여러 경우의 수를 나누어 생각해 보기 전에는 여기까지 정리된다.

문제풀이 실마리

참이라고 가정했을 때 표의 많은 부분을 확정할 수 있는 가정부터 접근한다.

토끼 B는 D가 물을 마셨는지 여부에, 토끼 C는 D가 옹달샘에 다녀왔는지 여부에, 토끼 D는 B가 옹달샘에 다녀왔는지 여부에 의존한다. 즉, 다음 두 가지 경우 중 하나부터 시작하는 것이 빠르다.

1) (B) D가 물을 마셨다면 B도 물을 마셨다.
2) (D) D가 옹달샘에 갔다면 B도 옹달샘에 갔다. (토끼 D 대화의 대우)

1)의 경우를 가정하면 다음과 같다.

표(1)	A	B	C	D	E	계
옹달샘	O					3
물	X(E)	X(B)	X(E)	O(가정)	X	2

여기에서 토끼 D가 옹달샘에 갔는지는 같이 고려하지 않았다.

2)의 경우를 가정하면 다음과 같다.

표(2)	A	B	C	D	E	계
옹달샘	O	O(D)	O(C)	O(가정)		3
물					X	2

여기서 토끼 A의 대화를 감안한다면 모순이 발생한다. 즉 D는 옹달샘에 다녀가지 않았다는 것을 확인할 수 있다. 그렇다면 아래와 같이 정리할 수 있다.

표(3)	A	B	C	D	E	계
옹달샘	O	O(A)	X(C)	X	O(A)	3
물					X	2

1)의 경우와 조합해서 D가 물을 마신 경우는 표를 완성할 수 있지만, D가 물을 마시지 않은 경우는 표를 완성할 수 없다. 그렇다고 다른 토끼가 물을 마신 경우를 가정해 나가면서 표를 채워보기 시작하면 다시 3가지 경우의 수(빠른 문제풀이 Tip에 정리)가 발생하므로 이 시점에서 선지와 함께 판단한다.

① (X) 표(1)에서 D가 물을 마셨다면 A는 물을 마실 수 없다.
② (X) 표(1)에서 D가 물을 마셨다면 C는 물을 마실 수 없다.
③ (X) 표(3)에서 E는 옹달샘에 다녀간 것을 확인할 수 있다.
④ (O) 토끼 A가 물을 마시지 않았다면 다음과 같다.

표(3)	A	B	C	D	E	계
옹달샘	O	O	X	X	O	3
물	X				X	2

B, C, D 셋 중 두 토끼가 물을 마신 것이다. 그러나 C, D만 물을 마신 경우는 토끼 B의 대화에 의해 성립할 수 없으므로 B, C 또는 B, D 두 토끼만 물을 마신 것이다. 즉 A가 물을 마시지 않았다면 B는 물을 마셨다.

⑤ (X) 물을 마시지 않고 옹달샘에도 다녀가지 않은 토끼와 같은 반례를 찾아야 한다. 예를 들어 표(1)과 표(3)은 동시에 성립할 수 있는데 이를 조합하면 다음과 같다.

표(3)	A	B	C	D	E	계
옹달샘	O	O	X	X	O	3
물	X	O	X	O	X	2

이때 토끼 C는 선지 ⑤의 반례가 된다.

빠른 문제풀이 Tip

- 어떤 가정이 경우의 수를 가장 많이 줄일 수 있는지, 그리고 어느 시점에서 표 채우기를 멈추고 선지를 보면서 판단할 것인지, 이 두 가지를 판단하는 것이 가장 중요하다고 할 수 있다.

  D가 물을 마시지 않은 경우 발생하는 3가지 경우의 수는 다음과 같다.

  1) A가 물을 마시지 않은 경우

	A	B	C	D	E
물	X	O	O	X	X

  2) B가 물을 마시지 않은 경우

	A	B	C	D	E
물	O	X	O	X	X

  3) C가 물을 마시지 않은 경우

	A	B	C	D	E
물	O	O	X	X	O

  위의 3가지와 D가 물을 마신 경우까지 모든 경우의 수를 정리하고 선지를 판단할 수도 있으나, 시간을 단축하기 위해서는 개별 선지에 접근 가능한 정도까지만 정리하고 판단하여야 한다.
- 조건의 대우를 취하는 연습도 해보자.

[정답] ④

길쌤's Check

다음 두 문장에서 표면적인 의미에 더해 추가적으로 어떤 정보처리가 되는지 먼저 확인해 보자.

A가 청소를 하면 D도 청소를 한다.
청소는 쓸기와 닦기 두 가지 작업을 한다.
쓸기를 하는 사람이 최소 1명 이상 있어야 한다.

1권에서도 연습했듯이 숨겨진 정보를 찾는 것은 우리 수험생에게 매우 강력한 무기가 될 수 있다. 숨겨진 정보를 찾는 가장 간단한 방법은 반대로 생각해 보는 것이다. 두 번째 문장 'A가 청소를 하면 D도 청소를 한다.'라는 조건에서는 어떤 숨겨진 정보를 찾을 수 있을까? 이때 주어진 조건의 대우를 취해보는 것도 숨겨진 정보를 찾는 방법이 된다. 'A가 청소를 하면 D도 청소를 한다'는 조건의 대우는 'D가 청소를 하지 않으면 A도 청소를 하지 않는다'는 것이다. 다만 대우를 취할 수 없는 조건들도 간혹 등장하기 때문에 대우를 취할 때는 신경을 더 써야 한다.

두 번째 문장 '청소는 쓸기와 닦기 두 가지 작업을 한다. 쓸기를 하는 사람이 최소 1명 이상 있어야 한다.'에서는 어떤 숨겨진 정보를 찾았는가? 쓸기와 닦기 두 종류의 정보가 주어졌는데, 조건은 '쓸기'에 대해서 설명하고 있다. 이때 쓸기의 반대 즉 '닦기'로 조건을 바꾸어서 생각해 보는 것도 숨겨진 정보를 찾는 매우 유용한 방법이 된다. 쓸기를 하는 사람이 최소 1명 있어야 한다는 것은 닦기만 하는 사람만 있어서는 안 된다는 것이다.

문제를 쉽게 풀지 못하게 하기 위해서 조건을 변형해서 숨기는 경우들이 많다. 이를 발견할 수 있다면 강력한 무기가 될 것이다.

반대사고

10 **어느 부처의 시설과에 A, B, C, D, E, F의 총 6명의 직원이 있다. 이들 가운데 반드시 4명의 직원으로만 팀을 구성하여 부처회의에 참석해 달라는 요청이 있었다. 만일 E가 불가피한 사정으로 그 회의에 참석할 수 없게 된 상황에서 아래의 조건을 모두 충족시켜야만 한다면 몇 개의 팀이 구성될 수 있는가?**

06년 5급 출책형 9번

> 조건 1: A 또는 B는 반드시 참석해야 한다. 하지만 A, B가 함께 참석할 수 없다.
> 조건 2: D 또는 E는 반드시 참석해야 한다. 하지만 D, E가 함께 참석할 수 없다.
> 조건 3: 만일 C가 참석하지 않게 된다면 D도 참석할 수 없다.
> 조건 4: 만일 B가 참석하지 않게 된다면 F도 참석할 수 없다.

① 0개
② 1개
③ 2개
④ 3개
⑤ 4개

해설

문제 분석

먼저 발문에 있는 정보를 정리해 보면 다음과 같다.
- A, B, C, D, E, F의 총 6명의 직원 중 부처회의에 참석할 4명의 직원을 선발해야 한다.
- E는 회의에 참석할 수 없다.

문제풀이 실마리

- 발문에도 정보가 있으므로, 발문을 정확히 읽어야 한다.
- 숨겨진 정보를 찾을 수 있다면 빠른 해결이 가능한 문제이다.

발문과 조건 2를 결합하면, D가 반드시 참석해야 한다는 고정정보가 찾아진다. 현재까지 참석 여부가 확정된 것은 다음과 같다.

직원	A	B	C	D	E	F
참석 여부				O	X	

조건 3은 'C 참석 X → D 참석 X'이고, 이 조건의 대우를 취하면 'D 참석 O → C 참석 O'이다. 따라서 C는 참석한다.

직원	A	B	C	D	E	F
참석 여부			O	O	X	

남은 조건은 조건 1과 조건 4이다.

조건 1은 A와 B중 한 사람만 참석 가능하고, 한 사람은 참석 불가능하다는 것이다. 조건 4는 'B 참석 X → F 참석 X'이다.

〈경우 1〉 A가 참석 & B 불참하는 경우

조건 4에 의해서 F도 불참하고 결과는 다음과 같다.

직원	A	B	C	D	E	F
참석 여부	O	X	O	O	X	X

이 경우 부처회의에 참석하는 직원이 A, C, D 세 명 뿐이므로 4명의 직원으로 팀을 구성하는 것은 불가능하다.

〈경우 2〉 A가 불참 & B가 참석하는 경우

조건 1~조건 4 중 F의 참석 여부를 결정하는 조건이 주어져 있지는 않으므로, 4명으로 팀을 구성한다는 조건을 충족하려면 F는 참석해야 한다.

직원	A	B	C	D	E	F
참석 여부	X	O	O	O	X	O

이 경우 주어진 모든 조건을 충족하고, 가능한 경우의 수는 ② 1가지이다.

[정답] ②

11 첨단도시육성사업의 시범도시로 A, B, C시가 후보로 고려되었다. 시범도시는 1개 도시만 선정될 수 있다. 시범도시 선정에 세 가지 조건(조건 1, 조건 2, 조건 3)이 적용되었는데, 이 중 조건 3은 알려지지 않았다. 최종적으로 A시만 선정될 수 있는 조건 3으로 적절한 것은? 06년 5급 인책형 10번

> (조건 1) A시가 탈락하면 B시가 선정된다.
> (조건 2) B시가 선정되면 C시는 탈락한다.

① A시나 B시 중 하나가 선정된다.
② A시나 C시 중 하나가 선정된다.
③ B시나 C시 중 하나가 탈락된다.
④ C시가 탈락되면 A시도 탈락된다.
⑤ A시가 탈락되면 C시도 탈락된다.

해설

문제 분석

조건 1, 2를 기호화해 보면 다음과 같다.

(조건 1): ～A → B　　　～B → A
(조건 2): B → ～C　　　C → ～B

오른쪽에는 대우명제도 함께 적어두었다. 발문의 '시범도시는 1개 도시만 선정될 수 있다'는 것도 조건과 같이 취급하여야 한다. 이를 (조건 0)이라 하자.

문제풀이 실마리

위에서 정리한 조건들과 선지를 조합해 최종적으로 A시만 선정될 수 있는지 확인해 본다.

① (X) 선지 ①을 기호화하면 A∨B이다. (조건 0)과 조합하면 ～C이고 A → ～B, B → ～A임을 알 수 있다. 이 경우 B시만 시범도시로 최종적으로 선정되더라도 모든 조건을 충족한다.

② (O) 선지 ②를 기호화하면 A∨C이다. (조건 0)과 조합하면 ～B이고 A → ～C, C → ～A임을 알 수 있다. (조건 1)의 대우명제 ～B → A에 따라 A시만 시범도시로 최종적으로 선정된다.

③ (X) 선지 ③을 기호화하면 ～B∨～C이다. ～B인 경우 (조건 1)에 따라 A시가 시범도시로 선정되고 (조건 0)에 따라 ～C이므로 A시만 시범도시로 선정된다. 그러나 B시만 시범도시로 최종적으로 선정되더라도 모든 조건을 충족한다.

④ (X) 선지 ④를 기호화하면 ～C → ～A이다. 이 경우도 B시만 시범도시로 최종적으로 선정되더라도 모든 조건을 충족한다. 또는 대우명제 A → C를 생각해보면 A시가 시범도시로 선정되면 C시도 시범도시로 선정되어야 하므로 A시가 시범도시로 선정되는 경우 (조건 0)을 충족시키지 못한다.

⑤ (X) 선지 ⑤를 기호화하면 ～A → ～C이다. 대우명제 C → A를 생각해 보면 (조건 1), (조건 2)의 대우명제 ～B → A, C → ～B를 조합한 것과 같다. 따라서 전혀 새로운 조건이 아니다. 조건 0, 1, 2를 고려하면 A시만 시범도시로 선정될 수도 있지만, B시만 시범도시로 최종적으로 선정되더라도 모든 조건을 충족한다.

빠른 문제풀이 Tip

- 선지 ①, ②의 경우는 배타적 선언으로 해석해도 된다. 선지 ①을 예로 들어보면 'A시나 B시 중 하나만 선정된다'와 같은 의미로 해석이 가능하다. 이를 기호화하면 AⓥB 또는 A$\underline{\lor}$B와 같이 표기한다. 해설에서 A∨B와 같이 나타낸 것은 항상 (조건 0)과 같이 해석할 것이기 때문에 굳이 배타적 선언으로 기호화하지 않았고, 선지 ③과 표현형식이 같은데 선지 ③은 배타적 선언으로 해석하기에는 무리가 있다.
- 해당 문제와 같은 경우, 연역적으로 (조건 3)을 추론하려 하면 힘들다. 예를 들어 (조건 1)의 대우명제를 보면 ～B → A이다. 그러므로 ～B이면 A이고 (조건 0)과 조합하면 A시만 시범도시로 선정될 수 있다. 즉, 결론적으로 ～B와 같은 내용이기만 하면 어떤 명제든 문제에서 요구하는 (조건 3)이 될 수 있다. 그렇다면 'C시가 탈락되면 B시도 탈락된다'라는 명제를 생각해 보자. 이는 ～C → ～B와 같이 기호화되고 (조건 2)의 대우명제 C → ～B와 같이 생각하면 C시가 선정되든 탈락되든 B시는 탈락하는 것을 확인할 수 있다. 이와 같은 명제도 (조건 3)이 될 수 있지만 연역적으로 떠올렸다고 해도 선지에 없으면 소용이 없다. 그러므로 문제에 대한 효율적인 접근을 위해 선지의 내용을 주어진 조건들과 조합하는 방향으로 문제를 해결한다.

[정답] ②

길쌤's Check

A, B, C, D, E, F 중에 청소를 할 4명을 선발하는 경우는 총 몇 가지인가?

계산, 규칙, 경우 전 유형에서 해결하는 데 있어 반대사고를 하는 것이 유용한 경우가 많다. 예를 들어 계산 유형에서 점수 계산을 할 때 0점에서 100점으로 쌓아가는 것이 아니라, 반대로 100점에서 감점으로 계산하는 것이 빨랐다. 규칙 유형에서도 해결 단계에서 총 25문제가 출제되는 상황에서 21문제 또는 22문제가 출제된다면 반대로 출제되지 않은 문제가 4문제 또는 3문제라고 반대로 생각해 본 문제가 있었다. 경우 유형에서도 마찬가지이다. 계속 반대사고를 연습해 왔듯이 경우 유형에서도 반대사고는 매우 유용하다. 6명 중에 4명을 뽑는 문제를 반대로 생각해 본다면, 4명을 뽑는 것이 아니라 2명을 뽑지 않는 경우를 생각해 보면 된다.

방향 바꾸어 해결하기

12 **다음 글과 <조건>을 근거로 판단할 때, A부에서 3인 4각 선수로 참가해야 하는 사람만을 모두 고르면?** 15년 5급 인책형 34번

甲사에서는 부서 대항 체육대회를 개최한다. 甲사의 A부는 종목별로 아래 인원이 참가하기로 했다.

오래달리기	팔씨름	3인 4각	공굴리기
1명	4명	3명	4명

A부는 종목별 선수 명단을 확정하려고 한다. 선수 후보는 가영, 나리, 다솜, 라임, 마야, 바다, 사랑이며, 개인별 참가 가능 종목은 아래와 같다.

종목 \ 선수 후보	가영	나리	다솜	라임	마야	바다	사랑
오래달리기	O	X	O	X	X	X	X
팔씨름	O	X	O	O	O	X	X
3인 4각	X	O	O	O	O	X	O
공굴리기	O	X	O	X	O	O	O

※ O: 참가 가능, X: 참가 불가능

※ 어떤 종목도 동시에 진행되지 않는다.

〈조 건〉

○ 한 사람이 두 종목까지 참가할 수 있다.

○ 모든 사람이 한 종목 이상 참가해야 한다.

① 가영, 나리, 바다

② 나리, 다솜, 마야

③ 나리, 다솜, 사랑

④ 나리, 라임, 사랑

⑤ 다솜, 마야, 사랑

해설

문제 분석

- 각 종목별로 오래달리기 1명, 팔씨름 4명, 3인 4각 3명, 공굴리기는 4명이 참가해야 한다.
- 선수 후보는 가영, 나리, 다솜, 라임, 마야, 바다, 사랑이며, 개인별 참가 가능 종목은 표로 정리되어 있다.
- 모든 사람이 한 종목 또는 두 종목에 참가해야 한다.

문제풀이 실마리

고정정보를 찾아서 각 종목별 참가하는 사람을 확정해가야 한다. 각 종목별로 누가 참가할지를 보는 것보다 각 선수 후보가 어떤 종목을 참가할지를 보면 더 빠른 해결이 가능하다.

팔씨름은 4명이 참가해야 하는데 참가할 수 있는 사람이 가영, 다솜, 라임, 마야 4명뿐이므로 이들이 모두 팔씨름에 참가해야 한다는 것이 고정정보이다.

그 다음으로는 오래달리기를 누가 참가할지는 두 가지 경우만 가능하므로, 이를 실마리로 삼아 오래달리기 참가자를 기준으로 가능한 경우를 나누어 해결해 보면 다음과 같다.

〈경우 1〉 가영이가 오래달리기에 참가하는 경우

참가가 확정된 것을 음영 처리하면 다음과 같다.

종목 \ 선수 후보	가영	나리	다솜	라임	마야	바다	사랑
오래달리기	O	X	~~O~~	X	X	X	X
팔씨름	O	X	O	O	O	X	X
3인 4각	X	O	O	O	O	X	O
공굴리기	O	X	O	X	O	O	O

한 사람이 두 종목까지만 참가할 수 있으므로 가영이는 공굴리기에 참가할 수 없고, 공굴리기에는 4명이 참가해야 하므로, 가영이를 제외한 나머지 4명이 공굴리기에 참가해야 한다. 다시 참가가 확정된 것을 음영처리하면 다음과 같다.

종목 \ 선수 후보	가영	나리	다솜	라임	마야	바다	사랑
오래달리기	O	X	~~O~~	X	X	X	X
팔씨름	O	X	O	O	O	X	X
3인 4각	X	O	O	O	O	X	O
공굴리기	~~O~~	X	O	X	O	O	O

이때 한 사람이 두 종목까지만 참가할 수 있으므로 다솜과 마야는 3인 4각에 참가할 수 없다. 따라서 다솜과 마야를 제외한 나리, 라임, 사랑이 3인 4각에 참가하게 된다.

〈경우 2〉 다솜이가 오래달리기에 참여하는 경우

종목 \ 선수 후보	가영	나리	다솜	라임	마야	바다	사랑
오래달리기	~~O~~	X	O	X	X	X	X
팔씨름	O	X	O	O	O	X	X
3인 4각	X	O	O	O	O	X	O
공굴리기	O	X	O	X	O	O	O

한 사람이 두 종목까지만 참가할 수 있으므로, 다솜이는 더이상 다른 종목에 참가가 불가능하다. 공굴리기는 4명이 참가해야 하므로, 다솜을 제외한 나머지 4명이 공굴리기에 참가해야 한다. 이에 따라 참가가 확정된 것을 음영 처리하면 다음과 같다.

종목 \ 선수 후보	가영	나리	다솜	라임	마야	바다	사랑
오래달리기	~~O~~	X	O	X	X	X	X
팔씨름	O	X	O	O	O	X	X
3인 4각	X	O	~~O~~	O	O	X	O
공굴리기	O	X	~~O~~	X	O	O	O

이때 한 사람이 두 종목까지 참가할 수 있으므로 마야도 팔씨름과 공굴리기 두 종목에 참가하기 때문에 3인 4각에는 참가할 수 없다. 따라서 다솜과 마야를 제외한 나리, 라임, 사랑이 3인 4각에 참가하게 된다.

따라서 정답은 3인 4각 선수로 참가해야 하는 사람은 '④ 나리, 라임, 사랑'이다.

빠른 문제풀이 Tip

종목별로 참가하는 사람을 확정하는 것은 가로 방향의 해결이다. 각 선수 후보를 기준으로 한 종목 또는 두 종목씩 참가하는 경우를 확정하는 것은 세로 방향의 해결이다. 세로 방향으로 해결하는 방법도 연습해 보자.

[정답] ④

길쌤's Check

문제를 해결할 때 방향을 바꾸어 해결해 보는 것도 도움이 된다. 위 ↔ 아래, 좌 ↔ 우, 가로 ↔ 세로 등을 바꾸어 해결해 볼 수 있다.

13 다음 <조건>과 <표>를 근거로 판단할 때, 화령이가 만들 수 있는 도시락으로 옳은 것은? 17년 5급 가책형 31번

〈조 건〉

○ 화령이는 아래 〈표〉의 3종류(탄수화물, 단백질, 채소)를 모두 넣어서 도시락을 만들려고 한다.
○ 열량은 500kcal 이하, 재료비는 3,000원 이하로 한다. (단, 양념은 집에 있는 것을 사용하여 추가 재료비가 들지 않는다)
○ 도시락 반찬은 다음의 재료를 사용하여 만든다.
 - 두부구이: 두부 100g, 올리브유 10ml, 간장 10ml
 - 닭불고기: 닭가슴살 100g, 양파 1개, 올리브유 10ml, 고추장 15g, 설탕 5g
 - 돼지불고기: 돼지고기 100g, 양파 1개, 올리브유 10ml, 간장 15ml, 설탕 10g
○ 도시락 반찬의 열량은 재료 열량의 합이다.

〈표〉

종류	품목	양	가격(원)	열량(kcal)
탄수화물	현미밥	100g	600	150
	통밀빵	100g	850	100
	고구마	1개	500	128
단백질	돼지고기	100g	800	223
	닭가슴살	100g	1,500	109
	두부	100g	1,600	100
	우유	100ml	450	50
채소	어린잎	100g	2,000	25
	상추	100g	700	11
	토마토	1개	700	14
	양파	1개	500	20
양념	올리브유	10ml	-	80
	고추장	15g	-	30
	간장	30ml	-	15
	설탕	5g	-	20

① 현미밥 200g, 닭불고기
② 돼지불고기, 상추 100g
③ 현미밥 300g, 두부구이
④ 통밀빵 100g, 돼지불고기
⑤ 고구마 2개, 우유 200ml, 토마토 2개

해설

문제 분석

제약조건은 3가지가 제시되어 있다.
- 3종류(탄수화물, 단백질, 채소)를 모두 넣어서 도시락을 만든다.
- 열량은 500kcal 이하로 만든다.
- 재료비는 3,000원 이하로 한다. 단, 양념은 집에 있는 것을 사용하여 추가 재료비가 들지 않는다.

문제풀이 실마리

제약조건을 선지에 적용해서 만들 수 없는 도시락을 제거하면 정답을 구할 수 있다.

	3종류 충족 여부	열량	재료비
①		300+259=559kcal (X)	1,200+2,000=3,200원 (X)
②	탄수화물 X	370.5+11=381.5kcal	1,300+700=2,000원
③	채소 X	450+185=635kcal (X)	1,800+1,600=3,400원 (X)
④		100+370.5=470.5kcal	850+1,300=2,150원
⑤		256+100+28=384kcal	1,000+900+1,400=3,300원 (X)

따라서 화령이가 만들 수 있는 도시락은 '④ 통밀빵 100g, 돼지불고기'이다.

빠른 문제풀이 Tip
제약조건을 적용할 때 순서도 고민해 보아야 한다.

[정답] ④

길쌤's Check
여러 개의 조건이 있다면 적용 순서도 고민을 해야 한다. 어떤 순서로 조건을 적용하는가에 따라서 문제 해결시간이 현격하게 차이가 날 수 있다.

특별세팅

14 철학과 교수 7명(A ~ G)은 다음 <조건>에 따라 신학기 과목을 개설하려고 한다. 각 교수들의 강의 가능 과목이 <보기>와 같을 때 다음 중 옳지 않은 것은? 08년 5급 창책형 34번

〈조 건〉

- ○ 학과장인 C는 한 과목만 가르칠 수 있다.
- ○ 학과장인 C는 일주일에 하루만 가르칠 수 있다.
- ○ 학과장 이외의 다른 교수들은 모두 두 과목씩 가르쳐야 한다.
- ○ 윤리학과 논리학은 각각 적어도 두 강좌가 개설된다.
- ○ 윤리학은 이틀에 나누어서 강의하며, 논리학도 마찬가지다.
- ○ 윤리학과 논리학 이외에는 동일 과목이 동시에 개설될 수 없다.

〈보 기〉

A: 논리학, 언어철학, 과학철학
B: 희랍철학, 근세철학, 윤리학
C: 과학철학, 논리학, 윤리학
D: 인식론, 논리학, 형이상학
E: 언어철학, 수리철학, 논리학
F: 인식론, 심리철학, 미학
G: 윤리학, 사회철학, 근세철학

① 학과장은 과학철학을 강의한다.
② 논리학은 최대 3강좌가 개설될 수 있다.
③ 인식론과 심리철학이 둘 다 개설될 수도 있다.
④ 형이상학이 개설되면 인식론은 개설될 수 없다.
⑤ 희랍철학과 사회철학이 둘 다 개설될 수도 있다.

해설

문제 분석

- 교수들은 모두 두 과목씩 가르쳐야 한다.
- 단, 학과장은 일주일에 하루만, 한 과목만 가르칠 수 있다.
- 과목은 중복이 없어야 한다.
- 단, 윤리학과 논리학은 중복이 있어야 한다.
- 윤리학과 논리학은 이틀에 걸쳐서 강의한다.

문제풀이 실마리

학과장 C가 가르치는 과목부터 해결해 나가야 한다.

주어진 조건에 따라 처리해 보면 다음과 같다.

- 학과장인 C는 일주일에 하루만 가르칠 수 있고, 한 과목만 가르칠 수 있다. 그런데 윤리학, 논리학은 이틀에 나누어서 강의한다. 따라서 학과장은 윤리학과 논리학을 강의할 수 없으므로, 과학철학을 강의해야 한다.
- C가 과학철학을 강의하므로 A는 과학철학을 강의할 수 없어 논리학과 언어철학을 강의해야 한다.
- A가 강의하는 논리학은 중복이 가능하지만, 언어철학은 동시에 개설될 수 없으므로 E가 언어철학을 강의할 수 없어 E는 수리철학과 논리학을 강의한다. A와 C가 논리학을 강의하므로 중복이 생겼다.
- 논리학은 A와 E가 강의하는데, 윤리학은 아직 아무도 개설하지 않았다. 적어도 두 강좌가 개설되어야 하는데, 윤리학을 개설할 수 있는 교수는 B와 G뿐이므로, 이 두 교수는 윤리학을 개설해야 한다.
- 중복을 확인했을 때, 근세철학은 B와 G 중에서 한명이, 인식론은 D와 F 중에서 한 명이 개설하게 되지만 그중 누가 개설할지는 확정되지 않는다. 지금까지의 결과를 시각적으로 나타내면 다음과 같다. 음영처리가 개설이 확정된 과목이다.

〈보 기〉

A: 논리학, 언어철학, ~~과학철학~~
B: 희랍철학, 근세철학, 윤리학
C: 과학철학, ~~논리학~~, ~~윤리학~~
D: 인식론, 논리학, 형이상학
E: ~~언어철학~~, 수리철학, 논리학
F: 인식론, 심리철학, 미학
G: 윤리학, 사회철학, 근세철학

이를 토대로 선지의 정오를 판단해 보면 다음과 같다.

① (O) 학과장은 이틀 동안 강의해야 하는 논리학과 윤리학을 강의할 수 없고, 과학철학을 강의한다.

② (O) A와 E교수가 논리학을 개설하는 것은 확정이고, 추가로 D도 논리학을 강의할 수 있으므로 최대 3강좌가 개설될 수 있다.

③ (O) 인식론은 D 또는 F가 강의할 수 있고, 심리철학은 F가 강의할 수 있다. 이 두 가지 경우에 인식론과 심리철학은 주어진 조건에 위배되지 않는 범위 안에서 2가지 경우로 둘 다 개설될 수 있다.

④ (X) 형이상학은 D가 강의할 수 있고, 인식론은 D 또는 F가 강의할 수 있다. 이 두 가지 경우에 형이상학과 인식론은 주어진 조건에 위배되지 않는 범위 안에서 두 과목 다 개설될 수 있다. 따라서 형이상학이 개설되더라도 인식론이 개설될 수 있다.

⑤ (O) 희랍철학은 B가 강의할 수 있고, 사회철학은 G가 강의할 수 있으므로 둘 다 개설되는 것이 가능하다. 근세철학을 반드시 개설하지 않아도 된다는 점에 주의하자.

빠른 문제풀이 Tip

- '윤리학은 이틀에 나누어서 강의하며, 논리학도 마찬가지다.'라는 조건이 다소 애매할 수 있는 표현이다. 윤리학을 강의할 수 있는 교수가 B, C, G인데 학과장 C는 일주일에 하루만 가르칠 수 있으므로 하루는 C가 다른 하루는 B 또는 G가 나누어 강의하는 것으로 이해하면 안 된다. 보다 정확하게는 '이틀에 걸쳐서 강의'한다는 의미이다.
- 중복 확인을 빠르게 할 수 있는 방법을 연습해 두어야 한다.
- '수 있다'와 '수도 있다' 표현의 차이를 구분해 보는 것도 좋다.

[정답] ④

15 다음 글을 근거로 <점심식단>의 빈 칸을 채워 넣을 때 옳지 않은 것은?

15년 5급 인책형 16번

○ 한 끼의 식사는 밥, 국, 김치, 기타 반찬, 후식 각 종류별로 하나의 음식을 포함하며, 요일마다 다양한 색의 음식으로 이번 주의 점심식단을 짜고자 한다.

○ 밥은 4가지, 국은 5가지, 김치는 2가지, 기타 반찬은 5가지, 후식은 4가지가 준비되어 있다.

종류＼색	흰색	붉은색	노란색	검은색
밥	백미밥	–	잡곡밥	흑미밥, 짜장덮밥
국	북엇국	김칫국, 육개장	된장국	미역국
김치	–	배추김치, 깍두기	–	–
기타 반찬	–	김치전	계란찜, 호박전, 잡채	돈육장조림
후식	숭늉, 식혜	수정과	단호박 샐러드	–

○ 점심식단을 짜는 조건은 아래와 같다.
- 총 20가지의 음식은 이번 주 점심식단에 적어도 1번씩은 오른다.
- 붉은색과 흰색 음식은 각각 적어도 1가지씩 매일 식단에 오른다.
- 하루에 붉은색 음식이 3가지 이상 오를 시에는 흰색 음식 2가지가 함께 나온다.
- 목요일에만 검은색 음식이 없다.
- 금요일에는 노란색 음식이 2가지 나온다.
- 일주일 동안 2번 나오는 후식은 식혜뿐이다.
- 후식에서 같은 음식이 이틀 연속 나올 수 없다.

〈점심식단〉

종류＼요일	월요일	화요일	수요일	목요일	금요일
밥	잡곡밥	백미밥			짜장덮밥
국		된장국	김칫국	육개장	
김치	배추김치	배추김치	깍두기		
기타 반찬			호박전	김치전	잡채
후식		수정과			

① 월요일의 후식은 숭늉이다.
② 화요일의 기타 반찬은 돈육장조림이다.
③ 수요일의 밥은 흑미밥이다.
④ 목요일의 밥은 백미밥이다.
⑤ 금요일의 국은 북엇국이다.

해설

문제 분석

정답을 구하는 데 중요한 조건을 따로 정리해 보면 다음과 같다.

조건 1) 하루에 붉은색 음식이 3가지 이상 오를 시에는 흰색 음식 2가지가 함께 나온다.
조건 2) 목요일에만 검은색 음식이 없다.
조건 3) 금요일에는 노란색 음식이 2가지 나온다.
조건 4) 일주일 동안 2번 나오는 후식은 식혜뿐이다.
조건 5) 후식에서 같은 음식이 이틀 연속 나올 수 없다.
고정정보) 김치는 붉은색이다.

문제풀이 실마리

- 실마리가 보이지 않으면 넘겨야 하는 문제이다. 〈점심식단〉을 모두 해결하기에는 시간 소모가 클 수밖에 없다.
- 실마리는 요일 중에서는 목요일, 금요일이고, 종류 중에서는 후식으로 실마리를 삼아야 한다.

방법 1

- 조건 1)이 적용되는 요일은 목요일이다.
- 목요일의 밥과 후식은 흰색이어야 한다.
- 흰색인 밥은 백미밥이고, 흰색인 후식은 숭늉과 식혜이다.
- 만약 목요일의 후식이 숭늉이라면 선지 ①이 될 수 없다.
- 만약 목요일의 후식이 식혜라면 조건 5)에 의해서 월요일의 후식이 식혜가 되기 때문에 선지 ①이 될 수 없다.

따라서 정답은 선지 ①이다.

방법 2

- 조건 3)에 따를 때 금요일에 노란색 음식이 2가지 나와야 한다.
- 금요일에 확정된 음식을 보면 짜장덮밥은 검은색이고, 김치는 배추김치든 깍두기든 붉은색이고, 잡채는 노란색이다. 따라서 아직 확정되지 않은 국과 후식에서 노란색 음식이 한가지 더 있어야 한다.
- 국은 종류가 다섯 가지이고 모든 음식이 적어도 한 번씩을 올라야 하는 조건 때문에, 다섯 가지 음식이 한 번씩만 올라올 수 있다. 그런데 노란색인 된장국이 화요일에 식단에 올랐으므로 금요일에는 오를 수 없다.
- 후식에 노란색이 올라야 하고 단호박샐러드가 오르게 된다.
- 조건 4), 5)를 같이 고려해 볼 때, 식혜가 식단에 오르는 방법은 월요일에 한 번, 수요일 또는 목요일에 한 번 올라야 한다.

따라서 월요일의 후식이 식혜가 되고, 선지 ①이 옳지 않다.
조건에 따라서 최대한 끝까지 해결해 보면 다음과 같다.

종류＼요일	월요일	화요일	수요일	목요일	금요일
밥	잡곡밥	백미밥	흑미밥	백미밥	짜장덮밥
국	미역국	된장국	김칫국	육개장	북엇국
김치	배추김치	배추김치	깍두기	배추김치/깍두기	
기타 반찬	계란찜	돈육장조림	호박전	김치전	잡채
후식	식혜	수정과	숭늉 / 식혜		단호박

목요일과 금요일의 김치 종류, 수요일과 목요일의 후식 종류만 확정되지 않는다.

빠른 문제풀이 Tip

- 굳이 다 확정하지 않아도 정답을 찾을 수 있는 문제이다. 끝까지 완벽하게 해결하지 않고도 정답을 찾을 수 있는 기출문제가 많다는 것을 알면 정답을 찾아내기까지의 시간이 단축될 것이다.
- 출제자가 의도한 문제에서의 특별세팅을 볼 수 있다면 빠르게 실마리를 찾아낼 수 있다.
- 발문에서 묻는 바는 '옳지 않은 것은?'이다. 즉, 선지 중에 옳은 선지가 4개나 있다는 것이다. 선지를 활용하여 대입하는 방법도 가능하다.

[정답] ①

길쌤's Check

조건 중에 더 언급된 부분이 있다면 그런 부분을 특별세팅이라고 말한다. 특별세팅부터 실마리를 잡아서 문제를 해결해야 빠르고 정확한 해결이 가능해진다.

16 부서 체육대회를 준비하는 김 사무관은 서로 비슷한 실력을 가진 네 개의 농구팀을 만들려고 한다. 김 사무관은 i)20명을 초급 실력인 1점에서부터 선수급 실력인 5점까지 평가했다. ii)5점의 실력을 가진 사람은 두 명, 4점의 실력을 가진 사람은 세 명, 그리고 3점, 2점, 1점의 실력을 가진 사람은 각각 다섯 명이었다. 김 사무관은 iii)한 팀에 동일한 실력을 가진 사람들이 최대 1쌍까지만 포함되도록 하며, iv)총점으로 볼 때는 같은 점수를 지닌 네 팀을 만들었다. 특히 v)두 팀은 구성원의 개별점수가 완전히 똑같았다. 김 사무관이 만들어 낸 농구팀의 특성으로 잘못된 것은?

06년 5급 출책형 11번

① 어떤 팀은 2점 선수가 두 명이다.
② 어떤 팀은 3점 선수를 한 명도 가지지 않는다.
③ 모든 팀들은 적어도 한 명의 1점 선수를 가진다.
④ 어떤 팀은 5점 선수 한 명과 4점 선수 한 명씩을 가진다.
⑤ 팀 내에 같은 실력을 가진 선수들이 있는 경우는 세 팀이다.

해설

문제 분석

20명으로 4개의 농구팀을 만들려고 하므로 한 팀당 5명이다. 조건 ii)에 따라 20명의 총점을 생각해보면 5×2+4×3+3×5+2×5+1×5=52점이고 조건 iv)에 따르면 한 팀의 총점은 13점이어야 한다. 이와 같은 이해를 바탕으로 각 농구팀을 보다 구체화해 본다.

문제풀이 실마리

13점이 한 팀을 구성할 때는 5점 선수부터 채워가야 한다. 채울 때는 덩어리가 큰 것부터 채워가는 것이 좋다.

편의상 4개의 팀을 A∼D팀이라고 하고 선수들을 점수로 부른다. 그리고 우선 2명밖에 없는 5점을 어떤 팀에 포함시킬 것인지 생각해 본다. 만약 5점 2명이 한 팀에 포함된다면 한 팀의 총점이 13점인 상황에서 나머지 3명은 모두 1점으로 채워져야 한다. (5, 5, 1, 1, 1)과 같은 상황이다. 그러나 이는 조건 iii)에 위배된다. 이는 4점의 경우에도 마찬가지이다. 4점 2명이 한 팀에 포함되면 (4, 4, 3, 1, 1) 또는 (4, 4, 2, 2, 1)과 같은 상황은 조건 iii)에 위배된다. 따라서 5점끼리 또는 4점끼리 같은 팀이 될 수 없다. 이상 정리한 내용을 표로 나타내면 다음과 같다.

팀	선수별 점수					총점
A	5	4				13
B	5					13
C	4					13
D	4					13

팀 A에는 총점이 13점이 되게 5명을 만드는 방법은 (5, 4, 2, 1, 1)밖에 없다. 그리고 남은 선수까지 정리해 보면 아래와 같다.

팀	선수별 점수					총점
A	5	4	2	1	1	13
B	5					13
C	4					13
D	4					13
남은 선수	3점 선수: 5명, 2점 선수: 4명, 1점 선수: 3명					

남은 3점 5명은 B팀, C팀, D팀에 나누어져 포함되는데 조건 iii)에 따라 각 팀에 2명, 2명, 1명과 같이 나누어져야 하고, 조건 v)에 따라 개별점수가 완전히 똑같은 두 팀은 C팀, D팀이어야 하므로 C팀, D팀에 2명씩 포함되는 것을 알 수 있다. 정리하면 아래와 같다.

팀	선수별 점수					총점
A	5	4	2	1	1	13
B	5	3				13
C	4	3	3			13
D	4	3	3			13
남은 선수	2점 선수: 4명, 1점 선수: 3명					

여기서부터는 2점을 먼저 생각해도 되고 1점을 먼저 생각해도 된다. 1) 2점을 먼저 생각하는 경우 4명이므로 조건 iii)에 따라 C팀, D팀에 2명씩 포함되는 경우를 생각해 볼 수 있다. 그러나 이 경우 팀의 총점이 14점이 되므로 2명씩 포함될 수 없고 B팀에 2명 C팀, D팀에 각 1명씩 포함되어야 함을 알 수 있다. 2) 1점을 먼저 생각해 보면 3명이므로 조건 iii)에 따라 모두 B팀에 포함될 수 없고 조건 v)에 따라 B팀, C팀, D팀에 각 1명씩 포함되어야 한다. 이상을 정리하면 다음과 같다.

팀	선수별 점수					합계
A	5	4	2	1	1	13
B	5	3	2	2	1	13
C	4	3	3	2	1	13
D	4	3	3	2	1	13

① (O) B팀은 2점 선수가 두 명이다.

② (O) A팀은 3점 선수를 한 명도 가지지 않는다.

③ (O) A~D팀 모두 적어도 한 명의 1점 선수를 가진다.

④ (O) A팀은 5점 선수 한 명과 4점 선수 한 명씩을 가진다.

⑤ (X) A팀은 1점, B팀은 2점, C팀, D팀은 3점 선수와 같이 팀 내에 같은 실력을 가진 선수들이 있는 경우는 네 팀이다.

빠른 문제풀이 Tip

- 선지 ⑤의 경우 반대로 생각해 보면 팀 내에 모두 다른 실력을 가진 선수만 있는 경우 팀의 총점은 5+4+3+2+1=15점이다. 팀의 총점이 13점이어야 하므로 이러한 상황이 성립할 수 없음을 바로 알 수 있다. 즉 4팀 모두 같은 실력을 가진 선수가 존재한다는 것을 알 수 있다.
- 한 팀의 총점이 13점이라는 것을 파악하지 못하면 거의 문제풀이를 시작할 수 없다. 항상 문제에서 주어진 조건들을 조합하여 숨겨진 정보를 찾아내거나 소위 말하는 큰 그림을 파악하여야 한다. 그리고 5점 선수를 먼저 생각한 이유는 5점이 선수가 가장 적기 때문에 경우의 수가 적게 나올 것이라서 확정짓기 편할 것이라 생각했기 때문이다.

[정답] ⑤

길쌤's Check

경우 유형은 선지 · 보기마다 난도 차이도 크고 하나의 선지 · 보기를 처리하는 것이 쉽지 않기 때문에 어떤 선지 · 보기부터 보는가에 따라서 시간 소비가 특히 크게 차이가 난다. 따라서 주장강도나 양을 통해 정답이 될 가능성이 높은 선지 · 보기부터 확인하면 보다 빠른 해결이 가능해진다.

선지를 고정정보로 활용

17 원형테이블에 번호 순서대로 앉아 있는 다섯 명의 여자 1, 2, 3, 4, 5 사이에 다섯 명의 남자 A, B, C, D, E가 한 명씩 앉아야 한다. 다음 <조건>을 따르면서 자리를 배치할 때 적절하지 않은 것은?

07년 5급 재책형 33번

〈조 건〉

- A는 짝수번호의 여자 옆에 앉아야 하고 5의 옆에는 앉을 수 없다.
- B는 짝수번호의 여자 옆에 앉을 수 없다.
- C가 3 옆에 앉으면 D는 1 옆에 앉는다.
- E는 3 옆에 앉을 수 없다.

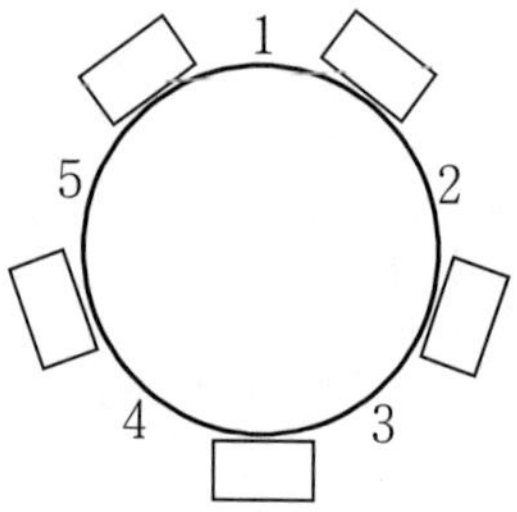

① A는 1과 2 사이에 앉을 수 없다.
② D는 4와 5 사이에 앉을 수 없다.
③ C가 2와 3 사이에 앉으면 A는 반드시 3과 4 사이에 앉는다.
④ E가 1과 2 사이에 앉으면 C는 반드시 4와 5 사이에 앉는다.
⑤ E가 4와 5 사이에 앉으면 A는 반드시 2와 3 사이에 앉는다.

해설

문제 분석

- A는 1과 2사이, 2와 3사이, 3과 4 사이에 앉을 수 있다.
- B는 1과 5사이에 앉아야 한다.
- C가 2와 3사이 또는 3과 4 사이에 앉으면 D는 1과 2사이에 앉아야 한다.
- E는 1과 2사이 또는 4와 5사이에 앉을 수 있다.

문제풀이 실마리

- B는 고정정보이다.
- 자리를 배치할 때 갈림길이 적은 남자부터 배치하는 것이 좋다.

① (O) A가 1과 2 사이에 앉는다면, C는 4와 5 사이에 앉아야만 하고, 그러면 E가 앉을 수 있는 자리가 없다. 따라서 A는 1과 2 사이에 앉을 수 없다.

② (O) D가 4와 5 사이에 앉는다면, C는 1과 2 사이에 앉아야만 하고 그럼 E가 앉을 수 있는 자리가 없다. 따라서 D는 4와 5 사이에 앉을 수 없다.

③ (O) C가 2와 3 사이에 앉으면, D는 1과 2 사이에 앉아야만 하고, A는 반드시 3과 4 사이에 앉게 된다.

④ (O) E가 1과 2 사이에 앉으면, C는 반드시 4와 5 사이에 앉을 수밖에 없다.

⑤ (X) E가 4와 5 사이에 앉더라도 아래 그림처럼 A가 3과 4 사이에 앉는 것도 가능하다. 따라서 A가반드시 2와 3 사이에 앉아야 하는 것은 아니다.

1	D	2	C	3	A	4	E	5	B	1

1	C	2	D	3	A	4	E	5	B	1

빠른 문제풀이 Tip

- 정보를 시각적으로 처리하면 보다 빠른 해결이 가능하다.
- 스스로 실마리를 찾기 어렵다면 선지에서 주어진 내용을 고정정보로 삼아 해결할 수도 있다.
- 정오를 판단할 수 있는 입증사례 또는 반증사례를 적절하게 찾아낼 수 있는지가 관건인 문제이다.
- 원탁 그림에 앉히는 것이 불편하다면 선지 ⑤에서 보인 것처럼 일자로 쭉 펼쳐 놓고 해결하는 것도 가능한 문제이다.

[정답] ⑤

n-1개 해결

18 다음은 9개 구역으로 이루어진 <A지역>과 그 지역을 구성하는 <구역 유형별 유권자 수>이다. A지역을 <조건>에 따라 유권자 수가 동일한 3개의 선거구로 나누려고 할 때 가능한 경우의 수는?

12년 민경채 인책형 10번

〈A지역〉

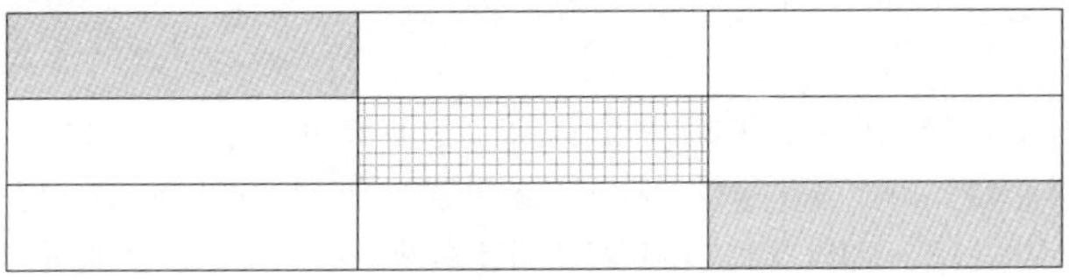

〈구역 유형별 유권자 수〉

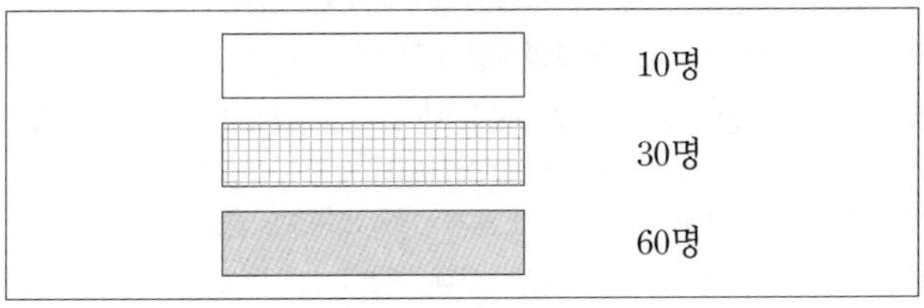

〈조 건〉

같은 선거구에 속하는 구역들은 사각형의 한 변이 적어도 그 선거구에 속하는 다른 한 구역의 사각형의 한 변과 맞닿아 있어야 한다.

① 1가지
② 2가지
③ 3가지
④ 4가지
⑤ 5가지

해설

문제 분석

- 유권자 수가 10명, 30명, 60명이 9개의 구역이 있다.
- 9개 구역을 유권자 수가 동일한 3개의 선거구로 나누어야 한다.
- 같은 선거구에 속하는 구역들은 변과 변으로 맞닿아 있어야 한다.

문제풀이 실마리

- 9개 구역 중 실마리를 찾을 때는 갈림길이 적은, 즉 경우의 수가 적은 구역부터 시작할 수 있어야 한다.

가능한 경우의 수를 따질 때 반영해야 하는 조건과 그 의미는 다음과 같다.

ⓐ A지역을 〈조건〉에 따라 유권자 수가 동일한 3개의 선거구로 나눈다.
→ 9개 구역을 3개씩 3개의 선거구로 나누는 것이 아니라, 유권자 수가 동일해야 한다. 총 유권자 수가 210명이므로, 한 개의 선거구는 70명의 유권자여야 한다.

ⓑ 같은 선거구에 속하는 구역들은 사각형의 한 변이 적어도 그 선거구에 속하는 다른 한 구역의 사각형의 한 변과 맞닿아 있어야 한다.
→ 선거구는 점이 아니라 선으로 맞닿아 있어야 한다.

㉠ 60명	㉡ 10명	㉢ 10명
㉣ 10명	㉤ 30명	㉥ 10명
㉦ 10명	㉧ 10명	㉨ 60명

㉠~㉨까지 9개 구역 중 유권자 수 70을 채우기 쉬운 선거구는 ㉠과 ㉨이다. ㉠은 ㉡ 또는 ㉣과, ㉨은 ㉥ 또는 ㉧과 결합하면 70명의 유권자가 한 선거구에 속하게 된다.

〈경우 1〉 ㉠+㉡, ㉨+㉧인 경우

㉠ 60명	㉡ 10명	㉢ 10명
㉣ 10명	㉤ 30명	㉥ 10명
㉦ 10명	㉧ 10명	㉨ 60명

㉠+㉡=70명, ㉢+㉣+㉤+㉥+㉦=70명, ㉧+㉨=70명으로 ⓐ조건과 ⓑ조건을 모두 충족한다.

〈경우 2〉 ㉠+㉡, ㉨+㉥인 경우

㉠ 60명	㉡ 10명	㉢ 10명
㉣ 10명	㉤ 30명	㉥ 10명
㉦ 10명	㉧ 10명	㉨ 60명

3개의 선거구 중 하나가 ㉢+㉣+㉤+㉦+㉧으로 70명의 유권자 수는 충족하지만, ⓑ조건을 충족하지 못한다.

〈경우 3〉 ㉠+㉣, ㉨+㉧인 경우

㉠ 60명	㉡ 10명	㉢ 10명
㉣ 10명	㉤ 30명	㉥ 10명
㉦ 10명	㉧ 10명	㉨ 60명

3개의 선거구 중 하나가 ㉡+㉢+㉤+㉥+㉦으로 70명의 유권자 수는 충족하지만, ⓑ조건을 충족하지 못한다.

〈경우 4〉 ㉠+㉣, ㉨+㉥인 경우

㉠ 60명	㉡ 10명	㉢ 10명
㉣ 10명	㉤ 30명	㉥ 10명
㉦ 10명	㉧ 10명	㉨ 60명

ⓐ조건과 ⓑ조건을 모두 충족한다.

따라서 가능한 경우의 수는 ② 2가지이다.

빠른 문제풀이 Tip

발문에 나오는 조건을 놓치지 않아야 하고, 〈조건〉에 있는 제약조건 또한 빠뜨리지 않고 적용하여 가능한 경우의 수를 찾아낼 수 있어야 한다.

[정답] ②

고정 + 나머지

19 **다음 글을 근거로 판단할 때 옳지 않은 것은?** 22년 7급 가책형 23번

> △△팀원 7명(A ~ G)은 새로 부임한 팀장 甲과 함께 하는 환영식사를 계획하고 있다. 모든 팀원은 아래 조건을 전부 만족시키며 甲과 한 번씩만 식사하려 한다.
> ○ i)함께 식사하는 총 인원은 4명 이하여야 한다.
> ○ ii)단둘이 식사하지 않는다.
> ○ iii)부팀장은 A, B뿐이며, 이 둘은 함께 식사하지 않는다.
> ○ iv)같은 학교 출신인 C, D는 함께 식사하지 않는다.
> ○ v)입사 동기인 E, F는 함께 식사한다.
> ○ vi)신입사원 G는 부팀장과 함께 식사한다.

① A는 E와 함께 환영식사에 참석할 수 있다.
② B는 C와 함께 환영식사에 참석할 수 있다.
③ C는 G와 함께 환영식사에 참석할 수 있다.
④ D가 E와 함께 환영식사에 참석하는 경우, C는 부팀장과 함께 환영식사에 참석하게 된다.
⑤ G를 포함하여 총 4명이 함께 환영식사에 참석하는 경우, F가 참석하는 환영식사의 인원은 총 3명이다.

해설

문제 분석

조건 i)~ vi)라 한다.

문제풀이 실마리

주어진 조건에 따라 각 선지를 판단할 수 있는 적절한 사례 또는 반례를 찾는다.

△△팀원은 7명이고 甲과 함께 식사하는 것이므로 총 8명이 식사하게 된다. 조건 i)에 따라 함께 식사하는 총 인원은 4명 이하여야 하므로 팀원 7명은 최소 3개의 조로 나누어져 식사를 하여야 한다. 또한 조건 ii)에서 단둘이 식사하지 않는다고 하였으므로 최대 3개 조로 나누어져 식사를 하게 된다. 즉 어떠한 경우라도 3개 조로 나누어져 식사를 한다. 이 3개 조는 甲을 제외하고 항상 3명, 2명, 2명과 같이 나누어진다.

① (X) A, E가 함께 환영식사에 참석하면 모순이 발생하는지 생각해 본다. 조건 iii)에 따라 B는 A와 함께 식사하지 않으므로 서로 다른 조에 배치한다고 생각해 보자. 그리고 조건 v)에 따라 F는 E와 함께 식사한다. 여기까지 그림으로 나타내면 다음과 같다.

A	E	F	甲	B	(음영)	甲			甲	… ⓐ

큰 사각형 안의 각 작은 사각형 한 칸은 각각 1명이 들어감으로써 조건 i)의 총 인원이 4명 이하임을 표시하였다. 편의상 왼쪽 첫 번째 큰 사각형부터 첫 번째 조, 두 번째, 세 번째 조라고 한다. ⓐ에서 음영칸에 들어가야 할 팀원을 생각해 보자. 조건 iv)에 의하면 C, D는 함께 식사하지 않으므로 C, D 중 한 명은 음영칸에 들어가고 나머지는 세 번째 조에 들어간다. 그러나 조건 vi)에 의하면 G는 부팀장 중 하나인 B와 식사해야 하므로 역시 음영칸에 들어가야 한다. 이러한 경우는 성립할 수 없고 따라서 A는 E와 함께 환영식사에 참석할 수 없다.

② (O) B가 C와 함께 환영식사에 참석한 경우를 생각해 보자. 조건 iii)에 따라 A는 다른 조에 참석해야 하며 편의상 두 번째 조에 배치하였다. 조건 v)에 따라 E, F는 함께 식사해야 하므로 세 번째 조에 배치하였다. 조건 iv)에 따라 D는 C와 함께 식사하지 않으므로 두 번째 조에 배치한다. 마지막으로 조건 vi)에 따라 G를 첫 번째 조에 배치한다. 즉 다음 그림과 같은 경우가 가능하다.

B	C	G	甲	A	D	甲	E	F	甲	… ⓑ

③ (O) C, G가 함께 환영식사에 참석하는 경우 조건 vi)에 따라 부팀장이 함께 식사해야 하므로 C, G를 첫 번째 조에 배치한다.

	C	G	甲			甲			甲	… ⓒ

여기까지만 생각하고 다른 제약조건이 없으므로 선지 ②와 같이 배치하면 된다.

④ (O) D가 E와 함께 환영식사에 참석하는 경우 조건 v)에 의해 F도 함께 식사에 참석하여야 하므로 첫 번째 조에 배치한다. 조건 iii)에 의해 A, B는 함께 식사하지 않으므로 편의상 각각 두 번째, 세 번째 조에 배치한다. 조건 iv)에 따라 C, D는 함께 식사하지 않고 A, B와 특별한 조건이 없으므로 각각 두 번째, 세 번째 어떤 조에 들어가도 무방하다. 다음 두 그림과 같은 경우가 모두 가능하다.

D	E	F	甲	A	C	甲	B	D	甲	… ⓓ 1
D	E	F	甲	A	D	甲	B	C	甲	… ⓓ 2

⑤ (O) G를 포함하여 총 4명이 함께 환영식사에 참석하는 경우, 조건 vi)에 의하여 G는 A 또는 B와 함께 첫 번째 조에 들어가야 한다. 예를 들어 B와 함께 첫 번째 조에 들어갔다고 가정해 보자. 조건 v)에 따라 E, F는 함께 식사해야 하므로 편의상 세 번째 조에 배치하였다.

B		G	甲		A		甲		E	F	甲	
												… ⓔ

여기까지만 생각하면 F가 참석하는 환영식사의 인원은 총 3명이다. 나머지는 다른 제약조건이 없으므로 선지 ②와 같이 배치하면 된다.

빠른 문제풀이 Tip

지문에서 연언문, 선언문으로만 주어져 있고, 조건문이 없는 점, 숫자에 의한 제약이 있는 점에서 언어논리의 논리퀴즈와 같이 접근하지 않도록 한다. 사례와 반례를 찾아서 빠르게 해결한다.

③: ⓒ를 굳이 ⓑ와 다르게 배치해 보면

A	C	G	甲		B	D	甲		E	F	甲

와 같이 배치해 볼 수도 있다.

⑤ 해설 시작 부분의 내용과 조건 v), vi)만 고려하면 문제가 해결되지만 가능한 경우들을 살펴보면 다음과 같은 4가지 경우가 가능하다.

A	C	G	甲		B	D	甲		E	F	甲	
A	D	G	甲		B	C	甲		E	F	甲	
B	C	G	甲		A	D	甲		E	F	甲	… ⓔ 1
B	D	G	甲		A	C	甲		E	F	甲	… ⓔ 2

[정답] ①

길쌤's Check

경우 유형의 문제를 풀다보면, 경우를 따질 때 고정된 부분이 있고, 경우가 바뀌는 가변적인 부분이 있다. 이때 고정된 부분은 제외하고 가변적인 부분만 고려해야 문제가 더 쉽게 해결된다.

가능한 모든 경우 파악하기

20 **甲은 6층 회사건물을 각 층마다 모두 순찰한 후에 퇴근한다. 다음 <조건>에 따라 1층에서 출발하여 순찰을 완료하고 1층으로 돌아오기까지 소요되는 최소 시간은? (단, <조건>외의 다른 요인은 고려하지 않는다)** 12년 5급 인책형 15번

〈조 건〉

- ○ 층간 이동은 엘리베이터로만 해야 하며 엘리베이터가 한 개 층을 이동하는 데는 3분이 소요된다.
- ○ 엘리베이터는 한 번에 최대 세 개 층(예: 1층 → 4층)을 이동할 수 있다.
- ○ 엘리베이터는 한 번 위로 올라갔으면, 그 다음에는 아래 방향으로 내려오고, 그 다음에는 다시 위 방향으로 올라가야 한다.
- ○ 하나의 층을 순찰하는 데는 5분이 소요된다.

① 1시간
② 1시간 12분
③ 1시간 18분
④ 1시간 24분
⑤ 1시간 30분

해설

문제 분석

- 6층 회사건물을 1층에서 출발하여 각 층마다 모두 순찰을 완료하고 1층으로 돌아오기까지 소요되는 최소 시간을 구해야 한다.
- 엘리베이터가 한 개 층을 이동할 때는 3분이 소요된다.
- 엘리베이터는 한 번에 최대 세 개 층을 이동할 수 있는데, 한 번 멈추면 역방향(반대방향)으로 이동했다가 원래 가던 방향으로 이동해야 한다.
- 하나의 층을 순찰하는 데는 5분이 소요된다.

문제풀이 실마리

등장 가능한 모든 경우를 파악해 본다면 1층에서 출발한다면 2층, 3층, 4층 중에 한 개 층으로 이동할 수 있다. 2층으로 이동한다면 다시 1층으로 돌아오게 되므로 3층 또는 4층으로 이동해야 한다.

한 번에 이동할 때는 최대 세 개 층까지만 이동 가능하고, 한 번 멈췄다면 이동하던 방향과 반대 방향으로 이동했다가, 다시 원래 가던 방향으로 이동할 수 있으므로 최소 시간으로 순찰을 마치기 위해서는 역방향(반대방향)으로의 이동을 최소한으로 줄여야 한다.

〈경우 1〉 3층으로 이동하는 경우

1층에서 3층 또는 4층으로 이동할 수 있는데, 먼저 그 중 3층부터 이동할 때의 경로는 다음과 같다. (역방향은 진하게 표시)

1층 → 3층 → **2층** → 5층 → **4층** → 6층 → 3층 → **4층** → 1층

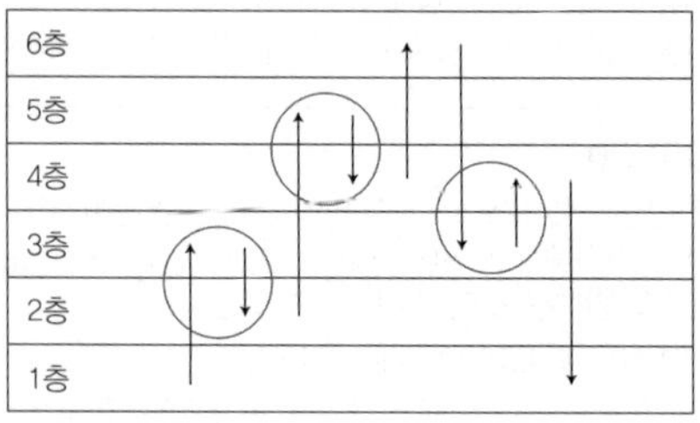

〈경우 2〉 4층으로 이동하는 경우

4층부터 이동할 때의 경로는 다음과 같다.

1층 → 4층 → **3층** → 6층 → 4층 → **5층** → 2층 → **3층** → 1층

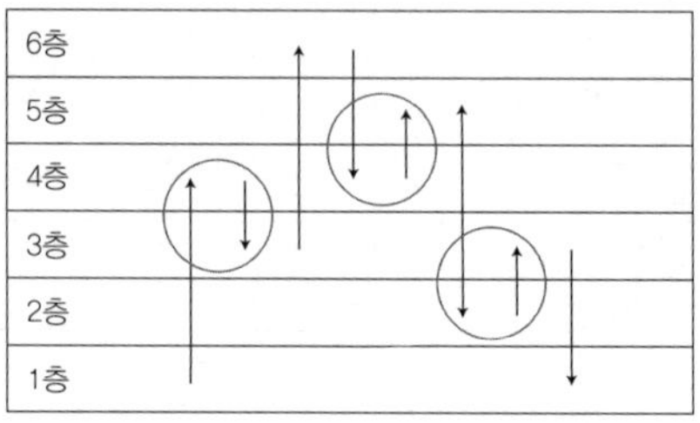

이 경로는 3층부터 이동할 때의 경로를 반대 방향(출발 → 도착 순이 아니라 도착 → 출발 순으로)으로 이동한 경로와 동일하다.

〈경우 1〉과 〈경우 2〉 둘 다 1층부터 6층까지 모든 층에 멈추게 되므로 6개 층 모두 순찰이 가능하다. 이에 따른 소요시간을 계산해 보면 다음과 같다.

1. 순찰 시간: 5분×6층=30분
2. 이동 시간
   1) 1층 → 3층으로 이동 시
      1층 → 3층 → **2층** → 5층 → **4층** → 6층 → 3층 → **4층** → 1층
      6분 3분 9분 3분 6분 9분 3분 9분=총 48분
   2) 1층 → 4층으로 이동 시
      1층 → 4층 → **3층** → 6층 → 4층 → **5층** → 2층 → **3층** → 1층
      9분 3분 9분 6분 3분 9분 3분 6분=총 48분

정확하게 계산하지 않더라도 '1) 1층 → 3층으로 이동 시'와 경로와 대칭이므로 소요되는 시간은 같다고 보면 더 빠르게 확인할 수 있다.

두 경우 모두 총 소요 시간은 30+48=78분=1시간 18분이다. 따라서 소요되는 최소 시간은 1시간 18분이다.

빠른 문제풀이 Tip

회사건물은 6층이고 n개 사이 간격은 n−1개이므로 6층 사이 간격은 5개이다.

[정답] ③

길쌤's Check

경우를 그릴 때는 전체 경우 중 일부만 파악한다거나, 여러 갈림길 중에 임의로 시작점을 잡는다거나 하면 그만큼 문제는 불완전하게 해결될 것이다. 따라서 문제를 풀 때는 등장 가능한 모든 경우를 파악하고 시작해야 한다.

고정정보 찾기(두 갈래길)

21 다음 글을 근거로 판단할 때, 도형의 모양으로 옳게 짝지은 것은? 16년 5급 4책형 12번

5명의 학생은 5개 도형 A～E의 모양을 맞히는 게임을 하고 있다. 5개의 도형은 모두 서로 다른 모양을 가지며 각각 삼각형, 사각형, 오각형, 육각형, 원 중 하나의 모양으로 이루어진다. 학생들에게 아주 짧은 시간 동안 5개의 도형을 보여준 후 도형의 모양을 2개씩 진술하게 하였다. 학생들이 진술한 도형의 모양은 다음과 같고, 모두 하나씩만 정확하게 맞혔다.

지영: C = 삼각형, D = 사각형
종형: B = 오각형, E = 사각형
미석: C = 원, D = 오각형
길원: A = 육각형, E = 사각형
수연: A = 육각형, B = 삼각형

① A = 육각형, D = 사각형
② B = 오각형, C = 삼각형
③ A = 삼각형, E = 사각형
④ C = 오각형, D = 원
⑤ D = 오각형, E = 육각형

해설

문제 분석

- 5개 도형 A～E는 모두 서로 다른 모양을 가지며 각각 삼각형, 사각형, 오각형, 육각형, 원 중 하나의 모양이다.
- 한 사람이 2문장씩 말했고 5명 모두 그중 하나씩만 정확하게 맞혔다.

문제풀이 실마리

고정정보가 주어지지 않고, 지영이의 진술 중 'C=삼각형'이 참인 경우와 'D=사각형'이 참인 경우 두 가지의 경우가 등장한다.

두 가지의 경우를 각각 따져보면 다음과 같다. (① → ② → ③ → … 순으로 해결된다.)

〈경우 1〉 지영이의 진술 중 'C=삼각형'이 참인 경우

지영	C=삼각형	① 참	D=사각형	① 거짓
종형	B=오각형	⑤ 참	E=사각형	④ 거짓
미석	C=원	② 거짓	D=오각형	③ 참
길원	A=육각형	③ 참	E=사각형	④ 거짓
수연	A=육각형	③ 참	B=삼각형	② 거짓

이 경우 B=오각형, C=오각형이 둘 다 참이 되어 모순된다.

〈경우 2〉 지영이의 진술 중 'D=사각형'이 참인 경우

지영	C=삼각형	① 거짓	D=사각형	① 참
종형	B=오각형	③ 참	E=사각형	② 거짓
미석	C=원	③ 참	D=오각형	② 거짓
길원	A=육각형	③ 참	E=사각형	② 거짓
수연	A=육각형	③ 참	B=삼각형	④ 거짓

따라서 이에 따를 때, A=육각형, B=오각형, C=원, D=사각형으로 확정되고, E는 나머지 삼각형으로 확정된다. 따라서 정답은 ①이다.

빠른 문제풀이 Tip

- 해결을 할 때 'A=육각형', 'E=사각형'처럼 덩어리가 큰 것부터 해결하는 것도 좋다.
- 정보처리를 하는 다른 방법도 연습해 보자.

[정답] ①

길쌤's Check

경우 확정형을 해결하기 위해서는 고정정보를 찾아야 한다. 앞서 살펴본 14번 문제에서는 학과장 C가 과학철학을 강의한다는 것이 고정정보였고, 17번 문제에서는 B가 1과 5 사이에 앉는다는 것이 고정정보였다. 이처럼 조건을 통해 고정정보를 직접적으로 주는 경우도 있지만, 고정정보를 찾는 방법으로 둘 중 하나를 따져봐야 하는 문제들도 있다.

고정정보 찾기(일치, 차이)

22 다음 <사실>과 <진술>을 근거로 추론할 때 옳지 않은 것은?

13년 외교관 인책형 13번

〈사 실〉

- 가영, 나리, 다솜, 라익, 마음, 바울이는 어느 날 아침에 숙소의 음식을 나눠 먹었다. 그 후 가영, 나리, 다솜, 마음이에게 식중독 증상이 나타났다.
- 이들은 잼, 요거트, 빵, 우유, 주스, 샐러드, 버터, 치즈, 쿠키, 달걀 프라이, 감자 등 총 11종류의 음식을 먹었다.
- 최소 1종류 이상의 음식이 상한 것으로 밝혀졌다.
- 상한 음식을 1종류라도 먹게 되면 식중독에 걸린다.
- 식중독의 발병 여부는 섭취한 음식량과 무관하며, 조금이라도 상한 음식을 먹었으면 식중독에 걸린다.
- 음식 이외의 요인에 의해서는 식중독에 걸리지 않는다.

〈진 술〉

- 가영: 잼을 넣은 요거트를 먹었어. 잼을 바른 빵과 함께 우유를 한 잔 마시고, 샐러드랑 쿠키도 먹었어.
- 나리: 잼과 버터를 바른 빵과 함께 감자랑 달걀 프라이를 먹었어.
- 다솜: 빵 사이에 치즈를 끼워서 우유와 함께 먹었어. 요거트랑 쿠키도 조금 먹었어.
- 라익: 배가 별로 고프지 않아서 달걀 프라이랑 우유, 감자만 조금 먹었어.
- 마음: 요거트를 먹은 후, 잼 바른 빵과 샐러드에 주스를 함께 먹었어.
- 바울: 버터 바른 빵과 달걀 프라이에 우유를 먹고, 후식으로 요거트를 먹었어.

① 가영이가 먹은 음식 중 상한 음식은 반드시 한 종류일 것이다.
② 다솜이가 요거트와 우유를 먹지 않았어도 식중독에 걸렸을 것이다.
③ 만약 잼을 바른 빵과 우유, 달걀 프라이를 먹는다면 식중독에 걸릴 것이다.
④ 만약 샐러드와 치즈, 쿠키와 우유를 먹는다면 반드시 식중독에 걸릴 것이다.
⑤ 나리가 먹은 음식 중 상한 음식은 반드시 한 종류일 것이다.

해설

문제 분석

주어진 〈사실〉과 〈진술〉을 어떤 방식으로든 정리하면 된다. 정리하는 방식이 특별히 정해져 있는 것은 아니다.

문제풀이 실마리

식중독의 원인이 아닌 것을 제외해야 한다.

주어진 〈사실〉과 〈진술〉을 다음과 같이 표로 정리해 보자. 식중독에 걸린 인물은 음영표시하고 식중독에 걸리지 않은 라익, 바울의 진술 부분을 굵은 선으로 나타내었다.

	가영	나리	다솜	라익	마음	바울
잼	O	O			O	
요거트	O		O		O	O
빵	O	O	O		O	O
우유	O		O	O		O
주스					O	
샐러드	O				O	
버터		O				O
치즈			O			
쿠키	O		O			
달걀 프라이		O		O		O
감자		O		O		

라익, 바울 중 한 명이라도 먹은 음식은 상한 음식이 아닌 것이 확실하므로 상한 음식일 가능성이 있는 음식을 음영표시하면 다음과 같다.

	가영	나리	다솜	라익	마음	바울
잼	O	O			O	
요거트	O		O		O	O
빵	O	O	O		O	O
우유	O		O	O		O
주스					O	
샐러드	O				O	
버터		O				O
치즈			O			
쿠키	O		O			
달걀 프라이		O		O		O
감자		O		O		

이때 나리를 보면 잼은 상한 음식인 것이 확실하다. 그리고 다솜으로부터 치즈 또는 쿠키 중 하나는 반드시 상한 음식이다.

① (X) 가영이가 먹은 음식 중 잼이 상한 음식인 것은 확실하다. 그러나 샐러드와 쿠키가 상한 음식이 아니라는 것은 확실하지 않다.

② (O) 다솜이 먹은 음식 중 상한 음식은 치즈 또는 쿠키이며 요거트와 우유는 상한 음식이 아니다.

③ (O) 잼은 상한 음식이므로 잼을 바른 빵과 우유, 달걀 프라이를 먹는다면 식중독에 걸릴 것이다.

④ (O) 치즈 또는 쿠키 중 하나는 반드시 상한 음식이므로 샐러드와 치즈, 쿠키와 우유를 먹는다면 식중독에 걸릴 것이다.

⑤ (O) 나리가 먹은 음식 중 상한 음식은 잼 한 종류이다.

빠른 문제풀이 Tip

실제 문제풀이에서는 위와 같이 표를 그리거나 하는 것이 시간상의 제약, 시험지 공간상의 제약 등으로 인해 힘들 수 있다. 그러한 경우 다음과 같이 지문에 시각화하면서 문제를 해결해 나간다. 예를 들어 아래와 같이 〈진술〉 부분에 우선 식중독에 걸린 인물을 음영처리하였다. 그리고 식중독에 걸리지 않은 인물의 진술로부터 상한 음식이 아닌 음식을 지워나간다. 아래에는 라익의 진술로부터 달걀 프라이, 우유, 감자를 지운 상태이다.

〈진 술〉

- 가영: 잼을 넣은 요거트를 먹었어. 잼을 바른 빵과 함께 ~~우유~~를 한 잔 마시고, 샐러드랑 쿠키도 먹었어.
- 나리: 잼과 버터를 바른 빵과 함께 ~~감자~~랑 ~~달걀 프라이~~를 먹었어.
- 다솜: 빵 사이에 치즈를 끼워서 ~~우유~~와 함께 먹었어. 요거트랑 쿠키도 조금 먹었어.
- 라익: 배가 별로 고프지 않아서 ~~달걀 프라이~~랑 ~~우유~~, ~~감자~~만 조금 먹었어.
- 마음: 요거트를 먹은 후, 잼 바른 빵과 샐러드에 주스를 함께 먹었어.
- 바울: 버터 바른 빵과 ~~달걀 프라이~~에 ~~우유~~를 먹고, 후식으로 요거트를 먹었어.

이상과 같이 확실히 상하지 않은 음식을 지우거나, 확실히 상한 음식을 표시하거나, 불분명한 음식을 세모로 표시하는 등 지문에 시각화하여 문제를 해결한다.

[정답] ①

길쌤's Check

고정정보를 찾기 위해서 동일한 결과에서 일치하는 부분, 다른 결과에서 차이나는 부분 등을 비교함으로써 고정정보를 찾는 문제들도 출제되고 있다. 예를 들어 어제는 피자, 짬뽕, 햄버거를 먹었고 오늘 떡볶이, 피자, 초밥을 먹었는데 어제도 오늘도 계속 배탈이 났고 배탈의 원인이 하나의 음식이라면 어제와 오늘 둘 다 먹은 피자가 배탈의 원인인 것이다.

23 다음 글을 근거로 판단할 때, <보기>에서 옳은 것만을 모두 고르면? (단, 주어진 조건 외에 다른 조건은 고려하지 않는다)

17년 5급 가책형 12번

A회사의 모든 직원이 매일 아침 회사에서 요일별로 제공되는 빵을 먹었다. 직원 가운데 甲, 乙, 丙, 丁 네 사람은 빵에 포함된 특정 재료로 인해 당일 알레르기 증상이 나타났다. A회사는 요일별로 제공된 빵의 재료와 甲, 乙, 丙, 丁에게 알레르기 증상이 나타난 요일을 아래와 같이 표로 정리했으나, 화요일에 제공된 빵에 포함된 두 가지 재료가 확인되지 않았다. i)甲, 乙, 丙, 丁은 각각 한 가지 재료에 대해서만 알레르기 증상을 보였다.

구분	월	화	수	목	금
재료	밀가루, 우유	밀가루, [?], [?]	옥수수가루, 아몬드, 달걀	밀가루, 우유, 달걀	밀가루, 우유, 달걀, 식용유
알레르기 증상 발생자	甲	丁	乙, 丁	甲, 丁	甲, 丙, 丁

※ ii)알레르기 증상은 발생한 당일 내에 사라진다.

〈보 기〉

ㄱ. 甲이 알레르기 증상을 보인 것은 밀가루 때문이다.
ㄴ. 甲, 乙, 丙은 서로 다른 재료에 대하여 알레르기 증상을 보였다.
ㄷ. 화요일에 제공된 빵의 확인되지 않은 재료 중 한 가지는 달걀이다.
ㄹ. 만약 화요일에 제공된 빵에 포함된 재료 중 한 가지가 아몬드였다면, 乙의 알레르기 증상은 옥수수가루 때문이다.

① ㄱ, ㄷ ② ㄴ, ㄹ ③ ㄷ, ㄹ
④ ㄱ, ㄴ, ㄹ ⑤ ㄴ, ㄷ, ㄹ

해설

문제 분석

주어진 지문의 내용 대부분은 표에 잘 정리되어 있고,
i) 甲, 乙, 丙, 丁은 각각 한 가지 재료에 대해서만 알레르기 증상을 보인다는 것
ii) 알레르기 증상은 발생한 당일 내에 사라진다는 것
정도만 확인하는 것도 어렵거나 헷갈릴 것이 없다.

문제풀이 실마리

甲~丁이 알레르기 증상을 보인 재료를 모두 확인하고 〈보기〉를 검토해도 시간이 충분할 듯하지만 〈보기〉부터 검토가 가능한지 확인한다.

ㄱ. (X) 甲은 화요일에 밀가루가 포함된 빵을 먹었으나 알레르기가 발생하지 않았다.

ㄴ. (O) 보기 ㄱ에서 甲은 밀가루 때문에 알레르기 증상을 보이지 않았고 월요일 재료를 살펴보면 우유 때문에 알레르기 증상이 나타났음을 알 수 있다. 乙은 수요일 하루만 알레르기 증상이 나타났고 수요일에만 사용된 옥수수가루 또는 아몬드 중 하나의 재료 때문에 알레르기 증상이 나타났다. 丙은 금요일에만 사용된 재료인 식용유 때문에 알레르기 증상이 나타났음을 알 수 있다.

ㄷ. (O) 丁이 알레르기 증상을 보인 수, 목, 금요일의 빵에 포함된 공통재료는 달걀밖에 없다. 그러므로 화요일에 제공된 빵에는 달걀이 포함되어 있을 것이다.

ㄹ. (O) 보기 ㄴ에서 보았듯이 乙은 수요일 하루만 알레르기 증상이 나타났고 수요일에만 사용된 옥수수가루 또는 아몬드 중 하나의 재료 때문에 알레르기 증상이 나타났다. 화요일에 제공된 빵에 포함된 재료 중 한 가지가 아몬드였다면 화요일에는 乙의 알레르기 증상이 나타나지 않았으므로 乙의 알레르기 증상은 옥수수가루 때문이라고 할 수 있다.

〈보기〉를 보기 이전에 甲~丁이 알레르기 증상을 보인 재료를 모두 미리 확인하지 않아도 〈보기〉를 바로 따라가면서 해결하기에 별다른 어려움이 없는 문제이다.

빠른 문제풀이 Tip

표를 통해 일정 정도 정리하고 문제에 접근해 볼 수 있다.

우선 월, 화를 비교해 보면 화요일에 밀가루가 제공되었지만 甲은 알레르기 증상이 나타나지 않았다. 따라서 월요일에 제공된 재료 중 우유가 甲에게 알레르기 증상을 나타나게 하는 재료이다. 지문의 표를 변형해 가면서 나타내 보면 아래와 같다.

구분	월	화	수	목	금
재료	밀가루	밀가루, [?], [?]	옥수수가루, 아몬드, 달걀	밀가루, 달걀	밀가루, 달걀, 식용유
직원		丁	乙, 丁	丁	丙, 丁
우유(甲)					

그리고 수, 목, 금을 비교해 보면 공통적으로 포함된 재료는 달걀인데 공통적으로 알레르기 증상이 나타난 직원은 丁이다. 그리고 丁은 화요일에도 알레르기 증상이 나타났으므로 화요일에 [?]로 표시된 재료 중 하나는 달걀이다.

구분	월	화	수	목	금
재료	밀가루	밀가루, [?]	옥수수가루, 아몬드	밀가루	밀가루, 식용유
직원			乙		丙
우유(甲), 달걀(丁)					

그렇다면 금요일에 알레르기 증상이 나타난 丙은 식용유 때문에 알레르기 증상이 나타났음을 알 수 있고

구분	월	화	수	목	금
재료	밀가루	밀가루, [?]	옥수수가루, 아몬드	밀가루	밀가루
직원			乙		
우유(甲), 달걀(丁), 식용유(丙)					

乙은 옥수수가루 또는 아몬드에 알레르기 증상이 나타나고 [?]에 들어갈 재료는 옥수수가루 또는 아몬드 중 乙이 알레르기 증상이 나타나지 않는 나머지 재료이다.

[정답] ⑤

24 다음 글과 <실험>을 근거로 판단할 때, 히스티딘을 합성하게 하는 '코돈'은?

18년 5급 나책형 30번

> 인류 역사상 가장 위대한 업적 중 하나는 20세기 초중반에 걸쳐 이루어진 유전정보에 관한 발견이다. DNA는 유전물질이며 유전정보를 가지고 있다. 이러한 DNA의 유전정보는 RNA로 전달되어 단백질을 합성하게 함으로써 형질을 발현시킨다.
>
> RNA는 뉴클레오타이드라는 단위체가 연결되어 있는 형태이다. RNA를 구성하는 뉴클레오타이드는 A, G, C, U의 4종류가 있다. 연속된 3개의 뉴클레오타이드 조합을 '코돈'이라 한다. 만약 G와 U 2종류의 뉴클레오타이드가 GUUGUGU와 같이 연결되어 RNA를 구성하고 있다면, 가능한 코돈은 GUU, UUG, UGU, GUG의 4가지이다. 하나의 코돈은 하나의 아미노산만을 합성하게 한다. 그러나 특정한 아미노산을 합성하게 하는 코돈은 여러 개일 수 있다.

※ 아미노산: 단백질의 기본단위로서 히스티딘, 트레오닌, 프롤린, 글루타민, 아스파라긴 등이 있다.

〈실 험〉

> 어떤 과학자가 아미노산을 합성하게 하는 RNA의 유전정보를 번역하기 위해 뉴클레오타이드 A와 C를 가지고 다음과 같은 실험을 하였다.
>
> 실험 1: A와 C를 교대로 연결하여 …ACACAC…인 RNA를 만들고, 이 RNA의 코돈을 이용하여 히스티딘과 트레오닌을 합성하였다.
>
> 실험 2: A와 2개의 C인 ACC를 반복적으로 연결하여 …ACCACCACC…인 RNA를 만들고, 이 RNA의 코돈을 이용하여 히스티딘, 트레오닌, 프롤린을 합성하였다.
>
> 실험 3: C와 2개의 A인 CAA를 반복적으로 연결하여 …CAACAACAA…인 RNA를 만들고, 이 RNA의 코돈을 이용하여 트레오닌, 글루타민, 아스파라긴을 합성하였다.

① AAC
② ACA
③ CAA
④ CAC
⑤ CCA

해설

문제 분석

지문에서 '코돈'의 정의 부분과 예시를 읽고 뉴클레오타이드 연결로부터 가능한 '코돈'을 찾아낼 수 있어야 한다. 지문의 예 GUUGUGU로부터 ⅰ) GUUGUGU, ⅱ) GUUGUGU, ⅲ) GUUGUGU, ⅳ) GUUGUGU 4가지의 코돈을 확인할 수 있다. 하나의 코돈은 하나의 아미노산만을 합성하게 하고 특정한 아미노산을 합성하게 하는 코돈은 여러 개일 수 있다는 내용은 확인하고 넘어간다.

문제풀이 실마리

지문과 〈실험〉에서도 상황별로 뉴클레오타이드는 2종류씩밖에 등장하지 않으므로 각 상황마다 최대 8가지(=2^3)의 '코돈'을 생각해볼 수 있다. 그러나 지문에서 주어진 바와 같이 상황마다 주어진 뉴클레오타이드 연결은 더 단순하므로 바로바로 '코돈'을 찾아내면서 해결할 수 있다.

실험 1에서 ACA, CAC '코돈'과 히스티딘, 트레오닌 합성을 확인할 수 있다. 실험 2에서는 ACC, CCA, CAC '코돈'과 히스티딘, 트레오닌, 프롤린 합성을 확인할 수 있다. 그리고 실험 3에서는 CAA, AAC, ACA'코돈'과 트레오닌, 글루타민, 아스파라긴 합성을 확인할 수 있다. 이상을 정리하면 다음과 같다.

실험 1

코돈	아미노산
ACA CAC	히스티딘 트레오닌

실험 2

코돈	아미노산
ACC CCA CAC	히스티딘 트레오닌 프롤린

실험 3

코돈	아미노산
CAA AAC ACA	트레오닌 글루타민 아스파라긴

실험들을 비교해 보면서 '코돈'과 '아미노산'의 대응 관계를 찾아가야 한다. 예를 들어 실험 1, 2를 비교해서 대응관계를 찾기에는 아미노산이 2개가 겹치므로 실험 1, 3을 비교해 보자. 실험 1, 3에 공통적으로 등장하는 코돈은 ACA이고 아미노산은 트레오닌이므로 코돈 ACA는 트레오닌을 합성하게 하는 것을 알 수 있다. 그리고 실험 1의 나머지 코돈과 아미노산에서 CAC는 히스티딘을 합성하게 하는 것을 알 수 있다. 아직 비교하지 못한 나머지 코돈과 아미노산 비교를 염두에 두고 표를 6칸으로 상황을 정리하면 다음과 같이 정리할 수 있다.

ACA	CAC				
트레오닌	히스티딘				

여기에서 이미 정답이 ④임을 알 수 있다. 이는 실험 1, 2의 비교에서 재확인할 수는 있지만 실험 1, 2의 비교에서 찾아낼 수는 없다.

빠른 문제풀이 Tip

실험 1, 3을 먼저 비교할지 고르면 문제는 해결된다. 위의 상황에 이어서 아래와 같은 상황만 남은 경우 더 이상 코돈과 아미노산의 대응 관계를 확정할 수 없으므로 빠르게 넘어간다.

실험 1

코돈	아미노산

실험 2

코돈	아미노산
ACC CCA	트레오닌 프롤린

실험 3

코돈	아미노산
CAA AAC	글루타민 아스파라긴

[정답] ④

25 다음 <조건>에 따라 OO대회 예선이 진행된다. 甲이 심사위원장을 알아내고자 할 때, <보기>에서 옳은 것만을 모두 고르면?

14년 5급 A책형 38번

〈조 건〉

- i)예선의 심사위원은 심사위원장 1인을 포함하여 총 4인이며, 그 중 누가 심사위원장인지 참가자에게 공개되지 않는다.
- ii)심사위원은 참가자의 노래를 들은 후 동시에 O 또는 X의 결정을 내리며, 다수결에 의해 예선 통과 여부가 결정된다.
- iii)만약 O와 X를 결정한 심사위원의 수가 같다면, 심사위원장이 O 결정을 한 경우 통과, X 결정을 한 경우 탈락한다.
- 4명의 참가자들은 어떤 심사위원이 자신에게 O 또는 X결정을 내렸는지와 통과 또는 탈락 여부를 정확히 기억하여 甲에게 알려주었다.

〈보 기〉

ㄱ. 4명의 참가자가 모두 심사위원 3인의 O 결정으로 통과했다면, 甲은 심사위원장을 알아낼 수 없다.
ㄴ. 4명의 참가자가 모두 같은 2인의 심사위원에게만 O 결정을 받아 탈락했다면, 甲은 심사위원장을 알아낼 수 있다.
ㄷ. 4명의 참가자가 모두 2인의 심사위원에게만 O 결정을 받았고, O 결정을 한 심사위원의 구성이 모두 다르다면, 甲은 심사위원장을 알아낼 수 있다.

① ㄱ ② ㄴ ③ ㄱ, ㄷ
④ ㄴ, ㄷ ⑤ ㄱ, ㄴ, ㄷ

해설

문제 분석

〈조건〉의 내용들로부터 〈보기〉는 모두 심사위원장을 알아낼 수 있는지 여부를 묻고 있다. 조건 i)에 의하면 심사위원장은 공개되지 않았고, 조건 ii)에 따르면 참가자들의 예선 통과 여부는 심사위원의 다수결에 의하여 결정되지만, 조건 iii)은 심사위원장은 가부동수일 때 결정 권한을 지닌 것으로 해석할 수 있다.

문제풀이 실마리

모든 경우를 다 이해하고 문제를 접근하기보다 〈보기〉의 상황에서 심사위원장을 가릴 수 있는지 여부만 우선적으로 판단한다.

ㄱ. (O) 4명의 참가자가 모두 심사위원 3인의 O 결정으로 통과했다면 심사위원장의 결정 권한이 발동된 적이 없다. 심사위원장의 결정 권한이 발동되고 그 결과가 참가자들마다 다르게 나타난 일부 경우에 심사위원장을 알아낼 수 있다.

ㄴ. (X) 4명의 참가자가 모두 같은 2인의 심사위원에게만 O 결정을 받아 탈락했다면 심사위원장의 권한이 발동된 경우이지만 O 결정을 한 2인의 심사위원 중 1인이 심사위원장이라는 것을 알아낼 수는 있으나 그 중 누가 심사위원장이라는 것을 알아낼 수는 없다.

ㄷ. (O) 4명의 참가자가 모두 2인의 심사위원에게만 O 결정을 받았고, O 결정을 한 심사위원의 구성이 모두 다르다면, 우선 4인의 심사위원 중 2인의 심사위원이 2명에게만 O 결정을 하면서 O 결정을 서로 다르게 하는 가능한 경우는 아래의 6가지($_4C_2$) 경우이다.

〈표 1〉	심사위원 A	심사위원 B	심사위원 C	심사위원 D
참가자 1	O	O	X	X
참가자 2	O	X	O	X
참가자 3	O	X	X	O
참가자 4	X	O	O	X
참가자 5	X	O	X	O
참가자 6	X	X	O	O

ㄷ의 상황은 참가자 1~6의 경우 중 임의의 4명의 참가자인 경우라고 생각할 수 있다. 심사위원을 기준으로 보았을 때 임의의 참가자 4명을 고르는 경우라면 어떻게 고르더라도 심사위원 1인은 최소한 1명이 참가자에게 X 결정을 하게 된다. 예를 들어 참가자 3~6의 경우라면

〈표 2〉	심사위원 A	심사위원 B	심사위원 C	심사위원 D
참가자 3	O	X	X	O
참가자 4	X	O	O	X
참가자 5	X	O	X	O
참가자 6	X	X	O	O

과 같다. 이렇게 4명의 참가자를 고른다면 모두 통과하거나 모두 탈락하는 경우는 없다. 1명의 참가자가 통과한 경우, 그 참가자는 참가자 3이고 심사위원장은 심사위원 A이다. 2명의 참가자가 통과한 경우는 그 두 명의 참가자에게 공통으로 O 결정을 한 심사위원이 심사위원장이다. 3명의 참가자가 통과한 경우라면 세 명의 참가자에게 공통으로 O 결정을 한 심사위원 D가 심사위원장이다.

빠른 문제풀이 Tip

심사위원들의 결정이 4:0 또는 3:1이 되어 다수결에 의해 예선 통과 여부가 결정된 경우라면 심사위원장의 결정 권한이 중요한 경우가 아니다. 문제에서는 심사위원장의 결정 권한은 심사위원들의 결정이 2:2가 되는 경우에 중요하다.

심사위원장의 결정 권한에 의해 통과 또는 탈락 여부가 가려진 경우 참가자들 사이에 통과 또는 탈락 여부를 비교해 보아야 심사위원장이 누구인지 알아낼 수 있다. 그러나 아래와 같이 두 명의 참가자에 대한 심사위원들의 결정이 완전히 같은 경우 심사위원장이 A 또는 B라는 것만 알아낼 수 있을 뿐 둘 중 누구라는 것은 알아낼 수 없다.

〈표 3〉	심사위원 A	심사위원 B	심사위원 C	심사위원 D
참가자 1	O	O	X	X
참가자 2	O	O	X	X

문제에서 언급되지는 않았지만, 극단적으로 참가자 4명이 모두 이러한 상황이라면 심사위원장이 둘 중 누군지 알 수 없다. 또한 ㄷ의 상황은 참가자 4명의 상황이 모두 다른 경우를 언급하고 있다.

하지만 일반적으로는 심사위원의 선택이 모두 같거나 모두 다른 경우보다 일부는 같을 수도 있는 상황을 생각해 볼 수 있다. 심사위원의 선택이 일부는 같고 일부는 다른 상황이라면 〈표 1〉에서 참가자 (1, 6), (2, 5), (3, 4)의 관계가 아닌 2명만 비교해 보면 심사위원장을 알아낼 수 있다. 참가자 (1, 6), (2, 5), (3, 4)의 관계는 모든 심사위원이 두 명의 참가자에게 통과 또는 탈락 결정을 다르게 내려 둘이 동시에 통과하거나 탈락할 수 없는 관계이다. 〈표 1〉의 내용 중 임의로 참가자 (3, 6)만 비교해 보자.

〈표 4〉	심사위원 A	심사위원 B	심사위원 C	심사위원 D
참가자 3	O	X	X	O
참가자 6	X	X	O	O

둘 다 통과했다면 심사위원 D가, 3만 통과했다면 심사위원 A가, 6만 통과했다면 심사위원 C가, 둘 다 탈락했다면 심사위원 B가 심사위원장이다. 즉, 모든 참가자들이 〈표 1〉의 참가자 (1, 6), (2, 5), (3, 4)의 관계 중 하나의 관계로만 구성되어 있지 않는 한 적절한 두 명의 참가자를 비교해 심사위원장을 알아낼 수 있다.

[정답] ③

고정정보 연결

26 **다음 글을 근거로 판단할 때, 현재 시점에서 두 번째로 많은 양의 일을 한 사람은?** 21년 7급 나책형 10번

A부서 주무관 5명(甲～戊)은 오늘 해야 하는 일의 양이 같다. 오늘 업무 개시 후 현재까지 한 일을 비교해 보면 다음과 같다.

甲은 丙이 아직 하지 못한 일의 절반에 해당하는 양의 일을 했다. 乙은 丁이 남겨 놓고 있는 일의 2배에 해당하는 양의 일을 했다. 丙은 자신이 현재까지 했던 일의 절반에 해당하는 일을 남겨 놓고 있다. 丁은 甲이 남겨 놓고 있는 일과 동일한 양의 일을 했다. 戊는 乙이 남겨 놓은 일의 절반에 해당하는 양의 일을 했다.

① 甲
② 乙
③ 丙
④ 丁
⑤ 戊

해설

문제 분석

주어진 조건을 정리해 보면 다음과 같다.

1) A부서 주무관 5명(甲～戊)은 오늘 해야 하는 일의 양이 같다.
2) 甲은 丙이 아직 하지 못한 일의 절반에 해당하는 양의 일을 했다.
3) 乙은 丁이 남겨 놓고 있는 일의 2배에 해당하는 양의 일을 했다.
4) 丙은 자신이 현재까지 했던 일의 절반에 해당하는 일을 남겨 놓고 있다.
5) 丁은 甲이 남겨 놓고 있는 일과 동일한 양의 일을 했다.
6) 戊는 乙이 남겨 놓은 일의 절반에 해당하는 양의 일을 했다.

문제풀이 실마리

- 먼저 조건 4)를 처리하면, 丙이 자신이 현재까지 했던 일의 절반에 해당하는 일을 남겨 놓고 있기 때문에, 丙이 자신이 현재까지 했던 일을 2라고 했을 때, 그 절반에 해당하는 1을 남겨 놓고 있다.
- 조건 1)에서 A부서 주무관 5명(甲～戊)은 오늘 해야 하는 일의 양이 같기 때문에 오늘 해야 하는 일의 양은 3이 된다.

	현재까지 한 일	남겨 놓고 있는 일	오늘 해야 하는 일의 양
丙	2	1	3

위에서 실마리를 찾은 것과 연결시켜 다음으로 2)를 처리하면, 甲은 丙이 아직 하지 못한 일의 절반에 해당하는 양의 일을 했으므로

	현재까지 한 일	남겨 놓고 있는 일	오늘 해야 하는 일의 양
丙	2	1	3
甲	1/2	2+1/2	

다음으로 5)를 처리하면, 丁은 甲이 남겨 놓고 있는 일과 동일한 양의 일을 했으므로

	현재까지 한 일	남겨 놓고 있는 일	오늘 해야 하는 일의 양
丙	2	1	3
甲	1/2	2+1/2	
丁	2+1/2	1/2	

다음으로 3)을 처리하면, 乙은 丁이 남겨 놓고 있는 일의 2배에 해당하는 양의 일을 했으므로

	현재까지 한 일	남겨 놓고 있는 일	오늘 해야 하는 일의 양
丙	2	1	3
甲	1/2	2+1/2	
丁	2+1/2	1/2	
乙	1	2	

마지막으로 남은 6)을 처리하면, 戊는 乙이 남겨 놓은 일의 절반에 해당하는 양의 일을 했으므로 아래와 같다.

	현재까지 한 일	남겨 놓고 있는 일	오늘 해야 하는 일의 양
丙	2	1	3
甲	1/2	2+1/2	
丁	2+1/2	1/2	
乙	1	2	
戊	1	2	

이를 토대로 현재 시점에서 두 번째로 많은 양의 일을 한 사람은 ③ 丙이다.

빠른 문제풀이 Tip

고정정보를 찾고 그로부터 연결되는 순서대로 해결해 간다면 바로바로 해결되는 기본형의 문제이다.

[정답] ③

길쌤's Check

고정정보가 찾아지면 고정정보와 관련된 것부터 연결해서 해결해 나가야 한다.

27 다음 <조건>을 따를 때, 5에 인접한 숫자를 모두 더한 값은? (단, 숫자가 인접한다는 것은 숫자가 쓰인 칸이 인접함을 의미한다)

16년 민경채 5책형 24번

〈조 건〉

- ○ 1~10까지의 자연수를 모두 사용하여, 〈숫자판〉의 각 칸에 하나의 자연수를 쓴다. 단, 6과 7은 〈숫자판〉에 쓰여 있다.
- ○ 1은 소수와만 인접한다.
- ○ 2는 모든 홀수와 인접한다.
- ○ 3에 인접한 숫자를 모두 더하면 16이 된다.
- ○ 5는 가장 많은 짝수와 인접한다.
- ○ 10은 어느 짝수와도 인접하지 않는다.

※ 소수: 1과 자신만을 약수로 갖는 자연수

〈숫자판〉

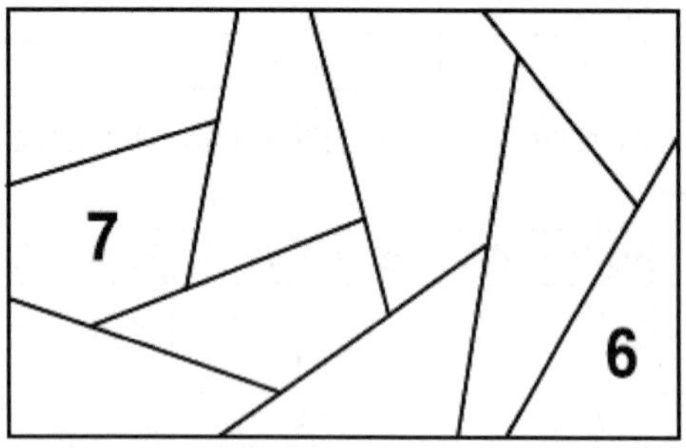

① 22　② 23　③ 24　④ 25　⑤ 26

해설

문제 분석

동그라미 순서대로 조건 1)~조건 6)이라 한다.

문제풀이 실마리

- 조건 3) '2는 모든 홀수와 인접한다.'는 조건을 가장 먼저 처리했어야 한다. '모든 홀수'라는 표현에서 숫자 2가 쓰여진 칸은 주위에 5개의 칸이 위치해야 함을 알 수 있다. 고정조건을 찾아서 문제 해결의 실마리를 발견해 가야 한다.
- 발문에서 요구하길 5에 인접한 숫자를 모두 더해야 하므로 5가 쓰여진 칸을 찾아내고 그와 인접한 칸에 포커스를 맞춰야 한다.

조건 3) 2는 모든 홀수와 인접한다.
: 2와 홀수 5개의 위치가 파악된다.
→ [숨겨진 정보] 짝수의 위치도 모두 파악된다.

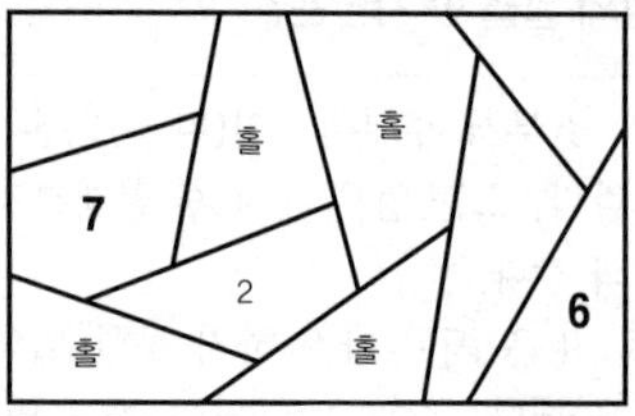

조건 5) 5는 가장 많은 짝수와 인접한다.
: 7을 제외한 나머지 홀수 칸 네 개 중 가장 많은 짝수와 인접한 칸에 '5'가 위치한다.
→ 5에 인접한 다섯 개 칸의 숫자를 모두 더한 값을 구하면 된다.

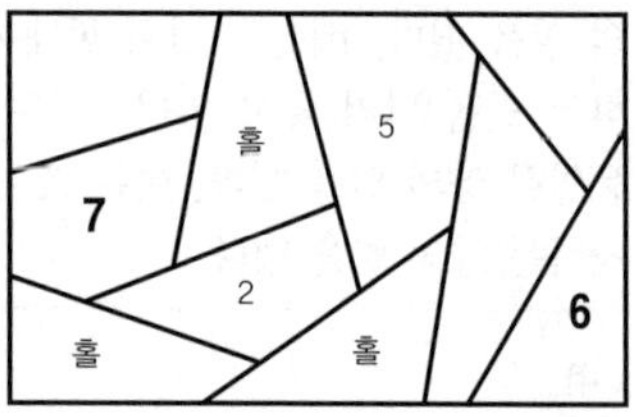

조건 6) 10은 어느 짝수와도 인접하지 않는다.
: 비어있는 홀수 칸 중에 어느 짝수와도 인접하지 않으려면 10의 위치가 확정된다.

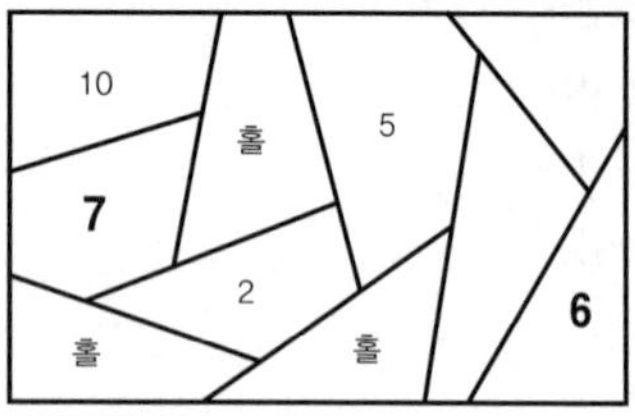

조건 2) 1은 소수와만 인접한다.
: 1은 소수인 2, 3, 5, 7과만 인접해야 하므로 1의 위치가 확정된다.
→ 3의 위치가 확정된다.
→ 9의 위치가 확정된다.

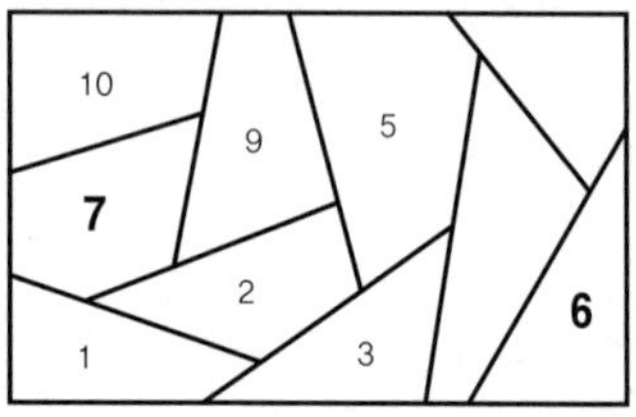

조건 4) 3에 인접한 숫자를 모두 더하면 16이 된다.
: 3칸과 인접한 칸에는 8이, 나머지 마지막 하나 남은 칸에는 4가 들어간다.

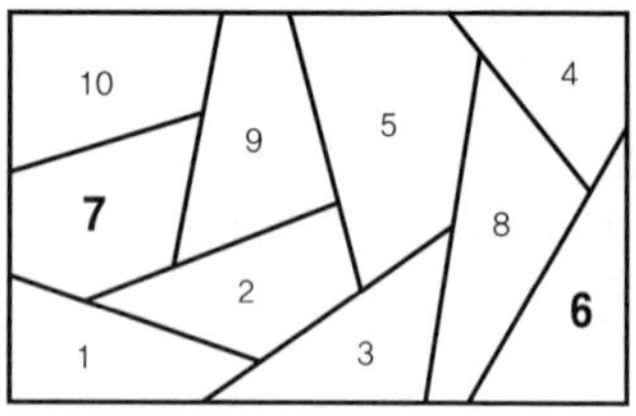

따라서 5에 인접한 숫자는 9, 2, 3, 8, 4이고, 5에 인접한 숫자를 모두 더하면 9+2+3+8+4=26이므로 정답은 '⑤ 26'이다.

빠른 문제풀이 Tip

- 1부터 10까지 자연수 중에 소수는 '2, 3, 5, 7'이다.
- 주어진 여섯 개의 조건 중 가장 중요한 조건인 '2는 모든 홀수와 인접한다.'는 조건부터 시작해서 고정정보를 발견하고 다른 칸으로 연결해 나갔어야 문제 해결의 실마리를 발견할 수 있었을 것이다. 주어진 6개의 조건 중에서 '모든 홀수'라는 표현에서 얻을 수 있는 정보가 가장 확정적이다.
- 숫자판에 10개의 숫자를 다 채우지 않고도 문제에서 묻는 바만 확인하면 된다. 즉, 5 주변에 있는 숫자를 확인하는 데 초점을 맞추어야 한다. 조건2)에 따라 숫자 1, 3, 9 순으로 위치가 확정되었다면 추가로 〈조건〉을 확인하지 않아도 문제에서 요구하는 답을 도출할 수 있다.
  1) 4, 8의 위치를 굳이 확정하지 않아도 5와 인접한 칸의 숫자는 이미 모두 제시되어 있다.
  2) 5와 인접한 칸을 제외한 나머지 칸은 모두 숫자가 확정되었다.
  1) 또는 2)를 생각할 수 있다면, 여기까지만 칸을 채우고도 26을 도출할 수 있다.

[정답] ⑤

28 다음 글을 근거로 판단할 때, 甲연구소 신입직원 7명(A~G)의 부서배치 결과로 옳지 않은 것은? 17년 민경채 나책형 23번

甲연구소에서는 신입직원 7명을 선발하였으며, 신입직원들을 각 부서에 배치하고자 한다. 각 부서에서 요구한 인원은 다음과 같다.

정책팀	재정팀	국제팀
2명	4명	1명

신입직원들은 각자 원하는 부서를 2지망까지 지원하며, 1, 2지망을 고려하여 이들을 부서에 배치한다. 먼저 1지망 지원부서에 배치하는데, 요구인원보다 지원인원이 많은 경우에는 입사성적이 높은 신입직원을 우선적으로 배치한다. 1지망 지원부서에 배치되지 못한 신입직원은 2지망 지원부서에 배치되는데, 이때 역시 1지망에 따른 배치 후 남은 요구인원보다 지원인원이 많은 경우 입사성적이 높은 신입직원을 우선적으로 배치한다. 1, 2지망 지원부서 모두에 배치되지 못한 신입직원은 요구인원을 채우지 못한 부서에 배치된다.

신입직원 7명의 입사성적 및 1, 2지망 지원부서는 아래와 같다. A의 입사성적만 전산에 아직 입력되지 않았는데, 82점 이상이라는 것만 확인되었다. 단, 입사성적의 동점자는 없다.

신입직원	A	B	C	D	E	F	G
입사성적	?	81	84	78	96	80	93
1지망	국제	국제	재정	국제	재정	정책	국제
2지망	정책	재정	정책	정책	국제	재정	정책

① A의 입사성적이 90점이라면, A는 정책팀에 배치된다.
② A의 입사성적이 95점이라면, A는 국제팀에 배치된다.
③ B는 재정팀에 배치된다.
④ C는 재정팀에 배치된다.
⑤ D는 정책팀에 배치된다.

해설

문제 분석

① 신입직원들은 각자 원하는 부서를 2지망까지 지원, ② 1, 2지망을 고려하여 이들을 부서에 배치, ③ 먼저 1지망 지원부서에 배치, ④ '요구인원<지원인원'인 경우에는 입사성적이 높은 신입직원을 우선적으로 배치, ⑤ 1지망 지원부서에 배치되지 못한 신입직원은 2지망 지원부서에 배치, ⑥ 이때 역시 1지망에 따른 배치 후 남은 요구인원<지원인원인 경우 입사성적이 높은 신입직원을 우선적으로 배치 (지원인원이 많은 경우 항상 성적으로 배치), ⑦ 1, 2지망 지원부서 모두에 배치되지 못한 신입직원은 요구인원을 채우지 못한 부서에 배치된다.

신입직원	A	B	C	D	E	F	G
입사성적	82 이상	81	84	78	96	80	93
1지망	국제	국제	재정	국제	재정	정책	국제
2지망	정책	재정	정책	정책	국제	재정	정책

문제풀이 실마리

정책팀에 2명, 재정팀에 4명, 국제팀에 1명을 배치해야 하는데 그중 고정정보를 발견해야 한다.

각 신입직원들의 1지망을 통해 부서를 배치해 보면 다음과 같다.

부서	정책팀	재정팀	국제팀
요구한 인원	2명	4명	1명
1지망	F	C, E	A, B, D, G

정책팀에 F, 재정팀에 C와 E는 1지망에 따라 배치가 완료되고 고정정보가 된다. 반면 국제팀의 요구인원은 1명인데 1지망으로 국제팀에 지원한 지원자가 4명으로 지원자가 더 많다. 이러한 경우에는 입사성적이 높은 신입직원을 우선적으로 배치하는데, 입사성적을 보면 A(82 이상), B(81), D(78), G(93)이므로 입사성적이 높은 신입직원으로 A(82 이상)와 G(93)가 국제팀에 배치될 신입직원으로 경합한다. 두 갈래 길이 등장했으므로 두 가지 경우를 모두 따져본다.

〈경우 1〉 A가 국제팀에 배치되는 경우
A가 입사성적이 더 높아 국제팀에 배치되는 경우를 살펴보자. 그럼 나머지 B(81), D(78), G(93)를 2지망에 따라 배치해 주어야 한다.

	정책팀	재정팀	국제팀
	2명	4명	1명
1지망	F	C, E	A
2지망	D(78), G(93)	B(81)	

D(78)와 G(93)가 2지망으로 동시에 성책팀을 썼기 때문에, 다시 입사성적에 의해서 성적이 더 좋은 G가 정책팀에 남게 되고, D는 4명의 요구인원 중 3명만 배치되어 자리가 남아있는 재정팀으로 배치된다.

〈경우 2〉 G가 국제팀에 배치되는 경우
입사성적에 의해서 G가 국제팀에 배치되는 경우, 나머지 A(82 이상), B(81), D(78)를 2지망에 따라 배치해 주어야 한다.

	정책팀	재정팀	국제팀
	2명	4명	1명
1지망	F	C, E	G
2지망	A(82 이상), D(78)	B(81)	

그 이후 상황은 앞서 A가 국제팀에 배치되었을 때와 크게 다르지 않다. A(82 이상)와 D(78)가 2지망으로 정책팀을 썼기 때문에, 다시 입사성적에 의해서 성적이 더 좋은 A가 정책팀에 남게 되고, D는 4명의 요구인원 중 3명만 배치되어 자리가 남아있는 재정팀으로 배치된다.

① (O) A의 입사성적이 90점이라면 G의 입사성적이 더 높으므로 G가 1지망에 의해서 국제팀에 배치되는 두 번째 경우이다. 이때 A는 2지망에 따라 정책팀에 배치된다.

② (O) A의 입사성적이 95점이라면, A가 G보다 입사성적이 더 높으므로 A가 1지망에 의해서 국제팀에 배치되는 첫 번째 경우이다.

③ (O) 두 가지 경우 모두에서 B는 2지망에 따라 재정팀에 배치된다.

④ (O) C는 1지망에 의해서 재정팀에 배치된다.

⑤ (X) D는 2지망에서 정책팀을 두고 A 또는 G와 경합하게 되는데, 두 경우 모두에서 입사성적이 좋지 않아 밀리게 되고, 두 경우 모두 아직 요구인원 4명이 다 채워지지 못한 재정팀에 배치된다.

빠른 문제풀이 Tip

고정과 가변을 구분해서 해결하면 보다 쉽게 해결할 수 있다.

[정답] ⑤

29 다음 <조건>과 <관광지 운영시간 및 이동시간>을 근거로 판단할 때, <보기>에서 옳은 것만을 모두 고르면?

17년 민경채 나책형 25번

〈조 건〉

ㅇ 하루에 4개 관광지를 모두 한 번씩 관광한다.
ㅇ 궁궐에서는 가이드투어만 가능하다. 가이드투어는 10시와 14시에 시작하며, 시작 시각까지 도착하지 못하면 가이드투어를 할 수 없다.
ㅇ 각 관광에 소요되는 시간은 2시간이며, 관광지 운영시간 외에는 관광할 수 없다.

〈관광지 운영시간 및 이동시간〉

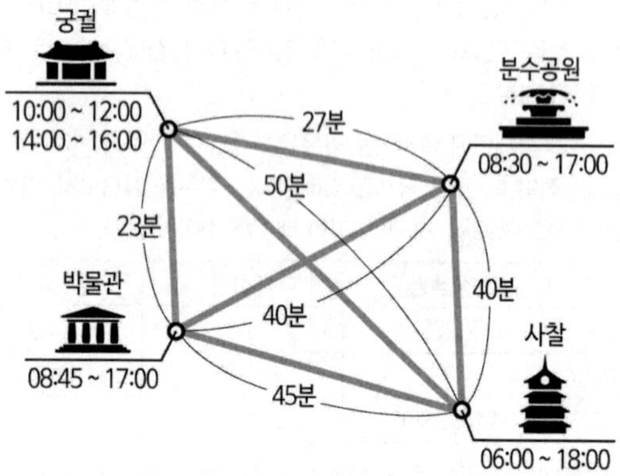

〈보 기〉

ㄱ. 사찰에서부터 관광을 시작해야 한다.
ㄴ. 마지막 관광을 종료하는 시각은 16시 30분 이후이다.
ㄷ. 박물관과 분수공원의 관광 순서가 바뀌어도 무방하다.

① ㄴ
② ㄷ
③ ㄱ, ㄴ
④ ㄱ, ㄷ
⑤ ㄱ, ㄴ, ㄷ

해설

문제 분석

- 궁궐, 분수공원, 박물관, 사찰을 하루에 한 번씩 모두 관광한다.
- 각 관광지는 운영시간 외에는 관광할 수 없고, 운영시간은 그림에 주어져 있다.
- 운영시간은 분수공원이 08:30 ~ 17:00, 박물관이 08:45 ~ 17:00, 사찰이 06:30 ~ 18:00이고, 궁궐은 10시, 14시에 시작하는 두 번의 가이드 투어만 가능하다.
- 관광지 간의 이동시간도 그림에 주어져 있다.

문제풀이 실마리

4개의 관광지 궁궐, 분수공원, 박물관, 사찰 중에 갈림길이 적은 궁궐을 실마리로 잡아 경우를 확정해 가야 한다. 다른 세 개의 관광지는 몇 시간씩 되는 관광지 우영시간 중 언제 관광을 해야 할지 결정하기 어렵다. 하지만 궁궐은 10시 또는 14시에만 관광이 가능하다. 궁궐을 10시에 관광하는 경우와 14시에 관광하는 경우로 각각 나누어서 따져보아야 한다.

〈경우 1〉 궁궐을 10시에 관광하는 경우

궁궐을 10시에 관광을 하게 되면 궁궐 관광 전에 관광하는 관광지와 궁궐 관광 후에 관광하는 관광지로 구분해야 한다.

궁궐 관광 전에 관광할 수 있는 건 관광 소요시간 2시간을 고려했을 때 적어도 10시보다는 2시간 전인 8시 전에 관광이 가능한 관광지여야 한다. 그러면 사찰만이 가능하다. 즉, '사찰 – 궁궐' 순이 확정된다. 사찰은 6시부터 관광이 가능하므로 2시간의 관광시간과 이동시간 50분을 고려하더라도 그 이후에 10시부터 시작하는 궁궐 관광이 얼마든지 가능하다.

궁궐 관광을 마치고 나면 12시이고, 그 이후에 남은 관광지인 분수공원과 박물관은 동일하게 17시에 운영시간이 종료된다. 이때 두 곳의 관광 소요시간인 2시간×2곳=총 4시간의 관광시간을 빼고 나면 1시간의 이동시간이 남는다.

1–1) 궁궐 관광 이후에 박물관과 분수공원으로 이동할 경우에 어디부터 가야할지 갈림길이 등장한다. 둘 중에 박물관부터 갈지 분수공원부터 갈지를 결정해야 한다. 그러면 '궁궐 – 박물관 – 분수공원' 또는 '궁궐 – 분수공원 – 박물관' 순으로 이동하는 두 가지 경로가 나온다. 첫 번째 '궁궐 – 박물관 – 분수공원' 순으로 이동하게 되면 이동시간은 궁궐 → 박물관 23분, 박물관 → 분수공원 40분으로 총 63분의 이동시간이 소요된다. 그럼 이동시간으로 남은 1시간 내에 이동이 불가능하다.

1–2) '궁궐 – 분수공원 – 박물관' 순으로 이동하는 경우에 이동시간은 궁궐 → 분수공원 27분, 분수공원 → 박물관 40분으로 총 67분의 이동시간이 소요된다. 즉 이 두가지 경로 모두 남은 1시간 내에 이동이 불가능하다.

따라서 궁궐을 10시에 관광하는 경우에 하루에 4개의 관광지를 모두 한 번씩 관람하는 것은 불가능하다.

〈경우 2〉 궁궐을 14시에 관광하는 경우

궁궐을 14시에 관광을 하는 경우에도 궁궐 관광 전에 관광하는 관광지와 궁궐 관광 후에 관광하는 관광지로 구분해야 한다. 궁궐을 14시부터 관람하는 경우에 16시에 관람을 마치게 되는데, 그러면 그 이후에 관광이 가능한 관광지는 없다. 16시부터 이동시간을 고려하지 않고 관광시간만 고려하더라고 2시간이 소요되는데 그 경우 18시까지 운영하는 사찰만 가능하지만 여기에 이동시간을 추가한다면 아무 곳도 관광이 가능하지 않기 때문이다. 따라서 남은 세 곳의 관광지를 모두 궁궐 관광 이전에 관광해야 한다.

그러면 14시 전에 세 곳의 관광지를 모두 관광하려면 관광시간 2시간씩임을 고려했을 때 2시간×3곳=총 6시간이 필요하다. 즉 이동시간 고려 없이 관광시간만 고려했을 때 적어도 8시부터는 관광을 시작해야 한다. 그렇다면 이 경우 제일 먼저 관광해야 할 곳은 사찰이 된다.

즉, '사찰 – (　) – (　) – 궁궐' 순으로 관광을 해야 한다. 괄호 안에 들어갈 수 있는 관광지는 분수공원과 박물관이며, 이 경우에도 마찬가지로 두 번째 괄호에 뭐가 올 수 있는지 생각해 보면 경로가 완성된다.

2–1) 즉, 두 번째 괄호에 분수공원이 오는 경우에 '사찰 – 분수공원 – 박물관 – 궁궐' 순의 경로가 완성되고 또는

2–2) 두 번째 괄호에 박물관이 오는 경우 '사찰 – 박물관 – 분수공원 – 궁궐' 순의 경로가 완성된다.

이때 최대한 빨리 관광을 시작한다고 하면 사찰은 6시부터 관광이 가능하다. 즉 적어도 8시 이전에는 관광을 시작했어야 하니 이동시간으로 총 2시간(총 120분)이 가능하다.

2–1) 경로인 '사찰 – 분수공원 – 박물관 – 궁궐' 순의 경로를 따를 때 사찰 → 분수공원 40분, 분수공원 → 박물관 40분, 박물관 → 궁궐 23분의 이동시간이 소요되어 총 103분의 이동시간이 소요되고, 이는 총 120분 안에 이동이 가능하다.

2–2) 경로인 '사찰 – 박물관 – 분수공원 – 궁궐' 순의 경로를 따를 때 사찰 → 박물관 45분, 박물관 → 분수공원 40분, 분수공원 → 궁궐 27분의 이동시간이 소요되어 총 112분의 이동시간이 소요되고, 이 역시 총 120분 안에 이동이 가능하다.

ㄱ. (O) 가능한 두 가지 경로 모두 사찰에서부터 관광을 시작한다.

ㄴ. (X) 가능한 두가지 경로 모두 마지막에 궁궐을 관람하게 되고, 궁궐 관람은 14시에 시작하여 16시에 마치게 되므로 마지막 관광을 종료하는 시각은 16시 30분 이전이다.

ㄷ. (O) 가능한 두 가지 경로에서는 박물관과 분수공원의 관광순서가 바뀐다. 따라서 박물관과 분수공원의 관광 순서가 바뀌어도 무방하다.

빠른 문제풀이 Tip

문제를 해결하는 과정에서 관광지를 관광하는 경우가 잘 그려지면서 그 하나하나 경우를 정확하게 따질 수 있어야 해결 가능한 문제이다.

[정답] ④

30 다음 글을 근거로 판단할 때, 甲이 출연할 요일과 프로그램을 옳게 짝지은 것은? 20년 5급 나책형 32번

甲은 ○○방송국으로부터 아래와 같이 프로그램 특별 출연을 요청받았다.

매체	프로그램	시간대	출연 가능 요일
TV	모여라 남극유치원	오전	월, 수, 금
	펭귄극장	오후	화, 목, 금
	남극의 법칙	오후	월, 수, 목
라디오	지금은 남극시대	오전	화, 수, 목
	펭귄파워	오전	월, 화, 금
	열시의 펭귄	오후	월, 수, 금
	굿모닝 남극대행진	오전	화, 수, 금

甲은 다음주 5일(월요일~금요일) 동안 매일 하나의 프로그램에 출연하며, 한 번 출연한 프로그램에는 다시 출연하지 않는다. 또한 동일 매체에 2일 연속 출연하지 않으며, 동일 시간대에도 2일 연속 출연하지 않는다.

요일	프로그램
① 월요일	펭귄파워
② 화요일	굿모닝 남극대행진
③ 수요일	열시의 펭귄
④ 목요일	펭귄극장
⑤ 금요일	모여라 남극유치원

해설

문제 분석

- 출연을 요청받은 프로그램이 표로 정리되어 있고, 매체, 시간대, 출연 가능 요일 정보를 포함하고 있다.
- 월요일~금요일 5일 동안 매일 하나의 프로그램에 출연한다.
- 한 번 출연한 프로그램에는 다시 출연하지 않는다.
- 동일 매체에 2일 연속 출연하지 않는다
- 동일 시간대에도 2일 연속 출연하지 않는다.

문제풀이 실마리

- 경우 확정형은 고정정보가 보여야 문제를 빠르게 해결할 수 있다.
- 문제 풀이의 실마리를 잡을 때는 갈림길이 적은 것(=덩어리가 큰 것)부터 실마리를 잡아가야 경우의 수가 적기 때문에 수월하게 문제를 해결할 수 있다.
- 두가지 속성인 TV ↔ 라디오, 오전 ↔ 오후가 번갈아가면서 배치되는 것은 배치문제에서 자주 등장하는 장치이다.

동일 매체에 2일 연속 출연하지 않기 때문에 월요일부터 'TV – 라디오 – TV – 라디오 – TV' 순이거나 반대로 '라디오 – TV – 라디오 – TV – 라디오' 순이 된다.

동일 시간대에 2일 연속 출연하지 않기 때문에 월요일부터 '오전 – 오후 – 오전 – 오후 – 오전' 순이거나 반대로 '오후 – 오전 – 오후 – 오전 – 오후' 순이 된다.

한 번 출연한 프로그램에 다시 출연하지 않기 때문에 프로그램의 중복은 없어야 하고 한 번씩만 출연할 수 있다.

프로그램은 TV 프로그램이 3개이므로 만약 TV 프로그램에 3회 즉, 월 – 수 – 금에 출연한다면 월수금은 오전만이거나 오후만이어야 한다. 그런데 TV 프로그램은 오전에 하나, 오후에 두 개이기 때문에 TV에 월, 수, 금 3회 출연하는 것은 불가능하고 화, 목 오후에 출연하게 된다. 그렇다면 자동으로 라디오에는 월, 수, 금 오전에 3회 출연하게 된다.

월	화	수	목	금
라디오	TV	라디오	TV	라디오
오전	오후	오전	오후	오전

따라서 각 프로그램별 시간대와 출연 가능 요일에 따라 출연을 결정해 보면, 월요일 오전에 펭귄파워(라디오), 화요일 오후에 펭귄극장(TV), 수요일 오전에 지금은 남극시대(라디오), 목요일 오후에 남극의 법칙(TV), 금요일 오전에 굿모닝 남극대행진(라디오)를 배치할 수 있다.

따라서 甲이 출연할 요일과 프로그램을 옳게 짝지은 것은 월요일, 펭귄파워이다.

빠른 문제풀이 Tip

다음과 같은 표에 각 요일의 각 시간대마다 출연가능한 프로그램을 정리한 후 고정정보를 찾아서 해결해 가는 방법도 가능하다.

	월	화	수	목	금
오전					
오후					

[정답] ①

덩어리 접근

31 **최 사무관은 조사비, 인건비, 재료비, 운영비, 홍보비, 잡비 등 총 6개 항목으로 나누어 연구용역비를 산출하였으나, 예산 담당 부서에서 다음과 같은 지침에 따른 예산 변경을 요구해 왔다. 이 지침에 근거해서 최 사무관이 내린 다음 판단 중 틀린 것은?**

06년 5급 출책형 28번

- ○ 증액이 가능한 항목은 최대 2개이며, 적어도 3개 항목은 반드시 삭감하여야 한다.
- ○ 어떤 항목은 증액이나 감액 없이 현상유지될 수 있다.
- ○ 인건비와 조사비는 동시에 삭감하거나 동시에 증액하여야 한다.
- ○ 재료비와 홍보비는 동시에 삭감할 수 없다.
- ○ 운영비와 잡비는 동시에 증액할 수 없다.
- ○ 재료비는 반드시 삭감하여야 한다.

① 잡비를 증액하면, 홍보비를 증액할 수 없다.
② 운영비를 증액하면, 조사비를 증액할 수 없다.
③ 홍보비를 증액하면, 인건비를 증액할 수 없다.
④ 인건비를 증액하면, 잡비를 반드시 삭감하여야 한다.
⑤ 조사비를 증액하면, 운영비를 반드시 삭감하여야 한다.

해설

문제 분석

- 총 6개 항목은 증액, 삭감, 유지일 수 있는데, 최대 2개까지 증액할 수 있고, 최소 3개는 삭감해야 한다.
- 인건비와 조사비는 동시에 삭감하거나 동시에 증액하여야 한다.
- 재료비와 홍보비는 동시에 삭감할 수 없다.
- 운영비와 잡비는 동시에 증액할 수 없다.
- 재료비는 반드시 삭감하여야 한다.

문제풀이 실마리

고정정보를 찾아서 연결해 나간 후, 직접 경우의 수를 따질 때는 덩어리가 큰 것부터 실마리를 찾아갈 수 있어야 한다.

문제에서 준 내용을 정리하면 다음과 같다.

조사비	인건비	재료비	운영비	홍보비	잡비
		⇓		↔ or ⇑	

① (X) 잡비를 증액하더라도 홍보비를 증액할 수 있는 반례를 찾아보아야 한다.

조사비	인건비	재료비	운영비	홍보비	잡비
↓	↓	⇓	↔ or ↓	⇑	↑

위와 같은 반례가 찾아지므로 옳지 않다.

② (O) 기본조건상 증액이 가능한 항목은 최대 2개이다. 인건비와 조사비는 동시에 증액 또는 감액되어야 하므로, 운영비를 증액하면 인건비&조사비를 증액하는 것은 불가능하다.

③ (O) 기본조건상 증액이 가능한 항목은 최대 2개이다. 인건비와 조사비는 동시에 증액 또는 감액되어야 하므로, 홍보비를 증액하면 인건비&조사비를 증액하는 것은 불가능하다.

④, ⑤ (O) 인건비와 조사비는 동시에 증액 또는 감액되어야 하므로, 인건비를 증액한다는 것은 조사비도 증액한다는 것이다. 따라서 증액이 가능한 2개 항목은 다 채워진 셈이고, 반대로 최소 3개 항목은 반드시 삭감해야 하는데, 남은 4개 항목 중 운영비는 삭감이 불가능하다. 따라서 운영비를 제외한 나머지 재료비, 홍보비, 잡비는 모두 반드시 삭감하여야 한다.

빠른 문제풀이 Tip

- 기본조건과 세부조건으로 구분해 보는 것도 가능한 문제이다.
- 덩어리가 큰 항목부터 접근해 보면 경우를 쉽게 정리해 볼 수 있다.
- 선지에서의 대구를 확인하면 유사하게 해결되는 선지들이 보인다.

[정답] ①

[32 ~ 33] 다음을 읽고 물음에 답하시오. 07년 5급 재책형 13-14번

〈상 황〉

〈사업별 기간 및 소요예산〉

A사업: 총 사업기간은 2년으로, 첫 해에는 1조 원, 둘째 해에는 4조 원의 예산이 필요하다.

B사업: 총 사업기간은 3년으로, 첫 해에는 15조 원, 둘째 해에는 18조 원, 셋째 해에는 21조 원의 예산이 소요된다.

C사업: 총 사업기간은 1년으로, 총 소요예산은 15조 원이다.

D사업: 총 사업기간은 2년으로, 첫 해에는 15조 원, 둘째 해에는 8조 원의 예산이 필요하다.

E사업: 총 사업기간은 3년으로, 첫 해에는 6조 원, 둘째 해에는 12조 원, 셋째 해에는 24조 원의 예산이 소요된다.

〈연도별 가용예산〉

올해를 포함한 향후 5년간 위의 5개 사업에 투자할 수 있는 예산이 아래와 같다.

(단위: 조 원)

1차년도(올해)	2차년도	3차년도	4차년도	5차년도
20	24	28.8	34.5	41.5

〈조 건〉

(1) 모든 사업은 한번 시작하면 완결될 때까지 중단할 수 없다.
(2) 5개 사업에 투자할 수 있는 예산은 당해 사업년도에 남아도 상관없다.
(3) 각 사업년도의 예산은 이월될 수 없다.
(4) 모든 사업을 향후 5년 이내에 반드시 완결한다.

32 위의 상황을 모두 만족하는 사업계획에 대한 설명으로 옳은 것은?

① B사업을 세 번째 해에 시작하고 C사업을 최종년도에 시행한다.
② A사업과 D사업을 첫 해에 동시에 시작한다.
③ 첫 해에는 E사업만 시작한다.
④ 첫 해에 E사업과 A사업을 같이 시작한다.
⑤ D사업을 첫 해에 시작한다.

33 위의 상황을 만족시키면서 B사업을 반드시 첫 해에 시작해야 하고, 위 사업들의 추진을 위해 향후 5년 중 한 해에만 6조 원의 추경예산의 확보가 가능하다면, 어느 해에 추경예산을 확보해야 하는가?

① 1차년도 ② 2차년도 ③ 3차년도
④ 4차년도 ⑤ 5차년도

해설

32

문제 분석

〈사업별 기간 및 소요예산〉의 내용을 다음과 같이 정리해 본다.

A사업:	1	4	
B사업:	15	18	21
C사업:	15		
D사업:	15	8	
E사업:	6	12	24

이처럼 각 사업별 필요한 예산을 블록과 같이 생각하고 〈연도별 가용예산〉과 〈조건〉에 따라 배치하는 개념으로 문제에 접근한다. 〈조건〉 (1), (4)에 따르면 총 사업기간이 3년인 B사업과 E사업은 늦어도 3차년도에 사업을 시작해야 하므로 배치할 수 있는 제약이 많다. 따라서 두 사업을 우선 고려해서 배치해 본다. 예를 들면 다음과 같다.

	1차년도	2차년도	3차년도	4차년도	5차년도
가용예산	20	24	28.8	34.5	41.5
B			15	18	21
E			6	12	24

B, E 두 사업 모두 3차년도에 시작한다면 위와 같이 배치할 수 있다. 그러나 이렇게 배치하는 경우 5차년도에서 가용예산 범위를 벗어난다. 두 사업 모두 2차년도에 시작하는 것은 3차년도와 4차년도가, 1차년도에 시작하는 것은 1~3차년도 모두 가용예산 범위를 벗어나므로 두 사업을 같은 해에 시작해서는 안 된다. B사업을 1년 먼저 시작하는 경우, E사업을 1년 먼저 시작하는 경우 등과 같이 다른 경우를 모두 생각해 보면 다음과 같은 두 가지 경우가 가능하다.

〈경우 1〉 B사업을 2차년도에 시작하며 E사업보다 1년 먼저 시작하는 경우

	1차년도	2차년도	3차년도	4차년도	5차년도
가용예산	20	24	28.8	34.5	41.5
B		15	18	21	
E			6	12	24

〈경우 2〉 B사업을 1차년도에 시작하며 E사업보다 2년 먼저 시작하는 경우

	1차년도	2차년도	3차년도	4차년도	5차년도
가용예산	20	24	28.8	34.5	41.5
B	15	18	21		
E			6	12	24

그 다음으로 제약이 많은 D사업을 고려해 보면 2)의 경우에는 D사업을 배치한 다음 C사업을 배치할 수 없음을 확인할 수 있다. 따라서 1)의 경우이며 〈상황〉의 모든 내용을 만족시키는 최종 배치는 다음과 같다.

	1차년도	2차년도	3차년도	4차년도	5차년도
가용예산	20	24	28.8	34.5	41.5
A		1	4		
B		15	18	21	
C					15
D	15	8			
E			6	12	24

문제풀이 실마리

실제 문제풀이에서는 위처럼 정확한 배치를 찾은 다음 선지를 판단하기보다는 주어진 선지대로 배치해서 주어진 〈상황〉의 내용을 만족하는지 판단한다. 이하에서는 정확한 배치를 찾지 못한 경우라고 가정하고 선지를 판단해 본다.

① (X) B사업을 세 번째 해에 시작하는 경우는 다음과 같다.

1) E사업을 첫 번째 해에 시작하는 경우

	1차년도	2차년도	3차년도	4차년도	5차년도
B			15	18	21
E	6	12	24		

3차년도에 가용예산 범위를 벗어난다.

2) E사업을 두 번째 해에 시작하는 경우

	1차년도	2차년도	3차년도	4차년도	5차년도
B			15	18	21
E		6	12	24	

4차년도에 가용예산 범위를 벗어난다.

② (X) A사업과 D사업을 첫 해에 동시에 시작하면 첫 해에 다른 사업을 시작할 수는 없다. 다음과 같이 정리할 수 있다.

	1차년도	2차년도	3차년도	4차년도	5차년도
가용예산	4	12	28.8	34.5	41.5

그렇다면 B, E사업 모두 3차년도에 시작해야 하는데 이 경우 5차년도에 가용예산 범위를 벗어난다.

③ (X) 첫 해에 E사업만 시작하면 다음과 같이 정리할 수 있다.

	1차년도	2차년도	3차년도	4차년도	5차년도
가용예산	–	12	4.8	34.5	41.5

B사업을 어느 해에 시작하더라도 3차년도 가용예산 범위를 벗어난다.

④ (X) ③에서 살펴본 바와 같이 첫 해에 E사업을 시작해서는 안 된다.

⑤ (O) D사업을 첫 해에 시작하는 것으로 배치해 놓고 문제 분석에서 확인한 최종 배치를 찾아본다. 문제 분석처럼 어느 것도 확정되지 않은 상황에서 최종 배치를 찾는 것보다 D사업을 첫 해에 시작하는 것으로 확정하고 배치하는 것이 훨씬 쉽다.

빠른 문제풀이 Tip

다섯 개의 사업 중에서 덩어리가 큰 사업을 먼저 배치해 보는 것이 좋다.

[정답] ⑤

33

문제풀이 실마리

B사업을 반드시 첫 해에 시작하는 것을 반영하면 나머지 가용예산은 다음과 같다.

	1차년도	2차년도	3차년도	4차년도	5차년도
가용예산	5	6	7.8	34.5	41.5

이 중 한 해만 6조원의 추경예산의 확보가 가능하다고 한다.

〈경우 1〉 E사업을 1차년도에 시작하는 경우

	1차년도	2차년도	3차년도	4차년도	5차년도
가용예산	5	6	7.8	34.5	41.5
E	6	12	24		

1~ 3차년도 모두 가용예산 범위를 벗어난다. 한 해만 6조 원의 추경예산을 확보하는 것으로는 〈상황〉에 주어진 조건을 만족시킬 수 없다.

〈경우 2〉 E사업을 2차년도에 시작하는 경우

	1차년도	2차년도	3차년도	4차년도	5차년도
가용예산	5	6	7.8	34.5	41.5
E		6	12	24	

E사업을 2차년도에 시작하는 경우에는 3차년도에 추경예산을 확보해야한다. 해당 내용을 반영하여 정리해 보면 다음과 같다.

	1차년도	2차년도	3차년도	4차년도	5차년도
가용예산	5	0	1.8	10.5	41.5

이 경우는 D사업을 시행할 수 없다.

〈경우 3〉 E사업을 3차년도에 시작하는 경우

정리해 보면 다음과 같다.

	1차년도	2차년도	3차년도	4차년도	5차년도
가용예산	5	6	1.8	22.5	17.5

따라서 C사업과 D사업을 다음과 같이 배치할 수 있다.

	1차년도	2차년도	3차년도	4차년도	5차년도
가용예산	5	6	1.8	22.5	17.5
C					15
D				15	8

위와 같이 배치할 경우 A사업은 1차년도 또는 3차년도에 시작한다. 5차년도에 6조 원의 추경예산을 확보하면 〈상황〉의 조건들을 모두 충족할 수 있다. 정답은 ⑤이다.

빠른 문제풀이 Tip

두 문제 중 어떤 문제를 먼저 풀지 고민해 보는 것이 필요하다.

[정답] ⑤

34 다음 글을 근거로 판단할 때, B구역 청소를 하는 요일은?

19년 민경채 나책형 7번

> 甲레스토랑은 매주 1회 휴업일(수요일)을 제외하고 매일 영업한다. 甲레스토랑의 청소시간은 영업일 저녁 9시부터 10시까지이다. 이 시간에 A구역, B구역, C구역 중 하나를 청소한다. 청소의 효율성을 위하여 청소를 한 구역은 바로 다음 영업일에는 하지 않는다. 각 구역은 매주 다음과 같이 청소한다.
>
> ○ A구역 청소는 일주일에 1회 한다.
> ○ B구역 청소는 일주일에 2회 하되, B구역 청소를 한 후 영업일과 휴업일을 가리지 않고 이틀간은 B구역 청소를 하지 않는다.
> ○ C구역 청소는 일주일에 3회 하되, 그 중 1회는 일요일에 한다.

① 월요일과 목요일
② 월요일과 금요일
③ 월요일과 토요일
④ 화요일과 금요일
⑤ 화요일과 토요일

해설

문제 분석

일주일 7일 중 휴업일인 수요일을 제외한 6일 동안 A구역 청소는 일주일에 1회, B구역 청소는 일주일에 2회, C구역 청소는 일주일에 3회를 하여 총 6회의 청소를 하되, 청소를 하는 요일을 정할 때 반영해야 하는 조건은 다음과 같다.

ⓐ 청소를 한 구역은 바로 다음 영업일에는 청소하지 않는다.
ⓑ B구역 청소를 한 후 영업일과 휴업일을 가리지 않고 이틀간은 B구역 청소를 하지 않는다.
ⓒ C구역 청소 3회 중 1회는 일요일에 한다.

문제풀이 실마리

- 주어진 조건을 빠뜨리지 않고 반영해서 조건에 위배되지 않도록 청소요일을 결정해야 한다. 이때 청소 요일을 직접 구한 후 그 결과와 동일한 선지를 비교해서 답을 찾아내는 것도 가능하지만, 선지를 조건에 대입한 후 조건에 위배되지 않는지 확인해서 풀이하는 방법도 가능하다.
- 조건 ⓒ에서 고정정보가 주어진다.

조건 ⓒ에 따라서 일요일에는 C구역 청소가 확정되고, 나머지 월, 화, 목, 금, 토요일에 A구역 1회, B구역 2회, C구역 2회의 청소요일을 정해야 한다.

일	월	화	수 (휴업일)	목	금	토
C (∵ ⓒ 조건)			╳			

이 이후 과정은 1) 조건에 따라 직접 각 구역의 청소요일을 확인해서 해결하는 것도 가능하고, 2) 선지를 활용해서 해결하는 것도 가능하다.

방법 1 직접 해결

조건 ⓐ에 의해서 C 구역은 일, 화, 금요일에 청소를 해야 한다.

일	월	화	수 (휴업일)	목	금	토
C (∵ ⓒ 조건)		C	╳		C	

∴ 조건 ⓑ에 의해서 B구역은 월, 목요일에 청소하는 것으로 확정된다.

일	월	화	수 (휴업일)	목	금	토
C (∵ ⓒ 조건)	B	C	╳	B	C	

여기까지만 해결하더라도 정답이 ①번임을 구할 수 있다.
∴ 마지막으로 남은 토요일에 A구역을 청소하면 끝까지 해결된다.

일	월	화	수 (휴업일)	목	금	토
C (∵ ⓒ 조건)	B	C	╳	B	C	A

방법 2 선지 활용

① (O) B구역을 월, 목요일에 청소를 하면 다음과 같다.

일	월	화	수 (휴업일)	목	금	토
C (∵ ⓒ 조건)	B		╳	B		

ⓐ 조건에 의해서 토요일에는 C구역 청소를 할 수 없으므로 화, 금요일에 C구역 청소를 하고, 남은 토요일에 A구역 청소를 하게 되면 조건에 위배되지 않게 청소요일을 정할 수 있다.

② (X) 일요일에 이미 C구역 청소를 했기 때문에, 조건 ⓐ에 의해서 토요일은 C구역 청소를 할 수 없고, 그러면 남은 두 번의 청소를 화요일과 목요일에 해야 하는데, 그러면 조건 ⓐ에 위배된다.

일	월	화	수 (휴업일)	목	금	토
C (∵ ⓒ 조건)	B				B	

③ (X) B구역을 월요일과 토요일에 청소한다는 것 자체가 조건 ⓑ에 어긋난다.

일	월	화	수 (휴업일)	목	금	토
C (∵ ⓒ 조건)	B					B

④ (X) 일요일에 이미 C구역 청소를 했기 때문에, 조건 ⓐ에 의해서 월요일과 토요일은 C구역 청소를 할 수 없고, 그러면 청소는 두 번 남았는데, 청소를 할 수있는 요일은 목요일 한 번밖에 없다.

일	월	화	수 (휴업일)	목	금	토
C (∵ ⓒ 조건)		B			B	

⑤ (X) 일요일에 이미 C구역 청소를 했기 때문에, 조건 ⓐ에 의해서 월요일은 C구역 청소를 할 수 없고, 그러면 남은 두 번의 청소를 목요일과 금요일에 해야 하는데, 그러면 조건 ⓐ에 위배된다.

일	월	화	수 (휴업일)	목	금	토
C (∵ ⓒ 조건)		B				B

빠른 문제풀이 Tip

甲레스토랑은 매주 1회 휴업일(수요일)을 제외하고 매일 영업한다. 한 주의 상황만 고려하는 것이 아니라 그 다음 주의 상황까지도 고려해야 한다는 점에 주의하자.

[정답] ①

35 **다음 글을 근거로 판단할 때, 다음 주 수요일과 목요일의 청소당번을 옳게 짝지은 것은?** 22년 5급 나책형 14번

> A ~ D는 다음 주 월요일부터 금요일까지 하루에 한 명씩 청소당번을 정하려고 한다. 청소당번을 정하는 규칙은 다음과 같다.
>
> ㅇ i)A ~ D는 최소 한 번씩 청소당번을 한다.
> ㅇ ii)시험 전날에는 청소당번을 하지 않는다.
> ㅇ iii)발표 수업이 있는 날에는 청소당번을 하지 않는다.
> ㅇ iv)한 사람이 이틀 연속으로는 청소당번을 하지 않는다.
>
> 다음은 청소당번을 정한 후 A ~ D가 나눈 대화이다.
>
> A: 나만 두 번이나 청소당번을 하잖아. 월요일부터 청소당번이라니!
> B: 미안. 내가 월요일에 발표 수업이 있어서 그날 너밖에 할 사람이 없었어.
> C: 나는 다음 주에 시험이 이틀 있는데, 발표 수업이 매번 시험 보는 날과 겹쳐서 청소할 수 있는 요일이 하루밖에 없었어.
> D: 그래도 금요일에 청소하고 가야 하는 나보다는 나을걸.

	수요일	목요일
①	A	B
②	A	C
③	B	A
④	C	A
⑤	C	B

해설

문제 분석

- A ~ D 4명이 월 ~ 금 5일 동안 하루에 한 명씩 청소당번을 정하려고 하므로, 한 명은 두 번 청소당번을 해야한다.
- A ~ D는 최소 한 번씩 청소당번을 한다.

[제약조건]

- 시험 전날, 발표 수업이 있는 날에는 청소당번을 하지 않는다.
- 한 사람이 이틀 연속으로는 청소당번을 하지 않는다.

문제풀이 실마리

직접 해결하는 방법과 선지를 활용하는 방법이 있다.

- A 2번 중 1번, D 확정

대화를 통해 확정적인 것은 A가 월요일, D가 금요일에 청소당번을 한다는 것이다. A만 두 번 청소당번을 하므로 A는 한 번의 청소당번을 더 해야 한다. 따라서 화, 수, 목의 청소당번은 A, B, C가 한번씩 하게 된다. 조건 iv)에 따라 한 사람이 이틀 연속으로는 청소당번을 하지 않으므로, A는 수요일 또는 목요일에 청소당번을 하게 된다.

월	화	수	목	금
A				D

- C 확정

C의 발언을 보면 '발표 수업=시험 보는 날'이 두 번인데, 해당일과 그 전날도 청소당번을 하지 않는다. 그 결과 청소당번을 할 수 있는 날이 하루밖에 없어야 하고, 해당 요일의 청소당번이 된다.

월	화	수	목	금
A				

위 상태에서 | X | 발표수업 시험 (X) | 를 2번 배치해서 C가 청소당번이 가능한 요일이 하나로 확정되어야 한다.

	월	화	수	목	금
경우 1)	X	발표수업 시험 (X)	발표수업 시험 (X)		
경우 2)	X	발표수업 시험 (X)	X	발표수업 시험 (X)	
경우 3)	X	발표수업 시험 (X)		X	발표수업 시험 (X)
경우 4)		X	발표수업 시험 (X)	발표수업 시험 (X)	
경우 5)		X	발표수업 시험 (X)	X	발표수업 시험 (X)
경우 6)			X	발표수업 시험 (X)	발표수업 시험 (X)

C가 청소당번으로 가능한 요일이 하나만 남는 경우는 경우 2), 3), 5)이다. 그런데 경우 2)는 금요일만, 경우 5)는 월요일만 청소가 가능하므로, 앞에서 A가 월요일, D가 금요일에 청소당번을 한다는 조건과 충돌한다. 따라서 경우 3)이어야 하고 C는 수요일에 청소당번을 한다.

월	화	수	목	금
A		C		D

- 나머지의 확정

A는 수요일 또는 목요일에 청소당번이 가능했는데, C가 수요일로 확정되었으므로, A는 목요일에 청소당번을 한다. 나머지 B가 화요일에 청소당번을 한다. 따라서 수요일은 C, 목요일은 A이다.

[정답] ④

실마리 잡기

36 다음 글을 근거로 판단할 때, 乙이 계산할 금액은?

22년 5급 나책형 8번

甲～丁은 회전 초밥을 먹으러 갔다. 식사를 마친 후, 각자 먹은 접시는 각자 계산하기로 했다. 초밥의 접시당 가격은 다음과 같다.

〈초밥의 접시당 가격〉

(단위: 원)

빨간색 접시	1,500
파란색 접시	1,200
노란색 접시	2,000
검정색 접시	4,000

이들은 각각 3가지 색의 접시만 먹었으며, 각자 먹지 않은 접시의 색은 서로 달랐다. 이들이 먹은 접시 개수를 모두 세어 보니 빨간색 접시 7개, 파란색 접시 4개, 노란색 접시 8개, 검정색 접시 3개였다. 이들이 먹은 접시에 대한 정보는 다음과 같다.

○ 甲은 빨간색 접시 4개, 파란색 접시 1개, 노란색 접시 2개를 먹었다.
○ 丙은 乙보다 파란색 접시를 1개 더 먹었으며, 노란색 접시는 먹지 않았다.
○ 丁은 모두 6개의 접시를 먹었으며, 이 중 빨간색 접시는 2개였고 파란색 접시는 먹지 않았다.

① 7,200원
② 7,900원
③ 9,400원
④ 11,200원
⑤ 13,000원

해설

문제 분석

주어진 조건을 정리해 보면 다음과 같다.

- 이들은 각각 3가지 색의 접시만 먹었으며,
  → 각자 한 가지 색의 접시는 먹지 않는다.
- 각자 먹지 않은 접시의 색은 서로 달랐다.
- 이들이 먹은 접시 개수를 모두 세어 보니 빨간색 접시 7개, 파란색 접시 4개, 노란색 접시 8개, 검정색 접시 3개였다.

이들이 먹은 접시에 대한 정보는 다음과 같다.

- 甲은 빨간색 접시 4개, 파란색 접시 1개, 노란색 접시 2개를 먹었다.
  → 甲은 검정색 접시를 먹지 않았다.
- 丙은 乙보다 파란색 접시를 1개 더 먹었으며, 노란색 접시는 먹지 않았다.
- 丁은 모두 6개의 접시를 먹었으며, 이 중 빨간색 접시는 2개였고 파란색 접시는 먹지 않았다.
  → 甲은 검정색 접시를 먹지 않았고, 丙은 노란색 접시를 먹지 않았으며, 丁은 파란색 접시를 먹지 않았으므로, 乙은 빨간색 접시를 먹지 않았다.

문제풀이 실마리

실마리는 크거나 작은 수이다. 어중간한 수로 시작하지는 않는다.

위에서 정리한 조건을 정리해 보면 다음 표와 같다.

	접시당 가격(원)	총	갑	을	병	정
빨간색 접시	1,500	7	4			2
파란색 접시	1,200	4	1	b	b+1	X
노란색 접시	2,000	8	2		X	
검정색 접시	4,000	3	X			
						6

각자 먹지 않은 접시의 색은 서로 다르고, 甲이 검정색 접시를 먹지 않았으므로, 乙, 丙, 丁은 검정색 접시를 먹어야 한다. 검정색 접시를 총 3개 먹었으므로 乙, 丙, 丁은 각각 검정색 접시를 1개씩 먹었다.

	접시당 가격(원)	총	갑	을	병	정
빨간색 접시	1,500	7	4	X		2
파란색 접시	1,200	4	1	b	b+1	X
노란색 접시	2,000	8	2		X	
검정색 접시	4,000	3	X	1	1	1
						6

파란색 접시는 총 4개 중 甲이 먹은 1개를 제외한 나머지 3개를 乙이 1개, 丙이 2개 먹었다.

	접시당 가격(원)	총	갑	을	병	정
빨간색 접시	1,500	7	4	X		2
파란색 접시	1,200	4	1	① 1	① 2	X
노란색 접시	2,000	8	2		X	
검정색 접시	4,000	3	X	1	1	1
						6

표의 남은 부분을 채워보면 다음과 같다.

	접시당 가격(원)	총	갑	을	병	정
빨간색 접시	1,500	7	4		② 1	2
파란색 접시	1,200	4	1	b	2	
노란색 접시	2,000	8	2	③ 3		② 3
검정색 접시	4,000	3		1	1	1
						6

乙은 파란색 접시 1개, 노란색 접시 3개, 검정색 접시 1개를 먹었으므로, 乙이 계산할 금액은 (1,200×1)+(2,000×3)+(4,000×1)=1,200+6,000+4,000=11,200원이다.

빠른 문제풀이 Tip
파란색 접시와 검정색 접시 중 어느 것부터 해결을 시작하든 둘 다 해결 가능하다.

[정답] ④

길쌤's Check

난도가 높아지면 고정정보가 보이지 않아서 직접 실마리를 잡아가야 하는 문제가 있다. 이때는 앞서 연습했듯이 덩어리가 큰 것부터 실마리를 잡는다든지, 갈림길이 적은 것부터 실마리를 잡는 것이 기본이다. 더해서 보다 더 난도가 있는 문제에서는 조건이 더 주어진 특별세팅에 주목해 본다든지, 여러 숫자 중 크거나 작은 극단적인 숫자에 주목해 본다든지, 여러 공간 중 가운데가 아니라 모서리부터 해결하면 실마리를 잡아갈 수 있다.

Ⅱ. 장치

1 2×2 매트릭스

37 다음 글을 근거로 판단할 때, <보기>의 각 괄호 안에 들어갈 숫자의 합은? 18년 민경채 가책형 17번

> A 부처와 B 부처에 소속된 공무원 수는 각각 100명이고, 모두 소속된 부처에 있었다. 그런데 A 부처는 국가 행사를 담당하게 되어 B 부처에 9명의 인력지원을 요청하였다. B 부처는 소속 공무원 100명 중 9명을 무작위로 선정해서 A 부처에 지원 인력으로 보냈다. 얼마 후 B 부처 역시 또 다른 국가 행사를 담당하게 되어 A 부처에 인력지원을 요청하였다. A 부처는 B 부처로부터 지원받았던 인력을 포함한 109명 중 9명을 무작위로 선정해서 B 부처에 지원 인력으로 보냈다.

〈보 기〉

ㄱ. A 부처와 B 부처 간 인력지원이 한 차례씩 이루어진 후, A 부처에 B 부처 소속 공무원이 3명 남아있다면 B 부처에는 A 부처 소속 공무원이 (　　)명 있다.
ㄴ. A 부처와 B 부처 간 인력지원이 한 차례씩 이루어진 후, B 부처에 A 부처 소속 공무원이 2명 남아있다면 A 부처에는 B 부처 소속 공무원이 (　　)명 있다.

① 5　② 8　③ 10
④ 13　⑤ 15

해설

문제 분석

주어진 상황을 정리해 보면 다음과 같다.
A 부처와 B 부처에 각 부처 소속 100명의 공무원이 있었다.

A부처	B부처
100명	100명

A 부처가 B 부처에 9명의 인력지원을 요청하였다. B 부처는 소속 공무원 100명 중 9명을 무작위로 선정해서 A 부처에 지원 인력으로 보냈다.

	A부처	B부처
A 부처 소속	100명	-
B 부처 소속	9명	91명
총	109명	91명

얼마 후 B 부처 역시 A 부처에 인력지원을 요청하였다. A 부처는 B 부처로부터 지원받았던 인력을 포함한 109명 중 9명을 무작위로 선정해서 B 부처에 지원 인력으로 보냈다.

문제풀이 실마리

주어진 상황이 그려지면 표 없이도 해결이 가능한 문제이지만, 주어진 상황을 도표화를 시킨다면 2×2의 매트릭스로 정리해 볼 수 있다.

한 번씩의 인력지원을 마치고 나면 결국 최종적으로 A부처와 B부처 모두 원래 정원이었던 100명씩으로 돌아간 상태가 된다. 이때 맨 처음에는 B부처에서 A부처로 이동이 있었고, 그 다음에는 A부처에서 B부처로 이동이 이루어졌다. 따라서 A부처에는 원래부터 A부처 소속이었던 공무원과 B부처 소속이었다가 지원을 온 공무원이 있는 셈이다. B부처에는 원래부터 B부처 소속인 공무원과 A부처 소속이었다가 지원을 온 공무원이 있는 셈이다. 즉, 맨 처음 인력지원을 통해 B부처에서 A부처로 왔던 직원은 다시 B부처로 돌아갔거나 돌아가지 못했거나 둘 중 하나인 것이다. 그런데 만약에 예를 들어 최종적으로 3명이 B부처로 돌아가지 못했다면? 그 자리는 A부처 직원이 그 3명의 직원 대신에 B부처로 가게 된 것이라고 생각할 수 있다. 이처럼 인력지원과 관련한 경우가 그려져야, 상상이 되어야 문제를 쉽게 해결 가능하다.
즉 만약 B부처에서 A부처로 왔던 직원이 모두 그대로 돌아갔다면 두 부처 간에는 서로 섞인 직원이 없이 각 부처 소속 직원 100명으로 구성이 되었을 것이다. 그런데 원래 부처인 B부처로 돌아가야 할 직원 대신에 A부처 소속 직원이 B부처로 갔다면, 서로 A부처와 B부처 간에 소속이 섞인 직원이 남아있게 된다.

이를 표로 나타내 보면 다음과 같다. 상황을 이해하면서 머릿속에 아래와 같은 표가 그려지는 것처럼 인식되면 보다 잘 정리할 수 있을 것이다.

		이동 후 부서		
		A부서	B부서	
이동 전 부서	A부서		(음영)	100명
	B부서	(음영)		100명
		100명	100명	

ㄱ. A부처에 B부처 소속 공무원이 3명 남아있다면, 그 B부처 소속 공무원 3명 대신에 A부처 소속 공무원이 B부처로 간 것이 된다. 따라서 B부처에는 A부처 소속 공무원이 (3명) 있을 것이다.

ㄴ. B부처에 A부처 소속 공무원이 2명 남아있다면, 이 두 명이 B부처 소속 공무원 대신에 B부처로 지원을 온 것이 되므로, A 부처에는 B 부처 소속 공무원이 (2명) 있을 것이다.

따라서 각 괄호 안에 들어갈 숫자의 합은 3+2=5가 되고, 정답은 ①이다.

빠른 문제풀이 Tip

A부처의 인력지원 요청으로 인해 B부처에서 A부처로 인력지원을 왔던 직원은 다시 B부처의 인력지원이 있었을 때 B부처로 돌아갔거나 돌아가지 못했거나 둘 중 하나이다. 문제에서의 경우가 잘 그려진다면 표를 그리지 않고 보다 수월하게 해결할 수 있는 문제이다.

[정답] ①

38 다음 글을 근거로 판단할 때, B 전시관 앞을 지나가거나 관람한 총인원은? 14년 민경채 인책형 25번

○ 전시관은 A → B → C → D 순서로 배정되어 있다. 〈행사장 출입구〉는 아래 그림과 같이 두 곳이며 다른 곳으로는 출입이 불가능하다.
○ 관람객은 〈행사장 출입구〉 두 곳 중 한 곳으로 들어와서 시계 반대 방향으로 돌며, 모든 관람객은 4개의 전시관 중 2개의 전시관만을 골라 관람한다.
○ 자신이 원하는 2개의 전시관을 모두 관람하면 그 다음 만나게 되는 첫 번째 〈행사장 출입구〉를 통해 나가기 때문에, 관람객 중 일부는 반 바퀴를, 일부는 한 바퀴를 돌게 되지만 한 바퀴를 초과해서 도는 관람객은 없다.
○ 〈행사장 출입구〉 두 곳을 통해 행사장에 입장한 관람객 수의 합은 400명이며, 이 중 한 바퀴를 돈 관람객은 200명이고 D 전시관 앞을 지나가거나 관람한 인원은 350명이다.

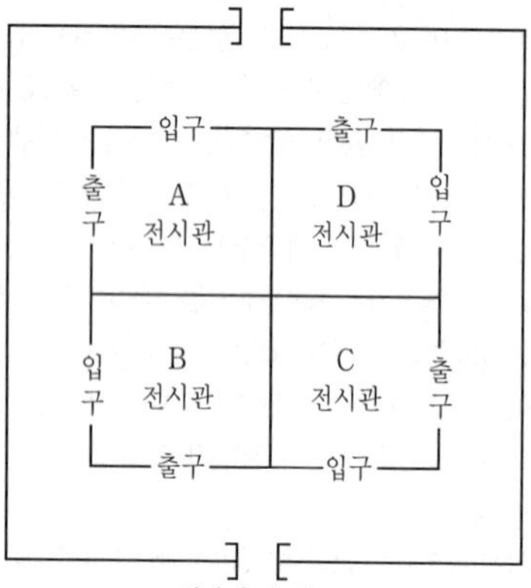

〈행사장 출입구〉

① 50명
② 100명
③ 200명
④ 250명
⑤ 350명

해설

문제 분석

- 전시관은 A → B → C → D 순서로 배정되어 있고, 출입구는 위쪽, 아래쪽 두 곳 뿐이다.
- 두 출입구 중 한 곳으로 들어와서 시계 반대 방향으로 돌며, 4개 중 2개의 전시관만을 골라 관람한 후 만나게 되는 첫 번째 출입구로 나간다.
- 즉, 위쪽 출입구 또는 아래쪽 출입구로 들어와서 반 바퀴를 돌거나 한 바퀴를 돌고 빠져나간다.
- 총 관람객 수는 400명이며, 그중 한 바퀴를 돈 관람객은 200명이고 D 전시관 앞을 지나가거나 관람한 인원은 350명이다.

문제풀이 실마리

- 관람객이 전시관 내에서 이동하는 경우가 그려져야 완벽하게 풀 수 있는 문제이다.
- 발문을 통해 우리가 확실히 숙지해야 하는 것은 이 문제를 해결하기 위해 구해야 하는 것은 'B전시관 앞을 지나가거나 관람한 총 인원'이라는 것이다. 지나간 인원과 관람한 인원이 정확히 구분되지 않는다.

〈경우 1〉 반 바퀴를 도는 경우

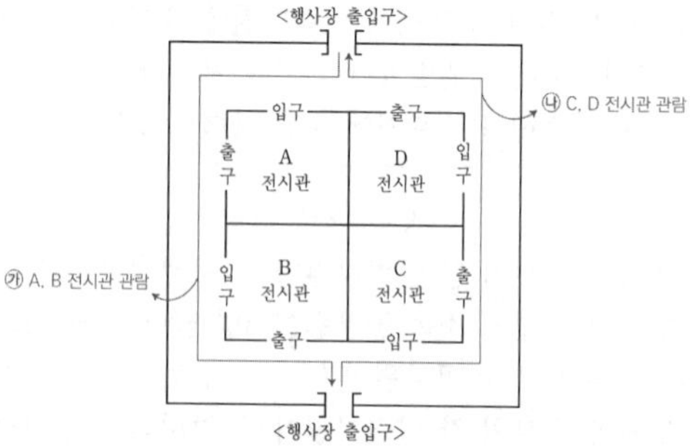

총 반 바퀴를 도는 경우는 ① 위쪽 출입구에서 들어와 아래쪽 출입구로 나가는 경우와 ② 아래쪽 출입구에서 들어와 위쪽 출입구로 나가는 경우 두 가지이고, 반 바퀴를 돈 관람객은 총 200명이므로 ㉮+㉯=200명이다.

〈경우 2〉 한 바퀴를 도는 경우

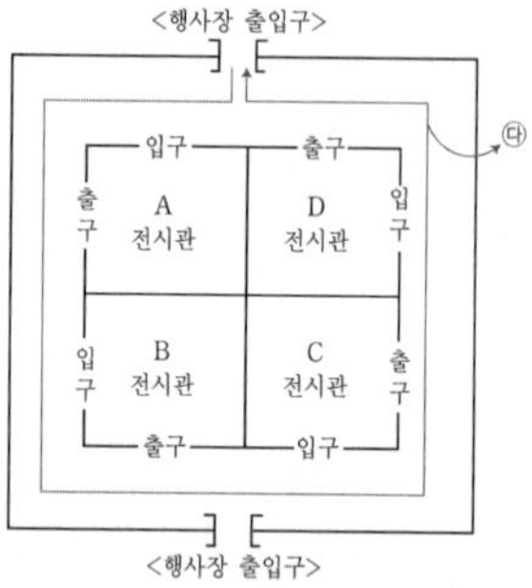

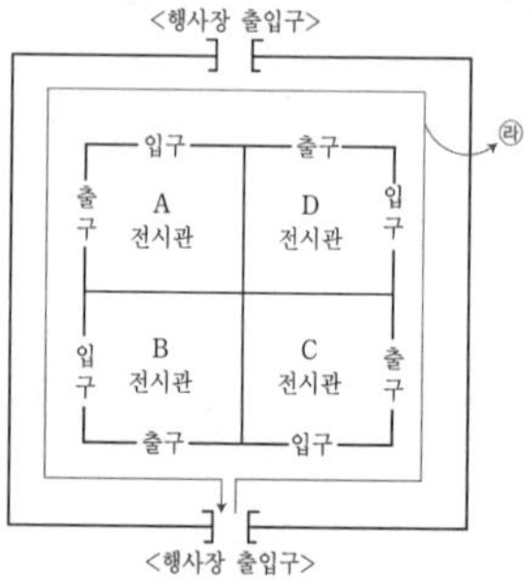

한 바퀴를 도는 경우는 ① 위쪽 출입구에서 들어와 위쪽 출입구로 나가는 경우와 ② 아래쪽 출입구에서 들어와 아래쪽 출입구로 나가는 경우 두 가지이고, D 전시관 앞을 지나가거나 관람한 관람객이 총 350명으로 ㉯+㉰=350명이다. 이때 ㉰는 200명이므로 ㉯는 350−200=150명, ㉮는 200−150=50명이다. 따라서 B전시관 앞을 지나가거나 관람한 총 인원은 ㉮와 ㉰의 합인 50+200=250명이다.

빠른 문제풀이 Tip
주어진 정보를 2×2 매트릭스의 표로 정리해서 해결하는 것도 가능한 문제이다.

[정답] ④

39 다음과 같은 상황에서 타국을 기만하지 않는다는 전제하에 중국의 행위에 의해 나타날 수 있는 최종적인 결과를 <보기>에서 모두 고르면? 06년 5급 출책형 31번

북한 핵문제의 해결과 경제지원을 논의하기 위한 6자회담 이후 북한을 제외한 나머지 국가들－한국, 미국, 러시아, 일본, 중국－은 북한의 전력문제를 해결하고 원자력 발전소 건립을 지원하기 위한 구체적 절차를 만들기 위해 임시위원회를 따로 설치하기로 하였다. 이 위원회에는 5개국 모두가 가급적 참여하는 것이 바람직한 상황인데 미국과 러시아는 이미 참여를 결정하였다. 이때 회담 의장국인 i)중국은 나머지 국가인 한국과 일본이 회담에 참여할 수 있는 자격을 부여하는 지명권을 가졌다. 다만 중국은 지명된 국가라도 ii)지명에 대한 수락 여부를 분명히 밝히지 않는 국가에 대해서는 지명을 철회하겠다는 원칙을 천명했다. 그런데 iii)한국과 일본은 독도문제와 역사교과서 왜곡문제로 대화채널이 막혀 상호 의사소통이 불가능하여 서로의 의사를 알 수 없는 상태이다.

중국의 지명권 행사에 앞서 iv)한국은 일본이 위원회에 참여하는지를 알지 못한다면 수락 여부를 결정할 수 없다는 의사를 중국 측에 전달한다. 일본 또한 한국이 위원회에 참여하는지를 알지 못한다면 수락 여부를 결정할 수 없다는 의사를 중국 측에 전달한다.

〈보 기〉

ㄱ. 한국, 일본 두 국가 모두 참여한다.
ㄴ. 한국, 일본 두 국가 중 한 국가만 참여한다.
ㄷ. 한국, 일본 두 국가 모두 불참한다.
ㄹ. 논리적으로 일어날 수 없는 상황이어서 어떤 결과가 도출될 지 알 수 없다.

① ㄴ
② ㄹ
③ ㄱ, ㄴ
④ ㄱ, ㄷ
⑤ ㄴ, ㄷ

해설

문제 분석

지문의 상황을 정리해 보면 ⅰ) 중국은 한국과 일본이 회담에 참여할 수 있는 자격을 부여하는 지명권을 가졌는데 ⅱ) 지명에 대한 수락 여부를 분명히 밝히지 않는 국가에 대해서는 지명을 철회한다. ⅲ) 한국과 일본은 상호 의사소통이 불가능한 상태이며 ⅳ) 한국과 일본은 상대국이 위원회에 참여하는지 알지 못한다면 수락 여부를 결정할 수 없다는 입장이다.

좀 더 이해해 본다면 시간 순서상 중국의 지명권 행사가 우선이고 한국 또는 일본의 수락 여부 결정이 이후이다. 그리고 한국과 일본은 의사소통이 불가능하지만, 한국과 중국, 일본과 중국은 의사소통이 가능하다. 또한 발문에서 중국은 타국을 기만하지 않는다고 하므로 한국과 일본을 상대로 다른 국가의 참여 여부, 수락 여부에 대해 거짓말을 하지 않고 다른 국가에게 지명권을 행사했는지 여부 등을 진실되게 말한다.

문제풀이 실마리

중국은 한국과 일본에 지명권을 행사하거나 하지 않거나의 선택을 할 수 있다.

시간 순서상 중국의 지명권 행사가 우선이므로 중국의 지명권 행사부터 생각해본다. 우선 중국이 한국과 일본 두 국가 모두에게 지명권을 행사한 경우부터 검토해 보자.

- 중국이 한국과 일본 두 국가 모두에게 지명권을 행사한 경우, 한국과 일본은 각각 중국에게 상대 국가에 대해 지명권을 행사했는지 물어볼 수 있다. 그렇다면 중국은 한국과 일본을 기만하지 않고 지명권을 행사했다고 대답할 것이다. 이때 한국은 일본이 위원회에 참여하는지는 알지 못하므로 수락 여부를 결정할 수 없다. 일본도 마찬가지로 한국이 위원회에 참여하는지 알지 못하므로 수락 여부를 결정할 수 없다. 중국은 ⅱ)에 따라 수락 여부를 분명히 밝히지 않은 한국과 일본에 대해 지명을 철회할 것이고 한국, 일본 모두 위원회에 참여할 수 없게 된다. 중국의 지명권 행사라는 행위에 의해 보기 ㄷ과 같은 결과가 나타날 수 있다.
- 중국이 한국에게만 지명권을 행사한 경우, 한국은 중국에게 일본에 대해 지명권을 행사했는지 물어볼 것이다. 중국은 한국에게만 지명권을 행사했다고 대답할 것이고 지명권은 회담에 참여할 수 있는 자격을 부여하는 것이므로 한국은 일본이 위원회에 참여하지 않는다는 것을 알 수 있다. 그렇다면 한국은 위원회 수락 여부를 결정할 수 있다. 그러므로 한국이 수락하여 보기 ㄴ과 같이 한국만 참여하는 결과나 한국이 수락하지 않아 보기 ㄷ과 같이 두 국가 모두 불참하는 결과가 나타날 수 있다. 이는 일본의 입장에서도 마찬가지이다.
- 중국이 한국과 일본 두 국가 모두에게 지명권을 행사하지 않는 경우 한국과 일본은 위원회에 참여할 수 없다. 보기 ㄷ과 같은 결과가 나타날 수 있다.

따라서 정답은 ⑤이다.

[정답] ⑤

40 甲정당과 乙정당은 선거구별로 1명의 의원을 선출하는 소선거구제를 유지하되, <그림>과 같은 10개의 선거구(A ~ J)를 5개로 통합하기로 하였다. 다음 <조건>에 근거할 때, 甲정당에 가장 유리한 통합 방안은? 12년 5급 인책형 7번

〈그림〉 선거구 위치와 선거구 내 정당별 지지율

북

서 / 동

A 20 : 80	B 30 : 70	C 40 : 60	D 75 : 25
E 50 : 50	F 65 : 35	G 50 : 50	H 60 : 40
I 40 : 60	J 30 : 70		

남

〈조 건〉

- ○ 각 선거구의 유권자 수는 동일하며, 모든 유권자는 자신이 지지하는 정당의 후보에게 1인 1표제에 따라 투표한다.
- ○ 선거구의 통합은 동서 또는 남북으로 인접한 2개의 선거구 사이에서만 이루어 질 수 있다.
- ○ 위 〈그림〉에서 선거구 내 앞의 숫자는 甲정당 지지율, 뒤의 숫자는 乙정당 지지율이다.
- ○ 선거구 통합은 정당 지지율을 포함한 다른 조건에 영향을 주지 않는다.

① (A+B), (C+D), (E+F), (G+H), (I +J)
② (A+B), (C+D), (E+ I), (F+ J), (G+H)
③ (A+B), (C+G), (D+H), (E+ I), (F+J)
④ (A+E), (B+F), (C+D), (G+H), (I +J)
⑤ (A+E), (B+F), (C+G), (D+H), (I +J)

해설

문제 분석

- 10개의 선거구를 5개의 선거구로 통합하되 1명의 의원을 선출하는 소선거구제는 유지한다.
- 선거구의 통합은 동서 또는 남북으로 인접한 2개의 선거구 사이에서만 이루어진다.
- 선거구 내 앞의 숫자는 甲정당 지지율, 뒤의 숫자는 乙정당 지지율이고, 선거구가 통합되면 두 선거구의 甲정당 지지율, 乙정당 지지율을 각각 더해서 1명의 의원을 선출한다.

문제풀이 실마리

- (1) 주어진 선지를 통해 확인하는 방법과, (2) 선거구가 통합되는 경우를 파악한 후 직접 甲정당이 세 곳의 선거구에서 이기도록 통합시켜서 확인하는 방법 두 가지가 가능하다.

방법 1 선지를 통해 확인

① (A+B), (C+D), (E+F), (G+H), (I +J): 선거구 세 곳에서 선출됨
② (A+B), (C+D), (E+ I), (F+J), (G+H): 선거구 두 곳에서 선출됨
③ (A+B), (C+G), (D+H), (E+ I), (F+J): 선거구 한 곳에서 선출됨
④ (A+E), (B+F), (C+D), (G+H), (I +J): 선거구 두 곳에서 선출됨
⑤ (A+E), (B+F), (C+G), (D+H), (I +J): 선거구 한 곳에서 선출됨

선거구 세 곳에서 선출된 ①이 가장 유리하다.

방법 2 직접 통합해서 확인하는 방법

현재 A~J 10개의 선거구 중에서 甲정당의 후보자가 선출되는 선거구는 D(75%), F(65%), H(60%) 세 곳이고, D 선거구와 H 선거구가 모서리에 위치해 있는 것에서 실마리를 찾아야 한다. D 선거구와 H 선거구는 서로 묶이거나(D+H) 왼쪽에 위치한 선거구와 묶여야 한다.(C+D, G+H) 그런데 서로 묶이게 되는 경우에는 甲 정당이 세 곳의 선거구에서 이기는 경우를 만들 수 없다. 따라서 먼저 (C+D), (G+H)으로 선거구 통합이 이루어져야 한다.

그리고 남은 F 선거구를 어떻게 통합할지가 문제인데, F 선거구(65%)와 통합 가능한 선거구는 B 선거구(30%), E 선거구(50%), J 선거구(30%)이다. B 선거구와 J 선거구는 30%로 지지율이 같으며, 둘 다 F 선거구와 통합 시에는 95%로 甲 정당이 선출되지 못한다. F 선거구는 E 선거구와 통합했을 때 甲 정당에게 유리하다.

따라서 (C+D), (E+F), (G+H)를 포함하고 있는 선지 ①이 정답이 된다.

빠른 문제풀이 Tip

선지 ①~⑤까지 각 선지에 제시된 대로 직접 선거구를 통합한 뒤 다섯 개의 결과 중 甲정당에 가장 유리한 통합 방안을 찾아낼 수도 있지만, 선지를 활용하지 않고 〈그림〉에서 甲정당에게 가장 유리하게 선거구를 통합하는 경우를 직접 스스로 찾아낼 수도 있다.

[정답] ①

41 다음 글을 근거로 판단할 때, <보기>에서 옳은 것만을 모두 고르면?

21년 5급 가책형 28번

> ○ 3개의 과일상자가 있다.
> ○ 하나의 상자에는 사과만 담겨 있고, 다른 하나의 상자에는 배만 담겨 있으며, 나머지 하나의 상자에는 사과와 배가 섞여 담겨 있다.
> ○ 각 상자에는 '사과 상자', '배 상자', '사과와 배 상자'라는 이름표가 붙어 있다.
> ○ 이름표대로 내용물(과일)이 들어 있는 상자는 없다.
> ○ 상자 중 하나에서 한 개의 과일을 꺼내어 확인할 수 있다.

〈보 기〉

ㄱ. '사과와 배 상자'에서 과일 하나를 꺼내어 확인한 결과 사과라면, '사과 상자'에는 배만 들어 있다.
ㄴ. '배 상자'에서 과일 하나를 꺼내어 확인한 결과 배라면, '사과 상자'에는 사과와 배가 들어 있다.
ㄷ. '사과 상자'에서 과일 하나를 꺼내어 확인한 결과 배라면, '배 상자'에는 사과만 들어 있다.

① ㄱ
② ㄴ
③ ㄱ, ㄷ
④ ㄴ, ㄷ
⑤ ㄱ, ㄴ, ㄷ

해설

문제 분석

- 3개의 과일상자가 있다.
- 각 상자에는 사과만, 배만, 사과와 배가 담겨있다.
- 각 상자에는 '사과 상자', '배 상자', '사과와 배 상자'라는 이름표가 붙어 있다.
- 상자 중 하나에서 한 개의 과일을 꺼내어 확인할 수 있는데, 이름표대로 내용물(과일)이 들어 있는 상자는 없다.

문제풀이 실마리

문제에서 설명하고 있는 상황이 정확하게 파악이 되어야 하고, 각각의 상자들이 이름표와 실제 들어있는 내용물이 어떻게 매칭이 되는지 잘 파악되어야 한다. 이름표대로 내용물(과일)이 들어 있는 상자가 없다는 제약조건이 가장 중요하다.

문제에서 주어진 사과 상자, 배 상자, 사과와 배 상자를 각각 A, B, C라고 하자.

이름표	사과 상자(A), 배 상자(B), 사과와 배 상자(C)
실제 내용물	사과 상자(a), 배 상자(b), 사과와 배 상자(c)

이때 이름표대로 내용물(과일)이 들어 있는 상자가 없다. 즉 상자 중 하나에서 한 개의 과일을 꺼냈을 때, 즉 이름표와 실제 상자는 알파벳이 달라야 한다.

ㄱ. (O) 이름표는 C인데, 실제 상자에는 사과가 들어있다. 사과가 있을 수 있는 상자는 a 또는 c이므로, 확인한 상자는 a이다. 그럼 나머지 이름표가 A, B인 상자는 실제로는 b, c 상사이어야 하고, 이름표와 실제 상자는 알파벳이 달라야 하므로 이름표가 A인 상자가 실제로는 b상자이고, 이름표가 B인 상자가 실제로는 c 상자이어야 한다.

ㄴ. (X) 이름표가 B인데 실제 상자에는 배가 들어있다. 배가 있을 수 있는 상자는 b 또는 c이므로, 확인한 상자는 c이다. 그럼 나머지 이름표가 A, C인 상자가 실제로는 a, b상자이어야 한다. 이름표와 실제 상자는 알파벳이 달라야 하므로 이름표가 A인 상자가 실제로는 b상자이고, 이름표가 C인 상자가 실제로는 a상자이어야 한다. 즉, 이름표가 사과 상자(A)이면 실제로는 배 상자(b)이어야 한다.

ㄷ. (X)이름표가 A인데 실제 상자에는 배가 들어있다. 배가 있을 수 있는 상자는 b 또는 c인데, 그중 어느 상자인지 확정되지 않는다. 두 경우를 모두 따져보면

1) 이름표가 A인 상자가 실제로 b상자라면
나머지 이름표가 B, C인 상자가 실제로는 a, c상자여야 한다. 이름표와 실제 상자는 알파벳이 달라야 하므로 이름표가 C인 상자가 실제로는 a상자이고, 이름표가 B인 상자가 실제로는 c상자여야 한다.

2) 이름표가 A인 상자가 실제로 c상자라면
나머지 이름표가 B, C인 상자가 실제로는 a, b상자여야 한다. 이름표와 실제 상자는 알파벳이 달라야 하므로 이름표가 B인 상자가 실제로는 a상자이고, 이름표가 C인 상자가 실제로는 b상자여야 한다.

이 두 가지 경우를 종합해 볼 때 이름표가 '배 상자'인 B상자가 실제로는 a상자 또는 b상자일 수 있어, 그중 무엇인지까지는 확정되지 않는다.

[정답] ①

42 **다음 글을 근거로 판단할 때, 사자바둑기사단이 선발할 수 있는 출전선수 조합의 총 가짓수는?** 16년 민경채 5책형 10번

- ○ 사자바둑기사단과 호랑이바둑기사단이 바둑시합을 한다.
- ○ 시합은 일대일 대결로 총 3라운드로 진행되며, 한 명의 선수는 하나의 라운드에만 출전할 수 있다.
- ○ 호랑이바둑기사단은 1라운드에는 甲을, 2라운드에는 乙을, 3라운드에는 丙을 출전시킨다.
- ○ 사자바둑기사단은 각 라운드별로 이길 수 있는 확률이 0.6 이상이 되도록 7명의 선수(A~G) 중 3명을 선발한다.
- ○ A~G가 甲, 乙, 丙에 대하여 이길 수 있는 확률은 다음 〈표〉와 같다.

〈표〉

선수	甲	乙	丙
A	0.42	0.67	0.31
B	0.35	0.82	0.49
C	0.81	0.72	0.15
D	0.13	0.19	0.76
E	0.66	0.51	0.59
F	0.54	0.28	0.99
G	0.59	0.11	0.64

① 18가지
② 17가지
③ 16가지
④ 15가지
⑤ 14가지

해설

문제 분석

- 시합은 일대일 대결로 총 3라운드로 진행된다.
- 제약조건 1: 한 명의 선수는 중복 없이 하나의 라운드에만 출전할 수 있다.
- 제약조건 2: 각 라운드별로 호랑이바둑기사단에서 출전할 선수는 정해져 있고, 사자바둑기사단은 각라운드마다 이길 수 있는 확률이 0.6 이상이 되도록 7명의 선수(A~G) 중 3명을 선발한다.
- 이 두 가지 제약조건에 맞춰서 출전선수 조합을 할 수 있어야 한다.

문제풀이 실마리

C는 甲과 乙 모두에게 이길 수 있는 확률이 0.6 이상이므로 C가 중복해서 출전하는 일이 없도록 유의해야 한다.

호랑이바둑기사단은 1라운드에는 甲을, 2라운드에는 乙을, 3라운드에는 丙을 출전시키고, 사자바둑기사단은 각 라운드별로 이길 수 있는 확률이 0.6 이상이 되도록 7명의 선수(A~G) 중 3명을 선발하므로, 〈표〉에 제시된 A~G가 甲, 乙, 丙에 대하여 이길 수 있는 확률을 반영했을 때, 각 라운드별로 출전할 수 있는 선수는 다음과 같다.

선수	甲	乙	丙
A	0.42	0.67	0.31
B	0.35	0.82	0.49
C	0.81	0.72	0.15
D	0.13	0.19	0.76
E	0.66	0.51	0.59
F	0.54	0.28	0.99
G	0.59	0.11	0.64

1라운드에는 C, E, 2라운드에는 A, B, C, 3라운드에는 D, F, G가 출전 가능하다. 이때 이길 수 있는 확률상 C가 1라운드와 2라운드에 모두 출전 가능하므로, 중복해서 출전하지 않도록 주의해야 한다.

갈림길이 적은, 즉 나뉘는 경우의 수가 적은 1라운드부터 먼저 고려하여 경우의 수를 따져보면 다음과 같다. 1라운드에는 C가 출전하거나 E가 출전하거나 두 가지 경우로 나뉜다.

〈경우 1〉 1라운드에 C가 출전하는 경우

2라운드에 C가 출전할 수 없다.

1라운드: 甲	2라운드: 乙	3라운드: 丙
C	A	D
		F
		G
	B	D
		F
		G

1라운드에 C가 출전하면, 2라운드에서는 C를 제외한 A와 B가 출전 가능하고, 각 경우에 3라운드에서는 D, F, G가 모두 출전할 수 있다. 따라서 경우의 수는 2×3=6(가지)이다.

〈경우 2〉 1라운드에 E가 출전하는 경우

2라운드에 C가 출전할 수 있다.

1라운드: 甲	2라운드: 乙	3라운드: 丙
E	A	D
		F
		G
	B	D
		F
		G
	C	D
		F
		G

1라운드에 E가 출전하면, 2라운드에 A, B, C 모두 출전 가능하고, 3라운드에 출전하는 D, F, G와도 중복되지 않으므로, 아무런 제약조건 없이 자유롭게 모두 출전할 수 있다. 따라서 경우의 수는 3×3=9(가지)이다. 따라서 출전선수 조합의 총 가짓수는 6+9=15가지이다.

빠른 문제풀이 Tip

출전 가능한 전체 경우의 수 2×3×3=18가지에서 C가 중복해서 출전하는 경우의 수 3가지를 제외한 15가지로 경우의 수를 세는 것도 가능하다.

[정답] ④

43 다음 <조건>에 따라 만들 수 있는 꽃다발의 최대 가짓수는?

13년 외교관 인책형 18번

〈조 건〉

ㅇ 꽃다발을 만드는 데 5종류의 꽃(장미, 카네이션, 리시안셔스, 수국, 작약)과 2종류의 잎(유칼립투스, 루스쿠스)을 사용한다.
ㅇ 꽃다발은 꽃과 잎을 5종류 이상 조합하여 만든다. 단, 작약을 넣은 경우에는 작약을 포함하여 꽃과 잎을 4종류만 사용한다.
ㅇ 잎은 반드시 1종류 이상 포함시켜야 한다.
ㅇ 수국과 작약은 동시에 포함될 수 없다.

※ 같은 종류의 꽃과 잎이 사용된 꽃다발은 사용된 꽃과 잎의 개수와 관계없이 동일한 꽃다발로 간주한다. 예를 들면 장미 한 송이로 만들어진 꽃다발과 장미 열 송이로 만들어진 꽃다발은 같은 것으로 간주한다.

① 15가지
② 16가지
③ 17가지
④ 18가지
⑤ 19가지

해설

문제 분석

주어진 조건을 정리하면 다음과 같다.
- 5종류의 꽃 : 장미, 카네이션, 리시안셔스, 수국, 작약
- 2종류의 잎 : 유칼립투스, 루스쿠스
- 기본적으로 꽃다발은 꽃과 잎을 5종류 이상 조합하여 만든다.
- 단, 작약을 넣은 경우에는 작약을 포함하여 꽃과 잎을 4종류만 사용한다.
  → 작약을 넣으면 4종류를, 작약을 넣지 않으면 5종류 또는 6종류를 조합해서 꽃다발을 만든다.
- 잎은 반드시 1종류 이상 포함시켜야 한다.
- 수국과 작약은 동시에 포함될 수 없다.

문제풀이 실마리

조합 공식을 사용할 수 있어야 하고, 제약조건을 반영하여 경우의 수 가짓수를 정확하게 셀 수 있어야 한다.

〈경우 1〉 작약을 포함하는 경우: 4종류

[ ] : 꽃 [ ] : 잎

작약을 포함하여 꽃과 잎을 4종류만 사용 가능하고, 잎은 반드시 1종류 이상 포함시켜야 하므로 잎을 1종류 또는 2종류 포함시켜 보면 다음과 같다.

종류1	종류2	종류3	종류 4
작약			유칼립투스
			루스쿠스
		유칼립투스	루스쿠스

작약을 포함시켰으므로 수국은 포함될 수 없고, 남은 꽃 종류는 장미, 카네이션, 리시안셔스 세 종류이다. 이 세 종류를 종류 2와 종류 3에 포함시키는 방법은 다음과 같다.

종류1	종류2	종류3	종류 4	
작약			유칼립투스	${}_3C_2$=3가지
			루스쿠스	${}_3C_2$=3가지
		유칼립투스	루스쿠스	${}_3C_1$=3가지

〈경우 2〉 작약을 포함하지 않는 경우: 5종류 또는 6종류

작약을 포함하지 않으면 꽃과 잎을 5종류 또는 6종류를 조합할 수 있다.

- 5종류

  작약을 포함하지 않기 때문에, 장미, 카네이션, 리시안셔스, 수국의 꽃 종류를 사용 가능하다. 이를 종류 1~종류 4에 포함시키는 방법은 다음과 같다.

종류1	종류2	종류3	종류4	종류 5	
				유칼립투스	${}_4C_4$=1가지
				루스쿠스	${}_4C_4$=1가지
			유칼립투스	루스쿠스	${}_4C_3$=4가지

- 6종류

  작약을 제외한 나머지 종류를 모두 사용하여야 하므로 1가지 경우만 가능하다.

따라서 이 모든 경우를 모두 더하면 〈조건〉에 따라 만들 수 있는 꽃다발의 최대 가짓수는 16가지이다.

빠른 문제풀이 Tip

전체 경우의 수를 구한 후, 제약조건에 의해서 안 되는 경우를 빼서 구하면 보다 빠른 해결이 가능하다.

[정답] ②

3 합분해

44 다음 글을 근거로 판단할 때, 甲이 구매하려는 두 상품의 무게로 옳은 것은? 21년 7급 나책형 8번

> ○○마트에서는 쌀 상품 A～D를 판매하고 있다. 상품 무게는 A가 가장 무겁고, B, C, D 순서대로 무게가 가볍다. 무게 측정을 위해 서로 다른 두 상품을 저울에 올린 결과, 각각 35kg, 39kg, 44kg, 45kg, 50kg, 54kg으로 측정되었다. 甲은 가장 무거운 상품과 가장 가벼운 상품을 제외하고 두 상품을 구매하기로 하였다.

※ 상품 무게(kg)의 값은 정수이다.

① 19kg, 25kg
② 19kg, 26kg
③ 20kg, 24kg
④ 21kg, 25kg
⑤ 22kg, 26kg

해설

문제 분석

- ○○마트에서는 쌀 상품 네 개를 판매하고 있다.
- 서로 다른 두 상품을 저울에 올린 결과, 각각 35kg, 39kg, 44kg, 45kg, 50kg, 54kg으로 측정되었다.
- 甲은 가장 무거운 상품과 가장 가벼운 상품을 제외하고 두 상품을 구매하기로 하였다.

문제풀이 실마리

선지를 활용하여 해결하는 방법이 가장 빠른 방법이다.

선지를 활용해서 풀어보면, 상품의 무게가 무거운 것부터 가벼운 순으로 A, B, C, D라고 할 때, 甲은 가장 무거운 상품과 가장 가벼운 상품을 제외하고 두 상품을 구매하기로 하였기 때문에 그중에서 B, C를 구매한다. 그리고 그 결과 즉, B와 C의 무게는 선지 다섯 개 중에 있다.

A, B, C, D 중 두 상품을 선택해서 함께 저울에 올린 결과는 각각 35kg, 39kg, 44kg, 45kg, 50kg, 54kg이므로 그렇다면 甲이 구매한 B, C를 함께 저울에 올린 결과도 이 중에 있어야 한다.

① 19kg+25kg=44kg으로 결과 중에 있다.

② 19kg+26 kg=45kg으로 결과 중에 있다.

③ 20kg+24kg=44kg으로 결과 중에 있다.

④ 21kg+25kg=46kg으로 결과 중에 없기 때문에 정답일 수 없다.

⑤ 22kg+26kg=48kg으로 결과 중에 없기 때문에 정답일 수 없다.

따라서 선지 ④, ⑤가 정답에서 제외된다.

A, B, C, D 중 두 상품을 선택해서 함께 저울에 올린 결과는 각각 35kg, 39kg, 44kg, 45kg, 50kg, 54kg인데 이 중 54kg이 가장 무겁고 이는 상품 중에서 가장 무거운 두 개를 함께 저울에 올린 결과이어야 한다. 반대로 결과 중 35kg이 가장 가볍고 이는 상품 중에서 가장 가벼운 두 개를 함께 저울에 올린 결과이어야 한다. 따라서 A+B의 결과가 54가 되도록 A의 숫자를 구하고, C+D의 결과가 35가 되도록 D의 숫자를 구해보면 다음과 같다.

	A+B=54		C+D=35	
	A	B	C	D
①	29	25	19	16
②	28	26	19	16
③	30	24	20	15

이 네 상품의 무게를 통해 그 중 두 상품을 선택해서 함께 저울에 올린 결과가 각각 35kg, 39kg, 44kg, 45kg, 50kg, 54kg일 수 있는지 확인하면 선지 ①, ②가 제거된다.

따라서 甲이 구매하려는 두 상품의 무게는 20kg, 24kg이다.

빠른 문제풀이 Tip

- 'A가 가장 무겁고, B, C, D 순서대로 무게가 가볍다.'의 표현의 의미가 다소 애매하기는 하다.
- 방정식을 세워서 푸는 방법은 느리기 때문에 되도록 지양하는 것이 좋다.
- A+B=54와 C+D=35를 모두 구한 후에 정답을 찾는 것보다, 둘 중 하나의 해결만 한 후 결과를 확인해 보면 보다 빠르게 정답을 찾아낼 수 있다. 예를 들어 선지 ①에서 C+D=35를 통해 D 무게가 16kg인 것을 찾아냈다면 B 25kg, C 19kg, D 16kg이므로 그중 두 상품 무게의 중에는 B+D=25kg+16kg를 한 41kg이 있어야 하는데 문제에 주어진 35kg, 39kg, 44kg, 45kg, 50kg, 54kg 결과 중에는 41kg가 없으므로 선지 ①은 정답이 될 수 없다.
- 끝자리 '0'을 만드는 것에 주목한다면 보다 빠른 해결이 가능하다.

[정답] ③

45 다음 글을 근거로 판단할 때, <보기>에서 옳은 것만을 모두 고르면? 19년 5급 가책형 10번

A부족과 B부족은 한쪽 손의 손모양으로 손가락 셈법(지산법)을 사용하여 셈을 한다.

○ A부족의 손가락 셈법에 따르면, 손모양을 보아 손바닥이 보이면 펴져 있는 손가락 개수만큼 더하고, 손등이 보이면 펴져 있는 손가락 개수만큼을 뺀다.
○ B부족의 손가락 셈법에 따르면, 손모양을 보아 엄지가 펴져 있으면 엄지를 제외하고 펴져 있는 손가락 개수만큼 더하고, 엄지가 접혀 있으면 펴져 있는 손가락 개수만큼 뺀다.

〈보 기〉

ㄱ. 손바닥이 보이는 채로, 손가락 다섯 개가 세 번 모두 펴져 있으면, 셈의 합은 A부족이 15이고 B부족은 12일 것이다.
ㄴ. B부족의 셈법에 따르면, 세 번 다 엄지만이 펴져 있는 것의 셈의 합과 세 번 다 주먹이 쥐어져 있는 것의 셈의 합은 동일하다.
ㄷ. 손바닥이 보이는 채로, 첫 번째는 엄지 · 검지 · 중지만이 펴져 있고, 두 번째는 엄지가 접혀 있고 검지 · 중지만 펴져 있고, 세 번째는 다른 손가락은 접혀 있고 엄지만 펴져 있다. 이 경우 셈의 합은 A부족이 6이고 B부족은 3일 것이다.
ㄹ. 세 번 동안 손가락이 몇 개씩 펴져 있는지는 알 수 없으나 세 번 내내 엄지는 꼭 펴져 있었다. 이를 A부족, B부족 각각의 셈법에 따라 셈을 하였을 때, 셈의 합이 똑같이 9가 나올 수 있다.

① ㄱ, ㄴ
② ㄴ, ㄷ
③ ㄷ, ㄹ
④ ㄱ, ㄴ, ㄹ
⑤ ㄱ, ㄷ, ㄹ

해설

문제 분석

각 부족의 손가락 셈범에 따를 때

	A부족	B부족
더하기	손모양을 보아 손바닥이 보이면 펴져 있는 손가락 개수만큼 더한다.	손모양을 보아 엄지가 펴져 있으면 엄지를 제외하고 펴져 있는 손가락 개수만큼 더한다.
빼기	손모양을 보아 손등이 보이면 펴져 있는 손가락 개수만큼을 뺀다.	손모양을 보아 엄지가 접혀 있으면 펴져 있는 손가락 개수만큼 뺀다.

ㄱ. (O)

	셈범	계산결과
A부족	손바닥이 보이면 손바닥이 보이면 펴져 있는 손가락 개수만큼 더한다.	손가락 다섯 개가 세 번 모두 펴져 있다면 5+5+5=15가 된다.
B부족	엄지가 펴져 있으면 엄지를 제외하고 펴져 있는 손가락 개수만큼 더한다.	엄지를 제외한 나머지 손가락 4개를 더하므로, 4+4+4=12가 된다.

ㄴ. (O) B부족의 셈범에 따르면, 엄지가 펴져 있는지 접혀 있는지에 따라 더하거나 빼고, 더하거나 빼는 숫자는 엄지를 제외한 나머지 손가락이다. 그런데 세 번 다 엄지만이 펴져 있다면 엄지를 제외한 나머지 손가락은 다 접혀 있는 셈이다. 세 번 다 주먹이 쥐어져 있다면 마찬가지로 엄지를 제외한 나머지 손가락은 다 접혀 있는 셈이다. 따라서 더하든 빼든 0+0+0 과 0-0-0의 결과는 모두 0이 되므로, 두 셈의 결과는 동일하다.

ㄷ. (X) 손바닥이 보이므로 A부족은 세 번 모두 펴져 있는 손가락 개수만큼 더한다. 첫 번째는 세 개의 손가락이 펴져 있고, 두 번째는 두 개의 손가락이 펴져 있고, 세 번째는 한 개의 손가락이 펴져 있으므로 3+2+1=6이다.

B부족은 엄지가 펴져 있는 첫 번째와 세 번째는 엄지 외의 나머지 손가락만큼 더하고 엄지가 접혀 있는 두 번째는 엄지 외의 나머지 손가락만큼 빼야 한다. 첫 번째는 엄지 외의 검지 · 중지의 2를 더하고, 두 번째는 엄지 외의 검지 · 중지의 2를 빼고, 세 번째는 엄지 외에 펴진 손가락이 없으므로 0을 더한다. 따라서 2-2+0=0이다.

ㄹ. (X) **방법 1** **합분해**

A부족은 손바닥이 보이는지 손등이 보이는지로 더할지 뺄지를 정하는데 이와 관련되어서는 알 수 없다. 반면 세 번 내내 엄지는 꼭 펴져 있었기 때문에 B부족 셈범에 따르면 항상 더해야 한다. 따라서 먼저 B부족의 방식으로 계산한 결과가 9가 나올 수 있는지 검토한다.

세 개의 숫자를 더해서 9가 나오는 경우는 (4, 4, 1), (4, 3, 2), (3, 3, 3) 세 가지 경우뿐이다.

이제 이를 토대로 A부족의 셈범을 해보면, B부족과 달리 A부족은 엄지손가락도 계산할 때 포함시킨다. 즉, B부족의 (4, 4, 1), (4, 3, 2), (3, 3, 3)에는 세 경우 모두 엄지를 제외한 것이므로 여기에 엄지도 포함하여 손가락 개수를 세면 (5, 5, 2), (5, 4, 3), (4, 4, 4)가 된다. 이 숫자들을 더하거나 빼서 9를 만들 수 있는지 찾아보더라도 가능하지 않다. 따라서 B부족의 셈범을 통해 9를 만들 수 있는 손가락 개수를 가지고 A부족의 셈범으로는 9를 만들 수 없다.

방법 2 홀 · 짝 성질

B부족의 셈범에 따라 9가 나온다는 것은 엄지를 제외하고 세 번의 과정에서 펼친 손가락 개수의 총합이 9라는 의미이다. 여기에 엄지까지 포함한다면 세 번의 과정에서 펼친 손가락의 개수의 총합은 12가 된다. 이를 ○, △, □ 세 개의 숫자로 나누면 홀수가 아예 없거나 ○, △, □ 중 두 개의 숫자가 홀수이어야 한다.

1) 홀수가 없는 경우 세 개의 짝수를 더하거나 빼서는 홀수가 나올 수 없기 때문에 '9'라는 홀수를 만들 수 없다.
2) 홀수 2개+짝수 1개인 경우 역시도 이 숫자들을 더하거나 빼서는 홀수가 나올 수 없기 때문에 마찬가지로 '9'라는 홀수를 만들 수 없다.

1), 2)를 종합하면 A부족의 셈법에 따르면 12를 세 개의 숫자로 나누어 이를 더하거나 뺄 수 있는데, 이 과정을 통해서 홀수를 만드는 것이 불가능하다.

방법 3 수식 접근

B부족은 항상 더하는데 A부족은 더하거나 빼는 경우가 모두 존재한다. 그리고 그 결과는 두 부족 다 9가 나와야 한다. A부족에서 세 번의 과정 동안 펼친 손가락의 개수를 각각 a, b, c라고 하자. 세 번 내내 엄지는 꼭 펴져있었다는 조건이 주어졌으므로 이 a, b, c에는 엄지가 포함되어 있다. a, b, c를 더하거나 빼는 경우는 다음의 총 8가지 경우가 있다.

1)+가 3개, −가 0개인 경우: (+a+b+c),
2)+가 2개, −가 1개인 경우: (−a+b+c), (+a −b+c), (+a+b −c)
3)+가 1개, −가 2개인 경우: (−a −b+c), (−a+b −c), (+a −b −c)
4)+가 0개, −가 3개인 경우: (−a −b −c)

이를 B부족 셈범으로 살펴보면 a, b, c에서 각각의 경우에 펴져 있는 엄지는 제외하고 나머지 손가락의 개수만 더해야 한다. 즉 엄지를 제외하고 나면 (a−1)+(b−1)+(c−1)=a+b+c−3이 된다.

이때 A부족의 셈범의 결과와 B부족의 셈범의 결과가 같아질 수 있는지 확인해 보면 다음과 같다. 맨 오른쪽 열이 'A부족의 셈범=B부족의 셈범'으로 두고 공식을 정리한 것이다.

B부족의 셈범		A 부족의 셈범	정리
(a+b+c)−3	=	(+a+b+c)	0=3
		(−a+b+c)	2a=3
		(+a−b+c)	2b=3
		(+a+b−c)	2c=3
		(−a−b+c)	2a+2b=3
		(−a+b−c)	2a+2c=3
		(+a−b−c)	2b+2c=3
		(−a−b−c)	2a+2b+2c=3

맨 오른쪽 열의 결과를 보면 좌변은 계속 짝수이고, 우변은 3으로 홀수이므로 짝수=홀수라는 모순이 생긴다. 따라서 두 부족의 셈범의 결과가 같아지는 경우는 있을 수 없다.

빠른 문제풀이 Tip
A부족 셈법과 B부족 셈법의 차이를 정확하게 인식해야 한다.

[정답] ①

46 다음 글을 근거로 추론할 때, <보기>에서 옳은 것만을 모두 고르면?

15년 5급 인책형 9번

ⅰ)계산을 한다는 것은 인간 고유의 능력이다. 글자도 숫자도 없던 원시시대에는 몸의 일부분, 특히 손가락이나 손을 사용하여 계산했다. 따라서 원시인은 5를 '손'이라고, 10을 '양손' 혹은 '인간'이라고 이해하였다. 또한 산스크리트어로 5는 'pancha'라고 하는데, 이것은 페르시아어로 '손'을 나타내는 'pentcha'와 매우 유사하다.

ⅱ)원시인은 나뭇가지나 작은 돌멩이를 늘어놓고 계산하는 방법도 사용하였다. 라틴어의 'talea'는 작은 나뭇가지를 뜻하는데 이로부터 영어의 'tally'(계산, 총계)라는 단어가 생겼으며, 마찬가지로 'calculus'(조약돌)에서 영어의 'calculate'(계산하다)라는 단어가 생겼다.

ⅲ)손가락을 계산에 이용한 흔적은 현대에도 남아 있다. 시리아, 프랑스의 일부 지방에서는 지금까지도 5보다 큰 한자리 자연수 2개를 곱할 때 손가락을 사용한다. 예를 들어 8×7을 구하기 위해서는 왼손 손가락 세 개(8−5)를 굽히고 오른손 손가락 두 개(7−5)를 굽힌다. 이렇게 한 후에 굽힌 손가락의 수를 더하여 5를 구한 다음, 굽히지 않은 손가락의 수를 곱해 6을 구한다. 이렇게 계산한 두 수를 통해 56이란 답을 구한다.

〈보 기〉

ㄱ. '계산'이라는 단어는 계산을 하는 데 사용한 도구와 관련된 경우가 있다.
ㄴ. 원시인은 도구나 육체를 직접 사용하여 계산하였을 것이다.
ㄷ. 6×6을 계산하기 위하여 시리아, 프랑스 일부 지방의 손가락 곱셈 방법을 사용하려면 왼손 손가락 1개와 오른손 손가락 1개를 굽혀야 한다.

① ㄱ
② ㄴ
③ ㄱ, ㄷ
④ ㄴ, ㄷ
⑤ ㄱ, ㄴ, ㄷ

해설

문제 분석

문단 ⅰ) 인간의 계산 능력, 원시시대에는 손가락 · 손을 사용
문단 ⅱ) 계산에 돌멩이 · 나뭇가지도 사용
문단 ⅲ) 현대에도 남아있는 손가락 계산 방법

ㄱ. (O) 문단 ⅱ) 첫 번째 문장에 따르면 원시인은 계산하는데 나뭇가지나 작은 돌멩이를 도구로 사용하기도 하였는데, 두 번째 문장에 따르면 작은 나뭇가지를 뜻하는 라틴어 'talea'로부터 영어의 'tally'(계산, 총계)라는 단어가 생겼으며, 조약돌을 뜻하는 'calculus'에서 영어의 'calculate'(계산하다)라는 단어가 생겼다고 한다. 즉, '계산'이라는 단어는 계산을 하는 데 사용한 도구인 나뭇가지, 조약돌과 관련된 경우가 있음을 알 수 있다.

ㄴ. (O) 원시인은 문단 ⅱ) 첫 번째 문장과 같이 나뭇가지나 작은 돌멩이와 같은 도구를 사용하여 계산하거나, 문단 ⅰ) 첫 번째 문장과 같이 손가락이나 손과 같은 육체를 직접 사용하여 계산하였음을 알 수 있다.

ㄷ. (O) 문단 ⅲ) 세 번째 문장에서 예를 들어 설명하는 방법에 따르면, 5보다 큰 한자리 자연수 2개를 곱하는 6×6을 계산하기 위해서는 왼손 손가락 한 개(6−5)를 굽히고 오른손 손가락 한 개(6−5)를 굽혀야 한다.

빠른 문제풀이 Tip

ㄷ. 시리아, 프랑스 일부 지방의 손가락 곱셈 방법을 수식으로 정리해 보면 다음과 같다. 5보다 큰 한자리 자연수 2개 x, y를 곱하는 경우 문단 ⅲ)에 나와 있는 방식대로 식을 구성해보면

- 왼손 굽힌 손가락: $(x-5)$
- 왼손 굽히지 않은 손가락: $(10-x)$
- 오른손 굽힌 손가락: $(y-5)$
- 오른손 굽히지 않은 손가락: $(10-y)$
- 굽힌 손가락의 수를 더한다 → $(x-5)+(y-5)$, 이때 굽힌 손가락의 수를 더한 값이 10의 자리가 되므로 $10\{(x-5)+(y-5)\}$과 같이 표시한다.
- 굽히지 않은 손가락의 수를 곱한다. → $(10-x)(10-y)$

종합하면

$10\{(x-5)+(y-5)\}+(10-x)(10-y)$
$=10(x-5)+10(y-5)+(10-x)(10-y)$
$=10x-50+10y-50+100-10x-10y+xy$(내림차순으로 정리)
$=xy+10x-10x+10y-10y+100-50-50$
$=xy$

[정답] ⑤

47 다음 <상황>과 <대화>를 근거로 판단할 때 乙의 점수는?

20년 5급 나책형 15번

〈상 황〉

- ○ 甲, 乙, 丙이 과제를 제출하여 각자 성적을 받았다.
- ○ 甲, 乙, 丙의 점수는 서로 다른 자연수로서 세 명의 점수를 합하면 100점이 되며, 甲, 乙, 丙은 이 사실을 알고 있다.
- ○ 甲, 乙, 丙은 자신의 점수는 알지만 다른 사람의 점수는 모르고 있다.

〈대 화〉

甲: 내가 우리 셋 중에 가장 높은 점수를 받았어.
乙: 甲의 말을 들으니 우리 세 사람이 받은 점수를 확실히 알겠네.
丙: 나도 이제 우리 세 사람의 점수를 확실히 알겠어.

① 1
② 25
③ 33
④ 41
⑤ 49

해설

문제 분석

- 甲, 乙, 丙의 점수는 서로 다른 자연수로서 세 명의 점수를 합하면 100점이다.
- 甲, 乙, 丙은 자신의 점수만 알고 있는 상태이다.

문제풀이 실마리

甲의 대화를 듣고 나서 乙은 세 사람이 받은 점수를 세 개 다 확실히 확정할 수 있어야 한다.

- 甲의 점수

甲이 다른 사람의 점수를 모르고 자신의 점수만을 알고 있는 상태에서 〈대화〉처럼 확정적으로 셋 중에서 가장 높은 점수를 받았다고 말할 수 있으려면 甲의 점수는 50점 이상이어야 한다.

1) 甲의 점수가 정확히 50점인 경우에 乙과 丙의 점수의 합이 나머지 50점이 되고, 각자의 점수는 서로 다른 자연수이어야 하기 때문에 乙과 丙의 점수 중 최댓값은 50=1+49일 때 최대 49점밖에 안 된다. 따라서 甲이 확정적으로 가장 높은 점수를 받은 셈이 된다.
2) 甲의 점수가 51점인 경우에 乙과 丙의 점수의 합이 나머지 49점이 되므로 합분해를 해보지 않더라도 甲이 확정적으로 가장 높은 점수를 받은 셈이 된다.
3) 즉, 甲이 자신의 점수만 보고도 셋 중에 가장 높은 점수를 받았다고 확실하게 말할 수 있다는 것은 甲의 점수가 50점 이상이라는 의미이다.

- 乙의 점수

1) 甲의 대화를 들은 乙은 갑의 점수가 50점 이상이라는 것을 알게 된다. 이것만을 알게 되어도 乙은 세 사람의 점수를 모두 확정할 수 있어야 한다.
2) 앞에서 甲의 점수를 따질 때 확인했듯이 乙의 점수의 최댓값은 49점이 된다.
3) 만약 乙의 점수가 49점이라면, 甲의 점수가 50점 이상이고, 병의 점수는 1점 이상이 되도록 충족시키는 경우는 甲 50점, 乙 49점, 丙 1점인 경우밖에 없고 세 사람의 점수를 확정할 수 있다.

甲의 점수 : 50점 이상	乙의 점수	丙의 점수 : 1점 이상
50	49	1

4) 만약 乙의 점수가 48점이라면, 甲의 점수가 50점 이상이고, 병의 점수는 1점 이상이 되도록 충족시키는 경우는 두 가지 경우가 존재하므로 세 사람의 점수를 확정할 수 없다.

甲의 점수 : 50점 이상	乙의 점수	丙의 점수 : 1점 이상
50	48	2
51		1

5) 만약 乙의 점수가 47점, 46점, 45점…으로 점점 더 낮아진다면 경우의 수는 점점 더 많아지게 되고, 세 사람의 점수를 확정할 수 없다.

따라서 乙의 점수는 '⑤ 49점'이어야 한다.

[정답] ⑤

48 다음 글을 근거로 판단할 때, <보기>에서 옳은 것을 모두 고르면?

13년 외교관 인책형 29번

> ○ '보존'과 '페르미온'이라는 2개의 방이 있다.
> ○ 각 방에는 1부터 20까지의 숫자가 하나씩 적혀 있는 공 20개가 들어있는 주머니가 있다.
> ○ '페르미온'이라는 방에 들어가면 주머니에서 한번에 3개의 공을 뽑고, 이 3개의 공에 적혀 있는 숫자 각각의 제곱의 합을 우리에게 알려준다.
> ○ '보존'이라는 방에 들어가면 주머니에서 공을 1개 뽑고, 다시 그 공을 넣어서 흔든 후 두 번째 공을 1개 뽑고, 다시 그 공을 넣어서 흔든 후 마지막 공을 1개 뽑은 다음 세 숫자의 각각의 제곱의 합을 우리에게 알려준다.
> ○ A군은 둘 중 하나의 방에만 들어간다.

〈보 기〉

ㄱ. 만약 A군이 어느 방에 들어갔다 나와서 알려준 숫자가 14보다 작은 수라면, A군은 틀림없이 '보존'방에 들어갔었다.
ㄴ. A군이 '보존'이라는 방에 들어갔다 나와서 우리에게 108이라는 숫자를 알려주었다. 이 경우 A군이 뽑은 숫자들은 2, 2, 10 또는 6, 6, 6의 조합이다.
ㄷ. 만약 우리에게 알려준 숫자가 108이면, A군이 '페르미온'이라는 방에 들어갔다 나왔을 확률은 50%이다.
ㄹ. A군이 '보존'이라는 방에 들어갔다 나와서 우리에게 108이라는 숫자를 알려주었다. 108이 나온 경우 중, A군이 첫 번째에 2를 뽑고 두 번째에 2를 뽑고 세 번째에 10을 뽑았을 확률은 25%이다.

① ㄱ
② ㄱ, ㄷ
③ ㄴ, ㄹ
④ ㄱ, ㄴ, ㄹ
⑤ ㄴ, ㄷ, ㄹ

해설

문제 분석

- '페르미온'과 '보존' 방의 차이는 숫자의 중복 가능 여부이다. '페르미온'에서는 숫자의 중복이 불가능하고, '보존'에서는 숫자의 중복이 가능하다.
- 둘 중 하나의 방에만 들어가서 1부터 20까지의 숫자의 공 중 3개의 공을 뽑고 공에 적혀 있는 숫자 각각의 제곱의 합을 구한다.

문제풀이 실마리

제곱수는 1, 4, 9, 16, 25 …처럼 어떤 정수의 제곱이 되는 정수를 말한다.

[세 개의 제곱수 합으로 108 만들기]

108보다 작은 제곱수는 1, 4, 9, 16, 25, 36, 49, 64, 81, 100까지 10개이다.

1. '페르미온': 제곱수 간 중복 불가
   세 개의 제곱수를 A, B, C라고 할 때 중복 없이 A+B+C=108이 되어야 한다.
   - A가 100인 경우, 중복 없이 100보다 작은 제곱수 두 개의 합으로 8을 만들어야 하는데 불가능
   - A가 81인 경우, 중복 없이 81보다 작은 제곱수 두 개의 합으로 27을 만들어야 하는데 불가능
   - A가 64인 경우, 중복 없이 64보다 작은 제곱수 두 개의 합으로 44를 만들어야 하는데 불가능
   - A가 49인 경우, 중복 없이 49보다 작은 제곱수 두 개의 합으로 59를 만들어야 하는데 불가능
   - A가 36인 경우, 중복 없이 36보다 작은 제곱수 두 개의 합으로 72를 만들어야 하는데 25와 16을 더하더라도 41이라 72에 못미치므로 불가능
   - 여기까지 검토하면 중복 없이 세 개의 제곱수의 합으로 108을 만드는 것은 불가능하다는 것이 확인된다.
2. '보존': 제곱수 간 중복 가능
   세 개의 제곱수를 A, B, C라고 할 때 중복을 허용하여 A+B+C=108이 되어야 한다. 108보다 작은 제곱수 1, 4, 9, 16, 25, 36, 49, 64, 81, 100 중 하나를 A라고 하자. 이 경우 중복이 있는 경우는 A가 중복되거나, A를 제외한 B=C가 중복이거나 두 가지 경우이다. 예를 들어 64를 A라고 하면 64+B+C=108의 공식이 만들어지는데, 이때 중복을 포함하는 경우는 'A가 중복인 경우'가 ① 64=B, ② 64=C이고, 'A를 제외한 B=C가 중복인 경우'가 ③ B=C인 세 가지 경우가 있다. 이때 '③ B=C'인 경우로 검토해 보자.
   - A가 100인 경우, 동일한 제곱수 두 개의 합으로 8이 되어야 하는데, 4+4=8이므로, 세 개의 제곱수는 100+4+4=108이다.
   - A가 81인 경우, 동일한 제곱수 두 개의 합으로 27이 되어야 하는데 불가능
   - A가 64인 경우, 동일한 제곱수 두 개의 합으로 44를 만들어야 하는데 불가능
   - A가 49인 경우, 동일한 제곱수 두 개의 합으로 59를 만들어야 하는데 불가능
   - A가 36인 경우, 동일한 제곱수 두 개의 합으로 72를 만들어야 하는데, 세 개의 제곱수는 36+36+36=108이다.
   - A가 25인 경우, 동일한 제곱수 두 개의 합으로 83을 만들어야 하는데 불가능
   - 마찬가지 방식으로 계속 검토했을 때 더 이상의 경우가 찾아지지 않는다.
   - 중복을 포함하여 세 개의 제곱수의 합으로 108을 만드는 방법은 100+4+4=36+36+36=108 두 가지 경우가 있다.

ㄱ. (O) '페르미온'은 숫자의 중복이 불가능하므로, 숫자의 중복 없이 세 개의 제곱수 합을 구해보면 최소 $1^2+2^2+3^2=1+4+9=14$이다. 따라서 세 개의 제곱수의 합이 14보다 작은 수라면 반드시 제곱수 간의 중복이 필요하고, 따라서 A군은 틀림없이 '보존'방에 들어간 것이 된다.

ㄴ. (O) 위에서 살펴봤듯이 '보존'의 방에서 중복을 포함하여 세 개의 제곱수의 합으로 108을 만드는 방법은 100+4+4=36+36+36=108 두 가지 경우가 찾아진다. 따라서 제곱수로 만들기 전에 A군이 뽑은 숫자들은 2, 2, 10 또는 6, 6, 6의 조합이다.

ㄷ. (X) '페르미온'방에서 세 개의 제곱수의 합으로 108을 만드는 것은 불가능하므로, 만약 우리에게 알려준 숫자가 108이면, A군이 '페르미온'이라는 방에 들어갔다 나온 경우는 없기 때문에 해당 확률은 0%이다.

ㄹ. (O) '보존'의 방에서 중복을 포함하여 세 개의 제곱수의 합으로 108을 만들었을 때 A군이 뽑은 숫자들은 2, 2, 10 또는 6, 6, 6의 조합이다. 어떤 숫자가 나왔는지 순서와 무관하게 뽑은 숫자의 종류만 보는 것이 아니라 이 숫자를 뽑을 때 순서를 고려해 보면, 다음과 같이 네 가지의 경우가 있다.

첫 번째 뽑은 숫자	두 번째 뽑은 숫자	세 번째 뽑은 숫자
6	6	6
2	2	10
2	10	2
10	2	2

따라서 이 네가지 경우 중에 A군이 첫 번째에 2를 뽑고 두 번째에 2를 뽑고 세 번째에 10을 뽑았을 확률은 $\frac{1}{4}$=25%이다.

빠른 문제풀이 Tip

- 각 방의 주머니에는 1부터 20까지의 숫자가 하나씩 적혀 있는 공 20개가 들어있지만, 실질적으로 문제를 해결할 때는 14 또는 108의 숫자를 만들면 되기 때문에, 공 20개 중에 절반인 1부터 10까지의 공만 고려하면 된다. 문제를 해결하는 데 필요한 부분만 고려하여야 보다 빠른 해결이 가능하다.
- 세 개의 제곱수의 합으로 108을 만드는 경우를 직접 따져보기 힘들기 때문에 보기 ㄴ에서 주어진 (2, 2, 10)과 (6, 6, 6)의 조합으로 각 보기의 정오를 판단하는 경우가 많다. 하지만 그렇게 해결한다면 그 두 개의 조합 외에 추가적으로 다른 조합이 가능한 경우가 있는지는 알 수 없다. 만약 추가적으로 다른 조합이 가능한 경우가 있었다면 검토에 시간을 들이고도 (2, 2, 10)과 (6, 6, 6)만 따져봤기 때문에 문제를 틀리게 된다. 불완전하게 해결하는 것이라면 굳이 문제를 풀지 않는 것이 더 바람직하다.

[정답] ④

49 甲과 乙이 아래 <조건>에 따라 게임을 할 때 옳지 않은 것은?

12년 민경채 인책형 8번

〈조 건〉

○ 甲과 乙은 다음과 같이 시각을 표시하는 하나의 시계를 가지고 게임을 한다.

0	9	:	1	5

○ 甲, 乙 각자가 일어났을 때, 시계에 표시된 4개의 숫자를 합산하여 게임의 승패를 결정한다. 숫자의 합이 더 작은 사람이 이기고, 숫자의 합이 같을 때에는 비긴다.

○ 甲은 반드시 오전 6시에서 오전 6시 59분 사이에 일어나고, 乙은 반드시 오전 7시에서 오전 7시 59분 사이에 일어난다.

① 甲이 오전 6시 정각에 일어나면, 반드시 甲이 이긴다.
② 乙이 오전 7시 59분에 일어나면, 반드시 乙이 진다.
③ 乙이 오전 7시 30분에 일어나고, 甲이 오전 6시 30분 전에 일어나면 반드시 甲이 이긴다.
④ 甲과 乙이 정확히 1시간 간격으로 일어나면, 반드시 甲이 이긴다.
⑤ 甲과 乙이 정확히 50분 간격으로 일어나면, 甲과 乙은 비긴다.

해설

문제 분석

이 게임은 甲, 乙 각자가 일어났을 때, 시계에 표시된 4개의 숫자를 합산하여 숫자의 합이 '더 작은' 사람이 이기고, 숫자의 합이 같을 때에는 비기는 게임이다.

문제풀이 실마리

일반적으로 게임에서 숫자의 합이 클수록 유리하지만, 이 문제의 게임에서는 숫자의 합이 작을수록 유리하므로 혼동해서 실수하지 않도록 주의해야 한다.

① (O) 甲이 오전 6시 정각에 일어나면 시계에 표시된 4개의 숫자를 합산하였을 때 '6'이다. 乙의 시계에 표시된 숫자의 합을 가장 줄이기 위해서 시계 각 자리의 숫자를 최대한 낮추더라도 07:00이므로 숫자의 합은 '7'이 된다. 따라서 乙의 시계에 표시된 숫자의 합은 최소 7이고 합이 더 커질 수도 있다. 즉, 어떠한 경우에도 乙의 시계에 표시된 숫자의 합보다 甲의 숫자의 합인 '6'이 항상 더 작으므로 반드시 甲이 이기게 된다.

② (O) 乙이 오전 7시 59분에 일어나면 시계에 표시된 4개의 숫자를 합산하였을 때 '21'이다. 甲의 시계에 표시된 숫자의 합을 가장 크게 만들기 위해서 시계 각 자리의 숫자를 최대한 크게 가정하더라도 06:59이므로 숫자의 합은 '20'이다. 따라서 甲의 시계에 표시된 숫자의 합은 최대 20이고, 합이 더 작아질 수도 있다. 즉, 어떠한 경우에도 甲의 시계에 표시된 숫자의 합보다 乙의 숫자의 합인 '21'이 항상 더 크므로 반드시 乙이 지게 된다.

③ (X) 乙이 오전 7시 30분에 일어나고, 甲이 오전 6시 30분 전에 일어나면 반드시 甲이 이긴다고 주장하고 있으므로 반례가 있을 수 있는지 검토해 보아야 한다. 즉, 선지 ③의 반례를 찾기 위해서는 乙이 오전 7시 30분에 일어나고, 甲이 오전 6시 30분 전에 일어났을 때, 甲이 이기지 못하는 상황, 즉 甲의 숫자의 합이 乙과 같거나 더 큰 경우를 찾아내면 된다.

乙이 오전 7시 30분에 일어났다면, 시계에 표시된 각 숫자의 합은 10이다. 그런데 甲이 오전 6시 30분 전이긴 하지만 만약 6시 29분에 일어났다면, 시계에 표시된 각 숫자의 합은 (0+6+2+9=17)이다. 따라서 이러한 경우 乙이 오전 7시 30분에 일어나고, 甲이 오전 6시 30분 전에 일어났을 때 甲이 이기지 못하는 반례가 찾아진다. 이 외에도 甲이 오전 6시 30분 전에 일어났을 때 시계에 표시된 각 숫자의 합이 10 이상인 경우가 다수 있으므로, 그러한 반례를 찾을 수 있다면 선지 ③이 옳지 못하다는 것을 판단할 수 있을 것이다.

④ (O) 甲은 반드시 오전 6시에서 오전 6시 59분 사이에 乙은 반드시 오전 7시에서 오전 7시 59분 사이에, 甲과 乙이 정확히 1시간 간격으로 일어나면, '분'을 나타내는 숫자는 甲과 乙이 동일하고, '시'를 나타내는 숫자만 甲이 乙보다 1이 작을 것이다. 따라서 시계에 표시된 숫자의 합도 甲이 乙보다 1이 작으므로 반드시 甲이 이긴다.

⑤ (O) 甲은 반드시 오전 6시에 오전 6시 59분 사이에서 乙은 반드시 오전 7시에 오전 7시 59분 사이에서 일어나되, 甲과 乙이 정확히 50분 간격으로 일어나면, '시'를 나타내는 숫자는 甲이 乙보다 1 작지만, '분'을 나타내는 숫자 중 십의 자리에 해당하는 숫자는 반대로 乙이 甲보다 1 작게 된다. 따라서 따라서 숫자의 합을 비교하면 甲의 입장에서 '시'를 나타내는 숫자에서 乙보다 1 작은 것이 '분'을 나타내는 숫자에서 乙보다 1이 큰 것과 서로 상쇄되어 결국 甲과 乙의 숫자의 합은 동일하게 되고, 따라서 甲과 乙은 비긴다.

빠른 문제풀이 Tip

주어진 조건하에서 결과로 가능한 범위를 미리 생각해 두는 것도 문제 해결에 도움이 될 수 있다. 시계에 표시된 4개의 숫자를 합산했을 때 甲은 6~20까지, 乙은 7~21까지 가능하다는 것을 미리 구해 둔다면 일부 선지를 해결할 때 도움이 될 수 있다.

[정답] ③

50 다음 <그림>은 데이터의 흐름도이다. 주어진 <조건>을 바탕으로 A에서 1이 입력되었을 때 F에서의 결과가 가장 크게 되는 값은?

08년 5급 창책형 38번

〈그 림〉

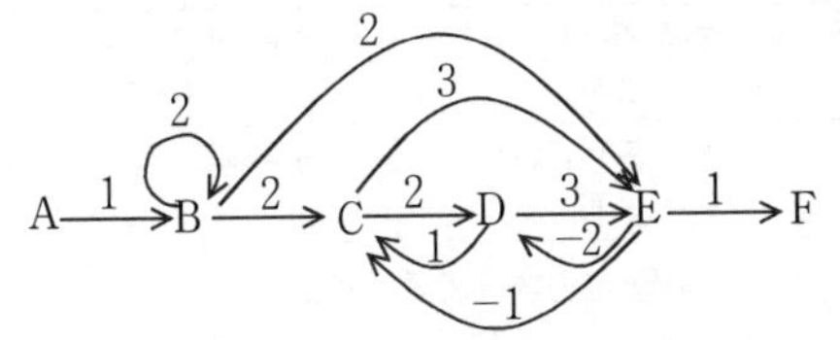

〈조 건〉

- ○ 데이터는 화살표 방향으로만 이동할 수 있으며, 같은 경로를 여러 번 반복해서 이동할 수 있다.
- ○ 화살표 위의 숫자는 그 경로를 통해 데이터가 1회 이동할 때마다 데이터에 곱해지는 수치를 의미한다.
- ○ 각 경로를 따라 데이터가 이동할 때, 1회 이동 시간은 1시간이며, 데이터의 총 이동시간은 10시간을 초과할 수 없다.
- ○ 데이터의 대소 관계는 [음수<0<양수]의 원칙에 따른다.

① 256
② 384
③ 432
④ 864
⑤ 1296

해설

문제 분석

각 경로를 따라 데이터가 이동할 때, 1회 이동시간은 1시간이며, 데이터의 총 이동시간은 10시간을 초과할 수 없다. A에서 1이 입력되었을 때 F에서의 결과가 가장 크게 만들기 위해서는 10시간=10회를 이동하는 것이 유리하다.

문제풀이 실마리

- A → B, E → F의 이동경로는 고정이고, 곱해지는 수도 1로 결과에 영향을 미치지 못하므로 B부터 E까지 8회 이동하는 경로만을 고려한다. 8회 이동하면 8번 곱해진 결과가 도출된다.
- 곱해진 과정을 추적하기 위해서는 인수분해를 하면 알아낼 수 있다.
- F에서의 결과가 가장 크게 되는 값을 물었기 때문에 최대한 3을 많이 이용할 수 있도록 이동시킨다.

① (X) $256=2^8$

② (X) $384=3\times2^7$

③ (X) $432=3^3\times2^5$

④ (O) $864=3^3\times2^5$

×2 ×2 ×2 ×3 ×−2 ×3 ×−2 ×3
B → B → B → C → E → D → E → D → E로 이동한 결과 도출된다.

⑤ (X) $1296=3^4\times2^4$

×2 ×3 ×−2 ×3 ×−2 ×3 ×−2 ×3
B → C → E → D → E → D → E → D → E로 이동한 결과+1296이 아닌 −1296의 음수가 도출된다.

빠른 문제풀이 Tip

A에서 1이 입력되었을 때 F에서의 결과가 가장 크게 되는 값을 찾아야 하기 때문에 가장 큰 수인 선지 ⑤가 가능한지부터 검토해 보는 것이 좋다.

[정답] ④

51 다음 글을 근거로 판단할 때, <보기>에서 옳은 것만을 모두 고르면? 18년 5급 나책형 33번

> ○ 甲과 乙은 책의 쪽 번호를 이용한 점수 게임을 한다.
> ○ 책을 임의로 펼쳐서 왼쪽 면 쪽 번호의 각 자리 숫자를 모두 더하거나 모두 곱해서 나오는 결과와 오른쪽 면 쪽 번호의 각 자리 숫자를 모두 더하거나 모두 곱해서 나오는 결과 중에 가장 큰 수를 본인의 점수로 한다.
> ○ 점수가 더 높은 사람이 승리하고, 같은 점수가 나올 경우 무승부가 된다.
> ○ 甲과 乙이 가진 책의 시작 면은 1쪽이고, 마지막 면은 378쪽이다. 책을 펼쳤을 때 왼쪽 면이 짝수, 오른쪽 면이 홀수 번호이다.
> ○ 시작 면이나 마지막 면이 나오게 책을 펼치지는 않는다.

※ 쪽 번호가 없는 면은 존재하지 않는다.
※ 두 사람은 항상 서로 다른 면을 펼친다.

〈보 기〉

ㄱ. 甲이 98쪽과 99쪽을 펼치고, 乙은 198쪽과 199쪽을 펼치면 乙이 승리한다.
ㄴ. 甲이 120쪽과 121쪽을 펼치고, 乙은 210쪽과 211쪽을 펼치면 무승부이다.
ㄷ. 甲이 369쪽을 펼치면 반드시 승리한다.
ㄹ. 乙이 100쪽을 펼치면 승리할 수 없다.

① ㄱ, ㄴ
② ㄱ, ㄷ
③ ㄱ, ㄹ
④ ㄴ, ㄷ
⑤ ㄴ, ㄹ

해설

문제 분석

- 甲과 乙은 책의 쪽 번호를 이용한 점수 게임을 하는데, 책을 임의로 펼친다.
-

왼쪽 면 쪽 번호(짝수 번호)의 각 자리 숫자	오른쪽 면 쪽 번호(홀수 번호)의 각 자리 숫자
모두 더하거나 모두 곱해서 나오는 결과	모두 더하거나 모두 곱해서 나오는 결과

그중에 가장 큰 수를 본인의 점수로 한다.
- 점수가 더 높은 사람이 승리하고, 같은 점수가 나올 경우 무승부가 된다.
- 甲과 乙이 가진 책의 시작 면은 1쪽이고, 마지막 면은 378쪽인데, 시작 면이나 마지막 면이 나오게 책을 펼치지는 않는다.

문제풀이 실마리

책을 임의로 펼쳤을 때 왼쪽 면 쪽 번호보다 오른쪽 면 쪽 번호를 구성하는 숫자가 항상 더 크다. 따라서 오른쪽 면 번호로만 계산해 보면 된다.

ㄱ. (X) 甲은 99쪽으로 9×9=81점의 점수가 나오고, 乙은 199쪽으로 1×9×9=81점의 점수가 동일하게 나온다. 따라서 둘 다 81점으로 점수가 같으므로 무승부가 된다.

ㄴ. (O) 甲은 121쪽으로 1+2+1=4점의 점수가 나오고, 乙은 211쪽으로 2+1+1=4점의 점수가 나오기 때문에, 둘 다 4점으로 점수가 같으므로 무승부이다.

ㄷ. (X) 甲은 369쪽으로 3×6×9=162점의 점수가 나온다. 162를 소인수분해 해보면 또는 6=2×3, 9=3×3이므로

$$162=2\times\underbrace{3\times3}_{=9}\times\underbrace{3\times3}_{=9}$$

이다. 따라서 299쪽을 펼쳐서 162점의 동일한 결과를 얻을 수 있으므로, 甲이 369쪽을 펼쳤을 때 무승부가 되므로 甲이 반드시 승리하는 것은 아니다.

ㄹ. (O) 乙이 100쪽을 펼친 경우 오른쪽 면의 101쪽으로 1+0+1=2점이 나온다. 이때 乙이 승리하게 만드려면 甲이 쪽 번호로 만들 수 있는 점수가 0점 또는 1점이 되어야 하는데, 책의 시작 면이 1쪽이긴 하지만 조건에서 시작 면이 나오게 책을 펼치지는 않으므로 그런 경우를 만들 수 없다. 甲의 점수를 가장 작게 만든다 하더라도 10쪽과 11쪽과 펼쳤을 때 11쪽으로 1+1=2점이 최소이다. 따라서 乙은 100쪽을 펼쳤을 때 승리할 수 없다.

> **빠른 문제풀이 Tip**
> - 면 번호에 0이 포함된 경우에는 숫자를 곱한 결과 0이 나오기 때문에, 각 자리 숫자를 곱한 것보다 더했을 때 결과가 더 크다.
> - 면 번호에 1이 많은 경우에는 덧셈이 더 유리한 경우가 있다.
> - 쪽 번호를 더했을 때 최댓값은 21이다. 따라서 곱셈을 했을 때 이보다 큰 결과가 나올 수 있다면 곱한 결과가 점수가 된다.

[정답] ⑤

5 $\times\frac{1}{2}$, $\times 2$

52 다음 글을 근거로 판단할 때, 甲과 乙이 콩을 나누기 위한 최소 측정 횟수는? 20년 5급 나책형 29번

> 甲이 乙을 도와 총 1,760g의 콩을 수확한 후, 甲은 400g을 가지고 나머지는 乙이 모두 가지기로 하였다. 콩을 나눌 때 사용할 수 있는 도구는 2개의 평형접시가 달린 양팔저울 1개, 5g짜리 돌멩이 1개, 35g짜리 돌멩이 1개뿐이다. 甲과 乙은 양팔저울 1개와 돌멩이 2개만을 이용하여 콩의 무게를 측정한다. 양팔저울의 평형접시 2개가 평형을 이룰 때 1회의 측정이 이루어진 것으로 본다.

① 2
② 3
③ 4
④ 5
⑤ 6

해설

문제 분석

1,760g의 콩을 수확한 후, 甲은 400g을 가지고 나머지는 乙이 모두 가지기로 하였다. 콩을 나눌 때 사용할 수 있는 도구는 2개의 평형접시가 달린 양팔저울 1개, 5g짜리 돌멩이 1개, 35g짜리 돌멩이 1개다.

문제풀이 실마리

1,760g을 400g과 그 나머지로 나누기 위해 양팔저울의 측정 횟수를 최소화하기 위해서는 콩을 400g과 가장 가까운 양으로 빠르게 만들어 주어야 한다.

1,760g에서 400g을 나누어야 하는데 1,760g이 4의 배수임을 파악하거나 1,760 = 1,600 + 160이므로 양팔저울을 이용해 반으로 나누면 800 + 80, 다시 반으로 나누면 400 + 40이고 돌멩이 두 개의 무게의 합이 35 + 5 = 40g임에 주목한다.

1회 측정: 콩 1,760g을 양팔저울로 반으로 나누어 880g으로 만든다.
2회 측정: 880g을 반으로 나누어 440g으로 만든다.
3회 측정: 440g을 400g으로 만들기 위해선 양팔저울 한쪽에 35g과 5g의 돌멩이를 합한 40g의 돌멩이를 올려놓고 다른 한 쪽에 40g의 콩을 올려 평형을 이루게 한 뒤, 그 나머지인 400g을 甲이 가지면 된다. 따라서 최소 측정 횟수는 3회(②)이다.

빠른 문제풀이 Tip

- 해설에 언급한 방법 말고도 3회를 만드는 방법은 여러 과정이 더 있다.
- 총 1,760g의 콩을 400g으로 나누어야 한다. 400g의 두배는 800g이고, 800g의 두 배는 1,600g이다. 대략적인 범위로 최소 측정 횟수를 판단해 보는 것도 가능하다.

[정답] ②

53 **다음 글과 <상황>을 근거로 판단할 때, 날씨 예보 앱을 설치한 잠재 사용자의 총수는?** 21년 7급 나책형 22번

> 내일 비가 오는지를 예측하는 날씨 예보시스템을 개발한 A청은 다음과 같은 날씨 예보 앱의 '사전테스트전략'을 수립하였다.
>
> ○ 같은 날씨 변화를 경험하는 잠재 사용자의 전화번호를 개인의 동의를 얻어 확보한다.
>
> ○ 첫째 날에는 잠재 사용자를 같은 수의 두 그룹으로 나누어, 한쪽은 "비가 온다"로 다른 한쪽에는 "비가 오지 않는다"로 메시지를 보낸다.
>
> ○ 둘째 날에는 직전일에 보낸 메시지와 날씨가 일치한 그룹을 다시 같은 수의 두 그룹으로 나누어, 한쪽은 "비가 온다"로 다른 한쪽에는 "비가 오지 않는다"로 메시지를 보낸다.
>
> ○ 이후 날에도 같은 작업을 계속 반복한다.
>
> ○ 보낸 메시지와 날씨가 일치하지 않은 잠재 사용자를 대상으로도 같은 작업을 반복한다. 즉, 직전일에 보낸 메시지와 날씨가 일치하지 않은 잠재 사용자를 같은 수의 두 그룹으로 나누어, 한쪽은 "비가 온다"로 다른 한쪽에는 "비가 오지 않는다"로 메시지를 보낸다.

〈상 황〉

> A청은 사전테스트전략대로 200,000명의 잠재 사용자에게 월요일부터 금요일까지 5일간 메시지를 보냈다. 받은 메시지와 날씨가 3일 연속 일치한 경우, 해당 잠재 사용자는 날씨 예보 앱을 그날 설치한 후 제거하지 않았다.

① 12,500명
② 25,000명
③ 37,500명
④ 43,750명
⑤ 50,000명

해설

문제 분석

- 첫째 날에는 잠재 사용자를 같은 수의 두 그룹으로 나누어, 한쪽은 "비가 온다"로 다른 한쪽에는 "비가 오지 않는다"로 메시지를 보낸다. → 첫째 날에 비는 오거나 오지 않거나 둘 중 하나이다. 따라서 두 그룹 중 하나의 그룹은 메시지와 날씨가 일치했을 것이고, 다른 하나의 그룹은 메시지와 날씨가 불일치했을 것이다.
- 둘째 날에는 직전일에 보낸 메시지와 날씨가 일치한 그룹을 다시 같은 수의 두 그룹으로 나누어, 두 그룹 다 한쪽은 "비가 온다"로 다른 한쪽에는 "비가 오지 않는다"로 메시지를 보낸다. → 첫째 날 일치한 그룹 내에서 다시 일치와 불일치 그룹이 나누어질 것이고, 첫째 날 불일치한 그룹 내에서도 다시 일치와 불일치 그룹이 나누어질 것이다.

첫째 날	둘째 날
일치	일치
	불일치
불일치	일치
	불일치

- 이후 날에도 같은 작업을 계속 반복한다.

문제풀이 실마리

메시지와 날씨의 일치 여부는 다음과 같다. 이와 무관하게 두 그룹에게 계속 한쪽은 "비가 온다"로 다른 한쪽에는 "비가 오지 않는다"로 메시지를 보낸다. 이 경우 둘 중 한 그룹은 메시지와 날씨가 일치할 것이고, 다른 한 그룹은 메시지와 날씨가 불일치할 것이다.

1일차	2일차	3일차	4일차	5일차	경우
O	O	O	O	O	1
				X	2
			X	O	3
				X	4
		X	O	O	5
				X	6
			X	O	7
				X	8
	X	O	O	O	9
				X	10
			X	O	11
				X	12
		X	O	O	13
				X	14
			X	O	15
				X	16
X	O	O	O	O	17
				X	18
			X	O	19
				X	20
		X	O	O	21
				X	22
			X	O	23
				X	24
	X	O	O	O	25
				X	26
			X	O	27
				X	28
		X	O	O	29
				X	30
			X	O	31
				X	32

받은 메시지와 날씨가 3일 연속 일치한 경우는 다음과 같이 세 가지 경우가 있다. 받은 메시지와 날씨가 3일 연속 일치한 경우, 해당 잠재 사용자는 날씨 예보 앱을 그날 설치한 후 제거하지 않으므로, 3일 연속 일치한 후의 상황은 신경쓰지 않는다.

〈경우 1〉 1일차부터 3일차까지가 일치하는 경우

1일차	2일차	3일차	4일차	5일차
O	O	O	?	?

각 날짜마다 받은 메시지와 날씨가 일치할 확률은 1/2이므로
1/2×1/2×1/2=1/8=4/32이다.
위 표에서는 경우 1부터 경우 4까지가 해당한다.

〈경우 2〉 2일차부터 4일차까지가 일치하는 경우

1일차	2일차	3일차	4일차	5일차
X	O	O	O	?

이 경우 1일차는 받은 메시지와 날씨가 불일치해야 한다.
각 날짜마다 받은 메시지와 날씨가 일치할 확률도 1/2, 각 날짜마다 받은 메시지와 날씨가 불일치할 확률도 1/2이므로 1/2×1/2×1/2×1/2=1/16=2/32이다. 위 표에서는 경우 17, 경우 18이 해당한다.

〈경우 3〉 3일차부터 5일차까지가 일치하는 경우

1일차	2일차	3일차	4일차	5일차
O	X	O	O	O
X	X	O	O	O

위와 같이 두 가지 경우가 존재한다.
첫 번째 줄의 경우 1/2×1/2×1/2×1/2×1/2=1/32이고, 위 표에서는 경우 9에 해당한다. 두 번째 줄의 경우 1/2×1/2×1/2×1/2×1/2=1/32이고, 위 표에서는 경우 25에 해당한다.
따라서 4/32+2/32+1/32+1/32=8/32=1/4이므로, 날씨 예보 앱을 설치한 잠재 사용자의 총수는 총 20만 명 중에 5만 명이 해당한다.

빠른 문제풀이 Tip

경우가 잘 그려진다면 다섯 개의 자리에 일치 또는 불일치를 배치하되, 3회 이상 일치가 배치될 확률을 구해보면 보다 빠른 해결이 가능하다. 예를 들어 아래와 같은 경우가 있을 수 있다.

일치	일치	일치	불일치	불일치

일치	일치	일치	불일치	일치

[정답] ⑤

54 다음 글을 근거로 판단할 때, 왕이 한 번에 최대금액을 갖는 가장 빠른 달과 그 금액은? 19년 5급 가책형 38번

> ○ A왕국에서는 [i]왕과 65명의 신하들이 매달 66만 원을 나누어 가지려고 한다. 매달 왕은 66만 원을 누구에게 얼마씩 나누어 줄지 제안할 수 있으며, 매달 그 방법을 새롭게 제안할 수 있다. 나누어 갖게 되는 돈은 만 원 단위이며, 그 총합은 매달 항상 66만 원이다.
> ○ 매달 65명의 신하들은 왕의 제안에 대해 각자 찬성, 반대, 기권할 수 있다. 신하들은 그 달 자신의 몫에만 관심이 있다. [ii]신하들은 자신의 몫이 전월보다 늘어나는 제안에는 찬성표를 행사하지만, 줄어드는 제안에는 반대표를 행사한다. 자신의 몫이 전월과 동일하면 기권한다.
> ○ [iii]찬성표가 반대표보다 많으면 왕이 제안한 방법은 그 달에 시행된다. 재투표는 없으며, 왕의 제안이 시행되지 않아 66명 모두가 돈을 갖지 못하는 달은 없다.
> ○ 첫 번째 달에는 신하 33명이 각각 2만 원을 받았다.
> ○ 두 번째 달부터 왕은 한 번에 최대금액을 가장 빨리 받기 위하여 합리적으로 행동한다.

	가장 빠른 달	최대금액
①	7번째 달	62만 원
②	7번째 달	63만 원
③	8번째 달	62만 원
④	8번째 달	63만 원
⑤	8번째 달	64만 원

해설

문제 분석

조건 ⅰ) 왕과 65명의 신하들이 매달 66만 원을 나누어 가진다. → 왕이 누구에게 얼마씩 나누어 줄지 제안할 수 있다고 하였고 모든 신하들에게 같은 금액을 나누어줘야 하는 것은 아니다. 그러나 왕이 최대금액을 갖기 위해서는 돈을 받게 되는 신하들 중 특정 신하에게 보다 많은 금액을 줄 필요가 없다.

조건 ⅱ) 자신의 몫이 전월보다 늘어나면 찬성, 동일하면 기권, 줄어들면 반대

조건 ⅲ) 찬성표가 반대표보다 많아야 하고 기권표는 왕의 제안 시행 여부에 영향을 미치지 않는다.

문제풀이 실마리

왕이 한 번에 최대금액을 갖기 위해서는 최소한의 신하가 최소한의 금액을 가져가야 한다. 즉, 첫 번째 달부터 시작해서 돈을 갖게 되는 신하의 수를 줄여나가야 한다. 조건 ⅲ)에 의할 때 찬성표가 반대표보다 많아야 하므로, 왕은 전월의 찬성한 신하들 중 찬성표가 반대표보다 최소한으로 많게 신하들을 절반에 가깝게 줄여나갈 수 있다. 전월에 찬성한 신하들 중 이번 달에 반대하게 될 신하들은 받게 되는 금액을 바로 0원으로 조정한다. 한번 반대한 신하는 계속 0원을 제안하면 계속 기권하므로 제안의 시행 여부에 영향을 미치지 못한다. 왕은 신하들에게 나누어주고 남은 금액을 모두 가진다.

1) 첫 번째 달에 신하 33명이 각각 2만 원을 받았다.

신하

찬성	반대	기권
☺☺☺ … ☺ 33명	☹☹☹ … ☹ 32명	
33×2=66	32×0=0	

왕: 66−66=0

2) 두 번째 달에 왕이 33명의 과반인 17명의 신하에게 각각 3만 원을 주는 방법을 제안하면 17명: 찬성, 16명: 반대, 32명: 기권으로 왕이 제안한 방법이 시행된다.

신하

찬성	반대	기권
☺☺☺ … ☺ 33명	☹☹☹ … ☹ 32명	
33×2=66	32×0=0	

왕: 1번째 달 66−66=0

찬성	반대	기권
☺☺☺ … ☺ 17명	☹☹☹ … ☹ 16명	😐😐😐 … 😐 32명
17×3=51	16×0=0	32×0=0

왕: 2번째 달 66−51=15

3) 세 번째 달에 왕이 17명의 과반인 9명의 신하에게 각각 4만 원을 주는 방법을 제안하면 9명: 찬성, 8명: 반대, 48명: 기권으로 왕이 제안한 방법이 시행된다.

신하

찬성	반대	기권
☺☺☺ … ☺ 17명	☹☹☹ … ☹ 16명	😐😐😐 … 😐 32명
17×3=51	16×0=0	32×0=0

왕: 2번째 달 66−66=0

찬성	반대	기권
☺☺☺ … ☺ 9명	☹☹☹ … ☹ 8명	😐😐😐 … 😐 48명
9×4=36	8×0=0	48×0=0

왕: 3번째 달 66−36=30

4) 이러한 방식으로 6번째 달에 왕이 2명의 신하에게 7만 원을 주는 방법을 제안하면 2명:찬성, 1명:반대, 62명:기권으로 왕이 제안한 방법이 시행된다.

신하 / 왕

찬성	반대	기권	왕
☺☺☺ … ☺ 9명	☹☹☹ … ☹ 8명	😐😐😐 … 😐 48명	3번째 달
9×4=36	8×0=0	48×0=0	66−36=30

찬성	반대	기권	왕
☺☺☺☺☺ 5명	☹☹☹☹ 4명	😐😐😐 … 😐 56명	4번째 달
5×5=25	4×0=0	56×0=0	66−25=41

찬성	반대	기권	왕
☺☺☺ 3명	☹☹ 2명	😐😐😐 … 😐 60명	5 번째 달
3×6=18	2×0=0	60×0=0	66−18=48

찬성	반대	기권	왕
☺☺ 2명	☹ 1명	😐😐😐 … 😐 62명	6번째 달
2×7=14	1×0=0	62×0=0	66−14=52

5) 7번째 달에 왕이 기권한 신하 62명 중 3명에게 1만 원씩 주는 방법을 제안한다면 3명:찬성, 2명:반대, 60명:기권으로 왕이 제안한 방법이 시행되고 왕은 66만 원−3만 원=63만 원의 최대금액을 갖게 된다.

신하 / 왕

찬성	반대	기권	왕
☺☺ 2명	☹ 1명	😐😐😐 … 😐 62명	6번째 달
2×7=14	1×0=0	62×0=0	66−14=52

반대	기권	찬성	왕
☹☹ 2명	😐😐😐 … 😐 61명	☺☺☺ 3명	7번째 달
2×0=0	61×0=0	3×1=3	66−3=63

이후에는 찬성 3명에게 나누어준 3만 원 중 일부를 왕이 더 가져오려 해도 기존의 찬성한 신하 중 일부는 기권 또는 반대하게 되므로 해당 반대를 넘어서는 찬성을 확보하려면 보다 많은 지출이 필요하다. 따라서 왕이 한 번에 최대금액을 갖는 가장 빠른 달은 7번째 달이며 그 금액은 63만 원(②)이다.

빠른 문제풀이 Tip

전월의 찬성한 신하들 중 찬성표가 반대표보다 최소한으로 많게 신하들을 절반에 가깝게 줄여 나아가는데 첫 번째 달에 33명이 찬성했다. 전체 신하 65명은 64+1인데 $64=2^6$이고, 33명의 찬성은 절반인 $2^5=32$에 1명을 더한 33명이다. 즉, 두 번째 달은 2^4+1, 세 번째 달은 2^3+1, … 여섯 번째 달은 $2^0+1=2$명의 신하가 찬성한다.

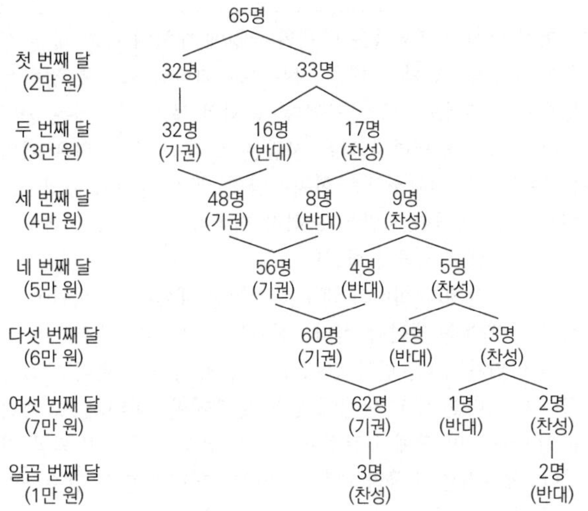

[정답] ②

55 다음 글과 <상황>을 읽고 추론한 것으로 항상 옳은 것을 <보기>에서 모두 고르면? 10년 5급 선책형 32번, 11년 민경채(실험) 14번

어떤 단체의 회원들은 단체의 결정에 대하여 각기 다른 선호를 보인다. 단체에 매월 납부하는 회비의 액수를 정하는 문제에 대해서도 마찬가지이다. 단체의 목적 달성에는 동의하나 재정이 넉넉하지 않은 사람은 될 수 있으면 적은 회비를 부담하려 한다(소극적 회원). 반면, 목적 달성에 동의하고 재정 또한 넉넉한 사람은 오히려 회비가 너무 적으면 안 된다고 생각한다(적극적 회원).

따라서 단체가 회비의 액수를 결정할 때에는 각 회원이 선호하는 액수를 알아야 한다. 회원들은 저마다 선호하는 회비의 범위가 있다. 만약 단체가 그 범위 내에서 회비를 결정한다면 회비를 내고 단체에 남아 있겠지만, 회비가 그 범위를 벗어난다면 단체의 결정에 불만을 품고 단체를 탈퇴할 것이다. 왜냐하면 소극적 회원은 과중한 회비 부담을 감수하려 들지 않을 것이고, 적극적 회원은 회비가 너무 적어 단체의 목적 달성이 불가능하다고 볼 것이기 때문이다.

〈상 황〉

5명(A~E)의 회원으로 새롭게 결성된 이 단체는 10만 원에서 70만 원 사이의 일정 금액을 월 회비로 정하려고 한다. 각 회원이 선호하는 회비의 범위는 다음과 같다.

회원	범위
A	10만 원 이상 ~ 20만 원 미만
B	10만 원 이상 ~ 25만 원 미만
C	25만 원 이상 ~ 40만 원 미만
D	30만 원 이상 ~ 50만 원 미만
E	30만 원 이상 ~ 70만 원 미만

〈보 기〉

ㄱ. C가 원하는 범위에서 회비가 정해지면, 최소 2인이 단체를 탈퇴할 것이다.
ㄴ. D가 원하는 범위에서 회비가 정해지면, 최소 3인이 단체를 탈퇴할 것이다.
ㄷ. 회비가 일단 정해지면, 최소 2명 이상은 이 단체를 탈퇴할 것이다.
ㄹ. 회비를 20만 원으로 결정하는 경우와 30만 원으로 결정하는 경우 탈퇴할 회원 수는 같다.

① ㄱ, ㄴ ② ㄱ, ㄷ ③ ㄴ, ㄷ
④ ㄴ, ㄹ ⑤ ㄷ, ㄹ

해설

문제 분석

• 회원들은 저마다 선호하는 회비의 범위가 있다.
• 만약 단체가 그 범위 내에서 회비를 결정한다면 회비를 내고 단체에 남아 있겠지만, 회비가 그 범위를 벗어난다면 단체를 탈퇴할 것이다.

문제풀이 실마리

회비의 범위를 정리하고 해결하면 속도는 느리지만 경우가 잘 그려질 것이다. 보다 빠르게 문제를 해결하려면 각 보기의 정오판단을 위해 해결해야 하는 최소한의 정도로만 검토해 보는 것도 가능하다.

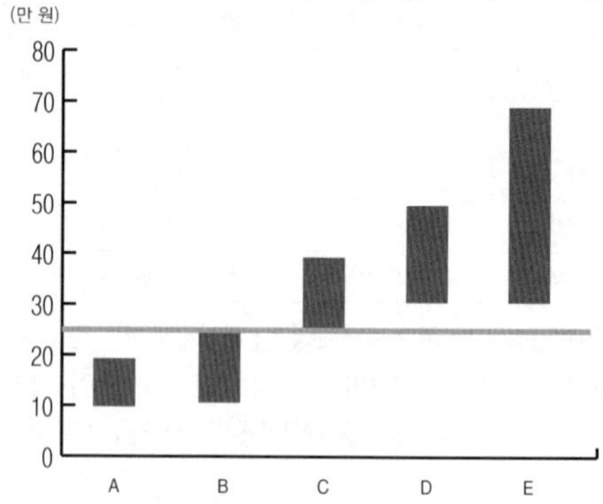

ㄱ. (O) C가 원하는 회비의 범위는 25만 원 이상 40만 원 미만이다. 이 범위에서 회비가 결정되면 회비의 범위가 겹치지 않는 A, B는 탈퇴할 것이다. 만약 회비의 범위가 25만 원 이상 30만 원 미만이라면 가장 많은 회원이 탈퇴하게 되고 A, B, D, E가 탈퇴한다. 따라서 적어도 A, B는 탈퇴할 것이므로 최소 2인이 단체를 탈퇴할 것이다.

ㄴ. (X) D가 원하는 회비의 범위는 30만 원 이상 50만 원 미만이다. 이 범위에서 회비가 결정되면 적어도 회비의 범위가 겹치지 않는 A, B는 탈퇴할 것이다. 회비의 범위가 40만 원 이상 50만 원 미만으로 정해지는 경우 C도 탈퇴할 것이다. 따라서 최소 2인이 단체를 탈퇴할 것이다.

ㄷ. (O) 최소 2명 이상이 이 단체를 탈퇴한다는 것을 반박하려면 1명이 탈퇴하는 상황이나 아무도 탈퇴하지 않는 상황을 보이면 된다. 즉, 반대로 생각하면 회비의 범위에서 4명 이상 겹쳐서 4명 이상이 탈퇴하지 않고 남아 있어야 한다. 그런데 주어진 조건상 4명 이상이 겹치는 회비의 범위는 없다. 회비가 30만 원 이상 40만 원 미만으로 정해져 A, B가 탈퇴하는 것이 가장 적은 회원이 탈퇴하는 경우이고, 따라서 회비가 일단 정해지면, 최소 2명 이상은 이 단체를 탈퇴한다.

ㄹ. (X) 회비를 20만 원으로 결정하는 경우 A, C, D, E 4명이 탈퇴하고, 30만 원으로 결정하는 경우 A, B 2명이 탈퇴한다. 따라서 탈퇴할 회원 수가 같지 않다.

[정답] ②

56 다음 <상황>을 근거로 판단할 때, 준석이가 가장 많은 식물을 재배할 수 있는 온도와 상품가치의 총합이 가장 큰 온도는? (단, 주어진 조건 외에 다른 조건은 고려하지 않는다)

17년 민경채 나책형 08번

〈상 황〉

○ 준석이는 같은 온실에서 5가지 식물(A~E)을 하나씩 동시에 재배하고자 한다.

○ A~E의 재배가능 온도와 각각의 상품가치는 다음과 같다.

식물 종류	재배가능 온도(℃)	상품가치(원)
A	0 이상 20 이하	10,000
B	5 이상 15 이하	25,000
C	25 이상 55 이하	50,000
D	15 이상 30 이하	15,000
E	15 이상 25 이하	35,000

○ 준석이는 온도만 조절할 수 있으며, 식물의 상품가치를 결정하는 유일한 것은 온도이다.

○ 온실의 온도는 0℃를 기준으로 5℃ 간격으로 조절할 수 있고, 한 번 설정하면 변경할 수 없다.

	가장 많은 식물을 재배할 수 있는 온도	상품가치의 총합이 가장 큰 온도
①	15℃	15℃
②	15℃	20℃
③	15℃	25℃
④	20℃	20℃
⑤	20℃	25℃

해설

문제 분석

- 같은 온실에서 5가지 식물(A~E)을 하나씩 동시에 재배하고자 한다.
- A~E의 재배가능 온도와 각각의 상품가치는 표로 제시되어 있다.
- 온도만 조절할 수 있으며, 식물의 상품가치를 결정하는 유일한 것은 온도이다. 온실의 온도는 0℃를 기준으로 5℃ 간격으로 조절할 수 있고, 한 번 설정하면 변경할 수 없다.

문제풀이 실마리

- 온도를 직접 찾아 낼 수도 있겠지만, 선지에 주어진 온도를 활용하는 것이 바람직하다.
- 선택지에 나타난 온도만 고려하는 것이 효율적이다. 이때 표를 그려 각 식물을 재배할 수 있는 온도를 표시하면 실수 없이 문제를 풀 수 있다.

각 식물의 재배가능 온도를 표로 나타내면 다음과 같다.

	0	10	20	30	40	50	60	상품가치(원)
A								10,000
B								25,000
C								50,000
D								15,000
E								35,000

- 가장 많은 식물을 재배할 수 있는 온도

방법 1

가장 많은 식물을 재배할 수 있는 온도로는 선지에 주어진 15℃ 와 20℃만 검토해 보면 된다.

1) 15℃ 인 경우: C를 제외한 A, B, D, E 총 4종류를 재배할 수 있다.

2) 20℃인 경우: A, D, E 총 3종류를 재배할 수 있다.

따라서 가장 많은 식물을 재배할 수 있는 온도는 15℃이다.

방법 2

만약 가장 많은 식물을 재배할 수 있는 온도를 직접 찾아내려고 한다면 재배가능 온도를 봤을 때 5종류는 절대 불가능하다. 재배가능 온도의 범위가 가장 낮은 A의 범위는 0 이상 20인데, 재배가능 온도의 범위가 가장 높은 C의 범위는 25 이상 55 이하이어서, 둘 간의 중첩되는 범위가 없기 때문이다. 즉, A와 C를 동시에 재배할 수 있는 온도는 없다. 따라서 5종류를 모두 재배하는 것은 불가능하다.

- 상품가치의 총합이 가장 큰 온도

방법 1

마찬가지로 주어진 선지를 활용해서 구한다.

1) 15℃ 인 경우: 앞에서 살펴봤듯이 A, B, D, E를 재배할 수 있고, 이때의 상품가치의 총합은 85,000원이다.

2) 20℃ 인 경우: 앞에서 살펴봤듯이 A, D, E를 재배할 수 있고, 이때의 상품가치의 총합은 60,000원이다. 15℃일 때와 비교했을 때 B 식물이 빠졌으므로 15℃일 때보다 상품가치의 총합이 절대 클 수 없다.

3) 25℃인 경우: C, D, E를 재배할 수 있고, 이때 상품가치의 총합은 100,000원이다.

따라서 상품가치의 총합이 가장 큰 온도는 25℃이다.

방법 2

상품가치의 총합이 가장 큰 온도를 구할 때 우선적으로 고려해야 하는 식물종류는 C이다. C 식물의 상품가치는 50,000원으로 다른 식물의 상품가치(10,000~35,000원)보다 월등히 높기 때문이다. 따라서 C를 재배할 수 있는 온도가 상품가치의 총합이 가장 큰 온도일 가능성이 매우 높다.

빠른 문제풀이 Tip

- 상품가치는 식물 C가 제일 높기 때문에, 상품가치 총합이 가장 큰 온도 또한 식물 C를 재배할 수 있는 조건에서 나올 것임을 염두에 두고 풀이하자.
- 선지에 주어진 내용을 표로 도식화하여 정리하면 한 눈에 쉽게 해결할 수 있다. 문제에서는 두 가지를 묻고 있으므로 하나를 먼저 해결해서 선지를 지워낸 후에 다른 질문에 대해 답을 하는 것이 좋다. 한편 15℃와 25℃의 상품가치를 비교할 때에는 D와 E가 공통적으로 재배 가능한 식물이므로 전체 상품가치의 합을 계산하지 않고, 15℃의 A, B와 25℃의 C의 상품가치만을 비교하면 정답을 빠르게 찾을 수 있다.

[정답] ③

57 다음 글을 근거로 판단할 때 옳은 것은? 19년 5급 가책형 12번

전문가 6명(A ~ F)의 〈회의 참여 가능 시간〉과 〈회의 장소 선호도〉를 반영하여, 〈조건〉을 충족하는 회의를 월 ~ 금요일 중 개최하려 한다.

〈회의 참여 가능 시간〉

전문가 \ 요일	월	화	수	목	금
A	13:00 ~ 16:20	15:00 ~ 17:30	13:00 ~ 16:20	15:00 ~ 17:30	16:00 ~ 18:30
B	13:00 ~ 16:10	-	13:00 ~ 16:10	-	16:00 ~ 18:30
C	16:00 ~ 19:20	14:00 ~ 16:20	-	14:00 ~ 16:20	16:00 ~ 19:20
D	17:00 ~ 19:30	-	17:00 ~ 19:30	-	17:00 ~ 19:30
E	-	15:00 ~ 17:10	-	15:00 ~ 17:10	-
F	16:00 ~ 19:20	-	16:00 ~ 19:20	-	16:00 ~ 19:20

※ -: 참여 불가

〈회의 장소 선호도〉

(단위: 점)

장소 \ 전문가	A	B	C	D	E	F
가	5	4	5	6	7	5
나	6	6	8	6	8	8
다	7	8	5	6	3	4

〈조 건〉

- ○ 전문가 A ~ F 중 3명 이상이 참여할 수 있어야 회의 개최가 가능하다.
- ○ 회의는 1시간 동안 진행되며, 회의 참여자는 회의 시작부터 종료까지 자리를 지켜야 한다.
- ○ 회의 시간이 정해지면, 해당 일정에 참여 가능한 전문가들의 선호도를 합산하여 가장 높은 점수가 나온 곳을 회의 장소로 정한다.

① 월요일에는 회의를 개최할 수 없다.
② 금요일 16시에 회의를 개최할 경우 회의 장소는 '가'이다.
③ 금요일 18시에 회의를 개최할 경우 회의 장소는 '다'이다.
④ A가 반드시 참여해야 할 경우 목요일 16시에 회의를 개최할 수 있다.
⑤ C, D를 포함하여 4명 이상이 참여해야 할 경우 금요일 17시에 회의를 개최할 수 있다.

해설

문제 분석

주어진 〈조건〉을 정리해 보면 다음과 같다.

- 1시간 동안 진행되는 회의에 전문가 A ~ F 중 3명 이상이 회의 시간 전체에 참여할 수 있어야 회의 개최가 가능하다.
- 이에 따라 회의를 개최할 수 있는 요일 및 시간대를 확인해 보면 다음과 같다.

요일	월	화	수	목	금
가능 시간대	17:00 ~ 19:20	15:00 ~ 16:20	불가능	15:00 ~ 16:20	16:00 ~ 19:20
참가가능 전문가	C, D, F 3명	A, C, E 3명	없음	A, C, E 3명	C, D, F ~ A, B, C, D, F 3명~5명

- 이에 따라 회의 시간이 정해지면, 해당 일정에 참여 가능한 전문가들의 선호도를 합산하여 가장 높은 점수가 나온 곳을 회의 장소로 정한다.

문제풀이 실마리

회의 시간을 먼저 정한 후, 해당 시간에 참여 가능한 전문가들의 선호도를 합산하여 회의 장소를 골라야 한다. 이 중 쉬운 것 위주로 해결하면 보다 빠르게 정답을 찾아낼 수 있다.

① (X) 월요일 17시부터 18시 20분 사이에 한 시간 동안 전문가 C, D, F가 참여하는 회의를 개최할 수 있다.

② (X) 금요일 16시에 회의를 개최할 경우 참여할 수 있는 전문가는 A, B, C, F이다. 이들의 각 장소에 대한 선호도 총합은

장소 \ 전문가	A	B	C	D	E	F	합산
가	5	4	5	6	7	5	19
나	6	6	8	6	8	8	28
다	7	8	5	6	3	4	24

이므로 회의 장소는 '나'로 결정된다.

③ (X) 금요일 18시에 회의를 개최할 경우 참여할 수 있는 전문가는 C, D, F이다. 이들의 각 장소에 대한 선호도 총합은

장소 \ 전문가	A	B	C	D	E	F	합산
가	5	4	5	6	7	5	16
나	6	6	8	6	8	8	22
다	7	8	5	6	3	4	15

이므로 회의 장소는 '나'로 결정된다.

④ (X) 목요일 16시에 회의를 개최할 경우 참여할 수 있는 전문가는 A, E 두 명뿐이다. 이 경우 전문가 3명 이상이 참여할 수 없으므로 회의를 개최할 수 없다.

⑤ (O) 금요일 17시에 회의를 개최할 경우, 참여할 수 있는 전문가는 A, B, C, D, F이므로, C, D를 포함하여 4명 이상이 참여할 수 있다.

[정답] ⑤

58 다음 글과 <대화>를 근거로 판단할 때, 丙이 받을 수 있는 최대 성과점수는?

21년 7급 나책형 11번

○ A과는 과장 1명과 주무관 4명(甲~丁)으로 구성되어 있으며, 주무관의 직급은 甲이 가장 높고, 乙, 丙, 丁 순으로 낮아진다.
○ A과는 프로젝트를 성공적으로 마친 보상으로 성과점수 30점을 부여받았다. 과장은 A과에 부여된 30점을 자신을 제외한 주무관들에게 분배할 계획을 세우고 있다.
○ 과장은 주무관들의 요구를 모두 반영하여 성과점수를 분배하려 한다.
○ 주무관들이 받는 성과점수는 모두 다른 자연수이다.

〈대　화〉

甲: 과장님이 주시는 대로 받아야죠. 아! 그렇지만 丁보다는 제가 높아야 합니다.
乙: 이번 프로젝트 성공에는 제가 가장 큰 기여를 했으니, 제가 가장 높은 성과점수를 받아야 합니다.
丙: 기여도를 고려했을 때, 제 경우에는 상급자보다는 낮게 받고 하급자보다는 높게 받아야 합니다.
丁: 저는 내년 승진에 필요한 최소 성과점수인 4점만 받겠습니다.

① 6
② 7
③ 8
④ 9
⑤ 10

해설

문제 분석

〈대화〉의 의미를 파악해 보면 다음과 같다.

• 甲: 과장님이 주시는 대로 받아야죠. 아! 그렇지만 丁보다는 제가 높아야 합니다. → 甲>丁
• 乙: 이번 프로젝트 성공에는 제가 가장 큰 기여를 했으니, 제가 가장 높은 성과점수를 받아야 합니다. → 乙>甲>丁
• 丙: 기여도를 고려했을 때, 제 경우에는 상급자보다는 낮게 받고 하급자보다는 높게 받아야 합니다. → 주무관의 직급은 甲>乙>丙>丁 순이다. 따라서 성과점수는 甲, 乙>丙>丁이어야 한다. 앞서 甲과 乙의 발언에서 얻어진 정보와 결합해 보면, 乙>甲>丙>丁 순이 된다.
• 丁: 저는 내년 승진에 필요한 최소 성과점수인 4점만 받겠습니다. → 乙>甲>丙>4점이 된다.

문제풀이 실마리

乙 〉 甲 〉 丙에서 병의 점수를 최대로 만들기 위해서는 甲, 乙, 丙의 점수가 1점 차이씩 주르륵 점수가 연결된 상황이어야 한다.

성과점수 30점 중 丁의 4점을 제외한 나머지 26점을 자연수로 乙>甲>丙 순으로 분배하여야 한다. 丙이 받을 수 있는 성과점수를 최대로 만들기 위해서 세 주무관의 점수가 1점씩 차이 나는 경우가 가장 바람직하다. '乙(丙 성과점수+2), 甲 (丙 성과점수+1), 丙 성과점수'인 경우가 丙의 성과점수를 가장 최대로 만들 수 있다.

丙의 성과점수가 8점인 경우, 乙 성과점수 10점, 甲 성과점수 9점으로 세 사람의 성과점수의 합이 27점이 되어 불가능하다. 따라서 丙의 최대 성과점수는 7점이다.

[정답] ②

59 다음 <조건>과 <연주곡과 악기>를 근거로 판단할 때, 연주자 6명(A ~ F)이 연주 가능한 곡을 순서대로 나열한 것은?

13년 외교관 인책형 38번

〈조 건〉

○ A는 바이올린, B는 바이올린, C는 피아노 · 첼로, D는 바이올린 · 비올라, E는 피아노 · 비올라, F는 피아노 · 바이올린 · 첼로를 연주할 수 있다.
○ 각 연주자는 연속하여 연주할 수 없으며, 한 곡에서 2개 이상의 악기를 연주할 수 없다.

〈연주곡과 악기〉

곡명	악기
모차르트 K.488	피아노 + 피아노
베토벤의 '봄' Op.24	피아노 + 바이올린
베토벤의 '유령' Op.70 - 1	피아노 + 바이올린 + 첼로
멘델스존 Op.49	피아노 + 바이올린 + 첼로
브람스 Op.25	피아노 + 바이올린 + 비올라 + 첼로
슈만 Op.47	피아노 + 바이올린 + 비올라 + 첼로
슈베르트의 '숭어' Op.114	피아노 + 바이올린 + 바이올린 + 비올라 + 첼로

① 모차르트 K.488 → 슈베르트의 '숭어' Op.114
② 베토벤의 '봄' Op.24 → 슈베르트의 '숭어' Op.114
③ 베토벤의 '유령' Op.70 - 1 → 멘델스존 Op.49
④ 베토벤의 '유령' Op.70 - 1 → 모차르트 K.488 → 슈만 Op.47
⑤ 멘델스존 Op.49 → 베토벤의 '봄' Op.24 → 브람스 Op.25

해설

문제 분석

연주자 6명이 연주 가능한 악기를 보기 좋게 정리하면 다음과 같다.

A: 바이올린
B: 바이올린
C: 피아노, 첼로
D: 바이올린, 비올라
E: 피아노, 비올라
F: 파아노, 바이올린, 첼로

문제풀이 실마리

두 번째 조건을 통해서 연속해서 연주되는 두 곡에서는 두 곡의 연주자 수를 합쳤을 때 최대 6명까지 가능하다는 숨겨진 정보를 찾아낼 수 있어야 한다. 실제 악기를 배정할 때는 고정정보를 찾아낼 수 있어야 한다.

① (X) 모차르트 K.488을 연주하기 위해서는 총 2개의 악기가 필요하고, 슈베르트의 '숭어' Op.114를 연주하기 위해서는 총 5개의 악기가 필요하다. 그런데 〈조건〉 중 두 번째 동그라미에 따를 때 연속해서 연주되는 두 곡의 악기 수를 합하면 6개를 초과할 수 없다.

② (X) 선지 ①과 동일한 이유로 연주될 수 없다. 베토벤의 '봄' Op.24를 연주하기 위해서는 총 2개의 악기가 필요하고, 슈베르트의 '숭어' Op.114를 연주하기 위해서는 총 5개의 악기가 필요하다. 그런데 〈조건〉 중 두 번째 동그라미에 따를 때 연속해서 연주되는 두 곡의 악기 수를 합하면 6개를 초과할 수 없다.

③ (X) 베토벤의 '유령' Op.70-1과 멘델스존 Op.49를 연주하기 위해서는 3개+3개=총 6개의 악기가 필요하므로 악기의 개수와 관련한 조건은 충족된다. 즉, 6명의 연주자가 6개의 악기를 하나씩 연주해 주어야 한다.
악기를 배정해 보면, 베토벤의 '유령' Op.70-1을 연주하기 위해서는 피아노 1, 바이올린 1, 첼로 1이 필요하고, 멘델스존 Op.49를 연주하기 위해서는 마찬가지로 피아노 1, 바이올린 1, 첼로 1이 필요하다. 따라서 총 피아노 2, 바이올린 2, 첼로 2가 필요하다.
고정정보부터 찾아보면 바이올린 2는 A와 B가 연주하면 된다. 이때 D는 남은 피아노 2, 첼로 2의 악기 중 담당할 수 있는 악기가 없다. 따라서 베토벤의 '유령' Op.70-1과 멘델스존 Op.49를 순서대로 연주하는 것은 불가능하다.

④ (X) 세 곡을 순서대로 연주해야 하는데, 우선 뒤에 두 곡을 연주 가능한지부터 살펴본다. 모차르트 K.488를 연주한 직후 슈만 Op.47을 연주 가능한지를 살펴보면, 모차르트 K.488를 연주하기 위해서는 2개의 악기가, 슈만 Op.47을 연주하기 위해서는 4개의 악기가 필요하므로 총 6개의 악기가 필요하다.
악기의 개수와 관련한 조건을 충족하므로, 실제로 악기를 배정해 보면, 모차르트 K.488를 연주하기 위해서는 피아노 2, 슈만 Op.47을 연주하기 위해서는 피아노 1, 바이올린 1, 비올라 1, 첼로 1이 필요하다. 즉, 두 곡을 연달아 연주하기 위해서는 총 피아노 3, 바이올린 1, 비올라 1, 첼로 1의 총 6개의 악기가 필요하다. 이때 A와 B는 바이올린만 연주 가능한데, 필요한 악기는 바이올린 1개이므로 모차르트 K.488를 연주한 직후 슈만 Op.47을 연주하는 것은 불가능하다.

⑤ (O) 다음과 같이 악기를 담당하는 경우 연주하는 것이 가능하다.

멘델스존 Op.49	→	베토벤의 '봄' Op.24	→	브람스 Op.25
피아노: E 바이올린: B 첼로: F		피아노: C 바이올린: A		피아노: E 바이올린: B 비올라: D 첼로: F

빠른 문제풀이 Tip

경우 확정형의 일반적인 문제와 마찬가지로 고정정보를 찾고, 나머지의 경우와 연결해서 해결하면 어렵지 않게 정답을 찾을 수 있는 문제이다.

[정답] ⑤

9 3개 중 2개 활용

60 **현재 A역 부근에 거주하는 주민들은 B역 부근의 산업단지까지 지하철로 출근한다. 최근 A역과 다른 역을 잇는 셔틀버스 신설안이 제시되었다. 다음 <조건>과 <대안>에 근거할 때, A역에서 B역까지 출근 소요시간이 짧은 경우부터 순서대로 나열한 것은?**

12년 5급 인책형 19번

〈조 건〉

○ 지하철 노선도는 아래와 같다.

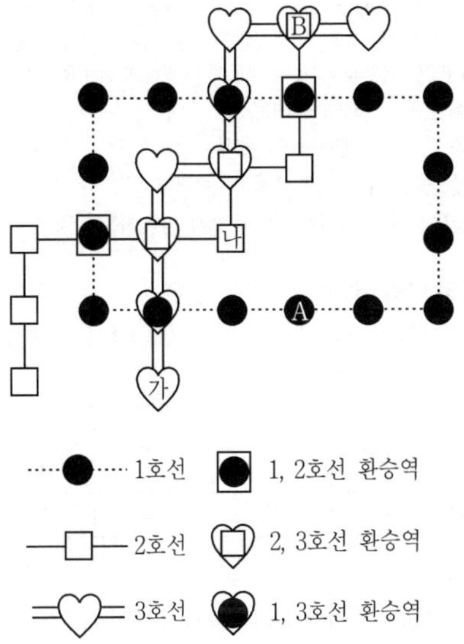

○ A역 부근의 주민이 지하철 또는 셔틀버스를 타기 위해 집에서 A역까지 이동하는 시간은 고려하지 않는다.
○ 지하철이나 셔틀버스는 대기시간 없이 바로 탈 수 있다.
○ 역과 역 사이의 운행 소요시간은 1호선 6분, 2호선 4분, 3호선 2분이다(정차시간은 고려하지 않음).
○ 셔틀버스에서 지하철로 환승할 때나 지하철 노선 간 환승 시에는 3분이 소요된다.

〈대 안〉

○ 대안 1: A역에서 가역으로 가는 셔틀버스를 신설하며, 이 때 셔틀버스를 타고 이동하는 시간은 5분이다.
○ 대안 2: A역에서 나역으로 가는 셔틀버스를 신설하며, 이 때 셔틀버스를 타고 이동하는 시간은 8분이다.

① 대안 1, 대안 2, 현재 상태
② 대안 2, 대안 1, 현재 상태
③ 대안 1 = 대안 2, 현재 상태
④ 대안 1, 대안 2 = 현재 상태
⑤ 대안 2, 대안 1 = 현재 상태

해설

문제 분석
- A역에서 B역까지 이동해야 한다.
- 역과 역 사이의 운행 소요시간은 1호선 6분, 2호선 4분, 3호선 2분이다.

문제풀이 실마리
- 지하철 노선도에서 A역에서 B역까지 이동할 때 이용하게 되는 2호선과 3호선의 중요 노선이 거의 겹치나 노선이 다른 것처럼 포장되어 있다.
- 이동 과정에서 갈림길이 등장할 때마다 가능한 모든 경우를 따져가며 풀어가야 완벽하게 해결할 수 있다.
- 1호선, 2호선, 3호선 중에 실질적으로 2호선과 3호선 중에 하나를 이용하는 쪽으로 이동해야 한다.
- 먼저 현재 상태, 대안 1, 대안 2에 따를 때 A역에서 B역까지 최단시간으로 가는 경로가 잘 그려져야 한다.
- 소요시간을 구할 때는 상대적 계산 스킬을 사용하면 보다 빠른 해결이 가능하다.

- 현재 상태: 최단 소요시간은 1호선을 타고 왼쪽으로 두 개 역을 이동한 후(6분×2개 역=12분), 3호선으로 환승하고(3분), 3호선을 타고 6개 역을 이동해서(2분×6개 역=12분) B역에 도착하는 것이다. 따라서 총 소요시간은 12분+3분+12분=27분이다.
- 대안 1: 최단 소요시간은 셔틀버스를 타고 가역으로 이동한 후(5분), 3호선으로 환승하고(3분), 이후 3호선을 타고 7개 역을 이동해서 B역에 도착(2분×7개 역=14분)하는 것이다. 따라서 총 소요시간은 5분+3분+14분=22분이다.
- 대안 2: 최단 소요시간은 셔틀버스를 타고 나역으로 이동한 후(8분)+2호선으로 환승(3분)하여 위쪽 역으로 이동하고(4분), 3호선으로 환승한 후(3분) 3호선을 타고 3개 역을 이동(2분×3개 역=6분)하는 것이다. 따라서 총 소요시간은 8분+3분+4분+3분+6분=24분이다.

따라서 A역에서 B역까지 출근 소요시간이 짧은 경우부터 순서대로 나열하면 '① 대안 1 22분, 대안 2 24분, 현재 상태 27분' 순이다.

빠른 문제풀이 Tip
정보처리를 최대한 간단히 해야 쉽게 해결할 수 있는 문제이다.

[정답] ①

61 **다음 글을 근거로 판단할 때, 서연이가 구매할 가전제품과 구매할 상점을 옳게 연결한 것은?** 20년 5급 나책형 28번

○ 서연이는 가전제품 A~E를 1대씩 구매하기 위하여 상점 甲, 乙, 丙의 가전제품 판매가격을 알아보았다.

〈상점별 가전제품 판매가격〉

(단위: 만 원)

구분	A	B	C	D	E
甲	150	50	50	20	20
乙	130	45	60	20	10
丙	140	40	50	25	15

○ 서연이는 각각의 가전제품을 세 상점 중 어느 곳에서나 구매할 수 있으며, 아래의 〈혜택〉을 이용하여 총 구매액을 최소화하고자 한다.

〈혜 택〉

- 甲: 200만 원 이상 구매시 전품목 10% 할인
- 乙: A를 구매한 고객에게는 C, D를 20% 할인
- 丙: C, D를 모두 구매한 고객에게는 E를 5만 원에 판매

① A - 甲
② B - 乙
③ C - 丙
④ D - 甲
⑤ E - 乙

해설

문제 분석

- 가전제품 A~E를 1대씩 구매해야 하고, 각각의 가전제품을 세 상점 중 어느 곳에서나 구매 가능하다.
- 〈혜택〉을 이용하여 총 구매액을 최소화하고자 한다.

문제풀이 실마리

〈혜택〉들 사이의 관계를 정리해 보면, 우선 상점 甲의 혜택이 적용되기 위해서는 A를 상점 甲에서 구매해야 200만 원 이상이고, 상점 乙의 혜택이 적용되기 위해서는 A를 상점 乙에서 구매해야 하므로 상점 甲의 혜택과 상점 乙의 혜택은 동시에 적용될 수 없다. 마찬가지로 乙과 丙도 동시에 적용될 수 없다.

그러나 상점 甲의 혜택과 상점 丙의 혜택은 상점 甲에서 A, B를 구매하고, 상점 丙에서 C, D, E를 구매함으로써 동시에 적용받을 수 있다. 이상을 정리해보면 다음과 같이 네 가지의 경우로 나누어 생각할 수 있다.

〈경우 1〉 상점 甲의 혜택만 이용하는 경우
〈경우 2〉 상점 乙의 혜택만 이용하는 경우
〈경우 3〉 상점 丙의 혜택만 이용하는 경우
〈경우 4〉 상점 甲, 丙의 혜택을 동시에 이용하는 경우

〈경우 1〉 상점 甲의 혜택만 이용하는 경우

상점 甲의 혜택을 이용하여 상점 甲에서 A~E를 구매하는 경우를 변화된 가격으로 표시하였다.

구분	A	B	C	D	E
甲	135	45	45	18	18
乙	130	45	60	20	10
丙	140	40	50	25	15

상점 甲의 혜택을 이용하기 위해서는 A, B 또는 A, C를 상점 甲에서 구매하여야 한다. A는 상점 甲이 최저가는 아니지만 상점 甲에서 구매하여야 하고, 나머지 B~E는 최저가에 구매할 수 있는 상점에서 구매하여도 상점 甲의 혜택을 이용할 수 있다. 음영 표시에 따라 상점별로 구매하는 경우 총 구매액을 최소화할 수 있고 이 경우의 구매액은 248만 원이다.

〈경우 2〉 상점 乙의 혜택만 이용하는 경우

상점 乙의 혜택을 이용하여 A, C, D를 구매하는 경우를 변화된 가격으로 표시하였다.

구분	A	B	C	D	E
甲	150	50	50	20	20
乙	130	45	48	16	10
丙	140	40	50	25	15

음영 표시에 따라 구매하는 경우 총 구매액은 244만 원이다.

〈경우 3〉 상점 丙의 혜택만 이용하는 경우

구분	A	B	C	D	E
甲	150	50	50	20	20
乙	130	45	60	20	10
丙	140	40	50	25	5

C, D, E의 구매액 합계가 상점 丙이 가장 작다. A는 상점 乙에서, B는 상점 丙에서 구매하게 된다. 음영 표시에 따라 구매하는 경우 총 구매액은 250만 원이다.

〈경우 4〉 상점 甲, 丙의 혜택을 동시에 이용하는 경우

구분	A	B	C	D	E
甲	135	45	50	20	20
乙	130	45	60	20	10
丙	140	40	50	25	5

음영 표시에 따라 구매하는 경우 총 구매액은 260만 원이다.

따라서 총 구매액이 최소화되는 경우는 2)의 경우이고 서연이는 가전제품 E를 상점 乙에서 구매한다.

세 가지 혜택이 모두 적용된다고 가정하면 판매가격은 다음과 같다.

구분	A	B	C	D	E
甲	135	45	45	18	18
乙	130	45	48	16	10
丙	140	40	50	25	5

B의 경우 상점 甲의 혜택이 적용되어도 상점 丙의 판매가격이 가장 낮기 때문에 B는 상점 丙에서 구매한다.

상점 甲과 상점 乙의 혜택을 비교하기 위해 A, C를 각각 상점 甲, 상점 乙에서 구매할 때의 가격을 살펴보면 상점 甲 : 135+45=180만 원, 乙 : 130+48=178만 원으로 상점 甲의 혜택을 이용하는 것보다 상점 乙의 혜택을 이용할 때 구매액을 최소화할 수 있다.

상점 乙과 상점 丙의 혜택을 비교하기 위해 C, D, E를 각각 상점 乙, 상점 丙에서 구매할 때의 가격을 살펴보면 상점 乙 : 48+16+10=74만 원, 상점 丙 : 50+25+5=80만 원으로 상점 丙의 혜택을 이용하는 것보다 상점 乙의 혜택을 이용할 때 구매액을 최소화할 수 있다.

이상과 같이 비교했다면 상점 甲과 상점 丙의 혜택을 비교할 필요는 없고 상점 甲과 상점 丙의 혜택을 동시에 받는 경우는 상점 丙의 혜택만 이용하는 경우보다도 구매액이 높다.

따라서 구매액을 최소화할 때 서연이는 甲~丙 중 상점 乙에서 혜택을 이용하고 각각의 가전제품을 구매할 상점은 A: 乙, B: 丙, C: 乙, D: 乙, E: 乙이다.

빠른 문제풀이 Tip

구체적인 계산 이전에 간단히 비교를 해보더라도 상점 甲의 혜택을 이용하는 경우, 해당 혜택을 이용하더라도 다른 상점에 비해 판매가격이 그리 저렴하지 않다. 또한 상점 乙의 혜택을 이용하는 경우 16만 원 할인, 상점 丙의 혜택을 이용하는 경우 10만 원 할인인 점만 우선 확인한다면 상점 乙의 혜택을 이용하는 경우가 총 구매액을 최소화하는 데 유리할 것이라고 감을 잡고 문제에 접근할 수 있다.

[정답] ⑤

62 **A는 잊어버린 네 자리 숫자의 비밀번호를 기억해 내려고 한다. 비밀번호에 대해서 가지고 있는 단서가 다음의 <조건>과 같을 때 사실이 아닌 것은?** 07년 5급 재책형 34번

〈조 건〉

- ○ 비밀번호를 구성하고 있는 어떤 숫자도 소수가 아니다.
- ○ 6과 8 중에 단 하나만 비밀번호에 들어가는 숫자다.
- ○ 비밀번호는 짝수로 시작한다.
- ○ 골라 낸 네 개의 숫자를 큰 수부터 차례로 나열해서 비밀번호를 만들었다.
- ○ 같은 숫자는 두 번 이상 들어가지 않는다.

① 비밀번호는 짝수이다.
② 비밀번호의 앞에서 두 번째 숫자는 4이다.
③ 위의 〈조건〉을 모두 만족시키는 번호는 모두 세 개가 있다.
④ 비밀번호는 1을 포함하지만 9는 포함하지 않는다.
⑤ 위의 〈조건〉을 모두 만족시키는 번호 중 가장 작은 수는 6410이다.

해설

문제 분석

- 네 자리 숫자의 비밀번호는 숫자의 중복이 없다.
- 비밀번호를 구성하고 있는 숫자들은 소수가 아니다.
- 6과 8 중에 하나의 숫자만 비밀번호에 포함된다.
- 골라 낸 네 개의 숫자를 큰 수부터 차례로 나열해서 비밀번호를 만들었을 때, 비밀번호는 짝수로 시작한다.

문제풀이 실마리

비밀번호를 구성하는 숫자에 소수를 제외시킴으로써 고려해야 하는 숫자의 범위를 줄이면서 시작해야 한다.

- 9 이하의 소수는 2, 3, 5, 7이므로 비밀번호에는 0, 1, 4, 6, 8, 9의 여섯 개 숫자가 쓰일 수 있다.
- 6과 8 중에 하나의 숫자만 비밀번호에 포함되므로, 0, 1, 4, (6 ↔ 8), 9의 다섯 개의 숫자가 쓰일 수 있다.
- 골라 낸 네 개의 숫자를 큰 수부터 차례로 나열해서 비밀번호를 만들었을 때, 비밀번호는 짝수로 시작해야 하므로 숫자 9는 포함될 수 없다.

따라서 조건에 따라 만들 수 있는 비밀번호는 6410 또는 8410이다.

① (O) 두 개의 비밀번호 모두 끝자리가 0이므로 짝수이다.
② (O) 두 개의 비밀번호 모두 앞에서 두 번째 숫자는 4이다.
③ (X) 위의 〈조건〉을 모두 만족시키는 번호는 세 개가 아닌 두 개가 있다.
④ (O) 두 개의 비밀번호 모두 세 번째 자리에 숫자 1을 포함하지만 9는 포함하지 않는다.
⑤ (O) 위의 〈조건〉을 모두 만족시키는 번호 중 가장 작은 수는 6410과 8410 중 6410이다.

[정답] ③

63 甲사무관은 최근에 사무실을 옮겼는데, 1번부터 82번까지 연이어 번호가 붙은 82개의 사물함 중 어느 것이 그의 것인지 몰랐다. 다른 정보가 없는 상태에서 甲은 그 사물함 번호를 아는 乙사무관에게 다음 <질문>을 이용하여 자신의 사물함 번호를 정확히 알아내었다. 이때 사물함 번호를 정확히 알아냈던 질문의 조합이 될 수 있는 것은? 10년 5급 선책형 30번

〈질 문〉

ㄱ. 내 사물함 번호가 41번보다 낮은 번호인가?
ㄴ. 내 사물함 번호가 4의 배수인가?
ㄷ. 내 사물함 번호가 정수의 제곱근을 갖는 숫자인가?
ㄹ. 내 사물함 번호가 홀수인가?

① ㄱ, ㄴ
② ㄱ, ㄷ
③ ㄱ, ㄴ, ㄷ
④ ㄱ, ㄴ, ㄹ
⑤ ㄴ, ㄷ, ㄹ

해설

문제 분석

甲의 질문은 모두 예 또는 아니오로 대답할 수 있는 질문이고, 몇 개의 질문을 했는지는 알 수 없다. 질문에 대한 乙의 대답에 따라 자신의 사물함일 수 있는 사물함들을 우선 확인해 보면 다음과 같다.

ㄱ. 예: 1, 2, 3, … 40 ⇒ 40개
아니오: 41, 42, 43, … 82 ⇒ 42개
ㄴ. 예: 4, 8, 12 … 80 ⇒ 20개
아니오: 41, 42, 43, … 82 ⇒ 62개
ㄷ. 예: 1, 4, 9, … 81 ⇒ 9개
아니오: 2, 3, 5, … 82 ⇒ 71개
ㄹ. 예: 1, 3, 5 … 81 ⇒ 41개
아니오: 2, 4, 6, … 82 ⇒ 41개

문제풀이 실마리

실제 문제풀이에서는 위와 같이 직접 모든 숫자를 확인해야 하는 것은 아니다. 그러나 甲은 자신의 사물함 번호를 정확히 알아내었다고 하였으므로 질문 ㄱ, ㄹ과 같이 대답 결과와 상관없이 전체 사물함 중 절반 가량을 소거할 수 있는 질문만으로는 3~4번의 질문 안에 자신의 사물함 번호를 정확히 알아내기 어렵다고 예상해야 한다. 최소한 ㄴ, ㄷ과 같은 질문 중 하나에 乙이 '예'라고 답해서 번호를 정확히 알아낸 것이라고 생각된다. 이와 같이 경우의 수가 작은 경우부터 생각해보자.

경우의 수가 작은 질문 ㄷ에 '예'라고 답한 경우부터 생각해보면 {1, 4, 9, … 81} 총 9개의 사물함으로 좁혀졌다. 이 상황에서 다른 질문으로 사물함을 하나만 남길 수 있는지 생각해본다. 마찬가지로 경우의 수가 작았던 질문 ㄴ도 '예'라고 답한 경우라고 생각해보면 사물함은 {4, 16, 36, 64} 총 4개의 사물함으로 좁혀진다. 여기에서 만약 질문 ㄱ에 '아니오'라고 답했다면 甲의 사물함으로 가능한 사물함은 64번만 남게 된다. 즉 질문 ㄱ, ㄴ, ㄷ으로 甲은 자신의 사물함 번호를 정확히 알아낼 수 있다. 생각하기 편하게 대답 결과 가장 경우의 수가 작은 질문부터 생각해보았지만, 질문의 순서는 중요하지 않다.
또 다른 예를 들어보면 질문 ㄷ에 '예'라고 답하여 {1, 4, 9, … 81} 총 9개의 사물함으로 좁혀진 경우에서 질문 ㄹ에 '아니오'라고 답한 경우 {4, 16, 36, 64} 총 4개의 사물함으로 좁혀진다. 위의 상황과 같이 여기에서 질문 ㄱ에 '아니오'라고 답했다면 역시 甲의 사물함으로 가능한 사물함은 64번만 남게 된다.

빠른 문제풀이 Tip

실제 문제풀이에서는 위와 같은 연역적 방법으로 문제를 접근하기에는 위험성이 크다. 가장 경우의 수가 작은 질문 ㄷ에 '예'라고 답한 경우부터 시작해도 나머지 질문에 대한 대답 결과에 대해 여전히 많은 경우의 수가 남는다. 일정 정도 선지를 이용해야 하는데 선지 ①, ③을 비교해 보면 선지 ①의 질문 ㄱ, ㄴ으로 甲이 사물함을 정확히 알아낼 수 있었다면 선지 ③의 질문 ㄱ, ㄴ, ㄷ으로는 당연히 알아낼 수 있다. 선지 ②, ③의 관계도 마찬가지로 선지 ①, ②는 제외하고 생각할 수 있다.

[정답] ③

64 다음 글을 근거로 판단할 때, <보기>에서 철수가 구매한 과일바구니를 확실히 맞힐 수 있는 사람만을 모두 고르면?

19년 5급 가책형 13번

○ 철수는 아래 과일바구니(A~E) 중 하나를 구매하였다.
○ 甲, 乙, 丙, 丁은 각자 철수에게 두 가지 질문을 하여 대답을 듣고 철수가 구매한 과일바구니를 맞히려 한다.
○ 모든 사람은 〈과일바구니 종류〉와 〈과일의 무게 및 색깔〉을 정확히 알고 있으며, 철수는 거짓말을 하지 않는다.

〈과일바구니 종류〉

종류	바구니 색깔	바구니 구성
A	빨강	사과 1개, 참외 2개, 메론 1개
B	노랑	사과 1개, 참외 1개, 귤 2개, 오렌지 1개
C	초록	사과 2개, 참외 2개, 귤 1개
D	주황	참외 1개, 귤 2개
E	보라	사과 1개, 참외 1개, 귤 1개, 오렌지 1개

〈과일의 무게 및 색깔〉

구분	사과	참외	메론	귤	오렌지
무게	200g	300g	1,000g	100g	150g
색깔	빨강	노랑	초록	주황	주황

〈보 기〉

甲: 바구니에 들어 있는 과일이 모두 몇 개니? 바구니에 들어 있는 과일의 무게를 모두 합치면 1kg 이상이니?
乙: 바구니의 색깔과 같은 색깔의 과일이 포함되어 있니? 바구니에 들어 있는 과일이 모두 몇 개니?
丙: 바구니에 들어 있는 과일이 모두 몇 개니? 바구니에 들어 있는 과일의 종류가 모두 다르니?
丁: 바구니에 들어 있는 과일의 종류가 모두 다르니? 바구니에 들어 있는 과일의 무게를 모두 합치면 1kg 이상이니?

① 甲, 乙　② 甲, 丁　③ 乙, 丙
④ 甲, 乙, 丁　⑤ 乙, 丙, 丁

해설

문제 분석

〈보기〉에서 각 질문들이 중복됨을 알 수 있다. 질문들을 다음과 같이 정리해 본다.

ⅰ) 바구니에 들어 있는 과일이 모두 몇 개니?
ⅱ) 바구니에 들어 있는 과일의 무게를 모두 합치면 1kg 이상이니?
ⅲ) 바구니의 색깔과 같은 색깔의 과일이 포함되어 있니?
ⅳ) 바구니에 들어 있는 과일의 종류가 모두 다르니?

그리고 ⅰ)에 대한 답변은 3, 4, 5 중 하나이고 ⅱ)~ⅳ)에 대한 답변은 '예' 또는 '아니오'이다. 대답 결과에 따라 철수가 구매한 과일바구니를 나눠보면 다음과 같다.

	3	4	5
ⅰ)	D	A, E	B, C

	예	아니오
ⅱ)	A, C	B, D, E
ⅲ)	A, B, D	C, E
ⅳ)	E	A, B, C, D

각 질문에 따라서 철수가 대답할 수 있는 경우의 수가 나뉘는데 발문에서 과일바구니를 확실히 맞힐 수 있는 사람을 고르라고 하였으므로 철수의 대답에 대해 모든 경우의 수를 고려하여야 한다. 각자의 질문에 따른 경우의 수를 다음과 같이 정리할 수 있다.

甲.

ⅱ) \ ⅰ)	3	4	5
예		A	C
아니오	D	E	B

철수가 어떻게 대답하든지, 대답하는 모든 경우에 대해 과일바구니를 특정할 수 있다.

乙.

ⅲ) \ ⅰ)	3	4	5
예	D	A	B
아니오		E	C

철수가 어떻게 대답하든지, 대답하는 모든 경우에 대해 과일바구니를 특정할 수 있다.

丙.

ⅳ) \ ⅰ)	3	4	5
예		E	
아니오	D	A	B, C

철수가 ⅰ) '5개', ⅳ) '아니오'라고 대답한다면 과일바구니 B, C 중 어떤 과일바구니인지 특정할 수 없다.

丁.

ⅱ) \ ⅳ)	예	아니오
예		E
아니오	A, C	B, D

철수가 ⅱ) '예', ⅳ) '아니오'라고 대답하는 경우에는 과일바구니 A, C 중 어떤 과일바구니인지 특정할 수 없고, ⅱ) '아니오', ⅳ) '아니오'라고 대답하는 경우에는 과일바구니 B, D 중 어떤 과일바구니인지 특정할 수 없다.

빠른 문제풀이 Tip

질문 ⅳ)는 대답에 따라 과일바구니가 {E}와 {A, B, C, D}로 나뉜다. 이때 질문 ⅰ)에 '5'라고 대답한 경우 과일바구니는 B, C인데, {A, B, C, D}에 B, C가 모두 포함되므로 두 바구니 중 어느 과일바구니인지 특정할 수 없다는 것을 알 수 있다. 질문 ⅱ)은 '예'라고 대답하는 경우 A, C가, '아니오'라고 대답하는 경우 B, D가 {A, B, C, D}에 포함되므로 두 바구니 중 어느 과일바구니인지 특정할 수 없고, 질문 ⅲ)은 '예'라고 대답하는 경우 A, B, D가 {A, B, C, D}에 포함되므로 세 바구니 중 어느 과일바구니인지 특정할 수 없다.

해설처럼 甲~丁과 같이 사람 중심으로 판단해도 되고 이처럼 질문을 중심으로도 판단할 수 있다.

[정답] ①

65 **다음 글과 <상황>을 근거로 판단할 때, 甲, 乙, 丙의 자동차 번호 끝자리 숫자의 합으로 가능한 최댓값은?** 19년 민경채 나책형 17번

○ A사는 자동차 요일제를 시행하고 있으며, 각 요일별로 운행할 수 없는 자동차 번호 끝자리 숫자는 아래와 같다.

요일	월	화	수	목	금
숫자	1, 2	3, 4	5, 6	7, 8	9, 0

○ 미세먼지 비상저감조치가 시행될 경우 A사는 자동차 요일제가 아닌 차량 홀짝제를 시행한다. 차량 홀짝제를 시행하는 날에는 시행일이 홀수이면 자동차 번호 끝자리 숫자가 홀수인 차량만 운행할 수 있고, 시행일이 짝수이면 자동차 번호 끝자리 숫자가 홀수가 아닌 차량만 운행할 수 있다.

〈상 황〉

A사의 직원인 甲, 乙, 丙은 12일(월)부터 16일(금)까지 5일 모두 출근했고, 12일, 13일, 14일에는 미세먼지 비상저감조치가 시행되었다. 자동차 요일제와 차량 홀짝제로 인해 자동차를 운행할 수 없는 경우를 제외하면, 3명 모두 자신이 소유한 자동차로 출근을 했다. 다음은 甲, 乙, 丙이 16일에 출근한 후 나눈 대화이다.

○ 甲: 나는 12일에 내 자동차로 출근을 했어. 따져보니 이번 주에 총 4일이나 내 자동차로 출근했어.
○ 乙: 저는 이번 주에 이틀만 제 자동차로 출근했어요.
○ 丙: 나는 이번 주엔 13일, 15일, 16일만 내 자동차로 출근할 수 있었어.

※ 甲, 乙, 丙은 자동차를 각각 1대씩 소유하고 있다.

① 14
② 16
③ 18
④ 20
⑤ 22

해설

문제 분석

자동차 요일제와 차량 홀짝제가 시행됨에 따라 〈상황〉에서 甲, 乙, 丙이 자동차로 출근했는지 여부를 정리해 보면서 甲, 乙, 丙의 자동차 번호 끝자리를 추론해 내어야 한다. 지문에서는 홀짝제 시행 시 시행일이 짝수이면 자동차 번호 끝자리 숫자가 '홀수가 아닌' 차량만 운행할 수 있다고 하는데 이는 짝수에 0을 포함시키기 위한 표현이다. 이하에서는 편의상 홀수가 아닌 수를 짝수라 한다. 그리고 이하부터는 자동차 번호 끝자리 숫자가 홀수이면 홀수 차량, 짝수이면 짝수 차량이라 한다.

우선 甲은 5일 중 4일이나 자동차로 출근할 수 있었다. 그런데 12일, 13일, 14일은 차량 홀짝제가 시행되었고 12일, 14일은 홀수 차량을 운행할 수 없으므로 5일 중 4일을 자동차로 출근할 수 있었던 甲의 차량은 짝수 차량이어야 한다. 그리고 15일, 16일은 자동차로 출근할 수 있었으므로 자동차 번호 끝자리 숫자가 7, 8, 9, 0이 아니다. 이상을 정리하면 아래와 같다.

	12일(월)	13일(화)	14일(수)	15일(목)	16일(금)
시행제도	홀짝제	홀짝제	홀짝제	요일제	요일제
운행 불가	홀수	짝수	홀수	7, 8	9, 0
甲	O	X	O	O	O

甲의 자동차 번호 끝자리 숫자가 될 수 있는 숫자를 甲={2, 4, 6}과 같이 나타내도록 한다.

乙은 이틀만 자동차로 출근했다고 한다. 15일, 16일 모두 운행 불가인 차량은 없으므로 乙은 15일, 16일 중 하루를 자동차로 출근한 것이고 12일, 13일, 14일 중 하루를 자동차로 출근한 것이다. 그렇다면 乙의 자동차는 홀수 차량이어야 한다. 乙={7, 9}이다.

	12일(월)	13일(화)	14일(수)	15일(목)	16일(금)
乙	X	O	X	둘 중 하나	

丙은 13일, 15일, 16일만 자동차로 출근하였다.

	12일(월)	13일(화)	14일(수)	15일(목)	16일(금)
丙	X	O	X	O	O

丙의 차량은 홀수 차량이고 자동차 번호 끝자리 숫자가 7, 8, 9, 0이 아니다. 丙={1, 3, 5}이다.

따라서 甲, 乙, 丙의 자동차 번호 끝자리 숫자의 합으로 가능한 최댓값은 甲=6, 乙=9, 丙=5인 경우 20(④)이다.

[정답] ④

PART 3 경우 해커스 PSAT 길규범 상황판단 올인원 2권 계산·규칙·경우

66 다음 글을 근거로 판단할 때, ㉠에 해당하는 것은?

22년 5급 나책형 13번

> 甲: 혹시 담임 선생님 생신이 몇 월 며칠인지 기억나?
> 乙: 응, 기억하지. 근데 그건 왜?
> 甲: 내가 그날(월일)로 네 자리 일련번호를 설정했는데, 맨 앞자리가 0이 아니었다는 것 말고는 도저히 기억이 나질 않아서 말이야.
> 乙: 그럼 내가 몇 가지 힌트를 줄게. 맞혀볼래?
> 甲: 좋아.
> 乙: 선생님 생신은 31일까지 있는 달에 있어.
> 甲: 고마워. 그다음 힌트는 뭐야?
> 乙: 선생님 생신의 일은 8의 배수야.
> 甲: 그래도 기억이 나질 않네. 힌트 하나만 더 줄 수 있어?
> 乙: 알았어. [㉠]
> 甲: 아! 이제 알았다. 고마워.

① 선생님 생신은 15일 이전이야.
② 선생님 생신의 일은 월의 배수야.
③ 선생님 생신의 일은 월보다 큰 수야.
④ 선생님 생신은 네 자리 모두 다른 수야.
⑤ 선생님 생신의 네 자리 수를 모두 더하면 9야.

해설

문제 분석

담임 선생님 생신에 대한 힌트는 다음과 같다.
- 월의 맨 앞자리는 0이 아니다.
- 선생님 생신은 31일까지 있는 달에 있다.
- 선생님 생신의 일은 8의 배수이다.
- 여기에 ㉠ 힌트를 더해서 선생님의 생신을 특정할 수 있어야 한다.

문제풀이 실마리

확정적인 힌트 두 개를 반영해 생신이 될 수 있는 날짜를 추려야 한다.

- 맨 앞자리가 0이 아닌 달은 10월, 11월, 12월이 있다.
- 그중 날짜가 31일까지 있는 달이므로 생신은 10월 또는 12월이다.
- 생신의 일은 8의 배수이므로, 선생님 생신으로 가능한 날짜는 다음과 같다.

10월	12월
8일, 16일, 24일	8일, 16일, 24일

- 여기에 각 선지에 주어진 힌트의 답변을 통해 생신이 하루로 확정이 되어야 한다.

	10월	12월
	8일, 16일, 24일	8일, 16일, 24일
①	10월 8일	12월 8일
②	없음	12월 24일
③	10월 16일, 24일	12월 16일, 24일
④	10월 24일	12월 08일
⑤	10월 08일	12월 24일

날짜가 하루만 남게 되는 힌트는 '선생님 생신의 일은 월의 배수야.'이다.

[정답] ②

67 다음 글과 <대화>를 근거로 판단할 때, ㉠에 들어갈 丙의 대화내용으로 옳은 것은?

21년 7급 나책형 21번

> 주무관 丁은 다음과 같은 사실을 알고 있다.
>
> ○ 이번 주 개업한 A식당은 평일 '점심(12시)'과 '저녁(18시)'으로만 구분해 운영되며, 해당 시각 이전에 예약할 수 있다.
>
> ○ 주무관 甲~丙은 A식당에 이번 주 월요일부터 수요일까지 서로 겹치지 않게 예약하고 각자 한 번씩 다녀왔다.

〈대 화〉

> 甲: 나는 이번 주 乙의 방문후기를 보고 예약했어. 음식이 정말 훌륭하더라!
>
> 乙: 그렇지? 나도 나중에 들었는데 丙은 점심 할인도 받았대. 나도 다음에는 점심에 가야겠어.
>
> 丙: 월요일은 개업일이라 사람이 많을 것 같아서 피했어.
>
> ㉠
>
> 丁: 너희 모두의 말을 다 들어보니, 각자 식당에 언제 갔는지를 정확하게 알겠다!

① 乙이 다녀온 바로 다음날 점심을 먹었지.
② 甲이 먼저 점심 할인을 받고 나에게 알려준 거야.
③ 甲이 우리 중 가장 늦게 갔었구나.
④ 월요일에 갔던 사람은 아무도 없구나.
⑤ 같이 가려고 했더니 이미 다들 먼저 다녀왔더군.

해설

문제 분석

- A식당은 점심과 저녁으로 운영된다.
- 甲~丙은 이번 주 월요일부터 수요일까지 A식당에 서로 겹치지 않게 각자 한 번씩 다녀왔다.

문제풀이 실마리

주무관 丁이 알고 있는 사실에 따를 때, 다음 표의 칸에 주무관 甲~丙이 A식당에 다녀온 일정을 서로 겹치지 않게 확정해야 한다.

	월요일	화요일	수요일
점심			
저녁			

甲: 나는 이번 주 乙의 방문후기를 보고 예약했어. 음식이 정말 훌륭하더라!
→ 甲의 방문 시점은 乙보다 늦어야 한다.

乙: 그렇지? 나도 나중에 들었는데 丙은 점심 할인도 받았대. 나도 다음에는 점심에 가야겠어.
→ 丙은 점심에 방문하였고, 乙은 저녁에 방문하였다. 乙이 방문 가능한 가장 이른 시점이 월요일 저녁이므로 甲은 화요일 이후에 방문 가능하다.

丙: 월요일은 개업일이라 사람이 많을 것 같아서 피했어.
㉠
→ 丙은 화요일 점심 또는 수요일 점심에 방문하였다. 월요일 점심은 아무도 방문하지 않았다.

丁: 너희 모두의 말을 다 들어보니, 각자 식당에 언제 갔는지를 정확하게 알겠다!

정리하면 월요일 점심은 아무도 방문하지 않고, 乙이 월요일 저녁 이후에 저녁에 방문하고 나면 甲이 방문 가능하고, 丙은 화요일 점심 또는 수요일 점심에 방문 가능하다.

① (X) '乙이 다녀온 바로 다음날 점심을 먹었지.'라는 조건이 추가된다면 乙이 다녀온 바로 다음날 점심은 화요일 점심 또는 수요일 점심이 가능하다.
경우 1) 화요일 점심인 경우
乙이 월요일 저녁에 다녀오고, 丙이 화요일 점심에 다녀온것까지는 확정되지만, 甲은 확정되지 않는다.
경우 2) 수요일 점심인 경우
乙이 화요일 저녁, 丙이 수요일 점심, 甲은 수요일 저녁에 방문하게 된다.
이 두 가지 경우가 가능하므로 세 사람이 식당이 언제 갔었는지가 정확히 확정되지는 않는다.

② (O) '甲이 먼저 점심 할인을 받고 나에게(丙에게) 알려준 거야.'라는 조건이 추가되면 甲이 화요일 점심 · 丙이 수요일 점심으로 확정된다. 乙은 甲보다 먼저 방문해야 하므로 월요일 저녁으로 확정된다.

	월요일	화요일	수요일
점심	×	甲	丙
저녁	乙		

③ (X) '甲이 우리 중 가장 늦게 갔었구나.'라는 조건이 추가되어 甲이 乙, 丙보다 늦게 갔다는 사실만으로는 경우가 확정되지 않는다.

④ (X) '월요일에 갔던 사람은 아무도 없구나.'라는 조건이 추가된다면, 乙은 화요일 저녁 또는 수요일 저녁 중에 가능한데, 甲을 고려할 때 화요일 저녁으로 확정된다. 丙은 화요일 점심, 수요일 점심 둘 다 가능하고, 丙이 화요일 점심에 간 경우, 甲은 수요일 점심 또는 저녁이 가능하고, 丙이 수요일 점심에 간 경우 甲은 수요일 저녁으로 확정된다. 따라서 경우가 확정되지 않는다.

⑤ (X) '같이 가려고 했더니 이미 다들 먼저 다녀왔더군.'이라는 조건이 추가되더라도 丙이 甲, 乙보다 늦게 갔다는 사실만으로는 경우가 확정되지 않는다.

> **빠른 문제풀이 Tip**
> 확정하기 위해서 덩어리를 크게 만들어야 한다는 것을 알면 보다 빠른 해결이 가능하다.

[정답] ②

68 다음 글을 읽고 <조건>에 따라 추론할 때, 하나의 조건을 추가하면 조선왕조의궤가 세계기록유산으로 지정된 연도를 알 수 있다고 한다. 다음 중 이 하나의 조건이 될 수 있는 것은?

12년 5급 인책형 37번

UNESCO(국제연합교육과학문화기구)는 세계 여러 나라의 기록물들 가운데 미적 · 사회적 · 문화적 가치가 높은 자료들을 선정하여 세계기록유산으로 지정해 왔다. 2010년 현재 UNESCO가 지정한 대한민국의 세계기록유산은 총 7개로 동의보감, 승정원일기, 조선왕조실록, 조선왕조의궤, 직지심체요절, 팔만대장경판, 훈민정음이다. UNESCO는 1997년에 2개, 2001년에 2개, 2007년에 2개, 2009년에 1개를 세계기록유산으로 지정하였다.

〈조 건〉

- i)조선왕조실록은 승정원일기와 팔만대장경판보다 먼저 지정되었다.
- ii)훈민정음은 단독으로 지정되지 않았다.
- iii)직지심체요절은 단독으로 지정되지 않았다.
- iv)동의보감은 조선왕조의궤보다 먼저 지정되지 않았다.
- v)2002년 한 · 일 월드컵은 승정원일기가 지정된 이후에 개최되었다.
- vi)직전의 지정이 있은 때로부터 직지심체요절이 지정되기까지의 시간 간격은 가장 긴 간격이 아니었다.

※ 동일 연도에 세계기록유산으로 지정된 기록물들은 같이 지정된 것으로 본다.

① 훈민정음은 2002년 이전에 지정되었다.
② 동의보감은 2002년 이후에 지정되었다.
③ 직지심체요절은 2002년 이전에 지정되었다.
④ 팔만대장경판은 2002년 이후에 지정되었다.
⑤ 팔만대장경판은 동의보감보다 먼저 지정되었다.

해설

문제 분석
각 조건들을 하나씩 표로 정리해 본다.

조건들 중 확정적인 것이 없다면 조건 i)부터 검토해 본다. 반드시 조건의 순서대로 검토해야 하는 것은 아니지만 이런 식으로 문제를 접근해도 무방하다는 의미에서 조건 i)부터 시작해 본다. 조선왕조실록은 승정원일기와 팔만대장경판보다 먼저 지정되었다고 하므로, 조선왕조실록의 지정연도는 2009년이 될 수 없고, 승정원일기와 팔만대장경판의 지정연도는 1997년이 될 수 없다. 이를 표로 나타내면 다음과 같다.

	동의보감	승정원일기	조선왕조실록	조선왕조의궤	직지심체요절	팔만대장경판	훈민정음	합계
1997년		X				X		2
2001년								2
2007년								2
2009년			X					1

마찬가지로 조건 ii)~iv)를 정리해 보면 다음과 같다.

	동의보감	승정원일기	조선왕조실록	조선왕조의궤	직지심체요절	팔만대장경판	훈민정음	합계
1997년	iv)X	X						2
2001년								2
2007년								2
2009년			X	iv)X	iii)X		ii)X	1

조건 v)에 의하면 승정원일기는 1997년 또는 2001년에 지정되었다. 그러나 승정원일기는 1997년에 지정될 수 없고 2001년에 지정되었다. 그리고 조건 vi)에 따르면 직전의 지정이 있은 때로부터 직지심체요절이 지정되기까지의 시간 간격은 가장 긴 간격이 아니었다고 하므로 직지심체요절이 지정된 연도는 2007년이 아니고 1997년도 직전의 지정이 없기 때문에 아니다. 직지심체요절이 지정된 연도는 2001년이다.

	동의보감	승정원일기	조선왕조실록	조선왕조의궤	직지심체요절	팔만대장경판	훈민정음	합계
1997년	X	X			vi)X	X		2
2001년	X	v)O	X	X	vi)O	X	X	2
2007년		v)X			vi)X			2
2009년		v)X	X	X	X		X	1

그리고 다시 조건 i)에 의하면 조선왕조실록은 승정원일기보다 먼저 지정되었다고 하였으므로

	동의보감	승정원일기	조선왕조실록	조선왕조의궤	직지심체요절	팔만대장경판	훈민정음	합계
1997년	X	X	i)O		X	X		2
2001년	X	O	X	X	O	X	X	2
2007년		X	i)X		X			2
2009년		X	X	X	X		X	1

이 상황에서는 조건에 의해 더 표를 완성시킬 수 없으므로 각 선지를 검토해 본다.

① (O) 훈민정음이 2002년 이전에 지정되었다면 1997년에 지정되었다는 것이고, 1997년에 지정된 세계기록유산의 수가 2개인 것으로부터 조선왕조의궤는 2007년에 지정되었다는 것을 알 수 있다.

	동의보감	승정원일기	조선왕조실록	조선왕조의궤	직지심체요절	팔만대장경판	훈민정음	합계
1997년	X	X	O	X	X	X	O	2
2001년	X	O	X	X	O	X	X	2
2007년		X	X	O	X		X	2
2009년		X	X	X	X		X	1

② (X) 동의보감이 2002년 이후에 지정되었다고 해도 여전히 표를 완성시켜 나갈 수 없다.

	동의보감	승정원일기	조선왕조실록	조선왕조의궤	직지심체요절	팔만대장경판	훈민정음	합계
1997년	X	X	O		X	X		2
2001년	X	O	X	X	O	X	X	2
2007년	??	X	X		X			2
2009년	??	X	X	X	X		X	1

③ (X) 직지심체요절이 2002년 이전인 2001년에 지정되었다는 것은 표를 완성해 나가면서 이미 확정한 내용이다.

④ (X) 팔만대장경판이 2002년 이후에 지정되었다고 해도 여전히 표를 완성시켜 나갈 수 없다.

	동의보감	승정원일기	조선왕조실록	조선왕조의궤	직지심체요절	팔만대장경판	훈민정음	합계
1997년	X	X	O		X	X		2
2001년	X	O	X	X	O	X	X	2
2007년		X	X		X	??		2
2009년		X	X	X	X	??	X	1

⑤ (X) 팔만대장경판이 동의보감보다 먼저 지정되었다면

	동의보감	승정원일기	조선왕조실록	조선왕조의궤	직지심체요절	팔만대장경판	훈민정음	합계
1997년	X	X	O		X	X		2
2001년	X	O	X	X	O	X	X	2
2007년	X	X	X		X	O		2
2009년	O	X	X	X	X	X	X	1

이지만 여전히 조선왕조의궤가 1997년에 지정되었는지 2007년에 지정되었는지 알 수 없다.

[정답] ①

69 다음 글을 근거로 판단할 때, <보기>에서 옳은 것만을 모두 고르면?

18년 민경채 가책형 23번

> ○ 손글씨 대회 참가자 100명을 왼손으로만 필기할 수 있는 왼손잡이, 오른손으로만 필기할 수 있는 오른손잡이, 양손으로 모두 필기할 수 있는 양손잡이로 분류하고자 한다.
> ○ 참가자를 대상으로 아래 세 가지 질문을 차례대로 하여 해당하는 참가자는 한 번만 손을 들도록 하였다.
> [질문 1] 왼손으로만 필기할 수 있는 사람은?
> [질문 2] 오른손으로만 필기할 수 있는 사람은?
> [질문 3] 양손으로 모두 필기할 수 있는 사람은?
> ○ 양손잡이 중 일부는 제대로 알아듣지 못해 질문 1, 2, 3에 모두 손을 들었고, 그 외 모든 참가자는 올바르게 손을 들었다.
> ○ 질문 1에 손을 든 참가자는 16명, 질문 2에 손을 든 참가자는 80명, 질문 3에 손을 든 참가자는 10명이다.

〈보 기〉

ㄱ. 양손잡이는 총 10명이다.
ㄴ. 왼손잡이 수는 양손잡이 수보다 많다.
ㄷ. 오른손잡이 수는 왼손잡이 수의 6배 이상이다.

① ㄱ
② ㄴ
③ ㄱ, ㄴ
④ ㄱ, ㄷ
⑤ ㄴ, ㄷ

해설

문제 분석

- 참가자 100명은 왼손잡이, 오른손잡이, 양손잡이 중에 하나이다.
- 참가자들을 대상으로 왼손, 오른손, 양손으로 필기할 수 있는 사람인지 질문을 하였고, 참가자는 질문 중 자신의 특성에 해당하는 질문에 한 번씩만 손을 들어야 한다.
- 양손잡이 중 전체가 아닌 일부 몇 명만 제대로 알아듣지 못해 질문 1, 2, 3에 모두 손을 들었고, 그 외 나머지 모든 참가자는 올바르게 손을 들었다.
- [질문 1]에 손을 든 참가자는 16명, [질문 2]에 손을 든 참가자는 80명, [질문 3]에 손을 든 참가자는 10명이다.

문제풀이 실마리

전체 참가자 중에 양손잡이 몇 명만 질문 1, 2, 3에 모두 손을 들었다. 양손잡이이므로 [질문 3]에는 제대로 대답을 한 것이고, [질문 1] [질문 2]에는 손을 잘못 든 것이다.

참가자 모두가 제대로 질문에 손을 들었다면 손을 든 참가자를 모두 더했을 때 100명이 딱 맞아야 한다. 그런데 16명+80명+10명을 다 더하면 총 106명이다. 즉, 원래 100명보다 6명이 더 많은 셈이다.
왼손잡이에 손을 든 사람 16명: 왼손잡이+양손잡이 중 일부
- 오른손잡이에 손을 든 사람 80명: 오른손잡이+양손잡이 중 일부
- 양손잡이에 손을 든 사람 10명: 양손잡이

따라서 [질문 1] [질문 2]에 잘못 손을 든 양손잡이는 총 3명인 것을 알 수 있다.

ㄱ. (O) 양손잡이들은 [질문3]에서는 실수하지 않았다. 따라서 [질문3]에 손을 든 참가자는 10명이므로, 양손잡이는 총 10명임을 쉽게 확인할 수 있어야 한다.

ㄴ. (O) [질문1]에 대답한 16명 중 실제로는 양손잡이인 3명을 제외한 나머지 13명이 왼손잡이이다. 양손잡이는 [질문 3]에 대답한 10명이므로 왼손잡이 수는 양손잡이 수보다 많다.

ㄷ. (X) [질문2]에 대답한 80명 중 실제로는 양손잡이인 3명을 제외한 나머지 77명이 오른손잡이이다. 이는 왼손잡이 13명의 6배인 78명 보다는 적다.

빠른 문제풀이 Tip
경우가 잘 그려져야 쉽게 풀 수 있는 문제이다.

[정답] ③

70 다음 글을 근거로 판단할 때 옳은 것은? 22년 7급 가책형 7번

甲은 정기모임의 간식을 준비하기 위해 과일 가게에 들렀다. 甲이 산 과일의 가격과 수량은 아래 표와 같다. 과일 가게 사장이 준 영수증을 보니, 총 228,000원이어야 할 결제 금액이 총 237,300원이었다.

구분	사과	귤	복숭아	딸기
1상자 가격(원)	30,700	25,500	14,300	23,600
구입 수량(상자)	2	3	3	2

① 한 과일이 2상자 더 계산되었다.
② 두 과일이 각각 1상자 더 계산되었다.
③ 한 과일이 1상자 더 계산되고, 다른 한 과일이 1상자 덜 계산되었다.
④ 한 과일이 1상자 더 계산되고, 다른 두 과일이 각각 1상자 덜 계산되었다.
⑤ 두 과일이 각각 1상자 더 계산되고, 다른 두 과일이 각각 1상자 덜 계산되었다.

해설

문제 분석
주어진 지문에서 결제해야 하는 금액은 총 228,000원인데 결제한 금액은 총 237,300원이다. 이 금액의 차이는 237,000－228,000＝9,300원이다.

문제풀이 실마리
선지에 제시되어 있는 것처럼 어느 과일상자가 더 계산되거나, 어느 과일상자는 덜 계산되면서 다른 과일상자는 더 계산되거나 하는 방식으로 9,300원의 금액 차이를 만들어 낸다.

사과, 귤, 복숭아, 딸기 총 네 종류의 과일이 있고 각 과일 한 상자의 가격은 최소 14,300원 이상이므로 선지 ①, ②와 같은 방식으로는 9,300원과 같은 금액 차이를 만들어 낼 수 없다. 그렇다면 어느 과일상자는 덜 계산되면서 다른 과일상자는 더 계산되었다는 것인데 더 계산된 또는 덜 계산된 과일상자가 한 상자라는 보장도 없다. 우선 각 과일별 1상자 가격의 차이부터 파악한다. 과일별 1상자 가격의 차이를 정리하면 아래와 같다.

	사과	귤	복숭아	딸기
사과		5,200	16,400	7,100
귤	• 5,200		11,200	1,900
복숭아	－16,400	－11,200		• 9,300
딸기	• 7,100	• 1,900	9,300	

위의 표에서 복숭아 1상자와 딸기 1상자의 가격 차이가 정확히 9,300원이다. 선지 ④, ⑤의 복잡한 경우까지 생각할 필요없이 딸기 1상자가 더 계산되고 복숭아 1상자가 덜 계산되었음을 알 수 있다(③).

빠른 문제풀이 Tip
숫자의 차이를 이용하는 계산 또는 퀴즈 문제가 많으므로 그 차이를 이용해서 문제를 해결한다는 아이디어를 반드시 떠올려야 한다. 선지들의 경우가 가능한지 일일이 확인해보는 것은 경우의 수가 너무 많고 계산 시간도 오래 걸리므로 피해야 한다. 총 결제해야 하는 금액이 228,000원이 맞는지 여부 같은 것도 굳이 확인할 필요가 없다.

[정답] ③

71 다음은 어느 연구소의 연구원들(A ~ D)이 2006년 1년 동안 발표한 논문을 정리한 목록이다. 그런데 이들 4명의 연구원이 <조건>에 따라 <보기>의 개인별 성과를 작성하던 중 연구원 1명이 한 가지 실수를 하였다. <보기>에서 실수했을 가능성이 있는 연구원을 모두 고른 것은?

08년 5급 창책형 36번

ㅇ 논문 목록
논문1. ○○○ (2006). ~~~~~~~~~~~~~~~~~~.
논문2. ○○○ (2006). ~~~~~~~~~~~~~~~~~~.
논문3. ○○○, ○○○ (2006). ~~~~~~~~~~~~~~.
논문4. ○○○, ○○○ (2006). ~~~~~~~~~~~~~~.
논문5. ○○○, ○○○, ○○○ (2006). ~~~~~~~~~.
논문6. ○○○, ○○○, ○○○ (2006). ~~~~~~~~~.
논문7. ○○○, ○○○, ○○○, ○○○ (2006). ~~~~~.

※ 위에서 '○○○'는 연구원 성명들을 익명으로 한 것이고, '(2006)'은 논문 발표를 2006년에 한 것이며, '~~~~~'는 논문 제목이다.

〈조 건〉

ㅇ 모든 연구원들은 단독 또는 동료 연구원들과만 공동으로 논문을 발표하였다.
ㅇ 주 저자는 연구의 핵심 역할을 한 1인이고, 일반 공저자는 그 이외 사람이다.
ㅇ 주 저자의 성명은 논문의 맨 앞에 표시한다.
ㅇ 연구 성과 산정 시 논문 1편당 다음 비율대로 한다.
1. 1인 연구: 100%
2. 2인 공동연구(주 저자): 80%
3. 2인 공동연구(일반 공저자): 70%
4. 3인 공동연구(주 저자): 70%
5. 3인 공동연구(일반 공저자): 50%
6. 4인 공동연구(주 저자): 60%
7. 4인 공동연구(일반 공저자): 30%

〈보 기〉

ㅇ 연구원 A: 330% (총 4편)
ㅇ 연구원 B: 360% (총 5편)
ㅇ 연구원 C: 200% (총 4편)
ㅇ 연구원 D: 130% (총 3편)

① 연구원 A
② 연구원 B
③ 연구원 A, 연구원 B
④ 연구원 A, 연구원 C
⑤ 연구원 B, 연구원 D

해설

문제 분석

〈조건〉의 내용을 논문 목록에 정리해보면 다음과 같다.

ㅇ 논문 목록	총 성과
논문1. ○○○	100%
논문2. ○○○	100%
논문3. ○○○, ○○○	150%
논문4. ○○○, ○○○	150%
논문5. ○○○, ○○○, ○○○	170%
논문6. ○○○, ○○○, ○○○	170%
논문7. ○○○, ○○○, ○○○, ○○○	150%
계	990%

그러나 〈보기〉의 연구원 4명의 연구 성과를 모두 더하면 1,020%이다. 발문에서 연구원 1명이 한 가지 실수를 하였다고 하였으므로 누군가 30%를 높여 개인별 성과를 작성한 것이다.

문제풀이 실마리

연구원 D가 발표한 논문 수가 가장 적으므로 연구원 D의 논문을 확정할 수 있는지 검토한다.

연구원 D는 총 3편의 논문을 발표하였고 연구성과가 130%인데, 연구 성과 비율을 고려하면 연구원 D는 3인 공동연구의 일반 공저자(50%) 2편, 4인 공동연구의 일반 공저자(30%) 1편의 논문을 발표한 것이다(연구 성과만 고려하면 2인 공동연구 일반 공저자(70%) 1편, 4인 공동연구 일반 공저자(30%) 2편도 가능하나 논문 목록상 가능하지 않다). 연구원 C도 확정되는지 고려해 보면 2인 공동연구 일반 공저자(70%) 1편, 3인 공동연구 일반 공저자(50%) 2편, 4인 공동연구 일반공저자(30%) 1편으로 확정이 가능하다(이 경우도 70%×2+30%×2, 50%×4와 같은 경우도 고려해 볼 수 있지만 논문 목록상 가능하지 않다). 이상을 정리하면 아래와 같다(연구원 C가 논문 3인지 논문 4인지는 중요하지 않으므로 편의상 논문4에 표시하였다).

ㅇ 논문 목록		총 성과
논문1. ○○○	100%	100%
논문2. ○○○	100%	100%
논문3. ○○○, ○○○	80%+70%	150%
논문4. ○○○, C	80%+70%	150%
논문5. ○○○, C, D	70%+50%+50%	170%
논문6. ○○○, C, D	70%+50%+50%	170%
논문7. ○○○, ○○○, C, D	60%+30%+30%+30%	150%

그렇다면 남아있는 논문 성과로 연구원 A, B 순으로 연구 성과 1) 300%, 360%가 만들어질 수 있다면 연구원 A가 실수한 것이고, 2) 330%, 330%가 만들어질 수 있다면 연구원 B가 실수한 것이다.

1)의 경우부터 검토해 보자. 이때도 발표한 논문 수가 적은 연구원 A부터 검토해 보면 아래의 그림들은 위의 그림의 오른쪽만 표시하고 연구원 A가 연구한 논문을 음영처리한 것이다.

	총 성과
100%	100%
100%	100%
80%+70%	150%
80%+70%	150%
70%+50%+50%	170%
70%+50%+50%	170%
60%+30%+30%+30%	150%

〈그림 1〉

	총 성과
100%	100%
100%	100%
80%+70%	150%
80%+70%	150%
70%+50%+50%	170%
70%+50%+50%	170%
60%+30%+30%+30%	150%

〈그림 2〉

〈그림 1〉의 경우 연구원 A의 논문 성과가 100%×2+70%+30%=300%이고, 〈그림 2〉의 경우 100%+70%×2+60%=300%이다. 연구원 B의 경우 각각 나머지 360%가 되므로 이상의 경우 연구원 A가 실수한 것이다. 2)의 경우도 검토해 보면 다음과 같다.

	총 성과
100%	100%
100%	100%
80%+~~70%~~	150%
80%+~~70%~~	150%
70%+~~50%~~+~~50%~~	170%
70%+~~50%~~+~~50%~~	170%
60%+30%+~~30%~~+~~30%~~	150%

〈그림 3〉

〈그림 3〉의 경우 연구원 A의 논문 성과가 100%×2+70%+60%=330%이다. 연구원 B의 경우 나머지 330%가 되므로 이상의 경우 연구원 B가 실수한 것이다.

1), 2)가 모두 가능하므로 실수했을 가능성이 있는 연구원은 연구원 A, 연구원 B(③)이다.

빠른 문제풀이 Tip

연구원이 4명인데 논문7은 저자가 4명이므로 4명 모두 공동으로 논문을 발표한 것이다. 해당 논문의 성과를 〈보기〉에서 각각 제외하고 시작할 수도 있다.

[정답] ③

72 가~바 여섯 사람이 <표>와 같이 주어진 용량의 눈금 없는 비커 3개를 이용하여 각자의 목표량을 정확하게 계량하는 실험을 하였다. 네 사람은 방식 I, 나머지 두 사람은 방식 II를 사용하였을 때, 동일한 방식을 사용한 사람끼리 바르게 묶은 것은? (단, 각 비커는 최대 4회까지만 사용 가능하고, 주어진 모든 비커를 사용할 필요는 없다) 09년 5급 극책형 9번

〈표〉 각 실험자의 비커 용량 및 목표량

(단위: cc)

실험자	비커 1	비커 2	비커 3	목표량
가	42	254	6	200
나	29	72	17	12
다	27	126	18	63
라	18	43	10	5
마	35	105	17	18
바	18	59	5	31

	방식 I	방식 II
①	가, 나, 다, 마	라, 바
②	가, 다, 마, 바	나, 라
③	가, 다, 라, 바	나, 마
④	나, 다, 라, 마	가, 바
⑤	나, 라, 마, 바	가, 다

해설

문제 분석

각 실험자는 주어진 용량의 눈금 없는 비커 3개를 이용하여 목표량을 정확하게 계량하였으므로 해당 비커의 용량을 각각 더하거나 빼는 방식으로 목표량을 만들 수 있는지 확인해야 한다. 각 비커는 최대 4회까지만 사용 가능하다고 하므로 1회 이상 사용할 수 있고 주어진 모든 비커를 사용할 필요는 없다는 것을 확인한다.

문제풀이 실마리

발문에서 주어지기를 방식 I, II라고 하였으므로 하나의 방식이 확인되면 해당 방식으로 각 실험자들이 목표량을 정확히 계량할 수 있는지 검토한다.

실험자 '가'의 경우 목표량이 200cc인데 비커 1, 3은 주어진 용량이 목표량보다 작고, 비커 2는 목표량보다 크다. 비커 2의 용량에서 비커 1 또는 3의 용량을 덜어내는 방법으로 가능한지 생각해보자. 우선 비커 2의 용량 254cc에서 비커 1의 용량 42cc를 덜어내면 212cc가 남는다. 정확히 비커 3 용량의 2배이므로 비커 3 용량 6cc만큼을 두 번 덜어내면 200cc를 정확히 계량할 수 있다.

실험자 '가'와 같은 방식으로 목표량을 정확하게 계량할 수 있는 실험자는 다음과 같다.

실험자	비커 1	비커 2	비커 3	목표량	비커 2−비커 1−2×비커 3=목표량
가	42	254	6	200	254−42−2×6=200
나	29	72	17	12	
다	27	126	18	63	126−27−2×18=63
라	18	43	10	5	43−18−2×10=5
마	35	105	17	18	
바	18	59	5	31	59−18−2×5=32

이와 같은 방식으로 4명이 목표량을 정확하게 계량을 할 수 있었으므로 이 방식이 방식 I이고 정답은 ③이 된다.

방식 II는 다음과 같다.

실험자	비커 1	비커 2	비커 3	목표량	비커 1−비커 3=목표량
나	29	72	17	12	29−17=12
마	35	105	17	18	35−17=18

결과만 놓고 본다면 방식 II가 더 간단하여 정답을 빠르게 찾을 수 있다.

빠른 문제풀이 Tip

해설에서 결과적으로 방식 II가 더 간단한 것을 볼 수 있었지만, 실제 문제풀이에서는 방식 II부터 찾는다고는 생각하기 어렵다. 실험자 '가'에 대해서 판단하고 나서도 해당 방식이 방식 I인지 방식 II인지 모르는 상태이다. 그리고 각 비커는 최대 4회까지만 사용 가능하다고 한 것에서 각 비커가 4회씩 사용 가능한 것이라고 해석되므로 비커의 사용 횟수가 실험자 '가'의 경우보다 많을 가능성도 있었다. 즉, 실험자 '가'와 다른 방식이 얼마나 복잡할지 알 수 없는 상태에서 문제를 풀어야 하기 때문이다.

[정답] ③

Ⅲ. 소재

1 1:1 대응

73 다음 글을 근거로 판단할 때, A에게 전달할 책의 제목과 A의 연구실 번호를 옳게 짝지은 것은? 21년 민경채 나책형 5번

○ 5명의 연구원(A～E)에게 책 1권씩을 전달해야 하고, 책 제목은 모두 다르다.
○ 5명은 모두 각자의 연구실에 있고, 연구실 번호는 311호부터 315호까지이다.
○ C는 315호, D는 312호, E는 311호에 있다.
○ B에게 『연구개발』, D에게 『공공정책』을 전달해야 한다.
○ 『전환이론』은 311호에, 『사회혁신』은 314호에, 『복지실천』은 315호에 전달해야 한다.

	책 제목	연구실 번호
①	『전환이론』	311호
②	『공공정책』	312호
③	『연구개발』	313호
④	『사회혁신』	314호
⑤	『복지실천』	315호

해설

문제 분석
- 연구원–책 제목–연구실 번호를 1:1:1로 짝지어야 한다.
- 책 제목은 모두 다르고, 연구실 번호는 311호부터 315호까지이다.
- 세 번째 조건부터 다섯 번째 조건까지 세부조건이 주어져 있다.

문제풀이 실마리
- 직접 해결하는 것도 가능하고, 선지를 활용하는 것도 가능한 문제이다.
- 직접 해결하는 경우에는 문제 해결의 실마리를 찾기 위해 고정정보를 찾아야 한다.

세 번째 조건을 반영해서 고정정보를 찾아보면 다음과 같다.

연구원	A	B	C	D	E
연구실			315호	312호	311호

네 번째 조건을 반영해 보면 다음과 같다.

연구원	A	B	C	D	E
연구실			315호	312호	311호
책		연구개발		공공정책	

다섯 번째 조건을 반영해 보면 다음과 같다.

연구원	A	B	C	D	E
연구실			315호	312호	311호
책		연구개발	복지실천	공공정책	전환이론

『사회혁신』은 314호에 전달해야 하는데,

연구실	314호
책	사회혁신

의 블럭은 연구원 A만 들어갈 수 있다.

따라서 A – 314호 – 『사회혁신』이 확정되고, 나머지 B의 연구실이 313호로 확정된다. 따라서 정답은 ④이다.

빠른 문제풀이 Tip
선지를 활용해서 해결하면 보다 수월하고 빠르게 해결할 수 있다.

[정답] ④

74 다음 <상황>에 근거할 때, 약사 甲이 4명의 환자에게 조제한 약을 옳게 짝지은 것은? 13년 5급 인책형 33번

〈상 황〉

오늘 아침 甲의 약국에 희경, 은정, 소미, 정선 4명의 손님이 방문하였다. 甲은 이들로부터 처방전을 받아 A~D 네 봉지의 약을 조제하였는데, 약을 조제한 후 처방전을 분실하여 누구의 약인지 알지 못한다. 다만 甲은 다음과 같은 몇 개의 정보만 기억하고 있다.

○ 오늘 아침 방문한 환자들의 병명은 몸살, 배탈, 치통, 피부병이었다.
○ 은정의 처방전은 B에 해당하는 것이었고, 그녀는 몸살이나 배탈 환자가 아니었다.
○ A는 배탈 환자에 사용되는 약이 아니다.
○ D는 연고를 포함하고 있는데, 이 연고는 피부병에만 사용된다.
○ 희경은 임산부이고, A와 D에는 임산부가 먹어서는 안 되는 약품이 사용되었다.
○ 소미는 몸살 환자가 아니었다.

	A	B	C	D
①	정선	은정	희경	소미
②	정선	은정	소미	희경
③	소미	은정	희경	정선
④	희경	은정	소미	정선
⑤	희경	은정	정선	소미

해설

문제 분석

- 손님(희경, 은정, 소미, 정선), 처방전(A, B, C, D), 병명(몸살, 배탈, 치통, 피부병)을 1:1:1로 매칭해야 한다.
- 두 번째 동그라미부터 세부조건이 주어져 있다.

문제풀이 실마리

직접 해결하는 것도 가능하고, 선지를 활용하는 것도 가능한 문제이다.

방법 1 직접 해결

은정의 처방전은 B에 해당하는 것이었고, 그녀는 몸살이나 배탈 환자가 아니었다.

A	B	C	D
	은정		
	몸살, 배탈 X		

A는 배탈 환자에 사용되는 약이 아니다.

A	B	C	D
	은정		
배탈 X	몸살, 배탈 X		

D는 연고를 포함하고 있는데, 이 연고는 피부병에만 사용된다.

A	B	C	D
	은정		
배탈 X	몸살, 배탈 X		피부병

D는 피부병, B는 치통, A는 몸살, C는 배탈로 확정된다.

A	B	C	D
	은정		
몸살	치통	배탈	피부병

희경은 임산부이고, A와 D에는 임산부가 먹어서는 안 되는 약품이 사용되었다.

A	B	C	D
희경 X	은정		희경 X
몸살	치통	배탈	피부병

소미는 몸살 환자가 아니었다.

A	B	C	D
희경 X 소미 X	은정		희경 X
몸살	치통	배탈	피부병

따라서 A는 정선, D는 소미, C는 희경으로 확정된다. 최종 결과는 다음과 같다.

A	B	C	D
정선	은정	희경	소미
몸살	치통	배탈	피부병

따라서 정답은 ①이다.

방법 2 선지 활용

조건 1) 은정의 처방전은 B에 해당하는 것이었고, 그녀는 몸살이나 배탈 환자가 아니었다.

조건 2) A는 배탈 환자에 사용되는 약이 아니다.

조건 3) D는 연고를 포함하고 있는데, 이 연고는 피부병에만 사용된다.

조건 4) 희경은 임산부이고, A와 D에는 임산부가 먹어서는 안 되는 약품이 사용되었다.

조건 5) 소미는 몸살 환자가 아니었다.

선지를 활용해서 해결해 보면, 조건 4)를 통해 선지 ②, ④, ⑤가 소거된다.

	A	B	C	D
①	정선	은정	희경	소미
②	정선	은정	소미	~~희경~~
③	소미	희경	희경	정선
④	~~희경~~	소미	소미	정선
⑤	~~희경~~	은정	정선	소미

소거 후 보면, B는 은정, C는 희경으로 확정되고, A와 D만 확정하면 된다.

	A	B	C	D
①	정선	은정	희경	소미
③	소미	희경	희경	정선

A와 D에서 정선 또는 소미를 확정할 수 있는 조건은 조건5)이다. 따라서 A~D의 병명을 빠르게 확정해야 한다.

조건 3)을 통해 D가 피부병으로 확정된다.

조건 1)을 통해 B가 치통으로 확정된다.

조건 2)를 통해 A가 몸살로 확정된다.

따라서 조건 5)에 의해서 소미는 A일 수 없으므로 정답은 ①이다.

빠른 문제풀이 Tip

- 1:1 매칭해야 하는 항목이 사람 이름, 처방전, 병명까지 세 가지이다. 이를 표를 그려서 해결하는 것은 매우 느린 방법이다. 따라서 보다 시간을 단축해서 풀 수 있는 스킬을 연습해야 한다.
- 방법 2처럼 선지를 활용한다면 어떤 조건을 먼저 확인하는지도 중요하다. 선지에는 처방전과 사람 이름이 매칭되어 있음을 활용하자.

[정답] ①

75 김가영(女), 이나울(男), 최규리(女), 박혁준(男)은 고등학교 동창으로 1년에 한 번씩 모여 선물을 교환한다. 올해는 서로 동물 인형을 선물하기로 했다. 선물교환이 끝난 후 누군가가 자신이 받은 인형 안에 프러포즈 반지가 들어있는 것을 발견하였다. 다음을 근거로 판단할 때, 프러포즈 반지를 선물한 사람과 받은 사람은 각각 누구인가? (단, 이때 옆으로 나란히 앉은 사람과 마주보고 앉은 사람은 모두 접하여 있다고 본다. 예를 들면 좌석 1은 좌석 2, 좌석 4와 접하여 있는 것으로 본다) 12년 5급 인책형 35번

〈좌석 배치도〉

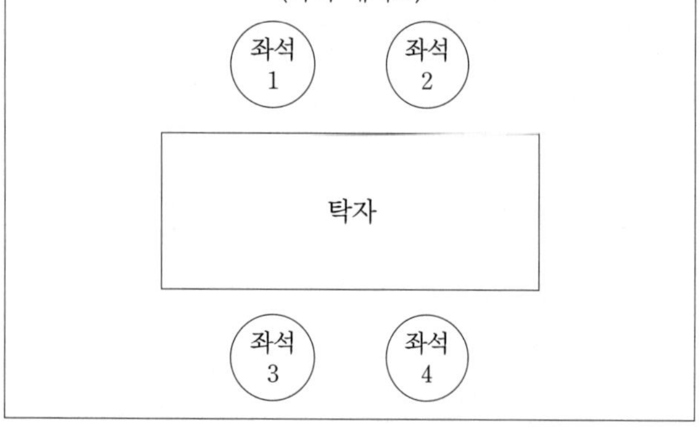

〈교환한 인형〉

토끼 인형, 강아지 인형, 고양이 인형, 호랑이 인형
(프러포즈 반지는 강아지 인형에만 들어있다)

〈상 황〉

- ○ 토끼 인형을 준비한 사람과 고양이 인형을 준비한 사람은 마주보고 앉아있다.
- ○ 이나울은 토끼 인형을 준비하지 않았으며, 강아지 인형을 준비한 사람과 접하여 앉아있다.
- ○ 프러포즈 반지를 선물한 사람과 받은 사람은 옆으로 나란히 앉지 않았다.
- ○ 최규리는 토끼 인형을 준비하지 않았으며, 김가영은 고양이 인형을 준비하였다.
- ○ 같은 성별의 사람들은 접하여 있지 않으며, 프러포즈 반지는 이성에게 선물하였다.

	프러포즈 반지를 선물한 사람	프러포즈 반지를 받은 사람
①	이나울	김가영
②	박혁준	김가영
③	최규리	이나울
④	최규리	박혁준
⑤	박혁준	최규리

해설

문제 분석

조건 1) 토끼 인형을 준비한 사람과 고양이 인형을 준비한 사람은 마주보고 앉아있다.
조건 2) 이나울은 토끼 인형을 준비하지 않았으며, 강아지 인형을 준비한 사람과 접하여 앉아있다.
조건 3) 프러포즈 반지를 선물한 사람과 받은 사람은 옆으로 나란히 앉지 않았다.
조건 4) 최규리는 토끼 인형을 준비하지 않았으며, 김가영은 고양이 인형을 준비하였다.
조건 5) 같은 성별의 사람들은 접하여 있지 않으며, 프러포즈 반지는 이성에게 선물하였다.

문제풀이 실마리

- 조건 3)과 조건 5)를 결합해 보면, 프로포즈 반지는 마주보고 있는 사람들끼리 주고받았음을 알 수 있다.
- 조건 1)을 통해 강아지 인형과 호랑이 인형을 준비한 사람들끼리 프로포즈 반지를 주고받았음을 알 수 있다.

조건 2)를 반영해 보면 다음과 같다.

토끼인형	강아지 인형	고양이 인형	호랑이 인형
이나울 X	이나울 X		

조건 4)를 반영해 보면 다음과 같다.

토끼인형	강아지 인형	고양이 인형	호랑이 인형
		김가영	
이나울 X 최규리 X	이나울 X		

나머지를 확정해 보면, 다음과 같다.

토끼인형	강아지 인형	고양이 인형	호랑이 인형
박혁준	최규리	김가영	이나울
이나울 X 최규리 X	이나울 X		

따라서 프러포즈 반지를 선물한 사람은 강아지 인형을 준비한 최규리이고, 프러포즈를 받은 사람은 호랑이 인형을 준비한 이나울이다.

빠른 문제풀이 Tip

- 좌석1~좌석4를 확정하는 문제가 아니다. 문제에서 묻는 것만 확인할 때 가장 빠르게 정답을 찾아낼 수 있다.
- 기본조건, 세부조건을 구분해서 기본조건을 먼저 확인할 수 있다면 조건을 보다 빠르고 정확하게 이해할 수 있다.
- 1:1 대응 문제에서 표를 그려서 푸는 방법은 느린 방법이므로, 보다 시간을 단축해서 풀 수 있는 스킬을 연습해야 한다.

[정답] ③

76 A, B, C, D 4개의 밭이 나란히 있다. 첫 해에 A에는 장미, B에는 진달래, C에는 튤립을 심었고, D에는 아무 것도 심지 않았다. 그리고 2년차에는 C에 아무 것도 심지 않기로 하였다. 이 경우 다음 <조건>에 따를 때 3년차에 가능한 것은?

09년 5급 극책형 14번

〈조 건〉

- ○ 한 밭에는 한 가지 꽃만 심는다.
- ○ 심을 수 있는 꽃은 장미, 튤립, 진달래, 백합, 나팔꽃이다.
- ○ 한 가지 꽃을 두 군데 이상 심으면 안 된다.
- ○ 장미와 튤립을 인접해서 심으면 안 된다.
- ○ 전 해에 장미를 심었던 밭에는 아무 것도 심지 않거나 진달래를 심고, 진달래를 심었던 밭에는 아무 것도 심지 않거나 장미를 심어야 한다. (단, 아무 것도 심지 않았던 밭에는 그 전 해에 장미를 심었으면 진달래를, 진달래를 심었으면 장미를 심어야 한다)
- ○ 매년 한 군데 밭에만 아무 것도 심지 않아야 한다.
- ○ 각각의 밭은 4년에 한 번만 아무 것도 심지 않아야 한다.
- ○ 전 해에 심지 않은 꽃 중 적어도 한 가지는 심어야 한다.
- ○ 튤립은 2년에 1번씩 심어야 한다.

	A	B	C	D
①	장미	진달래	튤립	심지 않음
②	심지 않음	진달래	나팔꽃	백합
③	장미	심지 않음	나팔꽃	튤립
④	심지 않음	진달래	백합	나팔꽃
⑤	장미	진달래	심지 않음	튤립

해설

문제 분석

정답을 구하는 데 중요한 정보를 정리해 보면 다음과 같다.

조건 1) 전 해에 장미를 심었던 밭에는 아무 것도 심지 않거나 진달래를 심고, 진달래를 심었던 밭에는 아무 것도 심지 않거나 장미를 심어야 한다.

조건 2) 각각의 밭은 4년에 한 번만 아무 것도 심지 않아야 한다.

조건 3) 전 해에 심지 않은 꽃 중 적어도 한 가지는 심어야 한다.

조건 4) 튤립은 2년에 1번씩 심어야 한다.

문제풀이 실마리

직접 해결하는 것보다는 선지를 활용해서 해결하는 것이 바람직한 문제이다.

발문에 주어진 정보를 시각화하면 다음과 같다.

구분	A	B	C	D
첫 해	장미	진달래	튤립	심지 않음
2년 차			심지 않음	

2년차에 심을 꽃을 확정해 보면,

- 조건 1)에서 전 해에 장미를 심었던 밭에는 아무 것도 심지 않거나 진달래를 심어야 하는데, C에 아무것도 심지 않았으니 2년 차의 A에는 진달래를 심는다.
- 조건 1)에서 전 해에 진달래를 심었던 밭에는 아무 것도 심지 않거나 장미를 심어야 하는데, C에 아무것도 심지 않았으니 2년 차의 C에는 장미를 심는다.
- 조건 3)에서 전 해에 심지 않은 꽃 중 적어도 한 가지는 심어야 하므로 D에는 백합 또는 나팔꽃을 심어야 한다.

이를 반영해서 시각화하면 다음과 같다.

구분	A	B	C	D
첫 해	장미	진달래	튤립	심지 않음
2년 차	진달래	장미	심지 않음	백합/나팔꽃

지금까지 구해놓은 것을 토대로 3년 차에 심을 꽃을 확인해 보면 다음과 같다.

- A, B에는 조건 1)이 적용된다.
- 조건 4)에 의해서 C 또는 D에 튤립을 반드시 심어야 한다.
- 조건 3)도 적용해야 하는데, 2년 차에 심은 꽃이 확정되지 않아 적용이 어렵다.

이를 정리하면 다음과 같다.

구분	A	B	C	D
첫 해	장미	진달래	튤립	심지 않음
2년 차	진달래	장미	심지 않음	백합/나팔꽃
3년 차	심지 않음 or 장미	심지 않음 or 진달래	튤립/ 조건 3)에 따른 꽃	

이 조건을 충족하는 선지는 ③이다.

빠른 문제풀이 Tip

선지를 활용해서 정답을 찾아내면서 조건을 역순으로 적용해 본다면 1분 이내로도 정답을 찾아낼 수 있다. 조건 4)에 의해서 3년 차에 튤립을 반드시 심어야 하므로, 튤립을 심지 않은 선지 ②, ④는 소거된다. 조건 2)에 의해서 3년 차에 C 또는 D에 꽃을 심지 않는 ①, ⑤를 소거한다. 하나 남은 선지 ③이 정답이다.

[정답] ③

77 다음 글과 <조건>을 근거로 판단할 때, 가장 많은 품삯을 받은 일꾼은? (단, 1전은 10푼이다)

14년 5급 A책형 15번

『화성성역의궤』는 정조시대 수원 화성(華城) 축조에 관한 경위와 제도, 의식 등을 수록한 책이다. 이 책에는 화성 축조에 참여한 일꾼의 이름과 직업, 품삯 등이 상세히 기록되어 있다.

〈조 건〉

- 일꾼 다섯 명의 이름은 좀쇠, 작은놈, 어인놈, 상득, 정월쇠이다.
- 다섯 일꾼 중 김씨가 2명, 이씨가 1명, 박씨가 1명, 윤씨가 1명이다.
- 이들의 직업은 각각 목수, 단청공, 벽돌공, 대장장이, 미장공이다.
- 일당으로 목수와 미장공은 4전 2푼을 받고, 단청공과 벽돌공, 대장장이는 2전 5푼을 받는다.
- 윤씨는 4일, 박씨는 6일, 김씨 두 명은 각각 4일, 이씨는 3일 동안 동원되었다. 동원되었지만 일을 하지 못한 날에는 보통의 일당 대신 1전을 받는다.
- 박씨와 윤씨는 동원된 날 중 각각 하루씩은 배가 아파 일을 하지 못했다.
- 목수는 이씨이다.
- 좀쇠는 박씨도 이씨도 아니다.
- 어인놈은 단청공이다.
- 대장장이와 미장공은 김씨가 아니다.
- 정월쇠의 일당은 2전 5푼이다.
- 상득은 김씨이다.
- 윤씨는 대장장이가 아니다.

① 좀쇠
② 작은놈
③ 어인놈
④ 상득
⑤ 정월쇠

해설

문제 분석

매칭해야 하는 항목은 다음과 같다.
- 이름: 좀쇠, 작은놈, 어인놈, 상득, 정월쇠
- 성씨: 김씨, 김씨, 이씨, 박씨, 윤씨
- 직업: 목수, 단청공, 벽돌공, 대장장이, 미장공

이름, 성씨, 직업을 1:1:1로 매칭한 후, 가장 많은 품삯을 받은 일꾼을 찾아내야 한다.

방법 1 A, B, C, D, E로 해결

〈1:1 매칭 정보〉

목수는 이씨이다. → A로 표시

좀쇠	작은놈	어인놈	상득	정월쇠
김씨	김씨	이씨 A	박씨	윤씨
목수 A	단청공	벽돌공	대장장이	미장공

좀쇠는 박씨도 이씨도 아니다. → 좀쇠는 김씨 또는 윤씨이다.

좀쇠 김씨, 윤씨	작은놈	어인놈	상득	정월쇠
김씨	김씨	이씨 A	박씨	윤씨
목수 A	단청공	벽돌공	대장장이	미장공

어인놈은 단청공이다. → B로 표시

좀쇠 김씨, 윤씨	작은놈	어인놈 B	상득	정월쇠
김씨	김씨	이씨 A	박씨	윤씨
목수 A	단청공 B	벽돌공	대장장이	미장공

대장장이와 미장공은 김씨가 아니다. → 대장장이와 미장공은 박씨와 윤씨이다.

좀쇠 김씨, 윤씨	작은놈	어인놈 B	상득	정월쇠 벽 or 대
김씨	김씨	이씨 A	박씨	윤씨
목수 A	단청공 B	벽돌공	대장장이 박씨, 윤씨	미장공 박씨, 윤씨

정월쇠의 일당은 2전 5푼이다. → 일당이 2전 5푼인 직업은 단청공, 벽돌공, 대장장이이고, 단청공은 어인놈이기 때문에 정월쇠는 그중 벽돌공 또는 대장장이일 수 있다.

상득은 김씨이다. → C로 표시

좀쇠 김씨, 윤씨	작은놈	어인놈 B	상득 C	정월쇠 벽 or 대
김씨 C	김씨	이씨 A	박씨	윤씨
목수 A	단청공 B	벽돌공	대장장이 박씨, 윤씨	미장공 박씨, 윤씨

윤씨는 대장장이가 아니다. → 윤씨가 미장공으로 확정되고(D로 표시), 박씨가 대장장이로 확정된다(E로 표시).

좀쇠 **김씨, 윤씨**	작은놈	어인놈 B	상득 C	정월쇠 **벽 or 대**
김씨 C	김씨	이씨 A	박씨 E	윤씨 D
목수 A	단청공 B	벽돌공	대장장이 E	미장공 D

아직 매칭되지 않은 남은 항목들을 완성해 보면, 성씨 중 남은 김씨가 B가 되고, 직업 중 남은 벽돌공이 C가 된다.

좀쇠 **김씨, 윤씨**	작은놈	어인놈 B	상득 C	정월쇠 **벽 or 대**
김씨 C	김씨 B	이씨 A	박씨 E	윤씨 D
목수 A	단청공 B	벽돌공 C	대장장이 E	미장공 D

이름의 정보를 알파벳으로 치환해서 보면 다음과 같다.

좀쇠 C or D	작은놈	어인놈 B	상득 C	정월쇠 C or E
김씨 C	김씨 B	이씨 A	박씨 E	윤씨 D
목수 A	단청공 B	벽돌공 C	대장장이 E	미장공 D

좀쇠는 C는 불가능하므로 D가 되고, 정월쇠 역시도 C는 불가능하므로 E가 된다.

좀쇠 D	작은놈	어인놈 B	상득 C	정월쇠 E
김씨 C	김씨 B	이씨 A	박씨 E	윤씨 D
목수 A	단청공 B	벽돌공 C	대장장이 E	미장공 D

작은놈은 남은 알파벳인 A가 된다.

좀쇠 D	작은놈 A	어인놈 B	상득 C	정월쇠 E
김씨 C	김씨 B	이씨 A	박씨 E	윤씨 D
목수 A	단청공 B	벽돌공 C	대장장이 E	미장공 D

〈최대 · 최소 관련 정보〉

- 일당으로 목수와 미장공은 4전 2푼을 받고, 단청공과 벽돌공, 대장장이는 2전 5푼을 받는다.
- 윤씨는 4일, 박씨는 6일, 김씨 두 명은 각각 4일, 이씨는 3일 동안 동원되었다. 동원되었지만 일을 하지 못한 날에는 보통의 일당 대신 1전을 받는다.
- 박씨와 윤씨는 동원된 날 중 각각 하루씩은 배가 아파 일을 하지 못했다.

주어진 조건 및 매칭된 정보를 토대로 정리해 보면 다음과 같다.

	이름	알파벳	성씨	일한 날짜	직업	일당
①	좀쇠	D	윤씨	3일+(1일)	미장공	4전 2푼
②	작은놈	A	이씨	3일	목수	
③	어인놈	B	김씨	4일	단청공	2전 5푼
④	상득	C			벽돌공	
⑤	정월쇠	E	박씨	5일+(1일)	대장장이	

가장 많은 품삯을 받은 일꾼을 확인할 때는 그룹 간 비교를 하면 보다 빠른 해결이 가능하다.

- 일당으로 4전 2푼을 받는 좀쇠, 작은놈 중에서는 좀쇠가 더 많은 품삯을 받는다.
- 일당으로 2전 5푼을 받는 어인놈, 상득, 정월쇠 중에서는 정월쇠가 가장 많은 품삯을 받는다.
- 좀쇠와 정월쇠를 비교해 보면 둘 다 동원된 날 중 각각 하루씩은 배가 아파 일을 하지 못했다. 동원되었지만 일을 하지 못한 날에는 보통의 일당 대신 1전을 받는다. 그런데 이 상황은 둘 다 공통인 상황이므로 차이가 발생되지 않아, 차이나는 부분만 비교한다는 '상대적 비교 스킬'을 사용한다.

좀쇠: 4.2×3=12.6

정월쇠: 2.5×5=12.5

따라서 좀쇠가 가장 많은 품삯을 받은 일꾼이고, 정답은 ①이다.

방법 2 1:1 매칭 방법 – 블록 형태를 통한 해결

	좀쇠	작은놈	어인놈	상득	정월쇠
성씨 :					
직업 :					

위처럼 표를 그린 후, 주어진 조건을 통해 만든 블록을 채워넣는 방식으로 해결하는 것도 빠른 해결이 가능하다. 예를 들어, '목수는 이씨이다.'라는 조건은

이씨
목수

라는 블록으로 만든다. 이렇게 만든 블록을 주어진 조건에 위배되지 않도록 배치하면 해결된다.

방법 3 1:1 매칭 방법 – 선으로 연결

방법 2처럼 표를 그려서 블록을 채워넣는 방식 대신에 선으로 각 항목을 선으로 연결해서 시각화하는 방법도 있다. 이때는 선이 복잡하게 꼬이지 않도록 주의한다.

빠른 문제풀이 Tip

- 1:1매칭 유형과 최대 · 최소 유형이 결합된 문제로 소요시간을 단축하기가 쉽지 않은 문제이다.
- 1:1 매칭해야 하는 항목이 일꾼 이름, 성씨, 직업 세 가지이다. 이를 표를 그려서 해결하는 것은 매우 느린 방법이다. 따라서 보다 시간을 단축해서 풀 수 있는 스킬을 연습해야 한다.
- 매칭해야 하는 항목이 세 가지인 경우 어떤 조건부터 보는지가 중요하다. 조건 보는 순서를 바꾸어 연습하면서 최적의 방법을 찾아보는 것이 필요하다.
- 김씨는 일당과 일한 날짜가 같으므로 최댓값이 될 수 없다.

[정답] ①

78 다음 <상황>과 <자기소개>를 근거로 판단할 때 옳지 않은 것은?

20년 5급 나책형 34번

〈상 황〉

5명의 직장인(甲~戊)이 커플 매칭 프로그램에 참여했다.

○ 남성이 3명이고 여성이 2명이다.
○ 5명의 나이는 34세, 32세, 30세, 28세, 26세이다.
○ 5명의 직업은 의사, 간호사, TV드라마감독, 라디오작가, 요리사이다.
○ 의사와 간호사는 성별이 같다.
○ 라디오작가는 요리사와 매칭된다.
○ 남성과 여성의 평균 나이는 같다.
○ 한 사람당 한 명의 이성과 매칭이 가능하다.

〈자기소개〉

甲: 안녕하세요. 저는 32세이고 의료 관련 일을 합니다.
乙: 저는 방송업계에서 일하는 남성입니다.
丙: 저는 20대 남성입니다.
丁: 반갑습니다. 저는 방송업계에서 일하는 여성입니다.
戊: 제가 이 중 막내네요. 저는 요리사입니다.

① TV드라마감독은 乙보다 네 살이 많다.
② 의사와 간호사 나이의 평균은 30세이다.
③ 요리사와 라디오작가는 네 살 차이이다.
④ 甲의 나이는 방송업계에서 일하는 사람들 나이의 평균과 같다.
⑤ 丁은 의료계에서 일하는 두 사람 중 나이가 적은 사람보다 두 살 많다.

해설

문제 분석

기본적인 정보는 다음과 같다.

- 5명 중 남성이 3명, 여성이 2명
- 5명의 나이: 34세, 32세, 30세, 28세, 26세
- 5명의 직업: 의사, 간호사, TV드라마감독(감독), 라디오작가(작가), 요리사
- 조건 1) 의사와 간호사는 성별이 같다.
- 조건 2) 라디오작가는 요리사와 매칭된다.
- 조건 3) 남성과 여성의 평균 나이는 같다. → 여성의 나이는 26세&34세이거나 28세&32세이다.
- 조건 4) 한 사람당 한 명의 이성과 매칭이 가능하다. → 조건2)와 결합되어 라디오작가와 요리사의 성별은 다르다.

〈자기소개〉에 따라 문제를 해결해 보면,

甲: 안녕하세요. 저는 32세이고 의료 관련 일을 합니다.

甲	乙	丙	丁	戊
32세 의사 or 간호사				

乙: 저는 방송업계에서 일하는 남성입니다.

甲	乙	丙	丁	戊
32세 의사 or 간호사	남성 감독 or 작가			

丙: 저는 20대 남성입니다.

甲	乙	丙	丁	戊
32세 의사 or 간호사	남성 감독 or 작가	20대 남성		

丁: 반갑습니다. 저는 방송업계에서 일하는 여성입니다.

甲	乙	丙	丁	戊
32세 의사 or 간호사	남성 감독 or 작가	20대 남성	여성 감독 or 작가	

조건 4)에서 보면 라디오작가와 요리사의 성별은 다르다. 乙과 丁의 발언에 따르면 라디오작가와 TV드라마감독의 성별은 다르다.

TV드라마감독 ↔ 라디오작가 ↔ 요리사

따라서 TV드라마감독과 요리사의 성별이 같고, 이 성별과 라디오작가의 성별이 다르다. 성별을 보면 조건 1)에서 의사와 간호사는 성별이 같다. 이를 종합해 볼 때, 의사와 간호사, 라디오작가의 성별이 남성이 되고, TV드라마감독과 요리사의 성별이 여성이 된다.

매칭표에서 乙은 남성이므로 라디오작가로 확정되고, 丙은 여성이므로 TV드라마감독으로 확정된다.

甲	乙	丙	丁	戊
32세 의사 or 간호사	남성 라디오작가	20대 남성	여성 TV드라마감독	

戊: 제가 이 중 막내네요. 저는 요리사입니다.

甲	乙	丙	丁	戊
32세 의사 or 간호사	남성 라디오작가	20대 남성	여성 TV드라마감독	26세 여성 요리사

따라서 丁의 나이가 34세로 확정된다.

丙의 직업이 甲과 동일하게 의사 또는 간호사 중에 하나가 된다. 즉, 甲과 丙 중에 누가 의사이고 누가 간호사인지는 확정되지 않는다. 丙은 20대이므로 28세로 확정된다. 乙은 남은 나이 30세로 확정된다. 甲은 남은 성별인 남성으로 확정된다. 정리하면 다음과 같다.

甲	乙	丙	丁	戊
32세 남성 의사 or 간호사	30세 남성 라디오작가	28세 남성 의사 or 간호사	34세 여성 TV드라마감독	26세 여성 요리사

① (O) TV드라마감독은 丁으로 34세이다. 乙은 30세이므로 丁이 乙보다 네 살이 많다.

② (O) 의사와 간호사가 甲과 丙 중에 확정되지는 않지만, 甲과 丙의 나이의 평균은 30세이다.

③ (O) 요리사인 戊는 26세이고, 라디오작가인 乙은 30세이므로 둘은 네 살 차이이다.

④ (O) 甲의 나이는 32세로 방송업계에서 일하는 30세 乙과 34세 丁의 나이의 평균과 같다.

⑤ (X) 의료계에서 일하는 두 사람 중 나이가 적은 사람은 丙이고 28세이다. 丁은 34세이므로 두 살 많은 것이 아니라 여섯 살이 많다.

방법 2 조건 순서 바꿔서 보기

- 성별에 관련된 조건을 먼저 처리하면 의사와 간호사, 라디오작가의 성별이 남성이 되고, TV드라마감독과 요리사의 성별이 여성이 된다.
- 戊가 요리사, 즉 여성이면서 막내 26살이 되므로, 조건 3)에 따라 여성의 나이는 26세와 34세가 된다.
- 〈자기소개〉에서 여성임을 밝히는 丁이 34세가 된다.
- 5명의 사람의 나이 차이가 모두 2세씩 나는데, 丁이 의료계에서 일하는 두 사람 중 나이가 적은 사람보다 두 살 많을 수는 없기 때문에 선지 ⑤가 틀린 것이 된다.

[정답] ⑤

79 다음 글을 근거로 판단할 때 옳은 것은? 20년 민경채 가책형 23번

> 네 사람(甲~丁)은 각각 주식, 채권, 선물, 옵션 중 서로 다른 하나의 금융상품에 투자하고 있으며, 투자액과 수익률도 각각 다르다.
> ○ 네 사람 중 투자액이 가장 큰 50대 주부는 주식에 투자하였다.
> ○ 30대 회사원 丙은 네 사람 중 가장 높은 수익률을 올려 아내와 여행을 다녀왔다.
> ○ 甲은 주식과 옵션에는 투자하지 않았다.
> ○ 40대 회사원 乙은 옵션에 투자하지 않았다.
> ○ 60대 사업가는 채권에 투자하지 않았다.

① 채권 투자자는 甲이다.
② 선물 투자자는 사업가이다.
③ 투자액이 가장 큰 사람은 乙이다.
④ 회사원은 옵션에 투자하지 않았다.
⑤ 가장 높은 수익률을 올린 사람은 선물 투자자이다.

해설

문제 분석
- 사람: 甲, 乙, 丙, 丁
- 금융상품: 주식, 채권, 선물, 옵션
- 1:1로 매칭해서 해결해야 하는 문제이다.

조건 1) 네 사람 중 투자액이 가장 큰 50대 주부는 주식에 투자하였다.
→ 다음과 같은 블록이 만들어진다.

50대 주부 투자액 ↑ 주식

조건 2) 30대 회사원 丙은 네 사람 중 가장 높은 수익률을 올려 아내와 여행을 다녀왔다.

甲	乙	丙	丁
		30대 회사원 수익률↑	

조건 3) 甲은 주식과 옵션에는 투자하지 않았다.

甲	乙	丙	丁
주식, 옵션 X		30대 회사원 수익률↑	

조건 4) 40대 회사원 乙은 옵션에 투자하지 않았다.

甲	乙	丙	丁
주식, 옵션 X	40대 회사원 옵션 X	30대 회사원 수익률↑	

앞에서 조건 1)을 통해 구해놓은 블록이 들어갈 수 있는 칸은 丁밖에 없다.

甲	乙	丙	丁
주식, 옵션 X	40대 회사원 옵션 X	30대 회사원 수익률↑	50대 주부 투자액 ↑ 주식

조건 5) 60대 사업가는 채권에 투자하지 않았다.
60대 사업가가 들어갈 수 있는 칸은 甲밖에 없다. 甲의 나이는 60대이고 금융상품은 주식, 옵션, 채권이 아니므로 선물로 결정된다.

甲	乙	丙	丁
60대 사업가 선물	40대 회사원 옵션 X	30대 회사원 수익률↑	50대 주부 투자액 ↑ 주식

남은 금융상품은 채권과 옵션이고, 乙은 채권, 丙은 옵션으로 확정된다.

甲	乙	丙	丁
60대 사업가 선물	40대 회사원 채권	30대 회사원 수익률↑ 옵션	50대 주부 투자액 ↑ 주식

① (X) 채권 투자자는 甲이 아니라 乙이다.
② (O) 선물 투자자는 60대 사업가인 甲이다.
③ (X) 투자액이 가장 큰 사람은 乙이 아니라 丁이다.
④ (X) 회사원은 乙과 丙인데, 그중 丙은 옵션에 투자하였다.
⑤ (X) 가장 높은 수익률을 올린 사람은 丙인데, 丙은 선물 투자자가 아니라 옵션 투자자이다.

빠른 문제풀이 Tip
1:1 대응 문제는 해결할 수 있는 다양한 방법이 있다. 그중 빠르고 정확한 방법을 연습해 두도록 하자. 표를 그려서 푸는 방법은 가장 느린 방법인 경우가 대부분이다.

[정답] ②

80 다음 글에 근거하여 5행(行) - 5수(數) - 5상(常) - 4신(神)을 바르게 짝지은 것은? 10년 5급 선책형 2번

> 가. 음양오행론(陰陽五行論)은 상생(相生)과 상극(相克)의 두 작용을 통해 생명이 창출된다고 본다. 오행은 5상(常)[인(仁) · 의(義) · 예(禮) · 지(智) · 신(信)]과 5수(數)[5 · 6 · 7 · 8 · 9]로 연결되어 해석된다.
>
> 나. 상생은 물(水)이 나무를 낳고, 나무(木)가 불을 낳고, 불(火)이 흙을 낳고, 흙(土)이 금을 낳고, 금(金)이 물을 낳는다는 원리이다. 신라, 고려, 조선의 순서로 왕조가 교체된 것은 상생원리로 해석할 수 있다. 정감록에 따르면 조선 다음에는 불의 기운을 가진 정씨가 새로운 세상을 연다고 한다. 불의 숫자는 7이다.
>
> 다. 신라, 고려, 조선은 오행에 대응하는 5수를 선호하여 그에 따른 특징을 가지고 있었다. 그래서 조선은 전국을 8도로 나누었고, 고려는 6구역(5도 + 양계)으로 나누었으며, 신라는 9층탑을 세우고 전국을 9주로 나누었다.
>
> 라. 5상과 방위를 연결하여 4대문[돈의문(敦義門), 소지문(炤智門), 숭례문(崇禮門), 흥인문(興仁門)]과 중앙에 보신각(普信閣)이 건립되었다. 흥인문과 돈의문, 숭례문과 소지문이 서로 마주 보고 있다. 이는 4신(神: 청룡, 백호, 주작, 현무)과도 연결된다. 고구려 고분벽화의 사신도에는 청룡 맞은편에 백호, 주작 맞은편에 현무가 4방(方)에 각각 위치해 그려져 있다. 이 중 주작은 붉은[火] 봉황을 의미하며, 숭례문과 연결된다. 흥인문은 청룡을 뜻하고 인(仁)은 목(木)과 연결된다.
>
> 마. 4대문과 4신의 배치에는 상극의 원리를 적용하여, 물(水)이 불(火)을, 금(金)이 나무(木)를 마주 보게 하였다.

	5행	5수	5상	4신
①	수	6	지	현무
②	화	7	의	주작
③	목	9	인	청룡
④	금	8	예	백호
⑤	토	5	신	백호

해설

문제 분석

지문의 가~마에 따라 대응되는 5행(行) – 5수(數) – 5상(常) – 4신(神)을 정리해가면서 선지를 판단한다. 지문에서 확인해야 하는 단서들이 많으면서도 흩어져 있어 적절한 기호를 통해 시각화하는 것이 좋다.

가.에서 오행(五行)은 5상(常)과 5수(數)로 연결되어 해석된다고 한다.

나.의 상생의 원리는 오행(五行)이 순서대로 물(水) → 나무(木) → 불(火) → 흙(土) → 금(金)이 다시 물(水)을 낳는다는 원리이다. 금(金)이 다시 물(水)을 낳는다는 것에 유의한다. 나.의 내용을 표로 정리하면 다음과 같다.

5행(五行)	물(水)	나무(木)	불(火)	흙(土)	금(金)
왕조	고려	조선	조선 다음		신라
5수(數)			7		

ⓐ

다.에서는 각 왕조에 대응하는 5수(數)에 대응하는 각 왕조를 설명하고 있다. 정리하면 다음과 같다.

5행(五行)	물(水)	나무(木)	불(火)	흙(土)	금(金)
왕조	고려	조선	조선 다음		신라
5수(數)	6	8	7	5	9

ⓑ

가.에서 5수는 [5 · 6 · 7 · 8 · 9]이므로 오행(五行) 중 흙(土)에 대응되는 5수(數)는 5임을 알 수 있다.

라와 마.의 5상과 방위, 상극의 원리를 정리하면 다음 그림과 같다. 숭례문이 남대문인 것은 알고 있으므로 숭례문을 남쪽에 배치하였다. 흥인문이 동대문인 것을 모른다고 해도 5상(常), 4신(神)과 잘 연결하기만 하면 된다. 신(信)에 대응하는 5행이 흙(土)인 것도 추론할 수 있다.

이상의 그림을 위의 표들과 같이 정리하면 다음과 같다.

5행(五行)	물(水)	나무(木)	불(火)	흙(土)	금(金)
왕조	고려	조선	조선 다음		신라
5수(數)	6	8	7	5	9
5상(常)	지(智)	인(仁)	예(禮)	신(信)	의(義)
4신(神)	현무	청룡	주작		백호

ⓒ

① (O) 5행, 5수, 5상, 4신을 바르게 짝지었다.

② (X) 5행을 기준으로 5상이 옳지 않다.

③ (X) 5행을 기준으로 5수가 옳지 않다.

④ (X) 5행을 기준으로 5수, 5상이 옳지 않다.

⑤ (X) 5행을 기준으로 4신이 옳지 않다.

빠른 문제풀이 Tip

표 ⓑ를 완성한 시점에서 선지 ③, ④를 제거할 수 있다. 라와 마.를 검토하는 시점에서도 선지를 하나씩 지워가도록 하자.

[정답] ①

81 **다음 글과 <상황>을 근거로 판단할 때, A 복지관에 채용될 2명의 후보자는?** 18년 민경채 가책형 10번

A 복지관은 청소년업무 담당자 2명을 채용하고자 한다. i)청소년업무 담당자들은 심리상담, 위기청소년지원, 진학지도, 지역안전망구축 등 4가지 업무를 수행해야 한다. 채용되는 ii)2명은 서로 다른 업무를 맡아 4가지 업무를 빠짐없이 분담해야 한다.

iii)4가지 업무에 관련된 직무역량으로는 의사소통역량, 대인관계역량, 문제해결역량, 정보수집역량, 자원관리역량 등 5가지가 있다. 각 업무를 수행하기 위해서는 반드시 해당 업무에 필요한 직무역량을 모두 갖춰야 한다. 아래는 이를 표로 정리한 것이다.

업무	필요 직무역량
심리상담	의사소통역량, 대인관계역량
위기청소년지원	의사소통역량, 문제해결역량
진학지도	문제해결역량, 정보수집역량
지역안전망구축	대인관계역량, 자원관리역량

〈상 황〉

- 1)A 복지관의 채용후보자는 4명(甲, 乙, 丙, 丁)이며, 각 채용후보자는 5가지 직무역량 중 3가지씩을 갖추고 있다.
- 2)자원관리역량은 丙을 제외한 모든 채용후보자가 갖추고 있다.
- 3)丁이 진학지도업무를 제외한 모든 업무를 수행하려면, 의사소통역량만 추가로 갖추면 된다.
- 4)甲은 심리상담업무를 수행할 수 있고, 乙과 丙은 진학지도업무를 수행할 수 있다.
- 5)대인관계역량을 갖춘 채용후보자는 2명이다.

① 甲, 乙 ② 甲, 丙 ③ 乙, 丙
④ 乙, 丁 ⑤ 丙, 丁

해설

문제 분석

〈상황〉을 정리하여 조건 i)~ iii)을 적용하여야 한다. 〈상황〉을 정리하는 과정에서도 조건 iii)의 내용이 필요하다.

우선 〈상황〉에서 2)의 내용에 따라 채용후보자들이 보유한 직무역량을 정리해보면 아래의 표와 같다. 편의상 보유직무역량과 수행 가능 업무는 첫 두 글자만 표기한다.

	보유직무역량					수행 가능 업무
	의사	대인	문제	정보	자원	
甲					O	
乙					O	
丙					X	
丁					O	

상황 3)에 따라 丁이 진학지도 업무를 제외한 모든 업무를 수행하려면 '심리', '위기', '지역' 업무에 필요한 '의사', '대인', '문제', '자원' 직무역량을 갖추어야 하고 '의사' 직무역량만 추가로 갖추면 된다는 것은 '대인', '문제', '자원' 직무역량을 이미 갖추고 있다는 것이다. 상황 1)의 내용에 따라 채용후보자는 3가지의 직무역량을 갖추었다는 것을 감안하여 정리해보면 아래와 같다.

	보유직무역량						수행 가능 업무
	의사	대인	문제	정보	자원		
甲					O		
乙					O		
丙					X		
丁	X	O	O	X	O	→	지역

丁이 '지역' 업무만 수행 가능하다면 조건 i), ii), 상황 1)에 따라 丁은 채용될 수 없다. 丁과 같이 채용되는 다른 1명이 나머지 3개 업무를 수행하기 위해서는 '의사', '대인', '문제', '정보' 4개의 직무역량을 갖추어야 하기 때문이다. 선지 ④, ⑤는 제거된다. 상황 1), 4)에 따라 채용후보자의 보유직무역량을 추론해 보면 다음과 같다.

	보유직무역량						수행 가능 업무
	의사	대인	문제	정보	자원		
甲	O	O	X	X	O	←	심리
乙	X	X	O	O	O	←	진학
丙			O	O	X	←	진학
丁	X	O	O	X	O		지역

여기에 상황 1), 5)에 따라 모든 채용후보자의 보유직무역량을 확정하고 수행 가능 업무를 추론해 보면 다음과 같다.

	보유직무역량						수행 가능 업무
	의사	대인	문제	정보	자원		
甲	O	O	X	X	O	→	심리, 지역
乙	X	X	O	O	O	→	진학
丙	O	X	O	O	×	→	위기, 진학
丁	X	O	O	×	O		지역

따라서 A복지관에 채용되어 서로 다른 업무를 맡아 4가지 업무를 빠짐없이 분담할 수 있는 2명은 甲, 丙(②)이다.

빠른 문제풀이 Tip

해설에서는 〈상황〉에서 각 상황이 주어진 순서대로 검토했으나 실제 문제풀이에서는 상황 2), 4)와 같이 보다 많은 것을 확정하기 편한 순서대로 검토한다.

	보유직무역량						수행 가능 업무
	의사	대인	문제	정보	자원		
甲	O	O	X	X	O	←	심리
乙	X	X	O	O	O	←	진학
丙			O	O	X	←	진학
丁					O		

상황 2), 4)만 먼저 생각하면 위의 표처럼 됨. 해설에서 丁이 채용될 수 없는 것처럼 乙이 채용될 수 없음. 선지 ①, ③, ④ 제거

[정답] ②

82 A, B, C, D국으로 구성된 국제기구가 있다. 이 기구의 상임이사국 선출과 관련하여 다음과 같은 사실이 알려졌다고 하자. 다음 <보기> 중 반드시 참이라고 보기 어려운 것을 모두 고르면?

06년 5급 출책형 8번

(사실 1) 각 회원국은 적어도 한 국가의 지지를 받는다.
(사실 2) 회원국은 다수의 국가를 지지할 수는 있으나 스스로를 지지할 수 없다.
(사실 3) 2개국 이상의 회원국이 지지하는 나라는 상임이사국이 된다.
(사실 4) A국은 B국을 지지하고 B국이 지지하는 국가도 지지하지만, B국은 A국을 지지하지 않는다.
(사실 5) C국과 D국은 상대방을 지지하지 않는다.

〈보 기〉

ㄱ. A국은 상임이사국이다.
ㄴ. C국의 지지를 받는 나라는 상임이사국이 된다.
ㄷ. B국이 D국을 지지하면, D국은 상임이사국이다.
ㄹ. B국이 C국을 지지하지 않는다면, A국도 C국을 지지하지 않는다.

① ㄱ, ㄴ
② ㄴ, ㄷ
③ ㄷ, ㄹ
④ ㄱ, ㄴ, ㄹ
⑤ ㄱ, ㄴ, ㄷ, ㄹ

해설

문제 분석
지문의 사실들을 편한 방식으로 정리해본다. 예를 들어 (사실 4)에서 A국은 B국을 지지하고 B국은 A국을 지지하지 않는다는 것을 다음과 같은 그림으로 나타낼 수 있다.

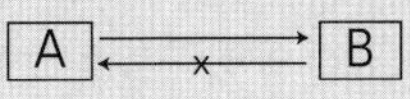

위와 같은 방식으로 사실들을 정리하면서 보기를 판단해본다.

우선 (사실 4)와 (사실 5)의 내용을 그림으로 나타내어 보면 다음과 같다.

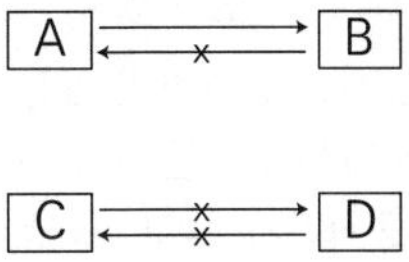

ㄱ. (X) A국이 상임이사국이 되려면 B국은 A국을 지지하지 않으므로 C국, D국 모두 A국을 지지해야 한다. 아래의 〈그림 1〉과 같은 상황이 되어야 하는데 반드시 이와 같은 상황이 된다고 볼 수는 없다. 〈그림 1〉에서는 C국과 D국이 A국을 지지한다는 가정을 점선 화살표로 나타내었으며 다른 국가들의 지지상황은 표시하지 않았다.

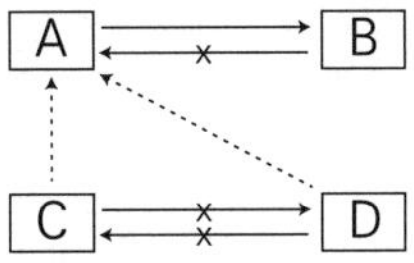

〈그림 1〉

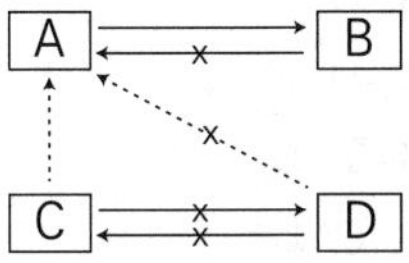

〈그림 2〉

ㄴ. (X) 〈그림 2〉와 같이 C국이 A국을 지지하더라도 D국이 A국을 지지하지 않는다면 A국은 상임이사국이 될 수 없다.

ㄷ. (O) B국이 D국을 지지하면 (사실 4)에 따라 A국도 B국이 지지하는 국가인 D국을 지지하게 된다. (사실 3)에 따라 D국은 A국, B국의 지지를 받아 상임이사국이 된다. 〈그림 3〉과 같은 상황이다.

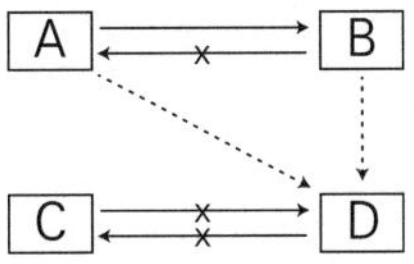

〈그림 3〉

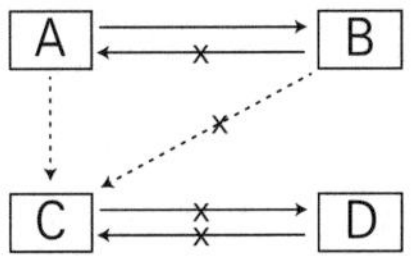

〈그림 4〉

ㄹ. (X) B국이 C국을 지지하지 않는다면 D국도 C국을 지지하지 않는 상황에서 C국을 지지할 수 있는 국가는 A국뿐이다. (사실 1)에 따라 A국은 C국을 지지하여야 한다. 〈그림 4〉와 같은 상황이다.

빠른 문제풀이 Tip
반드시 위와 같은 그림으로 나타낼 필요는 없고 다른 방식으로 상황을 정리하기만 하면 된다. 예를 들어 다음의 표와 같은 방식으로 정리할 수도 있다. O, X는 지지 여부를 나타낸다.

~국을 / ~국이	A	B	C	D
A	X	O		
B	X	X		
C			X	X
D			X	X

[정답] ④

83 **다음 <조건>을 근거로 판단할 때, A, B, C, D, E 5개 국가들 중 두 개 이상의 국가를 공격할 수 있는 국가들로 옳게 묶은?**

11년 민경채(실험) 발책형 21번

〈조건 1〉

- A와 B는 민주주의 국가이다.
- B와 E, C와 D는 각각 동맹관계에 있다.
- D는 핵무기를 보유하고 있다.
- 군사력의 크기는 B>A=D>C>E 이다.

〈조건 2〉

- 민주주의 국가는 서로 공격하지 않는다.
- 핵무기를 가진 국가는 공격받지 않는다.
- 동맹국은 서로 공격하지 않고, 동맹국이 다른 국가를 공격을 할 경우 동참하여야 한다.
- 연합군의 형성은 동맹국 간에 한한다.
- 자신보다 강한 국가를 단독으로 공격하지 않는다.

① A, B, C
② A, C, D
③ A, D, E
④ B, D, E
⑤ C, D, E

해설

문제 분석

〈조건 1〉과 〈조건 2〉의 첫 번째 동그라미부터 순서대로 각각 조건 ⅰ)~ⅸ)라고 한다. 조건 ⅷ)의 '연합군'은 조건 ⅶ)의 동맹국들이 다른 국가를 함께 공격하는 경우로 이해한다.

5개 국가의 관계를 오른쪽과 같은 그림으로 생각해 보자. 한 국가가 다른 국가를 공격할 수 있다는 것을 해당 국가에서 시작하는 화살표로 나타낼 것이다. 오른쪽의 그림은 우선 모든 국가가 다른 국가를 공격할 수 있다고 나타낸 것이다.

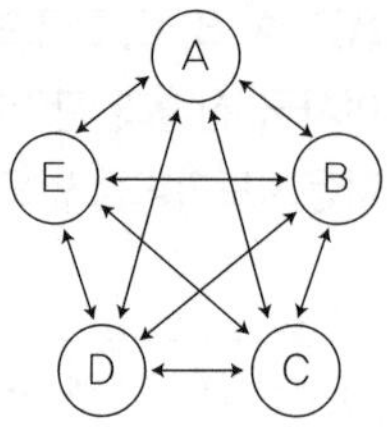

조건 ⅰ), ⅴ)에 따르면 A, B국은 민주주의 국가이므로 서로 공격할 수 없다. 그리고 조건 ⅱ), ⅶ)에 따르면 B와 E, C와 D국은 동맹관계에 있으므로 서로 공격할 수 없다.

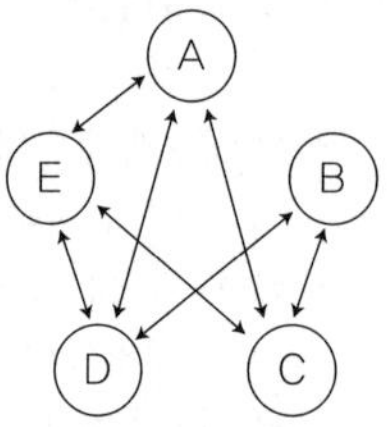

조건 ⅲ), ⅱ)에 따르면 핵무기를 가진 D국은 공격받지 않는다.

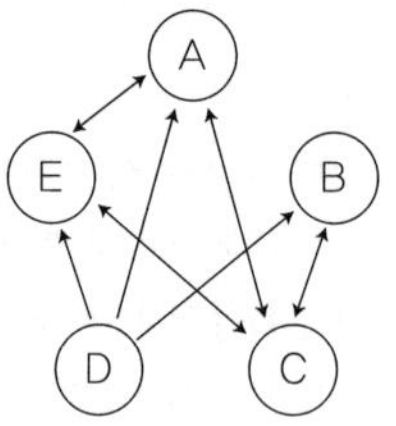

이를 바탕으로 군사력과 동맹관계를 고려하여 국가별로 판단한다.

A: A국은 자신보다 군사력이 약한 C국을 단독으로 공격할 수 있다. 그리고 자신보다 군사력이 약한 E국을 단독으로 공격할 수 있다. A국은 두 개 이상의 국가를 공격할 수 있다.

B: B국은 자신보다 군사력이 약한 C국을 단독으로 공격할 수 있다. 그러나 다른 국가들은 공격할 수 없으므로, B국은 두 개 이상의 국가를 공격할 수 없다.

C: C국은 자신보다 군사력이 강한 A국을 단독으로 공격할 수 없다. 그러나 동맹국인 D은 A국을 공격할 수 있고 C국은 이에 동참하여 A국을 공격할 수 있다. 그리고 C국은 자신보다 군사력이 강한 B국을 단독으로 공격할 수 없지만 동맹국인 D국과 함께 B국을 공격할 수 있다. C국은 자신보다 군사력이 약한 E국을 단독으로 공격할 수 있다. C국은 두 개 이상의 국가를 공격할 수 있다.

D: D국은 자신보다 군사력이 강하지 않은 A국을 단독으로 공격할 수 있다. D국은 자신보다 군사력이 강한 B국을 단독으로 공격할 수 없지만, 동맹국인 C국과 함께 B국을 공격할 수 있다. D국은 자신보다 군사력이 약한 E국을 단독으로 공격할 수 있다. D국은 두 개 이상의 국가를 공격할 수 있다.

정답은 ②이다.

E: E국은 자신보다 군사력이 강한 A국을 단독으로 공격할 수 없고, 동맹국인 B국은 A국을 공격할 수 없으므로 B국과 함께 공격할 수도 없다. E국은 자신보다 군사력이 강한 C국을 단독으로 공격할 수 없지만, 동맹국인 B국과 함께 C국을 공격할 수 있다. E국은 두 개 이상의 국가를 공격할 수 없다.

빠른 문제풀이 Tip

B국의 경우 A국은 민주주의 국가, D국은 핵무기 보유, E국은 동맹관계에 있기 때문에 공격할 수 없다. 따라서 두 개 이상의 국가를 공격할 수 없다는 것을 빠르게 판단할 수 있다. 선지 ①, ④를 제거하면 D국에 대해서 판단할 필요가 없다. A, C, E국 중 두 개 국가만 판단하면 정답을 찾을 수 있다.

[정답] ②

84 **A, B, C, D, E, F의 여섯 나라가 있다. A국은 가능하면 다른 나라들을 침공하여 합병하고자 하지만 다음과 같은 제약이 있어 고민하고 있다. 이 경우 A국이 최대한으로 합병할 수 있는 나라(들)는?**

06년 5급 출책형 29번

- ⅰ)B국과 C국은 서로 적대적이어서 연합할 수 없다.
- ⅱ)C국과 F국은 서로 적대적이어서 연합할 수 없다.
- ⅲ)D국과 F국은 서로 적대적이어서 연합할 수 없다.
- ⅳ)세 나라가 연합하여야 다른 나라를 침공할 수 있다.
- ⅴ)다른 나라에 의해 침공 받는 나라는 연합할 수 있는 나라가 있으면 최대한 연합하며, 두 나라가 연합할 경우 침공을 막을 수 있다.
- ⅵ)F국과 연합한 나라는 D국을 침공할 수 없다.
- ⅶ)E국은 중립국으로 어느 나라와도 연합하지 않고 또한 다른 나라가 침공할 수 없다.

① B
② C
③ F
④ B, F
⑤ C, F

해설

문제 분석

발문에 여섯 나라가 주어져 있지만 조건 ⅶ)에 따라 E국은 고려대상에서 제외해도 된다. 우선 조건 ⅰ)~ⅲ)을 정리해서 그림으로 나타내보면 다음과 같다.

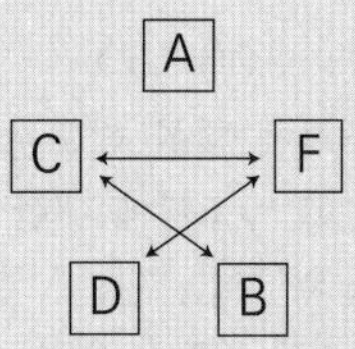

양쪽 화살표는 서로 적대적인 관계를 나타내며 적대적인 관계가 잘 보이도록 각 나라 배치 순서는 임의로 배치하였다. 발문에서 최대한으로 합병할 수 있는 나라라고 했지만 다섯 나라 중 두 나라를 합병하고 나면 세 나라밖에 남지 않고 조건 ⅳ)에 따라 더 이상 다른 나라를 침공할 수 없다. 침공은 순차적으로 또는 동시에 이루어진다고 생각해도 무관한다.

두 나라와 적대적이어서 상대적으로 연합할 수 있는 나라가 적은 C국, F국을 먼저 생각해보자.

C국: 1) A국은 A국 스스로를 제외하고 C국이 연합할 수 유일한 국가인 D국과 연합한다.
2) 그리고 D국은 F국과 연합할 수 없으므로 B국과 연합한다.
3) C국을 침공한다. C국은 F국과 연합할 수 없으므로 침공을 막을 수 없고 A국에 합병된다.
4) 그리고 남은 F국을 침공하여 합병한다.

F국의 경우에도 C국과 3), 4)의 순서만 다를 뿐 같은 방식으로 합병할 수 있다. 정답은 ⑤이다.

다른 나라의 합병 가능성을 확인해보자.
B국의 경우 B국과 연합할 수 없는 C국을 제외한 나머지 D국, F국과 연합하여 침공하여야 한다. 그러나 D국, F국은 서로 연합할 수 없다.
D국의 경우 D국과 연합할 수 없는 F국을 제외한 나머지 B국, C국과 연합하여 침공하여야 한다. 그러나 B국, C국은 서로 연합할 수 없다.

빠른 문제풀이 Tip

합병 가능성을 검토하는 데 있어서 어떤 나라가 어떤 나라와 연합할 수 없는지를 우선적으로 확인하고 합병 가능성을 검토하였다. 만약 선지별로 침공을 막아낼 수 있는지 검토해본다면 예를 들어 선지 ①의 경우 다음과 같다. 선지 ①의 B국을 합병하기 위해서 A국이 C국, D국과 연합하여 B국을 침공할 수는 있다. 그러나 B국은 F국과 연합하여 침공을 막아낼 수 있다.

어떠한 방식으로 검토하여도 무방하다. 다만 위의 그림과 같이 생각해본다면 C국과 F국, B국과 D국은 대칭적인 상황에 놓여있다(B국과 D국은 조건 ⅵ)으로 인해 대칭적이지 않다고 생각할 수도 있으나 문제에서 활용되지는 않았다). 따라서 C국을 합병할 수 있으면 F국도 합병할 수 있다는 것을 생각한다면 선지 ②, ③, ④를 모두 제거할 수 있다.

[정답] ⑤

85 **고민정은 x, y의 2가지 조항으로 이루어진 법안을 심의하고 있는 5개 정당(A ~ E) 대표들의 태도를 다음과 같이 메모하였다. 다음 <메모>를 근거로 추론할 때 옳은 것은? (단, 각 정당대표의 태도는 '찬성', '중립', '반대' 중 어느 하나이며, 해당 정당의 의견이다)**

13년 외교관 인책형 15번

〈메 모〉

- i)A정당대표: x조항에 대한 태도는 C정당대표의 y조항에 대한 태도와 같고, y조항에 대한 태도는 C정당대표의 x조항에 대한 태도와 같음. 단, A정당대표와 D정당대표 간 동일한 태도를 취한 조항은 없음.
- ii)B정당대표: x조항에 대해 중립이고, 어느 조항에 대해서도 A정당대표보다 부정적임.
- iii)C정당대표: 하나의 조항에 대해서는 찬성이고, 나머지 조항에 대해서는 중립임.
- iv)D정당대표: x, y조항에 대한 태도는 같음.
- v)E정당대표: x조항에 대해 중립이며, y조항에 대해서는 D정당대표의 태도와 같음.

※ 찬성보다 중립이 부정적이고, 중립보다 반대가 더 부정적이다.

① 두 조항에 대해 가장 부정적인 정당은 A정당이다.
② y조항에 대해 정당대표 과반수가 '찬성'이다.
③ 두 조항 모두에 대해 '찬성'한 정당은 없다.
④ x조항에 대해 정당대표 과반수가 '반대'이다.
⑤ x조항에 대해 같은 태도를 보인 정당은 2개이다.

해설

문제 분석

A정당대표에 대한 메모부터 각각 메모 i)~v)라고 하고 확정적인 정보부터 정리한다.

우선 확정적 정보인 메모 ii), v)의 x조항에 대한 태도를 아래와 같은 표에 정리해 본다.

표 1)	A	B	C	D	E
x조항		중립			중립
y조항					

그리고 메모 ii)에서 B정당대표는 어느 조항에 대해서도 A정당대표보다 부정적이라고 하였다. 그러므로 A정당대표의 x조항에 대한 태도는 '찬성'이어야 한다(지문과 단서에 부정적이라는 용어는 사용하고 있지만, 긍정적이라는 용어는 사용하고 있지 않으므로 이하의 설명에서도 긍정적이라는 용어를 사용하지 않고 설명한다). 그리고 예를 들어 A정당대표의 x조항에 대한 태도는 Ax와 같이 나타내고, y조항에 대한 B정당대표의 태도가 A정당대표보다 부정적이라면 아래 표에 Ay>와 같이 표시하였다. 메모 ii), v)를 모두 정리해 보면 아래와 같다.

표 2)	A	B	C	D	E
x조항	찬성	중립			중립
y조항	Ay	Ay>		Dy	Dy

이제 메모 i)을 정리해 보면 A정당대표의 x조항에 대한 태도는 C정당대표의 y조항에 대한 태도와 같고(Ax=찬성=Cy), y조항에 대한 태도는 C정당대표의 x조항에 대한 태도와 같다(Cx=Ay).

표 3)	A	B	C	D	E
x조항	찬성	중립	Ay		중립
y조항	Ay	Ay>	찬성	Dy	Dy

그런데 메모 iii)에서 C정당대표는 하나의 조항에 대해서는 찬성이고, 나머지 조항에 대해서는 중립이라고 하였으므 Cx=Ay=중립이다. 그리고 By는 Ay보다 부정적이므로 By는 반대이다. 그리고 메모 iv)에서 D정당대표의 x, y조항에 대한 태도는 같다고 하였으므로 Dx=Dy이다.

표 4)	A	B	C	D	E
x조항	찬성	중립	중립	Dy	중립
y조항	중립	반대	찬성	Dy	Dy

마지막으로 메모 i)의 단서에서 A정당대표와 D정당대표 간 동일한 태도를 취한 조항은 없다고 하였으므로 Ax≠Dx, Ay≠Dy이다. 그런데 Dx=Dy이므로 Ax≠Ay≠Dy가 되고 이는 찬성≠중립≠Dy가 된다. 즉, Dy는 반대이다. 정리하면 다음과 같다.

표 1)	A	B	C	D	E
x조항	찬성	중립	중립	반대	중립
y조항	중립	반대	찬성	반대	반대

① (X) 두 조항에 대해 가장 부정적인 정당은 x, y,조항 모두 '반대'하는 D정당이다.

② (X) y조항에 대해 '찬성'하는 정당은 C정당밖에 없으므로 과반수인 3에 미치지 못한다.

③ (O) 두 조항 모두에 대해 '찬성'한 정당은 없다.

④ (X) x조항에 대해 '반대'하는 정당은 D정당밖에 없으므로 과반수인 3에 미치지 못한다.

⑤ (X) x조항에 대해 A, D는 각각 '찬성', '반대'하였고, '중립'으로 같은 태도를 보인 정당은 B, C, E정당으로 3개이다.

[정답] ③

86 **다음 글과 <대화>를 근거로 판단할 때 옳지 않은 것은?**

21년 5급 가책형 15번

> ○ A부서의 소속 직원(甲~戊)은 법령집, 백서, 판례집, 민원 사례집을 각각 1권씩 보유하고 있었다.
> ○ A부서는 소속 직원에게 다음의 기준에 따라 새로 발행된 도서(법령집 3권, 백서 3권, 판례집 1권, 민원 사례집 2권)를 나누어 주었다.
> – 법령집: 보유하고 있던 법령집의 발행연도가 빠른 사람부터 1권씩 나누어 주었다.
> – 백서: 근속연수가 짧은 사람부터 1권씩 나누어 주었다.
> – 판례집: 보유하고 있던 판례집의 발행연도가 가장 빠른 사람에게 주었다.
> – 민원 사례집: 민원업무가 많은 사람부터 1권씩 나누어 주었다.

※ 甲~戊는 근속연수, 민원업무량에 차이가 있고, 보유하고 있던 법령집, 판례집은 모두 발행연도가 다르다.

〈대 화〉

> 甲: 나는 책을 1권만 받았어.
> 乙: 나는 4권의 책을 모두 받았어.
> 丙: 나는 법령집은 받았지만 판례집은 받지 못했어.
> 丁: 나는 책을 1권도 받지 못했어.
> 戊: 나는 丙이 받은 책은 모두 받았고, 丙이 받지 못한 책은 받지 못했어.

① 법령집을 받은 사람은 백서도 받았다.
② 甲은 丙보다 민원업무가 많다.
③ 甲은 戊보다 많은 도서를 받았다.
④ 丁은 乙보다 근속연수가 길다.
⑤ 乙이 보유하고 있던 법령집은 甲이 보유하고 있던 법령집보다 발행연도가 빠르다.

해설

문제 분석

- 직원(甲~戊)은 법령집, 백서, 판례집, 민원 사례집을 각각 1권씩 보유하고 있었다.
- 다음의 기준에 따라 새로 발행된 법령집 3권, 백서 3권, 판례집 1권, 민원 사례집 2권을 나누어 주었다.

조건 1) 법령집: 보유하고 있던 법령집의 발행연도가 빠른 사람부터 1권씩 나누어 주었다.
조건 2) 백서: 근속연수가 짧은 사람부터 1권씩 나누어 주었다.
조건 3) 판례집: 보유하고 있던 판례집의 발행연도가 가장 빠른 사람에게 주었다.
조건 4) 민원 사례집: 민원업무가 많은 사람부터 1권씩 나누어 주었다.

문제풀이 실마리

직접 해결하는 방법과 선지를 활용하는 방법 모두 가능하다.

방법 1 표를 이용

- 甲~戊에게 법령집 3권, 백서 3권, 판례집 1권, 민원 사례집 2권을 나누어 준다. → 총 9권을 나누어준다.
- 〈대화〉를 단순히 반영해서 표를 그려보면 다음과 같다.

구분	법령집	백서	판례집	민원 사례집	−
甲					1
乙	O	O	O	O	4
丙	O		X		
丁	X	X	X	X	0
戊(=丙)	O		X		
−	3	3	1	2	9

- 법령집을 받은 3명과 판례집을 받은 1명은 확정되었고, 백서를 받은 2명, 민원 사례집을 받은 1명을 추가로 더 확인하여야 한다.
- 戊의 발언에 따라, 백서는 丙과 戊가 같이 받아야 하고, 민원 사례집은 甲이 받아야 한다. 이를 최종적으로 반영하여 표를 채워보면 다음과 같다.

구분	법령집	백서	판례집	민원 사례집	−
甲	X	X	X	O	1
乙	O	O	O	O	4
丙	O	O	X	X	2
丁	X	X	X	X	0
戊(=丙)	O	O	X	X	2
−	3	3	1	2	9

① (O) 법령집을 받은 사람 乙, 丙, 戊는 모두 백서도 받았다.
② (O) 민원 사례집은 甲과 乙이 받았다. 따라서 조건 4)를 반영해 보면, 민원 사례집을 받은 甲은 받지 않은 丙보다 민원업무가 많다.
③ (X) 甲은 1권을 받아서 2권을 받은 戊보다 많은 도서를 받지 않았다.
④ (O) 백서는 乙, 丙, 戊가 받았다. 조건 2)에 따를 때, 백서를 받지 못한 丁은 乙보다 근속연수가 길다.
⑤ (O) 법령집은 乙, 丙, 戊가 받았다. 조건 1)에 따를 때, 법령집을 받은 乙이 보유하고 있던 법령집은 법령집을 받지 못한 甲이 보유하고 있던 법령집보다 발행연도가 빠르다.

방법 2 선지 활용

- 〈대화〉 중에서 확정적인 정보는 甲이 책을 1권만 받았고, 乙은 4권의 책을 모두 받았고, 丁은 책을 1권도 받지 못했다는 점이다.
- 선지 ③에서 보면 '甲은 戊보다 많은 도서를 받았다.'인데, 甲이 戊보다 많은 도서를 받았다면 戊는 책을 1권도 받지 못해야 한다.
- 그런데 戊의 발언을 보면 '나는 丙이 받은 책은 모두 받았고, 丙이 받지 못한 책은 받지 못했어.'이다. 丙의 발언을 보면 '나는 법령집은 받았지만 판례집은 받지 못했어.'이므로 병은 최소 1권은 받은 셈이고, 戊도 최소 1권은 받은 셈이 된다.

따라서 선지 ③은 옳지 않다.

> **빠른 문제풀이 Tip**
> 戊가 丙이 받은 책은 모두 받았고, 丙이 받지 못한 책은 받지 못했다는 것이 중요한 출제 장치이다.

[정답] ③

87 다음 글을 근거로 판단할 때, <보기>에서 옳은 것만을 모두 고르면?

21년 5급 가책형 14번

甲: 안녕? 나는 지난 주말 중 하루에 당일치기로 서울 여행을 다녀왔는데, 서울에는 눈이 예쁘게 내려서 너무 좋았어. 너희는 지난 주말에 어디 있었니?
乙: 나는 서울과 강릉을 하루에 모두 다녀왔는데, 두 곳 다 눈이 예쁘게 내리더라.
丙: 나는 부산과 강릉에 하루씩 있었는데 하늘에서 눈을 보지도 못했어.
丁: 나도 광주에 하루 있었는데, 해만 쨍쨍하고 눈은 안 왔어. 그날 뉴스를 보니까 부산에도 광주처럼 눈은 커녕 해가 쨍쨍하다고 했더라고.
甲: 응? 내가 서울에 있던 날 뉴스를 봤는데, 광주에도 눈이 내리고 있다고 했어.

※ 지난 주말(토요일과 일요일) 각 도시에 눈이 내린 날은 하루 종일 눈이 내렸고, 눈이 내리지 않은 날은 하루 종일 눈이 내리지 않았다.

〈보 기〉

ㄱ. 광주에는 지난 주말 중 하루만 눈이 내렸다.
ㄴ. 지난 주말 중 하루만 서울에 눈이 내렸다면 부산에도 지난 주말 중 하루만 눈이 내렸다.
ㄷ. 지난 주말 중 하루만 부산에 눈이 내렸다면 甲과 乙이 서울에 있었던 날은 다른 날이다.
ㄹ. 지난 주말 중 하루만 서울에 눈이 내렸다면 丙이 부산에 있었던 날과 丁이 광주에 있었던 날은 다른 날이다.

① ㄱ, ㄴ
② ㄱ, ㄷ
③ ㄴ, ㄹ
④ ㄱ, ㄷ, ㄹ
⑤ ㄴ, ㄷ, ㄹ

해설

문제 분석

다음의 표를 채워가는 과정이다. 눈이 온 날을 O로, 눈이 오지 않은 날을 X로 표시한다.

	토	일
서울		
강릉		
부산		
광주		

甲: 안녕? 나는 지난 주말 중 하루에 당일치기로 서울 여행을 다녀왔는데, 서울에는 눈이 예쁘게 내려서 너무 좋았어. 너희는 지난 주말에 어디 있었니?
→ 서울에 최소 하루는 눈이 내렸다.

乙: 나는 서울과 강릉을 하루에 모두 다녀왔는데, 두 곳 다 눈이 예쁘게 내리더라.
→ 토요일과 일요일 중 서울과 강릉 둘 다 눈이 온 날이 있었다.

서울	O
강릉	O

丙: 나는 부산과 강릉에 하루씩 있었는데 하늘에서 눈을 보지도 못했어.
→ 강릉과 부산에는 대각선으로 X가 있는 경우가 있다.

	토	일
강릉	X	
부산		X

또는

	토	일
강릉		X
부산	X	

→ 乙의 발언과 함께 고려하면, 강릉은 O, X가 하나씩 있어야 한다. 즉, 하루는 눈이 오고 하루는 눈이 오지 않았다.

丁: 나도 광주에 하루 있었는데, 해만 쨍쨍하고 눈은 안 왔어. 그날 뉴스를 보니까 부산에도 광주처럼 눈은 커녕 해가 쨍쨍하다고 했더라고.
→ 부산과 광주에 두 곳 다 눈이 오지 않은 날이 있다.

부산	X
광주	X

甲: 응? 내가 서울에 있던 날 뉴스를 봤는데, 광주에도 눈이 내리고 있다고 했어.
→ 서울과 광주에 두 곳 다 눈이 오는 날이 있다.

서울	O
강릉	
부산	
광주	O

→ 丁의 발언과 함께 고려하면, 광주는 O, X가 하나씩 있어야 한다. 즉, 하루는 눈이 오고 하루는 눈이 오지 않았다.

문제풀이 실마리

주어진 조건만으로는 확정할 수 있는 것이 거의 없다. 각 보기의 가정을 활용해서 해결하는 문제이다.

ㄱ. (O) 앞서 살펴봤듯이, 丁과 마지막 甲의 발언을 함께 고려하면 광주에는 지난 주말 중 하루만 눈이 내렸다.

ㄴ. (X) 지난 주말 중 하루만 서울에 눈이 내렸다면, 토요일에 눈이 내린 것으로 가정해 보자. 그렇다면 일요일에 서울에는 눈이 내리지 않은 것이고, 乙과 甲의 두 번째 발언에서 다음과 같이 표가 채워진다.

	토	일
서울	O	X
강릉	O	
부산		
광주	O	

丙의 발언을 반영해 보면 다음과 같다.

	토	일
서울	O	X
강릉	O	X
부산	X	
광주	O	

丁의 발언을 반영해 보면 다음과 같다.

	토	일
서울	O	X
강릉	O	X
부산	X	X
광주	O	X

따라서 부산에는 지난 주말 이틀 다 눈이 내리지 않았다.

ㄷ. (O) 지난 주말 중 하루만 부산에 눈이 내렸다면, 토요일에 눈이 내린 것으로 가정해 보자. 그렇다면 일요일에 부산에는 눈이 내리지 않은 것이고, 부산에 X가 하나이므로 丙과 丁의 발언을 통해 다음과 같이 표를 채울 수 있다.

	토	일
서울		
강릉	X	
부산	O	X
광주		X

이 경우 乙의 발언을 통해 만들어둔 블록이 들어갈 수 있는 요일은 일요일이고 乙이 서울에 있었던 날은 일요일이다. 마지막 甲의 발언을 통해 만들어둔 블록이 들어갈 수 있는 요일은 토요일이고, 甲이 서울에 있었던 날은 토요일이다. 따라서 지난 주말 중 하루만 부산에 눈이 내렸다면 甲과 乙이 서울에 있었던 날은 각기 다른 날이다.

ㄹ. (O) 보기 ㄴ에서 살펴본 것과 같은 상황이다.

	토	일
서울	O	X
강릉	O	X
부산	X	X
광주	O	X

丙의 발언에서 보면 丙이 부산에 있었던 날은 토요일이다. 丁의 발언에서 보면 丁이 광주에 있었던 날은 일요일이다. 따라서 지난 주말 중 하루만 서울에 눈이 내렸다면 丙이 부산에 있었던 날 토요일과 丁이 광주에 있었던 날 일요일은 다른 날이다.

빠른 문제풀이 Tip

- 토요일과 일요일을 확정하는 문제는 아니다. 하나의 경우를 구해서 대칭하면 해결되기 때문에 토요일 또는 일요일을 확정하기 위해서 노력하지 않아야 보다 빠른 해결이 가능하다.
- 보기에서 공통적인 특성을 발견할 수 있다면 모든 경우를 따져보지 않고도 문제 해결이 가능한 문제이다. 조건에 따를 때 가능한 모든 경우를 미리 전부 다 정리하고 들어가는 경우는, 답을 구하기까지 모든 경우를 구해야 하는 것이 불필요한 경우에 매우 느린 방법이 될 수 있음에 유의하자.

[정답] ④

3 대응표 확인

88 A, B, C, D 국가의 대표가 각 1명씩 참석하는 4개국 회의가 개최 중이다. 다음을 근거로 추론한 내용 중 옳지 않은 것은?

11년 5급 선책형 35번

〈경제 현황〉

구분 \ 국가	A국	B국	C국	D국
1인당 GDP($)	45,000	3,000	40,000	20,000
경제성장률(%)	2	10	0	4
실업률(%)	9	4	5	3.5
금리(%)	3	5	2	2
물가상승률(%)	1	7	0	3
A국에 대한 수출(백만$)	–	220	100	40
B국에 대한 수출(백만$)	80	–	130	90
C국에 대한 수출(백만$)	50	100	–	20
D국에 대한 수출(백만$)	30	60	50	–
총수출(백만$)	1,100	1,200	600	360
총수입(백만$)	1,600	1,000	550	330

〈발언 내용〉

甲: 우리나라는 본 회의 참가국들로부터의 수입 총액이 가장 적습니다.

乙: B국이 외환시장에 지속적으로 개입하여 자국 화폐의 가치를 상대적으로 낮게 유지하는 바람에 우리나라의 B국에 대한 경상수지 적자가 다른 나라에 대한 경상수지 적자보다 크게 발생하고 있습니다.

丙: 우리나라는 회의에 참가한 국가 중 고통지수가 가장 낮습니다.

丁: A국의 경상수지 적자는 A국에 내재된 문제 때문입니다. 우리나라의 환율은 경제상황을 정확하게 반영하고 있을 뿐입니다.

※ 경상수지 = 수출 − 수입

※ 고통지수 = 물가상승률 + 실업률

① 丙은 C국 대표자이다.

② 甲의 출신국 경상수지는 흑자이다.

③ 丁의 출신국은 甲의 출신국에 대해서 경상수지 흑자를 보이고 있다.

④ 乙의 출신국은 B국에 대해 1억 달러 이상의 경상수지 적자를 보이고 있다.

⑤ 丁은 A국의 경상수지 적자가 B국뿐만 아니라 C국, D국에 대해서도 발생하고 있음을 추가적으로 언급할 수 있다.

해설

문제 분석

〈경제 현황〉과 〈발언 내용〉을 토대로 甲~丁이 어느 국가의 대표인지 확인하여야 한다.

문제풀이 실마리

대응표에서 해석의 방향에 주의해야 한다.

甲부터 어느 국가의 대표인지 확인해 보자. 甲의 발언에 따라 A~D 국의 회의 참가국들로부터의 수입 총액을 확인해 보자. 해당 수입 총액은 4개국 회의 참가국들로부터의 수입 총액으로 〈경제 현황〉의 총수입과는 다르다는 것에 유의한다. 〈경제 현황〉에서 'A국에 대한 수출'을 보면, 예를 들어 B국의 A국에 대한 수출은 반대로 B국으로부터 A국의 수입을 의미한다. 즉 A국의 수입 총액은 'A국에 대한 수출'의 B~D국의 A국에 대한 수출액을 모두 더해서 구할 수 있다. 각국의 수입 총액은 A국: 220+100+40=360, B국: 80+130+90=300, C국: 50+100+20=170, D국: 30+60+50=140(백만 달러)이다. 수입 총액이 가장 적은 국가는 D국으로 甲은 D국 대표이다.

단서에서 경상수지는 수출−수입이라고 주어져 있으므로 〈경제 현황〉을 통해 각국의 다른 국가에 대한 경상수지를 구하면 다음과 같다.

은 \ 에 대한 경상수지	A국	B국	C국	D국
A국	–	140(적자)	50(적자)	10(적자)
B국	140(흑자)	–	30(적자)	30(적자)
C국	50(흑자)	30(흑자)	–	30(흑자)
D국	10(흑자)	30(흑자)	30(흑자)	–

乙은 A국 대표인 것을 알 수 있다(표에 대해서는 빠른 문제풀이 Tip으로). 단서에서 고통지수는 물가상승률+실업률이라고 하고 있다. 甲, 乙은 이미 D국, A국 대표임을 알고 있으므로 B국, C국의 고통지수만 구해보면 B국: 7+4=11, C국:5+0=5이다. 丙은 C국 대표임을 알 수 있다. 그리고 나머지 丁은 B국 대표임도 알 수 있다.

① (O) 丙은 C국 대표자임을 이상에서 확인하였다.

② (O) 甲은 D국 대표이다. D국의 경상수지는 D국의 총수출 360(백만 달러)에서 총수입 330(백만 달러)를 뺀 30(백만 달러) 흑자이다.

③ (X) 위의 표에서 丁의 출신국 B국은 甲의 출신국 D국에 대해 30(백만 달러)의 경상수지 적자를 보이고 있음을 확인할 수 있다.

④ (O) 위의 표에서 乙의 출신국 A국은 B국에 대해 1억 4천만 달러의 경상수지 적자를 보이고 있음을 확인할 수 있다.

⑤ (O) 위의 표에서 A국은 B, C, D국 모두에게 경상수지 적자가 발생하고 있음을 확인할 수 있다.

빠른 문제풀이 Tip

해설은 甲의 발언부터 순서대로 서술하였지만, 실제 문제풀이에서는 丙의 발언 내용인 고통지수를 먼저 확인하는 것이 계산도 적고 덜 헷갈릴 것이다. 하나의 국가를 확정하고 나면 다른 국가를 확정하는 것이 편하기 때문에 보다 빠르게 국가를 확정할 수 있는 순서대로 발언들을 검토하는 것이 좋다. 다만 해당 문제에서는 선지를 판단할 때 결국 여러 국가 간의 경상수지를 결국 판단하여야 한다.

[정답] ③

4 순서

89 다음과 같은 상황에서 7명(가은, 나영, 다솜, 라라, 마음, 바다, 사랑) 중 성적이 결코 3등이 될 수 없는 사람으로만 모은 것은?

06년 5급(견습) 인책형 30번

> 1) 나영과 다솜의 점수는 가은의 점수보다 낮다.
> 2) 나영의 점수는 마음의 점수보다 높다.
> 3) 바다와 사랑의 점수는 다솜의 점수보다 낮다.
> 4) 라라와 바다의 점수는 마음의 점수보다 낮다.
> 5) 바다는 가장 낮은 점수를 받지는 않았다.

① 나영, 라라
② 다솜, 마음
③ 라라, 바다
④ 마음, 사랑
⑤ 바다, 사랑

해설

문제 분석
조건 1) ~ 조건 5)가 제시되어 있다.

문제풀이 실마리
순서 · 순위를 비교해야 하는 문제이므로 순서 · 순위와 관련된 조건을 시각적으로 정리하여 정확히 파악하여야 한다. 이때 주어진 정보를 부등호나 수직선으로 나타내거나 수형도로 정리하면 보다 직관적으로 정보를 파악할 수 있다.

가은, 나영, 다솜, 라라, 마음, 바다, 사랑을 간단히 '가~사'로 나타내어 수형도 형식으로 모든 정보를 연결하여 정리하면 다음과 같다.

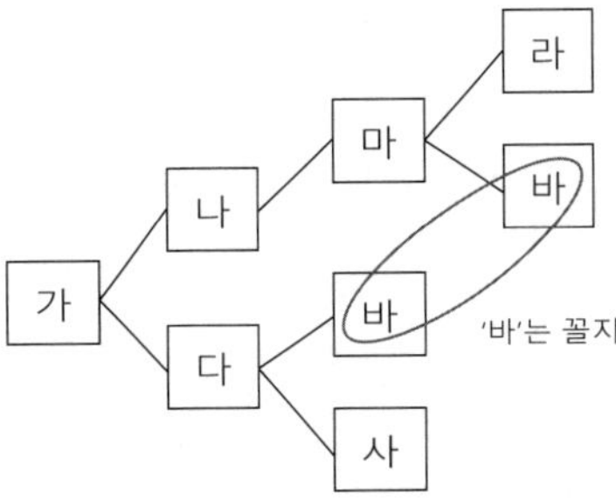

'라'의 점수보다 '가', '나', '마'의 점수가 반드시 더 높으므로 '라'는 결코 3등이 될 수 없다. 마찬가지로 '바'의 점수보다 '가', '나', '마'가 더 높으므로 '바' 역시 결코 3등이 될 수 없다. '가'는 '나' ~ '사' 모두보다 점수가 높으므로 1등으로 등수가 확정되며, 결코 3등이 될 수 없다. 3등이 절대 될 수 없는 사람은 '가, 라, 바'인데, 이들 중 선지에서 성적이 결코 3등이 될 수 없는 사람으로만 모은 것은 '라라, 바다'이다.

빠른 문제풀이 Tip
'가'도 1등만 가능하기 때문에 결코 3등이 될 수 없는 사람이지만, '가'를 포함하여 결코 3등이 될 수 없는 사람으로만 모은 선지가 없기 때문에 정답이 되지 않는 것이다.

[정답] ③

90 사건 A, B, C, D, E가 일어났다. 이 사건들이 어떤 순서로 일어났는지에 대해 알아보기 위해 다음 다섯 사람에게 조언을 구했다. 이 조언이 참이라면 네 번째로 일어난 사건은?

05년 5급(견습) 과책형 7번

> 일휘: "B가 D보다 먼저 일어났다면, C가 E보다 먼저 일어났을 것이다."
> 이종: "A는 B와 E(또는 E와 B) 사이에 일어났다."
> 삼용: "C는 A와 D(또는 D와 A) 사이에 일어났다."
> 사영: "D가 가장 마지막에 일어나지 않았다."
> 오훈: "A와 C는 연이어 일어나지 않았다."

① A
② B
③ C
④ D
⑤ E

해설

문제 분석

조건문의 형태인 일휘의 조언을 제외하고 확정적으로 진술하고 있는 다른 조언들을 우선 다음과 같이 정리해 본다.

이종: [B 또는 E] < [A] < [B 또는 E]

삼용: [A 또는 D] < [C] < [A 또는 D]

사영: [D] < [ ]

오훈: [A 또는 C] < [ ] < [A 또는 C]

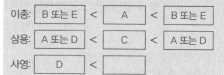

부등호의 작은 쪽이 먼저 일어난 사건임을 의미하며 빈 상자는 어떤 사건일지 모르는 상태이다.

삼용과 오훈은 공통적으로 A, C 두 사건에 대해 진술하고 있으므로 두 조언을 조합해 보면 다음과 같이 두 가지 경우의 수가 나온다.

1) [A] < [ ] < [C] < [D]

2) [D] < [C] < [ ] < [A]

1)에 이종의 조언을 고려해 보면 다음과 같다.

[B 또는 E] < [A] < [B 또는 E] < [C] < [D]

이종의 조언대로 A보다 먼저 'B 또는 E' 사건이 일어났고, 오훈의 조언대로 A와 C 사이에 최소 하나의 사건이 있어야 하므로 A와 C 사이에 'B 또는 E' 사건이 일어난 것으로 사건의 순서를 배치한 것이다. 그러나 이 경우 사영의 "D가 가장 마지막에 일어나지 않았다."는 조언이 부합하지 않는다.

2)에 이종의 조언을 고려해 보면 다음과 같다.

[D] < [C] < [B 또는 E] < [A] < [B 또는 E]

이는 이종, 삼용, 사영, 오훈의 조언에 모두 부합하며, "B가 D보다 먼저 일어났다면"이 거짓이므로 일휘의 조언은 참이다(→ 빠른 문제풀이 Tip ⓐ). B, E 중 어떤 사건이 먼저 일어났는지 고려할 필요는 없고 네 번째로 일어난 사건은 A(①)이다.

빠른 문제풀이 Tip

ⓐ 아래와 같은 진리표에서 음영 처리한 부분을 공허한 참이라고 한다.

P	Q	P → Q
T	T	T
T	F	F
F	T	T
F	F	T

P → Q와 같은 조건문에서 전제인 P가 거짓(F)인 경우, 결론 Q의 참·거짓 여부와 관계없이 전체 조건문 P → Q가 참이 된다는 것이다.

ⓑ 해설에서는 네모 칸으로 사건이 일어난 순서를 배열해 보았지만 수직선 등 어떤 방법을 통해 배열하여도 무방하다. 다만 아직 순서가 확정되지 않은 사건이나 이종의 조언에서 B 또는 E와 같이 어떠한 사건의 순서에 구체적으로 어떤 사건인지 확정되지 않은 경우를 표시할 수 있으면 된다. 해설에서와 다른 순서로 조언을 검토해 보면 더 많은 경우의 수가 나올 수도 있으므로 해당 경우의 수들을 잘 표시하여야 한다.

ⓒ 해설과 같은 방법이 아닌 다음과 같은 방법을 생각해 보자.

우선 이종과 삼용의 조언에 따르면 A는 B 또는 E 사이에, C는 A 또는 D 사이에 일어났으므로 A, C는 첫 번째, 다섯 번째 사건일 수가 없다. 이를 아래의 표와 같이 정리해 본다.

	첫 번째	두 번째	세 번째	네 번째	다섯 번째
A	X				X
B					
C	X				X
D					
E					

그리고 오훈의 조언에 의하면 A와 C는 연이어 일어나지 않았다고 하므로 A, C가 세 번째 사건일 수 없다.

	첫 번째	두 번째	세 번째	네 번째	다섯 번째
A	X		X		X
B					
C	X		X		X
D					
E					

그렇다면 A, C는 두 번째, 또는 네 번째 사건이고 나머지 B, D, E가 첫 번째, 세 번째, 다섯 번째 사건이다. 그리고 사영의 조언에 따라 D는 다섯 번째 사건이 될 수 없다.

	첫 번째	두 번째	세 번째	네 번째	다섯 번째
A	X		X		X
B		X		X	
C	X		X		X
D		X		X	X
E		X		X	

이때 다시 삼용의 조언을 고려해보면 D가 세 번째 사건일 수 없고 첫 번째 사건이어야 한다. 그러므로 C가 두 번째, A가 네 번째 사건이다.

	첫 번째	두 번째	세 번째	네 번째	다섯 번째
A	X		X	O	X
B		X		X	
C	X	O	X		X
D	O	X		X	X
E		X		X	

표의 나머지 부분을 채울 필요는 없고 A가 네 번째 사건임을 확인할 수 있다.

[정답] ①

91 **철수, 준모, 해주, 영희, 국주, 라영, 민서 등 7명의 학생들이 경제학 시험을 치렀는데, 이 학생들은 각기 다른 점수를 받았다. 다음 <정보>에 근거할 때 반드시 참인 것은?** 13년 입법 가책형 18번

〈정 보〉

- ○ 철수는 준모보다 높은 점수를 받았음.
- ○ 준모는 국주보다 높은 점수를 받았음.
- ○ 국주는 민서보다 높은 점수를 받았음.
- ○ 해주는 준모와 라영보다 높은 점수를 받았지만, 영희보다는 낮은 점수를 받았음.
- ○ 라영은 가장 낮은 점수를 받지 않았음.

① 만일 철수가 해주보다 높은 점수를 받았다면, 7명 중 자신의 등수를 확실히 알 수 있는 사람은 2명이다.

② 만일 준모가 라영보다 높은 점수를 받았다면, 7명 중 자신의 등수를 확실히 알 수 있는 사람은 3명이다.

③ 국주는 5등 안에 들었다.

④ 준모는 4등 안에 들었다.

⑤ 해주는 국주보다 높은 점수를 받았고, 국주는 라영보다 높은 점수를 받았다.

해설

문제 분석

조건을 정리해 보면 다음과 같다.

ⓐ 철수>준모

ⓑ 준모>국주

ⓒ 국주>민서

ⓓ 영희>해주>준모, 라영

ⓔ 라영은 꼴지가 아님

문제풀이 실마리

ⓐ~ⓔ의 정보를 잘 연결해야 한다.

① (O) 만일 철수가 해주보다 높은 점수를 받았다면, 해주가 3등, 민서가 7등으로 확정되기 때문에, 7명 중 자신의 등수를 확실히 알 수 있는 사람은 2명이다.

② (X) 만일 준모가 라영보다 높은 점수를 받았다면, 준모가 4등, 민서가 7등으로 확정되기 때문에 7명 중 자신의 등수를 확실히 알 수 있는 사람은 2명이다.

③ (X) 라영이 국주보다 높은 점수를 받았다면, 국주는 6등인 경우가 있기 때문에, 확정적으로 말할 수 없다.

④ (X) 라영이 준모보다 높은 점수를 받았다면, 준모는 5등인 경우가 있기 때문에, 확정적으로 말할 수 없다.

⑤ (X) 해주가 국주보다 높은 점수를 받았다는 것은 확정되지만, 국주가 라영보다 높은 점수를 받았는지는 확정되지 않는다.

[정답] ①

92 다음 <상황>을 근거로 판단할 때, 36개의 로봇 중 가장 빠른 로봇 1, 2위를 선발하기 위해 필요한 최소 경기 수는?

16년 5급 4책형 36번

〈상 황〉

- ○ 전국 로봇달리기 대회에 36개의 로봇이 참가한다.
- ○ 경주 레인은 총 6개이고, 경기당 각 레인에 하나의 로봇만 배정할 수 있으나, 한 경기에 모든 레인을 사용할 필요는 없다.
- ○ 배정된 레인 내에서 결승점을 먼저 통과하는 순서대로 순위를 정한다.
- ○ 속력과 시간의 측정은 불가능하고, 오직 경기 결과에 의해서만 순위를 결정한다.
- ○ 로봇별 속력은 모두 다르고 각 로봇의 속력은 항상 일정하다.
- ○ 로봇의 고장과 같은 다른 요인은 경기 결과에 영향을 미치지 않는다.

① 7
② 8
③ 9
④ 10
⑤ 11

해설

문제 분석

- 36개의 로봇을 6개의 경주 레인에서 달리게 해서 결승점을 먼저 통과하는 순서대로 순위를 정한다.
- 기록 등의 절대적 비교가 아닌 상대적인 경기 결과에 의해서만 순위를 결정한다.

문제풀이 실마리

〈상황〉 자체에서 어려운 내용은 없다. 한 경기에 모든 레인을 사용할 필요는 없다고 하나 최소 경기 수를 찾는 것이므로 가능한 모든 레인을 사용하게 될 것이라는 점, 1등을 선발하는 것은 쉽고 2등을 선발하는 것이 문제의 포인트가 될 것이라는 점 정도는 감을 잡고 문제를 시작한다.

1, 2위 가능성이 없는 로봇을 빠르게 소거하는 방식으로 접근한다. 경주 레인은 총 6개이고 36개의 로봇이 참가하므로 6개의 로봇씩 한 조로 묶어 각각 예선 경기를 치른다(6경기). 이를 A~F 조라고 하고 각 조에서 순위에 따라 $\{a_1, a_2, a_3, a_4, a_5, a_6\}$, $\{b_1, b_2, b_3, b_4, b_5, b_6\}$, … $\{f_1, f_2, f_3, f_4, f_5, f_6\}$라고 생각하자. 이때 전체 1, 2위 가능성이 없는 $\{a_3, a_4, a_5, a\}$, $\{b_3, b_4, b_5, b_6\}$, … $\{f_3, f_4, f_5, f_6\}$은 모두 소거하고 $\{a_1, a_2\}$, $\{b_1, b_2\}$, … $\{f_1, f_2\}$만 남겨둔다.

전체 1위를 선발하기 위해 각 조의 1위를 모아 결승 경기를 치른다(1경기). $\{a_1, b_1, c_1, d_1, e_1, f_1\}$의 경기 결과 결승점을 가장 먼저 통과한 로봇이 전체 1위가 된다.

이때 전체 1위로 선발된 로봇이 예선에서 속해있던 조의 2위 로봇은 다른 조 1위 로봇보다 속력이 더 빠를 수 있다. 그러므로 2위 결정전을 치러야 한다(1경기). 예를 들어 결승에서 c_1이 1위, e_1이 2위를 했다면 c_2는 e_1보다 빠를 수도 있기 때문에 $\{c_2, e_1\}$을 묶어 한 경기를 치러 속력이 더 빠른 로봇이 전체 2위가 된다.

가장 빠른 로봇 1, 2위를 선발하기 위해서는 최소 8경기가 필요하다.

빠른 문제풀이 Tip

- 최소 8경기는 어떠한 경우에도 36개의 로봇 중 가장 빠른 로봇 1, 2위를 선발하기 위해 필요한 최소 경기 수이다. 즉, 8경기라면 반드시 가장 빠른 로봇 1, 2위를 선발할 수 있다.
- 현재 윷놀이를 하고 있다고 가정해 보자. 남은 결과 중 운이 좋으면 두 번만에 경기를 끝낼 수도 있고, 세 번 만에는 반드시 경기를 끝낼 수 있다고 할 때, '최소'의 의미가 모든 경우의 수 중 가장 적은 횟수를 의미한다면 최소 2번만에 경기를 끝낼 수 있다. '반드시', '확실하게'의 의미가 아니라 모든 경우 중 '최소'의 의미라면 7회만에 경기를 끝내는 것이 가능한 문제이다.

[정답] ②

93 **다음 글과 <조건>을 근거로 판단할 때, 甲이 두 번째로 전화를 걸 대상은?** 14년 5급 A책형 16번

○○국은 자문위원 간담회를 열 계획이다. 담당자 甲은 〈자문위원 명단〉을 보고 모든 자문위원에게 직접 전화를 걸어 참석여부를 확인하려 한다.

〈자문위원 명단〉

성명	소속	분야	참석경험 유무
A	가 대학	세계경제	O
B	나 기업	세계경제	X
C	다 연구소	경제원조	X
D	다 연구소	경제협력	O
E	라 협회	통상	X
F	가 대학	경제협력	X

〈조 건〉

○ 같은 소속이면 참석경험이 있는 자문위원에게 먼저 전화를 건다.
○ 같은 분야면 참석경험이 있는 자문위원에게 먼저 전화를 건다.
○ 같은 소속의 자문위원에게 연이어 전화를 걸 수 없다.
○ 같은 분야의 자문위원에게 연이어 전화를 걸 수 없다.
○ 참석경험이 있는 자문위원에게 연이어 전화를 걸 수 없다.
○ 명단에 있는 모든 자문위원에게 1회만 전화를 건다.

① A
② B
③ C
④ D
⑤ E

해설

문제 분석

- 6명 모든 자문위원에게 1회만 전화를 건다.
- 같은 소속이면 참석경험이 있는 자문위원에게 먼저 전화를 걸되, 같은 소속의 자문위원에게 연이어 전화를 걸 수 없다.
- 같은 분야면 참석경험이 있는 자문위원에게 먼저 전화를 걸되, 같은 분야의 자문위원에게 연이어 전화를 걸 수 없다.
- 참석경험이 있는 자문위원에게 연이어 전화를 걸 수 없다.

문제풀이 실마리

두 번째로 전화를 걸 대상을 찾아내기 위해서 순서를 확정해야 한다.

같은 소속이면 참석경험이 있는 자문위원에게 먼저 전화를 걸어야 하므로 A~F 중에서 같은 소속인 자문위원을 확인해 보면,

- '가 대학' 소속: A, F (참석경험이 있는 A에게 먼저 전화)
- '다 연구소' 소속: C, D (참석경험이 있는 D에게 먼저 전화)

따라서 A>F, D>C의 순으로 전화를 건다. 같은 소속의 자문위원에게 연이어 전화를 걸 수 없으므로 연이어 전화를 걸 수 없고, 중간에 한 명 이상이 있어야 한다.

A>□>F, D>□>C

같은 분야면 참석경험이 있는 자문위원에게 먼저 전화를 걸어야 하므로 A~F 중에서 같은 분야의 자문위원을 확인해 보면,

- '세계경제' 분야: A, B (참석경험이 있는 A에게 먼저 전화)
- '경제협력' 분야: D, F (참석경험이 있는 D에게 먼저 전화)

따라서 A>B, D>F 순으로 전화를 건다. 같은 분야이므로 연이어 전화를 걸 수 없고, 중간에 한 명 이상이 있어야 한다.

A>□>B, D>□>F

지금까지 정리한 조건을 모두 종합해서 처리해 보면,
A>□>B, F
D>□>C, F

따라서 A는 아무리 늦어도 여섯명 중 세 번째까지만 전화를 할 수 있다. D 역시도 아무리 늦어도 세 번째까지만 전화를 할 수 있다.

참석경험이 있는 자문위원에게 연이어 전화를 걸 수 없는데, 참석경험이 있는 자문위원은 A와 D이다. 따라서 이 둘에게는 연이어 전화를 걸 수 없으므로, A>□>D, 혹은 D>□>A의 순이 된다.

A>□>D 또는 D>□>A			B, C, F		

여섯 명 중 세 번째 전화를 걸 대상까지는 A>_>D, 혹은 D>_>A의 순이고, 네 번째부터 여섯 번째까지 전화를 걸 대상은 B, C, F 가 주어진 조건과 상황에 맞게 위치하게 됨을 알 수 있다. 남은 두 번째로 전화를 걸 대상은 E이다.

빠른 문제풀이 Tip

- 〈자문위원 명단〉 표에 정보처리를 하면 보다 쉽게 해결할 수 있다.
- 선지를 활용해서도 해결할 수 있는 문제이다.
- 두 번째로 전화를 걸 대상만 확인하면 답을 찾을 수 있는 문제이다. 네 번째부터 여섯 번째로 전화를 걸 대상을 확인하느라 시간을 지체하지 않도록 주의한다.

[정답] ⑤

[94 ~ 95] 가영, 나리, 다솜, 라임, 마야, 바울, 사랑 7명은 구슬치기를 하기 위해 모였다. 다음 <조건>에 따라 각각의 사람이 구슬을 가지고 있을 때 다음의 질문에 답하시오.

08년 5급 창책형 39 ~ 40번

〈조 건〉

○ 다솜이 가지고 있는 구슬의 수는 마야, 바울, 사랑이 가지고 있는 구슬의 합보다 많다.
○ 마야와 바울이 가지고 있는 구슬의 합은 사랑이 가지고 있는 구슬의 수와 같다.
○ 바울이 가지고 있는 구슬의 수는 가영과 라임이 가지고 있는 구슬의 합보다 많다.
○ 나리는 가영보다 구슬을 적게 가지고 있다.
○ 가영과 라임이 가지고 있는 구슬의 수는 같다.

94 위의 <조건> 하에서 라임이 나리로부터 구슬 한 개를 얻었다고 가정하자. 또한 바울이 가지고 있는 구슬의 수는 가영, 라임, 마야 3명이 가지고 있는 구슬의 합보다 더 많다고 가정하자. 만일 7명이 가지고 있는 구슬의 수가 모두 다르다고 할 때, 다음 중 구슬을 많이 가지고 있는 사람 순서대로 적어 놓은 것으로 가능한 배열은?

① 다솜, 사랑, 바울, 마야, 가영, 라임, 나리
② 사랑, 다솜, 바울, 라임, 마야, 가영, 나리
③ 다솜, 사랑, 마야, 바울, 라임, 가영, 나리
④ 다솜, 사랑, 바울, 라임, 가영, 나리, 마야
⑤ 사랑, 다솜, 바울, 마야, 나리, 라임, 가영

95 마야와 바울이 같은 수의 구슬을 가지고 있다고 가정할 때, 다음 중 반드시 거짓인 것은?

① 사랑이 가지고 있는 구슬의 수는 바울이 가지고 있는 구슬의 수보다 더 많다.
② 가영이 가지고 있는 구슬의 수는 나리와 라임이 가지고 있는 구슬의 합보다 더 적다.
③ 사랑이 가지고 있는 구슬의 수는 가영, 나리, 마야가 가지고 있는 구슬의 합보다 더 적다.
④ 바울이 가지고 있는 구슬의 수는 가영, 나리, 라임이 가지고 있는 구슬의 합보다 더 많다.
⑤ 다솜이 가지고 있는 구슬의 수는 가영, 나리, 라임, 마야가 가지고 있는 구슬의 합보다 더 많다.

해설

94

문제 분석

〈조건〉의 첫 번째 동그라미부터 각각 ⅰ)~ⅴ)라고 한다. 각각의 사람은 이름의 첫 글자로만 나타내고 가지고 있는 구슬의 수를 부등호로 비교해 다음과 같이 나타낼 수 있다.

ⅰ) 다>마+바+사

ⅱ) 사=마+바

ⅲ) 바>가+라

ⅳ) 가>나

ⅴ) 가=라

ⅳ)에 따르면 '가'는 '나'보다 더 많은 구슬을 가지고 있는데 ⅴ)에 따르면 '가'와 '라'가 가지고 있는 구슬의 수가 같으므로 '라>나'임을 알 수 있다. 이상과 같은 방법으로 주어진 내용을 다음과 같이 정리할 수 있다.

가 다>사>바> ∥ >나 라

'마'가 가지고 있는 구슬의 수는 '다'보다는 작지만 다른 사람이 가지고 있는 구슬의 수와 비교할 수 없는 상황이다.

문제풀이 실마리

발문에서 추가적으로 주어진 조건을 순서대로 각각 ⅵ)~ⅷ)이라고 하면 다음과 같이 나타낼 수 있다.

ⅵ) 라+1, 나－1

ⅶ) 바>가+라+마

ⅷ) 7명이 가지고 있는 구슬의 수는 모두 다르다.

ⅵ)에 따라서 '라>가>나'임을 알 수 있고, ⅶ)에 따라서 '바>마'임을 알 수 있다. ⅰ)~ⅷ)을 다음과 같이 정리할 수 있다.

다>사>바>라>가>나 바>마

선지를 적극적으로 활용하여 문제를 해결한다. 배열의 일부만으로 선지의 정오판단이 가능하다.

① (X) ⅵ)에 따르면 '라>가'이다.

② (X) ⅰ)에 따르면 '다>사'이다.

③ (X) ⅶ)에 따르면 '바>마'이다.

④ (O) 선지와 같은 배열은 가능하다.

⑤ (X) ⅰ)에 따르면 '다>사'이다.

빠른 문제풀이 Tip

정리한 내용에 따르면 다음과 같은 배열도 가능하다.

- 다솜, 사랑, 바울, 마야, 라임, 가영, 나리
- 다솜, 사랑, 바울, 라임, 마야, 가영, 나리
- 다솜, 사랑, 바울, 라임, 가영, 마야, 나리

[정답] ④

95

문제풀이 실마리

발문에 추가적으로 주어진 조건과 ⅰ)~ⅴ)를 다음과 같이 정리할 수 있다.

마 가 ∥ ∥ 다>사>바>라>나

그리고 구슬의 합을 판단해야 하는 경우는 ⅰ)~ⅴ)를 통해 판단한다.

① (O) ⅱ) '마+바＝사'이고 '마＝바'이므로 '사＝2×바'이다. 반드시 참이다.

② (O) ⅴ) '가＝라'이므로 '나'가 가지고 있는 구슬의 수가 0개가 아니라면 '가<라+나'이다. 반드시 거짓이라고 할 수 없다.

③ (X) ⅱ) '사＝마+바', ⅲ) '바>가+라'이므로 '사>가+라+마'이다. 그리고 '라>나'이므로 '사>가+나+마'이다. 반드시 거짓이다.

④ (O) ⅲ) '바>가+라'인 것은 알 수 있으나 '나'가 가지고 있는 구슬의 수에 따라 '바>가+나+라'가 참일 수도 있고 거짓일 수도 있다.

⑤ (O) ⅰ) '다>마+바+사', ⅲ) '바>가+라'이므로 '다>가+라+마+사'이다. 그리고 '사>나'이므로 '다>가+나+라+마'는 반드시 참이다.

빠른 문제풀이 Tip

② '나'가 가지고 있는 구슬의 수가 가장 작은데 지문의 내용에서 별다른 제한이 없으므로 0개일 수도 있다는 가정하에 해설한 것이다. 발문에서는 반드시 거짓인 것을 묻고 있으므로 선지의 정오를 판단하는 데는 문제되지 않는다.

[정답] ③

96 다음의 질의순서에 따를 때 두 번째 순서에 질의할 수 있는 의원을 모두 고르면?

14년 입법 가책형 27번

> 2014년 9월 1일 정기국회에서 6명의 국회의원들(이 의원, 김 의원, 박 의원, 정 의원, 조 의원, 서 의원)이 대정부 질의에 나설 예정이다. 한 번에 오직 한 명의 국회의원만 질의에 나설 수 있고, 6명의 국회의원들은 그 날 오직 한 번만 질의 기회를 가질 수 있다. 그리고 다음과 같은 질의 순서가 반드시 지켜져야 한다.
> - 이 의원은 김 의원 다음의 어느 순서에 질의한다.
> - 정 의원은 박 의원 다음의 어느 순서에 질의한다.
> - 조 의원은 박 의원보다 먼저 질의하며 조 의원과 박 의원 사이에는 두 명의 의원이 질의한다.
> - 김 의원은 첫 번째 또는 세 번째 순서에 질의한다.

① 조 의원
② 서 의원
③ 이 의원, 서 의원
④ 조 의원, 서 의원
⑤ 이 의원, 조 의원, 서 의원

해설

문제 분석

6명의 국회의원들의 질의 순서를 확정해야 한다. 각 의원의 '성'만 활용해서 주어진 조건을 정리하면 다음과 같다.

1) 김>이
2) 박>정
3) 조-□-□-박
4-1) 김-□-□-□-□-□ 또는 4-2) □-□-김-□-□-□

문제풀이 실마리

2) 와 3)에 따라 '조-□-□-박>정' 순서로 질의를 하게 된다.

〈경우 1〉

찾아낸 실마리를 먼저 4-1)과 결합시켜 보면, 김-조-□-□-박-정 이 된다. 이 경우 '이', '서' 의원이 남아있으나, 어떤 순서로 질의하더라도 주어진 다른 조건에 위배되지 않는다. 따라서 〈경우 1〉에 따를 때 두 번째로 질의할 수 있는 의원은 '조 의원'이다.

〈경우 2〉

찾아낸 실마리를 4-2)와 결합시켜 보면,

조-□-김-박-□-□ (〈경우 2-1〉) 또는 □-조-김-□-박-정 (〈경우 2-2〉)이 된다.

〈경우 2-1〉의 경우는 1)과 2)에 따라 두 번째로 질의할 수 있는 의원은 '서 의원'이다. 다섯 번째와 여섯 번째로 '이', '정' 의원이 어떤 순서로 질의하더라도 주어진 다른 조건에 위배되지 않는다.

〈경우 2-2〉의 경우는 첫 번째로 '서 '의원이 질의하고 네 번째로 '이' 의원이 질의하면 된다. 이때 두 번째로 질의할 수 있는 의원은 '조 의원'이다.

모두 종합해 보면, 두 번째로 질의할 수 있는 의원은 '조 의원' 또는 '서의원'이다.

[정답] ④

97 **교육과학기술부, 행정안전부, 보건복지가족부, 농림수산식품부, 외교통상부 및 국방부에 대한 국정감사 순서를 정할 때 아래 <조건>을 충족하여야 한다. 다음 중 국정감사 순서로 옳은 것은?**

10년 입법 가책형 37번

〈조 건〉

- ○ 행정안전부에 대한 감사는 농림수산식품부 또는 외교통상부 중 어느 한 부서에 대한 감사보다 먼저 시작되어야 한다.
- ○ 국방부에 대한 감사는 보건복지가족부나 농림수산식품부에 대한 감사보다 늦게 시작될 수는 있으나, 외교통상부에 대한 감사보다 나중에 시작될 수 없다.
- ○ 교육과학기술부에 대한 감사는 아무리 늦어도 보건복지가족부 또는 농림수산식품부 중 적어도 어느 한 부서에 대한 감사보다는 먼저 시작되어야 한다.

① 보건복지가족 – 행정안전 – 국방 – 외교통상 – 농림수산식품 – 교육과학기술

② 외교통상 – 보건복지가족 – 행정안전 – 교육과학기술 – 국방 – 농림수산식품

③ 농림수산식품 – 교육과학기술 – 행정안전 – 외교통상 – 국방 – 보건복지가족

④ 행정안전 – 보건복지가족 – 교육과학기술 – 국방 – 외교통상 – 농림수산식품

⑤ 교육과학기술 – 보건복지가족 – 외교통상 – 행정안전 – 농림수산식품 – 국방

해설

문제 분석

〈조건〉의 첫 번째 동그라미부터 각각 ⅰ)~ⅲ)이라고 한다.

문제풀이 실마리

각 조건에 선지가 부합하는지 판단해 본다. 이하에서는 각 부서를 간단하게 '교육', '행정', '보건', '농림', '국방'이라고 한다.

ⅰ)에 따르면 '농림', '외교' 두 부서 모두 '행정'보다 국정감사가 먼저 시작되는 선지를 제거할 수 있다. 그러나 이에 해당하는 선지는 없다. ⅱ)에 따르면 '국방'에 대한 국정감사가 '외교'보다 먼저 시작되어야 한다. 선지 ②, ③, ⑤는 제거된다. ⅲ)에 따르면 '보건', '농림' 두 부서 모두 '교육'보다 국정감사가 먼저 시작되는 선지를 제거할 수 있다. 선지 ①은 제거된다. 정답은 ④이다.

빠른 문제풀이 Tip

- ⅱ)에서 '늦게 시작될 수는 있으나'라는 표현은 될 수도 있지만, 반드시 그렇다는 것은 아니다. 단정적인 표현이 아니므로 선지를 가리는 판단기준이 되기는 어렵다.
- 지문의 〈조건〉을 다음과 같이 정리할 수도 있다.

  ⅰ) (행정 < 농림) 또는 (행정 < 외교)

  ⅱ) 국방 < 외교

  ⅲ) (교육 < 보건) 또는 (교육 < 농림)

  이렇게 정리한 상황에서 조건이 더 주어진다면 각 부서 간의 국정감사 순서를 확정할 수도 있다. 또는 국정감사 순서의 일부를 물어본다면 위와 같이 정리한 상황에서 판단하여야 한다. 그러나 주어진 조건만으로 부서 간의 전반적인 순서가 확정되지 않는 상황에서 전체 6개 부서의 국정감사 순서를 물어보았으므로 선지를 이용해 정답만 가려낸 것이다.

[정답] ④

98 다음 글을 근거로 판단할 때 옳은 것은?

22년 7급 가책형 17번

> 甲부처 신입직원 선발시험은 전공, 영어, 적성 3개 과목으로 이루어진다. i)3개 과목 합계 점수가 높은 사람순으로 정원까지 합격한다. 응시자는 7명(A~G)이며, 7명의 각 과목 성적에 대해서는 다음과 같은 사실이 알려졌다.
>
> ○ ii)전공시험 점수: A는 B보다 높고, B는 E보다 높고, C는 D보다 높다.
> ○ iii)영어시험 점수: E는 F보다 높고, F는 G보다 높다.
> ○ iv)적성시험 점수: G는 B보다도 높고 C보다도 높다.
>
> v)합격자 선발 결과, 전공시험 점수가 일정 점수 이상인 응시자는 모두 합격한 반면 그 점수에 달하지 않은 응시자는 모두 불합격한 것으로 밝혀졌고, 이는 영어시험과 적성시험에서도 마찬가지였다.

① A가 합격하였다면, B도 합격하였다.
② G가 합격하였다면, C도 합격하였다.
③ A와 B가 합격하였다면, C와 D도 합격하였다.
④ B와 E가 합격하였다면, F와 G도 합격하였다.
⑤ B가 합격하였다면, B를 포함하여 적어도 6명이 합격하였다.

해설

문제 분석

조건 ⅰ)에서 정원까지 합격한다고 하고 있지만, 정원이 몇 명인지는 지문에 주어져 있지 않다. 조건 ⅴ)에 대한 이해가 문제의 핵심인데 예를 들어 합격자가 n명이면, n명 모두 나머지 불합격자보다 전공시험, 영어시험, 적성시험 점수가 각각 더 높다는 것으로 해석할 수 있다. 이때 1) 조건 ⅴ)의 '일정 점수'는 과목별로 다를 수 있으므로 3개 과목의 합계 점수와 같이 일반적인 시험에서 커트라인과 같은 개념으로 이해하면 정확한 이해는 아니다. 그리고 2) 합격자들 사이 또는 불합격자들 사이에서는 위와 같은 관계가 성립하지 않을 수 있다(→ 빠른 문제풀이 Tip).

조건 ⅱ)~ⅳ)의 각 과목 점수에 관한 내용을 다음과 같이 나타내 보았다.

전공시험 점수:	A	>	B	>	E	… ㉠
	C	>	D			… ㉡
영어시험 점수:	E	>	F	>	G	… ㉢
적성시험 점수:	G	>	B			… ㉣
	G	>	C			… ㉤

① (X) A가 합격하였다면 어느 한 과목에서라도 A보다 높은 점수를 받은 응시자는 합격한 것이다. 그러나 지문에서 B가 A보다 어느 한 과목에서 높은 점수를 받았다는 내용은 없다.

② (X) 선지 ①의 해설과 같은 방식으로 지문에서 C가 G보다 어느 한 과목에서 높은 점수를 받았다는 내용은 없다.

③ (X) 선지 ①의 해설과 같은 방식으로 지문에서 C, D가 A, B보다 어느 한 과목에서 높은 점수를 받았다는 내용은 없다.

④ (O) B가 합격하였다면 ㉣에 의해 G도 합격한 것이고, G가 합격하였다면 ㉢에 의해 F도 합격한 것이다. 또는 E가 합격하였다면 ㉠에 의해 B가 합격한 것이고 ㉣에 의해 G도 합격, ㉢에 의해 F도 합격한 것이다.

⑤ (X) B가 합격하였다면 ㉠에 의해 A는 합격하였다. 그리고 ㉣에 의해 G도 합격하였다. G가 합격하였다면 ㉢에 의해 E, F도 합격하였다. 그러나 C, D가 어느 한 과목에서라도 지금까지 추론한 합격자 A, B, E, F, G보다 높은 점수를 받았다는 내용은 없다. B를 포함하여 적어도 5명이 합격하였다고 할 수 있다.

빠른 문제풀이 Tip

문제 분석 2)의 내용을 풀어서 생각해 보자. 예를 들어 두 명의 응시자 A, B가 있을 때 모두 합격자라면 어느 과목에서는 점수가 A>B이고 다른 과목에서는 점수가 B>A일 수 있다. 그리고 모두 불합격자인 경우에도 점수가 위와 같을 수 있다. 그러나 조건 ⅴ)에 의하면 위와 같은 관계는 한 명은 합격자, 한 명은 불합격자인 경우에는 성립할 수 없다.

문제에서 ㉠ B>E 부분과 ㉢ E>F>G, ㉣ G>B를 종합적으로 생각해 보면 B, E, F, G의 관계는 일정 과목에서는 다른 응시자보다 점수가 높으면서 다른 과목에서는 다른 응시자보다 점수가 낮은 관계임을 알 수 있다. 즉, B, E, F, G는 모두 합격자이거나 모두 불합격자이어야 함을 알 수 있는데, 이러한 이해는 선지 ④, ⑤를 이해하는데 도움을 준다.

[정답] ④

99 다음 <재난관리 평가지침>과 <상황>을 근거로 판단할 때 옳은 것은?

19년 민경채 나책형 10번

〈재난관리 평가지침〉

□ 순위산정 기준
 ○ 최종순위 결정
  – 정량평가 점수(80점)와 정성평가 점수(20점)의 합으로 계산된 최종점수가 높은 순서대로 순위 결정
 ○ 동점기관 처리
  – 최종점수가 동점일 경우에는 정성평가 점수가 높은 순서대로 순위 결정
□ 정성평가 기준
 ○ 지자체 및 민간분야와의 재난안전분야 협력(10점 만점)

평가	상	중	하
선정비율	20%	60%	20%
배점	10점	6점	3점

 ○ 재난관리에 대한 종합평가(10점 만점)

평가	상	중	하
선정비율	20%	60%	20%
배점	10점	5점	1점

〈상 황〉

일부 훼손된 평가표는 아래와 같다. (단, 평가대상기관은 5개이다)

평가 / 기관	정량평가 (80점 만점)	정성평가 (20점 만점)
A	71	20
B	80	11
C	69	11
D	74	
E	66	

① A기관이 2위일 수도 있다.
② B기관이 3위일 수도 있다.
③ C기관이 4위일 가능성은 없다.
④ D기관이 3위일 가능성은 없다.
⑤ E기관은 어떠한 경우에도 5위일 것이다.

해설

문제 분석

• 최종순위는 정량평가 점수(80점)와 정성평가 점수(20점)의 합으로 계산된 최종점수가 높은 순서대로 순위가 결정된다.
• 최종점수가 동점일 경우에는 정성평가 점수가 높은 순서대로 순위를 결정한다는 동점 시 처리 규정도 있는 문제이다.

문제풀이 실마리

정오판단을 위해 적절한 입증사례 또는 반증사례를 찾아내야 한다.

정성평가 20점을 부여하는 방식이 다소 복잡할 수 있는데, 10점 만점+10점 만점=20점 만점의 구조이고,

• 지자체 및 민간분야와의 재난안전분야 협력(10점 만점)

평가	상	중	하
선정비율	20%(1개)	60%(3개)	20%(1개)
배점	10점	6점	3점

• 재난관리에 대한 종합평가(10점 만점)

평가	상	중	하
선정비율	20%(1개)	60%(3개)	20%(1개)
배점	10점	5점	1점

이므로 (10, 6, 6, 6, 3)+(10, 5, 5, 5, 1) 의 점수 조합이 가능하다.
이때 A는 정성평가 점수가 20점이므로 10점+10점일 때만 가능하다. B와 C의 정성평가 점수 11점은 10점+1점 또는 6점+5점일 때만 가능한데, 10점은 A기관이 모두 사용한 상태이므로 6점+5점만 가능하다.

평가 / 기관	정량평가	정성평가	총점			
A	71	20 (=10+10)	91			
B	80	11 (=6+5)	91			
C	69	11 (=6+5)	80			
D	74	(6, 3) 중 1개 + (5, 1) 중 1개	78	81	82	85
E	66		77	74	73	70

D와 E의 정성평가 점수는 (D, E)=(11, 4), (7, 8), (8, 7), (4, 11) 네 가지 경우가 가능하다. 이를 반영한 총점의 경우는 위의 표와 같다.

① (X) A기관은 2위일 수도 있는지 생각해 보면, A의 점수는 91점으로 고정이고 나머지 B~E기관 중에서는 B기관만이 91점으로 A와 동점일 수 있다. 최종점수가 동점일 경우에는 정성평가 점수가 높은 순서대로 순위를 결정하므로 정성평가가 20점 만점인 A기관은 항상 1위가 된다.

② (X) B기관은 총점에서 항상 A기관과 공동 1등일 수밖에 없다. B기관은 총점에서 절대 3위가 될 수 없다. 그러면 선지 ①번에서 살펴본 것과 같이 B기관은 항상 2위가 된다.

③ (X) C기관이 4위가 될 수 있는지 반례를 찾아보면, (C, D, E의 총점)=(80, 81, 74), (80, 82, 73), (80, 85, 70)인 경우에 D기관이 3위가 되고, C기관이 4위가 될 수도 있다. 따라서 C기관이 4위일 가능성이 있다.

④ (X) 선지 ③과 같이 D기관이 정성평가에서 7점, 8점, 11점을 받는 경우에 D기관이 3위인 경우가 있다. 따라서 D기관이 3위일 가능성이 있다.

⑤ (O) E기관은 언제나 5위일 것이라고 했으므로, 반례가 있을 수 있는지를 찾아봐야 한다. E의 정성평가 점수는 최대 11점일 수 있고 총점은 최대 77점일 수 있는데, 그렇다 하더라도 C의 80점, D의 78점보다 낮기 때문에 E기관의 점수가 최대여도 항상 5위일 수밖에 없다.

[정답] ⑤

100 다음 글과 <반 편성 기준>을 근거로 판단할 때, <보기>에서 옳은 것만을 모두 고르면? 17년 5급 가책형 35번

○ 학생 6명(A~F)의 외국어반 편성을 위해 쓰기, 읽기, 듣기, 말하기 등 4개 영역에 대해 시험을 실시한다.
○ 영역별 점수는 시험 결과에 따라 1점 이상 10점 이하로 부여한다.
○ 다음 〈반 편성 기준〉에 따라 등수를 매겨 상위 3명은 심화반에, 하위 3명은 기초반에 편성한다.
○ 동점자가 발생할 경우, 듣기 점수가 더 높은 학생을 상위 등수로 간주하고, 듣기 점수도 같은 경우에는 말하기 점수, 말하기 점수도 같은 경우에는 읽기 점수, 읽기 점수도 같은 경우에는 쓰기 점수가 더 높은 학생을 상위 등수로 간주한다.
○ A~F의 영역별 점수는 다음과 같고, F의 쓰기와 말하기 영역은 채점 중이다.

(단위: 점)

학생	쓰기	읽기	듣기	말하기
A	10	10	6	3
B	7	8	7	8
C	5	4	4	3
D	5	4	4	6
E	8	7	6	5
F	?	6	5	?

〈반 편성 기준〉

아래 두 가지 기준 중 하나를 채택하여 반을 편성한다.
○ (기준 1) 종합적 외국어능력을 반영하기 위해 4개 영역의 점수를 합산한 총점을 기준으로 편성한다.
○ (기준 2) 수업 중 원어민 교사와의 원활한 소통을 위해 듣기와 말하기 점수의 합을 기준으로 편성한다.

〈보 기〉

ㄱ. B와 D는 어떤 경우에도 같은 반이 될 수 없다.
ㄴ. 채점 결과 F의 말하기 점수가 5점 이하라면, 어떤 기준에 따라 반을 편성하더라도 F는 기초반에 편성된다.
ㄷ. 채점 결과 F의 말하기 점수가 6점 이상이라면, 어떤 기준에 따라 반을 편성하더라도 C와 D는 같은 반에 편성된다.

① ㄱ
② ㄷ
③ ㄱ, ㄴ
④ ㄱ, ㄷ
⑤ ㄴ, ㄷ

해설

문제 분석

- 쓰기, 읽기, 듣기, 말하기 점수로 외국어반 편성을 한다.
- 영역별 점수는 시험 결과에 따라 1점 이상 10점 이하로 부여한다.
- (기준 1)과 (기준 2)에 따라 등수를 매겨 상위 3명은 심화반에, 하위 3명은 기초반에 편성한다.
- 동점자가 발생할 경우, 듣기 – 말하기 – 읽기 – 쓰기 점수 순으로 비교하여 점수가 더 높은 학생을 상위 등수로 간주한다.

문제풀이 실마리

기준 1과 기준 2에 따라 각 학생의 점수를 정리해 보면 다음과 같다.

(단위: 점)

학생	쓰기	읽기	듣기	말하기	기준 1	기준 2
A	10	10	6	3	29	9
B	7	8	7	8	30	15
C	5	4	4	3	16	7
D	5	4	4	6	19	10
E	8	7	6	5	26	11
F	?	6	5	?	13~31	6~15

ㄱ. (X) 기준 2를 채택하고, F의 최종점수가 10점 미만이라면 B와 D가 같이 심화반에 편성되는 경우가 있다.

ㄴ. (X) 채점 결과 F의 말하기 점수가 5점 이하라면
1) 기준 1을 채택하는 경우 13~26점이므로 F는 기초반에 편성된다.
2) 기준 2를 채택하는 경우 6~10점이 된다. 이때 F가 10점을 받는 경우 D와 점수는 10점으로 동일하지만, 듣기 점수가 더 높기 때문에 심화판에 편성되는 경우가 있다.

ㄷ. (O) 기준 1을 채택하는 경우 F의 점수와 무관하게 C와 D는 기초반에 편성된다.
기준 2를 채택하는 경우, F의 최종점수는 11~15점이 되는데, 최저 점수인 11점을 받더라도 F는 심화반이 되고, C와 D는 기초반에 편성된다.

빠른 문제풀이 Tip

기준 2에 따를 때, 반이 달라질 수 있는 학생은 D와 F뿐이다. D와 F를 제외한 나머지 4명의 학생은 반이 확정된다.

[정답] ②

101 다음 글을 근거로 판단할 때 옳은 것은? 19년 5급 가책형 32번

○○기업은 5명(甲～戊)을 대상으로 면접시험을 실시하였다. 면접시험의 평가기준은 가치관, 열정, 표현력, 잠재력, 논증력 5가지 항목이며 각 항목 점수는 3점 만점이다. 이에 따라 5명은 항목별로 다음과 같은 점수를 받았다.

〈면접시험 결과〉

(단위: 점)

구분	甲	乙	丙	丁	戊
가치관	3	2	3	2	2
열정	2	3	2	2	2
표현력	2	3	2	2	3
잠재력	3	2	2	3	3
논증력	2	2	3	3	2

종합점수는 각 항목별 점수에 항목가중치를 곱하여 합산하며, 종합점수가 높은 순으로 등수를 결정했다. 결과는 다음과 같다.

〈등수〉

1등	乙
2등	戊
3등	甲
4등	丁
5등	丙

① 잠재력은 열정보다 항목가중치가 높다.
② 논증력은 열정보다 항목가중치가 높다.
③ 잠재력은 가치관보다 항목가중치가 높다.
④ 가치관은 표현력보다 항목가중치가 높다.
⑤ 논증력은 잠재력보다 항목가중치가 높다.

해설

문제 분석

- 5명(甲～戊) 대상의 면접시험의 평가기준은 가치관, 열정, 표현력, 잠재력, 논증력 5가지 항목이며 각 항목 점수는 3점 만점이다.
- 점수는 〈면접시험 결과〉 표로 주어져 있다.
- 종합점수는 각 항목별 점수에 항목가중치를 곱하여 합산하며, 종합점수가 높은 순으로 등수를 결정했다.
- 등수는 乙>戊>甲>丁>丙 순이다.

문제풀이 실마리

- 甲～戊 다섯 명 모두 다섯 개의 항목 중 2개 항목은 3점, 3개 항목은 2점이다. 즉, 甲～戊 모두 3점이 2개, 2점이 3개씩이기 때문에 항목가중치가 다 동일했다면 총점은 모두 동일할 것이다. 그런데 등수가 차이 난다는 것은 항목가중치에 따라서 등수가 결정된다는 것이다. 그 중 3점 2개를 받은 항목의 항목가중치가 얼마인지에 따라서 등수가 차이가 나게 된다. 등수를 통해서 항목가중치를 알아낼 수 있다.
- 항목가중치가 정확하게 얼마인지를 구하는 문제는 아니고 甲～戊 간에 비교만 할 수 있는 문제이다. 비교를 할 때는 인접한 등수의 사람끼리 하는 것이 가장 바람직하다.

〈면접시험 결과〉

(단위: 점)

구분	甲	乙	丙	丁	戊
가치관	3	2	3	2	2
열 정	2	3	2	2	2
표현력	2	3	2	2	3
잠재력	3	2	2	3	3
논증력	2	2	3	3	2

1. 1등(乙) vs 2등(戊) 비교
표현력에서 받은 3점은 동일하기 때문에 두 사람 간 차이가 발생하지 않는다. 乙은 열정에서 3점, 戊는 잠재력에서 3점을 받았는데 乙이 1등이고 戊가 2등이므로, 항목가중치는 열정>잠재력임을 알 수 있다.

2. 2등(戊) vs 3등(甲) 비교
잠재력에서 받은 3점은 동일하기 때문에 두 사람 간 차이가 발생하지 않는다. 戊는 표현력에서 3점, 甲은 가치관에서 3점을 받았는데 戊가 2등이고 甲이 3등이므로, 항목가중치는 표현력>가치관임을 알 수 있다.

3. 3등(甲) vs 4등(丁) 비교
잠재력에서 받은 3점은 동일하기 때문에 두 사람 간 차이가 발생하지 않는다. 甲은 가치관에서 3점, 丁은 논증력에서 3점을 받았는데 甲이 3등이고 丁이 4등이므로, 항목가중치는 가치관>논증력임을 알 수 있다.

4. 4등(丁) vs 5등(丙) 비교
논증력에서 받은 3점은 동일하기 때문에 두 사람 간 차이가 발생하지 않는다. 丁은 잠재력에서 3점, 丙은 가치관에서 3점을 받았는데 丁이 4등이고 丙이 5등이므로, 항목가중치는 잠재력>가치관임을 알 수 있다. 따라서 정답은 ③이다.

빠른 문제풀이 Tip
이 문제를 풀 수 있는 방법은 해설에서 설명한 방법 외에도 여러 방법이 가능하다. 다양하게 연습해 볼 수 있는 문제이다.

[정답] ③

102 문화재청에 근무하는 甲사무관은 업무와 관련하여 조선의 5대 궁(宮)들을 답사하고자 한다. 다음을 근거로 판단할 때 답사 순서로서 옳은 것은? 11년 5급 선책형 17번

〈조선의 5대 궁(宮)〉

경복궁	조선 건국과 함께 지어진 최초의 궁궐로서 개국 3년 만인 1395년 완공됐으며, 임진왜란(1592)으로 전소될 때까지 조선 최고(最古)의 법궁(法宮)이었다. 임진왜란 후 방치됐던 것을 1872년 흥선대원군이 복원했다. 하지만 일제강점기에 근정전 앞에 조선총독부가 세워지는 등 다시 심하게 훼손됐다.
창덕궁	1405년 태종이 지은 조선 왕조의 두 번째 궁궐로 임진왜란 때 전소되었다. 1609년 중건된 후 흥선대원군이 경복궁을 복원할 때까지 조선 왕조의 법궁 역할을 했다.
창경궁	창덕궁과 인접해 하나의 궁궐처럼 사용되었다. 임진왜란 때 불탔고 광해군이 재건했다. 일제강점기에는 식물원과 동물원이 만들어지면서 유원지로 변했고 창경원이라 불렸다.
덕수궁	고종 때 지은 서양식 건물이 있는 것이 특징이다. 본래는 성종의 형인 월산대군의 개인 저택이었으나 임진왜란 때 피난에서 돌아온 선조가 머물면서 정릉동 행궁이라 불렸다. 선조에 이어 왕위에 오른 광해군은 정릉동행궁을 경운궁이라 칭했고 광해군에 이어 인조도 짧은 기간 궁으로 사용했다. 고종은 일제에 의해 왕위에서 물러나 숨을 거둘 때까지 경운궁에 머물렀다. 순종은 고종이 거처했던 당시 경운궁에 덕수라는 시호를 내렸고, 그 후로 덕수궁이라 불렸다.
경희궁	인조의 아버지 정원군이 살던 집이었는데, 광해군은 그 자리에 왕기가 서려 있다 해서 정원군을 몰아내고 1620년 궁궐을 세웠다. 경희궁이라는 지금의 이름은 영조 36년(1760)에 지은 것이다. 1910년 일제는 경희궁 안에 통감부 중학교를 세우면서 기존 건물들을 대부분 철거하였다.

〈답사 조건〉

ㄱ. 원래 개인 저택이었던 곳을 궁궐로 바꾼 궁들을 연이어 방문하되 현재의 궁 이름이 늦게 지어진 궁부터 방문한다.
ㄴ. 기존의 건물과 다른 양식의 건물이 세워졌거나, 외세에 의해 거주목적 외의 새로운 시설이 세워졌던 궁궐들은 연이어 방문한다.
ㄷ. 경복궁과 창덕궁은 연이어 방문하되 오랜 기간 법궁 역할을 한 순서대로 방문한다.

※ 법궁(法宮): 왕이 공식으로 활동하며 생활하는 궁궐들 가운데 으뜸이 되는 궁

① 창덕궁 경복궁 창경궁 경희궁 덕수궁
② 창덕궁 경복궁 경희궁 덕수궁 창경궁
③ 창덕궁 경복궁 덕수궁 경희궁 창경궁
④ 덕수궁 경희궁 창경궁 창덕궁 경복궁
⑤ 경복궁 창덕궁 덕수궁 경희궁 창경궁

해설

문제 분석
〈답사 조건〉에 해당하는 내용을 〈조선의 5대 궁(宮)〉에서 내용을 확인한다.

문제풀이 실마리
5대 궁에 대한 줄글 정보가 긴데 그중 〈답사 조건〉과 관련된 정보를 잘 캐치해 내어 순서를 확정할 수 있어야 한다.

〈답사 조건〉 ㄱ부터 살펴보면 "원래 개인 저택이었던 곳을 궁궐로 바꾼 궁들을 연이어 방문하되 현재의 궁 이름이 늦게 지어진 궁부터 방문한다."고 한다. 원래 개인 저택이었던 곳을 궁궐로 바꾼 궁은 "성종의 형인 월산대군의 개인 저택"이었던 덕수궁과 "인조의 아버지 정원군이 살던 집"이었던 경희궁이다. 두 궁을 연이어 방문한다. 현재의 궁 이름이 지어진 시기는 덕수궁의 경우 순종이 지었고, 경희궁은 영조 36년(1760)에 지어졌다. 덕수궁의 경우 구체적인 연도를 모른다고 해도 일제강점기라는 것은 지문을 통해 알 수 있으므로 덕수궁의 이름이 경희궁의 이름보다 늦게 지어졌다는 것을 알 수 있다. 즉, 덕수궁, 경희궁 순으로 연이어 방문한다. 선지 ①, ②는 제거된다.

〈답사 조건〉 ㄴ을 살펴보면 "기존의 건물과 다른 양식의 건물이 세워졌거나, 외세에 의해 거주목적 외의 새로운 시설이 세워졌던 궁궐들은 연이어 방문한다."고 한다. 기존의 건물과 다른 양식의 건물이 세워진 궁은 "고종 때 지은 서양식 건물이 있는 것이 특징"인 덕수궁이다. 그리고 외세에 의해 거주목적 외의 새로운 시설이 세워졌던 궁궐은 "일제강점기에 근정전 앞에 조선총독부가 세워"진 경복궁, "일제강점기에는 식물원과 동물원이 만들어지면서 유원지로 변했"던 창경궁, "일제는 경희궁 안에 통감부 중학교를 세"웠다는 경희궁이 있다. 해당 궁궐들은 연이어 방문한다. 선지 ④, ⑤는 제거된다. 정답은 ③이다.

〈답사 조건〉 ㄷ을 살펴보면 "경복궁과 창덕궁은 연이어 방문하되 오랜 기간 법궁 역할을 한 순서대로 방문한다."고 한다. 경복궁은 1395년 완공부터 1592년 전소될 때까지 법궁이었고, 창덕궁은 1609년 중건된 후 경복궁을 복원할 때까지, 즉 1872년 흥선대원군이 복원할 때까지 법궁이었다. 창덕궁이 더 오랜 기간 법궁 역할을 하였으므로 창덕궁, 경복궁 순으로 연이어 방문한다.

선지에 대해서 정리해 보면 다음과 같다.

① (X) 〈답사 조건〉 ㄱ에 위배된다.
② (X) 〈답사 조건〉 ㄱ에 위배된다.
③ (O) 〈답사 조건〉에 부합하는 답사 순서이다.
④ (X) 〈답사 조건〉 ㄴ에 위배된다.
⑤ (X) 〈답사 조건〉 ㄴ, ㄷ에 위배된다.

빠른 문제풀이 Tip
- 이러한 문제 유형의 경우 선지를 적극적으로 활용하도록 하여야 한다. 해당 문제의 경우에는 〈답사 조건〉 ㄱ, ㄴ만 고려하면 정답을 찾을 수 있다.
- 〈답사 조건〉에 따를 때 정답 외에 '창덕궁 – 경복궁 – 창경궁 · 덕수궁 – 경희궁' 순의 방문순서도 가능하다.

[정답] ③

103 甲, 乙, 丙, 丁이 공을 막대기로 쳐서 구멍에 넣는 경기를 하였다. 다음 <규칙>과 <경기결과>에 근거하여 판단할 때, <보기>에서 옳은 것을 모두 고르면? 13년 5급 인책형 13번

〈규 칙〉

- ○ 경기 참가자는 시작점에 있는 공을 막대기로 쳐서 구멍 안에 넣어야 한다. 참가자에게는 최대 3회의 기회가 주어지며, 공을 넣거나 3회의 기회를 다 사용하면 한 라운드가 종료된다.
- ○ 첫 번째 시도에서 공을 넣으면 5점, 두 번째 시도에서 공을 넣으면 2점, 세 번째 시도에서 공을 넣으면 0점을 얻게 되며, 세 번째 시도에서도 공을 넣지 못하면 −3점을 얻게 된다.
- ○ 총 2라운드를 진행하여 각 라운드에서 획득한 점수를 합산하여 높은 점수를 획득한 참가자 순서대로 우승, 준우승, 3등, 4등으로 결정한다.
- ○ i)만일 경기결과 동점이 나올 경우, 1라운드 고득점 순으로 동점자의 순위를 결정한다.

〈경기결과〉

아래는 네 명이 각 라운드에서 공을 넣기 위해 시도한 횟수를 표시하고 있다.

구분	1라운드	2라운드
甲	3회	3회
乙	2회	3회
丙	2회	2회
丁	1회	3회

〈보 기〉

ㄱ. 甲은 다른 선수의 경기결과에 따라 3등을 할 수 있다.
ㄴ. 乙은 다른 선수의 경기결과에 따라 준우승을 할 수 있다.
ㄷ. 丙이 우승했다면 1라운드와 2라운드 합쳐서 네 명이 구멍 안에 넣은 공은 최소 5개 이상이다.
ㄹ. 丁이 우승했다면 획득한 점수는 5점이다.

① ㄱ, ㄷ
② ㄴ, ㄷ
③ ㄱ, ㄹ
④ ㄱ, ㄴ, ㄹ
⑤ ㄴ, ㄷ, ㄹ

해설

문제 분석

〈규칙〉을 이해하여 〈경기결과〉를 바탕으로 경기 과정이 어떻게 진행되었는지 유추한다. 조건 i)의 동점 상황 시 1라운드 고득점 순으로 동점자 순위를 결정함에 유의한다.

문제풀이 실마리

〈경기결과〉 중 각 라운드별로 공을 넣기 위해 시도한 횟수가 3회인 경우만 0점 또는 −3점임을 바탕으로 합산점수의 경우의 수를 유추한다.

〈경기결과〉에 〈규칙〉을 적용해 보면 1회 → 5점, 2회 → 2점, 3회 → 0점 또는 −3점이다. 각 참가자별로 가능한 점수를 정리하면 다음과 같다.

구분	1라운드	2라운드	합산 점수
甲	0점 또는 −3점	0점 또는 −3점	0점 또는 −3점 또는 −6점
乙	2점	0점 또는 −3점	2점 또는 −1점
丙	2점	2점	4점
丁	5점	0점 또는 −3점	5점 또는 2점

이때 동점 가능성이 있는 경우는 乙, 丁이 2점으로 같은 경우이다. 이 경우는 조건 i)에 따라 1라운드 점수가 5점으로 더 높은 丁이 순위가 더 높다. 각 보기를 살펴보자.

ㄱ. (O) 위의 표에서 甲이 0점, 乙이 −1점인 경우 甲은 3등을 할 수 있다. 즉 甲이 1, 2라운드에서 모두 세 번째 시도에서 공을 넣고 乙이 2라운드에서 세 번째 시도에서도 공을 넣지 못하는 경우, 丁의 결과와 상관없이 甲은 3등을 할 수 있다.

ㄴ. (X) 乙이 준우승을 하기 위해서는 丙이 우선 우승하고 丁이 2라운드에서 세 번째 시도에서도 공을 넣지 못하는 경우, 즉 丁의 합산점수가 2점인 경우 일단 합산점수는 乙과 동점이 된다. 그러나 위에서 살펴본 바와 같이 乙과 丁이 합산점수가 같더라도 조건 i)에 의하여 1라운드 점수가 더 높은 丁이 순위가 더 높다. 따라서 乙은 어떠한 경우라도 준우승을 할 수 없다.

ㄷ. (X) 丙이 우승했다면 丁의 합산점수는 2점이어야 한다. 즉, 丁은 2라운드에 세 번째 시도에서도 공을 넣지 못하였다. 〈경기결과〉의 표에서 확실히 공을 넣은 경우만 표시해 보면 다음과 같다.

구분	1라운드	2라운드
甲		
乙	O	
丙	O	O
丁	O	X

위 표와 같이 1라운드와 2라운드 합쳐서 네 명이 구멍 안에 넣은 공은 확실하게 4개이다. 甲의 1, 2라운드와 乙의 2라운드 모두 구멍 안에 공을 넣지 못하더라도 丙이 우승하는 결과에는 영향을 주지 못한다. 즉, 丙이 우승했을 때 1라운드와 2라운드 합쳐서 네 명이 구멍 안에 넣은 공은 4개일 수 있다.

ㄹ. (O) 丙의 점수는 4점이므로, 丁이 우승했다면 2라운드에 0점을 획득하여 합산점수 5점으로 丙보다 높아야 한다.

[정답] ③

104 다음 <그림>과 같이 동일한 크기의 단층 건물 10개가 두 줄로 나란히 서 있고, 각 건물에는 1부터 10까지 번호가 붙어 있다. 또 각 건물에는 10개의 사무실 또는 상점 - 변호사 사무실, 회계사 사무실, 법무사 사무실, 세무사 사무실, 감정평가사 사무실, 옷가게, 편의점, 노래방, 복사가게, 호프집 - 중의 하나가 있고, A, B, C, D, E, F, G, H, I, J 10명이 각각 한 곳에서 일하고 있다. <보기>의 조건이 성립할 때, 반드시 참인 것은?

06년 5급(견습) 인책형 9번

〈그림〉

1	2	3	4	5
6	7	8	9	10

※ 다만, 1과 6, 2와 7, 3과 8, 4와 9, 5와 10번 건물은 각각 정면으로 마주보고 있다.

〈보 기〉

(가) 전문직종 사무실, 즉 변호사 · 회계사 · 법무사 · 세무사 · 감정평가사 사무실은 짝수 번호 건물에 들어 있고, 나머지는 홀수 번호 건물에 들어 있다.
(나) 변호사 사무실과 법무사 사무실은 같은 줄에 있고, 세무사 · 회계사 · 감정평가사 사무실은 변호사 · 법무사 사무실과 다른 쪽 줄에 있다.
(다) D와 J는 1~5번 사이의 짝수 번호 건물에서 일하는데, D가 일하는 건물과 정면으로 마주보는 건물에 옷가게가 있고, 옷가게에서 큰 번호 쪽으로 다음다음 건물은 노래방이다.
(라) 감정평가사 사무실은 노래방 바로 옆이 아니고, 복사가게가 감정평가사 사무실과 정면으로 마주보는 건물에 있다.
(마) 법무사 사무실에서 감정평가사 사무실까지의 거리가 변호사 사무실에서 감정평가사 사무실까지의 거리보다 가깝다.
(바) 편의점은 법무사 사무실 바로 옆이 아니고, 편의점과 정면으로 마주보는 건물에 회계사 사무실이 있다.
(사) B는 옷가게에서 일한다.
(아) C는 전문직종 사무실에서 일하지 않으며, F가 일하는 건물과 G가 일하는 건물 사이에는 C가 일하는 건물만 있다.

① A는 감정평가사 사무실에서 일한다.
② C는 노래방에서 일한다.
③ D는 변호사 사무실에서 일한다.
④ F는 회계사 사무실에서 일한다.
⑤ J는 호프집에서 일한다.

해설

문제 분석
발문의 사무실 또는 상점의 명칭을 음영 처리한 한 글자로만 표기한다. 주어진 〈보기〉의 내용을 그림과 같은 형식으로 정리해 본다.

문제풀이 실마리
〈그림〉에 넣을 수 있는 덩어리가 큰 블록을 만들어 내야 한다.

(가)에서 전문직종 사무실 5개는 짝수 번호 건물에 들어 있다고 하고, (나)에서는 전문직종 사무실인 '변'과 '법'은 같은 줄에 있다고 하므로 이를 정리하면 아래와 같다.

	변 법		변 법	
1	2	3	4	5
회 세 감		회 세 감		회 세 감
6	7	8	9	10

가능한 전문직종 사무실의 명칭을 건물 번호 위에 작게 표시하였으며 상점들은 아직 표시하지 않았다. 예를 들어 2번 건물위의 '변 법'이라고 적혀 있는 것은 2번 건물이 '변' 또는 '법'이라는 의미이다.

(다)에서 D와 J는 1~5번 사이의 짝수 번호 건물에서 일한다고 하였으므로 2번 또는 4번에서 일하는 것인데, D가 일하는 건물과 정면으로 마주보는 건물에 옷가게가 있고, 옷가게에서 큰 번호 쪽으로 다음다음 건물에 노래방이 있으려면 D가 일하는 건물이 4번이어서는 안된다. 4번과 정면으로 마주보는 건물은 9번이고 큰 번호 쪽으로 다음다음 건물은 없기 때문이다. 따라서 D가 일하는 건물은 2번이다. 이를 정리하면 다음과 같다.

	변 법		변 법	
1	2 D	3	4 J	5
회 세 감	옷	회 세 감	노	회 세 감
6	7	8	9	10

(라)에서 감정평가사 사무실은 노래방 바로 옆이 아니라고 했으므로 '감'은 6번 건물이다. 그리고 1번 건물은 '복'이다. (마)에서 법무사 사무실이 변호사 사무실보다 감정평가사 사무실까지의 거리가 더 가깝다고 하였으므로 '법'은 2번 건물이다. 정리하면 다음과 같다.

복	법		변	
1	2 D	3	4 J	5
감	옷	회 세 감	노	회 세
6	7	8	9	10

(바)에서 '편'은 5번 건물이라는 것을 알 수 있고 '회'는 10번 건물임을 알 수 있다. (사)까지 같이 정리하면 다음과 같다.

복	법		변	편
1	2 D	3	4 J	5
감	옷	세	노	회
6	7 B	8	9	10

(아)에서 C, F, G는 연속된 세 건물에서 일하는데 지금까지 정리한 바에 의하면 C, F, G가 배치될 수 있는 건물은 8, 9, 10번 건물뿐이다. 그 중에서도 가운데 9번 건물에 C가 일한다는 사실만 알 수 있고 F, G가 각각 8번, 10번 건물 중 어디에서 일하는지는 알 수 없다. 이를 정리하면 다음과 같다.

복	법		변	편
1	2 D	3	4 J	5
감	옷	세	노	회
6	7 B	8	9 C	10

① (X) A가 감정평가사 사무실에서 일하는지 알 수 없다.

② (O) C는 노래방에서 일한다.

③ (X) D는 법무사 사무실에서 일한다.

④ (X) F는 회계사 사무실에서 일하는지 세무사 사무실에서 일하는지 알 수 없다.

⑤ (X) J는 변호사 사무실에서 일한다.

빠른 문제풀이 Tip

문제는 거의 〈보기〉를 순서대로 보도록 유도하듯이 출제되었지만, 실제 문제 풀이에서는 일부분이라도 빠르게 확정지을 수 있는 편한 보기부터 보는 것이 좋다.

[정답] ②

105 ○○호텔은 지상 5층 건물이다. 각 층은 1인용 객실 하나와 2인용 객실 하나로 이루어져 있다. 1인용 객실은 1명만이 투숙할 수 있으며, 2인용 객실은 2명이 투숙하는 것이 원칙이나 1명이 투숙할 수도 있다. 현재 이 호텔에는 9명의 손님 - A, B, C, D, E, F, G, H, I - 이 투숙하고 있으며, 투숙 상황이 다음과 같을 때 참이 아닌 것은?

06년 5급(견습) 인책형 29번

> (가) B, E, G, H는 1인용 객실에 투숙하고 있다.
> (나) 2층 2인용 객실과 3층 1인용 객실에만 투숙객이 없다.
> (다) A와 C는 부부로 같은 객실에 투숙하고 있다. 또한 이들은 E보다 두 층 아래에 투숙하고 있다.
> (라) G와 I는 같은 층에 투숙하고 있다. 그리고 이들이 투숙하고 있는 층은 H보다 한 층 아래에 있다.

① A와 C는 I보다 위층에 투숙하고 있다.
② H는 B보다 아래층에 투숙하고 있다.
③ D는 B보다 위층에 투숙하고 있다.
④ F는 B보다 아래층에 투숙하고 있지 않다.
⑤ A와 C는 D보다 위층에 투숙하고 있지 않다.

해설

문제 분석
지문의 내용을 정리하고 그로부터 도출되는 추가적 정보를 통해 선지를 판단해 본다.

문제풀이 실마리
각 층에 1인용 객실과 2인용 객실이 있는 5층 건물을 그리고 (가)~(라)의 조건에 따른 블록을 그려 배치하여야 한다.

조건 (가), (나)를 정리해 보면 다음 그림과 같다.

	1인용 객실	2인용 객실
5층	B, E, G, H	
4층	B, E, G, H	
3층	╳	
2층	B, E, G, H	╳
1층	B, E, G, H	

위의 그림에서 B, E, G, H는 해당 객실에 B, E, G, H가 투숙하고 있을 수 있다는 것을 의미하고, ╳는 해당 객실에 투숙객이 없음을 의미한다. 그리고 남은 객실은 8개인데 총 9명의 손님이 있으므로 1개의 2인용 객실을 제외한 나머지 3개의 2인용 객실은 1명이 투숙하고 있다는 것도 확인한다.

(다)를 검토해 보면 위에서 언급한 2인용 객실에 같이 투숙하고 있는 손님이 A, C인 것을 알 수 있고, E보다 두 층 아래에 투숙하고 있다고 하였으므로 1층 또는 3층에 투숙하고 있다. 그러나 A, C가 1층에 투숙하려면 E가 3층에 투숙하여야 하나 3층 1인용 객실에는 투숙객이 없으므로 E는 5층, A, C는 3층에 투숙하고 있다. 정리하면 다음과 같다.

	1인용 객실	2인용 객실
5층	E	
4층	B, G, H	
3층	╳	A & C
2층	B, G, H	╳
1층	B, G, H	

(라)를 검토해 보면 G는 H보다 한 층 아래에 있다고 하므로 H는 2층, G는 1층이다. I는 G와 같은 층이므로 1층이다.

	1인용 객실	2인용 객실
5층	E	
4층	B	
3층	╳	A & C
2층	H	╳
1층	G	I

① (O) A와 C는 3층에 투숙하고 있고 I는 1층에 투숙하고 있다.
② (O) H는 2층에 투숙하고 있고 B는 4층에 투숙하고 있다.
③ (X) B는 4층에 투숙하고 있고 D는 4층 또는 5층에 투숙하고 있다. 같은 4층에 투숙하고 있을 수도 있다.
④ (O) B는 4층에 투숙하고 있고 F는 4층 또는 5층에 투숙하고 있다.
⑤ (O) A와 C는 3층에 투숙하고 있고 D는 4층 또는 5층에 투숙하고 있다.

[정답] ③

106 다음 <조건>에 따라 악기를 배치하고자 할 때, 옳지 않은 것은? 12년 5급 인책형 36번

〈조 건〉

- ○ 목관5중주는 플루트, 클라리넷, 오보에, 바순, 호른 각 1대씩으로 이루어진다.
- ○ 최상의 음향 효과를 내기 위해서는 음색이 서로 잘 어울리는 악기는 바로 옆자리에 놓아야 하고, 서로 잘 어울리지 않는 악기는 바로 옆자리에 놓아서는 안 된다.
- ○ 오보에와 클라리넷의 음색은 서로 잘 어울리지 않는다.
- ○ 플루트와 클라리넷의 음색은 서로 잘 어울린다.
- ○ 플루트와 오보에의 음색은 서로 잘 어울린다.
- ○ 호른과 오보에의 음색은 서로 잘 어울리지 않는다.
- ○ 바순의 음색과 서로 잘 어울리지 않는 악기는 없다.
- ○ 바순은 그 음이 낮아 제일 왼쪽(1번) 자리에는 놓일 수 없다.

1 2 3 4 5

① 플루트는 3번 자리에 놓일 수 있다.
② 클라리넷은 5번 자리에 놓일 수 있다.
③ 오보에는 2번 자리에 놓일 수 있다.
④ 바순은 3번 자리에 놓일 수 없다.
⑤ 호른은 2번 자리에 놓일 수 없다.

해설

문제 분석

- 플루트, 클라리넷, 오보에, 바순, 호른 한 대씩을 배치해야 한다.
- 음색이 서로 잘 어울리는 악기는 바로 옆자리에 두고, 잘 어울리지 않는 악기는 떨어뜨려 두어야 한다.

문제풀이 실마리

- 각 선지의 정오판단을 할 수 있는 사례를 잘 찾아내야 한다.
- 실마리는 덩어리가 큰 블록인 [오보에 | 플루트 | 클라리넷] 또는 [클라리넷 | 플루트 | 오보에]이다.

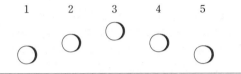

① (O)

1	2	3	4	5
호른	클라리넷	플루트	오보에	바순

순으로 배치하면 플루트가 3번 자리에 놓일 수 있다.

② (O)

1	2	3	4	5
호른	바순	오보에	플루트	클라리넷

순으로 배치하면 클라리넷이 5번 자리에 놓일 수 있다.

③ (X)

1	2	3	4	5
	오보에	플루트	클라리넷	

오보에를 2번 자리에 두게 되면, 1, 5번 자리에 바순과 호른을 배치할 수 있는 방법이 없다.

④ (O)

1	2	3	4	5
		바순		

바순을 3번 자리에 놓게 되면, '오-플-클' 또는 '클-플-오'를 배치할 수 있는 방법이 없다.

⑤ (O)

1	2	3	4	5
	호른			

호른을 2번 자리에 두면, 1번 자리로 갈 수 없는 바순이 3~5번 자리 중 하나에 위치해야 하고, 그러면 ④번과 마찬가지로 '오-플-클' 또는 '클-플-오'를 배치할 수 있는 방법이 없다.

빠른 문제풀이 Tip

- '바순의 음색과 서로 잘 어울리지 않는 악기는 없다.'의 조건을 정확하게 이해해야 한다.
- 주어진 조건에 따를 때 배치 가능한 모든 경우를 미리 따져놓고 해결하는 것은 시간 소모가 크다. 각 선지에 맞는 경우를 하나하나 따지보는 것이 시간 단축에 더 유리하다.

[정답] ③

107 **다음 그림과 같이 각 층에 1인 1실의 방이 4개 있는 3층 호텔에 A~I 총 9명이 투숙해 있다. 주어진 <조건>하에서 반드시 옳은 것은?**

08년 5급 창책형 14번

좌	301호	302호	303호	304호	우
	201호	202호	203호	204호	
	101호	102호	103호	104호	

〈조 건〉

- ○ 각 층에는 3명씩 투숙해 있다.
- ○ A의 바로 위에는 C가 투숙해 있으며, A의 바로 오른쪽 방에는 아무도 투숙해 있지 않다.
- ○ B의 바로 위의 방에는 아무도 투숙해 있지 않다.
- ○ C의 바로 왼쪽에 있는 방에는 아무도 투숙해 있지 않으며, C는 D와 같은 층에 인접해 있다.
- ○ D는 E의 바로 아래의 방에 투숙해 있다.
- ○ E, F, G는 같은 층에 투숙해 있다.
- ○ G의 옆방에는 아무도 투숙해 있지 않다.
- ○ I는 H보다 위층에 투숙해 있다.

① B는 101호에 투숙해 있다.
② D는 204호에 투숙해 있다.
③ F는 304호에 투숙해 있다.
④ G는 301호에 투숙해 있다.
⑤ A, C, F는 같은 열에 투숙해 있다.

해설

문제 분석

〈조건〉의 첫 번째 동그라미부터 각각 조건 ⅰ)~ⅷ)이라고 한다. 각 조건을 블록처럼 생각해서 주어진 호텔 그림에 배치한다.

간단한 조건 ⅱ)~ⅴ)을 블록으로 나타내 보면 다음과 같다.

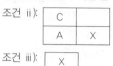

조건 ⅱ):

C	
A	X

조건 ⅲ):

X
B

조건 ⅳ):

X	C	D

조건 ⅳ):

E
D

그리고 조건 ⅰ), ⅶ)을 함께 생각해 보면, G가 2호 또는 3호에 투숙하는 경우 양 옆방에 아무도 투숙하지 않으므로 한 층에는 3명씩 투숙해야 한다는 조건 ⅰ)에 위배된다. 따라서 G는 1호 또는 4호에 투숙해야 한다.

조건 ⅱ), ⅳ), ⅴ)를 다음과 같이 조합할 수 있다.

		E
X	C	D
	A	X

그렇다면 다음과 같은 두 경우를 생각해볼 수 있다.

1)

		E	
X	C	D	
	A	X	

2)

			E
	X	C	D
		A	X

조건 ⅵ)에 따르면 G는 E, F와 같은 층에 투숙해야 하므로 G는 301호 또는 304호에 투숙해야 한다. 그런데 1)의 경우 G가 304호에 투숙한다면 G의 옆방에는 아무도 투숙해 있지 않다는 조건 ⅶ)에 위배된다. 따라서 1)의 경우 301호에 투숙해야 하고, 2)의 경우도 G는 301호에 투숙해야 한다. 어떤 경우에도 G는 201호에 투숙해야 하므로 정답은 ④이다.

나머지도 마저 확인해 본다. 이상의 내용과 조건 ⅵ)에 따르면 E, F, G는 3층에 투숙하므로 3층에 더 이상 투숙할 수 있는 사람은 없다. 조건 ⅷ)에 따르면 I는 H보다 위층에 투숙하는데 I가 3층에 투숙할 수는 없으므로 I는 2층에 투숙한다.

1)의 경우: 조건 ⅵ), ⅶ), ⅷ)을 반영한 아래의 상황부터 검토한다.

G	X	E	F
X	C	D	I
	A	X	

조건 ⅲ)에 따라 B는 101호에, 나머지 H는 104호에 투숙하여야 한다.

G	X	E	F
X	C	D	I
B	A	X	H

2)의 경우: 조건 vi), vii), viii)을 반영한 아래의 상황부터 검토한다.

G	X	F	E
I	X	C	D
		A	X

조건 iii)에 따라 B는 102호에, 나머지 H는 101호에 투숙하여야 한다.

G	X	F	E
I	X	C	D
H	B	A	X

① (X) 2)의 경우 B는 102호에 투숙해 있다.

② (X) 1)의 경우 D는 203호에 투숙해 있다.

③ (X) 2)의 경우 F는 303호에 투숙해 있다.

④ (O) G는 301호에 투숙해 있다.

⑤ (X) 1)의 경우 A, C, F는 같은 열에 투숙해 있지 않다.

빠른 문제풀이 Tip

이상의 해설과 같이 풀이 과정 중간에 정답이 도출되는 경우가 있으므로 구체적인 풀이 이전에 선지를 염두에 두어야 한다. 조건 viii)은 I가 H보다 위층에 투숙하고 있다는 것일 뿐 바로 위에 투숙하고 있다는 것이 아니므로, 결과적으로 I는 H 바로 위에 투숙하고 있지만 아래와 같이 블록으로 나타내지 않아야 한다.

I
H

[정답] ④

108 '홀로섬'에 사는 석봉이는 매일 삼치, 꽁치, 고등어 중 한 가지 생선을 먹는다. 다음 1월 달력과 <조건>에 근거할 때, <보기>에서 옳은 것을 모두 고르면?

13년 5급 인책형 14번

1 월						
일	월	화	수	목	금	토
			1	2	3	4
5	6	7	8	9	10	11
12	13	14	15	16	17	18
19	20	21	22	23	24	25
26	27	28	29	30	31	

〈조 건〉

○ 같은 생선을 연속해서 이틀 이상 먹을 수 없다.
○ 매주 화요일은 삼치를 먹을 수 없다.
○ 1월 17일은 꽁치를 먹어야 한다.
○ 석봉이는 하루에 1마리의 생선만 먹는다.

〈보 기〉

ㄱ. 석봉이가 1월 한 달 동안 먹을 수 있는 꽁치는 최대 15마리이다.
ㄴ. 석봉이가 1월 한 달 동안 먹을 수 있는 삼치는 최대 14마리이다.
ㄷ. 석봉이가 1월 한 달 동안 먹을 수 있는 고등어는 최대 14마리이다.
ㄹ. 석봉이가 1월 6일에 꽁치를 먹어야 한다는 조건을 포함하면, 석봉이는 1월 한 달 동안 삼치, 꽁치, 고등어를 1마리 이상씩 먹는다.

① ㄱ, ㄴ
② ㄱ, ㄷ
③ ㄴ, ㄷ
④ ㄴ, ㄹ
⑤ ㄷ, ㄹ

해설

문제 분석

- 석봉이는 삼치, 꽁치, 고등어 중 하루에 1마리의 생선만 먹되, 같은 생선을 연속해서 이틀 이상 먹을 수 없다.
- 매주 화요일은 삼치를 먹을 수 없다.
- 1월 17일은 꽁치를 먹어야 한다.

문제풀이 실마리

어떤 생선을 최대한 많이 먹기 위해서는 격일로 먹어야 한다.

ㄱ. (X) 1월은 31일까지 있어 홀수날이 더 많고, 현재 주어진 고정조건도 17일인 홀수날에 꽁치를 먹는 것이므로 격일로 홀수날마다 꽁치를 먹으면 최대 16마리의 꽁치를 먹을 수 있다.

ㄴ. (O) 석봉이가 한 달 동안 먹을 수 있는 삼치의 최대 마리 수는
1) 주(週) 단위로 따지는 경우: 3번씩×4주+2번=14마리
2) 월(月) 단위로 따지는 경우

일	월	화	수	목	금	토
			1	2	3	4
5	6	7	8	9	10	11
12	13	14	15	16	17(꽁치)	18
19	20	21	22	23	24	25
26	27	28	29	30	31	

음영처리된 칸은 확정적으로 삼치를 먹고, 3일 또는 4일, 10일 또는 11일, 24일 또는 25일 중 한번씩 삼치를 먹는다면 최대 14마리를 먹을 수 있다.

ㄷ. (X) 석봉이가 한 달 동안 먹을 수 있는 고등어의 최대 마리 수는
1) 짝수날마다 먹는다면: 1부터 31까지 짝수날 15번
2) 홀수날마다 먹는다면
: 1부터 31까지 짝수날 16번 중 반드시 꽁치를 먹어야 하는 17을 뺀 나머지 15번

ㄹ. (O) ㄹ의 진술을 반박할 수 있으려면 삼치, 꽁치, 고등어 중에 1마리 미만 즉, 0마리를 먹는 생선이 있어야 한다. 같은 생선을 연속해서 이틀 이상 먹을 수 없으므로 삼치, 꽁치, 고등어 중에 적어도 두 종류는 먹어야 하고, 홀수일에는 A생선, 짝수일에는 B생선을 먹을 수 있다면 ㄹ의 진술을 반박할 수 있다. 하지만 주어진 조건에 따르면 꽁치가 6일(짝수일)과 17일(홀수일)에 먹어야 하므로 반박은 불가능하다.

[정답] ④

109 다음 글을 근거로 판단할 때, 김과장이 단식을 시작한 첫 주 월요일부터 일요일까지 한 끼만 먹은 요일(끼니때)은?

14년 5급 A책형 17번

김과장은 건강상의 이유로 간헐적 단식을 시작하기로 했다. 김과장이 선택한 간헐적 단식 방법은 i)월요일부터 일요일까지 일주일 중에 2일을 선택하여 아침 혹은 저녁 한 끼 식사만 하는 것이다. 단, ii)단식을 하는 날 전후로 각각 최소 2일간은 정상적으로 세 끼 식사를 하고, 업무상의 식사 약속을 고려하여 iii)단식일과 방법을 유동적으로 결정하기로 했다. 또한 iv)단식을 하는 날 이외에는 항상 세 끼 식사를 한다.

간헐적 단식 2주째인 김과장은 그동안 단식을 했던 날짜를 기록해두기 위해 아래와 같이 최근 식사와 관련된 기억을 떠올렸다.

- v)2주차 월요일에는 단식을 했다.
- vi)지난주에 먹은 아침식사 횟수와 저녁식사 횟수가 같다.
- vii)지난주 월요일, 수요일, 금요일에는 조찬회의에 참석하여 아침식사를 했다.
- viii)지난주 목요일에는 업무약속이 있어서 점심식사를 했다.

① 월요일(저녁), 목요일(저녁)
② 화요일(아침), 금요일(아침)
③ 화요일(아침), 금요일(저녁)
④ 화요일(저녁), 금요일(아침)
⑤ 화요일(저녁), 토요일(아침)

해설

문제 분석

발문에서는 김과장이 첫 주에 먹은 사항에 대해서 묻고 있고 조건 vi)~viii)의 '지난주'는 단식을 시작한 첫 주를 말한다. 주어진 조건 i)~viii)에 유의하여 첫 주의 상황을 정리해 본다.

문제풀이 실마리

직접 해결하는 것도 가능하고, 선지를 활용해서 해결하는 것도 가능하다.

조건 v)에서 2주차 월요일에는 단식을 했다고 하고, 조건 ii)에서 단식을 하는 날 전후로 각각 최소 2일간은 정상적으로 세 끼 식사를 하였다고 하였으므로 첫 주 토요일, 일요일은 정상적으로 식사를 한 날이 된다(ⓐ). 아래와 같이 표로 나타낼 수 있다.

첫 주	월	화	수	목	금	토	일	계
아침						O	O	
점심						O	O	
저녁						O	O	
비교						정상	정상	

간헐적 단식 이전에 정상적으로 식사를 하고 있었다고 해도 조건 ii)에 의하면 단식을 하는 날 전후로 각각 최소 2일간은 정상적으로 세 끼 식사를 하므로 첫 주 월~금요일 중 단식을 한 날은 최대 2회이다. 여기에 조건 vi)에 따르면 아침식사 횟수와 저녁식사 횟수가 같다고 하고 조건 i)에 의하면 단식은 아침 혹은 저녁 식사만 하는 것이므로 첫 주에 2회 단식을 하였고 하루는 아침 식사만, 또 다른 하루는 저녁 식사만 했다는 것을 알 수 있다(ⓑ). 여기에 조건 vii), viii)의 내용을 반영하면 다음과 같다.

첫 주	월	화	수	목	금	토	일	계
아침	O		O		O	O	O	6회
점심				O		O	O	5회
저녁						O	O	6회
비교						정상	정상	

조건 i)에서 단식은 아침 혹은 저녁 한 끼 식사만 하는 것이므로 조건 viii)과 같이 점심식사를 한 목요일은 단식을 하지 않은 날이다. 월, 수, 금요일은 모두 아침을 먹었다면 저녁 식사만 한 날은 화요일이다(ⓒ).

첫 주	월	화	수	목	금	토	일	계
아침	O	X	O	O	O	O	O	6회
점심		X		O		O	O	5회
저녁		O		O		O	O	6회
비교		단식		정상		정상	정상	

조건 ii)에 의하면 단식하는 날 전후로 각각 최소 2일간은 정상적으로 세 깨 식사를 한다고 하므로 월, 수요일은 정상적인 식사를 한 날이다. 따라서 아침 식사만 한 날은 금요일이다.

첫 주	월	화	수	목	금	토	일	계
아침	O	X	O	O	O	O	O	6회
점심	O	X	O	O	X	O	O	5회
저녁	O	O	O	O	X	O	O	6회
비교	정상	단식	정상	정상	단식	정상	정상	

김과장이 단식을 시작한 첫 주 월요일부터 일요일까지 한 끼만 먹은 요일(끼니때)은 화요일(저녁), 금요일(아침)으로 정답은 ④이다.

빠른 문제풀이 Tip

해설의 ⓐ부분에서 선지 ⑤는 토요일에 아침만 먹었다고 하고 있으므로 제거 가능하다. 해설의 ⓑ부분에서 선지 ①은 모두 저녁, 선지 ②는 모두 아침에 단식하고 있다고 하고 있으므로 제거 가능하다. 마지막으로 해설의 ⓒ부분에서 저녁 식사만 한 날은 화요일이므로 선지 ③도 제거 가능하다. 표를 끝까지 완성할 필요 없이 정답을 찾을 수 있다.

[정답] ④

110 아래 그림은 사막에 위치한 우물(●) 현황을 표시한 것이다. i)마을은 바로 인접한 하나의 우물로부터 식수를 반드시 공급받아야 하고, 대각선 방향에 있는 우물은 사용할 수 없다. ii)우물 하나는 하나의 마을에만 식수를 공급할 수 있으며, iii)두 개의 마을은 인접해서 위치하지 않고 대각선으로도 놓여있지 않다. iv)그림 밖의 숫자가 가로, 세로 줄에 위치한 마을 수를 가리킬 때, 다음 ⓐ~ⓔ 중에서 어떠한 경우에도 마을이 위치할 수 없는 곳은 모두 몇 군데인가?

11년 5급 선책형 11번

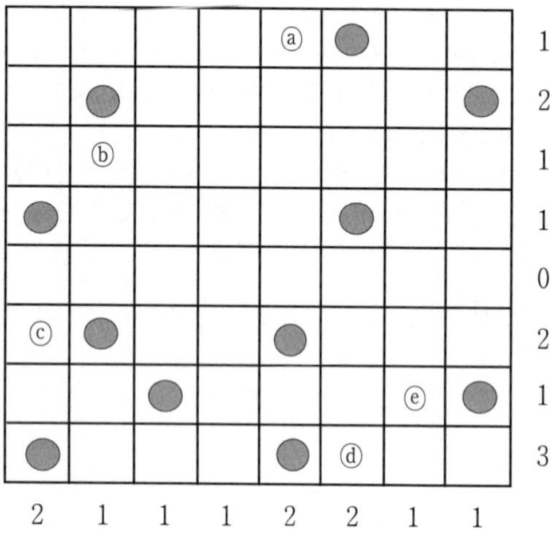

① 1
② 2
③ 3
④ 4
⑤ 5

해설

문제 분석

조건 ⅰ)~ⅳ)를 해석해 보자. 조건 ⅰ)에 따르면 마을은 바로 인접한 하나의 우물로부터 식수를 반드시 공급받아야 하고, 대각선 방향에 있는 우물은 사용할 수 없다고 한다. 이를 그림으로 나타내면 다음과 같다.

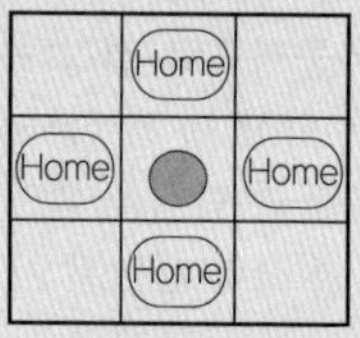

〈그림 1〉

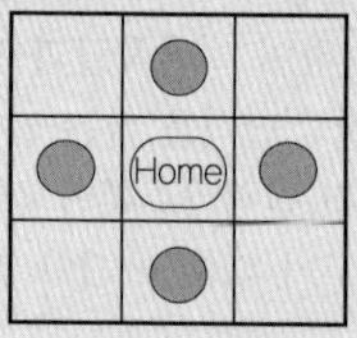

〈그림 2〉

〈그림 1〉에서 (Home)은 마을을 나타내며 마을은 우물 주변에 그림과 같이 4칸 중에 한 칸에 배치되어야 한다. 그리고 반대로 하나의 마을이 위치하려면 〈그림 2〉와 같이 마을 주변 4칸 중에 한 칸은 우물이어야 한다.
조건 ⅲ)에 따르면 두 개의 마을은 인접해서 위치하지 않고 대각선으로도 놓여있지 않다고 한다. 이를 그림으로 나타내면 다음과 같다.

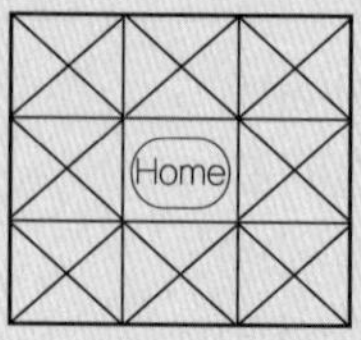

〈그림 3〉

〈그림 3〉에서 ☒와 같이 표시한 칸은 마을이 들어올 수 없는 칸을 의미하며, 하나의 마을이 존재할 때 그 마을 주변의 8칸은 다른 마을이 위치할 수 없다.

문제풀이 실마리

- 마을이 위치할 수 없는 칸들을 확정해나가야 한다. 어디서부터 시작하느냐에 따라서 풀이가 더 복잡해질 수 있다.
- 우물의 개수가 11개이고, 가로 · 세로에 마을 개수도 총 11개이다. 따라서 우물 한 개가 마을 하나씩을 위치시켜야 한다.

조건 ⅰ), ⅳ)에 따라 마을이 위치할 수 없는 칸을 확정해 보면 다음과 같다. ㉠으로 표시한 칸들은 조건 ⅳ)에 의하여 해당 줄에 위치한 마을 수가 0이므로 ☒ 표시하였고, 나머지 ☒칸들은 조건 ⅰ)에 의하여 인접한 4칸 어디에도 우물이 없는 칸들을 표시한 것이다.

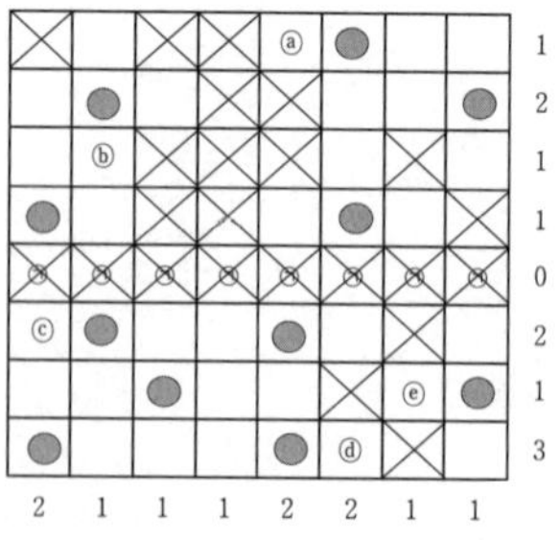

〈그림 4〉

어느 칸에 마을이 확실히 위치할 수 있는지 또는 없는지를 확정해나가야 하는데 조건 ⅲ)에 의하면 ⓓ, ⓔ 칸에 동시에 마을이 위치할 수는 없다. 그러므로 둘 중 한 칸에 마을이 위치한 경우를 가정해 보자. ⓓ칸에 마을이 위치해 있다고 가정하고 조건들을 적용하면서 일정 정도 마을을 위치시켜 볼 때까지는 모순이 발생하지 않지만, ⓔ칸에 마을이 위치해 있다고 가정하면 모순이 발생한다. 〈그림 5〉는 ⓔ칸에 마을을 배치하고 조건 ⅲ)에 따라 마을 주변 8칸에 다른 마을이 위치할 수 없는 칸을 ☒ 표시하고 음영 처리한 그림이다. 조건 ⅳ)에 의하면 가장 아래 가로줄에는 3개의 마을이 위치해야 하는데 마을이 위치할 수 있는 칸은 ✓ 표시한 3칸밖에 없다. 그러나 조건ⅲ)에 의하면 두 개의 마을은 인접해서 위치할 수 없으므로 모순이 발생한다. 따라서 어떠한 경우에도 ⓔ는 마을이 위치할 수 없다.

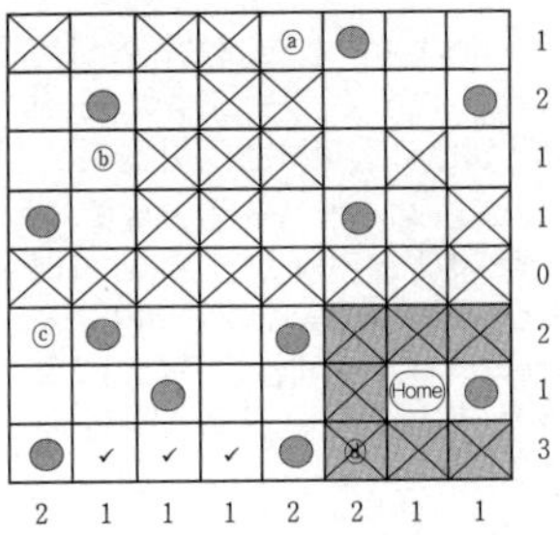

〈그림 5〉

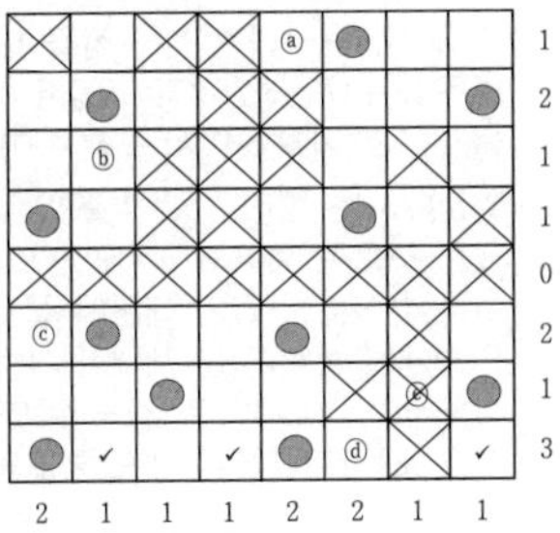

〈그림 6〉

즉, 〈그림 5〉에서 좌측 하단에 굵은 선으로 표시한 우물 두 개는 동시에 맨 아랫줄에 마을을 위치시킬 수 없다.

따라서 다음 〈그림 7〉과 같이 맨 우측 하단에 있는 우물이 위치시키는 마을이 확정된다. 마을의 위치가 확정되면 1) 가로 · 세로 마을 수 확인, 2) 마을 근처 8칸에 마을이 있을 수 없으므로 지우기(음영 칸 표시)를 해야 한다.

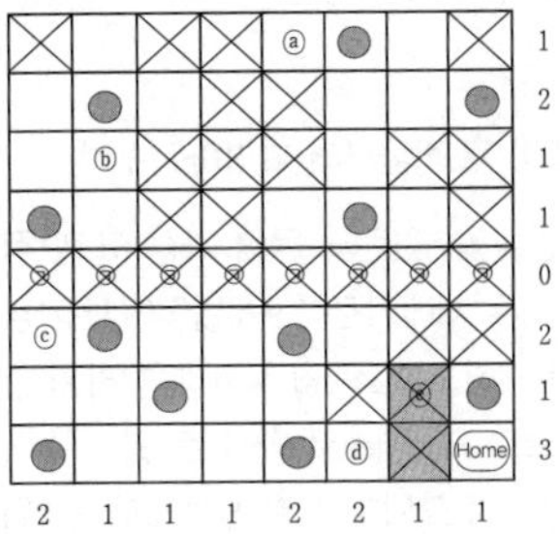

〈그림 7〉

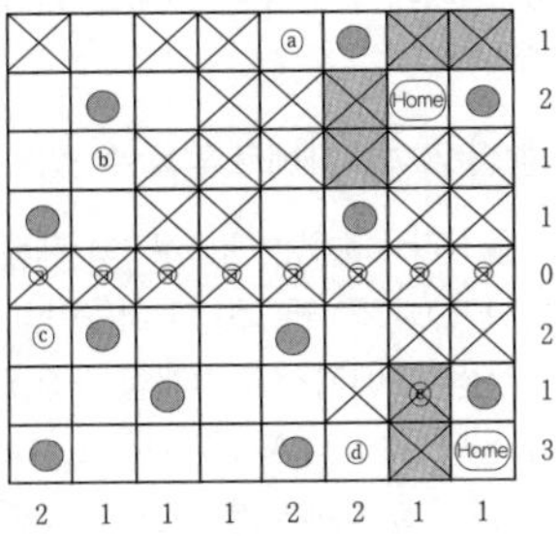

〈그림 8〉

다음 〈그림 8〉과 같이 우측 상단에 있는 우물이 위치시키는 마을이 확정되고, 1)과 2)를 하고 나면 그림 가운데 상단에 있는 우물 두 개가 위치시키는 마을이 〈그림 9〉처럼 확정된다. 이때 가로방향으로 오른쪽에서 세 번째 줄의 두 개의 마을을 위치시킬 수 있는 우물은 그림 가운데 하단에 있는 우물 두 개밖에 안 남는다. 마을을 확정하고 1)과 2)를 하고 나면 〈그림 10〉과 같다. 〈그림 10〉에서 가로방향으로 왼쪽에서 네 번째 줄의 한 개의 마을을 위치시킬 수 있는 우물은 하나밖에 남지 않는다.

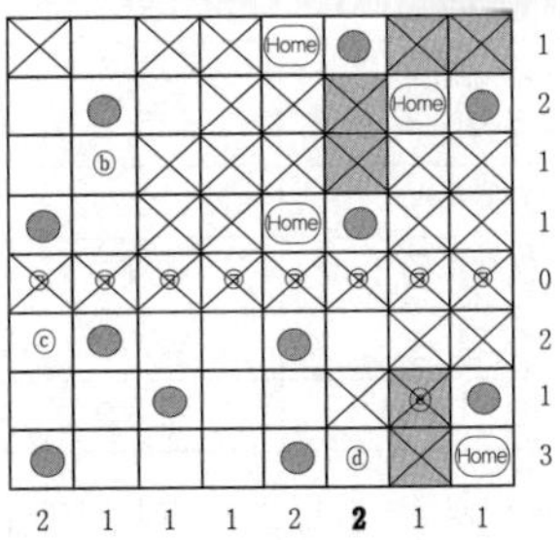

〈그림 9〉

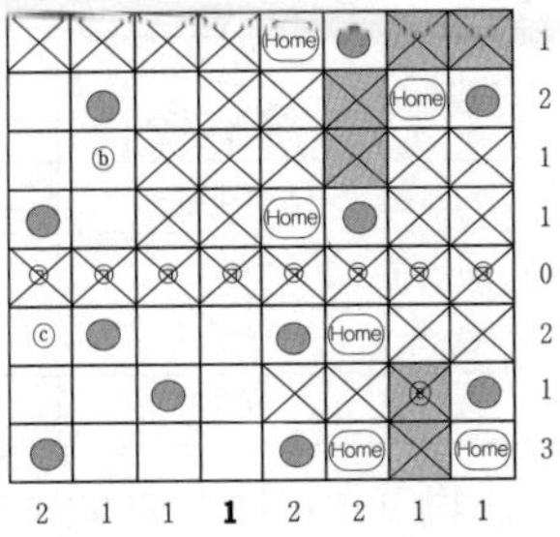

〈그림 10〉

〈그림 10〉에서 마을을 위치시키고 1)과 2)를 하고 나면 다음 〈그림 11〉과 같다. 그렇다면 좌측 하단에 있는 두 개의 우물이 위치시키는 마을이 확정된다. 그리고 가로방향에서 왼쪽부터 세 번째 줄에 있는 한 개의 마을을 위치시킬 수 있는 우물은 하나밖에 안 남는다. 이를 정리하면 〈그림 12〉와 같다.

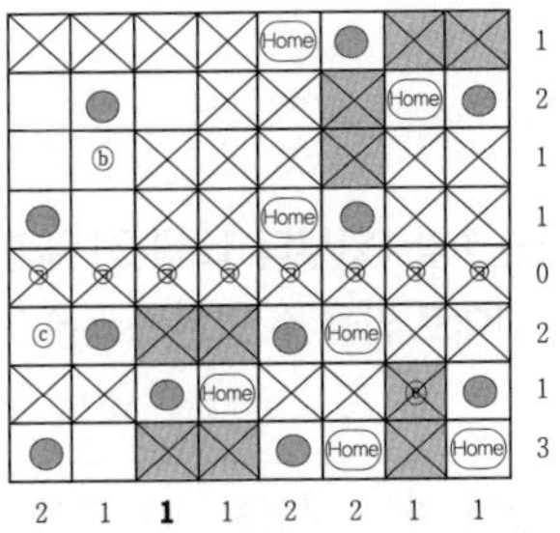

〈그림 11〉

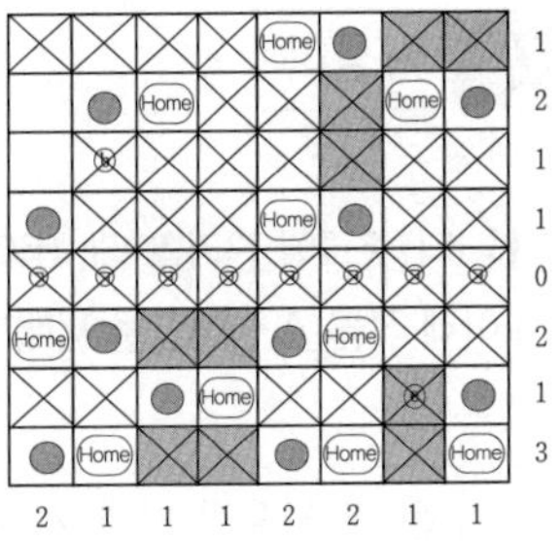

〈그림 12〉

이제 마지막 하나 남은 우물이 위치시키는 마을을 확정하고 나면 〈그림 13〉처럼 11개의 마을의 위치가 모두 확정된다.

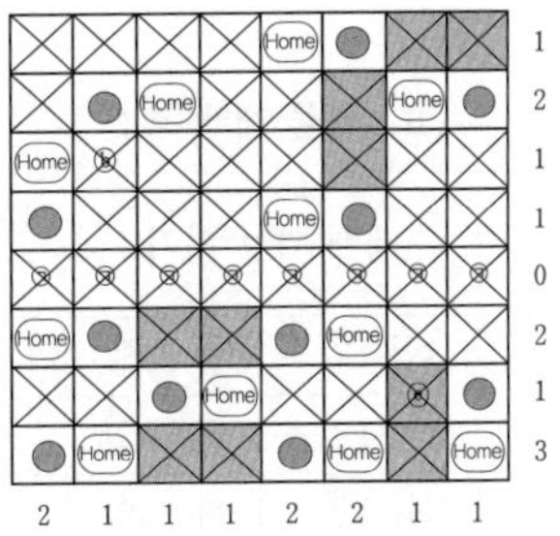

〈그림 13〉

따라서 마을이 위치할 수 없는 곳은 ⓑ, ⓔ 두 군데이다.

빠른 문제풀이 Tip

- 문제를 해결하는 여러 방법이 있는 문제이다. 다양한 방법으로 연습해 보자.
- 발문에서는 '어떠한 경우에도 마을이 위치할 수 없는 곳은 모두 몇 군데인가?'라고 함으로써 경우가 여러 개 있는 것처럼 하고 있지만, 결국 모두 완성하고 나면 한 가지 경우만 있는 문제이다. 조건에 따를 때 한 가지 경우만 가능하다는 확신이 없다면 ⓓ와 ⓔ는 동시에 마을이 위치할 수 없으니까 그중 하나는 마을이 위치할 수 없다는 식으로 생각해서는 안 된다.

[정답] ②

111 다음 글에 근거할 때, 甲이 내년 1월 1일부터 12월 31일까지 아래 작물(A ~ D)만을 재배하여 최대로 얻을 수 있는 소득은?

12년 민경채 인책형 9번

甲은 각 작물별 재배 기간과 재배 가능 시기를 고려하여 작물 재배 계획을 세우고자 한다. 아래 〈표〉의 네 가지 작물 중 어느 작물이든 재배할 수 있으나, 동시에 두 가지 작물을 재배할 수는 없다. 또한 하나의 작물을 같은 해에 두 번 재배할 수도 없다.

〈표〉 작물 재배 조건

작물	1회 재배 기간	재배 가능 시기	1회 재배로 얻을 수 있는 소득
A	4개월	3월 1일 ~ 11월 30일	800만 원
B	5개월	2월 1일 ~ 11월 30일	1,000만 원
C	3개월	3월 1일 ~ 11월 30일	500만 원
D	3개월	2월 1일 ~ 12월 31일	350만 원

① 1,500만 원
② 1,650만 원
③ 1,800만 원
④ 1,850만 원
⑤ 2,150만 원

해설

문제 분석

- 1월 1일부터 12월 31일까지 각 작물별 재배 기간과 재배 가능 시기를 고려하여 작물 재배 계획을 세우고자 한다.
- 네 가지 작물 중 어느 작물이든 재배할 수 있으나, 동시에 두 가지 작물을 재배할 수는 없다.
- 하나의 작물을 같은 해에 두 번 재배할 수도 없다.

문제풀이 실마리

- 문제에서 요구하는 것은 작물(A ~ D)을 재배하여 최대로 얻을 수 있는 소득을 구하는 것이다. 이 경우 1회 재배로 얻을 수 있는 소득이 큰 작물 위주로 재배하면서 규칙에 어긋나지 않는지 살펴보는 것이 좋다.
- 발문에서는 甲이 내년 1월 1일부터 12월 31일까지 작물을 재배할 수 있는 것으로 주어져 있지만, 〈표〉의 작물 재배 조건을 보면 1월에 재배 가능한 작물이 없기 때문에 실질적으로는 2월 1일부터 12월 31일까지의 11개월 동안 작물 재배가 가능하다. 따라서 이 11개월을 최대한으로 활용하여 1회 재배로 얻을 수 있는 소득이 큰 작물 위주로 재배한 후 최대 소득을 얻을 수 있도록 고민해 보아야 한다.

어떤 조건을 우선적으로 고려하는가에 따라서 다음과 같은 접근이 가능하다.

방법 1 11개월을 최대한 다 활용하는 방법

11개월을 모두 다 사용하려면 B, C, D작물을 재배하는 것만 가능하다. B-C-D 순으로 재배하는 경우 재배 가능 시기가 겹치지 않게 재배할 수 있고, 이때의 소득은 1,000만 원(B)+500만 원(C)+350만 원(D)=1,850만 원이다.

방법 2 1회 재배로 얻을 수 있는 소득이 큰 작물부터 고려하는 방법

작물 B가 1,000만 원으로 1회 재배로 얻을 수 있는 소득이 가장 크고, 작물 A가 800만 원으로 그 다음이다. 이 경우 재배기간이 9개월이어서 가능한 작물 재배기간 총 11개월 중 9개월만 재배하고 2개월은 재배를 하지 않게 된다. 따라서 A를 제외하고 그 다음으로 1회 재배로 얻을 수 있는 소득이 큰 C를 재배하면 3개월의 재배기간만 소요되므로, 마찬가지로 3개월의 재배기간이 소요되는 D도 추가로 재배할 수 있게 된다. 이때 800만 원을 얻을 수 있는 A를 제외하면 500만 원(C)+350만 원(D)를 제외하여 총 850만 원의 소득을 얻을 수 있으므로, A보다는 C, D를 재배하는 것이 더 많은 소득을 올릴 수 있다.
앞서 살펴봤듯이 B-C-D 순으로 재배하는 경우 재배 가능 시기가 겹치지 않게 재배할 수 있고, 이때의 소득은 1,000만 원(B)+500만 원(C)+350만 원(D)=1,850만 원이다.

방법 3 가성비

작물	1회 재배 기간	1회 재배로 얻을 수 있는 소득	가성비
A	4개월	800만 원	200
B	5개월	1,000만 원	200
C	3개월	500만 원	약 170
D	3개월	350만 원	약 120

가성비가 높은 A와 B 작물부터 고려해서 따져보는 것도 가능하다. 가성비도 높고 1회 재배기간도 긴 B부터 재배한 후, A를 재배하게 되면 남은 6개월 동안 A만 재배할 수 있어 실질적으로는 6개월에 800만 원의 소득을 올리는 셈이다. 이는 약 133만 원의 가성비가 나온다. 이렇게 A만 재배하는 것 보다는 C, D를 재배하면 6개월 동안 850만 원의 소득을 올릴 수 있고 A만 재배할 때의 가성비보다도 높은 가성비가 나온다. 따라서 B, C, D를 재배하는 것이 좋다.

방법 4 선지 활용

선지에 甲이 재배하여 얻을 수 있는 소득이 제시되어 있으므로 선지에 주어진 값 중 가장 큰 값인 2,150만 원부터 1,850만 원, 1,800만 원 순으로 재배가 가능한지 확인한다.

[정답] ④

112 다음 글을 근거로 판단할 때 옳지 않은 것은?

19년 5급 가책형 16번

A구와 B구로 이루어진 신도시 甲시에는 어린이집과 복지회관이 없다. 이에 甲시는 60억 원의 건축 예산을 사용하여 아래 〈건축비와 만족도〉와 〈조건〉 하에서 시민 만족도가 가장 높도록 어린이집과 복지회관을 신축하려고 한다.

〈건축비와 만족도〉

지역	시설 종류	건축비(억 원)	만족도
A구	어린이집	20	35
	복지회관	15	30
B구	어린이집	15	40
	복지회관	20	50

〈조 건〉

1) 예산 범위 내에서 시설을 신축한다.
2) 시민 만족도는 각 시설에 대한 만족도의 합으로 계산한다.
3) 각 구에는 최소 1개의 시설을 신축해야 한다.
4) 하나의 구에 동일 종류의 시설을 3개 이상 신축할 수 없다.
5) 하나의 구에 동일 종류의 시설을 2개 신축할 경우, 그 시설 중 한 시설에 대한 만족도는 20% 하락한다.

① 예산은 모두 사용될 것이다.
② A구에는 어린이집이 신축될 것이다.
③ B구에는 2개의 시설이 신축될 것이다.
④ 甲시에 신축되는 시설의 수는 4개일 것이다.
⑤ 〈조건〉 5)가 없더라도 신축되는 시설의 수는 달라지지 않을 것이다.

해설

문제 분석

주어진 조건을 정리하면 다음과 같다.

- 60억 원의 건축 예산 범위 내에서 시설을 신축한다.
- 시민 만족도가 가장 높도록 어린이집과 복지회관을 신축하려고 한다.
- 시민 만족도는 각 시설에 대한 만족도의 합으로 계산한다.
- 각 구에는 최소 1개의 시설을 신축해야 하되, 하나의 구에 동일 종류의 시설을 2개까지 신축할 수 있다. 단, 하나의 구에 동일 종류의 시설을 2개 신축할 경우, 그 시설 중 한 시설에 대한 만족도는 20% 하락한다.

문제풀이 실마리

예산을 들여서 만족도를 최대한 높여야 하므로 가성비를 따지는 것이 좋다.

방법 1 경우의 수 따지기

총		A구 어린이집 (20억 원, 35)	A구 복지회관 (15억 원, 30)	B구 어린이집 (15억원, 40)	B구 복지회관 (20억원, 50)	총
a)	건축비	–	2개	2개	–	60억 원
	만족도	–	30, 24	40, 32	–	126
b)	건축비	2개	–	–	1개	60억 원
	만족도	35, 28	–	–	50	113
c)	건축비	1개	–	–	2개	60억 원
	만족도	35	–	–	50, 40	125
d)	건축비	1개	1개	–	1개	55억 원
	만족도	35	30	–	40	105
e)	건축비	1개	–	1개	1개	55억 원
	만족도	35	–	40	50	125
f)	건축비	1개	1개	1개	–	50억 원
	만족도	35	30	40	–	105
g)	건축비	–	1개	1개	1개	50억 원
	만족도	–	30	40	50	120

a)의 경우가 만족도가 가장 크다.

방법 2 가성비 따지기

지역	시설 종류	건축비(억 원)	만족도	가성비
A구	어린이집	20	35	1.75
	복지회관	15	30	2
B구	어린이집	15	40	2.66
	복지회관	20	50	2.5

각 구에는 최소 1개의 시설을 신축해야 하므로 가성비를 기준으로 판단할 때, A구에서는 복지회관을, B구에서는 어린이집을 신축하는 것이 좋다. 남은 30억 원의 예산으로 시민 만족도의 총합을 가장 높이는 방법은 A구에서는 복지회관을, B구에서는 어린이집을 하나씩 더 신축하는 것이다.
따라서 최종적으로 A구에서는 복지회관을 2개, B구에서는 어린이집을 2개 신축하는 것이 시민 만족도의 총합을 가장 높일 수 있다.

① (O) A구에서는 15억 원의 복지회관을 2개, B구에서 15억 원의 어린이집을 2개 신축하므로 60억 원의 예산은 모두 사용될 것이다.

② (X) 위에서 살펴봤듯이 시민 만족도의 총합을 가장 높게 만들기 위해서는 A구에서는 어린이집을 신축하지 않고, 복지회관만 2개 신축한다.

③ (O) B구에서는 어린이집 2개의 시설이 신축된다.

④ (O) 甲시의 신축되는 시설의 수는 총 4개이다.

⑤ (O) 〈조건〉 5)가 없다면, 방법 1에서 구해놓은 것을 활용했을 때, 두 번째 시설에서 하락한 만족도를 더해서 시민 만족도의 총합을 구하면 된다. 예를 들어 경우 a)에서는 〈조건〉 5)를 고려하여 계산한 시민 만족도의 총합이 126인데, 이때 두 번째로 신축된 복지회관에서 −6, 두 번째로 신축된 어린이집에서 −8의 만족도가 하락한 것이므로 +14를 해주면 시민 만족도의 총합은 140이 된다. 방법 1에서 경우 a)에서 동일한 시설을 2개 신축한 경우가 가장 많으므로, a)를 제외한 다른 경우에서는 a)보다 만족도의 상승폭이 적을 것이다. 따라서 〈조건〉 5)가 없더라도 신축되는 시설의 수는 달라지지 않을 것이다.

빠른 문제풀이 Tip

하나하나 계산하는 것보다는 가성비의 사고를 할 수 있다면 문제의 빠른 해결이 가능하다.

[정답] ②

113 다음 글을 근거로 판단할 때, 태은이의 만족도 점수의 합은?

20년 5급 나책형 18번

태은이는 모처럼의 휴일을 즐길 계획을 세우고 있다. 예산 10만 원을 모두 사용하여 외식, 전시회 관람, 쇼핑을 한 번씩 한다. 태은이는 만족도 점수의 합이 최대가 되도록 항목별로 최대 6만 원까지 1만 원 단위로 지출한다. 다음은 항목별 지출에 따른 태은이의 만족도 점수이다.

구분	1만 원	2만 원	3만 원	4만 원	5만 원	6만 원
외식	3점	5점	7점	13점	15점	16점
전시회 관람	1점	3점	6점	9점	12점	13점
쇼핑	1점	2점	6점	8점	10점	13점

① 23점
② 24점
③ 25점
④ 26점
⑤ 27점

해설

문제 분석

주어진 조건을 정리해 보면 다음과 같다.

- 예산 10만 원을 모두 사용하여 외식, 전시회 관람, 쇼핑을 한 번씩 한다.
- 항목별로 최소 1만 원, 최대 6만 원까지 지출한다.
- 만족도 점수의 합이 최대가 되도록 지출한다.

문제풀이 실마리

예산을 사용하여 만족도의 합을 높이기 때문에 가성비 사고를 할 수 있다면 좋다.

방법 1 경우의 수 따지기 – 합분해 활용

1) 외식에 6만 원을 지출한 경우: 전시회 관람과 쇼핑에 4만 원을 지출할 수 있다. (전시회 관람, 쇼핑)=(3만 원, 1만 원), (2만 원, 2만 원), (1만 원, 3만 원) 지출하는 경우가 가능하다.

외식	전시회 관람	쇼핑	총 만족도
6만 원(16점)	3만 원(6점)	1만 원(1점)	23점
	2만 원(3점)	2만 원(2점)	21점
	1만 원(1점)	3만 원(6점)	23점

총 만족도가 가장 높은 경우는 23점이다.

2) 외식에 5만 원을 지출하는 경우: 전시회 관람과 쇼핑에 5만 원을 지출할 수 있다.

외식	전시회 관람	쇼핑	총 만족도
5만 원(15점)	4만 원(9점)	1만 원(1점)	25점
	3만 원(6점)	2만 원(2점)	23점
	2만 원(3점)	3만 원(6점)	24점
	1만 원(1점)	4만 원(8점)	24점

총 만족도가 가장 높은 경우는 25점이다.

3) 외식에 4만 원을 지출하는 경우: 전시회 관람과 쇼핑에 6만 원을 지출할 수 있다.

외식	전시회 관람	쇼핑	총 만족도
4만 원(13점)	5만 원(12점)	1만 원(1점)	26점
	4만 원(9점)	2만 원(2점)	24점
	3만 원(6점)	3만 원(6점)	25점
	2만 원(3점)	4만 원(8점)	24점
	1만 원(1점)	5만 원(10점)	24점

총 만족도가 가장 높은 경우는 26점이다.

4) 외식에 3만 원을 지출하는 경우: 전시회 관람과 쇼핑에 7만 원을 지출할 수 있다.

외식	전시회 관람	쇼핑	총 만족도
3만 원(7점)	6만 원(13점)	1만 원(1점)	21점
	5만 원(12점)	2만 원(2점)	21점
	4만 원(9점)	3만 원(6점)	22점
	3만 원(6점)	4만 원(8점)	21점
	2만 원(3점)	5만 원(10점)	20점
	1만 원(1점)	6만 원(13점)	21점

총 만족도가 가장 높은 경우는 22점이다.

5) 외식에 2만 원을 지출하는 경우: 전시회 관람과 쇼핑에 8만 원을 지출할 수 있다.

외식	전시회 관람	쇼핑	총 만족도
2만 원(5점)	6만 원(13점)	2만 원(2점)	20점
	5만 원(12점)	3만 원(6점)	23점
	4만 원(9점)	4만 원(8점)	22점
	3만 원(6점)	5만 원(10점)	23점
	2만 원(3점)	6만 원(13점)	21점

총 만족도가 가장 높은 경우는 23점이다.

6) 외식에 1만 원을 지출하는 경우: 전시회 관람과 쇼핑에 9만 원을 지출할 수 있다.

외식	전시회 관람	쇼핑	총 만족도
1만 원(3점)	6만 원(13점)	3만 원(6점)	22점
	5만 원(12점)	4만 원(8점)	23점
	4만 원(9점)	5만 원(10점)	22점
	3만 원(6점)	6만 원(13점)	22점

총 만족도가 가장 높은 경우는 23점이다.

7) 모두 종합해 볼 때, 외식 4만 원, 전시회 관람 5만 원, 쇼핑 1만 원을 지출했을 때의 만족도 26이 최대이다.

방법 2 가성비 따지기

각 항목에 지출한 비용이 각각 만 원당 얼마의 만족도를 가져오는지 따져보는 것이다. 즉, 단위비용당 만족도를 따져본다. 예를 들어 외식에 5만 원을 지출해서 15점의 만족도를 얻었다면 만 원당 3점의 만족도를 얻은 셈이다. 즉, 표에서 각 항목별 만족도를 표 맨 윗줄의 지출금액으로 나누어, 단위비용당 만족도를 계산해 보면 다음과 같다.

구분	1만 원	2만 원	3만 원	4만 원	5만 원	6만 원
외식	3점	5점	7점	13점	15점	16점
	3	2.5	2.33	3.25	3	2.66
전시회 관람	1점	3점	6점	9점	12점	13점
	1	1.5	2	2.25	2.4	2.17
쇼핑	1점	2점	6점	8점	10점	13점
	1	1	2	2	2	2.17

이를 토대로 판단할 때 1만 원당 가장 만족도를 높이는 지출은 외식에 4만 원을 지출했을 때 1만 원당 3.25의 만족도를 가져오는 지출이다. 다음으로 1만 원당 만족도를 높이는 지출은 전시회 관람에 5만 원을 지출했을 때 1만 원당 2.4의 만족도를 가져오는 지출이다. 남은 금액은 1만 원이므로 쇼핑에 1만 원을 지출하여 1의 만족도를 얻는다.
외식 4만 원+전시회 관람 5만 원+쇼핑 1만 원의 총 10만 원의 지출을 하여 외식 13점+전시회 관람 12점+쇼핑 1점의 총 26의 만족도를 얻을 수 있다.

방법 3 가성비+합분해

가성비가 가장 높은 외식에 4만 원을 지출하는 것을 찾아낸 후, 방법 1에서의 3)의 경우로 검토하는 방법이다.

방법 4 한계효용 따지기 1

각 항목별로 최소 1만 원의 지출은 해야 한다. 이를 기준으로 하여 각 항목당 추가 지출이 얼마의 한계효용을 갖는지 따져보는 것이다.
예를 들어, 외식에 1만 원 지출을 할 때 1만 원으로 3의 만족도를 얻는데, 예를 들어 외식에 5만 원을 지출해서 15의 만족도를 얻는다면 +4만 원의 지출로+12의 만족도가 추가 된 셈이니까 1만 원당 3의 만족도를 얻는 셈이다. 이 방법대로 각 한계효용을 계산해 보면 다음과 같다.

구분	1만 원	2만 원	3만 원	4만 원	5만 원	6만 원
외식	3점	5점	7점	13점	15점	16점
		2	2	3.3	3	2.6
전시회 관람	1점	3점	6점	9점	12점	13점
		2	2.5	2.67	2.75	2.4
쇼핑	1점	2점	6점	8점	10점	13점
		1	2.5	2.33	2.25	2.4

이때 가장 높은 한계효용을 보이는 방법을 찾아 방법 2처럼 구할 수도 있고, 방법 3처럼 외식 4만 원 지출을 찾은 후 합분해를 통해 경우를 따져보는 것도 가능하다.

방법 5 한계효용 따지기 2

이전 지출에 비해 1만 원을 추가로 지출할 때 추가로 얻게되는 만족도 점수의 변화, 즉 한계효용을 보는 방법도 있으나 이는 다소 부정확한 방법일 수 있으니 참고 정도만 해보자.
각 항목별로 최소 1만 원 지출은 해야하는 상황에서 1만 원씩 지출을 늘려갈 때 얼마의 추가적인 만족도의 변화가 생기는지 보는 것이다.

구분	1만 원		2만 원		3만 원		4만 원		5만 원		6만 원
외식	3점	+2	5점	+2	7점	+6	13점	+2	15점	+1	16점
전시회 관람	1점	+2	3점	+3	6점	+3	9점	+3	12점	+1	13점
쇼핑	1점	+1	2점	+4	6점	+2	8점	+2	10점	+3	13점

이때 +6의 변화가 가장 크기 때문에 외식에 4만 원의 지출을 찾아내는 것인데, +6의 변화가 가장 크다는 것이 10만 원을 지출할 때 1만 원을 쓰더라도 가장 가치있게, 가장 만족도를 높이는 방법으로 사용했다는 것을 담보하는 방법은 아니기 때문에 다소 부정확한 방법일 수 있다는 부분은 감안해야 한다.

[정답] ④

114 다음 글을 근거로 판단할 때, 甲이 수강할 과목만을 모두 고르면? 21년 5급 가책형 6번

○ 甲이 소속된 기관에서는 상시학습 과목을 주기적으로 반복하여 수강하도록 하고 있다.
○ 甲은 2021년 1월 15일 하루 동안 상시학습 과목을 수강하여 '학습점수'를 최대화하고자 한다.
○ 甲이 하루에 수강할 수 있는 최대 시간은 8시간이다.
○ 2021년 1월 15일 기준, 권장 수강주기가 지난 상시학습 과목을 수강하는 경우 수강시간 만큼 학습점수로 인정한다.
○ 2021년 1월 15일 기준, 권장 수강주기 이내에 상시학습 과목을 수강하는 경우 수강시간의 두 배를 학습점수로 인정한다.
○ 과목별 수강시간을 다 채운 경우에 한하여 학습점수를 인정한다.

〈상시학습 과목 정보〉

과목명	수강시간	권장 수강주기	甲의 직전 수강일자
통일교육	2	12개월	2020년 2월 20일
청렴교육	2	9개월	2020년 4월 11일
장애인식교육	3	6개월	2020년 6월 7일
보안교육	3	3개월	2020년 9월 3일
폭력예방교육	5	6개월	2020년 8월 20일

① 통일교육, 폭력예방교육
② 통일교육, 장애인식교육, 보안교육
③ 통일교육, 청렴교육, 보안교육
④ 청렴교육, 장애인식교육, 폭력예방교육
⑤ 보안교육, 폭력예방교육

해설

문제 분석

• 甲은 최대 8시간까지 수강할 수 있고, 甲은 2021년 1월 15일 하루 동안 상시학습 과목을 수강하여 '학습점수'를 최대화하여야 한다.

• 2021년 1월 15일 기준, 권장 수강주기 이내에 상시학습 과목을 수강하는 경우 수강시간의 두 배를 학습점수로 인정한다.

과목명	수강시간	甲의 직전 수강일자	권장 수강주기	권장 수강주기 적용시 일자
통일교육	2	2020년 2월 20일	12개월	2021년 2월 20일
청렴교육	2	2020년 4월 11일	9개월	2021년 1월 11일
장애인식교육	3	2020년 6월 7일	6개월	2020년 12월 7일
보안교육	3	2020년 9월 3일	3개월	2020년 12월 3일
폭력예방교육	5	2020년 8월 20일	6개월	2021년 2월 20일

통일교육과 폭력예방교육이 권장 수강주기 이내에 상시학습 과목을 수강하는 경우이고, 이때 수강시간의 두 배인 통일교육은 4점, 폭력예방교육은 10점의 학습점수가 인정된다.

문제풀이 실마리

학습점수를 최대화할 수 있도록 수강할 과목을 직접 찾아낼 수도 있고, 선지에 주어진 과목을 계산해서 그중 가장 학습점수가 높은 선지를 정답으로 고를 수도 있다.

방법 1

각 선지별로 학습점수를 구해보면 다음과 같다.

	과목명(수강시간)	학습점수
①	통일교육(2), 폭력예방교육(5)	4+10=14
②	통일교육(2), 장애인식교육(3), 보안교육(3)	4+3+3=10
③	통일교육(2), 청렴교육(2), 보안교육(3)	4+2+3=9
④	청렴교육(2), 장애인식교육(3), 폭력예방교육(5) : 총 교육시간이 10시간으로 8시간을 초과하기 때문에 정답이 될 수 없다.	2+3+10=15
⑤	보안교육(3), 폭력예방교육(5)	3+10=13

따라서 甲이 학습점수를 최대화하기 위해 수강할 과목은 '① 통일교육, 폭력예방교육'이다.

방법 2

통일교육과 폭력예방교육은 권장 수강주기 이내에 상시학습 과목을 수강하여 수강시간의 두 배를 학습점수로 인정하기 때문에, 동일하게 한 시간 동안 수강하더라도 두 배의 학습점수를 얻을 수 있는 셈이다. 따라서 되도록 이 두 과목을 포함시켜 상시학습 과목을 수강하는 것이 보다 유리할 것이다. 이를 이미지화하면 다음과 같다.

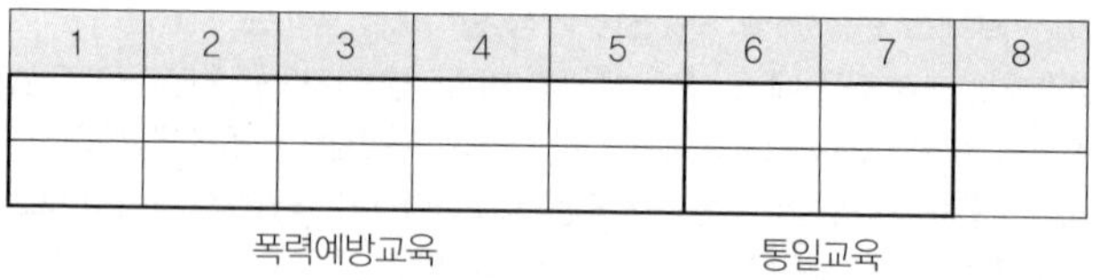

여기에서 폭력예방교육+통일교육을 수강하는 경우에 7시간만 활용하기 때문에 1시간이 남게 된다. 8시간을 모두 활용하는 경우는 2시간의 통일교육 대신에 수강시간이 3시간인 장애인식교육 또는 보안교육을 수강하는 경우인데 이때의 학습점수는 3점으로 오히려 통일교육의 학습점수 4점보다 낮다. 따라서 한 시간의 수강으로 두 배의 학습점수를 얻을 수 있는 선지 ①의 경우가 甲에게 더 유리하다.

빠른 문제풀이 Tip

甲이 하루에 수강할 수 있는 최대 시간은 8시간이므로, 8시간을 초과하는 선지 ④로 오답을 하지 않도록 주의한다. 주어진 제약을 넘어서까지 수강시간이 더 많아지면 학습점수는 당연히 더 높아질 것이다.

[정답] ①

115 투자 가능성이 있는 단위사업 또는 투자계획을 투자안이라 하며, 투자대안이란 일련의 조치를 의미하는 의사결정안이다. 하나의 투자대안은 여러 가지 투자안의 집합으로 구성되거나 아무 투자안도 선택하지 않은 행위를 의미한다. 올해 △△부에서 100억 원의 예산규모 내에서 추진하고자 하는 사업 A에 대해서 다음과 같은 조건의 5개 투자안과 선택기준이 있다. 다음 설명 중 옳은 것은?

05년 5급(견습) 과책형 34번

투자안	P1	P2	P3	P4	P5
투자액	42억 원	45억 원	12억 원	53억 원	13억 원
기대편익	39억 원	42억 원	14억 원	52억 원	12억 원

- ○ 투자대안에서 각 투자안은 한번씩만 선택될 수 있다.
- ○ P1과 P2는 상호 배타적인 투자안이다. 즉, P1과 P2를 동시에 선택할 수 없다.
- ○ P3는 P1에 의존적인 투자안이다. 즉, P3채택을 위해서는 P1도 채택되어야 한다.
- ○ 대안의 효과는 (총기대편익 − 총투자액)이다.

① P1, P2, P5를 선택하여 투자대안을 구성하였다.
② P2, P4, P5를 선택하여 투자대안을 구성하였다.
③ P3, P4, P5를 선택하여 투자대안을 구성하였다.
④ 어떤 투자안도 선택하지 않는 것이 최선의 투자대안이다.
⑤ 손해가 없는 투자대안을 구성하기 위하여 P1, P3, P5를 선택하였다.

해설

문제 분석

발문에서 △△부의 예산규모는 100억 원으로 주어져 있다. 지문의 각 동그라미로 주어진 선택기준을 순서대로 기준 ⅰ)~ⅳ)라 하자. 우선 지문의 표를 보면 각 투자안 중 P3을 제외한 나머지 투자안은 모두 투자액이 기대편익보다 크다. 즉, 기준 ⅳ)에서 정의한 '효과'가 음의 값을 가진다. 선지 ④에서는 '최선의 투자대안'과 같이 언급하고 있고 기준 ⅳ)에서는 '효과'에 대해서 정의하고 있지만, 명시적으로 '효과'에 따라 투자안, 투자대안을 비교하여 '효과'의 값이 더 큰 투자안이 더 좋은 투자안이라는 내용은 없다. 실제로 투자대안이나 정책대안의 경우 비교·평가 기준이 비용편익분석 등 여러 가지가 있을 수 있지만, 지문에서 언급된 내용이 '효과'밖에 없으므로 혹시 투자안, 투자대안의 비교가 필요한 경우 '효과'에 근거해서 판단할 것이라고만 생각하면서 우선 각 선지가 옳은지만 판단해 본다.

투자안과 투자대안의 정의에 의하면 투자대안은 0개 이상의 투자안으로 구성된다. 즉, 대부분의 선지에서는 투자안 3개로 구성된 투자대안에 대해 언급하고 있지만, 발문의 투자대안 정의에 따르면 투자대안은 몇 개의 투자안으로 구성되어도 상관없다.

① (X) 기준 ⅱ)에 따르면 P1, P2를 동시에 선택할 수 없다. 그러므로 투자안 P1, P2를 동시에 선택하는 P1, P2, P5를 투자대안으로 구성할 수 없다.

② (X) 발문에 따르면 △△부의 예산규모는 100억 원으로 주어져 있다. 그러나 P2의 투자액은 42억 원, P4는 53억 원, P5는 13억 원으로 세 투자안의 투자액을 모두 더한 총투자액은 108억 원이다. 따라서 총투자액이 100억 원이 넘는 P2, P4, P5를 투자대안으로 구성할 수 없다.

③ (X) 기준 ⅲ)에 따르면 P3채택을 위해서는 P1도 채택되어야 한다. 그러므로 P3를 선택하고 P1을 채택하지 않는 P3, P4, P5를 투자대안으로 구성할 수 없다.

④ (O) 위에서 정리한 바와 같이 더 좋은, 최선의 투자대안을 판단하는 기준이 '효과'라는 것을 지문에서 명시적으로 언급하고 있지는 않다. 그러나 '효과'를 제외한 다른 기준에 판단하여야 할 근거는 더 없으므로 '효과'의 값이 더 큰 투자대안이 더 좋은 투자대안이라고 판단한다. 위에서 정리한 것처럼 P3을 제외한 나머지 투자안은 모두 '효과'값이 음수이므로 각 투자안을 별개로 생각하면 해당 P1, P2, P4, P5 투자안을 선택하는 것보다 선택하지 않는 것이 더 나은 투자대안을 구성하는 것이다. 그리고 P3의 경우 '효과'값이 양수이나 기준 ⅲ)에 따르면 P3을 채택하기 위해서는 P1도 채택되어야 하고 두 P1, P3 투자안의 총기대편익(53억 원)에서 총투자액(54억 원)을 뺀 '효과'값은 음수가 되므로 P3도 채택하지 않는다. 즉, 어떤 투자안도 선택하지 않는 것이 최선이다.

⑤ (X) P1, P3, P5는 각각 '효과'값이 음수인 투자안들이다. P1, P2, P5로 투자대안을 구성한다면 총기대편익은 65억 원, 총투자액은 67억 원으로 '효과'값은 음수이다. 이를 손해가 발생한다는 것으로 해석할 수 있다.

[정답] ④

116 부처에서는 올해에 다섯 개의 주요 과업을 선정하고 각 과업에 대하여 각각 1명의 전담직원을 정하여 책임 있는 관리를 하고자 한다. 따라서 갑부처는 부처 내에서 가장 유능한 것으로 평가받는 5명의 소속 공무원을 선정하여 다섯 가지 과업을 상세히 설명하고 각 과업별로 예상되는 소요비용을 예측하여 제출하도록 하였다. 그 결과로 아래의 <표>가 도출되었다. 이제 갑부처는 5개의 과업을 최소비용으로 수행할 수 있도록 각 직원에게 하나씩 할당해야 한다. 과업과 직원의 할당결과가 적절하게 제시된 것은?

07년 입법 가책형 2번

〈표〉

직원	과업과 비용(단위: 만 원)				
	1	2	3	4	5
A	3,000	5,000	4,000	8,000	2,000
B	9,000	4,000	3,000	5,000	7,000
C	11,000	6,000	8,000	10,000	9,000
D	6,000	10,000	4,000	12,000	5,000
E	3,000	5,000	6,000	4,000	9,000

① A－5, B－4
② B－2, C－3
③ C－2, D－5
④ D－3, E－4
⑤ A－3, E－1

해설

문제 분석

- 다섯 개의 주요 과업을 선정하고 각 과업에 대하여 각각 1명의 전담직원을 정하여 책임 있는 관리를 하고자 한다.
- 다섯 개의 과업을 담당할 5명의 소속 공무원에게 각 과업별로 예상되는 소요비용을 예측하여 제출하도록 하였다.
- 갑부처는 5개의 과업을 최소비용으로 수행할 수 있도록 각 직원에게 하나씩 할당하려고 한다.

문제풀이 실마리

5개의 과업을 최소비용으로 수행할 수 있도록 각 직원에게 하나씩 할당하기 위해서는 우선 고정정보가 보여야 한다.

각 과업별로 예상되는 소요비용을 고려하여 각 과업별로 어떤 직원이 전담하는 것이 최선인지를 정리하면 다음과 같다.

- 과업 1: 직원 A 또는 직원 E가 담당하는 것이 최선이고, 직원 D가 담당하는 것이 차선이다. 직원 D가 담당하는 경우 3,000만 원이 추가된다.
- 과업 2: 직원 B가 담당하는 것이 최선이고, 직원 A 또는 직원 E가 담당하는 것이 차선이다. 직원 A 또는 직원 E가 담당하는 경우 1,000만 원이 추가된다.
- 과업 3: 직원 B가 담당하는 것이 최선이고, 직원 A 또는 직원 D가 담당하는 것이 차선이다. 직원 A 또는 직원 D가 담당하는 경우 1,000만 원이 추가된다.
- 과업 4: 직원 E가 담당하는 것이 최선이고, 직원 B가 담당하는 것이 차선이다. 직원 B가 담당하는 경우 1,000만 원이 추가된다.
- 과업 5: 직원 A가 담당하는 것이 최선이고, 직원 D가 담당하는 것이 차선이다. 직원 D가 담당하는 경우 3,000만 원이 추가된다.

갑부처는 5개의 과업을 최소비용으로 수행할 수 있도록 각 직원에게 하나씩 할당해야 하므로 과업 1 또는 과업 5의 담당직원을 먼저 선정해야 한다. 과업 1은 직원 A 또는 직원 E가 담당할 수 있지만, 과업 5는 직원 A만 담당할 수 있으므로, 과업 5를 직원 A가 담당하도록 가장 먼저 결정이 되고, 그에 따라 과업 1은 직원 E가 담당하게 된다. 이후 과업 4를 직원 B가 담당하게 되고, 나머지 과업 2와 과업 3은 각각 직원 C, 직원 D가 담당하게 된다. 이를 표로 나타내 보면 다음과 같다.

직원	과업과 비용(단위: 만 원)				
	1	2	3	4	5
A	3,000	5,000	4,000	8,000	2,000
B	9,000	4,000	3,000	5,000	7,000
C	11,000	6,000	8,000	10,000	9,000
D	6,000	10,000	4,000	12,000	5,000
E	3,000	5,000	6,000	4,000	9,000

따라서 직원 A는 과업 5, 직원 B는 과업 4를 전담한다.

[정답] ①

117 다음 글을 근거로 판단할 때 옳지 않은 것은?

16년 민경채 5책형 22번

甲은 〈가격표〉를 참고하여 〈조건〉에 따라 동네 치킨 가게(A ~ D)에서 치킨을 배달시켰다.

〈조 건〉

조건 1. 프라이드치킨, 양념치킨, 간장치킨을 한 마리씩 주문한다.

조건 2. 동일한 가게에 세 마리를 주문하지 않는다.

조건 3. 주문금액(치킨 가격 + 배달료)의 총 합계가 최소가 되도록 한다.

〈가격표〉

(단위: 원)

동네 치킨 가게	치킨 가격 (마리당 가격)			배달료	배달가능 최소금액
	프라이드 치킨	양념 치킨	간장 치킨		
A	7,000	8,000	9,000	0	10,000
B	7,000	7,000	10,000	2,000	5,000
C	5,000	8,000	8,000	1,000	7,000
D	8,000	8,000	8,000	1,000	5,000

※ 배달료는 가게당 한 번만 지불한다.

① A가게에는 주문하지 않았다.
② 총 주문금액은 23,000원이다.
③ 주문이 가능한 경우의 조합은 총 네 가지이다.
④ B가게가 휴업했더라도 총 주문금액은 달라지지 않는다.
⑤ '조건 2'를 고려하지 않는다면 총 주문금액은 22,000원이다.

해설

문제 분석

조건 1~조건 3에 따라 치킨을 주문해야 한다.

문제풀이 실마리

확정하기 유형에 해당하는 문제는 고정정보가 보여야 문제를 해결할 수 있다. 조건 3에서 주문금액(치킨가격+배달료)의 총 합계가 최소가 되도록 주문할 것을 요구하므로, 치킨 가격이 대체로 저렴한 C가게를 최대한 이용하여야 한다. 여기에 조건 2를 반영하여 경우를 따져보면 된다.

조건 2에 따라 동일한 가게에서 두 마리까지는 주문할 수 있으므로 배달료와 배달가능 최소금액을 고려했을 때 동네 치킨 가게 세 군데에서 시키는 것보다는 두 군데에서 시키는 것이 더 적절함을 알 수 있다. 이때 C가게에서 프라이드치킨과 양념치킨 또는 프라이드치킨과 간장치킨을 주문하는 경우의 수를 정리하면 다음과 같다.

〈경우 1〉 C가게에서 프라이드치킨과 양념치킨을 주문하는 경우

동네 치킨 가게	치킨 가격 (마리당 가격)			배달료	배달가능 최소금액
	프라이드 치킨	양념 치킨	간장 치킨		
A	7,000	8,000	9,000	0	10,000
B	7,000	7,000	10,000	2,000	5,000
C	5,000	8,000	8,000	1,000	7,000
D	8,000	8,000	8,000	1,000	5,000

〈경우 2〉 C가게에서 프라이드치킨과 간장치킨을 주문하는 경우

동네 치킨 가게	치킨 가격 (마리당 가격)			배달료	배달가능 최소금액
	프라이드 치킨	양념 치킨	간장 치킨		
A	7,000	8,000	9,000	0	10,000
B	7,000	7,000	10,000	2,000	5,000
C	5,000	8,000	8,000	1,000	7,000
D	8,000	8,000	8,000	1,000	5,000

〈경우 3〉 C가게에서 프라이드치킨과 간장치킨을 주문하는 경우

동네 치킨 가게	치킨 가격 (마리당 가격)			배달료	배달가능 최소금액
	프라이드 치킨	양념 치킨	간장 치킨		
A	7,000	8,000	9,000	0	10,000
B	7,000	7,000	10,000	2,000	5,000
C	5,000	8,000	8,000	1,000	7,000
D	8,000	8,000	8,000	1,000	5,000

① (O) A가게는 치킨 가격은 비싼데 배달가능 최소금액을 충족하려면 두 종류 이상 주문해야 하므로, A가게에는 주문하지 않는다.

② (O) 위에서 살펴본 세 가지 경우 모두 총 주문금액은 항상 23,000원이다.

③ (X) 주문이 가능한 경우의 조합은 총 네 가지가 아니라 세 가지이다.

④ (O) B가게가 휴업했더라도 〈경우 1〉 또는 〈경우 3〉에 따라 주문하면 23,000원의 총 주문금액은 달라지지 않는다.

⑤ (O) 조건 2를 고려하지 않는다면 C가게 에서 모든 치킨 종류를 시키는 것이 비용을 가장 최소화할 수 있고, 이때 주문금액은 5,000+8,000+8,000+1,000=22,000원이다.

[정답] ③

PART 3 경우 해커스 PSAT 길규범 상황판단 올인원 2권 계산·규칙·경우

118 **다음 <규칙>을 근거로 판단할 때, A와 B가 한 번의 게임에서 얻은 점수 합계의 최댓값과 최솟값은?** 16년 5급 4책형 30번

〈규 칙〉

○ A와 B는 상자 안에 든 1～9까지의 숫자가 적힌 아홉 개의 공을 번갈아가며 하나씩 뽑는다. 단, 하나의 공에는 하나의 숫자만 적혀 있고, 중복되거나 누락된 숫자는 없다.
○ 뽑은 공은 상자 안에 다시 넣지 않는다.
○ 공은 A가 먼저 뽑고, 공을 모두 뽑으면 게임은 종료된다.
○ 득점방식은 다음과 같다.
  – (n－1)번째 뽑은 공에 적힌 숫자와 n번째 뽑은 공에 적힌 숫자를 더한다. (n＝2, 3, 4, 5, 6, 7, 8, 9)
  – 위 합산 값의 일의 자리 수가 n번째 공을 뽑은 사람의 득점이 된다. 즉 n이 홀수일 때 A가 득점하고, n이 짝수일 때 B가 득점한다.
  – A는 자신이 뽑은 첫 번째 공으로 득점할 수 없다.

	최댓값	최솟값
①	61	3
②	61	4
③	61	5
④	67	4
⑤	67	5

해설

문제 분석

〈규칙〉의 첫 번째 동그라미부터 각각 조건 ⅰ)～ⅳ)라고 한다. 조건 ⅳ)의 득점방식을 예를 들어 생각해 보면, A가 뽑은 세 번째 공이 7, B가 뽑은 네 번째 공이 8이라고 하자. 그렇다면 7과 8을 더한 15의 일의 자리 수 5는 B의 득점이 된다. 아래와 같이 나타낼 수 있다.

공	세 번째	네 번째
	7	8
		+
득점	A	B
		5

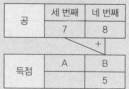

조건 ⅳ)에 따르면 A는 자신이 뽑은 첫 번째 공으로 득점할 수 없으므로 게임의 전체 상황을 다음과 같이 생각하면서 공을 배치해 본다.

공	첫 번째	두 번째	세 번째	네 번째	다섯 번째	여섯 번째	일곱 번째	여덟 번째	아홉 번째
		+	+	+	+	+	+	+	+
득점	–	B	A	B	A	B	A	B	A

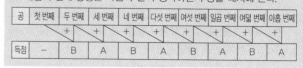

발문에서는 A와 B의 점수 합계에 대해서 묻고 있으므로 A, B 중 누구의 점수인지는 고려하지 않는다.

1) 최댓값: 두 공의 숫자를 더한 일의 자리 수가 최대가 되도록 공의 배치를 생각한다. 일의 자리 숫자 중 가장 큰 숫자는 9이므로 1～9까지의 숫자 중 9를 제외한 나머지는 (1, 8), (2, 7), (3, 6), (4, 5)와 같이 두 숫자를 더해 9를 만들 수 있다. 예를 들어 (n－1)번째 공이 1, n번째 공이 8일 때 얻는 점수는 9가 된다. 그리고 1은 8이 아닌 다른 숫자와도 연속해서 배치되어야 하는데 7과 연속해서 배치하면 9 다음으로 큰 점수인 8점을 득점할 수 있다. 그리고 2는 6과, 3은 5와 연속해서 배치하면 8점을 얻을 수 있다. 위의 숫자 쌍을 괄호 안의 순서를 바꿔 (8, 1), (7, 2), (6, 3), (5, 4)와 같이 생각하고 (8, 1, 7, 2, 6, 3, 5, 4)와 같이 배치한다.
   위의 8개의 숫자를 제외한 9를 어떤 숫자와 더했을 때 일의 자리 수가 최대가 되는지 생각해 보면, 8을 더했을 때 일의 자리 수가 7로 최대가 된다. 8개의 숫자 중에서는 8일 가장 앞에 배치되어 있으므로 9를 8보다 앞 순서에 연속해서 배치한다. 정리하면 다음과 같다.

공	9	8	1	7	2	6	3	5	4
		+	+	+	+	+	+	+	+
득점	–	7	9	8	9	8	9	8	9

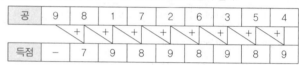

   한 번의 게임에서 얻을 수 있는 점수 합계 최댓값은 67점이다. 역순으로 배치하는 것도 가능하다.

2) 최솟값: 최댓값과 마찬가지로 일의 자리 숫자 중 가장 작은 숫자는 0이므로 1～9까지의 숫자 중 5를 제외한 나머지는 (1, 9), (2, 8), (3, 7), (4, 6)과 같이 두 숫자를 더해 0을 만들 수 있다. 그리고 9는 1이 아닌 다른 숫자와도 연속해서 배치되어야 하는데 2와 연속해서 배치하면 0 다음으로 작은 점수인 1점을 득점할 수 있다. 그리고 8은 3과, 7은 4와 연속해서 배치하면 1점을 얻을 수 있다. 따라서 (1, 9, 2, 8, 3, 7, 4, 6)과 같이 배치한다.
   5는 6과 연속해서 배치하면 1점을 얻을 수 있다. 정리하면 다음과 같다.

공	1	9	2	8	3	7	4	6	5
		+	+	+	+	+	+	+	+
득점	–	0	1	0	1	0	1	0	1

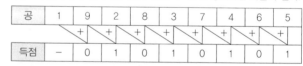

   한 번의 게임에서 얻을 수 있는 점수 합계 최솟값은 4점이다. 역순으로 배치하는 것도 가능하다.

정답은 ④이다.

빠른 문제풀이 Tip

- 실제 문제풀이에서는 선지를 활용한다. 최댓값을 구할 때 정확히 67점을 얻는 방법을 떠올리지 못한다고 해도, 61점 이상을 득점할 수 있는 경우를 생각했다면 선지 ①, ②, ③을 제거할 수 있다.
- 총 8번의 점수를 얻는데 불가능하지만 모두 9점을 얻는다면 총 72점을 얻을 수 있다. 총 72점에서 몇 점의 점수가 깎이는지 접근하는 것도 좋다.

[정답] ④

11 팀구성

119 어떤 회사의 영업부서에서 해외 영업팀을 새로 조직하려고 한다. 9명의 사원을 세 명씩 나누어 세 팀을 만들고자 한다. 각 팀에는 A, B, C라는 팀명이 붙어있다. 그런데 9명의 사원 중 4명(가, 나, 다, 라)은 한국인이고, 나머지 5명(마, 바, 사, 아, 자)은 외국인이다. 각 사원은 반드시 세 팀 중 어느 한 곳에 속해야 한다. 또한 팀 구성에는 <보기>의 조건들이 만족되어야 한다. 만일 '다' 와 '마' 가 B팀에 속한다면 A팀에 속해야 할 사원들은?

07년 입법 가책형 22번

〈보 기〉

- ○ 각 팀에는 적어도 한 명의 한국인 직원이 포함되어야 한다.
- ○ 가는 반드시 두 명의 외국인과 같은 팀에 속해야 한다.
- ○ 바는 반드시 C 팀에 속해야 한다.
- ○ 아는 반드시 A 팀에 속해야 한다.
- ○ 가, 라, 사 중 누구도 바와 같은 팀에 속해서는 안 된다.

① 가, 라, 아
② 가, 사, 아
③ 가, 아, 자
④ 라, 사, 아
⑤ 라, 아, 자

해설

문제 분석
〈보기〉의 첫 번째 동그라미부터 각각 조건 ⅰ)~ⅴ)라고 한다. 발문과 〈보기〉의 조건 중 확정적인 내용부터 검토하여 사원들을 세 개의 팀에 배치해본다.

발문에 따르면 9명의 사원을 세 명씩 나누어 A, B, C 세 팀을 만든다. 9명의 사원 중 4명(가, 나, 다, 라)은 한국인이고, 나머지 5명(마, 바, 사, 아, 자)은 외국인이다. '다'와 '마'를 B팀에 배치하고 〈보기〉의 조건들을 검토한다. 이상을 정리하면 아래와 같다.

A팀	B팀	C팀
	다	
	마	

한국인 사원이 배치된 칸은 음영 처리하였다.

조건 ⅰ)에 따르면 각 팀에는 적어도 한 명의 한국인 직원이 포함되어야 한다.

A팀	B팀	C팀
	다	
	마	

아직 한 명의 한국인 직원이 더 배치되어야 한다는 것을 염두에 둔다. 조건 ⅱ)에 따르면 '가'는 반드시 두 명의 외국인과 같은 팀에 속해야 하므로 B팀에 배치될 수 없다는 것을 확인한다. '가'는 A 또는 C팀에 배치된다. 조건 ⅲ), ⅳ)에 따라 '바', '아'를 배치한다.

A팀	B팀	C팀
	다	
	마	바
아		

조건 ⅴ)에 따르면 '가', '라', '사'는 C팀에 배치될 수 없다. 이미 A, B팀에 배치된 '다', '마', '아'도 C팀에 배치될 수 없으므로 남아있는 직원 '나', '자'가 C팀에 배치된다.

A팀	B팀	C팀
	다	나
	마	바
아		자

'가'는 A팀에 배치되고, B팀에 두 명의 한국인 직원이 배치되므로 B팀에 '라'가 배치된다. 남아있는 '사'는 A팀에 배치된다.

A팀	B팀	C팀
가	다	나
사	라	바
아	마	자

정답은 ②이다.

[정답] ②

120 다음 <규칙>을 근거로 판단할 때 <보기>에서 옳은 것만을 모두 고르면? 17년 입법 가책형 33번

〈규 칙〉

○○부처 성과관리위원회는 산하 7개 공공기관인 R, S, T, U, V, W 및 X에 대한 평가를 실시하려고 한다. 성과관리위원회는 다음과 같은 규칙에 따라 1그룹과 2그룹으로만 구분된 산하 공공기관들에 대해 각각 평가를 실시해야 한다.

- 각 그룹에는 적어도 3개 기관이 포함되어야 한다.
- 어떤 공공기관도 양쪽 그룹에 동시에 속할 수 없다.
- R과 X는 반드시 같은 그룹에 속해야 한다.
- T가 1그룹에 속하게 되는 경우, W는 1그룹에 속해야만 한다.
- U가 2그룹에 속하게 되는 경우, S는 1그룹에 속해야만 한다.

〈보 기〉

ㄱ. S와 W가 2그룹에 함께 속하는 경우, U와 X는 반드시 같은 그룹에 속해야만 한다.
ㄴ. R과 T는 2그룹에 함께 속할 수 있다.
ㄷ. S, T, V, W가 1그룹에 함께, R, U, X가 2그룹에 함께 속할 수 있다.
ㄹ. R, V, W가 1그룹에 함께 속할 수 있다.

① ㄱ, ㄷ
② ㄴ, ㄹ
③ ㄱ, ㄴ, ㄷ
④ ㄱ, ㄷ, ㄹ
⑤ ㄴ, ㄷ, ㄹ

해설

문제 분석

〈규칙〉의 첫 번째 동그라미부터 각각 규칙 ⅰ)~ⅴ)라고 한다. 규칙 ⅰ)의 내용을 다음과 같이 표로 나타낼 수 있다.

1그룹				
2그룹				

규칙 ⅲ)에 따르면 R과 X는 반드시 같은 그룹에 속해야 하므로,

R	X

와 같은 블록을 1그룹 또는 2그룹에 배치한다고 생각한다. 그리고 규칙 ⅳ), ⅴ)는

- W가 1그룹에 속하지 않을 경우, T는 1그룹에 속하지 않는다.
  =W가 2그룹에 속하게 되는 경우, T는 2그룹에 속한다.
- S가 1그룹에 속하지 않을 경우, U는 2그룹에 속하지 않는다.
  =S가 2그룹에 속하게 되는 경우, U는 1그룹에 속한다.

와 같이 대우명제로도 이해한다.

ㄱ. (O) S와 W를 2그룹에 배치한다. 규칙 ⅳ)에 따라 W가 2그룹에 속하게 되는 경우, T는 2그룹에 속한다. 그리고 규칙 ⅴ)에 따라 S가 2그룹에 속하게 되는 경우, U는 1그룹에 속한다.

1그룹	U			
2그룹	S	W	T	

규칙 ⅲ)에 따르면 R과 X는 반드시 같은 그룹에 속해야 하는데 2그룹은 이미 3개 기관을 포함하고 있으므로, R과 X는 1그룹에 속한다.

1그룹	U	R	X	
2그룹	S	W	T	

따라서 U와 X는 반드시 같은 그룹에 속해야만 한다.

ㄴ. (O) R과 T를 2그룹에 배치하고, 모든 규칙에 부합하도록 나머지 기관들을 배치할 수 있는지 확인한다. 규칙 ⅲ)에 따르면 R과 X는 반드시 같은 그룹에 속해야 한다.

1그룹				
2그룹	R	T	X	

다음과 같은 배치 외에도 여러 가지 배치가 가능하다.

1그룹	S	U	V	W
2그룹	R	T	X	–

1그룹	S	V	W	–
2그룹	R	T	X	U

ㄷ. (O) S, T, V, W를 1그룹에, R, U, X를 2그룹에 배치하고 모든 규칙에 부합하는지 확인한다.

1그룹	S	T	V	W
2그룹	R	U	X	–

규칙 ⅰ), ⅱ), ⅲ)에 부합한다. T가 1그룹에 속하는데 W가 1그룹에 속하므로 규칙 ⅳ)에 부합한다. U가 2그룹에 속하는데 S가 1그룹에 속하므로 규칙 ⅴ)에 부합한다.

ㄹ. (X) R, V, W를 1그룹에 배치하고, 모든 규칙에 부합하도록 나머지 기관들을 배치할 수 있는지 확인한다. 규칙 ⅲ)에 따르면 R과 X는 반드시 같은 그룹에 속해야 한다.

1그룹	R	V	W	X
2그룹				–

나머지 S, T, U는 1그룹에 배치한다.

1그룹	R	V	W	X
2그룹	S	T	U	–

규칙 ⅴ)에 따르면 U가 2그룹에 속하게 되는 경우, S는 1그룹에 속해야만 하는데 위의 경우는 2그룹에 속해있다. 규칙 ⅴ)에 부합하지 않는다.

[정답] ③

121 A, B, C, D 정책을 실시하려고 한다. 다음 <조건>을 근거로 비용대비 효과가 가장 큰 정책실시 순서를 바르게 나열한 것은?

11년 민경채(실험) 18번

〈조건 1〉

A, B, C, D 네 가지 개별 정책의 비용과 효과의 크기는 동일하다. 다만, 〈조건 2〉에 따라 달라질 수 있다.

〈조건 2〉

- A정책을 B정책 뒤에 실시하면 A정책의 효과가 절반으로 줄어든다.
- D정책을 A정책 전에 실시하면 D정책의 효과는 0이 된다.
- A정책과 B정책을 바로 이어서 실시하면 A정책과 B정책의 비용이 두 배가 된다.
- A정책과 C정책을 서로 인접하여 실시하면 A정책과 C정책의 효과가 절반으로 줄어든다.
- A정책과 D정책은 다른 정책 하나를 사이에 두고 실시하면 A정책과 D정책의 효과는 두 배가 된다.

① A − B − C − D
② A − C − D − B
③ B − C − D − A
④ C − A − D − B
⑤ D − B − C − A

해설

문제 분석

〈조건 2〉의 첫 번째 동그라미부터 각각 조건 ⅰ)~ⅴ)라고 한다. 〈조건 1〉에 따르면 A, B, C, D 네 가지 정책의 비용과 효과의 크기는 동일하다. 문제풀이의 편의상 임의의 숫자를 가정하는 것이 좋다. 각 정책의 비용과 효과를 100이라고 가정한다. 각 선지가 〈조건 2〉에 해당하는 것이 있는지 판단해 본다.

① (X) A − B − C − D

조건 ⅲ)에 따라 A정책과 B정책의 비용이 두 배가 된다.

	A	B	C	D
비용	200	200	100	100
효과	100	100	100	100

비용의 총합은 600, 효과의 총합은 400이다. 비용대비 효과는 2/3이다.

② (O) A − C − D − B

조건 ⅳ)에 따라 A정책과 C정책의 효과가 절반으로 줄어든다. 그리고 조건 ⅴ)에 따라 A정책과 D정책의 효과는 두 배가 된다.

	A	C	D	B
비용	100	100	100	100
효과	100	50	200	100

비용의 총합은 400, 효과의 총합은 450이다. 비용대비 효과는 9/8이다.

③ (X) B − C − D − A

조건 ⅰ)에 따라 A정책의 효과가 절반으로 줄어든다. 그리고 조건 ⅱ)에 따라 D정책의 효과는 0이 된다.

	B	C	D	A
비용	100	100	100	100
효과	100	100	0	50

비용의 총합은 400, 효과의 총합은 250이다. 비용대비 효과는 5/8이다.

④ (X) C − A − D − B

조건 ⅳ)에 따라 A정책과 C정책의 효과가 절반으로 줄어든다.

	C	A	D	B
비용	100	100	100	100
효과	50	50	100	100

비용의 총합은 400, 효과의 총합은 300이다. 비용대비 효과는 3/4이다.

⑤ (X) D − B − C − A

조건 ⅰ)에 따라 A정책의 효과가 절반으로 줄어든다. 그리고 조건 ⅱ)에 따라 D정책의 효과는 0이 된다. 또한 조건 ⅳ)에 따라 A정책과 C정책의 효과가 절반으로 줄어든다.

	D	B	C	A
비용	100	100	100	100
효과	0	100	50	25

비용의 총합은 400, 효과의 총합은 175이다. 비용대비 효과는 7/16이다.

따라서 비용대비 효과가 가장 큰 정책실시 순서는 ② A − C − D − B이다.

[정답] ②

122 아래 Ⓐ부터 Ⓘ까지의 자리에 1부터 9까지의 서로 다른 정수를 넣으려고 한다. 다음의 조건에 맞게 수를 배정할 때 잘못된 내용을 <보기>에서 모두 고르면?

14년 입법 가책형 17번

Ⓐ	Ⓑ	Ⓒ
Ⓓ	Ⓔ	Ⓕ
Ⓖ	Ⓗ	Ⓘ

조건 1) 모서리인 Ⓐ, Ⓒ, Ⓖ, Ⓘ와 중앙의 Ⓔ 자리에는 홀수가 들어간다.
2) Ⓐ와 Ⓔ를 더한 값은 Ⓖ보다 작다.
3) Ⓐ와 Ⓒ를 더한 값은 Ⓖ와 Ⓘ를 더한 값과 같다.
4) Ⓖ는 Ⓘ보다 작은 수이다.
5) Ⓒ는 Ⓘ보다 큰 수이다.
6) Ⓑ와 Ⓗ를 더한 값은 Ⓓ와 Ⓕ를 더한 값과 같다.
7) Ⓑ는 Ⓐ, Ⓒ보다 작은 수이고 Ⓓ는 Ⓐ, Ⓖ보다 큰 수이다.

〈보 기〉

ㄱ. Ⓒ와 Ⓔ와 Ⓖ를 더한 값은 Ⓐ와 Ⓔ와 Ⓘ를 더한 값보다 크다.
ㄴ. Ⓐ와 Ⓓ와 Ⓖ를 더한 값은 Ⓒ와 Ⓕ와 Ⓘ를 더한 값보다 크다.
ㄷ. Ⓐ와 Ⓑ와 Ⓒ를 더한 값은 Ⓖ와 Ⓗ와 Ⓘ를 더한 값보다 크다.
ㄹ. Ⓑ와 Ⓔ와 Ⓗ를 곱한 값은 Ⓓ와 Ⓔ와 Ⓕ를 곱한 값보다 작다.

① ㄱ, ㄴ
② ㄱ, ㄹ
③ ㄴ, ㄷ
④ ㄴ, ㄹ
⑤ ㄷ, ㄹ

해설

문제 분석
조건 1)~조건 7)로 주어져 있다.

문제풀이 실마리
이 문제에 주어진 모든 조건은 연결해서 처리해야 한다.

조건 1)을 통해 Ⓐ, Ⓒ, Ⓖ, Ⓘ, Ⓔ는 홀수임을 알 수 있다.
조건 1)과 2)~5)를 모두 연결하여 처리하면,
Ⓐ+Ⓔ<Ⓖ<Ⓘ<Ⓒ
Ⓐ+Ⓒ=Ⓖ+Ⓘ이고, 따라서 Ⓐ=3, Ⓒ=9, Ⓔ=1, Ⓖ=5, Ⓘ=7이 된다.
조건 1)과 6)~7)을 처리하면
Ⓑ, Ⓓ, Ⓕ, Ⓗ는 모두 짝수이면서, Ⓑ+Ⓗ=Ⓓ+Ⓕ이다.
Ⓑ는 Ⓐ=3, Ⓒ=9보다 작은 수이므로 Ⓑ=2가 되고, Ⓓ는 Ⓐ=3, Ⓖ=5보다 큰 수이므로 Ⓓ=6이 된다. 정리하면 Ⓑ=2, Ⓓ=6, Ⓕ=4, Ⓗ=8이 된다.

ㄱ. (O) Ⓒ 9+Ⓔ 1+Ⓖ 5=15>Ⓐ 3+Ⓔ 1+Ⓘ 7=11
ㄴ. (X) Ⓐ 3+Ⓓ 6+Ⓖ 5=14<Ⓒ 9+Ⓕ 4+Ⓘ 7=20
ㄷ. (X) Ⓐ 3+Ⓑ 2+Ⓒ 9=14<Ⓖ 5+Ⓗ 8+Ⓘ 7=20
ㄹ. (O) Ⓑ 2×Ⓔ 1×Ⓗ 8=16<Ⓓ 6×Ⓔ 1×Ⓕ 4=24

빠른 문제풀이 Tip
홀수, 짝수를 잘 구분하여 해결하는 것이 필요한데, 문제를 해결하는 중간에 해당 알파벳이 홀수인지 짝수인지 구분하는 것이 어렵다면, 미리 홀수에만 시각적 처리를 해두는 것도 좋다.

[정답] ③

123 다음 글을 근거로 판단할 때, A물건 1개의 무게로 가능한 것은?

21년 5급 가책형 32번

> 甲이 가진 전자식 체중계는 소수점 이하 첫째 자리에서 반올림하여 kg 단위의 자연수로 무게를 표시한다. 甲은 이 체중계를 아래와 같이 이용하여 A물건의 무게를 추정하고자 한다.
>
> ○ i)甲이 체중계에 올라갔더니 66이 표시되었다.
> ○ ii)甲이 A물건을 2개 들고 체중계에 올라갔지만 66이 그대로 표시되었다.
> ○ iii)甲이 A물건을 3개 들고 체중계에 올라갔더니 67이 표시되었다.
> ○ iv)甲이 A물건을 4개 들고 체중계에 올라갔을 때에도 67이 표시되었다.
> ○ v)甲이 A물건을 5개 들고 체중계에 올라갔더니 68이 표시되었다.

① 200g
② 300g
③ 400g
④ 500g
⑤ 600g

해설

문제 분석

A물건의 무게를 x라 가정한다. 甲이 가진 전자식 체중계는 소수점 이하 첫째 자리에서 반올림하여 kg 단위의 자연수로 무게를 표시하기 때문에 제시문에 주어진 조건을 정리하면 다음과 같다.

조건 i): 65.5≤甲<66.5 … ㉠
조건 ii): 65.5≤甲+2x<66.5 … ㉡
조건 iii): 66.5≤甲+3x<67.5 … ㉢
조건 iv): 66.5≤甲+4x<67.5 … ㉣
조건 v): 67.5≤甲+5x<68.5 … ㉤

문제풀이 실마리

선지를 활용한다. 주어진 조건에 따르면 甲만 체중계에 올라갔을 때와 甲이 A물건을 2개 들고 체중계에 올라갔을 때에 체중계에 표시되는 무게는 66kg으로 같다. A물건 2개의 무게가 1kg 이상이면 甲의 체중과 상관없이 체중에 표시되는 무게가 바뀌므로 A물건의 무게는 ④ 500g과 ⑤ 600g은 될 수 없다.

1) A물건의 무게가 200g이면 A물건 2개, 3개, 4개, 5개일 때의 무게는 각각 0.4kg, 0.6kg, 0.8kg, 1kg이다. 체중계에 68kg으로 표시되기 위한 무게의 최솟값은 67.5kg으로 A물건이 200g이라면 甲은 최소 66.5kg이어야 한다. 그러나 甲의 체중은 65.5~66.4kg이므로 A물건은 200g이 될 수 없다.

2) A물건의 무게가 300g이면 A물건 2개, 3개, 4개, 5개일 때의 무게는 각각 0.6kg, 0.9kg, 1.2kg, 1.5kg이다. 체중계에 68kg으로 표시되기 위한 무게의 최솟값은 67.5kg으로 A물건이 300g이라면 甲은 최소 66kg이어야 한다. 甲의 체중을 66kg라면 甲이 A물건 2개를 들고 체중계에 올라갔을 때 총 무게는 66.6kg으로 체중계에 67kg으로 표시되어야 한다. 따라서 A물건은 300g이 될 수 없다.

3) A물건의 무게가 400g이면 A물건 2개, 3개, 4개, 5개일 때의 무게는 각각 0.8kg, 1.2kg, 1.6kg, 2kg이다. 체중계에 68kg으로 표시되기 위한 무게의 최솟값은 67.5kg으로 A물건이 400g이라면 甲은 최소 65.5kg이어야 한다. 甲의 체중을 65.5kg라면 甲이 A물건 2개를 들고 체중계에 올라갔을 때 총 무게는 66.3kg으로 체중계에 66kg으로 표시된다. 甲이 A물건 3개를 들고 체중계에 올라갔을 때 총 무게는 66.7kg으로 체중계에 67kg으로 표시된다. 甲이 A물건 4개를 들고 체중계에 올라갔을 때 총 무게는 67.1kg으로 체중계에 67kg으로 표시된다. 甲이 A물건 5개를 들고 체중계에 올라갔을 때 총 무게는 67.5kg으로 체중계에 68kg으로 표시된다. 따라서 A물건은 400g이 될 수 있다.

빠른 문제풀이 Tip

- 선지를 활용해서 해당 선지가 정답일 수 있는지 대입해 보는 것 외에 부등식의 계산으로 해결하는 방법도 가능하다. 조건에 따른 다섯 개의 부등식을 찾아낸 후 부등식 간에 서로 빼면서 A의 범위가 얼마일 수 있는지를 찾아내는 것이다.
- 일부의 몇몇 경우로만 판단하여 부정확한 방법이자 잘못된 풀이 과정으로 문제를 해결하지 않도록 주의한다.

[정답] ③

124 다음 글을 근거로 판단할 때, 색칠된 사물함에 들어 있는 돈의 총액으로 가능한 것은? 17년 5급 가책형 18번

○ 아래와 같이 생긴 25개의 사물함 각각에는 200원이 들어 있거나 300원이 들어 있거나 돈이 아예 들어있지 않다.
○ 그림의 우측과 아래에 쓰인 숫자는 그 줄의 사물함에 든 돈의 액수를 모두 합한 금액이다. 예를 들어, 1번, 2번, 3번, 4번, 5번 사물함에 든 돈의 액수를 모두 합하면 900원이다.
○ 11번 사물함에는 200원이 들어 있고, 25번 사물함에는 300원이 들어 있으며, 전체 사물함 중 200원이 든 사물함은 4개뿐이다.

1	2	3	4	5	900
6	7	8	9	10	700
11	12	13	14	15	500
16	17	18	19	20	300
21	22	23	24	25	500
500	400	900	600	500	

① 600원
② 900원
③ 1,000원
④ 1,200원
⑤ 1,400원

해설

문제 분석
• 사물함에는 0원, 200원, 300원이 있을 수 있다.
• 사물함에 든 돈의 액수의 가로합과 세로합이 각 줄에 쓰여 있다.
• 11번 사물함에는 200원이 들어 있고, 25번 사물함에는 300원이 들어 있다.
• 전체 사물함 중 200원이 든 사물함은 4개뿐이다.

문제풀이 실마리
선지를 고려할 때 지문에 따라 최대한 사물함의 칸 별로 액수를 확정해 나아가되 발문을 고려할 때 모든 사물함이 다 확정되지 않을 수는 있음을 예상해야 한다.

전체 2,900원이 들어 있고 200원이 든 사물함은 4개이므로 300원이 들어 있는 사물함은 7개이다. 지문의 내용과 함께 그림을 정리하면 다음과 같다.

1	2	3	4	5	900
6	7	8	9	10	700
11 O X	12	13	14	15	500
16	17	18	19	20	300
21	22	23	24	25 X O	500
500	400	900	600	500	2,900

사물함 번호 아래 왼쪽 O, X는 200원이 들어 있는지 여부, 오른쪽은 300원이 들어 있는지 여부를 나타낸다. 여기서 사물함을 한 칸씩 파악해 나간다. 예를 들어 16~20번 사물함 줄은 해당 사물함에 든 돈의 액수의 합이 300원이므로 해당 사물함들에는 200원이 들어 있을 수 없다. 이를 표시하면 다음과 같다.

1	2	3	4	5	900
6	7	8	9	10	700
11 O X	12	13	14	15	500
16 X	17 X	18 X	19 X	20 X	300
21	22	23	24	25 X O	500
500	400	900	600	500	2,900

그리고 또 다른 예를 들면 5번으로 시작하는 세로 사물함 줄은 해당 사물함에 든 돈의 액수의 합이 500원이고 25번에 이미 300원이 들어 있으므로 해당 줄 나머지 사물함에는 300원이 들어 있을 수 없다. 이를 표시하면 다음과 같다.

1	2	3	4	5 X	900
6	7	8	9	10 X	700
11 O X	12	13	14	15 X	500
16 X	17 X	18 X	19 X	20 X X	300
21	22	23	24	25 X O	500
500	400	900	600	500	2,900

세 번째, 다섯 번째 가로줄, 첫 번째, 두 번째 세로줄은 각 줄의 금액 합계만 고려한다면 다음과 같이 채울 수 있다.

1 X	2 X	3	4 X	5 X	900
6 X	7 X	8	9	10 X	700
11 O X	12 X X	13 X	14 X	15 X	500
16 X	17 X X	18 X	19 X	20 X X	300
21 X X	22 X	23 X	24 X	25 X O	500
500	400	900	600	500	2,900

여기에서 두 번째 가로줄에는 두 칸에 200원이 들어 가야 하므로 첫 번째 가로줄에는 세 칸에 300원이 들어 있음을 알 수 있다.

1 X	2 X X	3 X	4 X	5 X	900
6 X	7 X	8	9	10 X	700
11 O X	12 X X	13 X	14 X	15 X	500
16 X	17 X X	18 X	19 X	20 X X	300
21 X X	22 X	23 X	24 X	25 X O	500
500	400	900	600	500	2,900

이상에서 두 번째 세로줄에는 7번과 22번 사물함에 각각 200원이 들어가 있음을 알 수 있다. 그리고 23번, 24번은 돈이 들어 있지 않음도 알 수 있다.

1 X	2 X X	3 X	4 X	5 X	900
6 X	7 O X	8	9	10 X	700
11 O X	12 X X	13 X	14 X	15 X	500
16 X	17 X X	18 X	19 X	20 X X	300
21 X X	22 O X	23 X X	24 X X	25 X O	500
500	400	900	600	500	2,900

200원이 들어갈 수 있는 사물함은 두 번째 가로줄에 있으므로 나머지 모든 칸에 200원이 들어갈 수 없다. 그리고 첫 번째 가로줄, 첫 번째 세로줄이 완성된다. 10번, 15번 칸까지 채워보면 아래와 같다.

1 X O	2 X X	3 X O	4 X O	5 X X	900
6 X X	7 O X	8	9	10 O X	700
11 O X	12 X X	13 X	14 X	15 X X	500
16 X X	17 X X	18 X	19 X	20 X X	300
21 X X	22 O X	23 X X	24 X X	25 X O	500
500	400	900	600	500	2,900

확정되지 않는 8, 9, 13, 14, 18, 19 부분만 따로 떼어 생각해 보면, 8, 13, 18, 즉 왼쪽 세로줄은 합계 600원, 오른쪽 세로줄은 300원, 첫 번째, 두 번째, 세 번째 가로줄은 각각 300원이 들어 있어야 한다. 이를 그림으로 나타내면 다음과 같다.

8 X	9 X	300
13 X	14 X	300
18 X	19 X	300
600	300	900

각 가로줄, 세로줄에 들어갈 금액을 고려할 때 가능한 경우의 수는 다음의 3가지이다.

1)

8 X O	9 X X
13 X O	14 X X
18 X X	19 X O

2)

8 X X	9 X O
13 X O	14 X X
18 X O	19 X X

3)

8 X O	9 X X
13 X X	14 X O
18 X O	19 X X

이상에서 색칠된 사물함 전체에 들어 있는 돈의 총액으로 가능한 것은 800원, 1,100원, 1,400원 세 가지이다. 선지 중 가능한 것은 ⑤이다.

빠른 문제풀이 Tip

중간 과정에 헷갈리지 않게 줄별로 합계금액 옆에 가능한 금액의 조합을 써놓으면서 풀이할 수도 있다. 또한 두 번째 가로줄과 다섯 번째 세로줄이 만나는 10번 사물함에 200원이 들어가야 하는 등 해설에 나와 있는 것보다 표를 좀 더 완성시킬 수 있으므로 해설의 순서와 다르게 접근해서 해보는 것도 추천한다.

[정답] ⑤

125 다음 글을 근거로 판단할 때, 비밀번호의 둘째 자리 숫자와 넷째 자리 숫자의 합은? 20년 민경채 가책형 19번

> 甲은 친구의 자전거를 빌려 타기로 했다. 친구의 자전거는 다이얼을 돌려 다섯 자리의 비밀번호를 맞춰야 열리는 자물쇠로 잠겨 있다. 각 다이얼은 0~9 중 하나가 표시된다. 자물쇠에 현재 표시된 숫자는 첫째 자리부터 순서대로 3 - 6 - 4 - 4 - 9이다. 친구는 비밀번호에 대해 다음과 같은 힌트를 주었다.
>
> ○ 비밀번호는 모두 다른 숫자로 구성되어 있다.
> ○ 자물쇠에 현재 표시된 모든 숫자는 비밀번호에 쓰이지 않는다.
> ○ 현재 짝수가 표시된 자리에는 홀수가, 현재 홀수가 표시된 자리에는 짝수가 온다. 단, 0은 짝수로 간주한다.
> ○ 비밀번호를 구성하는 숫자 중 가장 큰 숫자가 첫째 자리에 오고, 가장 작은 숫자가 다섯째 자리에 온다.
> ○ 비밀번호 둘째 자리 숫자는 현재 둘째 자리에 표시된 숫자보다 크다.
> ○ 서로 인접한 두 숫자의 차이는 5보다 작다.

① 7
② 8
③ 10
④ 12
⑤ 13

해설

문제 분석

사용되는 여러 숫자를 확정해야 하는 문제는 숫자의 중복이 가능한지 여부를 반드시 확인해야 하고, 사용되지 않는 숫자를 제외시켜 남은 숫자를 줄여갈 수 있어야 해결 가능하다.

주어진 조건을 정리해 보면 다음과 같다.

첫째 자리	둘째 자리	셋째 자리	넷째 자리	다섯째 자리
3	6	4	4	9

○ 비밀번호는 모두 다른 숫자로 구성되어 있다.
→ 비밀번호 숫자 간 중복이 없다. 숫자는 한 번씩 쓰인다.

○ 자물쇠에 현재 표시된 모든 숫자는 비밀번호에 쓰이지 않는다.
→ 각 다이얼은 0~9 중 하나가 표시된다고 했는데, 그 범위의 숫자 중 3, 4, 6, 9는 제외되고, 0, 1, 2, 5, 7, 8이 사용 가능하다.

○ 현재 짝수가 표시된 자리에는 홀수가, 현재 홀수가 표시된 자리에는 짝수가 온다. 단, 0은 짝수로 간주한다.

첫째 자리	둘째 자리	셋째 자리	넷째 자리	다섯째 자리
3	6	4	4	9
짝수	홀수	홀수	홀수	짝수

○ 비밀번호를 구성하는 숫자 중 가장 큰 숫자가 첫째 자리에 오고, 가장 작은 숫자가 다섯째 자리에 온다.
→ 다섯 자리의 비밀번호를 구성하는 숫자 중 가장 큰 숫자는 7 또는 8일 수 있는데, 첫째 자리는 짝수여야 하므로 '8'로 확정된다. 남은 숫자는 0, 1, 2, 5, 7이다.
다섯 자리의 비밀번호를 구성하는 숫자 중 가장 작은 숫자는 0 또는 1일 수 있는데, 다섯째 자리는 짝수여야 하므로 '0'으로 확정된다.

○ 비밀번호 둘째 자리 숫자는 현재 둘째 자리에 표시된 숫자보다 크다.
→ 현재 둘째 자리에 표시된 6보다 큰 숫자는 남아 있는 숫자 중에서는 7밖에 없다. 또는 6보다 큰 수 7, 8 중 홀수는 7이 쓰인다. 지금까지 확정된 비밀번호를 정리해 보면 다음과 같다.

첫째 자리	둘째 자리	셋째 자리	넷째 자리	다섯째 자리
3	6	4	4	9
8	7	홀수	홀수	0

○ 서로 인접한 두 숫자의 차이는 5보다 작다.
→ 아직 셋째 자리와 넷째 자리의 숫자가 미정이고, 남은 숫자는 1, 2, 5이다. 셋째 자리에는 7과의 차이가 5보다 작은 5만 들어갈 수 있다. 넷째 자리에는 0과의 차이가 5보다 작은 1과 2 중에서 홀수인 1이 들어갈 수 있다.

따라서 확정된 다섯 자리의 비밀번호는 '8 7 5 1 0'이고, 비밀번호의 둘째 자리 숫자 '7'과 넷째 자리 숫자 '1'의 합은 '② 8'이다.

[정답] ②

126 **다음 글을 근거로 판단할 때, 올바른 우편번호의 첫자리와 끝자리 숫자의 합은?** 20년 7급(모의) 13번

> 다섯 자리 자연수로 된 우편번호가 있다. 甲과 乙은 실수로 '올바른 우편번호'에 숫자 2를 하나 추가하여 여섯 자리로 표기하였다. 甲은 올바른 우편번호의 끝자리 뒤에 2를 추가하였고, 乙은 올바른 우편번호의 첫자리 앞에 2를 추가하였다. 그 결과 甲이 잘못 표기한 우편번호 여섯 자리 수는 乙이 잘못 표기한 우편번호 여섯 자리 수의 3배가 되었다.
>
> 올바른 우편번호와 甲과 乙이 잘못 표기한 우편번호는 아래와 같다.
>
> ○ 올바른 우편번호: □□□□□
> ○ 甲이 잘못 표기한 우편번호: □□□□□②
> ○ 乙이 잘못 표기한 우편번호: ②□□□□□

① 11
② 12
③ 13
④ 14
⑤ 15

해설

문제 분석

다섯 자리 자연수로 된 올바른 우편번호가 ABCDE라고 하면, 甲은 올바른 우편번호의 끝자리 뒤에 2를 추가하였으므로 'ABCDE2'라고 실수한 셈이고, 乙은 올바른 우편번호의 첫자리 앞에 2를 추가하였으므로 '2ABCDE'라고 실수한 셈이다.

그 결과 甲이 잘못 표기한 우편번호 여섯 자리 수 'ABCDE2'는 乙이 잘못 표기한 우편번호 여섯 자리 수 '2ABCDE'의 3배가 되었다.

	2	A	B	C	D	E
×						3
	A	B	C	D	4	2

문제풀이 실마리

곱해지는 과정을 추적하면서 1) 곱셈 결과의 끝자리와 2) 십의 자리의 숫자가 올라가서 다음 자리에서 더해지는 숫자 등을 정확하게 고려할 수 있어야 한다.

1) E 자리의 확인: E×3을 한 결과의 끝자리가 2가 나와야 한다. 3의 배수 중 끝자리가 2인 수는 3×4=12이므로 E는 4가 된다.

					+1	
	2	A	B	C	D	4
×						3
	A	B	C	D	4	2

2) D 자리의 확인: D×3+1을 한 결과의 끝자리가 4가 나와야 하므로 D는 1이 된다.

	2	A	B	C	1	4
×						3
	A	B	C	1	4	2

3) C 자리의 확인: C×3을 한 결과의 끝자리가 1이 나와야 하므로 C는 7이 된다.

			+2			
	2	A	B	7	1	4
×						3
	A	B	7	1	4	2

4) B 자리의 확인: B×3+2를 한 결과의 끝자리가 7이 나와야 하고, B×3을 한 결과의 끝자리는 5가 나와야 한다. 따라서 B는 5가 된다.

		+1				
	2	A	5	7	1	4
×						3
	A	5	7	1	4	2

5) A 자리의 확인: A×3+1을 한 결과의 끝자리가 5가 나와야 한다. 따라서 A×3을 한 결과의 끝자리는 4가 나와야 하고 A는 8이 된다.

	+2					
	2	8	5	7	1	4
×						3
	8	5	7	1	4	2

6) 마지막으로 2×3+2=8이 되므로 찾아낸 올바른 우편번호 '85714'가 정확하다는 것을 확인할 수 있다.

따라서 올바른 우편번호의 첫 자리 숫자 '8'과 끝자리 숫자 '4'의 합은 '② 12'이다.

빠른 문제풀이 Tip

- 선지를 활용해서 해결하면 보다 빠른 해결이 가능하다.
- 우편번호 숫자를 전부 다 구하는 것보다 문제에서 묻는 바인 올바른 우편번호의 첫자리와 끝자리 숫자 위주로 구하면 보다 빠른 해결이 가능하다.

[정답] ②

127 **다음 글을 근거로 판단할 때 옳지 않은 것은?** 20년 7급(모의) 16번

1에서부터 5까지 적힌 카드가 각 2장씩 10장이 있다. 5가 적힌 카드 중 하나를 맨 왼쪽에 놓고, 나머지 9장의 카드를 일렬로 배열하려고 한다. 카드는 왼쪽부터 1장씩 놓는데, 각 카드에 적혀 있는 수는 바로 왼쪽 카드에 적혀 있는 수보다 작거나, 같거나, 1만큼 커야 한다.

이 규칙에 따라 카드를 다음과 같이 배열하였다.

5	1	2	3	A	3	B	C	D	E

① A로 가능한 수는 2가지이다.
② B는 4이다.
③ C는 5가 아니다.
④ D가 2라면 A, B, C, E를 모두 알 수 있다.
⑤ E는 1이나 2이다.

해설

문제 분석

주어진 조건을 보면

- 1, 2, 3, 4, 5의 카드가 각 2장씩 총 10장이 있다.
- 각 카드에 적혀 있는 수는 바로 왼쪽 카드에 적혀 있는 수보다 작거나, 같거나, 1만큼 커야 한다.
- A ~ E에 들어갈 수 있는, 남은 숫자는 1, 2, 4, 4, 5이다.

문제풀이 실마리

조건에 위배되지 않도록 숫자를 배열해 보면 다음과 같이 4가지의 경우가 가능하다.

5	1	2	3	A 2	3	B 4	C 5	D 4	E 1
5	1	2	3	A 4	3	B 4	C 5	D 1	E 2
5	1	2	3	A 4	3	B 4	C 5	D 2	E 1
5	1	2	3	A 2	3	B 4	C 4	D 5	E 1

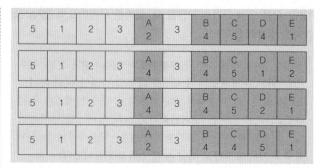

① (O) 현재 남아있는 수는 1, 2, 4, 4, 5이고, 숫자 종류로 보면, 1, 2, 4, 5 네 종류이다.

1) A에 1이 들어가는 경우, 아래 굵은 선으로 표시한 자리가 각 카드에 적혀 있는 수는 바로 왼쪽 카드에 적혀 있는 수보다 작거나, 같거나, 1만큼 커야 한다는 조건에 위배된다.

5	1	2	3	A 1	3	B	C	D	E

2) A에 2 또는 4가 들어가는 경우 조건에 위배되지 않는다.

3) A에 5가 들어가는 경우, 아래 굵은 선으로 표시한 자리가 각 카드에 적혀 있는 수는 바로 왼쪽 카드에 적혀 있는 수보다 작거나, 같거나, 1만큼 커야 한다는 조건에 위배된다.

5	1	2	3	A 5	3	B	C	D	E

따라서 A로 가능한 수는 2 또는 4의 두 가지이다.

② (O) 위에서 찾은 네 가지 모든 경우에 B에는 4가 들어간다.

③ (X) 위 네 가지 경우 중 C에 5가 들어갈 수 있는 반례가 세 가지 찾아진다. 그중 하나의 반례라도 찾아낸다면 C가 5일 수 있다는 반례가 찾아진다.

④ (O) D가 2라면 가능한 배열은 위에서 찾은 네 가지 경우 중 한 가지뿐이다.

⑤ (O) 위에서 찾아낸 네 가지의 경우를 보면 E에는 1 또는 2가 들어간다.

빠른 문제풀이 Tip

- 주어진 조건에 따를 때 가능한 결과를 모두 찾아놓고 선지의 정오판단을 하는 것도 가능하고, 또는 각 선지마다 정오판단을 하기 위해서 필요한 입증사례 또는 반증사례를 그때그때 찾아가면서 정답을 찾아가는 것도 가능하다.
- 선지를 활용해서 풀면 직접 해결하는 것보다 빠르게 정답을 찾아낼 수 있다.

② A~E에 숫자를 배열할 때 현재 남아있는 수는 1, 2, 4, 4, 5이고, 숫자 종류로 보면, 1, 2, 4, 5 네 종류인데, 5를 배열하는 방법은 '4 - 5' 순이 될 수밖에 없고, 이는 B - C 또는 C - D에 들어갈 수밖에 없다. (B - C)=(4 - 5)인 경우에 B에는 4가 들어가고, (C - D)=(4 - 5)인 경우에 B에 들어갈 수 있는 수는 4밖에 없다. 따라서 B에는 어떠한 경우에도 항상 4가 들어가게 된다.

④ 선지 ①에서도 봤듯이 A에 들어갈 수 있는 수는 2 또는 4뿐인데 D가 2라면, A는 4로 확정된다. 다음과 같은 상황에서

5	1	2	3	A 4	3	B	C	D 2	E

선지 ②의 또 다른 풀이에서 봤듯이 숫자 '4-5'는 연달아 들어가야 하고 남은 자리는 'B - C'밖에 남지 않는다. 그러면 남은 숫자 1이 E에 들어간다.

⑤ 반례를 찾기 위해서 E에 4 또는 5가 들어갈 수 있는지 찾아보면 불가능하다. 반례가 찾아지지 않는다고 해서 선지 ⑤가 옳다고 판단하면 안 되고, E에 1 또는 2가 들어가는지까지 확인해봐야 한다.

[정답] ③

128 다음 글을 근거로 판단할 때, 甲과 乙이 가진 4장의 숫자 카드에 적힌 수의 합으로 가능한 것은?

21년 5급 가책형 35번

> 1부터 9까지 서로 다른 자연수가 하나씩 적힌 9장의 숫자 카드 1세트가 있다. 甲과 乙은 여기에서 각각 2장씩 카드를 뽑았다. 카드를 뽑고 보니 甲이 가진 카드에 적힌 숫자의 합과 乙이 가진 카드에 적힌 숫자의 합이 같았다. 또한 甲이 첫 번째 뽑은 카드에 3을 곱한 값과 두 번째 뽑은 카드에 9를 곱한 값의 일의 자리 수가 서로 같았다. 乙도 같은 방식으로 곱하여 얻은 두 값의 일의 자리 수가 서로 같았다.

① 18
② 20
③ 22
④ 24
⑤ 26

해설

문제 분석

- 1부터 9까지의 9장의 카드가 있고, 甲과 乙은 여기에서 각각 2장씩 카드를 뽑았다.
- 甲이 가진 카드에 적힌 숫자의 합과 乙이 가진 카드에 적힌 숫자의 합이 같았다.
- 甲이 첫 번째 뽑은 카드에 3을 곱한 값과 두 번째 뽑은 카드에 9를 곱한 값의 일의 자리 수가 서로 같았다.
- 乙도 마찬가지로 첫 번째 뽑은 카드에 3을 곱한 값과 두 번째 뽑은 카드에 9를 곱한 값의 일의 자리 수가 서로 같았다.

문제풀이 실마리

1부터 9까지 서로 다른 자연수가 하나씩 적힌 9장의 숫자 카드 1세트가 있는데 각 카드에 3을 곱한 값과 9를 곱한 값의 일의 자리 수를 보면 다음과 같다.

카드	1	2	3	4	5	6	7	8	9
×3	3	6	9	12	15	18	21	24	27
×9	9	18	27	36	45	54	63	72	81

甲이 첫 번째 뽑은 카드에 3을 곱한 값과 두 번째 뽑은 카드에 9를 곱한 값의 일의 자리 수가 서로 같아야 하므로 甲이 만약 첫 번째 카드로 1을 뽑는다면 3을 곱한 값의 일의 자리 수는 3이고, 두 번째 뽑은 카드에 9를 곱한 값의 일의 자리 수도 3이 나오려면 두 번째 뽑은 카드는 7이어야 한다. 그리고 그때 甲이 가진 카드에 적힌 숫자의 합은 1+7=8이다. 같은 방식으로 따져보면 다음과 같다.

첫 번째 카드	×3을 한 일의 자리 수	두 번째 카드	×9를 한 일의 자리 수	두 카드 숫자의 합
1	3	7	3	8
2	6	4	6	6
3	9	1	9	4
4	2	8	2	12
5	5	5	5	10
6	8	2	8	8
7	1	9	1	16
8	4	6	4	14
9	7	3	7	12

이때 甲이 가진 카드에 적힌 숫자의 합과 乙이 가진 카드에 적힌 숫자의 합이 같아야 하므로, (8, 6, 4, 12, 10, 8, 16, 14, 12) 중에 중복이 있는 경우는 8과 12이다.
두 카드 숫자의 합이 8이라면 (1, 7), (2, 6)이 가능하고, 두 카드 숫자의 합이 12이라면 (3, 9), (4, 8)이 가능하다.
두 경우에 甲과 乙이 가진 4장의 숫자 카드에 적힌 수의 합은 1+7+2+6=16이거나 3+9+4+8=24이다. 그중 선지로 주어진 것은 '④ 24'이다.

빠른 문제풀이 Tip
선지를 활용해서 풀면 처음부터 끝까지 직접 다 해결하지 않고도 정답을 찾아낼 수 있다.

[정답] ④

129 **다음 글을 근거로 판단할 때, 사무소 B의 전화번호를 구성하는 6개 숫자를 모두 합한 값의 최댓값은?** 22년 5급 나책형 34번

> 사무소 A와 사무소 B 각각의 전화번호는 1부터 9까지의 숫자 중 6개로 구성되어 있다.
> ○ i)A와 B전화번호에서 공통된 숫자의 종류는 5를 포함하여 세 가지이다.
> ○ ii)A전화번호는 세 가지의 홀수만으로 구성되어 있다.
> ○ iii)A전화번호의 첫 번째와 마지막 숫자는 서로 다르며, 합이 10이다.
> ○ iv)B전화번호를 구성하는 숫자 중 가장 큰 숫자는 세 번 나타난다.
> ○ v)B전화번호를 구성하는 숫자 중 두 번째로 작은 숫자는 짝수다.

① 33
② 35
③ 37
④ 39
⑤ 42

해설

문제 분석

발문에서 최댓값을 구하라고 하고 있으므로 지문의 조건들을 만족하는 사무소 B의 전화번호가 여러 가지 있을 수 있다는 것을 염두에 두어야 한다.

문제풀이 실마리

주어진 조건들을 만족하는 최대한 큰 숫자들로 구성된 사무소 B의 전화번호를 찾아야 한다.

조건 i)에서 A와 B전화번호에 공통된 숫자가 있으므로 사무소 A도 동시에 파악해간다. 전화번호를 구성하는 숫자만 중요할 뿐 순서는 중요하지 않다. 우선 조건 i)에 따라

사무소 A	사무소 B
5	5

라고 생각해놓고 아직 숫자 2종류가 공통이어야 함을 염두에 둔다.

조건 ii), iii)을 동시에 고려하면 A전화번호는 세 가지의 홀수만으로 구성되어 있는데 첫 번째와 마지막 숫자는 서로 다르고 합이 10이다. 즉, A전화번호는 5와 {1, 9} 또는 {3, 7}로 구성되어 있음을 알 수 있다. 그리고 B전화번호도 아직 숫자 2종류가 공통이어야 하므로

사무소 A	사무소 B
{5, 1, 9} 또는 {5, 3, 7}로만 구성됨	5, {1, 9} 또는 {3, 7}

과 같이 정리할 수 있다.

이제 B전화번호만 생각해 보면 1) {1, 5, 9}가 포함된 경우, 2) {3, 5, 7}이 포함된 경우를 나누어 생각해 볼 수 있다. 1)의 경우 가능한 숫자 집합 {1, 5, 9}에 조건 iv)를 적용하면 {1, 5, 9, 9, 9, ?}이고 조건 v)를 적용하면 2 또는 4가 포함되는데 가능한 큰 숫자인 4를 포함시킨다. 즉, B전화번호는 {1, 4, 5, 9, 9, 9}로 구성되고 그 합은 37이다.
2)의 경우인 숫자 집합 {3, 5, 7}을 놓고 생각해 보자. 조건 v)를 고려해 짝수 4를 포함시키면서 조건 iv)를 고려하면 B전화번호는 {3, 4, 5, 7, 7, 7}로 구성되고 그 합은 33이다.
다른 경우는 없으므로 사무소 B의 전화번호를 구성하는 6개 숫자를 합한 값의 최댓값은 37이다.

[정답] ③

130 **다음 글을 근거로 판단할 때, <보기>에서 옳은 것만을 모두 고르면?** 22년 5급 나책형 32번

> 1에서 9까지 아홉 개의 숫자버튼이 있고, 단계별로 숫자버튼을 한 번 누르면 〈규칙〉에 따라 값이 출력되는 장치가 있다.
>
> 〈규 칙〉
>
> 1단계: 숫자버튼을 누르면 그 수가 그대로 출력된다.
>
> 2단계: '1단계 출력값'에 '2단계에서 누른 수에 11을 곱한 값'을 더한 값이 출력된다.
>
> 3단계: '2단계 출력값'에 '3단계에서 누른 수에 111을 곱한 값'을 더한 값이 출력된다. 다만 그 값이 1,000 이상인 경우 0이 출력된다.

〈보 기〉

ㄱ. 100부터 999까지의 정수는 모두 출력 가능하다.

ㄴ. 250이 출력되도록 숫자버튼을 누르는 방법은 한 가지이다.

ㄷ. 100의 배수(0 제외)가 출력되었다면 처음 누른 숫자버튼은 반드시 1이다.

① ㄱ ② ㄴ ③ ㄱ, ㄴ
④ ㄱ, ㄷ ⑤ ㄴ, ㄷ

해설

문제 분석

〈규칙〉을 이해하고 보면 식을 세워서 정확한 값을 도출하는 방식으로 문제를 해결하는 것은 아니라는 것을 파악해야 한다. 3단계까지 총 3개의 미지수를 포함한 방정식을 가정할 수 있는데 어떤 숫자가 출력되었다는 것만으로는 3개의 미지수를 모두 특정할 수 없다. 1～9까지 아홉 개의 숫자버튼이 있고 0 버튼은 없다는 것도 확인한다.

문제풀이 실마리

반례를 찾아내거나 보기에서 묻는 특정 상황이 성립하고 다른 상황은 성립할 수 없다는 것을 찾아내어야 한다. 큰 숫자부터 숫자를 작게 만들면서 숫자의 범위를 좁혀나가는 방법이 유용해 보인다.

이하부터는 1～3단계에 누른 숫자버튼의 값을 각각 x, y, z라고 한다.

ㄱ. (X) 반례를 찾아본다. 예를 들어 1, 2단계를 통해 100(x=1, y=9)～108(x=9, y=9)은 출력할 수 있지만 109는 출력할 수 없다. 더 넓은 범위의 예를 들면 3단계에서 1을 누른 경우(111)와 2를 누른 경우(222)는 더해지는 값의 차이가 111인데 이 사이의 숫자 중 1, 2단계에 출력할 수 없는 숫자들, 예를 들어 100이나 110이 111에 더해진 121, 122와 같은 숫자는 출력할 수 없다.

ㄴ. (O) 250이 출력되도록 하려면 3단계에서 숫자버튼 2를 눌렀어야만 한다(z=2 → 250=222+28). 그렇다면 2단계에서는 숫자버튼 2를 눌렀다는 것이고(y=2 → 28=22+6), 1단계에서는 숫자버튼 6을 눌렀다는 것이다.

ㄷ. (O) 아래와 같이 빠르게 생각해 볼 수 있다.

〈표 1〉

출력값	3단계	2단계	1단계
100		99	1
200	111	88	1
300	222	77	1
400	333	66	1
500	444	55	1
600	555	44	1
700	666	33	1
800	777	22	1
900	888	11	1

몇 번만 해보면 2, 3단계에서 더해질 숫자가 x99이고 여기에 1단계의 1이 더해져야 100의 배수가 출력되는 것을 확인할 수 있다.

빠른 문제풀이 Tip

ㄱ. n진법에 관해 친숙하다면 숫자버튼 0이 없어서 모든 숫자를 표기할 수 없는 문제가 발생함을 예측할 수 있다. 다만 이런 문제를 대비해 n진법같은 것을 별도로 공부하는 것은 그다지 효율적인 공부라고 할 수 없다.

ㄷ. 1～3단계에 누른 숫자버튼의 값을 통해 출력값을 수식으로 나타내어 보면 다음과 같다.

$$x+11y+111z$$
$$=x+(10y+y)+(100z+10z+z)$$
$$=100z+(10y+10z)+(x+y+z)$$

문제에서는 숫자버튼 0이 없지만 2단계 또는 3단계를 거치지 않았다면 y 또는 z에 0을 대입한다고 생각하면 된다. 이 식을 자릿수에 따라 다시 표현해 보면 다음과 같이 나타낼 수 있다.

〈표 2〉

'백의 자리'	'십의 자리'	'일의 자리'
z +(0 또는 1 또는 2)	y+z +(0 또는 1 또는 2) 값의 일의 자리 수	x+y+z 값의 일의 자리 수

'일의 자리'는 x+y+z를 계산한 값의 일의 자리 수이고 x, y, z는 각각 1~9의 값이므로 x+y+z는 3~27의 값을 가진다. 즉, 0 또는 1 또는 2의 값이 '십의 자리'로 올라간다. '십의 자리'는 '일의 자리'에서 올라온 숫자와 y+z를 더한 값의 일의 자리 수이고 y, z는 각각 1~9의 값이므로 y+z+(0 또는 1 또는 2)는 2~20의 값을 가진다. 즉, 0 또는 1 또는 2의 값이 '백의 자리'로 올라간다.

ㄷ에 대해서 생각해 보면 100의 배수가 출력되어야 하므로 x+y+z를 계산한 값의 일의 자리 수는 반드시 0이어야 한다. 그렇다면 3～27의 범위 내에서 10, 20만이 가능하다.

1) x+y+z=10인 경우 1이 '십의 자리'로 올라간다. '십의 자리'는 y+z+1 값의 일의 자리이고 100의 배수이려면 y+z+1 값의 일의 자리도 0이어야 한다. y+z+1의 범위는 3~19이므로 10만이 가능하다. 따라서 y+z=9여야만 한다. x+y+z=10인 경우이므로 y+z=9인 경우 x=1이다.

2) x+y+z=20인 경우 2가 '십의 자리'로 올라간다. '십의 자리'는 y+z+2 값의 일의 자리이고 100의 배수이려면 y+z+2 값의 일의 자리도 0이어야 한다. y+z+2의 범위는 4~20이므로 10, 20이 가능하다. y+z+2가 10인 경우 y+z=8이고 x+y+z=20인 경우이므로, y+z=8이면 x=12인데 이는 가능하지 않다. y+z+2가 20인 경우 y+z=18이다. 이는 y, z 각각 9인 경우인데 이러한 경우 x값에 관계없이 1,000 이상이므로 0이 출력된다. 선지 ㄷ에서 0은 제외한다고 하고 있으므로 이 또한 가능하지 않다.

이상을 종합하면 100의 배수가 출력되려면 y+z=9, x=1이어야 하고 이는 위의 해설 중 〈표 1〉에서 나열한 숫자들의 경우와 같다(z=9, y=0인 경우 제외)

[정답] ⑤

131 A는 도시 1로부터 <그림>의 모든 도시들(2, 3, 4, 5, 6, 7)을 매주 한 도시씩 방문하여 홍보활동을 하려고 한다. A는 매주마다 홍보가 끝나고 다시 도시 1로 돌아와야 하고, 각 도시들을 방문함에 있어서 이동거리를 최소화하여야 한다면, <보기> 중 옳지 않은 것을 모두 고른 것은?

09년 입법 가책형 36번

〈그림〉 도시 사이의 거리

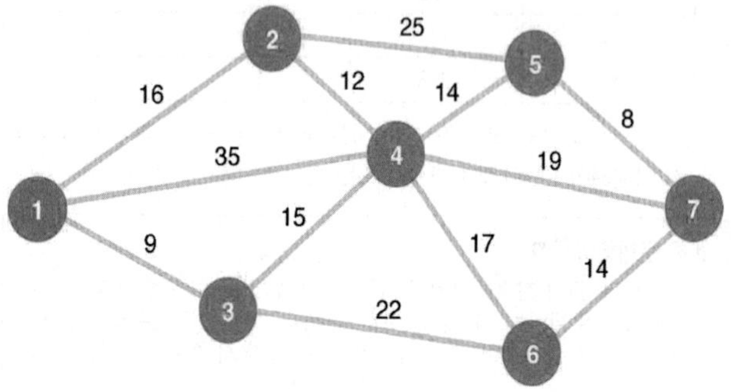

※ 도시 간 연결선상의 숫자는 거리(km)를 의미한다.

〈보 기〉

ㄱ. A가 6주 동안 이동한 총 거리는 161km이다.
ㄴ. A는 도시 5에 갈 때 경로 1 – 2 – 5를 이용한다. 즉, 도시 1을 출발하여 도시 2를 거쳐 도시 5에 도착한다.
ㄷ. A는 도시 7에 갈 때 경로 1 – 3 – 4 – 7을 이용한다.
ㄹ. A가 도시 5까지 가는 거리는 도시 6까지 가는 거리보다 길다.

① ㄴ
② ㄷ
③ ㄱ, ㄴ
④ ㄱ, ㄹ
⑤ ㄷ, ㄹ

해설

문제 분석

여러 점 사이의 최단 거리를 판단하는 문제이다. 〈그림〉의 경우를 예로 들면 도시 1에서 도시 7까지 가는 경로는 여러 개가 있을 수 있는데 그 경우들을 모두 따로 생각해서 일일이 거리를 계산한다면 시간이 많이 소요되므로 다음과 같은 방법을 통해 최단거리를 판단한다.

1) 도시 1에서 다른 도시를 거치지 않고 이동할 수 있는 도시까지의 거리를 확인한다.

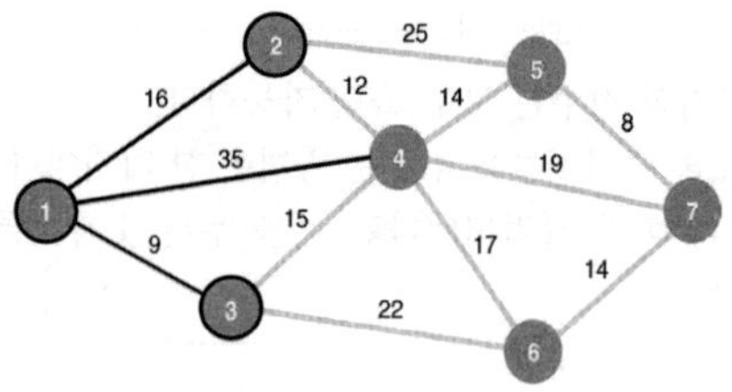

2) 거리를 확인한 도시 2, 3, 4 중에서 거리가 가장 가까운 도시 3을 선택한다. 도시 3에서 다른 도시를 거치지 않고 이동할 수 있는 도시 4, 6까지의 거리를 확인한다. 도시 1에서 도시 4로 직접 이동하는 것보다 도시 3을 거쳐 도시 4로 이동하는 것이 더 가까우므로 더 가까운 거리를 표에 기록한다.

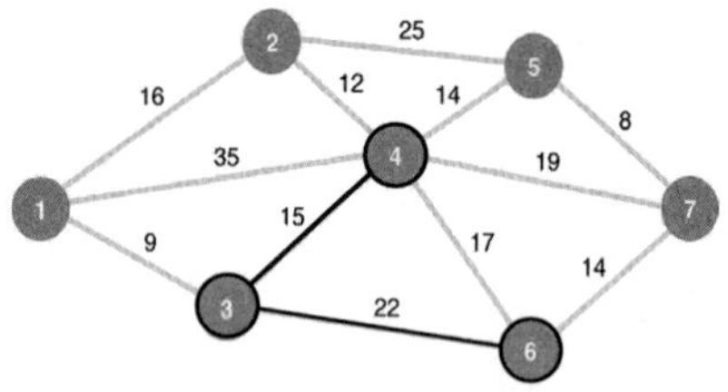

3) 거리를 확인하고 아직 선택되지 않은 도시 2, 4, 6 중에서 거리가 가장 가까운 도시 2를 선택한다. 도시 2를 거쳐 도시 4로 이동하는 것보다 도시 3을 거쳐 도시 4로 이동하는 것이 가까우므로 표에 기록하지 않는다. 도시 5까지의 거리를 표에 기록한다.

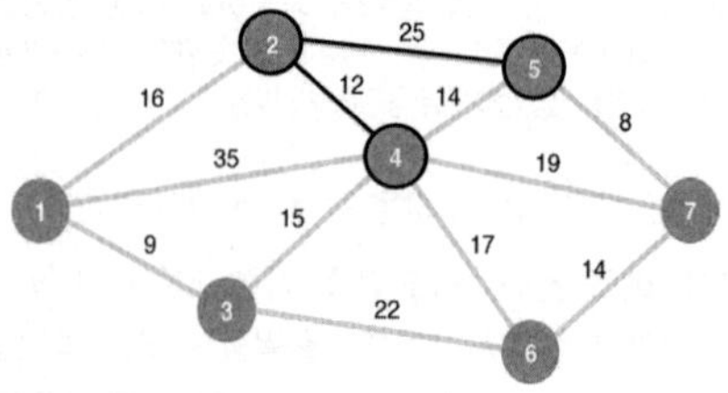

4) 거리를 확인하고 아직 선택되지 않은 도시 4, 5, 6 중에서 거리가 가장 가까운 도시 4를 선택한다. 도시 2를 거쳐 도시 5까지 이동하는 것보다 도시 3, 4를 거쳐 도시 5까지 이동하는 것이 가까우므로 더 가까운 거리를 표에 기록한다. 도시 3, 4를 거쳐 도시 6까지 이동하는 것보다 도시 3만 거쳐 도시 6까지 이동하는 것이 가까우므로 표에 기록하지 않는다. 도시 7까지의 거리를 표에 기록한다.

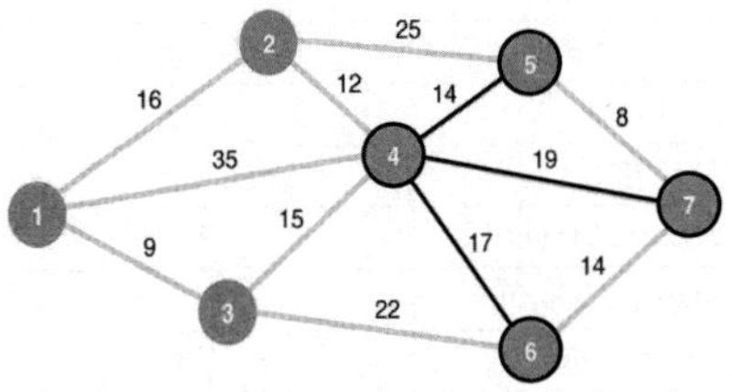

5) 거리를 확인하고 아직 선택되지 않은 도시 5, 6, 7 중에서 거리가 가장 가까운 도시 6을 선택한다. 도시 3, 6을 거쳐 도시 7까지 이동하는 것보다 도시 3, 4를 거쳐 도시 6까지 이동하는 것이 가까우므로 표에 기록하지 않는다.

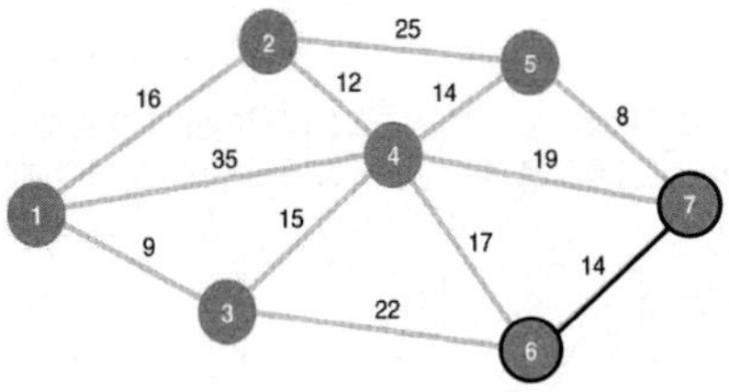

6) 거리를 확인하고 아직 선택되지 않은 도시 5, 7 중에서 거리가 가까운 도시 5를 선택한다. 도시 5를 거쳐 도시 7까지 이동하는 것보다 도시 3, 4를 거쳐 도시 5까지 이동하는 것이 가까우므로 표에 기록하지 않는다.

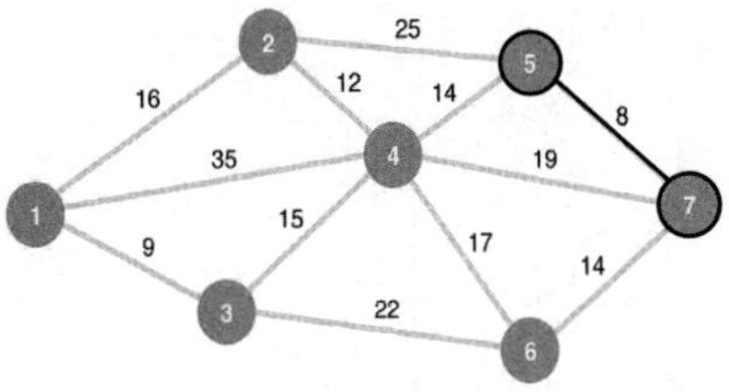

ㄱ. (X) 발문에 따르면 A는 매주 한 도시를 방문하고 다시 도시 1로 돌아와야 하므로, 각 도시의 최소 이동 거리에 2를 곱하고 모두 더하면 A가 6주 동안 이동한 총거리가 된다. 그러나 모든 도시의 거리는 정수로 주어져 있으므로, A가 6주 동안 이동한 총거리가 161km와 같은 홀수가 될 수 없다.
계산을 통해 확인해 보면 각 도시까지 최소 이동 거리의 합은 16+9+24+38+31+43=161km이므로, A가 6주 동안 이동한 총 거리는 161km가 아니라 322km이다.

ㄴ. (X) A는 도시 5에 갈 때 경로 1 – 2 – 5가 아니라 경로 1 – 3 – 4 – 5를 이용한다. 즉, 도시 1을 출발하여 도시 3, 4를 거쳐 도시 5에 도착한다.

ㄷ. (O) A는 도시 7에 갈 때 경로 1 – 3 – 4 – 7을 이용한다.

ㄹ. (O) A가 도시 5까지 가는 거리는 38km이고 도시 6까지 가는 거리는 31km로, 도시 5까지 가는 거리가 도시 6까지 가는 거리보다 길다.

[정답] ③

132 **다음 글을 근거로 판단할 때, <보기>에서 옳은 것만을 모두 고르면?** 13년 민경채 인책형 24번

> 8개 국가의 장관이 회담을 위해 ○○에 모였다. 각국의 장관은 자신이 사용하는 언어로 의사소통을 하려고 한다. 그런데 회담이 갑자기 개최되어 통역관을 충분히 확보하지 못한 상황이다. 따라서 의사소통을 위해서는 여러 단계의 통역을 거칠 수도 있고, 2개 이상의 언어를 사용하는 장관이 통역관의 역할을 겸할 수도 있다.
>
> 현재 회담에 참여하는 장관과 배석 가능한 통역관은 다음과 같다.

장관	사용언어
A	네팔어
B	영어
C	우즈베크어, 러시아어
D	카자흐어, 러시아어
E	영어, 스와힐리어
F	에스파냐어
G	스와힐리어
H	한국어

통역관	통역 가능한 언어
甲	한국어, 우즈베크어
乙	영어, 네팔어
丙	한국어, 에스파냐어
丁	한국어, 영어, 스와힐리어

〈보 기〉

ㄱ. A장관이 F장관과 의사소통을 하기 위해서는 최소한 3명의 통역관이 배석하여야 한다.

ㄴ. 통역관이 丁밖에 없다면 H장관은 최대 3명의 장관과 의사소통을 할 수 있다.

ㄷ. 통역관 丁이 없으면 G장관은 어느 장관과도 의사소통을 할 수 없다.

ㄹ. 8명의 장관과 4명의 통역관이 모두 회담에 참석하면 모든 장관들은 서로 의사소통이 가능하다.

① ㄱ, ㄴ
② ㄱ, ㄷ
③ ㄱ, ㄴ, ㄹ
④ ㄱ, ㄷ, ㄹ
⑤ ㄴ, ㄷ, ㄹ

해설

문제 분석

지문의 표들을 종합한다면 각 장관이 사용하는 언어를 통역할 수 있는 통역관은 다음과 같다.

장관	사용언어	통역관
A	네팔어	乙
B	영어	乙, 丁, E
C	우즈베크어, 러시아어	甲
D	카자흐어, 러시아어	C
E	영어, 스와힐리어	乙, 丁
F	에스파냐어	丙
G	스와힐리어	丁, E
H	한국어	甲, 丙, 丁

2개 이상의 언어를 사용하는 장관이 통역관의 역할을 겸할 수도 있다고 하므로 C, D, E가 통역관의 역할을 겸할 수도 있다. C, D, E를 음영 처리하여 표시하였고 통역관에도 같이 정리하였다. 이때 C, D는 공통적으로 러시아어를 사용하지만, D가 사용하는 카자흐어는 나머지 모든 장관과 통역관이 사용하지 않으므로 C의 통역관에 D는 표시하지 않았다.

문제풀이 실마리

지문의 상황을 그림으로 정리해 보자. A는 乙과 네팔어를 공통으로 사용하고, 乙은 B와 영어를 공통으로 사용한다. 이를 그림으로 나타내어 보면 다음과 같다.

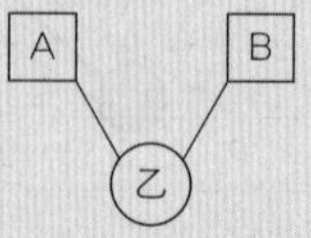

〈그림 1〉

〈그림 1〉에는 어떤 언어를 공통으로 사용하는지는 표시하지 않고 공통으로 사용하는 언어가 있는 장관, 통역관을 선으로 연결한 것이다. 장관은 네모로, 통역관은 동그라미로 표시하였다. 지문의 내용을 그림으로 나타내면 다음과 같다.

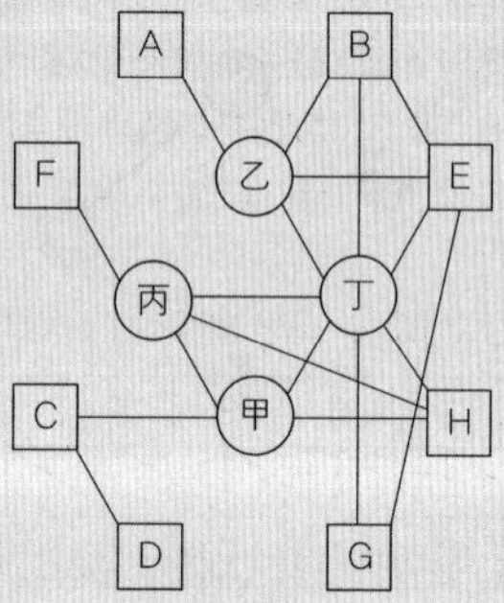

〈그림 2〉

ㄱ. (O) A장관과 F장관은 우선 각각 네팔어, 에스파냐어만 사용한다. 다른 장관, 통역관 중 네팔어를 사용하는 사람은 乙, 에스파냐어를 사용하는 사람은 丙밖에 없다. 따라서 A장관과 F장관이 의사소통을 하기 위해서는 乙, 丙은 반드시 배석하여야 한다. 그러나 乙, 丙이 공통으로 사용하는 언어가 없으므로 乙이 사용하는 영어, 丙이 사용하는 한국어를 통역할 수 있는 丁도 배석하여야 한다. 따라서 최소한 乙, 丙, 丁 3명의 통역관이 배석하여야 한다. 〈그림 2〉에서 A장관과 F장관이 최소한 乙, 丙, 丁 3명을 거쳐 연결됨을 확인할 수 있다.

ㄴ. (O) 통역관이 丁밖에 없다면 H장관은 丁이 사용하는 언어인 한국어, 영어, 스와힐리어를 사용하는 장관과 의사소통을 할 수 있다. 따라서 최대 B, E, G 3명의 장관과 의사소통을 할 수 있으며 E장관이 통역관의 역할을 겸한다고 해도 의사소통을 할 수 있는 장관이 늘어나지 않는다.

ㄷ. (X) 통역관 丁이 없다고 해도 E장관이 스와힐리어를 공통적으로 사용하므로 E장관이 통역관 역할을 겸하여 다른 장관과 의사소통을 할 수 있다.

ㄹ. (O) 8명의 장관과 4명의 통역관이 모두 회담에 참석하면 모든 장관들은 다른 장관 또는 통역관과 공통으로 사용하는 언어가 최소 1개 이상 있으므로 모든 장관들은 서로 의사소통이 가능하다.

빠른 문제풀이 Tip

• 〈그림 2〉를 보기 ㄴ의 상황에 따라 그려보면 다음과 같다.

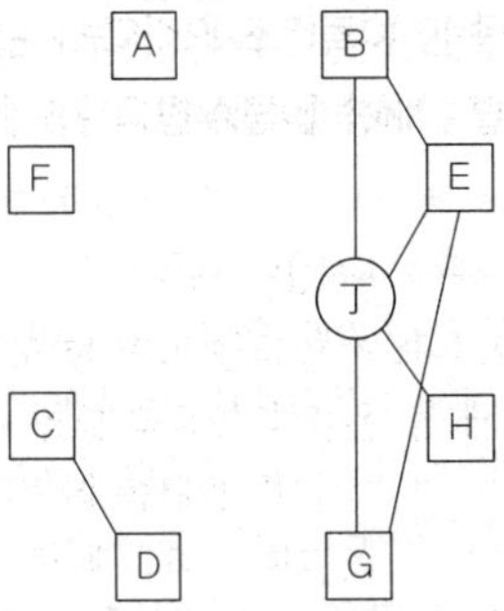

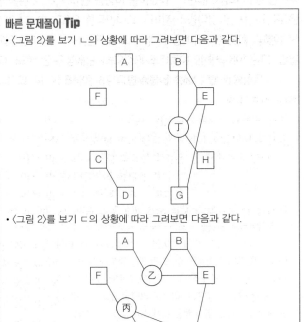

• 〈그림 2〉를 보기 ㄷ의 상황에 따라 그려보면 다음과 같다.

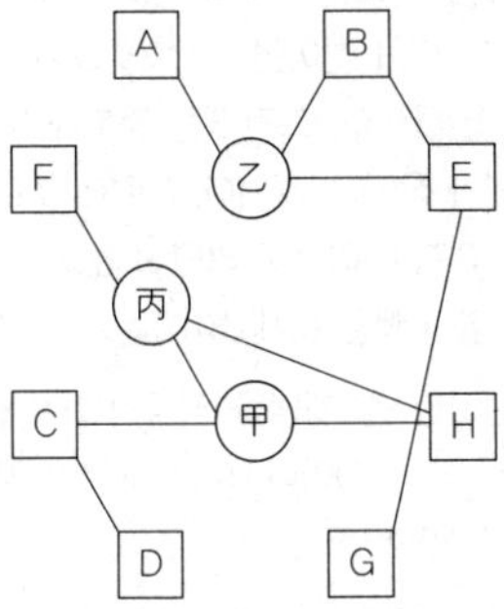

[정답] ③

133 **A, B, C, D안 중에서 어떤 안을 채택하고 어떤 안을 폐기할지를 고려하고 있다. 결정과정에서 다음과 같은 조건들이 모두 충족되어야 한다. 다음 중 옳지 않은 것은?** 06년 5급(견습) 인책형 10번

> (조건1) A안을 채택하면, B안과 C안 중 적어도 하나를 폐기해야 한다.
> (조건2) C안과 D안을 동시에 채택하면, B안은 폐기해야 한다.
> (조건3) A안이나 B안을 채택하면, D안도 채택해야 한다.

① A안과 B안이 동시에 채택되면, D안도 같이 채택되어야 한다.
② A안이 채택되면, C안도 같이 채택될 수 있다.
③ B안이 채택되면, C안도 같이 채택될 수 있다.
④ A안과 B안이 모두 폐기되면, D안이 채택될 수 있다.
⑤ B안이 폐기되고 C안이 채택되면, A안이 채택될 수 있다.

해설

문제 분석
주어진 조건들을 명제로 기호화하면 다음과 같다.
조건 1) A → ~B∨~C
조건 2) C∧D → ~B
조건 3) A∨B → D
각 선지가 이상의 조건들을 모두 충족하는지 확인한다.

① (O) 선지 ①을 기호화하면 A∧B → D이다. 'A∧B'가 참이면 선지의 결론인 'D'이어야 하고, '~D'이어서는 안 된다(반례).
조건 1) 1) 'A∧B'가 참이면, 'A'이다.
2) 'A'이면, A → ~B∨~C에 따라 '~B∨~C'도 참이어야 한다.
3) 'A∧B'가 참이면, 'B'이다.
4) 'B'이고 '~B∨~C'도 참이 되려면 '~C'이어야 한다.
조건 2) 1) 대우명제로 바꾸면 B → ~C∨~D이다.
2) 'A∧B'가 참이면, 'B'이다.
3) 'B'이면, B → ~C∨~D에 따라 '~C∨~D'가 참이어야 한다.
4) '~D'이어서는 안 되므로 '~C'이면 조건 2)를 충족한다. 조건 1)과도 부합한다.
조건 3) 1) 'A∧B'가 참이면, 'A∨B'도 참이다.
2) 'A∨B'이면, A∨B → D에 따라 'D'이어야 한다.
이하부터는 간단히 검토해본다.

② (O) 선지 ②를 기호화하면 A → C이다. 'A'가 참이면 'C'이어야 하고, '~C'이어서는 안 된다. 조건 1)에 따르면 A → ~B∨~C이므로 'A'가 참이면 '~B∨~C'가 참이어야 한다. '~C'이어서는 안 되므로 '~B'이면 조건 1)이 충족된다. 조건 2)의 대우명제 B → ~C∨~D를 조건 1)과 같이 보면 '~B'이므로 조건 2)를 충족한다(→ 빠른 문제풀이 Tip 1)의 공허한 참). 조건 3)은 A∨B → D이므로 'A'가 참이면 'D'이다.

③ (X) 선지 ③을 기호화하면 B → C이다. 'B'가 참이면 'C'이어야 하고, '~C'이어서는 안 된다. 조건 2)부터 검토해 보자. 조건 2)의 대우명제 B → ~C∨~D에서 'B'가 참이면 '~C∨~D'가 참이어야 한다. '~C'이어서는 안 되므로 '~D'이다. 조건 3)을 검토해 보면 'B'가 참이면 A∨B → D이므로 'A∨B'가 참이고 'D'이다. 그런데 조건 2)를 검토한 결과 'D'이므로 '~C'이다. 선지 ③이 참이려면 조건 2)와 조건 3) 중 어느 하나는 충족되지 않는다(→ 빠른 문제풀이 Tip 2)의 귀류법).

④ (O) 이하부터는 공허한 참 개념을 적극적으로 활용해본다. 선지 ④를 기호화하면 ~A∧~B → D이다. 모든 조건이 공허한 참 개념에 따라 참이라고 생각할 수 있다.

⑤ (O) 선지 ⑤를 기호화하면 ~B∧C → A이다. 조건 1) A → ~B∨~C는 선지 ⑤와 함께 생각하면 ~B∧C → ~B∨~C와 같이 생각할 수 있다. 참이다. 조건 2)는 공허한 참 개념에 따라 참이고, 조건 3)은 A∨B → D인데 '~B∧C'이면 'A'이고, 'A'이면 'A∨B'가 참이다. 'A∨B'가 참이면 'D'가 참이고 다른 조건과 모순이 발생하지 않는다.

빠른 문제풀이 Tip

1) 논리학에서 전제가 거짓일 때 조건문은 참이다. 이를 공허한 참(vacuous truth)이라고 한다. 아래와 같은 진리표에서

p(전건)	q(후건)	p → q
T	T	T
T	F	F
F	T	T
F	F	T

음영 표시한 부분과 같은 경우이다.
선지 ②에서 조건 1)이 충족되기 위해서는 '~B'이어야 하는데, 조건 2)의 대우명제 'B → ~C∨~D'의 전건 'B'가 거짓(='~B'가 참)이라면 명제 'B → ~C∨~D'가 참이 되므로 조건 2)가 충족된다.

2) 귀류법이란 어떤 명제가 참이라고 가정한 후 모순이 발생함을 보임으로써 그 가정이 거짓임을 이끌어내는 증명방법이다. 선지 ③이 참이면 조건 2)와 조건 3) 중 어느 하나는 충족되지 않는다.

3) 문장을 명제로 기호화하는 경우 문장의 맥락이나 뉘앙스에 따라서 다르게 기호화될 수도 있다. 그리고 표현이 다르더라도 같은 방식으로 기호화될 수도 있다. 선지 ①의 경우 'A∧B → D'와 같이 기호화한다. 나머지 선지의 경우 표현이 '같이 채택될 수 있다'이므로 헷갈릴 수도 있다. 선지 ②를 예로 들면 A안이 채택되면, C안이 채택될 수도 있고 안 될 수도 있는 것처럼 해석하는 경우가 많다. 그러나 'A안이 채택되면 C안이 같이 채택되지 않는 것은 아니다'와 같이 해석한다면 A → ~(~C)이므로 A → C와 같이 기호화할 수 있다.

[정답] ③

134 **다음과 같은 정보를 토대로 판단할 때, 다음 진술들 가운데 반드시 참인 것(ⓐ)과 반드시 거짓인 것(ⓑ)들을 <보기>에서 모두 찾아내어 바르게 나열한 것을 고르면?** 06년 5급 출책형 30번

> 김 사무관은 [i]다른 파일들과 함께 [ii]파일명에 'R'이 포함된 모든 파일들을 한 장밖에 없는 [iii]빨간색 CD에 저장해 두었다. 그런데 그 빨간색 CD에 저장된 파일 중 파일 종류를 말해주는 [iv]확장자가 'txt'인 파일은 단 하나도 없다.

〈보 기〉

ㄱ. 김 사무관에게는 확장자가 'txt'인 파일이 하나도 없다.
ㄴ. 김 사무관에게는 파일명에 'R'자가 들어간 'txt' 확장자 파일이 적어도 한 개는 있다.
ㄷ. 김 사무관이 가진 'PSAT.txt'는 빨간색 CD에 저장되어 있다.
ㄹ. 김 사무관이 가진 파일 중에 만일 'DOIT.doc'가 있다면 그것은 빨간색 CD에 저장되어 있다.
ㅁ. 신 사무관이 필요로 하는 파일이 'ROAD.txt'라면, 김 사무관이 가진 파일들 가운데서는 그것을 찾을 수 없다.
ㅂ. 파일명의 첫 글자는 알려지지 않았지만 김 사무관이 가진 어느 파일의 이름은 '□OPE.hwp'이고 그 파일은 빨간색 CD에 저장되어 있지 않다. 그렇다면 □ 안에는 'R' 이외의 글자가 들어가야만 한다.

	ⓐ	ⓑ
①	ㄱ	ㄷ
②	ㅁ	ㄴ
③	ㅂ	ㄴ, ㄷ
④	ㅁ, ㅂ	ㄴ, ㄷ
⑤	ㄱ, ㅁ, ㅂ	ㄴ, ㄷ, ㄹ

해설

문제 분석

지문의 상황을 벤다이어그램으로 그려보면 다음과 같다. ii) 파일명에 'R'이 포함된 모든 파일의 집합을 'R'이라 하고, iii) 빨간색 CD에 저장된 모든 파일의 집합을 'C'라고 하며, iv) 확장자가 'txt'인 모든 파일의 집합을 'T'라고 하자.

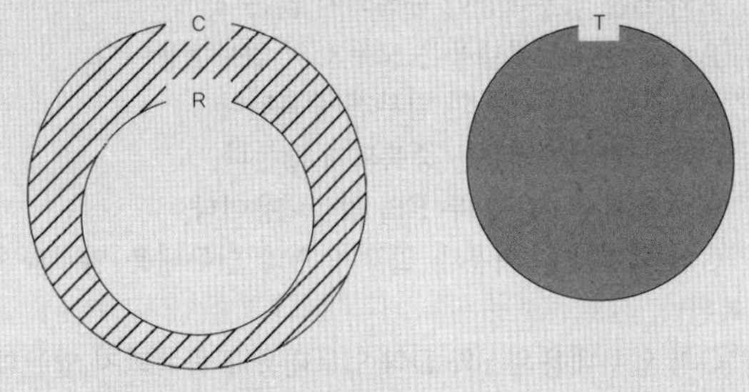

빗금친 영역은 i) 다른 파일이 존재함을 의미한다.

이하부터는 보기별로 반드시 참인지(ⓐ), 반드시 거짓인지(ⓑ)를 확인한다. 아래에는 예를 들어 반드시 참이 아닌 경우 ⓐ (X), 반드시 거짓인 경우 ⓑ (O)와 같이 표시하였다.

ㄱ. ⓐ (X) 집합 'T'에 포함되는 파일이 있을 수 있다(음영 영역).
ⓑ (X) 집합 'T'에 포함되는 파일이 하나도 없을 수 있다.
→ 선지 ①, ⑤는 제거된다.

ㄴ. ⓐ (X) 아래에서 보듯 반드시 거짓이다.
ⓑ (O) 집합 'R'과 집합 'T'는 교집합이 없다. 파일명에 'R'자가 들어갔다면 확장자가 'txt'가 아니며, 확장자가 'txt'라면 파일명에 'R'자가 들어가 있지 않다.

ㄷ. ⓐ (X) 아래에서 보듯 반드시 거짓이다.
ⓑ (O) 집합 'C'와 집합 'T'는 교집합이 없다. 확장자가 'txt'인 'PSAT.txt' 파일은 빨간색 CD에 저장되어 있지 않다.
→ 선지 ②는 제거된다.

ㄹ. ⓐ (X) 집합 'C'와 집합 'T'에 포함되지 않는 파일로써 집합 'C'와 집합 'T' 바깥의 영역에 포함될 수 있다.
ⓑ (X) 집합 'R'과 집합 'T'에 포함되지 않는 파일로써 빗금친 영역에 포함될 수 있다.

ㅁ. ⓐ (O) 김사무관이 'ROAD.txt'라는 파일을 가지고 있었다면 집합 'C'와 집합 'T'는 교집합이 있었을 것이다. 김사무관은 'ROAD.txt'라는 파일을 가지고 있지 않다.
ⓑ (X) 위에서 보듯 반드시 참이다.
→ 선지 ③은 제거된다. 정답은 ④이다.

ㅂ. ⓐ (O) ii), iii)에 따라 파일명에 'R'이 포함되어 있다면 집합 'C'에 포함되어 있다. 대우명제로 생각하면 집합 'C'에 포함되어 있지 않다면 파일명에 'R'이 포함되어 있지 않다.
ⓑ (X) 위에서 보듯 반드시 참이다.

[정답] ④

135 **이사무관은 지금까지 담당해 온 업무를 7개의 영역(A, B, C, D, E, F, G)으로 나누어 정리하였다. 7개 영역의 관계가 다음과 같을 때, <보기>에서 옳은 진술만을 모두 고르면?**

10년 5급 선책형 17번

〈7개 업무영역의 관계〉

- i)A와 B는 업무내용이 중복되지 않는다.
- ii)A, B, D의 업무내용은 모두 C의 업무내용이다.
- iii)B와 D는 업무내용의 일부가 중복된다.
- iv)C와 F의 업무내용은 중복되지 않는다.
- v)E의 업무내용은 모두 F의 업무내용이다.
- vi)G의 업무내용 가운데 일부가 A의 업무내용 일부와 중복된다.
- vii)G의 업무내용은 B와 D의 업무내용과 중복되지 않는다.

〈보 기〉

ㄱ. C의 업무내용은 모두 G의 업무내용일 수 있다.
ㄴ. G의 업무내용은 모두 C의 업무내용일 수 있다.
ㄷ. E의 업무내용 모두가 G의 업무내용일 수 있다.
ㄹ. F의 업무내용은 G의 업무내용과 중복될 수 있다.
ㅁ. G의 업무내용 모두가 F의 업무내용일 수 있다.

① ㄱ, ㄴ
② ㄱ, ㅁ
③ ㄴ, ㄷ, ㄹ
④ ㄷ, ㄹ, ㅁ
⑤ ㄴ, ㄷ, ㄹ, ㅁ

해설

문제 분석

〈7개 업무영역의 관계〉를 벤다이어그램으로 나타내어 보면서 〈보기〉의 내용을 판단해 본다.

조건 i), iii)을 동시에 벤다이어그램으로 나타내 보면 다음 〈그림 1~3〉 중 하나로 나타낸다.

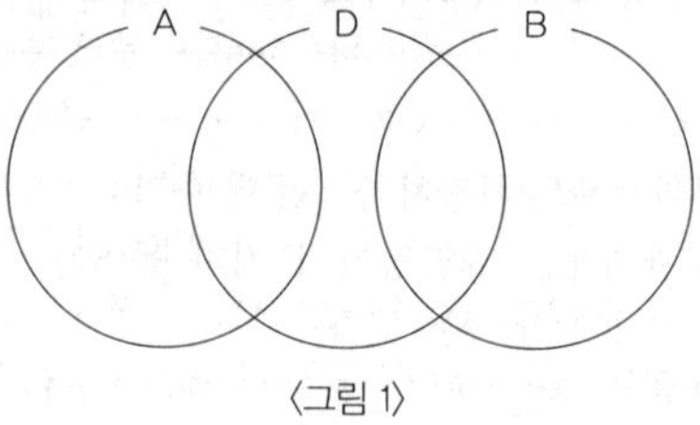

〈그림 1〉

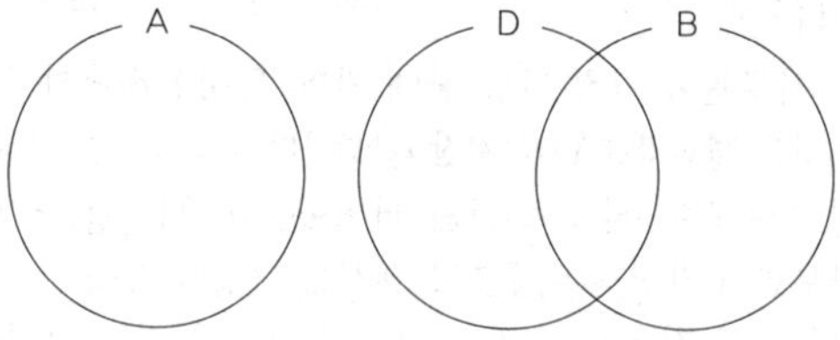

〈그림 2〉

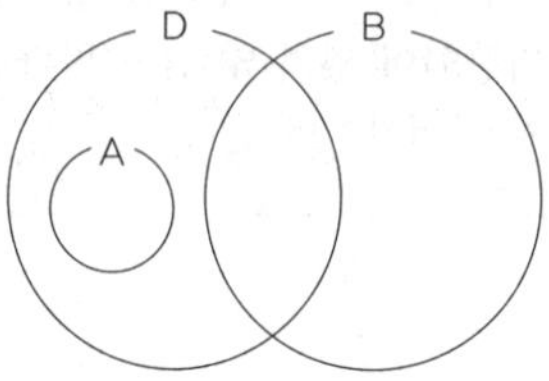

〈그림 3〉

〈그림 1〉은 일반적으로 조건 i), iii)의 내용을 반영하여 A와 B는 업무내용이 중복되지 않고, B와 D는 업무내용의 일부가 중복되도록 그린 것이다. 여기서 A와 D의 업무내용의 일부도 중복되는 것처럼 그려져 있지만 다른 조건들을 검토해 보아도 A와 D의 업무영역 관계에 대한 내용이 없다. 즉 〈그림 1〉처럼 그림을 그리더라도 〈그림 2〉나 〈그림 3〉처럼도 해석될 수 있다는 것을 염두에 두어야 한다(그러나 〈그림 3〉은 조건 vi), vii)과 함께 생각하면 제외된다).

〈그림 1〉에 조건 ii), iv), v)의 내용을 반영하여 하나의 벤다이어그램으로 나타내면 다음과 같다.

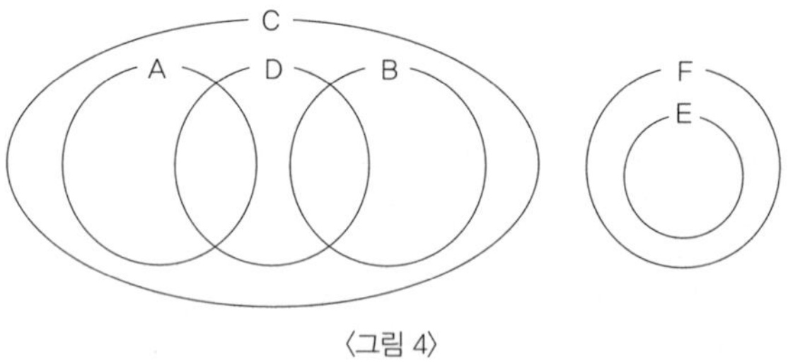

〈그림 4〉

〈그림 4〉는 조건 ii)의 내용에 따라 업무내용 A, B, D는 모두 C에 포함되게, 조건 iv)에 따라 업무내용 C와 F는 중복되지 않게, 그리고 조건 v)에 따라 업무내용 E는 F에 포함되게 나타낸 것이다. 〈그림 4〉에 조건 vi), vii)의 내용을 반영하여 벤다이어그램을 그려보면 다음과 같다.

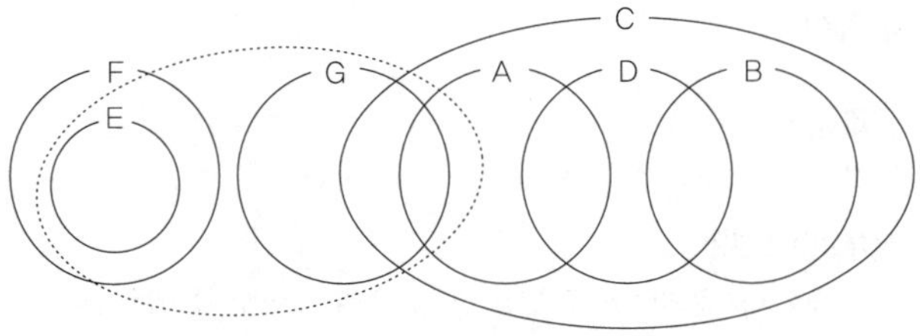

〈그림 5〉

〈그림 5〉에서는 조건 vi)에 따라 업무내용 A와 G가 중복되도록, 조건 vii)에 따라 업무내용 B, D와 F가 중복되지 않도록 표시하였다. 보기에서 업무영역 G와 E, F의 관계에 대해서 묻고 있기 때문에, 〈그림 4〉와 다르게 업무영역 E, F에 대한 벤다이어그램을 왼쪽에 표시하였다. 이와 같이 벤다이어그램을 그릴 때 모든 조건을 동시에 잘 고려하지 않는다면 시험지상에 벤다이어그램을 그려볼 때 시행착오를 겪을 수 있다. 점선으로 나타낸 타원은 보기 ㄷ의 경우를 예로 든 것으로, 보기 ㄷ은 업무영역 G를 점선과 같이 나타낼 수 있는지를 묻고 있는 것이다. 그리고 조건 vi, vii)에 따르면 G의 업무내용은 A와는 일부 중복되나 D와는 중복되지 않는데 〈그림 3〉과 같이 업무내용 A가 D에 포함된 경우에는 조건 vi)에 따라 업무내용 G가 A와 중복되면 D와도 중복되게 되므로 조건 vii)에 위배되게 된다. 따라서 〈그림 3〉과 같은 경우는 염두에 두지 않는다.

ㄱ. (X) C의 업무내용이 모두 G의 업무내용에 포함된다면 C의 업무내용에 포함된 B, D도 G에 포함된다는 것이므로 조건 vii)에 위배된다.

ㄴ. (O) 다음과 같은 경우 G의 업무내용은 모두 C의 업무내용일 수 있다. 업무영역 G를 다음과 같이 그릴 때 주어진 모든 조건에 위배되는 것이 없어야 한다. 업무영역 E, F는 해당 보기와 무관하므로 생략하였다.

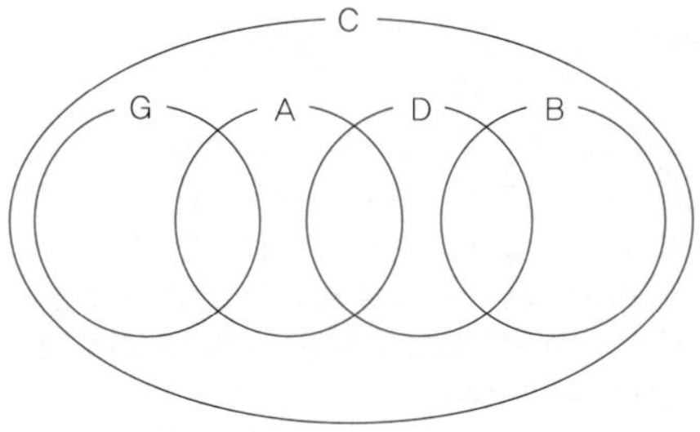

ㄷ. (O) 〈그림 5〉에서 설명한 바와 같이 업무영역 G를 점선과 같이 나타내더라도 주어진 모든 조건에 위배되는 것이 없다. E의 업무내용 모두가 G의 업무내용일 수 있다.

ㄹ. (O) 보기 ㄷ의 경우 또는 다음 그림과 같은 경우 F의 업무내용은 G의 업무내용과 중복될 수 있다.

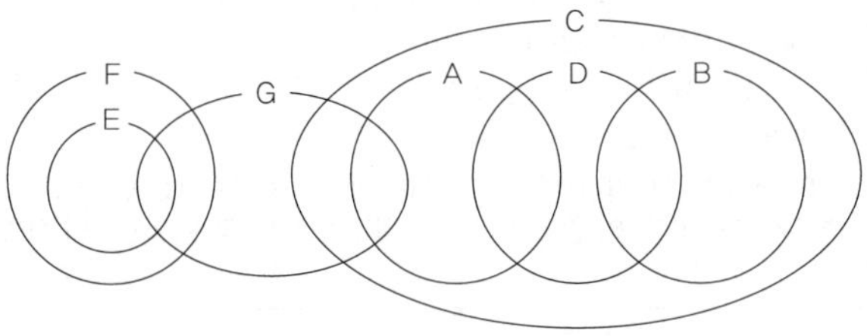

ㅁ. (X) G의 업무내용이 모두 F의 업무내용에 포함된다면 G와 A의 중복되는 업무도 F에 포함된다는 것이고 C는 A를 포함하므로 C의 일부도 F에 포함된다는 것이므로 조건 iv)에 위배된다.

빠른 문제풀이 Tip

조건들을 기호화해서 보기 ㄱ, ㅁ의 반례를 찾아보면 다음과 같다.

ㄱ. C의 업무내용은 모두 G의 업무내용일 수 있다.: C → G
= 모든 업무는 ~C 또는 G이다.: ∀(~C∨G)
1) 반례 어떤 업무는 C이면서(그리고) ~G이다.: ∃(C∧~G)를 찾으면 보기가 틀렸음을 확인할 수 있다.
2) 조건 iii) B와 D는 업무내용의 일부가 중복된다. = 어떤 업무는 B이면서 D이다.: ∃(B∧D)
3) 어떤 업무는 B이면서 D이다. ⇒ B인 업무가 있다.: ∃(B)
4) 조건 ii) B의 업무내용은 모두 C의 업무내용이다.: B → C
= 모든 업무는 ~B 또는 C이다.: ∀(~B∨C)
5) 조건 vii) G의 업무내용은 B의 업무내용과 중복되지 않는다.
= 모든 업무는 ~B 또는 ~G이다.: ∀(~B∨~G)
6) 4), 5)를 조합하면 B인 업무는 C이면서 G이다.
7) 3), 6)을 조합하면 C이면서 G인 업무가 있다.: ∃(C∧~G)

ㅁ. G의 업무내용 모두가 F의 업무내용일 수 있다.: G → F
= 모든 업무는 ~G 또는 F이다.: ∀(F∨~G)
1) 반례 어떤 업무는 ~F이면서(그리고) G이다.: ∃(~F∧G)를 찾으면 보기가 틀렸음을 확인할 수 있다.
2) 조건 vi) A와 G는 업무내용의 일부가 중복된다. = 어떤 업무는 A이면서 G이다. A이면서 G인 업무가 있다.: ∃(A∧G)
3) 조건 ii) A의 업무내용은 모두 C의 업무내용이다.: A → C
= 모든 업무는 ~A 또는 C이다.: ∀(~A∨C)
4) 2, 3)을 조합하면 어떤 업무는 C이면서 G이다.: ∃(C∧G)
5) 조건 iv) C와 F의 업무내용과 중복되지 않는다.
= 모든 업무는 ~C 또는 ~F이다.: ∀(~C∨~F)
6) 4), 5)를 조합하면 어떤 업무는 ~F이면서 G이다.: ∃(~F∧G)

[정답] ③

136 국회사무처는 국회 청사 공간의 효율적 사용을 위해 개별 사무실을 사용하고 있는 A, B, C, D, E, F, G 총 일곱 부서의 사무실을 네 개의 사무실로 통폐합하려고 한다. <보기>의 제안 중 아래 <조건>에 부합하는 것은? 10년 입법 가책형 39번

〈조 건〉

1. 7개의 사무실을 4개로 통폐합한다.
2. B와 C의 사무실을 함께 빼지는 않는다.
3. A의 사무실을 빼면 G의 사무실도 뺀다.
4. C의 사무실을 빼면 F와 G 둘 다 사무실을 빼지 않는다.
5. E의 사무실을 빼면 B의 사무실은 빼지 않는다.
6. B, D, F 중에서 두 부서는 사무실을 빼야 한다.

〈보 기〉

제안 1: BCEG의 사무실로 통폐합한다.
제안 2: ACFG의 사무실로 통폐합한다.
제안 3: ABEG의 사무실로 통폐합한다.
제안 4: ABCE의 사무실로 통폐합한다.
제안 5: BCDE의 사무실로 통폐합한다.

① 제안 1
② 제안 2
③ 제안 3
④ 제안 4
⑤ 제안 5

해설

문제 분석

조건 1~조건 6으로 정리되어 있다.

문제풀이 실마리

직접 해결하는 것보다는 〈조건〉을 〈보기〉의 각 제안에 적용해본다.

① (X) BCEG의 사무실로 통폐합할 경우, A의 사무실을 빼면 G의 사무실도 뺀다는 조건 1.에 부합하지 않는다.

② (X) ACFG의 사무실로 통폐합할 경우, E의 사무실을 빼면 B의 사무실은 빼지 않는다는 조건 5.에 부합하지 않는다.

③ (X) ABEG의 사무실로 통폐합할 경우, F와 G 둘 다 사무실을 빼지 않는다는 조건 4.에 부합하지 않는다.

④ (O) ABCE의 사무실로 통폐합할 경우 모든 조건에 부합한다.

⑤ (X) BCDE의 사무실로 통폐합할 경우, B, D, F 중에서 두 부서는 사무실을 빼야 한다는 조건 6.에 부합하지 않는다.

빠른 문제풀이 Tip

실제 문제풀이에서는 이상의 해설과 같이 정답만 빠르게 찾아낸다. 〈조건〉의 내용을 바탕으로 사무실을 통폐합할 수 있는 경우를 최대한 확정해보면 다음과 같다.

2. $B \vee C$
3. $\sim A \rightarrow \sim G$ $G \rightarrow A$
4. $\sim C \rightarrow F \wedge G$ $\sim F \vee \sim G \rightarrow C$
5. $\sim E \rightarrow B$ $\sim B \rightarrow E$
6. $(\sim B \wedge \sim D) \vee (\sim B \wedge \sim F) \vee (\sim D \wedge \sim F)$ 또는 문장으로 처리

조건 6.에 따라서 경우를 나누어 생각해본다.

〈경우 1〉 $(\sim B \wedge \sim D)$인 경우
남은 A, C, E, F, G의 사무실 중 하나만 빼야 한다.
- 조건 2.에 따라 C이다. C의 사무실을 빼지 않는다.
- 조건 5.에 따라 E이다. E의 사무실을 빼지 않는다.
- 조건 3.에 따르면 A의 사무실을 빼는 경우 G의 사무실도 빼야하므로 3개의 사무실밖에 남지 않는다. 따라서 A의 사무실을 빼지 않는다.

⇒ ACEF, ACEG가 가능하다.

〈경우 2〉 $(\sim B \wedge \sim F)$인 경우
남은 A, C, D, E, G의 사무실 중 하나만 빼야 한다.
1)과 같은 논리로 ACDE, ACEG가 가능하다.

〈경우 3〉 $(\sim D \wedge \sim F)$인 경우
남은 A, B, C, E, G의 사무실 중 하나만 빼야 한다.
- 조건 4.에 따라 C의 사무실을 빼지 않는다.
- 조건 3.에 따라 A의 사무실을 빼지 않는다.

⇒ ACEG, ABCG, ABCE가 가능하다.

〈경우 4〉 $(\sim B \wedge \sim D \wedge \sim F)$인 경우
ACEG만 가능하다.

경우 1~4를 종합하면 ABCE, ABCG, ACDE, ACEF, ACEG 다섯 가지 경우가 가능하다. 이 중 〈보기〉에 포함되어 있는 것은 제안 4의 ABCE이다.

[정답] ④

137 **A교수는 월요일부터 목요일까지 강의를 한다. 그는 학생들에게 다음 주 월요일부터 토요일까지 중에서 다음의 정보로부터 추론될 수 있는 요일(들)에 시험을 볼 것이라고 했다. 시험은 며칠에 나누어 볼 수도 있다. 시험을 볼 요일(들)은?**

05년 5급(견습) 과책형 8번

- ○ 목요일에 시험을 본다면, 토요일에도 시험을 볼 것이다.
- ○ 월요일에 시험을 보지 않는다면, 화요일이나 목요일에 시험을 볼 것이다.
- ○ 월요일에 시험을 본다면, 수요일에 시험을 보지 않을 것이다.
- ○ 화요일에 시험을 본다면, 목요일이나 금요일에는 시험을 볼 것이다.
- ○ A교수가 강의를 하지 않는 날에는 시험을 보지 않을 것이다.

① 월
② 화
③ 수
④ 월, 화
⑤ 화, 목

해설

문제 분석

A교수는 월요일부터 목요일까지 강의를 하며 문제에서 일요일은 고려 대상이 아니다. 첫 번째 동그라미부터 각각 조건 ⅰ)~ⅴ)라고 하고 정리해 보면 다음과 같다. 아래의 내용 중 '월'은 '월요일에 시험을 본다'라는 의미이고 대우명제까지 같이 정리하였다. 그리고 확정적인 내용은 음영 처리하였다.

조건 ⅰ): 목 → 토	~토 → ~목
조건 ⅱ): ~월 → 화∨목	~화∧~목 → 월
조건 ⅲ): 월 → ~수	수 → ~월
조건 ⅳ): 화 → 목∨금	~목∧~금 → ~화
조건 ⅴ): ~금, ~토	

조건 ⅴ)는 '~금∧~토'와 같이 표시하여도 무방하다.

1) 우선 조건 ⅴ) '~토'와 조건 ⅰ)의 대우명제 '~토 → ~목'을 조합하면 '~목'임을 알 수 있다. 선지 ⑤는 제거된다.
2) '~목'과 조건 ⅴ) '~금', 조건 ⅳ)의 대우명제 '~목∧~금 → ~화'를 조합하면 '~화'임을 알 수 있다. 선지 ②, ④는 제거된다.
3) '~화', '~목'과 조건 ⅱ)의 대우명제 '~화∧~목 → 월'을 조합하면 '월'임을 알 수 있다. 정답은 ①이다.

선지 ②, ④, ⑤가 제거되었으므로 정답을 ①이라고 결론을 내렸고, 조건 ⅲ) '월 → ~수'에서 '월'이면 '~수'이므로 ③이 정답이 아닌 것도 확인할 수 있다.

빠른 문제풀이 Tip

해설의 풀이 과정을 보면 조건 ⅰ), ⅱ), ⅳ)의 대우명제만 사용된 것을 알 수 있다. 혹시 만약 위와 같은 명제를 이용한 풀이에 익숙하지 않다면 다음과 같이 생각해 본다. 이하에서는 위에서 명제의 형식으로 정리한 내용이 아닌 지문의 동그라미를 순서대로 조건 ⅰ)~ⅴ)라 한다.

1) 조건 ⅰ)에 따르면 목요일에 시험을 본다면, 토요일에도 시험을 본다. 그러나 선지 ⑤는 목요일에 시험을 보지만 토요일에 시험을 보지 않는 것으로 되어 있으므로 옳지 않다.
2) 조건 ⅱ)에 따르면 월요일에 시험을 보지 않는다면, 화요일이나 목요일에 시험을 본다. 그러나 선지 ③은 월요일에 시험을 보지 않지만 화요일 또는 목요일에도 시험을 보지 않는 것으로 되어 있으므로 옳지 않다.
3) 조건 ⅳ)에 따르면 화요일에 시험을 본다면, 목요일이나 금요일에는 시험을 본다. 그러나 선지 ②는 화요일에 시험을 보지만 목요일 또는 금요일에 시험을 보지 않는 것으로 되어 있으므로 옳지 않다.

여기까지 생각해본다면 선지를 활용하여 월요일 또는 수요일 하루만 시험을 본다는 것을 알 수 있다. 그러나 최종적으로 정답을 고르기 위해서는 조건 ⅱ)를 대우명제와 같이 이해하는 사고가 필요하다. 대우명제를 활용하는 것은 언어논리에서도 활용되는 내용이므로 반드시 숙지하기 바란다.

[정답] ①

138 다음 제시문을 읽고 제정신이 아닌 사람 또는 동물을 모두 고르면? (단, 공작부인과 앨리스는 제정신이다) 09년 5급 극책형 32번

"제가 보니 많은 것들이 좀 미친 것처럼 보이던데요." 앨리스가 말했다. 그러자 공작부인이 말했다.

"내가 미쳤다고 말했을 때는, 그들이 완전히 돌았다는 것을 의미하는 거야! 다시 말해서 그들의 믿음들이 단지 어떤 정도가 아니라 모두 거짓이라는 거지. 그들이 참이라고 믿는 모든 것은 거짓이며 그들이 거짓이라고 믿는 모든 것은 참이 된다는 말이야."

"그러면 여기에는 제정신을 가진 사람이 얼마나 있다는 말이에요?" 앨리스가 갑자기 공작부인의 말을 가로채며 말했다. "제가 보건대 이 곳에 있는 그들 대다수의 믿음들은 옳은 것 같고 그 중 몇몇만 그른 것처럼 보이던데요."

"아니, 절대로 그렇지 않단다." 공작부인이 아주 힘을 주면서 말했다. "네가 사는 곳에서는 그럴지 모르겠지만, 여기서는 절대로 그렇지 않아! 여기에 사는 제정신의 사람은 백 퍼센트 정확한 믿음을 가지고 있단 말이다. 즉 그들이 참이라고 아는 모든 것은 참이고, 그들이 거짓이라고 아는 모든 것은 거짓이란 말이다."

"그러면 여기에서는 누가 제정신이고 누가 미친 거예요?" 앨리스가 물었다. "저는 항상 3월의 토끼, 모자장수 그리고 겨울잠 쥐에 대해 궁금한 게 많았어요." 앨리스가 말했다. "모자장수는 미친 모자장수라고 불리던데, 그가 정말로 미쳤나요? 그리고 3월의 토끼와 겨울잠 쥐는 정말로 미쳤나요?"

그러자 공작부인이 말했다. "아무튼, 그 ⅰ)모자장수가 언젠가 3월의 토끼는 그들 셋이 모두 제정신이라는 것을 믿지 않는다고 말한 적이 있었지. 또한 ⅱ)겨울잠 쥐는 3월의 토끼가 제정신이라고 믿고 있었어."

① 3월의 토끼
② 겨울잠 쥐
③ 모자장수, 겨울잠 쥐
④ 3월의 토끼, 겨울잠 쥐
⑤ 3월의 토끼, 모자장수, 겨울잠 쥐

해설

문제 분석

지문의 용어들을 정리할 필요가 있다. 공작부인의 설명에 따르면 두 번째 문단의 '미쳤다', '돌았다'는 용어와 네 번째 문단의 '제정신'이라는 용어는 해당 지문에서 모순의 의미로 사용하고 있다. 즉, 미치지 않았으면 제정신이고, 제정신이 아니면 미친 것이다. 그리고 제정신인 사람이 '믿는 것', '아는 것', '말하는 것'은 모두 참(T)이고, 제정신이 아닌 사람이 '믿는 것', '아는 것', '말하는 것'은 모두 거짓(F)이다.

문제풀이 실마리

모자장수, 3월의 토끼, 겨울잠 쥐(3명)의 사람 또는 동물이 제정신인지 아닌지만 판단하면 된다. 전체 경우의 수가 많지 않으므로 모든 경우를 판단해 본다. 진술 ⅰ)보다는 진술 ⅱ)가 간단하므로 진술 ⅱ)부터 제정신인지 아닌지 가정하면서 시작해 본다.

	모자장수	3월의 토끼	겨울잠 쥐
1)	제정신	제정신	제정신
2)	제정신	제정신	~제정신
3)	제정신	~제정신	제정신
4)	제정신	~제정신	~제정신
5)	~제정신	제정신	제정신
6)	~제정신	제정신	~제정신
7)	~제정신	~제정신	제정신
8)	~제정신	~제정신	~제정신

위와 같은 8가지 경우만 고려하면 된다. 진술 ⅱ)부터 판단해보자. 겨울잠 쥐가 제정신이라면 겨울잠 쥐가 제정신이라고 믿고 있는 3월의 토끼도 제정신이다. 겨울잠 쥐가 제정신이 아니라면 겨울잠 쥐가 제정신이라고 믿고 있는 3월의 토끼도 제정신이 아니다. 따라서 2), 3), 6), 7)은 제외된다.

진술 ⅰ)을 판단해보자. 모자장수, 3월의 토끼, 겨울잠 쥐를 A, B, C라고 하면 '셋이 모두 제정신이다($A \wedge B \wedge C$).'의 전체 부정은 '셋 중 누군가는 제정신이 아니다($\sim A \vee \sim B \vee \sim C$).'라는 것에 유의한다.

1) 모자장수가 제정신이므로 모자장수가 말한 '3월의 토끼는 그들 셋이 모두 제정신이라는 것을 믿지 않는다'도 참이다. 그리고 3월의 토끼도 제정신이므로 3월의 토끼가 믿고 있는 것처럼, 셋 중 누군가는 제정신이 아니어야 한다. 그러나 1)은 셋이 모두 제정신인 경우이므로 모순이 발생한다.
4) 모자장수가 제정신이므로 모자장수가 말한 '3월의 토끼는 그들 셋이 모두 제정신이라는 것을 믿지 않는다.'도 참이다. 3월의 토끼는 그들 셋이 모두 제정신이라는 것을 믿지 않지만 3월의 토끼가 제정신이 아니므로 '셋 중 누군가는 제정신이 아니다.'의 전체 부정, '셋이 모두 제정신이다.'가 참이어야 한다. 그러나 3월의 토끼와 겨울잠 쥐가 제정신이 아닌 경우이므로 모순이 발생한다.
5) 모자장수가 제정신이 아니므로 '3월의 토끼는 그들 셋이 모두 제정신이라는 것을 믿지 않는다.'가 거짓이다. 즉, '3월의 토끼는 그들 셋이 모두 제정신이라는 것을 믿는다.'가 참이다. 3월의 토끼는 제정신이므로 셋이 모두 제정신이어야 한다. 그러나 모자장수가 제정신이 아니므로 모순이 발생한다.
8) 모자장수가 제정신이 아니므로 '3월의 토끼는 그들 셋이 모두 제정신이라는 것을 믿지 않는다.'가 거짓이다. 즉, '3월의 토끼는 그들 셋이 모두 제정신이라는 것을 믿는다.'가 참이다. 3월의 토끼는 제정신이 아니므로 3월의 토끼가 믿고 있는 '셋이 모두 제정신이다.'는 거짓이다. 즉 셋 중 누군가는 제정신이 아니다. 모순이 발생하지 않는다.

모순이 발생하지 않는 경우는 8)의 경우, 즉 셋 모두 제정신이 아닌 경우뿐이다. 정답은 ⑤이다.

[정답] ⑤

139 **다음 글과 <자기소개>를 근거로 판단할 때, 대학생, 성별, 학과, 가면을 모두 옳게 짝지은 것은?** 19년 5급 가책형 33번

> 대학생 5명(A~E)이 모여 주말에 가면파티를 하기로 했다.
> ○ 남학생이 3명이고 여학생이 2명이다.
> ○ 5명은 각각 행정학과, 경제학과, 식품영양학과, 정치외교학과, 전자공학과 재학생이다.
> ○ 5명은 각각 늑대인간, 유령, 처녀귀신, 좀비, 드라큘라 가면을 쓸 것이다.
> ○ i)본인의 성별, 학과, 가면에 대해 한 명은 모두 거짓만을 말하고 있고 나머지는 모두 진실만을 말하고 있다.

〈자기소개〉

A: 식품영양학과와 경제학과에 다니지 않는 남학생인데 드라큘라 가면을 안 쓸 거야.
B: 행정학과에 다니는 남학생인데 늑대인간 가면을 쓸 거야.
C: 식품영양학과에 다니는 남학생인데 처녀귀신 가면을 쓸 거야.
D: 정치외교학과에 다니는 여학생인데 좀비 가면을 쓸 거야.
E: 전자공학과에 다니는 남학생인데 드라큘라 가면을 쓸 거야.

	대학생	성별	학과	가면
①	A	여	행정학과	늑대인간
②	B	여	경제학과	유령
③	C	남	식품영양학과	좀비
④	D	여	정치외교학과	드라큘라
⑤	E	남	전자공학과	처녀귀신

해설

남학생은 3명, 여학생은 2명인데 조건 i)을 생각해 보자. 〈자기소개〉를 살펴보면 남학생 4명, 여학생 1명이기 때문에 D가 거짓이라면 남학생이 5명이 되어 모순이 발생한다. 따라서 D는 반드시 진실을 말해야 한다.

D는 반드시 진실만을 말하고 있으므로 다음과 같이 정리할 수 있다.

구분	성별	학과	가면
A			
B			
C			
D	여	정치외교학과	좀비
E			

조건 i)을 고려하면 A, B, C, E 중 한 명을 참 또는 거짓이라고 가정하고 모순이 발생하는 사례를 찾아야 한다. 즉, 성별, 학과, 가면 중 동시에 참 또는 동시에 거짓일 수 없는 자기소개를 한 대학생을 짝지어 골라야 하는데 가장 모순이 발생하기 쉬운 대학생을 선택한다. A와 C가 공통으로 식품영양학과에 대해 언급하고 있고, A와 E가 동시에 드라큘라 가면에 대해 언급하고 있다. 그러나 A가 식품영양학과와 경제학과를 동시에 언급하고 있으므로 A와 E의 가면에 대한 자기소개에 초점을 맞춰 모순을 판단해 본다.

우선 A가 거짓만을 말하고 있다고 가정하면 A는 드라큘라 가면을 써야 하는데 A가 거짓만을 말하고 있다면 E는 진실만을 말하고 있는 것이므로 E도 드라큘라 가면을 쓰는 모순이 생긴다. 따라서 A는 진실을 말한다. 같은 논리로 E가 거짓만을 말하고 있다고 가정하면 아무도 드라큘라 가면을 쓰지 않게 되므로 E는 진실을 말한다. 이상의 내용을 정리하면 아래와 같다.

구분	성별	학과	가면
A	남		
B			
C			
D	여	정치외교학과	좀비
E	남	전자공학과	드라큘라

5개의 학과 중 A는 식품영양학과와 경제학과에 다니지 않고 D는 정치외교학과, E는 전자공학과이기 때문에 A는 행정학과가 된다. 따라서 거짓을 말하고 있는 사람은 B가 된다.

구분	성별	학과	가면
A	남	행정학과	늑대인간
B	여	경제학과	유령
C	남	식품영양학과	처녀귀신
D	여	정치외교학과	좀비
E	남	전자공학과	드라큘라

위의 표와 선지를 비교하면 답은 ②이다.

빠른 문제풀이 Tip

〈자기소개〉에 제시된 정보는 모두 진실이거나 모두 거짓이다. 옳게 짝지어진 선지는 〈자기소개〉와 모두 일치하거나 모두 불일치해야 한다. 아래는 〈자기소개〉를 선지와 비교하기 위하여 같은 양식으로 바꾸고 선지에 자기소개와 일치하는 부분을 음영으로 표시한 것이다.

〈자기소개〉

대학생	성별	학과	가면
A	남	~식품영양학과 ~경제학과	~드라큘라
B	남	행정학과	늑대인간
C	남	식품영양학과	처녀귀신
D	여	정치외교학과	좀비
E	남	전자공학과	드라큘라

	대학생	성별	학과	가면
①	A	여	행정학과	늑대인간
②	B	여	경제학과	유령
③	C	남	식품영양학과	좀비
④	D	여	정치외교학과	드라큘라
⑤	E	남	전자공학과	처녀귀신

이를 만족하는 선지는 ②뿐이다.

[정답] ②

140 **다음 <조건>과 <정보>를 근거로 판단할 때, 곶감의 위치와 착한 호랑이, 나쁜 호랑이의 조합으로 가능한 것은?**

14년 5급 A책형 35번

〈조 건〉

- ○ 착한 호랑이는 2마리이고, 나쁜 호랑이는 3마리로 총 5마리의 호랑이(甲~戊)가 있다.
- ○ 착한 호랑이는 참말만 하고, 나쁜 호랑이는 거짓말만 한다.
- ○ 곶감은 꿀단지, 아궁이, 소쿠리 중 한 곳에만 있다.

〈정 보〉

甲: 곶감은 아궁이에 있지.
乙: 여기서 나만 곶감의 위치를 알아.
丙: 甲은 나쁜 호랑이야.
丁: 나는 곶감이 어디 있는지 알지.
戊: 곶감은 꿀단지에 있어.

	곶감의 위치	착한 호랑이	나쁜 호랑이
①	꿀단지	戊	丙
②	소쿠리	丁	乙
③	소쿠리	乙	丙
④	아궁이	丙	戊
⑤	아궁이	甲	丁

해설

문제 분석

주어진 〈조건〉을 유의하되, 이러한 문제에서는 상호 모순되는 진술로부터 특정 진술을 참 또는 거짓이라고 가정하고 시작하여야 한다. 예를 들어 甲의 진술이 참이면 甲은 착한 호랑이이므로 丙의 진술은 거짓이 되고, 丙의 진술이 참이면 甲의 진술은 거짓으로 甲은 나쁜 호랑이가 된다. 그러나 다른 예로 만약 甲의 진술이 참이면 곶감은 아궁이에 있으므로 戊의 진술은 거짓이 되고 무는 나쁜 호랑이이다. 戊의 진술이 참이라면 甲의 진술은 거짓이 되는 것도 마찬가지이다. 그러나 甲, 戊 모두 거짓일 가능성이 존재하므로 甲, 戊의 관계로부터는 시작하지 않는 것이 좋다.

문제풀이 실마리

발언의 모순을 찾아내어 실마리로 삼을 수도 있고, 경우의 수로 접근할 수도 있고, 선지를 활용해서 해결하는 것도 가능하다.

甲과 丙의 관계로부터 문제를 시작해보자. 甲의 진술이 참인 경우, 丙의 진술이 참인 경우를 각각 아래와 같이 정리할 수 있다.

1) 甲의 진술이 참인 경우

甲	착한 호랑이	ⓐ 가정
乙	나쁜 호랑이	ⓒ 甲도 곶감의 위치를 알고 있음. 거짓
丙	나쁜 호랑이	ⓑ 거짓
丁	착한 호랑이	ⓓ 착한 호랑이는 2마리여야 함.
戊	나쁜 호랑이	ⓒ 1)에 따라 곶감은 아궁이에 있음. 거짓

여기서 ⓐ~ⓓ는 생각하는 순서를 나타낸다. 甲의 진술이 참인 경우 곶감은 아궁이에 있지만, 선지 ④는 丙이 나쁜 호랑이라서, ⑤는 丁이 착한 호랑이라서 정답이 될 수 없다.
丙의 진술이 참인 경우는 다시 경우의 수가 나뉜다.

2-1) 丙의 진술이 참인 경우, 乙의 진술이 참인 경우

甲	나쁜 호랑이	ⓑ 거짓
乙	착한 호랑이	ⓒ 가정
丙	착한 호랑이	ⓐ 가정
丁	나쁜 호랑이	ⓓ 乙만 곶감의 위치를 알고 있음. 거짓
戊	나쁜 호랑이	ⓓ 乙만 곶감의 위치를 알고 있음. 거짓

이 경우는 甲, 戊 모두 나쁜 호랑이이므로 곶감은 소쿠리에 있다. 그러나 선지 ②는 丁이 나쁜 호랑이라서, ③은 丙이 착한 호랑이라서 정답이 될 수 없다.

2-2) 丙의 진술이 참인 경우, 丁의 진술이 참인 경우

甲	나쁜 호랑이	ⓑ 거짓
乙	나쁜 호랑이	ⓓ 丁도 곶감의 위치를 알고 있음. 거짓
丙	착한 호랑이	ⓐ 가정
丁	착한 호랑이	ⓒ 가정
戊	나쁜 호랑이	ⓓ 나쁜 호랑이는 3마리여야 함

甲, 戊 모두 나쁜 호랑이이므로 곶감은 소쿠리에 있다. 선지 ②는 정답이 될 수 있다. 선지 ③은 乙이 나쁜 호랑이고, 丙이 착한 호랑이라서 정답을 이미 골랐지만 나머지 상황까지 확인해 보면

2-3) 丙의 진술이 참인 경우, 乙, 丁의 진술이 모두 거짓인 경우

甲	나쁜 호랑이	ⓑ 거짓
乙	나쁜 호랑이	ⓒ 가정
丙	착한 호랑이	ⓐ 가정
丁	나쁜 호랑이	ⓒ 가정
戊	착한 호랑이	ⓓ 착한 호랑이는 2마리여야 함

이 경우 戊의 진술에 의해 곶감은 꿀단지에 있다. 그러나 선지 ①은 丙이 착한 호랑이라서 정답이 될 수 없다.

빠른 문제풀이 Tip

위의 해설은 일반적으로 진술을 기준으로 한 풀이방법으로 경우의 수가 좀 나뉘어져 복잡하다고 느낄 수도 있다. 해당 문제를 곶감의 위치를 기준으로 가정해 보면

3) 곶감이 꿀단지에 있는 경우

甲	나쁜 호랑이	ⓐ 거짓
乙	나쁜 호랑이	ⓑ 戊도 곶감의 위치를 알고 있음. 거짓
丙	착한 호랑이	ⓑ 참
丁	나쁜 호랑이	ⓒ 나쁜 호랑이는 3마리여야 함
戊	착한 호랑이	ⓐ 참

4) 곶감이 아궁이에 있는 경우

甲	착한 호랑이	ⓐ 참
乙	나쁜 호랑이	ⓑ 甲도 곶감의 위치를 알고 있음. 거짓
丙	나쁜 호랑이	ⓑ 거짓
丁	착한 호랑이	ⓒ 착한 호랑이는 2마리여야 함
戊	나쁜 호랑이	ⓐ 거짓

5) 곶감이 소쿠리에 있는 경우

甲	나쁜 호랑이	ⓐ 거짓
乙	?	ⓒ
丙	착한 호랑이	ⓑ 참
丁	?	ⓒ
戊	나쁜 호랑이	ⓐ 거짓

3)의 경우 결국 다시 경우의 수가 갈린다.

전체 경우의 수를 파악하는 것이 어렵거나 甲, 丙의 관계로부터 시작하는 등 풀이를 시작할 지점을 찾는 것에 어려움을 겪는다면 선지의 상황을 가정하고 선지별로 검토할 수 있다. 예를 들어 선지 ①의 경우가 맞는지 검토해 보면 3)의 경우와 같이 생각할 수 있는데 선지 ①이 틀렸다고 판단할 수 있다. 이러한 방식은 선지별로 각각 판단하는 것이지만 결국 해설의 내용과 큰 차이는 없다.

[정답] ②

141 **다음 글과 <진술 내용>을 근거로 판단할 때, 첫 번째 사건의 가해차량 번호와 두 번째 사건의 목격자를 옳게 짝지은 것은?**

20년 5급 나책형 14번

○ 어제 두 건의 교통사고가 발생하였다.
○ 첫 번째 사건의 가해차량 번호는 다음 셋 중 하나이다.
99★2703, 81★3325, 32★8624
○ 어제 사건에 대해 진술한 목격자는 甲, 乙, 丙 세 명이다. 이 중 [i]두 명의 진술은 첫 번째 사건의 가해차량 번호에 대한 것이고 나머지 한 명의 진술은 두 번째 사건의 가해차량 번호에 대한 것이다.
○ [ii]첫 번째 사건의 가해차량 번호는 두 번째 사건의 목격자 진술에 부합하지 않는다.
○ 편의상 차량 번호에서 ★ 앞의 두 자리 수는 A, ★ 뒤의 네 자리 수는 B라고 한다.

〈진술 내용〉

○ 甲: A를 구성하는 두 숫자의 곱은 B를 구성하는 네 숫자의 곱보다 작다.
○ 乙: B를 구성하는 네 숫자의 합은 A를 구성하는 두 숫자의 합보다 크다.
○ 丙: B는 A의 50배 이하이다.

	첫 번째 사건의 가해차량 번호	두 번째 사건의 목격자
①	99★2703	甲
②	99★2703	乙
③	81★3325	乙
④	81★3325	丙
⑤	32★8624	丙

해설

문제 분석

조건 i) 두 명의 진술은 첫 번째 사건의 가해차량 번호에 대한 것이고 나머지 한 명의 진술은 두 번째 사건의 가해차량 번호에 대한 것이다.

조건 ii) 첫 번째 사건의 가해차량 번호는 두 번째 사건의 목격자 진술에 부합하지 않는다.

조건 i), ii)를 조합해 보면, 목격자 甲, 乙, 丙의 진술을 첫 번째 사건의 가해차량 번호에 대한 것이라고 가정할 때, 두 명의 진술은 참이고 한 명의 진술은 거짓이다. 이때 거짓인 진술에 해당하는 목격자가 두 번째 사건의 목격자이다.

각각의 차량번호가 甲~丙의 진술에 부합하는지 살펴본다. 이하의 설명 중 'A:', 'B:' 뒤의 수식은 각 진술 중 A 또는 B에 해당하는 내용의 연산에 관한 식을 의미한다.

1) 99★2703에서 A는 99, B는 2703이다.
甲의 진술: 부합하지 않음
A: 9×9=81, B: 2×7×0×3=0 → 81>0
乙의 진술: 부합하지 않음
A: 9+9=18, B: 2+7+0+3=12 → 18>12
丙의 진술: 부합
A: 99×50=4950, B: 2703 → 4950>2703

2) 81★3325에서 A는 81, B는 3325이다.
甲의 진술: 부합
A: 8×1=8, B: 3×3×2×5=90 → 8<90
乙의 진술: 부합
A: 8+1=9, B: 3+3+2+5=13 → 9<13
丙의 진술: 부합
A: 81×50=4050, B: 3325 → 4050>3325

3) 32★8624에서 A는 32, B는 8624이다.
甲의 진술: 부합
A: 3×2=6, B: 8×6×2×4=384 → 6<384
乙의 진술: 부합
A: 3+2=5, B: 8+6+2+4=20 → 5<20
丙의 진술: 부합하지 않음
A: 32×50=1600, B: 8624 → 1600<8624

위의 내용을 표로 정리하면 다음과 같다.

구분	甲	乙	丙
99★2703	X	X	O
81★3325	O	O	O
32★8624	O	O	X

주어진 차량번호 세 개 중 32★8624만이 甲, 乙, 丙 진술 중 두 개는 진실이고 한 개는 거짓이다. 따라서 첫 번째 가해차량 번호는 32★8624이고 두 번째 사건의 목격자는 丙이다.

[정답] ⑤

142 다음 글을 근거로 판단할 때, 甲이 조립한 상자의 개수는?

20년 5급 나책형 35번

> 甲, 乙, 丙은 상자를 조립하는 봉사활동을 하였다. 이들은 상자 조립을 동시에 시작하여 각각 일정한 속도로 조립하였다. 그리고 '1분당 조립한 상자 개수', '조립한 상자 개수', '조립한 시간'에 대하여 아래와 같이 말하였다. 단, 2명은 모두 진실만을 말하였고 나머지 1명은 거짓만을 말하였다.
>
> 甲: 나는 乙보다 1분당 3개 더 조립했는데, 乙과 조립한 상자 개수는 같아. 丙보다 10분 적게 일했어.
> 乙: 나는 甲보다 40분 오래 일했어. 丙보다 10개 적게 조립했고 1분당 2개 적게 조립했어.
> 丙: 나는 甲보다 1분당 1개 더 조립했어. 조립한 시간은 乙과 같은데 乙보다 10개 적게 조립했어.

① 210
② 240
③ 250
④ 270
⑤ 300

해설

문제 분석

甲~丙은 각각 '1분당 조립한 상자 개수', '조립한 상자 개수', '조립한 시간'에 대하여 말하였다. 단, 2명은 모두 진실만을 말하였고 나머지 1명은 거짓만을 말하였다.

문제풀이 실마리

거짓말을 한 1명을 찾고 진실을 말한 2명의 진술을 위주로 단순하게 만들어야 한다.

甲, 乙, 丙의 '1분당 조립한 상자 개수', '조립한 상자 개수', '조립한 시간'을 표로 정리하면 다음과 같다.

	1분당 조립한 상자 개수	조립한 상자 개수	조립한 시간
甲	乙+3개	乙	4)丙−10분
乙	丙−2개	1)丙−10개	甲+40분
丙	3)甲+1개	2)乙−10개	乙

2명은 모두 진실만을 말하였고 나머지 1명은 거짓만을 말하고 있고 乙의 1) "丙보다 10개 적게 조립했다"는 진술과 丙의 2) "乙보다 10개 적게 조립했다"는 진술은 동시에 참일 수 없기 때문에(모순 관계) 거짓만을 말한 사람은 乙 또는 丙이고 甲은 반드시 참만 말한다.

甲의 진술은 반드시 참이므로, 丙의 진술이 참이라고 가정하고 甲과 丙을 비교해 보자. 丙의 1분당 조립한 상자 개수는 3) 甲보다 1개 많고, 조립한 상자 개수는 2) 甲보다 10개 적다. 丙은 甲보다 1분당 조립한 상자 개수는 많고 조립한 상자의 개수는 적으므로 상자를 조립한 시간은 丙이 甲보다 적어야 한다. 그러나 4)에 의하면 甲의 상자를 조립한 시간이 丙보다 10분 적다. 丙의 진술이 참이라고 가정한 경우 모순이 발생하므로 甲~丙 중 거짓만을 말한 사람은 丙이다.

참만을 말하고 있는 甲과 乙의 진술을 중심으로 살펴보면 丙과 관련해 정리할 수 있다.

	1분당 조립한 상자 개수	조립한 상자 개수	조립한 시간
甲	丙+1개	丙−10개	丙−10분
乙	丙−2개	丙−10개	丙+30분

조립한 상자 개수=1분당 조립한 상자 개수×조립한 시간으로 丙의 1분당 조립한 상자 개수: x, 丙의 조립한 시간: y라 했을 때

	1분당 조립한 상자 개수	조립한 상자 개수	조립한 시간
甲	x+1개	$xy-10$	y−10분
乙	x−2개	$xy-10$	y+30분

$$\begin{cases}(x+1)(y-10)=xy-10 \rightarrow -10x+y=0 \\ (x-2)(y+30)=xy-10 \rightarrow 30x-2y=5\end{cases}$$

위의 방정식을 풀면 $x=5$, $y=50$이다. 따라서 甲의 조립한 상자의 개수는 250−10=240개(②)가 된다.

빠른 문제풀이 Tip

丙의 진술이 참이라고 가정하는 경우 위의 해설과 다른 방법으로도 모순을 찾아낼 수 있다. 위의 해설에서는 甲과 丙을 비교했지만, 예를 들어 乙과 丙을 비교해 보자. 丙의 1분당 조립한 상자 개수는 甲보다 1개 많으므로 乙보다 4개 많고, 조립한 시간은 乙과 같은 상황이므로 조립한 상자 개수가 2)와 같이 乙보다 적을 수 없다. 따라서 丙의 진술이 거짓임을 알 수 있다.

[정답] ②

1 경우 파악형

143 다음 글을 근거로 판단할 때, ㉠에 해당하는 수는?

22년 7급 가책형 20번

> 甲: 그저께 나는 만 21살이었는데, 올해 안에 만 23살이 될 거야.
> 乙: 올해가 몇 년이지?
> 甲: 올해는 2022년이야.
> 乙: 그러면 네 주민등록번호 앞 6자리의 각 숫자를 모두 곱하면 [㉠]이구나.
> 甲: 그래, 맞아!

① 0
② 81
③ 486
④ 648
⑤ 2,916

해설

문제 분석

만 나이에 대해서 생각해보자. 만 나이는 태어났을 때 0살로 시작해 다음 해 생일이 되면 1살이 된다. 즉, 어느 해나 생일이 되는 그날 만 나이가 1살 더해진다(2월 29일생은 예외). 이와 같은 이해를 바탕으로 지문의 내용에 접근해 본다.

문제풀이 실마리

규칙유형 중 소재에서 나이셈법에서 관련된 내용을 정리한 적이 있다.

甲의 첫 번째 진술을 보면 甲은 그저께 만 21살이었는데 오늘은 만 22살이고 올해 안에 만 23살이 된다. 즉, 어제 또는 오늘 만 22살이 된 것이다. 그리고 올해 안에 만 23살이 되므로 올해 안에 다시 생일이 돌아온다. 오늘 날짜가 올해 안에 돌아올 수는 없고 어제의 날짜가 올해 안에 돌아온다는 것이 된다. 그러므로 어제가 생일이며 어제는 12월 31일, 오늘은 1월 1일이어야 한다(→ 빠른 문제풀이 Tip). 甲의 세 번째 진술까지 같이 정리하면 甲은 그저께인 2021년 12월 30일에는 만 21살이었고, 어제인 2021년 12월 31일에 생일이 되어 만 22살이 되었으며 올해 생일인 2022년 12월 31일에 만 23살이 될 것이다.

㉠을 계산하기 위한 甲의 주민등록번호 앞 6자리 숫자를 모두 알기 위해서는 甲의 출생연도를 알아야 한다. 출생연도는 올해 연도 X에서 올해 생일을 기준으로 한 만 나이 Y를 빼주면 출생연도를 구할 수 있다. 甲의 세 번째 진술에 의하면 올해는 2022년인데 올해 생일에 만 23살이 되므로 2022에서 23을 빼주면 甲은 1999년생이다. 즉 甲의 주민등록번호 앞 6자리는 991231이고, ㉠을 구해보면 9×9×1×2×3×1=486(③)이다.

빠른 문제풀이 Tip

- 1년이 365일인데 이 안에 생일이 두 번 지날 수는 없다. 하지만 366일 안에 생일이 두 번 지날 수는 있다(윤년 제외). 어제가 생일이어야 한다. 그리고 어제의 생일과 다가올 생일이 연도가 다른 것은 당연한데 다가올 생일이 올해라면 지나간 어제의 생일은 연도가 달라야 한다. 즉 어제의 생일은 작년 12월 31일이어야 한다.
- 문제에 따라서는 일정한 숫자들을 모두 곱하는 경우 하나의 숫자가 0이라서 모든 숫자를 곱한 값이 0이 될 수도 있지만, 해당 문제는 그러한 문제는 아니었다.
- 생일이 12월 31일인 것이 바로 찾아졌다면 각 자리의 숫자를 모두 곱했을 때 6이 나온다. 이 결과를 가지고 선지를 활용하여 문제를 해결하여 선지 ③이 정답임을 찾아낼 수도 있다.

[정답] ③

144 다음 글을 근거로 판단할 때, A군 양봉농가의 최대 수는?

22년 7급 가책형 19번

> ○ i)A군청은 양봉농가가 안정적으로 꿀을 생산할 수 있도록 양봉농가 간 거리가 12km 이상인 경우에만 양봉을 허가하고 있다.
> ○ ii)A군은 반지름이 12km인 원 모양의 평지이며 군 경계를 포함한다.
> ○ iii)A군의 외부에는 양봉농가가 존재하지 않는다.

※ iv)양봉농가의 면적은 고려하지 않음

① 5개
② 6개
③ 7개
④ 8개
⑤ 9개

해설

문제 분석

조건 i)~iv)에 따라 A군의 범위 안에 양봉농가를 배치한다는 생각으로 접근한다. 조건 iii)에서 A군의 외부에는 양봉농가가 존재하지 않는다고 하였으므로 A군의 경계에 양봉농가를 배치할 수 있다. 그리고 조건 iv)에서 양봉농가의 면적은 고려하지 않는다고 하였으므로 양봉농가를 점으로 생각한다.

문제풀이 실마리

경우가 그려진다면 빠르게도 해결할 수 있는 문제이지만, 경우가 그려지지 않는다면 손도 대지 못하는 유형의 문제이다. 경우가 그려지지 않는다면 넘겨야 할 유형의 문제이다.

우선 양봉농가를 점으로 나타낼 때 다른 양봉농가를 배치할 수 없는 범위를 다음과 같이 그림으로 나타내어 보자.

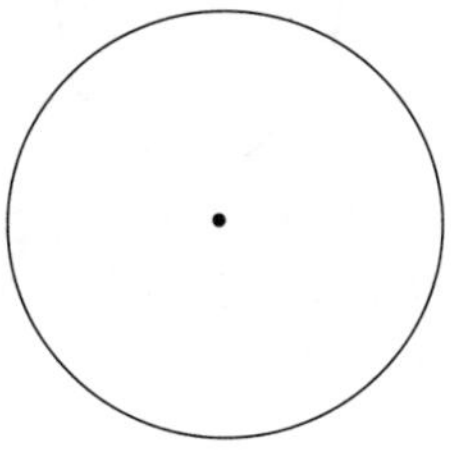

〈그림 1〉

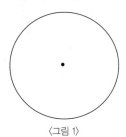

〈그림 1〉의 가운데 점은 양봉농가이며(면적은 0), 원은 반지름이 12km로 원 안은 다른 양봉농가가 배치될 수 없는 범위를 나타낸다. 조건 i)에서 양봉농가 간 거리가 12km 이상인 경우에만 양봉을 허가한다고 하였으므로 다른 양봉농가가 〈그림 1〉의 원 위에 배치될 수 있다. A군에 최대한 많은 양봉농가를 배치하고자 하므로 우선 두 개의 양봉농가를 최대한 가까이 배치해 보면 다음과 같다.

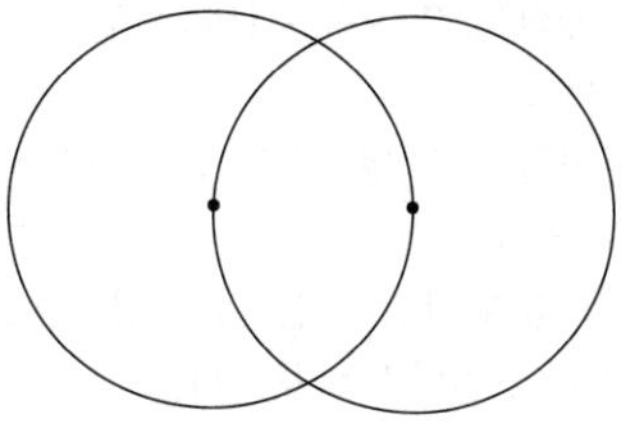

〈그림 2〉

〈그림 2〉에서는 두 개의 양봉농가가 배치된 것이며 다른 양봉농가가 배치될 수 없는 범위인 원 위에 서로 배치되어 있다. 마찬가지로 하나의 양봉농가를 최대한 가까이 배치해 보면 다음과 같다.

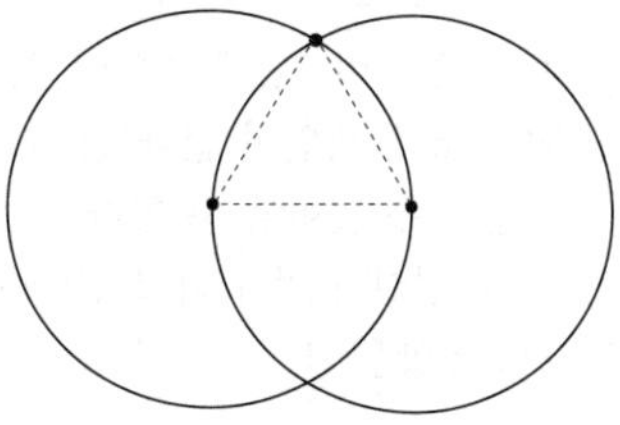

〈그림 3〉

〈그림 3〉에서 세 번째로 배치된 양봉농가는 원은 생략하였지만 그림과 같은 위치에 배치되어야 함을 알 수 있다. 이때 세 양봉농가는 서로 같은 거리에 있음을 알 수 있고 세 양봉농가를 이은 점선은 정삼각형을 이룬다. 즉, 각 양봉농가끼리 서로 정삼각형을 이루게 배치해 보면 다음과 같다.

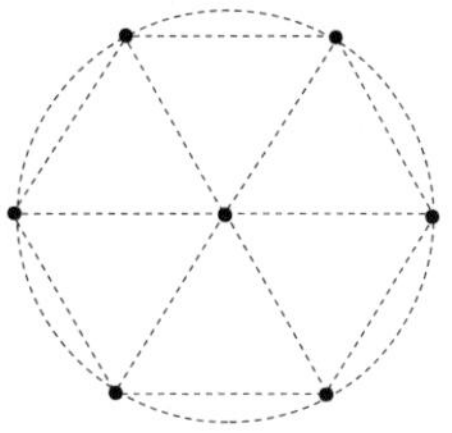

〈그림 4〉

〈그림 4〉에서 점선으로 나타낸 원은 A군의 경계이며 조건 iii)에 따라 A군의 경계에 양봉농가를 배치할 수 있다. 점으로 나타낸 각 양봉농가를 이은 점선은 양봉농가 간의 거리가 같음을 나타낸 것이다. A군의 경계 안에 〈그림 4〉보다 더 많은 양봉농가를 배치할 수 없으므로 A군 양봉농가의 최대 수는 7개(③)이다.

빠른 문제풀이 Tip

결과를 알고나서 〈그림 4〉를 보면 쉽지만, 문제에서와 같이 양봉농가들을 정삼각형 또는 A군의 경계에 내접하는 정육각형 모양으로 배치해나간다는 아이디어를 떠올리기가 쉽지 않다. A군 양봉농가의 최대 수를 묻고 있으므로 바로 아이디어가 떠오르지 않을 때는 양봉농가를 최대한 빽빽하게 배치해 보는 시도를 하면서 감을 잡아야 한다.

A군의 중심으로부터 하나의 양봉농가를 최대한 먼 곳에서부터 우선 배치해 보면 결국은 A군의 경계에 배치를 하게 된다. A군 경계의 길이 즉 12km×π=6.××로 6 이상이라는 것을 알면 A군 경계에 양봉농가를 최대 6개 배치할 수 있는 것을 알 수 있고 A군의 중심에도 배치할 수 있으므로 정삼각형 또는 정육각형과 같은 도형에 의한 아이디어가 떠오르지 않더라도 문제를 해결할 수 있어야 한다.

[정답] ③

145 다음 글을 근거로 판단할 때, <보기>에서 옳은 것만을 모두 고르면? 16년 5급 4책형 14번

- ○ 9명의 참가자는 1번부터 9번까지의 번호 중 하나를 부여받고, 동시에 제비를 뽑아 3명은 범인, 6명은 시민이 된다.
- ○ '1번의 오른쪽은 2번, 2번의 오른쪽은 3번, …, 8번의 오른쪽은 9번, 9번의 오른쪽은 1번'과 같이 번호 순서대로 동그랗게 앉는다.
- ○ 참가자는 본인과 바로 양 옆에 앉은 사람이 범인인지 시민인지 알 수 있다.
- ○ "옆에 범인이 있다"라는 말은 바로 양 옆에 앉은 2명 중 1명 혹은 2명이 범인이라는 뜻이다.
- ○ "옆에 범인이 없다"라는 말은 바로 양 옆에 앉은 2명 모두 범인이 아니라는 뜻이다.
- ○ 범인은 거짓말만 하고, 시민은 참말만 한다.

〈보 기〉

ㄱ. 1, 4, 6, 7, 8번의 진술이 "옆에 범인이 있다"이고, 2, 3, 5, 9번의 진술이 "옆에 범인이 없다"일 때, 8번이 시민임을 알면 범인들을 모두 찾아낼 수 있다.
ㄴ. 만약 모두가 "옆에 범인이 있다"라고 진술한 경우, 범인이 부여받은 번호의 조합은 (1, 4, 7) / (2, 5, 8) / (3, 6, 9) 3가지이다.
ㄷ. 한 명만이 "옆에 범인이 없다"라고 진술할 경우는 없다.

① ㄴ
② ㄷ
③ ㄱ, ㄴ
④ ㄱ, ㄷ
⑤ ㄱ, ㄴ, ㄷ

해설

문제 분석

조건 자체는 모두 중요하고 아래 그림과 같이 생각하면서 보기를 따라가면서 판단한다.

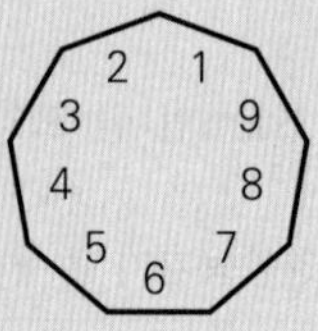

문제풀이 실마리

- 먼저 3명의 범인과 6명의 시민을 동그랗게 앉히는 경우부터 그려져야 한다.
- 보기에 주어진 조합을 활용할 수는 있으나 주어진 조합 외에 추가적인 경우가 가능한지는 확인하기 어렵다.

ㄱ. (O) 8번이 시민임을 안다고 해도 1) 7번은 시민, 9번은 범인인 경우, 2) 7번은 범인, 9번은 시민인 경우, 3) 7, 9번 모두 범인인 경우를 나누어 생각해야 한다.

1)의 경우부터 생각해 보자. 범인인 경우를 하이라이트 표시하면

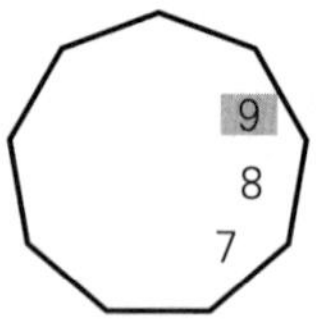

부터 시작하여 각각 보기의 진술에 따라 시민, 범인 여부를 판단한다. 예를 들어 7번을 판단해 보면 7번의 진술이 "옆에 범인이 있다"이고 8번의 진술에 의하면 7번은 시민이므로 7번의 진술은 참이다. 따라서 6번은 범인이다.

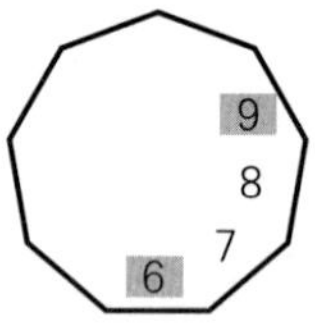

6번이 범인이라면 6번의 진술 "옆에 범인이 있다"는 거짓이므로 5번은 시민이다.

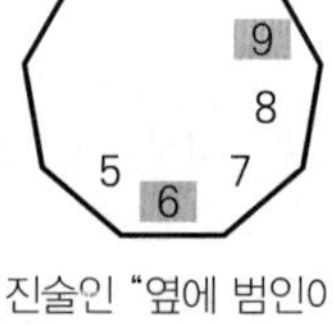

5번이 시민이라면 5번의 진술인 "옆에 범인이 없다"가 참이 되어야 하는데 6번이 범인이므로 모순이 발생한다. 이러한 판단은 8번부터 시작해서 반시계방향으로 판단해도 무관하다.

2)의 경우를 생각해 보면

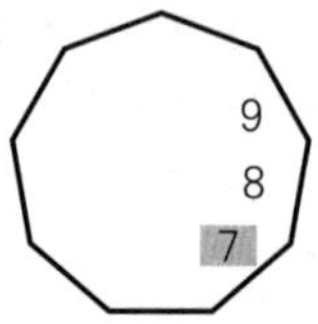

부터 시작해서 이번에는 반시계방향으로 판단해 보면 9번의 진술 "옆에 범인이 없다"가 참이므로 1번은 시민, 1번의 진술 "옆에 범인이 있다"가 참이므로 2번은 범인이 된다.

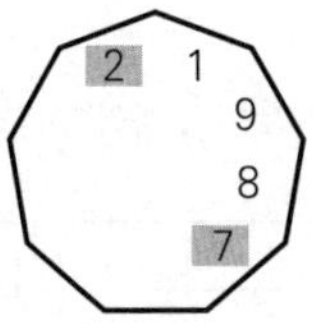

2번의 진술 "옆에 범인이 없다"가 거짓이므로 3번도 범인이고 범인은 총 세 명이므로 나머지는 모두 시민이 된다.

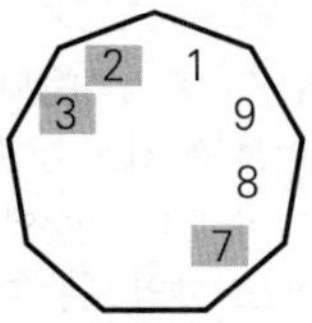

7번부터 다시 시계방향으로 확인해 보면 7번의 진술 "옆에 범인이 있다"가 거짓이므로 6번은 시민, 6번의 진술에 의하더라도 범인은 이미 3명이므로 5번은 시민, 5번의 진술에 따라 4번도 시민임을 확인할 수 있다.

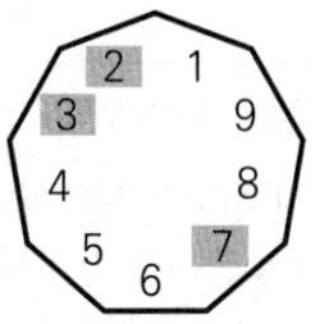

3)의 경우를 생각해 보면 9번의 진술 "옆에 범인이 없다"가 거짓이므로 1번은 범인이다. 그러나 1번의 진술 "옆에 범인이 있다"가 거짓이어야 하는데 9번이 범인이므로 모순이 발생한다.

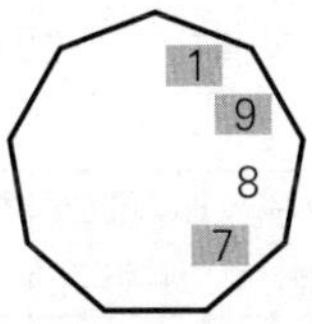

그렇다면 모순이 발생하는 1), 3)을 제외한 2)의 경우로 확정할 수 있다.

ㄴ. (O) 모두가 "옆에 범인이 있다"라고 진술하려면 범인의 경우는 양 옆이 시민이어야 한다. 즉, {시민, 범인, 시민}과 같이 배치되어야 한다. 이때 양 옆의 시민은 모두 "옆에 범인이 있다"고 진술하게 된다. 그리고 범인은 3명밖에 없으므로 위와 같은 패턴이 3번 반복된다고 생각하면 된다. 즉, {시민, 범인, 시민, 시민, 범인, 시민, 시민, 범인, 시민}과 같이 생각하고 각각 임의의 번호를 부여한다고 생각하면 된다. 그렇다면 범인이 부여받을 수 있는 번호의 조합은 (1, 4, 7) / (2, 5, 8) / (3, 6, 9) 3가지이다.

ㄷ. (X) 예를 들어 1번(몇 번을 예로 들어도 무관하다)이 "옆에 범인이 없다"라고 진술하고 나머지는 모두 "옆에 범인이 있다"라고 진술하는 경우를 가정해 보자. 1번이 시민인 경우 2번, 9번 모두 시민이고 "옆에 범인이 있다"라고 진술한다. 즉 3번, 8번은 범인이다.

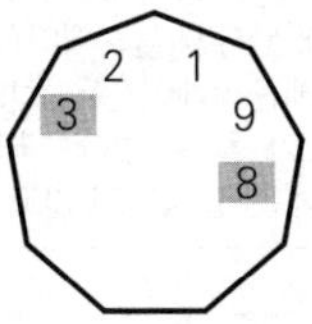

3번, 8번도 "옆에 범인이 있다"라고 진술하였으므로 4번, 7번은 시민이다.

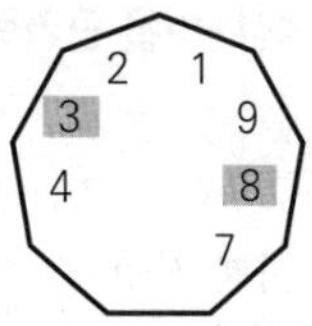

그렇다면 5번, 6번만 남게 되는데 5번, 6번 둘 중 한 명이 범인인 경우 보기에서 말하는 한 명만 "옆에 범인이 없다"라고 진술하는 경우가 된다.

빠른 문제풀이 Tip

보기 ㄱ과 같은 경우 어떻게 빨리 모순을 찾아내느냐 또는 경우의 수를 줄이느냐가 핵심이다. 위의 해설과 다른 방식으로 8번부터 시작하지 않고 예를 들어 9번부터 시작하면 9번은 "옆에 범인이 없다"라고 진술했고 시민이라고 가정한다면 보기에 주어진 것과 같이 8번은 시민, 1번도 시민이고 1번, 8번은 "옆에 범인이 있다"라고 진술하였으므로 2번, 7번은 모두 범인이다. 이러한 방식은 일부 참가자를 묶어서 시민 또는 범인을 빠르게 확정하는 데 도움이 될 수 있다. 경우의 수를 줄이는 것은 시간이 지난 다음에 문제를 다시 풀어보면 풀이 과정에서 시간이 더 걸리거나 덜 걸릴 수도 있으므로 다양한 방법으로 연습해 보는 것이 필요하다.

[정답] ③

146 다음 <조건>과 <상황>을 근거로 판단할 때 옳지 않은 것은?

17년 5급 가책형 17번

〈조 건〉

민우의 스마트폰은 아래 사항 중 어느 하나라도 위배되면 자동으로 전원이 종료된다.

- i)3개 이상의 메신저 애플리케이션이 동시에 실행 중일 수 없다.
- ii)총 메모리 사용량이 메모리의 용량을 초과할 수 없다. (단, 기본 메모리 용량은 1.5GB이나, 1.6GB로 확장할 수 있다)
- iii)실행 중인 애플리케이션 이름의 글자 수 합이 22자를 초과할 수 없다.
- iv)서로 종류(메신저, 게임, 지도, 뱅킹)가 다른 4가지의 애플리케이션이 동시에 실행 중일 수 없다.

〈상 황〉

- 민우의 스마트폰에는 총 9개의 애플리케이션이 아래와 같이 설치되어 있다.

이름	종류	메모리 사용량(MB)
바나나톡	메신저	400
나인	메신저	300
모노그램	메신저	150
쿠키워크	게임	350
레일런	게임	150
녹색지도	지도	300
고글지도	지도	100
컨트리은행	뱅킹	90
구한은행	뱅킹	260

- 현재 민우의 스마트폰은 전원이 켜져 있다.
- 현재 민우의 스마트폰에서는 총 6개의 애플리케이션이 실행 중이다.
- 현재 민우의 스마트폰에서는 '바나나톡', '구한은행'이 실행 중이다.

※ 1GB는 1,024MB이다.

※ 총 메모리 사용량은 실행 중인 개별 애플리케이션 메모리 사용량의 합이다.

① 현재 '나인'은 실행 중이다.

② 현재 '컨트리은행'은 실행되지 않고 있다.

③ 현재 게임 애플리케이션은 모두 실행 중이다.

④ 현재 '고글지도'는 실행되지 않고 있다.

⑤ 민우의 스마트폰은 메모리가 확장되어 현재 1.6GB인 상태이다.

해설

문제 분석

지문에 주어진 〈조건〉이 모두 중요하다. 간단히 정리하면 i) 3개 이상의 메신저 애플리케이션이 동시에 실행 중일 수 없고, ii) 총 메모리 용량은 1.5GB(초과하면 전원 종료, 1.6GB로 확장 가능), iii) 애플리케이션 이름의 글자 수 합이 22자 이하, iv) 서로 종류가 다른 4가지 애플리케이션이 동시에 실행 중일 수 없다.

문제풀이 실마리

아래의 표와 같이 생각해 보자. 6개의 애플리케이션이 실행되고 있음을 6칸의 표로 나타내었다.

바나나톡					구한은행	iii)
메신저					뱅킹	i), iv)
400					260	ii)

선지를 보면 표를 일정 정도 완성하고 접근해야 함을 알 수 있다.

메신저와 뱅킹 애플리케이션이 1개씩 실행되어 있으므로 조건 iv)에 의해 게임 또는 지도 애플리케이션 중 최소 한 종류(두 개의 어플리케이션)는 실행이 되지 않고 있음을 알 수 있다. 민우의 스마트폰에는 총 9개의 애플리케이션이 설치되어 있으므로 게임 또는 지도 애플리케이션 중 한 종류로 두 개의 어플리케이션을 제외한 7개 중 메신저 1개를 뺀(조건 i)) 나머지 6개가 실행되고 있음을 알 수 있다. 이상을 정리하면 아래와 같다.

바나나톡	나인	쿠키워크	레일런	컨트리은행	구한은행	13자
메신저	메신저			뱅킹	뱅킹	
400				90	260	790MB

(여기에서 이미 ②가 정답임을 알 수 있다)

여기서 게임이 실행 중인지 지도가 실행 중인지 판단하기 위해 조건 ii) 또는 iii)을 고려해 본다. 예를 들어 조건 ii)를 염두에 두고 메모리 사용량이 적은 지도 애플리케이션 2개가 실행 중이라고 가정하면 아직 정해지지 않은 메신저 애플리케이션 1개를 제외한 5개 애플리케이션 이름의 글자 수 합이 21자가 되어버린다. 추가로 실행되는 메신저 애플리케이션을 감안한다면 조건 iii)에 위배되므로 게임 애플리케이션 2개가 실행 중임을 알 수 있다. 또한 조건 iii)의 글자 수를 고려하면 메신저는 '나인'이 실행 중임을 알 수 있다.

바나나톡	나인	쿠키워크	레일런	컨트리은행	구한은행	22자
메신저	메신저	게임	게임	뱅킹	뱅킹	
400	300	350	150	90	260	1,550MB

① (O) '나인'은 실행 중이다.

② (X) '컨트리은행'은 실행되고 있다.

③ (O) 게임 애플리케이션은 모두 실행 중이다.

④ (O) '고글지도'는 실행되지 않고 있다.

⑤ (O) 현재 총 메모리 사용량은 1,550MB로 1.5GB인 1,536MB 이상이다. 그럼에도 불구하고 전원이 종료되지 않았으므로 메모리의 용량을 확장한 것을 알 수 있다.

빠른 문제풀이 Tip

조건 iii)을 중심으로 접근해 보자. 민우의 스마트폰에 설치된 총 9개의 애플리케이션 이름 글자 수의 합은 4+2+4+4+3+4+4+5+4=34이다. 이 중 6개의 애플리케이션이 실행 중이므로 실행되지 않는 애플리케이션 3개의 이름 글자 수 합이 12 이상이어야 한다. 다른 애플리케이션은 모두 괜찮으나, 메신저 애플리케이션 '나인'이 실행 중이 아니라면 이름 글자 수가 5인 애플리케이션은 '컨트리은행'밖에 없으므로 3개의 이름 글자 수 합이 12가 될 수 없다. 따라서 '나인'은 반드시 실행되고 있어야 하고 '모노그램'은 실행되지 않고 있다.

바나나톡	나인				구한은행	10자
메신저	메신저				뱅킹	
400	300				260	960MB

이후 '컨트리은행' 애플리케이션이 실행되고 있는지 여부부터는 해설의 내용과 같다.

[정답] ②

147 **다음 글을 근거로 판단할 때, 가장 먼저 교체될 시계와 가장 나중에 교체될 시계를 옳게 짝지은 것은?** 21년 5급 가책형 13번

> 甲부서에는 1～12시 눈금표시가 된 5개의 벽걸이 시계(A～E)가 있다. 그런데 A는 시침과 분침이 모두 멈춰버려서 더 이상 작동하지 않는 상태다. B는 정확한 시계보다 하루에 1분씩 느려지는 시계다. C는 정확한 시계보다 하루에 1시간씩 느려지는 시계다. D는 정확한 시계보다 하루에 2시간씩 느려지는 시계다. E는 정확한 시계보다 하루에 5분씩 빨라지는 시계다.
>
> 甲부서는 5개의 시계를 순차적으로 교체하려고 한다. 앞으로 1년 동안 정확한 시계와 일치하는 횟수가 적을 시계부터 순서대로 교체한다.

※ B～E는 각각 일정한 속도로 작동한다.

	가장 먼저 교체될 시계	가장 나중에 교체될 시계
①	A	C
②	B	A
③	B	D
④	D	A
⑤	D	E

해설

문제 분석

- 1～12시 눈금표시가 된 5개의 벽걸이 시계(A～E)가 있다.
- A는 시침과 분침이 모두 멈춰버려서 더 이상 작동하지 않는 상태다.
- B는 정확한 시계보다 하루에 1분씩 느려지는 시계다.
- C는 정확한 시계보다 하루에 1시간씩 느려지는 시계다.
- D는 정확한 시계보다 하루에 2시간씩 느려지는 시계다.
- E는 정확한 시계보다 하루에 5분씩 빨라지는 시계다.

문제풀이 실마리

해당 벽걸이 시계들은 오전, 오후를 구분하지 않는다는 것만 확인하고 나머지는 규칙대로 생각한다.

A: 어느 시점에 멈췄는지는 몰라도 시침과 분침이 모두 멈춰있다면 정확한 시계와 비교해 볼 때 오전, 오후 각각 1번씩 일치하게 되어 있다. 즉 하루에 두 번은 일치하며 1년 동안 365×2=730번은 일치한다.
정확히 1년에 몇 번 일치하는지를 구하라는 문제는 아니고 정확한 값을 구하는 것은 시간만 잡아먹기 때문에 이하에서는 하루에 몇 번 일치하는지 또는 며칠에 한 번 일치하는지 정도만 비교해보는 것으로 충분하다. 또한 윤년 같은 것을 고려할 필요는 없다.

B: 하루에 1분씩 느려진다면 다시 정확한 시계와 일치할 때까지 60분×12=720일이 걸린다. 즉, 720일에 1번씩 일치한다. 1년을 기준으로 0.5번 미만 일치한다.

C: 하루에 1시간씩 느려진다면 12일이 지나면 다시 정확한 시계와 일치하게 되어 있다. 즉, 12일에 한 번씩 일치한다. 1년을 기준으로 약 30회 일치한다.

D: 하루에 2시간씩 느려진다면 하루 2시간씩 6일이 지나면 다시 정확한 시계와 일치하게 되어 있다. 즉, 6일에 한 번씩 일치한다. 1년을 기준으로 약 60회 일치한다.

E: 하루에 5분씩 느려진다면 한 시간이 느려지기까지는 12일, 총 12시간이 느려지기 위해서는 144일이 필요하다. 1년을 기준으로 약 2.5회 일치한다.

1년 동안 정확한 시계와 일치하는 횟수가 적을 시계부터 순서대로 교체한다고 하였으므로 가장 먼저 교체될 시계는 B이고, 가장 나중에 교체될 시계는 A이다.

빠른 문제풀이 Tip

해당 벽걸이 시계들은 오전, 오후를 구분하지 않고 정확한 시계와 일치하기만 하면 되므로 시계가 느려지는 경우와 빨라지는 경우를 따로 구분할 필요는 없다. 그리고 몇몇 시계에 대해 생각해 보면 느려지는 또는 빨라지는 정도가 클수록 정확한 시계와 일치하는 빈도가 잦다는 규칙을 발견할 수 있다.

[정답] ②

148 다음 글을 근거로 판단할 때, 수호가 세탁을 통해 가질 수 있는 수건의 색조합으로 옳지 않은 것은? 19년 5급 가책형 36번

ㅇ 수호는 현재 빨간색, 파란색, 노란색, 흰색, 검은색 수건을 각 1개씩 가지고 있다.
ㅇ 수호는 본인의 세탁기로 세탁하며, 동일한 수건을 여러 번 세탁할 수 있다.
ㅇ 수호가 가지고 있는 세탁기는 수건을 2개까지 동시에 세탁할 수 있고, 다른 색의 수건을 함께 세탁하면 다음과 같이 색이 변한다.
- 빨간색 수건과 파란색 수건을 함께 세탁하면, 모두 보라색 수건이 된다.
- 빨간색 수건과 노란색 수건을 함께 세탁하면, 각각 빨간색 수건과 주황색 수건이 된다.
- 파란색 수건과 노란색 수건을 함께 세탁하면, 각각 파란색 수건과 초록색 수건이 된다.
- 흰색 수건을 다른 색 수건과 함께 세탁하면, 모두 그 다른 색 수건이 된다.
- 검은색 수건을 다른 색 수건과 함께 세탁하면, 모두 검은색 수건이 된다.

① 빨간색 1개, 파란색 1개, 보라색 2개, 검은색 1개
② 주황색 1개, 파란색 1개, 노란색 1개, 검은색 2개
③ 빨간색 1개, 주황색 1개, 파란색 2개, 검은색 1개
④ 보라색 3개, 초록색 1개, 검은색 1개
⑤ 빨간색 2개, 초록색 1개, 검은색 2개

해설

문제 분석
- 현재 빨간색, 파란색, 노란색, 흰색, 검은색 수건을 각 1개씩 가지고 있다.
- 세탁기는 수건을 2개까지 동시에 세탁할 수 있고, 다른 색의 수건을 함께 세탁하면 주어진 조건에 따라 색이 변한다.
- 동일한 수건을 여러 번 세탁할 수 있다.

문제풀이 실마리
색이 변하는 규칙들이 물감 등을 섞는 경우 색 변화 규칙과 같지 않으므로 모든 규칙을 주의하면서 선지를 판단한다.

① (X) 빨간색 수건과 파란색 수건을 함께 세탁하면 모두 보라색 수건이 되므로 보라색은 2개가 된다. 빨간색 수건과 파란색 수건을 함께 세탁하기 전 흰색 수건을 빨간색 또는 파란색 수건과 함께 세탁하면 빨간색 또는 파란색이 되지만 빨간색 수건 또는 파란색 수건 중 1개밖에 가질 수 없고, 노란색이 빨간색 또는 파란색이 되는 경우는 없기 때문에 빨간색 1개, 파란색 1개, 보라색 2개, 검은색 1개는 가질 수 없다.

② (O) 아래의 표와 같이 세탁하는 경우를 생각해 보자. 동시에 세탁하는 두 수건을 음영 처리해서 나타내었다. 예를 들어 아래의 표에서 세탁 전에 빨간색, 파란색, 노란색, 흰색, 검은색 5개의 수건이 있고 노란색과 흰색에 음영 처리되어 있는 것은 두 수건을 동시에 세탁하는 것을 의미한다. 1회 세탁 이후 수호가 가지는 수건은 빨간색, 파란색, 노란색, 노란색, 검은색 수건이다.

세탁 전	빨간색	파란색	노란색	흰색	검은색
1회 세탁	빨간색	파란색	노란색	노란색	검은색
2회 세탁	빨간색	파란색	주황색	노란색	검은색
3회 세탁	검은색	파란색	주황색	노란색	검은색

위의 표와 같이 세탁하면 주황색 1개, 파란색 1개, 노란색 1개, 검은색 2개를 가질 수 있다.

③ (O) 아래의 표와 같이 세탁하는 경우

세탁 전	빨간색	파란색	노란색	흰색	검은색
1회 세탁	빨간색	파란색	주황색	흰색	검은색
2회 세탁	빨간색	파란색	주황색	파란색	검은색

빨간색 1개, 주황색 1개, 파란색 2개, 검은색 1개를 가질 수 있다.

④ (O) 아래의 표와 같이 세탁하는 경우

세탁 전	빨간색	파란색	노란색	흰색	검은색
1회 세탁	빨간색	파란색	초록색	흰색	검은색
2회 세탁	보라색	보라색	초록색	흰색	검은색
3회 세탁	보라색	보라색	초록색	보라색	검은색

보라색 3개, 초록색 1개, 검은색 1개를 가질 수 있다.

⑤ (O) 아래의 표와 같이 세탁하는 경우

세탁 전	빨간색	파란색	노란색	흰색	검은색
1회 세탁	빨간색	파란색	노란색	빨간색	검은색
2회 세탁	빨간색	파란색	초록색	빨간색	검은색
3회 세탁	빨간색	검은색	초록색	빨간색	검은색

빨간색 2개, 초록색 1개, 검은색 2개를 가질 수 있다. 몇몇 과정의 경우 순서가 바뀌어도 무방하다. 예를 들어 파란색, 노란색 수건을 먼저 세탁하고 빨간색, 흰색 수건을 세탁해도 된다.

빠른 문제풀이 Tip

지문의 수건의 색이 변하는 규칙을 좀 더 정리하고 지문을 판단해 볼 수도 있다. 예를 들어

- 빨간+파란 → 보라×2
  - 보라색 수건이 있다는 것은 빨간색 수건과 파란색 수건 둘 다 없어졌다는 것을 의미한다. 보라색 수건을 만들기 전에 흰색 수건을 이용하여 빨간색 또는 파란색 수건을 하나 만들어 놓을 수는 있다.
  - 보라색 수건은 항상 2개가 만들어지므로 만약 보라색 수건이 1개 있다는 것은 2개가 만들어지고 난 뒤 검은색 수건이 되어 1개만 남았다는 것이다.

이런 식으로 조건을 더 정리해놓고 판단을 해도 되지만 해당 문제에서는 바로 선지를 검토하는 편이 빠르다.

② (O) 흰색 수건을 노란색 수건과 함께 세탁하면 노란색이 되므로 노란색 2개가 된다. 노란색 2개 중 1개를 빨간색과 함께 세탁하면 빨간색은 빨간색, 노란색은 주황색이 되므로 빨간색 1개, 주황색 1개, 파란색 1개, 노란색 1개, 검은색 1개가 된다. 빨간색 1개를 검은색과 함께 세탁하면 모두 검은색이 되기 때문에 주황색 1개, 파란색 1개, 노란색 1개, 검은색 2개를 가질 수 있다.

③ (O) 노란색을 빨간색과 함께 세탁하면 빨간색은 빨간색, 노란색은 주황색이 되기 때문에 빨간색 1개, 주황색 1개, 파란색 1개, 흰색 1개, 검은색 1개가 된다. 흰색을 파란색과 함께 세탁하면 흰색은 파란색이 되기 때문에 빨간색 1개, 주황색 1개, 파란색 2개, 검은색 1개를 가질 수 있다.

④ (O) 노란색을 파란색과 함께 세탁하면 파란색은 파란색, 노란색은 초록색이 되기 때문에 빨간색 1개, 파란색 1개, 흰색 1개, 초록색 1개, 검은색 1개가 된다. 빨간색과 파란색을 함께 세탁하면 모두 보라색이 되기 때문에 보라색 2개, 흰색 1개, 초록색 1개, 검은색 1개가 된다. 흰색을 보라색과 함께 세탁하면 흰색은 보라색이 되기 때문에 보라색 3개, 초록색 1개, 검은색 1개를 가질 수 있다.

⑤ (O) 흰색을 빨간색과 함께 세탁하면 흰색은 빨간색이 되기 때문에 빨간색 2개, 파란색 1개, 노란색 1개, 검은색 1개가 된다. 노란색과 파란색을 함께 세탁하면 파란색은 파란색, 노란색은 초록색이 되기 때문에 빨간색 2개, 파란색 1개, 초록색 1개, 검은색 1개가 된다. 파란색과 검은색을 함께 세탁하면 파란색은 검은색이 되기 때문에 빨간색 2개, 초록색 1개, 검은색 2개를 가질 수 있다.

각 선지에서 색이 바뀌는 순서는 바뀔 수도 있다.

[정답] ①

149 다음 글을 근거로 판단할 때, 5세트가 시작한 시점에 경기장에 남아 있는 관람객 수의 최댓값은?

22년 5급 나책형 31번

> ○ 총 5세트의 배구경기에서 각 세트를 이길 때마다 세트 점수 1점을 획득하여 누적 세트 점수 3점을 먼저 획득하는 팀이 승리한다.
> ○ 경기 시작 전, 경기장에는 홈팀을 응원하는 관람객 5,000명과 원정팀을 응원하는 관람객 3,000명이 있었다.
> ○ i)각 세트가 끝날 때마다 누적 세트 점수가 낮은 팀을 응원하는 관람객이 경기장을 나가는데, 홈팀은 1,000명, 원정팀은 500명이 나간다.
> ○ 경기장을 나간 관람객은 다시 들어오지 못하며, 경기 중간에 들어온 관람객은 없다.
> ○ ii)경기는 원정팀이 승리했으나 홈팀이 두 세트를 이기며 분전했다.

① 6,000명
② 6,500명
③ 7,000명
④ 7,500명
⑤ 8,000명

해설

문제 분석

- 5세트 배구경기에서 3세트를 먼저 승리하는 팀이 승리한다.
- 경기 시작 전 홈팀을 응원하는 5,000명과 원정팀을 응원하는 3,000명 총 8,000명의 관람객이 있었다.
- 세트가 끝날 때마다 승리한 세트가 적은 팀을 응원하는 관람객이 홈팀은 1,000명, 원정팀은 500명이 나간다.
- 최종적으로 원정팀 : 홈팀=3세트 : 2세트로 원정팀이 승리하였다.

문제풀이 실마리

발문에서 5세트가 시작한 시점 경기장에 남아있는 관람객 수의 최댓값을 묻고 있으므로 조건 i), ii)를 염두에 두고 홈팀과 원정팀이 어떤 순서대로 세트 점수를 획득하는 것이 가장 관람객이 적게 나갈 것인지 생각해본다.

조건 ii)에 의하면 경기 결과 원정팀이 세트 점수 3점, 홈팀이 세트 점수 2점이지만 발문에서는 5세트가 시작한 시점을 묻고 있으므로 홈팀, 원정팀 각각 세트 점수 2점인 상황의 관람객 수 최댓값을 구해야 한다.

첫 번째 세트를 홈팀이 이겨 세트 점수가 홈팀, 원정팀 각각 1:0이 되면 원정팀 관람객 500명이 나간다. 반대로 세트 점수가 0:1이 되면 홈팀 관람객 1,000명이 나간다. 즉, 첫 번째 세트를 홈팀이 이기는 것이 경기장을 나가는 관람객의 총수가 더 적다(8,000명 → 7,500명).

구분		1세트	2세트	3세트	4세트	5세트
승리팀		홈팀				
누적 세트 점수		1:0				
관람객 (명)	홈팀	5,000				
	원정팀	2,500				

조건 i)에서 한 팀이 다른 팀보다 누적 세트 점수가 낮은 경우 관람객이 경기장을 나간다고 했으므로 누적 세트 점수가 같은 경우는 관람객이 경기장을 떠나지 않는다. 즉, 두 번째 세트는 원정팀이 이겨 누적 세트 점수가 1:1이 되면 세트가 끝나도 경기장을 나가는 관람객이 없다(7,500명).

구분		1세트	2세트	3세트	4세트	5세트
승리팀		홈팀	원정팀			
누적 세트 점수		1:0	1:1			
관람객 (명)	홈팀	5,000	5,000			
	원정팀	2,500	2,500			

세 번째, 네 번째 세트도 이와 같은 과정을 반복하면 4세트가 끝나고 5세트가 시작한 시점에서 경기장에 남아있는 관람객은 7,000명이 된다.

구분		1세트	2세트	3세트	4세트	5세트
승리팀		홈팀	원정팀	홈팀	원정팀	
누적 세트 점수		1:0	1:1	2:1	2:2	
관람객 (명)	홈팀	5,000	5,000	5,000	5,000	
	원정팀	2,500	2,500	2,000	2,000	

즉, 5세트가 시작한 시점(4세트 결과)에서 경기장에 남아 있는 관람객 수의 최댓값은 7,000명이다.

[정답] ③

150 다음 글을 근거로 판단할 때, <보기>에서 옳은 것만을 모두 고르면? 22년 5급 나책형 35번

> A마을에서는 다음과 같이 양의 이름을 짓는다.
> ○ '물', '불', '돌', '눈' 중 i)한 개 이상의 글자를 사용하여 이름을 짓는다.
> ○ ii)봄에 태어난 양의 이름에는 '물', 여름에 태어난 양의 이름에는 '불', 가을에 태어난 양의 이름에는 '돌', 겨울에 태어난 양의 이름에는 '눈'이 반드시 포함되어야 한다.
> ○ ii)수컷 양의 이름에는 '물', 암컷 양의 이름에는 '불'이 반드시 포함되어야 한다.
> ○ iii)같은 글자가 두 번 이상 사용되어서는 안 된다.

〈보 기〉

ㄱ. 겨울에 태어난 A마을 양이 암컷이라면, 그 양에게 붙일 수 있는 두 글자 이름은 두 가지이다.
ㄴ. A마을 양 '물불'은 여름에 태어났다면 수컷이고 봄에 태어났다면 암컷이다.
ㄷ. A마을 양의 이름은 모두 두 글자 이상 네 글자 이하이다.

① ㄱ
② ㄴ
③ ㄷ
④ ㄱ, ㄴ
⑤ ㄴ, ㄷ

해설

문제 분석

지문의 내용이 간단하므로 아래와 같이 확인하고 바로 〈보기〉 판단으로 넘어간다.
i) 한 개 이상의 글자를 사용한다.
ii) 계절과 성별 중 중복되는 글자가 있으므로 종합하면

구분	봄	여름	가을	겨울
수컷	물	물, 불	물, 돌	물, 눈
암컷	물, 불	불	불, 돌	불, 눈

iii) 같은 글자가 두 번 이상 사용되어서는 안 된다.

문제풀이 실마리

양의 이름을 짓는 경우가 잘 그려져야 한다. 이때 매트릭스를 활용하여 파악해 보는 것도 좋다.

ㄱ. (O) 겨울에 태어난 A마을 양이 암컷이라면 이름에 '불', '눈'이 반드시 포함되어야 한다. 이름에 사용되는 글자의 순서에 대해서는 언급하고 있지 않으므로 이 양에게 붙일 수 있는 두 글자 이름은 '불눈', '눈불' 두 가지이다.

ㄴ. (X) 조건 ii)에서 해당 글자들이 반드시 포함되어야 한다고만 하고 다른 글자를 추가적으로 사용해서는 안 된다고 하고 있지는 않다. 여름에 태어난 A마을 양이 암컷이라도 반드시 포함되어야 하는 '불'에 '물'을 추가해 이름을 '물불'이라고 지을 수 있고, 봄에 태어난 양이 수컷이라도 반드시 포함되어야 하는 '물'에 '불'을 추가해 이름을 '물불'이라고 지을 수 있다.

ㄷ. (X) 조건 i)에서 이름에 한 개 이상의 글자를 사용한다고만 하므로 두 글자 이상일 필요는 없다. 예를 들어 봄에 태어난 A마을 양이 수컷이라면 '물'이라고 지어도 상관없다. 또한 조건 iii)에서 같은 글자가 두 번 이상 사용되어서는 안 된다고만 하고 있을 뿐 반드시 지문에 주어진 '물', '불', '돌', '눈'만 사용해야 하는 것도 아니다. 임의의 다른 글자가 추가되어 다섯 글자 이상의 이름도 가능하다고 생각할 수 있다.

빠른 문제풀이 Tip

- 해당 문제의 모든 보기에서 알 수 있듯이 항상 주어진 조건은 한정적으로 해석하되 나머지는 얼마든지 해석의 가능성이 열려있다고 생각해야 한다.
- 경우를 그려내는 것이 이 문제의 중점이라고 생각한다면, 경우 파악형으로도 분류할 수 있는 문제이다.

[정답] ①

2 경우 확정형

151 **다음 글을 근거로 판단할 때, <표>의 화장 단계 중 7개만을 선택하였을 경우 甲의 최대 매력 지수는?** 14년 민경채 인책형 23번

○ 아침마다 화장을 하고 출근하는 甲의 목표는 매력 지수의 합을 최대한 높이는 것이다.
○ 화장 단계별 매력 지수와 소요 시간은 아래의 〈표〉와 같다.
○ 20분 만에 화장을 하면 지각하지 않고 정시에 출근할 수 있다.
○ 회사에 1분 지각할 때마다 매력 지수가 4점씩 깎인다.
○ 화장은 반드시 '로션 바르기 → 수분크림 바르기 → 썬크림 바르기 → 피부화장 하기' 순으로 해야 하며, 이 4개 단계는 생략할 수 없다.
○ 피부화장을 한 후에 눈썹 그리기, 눈화장 하기, 립스틱 바르기, 속눈썹 붙이기를 할 수 있으며, 이 중에서는 어떤 것을 선택해도 상관없다.
○ 동일 화장 단계는 반복하지 않으며, 2개 이상의 화장 단계는 동시에 할 수 없다.

〈표〉

화장 단계	매력 지수(점)	소요 시간(분)
로션 바르기	2	1
수분크림 바르기	2	1
썬크림 바르기	6	1.5
피부화장 하기	20	7
눈썹 그리기	12	3
눈화장 하기	25	10
립스틱 바르기	10	0.5
속눈썹 붙이기	60	15

① 53점
② 61점
③ 76점
④ 129점
⑤ 137점

해설

문제 분석

- 〈표〉에 화장 단계별 매력 지수와 소요 시간이 주어져 있다.
- 〈표〉의 화장 단계 중 7개만을 선택하여 매력 지수의 합을 최대한 높이려고 한다.
- 20분 만에 화장을 하면 지각하지 않고 정시에 출근할 수 있고, 회사에 1분 지각할 때마다 매력 지수가 4점씩 깎인다.
- 로션 바르기, 수분크림 바르기, 썬크림 바르기, 피부화장 하기 4개 단계는 반드시 해야하고, 눈썹 그리기, 눈화장 하기, 립스틱 바르기, 속눈썹 붙이기 중 3개를 선택하여야 한다.
- 동일 화장 단계는 반복하지 않으며, 2개 이상의 화장 단계는 동시에 할 수 없다.

문제풀이 실마리

총 8개의 화장 단계 중에 7개를 선택해야 하는 상황에서는 7개를 선택하는 것보다는 1개를 빼는 것이 더 간단하다. 최대 매력 지수를 구해야 하므로, 시간을 투입했을 때 얻을 수 있는 매력지수가 낮은 단계를 제외해야 한다.

〈표〉에 제시된 8개의 화장 단계 중 7개만을 선택하여야 하며, 이는 1개를 빼는 방법으로 해결해야 한다. 이때 빼야 하는 1개의 화장 단계를 선택할 때는 투입(소요 시간) 대비 산출(매력 지수)이 낮은, 즉 가성비가 가장 낮은 단계를 빼는 것이 바람직하다.
8개의 단계 중 '로션 바르기, 수분크림 바르기, 썬크림 바르기, 피부화장 하기' 이 4개 단계는 생략할 수 없다. 따라서 10.5분을 사용하여 30점의 매력지수를 얻는다.
나머지 4개 단계의 투입 대비 산출(=매력 지수/소요 시간)을 따져보면, 눈썹 그리기는 4점/1분, 눈화장 하기는 2.5점/1분, 립스틱 바르기는 20점/1분, 속눈썹 붙이기는 4점/1분이다.
따라서 투입 대비 산출, 즉 가성비가 가장 낮은 눈화장 하기를 제외한 나머지 3개 단계를 선택하게 되고, 3개 단계의 매력 지수와 소요 시간의 합은 82점, 18.5분이다.

위에서 선택한 7개 단계를 거치게 되면 총 112점의 매력지수를 획득하고 총 29분이 소요된다. 20분 만에 화장을 하면 지각하지 않고 정시에 출근할 수 있지만, 29분이 소요되었으므로 9분에 해당하는 만큼 1분당 4점의 매력지수가 깎이게 되어, 총 36점의 매력지수를 차감해야 한다. 따라서 甲이 얻게 되는 매력지수는 112 − 36=76점이며, 정답은 ③이다.

빠른 문제풀이 Tip

화장은 '로션 바르기 → 수분크림 바르기 → 썬크림 바르기 → 피부화장 하기' 순으로 해야 하며, 이 4개 단계는 생략할 수 없다. 이 과정에서 10.5분이 소요된다. 나머지 네 단계의 가성비, 즉 투입 대비 산출(=매력 지수/소요 시간)을 따져보면, 립스틱 바르기는 20점/1분, 눈썹그리기와 속눈썹 붙이기는 4점/1분, 눈화장하기는 2.5점/1분 순이다.

따라서 눈화장 하기를 제외한 나머지 세 단계를 선택하게 되는데, 가성비가 높은 립스틱 바르기를 먼저하고 나면 0.5분이 더 소요되어 누적 11분이 소요된다. 이 이후에 눈썹 그리기 또는 속눈썹 붙이기를 하면 1분당 4점을 얻게 되는데, 만약 준비 시간이 20분을 넘게 되면 1분당 4점이 차감된다. 따라서 20분을 넘었을 때는 얻게 되는 점수와 차감되는 점수가 동일하다. 따라서 11분부터 20분까지는 매력 지수가 증가하지만, 20분을 넘게 되면 얻게 되는 점수와 차감되는 점수가 상쇄되어 매력 지수가 증가하지도 감소하지도 않는다. 즉, 20분까지만 매력 지수의 변화를 고려하면 된다.

즉, 40점(11분까지, 립스틱 바르기까지 5단계)+36(20분까지 9분간, 눈썹 그리기, 속눈썹 붙이기)=76점으로 구하는 것이 더 빠르다.

[정답] ③

152 다음 글과 <대화>를 근거로 판단할 때, 乙~丁의 소속 과와 과 총원을 옳게 짝지은 것은? 20년 7급(모의) 25번

○ A부서는 제1과부터 제4과까지 4개 과, 총 35명으로 구성되어 있다.
○ A부서 각 과 총원은 과장 1명을 포함하여 7명 이상이며, 그 수가 모두 다르다.
○ A부서에 '부여'된 내선번호는 7001번부터 7045번이다.
○ 제1과~제4과 순서대로 연속된 오름차순의 내선번호가 부여되는데, 각 과에는 해당 과 총원 이상의 내선번호가 부여된다.
○ 모든 직원은 소속 과의 내선번호 중 서로 다른 번호 하나를 각자 '배정'받는다.
○ 각 과 과장에게 배정된 내선번호는 해당 과에 부여된 내선번호 중에 제일 앞선다.
○ 甲~丁은 모두 A부서의 서로 다른 과 소속이다.

〈대 화〉

甲: 홈페이지에 내선번호 알림을 새로 해야겠네요. 저희 과는 9명이고, 부여된 내선번호는 7016~7024번입니다.
乙: 甲주무관님 과는 총원과 내선번호 개수가 같네요. 저희 과 총원이 제일 많은데, 내선번호는 그보다 4개 더 있어요.
丙: 저희 과는 총원보다 내선번호가 3개 더 많아요. 아, 丁주무관님! 제 내선번호는 7034번이고, 저희 과장님 내선번호는 7025번이에요.
丁: 저희 과장님 내선번호 끝자리와 丙주무관님 과의 과장님 내선번호 끝자리가 동일하네요.

	직원	소속 과	과 총원
①	乙	제1과	10명
②	乙	제4과	11명
③	丙	제3과	8명
④	丁	제1과	7명
⑤	丁	제4과	8명

해설

문제풀이 실마리
총 35명에게 45개의 내선번호를 부여해야 하므로 내선번호가 과 총원보다 10개 더 많은 셈이다.

〈대화〉를 처리해 보면 다음과 같다.

甲: 홈페이지에 내선번호 알림을 새로 해야겠네요. 저희 과는 9명이고, 부여된 내선번호는 7016~7024번입니다.
→ 甲과의 인원은 9명이고, 내선번호는 7016~7024번까지로 총 9개이다. 甲과는 총원과 내선번호 개수가 같다.

乙: 甲주무관님 과는 총원과 내선번호 개수가 같네요. 저희 과 총원이 제일 많은데, 내선번호는 그보다 4개 더 있어요.
→ 乙과의 총원이 제일 많은데, 각 과 총원은 과장 1명을 포함하여 7명 이상이고, 그 수가 모두 다르므로, 乙과의 총원은 10명 이상이고 내선번호는 4개 더 있어야 한다.

丙: 저희 과는 총원보다 내선번호가 3개 더 많아요. 아, 丁주무관님! 제 내선번호는 7034번이고, 저희 과장님 내선번호는 7025번이에요.
→ 丙과는 총원보다 내선번호가 3개 더 많다. 나머지 丁과도 총원보다 내선번호가 3개 더 많아야 한다. 丙과의 내선번호는 7025번부터 시작하고 7034번을 포함한다.

丁: 저희 과장님 내선번호 끝자리와 丙주무관님 과의 과장님 내선번호 끝자리가 동일하네요.
→ 丁과는 내선번호 끝자리가 5로 시작해야 한다. 7001번부터 7045번까지 중에 끝자리가 5인 경우는 7005, 7015, 7025, 7035, 7045가 있는데 조건에 따를 때 丁과의 내선번호로 가능한 것은 7035번 하나뿐이다. 7035번에서 시작하면 조건에 따를 때 7045번에서 끝나게 된다. 내선번호가 총 11개이므로 丁과의 총원은 8명이다.

- 丙과의 내선번호가 7034번까지로 확정되고 丙과의 내선번호가 7025번부터 7034번까지 10개인데, 丙과의 총원보다 내선번호가 3개 더 많으므로 丙과의 총원은 7명이 된다.
- 나머지 乙의 총원은 나머지 11명이고, 내선번호 개수는 4개 더 많은 15개이며, 내선번호는 7001번부터 7015번까지가 된다.

이를 정리해 보면 다음과 같다.

소속	직원	과 총원	내선번호 개수(+10)	내선번호
제1과	乙	11명	15개(+4)	7001번~7015번
제2과	甲	9명	9개(+0)	7016번~7024번
제3과	丙	7명	10개(+3)	7025번~7034번
제4과	丁	8명	11개(+3)	7035번~7045번

따라서 정답은 ⑤이다.

빠른 문제풀이 Tip
확정적인 정보부터 조건 순서를 바꾸어 본다면 보다 빠른 문제 해결이 가능하다.

[정답] ⑤

153 **다음 <조건>을 근거로 판단할 때, 초록 모자를 쓰고 있는 사람과 A 입장에서 왼편에 앉은 사람으로 모두 옳은 것은?**

15년 민경채 인책형 25번

〈조 건〉

- ㅇ A, B, C, D 네 명이 정사각형 테이블의 각 면에 한 명씩 둘러앉아 있다.
- ㅇ 빨강, 파랑, 노랑, 초록 색깔의 모자 4개가 있다. A, B, C, D는 이 중 서로 다른 색깔의 모자 하나씩을 쓰고 있다.
- ㅇ A와 B는 여자이고 C와 D는 남자이다.
- ㅇ A 입장에서 왼편에 앉은 사람은 파란 모자를 쓰고 있다.
- ㅇ B 입장에서 왼편에 앉은 사람은 초록 모자를 쓰고 있지 않다.
- ㅇ C 맞은편에 앉은 사람은 빨간 모자를 쓰고 있다.
- ㅇ D 맞은편에 앉은 사람은 노란 모자를 쓰고 있지 않다.
- ㅇ 노란 모자를 쓴 사람과 초록 모자를 쓴 사람 중 한 명은 남자이고 한 명은 여자이다.

	초록 모자를 쓰고 있는 사람	A 입장에서 왼편에 앉은 사람
①	A	B
②	A	D
③	B	C
④	B	D
⑤	C	B

해설

문제 분석

조건 0) A와 B는 여자이고 C와 D는 남자이다.
조건 1) A 입장에서 왼편에 앉은 사람은 파란 모자를 쓰고 있다.
조건 2) B 입장에서 왼편에 앉은 사람은 초록 모자를 쓰고 있지 않다.
조건 3) C 맞은편에 앉은 사람은 빨간 모자를 쓰고 있다.
조건 4) D 맞은편에 앉은 사람은 노란 모자를 쓰고 있지 않다.
조건 5) 노란 모자를 쓴 사람과 초록 모자를 쓴 사람 중 한 명은 남자이고 한 명은 여자이다. → 숨겨진 정보를 찾아보면 빨간 모자를 쓴 사람과 파란 모자를 쓴 사람 중 한 명은 남자이고, 한 명은 여자이다.

문제풀이 실마리

조건 1)~4) 중에서 확정적인 정보는 조건 1)과 조건 3)이다.
조건 1)과 조건 4)를 그림으로 나타내 보면 다음과 같다.

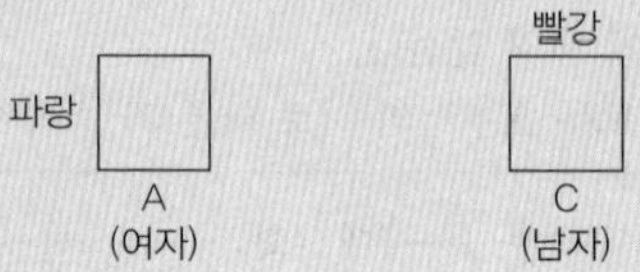

문제풀이 실마리에서 정리한 두 그림을 합쳐 보면, C는 A의 오른편에는 앉을 수 없다. C는 A의 왼편 또는 맞은편에 앉을 수 있다.

〈경우 1〉 C가 A의 왼편에 앉는 경우

- 두 정보를 합쳐 보면 다음 그림과 같다.

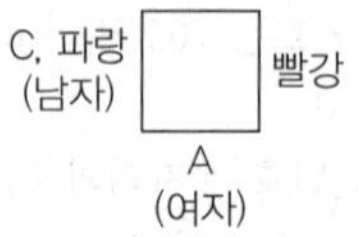

- 조건 5)에서 숨겨진 정보를 찾아두길 빨간 모자를 쓴 사람과 파란 모자를 쓴 사람 중 한 명은 남자이고, 한 명은 여자이어야 한다. 파란 모자를 쓴 사람이 C로 남자이므로 빨간 모자를 쓴 사람은 여자이어야 하고, 조건 0)에서 A, B가 여자이기 때문에 빨간 모자를 쓴 사람은 B가 된다.

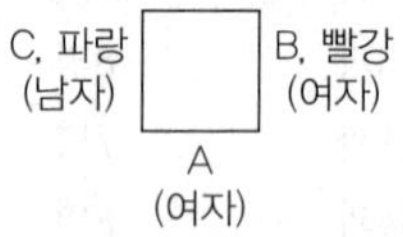

- 남은 자리 하나는 D(남자)의 자리가 된다.

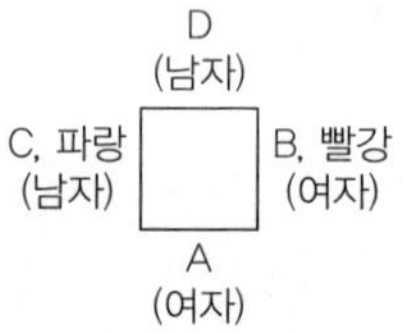

- 이제 조건 2)와 조건 4)를 적용해 보면, 조건 2)에서 B 입장에서 왼편에 앉은 사람은 초록 모자를 쓰고 있지 않으므로, 빨강, 파랑, 초록이 아닌 A의 모자 색깔은 노랑이 된다.
- 그런데 조건 4)에서 D 맞은편에 앉은 사람은 노란 모자를 쓰고 있지 않다고 했으므로 위에서 구한 것과 모순이다.
- 따라서 C가 A의 오른편에 앉는 경우는 불가능하다.

〈경우 2〉 C가 A의 맞은편에 앉는 경우

- 두 정보를 합쳐 보면 다음 그림과 같다.

• 조건 5)에서 숨겨진 정보를 찾아두길 빨간 모자를 쓴 사람과 파란 모자를 쓴 사람 중 한 명은 남자이고, 한 명은 여자이어야 한다. 빨간 모자를 쓴 사람이 A로 여자이므로 파란 모자를 쓴 사람은 남자이어야 한다. 조건 0)에서 C, D가 남자이기 때문에 파란 모자를 쓴 사람은 D가 된다.

• 남은 자리 하나는 B(여자)의 자리가 된다.

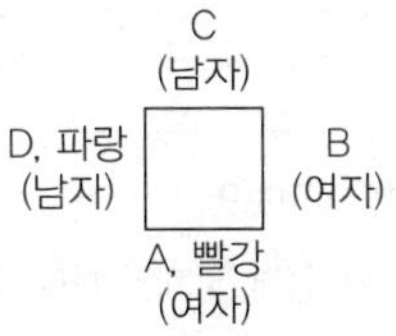

• 이제 조건2)와 조건 4)를 적용해 보면, 조건 2)에서 B 입장에서 왼편에 앉은 사람은 초록 모자를 쓰고 있지 않은데 A의 모자 색상은 빨강이므로 초록 모자를 쓰고 있지 않다.
• 조건 4)에서 D 맞은편에 앉은 사람은 노란 모자를 쓰고 있지 않다고 했으므로, B의 모자 색상은 빨강, 파랑, 노랑일 수 없어 초록이 된다.
• C의 모자 색상은 남은 하나인 노랑으로 결정된다.
• 모두 반영한 결과는 다음과 같다.

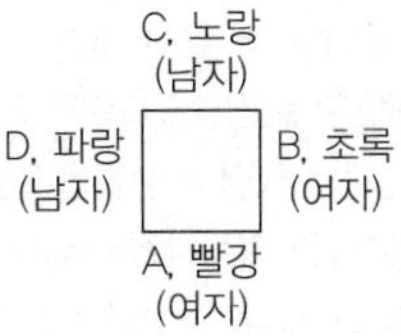

따라서 초록 모자를 쓰고 있는 사람은 B, A 입장에서 왼편에 앉은 사람은 D이다.

빠른 문제풀이 Tip
• 조건 5)에서 숨겨진 정보를 찾는 것이 매우 중요하다.
• 선지를 대입해서 검토하는 방법도 활용할 수 있다.

[정답] ④

154 다음 <상황>과 <대화>를 근거로 판단할 때 6월생은?

19년 민경채 나책형 22번

〈상 황〉

○ 같은 해에 태어난 5명(지나, 정선, 혜명, 민경, 효인)은 각자 자신의 생일을 알고 있다.
○ 5명은 자신을 제외한 나머지 4명의 생일이 언제인지는 모르지만, 3월생이 2명, 6월생이 1명, 9월생이 2명이라는 사실은 알고 있다.
○ 아래 〈대화〉는 5명이 한 자리에 모여 나눈 대화를 순서대로 기록한 것이다.
○ 5명은 〈대화〉의 진행에 따라 상황을 논리적으로 판단하고, 솔직하게 대답한다.

〈대 화〉

민경: 지나야, 네 생일이 5명 중에서 제일 빠르니?
지나: 그럴 수도 있지만 확실히는 모르겠어.
정선: 혜명아, 네가 지나보다 생일이 빠르니?
혜명: 그럴 수도 있지만 확실히는 모르겠어.
지나: 민경아, 넌 정선이가 몇 월생인지 알겠니?
민경: 아니, 모르겠어.
혜명: 효인아, 넌 민경이보다 생일이 빠르니?
효인: 그럴 수도 있지만 확실히는 모르겠어.

① 지나
② 정선
③ 혜명
④ 민경
⑤ 효인

해설

문제풀이 실마리

"그럴 수도 있지만 확실히는 모르겠어."의 의미를 정확하게 파악할 수 있어야 한다.

5명은 자신을 제외한 나머지 4명의 생일이 언제인지는 모르지만, 3월생이 2명, 6월생이 1명, 9월생이 2명이라는 사실은 알고 있다. 따라서 이들 5명 생일의 순서를 따져 보면,

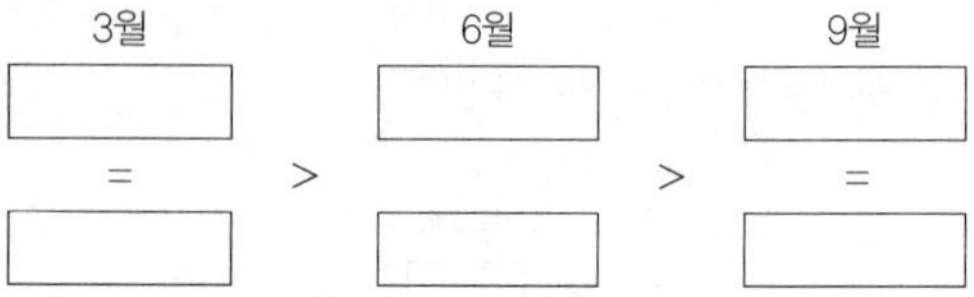

임을 알 수 있다. 〈대화〉를 살펴보면,

민경: 지나야, 네 생일이 5명 중에서 제일 빠르니?
지나: 그럴 수도 있지만 확실히는 모르겠어.
→ 만약 지나의 생일이 6월 또는 9월이었다면 자신의 생일이 5명 중에서 제일 빠를 수도 있다고 말할 수 없을 것이다. 제일 빠를 수도 있는 건 자신의 생일이 3월일 때만 가능하다.
정선: 혜명아, 네가 지나보다 생일이 빠르니?
혜명: 그럴 수도 있지만 확실히는 모르겠어.
→ 이 〈대화〉는 5명이 한 자리에 모여 나눈 대화를 '순서대로 기록한 것'이고, 5명은 '〈대화〉의 진행에 따라 상황을 논리적으로 판단'하고, '솔직하게 대답한다'는 것이 중요하다. 앞선 대화를 들은 혜명은 지나의 생일이 3월이라는 것을 판단할 수 있다. 그런데 지나보다 생일이 빠를 수도 있다고 대답했다는 점에서 혜명의 생일은 3월이 된다. 만약 혜명의 생일이 6월 또는 9월이었다면 솔직하게 대답해야 하는데, 혜명보다 빠를 수도 있다고는 대답할 수 없다. 지나와 혜명이 둘 다 3월생일 때 며칠 생인지에 따라 생일이 빠를 수도 있고 아닐 수도 있다.
지나: 민경아, 넌 정선이가 몇 월생인지 알겠니?
민경: 아니, 모르겠이.
→ 이제 남은 건 6월생 1명과 9월생 2명이다. 그런데 만약 민경이가 6월생이라면 나머지 2명은 9월생으로 확정된다. 따라서 민경이는 6월생이 아니라 9월생이 된다.
혜명: 효인아, 넌 민경이보다 생일이 빠르니?
효인: 그럴 수도 있지만 확실히는 모르겠어.
→ 민경이가 9월생이라는 것을 아는 효인이는 만약 자신의 생일이 6월이었다면 자신의 생일이 민경이보다 빠르다고 확실하게 말했을 것이다. 그런데 확실히는 모르겠다고 한 것은 민경이와 같은 9월생이기는 한데 며칠 생인지에 따라 누구의 생일이 더 빠른지가 달라질 수 있기 때문이다.

따라서 6월생은 정선임을 알 수 있고, 정답은 ②이다.

[정답] ②

155 **다음 글을 근거로 판단할 때, 사과 사탕 1개와 딸기 사탕 1개를 함께 먹은 사람과 戊가 먹은 사탕을 옳게 짝지은 것은?**

18년 5급 나책형 13번

> 사과 사탕, 포도 사탕, 딸기 사탕이 각각 2개씩 있다. 다섯 명의 사람(甲~戊) 중 한 명이 사과 사탕 1개와 딸기 사탕 1개를 함께 먹고, 다른 네 명이 남은 사탕을 각각 1개씩 먹었다. 이 사실만을 알고 甲~戊는 차례대로 다음과 같이 말했으며, 모두 진실을 말하였다.
> 甲: 나는 포도 사탕을 먹지 않았어.
> 乙: 나는 사과 사탕만을 먹었어.
> 丙: 나는 사과 사탕을 먹지 않았어.
> 丁: 나는 사탕을 한 종류만 먹었어.
> 戊: 너희 말을 다 듣고 아무리 생각해봐도 나는 딸기 사탕을 먹은 사람 두 명 다 알 수는 없어.

① 甲, 포도 사탕 1개
② 甲, 딸기 사탕 1개
③ 丙, 포도 사탕 1개
④ 丙, 딸기 사탕 1개
⑤ 戊, 사과 사탕 1개와 딸기 사탕 1개

해설

문제 분석

일반적인 칸 채우기 문제이다. 아래와 같은 표를 생각해보자.

	사과	사과	포도	포도	딸기	딸기
甲	X		X	X		
乙	O	X	X	X	X	X
丙	X	X				
丁	X					
戊	X					

사탕별로 세로로 한 줄씩 표시해도 좋지만, 생각해야 할 사탕 개수를 별도로 표시하지 않기 위해 위와 같이 표를 구성하였다. 사탕 개수가 너무 많지 않으면서 사탕 개수가 같지 않을 때(예를 들어 사과, 포도, 딸기 사탕 각각 1, 2, 3개인 경우 등)는 위와 같은 표가 더 유용할 수도 있다. 위의 표는 우선 甲, 乙, 丙의 진술 내용을 단순히 정리한 것이다.

문제풀이 실마리

위의 표에서 특정 부분부터 확정해 나아갈 수 없고 丁, 戊의 진술을 고려하면 1) 甲이 사과, 딸기 사탕 2개를 먹은 경우, 2) 戊가 사과, 딸기 사탕 2개를 먹은 경우로 나누어 생각해 본다.

1) 甲이 사탕을 2개 먹은 경우를 우선 아래와 같이 정리한다.

	사과	사과	포도	포도	딸기	딸기
甲	X	O	X	X	O	X
乙	O	X	X	X	X	X
丙	X	X			X	
丁	X	X			X	
戊	X	X			X	

戊의 입장에서 생각해 보면 戊도 乙, 丙, 丁은 사과, 딸기 사탕 2개를 먹지 못하고 甲, 戊만 사탕을 2개 먹을 수 있다는 사실을 알고 있다. 그렇다면 만약 본인이 딸기 사탕 1개만 먹은 경우라면 자동적으로 甲이 사과, 딸기 사탕 2개를 먹은 것이고 본인과 甲이 딸기 사탕을 먹었다는 사실을 알게 되므로 본인의 진술에 위배된다. 따라서 戊는 딸기 사탕이 아닌 포도 사탕을 먹었다.

	사과	사과	포도	포도	딸기	딸기
甲	X	O	X	X	O	X
乙	O	X	X	X	X	X
丙	X	X	X		X	
丁	X	X	X		X	
戊	X	X	O	X	X	X

이 상황에서 丙과 丁이 어떤 사탕을 먹었는지 확정할 수 없으므로 모두의 진술에 부합하는 상황이다. 사과 사탕 1개와 딸기 사탕 1개를 함께 먹은 사람은 甲이고 戊는 포도 사탕을 먹었다. → 정답: ①

2) 戊가 사탕을 2개 먹은 경우는 다음과 같이 甲~戊가 먹은 사탕을 모두 알 수 있게 되므로 戊의 진술에 위배된다.

	사과	사과	포도	포도	딸기	딸기
甲	X	X	X	X	X	O
乙	O	X	X	X	X	X
丙	X	X	O	X	X	X
丁	X	X	X	O	X	X
戊	X	O	X	X	O	X

빠른 문제풀이 Tip

표를 위 해설의 표와 다르게 생각하더라도 문제 해결에는 문제가 없다. 예를 들어 사과, 포도, 딸기 각각 한 칸씩 표시하고 합계를 나타내는 경우 아래와 같이 시작할 수 있다.

	사과	포도	딸기	계
甲		X		
乙	O	X	X	1
丙	X			
丁				1
戊				
계	2	2	2	6

또는 다음과 같이 구성할 수도 있다.

	사과, 딸기	사과	포도	포도	딸기
甲		X	X	X	
乙	X	O	X	X	X
丙	X	X			
丁	X	X			
戊		X			
계		X			

표를 그리지 않고 해결하는 방법도 있고, 선지를 활용하는 방법도 있는 문제이다.

[정답] ①

156 다음 글과 <상황>을 근거로 판단할 때, <보기>에서 옳은 것만을 모두 고르면? 22년 5급 나책형 15번

퍼스널컬러(personal color)란 개인의 머리카락, 눈동자, 피부색 등을 종합하여 본인에게 가장 어울리는 색상을 말한다. 퍼스널컬러는 크게 웜(warm)톤과 쿨(cool)톤으로 나눠지는데, 웜톤은 따스하고 부드러운 느낌의 색인 반면에 쿨톤은 차갑고 시원한 느낌의 색이다. 웜톤은 봄타입과 가을타입으로, 쿨톤은 여름타입과 겨울타입으로 세분화된다.
퍼스널컬러는 각 타입의 색상 천을 얼굴에 대봄으로써 찾을 수 있다. 가장 잘 어울리는 타입의 천을 얼굴에 댔을 때 얼굴빛이 화사해지고 이목구비가 또렷해 보인다. 이를 '형광등이 켜졌다'라고 표현한다.

〈상 황〉

네 명(甲~丁)이 퍼스널컬러를 알아보러 갔다. 각 타입(봄, 여름, 가을, 겨울)마다 색상 천은 밝은 색과 어두운 색이 있어서 총 8장이 있다. 하나의 색상 천을 네 명에게 동시에 대보고 형광등이 켜지는지 확인하였다. 얼굴에 대보는 색상 천의 순서는 다음과 같다.

1. 첫 번째에서 네 번째까지 밝은 색 천을 대보고 다섯 번째부터 여덟 번째까지 어두운 색 천을 대본다.
2. 웜톤 천과 쿨톤 천을 교대로 대보지만, 첫 번째로 대보는 천의 톤은 알 수 없다.

진단 결과, 甲, 乙, 丙, 丁은 서로 다른 타입의 퍼스널컬러를 진단받았으며, 본인 타입의 천을 대보았을 때는 밝은 색과 어두운 색의 천 모두에서 형광등이 켜졌고, 그 외의 천을 대보았을 때는 형광등이 켜지지 않았다.
다음은 진단 후 네 명이 나눈 대화이다.

甲: 나는 가을타입이었어. 마지막 색상 천에서는 형광등이 켜지지 않았어.
乙: 나는 짝수 번째 천에서는 형광등이 켜진 적이 없어.
丙: 나는 乙이랑 타입은 다르지만 톤은 같아. 그리고 나한테 형광등이 켜진 색상 천 순서에 해당하는 숫자를 합해보니까 6이야.
丁: 나는 밝은 색 천을 대보았을 때, 乙보다 먼저 형광등이 켜졌어.

〈보 기〉

ㄱ. 네 명의 타입을 모두 알 수 있다.
ㄴ. 丙은 첫 번째 색상 천에서 형광등이 켜졌다.
ㄷ. 색상 천을 대본 순서별로 형광등이 켜진 사람이 누구인지 알 수 있다.
ㄹ. 형광등이 켜진 색상 천 순서에 해당하는 숫자의 합은 丙을 제외한 세 명이 같다.

① ㄱ, ㄴ ② ㄱ, ㄷ ③ ㄴ, ㄹ
④ ㄱ, ㄷ, ㄹ ⑤ ㄴ, ㄷ, ㄹ

해설

문제 분석

- 퍼스널컬러는 크게 웜톤과 쿨톤으로 구분된다.
- 웜톤은 봄, 가을타입이고, 쿨톤은 여름, 겨울타입이다.
- 퍼스널컬러는 각 타입의 색상 천을 얼굴에 대봄으로써 찾을 수 있는데, 네 명(甲~丁)에게 본인 타입의 천을 대보았을 때는 형광등이 켜진다.
- 각 타입(봄, 여름, 가을, 겨울)마다 색상 천은 밝은 색과 어두운 색이 있어서 총 8장이 있다.
- 첫 번째에서 네 번째까지 밝은 색 천을 대보고 다섯 번째부터 여덟 번째까지 어두운 색 천을 대본다.
- 첫 번째로 대보는 천의 톤은 알 수 없는데, 이후 웜톤 천과 쿨톤 천을 교대로 대본다.
- 네 명은 서로 다른 타입의 퍼스널컬러를 진단받았으며, 본인 타입의 천을 대보았을 때는 밝은 색과 어두운 색의 천 모두에서 형광등이 켜졌고, 그 외의 천을 대보았을 때는 형광등이 켜지지 않았다.
- 네 명의 대화를 토대로 판단해야 한다.

문제풀이 실마리

웜톤과 쿨톤을 교대로 대보기 때문에 퐁당퐁당 배치하는 것처럼 문제가 풀린다.

얼굴에 대보는 색상 천의 순서에 대해 알려진 정보에 따를 때 다음과 같다. 첫 번째에서 네 번째까지 밝은 색 천을 대보고 다섯 번째부터 여덟 번째까지 어두운 색 천을 대본다.

밝은 색 천				어두운 색 천			
1	2	3	4	5	6	7	8

첫 번째로 대보는 천의 톤은 알 수 없지만, 이후 웜톤 천과 쿨톤 천을 교대로 대본다. 대화를 풀이해서 적용해보면,

甲: 가을 타입(=웜톤)이고, 형광등이 켜진 색상 천 순서가 8번째는 아니다.
그렇다고 "가을(=웜톤)이 짝수가 아니다"라고 판단해서는 안 된다.
乙: 형광등이 켜진 색상 천 순서가 홀수 번째이다.
丙: 乙과 타입은 다르지만 톤은 같다. 乙과 丙이 같은 톤이면, 나머지 甲과 丁이 같은 톤이 된다. 따라서 甲이 가을타입(=웜톤)이니까 丁은 웜톤 중 봄타입이 되고, 乙과 丙은 쿨톤(여름, 겨울)이 된다.
丙에게 형광등이 켜진 색상 천 순서에 해당하는 숫자를 합했을 때 6이어야 한다. 간단한 합분해를 해보면, 두 숫자의 합이 6이 될 수 있는 경우는 '1+5, 2+4, 3+3'이다. 하나는 밝은 색 천(1~4)이고 하나는 어두운 색 천(5~)일 수 있는 숫자는 오직 1+5뿐이다. 따라서 丙은 1, 5 이고, 같은 톤인 乙은 홀수 중 나머지 숫자인 3, 7이 된다.

밝은 색 천				어두운 색 천			
1	2	3	4	5	6	7	8
쿨톤		쿨톤		쿨톤		쿨톤	
丙		乙		丙		乙	

짝수 번째가 웜톤이 되고, 앞서 甲은 8이 아니므로 6이 되고, 丁이 남은 8이 된다.

丁: 밝은 색 천에서 乙보다 먼저 형광등이 켜졌으므로, 丁이 2번이 되고, 甲은 나머지 4번이 된다.

밝은 색 천				어두운 색 천			
1	2	3	4	5	6	7	8
쿨톤		쿨톤		쿨톤		쿨톤	
丙	丁	乙	(甲)	丙	甲	乙	(丁)
	봄		가을		가을		봄

ㄱ. (X) 乙과 丙은 타입, 즉 계절까지는 확정하기 어렵다.

ㄴ. (O) 丙은 첫 번째 색상 천에서 형광등이 켜졌다.

ㄷ. (O) 색상 천을 대본 순서별로 형광등이 켜진 사람이 누구인지는 확정할 수 있다.

ㄹ. (O) 형광등이 켜진 색상 천 순서에 해당하는 숫자가 甲은 4와 6, 乙은 3과 7, 丁은 2와 8로 두 숫자의 합은 세 명 모두 10이다.

빠른 문제풀이 Tip

- 네 명 중 두 명에 대해서 알려주면, 나머지 두 명에 대한 정보를 알아내려고 해보아야 한다.
- 보기 ㄹ을 해결할 때 대칭의 성질을 활용할 수도 있다.

[정답] ⑤

길쌤's Check 더 연습해 볼 문제

- 16년 민경채 5책형 20번
- 18년 민경채 가책형 21번
- 20년 민경채 가책형 21번
- 15년 5급 인책형 35번

해커스 PSAT 길규범 상황판단 올인원

2권 | 계산·규칙·경우

초판 2쇄 발행 2024년 7월 4일
초판 1쇄 발행 2023년 8월 24일

지은이	길규범
펴낸곳	해커스패스
펴낸이	해커스공무원 출판팀
주소	서울특별시 강남구 강남대로 428 해커스공무원
고객센터	1588-4055
교재 관련 문의	gosi@hackerspass.com 해커스공무원 사이트(gosi.Hackers.com) 교재 Q&A 게시판 카카오톡 플러스 친구 [해커스공무원 노량진캠퍼스]
학원 강의 및 동영상강의	gosi.Hackers.com
ISBN	979-11-6999-401-9 (13320)
Serial Number	01-02-01